Langen · Berger · Dauner-Lieb
Kommentar Bauvertragsrecht
3. Auflage

Langen · Berger · Dauner-Lieb

Kommentar Bauvertragsrecht

herausgegeben von

Prof. Dr. Werner Langen
Fachanwalt für Bau- und Architektenrecht in Mönchengladbach, Honorarprofessor für Bauvertragsrecht an der Universität zu Köln

Dr. Andreas Berger
Fachanwalt für Bau- und Architektenrecht in Mönchengladbach, Lehrbeauftragter an der Universität zu Köln

Prof. Dr. Barbara Dauner-Lieb
Universität zu Köln, Lehrstuhl für Bürgerliches Recht, Handels- und Gesellschaftsrecht, Arbeitsrecht und Europäische Privatrechtsentwicklung, Direktorin des Instituts für Arbeits- und Wirtschaftsrecht, Direktorin des Instituts für Gesellschaftsrecht, Richterin am Verfassungsgerichtshof für das Land Nordrhein-Westfalen

3. Auflage

Werner Verlag 2026

Zitiervorschlag: Bearbeiter, in: L/B/D-L, § 650a BGB Rn. 1

Bibliographische Information der Deutschen Nationalbibliothek
Die Deutsche Bibliothek verzeichnet diese Publikation in der Deutschen Nationalbibliografie; detaillierte bibliografische Daten sind im Internet über http://dnb.d-nb.de abrufbar.

ISBN 978-3-8041-5647-0

www.wolterskluwer.com

Umschlaggestaltung: futurweiss kommunikationen, Wiesbaden
Satz: Datagroup-Int SRL, Timisoara, Romania
Druck und Weiterverarbeitung: Sowa Sp. z o.o., Piaseczno, Poland

Gedruckt auf säurefreiem, alterungsbeständigem und chlorfreiem Papier

Autorenverzeichnis

Dr. Andreas Berger
Fachanwalt für Bau- und Architektenrecht in Mönchengladbach, Lehrbeauftragter an der Universität zu Köln

Dr. Florian Dressel
Fachanwalt für Bau- und Architektenrecht in Köln

Dr.-Ing. Alexander Knopp
Sachverständiger für Baubetrieb und Bauorganisation in Köln, Lehrbeauftragter für Juristisches Baumanagement an der RWTH Aachen

Dr. Johannes Langen
Fachanwalt für Bau- und Architektenrecht in Mönchengladbach

Prof. Dr. Werner Langen
Fachanwalt für Bau- und Architektenrecht in Mönchengladbach, Honorarprofessor für Bauvertragsrecht an der Universität zu Köln

Dr. Christian Leesmeister
Leiter Rechtsabteilung und Leiter Praxisgruppe Bau- und Architektenrecht der Stadt Köln, Lehrbeauftragter für Privatrecht an der HSPV NRW

Dr. Kai Peters
Fachanwalt für Bau- und Architektenrecht in Mönchengladbach

Claus Rückert
Fachanwalt für Bau- und Architektenrecht in Würzburg

Dr. Gerolf Sonntag
Fachanwalt für Bau- und Architektenrecht in Mönchengladbach, Lehrbeauftragter an der TU Dortmund

Dr. Martin Stelzner
Fachanwalt für Bau- und Architektenrecht in Mönchengladbach

Dr. Kathrin Strauß
Rechtsanwältin in Mönchengladbach

Dr. Kira-Therese Teigeler
Fachanwältin für Bau- und Architektenrecht in Mönchengladbach

Vorwort zur 3. Auflage

Das am 01.01.2018 in Kraft getretene gesetzliche Bauvertragsrecht (§§ 650a ff. BGB) war Anlass für das Erscheinen dieses neuen Kommentars zum Bauvertragsrecht, der sich zunächst auf die Erläuterung der neuen Vorschriften beschränkte, um ein Stück weit Sicherheit bei der Rechtsanwendung zu gewährleisten. Mit Erscheinen der 2. Auflage im Jahr 2022 haben wir uns entschieden, neben den neuen Vorschriften auch die vorhandenen Bestimmungen, insbesondere des Werkvertragsrechts der §§ 631 ff. BGB, zu kommentieren, um den Lesern eine Gesamtkommentierung anbieten zu können. Vielfach lobende Erwähnungen haben uns in der Richtigkeit dieser Entscheidung bestätigt.

Nach weiteren vier Jahren der Rechtsentwicklung freuen wir uns, nunmehr die dritte, wiederum vollständig überarbeitetet und aktualisierte Auflage unseres Kommentars vorlegen zu können. Das »neue« Bauvertragsrecht ist inzwischen nahezu neun Jahre in Kraft und, wie zu erwarten war, durch vielfache Rechtsprechung geprägt. So hat sich beispielsweise das gesetzliche Nachtragsrecht in Bauverträgen (§§ 650b – d BGB) gegenüber den früheren VOB/B-Regelungen emanzipiert und ist vom gesetzlichen Leitbild zum Leitbild der Praxis geworden. Auch die früher durch das Preisrecht der HOAI geprägte Kultur von Architekten- und Ingenieurverträgen hat durch die §§ 650p ff. BGB inzwischen einen gesetzlichen Rahmen erhalten, der das »Sekundärrecht« der HOAI mehr und mehr verdrängt.

Nur unvollständig gelungen ist dem Gesetzgeber das Recht des Verbraucherbauvertrages in den §§ 650i ff. BGB, nachdem der BGH am 16.03.2023 (VII ZR 94/22) entschieden hat, dass ein Verbraucherbauvertrag im gesetzlichen Sinne nur bei Beauftragung eines neuen Gebäudes insgesamt vorliegt, nicht aber bei der Beauftragung einzelner Gewerke durch den Verbraucher. Je nach Einzelfall richten sich die Rechte und Pflichten des Verbrauchers also entweder nach den Vorschriften über Verbraucherverträge (§§ 355 ff. BGB) in Verbindung mit dem Werkvertragsrecht/Bauvertragsrecht oder nach dem Recht des Verbraucherbauvertrages. Der Rechtssicherheit und Transparenz ist das nicht dienlich.

Entsprechend hat sich der Gesetzgeber auf die Fahne geschrieben, sein neues Bauvertragsrecht zu evaluieren, womit aktuell eine Kommission beschäftigt ist, deren Ergebnisse mit Spannung erwartet werden.

Bis dahin unterstützt unsere Neuauflage inklusive der Online-Aktualisierungen bei der praxisgerechten und sicheren Rechtsanwendung.

Ganz besonders freuen wir uns darüber, dass die Neuauflage durch einige neue Autorinnen und Autoren mitgestaltet worden ist, und zwar durch Frau Dr. Kathrin Strauß, Frau Dr. Kira-Therese Teigeler sowie Herrn Dr. Ing. Alexander Knopp, der im Rahmen des § 650c BGB sein fundiertes Ingenieurwissen eingebracht hat.

Mönchengladbach und Köln, Mai 2026

Die Herausgeber

Prof. Dr. Werner Langen Dr. Andreas Berger Prof. Dr. Barbara Dauner-Lieb

Vorwort zur 1. Auflage

Am 01.01.2018 tritt das »**Gesetz zur Reform des Bauvertragsrechts und zur Änderung der kaufrechtlichen Mängelhaftung**« in Kraft. Es ist anwendbar auf Schuldverhältnisse, die nach dem 31.12.2017 entstehen.

Der **zentrale Regelungsanlass** ist bekannt: Obwohl die Baubranche eine der größten und wichtigsten Wirtschaftszweige der Bundesrepublik Deutschland ist und sich das Bau- und Architektenrecht längst zu einer komplexen Spezialmaterie entwickelt hat, fehlte es auch im 21. Jahrhundert noch immer an einer eigenständigen gesetzlichen Regelung des besonderen Vertragstyps »Bauvertrag«, des »Architekten- und Ingenieurvertrag« usw., die die spezifischen sachlichen Besonderheiten dieser Regelungsgegenstände berücksichtigt. Die – jetzt: »allgemeinen« – werkvertraglichen Vorschriften der §§ 631 ff. BGB galten für den Bau von Einfamilienhäusern und Autobahnbrücken über den Kraftwerksbau ebenso wie für die neue Besohlung eines Schuhs oder die Fertigung eines Maßanzugs. Diese Lücke hatte für Bauverträge vielfach die VOB/B geschlossen, die jedoch keine gesetzliche Regelung darstellt, sondern – mit allen Vor- und Nachteilen – für die Praxis vorformulierte allgemeine Vertragsbedingungen. Im Bereich des Architekten- und Ingenieurrechts existierte bislang lediglich die »Honorarordnung für Architekten- und Ingenieure (HOAI)«. Deren Vorschriften stellen jedoch – von der Praxis häufig missverstanden – keine schuldrechtlichen Regelungen dar, ja nichtmals normative Leitbilder, sondern lediglich »Gebührentatbestände für die Berechnung des Honorars der Höhe nach« (BGH). Die **Schaffung eines eigenen Bau- und Architektenvertragsrechts war daher (weitgehend) unbestritten notwendiges Desiderat** und spätestens seit 2010 auch intensiver Diskussionsgegenstand der Fachwelt, insbesondere turnusmäßige Agenda der »Deutschen Baugerichtstage (DBGT)«. Deren »Empfehlungen« haben das Gesetzgebungsverfahren parallel begleitet und sind vielfach, wenngleich keineswegs immer (geschweige denn immer wie »empfohlen«) in das neue Bauvertragsrecht eingeflossen. Entsprechendes gilt für die Empfehlungen im Abschlussbericht der 2010 beim Bundesministerium der Justiz und für Verbraucherschutz (BMJV) eigens zu diesem Zwecke eingerichtete »Arbeitsgruppe Bauvertragsrecht«.

Wesentlicher Handlungsanlass für den Gesetzgeber war ferner der **Schutz des Verbrauchers**, der für seinen privaten Hausbau häufig einen wesentlichen Teil seiner finanziellen Ressourcen auf Jahre und Jahrzehnte bindet und sich in der Praxis hierbei erheblichen kostenmäßigen Risiken (z.B. durch irreführende Leistungsbeschreibungen, Bauzeitverzögerungen, Bauinsolvenzen usw.) ausgesetzt sieht. Ein spezifisch »bauvertragliches« Verbraucherschutzrecht existierte bislang nicht.

Und schließlich war erklärter Gesetzgebungsanlass auch die Rechtsprechung des Europäischen Gerichtshofes (EuGH) sowie des Bundesgerichtshofs (BGH), die **gesetzlich bestehende Lücken der Lieferantenhaftung in der Leistungskette** namentlich im B2B-Verkehr offenbar werden ließ. Wenngleich sich letztere Diskussion gleichsam im Schatten des Bauvertragsrechts abspielte, ist sie jedoch für das jetzige »Gesetz zur Reform des Bauvertragsrechts und zur Änderung der kaufrechtlichen Mängelhaftung« mit namensprägend geworden.

Die **regierungsamtliche Gesetzesbegründung** formuliert die **Lösung** dieser bestehenden Probleme in der BT-Drs. 18/8486, S. 2 zusammenfassend wie folgt:

»Es werden spezielle Regelungen für den Bauvertrag, den Verbraucherbauvertrag sowie den Architektenvertrag und den Ingenieurvertrag in das Werkvertragsrecht des Bürgerlichen Gesetzbuchs (BGB) eingefügt. Dem auf eine längere Erfüllungszeit angelegten Bauvertrag soll insbesondere durch folgende Regelungen Rechnung getragen werden: Einführung eines Anordnungsrechts des Bestellers einschließlich Regelungen zur Preisanpassung bei Mehr- oder Minderleistungen, Änderung und Ergänzung der Regelung zur Abnahme sowie die Normierung einer Kündigung aus wichtigem Grund. Speziell für Bauverträge von Verbrauchern werden darüber hinaus Regelungen zur Einführung einer Baubeschreibungspflicht des Unternehmers, zur Pflicht der Parteien, eine verbindlichen Vereinbarung über die Bauzeit zu treffen,

zum Recht des Verbrauchers zum Widerruf des Vertrags und zur Einführung einer Obergrenze für Abschlagszahlungen vorgeschlagen. Mit Blick auf diese Besonderheiten werden zudem einige Sonderregelungen für Architekten- und Ingenieurverträge vorgeschlagen. Das Recht der Mängelhaftung wird an die Rechtsprechung des EuGH angepasst …«

Der vorliegende »Kommentar zum Neuen Bauvertragsrecht« konzentriert sich bewusst und ausschließlich auf die (zahlreichen) gesetzlichen Neuregelungen. Er folgt hierbei in der Kommentierung der jeweiligen Paragrafen grundsätzlich folgendem Aufbau:
- Es werden – bei Reformgesetzen besonders wichtig – zunächst jeweils die Entstehungsgeschichte und Intention der betreffenden Vorschrift erläutert und die Neuregelung in den Regelungskontext der neuen wie der bestehenden Vorschriften des BGB eingeordnet.
- Sodann werden im Rahmen der »eigentlichen« Kommentierung systematisch anhand der jeweiligen Tatbestandsmerkmale der einzelnen Normen alle wesentlichen Auslegungsfragen dargestellt, der bisherige Meinungsstand – soweit bereits vorhanden – aufbereitet und eigene Lösungs- und Auslegungsansätze aufgezeigt. Wo geboten, wird Kritik an den Neuregelungen formuliert, gelegentlich daher auch deutlich.
- Für die Anwender bedeutsam werden Zulässigkeit und Grenzen abweichender individualvertraglicher Vereinbarungen als auch Einschränkungen, Erweiterungen, Ausschlüsse oÄ in Allgemeinen Geschäftsbedingungen diskutiert. Gerade wo gesetzlichen Neuregelungen zu erheblicher Rechtsunsicherheit für die Praxis führen – und diese Fälle sind nicht wenige (!) –, beschränken sich die Autoren nicht auf theoretische Problemdarstellungen, sondern geben regelmäßig praktische Empfehlungen insb. für die Vertragsgestaltung.

Wichtige Problemfelder des aktuellen Werkvertragsrechts sind nicht Gegenstand des »Gesetzes zur Reform des Bauvertragsrechts und zur Änderung der kaufrechtlichen Mängelhaftung« (z.B. die endgültig durch die jüngste BGH-Rechtsprechung virulent gewordene Frage der gesetzlichen Erweiterung der Mängelrechte auf das Stadium vor der Abnahme). Bei anderen Punkte hat sich die Reform – je nach Standpunkt des von ihr Betroffenen – vielleicht zunächst nur auf eine »kleine Lösung« beschränkt (z.B. bei der Frage der gesamtschuldnerischen Haftung von bauüberwachendem Architekten und bauausführendem Unternehmer). Die jetzige Gesetzesreform wird daher absehbar nur ein erster – freilich entscheidender – Schritt auf dem Weg der Fortentwicklung des Bau- und Architektenrechts einschließlich hiermit verbundener kaufvertraglicher und verbraucherschutzrechtlicher Fragen sein. Die jetzt erfolgte Herausbildung einzelner werkvertraglicher bzw. »werkvertragsähnlicher« gesetzlicher Vertragstypen bietet hierbei die Chance, künftig auch jeweils »materienspezifisch« das »Architekten- und Ingenieurvertragsrecht«, das »Bauträgervertragsrecht«, das »Bauvertragsrecht« usw. gesetzlich im Rahmen der allgemeinen werkvertraglichen Vorschriften sowie des Allgemeinen Schuldrechts des BGB fortzuentwickeln. Dass hierbei **neue gesetzliche Leitbilder** geschaffen wurden, hat bereits spannende Diskussionen in Gang gesetzt, prominent natürlich über die Zukunft des – dann doch nicht gesetzlich isoliert für »AGB-sakrosankt« erklärten – Nachtragssystems der VOB/B. Auch hier möchte der vorliegende Kommentar einen Beitrag zur weiteren Diskussion leisten und »erste Pflöcke einschlagen«.

Herausgeber und Autoren sind für Kritik offen.

Mönchengladbach und Köln, September 2017

Die Herausgeber

Prof. Dr. Werner Langen Dr. Andreas Berger Prof. Dr. Barbara Dauner-Lieb

Inhaltsverzeichnis

Abkürzungsverzeichnis

a.A.	anderer Ansicht
a.a.O.	am angegebenen Ort
Abs.	Absatz
a.E.	am Ende
a.F.	alte Fassung
AG	Auftraggeber
AGB	Allgemeine Geschäftsbedingungen
AN	Auftragnehmer
AnwBl.	Anwaltsblatt, Zeitschrift
Aufl.	Auflage
Az.	Aktenzeichen
BauR	Baurecht, Zeitschrift
BB	Betriebs-Berater, Zeitschrift
BeckOGK	beck-online Großkommentar
BeckOK	Beck'scher Online-Kommentar
Beschl.	Beschluss
BGBl.	Bundesgesetzblatt
BGH	Bundesgerichtshof
BMJV	Bundesministerium der Justiz und für Verbraucherschutz
BR	Bundesrat
BT	Bundestag
DBGT	Deutscher Baugerichtstag
Drucks./Drs.	Drucksache
DtZ	Deutsch-Deutsche Rechts-Zeitschrift
Einl.	Einleitung
FBS	Fuchs/Berger/Seifert, HOAI-Kommentar
ff.	folgende
FKZGM	Franke/Kemper/Zanner/Grünhagen/Mertens, VOB Kommentar
FS	Festschrift
GuT	Gewerbemiete und Teileigentum, Zeitschrift
HOAI	Verordnung über die Honorare für Architekten- und Ingenieurleistungen
IBR	Immobilien- und Baurecht, Zeitschrift
i.d.R.	in der Regel
i.S.v.	im Sinne von
JA	Juristische Arbeitsblätter, Zeitschrift
jM	juris – Die Monatszeitschrift
JuS	Juristische Schulung, Zeitschrift
KG	Kammergericht
KMV	Korbion/Mantscheff/Vygen, HOAI-Kommentar
K&R	Kommunikation und Recht, Zeitschrift
LKFZ	Locher/Koeble/Frik/Zahn, HOAI-Kommentar
LPS	Leupertz/Preussner/Sienz, Bauvertragsrecht, Kommentar

MK	Motzke/Kehrberg, Handbuch
MüKo	Münchener Kommentar zum BGB
m.w.N.	mit weiteren Nachweisen
n.F.	neue Fassung
NJW	Neue Juristische Wochenschrift, Zeitschrift
NJW-RR	Rechtsprechungs-Report Zivilrecht, Zeitschrift
NK	Nomos-Kommentar
NZBau	Neue Zeitschrift für Baurecht
openJur	die freie juristische Datenbank
PDKR	Pott/Dahlhoff/Kniffka/Rath, Kommentar
PWW	Prütting/Wegen/Weinreich, Kommentar
Rdn.	Randnummer (innerhalb dieses Kommentars)
RefE	Referentenentwurf
RiL	Richtlinie
Rn.	Randnummer
S.	Seite
s.	siehe
TTW	Thode/Thierau/Wessel, Handbuch Architektenrecht
vgl.	vergleiche
VOB/B	Vergabe- und Vertragsordnung für Bauleistungen
VuR	Verbraucher und Recht, Zeitschrift
WKRS	wolterskluwer-online, Rechtsprechung
z.B.	Zum Beispiel
ZEuP	Zeitschrift für Europäisches Privatrecht
ZfBR	Zeitschrift für deutsches und internationales Bau- und Vergaberecht
ZfIR	Zeitschrift für Immobilienrecht
ZfPW	Zeitschrift für die gesamte Privatrechtswissenschaft
ZRP	Zeitschrift für Rechtspolitik

Literaturverzeichnis

Bamberger/Roth/Hau/Poseck	Kommentar zum Bürgerlichen Gesetzbuch, 5. Aufl. 2022 f.
Basty	Der Bauträgervertrag, 11. Aufl. 2023
Blank	Bauträgervertrag, 6. Aufl. 2023
BeckOGK	Beck-online Großkommentar
Beck OK BGB	Beck'scher Online-Kommentar zum BGB
Dauner-Lieb/Heidel/Lepa/Ring	Anwaltkommentar Schuldrecht, 2002
Dauner-Lieb/Heidel/Ring	Bürgerliches Gesetzbuch – BGB, 2. Aufl. 2016
Erman	BGB, Kommentar, 17. Aufl. 2023
Franke/Kemper/Zanner/Grünhagen/Mertens	VOB Kommentar, 7. Aufl. 2020
Fuchs/Berger/Seifert	Beck'scher HOAI- und Architektenrechtskommentar: HOAI, 3. Aufl. 2022
Ganten/Jansen/Voit	Beck'scher VOB-Kommentar, Teil B, 4. Aufl. 2023
Glöckner/Manteufel/Rehbein	Handbuch des privaten Baurechts, 7. Aufl. 2025
Grüneberg	Bürgerliches Gesetzbuch, Kommentar, 85. Aufl. 2026
Heiermann/Riedl/Rusam	Handkommentar zur VOB, Teil A und B, 14. Aufl. 2018
Herberger/Martinek/Rüßmann/Weth/Würdinger	juris PraxisKommentar BGB, 11. Aufl., Online-Kommentar
Ingenstau/Korbion	Leupertz/von Wietersheim (Hrsg.), VOB Teile A und B – Kommentar, 23. Aufl. 2026
Jansen/Seibel	VOB/B, Kommentar, 6. Aufl. 2025
Jauernig	Bürgerliches Gesetzbuch: BGB, 19. Aufl. 2023
Kapellmann/Messerschmidt	VOB Teile A und B, Kommentar, 9. Aufl. 2025
Kapellmann/Schiffers/Markus	Vergütung, Nachträge und Behinderungsfolgen beim Bauvertrag, Bd. 1: Einheitspreisvertrag, 8. Aufl. 2024
Kniffka/Koeble/Jurgeleit/Sacher	Kompendium des Baurechts, 6. Aufl. 2025
Kniffka	Bauvertragsrecht, 3. Aufl. 2018; ibr-online-Kommentar
Korbion/Mantscheff/Vygen	Honorarordnung für Architekten und Ingenieure: HOAI, 10. Aufl. 2024
Kuffer/Wirth	Handbuch Bau- und Architektenrecht, 7. Aufl. 2023
Langen/Berger	Einführung in die VOB/B, 30. Aufl. 2025
Leinemann	VOB/B, Kommentar, 8. Aufl. 2024
Leupertz/Preussner/Sienz	Bauvertragsrecht, Kommentar, 2. Aufl. 2021
Locher/Koeble/Frik/Zahn	Kommentar zur HOAI, 16. Aufl. 2025
Markus/Kapellmann/Pioch	AGB-Handbuch Bauvertragsklauseln, 5. Aufl. 2019
Messerschmidt/Voit	Privates Baurecht, 5. Aufl. 2026
Münchener Kommentar zum Bürgerlichen Gesetzbuch	Band 2: Schuldrecht, AT I (241–310), 10. Aufl. 2025 Band 6: Schuldrecht, Besonderer Teil III §§ 631–704, 9. Aufl. 2023
Motzke/Kehrberg	Die Haftung des Architekten, 12. Aufl. 2026
Pott/Dahlhoff/Kniffka/Rath	Honorarordnung für Architekten und Ingenieure, 10. Aufl. 2016
Prütting/Wegen/Weinreich	BGB, Kommentar, 20. Aufl. 2025
Schmidt	Handelsrecht, Unternehmensrecht I, 6. Aufl. 2014

Soergel/Siebert	Bürgerliches Gesetzbuch mit Einführungsgesetz und Nebengesetzen, 13. Aufl. 2002 ff.
Staudinger	Kommentar zum Bürgerlichen Gesetzbuch, §§ 631 ff. BGB, 2019
Thode/Thierau/Wessel	Praxishandbuch Architekten- und Ingenieurrecht, 3. Aufl. 2025
Vygen/Joussen	Bauvertragsrecht nach VOB und BGB, 6. Aufl. 2025
Werner/Pastor	Der Bauprozess, 18. Aufl. 2023

Bürgerliches Gesetzbuch (BGB) (Auszug)

Buch 2 Recht der Schuldverhältnisse

Abschnitt 8 Einzelne Schuldverhältnisse

Titel 9 Werkvertrag und ähnliche Verträge

Untertitel 1 Werkvertrag

Kapitel 1 Allgemeine Vorschriften

Vorbemerkung zu § 631 BGB

Übersicht

A. Rechtsentwicklung

I. Schaffung des BGB

Der Werkvertrag gehört zu den Verträgen, bei denen eine **Tätigkeit** geschuldet wird. Gemäß § 631 Abs. 2 BGB verpflichtet sich der Werkunternehmer, durch Arbeit oder Dienstleistung einen bestimmten **Erfolg herbeizuführen.** Bei der Regelung der tätigkeitsbezogenen Leistungen stand der Gesetzgeber angesichts der Vielzahl denkbarer entgeltlicher Tätigkeiten vor der Alternative, jede Art von Tätigkeit für sich genommen in einem besonderen Vertragstyp zu erfassen, was die Anzahl der Regelungen enorm erhöht hätte, oder sich auf die Regelung einiger weniger abstrakt umschriebener Grundtypen zu beschränken. Der Gesetzgeber des BGB hat sich für die zweite Variante entschieden. Neben dem Auftrag (§§ 662 ff. BGB) als Vertrag über eine unentgeltliche Dienstleistung enthält das Gesetz zwei Haupttypen von Verträgen über entgeltliche Dienstleistungen: den Dienst- und den Werkvertrag. 1

2 Bei der Schaffung des BGB ging man zunächst vom Leitbild der handwerklichen Leistung aus, die auf die Herstellung oder die Bearbeitung einer Sache gerichtet ist.[1] Erst in einem späteren Stadium der Beratungen bezog man auch Verträge mit ein, welche »einen anderen durch Arbeit oder Dienstleistung herbeizuführenden Erfolg« zum Gegenstand haben.[2] Hieraus ergab sich die Bestimmung des Vertragsinhaltes in § 631 Abs. 2 BGB.

II. Neuere Entwicklungen

1. Entwicklungen vor dem 01.01.2018

3 Wesentliche Veränderungen erfuhren die §§ 631 ff. BGB durch mehrere Gesetzesänderungen in den Jahren 2000 bis 2009. Das **Gesetz zur Beschleunigung fälliger Zahlungen** vom 30.03.2000[3] führte die §§ 632a, 641a BGB a.F. ein und passte die §§ 640, 641, 648a BGB a.F. an baurechtliche Bedürfnisse an. Das **SchuldRModG**[4] vom 26.11.2001 brachte insbesondere Veränderungen des Gewährleistungsrechts mit sich und bezweckte Harmonisierungen mit dem allgemeinen Leistungsstörungsrecht und dem Kaufrecht. Die neuen Vorschriften gelten gemäß Art. 229 § 5 S. 1 EGBGB für alle Werkverträge mit Abschlussdatum nach dem 31.12.2001. Da es sich bei Werkverträgen regelmäßig nicht um Dauerschuldverhältnisse handelt, wendet der BGH auf Werkverträge nicht Art. 229 § 5 S. 2 EGBGB an.[5] Das **Forderungssicherungsgesetz (FoSiG)**[6] schließlich änderte die §§ 632a, 641, 648a BGB a.F. und hob § 641a BGB a.F. auf.

2. Das neue Bauvertragsrecht

4 Mit Wirkung zum 01.01.2018 änderte das **Gesetz zur Reform des Bauvertragsrechts**[7] erstmals grundlegend die Systematik der §§ 631 ff. BGB (Titel 9). Neben dem **Bauvertrag** (§ 650a–650h BGB) und dem **Verbraucherbauvertrag** (§§ 650i–650n BGB) als Unterfall des Werkvertrags wurden die werkvertragsähnlichen Verträge **Architekten- und Ingenieurvertrag** (§§ 650p–650t BGB, Untertitel 2) und **Bauträgervertrag** (§§ 650u–651 BGB, Untertitel 3) ins BGB eingeführt. Die in der Praxis schon seit Jahren geforderte Reform[8] überführte zahlreiche bauspezifische Normen in die §§ 650a–651 BGB und brachte neue Vorschriften wie eine Kündigung aus wichtigem Grund (§ 648a BGB) und ein Anordnungsrecht des Bestellers (§ 650b BGB). Für weitere Details s. die Kommentierung zu §§ 650a ff. BGB.

5 Die neuen Verträge bleiben im Kern Werkverträge und es ist Werkvertragsrecht anwendbar, wo das neue Bauvertragsrecht nichts Spezielles vorschreibt (vgl. § 650a Abs. 1 S. 2 BGB, § 650q Abs 1 BGB, § 650u Abs. 1 S. 2, Abs. 2 BGB.). Den Verträgen bleibt also trotz Aufteilung in Werkvertrag und werkvertragsähnliche Verträge der Leistungsaustausch von Werk gegen Vergütung immanent.

---

1 Motive zum BGB Bd. II, S. 470.

2 Im ersten Entwurf waren solche Verträge noch Gegenstand einer eigenen Regelung gewesen; vgl. Motive II, S. 506; später wurden beide Vorschriften zusammengefasst; vgl. Prot. II, S. 309.

3 BGBl. I S. 330.

4 Zur Reform des Werkvertragsrechts s. Peters, NZBau 2002, 113; zur Entwicklung des Werkvertragsrechts seit der Schuldrechtsreform s. Popescu, NZBau 2012, 137.

5 BGH, Versäumnisurt. v. 24.01.2002 – VII ZR 196/00, NZBau 2002, 329; BGH, Urt. v. 09.01.2003 – VII ZR 181/00, BGHZ 153, 279 = NZBau 2003, 214.

6 Gesetz zur Sicherung von Werkunternehmeransprüchen und zur verbesserten Durchsetzung von Forderungen (Forderungssicherungsgesetz – FoSiG) vom 23.10.2008, BGBl. I S. 2022.

7 Gesetz zur Reform des Bauvertragsrechts, zur Änderung der kaufrechtlichen Mängelhaftung, zur Stärkung des zivilprozessualen Rechtsschutzes und zum maschinellen Siegel im Grundbuch und Schiffsregisterverfahren vom 28.04.2017, BGBl. 2017 I 969.

8 Busche, ZfPW 2018, 285; Leinemann, NJW 2017, 3113; die Forderung nach der Kodifikation eines besonderen Bauvertragsrechts erhob schon Nicklisch, JZ 1984, 757, 764 ff.; ders., NJW 1985, 2361, 2370.

Es wird jedoch durch die eigenständige Regelung der Vertragstypen die Natur des Werkvertrags in den §§ 650a ff. BGB in Teilbereichen modifiziert.[9]

3. Mehrparteien-Allianzverträge

a) Einführung

Die Errichtung **komplexer Großprojekte** mittels einer Vielzahl von Werkverträgen wird trotz Neuschaffung der §§ 650a ff. BGB vielfach als unbefriedigend wahrgenommen. Viele große Projekte leiden an **Termin- und Budgetüberschreitungen** und hinterlassen unzufriedene Beteiligte. **Problemursachen** sind bekannt: Unzureichende Bedarfsermittlung und Definition der Projektziele führen häufig zu unrealistisch geringer Budgetierung und falscher Abschätzung des Terminrahmens. Hinzu kommen positionsaufbauendes Risikomanagement, strikte Trennung von Planung und Ausführung, eine oft von Misstrauen geprägte Projektkultur sowie (Anti-)Claim-Mangement statt funktionierender Regularien zur Entscheidungsfindung und effizienter Konfliktlösungsmechanismen.[10] 6

In jüngerer Zeit ist daher vermehrt von sog. Mehrparteien-Allianzverträgen (auch bloß Allianzverträge, *Alliancing Contracts* oder Mehrparteienverträge) zur Lösung der beschriebenen Probleme die Rede.[11] Diese bislang gesetzlich nicht ausdrücklich geregelten Verträge sollen insbesondere bei komplexen (Groß-)Bauprojekten Anwendung finden und eine **Alternative zu traditionellen Vertragsmodellen** bieten. Es geht darum, die Vielzahl bilateraler Vertragsverhältnisse großer Bauprojekte durch Abschluss eines gemeinsamen Mehrparteienvertrags aufzulösen und durch gemeinsame finanzielle Anreize die Kooperation der Parteien zu verbessern (»miteinander statt gegeneinander«). Hiermit soll auf die oft beklagten Nachtragsstreitigkeiten und Kostenexplosionen reagiert werden, indem ein »**Kulturwandel**«[12] in der Baubranche auch vertraglich abgebildet wird. Der Kern der Neuerungen ist eine frühzeitige **Integration aller (wesentlichen) Projektparteien** bereits in der Projektplanung, welche bis zur Fertigstellung aufrechterhalten wird. Hierfür wird ein Vertrag zwischen mindestens Bauherr, Planer und Generalunternehmer abgeschlossen. Auch die Einbeziehung weiterer (Sub-) Unternehmer ist möglich. 7

Um eine produktive und partnerschaftliche Kultur bei der Herstellung des Bauwerks zu begünstigen, wird eine neuartige **Projektabwicklungsform** um den Mehrparteien-Allianzvertrag herum entwickelt. Für eine bessere Projekterrichtung wird nicht nur allein der rechtliche Aspekt des Projekts betrachtet, sondern daneben gleichermaßen auch das Zusammenspiel des Vertrags mit der Umgangskultur, der Projektorganisation und den technischen Werkzeugen wie *Building Information Modeling*[13] (*BIM*).[14] Die enge Verzahnung von ökonomischen, technischen und juristischen Erkenntnissen führt zu der Ansicht, dass die Ausgestaltung des Vertrags nur eine von mehreren Stellschrauben für den Erfolg des Bauprojekts ist. In Deutschland wird daher vermehrt die Bezeichnung »**integrierte Projektabwicklung (IPA)**«[15] verwendet. Neben der Verwendung eines Mehrparteien-Allianzvertrags wird 8

9 Zum Ganzen MüKo-BGB/Busche, § 631 Rn. 8; v. Rintelen, in: Messerschmidt/Voit, BGB, § 631 Rn. 15a.

10 S. nur die Ausführungen des Arbeitskreis XI des 7. Deutschen Baugerichtstags am 4./5. Mai 2018, abgedruckt in BauR 2018, 1574, 1574 ff.

11 Grundlegend Warda, Die Realisierbarkeit von Allianzverträgen im deutschen Vertragsrecht, 2020; s. aus dem jüngeren Schrifttum Boldt, NZBau 2019, 547; Dauner-Lieb, NZBau 2019, 339; Eschenbruch/ Leupertz, BIM und Recht, Kap. 13 Rn. 1 ff.; Ritter, BauW 2017, 80.

12 Dauner-Lieb, NZBau 2019, 339, 341; Leupertz, BauR 2/2018, Editorial.

13 Erläuterungen zu BIM m.w.N. finden sich etwa bei Eschenbruch/Elixmann, BauR 2015, 745; Fischer/ Jungedeitering, BauR 2015, 8.

14 Riemann/Sander, BauW 2019, 143, 145; Schlabach, Untersuchungen zum Transfer der australischen Projektabwicklungsform Project Alliancing auf den deutschen Hochbaumarkt, 2013, S. 2.

15 Boldt, NZBau 2019, 547; auch das *German Lean Construction Institute*, die *Initiative TeamBuilding* und der *Deutsche Baugerichtstag* verwenden diese Bezeichnung, vgl. www.glci.de/IPA, zuletzt abgerufen am 10.03.2020.

bei IPA auch eine partnerschaftliche Kultur befördert. Damit wird anerkannt, dass der eigentliche Vertrag nur einer der Bestandteile eines erfolgreich durchgeführten Projekts ist. Er hat die Projektabwicklung zu unterstützen und geeignete Regelungen zur Kommunikation und Problemlösung zu bieten, soll jedoch nicht die Herstellung behindern oder bremsen.

b) Herkunft

9 Mehrparteien-Allianzverträge stammen aus dem **anglo-amerikanischen Rechtsraum**, wo seit den 1970er Jahren infolge mehrerer Krisen in der Baubranche intensiv nach neuen Projektabwicklungsformen gesucht wurde. Es ging insbesondere darum, Konflikte und die Verschwendung von Zeit und Ressourcen zu minimieren und dadurch das Projektergebnis insgesamt zu verbessern. Namentlich in **Großbritannien**[16], **Australien**[17] und den **USA**[18] bildeten sich verschiedene Formen von Projektabwicklungsformen unter Verwendung von Mehrparteien-Allianzverträgen. Diese tragen zwar unterschiedliche Bezeichnungen, haben sich jedoch gegenseitig beeinflusst oder aus der jeweils anderen Projektabwicklungsform entwickelt. Es sind daher gemeinsame Kerninhalte zu erkennen.[19]

aa) Project Partnering

10 Das aus Großbritannien stammende *Project Partnering*[20] findet seine bedeutendste Ausformung in den »PPC 2000«-Verträgen, welche im Jahr 2000 von *Prof. David Mosey* konzipiert wurden.[21] In diesen Musterverträgen sind Grundsätze des auch in Deutschland bekannten *Partnerings* integriert, erweitert und durch einen Mehrparteienvertrag für alle Beteiligten zugleich anwendbar.[22] Sie wurden aus mehreren Gutachten entwickelt, welche die Regierung Großbritanniens in Auftrag gab, um Gründe und Lösungsmöglichkeiten für Stagnation in der Baubranche zu finden.[23] Diese Gutachten waren eine Reaktion auf die Zuspitzung der wirtschaftsschädlichen Lage bei Bauprojekten in Großbritannien in den 1970er und 1980er Jahren. Aufgrund von Preiskämpfen kam es immer wieder zu sogenannten *»cut-throat-biddings«*[24], um Wettbewerber preislich auszustechen. Die somit erzielten niedrigen Preise mussten oft durch Nachträge ausgeglichen werden, um noch auskömmlich zu sein. Die daraus resultierenden Streitigkeiten während laufender Bauvorhaben führten fast zwangsläufig zu Zeit- und damit Budgetüberschreitungen. Die Gutachter stellten fest, dass fehlende Kooperation, gegensätzliche Interessen und eine übermäßige Streitkultur der Grund für die Ineffizienz der Baubranche waren. Ziel der Reformbestrebungen war es daher, die übermäßig verfolgten Individualinteressen aller Baubeteiligten gemeinsam auf das Projekt zu lenken. Es wurde mit dem PPC 2000 ein Vertragsrahmen geschaffen, in dem das Verhalten mehrerer Parteien durch ein gemeinsam vereinbartes **Leistungs- und Anreizsystem** gelenkt wird. *Project Partnering* wird oft definiert als »…two or more organisations working together to improve performance through agreeing mutual objectives, devising a way for resolving any disputes and committing themselves to continuous improvement, measuring progress and sharing gains.«[25].

16 *Project Partnering.*
17 *Project Alliancing.*
18 *Integrated Project Delivery (IPD).*
19 Warda, Die Realisierbarkeit von Allianzverträgen im deutschen Vertragsrecht, 2020, S. 157 ff.
20 Grundlegend CIC, A Guide to Project Partnering; Mosey, PPC 2000.
21 Veröffentlicht wurde PPC 2000 von der *Association of Consultant Architects.*
22 Vgl. Arup, Partnering Contract Review.
23 Latham, Constructing the Team (Latham Report), 1994; Egan, Rethinking Construction (Egan Report 1), 1998; ders., Accelerating Change (Egan Report 2), 2002.
24 Vgl. Egan, Rethinking Construction (Egan Report 1), 1998, S. 31.
25 Egan, Rethinking Construction (Egan Report 1), 1998, S. 9.

bb) Project Alliancing

Als erstes Bauvorhaben unter Verwendung von *Project Alliancing*[26] gilt der Bau einer Ölförderanlage durch *British Petroleum* in der Nordsee im Jahr 1992.[27] Bei diesem Projekt wurde neben den Individualverträgen eine zusätzliche Mehrparteienvereinbarung zwischen allen Beteiligten getroffen. In dieser vereinbarten die Parteien eine gemeinsame Untersuchung und Bewertung der Projektrisiken. Entsprechend der gefundenen und bewerteten Risiken wurden Risiko und Nutzen des Projekts in einem sog. »painshare/gainshare« finanziell nach Quoten aufgeteilt. Hierdurch sollte das riskante Projekt effizienter durchgeführt werden, indem die Beteiligten eine gemeinsame finanzielle Motivation erhielten. Die Zusatzvereinbarung verdeutlicht exemplarisch für alle Projektabwicklungsformen den eigentlichen Kern der Neuerungen: Durch eine neuartige Vergütungsstruktur werden die Interessen aller Parteien in die gleiche Richtung gelenkt. Die Art der Vergütung bewirkt, dass Handeln zum Besten des Projekts und damit der **Erfolg des Projekts** im allgemeinen Interesse ist. Hierdurch wird Kooperation systemimmanent gefördert. Nach erfolgreicher Durchführung des Projekts setzte sich *Project Alliancing* vor allem Mitte der 2000er in Australien Jahre durch und wird seitdem vor allem von Bauherren der öffentlichen Hand angewendet.[28] *Project Alliancing* basiert heutzutage im Wesentlichen darauf, dass durch einem gemeinsamen Vertrag mehrere Parteien unter **vollständig geteilter Haftung** und **Ausschluss jeglichen Rechtswegs** (»no blame, no claim« bzw. »no fault, no blame«[29]) an einem Projekt arbeiten, welches in der Regel aus dem Bereich der Infrastruktur stammt. Die diesen Vorhaben immanente Ungewissheit über Störungen oder neue technische Entwicklungen soll dadurch begegnet werden, dass durch gemeinsame Entscheidungsfindung und darauf basierender gemeinsamer Haftung keine Partei Individualinteressen verfolgt, sondern die Risikoteilung zu effektiver Zusammenarbeit führt.[30] 11

cc) Integrated Project Delivery (IPD)

Die als *Integrated Project Delivery* – kurz *IPD* – bezeichnete Projektabwicklungsform stammt in seiner Reinform aus den USA, wo sie bereits 2003 als Methode zur gemeinsamen Entwicklung komplexer Dienstprogramme für Computersysteme diente.[31] Heute wird *IPD* vorwiegend für Bauvorhaben verwendet und wurde hierfür in einer Reihe von Musterverträgen (z.B. *ConsensusDOCS*[32] oder *AIA*[33]) niedergelegt. Anlass für die Schaffung von *IPD* war, ähnlich wie in anderen Ländern, ein Umsatzrückgang in der Baubranche und erkanntes Verbesserungspotenzial in den Bereichen **Kooperation, Verschwendungsvermeidung und der Nutzung technischer Fortschritte**. *IPD* basiert, ähnlich wie andere integrative Projektabwicklungsformen, auf einer frühen Integration aller wesentlichen Beteiligten durch gemeinsame Validierung und Planung. So soll Vertrauen geschaffen und die Kooperation der Beteiligten befördert werden. Eine Motivation zum gemeinsamen Vorgehen und ein Gefühl der Zusammengehörigkeit schafft dabei ein System von geteilten Chancen und Risiken. Regelmäßig wird ein sogenannter »Risk Pool« geschaffen, welchem Geld für die Begleichung erhöhter Kosten entnommen wird und dessen Überschüsse nach Ende des Projekts verteilt werden. Mehr noch als bei anderen Projektabwicklungsformen wird die Projekterrichtung unter *IPD* durch technische Werkzeuge und Methoden wie ***BIM*** und ***Lean Construction*** unterstützt. *IPD* kann definitiert werden als »...a project delivery method distinguished by a contractual agreement between 12

26 Grundlegend Ross, Introduction to Project Alliancing; Schlabach, Project Alliancing.

27 Sakal, Project Alliancing, S. 68 f.

28 Australian Government, Department of Infrastructure and Regional Development (Hrsg.), National Alliance Contracting Guidelines – Guide to Alliance Contracting, 2015, S. 28.

29 Australian Government, Department of Infrastructure and Regional Development (Hrsg.), National Alliance Contracting Guidelines – Guide to Alliance Contracting, 2015, S. 19.

30 Vgl. Lahdenperä, Construction Management and Economics, 2012, 57, 60.

31 Lahdenperä, Construction Management and Economics, 2012, 57, 61.

32 ConsensusDocs (Hrsg.), ConsensusDocs 300 – Standard Multi-Party Integrated Project Delivery (IPD) Agreement, Revised 2015.

33 American Institute of Architects (Hrsg.), AIA Document A295, AIA Document C191.

a minimum of the owner, design professional and builder, where risk and reward are shared and stakeholder success is dependent on project success.«[34].

c) Verwendung auf dem europäischen Festland

13 Seit einigen Jahren sind Projektabwicklungsformen unter Verwendung von Mehrparteien-Allianzverträgen auch auf dem europäischen Festland in Theorie und Praxis angekommen. Insbesondere in **Finnland** wurden schon mehrfach Projektabwicklungsformen mit Mehrparteien-Allianzverträgen nach dem Vorbild des australischen *Project Alliancing* erfolgreich verwendet.[35] Trotz Bedenken aufgrund strenger Risikoteilung, Haftungs- und Klageausschlüssen und dem öffentlichen Vergaberecht wurde das Projekt »Tampere Lakeside-Tunnel« zu Finnlands bestem Bauprojekt im Jahr 2016 gewählt.[36] Weitere Projekte aus dem Bereich öffentlicher Infrastruktur- und Tunnelbauprojekte sind in Planung oder werden bereits durchgeführt.[37]

14 In **Deutschland** fand bereits um die Jahrtausendwende herum eine intensive Beschäftigung mit partnerschaftlichen Abwicklungsmodellen statt, insbesondere mit *Partnering*- und *GMP*-Verträgen.[38] Diese konnten sich jedoch wegen mangelnder Verbindlichkeit oder Risikoverlagerung auf Nachunternehmer nicht als Standard durchsetzen. In der Folgezeit erschienen frühe Abhandlungen zu Mehrparteien-Allianzverträgen.[39] Diese befassten sich mit dem australischen *Project Alliancing*, führten in der Praxis jedoch nicht zu einer verbreiteten Anwendung von Mehrparteien-Allianzverträgen. Mehr noch als in der Rechtswissenschaft wurden Mehrparteien-Allianzverträge und die neuen Projektabwicklungsformen hingegen in den baubetrieblichen und bauwirtschaftlichen Veröffentlichungen untersucht.[40] Erst seitdem der neugegründete Arbeitskreis XI des 7. Deutschen Baugerichtstags vom 4./5. Mai 2018 in mehreren Thesen die Schaffung eines Mehrparteienvertrags nach ausländischem Vorbild und die Aufnahme ins BGB durch den Gesetzgeber forderte,[41] werden Mehrparteien-Allianzverträge auch in der baurechtlichen Öffentlichkeit an vielen Stell en diskutiert.[42] Mittlerweile werden in Deutschland bereits diverse **Projekte** im System des Mehrparteienvertrages durchgeführt, so dass auf Basis der dortigen Realisierungserfolge (oder Misserfolge) beurteilt werden kann, ob die allseits gewünschte Änderung der Projektabwicklungskultur tatsächlich zu einer Verbesserung gegenüber der herkömmlichen Abwicklung führt.

15 Auch in **Österreich**, der **Schweiz** und **anderen Ländern Europas** werden und wurden bereits Pilotprojekte durchgeführt. So wurde bspw. das Gemeinschaftskraftwerk Inn im schweizerisch-österreichischen Grenzgebiet mittels eines »Allianzvertrags« errichtet.[43] Aufgrund unterschiedlicher Regelungsdichte und Vorgaben im privaten Baurecht stellen sich dabei teilweise andere Rechtsfragen als im deutschen Recht.

---

34 Cohen, Integrated Project Delivery: Case Studies, 2010, S. 4.

35 Überblick über verschiedene Projekte bei Lahdenperä, Project Alliance.

36 Vgl. Merikallio, in: Fiedler, Lean Construction – Das Managementhandbuch, S. 305.

37 Petäjäniemi/Lahdenperä, Alliance Contracting – How do we make it in Finland, S. 20–26; Schlabach, in: Fiedler, Lean Construction – Das Managementhandbuch, S. 293 ff.

38 Biebelheimer/Wazlawik, BauR 2001, 163; Grünhoff, NZBau 2000, 313; Oberhauser, BauR 2000, 1397.

39 Eschenbruch, BauR 2012, 1323; Gehle/Wronna, BauR 2007, 2; Rosenbauer, Partnering und Alliancing, 2009; Weinberger, Alliancing Contracts im deutschen Rechtssystem, 2010.

40 Heidemann, Kooperative Projektabwicklung im Bauwesen unter der Berücksichtigung von Lean-Prinzipien, 2011; Schlabach, Untersuchungen zum Transfer der australischen Projektabwicklungsform Project Alliancing auf den deutschen Hochbaumarkt, 2013.

41 Thesen abgedruckt in BauR 2018, 1574, 1588.

42 Breyer, Partnering Modelle – ein internationaler Vergleich, in Berner: Planen, Errichten und Betreiben – Digitalisierung im Bau. 4. Internationaler BBB-Kongress, Tagungsband, S. 165 ff.; Eschenbruch/Leupertz, BIM und Recht, Kap. 13 Rn. 1 ff.; Warda, Die Realisierbarkeit von Allianzverträgen im deutschen Vertragsrecht, 2020.

43 Mitteregger/Wäger, Allianzvertrag am GKI, online abrufbar unter https://www.tiwag.at, zuletzt abgerufen am 10.03.2020.

d) Inhalte

Es gibt nicht »den einen Mehrparteienvertrag«. Jede Projektabwicklungsform mit Mehrparteien-Allianzverträgen hat andere Schwerpunkte. Insofern verwundert es nicht, dass es im Ausland **zahlreiche verschiedene Mehrparteien-Allianzverträge** mit stellenweise variierenden Inhalten gibt. Verschiedene Verträge sehen unterschiedlich abgestufte Risikoteilung, Vergemeinschaftung zusätzlicher Gewinne oder Haftungsausschlüsse vor. Ebenso unterscheiden sich die Verträge im Grad der Nutzung technischer Hilfsmittel wie *BIM* oder der Ausgestaltung der Konfliktlösung. 16

Es lassen sich jedoch auch einige **allgemeine Inhalte** feststellen, die in jedem Mehrparteien-Allianzvertrag aufzufinden sind.[44] Dies verwundert nicht, haben sich verschiedene Projektabwicklungsformen mit Mehrparteien-Allianzverträgen doch gegenseitig beeinflusst und sind über die Jahre weiterentwickelt worden. Im Folgenden sollen daher wichtige vertragliche Regelungen dargestellt werden, die in nahezu jedem Mehrparteien-Allianzvertrag anzutreffen sind. Es soll nicht unerwähnt bleiben, dass jeder dieser Verträge für ein individuelles Projekt abgeschlossen wird und daher Regelungen variieren können. Je nach Anforderungen des Projekts, Art der Zusammenarbeit und Vorgaben des nationalen Rechts sind Modifikationen möglich und üblich. 17

- Prägend ist zunächst für alle Modelle die **frühzeitige Prozessintegration** aller wesentlichen Projektbeteiligten. Auch wesentliche ausführende Unternehmen werden mit ihrer Expertise bereits in die Planung eingebunden.[45] 18
- Durch die frühzeitige Einbindung aller wesentlichen Beteiligten werden ein effizienteres **Risikomanagement** und eine nachhaltigere Risikoverteilung möglich.
- Vor der Risikoverteilung steht die zunächst **neutrale Risikoidentifizierung**, die Frage nach der tatsächlichen Reduzierbarkeit. Auf dieser Grundlage werden die dann noch verbleibenden Risiken auf diejenigen Parteien verteilt, die am ehesten fähig sind, diese Risiken zu beherrschen. Auftretende Probleme beseitigt derjenige, der am besten damit umgehen kann, nicht, wer am schwächsten verhandelt.
- Entstandene Kosten werden häufig auf alle Beteiligten verteilt, um ein Bewusstsein für ein Erfordernis der Kooperation zu schaffen.[46] Zentral sind weiterhin innovative **Vergütungsmodelle**: Vorgesehen ist eine anteilige Teilhabe aller Beteiligten an finanziellen Gewinnen und Einbußen im Vergleich zum anfangs festgelegten Zielpreis, abhängig von der Performance als Team (***Painshare/Gainshare***). Je effizienter und vollständiger die Ziele des Bauherrn erreicht werden, desto mehr partizipieren die Beteiligten an Wertschöpfung und Einsparungen.[47] Bei schlechter Performance des gesamten Teams sinken hingegen auch die jeweiligen Gewinnbeträge.[48]
- Infolge der Fokussierung auf den Projekterfolg rückt die Kooperation in den Vordergrund. **Kooperationspflichten** werden ausdrücklich in den Vertrag aufgenommen, die Verletzung von Kooperationspflichten wird mit Sanktionen belegt.
- Konstruktive und vertrauensvolle Zusammenarbeit erfordert eine Fehlerkultur, die sich auch juristisch auswirkt: Wer zu viel Angst vor Haftung hat, neigt zu allzu großer Vorsicht und vermeidet kreative Lösungen und unbequeme Entscheidungen. Ein wesentlicher Bestandteil von Mehrparteienverträgen ist daher häufig ein **Haftungsausschluss für fahrlässige Fehler**, insbesondere in der Planungsphase.[49]

---

44 Umfassende Darstellung bei Warda, Die Realisierbarkeit von Allianzverträgen im deutschen Vertragsrecht, 2020, S. 164 ff.

45 Ritter, BauW 2017, 80, 84.

46 Vgl. Gehle/Wronna, BauR 2007, 2, 4; Sundermeier/Schlenke, in: Jahrbuch Baurecht 2012, Kap. 4.2.1, S. 197.

47 Ritter, BauW 2017, 80, 85.

48 Gehle/Wronna, BauR 2007, 2, 5; Schlabach, Untersuchungen zum Transfer der australischen Projektabwicklungsform Project Alliancing auf den deutschen Hochbaumarkt, 2013, S. 35.

49 Ashcraft, Negotiating an Integrated Project Delivery Agreement, S. 29; Breyer, Partnering Modelle – ein internationaler Vergleich, in Berner, Planen, Errichten und Betreiben – Digitalisierung im Bau, 4. Int. BBB-Kongress, Tagungsband, S. 165, 170; Ritter, BauW 2017, 80, 85.

- Zentraler Inhalt des Mehrparteienvertrags sind weiterhin **Instrumente einer fortlaufenden Anpassung** des Projekts an sich ändernde Umstände, die Flexibilität ermöglichen. Hierzu treten in regelmäßigen Abständen Entscheidungsgruppen aus fachlich versierten und entscheidungsbefugten Mitarbeitern jedes Beteiligten zusammen. Es erfolgen dabei nur gemeinsame Entscheidungen der Kernbeteiligten im Sinne des Projektes.
- Wesentlicher Bestandteil sind schließlich **Instrumente der konstruktiven Streitbeilegung** im Vorfeld formaler juristischer Auseinandersetzungen vor staatlichen Gerichten oder vor Schiedsgerichten. Häufig vorgesehen sind Konfliktlösungen mit Vertretern aller Beteiligten in den Entscheidungsgruppen. Die gemeinsame Motivation zur schnellen und einvernehmlichen Beilegung liegt in der Chance, den eigenen Bonusanteil (***Gainshare***) als Teil der Vergütung zu erhöhen.[50]
- Schließlich wird regelmäßig die Nutzung **moderner Managementtools** wie *BIM* oder *Lean Construction* im Mehrparteienvertrag als Pflichtenbestandteil vereinbart.[51]

e) Meistdiskutierte Rechtsfragen

19 **Rechtssicherheit** ist ein entscheidender Maßstab für den Willen der Parteien, neue Verträge wie den Mehrparteien-Allianzvertrag zu vereinbaren. Bislang ist die kooperative Zusammenarbeit unter einem einzelnen Mehrparteien-Allianzvertrag noch wenig bekannt in Deutschland. Neben einigen ersten Pilotprojekten finden sich noch keine auswertbaren Anwendungsbeispiele. Studien haben u.a. offene Fragen bzgl. der rechtlichen Rahmenbedingungen als Umsetzungshemmnis erkannt.[52] Auch Rechtsprechung existiert zu Mehrparteien-Allianzverträgen noch nicht. Für rechtliche Fragen ist daher noch keine Richtung vorgeschrieben. Das deutsche Baurecht befindet sich in einer **frühen Phase der Adaption** ausländischer Vertragsmodelle auf dem deutschen Markt. Dabei sind die Entwicklungen im Fluss und die Diskussion über Wirksamkeit, Ausgestaltung und Effektivität einzelner Varianten in vollem Gange.[53]

aa) Allgemeines

20 In einem Mehrparteien-Allianzvertrag werden **traditionelle bilaterale Strukturen aufgelöst.** An die Stelle von Haftung und Eigennutz treten Anreizmechanismen und der Fokus auf den Projekterfolg. Der Schwerpunkt liegt auf Kooperation und einer positiven Fehlerkultur von Vertragsschluss an. Die starke Fokussierung auch auf außervertragliche Elemente, das Verhalten der Parteien untereinander, erfordert in vielen rechtlichen Fragen eine andere Herangehensweise. Jede Partei gibt ein Stück ihrer bisherigen vermeintlichen Sicherheit auf, da der gewünschte Erfolg wandelbar ist und Verluste stellenweise gemeinsam getragen werden. Statt abgrenzbarer Beiträge und Schuldzuweisung tritt im Mehrparteien-Allianzvertrag das gemeinsame Interesse an einer erhöhten Vergütung in den Vordergrund. Da die höchstmögliche Vergütung nur durch Erreichung aller Bauherrenziele erreicht werden kann, entfällt der traditionelle Interessengegensatz bilateraler Verträge für Bauprojekte. Die kooperative Herangehensweise und der anfangs noch unbestimmte Erfolg werfen Fragen insb. hinsichtlich des Vergaberechts, der Rechtsnatur und der Wirksamkeit und Bedeutung von Haftungserleichterungen auf.

---

50 Breyer, Partnering Modelle – ein internationaler Vergleich, in Berner, Planen, Errichten und Betreiben – Digitalisierung im Bau, 4. Int. BBB-Kongress, Tagungsband, S. 165, 168.

51 Für eine vertiefende Darstellung der Synergien einer Vereinbarung von Mehrparteienverträgen bei der Anwendung von BIM s. Eschenbruch/Leupertz, BIM und Recht, Kap. 13 Rn. 39–43.

52 Haghsheno/Budau/Lippl, in: FS Eschenbruch, S. 126 ff. (These 6).

53 In der Praxis finden zahlreiche Konferenzen und Veranstaltungen zu Mehrparteien-Allianzverträgen und integrierter Projektabwicklung (IPA) statt, s. etwa www.glci.de, zuletzt abgerufen am 17.03.2020.

bb) Vergaberecht

21 Zahlreiche Großprojekte werden durch die **öffentliche Hand** vergeben. Der Vereinbarkeit des Mehrparteien-Allianzvertrags mit dem Vergaberecht kommt daher besondere Bedeutung zu.[54] Während die privatrechtliche Vergabe regelmäßig unproblematisch möglich ist, ergeben sich bei Projekten der öffentlichen Hand besondere Anforderungen aufgrund der Bindung u.a. an die VOB/A, das GWB und die VgV. Als grundlegender Konflikt erweist sich die **anfängliche Unbestimmtheit** der Leistungen und Kosten im Mehrparteien-Allianzvertrag: Das deutsche und das europäische Vergaberecht erfordern ein Mindestmaß wertbarer Elemente und überprüfbarer Zuschlagskriterien. Ganz entscheidendes Kriterium ist mit regelmäßig 70 % oder mehr der Preis. Bei einem Mehrparteien-Allianzvertrag kann der Preis jedoch zu Anfang nur eine geringe Rolle spielen, da das konkrete Projekt und damit auch die Kosten hierfür erst nach der Vergabe gemeinsam im Detail erarbeitet werden sollen. In finnischen Projekten wird daher tlw. von einer Bedeutung des Preises nur i.H.v. 25 % der Gesamtwertung berichtet.[55] Des Weiteren ist es erforderlich, im Sinne einer sorgfältigen Parteiauswahl die Fähigkeit zu Kooperation und Umsetzung des »best-for-project«-Gedankens in den Vergabekriterien abzubilden.

22 Keinen vergaberechtlichen Bedenken begegnen hingegen der Abschluss eines Vertrags zwischen **drei oder mehr Parteien**, die Erstellung eines **Projektbudgets** oder **Haftungsausschlüsse in der Planungsphase.**[56] Zu diesen Fragen ist jedoch, ebenso wie zu anderen Fragen rund um Mehrparteien-Allianzverträge, bislang noch keine Rechtsprechung ergangen. Zwar wurden in Finnland Projekte nach Vorbild von *Project Alliancing* durchgeführt und nicht durch europäisches Vergaberecht verhindert.[57] Es besteht jedoch die Möglichkeit, dass ohne eine Änderung des deutschen Vergaberechts durch den Gesetzgeber die »weichen« Kriterien des Mehrparteien-Allianzvertrags einer Vergabe durch die öffentliche Hand (noch) im Weg stehen. Dies gilt zumindest für strenge Wettbewerbe mit schwer nachprüfbaren Kriterien wie bei *Project Alliancing.*

cc) Rechtsnatur

23 Mittels eines Mehrparteien-Allianzvertrags soll, ebenso wie mit einem Werk- bzw. Bauvertrag, ein Bauwerk errichtet werden. Es werden dabei jedoch teils erheblich andere Regelungen getroffen, etwa bzgl. Risikoverteilung, Hauptpflichten oder Anzahl der Vertragspartner. Daher stellt sich die Frage, welchen Vertragstyp ein Mehrparteien-Allianzvertrag darstellt. **Relevanz** erlangt diese Frage hinsichtlich Lückenfüllung, dem Verfahren bei Leistungsstörungen und der AGB-Kontrolle.[58]

24 Der deutsche Jurist ist geneigt, sich neuartigen Entwicklungen im Vertragsrecht über die bereits kodifizierten Vertragstypen anzunähern, wie dies etwa bei der Entwicklung von Leasingvertrag oder Factoringvertrag geschehen ist. Der **Werkvertrag** passt ganz offensichtlich nicht unmittelbar:[59] Beim Werkvertrag besteht die vertragstypische Leistung in einem durch Arbeit oder Dienstleistung herbeizuführenden Erfolg. Der Eintritt dieses Erfolgs ist Voraussetzung für die vereinbarte Vergütung. Wird der Erfolg nicht vollständig oder mangelhaft erzielt, liegt darin eine Pflichtverletzung, die Gewährleistung- und Schadensersatzansprüche auslösen kann. Planungsänderungen während der

54 Hierzu und im Folgenden Boldt, NZBau 2019, 547, 547 ff.

55 Rantatunneli Alliance Leadership Team, Value for Money Report, 2014, S. 16, online verfügbar unter www.vayla.fi.

56 Boldt, NZBau 2019, 547, 551 ff.; auch in Österreich wird die vergaberechtliche Vereinbarkeit bejaht, Deutschmann, Ein Allianzvertrag für österreichische Bauprojekte, 2017, S. 172.

57 Vgl. Petäjäniemi/Lahdenperä, Alliance Contracting: How do we make it in Finland, 2012, abrufbar unter www.netlipse.eu.

58 Zum Ganzen Warda, Die Realisierbarkeit von Allianzverträgen im deutschen Vertragsrecht, 2020, S. 183 ff.

59 Zu den im Rahmen einer sog. Integrierten Projektabwicklung (IPA) mit Mehrparteienvertrag bestehen bleibenden *bilateralen* werkvertraglichen Pflichten (z.B. Abnahme der Leistungen der Unternehmer durch den Besteller) siehe Fuchs/Leuering, NZBau 2022, 499 (505).

Vertragslaufzeit im Hinblick auf den zu erbringenden Erfolg sind in diesem Modell (mit Ausnahme des Anordnungsrechts des Bestellers nach § 650b Abs. 2 BGB) nicht vorgesehen. Der Gesetzgeber geht davon aus, dass die maßgeblichen Parameter des Vertrags bei Vertragsschluss und vor Beginn der Realisierung des Werks grundsätzlich endgültig ausgehandelt und festgelegt sind. Der grundsätzlich statische Charakter des Werkvertrags ist wenig empfänglich für fortlaufende, dynamische Anpassungen an ungewisse Entwicklungen. Auch findet im Mehrparteien-Allianzvertrag die Planung gemeinsam und erst nach Abschluss des Vertrags statt. Ein mit diesen Vorgaben abgeschlossener Werkvertrag wäre wohl mangels Bestimmtheit des Erfolgs unwirksam. Zudem ist die Kooperationspflicht der Parteien des Werkvertrags keine den Vertrag prägende Hauptpflicht, sondern eine Nebenpflicht im eigenen Interesse der Parteien.[60]

25 Beim **Dienstvertrag** ist im Gegensatz zum Werkvertrag kein Erfolg, sondern nur die bloße Tätigkeit geschuldet. Auch dies wird den vertraglichen Beziehungen in einem komplexen Bauprojekt nur sehr begrenzt gerecht. Zwar erscheint es denkbar, in der Planungsphase das erforderliche Expertenwissen auf der Basis von Dienstverträgen zur Erbringung Dienste höherer Art einzukaufen. Solche Dienstverträge lägen im Ausgangspunkt auf der Linie von Verträgen mit Ärzten oder Rechtsanwältinnen, die eben keine Werkverträge sind, weil ein bestimmter Erfolg (der Operation, des Prozesses) eben nicht justiziabel versprochen werden kann, weil sein Eintritt vom Dienstleister nicht sicher beherrscht wird. Im Übrigen sollen die bei der Realisierung eines Bauprojektes Beteiligten Vertragspartner ohnehin zu mehr verpflichtet werden, als zu bloßer Tätigkeit auf Anweisung. Informations- und Kooperationspflichten sieht das gesetzliche Dienstvertragsrecht ohnehin nicht ausdrücklich vor.[61]

26 Nicht ganz fernliegend ist die Einordnung eines Mehrparteien-Allianzvertrags als **BGB-Gesellschaft**. Immerhin arbeiten alle Beteiligten unbeschadet ihrer Individualinteressen gemeinsam an der Planung und Realisierung des Projektes. Auch in der Literatur wird teilweise das Vorliegen einer BGB-Gesellschaft angenommen, meist unter Verweis auf die Verfolgung des gemeinsamen Zwecks »Projekterrichtung«.[62] Es erscheint aber bereits zweifelhaft, ob dies schon die üblichen Anforderungen an einen gemeinsamen Zweck erfüllt, der konstitutives Merkmal für die BGB-Gesellschaft ist. Bei aller Differenzierung im Detail besteht Einigkeit, dass das Merkmal des gemeinsamen Zwecks erfordert, dass die Vertragsparteien darin übereinkommen, bestimmte Interessen und Ziele zu verfolgen, um dadurch einen gemeinsamen Erfolg zu erzielen. Dabei wird allgemein das Element der Übereinstimmung der Interessenrichtung betont. In komplexen Bauprojekten verfolgt jedoch jeder Beteiligte jenseits des gemeinsamen Ziels in erster Linie sehr eigennützige Interessen. Außerdem entsprechen die gesetzlichen Regelungen über Vertretung, Geschäftsführung, Gesamthandsvermögen, Gesellschaftsanteil, Auseinandersetzung und auch die vom BGH anerkannte persönliche Haftung aller Gesellschafter nicht den Interessen der Beteiligten. Sie wollen sich nicht in eine gemeinsame Institution unter hierarchischer Leitung integrieren; vielmehr geht es darum, die Beteiligten in einem Netzwerk so zu verbinden, dass die einzelnen Netzknoten bei Wahrung ihrer Unabhängigkeit zum Wohle des Ganzen zusammen wirken.[63] Hierdurch soll aber die Grundstruktur des Austauschs von Leistung gegen Vergütung nicht angetastet werden, sondern die Beteiligten wollen lediglich ihren Leistungsaustausch effizienter gestalten und Verschwendungen minimieren. Der Mehrparteien-Allianzvertrag ist daher in seiner typischen Ausgestaltung nicht als BGB-Gesellschaft einzuordnen.[64] Anders kann dies jedoch je nach konkreter Ausgestaltung sein, wenn ausdrücklich eine Gesellschaft

60 Warda, Die Realisierbarkeit von Allianzverträgen im deutschen Vertragsrecht, 2020, S. 227 f.

61 7. Deutscher Baugerichtstag v. 04./05.05.2018, Deutscher Baugerichtstag e.V., Thesen des AK XI, S. 72.

62 Gehle/Wronna, BauR 2007, 2, 6 ff.; Ritter, BauW 2017, 80, 82; Schuhmann, ZfBR 2012, 9, 12.

63 7. Deutscher Baugerichtstag v. 04./05.05.2018, Deutscher Baugerichtstag e.V., Thesen des AK XI, S. 72.

64 Ebenso und für einen Vertrag sui generis Boldt, NZBau 2019, 547, 548; Eschenbruch/Leupertz, in: BIM und Recht, Kap. 13 Rn. 43; Warda, Die Realisierbarkeit von Allianzverträgen im deutschen Vertragsrecht, 2020, S. 312; siehe auch Fuchs/Leuering, NZBau 2023, 499 (505), die im Falle einer sog. Integrierten Projektabwicklung mittels Mehrparteienvertrag je nach vertraglicher Ausgestaltung in der Regel zwar das Entstehen einer rechtsfähigen BGB-Außengesellschaft ablehnen, wohl aber von einer Innengesellschaft der Parteien ausgehen, bei der zudem werkvertragliche Vertragspflichten der Parteien

gegründet wird oder die Parteien die gemeinsamen Leistungen und Interessen vollständig vergemeinschaften. Dies ist bei einzelnen Varianten des *Project Alliancing* denkbar. Für den Regelfall eines Mehrparteien-Allianzvertrags liegt jedoch keine BGB-Gesellschaft vor.

27 Ein Mehrparteien-Allianzvertrag entspricht damit regelmäßig keinem der in Betracht kommenden Vertragstypen des BGB. In Deutschland gilt jedoch im Ausgangspunkt Vertragsfreiheit, sodass eine Neuerfindung eines **Vertrags sui generis** mittels § 311 Abs. 1 BGB möglich ist.[65] Niemand ist gehindert, einen atypischen »Allianzvertrag sui generis« zu entwickeln, der die Besonderheiten komplexer Bauvorhaben, insbesondere die Notwendigkeit einer kooperativen Vernetzung aller Beteiligten, von vorneherein adressiert und regelt. Ein solcher neuer Vertragstyp, eine Verbindung von beispielsweise werkvertraglichen und gesellschaftsrechtlichen Elementen mit neuen Zielen und Inhalten, kann sowohl für einzelne Projekte individuell gestaltet werden, als auch von vorneherein abstrakt-generalisierend Standards für eine Vielzahl von Verträgen setzen. Im Ausgangspunkt spricht nichts dagegen, einen vertraglichen Rahmen zu schaffen, der zum frühestmöglichen Zeitpunkt Verfahrensregeln für die Zusammenarbeit, die Entscheidungsfindung, gemeinschaftsbezogene Vergütung, Haftungsbegrenzung, Konfliktlösung und Verfahren, adressiert und zudem akzeptiert, dass ungewisse Entwicklungen eine flexible Anpassung erfordern. Zentral ist dabei, dass die Kooperation zu einer den Vertrag charakterisierenden Hauptleistungspflicht und im Wege der Haftungsbegrenzung eine Fehlerkultur als Voraussetzung für konstruktive Lösungen ermöglicht wird. Die erfolgreichen Vorbilder aus dem Ausland bieten dabei Anregungen für die Grundzüge und Einzelheiten entsprechender Vertragsgestaltung.

dd) Haftungserleichterungen

28 Mehrparteien-Allianzverträge nutzen **Anreizsysteme** (*Gainshare/Painshare*) **statt** Angst vor **Haftung** zur Motivation der Parteien. Haftung in Form von Nacherfüllung und Schadensersatz ist auch diesen Verträgen aber nicht fremd.[66] Der Unterschied liegt in der Zielrichtung und der Häufigkeit ihrer Durchsetzung. Da Fehlerkosten, gemeinsam getragene Risiken und ineffiziente Arbeit letztlich durch Aufzehrung des Projektbudgets die Vergütung für alle Beteiligten verringern, werden Sekundärrechte nur dort »gegeneinander« eingesetzt, wo sie dem Projekt nutzen. Dies ist etwa der Fall, wenn ein bauausführender Unternehmer abredewidrig von den Planungen abweicht oder eine deliktische Schädigung vorliegt. Für andere Risiken, wie etwa Verzug eines Nachunternehmers, steht regelmäßig das Projektbudget ein und der Gewinn der Parteien verringert sich mittelbar. Die Parteien teilen also solche Risiken mittelbar über eine Verringerung ihrer Vergütung.

29 Darüber hinaus werden in der Regel **Haftungsausschlüsse für fahrlässige Planungsfehler** vereinbart.[67] Diese entfalten erhöhte Relevanz im Mehrparteien-Allianzvertrag, da alle Parteien gemeinsam planen. Die Fachplaner werden von Unternehmern und dem Bauherrn mit ihrem jeweils spezifischen know-how unterstützt. Die Haftungsausschlüsse folgen dem Gedanken, dass eine Partei, die im Zweifel für jeden Fehler bei der Arbeit haftet, eher gar nichts tut, als kreative Ideen zu entwickeln. Problematisch sind Haftungsausschlüsse in diesem Umfang nach der Rspr. des BGH jedoch dort, wo sie für die sog. **Kardinalpflichten**[68] des Vertrags vereinbart werden. Hiernach darf ein Haftungsausschluss für leichte Fahrlässigkeit »nicht zur Aushöhlung von vertragswesentlichen Rechtspositionen des Vertragspartners führen, etwa weil sie ihm solche Rechte wegnimmt oder einschränkt, die ihm der Vertrag nach seinem Inhalt und Zweck gerade zu gewähren hat«[69]. Es ließe sich zwar argumen-

---

nur, aber immerhin bilateral bestehen können, z.B. die Abnahmeverpflichtung des Bestellers gegenüber dem Unternehmen.

65 MüKo-BGB/Emmerich, § 311 Rn. 24.

66 Warda, Die Realisierbarkeit von Allianzverträgen im deutschen Vertragsrecht, 2020, S. 172 f.

67 Boldt, NZBau 2019, 547, 552 f.

68 BGH, Urt. v. 20.07.2005 – VIII ZR 121/04, BGHZ 164, 11 = NJW-RR 2005, 1496; BGH, Rechtsentscheid v. 24.10.2001 – VIII ARZ 1/01, BGHZ 149, 89 = NJW 2002, 673.

69 BGH, Urt. v. 20.07.2005 – VIII ZR 121/04, BGHZ 164, 11 = NJW-RR 2005, 1496.

tieren, dass der Haftungsausschluss zur Verbesserung der gemeinsamen Planung führt und daher seinerseits konstitutiv für die Zusammenarbeit in einem Mehrparteien-Allianzvertrag ist. Er höhlte danach keine Rechte aus, sondern ermöglichte sie durch effektive Zusammenarbeit erst. Der BGH geht in seiner Rspr. jedoch über dieses Kriterium hinaus und verbietet auch einen Haftungsausschluss für eine Pflicht »deren Erfüllung die ordnungsgemäße Durchführung des Vertrags überhaupt erst ermöglicht und auf deren Einhaltung der Vertragspartner regelmäßig vertraut und vertrauen darf«[70]. Hierunter fällt die Pflicht zur gemeinsamen Planung in einem Mehrparteien-Allianzvertrag, genauso wie die Kooperationshauptpflicht. Ein Haftungsausschluss für diese Pflichten könnte in AGB daher von der Rspr. als unangemessen benachteiligend und damit unwirksam angesehen werden. Mangels Rspr. zu Mehrparteien-Allianzverträgen bleibt allerdings eine gewisse Unklarheit, ob der BGH zu kooperativen Verträgen für komplexe Bauprojekte genauso entscheiden wird, wie zu traditionellen bilateralen Verträgen. Eine klare Zielrichtung ist hier noch nicht festgelegt und es ist vorerst Aufgabe der **Kautelarpraxis**, eine angemessene Risikoverteilung und Haftungsausschlüsse in Verträgen zu vereinbaren.

III. Die Einbeziehung der VOB/B

30 Bis zum 01.01.2018 existierte kein gesetzliches Bauvertragsrecht und privates Baurecht bestand bis zu diesem Zeitpunkt aus einem Flickenteppich von Gerichtsurteilen und Kommentarliteratur.[71] Schon 1926 beschloss daher der Reichsverdingungsausschuss (RVA) die Schaffung der Vergabe- und Vertragsordnung für Bauleistungen (VOB), welche in ihren Teilen A, B und C verschiedene Aspekte der Beschaffung durch die öffentliche Hand, die vertraglichen Regelungen und technische Vertragsbedingungen regelt.

31 Bedeutung erlangt insbesondere die **VOB/B**, da sie im Gegensatz zu den §§ 631 ff. BGB viele für Bauverträge entscheidende Vertragsinhalte ausdrücklich regelt. Hierzu gehören insbesondere eine Prüf- und Hinweispflicht für den Auftragnehmer, um sich seiner Ansprüche zu erhalten (§§ 4 Abs. 3, 13 Abs. 3 VOB/B) und ein Anordnungsrecht des Auftraggebers (§ 1 Abs. 3 und 4 VOB/B). Die VOB/B wird vom Deutschen Vergabe- und Vertragsausschuss für Bauleistungen (DVA) herausgebracht und wurde zuletzt in der Ausgabe von 2016 veröffentlicht.[72]

32 Die VOB/B ist **AGB** im Sinne des § 305 Abs. 1 BGB.[73] Der BGH hat insbesondere der Einordnung als (Rechts-)Norm widersprochen.[74] Wie jede AGB muss sie gemäß § 305 Abs. 1 BGB ausdrücklich oder durch schlüssiges Verhalten in den Vertrag einbezogen werden. § 310 Abs. 1 S. 3 BGB sieht dann eine sog. Gesamtprivilegierung bei Einbeziehung der unveränderten VOB/B in den Vertrag vor. Dies bedeutet, dass bei unveränderter Einbeziehung eine Inhaltskontrolle anhand von § 307 Abs. 1, 2 BGB nicht stattfindet.[75]

33 Trotz der enormen Verbreitung der VOB/B regen sich Stimmen, welche durch die Einführung des neuen Leitbilds des Bauvertrags in § 650a BGB an der Möglichkeit einer **wirksamen Einbeziehung** zweifeln oder einen Bedarfsschwund sehen.[76] Für weitere Einzelheiten zur VOB/B s. die Kommentierung der §§ 650a ff. BGB oder die Nachweise in der umfangreichen Kommentarliteratur[77].

---

70 BGH, Urt. v. 20.07.2005 – VIII ZR 121/04, BGHZ 164, 11 = NJW-RR 2005, 1496.

71 S. hierzu und im Folgenden Kniffka, in: ibr-OK BGB, Einf. v. § 631 Rn. 44 ff.; Leupertz/v. Wietersheim, in: Ingenstau/Korbion/Leupertz/v. Wietersheim, VOB-Kommentar, Einl. Rn. 7 ff.

72 Leupertz, in: NK-BGB, Anh. zu §§ 631–651, Rn. 7 ff.

73 StRspr BGH, Urt. v. 16.12.1982 – VII ZR 92/82, BGHZ 86, 135 = NJW 1983, 816; BGH, Urt. v. 10.06.1999 – VII ZR 365/98, BGHZ 142, 46 = NJW 1999, 3260; BGH, Urt. v. 24.07.2008 – VII ZR 55/07, BGHZ 178, 1 = NZBau 2008, 640.

74 BGH, Urt. v. 02.10.1997 – VII ZR 44/97, NJW-RR 1998, 235.

75 Grüneberg/Retzlaff, BGB, Einf. v. § 631 Rn. 5.

76 Koenen, BauR 2018, 1033; Langen, NZBau 2019, 10.

77 Neben den Nachweisen aus diesem Kapitel s. etwa Ganten/Jansen/Voit, Beck'scher VOB-Kommentar; Jansen/Kandel/Preussner, VOB/B; Kapellmann/Messerschmidt, VOB-Kommentar; Jansen/Seibel, VOB/B.

B. Systematik des Werkvertragsrechts

Das Werkvertragsrecht in seiner Fassung seit dem 01.01.2018 befindet sich unter der Überschrift »Werkvertrag und ähnliche Verträge« in Titel 9 des BGB. Untertitel 1 beinhaltet einen allgemeinen Teil für alle **Werkverträge** (§§ 631–650), sowie als besondere Formen der Werkverträge den Bauvertrag (§§ 650a–650h) und den Verbraucherbauvertrag (§§ 650i–650n). In § 650o ist zudem zum Schutz von Verbrauchern halbseitig zwingend die Abweichung von § 640 Abs. 2 S. 2, den §§ 650i–650l und § 650n im Verbraucherbauvertrag untersagt. Untertitel 2 bis 4 befassen sich mit **dem Werkvertrag »ähnlichen Verträgen«**. Dies sind der Architekten- und Ingenieurvertrag (§§ 650p–650t), der Bauträgervertrag (§§ 650u–651) und der Pauschalreisevertrag (§§ 651a–651y). Diese Verträge stehen den Werkverträgen inhaltlich sehr nahe und sind erfolgsbezogen, unterscheiden sich jedoch in wesentlichen Aspekten von den §§ 631–650o. Der Gesetzgeber sah insbesondere bei den bislang nicht ausdrücklich gesetzlich geregelten Architektenverträgen auch die Möglichkeit einer stellenweisen Anwendung des Dienstvertragsrechts, was die Rechtsunsicherheit eines »gemischten Vertrags« mit sich brächte.[78] Er hat den Architekten- und Ingenieurvertrag daher eigenständig neben den Werkverträgen geregelt.[79] 34

Aufgrund des Auffangcharakters der §§ 631–650 bleiben diese auf alle Werkverträge, also auch **Bauverträge** und **Verbraucherbauverträge**, anwendbar, soweit die ergänzenden Vorschriften der §§ 650a ff. nichts anderes bestimmten (vgl. etwa § 650a Abs. 1 S. 2). Auf alle Werkverträge sind damit §§ 631–650 anwendbar, im Einzelfall ergänzt um §§ 650a–650h bzw. §§ 650i–650n. Weniger allgemein finden die §§ 631–650 auf den **Architekten- und Ingenieurvertrag** nur über die Verweisnorm des § 650q Abs. 1 Anwendung, soweit die §§ 650p–650t nichts anderes regeln. Auf den **Bauträgervertrag** finden bzgl. der Errichtung und des Umbaus die Vorschriften des Untertitels 1 (§§ 631–650o) gemäß § 650u Abs. 1 S. 2 Anwendung. Allerdings sehen §§ 650u Abs. 2, 650v bestimmte Ausnahmen vor.[80] 35

C. Kennzeichen des Werkvertrags

I. Erfolgsbezogenheit

Gegenstand des Werkvertrags ist gemäß § 631 Abs. 2 BGB ein durch Arbeit oder Dienstleistung herbeizuführender »Erfolg«. Geschuldet ist damit nicht die Dienstleistung allein, sondern zusätzlich **ein von der Dienstleistung zu trennendes Ergebnis** der Leistungsanstrengungen des Unternehmers.[81] Letztlich geht es darum, welcher Vertragspartner das finanzielle Risiko für das Fehlschlagen der Erfolgsherbeiführung trägt. Welcher **Art** der geschuldete »Erfolg« sein kann, wird durch das Gesetz nicht näher definiert. Ausdrücklich genannt wird die Herstellung oder Veränderung einer Sache. Herstellung meint die Schaffung einer neuen, vorher nicht existierenden Sache, auch durch Zusammenfügung oder Umbildung vorhandener Sachen (z.B. Errichtung eines Gebäudes auf einem Grundstück). Zu beachten ist freilich, dass Verträge über die Herstellung oder Erzeugung beweglicher Sachen grundsätzlich dem Kaufrecht unterliegen (§ 650 S. 1 BGB). Die Rspr. nimmt die Abgrenzung anhand des Schwerpunkts des Vertrags vor.[82] Ein Werkvertrag liegt vor, wenn der Schwerpunkt in der Montage oder sonstigen Verschaffung der Sache liegt. Kriterien sind hierbei die Art des zu liefernden Gegenstands, das Wertverhältnis von Lieferung und Montage sowie weitere Besonderheiten des geschuldeten Ergebnisses.[83] Der Erfolg kann außerdem in der Veränderung einer Sache bestehen. Hierunter fallen Verträge, die auf die Herbeiführung eines bestimmten Zustandes 36

78 BT-Drucks. 18/8486, S. 66.
79 Grüneberg/Retzlaff, BGB, Einf. v. § 631 Rn. 3.
80 Zum Ganzen Oberhauser, in: Leupertz/Preussner/Sienz, BGB, Vorbem. §§ 631 ff. Rn. 1 f.
81 BGH, Urt. v. 16.07.2002 – X ZR 27/01, BGHZ 151, 330 = NJW 2002, 3323; BGH, Versäumnisurt. v. 06.06.2013 – VII ZR 355/12, NJW 2013, 3022.
82 BGH, Urt. v. 02.06.2016 – VII ZR 348/13, BauR 2016, 1478 (fest eingebaute Photovoltaikanlage); BGH, Urt. v. 22.12.2005 – VII ZR 183/04, BGHZ 165, 325 = NZBau 2006, 237 (Ausbauhaus).
83 BGH, Urt. v. 03.03.2004 – VIII ZR 76/03.

der Sache gerichtet sind (z.B. im Falle des Reparaturvertrags die Wiederherstellung der Funktionsfähigkeit der Sache).[84] Der Veränderungsbegriff ist weit zu verstehen und erfasst auch Verträge, deren Zweck die Erhaltung eines bestehenden Zustandes, also die Abwehr drohender Veränderungen der Sache ist (z.B. bei Wartungsverträgen).[85]

37 Die Erweiterung des Anwendungsbereiches auf Verträge, in denen »ein anderer Erfolg« geschuldet ist, hat hauptsächlich Bedeutung für Verträge, die auf die **Herstellung eines unkörperlichen Werkes** gerichtet sind.[86] Hierzu zählen die Fälle, in denen das Werk lediglich als Abbildung in der Gedankenwelt existiert und es an jeder gegenständlichen Beziehung fehlt (z.B. Theateraufführungen, Konzerte, Informationen im Rahmen eines Beratungsvertrags). Eine Zwischenstellung nehmen Verträge ein, bei denen das nichtkörperliche Werk zumindest in einem Sachsubstrat eine Verkörperung findet (z.B. Fotoaufnahmen, Baupläne des Architekten, auf einer Festplatte gespeicherte Software). Hier dient die Verkörperung allerdings im Regelfall lediglich dazu, den Transfer des Werkes auf den Besteller zu ermöglichen, damit dieser den nach dem Vertrag vorausgesetzten Gebrauch machen kann.

II. Besonderheiten der rechtlichen Ausgestaltung

38 Die **Erfolgsbezogenheit** des Werkvertrags wird in den Einzelregelungen der §§ 631 ff. BGB verdeutlicht. So wird der Anspruch auf den Werklohn erst mit der Abnahme durch den Besteller fällig (§ 641 Abs. 1 BGB) bzw. – sofern eine Abnahme ausgeschlossen ist – mit Vollendung des Werkes (§ 646 BGB). Den Unternehmer trifft also eine Vorleistungspflicht. Erst wenn er das geschuldete Werk vollständig und vertragsgemäß (§ 633 Abs. 1 BGB) hergestellt und verschafft hat, kann er die Gegenleistung verlangen. Bis zur vollständigen Herstellung trifft ihn darüber hinaus das Risiko, den Anspruch auf die Gegenleistung zu verlieren oder erneut leisten zu müssen, wenn das Werk verschlechtert wird oder untergeht. Erst mit der Abnahme oder mit Eintritt des Annahmeverzuges geht die Gefahr auf den Besteller über (§ 644 BGB).

39 Andererseits hat der Werkvertrag auch **Dienstleistungscharakter**. Inhalt der Leistungspflicht des Unternehmers ist eben nicht nur die bloße Herstellung und Verschaffung des Werkes, also das Ergebnis seiner Leistungsanstrengungen, sondern bereits die Dienstleistung selbst. Dieser Pflichtencharakter kommt bereits in § 631 Abs. 2 BGB zum Ausdruck, wenn als Gegenstand des Werkvertrags ein »durch Arbeit oder Dienstleistung herbeigeführter Erfolg« bezeichnet wird. Auch andere Vorschriften bringen den Dienstleistungscharakter deutlich zum Ausdruck oder modifizieren den reinen Erfolgsbezug des Werkvertrags (vgl. § 650p Abs. 1 BGB). Hält der Unternehmer seine Arbeitskraft sowie seine unternehmerische Organisation bereit, scheitert die Herstellung des Werkes aber an der mangelnden Mitwirkung des Bestellers, so steht dem Unternehmer ein Entschädigungsanspruch als Ausgleich für die vergeblichen Leistungsanstrengungen zu (§ 642 BGB). Auch das Bedürfnis nach einer Sicherung des Werklohnanspruchs des Unternehmers (§§ 647, 650e, 650f BGB) erklärt sich daraus, dass der Unternehmer mit dem Beginn der Herstellung des Werkes zumindest in das Erfüllungsstadium eintritt, auch wenn dieses grundsätzlich erst mit der Abnahme oder der Vollendung des Werkes abgeschlossen ist.

D. Abgrenzung zum Dienstvertrag

40 Infolge inhaltlicher und praktischer Überschneidungen bereitet in der Praxis vor allem die Abgrenzung des Werkvertrags vom Dienstvertrag Schwierigkeiten.[87] Der Dienstvertrag gehört wie der Werkver-

84 OLG Karlsruhe, Urt. v. 08.05.1992 – 10 U 341/91, NJW-RR 1992, 1014.

85 BGH, Versäumnisurt. v. 06.06.2013 – VII ZR 355/12, NJW 2013, 3022 (Winterdienst); BeckOK BGB/Voit, § 631 Rn. 9.

86 MüKo-BGB/Busche, § 631 Rn. 2.

87 S. zur Abgrenzung grundlegend BGH, Urt. v. 16.07.2002 – X ZR 27/01, BGHZ 151, 330 = NJW 2002, 3323; Greiner, AcP 211 (2011), 221 ff.; aus jüngerer Zeit etwa KG, Urt. v. 19.12.2023 – 21 U

trag zu den Verträgen, die eine Tätigkeit zum Gegenstand haben. Im Ausgangspunkt ist freilich die Trennlinie zwischen beiden Vertragstypen vergleichsweise klar zu umschreiben: Gegenstand des Dienstvertrags ist die **Dienstleistung als solche**, Gegenstand des Werkvertrags hingegen ist das Werk oder das **Ergebnis der Dienstleistung**. Dementsprechend wird die Vergütung beim Dienstvertrag für die Arbeitstätigkeit, beim Werkvertrag hingegen für das Arbeitsprodukt versprochen.[88] Bei genauerem Hinsehen ist die Grenzlinie allerdings nicht so eindeutig wie es scheint. So schuldet schließlich auch der Dienstverpflichtete nicht nur irgendwelche »subjektiven Bemühungen«. Vielmehr soll die Dienstleistung nach Zweck und Inhalt des Vertrags regelmäßig ebenfalls zu einem bestimmten Erfolg führen. Jeder Vertragspartner verfolgt mit dem Abschluss eines jeden Vertrags irgendeinen Zweck, sodass im Vorliegen und dem Inhalt des Zwecks allein noch kein Abgrenzungskriterium zu sehen ist. So erwartet der Mandant bei Abschluss des Vertrags mit seinem Rechtsanwalt, dass dessen Prozessführung zu einem Obsiegen in der gerichtlichen Auseinandersetzung führt. Mitunter können sogar dieselben Tätigkeiten mit demselben Endzustand als Ziel sowohl im Rahmen eines Dienst- als auch im Rahmen eines Werkvertrags verrichtet werden. Abhängig von der Risikotragung für die Erfolgserreichung kann bspw. ein Rechtsanwalt nach Dienstvertragsrecht als Prozessvertreter tätig werden oder nach Werkvertragsrecht die Erstellung eines Rechtsgutachtens schulden.[89]

Trotz dieser fließenden Übergänge ist das Merkmal der Erfolgsbezogenheit, das »Erfolgsversprechen«, 41 auch in der Abgrenzung zum Dienstvertrag der geeignete Anknüpfungspunkt für die Bestimmung des Anwendungsbereiches der werkvertraglichen Vorschriften. Darf der »Auftraggeber« die Unterschrift des »Auftragnehmers« unter den Vertrag nach dem maßgeblichen objektiven Empfängerhorizont (§§ 133, 157 BGB) so verstehen, dass der »Auftragnehmer« nicht nur ordnungsgemäße Tätigkeit nach allen Regeln der Kunst zusagt, sondern gerade für ein darüber hinausgehendes Endergebnis, ein mangelfreies Werk, einstehen will, und zwar grundsätzlich verschuldensunabhängig?[90] Dabei sind allerdings als entscheidendes Kriterium die **Rechtsfolgen** zu betrachten, die sich bei beiden Vertragstypen ergeben, wenn der angestrebte Erfolg nicht erreicht wird.[91] Dienst- und Werkvertrag unterscheiden sich dabei vor allem in der Zuweisung der Leistungs- und Vergütungsgefahr.[92] Beim Werkvertrag trägt der Unternehmer das Risiko der zufälligen Verschlechterung und des Unterganges des Werkes grundsätzlich bis zur Fertigstellung (§ 644 BGB). Gelingt es ihm nicht, dem Besteller das Werk in vertragsgemäßem Zustand zu verschaffen, so ist er gemäß §§ 634 Nr. 1, 635 BGB zur Nacherfüllung verpflichtet, ohne dass es darauf ankommt, ob er den Mangel des Werkes zu vertreten hat. Demgegenüber gibt es beim Dienstvertrag keine verschuldensunabhängige Nachbesserungspflicht oder sonstige Gewährleistungshaftung des Dienstverpflichteten. Sofern er die Dienstleistung so durchführt, wie es nach Inhalt und Zweck des Vertrags von einem sorgfältigen Dienstverpflichteten erwartet werden kann, entstehen ihm daher im Falle des Fehlschlagens seiner Leistungsbemühungen grundsätzlich keine Nachteile.[93] Mangels anfänglicher Bestimmung einer exakt definierten »Soll-Beschaffenheit« der Leistung beim Dienstvertrag wäre die Anwendung von Gewährleistungsrechten auch mit erheblichen Unsicherheiten verbunden. Gerät der Dienstberechtigte aber in Annahmeverzug, scheitert also die Erbringung der Dienstleistung, obwohl der Dienstpflichtige zur Leistung bereit und in der Lage ist (§ 297 BGB), so hat der Dienstpflichtige einen Vergütungsanspruch, ohne zur Nachholung der Dienste verpflichtet zu sein (§ 615 S. 1 BGB).

Die Gegenüberstellung der Rechtsfolgen zeigt, dass das **Risiko des Fehlschlagens der Leistungs-** 42 **anstrengungen** beim Werkvertrag allein den Unternehmer trifft, während dieses Risiko beim Dienstvertrag allein vom Dienstberechtigten zu tragen ist. Da die Bestimmung der für den Vertrag cha-

24/23, BauR 2024, 1408, 1408 f.

88 V. Rintelen, in: Messerschmidt/Voit, BGB, § 631 Rn. 2.

89 Vgl. BGH, Urt. v. 20.10.1964 – VI ZR 101/63, NJW 1965, 106.

90 Vgl. Berger in: FBS, 3. Aufl. 2022, vor §§ 650p ff. Rn. 53.

91 BGH, Urt. v. 09.12.1974 – VII ZR 182/73, BGHZ 63, 306 = NJW 1975, 305.

92 MüKo-BGB/Busche, § 631 Rn. 16; Oberhauser, in: Leupertz/Preussner/Sienz, BGB, § 631 Rn. 5–7.

93 BeckOK BGB/Baumgärtner, § 611 Rn. 53.

rakteristischen Leistung Sache der Vertragsparteien ist, kommt es für die Einordnung als Dienst- oder Werkvertrag maßgeblich auf die folgende Frage an: Ist nach dem Parteiwillen der Eintritt des Erfolgs als Vertragszweck geschuldet und soll damit der Schuldner das Risiko des Nichteintrittes des Erfolges tragen (Werkvertrag) oder soll sich die Leistungspflicht in der Erbringung der Dienstleistung erschöpfen und ist dem Gläubiger das Risiko zugewiesen, dass die Dienstleistung nicht zu dem gewünschten Ergebnis führt (Dienstvertrag)?[94] Hierfür ist nicht allein der Inhalt der geschuldeten Tätigkeit maßgeblich. Vielmehr sind sämtliche Umstände des Einzelfalles zur Ermittlung des Willens der Vertragsparteien heranzuziehen.[95] Von Bedeutung ist insbesondere die Frage, wie wahrscheinlich nach der Vorstellung der Parteien der Eintritt des gewünschten Erfolges ist bzw. ob und inwieweit der Schuldner auf den Eintritt des Erfolges Einfluss nehmen kann.[96] Je mehr der Erfolg von Umständen abhängt, die nicht zuverlässig vorhersehbar und auch vom Unternehmer nicht zu beeinflussen sind, umso eher muss davon ausgegangen werden, dass der Unternehmer das Erfolgsrisiko nicht übernehmen will, so dass folglich von einem Dienstvertrag auszugehen ist. Dies gilt insbesondere, wenn die für die Leistung des Schuldners zu entrichtende Vergütung allein nach dem zu erwartenden Aufwand bemessen ist. Dagegen kann es trotz Ungewissheit des Erfolgseintrittes für einen Werkvertrag sprechen, wenn die Vergütung einen besonderen Risikozuschlag oder eine Risikoprämie enthält.[97] Es kommt also maßgeblich auf den jeweiligen Rechtsbindungswillen der Parteien an.[98] Das »Ziel« des Vertrags allein ist kein Abgrenzungskriterium, da dieses Ziel in Werk- und Dienstvertrag gleich ausgestaltet sein kann und nur die Risikotragung für dessen Erreichung den Unterschied darstellt.

43 Ein gewichtiges Indiz für die Einordnung als Dienst- oder Werkvertrag ist außerdem, ob die Parteien davon ausgehen, dass der Schuldner **seine Leistungsanstrengungen erst mit dem Eintritt des angestrebten Erfolges** einstellen darf. Für einen Werkvertrag spricht es etwa, wenn die Parteien die zu erledigende Aufgabe und den Umfang der Arbeit konkret festlegen.[99] In diesem Falle trifft den Schuldner nämlich zugleich das Risiko, dass zur Erreichung des Erfolges größere oder länger dauernde Leistungsanstrengungen notwendig sind als ursprünglich geplant. Für das Vorliegen eines Dienstvertrags spricht es hingegen, wenn es sich um eine allgemeine fortlaufende Tätigkeit ohne klar umrissenes Ende handelt[100] oder wenn dem Verpflichteten das Recht zustehen soll, seine Tätigkeit nach einem gewissen Zeitraum unabhängig von dem Ergebnis seiner Bemühungen zu beenden.[101]

44 Weitere Abgrenzungskriterien in Literatur und Rspr. sind darüber hinaus die **Mitwirkungspflichten und -obliegenheiten** des Dienstherrn (vgl. § 615 BGB) bzw. des Bestellers (vgl. §§ 642 f. BGB), die Stellung von **Sicherheiten** für Forderungen aus dem Vertrag (nur für den Werkvertrag, §§ 647, 650e, 650f BGB), die unterschiedlichen **Kündigungsmöglichkeiten** im Dienstvertrag (§§ 620–628 BGB) und im Werkvertrag (§§ 648, 648a, 650f Abs. 5 BGB) und die wirtschaftliche und rechtliche Selbstständigkeit des Schuldners der Sachleistung.[102] Stets erforderlich ist eine Gesamtbetrachtung aller Umstände, vor allem des Vertragswortlauts und der Art des Zustandekommens des Vertrags. Infolge dieser komplexen Abwägung zahlreicher Kriterien ist in der Praxis der Ansatz zu erkennen,

---

94 BGH, Urt. v. 19.06.1984 – X ZR 93/83, NJW 1984, 2406; BGH, Urt. v. 16.07.2002 – X ZR 27/01, BGHZ 151, 330 = NJW 2002, 3323.

95 BGH, Urt. v. 16.07.2002 – X ZR 27/01, BGHZ 151, 330 = NJW 2002, 3323.

96 BGH, Urt. v. 16.07.2002 – X ZR 27/01, BGHZ 151, 330 = NJW 2002, 3323; Oberhauser, in: Leupertz/Preussner/Sienz, BGB § 631 Rn. 7.

97 BGH, Urt. v. 16.07.2002 – X ZR 27/01, BGHZ 151, 330 = NJW 2002, 3323.

98 BGH, Urt. v. 16.07.2002 – X ZR 27/01, BGHZ 151, 330 = NJW 2002, 3323.

99 Vgl. BGH, Urt. v. 01.02.2000 – X ZR 198/97, NJW 2000, 1107 = BauR 2000, 1196.

100 BGH, Urt. v. 18.10.2001 – III ZR 265/00, NJW 2002, 595; BGH, Urt. v. 01.02.2000 – X ZR 198/97, NJW 2000, 1107 = BauR 2000, 1196.

101 BGH, Urt. v. 26.11.1959 – VII ZR 120/58, BGHZ 31, 224 = NJW 1960, 431.

102 BGH, Urt. v. 04.06.1970 – VII ZR 187/68, NJW 1970, 1596; BGH, Urt. v. 20.10.1964 – VI ZR 101/63, NJW 1965, 106; MüKo-BGB/Busche, § 631 Rn. 11 ff.; Grüneberg/Retzlaff, BGB, Einf. v. § 631 Rn. 7, 10.

eine konventionelle Einordnung nach gelebter Tradition vorzunehmen und somit Rechtsunsicherheit vorzubeugen.[103]

E. Einordnung einzelner baurechtlicher Vertragsverhältnisse

I. Anlagenvertrag

Die vertragliche Einordnung des Anlagenvertrags ist **streitig.** Manche sehen in einem Vertrag über die Errichtung von fertigen (Industrie-)Anlagen einen **reinen Werkvertrag.**[104] Andere meinen, dass es sich um einen **Geschäftsbesorgungsvertrag mit Werkvertragscharakter** handele.[105] Eine dritte Ansicht nimmt an, dass der Anlagenvertrag einen **Typus eigener Art** darstelle, der sich keinem der gesetzlich geregelten Vertragstypen ohne weiteres zuordnen lasse.[106] 45

Im Falle der Einordnung (auch) als Werkvertrag ist Bauvertragsrecht nach den §§ 650a ff. BGB anwendbar, wo dessen Voraussetzungen vorliegen (vgl. die Kommentierung zu § 650a BGB).[107] 46

II. Architekten- und Ingenieurvertrag

S. Kommentierung zu § 650p BGB und § 650q BGB. 47

III. Baubetreuungsvertrag

Der Baubetreuungsvertrag verpflichtet den sog. Baubetreuer zur wirtschaftlichen Vorbereitung oder Durchführung von Bauvorhaben **im fremden Namen für fremde Rechnung** (vgl. § 34 Abs. 1 S. 1 Nr. 3b GewO). Der Baubetreuer handelt dabei gewerbsmäßig als Vertragspartner des Betreuten. Anders als beim Bauträgervertrag (Baubetreuungsvertrag im weiteren Sinne) ist möglicher **Inhalt** des Baubetreuungsvertrags (im engeren Sinne) die Planung, Errichtung, Aufsicht und Abrechnung eines Bauvorhabens auf einem u.U. noch zu erwerbenden Grundstück des Betreuten für den Betreuten.[108] Hauptleistung des Baubetreuers ist also eine organisatorische Betreuungstätigkeit. Nur der Betreute selbst wird dabei Vertragspartner aller für die Durchführung des Bauvorhabens verpflichteten Personen, z.B. der Bauhandwerker.[109] 48

Der Baubetreuungsvertrag in **Vollbetreuung** ist ein **Werkvertrag mit Elementen der Geschäftsbesorgung** (§ 675 BGB).[110] Hierbei übernimmt der Baubetreuer umfassend die organisatorischen und wirtschaftlichen Maßnahmen zur Bewirkung der Bauherstellung. Ihn treffen bei Durchführung der wirtschaftlichen Betreuung z.B. Auskunfts- und Rechenschaftspflichten nach § 666 BGB, da das Auftragsrecht anwendbar ist.[111] Anders als beim Generalunternehmervertrag schuldet er dabei nicht selbst die Errichtung des Bauvorhabens. Der Baubetreuer haftet entsprechend den für die Architektenhaftung entwickelten Grundsätzen.[112] 49

---

103 Peters/Jacoby, in: Staudinger, BGB (2014), Vorb. zu §§ 631 ff. Rn. 28; ebenso v. Rintelen, in: Messerschmidt/Voit, BGB, § 631 Rn. 6.

104 BeckOK BGB/Voit, § 631 Rn. 13; differenzierend MüKo-BGB/Busche, § 631 Rn. 117.

105 Grüneberg/Retzlaff, BGB, Einf. v. § 631 Rn. 21.

106 Lotz, BauR 2011, 746, 753.

107 Vgl. BeckOK BGB/Voit, § 631 Rn. 13.

108 MüKo-BGB/Busche, § 631 Rn. 133.

109 BGH, Urt. v. 17.01.1980 – VII ZR 42/78, BGHZ 76, 86 = NJW 1980, 992.

110 Vgl. BGH, Urt. v. 17.04.1991 – IV ZR 112/90, BauR 1991, 475; MüKo-BGB/Busche, § 631 Rn. 134; Kniffka, in: ibr-OK BGB, Einf. v. § 631 Rn. 115.

111 BGH, Urt. v. 13.02.1975 – VII ZR 78/73, NJW 1975, 869 = BauR 1975, 203.

112 BGH, Urt. v. 13.07.2000 – VII ZR 139/99, BauR 2000, 1762; BGH, Urt. v. 30.06.1994 – VII ZR 116/93, BGHZ 126, 326 = NJW 1994, 2825.

50 Ist hingegen lediglich eine wirtschaftliche Organisation und Betreuung, sog. **Teilbetreuung** geschuldet, rückt der Vertrag vom Erfolgscharakter des Werkvertrags ab. Es ist dann von einem **Dienstvertrag mit Elementen der Geschäftsbesorgung** auszugehen.[113]

IV. Bauträgervertrag

51 S. Kommentierung zu § 650u BGB.

V. Bauvertrag

52 S. Kommentierung zu § 650a BGB.

VI. Mehrparteien-Allianzvertrag

53 Der Mehrparteien-Allianzvertrag ist nach teilweise vertretener Auffassung Gesellschaft bürgerlichen Rechts[114], nach anderer Ansicht Vertrag *sui generis*[115]. Einigkeit herrscht darüber, dass er infolge wesentlich anderer Ausgestaltung der Pflichten, Risiken und Erfolgsbestimmtheit kein Werkvertrag ist. Richtigerweise hängt die genaue Einordnung wohl von der Ausgestaltung im Einzelfall, insbesondere dem Überwiegen von Austauschleistungen und der jeweiligen Risikoverteilungen ab. Für mehr Details s. oben die Kommentierung zu Mehrparteien-Allianzverträgen.

VII. Projektsteuerungsvertrag

54 Beim Projektsteuerungsvertrag verpflichtet sich der Projektsteuerer zu mitunter komplexen Kontroll- und Organisationsleistungen samt Führungs- und Lenkungsfunktionen.[116] Eine Sonderform des Projektsteuerungsvertrags stellt der Construction-Management-Vertrag dar.[117] Je nach Grad der Erfolgsbezogenheit der geschuldeten Leistungen wird entweder ein **Werkvertrag** (z.B. bei technischer Bauüberwachung durch einen Generalübernehmer)[118] **oder** ein **Dienstvertrag** (z.B. bei Beratungs-, Informations- und Koordinationsleistungen)[119] angenommen. Bei Überwiegen erfolgsbezogener Pflichten liegt nach der Rspr. des BGH ausschließlich ein Werkvertrag vor, wenn diese Pflichten den Vertrag prägen.[120] Infolge des besonderen Vertrauensverhältnisses der Parteien ist eine Kündigung aus wichtigem Grund bei Vertrauensverletzung stets möglich.[121]

§ 631 Vertragstypische Pflichten beim Werkvertrag

(1) Durch den Werkvertrag wird der Unternehmer zur Herstellung des versprochenen Werkes, der Besteller zur Entrichtung der vereinbarten Vergütung verpflichtet.

(2) Gegenstand des Werkvertrags kann sowohl die Herstellung oder Veränderung einer Sache als auch ein anderer durch Arbeit oder Dienstleistung herbeizuführender Erfolg sein.

---

113 Vgl. OLG Hamm, Urt. v. 25.06.1968 – 21 U 135/68; MüKo-BGB/Busche, § 631 Rn. 135.

114 Gehle/Wronna, BauR 2007, 2, 6 ff.; Ritter, BauW 2017, 80, 82; Schuhmann, ZfBR 2012, 9, 12.

115 Boldt, NZBau 2019, 547, 548; Eschenbruch/Leupertz, in: BIM und Recht, Kap. 13 Rn. 43; Warda, Die Realisierbarkeit von Allianzverträgen im deutschen Vertragsrecht, 2020, S. 312.

116 BGH, Urt. v. 02.09.1999 – VII ZR 225/98, NJW 2000, 202 = NZBau 2000, 29; MüKo-BGB/Busche, § 631 Rn. 159; Eschenbruch, Projektmanagement und Projektsteuerung, Rn. 579 ff..; Grüneberg/Retzlaff, BGB, Einf. v. § 631 Rn. 25.

117 Umfassende Darstellung bei Eschenbruch, NZBau 2001, 585.

118 BGH, Urt. v. 10.06.1999 – VII ZR 215/98, NJW 1999, 3118.

119 OLG Düsseldorf, Urt. v. 01.10.1998 – 5 U 182/98, BauR 1999, 508; OLG München, Urt. v. 07.11.1995 – 9 U 3153/95, IBR 1997, 377 (mit Anm. Knipp).

120 BGH, Urt. v. 10.06.1999 – VII ZR 215/98, NJW 1999, 3118.

121 BGH, Urt. v. 02.09.1999 – VII ZR 225/98, NJW 2000, 202 = NZBau 2000, 29.

Übersicht

A. Allgemeines

§ 631 BGB beschreibt die Hauptleistungspflichten des Werkvertrags. Danach schuldet der Unternehmer die Herstellung eines durch Arbeit oder Dienstleistung herbeizuführenden Erfolges als »Werk«. Dieses Werk hat er dem Besteller sodann zu verschaffen. Der Besteller ist zur Entrichtung der vereinbarten Vergütung verpflichtet. Präzisierungen der Herstellungspflicht finden sich in § 633 BGB, der Vergütungspflicht in § 632 BGB. Der Werkvertrag ist ein **gegenseitiger Vertrag**, weil die beiderseitigen Leistungspflichten aufeinander bezogen sind, sich die Parteien zu ihrer eigenen Leistung also nur verpflichten, um den Anspruch auf die jeweilige Gegenleistung zu erhalten (do ut des). Diese Verknüpfung der beiderseitigen Leistungspflichten (Synallagma) bleibt im Verlaufe des Schuldverhältnisses bestehen, da die Ansprüche nur bei Erfüllung der eigenen Pflicht durchsetzbar sind (§ 320 BGB) und in ihrem Bestand voneinander abhängen (vgl. § 275, § 326 Abs. 1 S. 1 BGB). 1

Die für den **Vertragstyp prägende Leistungspflicht** ist die Pflicht des Unternehmers zur Herstellung des versprochenen Werkes. Hierdurch unterscheidet sich der Werkvertrag von anderen Verträgen über entgeltliche Leistungen. Inhalt und Ergebnis der Werkleistung – der Erfolg – werden bewusst nur sehr abstrakt umschrieben, um trotz der Vielzahl möglicher Ausgestaltungen alle vergleichbaren Verträge zu erfassen. Nach **Abs. 2** kann Gegenstand des Werkvertrags **jeder durch Arbeit oder Dienstleistung herbeizuführende Erfolg** sein, insbesondere Herstellung oder Veränderung einer Sache. Für einzelne Vertragstypen, insbesondere im Bereich des Baurechts, sind die Vertragspflichten durch Spezialregelungen in den §§ 650a ff. BGB näher ausgestaltet worden (s. hierzu die Kommentierung zu §§ 650a f. BGB). 2

3 Die §§ 631 ff. BGB gehen von dem Regelfall aus, dass der Besteller ein bestimmtes Werk beim Unternehmer bestellt und dieser im Austausch gegen die vereinbarte Vergütung das Werk konzipiert und verschafft. Anders sieht die Realität beim Bauvertrag aus: Hier bedient sich der Besteller als Bauherr verschiedener Planer (Architekten, Ingenieure), um die maßgeblichen Vorgaben für den Unternehmer aufzustellen. Es kehrt sich hier also in der Regel die **Planungsverantwortlichkeit** um. Die absolute Einteilung der Planung in den Aufgabenbereich des Bestellers oder des Unternehmers führt bei komplexen (Bau-)Werken zudem regelmäßig zu langzeitbedingten Abweichungen zwischen der vereinbarten Ausführung und den sich wandelnden Bedürfnissen des Bestellers.[1] Zum gesetzlichen Anordnungsrecht des Bestellers s. die Kommentierung zu § 650b BGB.

4 § 631 BGB verpflichtet die Parteien nach seinem Wortlaut auf **zeitlicher Ebene** zu einmaliger Leistung: Herstellung gegen Vergütung. Freilich benötigt gerade die Errichtung von Bauwerken in der Praxis eine lange Zeit, in der Regel mehrere Jahre. Da im Werkvertrag jedoch keine sich regelmäßig erneuernden Pflichten – wie etwa im Miet- oder Arbeitsvertrag – geschuldet sind, ist er **kein Dauerschuldverhältnis.**[2] Besondere Regeln über Dauerschuldverhältnisse sind daher nur im Einzelfall anwendbar, wo dies gesondert angeordnet wird (vgl. § 648a BGB). Dieses Auseinanderfallen von tatsächlicher Dauer der Leistungserbringung und gesetzlicher Regelung zum Umgang mit der Zeit führt dort zu Spannungen, wo sich die zu Vertragsschluss festgelegten Parameter im Verlaufe der Errichtung ändern.[3] Es ist daher anerkannt, dass bei lang andauernder Herstellung eines Werks besondere, zeitbezogene Regeln erforderlich sind. Es ist für Werkverträge über die Errichtung komplexer Bauwerke die Rede von Dauerschuldverhältnissen im weiteren Sinne[4], von **(komplexen) Langzeitverträgen**[5] oder langfristigen Verträgen[6]. Auch der Gesetzgeber hat in §§ 632a, 643, 648, 648a BGB und in den neugeschaffenen §§ 650a ff. BGB das Bedürfnis anerkannt, die Auswirkungen einer langen Herstellungsdauer im Werkvertrag zu regeln. Besondere Auswirkungen hat die Beachtung der Zeit zudem für die Kooperationspflicht der Parteien, welche die Erfüllung ihrer Pflichten während der gesamten Herstellung beeinflusst. In jüngerer Zeit findet das Zeitmoment zudem besondere Beachtung in **Mehrparteien-Allianzverträgen** für komplexe Bauprojekte. In diesen Verträgen wird das Bedürfnis nach Anpassungen der Urplanung nicht als Fehler, sondern als unvermeidliche Realität anerkannt, und es werden ausdrücklich Anpassungs- und Einigungsmechanismen vereinbart. Auch hierdurch wird der Vertrag nicht zu einem Dauerschuldverhältnis, er nimmt jedoch eine Zwischenstellung zwischen Dauerschuldverhältnis und punktuellem Austauschvertrag[7] an.

B. Regelungsgehalt

I. Die Parteien des Werkvertrags

1. Unternehmer

a) Grundlagen

5 Das Gesetz bezeichnet den Schuldner der Werkherstellung als Unternehmer (§ 631 Abs. 1 BGB). Der Begriff ist **spezifisch werkvertraglicher Natur** und daher im Kontext der §§ 631 ff. BGB zu verstehen. Insbesondere deckt er sich nicht mit dem Unternehmerbegriff des § 14 BGB,[8] der zur Bestimmung des Anwendungsbereiches der verbraucherschutzrechtlichen Vorschriften in Anlehnung

1 Oberhauser/Halbgewachs, in: LPS, Bauvertragsrecht, § 631 BGB Rn. 14 f.
2 BGH, Urt. v. 09.01.2003 – VII ZR 181/00, BGHZ 153, 279 = BauR 2003, 533; Berger, in: FBS, Syst. Teil A Rn. 24; Fuchs, Kooperationspflichten, 2004, S. 152 f.
3 Vgl. Leupertz, BauR 2010, 1999, 1999.
4 Olzen, in: Staudinger, BGB NB 2024, § 241 Rn. 367.
5 Doralt, Langzeitverträge, 2018, S. 214; Nicklisch, JZ 1984, 757, 757 f.
6 Oetker, Das Dauerschuldverhältnis und seine Beendigung, 1994, S. 112 f.
7 Vgl. zum Begriff des punktuellen Austauschvertrags m.w.N. Martinek, Moderne Vertragstypen Band III, 1993, S. 367; v. Rintelen, in: Messerschmidt/Voit, § 631 BGB Rn. 132.
8 V. Rintelen, in: Messerschmidt/Voit, § 631 BGB Rn. 16.

an die entsprechenden EG-Richtlinien eingeführt worden ist.[9] Unternehmer i.S.d. § 631 Abs. 1 BGB ist **jede natürliche oder juristische Person**, die sich zur Herstellung eines Werkes gemäß § 631 Abs. 2 BGB verpflichtet, unabhängig davon, ob sie in Ausübung einer gewerblichen oder selbstständigen beruflichen Tätigkeit handelt. Der Werkunternehmer kann daher auch Verbraucher i.S.d. § 13 BGB sein.

b) Mehrere Unternehmer

aa) Allgemeines

Vor allem bei größeren Bauprojekten beauftragt der Besteller regelmäßig mehr als nur einen einzelnen Unternehmer. Die Beauftragung von Architekten, Ingenieuren, Bauunternehmern, Projektmanagern und weiteren Gewerken führt zu einem **Netz aus zahlreichen bilateralen Verträgen** zwischen dem Besteller als Bauherrn und den weiteren Beteiligten am Bauprojekt. Zu den daraus erwachsenden Interessenkonflikten s. die Kommentierung zu Mehrparteien-Allianzverträgen vor § 631 BGB. Alternativ ist es möglich, mehrere Unternehmer in Form einer gesellschaftsrechtlichen Arbeitsgemeinschaft (**ARGE**) mit der Werkherstellung zu beauftragen. Anders als in einem Mehrparteien-Allianzvertrag ist im Werkvertrag jedoch die Verbindung mehrerer selbstständiger Parteien in einem einzelnen Austauschvertrag nicht üblich. 6

bb) Arbeitsgemeinschaft

Mehrere Unternehmer können sich zu einer Arbeitsgemeinschaft (ARGE oder ARGE Bau) zusammenschließen.[10] Die ARGE ist rechtsfähige[11] **Gesellschaft bürgerlichen Rechts** gemäß §§ 705 ff. BGB,[12] welche vom Besteller mit der Errichtung eines Bauvorhabens beauftragt wird. Im Außenverhältnis zum Besteller wird die ARGE regelmäßig alleiniger Vertragspartner und verpflichtet sich zur Herbeiführung des Erfolgs. Im Innenverhältnis erbringen die Unternehmer als Gesellschafter ihre jeweiligen Arbeitsleistungen als gesellschaftsrechtliche Förderungsbeiträge (horizontale ARGE) oder in Subunternehmerverträgen an die ARGE (vertikale ARGE).[13] Die Vergütung wird vom Besteller an die ARGE gezahlt und nach den Anteilen im Innenverhältnis zwischen den Unternehmern aufgeteilt.[14] 7

Die ARGE basiert in der Regel auf Musterverträgen, etwa solchen des Instituts für Bauwirtschaft.[15] Die Gesellschaft wird dabei in der Regel für ein einzelnes Projekt ins Leben gerufen.[16] **Gründe für die Nutzung** einer ARGE sind auf der Seite des Bestellers die vereinfachte Kommunikation mit den Unternehmern, welche zudem im Falle der Zahlungsunfähigkeit der ARGE oder eines Gesellschafters akzessorisch bzw. untereinander als Gesamtschuldner haften. Die Unternehmer hingegen erweitern ihre Fähigkeiten und können sich um große Projekte bewerben, welche normalerweise ihre Kapazitäten übersteigen würden. Zudem wird der Aufwand für die Koordination der Teilleistungen minimiert.[17] 8

9 Art. 2 Nr. 1 des Gesetzes über Fernabsatzverträge und andere Fragen des Verbraucherschutzrechts vom 27.6.2000 (BGBl. I S. 897).

10 Grundlegend zur ARGE Langen, in: Jahrbuch Baurecht 1999, S. 64 ff.; Messerschmidt, in: Kapellmann/Messerschmidt, Anh. VOB/B Rn. 118 ff.; Schwarz, ZfBR 2007, 636.

11 BGH, Urt. v. 29.01.2001 – II ZR 331/00, BGHZ 146, 341 – ARGE Weißes Ross.

12 Teilweise wird vertreten, dass die ARGE in bestimmten Fällen eine OHG nach §§ 105 ff. HGB sei. S. zu dieser Frage Joussen, BauR 1999, 1063; Schwering/Nicklisch, IBR 2011, 1216.

13 Zu dieser und weiteren Gestaltungsmöglichkeiten Wolff, in: Messerschmidt/Voit, Syst. D. Rn. 41 ff.

14 Messerschmidt/Thierau, NZBau 2007, 205, 209.

15 Erhältlich unter www.bwi-bau.de.

16 Wolff, in: Messerschmidt/Voit, Syst. D. Rn. 43.

17 Thierau/Messerschmidt, NZBau 2007, 129, 129; Wolff, in: Messerschmidt/Voit, Syst. D. Rn. 59 f.

9 § 128 HGB findet auch bei der ARGE entsprechende Anwendung.[18] Aus diesem Grund haften die Unternehmer **akzessorisch** für die Schuld der ARGE. Dies gilt neben den Hauptleistungspflichten auch für Sekundärrechte, vor allem für Gewährleistungsansprüche. Eine direkte Anwendung der §§ 420 ff. BGB scheidet aber mangels einer echten Gesamtschuld aus.[19]

cc) Parallel tätige Unternehmer

10 Arbeiten mehrere Unternehmer parallel für den Besteller, stehen diese ohne gesonderte Vereinbarung untereinander in **keiner vertraglichen Beziehung.** Das Verhältnis jedes Unternehmers zum Besteller wird durch den jeweiligen Vertrag bestimmt. Ausnahmsweise kann aufgrund des besonderen Vertrauens des Bestellers eine Haftung des Unternehmers aus § 280 Abs. 1 BGB bestehen, wenn er selbst einen unzuverlässigen Unternehmer für den Besteller auswählt oder dem Besteller einen solchen Unternehmer empfiehlt.[20]

11 Ausnahmsweise kann eine **Gesamtschuld** bestehen, wenn ein Mangel von mehreren Unternehmern verursacht wurde und aus tatsächlichen oder rechtlichen Gründen nur einheitlich behoben werden kann.[21] S. zur gesamtschuldnerischen Haftung des bauausführenden Unternehmers mit dem Architekten die Kommentierung zu § 650t BGB.

12 Im Grundsatz ist der parallel tätige Unternehmer **kein Erfüllungsgehilfe** i.S.d. § 278 BGB des anderen Unternehmers im Verhältnis zum Besteller oder des Bestellers im Verhältnis zu anderen Unternehmern.[22] Das Verschulden einzelner Unternehmer kann dem Besteller nur i.R.d. §§ 278, 254 BGB zugerechnet werden, soweit der Unternehmer für den Besteller eine Tätigkeit ausübt, die im Verhältnis des Bestellers zum anderen Unternehmer zum Aufgabenkreis des Bestellers zählt.[23]

13 Bei **Schutzpflichtverletzungen** i.S.d. § 241 Abs. 2 BGB eines Unternehmers gegenüber dem Besteller sind andere Unternehmer nicht in den Schutzbereich des Werkvertrags einbezogen.[24] Wird ihr Werk im Zeitraum ihrer Gefahrtragung gem. § 644 BGB durch die Schutzpflichtverletzung beschädigt, liegt ein Fall der Drittschadensliquidation vor. Da der Besteller insoweit keinen Schaden erleidet, muss er u.U. seine Ansprüche gegen den Schädiger an andere Unternehmer abtreten.[25]

dd) Haupt- und Subunternehmer

14 Für bestimmte Arbeiten kann es erforderlich sein, dass der vom Besteller beauftragte Unternehmer seinerseits einen Unternehmer mittels eines Werkvertrags verpflichtet (sog. Nach- bzw. Subunternehmer).[26] Dadurch entsteht eine Vertragskette in vertikaler Linie. Dies ist jedenfalls bei **Zustimmung** des Bestellers möglich (vgl. für den VOB-Vertrag § 4 Abs. 8 Nr. 1 VOB/B). Außer im Falle höchstpersönlicher Leistungserbringung ist es zudem jederzeit möglich, sich Hilfspersonen wie Arbeitnehmern zur Erfüllung eigener Pflichten zu bedienen. **Vertragliche Beziehungen zum Besteller** bestehen jedoch ausschließlich mit dem Hauptunternehmer.[27] Insbesondere sind die Subunternehmer und der Hauptunternehmer nicht Gesamtschuldner und erstere genießen keine Schutzwirkung aus

---

18 BeckOK BGB/Voit, § 631 Rn. 125.

19 BGH, Urt. v. 29.01.2001 – II ZR 331/00, BGHZ 146, 341 = NJW 2001, 1058; MüKo-BGB/Busche, § 631 Rn. 36.

20 BGH, Urt. v. 19.12.1996 – VII ZR 233/95 = NJW 1997, 2173; MüKo-BGB/Busche, § 631 Rn. 45.

21 BGH, Urt. v. 26.06.2003 – VII ZR 126/02, BGHZ 155, 265 = NJW 2003, 2980; Glöckner, BauR 2005, 251, 263 ff.; Langen, NZBau 2015, 2.

22 OLG Hamm, Urt. v. 12.06.1997 – 24 U 183/96, NJW-RR 1998, 163.

23 BGH, Urt. v. 21.10.1999 – VII ZR 185/98, BGHZ 143, 32 = NJW 2000, 1336; Leupertz/Halfmeier, in: PWW, BGB, § 631 Rn. 21; Grüneberg/Retzlaff, BGB, § 631 Rn. 15.

24 BGH, Urt. v. 30.09.1969 – VI ZR 254/67, NJW 1970, 38.

25 MüKo-BGB/Busche, § 631 Rn. 44; BeckOK BGB/Voit § 631 Rn. 127.

26 MüKo-BGB/Busche, § 631 Rn. 37; Gestaltungsvorschläge bei Kraus, NJW 1997, 223; Schlünder, NJW 1995, 1057.

27 BGH, Urt. v. 23.04.1981 – VII ZR 196/80 = NJW 1981, 1779.

dem Hauptunternehmervertrag.[28] Es besteht mangels Vertragsbeziehung auch kein Weisungsrecht des Bestellers gegenüber den Subunternehmern.

Der Subunternehmer ist regelmäßig **Erfüllungsgehilfe** des Hauptunternehmers i.S.d. § 278 BGB,[29] da sich der Hauptunternehmer mit Kenntnis des Bestellers zur Erfüllung des Vertrags des Subunternehmers bedient. Daher muss sich der Hauptunternehmer das Verschulden des Subunternehmers zurechnen lassen, kann jedoch im Gegenzug bei Schlechtleistung des Subunternehmers Freistellung im Wege des Schadensersatzes gegenüber den Ansprüchen des Bestellers verlangen.[30] Da der Subunternehmer als selbstständiger Unternehmer im Regelfall nicht weisungsgebunden ist, ist er grundsätzlich kein Verrichtungsgehilfe des Hauptunternehmers i.S.v. § 831 BGB.[31] 15

ee) Vor- und Nachunternehmer

Vor- und Nachunternehmer erbringen jeweils Werkleistungen für den Besteller, welche zeitlich oder technisch aufeinander aufbauen. Wie bei parallel tätigen Unternehmern sind auch Vor- und Nachunternehmer **keine Erfüllungsgehilfen**[32] des jeweils anderen Unternehmers oder des Bestellers und es besteht zwischen ihnen **keine Gesamtschuld**. Eine Ausnahme besteht jedoch wie bei parallel tätigen Unternehmern im Falle gemeinsamer Verursachung und nur einheitlicher Beseitigungsmöglichkeit eines Mangels.[33] 16

Den Nachunternehmer treffen **Prüf- und Hinweispflichten** bzgl. des Zustands und der Tauglichkeit der Vorarbeiten gemäß §§ 4 Abs. 3, 13 Abs. 3 VOB/B, welche nach Treu und Glauben gemäß § 242 BGB genauso für den Werkvertrag gelten.[34] Nach der Rspr. ist ein Bedenkenhinweis auch bei Vorgabe des Werkes durch den Besteller selbst erforderlich.[35] Der Unternehmer ist nach § 241 Abs. 2 BGB zudem verpflichtet, Reichweite und Umfang seiner Leistungspflicht selbstständig zu beurteilen und auch vom Besteller behauptete Mängel der Vorarbeiten zu überprüfen.[36] Bei Verletzung dieser Pflichten muss der Nachunternehmer gemäß § 280 Abs. 1 BGB und dem Mängelgewährleistungsrecht für Schäden einstehen, welche sich aus Mängeln des vorher gefertigten Werks in Verbindung mit seinen Arbeiten ergeben.[37] Sein eigenes Werk wird mangelhaft. Es gelten insofern dieselben Vorgaben, wie wenn aufgrund erkennbar untauglicher Planung das Werk des Unternehmers mangelhaft ist und der Unternehmer den Besteller nicht darauf hinweist. Ein solcher Bedenkenhinweis entlastet den Unternehmer jedoch nicht, wenn er untauglichen, nachträglichen Anweisungen des Planers folgt und von der anfänglich fehlerfreien Planung abweicht.[38] 17

2. Besteller

Das Gesetz bezeichnet den Gläubiger der Werkherstellung als Besteller. Besteller kann ebenfalls **jede natürliche oder juristische Person** sein. Schließt der Besteller den Werkvertrag im Rahmen seiner gewerblichen oder sonstigen selbstständigen beruflichen Tätigkeit ab, so ist er Unternehmer i.S.d. § 14 BGB. 18

---

28 Hierzu und im Folgenden BeckOK BGB/Voit § 631 Rn. 85.
29 BGH, Urt. v. 15.01.1976 – VII ZR 96/74, BGHZ 66, 43 = NJW 1976, 516.
30 BGH, Urt. v. 28.01.2016 – VII ZR 266/14, BGHZ 208, 372 = NJW 2016, 2032.
31 BGH, Urt. v. 21.06.1994 – VI ZR 215/93 = NJW 1994, 2756.
32 BGH, Urt. v. 21.10.1999 – VII ZR 185/98, BGHZ 143, 32 = NJW 2000, 1336.
33 Leupertz/Halfmeier, in: PWW, BGB, § 631 Rn. 20; Langen, NZBau 2015, 2.
34 BGH, Urt. v. 08.11.2007 – VII ZR 183/05, BGHZ 174, 110 = NJW 2008, 511; BGH, Urt. v. 14.03.1996 – VII ZR 34/95, BGHZ 132, 189 = NJW 1996, 2372.
35 OLG Hamm, Urt. v. 09.07.2009 – 21 I 46/09, NZBau 2010, 109.
36 OLG Oldenburg, Urt. v. 21.08.2018 – 2 U 62/18, BauR 2019, 114.
37 MüKo-BGB/Busche, § 631 Rn. 46.
38 BGH, Urt. v. 19.12.2002 – VII ZR 103/00, BGHZ 153, 244 = NJW 2003, 1450.

3. Abweichende Terminologie

19 Im Sprachgebrauch der Praxis werden Besteller und Unternehmer vielfach als **Auftraggeber und Auftragnehmer** bezeichnet. Diese Terminologie entspricht auch derjenigen der VOB/B (vgl. § 1 Abs. 4 VOB/B). Dabei bringt der Begriff »Auftrag« zum Ausdruck, dass von dem Schuldner eine bestimmte Tätigkeit erwartet wird. Nicht gemeint ist damit, dass es sich um einen unentgeltlichen Auftrag i.S.d. § 662 BGB handelt.

II. Vertragsschluss

1. Angebot und Annahme

20 Es gelten die allgemeinen Vorschriften der §§ 145 ff. BGB für den Abschluss des Werkvertrags. Der Vertrag kommt demnach durch **übereinstimmende Willenserklärungen** von Besteller und Unternehmer zustande. Infolge großer finanzieller Bedeutung und umfangreicher technischer Unterlagen benötigt die Prüfung eines Angebots für Bauvorhaben mitunter mehrere Wochen, was bei der Bestimmung der Annahmefrist i.S.d. § 147 Abs. 2 BGB zu einem verlängerten Überlegungszeitraum führt.[39] Weichen die Erklärungen in einem Punkt ab, über den nach dem erkennbaren Willen mindestens einer Partei eine Einigung hätte erzielt werden müssen, so kommt der Vertrag im Zweifel nicht zustande (§ 154 Abs. 1 BGB).[40] Erfolgt die Annahme des Angebots unter Modifikationen, so gilt dies als Ablehnung verbunden mit einem neuen Angebot (§ 150 Abs. 2 BGB). Der Vertrag kommt danach nur zustande, wenn sich der Antragende mit den Änderungen einverstanden erklärt. Dieser Grundsatz ist insbesondere bei einem Vertragsschluss aufgrund einer Ausschreibung zu beachten.[41] Zudem müssen die Erklärungen der Parteien die geschuldete Leistung hinreichend präzise umschreiben, um die Soll-Beschaffenheit bestimmbar zu machen.

21 Auf beiden Seiten ist Handeln durch einen **Vertreter** (insbesondere aufgrund einer – konkludent erteilten – Vollmacht i.S.v. § 167 BGB) möglich. Im Übrigen gelten die Grundsätze über die Zurechnung des Handelns eines vollmachtlosen Vertreters nach Rechtsscheingrundsätzen.[42] Wird auf Seiten des Bestellers ein **Architekt** tätig, der mit der Durchführung des Bauvorhabens betraut ist, so kann dieser allerdings nicht ohne weitere Indizien als bevollmächtigt angesehen werden, selbstständig Verträge mit den jeweiligen Unternehmern für den Besteller abzuschließen.[43] Die Beauftragung des Architekten zur Durchführung des Bauvorhabens ist regelmäßig nur mit der Erteilung der Vollmacht verbunden, einzelne kleinere Bauleistungen, die im Rahmen der Durchführung der mit dem Besteller abgestimmten Planung erforderlich werden, zu vergeben und die jeweiligen Verträge mit den Unternehmern abzuschließen.[44] Die Vollmacht umfasst ohne besondere Vereinbarung jedoch nicht den Abschluss sonstiger Verträge, insbesondere wenn hierdurch wesentlich von der Planung abgewichen werden soll.[45] Allerdings kann auch ein Bauleiter des Auftraggebers zu kostenrelevanten Änderungen des Vertrages berechtigt sein, wenn der Vertrag zwischen Haupt- und Nachunternehmer den Bauleiter als Ansprechpartner für »alle vertragsrelevanten Erklärungen« ausweist.[46]

22 Es gelten u.U. weitere Voraussetzungen für den Vertragsschluss, wenn ein **besonderes Ausschreibungsverfahren** durchgeführt wird. Hier gelten vor allem hinsichtlich der Fristen für Angebot (Einreichung

---

39 MüKo-BGB/Busche, § 631 Rn. 50.
40 BGH, Urt. v. 16.10.2012 – X ZR 37/12, BGHZ 195, 126 = NJW 2013, 598.
41 BGH, Urt. v. 06.09.2012 – VII ZR 193/10, BGHZ 194, 301 = NJW 2012, 3505.
42 BGH, Urt. v. 27.01.2011 – VII ZR 186/09, BGHZ 188, 128 = NJW 2011, 1965 (Kaufmännisches Bestätigungsschreiben).
43 Oberhauser/Halbgewachs, in: LPS, Bauvertragsrecht, § 631 BGB Rn. 26.
44 BGH, Urt. v. 15.02.1960 – VII ZR 10/59, NJW 1960, 859.
45 BGH, Urt. v. 10.11.1977 – VII ZR 252/75, NJW 1978, 995.
46 Vgl. BGH, Beschl. v. 06.03.2019 – VII ZR 218/18; vorgehend OLG Dresden, Urt. v. 02.10.2018 – 9 U 186/17, BauR 2019, 1620.

der Angebote durch die Unternehmer) und Annahme (Zuschlag durch den Ausschreibenden/Besteller) besondere Regeln. Auch im Hinblick auf die Auslegung der für das Ob des Vertragsschlusses sowie für den Inhalt der wechselseitigen Leistungspflichten maßgeblichen Erklärungen sind die Besonderheiten eines öffentlichen Ausschreibungsverfahrens zu berücksichtigen.[47] Bei Ausschreibung eines Bauauftrags durch die öffentliche Hand findet **Vergaberecht** Anwendung (vgl. §§ 97, 103 Abs. 3 GWB). Der Vertragsschluss erfolgt durch Zuschlag auf das Angebot (§ 18 VOB/A) oder Verhandlung zwischen öffentlichem Auftraggeber und dem jeweiligen Bieter.[48]

2. Bestimmtheit des Vertragsinhalts

Ein Vertrag kommt grds. nur dann wirksam zustande, wenn die Parteien sich auf die **wesentlichen** 23
Vertragsbedingungen (essentialia negotii) verständigen. Für den Werkvertrag gilt insofern eine Ausnahme, als eine Einigung über das Ob und die Höhe der zu zahlenden Vergütung nicht erforderlich ist, da bei Fehlen einer Vereinbarung die gesetzliche Regelung des § 632 Abs. 1, 2 BGB eingreift.[49] Scheitert der Vertragsschluss daran, dass sich die Parteien nicht über die wesentlichen Vertragsbedingungen verständigt haben, werden aber dennoch die vermeintlich vertraglich vereinbarten Leistungen (ganz oder teilweise) erbracht, so können sich Ansprüche des Unternehmers aus den Vorschriften über die **Geschäftsführung ohne Auftrag** (§§ 677 ff. BGB) oder aus **ungerechtfertigter Bereicherung** (§§ 812 ff. BGB) ergeben.[50]

Einer Konkretisierung bedarf hingegen stets die **Herstellungspflicht des Unternehmers.** Die Par- 24
teien müssen im Vertrag näher umschreiben, welcher Erfolg geschuldet ist.[51] Freilich ist auch insoweit eine detaillierte Bestimmung der vom Unternehmer zu erbringenden Leistungshandlung nicht erforderlich.[52] Es genügt vielmehr, wenn das Ergebnis der Leistungsanstrengungen des Unternehmers in einer Art und Weise umschrieben ist, die die Beurteilung zulässt, ob das Werk vollständig und vertragsgemäß hergestellt ist (§ 640 Abs. 1 BGB). Es geht letztlich darum, rechtssicher erkennen zu können, ob die Ist-Beschaffenheit von der Soll-Beschaffenheit abweicht. Der **Umfang der Leistungspflicht** ist im Wege der Vertragsauslegung zu ermitteln, wobei das gesamte Vertragswerk heranzuziehen ist (»Totalitätsprinzip«[53]).[54]

Eine detaillierte Beschreibung ist gerade bei komplexen Bauprojekten mit sich regelmäßig ver- 25
ändernden Anforderungen noch nicht möglich und auch nicht gewollt. Insbesondere hinsichtlich der Art und Weise der Herbeiführung des geschuldeten Erfolges werden häufig keine Festlegungen getroffen, weil der Besteller insoweit auf die besondere Sachkunde des Unternehmers vertraut. Ob und in welchem Umfang ein solcher Freiraum besteht, bestimmt sich allein nach der vertraglichen Vereinbarung. Um die Leistungspflicht des Unternehmers zu konkretisieren, können sich die Parteien einer Leistungsbeschreibung mit einem detaillierten **Leistungsverzeichnis** bedienen.[55] Solche Leistungsverzeichnisse finden sich vor allem bei öffentlichen Ausschreibungen von **Bauvorhaben** (vgl. § 7 VOB/A). Diese sind dann im Grundsatz auch bei der Bestimmung des Leistungsumfanges des Unternehmers zugrunde zu legen.[56] Die Parteien können aber auch lediglich eine **funktionale Beschreibung** vornehmen mit der Folge, dass das Risiko der Vollständigkeit der Beschreibung vom

47 BGH, Urt. v. 12.09.2013 – VII ZR 227/11, NJW 2013, 3511.

48 Oberhauser/Halbgewachs, in: LPS, Bauvertragsrecht, § 631 BGB Rn. 19.

49 V. Rintelen, in: Messerschmidt/Voit, § 631 BGB Rn. 31.

50 Genaue Abgrenzung str., vgl. BGH, Urt. v. 30.09.1993 – VII ZR 178/91, NJW 1993, 3196; OLG Brandenburg, Urt. v. 25.08.2011 – 12 U 69/10, NZBau 2011, 680; umfassend Leupertz, BauR 2005, 775, 776 ff.

51 OLG München, Urt. v. 12.04.2011 – 9 U 4323/09, NZBau 2011, 487.

52 BeckOK BGB/Voit, § 631 Rn. 47.

53 Markus, in Kapellmann/Messerschmidt, VOB/B § 2 Rn. 31.

54 BGH, Urt. v. 27.07.2006 – VII ZR 202/04. BGHZ 168, 368 = NJW 2006, 3413.

55 Leupertz, BauR 2010, 273, 275.

56 BGH, Urt. v. 11.11.1993 – VII ZR 47/93, BGHZ 124, 64 = NJW 1994, 850.

Unternehmer zu tragen ist.[57] Zu beachten ist, dass auch die Vereinbarung einer bestimmten Ausführungsart in Gestalt einer Leistungsbeschreibung oder eines Leistungsverzeichnisses nichts daran ändert, dass der Unternehmer die Herstellung eines funktionstauglichen Werkes schuldet.[58]

26 Werkverträge, in denen der konkrete Erfolg bewusst offengelassen wird, um ihn erst nach Vertragsschluss gemeinsam zu entwickeln, sind infolge **fehlender Bestimmbarkeit** des Werkerfolgs wohl unwirksam. Diese in **Mehrparteien-Allianzverträgen** verwendete Methode dient dazu, das Fachwissen vom Bauherrn und von Planern und Bauunternehmern zu kombinieren und somit Einsparungen durch fachübergreifende Planung und realistische Budgetierung zu erreichen. Der Vertrag soll zum Abschlusszeitpunkt lediglich einen **Rahmencharakter** haben, welcher in der anschließenden Planungsphase mit Inhalt gefüllt wird. Jedoch wird dieses Vorgehen regelmäßig nicht einmal die Vorgaben der Rspr. an eine funktionale Beschreibung erfüllen, da diese immerhin die Bestimmungen der Mindestanforderungen des Bestellers erfordert. Auch ein einseitiges Leistungsbestimmungsrecht gemäß § 315 BGB kann hierbei nicht weiterhelfen, da dieses eine bewusst unvollständig gelassene, aber begonnene Planung nur konkretisieren, aber nicht ersetzen kann.[59] Des Weiteren stünde ein Leistungsbestimmungsrecht nur einer Partei, aber nicht allen Parteien eines Mehrparteien-Allianzvertrags gemeinsam zu.

27 Die Wirksamkeit des Bauvertrages setzt nicht zwingend die **Bestimmung des Grundstückes** voraus, auf dem das Bauwerk errichtet werden soll. Das Grundstück ist nicht zwingend wesentlicher Bestandteil des Werkvertrags.[60] Gleichwohl ist in solchen Fällen stets genau zu untersuchen, ob die Parteien, insbesondere der Besteller, den Willen hatten, sich schon vertraglich zu binden. Dies gilt vor allem, wenn die Bauausführung maßgeblich von der Art und der Lage des Grundstücks abhängt, die Festlegung wesentlicher Vertragsbedingungen also erst nach der Bestimmung des Ortes erfolgen kann (z.B. bei abschüssigem Gelände oder besonderem Baugrund). Da die Parteien über die Ausführung des Baues typischerweise vor Vertragsschluss eine Einigung erzielen wollen, ist im Zweifel davon auszugehen, dass der Vertrag noch nicht geschlossen ist (§ 154 Abs. 1 BGB).[61]

3. Vertragsschluss durch konkludentes Verhalten

28 Da der Werkvertrag grds. nicht formbedürftig ist, kann er auch dadurch zustande kommen, dass die Parteien den Willen zum Abschluss des Vertrags konkludent durch ihr Verhalten zum Ausdruck bringen. So kann insbesondere in der Erbringung der Leistung durch den Unternehmer und der **widerspruchslosen Entgegennahme** durch den Besteller ein Vertragsschluss zu sehen sein, wenn dies aus Sicht verständiger Parteien nur die Schlussfolgerung zulässt, dass beide sich hierdurch wechselseitig binden wollen.[62] Von Bedeutung ist die Frage eines konkludenten Vertragsschlusses etwa, wenn der Unternehmer im Rahmen einer bestehenden Vertragsbeziehung **Zusatzleistungen** erbringt. Hier kann die schlichte Entgegennahme durch den Besteller jedenfalls dann nicht ohne weiteres als Zustimmung zum Abschluss eines gesonderten Werkvertrags angesehen werden, wenn die Leistung – zumindest aus der für den Unternehmer erkennbaren Sicht des Bestellers – bereits von dem Leistungsumfang des zuvor geschlossenen Werkvertrags umfasst ist.[63] Dies ist etwa dann relevant, wenn der Unternehmer vom Besteller mit der Behebung von Mängeln beauftragt wird, die

57 BGH, Urt. v. 27.06.1996 – VII ZR 59/95, NJW 1997, 61; BGH, Urt. v. 23.01.1997 – VII ZR 65/96, NJW 1997, 1772.

58 BGH, Urt. v. 08.11.2007 – VII ZR 183/05, BGHZ 174, 110 = NJW 2008, 511.

59 BGH, Urt. v. 08.11.1985 – V ZR 113/84, NJW 1986, 845 (845); Acker/Roquette, BauR 2010, 293, 300.

60 OLG Karlsruhe, Urt. v. 13.02.2007 – 8 U 155/06, BauR 2008, 679.

61 OLG Frankfurt a.M., Urt. v. 23.10.2006 – 16 U 91/06, BauR 2007, 1245.

62 BGH, Urt. v. 08.06.2004 – X ZR 211/02, NZBau 2004, 498.

63 BGH, Urt. v. 28.02.2002 – VII ZR 376/00, NJW 2002, 1954; vgl. auch v. Rintelen, in: Messerschmidt/Voit, § 631 BGB Rn. 32.

Verantwortlichkeit für diese Mängel aber noch ungeklärt ist.[64] Über das bloße Wollen und die Entgegennahme der Leistung durch den Besteller hinaus bedarf es weiterer Anhaltspunkte, um die konkludente Erteilung eines Zusatzauftrages annehmen zu können.[65] Die **Beweislast** hierfür liegt beim Unternehmer.[66]

4. Unwirksamkeitsgründe

a) Form

Der Werkvertrag bedarf grds. **keiner besonderen Form.** Zum Textformerfordernis des Verbraucherbauvertrags gemäß § 650i Abs. 2 BGB s. die Kommentierung zu § 650i BGB. Eine Ausnahme gilt allerdings, wenn im Zusammenhang mit dem Werkvertrag die Verpflichtung zum Erwerb des Eigentums an einem Grundstück begründet werden soll, was insbesondere bei Bauverträgen vorkommen kann. In diesem Fall kann sich aus **§ 311b Abs. 1 BGB** das Erfordernis der notariellen Beurkundung ergeben. Voraussetzung hierfür ist, dass der Bauvertrag mit dem Vertrag über den Erwerb oder die Übertragung des Eigentums eine **rechtliche Einheit** bildet.[67] Eine solche Einheit liegt vor, wenn die beiden Verträge nach dem Willen der Parteien derart voneinander abhängen, dass sie »miteinander stehen und fallen sollen«[68]. Entscheidend ist, ob der auf den Erwerb oder die Veräußerung des Grundstücks gerichtete Vertrag als das formbedürftige Geschäft nur gemeinsam mit dem Bauvertrag bestehen soll.[69] Dann erfasst das Formerfordernis auch den Bauvertrag. Im umgekehrten Fall, in dem der Bestand des Bauvertrags von dem Zustandekommen des Grundstücksgeschäftes abhängig sein soll, wirkt sich dagegen die Formbedürftigkeit des Grundstücksgeschäftes nicht auf den Bauvertrag aus.[70] 29

Eine rechtliche Einheit zwischen Grundstücksvertrag und dem Vertrag über die Bebauung ist einmal dann anzunehmen, wenn sich der Unternehmer zur Errichtung eines Bauwerkes auf einem Grundstück verpflichtet, das der Besteller erst vom Unternehmer erwerben soll (z.B. beim Bauträgervertrag, vgl. § 650u BGB).[71] Aber auch wenn der Besteller das zu bebauende Grundstück erst von einem Dritten erwerben soll, kann nach dem Willen der Parteien ein einheitliches Geschäft vorliegen, wenn die Leistungspflicht auf ein konkret bezeichnetes Grundstück beschränkt, die Erfüllung durch Bebauung eines anderen Grundstückes also ausgeschlossen ist.[72] 30

Bauverträge können auch dann beurkundungsbedürftig sein, wenn von ihrem Abschluss ein **mittelbarer Zwang** zum Erwerb oder zur Veräußerung eines Grundstückes ausgeht, der Besteller also nach Abschluss des Bauvertrags in seiner Entscheidungsfreiheit im Hinblick auf den Abschluss des Grundstücksvertrags faktisch erheblich eingeschränkt ist. Ein solcher mittelbarer Zwang kann bspw. vorliegen, wenn der Besteller eine erhebliche Entschädigung zahlen muss, wenn er von dem Bauvertrag Abstand nimmt, weil er das Grundstück, auf dem das Bauwerk errichtet werden soll, nicht erwirbt.[73] Dagegen lässt sich allein aus dem Umstand, dass der Besteller die Baukosten aus dem Veräußerungs- 31

---

64 BGH, Urt. v. 08.03.2012 – VII ZR 177/11, NJW 2012, 2105.
65 KG, Urt. v. 11.07.2005 – 8 U 8/05, IBR 2005, 579 (m. Anm. Miernik).
66 BGH, Urt. v. 10.04.1997 – VII ZR 211/95, NJW 1997, 1982; v. Rintelen, in: Messerschmidt/Voit, § 631 BGB Rn. 32.
67 BGH, Urt. v. 06.11.1980 – VII ZR 12/80, BGHZ 78, 346 = NJW 1981, 274.
68 BGH, Urt. v. 06.12.1979 – VII ZR 313/78, BGHZ 76, 43 = NJW 1980, 829.
69 BGH, Urt. v. 22.07.2010 – VII ZR 246/08, BGHZ 186, 345 = BauR 2010, 1754.
70 BGH, Urt. v. 13.06.2002 – VII ZR 321/00, NJW 2002, 2559; BGH, Urt. v. 26.11.1999 – V ZR 251/98, NJW 2000, 951.
71 BGH, Urt. v. 12.02.1981 – VII ZR 230/80, BauR 1981, 282.
72 BGH, Urt. v. 16.12.1993 – VII ZR 25/93, NJW 1994, 721.
73 BGH, Urt. v. 18.03.1993 – VII ZR 176/92, NJW 1993, 2240; BGH, Urt. v. 06.12.1979 – VII ZR 313/78, BGHZ 76, 43 = NJW 1980, 829.

erlös eines ihm gehörenden Grundstückes bestreiten will, noch keine Beurkundungspflicht für den Bauvertrag ableiten.[74]

32 Auch aus **kirchenrechtlichen Bestimmungen** kann sich ein Formerfordernis ergeben. Ebenso wie bei Formerfordernissen für das Handeln anderer öffentlich-rechtlicher Körperschaften bedarf eine Genehmigung des formlos geschlossenen und daher schwebend unwirksamen Vertrages der Schriftform. § 182 Abs. 2 BGB ist nicht anwendbar.[75]

33 Die Parteien können auch **durch Rechtsgeschäft** eine bestimmte Form vorschreiben (§ 127 BGB). Bedeutung hat dies wiederum vor allem für Vertragsänderungen und -ergänzungen, da die Parteien hierfür im Werkvertrag ein Formerfordernis festlegen können. Denkbar ist aber auch, dass eine Formvorschrift in einer Rahmenvereinbarung enthalten ist und für sämtliche gesondert abzuschließenden Werkverträge eine bestimmte Form vorsieht. Ist durch Rechtsgeschäft eine bestimmte Form vorgeschrieben, so ist im Wege der Auslegung zu ermitteln, welche Folgen die Nichtbeachtung der Form haben soll. Im Zweifel ist das nicht formgerechte Rechtsgeschäft nichtig (§§ 127, 125 S. 2 BGB). Für **Schriftformklauseln in AGB** ergeben sich Grenzen aus §§ 305b, 307 BGB. So stellt eine Klausel in den AGB des Bestellers, wonach im Falle von Zusatz- oder Nachtragsaufträgen jegliche Ansprüche des Unternehmers ausgeschlossen sind, wenn der Auftrag nicht schriftlich erteilt worden ist, eine unangemessene Benachteiligung des Unternehmers dar und ist daher gemäß § 307 Abs. 1 BGB unwirksam.[76]

34 Keine Formvorschriften sind die **Normen des Landesrechts**, welche den Kommunalorganen (Bürgermeister/Landrat) die Einhaltung von Schriftform und eigenhändiger Unterzeichnung vorschreiben (bspw. § 64 GO NRW; Art. 38 BayGO). Mangels Kompetenz des Landesgesetzgebers für den Erlass von Formvorschriften und abschließender Regelung in §§ 125 ff. BGB durch den Bundesgesetzgeber stellen diese lediglich materiell-rechtliche Vorgaben dar und beeinflussen die Anwendbarkeit der §§ 177 ff. BGB.[77]

b) Gesetzesverstoß

35 Eine Nichtigkeit des Werkvertrags gemäß **§ 134 BGB** kommt nur in Betracht, wenn sich das gesetzliche Verbot gerade gegen den Abschluss eines Vertrags mit dem konkreten Inhalt richtet und zudem der Zweck der Verbotsnorm nur bei Unwirksamkeit des Vertrags erreicht werden kann.

36 Im Falle der Zuwiderhandlung gegen das **SchwArbG** ist der Werkvertrag insgesamt nichtig, wenn beide Parteien gegen das Verbot verstoßen.[78] Liegt dagegen nur ein einseitiger Verstoß vor, so hat dieser nur dann die Nichtigkeit des Vertrages zur Folge, wenn der Besteller den Verstoß kennt und bewusst zu seinem Vorteil ausnutzt.[79] Verhält sich der Besteller hingegen gesetzeskonform, darf ihm die durch den Vertrag geschaffene Rechtsposition nicht durch die Nichtigkeitssanktion entzogen werden. Der Besteller ist in diesem Falle schutzwürdig.[80] Unwirksam ist ein Werkvertrag aber immer dann, wenn er mit der Maßgabe geschlossen wird, dass für die Werkleistung keine Rechnung erstellt und die Umsatzsteuer nicht abgeführt werden soll (**Ohne-Rechnung-Abrede**). Ausgangspunkt hierfür ist § 1 Abs. 2 Nr. 2 SchwArbG. Dieser verbietet ausdrücklich die Erbringung oder Entgegennahme von Werkleistungen unter Verletzung steuerrechtlicher Pflichten. Es handelt sich um ein gesetzliches Verbot, das sich nicht nur gegen die Absprache im Hinblick auf die Vergütungsmodali-

74 BGH, Urt. v. 28.02.2002 – VII ZR 434/99, NZBau 2002, 332.
75 OLG Düsseldorf, Hinweisbeschl. v. 20.06.2018 – I-24 U 159/17 = BauR 2019, 538.
76 BGH, Urt. v. 27.11.2003 – VII ZR 53/03, BGHZ 157, 102 = NJW 2004, 502.
77 Oberhauser/Halbgewachs, in: LPS, Bauvertragsrecht, § 631 BGB Rn. 29.
78 BGH, Urt. v. 31.05.1990 – VII ZR 336/89, BGHZ 111, 308 = NJW 1990, 2542.
79 BGH, Urt. v. 01.08.2013 – VII ZR 6/13, BGHZ 198, 141 = NJW 2013, 3167; KG, Urt. v. 17.07.2006 – 24 U 374/02, IBR 2007, 181.
80 BGH, Urt. v. 19.01.1984 – VII ZR 121/83, BGHZ 89, 369 = NJW 1984, 1175.

täten, sondern gegen den Leistungsaustausch als Ganzes richtet.[81] Der in der Ohne-Rechnung-Abrede liegende Verstoß gegen dieses Verbot führt daher nicht zur Teilnichtigkeit der Vergütungsabrede, sondern nach § 134 BGB zur **Gesamtnichtigkeit des Vertrages.** Die Abrede stellt nämlich regelmäßig einen beiderseitigen Verstoß gegen dieses Verbot dar bzw. – bei nur einseitigem Verstoß des Unternehmers – zumindest die Ausnutzung des Gesetzesverstoßes des Unternehmers durch den Besteller zum eigenen Vorteil.[82] Die Gesamtnichtigkeit tritt auch bei Zahlung nur eines Vorschusses in bar ohne Umsatzsteuer durch den Besteller ein.[83] Die Folge ist, dass zumindest vertragliche Ansprüche (des Unternehmers auf Zahlung des Werklohns bzw. des Bestellers wegen Mängeln des Werkes nach § 634) ausgeschlossen sind. Diese Folge der Nichtigkeit des Vertrages kann grundsätzlich nicht unter Hinweis auf § 242 BGB abgeändert werden.[84] Zudem scheiden auch **Ansprüche aus Bereicherungsrecht** aufgrund von § 817 S. 2 BGB aus. Weder kann der Unternehmer von dem Besteller Wertersatz für die erbrachte Werkleistung,[85] noch kann der Besteller, der den Werklohn ganz oder teilweise bezahlt hat, Rückzahlung verlangen, wenn der objektive Wert des Werkes infolge von Mängeln hinter der von ihm bereits erbrachten Gegenleistung zurückbleibt.[86] Die Befolgung der steuerrechtlichen Pflichten lässt sich nur sicherstellen, wenn ein Verstoß dazu führt, dass den Parteien in der Auseinandersetzung um Rechte aus diesem Vertrag jeglicher Rechtsschutz versagt wird. Ebenso ist der gesamte Vertrag gemäß § 134 BGB nichtig, wenn nachträglich eine Ohne-Rechnung-Abrede getroffen wird,[87] da ein anderes Ergebnis die Umgehung der Rspr. ermöglichen würde. Ausnahmen von der Gesamtnichtigkeit gelten lediglich in Ausnahmefällen nach Treu und Glauben. Ein Architekt kann sich daher nicht zur Abwehr von Mängelrechten auf die Gesamtnichtigkeit berufen, wenn er die Ohne-Rechnung-Abrede kannte.[88]

Sind Handwerker entgegen einer gesetzlichen Pflicht nicht in die **Handwerksrolle** eingetragen (vgl. 37
§ 1 HwO), hat das Fehlen der Eintragung nicht die Nichtigkeit der mit den Kunden abgeschlossenen privatrechtlichen Werkverträge zur Folge.[89] Täuscht der Unternehmer den Besteller über die Eintragung in die Handwerksrolle, so steht dem Besteller aber regelmäßig ein **Anfechtungsrecht** nach § 123 Abs. 1 BGB zu.[90]

Beim Bauvertrag ändert die **fehlende Baugenehmigung** nichts an der Wirksamkeit des Vertrags- 38
schlusses, da sich die Versagung der Baugenehmigung nur gegen die tatsächliche Bebauung des konkreten Grundstückes, nicht aber gegen die Verpflichtung des Unternehmers zur Errichtung des Bauwerkes richtet.[91] Kann der Unternehmer wegen einer fehlenden, vom Besteller zu beantragenden Baugenehmigung seine Leistung nicht erbringen, verletzt der Besteller seine Mitwirkungsobliegenheit nach § 642 BGB.[92] Ist die Baugenehmigung endgültig versagt und damit das versprochene Werk unausführbar geworden, greifen die allgemeinen Vorschriften über Leistungsstörungen (§§ 275 ff. BGB) ein.[93]

81 BGH, Urt. v. 10.04.2014 – VII ZR 241/13 = BGHZ 201, 1 = NJW 2014, 1805.
82 BGH, Urt. v. 01.08.2013 – VII ZR 6/13, BGHZ 198, 141 = NJW 2013, 3167.
83 OLG Schleswig, Hinweisbeschl. v. 07.01.2019 – 7 U 103, 18, BauR 2019, 1622.
84 BGH, Urt. v. 01.08.2013 – VII ZR 6/13, BGHZ 198, 141 = NJW 2013, 3167.
85 BGH, Urt. v. 10.04.2014 – VII ZR 241/13 = BGHZ 201, 1 = NJW 2014, 1805.
86 BGH, Urt. v. 11.06.2015 – VII ZR 216/14, BGHZ 206, 69 = NJW 2015, 2406.
87 BGH, Urt. v. 16.03.2017 – VII ZR 197/16, BGHZ 214, 228 = NJW 2017, 1808.
88 OLG Brandenburg, Urt. v. 23.01.2019 – 4 U 59/15, BauR 2020, 290.
89 BGH, Urt. v. 22.09.1983 – VII ZR 43/83, BGHZ 88, 240 = NJW 1984, 230.
90 KG, Urt. v. 17.07.2006 – 24 U 374/02, BauR 2007, 1419.
91 OLG Hamburg, Urt. v. 13.10.1997 – 8 U 159/96, BauR 1998, 338; OLG Köln, Urt. v. 30.12.1960 – 2 U 99/60, NJW 1961, 1023.
92 Im VOB/B-Vertrag ist umstritten, ob aufgrund der Einbeziehung des § 3 Abs. 1 VOB/B die Beistellung der Baugenehmigung nur Obliegenheit (z.B. Karczewski, NZBau 2025, 154, 157) oder Vertragspflicht des Bestellers (z.B. Havers, in: Kapellmann/Messerschmidt, 3. Teil § 3 Rn. 13) ist.
93 Leupertz/Popescu, in: Staudinger BGB NB 2024, § 642 Rn. 58.

39 Im Falle unzulässiger Arbeitnehmerüberlassung im Sinne des § 9 AÜG (vgl. im Baubereich auch § 1b AÜG) ist der Vertrag ebenfalls unwirksam. Dies betrifft vor allem Fälle unzulässiger Nachunternehmerbeauftragung, wenn die Erlaubnispflicht gemäß § 1 AÜG verletzt wird.[94]

c) **Sittenwidrigkeit**

40 Sittenwidrigkeit kommt bei Werkverträgen unter anderem bei Vereinbarung einer extrem **überhöhten Vergütung** in Betracht.[95] Ist nur die Preisvereinbarung sittenwidrig, führt dies allerdings nicht zwingend zur Nichtigkeit des Gesamtvertrages, sofern anzunehmen ist, dass die Parteien den Vertrag auch in Kenntnis der Unwirksamkeit der Preisabsprache geschlossen hätten (§ 139 BGB). An die Stelle der vereinbarten tritt in diesem Falle die übliche Vergütung (§ 632 Abs. 2 BGB).[96] Eine besondere Problematik ergibt sich bei **Einheitspreisverträgen**. Hier führt ein auffälliges Missverhältnis bei einzelnen Leistungspositionen nicht automatisch zur Sittenwidrigkeit der gesamten Vergütungsvereinbarung. Vielmehr ist insoweit auch zu berücksichtigen, wie sich diese Leistungsposition auf die Gesamtvergütung auswirkt, was insbesondere dann relevant wird, wenn es bei diesem Posten zu Mehrmengen kommt.[97] Liegt danach ein Missverhältnis vor, so ist entsprechend § 632 Abs. 2 die Leistungsposition mit dem üblichen Einheitspreis anzusetzen.[98] Im Falle einer **Schmiergeldabrede** ist der aufgrund der Abrede zustande gekommene Vertrag zumindest dann wegen Sittenwidrigkeit nichtig, wenn dieser für den Geschäftsherrn nachteilig ist.[99]

III. Änderungen des geschuldeten Erfolgs

41 Der Werkvertrag ist im BGB grds. – bis auf die §§ 632a, 648a BGB – als auf kurzfristigen Austausch gerichteter ***spot*-Vertrag**[100] konzipiert. Anders als bspw. ein Kaufvertrag ist die Durchführung von Bauprojekten jedoch ungleich komplexer und erfordert wesentlich mehr Personal- und Koordinierungsaufwand. Die regelmäßig Jahre andauernde Errichtungszeit von Bauprojekten erzeugt immer dort Spannungen, wo geänderte Bedürfnisse des Bestellers eine Änderung des anfangs vereinbarten Vertragssolls erfordern. Es stellt sich daher oft die Frage, wann und wie eine Änderung des zu einem frühen Zeitpunkt vereinbarten Erfolgs im Nachhinein möglich ist.

42 Die Änderung des vereinbarten Erfolgs unterliegt dem **Konsensprinzip**.[101] Sie bedarf daher als Vertragsänderung grds. selbst eines (Änderungs-)Vertrags nach rechtsgeschäftlichen Grundsätzen (§ 311 Abs. 1 BGB). Dieser Grundsatz gilt auch im Bauvertrag, bei dem vor einseitigen Änderungsanordnungen primär ein Einigungsversuch gemäß § 650b Abs. 1 BGB unternommen werden muss.[102] In Extremfällen ist eine Änderung gemäß § 313 BGB wegen Störung der Geschäftsgrundlage möglich.[103] Besondere Mechanismen zur Einigung oder Einigungsregeln sehen die Allgemeinen Vorschriften zum Werkvertrag nicht vor (vgl. aber für den Bauvertrag § 650b Abs. 1 BGB).

43 Ein Recht zur **einseitigen Änderungsanordnung** durch den Besteller ist in den §§ 631 ff. BGB nicht vorgesehen. Nur § 1 Abs. 3, 4 VOB/B und § 650b Abs. 2 BGB kennen ein solches Recht für den VOB-Vertrag und den Bauvertrag. § 2 Abs. 5, 6 VOB/B ermöglichen dabei die Ermittlung der Vergütungsanpassung bei Mehr- oder Minderleistungen auch ohne ausdrückliche Vereinbarung. Auch für den Bauvertrag sieht § 650c BGB im Fall von Änderungsanordnungen eine Vergütungsanpassung

94 V. Rintelen, in: Messerschmidt/Voit, § 631 BGB Rn. 44.
95 V. Rintelen, in: Messerschmidt/Voit, § 631 BGB Rn. 48: »Grenze des Doppelten« überschritten.
96 BGH, Urt. v. 18.12.2008 – VII ZR 201/06, BGHZ 179, 213 = NJW 2009, 835.
97 BGH, Urt. v. 07.03.2013 – VII ZR 68/10, BGHZ 196, 299 = NJW 2013, 1950.
98 BGH, Urt. v. 14.03.2013 – VII ZR 116/12, BGHZ 196, 355 = NJW 2013, 1953; BGH, Urt. v. 18.12.2008 – VII ZR 201/06, BGHZ 179, 213 = NJW 2009, 835.
99 BGH, Urt. v. 06.05.1999 – VII ZR 132/97, BGHZ 141, 357 = NJW 1999, 2266.
100 Rohe, Netzverträge, 1998, S. 1.
101 BeckOGK/Merkle, § 631 BGB Rn. 442.
102 V.Rintelen, in: Messerschmidt/Voit, Syst. Teil H Rn. 55.
103 BGH, Urt. v. 08.07.1993 – VII ZR 79/92, NJW 1993, 2738.

vor. Diese wird nach den tatsächlich anfallenden Kosten samt einem angemessenen Zuschlag für allgemeine Geschäftskosten, Wagnis und Gewinn bemessen. Für Details s. die Kommentierung zu § 650b BGB und § 650c BGB.

Umstritten ist für Bauwerkverträge nach den §§ 631 ff. BGB, die **vor dem 01.01.2018** abgeschlossen 44
wurden oder bei denen **§§ 650a ff. BGB nicht anwendbar** sind, die Frage, ob und in welchem Umfang es auch bei diesen ein Änderungsrecht des Bestellers gibt.[104] Eine Änderung liegt dabei nur vor, falls kein gänzlich neues Werk vereinbart und damit ein neuer Vertrag geschlossen wird.[105] Das Fehlen gesetzlicher Regelungen über eine Änderungsanordnung führt beim Werkvertrag zu verschiedenen Ansätzen der Lückenfüllung. So wäre es zum einen denkbar, aus den langzeitbedingten Änderungsbedürfnissen eines Vertrags über Bauwerke jederzeit über § 242 BGB ein einseitiges Änderungsrecht des Bestellers zuzulassen.[106] Nach überwiegender Ansicht ist jedoch eine einseitige Änderung aufgrund fehlender Regelungen entsprechend § 1 Abs. 3, 4 VOB/B in den §§ 631 ff. BGB nicht zulässig.[107] Der Gesetzgeber hat nur für die §§ 650a ff. BGB ausdrücklich ein Änderungsrecht geschaffen. Ein jederzeitiges Änderungsrecht käme daher im Ergebnis einer unzulässigen Analogie zu § 1 Abs. 3, 4 VOB/B über § 242 BGB gleich.[108] Es besteht aber aus Treu und Glauben in begründeten Fällen, bspw. i.R.d. Kooperationspflicht,[109] ein **Anspruch des Bestellers auf Vertragsanpassung.** So entschied der BGH, dass entsprechend den Regelungen der VOB/B eine »Vertragspflicht« zur Änderung bestünde, nicht jedoch ein einseitiges Änderungsrecht.[110] Ein Änderungsrecht ist aber vertraglich vereinbar, es muss dafür u.U. durch **ergänzende Vertragsauslegung** ermittelt werden.[111] Der Umfang des Änderungsrechts ergibt sich jedenfalls bei § 1 Abs. 3 VOB/B und § 650b BGB aus der Zumutbarkeit für den Unternehmer.[112] Nach der Rspr. kann sich die Reichweite der Änderungen aus dem in »§ 1 Nr. 4 VOB/B geregelte[n] Gestaltungsrecht des Auftraggebers« und »mit den dort genannten Einschränkungen im Einzelfall auch beim BGB-Werkvertragsrecht aus Treu und Glauben gem. §§ 157, 242 BGB [...] ergeben«.[113] Bei Vereinbarung von Änderungen steht dem Unternehmer, sofern nicht bereits ausdrücklich vereinbart, eine entsprechende **Mehrvergütung** bei Mehrleistung zu.[114]

Die Diskussion um das Änderungsrecht des Bestellers und die sperrige Herleitung verdeutlichen, 45
dass das Werkvertragsrecht im Kern immer noch vom **starren Leitbild** des Austauschs von Vergütung gegen Erfolgsverschaffung ausgeht.[115] Änderungen des Erfolgs durch Einigung der Parteien oder Anwendung von Treu und Glauben sind komplizierter als die faktische Häufigkeit von Änderungserfordernissen es vermuten ließe. Selbst unter Anwendung des § 650b BGB für den Bauvertrag ist ein langes und nicht immer kostensparendes Prozedere vonnöten.[116] Änderungen werden nach wie vor als Störfall im festgemeißelten Vertrag und nicht als baualltägliche Normalität angesehen. Insbesondere sind keine gemeinsamen Anpassungen des Erfolgs und der dafür erforderlichen Maßnahmen im Vertrag möglich, ohne dabei den ganzen Vertrag abzuändern. An dieser Stellschraube setzen Modelle wie der **Mehrparteien-Allianzvertrag** an.

---

104 Überblick zum Streit bei v. Rintelen, in: ibr-OK Bauvertragsrecht, § 631 BGB Rn. 848; § 650b Rn. 9 ff.; BeckOGK/Merkle, § 631 BGB Rn. 442.
105 BGH, Urt. v. 13.12.2001 – VII ZR 28/00, NJW 2002, 1492.
106 Vgl. v. Rintelen, in: Messerschmidt/Voit, Syst. Teil H Rn. 55a.
107 V. Rintelen, in: ibr-OK Bauvertragsrecht, § 631 BGB Rn. 848; BeckOGK/Merkle, § 631 BGB Rn. 442; Grüneberg/Retzlaff, BGB, § 631 Rn. 8; BeckOK BGB/Voit, § 631 Rn. 52.
108 V. Rintelen, in: Messerschmidt/Voit, Syst. Teil H Rn. 55a–59.
109 BGH, Urt. v. 23.05.1996 – VII ZR 245/94, BGHZ 133, 44 = NJW 1996, 2158.
110 BGH, Urt. v. 25.01.1996 – VII ZR 233/94, BGHZ 131, 392 = NJW 1996, 1346.
111 BGH, Urt. v. 21.12.2000 – VII ZR 17/99, NJW 2001, 1642.
112 V. Rintelen, in: Messerschmidt/Voit, § 650b BGB Rn. 46.
113 BGH, Urt. v. 25.01.1996 – VII ZR 233/94, BGHZ 131, 392 = NJW 1996, 1346.
114 Oberhauser/Halbgewachs, in: LPS, Bauvertragsrecht, § 631 BGB Rn. 38.
115 S. bereits Nicklisch, JZ 1984, 757, 758; ders., NJW 1985, 2361, 2361 ff.
116 Vgl. Abel/Schönfeld, BauR 2018, 1, 14; Franz, BauW 2018, 34, 37.

IV. Auslegung des Werkvertrags

46 Da herzustellende Werke – anders als etwa vertretbare Sachen im Kaufrecht – in der Regel komplexe, noch zu planende **Unikate** sind, geht mit dem Vertragsschluss ein erhöhter Transaktionsaufwand einher. Die exakte Definition des Werkes ist die Grundlage einer funktionierenden Vertragsdurchführung. In der (baurechtlichen) Praxis kommt es jedoch häufig zu sog. Nachtragsstreitigkeiten. Grundlage ist die **Uneinigkeit über den Inhalt des Vertrags**. Der Besteller ordnet dabei die Durchführung von Leistungen an, welche er als ohnehin nach dem Ausgangsvertrag als geschuldet ansieht. Der Unternehmer hingegen erachtet die Leistungen als zusätzliche, noch nicht nach dem Ausgangsvertrag geschuldete an und verlangt entsprechende Mehrvergütung. In der Folge entstehen nicht selten Kündigungsszenarien oder teure und langwierige **Rechtsstreitigkeiten**.

47 Ein Weg zur Lösung dieser Problematik ist die sorgfältige Auslegung des Vertrags. Auf diese Weise lässt sich ermitteln, welche Leistungen die Parteien sich gegenseitig versprochen haben. Die Auslegung des Werkvertrags ist daher in erster Linie relevant für die **Bestimmung der geschuldeten Leistungen** und der vereinbarten Soll-Beschaffenheit des Werks nach dem **funktionalen Mangelbegriff** (vgl. § 633 BGB). In der Praxis stellt sich hierbei oft das Problem, dass zahlreiche Dokumente neben dem Vertragstext selbst existieren und eine eindeutige Auslegung erschweren. So werden etwa ein Leistungsverzeichnis, Leistungsbeschreibungen und Inhalte der VOB/A, VOB/B und VOB/C zusätzlich neben dem Vertrag miteinbezogen (vgl. etwa die Aufzählung in § 1 Abs. 2 VOB/B).[117]

48 Zunächst muss eine Auslegung anhand des **Vertragwortlauts**, des **wirklichen Willens der Parteien** und der **Umstände des Vertragsschlusses** gemäß der §§ 133, 157 BGB stattfinden.[118] Der BGH betont dabei eine »interessengerechte Auslegung«, also eine Auslegung losgelöst vom reinen Wortlaut der Dokumente.[119] Der Vertrag sei »in Verbindung mit dem Leistungsverzeichnis und auch anderen vertraglichen Unterlagen als sinnvolles Ganzes auszulegen«[120]. Wie bei allen Erklärungen ist auch beim Werkvertrag nach dem **Empfängerhorizont** zu forschen. Dieser hängt insb. von der Fachkunde des jeweiligen Bestellers und Unternehmers sowie den Handelssitten in den jeweiligen Verkehrskreisen ab.[121] In der Praxis behelfen sich viele Parteien mit der Vereinbarung von Rangfolgeregelungen. Dies kann freilich nur helfen, sofern keine Widersprüche zwischen gleichrangigen Dokumenten auftreten.[122] Zudem kann im Einzelfall darüber gestritten werden, ob eine Vertragsanlage der anderen widerspricht oder sie nur konkretisiert.

V. Beendigung

49 Erfüllen die Werkvertragsparteien ihre gegenseitigen Hauptleistungspflichten, wandelt sich der Vertrag nach Abnahme in ein **Gewährleistungsverhältnis** um. Erklärt der Besteller hingegen ausdrücklich oder konkludent, unter keinen Umständen mehr mit dem Unternehmer zusammenarbeiten und das Werk nicht abnehmen zu wollen, entsteht ein **Abrechnungsverhältnis**. In diesem bestehen lediglich noch Zahlungsansprüche, etwa auf einen Kostenvorschuss für Mangelbeseitigungskosten.[123]

50 Neben den **allgemeinen schuldrechtlichen Erlöschensgründen** und nach den Vorgaben des § 634 BGB[124] (insb. Erfüllung, § 362 BGB; Rücktritt, §§ 346 ff. BGB; Unmöglichkeit, § 326 Abs. 1 S. 1,

---

117 V. Rintelen, in: Messerschmidt/Voit, § 631 BGB Rn. 60.

118 BGH, Urt. v. 27.11.1997 – IX ZR 141/96, NJW 1998, 900; OLG Bremen, Urt. v. 23.08.2018 – 2 U 120/17, NZBau 2019, 106; umfassende Darstellung bei Leupertz, in: LPS, Bauvertragsrecht, § 650b BGB Rn. 30 ff.

119 BGH, Urt. v. 08.01.2004 – VII ZR 181/02, NJW 2004, 2156.

120 BGH, Urt. v. 11.03.1999 – VII ZR 179/98, NJW 1999, 2432; v.Rintelen, in: Messerschmidt/Voit, § 631 BGB Rn. 64.

121 MüKo-BGB/Busche, § 631 Rn. 54.

122 V. Rintelen, in: Messerschmidt/Voit, § 631 BGB Rn. 60.

123 BGH, Urt. v. 19.01.2017 – VII ZR 301/13, BGHZ 213, 349 = NJW 2017, 1604.

124 Grüneberg/Retzlaff, BGB, § 631 Rn. 10.

Abs. 5 BGB; Schadensersatz statt der ganzen Leistung, §§ 281 ff. BGB) gibt es beim Werkvertrag zudem mehrere Kündigungsmöglichkeiten. Obwohl der Werkvertrag kein Dauerschuldverhältnis im engeren Sinne ist,[125] hat der Gesetzgeber seine oftmals faktische Langfristigkeit erkannt und in § 648a BGB die **Kündigung aus wichtigem Grund** normiert. Die Norm füllt eine Lücke im Werkvertragsrecht, welche vor dem 01.01.2018 mit der entsprechenden Anwendung von dem für Dauerschuldverhältnisse geschaffenen § 314 BGB gefüllt wurde. Ziel dieser richterrechtlichen Fortentwicklung des Rechtsgedankens von § 314 BGB war es, bei **nachhaltiger Störung des Vertrauensverhältnisses** dem Besteller eine Kündigungsmöglichkeit zu geben, ohne gem. § 649 S. 2 BGB a.F. zur weiteren Vergütung verpflichtet zu sein.[126] § 648a Abs. 3 BGB verweist zur Klärung jetzt ausdrücklich auf § 314 Abs. 2, 3 BGB und in § 648a Abs. 5 BGB ist die restliche Vergütung des Unternehmers nach Kündigung durch den Besteller geregelt.

Daneben besteht ein Kündigungsrecht des Unternehmers bei **unterlassener Mitwirkung** des Bestellers (§ 643 BGB) und ein **freies Kündigungsrecht des Bestellers** gegen Zahlung anteiliger Vergütung (§ 648 BGB = § 649 S. 1 BGB aF). Dieses besteht ohne vorherige Fristsetzung oder Angabe berechtigter Gründe nach dem Ermessen des Bestellers gegen Leistung der vereinbarten Vergütung, abzüglich ersparter Aufwendung des Unternehmers gem. § 648 S. 2 BGB. Bei **wesentlicher Überschreitung des Kostenanschlags** ist der Besteller nach § 649 Abs. 1 BGB kündigungsberechtigt und hat den Unternehmer nur nach Maßgabe des § 645 Abs. 1 BGB zu vergüten. 51

Im Falle der **Insolvenz** kann auch das Wahlrecht des Insolvenzverwalters (§ 103 InsO) zur Beendigung des Vertrags führen. 52

Eine unwirksame Kündigung ist nach der Rspr. in eine ordentliche Kündigung gem. § 140 BGB **umzudeuten**, wenn dies den Interessen des Kündigenden entspricht.[127] Dies wird jedenfalls dann der Fall sein, wenn deren Voraussetzungen vorliegen. Es kann hier jedoch zu unterschiedlichen Vergütungsfolgen kommen. 53

Die Kündigung ist grds. **formfrei.** S. zur Schriftform bei Kündigung eines Bauvertrags die Kommentierung zu § 650h BGB. 54

VI. Pflichten des Unternehmers

1. Hauptleistungspflicht

a) Herstellung des versprochenen Werkes

Die Hauptleistungspflicht des Unternehmers ist die Herstellung des versprochenen Werkes. Der Unternehmer hat das Werk nach Maßgabe der vertraglichen Vereinbarung so herzustellen, dass es vollständig ist und die **vereinbarte Beschaffenheit** hat (vgl. § 633 Abs. 1 BGB). Hat der Besteller Vorgaben gemacht, welche nicht hinter den Mindestanforderungen der anerkannten Regeln der Technik zurückbleiben, sind diese als Maßstab für eine ordnungsgemäße Erfüllung heranzuziehen.[128] Die **Art und Weise**, wie der Unternehmer den geschuldeten Erfolg herbeiführt, bestimmt er selbstständig im Rahmen der vertraglichen Zwecksetzung. Anderes kann sich aus besonderen vertraglichen Vereinbarungen, z.B. Vorgaben bzgl. der Leistung, und einbezogenen (technischen) Regelwerken ergeben.[129] Ein Weisungsrecht des Bestellers besteht aber allenfalls hinsichtlich des zu erzielenden Ergebnisses, nicht in Bezug auf einzelne Arbeitsschritte.[130] Dies ergibt sich auch aus der Regelung über die Nacherfüllung in § 635 BGB. Danach kann der Unternehmer – im Unterschied zum Verkäufer (§ 439 Abs. 1 BGB) – selbst darüber entscheiden, ob er den vertragsgemäßen Zustand des 55

125 BGH, Urt. v. 23.05.1996 – VII ZR 245/94, NJW 1996, 2158: »Langzeitvertrag«.
126 BGH, Urt. v. 07.04.2016 – VII ZR 56/15, BGHZ 210, 1 = NJW 2016, 1945.
127 BGH, Urt. v. 14.02.2000 – II ZR 285/97, NJW-RR 2000, 987.
128 OLG Hamm, Urt. v. 09.11.2018 – 12 U 20/18, BauR 2019, 682.
129 V. Rintelen, in: Messerschmidt/Voit, § 631 BGB Rn. 79.
130 MüKo-BGB/Busche, § 631 Rn. 61; BeckOK BGB/Voit, § 631 Rn. 60.

Werkes durch Beseitigung der Mängel oder durch Neuherstellung herbeiführt. Die weitgehende Weisungsfreiheit entspricht dem typischen Charakter des Werkvertrags, da sich der Besteller regelmäßig die besondere Sachkunde des Unternehmers zunutze machen, mithin dessen »Dienstleistung« (Abs. 2) in Anspruch nehmen will. Ein **Recht des Unternehmers zur Herstellung** des Werkes **besteht dagegen nicht.**[131] Dies ergibt sich schon aus dem an keine besonderen Voraussetzungen gebundenen Kündigungsrecht des Bestellers nach § 648 BGB. Der Unternehmer kann den Besteller daher nicht dazu zwingen, den Vertrag durchzuführen. Das Kündigungsrecht kann aber durch Vereinbarung abbedungen werden.

56 Die Erfüllung der Leistungspflicht des Unternehmers setzt voraus, dass der Besteller den nach dem Inhalt und Zweck des Vertrags vorausgesetzten Vorteil aus dem Werk ziehen kann. In vielen Fällen ist hierzu die **Ablieferung** des Werkes an den Besteller erforderlich. Diese ist Bestandteil der Hauptpflicht des Unternehmers.[132] § 633 Abs. 1 BGB bringt zum Ausdruck, dass dem Werkvertrag eine Verschaffungspflicht immanent ist.[133] Dies bedeutet jedoch nicht, dass die Verschaffung des Werkes Voraussetzung für dessen Abnahme ist. Die Abnahmereife besteht vielmehr bereits mit der vollständigen und mangelfreien Herstellung; dann kann der Unternehmer die Abnahme des Werkes nach § 640 Abs. 1 BGB vom Besteller verlangen.[134] Zur Leistung der vereinbarten Vergütung ist der Besteller allerdings nur Zug um Zug gegen Verschaffung des Werkes verpflichtetet (§ 320 BGB).

57 Der **Inhalt der Ablieferungspflicht** hängt von dem Charakter der Werkleistung ab. Besteht diese in der Herstellung einer neuen Sache, so wird der Unternehmer dem Besteller im Regelfall das Eigentum an der Sache zu verschaffen haben, sofern der Besteller dieses nicht bereits mit der Herstellung kraft Gesetzes erwirbt (§§ 946 ff. BGB).[135] Vielfach kann aber die Verschaffung des Besitzes genügen, wenn diese dem Besteller ermöglicht, den vereinbarten oder vorausgesetzten Gebrauch von dem Werk zu machen (z.B. beim Reparaturvertrag).[136] Zur Hauptpflicht des Unternehmers kann auch die Aushändigung von Unterlagen oder sonstigen Hilfsmitteln gehören, die der Besteller benötigt, um das Werk bestimmungsgemäß zu nutzen.[137] Dies ist von besonderer Bedeutung bei geistigen Werken. So ist im Falle der Erstellung von Individualsoftware die Überlassung einer für die Arbeit mit dem Programm erforderlichen Benutzerdokumentation Teil der Erfüllungsverpflichtung des Herstellers.[138] Gleiches gilt bei planerischen Arbeiten (Architekten, Ingenieure, Statiker) hinsichtlich der erstellten Pläne.[139]

b) Person des Leistenden

58 Anders als beim Dienstvertrag (vgl. die Auslegungsregel des § 613 S. 1 BGB) ist die Verpflichtung des Werkunternehmers **nicht höchstpersönlicher Natur**. Hieraus kann jedoch nicht der Gegenschluss gezogen werden, dass eine Delegation auf Dritte unbeschränkt zulässig wäre. Vielmehr ist die Frage, ob und inwieweit sich der Unternehmer der Hilfe Dritter bedienen oder die Leistungserbringung sogar vollständig auf Dritte verlagern darf, im Wege der **Vertragsauslegung** zu beantworten.

59 Sofern die Parteien keine konkreten Vereinbarungen getroffen haben, können sich zum einen aus dem **Inhalt der Leistungspflicht** Anhaltspunkte für die Übertragbarkeit der Durchführung ergeben.[140] Bei kreativen, insbesondere künstlerischen Leistungen (Künstler, Architekten, Gutachter) kommt

131 BeckOK BGB/Voit, § 631 Rn. 60.
132 Oberhauser/Halbgewachs, in: LPS, Bauvertragsrecht, § 631 BGB, Rn. 43.
133 V. Rintelen, in: Messerschmidt/Voit, § 631 BGB Rn. 82.
134 V. Rintelen, in: Messerschmidt/Voit, § 631 BGB Rn. 78.
135 Grüneberg/Retzlaff, BGB, § 631 Rn. 16.
136 BeckOGK/Merkle, § 631 BGB Rn. 489.
137 Leupertz/Popescu, in: Staudinger NB 2024, BGB, § 631 Rn. 24.
138 BGH, Urt. v. 20.02.2001 – X ZR 9/99, NJW 2001, 1718; BGH, Urt. v. 30.01.1986 – I ZR 242/83, NJW 1987, 1259.
139 OLG Köln, Beschl. v. 11.07.1997 – 11 W 21/97, BauR 1999, 189.
140 Grüneberg/Retzlaff, BGB, § 631 Rn. 16.

es in der Regel so sehr auf die Individualität des Unternehmers an, dass allenfalls für das Ergebnis unbedeutende Vor- und Hilfsarbeiten auf Dritte verlagert werden dürfen.[141] In anderen Fällen dürfte dem Unternehmer zumindest die Einschaltung von **Hilfspersonen**, die unter seiner **fachlichen Aufsicht** stehen und insoweit **weisungsgebunden** sind, erlaubt sein.[142] Verfügt der Werkunternehmer über eine unternehmerische Organisation mit zahlreichen Angestellten, so ergibt sich dies bereits aus dem Vertrag selbst, da dem Besteller bewusst ist, dass der Unternehmensinhaber zumindest wesentliche Teile seines Werkes durch sein Personal ausführen lässt. In diesem Fall genügt es, wenn die Ausführung im Einfluss- und Verantwortungsbereich des Unternehmers erfolgt (vgl. auch § 4 Abs. 8 Nr. 1 S. 1 VOB/B: Leistung ist im eigenen Betrieb auszuführen). Schwierig und nur im jeweiligen Einzelfall zu beantworten ist die Frage, ob der Werkunternehmer auch selbstständige Unternehmen und unabhängig von seiner fachlichen Leitung agierende Personen zur Erbringung der Werkleistung einschalten darf. Die für den VOB-Vertrag geltende Regelung in § 4 Abs. 8 Nr. 1 S. 2 VOB/B, wonach eine Übertragung auf Nachunternehmer nur mit schriftlicher Zustimmung des Auftraggebers zulässig ist, ist wohl nicht pauschal für sämtliche Werkverträge anwendbar.[143] Dennoch ist bei der Annahme einer solchen Delegationskompetenz Zurückhaltung geboten, da man im Hinblick auf die »Dienstleistungskomponente« der Werkleistung (vgl. Abs. 2) nicht ohne weiteres von einem Einverständnis des Bestellers mit einer Übertragung auf selbstständige Unternehmer ausgehen kann. Ein solches Einverständnis des Bestellers wird man wohl nur dann unterstellen können, wenn der Besteller erkennbar kein besonderes Interesse an der Person des Leistenden hat oder die Übertragung auf weitere Unternehmer der Verkehrssitte entspricht, so dass der Besteller hiermit rechnen musste. Eine echte **Substitution** i.S.d. § 664 Abs. 1 BGB mit der Folge, dass der Unternehmer lediglich für ein bei der Übertragung zur Last fallendes Verschulden einzustehen hat, dürfte grds. nur mit ausdrücklicher Zustimmung des Bestellers zulässig sein.[144] Die Einschränkungen hinsichtlich der Übertragbarkeit gelten jedoch nicht für Leistungen, die sich nicht unmittelbar auf den Herstellungsvorgang beziehen, also z.B. nicht für die Lieferung von Materialien, die für die Herstellung des Werkes benötigt werden.[145]

Ist es dem Unternehmer (ausdrücklich oder nach Zweck und Inhalt der Leistung) gestattet, sich zur 60
Erfüllung selbstständiger Unternehmer als **Subunternehmer** zu bedienen, so bestehen vertragliche Beziehungen grds. nur zwischen Besteller/Hauptunternehmer einerseits und Hauptunternehmer/Subunternehmer andererseits. Mit der Herstellung des vom Subunternehmer geschuldeten Werkes erfüllt dieser seine Verpflichtung gegenüber dem Hauptunternehmer und zugleich die Verpflichtung des Hauptunternehmers gegenüber dem Besteller (vgl. §§ 787 Abs. 1, 788 BGB).

c) Leistungsort und Leistungszeit

Die §§ 631 ff. BGB enthalten keine eigene Bestimmung hinsichtlich des Leistungsortes und der 61
Leistungszeit. Es gelten daher die **allgemeinen Vorschriften (§§ 269, 271 BGB)**. Maßgeblich ist danach in erster Linie die vertragliche Vereinbarung. Fehlt es an einer solchen, ist auf die näheren Umstände, insbesondere die Natur des Schuldverhältnisses, Rücksicht zu nehmen. Nur wenn auch diese Umstände zu keinem eindeutigen Ergebnis führen, kann auf die gesetzliche Auslegungsregel zurückgegriffen werden. Eine vereinbarte Leistungszeit hat typischerweise lediglich den Sinn einer Fälligkeitsvereinbarung. Nur in Ausnahmefällen kann hierin die Vereinbarung eines absoluten Fixgeschäfts gesehen werden.[146]

---

141 MüKo-BGB/Busche, § 631 Rn. 74; die Möglichkeit zur Stellung eines Ersatzdirigenten bejahend aber OLG München, Urt. v. 26.05.2004 – 7 U 3802/02, NJW-RR 2005, 616.

142 BeckOK BGB/Voit, § 631 Rn. 61.

143 BeckOK BGB/Voit, § 631 Rn. 61.

144 BeckOK BGB/Voit, § 631 Rn. 61.

145 Zur Beziehung des Bauherrn zum Lieferanten BGH, Urt. v. 02.04.2014 – VII ZR 46/13, BGHZ 200, 337 = NJW 2014, 2183.

146 BGH, Urt. v. 28.05.2009 – Xa ZR 113/08, NJW 2009, 2743.

62 In Bezug auf den **Leistungsort** ist zu beachten, dass die Herstellung des Werkes in den meisten Fällen ein Prozess ist, der sich über einen gewissen Zeitraum erstreckt. Im Grunde stellen sich daher zwei Fragen: einmal an welchem Ort die Herstellung zu erfolgen hat (Herstellungsort), zum anderen an welchem Ort das fertige Werk dem Besteller abzuliefern ist (Ablieferungsort). Beide müssen nicht identisch sein. So kann etwa nach dem Inhalt des Vertrags die Bearbeitung einer Sache in dem Gewerbebetrieb des Unternehmers erfolgen, gleichzeitig aber der Unternehmer die Verpflichtung übernehmen, die Sache dem Besteller nach der Bearbeitung an dessen Wohnsitz zu übergeben.[147]

63 Der **Herstellungsort** wird sich zumeist aus Inhalt und Natur des Schuldverhältnisses ergeben. So sind Bauleistungen auf dem zu bebauenden Grundstück, Reparaturleistungen an Gebäuden in dem jeweiligen Gebäude vorzunehmen.[148]

64 Hinsichtlich des **Ablieferungsortes** ist vom Grundsatz des § 269 Abs. 1 und 3 BGB auszugehen, wonach der Leistungsort für die Verpflichtung zur Herstellung des Werkes im Zweifel der Wohn- oder Geschäftssitz des Unternehmers ist. Freilich kann sich auch insoweit aus der Natur des Vertrags etwas anderes ergeben. So ist bei Bauverträgen der Ort der Baustelle nicht nur Herstellungs-, sondern auch Ablieferungsort.[149] Bei Reparaturverträgen ist im Regelfall davon auszugehen, dass der Ort der Übergabe der reparaturbedürftigen Sache zugleich der Ablieferungsort sein soll.

65 Bezugspunkt für die **Leistungszeit** ist im Regelfall die Ablieferung des vollständig hergestellten Gesamtwerkes. Sofern eine Fertigstellung in Teilabschnitten vereinbart ist, kommt es auf die Vollendung des Teilwerkes an.[150] Der Fälligkeitszeitpunkt richtet sich wiederum in erster Linie nach der vertraglichen Vereinbarung, insbesondere nach dem von den Parteien bestimmten Ablieferungstermin.[151] Fehlt es an einer Terminbestimmung, so kann auf die Auslegungsregel des § 271 Abs. 1 BGB zurückgegriffen werden.[152] Allerdings sind dabei die Besonderheiten des Werkvertrags zur berücksichtigen. Der Besteller kann in diesem Fall nicht sofortige Ablieferung verlangen, vielmehr ist der Unternehmer verpflichtet, alsbald nach Vertragsschluss mit der Herstellung zu beginnen. Die Ablieferung wird dann nach Ablauf eines angemessenen, für die Herstellung eines solchen Werkes üblichen und nach den gesamten Umständen von den Parteien zu erwartenden Zeitraumes fällig.[153] Beruft sich der Unternehmer darauf, dass das Werk nach der Auslegungsregel des § 271 Abs. 1 BGB erst zu einem späteren Zeitpunkt fertigzustellen war, so trägt er im Prozess für die maßgeblichen Umstände die Darlegungs- und **Beweislast**.

2. Nebenpflichten

a) Allgemeines

66 Insbesondere bei Bauprojekten erfordert die langjährige Vertragsdurchführung eine gesteigerte Kooperation der Parteien.[154] Außer der Pflicht zur Herstellung des Werkes ergeben sich für den Unternehmer daher typische weitere Pflichten. Soweit sie ein Verhalten betreffen, das zur Herbeiführung des geschuldeten Erfolges erforderlich ist (z.B. die Beschaffung der für die Planung erforderlichen Daten und Unterlagen), handelt es sich um **Nebenleistungspflichten.**[155] Da ohne die Erfüllung dieser Pflichten das Werk nicht (mängelfrei) hergestellt werden kann, haben sie neben der Hauptpflicht des Unternehmers keine wesentliche eigenständige Bedeutung. Zu diesen Nebenleistungs-

147 BeckOK BGB/Voit, § 631 Rn. 64.
148 V.Rintelen, in: Messerschmidt/Voit, § 631 BGB Rn. 91.
149 BGH, Beschl. v. 05.12.1985 – I ARZ 737/85, NJW 1986, 935.
150 BGH, Urt. v. 11.11.2004 – VII ZR 128/03, BauR 2005, 400.
151 BGH, Urt. v. 20.01.2000 – VII ZR 224/98, NJW 2000, 1403.
152 OLG Jena, Urt. v. 26.10.2023 – 8 U 794/22, IBRRS 2023, 3034.
153 Hierzu und im Folgenden BGH, Urt. v. 21.10.2003 – X ZR 218/01, BauR 2004, 331.
154 Grundlegend BGH, Urt. v. 23.05.1996 – VII ZR 245/94, BGHZ 133, 44 = BauR 1996, 542; BGH, Urt. v. 28.10.1999 – VII ZR 393/98, BGHZ 143, 89 = BauR 2000, 409.
155 MüKo-BGB/Busche, § 631 Rn. 77.

pflichten zählen auch solche, deren Erfüllung zwar nicht zwingend Voraussetzung für den Eintritt des Leistungserfolges ist, die aber mit der Hauptleistung untrennbar verbunden sind (etwa Pflichten zur Rückgabe von zur Erfüllung überlassenen Gegenständen, Pflichten zur Auskunft und Rechnungslegung).[156] Hiervon zu unterscheiden sind die **Nebenpflichten.** Diese werden durch § 241 Abs. 2 BGB umschrieben. Danach sind die Parteien des Schuldverhältnisses einander zur Rücksicht auf die Rechte, Rechtsgüter und Interessen des anderen Teils verpflichtet. Nicht näher bestimmt wird, worin die besondere Rücksichtnahme besteht.

Rücksichtnahme kann dabei sowohl ein **aktives Tun** als auch ein **Unterlassen** bedeuten. Ziel und 67
Zweck ist jeweils die Bewahrung der Güter- und Interessensphäre des anderen Teils. Während es im Falle des Unterlassens hauptsächlich darum geht, dass die Parteien ein den anderen Teil schädigendes Verhalten vermeiden, geht es im Falle des aktiven Tuns darum, inwieweit die Parteien gehalten sind, zum Schutz des anderen Teils aktiv einzugreifen. Dies kann sowohl den Schutz vor äußeren Einflüssen (z.B. Naturereignisse) als auch vor Eingriffen Dritter oder gar vor einer Eigenschädigung des Vertragspartners umfassen. Schutzobjekt können dabei im Falle des Werkvertrags das Werk selbst, aber auch die sonstigen Rechte, Rechtsgüter oder Interessen des Bestellers sein.

Es besteht eine uneingeschränkte Pflicht des Unternehmers zum Unterlassen jedes eigenen, die Rechts- 68
güter und Interessen des Bestellers beeinträchtigenden Verhaltens. Daneben ist jedoch von entscheidender Bedeutung, unter welchen Voraussetzungen den Unternehmer auch eine Pflicht trifft, bestimmten Gefährdungen vorzubeugen oder drohende Schäden abzuwenden. Inhalt und Umfang der gesetzlichen Pflichten lassen sich dabei nicht in einem allgemein gültigen Pflichtenkatalog zusammenfassen. Vielmehr können allenfalls anhand des Maßstabes des § 242 BGB **Kriterien zur Konkretisierung der Rücksichtnahmepflicht** benannt werden. Hierzu zählt zum einen die Herkunft der Gefahrenquelle. Soweit diese aus dem Einfluss- und Verantwortungsbereich des Unternehmers stammt, ist diesem ein schadensabwendendes Verhalten eher zuzumuten, als wenn der Besteller hierfür verantwortlich ist. Dabei ist freilich zu berücksichtigen, dass der Unternehmer vielfach über eine größere Sachkunde und ein erhebliches Erfahrungswissen verfügt. Je nach Zweck und Inhalt des Vertrags kann daher mit der Übernahme der Herstellungspflicht auch die Übernahme der Verantwortung für bestimmte Gefahrenquellen verbunden sein, die nicht aus der Sphäre des Unternehmers stammen. Ebenfalls zu berücksichtigen sind das Ausmaß der Gefahr und die Wahrscheinlichkeit der Gefahrverwirklichung sowie die Schutzbedürftigkeit des Bestellers. So treffen den Unternehmer gegenüber einem Besteller, der die Gefahren kennt oder aufgrund seiner eigenen Sachkunde kennen müsste, ggf. geringere Pflichten als gegenüber einem unerfahrenen Besteller. Schließlich ist – wie stets bei der Konkretisierung des Grundsatzes von Treu und Glauben gemäß § 242 BGB – die Grenze der **Zumutbarkeit** für den Unternehmer zu beachten, mithin eine Interessenabwägung vorzunehmen.

b) Aufklärungs- und Beratungspflichten

Zu den wichtigsten Nebenpflichten des Unternehmers zählen die Aufklärungs- und Beratungs- 69
pflichten. Der Unternehmer nimmt typischerweise mit der Aufnahme von Vertragsverhandlungen (vgl. § 311 Abs. 2 BGB) und erst recht mit dem Abschluss des Vertrags in besonderer Weise das Vertrauen des Bestellers in die eigene Sachkunde in Anspruch. **Inhalt und Ausmaß der Pflichten** richten sich daher danach, welche Sachkunde der Besteller unter den gegebenen Umständen objektiv von einem Unternehmer erwarten darf.[157]

Nach h.M. bestehen Aufklärungs- und Beratungspflichten auch **gegenüber einem sachkundigen** 70
Besteller.[158] Der Unternehmer muss den Besteller stets auf Risiken und Gefahren hinweisen, die

156 OLG Hamm, Urt. v. 21.12.2006 – 21 U 120/06, BauR 2007, 890.

157 BGH, Urt. v. 02.11.1995 – X ZR 81/93, NJW-RR 1996, 789.

158 BGH, Urt. v. 20.06.2013 – VII ZR 4/12, BauR 2013, 1472; BeckOK BGB/Voit, § 631 Rn. 67; v. Rintelen, in: Messerschmidt/Voit, § 631 BGB Rn. 103; Hebel/Hofmann, in: Thode/Thierau/Wessel, Praxishandbuch Architektenrecht, § 15 Rn. 3.

dem Besteller erkennbar nicht bekannt oder bewusst sind. Aufklärungs- und Beratungspflichten werden aber einen umso geringeren Umfang haben, je sachkundiger der Besteller sich gibt. Darf der Unternehmer im Grundsatz darauf vertrauen, dass der Besteller über die notwendige Sachkunde verfügt, um die vorhandenen Risiken erkennen und beurteilen zu können, kann eine (vollumfängliche) Beratungs- und Mitteilungspflicht zumindest nicht mehr ohne Weiteres angenommen werden.[159] Inhalt und Umfang dieser Pflicht müssen sich vielmehr gerade am **Schutzbedürfnis** des Bestellers orientieren.[160]

71 **Vor Vertragsschluss** ist der Unternehmer verpflichtet, den Besteller auf etwaige Bedenken im Hinblick auf die Tauglichkeit des Werkes zu dem angestrebten Zweck hinzuweisen.[161] Dies gilt auch, wenn der vom Besteller erteilte Auftrag wirtschaftlich unsinnig ist und hierdurch das gewünschte Ziel des Bestellers nicht erreicht werden kann.[162] Der Unternehmer hat den Besteller bei Vertragsschluss zudem über die Gestaltung und Verwendbarkeit des ins Auge gefassten Werkes zu beraten, damit es den Zwecken und Bedürfnissen des Bestellers tatsächlich entspricht.[163]

72 Auch nach Vertragsschluss und **während der Herstellung des Werkes** hat der Unternehmer den Besteller über alle Umstände aufzuklären, welche die Vertragserfüllung in Frage stellen oder Gefahren für den Besteller mit sich bringen könnten.[164] Sind nach dem Inhalt des Vertrags Sachen des Bestellers zu be- oder verarbeiten, muss sich der Unternehmer davon überzeugen, dass diese zur Herbeiführung des Erfolges geeignet sind und von ihnen – bei Anwendung der konkreten Methode der Be- oder Verarbeitung – keine Gefahren ausgehen.[165] Sofern der Unternehmer zur Herstellung des Werkes an **Vorarbeiten anderer Unternehmer** anknüpft, muss er diese im Rahmen des Zumutbaren auf ihre Tauglichkeit untersuchen und den Besteller auf entdeckte Mängel oder Risiken hinweisen, um selbst mängelfrei zu leisten.[166] Dies gilt auch für Vorarbeiten, die vom Besteller selbst ausgeführt worden sind.[167] Erteilt der Besteller dem Unternehmer eine Anweisung, muss der Unternehmer den Besteller warnen, wenn er Bedenken gegen die Eignung der vom Besteller gewünschten Ausführung oder Folgeleistungen hat.[168] Eine Enthaftung des Unternehmers gemäß §§ 4 Abs. 3, 13 Abs. 3 VOB/B ist jedoch dann nicht möglich, wenn der Erfolg funktional beschrieben wurde und vom Unternehmer erst zu erarbeiten ist. Die mangelfreie Errichtung liegt dann im Risiko des Unternehmers und (zusätzliche) **Sowiesokosten** sind nicht abzugsfähig.[169]

73 Jedoch ist der Unternehmer grds. nicht verpflichtet, die auf seinen Arbeiten nachfolgend aufbauenden Werke zu überprüfen.[170]

74 Nach Fertigstellung des Werkes muss der Unternehmer dem Besteller u.U. die notwendigen **Informationen zum Gebrauch des Werkes** durch Erfüllung seiner Beratungspflicht geben.[171] Dabei ist

159 Vgl. hierzu und im Folgenden BGH, Urt. v. 30.06.1977 – VII ZR 325/74, BauR 1977, 420.
160 Zu den Anforderungen an die Art und Weise der Mitteilung s. OLG Koblenz, Hinweisbeschl. v. 03.05.2011 – 5 U 141/11, NJW-RR 2011, 1040.
161 BGH, Urt. v. 24.09.1992 – VII ZR 213/91, BauR 1993, 79; OLG Nürnberg, Urt. v. 17.06.2011 – 2 U 1369/10, BauR 2013, 1454.
162 OLG Hamm, Urt. v. 20.03.1992 – 26 U 155/91, NJW-RR 1992, 1329; v. Rintelen, in: Messerschmidt/Voit, § 631 BGB Rn. 96.
163 BGH, Urt. v. 09.07.1987 – VII ZR 208/86, BauR 1987, 681.
164 BGH, Urt. v. 19.05.2011 – VII ZR 24/08, BauR 2011, 1494.
165 BGH, Urt. v. 14.09.1999 – X ZR 89/97, BauR 2000, 262.
166 BGH, Urt. v. 30.06.2011 – VII ZR 109/10, BauR 2011, 1652; BGH, Urt. v. 27.06.1985 – VII ZR 23/84, BGHZ 95, 128 = BauR 1985, 561; OLG Oldenburg, Urt. v. 21.08.2018 – 2 U 62/18, BauR 2019, 114; Leupertz/Halfmeier, in: PWW, BGB, § 631 Rn. 27.
167 OLG Hamm, Beschl. v. 12.10.2010 – 19 W 33/10, BauR 2011, 700.
168 OLG Köln, Urt. v. 22.12.1993 – 16 U 50/93, NJW-RR 1994, 1045.
169 OLG Karlsruhe, Urt. v. 27.03.2018 – 8 U 51/15, NZBau 2018, 668.
170 BGH, Urt. v. 15.12.1969 – VII ZR 8/68, BauR 1970, 57.
171 Zu Hinweispflichten gegenüber Nachunternehmern im Hinblick auf die Eignung der eigenen Vorleistung vgl. BGH, Urt. v. 08.07.1982 – VII ZR 314/81, BauR 1983, 70.

sicherzustellen, dass der Besteller weder durch unsachgemäße Bedienung Schäden oder eine vorzeitige Abnutzung des Werkes verursacht noch durch den Gebrauch des Werkes Gefahren für sonstige Rechtsgüter entstehen..

c) Obhuts- und Fürsorgepflichten

Gelangt der Unternehmer zum Zwecke der Erfüllung in den Besitz von **Sachen des Bestellers**, so hat er diese sorgfältig aufzubewahren und vor Einwirkungen Dritter sowie vor sonstigen Gefahren zu schützen.[172] Dies gilt etwa für zur Reparatur gegebene Sachen, aber auch für die vom Besteller zur Herstellung des Werkes gelieferten Stoffe oder für Pläne und sonstige Unterlagen. Von der Obhut- und Fürsorgepflicht umfasst werden außerdem die Vorleistungen anderer Unternehmer, auf denen die Werkleistung des Unternehmers aufbaut. Eine Pflicht, die vom Besteller überlassenen Gegenstände zu versichern, besteht für den Unternehmer nur, wenn dies besonders vereinbart ist. Hinsichtlich des **Werkes** selbst ist die Annahme einer Obhutspflicht wenig sinnvoll, weil den Unternehmer vor Abnahme ohnehin die Gefahr des Unterganges oder der Verschlechterung des Werkes trifft.[173] Eine Ausnahme wird jedoch für den Fall anerkannt, dass auf ein bereits fertiggestelltes Teilwerk Leistungen von Dritten auf Rechnung des Bestellers erbracht worden sind oder der Unternehmer für bereits erbrachte Teilleistungen Abschlagszahlungen des Bestellers erhalten hat.[174] Eine Sonderregelung gilt gemäß § 4 Abs. 5 VOB/B im VOB-Vertrag, bei dem der Auftragnehmer u.a. seine Leistungen und die ihm hierfür übergebenen Gegenstände vor Beschädigung und Diebstahl schützen muss. Eine Obhutspflicht in Bezug auf das Werk wird man im Übrigen dann annehmen müssen, wenn eine Abnahme bereits erfolgt, das Werk aber noch nicht an den Besteller abgeliefert worden ist. Nach Beendigung des Werkvertrages hat der Unternehmer zudem die **ihm überlassenen Gegenstände** wieder an den Besteller **herauszugeben.**[175] 75

Darüber hinaus ist der Unternehmer verpflichtet, alles zu unterlassen, was die Rechte, Rechtsgüter oder Interessen des Bestellers schädigen könnte. Hinsichtlich des **Schutzes des Bestellers vor Gefahren für Leben und Gesundheit** erfährt diese Pflicht eine Konkretisierung durch § 618 BGB, der im Bereich des Werkvertrags entsprechend anzuwenden ist.[176] Die Fürsorgepflicht umfasst auch den Schutz des Eigentums und des sonstigen Vermögens des Bestellers, soweit diese Rechtsgüter im Rahmen der Durchführung des Vertrags der Einwirkung durch den Unternehmer ausgesetzt sind.[177] 76

d) Kooperationspflicht

Die offene Normierung des Erfolgs im Werkvertragsrecht erlaubt es, Erfolge jeglicher Größenordnung und jeglicher Komplexität zu vereinbaren. Gerade bei Verträgen über die Errichtung, Veränderung und Reparatur von Bauwerken liegt dabei oft ein **komplexer Langzeitvertrag** vor (s. bereits oben Rdn. 1 ff.). Ein solcher Vertrag bedingt allein durch die umfangreichen zu leistenden Arbeiten eine lange Errichtungsdauer von u.U. mehreren Jahren, bekommt im Werkvertragsrecht aber nur rudimentäre gesetzliche Regelungen zur kooperativen Erreichung des Erfolgs zur Seite gestellt. Wie der BGH um die Jahrtausendwende in seiner »**Kooperations-Rechtsprechung**«[178] mehrfach entschied, sind die Parteien daher verpflichtet, unter Berücksichtigung der gegenseitigen Interessen zusammen- 77

---

172 BGH, Urt. v. 23.09.1982 – VII ZR 82/82, NJW 1983, 113.

173 MüKo-BGB/Busche, § 631 Rn. 83.

174 BeckOK BGB/Voit, § 631 Rn. 79.

175 BGH, Urt. v. 21.12.2010 – X ZR 122/07, BauR 2011, 1034. Dieser Herausgabeanspruch ergibt sich in der Regel schon aus dem Eigentum des Bestellers (§ 985 BGB), kann im Einzelfall aber auch auf § 631 Abs. 1 BGB gestützt werden.

176 MüKo-BGB/Busche, § 631 Rn. 86; zu den Anforderungen an den Unternehmer BGH, Urt. v. 19.07.2018 – VII ZR 251/17, NJW 2018, 2956.

177 Grüneberg/Retzlaff, BGB, § 631 Rn. 19.

178 BGH, Urt. v. 23.05.1996 – VII ZR 245/94, BGHZ 133, 44 = BauR 1996, 542; BGH, Urt. v. 28.10.1999 – VII ZR 393/98, BGHZ 143, 89 = BauR 2000, 409.

zuarbeiten. Die Parteien sind dabei auf effektive Kooperation über die lange Errichtungsdauer angewiesen, um die Erfüllung der gegenseitigen Primärpflichten zu ermöglichen. In der Folgezeit sind zahlreiche weitere Entscheidungen[179] und Beiträge in der Fachliteratur[180] zur sog. Kooperationspflicht veröffentlicht worden. Schon seit den 1980er Jahren hatte *Nicklisch*[181] auf die Bedeutung der Kooperation in komplexen Langzeitverträgen verwiesen.

78 Relevant ist die Kooperationspflicht für Verträge über Erfolge mit lang andauernder Errichtungszeit, v.a. Bauwerke und Anlagen.[182] Aus dem abstrakten Kooperationsprinzip lassen sich unter Berücksichtigung des konkreten Falls einzelne Pflichten und Obliegenheiten gewinnen,[183] v.a. **Informations-, Mitwirkungs- und Rügepflichten.**[184] Die Parteien haben den Wunsch nach Mehrvergütungen anzukündigen, sich gegenseitig zu warnen und zu informieren und das Vertragsverhältnis auf eine »sichere rechtliche und zeitliche Grundlage zu stellen«.[185] Auch der Versuch einer einvernehmlichen und konstruktiven Streitbeilegung zählt zu den Pflichten der Parteien.[186] Die Parteien trifft zudem eine **Verhandlungspflicht.** Diese zwingt die Parteien dabei jedoch nicht zur Eingehung erzwungener Lösungen und Kompromisse, sondern verpflichtet nur zur Bemühung um eine schnelle Einigung in Streitfragen.[187] Die Kooperationspflicht hat trotz zahlreicher Ausformungen in der höchstrichterlichen Rspr. keinen abschließenden Inhalt, sondern beeinflusst die gesamte Vertragsdurchführung. So können sich in jedem Projekt andere Pflichten und Obliegenheiten ergeben. Die Kooperationspflicht beeinflusst dabei auch andere Nebenpflichten und lenkt sie in eine kooperative Ausübung unter Berücksichtigung der gegenseitigen Interessen. Sie durchzieht gleich einer Generalklausel das gesamte Vertragsverhältnis.[188]

79 Ihre rechtliche Grundlage findet die Kooperationspflicht in dem Prinzip von Treu und Glauben, genauer der **bauvertraglichen Treuepflicht gemäß § 242** BGB.[189] Die Kooperationspflicht ist Bestandteil jedes komplexen Langzeitvertrags über die Errichtung von Bauwerken.[190]

80 Anders als im **Mehrparteien-Allianzvertrag** ist die Kooperationspflicht im Werkvertragsrecht jedoch trotz ihrer oft betonten Bedeutung keine den Vertrag prägende Hauptpflicht. Die Kooperations-Rechtsprechung stellt vielmehr nur die Mindestanforderungen an eine Zusammenarbeit der Parteien auf. Während im Werkvertragsrecht daher das Ziel der Kooperationspflicht die Erhaltung eigener (Gestaltungs-)Rechte und Interessen ist,[191] geht es im Mehrparteien-Allianzvertrag um eine **Verbesserung des Projekterfolgs.** Dort sind nicht bloß Warnungen und Information zur Vermeidung von Schäden Bestandteil der Kooperation, sondern auch eine aktive Weitergabe von Wissen und

179 BGH, Urt. v. 21.10.1999 – VII ZR 185/98, BGHZ 143, 32 = BauR 2000, 722; BGH, Urt. v. 09.11.2000 – VII ZR 82/99, BGHZ 146, 24 = BauR 2001, 386; BGH, Versäumnisurt. v. 24.07.2003 – VII ZR 218/02, BGHZ 156, 82 = BauR 2003, 1889; BGH, Urt. v. 22.05.2003 – VII ZR 143/02, BauR 2003, 1207; BGH, Urt. v. 18.12.2008 – VII ZR 201/06, BGHZ 178, 213 = BauR 2009, 491.

180 Fuchs, Kooperationspflichten der Bauvertragsparteien, 2003; ders., NZBau 2004, 65; Schuhmann, BauR 2003, 162; Schwarze, Das Kooperationsprinzip des Bauvertragsrechts, 2003; ders., BauR 2004, 895.

181 Nicklisch, JZ 1984, 757, 759 ff.; ders., NJW 1985, 2361, 2362 ff.; ders., in: Der komplexe Langzeitvertrag, S. 17 ff.; ders., in: Bau- und Anlagenverträge, S. 44 ff.; ders., in: FuE-Verträge, S. 6 f.

182 V. Rintelen, in: Messerschmidt/Voit, § 631 BGB Rn. 115.

183 V. Rintelen, in: Messerschmidt/Voit, § 631 BGB Rn. 114.

184 BGH, Urt. v. 23.05.1996 – VII ZR 245/94, BGHZ 133, 44 = BauR 1996, 542.

185 Oberhauser/Halbgewachs, in: LPS, Bauvertragsrecht, § 631 BGB Rn. 46 f.

186 Oberhauser/Halbgewachs, in: LPS, Bauvertragsrecht, § 631 BGB Rn. 46 f.

187 BGH, Urt. v. 28.10.1999 – VII ZR 393/98, BGHZ 143, 89 = BauR 2000, 409; v. Rintelen, in: Messerschmidt/Voit, § 631 BGB Rn. 121–123.

188 Vgl. MüKo-BGB/Busche, § 631 Rn. 77; Leupertz/Halfmeier, in: PWW, BGB, § 631 Rn. 26.

189 Fuchs, NZBau 2004, 65, 67; Schuhmann, BauR 2003, 162, 166.

190 Vgl. OLG Düsseldorf, Urt. v. 07.06.2000 – 5 U 184/99, NZBau 2000, 427; Grieger, BauR 2000, 969, 970 f.

191 V. Rintelen, in: Messerschmidt/Voit, § 631 BGB Rn. 125.

Material und eine Verbesserung des Projekts. Kennt ein Beteiligter Umstände, welche den vereinbarten Erfolg mit weniger Kosten oder besseren Materialien erreichbar machen, muss er diese mitteilen. Er wird auch regelmäßig ein originäres Interesse daran haben, da sich durch die Verknüpfung von Vergütung und Projekterfolg hierdurch auch mittelbar sein eigener Gewinn erhöht. Durch eine konkrete Benennung einzelner Pflichten im Vertrag (Erstellung eines Risikoregisters, Mithilfe bei konkreten Arbeitsschritten o.ä.) hat die Kooperationspflicht im Mehrparteien-Allianzvertrag regelmäßig mehr Kontur als die Herleitung des BGH und der Literatur für den Werkvertrag aus Treu und Glauben. Da erfolgreiche Kooperation schon länger als eine der Schlüsselfähigkeiten zur erfolgreichen Durchführung komplexer (Groß-)Projekte angesehen wird,[192] stellt die **Ausgestaltung als Hauptpflicht** eine logische Evolution der Vorgaben des BGH dar.

e) Rechtsfolgen der Pflichtverletzung

Verletzt der Unternehmer eine der beschriebenen Nebenpflichten, so steht dem Besteller ein Anspruch 81 auf **Ersatz** des hieraus entstehenden Schadens gemäß § 280 Abs. 1 i.V.m. § 241 Abs. 2 BGB zu, wenn der Unternehmer die Pflichtverletzung zu vertreten hat. Der Anspruch deckt den Schaden an den bestehenden Rechtsgütern und Interessen des Bestellers, besteht also grds. neben dem Erfüllungsanspruch. Sind Rechtsgüter des Bestellers verletzt worden, so kann der Besteller Wiederherstellung bzw. den hierzu erforderlichen Geldbetrag verlangen. Im Falle der Verletzung von Aufklärungs- und Beratungspflichten kann der Schaden auch in einem dem Unternehmer gezahlten Werklohn bestehen, wenn sich die durchgeführten Arbeiten als zur Erreichung des Erfolges ungeeignet erweisen.[193] Sofern dem Besteller infolge der Pflichtverletzung weitere Leistungsanstrengungen durch den Unternehmer nicht mehr zuzumuten sind, kommt auch ein Anspruch auf Schadensersatz statt der Leistung gemäß §§ 280 Abs. 1 und 3, 282 BGB und ein Rücktritt gemäß § 324 BGB in Betracht. In diesem Falle kann der Besteller zusätzlich den Schaden geltend machen, der durch die Nichtausführung der Leistung des Werkunternehmers entsteht. Darüber hinaus ist der Besteller bei gravierenden Pflichtverletzungen berechtigt, den Werkvertrag **aus wichtigem Grund zu kündigen** (§ 648a BGB). Sind infolge der Pflichtverletzung Dritte geschädigt worden, kann auch diesen unter den Voraussetzungen des **Vertrags mit Schutzwirkung für Dritte** ein Ersatzanspruch gegen den Unternehmer zustehen.[194]

Die Verletzung der Kooperationspflicht kann neben Schadensersatz noch weitere, im Einzelfall mit 82 dem Inhalt der Pflicht korrespondierende Rechtsfolgen nach sich ziehen.[195] So sind neben den bereits beschriebenen Schadensersatzansprüchen auch **Entschädigungsansprüche** gemäß § 642 BGB (Unterlassung von Mitwirkungshandlungen), **Fälligkeit** des Vergütungsanspruchs (verweigerte Vertragserfüllung),[196] die **Sperrung von Gestaltungsrechten** (Verletzung der Hinweis- bzw. Verhandlungspflicht) und die **Beendigung** des Vertrags (wesentliche Pflichtverletzungen)[197] denkbar.

VII. Pflichten des Bestellers

1. Abnahmepflicht

Der Besteller ist verpflichtet, das **vertragsgemäß hergestellte Werk** körperlich abzunehmen (vgl. 83 § 640 BGB). Gemäß § 646 BGB ersetzt die Vollendung des Werks die Abnahme, soweit eine Abnahme aufgrund der Beschaffenheit des Werks ausgeschlossen ist. Bei der Errichtung von Bauwerken ist § 646 BGB jedoch praktisch nicht relevant, da Bau- und Architektenleistungen stets körperlich abgenommen werden können.[198] Der Unternehmer ist infolge der gesetzlichen Aus-

192 Armbrüster/Bickert, NZBau 2006, 153, passim; Eschenbruch, BauR 2004, 1, 5 ff.; Leupertz, in: FS Kratzenberg, 2016, S. 97 ff.
193 OLG Celle, Urt. v. 20.05.2009 – 14 U 22/09, BauR 2009, 1442.
194 BGH, Urt. v. 15.06.2971 – VI ZR 262/69, BGHZ 56, 269 = NJW 1971, 1931.
195 Zum Folgenden v. Rintelen, in: Messerschmidt/Voit, § 631 BGB Rn. 125.
196 BGH, Urt. v. 24.02.2005 – VII ZR 225/03, BauR 2005, 861.
197 OLG Frankfurt a.M., Urt. v. 21.09.2011 – 1 U 154/10, BauR 2012, 262.
198 Mayr, in: LPS, Bauvertragsrecht, § 646 BGB Rn. 1.

gestaltung **vorleistungspflichtig.**[199] Er kann die Abnahme als Hauptleistungspflicht vom Besteller einklagen und, bei unrechtmäßiger Abnahmeverweigerung, auch die Zahlung der Vergütung.[200] Zudem kann der Abnahmeanspruch verjähren; er kann auch einredeweise als Gegenforderung im Wege eines Zurückbehaltungsrechts nach § 273 BGB einer Forderung des Bestellers aus dem Werkvertrag entgegengehalten werden.[201]

2. Vergütungspflicht

a) Vereinbarte Vergütung

84 Die im Gegenzug für die Herstellung des Werks geschuldete Vergütung und deren Höhe sind grds. Sache der **Parteivereinbarung.** Nur wenn keine Vereinbarung getroffen worden ist, ist hinsichtlich der Vergütungspflicht die Fiktion des § 632 Abs. 1 BGB und hinsichtlich der Vergütungshöhe die Auslegungsregel des § 632 Abs. 2 BGB heranzuziehen.[202] Die Vergütung bildet die Gegenleistung für die Herstellung des vom Unternehmer geschuldeten Werkes. Welche Leistungen von der vereinbarten Vergütung umfasst sind, hängt daher von der vertraglichen Leistungsbeschreibung ab. Echte **Zusatzleistungen**, d.h. solche, die über das nach dem Vertrag Geschuldete hinausgehen, bedürfen auch hinsichtlich der Vergütung einer (konkludenten) Zusatzvereinbarung.[203] Fehlt es an einer solchen Vereinbarung, kann sich eine Vergütungspflicht auch aus § 632 Abs. 1 BGB ergeben, wenn die Leistung nur gegen (zusätzliche) Vergütung zu erwarten ist. Dies setzt allerdings voraus, dass die Parteien sich bewusst sind, dass die Leistung von dem ursprünglich vereinbarten Leistungsumfang nicht mit umfasst ist. Neben der Pflicht zur Zahlung der Vergütung wird beim Bauvertrag tlw. auch die **Stellung einer Handwerkersicherheit** gemäß § 650f BGB zur Sicherung des Vergütungsanspruchs als Hauptpflicht des Bestellers angesehen.[204]

85 Nicht um die zuvor genannten »echten« Zusatzleistungen handelt es sich, wenn sich nachträglich herausstellt, dass der geschuldete Erfolg nur mit **Leistungsanstrengungen** erreicht werden kann, die **über das hinausgehen, was bei Vertragsschluss angenommen worden war.** Ist der geschuldete Erfolg rein funktional umschrieben, so ist der Unternehmer verpflichtet, ohne zusätzliche Vergütung alle hierzu notwendigen Anstrengungen zu unternehmen, auch wenn ein etwaiger Mehraufwand aufgrund der vereinbarten Preisgestaltung nicht zu einer entsprechenden Erhöhung des Werklohns führt. Dies ist bspw. der Fall beim Pauschalpreisvertrag oder auch beim Einheitspreisvertrag, wenn sich der Mehraufwand nicht in einer Erhöhung des entsprechenden Volumens niederschlägt. Der Unternehmer trägt insoweit das **Risiko einer Fehlkalkulation.** Anders ist die Situation, wenn die Parteien den Inhalt der Leistung durch eine Leistungsbeschreibung oder ein Leistungsverzeichnis näher konkretisiert haben. Zwar ändert dies nichts daran, dass der Unternehmer – sofern nichts Abweichendes vereinbart ist – die Herstellung eines Werkes schuldet, das für den nach dem Vertrag vorausgesetzten Zweck geeignet, mithin funktionstauglich ist. Ist das Werk zwar nach den Vorgaben des Herstellers oder nach einem Leistungsverzeichnis hergestellt, erfüllt aber nicht die ihm zugedachte Funktion, liegt eine Abweichung von der vereinbarten Beschaffenheit und damit ein Mangel vor (sog. funktionaler Mangelbegriff).[205] Nach Ansicht des BGH ist hiervon aber die Frage zu unterscheiden, welche Arbeiten für die vertraglich vereinbarte Vergütung zu erbringen und welche zusätzlich zu vergüten sind. Hierfür komme es auf den Inhalt der Vereinbarung, insbesondere auf die **im Vertrag vorgenommene Leistungsbeschreibung** sowie die sonstigen Umstände des Vertragsschlusses

---

199 Leupertz/Halfmeier, in: PWW, BGB, § 631 BGB Rn. 34.

200 Oberhauser/Halbgewachs, in: LPS, Bauvertragsrecht, § 631 BGB Rn. 50.

201 Zeyns, BauR 2025, 539, 544.

202 MüKo-BGB/Busche, § 632 Rn. 2.

203 OLG Celle, Urt. v. 09.08.2012 – 16 U 197/11, BauR 2012, 1797.

204 Grünberg/Retzlaff, BGB, § 631 Rn. 23; a.A. zu § 648 a.F. Schmitz, BauR 2009, 714, 714 ff.

205 StRspr BGH, Urt. v. 16.07.1998 – VII ZR 350/96, BGHZ 139, 244 = BauR 1999, 37; BGH, Beschl. v. 25.01.2007 – VII ZR 41/06, BauR 2007, 700; BGH, Urt. v. 08.11.2007 – VII ZR 183/05, BGHZ 174, 110 = BauR 2008, 344.

an.[206] Legt man dies zugrunde, so entsteht in den Fällen, in denen zur Herstellung der Funktionstauglichkeit des Werkes vom Inhalt der Leistungsbeschreibung nicht erfasste Leistungsanstrengungen erforderlich sind, die eigentümliche Situation, dass den Unternehmer einerseits insoweit eine Erfüllungspflicht trifft, dass andererseits aber diese zusätzlichen Leistungsanstrengungen nicht von der vereinbarten Gegenleistung abgedeckt werden. Für den **VOB-Vertrag** gibt es für solche »Nachträge« Sonderregelungen in §§ 1 Abs. 3, 2 Abs. 5 VOB/B.[207] Für den Werkvertrag ist zunächst davon auszugehen, dass die wechselseitigen Leistungspflichten im Vertrag abschließend festgelegt sind. Eine Zusatzvergütung bedürfte einer Anpassung des Vertragsinhalts, die wiederum nur einvernehmlich erfolgen kann (**Konsensprinzip**).[208] Ein Anspruch auf eine solche Vertragsanpassung kann sich aber aus § 313 Abs. 1, 2 BGB ergeben.[209] Indem die Parteien eine konkrete Leistungsbeschreibung dem Vertragsschluss zugrunde legen, geben sie zu erkennen, dass sie gemeinsam davon ausgehen, dass der geschuldete Erfolg mit den beschriebenen Leistungsanstrengungen erreicht werden kann. Es handelt sich folglich typischerweise um die (subjektive) **Geschäftsgrundlage** des Vertrages.[210] Stellt sich heraus, dass diese Annahmen nicht zutreffen, so ist dem Unternehmer – von Bagatellabweichungen abgesehen – die Herstellung des Werkes zu der vereinbarten Vergütung nicht zuzumuten, so dass er vom Besteller eine Anpassung der Vergütung auf der Basis der für die übrigen Arbeiten vereinbarten Bemessungsgrundlage verlangen kann. Dies gilt erst recht, wenn der Zusatzaufwand durch Änderungen in den Planungen des Bestellers entsteht.[211] Dagegen dürfte für Ansprüche aus Geschäftsführung ohne Auftrag (§§ 683, 670 BGB) oder Bereicherungsrecht (§ 812 Abs. 1 S. 1 Alt. 1 BGB) schon deshalb kein Raum sein, weil der Unternehmer, wenn er die Arbeiten ausführt, auf eine bestehende Schuld leistet.[212] Solche Ansprüche kommen nur in Betracht, wenn es um Leistungen geht, die zur Herbeiführung des Erfolges nicht erforderlich sind.[213] Soweit der Unternehmer die zur mangelfreien Herstellung des Werkes notwendigen, vom ursprünglichen Leistungsumfang nicht umfassten Arbeiten ausführt, begründet die Rspr. den Vergütungsanspruch mit dem Gedanken der Vorteilsausgleichung unter dem Gesichtspunkt der **Sowieso-Kosten**.[214]

b) Leistungsort und Leistungszeit

Die mit der Pflicht des Unternehmers zur Herstellung des Werkes synallagmatisch verknüpfte Pflicht 86
des Bestellers ist die Entrichtung der vereinbarten Vergütung. Der hierfür maßgebliche **Leistungsort** ergibt sich wie bei der Leistungspflicht des Unternehmers aus den **allgemeinen Regelungen**. Besteht die Vergütung in der Zahlung eines Geldbetrages, so gilt § 270 BGB, ansonsten findet § 269 BGB Anwendung. In Bezug auf die **Leistungszeit** trifft § 641 BGB eine besondere Regelung. Danach ist die Vergütung bei der Abnahme des Werkes zu entrichten. Da der Unternehmer die Abnahme gemäß § 640 BGB erst nach vertragsgemäßer Herstellung des Werkes verlangen kann, statuiert das Gesetz eine **Vorleistungspflicht** des Unternehmers. Der Vergütungsanspruch des Unternehmers entsteht daher mit Abschluss des Vertrags, wird jedoch erst nach Erstellung des Werkes fällig.[215] Dem Besteller steht aber u.U. gemäß § 632a BGB schon vor Fälligkeit des vollständigen Vergütungsanspruchs ein Anspruch auf Abschlagszahlungen für vertragsgemäß erbrachte Leistungen gegen den

206 BGH, Urt. v. 27.07.2006 – VII ZR 202/04, BGHZ 168, 368 = BauR 2006, 2040.
207 BGH, Urt. v. 13.03.2008 – VII ZR 194/06, BGHZ 176, 23 = NZBau 2008, 437.
208 Leupertz/Halfmeier, in: PWW, BGB, § 631 Rn. 2.
209 Leitzke, BauR 2008, 914, 914 ff.; Leupertz, BauR 2005, 775, 787 f.
210 BGH, Urt. v. 30.06.2011 – VII ZR 13/19, BGHZ 190, 212 = BauR 2011, 1646.
211 BGH, Urt. v. 13.03.2008 – VII ZR 194/06, BGHZ 176, 23 = NZBau 2008, 437 für einen VOB-Vertrag.
212 Leupertz, BauR 2005, 775, 785 ff.
213 BGH, Urt. v. 27.07.2006 – VII ZR 202/04. BGHZ 168, 368 = BauR 2006, 2040; Leupertz, BauR 2005, 775, 786 f.; Peters, NJW 2008, 2949, 2952.
214 BGH, Urt. v. 17.05.1984 – VII ZR 169/82, BGHZ 91, 206 = BauR 1984, 510; BGH, Beschl. v. 25.01.2007 – VII ZR 41/06, BauR 2007, 700.
215 V. Rintelen, in: Messerschmidt/Voit, § 631 BGB Rn. 127.

Besteller zu. Die Vorleistungspflicht beschränkt sich auf die Herstellungsverpflichtung und erstreckt sich nicht auf die Pflicht zur Ablieferung des Werkes. Zur Ablieferung ist der Unternehmer nur Zug um Zug gegen Entrichtung der Vergütung verpflichtet. Andererseits kann der Besteller, selbst wenn § 641 BGB abbedungen worden ist, dem Vergütungsanspruch die Einrede des § 320 BGB entgegenhalten, solange die Werkleistung nicht vollständig erbracht ist.[216]

c) Art der Vergütung

87 In der Praxis besteht die Gegenleistung des Bestellers im Regelfall in der Zahlung von Geld. Das Gesetz selbst spricht dagegen – anders als in § 433 Abs. 2 BGB – nicht von der Zahlung des »Preises« für die Werkleistung, sondern schlicht von »Vergütung«. Denkbar ist daher auch jede andere Form der Gegenleistung, z.B. die Verschaffung des Eigentums an einer Sache, die Überlassung einer Sache zur Nutzung oder zum Gebrauch oder eigene Werkleistungen des Bestellers an den Unternehmer.[217] Welche Art der Vergütung geschuldet ist, ist Sache der Parteivereinbarung.

d) Bemessungsgrundlagen

aa) Allgemeines

88 Die **Parteien bestimmen autonom** nicht nur über die Art, sondern auch über die Höhe der Vergütung. Nur wenn die Höhe nicht bestimmt ist, greift die gesetzliche Regelung des § 632 Abs. 2 BGB ein. Die Vereinbarungsbefugnis umfasst auch die Bemessungsgrundlagen. In der Praxis haben sich bestimmte Typen von Entgeltvereinbarungen herausgebildet, die für Werkverträge spezifisch sind.[218]

89 Bei der Gestaltung der Vergütungsvereinbarung geht es ganz entscheidend um die **Zuweisung von Kostenrisiken**. Kennzeichnend für den Werkvertrag ist, dass das fertiggestellte Werk erst am Ende eines (u.U. jahrelangen) Herstellungsprozesses steht.[219] Bei Vertragsabschluss lassen sich die zur Herstellung notwendigen Aufwendungen und sonstigen Kosten zwar prognostizieren. Wie jede Prognose ist auch diese – insbesondere bei lang andauernden Bauprojekten – mit Ungewissheit behaftet.[220] Stellt sich heraus, dass die Kostenschätzung unzutreffend war, sei es, dass sie auf einer Fehlkalkulation oder falschen Annahmen beruhte, sei es, dass nachträglich eintretende Umstände zu Kostensteigerungen geführt haben, so stellt sich die Frage, wer das Risiko der Fehleinschätzung zu tragen hat. Der Unternehmer ist naturgemäß daran interessiert, eine Vergütung zu erhalten, die die tatsächlich angefallenen Kosten zzgl. des von ihm kalkulierten Gewinnes abdeckt. Dem Besteller hingegen muss daran gelegen sein, bei Vertragsschluss möglichst verbindlich zu erfahren, welchen Betrag er für die Herstellung des Werkes aufwenden muss, um Überraschungen durch nachträgliche Kostensteigerungen zu vermeiden. Die gängigen Berechnungsmodelle tragen den entgegengesetzten Interessen der Parteien in unterschiedlicher Weise Rechnung (zur Auflösung von Interessengegensätzen in **Mehrparteien-Allianzverträgen** s. die Kommentierung hierzu vor § 631 BGB). Welches Modell jeweils gewollt ist, ist stets im Wege der Vertragsauslegung zu ermitteln.

bb) Einheitspreisvertrag

90 Die gebräuchlichste Form der Vergütungsbemessung ist die Berechnung nach Einheitspreisen. Der Einheitspreisvertrag ist der in § 2 Abs. 2 VOB/B vorgesehene Normalfall im VOB-Vertrag,[221] wenn keine andere Berechnungsart vereinbart wird. Beim Einheitspreisvertrag ist die vom Unternehmer

216 Vgl. BGH, Urt. v. 14.02.2013 – IX ZR 94/12, ZIP 2013, 588.
217 BeckOK BGB/Voit, § 631 Rn. 88.
218 Leupertz/Halfmeier, in: PWW, BGB, § 631 Rn. 35.
219 MüKo-BGB/Busche, § 631 Rn. 91.
220 Zum Aspekt der Ungewissheit in langfristigen Geschäftsbeziehungen Schwenker/Dauner-Lieb, Gute Strategie, S. 23 ff.
221 Leupertz/Halfmeier, in: PWW, BGB, § 631 Rn. 38.

geschuldete Leistung detailliert beschrieben. Die Elemente des Einheitspreisvertrages sind – aufgegliedert in durchnummerierte Leistungspositionen – Leistungsbeschrieb, Mengenangabe (Vordersatz), Einheitspreis und vorläufige Gesamtsumme der Vergütung (Auftragssumme).[222] Bezogen auf die Vergütung bezieht sich die vertraglich fixierte Einigung nicht auf eine endgültige Gesamtsumme der Vergütung (Schlussrechnungsbetrag), sondern auf einzelne Einheitspreise für »technisch und wirtschaftlich einheitliche Teilleistungen«[223] (Leistungspositionen). Die zum Zeitpunkt des Vertragsschlusses im Leistungsverzeichnis für die jeweilige Leistungsposition enthaltene Mengenangabe (Maß, Gewicht oder Stückzahl) wird auch Vordersatz genannt und bestimmt den voraussichtlichen Umfang der jeweiligen Teilleistung. Auch der Endpreis der einzelnen Leistungsposition wird bei Vertragsschluss noch nicht fixiert, sondern nur der Einheitspreis je Maßeinheit. Die endgültige Vergütung für die einzelne Leistungsposition steht erst *nach* der Ausführung fest und berechnet sich aus dem ausgeführten Umfang der Teilleistung und dem bei Vertragsschluss fixierten Einheitspreis (»Abrechnungsmenge mal Einheitspreis«). Abweichungen zwischen Vordersätzen und Abrechnungsmengen ergeben sich nur dann, wenn die Mengen im Leistungsverzeichnis nicht die tatsächlich auszuführende Menge wiedergeben. Die Gesamtvergütung ergibt sich aus der Summe der Preise für die einzelnen Leistungspositionen.[224] Es handelt sich beim Einheitspreisvertrag (wie auch beim Pauschalvertrag) um eine primär erfolgsorientierte Vergütung, weil diese sich **nach der erbrachten Leistung** richtet und nicht an dem zur Erstellung erforderlichen Aufwand des Unternehmers oder daran, ob die von ihm bei Vertragsschluss angenommene Aufwandskalkulation zutreffend war.[225] Die VOB/A (§ 4 Abs. 1 u. 2 VOB/B) grenzt daher den Einheitspreisvertrag und den Pauschalvertrag begrifflich als »Leistungsverträge« von dem aufwandsbezogenen Stundenlohnvertrag ab.

Im Einheitspreisvertrag trägt der Besteller das Mengenermittlungsrisiko. Der Unternehmer trägt 91
lediglich das Risiko, dass der für die jeweilige Maßeinheit erforderliche Kostenaufwand über dem Einheitspreis liegt. Der Unternehmer hat seine Leistungen für den Besteller schlüssig und prüfbar abzurechnen.[226] Daher ist für die Abrechnung nach Einheitspreisen stets ein **Aufmaß** erforderlich, durch das die tatsächlichen Mengen frühestmöglich ermittelt werden (für den VOB-Vertrag s. § 14 Abs. 2 VOB/B).[227] Der Besteller ist verpflichtet, an der Erstellung des Aufmaßes mitzuwirken.[228] Kommt er dieser Verpflichtung nicht nach, so führt dies zu einer Umkehr der Darlegungs- und Beweislast, sofern zu einem späteren Zeitpunkt ein gemeinsames Aufmaß nicht mehr möglich ist (z.B. weil das Werk durch Drittunternehmer fertiggestellt worden ist oder aufgrund von Folgearbeiten der Nachunternehmer die Leistung des Vorunternehmers nicht mehr exakt abgegrenzt werden kann). Der Besteller hat in diesem Falle zu beweisen, dass die von dem Unternehmer zugrunde gelegten Mengen unzutreffend sind.[229] Weichen die **tatsächlichen Mengen** von den gemeinsamen Annahmen bei Erstellung des Aufmaßes wesentlich ab und kommt es deshalb zu einer erheblichen Störung des Äquivalenzverhältnisses, kommt eine Anpassung der Preisvereinbarung nach den Regeln des Wegfalls der Geschäftsgrundlage gemäß § 313 Abs. 1 BGB in Betracht.[230] Der Unternehmer darf allerdings, wenn die Mengenabweichung erkennbar wird, nicht einfach mit der Ausführung des Werkes fortfahren, sondern hat den Besteller auf etwaige Mehrmengen hinzuweisen.[231]

Eine Begrenzung des Kostenrisikos für den Besteller ist möglich, wenn die Parteien eine **Preisobergrenze** vereinbaren. Allerdings sind Klauseln, welche in einem Einheitspreisvertrag die Auftrags- 92

222 Kapellmann/Schiffers/Markus, Bd. 2 Rn. 31.
223 Vgl. § 4 Abs. 1 Nr. 1 VOB/A.
224 BGH, Urt. v. 21.12.1995 – VII ZR 198/94, BGHZ 131, 362 = BauR 1996, 382.
225 Langen/Berger, Einführung in die VOB/B, Rn. 43.
226 BeckOK BGB/Voit, § 631 Rn. 95.
227 V. Rintelen, in: ibr-OK Bauvertragsrecht, § 631 BGB Rn. 416 ff.
228 BGH, Urt. v. 22.05.2003 – VII Z 143/02, BauR 2003, 1207.
229 BGH, Urt. v. 22.05.2003 – VII Z 143/02, BauR 2003, 1207; OLG Celle, Urt. v. 28.08.2002 – 22 U 159/01, BauR 2002, 1863.
230 BGH, Beschl. v. 23.03.2011 – VII ZR 216/08, BauR 2011, 1162.
231 OLG Celle, Urt. v. 09.08.2012 – 16 U 197/11, BauR 2012, 1797.

summe limitieren oder zusätzliche Leistungen nur nach schriftlicher Vereinbarung vergüten, in AGB unwirksam.[232] Ist die Preisobergrenze verbindlich, handelt es sich also nicht lediglich um eine gemeinsame Vorstellung der Parteien über die Höhe der im ungünstigsten Fall entstehenden Kosten, so stellt sie den Höchstbetrag dar, den der Unternehmer geltend machen kann. Bei der Berechnung des Werklohns sind also zwar die Einheitspreise zugrunde zu legen. Ähnlich wie beim Pauschalpreis sind jedoch Nachforderungen ohne zusätzliche Vereinbarung ausgeschlossen, wenn sich ein höherer Aufwand ergeben sollte. Die Parteien sind jedoch verpflichtet, kostenreduzierende Maßnahmen bei drohenden Kostensteigerungen durchzuführen.[233] Handelt es sich hingegen lediglich um (gemeinsame) Vorstellungen der Parteien über die zu erwartenden Kosten, kommt eine Anwendung der Regeln über den Wegfall der Geschäftsgrundlage (§ 313 BGB) in Betracht.[234]

cc) Pauschalpreisvertrag

93 Auch beim Pauschalpreis handelt es sich um eine ergebnisbezogene Vergütung (»Leistungsvertrag«, vgl. § 4 Abs. 1 Nr. 2 VOB/A). Im Unterschied zum Einheitspreisvertrag einigen sich die Parteien auf einen **festen Betrag**, der vom Besteller zur vollständigen Abgeltung der Werkleistung zu zahlen ist. Das Mengenermittlungsrisiko trägt der Unternehmer. Er ist zur Herstellung des Werkes für die vereinbarte fixe Vergütung verpflichtet ohne Rücksicht darauf, ob die anfallenden Kosten von der Vergütung gedeckt werden. Der Besteller hingegen hat den Vorteil, dass er die auf ihn zukommenden finanziellen Verpflichtungen präziser als beim Einheitspreisvertrag kalkulieren kann. Umgekehrt gilt der Pauschalpreis auch zugunsten des Unternehmers, wenn sich Mindermengen ergeben, der Aufwand des Unternehmers also geringer ist als bei der Vereinbarung des Pauschalpreises veranschlagt. Der Besteller ist nicht berechtigt, die Vergütung aus diesem Grunde zu kürzen. Es ist aus diesen Gründen durch Auslegung zu ermitteln, ob die Parteien durch einen Pauschalpreis das Risiko erforderlicher Mehrarbeiten auf den Unternehmer verlagern wollten.[235] Je nachdem, ob eine detaillierte Leistungsbeschreibung oder lediglich eine (vollständig) funktionale Beschreibung des Werks vereinbart wird, liegt entweder ein sog. **Detail-Pauschalvertrag**[236] **oder ein (komplexer)**[237] **Global-Pauschalvertrag** vor.[238]

94 Probleme kann in der Praxis die Frage aufwerfen, ob der Unternehmer ohne gesonderte Vereinbarung bei einer wesentlichen Änderung der für die Preiskalkulation maßgeblichen Umstände eine **Anpassung der Vergütung** verlangen kann. § 2 Abs. 7 Nr. 1 VOB/B sieht für den VOB-Vertrag unter Verweis auf § 313 BGB einen Ausgleich für Mehr- oder Minderkosten vor, wenn die Abweichung der tatsächlich erbrachten von der vertraglich vorgesehenen Leistung so erheblich ist, dass ein Festhalten an der Pauschalsumme als unzumutbar erscheint.[239] In der Instanzrechtsprechung wird tlw. eine erhebliche Abweichung angenommen, wenn der tatsächliche Leistungsumfang den ursprünglich geplanten Leistungsumfang um 20 % übersteigt,[240] wohingegen der BGH keine starre prozentuale

---

232 BGH, Urt. v. 14.10.2004 – VII ZR 190/03, BauR 2005, 94.

233 OLG Frankfurt a.M., Urt. v. 08.07.2008 – 14 U 134/07, BauR 2009, 1440.

234 BGH, Urt. v. 26.10.1999 – X ZR 54/97, NJW-RR 2000, 1219; BeckOK BGB/Voit, § 631 Rn. 95.

235 MüKo-BGB/Busche, § 631 Rn. 93.

236 Zur Abgrenzung des Detail-Pauschalvertrages zum Einheitspreisvertrag Kapellmann/Schiffers/Markus, Bd. 2 Rn. 19 ff.

237 Zur Unterscheidung des Komplexen Global-Pauschalvertrages (dem in reiner Form kein Leistungsverzeichnis mit Einzelangaben, Mengenvorgaben und Einzelpreisen zugrunde liegt) vom Einfachen Global-Pauschalvertrag (detailliertes Leistungsverzeichnis mit indiv. vereinb. Komplettheitsklausel) Kapellmann/Schiffers/Markus, Bd. 2 Rn. 406 ff., 409 ff.

238 Leupertz/Halfmeier, in: PWW, BGB, § 631 Rn. 39 ff.

239 BGH, Urt. v. 30.06.2011 – VII ZR 13/10, BGHZ 190, 212 = BauR 2011, 1646.

240 OLG München, Urt. v. 16.01.1987 – 23 U 3869/86, NJW-RR 1987, 598; OLG Frankfurt, Urt. v. 31.01.1986 – 22 U 103/85, NJW-RR 1986, 572.

Grenze annehmen will.[241] Beim Werkvertrag lässt sich eine Anpassung ebenfalls nur über das unmittelbar anwendbare Institut des **Wegfalls der Geschäftsgrundlage** (§ 313 BGB) begründen.[242] Allerdings ist insoweit zu beachten, dass der Werkunternehmer mit der Pauschalpreisvereinbarung gerade das Risiko nicht vorhergesehener Mehraufwendungen übernommen hat. Aus diesem Grunde spricht die **vertragliche Risikoverteilung** zumindest dann gegen die Berechtigung eines Anpassungsverlangens, wenn es sich um Erschwernisse handelt, die bei einem Werk der vereinbarten Art nicht völlig außergewöhnlich sind. Bei der Annahme, dass dem Unternehmer ein Festhalten am Pauschalpreis nicht zuzumuten sei, ist daher Zurückhaltung geboten. Die Vereinbarung eines Pauschalpreises schließt aber für sich genommen nicht aus, dass die Parteien durch Angaben in der Leistungsbeschreibung bestimmte Annahmen zur Geschäftsgrundlage erheben.[243]

Auch beim Pauschalpreisvertrag kann der Unternehmer eine zusätzliche Vergütung verlangen, wenn 95 er auf Wunsch des Bestellers **zusätzliche Leistungen** erbringt, die von dem im Vertrag zugrunde gelegten Leistungsprogramm nicht umfasst sind. Für den VOB-Vertrag ergibt sich dies aus § 2 Abs. 7 Nr. 2 VOB/B, wonach auch auf den Pauschalpreisvertrag die Regelung des § 2 Abs. 6 VOB/B Anwendung findet.[244] Hierbei ist unbeachtlich, wenn die Parteien den Pauschalpreis zuvor als unveränderlich bezeichnet oder »Nachträge ausgeschlossen« haben.[245] Aber auch beim Werkvertrag steht dem Unternehmer eine höhere Vergütung zu, wenn sich der Leistungsumfang verändert, weil der Besteller Leistungen, zu denen der Unternehmer aufgrund des Vertrags nicht verpflichtet ist, nur gegen zusätzliche Vergütung verlangen kann.[246] Treffen die Parteien keine besondere Vereinbarung über die für die Zusatzleistung zu erbringende Vergütung, so ergibt sich der Vergütungsanspruch aus § 632 BGB.[247] Der Unternehmer trägt die **Beweislast** dafür, dass die geltend gemachten Forderungen auf einer zusätzlichen Beauftragung beruhen. Er muss also darlegen und beweisen, dass die Arbeiten auf Wunsch des Bestellers ausgeführt wurden und nicht Gegenstand des Pauschalpreisvertrags sind.[248] Der Unternehmer muss auch bei **vorzeitiger Kündigung** des Pauschalpreisvertrags beweisen, welchen Wert die von ihm *erbrachten* Leistungen im Vergleich zum Wert der Gesamtleistung haben. Nur bei lediglich noch geringfügigen ausstehenden Leistungen ist eine »Abrechnung von oben« zulässig, indem die *ausstehenden* Leistungen bewertet und vom Gesamtwert abgezogen werden.[249]

dd) GMP-Vertrag

Eine Sonderform des Global-Pauschalvertrags ist der sog. GMP-Vertrag.[250] GMP steht für »Gua- 96 ranteed Maximum Price«, oder zu Deutsch »Garantierter Maximalpreis«. Der GMP-Vertrag soll(te) eine partnerschaftliche Abwicklung und höhere Gewinne für Besteller und Generalunternehmer bieten. Hierfür wird ein Pauschalbetrag in einem Schlüsselfertigvertrag vereinbart, den der Besteller höchstens zahlen muss – der »garantierte« Maximalpreis, der jedoch keine Garantie im Sinne einer

241 BGH, Urt. v. 30.06.2011 – VII ZR 13/10, BauR 2011, 1646; BGH, Urt. v. 02.11.1995 – VII ZR 29/95, NJW-RR 1996, 401.

242 Grundlegend zu den Anwendungsfällen und Voraussetzungen des § 313 im Baurecht Fritzsche, BauR 2020, 311; zu § 313 BGB bei Mengenänderungen und Bauablaufstörungen Kniffka, BauR 2020, 329.

243 BGH, Urt. v. 30.06.2011 – VII ZR 13/10, BGHZ 190, 212 = BauR 2011, 1646.

244 BGH, Urt. v. 27.11.2003 – VII ZR 53/03, BGHZ 157, 102 = NZBau 2004, 146.

245 OLG Brandenburg, Urt. v. 21.11.2018 – 4 U 19/18, BauR 2019, 1461.

246 BGH, Urt. v. 22.03.1984 – VII ZR 50/82, BGHZ 90, 344 = BauR 1984, 395; BGH, Urt. v. 08.01.2002 – X ZR 6/00, BauR 2002, 787.

247 BGH, Urt. v. 27.11.2003 – VII ZR 53/03, BGHZ 157, 102 = NZBau 2004, 146.

248 BGH, Urt. v. 15.04.1999 – VII ZR 211/98, BauR 1999, 1018; MüKo-BGB/Busche, § 631 Rn. 94; BeckOK BGB/Voit, § 631 Rn. 93.

249 BGH, Urt. v. 16.10.2014 – VII ZR 176/12, BauR 2015, 109.

250 Eschenbruch, NZBau 2001, 585, 586 ff.; Grünhoff, NZBau 2000, 313; Markus, in Kapellmann/Messerschmidt, § 2 VOB/B Rn. 500; Kapellmann, NZBau 2001, 592, 593 ff.

verschuldensunabhängigen Einstandspflicht darstellt.[251] Der Generalunternehmer rechnet – je nach Einzelvertragsgestaltung – gegenüber dem Besteller seine Selbstkosten (pauschal oder auf Nachweis mit Zuschlägen) und Nachunternehmerkosten (auf Nachweis mit Zuschlägen) ab.[252] Einsparungen sollen dadurch erzielt werden, dass der Generalunternehmer und der Besteller die Nachunternehmerleistungen gemeinsam vergeben und im Vergleich zu den bei Vertragsschluss kalkulierten Nachunternehmerkosten Vergabegewinne erzielen. Bei Unterschreitung des GMP wird die Ersparnis nach einem vertraglich definierten Schlüssel geteilt. Freilich kommt es hierbei vor allem zu einer Kostenverlagerung auf die Nachunternehmer, nicht zu einer Kostenreduzierung im Hinblick auf das ganze Projekt.[253] Allerdings werden durch frühe Einbeziehung des Generalunternehmers in die Planung und durch finanzielle Anreize einige Instrumente kooperativer Zusammenarbeit vereinbart, wie sie vor allem in jüngerer Zeit bei Mehrparteien-Allianzverträgen vorkommen. Die Kombination des know-hows von Planern und bauausführenden Unternehmen schon in der (Vor-)Planungsphase verspricht die Optimierung der Planung und Risikoreduzierung in der Ausführungsphase. In der Praxis hat sich der GMP-Vertrag als Schritt auf dem Weg in Richtung kooperativer Projekterrichtung allerdings nicht durchgesetzt und ist heutzutage selten anzutreffen.[254]

ee) Stundenlohnvertrag

97 Beim Stundenlohnvertrag handelt es sich um einen Vertrag mit einer **aufwandsbezogenen Vergütung**. Diese Vergütungsart findet aufgrund der Unvorhersehbarkeit tatsächlich erforderlicher Arbeitsstunden in der Praxis am häufigsten Verwendung als gesondert abzurechnender Posten eines Einheits- bzw. Pauschalvertrags (angehängte Stundenlohnarbeiten).[255] Die Parteien vereinbaren dabei einen bestimmten Betrag, der pro Zeiteinheit (Arbeitsstunde oder Einsatzstunde für Maschinen) bemessen wird (vgl. § 15 VOB/B für den VOB-Vertrag). Die Berechnung von **An- und Abfahrtskosten** ist grds. gesondert zu vereinbaren, es sei denn, dass sie bei Werkleistungen der geschuldeten Art üblich ist.[256] Die Gesamtvergütung für die Werkleistung ergibt sich, indem man die Zahl der zur Herstellung des Werkes tatsächlich erbrachten Stunden mit dem Wert pro Zeiteinheit multipliziert.[257] Zur Begründung seines Vergütungsanspruches im Prozess muss der Unternehmer daher grds. nur darlegen und beweisen, wie viele Stunden zur Herbeiführung des geschuldeten Erfolges angefallen sind. Eine Aufschlüsselung der Arbeitsstunden durch Zuordnung zu konkreten Tätigkeiten ist nur erforderlich, wenn die Parteien dies (ausdrücklich oder konkludent) vereinbart haben.[258] Allerdings kann der Unternehmer die Vergütung der tatsächlich geleisteten Stunden nur verlangen, wenn und soweit der Zeitaufwand sich innerhalb der Grenzen des bei einer **wirtschaftlichen Betriebsführung** Erforderlichen bewegt. Nach allgemeiner Ansicht handelt es sich bei der Pflicht zur wirtschaftlichen Betriebsführung um eine Nebenpflicht des Unternehmers, deren (schuldhafte) Verletzung zu einem Schadensersatzanspruch aus § 280 Abs. 1 i.V.m. § 241 Abs. 2 BGB führt. Diesen Anspruch kann der Besteller dem Unternehmer entgegenhalten.[259] Dabei trägt der Besteller die **Beweislast** für das Vorliegen der Anspruchsvoraussetzungen und damit auch für die Verletzung der

251 Zur einzelfallbezogenen Auslegung des Garantieelements Thierau, in:Kapellmann/Messerschmidt, VOB/B Anhang Rn. 66 ff.

252 Oberhauser, BauR 2000, 1397, 1400.

253 Kritisch daher Moeser, ZfBR 1997, 113, 115.

254 Schuhmann, ZfBR 2012, 9, 9; Sonntag/Hickethier, in: Jahrbuch Baurecht 2011, S. 161 f.

255 V. Rintelen, in: ibr-OK Bauvertragsrecht, § 631 BGB Rn. 449 ff.; Leupertz, in: Messerschmidt/Voit, Syst. Teil K Rn. 28.

256 OLG Düsseldorf, Urt. v. 28.02.2012 – I-23 U 59/11, BauR 2012, 1427.

257 BGH, Urt. v. 17.04.2009 – VII ZR 164/07, BGHZ 180, 235 = BauR 2009, 1162; BGH, Urt. v. 28.05.2009 – VII ZR 74/06, BauR 2009, 1291.

258 BGH, Urt. v. 17.04.2009 – VII ZR 164/07, BGHZ 180, 235 = BauR 2009, 1162; BGH, Urt. v. 28.05.2009 – VII ZR 74/06, BauR 2009, 1291; BGH, Beschl. v. 01.02.2023 – VII ZR 882/21, NZBau 2023, 224.

259 BGH, Urt. v. 17.04.2009 – VII ZR 164/07, BGHZ 180, 235 = BauR 2009, 1162; BGH, Urt. v. 28.05.2009 – VII ZR 74/06, BauR 2009, 1291; BGH, Urt. v. 01.02.2000 – X ZR 198/97,

Pflicht zur wirtschaftlichen Betriebsführung.[260] Nur wenn der Besteller nicht erkennen kann, welche konkreten Leistungen der Unternehmer erbracht hat, muss der Unternehmer näher hierzu Stellung nehmen, damit dem Besteller eine Beurteilung der Wirtschaftlichkeit anhand der in Rechnung gestellten Stunden möglich ist (**sekundäre Beweislast**).[261]

Zum Zwecke der Abrechnung werden häufig **Stundenlohnzettel** verwendet. Besonderes Augenmerk ist auf die rechtsgeschäftliche Vereinbarung zu legen, da die Unterzeichnung eines Stundenlohnzettels allein ohne weiteren nachweisbaren Rechtsbindungswillen noch keine Stundenlohnabrede begründet.[262] Die vorbehaltlose Unterzeichnung der Stundenlohnzettel ist als (deklaratorisches) Schuldanerkenntnis[263] anzusehen und führt zu einer erheblichen Verschlechterung der Rechtsposition des Bestellers. Mit seiner Unterschrift bestätigt er grundsätzlich, dass die angegebenen Arbeitsstunden tatsächlich angefallen sind. Zwar werden ihm hierdurch nicht jegliche Einwendungen gegen die Richtigkeit der Angaben abgeschnitten. Es tritt aber eine Umkehr der Beweislast ein. Während ansonsten der Unternehmer die Beweislast für die Angemessenheit der berechneten Stunden trägt, muss nunmehr der Besteller darlegen und beweisen, dass die abgerechneten Stunden nicht erforderlich waren.[264] Voraussetzung ist allerdings, dass die Stundenlohnzettel dem Besteller zeitnah nach Ausführung der konkreten Arbeiten vorgelegt werden und die Arbeiten so konkret umschreiben, dass eine spätere Überprüfung möglich ist.[265] Eine einwöchige Frist für die Vorlage von Stundenlohnzetteln durch den Unternehmer ist in AGB indes wegen Verstoßes gegen § 307 Abs. 1 BGB (früher: § 9 AGBG) unwirksam.[266] 98

ff) Selbstkostenerstattung

Das BGB schreibt in §§ 631 Abs. 1, 632 lediglich die Zahlung einer Vergütung, nicht aber die Art der Berechnung vor. Infolge der Privatautonomie ist es daher möglich, einen auch in § 2 Abs. 2 VOB/B erwähnten Selbstkostenerstattungsvertrag zu vereinbaren. Bei einem Selbstkostenerstattungsvertrag zahlt der Besteller eine **Vergütung (nur) für tatsächlich anfallende Kosten des Unternehmers.** Diese setzen sich aus den nachgewiesenen Selbstkosten (vor allem für Arbeit, Material und Nachunternehmer) und einem (meist prozentual zuzuschlagenden) **Unternehmergewinn** zusammen.[267] Treffender ist daher die in der Praxis gängigere Bezeichnung des Vergütungsmodus als »cost plus fee«. Die **Beweislast** für die Erforderlichkeit der angefallenen Kosten trägt dabei der Unternehmer.[268] 99

Die Vergütung nach Selbstkosten spielt aufgrund der Verlagerung des finanziellen Risikos von Mehraufwand auf den Besteller in traditionellen Werkverträgen bis vor einigen Jahren faktisch keine Rolle.[269] Jedoch ist diese Risikoverlagerung nicht zwingend. Eine Vergütung nach den Selbstkosten 100

BauR 2000, 1196; Leupertz, in: Messerschmidt/Voit, Syst. Teil K Rn. 30; BeckOK BGB/Voit, § 631 Rn. 97.

260 BGH, Urt. v. 17.04.2009 – VII ZR 164/07, BGHZ 180, 235 = BauR 2009, 1162. Auch soweit in Frage steht, ob es sich bei den abgerechneten Stunden um Nachbesserungsarbeiten handelt, obliegt es dem Besteller, diese Umstände darzulegen, BGH, Beschl. v. 01.02.2023 – VII ZR 882/21, NZBau 2023, 224.

261 V. Rintelen, in: ibr-OK Bauvertragsrecht, § 631 BGB Rn. 473.

262 BGH, Urt. v. 24.07.2003 – VII ZR 79/02, BauR 2003, 1892.

263 BGH, Urt. v. 14.07.1994 – VII ZR 186/93, BauR 1994, 760; Birkemeyer, NJW 2014, 839, 840; MüKo-BGB/Busche, § 631 Rn. 98.

264 BGH, Urt. v. 01.02.2000 – X ZR 198/97, BauR 2000, 1196; Digel/Knickenberg, BauR 2010, 21, 23.

265 BGH, Beschl. v. 08.03.2012 – VII ZR 51/10, NJW-Spezial 2012, 237; vgl. zu einem anwaltlichen Stundenhonorar BGH, Urt. 04.02.2010 – IX ZR 18/09, BGHZ 184, 209 = NJW 2010, 1364.

266 OLG Düsseldorf, Urt. v. 17.01.1997 – 22 U 145/96, BauR 1997, 660.

267 Leupertz, in: Messerschmidt/Voit, Syst. Teil K Rn. 32.

268 BGH, Urt. v. 21.11.1998 – X ZR 21/89, IBR 1990, 358.

269 Leupertz, in: Messerschmidt/Voit, Syst. Teil K Rn. 32; BeckOK BGB/Voit, § 631 Rn. 98.

dient als Surrogat für eine genaue Bestimmung der Vergütungshöhe bereits bei Vertragsschluss.[270] Erforderlich kann eine solche nachträgliche Berechnung also dann sein, wenn eine exakte Bepreisung (noch) nicht möglich ist. Dies kommt vor allem bei komplexen Projekten oder bei einer hohen Änderungswahrscheinlichkeit im Verlaufe des Projekts in Betracht, unabhängig hiervon auch in besonderen Phasen einer hoher Preisvolatilität (bspw. Vertragsabschluss unmittelbar nach Kriegs- oder Pandemieausbruch). Aus diesem Grund dient die Selbstkostenerstattung als Grundlage des Vergütungsmodells in **Mehrparteien-Allianzverträgen.** Die Abrechnung nach Selbstkosten bedeutet prinzipiell, dass nur Leistungen berechnet werden, welche zur Herstellung tatsächlich angefallen sind. Dies birgt in traditionellen Verträgen das Risiko ineffizienter Arbeit des Unternehmers, welcher durch Verzögerungen und Zusatzarbeiten seine Vergütung erhöhen könnte. In Verbindung mit dem **Anreizsystem** in Mehrparteien-Allianzverträgen kann eine Vergütung nach den Selbstkosten aber zu Kostensenkungen führen. Da in diesen kooperativen Verträgen alle Parteien bestrebt sind, die Kosten möglichst gering zu halten, um Einsparungen als Zusatzvergütung zu erhalten, werden die tatsächlichen Kosten durch Kooperation möglichst reduziert. Nur diese reduzierten tatsächlichen Kosten fallen dem Besteller bei einem Selbstkostenerstattungsvertrag an. In Verbindung mit einer Motivation zur Senkung tatsächlicher Kosten besteht daher das Potenzial, komplexe Bauprojekte insgesamt günstiger abzuwickeln als durch Einheits- oder Pauschalpreisverträge.[271]

gg) Festpreis

101 Der Begriff des Festpreises hat keinen feststehenden Bedeutungsgehalt. Insbesondere ist er nicht ohne weiteres mit dem Pauschalpreis gleichzusetzen. Vielmehr ist der Inhalt einer Festpreisvereinbarung stets durch **Auslegung** des Vertrags unter Berücksichtigung der Umstände des Einzelfalles zu ermitteln.[272] So ist denkbar, dass die Parteien mit dem Begriff des Festpreises eine Pauschalsumme vereinbaren wollen, welche die gesamte Leistung des Unternehmers abdecken soll. Möglich ist aber auch, dass die Parteien lediglich beabsichtigen, den bei Vertragsschluss vereinbarten Preis festzuschreiben, um Veränderungen im Wege sog. Gleitklauseln auszuschließen.[273] Hierbei würde es sich allerdings nur um eine Klarstellung handeln. Denn wenn nicht ausdrücklich etwas anderes vereinbart ist, ist der bei Vertragsschluss vereinbarte Preis – ob Einheitspreis-, Pauschal- oder Stundenlohnvertrag – immer unabhängig von der Wertentwicklung oder der Veränderung der Marktpreise und damit ein »Festpreis« in diesem Sinne.[274]

e) Mehrwertsteuer

102 Die Angabe von Preisen schließt im Zweifel die MwSt. (Umsatzsteuer) als rechtlich unselbstständigen Teil der Vergütung mit ein (vgl. § 1 Abs. 1 S. 1 PAngV).[275] Dies gilt grds. auch für die Angabe der Vergütung unter Kaufleuten, da ein abweichender Handelsbrauch nicht existiert.[276] Will der Werkunternehmer die MwSt. auf den dem Besteller genannten Preis aufschlagen, muss er dies also hinreichend deutlich machen (z.B. durch die Bezeichnung als Nettopreis). Sonderregelungen existieren für Rechtsanwälte in Nr. 7008 des Vergütungsverzeichnisses des RVG sowie für Architekten in § 16 Abs. 1 HOAI.

---

270 MüKo-BGB/Busche, § 631 Rn. 99.

271 Zum Ganzen Warda, Die Realisierbarkeit von Allianzverträgen im deutschen Vertragsrecht, 2020, S. 145 ff.

272 MüKo-BGB/Busche, § 631 Rn. 100.

273 BGH, Urt. v. 23.01.2013 – VIII ZR 47/12, NJW 2013, 2745.

274 Markus, in: Kapellmann/Messerschmidt, § 2 VOB/B Rn. 7.

275 BGH, Urt. v. 11.05.2001 – V ZR 492/99, NJW 2001, 2464; BGH, Urt. v. 28.02.2002 – I ZR 318/99, NJW 2002, 2312.

276 OLG Düsseldorf, Urt. v. 27.02.1976 – 16 U 82/75, NJW 1976, 1268; MüKo-BGB/Busche, § 631 Rn. 101.

3. Nebenpflichten

Nach § 241 Abs. 2 BGB kann je nach Inhalt des Schuldverhältnisses »jeder Teil« zur Rücksichtnahme auf die Rechtsgüter und Interessen des jeweiligen Partners des Schuldverhältnisses verpflichtet sein. Auch den Besteller können daher Nebenpflichten treffen. Durch Vereinbarung können diese von den Parteien konkretisiert oder neue Pflichten vereinbart werden. Hinsichtlich der Konkretisierung der Nebenpflichten gelten dieselben allgemeinen Grundsätze wie beim Unternehmer. Daher schuldet der Besteller bei einer Verletzung Schadensersatz gemäß § 280 Abs. 1 i.V.m. § 241 Abs. 2 BGB. Dies ergibt sich nach den Grundsätzen des Vertrags mit Schutzwirkung zugunsten Dritter auch zugunsten von Arbeitnehmern des Unternehmers bzw. Nach-/Subunternehmern.[277] 103

a) Mitwirkungshandlungen

Vom Besteller zu erbringende Mitwirkungshandlungen sind **in der Regel Obliegenheiten** (§ 642 BGB), nur in Einzelfällen vertragliche Pflicht (z.B. Vergabe an qualifiziertes Unternehmen und Sicherstellung eines geordneten zeitlichen Ablaufs[278]; Pflicht zur Beschaffung eines für die Einreise erforderlichen Visums[279]). Häufige Mitwirkungshandlungen bei der Errichtung von Bauwerken sind insb. Änderungs-, Auswahl- und Koordinierungsleistungen.[280] Es ist zur Abgrenzung von Pflicht oder Obliegenheit stets eine **Auslegung** des konkreten Vertrags erforderlich,[281] wobei auch zu berücksichtigen ist, ob die VOB/B einbezogen wurde.[282] 104

Obliegenheiten bestehen anders als Vertragspflichten nur im **eigenen Interesse des Bestellers.** Die Existenz von §§ 642, 643 BGB zeigt, dass der Unternehmer bei Verletzungen daher grds. auf die dort normierten Rechte verwiesen ist.[283] Er kann eine Obliegenheit im Gegensatz zu echten Vertragspflichten nicht einklagen. 105

Obwohl Mitwirkungshandlungen oft »erforderlich« i.S.d. § 642 BGB für die Herstellung sind, nimmt der **BGH** regelmäßig nur eine Obliegenheit und keine Pflicht des Bestellers an.[284] Dies ist nachvollziehbar, wirkt der Besteller doch letztlich im eigenen Interesse an der Herstellung mit. Etwas anderes muss sich ausdrücklich aus dem Vertrag ergeben. 106

b) Prüfungs- und Aufklärungspflicht

Da der Unternehmer im Werkvertrag oft über höhere Sachkenntnis verfügt als der Besteller, beschränken sich die Prüfungs- und Aufklärungspflichten des Bestellers auf Fälle besonderen **Informationsvorsprungs.** Diese liegen als **Ausprägung von Treu und Glauben** dann vor, wenn der Besteller über Informationen verfügt, welche für die (wirtschaftlich lohnende) Leistungserbringung des Unternehmers wesentlich sind. Voraussetzung ist, dass der Unternehmer keine Kenntnis von den jeweiligen Umständen hat und der Besteller dies auch erkennt.[285] 107

---

277 BGH, Urt. v. 07.12.2017 – VII ZR 204/14, BauR 2018, 535.

278 BGH, Urt. v. 27.06.1985 – VII ZR 23/84, BGHZ 95, 128 = BauR 1985, 561.

279 BGH, Urt. v. 15.05.2018 – X ZR 79/17, NJW 2018, 2954.

280 Leupertz, BauR 2010, 1999, 2000.

281 Leupertz/Halfmeier, in: PWW, BGB, § 631 Rn. 44; § 642 Rn. 2 f.

282 Teilweise wird vertreten, die VOB/B gestalte die dort geregelten Mitwirkungen des Bestellers (insb. in den §§ 3 u. 4 VOB/B) als Pflichten aus, Kapellmann, NZBau 2011, 193 (198); Leupertz, BauR 2014, 381 (386); Havers, in: Kapellmann/Messerschmidt, § 3 VOB/B Rn. 13; a.A. Hartung, in: Ganten/Jansen/Voit, VOB/B vor 3 Rn. 51; Karczewski, NZBau 2025, 154.

283 BGH, Urt. v. 16.05.1968 – VII ZR 40/66, BGHZ 50, 175 = NJW 1968, 1873; BeckOK BGB/Voit, § 631 Rn. 106.

284 BGH, Urt. v. 27.11.2008 – VII ZR 206/06, BGHZ 179, 55 = BauR 2009, 515 (Zurverfügungstellung mangelfreier Pläne).

285 V. Rintelen, in: Messerschmidt/Voit, § 631 BGB Rn. 134.

108 Ab Aufnahme der Vertragsverhandlungen ist der Besteller gemäß § 242 BGB verpflichtet, **zutreffende Angaben** in der Ausschreibung und auf Nachfrage zu machen.[286] Er ist zudem verpflichtet, bei positiver Kenntnis Informationen über nicht erkennbare **Abweichungen von der Ausschreibung**[287] oder zur **Durchsetzung von Ansprüchen gegen Dritte**[288] weiterzugeben. Der Besteller hat den Unternehmer auch über diesem unbekannte **Eigenschaften des Baugrunds** aufzuklären, welche die Rechtsgüter des Unternehmers bei der Herstellung gefährden.[289]

109 Ein **Kalkulationsfehler** liegt jedoch als Motivirrtum grds. im Risiko des Erklärenden. Der Besteller ist daher selbst bei positiver Kenntnis nicht zur Aufklärung verpflichtet. Etwas anderes gilt nach Treu und Glauben aber dann, wenn ein Irrtum von einigem Gewicht vorliegt. Dies ist etwa dann der Fall, wenn die **Vertragsdurchführung für den Unternehmer unzumutbar** ist, da er dadurch in erhebliche wirtschaftliche Schwierigkeiten geriete. Der Besteller hat dann über den Kalkulationsfehler aufzuklären. Tut er dies nicht, stehen dem Unternehmer Schadensersatzansprüche und Leistungsverweigerungsrechte zu.[290]

c) Obhuts- und Fürsorgepflicht

110 Obhutspflichten i.S.v. **Verwahrungspflichten** kommen auf Seiten des Bestellers eher selten vor. Selbst wenn der Unternehmer ihm gehörende Sachen (etwa Werkzeuge oder sonstige Arbeitsmittel) der Einwirkung durch den Besteller aussetzt, ist der Besteller doch nur verpflichtet, ein eigenes schädigendes Verhalten zu unterlassen, nicht dagegen, zum Schutz der Rechtsgüter des Unternehmers aktiv einzugreifen. Denkbar ist allerdings, dass den Besteller Schutzpflichten treffen, wenn der Unternehmer erkennbar zum Schutz seines Eigentums nicht in der Lage ist. Drohen z.B. **Gefahren für Arbeitsgeräte** des Unternehmers, so muss der Besteller den Unternehmer zumindest warnen, ggf. auch die Arbeitsgeräte selbst in Sicherheit bringen, wenn der Unternehmer hierfür nicht rechtzeitig sorgen kann und dies dem Besteller zumutbar ist.[291]

111 Den Besteller trifft daneben die Pflicht, alles zu vermeiden, was den Rechten, Rechtsgütern und Interessen des Unternehmers Schaden zufügen könnte.[292] Hinsichtlich des Schutzes von Leben und Gesundheit des Unternehmers gilt auch für den Besteller die Vorschrift des **§ 618 BGB** entsprechend.[293] Soweit die Herstellung des Werkes in den Räumen des Bestellers erfolgt, muss er – **im Rahmen des Möglichen und Zumutbaren**[294] – dafür Sorge tragen, dass diese sich in einem sicheren Zustand befinden und keine Gefahren für den Unternehmer mit sich bringen.[295] »Raum« i.d.S. ist auch die Baustelle des Bestellers.[296] Gleiches gilt, wenn der Besteller dem Unternehmer Material zur Herstellung des Werkes oder sonstige Hilfsmittel zur Verfügung stellt, auch wenn er zu einer solchen Mitwirkung nicht verpflichtet ist, sondern diese freiwillig erfolgt. Die Fürsorgepflicht aus § 618 BGB analog schützt nicht nur den Unternehmer, sondern auch die von ihm beschäftigten Personen (**Arbeitnehmer**) sowie vom Unternehmer eingeschaltete **Subunternehmer**, da der Werkvertrag Schutzwirkung zugunsten dieser Personen entfaltet.[297] Die Verpflichtung kann durch Vertrag nur gegen-

286 V. Rintelen, in: ibr-OK Bauvertragsrecht, § 631 BGB Rn. 685.
287 OLG Brandenburg, Urt. v. 20.04.2004 – 6 U 116/03, BauR 2005, 575.
288 MüKo-BGB/Busche, § 631 Rn. 111.
289 BGH, Urt. v. 28.01.2016 – I ZR 60/14, BauR 2016, 1024.
290 Zum Ganzen das Grundsatzurteil BGH, Urt. v. 07.07.1998 – X ZR 17/97, BGHZ 139, 177 = BauR 1998, 1089.
291 BGH, Urt. v. 28.01.2016 – I ZR 60/14, BauR 2016, 1024.
292 BGH, Urt. v. 24.01.2013 – VII ZR 98/12, NJW-RR 2013, 534 = ZfBR 2013, 347.
293 StRspr BGH (GS), Beschl. v. 05.02.1952 – GSZ 4/51, BGHZ 5, 62 = NJW 1952, 458; OLG Düsseldorf, Urt. v. 21.10.1994 – 22 U 33/94, NJW-RR 1995, 403; OLG Köln, Hinweisbeschl. v. 16.05.2013 – 19 U 9/13, NZBau 2013, 706.
294 BGH, Urt. v. 24.01.2013 – VII ZR 98/12, NJW-RR 2013, 534 = ZfBR 2013, 347.
295 BGH, Urt. v. 20.02.1958 – VII ZR 76/57, BGHZ 26, 365 = NJW 1958, 710.
296 V. Rintelen, in: Messerschmidt/Voit, § 631 BGB Rn. 140.
297 BGH, Urt. v. 15.06.1971 – VI ZR 262/69, BGHZ 56, 269 = NJW 1971, 1931.

über dem Unternehmer selbst oder einem selbstständigen Subunternehmer, nicht dagegen gegenüber den bei diesen beschäftigen Arbeitnehmern abbedungen werden, da im Verhältnis zwischen dem Besteller und den Arbeitnehmern auch § 619 BGB (Unabdingbarkeit) entsprechende Anwendung findet.[298]

d) Kooperationspflicht

Spiegelbildlich zum Unternehmer treffen auch den Besteller bestimmte Kooperationspflichten. Aus der Natur der Sache folgt, dass diese Pflichten beide Parteien gleichermaßen zur Zusammenarbeit anhalten. Auch der Besteller muss daher an Nachverhandlungen teilnehmen, eine einvernehmliche Streitbeilegung[299] anstreben und die Ausübung von Leistungsverweigerungs- und Kündigungsrechten ankündigen[300]. Bzgl. weiterer Kooperationspflichten wird auf die Kommentierung zur Kooperationspflicht des Unternehmers verwiesen. 112

§ 632 Vergütung

(1) Eine Vergütung gilt als stillschweigend vereinbart, wenn die Herstellung des Werkes den Umständen nach nur gegen eine Vergütung zu erwarten ist.

(2) Ist die Höhe der Vergütung nicht bestimmt, so ist bei dem Bestehen einer Taxe die taxmäßige Vergütung, in Ermangelung einer Taxe die übliche Vergütung als vereinbart anzusehen.

(3) Ein Kostenanschlag ist im Zweifel nicht zu vergüten.

Übersicht

A. Allgemeines

§ 632 BGB ist – abgesehen von dem durch das SchuldRModG neu eingefügten Abs. 3 – seit Inkrafttreten des BGB am 01.01.1900 unverändert geblieben. Die Praxisrelevanz der Vorschrift ist überschaubar. In systematischer Hinsicht ist § 632 BGB mit den Vorschriften des § 612 BGB im Dienstvertragsrecht sowie mit § 653 BGB beim Maklervertrag vergleichbar. Ebenso wie diese Normen bezweckt § 632 BGB die Ausfüllung von Vertragslücken. 1

Abs. 1 enthält eine Fiktion[1] der Vergütungsvereinbarung, wenn die Entgeltlichkeit nicht ausdrücklich vereinbart ist, jedoch nach den Umständen zu erwarten ist. Die Vorschrift enthält eine wider- 2

298 BGH, Urt. v. 20.02.1958 – VII ZR 76/57, BGHZ 26, 365 = NJW 1958, 710; BGH, Urt. v. 15.06.1971 – VI ZR 262/69, BGHZ 56, 269 = NJW 1971, 1931.
299 BGH, Urt. v. 28.10.1999 – VII ZR 393/98, BGHZ 143, 89 = BauR 2000, 409.
300 V. Rintelen, in: Messerschmidt/Voit, § 631 BGB Rn. 144.
1 MüKo-BGB/Busche, § 632 Rn. 4; v. Rintelen, in: ibr-OK Bauvertragsrecht, § 632 BGB Rn. 4.

legliche Auslegungsregel.[2] Darüber hinaus ordnet die Norm eine Vergütungspflicht aus normativen Gesichtspunkten und unabhängig vom Parteiwillen an.[3] Daher ist eine Anfechtung des Bestellers gem. §§ 119 ff. BGB aufgrund eines Irrtums über die Vergütungsverpflichtung ausgeschlossen.[4] Der Rechtscharakter von Abs. 1 ist zudem im Hinblick auf die Beweislast relevant: Eine Fiktion kann durch Beweis – im Unterschied zu einer Vermutung – nicht widerlegt werden. Ein entsprechendes Ergebnis kann im Einzelfall bereits über §§ 133, 157 BGB erzielt werden, sodass es eines Rückgriffs auf die Regelung nicht mehr bedarf.[5] Abs. 2 gelangt zur Anwendung, wenn die Bemessung der vereinbarten Vergütung nicht geklärt werden kann.

3 In Abs. 3 wird festgelegt, dass ein Kostenanschlag im Zweifel nicht zu vergüten ist. Diese Regelung soll Streitigkeiten über die Vergütung verhindern bzw. vermindern.[6] Damit reagierte der Gesetzgeber auf die Rechtsprechung, welche die Verpflichtung zur Vergütung des Kostenanschlags davon abhängig machte, ob die Parteien nach den Umständen des Einzelfalls sowie den Gewohnheiten des Geschäftsverkehrs einen Werkvertrag über die Erstellung des Kostenanschlags abschließen wollten.[7] Ausweislich der Gesetzesbegründung dient ein Kostenanschlag primär dazu, die veranschlagte Kostenhöhe für zu erbringende Werkleistungen zu erfahren, ihn an Vergleichsangeboten zu messen und eine Kosten-Nutzen-Analyse durchzuführen. Damit gehört er zu den Gemeinkosten des Unternehmers, welche im Zweifel nicht zu vergüten sind und bei welchen die Pflicht zur Vergütung einer ausdrücklichen Vereinbarung bedarf.[8]

B. Stillschweigende Vereinbarung nach Abs. 1

I. Vertragsschluss

4 Voraussetzung für die Anwendung von Abs. 1 ist stets der Abschluss eines Werkvertrages i.S.v. § 631 BGB, da sich § 632 BGB eben nicht auf den Vertrag als solchen, sondern lediglich auf die Vergütung bezieht.[9] Liegt keine Einigung der Parteien über die Verpflichtung des Unternehmers zur Herstellung eines Werkes vor, so führt Abs. 1 nicht dazu, dass der Besteller trotzdem vorgenommene Leistungen zu vergüten hat.[10] Insofern müssen zwei übereinstimmende Willenserklärungen vorliegen, die auf den Abschluss eines Werkvertrags abzielen (u.U. abzugrenzen vom [unentgeltlichen] Auftrag). Wie bei anderen Schuldverhältnissen auch kann hier die Frage virulent werden, ob nicht lediglich ein Gefälligkeitsverhältnis ohne Rechtsbindungswillen vorliegt.[11]

5 Auch darf der Werkvertrag nicht nichtig sein. Hier ist insbesondere § 650i Abs. 2 BGB zu beachten, der eine Textform nach § 126b BGB vorschreibt, sodass bei Verstoß eine Formnichtigkeit nach § 125 S. 1 BGB eintritt. Auch sonstige Nichtigkeitsgründe wie z.B. § 134 BGB oder § 138 BGB können eine Rolle spielen.

6 Von Bedeutung ist die Frage, wie § 632 Abs. 1 BGB von § 154 BGB abzugrenzen ist, ob also eine Vertragslücke besteht, die von § 632 BGB geschlossen werden kann, oder ob ein Dissens nach § 154 BGB vorliegt, sodass der Vertrag gem. § 154 Abs. 1 S. 1 BGB im Zweifel als nicht geschlossen anzu-

---

2 So Grüneberg/Retzlaff, BGB, § 632 Rn. 3.
3 NK-BGB/Lederer/Raab, § 632 Rn. 6; MüKo-BGB/Busche, § 632 Rn. 5.
4 MüKo-BGB/Busche, § 632 Rn. 6; BeckOK BGB/Voit, § 632 Rn. 2; v. Rintelen, in: ibr-OK Bauvertragsrecht, § 632 BGB Rn. 4.
5 NK-BGB/Lederer/Raab, § 632 Rn. 12.
6 RegE BT-Drucks. 14/6040, S. 259 f.
7 BGH, Urt. v. 03.12.1981 – VII ZR 368/80, NJW 1982, 765; vgl. auch RegE BT-Drucks. 14/6040, S. 259 f.
8 RegE BT-Drucks. 14/6040, S. 259 f.; NK-BGB/Lederer/Raab, § 632 Rn. 7.
9 BGH, Urt. v. 24.06.1999 – VII ZR 196/98, NJW 1999, 3554.
10 BeckOK BauVertragsR/Oberhauser, § 632 BGB Rn. 2.
11 MüKo-BGB/Busche, § 632 Rn. 4; NK-BGB/Lederer/Raab, § 632 Rn. 9.

sehen ist. Die Rechtsfolgen stehen einander somit entgegen bzw. widersprechen einander, sodass ihre jeweiligen Anwendungsbereiche klar voneinander abzugrenzen sind.[12]

§ 632 BGB greift ein, wenn die Parteien eine Vergütung gar nicht erst erörtert haben, diese jedoch zu erwarten ist.[13] Bei konträren Erklärungen zur Vergütung liegt gerade keine Vertragslücke vor, sondern ein Einigungsmangel, dessen Behandlung sich nach den §§ 154, 155 BGB richtet.[14] Ein Vertragsschluss liegt nur dann vor, wenn die Parteien erkennbar auch unabhängig von einer Einigung über die Vergütung die Ausführung der Werkleistung wollen.[15] Problematisch ist der Fall, in welchem die Parteien die Vergütung erörtert, aber keine Einigung erzielt haben. Nach teils vertretener Ansicht verdrängt § 632 BGB die Anwendung der Dissensregeln, sodass der Vertrag mit der üblichen Vergütung nach Abs. 2 zustande kommt.[16] Überzeugender ist es jedoch, die Regelungen über den Dissens als anwendbar zu erachten. Denn bei Vorliegen unterschiedlicher Erklärungen zur Vergütung fehlt es an einer lückenhaften Einigung, welche durch Anwendung von § 632 BGB geschlossen werden könnte.[17] Es handelt sich gerade nicht um die dem § 632 BGB zugrundeliegende Konstellation, also das bloße Übersehen einer Vergütungsvereinbarung. Andernfalls würde den Parteien eine Vergütung auferlegt werden, über welche sie sich gerade nicht einig geworden sind (vgl. auch die Ausführungen unter C.III. zur fehlenden Einigung bzgl. der Vergütungs*höhe*). 7

Wird trotz mangelnder Einigung mit den Arbeiten begonnen, so ist ein wirksamer Werkvertrag anzunehmen, da die Vertragsdurchführung ein bedeutendes Indiz für die gewünschte Bindung darstellt und daher auch § 632 BGB Anwendung findet.[18] Dies gilt auch im Falle eines offenen Dissenses, da die Parteien ja gerade durch die Leistung bzw. durch die Entgegennahme der Leistung zum Ausdruck bringen, sich vertraglich binden zu wollen. 8

Des Weiteren muss der Vertrag entweder unbedingt geschlossen worden oder die Bedingung muss eingetreten sein.[19] Dafür trifft nach den allgemeinen Beweisgrundsätzen diejenige Partei die Beweislast, welche aus dem Vertrag Rechte geltend macht.[20] Dies gilt sowohl für den Fall, dass das Zustandekommen des Vertrages an sich streitig ist, als auch für den Fall, dass lediglich die Vergütungspflicht von einer bestimmten Bedingung i.S.v. § 158 BGB abhängig gemacht wird. 9

II. Fehlen einer Vergütungsabrede

1. Gänzliches Fehlen einer Vergütungsabrede

Für die Anwendung von Abs. 1 darf keine Vergütungsabrede vorliegen. Dass eine solche fehlt, muss eindeutig feststehen.[21] Eine Vergütungsabrede liegt dann nicht vor, wenn sich die Parteien überhaupt nicht – weder ausdrücklich, noch konkludent – über eine Vergütung verständigt haben. Andernfalls bleibt es bei § 631 Abs. 1 BGB. 10

Vergütungsvereinbarungen können in unterschiedlicher Form getroffen werden. Im Einzelfall ist durch Auslegung der Parteivereinbarung zu prüfen, ob eine solche vorliegt. Neben den ausdrücklichen Vereinbarungen über eine konkrete Vergütung reicht es auch aus, wenn sich die Parteien über 11

12 V. Rintelen, in: ibr-OK Bauvertragsrecht, § 632 BGB Rn. 8; Messerschmidt/Voit/Boldt, § 632 BGB Rn. 8.
13 BGB RGRK/Glanzmann, § 632 BGB Rn. 3; NK-BGB/Lederer/Raab, § 632 BGB Rn. 12.
14 OLG München, Urt. v. 07.05.2009 – 8 U 4374/08, NJW-RR 2010, 64; Messerschmidt/Voit/Boldt, § 632 BGB Rn. 8.
15 Messerschmidt/Voit/Boldt, § 632 BGB Rn. 8.
16 MüKo-BGB/Busche, § 632 Rn. 6 unter Verweis auf Grüneberg/Retzlaff, § 632 Rn. 1.
17 OLG Bremen, Urt. v. 29.10.2008 – 1 U 47/08, NRW-RR 2009, 668 m.w.N.; v. Rintelen, in: ibr-OK Bauvertragsrecht, § 632 Rn. 9; NK-BGB/Lederer/Raab, § 632 Rn. 13 f.
18 NK-BGB/Lederer/Raab, § 632 Rn. 14; v. Rintelen, in: ibr-OK Bauvertragsrecht, § 632 BGB Rn. 11.
19 Messerschmidt/Voit/Boldt, § 632 BGB Rn. 23.
20 BGH, Urt. v. 10.06.2002 – II ZR 68/00, NJW 2002, 2862.
21 Vgl. BGH, Urt. v. 23.01.1996 – X ZR 63/94, NJW-RR 1996, 952; v. Rintelen, in: ibr-OK Bauvertragsrecht, § 632 BGB, Rn. 32.

Maßstäbe, nach denen die Vergütung erfolgen soll, wie bspw. § 2 Abs. 5 u. 6 VOB/B, geeinigt haben.[22] Als Vergütungsvereinbarung kommen in Bauverträgen insbesondere Einheitspreisverträge sowie Pauschalverträge in Betracht. Auch Festpreisverträge sind möglich.[23]

12 Eine Vergütungsabrede liegt auch dann vor, wenn die Parteien vereinbaren, dass der Unternehmer gerade keine Vergütung für seine Leistung erhalten soll.

13 § 632 BGB findet weiterhin keine Anwendung, wenn eine konkludente Vergütungsvereinbarung vorliegt. Eine konkludente Vergütungsvereinbarung kann bspw. dann angenommen werden, wenn sich die Parteien in vorausgegangenen Aufträgen bereits über einen Preis geeinigt haben. Dann ist davon auszugehen, dass dieser auch für die neuen Leistungen gelten soll.[24]

14 Die Auslegungsbedürftigkeit der vertraglichen Vereinbarung zur Vergütung kann allerdings nicht zu einer Anwendung von § 632 BGB führen, solange der Preis bestimmt oder als bestimmbar vereinbart ist, ggf. auch aus Handelsbrauch.[25] Kommt die Auslegung der getroffenen Vergütungsvereinbarung zu keinem eindeutigen Ergebnis, ist kein Raum für § 632 BGB. Dann haben die Parteien die Vergütungshöhe nämlich gerade nicht bloß offengelassen.[26] Es wird an einem mit der Sache befassten Gericht sein, zu entscheiden, worauf sich die Parteien geeinigt haben.

15 Wenn beide Parteien unterschiedliche Preise in die eigene Willenserklärung aufgenommen haben, liegt ein Dissens vor, eine vertragliche Einigung wurde also gem. § 154 Abs. 1 S. 1 BGB nicht erzielt und § 632 BGB ist nicht anwendbar (s.o.).[27]

2. Teilweises Fehlen einer Vergütungsabrede

16 Für geänderte oder erweiterte Leistungen in Verträgen, die bezüglich einer Vergütung (anders als beispielsweise die VOB/B) keine Regelungen enthalten, ist wie folgt zu unterscheiden:

17 Für Bauverträge ist § 650c BGB zu berücksichtigen, der die Vergütung im Falle einer Anordnung nach § 650b BGB regelt. Diese Normen finden auf Verträge Anwendung, die nach dem 01.01.2018 geschlossen wurden. Ihr Anwendungsbereich geht durch Verweisungen noch über die eigentlichen Bauverträge an sich hinaus.

18 Für Werkverträge, die nach dem 01.01.2018 geschlossen wurden, aber nicht den §§ 650b ff. BGB unterfallen, sowie für Werkverträge (und damit auch Bauverträge nach der neuen Definition), die vor dem 01.01.2018 geschlossen wurden, regelt § 632 Abs. 1 BGB die fehlende Vergütungsabrede.[28]

19 Ebenso ist – auch nach dem 01.01.2018 – in anderen Fällen zu verfahren, in denen die Vergütungsabrede unvollständig ist. Diese sind jedoch sorgfältig von denjenigen Fällen zu unterscheiden, in denen die Abrede auslegungsbedürftig ist, da § 632 BGB hier keine Anwendung findet (s.o.). Haben sich die Parteien jedoch auf eine (bestimmte oder bestimmbare) Teilvergütung geeinigt und einen weiteren Vergütungsanteil noch unbestimmt gelassen, findet § 632 BGB auf diesen Teil Anwendung. Dies ergibt sich durch einen Erst-Recht-Schluss: Wenn § 632 BGB bei völligem Fehlen einer Vergütungsabrede eine solche ersetzen kann, so muss die Vorschrift auch in den Fällen herangezogen werden können, in denen die Vergütungsabrede nur teilweise fehlt.

22 V. Rintelen, in: ibr-OK Bauvertragsrecht, § 632 BGB Rn. 30; Leupertz/Popescu, in: Staudinger, BGB, § 632 Rn. 67.
23 Eine Übersicht zu den verschiedenen Verträgen: MüKo-BGB/Busche, § 631 Rn. 90 ff.
24 Vgl. z.B. OLG Köln, Urt. v. 23.02.2010 – 3 U 33/09, BeckRS 2010, 8690.
25 Jauernig/Mansel, § 632 BGB Rn. 4.
26 BeckOK BGB/Voit, § 632 Rn. 11; BGH, Urt. v. 14.07.1994 – VII ZR 53/92, BauR 1995, 88, 89 f.
27 BeckOK BGB/Voit, § 632 Rn. 11; MüKo-BGB/Busche, § 632 Rn. 6.
28 OLG Köln, Beschl. v. 30.04.2001 – 19 W 12/01, NJW-RR 2002, 1425.

III. Leistung ist nur gegen Vergütung zu erwarten

Liegt ein wirksamer Werkvertrag nach § 631 BGB vor und wurde auch keine Vergütungsvereinbarung geschlossen, so ist der Anwendungsbereich des § 632 Abs. 1 BGB grundsätzlich eröffnet. Voraussetzung für die Geltendmachung des Anspruchs ist zudem, dass die Herstellung des Werkes den Umständen nach nur gegen eine Vergütung zu erwarten ist. Erst dann tritt die Fiktion einer Vergütungsvereinbarung ein. 20

Die Frage, ob die Herstellung des Werkes den Umständen nach nur gegen eine Vergütung zu erwarten ist, muss auf der Grundlage einer wertenden Betrachtung nach objektiven Kriterien bestimmt werden. Subjektive Vorstellungen sind nicht maßgeblich, sofern sie nicht nach außen in Erscheinung treten.[29] Danach spielt es also keine Rolle, wenn der Besteller etwa einseitig nie vorhatte, dem Unternehmer eine Vergütung für die Werkleistung zu gewähren. 21

Der Unternehmer kann sich auf den Erfahrungssatz berufen, dass Unternehmer in Ausübung ihrer beruflichen Tätigkeit üblicherweise nur entgeltlich tätig werden.[30] Das gilt grundsätzlich sowohl für Aufgaben, die von Anfang an begrenzt waren, als auch für solche, die nachträglich in Auftrag gegeben werden, und auch wenn z.B. der Leistungsumfang eines Pauschalvertrags ohne ausdrückliche Abrede über die Vergütungsanpassung erweitert wird.[31] 22

Die jeweilig zu betrachtenden Umstände müssen anhand des konkreten Einzelfalles beurteilt werden. Einer Vergütung können besondere Umstände entgegenstehen: Zu nennen sind etwa persönliche Beziehungen, sodass etwa eine Nachbarschaftshilfe keine Vergütungspflicht auslösen dürfte, entweder schon aufgrund des mangelnden Rechtsbindungswillens (Gefälligkeitsverhältnis) oder aber aufgrund der Umstände des Einzelfalls.[32] Auch der Umfang der Leistung und die Frage, ob der Leistende gewerblich oder freiberuflich tätig ist und der konkrete Werkerfolg auch in seinen Tätigkeitsbereich fällt, sind hierbei maßgeblich.[33] Gibt der Besteller bei einem Architekten in Auftrag, eine Bauvoranfrage zu stellen, lässt sich hieraus nicht auf den Abschluss eines Architektenvertrags schließen.[34] Allerdings hat er auch hierfür im Einzelfall ein Honorar zu zahlen, insbesondere wenn die Vorarbeiten später verwendet werden.[35] Wenn die Umstände jedoch für eine honorarfreie Akquisition sprechen, so muss der Architekt die Umstände vortragen, welche dagegen streiten.[36] 23

IV. Vergütung für Vorleistungen

Tätigkeiten, welche vor Abschluss des Vertrages aufgenommen werden, um einen Vertragsabschluss zu erwirken, beispielsweise aufwendige Messarbeiten, stellen Vorleistungen dar. Zu dem Zeitpunkt dieser Tätigkeit wurde noch kein Werkvertrag abgeschlossen. Damit fehlt eine zentrale Voraussetzung für die Anwendbarkeit des § 632 Abs. 1 BGB. Eine Vergütung dieser Vorleistungen über diese Norm 24

29 BGH, Urt. v. 09.04.1987 – VII ZR 266/86, NJW 1987, 2742; BGH, Urt. v. 18.01.1971 – VII ZR 82/69, BauZ 3.00 Bl. 188 f.; NK-BGB/Lederer/Raab, § 632 BGB Rn. 15; MüKo-BGB/Busche, § 632 Rn. 5; Leupertz/Popescu, in: Staudinger, BGB, § 632 Rn. 61.

30 Für Architekten: BGH, Urt. v. 09.04.1987 – VII ZR 266/86, NJW 1987, 2742.

31 V. Rintelen, in: ibr-OK Bauvertragsrecht, § 632 Rn. 35 f. m.w.N.

32 NK-BGB/Lederer/Raab, § 632 Rn. 15; v. Rintelen, in: ibr-OK Bauvertragsrecht, § 632 Rn. 37; Messerschmidt/Voit/Boldt, § 632 BGB Rn. 27; für eine Vergütungspflicht im Einzelfall z.B. OLG Köln, Urt. v. 25.03.1994 – 19 U 212/93, NJW-RR 1994, 1239; Leupertz/Popescu, in: Staudinger, BGB, § 632 Rn. 62.

33 Leupertz/Popescu, in: Staudinger, BGB, § 632 Rn. 62; Erman/Schwenker/Rodemann, § 632 BGB Rn. 1; v. Rintelen, in: ibr-OK Bauvertragsrecht, § 632 BGB Rn. 34; zum Vergütungsanspruch eines Komponisten: OLG Köln, Urt. v. 25.03.1994 – 19 U 164/93, NJW-RR 1994, 1208.

34 Vgl. OLG Celle, Urt. v. 17.02.2010 – 14 U 138/09, BauR 2010, 926; Messerschmidt/Voit/Schwenker/Wessel, I. Teil. Q Rn. 111–119.

35 OLG Koblenz, Urt. v. 05.03.2001 – 13 U 641/00, NZBau 2001, 510; MüKo-BGB/Busche, § 632 Rn. 16.

36 BGH, Urt. v. 05.06.1997 – VII ZR 124/96, NJW 1997, 3017.

ist damit ausgeschlossen. Dies gilt selbst dann, wenn den Unternehmer ganz erhebliche finanzielle Belastungen treffen.[37] Auch ein etwaiger Nutzen der Tätigkeit für den Besteller rechtfertigt keine anderweitige Auslegung der klaren gesetzlichen Regelung.[38] Wenn eigens für die Vorbereitungen ein Werkvertrag abgeschlossen wurde, dann stellen diese Tätigkeiten keine Vorleistungen dar, sondern eigenständig vertraglich geschuldete Leistungen.[39] In diesem Fall ist jedoch besonders sorgfältig das Vorliegen des Rechtsbindungswillens zu ermitteln. Ebenso keine Vorleistungen stellen solche Leistungen dar, welche bereits das geschuldete Werk vorwegnehmen. Hierfür besteht ein Teilvergütungsanspruch aus dem Werkvertrag.[40]

25 Ausnahmsweise soll nach dem OLG Nürnberg eine Entgeltlichkeit der Vorleistung angenommen werden, wenn der Besteller nicht davon ausgehen darf, dass der Unternehmer derart umfangreiche und für den Besteller vorteilhafte Vorarbeiten nur aufgrund einer vagen Hoffnung auf Vertragsabschluss unentgeltlich erbringt.[41] Hieran sind jedoch sehr strenge Anforderungen zu stellen. Jedenfalls keine Vergütungsverpflichtung besteht dann, wenn der Unternehmer überwiegend im eigenen Interesse zur Auftragsakquise tätig wird.[42]

26 Teilweise wird die Auffassung vertreten, dass in Fällen, in denen im Anschluss an die Vorleistungen ein Werkvertrag geschlossen wird, die Auslegung des Parteiwillens nach §§ 133, 157 BGB dazu führen könne, dass die bis dahin geleisteten Tätigkeiten zu vergüten seien.[43] Davon könne bspw. dann ausgegangen werden, wenn Berechnungen im Falle eines Bauvorhabens bei der späteren Ausführung verwendet werden.[44] Wenngleich entsprechende Konstellationen durchaus denkbar sind, bleiben sie doch die Ausnahme zum Grundsatz, dass Vorleistungen vor Vertragsschluss nicht über § 632 BGB zu vergüten sind.

27 Auch Ausschreibungen nach VOB/A sind nicht anders zu behandeln: Zwar statuiert § 8b Abs. 2 VOB/A die Pflicht des Bestellers, eine angemessene Entschädigung festzusetzen, wenn er von den Bewerbern Entwürfe, Pläne, Zeichnungen, statische Berechnungen, Mengenberechnungen oder andere Unterlangen verlangt. Die Festsetzung ist dabei als Tatbestandsvoraussetzung zu verstehen, auf welche nicht verzichtet werden kann.[45] § 8b Abs. 2 VOB/A kann aber keinen vertraglichen Anspruch nach §§ 631, 632 BGB begründen.[46] Allenfalls könnten Schadensersatzansprüche entstehen.[47]

28 Eine Vergütung von Vorleistungen ist aus anderen Anspruchsgrundlagen als § 632 BGB denkbar. Schadensersatzansprüche insbesondere aus culpa in contrahendo können beispielsweise in Betracht kommen, wenn der Besteller etwa Tätigkeiten vor Vertragsschluss veranlasst, obwohl bereits anderweitig ein Auftrag vergeben wurde.[48] Eine anderweitige Verwendung der Angebotsunterlagen dürfte

37 BGH, Urt. v. 12.07.1979 – VII ZR 154/78, NJW 1979, 2202: Gegenstand waren Projektionskosten von ca. 16.000 DM.

38 OLG Düsseldorf, Urt. v. 30.01.2003 – I-5 U 13/02, BauR 2003, 1046; BeckOK BGB/Voit, § 632 Rn. 2.

39 Jauernig/Mansel, § 632 BGB Rn. 2.

40 MüKo-BGB/Busche, § 632 Rn. 12.

41 OLG Nürnberg, Urt. v. 18.02.1993 – U 1663/92, NJW-RR 1993, 760; zutreffend kritisch v. Rintelen, in: ibr-OK Bauvertragsrecht, § 632 BGB Rn. 22 f.; restriktiver auch: OLG Düsseldorf, Urt. v. 30.01.2003 – I-5 U 13/02, BauR 2003, 1046.

42 Grüneberg/Retzlaff, BGB, § 632 Rn. 4.

43 Messerschmidt/Voit/Boldt, § 632 BGB Rn. 11; HK-BGB/Scheuch, § 632 Rn. 3.

44 So Schneeweiß, in: Englert/Motzke/Wirth, § 632 BGB Rn. 8.

45 So auch Peters, in: Staudinger, BGB 2019, § 632 Rn. 114; v. Rintelen, in: ibr-OK Bauvertragsrecht, § 632 BGB Rn. 26.

46 V. Rintelen, in: ibr-OK Bauvertragsrecht, § 632 BGB Rn. 26.

47 OLG Düsseldorf, Urt. v. 30.01.2003 – I-5 U 13/02, BauR 2003, 1046.

48 V. Rintelen, in: ibr-OK Bauvertragsrecht, § 632 BGB Rn. 27; Leupertz/Popescu, in: Staudinger, BGB, § 632 Rn. 105.

zwar eine Pflichtverletzung darstellen, jedoch wird kein Schaden feststellbar sein, solange die Idee nicht durch gesetzliche Schutzrechte gesichert ist.[49] Denkbar sind auch bereicherungsrechtliche Ansprüche des Unternehmers gegen den Auftraggeber, wenn dieser die Vorarbeiten anderweitig zu seinem Vorteil verwendet.[50] Dafür muss der Unternehmer allerdings an den Vorleistungen vermögensmäßig ein ausschließliches Verwertungsrecht innehaben.[51]

C. Bestimmung der Vergütung nach § 632 Abs. 2 BGB

I. Verhältnis zu § 316 BGB

Gem. § 316 BGB steht, soweit die Gegenleistung nicht bestimmt ist, deren Bestimmung im Zweifel demjenigen zu, der sie zu fordern hat. Dies ist im Werkvertragsrecht der Unternehmer. Dieser Regelung geht jedoch § 632 Abs. 2 BGB vor, welcher vorsieht, dass die Taxe bzw. die übliche Vergütung geschuldet ist und damit § 316 BGB als lex specialis verdrängt.[52] Auch § 632 Abs. 2 muss jedenfalls dann eine gesetzliche Fiktion (und keine Auslegungsregel) darstellen, wenn auch die Vergütungsvereinbarung nach Abs. 1 fingiert wird. Denn dann liegt schon kein auslegungsfähiges rechtsgeschäftliches Substrat vor. 29

Etwas anderes gilt nur dann, wenn die Parteien vereinbart haben, dass der Unternehmer die Gegenleistung bestimmen soll, sodass Abs. 2 gerade nicht zur Anwendung kommen soll. Diese Festsetzung unterliegt dann lediglich einer Billigungskontrolle; die Annahme einer dahingehenden Vereinbarung dürfte die Ausnahme sein.[53] Ohnehin findet in diesen Fällen § 632 BGB keine Anwendung, da sich die Parteien hier gerade über den Modus einer Vergütung geeinigt haben. 30

II. Anwendungsbereich

§ 632 Abs. 2 BGB ist nicht nur in den Fällen des § 632 Abs. 1 BGB anwendbar, sondern auch dann, wenn die Entgeltlichkeit vereinbart ist, jedoch eine konkrete Vereinbarung im Hinblick auf die Höhe fehlt.[54] 31

III. Vertragsschluss

Ebenso wie Abs. 1 setzt auch Abs. 2 einen wirksamen Werkvertrag nach § 631 BGB voraus. Daher muss insbesondere mit Blick auf §§ 154, 155 BGB sorgfältig geprüft werden, ob der Vertrag überhaupt geschlossen wurde.[55] Auf die obigen Ausführungen zu Abs. 1 kann verwiesen werden. 32

Problematisch ist hier der Fall, dass die Parteien die Entgeltlichkeit zwar thematisiert, sich hinsichtlich der Vergütungshöhe aber nicht geeinigt haben. Hierbei wird teilweise vertreten, dass die Vorschrift des § 632 BGB die Regelung des § 154 BGB verdränge.[56] Richtigerweise ist hier aber nicht § 632 BGB anzuwenden, sondern § 154 BGB.[57] In diesen Fällen liegt keine lückenhafte Einigung

49 Leupertz/Popescu, in: Staudinger, BGB, § 632 Rn. 105; v. Rintelen, in: ibr-OK Bauvertragsrecht, § 632 BGB Rn. 28.

50 MüKo-BGB/Busche, § 632 Rn. 15; BeckOK BGB/Voit, § 632 Rn. 10.

51 V. Rintelen, in: ibr-OK Bauvertragsrecht, § 632 BGB Rn. 28.

52 V. Rintelen, in: ibr-OK Bauvertragsrecht, § 632 BGB Rn. 41; BeckOK BGB/Voit, § 632 Rn. 1.

53 Für Maklerverträge: BGH, Urt. v. 06.12.2001 – III ZR 296/00, NJW 2002, 817; v. Rintelen, in: ibr-OK Bauvertragsrecht, § 632 BGB, Rn. 42; Messerschmidt/Voit/Boldt, § 632 BGB Rn. 31.

54 OLG München, Urt. v. 07.05.2009 – 8 U 4374/08, NJW-RR 2010, 64; MüKo-BGB/Busche, § 632 Rn. 19; Messerschmidt/Voit/Boldt, § 632 BGB Rn. 30; NK-BGB/Lederer/Raab, § 632 Rn. 27.

55 NK-BGB/Lederer/Raab, § 632 Rn. 27; Leupertz/Popescu, in: Staudinger, BGB, § 632 Rn. 66.

56 OLG Frankfurt a.M., Urt. v. 15.09.1999 – 19 U 61/99, NJW-RR 2000, 58, 59 zur Parallelvorschrift des § 653 Abs. 2.

57 OLG Bremen, Urt. v. 29.10.2008 – 1 U 47/08, BauR 2009, 700; Grüneberg/Retzlaff, BGB, § 632 Rn. 6; v. Rintelen, in: ibr-OK Bauvertragsrecht, § 632 BGB Rn. 9 m.w.N.; diesbzgl. auch MüKo-BGB/Busche, § 632 BGB Rn. 6.

in Bezug auf einen Werkvertrag vor, die durch Anwendung von § 632 BGB als Ausnahme zu § 154 BGB geschlossen werden könnte, weil es dann nicht darum geht, das bloße Übersehen einer Vergütungsvereinbarung zu fingieren. Anderenfalls würde dem Besteller auch eine Vergütungspflicht in Höhe der üblichen Vergütung (§ 632 Abs. 2 BGB) auferlegt, welche er gerade nicht zahlen wollte.

IV. Höhe der Vergütung nicht bestimmt

33 Die zwischen den Parteien getroffene Vereinbarung muss der Höhe nach unbestimmt sein. Erfasst sind also Fälle, in denen die Parteien ausdrücklich oder konkludent vereinbaren, dass der Unternehmer eine Vergütung erhalten soll – diese der Höhe nach aber nicht näher bestimmen. Erfasst sind darüber hinaus auch Fälle, in denen die Parteien die Frage der Vergütung an sich offenlassen, eine solche Abrede dann aber als stillschweigend getroffen angenommen oder über Abs. 1 fingiert wird. § 632 Abs. 2 ist unanwendbar, wenn die Vergütung festgelegt ist, jedoch in ihrer Höhe der (ggf. ergänzenden) Vertragsauslegung bedarf. Denn dann wurde die Höhe der Vergütung gerade nicht offengelassen.[58]

V. Höhe der Vergütung: Taxe

34 Im Falle der Anwendung des Abs. 2 ist zunächst auf die taxmäßige Vergütung abzustellen. Dabei handelt es sich um hoheitliche Preisfestsetzungen (z.B. RVG, HOAI, vgl. hierzu Kp. G nachfolgend).[59] Gibt die Taxe einen Preisrahmen vor, so ist die Vergütung nach objektiven Kriterien festzulegen und nicht durch den Unternehmer nach § 316 BGB zu bestimmen, denn Abs. 2 schließt dessen Anwendung aus.[60]

35 Regelungen, welche ohne hoheitliche Beteiligung zustande gekommen sind, fallen zwar nicht unter den Begriff der Taxe, können aber dennoch zur Ermittlung der üblichen Vergütung herangezogen werden.[61]

VI. Höhe der Vergütung: übliche Vergütung

36 Wenn keine taxmäßige Vergütung vorliegt, so wird die übliche Vergütung geschuldet. Üblich ist diejenige Vergütung, welche zur Zeit des Vertragsschlusses nach allgemeiner Auffassung der beteiligten Kreise am Ort der Werkleistung bezahlt werden muss, wobei Vergleichsmaßstab Leistungen gleicher Art, gleicher Güte und gleichen Umfangs sind.[62] Damit setzt die Anerkennung der Üblichkeit der Vergütung gleiche Verhältnisse in zahlreichen Einzelfällen voraus.[63] Hierbei sind lediglich die tatsächlichen Umstände maßgeblich und nicht das subjektive Vorstellungsbild der Parteien von der

---

58 BGH, Urt. v. 14.07.1994 – VII ZR 53/92, ZfBR 1995, 16, 17 f.; BeckOK BGB/Voit, § 632 Rn. 11; Grüneberg/Retzlaff, BGB, § 632 Rn. 6.

59 MüKo-BGB/Busche, § 632 Rn. 21; Leupertz/Popescu, in: Staudinger, BGB, § 632 Rn. 69.

60 BGH, Urt. v. 13.03.1985 – IV a ZR 211/82, NJW 1985, 1895; BeckOK BGB/Voit, § 632 Rn. 13; v. Rintelen, in: ibr-OK Bauvertragsrecht, § 632 BGB, Rn. 44, 46.

61 NK-BGB/Lederer/Raab, § 632 BGB Rn. 28; Messerschmidt/Voit/Boldt, § 632 BGB Rn. 32; v. Rintelen, in: ibr-OK Bauvertragsrecht, § 632 BGB Rn. 43.

62 BGH, Urt. v. 19.11.2013 – VI ZR 363/12, NJW 2014, 1376, 1377; BGH, Urt. v. 04.04.2006 – X ZR 122/05, NJW 2006, 2472; BGH, Urt. v. 08.06.2004 – X ZR 173/01, NJW 2004, 3484, 3486; vgl. auch Leupertz/Popescu, in: Staudinger, BGB, § 632 Rn. 71.

63 BGH, Urt. v. 19.11.2013 – VI ZR 363/12, NJW 2014, 1376, 1377; BGH, Urt. v. 26.10.2000 – VII ZR 239/98, NJW 2001, 151; vgl. auch BGH, Urt. v. 15.02.1965 – VII ZR 194/63, NJW 1965, 1134; MüKo-BGB/Busche, § 632 Rn. 22.

Üblichkeit.[64] Hinsichtlich der Feststellung der Üblichkeit wird in der Regel ein Sachverständiger beauftragt.[65] Es kommt nicht darauf an, ob die übliche Vergütung auch angemessen ist.[66]

Problematisch können solche Fälle sein, in denen es eine große Bandbreite von Vergütungssätzen gibt. Dann die Üblichkeit festzustellen, ist zwar herausfordernd, jedoch nicht ausgeschlossen: So hat die Rechtsprechung im Rahmen der Feststellung einer üblichen Provision für Immobilienmakler gem. § 653 Abs. 2 BGB festgestellt, dass es eine breite Spanne der Provisionshöhe gäbe und diese zur Feststellung der Üblichkeit auch nicht völlig ungeeignet sei, sondern sich lediglich Vergütungen am oberen und unteren Ende als nicht üblich ausschließen ließen.[67] Die Höhe wird sodann vom Tatrichter i.d.R. mittels Sachverständigengutachten ermittelt.[68] Es bleibt dem Tatrichter überlassen, einen Mittelwert zu bilden und die Umstände des jeweiligen Einzelfalls zu berücksichtigen, um ggf. Zu- und Abschläge vorzunehmen.[69] Zwar ist diese Entscheidung nicht zum Werkvertragsrecht, sondern zum Maklerrecht ergangen, jedoch ergibt sich schon im Hinblick auf den quasi identischen Wortlaut der betroffenen Normen eine Übertragbarkeit der Entscheidung.[70] 37

Kann die Üblichkeit der Vergütung hingegen nicht festgestellt werden, so sind die Regeln der ergänzenden Vertragsauslegung heranzuziehen. Sollte auch dies nicht als hinreichende Grundlage für eine Bestimmung der Vergütung dienen können, so kann letztlich auf § 316 BGB zurückgegriffen werden, wobei die Grenzen der Billigkeit nach § 315 BGB beachtet werden müssen.[71] 38

Hinsichtlich der Berücksichtigung von Branchenumfragen durch den Berufsverband ist zu beachten, dass die Branchenüblichkeit nicht zwingend mit der Ortsüblichkeit übereinstimmt, sondern durchaus von dieser divergieren kann, sodass hierbei eine genaue Überprüfung notwendig ist.[72] Dennoch scheiden sie nicht von vornherein als Schätzgrundlage aus.[73] 39

D. Kostenanschlag gem. § 632 Abs. 3 BGB

Gem. § 632 Abs. 3 BGB ist der Kostenanschlag im Zweifel nicht zu vergüten. Ein Kostenanschlag ist eine unverbindliche Berechnung der voraussichtlich anfallenden Kosten auf der Grundlage einer fachmännischen gutachtlichen Äußerung des Unternehmers zur Kostenfrage, die dem Vertrag zu Grunde gelegt worden ist, ohne Vertragsbestandteil geworden zu sein.[74] 40

In der Vorschrift kommt damit der allgemeine Grundsatz zum Tragen, dass Vorleistungen des Unternehmers regelmäßig nicht vergütungspflichtig sind, sofern darüber keine Vereinbarung getroffen 41

64 Messerschmidt/Voit/Boldt, § 632 BGB Rn. 33; MüKo-BGB/Busche, § 632 Rn. 22; NK-BGB/Lederer/Raab, § 632 Rn. 30.

65 V. Rintelen, in: ibr-OK Bauvertragsrecht, § 632 BGB, Rn. 46; Messerschmidt/Voit/Boldt, § 632 BGB Rn. 33.

66 MüKo-BGB/Busche, § 632 Rn. 22.

67 BGH, Urt. v. 13.03.1985, IV a ZR 211/82, NJW 1985, 1895; dazu auch: v. Rintelen, in: ibr-OK Bauvertragsrecht, § 632 BGB Rn. 46.

68 BGH, Urt. v. 04.04.2006 – X ZR 122/05, NJW 2006, 2472; v. Rintelen, in: ibr-OK Bauvertragsrecht, § 632 BGB Rn. 46.

69 BGH, Urt. v. 13.03.1985 – IV a ZR 211/82, NJW 1985, 1895; BGH, Urt. v. 30.04.1969 – IV ZR 785/68, WPM 1969, 994; NK-BGB/Lederer/Raab, § 632 Rn. 32.

70 So i.E. auch: Leupertz/Popescu, in: Staudinger, BGB, § 632 Rn. 74.

71 Für Dienstverträge: BGH, Urt. v. 26.09.2006 – X ZR 181/03, NJW-RR 2007, 103; NK-BGB/Lederer/Raab, § 632 Rn. 31 f.; Leupertz/Popescu, in: Staudinger, BGB, § 632 Rn. 77 ff. (differenzierend); v. Rintelen, in: ibr-OK Bauvertragsrecht, § 632 BGB Rn. 48; Messerschmidt/Voit/Boldt, § 632 BGB Rn. 35; zur Billigkeitsüberprüfung: BGH, Urt. v. 04.04.2006 – X ZR 122/05, NJW 2006, 2472.

72 BGH, Urt. v. 08.06.2004 – X ZR 173/01, NJW 2004, 3484.

73 Vgl. BGH, Urt. v. 04.04.2006 – X ZR 122/05, NJW 2006, 2472; KG, Urt. v. 30.04.2015 – 22 U 31/14, NJOZ 2015, 1925.

74 Definition nach OLG Saarbrücken, Urt. v. 19.11.2014 – 2 U 172/13, NJW 2015, 879; vgl. auch OLG Frankfurt, Urt. v. 18.10.1988 – 14 U 80/87, NJW-RR 1989, 209.

wurde.[75] Die Vorschrift ist dabei allerdings auf den Kostenanschlag beschränkt. Dahinter steht der Gedanke, dass der Kostenanschlag dem Besteller ermöglichen soll, eine Entscheidung über den Abschluss des Werkvertrags zu treffen. Wegen Abgrenzungsschwierigkeiten wurde bewusst darauf verzichtet, die Regelung auf sog. »ähnliche Vorarbeiten« zu erstrecken.[76] Insofern bleibt es bei den vorstehenden Ausführungen (vgl. Rn. 24 ff. zu Abs. 1).

42 Entgegen der gesetzlichen Regelung muss der Besteller den Kostenanschlag nur vergüten, wenn es eine diesbezügliche Vereinbarung gibt. Eine solche kommt beispielsweise dann zustande, wenn sich der Besteller damit einverstanden erklärt, die Vergütung auch im Falle des Unterbleibens eines sich anschließenden Vertrages zu zahlen.[77] Eine Schriftform ist ausweislich der ausdrücklichen Gesetzesbegründung nicht notwendig, kann aber im Hinblick auf Beweiszwecke empfehlenswert sein.[78] Grundsätzlich kann die Entgeltlichkeit des Kostenanschlags auch konkludent vereinbart werden, jedoch wird in der Regel die Vergütung eines Kostenanschlags nach der Verkehrsanschauung nicht »branchenüblich« sein.[79] Auch die Erstellung von Nachtragsangeboten ist nicht zu vergüten, jedenfalls solange der Umfang des Abs. 3 nicht überschritten wird, indem der Unternehmer beispielsweise ein Leistungsverzeichnis selbständig erstellen muss.[80] Gleiches gilt für die Erstellung eines Angebots nach § 650b Abs. 1 BGB.[81]

43 Ob eine grundsätzliche Vergütungspflicht von Kostenanschlägen im Rahmen von Allgemeinen Geschäftsbedingungen begründet werden kann, wird unterschiedlich beurteilt. Eine entsprechende Klausel ist jedenfalls dann überraschend im Sinne von § 305c BGB und wird daher kein wirksamer Vertragsbestandteil, wenn sie in der betroffenen Branche nicht üblich ist.[82] Ob die Klausel darüber hinaus auch an einer Inhaltskontrolle nach § 307 BGB scheitert, hängt davon ab, ob § 632 Abs. 3 BGB als gesetzliches Leitbild zu verstehen ist. Vielfach wird § 632 Abs. 3 BGB lediglich als eine Auslegungsregel betrachtet, sodass die Regelung gem. § 307 Abs. 3 S. 1 BGB für eine Inhaltskontrolle nicht herangezogen werden kann.[83] Überzeugender ist es hingegen, § 632 Abs. 3 BGB als gesetzliches Leitbild aufzufassen. Dafür spricht schon die historische Auslegung der Norm: Der Gesetzgeber hat mit der Schaffung von § 632 Abs. 3 BGB ausdrücklich auf die Rechtsprechung des Bundesgerichtshofs Bezug genommen, der den Besteller vor einer ungewollten vertraglichen Bindung bewahren wollte.[84] Auch wenn Abs. 3 als Auslegungsregel formuliert sein mag, geht aus dem Sinn und Zweck, jedenfalls aber aus der Gesetzeshistorie der Norm hinreichend deutlich hervor, dass der Gesetzgeber hier nicht nur Zweifelsfälle geregelt wissen wollte, sondern eine grundlegende Klarstellung beabsichtigte. Es handelt sich damit um ein bei der Inhaltskontrolle des § 307 BGB zu berücksichtigendes Leitbild. Allgemeine Geschäftsbedingungen, nach denen der Besteller grundsätzlich verpflichtet wird, Kostenanschläge zu vergüten, weichen von diesem Leitbild ab. In der Regel

---

75 V. Rintelen, in: ibr-OK Bauvertragsrecht, § 632 BGB Rn. 20 f., 52.

76 RegE BT-Drucks. 14/6040, S. 260.

77 Vgl. zur alten Rechtslage KG, Urt. v. 28.07.1982 – 23 W 3810/82, ZIP 1982, 1333 (nicht im Volltext aufrufbar).

78 RegE BT-Drucks. 14/6040, S. 260.

79 BGH, Urt. v. 03.12.1981, NJW 1982, 765, 766; BeckOK BauVertrR/Oberhauser, § 632 BGB Rn. 11.

80 Vgl. BGH, Urt. v. 22.10.2020 – VII ZR 10/17, NZBau 2021, 24 (zu § 2 Abs. 5 VOB/B); OLG Brandenburg, Urt. v. 02.12.2015 – 11 U 102/12, NJW-RR 2016, 466 Rn. 13; BeckOK BauVertrR/Oberhauser BGB § 632 Rn. 11.

81 BT-Drucks. 18/8486, S. 90.

82 Messerschmidt/Voit/Boldt, § 632 BGB Rn. 38; zu einer Klausel im Reparaturauftrag: RegE BT-Drucks. 14/6040, S. 260.

83 Messerschmidt/Voit/Boldt, § 632 BGB Rn. 38; MüKo-BGB/Busche, § 632 Rn. 9; BeckOK BGB/Voit, § 632 Rn. 17; BeckOGK/Mundt, § 632 BGB Rn. 630.

84 RegE BT-Drucks. 14/6040, S. 260 unter Bezugnahme auf BGH, Urt. v. 03.12.1981 – VII ZR 368/80, NJW 1982, 765; OLG Köln, Beschl. v. 27.06.2011 – 19 U 45/11, BeckRS 2012, 19551; v. Rintelen, in: ibr-OK Bauvertragsrecht, § 632 BGB, Rn. 56 f.; Teichmann, ZfBR 2002, 13 (18 f.).

wird hierin daher eine unangemessene Benachteiligung des Bestellers liegen. Dabei kommt es aber auf die Ausgestaltung im Einzelfall an.

Ansprüche des Unternehmers gegen den Besteller auf Vergütung des Kostenanschlags aus culpa in contrahendo kommen in Betracht, soweit der Besteller nie vorhatte, einen Werkvertrag abzuschließen, weil er dazu bspw. finanziell gar nicht in der Lage ist.[85] Auch das Anfordern eines Kostenanschlages trotz anderweitiger Auftragsvergabe stellt eine Pflichtverletzung dar, soweit der Unternehmer über diesen Umstand nicht aufgeklärt wurde, und kann daher eine Schadensersatzpflicht begründen.[86] 44

E. Beweislast

Für § 632 Abs. 1 und 2 BGB gilt: Der Unternehmer hat das Vorliegen eines Werkvertrages sowie die Umstände, nach denen von einer Entgeltlichkeit auszugehen ist und die Üblichkeit der Vergütung zu beweisen.[87] Bis zu einem möglichen Bestreiten des Bestellers genügt es, wenn der Unternehmer pauschal auf seine freiberufliche oder gewerbliche Tätigkeit verweist oder darauf hinweist, dass eine Vergütung üblich ist, insbesondere bei hohen Haftungsrisiken.[88] 45

Macht der Besteller geltend, dass eine (niedrigere) Vergütungsvereinbarung vorliegt, muss der Unternehmer das Gegenteil beweisen, denn die gesetzliche Vorschrift (hier zugunsten des Unternehmers) kommt nur dann zur Anwendung, wenn keine vertragliche Abrede getroffen wurde.[89] Insoweit trifft ihn allerdings nur eine sekundäre Darlegungslast, sodass an die Führung des Negativbeweises keine hohen Anforderungen zu stellen sind; der Besteller muss hinsichtlich des von ihm behaupteten Vorliegens einer Vergütungsvereinbarung substantiiert vortragen und dem Unternehmer dadurch die Möglichkeit verschaffen, dem Vorbringen des Bestellers entgegenzutreten und den ihm (dem Unternehmer) obliegenden Gegenbeweis zu erbringen.[90] 46

Der Besteller hingegen hat, soweit der Unternehmer nachweist, dass die Herstellung des Werkes den Umständen nach nur gegen eine Vergütung zu erwarten ist, nach der Rechtsprechung den Beweis für eine sog. Unentgeltlichkeitsabrede zu führen, weil er sich dann auf eine von der gesetzlichen Regel des § 632 Abs. 1 BGB abweichende Behauptung stützt.[91] 47

Der Unternehmer muss die Vermutungsregel des Abs. 3 widerlegen, wenn er für den Kostenanschlag eine Vergütung beansprucht.[92]

F. Besonderheiten beim VOB/B-Vertrag

Auch im Bereich des VOB/B-Vertrages kommt § 632 BGB zur Anwendung.[93] I.d.R. dürfte von einer Entgeltlichkeit auszugehen sein. Auf Nachträge gem. § 1 Abs. 3 u. 4 VOB/B findet § 632 48

85 V. Rintelen, in: ibr-OK Bauvertragsrecht, § 632 BGB, Rn. 63; Messerschmidt/Voit/Boldt, § 632 BGB Rn. 39; BeckOGK/Mundt, § 632 BGB Rn. 625.

86 Leupertz/Popescu, in: Staudinger, BGB, § 632 Rn. 105.

87 BGH, Urt. v. 05.06.1997 – VII ZR 124/96, NJW 1997, 3017; zur Üblichkeit der Vergütung: BGH, Urt. v. 04.04.2006 – X ZR 122/05, NJW 2006, 2472; zum Ganzen: MüKo-BGB/Busche, § 632 Rn. 36.

88 BGH, Urt. v. 09.04.1987 – VII ZR 266/86, NJW 1987, 2742, 2743 für Architektenleistungen; BeckOK BauVertrR/Oberhauser, § 632 BGB Rn. 6.

89 BGH, Urt. v. 26.03.1992 – VII ZR 180/91, NJW-RR 1992, 848; OLG Celle, Beschl. v. 07.06.2018 – 13 U 39/18, IBRRS 2019, 1148; OLG Karlsruhe, Urt. v. 28.04.2015 – 8 U 143/13, IBRRS 2015, 1083.

90 BGH, Urt. v. 23.01.1996 – X ZR 63/94, NJW-RR 1996, 952; BGH, Urt. v. 26.03.1992 – VII ZR 180/91, NJW-RR 1992, 848; MüKo-BGB/Busche, § 632 Rn. 36. Aufzeigend, dass man dies durchaus anders sehen könnte: v. Rintelen, in: ibr-OK Bauvertragsrecht, § 632 BGB Rn. 32.

91 BGH, Urt. v. 24.06.1999 – VII ZR 196/98, NJW 1999, 3554; BGH, Urt. v. 09.04.1987 – VII ZR 266/86 NJW 1987, 2742; v. Rintelen, in: ibr-OK Bauvertragsrecht, § 632 BGB, Rn. 40.

92 Vgl. RegE BT-Drucks. 14/6040, S. 260.

93 MüKo-BGB/Busche, § 632 Rn. 24; v. Rintelen, in: ibr-OK Bauvertragsrecht, § 632 BGB, Rn. 64.

BGB keine Anwendung mehr; nach der Neuregelung des Bauvertragsrechts wird nun § 650c BGB die maßgebliche Norm sein.[94] Bei der Anforderung von Zeichnungen etc. nach § 2 Abs. 9 VOB/B hingegen bleibt es für die Höhe der Vereinbarung bei der Geltung von § 632 BGB.[95]

G. Besonderheiten in Bezug auf die HOAI

49 Ebenso findet § 632 BGB auch auf den Architekten- und Ingenieurvertrag Anwendung, wenngleich hierbei die Besonderheiten der HOAI zu beachten sind.

50 In Bezug auf Abs. 1 ist auch hier sorgfältig zu prüfen, ob bereits ein Vertragsschluss vorliegt oder es sich lediglich um Vorleistungen handelt. Denn auch die Anwendung der HOAI setzt einen entgeltlichen Vertrag voraus. Bei Architekten bzw. Ingenieuren wird hier in der Regel zu prüfen sein, inwieweit es sich (noch) um Akquisitionsleistungen handelt, die darauf gerichtet sind, später einen Vertrag abzuschließen.[96] Zwar arbeiten Architekten in aller Regel nur entgeltlich. Im Unterschied zum Bauvertrag kommt es beim Architektenvertrag jedoch meist erst zum Vertragsschluss, nachdem der Architekt durch Entwürfe das Interesse an seiner Arbeit geweckt hat. In diesem Fall und insbesondere, wenn das Bauvorhaben an sich noch unsicher ist, darf der Architekt nicht von einer Vergütung ausgehen. Ein Indiz für eine solche Akquiseleistung liegt bspw. dann vor, wenn der Architekt die Kosten selbst trägt und nur im Auftragsfalle erstattet bekommen möchte.[97]

51 Aus der HOAI lässt sich keine Taxe ableiten.[98] Dies war für die Vorgängerfassung der HOAI umstritten, bis durch das Urteil des EuGH vom 04.07.2019 die Unrechtswidrigkeit der HOAI-Mindest- und Höchstsätze festgestellt wurde.[99] Damit können für Verträge, die unter die Geltung der HOAI 2013 fallen, die Mindestsätze nicht mehr allein kraft ihres Mindestsatzcharakters als taxmäßige Vergütung herangezogen werden. Diese EuGH-Entscheidung führte zur Verabschiedung der HOAI 2021, welche keine Regelungen zu verbindlichen Mindestsätzen mehr enthält und damit nicht mehr als zwingendes Preisrecht, sondern nur als Preisorientierungsrecht zu verstehen ist. Diese nunmehr geltenden Basissätze wird man nicht als Taxe verstehen können,[100] sie sind aber beim Fehlen einer Vereinbarung nach § 7 Abs. 1 S. 2 HOAI für die Vergütung maßgebend.[101]

52 Die Regelung des § 7 Abs. 1 HOAI 2021, d.h. die Basishonorarsatzfiktion und die mit der Textform gegenüber der HOAI 2013 abgeschwächte formale Anforderung an die Honorarvereinbarung,[102] hat Auswirkungen auf die Darlegungs- und Beweislast. Der Auftragnehmer kann, ohne dass er eine etwaig behauptete Vergütungsvereinbarung widerlegen müsste, den Basishonorarsatz fordern. Er müsste jedoch eine Vereinbarung über diesem Satz beweisen, der Auftraggeber eine darunter; weil aber § 7 Abs. 1 HOAI für eine entsprechende Vereinbarung Textform vorschreibt, ist etwa eine Behauptung des Auftragnehmers, man habe mündlich ein niedrigeres Honorar vereinbart, unschlüssig, sodass es im Streitfall letztlich um die Authentizität der Vereinbarung gehen wird.[103]

---

94 V. Rintelen, in: ibr-OK Bauvertragsrecht, § 632 BGB, Rn. 65.

95 Zum Ganzen v. Rintelen, in: ibr-OK Bauvertragsrecht, § 632 BGB, Rn. 65.

96 Ausführlich dazu: v. Rintelen, in: ibr-OK Bauvertragsrecht, § 632 BGB Rn. 70 ff.

97 Vgl. OLG Hamburg, Urt. v. 10.02.2011 – 3 U 81/06, BauR 2011, 1380.

98 Stelzner, in: Herberger/Martinek/Rüßmann/Weth/Würdinger, jurisPK-BGB, 10. Aufl., § 632 BGB (Stand: 01.03.2026) Rn. 19.

99 EuGH, Urt. v. 04.07.2019 – C 377/17, NJW 2019, 2529.

100 So Stelzner, in: Herberger/Martinek/Rüßmann/Weth/Würdinger, jurisPK-BGB, 10. Aufl., § 632 BGB (Stand: 01.03.2026) Rn. 19; anders: v. Rintelen, in: ibr-OK Bauvertragsrecht, § 632 BGB Rn. 69; vgl. auch Rn. 74: »kann dahingestellt bleiben«.

101 BeckOGK/Mundt, § 632 BGB, Rn. 610.2.

102 Dazu: Fuchs/Berger/Seifert, NZBau 2021, 3, 7 f.

103 Zum Ganzen: v. Rintelen, in: ibr-OK Bauvertragsrecht, § 632 BGB Rn. 78.

§ 632a Abschlagszahlungen

(1) Der Unternehmer kann von dem Besteller für eine vertragsgemäß erbrachte Leistung eine Abschlagszahlung in der Höhe des Wertes der von ihm erbrachten und nach dem Vertrag geschuldeten Leistungen verlangen. Sind die erbrachten Leistungen nicht vertragsgemäß, kann der Besteller Zahlung eines angemessenen Teils des Abschlags verweigern. Die Beweislast für die vertragsgemäße Leistung verbleibt bis zur Abnahme beim Unternehmer. § 641 Abs. 3 gilt entsprechend. Die Leistungen sind durch eine Aufstellung nachzuweisen, die eine rasche und sichere Beurteilung der Leistungen ermöglichen muss. Die Sätze 1 bis 5 gelten auch für erforderliche Stoffe oder Bauteile, die angeliefert oder eigens angefertigt und bereitgestellt sind, wenn dem Besteller nach seiner Wahl Eigentum an den Stoffen oder Bauteilen übertragen oder entsprechende Sicherheit hierfür geleistet wird.

(2) Die Sicherheit nach Absatz 1 Satz 6 kann auch durch eine Garantie oder ein sonstiges Zahlungsversprechen eines im Geltungsbereich dieses Gesetzes zum Geschäftsbetrieb befugten Kreditinstituts oder Kreditversicherers geleistet werden.

Übersicht

A. Entwicklung

I. Bisherige Rechtslage

Durch das Gesetz zur Beschleunigung fälliger Zahlungen vom 30.03.2000 wurde die Bestimmung des § 632a BGB erstmals eingeführt.[1] Dort war vorgesehen, dass Abschlagszahlungen für in sich abgeschlossene Teile des Werkes zu entrichten sind. Sinn und Zweck der Vorschrift bestand und besteht darin, die werkvertragliche Vorleistungspflicht des Unternehmers im Hinblick auf die Vergütung abzumildern. Ihm wird noch vor Abnahme ein Vergütungsanspruch in Form von Abschlagszahlungen eingeräumt. 1

Diese erste Fassung führte in der Praxis jedoch nicht zu den gewünschten Ergebnissen. Da das Werk eine geforderte Abgeschlossenheit aufweisen musste, war der Anwendungsbereich der Norm stark eingeschränkt.[2] Das Forderungssicherungsgesetz vom 23.10.2008 beabsichtigte, dieses Problem durch die Einführung der bisherigen Fassung des § 632a BGB zu beseitigen.[3] Hiernach kam es für die Abschlagszahlungen auf den Wertzuwachs beim Besteller an. Auch diese Regelung ist allerdings in der Praxis auf erhebliche Kritik gestoßen. 2

II. Entwicklung bis zur Neufassung

Die zweite und bisherige Fassung des § 632a BGB mit der Anknüpfung an den Wertzuwachs beim Besteller wurde vielfach kritisiert. Die kontroverse Auslegung des Merkmals stellte ein Problem dar. Zum Teil wurde eine bereicherungsrechtliche Mehrung des Werts des Baugrundstücks gefordert, 3

1 BGBl. I 2000, 330.
2 Messerschmidt/Voit/Messerschmidt, § 632a BGB Rn. 3.
3 BGBl. I 2008, 2022; BT-Drucks. 16/9787, S. 1.

sodass z.B. Abbruchleistungen nicht abrechnungsfähig seien, zum Teil wurde der Begriff weit verstanden.[4] Bereits 2010 wurde seitens des Baugerichtstages empfohlen, § 632a Abs. 1 BGB dahingehend abzuändern, dass der Unternehmer Abschlagszahlungen in Höhe des anteiligen (Vertrags-) Wertes der erbrachten Teilleistungen verlangen kann.[5] Dies beruhte auf der Überlegung, dass der Wert der Leistung anhand des der Leistung zugrunde liegenden Angebots des Unternehmers leichter bestimmt werden kann als anhand eines potenziellen Wertzuwachs beim Besteller.[6] Diesem Vorschlag ist der Gesetzgeber mit der Neufassung des Werkvertragsrechts zum 01.01.2018 gefolgt.

4 Bereits der Referentenentwurf sah die Neufassung des § 632a BGB vor. Ohne wesentliche Änderungen wurde diese Vorschrift in den Gesetzesentwurf der Bundesregierung übernommen. Eine vom Bundesrat angeregte Ergänzung der Norm, wodurch der Besteller bei Verweigerung des Abschlags wegen mangelhafter Unternehmerleistung zu einer Zustandsfeststellung gezwungen werden konnte, wurde nicht übernommen.[7] § 632a BGB in seiner aktuellen Fassung ist auf alle Werk- und Bauverträge anwendbar, die ab dem 01.01.2018 zustande gekommen sind, vgl. Art. 229 § 39 EGBGB. Auf den Zeitpunkt der Abschlagsforderung kommt es also nicht an.

B. Abschlagszahlungen

I. Rechtscharakter

5 Bei Abschlagszahlungen handelt es sich um anteilige Zahlungen auf bereits erbrachte Teilleistungen, nicht um eine abschließende Vergütung für ein Teilwerk.[8] Der Begriff wurde der Praxis entnommen und unterscheidet sich von der Begrifflichkeit des § 212 Abs. 1 BGB, welcher Teilzahlungen auf bereits fällige Forderungen meint.[9] Abschlagszahlungen sind Anzahlungen auf die Vergütung für das Gesamtwerk und haben nur vorläufigen Charakter.[10] Sie bewirken keine Erfüllung i.S.d. § 362 BGB. Der Unternehmer kann deshalb Fehler noch später im Rahmen der Schlussabrechnung korrigieren.[11] Andersherum steht es auch dem Besteller frei, mit bereits erbrachten Abschlagszahlungen abgegoltene Leistungen im Nachhinein infrage zu stellen. Die Zahlungen auf vorgelegte Abschlagsrechnungen sind nicht als Anerkenntnis des Bestellers zu werten.[12] Dem Besteller steht es daher auch frei, für den Fall, dass aus seiner Sicht eine Überzahlung vorliegt, in künftigen Abschlagsrechnungen eine Verrechnung vorzunehmen.

6 Dies alles darf jedoch nicht darüber hinwegtäuschen, dass es sich bei Abschlagsrechnungen um eigenständige Forderungen i.S.d. § 241 Abs. 1 S. 1 BGB handelt, die auch isoliert klageweise durchgesetzt werden können.[13] Entsprechend können Ansprüche aus Abschlagsrechnungen auch gesondert

4 V. Rintelen, in: ibr-OK Bauvertragsrecht, § 632a BGB Rn. 44 f.

5 Empfehlungen des 3. DBGT 2010 (Arbeitskreis 1b), abrufbar unter www.baugerichtstag.de, S. 5.

6 BT-Drucks. 18/8486, S. 24, 47.

7 BT-Drucks. 18/8486, S. 84, 97.

8 V. Rintelen, in: ibr-OK Bauvertragsrecht, § 632a BGB Rn. 9/1; Grüneberg/Retzlaff, BGB, § 632a Rn. 3.

9 V. Rintelen, in: ibr-OK Bauvertragsrecht, § 632a BGB Rn. 9/1.

10 BGH, Urt. v. 06.05.1999 – IX ZR 430/97, NJW 1999, 2113; BGH, Urt. v. 09.01.1997 – VII ZR 69/96, NJW 1997, 1444.

11 So auch BeckOK BauVertragsR/Wellensiek, § 632a BGB Rn. 9; Messerschmidt/Voit/Messerschmidt, § 632a BGB Rn. 21 m.w.N.

12 OLG Düsseldorf, Urt. v. 11.02.2000 – 22 U 154/99, BauR 2001, 806. Nur ganz ausnahmsweise wurde in der Bezahlung einer Abschlagsrechnung ein rechtsgeschäftlicher Erklärungswert gesehen. Wenn beispielsweise ein Besteller den Abschlag zahlt, welcher sich auf ein davor zwischen den Parteien strittiges Nachtragsangebot bezieht, ist diese Zahlung als Anerkenntnis zu werten, der Besteller nehme dieses in der Rechnungsübersendung liegende Angebot über den Ausgleich der Mehrkosten an, vgl. KG, Urt. v. 12.02.2008 – 21 U 155/06, BauR 2009, 650; BeckOK BauVertragsR/Wellensiek, § 632a BGB Rn. 11.

13 BGH, Urt. v. 05.11.1998 – VII ZR 191/97, NJW 1999, 713; v. Rintelen, in: ibr-OK Bauvertragsrecht, § 632a BGB Rn. 15, 115.

verjähren.[14] Dieser Auffassung hat sich inzwischen der BGH angeschlossen, welcher ursprünglich Abschlagsforderungen als Teilzahlungen auf den Werklohnanspruch einordnete.[15] Unklar bleibt allerdings das Verhältnis dieser ständigen Rechtsprechung zu zwei neueren Entscheidungen des BGH, in welchen die Abschlagszahlungsforderung als modifizierte Form des einheitlichen Anspruchs auf Werklohn charakterisiert wird.[16]

Jedenfalls aber bestätigt der BGH hierdurch die grundsätzliche Identität beider Ansprüche, weshalb 7
die Schlussrechnungsreife die gesonderte Geltendmachung von Abschlagsforderungen ausschließt. Sobald der Unternehmer seine Gesamtvergütung abschließend berechnen und geltend machen kann, ist das Vorgehen aus Abschlagszahlungen unzulässig.[17] Ist der Anspruch aus Abschlagszahlungen bereits rechtshängig, kann der Unternehmer gemäß § 264 ZPO den Schlusszahlungsanspruch ohne Klageänderung geltend machen.[18]

Wegen ihres vorläufigen Charakters beeinflussen Abschlagszahlungen die Mängelhaftigkeit des vom 8
Unternehmer hergestellten Werkes nicht, sie können auch nicht als Teilabnahme gewertet werden.[19]

Inhaltlich abzugrenzen sind Abschlagszahlungen von den Vorauszahlungen. Hierbei handelt es sich 9
um Zahlungen des Bestellers unabhängig von einer Leistungserbringung durch den Unternehmer. Diese stehen im Widerspruch zu der grundsätzlichen Vorleistungspflicht des Unternehmers im Werkvertragsrecht. Sie werden von § 632a BGB nicht erfasst.

II. Bemessungsgrundlage

§ 632a BGB bezweckte von Anfang an den Schutz des Unternehmers. Die grundsätzlich im Werk- 10
vertragsrecht angelegte Vorleistungspflicht des Werkunternehmers, wonach dessen Anspruch auf Vergütung erst mit der Abnahme des Werkes fällig wird, sollte abgemildert werden. Gerade im Zusammenhang mit umfangreichen Bauvorhaben entstehen erhebliche Kosten, zu deren Tragung der Unternehmer ohne die Regelungen des § 632a BGB jedenfalls bis zur Abnahme verpflichtet ist. Ziel des § 632a BGB ist demnach die wirtschaftliche Entlastung des Unternehmers.[20] Ausweislich der Ausführungen unter Ziff. A. II. ist es dem Gesetzgeber jedoch in der Vergangenheit nicht gelungen, eine belastbare Regelung zu finden, die dieses Ziel auch praxistauglich verwirklicht.

So weist auch die Begründung des Gesetzesentwurfes ausdrücklich darauf hin, dass die bisherige 11
Anknüpfung an den Wertzuwachs beim Besteller in der Praxis auf Probleme stieß.[21] Zutreffend hat der Gesetzgeber erkannt, dass der Wertzuwachs durch die vom Unternehmer vorgenommenen Leistungen in der Praxis schwer zu ermitteln ist und daher Anlass für erhebliche Auseinandersetzungen zwischen den Parteien bot. Dies läuft jedoch dem eigentlichen Zweck der Vorschrift, nämlich dem Unternehmer die Möglichkeit einer zeitnahen Abschlagszahlung einzuräumen, zuwider.

Das Gesetz sieht daher nunmehr vor, dass sich die Abschlagszahlungen nach dem Wert der vom 12
Unternehmer erbrachten und nach dem Vertrag geschuldeten Leistungen richtet. Die Formulierung

---

14 BGH, Urt. v. 05.11.1998 – VII ZR 191/97, NJW 1999, 713; BeckOK BauVertragsR/Wellensiek, § 632a BGB Rn. 71; BeckOK BGB/Voit, § 632a BGB Rn. 20 m.w.N.; MüKo-BGB/Busche, § 632a Rn. 18; so wohl auch: v. Rintelen, in: ibr-OK Bauvertragsrecht, § 632a BGB Rn. 19 f., 100.

15 Vgl. z.B. BGH, Urt. v. 25.10.1990 – VII ZR 201/89, BauR 1991, 81.

16 BGH, Urt. v. 08.12.2005 – VII ZR 191/04, NZBau 2006, 175 m.w.N.

17 BGH, Urt. v. 20.08.2009 – VII ZR 205/07, NJW 2010, 227; v. Rintelen, in: ibr-OK Bauvertragsrecht, § 632a BGB Rn. 117; Grüneberg/Retzlaff, BGB, § 632a Rn. 11 m.w.N. auch in Bezug auf die gegenteilige Auffassung; a.A. Leupertz/Halfmeier, in: PWW, BGB, § 632a Rn. 13.

18 V. Rintelen, in: ibr-OK Bauvertragsrecht, § 632a BGB Rn. 118; MüKo-BGB/Busche, § 632a Rn. 20; Grüneberg/Retzlaff, BGB, § 632a Rn. 11 m.w.N.; Leupertz/Halfmeier, in: PWW, BGB, § 632a Rn. 13.

19 MüKo-BGB/Busche, § 632a Rn. 4; Grüneberg/Retzlaff, BGB, § 632a Rn. 3.

20 MüKo-BGB/Busche, § 632a Rn. 2.

21 BT-Drucks. 18/8486, S. 46 f.

verbindet damit die tatsächliche Leistungserbringung des Unternehmers im Bauvorhaben mit der vertraglichen Vereinbarung über den zu erbringenden Leistungserfolg.[22]

13 Ziel des Gesetzgebers ist es, damit die bisherigen Auseinandersetzungen über die Berechnung der Abschlagszahlungen zu vermeiden.[23] Tatsächlich dürften sich hiermit eine Vielzahl von Problemen im Zusammenhang mit der bisherigen Vorschrift erledigt haben. Abzustellen ist nunmehr lediglich auf die tatsächlich erbrachte und vereinbarte Leistung. Unerheblich bleibt dabei, inwieweit dem Besteller hierdurch tatsächlich ein Wertzuwachs zukommt. Die Abrechnungsfähigkeit einer Leistung beurteilt sich nach dem konkreten Vertrag.[24] Auch geistige Schöpfungen und interne Vorbereitungsmaßnahmen können Gegenstand einer Abschlagsrechnung werden, wenn sich dies aus dem Vertrag ergibt, z.B. durch ein gesonderte Ausweisung dieser Leistungen versehen mit einem Preis.[25] Auf die Besitzverschaffung beim Besteller kommt es daher gerade nicht an.[26]

14 Der Gesetzgeber weist selbst darauf hin, dass die Regelung im Kerngehalt der bisherigen Praxis gemäß § 16 Abs. 1 Nr. 1 VOB/B entspricht.[27] Dieser sieht vor, dass Abschlagszahlungen in Höhe des Werts der jeweils nachgewiesenen vertragsgemäßen Leistung zu leisten sind. Offen bleibt dabei allerdings, wieso der Gesetzgeber nicht die in der Praxis bereits erprobte Formulierung der VOB/B unmittelbar übernommen hat. Nichtsdestotrotz weist er auf einen »weitgehenden« Gleichlauf der Vorschriften hin. Tatsächlich dürfte sich allerdings die Frage stellen, welche inhaltlichen Abweichungen sich in der Praxis zwischen den verschiedenen Formulierungen ergeben können, die eine unterschiedliche Bewertung rechtfertigen. Da zumindest die Intention des Gesetzgebers für die Neuregelung des BGB im Wesentlichen mit der des Verordnungsgebers übereinstimmen dürfte, scheint grundsätzlich eine identische Regelung beabsichtigt zu sein.

15 Erfasst sind grundsätzlich alle Vergütungsansprüche aus dem Bauvertrag. Dabei kommt es nicht darauf an, ob es sich um Leistungen handelt, die von Anfang an geschuldet waren oder solche, die erst während des Bauvorhabens angeordnet wurden. Für jede dieser Leistungen können Abschlagszahlungen verlangt werden.[28] Auch erfasst sind vertragsbezogene Schadensersatzansprüche, da es sich um Forderungen handelt, die im unmittelbaren Zusammenhang mit dem abgeschlossenen Bauvertrag stehen.[29] Die Höhe der Abschlagszahlung orientiert sich an der Preisvereinbarung der Parteien.[30] Der objektive Wert der Leistung spielt keine Rolle. Denn der Unternehmer soll durch seine Teilleistung einen Anteil an der vertraglich festgelegten vollen Vergütung erhalten.[31] Beim Einheitspreisvertrag richtet sich die Vergütung nach den vereinbarten Einheitspreisen. Haben die Parteien einen Pauschalvertrag geschlossen, ist die Ermittlung der Abschlagshöhe aufwendiger.[32] Liegt ein Leistungsverzeichnis vor, kann sich der Unternehmer daran orientieren. Ansonsten muss der

---

22 Ebenso: Leupertz/Halfmeier, in: PWW, BGB, § 632a Rn. 9 f.

23 BT-Drucks. 18/8486, S. 46 f.

24 V. Rintelen, in: ibr-OK Bauvertragsrecht, § 632a BGB Rn. 31.

25 I.E. wohl ebenso: NK-BGB/Brunstamp/Raab, § 632a Rn. 22.

26 BeckOK BauVertragsR/Wellensiek, § 632a BGB Rn. 18b; a.A. Kniffka/Retzlaff, BauR 2017, 1747, 1761.

27 BT-Drucks. 18/8486, S. 47. Aus diesem Grund wird nachfolgend auch auf Rechtsprechung und Literatur zu den Regelungen der VOB/B verwiesen. In Anbetracht der im Wesentlichen gleichen Regelungen ist grundsätzlich von einer Übertragbarkeit auszugehen. So auch: BeckOK BauVertragsR/Wellensiek, § 632a BGB Rn. 17.

28 BeckOK BauVertragsR/Wellensiek, § 632a BGB Rn. 28.

29 Kapellmann/Messerschmidt/Messerschmidt, § 16 VOB/B Rn. 200; a.A. v. Rintelen, in: ibr-OK Bauvertragsrecht, § 632a BGB Rn. 24.

30 NK-BGB/Brunstamp/Raab, § 632a Rn. 32 f.

31 NK-BGB/Brunstamp/Raab, § 632a Rn. 32; v. Rintelen, in: ibr-OK Bauvertragsrecht, § 632a BGB Rn. 35; BeckOK BGB/Voit § 632a Rn. 21; a.A. MüKo-BGB/Busche, § 632a Rn. 11, der den Wert der Leistung objektiv bestimmen will, damit der Anspruch auf Abschlagszahlung nicht zu einer Risikoverlagerung auf den Besteller führt.

32 NK-BGB/Brunstamp/Raab, § 632a Rn. 35.

Pauschalpreis nachträglich im Verhältnis der erbrachten Leistung zur vereinbarten Gesamtleistung aufgeteilt werden.[33]

Der Besteller hat nicht das Recht, einen Einbehalt zu fordern, um sich im Hinblick auf etwaige Unsicherheiten bis zur Schlussrechnung abzusichern. Die (anteilige) Vergütung ist im Gesamten zu zahlen.[34] Nur für angeordnete Nachtragsleistungen gilt die Sonderregelung des § 650c Abs. 3 BGB und bei Verbraucherbauverträgen sind die Einschränkungen gemäß § 650m Abs. 1 und Abs. 4 BGB zu beachten.[35] Nach § 650c Abs. 3 BGB kann der Unternehmer 80 Prozent einer in einem Angebot nach § 650b Abs. 1 S. 2 BGB genannten Mehrvergütung ansetzen, wenn sich die Parteien nicht über die Höhe geeinigt haben oder keine anderslautende gerichtliche Entscheidung ergeht.[36] Für Verbraucherbauverträge nach § 650i BGB gilt gemäß § 650m Abs. 1 BGB, dass der Gesamtbetrag der Abschlagszahlungen nach § 632a BGB nicht 90 Prozent der vereinbarten Gesamtvergütung einschließlich der Vergütung für Nachtragsleistungen nach § 650c BGB übersteigen darf.[37] § 650m Abs. 4 BGB beschränkt die Sicherungsmöglichkeiten des Unternehmers gegenüber dem Verbraucher, indem Obergrenzen für die Höhe von vereinbarten Sicherheitsleistungen und Abschlagszahlungen festgelegt werden. 16

Der Gesetzgeber weist in der Gesetzesbegründung selbst auf einen Nachteil der neugefassten Regelung hin: In Einzelfällen ist es denkbar, dass der tatsächliche Wertzuwachs (der nach der Neufassung des § 632a BGB an sich unberücksichtigt bleibt) hinter dem Wert der vom Unternehmer erbrachten Leistungen zurückbleibt.[38] Dies ist beispielsweise dann der Fall, wenn bei einem Bauvorhaben in einer bestimmten Bauphase die Kosten für die Bauleistungen höher sind als der durch sie bewirkte Wertzuwachs an dem Grundstück. Hierin liegt eine Risikoerhöhung für den Besteller. Der Gesetzgeber hat dieses Problem jedoch erkannt und geht davon aus, dass diese Risikoerhöhung vom Besteller hinzunehmen ist.[39] In der Abwägung mit dem Interesse des Unternehmers an einer tragfähigen Berechnungsgrundlage für Abschlagszahlungen müsse der Besteller diese Risikoerhöhung hinnehmen. Dem Gesetzgeber ist darin zuzustimmen, dass mit einer solchen Risikoerhöhung des Bestellers sowieso nur in Ausnahmefällen zu rechnen sein dürfte. Dies gilt insbesondere vor dem Hintergrund, dass auch nach der Neuregelung des BGB eine Begrenzung der Abschlagszahlungen in Verbraucherbauverträgen vorgesehen ist und dass der Besteller eine Sicherheit für die mangelfreie und rechtzeitige Herstellung des Werkes verlangen kann. Insofern ist er hinreichend geschützt. 17

III. Qualität der Leistung

Im Umkehrschluss zu § 632a Abs. 1 S. 2 BGB ergibt sich, dass der Unternehmer Abschlagszahlungen nur für vertragsmäßig erbrachte Leistungen verlangen kann. Das bedeutet, dass sein Werk insbesondere den vertraglich vereinbarten Qualitätskriterien genügen muss. In Bezug auf die dem Besteller in den Fällen nicht vertragsgemäßer Leistungen zustehenden Rechte wird auf die nachführenden Ausführungen unter Ziff. VIII. verwiesen. Ausgeschlossen aber ist eine Abschlagszahlung für solche Leistungen, die nicht Gegenstand der vereinbarten Leistung sind. 18

IV. Abrechnung durch den Unternehmer

Gemäß § 632a Abs. 1 S. 5 BGB sind die Leistungen durch eine Aufstellung nachzuweisen, die eine rasche und sichere Beurteilung der Leistungen ermöglicht. Voraussetzung für die Geltendmachung 19

33 V. Rintelen, in: ibr-OK Bauvertragsrecht, § 632a BGB Rn. 38 f.
34 BGH, Beschl. v. 22.12.2005, VII ZB 84/05, NZBau 2006, 245 zur HOAI; v. Rintelen, in: ibr-OK Bauvertragsrecht, § 632a BGB Rn. 84.
35 Grüneberg/Retzlaff, BGB, § 632a Rn. 14; siehe hierzu auch: Messerschmidt/Voit/Messerschmidt, § 632a BGB Rn. 42, 52.
36 Siehe auch: BeckOK BauVertragsR/Wellensiek, § 632a BGB Rn. 28 f.
37 MüKo-BGB/Busche, § 632a Rn. 14.
38 BT-Drucks. 18/8486, S. 47.
39 BT-Drucks. 18/8486, S. 47.

von Abschlagsansprüchen durch den Unternehmer ist damit die vorherige Zurverfügungstellung einer entsprechenden Aufstellung, durch welche der Besteller in die Lage versetzt wird, die Berechtigung der Abschlagsforderung zu überprüfen. Soweit durch die Parteien keine abweichenden Vereinbarungen getroffen wurden, gelten die gesetzlichen Bestimmungen. Abschlagszahlungen sind erst auf ein entsprechendes Verlangen des Unternehmers hin zu leisten, vgl. Abs. 1 S. 1.[40] Ob dies selbst dann gilt, wenn Abschlagszahlungen vertraglich vereinbart und dem Umfang nach festgelegt sind,[41] wird verschiedentlich beurteilt.[42] Die Stellung einer Abschlagsrechnung stellt jedenfalls konkludent ein solches Verlangen dar.[43]

20 Die Formulierung der raschen und sicheren Beurteilung entspricht § 16 Abs. 1 Nr. 1 S. 2 VOB/B. Der Gesetzgeber hat allerdings nach wie vor davon abgesehen, den Begriff der »prüfbaren« Abrechnung zu übernehmen. Hieraus wurde im Hinblick auf die alte Fassung des BGB geschlossen, dass die Abrechnung der Abschlagszahlungen im Vergleich zur Schlussrechnung nur reduzierten Prüffähigkeitsanforderungen genügen müsse.[44]

21 Im Rahmen der Neuregelung des § 632a BGB hat der Gesetzgeber diese Unklarheit nicht beseitigt. Stattdessen wurde eine prüffähige Schlussrechnung als Fälligkeitserfordernis gemäß § 650g Abs. 4 BGB eingeführt. Der Begriff der prüffähigen Schlussrechnung hat somit unmittelbar Eingang in das BGB gefunden, ohne dass der Gesetzgeber hier gerade auch im Hinblick auf die Abrechnung der Abschlagszahlungen ein einheitliches Konzept entwickelt hätte. In Anbetracht des Umstandes, dass für die Schlussrechnung nunmehr ausdrücklich die Prüffähigkeit gefordert wird, wird teilweise im Umkehrschluss davon ausgegangen, dass die Aufstellung zur raschen und sicheren Beurteilung gemäß § 632a BGB nach dem Willen des Gesetzgebers hinter einer solchen Anforderung zurück bleiben soll.[45]

22 Unklar bleibt dabei allerdings, wie diese unterschiedlichen Anforderungen konkret voneinander abzugrenzen sind. Auch im Hinblick auf die Abschlagsrechnungen gemäß § 632a BGB wird vom Unternehmer zu fordern sein, dass dieser die bisher erbrachten Leistungen unter Bezugnahme auf die vertragliche Vereinbarung aufnimmt und unter Heranziehung des vertraglich vereinbarten Vergütungskonzepts bewertet. Auch in Abschlagsrechnungen müssen darüber hinaus bereits geleistete Zahlungen ausgewiesen werden, um dem Besteller eine Gesamtübersicht zu ermöglichen. Denn nur in Abgrenzung zu bereits erbrachten und abgerechneten Leistungen ergibt sich die Validität der Abschlagsrechnung.[46] Bei einer Pauschalvereinbarung muss der Unternehmer den Pauschalpreis in abrechenbare Leistungen gliedern, orientiert an der Abrechnung von Teilleistungen eines gekündigten Vertrags. Zumindest mit Blick auf die allgemeinen Grundsätze scheint ein wesentlicher Unterschied zwischen den Anforderungen des § 632a BGB und des § 650g Abs. 4 BGB nur schwer erkennbar.[47] Ein solcher dürfte sich allenfalls in Bezug auf den Detaillierungsgrad der Darstellung ergeben. Im Hinblick auf die Vergleichbarkeit mit § 650g Abs. 4 BGB wird auch diskutiert, ob die 30-Tages-Frist zur Rüge der fehlenden Prüffähigkeit in dessen S. 3 auch für § 632a BGB gilt. Einige halten

40 BeckOK BauVertragsR/Wellensiek, § 632a BGB Rn. 33.

41 So Messerschmidt/Voit/Messerschmidt, § 632a BGB Rn. 32; HK-BGB/Scheuch, § 632a Rn. 3.

42 Dagegen BeckOK BauVertragsR/Wellensiek, § 632a BGB Rn. 33.

43 BeckOK BauVertragsR/Wellensiek, § 632a BGB Rn. 35; Messerschmidt/Voit/Messerschmidt, § 632a BGB Rn. 32.

44 BGH, Urt. v. 09.01.1997, VII ZR 69/96, NJW 1997, 1444; Messerschmidt/Voit/Messerschmidt, § 632a BGB Rn. 45 m.w.N.

45 BeckOK BauVertragsR/Wellensiek, § 632a BGB Rn. 22; BeckOK BauVertragsR/Hummel, § 650g BGB Rn. 76; BeckOK BGB/Voit, § 632a Rn. 10; Messerschmidt/Voit/Messerschmidt, § 632a BGB Rn. 45; a.A. wohl MüKo-BGB/Busche, § 632a Rn. 7, der davon ausgeht, dass die Streichung des Wortes »prüfbar« nichts daran ändere, dass die Aufstellung selbst prüfbar sein muss.

46 V. Rintelen, in: ibr-OK Bauvertragsrecht, § 632a BGB Rn. 83; a.A. mit Verweis auf die erforderliche »rasche« Beurteilung Messerschmidt/Voit/Messerschmidt, § 632a BGB Rn. 50.

47 V. Rintelen, in: ibr-OK Bauvertragsrecht, § 632a BGB Rn. 82 geht davon aus, dass die von § 632a Abs. 1 S. 5 BGB geforderte Aufstellung in aller Regel eine prüfbare Abrechnung sein muss.

eine kürzere Frist für angemessen, da Abschlagsrechnungen schnell bezahlt werden sollen.[48] Insbesondere bei großen Bauvorhaben scheint eine kurze Rügefrist jedoch nicht angemessen.[49] Fraglich ist zudem, ob überhaupt eine analoge Anwendung einer Rügefrist in Betracht kommt. Denn es fehlt an einer offensichtlichen Regelungslücke.[50]

V. Fälligkeit, Verjährung und Verzinsung

Die gesetzlichen Regelungen enthalten keine Vorschriften bezüglich der Häufigkeit der Geltendmachung von Abschlagszahlungen. Praktisch wird dies von dem bewertbaren Fortschritt der vertraglich geschuldeten Leistungen und dem mit der Erstellung einer Abschlagsrechnung verbundenen Aufwand abhängig sein. Dem Besteller muss jedenfalls ein angemessener Zeitraum zur Prüfung und Bewertung der Forderung – gerade bei komplexen Bauvorhaben – eingeräumt werden. »Angemessen« i.S.d. § 242 BGB sind wohl wöchentliche bis monatliche Abschlagsrechnungen, bei besonders werthaltigen Bauabschnitten sogar eine Abrechnung bereits nach wenigen Tagen.[51] Besteht kein sachlicher Grund für die Forderung zahlreicher Abschlagszahlungen durch den Unternehmer, ist der Besteller wegen Rechtsmissbrauchs berechtigt, lediglich einzelne, entsprechend erhöhte Zahlungen leisten.[52] Die Häufigkeit der Abschlagsforderungen kann auch vertraglich geregelt werden, wobei bei der Verwendung von AGB der Besteller nicht durch sehr große Zeiträume das Recht des Unternehmers zu Abschlagsforderungen aushöhlen darf.[53] 23

Der Anspruch ist ein verhaltener Anspruch, seine Fälligkeit tritt also erst ein, wenn der Unternehmer ihn geltend macht.[54] Eine Teilabnahme ist nicht erforderlich. Gemäß § 632a Abs. 1 S. 5 BGB sind die Leistungen durch eine Aufstellung nachzuweisen, die eine rasche und sichere Beurteilung der Leistungen ermöglichen muss. Während die Prüfbarkeit der Abschlagsrechnung in der VOB/B als Fälligkeitsvoraussetzung vorgesehen ist (vgl. § 16 Nr. 1 Abs. 1 S. 2 VOB/B), hat der Gesetzgeber bei Schaffung des Forderungssicherungsgesetzes (FoSiG) die Formulierung eines Entwurfs, welcher die Prüfbarkeit der Aufstellung auch hinsichtlich § 632a Abs. 1 BGB vorsah[55], gestrichen.[56] Hieraus wird gefolgert, dass die Fälligkeit einer Abschlagsforderung nicht an einer fehlenden Prüfbarkeit scheitert.[57] Ein Verzug kann jedoch nicht eintreten, da der Besteller aufgrund des Fehlens einer prüfbaren Aufstellung nicht in der Lage ist, seine Zahlungspflicht zu beurteilen.[58] Bei Verbraucherbauverträgen ist für die Durchsetzbarkeit die Einschränkung des § 650m Abs. 2 BGB zu beachten, wonach der Unternehmer eine Fertigstellungssicherheit i.H.v. 5% der Gesamtvergütung übergeben muss. 24

Der Anspruch ist nach den allgemeinen gesetzlichen Regelungen zu verzinsen.[59] Der Verzug endet allerdings unabhängig vom Ausgleich mit Schlussrechnungsreife.[60] 25

48 BeckOGK/Mundt, § 632a BGB Rn. 36.
49 BeckOK BauVertragsR/Wellensiek, § 632a BGB Rn. 22a.
50 Leinemann/Kues/Vogelsang, § 632a BGB Rn. 7.
51 V. Rintelen, in: ibr-OK Bauvertragsrecht, § 632a BGB Rn. 86.
52 Jauernig/Mansel, § 632a BGB Rn. 9; NK-BGB/Brunstamp/Raab, § 632a Rn. 39.
53 V. Rintelen, in: ibr-OK Bauvertragsrecht, § 632a BGB Rn. 86.
54 V. Rintelen, in: ibr-OK Bauvertragsrecht, § 632a BGB Rn. 87.
55 BT-Drucks. 16/511, S. 5: »Die Leistungen sind durch eine prüfbare Aufstellung nachzuweisen, die eine rasche und sichere Beurteilung der Leistungen ermöglichen muss.«
56 BT-Drucks. 16/9787, S. 18: »Das Wort »prüfbar« in Absatz 1 Satz 3 wird gestrichen, weil es in der Regel als Fälligkeitsvoraussetzung verstanden wird, was zu erheblichen Problemen bei der Rechtsanwendung geführt hat. Das Wort »Aufstellung« trägt die Prüfbarkeit bereits in sich, denn die Aufstellung muss die rasche und sichere Beurteilung der Leistungen ermöglichen und daher auch stets prüfbar sein.«
57 MüKo-BGB/Busche, § 632a Rn. 7; v. Rintelen, in: ibr-OK Bauvertragsrecht, § 632a BGB Rn. 89; Pause, BauR 2009, 898, 900.
58 V. Rintelen, in: ibr-OK Bauvertragsrecht, § 632a BGB Rn. 89/1.
59 Grüneberg/Retzlaff, BGB, § 632a Rn. 10.
60 V. Rintelen, in: ibr-OK Bauvertragsrecht, § 632a BGB Rn. 112 ff.

Der Anspruch verjährt gem. §§ 195, 199 BGB in der regelmäßigen Verjährungsfrist von drei Jahren. Dabei ist es allerdings möglich, Ansprüche aus einer verjährten Abschlagsforderung in die Schlussrechnung einzustellen und damit erneut geltend zu machen.[61] Verjährungslauf beginnt bereits mit dem Abschlagszahlungsverlangen.[62]

VI. Ausschluss des Anspruchs auf Abschlagszahlungen

26 Der Anspruch auf Abschlagszahlungen erlischt mit Abnahme und Vorlage der Schlussrechnung.[63] In Fällen, in denen keine Schlussrechnung vorgelegt wird, bzw. die Vorlage zu spät erfolgt, erlischt er bereits im Zeitpunkt der Schlussrechnungsreife.[64] Der Anspruch auf Abschlagszahlung ist lediglich eine modifizierte Form des einheitlichen Anspruchs auf Werklohn, s.o. unter B.I.[65] Die Schlussrechnungsreife führt dazu, dass Abschlagsforderungen nicht mehr geltend gemacht werden können. Diese liegt dann vor, wenn die Leistungen des Unternehmers abgenommen und die Fristen zur Erstellung der Schlussrechnung abgelaufen sind. Letztere ergeben sich im BGB aus § 650g BGB i.V.m. § 271 BGB.[66]

27 Der Anspruch auf Abschlagszahlungen ist darüber hinaus auch dann ausgeschlossen, wenn der Vertrag gekündigt worden ist. Da keine weiteren Leistungen nach der Kündigung mehr zu erbringen sind, hat der Unternehmer auch hier eine Schlussrechnung vorzulegen. Voraussetzung ist hier allerdings auch wiederum die Schlussrechnungsreife.[67] Die endgültige Leistungsverweigerung des Unternehmers steht der Kündigung gleich.[68] Auch verhindert die Fertigstellung der Leistung durch einen Dritten die Geltendmachung weiterer Ansprüche auf Abschlagszahlung. Mit Schlussrechnungsreife endet der Verzug der Abschlagszahlungen. Dieser entfällt jedoch nicht rückwirkend, sondern endet nur ex nunc, sodass Verzugsschäden weiterhin geltend gemacht werden können.[69]

VII. Überzahlungen

28 Überzahlungen des Bestellers sind in verschiedenen Konstellationen denkbar. Der Besteller kann im Nachhinein erkennen, dass die vom Unternehmer geforderten (und zunächst beglichenen) Abschlagszahlungen zu hoch bemessen waren. Alternativ kann sich auch herausstellen, dass die Leistungen des Unternehmers entgegen des ersten Anscheins nicht mangelfrei waren und der Vergütungsanspruch entsprechend zu reduzieren bzw. eigene Ansprüche des Bestellers zu berücksichtigen sind.

29 Nach dem BGH kann der Besteller in diesen Fällen einen vertraglichen Rückforderungsanspruch geltend machen.[70] Dem vertraglichen Rückforderungsanspruch liegt eine stillschweigend zwischen den Parteien getroffene Abrede zugrunde, wonach der Unternehmer Überzahlungen zurückzuerstatten hat. Der vertragliche Rückforderungsanspruch geht einem Anspruch aus § 812 BGB vor. Dieser Anspruch auf Abrechnung und Auszahlung des Überschusses setzt vollständige Leistungserbringung oder Vertragsbeendigung durch Kündigung voraus.[71] Vor Schlussrechnungsreife können Überzahlungen auch aus bereicherungsrechtlichen Grundsätzen nicht zurückgefordert werden.[72]

61 MüKo-BGB/Busche, § 632a Rn. 18 m.w.N.; Brunstamp, Der Abschlagszahlungsanspruch des Bauunternehmers, 213 ff.
62 V. Rintelen, in: ibr-OK Bauvertragsrecht, § 632a BGB Rn. 87.
63 BGH, Urt. v. 20.08.2009 – VII ZR 205/07, NJW 2010, 227.
64 BGH, Urt. v. 20.08.2009 – VII ZR 205/07, NJW 2010, 227.
65 BGH, Urt. v. 08.12.2005 – VII ZR 191/04, NZBau 2006, 175 m.w.N.
66 V. Rintelen, in: ibr-OK Bauvertragsrecht, § 632a BGB Rn. 102.
67 V. Rintelen, in: ibr-OK Bauvertragsrecht, § 632a BGB Rn. 107.
68 MüKo-BGB/Busche, § 632a Rn. 19.
69 V. Rintelen, in: ibr-OK Bauvertragsrecht, § 632a BGB Rn. 114.
70 BGH, Urt. v. 11.02.1999 – VII ZR 399/97, NJW 1999, 1867 m.w.N.
71 V. Rintelen, in: ibr-OK Bauvertragsrecht, § 632a BGB Rn. 96.
72 BGH, Urt. v. 19.03.2002 – X ZR 125/00, NJW 2002, 2640; v. Rintelen, in: ibr-OK Bauvertragsrecht, § 632a BGB Rn. 97.

Denn ein Bereicherungsausgleich findet für Zahlungen vor Fälligkeit nicht statt, § 813 Abs. 2 BGB. Etwas anderes wird teilweise bei versehentlichen Doppelzahlungen gefordert, da eine doppelte Zahlung mit dem geschlossenen Vertrag und der Rechnung des Unternehmers nichts zu tun habe.[73] Dem Besteller stehen aber jedenfalls Schadensersatzansprüche zu, wenn sich der Unternehmer bei Stellung einer überhöhten oder ungerechtfertigten Abschlagsforderung vertragswidrig verhalten hat.[74]

Für die Voraussetzungen des Rückforderungsanspruchs ist der Besteller darlegungs- und beweis- 30 belastet. Dazu kann er sich auf eine vorhandene Schlussrechnung des Auftragnehmers beziehen und darlegen, dass sich daraus ein Überschuss ergibt oder nach Korrektur etwaiger Fehler ergeben müsste. Liegt eine solche Schlussrechnung nicht vor, kann der Besteller die Rückforderung mit einer eigenen Berechnung begründen. Fehlen ihm hierzu Informationen, ist er nicht auf eine Auskunftsklage zu verweisen – er kann sich auf den Vortrag beschränken, der bei zumutbarer Ausschöpfung der ihm zu Verfügung stehenden Quellen seinem Kenntnisstand entspricht.[75] Der Unternehmer trägt die Beweislast dafür, die erhaltenen Zahlungen behalten zu dürfen.[76]

VIII. Verweigerung des Bestellers und Beweislast

Gemäß § 632a Abs. 1 S. 2 BGB kann der Unternehmer Abschlagszahlungen lediglich für vertrags- 31 gemäß erbrachte Leistungen verlangen. Liegen diese nicht vor, so steht dem Besteller ein Zurückbehaltungsrecht zu. Da der Anspruch auf Abschlagszahlung einen vorgezogenen Teil des Vergütungsanspruchs darstellt, ist der Unternehmer gemäß § 320 BGB berechtigt, die weitere Erbringung der Werkleistung bei ausbleibender Zahlung des Abschlags zu verweigern.[77]

Nach der früheren Regelung des § 632a Abs. 1 BGB [a.F.] war lediglich ausgeschlossen, dass der 32 Besteller Abschlagszahlungen unter Bezugnahme auf unwesentliche Mängel verweigert. Im Umkehrschluss bedeutete dies, dass bei Vorliegen eines wesentlichen Mangels die Abschlagszahlungen vollumfänglich unterbleiben konnten. Entsprechend häufig wurde in der Praxis diskutiert, ob ein wesentlicher oder unwesentlicher Mangel vorliegt.

Von dieser Unterscheidung hat die Neuregelung des BGB nunmehr Abstand genommen. Ein Zurück- 33 behaltungsrecht des Bestellers besteht lediglich für den Fall, dass die vom Unternehmer erbrachte Leistung nicht vertragsgemäß ist. Dann kann der Besteller die Zahlung eines angemessenen Teils des Abschlags verweigern. § 641 Abs. 3 BGB gilt entsprechend: Ein angemessener Einbehaltungsbetrag beläuft sich in der Regel auf das Doppelte der erforderlichen Beseitigungskosten. Die Neuregelung entspricht damit der bereits seit langem im Rahmen des § 16 VOB/B geübten Praxis.[78]

Mit Verzicht auf das Wesentlichkeitskriterium erleichtert der Gesetzgeber die Abwicklung in der 34 Praxis. Darüber hinaus weist er zutreffend darauf hin, dass die bisherige Regelung auch systematisch widersprüchlich war.[79] Tatsächlich stehen dem Besteller Mängelrechte des § 634 ff. BGB grundsätzlich nur im Zusammenhang mit der Abnahme zu.[80] Erst zu diesem Zeitpunkt ist der Unternehmer verpflichtet, ein mangelfreies Werk zu übergeben. Die Beseitigung von vorher auftretenden Mängeln unterliegt grundsätzlich seiner Disposition. Dementsprechend ist auch die Frage, die bisher im Rahmen des § 632a BGB diskutiert werden musste, ob das Werk vor Abnahme mangelhaft ist oder nicht, verfrüht.

---

73 Grüneberg/Retzlaff, BGB, § 632a Rn. 12 m.w.N.; v. Rintelen, in: ibr-OK Bauvertragsrecht, § 632a BGB Rn. 98; BeckOK BauVertragsR/Wellensiek, § 632a BGB Rn. 77.

74 V. Rintelen, in: ibr-OK Bauvertragsrecht, § 632a BGB Rn. 99.

75 BGH, Urt. v. 11.02.1999 – VII ZR 399/97, NJW 1999, 1867, 1869.

76 BGH, Urt. v. 11.02.1999 – VII ZR 399/97, NJW 1999, 1867, 1870.

77 BeckOK BGB/Voit, § 632a Rn. 24.

78 Vgl. hierzu Kapellmann/Messerschmidt/Messerschmidt, § 16 VOB/B Rn. 201.

79 BT-Drucks. 18/8486, S. 47.

80 BGH, Urt. v. 19.01.2017 – VII ZR 235/15, ZfBR 2017, 340.

35 Vor diesem Hintergrund überzeugt auch der eingangs beschriebene Ergänzungsvorschlag des Bundesrats nicht, welcher eine gemeinsame Zustandsfeststellung bei unsubstantiierter Abschlagsverweigerung durch den Besteller vorsah. Der Bundesrat sah das Risiko, dass der Besteller ohne nähere Begründung die Abschlagszahlung verweigert oder reduziert und dem Unternehmer damit lediglich die Möglichkeit der Klage zur Durchsetzung seiner Forderung zur Verfügung steht. Deshalb schlug der Bundesrat die Einführung einer gemeinsam durchzuführenden Zustandsfeststellung auch für § 632a Abs. 1 BGB vor. Anlässlich dieser sollten die Parteien zu einer einvernehmlichen Lösung gelangen und unnötige Rechtsstreitigkeiten vermeiden.[81]

36 Zutreffend hat die Bundesregierung aber bereits in ihrer Gegenäußerung darauf hingewiesen, dass die vom Bundesrat vorgeschlagene Übertragung der Regeln über die Zustandsfeststellung auf § 632a Abs. 1 BGB nicht ohne Weiteres möglich ist.[82] Tatsächlich steht dem Besteller lediglich das Recht zur Einbehaltung eines angemessenen Vergütungsteils zu. Sollten die Parteien hierüber streiten, bleibt tatsächlich nur der Klageweg. Die Zustandsfeststellung erweist sich hier jedoch nicht als probates Mittel, da, worauf die Bundesregierung zu Recht hinweist, der hieraus resultierende Aufwand und die etwaigen Kosten lediglich bei einem Streit um die Abnahme angemessen sind. Erst recht ist im Zusammenhang mit den Abschlagszahlungen keine den Regelungen des § 650g Abs. 3 BGB entsprechende Beweislastumkehr denkbar.

37 Gemäß § 632a Abs. 1 S. 3 BGB trägt der Unternehmer die Beweislast für die vertragsgemäße Leistung bis zur Abnahme. Hier handelt es sich lediglich um einen klarstellenden Hinweis des allgemeinen Grundprinzips, dass der Gefahrübergang an die Abnahme anknüpft.[83] In Anbetracht des Charakters der Abschlagszahlungen als vorläufig besteht kein Anlass, hiervon im Zusammenhang mit Streitigkeiten um die Abschlagszahlungen und den Einbehalt von angemessenen Vergütungsteilen abzurücken. Für die Tatsachen, die der Erhebung einer Einrede oder einer sonstigen Einwendung zugrunde liegen, trägt nach allgemeinen Grundsätzen der Besteller die Beweislast.[84]

IX. Lieferung von Stoffen oder Bauteilen

38 § 632a Abs. 1 S. 6 BGB ist bis auf eine Anpassung der in Bezug genommenen Sätze im Rahmen der Neuregelung inhaltlich unverändert geblieben. Der hiermit korrespondierende § 632a Abs. 2 BGB entspricht ebenfalls im Wesentlichen der ursprünglichen Fassung und wurde lediglich im Hinblick auf seine Formulierung angepasst.

39 Gemäß § 632a Abs. 1 S. 6 BGB wird der Regelungsbereich der Vorschrift auch auf die für die geforderte Bauleistung erforderlichen Stoffe oder Bauteile, die angeliefert oder eigens angefertigt und bereitgestellt sind, ausgeweitet. Der Anspruch dient dem Ersatz der Kosten für die Materialbeschaffung.[85] Als reine Vorbereitungshandlung erlangt der Unternehmer nämlich durch Anlieferung oder Bereitstellung keinen Anspruch auf Abschlagszahlung nach § 632a Abs. 1 S. 1 BGB. Voraussetzung für die Abschlagszahlung nach S. 6 ist allerdings, dass sie in das Eigentum des Bestellers übergegangen sind oder ihm eine entsprechende Sicherheit gestellt wurde.

40 Stoffe sind alle zur Herstellung des Werks benötigten Materialien, wie Bausteine, Beton, Ziegel.[86] Bauteile sind bewegliche Sachen, die nach ihrer Einfügung in das Werk eine selbstständige Einzelfunktion haben, wie Fenster, Tore, Treppengeländer.[87] Dabei kommt es nicht darauf an, ob sie ein-

---

81 BT-Drucks. 18/8486, S. 84.
82 BT-Drucks. 18/8486, S. 96 f.
83 So auch: BeckOK BauVertragsR/Wellensiek, § 632a BGB Rn. 46; MüKo-BGB/Busche, § 632a Rn. 20.
84 Leupertz/Halfmeier, in: PWW, BGB, § 632a Rn. 13.
85 Grüneberg/Retzlaff, BGB, § 632a Rn. 8.
86 Messerschmidt/Voit/Messerschmidt, § 632a BGB Rn. 68; MüKo-BGB/Busche, § 632a Rn. 8; Grüneberg/Retzlaff, BGB, § 632a Rn. 8; Leupertz/Halfmeier, in: PWW, BGB, § 632a Rn. 12.
87 Messerschmidt/Voit/Messerschmidt, § 632a BGB Rn. 66; MüKo-BGB/Busche, § 632a Rn. 8; Grüneberg/Retzlaff, BGB, § 632a Rn. 8; Leupertz/Halfmeier, in: PWW, BGB, § 632a Rn. 12.

zeln oder in Serie, durch den Unternehmer oder einen Dritten gefertigt wurden.[88] Stoffe sowie Bauteile sind erforderlich, wenn ihre Verwendung nach dem Vertrag geschuldet ist.[89]

Notwendig ist allerdings eine konkrete Zuordnung zum Bauwerk, denn Stoffe und Bauteile sind regelmäßig auch dann, wenn sie eigens angefertigt wurden, anderweitig verwendbar.[90] Die Stoffe bzw. Bauteile müssen daher angeliefert sein, d.h. am durch den Besteller zur Herstellung des Werks bestimmten Ort vorhanden sein.[91] Alternativ sieht das Gesetz vor, dass die Stoffe bzw. Bauteile eigens angefertigt und bereitgestellt sind.[92] Eigens angefertigt ist ein Bauteil, das für ein konkretes Bauvorhaben objektspezifisch hergestellt worden ist.[93] Für eine Bereitstellung ist es erforderlich, dass sie zur Verwendung für das Werk gekennzeichnet und gesondert gelagert sind. 41

Die Stoffe bzw. Bauteile müssen darüber hinaus vertragsgemäß sein. Insofern kann auf die obigen Ausführungen verwiesen werden.

Weiterhin müssen die Stoffe bzw. Bauteile entweder in das Eigentum des Bestellers übergegangen sein oder der Unternehmer muss hierfür entsprechende Sicherheit geleistet haben. Das Wahlrecht zwischen diesen Alternativen steht dem Besteller zu.[94] Die Ausübung des Wahlrechts steht unter dem Gebot des § 242 BGB; nach Treu und Glauben sind die Belange des Vertragspartners zu berücksichtigen. Es ist also zweifelhaft, ob der Besteller trotz Kenntnis der fehlenden Eigentümerstellung des Unternehmers die Sicherheit der Eigentumsübertragung wählen kann, um eine Abschlagszahlung zu verhindern.[95] 42

Es ist umstritten, ob der Eigentumsübergang im Sinne des § 632a Abs. 1 S. 6 BGB, wie der Wortlaut nahelegt, nur eine rechtsgeschäftliche Eigentumsübertragung nach §§ 929 ff. BGB erfasst,[96] oder ob sich der Eigentumsübergang jedenfalls in analoger Anwendung des § 632a Abs. 1 S. 6 BGB auch kraft Gesetzes (insb. durch Einbau gem. § 946 BGB) vollziehen kann.[97] 43

Nach dem Wortlaut des § 632a Abs. 1 S. 6 BGB finden die allgemeinen Regelungen der §§ 929 ff. BGB Anwendung. Für eine Erstreckung der Norm auch auf den gesetzlichen Eigentumserwerb besteht kein Raum. Denn in diesem Fall richtet sich der Anspruch des Unternehmers auf Abschlagszahlung bereits nach § 632a Abs. 1 S. 1 BGB, da es sich insofern um eine erbrachte Leistung handelt.[98] Fraglich ist, ob die Wahl der Eigentumsverschaffung dazu führt, dass bei einer Kündigung von erbrachten Leistungen auszugehen ist.[99] 44

In der Praxis ist eine Eigentumsübertragung allerdings ungeeignet. Typischerweise wird der Unternehmer die Baustoffe selbst unter Eigentumsvorbehalt gekauft haben; eine Übertragung ist daher nur bei Verfügungsbefugnis denkbar. Ein gutgläubiger Erwerb scheidet i.d.R. mangels vollständigen Besitzverlusts des Unternehmers aus. Zudem besteht selbst bei Eigentumserwerb stets die Gefahr 45

88 Ebenso Messerschmidt/Voit/Messerschmidt, § 632a BGB Rn. 67 m.w.N.
89 Grüneberg/Retzlaff, BGB, § 632a Rn. 8.
90 MüKo-BGB/Busche, § 632a Rn. 8.
91 BeckOK BGB/Voit, § 632a Rn. 11; Messerschmidt/Voit/Messerschmidt, § 632a BGB Rn. 68; MüKo-BGB/Busche, § 632a Rn. 8; Grüneberg/Retzlaff, BGB, § 632a Rn. 8.
92 Messerschmidt/Voit/Messerschmidt, § 632a BGB Rn. 67 m.w.N.; MüKo-BGB/Busche, § 632a Rn. 8; für eine weitergehende Konkretisierung BeckOK BGB/Voit, § 632a Rn. 11.
93 V. Rintelen, in: ibr-OK Bauvertragsrecht, § 632a BGB Rn. 68.
94 BeckOK BGB/Voit, § 632a Rn. 13; BeckOK BauVertragsR/Wellensiek, § 632a BGB Rn. 59; v. Rintelen, in: ibr-OK Bauvertragsrecht, § 632a BGB Rn. 70, 77.
95 V. Rintelen, in: ibr-OK Bauvertragsrecht, § 632a BGB Rn. 78.
96 V. Rintelen, in: ibr-OK Bauvertragsrecht, § 632a BGB Rn. 71.
97 Messerschmidt/Voit/Messerschmidt, § 632a BGB Rn. 73 m.w.N., anders wohl Rn. 76 ff.; MüKo-BGB/Busche, § 632a Rn. 9; Leupertz/Halfmeier, in: PWW, BGB, § 632a Rn. 12. Vgl. auch Grüneberg/Retzlaff, BGB, § 632a Rn. 5, 9.
98 Wohl auch: Messerschmidt/Voit/Messerschmidt, § 632a BGB Rn. 71, 78, anders aber Rn. 72 f.
99 V. Rintelen, in: ibr-OK Bauvertragsrecht, § 632a BGB Rn. 77.

eines Baustellendiebstahls.[100] Daher kann der Unternehmer auch eine entsprechende Sicherheit leisten, um eine mögliche Rückforderung der Abschlagszahlung abzusichern, bis die Baustoffe als Vertragsleistung eingebaut wurden.[101] Deren Höhe richtet sich nach der Höhe des geforderten Abschlags, also dem Anteil der Stoffe bzw. Bauteile, die nicht in das Eigentum des Bestellers gelangen.[102] Die mit einer Sicherungsgestellung verbundenen Mehrkosten trägt der Unternehmer.[103] Mit dem diesbezüglichen Eigentumserwerb, der sich auch kraft Gesetzes durch Einbau vollziehen kann, ist die Sicherheit zurückzugeben, eine Bürgschaft als streng akzessorisches Sicherungsmittel erlischt kraft Gesetzes.[104] Dies gilt auch für Fälle, in denen der Werklohnanspruch anderweitig fällig wird.[105]

46 Die Art der Sicherheitsleistung regelt § 632a Abs. 2 BGB in Ergänzung zu den §§ 232 ff. BGB.[106] Der zur Sicherheit verpflichtete Unternehmer hat die Wahl, welche Sicherheit er stellen will.[107] § 632a Abs. 2 BGB entspricht § 650f Abs. 2 S. 1 BGB (ehemals § 648a Abs. 2 BGB [a.F.]). In der Praxis ist die selbstschuldnerische, unwiderrufliche und unbefristete Bankbürgschaft nach § 108 Abs. 1 S. 2 ZPO das häufigste Sicherungsmittel. Andere Sicherungsmittel müssen ebenfalls so ausgestaltet sein, dass sie werthaltig sind und dem Besteller jederzeit Zugriff erlauben.[108]

X. Abweichende Vereinbarungen

47 § 632a BGB ist grundsätzlich dispositiv.[109] Auch im Hinblick auf die Höhe der Abschlagszahlungen steht es den Parteien frei, abweichende Vereinbarungen zu treffen. Möglich ist es also, zu vereinbaren, dass Abschlagszahlungen nur i.H.v. 95% zu zahlen sind. Wird daneben jedoch eine Sicherungsvereinbarung getroffen, um Ansprüche des Bestellers gegen den Unternehmer infolge pflichtwidriger Vertragserfüllung abzusichern, muss eine Gesamtbetrachtung dieser für sich genommen zulässigen Belastungen vorgenommen werden. Denn beide Maßnahmen gefährden die Liquidität des Unternehmers.[110]

In Zahlungsplänen kann die Berechtigung zur Abschlagszahlung durch das Erreichen eines bestimmten Leistungsstands eintreten. Der dort beschriebene Leistungsstand hat dann Bedingungscharakter; dieser geht einem zusätzlich vereinbarten Termin vor.[111] Ist die Abschlagszahlung nur an einen Termin gebunden, besteht mit dessen Eintritt ein Anspruch auf Abschlagszahlung. Wegen der damit

100 V. Rintelen, in: ibr-OK Bauvertragsrecht, § 632a BGB Rn. 71.

101 V. Rintelen, in: ibr-OK Bauvertragsrecht, § 632a BGB Rn. 72.

102 BeckOK BGB/Voit, § 632a BGB Rn. 14; MüKo-BGB/Busche, § 632a Rn. 21; Leupertz/Halfmeier, in: PWW, BGB, § 632a Rn. 12; a.A. zur Rechtslage vor Inkrafttreten des FoSiG: Kiesel, NJW 2000, 1673, 1676, der die Höhe der Sicherheitsleistung mit dem Doppelten der Vergütung für den Materialanteil bemisst.

103 V. Rintelen, in: ibr-OK Bauvertragsrecht, § 632a BGB Rn. 77.

104 BeckOK BGB/Voit, § 632a Rn. 16; BeckOK BauVertragsR/Wellensiek, § 632a BGB Rn. 67; MüKo-BGB/Busche, § 632a Rn. 21; Grüneberg/Retzlaff, BGB, § 632a Rn. 9; Leupertz/Halfmeier, in: PWW, BGB, § 632a Rn. 12.

105 MüKo-BGB/Busche, § 632a Rn. 21.

106 BeckOK BauVertragsR/Wellensiek, § 632a BGB Rn. 63 f.; v. Rintelen, in: ibr-OK Bauvertragsrecht, § 632a BGB Rn. 74; Messerschmidt/Voit/Messerschmidt, § 632a BGB Rn. 88; MüKo-BGB/Busche, § 632a Rn. 21.

107 BeckOK BauVertragsR/Wellensiek, § 632a BGB Rn. 66; Messerschmidt/Voit/Messerschmidt, § 632a BGB Rn. 78, anders aber Rn. 88.

108 MüKo-BGB/Busche, § 632a Rn. 21.

109 BeckOK BGB/Voit, § 632a Rn. 28; MüKo-BGB/Busche, § 632a Rn. 22 m.w.N.; Grüneberg/Retzlaff, BGB, § 632a Rn. 13; Leupertz/Halfmeier, in: PWW, BGB, § 632a Rn. 5; zu den Grenzen durch § 307 BGB allgemein: BeckOK BGB/Voit, § 632a Rn. 29 ff.; Messerschmidt/Voit/Messerschmidt, § 632a BGB Rn. 60 f.; MüKo-BGB/Busche, § 632a Rn. 22.

110 MüKo-BGB/Busche, § 632a Rn. 22.

111 V. Rintelen, in: ibr-OK Bauvertragsrecht, § 632a BGB Rn. 138.

verbundenen fehlenden Leistungskontrolle ist dies mit einem Risiko des Bestellers verbunden und nur bei klarer Absprache zulässig.[112]

Hierbei ist allerdings § 309 Abs. 1 Nr. 15 lit. a BGB zu berücksichtigen, nach dem in den AGB keine Abschlagszahlungen vereinbart werden können, die wesentlich höher sind, als die nach § 632a Abs. 1 BGB und § 650m Abs. 1 BGB zu leistenden Abschlagszahlungen. Anderslautende Vereinbarungen sind damit lediglich individualvertraglich möglich. In den AGB des Bestellers darf der Unternehmer in seinem Recht, Abschlagszahlungen zu fordern, nicht unangemessen beschränkt werden. Denn § 632a Abs. 1 BGB stellt ein gesetzliches Leitbild i.S.d. § 307 Abs. 1 BGB dar.[113] Unter eine unangemessene Beschränkung fallen jedenfalls Regelungen, wonach der Unternehmer lediglich 90 oder 95 % der ihm nach § 632a Abs. 1 BGB zustehenden Vergütung verlangen kann.[114] Unwirksam sind auch unangemessen lange Zahlungsfristen für Abschlagsansprüche.[115] 48

XI. Prozessuale Durchsetzung

Ansprüche auf Abschlagszahlungen können grundsätzlich auch gerichtlich durchgesetzt werden.[116] 49
Hinsichtlich der Verteilung der Darlegungs- und Beweislast wird auf die obigen Ausführungen verwiesen.

Besonderheiten bestehen allerdings hinsichtlich der Parallelität zur Schlussrechnung. Im Falle der 50
Schlussrechnungsreife dürfen die Ansprüche aus der Abschlagsforderung nicht weiter verfolgt werden. Der BGH charakterisiert die Abschlagszahlungsforderung als modifizierte Form des einheitlichen Anspruchs auf Werklohn.[117] Er bestätigt dabei grundsätzliche Identität beider Ansprüche, weshalb die Schlussrechnungsreife die Geltendmachung von Abschlagsforderungen ausschließt. Bei der fehlenden Schlussrechnungsreife handelt es sich um ein negatives Tatbestandsmerkmal der Abschlagsforderung, und ist damit vom Unternehmer ggf. zu beweisen.[118]

Hält der Unternehmer weiter an ihr fest, ist die Klage abzuweisen. Eine Umstellung der Klage auf 51
Abschlagsforderung auf eine Klage auf Schlussrechnung ist erforderlich (§ 264 ZPO).[119] Eine Klageumstellung nach § 264 ZPO liegt auch vor, wenn der Werklohnanspruch aus der Schlussrechnung wegen Schlussrechnungsreife bereits bei Klageerhebung hätte geltend gemacht werden können,[120] und umgekehrt, wenn der Unternehmer zunächst die Schlussrechnungsforderung einklagt und mangels Abnahmereife auf die Abschlagsforderung zurückgreifen will.[121] Bestehen hinsichtlich der Schlussrechnungsreife allerdings unterschiedliche Auffassungen, so steht es dem Unternehmer frei, den Anspruch aus der Abschlagsforderung hilfsweise weiter geltend zu machen.[122] Ansonsten aber erlischt mit Schlussrechnungsreife die Durchsetzungsreife aller (auch unbestrittenen) Abschlagsforderungen. Wird die Klage trotz Schlussrechnungsreife nicht umgestellt, muss die Klage abgewiesen werden. Die eingetretene Schlussrechnungsreife muss der Besteller beweisen.

Umstritten ist die Rechtskraft eines Urteils über einen Abschlagszahlungsanspruch. Denn mit der Schlussrechnung verliert die Abschlagsforderung ihre rechtliche Selbständigkeit.[123] Gegen eine Rechts-

112 OLG Hamm, Urt. v. 25.06.2019 – 21 U 21/17, IBR 2020, 534; v. Rintelen, in: ibr-OK Bauvertragsrecht, § 632a BGB Rn. 138.
113 BGH, Urt. v. 08.11.2012 – VII ZR 191/12, NJW 2013, 219 Rn. 13 f.; NK-BGB/Brunstamp/Raab, § 632a Rn. 52.
114 V. Rintelen, in: ibr-OK Bauvertragsrecht, § 632a BGB Rn. 141.
115 V. Rintelen, in: ibr-OK Bauvertragsrecht, § 632a BGB Rn. 146.
116 BGH, Urt. v. 05.11.1998 – VII ZR 191/97, NJW 1999, 713.
117 BGH, Urt. v. 08.12.2005 – VII ZR 191/04, NZBau 2006, 175 m.w.N.
118 OLG Stuttgart, Urt. v. 12.02.2019 – 10 U 152/18, NJW 2019, 2708.
119 Vgl. hierzu v. Rintelen, in: ibr-OK Bauvertragsrecht, § 632a BGB Rn. 117 f.
120 BGH, Urt. v. 08.12.2005 – VII ZR 191/04, NZBau 2006, 175 m.w.N.
121 V. Rintelen, in: ibr-OK Bauvertragsrecht, § 632a BGB Rn. 118.
122 BGH, Urt. v. 15.06.2000 – VII ZR 30/99, NZBau 2000, 507.
123 BGH, Urt. v. 20.08.2009 – VII ZR 205/07, NJW 2010, 227.

kraft hinsichtlich der sachlichen Entscheidung über den entsprechenden Teil des Werklohns spricht der Charakter von Rechnungsposten als bloße Vorfrage.[124] Allerdings handelt es sich laut BGH bei der Abschlagszahlung nur um eine modifizierte Form des einheitlichen Anspruchs auf Werklohn, was wiederum für Rechtskraft für den Werklohn nach sachlicher Prüfung der Abschlagsforderung spricht.[125]

XII. Bauträger- und Verbraucherbauverträge

52 Die alte Fassung des § 632a BGB sah besondere Bestimmungen zu den Bauträger- und Verbraucherbauverträgen vor. Diese Regelungen finden sich nunmehr in den jeweiligen Untertiteln (§ 650v bzw. § 650m Abs. 2 BGB).

XIII. Abschlagszahlungen im Architektenrecht

53 § 15 Abs. 2 HOAI a.F. enthielt eine spezielle Regelung für Abschlagszahlungen, die einen erweiterten Anwendungsbereich schuf.[126] Die neue Fassung des § 15 HOAI verweist in seinem S. 2 schlicht auf § 632a BGB.

§ 633 Sach- und Rechtsmangel

(1) Der Unternehmer hat dem Besteller das Werk frei von Sach- und Rechtsmängeln zu verschaffen.

(2) Das Werk ist frei von Sachmängeln, wenn es die vereinbarte Beschaffenheit hat. Soweit die Beschaffenheit nicht vereinbart ist, ist das Werk frei von Sachmängeln,
1. wenn es sich für die nach dem Vertrag vorausgesetzte, sonst
2. für die gewöhnliche Verwendung eignet und eine Beschaffenheit aufweist, die bei Werken der gleichen Art üblich ist und die der Besteller nach der Art des Werkes erwarten kann.

Einem Sachmangel steht es gleich, wenn der Unternehmer ein anderes als das bestellte Werk oder das Werk in zu geringer Menge herstellt.

(3) Das Werk ist frei von Rechtsmängeln, wenn Dritte in Bezug auf das Werk keine oder nur die im Vertrag übernommenen Rechte gegen den Besteller geltend machen können.

Übersicht Rdn.

124 OLG Jena, Urt. v. 14.08.1996 – 7 U 1253/95, IBR 1997, 85.
125 V. Rintelen, in: ibr-OK Bauvertragsrecht, § 632a BGB Rn. 122.
126 V. Rintelen, in: ibr-OK Bauvertragsrecht, § 632a BGB Rn. 128.

A. Entstehungsgeschichte

1 Mit Wirkung zum 01.01.2002 wurde auch die Mangeldefinition in § 633 Abs. 1 BGB a.F. durch das Schuldrechtsmodernisierungsgesetz geändert. In der alten Fassung von § 633 BGB waren die Voraussetzungen der mängelfreien Herstellung des Werks in Abs. 1 geregelt, die Gewährleistungsrechte des Bestellers beim Vorhandensein von Mängeln in § 633 Abs. 2 und 3 BGB a.F.

Die Neufassung des § 633 BGB seit dem 01.01.2002 beschränkt sich nun auf die Pflicht des Unternehmers nach Abs. 1, dem Besteller das Werk frei von Sach- und Rechtsmängeln zu verschaffen. Abs. 2 definiert den Sachmangel und Abs. 3 den Rechtsmangel, der früher in § 633 Abs. 1 BGB nicht aufgeführt war.

Der Anspruch des Bestellers auf Beseitigung eines Mangels aus Abs. 2 a.F. wird nun eigenständig in § 635 BGB als Nacherfüllungsanspruch kodifiziert und auch Abs. 3 a.F. (Recht des Bestellers zur Ersatzvornahme) wird nunmehr eigenständig in § 637 BGB als Selbstvornahme geregelt.

2 Ziel des Gesetzgebers bei der Neufassung des § 633 BGB im Zuge der Schuldrechtsmodernisierung war die Angleichung des werkvertraglichen Mangelbegriffs an denjenigen des Kaufrechts in § 434 BGB. Die Sachmangeldefinition im seinerzeitigen RegE des § 633 Abs. 2 BGB wurde dahingehend bemängelt, dass nicht beachtet worden sei, eine ausreichende Abstimmung mit der Parallelvorschrift des Sachmangels im Kaufrecht nach § 434 Abs. 1 BGB vorzunehmen. Aus diesem Grund wurde in der Beschlussempfehlung des Ausschusses eine Angleichung der Formulierung im Werkvertragsrecht an diejenigen des Kaufrechts vorgenommen.[1] Nach der Umsetzung der Warenkaufrichtlinie[2] 2022, wurde § 633 BGB allerdings nicht erneut an den nunmehr geänderten kaufrechtlichen Mangelbegriff angeglichen. Dabei stellen sich wichtige Fragen zu der Regelung der Mängelhaftung im Kaufrecht, da sie gleichzeitig der Umsetzung der Verbrauchsgüterkaufrichtlinie und der Warenkaufrichtlinie diente: Muss der Mangelbegriff des Werkvertragsrechts aus § 633 BGB nun auch unionsrechtskonform ausgelegt werden?[3] Besteht bei Auslegungszweifeln die Möglichkeit oder (für in letzter Instanz entscheidende Gerichte) sogar die Pflicht zur Vorlage der entsprechenden Rechtsfrage nach Art. 267 AEUV?[4] Was jedenfalls unionsrechtlich nicht zu begründen ist, ist eine Pflicht der

1 Vgl. Beschlussempfehlung BT-Drucks. 14/7052, S. 65, 204.

2 Richtlinie (EU) 2019, 771, mit Wirkung zum 01.01.2022 in § 434 BGB umgesetzt.

3 Hierfür MüKo-BGB/Busche, § 633 Rn. 11; Leupertz/Halfmeier, in: PWW, BGB, § 633 Rn. 20 f.; wohl auch Erman/Schwenker, BGB § 633 Rn. 1.

4 Zumindest der BGH hält offenbar eine solche Vorlagepflicht nicht für gegeben, da er in seiner für die Interpretation der Neufassung maßgeblichen Entscheidung BGHZ 174, 110 die Frage der Vorlage an den EuGH nicht einmal erwähnt hat.

nationalen Gerichte, die Verbrauchsgüterkaufrichtlinie/Warenkaufrichtlinie bei der Auslegung des § 633 Abs. 2 BGB anzuwenden.[5] Durch die Absicht des Gesetzgebers, das Kauf- und das Werkvertragsrecht in diesem Bereich inhaltlich anzugleichen, ist es allerdings fraglich, ob bei der Anwendung des § 633 BGB auf die Auslegung des § 434 Abs. 1 BGB Rücksicht zu nehmen ist, wenn dies unionsrechtlich induziert ist.[6] Eine unterschiedliche Auslegung der Mängelbegriffe im Kauf- und Werkvertragsrecht war vom Gesetzgeber nicht gewollt, jedoch sollte im Zweifel keine mittelbare Anwendung der Verbrauchsgüterkaufrichtlinie auf Werkverträge die Folge sein. Ob eine Pflicht zur verbrauchsgüter- und warenkaufrichtlinienkonformen Interpretation des § 633 BGB besteht, ist also im Einzelfall zu klären.

B. Überblick

I. Sach- und Rechtsmängel

3 Die Pflicht des Unternehmers, dem Besteller das Werk frei von Sach- und Rechtsmängeln zu verschaffen, wird in § 633 Abs. 1 BGB geregelt. Während man die Definition des Sachmangelbegriffs in Abs. 2 findet, ist die des Rechtsmangels in Abs. 3 definiert. Der Gesetzgeber hat die frühere Unterscheidung zwischen Fehlern des Werks einerseits und dem Fehlen einer zugesicherten Eigenschaft des Werks andererseits aufgegeben, was in der vormaligen Regelung des § 633 Abs. 1 BGB a.F. der Fall war (sowie der entsprechenden kaufrechtlichen Vorschrift des § 459 BGB a.F.). Jetzt ist das Werk bei fehlender vertraglich vereinbarter Eigenschaft stets und einheitlich mangelhaft, wenn das Vorhandensein einer bestimmten Eigenschaft des Werks Vertragsbestandteil und damit Teil der Erfüllungspflicht des Unternehmers geworden ist. Die Qualität der Beschaffenheitsvereinbarung ist dagegen unerheblich. Der Unternehmer kann die Eigenschaft einfach zusagen oder darüber hinaus in außerordentlicher Weise auch versprechen, das Werk mit einer spezifischen Eigenschaft auszustatten.[7] Besonderheiten bei den Rechtsfolgen ergeben sich hieraus werkvertragsrechtlich nicht, da auch bisher bei Vertretenmüssen des Sachmangels durch den Unternehmer Schadensersatzansprüche aus § 635 BGB a.F. bei sämtlichen Arten von Sachmängeln bestanden.

4 Was in der früheren Fassung des § 633 BGB jedoch fehlte, war eine Regelung über die Haftung für Rechtsmängel. Das führte dazu, dass häufig eine Analogie zu den kaufrechtlichen Vorschriften (§§ 434 ff. BGB a.F.) angenommen wurde mit dem Zusatz, dass der Nachbesserungsanspruch gem. Abs. 2 a.F. des Bestellers auch im Fall von Rechtsmängeln des Werks erhalten bleibt.[8] In der Neufassung werden Sach- und Rechtsmängel hingegen ausdrücklich gleichbehandelt, wie sich aus Abs. 1 ergibt. Da in der Praxis Rechtsmängel eher selten vorkommen, führt diese Klarstellung nicht zu wesentlichen inhaltlichen Veränderungen; denn das Gesetz verweist in § 634 Nr. 3 und 4 BGB für Rücktritt und Schadensersatz auf die allgemeinen Vorschriften und führt dementsprechend zu ähnlichen Rechtsfolgen wie die früheren §§ 440 Abs. 1, 434, 320 ff. BGB a.F. Auch die Nacherfüllung kann sowohl bei einem Rechtsmangel des Werks als auch bei einem Sachmangel verlangt werden. Eine Neuheit stellt nur das Recht des Bestellers auf Minderung bei Vorliegen eines Rechtsmangels gem. § 634 Nr. 3 i.V.m. § 638 BGB dar.

II. Verhältnis zur VOB/B

5 § 633 BGB findet seine Entsprechung in § 13 Abs. 1 und Abs. 2 VOB/B (2016), welche sich vorwiegend eher sprachlich unterscheidet. Der Besteller wird in der VOB/B als Auftraggeber und der

---

5 Näher Habersack/Mayer, in: Riesenhuber, Europäische Methodenlehre, 3. Aufl. (2015) § 14 Rn. 20 ff., 54 ff.; ebenso Faust, BauR 2013, 363, 365.

6 So MüKo-BGB/Busche, § 633 Rn. 11.

7 Vgl. zur Unterscheidung von Fehler und Zusicherung nach alter Rechtslage BGH, 10.10.1985 – VII ZR 303/84, BGHZ 96, 111, 114 f.; BGH, 17.05.1994 – X ZR 39/93, BGH NJW-RR 1994, 1134 (1135); BGH, 05.12.1995 – X ZR 14/93, NJW-RR 1996, 783, 784.

8 Grüneberg/Retzlaff, BGB, Vor § 633 Rn. 2; Peters, in: Staudinger (2000), BGB § 633 Rn. 48.

Unternehmer als Auftragnehmer bezeichnet. § 13 Abs. 1 S. 1 VOB/B bestimmt, dass der Auftragnehmer dem Auftraggeber *seine Leistung* frei von Sachmängeln zu verschaffen hat. Trotz Verwendung unterschiedlicher Begriffe ist unter Leistung im Sinne des § 633 Abs. 1 BGB das *Werk* zu verstehen, es handelt sich also um eine übereinstimmende Regelung.

Wie in den früheren Fassungen des § 633 BGB wird der Rechtsmangelbegriff in der VOB/B bis heute nicht geregelt und beschränkt sich auf die Definition des Sachmangels. Es entspricht allgemeiner Meinung, dass Rechtsmängel der Werkleistung in § 13 Abs. 1 VOB/B weder geregelt noch ausgeschlossen werden. Deshalb richten sich die Rechte des VOB/B-Auftraggebers beim Vorliegen von Rechtsmängeln nach gesetzlichem Werkvertragsrecht.[9] 6

Die ausdrücklich geregelte Pflicht des Auftragnehmers zur sachmängelfreien Verschaffung des Werks zum *Zeitpunkt der Abnahme* in § 13 Abs. 1 S. 1 und 2 VOB/B führt nicht zu einer inhaltlichen Abweichung von § 633 BGB, auch wenn dieses Tatbestandsmerkmal in der BGB-Regelung fehlt. Denn auch im gesetzlichen Werkvertragsrecht wird vom Unternehmer die Mängelfreiheit zum Zeitpunkt des Gefahrübergangs geschuldet und damit zum Zeitpunkt der Abnahme.[10] Die ausdrückliche Kodifizierung der Mängelfreiheit zum Zeitpunkt der Abnahme in § 13 Abs. 1 VOB/B ist somit als eine Klarstellung einer bereits bestehenden gesetzlichen Rechtslage einzuordnen. 7

Auch bei der Definition der Sachmängelfreiheit in § 13 Abs. 1 S. 2 VOB/B, die nur besteht, wenn die Leistung sowohl die vereinbarte Beschaffenheit hat als auch den *anerkannten Regeln der Technik* entspricht, handelt es sich nur um eine Klarstellung der VOB/B für den vom Auftragnehmer geschuldeten technischen Mindeststandard. Im gesetzlichen Werkvertragsrecht wird dies Beachtung der anerkannten Regeln der Technik als stillschweigende Beschaffenheitsvereinbarung im Sinne von § 633 Abs. 2 S. 1 BGB vorausgesetzt(näher dazu unten Rdn. 84). 8

Leistungen nach Probe durch den VOB/B-Auftragnehmer sind traditionell in § 13 Abs. 2 VOB/B als Sonderfall der Beschaffenheitsvereinbarung geregelt. Abs. 2 S. 2 regelt dies auch für die Proben, die erst nach Vertragsabschluss als solche anerkannt, d.h. vertragsgegenständlich, anzusehen sind. Erlaubt werden Abweichungen von der beschaffenheitsrelevanten Probe nach Abs. 2 S. 1 des § 13 Abs. 2 VOB/B; Voraussetzung ist allerdings, dass diese nach der Verkehrssitte als bedeutungslos anzusehen sind. 9

Auch wenn die Regelung des § 13 Abs. 2 VOB/B kaum praktische Relevanz hat[11] ist anzumerken, dass eine entsprechende Regelung in § 633 BGB fehlt. Allerdings sind Vereinbarungen von Parteien in gesetzlichen Werkverträgen und insbesondere Bauverträgen denkbar, in denen sich die Leistung des Unternehmers entweder bereits durch eine Vertragsregelung (z.B. in der Leistungsbeschreibung) oder durch nachträgliche Festlegung (z.B. durch eine Bemusterung) nach einer Probe (im Sinne von § 13 Abs. 2 VOB/B) richten soll. Dann sind die Intentionen der Vertragsparteien mithilfe der Umstände des Einzelfalls durch Auslegung ermittelt. Im Normalfall ergibt sich, dass die Eigenschaften der Probe für die Vertragsparteien einen wichtigen Stellenwert haben und diese deshalb als – anfängliche oder nachträgliche – Beschaffenheitsvereinbarung i.S.v. § 633 Abs. 2 S. 1 BGB einzustufen sind.[12] Lesenswert zu dem Thema, welche Vertragsabweichungen durch Festlegungen bei einer Bemusterung erfolgt sind und welche nicht, ist die Entscheidung des BGH vom 26.02.2020.[13] 10

Abschließend enthält § 13 VOB/B keine entsprechende Regelung zu § 633 Abs. 2 S. 3 BGB, wonach ein Sachmangel auch dann begründet wird, wenn der Unternehmer ein *anderes als das bestellte Werk* 11

9 Näher dazu Langen, in: Kapellmann/Messerschmidt, § 13 VOB/B Rn. 2 m.w.N.

10 BeckOK BGB/Voit, § 633 Rn. 3; Grüneberg/Retzlaff, BGB, § 633 Rn. 4 f.; Soergel/Teichmann, BGB, Vor § 633 Rn. 32.

11 Näher dazu Langen, in: Kapellmann/Messerschmidt, § 13 VOB/B Rn. 84.

12 Näher dazu Langen, a.a.O., § 13 VOB/B Rn. 90 m.w.N.

13 BGH, NZBau 2020, 290: Bemusterung von ESG-H-Grünglas anstatt des vertraglich vereinbarten ESG-H-Weißglases.

oder das *Werk in zu geringer Menge* herstellt. Im Rahmen der Neufassung der VOB/B (2002) wurde eine Ergänzung dahingehend zwar diskutiert, allerdings mit der Begründung durch den zuständigen Ausschuss nicht aufgenommen, dass solche Fälle bei *Bauverträgen*, wofür die Bestimmungen der VOB/B letztlich geschaffen wurden, keine praktische Bedeutung haben würden. Letzteres hat sich in der Praxis auch bewahrheitet. Wenn es doch im Einzelfall einmal zu einem Ausnahmefall im Rahmen eines VOB/B-Bauvertrages kommt und ein anderes als das bestellte Werk oder eine zu geringe Menge hergestellt wird, wird mangels Regelung der VOB/B unmittelbar die gesetzliche Bestimmung des § 633 Abs. 2 S. 3 BGB angewendet.[14]

12 Ein wichtiger Unterschied zum Werkvertragsrecht besteht in der Regelung des § 4 Abs. 7 VOB/B, welcher in S. 1 das Recht des Auftraggebers regelt, dass er bei Leistungen, die sich schon während der Arbeiten als mangelhaft erweisen, diese durch mangelfreie vom Auftragnehmer ersetzt verlangen kann. Wurde die VOB/B also wirksam in den Vertrag einbezogen, kann eine Mängelbeseitigung schon vor Abnahme verlangt werden. Kommt der Auftragnehmer dem nicht nach, hat der Auftraggeber nach Ablauf einer angemessenen Frist gemäß § 4 Abs. 7 S. 3 VOB/B das Recht, den Auftrag gegenüber dem Auftragnehmer aus wichtigem Grund zu kündigen. Allerdings hat der BGH entschieden, dass § 4 Abs. 7 S. 3 VOB/B und auch die mit dieser zusammenhängenden Regelung des § 8 Abs. 3 S. 1 Var. 1 VOB/B bei Verwendung durch den Auftraggeber einer AGB-Inhaltskontrolle nicht standhält, weil eine unangemessene Benachteiligung des Auftragnehmers vorläge.[15] Nur für den in der Praxis äußerst seltenen Fall, dass die Bestimmungen der VOB/B in der aktuellen Fassung vollständig und ohne Einschränkung einbezogen sind, scheidet nach § 310 Abs. 1 S. 3 BGB eine AGB-Kontrolle aus.

C. Pflicht zur Verschaffung des mangelfreien Werks – § 633 Abs. 1 BGB

I. Wirksamer Werkvertrag

13 Voraussetzung für eine Verpflichtung des Unternehmers zur Herstellung und Verschaffung eines sach- und rechtsmängelfreien Werks ist ein wirksamer Werkvertrag. Beispielsweise resultieren aus einem nach § 134 BGB nichtigen Werkvertrag wegen Verstoßes gegen ein gesetzliches Verbot wechselseitig keine Rechte und Pflichten. Praxisrelevant ist insbesondere für den Baubereich der Verstoß der Parteien gegen **§ 1 Abs. 2 Nr. 2 SchwarzArbG**. Früher wurde zum Schutz des vertraglich oft unterlegenen Bestellers bei Schwarzgeldabreden gem. § 139 BGB nur eine Teilnichtigkeit des Vertrages angenommen, die trotz des gesetzlichen Verstoßes zu einer Mängelhaftung des Unternehmers führte.[16] Inzwischen erfolgte nach Maßgabe der aktuellen Fassung des § 1 Abs. 2 Nr. 2 SchwarzArbG eine Klarstellung durch den BGH: Das Vertragsverhältnis ist insgesamt nichtig und nicht nur zum Teil. Das hat zur Folge, dass der Besteller keine Mängelansprüche aus dem nichtigen Vertragsverhältnis geltend machen kann und das trotz der (ohne Rechnung) geleisteten Zahlungen.[17] Konsequenterweise scheiden dann auch bereicherungsrechtliche Ansprüche hinsichtlich vom Unternehmer verursachter Sach- oder Rechtsmängel aus.[18] Wichtig ist, dass diese Rechtsfolge die Parteien auch dann trifft, wenn diese erst im *Nachhinein* eine Schwarzgeldabrede treffen.[19] Die Missachtung des SchwarzArbG wird im Rechtsstreit von Amts wegen berücksichtigt.[20]

14 Anders wäre es ausnahmsweise in einem Fall, in dem der Unternehmer *einseitig und ohne Kenntnis des Bestellers* gegen § 1 Abs. 2 Nr. 2 SchwarzArbG (oder gegen § 1 Abs. 2 Nr. 4 SchwarzArbG, weil

14 Vgl. Langen, a.a.O., Rn. 60 m.w.N.
15 BGH, 19.01.2023 – VII ZR 34/20, NZBau 2023, 301–305 = BauR 2023, 628–634.
16 BGH, 24.04.2008 – VII ZR 42/07, NZBau 2008, 434 = BauR 2008, 1301.
17 BGH, 10.04.2014 – VII ZR 241/13, NZBau 2014, 425 = BauR 2014, 1141; BGH, 11.06.2015 – VII ZR 216/14, NZBau 2015, 551 = BauR 2015, 1655.
18 Vgl. auch Stamm, NJW 2014, 2145; Jerger, NZBau 2014, 415.
19 BGH, 16.03.2017 – VII ZR 197/16, BauR 2017, 1199; OLG Stuttgart, 10.11.2015 – 10 U 14/15, BauR 2016, 669.
20 LG Flensburg, 29.05.2020 – 2 S 5/19, IBR 2020, 1064.

er kein Gewerbe angemeldet hat) verstößt. In dieser Konstellation würden dem Besteller nach einer Entscheidung des OLG Düsseldorf[21] die Mängelansprüche nicht versagt werden.[22]

In einer weiteren Entscheidung führte das OLG Köln[23] aus, dass ein Handwerker ohne Meistertitel, der jedoch eine dem Meisterzwang unterliegende Arbeit vornimmt, nur einseitig gegen § 1 Abs. 2 Nr. 5 SchwarzArbG verstößt. Damit widerspricht es der Entscheidung des OLG Frankfurt[24], welches auch beim Vertrag über Arbeiten, die ein nicht in die Handwerksrolle eingetragener Handwerker ausführte, annahm, dass dieser insgesamt nichtig sei. Eine höchstgerichtliche Entscheidung bleibt abzuwarten. 15

Was in der Baupraxis neben dem Verstoß gegen §§ 134 BGB, 1 Abs. 2 Nr. 2 SchwarzArbG sehr selten vorkommt, ist die Nichtigkeit des Werkvertrags wegen Sittenwidrigkeit oder Wucher gem. § 138 BGB. 16

II. Pflicht zur mängelfreien Herstellung des Werks

Auch wenn in § 633 Abs. 1 BGB lediglich die Pflicht zur sach- und rechtsmängelfreien Verschaffung des Werkes durch den Unternehmer ausdrücklich kodifiziert ist, ist dessen mängelfreie *Herstellung* dem Werkvertragsrecht immanent, wie sich bereits aus § 631 Abs. 1 BGB ergibt und stellt damit einen wesentlichen Bestandteil der Hauptleistungspflicht des Unternehmers dar. Somit bedarf es keiner ausdrücklichen Absprache der Parteien im Werk- oder Bauvertrag zu einer sach- und rechtsmängelfreien Herstellung sowie der anschließenden Verschaffung des Werks an den Besteller.[25] 17

III. Verschaffungspflicht

Der Unternehmer hat dem Besteller das Werk frei von Sach- und Rechtsmängeln *zu verschaffen*. Es ist kein Zufall, dass der kaufrechtliche Begriff »Verschaffen« aus § 433 Abs. 1 S. 2 BGB in das Werkvertragsrecht übernommen worden ist. Der Gesetzgeber beabsichtigte damit die Anpassung der werkvertraglichen Mängelhaftung an die kaufvertragliche Mängelhaftung des Verkäufers.[26] Allerdings unterscheidet sich das Werkvertragsrecht vom Kaufrecht dahingehend, dass mit der »Verschaffung« des hergestellten Werks im Baubereich regelmäßig keine Eigentumsübertragung verbunden ist, weil diese bereits gem. §§ 946, 94 BGB erfolgt. Das »Verschaffen« i.S.d. Norm signalisiert dem Besteller also nur, dass der Unternehmer ihm die tatsächliche Verfügung über das abnahmereife Werk zu ermöglichen hat.[27] Bei einer Entgegennahme der Werkleistung durch den Besteller, ohne gem. § 640 BGB die Abnahme zu erklären, ist der Unternehmer seiner »Verschaffungspflicht« dennoch nachgekommen, vorausgesetzt das Werk ist frei von Sach- und Rechtsmängeln. 18

IV. Zum Zeitpunkt der Abnahme

Der Zeitpunkt, zu dem der Unternehmer dem Besteller die mängelfreie Verschaffung des Werks schuldet, ist die Abnahme, § 640 Abs. 1 S. 1 BGB. Im gesetzlichen Werkvertragsrecht wird diese 19

21 OLG Düsseldorf, 01.03.2016 – 23 U 110/15, BauR 2016, 1774.

22 Ausführlich dazu Langen, in: Kapellmann/Messerschmidt, § 13 VOB/B Rn. 21 ff.

23 OLG Köln, 16.12.2021 – 7 U 12/20, BauR 2022, 1358.

24 OLG Frankfurt, 24.05.2017 – 4 U 269/15, IBR 2018, 306.

25 Zur Mängelhaftung für gleichzeitig erbrachte nicht geschuldete Leistungen: OLG Schleswig, 07.07.2005 – 7 U 22/01, IBR 2006, 134, zu dieser für parallel zu entgeltlichen Arbeiten aus Freundschaft und ohne Rechnung geleistete Arbeiten: OLG Koblenz, 22.05.2013 – 5 U 384/13, NZBau 2013, 585. Zur Verpflichtung, Revisionsunterlagen zu übergeben: OLG Brandenburg, 04.07.2012 – 13 U 63/08, NZBau 2012, 570 m. Anm. von Lotz.

26 Vgl. Rdn. 2.

27 So zu § 633 Abs. 1 BGB mit Recht Mundt, NZBau 2003, 73 (78); Leupertz/Halfmeier, in: PWW, BGB, § 633 Rn. 10.

Tatbestandsvoraussetzung im Gegensatz zu § 13 Abs. 1 VOB/B nicht ausdrücklich genannt, jedoch trotzdem vorausgesetzt.[28]

20 Zusammenfassend muss das vom Unternehmer hergestellte Werk also zum Zeitpunkt der Abnahme die vereinbarten Beschaffenheitsmerkmale enthalten, zusätzlich sich für die vertraglich vorausgesetzte bzw. die übliche Verwendung eignen **und** mit den zu diesem Zeitpunkt gültigen anerkannten Regeln der Technik übereinstimmen (dazu nachfolgend Rdn. 84).

21 Zum Zeitpunkt der Abnahme müssen nicht bereits entsprechende Mängelsymptome vorhanden oder gar Schäden aufgrund der Mangelhaftigkeit eingetreten sein. Ausreichend ist auch die noch völlig folgenlose Abweichung der Ist- von der Soll-Beschaffenheit der Leistung. Diese stellt bereits zum Zeitpunkt der Abnahme einen Sachmangel (oder auch Rechtsmangel) dar und berechtigt den Besteller nach § 640 Abs. 1 S. 2 BGB zur Verweigerung der Abnahme oder aber bei unwesentlichen, ggf. auch noch unbekannten, Mängeln die Abnahme zu erklären.

22 Wichtig ist, dass die vom Unternehmer zum Zeitpunkt der Abnahme geschuldete Mängelfreiheit gleichzeitig zur Folge hat, dass Veränderungen des hergestellten Werks nach der Abnahme, z.B. durch den Besteller selbst oder durch Dritte, gleichermaßen durch Umwelteinflüsse, nicht rückwirkend als Mangel eingestuft werden, auch wenn die Ist- Beschaffenheit jetzt von der Soll-Beschaffenheit abweicht.[29]

23 Für Bauverträge wird in § 650g Abs. 3 BGB der Sonderfall geregelt, dass bei einer vom Besteller verweigerten Abnahme aufgrund eines offenkundigen, bei der Zustandsfeststellung aber nicht angegebenen Mangels die Vermutung greift, dass dieser nach der Zustandsfeststellung entstanden ist (§ 650g Rdn. 45 ff.).

D. Sachmängelfreiheit – § 633 Abs. 2 BGB

I. Allgemeines

1. Beschaffenheit des Werkes

24 Dem Wortlaut von § 633 Abs. 2 S. 1 BGB folgend ist festzustellen, dass das Gesetz nicht (positiv) die Tatbestandsvoraussetzungen eines Sachmangels definiert, sondern lediglich (negativ) geregelt wird, wann das Werk frei von Sachmängeln und damit vertragsgemäß ist. Hiernach stellt bereits **jede Abweichung** des hergestellten Werks von der zwischen den Parteien vereinbarten **Beschaffenheit** einen **Sachmangel** dar, unabhängig davon, ob und in welcher Form sich diese Abweichung auf die vertraglich vorgesehene oder die gewöhnliche Verwendung des Werks auswirkt oder gar später zu Schäden aufgrund der Abweichung führt. Der relevante Sachmangel besteht in der in der Abweichung der Ist-Beschaffenheit des Werks von seiner Soll-Beschaffenheit.[30] Somit sind in Abs. 2 die Kriterien festgelegt, nach denen die Soll-Beschaffenheit zu ermitteln ist. Dagegen richtet sich die Ist-Beschaffenheit nach dem tatsächlichen Zustand des Werks zum Zeitpunkt des Gefahrübergangs, welcher regelmäßig auch den Zeitpunkt der Abnahme durch den Besteller darstellt.

25 Allerdings gehört die rechtzeitige Erstellung des Werks durch den Unternehmer nicht zur (inhaltlichen) Sollbeschaffenheit des Werks. Ist also das fertige Werk trotz der Verzögerung für den nach dem Vertrag vorausgesetzten Zweck geeignet, stellt dies keinen Sachmangel dar.[31] Bei verspäteter Erstellung des Werks hat der Besteller jedoch Anspruch auf Ersatz seines durch die Verspätung ent-

28 Vgl. BGH, 25.02.2016 – VII ZR 210/13, NJW 2016, 2183; BGH, 14.11.2017 – VII ZR 65/14, NJW 2018, 391; OLG Nürnberg, 01.08.2018 – 2 U 1623/15, IBR 2020, 341; OLG Koblenz, 31.05.2019 – 6 U 1075/18, IBR 2020, 520.

29 Vgl. OLG Nürnberg, 01.08.2018 – 2 U 1623/15, IBR 2020, 341.

30 OLG Saarbrücken, 15.11.2017 – 1 U 11/17, NJW-RR 2018, 142; Grüneberg/Retzlaff, BGB, § 633 Rn. 3; BeckOK BGB/Voit, § 633 Rn. 3; Soergel/Teichmann, BGB, Vor § 633 Rn. 17 (zu § 633 a.F.).

31 BGH, 28.05.2009 – Xa ZR 113/08, NJW 2009, 2743 (2744) Rn. 14 ff.: Flugverspätung stellt keinen Mangel der Beförderungsleistung dar.

standenen Verzugsschaden, soweit die Voraussetzungen gem. §§ 280 Abs. 1 und 2, 286 BGB vorliegen.

Der Begriff *Sachmangel* könnte insofern Missverständnisse hervorrufen, als er sprachlich eine *Sache* als vertraglich geschuldeten Gegenstand des Werkvertrages voraussetzt. Aber auch immaterielle Werkleistungen können Sachmängel aufweisen; beispielsweise können Systemabstürze aufgrund einer individuell programmierten Software genannt werden. Mit dem Begriff Sachmangel wird im Sinne von § 633 Abs. 2 S. 1 BGB also keine Sache im Sinne des § 90 BGB vorausgesetzt. 26

Vor der Schuldrechtsmodernisierung wurde in § 633 Abs. 1 BGB a.F. ein Unterschied zwischen dem Fehlen einer zugesicherten Eigenschaft des Werks und »sonstigen Fehlern« gemacht. In der aktuellen Fassung des § 633 Abs. 2 S. 1 BGB steht indes die vereinbarte Beschaffenheit des Werks im Fokus. Die im früheren Recht vorgenommene qualitative Unterscheidung zwischen einer (besonders) zugesicherten, also hervorgehobenen Eigenschaft der Werkleistung, und einer »normalen Fehlerhaftigkeit« wurde also im Rahmen der Schuldrechtsreform aufgegeben und dahingehend weiterentwickelt, dass für das Vorliegen eines Sachmangels primär darauf abzustellen ist, ob eine Beschaffenheit des Werks zwischen den Parteien vereinbart ist oder nicht. Der Gesetzgeber hat bewusst keine Definition der *Anforderungen an eine Beschaffenheitsvereinbarung* des Werks normiert. Vergleichsweise wurde in der Gesetzesbegründung zum § 434 Abs. 1 BGB im Kaufrecht statuiert, dass der Begriff der Beschaffenheit nicht definiert werden solle.[32] Vor allem solle nicht festgelegt werden, ob bei den umfassten Eigenschaften der vereinbarten Beschaffenheit, diese der Kaufsache unmittelbar physisch anhaften müssen oder ob auch Umstände heranzuziehen seien, die außerhalb der Sache selbst liegen.[33] Diese Erwägungen sind wegen der seinerzeitigen gesetzgeberischen Synchronisation zwischen der Mängelhaftung im Kaufvertrags- und Werkvertragsrecht damit auch auf die Sachmängel beim Werkvertrag übertragbar. Begründet wird das mit dem Bedeutungsverlust der Bestimmung der Beschaffenheitsmerkmale durch die Einbindung der Gewährleistungsvorschriften in das allgemeine Leistungsstörungsrecht und die Verjährungsvorschriften. Wichtig ist anzumerken, dass in den meisten werkvertraglichen Fällen andere Verjährungsfristen bei Gewährleistungsansprüchen in § 634a Abs. 1 Nr. 1 und 2 BGB greifen als für die allgemeinen Ansprüche bei Leistungsstörungen. Zu bedenken ist also, dass eine zu enge Interpretation des Begriffs »Beschaffenheit« die Besonderheiten der werkvertraglichen Verjährung in ihrer Bedeutung schmälern könnte. 27

Zusammenfassend sind unter der Beschaffenheit des Werks alle Umstände gleich welcher Art zu verstehen, die entweder bestimmen, ob sich das Werk für den vertragsgemäßen Zweck eignet, den Wert beeinflussen oder die nach dem individuellen Parteiwillen vorhanden sein sollen. Vor allem gehören auch alle Merkmale des Werks zur Beschaffenheitsvereinbarung, die das frühere Gewährleistungsrecht gem. § 633 Abs. 1 BGB a.F. als zusicherungsfähige Eigenschaft des Werks statuiert hatte.[34] 28

2. Systematik des Gesetzes

Die Ermittlung der Sachmängelfreiheit im Rahmen der zwischen den Parteien abgestimmten Soll-Beschaffenheit der Werkleistung wird gem. § 633 Abs. 2 BGB in einer *dreistufigen Prüfung* vor- 29

32 Begr. RegE BT-Drucks. 14/6040, S. 211.

33 BT-Drucks. 14/6040, S. 213.

34 Ebenso Grüneberg/Retzlaff, BGB, § 633 Rn. 5; Leupertz/Halfmeier, in: PWW, BGB, § 633 Rn. 15; MüKo-BGB/Busche, § 633 Rn. 13; BeckOK BGB/Voit, § 633 Rn. 4; Weise, NJW-Spezial 2018, 684: Kostenobergrenze als Beschaffenheitsvereinbarung; Merl, in: FS Jagenburg 2002, S. 597, 600; vgl. auch OLG München, 25.09.2012 – 9 U 4063/11 Bau, BauR 2014, 113, 114: Wohnnutzung der übrigen Einheiten eines Gebäudes als Teil der Beschaffenheitsvereinbarung in Bezug auf die von dem Besteller erworbene Wohnung; zur Rechtslage im Kaufrecht: BGH, 05.11.2010 – V ZR 228/09, NJW 2011, 1217 (1218); für einen weiten Beschaffenheitsbegriff in Zusammenhang mit der kaufrechtlichen Regelung des § 434 auch oben NK-BGB/Büdenbender, BGB § 434 Rn. 11 ff.; a.A. Mundt, NZBau 2003, 73 (75).

genommen.[35] Abs. 2 S. 1 statuiert, dass primär die *Beschaffenheitsvereinbarung* der Parteien relevant ist. Der Parteiwille hat damit, wie bereits im früher vertretenen *subjektiven Fehlerbegriff,* den höchsten Stellenwert.

30 Ist eine (konkrete) Beschaffenheitsvereinbarung nicht vorhanden, wird nach Abs. 2 S. 2 Nr. 1 auf der zweiten Prüfungsebene auf die *Eignung für den nach dem Vertrag vorausgesetzten Verwendungszweck* des Werks abgestellt. Der vertraglich vorausgesetzte Verwendungszweck enthält also nach der Systematik des Gesetzes Informationen darüber, welche Eigenschaften des Werks vorhanden sein müssen. Diese sind gesetzlich zwar nicht näher definiert, die für diesen Zweck erforderliche Beschaffenheit gilt aber als vertraglich vorausgesetzt.

31 Vorrangig ist auch stets der besondere, von den Parteien eigens festgelegte Verwendungszweck, auch wenn dieser, die allgemeine Verwendung eines solchen Werks betrachtet, unüblich erscheint.[36] Wird vertraglich ein bestimmter Verwendungszweck des Werks zugrunde gelegt, ist üblicherweise auch eine zwar nicht explizite, aber regelmäßig zumindest stillschweigende Beschaffenheitsvereinbarung im Sinne von Abs. 1 S. 1 vereinbart.[37] Auch in dieser zweiten Variante wird vom Gesetz demnach der *subjektive Fehlerbegriff* priorisiert, die Soll-Beschaffenheit der Leistung wird aus dem Parteiwillen gefolgert.

32 Fehlt es an einer ausdrücklichen oder auch konkludenten Vereinbarung der Beschaffenheit der Werkleistung und auch an einem vertraglich vorausgesetzten Verwendungszweck im Sinne des Abs. 2 S. 2 Nr. 1, so ist für die Mängelfreiheit der Werkleistung die dritte Variante des Abs. 2 S. 2 Nr. 2 maßgeblich, die bestimmt, dass sich das Werk für die *gewöhnliche Verwendung eignen* und eine Beschaffenheit besitzen muss, die bei Werken der gleichen Art üblich sind und die der Besteller (folglich) auch erwarten kann.[38] Mangels Vereinbarung der Parteien einer konkreten Beschaffenheit des Werks und eines vertraglich vorausgesetzten Verwendungszwecks, werden objektive Kriterien durch das Gesetz in der dritten Variante herangezogen. Jedoch berücksichtigt das Gesetz auch in dieser dritten Variante den mutmaßliche Parteiwille dahingehend, dass normalerweise zumindest eine übliche Beschaffenheit des Werks vorausgesetzt werden kann. Der gewöhnliche Verwendungszweck wird somit als weiterer Indikator zur Ermittlung des vermuteten Parteiwillens verwendet.[39]

33 Was in § 13 Abs. 1 VOB/B ausdrücklich genannt ist, nicht aber im Gesetz, ist gleichsam eine *vierte Prüfungsstufe,* nämlich die Einhaltung der *anerkannten Regeln der Technik* zum Zeitpunkt der Abnahme. Auch ohne ausdrückliche Erwähnung der anerkannten Regeln der Technik im Gesetz besteht aber zutreffend Einigkeit, dass diese für eine Sachmangelfreiheit ebenfalls eingehalten werden müssen (Rdn. 84).

34 Die gesetzlich normierten Kriterien »vereinbarte Beschaffenheit«, »vertraglich vorausgesetzte Verwendungseignung« sowie »übliche Verwendungseignung«, stehen, wie sich schon aus dem Wortlaut ergibt, alternativ nebeneinander. Die vereinbarte **Beschaffenheit** sowie die Einhaltung der **anerkannten Regeln der Technik** zum Zeitpunkt der Abnahme müssen indes ***kumulativ*** *erfüllt sein.* Jede Voraus-

35 BGH, 08.11.2007 – VII ZR 183/05, BGHZ 174, 110, 116 Rn. 16(»Rangfolge«); OLG Brandenburg, 30.03.2011 – 13 U 16/10, BauR 2011, 1341, 1342; BeckOK BGB/Voit, § 633 Rn. 4 ff.; Jauernig/Mansel, BGB, § 633 Rn. 4 ff.; Oetker/Maultzsch, Vertragliche Schuldverhältnisse, § 8 Rn. 29; Grüneberg/Retzlaff, BGB, § 633 Rn. 6 ff.; a.A. Thode, NZBau 2002, 297 (304): Nur die vereinbarte Beschaffenheit nach Abs. 2 S. 1 habe Vorrang, die anderen Kriterien seien gleichrangig.

36 OLG Oldenburg, 04.09.2018 – 2 U 58/18, NJW 2019, 863.

37 Zutreffend Kniffka, BauVertrR § 633 Rn. 96.

38 OLG Schleswig, 16.11.2021 – 7 U 185/18.

39 Nach der Entscheidung des OLG Oldenburg vom 04.09.2018, NJW 2019, 863, führt das Fehlen einer CE-Kennzeichnung an Fenstern und Rollläden allein noch nicht zu einem Sachmangel. Umgekehrt führt nach dieser Entscheidung die Verwendung der CE-Kennzeichnung an Bauprodukten nicht zum Anscheinsbeweis, dass dieses Bauprodukt die in Deutschland i.S.v. Abs. 2 S. 2 Nr. 2 »übliche Beschaffenheit« aufweist, OLG Oldenburg, a.a.O. Rn. 51; Dazu auch Halstenberg, BauR 2017, 356, 375.

setzung wird dabei isoliert von der anderen bewertet. In dem Fall, in dem das Werk den anerkannten Regeln der Technik entspricht, aber nicht die vereinbarte Beschaffenheit (oder ihre Alternativen) einhält, ist es trotzdem mangelhaft.[40] Das gilt auch für den umgekehrten Fall, wenn zwar die vereinbarte Beschaffenheit eingehalten worden ist, aber die anerkannten Regeln der Technik nicht erfüllt sind.

Möglich ist es für die Vertragsparteien allerdings, im Rahmen der Beschaffenheitsvereinbarung auch eine nicht den anerkannten Regeln der Technik entsprechende Ausführungsart zu wählen.[41] Entweder kann eine »**Beschaffenheitsvereinbarung nach unten**«[42] durch die Vertragspartner ausdrücklich vereinbart werden, alternativ kann aufgrund wesentlicher, für die Auslegung relevanter Faktoren feststehen, dass vertraglich konkludent eine entsprechende Vereinbarung durch die Parteien getroffen wurde.[43] Beispielsweise ist das der Fall, wenn der Besteller weiß, dass die vereinbarte Beschaffenheit (Beispiel: Errichtung einer einschaligen Trennwand zwischen Doppelhaushälften) nicht den anerkannten Regeln der Technik entspricht und einen geringeren Schallschutz zur Folge hat, dies aber z.B. aufgrund geringerer Herstellkosten akzeptiert.[44] Die anerkannten Regeln der Technik stellen allerdings den »technischen Mindeststandard« einer Bauleistung dar, weshalb es eher den Ausnahmefall darstellt, dass ein verständiger Besteller eine solche »Beschaffenheitsvereinbarung nach unten« vereinbart; Wirksam ist eine solche Beschaffenheitsvereinbarung »nach unten« nur, wenn der (sachkundige) Unternehmer den (im Zweifel weniger sachkundigen) Besteller mit der erforderlichen Klarheit darüber aufgeklärt hat, dass die Beschaffenheitsvereinbarung die anerkannten Regeln der Technik unterschreitet und welche Folgen diese Unterschreitung für die Nutzung, die Langlebigkeit usw. haben.[45] An diese Aufklärungspflicht werden von der Rechtsprechung zutreffend hohe Anforderungen gestellt, um dem Besteller eine Abwägung der Vor- und Nachteile zu ermöglichen.[46] 35

Umgekehrt besteht natürlich auch die Option, eine »Beschaffenheitsvereinbarung nach oben« zu vereinbaren. Dies ist in der Praxis deutlich häufiger, wenn z.B. ein besonders hoher, die anerkannten Regeln der Technik (deutlich) übertreffender Schallschutz vereinbart wird; das kann bei gehobener Bauweise auch konkludent erfolgen.[47]

3. Funktionstauglichkeit und Beschaffenheitsvereinbarung

a) Funktionaler Mangelbegriff

Nur für den Fall, dass »die Beschaffenheit nicht vereinbart ist« wird vom Gesetz in § 633 Abs. 2 S. 2 BGB geregelt, dass sich das vom Unternehmer hergestellten Werk für den nach dem Vertrag vorausgesetzten oder für den gewöhnlichen Verwendungszweck als Voraussetzung der Mangelfrei- 36

40 BGH, 17.05.1984 – VII ZR 169/82, BGHZ 91, 206 = NJW 1984, 2457 = BauR 1984, 510; BGH, 06.05.1985 – VII ZR 304/83, BauR 1985, 567; BGH, 19.01.1995 – VII ZR 131/93, NJW-RR 1995, 472 = BauR 1995, 230; BGH, 09.07.2002 – X ZR 242/99, NZBau 2002, 611; OLG Brandenburg, 21.12.2006 – 12 U 160/05, IBR 2007, 305; OLG Hamm, 19.07.2006 – 12 U 155/03, IBR 2007, 421. Zu § 633 Abs. 2 BGB: OLG Hamm, Urt. v. 27.09.2012 – I-17 U 170/11, NJW 2013, 545 = NZBau 2013, 110.

41 Herchen, NZBau 2007, 139, m.w.N.; Zimmermann, NZBau 2009, 633 (635, 636).

42 Dazu Langen, in: FS Dauner-Lieb, 2025, S. 639 ff.

43 OLG Celle, 16.05.2013 – 13 U 11/09, BauR 2016, 840.

44 OLG München, 14.06.2005 – 28 U 1921/05, IBR 2006, 269; OLG Stuttgart, 17.10.2011 – 5 U 43/11, NJW 2012, 539. Zu einschaligen Trennwänden zwischen als »Reihenhäuser in Form von Wohnungseigentum« veräußerten Wohneinheiten: BGH, 20.12.2012 – VII ZR 209/11, NJW 2013, 684 = NZBau 2013, 244 = BauR 2013, 624 Rn. 23.

45 BGH, 04.06.2009 – VII ZR 54/07, NJW 2009, 2439 = NZBau 2009, 648 = BauR 2009, 1288 Rn. 14/15; OLG München, 19.05.2009 – 9 U 4198/08, BauR 2012, 266. Zu praktischen Konsequenzen daraus: Zimmermann, NZBau 2009, 633 (635, 636); BGH, Beschl. v. 15.02.2023 – VII ZR 174/21.

46 Langen, a.a.O.

47 OLG Schleswig, 25.08.2023 – 1 U 85/21.

heit eignen muss. Dies könnte zu der Annahme führen, dass es für die Parteien im Rahmen der Beschaffenheitsvereinbarung sowohl möglich ist, eine Beschaffenheitsvereinbarung unterhalb des Mindeststandards der anerkannten Regeln der Technik zu vereinbaren (dazu vorstehend Rdn. 35) als auch eine Beschaffenheit festlegen zu können, die nicht eine vertraglich vorausgesetzte oder zumindest gewöhnliche Verwendung der Werkleistung ermöglicht. Allerdings würde eine solche Vereinbarung dem in § 633 Abs. 2 S. 1 BGB statuierten Modell des subjektiven Fehlerbegriffs zuwiderlaufen. Aufgrund dessen hatte bereits die Rechtsprechung zu § 633 Abs. 1 BGB a.F. einen Fehler schon dann angenommen, wenn das Werk seine vereinbarte oder nach dem Vertrag vorausgesetzte Funktion nicht erfüllte.[48] Dieser **funktionale Mangelbegriff** wird auch von der heute herrschenden Meinung zur aktuellen Fassung des § 633 BGB beibehalten.[49] Die Bestimmung des vertraglich geschuldeten Erfolgs erfolgt also nicht allein durch die vereinbarte Leistung oder Ausführungsart, sondern auch danach, welche Funktion das Werk nach dem Parteiwillen verwirklichen soll. Danach liegt eine Abweichung von der vereinbarten Beschaffenheit auch bei Einhaltung der für das Werk ausdrücklich definierten Beschaffenheitsmerkmale vor (z.B. eine bestimmte Wärmeleistung einer Heizungsanlage oder eine konkret festgelegte Tragfähigkeit einer Betondecke), wenn die vereinbarten Beschaffenheitsmerkmale nicht die Funktion des Werkes, die vereinbart oder nach dem Vertrag vorausgesetzt wurde, erfüllen.[50]

37 Die Rechtsprechung zum funktionalen Mangelbegriff unterliegt auch kritischen Stimmen. Zum einen wird beanstandet, dass das Risiko der Funktionstauglichkeit des Werkes auch dann auf den Unternehmer übertragen würde, wenn der Besteller aufgrund einer von ihm veranlasster, fehlerhaften Leistungsbeschreibung für die Diskrepanz zwischen Beschaffenheitsvereinbarung einerseits und Funktionsfähigkeit des Werks andererseits verantwortlich ist oder der Unternehmer bei den von ihm übernommenen Leistungspflichten inhaltlich nicht die Ursache des Funktionsmangels zu verantworten hat.[51] Zum anderen führe die Bestimmung des Mangels durch die unterschiedlichen, in einer Stufenfolge zu prüfenden Tatbestände zu einem »Einheitstatbestand«, wenn die Verwendungstauglichkeit stets in die Beschaffenheitsvereinbarung nach Abs. 2 S. 1 »hineingelesen« werde.[52]

38 Überzeugend ist die Kritik am funktionalen Mangelbegriff jedoch nicht, Denn schon nach der alten Fassung des § 633 Abs. 1 BGB hatte der Unternehmer die Pflicht, bei der Herstellung des Werks dafür zu sorgen, dass es die zugesicherten Eigenschaften hatte *und* dem Wert entsprach bzw. sich auch für die gewöhnliche oder nach dem Vertrag vorausgesetzte Verwendung eignete. Darauf aufbauend bestimmte § 633 Abs. 2 S. 1 BGB a.F., dass der Besteller bei Abweichung des Werks von »dieser Beschaffenheit« die Mangelbeseitigung verlangen konnte. Nach alter Gesetzeslage umfasste

48 BGH, 16.07.1998 – VII ZR 350–96, BGHZ 139, 244 (247); BGH, 15.10.2002 – X ZR 69/01, NJW 2003, 200; BGH, 25.01.2007 – VII ZR 41/06, NJW-RR 2007, 597 (598) Rn. 12.

49 Grdl. BGH, 08.11.2007 – VII ZR 183/05, BGHZ 174, 110, 115 Rn. 15 ff.; bestätigt durch BGH, 15.05.2013 – VII ZR 257/11, BGHZ 197, 252, 255 Rn. 12; BGH, 08.05.2014 – VII ZR 203/11, BGHZ 201, 148, 152 Rn. 14 ff.; BGH, 30.06.2011 - VII ZR 109/10, NJW 2011, 2644 (2645) Rn. 8; BGH, 29.09.2011 - VII ZR 87/11, NJW 2011, 3780 Rn. 11; ebenso OLG Brandenburg, 30.03.2011 - 13 U 16/10, BauR 2011, 1341, 1342; OLG Brandenburg, 13.02.2014 – 12 U 133/13, NJW-RR 2014, 1047 (1048); OLG Stuttgart, 10.09.2008 – 3 U 48/08, BauR 2010, 98; OLG Oldenburg, 21.08.2018 – 2 U 62/18, NJW 2019, 83; OLG Hamburg, 28.09.2018 – 11 U 128/17, NJW-RR 2019, 336; OLG Hamm, 08.02.2018 – 21 U 95/15, NZBau 2018, 744; OLG Celle, 01.03.2019 – 8 U 188/18, IBR 2020, 637; BeckOK BGB/Voit, § 633 Rn. 11; MüKo-BGB/Busche, § 633 Rn. 14; Grüneberg/Retzlaff, BGB, § 633 Rn. 5; i.Erg. auch Leupertz/Halfmeier, in: PWW, BGB, § 633 Rn. 20 ff.; a.A. Peters/Jacoby, in: Staudinger, BGB, § 633 Rn. 184a; zweifelnd für den Fall einer detaillierten Leistungsbeschreibung des Bestellers auch Leupertz, in: FS Dauner-Lieb 2025, 651 ff.

50 BGH, 30.06.2011 – VII ZR 109/10, NJW 2011, 2644 (2645) Rn. 8; 2011, 3780 Rn. 11; OLG Brandenburg, 13.02.2014 – 12 U 133/13, NJW-RR 2014, 1047 (1048); OLG Oldenburg, 21.08.2018 – 2 U 62/18, NJW 2019, 83; OLG Brandenburg, 28.09.2023 – 10 U 21/23.

51 Ganten, NZBau 2011, 559; Markus, NZBau 2010, 604 (606 f.); Ostendorf, NZBau 2009, 360 (361); Sass, NZBau 2013, 132 (134 ff.); Vgl. Krause/Schroeder, NZBau 2017, 402.

52 Faust, BauR 2013, 363, 365; ähnlich Sass, NZBau 2013, 132 (134 ff.).

die vereinbarte Beschaffenheit beim herzustellenden Werk also nicht nur die zugesicherten Eigenschaften, sondern *auch* die nach dem Vertrag vorausgesetzte oder die gewöhnliche Gebrauchstauglichkeit. Konsequenterweise wurde von der Rechtsprechung daraus gefolgert, dass der Unternehmer grundsätzlich die Pflicht zur Herstellung eines funktionstauglichen und zweckentsprechenden Werks habe.[53]

Bereits dies spricht dafür, dass der Gesetzgeber im Rahmen der Neufassung des § 633 Abs. 2 BGB 39 die vom Unternehmer geschuldete Funktionstauglichkeit der Werkleistung nicht ändern wollte.

Auch die Gesetzesbegründung zu § 633 Abs. 2 BGB bestätigt die Beibehaltung des funktionalen 40 Mangelbegriffs, dessen Abs. 2 S. 1 auch identisch mit § 434 Abs. 1 S. 1 BGB (a.F.) ist. Für das Kaufrecht wurde vom Gesetzgeber konstituiert, dass bei einer vertraglich vorausgesetzten Verwendung »häufig eine vereinbarte Beschaffenheit der Kaufsache im Sinne des § 434 Abs. 1 S. 1 [...] anzunehmen sei«.[54] Inzwischen ist vom BGH mehrfach bestätigt worden, dass bei Auslegung der Beschaffenheitsvereinbarung keine neuen Maßstäben angelegt werden sollten.[55] Somit stellen die nach dem Vertrag vorausgesetzte Verwendung und die vereinbarte Beschaffenheit also »zwei Seiten derselben Medaille« dar.[56] Denn im Sinne von § 631 Abs. 2 BGB beschreibt sowohl die ausdrückliche Vereinbarung der Beschaffenheit als auch die Vereinbarung des Verwendungszwecks den mit dem versprochenen Werk geschuldeten Erfolg. Für den Fall einer fehlenden Beschaffenheitsvereinbarung entschied der BGH folgerichtig, dass vom Besteller redlicherweise erwartet werden könne, dass das Werk die Qualitäts- und Komfortstandards vergleichbarer anderer, zeitgleich fertiggestellter Bauwerke erfülle, denn üblicherweise erfolge die Zusicherung solcher Standards durch den Unternehmer stillschweigend bei Vertragsschluss.[57]

Zusammenfassend: Das vom Unternehmer hergestellte Werk erfüllt also nicht die vereinbarte 41 Beschaffenheit, wenn das Werk nicht die entweder ausdrücklich oder zumindest konkludent vereinbarte Funktionstauglichkeit aufweist.[58] Eine Aufspaltung zwischen Beschaffenheitsvereinbarung einerseits und geschuldeter Funktionstauglichkeit andererseits ist also unzulässig[59]. Die Rechtsprechung hat also zu Recht auch in der aktuellen Fassung des § 633 Abs. 2 S. 1 BGB die Fortführung des funktionalen Mangelbegriffs befürwortet, gleichermaßen für die gleichlautende Fassung des § 13 Abs. 1 VOB/B.[60] (Zu aktuellen Rechtsprechungsbeispielen des funktionalen Mangelbegriffs vgl. Rdn. 59).

b) Neuregelung des § 650b Abs. 1 S. 1 Nr. 2 BGB

Auch die seit dem 01.01.2018 gültige Bestimmung des § 650b Abs. 1 S. 1 Nr. 2 BGB bestätigt 42 indirekt den funktionalen Mangelbegriff.[61] Hiernach kann der Besteller Änderungen der vereinbarten Leistung begehren und nach Abs. 2 notfalls anordnen, wenn diese Änderungen zur Herbeiführung des vereinbarten Erfolgs notwendig sind.

---

53 BGH, 16.07.1998 – VII ZR 350–96, BGHZ 139, 244 = NJW 1998, 3707 = BauR 1999, 37; BGH, 11.11.1999 – VII ZR 403/98, NJW-RR 2000, 465 = NZBau 2000, 74 und 198 = BauR 2000, 411; BGH, 25.01.2007 – VII ZR 41/06, NZBau 2007, 243 = BauR 2007, 700.

54 BT-Drucks. 14/6040, S. 213.

55 BGH, 08.11.2007 – VII ZR 183/05, NJW 2008, 511 = NZBau 2008, 109 = BauR 2008, 344.

56 Mundt, NZBau 2003, 73.

57 BGH, BGHZ 139, 16 = NJW 1998, 2614 = BauR 1998, 872.

58 BGH, NJW 2008, 511 = NZBau 2008, 109 = BauR 2008, 344; BGH, NJW 2014, 3365 = NZBau 2014, 492 = BauR 2014, 1291.

59 Weyer, NZBau 2012, 775; Weyer, Blog-Eintrag vom 25.06.2013, in: ibr-OK; Kandel, NJW 2013, 3069 (3070), bei III.1.

60 BGH, 29.09.2011 - VII ZR 87/11, NJW 2011, 3780 = NZBau 2011, 746 = BauR 2012, 115.

61 So zutreffend auch Kniffka, BauVertrR § 633 Rn. 49.

43 Die Gesetzesbegründung nennt drei denkbare Anwendungsfälle dieser Norm: Der erste Fall ist eine Änderung der Rechtslage oder der behördlichen Vorgaben nach Abschluss des Vertrages, der zweite eine Änderung der anerkannten Regeln der Technik noch vor der Abnahme und der dritte eine erforderliche Änderung, wenn eine funktionstauglichen Leistung durch die dem Vertrag zugrunde liegende Planung oder Leistungsbeschreibung nicht erreicht werden kann.[62] Eine dem Vertrag zugrunde liegende, fehlerhafte Planung oder Leistungsbeschreibung stellt üblicherweise eine Beschaffenheitsvereinbarung i.S.v. § 633 Abs. 2 S. 1 BGB dar. Die Funktionalität der Leistung würde hierbei nicht erreicht, wäre der Unternehmer nur zur »wortgetreuen« Ausführung der fehlerhaften Planung oder Leistungsbeschreibung verpflichtet. § 650b Abs. 1 S. 1 Nr. 2 BGB verdeutlicht durch die »notwendigen Änderung« also, dass der Gesetzgeber selbst unbeschadet der konkreten Beschaffenheitsvereinbarung dem Besteller ein Leistungsänderungsrecht zubilligt, um die Funktionalität und damit Mängelfreiheit der Leistung zu erreichen.

c) Vorrang des Parteiwillens

44 Der Gesetzeszweck, der durch § 650b Abs. 1 S. 1 Nr. 2 BGB für Bauverträge, nach dem Rechtsgedanken aber auch für alle anderen Arten von Werkverträgen zum Ausdruck kommt, spiegelt gleichzeitig auch die **Dispositionsfreiheit der Parteien wider.** Bei mangelhaften Leistungsbeschreibungen oder Planungen im Werk- oder Bauvertrag, die ohne Korrektur zu einem Funktionsdefizit führen würden, hat der Besteller ein Wahlrecht, entweder durch sein Änderungsverlangen, notfalls durch Änderungsanordnung den vereinbarten Werkerfolg der Mängelfreiheit herbeizuführen, notfalls gegen eine nach § 650c BGB zu bemessende Zusatzvergütung, wenn der Mangel der Beschaffenheitsvereinbarung in der Planungsverantwortung des Bestellers liegt,[63] oder er kann es auch bei der Fehlerhaftigkeit belassen und nimmt zur Vermeidung einer Zusatzvergütung mit dem Werkmangel vorlieb. Bei erforderlichen Leistungsänderungen für eine Funktionstauglichkeit des Werks ist der Besteller also lediglich *berechtigt, nicht* aber *verpflichtet* (auch nicht im Sinne einer Obliegenheit), diese korrigierende Leistungsänderung zu verlangen und im Fall fehlender Einigung anzuordnen. Im Falle von Kenntnis des Bestellers, entweder durch Bedenkenhinweis[64] des Unternehmers oder anderweitig, dass die gewünschte und nach dem funktionalen Mangelbegriff stillschweigend vereinbarte Funktionstauglichkeit der Werkleistung mit der zugrundeliegenden Leistungsbeschreibung oder Planung nicht erreicht wird, kann er sich dennoch dafür entscheiden, es bei dem bisherigen Vertragsinhalt zu belassen. Zwar entsteht dann im Sinne der Mangeldefinition des § 633 Abs. 2 BGB eine mangelhafte Leistung, allerdings ist der Unternehmer je nach Einzelsachverhalt für diese dann nicht verantwortlich (vgl. § 635 Rdn. 90).

45 Jedoch ergibt sich daraus, dass, wenn die Parteien *in Kenntnis der fehlenden oder unzureichenden Funktionstauglichkeit* eine bestimmte Art und Weise der Herstellung des Werks vereinbaren, dann (ausnahmsweise) nicht von einer stillschweigenden Beschaffenheitsvereinbarung im Sinne einer geschuldeten Funktionstauglichkeit der Werkleistung ausgegangen werden kann. Die ausdrückliche Beschaffenheitsvereinbarung hat in diesem Ausnahmefall dann Vorrang.[65] Ein Beispielsfall dafür ist, wenn vom Unternehmer nur die Herstellung eines Teilwerks im Rahmen eines größeren Projekts geschuldet ist und der Besteller aufgrund seiner eigenen Sachkunde die Voraussetzungen für die Funktionstauglichkeit des Werks besser beurteilen kann als der Unternehmer selbst. Hier wird vom Besteller das mit der konkreten Beschaffenheitsvereinbarung mit dem Unternehmer einhergehende Risiko übernommen, dass das Teilwerk nicht den von ihm vorgesehenen Zweck erfüllen kann. Auch

62 Näher BT-Drucks. 18/8486 S. 54; dazu ausführlich § 650b BGB Rdn. 35 ff.; Kniffka, BauVertrR § 633 Rn. 49 ff.

63 Liegt der Fehler in der Planungsverantwortung des Unternehmers, so erhält dieser nach § 650c Abs. 1 S. 2 BGB für die Leistungsänderung keine Vergütung.

64 Zum notwendigen Inhalt eines Bedenkenhinweises: OLG Düsseldorf, 16.12.2022 – I 22 U 113/22, BauR 2023, 1125.

65 So auch Leupertz, in: FS Dauner-Lieb 2025, 651 ff.

wenn der Besteller trotz eines entsprechenden Hinweises des Unternehmers auf inzwischen geänderte anerkannte Regeln der Technik entscheidet, es bei der Ausführung der dem Vertrag zugrundeliegenden, überholten Regeln der Technik zu belassen, übernimmt er das Risiko dafür[66] (vgl. Rdn. 86).

II. Vereinbarte Beschaffenheit – § 633 Abs. 2 S. 1 BGB

1. Voraussetzungen

a) Parteivereinbarung

Die Wortwahl des Gesetzgebers »*vereinbarte Beschaffenheit*« verdeutlicht, dass die Parteien die Anforderungen an die vertragsgemäße Beschaffenheit selbst definieren können. Dementsprechend sind die Anforderungen vielfältig und richten sich primär nach der Natur der Werkleistung sowie den Vorstellungen der Parteien. An erster Stelle stehen hierbei typischerweise die physischen Eigenschaften des Werks wie Größe (Länge, Fläche, Kubatur), Gewicht, Material, Aussehen und Gestaltung, eine bestimmte Ausführungsart oder, bei Planungsleistungen, auch die Baukosten.[67] Weiterhin kann auch eine Einbindung des Werks in seine Umgebung wie z.B. die Gründungsverhältnisse des zu bebauenden Grundstücks, die Wasserverhältnisse, Windverhältnisse usw. entweder ausdrücklich als Beschaffenheitsvereinbarung vertraglich festgehalten werden oder über die vom Unternehmer geschuldete Funktionalität der Leistung zum stillschweigenden Beschaffenheitsmerkmal werden (vgl. Rdn. 36). 46

b) Fertigstellungstermin als Beschaffenheit

Ein Leistungsverzug des Unternehmers führt, wie bereits erläutert,[68] in aller Regel nicht zu einem Sach- oder Rechtsmangel seiner Leistung. Wenn im Einzelfall allerdings ein bestimmter *Fertigstellungstermin* als Voraussetzung für die Vertragsgemäßheit der Leistung vereinbart wurde, kann die Rechtzeitigkeit der Herstellung des Werks ausnahmsweise Beschaffenheitsmerkmal sein.[69] Auch die frühere Norm des § 636 BGB a.F. sah für den Fall der verspäteten Herstellung der Werkleistung vor, die Vorschriften über Wandlung und Minderung anzuwenden.[70] Auch wenn die Vorschrift nicht in das aktuelle Werkvertragsrecht übernommen wurde, lässt sich hieraus schlussfolgern, dass es für die Parteien möglich ist, den Zeitpunkt der Fertigstellung zum Gegenstand der vertraglichen Beschaffenheitsvereinbarung zu machen. Wurde die Einhaltung eines bestimmten Fertigstellungstermins also im Einzelfall als vertragsgemäße Beschaffenheit vereinbart, so hat der Besteller bei Überschreitung des Termins Mängelansprüche, insbesondere das Recht zur Selbstvornahme, zum Rücktritt oder zur Minderung, ohne dass es gemäß § 286 BGB auf Verschulden des Unternehmers ankäme.[71] Wichtig ist allerdings, dass sich aus der Vereinbarung der Parteien hinreichend deutlich ergeben muss, dass der bestimmte Fertigstellungstermin nicht nur eine feste Leistungszeit des Unternehmers darstellen soll, sondern dass der Leistungstermin Teil der Beschaffenheitsvereinbarung ist. 47

c) Kein Wesentlichkeitskriterium

Im Falle einer konkreten Beschaffenheitsvereinbarung der Werkleistung durch die Parteien, stellt grundsätzlich **jede Abweichung einen Sachmangel dar.** Dabei spielt es keine Rolle, ob durch die 48

---

66 Vgl. BGH, 14.11.2017 – VII ZR 65/14, NZBau 2018, 207.

67 BGH, 21.11.2013 – VII ZR 275/12, NJW 2014, 620 Rn. 11; Kostenüberschreitungen können vor allem bei Planungsleistungen zu einem Werkmangel führen; vgl. BGH, 21.03.2013 – VII ZR 230/11, NJW 2013, 1593; OLG München, 08.08.2017 – 9 U 3652/16, BeckRS 2017, 144979 Bau: Vorliegen eines Schallschutzmangels bei Geräuschen im niederfrequenten Bereich.

68 Vgl. oben Rdn. 25.

69 Vgl. KG, 16.02.2018 – 21 U 66/16, NJW 2018, 3721; Langen, NZBau 2009, 145 (146); a.A. Grüneberg/Retzlaff, BGB, § 633 Rn. 3; BeckOK BGB/Voit, § 633 Rn. 6.

70 Vygen/Joussen/Lang/Rasch, Bauverzögerung und Leistungsänderung (2015), Teil A Rn. 3.

71 Langen, NZBau 2009, 145 (146).

Abweichung der Wert oder die Verwendungseignung gemindert ist.[72] Weitere Voraussetzungen an die Bestimmung eines Mangels sind in diesem Fall nicht zu stellen, da ansonsten das vertraglich definierte Äquivalenzverhältnis von Leistung und Gegenleistung gefährdet würde. Denn im Gegenzug für die versprochene Vergütung, erhält der Besteller das Werk genau mit den vereinbarten Beschaffenheitsmerkmalen. Das ist auch der Grund, warum man einen Sachmangel mit dieser Grundkonzeption bei unwesentlichen Abweichungen der Ist-Beschaffenheit von der vereinbarten Beschaffenheit nicht verneinen kann.[73] Sind also bestimmte Merkmale der geschuldeten Werkleistung als vereinbarte Beschaffenheit definiert, bedeutet jede Abweichung einen Sachmangel i.S.v. § 633 Abs. 2 S. 1 BGB. In welchem Umfang sich die Abweichung objektiv oder auch subjektiv auf die Gebrauchsabsichten des Bestellers auswirkt, ist dabei nicht maßgeblich. Ob ein Mangel objektiv betrachtet »wesentlich« ist, ist grundsätzlich nur relevant, um zu klären, welche Mängelrechte dem Besteller zustehen (vgl. § 640 Abs. 1 S. 2 BGB; §§ 634 Nr. 1, 635 Abs. 3 BGB; §§ 634 Nr. 3, 323 Abs. 5 S. 2 BGB; §§ 634 Nr. 4, 281 Abs. 1 S. 3 BGB).[74]

49 Ansonsten kommen allenfalls nach Treu und Glauben vom Besteller hinzunehmende Abweichungen[75] oder Unregelmäßigkeiten[76] infrage wie z.B.

50 – das optisch nicht zu bemerkende, nur messtechnisch erfassbare ungleichmäßige Gefälle von Fenstersimsen,[77]
– optisch nicht wahrnehmbare, lediglich messtechnisch identifizierbare Unebenheiten eines Dachgeschossbodens,[78]
– kaum sichtbare Verschmutzungen und Bewitterungsspuren an Leimholzbindern der von unten einsehbaren offenen Dachkonstruktion eines Supermarktneubaus[79] oder
– vereinzelte Haarrisse in Putzflächen.[80]

51 Davon unabhängig erfolgt die Beurteilung, ob eine **Abweichung zugunsten des Bestellers** auch einen Sachmangel darstellt. Mangels Dispositionsbefugnis des Unternehmers, dem Besteller eine vermeintlich bessere Leistung zu verschaffen, muss man dies grundsätzlich bejahen.[81] Wenn allerdings z.B. eine Nutzlast der herzustellenden Bodenplatte von 5.000 kN/qm vereinbart worden ist und der Unternehmer eine Bodenplatte mit einer Nutzlast von 5.900 kN/qm herstellt, so wird eine Auslegung der Parteivereinbarung im Zweifel ergeben, dass eine *Mindestnutzlast* als entsprechende Beschaffenheit vereinbart worden ist, so dass bei Überschreitung kein Sachmangel anzunehmen ist.[82]

---

72 OLG Bremen, 07.11.2007 – 1 U 40/07, MDR 2008, 382; OLG Celle, 06.02.2003 – 5 U 159/02, BauR 2003, 1408; OLG Celle, 11.06.2008 – 14 U 213/07, BauR 2008, 1637, 1638; OLG Düsseldorf, 03.07.2012 - I-21 U 150/09, NZBau 2012, 640 (641); Grüneberg/Retzlaff, BGB, § 633 Rn. 7; Leupertz/Halfmeier, in: PWW, BGB, § 633 Rn. 15, 22; Jauernig/Mansel, BGB, § 633 Rn. 4.

73 So aber BeckOK BGB/Voit, § 633 Rn. 7; wie hier dagegen OLG Celle, 11.06.2008 – 14 U 213/07, BauR 2008, 1637, 1638; Erman/Schwenker, BGB, § 633 Rn. 14; Grüneberg/Retzlaff, BGB, § 633 Rn. 7; für eine Beschränkung der Einstandspflicht des Unternehmers unter dem Gesichtspunkt von Treu und Glauben, wenn keinerlei berechtigtes Interesse des Bestellers an der Einhaltung der vertraglichen Vorgaben besteht, OLG Düsseldorf, 03.07.2012 - I-21 U 150/09, NZBau 2012, 640 (641); MüKo-BGB/Busche, § 633 Rn. 9 (bei ganz geringfügiger Abweichung); BGH, 30.07.2015 – VII ZR 70/14, NJW-RR 2015, 1300.

74 OLG Celle, 11.06.2008 – 14 U 213/07, BauR 2008, 1637, 1638; Grüneberg/Retzlaff, BGB, § 633 Rn. 7.

75 OLG Köln, 19.12.1990 – 24 U 226/89, BauR 1992, 634; BeckOK BGB/Voit, § 633 Rn. 7.

76 Im Sinne von Oswald: Vgl. dazu Zöller, IBR 2014, 647 (649).

77 OLG Stuttgart, 23.03.1994 – 9 U 275/93, BauR 1994, 519.

78 Vgl. KG, 15.09.2009 – 7 U 120/08, BauR 2010, 634, welches zu Unrecht einen Mangel annimmt und gleichwohl eine Minderung verneint.

79 OLG Schleswig, 10.02.2012 – 1 U 20/11, IBR 2012, 326.

80 Zöller, IBR 2014, 389 (390).

81 OLG Düsseldorf, 03.07.2012 – I-21 U 150/09, IBR 2012, 639; OLG Stuttgart, 04.04.2006 – 12 U 205/05, IBR 2008, 1056.

82 I.E. zutreffend OLG Koblenz, 23.02.2017 – 6 U 150/16, IBR 2020, 120 m. krit. Anm. Rehbein.

Dort, wo die Abweichung von der vereinbarten Beschaffenheit »nach oben« allerdings auch nachteilig für den Besteller sein könnte,[83] ist die Abweichung von der Beschaffenheitsvereinbarung im Zweifel als Mangel einzustufen. Je nach Einzelfall kann bei der Überschreitung der vereinbarten Beschaffenheit natürlich fraglich sein, ob mit der Herstellung der vereinbarten Beschaffenheitsmerkmale ein unverhältnismäßiger Aufwand im Sinne von § 635 Abs. 3 BGB verbunden ist.

d) Bloße Beschreibung der Leistungserbringung

Wichtig und im Einzelfall zu prüfen ist, ob bei umfangreichen Beschaffenheitsvereinbarungen wie z.B. bei Leistungsbeschreibungen in Bauverträgen »jedes einzelne Wort« eine Beschaffenheitsvereinbarung darstellt, die erfüllt sein muss, um eine Mängelfreiheit zu gewährleisten oder ob es sich tatsächlich nur um Umschreibungen handelt, die für den vom Unternehmer geschuldeten *Leistungsinhalt* nicht weiter relevant sind (näher Rdn. 57). 52

Für eine Beschaffenheitsvereinbarung i.S.v. § 633 Abs. 2 S. 1 BGB genügt eine *einfache Willensübereinstimmung* der Vertragsparteien und damit jede übereinstimmende Erklärung, die zu einer bestimmten Eigenschaft des Werkes führen soll. *Konkludente* Beschaffenheitsvereinbarungen sind dabei auch möglich.[84] Solche lassen sich insbesondere aus erläuternden und präzisierenden Aussagen der Vertragsparteien ermitteln, aber auch aus sonstigen vertragsbegleitenden Umständen oder einem von den Parteien vorausgesetzten, besonderen Verwendungszweck.[85] Aus diesem Grund lassen sich Sachmängel aufgrund fehlender Beschaffenheitsvereinbarung sowie Sachmängel aufgrund fehlender Eignung für die nach dem Vertrag vorausgesetzte Verwendung i.S.v. § 633 Abs. 2 S. 2 Nr. 1 BGB im Einzelfall schwer voneinander trennen. 53

Zum einen ist eine *Zusicherung* durch den Unternehmer für eine konkrete Beschaffenheit nicht erforderlich, zum anderen führt nicht jede vom Besteller unwidersprochen hingenommene Äußerung des Unternehmers zu einer Beschaffenheitsvereinbarung. Ein Beispiel dafür sind Werbeaussagen des Unternehmers, die erkennbar nicht Vertragsinhalt werden sollen. 54

Bei Formbedürftigkeit eines Werkvertrags, beispielsweise weil er im Zusammenhang mit einem Grundstücksgeschäft nach § 311b BGB abgeschlossen wird, erstreckt sich die Formvorschrift auch auf die Beschaffenheitsvereinbarung.[86] 55

Maßgeblich bei Beschaffenheitsvereinbarungen ist nicht, ob die Beschreibung der Beschaffenheit der geschuldeten Leistung im Vertrag selbst oder in einer Anlage zum Vertrag zu finden ist. Letzteres kommt häufig bei Planungs- und Bauverträgen vor, dort werden häufig entsprechende Leistungsbeschreibungen und damit verbunden auch verschiedenste Beschaffenheitsvereinbarungen in Anlagen zum Vertrag festgehalten. Ebenso irrelevant ist die Qualität der Beschaffenheitsvereinbarung. Bauleistungen werden traditionell und auch den Vorgaben des Vergaberechts folgend regelmäßig entweder aufgrund einer Leistungsbeschreibung mit Leistungsverzeichnis (§ 7b VOB/A) oder aufgrund einer Leistungsbeschreibung mit Leistungsprogramm (§ 7c VOB/A) vereinbart. Bei detaillierten Leistungsbeschreibungen mit Leistungsverzeichnis bei Bauverträgen (oder auch jedem anderen Werkvertrag) stellen die umfassend beschriebenen Einzelleistungen üblicherweise Beschaffenheitsvereinbarungen für die vom Unternehmer zu erbringenden Leistungen jedenfalls insoweit dar, als sie nicht allein das Herstellverfahren oder Bauzustände betreffen, sondern das »Endprodukt« der Planung oder der Bauleistung selbst. Schwieriger zu ermitteln sind Art und Umfang von Leistungen, 56

83 Z.B. Einbau eines leistungsfähigeren Aggregats, das aber auch einen höheren Energieverbrauch hat oder höhere Wartungskosten verursacht.

84 BGH, 09.07.2002 – X ZR 242/99, NJW-RR 2002, 1533 (1534); BGH, 14.11.2017 – VII ZR 65/14, NJW 2018, 391; OLG Hamburg, 19.02.2015 – 4 U 111/13, NJW 2016, 412.

85 BGH, 14.06.2007 – VII ZR 45/06, BGHZ 172, 346, 351 Rn. 25; vgl. auch OLG Hamm, 29.05.2007 – 21 U 73/06, NZBau 2007, 715 (716) (Vereinbarung über die Beschaffenheit einer Eigentumswohnung durch Bezugnahme auf die Teilungserklärung).

86 Grüneberg/Retzlaff, BGB, § 633 Rn. 5; BeckOK BGB/Voit, § 633 Rn. 7.

die bei Bau- oder sonstigen Werkleistungen des Unternehmers nur durch ein Leistungsprogramm und damit »funktional« beschrieben sind. Diese geschuldeten Beschaffenheitsmerkmale müssen durch Auslegung der entsprechenden Leistungsbeschreibung einzelfallgerecht ermittelt werden. Da der Unternehmer bei Vereinbarung einer funktionalen Leistungsbeschreibung letztlich nur die zweckentsprechende Funktion der Werkleistung schuldet, soweit nicht konkrete Beschaffenheitsmerkmale festgelegt sind, kann der Unternehmer im Rahmen der Funktionalität die Einzelheiten seiner Leistung selbst festlegen und damit auch optimieren, wenn die geschuldete Funktion gewährleistet ist. (näher § 650b BGB Rdn. 14 ff.). Das gilt auch, wenn das Leistungsprogramm vom Unternehmer stammt.

57 Sowohl bei detaillierter wie auch funktionaler Leistungsbeschreibung ist jedoch Voraussetzung, dass die Leistungsbeschreibung verbindlich vereinbart worden ist, Abweichungen seitens des Unternehmers also nur einvernehmlich erfolgen dürfen. Abzulehnen ist die Ansicht, wonach eine Beschaffenheitsvereinbarung durch Angaben im Leistungsverzeichnis eher zurückhaltend angenommen wird, weil sonst jede im Ergebnis unbedeutende Abweichung einen Mangel begründen würde.[87] Wie oben ausgeführt, stellen auch unwesentliche Abweichungen (Rdn. 48) einen Mangel dar, Voraussetzung ist natürlich das Vorliegen einer verbindlichen Beschaffenheitsvereinbarung.[88] Je detaillierter die Leistungsbeschreibung ist, desto höher ist das Risiko, dass z.B. Detailbeschreibungen für die Herstellung bestimmter Teilleistungen nicht »nach Punkt und Komma« genau entsprechend dem Leistungsverzeichnis ausgeführt werden (müssen), eben weil sie für die fertiggestellte Leistung und deren Verwendbarkeit keine Rolle spielen. Maßgeblich ist in solchen Fällen also die Auslegung der Leistungsbeschreibung vom Empfängerhorizont des Unternehmers:[89]

58 Handelt es sich um eine funktionale Beschaffenheitsvereinbarung des Werks (insgesamt oder in Teilbereichen) durch die Parteien, z.B. durch vom Unternehmer einzuhaltende Schallschutzwerte[90] oder bzgl. einer bestimmten Tragfähigkeit eines Bohrpfahls oder einer Decke[91], ist durch die vereinbarte Beschaffenheit die Herstellung der entsprechenden Leistungswerte geschuldet. Wird durch die Leistungsbeschreibung gleichzeitig ein bestimmtes Herstellverfahren festgelegt, dessen Durchführung allerdings nicht die Funktionalität der Leistung berührt, führt die Abweichung durch den Unternehmer nicht zu einem Mangel.

e) Rechtsprechungsbeispiele

59 Nachfolgend eine Auflistung an Beispielen aus der Rechtsprechung zur Beschaffenheitsvereinbarung:
- Bei einer Beauftragung zur **Abdichtung eines Kellers** schuldet der Unternehmer dessen Trockenlegung.[92]

87 So aber OLG Schleswig, 13.03.2008 – 16 U 123/06, IBR 2008, 642.

88 OLG Celle, 11.06.2008 – 14 U 213/07, BauR 2008, 1637.

89 Beispiel:Der Unternehmer setzt andere Baubehelfe ein als im Leistungsverzeichnis vorgesehen, die Leistung selbst entspricht aber der Leistungsbeschreibung; oder: der Unternehmer weicht »nach oben« von der Beschaffenheitsvereinbarung ab, indem er an Stelle einer geschuldeten *Bodenverbesserung* eine *Bodenverfestigung* herstellt, die zu einer höheren Frostsicherheit des Bodens führt als die ausgeschriebene Leistung.

90 BGH, 14.05.1998 – VII ZR 184–97, BGHZ 139, 16, 18 f.; vgl. auch BGH, 14.06.2007 – VII ZR 45/06, BGHZ 172, 346, 350 Rn. 24 ff.; BGH, 04.06.2009 – VII ZR 54/07, BGHZ 181, 225, 229 Rn. 12 ff.; hierzu Boldt, NJW 2007, 2960; Kögl, BauR 2009, 154.

91 BGH, 09.01.2003 – VII ZR 181/00, NJW 2003, 1188: Vereinbart war die Errichtung einer Betondecke für ein Parkhaus mit einer bestimmten Güteklasse des Betons. Der Unternehmer verwendete hingegen Beton einer niedrigeren Güteklasse.

92 OLG Brandenburg, 13.02.2014 – 12 U 133/13, NZBau 2014, 767 = BauR 2014, 1155; OLG Celle, 16.05.2013 – 16 U 160/12, BauR 2014, 1326; ebenso OLG Düsseldorf, 26.03.2019 – 23 U 90/18, IBR 2020, 518.

- Die Pflicht, eine schlüsselfertige[93] Wohnanlage zu erstellen, beinhaltet die Pflicht, ein insgesamt mängelfreies Gebäude zu errichten; geschuldet wird, was nach den örtlichen und sachlichen Gegebenheiten jeder Fachmann als notwendig erachtet hätte, darunter fällt auch eine erforderliche **Abdichtung gegen drückendes Wasser**.[94]
- Aussagen eines Werbeprospekts zu Abdichtungswirkungen durch einen **Abdichtungsunternehmer** sind hinsichtlich der Beschaffenheit seiner Werkleistung verbindlich.[95]
- Droht bei Bauteilen ohne Vorbehandlung eine **Abplatzung**, dann ist auch die Vorbehandlung für eine mängelfreie Ausführung geschuldet.[96]
- In eine bestehende **Abwasserentsorgungsanlage** einzubauende Pumpstationen müssen mit dem zentralen Störmeldeerfassungssystem kompatible Störmeldeanlagen enthalten.[97]
- Zur Verfüllung von **Arbeitsräumen** verwandtes Material muss versickerungsfähig sein.[98]
- Wenn keine bestimmte Vereinbarung getroffen wurde, muss die Anlage elektrischer **Außenrollläden** vor Wohndachfenstern bei Frost zur Vermeidung von Beschädigungen fähig sein, automatisch abzuschalten.[99]
- Nach Regen darf sich auf **Balkonen** kein Wasser sammeln.[100]
- Aluminiumkonstruktionen an den **Balkonen einer Wohnanlage** dürfen keine lauten und störenden Knackgeräusche verursachen.[101]
- Der Dauerbetrieb für Motoren der Rührwerke in den Gärbecken einer **Biogasanlage** muss den erforderlichen Explosionsschutznachweis beinhalten.[102]
- Es ist auch dann bei **Blockheizkraftwerken** eine zuverlässige Wärme- und Warmwasserversorgung, dem Mindeststandard an zeitgemäßem Wohnen entsprechend, geschuldet, wenn ein auf Einsparung von Energie und Kosten besonders ausgerichtetes Konzept vereinbart ist.[103]
- Wird eine Fußgängerzone auch mit Kraftfahrzeugen befahrenen, sind Granitplatten als **Bodenbelag** ungeeignet.[104]
- Bei der Sanierung von Decken und Fußböden von Miethäusern in Kenntnis dieser Eigenschaft der Häuser, gehört die Einhaltung der für Mietshäuser geltenden **Brand- und Schallschutzregeln** zur **stillschweigend vereinbarten Beschaffenheit.**[105]

93 Zum Problem der Schlüsselfertigkeit im Einzelnen Kapellmann/Messerschmidt/Kapellmann, § 2 VOB/B Rn. 468; BGH, 10.05.2001 – VII ZR 248/00, NJW 2001, 2167 = NZBau 2001, 446 = BauR 2001, 1254.

94 BGH, 22.03.1984 – VII ZR 50/82, BGHZ 90, 344 = NJW 1984, 1676 = BauR 1984, 395; vgl. auch BGH, 14.02.2001 – VII ZR 176/99, BGHZ 147, 1 = NJW 2001, 1276 = NZBau 2001, 270 = BauR 2001, 823: Architekt muss notwendigen Schutz gegen drückendes Wasser vorsehen; OLG Frankfurt, 10.01.2002 – 16 U 106/01, IBR 2003, 71: in »wasserdichtem Stahlbeton« zu errichtende Tiefgarage muss auf Dauer dicht sein; OLG Hamm, 14.03.2006 – 21 U 115/05, IBR 2007, 130: bei dauerhafter Beanspruchung durch drückendes Wasser »weiße Wanne« geschuldet; OLG Brandenburg, 14.06.2006 – 13 U 18/04, IBR 2008, 90: Bitumendickbeschichtung als Abdichtung gegen drückendes Wasser mangelhaft; OLG Köln, 02.02.2022 – 11 U 44/21, NZBau 2022, 398: Abdichtung mangelhaft, wenn mit drückendem Wasser gerechnet werden muss. Falsch LG Potsdam IBR 2010, 1093 (nur online) mit kritischem Praxishinweis von Weyer.

95 OLG Düsseldorf, 27.01.2015 – I-22 U 154/14, IBR 2015, 129.

96 OLG München, 23.06.2016 – 27 U 2283/15, Bau IBR 2020, 121.

97 OLG Naumburg, 10.01.2008 – 2 U 125/07, IBR 2008, 641 = BauR 2009, 991.

98 OLG Düsseldorf, 08.05.2009 – I-22 U 184/08, IBR 2010, 446.

99 BGH, 25.01.2007 – VII ZR 41/06, NZBau 2007, 243 Rn. 15 = BauR 2007, 700.

100 OLG Köln, 24.07.2012 – 15 U 166/08, IBR 2013, 677.

101 KG, 20.01.2012 – 6 U 89/08, IBR 2013, 211.

102 OLG Koblenz, 04.04.2012 – 5 U 1229/11, IBR 2012, 704.

103 OLG Hamm, 20.10.2009 – 19 U 143/05, BauR 2010, 636.

104 KG, 19.12.2008 – 6 U 9187/00, IBR 2010, 445.

105 BGH, 16.07.1998 – VII ZR 350–96, BGHZ 139, 244 = NJW 1998, 3707 = BauR 1999, 37.

- Anforderungen an die Dichte eines Dachs können variieren: Bei Errichtung einer Produktions- und Lagerhalle muss das Dach auch bei stärkerem Regen mit Windeinfall dicht sein,[106] während für eine Reithalle die Anforderungen an die **Dachdichtigkeit** geringer sein können.[107]
- Ist eine Stahlhalle für den Betrieb von Hähnchenmastställen bestimmt, müssen die Fugen der **Dämmplatten** luftdicht verschlossen werden.[108]
- Bei der Pflicht zur Herstellung einer **»dichten Kellerabdichtung«**, besteht nur dann Mangelfreiheit des Werks, wenn es ausreichend vor eindringendem Wasser schützt.[109]
- Die **Durchgangshöhe** der Eingangstür in einem Neubau muss mindestens 1,93m betragen.[110]
- Die aus **Einscheiben-Sicherheits-Glas (ESG)**[111] bestehenden Scheiben eines Stahl-Glas-Dachs und einer Stahl-Glas-Fassade sollen nicht spontan brechen dürfen,[112] allerdings ist das technisch nicht zu verwirklichen.[113]
- Leitungen bei **Elektroinstallationen** sind so zu befestigen, dass eine Brandgefahr durch Überhitzung verhindert wird.[114]
- Mangelhaftigkeit bei einem neuen **Estrich** mit Bodenbeschichtung im Obergeschoss eines Betriebsgebäudes, in dem große Tanks mit Sirup stehen, besteht, wenn eine Abdichtung unter dem Estrich nicht vorhanden ist.[115]
- Bei der Beschreibung **»exklusives Einfamilienhaus«** mit »großzügigem Privatgarten« muss ein direkter Zugang zum Garten beinhaltet sein.[116]
- Wenn bei einer Anbringung von **Fassadenbeschichtung** ausdrückliche Arbeitsschritte vereinbart worden sind, ist keine Herstellung einer »dauerhaften Rissüberbrückung« oder das Auftragen einer bestimmten Menge Material oder einer bestimmten Schichtdicke geschuldet.[117]
- Eine Nutzung der Grundstücks-/**Garagenzufahrt** zum Haus des Bauherrn muss so geplant und angelegt werden, dass es möglich ist dort einzufahren ohne die gegenüberliegenden Stellplätze des Nachbarn nutzen zu müssen.[118] Dem gegenüber wird es nicht erwartet, dass sogar bei einer Doppelhaushälfte »für gehobene Ansprüche«, es möglich sein muss in einem Zug in die Garage einzufahren.[119]

---

106 BGH, 11.11.1999 – VII ZR 403/98, NJW-RR 2000, 465 = NZBau 2000, 74 und 198 = BauR 2000, 411.

107 OLG Saarbrücken, 13.10.2011 – 8 U 298/07–82, NZBau 2012, 113.

108 OLG Oldenburg, 07.12.2006 – 8 U 182/06, BauR 2008, 1457.

109 OLG Düsseldorf, 24.03.2015 – 21 U 62/14, BauR 2016, 2097.

110 LG Köln, 23.01.2009 – 37 O 57/07, IBR 2009, 704.

111 Vgl. zu dessen Problematik Mundt/Karimi-Auer/Skalicke, BauR 2009, 14; Rosse, BauR 2009, 908; OLG Dresden, BauR 2010, 915 m. Anm. von Mundt = BauR 2010, 1096.

112 OLG Stuttgart, 16.05.2007 – 4 U 23/07, NZBau 2007, 781. Differenzierend: LG Düsseldorf, 06.08.2009 – 1 O 472/08, IBR 2009, 580, und die dazu ergangene Revisionsentscheidung BGH, 08.05.2014 – VII ZR 203/11, NJW 2014, 3365 = NZBau 2014, 492 = BauR 2014, 1291 sowie hierzu Althaus, BauR 2014, 1369. Vgl. auch BGH, 09.07.2014 – VII ZR 161/13, NJW 2014, 3368 = NZBau 2014, 621 = BauR 2014, 1775 Rn. 19–24.

113 BGH, 08.05.2014 – VII ZR 203/11, NJW 2014, 3365 = NZBau 2014, 492 = BauR 2014, 1291 Rn. 23; dazu Althaus, BauR 2014, 1369.

114 OLG Naumburg, 05.09.2019 – 2 U 101/18, IBR 2021, 13.

115 OLG Bremen, 12.09.2007 – 5 U 71/06, BauR 2008, 1635.

116 OLG München, 15.03.2011 – 9 U 4665/10, BauR 2011, 1505.

117 OLG München, Beschl. v. 15.10.2015 – 28 U 1494/15 Bau, juris; a.A. Kau, IBR 2016, 448: Die Bauleistung ist auch dann mangelhaft, wenn die vereinbarte Ausführungsart nicht zu einer funktionstauglichen Leistung führt. Nach der Vertragsauslegung liegt es nahe, dass der Auftraggeber – für den Auftragnehmer erkennbar – eine dauerhafte Rissüberbrückung erreichen wollte, so dass ein Sachmangel zu bejahen ist.

118 OLG Hamm, 10.05.2010 – 17 U 92/09, NZBau 2011, 29 = BauR 2010, 1954.

119 OLG München, 07.08.2012 – 9 U 601/12, Bau IBR 2012, 579 mit kritischem Praxishinweis von Reichert.

- Zum leichten Abfluss von Oberflächenwasser muss die Hof- und Zugangsfläche einer Wohnanlage ein **Gefälle** vorweisen, wenn der Auftraggeber das nach den dem Vertrag zu Grunde liegenden Umständen, insbesondere dem vereinbarten Qualitäts- und Komfortstandard, erwarten kann.[120]
- Die Beschaffenheit von **Glasscheiben** für eine Fassade muss es dem Auftragnehmer ermöglichen, diese in bekannte Rahmenkonstruktion einfügen zu können, selbst wenn die anerkannten Regeln der Technik größere Geradheitstoleranzen vorsehen.[121]
- Ist ein Installateur beauftragt, einen fachgerechten Anschluss der Hausleitungen an die **Grundleitungen** herzustellen, schuldet er als Werkerfolg einen funktionierenden Anschluss der Souterrainwohnungen an die Grundleitungen mit Rückstauklappe.[122]
- Die Gebäudehülle, hier die **Hebe-Schiebe-Fenstertüranlage** einer Penthouse Wohnung, muss dicht sein.[123]
- Mangelhaftigkeit einer **Heizungsanlage**, die das Haus nicht ausreichend erwärmt, besteht auch dann, wenn die Lieferung einer ausreichenden Wärme durch das von einem anderen Unternehmer errichtete Blockheizkraftwerk nicht gewährleistet ist.[124]
- Die in Werkstatt- und Lagerräume neu eingebaute **Heizungsanlage** muss die in der Arbeitsstättenverordnung vorgesehene Mindesttemperatur für Werkräume von – je nach Nutzungsart – 17 bis 20 Grad erreichen.[125]
- Ein Standort eines Gebäudes, der **hochwassergefährdet ist,** kann zur Verpflichtung führen, dass Flutöffnungen einzubauen sind.[126]
- Ein offener **Kamin** darf nicht qualmen.[127]
- Ein funktionstauglicher **Keller** besteht nur, wenn eine ausreichende Abdichtung gegen eindringendes Niederschlags- oder Grundwasser gewährleistet ist.[128]
- Bei Betoninnenwänden eines Schlammspeichers einer **Kläranlage** ist eine Beschichtung zum Korrosionsschutz geschuldet.[129]
- Dicht ist ein Dach nur, wenn kein Niederschlagswasser eindringt, aber auch keine **Kondensatbildung** entsteht.[130]
- Der Estrich muss eindringender Feuchtigkeit standhalten, wenn der **Kunststoffboden** einer Lagerhalle dauerhaft wasserdicht, staubfrei und belastbar sein soll.[131]
- Ein Bauträger hat eine Wohnung herzustellen, die besondere **Lüftungsmaßnahmen** des Erwerbers und einen erhöhten Heizaufwand zur Vermeidung von Schimmelpilzbildung[132] nicht erfordert.[133]

---

120 BGH, 21.11.2013 – VII ZR 275/12, NJW 2014, 620 = NZBau 2014, 160 = BauR 2014, 547 Rn. 11.

121 BGH, 09.07.2002 – X ZR 242/99, NZBau 2002, 611.

122 BGH, 30.06.2011 - VII ZR 109/10, NJW 2011, 2644 = NZBau 2011, 612 = BauR 2011, 1652 Rn. 8.

123 OLG Düsseldorf, 05.02.2013 – 23 U 185/11, BauR 2013, 1283 = IBR 2013, 612.

124 BGH, 08.11.2007 – VII ZR 183/05, NJW 2008, 511 Rn. 19 = NZBau 2008, 109 = BauR 2008, 344; kritisch dazu Ostendorf, NZBau 2009, 360; vgl. auch OLG Frankfurt, 28.03.2007 – 1 U 71/05, BauR 2008, 1322 und dazu Weyer im Praxishinweis zu IBR 2008, 261: Vertragsauslegung führt dort zur Verneinung eines Mangels; ebenso OLG Stuttgart, 10.09.2008 – 3 U 48/08, BauR 2010, 98.

125 KG Berlin, 28.03.2014 – 7 U 54/13, IBR 2014, 406.

126 OLG Schleswig, 28.03.2013 – 3 U 44/12, IBR 2014, 89.

127 OLG Brandenburg, 15.05.2013 – 4 U 5/11, NZBau 2013, 502.

128 OLG Karlsruhe, 06.04.2010 – 4 U 129/08, NZBau 2011, 31.

129 OLG Jena, 07.02.2008 – 1 U 102/07, IBR 2008, 210.

130 OLG München, 30.11.2005 – 27 U 229/05, IBR 2006, 551.

131 OLG Frankfurt, 04.08.2011 – 22 U 167/09, IBR 2011, 696.

132 Allgemein zur Schimmelpilzbildung und deren Vermeidung durch kontrollierte Wohnraumlüftung: Lucenti/Westfeld, NZBau 2009, 291.

133 BGH, 21.03.2002 – VII ZR 493/00, NJW 2002, 2470 = NZBau 2002, 495 = BauR 2002, 1385.

- Eine **Lüftungsanlage**, die für eine ausreichende Belüftung eines Tierstalls sorgen soll, muss gewährleisten können, dass eine ausreichende Zuluft zur Vermeidung von Erkrankungen der Tiere vorhanden ist.[134]
- Eine Installation einer **Photovoltaik-Anlage** muss gewährleisten, dass durch deren elektrische Komponenten keine Brandlast für die Dachfläche zu befürchten ist.[135]
- Auch wenn keine Gesundheitsgefahr für die Bewohner des Hauses besteht, muss ein Dachstuhl frei von **Pilzbefall** sein.[136]
- Sollen die Kellerwände eines umfassend zu sanierenden Altbaus mit Pinselputz versehen und gestrichen werden und wäre es ansonsten wegen der feuchten Wände nicht gewährleistet, dass der **Putz** hält, müssen die Kellerwände auch trockengelegt werden.[137]
- Zur vereinbarten Beschaffenheit zählen auch die Vorgaben in einer Montageanleitung des Herstellers einer **Rohrleitung**, die der Abwendung von Undichtigkeiten und Wasserschäden dienen.[138]
- Die Eigenschaften eines **sanierten Dachs** sind, dass es dicht und standsicher ist.[139]
- Fehlen nähere Angaben bei einem ausgeschriebenen **Schneefanggitter**, ist die Funktionalität nach den örtlichen Verhältnissen, nämlich den nach der geographischen Lage zu erwartenden Schneemassen zu richten.[140]

2. Garantie

60 Wird durch den Unternehmer (ausnahmsweise) ein Erfolg im Werk- oder Bauvertrag »garantiert«, ist die rechtliche Bedeutung einer solchen Garantie durch Auslegung des Vertrags zu ermitteln. Denn der Begriff der Garantie ist mehrdeutig.[141] Nach ständiger Rechtsprechung[142] kommen drei Bedeutungen in Betracht:

61 Eine mögliche Bedeutung der Garantie ist, dass lediglich die gewöhnliche Zusicherung einer Eigenschaft (im Sinne der bis zum 31.12.2001 gültigen Fassung des § 633 Abs. 1 BGB) gemeint ist und nach der heutigen Gesetzeslage die vereinbarte **Beschaffenheit der Werkleistung** gemäß § 633 Abs. 2 S. 1 BGB darstellt.

62 Ein anderes Verständnis der »Garantie« wäre, dass das Werk die vereinbarte Beschaffenheit unbedingt erfüllt und der Unternehmer bei Fehlen auch ohne Verschulden auf Schadensersatz haftet (= **unselbständige Garantie**[143], jetzt Garantie i.S.d. § 276 Abs. 1 S. 1 BGB).

63 Schließlich kann auch von einer Übernahme der Haftung für einen über die Vertragsmäßigkeit hinausgehenden, noch von anderen Faktoren abhängigen wirtschaftlichen Erfolg die Rede sein (= **selbständige Garantie**).[144]

64 Eine selbständige Garantie liegt in der Praxis sehr selten vor, wenn z.B. der Unternehmer bei Errichtung eines Wohn- und Geschäftshauses die »Garantie« für einen bestimmten Mietertrag über-

---

134 OLG Celle, 01.03.2019 – 8 U 188/18, IBR 2020, 637.
135 OLG Oldenburg, 23.09.2019 – 13 U 20/17, IBR 2020, 588.
136 BGH, 29.06.2006 – VII ZR 274/04, NZBau 2006, 641 Rn. 11/12 = BauR 2006, 1468.
137 OLG Nürnberg, 15.12.2005 – 13 U 1911/05, BauR 2007, 413.
138 OLG Hamm, Urt. v. 02.09.2015 – I-12 U 199/14, BeckRS 2016, 7840.
139 OLG Saarbrücken, 17.12.2015 – 4 U 140/14, NJW 2016, 3186 = NZBau 2016, 500.
140 Vgl. dazu OLG Dresden, 29.11.1999 – 17 U 1606/99, NZBau 2000, 333 = BauR 2000, 1341, das insoweit fälschlich ein lückenhaftes Leistungsverzeichnis und ein dem Auftraggeber anzurechnendes Planungsverschulden des Architekten annimmt.
141 BGH, 05.03.1970 – VII ZR 80/68, BauR 1970, 107.
142 RG, 28.09.1940 – II 23/40, RGZ 165, 41; BGH, 05.03.1970 – VII ZR 80/68, BauR 1970, 107; BGH, 08.02.1973 – VII ZR 208/70, BauR 1973, 191; BGH, 20.09.1973 – VII ZR 207/72, WM 1973, 1322; BGH, 25.09.1975 – VII ZR 179/73, BGHZ 65, 107 = NJW 1976, 43.
143 Messerschmidt/Voit/Messerschmidt, § 639 BGB Rn. 34; BeckOK BGB/Voit, § 634 Rn. 14 und § 634a Rn. 33.
144 Messerschmidt/Voit/Messerschmidt, § 639 BGB Rn. 35; BeckOK BGB/Voit, § 634 Rn. 15.

nimmt.[145] Aber auch die unselbständige Garantie stellt einen Ausnahmefall dar, er kann nur unter strengen Kriterien angenommen werden,[146] weil der Auftragnehmer grundsätzlich nur bei verschuldeten Mängeln schadensersatzpflichtig ist. Bestätigt wurde eine unselbständige Garantie durch den BGH bei der Garantie der Dichtigkeit eines Öltanks durch den Lieferanten.[147] Verneint wurde eine Garantie, als es um die Beschädigung eines Fahrzeugs in einer vollautomatischen Waschanlage ging.[148] Das OLG Düsseldorf entschied bei einer von einem Bauleiter übernommenen **Baukostengarantie,** dass eine verschuldensunabhängige Haftung des Bauleiters anzunehmen sei, allerdings nur auf Basis der zum Zeitpunkt der Garantieerklärung vorliegenden Planung.[149] Für den Fall, dass ohnehin ein Verschulden des Unternehmers vorliegt, muss die Abgrenzung zwischen lediglich vereinbarter Beschaffenheit und unselbständiger Garantie nicht vorgenommen werden, § 280 Abs. 1 S. 2 BGB.[150]

3. Technische Unmöglichkeit

Nach früherer Rechtsprechung (vor dem Jahr 2002) musste der Unternehmer bei Zusicherung einer Eigenschaft seines Werks auch dann für den Sachmangel haften, wenn es technisch unmöglich war, dem Vertragsgegenstand die zugesicherte Eigenschaft zu verleihen.[151] Die Gewährleistungsvorschriften wurden als Sonderregelung verstanden, welche die Anwendung des § 306 BGB a.F. ausschloss.[152] Maßgeblich war dabei, was vom Unternehmer vertraglich versprochen wurde.[153] Jetzt wird das für eine vereinbarte Beschaffenheit ebenso angenommen,[154] wobei die Wirksamkeit des Vertrags jetzt aus der allgemeinen Regelung des § 311a Abs. 1 BGB abgeleitet wird.[155] 65

Im Urteil vom 08.05.2014 hatte der BGH auch einen Fall technisch unmöglicher Leistung (ESG-Glas) zu entscheiden.[156] Es musste gemäß Leistungsbeschreibung vom Auftragnehmer nachgewiesen werden, dass die zur Verwendung kommenden, vorgespannten Glasscheiben keine zerstörenden Einschlüsse (z.B. Nickelsulfid) enthalten. Alle ESG-Scheiben mussten einen fremdüberwachten Heißlagerungstest (heat-soak-test) als ESG-H gemäß Bauregelliste bestehen. Bestätigt musste die Durchführung des heat-soak-tests durch eine Werksbescheinigung werden. Die Scheiben wurden eingebaut und es kam binnen zwei Jahren an sechs Stellen zu Bruchschäden, weswegen der Besteller einen Mängelbeseitigungskostenvorschuss in Höhe von 240.000,– € verlangte und diesen auch vom OLG Düsseldorf zugesprochen bekam. Allerdings wurde dieses Urteil vom BGH aufgehoben, welcher dann klarstellte, dass die Fassade mangelhaft sei, weil sie nicht die vereinbarte Beschaffenheit »Bruchsicherheit« aufweise. Aufgrund der unmöglichen Mängelbeseitigung könne der Besteller aber lediglich Schadensersatz gemäß §§ 634 Nr. 4, 311a Abs. 2 BGB fordern. Obwohl es technisch betrachtet von Anfang an unmöglich war, trotz des vereinbarten heat-soak-tests, zerstörende Ein- 66

145 BGH, 08.02.73 – VII ZR 208/70, BauR 1973, 191.
146 BGH, 23.01.1975 – VII ZR 137/73, NJW 1975, 685.
147 BGH, 12.03.1986 – VIII ZR 332/84, NJW 1986, 1927 = BauR 1986, 437.
148 BGH, 23.01.1975 – VII ZR 137/73, NJW 1975, 685.
149 OLG Düsseldorf, 22.01.2020 – 22 U 244/19, BauR 2020, 1505.
150 So in BGH, 05.03.1970 – VII ZR 80/68, BauR 1970, 107 und BGH, 20.09.1973 – VII ZR 207/72, WM 1973, 1322.
151 BGH, 09.07.1970 – VII ZR 70/68, BGHZ 54, 236 = NJW 1970, 2021; BGH, 10.10.1985 – VII ZR 303/84, BGHZ 96, 111 = NJW 1986, 711 = BauR 1986, 93; BGH, 17.06.1997 – X ZR 95/94, BauR 1997, 1032.
152 BGH, 09.07.1970 – VII ZR 70/68, BGHZ 54, 236 = NJW 1970, 2021; BGH, 17.06.1997 – X ZR 95/94, BauR 1997, 1032; BGH, 21.12.2000 – VII ZR 17/99, NJW 2001, 1642 = NZBau 2001, 261 = BauR 2001, 785.
153 OLG Frankfurt, 14.03.2003 – 24 U 231/01, IBR 2003, 601, noch zum alten Recht.
154 BGH, 05.10.2005 – X ZR 276/02, NJW 2006, 769 = NZBau 2006, 116 = BauR 2006, 524, zwar noch zu §§ 633 ff. BGB a.F., aber ausdrücklich auch zur vertraglich vereinbarten Beschaffenheit.
155 Zu den Auswirkungen des § 311a BGB auf die Haftung des Auftragnehmers: Voit, BauR 2002, 145 (148 ff.).
156 BGH, 08.05.2014 – VII ZR 203/11, BauR 2014, 1291; dazu instruktiv Althaus, BauR 2014, 1369.

schlüsse im Glas auszuschließen, nahm der BGH keine auf technisch unmögliche Leistung gerichtete Leistungsvereinbarung der Parteien an, sondern lediglich einen auf einen Schadensersatzanspruch reduzierten Mängelanspruch des Bestellers aufgrund Unmöglichkeit der Nacherfüllung.

E. Eignung für den nach dem Vertrag vorausgesetzten Verwendungszweck – § 633 Abs. 2 S. 2 Nr. 1 BGB

I. Technischer Minderwert

67 Auch wenn keine Beschaffenheit des Werks (ausdrücklich) vereinbart wurde, stellt es nach § 633 Abs. 2 S. 2 Nr. 1 BGB gleichwohl einen Sachmangel dar, wenn sich das Werk nicht für die nach dem Vertrag vorausgesetzte Verwendung eignet. Betrachtet wird auch hier die individuelle Zwecksetzung. Eine über die Verwendung des Werks vorliegende Einigkeit zwischen dem Besteller und dem Unternehmer stellt dabei die Voraussetzung dar. Deswegen ist eine einseitige, insbesondere nachträgliche Zweckbestimmung durch den Besteller nicht ausreichend.[157]

68 Ist die *Funktionsfähigkeit* des Werkes nicht gegeben, weil der Besteller das Werk nicht zu dem von ihm beabsichtigten und mit dem Unternehmer vereinbarten Zweck einsetzen kann, stellt dies einen Mangel dar (**technischer Minderwert**).[158] Dies wird für den Fall angenommen, bei dem sich das Werk für diesen Zweck als völlig ungeeignet herausstellt (z.B. wenn die Architektenplanung deutlich die bekannten oder zumindest erkennbaren Kostenvorstellungen des Bestellers übersteigt[159] oder nicht [dauerhaft] genehmigungsfähig ist).[160] Gleiches gilt, wenn für die zu erstellende Software keine ausreichenden Leistungskapazitäten zur Verfügung gestellt werden können, weil die vorhandene Hardware des Bestellers diese nicht leisten kann.[161]

69 Auch eine **Minderung der Gebrauchstauglichkeit** ist ausreichend.[162] Selbst wenn das Werk zum aktuellen Zeitpunkt uneingeschränkt zum vertraglich vorausgesetzten Zweck eingesetzt werden kann, kann es gleichwohl mangelhaft sein, wenn es in der Zukunft aufgrund der Beschaffenheit des Werkes wahrscheinlich ist, dass Funktionsstörungen auftreten werden, obwohl diese nach dem Inhalt des Vertrages nicht zu erwarten waren. Das wäre bspw. der Fall, wenn geringere Haltbarkeit oder Nutzungsdauer erhöhte Betriebs- und Instandsetzungskosten zur Folge haben.[163] Gleichermaßen liegt ein Mangel vor, wenn die für eine vertragsgemäße Nutzung notwendige rechtliche Absicherung fehlt.[164] Weiterhin kann bei Architekten- und Ingenieurleistungen ein Mangel dann angenommen werden, wenn Voraussetzung für die Umsetzung der Planung ein zur Erreichung der Funktionstauglichkeit nicht erforderlicher und damit übermäßiger Aufwand ist.[165]

---

157 Soergel/Teichmann, BGB, Vor § 633 Rn. 21; vgl. auch Begr. RegE BT-Drucks. 14/6040, S. 213 zur Parallelvorschrift des § 434 BGB, wonach eine konkludente Übereinstimmung der Parteien ausreiche.

158 BGH, 15.12.1994 – VII ZR 246/93, ZfBR 1995, 129; BeckOK BGB/Voit, § 633 Rn. 8 ff.; Grüneberg/Retzlaff, BGB, § 633 Rn. 6.

159 BGH, 21.03.2013 – VII ZR 230/11, BGHZ 197, 93 Rn. 9 f.

160 BGH, 25.02.1999 – VII ZR 190/97, NJW 1999, 2112; BGH, 26.09.2002 – VII ZR 290/01, NJW 2003, 287; OLG Hamm, 06.01.2005 – 17 U 93/04, NZBau 2005, 527; anders, wenn der Auftraggeber das Risiko der Genehmigungsfähigkeit der Planung übernommen hat, vgl. BGH, 10.02.2011 – VII ZR 8/10, NJW 2011, 1442 (1443 f.) Rn. 22.

161 Vgl. BGH, 04.11.1987 – VIII ZR 314/86, BGHZ 102, 135; OLG Köln, 11.10.1991 – 19 U 87/91, NJW-RR 1992, 1327; vgl. OLG Koblenz, 12.11.2015 – 1 U 1331/13, NJOZ 2016, 98.

162 BGH, 14.05.1998 – VII ZR 184–97, BGHZ 139, 16, 18 f.; BGH, 07.03.2002 – VII ZR 1/00, NJW 2002, 3543 f.; BGH, 09.01.2003 – VII ZR 181/00, NJW 2003, 1188, 1189; vgl. auch § 633 Abs. 1 a.F.: die Tauglichkeit aufheben oder mindern, Vgl. OLG Brandenburg, 27.06.2018 – 4 U 203/16, BauR 2019, 1640.

163 BGH, 09.01.2003 – VII ZR 181/00, NJW 2003, 1188 (1189); OLG Hamm, 08.02.2018 – 21 U 95/15, NJW 2018, 2648.

164 OLG München, 17.05.2005 – 9 U 1777/03, NZBau 2006, 578 (Verlegung von Versorgungsleitungen über ein Nachbargrundstück ohne Bestellung einer Grunddienstbarkeit).

165 BGH, 09.07.2009 – VII ZR 130/07, NZBau 2009, 722 (723).

II. Gefahrenverdacht

Die *gefahrenfreie* Nutzbarkeit des Werkes durch den Besteller selbst (oder durch Dritte) stellt eine für die Funktionstauglichkeit wesentliche Eigenschaft des Werkes dar,[166] weshalb ein Mangel schon dann angenommen werden kann, wenn ein *begründeter Gefahrenverdacht* besteht. Dies gilt insbesondere, wenn nicht auszuschließen ist, dass von dem Werk gravierende Gesundheitsgefahren ausgehen.[167] Ein Beispielsfall ist die Beseitigung von Schimmelpilzen mittels Einsatz von Desinfektionsmitteln durch den Unternehmer und eine dadurch bedingte erhöhte Chlorid-Konzentration.[168] Ebenfalls ausreichend ist es, wenn sich der Besteller für eine Nutzung des Werkes dem Risiko der Begehung einer Straftat oder Ordnungswidrigkeit aussetzen muss.[169] Maßgeblich bei den *Sicherheitsanforderungen* gem. Abs. 2 S. 2 Nr. 1 ist der konkret vorausgesetzte Verwendungszweck, also nicht der Gebrauch, mit welchem der Unternehmer üblicherweise rechnen durfte oder musste. 70

III. Optischer Minderwert

Nicht nur funktionale Einschränkungen können die Gebrauchstauglichkeit mindern, sondern auch sonstige Beeinträchtigungen, wie etwa optische Abweichungen[170] oder starke Geruchsbelästigungen.[171] Bei der Soll-Beschaffenheit des Werkes müssen auch rein ästhetische Erwartungen des Bestellers erfüllt werden, wenn sie dem Vertrag zugrunde gelegt worden sind. Wobei bei einem *künstlerisches Werk* Einschränkungen vorzunehmen sind je nach Inhalt der Vereinbarung, weil der Unternehmer eine sonstige kreative Tätigkeit schuldet. Diese ist durch eine gewisse Gestaltungsfreiheit des Unternehmers charakterisiert. Trotzdem ist der Unternehmer verpflichtet, sich innerhalb der hierdurch gezogenen Grenzen zu bewegen. Dann stellt es auch keinen Werkmangel dar, auch wenn das vollendete Werk letztlich nicht den Vorstellungen des Bestellers entspricht.[172] 71

IV. Merkantiler Minderwert

Schließlich kommt auch der sog. **merkantile Minderwert** als Sachmangel i.S.v. Abs. 2 S. 2 Nr. 1 in Betracht.[173] Eine ausdrückliche Erwähnung in der heutigen Bestimmung – anders als im früheren Abs. 1 – findet die merkantile Wertminderung zwar nicht, jedoch findet der Abs. 2 S. 2 Nr. 1 in den Fällen Anwendung, in denen der Besteller das Werk veräußern will oder, wie beim Nachunternehmervertrag, die Herstellung des Werkes eine Verpflichtung des Bestellers (Hauptunternehmers) gegenüber einem Dritten erfüllen soll. Darüber hinaus stellt auch eine Wertminderung der Sache üblicherweise einen Sachmangel dar, denn bei der Bemessung des Werklohns, ist der Marktwert ein 72

166 OLG Bamberg, 06.10.1999 – 3 U 66/97, NJW-RR 2000, 97; OLG Oldenburg, 14.10.1998 – 2 U 179–98, NJW-RR 1999, 241: Belastung der Wohnraumluft mit Schadstoffen; OLG Brandenburg, 08.10.2003 – 4 U 44/02, BauR 2004, 1313: Asbestverunreinigung.

167 BGH, 23.11.1988 – VIII ZR 247/87, NJW 1989, 218; OLG Oldenburg, 14.10.1998 – 2 U 179/98, NJW-RR 1999, 241 (242).

168 OLG Köln, 11.04.2018 – 16 U 140/12, IBR 2020, 1024.

169 OLG Karlsruhe, 01.08.1997 – U 2/96 BSch, VersR 1998, 1127 (1128).

170 BGH, Urt. v. 07.03.2002 – VII ZR 1/00, NJW 2002, 3543 (Veränderung des optischen Eindruckes eines Gebäudes); OLG Köln, 23.10.2001 – 3 U 21/01, BauR 2002, 801 (Farbabweichungen bei Betonsteinpflaster); OLG Hamm, 24.03.2003 – 17 U 88/02, NJW-RR 2003, 965 (Haustürschwellen aus Naturstein in kleinen statt in großen Platten); OLG Düsseldorf, 04.11.2014 – I-21 U 23/14, NZBau 2015, 485; OLG Hamburg, 28.09.2018 – 11 U 128/17, NZBau 2019, 244.

171 OLG Köln, 17.12.2002 – 3 U 66/02, MDR 2003, 618 (lang dauernde Geruchsbelästigung durch Versiegelungslack, auch wenn hiervon keine Gesundheitsgefahr ausgeht).

172 BGH, 24.01.1956 – VI ZR 147/54, BGHZ 19, 382 ff. (Kunstwerk); OLG Frankfurt, 05.07.2022 – 17 U 116/21, IBR 2022, 3236 (Kosmetikbehandlung); LG Flensburg, 13.02.2014 – 1 T 7/14, NJOZ 2014, 899 (Tätowierung); AG Hamburg, 15.04.2008 – 4 C 370/07, NJW 2009, 782 f. (nicht werkgetreue Aufführung); BeckOK BGB/Voit, § 633 Rn. 16.

173 Grüneberg/Retzlaff, BGB, § 633 Rn. 6; vgl. auch BGH, 19.09.1985 – VII ZR 158/84, NJW 1986, 428 (zu § 633 a.F.); OLG Düsseldorf, 13.11.2000 – 9 U 93/00, NJW-RR 2001, 523.

wesentlicher Faktor. Wenn das Werk aufgrund seiner Beschaffenheit also nicht den Wert hat, der nach Zweck und Inhalt des Vertrages zu erwarten war, kann der Unternehmer auch nicht die vereinbarte Vergütung verlangen.

73 Allerdings ist der eigenständige Anwendungsbereich des Abs. 2 S. 2 Nr. 1 gering, weil die von den Parteien nach dem Vertrag vorausgesetzte Verwendungseignung in aller Regel auch als – ausdrückliche oder zumindest stillschweigende – Beschaffenheitsvereinbarung i.S.v. Abs. 2 S. 1 anzusehen ist.[174] Abs. 2 S. 2 Nr. 1 ist schon nach dem Wortlaut subsidiär und nur anwendbar, »soweit die Beschaffenheit eben nicht ausdrücklich oder konkludent vereinbart ist«.

F. Eignung für den gewöhnlichen Verwendungszweck – § 633 Abs. 2 S. 2 Nr. 2 BGB

74 Liegt weder eine Abweichung der Werkleistung von der – ausdrücklich oder stillschweigend – vereinbarten Beschaffenheit i.S.v. Abs. 2 S. 1 vor noch von der vertraglich vorausgesetzten Verwendungseignung i.S.v. Abs. 2 S. 2 Nr. 1, so ist die Werkleistung gleichwohl mangelhaft, wenn sie sich gem. Abs. 2 S. 2 Nr. 2 nicht für die gewöhnliche Verwendung eignet und keine Beschaffenheit aufweist, die bei Werken der gleichen Art üblich ist und die der Besteller nach der Art des Werks erwarten kann.

75 Wenn man den Abs. 2 S. 2 als »Hilfsebene« betrachtet, ist dieser nur einschlägig, wenn vertraglich weder eine Beschaffenheit des Werks vereinbart ist noch ein konkreter Verwendungszweck für das herzustellende Werk vereinbart wurde. Dann muss sich der Unternehmer daran festhalten lassen, dass das Werk wenigstens für die übliche Verwendung geeignet ist und den Anforderungen entspricht, die ein Besteller ohne konkrete Einzelabsprache bei einem derartigen Werk erwarten kann.

76 Abs. 2 S. 2 Nr. 1 und Nr. 2 unterscheiden sich darin, dass die Bestimmung der Soll-Beschaffenheit an unterschiedlichen Bezugspunkten erfolgt: Abs. 2 S. 2 Nr. 1 stellt auf einen von den Parteien bestimmten, mithin subjektiven Verwendungszweck ab, während es bei Abs. 2 S. 2 Nr. 2 auf den objektiv (normativ) zu bestimmende, gewöhnliche Verwendungszweck ankommt. Die Verkehrssitte spielt dabei eine wesentliche Rolle.[175]

77 Zusätzlich muss nach Abs. 2 S. 2 Nr. 2 Hs. 2 das Werk auch eine Beschaffenheit haben, die bei *Werken gleicher Art üblich ist* und die der *Besteller* (folglich) *nach der Art des Werkes erwarten kann.* Der Sinn dieser Regelung besteht darin, den Abs. 2 an § 434 Abs. 1 S. 2 BGB anzugleichen; allerdings entstand diese erst während der parlamentarischen Beratungen durch den zuständigen Rechtsausschuss, bevor sie dann in das Gesetz aufgenommen wurde.[176] Der Zusatz in § 434 Abs. 1 S. 2 BGB wurde zur Umsetzung von Art. 2 Abs. 2 lit. d der Verbrauchsgüterkaufrichtlinie aufgenommen.[177] Die wörtliche Übernahme dieser Bestimmung sollte klarstellen, dass § 434 Abs. 1 S. 2 BGB den Begriff des Sachmangels nicht enger definiert als die Vorgabe der Richtlinie.[178] Insbesondere bilden die Ergänzungen keine zusätzlichen Voraussetzungen, sondern sind lediglich als Erläuterung dessen zu sehen, was mit der Eignung für den gewöhnlichen Verwendungszweck gemeint ist.[179] Die Eignung zur gewöhnlichen Verwendung bestimmt nämlich gerade die Beschaffenheit, die nach der Art des Werkes üblich ist und daher vom Besteller redlicherweise erwartet werden kann.

---

174 Vgl. näher Rdn. 36 sowie Langen, in: Kapellmann/Messerschmidt, § 13 VOB/B Rn. 56 m.w.N.

175 BeckOK BGB/Voit, § 633 Rn. 8 f.; Grüneberg/Retzlaff, BGB, § 633 Rn. 6; vgl. auch NK-BGB/Büdenbender, § 434 Rn. 27 f.

176 Beschlussempfehlung BT-Drucks. 14/7052, S. 204.

177 RL 1999/44/EG zu bestimmten Aspekten des Verbrauchsgüterkaufs und der Garantien für Verbrauchsgüter vom 25.05.1999, ABl. EG L 171 v. 07.07.1999, S. 12.

178 L. Haas, BB 2001, 1313 (1314).

179 L. Haas, BB 2001, 1313 (1314); Westermann, JZ 2001, 530 (532); a.A. Thode, NZBau 2002, 297 (303), nach dessen Ansicht eine solche Auslegung mit der Verbrauchsgüterkaufrichtlinie nicht vereinbar ist. Diese Bedenken sind nicht verständlich, da dem Zusatz nach der hier vertretenen Ansicht keineswegs jede Bedeutung abgesprochen wird.

Im Umkehrschluss dazu, kann der Unternehmer bezüglich der Anforderungen an die Funktionstüchtigkeit und die Sicherheit des Werkes davon ausgehen, dass eine Ingebrauchnahme des Werks durch den Besteller nur so erfolgt, wie dies nach der Verkehrsanschauung zu erwarten ist. Dementsprechend begründen Beeinträchtigungen der Funktion oder der Sicherheit, die nur durch eine untypische Verwendung entstehen, keinen Werkmangel.[180] Wird ein Kellerraum als Wohnraum genutzt, obwohl dieser nur als Kellerraum geplant und errichtet wurde, kann die für eine Wohnnutzung unzureichende Wärmedämmung, Belichtung und Belüftung des Kellerraums keinen Sachmangel darstellen, wenn die Parteien die entsprechende Wohnnutzung nicht ausdrücklich oder zumindest nach der Auslegung des Vertrages als Verwendung dieses Raums vereinbart bzw. i.S.v. Abs. 2 S. 2 Nr. 1 vorausgesetzt haben. 78

Es ist möglich, dass Anforderungen an die vertragsgemäße Beschaffenheit sich auch an dem vereinbarten Werklohn orientieren können. Was das Gesetz mit einer »Beschaffenheit bei Werken *gleicher Art* üblich ist« meint, sind Werkleistungen gleicher Qualität. Denn der Besteller kann bei der Herstellung eines Werks zu einem geringeren Preis nämlich nicht ohne Weiteres erwarten, dass dieses – gemessen an vergleichbaren Werken – dieselbe Qualität aufweist wie ein vergleichsweise höherpreisiges Werk. Trotzdem muss auch eine »**Billiglösung**« funktionstauglich sein.[181] In dem Fall, in dem durch die Deklaration des Unternehmers die Vergütung als »Sonderpreis« zu bezeichnen, zum Ausdruck gebracht wird, dass das Werk eigentlich höheren Qualitätsansprüchen genügt, als dies im günstigen Preis zum Ausdruck kommt, muss das Gleiche gelten. Günstigere Preise wirken sich auf die Qualitätsanforderungen vor allem bei den Erwartungen an Komfort, Haltbarkeit oder Nutzungsdauer aus, allerdings rechtfertigt ein niedrigerer Preis grundsätzlich keine Einschränkungen hinsichtlich der Gebrauchstauglichkeit und der Sicherheit der Leistung.[182] 79

G. Anerkannte Regeln der Technik

I. Technische Regelwerke

Wenn die Bestimmungen der VOB/B zum Inhalt eines Bauvertrags werden, ergibt sich bereits unmittelbar aus § 4 Abs. 2 Nr. 1 S. 2 VOB/B, dass der Unternehmer die anerkannten Regeln der Technik (sowie die gesetzlichen und behördlichen Bestimmungen) bei der Ausführung der Bauleistung einzuhalten hat. Weiterhin wird die Sachmängelfreiheit in § 13 Abs. 1 S. 2 VOB/B dahin definiert, dass neben der vereinbarten Beschaffenheit auch die anerkannten Regeln der Technik zum Zeitpunkt der Abnahme beachtet sein müssen. Soweit die gesetzliche Sachmangeldefinition in § 633 Abs. 2 BGB die anerkannten Regeln der Technik nicht ausdrücklich erwähnt, bedeutet dies aber nicht, dass die anerkannten Regeln der Technik im gesetzlichen Werkvertragsrecht für die Herstellung der Leistung durch den Unternehmer und für die Beurteilung eines Sachmangels nicht relevant sind. Vielmehr entspricht es allgemeiner Auffassung, dass die Einhaltung der anerkannten Regeln der Technik durch den Unternehmer stillschweigende Beschaffenheitsvereinbarung der Parteien ist.[183] Daraus folgt, dass der Unternehmer auch nach gesetzlichem Werkvertragsrecht nicht nur die ausdrücklich vereinbarten Beschaffenheitsmerkmale schuldet, sondern als »Mindeststandard« seiner Leistung auch die anerkannten Regeln der Technik beachtet sein müssen.[184] Überdies muss die 80

---

180 Vgl. OLG Hamburg, 19.02.2015 – 4 U 111/13, NJW 2016, 412.

181 OLG Rostock, 15.09.2020 – 4 U 16/20, NZBau 2020, 773.

182 BGH, 11.11.1999 – VII ZR 403/98, NJW-RR 2000, 465 (466).

183 Vgl. OLG Hamm, 09.11.2018 – I-12 U 20/18, BauR 2019, 682; BGH, 21.04.2011 – VII ZR 130/10, NJW-RR 2011, 1240 (1241) Rn. 11; BGH, 07.03.2013 – VII ZR 134/12, NJW 2013, 1226 Rn. 9; hiervon geht auch die Gesetzesbegründung aus; vgl. BT-Drucks. 14/6040, S. 261; a.A. Glöckner, BauR 2026, 391 ff., der mit beachtlicher Begründung die Auffassung vertritt, die Einhaltung der anerkannten Regeln der Technik seien der vereinbarten oder üblichen Gebrauchstauglichkeit zuzuordnen.

184 Vgl. BGH, Urt. v. 14.05.1998 – VII ZR 184/97; ausführlich dazu Langen, BauR 2026, 410 ff.

Werkleistung – als weiteres stillschweigendes Beschaffenheitsmerkmal – die Funktionalität aufweisen, die durch das Werk erreicht werden soll.

Fehlt auch nur eines dieser drei Beschaffenheitsmerkmale, so ist die Werkleistung mangelhaft und der Besteller kann unter den Voraussetzungen der §§ 635 ff. BGB Nacherfüllung verlangen.

81 Die anerkannten Regeln der Technik stellen Qualitäts-, Komfort- und Sicherheitsstandards dar, die sich als theoretisch richtig erwiesen und die sich darüber hinaus auch zumindest weitgehend als übliche Herstellungs- oder Ausführungsart in der Praxis bewährt haben.[185]

Kurzformel: »So ist es richtig und so macht man es.«

Nach allgemeiner Auffassung stellt eine Abweichung von diesem »Standard« schon deshalb einen Sachmangel dar, weil eine Abweichung von diesen Regelwerken bei der Herstellung oder Ausführung im Rechtsverkehr zu der Vermutung führt, dass die entsprechende Leistung die technischen Mindeststandards nicht einhält und dies z.B. zu einer geringeren Haltbarkeit, Nutzungserschwernissen oder auch Sicherheitsgefahren führen kann. Vor allem ist das auch bei neuartigen, unerprobten Bauweisen der Fall.[186] Ein Verstoß gegen die anerkannten Regeln der Technik bei einer Ausführung stellt einen Sachmangel dar, weil er das Schadensrisiko erhöht, auch wenn es später nicht zu Schäden kommt.[187]

82 Die anerkannten Regeln der Technik werden regelmäßig durch die DIN-Normen des Deutschen Instituts für Normung und auf europäischer Ebene durch die Normen des Europäischen Komitees für Normung (CEN),[188] die VDI-Richtlinien des Vereins Deutscher Ingenieure oder die VDE-Bestimmungen des Vereins Deutscher Elektrotechniker[189] oder ähnliche private technische Regelungen mit Empfehlungscharakter[190] repräsentiert. Nach vielfacher Rechtsprechung besteht eine widerlegbare Vermutung, dass die DIN-Normen den anerkannten Regeln der Technik entsprechen.[191] In einigen neueren Urteilen wird nach dem Regelungsinhalt der Norm unterschieden: Bei sicherheitstechnischen Regelungen sei davon auszugehen, dass anerkannte Regeln der Technik vorliegen würden, während Normen betreffend Komfort- und Ausstattungsmerkmalen keine anerkannte Regeln der Technik darstellen sollen.[192]

Erwartungen an die technische Ausführung der Werkleistung im Sinne anerkannter Regeln der Technik lassen sich aber auch aus Rechtsnormen wie z.B. dem Gerätesicherheitsgesetz oder dem Produktsicherheitsgesetz folgern, genauso im Einzelfall auch aus Richtlinien des Herstellers, wie bestimmte Materialien zu verarbeiten sind (näher Rdn. 90).

83 Zur Thematik der Differenzierung bei anerkannten Regeln der Technik nach Sicherheit einerseits und Komfort/Ausstattung andererseits ist noch das aktuell diskutierte Gebäudetyp E Gesetz[193] zu

185 Vgl. Ingenstau/Korbion/Leupertz/v. Wietersheim, § 4 Abs. 2 VOB/B Rn. 23 ff.; OLG Düsseldorf, 09.02.2023 – 5 U 227/21.

186 Ob die Verwendung großformatiger Mauersteine wegen Rissbildungen im Putz über den Stoßfugen hierzu rechnet, erörtert Zöller, IBR 2013, 391 (392). Vgl. auch KG Berlin, 14.09.2010 – 21 U 108/09, IBR 2012, 92.

187 BGH, 09.07.1981 – VII ZR 40/80, BauR 1981, 577; OLG Düsseldorf, 14.07.1995 – 22 U 46/95, NJW-RR 1996, 146 = BauR 1995, 890 (nur Ls.); OLG Brandenburg, 11.01.2000 – 11 U 197/98, IBR 2001, 129; OLG Schleswig, 07.03.2002 – 7 U 38/98, IBR 2002, 406; OLG Schleswig, 12.08.2004 – 7 U 23/99, BauR 2004, 1946; OLG Oldenburg, 08.05.2018 – 2 U 120/17, IBR 2018, 629.

188 Zur Bedeutung der vom CEN geschaffenen Eurocodes Halstenberg, BauR 2014, 431.

189 Peters/Jacoby, in: Staudinger, BGB, § 633 Rn. 179.

190 Vgl. BGH, 14.05.1998 – VII ZR 184–97, BGHZ 139, 16, 18 f.: DIN-Normen sind keine Rechtsnormen.

191 BGH, 24.05.2013 – V ZR 182/12; OLG Stuttgart, 23.03.2024 – 10 U 29/22.

192 OLG Düsseldorf, 09.02.2023 – 5 U 227/21 (Steckdosenentscheidung zu DIN 18015–2); OLG Düsseldorf, 22.11.2024 – 22 U 40/24 (Abdichtung nach DIN 18354).

193 https://www.bmj.de/SharedDocs/Gesetzgebungsverfahren/DE/2024_Gebaeudetyp_E.html (Stand 07.05.2025).

erwähnen. Vor dem Hintergrund, dass der Wohnungsbau bei auch steigender Wohnungsnot immer teurer wird und generell auch überreguliert ist, wurde diskutiert, wie man die Situation bessern könnte. So versprach man sich durch den Lösungsansatz Gebäudetyp E ein innovativeres, einfacheres, schnelleres und günstigeres Bauen. Viele anerkannte Regeln der Technik spiegeln keine sicherheitsrelevanten Normen wider und sind nicht notwendig. Ist allerdings eine Abweichung von diesen gewollt, besteht aktuell eine umfangreiche Aufklärungspflicht des Unternehmers. Dieser gerecht zu werden stellt sich oft als schwierig heraus, weshalb man sich hier mehr Rechtssicherheit wünscht. Es wurde sich schon in der Ampelkoalition auf einen Gesetzesentwurf geeinigt, allerdings kam das Gesetz nicht mehr zustande. Aufgegriffen wurde dies wiederum im aktuellen Koalitionsvertrag vom 09.04.2025.[194] Auf Basis des Koalitionsvertrages haben das BMJV und das BMWSB am 20.11.2025 ein »Eckpunktepapier« veröffentlicht, das Grundlage des neuen Gesetzesentwurfs zum Gebäudetyp E werden soll.[195] Einzelheiten bleiben abzuwarten.

II. Anerkannte Regeln der Technik als stillschweigende Beschaffenheitsvereinbarung

Wenn es keine explizite Vereinbarung gibt, gelten die anerkannten Regeln der Technik als stillschweigende Beschaffenheitsvereinbarung der Parteien. Natürlich können die Parteien die zu beachtenden technischen Regelwerke auch ausdrücklich im Vertrag vereinbaren und dadurch die stillschweigende durch eine ausdrückliche und konkretisierende Beschaffenheitsvereinbarung ersetzen. Dies ist beispielsweise der Fall, wenn in der vertraglichen Leistungsbeschreibung ausdrücklich auf bestimmte technische Normen verweisen wird, die im Rahmen der Bauausführung zu beachten sind. Liegen dem Vertrag die Bestimmungen der VOB/B zugrunde, so ist gemäß § 1 Abs. 1 S. 2 VOB/B automatisch auch die VOB/C DIN 18299 ff. Gegenstand des Vertrages, so dass für die einzelnen Gewerke die DIN-Bestimmungen 18300 ff. vereinbarte Beschaffenheit der Leistung sind, ohne dass es darauf ankommt, ob die Einzelbestimmungen der DIN 18300 ff. anerkannte Regel der Technik sind. 84

Gleichermaßen besteht für die Parteien die Möglichkeit im Rahmen der Vertragsfreiheit auch festzulegen, dass Normenentwürfe (»**Gelbdrucke**«) mit einem höheren technischen Standard als die aktuell noch gültigen DIN-Normen bereits für die Planung oder Ausführung einzubeziehen sind. Überschreitungen der Anforderungen der anerkannten Regeln der Technik, die den technischen *Mindeststandard* darstellen, sind nicht nur möglich, sondern im Einzelfall auch sinnvoll, z.B. bei besonders hochwertigen Wohn- oder Büroräumen.

III. Beschaffenheitsvereinbarung nach unten

Wie bereits oben erläutert (Rdn. 35) dürfen die Parteien im Einzelfall auch Unterschreitungen des technischen Mindeststandards im Sinne einer »Beschaffenheitsvereinbarung nach unten« vereinbaren. Allerdings muss ein solcher niedrigerer Standard entweder ausdrücklich vereinbart werden oder es ergibt sich aus eindeutigen, für die Auslegung relevanten Umständen, dass eine Leistung unterhalb des üblichen Mindeststandards gewollt ist.[196] Beispielsweise ist das der Fall, wenn der Auftraggeber weiß, dass die vereinbarte Beschaffenheit nicht den Anforderungen der anerkannten Regeln der Technik genügt. (Beispiel: In Kenntnis dessen, dass zur Erreichung des erforderlichen Schallschutzes eine doppelschalige Trennwand zwischen zwei Häusern errichtet werden muss, vereinbaren die Parteien[197] die Herstellung einer einschaligen Trennwand.[198]) 85

194 https://www.koalitionsvertrag2025.de/, Zeile 728–734 (Stand 07.05.2025).

195 Dazu Langen, BauR 2026, 410, 421 f.

196 OLG Celle, 16.05.2013 – 13 U 11/09, BauR 2016, 840; OLG Düsseldorf, 09.02.2023 – 5 U 227/21.

197 OLG Stuttgart, Urt. v. 23.03.2023 – 10 U 29/22; OLG München, Urt. v. 14.04.2010 – 27 U 31/09; OLG Schleswig, Urt. v. 18.07.2019 – 12 U 8/18.

198 Vgl. BGH, 20.12.2012 – VII ZR 209/11, NJW 2013, 684 = NZBau 2013, 244 = BauR 2013, 624; ergänzend OLG München, 14.06.2005 – 28 U 1921/05, IBR 2006, 269; OLG Stuttgart, 17.10.2011 – 5 U 43/11, NJW 2012, 539; vgl. auch Kapellmann/Messerschmidt/Langen, § 13 VOB/B Rn. 26.

Soweit der Besteller nicht fachkundig ist, fordert die Rechtsprechung für die Wirksamkeit einer solchen Unterschreitungsvereinbarung, dass der fachunkundige Besteller vom fachkundigen Unternehmer/Planer und/oder Bauunternehmer) explizit über den Inhalt der anerkannten Regel der Technik, die vorgesehene Abweichung und deren Auswirkungen auf die Gebrauchstauglichkeit des Werks (z.B. Nutzungseinschränkungen, Langlebigkeit usw.) aufgeklärt wird. Findet dies erforderliche Aufklärung nicht statt, ist die Abweichungsvereinbarung unwirksam und der Unternehmer schuldet die Einhaltung der anerkannten Regeln der Technik, unabhängig davon, ob die Parteien aufgrund des geringeren Standards einen geringeren Werklohn für die Leistung vereinbart haben.

86 Um eine »faktische« Beschaffenheitsvereinbarung nach unten handelt es sich, wenn sich während der Herstellung der Leistung und noch vor deren Abnahme die **anerkannten Regeln der Technik ändern**. Diese Konstellation lag der Entscheidung des BGH vom 14.11.2017 zugrunde, der entschieden hat:[199] Findet eine Regeländerung nach Vertragsabschluss, aber noch vor der Abnahme statt, wird vom Unternehmer die Beachtung der anerkannten Regeln der Technik *zum Zeitpunkt der Abnahme* geschuldet. Folge davon ist eine Hinweispflicht des Unternehmers gegenüber den Besteller bzgl. der damit verbundenen Konsequenzen und Risiken für die Bauausführung. Für den Besteller bestehen dann zwei Optionen: Zum einen hat er die Möglichkeit, die Einhaltung der (geänderten) Regeln der Technik zum Zeitpunkt der Abnahme zu fordern. Mit dieser Forderung geht allerdings die Pflicht einher, den im Regelfall damit verbundenen Mehraufwand des Unternehmers zu tragen. Dies entspricht der für Verträge ab dem 01.01.2018 gültigen Bestimmung des § 650b Abs. 1 S. 1 Nr. 2 BGB, wonach der Besteller eine Leistungsänderung fordern und notfalls anordnen kann, ohne die der funktionale Werkerfolg nicht eintreten würde. Die Mehrkosten einer solchen notwendigen Leistungsänderung muss der Besteller nach § 650c Abs. 1 BGB tragen. Vom BGH wurde dies auch schon vor Inkrafttreten dieser Regelungen so entschieden.

Zum anderen kann der Besteller es aber auch bei der Beachtung der bisherigen Regeln der Technik belassen. Das würde eine während des Bauablaufs entsprechende Vereinbarung »nach unten« darstellen, so dass dem Besteller jedenfalls keine Mängelansprüche zustehen.[200] Die Pflicht zur Tragung der mit den Änderungsarbeiten verbundenen Mehrkosten wird aus dem Gedanken der Vorteilsausgleichung abgeleitet.[201] Seit dem neuen gesetzlichen Bauvertragsrecht wird der Vergütungsanspruch des Unternehmers für den Mehraufwand unmittelbar aus § 650c Abs. 1 BGB abgeleitet, *soweit* der Besteller aufgrund fehlender Einigung mit dem Unternehmer die Änderungsleistung »Beachtung der neuen Regeln der Technik« nach § 650b Abs. 2 S. 1 BGB angeordnet hat.

IV. Überholte Regelwerke

87 Wichtig ist der Hinweis, dass DIN-Normen zwar, je nach Auffassung, eine Vermutungswirkung hinsichtlich der anerkannten Regeln der Technik beinhalten oder zumindest entsprechende Anhaltspunkte hinsichtlich der anerkannten Regeln der Technik bieten, allerdings keine Ausschließlichkeit beanspruchen. Die schriftlichen DIN-Normen, VDI-Richtlinien usw. können zum Zeitpunkt der

---

199 BGH, 14.11.2017 – VII ZR 65/14, NZBau 2018, 207.

200 BGH, 14.11.2017 – VII ZR 65/14, NZBau 2018, 207, konkreter Fall: Der Besteller beauftragte den Unternehmer mit der Errichtung von drei Pultdachhallen in verzinkter Stahlkonstruktion. In der Baubeschreibung war für die Hallen eine Schneelast von 80 kg/m² vorgesehen, was der zu diesem Zeitpunkt gültigen DIN 10055–5 1975 sowie der im Jahr 2006 erteilten Baugenehmigung entsprach. Danach änderten sich die Regeln der Technik durch die neue DIN 10055–5 (2005) dahin, dass nunmehr eine Schneelast von 139 kg/m² anzusetzen war. Nach entsprechender Aufklärung durch den Unternehmer hatte der Besteller das Wahlrecht, entweder die Ertüchtigungsarbeiten zu beauftragen (im konkreten Fall zu einem Auftragswert von ca. 850.000 €) oder mit den geringeren Schneelasten nach altem Standard vorliebzunehmen.

201 BGH, 17.05.1984 – VII ZR 169/82, BGHZ 91, 206, 209 ff.; BGH, 16.07.1998 – VII ZR 350–96, BGHZ 139, 244, 247 f.; vgl. auch Leupertz/Halfmeier, in: PWW, BGB, § 633 Rn. 12; krit. Pause, in: FS Koeble, S. 177, 186.

Ausführung bzw. zum maßgeblichen Zeitpunkt der Abnahme der Leistung auch bereits überholt sein. Entsprechen die Normen also nicht mehr den aktuellen Regeln der Technik, so wird das Werk auch dann als mangelhaft eingestuft, wenn dieses zwar die (veralteten) schriftlichen Normen, nicht aber die zwischenzeitlich gültigen (noch nicht verschriftlichten) anerkannten Regeln der Technik einhält.[202]

Entspricht das Werk einer konkret im Vertrag zugrunde gelegten Norm, so kann dennoch ein Sach- 88
mangel vorliegen. Dies kommt in Betracht, wenn eine im Vertrag vereinbarte Norm zum Zeitpunkt der Abnahme *nicht mehr* den anerkannten Regeln der Technik entspricht. Der Grund für die Benennung einer konkreten Norm im Vertrag besteht typischerweise darin, dass der Unternehmer im Rahmen der Bauausführung gerade die in der Norm enthaltenen Festlegungen bzgl. Materialien, Aufbau, Arbeitsabläufen, Belastbarkeit usw. beachten soll. Für den Fall, dass die im Vertrag aufgeführte technische Norm aber zum Zeitpunkt der Ausführung/Abnahme nicht mehr die anerkannten Regeln der Technik widergibt, wird nicht zu Lasten des Bestellers entschieden, dass sich der Besteller mit der Einhaltung der zwar im Vertrag genannten, aber veralteten technischen Norm zufrieden geben wollte. Ein gewisser Spielraum für einen abweichenden Parteiwillen besteht nur dann, wenn der Unternehmer den Besteller im Rahmen des Vertragsabschlusses ausdrücklich darauf hingewiesen hat, dass die vereinbarte Norm nicht (mehr) den aktuellen Regeln der Technik entspricht.[203] Vorsicht ist in der Konstellation geboten, dass selbst wenn die Norm bei Vertragsabschluss noch aktuell ist, ein Verweis allein hierauf nicht genügt, um die vertraglich geschuldete Beschaffenheit abschließend festzulegen. Maßgeblich ist also, ob der Besteller nach der Art des vereinbarten Werkes einen höheren Standard erwarten kann, als es der vereinbarten Norm entspricht (Abs. 2 S. 2 Nr. 2). Nach dem Sinn und Zweck des Vertrages sind nicht die Vorgaben der Norm ausschlaggebend, sondern die berechtigten Qualitätserwartungen des Bestellers im Sinne der üblichen Beschaffenheit des Werks.[204]

V. Mangel trotz Beachtung der anerkannten Regeln der Technik

Es ist nochmals klarzustellen, dass die bloße Beachtung der zum Zeitpunkt der Abnahme gültigen 89
anerkannten Regeln der Technik nicht automatisch zur Mängelfreiheit der Werkleistung führt, was insbesondere der Fall ist, wenn entweder die abweichenden oder über die anerkannten Regeln der Technik hinausgehenden vereinbarten Beschaffenheitsmerkmale nicht vorhanden sind, wenn es an der Funktionstauglichkeit der Leistung mangelt, wenn die nach dem Vertrag vorausgesetzte oder wenn die gewöhnliche Verwendungseignung fehlt oder nicht erreicht wird.[205] Dies ist beispielsweise der Fall, wenn im Vertrag ein besonderer Verwendungszweck festgelegt wurde, der vom üblichen abweicht. Wenn es für einen vertragsgemäßen Gebrauch des Werks nicht genügt, die anerkannten Regeln der Technik einzuhalten, so erfüllt der Unternehmer seine Leistungspflicht nicht allein dadurch, dass er das Werk (allein) unter Beachtung der anerkannten Regeln der Technik herstellt. Es lässt sich also trotz des Kriteriums, dass die Nichteinhaltung der technischen Regeln einen Werkmangel begründet, nicht der Umkehrschluss ziehen, dass die Einhaltung der technischen Regeln stets eine mangelfreie Leistung garantiert. Nicht mal dann, wenn die Parteien eine konkrete Art der Ausführung vereinbart und dafür die aktuellen technischen Standards zugrunde gelegt haben.[206]

202 BGH, 14.05.1998 – VII ZR 184/97, BGHZ 139, 16, 20; BGH, 14.06.2007 – VII ZR 45/06, BGHZ 172, 346, 355 f. Rn. 32.

203 Kögl, BauR 2009, 154, 156.

204 Vgl. BGH, 14.06.2007 – VII ZR 45/06, BGHZ 172, 346, 351 f. Rn. 25; BGH, 04.06.2009 – VII ZR 54/07, BGHZ 181, 225, 231 Rn. 15; OLG Brandenburg, 26.09.2013 – 12 U 115/12, BauR 2014, 1005, 1007 f.; vgl. OLG München, 24.04.2018 – 28 U 3042/17, BauR 2019, 530.

205 BGH, 14.05.1998 – VII ZR 184/97, BGHZ 139, 16, 18; BGH, 16.07.1998 – VII ZR 350–96, BGHZ 139, 244, 247; BGH, 15.10.2002 – X ZR 69/0, NJW 2003, 200 (201).

206 BGH, 16.07.1998 – VII ZR 350–96, BGHZ 139, 244, 247.

H. Herstellerrichtlinien

90 Aus einem anderen Blickwinkel sind Herstellerrichtlinien[207] für die Verarbeitung von Bauprodukten zu betrachten. Eine Abweichung von solchen Herstellerrichtlinien allein stellt noch *keinen Mangel* dar,[208] ausgenommen den Fall, dass die Herstellerrichtlinie gleichzeitig als anerkannte Regel der Technik anzusehen ist. Vor allem in Fällen, in denen der Besteller kein einheitliches System eines einzigen Herstellers vorgibt, sondern Materialien verschiedener Hersteller verbaut werden, ist das zu beachten.[209] Anders wäre der Fall gelagert, wenn eine Abweichung von den Herstellerrichtlinien zumindest das Risiko erhöht, dass der geschuldete Erfolg nicht erreicht wird; nur dann wäre ein Sachmangel zu bejahen.[210] Das gilt umso mehr, wenn bei Mehr-Komponenten-Stoffen, die in der Abdichtungstechnik, im Brandschutz und in der Klebetechnik weit verbreitet sind, der Werkerfolg davon abhängig ist, dass die einzelnen Komponenten exakt nach der in den Herstellervorgaben genannten Methode eingesetzt werden.[211] Mangelhaft ist eine Leistung auch dann, wenn der Besteller durch eine Nichtbeachtung von Herstellervorgaben dem Risiko ausgesetzt ist, die Herstellergarantie zu verlieren,[212] oder wenn eine von den Vorgaben abweichende Ausführung zu einem anderen optischen Erscheinungsbild, z.B. ungleichmäßige Fugenbreite, geführt hat, was mit der Einhaltung der Ausführungsart nicht passiert wäre.[213] Eine Auslegung kann ergeben, dass die Einhaltung der Herstellerrichtlinien zur Beschaffenheitsvereinbarung gehört,[214] Was besonders dann anzunehmen ist, wenn die Verwendung eines Materials eines bestimmten Herstellers vereinbart wurde.[215] Des Weiteren liegt auch eine konkludente Beschaffenheitsvereinbarung bezüglich der Beachtung von Herstellervorschriften regelmäßig dann vor, wenn die vom Hersteller vorgesehene Ausführungsart ein bestimmtes Risiko abwenden soll, welches bei Nichtbeachtung auch tatsächlich besteht und die Gebrauchsfähigkeit des Werkes mindern könnte.[216]

91 Über die anerkannten Regeln der Technik *hinausgehende Anforderungen* des Herstellers müssen vom Unternehmer dann eingehalten werden, wenn sie sich auf die Sicherheit des Betriebs einer technischen Anlage beziehen.[217] Nicht zuletzt wegen ihrer »dunklen Seiten«[218] sind Herstellervorgaben jedenfalls stets hinterfragend zu lesen, denn die Richtigkeit dieser ist, auch wenn ein bestimmter Hersteller für die Verarbeitung seiner Produkte Vorgaben oder Empfehlungen ausspricht, nicht automatisch gegeben. Umgekehrt kann auch bei Einhaltung der Herstellerempfehlungen ein Sachmangel der Werkleistung vorliegen, falls der geschuldete Erfolg, insbesondere die Funktionalität der Leistung, trotz Beachtung der Herstellervorgaben ausbleibt.[219]

---

207 Zu deren Bedeutung für die Mangelbeurteilung: Jurgeleit, ibr-OK Bauvertragsrecht, Stand 22.04.2024, § 633 BGB Rn. 38 f.; Seibel, BauR 2012, 1025; Faust, BauR 2013, 363; Sass, BauR 2013, 1333.

208 A.A. zu Unrecht LG Berlin, 15.04.2014 – 14 O 171/13, IBR 2014, 1066 (nur online).

209 OLG Celle, 23.03.2011 – 14 U 89/09, IBR 2012, 576.

210 OLG Köln, 20.07.2005 – 11 U 96/04, IBR 2005, 530; OLG Schleswig, 31.07.2009 – 3 U 80/08, IBR 2010, 321. Vgl. auch OLG Köln, 22.09.2004 – 11 U 93/01, BauR 2005, 389; OLG Köln, 25.06.2012 – 19 U 35/12, NZBau 2012, 781 = BauR 2013, 257; OLG Frankfurt, 15.06.2012 – 2 U 205/11 IBR 2014, 540.

211 Beispiel von Sass, BauR 2013, 1333 (1336), bei B.I.1.

212 OLG Brandenburg, 15.05.2013 – 4 U 5/11, NZBau 2013, 502.

213 OLG Brandenburg, 15.06.2011 – 4 U 144/10, IBR 2011, 455.

214 BGH, 21.04.2011 – VII ZR 130/10, NZBau 2011, 415 Rn. 18; OLG Hamm, Urt. v. 02.09.2015 – I-12 U 199/14, BeckRS 2016, 7840; OLG Jena, 27.07.2006 – 1 U 897/04, IBR 2009, 134 = BauR 2009, 669; Ganten, in: Praxishinweis zu IBR 2005, 530; vgl. auch OLG Schleswig, Urt. v. 12.08.2004 – 7 U 23/99, BauR 2004, 1946, das nach altem Recht eine zugesicherte Eigenschaft bejahte.

215 Faust, BauR 2013, 363 (367).

216 OLG Hamm, Urt. v. 02.09.2015 – I-12 U 199/14, IBR 2016, 391 = BeckRS 2016, 7840.

217 BGH, 23.07.2009 – VII ZR 164/08, NZBau 2009, 647 = BauR 2009, 1589; BGH, 21.04.2011 - VII ZR 130/10, NZBau 2011, 415 Rn. 18.

218 Sass, BauR 2013, 1333 (1339, 1340), bei C.

219 OLG Brandenburg, BauR 2008, 93; OLG Frankfurt, 25.04.2007 – 13 U 103/06, BauR 2008, 847; Vygen/Joussen, Bauvertragsrecht, Rn. 1264.

I. Aliud und Mengenabweichungen

§ 633 Abs. 2 S. 3 BGB stellt einem Sachmangel die Herstellung eines anderen als des bestellten Werks sowie die quantitative Minderleistung gleich. Beides war im früheren Recht beim Werkvertrag (anders als beim Kaufvertrag) eher unbedeutend.[220] Das kann damit erklärt werden, dass ein *Identitätsaliud* beim Werkvertrag kaum denkbar ist, weil das Werk bei Vertragsabschluss typischerweise noch nicht existiert und daher nicht individualisiert werden kann. Auf der anderen Seite setzt ein *Qualitätsaliud* voraus, dass das Werk durch die Zugehörigkeit zu einer bestimmten Gattung bestimmt wird. Dann liegt aber zumeist ein Vertrag über die Herstellung vertretbarer Sachen vor, bei welchen nach § 650 S. 1 BGB ohnehin Kaufrecht Anwendung findet. Weicht das Werk im Übrigen von den im Vertrag festgelegten Vorgaben ab, so dürfte stets ein Sachmangel i.S.d. Abs. 2 S. 1 oder S. 2 vorliegen. 92

Auch bei *Mengenabweichungen* gilt, dass diese im Regelfall ebenfalls eine Abweichung der vereinbarten Beschaffenheit darstellen, z.B. ein nur 15 cm anstatt erforderlicher 20 cm hoher, frostsicherer Oberboden bei einer Pflasterfläche. In diesem Beispiel ist der Besteller, wenn die Leistung nach Einheitspreisen vergütet wird, vergütungsrechtlich natürlich nur verpflichtet, die Ist-Menge, also 15 cm Dicke anstatt 20 cm Dicke zu vergüten. Gleichzeitig kann er wegen der zu geringen Aufbauhöhe Mängelrechte gegen den Unternehmer geltend machen. 93

Aus den dargestellten Gründen hat auch diese Fallvariante des § 633 Abs. 2 S. 3 BGB einen eher geringen Anwendungsbereich.[221] Bedeutung hat sie allenfalls für Verträge, bei denen ein nicht in einer Sache verkörperter Erfolg geschuldet wird, wenn und soweit der Schuldner die Leistung unvollständig erbringt. Ein Beispiel wäre die Verpflichtung des Unternehmers, während des Winters *allmorgentlich* Straßen und Wege zu räumen und er diese Leistung aber *nur an drei Tagen pro Woche* erbringt.[222] Im Übrigen besteht der Sinn der Vorschrift weniger in der Lösung spezifischer Probleme des Werkvertragsrechts als dem Bemühen um eine möglichst vollständige Angleichung der Gewährleistungsvorschriften im Kauf- und Werkvertragsrecht.

J. Verschleiß und Abnutzung

Schon vom Wortlaut her stellen Verschleiß oder Abnutzung keinen Sachmangel dar, sondern sind eine Folge des bestimmungsgemäßen Gebrauchs. Für die Neufassung der VOB/B im Jahr 2002 sollte dies klargestellt werden.[223] Die textliche Ergänzung der VOB/B wurde allerdings abgelehnt, im BGB fehlt von vornherein eine entsprechende Klarstellung. Trotzdem stellen auch unabhängig hiervon Verschleiß und Abnutzung keinen Sachmangel dar. 94

Ein anderer Sachverhalt liegt bei einem *vorzeitigen Verschleiß* vor, z.B. aufgrund minderwertiger Materialqualität. Dann wird ein Sachmangel angenommen.[224] Dies gilt z.B., wenn für einen Heizkessel eine Betriebszeit von 100.000 Std. üblich ist, der Kessel aber bereits nach 30.000 Std. »verschlissen« ist und ersetzt werden muss. Auch das übermäßige Verrußen der Glasscheiben eines Warmluftkamins aufgrund mangelhafter Konstruktion oder fehlerhafter Herstellung der Verglasung kann einen Mangel darstellen.[225] 95

220 RegE BT-Drucks. 14/6040, S. 261; vgl. auch Peters, NZBau 2007, 1 (2).

221 Ebenso Grüneberg/Retzlaff, BGB, § 633 Rn. 8; Peters/Jacoby, in: Staudinger, BGB, § 633 Rn. 196 f.

222 BGH, 06.06.2013 – VII ZR 355/12, NJW 2013, 3022 (3023) Rn. 17.

223 Beschluss des Vorstandes des DVA vom 02.05.2002, Begründung II.5.c.; Kratzenberg, NZBau 2002, 177 (181).

224 Vgl. dazu OLG Köln, 23.10.2001 – 3 U 21/01, BauR 2002, 801; Hankammer/Krause-Allenstein, BauR 2007, 955–965; Moufang/Koos, in: Messerschmidt/Voit, § 633 BGB Rn. 86.

225 OLG Köln, 25.06.2012 – 19 U 35/12, NZBau 2012, 781 = BauR 2013, 257.

K. Rechtsmängelfreiheit – § 633 Abs. 3 BGB

I. Definition

96 Eine eigenständige Regelung über Rechtsmängel des Werkes fehlte vor Inkrafttreten des SchuldRModG im Werkvertragsrecht, sodass bei Vorkommen eines werkvertraglichen Rechtsmangels die kaufrechtlichen Vorschriften entsprechend herangezogen werden mussten (vgl. Rdn. 4). Der Rechtsmangel wird nun in § 633 Abs. 3 BGB definiert, ebenso wie in der Parallelvorschrift des § 435 S. 1 BGB[226] für Kaufverträge in weitgehender Anlehnung an § 434 BGB a.F., sodass sich kaum Abweichungen zum früheren Recht ergeben.

Ein Rechtsmangel wird hiernach angenommen, wenn Dritte in Bezug auf das Werk Rechte gegen den Besteller geltend machen können. Hierunter fällt nach allgemeiner Auffassung nicht nur der Fall, dass dem Dritten gegenüber dem Besteller ein unmittelbarer Anspruch zusteht, z.B. auf Unterlassung. Es genügt bereits, wenn durch das Recht des Dritten die Verwendung des Werks zu dem nach dem Vertrag vorausgesetzten Zweck ausgeschlossen oder eingeschränkt wird.[227]

97 Bei Werkverträgen kommen Rechtsmängel seltener vor als bei Kaufverträgen, wo jeder Eingriff in die umfassenden Eigentümerbefugnisse aus § 903 BGB einen Rechtsmangel darstellen kann. Ein Rechtsmangel bei einem Werkvertrag liegt bspw. vor, wenn eine Herstellung des Werks nur unter Verletzung von Rechten Dritter (Urheberrechte beim Architektenvertrag, Patentrechte[228], sonstige gewerbliche Schutzrechte oder auch Persönlichkeitsrechte)[229] möglich ist, wenn also z.B. der Unternehmer bei der Entwicklung einer Software das Urheberrecht eines Dritten verletzt und dieser aus diesem Grund dem Besteller die Verwendung des Programms untersagen kann.

98 Die Rechtslage bis zum 31.12.2001 erfasste nach § 434 BGB a.F. auch öffentlich-rechtliche Benutzungsbeschränkungen, sofern diese ihre Ursache in anderen, nicht mit der Beschaffenheit der Sache verbundenen Umständen hatten, z.B. bei einer Nutzungsbeschränkung eines Wohngebäudes, das zu einem großen Teil mit Mitteln des sozialen Wohnungsbaus finanziert worden war.[230] Stellte sich die Benutzungsbeschränkung als allgemeine, aus Gründen des Gemeinwohls bestehenden Schranken des Eigentums heraus, so wurde ein Sachmangel angenommen.[231] Der Gesetzgeber wollte die Behandlung öffentlich-rechtlicher Beschränkungen ausweislich der Begründung zu § 435 S. 1 BGB[232] nicht ausdrücklich entscheiden. Theoretisch bleibt die Frage nach wie vor offen, ob diese als Sach- oder als Rechtsmangel anzusehen sind. Aufgrund der Angleichung der Rechtsfolgen spielt die praktische Bedeutung dieser Frage allerdings nur eine untergeordnete Rolle, zumal öffentlich-rechtliche Nutzungsbeschränkungen im Werkvertragsrecht ohnehin selten vorkommen.

99 Zu klären ist noch die Frage, ob ein Rechtsmangel bereits dann vorliegt, wenn überhaupt irgendwelche Rechte Dritter in Bezug auf das Werk bestehen oder ob durch die Rechte auch eine Einschränkung der Verwendbarkeit des Werkes vorliegen muss. Für den Kauf hat sich der Gesetzgeber ausweislich der Begründung eindeutig für die erste Lösung und gegen das Modell des Art. 41 UN-

226 Die Gesetzesbegründung verweist zu § 633 Abs. 3 BGB pauschal auf § 435 S. 1 RegE. Bei der Auslegung ist demnach die Begründung zu § 435 BGB von wesentlicher Bedeutung.

227 Kritisch zu der ausschließlich auf Rechte gegenüber dem Besteller fixierten Gesetzesformulierung Krebs, DB 2000 Beil. Nr. 14 S. 23 f.

228 Z.B. bei einer begonnenen Aufzugsanlage, die nach Insolvenz des ersten Unternehmers vom nachfolgenden Unternehmer fertiggestellt wird, vgl. OLG Koblenz, 17.07.2017 – 3 U 9/17, IBR 2020, 68.

229 BGH, 16.03.2010 – VI ZR 176/09, NJW 2010, 1533 (Verletzung von Persönlichkeitsrechten der Nachbarn durch die Installation von Videokameras, die im konkreten Fall aber verneint wurde).

230 Für Annahme eines Rechtsmangels in diesen Fällen auch nach der Neufassung MüKo-BGB/Busche, § 633 Rn. 33 f.

231 BGH, 09.07.1976 – V ZR 256/75, BGHZ 67, 134, 135 f.; Grüneberg/Retzlaff, BGB, § 434 Rn. 6; Soergel/Huber, BGB, § 434 Rn. 52 ff.

232 RegE BT-Drucks. 14/6040, S. 217.

Kaufrecht entschieden.[233] Da sich der Gesetzgeber bemüht hat, eine Angleichung der Mängelhaftungsansprüche bei Kauf- und Werkvertrag zu erreichen, spricht systematisch gesehen vieles dafür, dies beim Werkvertrag auch anzunehmen. Auf der anderen Seite unterscheidet sich die Interessenlage teilweise bei beiden Verträgen. So wird vom Verkäufer nicht ausschließlich aber auch die Übertragung lastenfreien Eigentums geschuldet, was die Verschaffung des Rechts an der Sache ist. Dagegen ist das Erfüllungsinteresse des Bestellers oft damit schon befriedigt, dass ein vertragsgemäßer Gebrauch der vom Unternehmer hergestellten Sache oder des sonstigen Werkes möglich ist. Daher ist es sachgerecht beim Werkvertrag einen Rechtsmangel nur dann anzunehmen, wenn das Recht des Dritten die vertragsgemäße Verwendung stören oder sogar vereiteln kann.[234] Ausnahmen sind bei der Eigentumsverschaffung gerechtfertigt, wenn der Vertragszweck erst dann erreicht wird, wenn dem Besteller das Eigentum an der Sache oder ein sonstiges Recht übertragen wird. In dieser Konstellation spricht einiges dafür, bereits das Bestehen jeglicher Rechte Dritter als Rechtsmangel einzuordnen.

II. Vertragliche Übernahme von Rechten Dritter

Auch wenn Rechte Dritter an der Werkleistung bestehen, liegt kein Rechtsmangel vor, wenn der Besteller diese *Rechte im Vertrag übernommen hat.* Diese Klarstellung wurde erst im Laufe des Gesetzgebungsverfahrens des SchuldRModG aufgenommen. Zunächst wurde im Entwurf die Mängelfreiheit bzgl. Rechten Dritter am Werk nur dann angenommen, wenn Dritte keine Rechte gegen den Besteller geltend machen können. Danach hätte jedes Recht eines Dritten automatisch zu einem Rechtsmangel geführt. Es kann aber kein Mangel angenommen werden, wenn vertraglich vereinbart ist, dass der Unternehmer nur die Herstellung eines mit Rechten Dritter belasteten Werkes schuldet, weshalb die Klarstellung in § 633 Abs. 3 2. Alt. BGB eingefügt wurde.[235] 100

L. Beweislast

Eine wichtige Rolle in Prozessen spielt die *Beweislast* für das Vorliegen von Sach- oder Rechtsmängeln. 101
Die Frage der Beweislast stellt sich sowohl bei einer Klage des Unternehmers auf Abnahme des Werks oder Zahlung der vom Besteller geschuldeten Vergütung[236] als auch bei der Geltendmachung von Mängelrechten durch den Besteller. Die Beweislast wird dabei abhängig von der jeweiligen Parteirolle im Prozess verteilt.

Die Mängelfreiheit des Werkes gehört zur primären Leistungspflicht des Unternehmers. Werden 102
durch den Besteller also Mängelansprüche geltend gemacht, steht das der Behauptung des Bestellers gleich, der Unternehmer habe nicht ordnungsgemäß erfüllt. Für das Bestehen und den Inhalt des Anspruchs auf die Leistung ist der Gläubiger aber grundsätzlich darlegungs- und beweispflichtig. Dementsprechend trägt der **Besteller** die **Beweislast für die Soll-Beschaffenheit** des Werkes,[237] d.h. für das Vorliegen einer – ausdrücklichen oder konkludenten – Beschaffenheitsvereinbarung, die Vereinbarung eines bestimmten Verwendungszwecks, die Eignung für den gewöhnlichen Verwendungszweck oder auch die Nichteinhaltung der anerkannten Regeln der Technik.

233 Vgl. Begr. RegE BT-Drucks. 14/6040, S. 217 f. zu § 435 S. 1.

234 Vgl. OLG Stuttgart, 04.05.2016 – 3 U 218/15, BeckRS 2016, 113283; MüKo-BGB/Busche, § 633 Rn. 34; gegen eine unterschiedliche Interpretation des Begriffes Rechtsmangel im Kauf- und Werkvertragsrecht Erman/Schwenker, BGB, § 633 Rn. 19a.

235 Canaris, Schuldrechtsmodernisierung, S. 400.

236 Z.B. wenn der Unternehmer geltend macht, dass die Vergütung ohne Abnahme fällig sei, weil der Besteller trotz Fristsetzung die Abnahme zu Unrecht verweigert habe (§ 640 Abs. 1 S. 3 BGB).

237 BGH, 17.01.2002 – VII ZR 488/00, BauR 2002, 784; Nierwetberg, NJW 1993, 1745; Peters/Jacoby, in: Staudinger, BGB, § 633 Rn. 191.

103 Bei der Beweislast für die **Ist-Beschaffenheit** ist zu differenzieren. **Vor der Abnahme** liegt die Beweislast für den vertragsgemäßen Zustand des Werks, d.h. ob dieses den Anforderungen der Soll-Beschaffenheit entspricht, beim **Werkunternehmer.**[238]

104 **Nach der Abnahme** geht die Beweislast hingegen auf den **Besteller** über.[239] Er trägt diese sowohl bei der Abnahme des fertiggestellten Werks als auch bei der Abnahme *nach* Kündigung des Werkvertrages.[240] Die Abnahme stellt eine wichtige Zäsur dar, weil der Besteller mit ihr zum Ausdruck bringt, dass das Werk den vertraglichen Anforderungen zumindest im Wesentlichen genügt. Das rechtfertigt, den Besteller mit dem Nachweis zu belasten, dass er sich geirrt hat, das Werk also zum Zeitpunkt der Abnahme mangelhaft war (vgl. auch § 363 BGB). Wichtig ist anzumerken, dass die Verschiebung der Beweislast folglich nur bei Abnahme nach § 640 Abs. 1 S. 1 BGB erfolgt, also nicht in den Fällen der Abnahmefiktion (§ 640 Abs. 2).[241] Allerdings gibt es auch nach der Abnahme Konstellationen, in denen der Unternehmer die Beweislast für die Mängelfreiheit des Werks trägt, insbesondere bei Mängeln, die sich der Besteller bei der Abnahme vorbehalten hat.[242] Eine Ausnahme besteht auch dann, wenn der *Unternehmer eine Pflichtwidrigkeit begangen* hat, welche dafür gesorgt hat, dass der Mangel bei der Abnahme nicht entdeckt wird. In dem Fall, in dem erst nach der Abnahme Mängelsymptome auftreten, wird gemäß dem Beweis des ersten Anscheins angenommen, dass diese auf einem Mangel der Werkleistung beruhen.[243] Andersherum ist es auch möglich, dass dem Unternehmer auch vor der Abnahme den Grundsätzen der *Beweisvereitelung* folgend, Beweiserleichterungen bis hin zur Beweislastumkehr zugute kommen. Das geschieht in Fällen, in denen ihm etwa durch ein Handeln des Bestellers die Feststellung von Mängeln sowie der Mängelursachen unmöglich gemacht worden ist.[244] Das soll beim Bauvertrag durch den § 650g Abs. 1–3 verhindert werden.

105 Wenn der Besteller Mängelansprüche geltend machen möchte, muss sein *Tatsachenvortrag* keine zu hohen Anforderungen erfüllen. Es genügt bei Verträgen über Bau- oder Architektenleistungen eine Beschreibung der *Symptome*, d.h. der Mangelerscheinungen, durch den Besteller.[245] Indessen wird vom Besteller nicht gefordert, auf die Ursachen der Erscheinungen einzugehen und darzulegen, inwieweit die Ist-Beschaffenheit von der vertraglich geschuldeten Beschaffenheit abweicht.[246]

M. Abweichende Vertragsklauseln

106 Bei der Abweichung von § 633 BGB durch Besteller oder Unternehmer durch in Mehrfachverwendungsabsicht vorformulierte Klauseln muss beachtet werden:

107 **Unwirksam** ist ein **völliger Ausschluss** der Sachmängelhaftung in AGBs des Unternehmers: § 309 Nr. 8 lit. b aa BGB bestimmt die Unwirksamkeit einer Klausel, die u.a. Mängelansprüche gegen den Verwender insgesamt ausschließt. Ein Beispiel für eine unwirksame Klausel des Unternehmers:

---

238 BGH, 25.03.1993 – X ZR 17/92, NJW 1993, 1972 (1974); BGH, 10.10.1996 – VII ZR 250/94, NJW 1997, 259; BGH, 24.11.1998 – X ZR 21/96, NJW-RR 1999, 347 (349); OLG Stuttgart, 09.01.2018 – 10 U 93/17, NZBau 2018, 411.

239 BGH, 11.10.2001 – VII ZR 383/99, NJW 2002, 223.

240 BGH, 06.02.2014 – VII ZR 160/12, NJW-RR 2014, 456 (457).

241 A.A. OLG Köln, 10.01.2013 – 19 U 127/12, NJOZ 2013, 1842 (1845); die dort als Beleg zitierte Entscheidung BGH, 08.06.2004 – X ZR 7/02, juris, Rn. 15 äußert sich nur allgemein zur Beweislast nach Abnahme, betraf aber – soweit erkennbar – keinen Fall der Abnahmefiktion.

242 BGH, 24.10.1996 – VII ZR 98/94, BauR 1997, 129.

243 OLG Thüringen, 21.04.2005 – 1 U 1578/98, BauR 2006, 1902.

244 BGH, NJW 2009, 360 (361); OLG München, 08.08.2018 – 3 U 1786/17, BeckRS 2018, 17902.

245 Näher dazu Kapellmann/Messerschmidt/Langen, § 13 VOB/B Rn. 265 ff.

246 BGH, 18.09.1997 – VII ZR 300/96, NJW 1998, 135 (136); BGH, 21.12.2000 – VII ZR 192/98, NJW-RR 2000, 309; 2001, 380; BGH, 30.10.2007 – X ZR 101/06, NJW 2008, 576 (577) Rn. 10; ausführlich dazu Kapellmann/Messerschmidt/Langen, § 13 VOB/B Rn. 265 ff. ebenso für einen Vertrag über die Lieferung und Installation von Software BGH, CR 2014, 568 Rn. 16.

»Sollten nach Fertigstellung der Abdichtung Durchbrüche, Anbauten oder Bohrungen in dem geschlossenen System vorgenommen werden, gilt die Abdichtung als zerstört und es erlischt die komplette Garantiezusage.«[247] Sogar gegenüber *Unternehmern* ist das gemäß §§ 310 Abs. 1, 307 Abs. 1 und 2 BGB unzulässig.[248]

Weiterhin ist es nach § 309 Nr. 8 lit. b aa BGB auch nicht möglich, dass der Unternehmer seine Sachmängelhaftung auf eine Verweisung auf **Ansprüchen gegen Dritte**, vor allem Nachunternehmern, beschränkt oder von der vorherigen gerichtlichen Inanspruchnahme solcher Dritter abhängig macht. Aus diesem Grund sind Klauseln in den AGB des Unternehmers unwirksam, die bestimmen, dass eine Mängelhaftung erst beansprucht werden kann, wenn die abgetretenen Mängelansprüche gegen Nachunternehmer »nicht durchsetzbar« sind. Denn diese Formulierung erweckt beim Besteller den Anschein, dass die gerichtliche Inanspruchnahme der Nachunternehmer Voraussetzung der subsidiären Haftung des Unternehmers sei.[249] Eine Gefahr dieses Verständnisses wird auch durch Formulierungen provoziert, in denen die Sachmängelhaftung des Unternehmers davon abhängig gemacht wird, dass der Besteller die abgetretenen Ansprüche wegen von ihm nicht zu vertretender Verjährung[250] oder wegen Insolvenz oder Geschäftsaufgabe des Dritten[251] nicht durchsetzen kann. Die Klausel, der Unternehmer hafte für die Güte der zu errichtenden Baulichkeiten nur, soweit er von Bauhandwerkern Erfüllung der Mängelansprüche verlangen kann, ist letztendlich auch eine Verweisung auf Dritte und deshalb wie diese unwirksam.[252] 108

Bei dieser Einschränkung der Verweisung auf Dritte durch § 309 Nr. 8 lit. b aa BGB hat sich der BGH jedoch nicht begnügt, er erachtet[253] die von einem *Bauträger* gestellte **Subsidiaritätsklausel**,[254] die eine Haftung des Bauträgers erst zulässt, wenn der Erwerber erfolglos versucht hat, die ihm abgetretenen[255] Mängelansprüche des Bauträgers gegen die anderen am Bau Beteiligten durchzusetzen,[256] als gemäß § 307 Abs. 2 Nr. 2 BGB *unwirksam*. Plausibel wird das durch BGH mit der zeitweiligen Vereitelung des Vertragszwecks begründet, nur einen Vertragspartner zu haben, mit den möglichen Schwierigkeiten einer Klärung, welchem Nachunternehmer Mängel zuzuordnen sind, sowie mit dem infolge Zeitablaufs erhöhten Beweis- und Insolvenzrisiko. 109

Mit denselben Argumenten kann auch die Unwirksamkeit von einem *Generalüber-/-unternehmer* seinem Auftraggeber gestellte Subsidiaritätsklausel begründet werden.[257] Durch den § 307 BGB wird allerdings nur der Vertragspartner des Verwenders vor unangemessenen Benachteiligungen geschützt, 110

247 OLG Brandenburg, 30.11.2005 – 4 U 141/04, IBR 2006, 89.

248 Vgl. dazu auch BGH, 26.01.1993 – X ZR 90/91, NJW-RR 1993, 560, wo bereits eine Beschränkung der Haftung im Rahmen der Mängelgewährleistung auf grobe Fahrlässigkeit für unwirksam erklärt worden ist; OLG Brandenburg, 30.11.2005 – 4 U 141/04, IBR 2006, 89: unmittelbar aus § 9 AGB-Gesetz, jetzt § 307 BGB.

249 BGH, 06.04.1995 – VII ZR 73/94, NJW 1995, 1675 = BauR 1995, 542; BGH, 04.12.1997 – VII ZR 6/97, NJW 1998, 904 = BauR 1998, 335.

250 OLG Düsseldorf, 11.10.1996 – 22 U 66/96, NJW 1997, 2123 (nur Ls.) = NJW-RR 1997, 659.

251 BGH, 06.04.1995 – VII ZR 73/94, NJW 1995, 1675 = BauR 1995, 542.

252 BGH, 21.05.1987 – VII ZR 3/86, NJW-RR 1987, 1035 = BauR 1987, 552.

253 BGH, 21.03.2002 – VII ZR 493/00, NJW 2002, 2470 = NZBau 2002, 495 = BauR 2002, 1385.

254 Zu dem Fall, dass der Bauträger »unbeschadet seiner primären Haftung« die Mängelansprüche gegen die am Bau Beteiligten an den Erwerber abtritt, vgl. BGH, 12.04.2007 – VII ZR 236/05, NJW 2007, 1952 Rn. 26 ff. = BauR 2007, 1221.

255 Zur Mehrfachabtretung an die Erwerber von Eigentumswohnungen einer Wohnungseigentumsanlage vgl. LG Darmstadt, 20.01.2005 – 8 O 465/02, IBR 2005, 210; Blank, in: FS Ganten 2007, S. 97 (100–107).

256 Zu einer Abtretung mit vollständigem Haftungsausschluss vgl. OLG Dresden, 07.07.2010 – 1 U 1570/09, IBR 2012, 87.

257 Moufang/Koos, in: Messerschmidt/Voit, § 635, Rn. 55. Nach Busch/Ruthemeyer, NZBau 2012, (743–749) soll für Generalübernehmerverträge über Photovoltaik-Anlagen insoweit eine Ausnahme bestehen.

sodass sich der Bauträger nicht auf die Unwirksamkeit berufen kann.[258] Der Besteller kann ihn also an der Subsidiaritätsklausel festhalten[259] und dazu anhalten zunächst zu versuchen, sich aus den abgetretenen Mängelansprüchen gegen die anderen Baubeteiligten schadlos zu halten, beispielsweise weil er diese für zuverlässiger oder solventer als den Bauträger selbst hält. Die sich aus § 402 BGB ergebende Unterstützungspflicht besagt, dass der Bauträger den Besteller dann über den Inhalt der Verträge mit den Handwerkern, über den Zeitpunkt der Abnahme der Handwerkerleistungen und den damit verbundenen Beginn der Verjährung informieren sowie ihm die Werkverträge und Abnahmeprotokolle aushändigen muss und wegen zu erwartenden Leistungsverweigerungen noch offene Restwerklohnforderungen der Handwerker offenbaren muss.[260] Was der Bauträger allerdings zu ersetzen hat, sind anderweitig nicht realisierbare Kosten, die dem Besteller bei dem Versuch, die abgetretenen Ansprüche durchzusetzen, entstanden sind.[261] Hieraus abgeleitet kann der Besteller zu Recht den Bauträger insbesondere an einer weiteren anerkannten Auswirkung der Subsidiaritätsklausel festhalten, nämlich dass eine Hemmung der Verjährung der bis zum Fehlschlagen der Inanspruchnahme aufschiebend bedingter Mängelansprüche gegen den Bauträger bis zum Eintritt der Bedingung nach § 205 BGB gegeben ist.[262]

111 In der bisherigen Rechtsprechung zu der Vorgängernorm wurde der § 309 Nr. 8 lit. b aa BGB auch gegenüber *Unternehmern* eingeschränkt angewendet. Vor allem wurde in dieser eine vorherige gerichtliche Inanspruchnahme des Dritten als unproblematisch angesehen. Aufgrund der nun unmittelbaren Ableitung der Unwirksamkeit der Subsidiaritätsklausel aus der Vorgängernorm des § 307 Abs. 2 Nr. 2 BGB durch den BGH,[263] hat diese neue Rechtsprechung für Unternehmer als Besteller des Bauträgers eine uneingeschränkte Geltung.

112 § 309 Nr. 8 lit. b BGB beansprucht seine Geltung »bei Verträgen über die Lieferung **neu hergestellter Sachen**«. Dazu zählen insbesondere Häuser und Eigentumswohnungen, die vor ihrer Veräußerung keine lange Nutzung vorweisen können.[264] Was der Neuheit nicht schadet, ist der Fall einer Errichtung eines Bauwerks für sich durch den Veräußerer und wenn er dieses einige Monate selbst bewohnt hat,[265] wenn das Gebäude als Musterhaus erstellt und als solches ein halbes Jahr genutzt worden ist[266] oder wenn das Haus kurzfristig vermietet[267] oder zwar ein Jahr und drei Monate vermietet, aber tatsächlich nur sechs Monate bezogen war.[268] Wenn ein Leerstand zwischen Fertigstellung und Veräußerung vorliegt, kann eine Eigentumswohnung spätestens nach fünf Jahren nicht mehr als

258 BGH, 04.12.1997 – VII ZR 187/96, NJW-RR 1998, 594 = BauR 1998, 357; Korbion/Locher/Sienz, Kap. M Rn. 25. Blank, in: FS Ganten 2007, S. 97 (99), stellt darauf ab, dass die Klausel teilbar und die Abtretung wirksam ist; ebenso Vogel im Praxishinweis zu IBR 2012, 87.

259 Offenbar ist die Verwendung solcher Klauseln in der Praxis nach wie vor üblich: Grziwotz, in: FS Thode 2005, S. 243 (255).

260 BGH, 05.04.1984 – VII ZR 21/83, NJW 1984, 2094 = BauR 1984, 392; BGH, 22.12.1988 – VII ZR 266/87, NJW-RR 1989, 467 = BauR 1989, 211.

261 BGH, 12.07.1984 – VII ZR 268/83, BGHZ 92, 123 = NJW 1984, 2573 = BauR 1984, 634.

262 BGH, 04.06.1981 – VII ZR 212/80, NJW 1981, 2343 = BauR 1981, 469; BGH, 12.07.1984 – VII ZR 268/83, BGHZ 92, 123 = NJW 1984, 2573 = BauR 1984, 634; OLG Düsseldorf, 21.02.1992 – 22 U 154/91, NJW-RR 1992, 1108.

263 BGH, 21.03.2002 – VII ZR 493/00, NJW 2002, 2470 = NZBau 2002, 495 = BauR 2002, 1385; vgl. dazu Rdn. 70.

264 BGH, 06.04.1995 – VII ZR 73/94, NJW 1995, 1675 = BauR 1995, 542; vgl. dazu Gegenäußerung der Bundesregierung zu der Stellungnahme des Bundesrats, BT-Drucks. 14/6857, 59/60 zu Nr. 91, sowie Thode, NZBau 2002, 297 (298–300); Hofmann/Joneleit, NZBau 2003, (641–645); Derleder, NZBau 2004, 237 (243, 244).

265 BGH, 05.04.1979 – VII ZR 308/77, BGHZ 74, 204 = NJW 1979, 1406 = BauR 1979, 337; BGH, 05.11.1981 – VII ZR 5/81, BauR 1982, 58; BGH, 06.05.1982 – VII ZR 74/81, NJW 1982, 2243 = BauR 1982, 493.

266 BGH, 06.05.1982 – VII ZR 74/81, NJW 1982, 2243 = BauR 1982, 493.

267 OLG München, 08.10.1980 – 27 U 303/80, NJW 1981, 2472.

268 OLG Düsseldorf, 19.01.2001 – 14 U 118/00, OLGR 2001, 219.

neu eingestuft werden.[269] Eine zwei Jahre nach ihrer Errichtung veräußerte Eigentumswohnung hat der BGH in mehreren Fällen noch als neu angesehen.[270]

Auch die *Umwandlung* eines *Altbaus* in *Eigentumswohnungen* fällt unter den § 309 Nr. 8 lit. B BGB, wenn die Herstellungspflicht des Veräußerers mit dem »Verkauf« der Wohnungen verbunden ist, die nach Umfang und Bedeutung mit der Neuherstellungspflicht vergleichbar ist.[271] Das wird bei einem als »vollkommen modernisiert und umgebaut« und als »Neubau hinter historischer Fassade« bezeichnetem Altbau jeweils angenommen.[272] Das gilt ebenso bei einem »vollständig, bis auf die Grundmauern saniertem Altbau«, bestehend aus zwei Doppelhaushälften, selbst wenn die geschuldete Sanierung bei Abschluss des Vertrags bereits fertiggestellt war,[273] oder bei umfassenden Modernisierungsarbeiten an einem zuvor als Wohngebäude der amerikanischen Streitkräfte genutzten und um zwei zusätzliche Geschosse aufgestockten Objekt.[274] Sogar in einem notariellen **Individualvertrag** wird eine Unwirksamkeit bei einem **formelhaften Ausschluss** der Mängelhaftung beim Erwerb neu errichteter oder so zu behandelnder Häuser gemäß § 242 BGB angenommen, wenn es bei der Freizeichnung versäumt worden ist, den Erwerber unter ausführlicher Belehrung über die einschneidenden Rechtsfolgen eingehend zu unterrichten.[275] 113

§ 634 Rechte des Bestellers bei Mängeln

Ist das Werk mangelhaft, kann der Besteller, wenn die Voraussetzungen der folgenden Vorschriften vorliegen und soweit nicht ein anderes bestimmt ist,

1. **nach § 635 Nacherfüllung verlangen,**
2. **nach § 637 den Mangel selbst beseitigen und Ersatz der erforderlichen Aufwendungen verlangen,**
3. **nach den §§ 636, 323 und 326 Abs. 5 von dem Vertrag zurücktreten oder nach § 638 die Vergütung mindern und**
4. **nach den §§ 636, 280, 281, 283 und 311a Schadensersatz oder nach § 284 Ersatz vergeblicher Aufwendungen verlangen.**

Übersicht

269 So Klumpp, NJW 1993, 372.

270 BGH, 21.02.1985 – VII ZR 72/84, NJW 1985, 1551 = BauR 1985, 314; BGH, 09.01.2003 – VII ZR 408/01, NZBau 2003, 213 = BauR 2003, 535.

271 BGH, 23.06.1989 – V ZR 40/88, BGHZ 108, 156 = NJW 1989, 2534 = BauR 1990, 221; BGH, 26.04.2007 – VII ZR 210/05, NJW 2007, 3275 = NZBau 2007, 507 Rn. 18 = BauR 2007, 1407; weitergehend – auch bei Teilsanierungen –: Pause, NZBau 2000, 234 (238); vgl. auch BT-Drucks. 14/6857, S. 60, linke Spalte, 3. Abs. Nach BGH, 06.10.2005 – VII ZR 117/04, NJW 2006, 214 = NZBau 2006, 113 = BauR 2006, 99 haftet der Veräußerer, der eine Herstellungsverpflichtung übernommen hat, die insgesamt mit Neubauarbeiten nicht vergleichbar ist, wegen Mängeln des Objekts nach Werkvertragsrecht, soweit er seine Herstellungsverpflichtung verletzt hat; soweit das nicht der Fall ist, ist Kaufrecht anzuwenden.

272 BGH, 07.05.1987 – VII ZR 366/85, BGHZ 100, 391 = NJW 1988, 490 = BauR 1987, 439.

273 BGH, 16.12.2004 – VII ZR 257/03, NJW 2005, 1115 = NZBau 2005, 216 = BauR 2005, 542.

274 BGH, 26.04.2007 – VII ZR 210/05, NJW 2007, 3275 = NZBau 2007, 507 Rn. 20/21 = BauR 2007, 1407.

275 BGH, 08.03.2007 – VII ZR 130/05, NZBau 2007, 371 = BauR 2007, 1036 mit Ausführungen, wann ausnahmsweise von dieser Erörterung und Belehrung abgesehen werden kann; OLG Hamm, 20.12.2007 – 24 U 53/06, BauR 2009, 1320.

A. Entstehungsgeschichte

1 Der **ursprüngliche Referentenentwurf** sah für **jedes einzelne Recht des Bestellers jeweils einen eigenen Paragrafen** vor (§§ 634 bis 638 DiskE).[1] Bereits § 634 KF enthielt schon eine Aufzählung der Rechte des Bestellers bei Mängeln des Werkes.[2] Im Gegensatz zur heutigen Regelung hatte § 634 KF lediglich drei Ziffern, da § 634 Nr. 2 KF das Recht der Selbstvornahme, den Rücktritt und die Minderung zusammenfasste. § 634 KF wurde größtenteils unverändert in § 634 RegE übernommen.[3]

2 Im **Gesetzgebungsverfahren** wurde die Vorschrift teils auf Vorschlag des Bundesrates,[4] teils auf Initiative des Rechtsausschusses[5] redaktionell angepasst. Insbesondere wies der Ausschuss darauf hin, dass es zur besseren Verständlichkeit beiträgt, die im Rechtsschutzziel sehr unterschiedlichen Rechte auf Selbstvornahme einerseits und Rücktritt und Minderung andererseits zu trennen, sodass vor allem das Recht der Selbstvornahme eine eigene Ziffer in der Nr. 2 erhielt. Das ermöglichte zugleich eine präzisere Bezugnahme auf die einzelnen Rechtsbehelfe in der Verjährungsvorschrift des § 634a BGB.[6]

B. Überblick

I. Normzweck

3 § 634 BGB bildet die zentrale Norm für die Rechte des Bestellers bei Mängeln des Werks. Die Vorschrift **listet die Rechte des Bestellers** bei Sach- und Rechtsmängeln auf. Die spezifischen Merkmale der verschiedenen Mängelansprüche werden in den §§ 635 bis 638 BGB behandelt. Die Struktur dieser Regelung entspricht der kaufrechtlichen Norm des § 437 BGB. Auffällig sind die Parallelen der Regelungstechnik zum allgemeinen Leistungsstörungsrecht in §§ 280 ff. BGB: Auf eine Grund-

1 Abgedruckt bei Canaris, Schuldrechtsmodernisierung S. 47 f.
2 Abgedruckt bei Canaris, Schuldrechtsmodernisierung S. 400 f.
3 RegE BT-Drucks. 14/6040, S. 31; BT-Drucks. 14/6857, S. 5.
4 Vgl. die Stellungnahme des Bundesrates sowie die zustimmende Gegenäußerung der Bundesregierung BT-Drucks. 14/6857, S. 35 f., 67.
5 Vgl. Beschlussempfehlung BT-Drucks. 14/7052, S. 65.
6 Beschlussempfehlung des Rechtsausschusses BT-Drucks. 14/7052, S. 204.

norm, die sämtliche Ansprüche und deren gemeine Voraussetzungen zusammenfasst, folgen Detailregelungen für die einzelnen Ansprüche.[7]

Im Rahmen des SchuldRModG war es ein zentrales Ziel, die **eigenständige Regelung des damaligen Gewährleistungsrechts abzuschaffen** und die Ansprüche bei mangelhafter Leistung **in das allgemeine Leistungsstörungsrecht zu integrieren.**[8] Damit sollten die zahlreichen Probleme beseitigt werden, die im früheren Recht durch das Nebeneinander von allgemeinen Rechtsbehelfen und besonderen Gewährleistungsrechten entstanden waren.[9] Dieser Grundkonzeption folgend wird mit § 634 BGB hinsichtlich der einzelnen Voraussetzungen der Mängelrechte überwiegend auf die Vorschriften des allgemeinen Schuldrechts verwiesen. So gibt es in Bezug auf das Rücktrittsrecht und den Anspruch auf Schadensersatz nur eine geringfügige Ergänzung in § 636 BGB. Im Werkvertragsrecht finden nur die Rechtsbehelfe eine eigenständige Regelung, die spezifisch gewährleistungsrechtlicher Natur sind (Anspruch auf Nacherfüllung, § 635, auf Selbstvornahme, § 637 und auf Minderung, § 638). 4

II. Aufbau der Kommentierung

Die Struktur des § 634 BGB stellt bei der Kommentierung eine Herausforderung dar, weil die vom Gesetz gewünschte Verknüpfung der werkvertraglichen Mängelrechte des Bestellers und des allgemeinen Leistungsstörungsrechts einen besonderen Aufbau erfordert. Die Mängelrechte des Bestellers im Werkvertragsrecht auf Nacherfüllung nach § 635 BGB, auf Selbstvornahme nach § 637 BGB sowie auf Minderung nach § 638 BGB werden im Zusammenhang mit diesen Sondernormen kommentiert. Das Rücktrittsrecht in Nummer 3 wird im Rahmen der Kommentierung zu § 634 BGB behandelt, die Besonderheiten in der Kommentierung zu § 636 BGB. Ebenfalls im Rahmen der Kommentierung zu § 634 BGB werden der Schadensersatzanspruch nach Nr. 4 sowie der Anspruch auf Ersatz vergeblicher Aufwendungen erläutert. 5

C. Die Mängelrechte des Bestellers

I. Sach- oder Rechtsmangel als Voraussetzung

Die Mangelhaftigkeit stellt für alle Rechte des Bestellers aus § 634 BGB *die* zentrale Voraussetzung dar; das Werk muss einen Sach- oder Rechtsmangel aufweisen und damit im Sinne von § 633 Abs. 2 BGB mangelhaft sein. Die Mängelrechte bestehen– vorbehaltlich der Besonderheiten der einzelnen Vorschriften (insbesondere Nr. 4, § 280 Abs. 1 BGB) – **unabhängig davon, ob der Unternehmer** den Mangel auch **zu vertreten** hat. Sollte der **Besteller** jedoch für den Mangel **(mit-)verantwortlich** sein, kommt eine Einschränkung der Mängelrechte in Betracht (vgl. § 635 Rdn. 90 ff.). Ob der Mangel des Werks bereits einen Schaden verursacht hat, ist unerheblich.[10] 6

Ein Werkmangel i.S.d. § 633 BGB stellt auch immer eine **»nicht vertragsgemäße Leistung« i.S.d. § 323 Abs. 1** BGB dar. Daher ist trotz der Verweisung der Nr. 3 auf die Rücktrittsvorschriften diese Voraussetzung bei der Anwendung nicht mehr gesondert zu prüfen. Das gleiche gilt auch für die **»Pflichtverletzung« i.S.d. § 280 Abs. 1** BGB als Voraussetzung des Anspruchs auf Schadensersatz, von der bei einer mangelhaften Leistung des Unternehmers auszugehen ist. Bei einer mangelhaften Leistung besteht die Pflichtverletzung des Unternehmers nach § 280 Abs. 1 BGB bereits darin, dass der Schuldner den vertraglich geschuldeten Erfolg nicht (rechtzeitig) herbeiführt. Ob der Grund auf einem (zumindest objektiv) pflichtwidrigen Verhalten des Unternehmers beruht, ist irrelevant. 7

7 Krit. hierzu H. Roth, JZ 2001, 543 (547), der eine gesonderte Regelung für die einzelnen Ansprüche für vorzugswürdig hält.
8 RegE BT-Drucks. 14/6040, S. 94.
9 Vgl. RegE BT-Drucks. 14/6040, S. 83 ff.
10 OLG Schleswig, Urt. v. 04.10.2023 – 12 U 25/21, BauR 2024, 671.

Diese Frage ist vielmehr nur im Rahmen des Vertretenmüssens (§ 280 Abs. 1 S. 2 BGB) zu berücksichtigen.[11]

II. Die Rechte des Bestellers im Überblick

8 Dem Besteller stehen insgesamt **fünf Rechtsbehelfe** zur Verfügung.

1. Nacherfüllung

9 Als erstes nennt das Gesetz den Anspruch des Bestellers auf **Nacherfüllung** (Nr. 1, § 635 BGB). Dieser Anspruch spiegelt den Grundgedanken wider, dass die Mängelfreiheit des Werkes Teil der Erfüllungspflicht des Unternehmers ist (vgl. § 633 Abs. 1 BGB). Der Unternehmer ist grundsätzlich verpflichtet, so lange Leistungsanstrengungen zu unternehmen, bis er das Werk vertragsgemäß hergestellt hat. Wie aus § 635 Abs. 1 BGB hervorgeht, hat er zwar die Wahl, auf welche Weise er diese Verpflichtung erfüllt. Sollte dies jedoch nicht anders möglich sein, muss er notfalls das Werk völlig neu herstellen, um den vertragsgemäßen Zustand zu erreichen. Eine Ausnahme kommt nur nach § 635 Abs. 3 in Betracht, wenn der zur Herstellung der Mängelfreiheit erforderliche Aufwand außer Verhältnis zu dem Ergebnis der Mangelbeseitigung steht.[12]

10 Der Nacherfüllungsanspruch des Bestellers stellt einen modifizierten Erfüllungsanspruch dar,[13] der sich nach der Abnahme des Werks (auch bei Vorbehalt von Mängelansprüchen im Rahmen der Abnahme) auf das erstellte und abgenommene Werk beschränkt.[14] Der Besteller hat die die Option, entweder den Nacherfüllungsanspruch aktiv zu verfolgen und diesen notfalls einzuklagen, oder aber dem Vergütungsanspruch des Unternehmers gem. §§ 320, 641 Abs. 3 BGB als Einrede des nichterfüllten Vertrages entgegen zu halten. Bei Ausübung des Rücktrittsrechts nach Nr. 3 in Verbindung mit §§ 636, 323 und 326 Abs. 5 BGB entfällt der Nacherfüllungsanspruch. Ebenfalls erlischt dieser bei Geltendmachung des Minderungsrechts nach § 638 BGB,[15] beim Schadensersatz statt der Leistung nach § 281 Abs. 4 BGB sowie bei endgültiger Erfüllungsverweigerung durch den Besteller.[16]

2. Selbstvornahme

11 Kommt der Unternehmer der Mangelbeseitigungsaufforderung des Bestellers trotz angemessener Fristsetzung nicht nach, so kann der Besteller zur »Selbsthilfe« schreiten und die Mängelbeseitigung auf Kosten des Unternehmers durch Dritte ausführen lassen. Nach näherer Regelung des § 637 BGB hat der Besteller in diesem Fall einen Anspruch auf Erstattung der hierdurch entstehenden erforderlichen Kosten, in deren Höhe der Besteller auch im Vorhinein einen Vorschussanspruch gegen den Unternehmer geltend machen kann, § 637 Abs. 3 BGB. Meist macht der Besteller in der Praxis zunächst den Vorschussanspruch geltend, um die ansonsten erforderliche Vorfinanzierung der Selbstvornahme zu vermeiden. Der Besteller ist somit berechtigt, den Zustand herzustellen, den der Werkunternehmer durch ordnungsgemäße Erfüllung bzw. Nacherfüllung hätte schaffen müssen. Sowohl Selbstvornahme als auch Nacherfüllung schützen somit das Interesse des Bestellers an einer ordnungsgemäßen Primärleistung des Unternehmers. Hierdurch wird dem Unternehmer allerdings die Chance genommen, den geschuldeten Erfolg selbst herbeizuführen. Aus diesem Grund darf der Besteller sein Selbstvornahmerecht grundsätzlich erst ausüben, nachdem er dem Unternehmer eine angemessene Frist zur Nacherfüllung gesetzt hat, die erfolglos verstrichen ist (§ 637 Abs. 1 BGB). In Ausnahme-

---

11 Vgl. BGH, 19.06.2009 – V ZR 93/08, NJW 2009, 2674 (2675) Rn. 13; BGH, 07.02.2019 – VII ZR 63/18, BauR 2019, 963; Lorenz, NJW 2007, 1.

12 OLG Jena, 11.07.2023 – 7 U 328/20, BauR 2024, 664.

13 BGH, 19.11.2015 – IX ZR 198/14, NJW 2016, 711.

14 Grüneberg/Retzlaff, BGB, § 634 Rn. 8.

15 Ausgenommen den Sonderfall, dass eine vollständige Nacherfüllung nicht möglich ist und wegen verbliebener Mängel eine Minderung verlangt wird, z.B. wegen optischer Mängel oder aufgrund eines merkantilen Minderwerts, vgl. dazu § 633 Rdn. 71 ff.

16 Dazu Grüneberg/Retzlaff, BGB, § 634 Rn. 8.

fällen kann eine Fristsetzung jedoch nach §§ 637 Abs. 2, 323 Abs. 2 BGB entbehrlich sein. In der Praxis ist dies insbesondere der Fall, wenn der Unternehmer die Nacherfüllung bereits endgültig und ernsthaft verweigert hat (§ 322 Abs. 2 Nr. 1 BGB) oder Gefahr im Verzug die sofortige Mangelbeseitigung erfordert (§ 323 Abs. 2 Nr. 3 BGB).

Die Rechte auf Nacherfüllung sowie zur Selbstvornahme stehen *nebeneinander*, sofern die jeweiligen Voraussetzungen erfüllt sind.[17] Der erfolglose Ablauf einer dem Unternehmer zur Mangelbeseitigung gesetzten, angemessenen Frist entbindet den Unternehmer also nicht von seiner Nacherfüllungspflicht, sondern eröffnet dem Besteller die Option, entweder weiterhin Nacherfüllung durch den Unternehmer zu fordern, notfalls durch Erhebung einer Nacherfüllungsklage[18] oder aber die Selbstvornahme einzuleiten. Führt der Besteller die Selbstvornahme durch, kann er anschließend aber nicht mehr die Nacherfüllung vom Unternehmer fordern.[19] Wichtig ist, dass der Besteller *vor Ablauf* einer angemessenen Nachfrist nur Nacherfüllung verlangen und nicht alternativ die Selbstvornahme durchführen kann, es sei denn, die Fristsetzung ist ausnahmsweise entbehrlich (§ 637 Abs. 2 BGB). Erst *nach Ablauf* (oder bei Entbehrlichkeit) der Frist hat der Besteller die Wahl – nach wie vor – Nacherfüllung zu verlangen[20] oder die Selbstvornahme durchzuführen. Die Ausübung eines Rechts schließt naturgemäß das andere Recht aus.[21] Andererseits kann der Unternehmer nach Ablauf (oder bei Entbehrlichkeit) der Frist nicht darauf bestehen, dass der Besteller seine angebotene Nacherfüllung noch akzeptiert.[22] 12

3. Rücktritt

Bei Mängeln des Werks kann der Besteller unter den Voraussetzungen der Nr. 3, §§ 636, 323, 326 Abs. 5 BGB auch vom Vertrag zurücktreten. Der **Rücktritt** ersetzt im Gesetz die früher vorgesehene Wandelung (§ 634 Abs. 1 S. 3 BGB a.F.), die als Anspruch ausgestaltet war. Ein Rückgewährschuldverhältnis wurde erst nach »Vollzug« der Wandelung (§ 634 Abs. 4 i.V.m. § 465 BGB a.F.) begründet.[23] Hervorzuheben ist, dass die Neufassung des § 634 BGB mit der Verweisung auf das allgemeine Rücktrittsrecht klarstellt, dass dem Besteller ein einseitiges **Gestaltungsrecht** zusteht, den Werkvertrag durch Rücktritt in ein Rückgewährschuldverhältnis umzuwandeln. Für eine Rückgewährpflicht wird also lediglich die einseitige (berechtigte) Rücktrittserklärung des Bestellers benötigt. Solange der Rücktritt vom Besteller noch nicht erklärt worden ist, kann der Besteller unter den einschlägigen Voraussetzungen nach wie vor frei wählen, ob er Nacherfüllung verlangt, eine Selbstvornahme durchführt, vom Vertrag zurücktritt oder den Werklohn (wieder als Gestaltungsrecht) mindert.[24] Hat der Besteller den Rücktritt vom Vertrag erklärt, so verwandelt sich der Werkvertrag in ein Rückabwicklungsverhältnis, was zur Folge hat, dass der Besteller nunmehr nicht mehr Nacherfüllung, Selbstvornahme oder Minderung des Werklohns verlangen kann. Der Schadensersatzanspruch statt der Leistung (§ 281 BGB) kann allerdings trotz des erklärten Rücktritts noch verlangt werden, § 325 BGB. 13

Für den Rücktritt gelten die Regelungen der §§ 323 ff. BGB, die einige Sondervorschriften für »nicht vertragsgemäße« Leistungen beinhalten (vgl. § 323 Abs. 5 S. 2 BGB, § 326 Abs. 1 S. 2 und Abs. 5 BGB). Die Rechtsfolgen richten sich nach dem allgemeinen Rücktrittsrecht (§§ 346 ff. BGB). Durch Ausübung des Rücktritts wird das Schuldverhältnis inhaltlich umgestaltet. Die Folge dieser 14

17 BGH, 19.01.2017 – VII ZR 301/13, NJW 2017, 1604.
18 Was im Einzelfall sinnvoll sein kann, um eine Gewährleistungsschnittstelle zu vermeiden.
19 So auch Grüneberg/Retzlaff, BGB, § 634 Rn. 4.
20 OLG Naumburg, 25.03.2010 – 1 U 90/09, BauR 2010, 1238.
21 OLG Stuttgart, 03.07.2012 – 10 U 33/12, NJW 2013, 699.
22 Ebenso Grüneberg/Retzlaff, BGB, § 634 Rn. 10 m.w.N.
23 Hieraus ergab sich der bekannte Streit zwischen der (modifizierten) Vertragstheorie und der Herstellungstheorie, der vor allem im Kaufrecht ausgetragen wurde; vgl. hierzu Soergel/Huber, BGB, § 462 Rn. 48 ff.
24 Ebenso Grüneberg/Retzlaff, BGB, § 634 Rn. 10.

Umgestaltung ist die Pflicht zur Rückgewähr der bereits erbrachten Leistungen anstatt der (weiteren) Durchführung des Vertrags. Aufgrund des Abschneidens der Möglichkeit einer vertragsgemäßen Erfüllung durch den Unternehmer, ist der Besteller zum Rücktritt grundsätzlich – wie im Falle der Selbstvornahme – nur berechtigt, wenn dem Unternehmer zuvor eine angemessene **Frist zur Nacherfüllung** gesetzt worden ist, die erfolglos abgelaufen ist (vgl. § 323 Abs. 1 BGB; zu Ausnahmen vgl. §§ 323 Abs. 2, 324, 636 BGB).

4. Minderung

15 Wie im alten Recht (§ 634 Abs. 1 S. 3 BGB a.F.) regelt Nr. 3 neben dem Rücktritt zugleich die **Minderung**, welche einen spezifisch gewährleistungsrechtlichen Rechtsbehelf darstellt. Im Fall der Minderung besteht für den Besteller die Option, das Werk zu behalten und den Preis an den tatsächlichen Wert des Werkes anzugleichen. Das SchuldRModG hat nicht nur beim Rücktrittsrecht den vormaligen Anspruch des Bestellers auf eine »Wandlung« in das Rücktrittsrecht geändert. Auch die Minderung ist nicht mehr als Anspruch des Bestellers geregelt, sondern stellt nun ein **Gestaltungsrecht** des Bestellers dar. Die Voraussetzungen der Minderung decken sich mit denen des Rücktrittsrechts weitgehend (vgl. aber auch § 638 Abs. 1 S. 2 BGB). Insbesondere wird auch hier eine erfolglose angemessene Fristsetzung vor Ausübung des Minderungsrechts verlangt, damit der Unternehmer durch ordnungsgemäße (Nach-)Erfüllung den vollen Vergütungsanspruch behalten kann.

16 Wie beim Rücktrittsrecht kann der Besteller auch bei der Minderung so lange zwischen den verschiedenen Mängelrechten wählen, bis er ein Gestaltungsrecht ausgeübt hat. Sobald der Besteller unter den Voraussetzungen des § 638 BGB die Minderung des Werklohns erklärt hat, entfallen der Nacherfüllungsanspruch, das Recht auf Selbstvornahme und auch das Rücktrittsrecht.[25] Dies gilt natürlich nur für den Mangel bzw. Teil des Mangels, bezüglich dessen die Minderung erklärt wird. Kann also z.B. der gerügte Mangel nicht vollständig beseitigt werden und verbleibt ein technischer oder optischer Minderwert, so wird nur dieser Teil des Mangelanspruchs des Bestellers durch die Minderungserklärung abgegolten. Unberührt bleibt das Recht des Bestellers, Schadensersatz statt der Leistung zu verlangen, der sogenannte »kleine Schadensersatz«[26,27] während der »große Schadensersatz«[28] nicht mehr verlangt werden kann, ebensowenig Aufwendungsersatz nach § 284 BGB.[29]

5. Schadensersatz

a) Allgemeines

17 Das Gesetz gewährt dem Besteller im Falle einer mangelhaften Leistung des Unternehmers einen Schadensersatzanspruch gemäß §§ 634 Nr. 4, 280 Abs. 1 BGB, somit dieselben Rechte wie im Fall der Nichtleistung. Die Voraussetzungen richten sich weitgehend nach den allgemeinen Vorschriften. Hervorzuheben ist, dass der Unternehmer den Mangel allerdings im Sinne der §§ 276, 278 BGB auch zu vertreten haben muss. Soweit der dem Besteller durch die mangelhafte Leistung entstandene Schaden durch eine Nacherfüllung nicht beseitigt werden kann, kann der Besteller den **Schadensersatz neben der Leistung** auch verlangen, ohne dass es auf weitere Voraussetzungen ankäme (§ 280 Abs. 1 BGB). Beim **Schadensersatz statt der Leistung** ist allerdings grundsätzlich eine fruchtlos abgelaufene, angemessene Fristsetzung notwendig (§§ 280 Abs. 1 und 3, 281 BGB), es sei denn, die Beseitigung des Mangels ist ausgeschlossen (§§ 280 Abs. 1 und 3, 283 BGB) oder dem Besteller ist ein weiteres Abwarten nicht zumutbar (§§ 281 Abs. 2, 282, 636 BGB).[30]

---

25 Vgl. auch BGH, 19.01.2017 – VII ZR 301/13, NJW 2017, 1604; ebenso Grüneberg/Retzlaff, BGB, § 634 Rn. 10.

26 Der durch den Mangel selbst verursachte Schaden, näher Rdn. 22.

27 BGH, a.a.O. 1607.

28 Schadensersatz statt der ganzen Leistung, näher Rdn. 23.

29 BGH, a.a.O.; OLG Düsseldorf, 18.02.2015 – 21 U 220/13, BauR 2016, 105 ff.

30 Eine vergleichbare Regelung fand sich bereits im früheren Recht in § 635 a.F. Danach konnte der Besteller Schadensersatz wegen Nichterfüllung nur statt der Wandelung oder Minderung verlangen,

b) Arten des Schadensersatzes im Einzelnen

aa) Schadensersatz neben der Leistung

Das bloße Bestehen eines Sach- oder Rechtsmangels führt bereits zu einem Schaden des Bestellers (Mangelschaden). Dieser wird entweder durch eine erfolgreiche Nacherfüllung durch den Unternehmer beseitigt oder durch eine Selbstvornahme des Bestellers auf Kosten des Unternehmers. Ist aufgrund des Mangels ein weiterführender Schaden in Form eines Sach- oder Vermögensschadens entstanden, z.B. ein infolge der unsachgemäß verlegten Wasserleitung eingetretener Wasserschaden, so umfasst die Nacherfüllungspflicht des Unternehmers nur den Mangelschaden (undichte Wasserleitung), nicht aber den Mangelfolgeschaden.[31] Der Unternehmer ist somit weder verpflichtet noch berechtigt, auch wenn er dazu bereit wäre, solche Folgeschäden, die ihren Ursprung in seiner mangelhaften Leistung haben, selbst zu beseitigen. Deshalb ist zur Geltendmachung dieses *Schadensersatzanspruchs neben der Leistung* nach § 280 Abs. 1 BGB auch keine vorherige Fristsetzung gegenüber dem Unternehmer notwendig. 18

Zu den typischen Mangelfolgeschäden gehören ein mangelbedingter Nutzungsausfall, mangelbedingt entgangener Gewinn,[32] dem Besteller entstehende Gutachter-, Gerichts- und Rechtsanwaltskosten[33], gleichermaßen auch durch eine ordnungsgemäße Mängelbeseitigung nicht vollständig behebbare Mängel.[34] Führen umfängliche Mängelbeseitigungsarbeiten in einer Wohnung dazu, dass dem Besteller die Nutzung der Wohnung temporär unzumutbar ist, stellen die Ersatzunterbringungskosten (Hotelkosten) ebenfalls einen ersatzfähigen Schaden dar.[35] 19

bb) Schadensersatz statt der Leistung

Anders als der Schadensersatz neben der Leistung tritt der Schadensersatz statt der Leistung an die Stelle des (Nach-)Erfüllungsanspruchs des Bestellers. Der Schadensersatz statt der Leistung umfasst damit die, Mangelschäden im Werk selbst, die bei erfolgreicher Nacherfüllung nicht entstanden wären.[36] Außer im Falle der Entbehrlichkeit gem. § 281 Abs. 2 BGB, setzt der Schadensersatzanspruch statt der Leistung nach §§ 280 Abs. 3, 281 BGB den erfolglosen Ablauf einer dem Unternehmer gesetzten, angemessenen Frist zur Nacherfüllung voraus. Dann kann der Besteller *anstelle* der Nacherfüllung den zur Mängelbeseitigung erforderlichen Aufwand verlangen, *vor der Mängelbeseitigung* allerdings nur den Ausgleich des mangelbedingten Minderwerts, *nach* der Mängelbeseitigung nach Maßgabe der tatsächlich zur Mängelbeseitigung erforderlichen Kosten.[37] Bei Folgeschäden, die unabhängig vom Mangelschaden eingetreten sind, sind diese dem Besteller auch bei dieser Variante nach § 280 Abs. 1 BGB ohne das Erfordernis einer Fristsetzung zu ersetzen. 20

cc) Kleiner und großer Schadensersatz

Der Schadensersatz sorgt dafür, dass der Besteller seine Vermögensnachteile ersetzt verlangen kann, die ihm durch die mangelhafte Leistung des Unternehmers entstanden sind. Der Besteller ist so zu stellen, als hätte ihm der Unternehmer ein mangelfreies Werk übergeben. 21

---

also nur unter den für diese Rechtsbehelfe geltenden Voraussetzungen. Da im Falle von Wandelung und Minderung dem Unternehmer ebenfalls zunächst eine Frist zur Beseitigung der Mängel gesetzt werden musste, galt dies folglich auch für den Anspruch auf Schadensersatz.

31 Vgl. Rütten, in: Langen, Nomos Spezialkommentar zum Werk- und Bauvertragsrecht, § 636 BGB Rn. 64; Grüneberg/Retzlaff, BGB, § 634 Rn. 31, jeweils m.w.N.

32 Z.B. durch Nichtnutzbarkeit des Geschäftslokals.

33 BGH, 25.09.2003 – VII ZR 357/02, NJW 2003, 3766.

34 OLG Bremen, 11.07.2011 - 3 U 69/, NJW-RR 2012, 92.

35 BGH, 10.04.2003 – VII ZR 251/02, NJW-RR 2003, 878.

36 BGH, 07.02.2019 – VII ZR 63/18, NJW 2019, 1867; OLG Oldenburg, 21.08.2018 – 2 U 62/18, NJW 2019, 83, 86.

37 Näher dazu nachstehend Rdn. 22.

22 **Der kleine Schadensersatz** deckt dabei den durch den Mangel selbst verursachten Schaden ab. Macht der Besteller diesen Schaden geltend, so entfällt gemäß § 281 Abs. 4 BGB der Erfüllungsanspruch bzgl. des zugrunde liegenden Mangels. Der Schadensersatzanspruch entspricht entweder dem Minderwert des Werks und kann gemäß § 287 ZPO geschätzt werden.[38] Bei einer Beseitigung des Mangels durch den Besteller selbst (bzw. durch einen Dritten im Auftrag des Bestellers), kann der Besteller die mit der Mangelbeseitigung verbundenen, tatsächlich erforderlichen Kosten ersetzt verlangen.[39] Die langjährige frühere Rechtsprechung, wonach der Besteller den Schaden »fiktiv« und ohne tatsächliche Durchführung von Mängelbeseitigungsmaßnahmen berechnen konnte, hat der für das Werkvertragsrecht zuständige 7. Zivilsenat des BGH inzwischen aufgegeben, weil es hierdurch nach Auffassung des BGH zu einer Überkompensation im Vermögen des Bestellers kommen könne.[40] Damit weicht der für Bausachen zuständige 7. Zivilsenat von der Rechtsprechung des für das Kaufrecht zuständigen 5. Zivilsenats ab, wonach bei Kaufverträgen unverändert Schadensersatz nach Maßgabe fiktiver Mängelbeseitigungskosten verlangt werden kann.[41] Dies hat das OLG Celle inzwischen auch bei der Minderung umgesetzt, wonach keine fiktiven Mängelbeseitigungskosten als Grundlage zur Bemessung eines Minderungsanspruchs herangezogen werden dürfen.[42] Die Anfrage des 5. Zivilsenats nach § 132 Abs. 3 GVG vom 13.03.2020,[43] ob der 7. Zivilsenat bei seiner Rechtsprechung für Schadensersatzansprüche beim Werkvertrag verbleibe, hat der 7. Zivilsenat am 08.10.2020 dahin beantwortet, dass er bei seiner Rechtsprechung »kein Schadensersatz nach Maßgabe fiktiver Mängelbeseitigungskosten« verbleibe.[44]

Durch diese für die Rechtssicherheit nicht zuträgliche Meinungsverschiedenheit zweier Senate des höchsten deutschen Zivilgerichts kommt es für die Berechtigung eines Schadensersatzanspruchs eines Bestellers hinsichtlich des Mangelschadens nicht nur auf die Unterscheidung an, ob das Vertragsverhältnis als Werk- oder Kaufvertrag einzustufen ist,[45] sondern auch darauf, ob der Besteller den Mangel bereits durch Dritte hat beseitigen lassen oder nicht. Ist das nicht der Fall, so kann der Besteller im Werkvertragsrecht die voraussichtlichen Mängelbeseitigungskosten nur im Wege des Vorschusses nach § 637 Abs. 3 BGB verlangen, aber nicht (mehr) als »verwendungsungebundenen« Schadensersatz wie ansonsten im Schadensrecht.

Es bleibt abzuwarten, ob und wann der große Zivilsenat diesen Meinungsstreit zwischen zwei maßgeblichen Zivilsenaten des BGH entscheidet. Allerdings hat der BGH mit Urteil vom 19.12.2019[46] entschieden, dass seine neue Rechtsprechung »kein Schadensersatz nach fiktiven Mängelbeseitigungskosten« nicht für Altverträge gilt, die vor dem in Kraft treten des Schuldrechtsmodernisierungsgesetzes am 01.01.2002 entstanden sind.

23 Der Erfüllungsanspruch entfällt beim **großen Schadensersatz** (Schadensersatz statt der ganzen Leistung) insgesamt. Allerdings besteht dieser Anspruch gemäß §§ 281 Abs. 1 S. 3, 283 S. 2 BGB auch nur bei **erheblichen Mängeln**. Ist der Werklohn bereits gezahlt worden, muss dieser vom Unternehmer als Mindestschaden zurückerstattet werden. Das gilt auch, wenn das mangelhafte Werk weniger wert ist.[47] Wenn der Wert im mangelfreien Zustand höher ist als die hierfür vereinbarte Vergütung, dann besteht der Schaden in dem Aufwand, den der Besteller für das (neue) mangelfreie Werk tätigen muss, d.h. der Besteller hat zusätzlich zum Anspruch auf Rückzahlung des bereits

38 BGH, 22.02.2018 – VII ZR 46/17, NJW 2018, 1463.
39 BGH, a.a.O.; näher dazu Retzlaff, BauR 2019, 871.
40 BGH, a.a.O.; kritisch dazu: Langen, in: FS Eschenbruch, S. 227 ff.; vgl. auch Rütten, in: Langen, § 636 BGB Rn. 54 m.w.N.
41 BGH, 13.03.2020 – V ZR 33/19, BauR 2020, 1315.
42 OLG Celle, 09.03.2022 – 14 U 105/21, BauR 2023, 502.
43 BGH, 13.03.2020 – V ZR 33/19, BauR 2020, 1315.
44 BGH, 08.10.2020 – VII ARZ 1/20, BauR 2021, 225.
45 Was durch die Schuldrechtsmodernisierung gerade angeglichen werden sollte.
46 BGH, 19.12.2019 – VII ZR 6/19, BauR 2020, 828.
47 Vgl. Rütten, in: Langen, § 636 BGB Rn. 51 m.w.N.

geleisteten Werklohns auch einen Anspruch auf den Zusatzaufwand, den das mangelfreie neue Werk kostet, Zug um Zug gegen Rückgabe des mangelhaften Werks.[48]

c) Aufwendungsersatz

Den Ersatz von Aufwendungen kann der Besteller unter Beachtung des § 281 BGB gemäß §§ 634 Nr. 4, 284 BGB verlangen, wenn er solche im Vertrauen auf die vertragsgemäße Leistung des Unternehmers getätigt hat. Beispielsweise gehören dazu Vertragskosten, die dem Besteller im Prozess der Vorbereitung und des Abschlusses des Werkvertrages nutzloserweise entstanden sind. Allerdings kann der Aufwendungsersatz nur an Stelle des Schadensersatzes geltend gemacht werden, d.h. der Besteller hat die Wahl zwischen Aufwendungsersatzanspruch und Schadensersatzanspruch.[49] 24

III. Stufenverhältnis der Mängelrechte

Wie bereits durch Erläuterung der einzelnen Ansprüche und Rechte des Bestellers in Ziff. II. (Rdn. 5) veranschaulicht, stehen die Rechte des Bestellers nach § 634 BGB in einem **Stufenverhältnis.**[50] Auf der ersten Stufe steht der Anspruch auf Nacherfüllung. Denn die Rechte aus Nrn. 2 – 4 stehen dem Besteller grundsätzlich erst zu, nachdem dem Unternehmer erfolglos eine angemessene Frist zur Nacherfüllung gesetzt worden ist. Somit hat **der Nacherfüllungsanspruch Vorrang** vor den übrigen Rechtsbehelfen. Sämtliche Rechte in § 634 Nrn. 2 – 4 BGB stehen damit erst auf zweiter Stufe in Konkurrenz zueinander, also entweder nach ergebnislosem Ablauf der Frist zur Nacherfüllung oder in den Fällen, in denen eine Fristsetzung entbehrlich ist. Falls die Voraussetzungen mehrerer Mängelrechte erfüllt sind, steht dem **Besteller** ein **Wahlrecht** zu.[51] Die Rechte aus § 634 BGB stehen also in **elektiver Konkurrenz.**[52] 25

Im Gegensatz zur alten Rechtslage[53] kann eine **Nacherfüllung** auch noch **nach Fristablauf** verlangt werden. Erst nach Ausübung des Gestaltungsrechts, also nach einer Erklärung zum Rücktritt vom Vertrag oder zur Minderung der Vergütung, sind (Nach-)Erfüllungsansprüche und damit auch das Recht zur Selbstvornahme nach § 637 BGB ausgeschlossen.[54] Wenn der Besteller nach §§ 634 Nr. 4, 280, 281 Abs. 4 BGB Schadensersatz statt der Leistung (kleiner Schadensersatz) fordert, ist die Entscheidung des BGH vom 22.2.2018[55] zu beachten, wonach der Besteller weiterhin Kostenvorschuss nach §§ 634 Nr. 2, 637 BGB fordern könne, wenn er den Mangel beseitigen will. § 281 Abs. 4 BGB stehe dem nicht entgegen. Die Norm schließt zwar den (Nach-)Erfüllungsanspruch nach §§ 634 Nr. 1, 635 BGB aus, nicht aber das Recht auf Selbstvornahme des Bestellers nach § 637 BGB und somit auch nicht den mit dieser Vorschrift einhergehenden Vorschussanspruch.[56] 26

Eine weitere interessante Entscheidung des BGH vom 09.11.2023[57] betrifft den Kostenvorschuss in der werkvertraglichen Leistungskette. Der Hauptunternehmer kann hiernach gegenüber dem Nachunternehmer gem. § 634 Nr. 4 i.V.m. § 280 Abs. 1 und 3, § 281 BGB den Schaden ersetzt verlangen, der ihm aufgrund von Mängelansprüchen seines Bestellers entstanden ist, die ihren

48 Rütten, a.a.O.
49 Näher Rütten, in: Langen, § 636 BGB Rn. 63.
50 OLG Naumburg, 25.03.2010 – 1 U 90/09, NJW-RR 2010, 1389; vgl. OLG München, 24.04.2018 – 28 U 3042/17, BauR 2019, 530.
51 OLG Naumburg, 25.03.2010 – 1 U 90/09, NJW-RR 2010, 1389.
52 Vgl. BGH, 29.04.2015 – VIII ZR 180/14, DNotZ 2015, 916; OLG Stuttgart, 03.07.2012 – 10 U 33/12, NJW 2013, 699 (701); MüKo-BGB/Busche, § 634 Rn. 75.
53 Vgl. BGH, 16.09.1999 – VII ZR 456/98, NJW 1999, 3710.
54 BGH, 19.01.2017 – VII ZR 301/13, NZBau 2017, 216; OLG Stuttgart, 03.07.2012 – 10 U 33/12, NJW 2013, 699 (701); BeckOK BGB/Voit, § 634 Rn. 26; MüKo-BGB/Busche, § 634 Rn. 75 f.; Grüneberg/Retzlaff, BGB, § 634 Rn. 10; Staudinger/Peters/Jacoby, BGB, § 634 Rn. 72 f.
55 BGH, 22.02.2018 – VII ZR 46/17, NZBau 2018, 201 = BauR 2018, 815.
56 BGH, 22.02.2018 – VII ZR 46/17, NZBau 2018, 201 Rn. 48 f.
57 BGH, Urt. v. 09.11.2023 – VII ZR 92/20, BauR 2024, 268.

Ursprung aber in der mangelhaften Werkleistung des Nachunternehmers haben. Bei bereits gezahltem Kostenvorschuss kann er sich diesen im Wege des Schadensersatzes vom Nachunternehmer zurückholen.

27 Wurde der geschuldete Erfolg im Wege der Selbstvornahme durch den Besteller bereits herbeigeführt und der Ersatz der hierfür angefallenen Aufwendungen verlangt, scheiden andererseits Rücktritt, Minderung und Schadensersatz statt der Leistung aus.[58] Liegen die Voraussetzungen für eine Selbstvornahme nach § 637 BGB vor und macht der Besteller seinen Anspruch auf Kostenvorschuss geltend, so führt auch dies noch nicht zum Erlöschen des Nacherfüllungsanspruchs. Zu beachten ist allerdings, dass der Besteller nicht beide Rechte kumulieren kann, Kostenvorschuss und Nacherfüllung können also nicht gleichzeitig verlangt werden.[59]

28 Komplizierter wird es, wenn man sich das **Verhältnis von Rücktritt, Minderung und Schadensersatz statt der Leistung** anschaut. Der einfache Schadensersatz (Schadensersatz neben der Leistung gem. § 280 Abs. 1 BGB) ist unabhängig vom Schicksal des Erfüllungsanspruchs und daher nicht von der Ausübung des Wahlrechts betroffen. Bei den genannten anderen Rechten stellt sich allerdings die Frage, ob der Besteller an seine einmal getroffene Wahl gebunden ist oder ihm noch die Möglichkeit zur **Abänderung seiner Wahl** (ius variandi) offen steht. **Nach früherer Gesetzeslage** hatte der Besteller dieses Recht nur bis zum Vollzug der Wandelung oder Minderung bzw. bis zur Einigung über eine Schadensersatzleistung des Unternehmers.[60] Anderenfalls standen die Ansprüche im Verhältnis strenger Alternativität, sodass eine Kombination mehrerer Ansprüche und auch ein Übergang von einem Anspruch auf den anderen ausgeschlossen war.

29 Durch das **SchuldRModG** haben sich insoweit **Änderungen** ergeben. Zum einen stellen Rücktritt und Minderung nun Gestaltungsrechte des Bestellers dar, die ihre Wirkung mit Zugang der Erklärung beim Unternehmer entfalten. Damit entfällt der Schwebezustand, der nach früherem Recht bis zum Vollzug der Wandelung oder Minderung bestand. Zum anderen wurde durch § 325 BGB das Dogma der Alternativität von Rücktritt und Schadensersatz gebrochen. Diese allgemeine Vorschrift des Rücktrittsrechts, die damit auch für den Rücktritt wegen Werkmängeln gilt,[61] bewirkt, dass der Anspruch auf Schadensersatz nicht durch den Rücktritt ausgeschlossen wird.

30 Für das **Verhältnis der Mängelrechte** bedeutet das Folgendes: Bei einem wirksamen **Rücktritt** des Bestellers **vom Vertrag**, wandelt sich das Schuldverhältnis in ein Rückabwicklungsschuldverhältnis um. Rechtsfolge ist die Pflicht der Parteien, die bereits empfangenen Leistungen zurückzugewähren (§ 346 Abs. 1 BGB). Nach § 325 BGB schließt dies Schadensersatzansprüche des Bestellers über die Rückgewähr der Leistungen hinaus nicht aus. Weiterhin können Ansprüche wegen Schäden, die durch eine Nacherfüllung nicht behoben werden könnten, ebenfalls uneingeschränkt geltend gemacht werden (**Schadensersatz neben der Leistung**). Die Vorschrift des § 325 BGB bewirkt, dass der Besteller trotz des Rücktritts auch **Schadensersatz statt der Leistung** verlangen kann, und zwar sowohl in der Form des großen Schadensersatzes als auch in der Form des kleinen Schadensersatzes.[62] Großer Schadensersatz und Rücktritt können problemlos kombiniert werden, da der große Schadensersatz ebenfalls eine Rückabwicklung bereits erbrachter Leistungen bewirkt. Dagegen sind der Rücktritt und der Anspruch auf den kleinen Schadensersatz mit der Gestaltungswirkung des Rücktritts unvereinbar. Die Parteien können eine solche Abwicklung zwar vereinbaren, allerdings würde ein

58 Vgl. BGH, 19.01.2017 – VII ZR 301/13, NZBau 2017, 216; Derleder, NJW 2003, 998 (1003); Grüneberg/Retzlaff, BGB, § 634 Rn. 10, die allerdings einen Anspruch auf Schadensersatz statt der Leistung neben dem Anspruch auf Aufwendungsersatz gewähren wollen.

59 BGH, 19.01.2017 – VII ZR 301/13, NZBau 2017, 216; OLG Stuttgart, 03.07.2012 – 10 U 33/12, NJW 2013, 699 (700); Grüneberg/Retzlaff, BGB, § 634 Rn. 9 ff.

60 Grüneberg/Retzlaff, BGB, Vor § 633 Rn. 5a; Soergel/Teichmann, BGB, § 634 Rn. 11.

61 Derleder, NJW 2003, 998 (1000); vgl. auch BeckOK BGB/Voit, § 634 Rn. 19; Grüneberg/Retzlaff, BGB, § 634 Rn. 9, § 636 Rn. 2 ff.

62 Derleder, NJW 2003, 998 (1001); Gsell, JZ 2004, 643 (648 f.); Grüneberg/Retzlaff, BGB, § 634 Rn. 9, § 636 Rn. 8 ff.

einseitiges ius variandi des Bestellers zu einer erneuten einseitigen Umgestaltung des Rechtsverhältnisses führen. Dies wird von § 325 BGB nicht beabsichtigt. Der Sinn der Norm ist lediglich, das früher geltende Dogma der Alternativität von Rücktritt und Schadensersatz aufzulösen, wonach der Gläubiger für die Nichterfüllung einer Leistungspflicht, die infolge des Rücktritts erloschen ist, keinen Schadensersatz verlangen könne. Es sollte dem Gläubiger aber nicht das Recht verschafft werden, die aus dem Rücktritt resultierende Rückgewährpflicht wiederum einseitig aufheben zu können.[63]

Folglich ist deswegen auch ein **Übergang vom Rücktritt zur Minderung ausgeschlossen.**[64] Die Minderung bewirkt lediglich die Herabsetzung der Vergütung des Unternehmers bei ansonsten fortbestehendem Vertrag, während bei einem wirksamen Rücktritt die primären Leistungspflichten beider Parteien erlöschen. 31

Auf der anderen Seite **schließt** auch eine wirksame **Minderung den Rücktritt aus.**[65] Der Besteller muss somit die Wahl treffen, die primären Leistungspflichten mit geändertem Inhalt bestehen zu lassen (Minderung) oder diese durch seine Rücktrittserklärung aufzuheben. Die Nr. 3 gibt ihm nur das Recht zur einmaligen Umgestaltung. Sobald eine Minderung wirksam erklärt worden ist, sind zugleich **Ansprüche auf Schadensersatz statt der Leistung ausgeschlossen**, soweit sie Mängel betreffen, die zu der Minderung geführt haben.[66] Denn durch die Wahl zu mindern bringt der Besteller zum Ausdruck, dass er das Werk in seiner konkreten Beschaffenheit zu der herabgesetzten Vergütung akzeptiert. Konsequenterweise entfallen damit weitere Erfüllungsansprüche ebenso wie Ansprüche auf Schadensersatz statt der Leistung. 32

Bei der Geltendmachung von **Schadensersatz statt der Leistung**, ist zu beachten, dass auch hier Gestaltungswirkung durch das Verlangen des Bestellers eintritt. So wird gem. § 281 Abs. 4 BGB zumindest der **Anspruch auf Nacherfüllung ausgeschlossen.** Mit der Wahl zwischen kleinem und großem Schadensersatz bringt der Besteller zugleich zum Ausdruck, ob er das mangelhafte Werk behalten oder zurückgeben will. Ein Übergang auf das Rücktrittsrecht, bei Beanspruchung des großen Schadensersatzes, wäre allerdings weitgehend sinnlos, weil es keine zusätzlichen Vorteile für den Besteller brächte. Ein Übergang zur Minderung wäre mit der Gestaltungswirkung des Schadensersatzverlangens nicht zu vereinbaren, weil dies die Rückgewährpflicht des Bestellers wieder aufheben würde.[67] Ähnliches gilt, mit umgekehrten Vorzeichen, wenn der Besteller den kleinen Schadensersatz verlangt hat. Bei einer Minderung wäre dies zwar unproblematisch, aber wenig sinnvoll, weil sich der Besteller damit den Ausgleich weiterer mangelbedingter Vermögensnachteile abschneidet. Ein Kostenvorschuss gem. § 634 Nr. 2, § 637 Abs. 3 BGB wegen des Mangels auf den die Minderung gestützt wird, wird durch die Minderung allerdings nicht ausgeschlossen.[68] Dagegen würde ein Übergang zum Rücktritt einen Widerspruch zu der in dem Schadensersatzverlangen liegenden Erklärung darstellen, gerade keine vollständige Rückabwicklung zu wollen. 33

63 Zust. Kleine/Scholl, NJW 2006, 3462 (3464 f.); Leupertz/Halfmeier, in: PWW, BGB, § 634 Rn. 5; ebenso MüKo-BGB/Busche, § 634 Rn. 32, 35; BeckOK BGB/Voit, § 634 Rn. 26.

64 OLG Düsseldorf, 18.02.2015 – 21 U 220/13, BauR 2016, 105; Grüneberg/Retzlaff, BGB, § 634 Rn. 9 f.; Leupertz/Halfmeier, in: PWW, BGB, § 634 Rn. 5.

65 BeckOK BGB/Voit, § 638 Rn. 3; Derleder, NJW 2003, 998 (1002); Grüneberg/Retzlaff, BGB, § 634 Rn. 9 f.

66 Vgl. BGH, NZBau 2017, 216; OLG Düsseldorf, BauR 2016, 105; BeckOK BGB/Voit, § 638 Rn. 3; MüKo-BGB/Busche, § 634 Rn. 35; Grüneberg/Retzlaff, BGB, § 634 Rn. 9 f.; Vorwerk, BauR 2003, 1, 13; einschränkend Leupertz/Halfmeier, in: PWW, BGB, § 634 Rn. 6 (nur Schadensersatz statt der ganzen Leistung ausgeschlossen, nicht dagegen der kleine Schadensersatz); a.A. Derleder, NJW 2003, 998 (1002).

67 Ebenso i.Erg. BeckOK BGB/Voit, § 634 Rn. 26.

68 BGH, Urt. v. 22.08.2024 – VII ZR 68/22.

D. Das Verhältnis der Mängelrechte zu den allgemeinen Vorschriften über Leistungsstörungen

I. Unterschiede

34 Soweit in §§ 635 ff. BGB keine eigenständigen Mängelrechte zugunsten des Bestellers geregelt sind, verweist § 634 BGB hinsichtlich der Voraussetzungen der Mängelrechte auf das allgemeine Leistungsstörungsrecht. Es sind trotz Angleichung aber einige Unterschiede zu beachten, die sich einerseits zugunsten des Bestellers, andererseits zugunsten des Unternehmers auswirken. Das verdeutlicht, dass es sich trotz der inhaltlichen Verzahnung um verschiedene Regelungskomplexe mit unterschiedlichen Anwendungsbereichen handelt. Aus den Unterschieden im Detail lässt sich der besondere Anwendungsbereich der Mängelrechte aus §§ 634 ff. BGB herleiten.

35 Der **Nacherfüllungsanspruch** aus § 635 BGB ist mit dem **Erfüllungsanspruch** aus §§ 631 Abs. 1, 633 Abs. 1 BGB inhaltlich identisch. Beide Ansprüche sind auf die Herstellung des mängelfreien Werkes durch den Unternehmer gerichtet, sowohl vor wie nach Abnahme. Auch die Pflicht zur Nacherfüllung kann gem. § 635 Abs. 1 BGB die Neuherstellung des Werkes umfassen, wenn die Neuherstellung nach Einschätzung des Unternehmers gegenüber der Nachbesserung des bereits vorhandenen Werks vorzugswürdig ist; *er* hat insoweit das Wahlrecht. Beide Ansprüche haben ihre Grundlage im Leistungsversprechen des Unternehmers und stellen somit Ausprägungen des primären Erfüllungsanspruchs des Bestellers dar. Allerdings hat der Unternehmer gem. **§ 635 Abs. 3** BGB im Rahmen der Nacherfüllung ein erleichtertes Leistungsverweigerungsrecht gegenüber der Erfüllungsphase vor der Abnahme, in der der Unternehmer die Leistung nur unter den Ausnahmevoraussetzungen des § 275 Abs. 2 oder 3 BGB verweigern kann. Daraus ergibt sich, dass die **Durchsetzbarkeit** beim Anspruch auf Nacherfüllung **deutlich stärker beschränkt ist als beim Erfüllungsanspruch** (vgl. hierzu auch Rdn. 30).

36 Auch beim **Rücktrittsrecht** des Bestellers sind die Voraussetzungen bei Mängeln des Werkes nahezu identisch zum allgemeinen Rücktrittsrecht aus §§ 323, 326 Abs. 5 BGB. Auch § 636 BGB, der als Sonderregelung zusätzliche Ausnahmen vom Erfordernis der Fristsetzung vorsieht, führt zu keiner echten Abweichung. Die dort gelisteten Ausnahmen stellen lediglich Konkretisierungen des § 323 Abs. 2 BGB dar. Ein besonderes Augenmerk sollte auf die Einschränkungen des Rücktrittsrechts nach § 323 Abs. 5 S. 2 BGB gerichtet werden. Diese Vorschrift verwehrt dem Besteller das Rücktrittsrecht bei einer nicht vertragsgemäßen, d.h. mangelhaften Leistung, im Falle der **Unerheblichkeit** der »Pflichtverletzung« bzw. des Mangels.

Beim Anspruch auf Schadensersatz statt der ganzen Leistung (großer Schadensersatz) gem. § 281 Abs. 1 S. 3 BGB finden ähnliche Regelungen Anwendung. Im Werkvertragsrecht findet man die Parallele dazu in § 640 Abs. 1 S. 2 BGB, welcher regelt, dass der Besteller die Abnahme nicht wegen unwesentlicher Mängel verweigern darf.

37 Ein besonderer Rechtsbehelf im Gewährleistungsrecht stellt die **Minderung** dar. Dieses Recht besteht zwar auch in anderen Vertragsverhältnissen (§§ 437 Nr. 2, 441, 536 Abs. 1 BGB), allerdings gibt es hierfür keine Entsprechung im allgemeinen Leistungsstörungsrecht. Dagegen gibt es in den §§ 320 ff. BGB keine Kürzung des Anspruchs auf die Gegenleistung im Wege der Gestaltungserklärung. Eine weitere Besonderheit des werkvertraglichen Gewährleistungsrechts ist das **Recht des Bestellers auf Selbstvornahme gem. § 637 BGB** und im Zuge dessen von dem Unternehmer die Kostenerstattung zu verlangen. Vergleichbares findet sich in den allgemeinen Vorschriften nur im Recht des Schadensersatzes (§ 249 Abs. 2 S. 1 BGB).

38 Weitere wichtige Unterschiede ergeben sich hinsichtlich der der **Verjährung**. Im allgemeinen Leistungsstörungsrecht gilt die kenntnisabhängige Verjährungsfrist der §§ 195, 199 BGB, für die Mängelrechte ist die Sonderregelung des § 634a BGB einschlägig, die teilweise eine kürzere und an objektiven Kriterien orientierte Verjährungsfrist, i.Ü. als Stichtagsverjährung, vorsieht (§ 634a Abs. 2 BGB).

II. Die Mängelrechte als abschließende Sonderregelung

1. Grundsatz

Im Hinblick auf die unterschiedliche Ausgestaltung des allgemeinen Leistungsstörungsrechts einerseits und des Gewährleistungsrechts andererseits geht die ganz h.M. zu Recht davon aus, dass §§ 634 ff. BGB in Bezug auf die Rechte des Bestellers bei Mängeln des Werkes eine **abschließende Sonderregelung** darstellen.[69] Dabei ist ein Rückgriff auf die allgemeinen Vorschriften grundsätzlich ausgeschlossen, sobald der Anwendungsbereich der Gewährleistungsvorschriften eröffnet ist, wenn in den Mängelrechten nicht (ausdrücklich oder inzident) auf diese verwiesen wird. Anderenfalls könnten die für das Gewährleistungsrecht geltenden besonderen Vorschriften und die dahinterstehenden Wertentscheidungen unterlaufen werden. 39

Für die Abgrenzung zwischen den jeweiligen Vorschriften ist grundsätzlich die **Abnahme des Werkes der maßgebliche Zeitpunkt.**[70] Bis zur Abnahme stehen dem Besteller die Rechte aus den allgemeinen Vorschriften zu, danach nur noch die Mängelrechte aus §§ 634 ff. BGB.[71] Für die zeitliche Trennung zum Zeitpunkt der Abnahme spricht vor allem, dass die werkvertragliche Sonderverjährung gem. § 634a Abs. 2 BGB mit der Abnahme beginnt. Mit der Abnahme bringt der Besteller zum Ausdruck, dass er das Werk als vertragsgemäß billigt. Die Gefahr geht mit der Abnahme auf den Besteller über(§ 644 Abs. 1 S. 1 BGB). Die Leistungsverpflichtung des Unternehmers konkretisiert sich auf das hergestellte Werk,[72] daran werden dann auch die für die mangelhafte Leistung geltenden Sondervorschriften angeknüpft, wenn sie die Rechte des Bestellers unter einen Verhältnismäßigkeitsvorbehalt stellen (§ 635 Abs. 3, § 281 Abs. 1 S. 3, § 323 Abs. 5 S. 2 BGB). Wenn das Werk vom Besteller aufgrund der Abnahme einmal als vertragsgemäß akzeptiert wurde, so soll der Bestseller Erfüllung des Werkvertrags nicht mehr aufgrund jeder Abweichung von der geschuldeten Beschaffenheit wieder in Frage stellen dürfen. 40

Auch wenn man die Konkretisierung der Werkleistung aufgrund der Abnahme als entscheidenden Gesichtspunkt für die Anwendbarkeit der Mängelrechte heranzieht, kann die Abnahme allein nicht das maßgebende Kriterium für eine Abgrenzung von allgemeinem Leistungsstörungsrecht und Gewährleistungsrecht sein. Maßgeblich ist vielmehr der **Zeitpunkt des Gefahrübergangs.**[73] Denn ein Besteller, der sich unabhängig von der Abnahme im **Annahmeverzug** befindet, kann ebenfalls nur noch die Rechte aus §§ 634 ff. BGB beanspruchen (§ 644 Abs. 1 S. 2 BGB).[74] Gleiches gilt, wenn die Beschaffenheit des Werkes eine Abnahme ausschließt, für den Zeitpunkt ab **Vollendung** des Werkes (§ 646 BGB).[75] Zu guter Letzt werden auch in den Fällen der **Abnahmefiktion** (§ 640 Abs. 2 BGB) ab dem Eintritt der Fiktionswirkung die besonderen Gewährleistungsvorschriften angewendet.[76] 41

---

69 BGHZ 62, 83, 86 f.; BGH, NJW 1999, 2046 (2047); MüKo-BGB/Busche, § 634 Rn. 3; Grüneberg/Retzlaff, BGB, § 634 Rn. 1; Leupertz/Halfmeier, in: PWW, BGB, § 633 Rn. 4; ebenso nach der Schuldrechtsreform für das Kaufrecht BGHZ 180, 205, 212 ff.

70 Vgl. BGH, 19.01.2017 – VII ZR 301/13, NJW 2017, 1604.

71 BGH, 17.02.1999 – X ZR 8/96, NJW 1999, 2046 (2047); OLG Düsseldorf, 18.02.2015 – 21 U 220/13, BauR 2016, 105; OLG Köln, 12.11.2012 – 11 U 146/12, NJW 2013, 1104 (1105); BeckOK BGB/Voit, § 634 Rn. 2; Voit, BauR 2011, 1063, 1071 f.; Oetker/Maultzsch, Vertragliche Schuldverhältnisse, § 8 Rn. 60 f.; Grüneberg/Retzlaff, BGB, § 634 Rn. 5.; Leupertz/Halfmeier, in: PWW, BGB, § 633 Rn. 5; Staudinger/Peters/Jacoby, BGB, § 634 Rn. 11; a.A. MüKo-BGB/Busche, § 634 Rn. 4 (Zeitpunkt der Herstellung).

72 BGH, 17.02.1999 – X ZR 8/96, NJW 1999, 2046 (2047).

73 Grüneberg/Retzlaff, BGB, § 634 Rn. 4.

74 Ebenso Grüneberg/Retzlaff, BGB, § 634 Rn. 7; MüKo-BGB/Busche, § 634 Rn. 5; Leupertz/Halfmeier, in: PWW, BGB, § 633 Rn. 11.

75 Oetker/Maultzsch, Vertragliche Schuldverhältnisse, § 8 Rn. 60.

76 OLG Köln, 13.01.2017 – 19 U 92/16, BauR 2018, 1295; OLG Köln, 12.11.2012 – 11 U 146/12, NJW 2013, 1104 (1105); Grüneberg/Retzlaff, BGB, § 634 Rn. 7; Staudinger/Peters/Jacoby, BGB, § 634 Rn. 12.

2. Mängelrechte vor der Abnahme

42 Von dem Grundsatz, dass die Gewährleistungsvorschriften eine abschließende Sonderregelung darstellen, die erst ab Gefahrübergang bzw. Abnahme anwendbar ist, werden in der Literatur Ausnahmen gemacht. So soll **§ 635 Abs. 3 BGB** auf den Erfüllungsanspruch des Bestellers entsprechende Anwendung finden.[77] Diese Ansicht ist jedoch abzulehnen.[78] Denn es würde dem Sinn der Norm gerade zuwiderlaufen, wenn der Besteller seinen Anspruch auf mängelfreie Herstellung weiterhin uneingeschränkt ausüben könnte, obwohl er das Werk als vertragsgemäß gebilligt oder die Leistungspflicht sich zumindest auf das hergestellte Werk konkretisiert hat. Daher ist es dem Besteller zumutbar, statt der Herbeiführung des geschuldeten Erfolges »um jeden Preis«, direkt auf die sonstigen Mängelrechte zuzugreifen, wenn der Unternehmer die von ihm eigentlich geschuldete Nacherfüllung wegen unverhältnismäßiger Kosten verweigert. Vor einer Konkretisierung aufgrund Abnahme wäre eine solche Einschränkung seiner Leistungspflicht allerdings nicht zu rechtfertigen. Der Vertragsinhalt ist die Herstellung des mangelfreien Werkes für die versprochene Vergütung ohne Einschränkungen, sieht man von der praktisch wenig bedeutsamen Regelung des § 275 Abs. 2 und 3 BGB einmal ab. In der Erfüllungsphase fällt es deshalb in den Risikobereich des Unternehmers, wenn die Herstellungskosten sich als höher herausstellen, als von ihm veranschlagt und er deshalb im Rahmen der Herstellung des Werks einen Verlust erleidet. Aus diesem Grund gibt es beim Erfüllungsanspruch des Bestellers keinen Anlass für Einschränkungen. § 640 Abs. 1 S. 2 BGB bildet somit die einzige Grenze für die Durchsetzung des Erfüllungsanspruchs. Wichtig hierbei ist, dass nicht der Umfang der zur mängelfreien Herstellung erforderlichen Kosten des Unternehmers maßgeblich ist, sondern die Erheblichkeit des Mangels. Bei wesentlichen Mängeln kann der Besteller allerdings die Abnahme selbst dann noch verweigern, wenn sein Erfüllungsanspruch bereits verjährt ist.[79]

43 Fraglich ist allerdings, ob und inwieweit der Besteller die **Mängelrechte** der §§ 634 ff. BGB auch bereits **vor der Abnahme** geltend machen kann.[80] In Rechtsprechung und Literatur wird das vor allem in den Fällen bejaht, in denen bereits **feststeht**, dass das fertiggestellte Werk **Mängel aufweisen wird**, die der Unternehmer nicht beseitigen kann oder die Beseitigung bereits abgelehnt hat.[81] Die Berechtigung zum vorzeitigen Rücktritt, ergibt sich dann aus **§ 323 Abs. 4 BGB**. Diese Norm regelt sowohl den Eintritt der Rücktrittsvoraussetzungen bei Nichtleistung als auch bei mangelhafter Leistung, wie sich aus der Generalverweisung auf § 323 BGB in § 634 Nr. 3 BGB ergibt.[82] Damit wird zum einen der Fall erfasst, dass der Unternehmer die **Beseitigung festgestellter Mängel bereits vor Abnahme ernsthaft und endgültig verweigert (§ 323 Abs. 2 Nr. 1 BGB)**.[83] Auch bei einer Verletzung von Nebenpflichten (§ 241 Abs. 2 BGB) durch den Unternehmer soll das gelten, sofern eine Fortsetzung des Vertragsverhältnisses für den Besteller unzumutbar geworden ist (§ 324 BGB).[84] Diese Wertung, die hieraus ersichtlich wird, sollte auch auf andere Mängelrechte übertragen werden können, wenn und soweit deren Geltendmachung – ebenso wie der Rücktritt – eine Erfüllung durch

77 Grüneberg/Retzlaff, BGB, § 634 Rn. 5.

78 Ebenso BeckOK BGB/Voit, § 634 Rn. 3.

79 BGH, 28.05.2020 – VII ZR 108/19, NJW 2020, 2270.

80 Offengelassen von BGH, 08.07.2010 – VII ZR 171/08, NJW 2010, 3573 (3575) Rn. 28; BGH, 24.02.2011 - VII ZR 61/10, NJW 2011, 1224, 1225 Rn. 17; ausf. hierzu Voit, BauR 2011, 1063 ff.

81 OLG Köln, 12.11.2012 – 11 U 146/12, NJW 2013, 1104 (1105); MüKo-BGB/Busche, § 634 Rn. 5; Kniffka/Krause-Allenstein, in: ibr-OK Bauvertragsrecht, § 634 BGB Rn. 10; Grüneberg/Retzlaff, BGB, § 634 Rn. 6; Leupertz/Halfmeier, in: PWW, BGB, § 633 Rn. 5 f.; Folnovic, BauR 2008, 1360 ff.; a.A. OLG Koblenz, 18.10.2007 – 5 U 521/07, IBR 2008, 81.

82 BeckOK BGB/Voit, § 634 Rn. 24; Voit, BauR 2011, 1063, 1066 ff.; Staudinger/Peters/Jacoby, BGB, § 634 Rn. 13; MüKo-BGB/Busche, § 634 Rn. 5; a.A. auch insoweit OLG Koblenz, 18.10.2007 – 5 U 521/07, IBR 2008, 81.

83 Voit, BauR 2011, 1063, 1066 f.

84 Voit, BauR 2011, 1063, 1067 f. (auch zu der Frage einer entsprechenden Anwendung bei der Verletzung von leistungsbezogenen Nebenpflichten).

den Unternehmer ausschließt.[85] Unter anderem ist das auf den Anspruch auf Schadensersatz statt der Leistung anwendbar. Bei Ausschluss der Beseitigung des Mangels erscheint aber auch ein **Minderungsrecht** des Bestellers vor Abnahme gerechtfertigt.[86]

Zwischenzeitlich hat das OLG Düsseldorf[87] entschieden, sich ein Anspruch auf Erstattung von Ersatzvornahmekosten nicht nur unmittelbar aus Mängelrechten, sondern auch als Schadensersatz aus § 280 Abs. 1 BGB ergeben könne. Dieser Schadensersatzanspruch setze keine Abnahme voraus. Ob ein Abrechnungsverhältnis bestehe, könne diesbezüglich ebenfalls dahinstehen. Entscheidend sei allein, dass der Unternehmer die Fertigstellungsfristen überschritten und damit eine Pflicht aus dem Schuldverhältnis verletzt habe. 44

Das OLG erkannte darüber hinaus einen Vorschussanspruch des Bestellers aus §§ 634, 637 BGB zu. Da der Vertrag zwischenzeitlich gekündigt worden war, bejahte es ein Abrechnungsverhältnis. Daher sei der Anspruch als Vorschuss einklagbar.

Lange war fraglich ob dem Besteller bereits vor Abnahme oder Gefahrübergang ein Anspruch auf Mängelbeseitigung nach **§ 635 BGB** sowie das Recht zur Selbstvornahme nach **§ 637 BGB** zusteht. Dies wurde bei Werkverträgen, die vor Inkrafttreten des Schuldrechtsmodernisierungsgesetzes geschlossen wurden, angenommen[88] und teilweise auch für Vertragsschlüsse ab dem 01.01.2002.[89] Ein Argument dagegen ist jedoch, dass das Recht zur Selbstvornahme einen spezifischen gewährleistungsrechtlichen Rechtsbehelf darstellt. Eine Anwendung vor Gefahrübergang würde also eine Aufhebung der grundsätzlichen Trennung von Gewährleistungsrecht und allgemeinem Leistungsstörungsrecht bedeuten.[90] Außerdem stünde ein Eingreifen des Bestellers in Widerspruch dazu, dass der Unternehmer grundsätzlich autonom über die Art und Weise der Herstellung des Werkes entscheiden darf. Vor allem das Recht zur »Selbsthilfe« soll dem Besteller erst als »ultima ratio« zustehen, wenn der Unternehmer seine Anstrengungen beendet und den Herstellungsvorgang abgeschlossen hat. 45

Diese Überlegungen wurden inzwischen höchstrichterlich entschieden. Der BGH stellte in drei Grundsatzurteilen vom 19.01.2017 klar, dass der Unternehmer die Mängelfreiheit erst zum Zeitpunkt der Abnahme schulde und der Besteller vor der Abnahme daher grundsätzlich keinen Nacherfüllungsanspruch nach § 635 BGB bzw. Anspruch auf Durchführung einer Selbstvornahme nach § 637 BGB hat.[91] Eine Ausnahme bilde der Fall, in dem sich das Rechtsverhältnis vor der Abnahme bereits in ein Abrechnungsverhältnis umgewandelt habe (vgl. nachstehend Rdn. 47). 46

3. Mängelrechte ohne Abnahme

Somit kann der Besteller nach der Rechtsprechung des BGH Mängelrechte vor der Abnahme erst geltend machen, wenn der Besteller nicht mehr die Erfüllung (und damit auch nach Abnahme nicht die Nacherfüllung) verlangen kann und das Vertragsverhältnis damit in ein sog. **Abrechnungsverhältnis** übergegangen ist.[92] Der Besteller muss gemäß dieser Rechtsprechung dafür nach Fälligkeit 47

85 Ebenso – allerdings ohne die hier vorgenommene Einschränkung – MüKo-BGB/Busche, § 634 Rn. 5; Leupertz/Halfmeier, in: PWW, BGB, § 633 Rn. 7.

86 Staudinger/Peters/Jacoby, BGB, § 634 Rn. 13.

87 OLG Düsseldorf, 17.06.2022 – 22 U 192/21, BeckRS 2022, 16602 = IBR 2022, 453 m. zust. Anm. Rehbein; krit. Steffen, NJW-Spezial 2022, 461.

88 BGH, BauR 1994, 242; BGHZ 132, 96; BGH, BauR 1998, 332; BGH, BauR 2016, 852, NZBau 2016, 304.

89 Für § 637 bejahend OLG Brandenburg, 24.02.2011 – 12 U 129/10, NJW-RR 2011, 603 (604); für eine Anwendbarkeit dieser Vorschriften wohl auch Leupertz/Halfmeier, in: PWW, BGB, § 633 Rn. 6 f. m.w.N.

90 BeckOK BGB/Voit, § 634 Rn. 6, 24.

91 BGH, 19.01.2017 – VII ZR 301/13, BauR 2017, 875 = NZBau 2017, 216; BGH, 19.01.2017 – VII ZR 193/15, BauR 2017, 879.

92 Vgl. BGH a.a.O.; ergänzend KG, 19.02.2019 – 21 U 40/18, NZBau 2019, 507.

und fruchtloser (oder entbehrlicher) Fristsetzung Schadensersatz statt der Leistung verlangen (§ 281 Abs. 4 BGB), vom Vertrag zurücktreten, mindern oder mit der ausdrücklichen oder konkludenten Erklärung, *mit dem Unternehmer nicht mehr zusammenzuarbeiten*, Vorschuss verlangen.[93] Allerdings ist das Kriterium einer Weigerung des Bestellers, mit dem Unternehmer weiter zusammenzuarbeiten, nicht nur vage sondern auch bedenklich, weil es bedeuten würde, dass es in der Entscheidungsmacht des Bestellers liegen würde, das Vertragsverhältnis vor der Abnahme und ohne Kündigung in ein Abrechnungsverhältnis umzuwandeln.[94]

III. Verhältnis der Mängelrechte zu den sonstigen Rechtsbehelfen

1. Verschulden bei Vertragsverhandlungen, § 311 Abs. 2 BGB

48 Die Sondervorschriften der §§ 634 ff. BGB schließen Ansprüche aus Verschulden bei Vertragsverhandlungen gem. §§ 311 Abs. 2, 280 Abs. 1 BGB aus, soweit die vorvertragliche Pflichtverletzung sich auf einen Sachverhalt bezieht, der die Beschaffenheit des Werkes betrifft.[95] Darunter fallen beispielsweise fehlerhafte Informationen oder eine Verletzung von Aufklärungs- und Hinweispflichten durch den Unternehmer, zumindest wenn dies fahrlässig geschieht. Ein Anwenden der Ansprüche aus § 634 Nr. 4, § 280 BGB neben den Ansprüchen aus culpa in contrahendo, würde die besondere werkvertragliche Verjährungsregelung vereiteln. Fraglich ist, ob bei einer **vorsätzlichen Pflichtverletzung** etwas anderes gilt und die Gewährleistungsvorschriften ausnahmsweise einen Rückgriff auf die Regeln über die Haftung für Verschulden bei Vertragsverhandlungen nicht ausschließen.[96] Denn eine Haftung aus vorsätzlicher Pflichtverletzung nach §§ 311 Abs. 2, 280 BGB neben der gewährleistungsrechtlichen Haftung führt regelmäßig nicht zu Wertungswidersprüchen, weil bei Arglist die haftungsbegrenzenden Vorschriften regelmäßig nicht eingreifen (vgl. § 634a Abs. 3 BGB, § 639 BGB).[97] Allerdings ist ein Rückgriff auf die allgemeinen Vorschriften auch nicht notwendig, wenn und soweit die Durchsetzung der Ansprüche des Bestellers auch mit den Behelfen des Gewährleistungsrechts möglich ist.[98] Besteht hingegen kein Rechtsschutz durch das Gewährleistungsrecht selbst bei vorsätzlicher Täuschung des Unternehmers – beispielsweise weil das Werk trotzdem die nach dem Vertrag zu erwartende Eignung und Beschaffenheit aufweist –, würde es aber zu demselben Wertungswiderspruch führen wie bei der Fahrlässigkeitshaftung, wenn es dem Besteller gestattet wäre, auf den Anspruch aus culpa in contrahendo zurückzugreifen.[99] Dieser Gedanke befürwortet es, die §§ 634 ff. BGB auch bei Vorsatz als abschließende Regelung anzusehen, unter der Voraussetzung, dass sich die Pflichtverletzung auf die Beschaffenheit des Werks bezieht. Im Übrigen ist der abschließende Charakter der Gewährleistungsvorschriften unabhängig davon, ob sich der Anspruch

---

93 BGH a.a.O.; Grüneberg/Retzlaff, BGB, § 634 Rn. 6.

94 Vgl. dazu Langen, in: FS Eschenbruch 2019, S. 227.

95 BeckOK BGB/Voit, § 634 Rn. 28; Oetker/Maultzsch, Vertragliche Schuldverhältnisse, § 8 Rn. 165; Grüneberg/Retzlaff, BGB, § 634 Rn. 7; ebenso für das Kaufrecht BGH, 27.03.2009 – V ZR 30/08, BGHZ 180, 205, 212 ff.

96 Hierfür MüKo-BGB/Busche, § 634 Rn. 7; Grüneberg/Retzlaff, BGB, § 634 Rn. 7; a.A. für das Kaufrecht BGH, 27.03.2009 – V ZR 30/08, BGHZ 180, 205, 214 m.w.N.; bestätigt durch BGH, 16.12.2009 – VIII ZR 38/09, NJW 2010, 858 Rn. 20.

97 Hierauf stützt der BGH maßgeblich seine Ansicht, wonach zumindest für den Kaufvertrag im Falle der vorsätzlichen Täuschung eine Ausnahme von dem Vorrang des Gewährleistungsrechts gemacht werden müsse; vgl. BGH, 27.03.2009 – V ZR 30/08, BGHZ 180, 205, 214. Gleiches dürfte für den Werkvertrag gelten.

98 Sie führt lediglich dazu, dass dasselbe Begehren auf unterschiedliche Rechtsnormen gestützt werden kann, also zu einer Anspruchsnormenkonkurrenz.

99 Es ist daher bezeichnend, dass der BGH bei arglistiger Täuschung des Käufers die Vorschrift des § 442 Abs. 1 BGB im Rahmen der Haftung wegen Verschuldens bei Vertragsschluss entsprechend anwenden will; vgl. BGH, 27.03.2009 – V ZR 30/08, BGHZ 180, 205, 215. Würde man eine Haftung des Verkäufers auch bei Kenntnis des Käufers bejahen, würde nämlich die im Kaufrecht getroffene Wertentscheidung ausgehebelt.

des Bestellers auf Ersatz des Erfüllungs- oder des Integritätsinteresses bezieht.[100] Der Sinn der gesetzlichen Reform war es, sämtliche mangelbedingten Schäden zu erfassen, um die frühere Unterscheidung zwischen verschiedenen Schadensarten (Mangel- oder Mangelfolgeschaden, engere und entferntere Mangelfolgeschäden) überflüssig zu machen.[101] Der Besteller hat unabhängig davon weiterhin das Recht, Schadensersatzansprüche wegen Pflichtverletzungen geltend zu machen, die in keinem Zusammenhang mit einem Werkmangel stehen (z.B. bei Verletzung von vorvertraglichen Obhuts- oder Fürsorgepflichten).[102] Das gleiche gilt für eine selbstständige Beratungspflicht, wenn der Unternehmer eine solche übernommen hat und diese sich nicht bereits als Nebenpflicht aus der Pflicht zur Herstellung des Werkes ergibt, auch für den Fall, dass die Verletzung der Pflicht zu einem Werkmangel geführt hat.[103]

2. Anfechtung

Eine Anfechtung des Werkvertrags durch den Besteller wegen eines **Eigenschaftsirrtums** nach **§ 119 Abs. 2 BGB** ist nach ganz h.M. für den Fall ausgeschlossen, dass sich der Irrtum auf eine Eigenschaft bezieht, die auch Gegenstand der vertraglich vereinbarten Beschaffenheit i.S.d. § 633 Abs. 1 BGB ist, für die der Unternehmer nach §§ 634 ff. BGB auch einzustehen hat.[104] Ob das Fehlen der Eigenschaft tatsächlich einen Sachmangel begründet, ist dabei nicht maßgeblich. Es genügt, dass die Eigenschaft Gegenstand einer Beschaffenheitsvereinbarung hätte sein können. Die Ausschlusswirkung der Gewährleistungsvorschriften wird einerseits mit der besonderen Verjährungsregelung des § 634a BGB begründet, die von der Anfechtungsfrist nach § 121 BGB abweicht, andererseits ist zu beachten, dass die Anfechtung dem Unternehmer die Möglichkeit der Nacherfüllung vereiteln würde. Anzumerken ist an dieser Stelle, dass das Anfechtungsrecht dem Besteller nicht dieselbe Rechtsstellung verschafft wie die Gewährleistungsrechte. Ein Nebeneinander der beiden Rechtsbehelfe bedeutet also nicht zwingend einen Wertungswiderspruch. Bei einer Anwendung des § 119 Abs. 2 BGB bestünde zwar auch nach Ablauf der Verjährungsfristen des § 634a BGB und ohne Rücksicht auf eine entsprechende Nachfrist die Möglichkeit für den Besteller, sich einseitig aus der Vertragsbindung zu lösen (§ 142 Abs. 1 BGB), allerdings würde er dem Unternehmer gem. § 122 BGB dann den Ersatz des Vertrauensschadens schulden.[105] Was von den Gewährleistungsregelungen jedenfalls nicht gesperrt wird, ist das Recht des Bestellers zur Anfechtung wegen Inhalts- oder Erklärungsirrtums (§ 119 Abs. 1 BGB) bzw. wegen arglistiger Täuschung oder widerrechtlicher Drohung (§ 123 BGB).[106] 49

3. Störung der Geschäftsgrundlage

§ 313 BGB ist bei Mängeln des Werkes ist nicht anwendbar.[107] Wurde für das Werk vertraglich eine bestimmte Beschaffenheit vereinbart, so stellt deren Fehlen schon deshalb keinen Fall der Störung der Geschäftsgrundlage dar, weil die Abweichung von der Soll-Beschaffenheit in den Risikobereich 50

100 Oetker/Maultzsch, Vertragliche Schuldverhältnisse, § 8 Rn. 165.

101 RegE BT-Drucks. 14/6040, S. 263.

102 OLG Schleswig, BauR 2019, 273; BeckOK BGB/Voit, § 634 Rn. 28; Oetker/Maultzsch, Vertragliche Schuldverhältnisse, § 8 Rn. 166; Grüneberg/Retzlaff, BGB, § 634 Rn. 7.

103 BGH, 06.06.1984 – VIII ZR 83/83, NJW 1984, 2938; BeckOK BGB/Voit, § 634 Rn. 28; MüKo-BGB/Busche, § 634 Rn. 6 (allerdings ohne die Beschränkung auf selbstständige Beratungspflichten).

104 MüKo-BGB/Busche, § 634 Rn. 6; Oetker/Maultzsch, Vertragliche Schuldverhältnisse, § 8 Rn. 162; Grüneberg/Retzlaff, BGB, § 634 Rn. 28; Leupertz/Halfmeier, in: PWW, BGB, § 633 Rn. 8; Staudinger/Peters/Jacoby, BGB, § 631 Rn. 87.

105 Gegen einen Ausschluss des Anfechtungsrechts im Bereich des Kaufrechts daher BeckOK BGB/Faust, § 437 Rn. 190 m.w.N.

106 Oetker/Maultzsch, Vertragliche Schuldverhältnisse, § 8 Rn. 162; Grüneberg/Retzlaff, BGB, § 634 Rn. 28; Leupertz/Halfmeier, in: PWW, BGB, § 633 Rn. 8.

107 Ebenso Grüneberg/Retzlaff, BGB, § 634 Rn. 7.

des Unternehmers fällt.[108] Maßnahmen zur Herstellung dieser vereinbarten Beschaffenheit sind selbst bei umfänglichen, zeit- und kostenaufwendigen Änderungsarbeiten nicht als Störung der Geschäftsgrundlage i.S.v. § 313 BGB anzusehen. Selbst in dem Fall, dass sich bspw. die vom Besteller beigestellte Leistungsbeschreibung oder Planung als grundlegend fehlerhaft herausstellt und daraufhin umfängliche, zeit- und kostenintensive Änderungen erforderlich sind, um die Entstehung eines Mangels zu verhindern, bleibt die Pflicht des Unternehmers zur Herstellung einer mängelfreien Leistung bestehen. Allerdings kann der Unternehmer die zusätzlichen Kosten, die ihm auf ein Änderungsverlangen des Bestellers entstehen, nach den Regeln der §§ 650b und c BGB vom Besteller ersetzt verlangen. Auf diese Weise wird die Lücke zwischen dem Beschaffenheitssoll und dem Erfolgssoll des Unternehmers bezüglich einer mängelfreien Leistung bei mangelhafter Leistungsbeschreibung des Bestellers geschlossen. Das gilt auch für den Fall einer Änderung der anerkannten Regeln der Technik nach Vertragsabschluss, da die geänderten Regeln vom Unternehmer einzuhalten sind. Der Besteller hat dann zwar das Recht, die Beachtung der neuen anerkannten Regeln der Technik zu verlangen, muss allerdings den Zusatzaufwand des Unternehmers vergüten.[109] Somit liegt kein Fall des unzumutbaren Festhaltens am unveränderten Vertrag zulasten des Unternehmers vor. Auch wenn der Unternehmer für die fehlerhafte Leistungsbeschreibung oder Planung verantwortlich ist, gilt dasselbe. § 650c Abs. 1 S. 2 BGB bestimmt in diesem Fall, dass der Unternehmer zur »vergütungsneutralen« Korrektur der fehlerhaften Vertragsgrundlage verpflichtet ist, womit eine Anwendung des § 313 BGB ebenfalls ausscheidet (vgl. § 650b Rdn. 68 ff.).

4. Einrede des § 320 BGB

51 Die Einrede des nicht erfüllten Vertrags nach § 320 BGB ist neben den Mängelrechten anwendbar. Zwar stehen die Mängelrechte nach § 634 BGB nach Auffassung des BGH[110] dem Besteller grundsätzlich erst nach Abnahme des Werks zu. Bei Inanspruchnahme von Abschlagszahlungen durch den Unternehmer für die bislang erbrachten, unter Umständen mangelhaften, Leistungen nach § 632a BGB, regelt § 632a Abs. 1 S. 4 BGB die entsprechende Anwendung des § 641 Abs. 3 BGB. Eine (aktive) Beseitigung eines vorhandenen Mangels kann zwar vor der Abnahme nicht gefordert werden, der Besteller kann dem Anspruch des Unternehmers allerdings auf die entsprechende Abschlagszahlung die Mangelhaftigkeit der bereits erbrachten Leistungen entgegenhalten und nach dem entsprechend anwendbaren § 641 Abs. 3 BGB im Normalfall das Doppelte der für die Beseitigung des Mangels erforderlichen Kosten einbehalten. Wenn die Mängel bis zur Abnahme immer noch nicht beseitigt sind, hat der Besteller bei wesentlichen Mängeln das Recht zur Verweigerung der Abnahme gem. § 640 Abs. 1 S. 2 BGB. Falls er die Abnahme unter Vorbehalt erklärt hat, kann er die Vergütung der Leistung, bis der Mangel beseitigt worden ist, verweigern und nach § 641 Abs. 3 BGB einbehalten bzw. aufrechterhalten (vgl. § 641 Rdn. 39 ff.). Vor Abnahme besteht kein Bedürfnis nach dem Instrument der Einrede, der Besteller kann nämlich bei Mängeln des Werkes die Abnahme verweigern und damit die Fälligkeit des Anspruchs auf die Vergütung verhindern (vgl. § 641 Rdn. 37). Nach der Abnahme hat der Besteller die Möglichkeit, die Zahlung der Vergütung bis zur Beseitigung des Mangels zu verweigern.[111] Das Leistungsverweigerungsrecht findet eine Konkretisierung in § 641 Abs. 3 BGB (vgl. § 641 Rdn. 39 ff.).

---

108 Oetker/Maultzsch, Vertragliche Schuldverhältnisse, § 8 Rn. 163; i.Erg. ebenso MüKo-BGB/Busche, § 634 Rn. 8; Grüneberg/Retzlaff, BGB, § 634 Rn. 7.

109 Vgl. BGH, 14.11.2017 – VII ZR 65/14, NZBau 2018, 207, näher dazu § 633 Rdn. 86.

110 BGH, 19.01.2017 – VII ZR 235/15, NZBau 2017, 211 = BauR 2017, 879; BGH, 19.01.2017 – VII ZR 301/13, NZBau 2017, 216, näher oben Rdn. 42.

111 OLG Köln, 25.11.2015 – 11 U 46/15, BeckRS 2015, 125375; OLG Hamm, 29.05.2007 – 21 U 73/06, NZBau 2007, 715 (716).

5. Geschäftsführung ohne Auftrag

Das Verhältnis der §§ 634 ff. BGB zu §§ 677 ff. BGB ist insbesondere dann relevant, wenn der Besteller Mängel des Werkes beseitigt, ohne dass die Voraussetzungen für eine Selbstvornahme nach § 637 BGB erfüllt sind. Ein Anspruch des Bestellers auf Ersatz der ihm entstandenen Aufwendungen kann in diesen Fällen nach ständiger Rechtsprechung nicht nach §§ 683, 670 BGB begründet werden,[112] weil die Vorschriften der GoA nur anwendbar sind, wenn zwischen Geschäftsführer und Geschäftsherren keine vertraglichen Bindungen bestehen, aus denen der Besteller schon Ersatz seiner Aufwendungen verlangen kann. Bei der Beseitigung von Mängeln des Unternehmers regelt allerdings schon § 637 BGB, unter welchen Voraussetzungen der Besteller Ersatz seiner Aufwendungen verlangen kann. Ein Rückgriff auf die Vorschriften der GoA ist damit ausgeschlossen.[113] Eine Ausnahme davon kommt bei (Form-)Unwirksamkeit des Werkvertrags in Betracht. Dann kommen Ansprüche des Bestellers gegen den Unternehmer nach §§ 677 ff. BGB in Betracht.[114] 52

Bei irrtümlicher Beseitigung eines Mangels eines anderen Unternehmers durch den Unternehmer, ergibt sich kein Anspruch für ihn gegen den Besteller.[115] 53

6. Deliktische Ansprüche

Werden von **§ 823 Abs. 1 BGB** geschützte Rechte oder Rechtsgüter des Bestellers durch Mängel des Werkes verletzt, so steht dem Besteller, bei Verschulden des Unternehmers, ein Anspruch auf Ersatz des hieraus entstehenden Schadens zu. Der Schadensersatzanspruch aus § 823 Abs. 1 BGB wird nicht von den Mängelrechten gesperrt und besteht grundsätzlich neben diesen.[116] Fälle, in denen Ansprüche auf Schadensersatz nach Deliktsrecht in Betracht kommen, sind wenn der geschuldete Erfolg an einem vom Besteller überlassenen Gegenstand (z.B. Reparaturverträge) oder an der Person des Bestellers (z.B. Friseurvertrag) hergestellt werden soll. Bei einer Verletzung eines der in § 823 Abs. 1 BGB genannten Rechtsgüter (in den genannten Beispielen also Eigentum bzw. Körper und Gesundheit) durch die mangelhafte Werkleistung, ist eine Geltendmachung des entstehenden Schadens auch unabhängig von den Regeln des Gewährleistungsrechts möglich. Fraglich ist das Bestehen eines Anspruchs, wenn zuvor *unversehrte Teile des Werkes aufgrund eines Mangels beschädigt werden* (sog. **Weiterfresserschaden**). Das Problem tritt vor allem dann auf, wenn der Unternehmer beauftragt wurde, einen neuen Gegenstand herzustellen und der Mangel auf einen abgegrenzten Teil des Werkes beschränkt ist. Maßgeblich ist nicht, ob die Mängelrechte den Rückgriff auf eine deliktische Haftung ausschließen. Vielmehr besteht die Frage darin, welche Voraussetzungen die Eigentumsverletzung i.S.d. § 823 Abs. 1 BGB beinhaltet. Wenn der Schaden nicht an einem Teil des Werkes, sondern an dem zu bearbeitenden Eigentum des Bestellers auftritt, wird eine Eigentumsverletzung vom BGH verneint, sofern »Stoffgleichheit« vorliegt, also sich der Schaden mit dem Mangelunwert der vertraglichen Leistung deckt. Eine Eigentumsverletzung wird nur dann angenommen, wenn der Schaden an dem Teil des Eigentums eintritt, der nicht Gegenstand der Werkleistung ist.[117] 54

---

112 BGH, 20.04.1978 – VII ZR 143/77, WM 1978, 953 (954); Grüneberg/Retzlaff, BGB, § 634 Rn. 29; MüKo-BGB/Busche, § 634 Rn. 9.

113 Für das Kaufrecht vgl. BGH, 20.01.2009 – X ZR 45/07, NZBau 2009, 377 = BauR 2009, 976; für das Werkvertragsrecht vgl. OLG Düsseldorf, Urt. v. 11.10.2013 – I-22 U 81/13, NJW 2014, 1115 = NZBau 2014, 165; OLG Celle, 09.10.2013 – 14 U 21/13, BauR 2016, 1926.

114 Vgl. OLG Hamburg, 26.06.2002 – 4 U 217/98, BauR 2003, 253.

115 OLG Hamm, 12.06.1997 – 24 U 183/96, NJW-RR 1998, 163.

116 BGH, 04.03.1971 – VII ZR 40/70, BGHZ 55, 392, 394 f.; BGH, 07.11.1985 – VII ZR 270/83, BGHZ 96, 221, 228; BGH, 03.02.1998 – X ZR 27–96, NJW 1998, 2282 (2284); BGH, 28.10.2010 – VII ZR 172/09, NJW 2011, 594, 596 Rn. 26; BGH, 09.03.2004 – X ZR 67/01, NJW-RR 2004, 1163; BeckOK BGB/Voit, § 634 Rn. 31; MüKo-BGB/Busche, § 634 Rn. 9 f.; Grüneberg/Retzlaff, BGB, § 634 Rn. 30.

117 BGH, NJW 2005, 1423 (1425 f.); BGH, 28.10.2010 – VII ZR 172/09, NJW 2011, 594, 596 Rn. 26 f.; mit Recht krit. hierzu Gsell, JZ 2005, 1171 ff.; vgl. LG Mainz, IBR 2018, 1007.

E. Mängelrechte bei einer Mehrheit von Bestellern oder Unternehmern

I. Mehrheit von Bestellern

55 Bei Mehrpersonenkonstellationen auf Bestellerseite richtet sich die Geltendmachung der Mängelrechte nach den für das jeweilige Verhältnis der Personen untereinander geltenden Vorschriften (z.B. §§ 705 ff. BGB, §§ 741 ff. BGB, §§ 2032 ff. BGB). Wenn es sich bei der Werkleistung um eine Sache handelt, die im **Miteigentum** der Besteller steht, so kann die Nacherfüllung gem. § 744 Abs. 2 BGB von jedem Miteigentümer verlangt werden,[118] Gestaltungsrechte (Rücktritt, Minderung) allerdings können dagegen grundsätzlich nur von allen Bestellern gemeinschaftlich ausgeübt werden (vgl. auch § 638 Abs. 2 BGB).[119] Bei Werkverträgen, bei denen auf Bestellerseite **Wohnungseigentümer** beteiligt sind, ergeben sich speziellere Fragen.[120]

II. Mehrheit von Unternehmern

56 Verpflichten sich mehrere Unternehmer vertraglich gegenüber dem Besteller zur **gemeinschaftlichen Herstellung eines Werkes**, z.B. im Rahmen einer **Ingenieurgemeinschaft** oder einer **Bau-Arbeitsgemeinschaft**[121], so sind sie Gesamtschuldner (§§ 421, 427 BGB).[122] Das ist bei der Geltendmachung von Ansprüchen bei Mängeln des Werkes zu beachten, denn die Ausübung von Gestaltungsrechten ist nur einheitlich gegenüber allen Unternehmern möglich (§ 351 BGB, § 638 Abs. 2 BGB). Bei Einschaltung von Nachunternehmern besteht jedoch keine gemeinschaftliche Verpflichtung, weil vertragliche Beziehungen grundsätzlich nur inter partes, also im Verhältnis Besteller/Hauptunternehmer einerseits und Hauptunternehmer/Nachunternehmer andererseits bestehen.[123]

57 Hat der Besteller **rechtlich selbstständige Werkverträge mit mehreren Unternehmern** abgeschlossen, dann sind auch etwaige Ansprüche bzgl. Mängeln jeweils selbstständig für die einzelnen Vertragsverhältnisse zu beurteilen.[124] Um eine Gesamtschuld handelt es sich hierbei nicht, denn die Unternehmer vereinbarten mit dem Besteller jeder einzeln die Herbeiführung des Erfolgs und erhalten hierfür auch selbständig eine Gegenleistung von diesem. Die Konsequenz davon ist, dass jeder der Unternehmer auch nur für die Mängel des eigenen Werkes einzustehen hat.[125] Selbst ein sachlicher Zusammenhang zwischen den Leistungen der einzelnen Unternehmer ändert hieran nichts, auch nicht wenn diese sich bezüglich der Ausführung abgestimmt haben. Denn das allein begründet keine gemeinsame Verantwortlichkeit für das Gesamtwerk.[126]

58 Allerdings kommen Wechselwirkungen zwischen den einzelnen Vertragsverhältnissen und eine gesamtschuldnerische Haftung auch bei einer selbstständigen Verpflichtung mehrerer Unternehmer in den Fällen in Betracht, in denen die Arbeiten der Unternehmer aufeinander aufbauen und der Mangel des Werkes des Nachunternehmers allein auf die **mangelhafte Ausführung** der Arbeiten **durch den Vorunternehmer** zurückzuführen ist. Jedoch muss der Nachunternehmer in diesen Fällen für die Mängel des Vorunternehmers einzustehen haben. So hat der Nachunternehmer beispielsweise die Ordnungsmäßigkeit der Vorarbeiten zu prüfen und auf etwaige Mängel und Risiken hin-

118 OLG Düsseldorf, 23.07.1999 – 22 U 12/99, NZBau 2000, 381; Grüneberg/Retzlaff, BGB, § 634 Rn. 15.

119 Grüneberg/Retzlaff, BGB, § 634 Rn. 15.

120 Wenzel, NJW 07, 1905; Rapp, MittBayNot 12, 169, Pauly, MDR 18, 376; krit. z.B. Pause, BauR 12, 305.

121 Dazu ausführlich Thierau, in: Kapellmann/Messerschmidt, Anhang Rn. 119 ff.; ebenso Langen, in: Nomos-Kommentar BGB, Anhang IV Rn. 128 ff.

122 BeckOK BGB/Voit, § 634 Rn. 32; Langen, NZBau 2015, 2.

123 Vgl. Langen, NZBau 2015, 2.

124 BGH, 08.11.2007 – VII ZR 183/05, NJW 2008, 511 (512); OLG Köln, 19.12.2018 – 11 U 110/16, BauR 2020, 300; näher Langen, NZBau 2015, 3.

125 MüKo-BGB/Busche, § 634 Rn. 92 ff.

126 BGH, 08.11.2007 – VII ZR 183/05, NJW 2008, 511.

zuweisen. Versäumt er dies pflichtwidrig, muss er sich das zurechnen lassen.[127] Ihn trifft keine Verantwortung für den Mangel, wenn er seinen Prüfungspflichten nachgekommen ist (vgl. § 633 Rdn. 62 f.). Dann stehen dem Besteller Mängelrechte nur gegenüber dem Vorunternehmer zu, eine Gesamtschuld wurde nicht begründet. Sind dagegen sowohl der Vor- und auch der Nachunternehmer für den Mangel verantwortlich und kann der **Mangel nur einheitlich beseitigt werden**, kann der Besteller die Mangelbeseitigung auch nur einmal von beiden Unternehmern als Gesamtschuldner verlangen. Nur einen der Unternehmer für die Beseitigung des Mangels i.Erg. in vollem Umfange haften zu lassen, wäre nicht gerechtfertigt, also werden beide Unternehmer gleichstufig verpflichtet, so dass eine **Gesamtschuldnerschaft** vorliegt.[128] So haften bei Mängeln des Bauwerkes etwa der Architekt und der ausführende Bauunternehmer gesamtschuldnerisch, wenn und soweit dem Architekten Fehler bei der Bauaufsicht unterlaufen oder der Bauunternehmer erkennbare Planungsfehler übersieht.[129] Nach Mängelbeseitigung kann derjenige Unternehmer jeweils im Innenverhältnis gem. § 426 Abs. 1 BGB einen anteiligen Ausgleich vom anderen verlangen.[130] Bei einer Haftung des Bauunternehmers aufgrund von Mängeln, liegt bei völlig fehlender Planung kein Mitverschulden vor, wenn er die Bauleistung von vornherein ohne Planung übernommen hat und ihn somit die Planungsverantwortung trifft.[131]

Weiterführend ist noch zu klären, ob sich der Besteller bei Inanspruchnahme eines Unternehmers das Verschulden des jeweils anderen nach §§ 254, 278 BGB anspruchsmindernd anrechnen lassen muss. Dafür wird auf § 635 Rdn. 90 ff. verwiesen.

F. Verhältnis zur VOB/B

Die Rechte des Bestsellers sind im VOB/B-Vertrag in § 13 VOB/B grundsätzlich abschließend 59
geregelt.[132] Dazu ein kurzer Überblick:

– In **§ 13 Abs. 1 VOB/B** ist die Definition des Sachmangels aus § 633 Abs. 2 BGB entsprechend geregelt. Auch wenn die gesetzliche Definition des Sachmangels die gültigen anerkannten Regeln der Technik nicht explizit beinhaltet, sind diese vom Unternehmer zum Zeitpunkt der Abnahme zu beachten und führt nicht zu einer Abweichung zwischen BGB und VOB/B, ebensowenig wie die Klarstellung, dass für das Vorliegen eines Sachmangels die Abnahme der maßgebliche Zeit-

127 Vgl. etwa OLG Celle, 19.08.2009 – 7 U 257/08, NJW-RR 2010, 238 (Zusammenwirken von Architekt und Statiker).

128 BGH, 26.06.2003 – VII ZR 126/02, NJW 2003, 2980 m.w.N. auch zur Gegenansicht; OLG Celle, 19.08.2009 – 7 U 257/08, NJW-RR 2010, 238 (239); OLG Köln, 31.05.2011 - 24 U 164/10, NJW 2011, 2739; zur dogmatischen Herleitung vgl. Ehmann, JZ 2004, 255; ausführlich zu den (im Einzelnen sehr umstrittenen) Fragen der gesamtschuldnerischen Haftung im Baurecht: Soergel, BauR 2005, 239; Glöckner, BauR 2005, 251; Kniffka, BauR 2005, 275; Preussner, BauR 2014, 751; Sass, BauR 2014, 1378; Langen, NZBau 2015, 2 und 71.

129 BGH, 01.02.1965 – GSZ 1/64, BGHZ 43, 227, 230 f.; BGH, 26.07.2007 – VII ZR 5/06, NZBau 2007, 721 (723) (dort auch zu der Frage, inwieweit der in Anspruch genommene Architekt dem Auftraggeber entgegenhalten kann, dass er auf einfachere Weise, insbesondere durch Einbehaltung von restlichem Werklohn, Befriedigung von dem bauausführenden Unternehmer hätte erlangen können); zu Einzelheiten Messerschmidt/Voit/Drossart, 1. Auflage 2012, Systematische Darstellungen J Rn. 105 ff.; OLG Stuttgart, 26.10.2021 – 10 U 336/20.

130 Für den Ausgleich im Innenverhältnis haben sich vor allem im Baurecht besondere Grundsätze herausgebildet, vgl. hierzu OLG Frankfurt, 04.02.2004 – 1 U 52/03, BauR 2004, 1329 (Ausgleich zwischen planendem und bauüberwachendem Architekten); Grüneberg/Retzlaff, BGB, § 634 Rn. 31; Moufang/Koos, in: Messerschmidt/Voit, § 634 BGB Rn. 52 ff.; zur Verjährung des Ausgleichsanspruchs in diesen Fällen Peters, NZBau 2007, 337.

131 OLG Frankfurt, 11.04.2022 – 29 U 155/21.

132 Näher Langen, in: Kapellmann/Messerschmidt, § 13 VOB/B Rn. 13 f.

punkt ist.[133] Der Rechtsmangel ist in § 13 Abs. 1 VOB/B nicht definiert, so dass dieser bei Rechtsmängeln durch das gesetzliche Recht ergänzt wird.[134]

- **§ 13 Abs. 2 VOB/B** regelt mit den Leistungen nach Probe eine besondere Form der Beschaffenheitsvereinbarung, auch wenn sie bei Bauverträgen selten vorkommt.[135]
- Die sehr praxisbedeutsame Bestimmung des **§ 13 Abs. 3 VOB/B** schränkt die Mängelhaftung des Unternehmers bei Mängeln ein, wenn der Unternehmer die Verantwortung für die Mangelhaftigkeit aus den in § 13 Abs. 3 genannten Voraussetzungen ganz oder teilweise nicht trägt. Letzteres ist insbesondere der Fall, wenn der Mangel aufgrund einer mangelhaften Vorleistung eines anderen vom Besteller beauftragten Unternehmers (einschließlich einer mangelhaften Eigenleistung des Bestellers) entstanden ist oder aufgrund einer mangelhaften Planung/Leistungsbeschreibung des Bestellers bzw. dessen Planer. In diesen Fällen ist die Mängelhaftung des Bestellers davon abhängig, ob der Unternehmer seine **Prüfungs- und Hinweispflicht** erfüllt hat. Auch wenn die vom Bundesjustizministerium eingesetzte »Arbeitsgruppe Bauvertragsrecht«[136] überzeugende Vorschläge zur Aufnahme entsprechender (klarstellender) Regelung in das BGB eingebracht hatte, ist diese Fragestellung gesetzlich immer noch nicht geregelt. Deswegen gelten die Bestimmungen des § 13 Abs. 3 VOB/B letztlich über § 242 BGB auch beim gesetzlichen Werkvertrag.[137]
- Die Verjährungsvorschriften in **§ 13 Abs. 4 VOB/B** weichen z.T. deutlich von den gesetzlichen Bestimmungen des § 634a BGB für Mängelansprüche des Bestellers ab.[138] Insbesondere fällt die nur vierjährige Verjährungsfrist bei Bauleistungen gegenüber der gesetzlichen Regelfrist von fünf Jahren nach § 634a Abs. 1 Nr. 2 BGB auf, auch sollte man aber auf die nur zweijährige Frist bei technischen Anlagen nach § 13 Abs. 4 Nr. 2 VOB/B achten.
- **§ 13 Abs. 5 VOB/B** regelt den Nacherfüllungsanspruch und das Recht des VOB-Bestellers auf Selbstvornahme, jedoch mit verschiedenen signifikanten Abweichungen vom gesetzlichen Werkvertragsrecht. So enthält § 13 Abs. 5 Nr. 1 S. 2 VOB/B einen »Quasi-Neubeginn« der Verjährungsfrist für schriftlich gerügte Mängel. Eine eigenständige Verjährungsfrist enthält § 13 Abs. 5 Nr. 1 S. 3, für vom Unternehmer beseitigte Mängel.[139]
- Weitere deutliche Unterschiede findet man im Minderungsrecht des Bestellers in **§ 13 Abs. 6 VOB/B.** Der VOB-Besteller hat, anders als in § 638 BGB, nicht die Möglichkeit den Werklohn alternativ zur Selbstvornahme, zum Rücktritt oder zum Schadensersatz mindern, sondern nur unter den drei vom Gesetz erheblich abweichenden Tatbestandsmerkmalen des § 13 Abs. 6 VOB/B.[140]
- Der Schadensersatzanspruch des Bestellers ist in der VOB/B in **§ 13 Abs. 7** geregelt. Der Wortlaut scheint kompliziert, beabsichtigt wird durch die Vorschrift allerdings eine Einschränkung der Schadensersatzhaftung des Unternehmers für Schäden, die »außerhalb der baulichen Anlage« eintreten. Wirkliche Unterschiede zum gesetzlichen Schadensersatzanspruch ergeben sich in der Praxis allerdings kaum.[141]
- Eine sehr wichtige Abweichung vom gesetzlichen Werkvertragsrecht besteht beim VOB-Bauvertrag darin, dass der Besteller aufgrund von Mängeln **nicht** zum **Rücktritt** vom Vertrag berechtigt ist. Dies regelt die abschließende Sonderregelung des § 13 VOB/B und lässt sich auch aus dem Umstand ableiten, dass das Rücktrittsrecht keine Erwähnung findet.[142] Dies entspricht auch herrschender Auffassung.[143]

---

133 Näher § 633 Rdn. 19.
134 Näher § 633 Rdn. 6.
135 Näher dazu Langen, in: Kapellmann/Messerschmidt, § 13 VOB/B Rn. 84 ff.
136 Vgl. Abschlussbericht der AG Bauvertragsrecht beim BMJV vom 18.06.2013.
137 Vgl. Langen, a.a.O. Rn. 134.
138 Näher Langen, a.a.O. Rn. 244.
139 Vgl. Langen, a.a.O. Rn. 368.
140 Vgl. Langen, a.a.O. Rn. 419.
141 Langen, a.a.O. Rn. 493.
142 Siehe näher Langen, a.a.O. § 13 Rn. 413 f.
143 Vgl. Grüneberg/Retzlaff, BGB, § 634 Rn. 31.

– Hervorzuheben ist, dass, wenn die VOB/B nicht als Ganzes und mit der aktuellen Fassung vereinbart worden ist, die Bestimmungen der VOB/B zu Lasten des Verwenders der AGB-Inhaltskontrolle nach § 310 Abs. 1 S. 3 BGB unterliegen und ggf. zugunsten des Vertragspartners (in der Praxis meist der Unternehmer) AGB-unwirksam sind.[144]

§ 634a Verjährung der Mängelansprüche

(1) Die in § 634 Nr. 1, 2 und 4 bezeichneten Ansprüche verjähren

1. vorbehaltlich der Nummer 2 in zwei Jahren bei einem Werk, dessen Erfolg in der Herstellung, Wartung oder Veränderung einer Sache oder in der Erbringung von Planungs- oder Überwachungsleistungen hierfür besteht,

2. in fünf Jahren bei einem Bauwerk und einem Werk, dessen Erfolg in der Erbringung von Planungs- oder Überwachungsleistungen hierfür besteht, und

3. im Übrigen in der regelmäßigen Verjährungsfrist.

(2) Die Verjährung beginnt in den Fällen des Absatzes 1 Nr. 1 und 2 mit der Abnahme.

(3) Abweichend von Absatz 1 Nr. 1 und 2 und Absatz 2 verjähren die Ansprüche in der regelmäßigen Verjährungsfrist, wenn der Unternehmer den Mangel arglistig verschwiegen hat. Im Fall des Absatzes 1 Nr. 2 tritt die Verjährung jedoch nicht vor Ablauf der dort bestimmten Frist ein.

(4) Für das in § 634 bezeichnete Rücktrittsrecht gilt § 218. Der Besteller kann trotz einer Unwirksamkeit des Rücktritts nach § 218 Abs. 1 die Zahlung der Vergütung insoweit verweigern, als er auf Grund des Rücktritts dazu berechtigt sein würde. Macht er von diesem Recht Gebrauch, kann der Unternehmer vom Vertrag zurücktreten.

(5) Auf das in § 634 bezeichnete Minderungsrecht finden § 218 und Absatz 4 Satz 2 entsprechende Anwendung.

Übersicht Rdn.

144 Bspw. BGH, 19.01.2023 – VII ZR 34/20.

A. Einleitung

I. Entwicklung

1 Das Schuldrechtsmodernisierungsgesetz brachte Neuerungen für die Verjährung im Werkvertragsrecht mit sich. Diese wurden im zum 01.01.2002 in Kraft getretenen § 634a BGB zusammengefasst. Insbesondere veränderten sich die zuvor geltenden Verjährungsfristen von sechs Monaten, einem Jahr oder fünf Jahren auf heute zwei, drei oder fünf Jahre. Zugleich bewirkte die Schuldrechtsmodernisierung für »sonstige Werke« i.S.d. § 634a Abs. 1 Nr. 3 BGB eine Modifikation des Verjährungsbeginns. Die Entkopplung von der Abnahme und das nunmehr vorgesehene Abstellen auf die Kenntnis des Gläubigers führten jedoch zu erhöhten Unsicherheiten in der Beweisführung.[1] Im Zuge der jüngsten Reform des Werkvertragsrechts zum 01.01.2018 hat die Norm dennoch keine weiteren Änderungen erfahren.

II. Normzweck

2 Die Verjährung von Ansprüchen dient der Wiederherstellung bzw. Wahrung des Rechtsfriedens. Sie soll ferner durch die Vermeidung von mit fortschreitendem Zeitablauf zunehmenden Beweisschwierigkeiten die Rechtssicherheit fördern und eine überraschende, weil »späte« Inanspruchnahme des Schuldners verhindern. Zugleich soll die Verjährung den Gläubiger schützen, indem sie diesen zu einer zeitigen und damit erfolgversprechenden Geltendmachung seiner Ansprüche anhält.[2]

3 Da späte Schäden bei bestimmten Werkverträgen (insbesondere bei Bauverträgen) besonders häufig sind (sog. Spätschadenrisiko), hat sich der Gesetzgeber bei Werkverträgen zu einer je nach vereinbartem Werkerfolg differenzierenden Ausgestaltung der Verjährung entschieden. Er berücksichtigt zum einen in § 634a Abs. 1 Nr. 2 BGB das Spätschadenrisiko im Baubereich, zum anderen erreicht der Gesetzgeber über die überwiegende Anknüpfung des Verjährungsbeginns an die Abnahme sowie die Abkehr von der früher in § 638 BGB a.F. normierten dreißigjährigen Verjährung eine Erhöhung der Rechtssicherheit und eine wirtschaftliche Entlastung der Beteiligten.

III. Struktur und Verhältnis zu sonstigen Verjährungsregeln

4 § 634a BGB regelt die Verjährung von Forderungen »aus und im Zusammenhang« mit Werkverträgen nicht abschließend, sondern enthält spezielle Verjährungsfristen für mangelbedingte Ansprüche. Er regelt gleichsam den Beginn der Verjährung mit Abnahme. § 634a BGB ist im Zusammenhang mit den allgemeinen Verjährungsvorschriften aus § 194 ff. BGB für von § 634a BGB erfasste Ansprüche zu sehen. Die Fristberechnung richtet sich nach den §§ 186 ff. BGB. Die Regelungen von § 634a BGB sind grundsätzlich dispositiv – wenn auch in Grenzen (vgl. Rdn. 70 ff.). Daher sind Parteivereinbarungen zu beachten, insbesondere z.B. die Vereinbarung der VOB/B (vgl. Rdn. 77 f.).

1 MüKo-BGB/Busche, § 634a Rn. 7 f.
2 Zum Ganzen: Grüneberg/Ellenberger, BGB, Überbl. v. § 194 Rn. 7 ff.

§ 634a Abs. 1 unterscheidet in den Nrn. 1–3 BGB zwischen verschiedenen Arten von Werkleistungen. Erfasst sind Verjährungsfristen für Werke, deren Erfolg in der Herstellung, Wartung oder Veränderung einer Sache sowie in der Erbringung von Planungs- oder Überwachungsleistungen hierfür besteht (Nr. 1); außerdem Bauwerke sowie Werke, deren Erfolg in der Erbringung von Planungs- oder Überwachungsleistungen hierfür besteht (Nr. 2); sowie alle übrigen Werke, bei denen die Geltung der regelmäßigen Verjährungsfrist angeordnet wird (Nr. 3). Des Weiteren regelt § 634a Abs. 2 BGB den Zeitpunkt für den Beginn der Verjährung – allerdings nur für die Werke im Sinne von § 634a Abs. 1 Nr. 1 und Nr. 2 BGB. Für Fälle des arglistigen Verschweigens eines Mangels durch den Unternehmer regelt § 634a BGB in Abs. 3 eine Verlängerung der Verjährungsfrist. Die Absätze 4 und 5 des § 634a BGB regeln schließlich das Verhältnis der Verjährung zu Gestaltungsrechten, dem Rücktritt sowie der Minderung. 5

IV. Verhältnis der Gewährleistungsfristen zur geschuldeten Beschaffenheit/»Haltbarkeitsgarantie«

In der Praxis besteht oft die unzutreffende Annahme, dass das vom Unternehmer zu erbringende Werk die geschuldete Beschaffenheit und Funktionalität unverändert bis zum Ablauf der Verjährungsfristen behalten muss. Die Regelungen werden, gerade von Baupraktikern, insoweit gewissermaßen als »Haltbarkeitsgarantie« fehlinterpretiert. Dabei bezieht sich die geschuldete Beschaffenheit einzig auf den Zeitpunkt der Abnahme des Werkes.[3] Verjährungsfristen sind deswegen nicht mit einer Haltbarkeitsgarantie gleichzusetzen, bei der ein Unternehmer ein verschuldensunabhängiges Einstehen für eine bestimmte Beschaffenheit des Werkes über einen bestimmten Zeitraum verspricht. Die Verjährung betrifft lediglich die Durchsetzbarkeit von Ansprüchen, die dem Besteller auf Grund einer im Zeitpunkt der Abnahme vorhandenen Beschaffenheitsabweichung zustehen. Ob und inwieweit die Leistung des Unternehmers über den Zeitpunkt der Abnahme hinaus eine bestimmte Haltbarkeit aufweisen muss, ist eine Frage der ursprünglichen Beschaffenheitsvereinbarung.[4] Es muss also weder ein in ein Bauwerk verbautes Leuchtmittel noch ein dort befindlicher Filter zwingend fünf Jahre »halten«. Beides muss nur im Zeitpunkt der Abnahme vertragsgemäß sein. 6

Muss eine Komponente der Werkleistung wegen hoher Belastung (»Verschleiß«) standardmäßig bereits nach weniger als fünf Jahren ausgetauscht werden, tangiert dies die Verjährungsfristen des § 634a BGB nicht, solange hierzu keine besonderen Vereinbarungen vorliegen. Auch bei »kurzlebigen« Bauteilen kann der Besteller seinen Anspruch wegen dieser Mängel bis zum Ablauf der regulären Verjährungsfrist geltend machen, selbst wenn dieses Bauteil bereits vor Ablauf dieser Frist routinemäßig ausgetauscht wurde.[5] Eine Beschränkung der Gewährleistungsfristen auf die zu erwartende Lebensdauer des Werkes kollidiert mit dem Rechtsdurchsetzungsinteresse des Bestellers.[6] 7

B. Anwendungsbereich des § 634a BGB

Die Verjährungsregelungen des § 634a Abs. 1 bis 3 BGB gelten für die Gewährleistungsrechte des Bestellers aus § 634 Nr. 1, 2 und 4 BGB. Rücktritt und Minderung (§ 634 Nr. 3 BGB) sind keine der Verjährung unterliegenden Ansprüche (§ 194 BGB) und unterfallen daher den besonderen Regelungen der § 634a Abs. 4 und 5 BGB. Die Bezugnahme auf § 634 BGB sowie die systematische Stellung im besonderen Schuldrecht verdeutlichen außerdem, dass § 634a BGB auf Ansprüche des Bestellers aus dem allgemeinen Schuldrecht (insb. Verzug bzw. Nebenpflichtverletzungen) keine Anwendung findet.[7] § 634a BGB greift nur für mangelbedingte Folgen. Auf nach dem allgemeinen 8

3 Vgl. § 633 BGB Rdn. 19 ff.
4 Vgl. dazu § 633 BGB Rdn. 69, 79, 81.
5 Kniffka, in: ibr-OK Bauvertragsrecht, Stand: 01.02.2024, § 634a BGB Rn. 22.
6 Anders OLG Celle, Urt. v. 15.09.2010 – 7 U 53/10, BauR 2011, 265.
7 Grüneberg/Retzlaff, BGB, § 634a Rn. 2 f.; BeckOK BGB/Voit, 73. Ed. 2024, § 634a Rn. 2.

Schuldrecht entstandene Ansprüche ist § 634a BGB jedenfalls dann nicht anwendbar, wenn der »Mangel« bereits vor der Abnahme beseitigt wurde.[8]

9 Bei Ansprüchen aus unerlaubter Handlung ist § 634a BGB nur dann anwendbar, wenn die mangelhafte Leistung des Unternehmers selbst eine Rechtsgutsverletzung darstellt, wodurch insbesondere für Mangelfolgeschäden der Gleichlauf der Verjährung gewahrt bleibt.[9] Keine Anwendung findet § 634a BGB auf Ansprüche auf den Ersatz von Begleitschäden aus Mängeln vor der Abnahme, die durch die Erfüllung- bzw. Nacherfüllung nicht mehr behoben werden können. Aus dem allgemeinen Leistungsstörungsrecht resultierende Ansprüche unterliegen der Regelverjährung nach §§ 195, 199 BGB.[10]

10 Im Übrigen sind Abweichungen durch besondere Parteivereinbarungen beziehungsweise im Falle spezieller Vertragstypen zu berücksichtigen (vgl. Rdn. 70 ff.).

C. Einzelne Verjährungsfristen

11 § 634a Abs. 1 differenziert für die Berechnung der Verjährungsfristen in den Nrn. 1–3 BGB zwischen verschiedenen Werkleistungen. Hat der Unternehmer jedoch auf Grund eines einheitlichen Vertrages unterschiedliche Arbeiten zu erbringen, die für sich genommen verschiedenen Verjährungsfristen unterfallen würden, findet vorbehaltlich vertraglicher Abreden die längere Verjährungsfrist einheitlich Anwendung.[11]

I. Verjährungsfristen für Sachen – außer Bauwerke (§ 634a Abs. 1 Nr. 1 BGB)

1. Herstellung, Wartung oder Veränderung einer sonstigen Sache (§ 634a Abs. 1 Nr. 1 Var. 1 BGB)

12 Gemäß § 634a Abs. 1 Nr. 1 Var. 1 BGB gilt für Ansprüche aus der Herstellung, der Wartung oder der Veränderung einer Sache eine Verjährungsfrist von zwei Jahren.

13 Der Begriff der **Sache** ist in § 90 BGB definiert und erfasst sämtliche körperlichen Gegenstände. In diesem Zusammenhang ist allerdings § 650 BGB zu beachten, wonach auf Verträge über die Lieferung herzustellender oder zu erzeugender beweglicher Sachen die Vorschriften des Kaufrechts und damit auch die dortigen Verjährungsvorschriften anzuwenden sind.

14 Für den Anwendungsbereich des § 634a Abs. 1 Nr. 1 BGB muss eine werkvertragliche Verpflichtung bestehen. Die vom Unternehmer im Rahmen der **Herstellung** geschuldete Neuschöpfung einer beweglichen oder unbeweglichen Sache darf sich daher nicht in der bloßen Erstellung sowie der anschließenden Übergabe und Übereignung erschöpfen (zur Abgrenzung vgl. § 650 BGB).[12]

15 Ähnliches gilt für den Begriff der **Wartung.** § 634a Abs. 1 Nr. 1 BGB erfasst nur Wartungsleistungen, die auf einen funktionalen Erfolg gerichtet sind und sich nicht im dienstvertraglichen Sinne in einer bloßen Tätigkeit erschöpfen. Erfasst sind Instandhaltungsarbeiten an vorhandenen Sachen, die auf die Aufrechterhaltung der Funktionsfähigkeit einer Sache gerichtet sind. Sofern die Arbeiten im Zusammenhang mit einem Bauwerk stehen, greift die kürzere Verjährungsfrist des § 634a Abs. 1 Nr. 1 BGB solange ein, wie die in Rede stehenden Arbeiten für die Konstruktion, den Bestand oder

---

8 OLG Schleswig, Urt. v. 20.12.2024 – 1 U 85/22, ZfBR 2025, 157.

9 Leupertz/Halfmeier, in: PWW, BGB, § 634a Rn. 4. A.A. Raab, in: AnwaltKommentar-BGB, 2005, § 634a Rn. 18.

10 OLG Nürnberg, Beschl. v. 23.08.2021 – 2 U 2524/20, NZBau 2022, 221.

11 BGH, Versäumnisurt. v. 08.03.1973 – VII ZR 43/71, BauR 1973, 246, 247; Leupertz/Popescu, in: Staudinger, BGB, NB 2024, § 634a Rn. 42; Locher, BauR 1971, 69, 71; OLG Düsseldorf, Urt. v. 12.05.2000 – 22 U 194/99, NZBau 2000, 573.

12 Vgl. § 650 BGB Rdn. 26 ff.

die Benutzbarkeit des Bauwerks keine wesentliche Bedeutung haben (z.B. Austausch geringwertiger Verschleißteile mit geringem Aufwand[13]). Sonst gilt § 634a Abs. 1 Nr. 2 BGB.

Unter den Begriff **Veränderung** einer Sache fällt neben der Modifikation ihres äußeren Erscheinungs- 16
bildes insbesondere die Reparatur, also die Wiederherstellung der zwischenzeitlich beeinträchtigten Gebrauchsfähigkeit (Instandsetzung).[14] Bei Arbeiten an Grundstücken ist eine differenzierte Betrachtung erforderlich. Wegen § 634a Abs. 1 Nr. 2 BGB beschränkt sich der Anwendungsbereich von § 634a Abs. 1 Nr. 1 BGB auf Arbeiten, die **nicht** in Bezug zu der Errichtung oder Erhaltung eines Bauwerks stehen, sondern einzig das Grundstück selbst zum Gegenstand haben (z.B. bestimmte Erdarbeiten, Abrissarbeiten,[15] Flächen-Drainage[16]).[17] Als Veränderung kann auch die im Rahmen eines Werkvertrags erbrachte Reinigung einer Sache einzuordnen sein, sofern damit ein zumindest geringfügiger Substanzeingriff verbunden ist (z.B. Abschleifen oder Sandstrahlen), andernfalls unterfällt die Reinigung § 634a Abs. 1 Nr. 3 BGB (vgl. Rdn. 34 f.). Die Veränderung einer Sache setzt zudem nicht voraus, dass der betreffende Gegenstand später weiterhin als solcher vorhanden bleibt; daher ist auch die Vernichtung einer Sache erfasst.[18]

2. Planungs- oder Überwachungsleistungen bzgl. einer sonstigen Sache (§ 634a Abs. 1 Nr. 1 Var. 1, 2 BGB)

Für die von § 634a Abs. 1 Nr. 1 BGB erfassten Arbeiten, also die Herstellung, Wartung oder Ver- 17
änderung einer Sache, regelt § 634a Abs. 1 Nr. 1 Var. 2, 3 BGB zudem die Verjährung hierauf gerichteter Planungs- oder Überwachungsleistungen. Hier gilt ebenfalls eine Verjährungsfrist von zwei Jahren.

Der Begriff der **Planungs- und Überwachungsleistungen** folgt dabei nicht der Definition des zum 18
01.01.2018 in § 650p BGB eingeführten Architekten- und Ingenieurvertrages, sondern wurde bereits mit der Reform des Schuldrechts zum 01.01.2002 in das BGB eingefügt. Für die Definition der Planungs- und Überwachungsleistungen kann daher nicht allein auf § 650p BGB zurückgegriffen werden. Für die Fälle des § 634a Abs. 1 Nr. 1 BGB kommt hinzu, dass der Anwendungsbereich der §§ 650p ff. BGB auf Architekten- und Ingenieurverträge für Bauwerke und Außenanlagen beschränkt ist. Die weiter zu verstehende Regelung in § 634a Abs. 1 Nr. 1 BGB erfasst daher losgelöst von § 650p Abs. 1 BGB sämtliche Tätigkeiten von Architekten, Ingenieuren sowie auch nicht standeszugehörigen Unternehmern, die der Konzeptionierung einer Sache beziehungsweise der Aufsicht über die Erstellung der Sache zuzuordnen sind und sich letztlich in der Sache selbst verkörpern sollen. Konkret zählen hierzu etwa die erforderlichen Zeichnungen, statische Berechnungen, die Beratung des Bestellers, die Untersuchung von Arbeitsschritten im Rahmen der Erstellung sowie die nachträgliche Betreuung des Objektes während der laufenden Gewährleistungsfristen.[19] In den Bereich der Planung und Überwachung fällt außerdem, sofern ein konkreter Sachbezug (Herstellung, Wartung oder Veränderung einer solchen) vorhanden ist, die Erstellung von Gutachten[20] – wie z.B. Boden- oder Altlastengutachten, sofern diese nicht für den Zweck der Errichtung eines Bauwerks

13 OLG Köln, Urt. v. 26.08.1994 – 19 U 292/93, IBR 1994, 506.

14 Leupertz/Popescu, in: Staudinger, BGB, NB 2024, § 634a Rn. 32.

15 BGH, Urt. v. 09.03.2004 – X ZR 67/01, NJW-RR 2004, 1163; OLG Frankfurt a.M., Urt. v. 27.06.2015 – 13 U 118/13, BeckRS 2016, 16299 Rn. 50; OLG Frankfurt a.M., Urt. v. 08.05.2018 – 5 U 49/17, BauR 2018, 1903, 1907.

16 BGH, Urt. v. 16.09.1971 – VII ZR 5/70, NJW 1971, 2219.

17 Kniffka, in: ibr-OK Bauvertragsrecht, Stand: 01.02.2024, § 634a BGB Rn. 34 ff.

18 Leupertz/Popescu, in: Staudinger, BGB, NB 2024, § 634a Rn. 40.

19 Kniffka, in: ibr-OK Bauvertragsrecht, Stand: 01.02.2024, § 634a BGB Rn. 314; Grüneberg/Retzlaff, BGB, § 634a Rn. 3.

20 Kniffka, in: ibr-OK Bauvertragsrecht, Stand: 01.02.2024, § 634a BGB Rn. 312.

erstellt werden, sondern sich nur auf das Grundstück als solches beziehen.[21] Fehlt es an einem solchen konkreten Bezug zu Herstellung, Wartung oder Veränderung, etwa im Rahmen eines Ankaufs, ist § 634a Abs. 1 Nr. 3 BGB anzuwenden.

II. Bauwerksbezogene Verjährungsfristen (§ 634a Abs. 1 Nr. 2 BGB)

1. Arbeiten an Bauwerken (§ 634a Abs. 1 Nr. 2 Var. 1 BGB)

a) Bauwerksbegriff und erfasste Arbeiten

19 **Bauwerk** im Sinne des § 634a BGB ist eine unbewegliche Sache, die durch Verwendung von Arbeit und Material hergestellt wird und eine feste Verbindung zum Erdboden bzw. einem Gebäude aufweist.[22] Die notwendige Festigkeit der vorgenannten Verbindung ist bereits dann gegeben, wenn die Ausmaße und das Gewicht des Werkes eine Trennung nur mit hohem Aufwand zulassen[23]. Der Bauwerksbegriff ist weiter als der Begriff des Gebäudes und umfasst sowohl Hoch- als auch Tiefbauarbeiten.[24] Er erfasst aber nur solche Konstruktionen, die auf Dauer angelegt sind, eine eigenständige Bauwerksfunktion aufweisen und nicht bloß als temporäre Hilfskonstruktionen dienen,[25] da bei letzteren das für Bauwerke übliche Spätschadensrisiko selten vorliegt. Aus demselben Grund gilt die lange Verjährungsfrist des § 634a Abs. 1 Nr. 2 BGB auch nicht für Abbrucharbeiten,[26] einfache Gartenbau-Arbeiten (z.B. Schnitt- und Rodungsarbeiten,[27] Bodenbewegungen) oder die Anlage nicht bauwerksgleicher Außenanlagen (z.B. Pflanzarbeiten, Wasserlauf[28]).[29] Etwas anderes gilt wiederum, wenn solche einfachen Tätigkeiten bei der Errichtung eines Bauwerks auf Grund eines einheitlichen Vertrags (mit) übernommen werden.[30] Dann gilt einheitlich die Verjährungsfrist für Bauwerke.

20 Ortsfest aufgestellte Anlagen sowie fest in ein Bauwerk eingebrachte Bauteile können ihrerseits im Sinne von § 634a BGB als Bauwerk einzuordnen sein (z.B. Tanksäulen mit Treibstofftank,[31] Hoftor[32], Klimaanlage[33]). Daher erfüllen Anlagen, die auf Grund ihrer Beschaffenheit, der Art und Weise ihrer Installation oder allein durch ihre Schwere eine auf Dauer angelegte Verbindung mit dem Erdboden bzw. einem Bauwerk aufweisen, den Bauwerksbegriff ebenfalls (z.B. Müllpresse,[34] Förderanlage für Automobilproduktion[35]). Übernimmt der Unternehmer lediglich den Einbau von Teilen

---

21 OLG Hamburg, Urt. v. 04.07.2012 – 11 U 178/11, IBR 2014, 746 – Altlastensanierung eines Grundstücks; OLG Frankfurt, Urt. v. 28.02.2020 – 24 U 36/19; BGH, Beschl. v. 04.11.2020 – VII ZR 54/20 (Nichtzulassungsbeschwerde zurückgewiesen): Gutachten über die Bausubstanz.

22 BGH, Urt. v. 16.09.1971 – VII ZR 5/70, BGHZ 57, 60.

23 BGH, Urt. v. 07.12.2017 – VII ZR 101/14, NJW-RR 2003, 1320; BGH, Urt. v. 20.05.2003 – X ZR 57/02, NJW-RR 2003, 1320; BGH, Urt. v. 23.01.2002 – X ZR 184/99, NJW-RR 2002, 664; BGH, Urt. v. 03.12.1998 – VII ZR 109/97, NJW 1999, 2434.

24 OLG Hamm, Urt. v. 03.06.2016 – 12 U 99/15, BauR 2016, 1530.

25 OLG Hamm, Urt. v. 24.02.2015 – I-24 U 94/13, BauR 2015, 1216.

26 BGH, Urt. v. 09.03.2004 – X ZR 67/01, NJW-RR 2004, 1163; OLG Frankfurt a.M., Urt. v. 27.06.2015 – 13 U 118/13, BeckRS 2016, 16299 Rn. 50; OLG Frankfurt a.M., Urt. v. 08.05.2018 – 5 U 49/17, BauR 2018, 1903, 1907.

27 BGH, Beschl. v. 24.02.2005 – VII ZR 86/04, NZBau 2005, 281.

28 Vgl. zum BGB a.F.: OLG Düsseldorf, Urt. v. 26.03.1999 – 22 U 210/98, NJW-RR 1999, 1182.

29 Leupertz/Popescu, in: Staudinger, BGB, NB 2024, § 634a Rn. 24 ff., BeckOGK/Raab-Gaudin, Stand: 01.01.2025, § 634a BGB Rn. 295; Kniffka, in: ibr-OK Bauvertragsrecht, Stand: 01.01.2024, § 634a BGB Rn. 34; MüKo-BGB/Busche, § 634a Rn. 26.

30 Leupertz/Popescu, in: Staudinger, BGB, NB 2024, § 634a Rn. 42; Locher, BauR 1971, 69, 71; OLG Düsseldorf, Urt. v. 12.05.2000 – 22 U 194/99, NZBau 2000, 573.

31 OLG Zweibrücken, Urt. v. 13.02.2003 – 4 U 2/02, NJW-RR 2003, 1022.

32 OLG Koblenz, Urt. v. 23.06.1998 – 5 U 253/87, NJW-RR 1989, 336.

33 BGH, Urt. v. 22.11.1973 – VII ZR 217/71, NJW 1974, 136.

34 BGH, Urt. v. 23.01.2002 – X ZR 184/99, NZBau 2002, 387 (Müllpresse).

35 BGH, Urt. v. 03.12.1998 – VII ZR 109/97, BauR 1999, 670.

einer solchen Anlage oder aber von Teilen eines Gebäudes, wie etwa den Einbau einer Zentralheizung, ist entscheidend, ob das Gesamtwerk ohne den konkreten Bestandteil funktionsgerecht nutzbar ist. Ist die Leistung für die funktionsgerechte Nutzung notwendig, liegt eine § 634a Abs. 1 Nr. 2 BGB unterfallende Leistung an einem Bauwerk vor.[36] Besteht keine solche Notwendigkeit, kommt § 634a Abs. 1 Nr. 1 BGB zur Anwendung.

Für Arbeiten an Bestandsgebäuden oder Anlagen hat die Rechtsprechung eine Wesentlichkeitsschwelle entwickelt. Unter § 634a Abs. 1 Nr. 2 sollen nur solche Arbeiten fallen, die der Errichtung oder der grundlegenden Erneuerung oder des Umbaus eines Gebäudes dienen. Die Arbeiten müssen für Konstruktion, Bestand, Erhaltung oder Benutzbarkeit von wesentlicher Bedeutung und die eingebauten Teile fest verbunden sein,[37] wobei die Rechtsprechung allerdings mitunter einen großzügigen Maßstab anlegt und die Anwendung von § 634a Abs. 1 Nr. 2 BGB bereits bei umfangreichen Malerarbeiten[38] oder dem Verlegen neuer Bodenbeläge[39] bejaht. 21

Umfasst der Werkvertrag lediglich in geringem Umfang die Ausbesserung beziehungsweise Reparatur einzelner Schäden eines Bauwerks, liegt keine Leistung an einem Bauwerk im Sinne von § 634a Abs. 1 Nr. 2 BGB vor.[40] Erbringt ein Unternehmer eine Werkleistung mangelhaft, die zwar ihrerseits im Ganzen betrachtet für die Nutzbarkeit eines Bauwerks von zentraler Bedeutung ist, kann die Ausbesserung dieses Werkes durch eine Drittfirma gleichwohl nicht vom Anwendungsbereich des § 634a Abs. 1 Nr. 2 BGB erfasst sein. Dies ist der Fall, wenn die Ausbesserung für sich genommen für die Nutzbarkeit des Gebäudes nicht ausschlaggebend ist (z.B. Behebung optischer Mängel).[41] 22

Verpflichtet sich der Unternehmer zu einer Gesamtheit von Werkleistungen, von denen einzelne Bestandteile für sich genommen keine Bauwerksqualität besitzen (z.B. der Einbau einer Glühbirne bei schlüsselfertiger Errichtung eines Einfamilienhauses), gilt die erweiterte Verjährungsfrist des § 634a Abs. 1 Nr. 2 BGB – vorbehaltlich abweichender Vereinbarungen – für sämtliche Teilleistungen. Die einheitlich beauftragte Gesamtleistung bildet angesichts des in der Beauftragung zum Ausdruck kommenden Parteiwillens auch hinsichtlich der Verjährung eine Einheit.[42] 23

Für die von § 634a Abs. 1 Nr. 2 BGB erfassten Arbeiten gilt eine Verjährungsfrist von fünf Jahren. Damit trägt der Gesetzgeber dem Spätschadensrisiko bei Bauwerken Rechnung. Mängelerscheinungen zeigen sich hier oft erst einige Zeit nach Fertigstellung/Inbenutzungnahme oder sind wegen der Komplexität von Bauwerken insgesamt nicht sofort erkennbar. 24

b) Einzelfälle

Einordnungsschwierigkeiten bereitet der Einbau von Solar- oder Photovoltaikanlagen, da hier sowohl die Einbau- als auch die Nutzungsweise stark variieren kann.[43] Die Rechtsprechung bejahte die Einordnung als Bauwerk bei einer Anlage, die fest auf dem Dach einer Halle installiert wurde und eine dienende Funktion für diese hatte.[44] Die rechtliche Einordnung von Solar- und Photovoltaikanlagen ist jedoch unverändert umstritten. Der für das Kaufrecht zuständige achte Zivilsenat lehnte die Bauwerkseigenschaft bzw. die Eigenschaft als Sache, die üblicherweise für ein Bauwerk verwendet wird, 25

36 Vgl. BGH, Urt. v. 20.05.2003 – X ZR 57/02, BauR 2003, 1391.
37 BGH, Urt. v. 09.10.2013 – VIII ZR 318/12, NJW 2014, 845.
38 BGH, Urt. v. 16.09.1993 – VII ZR 180/92, NJW 1993, 3195.
39 BGH, Urt. v. 16.05.1991 – VII ZR 296/90, NJW 1991, 2486.
40 OLG Köln, Urt. v. 30.04.2002 – 9 U 145/01, NJOZ 2003, 2532 (verstopfter Abfluss).
41 BGH, Urt. v. 28.10.1998 – 12 U 99/97, NJW-RR 1999, 462 (Ausbesserung von Parkettfehlern).
42 BGH, Versäumnisurt. v. 08.03.1973 – VII ZR 43/71, BauR 1973, 246, 247; Leupertz/Popescu, in: Staudinger, BGB, NB 2024, § 634a Rn. 42; Locher, BauR 1971, 69, 71; OLG Düsseldorf, Urt. v. 12.05.2000 – 22 U 194/99, NZBau 2000, 573.
43 Zum Ganzen Jacoby, NJW 2016, 2848.
44 BGH, Urt. v. 02.06.2016 – VII ZR 348/13, NZBau 2016, 558; OLG Schleswig, Urt. v. 01.02.2023 – 12 U 63/20, BeckRS 2023, 50956.

unter Verweis auf das Fehlen einer dienenden Funktion solcher Anlagen ab.[45] Der für das Werkvertragsrecht zuständige siebte Senat stellte demgegenüber bei für eine Netzeinspeisung konzipierten Anlagen auf die mit der Installation solcher Anlagen verbundene Funktionserweiterung von Gebäuden ab. Das Gebäude diene als Trägerobjekt mittelbar der Strom- bzw. Wärmeproduktion. Werde ein Gebäude von Beginn an (auch) als Trägerobjekt für eine Solar- oder Photovoltaikanlage konzipiert und mithin (auch) zur Energieproduktion erstellt, sei die Installation als (Teil-)Leistung an einem Bauwerk einzuordnen; die nachträgliche Installation rechtfertige keine Abweichung.[46]

26 Restriktive Ansätze finden sich in der Rechtsprechung auch in Bezug auf Steuerungssoftware für einzelne Gebäudefunktionen (z.B. »Smart-Building« bzw. »Smart-Home«). So wurde die fünfjährige Verjährungsfrist des § 634a Abs. 1 Nr. 2 BGB für die Erstellung sowie die Implementierung der Software abgelehnt (z.B. Steuerungssoftware für Heizungsanlage[47]).

27 Die Erstellung und Implementierung von Steuerungssoftware für Gebäude dient regelmäßig einem über die interne Funktionalität der Software hinausgehenden, von der Software funktional abgrenzbaren Werkerfolg »im Objekt«. Die Anwendbarkeit von § 634a Abs. 1 Nr. 2 BGB ist aber zu verneinen, sofern der Unternehmer lediglich die Erstellung eines Programmcodes verspricht, aber nicht auch die Implementierung übernimmt. Dann liegt – sofern keine bestimmte Form der Verkörperung geschuldet ist – ein Fall des § 634a Abs. 1 Nr. 3 BGB vor.[48] Verspricht der Unternehmer hingegen, eine Software in ein bestehendes oder zu errichtendes Bauwerk oder eine Anlage zu implementieren und dadurch einen Zustand herbeizuführen, der sich funktional auf die Nutzbarkeit oder den Erhalt eines Bauwerks bezieht, liegt ein Fall des § 634a Abs. 1 Nr. 2 BGB vor. Wenn im Zusammenhang mit § 638 BGB a.F. darauf hingewiesen wird, dass Steuerungssoftware keinen Beitrag zur Erstellung eines Bauwerks leiste und anders als die Leistung eines Ingenieurs keine Verkörperung im Bauwerk erfahre,[49] verkennt das die Bedeutung von Software für moderne Bauwerke. Vielfach ist diese für die ordnungsgemäße Benutzbarkeit von Gebäuden von entscheidender Bedeutung. Die Verpflichtung zur Erstellung und Implementierung von Steuerungssoftware im Sinne von § 634a Abs. 1 Nr. 2 ist daher als Bauwerksleistung einzustufen, sofern das bezweckte Ergebnis für die Nutzbarkeit oder den Erhalt des Bauwerks von wesentlicher Bedeutung ist.[50]

28 Bauwerksleistungen sind nach der Rechtsprechung z.B.:
- Alarmanlage – Einbau bei gewerblich genutzten Gebäuden;[51]
- Anlagen: Ballenpresse als Teil der Papierentsorgung in einem Verwaltungsgebäude;[52]
- Außenwand – Außenputz beschichten;[53]
- Baugrube – ausschachten;[54]
- Baugrube – verfüllen;[55]
- Behälter als Bauteile einer Produktionsanlage für Treibstoffe;[56]
- Beleuchtung – siehe Elektroinstallation;

---

45 BGH, Urt. v. 09.10.2013 – VIII ZR 318/12, NJW 2014, 845.
46 BGH, Urt. v. 02.06.2016 – VII ZR 348/13, NZBau 2016, 558.
47 OLG Düsseldorf, Urt. v. 04.06.2003 – I-18 U 207/02, NJW 2003, 3140.
48 Siehe Rdn. 26 f.
49 Vgl. OLG Düsseldorf, Urt. v. 04.06.2003 – I-18 U 207/02, NJW 2003, 3140.
50 Vgl. BGH, Urt. v. 20.02.1997 – VII ZR 288/94, IBR 1997, 278; Quack, IBR 2003, 673. A.A. Rösch, in: JurisPK-BGB, § 634a Rn. 16.
51 OLG Hamm, Urt. v. 11.11.1975 – 21 U 42/75, NJW 1976, 1269; a.A.: OLG Düsseldorf, Urt. v. 19.03.1999 – 22 U 199/98, NJW-RR 1999, 1212.
52 BGH, Urt. v. 04.12.1986 – VII ZR 354/85, NJW 1987, 837.
53 BGH, Urt. v. 08.01.1970 – VII ZR 35/68, BauR 1970, 47.
54 BGH, Urt. v. 24.03.1977 – VII ZR 220/75, NJW 1977, 1146.
55 BGH, Urt. v. 24.03.1977 – VII ZR 220/75, NJW 1977, 1146.
56 OLG Brandenburg, Urt. v. 07.06.2007 – 12 U 115/06, IRB 2007, 629.

- Blockheizkraftwerk – Einbau; (str.) sofern parallel funktionsfähiges Heizkraftwerk vorhanden;[57]
- Bodenbeläge, sofern auf dauerhafte Verbindung angelegt;[58]
- Bodengutachten – für Gründungsarbeiten beim Bau eines Gebäudes;[59]
- Brunnen – Rohrbrunnen zur Grundstücksbewässerung;[60]
- Container – Aufstellung als Büro oder Verkaufsanlage – sofern Anpassungs- und Anschlussleistungen geschuldet sind;[61]
- Dacheindeckung – Schieferbelag auf Kirchendach erneuern;[62]
- Einbauküche – sofern individuell angefertigt;[63]
- Elektroinstallation – sofern umfassend, hier: Erneuerung des Hauptanschlusses;[64] abgelehnt bei Einbau einer Schaltuhr für Beleuchtung;[65]
- Entwässerungssystem – für Dach-, Straßen- und Drainagewasser;[66]
- Fenster und Türen – Herstellung und Lieferung ist trotz Maßanfertigung Werklieferungsvertrag;[67] Einbau unterfällt isoliert § 634a Abs. 1 Nr. 2 BGB;
- Fertiggarage – Lieferung ist Werklieferungsvertrag; Aufstellung und Gründung unterfällt isoliert § 634a Abs. 1 Nr. 2 BGB;[68]
- Garten- und Landschaftsbau – angenommen bei Terrassen (siehe dort), grundlegende Neuanlage eines Gartens im Zuge des Neubaus;[69] angenommen bei Kunstrasen (siehe dort); abzulehnen bei Schnitt- und Rodungsmaßnahmen,[70] sowie bei Pflanzungen;
- Gleisanlagen – hier für eine Hängebahn;[71]
- Garagentor – Lieferung und Installation ist Werklieferungsvertrag; isolierte Installation unterfällt § 634a Abs. 1 Nr. 2 BGB;
- Grabstein – Anfertigung und Aufstellung (str.);[72]
- Heizungsanlage – Einbau;[73] Austausch des Brenners;[74]
- Hochseilgarten – anlegen;[75]
- Kachelofen – Einbau;[76]
- Kellersanierung – Abdichtung und Drainage;[77]

---

57 Vgl. OLG Hamm, Urt. v. 03.06.1997 – 34 U 148/96, BauR 1998, 343; auch bei Lieferung und Inbetriebnahme lediglich Kaufvertrag mit zweijähriger Gewährleistung: OLG Jena, Beschl. v. 18.01.2022 – 1 U 763/21.

58 BGH, Urt. v. 16.05.1991 – VII ZR 296/90, NJW 1991, 2486.

59 BGH, Urt. v. 20.12.2012 – VII ZR 182/10, NJW 2013, 601.

60 BGH, Urt. v. 16.09.1971 – VII ZR 5/70, NJW 1971, 2219.

61 BGH, Urt. v. 30.01.1992 – VII ZR 86/90, NJW 1992, 1445.

62 BGH, Urt. v. 21.12.1955 – VI ZR 246/54, NJW 1956, 1195.

63 BGH, Urt. v. 15.02.1990 – VII ZR 175/89, NJW-RR 1990, 787; BGH, Urt. v. 19.07.2018 – VII ZR 19/18, BauR 2018, 1879.

64 BGH, Urt. v. 30.03.1978 – VII ZR 48/77, NJW 1978, 1522.

65 BGH, Urt. v. 28.01.1971 – VII ZR 173/69, BauR 1971, 128.

66 OLG Düsseldorf, Urt. v. 15.11.2000 – 5 U 156/99, NJW-RR 2003, 14.

67 OLG Nürnberg, Urt. v. 11.10.2005 – VII ZR 255/05, BauR 2007, 122.

68 Vgl. BGH, Urt. v. 22.12.2005 – VII ZR 183/04, NJW 2006, 904.

69 OLG Düsseldorf, Urt. v. 12.05.2000 – 22 U 194/99, NZBau 2000, 573.

70 BGH, Beschl. v. 24.02.2005 – VII ZR 86/04, NZBau 2005, 281.

71 BGH, Urt. v. 20.02.1997 – VII ZR 288/94, NJW 1997, 1982.

72 OLG Köln, Urt. v. 02.02.1994 – 13 U 148/93, NJW-RR 1994, 1209; a.A. AG München, Urt. v. 18.07.1985 – 10 C 7627/85, NJW-RR 1986, 20.

73 Vgl. zum BGB a.F. BGH, Urt. v. 08.03.1973 – VII ZR 43/71, BeckRS 2012, 9987; OLG Köln, Urt. v. 26.08.1994 – 19 U 292/93, NJW-RR 1995, 337.

74 LG Frankfurt a.M., Urt. v. 06.05.2011 – 2/09 S 52/10, NJW-RR 2011, 1244.

75 OLG Koblenz, Urt. v. 04.08.2009 – 5 U 333/09, NJW-RR 2010, 164.

76 OLG Düsseldorf, Urt. v. 04.12.1998 – 22 U 127/98, NJW-RR 1999, 814.

77 BGH, Urt. v. 22.09.1983 – VII ZR 360/82, BauR 1984, 64.

- Klimaanlage – Einbau;[78]
- Kunstrasenspielfläche – Errichtung;[79]
- Lautsprecheranlage – Einbau eines Audio-Systems in einen Hotelsaal;[80]
- Malerarbeiten – in Abhängigkeit vom Umfang, hier: Fassade, Treppenhaus, Keller und Wohnbereich;[81]
- Ofenbau – Lieferung und Einbau eines Specksteinofens;[82]
- Photovoltaikanlage – Aufdach,[83]
- Reinigung nach Abschluss der Bauarbeiten (str.), sofern Bauschutt und Rückstände die Nutzbarkeit beeinträchtigen;[84]
- Rollrasen: bei Erneuerung eines Trainingsplatzes, inkl. Trageschicht, Bewässerungsanlage, Rasenheizung und Kunstfaserverstärkung;[85]
- Sanitäranlagen – Planung,[86] Installation einer Duschtasse;[87]
- Schwimmbecken aus Fertigteilen – sofern ins Erdreich eingebaut;[88]
- Smart-Building/Smart-Home – siehe Steuerungsanlage;
- Solaranlage – siehe Photovoltaik,
- Stallbau – hier: Montage von Legebatterien inkl. dazu erforderlicher Anpassungen des Bestandsgebäudes;[89]
- Steuerungsanlage – Herstellung und Einbau einer softwaregestützten Steuerungsanlage für eine Pelletieranlage;[90] Smart-Home Steuerungstechnik;[91]
- Straßen und Wege – anlegen (str.);[92]
- Teichbau – Löschteich anlegen;[93]
- Teppichboden – verkleben, sofern dauerhaft;[94]
- Terrasse – anlegen bzw. erneuern, vgl. aber die Ablehnung bei »Dachterrasse«;[95]
- Toranlage – Installation inkl. Gründung;[96]
- Türen – siehe Fenster und Türen;
- Vermessung – Einmessung des Standorts eines Gebäudes;[97]
- Windenergieanlage – Errichtung;[98]

---

78 BGH, Urt. v. 22.11.1973 – VII ZR 217/71, NJW 1974, 136.
79 OLG Düsseldorf, Urt. v. 15.05.2012 – 23 U 118/11, BauR 2012, 1429.
80 OLG Hamburg, Urt. v. 29.04.1988 – 11 U 146/87, NJW-RR 1988, 1106.
81 BGH, Urt. v. 16.09.1993 – VII ZR 180/92, NJW 1993, 3195.
82 OLG Koblenz, Beschl. v. 29.08.2012 – 5 U 492/12, IBR 2012, 646.
83 OLG Schleswig, Urt. v. 01.02.2023 – 12 U 63/20, BeckRS 2023, 50956.
84 OLG Celle, Beschl. v. 18.06.1976 – 15 W 23/75LG, BauR 1976, 365; A.A. MüKo-BGB/Busche, § 634a Rn. 21.
85 BGH, Urt. v. 20.12.2012 – VII ZR 182/10, NJW 2013, 601.
86 OLG München, Urt. v. 05.04.1974 – 19 U 3354/73, NJW 1974, 2238.
87 OLG Hamm, Urt. v. 16.12.2010 – 21 U 38/10, NJW-RR 2011, 601.
88 BGH, Urt. v. 04.11.1982 – VII ZR 65/82, NJW 1983, 567.
89 BGH, Urt. v. 16.06.1977 – VII ZR 334/74, NJW 1977, 2361.
90 BGH, Urt. v. 20.05.2003 – X ZR 57/02, NJW-RR 2003, 1320.
91 Vgl. Rdn. 26 f.
92 BGH, Urt. v. 22.06.1964 – VII ZR 44/63LG, MDR 1964, 1022.
93 OLG Oldenburg, Urt. v. 06.10.1999 – 2 U 148/99, NJW-RR 2000, 545.
94 BGH, Urt. v. 16.05.1991 – VII ZR 296/90, NJW 1991, 2486.
95 OLG Düsseldorf, Urt. v. 25.04.2019 – 5 U 91/18, NZBau 2019, 775; vgl. auch OLG Hamburg, Urt. v. 11.05.1994 – 12 U 35/93, BauR 1995, 242.
96 OLG Koblenz, Urt. v. 23.06.1988 – 5 U 253/87, NJW-RR 1989, 336.
97 BGH, Urt. v. 09.03.1972 – VII ZR 202/70, NJW 1972, 901; BGH, Urt. v. 12.11.1992 – VII ZR 29/92, NJW-RR 1993, 592; a.A. bei oberflächlicher Ausbesserung anscheinend BGH, Urt. v. 03.03.1994 – III ZR 183/92, NJW-RR 1994, 857.
98 LG Hannover, Urt. v. 22.01.2010 – 2 O 302/07, IBR 2011, 209.

- Wintergarten – Montage;[99]
- Zentralheizung – Ein- oder Umbau in einem Wohnhaus;[100]
- Zwischendecke (nicht tragend) – Einziehen;[101]

Bei folgenden Werken wurde die Bauwerkseigenschaft hingegen **abgelehnt.** 29

- Abrissarbeiten bzw. Altlastenbeseitigung;[102]
- Anlagenbau – sofern das umgebende Gebäude nur der Unterbringung der Anlage dient;[103]
- Beleuchtung – geringfügiger Umbau bestehender Beleuchtungsanlage (Einbau Schaltuhr);[104]
- Dachgarten, Dachterrasse/Dachgarten – Anlage;[105] schwimmende Verlegung einer Holzterrasse;[106]
- Dachreinigung und -beschichtung;[107]
- Fensterläden – Erneuerung;[108]
- Markisen – Anbringung/Installation;[109]
- Schönheitsreparaturen und Ausbesserungsarbeiten;[110]
- Treppenlift;[111]
- Verbau – insb. sog. Berliner Verbau[112]

2. Planungs- und Überwachungsleistungen für Bauwerke (§ 634a Abs. 1 Nr. 2 Var. 2, 3 BGB)

§ 634a Abs. 1 Nr. 2 BGB findet auf Planungs- und Überwachungsleistungen für Bauwerke im Sinn von § 634a Abs. 1 Nr. 2 Var. 1 BGB Anwendung. Der Begriff der **Planungs- und Überwachungsleistungen** ist keine Folge des zum 01.01.2018 in § 650p BGB eingeführten Architekten- und Ingenieurvertrages, sondern wurde bereits mit der Reform des Schuldrechts zum 01.01.2002 mit § 634a BGB in das BGB eingefügt. Für die Definition der Planungs- und Überwachungsleistungen kann folglich nicht allein auf § 650p BGB zurückgegriffen werden. Im Übrigen enthält § 650p Abs. 1 BGB keine konkreten Vorgaben dazu, welche Leistungen im Sinne von Leistungsschritten der Architekt oder Ingenieur zu erbringen hat, um die jeweils nur im Einzelfall vertraglich konkretisierten Planungs- und Überwachungsziele zu erreichen. Aus den rein preisrechtlichen Katalogen der HOAI ergeben sich in schuldrechtlicher Hinsicht ebenfalls keine verbindlichen Vorgaben.[113] 30

Die Formulierung des § 634a Abs. 1 Nr. 2 BGB ist weit zu verstehen und erfasst unabhängig von § 650p Abs. 1 BGB sämtliche Tätigkeiten von Architekten, Ingenieuren sowie auch nicht standesangehörigen Unternehmern, die der Konzeptionierung eines Bauwerks beziehungsweise der Aufsicht über deren Errichtung zuzuordnen sind. Konkret zählen hierzu etwa die erforderlichen Zeichnungen, statische Berechnungen, die Beratung des Bestellers, die Untersuchung von Arbeitsschritten im Rahmen der Erstellung sowie die nachträgliche Betreuung des Objektes während der laufenden 31

99 OLG Hamm, Urt. v. 20.09.1991 – 12 U 202/90, IBR 1992, 147.
100 OLG Köln, Urt. v. 26.08.1994 – 19 U 292/93, NJW-RR 1995, 337.
101 OLG Köln, Urt. v. 02.12.1988 – 3 U 77/88, NJW-RR 1989, 209.
102 BGH, Urt. v. 09.03.2004 – X ZR 67/01, NJW-RR 2004, 1163.
103 BGH, Urt. v. 15.05.1997 – VII ZR 287/95, NJW-RR 1998, 89.
104 BGH, Urt. v. 28.01.1971 – VII ZR 173/69, BauR 1971, 128.
105 OLG München, Urt. v. 13.02.1990 – 25 U 4926/89, NJW-RR 1990, 917.
106 LG Düsseldorf, Urt. v. 05.03.2012 – 5 O 38/10, juris.
107 OLG Naumburg, Urt. v. 01.12.2022 – 4 U 30/22; BGH, Beschl. v. 27.09.2023 – VII ZR 2/23 (Nichtzulassungsbeschwerde zurückgewiesen).
108 LG Baden-Baden, Urt. v. 21.06.1968 – 1 S 24/68.
109 OLG Köln, Urt. v. 13.09.1989 – 13 U 69/89, VersR 1990, 436.
110 BGH, Urt. v. 21.12.1955 – VI ZR 246/54, NJW 1956, 1195.
111 Schlussfolgerung aus OLG Brandenburg, Beschl. v. 06.07.2022 – 1 AR 14/22.
112 OLG Hamm, Urt. v. 24.02.2015 – 24 U 94/13, BauR 2015, 1676.
113 Stelzner, in: JurisPK-BGB, § 650p Rn. 2.

Gewährleistungsfristen (jeweils soweit vereinbart).[114] In den Bereich der Planung und Überwachung fällt außerdem die Erstellung von Gutachten, sofern ein konkreter Bauwerksbezug vorliegt und die Begutachtung nicht bloß deskriptiver Natur ist, sondern einen planenden Charakter aufweist. Entscheidend ist, ob der Gutachter ein Ergebnis erarbeitet, das sich aufgrund der enthaltenen Empfehlung in der hergestellten Sache oder dem errichteten Bauwerk verkörpert.[115] Als Planungs- und Überwachungsleistung in diesem Sinne sind dementsprechend anerkannt: das Ausstellen einer Fertigstellungsbescheinigung,[116] Bodengutachten im Zusammenhang mit der Errichtung eines Gebäudes,[117] sowie die gutachterliche Beurteilung von Planungsunterlagen anderer Architekten oder Ingenieure[118].

32 Die in § 650p Abs. 1 BGB für den Architekten- und Ingenieurvertrag enthaltene Erweiterung auf Außenanlagen spiegelt sich in § 634a Abs. 1 Nr. 2 BGB hingegen nicht wider. Planungs- und Überwachungsleistungen für Außenanlagen, die keine Bauwerksqualität aufweisen, unterliegen dementsprechend der zweijährigen Verjährungsfrist der § 634a Abs. 1 Nr. 1 BGB.[119]

33 Teilweise wird die Anwendung des § 634a Abs. 1 Nr. 2 BGB außerdem für diejenigen Fälle abgelehnt, in denen es nicht zur Ausführung der Planung kommt, und somit kein Spätschadenrisiko bestehe.[120] Dem wird allerdings zu Recht entgegengehalten, dass bei § 634a BGB lediglich der geschuldete, nicht aber der tatsächlich bewirkte Erfolg für die Einordnung entscheidend ist.[121]

III. Sonstige Fälle (§ 634a Abs. 1 Nr. 3 BGB)

34 § 634a Abs. 1 Nr. 3 BGB ist Auffangtatbestand für Leistungen, die weder bewegliche noch unbewegliche Sachen betreffen. Hierzu zählen insbesondere geistige Werke, wie z.B. Gutachten, sofern diese keinen Bauwerks- bzw. Sachbezug aufweisen, also nicht der Herstellung, Wartung oder Veränderung »dienen«. Abgrenzungsschwierigkeiten bestehen daher bei Leistungen, die nicht unmittelbar für die Herstellung, Wartung oder Veränderung einer Sache beziehungsweise eines Bauwerks erbracht werden, aber dennoch Untersuchungen an einem Bauwerk oder einer sonstigen Sache voraussetzen.

35 Bei Bodengutachten, Kampfmittelsondierungen und Schadensgutachten ist für die Bestimmung der richtigen Verjährungsfrist die Zweckbestimmung entscheidend. Dient das geistige Werk der Analyse eines Zustands, ohne darüberhinausgehende Feststellungen oder gar Empfehlungen zu beinhalten, ist § 634a Abs. 1 Nr. 3 BGB einschlägig. Beinhaltet das Gutachten hingegen eine Empfehlung hinsichtlich des weiteren Umgangs mit dem untersuchten Bauwerk oder der untersuchten Sache, liegt ein Fall der Nr. 2 bzw. Nr. 1 vor. Als Planungs- und Überwachungsleistung in diesem Sinne werden § 634a Abs. 1 Nr. 1 bzw. Nr. 2 BGB z.B. zugeordnet: das Ausstellen einer Fertigstellungsbescheinigung,[122] Boden- und Altlastengutachten im Zusammenhang mit der Errichtung

114 Kniffka, in: ibr-OK Bauvertragsrecht, Stand: 01.02.2024, § 634a BGB Rn. 309 f.; Grüneberg/Retzlaff, BGB, § 634a Rn. 6.

115 BeckOK BGB/Voit, 61. Ed. 2022, § 634a Rn. 22; Moufang/Koos, in: Messerschmidt/Voit, Privates Baurecht, § 634a BGB Rn. 44; Kniffka, in: ibr-OK Bauvertragsrecht, Stand: 01.02.2024, § 634a BGB Rn. 312.

116 KG, Urt. v. 16.02.2010 – 7 U 112/09, NZM 2010, 824.

117 BGH, Urt. v. 20.12.2012 – VII ZR 182/10, NZBau 2013, 161; OLG Saarbrücken, Urt. v. 14.01.2010 – 8 U 570/08, IBR 2012, 716; zu § 638 BGB a.F.: BGH, Urt. v. 26.10.1978 – VII ZR 249/77, NJW 1979, 214.

118 Motzke, BauR 2014, 25, 26 ff.

119 Leupertz/Popescu, in: Staudinger, BGB, NB 2019, § 634a Rn. 38, BeckOGK/Raab-Gaudin, Stand: 01.01.2025, § 634a BGB Rn. 295; Kniffka, in: ibr-OK Bauvertragsrecht, Stand: 01.02.2024, § 634a BGB Rn. 34; MüKo-BGB/Busche, § 634a Rn. 26.

120 Lenkeit, BauR 2002, 196, 208.

121 Leupertz/Halfmeier, in: PWW, BGB, § 634a Rn. 7.

122 KG, Urt. v. 16.02.2010 – 7 U 112/09, NZM 2010, 824.

eines Gebäudes[123] sowie die gutachterliche Beurteilung der Planungsunterlagen anderer Architekten oder Ingenieure[124].

Hat die Begutachtung einen rein analytischen Charakter, ohne eine der Planung gleichzusetzende Empfehlung an den Auftraggeber zu enthalten, greift als Auffangtatbestand der § 634a Abs. 1 Nr. 3 BGB, so etwa bei der wirtschaftlichen Bewertung eines Grundstücks oder einer Sache.[125] Die Auffangregelung greift zudem außerhalb der Bauwirtschaft für Gutachten im juristischen, betriebswirtschaftlichen oder medizinischen Bereich.[126] Im Übrigen erfasst § 634a Abs. 1 Nr. 3 BGB alle sonstigen erfolgsbezogenen Tätigkeiten, wie etwa die Herstellung von Software,[127] Beförderungsleistungen, die oberflächliche und nicht mit einem Substanzeingriff verbundene Reinigung einer Sache sowie auf den menschlichen Körper bezogene Werkleistungen (z.B. Haarschnitt, Tätowierung[128]). 36

Für die von § 634a Abs. 1 Nr. 3 BGB erfassten Leistungen gilt die regelmäßige Verjährungsfrist des § 199 Abs. 1 BGB. Diese beträgt drei Jahre. Der Beginn der Verjährung ist bei den Nr. 3 unterfallenden Werken gesondert geregelt. 37

D. Beginn der Verjährung

I. Grundlagen

Den Beginn der Verjährungsfristen regelt § 634a Abs. 2 BGB für Mängel bei Werkverträgen abweichend von den allgemeinen Regelungen in §§ 195 ff. BGB. Während das allgemeine Verjährungsrecht insbesondere auch auf das subjektive Element der Kenntnisnahme abstellt, knüpft § 634a Abs. 2 BGB für die § 634a Abs. 1 Nr. 1 und Nr. 2 BGB unterfallenden Werke an den (in der Regel) objektiv bestimmbaren Zeitpunkt der Abnahme des Werkes an.[129] Auch für die Haftung wegen der Verletzung von (unselbstständigen) Aufklärungs- und Beratungspflichten beginnt die Verjährung mit der Abnahme.[130] 38

Das gilt auch für **Planungs- oder Überwachungsleistungen** für Werke im Sinne der §§ 634a Abs. 1 Nr. 1 und Nr. 2 BGB, da es sich hierbei um Leistungen mit eigenständiger Werkqualität handelt, die selbstständig der Abnahme bedürfen.[131] Die Verjährung beginnt also weder automatisch im Zeitpunkt der Herstellung, Wartung oder Veränderung der geplanten oder überwachten Sache bzw. dem Bauwerk noch zeitgleich mit der Abnahme der entsprechenden Ausführungsarbeiten. 39

Die Verjährung kann bei **Teilabnahme** für einzelne Abschnitte des Werkes gesondert beginnen,[132] wegen § 650s BGB soll das für Architekten- und Ingenieurverträge sogar einen Regelfall darstellen. Ist die Leistung des Unternehmers nicht frei von Sach- oder Rechtsmängeln, obliegt es dem Besteller, sich im Zeitpunkt der Abnahme seine Rechte vorzubehalten – § 640 Abs. 3 BGB. Die Abnahmeerklärung bezieht sich in diesen Fällen gleichwohl auf das Werk in seiner Gesamtheit. Der Vorbehalt 40

123 BGH, Urt. v. 20.12.2012 – VII ZR 182/10, NZBau 2013, 161; OLG Saarbrücken, Urt. v. 14.01.2010 – 8 U 570/08, IBR 2012, 716; zu § 638 BGB a.F.: BGH, Urt. v. 26.10.1978 – VII ZR 249/77, NJW 1979, 214.

124 Motzke, BauR 2014, 25, 26 ff.

125 BGH, Urt. v. 10.11.1994 – III ZR 50/94, NJW 1995, 392; BGH, Urt. v. 10.06.1976 – VII ZR 129/74, NJW 1976, 1502.

126 Grüneberg/Retzlaff, BGB, § 634a Rn. 10.

127 MüKo-BGB/Busche, § 634a Rn. 33 m.w.N. Moufang/Koos, in: Messerschmidt/Voit, Privates Baurecht, § 634a BGB Rn. 44; Grüneberg/Retzlaff, BGB, § 634a Rn. 9; a.A.: OLG Hamm, Urt. v. 26.02.2014 – I-12 U 112/13, NJW-RR 2014, 878.

128 AG München, Urt. v. 26.10.2016 – 132 C 16894/13, BeckRS 2016, 114549.

129 Vgl. zu den Details § 640 BGB Rdn. 20 ff.

130 OLG Düsseldorf, Urt. v. 08.10.2021 – 22 U 66/21, ZfBR 2022, 54.

131 Vgl. § 650q BGB Rdn. 77 ff.

132 BGH, Urt. v. 30.06.1983 – VII ZR 185/81, BauR 1983, 573.

ist nicht mit einer Teilabnahme des Werkes gleichzusetzen.[133] Daher beginnt die Verjährung in diesen Fällen auch für diejenigen Teile des Werkes, hinsichtlich derer ein Vorbehalt erklärt wurde.[134]

41 Bei Leistungen im Sinne von § 634a Abs. 1 Nr. 3 BGB beginnt die Verjährung nicht im Zeitpunkt der Abnahme. Ausschlaggebend ist hier der objektiv zu bestimmende Zeitpunkt der Anspruchsentstehung und der Zeitpunkt, in dem der Gläubiger von den Anspruch begründenden Umständen und der Person des Schuldners Kenntnis erlangt oder ohne grobe Fahrlässigkeit erlangen müsste. Die Verjährung beginnt mit dem Schluss des Jahres, in dem beide Voraussetzungen erfüllt sind. Zu beachten sind zugleich allerdings die kenntnisunabhängigen Höchstfristen des § 199 Abs. 2 BGB.

II. Verjährung ohne Abnahmeerklärung

42 Wurde die Abnahme weder ausdrücklich noch konkludent erklärt, beginnt die Verjährungsfrist mit der fiktiven Abnahme des Werkes.[135] Die Gewährleistungsfristen beginnen zu laufen, sobald eine dem Besteller zur Abnahme gesetzte angemessene Frist abgelaufen ist (§ 640 Abs. 2 S. 1 BGB).[136] Ist der Besteller ein Verbraucher, muss dieser über die Bedeutung der Fristversäumnis korrekt belehrt worden sein (vgl. § 640 Abs. 3 S. 2 BGB). Bei VOB/B-Verträgen gelten Besonderheiten. In § 12 Abs. 5 VOB/B sind Sonderregelungen für die fiktive Abnahme vorgesehen. Die Leistung gilt einerseits als abgenommen, wenn nach schriftlicher Mitteilung über die Fertigstellung (z.B. Fertigstellungsbescheinigung, Schlussrechnung[137]) zwölf Werktage abgelaufen sind, ohne dass der Besteller einen Vorbehalt erhoben hat (Nr. 1). Alternativ tritt bei VOB/B-Verträgen die Abnahmewirkung ein, wenn der Auftraggeber die Leistung oder einen Teil der Leistung in Benutzung genommen hat und er innerhalb von sechs Werktagen nach Beginn der Benutzung keine Vorbehalte erhebt (Nr. 2).

43 Im Übrigen sind Konstellationen denkbar, in denen die Verjährungsfristen ohne Abnahmeerklärung beziehungsweise Abnahmeverlangen zu laufen beginnen. Erklärt der Besteller bereits vor der Abnahme ernsthaft und endgültig, keine weitere Erfüllung durch den Unternehmer zu akzeptieren beziehungsweise die Nacherfüllung durch den Unternehmer nicht anzunehmen, sondern stattdessen Schadenersatzansprüche statt der Leistung geltend machen zu wollen, wäre es eine bloße Förmelei, dennoch ein Abnahmeverlangen des Unternehmers zu fordern. Hat sich das Vertragsverhältnis also in ein »Abrechnungsverhältnis« umgewandelt, beginnen die Verjährungsfristen bereits mit der ernsthaften und endgültigen Ablehnung der (Nach-)Erfüllung zu laufen.[138] Ein solches »Abrechnungsverhältnis« entsteht auch dann, wenn die Werkleistung für den Unternehmer im Sinne von § 275 Abs. 1 BGB unmöglich geworden ist.[139]

44 Eine **Kündigung** des Werkvertrages ist nicht mit einer endgültigen Abnahmeverweigerung gleichzusetzen. Die erbrachten Leistungen bedürfen auch im Falle der Kündigung weiterhin der Abnahme, sodass die Kündigung für sich genommen keinen Verjährungsbeginn auslöst und es auch hier auf die Abnahmeerklärung ankommt.[140]

---

133 Vgl. § 640 BGB Rdn. 86.

134 BGH, Urt. v. 22.10.1970 – VII ZR 71/69, NJW 1971, 99; Dölle, in: Werner/Pastor, Bauprozess, Rn. 2831; Moufang/Koos, in: Messerschmidt/Voit, Privates Baurecht, § 634a BGB Rn. 51.

135 Vgl. dazu § 640 BGB Rdn. 35 ff.

136 BGH, Urt. v. 08.07.2010 – VII ZR 171/08, NZBau 2010, 768; BGH, Urt. v. 24.02.2011 – VII ZR 61/10, NZBau 2011, 310.

137 BGH, Urt. v. 22.02.1971 – VII ZR 243/69, NJW 1971, 838; BGH, Urt. v. 10.02.1977 – VII ZR 17/75, NJW 1977, 897; BGH, Urt. v. 20.04.1989 – VII ZR 334/87, NJW-RR 1989, 979.

138 BGH, Urt. v. 08.07.2010 – VII ZR 171/08, NZBau 2010, 768; BGH, Urt. v. 24.02.2011 – VII ZR 61/10, NZBau 2011, 310; OLG München, Beschl. v. 26.08.2015 – 27 U 520/15, IBR 2017, 48; OLG Dresden, Beschl. v. 05.09.2017 – 22 U 379/17, IBRRS 2020, 1097.

139 OLG München, Urt. v. 17.07.2012 – 13 U 4106/11; OLG Rostock, Urt. v. 19.09.2023 – 4 U 141/19, ZfBR 2024, 31.

140 Moufang/Koos, in: Messerschmidt/Voit, Privates Baurecht, § 634a BGB Rn. 62.

III. Besonderheiten bei Arglist des Unternehmers

Besondere Verjährungsregeln gelten, sofern der Unternehmer das Vorliegen eines Mangels arglistig verschweigt, wobei es auf den Zeitpunkt der Abnahme bzw. der Vollendung des Werkes ankommt.[141] 45

In Hinblick auf das Vorliegen von Arglist wird auf die Ausführungen zu § 639 BGB verwiesen.[142] 46
Bei Arglist greift nach § 634a Abs. 3 BGB die regelmäßige Verjährung (§§ 195 ff.). Die Verjährung beginnt daher nicht im Zeitpunkt der Abnahme des Werkes, sondern erst mit dem Schluss des Jahres, in dem der jeweilige Gewährleistungsanspruch entstanden ist und der Besteller von den den Anspruch begründenden Umständen sowie der Verantwortlichkeit des Unternehmers Kenntnis erlangt hat oder ohne grobe Fahrlässigkeit hätte Kenntnis erlangen müssen – § 199 Abs. 1 BGB.[143]

Nach §§ 634a Abs. 3 S. 1 BGB, greift im Falle der Arglist die regelmäßige Verjährungsfrist. Diese 47
beträgt nach § 195 BGB drei Jahre. In den Fällen von § 634a Abs. 1 Nr. 2 BGB bleibt es hingegen gemäß § 634a Abs. 3 S. 2 BGB als Mindestfrist bei der Verjährungsfrist von fünf Jahren nach Abnahme.[144]

Die Verlängerung der Gewährleistungsfristen gilt nur für denjenigen Mangel, hinsichtlich dessen 48
der Unternehmer den Besteller arglistig getäuscht hat.[145]

E. Wirkung der Verjährung

I. Auswirkungen auf die Durchsetzbarkeit

Der Eintritt der Verjährung wirkt sich nicht auf den Bestand des jeweiligen Anspruchs aus. Er bleibt 49
erfüllbar, sodass darauf gerichtete Leistungen weder rechtsgrundlos erfolgen noch eine Schenkung darstellen. Allerdings steht dem Schuldner ab diesem Zeitpunkt nach § 214 Abs. 1 BGB ein dauerndes Leistungsverweigerungsrecht zu, welches er als Einrede gegenüber Forderungen des Gläubigers erheben kann.[146] Die Verjährung verhindert also die Durchsetzbarkeit eines Anspruchs.

Hat der Besteller oder ein Dritter auf eine Forderung des Unternehmers geleistet, obwohl der 50
zugrundeliegende Anspruch zuvor bereits verjährt gewesen ist, kann der Besteller das Geleistete nicht zurückverlangen – § 214 Abs. 2 S. 1 BGB. Das gilt gem. § 214 Abs. 2 S. 2 BGB selbst dann, wenn dem Leistenden der vorherige Eintritt der Verjährung nicht bewusst war.

II. Auswirkungen auf Sicherheiten

Neben den Mängelansprüchen des Gläubigers wirkt sich der Verjährungseintritt außerdem auf 51
etwaige Sicherheiten (insb. die häufigen Bürgschaften) des Gläubigers aus. Hat der Unternehmer für seine Gewährleistungspflichten ursprünglich eine Bürgschaft gestellt, kann sich der akzessorisch haftende Bürge ebenfalls auf die Verjährung der Gewährleistungspflichten berufen und damit seine Einstandspflicht ablehnen, vgl. § 768 Abs. 1 S. 1 BGB. Ob der Besteller zu diesem Zeitpunkt noch über die Bürgschaftsurkunde verfügt, ist unbeachtlich.[147]

Eine Sonderregelung enthält § 17 Abs. 8 Nr. 2 VOB/B. Dieser sieht für die Rückgabe von Sicher- 52
heiten einen von den Verjährungsfristen losgelösten Rückgabezeitpunkt vor. Die Sicherheit ist nach

141 BGH, Urt. v. 20.12.1973 – VII ZR 184/72, WM 1974, 309.
142 Vgl. § 639 BGB Rdn. 12 ff.
143 OLG Köln, Urt. v. 13.04.2022 – 11 U 22/21 (Nichtzulassungsbeschwerde zurückgenommen), BeckRS 2022, 57491.
144 BeckOK Bauvertragsrecht/Popescu, 13. Ed. 2020, § 634a BGB Rn. 45; Grüneberg/Retzlaff, BGB, § 634a Rn. 13, Raab, in: Dauner-Lieb/Langen, BGB – Schuldrecht, 4. Aufl. 2021, § 634a Rn. 35.
145 Jacoby, in: Staudinger, BGB, NB 2019, § 634a Rn. 29; BeckOK BGB/Voit, 73. Ed. 2024, § 634a Rn. 20.
146 Grüneberg/Ellenberger, BGB, Überbl. v. § 194 Rn. 4 ff.
147 BeckOK BGB/Voit, 73. Ed. 2024, § 634a Rn. 28.

§ 17 Abs. 8 Nr. 2 S. 1 VOB/B grundsätzlich zwei Jahre nach der Abnahme zurückzugeben.[148] Diese Frist läuft dabei vorbehaltlich abweichender Vereinbarungen selbst dann ungehemmt weiter, wenn die Verjährung gehemmt ist.[149] Es steht den Parteien jedoch frei, die Rückgabefrist an die Gewährleistungsfrist zu koppeln und bezüglich der Hemmung einen Gleichlauf herzustellen.[150] Sind Ansprüche nicht erfüllt, kann der Unternehmer einen »entsprechenden Teil« der Sicherheit zurückbehalten, § 17 Abs. 8 Nr. 2 S. 2 VOB/B.

53 Die VOB/B konkretisiert damit ein Instrument, das dem Besteller auch sonst zur Verfügung steht. Ein Sicherheitseinbehalt nach § 641 Abs. 3 BGB bleibt selbst dann bestehen, wenn der zu Grunde liegende Gewährleistungsanspruch bereits verjährt ist, sofern das Recht im unverjährten Zeitraum hätte geltend gemacht werden können, § 215 BGB.[151] Andernfalls könnte der Besteller den sog. Druckzuschlag (vgl. § 641 Abs. 3 BGB) schlicht aussitzen. Wie bereits im Zeitraum vor dem Eintritt der Verjährung,[152] ist die Aufrechterhaltung des Druckzuschlags hingegen nach § 242 BGB ausgeschlossen, wenn der Besteller gleichzeitig die Nacherfüllung durch den Unternehmer ernsthaft und endgültig ablehnt und sich dadurch treuwidrig verhält.

III. Auswirkungen auf das Rücktrittsrecht (§ 634a Abs. 4 BGB)

54 Das Rücktrittsrecht des Bestellers ist kein Anspruch i.S.d. § 194 Abs. 1 BGB, sondern ein Gestaltungsrecht. Dass die Erklärung des Rücktritts mittelbar zu Ansprüchen des Bestellers (Rückgewährschuldverhältnis) führt, ist unbeachtlich. Als Gestaltungsrecht unterfällt das Rücktrittsrecht nicht der Verjährung. Um den Gleichlauf der Gewährleistungsrechte zu gewährleisten, ordnet § 634a Abs. 4 S. 1 i.V.m. § 218 BGB mit Ablauf der Verjährung die Unwirksamkeit des Rücktritts an. Der Unternehmer muss sich auf diese Einrede gem. § 218 Abs. 1 S. 1 a.E. BGB allerdings berufen.

55 Damit der Unternehmer durch die Unwirksamkeit des Rücktritts keinen unbilligen Vorteil erlangt, bleibt dem Besteller nach § 634a Abs. 4 S. 2 BGB die Möglichkeit, gegenüber offenen Vergütungsforderungen des Unternehmers die Mängeleinrede zu erheben. Der Besteller wäre ansonsten genötigt, für eine nicht vertragsgerechte Leistung den vollen Werklohn zu zahlen, obwohl er seinerseits keine Rechte wegen des Mangels mehr geltend machen kann. § 634a Abs. 4 S. 2 BGB eröffnet dagegen die Möglichkeit, die eigene Leistung auf den objektiven Wert der mangelhaften Sache zu beschränken, was im Ergebnis wie eine Minderung wirkt.[153]

IV. Auswirkungen auf das Minderungsrecht (§ 634a Abs. 5 BGB)

56 Die Regelungen über das Rücktrittsrecht des Bestellers gelten für das Minderungsrecht aus § 634 Nr. 3 Alt. 2 BGB gem. § 634a Abs. 5 BGB entsprechend. Der Besteller kann die Zahlung der ausstehenden Vergütung in Höhe der mangelbedingten Wertminderung verweigern. Im Falle der Minderung behält der Besteller das mangelbehaftete Werk, so dass es gem. § 634a Abs. 5 S. 2 BGB nicht zu der beim Rücktritt möglichen Rückabwicklung kommen kann.[154]

57 Im Fall der Minderung kann der Besteller im Vergleich zum Zurückbehaltungsrecht aus § 641 Abs. 3 BGB nur einen geringeren Anteil des Werklohns zurückbehalten oder zurückverlangen. Ein Druck-

148 BeckOK VOB/B/Hildebrandt/Abu Saris, 58. Ed. 2025, § 17 Abs. 8 Rn. 13; Joussen, in: Ingenstau/Korbion, § 17 Abs. 8 VOB/B Rn. 15.

149 Rudolph/Koos, in: Rudolph/Koos, Beck'scher VOB-Kommentar, Teil B, 3. Aufl. 2013, § 17 Abs. 8 Rn. 39. A.A.: BeckOK VOB/B/Hildebrandt/Abu Saris, 58. Ed. 2025, § 17 Abs. 8 Rn. 13.

150 Joussen, in: Ingenstau/Korbion, § 17 Abs. 8 VOB/B Rn. 19; BeckOK VOB/B/Hildebrandt/Abu Saris, 58. Ed. 2025, § 17 Abs. 8 Rn. 13.

151 BGH, Urt. v. 05.11.2015 – VII ZR 144/14, NJW 2016, 52; Kniffka, in: ibr-OK Bauvertragsrecht, Stand: 01.02.2024, § 634a BGB Rn. 191; BeckOGK/Lasch, Stand: 01.01.2025, § 641 BGB Rn. 87 f.

152 Dazu Grüneberg/Retzlaff, BGB, § 641 Rn. 13.

153 Vgl. BGH, Urt. v. 14.07.2011 – VII ZR 113/10, NJW 2011, 3085.

154 Rösch, in: JurisPK-BGB, § 634a Rn. 28.

zuschlag, wie ihn § 641 Abs. 3 BGB vorsieht, kann bei der Minderung nicht geltend gemacht werden. Der Besteller bringt durch die Erklärung der Minderung zum Ausdruck, das mangelhafte Werk behalten zu wollen und auf eine Nachbesserung zu verzichten. Nachdem das Zurückbehaltungsrecht aus § 641 Abs. 3 BGB gemäß § 215 BGB selbst nach Eintritt der Verjährung inklusive des Druckzuschlages erhalten bleibt,[155] ist die Erhebung der Einrede für den Besteller günstiger als eine Minderung. Nach Eintritt der Verjährung kann der Besteller das Zurückbehaltungsrecht aus § 641 Abs. 3 BGB allerdings nur geltend machen, wenn der Mangel, auf den das Leistungsverweigerungsrecht gestützt wird, bereits vor Ablauf der Verjährungsfrist der Mängelansprüche festgestellt wurde und daher vor Ablauf der Verjährungsfrist ein darauf gestütztes Leistungsverweigerungsrecht geltend gemacht werden konnte.[156]

V. Aufrechnung und Leistungsverweigerungsrechte

Trotz eingetretener Verjährung bleibt es dem Gläubiger einer verjährten Forderung unter Umständen 58 möglich, bezüglich unverjährter Gegenforderungen des Schuldners mit den bereits verjährten Forderungen die Aufrechnung zu erklären. Dazu müssen sich die gegeneinander aufzurechnenden Forderungen allerdings gemäß § 215 BGB zu einem Zeitpunkt unverjährt gegenübergestanden haben. Der § 215 BGB schützt also die einmal entstandene Aufrechnungslage. Dasselbe gilt gem. § 215 BGB für die Geltendmachung von Zurückbehaltungsrechten durch den Schuldner.[157]

VI. Hemmung und Neubeginn der Verjährung

1. Hemmung der Verjährung

Die allgemeinen Regeln zur Hemmung der Verjährung (§§ 203 ff. BGB) gelten mangels spezielle- 59 rer Regelungen auch für die §§ 631 ff. BGB. Der Zeitraum, währenddessen die Verjährung gehemmt ist, wird in die Verjährungsfrist nicht eingerechnet, § 209 BGB.

Den Hemmungstatbeständen ist gemein, dass sich der Besteller für das Einsetzen der Hemmungs- 60 wirkung auf die Schilderung von Mängelsymptomen beschränken kann. Er muss keine Ursachen benennen oder gar kennen. Ein Symptom betreffende Hemmungsmaßnahmen erfassen sämtliche hierfür bestehenden Ursachen.

Die §§ 633 ff. BGB zeigen allerdings, dass das System der Gewährleistungsrechte auf eine isolierte 61 Betrachtung einzelner Mängel ausgerichtet ist. Entsprechendes gilt für Hemmungstatbestände. Daher beschränkt sich die Hemmungswirkung jeweils auf den konkret geltend gemachten Mangel, also auf das im Einzelnen geschilderte Mangelsymptom sowie sämtliche diesbezüglich in Frage kommenden Mangelursachen.[158] Die Verjährung für sonstige, bis dahin nicht erkannte oder nicht vorgebrachte Mangelsymptome läuft unabhängig weiter. Auch die Hemmungswirkung eines selbstständigen Beweisverfahrens beschränkt sich auf die im Beweisbeschluss benannten Mangelsymptome.[159] Mit Urteil vom 22.06.2023[160] hat der Bundesgerichtshof seine Rechtsprechung aus dem Jahr 1992 aufgegeben, dass die Hemmungswirkung für jeden Mangel eigenständig ende.[161] Nach der neuen Rechtsprechung des Bundesgerichtshofs endet die Hemmungswirkung mit dem Ende des Beweisverfahrens. Das gilt unabhängig davon, ob in einem selbstständigen Beweisverfahren die Sicherung des Beweises hinsichtlich nur eines Mangels oder mehrerer – auch voneinander unabhängiger –

155 Dazu Rdn. 53.
156 BGH, Urt. v. 05.11.2015 – VII ZR 144/14, NJW 2016, 52.
157 Grüneberg/Ellenberger, BGB, § 215 Rn. 2.
158 BGH, Urt. v. 12.04.2007 – VII ZR 236/05, BauR 2007, 1221; BGH, Urt. v. 03.12.1992 – VII ZR 86/92, BauR 1993, 221.
159 BGH, Urt. v. 03.12.1992 – VII ZR 86/92, BauR 1993, 221.
160 BGH, Urt. v. 22.06.2023 – VII ZR 881/21, NJW 2023, 2938.
161 BGH, Urt. v. 03.12.1992 – VII ZR 86/92, NJW 1993, 851; OLG München, Urt. v. 13.02.2007 – 9 U 4100/06, NZBau 2007, 375.

Mängel stattfindet und auch ohne Rücksicht darauf, ob diese durch einen oder mehrere Sachverständige erfolgt.[162]

62 Für die Hemmung durch **Verhandlungen** (vgl. § 203 BGB) genügt jeder formlose Meinungsaustausch über die Forderung oder den zu Grunde liegenden Lebenssachverhalt.[163] Eine artikulierte Vergleichsbereitschaft muss dabei nicht erkennbar sein. Es genügt bereits die einverständliche Prüfung des Vorliegens eines Mangels.[164] Die Ausführung von Mangelbeseitigungsmaßnahmen (jedenfalls deren Beginn) hemmt den Ablauf der Verjährung ebenfalls.[165] Darüber hinaus können durchgeführte Mangelbeseitigungsarbeiten, sofern seitens des Unternehmers kein Vorbehalt erhoben wurde, ein Anerkenntnis darstellen und dementsprechend zu einem Neubeginn der Verjährung führen.[166] Verhandlungen über einen Lebenssachverhalt hemmen nicht die Verjährung für sämtliche daraus resultierende Ansprüche, sondern nur für den Anspruch, über den die Verhandlungen geführt werden.[167] Die Hemmungswirkung der Verhandlungen beginnt nach der Rechtsprechung mit der Geltendmachung des Anspruchs durch den Gläubiger, sofern der Schuldner auf die Verhandlungen eingeht.[168] Sobald einer der Beteiligten weitere Verhandlungen über den Anspruch erkennbar verweigert, endet die Hemmung. Regelmäßig ist zu beobachten, dass Verhandlungen im Laufe der Zeit »im Sande verlaufen« (= »Einschlafen« von Verhandlungen[169]). Die Hemmung endet in dem Zeitpunkt, in dem nach Treu und Glauben spätestens mit weiteren Äußerungen gerechnet werden musste.[170]

63 Auch die Rechtsverfolgung führt zur Hemmung. Durch die Einreichung einer Klage wird die Verjährung bereits mit Eingang der Klage bei Gericht gehemmt, sofern die Zustellung demnächst erfolgt – vgl. § 204 Abs. 1 Nr. 1 BGB i.V.m. § 167 ZPO.

64 Bei ausreichender Individualisierbarkeit der geltend gemachten Schadensersatzansprüche kommt einem Mahnbescheid ebenfalls Hemmungswirkung zu, § 204 Abs. 1 Nr. 3 BGB. Daneben kann auch eine Streitverkündung gem. § 204 Abs. 1 Nr. 6 BGB die Hemmung der Verjährung herbeiführen, sofern sie zulässig ist.[171]

65 In Bausachen ist die Einleitung eines selbstständigen Beweisverfahrens nach §§ 485 ff. ZPO, wobei es in den Grenzen des § 167 ZPO wiederum auf die Einreichung des Antrags bei Gericht ankommt, zur Herbeiführung der Hemmung häufig.[172] Zu beachten ist dabei allerdings die begrenzte Wirkung der Hemmung. Diese erfasst lediglich die im Antrag aufgeführten Mängelerscheinungen.[173]

66 Das Ende der Hemmung durch Rechtsverfolgung regelt § 204 Abs. 2 S. 1 BGB. Die Hemmung wirkt noch sechs Monate nach Beendigung des jeweiligen Verfahrens fort. Soweit sich die Rechtsverfolgung auf verschiedene Mängel erstreckt und im weiteren Verlauf nur teilweise zu einem Abschluss kommt, ist die Verjährung anschließend für jeden einzelnen Mangel jeweils isoliert zu betrachten.[174]

---

162 BGH, Urt. v. 22.06.2023 – VII ZR 881/21, NJW 2023, 2938.
163 BGH, Urt. v. 05.06.2014 – VII ZR 285/12, ZfBR 2014, 670.
164 BGH, Urt. v. 26.10.2006 – VII ZR 194/05, NZBau 2007, 184.
165 BGH, Urt. v. 30.10.2007 – X ZR 101/06, BauR 2008, 514.
166 Dazu sogleich unter Rdn. 68 f.
167 Vgl. OLG Stuttgart, Urt. v. 26.03.2013 – 10 U 146/12, IBR 2013, 673.
168 BGH, Beschl. v. 19.12.2013 – IX ZR 120/11, BauR 2014, 669.
169 MüKo-BGB/Grothe, § 203 Rn. 8.
170 BGH, Urt. v. 15.12.2016 – IX ZR 58/16, ZfBR 2017, 253.
171 BGH, Urt. v. 06.12.2007 – IX ZR 143/06, BauR 2008, 711.
172 Hierzu BGH, Urt. v. 27.01.2011 – VII ZR 186/09, NZBau 2011, 303.
173 Vgl. BGH, Urt. v. 06.10.1988 – VII ZR 227/87, NJW-RR 1989, 148.
174 BGH, Urt. v. 03.12.1992 – VII ZR 86/92, NJW 1993, 851; OLG München, Urt. v. 13.02.2007 – 9 U 4100/06, NZBau 2007, 375.

2. Neubeginn der Verjährung

Gemäß § 212 Abs. 1 BGB beginnt die Verjährung neu, wenn der Schuldner den Anspruch gegenüber dem Gläubiger durch Abschlagszahlung, Zinszahlung, Sicherheitsleistung oder in anderer Weise anerkennt oder eine gerichtliche oder behördliche Vollstreckungshandlung vorgenommen bzw. beantragt wird. Für ein Anerkenntnis erforderlich ist ein Verhalten, mit dem der Schuldner nicht nur sein Bewusstsein hinsichtlich des Bestehens einer Forderung zum Ausdruck bringt, sondern gegenüber dem Gläubiger zugleich zu erkennen gibt, sich nicht auf die Einrede der Verjährung berufen zu müssen.[175] 67

Eine rechtliche Einordnung ist vor allem dann schwierig, wenn ein Unternehmer »ohne Anerkenntnis einer Rechtspflicht« mit Mangelbeseitigungsmaßnahmen beginnt. Grundsätzlich stellt die anstandslose Durchführung der Nachbesserung ein Anerkenntnis der Gewährleistungsansprüche dar.[176] Versucht der Unternehmer, sich dieser Rechtsfolge durch eine AGB-Klausel zu entziehen, die vorsieht, dass Nachbesserungen stets ohne Anerkennung einer Rechtspflicht erfolgen und somit kein Anerkenntnis darstellen sollen, dann weicht eine solche Klausel von wesentlichen Grundgedanken des § 212 Abs. 1 Nr. 1 Var. 4 BGB ab und ist nach § 307 Abs. 1 S. 1, Abs. 2 Nr. 1 BGB unwirksam.[177] 68

Die Wirkung des Anerkenntnisses beruht allerdings auf Gesichtspunkten des Vertrauensschutzes, daher ist der Besteller nicht schutzwürdig, wenn der Unternehmer im Zuge der Mängelbeseitigungsarbeiten tatsächlich zum Ausdruck bringt, die Arbeiten nur aus Kulanz und ohne Anerkennung einer Rechtspflicht erbringen zu wollen.[178] Gegen das Risiko eines Misserfolgs der Nachbesserungsarbeiten »über« den Verjährungsablauf ist der Besteller jedoch geschützt. Die Durchführung von Nachbesserungsarbeiten führt auch in diesen Konstellationen zur Hemmung der Verjährung.[179] Ein Neubeginn tritt außerdem ein, wenn der Unternehmer zwar einen entsprechenden Vorbehalt erklärt und Mangelbeseitigungsarbeiten durchzuführen vorgibt, zugleich aber wissentlich keine tatsächliche Beseitigung des Mangels herbeiführt.[180] 69

F. Abweichende Regelungen

I. Abweichungen durch Parteiwillen

Die Parteien können die Verjährung eigenständig regeln. Derartige Vereinbarungen sind auch nach Vertragsschluss möglich. Gegenstand dieser Regelungen können der Fristbeginn,[181] die Dauer der Gewährleistungsfrist oder mögliche Hemmungstatbestände[182] sein. 70

1. Vertragliche Beschränkung bzw. Ausweitung der Verjährungsfristen

Bei individuellen Vereinbarungen gewährt das Gesetz den Parteien weitgehenden Gestaltungsspielraum. Grenzen setzt hier neben den allgemeinen Schranken in den §§ 138, 242 BGB der § 202 BGB. Danach kann die Verjährung der Haftung wegen Vorsatz nicht bei Vertragsschluss erleichtert werden. Nachträglich ist dies jedoch möglich. Mit Blick auf den Schuldnerschutz kann die Ver- 71

175 Zum Ganzen Grüneberg/Ellenberger, BGB, § 212 Rn. 2 ff.
176 BGH, Urt. v. 25.09.2008 – VII ZR 32/07, ZfBR 2009, 42; BGH, Urt. v. 03.12.1987 – VII ZR 363/86, NJW-RR 1988, 684.
177 Kniffka, in: ibr-OK Bauvertragsrecht, Stand: 01.02.2024, § 634a BGB Rn. 34.
178 BGH, Urt. v. 09.07.2007 – VII ZR 161/13, NJW 2014, 3368; BGH, Urt. v. 08.07.1987 – VII ZR 274/86, NJW 1988, 254.
179 Vgl. BGH, Urt. v. 30.10.2007 – X ZR 101/06, BauR 2008, 514.
180 OLG Hamm, 10.04.2014 – 17 U 38/12, IBR 2014, 413.
181 BGH, Urt. v. 15.04.2004 – VII ZR 397/02, NZBau 2004, 394.
182 Leupertz/Halfmeier, in: PWW, BGB, § 634a Rn. 15.

jährung zudem gem. § 202 Abs. 2 BGB nicht über eine Verjährungsfrist von 30 Jahren hinaus verlängert werden.[183]

72 Nach § 309 Nr. 8 lit. b ff) BGB darf die Verjährungsfrist des § 634a Abs. 1 Nr. 2 BGB für Bauwerke überhaupt nicht beschränkt werden. In sonstigen Fällen muss die Gewährleistungsfrist mindestens ein Jahr betragen. Darin liegt ein Konflikt zu § 13 Abs. 4 VOB/B, der grundsätzlich eine Verkürzung der Gewährleistungsdauer auf vier bzw. zum Teil zwei Jahre vorsieht. Die v.g. Verkürzungen der Gewährleistungsdauern können damit gegenüber Verbrauchern nicht wirksam in AGB und damit auch nicht durch die Einbeziehung der VOB/B vereinbart werden.[184] Im unternehmerischen Verkehr hält § 13 Abs. 4 VOB/B auch der isolierten Inhaltskontrolle stand, so dass die dort geregelte Verkürzung der Verjährung wirksam vereinbart werden kann.[185]

73 Bei einer Verlängerung der Gewährleistungsfrist sind die berechtigten Interessen des Unternehmers zu berücksichtigen. Hier enthalten die der §§ 308 f. BGB allerdings keine Vorgaben. Entscheidend ist daher, ob die Verlängerung durch besondere Interessen des Gläubigers gerechtfertigt ist.[186] Bei Bauwerken ist insofern die gegenüber sonstigen Werken ohnehin schon bestehende Verlängerung der Verjährungsfrist zu berücksichtigen. Bei Bauwerken oder Arbeiten, die auf Grund ihrer Eigenarten ein besonders hohes Spätschadensrisiko aufweisen, kann eine Verlängerung der Verjährungsfrist auf zehn Jahre auch in allgemeinen Geschäftsbedingungen für bestimmte Teile der Bauleistungen wirksam vereinbart werden.[187]

2. Modifikationen durch das Abnahmeprotokoll

74 Oft wird in ein gemeinsam erstelltes Abnahmeprotokoll ein konkretes Ablaufdatum für die Verjährungsfristen aufgenommen. Ob bei Abweichungen zum Inhalt der eigentlichen vertraglichen Vereinbarungen tatsächlich eine Änderung von den Parteien beabsichtigt war, hängt maßgeblich vom Rechtsbindungswillen der Parteien ab. Das Wirksamwerden einer Änderung ist zudem von der Befugnis der konkret handelnden Personen abhängig. Ergibt sich aus dem Protokoll, dass die Parteien lediglich den ohnehin bereits geltenden Verjährungstermin festhalten wollten und ihnen dabei bloß ein Fehler unterlaufen ist, liegt grundsätzlich keine abweichende Vereinbarung vor (falsa demonstratio).[188] Im Rahmen der Auslegung ist zudem zwischen der Vereinbarung eines einheitlichen Verjährungsbeginns und etwaigen Modifikationen der (ggf. vereinbarten) Gewährleistungsfrist zu unterscheiden.[189]

3. Garantien

75 Die Übernahme einer (Beschaffenheits-)Garantie begründet besondere Verpflichtungen des Auftragnehmers (vgl. § 633 BGB). Verspricht der Unternehmer aber lediglich im Sinne von § 633 Abs. 2 S. 1 BGB das Vorliegen einer bestimmten Beschaffenheit als bloße Beschaffenheitsvereinbarung, wirkt sich dies nicht auf die geltenden Verjährungsfristen aus. Lediglich bei Übernahme

183 Grüneberg/Ellenberger, BGB, § 202 Rn. 9 ff.

184 MüKo-BGB/Wurmnest, § 309 Nr. 8 Rn. 81 f.; BeckOK BGB/Voit, 73. Ed. 2024, § 634a Rn. 20.

185 MüKo-BGB/Wurmnest, § 309 Nr. 8 Rn. 83 f. m.w.N.

186 BGH, Urt. v. 09.05.1996 – VII ZR 259/94, NJW 1996, 2155.

187 Bejaht z.B. für Abdichtungsarbeiten bei OLG Stuttgart, Urt. v. 17.10.2017 – 10 U 55/17, IBRRS 2020, 1033 – sämtliche Abdichtungsarbeiten an einem Hallenbad; OLG Köln, Urt. v. 28.07.2016 – 7 U 179/15, NZBau 2017, 82 – Gebäudefassade; BGH, Urt. v. 09.05.1996 – VII ZR 259/94, NJW 1996, 2155 – Flachdach; OLG Düsseldorf, Urt. v. 09.03.2010 – 21 U 46/09, IBR 2011, 137; BGH, Urt. v. 27.09.2018 – VII ZR 45/17, NZBau 2019, 235 – Straßenbau; BGH, Urt. v. 23.02.1989 – VII ZR 89/87, NJW 1989, 1602– zur Absicherung des Rückgriffs in der Subunternehmerkette; für tragende Bauteile in der Praxis ebenfalls üblich und unter Zugrundelegung der in v.g. Urteilen aufgestellten Prinzipien wohl ebenfalls zulässig.

188 Vgl. OLG Naumburg, Urt. v. 29.12.2022 – 2 U 156/21 Hs, NZBau 2024, 35, 39.

189 Vgl. OLG Stuttgart, Urt. v. 17.10.2017 – 10 U 55/77, IBRRS 2020, 1033.

einer selbstständigen Garantie, also der Zusicherung eines verschuldensunabhängigen Einstandswillens, sind Besonderheiten zu berücksichtigen. Eine selbstständige Garantie stellt eine eigenständige Vereinbarung der Parteien dar, die im Gesetz inhaltlich nicht geregelt ist und immer der Auslegung bedarf. Je nach Parteivereinbarung kann die Verjährung der Garantieansprüche regulär mit Abnahme der Leistung beginnen oder aber erst mit dem Auftreten bzw. der Kenntnisnahme von Mangelerscheinungen oder dem Ablauf der regulären Gewährleistungsfrist.

4. Verjährungsverzicht

In der Praxis ist der Verzicht auf die Einrede der Verjährung (sog. Verjährungsverzicht) üblich. Hier- 76
bei handelt es sich um eine Vereinbarung der Parteien, die der Auslegung zugänglich ist. Das gilt insbesondere für die Frage, ob es sich um eine Verjährungshemmungsvereinbarung oder einen Einredeverzicht handelt. Der Einredeverzicht bewirkt keine Hemmung der Verjährung. Es würde dem Schuldner nach Ablauf der gesetzlichen Verjährungsfristen die Einrede der Verjährung zustehen. Hier greift sodann die Vereinbarung über den Verzicht auf die Einrede der Verjährung. Auf Grund dieser Vereinbarung ist es dem Schuldner verwehrt, vor Gericht die Einrede der Verjährung zu erheben (§ 242 BGB).[190] Regelmäßig sehen die Parteien in der Praxis für den Verzicht eine Befristung vor. Ein unbefristeter Verzicht wird wegen § 202 Abs. 2 BGB zudem in einen auf 30 Jahre befristeten Verzicht umgedeutet.[191] Mit Blick auf Befristungen der Verzichtserklärung vertritt die Rechtsprechung allerdings einen gläubigerfreundlichen und prozessökonomischen Ansatz: Im Zweifel sei eine befristete Verzichtserklärung dahingehend auszulegen, dass dem Schuldner die Erhebung der Einrede nach Ablauf der Befristung auch dann verwehrt ist, wenn der Gläubiger seine Ansprüche innerhalb der Frist gerichtlich geltend macht.[192] Andernfalls könnte sich der Schuldner ggf. während des laufenden Verfahrens wieder auf die Einrede der Verjährung berufen. Da ein derartiger Verlauf für den Schuldner erkennbar nicht den Interessen des Gläubigers gerecht wird, liegt diese Auslegung bei einer beidseitigen Vereinbarung über den Einredeverzicht nahe. Anders sieht dies für einseitige Verzichtserklärungen aus. Eine Verjährungshemmungsvereinbarung hingegen führt zu den Rechtswirkungen des § 209 BGB.

5. Besonderheiten bei Vereinbarung der VOB/B

Wird die VOB/B § 13 Abs. 4 VOB wirksam einbezogen, gelten abweichende Verjährungsfristen. 77
Diese betragen für Bauwerke vier Jahre (§ 13 Abs. 4 Nr. 1 S. 1 VOB/B) sowie für sonstige Werke und für die vom Feuer berührten Teile von Feuerungsanlagen zwei Jahre. Abweichend davon beträgt die Verjährungsfrist für feuerberührte und abgasdämmende Teile von industriellen Feuerungsanlagen ein Jahr. Weitere Abweichungen gelten nach § 13 Abs. 4 Nr. 2 für Teile von maschinellen und elektrotechnischen/elektronischen Anlagen, bei denen die Wartung Einfluss auf Sicherheit und Funktionsfähigkeit hat. Hier gilt abweichend von Nr. 1 eine Frist von zwei Jahren, wenn der Auftraggeber sich dafür entschieden hat, dem Auftragnehmer nicht für die Dauer der Verjährungsfrist die Wartung zu übertragen. Zur AGB-Wirksamkeit entsprechender Klauseln siehe auch Rdn. 72.

Für den Beginn der Verjährung knüpft die VOB/B ebenfalls an den Zeitpunkt der Abnahme der 78
Leistung bzw. Teilleistung an, wobei eine Teilabnahme nur dann den Verjährungsbeginn bewirkt, wenn ein in sich abgeschlossener Leistungsteil vorliegt (§ 13 Abs. 4 Nr. 3 VOB/B). Eine Besonderheit der Verjährung nach VOB/B ist außerdem der sog. Quasi-Neubeginn der Verjährung nach § 13 Abs. 5 Nr. 1 S. 2 VOB/B. Für einen innerhalb der Verjährungsfrist gerügten Mangel gilt eine gesonderte Verjährungsfrist von zwei Jahren ab Zugang des ersten schriftlichen Beseitigungsverlangens. Länger laufende Verjährungsfristen werden gem. § 13 Abs. 5 Nr. 1 S. 2 VOB/B jedoch nicht verkürzt. Hat der Auftragnehmer nachgebessert, gilt außerdem gem. § 13 Abs. 5 Nr. 1 S. 3 VOB/B eine »neue« Verjährungsfrist für die nachgebesserte Leistung, die sich auf sonstige Ver-

190 Zu den Details Windorfer, NJW 2015, 3329.
191 BGH, Urt. v. 18.09.2007 – XI ZR 447/06, ZfBR 2008, 152.
192 BGH, Beschl. v. 07.05.2014 – XII ZB 141/13, NJW 2014, 2267.

jährungsfristen ebenfalls nicht verkürzend auswirkt. Diese Prolongation tritt allerdings bezogen auf einen bestimmten Mangel nur bei der erstmaligen Mängelrüge ein, nicht jedoch bei jeder erneuten Rüge.[193] Für Schäden aus der Verletzung des Lebens, des Körpers oder der Gesundheit können gem. § 13 Abs. 7 Nr. 4 VOB/B wiederum die gesetzlichen Verjährungsfristen gelten, sofern der Auftragnehmer für derartige Schäden eine Versicherung hätte abschließen können.[194]

II. Abweichungen durch Gesetz

1. Architekten- und Ingenieurverträge

79 Im Ausgangspunkt gelten für die Verjährung von Gewährleistungsansprüchen aus Architekten- und Ingenieurverträgen keine Besonderheiten. Je nach Planungsgegenstand finden auch hier §§ 634a Abs. 1 Nr. 1 oder Nr. 2 BGB Anwendung. Für andere als Gewährleistungsansprüche (z.B. Verletzung von Nebenpflichten oder Verzug) gelten die allgemeinen Regeln der §§ 195 ff. BGB. Besonderheiten ergeben sich allerdings auf Grund der Reichweite der vertraglichen Pflichten des Architekten regelmäßig für den Beginn der Verjährungsfrist. Häufig übernimmt der Architekt neben der Planung noch die Objektbetreuung. Diese Pflicht beinhaltet die fachliche Bewertung der festgestellten Mängel bis zum Ablauf von fünf Jahren nach Abnahme der Bauleistung. Die Verjährung der Gewährleistungspflichten des Architekten **beginnt** in diesen Fällen folglich erst fünf Jahre nach Abnahme der Bauleistung und beträgt im Ergebnis (um die) zehn Jahre nach Fertigstellung eines Bauwerks. Seit der Einführung von § 650s BGB kann der Planer ab der Abnahme der letzten Leistung der bauausführenden Unternehmer nun eine Teilabnahme der von ihm bis dahin erbrachten Leistungen verlangen und damit die Verjährung diesbezüglich in Gang setzen. Für vor dem 01.01.2018 abgeschlossene Verträge bedurfte dies einer gesonderten Vereinbarung. Für Einzelheiten vergleiche § 650s BGB.

2. Transport- und Speditionsleistungen

80 Besonderheiten bestehen im Bereich der Transport- und Speditionsleistungen. Die Beförderung einer Person oder einer Sache an einen vom Besteller bestimmten Ort stellt einen werkvertraglichen Erfolg dar. Folglich findet auf Transport- und Speditionsleistungen grundsätzlich Werkvertragsrecht Anwendung.[195] Die werkvertraglichen Regelungen werden aber in diesem Bereich weitgehend durch Spezialregelungen überlagert. Hierzu zählen insbesondere die Regelungen des Frachtrechts (§§ 407 ff. HGB), des Speditionsrechts (§§ 453 ff. HGB) sowie die an spezifische Beförderungsmittel anknüpfenden Regelungen des Allgemeinen Eisenbahngesetzes (AEG), des Luftverkehrsgesetzes (LuftVG), des Güterverkehrsgesetzes (GüKG), des Postgesetzes (PostG) sowie des Personenbeförderungsgesetzes (PBefG).[196] Das Transport- und Speditionsgeschäft wird im Übrigen in erheblichem Maße durch allgemeine Geschäftsbedingungen, wie etwa die allgemeinen deutschen Speditionsbedingungen (ADSp),[197] geprägt.

81 Die Regelungen des Transport- und Speditionsrechts betreffen auch die Verjährung. Aufgrund der Schnelllebigkeit des Geschäftsfeldes sehen die jeweiligen Spezialregelungen dabei dem Grunde nach eine Verkürzung der Verjährungsvorschriften gegenüber dem allgemeinen Werkvertragsrecht vor. So verjähren Ansprüche aus einer Beförderung im Sinne der §§ 407 ff. HGB nach § 439 Abs. 1 S. 1 HGB in einem Jahr. Die Frist beginnt gemäß § 439 Abs. 2 HGB mit dem Ablauf des Tages, an dem das Gut abgeliefert wurde oder hätte abgeliefert werden müssen. Für den Speditionsvertrag gilt dies gemäß § 463 HGB entsprechend.

193 BGH, Urt. v. 05.07.1990 – VII ZR 164/89, BauR 1990, 723.

194 Zum Ganzen vgl. Langen/Berger, Einführung in die VOB/B, Rn. 357 ff.

195 BGH, Urt. v. 16.02.2016 – X ZR 97/14, NJW 2016, 2404; BGH, Urt. v. 21.12.1973 – IV ZR 158/72, NJW 1974, 852; BeckOGK/Merkle, Stand: 01.01.2025, § 631 BGB Rn. 319.

196 Vgl. weiterführend: Koller, in: Transportrecht, 10. Aufl. 2020, Einleitung, Rn. 1 ff.

197 Vgl. weiterführen: Koller, in: Transportrecht, 10. Aufl. 2020, Vor Ziff. 1 ADSp 2017 Rn. 1 ff.

G. Beweislast

Für die Beweislast gilt nach allgemeinen Grundsätzen das sog. Günstigkeitsprinzip. Der Gewährleistungsschuldner hat den Eintritt der Verjährung darzulegen und zu beweisen. Der Gewährleistungsgläubiger muss hingegen Beweis führen, falls er sich auf eine Verlängerung, Hemmung oder den Neubeginn der Verjährung berufen will. Beweiserleichterungen gelten im Zusammenhang mit § 634a Abs. 3 BGB für das arglistige Verschweigen von Mängeln. Hier genügt es, wenn der Besteller die Kenntnis des Unternehmers vom Vorliegen des Mangels nachweist.[198] 82

§ 635 Nacherfüllung

(1) Verlangt der Besteller Nacherfüllung, so kann der Unternehmer nach seiner Wahl den Mangel beseitigen oder ein neues Werk herstellen.

(2) Der Unternehmer hat die zum Zwecke der Nacherfüllung erforderlichen Aufwendungen, insbesondere Transport-, Wege-, Arbeits- und Materialkosten zu tragen.

(3) Der Unternehmer kann die Nacherfüllung unbeschadet des § 275 Abs. 2 und 3 verweigern, wenn sie nur mit unverhältnismäßigen Kosten möglich ist.

(4) Stellt der Unternehmer ein neues Werk her, so kann er vom Besteller Rückgewähr des mangelhaften Werkes nach Maßgabe der §§ 346 bis 348 verlangen.

Übersicht Rdn.

198 MüKo-BGB/Busche, § 634a Rn. 65; Grüneberg/Retzlaff, BGB, § 634a Rn. 18.

A. Allgemeines

1 § 635 BGB wurde 2001 im Rahmen der Schuldrechtsmodernisierung neu gefasst,[1] hat aber durch die Baurechtsnovelle 2018 keine erneute Änderung erfahren, obwohl es auch zu den Mängelvorschriften diverse Reformvorschläge gab, die die »Arbeitsgruppe Bauvertragsrecht« des Bundesministeriums für Justiz und Verbraucherschutz (BMJV) dem Gesetzgeber im Abschlussbericht vom 18.06.2013 vorgelegt hatte.[2]

2 Der Unternehmer (Auftragnehmer) eines wirksam geschlossenen Werkvertrags (Bauvertrags) hat gegenüber dem Besteller (Auftraggeber) zunächst drei elementare Hauptleistungspflichten im Hinblick auf die Faktoren Kosten, Zeit und Qualität: Er muss gemäß §§ 631 Abs. 1, 633 Abs. 1 BGB
- die Werk- bzw. Bauleistung vollständig zu dem vereinbarten Preis
- innerhalb einer vereinbarten oder bestimmten Ausführungsfrist[3] und
- in der geschuldeten Beschaffenheit bzw. **mängelfrei** herstellen;

erbringt der Unternehmer die Leistung nicht frei von Sach- und Rechtsmängeln (§ 633 Abs. 1 BGB), begeht er insoweit eine **Pflichtverletzung** in Form der »Schlechtleistung« oder »Nichtleistung«[4] und eröffnet dem Besteller mit der Abnahme[5] die Mängelansprüche aus § 634 bzw. § 635 bis 638 BGB.

3 Der § 635 BGB statuiert in vier Absätzen **mehrere Rechte und Pflichten** der Bauvertragsparteien:
- Anspruch des Bestellers auf Nacherfüllung; gleichzeitig Recht des Unternehmers auf Nacherfüllung und grundsätzlich Wahlrecht des Unternehmers, ob Nachbesserung bzw. Mangelbeseitigung (Absatz 1 Fall 1) oder Neuherstellung des Werks (Absatz 1 Fall 2)
- Regelung über die Kostentragungspflicht des Unternehmers bezüglich des Umfangs der Nacherfüllungskosten (Absatz 2)
- Leistungsverweigerungsrecht des Unternehmers in Bezug auf den Nacherfüllungsanspruch bei Unverhältnismäßigkeit der Kosten (Absatz 3)
- Rückgewähranspruch des Unternehmers im Fall der Neuherstellung (Absatz 4)

4 Im Einzelnen:

---

1 Art. 1 Nr. 38 Schuldrechtsmodernisierungsgesetz.

2 Abrufbar unter ibr online, https://www.ibr-online.de/IBRMaterialien/pdf/Abschlussbericht_Bauvertragsrecht.pdf.

3 Bereits aus dem durch das Gesetz zur Modernisierung des Schuldrechts vom 26.11.2001 (BGBl. I S. 3138 S) aufgehobenen § 636 BGB a.F. (»Verspätete Herstellung«) ergab sich, dass auch die pünktliche Beendigung der Werkherstellung eine Hauptpflicht des Unternehmers darstellt.

4 Dazu Rdn. 38.

5 Siehe Rdn. 43 ff.

B. § 635 Absatz 1 BGB – Nacherfüllungsanspruch

I. Einführung und Überblick

Das Gewährleistungsrecht im Werkvertragsrecht sieht zunächst die Nacherfüllung vor, so wie auch das Kaufvertragsrecht in § 437 Nr. 1 BGB die Nacherfüllung vorsieht. Die Nacherfüllung ist mit ihrer Anspruchsgrundlage aus §§ 635 Abs. 1, 634 Nr. 1 BGB dogmatisch – was schon der Titel beinhaltet – ein modifizierter Erfüllungsanspruch, denn der Unternehmer hat dem Besteller gemäß § 633 Abs. 1 BGB ein mangelfreies Werk zu verschaffen.[6] Dieses »primäre Mängelrecht« hat ausweislich der in § 634 BGB normierten Rangfolge **Vorrang** vor den anderen dort aufgeführten Gewährleistungsrechten des Bestellers.[7] 5

Der Nacherfüllungsanspruch muss auch deshalb vorrangig geltend gemacht werden, weil die Norm gleichzeitig das »Nacherfüllungsrecht« bzw. die **Nacherfüllungsbefugnis des Unternehmers** indiziert, veraltet ausgedrückt: das sog. Recht zur zweiten Andienung (»zweite Chance« zur ordnungsgemäßen, mängelfreien Erfüllung). Aus diesem Grund sind die sekundären Mängelrechte des Bestellers aus § 634 Nrn. 2 bis 4 BGB grundsätzlich erst nach Fristsetzung zur Mangelbeseitigung, und damit nach dem primären Versuch einer Durchführung des Nacherfüllungsanspruchs, möglich; hierdurch kann der Unternehmer die »Sekundärhaftung« abwenden (sog. Abwendungsbefugnis). Insofern besteht für den Besteller korrespondierend mit seinem Nacherfüllungsrecht und der Nacherfüllungsbefugnis des Unternehmers sozusagen eine Obliegenheit gegenüber dem Unternehmer,[8] wenn und soweit die Nacherfüllung realisierbar ist.[9] Insoweit ist der Besteller unter Umständen auch zur **Mitwirkung** verpflichtet, um die Mangelbeseitigung zu ermöglichen.[10] 6

Die Nacherfüllung ist in zwei Formen möglich: Der Unternehmer muss entweder den Mangel beseitigen oder das mangelhafte Werk neu herstellen. Dabei steht grundsätzlich ihm das **Wahlrecht** zu.[11] 7

Sind die Gewährleistungsrechte mit erfolgter Abnahme eröffnet und damit anwendbar[12] und verlangt der Besteller die Nacherfüllung, ist der Anspruch bei kumulativem Vorliegen folgender **Voraussetzungen** entstanden, wenn 8
– ein Bauvertrag wirksam geschlossen wurde,
– ein Mangel am Gewerk des Unternehmers zum Zeitpunkt des Gefahrübergangs vorliegt,
– und die Nacherfüllung nicht aus bestimmten rechtlichen Gründen ausgeschlossen ist.

Im Übrigen darf der Anspruch für die erfolgreiche Geltendmachung nicht erloschen sein, auch darf er nicht verjährt oder zum Beispiel aufgrund des Leistungsverweigerungsrechts des Unternehmers wegen unverhältnismäßiger Nacherfüllungskosten gehemmt sein (dazu im Einzelnen Rdn. 130 ff.). 9

Gleichzeitig verschafft der Nacherfüllungsanspruch aus § 635 Abs. 1 BGB dem Besteller ein **Zurückbehaltungsrecht** wegen des in Rede stehenden Mangels nach § 641 Abs. 3 BGB gegen eine offene Werklohnforderung des Unternehmers (dazu Rdn. 117). 10

Im Rahmen seiner Nacherfüllungsverpflichtung haftet der Unternehmer **verschuldensunabhängig**, Verschulden bzw. »Vertretenmüssen« (vgl. § 280 Abs. 1 S. 2 BGB) ist also keine Anspruchsvoraussetzung (siehe oben). Dies gilt auch dann, wenn dem Unternehmer kein konkreter Ausführungsfehler nachgewiesen werden kann; allein entscheidend ist die Mangelhaftigkeit der Leistung.[13] 11

---

6 Siehe oben Rdn. 2 und BGH, Urt. v. 19.11.2015 – IX ZR 198/14, NJW 2016, 711.
7 Zur Rangfolge und zum Verhältnis der Mängelrechte untereinander siehe § 634 Rdn. 25 und 34.
8 OLG Düsseldorf, Urt. v. 18.12.2015 – I-22 U 84/15, NJW-RR 2016, 533.
9 BGH, Urt. v. 10.10.2018 – VII ZR 229/17, BauR 2019, 255.
10 Dazu Rdn. 100.
11 Ausführlich Rdn. 103.
12 Vgl. Rdn. 15.
13 BGH, Urt. v. 07.02.2019 – VII ZR 274/17, NJW 2019, 2169; BGH, Urt. v. 10.11.2005 – VII ZR 147/04, NJW-RR 2006, 240; BGH, Urt. v. 08.11.2007 – VII ZR 183/05, NJW 2008, 511; BGH,

12 Haftet der Unternehmer auf Nacherfüllung, schuldet er diese dem Besteller grundsätzlich **kostenneutral**, was eigentlich eine Selbstverständlichkeit ist, es sei denn, es entstehen durch eine ordnungsgemäße Nacherfüllung (auch) sog. Sowieso-Kosten.[14]

13 Anspruchsberechtigt ist nach dem Wortlaut der Norm der Besteller. Dieser kann eine natürliche oder juristische Person (oder eine Personenmehrheit) bzw. ihr Rechtsnachfolger sein. Entsprechendes gilt auf Seiten des Anspruchsverpflichteten, des Unternehmers.[15]

14 Zum Geltungsbereich, zum Verhältnis der Mängelrechte untereinander und zur Abgrenzung zum allgemeinen Leistungsstörungsrecht sowie zur Geltendmachung bei vorzeitiger Vertragsbeendigung wird auf die Kommentierung § 634 verwiesen.

II. Anspruchsvoraussetzungen

1. Anwendbarkeit

15 Nach § 633 Abs. 1 BGB muss der Unternehmer als weitere Hauptleistungspflicht dem Besteller das vereinbarte Werk frei von Sach- und Rechtsmängeln verschaffen. Der Nacherfüllungsanspruch aus §§ 634 Nr. 1, 635 Abs. 1 BGB entsteht grundsätzlich erst **nach Abnahme**; vorher besteht grundsätzlich nur der Erfüllungs- bzw. Herstellungsanspruch (§ 631 BGB), wobei im Übrigen das allgemeine Leistungsstörungsrecht (§§ 280 ff. BGB) greift.

16 Abnahme im rechtsgeschäftlichen Sinne gemäß § 640 BGB bedeutet die Billigung des Werks durch den Besteller als der Hauptsache nach vertragsgemäße Leistungserfüllung (näher dazu Rdn. 43).[16]

17 Ob die Gewährleistungsrechte im BGB-Bauvertragsrecht[17] auch bereits **vor Abnahme** anwendbar sind, wenn Mängel schon während der Bauausführung auftreten, ist umstritten. Der Bundesgerichtshof hat jedenfalls in mehreren Urteilen entschieden, dass dem Besteller die Mängelrechte aus § 634 BGB grundsätzlich erst nach der Abnahme zustehen.[18] Ausnahmsweise können Mängelrechte vor Abnahme nur dann geltend gemacht werden, wenn die Vertragserfüllung ohne sofortige Mängelbeseitigung ernsthaft gefährdet ist[19] oder wenn vor der Abnahme ein sog. Abrechnungsverhältnis zwischen Besteller und Unternehmer entstanden ist. Ein die Gewährleistungsansprüche auslösendes Abrechnungsverhältnis vor der Abnahme entsteht zum Beispiel dann, wenn der Besteller auf keinen Fall mehr mit dem Unternehmer zusammenarbeiten will, oder wenn der Unternehmer dem Besteller das Werk als fertiggestellt zur Abnahme anbietet und der Besteller die Minderung des Werklohns erklärt oder Schadensersatz geltend macht.[20]

18 Für weitere Einzelheiten wird auf die Kommentierungen zu § 634 Rdn. 42 und 47 (Mängelrechte vor und ohne Abnahme) und § 640 (Abnahme) verwiesen.

Urt. v. 09.07.2002 – X ZR 242/99, NZBau 2002, 611; Krause-Allenstein, in: Kniffka/Jurgeleit, ibr-OK Bauvertragsrecht, § 635 BGB Rn. 4.

14 Rdn. 169.

15 Hierzu und zur Übertragung der Mängelrechte ausführlich § 634 Rdn. 55 ff.

16 Vgl. OLG Düsseldorf, Urt. v. 22.07.2014 – I-21 U 193/13, IBR 2014, 593.

17 Beim VOB/B-Bauvertrag stehen dem Besteller (Auftraggeber) gemäß § 4 Abs. 7 VOB/B auch schon vor Abnahme Mängelrechte zu. Siehe dazu Rdn. 233.

18 Zuletzt BGH, Urt. v. 19.01.2017 – VII ZR 301/13, BauR 2017, 875 (879); BGH, Urt. v. 19.01.2017 – VII ZR 235/15, BauR 2017, 1024, NJW 2017, 1607.

19 OLG Düsseldorf, Beschl. v. 02.06.2020 – 23 U 149/19, IBR 2022, 233 (Nichtzulassungsbeschwerde vom BGH zurückgewiesen: BGH, Beschl. v. 11.02.2021 – VII ZR 106/20).

20 BGH, Urt. v. 19.01.2017 – VII ZR 235/15, BauR 2017, 1024, NJW 2017, 1607.

2. Nacherfüllungsverlangen (Mängelrüge)

a) Anforderungen

Um den Nacherfüllungsanspruch geltend zu machen, bedarf es beim BGB-Bauvertrag **keiner besonderen Form** im Sinne der §§ 125 ff. BGB.[21] Das sog. Nacherfüllungsverlangen (vgl. insoweit den Wortlaut von § 634 Nr. 1, § 635 Abs. 1 BGB) ist eine geschäftsähnliche Handlung.[22] Sie muss dem Unternehmer oder einer von diesem hierfür bevollmächtigten Person[23] zugehen und inhaltlich den Mangel seinem äußeren Erscheinungsbild nach bzw. dessen **Symptome** nachvollziehbar beschreiben (sog. Symptomtheorie);[24] die technischen Ursachen sind nicht maßgebend.[25] 19

▶ **Beispiele:**

– Der Unternehmer hat eine Verkehrsfläche insoweit mangelhaft gepflastert, als diese keinen frostsicheren Unterbau und keine ausreichende Tragfähigkeit aufweist – nach dem ersten Frost kommt es zu Hebungen der Fläche. Rügt der Besteller (nur) diese äußerlich feststellbaren Mängelerscheinungen (Hebungen), so ist nach der »Symptomtheorie« der Mangel damit insgesamt gerügt.
– Hat der Unternehmer beim Bau einer Tiefgarage die geschuldete Abdichtung (»Weiße Wanne«) an mehreren Stellen mangelhaft (undicht) erbracht und kommt es daraufhin zu Feuchteschäden in der Tiefgarage, genügt für die Mängelrüge die Anzeige einzelner Feuchtigkeitsbereiche (Symptome).[26]

Liegt dem Unternehmer bereits ein Sachverständigengutachten über die Mängel vor, ist für die Mängelrüge eine Bezugnahme auf dieses Gutachten ausreichend.[27] 21

Für den Unternehmer muss hinreichend klar sein, dass der Besteller Nacherfüllung begehrt.[28] Bei Bauvorhaben mit vom Besteller beauftragten Einzelgewerken (also mit »Schnittstellen«) muss der Unternehmer aufgrund der Beschreibung des Bestellers den Mangel oder die Mangelerscheinung seinem Gewerk zuordnen können, auch wenn unter Umständen mehrere (Schlecht-)Leistungen als Mangelursache in Betracht kommen. Die **Ursache** des Mangels muss der Besteller nicht kennen und somit auch nicht benennen, wobei eine geäußerte Ursachenvermutung, selbst wenn sich diese als falsch herausstellen sollte, unerheblich ist.[29] 22

Ferner werden durch die Anzeige einer Mangelerscheinung **sämtliche** damit zusammenhängenden, auch systemfehlerhaften Mängel erfasst.[30] Denn der Unternehmer ist dafür verantwortlich, der 23

---

21 Zum Verhältnis zur VOB/B siehe Rdn. 230.

22 BGH, Urt. v. 12.12.2001 – X ZR 192/00, BauR 2002, 945.

23 Stellvertreter, aber auch der Empfangsbote, ggf. der Insolvenzverwalter – AG Bremen, Urt. v. 13.03.2009 – 6 C 0059/08, NZBau 2009, 388.

24 »Symptom-Rechtsprechung« des BGH, zuletzt Urt. v. 09.10.2008 – VII ZR 80/07, NJW 2009, 354; Urt. v. 28.10.1999 – VII ZR 115/97, NJW-RR 2000, 309 sowie Urt. v. 03.07.1997 – VII ZR 210/96, BauR 1997, 1029; Urt. v. 02.04.1998 – VII ZR 230/96, BauR 1998, 632; Urt. v. 03.12.1998 – VII ZR 405/97, BauR 1999, 391 und Urt. v. 14.01.1999 – VII ZR 185/97, BauR 1999, 899. Siehe auch OLG München, Urt. v. 22.02.2006 – 27 U 607/05, BauR 2007, 2073; OLG Düsseldorf, Urt. v. 23.10.2015 – I-22 U 57/15, NJW 2016, 168; OLG Saarbrücken, Urt. v. 19.10.2022 – 2 U 229/21, IBR 2023, 345.

25 BGH, Urt. v. 12.06.1980 – VII ZR 270/79, WM 1980, 951.

26 BGH, Beschl. v. 24.08.2016 – VII ZR 41/14, BauR 2017, 106.

27 BGH, Urt. v. 09.10.2008 – VII ZR 80/07, BauR 2009, 99.

28 BGH, Urt. v. 20.04.1978 – VII ZR 143/77, WM 1978, 953.

29 Siehe Fn. 24 sowie ausführlich Schmitz, BauR 2015, 371.

30 BGH, Urt. v. 03.07.1997 – VII ZR 210/96, NJW-RR 1997, 1376; KG, Urt. v. 23.07.2013 – 27 U 72/11, BauR 2014, 115.

Mangelursache vollumfänglich auf den Grund zu gehen.[31] Dies hat auch zur Folge, dass eine (erneute) Aufforderung zur Mängelbeseitigung bei Kenntnis vom Mangel entbehrlich wird.[32]

24 Das Nacherfüllungsverlangen als sog. Mängelrüge bedarf auch keiner Fristsetzung, gleichwohl ist sie vorsorglich unter anderem für den nachrangigen Anspruch auf Selbstvornahme (§§ 637, 634 Nr. 2 BGB)[33] zu empfehlen. Ist die Mängelrüge fehlerhaft oder entspricht sie nicht den vorbeschriebenen (geringen) Anforderungen, entfaltet sie zunächst keine Auswirkungen in Bezug auf das konkrete, Abhilfe verschaffende Tätigwerden des Unternehmers.[34]

25 Nach Ablauf einer – mit dem Nacherfüllungsverlangen verbundenen – angemessenen Frist zur Mangelbeseitigung oder bei Entbehrlichkeit der Nacherfüllungsfrist[35] steht es dem Besteller frei, ob er die sekundären Mängelrechte aus § 634 Nrn. 2 bis 4 BGB geltend macht oder er weiterhin an der Nacherfüllung aus §§ 635 Abs. 1, 634 Nr. 1 BGB festhält und damit dem Unternehmer eine weitere Chance geben möchte.[36] Verlangt der Besteller die Nacherfüllung, muss er sie gestatten bzw. eine erneut gesetzte Mangelbeseitigungsfrist abwarten, sein Wahlrecht bleibt aber (auch wenn nach Treu und Glauben gemäß § 242 BGB eingeschränkt) ohne erneute Fristsetzung bestehen.[37] Bietet der Unternehmer die ordnungsgemäße Mängelbeseitigung an, ist der Besteller gemäß § 242 BGB gehalten, sich in angemessener Zeit (nach Fristablauf) zu entscheiden, welche Mängelrechte er gegenüber dem Unternehmer geltend machen wird;[38] seine Reaktion kann auch Einfluss auf sein Zurückbehaltungsrecht wegen Mängeln haben.[39]

26 Liegt für den Besteller aus bestimmten Gründen bereits eine Unzumutbarkeit der Nacherfüllung vor (dazu § 637 Rdn. 103), kann in derartigen Fällen ausnahmsweise schon die Erhebung einer Mängelrüge selbst **entbehrlich** sein.[40]

b) Unberechtigte Mängelrüge

27 Glaubt der Besteller – beispielsweise aufgrund bestimmter Symptome, deren Anzeige für das Nacherfüllungsverlangen ja ausreichend ist (siehe oben) – irrtümlich an einen Mangel am Gewerk des Unternehmers, rügt er also (gegenüber diesem Unternehmer) einen Mangel unberechtigt, und entstehen dem Unternehmer damit **verbundene Kosten** (z.B. Fahrtkosten, Kosten der Mängelprüfung und -ursachenforschung), sind die Rechtsfolgen einer solchen unberechtigten Mängelrüge zu diskutieren:

28 Das Oberlandesgericht Düsseldorf vertritt eine weitgehend »bestellerfreundliche« Auffassung, wonach der Besteller entsprechend der »Symptomrechtsprechung« des Bundesgerichtshofs[41] eben nur dazu verpflichtet sei, den Mangel seinem äußeren Erscheinungsbild nach zu rügen, ohne eine Unter-

---

31 Vgl. BGH, NJW 1981, 381; OLG Brandenburg, Urt. v. 30.03.2017 – 12 U 71/16, NJW-RR 2017, 1489 f.

32 Aufdrängung der Mängel durch ein vom Unternehmer eingeholtes Sachverständigengutachten: OLG Düsseldorf, Beschl. v. 05.12.2022 – 23 U 161/21, IBRRS 2024, 3529 und IBR 2025, 67.

33 Siehe Kommentierung § 637.

34 Der Unternehmer muss jedoch (weitere) Nachforschungen/Nachfragen anstellen. Zur fehlerhaften und unberechtigten Mängelrüge siehe unten Rdn. 27 sowie Sienz, BauR 2018, 376.

35 Vgl. § 637 Rdn. 46.

36 BGH, Urt. v. 27.02.2003 – VII ZR 338/01, NJW 2003, 1526; Vorwerk, BauR 2003, 1; Althammer, NJW 2006, 1179.

37 Vgl. BGH, Urt. v. 20.01.2006 – V ZR 124/05, NJW 2006, 1198; OLG Schleswig, Urt. v. 09.12.2016 – 1 U 17/13, NJW-RR 2017, 591.

38 BGH, Urt. v. 18.10.2001 – I ZR 91/99, NJW 2002, 669; Hanau, NJW 2007, 2806; Schwab, JR 2003, 133; Sienz, BauR 2006, 1816.

39 Sienz, a.a.O. sowie Rdn. 117.

40 OLG Stuttgart, Urt. v. 20.02.1996 – 12 U 200/95, BauR 1996, 717.

41 Dazu Rdn. 19.

suchung der Mängelursachen vornehmen zu müssen;[42] alles andere wäre mit der Symptomtheorie nicht vereinbar und daher nur konsequent. Folglich liege für den Fall, dass die äußere Erscheinung auf einen vom Unternehmer zu verantwortenden Mangel schließen lasse, keine vertragliche Pflichtverletzung des Bestellers vor, die ihn zur Kostenerstattung gegenüber dem Unternehmer verpflichten würde, falls sich die Mängelrüge im Nachhinein als unberechtigt herausstellen sollte. Das Oberlandesgericht Oldenburg hat sich dieser Meinung angeschlossen: Es sei sodann Aufgabe des Unternehmers, die Mängelbehauptungen zu prüfen.[43] Insofern liegt das Risiko einer unberechtigten Mängelrüge grundsätzlich beim Unternehmer.

Der Bundesgerichtshof vertritt eine differenzierende und einschränkende Ansicht, wobei die ihr zugrunde liegenden Entscheidung zum Kaufvertragsrecht ergangen, jedoch auf das Werkvertragsrecht übertragbar ist: Danach löse ein unberechtigtes Mangelbeseitigungsverlangen des Käufers (analog des Bestellers) eine zum Schadensersatz verpflichtende schuldhafte Vertragsverletzung dann aus, wenn dieser erkannt oder fahrlässig nicht erkannt habe, dass ein Mangel an der Kaufsache (analog am Werk des Unternehmers) nicht vorliege, sondern die Ursache für das Symptom, hinter dem er einen Mangel vermute, in seinem eigenen (bzw. ihm zuzurechnenden) Verantwortungsbereich liege.[44] 29

Zur **Fahrlässigkeit** hinsichtlich der Nichtberechtigung einer Mangelrüge hat der Bundesgerichtshof weiter ausgeführt, dass der Käufer (analog Besteller) nicht vorab klären oder feststellen müsse, ob die von ihm beanstandete Erscheinung Symptom eines Mangels sei; er müsse lediglich im Rahme seiner Möglichkeiten sorgfältig überprüfen, ob die Erscheinung auf eine Ursache zurückzuführen sei, die nicht dem Verantwortungsbereich des Verkäufers (analog des Unternehmers) zuzuordnen sei. Bleibe ungewiss, ob tatsächlich ein Mangel vorliege, dürfe der Käufer (analog Besteller) Mängelrechte geltend machen, und sich nicht wegen schuldhafter Vertragsverletzung schadensersatzpflichtig machen.[45] 30

Folglich wird die Fahrlässigkeit auch von der Fachkunde des Bestellers resp. der ihn beratenden Fachleute abhängig sein. Bei Vorsatz, also Kenntnis vom Nichtvorliegen eines Mangels, ist selbstverständlich eine Schadensersatzpflicht des Bestellers uneingeschränkt zu bejahen. Führt der Besteller einen Mangel selbst gezielt herbei, dürfte die Mängelhaftung bereits ausgeschlossen sein, in jedem Fall wäre die Geltendmachung von Mängelrechten eine unzulässige Rechtsausübung.[46] 31

Unklar ist, ob der Besteller überhaupt mit der »unberechtigten Mängelrüge« ein Mangelbeseitigungsverlangen erklärt hat, das entweder ins Leere läuft (Unternehmer beseitigt die Symptome nicht, ggf. muss der Besteller aber sonstige Kosten übernehmen, s.o.) oder es in einen vergütungspflichtigen Reparaturauftrag umgedeutet werden muss. Gemäß einer interessengerechten **Auslegung** nach objektiven Empfängerhorizont (§§ 133, 157, 242 BGB) muss im Zweifelsfall davon ausgegangen werden, dass der Besteller, der einen Mangel am Gewerk des Unternehmers vermutet und diesen zur Beseitigung der Symptome auffordert oder die Erscheinungen rügt, von einer **kostenneutralen** Behebung ausgeht – so der Grundsatz der Nacherfüllung gemäß § 635 BGB. Der Unternehmer muss den Besteller auf eine Vergütungspflicht mangels »Mangelverantwortung« des Unternehmers vor Ausführung hinweisen, sodass der Besteller eine Entscheidung treffen bzw. sich entsprechend äußern kann – auch bei Streit über die Verantwortung des Unternehmers für den Mangel bzw. das Symptom. Das Oberlandesgericht Celle hat dazu entschieden: Fordert der Besteller den Unternehmer nach der Abnahme zur Mangelbeseitigung auf, so müsse dem Unternehmer klar sein, dass der 32

42 OLG Düsseldorf, Urt. v. 19.06.2007 – I-21 U 164/06, BauR 2007, 1902.
43 OLG Oldenburg, Urt. v. 21.08.2018 – 2 U 62/18, BauR 2019, 114.
44 BGH, Urt. v. 23.01.2008 – VIII ZR 246/06, BauR 2008, 671.
45 BGH, a.a.O.
46 BGH, Urt. v. 10.11.1994 – III ZR 50/94, NJW 1995, 392.

Besteller diese Arbeiten nicht bezahlen wolle, falls er Anspruch auf die unentgeltliche Durchführung der Reparaturarbeiten habe.[47]

3. Bauvertrag

33 Besteller und Unternehmer müssen sich nach §§ 145 ff. BGB über einen Werkvertrag (Bauvertrag) wirksam im Sinne der §§ 104 ff. BGB geeinigt haben (Schuldverhältnis). Gemäß § 631 Abs. 1 und 2 BGB handelt es sich um einen Werkvertrag, wenn sich ein Unternehmer entgeltlich zur Herstellung eines versprochenen Werks, das heißt zur Herbeiführung eines bestimmten Arbeitsergebnisses (Erfolges) gegenüber dem Besteller verpflichtet; dabei kann Vertragsgegenstand sowohl die Herstellung oder Veränderung einer Sache als auch ein anderer durch Arbeit oder Dienstleistung herbeizuführender Erfolg sein.[48]

34 Der **Bauvertrag** ist ein Werkvertrag und wird seit dem 01.01.2018 in § 650a BGB näher definiert. Danach ist ein Bauvertrag *»ein Vertrag über die Herstellung, die Wiederherstellung, die Beseitigung oder den Umbau eines Bauwerks, einer Außenanlage oder eines Teils davon. Ein Vertrag über die Instandhaltung eines Bauwerks ist ein Bauvertrag, wenn das Werk für die Konstruktion, den Bestand oder den bestimmungsgemäßen Gebrauch von wesentlicher Bedeutung ist.«* Für weitere Einzelheiten und Erläuterungen wird auf die Kommentierung zu § 650a Rdn. 4 ff. verwiesen.

35 Somit gilt § 635 BGB uneingeschränkt für Bauverträge einschließlich **Verbraucherbauverträge** (§§ 650i ff. BGB).[49] Dies folgt nicht nur – wie früher – aus der Einstufung des Bauvertrags als Werkvertrag sowie indirekt aus § 634a Abs. 1 Nr. 2 BGB (und §§ 648, 648a BGB a.F.), sondern nun auch unmittelbar aus der neuen Gesetzessystematik des 2. Buchs des BGB, wonach die Kapitel 2 und 3 (Bauvertrag/Verbraucherbauvertrag) zum Untertitel 1 (Werkvertragsrecht) gehören.

36 Im Übrigen gelten die Mängelgewährleistungsrechte der §§ 633 ff. BGB grundsätzlich auch für Architekten- und Ingenieurverträge (§ 650p BGB), für die die Anwendbarkeit in 650q Abs. 1 BGB klargestellt wird, sowie für die Bauleistungsverpflichtungen eines Bauträgervertrags (vgl. § 650u Abs. 1 S. 2 BGB).[50]

37 Zur Geltendmachung von Mängelansprüchen für den Fall, dass kein Werkvertrag (wirksam) geschlossen wurde, wird auf die Kommentierungen zu § 631 und § 634 Rdn. 6, 8 verwiesen.

4. Mangel

38 Weitere, zentrale und anspruchsauslösende Voraussetzung ist das Vorliegen eines Mangels, was in § 634 Nr. 1 BGB explizit und in § 635 BGB implizit genannt ist. Die **Pflichtverletzung** des Unternehmers ist also die Nichterfüllung seiner Hauptpflicht aus § 633 Abs. 1 BGB bzw. die »Schlechtleistung« (siehe Rdn. 2).

39 In § 633 Abs. 2 und 3 BGB werden Sach- und Rechtsmangel negativ, bzw. wird jeweils die Mangelfreiheit des Werks definiert. Danach ist die Leistung grundsätzlich **sachmängelfrei**, wenn sie der Vereinbarung der Parteien entspricht. Wurde die Beschaffenheit nicht vereinbart ist, ist die Leistung mängelfrei, wenn sie sich für die nach dem Vertrag vorausgesetzte, ansonsten für die gewöhnliche Verwendung eignet und eine Beschaffenheit aufweist, die bei Werken der gleichen Art und Güte üblich ist und die der Besteller nach der Art des Werkes erwarten kann. Im Übrigen steht es gemäß

---

47 OLG Celle, Urt. v. 06.01.2011 – 6 U 122/10, BauR 2012, 655.

48 Lederer/Raab, in: Dauner-Lieb/Langen, § 631 BGB Rn. 10 ff.

49 Dazu ausführlich § 650i Rdn. 1 ff.

50 Zu weiteren Werkvertragsgegenständen sowie zur Abgrenzung zu anderen Vertragstypen siehe MüKo-BGB/Busche, § 631 Rn. 10–31.

§ 633 Abs. 2 S. 3 BGB einem Sachmangel gleich, wenn der Unternehmer ein anderes als das bestellte Werk oder das Werk in zu geringer Menge herstellt.[51]

Die Definition der Sachmangelfreiheit für den **VOB-Bauvertrag** stimmt inhaltlich im Wesentlichen mit der BGB-Definition der seit dem 01.01.2002 geltenden Fassung des § 633 Abs. 2 BGB überein,[52] wird jedoch in § 13 Abs. 1 S. 2 und 3 VOB/B ausdrücklich (kumulativ) ergänzt um die Einhaltung der **anerkannten Regeln der Technik**. Aber auch beim BGB-Bauvertrag geht die (noch) ganz herrschenden Meinung davon aus, dass sich der Unternehmer, soweit nicht tatsächlich ein anderer Standard oder eine andere Ausführung vereinbart ist, jedenfalls stillschweigend stets zur Beachtung der anerkannten Regeln der Technik als **vertraglichen Mindeststandard** gemäß § 633 Abs. 2 BGB verpflichtet.[53] Zwar hat der Gesetzgeber in der Neufassung des § 633 BGB davon abgesehen, die Definition der Mangelfreiheit um diese Voraussetzung zu ergänzen, die Entwurfsbegründung betont aber, dass gleichwohl die anerkannten Regeln der Technik einzuhalten seien.[54] Umgekehrt schließt die Einhaltung der allgemein anerkannten Regeln der Technik einen Mangel nicht aus, wenn vertraglich »mehr« (ein höherer technischer Standard) vereinbart ist.[55] Im Sinne einer Definition sind anerkannte Regeln der Technik Regelungen für die Ausführung baulicher Leistungen, die sich nach Meinung der Mehrheit der maßgeblichen Fachleute in der Praxis bewährt haben oder deren Eignung von ihnen als nachgewiesen angesehen wird.[56] Darunter fallen sämtliche Vorschriften und Bestimmungen, die sich in der Theorie und Wissenschaft als richtig und praktisch umsetzbar erwiesen haben,[57] zum Beispiel basierend auf Studien oder Gutachten von Sachverständigen und Wissenschaftlern.[58] Diese können sich konkret – je nach Leistungsbereich und Gewerk – beispielsweise ergeben aus 40

- DIN-Normen, vor allem den DIN 18299 bis 18459 (ATV = **VOB/C**),[59]
- europäischen und anderen internationalen Normen (CEN/CENELEC/EN),
- den Einheitlichen Technischen Baubestimmungen (ETB),[60]

51 Zum **Rechtsmangel** nach § 633 Abs. 3 BGB siehe § 633 Rdn. 96 und Moufang/Koos, in: Messerschmidt/Voit, § 633 BGB Rdn. 91–95.

52 Ausführlich Langen/Schiffers, Rn. 1882 ff.

53 BGH, Urt. v. 14.05.1998 – VII ZR 184/97, NJW 1998, 2814; BGH, Urt. v. 09.07.1981 – VII ZR 40/80, BauR 1981, 577; OLG Düsseldorf, Urt. v. 14.07.1995 – 22 U 46/95, NJW-RR 1996, 146; OLG Schleswig, Urt. v. 07.03.2002 – 7 U 38/98, IBR 2002, 406; OLG Köln, Urt. v. 10.02.2021 – 11 U 128/19, Voit, in: Bamberger/Roth/Hau/Poseck, § 633 BGB Rn. 14, 32; BeckOK-BGB/Voit, § 633 Rn. 14; Langen, in: Kapellmann/Messerschmidt, § 13 VOB/B I. 4. b) aa) Rn. 50f.; Leesmeister/Kaiser, Praxishandbuch VOB/C, Kap. 8 Rn. 16 ff.; Staudinger/Peters, BGB, § 633 Rn. 177; Grüneberg/Retzlaff, BGB, § 633 Rn. 6.

54 BT-Drucks. 14/6040, 261, rechte Spalte, 1. Abs.

55 OLG München, Beschl. v. 27.03.2020 – 20 U 4425/19 Bau, IBR 2021, 510.

56 BGH, Urt. v. 07.07.2010 – VIII ZR 85/09, BauR 2010, 1756; Merkens, in: Kapellmann/Messerschmidt, VOB/B § 4, V. 2. B) Rn. 55 ff.

57 Vgl. Moufang, in: Ingenstau/Korbion, § 4 Abs. 2 VOB/B Rn. 32 ff., 48; Werner/Pastor, Rn. 1926 ff.; Leesmeister/Kaiser, Praxishandbuch VOB/C, Kap. 8 Rn. 16 ff.

58 Zur Abgrenzung von a.R.d.T. zu »Stand der Technik« und »Stand von Wissenschaft und Technik« vgl. ausführlich Merkens, a.a.O., Rn. 55 f. sowie Seibel, BauR 2004, 266 ff. Zur Abgrenzung von DIN-Normen: sind keine Rechtsnormen, sondern als private technische Regelungen mit Empfehlungscharakter zu qualifizieren. Vgl. BGH, Urt. v. 06.06.1991 – I ZR 234/89, NJW-RR 1991, 1445, 1447; BGH, Urt. v. 06.10.2004 – VIII ZR 355/03, NZM 2005, 60, 61; Ganten, in: Ganten/Jagenburg/Motzke, § 4 VOB/B Rn. 85; Klein, Einführung in die DIN-Normen, S. 13; Dresenkamp, SchlHA 1994, 165 f.

59 OLG Hamburg, Urt. v. 07.02.2023 – 4 U 77/21, IBR 2024, 230, OLG Brandenburg, Urt. v. 18.06.2009 – 12 U 164/08, NJW-RR 2009, 1468; BGH, Urt. v. 28.02.2002 – VII ZR 376/00, ZfBR 2007, 310; ausführlich Leesmeister/Kaiser, Praxishandbuch VOB/C, Kap. 1 Rn. 82 ff.

60 OLG Köln, Urt. v. 06.05.1991 – 12 U 130/88, BauR 1991, 759.

- den Regeln des Handwerks,[61]
- Hersteller-Richtlinien für die Verwendung einzelner Bauprodukte,[62]
- Montageanleitungen/Einbauhinweisen (ggf. mit Herstellerempfehlungen),[63]
- Bestimmungen der Arbeitsstätten-VO,[64]
- Vorschriften, Mustern und Merkblätter von Bauberufsgenossenschaften u.a.,[65]
- VDE-Bestimmungen (Bestimmungen des Verbandes der Elektrotechniker) und
- aus sonstigen ähnlichen baurechtlichen und -technischen Bestimmungen.[66]

Zudem besteht nach (noch) überwiegend praktizierter Meinung die (widerlegbare) **Vermutungsregelung** zugunsten des Unternehmers, dass eine nachweislich DIN-konform ausgeführte Bauleistung den anerkannten Regeln der Technik entspricht und somit in technischer Hinsicht grundsätzlich mangelfrei ist.[67]

Diese gelebte Praxis in Bezug auf die rechtliche Bedeutung der allgemein anerkannten Regeln der Technik wird jüngst unter anderem vom Oberlandesgericht Düsseldorf eingeschränkt.[68] Darüber hinaus hat nunmehr die Bundesregierung[69] den – von BGH-Richtern und baurechtlicher Literatur stark kritisierten – Entwurf eines Gesetzes zur zivilrechtlichen Erleichterung des Gebäudebaus (**Gebäudetyp-E-Gesetz**) auf den Weg gebracht; aktuell liegt der Regierungsentwurf vor,[70] mit dem das Bürgerliche Gesetzbuch insbesondere hinsichtlich der Sachmängelfreiheit und (Nicht-)Einhaltung von anerkannten Regeln der Technik eine Änderung erfahren soll: Nach dem neuen § 650a BGB-E Absatz 3 sollen ohne ausdrückliche Vereinbarung technische Normen und Regeln **nicht** Gegenstand der vertraglichen Leistungspflicht werden, wenn sie ausschließlich Komfort- oder Ausstattungsmerkmale betreffen oder (nach dem neuen Absatz 4) durch Rechtsverordnung bestimmt worden sind, weil sie die Nutzung von innovativen, nachhaltigen oder kostengünstigen Bauweisen

---

61 OLG Schleswig, Urt. v. 05.07.2023 – 12 U 116/22, IBR 2023, 509, OLG München, Urt. v. 18.02.1998 – 7 U 6173/95, NJW-RR 1999, 1657.

62 OLG Jena, Urt. v. 27.07.2006 – 1 U 897/04, BauR 2009, 669; OLG Brandenburg, Urt. v. 15.06.2011 – 4 U 144/10, IBR 2011, 455; BGH, Urt. v. 23.07.2009 – VII ZR 164/08, BauR 2009, 1589.

63 Vgl. dazu Grüneberg/Weidenkaff, BGB, § 434 Rn. 33; Schmidt/Zwätz/Bär/Schulte, Ausführung von Stahlbauten, S. 143 f.; Rodemann, ZfBR 2010, 523; OLG Frankfurt, Urt. v. 25.04.2007 – 13 U 103/0, BauR 2008, 847; OLG Oldenburg, Urt. v. 07.12.2006 – 8 U 182/06, BauR 2008, 1457; BGH, Urt. v. 04.02.1986 – VI ZR 179/84, NJW 1986, 1863; Büdenbender, in: Dauner-Lieb/Langen, BGB, § 434 Rn. 63.

64 OLG Brandenburg, Urt. v. 11.07.2002 – 2 U 182/01, BauR 2002, 1562.

65 OLG Frankfurt, Urt. v. 19.01.2005 – 1 U 82/00, BauR 2005, 1937; vgl. auch OLG Düsseldorf, OLG Report NRW 1/2014.

66 Reichtelt, BauR 2007, 1483; einschränkend OLG Hamm, Urt. v. 04.05.1995 – 17 U 25/94, NJW-RR 1996, 213; Kamphausen, BauR 2008, 25; Quack, BauR 2010, 863. Zu bloßen unverbindlichen (soweit nicht sicherheitsrelevant) Vorgaben und Empfehlungen eines Herstellers und deren Bedeutung siehe OLG Köln, Urt. v. 22.09.2005 – VII ZR 152/05, MDR 2006, 147; OLG Frankfurt, Urt. v. 25.04.2007 – 13 U 103/0, BauR 2008, 847; BGH, Urt. v. 23.07.2009 – VII ZR 164/08, NJW-RR 2009, 1467; OLG Brandenburg, Urt. v. 02.08.2006 – 4 U 132/99, BauR 2008, 93; OLG Jena, Urt. v. 27.07.2006 – 1 U 897/04, BauR 2009, 669.

67 Vgl. BGH, Urt. v. 14.05.1998 – VII ZR 184/97, NJW 1998, 2814 und BGH, Urt. v. 24.05.2013 – V ZR 182/12, BauR 2013, 1443 mit Verweis auf Pastor, in: Werner/Pastor, Rn. 1969 m.w.N.

68 OLG Düsseldorf, Urt. v. 09.02.2023 – 5 U 227/21, NZBau 2023, 454, und BGH, Urt. v. 22.11.2024 – 22 U 40/24, IBRRS 2025, 1007; vgl. auch Dt. Baugerichtstag v. 12.05.2023, Arbeitskreise V und VI Normung und Sachverständigenrecht, abrufbar unter https://baugerichtstag.de/wp-content/uploads/2023/02/BauR-2023-Thesenheft.pdf.

69 Auch die neue »GroKo«-Regierung hat in ihrem Koalitionsvertrag 2025 vereinbart, dass der Gebäudetyp-E abgesichert und zivilrechtlich ermöglicht und damit u.a. das Abweichen von den a.R.d.T. künftig keinen Mangel mehr darstellen werde (…). Abrufbar z.B. unter: https://www.cdu.de/aktuelles/funktionierender-staat/koalitionsvertrag-2025-staat-modernisieren/.

70 Allerdings noch von der alten »Ampel«-Regierung, abrufbar auf der Seite des Bundesministeriums für Justiz: https://www.bmj.de/SharedDocs/Gesetzgebungsverfahren/DE/2024_Gebaeudetyp_E.html.

oder Baustoffen erheblich erschweren.[71] Und bei »Gebäudebauverträgen« zwischen »fachkundigen Unternehmern« sollen diese gemäß § 650o BGB-E per Vereinbarung von den anerkannten Regeln der Technik abweichen können, ohne dass der Unternehmer den Besteller über die mit dieser Abweichung verbundenen Risiken und Konsequenzen aufklären muss. Ohne Beschaffenheitsvereinbarung soll ein Abweichen von den anerkannten Regeln der Technik unter bestimmten Voraussetzungen keinen Sachmangel begründen. Wenn das Gesetz in Kraft tritt, möchte die Bundesregierung es fünf Jahre evaluieren. Die Anpassung von § 13 VOB/B oder besser noch die Abschaffung der VOB/B wäre dann nur konsequent.[72]

Ist die Funktionstauglichkeit für den vertraglich vorausgesetzten oder den gewöhnlichen Verwendungszweck aufgrund der vereinbarten Beschaffenheit oder der Einhaltung der anerkannten Regeln der Technik nicht zu erreichen, schuldet der Unternehmer im Rahmen seiner **Erfolgshaftung**[73] gleichwohl die vereinbarte Funktionstauglichkeit – solange ist die Leistung mangelhaft (sog. **funktionaler Mangelbegriff**).[74] Die Funktionsfähigkeit gehört somit zur (stillschweigenden) Beschaffenheitsvereinbarung, selbst wenn die (ausdrückliche) Beschaffenheitsvereinbarung zu einer funktions*un*tauglichen Leistung führen würde.[75] 41

Für weitere Einzelheiten zu den Merkmalen des Mangelbegriffs etc. wird auf die Kommentierung § 633 Rdn. 24 ff. verwiesen. 42

5. Gefahrübergang – Abnahme

Der Mangel bzw. die Mangelfreiheit muss grundsätzlich zum Zeitpunkt des Gefahrübergangs vorgelegen haben. Im Gegensatz zum Kaufvertragsrecht (vgl. § 434 Abs. 1 S. 1 BGB: »bei Gefahrübergang«) ist im Werkvertragsrecht der für die Mangelfreiheit einschlägige Zeitpunkt nicht ausdrücklich festgeschrieben. Trotzdem ist auch für die Werkmängelansprüche der Gefahrübergang im Sinne des **§ 644 BGB** (»Gefahrtragung«) der maßgebende Zeitpunkt; in der Regel stellt die **Abnahme** den Gefahrübergang dar. 43

Der Begriff der Abnahme wird in der (Bau-)Praxis vielseitig verwenden.[76] Für 44
– die Anwendbarkeit der BGB-Gewährleistungsrechte,[77]
– den Gefahrübergang und den relevanten Zeitpunkt für die Mängelfreiheit,
– die Werklohnfälligkeit,[78]
– den Wegfall der Vorleistungspflicht des Unternehmers,

71 Im Referentenentwurf vom 21.06.2024 lautete § 650b Abs. 3 BGB-E noch: *Es wird vermutet, dass 1. bautechnische Normungen, die sicherheitstechnische Festlegungen enthalten, an erkannte Regeln der Technik sind und 2. bautechnische Normungen, die reine Ausstattungs- und Komfortmerkmale abbilden, keine anerkannten Regeln der Technik sind.* Abrufbar unter: https://www.bmj.de/SharedDocs/Downloads/DE/Gesetzgebung/RefE/RefE_GebaudetypE.pdf?__blob=publicationFile&v=2.

72 Vgl. dazu Leesmeister, FS Langen 2023, 206.

73 Dazu Rdn. 103.

74 Dies hat der BGH inzwischen auch für den Geltungsbereich nach dem Schuldrechtsmodernisierungsgesetz mit Urteil vom 08.11.2007 – VII ZR 183/05, klargestellt (BauR 2008, 344). Vgl. auch OLG Düsseldorf, Urt. v. 27.01.2015 – I-22 U 154/14, BauR 2015, 982; OLG München, Beschl. v. 27.03.2020 – 20 U 4425/19 Bau, IBR 2021, 510 und Beschl. v. 25.01.2021 – 28 U 4343/20 Bau, IBR 2023, 11.

75 Vgl. Langen, in: Kapellmann/Messerschmidt, § 13 VOB/B, B. I. 4. Rn. 26. Zu etwaigen Mehrkosten im Rahmen der Mangelbeseitigung aufgrund einer fehlerhaften/unvollständigen Leistungsbeschreibung siehe Rdn. 77.

76 Z.B. die öffentlich-rechtliche Abnahme des Rohbaus durch das Bauordnungsamt oder die Abnahme einer Aufzugsanlage durch den TÜV. Zur sog. Technischen Abnahme oder Zustandsfeststellung siehe § 650g Abs. 1–3 BGB.

77 Zu den Mängelrechten vor/ohne Abnahme siehe Rdn. 17 f.

78 Seit dem 01.01.2018 ist auch für BGB-Bauverträge ergänzend die Prüfbarkeit der Schlussrechnung Fälligkeitsvoraussetzung für den Vergütungsanspruch, § 650g Abs. 4 BGB.

- die Beschränkung des Erfüllungsanspruchs des Bestellers auf Mängelansprüche,
- die Beweislastumkehr bei Mängeln,
- den Verlust nicht vorbehaltener Ansprüche sowie für
- den Beginn der Gewährleistungs- bzw. Verjährungsfristen,[79]

also zusammengefasst für die Wirkungen der Abnahme, ist die **privatrechtliche** Abnahme gemäß **§ 640 BGB** zwischen Besteller und Unternehmer relevant.[80] Abnahme im rechtsgeschäftlichen Sinne bedeutet danach die Billigung des Werks durch den Besteller als der Hauptsache nach vertragsgemäße Leistungserfüllung.[81] Die Abnahme kann ausdrücklich oder förmlich erklärt werden, aber auch konkludent oder fiktiv erfolgen; in bestimmten Fällen ist sie sogar entbehrlich oder sie wird vom Besteller (un-)berechtigt verweigert.

45 Die **VOB/B** benennt in § 13 Abs. 1 für die Sachmängelfreiheit ausdrücklich den Zeitpunkt der Abnahme.[82] Beim BGB-Bauvertrag ergibt sich dogmatisch aus verschiedenen Anknüpfungen des gesetzlichen Wortlautes, dass der Unternehmer die Mängelfreiheit zum Zeitpunkt der Abnahme schuldet. Bei §§ 631 Abs. 1, 633 Abs. 1 und 2 BGB kommt es für die Erfüllung der Pflicht des Unternehmers, ein mängelfreies und somit vertragsgemäßes Werk herzustellen,[83] auf den Zeitpunkt der Abnahme an, weil der Besteller gemäß § 640 Abs. 1 BGB verpflichtet ist, das vertragsgemäß (mängelfrei) hergestellte Werk abzunehmen.[84] Insoweit ist auch der neue § 650g BGB zu beachten, wonach die Konsequenzen der erheblich erleichterten Abnahmeverweigerungsmöglichkeiten durch den Besteller zumindest abgemildert werden.[85]

46 Für weitere Einzelheiten zu den Voraussetzungen der Abnahme (und sog. echten Teilabnahme), den Abnahmeformen und Abnahmewirkungen usw. wird auf die Kommentierungen § 640 (»Abnahme«) und § 644 (»Gefahrtragung«) verwiesen.

6. Ausschlussgründe

a) Übersicht

47 Schon im Rahmen der Prüfung der Anspruchsentstehung darf der Nacherfüllungsanspruch aus § 635 Abs. 1 BGB nicht ausgeschlossen sein. In Betracht kommen die Ausschlussgründe in Form der Vereinbarung sowie der vorbehaltslosen Abnahme trotz Kenntnis des Bestellers vom Mangel. Zudem kann trotz des Grundsatzes der verschuldensunabhängigen Mängelhaftung des Unternehmers die Verantwortung des Bestellers für den Mangel in Verbindung mit der Einhaltung der sog. Prüfungs- und Bedenkenhinweispflicht des Unternehmers unter bestimmten Voraussetzungen zum Haftungsausschluss führen. Schließlich kann sich (ausnahmsweise) gemäß § 242 BGB ein Ausschluss der Geltendmachung von Mängelansprüchen ergeben, wenn der Besteller dem Unternehmer die Nacherfüllung gestatten musste.[86] Im Einzelnen:

b) Vereinbarung

48 Haben die Bauvertragsparteien vor oder nach Vertragsschluss die Mängelhaftung oder isoliert die Nacherfüllung durch (ggf. gesonderte) Vereinbarung ausgeschlossen oder beschränkt, muss deren Wirksamkeit überprüft werden. Die Wirksamkeit ist vor allem auch davon abhängig, ob es sich um

79 Siehe § 634a Abs. 2 BGB.
80 In der VOB/B ist sie in § 12 geregelt.
81 OLG Düsseldorf, Urt. v. 22.07.2014 – I-21 U 193/13, IBR 2014, 593.
82 Dazu auch Rdn. 230.
83 Vgl. ausführlich Rdn. 3.
84 Langen, in: Kapellmann/Messerschmidt, § 13 VOB/B, B. I. 9. Rn. 63; vgl. auch Kniffka, ibr-OK Bauvertragsrecht, § 633 Rn. 68.
85 Ausführlich Kommentierung § 650g BGB.
86 Siehe bereits Rdn. 19 sowie BGH, Urt. v. 20.01.2006 – V ZR 124/05, NJW 2006, 1198 und OLG Schleswig, Urt. v. 09.12.2016 – 1 U 17/13, NJW-RR 2017, 591.

eine individualvertragliche Vereinbarung oder um eine Allgemeine Geschäftsbedingung (AGB-Klausel) handelt. Dabei sind unter anderem die Grenzen von § 639 BGB bzw. §§ 307 ff. BGB zu beachten.[87]

Die von § 635 BGB abweichenden Vereinbarungen werden ausführlich unter Rdn. 227 behandelt. 49

c) Vorbehaltslose Abnahme

Wenn der Besteller ein mangelhaftes Bauwerk (rechtsgeschäftlich) abnimmt, obwohl ihm der Man- 50
gel bekannt ist, stehen ihm der Nacherfüllungsanspruch bzw. die Mängelrechte aus § 634 Nr. 1 bis 3 BGB dann nicht (mehr) zu, wenn er sich seine Mängelrechte wegen dieses Mangelns bei der Abnahme nicht vorbehält, § 640 Abs. 3 BGB.

Weil der Besteller im Werkvertragsrecht keine Pflicht oder (Rüge-)Obliegenheit[88] zur Suche nach 51
Mängeln hat, reicht die bloße Erkennbarkeit eines Mangels für diesen Ausschlussgrund nicht aus.[89] Auch die Offenkundigkeit eines Mangels bedeutet nicht die Kenntnis des Bestellers, kann jedoch zu einem (widerlegbaren) **Anscheinsbeweis** zulasten des Bestellers führen.[90] Der Besteller muss also den Mangel bei Abnahme positiv kennen.

Liegen die Voraussetzungen des § 640 Abs. 3 BGB vor, verliert der Besteller seinen Nacherfüllungs- 52
anspruch (sowie den Anspruch auf Selbstvornahme, das Rücktritts- und das Minderungsrecht). Allerdings bleiben ihm die Schadensersatzansprüche aus §§ 280 ff. BGB i.V.m. § 634 Nr. 4 BGB erhalten. Diese umfassen dabei nicht nur die Folgeschäden der Mängel, sondern auch die Mängelbeseitigungskosten selbst,[91] wobei auch in diesem Fall – bei Geltendmachung des Schadensersatzanspruchs – der Besteller dem Unternehmer zuvor eine Frist zur Nacherfüllung gesetzt haben muss,[92] im Übrigen ist der Schadensersatzanspruch naturgemäß vom Verschulden des Unternehmers abhängig, was jedoch vermutet wird (§ 280 Abs. 1 S. 2 BGB).

Für eine ausführliche Kommentierung wird auf § 640 Rdn. 72 verwiesen. 53

d) Verantwortung des Bestellers

aa) Prüfungs- und Bedenkenhinweispflicht des Unternehmers

Wie bereits unter Rdn. 11 dargestellt ist wesentliches Merkmal der Mängelhaftung, dass der Unter- 54
nehmer **verschuldensunabhängig** haftet; es kommt allein auf das Vorhandensein eines Mangels gemäß § 633 BGB an.[93] Dieser Grundsatz gilt zunächst auch für den Fall, dass der Besteller für den Mangel (mit-)verantwortlich ist, es sei denn, für den Unternehmer greift folgender Enthaftungstatbestand:

Die Haftung für den Mangel kann ausgeschlossen sein oder jedenfalls nur anteilig vorliegen,[94] wenn 55
der Besteller für den Mangel verantwortlich ist *und* der Unternehmer gegen seine Prüf- und Hin-

---

87 Dazu auch § 639 Rdn. 29.

88 Zum Handelskauf siehe § 377 HGB.

89 BGH, Urt. v. 24.10.1996 – VII ZR 98/94, BauR 1997, 129.

90 OLG München, Urt. v. 08.02.2012 – 13 U 2928/11, IBR 2014, 136.

91 Langen, in: Kapellmann/Messerschmidt, § 13 VOB/B, C. V. 6. Rn. 493f. m.w.N.; kritisch und differenzierend OLG Schleswig, Urt. v. 18.12.2015 – 1 U 125/14, NZBau 2016, 298 sowie Kögl, BauR 2016, 1844.

92 Langen, a.a.O.

93 BGH, Urt. v. 09.07.2002 – X ZR 242/99, NZBau 2002, 611; BGH, Urt. v. 10.11.2005 – VII ZR 147/04, BauR 2006, 375.

94 BGH, Urt. v. 25.02.2016 – VII ZR 210/13, BauR 2016, 1033; OLG Düsseldorf, Urt. v. 06.10.2017 – I-22 U 41/17, BauR 2018, 1433.

weispflicht verstoßen hat.[95] Insofern finden die in der VOB/B klar geregelten Grundsätze aus §§ 4 Abs. 3, 13 Abs. 3 auch beim BGB-Bauvertrag als vertragliche Nebenpflicht des Unternehmers über verschiedene Normen entsprechend Anwendung (dazu nachfolgend Rdn. 54 ff.).

56 Zusammenfassend geht es im Wesentlichen darum, dass die **Mangelursache** im Verantwortungsbereich des Bestellers liegt, insbesondere
- von ihm vorgegebene ungeeignete Bauteile oder
- dessen fehlerhafte Planung/Ausführungsvorgabe oder
- Vorleistungen anderer Unternehmer

ursächlich für den Mangel waren[96] *und* (obwohl) der Unternehmer seiner Prüfungs- und Bedenkenhinweispflicht nachgekommen ist.[97] Im Einzelnen:

bb) Anwendung auf den BGB-Bauvertrag

57 Nach **§ 4 Abs. 3 VOB/B** ist der Unternehmer (»Auftragnehmer«) verpflichtet, Bedenken gegen die vorgesehene Art der Ausführung (Planung), gegen die Eignung der vom Besteller (»Auftraggeber«) gelieferten bzw. einseitig vorgegebenen Stoffe oder Bauteile oder gegen Leistungen anderer Unternehmer anzuzeigen, und zwar gegenüber dem Besteller schriftlich und unverzüglich, möglichst vor Ausführungsbeginn, wobei der Besteller für seine Angaben, Anordnungen und Lieferungen verantwortlich bleibt. Diese allgemein gefasste Prüf- und Mitteilungspflicht wird im **Teil C der VOB**, in jeder der aktuell 68 Allgemeinen Technischen Vertragsbedingungen für Bauleistungen (ATV), den DIN-Normen 18299 bis 18459, jeweils gewerkespezifisch durch (nicht abschließende[98]) Regelbeispiele konkretisiert.[99]

58 Unter ausdrücklicher Bezugnahme auf § 4 Abs. 3 regelt sodann **§ 13 Abs. 3 VOB/B**, dass der Unternehmer bei Einhaltung seiner Mitteilungsobliegenheit nicht für den Mangel haftet (Umkehrschluss der Formulierung), wenn der Mangel auf die Leistungsbeschreibung oder auf Anordnungen des Bestellers, auf die vom Besteller gelieferten oder vorgeschriebenen Stoffe oder Bauteile oder auf die Beschaffenheit der Vorleistungen anderer Unternehmer zurückzuführen ist.

59 Vor der Schuldrechtsmodernisierung[100] bestand Einigkeit, dass die vorstehenden VOB-Grundsätze über **§ 242 BGB** (nach »Treu und Glauben«) in Verbindung mit der Interpretation des **§ 633 BGB** auch auf den BGB-Bauvertrag anzuwenden waren.[101] Seit 2001 gibt es jedoch kritische Stimmen, die die Prüf- und Bedenkenhinweispflichten des Unternehmers aus **§ 241 Abs. 2 BGB** ableiten und bei dieser (Neben-)Pflichtverletzung ausschließlich Schadensersatzansprüche nach § 280 Abs. 1 BGB auslöst.[102] Danach sei durch die Schuldrechtsreform die Selbständigkeit der Gewährleistungsvorschriften der §§ 634 ff. BGB abgeschafft und durch das allgemeine Leistungsstörungsrecht verdrängt bzw. modifiziert worden.

60 Diese Ansicht überzeugt nicht. Denn auch nach der Schuldrechtsmodernisierung sind die Gewährleistungsrechte selbständig, und die damit einhergehende werkvertragliche Erfolgshaftung[103] wird

95 Zur Abgrenzung zwischen Prüf- und Hinweispflicht und Aufklärungs- und Mitteilungspflicht siehe Langen/Berger, Einführung in die VOB/B, Rn. 277 m.w.N.

96 Vgl. auch den Fall des OLG Düsseldorf, Urt. v. 13.12.2013 – 22 U 67/13, IBR 2014, 77 und IBR 2014, 183.

97 BGH, Urt. v. 08.11.2007 – VII ZR 183/05, IBR 2008, 77.

98 Formulierung *»insbesondere«*. BGH, Urt. v. 07.06.2001 – VII ZR 471/99, BauR 2001, 1414.

99 Ausführlich Leesmeister/Kaiser, Praxishandbuch VOB/C, Kap. 8 Rn. 149 ff. (regelmäßig in den Abschnitten 3 der ATV geregelt).

100 Art. 1 Nr. 38 Schuldrechtsmodernisierungsgesetz.

101 Siehe Beck'scher VOB-Kommentar, Teil B/Ganten, § 4 Abs. 3 Rn. 25 m.w.N.

102 Vorwerk, BauR 2003, 1; vgl. auch Lorenz, FS 50 Jahre BGH, Bd. I, S. 329, 358 f.

103 Dazu Rdn. 38.

vom allgemeinen Leistungsstörungsrecht gerade nicht erfasst.[104] Die Grundsätze der §§ 4 Abs. 3 und 13 Abs. 3 VOB/B gelten daher auch weiterhin auf den BGB-Bauvertrag, auch weil die Interessen zwischen BGB- und VOB/B-Bauvertrag insoweit grundsätzlich übereinstimmen.[105]

Schließlich kann für den BGB-Bauvertrag diese Form der Haftungsbefreiung (oder -beschränkung) auch über eine entsprechende Interpretation der §§ 254, 323 Abs. 6 und 645 BGB analog hergeleitet werden.[106] 61

cc) Vorgegebene ungeeignete Baumaterialien

Die schon vor Ausführung bestehende Prüfungspflicht des Unternehmers bezüglich der vom Besteller für das Bauvorhaben zur Verfügung gestellten Bauprodukte (Stoffe und Bauteile) dahingehend, ob diese für den konkret vorgesehenen Einsatzzweck geeignet sind, soll zur Gewährleistung der Mangelfreiheit beitragen. Dabei hat der Unternehmer die für die jeweiligen, zum Einsatz kommenden Baustoffe/-teile relevanten Fach-DIN-Normen und »technischen Regelungen« zu kennen und entsprechend zu überprüfen, insbesondere auch nach deren (bauordnungsrechtlichen) Zulässigkeit. Vor allem beim Einsatz neuer Baumaterialien (und Bauverfahren) ist eine erhöhte Aufmerksamkeit erforderlich.[107] 62

Für einen möglichen Haftungsausschluss zugunsten des Unternehmers sind zunächst innerhalb eines Leistungsverzeichnisses **verbindliche Vorgaben** des Bestellers erforderlich. Die Benennung bestimmter Bauteile im Leistungsverzeichnis soll dann nicht nur ein Einverständnis oder eine Anregung darstellen, sondern ist eine bindende Anweisung, wenn die Auslegung des Bauvertrags gemäß §§ 133, 157, 242 BGB ergibt, dass dieses Material dem Unternehmer zwingend vorgeschrieben sein soll. Dies ist nur dann nicht der Fall, wenn die Bezeichnung eines bestimmten Erzeugnisses mit dem Zusatz »oder gleichwertig« oder ähnlichen Formulierungen versehen wird.[108] 63

Der Haftungsausschluss setzt aber auch voraus, dass der Mangel auf in den Risikobereich des Bestellers fallenden Umstände zurückzuführen ist. Die Maßnahmen und Vorgaben des Bestellers müssen daher die Ursache des Mangels sein. Das bedeutet: Die Ursachen aus dem Risikobereich des Bestellers müssen im Allgemeinen und nicht nur unter besonders eigenartigen, unwahrscheinlichen und nach dem gewöhnlichen Verlauf der Dinge außer Betracht zu lassenden Umständen geeignet sein, den Mangel herbeizuführen.[109] In Ausnahmefällen kann sich trotz zweifelsfreier Kausalität die Frage der Zurechnung im Zusammenhang mit dem sog. **Systemrisiko** stellen. Dementsprechend hat der Bundesgerichtshof in dem »Ausreißer-Urteil« entschieden, dass die Haftung des Unternehmers nur in dem Maße eingeschränkt werden soll, in dem es bei wertender Betrachtung gerechtfertigt ist; der Besteller soll lediglich für das, was er anordnet, einstehen – die Gefahr eines Ausreißers ist jedoch 64

---

104 Moufang, in: Ingenstau/Korbion, § 4 Abs. 3 VOB/B Rn. 3; BGH, Urt. v. 09.10.2008 – VII ZR 80/07, BauR 2009, 100; Ganten, a.a.O., Rn. 26; Motzke, ZfBR 1988, 246.

105 Ganten, a.a.O., Rn. 27.

106 Zu letzterem siehe die Kommentierung § 645.

107 OLG Stuttgart, Urt. v. 21.02.2017 – 12 U 159/16, IBRRS 2020, 1502; BGH, Urt. v. 22.03.1984 – VII ZR 286/82, BauR 1984, 401; OLG Hamm, Urt. v. 09.01.1990 – 26 U 192/88, NJW-RR 1990, 523. Zu den möglichen Ansprüchen gegen Baustoffhersteller und Lieferanten bei Ungeeignetheit des Baustoffes siehe OLG Düsseldorf, OLG-Report NRW 1/2014.

108 OLG Zweibrücken, BauR 1992, 717; BayObLG, Beschl. v. 29.04.2002 – Verg 10/02, IBR 2002, 505; OLG Hamm, Urt. v. 09.02.1987 – 6 U 73/85, BauR 1988, 481; OLG Hamm, Urt. v. 07.10.1991 – 17 U 9/90, IBR 1991, 530; OLG Jena, BauR 2001, 1173; Beck'scher VOB-Kommentar, VOB/B/Ganten, § 13 Abs. 3 Rn. 21 u. 23. Dabei kann die Anordnung des Bestellers z.B. auch in dem LV liegen, vgl. Langen, in: Kapellmann/Messerschmidt, § 13 VOB/B Rn. 71 Fn. 331 sowie Rn. 73.

109 OLG München, Urt. v. 20.02.1987 – 14 U 287/86, NJW-RR 1987, 854; Beck'scher VOB-Kommentar, VOB/B/Ganten, § 13 Abs. 3 Rn. 39; Langen, a.a.O., Rn. 77.

unabhängig davon, ob die Entscheidung für das an sich geeignete Material vom Unternehmer oder vom Besteller getroffen worden ist.[110]

65 Fraglich ist jedoch, was – im Sinne der höchstrichterlichen Rechtsprechung – unter einer generellen Eignung des Stoffes im Verhältnis zu »**Ausreißern**« und systematischen Produktionsfehlern zu verstehen ist. Der oben genannten Entscheidung lag der Fall zugrunde, dass der Besteller bestimmte Sichtbetonsteine vorgegeben hatte, die nur bei den tatsächlich gelieferten und verwendeten Steinen Mängel (Herstellungsfehler) aufwiesen, die Produktion im Übrigen aber uneingeschränkt tauglich und vielfach bewährt war und auch gegen den Hersteller keine Bedenken bestanden, sodass der Bundesgerichtshof eine generelle Eignung des vorgegebenen Materials angenommen hat; die Gewährleistungshaftung des Unternehmers für diesen auf die konkrete Einzellieferung beschränkten Mangel werde damit nicht eingeschränkt. Der Bundesgerichtshof legt die Vorschrift nach ihrem Sinn und Zweck zutreffend dahin aus, dass der Unternehmer nur dann von seiner verschuldensunabhängigen Mängelhaftung frei wird, wenn der Besteller ein für den konkret vorgesehenen Verwendungszweck generell ungeeignetes Material vorgegeben hat. Ist jedoch das vom Besteller gewünschte Material gemäß der Vorgabe generell geeignet, hat er keinen Einfluss darauf, dass dieses Material von dem Vertragspartner des Unternehmers (Hersteller/Lieferant) mangelfrei produziert wird, weshalb das Risiko der mangelhaften Herstellung beim Unternehmer verbleibt, der wiederum unmittelbar Gewährleistungsansprüche gegenüber seinem Vertragspartner geltend machen kann. Nur wenn das vorgegebene Produkt für den konkreten Verwendungszweck schon »per se« ungeeignet ist (und der Unternehmer seiner Prüf- und Hinweispflicht nachgekommen ist sowie Bedenken angemeldet hat – sofern denn die Ungeeignetheit erkennbar war), also selbst bei mangelfreier Materialherstellung nach dem Einbau im konkreten Objekt Mängel auftreten würden, wäre ein Haftungsausschluss möglich. In allen anderen Fällen haftet der Unternehmer im Rahmen seiner Gewährleistung auch für Mängel, die er selbst nicht zu vertreten hat. *»Diese Einstandspflicht gehört zu den für den Werkvertrag typischen Risiken des Auftragnehmers. Die generelle, an sich geeignete Anordnung des Auftraggebers ist kein hinreichender Grund für die Verlagerung auch dieses Risikos. Die Gefahr des ausnahmsweisen fehlerhaften Baustoffes ist unabhängig davon, ob die Entscheidung für das an sich geeignete Material vom Auftragnehmer oder vom Auftraggeber getroffen worden ist.«*[111]

▶ **Beispiele:**

– Der Besteller, vertreten durch seinen Architekten, schreibt im Leistungsverzeichnis einen bestimmten Laminatbodenbelag eines bestimmten Herstellers alternativlos aus. Der Laminatbodenhersteller ist in der Branche für seine qualitativ hochwertigen Produkte bekannt, ein entsprechendes Produktdatenblatt für den ausgeschriebenen Bodenbelag mit den danach uneingeschränkt geeigneten technischen Merkmalen liegt vor. Der vom Besteller beauftragte Laminatbodenverleger (Unternehmer) kauft das ausgeschriebene Laminat beim Hersteller ein und verlegt es in den Räumlichkeiten des Bestellers. Nach zwei Jahren zeigen sich an den Laminatböden Schäden in großem Ausmaß (Ablösungen der Trittschicht, Hebungen des Bodens, Blasenbildung des Belags usw.). Erst bei der gutachterlichen Untersuchung im Labor stellt sich heraus, dass die Schäden auf einen Herstellungsfehler bei der Produktion zurückzuführen sind. Der Besteller fordert den Unternehmer zur Mangelbeseitigung auf. Dieser lehnt jegliche Gewährleistung mit der Begründung ab, der Architekt habe schließlich ein ungeeignetes Produkt verbindlich vorgegeben, was zu den Mängeln geführt habe; die Ungeeignetheit habe er nicht erkennen können, sodass auch kein Verstoß gegen seine Prüf- und Hinweispflicht vorliege.
Hier ist unstreitig, dass der Besteller in der Leistungsbeschreibung ein – von einem renommierten Laminatbodenhersteller vielfach bewehrtes – uneingeschränkt taugliches Produkt vorgegeben hatte, welches sich gemäß den Vorgaben des Leistungsverzeichnisses, auch aus

---

110 BGH, Urt. v. 14.03.1996 – VII ZR 34/95, NJW 1996, 2372.

111 BGH, a.a.O.; vgl. auch Nicklisch, in: Jansen/Seibel, § 13 VOB/B Rn. 49 ff. m.w.N.

Sicht des Unternehmers, für den konkreten Einsatz eignet, was sich aus dem technischen Datenblatt des Herstellers zum Produkt ergab. In der vertraglichen Leistungskette hat hier also der Besteller Gewährleistungsansprüche gegen den Unternehmer und dieser wiederum Schadensersatzansprüche gegen seinen Vertragspartner, den Lieferanten oder Hersteller.[112]
- VOB/C ATV-DIN 18320 (Landschaftsbauarbeiten), Abschnitt 3.1.10:
  Als Bedenken nach § 4 Abs. 3 VOB/B) können insbesondere in Betracht kommen (...) Mängel an vom Auftraggeber beigestellten oder vorgeschriebenen Böden, Pflanzen oder Pflanzenteilen.

dd) Fehlerhafte Vorleistungen anderer Unternehmer

Darüber hinaus trifft den Unternehmer bei Bauvorhaben, an denen mehrere Unternehmer gewerkeweise Leistungen erbringen, eine Prüfungspflicht bezogen auf deren Vorleistungen, weil (wenn und soweit) die von ihm zu erbringenden Leistungen auf diesen Vorleistungen unmittelbar aufbauen. 67

▶ **Beispiele:**
- Der Unternehmer wurde mit der Verlegung von Terrassenplatten beauftragt, prüft jedoch nicht, ob der von einem anderen Unternehmer hergestellte Untergrund ausreichend verdichtet ist.[113]
- Der Sanitärunternehmer verlegt Abwasserleitungen im Rohbetonboden ohne ausreichende Befestigung und mit Kontergefälle. Der nachfolgende Estrichleger meldet gegen diesen, für ihn erkennbaren Mangel keine Bedenken an. Der weitere nachfolgende Parkettleger verlegt nach der Austrocknung des Estrichs den Bodenbelag. Erst danach stellt der Besteller den Mangel fest und die Böden und Leitungen müssen ausgetauscht werden.
  Die Sanitärfirma muss die betroffenen Kanäle austauschen und dazu das Parkett aufnehmen und den Estrich öffnen. Als Nacharbeit zu dieser Mängelbeseitigung muss sie anschließend wieder den Estrich einbringen und das Parkett neu verlegen (lassen). Im Innenverhältnis kann sie aber den Estrichleger wegen der Entfernung und Erneuerung des Estrichs aus Geschäftsführung ohne Auftrag (§§ 677 ff. BGB) in Anspruch nehmen,[114] weil der Estrichleger seinerseits Bedenken gegen die Kanalverlegung hätte erheben müssen. (Der Parkettleger haftet nicht, weil für ihn weder die mangelhafte Kanalverlegung noch die mangelhafte Estrichverlegung erkennbar waren.)[115]
- Weist an einem Gebäude der Sockel keine Abdichtung auf dem Putz auf, muss der mit der Erstellung eines Spritzschutzstreifens beauftragte Unternehmer hierauf hinweisen.[116]
- Nicht hinweispflichtig ist der mit der Installation einer Heizungs- und Kühlanlage beauftragte Unternehmer im Verhältnis zur zeitlich nachfolgenden (fehlerhaften) Verkabelung einer Fußbodenheizung durch einen anderen Unternehmer.[117]
- Nicht hinweispflichtig ist der mit der Verputzung von Innenwänden beauftragte Unternehmer im Verhältnis zum vorherigen Aufbau der Untergrundwände durch einen anderen Unternehmer, die aufgrund von Restfeuchte in Betonnestern zum Ablösen des Putzes führen.[118]
- VOB/C ATV-DIN 18334 (Zimmer- und Holzarbeiten), Abschnitt 3.1.1:

---

112 Vgl. zu Leistungsketten auch das »Parkettstäbe-Urteil« des BGH, Urt. v. 15.07.2008 – VIII ZR 211/07, NJW 2008, 2837 und BGH, Urt. v. 17.10.2012 – VIII ZR 226/11, NJW 2013, 220 (im Anschluss an EuGH, Urt. v. 16.06.2011 – C-65/09, C-87/09, NJW 2011, 2269).
113 OLG Köln, Urt. 17.06.1994 – 19 U 118/93, IBR 1995, 159.
114 Gesamtschuldnerausgleich, § 426 BGB (§ 421 BGB).
115 Vgl. OLG Hamm, Urt. v. 10.01.1992 – 26 U 82/91, IBR 1992, 276.
116 OLG Koblenz, Urt. v. 23.12.2014 – 3 U 814/14, IBR 2015, 68.
117 OLG Hamm, Urt. v. 19.04.2016 – I-24 U 48/15, BauR 2016, 1783, auch wenn zeitlich nachgelagerte Verkabelung als Vorleistung anzusehen ist.
118 OLG Dresden, Urt. v. 23.09.2022 – 22 U 1625/21, IBR 2023, 456.

Der Unternehmer wurde mit Zimmerarbeiten für einen Dachstuhl auf einem Stahlbetonbau beauftragt. Vor Beginn der Arbeiten hat er gemäß DIN 18334 Abschnitt 3.1.1 zu prüfen, ob die Auflager des Dachstuhls in der richtigen Lage sind.

69 Die Prüfungs- und Hinweispflichten beziehen sich nicht nur auf die Vorleistungen anderer Unternehmer, sondern gelten auch für die vom Besteller selbst erbrachten Vorarbeiten bzw. **Eigenleistungen**[119] oder sonstige, die mangelfreie Ausführung beeinträchtigende Umstände.[120] In Bezug auf die Eigenleistung soll nach Meinung des Oberlandesgerichts Hamm jedoch im Einzelfall die Prüf- und Bedenkenhinweispflicht des Nachfolgeunternehmers entfallen, dieser den Besteller bereits mehrfach im Vorfeld darauf hingewiesen hat, wie er die Eigenleistungen fachgerecht ausführen muss.[121]

70 Der Unternehmer ist jedoch nicht verpflichtet, die **Nachfolgeunternehmer** darauf hinzuweisen, die anerkannten Regeln der Technik einzuhalten;[122] auf etwaige Untauglichkeiten einer beauftragten und ausgeführten Nachfolgeleistung muss er aber unter Umständen den Besteller hinweisen.[123] Hat der Vorunternehmer Anhaltspunkte dafür, dass die nachfolgenden Arbeiten nicht ordnungsgemäß durchgeführt werden, kann dies zu einer Hinweisverpflichtung führen, insbesondere wenn der Nachfolgeunternehmer nicht erkennen kann, ob die Vorleistung für sein Gewerk keine geeignete Arbeitsgrundlage darstellt; insoweit muss der Vorunternehmer darauf hinweisen, wie die Nachfolgearbeiten an die Vorleistungen zur Vermeidung von Mängeln anzupassen sind.[124] Diese Ansicht überzeugt jedoch nicht, weil gerade eine funktionstaugliche Leistung Sinn und Zweck der Prüf- und Bedenkenhinweispflicht ist und dies nur erfüllt werden kann, wenn die tatsächlich erbrachte Leistung (auch die Eigenleistung) **überprüft** worden ist.[125]

71 Verstößt der (nachfolgende) Unternehmer gegen seine Prüf- und Bedenkenhinweispflicht in Bezug auf die fehlerhafte Vorleistung und kommt es in der Folge zu einem Mangel an seinem Gewerk, ist er für die eigene mangelhafte Leistung verantwortlich, nicht jedoch für die mangelhafte Vorleistung.[126] Daher besteht grundsätzlich auch keine gesamtschuldnerische Haftung zwischen dem Vor- und dem Nachfolgeunternehmer für die insgesamt mangelhafte – das Vor- und Nachfolgegewerk betreffende – Bauleistung.[127] Der Vorunternehmer haftet für die Mängel an seinem Gewerk sowie die dadurch entstandenen Mangelfolgen am nachfolgenden Gewerk. Eine **gesamtschuldnerische Haftung** gemäß §§ 421 ff. BGB des mangelhaft leistenden Vorunternehmer und des gegen seine Prüf- und Hinweispflicht verstoßenden Nachfolgeunternehmers soll allerdings dann vorliegen, wenn die Mangelbeseitigung des einen Unternehmers automatisch auch zur Mangelbeseitigung des anderen führt.[128]

▶ **Beispiel:**

72 Der Estrichleger hat seine Leistung mangelhaft erbracht. Der Parkettleger hätte dies prüfen, erkennen und darauf hinweisen müssen, unterlässt dies jedoch und verlegt den Boden, der sich später anhebt. Estrich und Parkettboden müssen neu gelegt werden, d.h. die neue Estrichverlegung bedingt automatisch auch das Aufnehmen und Neuverlegen des Parketts, umgekehrt muss für die neue, diesmal mängelfreie Verlegung des Parketts vorher auch der Estrich

119 OLG Hamm, Beschl. v. 12.10.2010 – I-19 W 33/10, BauR 2011, 700.
120 Vgl. OLG Düsseldorf, Urt. v. 20.07.1994 – 22 U 15/94, BauR 1995, 244.
121 OLG Hamm, Beschl. v. 12.10.2010 – I-19 W 33/10, BauR 2011, 700.
122 Vgl. OLG Düsseldorf, Urt. v. 18.06.1993 – 22 U 298/92, IBR 1993, 457.
123 »Fehlerhafter Aufbau der Balkonabdichtung«, OLG Köln, Urt. v. 22.12.1993 – 16 U 50/93, IBR 1994, 285. Vgl. auch OLG Hamm, Beschl. v. 08.01.2013 – 26 U 133/12, IBRRS 2014, 0703.
124 OLG Düsseldorf, Urt. v. 17.04.2015 – I-22 U 157/14, BauR 2016, 1495.
125 Langen/Berger, Einführung in die VOB/B, Rn. 278.
126 OLG Düsseldorf, Urt. v. 12.11.1999 – 22 U 71/98, BauR 2000, 421; Werner/Pastor, Rn. 2479.
127 Vgl. Werner/Pastor, Rn. 2480.
128 Langen, NZBau 2015, 2.

neu (mängelfrei) verlegt werden. Unter Umständen kommt auch ein mit der Bauüberwachung beauftragter Architekt als weiterer Haftungsgegner in Betracht.

Ebenso ist eine Gesamtschuld für den Fall anzunehmen, dass Mängel aus unterschiedlichen Gewerken nur einheitlich beseitigt werden können.[129] 73

▶ **Beispiel:**

Der Sanitärunternehmer verlegt Abwasserleitungen auf dem Rohbeton ohne ausreichende Befestigung und mit Kontergefälle, also mangelhaft. Der nachfolgende Estrichleger hätte dies prüfen, erkennen und Bedenken anmelden müssen, unterlässt dies doch und verlegt den Estrich. Der Fliesenleger verlegt den Boden. Erst danach wird der Mangel der Abwasserleitungen entdeckt, die Leitungen müssen ausgetauscht werden. 74
Der Sanitärunternehmer muss die Kanäle austauschen und im Rahmen dieser Nacherfüllung als notwendige Vorarbeiten den Fliesenboden aufnehmen und den Estrich öffnen sowie als Nacharbeiten den Estrich neu legen und die Fliesen neu verlegen (bzw. jeweils fachmännisch ausführen lassen). Im Innenverhältnis kann der Sanitärunternehmer den Estrichleger wegen der Aufnahme und Erneuerung des Estrichs aus Geschäftsführung ohne Auftrag in Anspruch nehmen, da der Estrichleger die mangelhafte Kanalverlegung hätte prüfen und darauf hinweisen müssen.[130] (Der Fliesenleger hat nichts falsch gemacht und haftet gar nicht.)

Bei der sog. **Doppelkausalität** haftet zwar jeder Unternehmer für den verursachten Mangel, im Innenverhältnis zueinander aber nur anteilig (§ 254 BGB). 75

▶ **Beispiel:**

Der Fliesenleger verlegt die Fliesen mangelhaft mit Hohlräumen. Die Verfugung wird von einem anderen Unternehmer – mangelhaft – ausgeführt. Aus beiden Gründen muss der Fliesenbelag insgesamt aufgenommen und neu verlegt (und verfugt) werden. 76
Beide Unternehmer schulden dem Besteller die Nacherfüllung, jedoch gemäß § 254 BGB nur anteilig.[131]

ee) Planungsfehler und fehlerhafte Ausführungsvorgaben

Weiterhin gibt es diverse Prüfungs- und Bedenkenhinweispflichten bezogen auf eine fehlerhafte (Ausführungs-)Planung. Diese Prüfungspflicht des Unternehmers betrifft die vorgesehene Art der Bauausführung, die der Besteller, in der Regel vertreten durch einen die Ausführungsart planenden »Fachmann« (Architekt/Ingenieur), dem Unternehmer vorgibt, wobei der Unternehmer in diesem Fall Bedenken gegen die Planung der Ausführung grundsätzlich nur bei für ihn offenkundigen Fehlern anmelden muss.[132] Aus diesem Grund wird man beispielsweise die Haftung des Estrichlegers wegen eines unzulässigen Trittschallschutzmaßes dann verneinen müssen, wenn sich dieser auf die Richtigkeit der Planung des vom Besteller hinzugezogenen Bauakustikers verlassen durfte.[133] 77

Planungsfehler und Ausführungsvorgaben des vom Besteller beauftragten Architekten oder Ingenieurs werden dem Besteller im Verhältnis zum Unternehmer zugerechnet.[134] 78

---

129 BGH, Urt. v. 26.06.2003 – VII ZR 126/02, BauR 2003, 1379; OLG Stuttgart, Urt. v. 26.06.2008 – 19 U 186/07, BauR 2009, 990.

130 OLG Hamm, Urt. v. 10.01.1992 – 26 U 82/91, IBR 1992, 276.

131 BGH, Urt. v. 20.02.2013 – VIII ZR 339/11, BauR 2013, 1131.

132 Dazu im Einzelnen Rdn. 86 ff. OLG Celle, Urt. 12.12.2001 – 7 U 217/00, BauR 2002, 812; OLG Bamberg, Urt. v. 15.11.2002 – 4 U 179/01, BauR 2002, 1708; OLG Hamm, Urt. v. 28.01.2003 – 34 U 37/02, BauR 2003, 1052; vgl. auch Moufang, in: Ingenstau/Korbion, § 4 Abs. 3 VOB/B Rn. 12.

133 So zutreffend OLG Düsseldorf, Urt. v. 12.05.2000 – 22 U 197/99, BauR 2000, 1339.

134 »Erfüllungsgehilfe«, § 278 BGB, vgl. dazu Grüneberg/Grüneberg, BGB, § 278 Rn. 1 ff.

79 Einen Unterfall bildet die Vorschrift des § 3 Abs. 3 VOB/B – beim BGB-Bauvertrag über § 242 BGB (siehe Rdn. 230) –, wonach die Prüf- und Hinweispflicht des Unternehmers schon frühzeitig bei den vom Besteller zur Verfügung gestellten Ausführungsunterlagen nebst Geländeaufnahmen und Absteckungen ansetzt. Weil diese Unterlagen für den Unternehmer maßgeblich sind, hat er sie im Hinblick auf eine ordnungsgemäße, mängelfreie Bauausführung auf etwaige Unstimmigkeiten zu prüfen und insoweit den Besteller auf entdeckte oder vermutete Mängel hinzuweisen.[135] Der Unternehmer hat schon im Zeitpunkt der Vertragsanbahnung (z.B. als Bieter während einer Ausschreibung im Vergabeverfahren) insbesondere die Leistungsbeschreibung auf Richtigkeit und Vollständigkeit zu prüfen.[136]

80 Die Prüf- und Hinweispflicht gewinnt in der Baupraxis vor allem von Bedeutung beim sog. Planungslauf der Ausführungspläne, die der Besteller beispielsweise an den ausführenden Unternehmer weiterleitet, der den jeweiligen Plan auf Richtigkeit hin prüfen und etwaige Bedenken anmelden soll und den Plan dann an den Besteller bzw. dessen Planer zurückgibt. Erstellt der Unternehmer selbst eine mangelhafte Ausführungsplanung, liegt auch dann keine Verantwortung des Bestellers vor, wenn der Besteller diesen Planungsfehler im Rahmen seiner Prüfung und Freigabe hätte feststellen können.[137] Das Oberlandesgericht Karlsruhe, das eine Verantwortung des Bestellers und damit eine Ursächlichkeit des Planungsfehlers für den Mangel der Bauleistung bejaht übersieht, dass der Besteller bei der Prüfung und Freigabe der Ausführungspläne nicht verpflichtet ist, auch die inhaltliche Richtigkeit der Ausführungsplanung zu überprüfen.[138] Insoweit ist die Rechtslage mit der Bauüberwachung vergleichbar (»Planungsüberwachung«), die der Besteller nicht für den Unternehmer, sondern ausschließlich im eigenen Interesse durchführt.

81 Fehlt die erforderliche Ausführungsplanung ganz oder teilweise, muss dies der Unternehmer selbstverständlich bemerken und auf entsprechende Bedenken vor Ausführung hinweisen.[139]

▶ **Beispiele:**

- Das vom Besteller vorgeschriebene Mauerwerk weist unterschiedliches Verformungsverhalten bei eindringender Feuchtigkeit auf. Nach Austrocknen des Mauerwerks zeigen sich Risse. Der Unternehmer kann sich hier dann auf die richtige Planung verlassen, wenn das unterschiedliche Verformungsverhalten bestimmter Steine physikalische Spezialkenntnisse erfordert – der Unternehmer haftet daher nicht für die entstandenen Risse.[140]
- Wenn der Unternehmer vom Besteller für die Bauausführung neben den Genehmigungsplänen nur die Ausführungspläne des Statikers, nicht aber die Ausführungspläne des Architekten erhält, dann darf er davon ausgehen, dass er nach diesen statischen Ausführungsplänen arbeiten soll. Zur Überprüfung der statischen Ausführungspläne auf Übereinstimmung mit den Genehmigungsplänen ist er nicht verpflichtet.[141] Ist jedoch das Leistungsverzeichnis erkennbar fehlerhaft, so muss der Unternehmer dies noch vor Ausführung erkennen und gegenüber dem Besteller anzeigen.[142]

135 Dazu ausführlich Langen/Schiffers, Rn. 1922 ff.
136 Vgl. auch OLG Frankfurt, Beschl. v. 10.05.2019 – 21 U 64/18, IBRRS 2020, 2124.
137 Langen/Berger, Einführung in die VOB/B, Rn. 273.
138 Rodemann, NZBau 2017, 25.
139 OLG Frankfurt, Beschl. v. 10.05.2019 – 21 U 64/18, IBRRS 2020, 2124; OLG Düsseldorf, Urt. v. 22.11.2013 – I-22 U 32/13, IBR 2014, 78.
140 Vgl. auch OLG Düsseldorf, BauR 1994, 764.
141 OLG Düsseldorf, Urt. v. 12.05.2000 – 22 U 197/99, BauR 2000, 1339.
142 OLG Dresden, Urt. v. 29.11.1999 – 17 U 1606/99, BauR 2000, 1341 sowie schon OLG Köln, Urt. v. 04.06.1995 – 13 U 2/93, IBR 1995, 468 und OLG Stuttgart, BauR 2005, 878 bzgl. einer offenkundig fehlerhaften Planung.

- Ein auf Gebäudeabdichtung spezialisiertes Unternehmen muss aufgrund seiner Spezialkenntnisse die Abdichtungsplanung des Bestellers prüfen und auf die fehlende Eignung für die Nutzung eines Kellerraums als Büroraum hinweisen.[143]
- VOB/C ATV-DIN 18320 Landschaftsbauarbeiten, Abschnitt 3.1.10:
  Die Prüfung ist grundsätzlich gerichtet auf Übereinstimmung mit den gesamten Ausführungsvorgaben aller Unterabschnitte 3, z.B.: *Als Bedenken nach § 4 Abs. 3 VOB/B können insbesondere in Betracht kommen (...) Abweichungen des Bestandes gegenüber den Vorgaben (Planunterlagen), ungeeigneten Bauzeitplanungen, z.B. für Bodenarbeiten, für Saat- und Pflanzarbeiten (...).*

ff) Anforderungen und Umfang

Beim VOB-Vertrag muss der Unternehmer seine Bedenken dem Besteller nach dem Wortlaut des § 4 Abs. 3 VOB/B grundsätzlich schriftlich anzeigen.[144] Beim BGB-Bauvertrag genügt ein mündlicher Hinweis, weil **kein Formerfordernis** besteht.[145] Gleichwohl empfiehlt sich aus Beweisgründen, auch hier die Schriftform zu wählen. 83

Zudem ist die Bedenkenanmeldung grundsätzlich **gegenüber dem Besteller** als Vertragspartner zu erklären[146] und nicht nur gegenüber seinem Architekten, wenn man bedenkt, dass der Unternehmer Bedenken gegen die Ausführungsplanung anmeldet und der Architekt Planungsfehler zu verantworten hat.[147] 84

Der Unternehmer muss dem Besteller durch die Bedenkenanzeige **hinreichend deutlich machen**, wogegen sich seine Bedenken richten, damit der Besteller in der Lage ist, eine entsprechende Prüfung des beanstandeten Planungsfehlers, der mangelhaften oder untauglichen Vorleistung oder Ausführung, der ungeeigneten Baumaterialien usw., vornehmen zu können.[148] Der Bedenkenhinweis muss klar, vollständig und erschöpfend sein und dabei vor allem auch die Gefahren aufzeigen, die bei Beibehaltung der Planung, Ausführungsvorgaben usw. in Bezug auf den Werkerfolg bestehen.[149] Es reicht also zum Beispiel nicht aus, wenn der Unternehmer lediglich auf eine Unzulässigkeit von Einbauvorgaben hinweist, zu geeigneten Lösungsvorschlägen ist der Unternehmer indes nicht verpflichtet.[150] Vorsicht ist allerdings geboten, wenn der Unternehmer dabei über seine Bedenkenhinweispflicht hinausgeht und seinerseits alternative Lösungswege vorlegt – dann »plant« und haftet er hierfür –, die der Besteller gegebenenfalls befolgt und sich anschließend als mangelhaft erweisen. Dann ist der Unternehmer, soweit hierdurch ein Mangel oder Schaden an der Bauleistung entsteht, allein verantwortlich.[151] 85

Wie **umfangreich** die Prüfungs- und Hinweispflicht des Unternehmers sein muss, ist eine Frage des Einzelfalls. Zunächst kann der Grundsatz aufgestellt werden: »Je sachkundiger der Besteller ist, desto 86

143 OLG Naumburg, Urt. v. 08.05.2013 – 2 U 174/12, IBR 2014, 732.
144 Ausnahmsweise mündlich, vgl. OLG Düsseldorf, Urt. v. 16.06.1998 – 21 U 194/97, BauR 1999, 498 und OLG Koblenz, Urt. v. 10.04.2003 – 5 U 1687/01, BauR 2003, 1728.
145 Vgl. OLG Bremen, Urt. v. 15.02.2001 – 5 U 69/00c, 5 U 69/00, 5 U 69/2000c, 5 U 69/2000, BauR 2001, 1599; OLG Karlsruhe, Beschl. v. 28.10.2002 – 7 U 87/02, BauR 2003, 1593.
146 OLG Schleswig, Urt. v. 24.05.2019 – 1 U 71/18, IBRRS 2020, 2133.
147 BGH, Urt. v. 18.01.2001 – VII ZR 457/98, BauR 2001, 622 und Urt. v. 09.12.1996 – VII ZR 309/95, BauR 1997, 301; OLG Düsseldorf, Urt. v. 10.11.2000 – 22 U 78/00, BauR 2001, 638 und Urt. v. 20.07.1994 – 22 U 15/94, BauR 1995, 244.
148 Moufang, a.a.O., Rn. 62 m.w.N.
149 OLG Düsseldorf, Urt. v. 02.12.2022 – 22 U 113/22, IBR 2023, 121; OLG Schleswig, Urt. v. 18.07.2018 – 12 U 8/18, BauR 2019, 273; OLG Düsseldorf, Urt. v. 06.10.2017 – I-22 U 41/17, BauR 2018, 1433 und Urt. v. 24.03.2015 – I-21 U 62/14, BauR 2016, 2097.
150 OLG Düsseldorf, Urt. v. 05.02.2013 – I-23 U 185/11, BauR 2013, 1283.
151 Vgl. OLG Celle, Urt. v. 23.12.1999 – 22 U 15/99, BauR 2000, 1073.

geringer ist die Prüfungspflicht des Unternehmers.«[152] Dennoch entfällt sie gegenüber professionellen Bestellern nicht.[153] Die Anforderungen sind auch von der Art der Prüf- und Hinweispflicht abhängig:

- Während bzgl. der Stoffe und Bauteile die Prüfpflicht regelmäßig am stärksten ist, weil der Unternehmer insoweit ausreichende Sachkunde haben muss (er baut sein Gewerk mit diesen Stoffen und Bauteilen),[154]
- ist ihr Umfang hinsichtlich der Vorleistungen anderer Unternehmer i.d.R. geringer, weil sie zwar an der Schnittstelle zu seinem Gewerk relevant sind, aber eben ein anderes Gewerk (Fachgebiet) berühren,
- und im Hinblick auf die vorgesehene Ausführungsart grundsätzlich am geringsten, weil diese grundsätzlich in den Planungsbereich des fachkundig (durch einen Architekten/Ingenieur) betreuten Bestellers fällt.[155]

87 **Kennt** der Besteller oder sein Planer die fehlerhafte Planung oder die mit Baustoffen verbundene Risiken usw., entfällt die Prüf- und Bedenkenhinweispflicht des Unternehmers.[156]

88 Im Übrigen haben insbesondere der Bundesgerichtshof sowie (sehr anschaulich) das Oberlandesgericht Jena den Umfang und die Anforderungen allgemein wie folgt zusammengefasst:

> *»Der Rahmen der Prüfungs- und Hinweispflicht und ihre Grenzen ergeben sich aus dem Grundsatz der Zumutbarkeit, wie sie sich nach den besonderen Umständen des Einzelfalls darstellt. Was hiernach zu fordern ist, bestimmt sich in erster Linie durch das vom Unternehmer zu erwartende Fachwissen und durch alle Umstände, die für den Unternehmer bei hinreichend sorgfältiger Überprüfung als bedeutsam erkennbar sind.«*[157]
>
> *Und:*
>
> *»Der Umfang der Prüfungs- und damit letztlich auch der Hinweispflicht des Auftragnehmers hängt von dem beim Auftragnehmer zu erwartenden und branchenüblichen Wissen, von der Art der Leistungspflicht und von der Person des Auftraggebers oder seiner Vertreter ab.*
>
> *Vom Auftragnehmer kann das auf aktuellem Stand befindliche Normalwissen eines Handwerkers der betreffenden Branche erwartet werden. Er braucht nur solche Prüfmethoden anzuwenden, die ihm als ordentlichem Handwerker oder Techniker zugänglich und vertraut sein müssen. Er ist nicht verpflichtet, technische Versuche durchzuführen oder Sachverständige zu beauftragen.«*[158]

---

152 Moufang, a.a.O., Rn. 17 f. Siehe aber BGH, Urt. v. 18.01.2001 – VII ZR 457/98, BauR 2001, 622, OLG Hamm, Urt. v. 10.07.2024 – 12 U 80/22, IBR 2024, 1067 und OLG Hamm, Urt. v. 04.04.2002 – 34 U 132/01, BauR 2003, 1570; OLG Düsseldorf, Urt. v. 13.03.2003 – I-5 U 71/01, BauR 2004, 99. Zur Fachkunde des Bestellers siehe Langen/Schiffers, Rn. 1940 ff.

153 OLG Düsseldorf, Urt. v. 02.12.2022 – 22 U 113/22, IBR 2023, 121.

154 BGH, Urt. v. 14.09.1999 – X ZR 89/97, BauR 2000, 262; OLG Brandenburg, Urt. v. 30.01.2002 – 4 U 104/01, BauR 2002, 1709; OLG Hamm, Urt. v. 18.07.2002 – 21 U 82/01, BauR 2003, 101 und Urt. v. 29.11.2001 – 13 U 78/01, BauR 2003, 403. Siehe aber auch OLG Stuttgart, Urt. v. 21.02.2017 – 12 U 159/16, IBRRS 2020, 1502.

155 Moufang, in: Ingenstau/Korbion, § 4 Abs. 3 VOB/B Rn. 12; OLG Bamberg, Urt. v. 15.11.2002 – 4 U 179/01, BauR 2016, 2104 und BauR 2002, 1708; OLG Celle, Urt. v. 12.12.2001 – 7 U 217/00, BauR 2002, 812; OLG Düsseldorf, Urt. v. 26.03.2013 – 23 U 87/12, BauR 2013, 1889; OLG Hamm, Urt. v. 28.01.2003 – 34 U 37/02, BauR 2003, 1052.

156 BGH, Urt. v. 18.01.2001 – VII ZR 457/98, BauR 2001, 622; OLG Hamm, Urt. v. 04.04.2002 – 34 U 132/01, BauR 2003, 1570; vgl. auch OLG Düsseldorf, Urt. v. 13.03.2003 – I-5 U 71/01, BauR 2004, 99; OLG Nürnberg, Urt. v. 28.05.2014 – 2 U 2205/12, IBR 2014, 666.

157 BGH, Urt. v. 10.06.2010 – X ZR 3/07, BauR 2011, 519.

158 BGH, Beschl. v. 27.01.2011 – VII ZR 96/08, BauR 2011, 1173.

Das bedeutet, dass der Unternehmer ausnahmsweise auch ohne Anmeldung von Bedenken von seiner Mängelhaftung befreit wird, wenn ihm bei pflichtgemäßer Prüfung gar keine Bedenken kommen mussten.[159] 89

gg) Rechtsfolgen

Haftungsausschluss: 90

Zunächst ist die Beachtung der Prüfungs- und Bedenkenhinweispflicht für den Unternehmer und dessen **Haftungsbefreiung** von den Mängelansprüchen relevant.[160] Wie vorstehend dargestellt muss der Unternehmer grundsätzlich die Ausführungsunterlagen des Bestellers, dessen Vorgaben in Bezug auf das Baumaterial und insbesondere die Vorleistungen anderer Unternehmer prüfen und auf die entsprechenden Bedenken unverzüglich hinweisen, anderenfalls haftet er trotz Verantwortlichkeit des Bestellers allein wegen Verletzung seiner Prüfungs- und Hinweispflicht.[161] Ist er seiner Prüf- und Hinweispflicht ausreichend nachgekommen, haftet er nicht. Die Voraussetzungen des Haftungsausschlusses hat der Unternehmer zu beweisen.[162]

Beschränkte Haftung: 91

Es kommt aber auch eine reduzierte Haftung in Betracht, wobei sich die Haftungsquote grundsätzlich nach der Art der Mitverantwortung des Bestellers richtet.

Bei **Planungsfehlern und fehlerhaften Ausführungsvorgaben** gilt: War der Besteller durch eigenes Verschulden oder Verschulden seiner Erfüllungsgehilfen[163] mitverantwortlich für den Mangel – und hat der Unternehmer seinerseits seine Prüf- und Hinweispflicht missachtet –, kann das Mitverschulden des Bestellers zu einer verminderten Haftung des Unternehmers führen. Das bedeutet für die Gewährleistungsansprüche gegen den Unternehmer, dass sich der Besteller das eigene Verschulden bzw. das Verschulden seiner Erfüllungsgehilfen der planenden Architekten oder Fachingenieure[164] gemäß §§ 254, 278 BGB anspruchskürzend entgegenhalten lassen muss.[165] 92

▶ **Beispiel:**

Meldet der Unternehmer keine Bedenken gegen eine erkennbar fehlerhafte Leistungsbeschreibung der Beschichtung eines Stahldachs an, muss sich der Besteller das Planungsverschulden seines Ingenieurs zu 2/3 anrechnen lassen, sodass der Unternehmer nur zu 1/3 haftet – so die Entscheidung des Oberlandesgericht Dresden.[166] Die Oberlandesgerichte München und Braunschweig gehen von einer hälftigen Haftungsverteilung zwischen Planungsverschulden des Ingenieurs (Bestellers) und Verletzung der Prüf- und Hinweispflicht des Unternehmers aus.[167] 93

Letztlich muss auch hier immer eine Einzelfallbetrachtung nach den Grundsätzen der höchstrichterlichen Rechtsprechung (Rdn. 88) erfolgen; dabei muss das Verschulden des Bestellers und seiner 94

159 OLG Düsseldorf, Urt. v. 06.10.2017 – I-22 U 41/17, BauR 2018, 1433.

160 BGH, Urt. v. 08.11.2007 – VII ZR 183/05, BauR 2008, 344; OLG Celle, BauR 2003, 912.

161 Ggf. aber anspruchskürzendes Mitverschulden des Bestellers bei Planungsfehlern oder Innenregress gegen den Vorunternehmer oder Planer, soweit diese ggü. dem Besteller als Gesamtschuldner haften, § 421 BGB, vgl. Grüneberg/Grüneberg, BGB, § 421 Rn. 4 ff.

162 BGH, Urt. v. 08.11.2007 – VII ZR 183/05, BauR 2008, 344.

163 Zum Erfüllungsgehilfen gemäß § 278 BGB siehe ausführlich MüKo-BGB/Grundmann, § 278 Rn. 1 ff. und BGH, Urt. v. 24.02.2005 – VII ZR 328/03, BauR 2005, 1016.

164 BGH, a.a.O.

165 Dazu Werner/Pastor, Rn. 2933 ff.

166 OLG Dresden, BauR 2001, 414. Vgl. auch OLG Celle, Urt. v. 03.07.2002 – 7 U 123/02, BauR 2003, 730 und OLG Düsseldorf, Urt. v. 10.11.2000 – 22 U 78/00, BauR 2001, 638. Wichmann, BauR 2001, 412 ff.

167 OLG München, Urt. v. 09.06.2011 – 9 U 502/11, BauR 2011, 1832; OLG Braunschweig, Urt. v. 17.01.2013 – 8 U 203/10, BauR 2016, 2107.

Erfüllungsgehilfen gegen das Verschulden des Unternehmers abgewogen werden.[168] Zwar wird man bei Planungsfehlern grundsätzlich von einem überwiegenden Verschulden des Bestellers (Planers) ausgehen können. Beispielsweise bei vom Unternehmer positiv erkannten Planungsfehlern und unterlassenem Hinweis kann das Verschulden des Unternehmers so gravierend sein, dass der Mitverschuldensanteil des Bestellers als unwesentlich einzustufen ist, sodass der Unternehmer voll haftet.[169] In diesem Zusammenhang ist die Entscheidung des Kammergerichts beachtlich, wonach sich der Besteller trotz positiver Kenntnis des Unternehmers den Planungsfehler anspruchskürzend anrechnen lassen muss, wenn der Unternehmer die positive Kenntnis vom Planungsfehler selbst vorträgt und die Bedenkenanmeldung behauptet, jedoch nicht beweisen kann.[170] Dem kann nicht zugestimmt werden, weil der Unternehmer für sämtliche haftungsbefreiende Tatbestandsmerkmale die Beweislast trägt[171] und diese Beweislastgrundsätze nicht umgangen oder ausgehebelt werden sollen.[172] Schließlich hat der Unternehmer (selbstverständlich) auch dann positive Kenntnis von einem Planungsfehler und verstößt gegen seine Bedenkenhinweispflicht, wenn er seine Leistung trotz fehlender notwendiger Ausführungspläne ausführt.[173]

95 Für die **Nacherfüllungspflicht** hat ein Mitverschulden des Bestellers zunächst keine Auswirkungen auf die Mängelbeseitigung, die der Unternehmer auch in diesem Fall vollumfänglich schuldet; jedoch muss sich der Besteller durch eine **Zuschusspflicht** an den Kosten der Nacherfüllung beteiligen.[174] Die Höhe der Kostenbeteiligung richtet sich nach den zum Zeitpunkt der Nacherfüllung tatsächlich entstandenen Selbstkosten des Unternehmers (und nicht nach dem Preisniveau der ursprünglich vereinbarten Vergütung oder nach marktüblichen Preisen).[175] Das bedeutet, dass Kostensteigerungen bis zur tatsächlich erbrachten Nacherfüllung in Höhe des Mitverschuldensanteils (Mithaftungsquote) des Bestellers zu seinen Lasten gehen.

96 Für **mangelhafte Vorunternehmerleistungen** ist nach wie vor streitig, ob die mangelhaft (oder verspätet) arbeitenden Vorunternehmer, die im Auftrag des Bestellers tätig sind, im Verhältnis zum Unternehmer (Nachfolgeunternehmer) **Erfüllungsgehilfen** nach § 278 BGB sind.[176] Der Bundesgerichtshof hat es in seinen »Vorunternehmer«-Entscheidungen verneint.[177] Daraufhin haben einige Oberlandesgerichte entschieden, dass der Besteller sich im Verhältnis zum Nachfolgeunternehmer kein anspruchskürzendes Mitverschulden anrechnen lassen muss, wenn die Vorunternehmerleistung mangelhaft ist.[178] Teile der Literatur sind der Auffassung, dass auch der mangelhaft arbeitende Vorunternehmer Erfüllungsgehilfe des Bestellers im Verhältnis zum Nachfolgeunternehmer ist und somit der Besteller sich eine Haftungsquote gegenüber dem nachfolgenden Unternehmer, der gegen seine Prüf- und Hinweispflicht verstoßen hat, anrechnen lassen muss.[179] Allerdings hat sich der Bundesgerichtshof 2008 der Literaturmeinung jedenfalls im Ergebnis deutlich angenähert: In seiner

---

168 BGH, Urt. v. 24.02.2005 – VII ZR 328/03, BauR 2005, 1016.

169 OLG Karlsruhe, Urt. v. 19.10.2004 – 17 U 107/04, BauR 2005, 879 und Urt. v. 03.06.2002 – 9 U 153/01, BauR 2003, 917; OLG Bamberg, Urt. v. 15.11.2002 – 4 U 179/01, BauR 2002, 1708.

170 KG, Urt. v. 29.12.2017 – 21 U 120/15, BauR 2018, 840; Langen/Berger, Einführung in die VOB/B, Rn. 290.

171 S.o. Rdn. 47.

172 So auch OLG Stuttgart, 15.04.2014 – 10 U 127/13, BauR 2014, 1792.

173 OLG Düsseldorf, Beschl. v. 14.02.2014 – 22 U 101/13, BauR 2016, 525.

174 BGH, Urt. v. 27.05.2010 – VII ZR 182/09, BauR 2010, 1583.

175 BGH, a.a.O.

176 Dazu ausführlich Stamm, BauR 2002, 1.

177 BGH, Urt. v. 27.06.1985 – VII ZR 23/84, BauR 1985, 561; BGH, Urt. v. 21.10.1999 – VII ZR 185/98, NZBau 2000, 187.

178 Zuletzt OLG Hamm, Urt. v. 10.07.2024 – 12 U 80/22, IBR 2024, 1067, OLG Celle, Urt. v. 02.12.2015 – 7 U 75/15, BauR 2017, 299; OLG Hamm, Urt. v. 29.03.2001 – 24 U 60/00, BauR 2001, 1761; OLG Düsseldorf, BauR 2019, 1148.

179 Langen, NZBau 2015, 2; Langen/Berger, Einführung in die VOB/B, Rn. 290; früher auch OLG Düsseldorf, Urt. v. 29.06.1999 – 21 U 127–98, BauR 1999, 1309; vgl. auch Sohn/Holtmann, BauR 2010, 1480.

»Glasfassaden«-Entscheidung sah er den planenden Architekten als sog. Obliegenheitsgehilfen des Bestellers bei der Übergabe mängelfreier Pläne, also sozusagen als Vorunternehmerleistung, im Verhältnis zum anderen, bauaufsichtsführenden Architekten (sozusagen Nachfolgenunternehmer) an; dadurch genüge es, um sich die Planungsfehler des planenden Architekten als »mangelhafte Vorleistung« bei der Inanspruchnahme des bauaufsichtsführenden Architekten (»Nachfolgeunternehmer«) anspruchskürzend anrechnen zu lassen.[180]

Im Übrigen kann nach Treu und Glauben gemäß § 242 BGB das (zuzurechnende) Mitverschulden des Bestellers entfallen, wenn der Unternehmer in grober Weise gegen seine Prüfungs- und Bedenkenhinweispflicht verstoßen hat.[181] Keinesfalls muss sich der Besteller die Verletzung der Prüf- und Hinweispflicht des Nachfolgeunternehmers im Verhältnis zum Vorunternehmer anrechnen lassen.[182] 97

Schadensersatz: 98

Der Verstoß gegen die Prüfungs- und Bedenkenhinweispflicht kann **auch** zu Schadensersatzansprüchen des Bestellers gegen den Unternehmer wegen Nebenpflichtverletzung gemäß §§ 280 Abs. 1, 241 Abs. 2 BGB führen.[183]

▶ **Beispiel:**

Der Unternehmer wurde mit Putz- und Trockenbauarbeiten beauftragt. Dabei hatte er es hinsichtlich der bereits eingebauten Kunststofffenster unterlassen, den Einbau der erforderlichen Dampfdiffusionssperre zu überprüfen. Das OLG Düsseldorf[184] urteilte, zwar seien die Putz- und Trockenbauarbeiten für sich betrachtet mangelfrei. Der Unternehmer habe jedoch gegen seine Prüf- und Hinweispflicht hinsichtlich des Vorgewerks Fensterarbeiten verstoßen; er hätte den Besteller auf die fehlende Dampfdiffusionssperre hinweisen müssen. Aus diesem Grund sei der Unternehmer dem Besteller zum Schadensersatz (erneute Vergütung für die wiederholte Erbringung der Putzarbeiten nach erfolgter Abdichtung) verpflichtet.[185] 99

hh) Mitwirkung des Bestellers

Ignoriert der Besteller die berechtigte Bedenkenanmeldung des Unternehmers, unterlässt er also eine erforderliche Mitwirkung, trägt er grundsätzlich allein das Risiko von Mängeln und Folgeschäden,[186] der Unternehmer wird durch die Bedenkenanmeldung von seiner Mängelhaftung befreit; einer »Haftentlassungserklärung« o.Ä. des Bestellers bedarf es nicht. Die Bedenken müssen dem Besteller selbst gegenüber oder seinem Empfangsvertreter vorgetragen werden.[187] 100

---

180 BGH, Urt. v. 27.11.2008 – VII ZR 206/06, BauR 2009, 515.

181 OLG Düsseldorf, Urt. v. 12.11.1999 – 22 U 71/98, BauR 2000, 421; OLG Köln, Urt. v. 04.06.1995 – 13 U 2/93, IBR 1995, 468.

182 OLG Frankfurt, Urt. v. 14.03.2011 – 1 U 55/10, BauR 2011, 1506.

183 BGH, Urt. v. 19.05.2011 – VII ZR 24/08, IBR 2011, 508.

184 OLG Düsseldorf, Urt. v. 11.10.2007 – I-5 U 6/07, BauR 2008, 1005.

185 Einfacher wäre es gewesen, die Putz- und Trockenbauarbeiten nicht als für sich betrachtet mangelfrei anzusehen, sondern i.S.d. funktionalen Mangelbegriffs im Hinblick auf die fehlende Dampfsperre als mangelhaft: Langen/Berger, Einführung in die VOB/B, Rn. 238; vgl. auch OLG Celle, Urt. v. 19.11.2009 – 6 U 96/0, BauR 2011, 1015; zum funktionalen Mangelbegriff siehe § 633 Rdn. 36.

186 OLG Schleswig, Urt. v. 18.07.2018 – 12 U 8/18, BauR 2019, 273; OLG Stuttgart, Beschl. v. 21.11.2016 – 10 U 71/16, BauR 2017, 750; bei Nichteinhaltung von Maßtoleranzen: OLG Düsseldorf, Urt. v. 16.04.2020 – 5 U 131/18, IBR 2022, 173; Moufang, in: Ingenstau/Korbion, § 4 Abs. 3 VOB/B Rn. 75.

187 Die Regeln der Stellvertretung §§ 164 ff. BGB sind einzuhalten. Ein vom Besteller per Werkvertrag verpflichteter Bauleiter ist kein zulässiger Adressat: OLG Köln, Beschl. v. 05.10.2021 – 16 U 55/21, IBR 2022, 117, OLG Düsseldorf, Urt. v. 13.05.2022 – 22 U 140/21, IBR 2023, 79.

101 Nimmt der Besteller die Bedenkenanmeldung des Unternehmers ernst und reagiert mit entsprechenden, sachgerechten Anweisungen, beispielsweise durch Änderungen des Bauentwurfs oder Anordnung von Zusatzleistungen, muss der Unternehmer auch diese prüfen.[188]

102 Teilt der Besteller die berechtigte Bedenkenanmeldung des Unternehmers nicht und besteht er auf eine unveränderte Ausführung, wird der Unternehmer von der Haftung befreit, muss aber grundsätzlich den Anweisungen des Bestellers folgen. Ausnahmsweise hat der Unternehmer ein Leistungsverweigerungsrecht, wenn er durch die unveränderte Bauausführung Gefahr für Leib oder Leben riskiert oder gegen straf- oder öffentlich-rechtliche Bestimmungen verstößt.[189] In diesem Fall ist der Unternehmer sogar zur außerordentlichen Kündigung berechtigt, da es ihm nicht zuzumuten ist, eine Leistung zu erbringen, die gefahrträchtig ist – immer vorausgesetzt, die Bedenken waren berechtigt.[190]

III. Rechtsfolgen und Wahlrecht

1. Wahlrecht des Unternehmers

103 Liegen die Anspruchsvoraussetzungen vor und verlangt der Besteller Nacherfüllung, hat der Unternehmer **Abhilfe zu schaffen.** Dabei hat grundsätzlich der Unternehmer das Recht, die Nacherfüllungsart zu **wählen:** er kann nach dem Wortlaut der Norm nach seiner Wahl entweder den Mangel beseitigen oder ein neues Werk herstellen[191] (im Kaufvertragsrecht steht hingegen dem »Besteller«/Käufer das Wahlrecht zu, § 439 Abs. 1 BGB).

104 Ein Anspruch des Bestellers auf **Neuherstellung** besteht nur dann, wenn der Mangel auf andere Weise (Nachbesserung) nicht beseitigt werden kann und der Unternehmer die Mangelbeseitigung (i.F.d. Neuherstellung) nicht wegen unverhältnismäßiger Kosten verweigern kann (dazu unten Rdn. 147).[192] Hat der Unternehmer den Mangel durch Neuherstellung beseitigt, hat er gegen den Besteller Anspruch auf Rückgabe der mangelhaft hergestellten Werkteile gemäß § 635 Abs. 4 BGB nach Maßgabe der Bestimmungen des Rücktrittsrechts, §§ 346 bis 348 BGB (siehe ausführlich Rdn. 209).

105 Auch liegt die Wahl der Nachbesserungsart, die »**Sanierungsmethode**«, grundsätzlich beim Unternehmer. Voraussetzung dafür ist, dass diese Mangelbeseitigungsform auch geeignet und erfolgsversprechend ist. Ist sie das nicht, kann ausnahmsweise der Besteller oder ein Dritter, zum Beispiel ein Gericht mithilfe eines Sachverständigen, festlegen, wie der Unternehmer den Mangel konkret zu beseitigen hat.[193] Der Besteller muss sich also auch nicht auf eine ungeeignete Mängelbeseitigungsmethode verbunden mit dem Angebot des Unternehmers verweisen lassen, dass der durch eine nicht ordnungsgemäße Mangelbeseitigung verbleibende Minderwert durch einen Minderungsbetrag abgegolten wird.[194] Insofern kann der Besteller in solchen Fällen, in denen der Unternehmer eine untaugliche Nachbesserungsart anbietet, das »Angebot« des Unternehmers zurückweisen und bei (unberechtigter) Verweigerung einer gebotenen Neuherstellung die Selbstvornahme (§ 637 BGB) durchführen.[195]

---

188 Moufang, a.a.O., Rn. 76.

189 OLG Düsseldorf, Urt. v. 02.03.2018 – I-22 U 71/17, BauR 2018, 2018; OLG Hamm, Urt. v. 24.05.2012 – 21 U 95/11, IBR 2014, 471; OLG Karlsruhe, Urt. v. 20.07.2004 – 17 U 262/01, BauR 2005, 729.

190 Vgl. OLG Düsseldorf, Urt. v. 07.10.1987 – 19 U 13/87, BauR 1988, 478. Bei einem reinen Mängelrisiko dürfte aber kein wichtiger Kündigungsgrund vorliegen. Umgekehrt ist der Besteller grds. nicht zur Kündigung berechtigt, wenn der Unternehmer zu Unrecht Bedenken anmeldet. OLG Düsseldorf, Urt. v. 26.11.1991 – 23 U 61/91, IBR 1992, 5.

191 Siehe auch OLG Celle, Urt. v. 17.03.2011 – 6 U 125/10, BauR 2013, 614.

192 BGH, Urt. v. 10.10.1985 – VII ZR 303/84, BauR 1986, 93.

193 S.u. Rdn. 109.

194 BGH, Urt. v. 10.10.2018 – VII ZR 229/17, BauR 2019, 255.

195 BGH, Urt. v. 05.05.2011 – VII ZR 28/10, BauR 2011, 1336.

Für den Unternehmer ist es im Rahmen seines Wahlrechts auch möglich, von der einen (bereits begonnenen) zur anderen Nacherfüllungsart zu **wechseln**; gleiches gilt jeweils für die Art und Weise der Ausführung.[196] 106

Das Wahlrecht des Unternehmers ist **eingeschränkt**, wenn der Mangel nur auf eine bestimmte Art und Weise beseitigt werden kann, die dann der Besteller grundsätzlich verlangen kann.[197] Umgekehrt kann daher der Besteller eine nicht geeignete Nacherfüllung, die also fehlschlagen würde,[198] zu Recht ablehnen, trägt dafür aber die Beweislast.[199] Insofern kann bei unberechtigter Zurückweisung der Nacherfüllung bzw. Nacherfüllungsart ein Verstoß gegen Mitwirkungspflichten vorliegen.[200] Allerdings lassen ungeeignete Sanierungsvorschläge des Bestellers die Nacherfüllungspflicht des Unternehmers nicht entfallen.[201] 107

2. Ordnungsgemäße Mangelbeseitigung

Der Besteller hat Anspruch darauf, dass die Mangelbeseitigung mit dem Ergebnis des vereinbarten Werks erfolgt, aber auch nach den **anerkannten Regeln der Technik**[202] zum Zeitpunkt der Sanierung und im Übrigen nach den aktuell geltenden gesetzlichen Bestimmungen erfolgt.[203] – Die Mangelbeseitigung muss also sozusagen auch mangelfrei erfolgen. Generell richtet sich die Mangelbeseitigung nach den anerkannten Regeln der Technik und beispielsweise nicht allein nach den technischen Vorgaben eines den Unternehmer zur Mangelbeseitigung verurteilten Gerichtsentscheidung.[204] Auch wenn das BGB in § 633 Abs. 2 – anders als § 13 Abs. 1 S. 2 VOB/B – für die Definition der Mangelfreiheit nicht ausdrücklich die anerkannten Regeln der Technik erwähnt, ist nach ganz herrschender Meinung in Rechtsprechung und Literatur auch beim BGB-Bauvertrag mangels anderer Vereinbarung die Leistung in der Regel mangelhaft, wenn sie nicht den zur Zeit der Abnahme anerkannten Regeln der Technik als vertraglichem Mindeststandard entspricht,[205] was gleichermaßen konsequent auch für die Mangelbeseitigung gilt. Zwar hat der Gesetzgeber in der Neufassung des § 633 BGB davon abgesehen, die Definition der Mangelfreiheit um diese Voraussetzung zu ergänzen, die Entwurfsbegründung betont aber, dass gleichwohl die anerkannten Regeln der Technik einzuhalten seien.[206] 108

196 Spickhoff, BB 2003, 589; OLG Celle, Urt. v. 17.03.2011 – 6 U 125/10, BauR 2013, 614.

197 BGH, Urt. v. 10.10.1985 – VII ZR 303/84, NJW 1986, 711; BGH, Urt. v. 24.04.1997 – VII ZR 106/95, NJW-RR 1997, 1106; OLG Frankfurt, Urt. v. 22.01.2014 – 4 U 38/13, NJW-RR 2014, 1486. Selbiges gilt beim VOB/B-Vertrag, LG Amberg, Urt. v. 24.04.2023 – 14 O 322/21, IBRRS 2023, 1620, beachte aber jeweils ein etwaiges **Leistungsverweigerungsrecht** des Unternehmers, Rdn. 147.

198 Zur fehlgeschlagenen Mangelbeseitigung unten Rdn. 133.

199 BGH, Urt. 05.05.2011 – VII ZR 28/10, NJW 2011, 1872; vgl. auch Manteufel, NZBau 2014, 195.

200 Dazu Rdn. 109.

201 OLG Düsseldorf, Urt. v. 30.08.2012 – 23 U 143/11, BauR 2013, 107.

202 Siehe dazu aber Rdn. 40.

203 BGH, Urt. v. 07.11.1985 – VII ZR 270/83, NJW 1986, 922; OLG Stuttgart, Urt. v. 03.07.2012 – 10 U 33/12, NJW 2013, 699; OLG Düsseldorf, Urt. v. 09.11.2018 – 22 U 91/14, BauR 2019, 1317. Zu den möglichen Mehrkosten oder »Sowieso-Kosten« siehe Rdn. 169.

204 OLG Hamm, Urt. v. 22.05.2003 – 24 U 111/02, NJW 2003, 3568.

205 BGH, Urt. v. 14.05.1998 – VII ZR 184–97, NJW 1998, 2814; BGH, Urt. v. 09.07.1981 – VII ZR 40/80, BauR 1981, 577; OLG Düsseldorf, Urt. v. 14.07.1995 – 22 U 46/95, NJW-RR 1996, 146; OLG Schleswig, Urt. v. 07.03.2002 – 7 U 38/98, IBR 2002, 406; Voit, in: Bamberger/Roth/Hau/Poseck, § 633 BGB Rn. 14; BeckOK-BGB/Voit, § 633 Rn. 14; Langen, in: Kapellmann/Messerschmidt, § 13 VOB/B Rn. 49; Leesmeister/Kaiser, Praxishandbuch VOB/C, Kap. 8 Rn. 16 ff. Siehe aber Rdn. 40.

206 BT-Drucks. 14/6040, 261, rechte Spalte, 1. Abs. Zur Konkretisierung der a.R.d.T. siehe oben Rdn. 40.

3. Umfang und Mitwirkung

109 Der Umfang der Nacherfüllungsverpflichtung des Unternehmers ist auf die Mängel an dem von ihm hergestellten, eigenen Gewerk beschränkt,[207] wobei sämtliche, gegebenenfalls auch außerhalb seines Gewerks liegenden und für die Mangelbeseitigung erforderlichen Vor- und Nacharbeiten bzw. Zusatz- und Nebenleistungen eingeschlossen sind.[208]

▶ **Beispiel:**

110 Der Unternehmer hat die Abhängdecken in einem Bürogebäude mangelhaft hergestellt, was erst nach Bezug des neuen Gebäudes auffällt. Die Nacherfüllung erfasst nicht nur den Austausch der mangelhaften Decken, sondern auch die notwendigen Renovierungsarbeiten an Teppich und Tapeten. (Darüber hinaus kann ein etwaiger Produktionsausfall kann schadensersatzrechtlich geltend gemacht werden.)

111 Liegen an unterschiedlichen Gewerken unterschiedliche Mängel vor, haftet jeder Unternehmer grundsätzlich nur für sein Gewerk, es sei denn, die Mängel können nur einheitlich durch ein Zusammenwirken aller Unternehmer beseitigt werden – dann haften die Unternehmer (ausnahmsweise) als **Gesamtschuldner.**[209]

112 Ebenso ist eine Gesamtschuld für den Fall anzunehmen, dass Mängel aus unterschiedlichen Gewerken nur einheitlich beseitigt werden können.[210]

▶ **Beispiel:**

113 Der Sanitärunternehmer verlegt Abwasserleitungen auf dem Rohbeton ohne ausreichende Befestigung und mit Kontergefälle, also mangelhaft. Der nachfolgende Estrichleger hätte dies prüfen, erkennen und Bedenken anmelden müssen, unterlässt dies doch und verlegt den Estrich. Der Fliesenleger verlegt den Boden. Erst danach wird der Mangel der Abwasserleitungen entdeckt, die Leitungen müssen ausgetauscht werden.
Der Sanitärunternehmer muss die Kanäle austauschen und im Rahmen dieser Nacherfüllung als notwendige Vorarbeiten den Fliesenboden aufnehmen und den Estrich öffnen sowie als Nacharbeiten den Estrich neu legen und die Fliesen neu verlegen (bzw. jeweils fachmännisch ausführen lassen). Im Innenverhältnis kann der Sanitärunternehmer den Estrichleger wegen der Aufnahme und Erneuerung des Estrichs aus Geschäftsführung ohne Auftrag in Anspruch nehmen, da der Estrichleger die mangelhafte Kanalverlegung hätte prüfen und darauf hinweisen müssen.[211] (Der Fliesenleger hat nichts falsch gemacht und haftet gar nicht.)

114 Der Unternehmer ist grundsätzlich nicht verpflichtet, dem Besteller vor Ausführung der Mangelbeseitigungsmaßnahmen ein Sanierungskonzept vorzulegen.[212] Umgekehrt schuldet der Besteller dem Unternehmer keine Planungsergänzung zur Mängelbeseitigung, jedenfalls dann nicht, wenn die Ausführungsplanung des Bestellers nicht (mit-)verantwortlich für den Mangel war.[213]

---

207 BGH, Urt. v. 05.05.1988 – VII ZR 253/87, NJW 1988, 2238.

208 OLG Düsseldorf, Urt. v. 16.06.2017 – I-22 U 14/17, NJW 2018, 627; OLG Karlsruhe, Urt. v. 07.11.2001 – 7 U 87/97, BauR 2003, 98; kritisch Faust, BauR 2010, 1818. Zu **Kooperationspflichten** des Unternehmers bei ungeeigneten Vorleistungen des Bestellers oder anderer Unternehmer siehe BGH, Urt. v. 09.11.2000 – VII ZR 409/99, NJW-RR 2001, 309. Zu den **Aufwendungen/Kosten** siehe Rdn. 160 (§ 635 Abs. 2).

209 BGH, Urt. v. 26.06.2003 – VII ZR 126/02, BauR 2003, 1379. Näher dazu Rdn. 119.

210 BGH, Urt. v. 26.06.2003 – VII ZR 126/02, BauR 2003, 1379; OLG Stuttgart, Urt. v. 26.06.2008 – 19 U 186/07, BauR 2009, 990.

211 OLG Hamm, Urt. v. 10.01.1992 – 26 U 82/91, IBR 1992, 276.

212 Siehe Pauly, ZfBR 2016, 637.

213 Streitig, vgl. Motzke, BauR 2011, 153 und Averhaus, BauR 2013, 1013; Grüneberg/Retzlaff, BGB, § 642 Rn. 3 m.w.N.

Im Rahmen seiner Mitwirkungspflichten (§ 642 BGB) muss der Besteller aber für die Mangelbeseitigung eventuell erforderliche Vorleistungen, die nur er erbringen oder anordnen kann, anbieten.[214] Unterlässt der Besteller die erforderliche Mitwirkung, kann er bezüglich der Nacherfüllung in Annahmeverzug (§§ 293 ff. BGB) geraten.[215] Durch einen Gläubigerverzug verwirkt der Besteller aber nicht sein Nacherfüllungsrecht.[216] Letztlich muss der Besteller dem Unternehmer, wie schon die Erfüllung, auch die Nacherfüllung ermöglichen.[217] **115**

Für weitere Einzelheiten zur Mitwirkung des Bestellers, auch hinsichtlich der Nacherfüllung, siehe § 642 Rdn. 25 ff. **116**

4. Leistungsverweigerungsrecht des Bestellers

a) Grundlagen und Voraussetzungen

Der Besteller muss seinen Nacherfüllungsanspruch gegen den Unternehmer nicht aktiv geltend machen, sondern er kann damit auch gegenüber dem Vergütungsanspruch, der Werklohnforderung des Unternehmers, die Einrede des nicht erfüllten Vertrages gemäß **§ 320 Abs. 1 BGB** erheben.[218] Dieses Leistungsverweigerungsrecht des Bestellers wird in der Baupraxis auch als »Zurückbehaltungsrecht« oder »Mangeleinbehalt« bezeichnet. **§ 641 Abs. 3 BGB** regelt für das Bau- bzw. Werkvertragsrecht das Leistungsverweigerungsrecht des Bestellers wegen Mängeln, auch der Höhe nach,[219] konkret, wonach der Besteller die Zahlung eines angemessenen Teils des fälligen Werklohnanspruchs des Unternehmers verweigern kann, wenn der Besteller vom Unternehmer die Beseitigung eines Mangelns (Nacherfüllung) verlangen kann (*»angemessen ist in der Regel das Doppelte der für die Beseitigung des Mangels erforderlichen Kosten«*).[220] **117**

Die Einrede steht dem Besteller auch dann zu, wenn er seine Gewährleistungsansprüche an einen Dritten abgetreten hat.[221] **118**

In einer vertraglichen **Leistungskette** (z.B. Bauherr – Generalunternehmer – Nachunternehmer) steht dem Generalunternehmer im Verhältnis zum Nachunternehmer das Leistungsverweigerungsrecht ebenfalls zu, wenn der Bauherr den entsprechenden Mangel nicht kennt und demzufolge keine Mängelansprüche gegen den Generalunternehmer geltend macht.[222] **119**

Das Leistungsverweigerungsrecht führt jedoch in einem Gerichtsverfahren nicht dazu, dass die Werklohnklage des Unternehmers abgewiesen wird; vielmehr bzw. stattdessen wird der Klage Zug um Zug gegen die Beseitigung der Mängel stattgegeben (§ 322 Abs. 1 BGB). Für den Besteller ist zu beachten, dass es sich bei dem Leistungsverweigerungsrecht um eine echte **Einrede** handelt, sodass sie (im Bauprozess) auch als solche vom Besteller erhoben werden muss, weil das Gericht sie nicht von Amts wegen berücksichtigt, selbst wenn der entsprechende Mangel unstreitig vorliegt.[223] **120**

---

214 OLG Hamm, Urt. v. 09.07.2009 – 21 U 46/09, NJW-RR 2009, 1531.

215 BGH, Urt. v. 08.11.2007 – VII ZR 183/05, NJW 2008, 511. Siehe auch OLG München, Urt. v. 24.04.2013 – 13 U 1800/12 Bau, NJW-RR 2013, 1036; Preussner, BauR 2015, 345; Kohler, AcP 2015, 165.

216 BGH, Urt. v. 24.07.2003 – VII ZR 79/02, NJW-RR 2004, 92; BGH, Urt. v. 08.07.2004 – VII ZR 317/02, NJW-RR 2004, 1461.

217 OLG Bamberg, Beschl. v. 13.09.2022 – 3 U 300/21, IBR 2024, 120, OLG Düsseldorf, Urt. v. 20.04.2001 – 5 U 91/00, BauR 2002, 482.

218 Siehe Kohler, BauR 2003, 1804 m.w.N.

219 Dazu unten Rdn. 124.

220 OLG Jena, Urt. v. 29.08.2019 – 1 U 324/17, IBR 2022, 171; ausführlich die Kommentierung zu § 641 Rdn. 50.

221 BGH, Urt. v. 26.07.2007 – VII ZR 262/05, BauR 2007, 1727.

222 BGH, Urt. v. 01.08.2013 – VII ZR 75/11, BauR 2013, 1855.

223 BGH, Urt. v. 07.10.1998 – VIII ZR 100/97, BauR 1999, 69.

121 Das Leistungsverweigerungsrecht des Bestellers besteht auch bei schwierig und aufwändig aufzuklärenden Mängeln.[224] Das bloße Bestehen eines Leistungsverweigerungsrechts führt bereits dazu, dass der Besteller mit der Zahlung offener und fälliger Vergütungsforderungen nicht in **Zahlungsverzug** gerät, solange der Besteller später die Einrede erhebt.[225]

122 Allerdings **entfällt** das Leistungsverweigerungsrecht des Bestellers bei Mängeln dann, wenn der Besteller gegenüber dem Unternehmer keinen Nacherfüllungsanspruch (mehr) geltend macht, sondern entweder bei der Selbstvornahme ein anderes Unternehmen mit der Mängelbeseitigung beauftragt hat oder er Wertminderung bzw. Schadensersatz fordert. Denn dadurch entfällt die mit dem Leistungsverweigerungsrecht beabsichtigte **Druckfunktion**, weil der Unternehmer keine Möglichkeit mehr hat, den Mangel selbst zu beseitigen.[226] Stattdessen kann der Besteller mit dem Kostenerstattungsanspruch (auch als Vorschussanspruch) aus § 637 Abs. 1, 3 BGB und dem Schadensersatzanspruch gegen die Werklohnforderung des Unternehmers die Aufrechnung erklären bzw. die Vergütung mindern (§ 638 BGB).

123 Der Besteller kann das Leistungsverweigerungsrecht wegen Mängeln gegenüber dem Unternehmer auch dann noch geltend machen, wenn der Nacherfüllungsanspruch bereits **verjährt** ist. Voraussetzung dafür ist jedoch, dass der Mangel bereits vor Ablauf der Verjährungsfrist offensichtlich wurde und daher ein auf diesen Mangel gestütztes Leistungsverweigerungsrecht in unverjährter Zeit geltend gemacht werden konnte.[227] – Es kommt nicht darauf an, dass das Leistungsverweigerungsrecht tatsächlich geltend gemacht worden ist.

b) Höhe des Leistungsverweigerungsrechts

124 Nach § 641 Abs. 3 BGB kann der Besteller beim Einbehalt von Werklohn wegen Mängeln eine sog. **Druckzuschlag** erheben, d.h. einen angemessenen Teil der Vergütung verweigern kann; gesetzlich ist in der Regel das **Doppelte** der für die Beseitigung des Mangels erforderlichen Kosten angemessen.[228]

125 Nach der Rechtsprechung des Bundesgerichtshofs ist der Besteller nicht verpflichtet, selbst die Höhe der voraussichtlichen Mängelbeseitigungskosten zu ermitteln und damit einen Restwerklohn, der den zulässigen Einbehalt übersteigt, auszuzahlen.[229] Vielmehr kann der Besteller zunächst den **gesamten** ausstehenden Restwerklohn unter Hinweis auf vorhandene Mängel einbehalten. Meint der Unternehmer, dass trotz des doppelten Druckzuschlags noch Werklohn auszuzahlen sei, so muss er dies vortragen und beweisen.

▶ **Beispiele:**

- Der offene Restwerklohn beträgt 50.000 €. Die voraussichtlichen Mängelbeseitigungskosten betragen 10.000 €. Der Besteller kann zunächst den gesamten Werklohn einbehalten. Der Unternehmer muss dann substantiiert darlegen, dass zumindest 30.000 € (50.000 € minus zweimal 10.000 €) ausgezahlt werden müssen.
- Der offene Restwerklohn beträgt 200.000 € und wird vom Unternehmer gegen den Besteller klageweise geltend gemacht. Für einen Mangel erkennt das Gericht einen voraussichtlichen Beseitigungsaufwand i.H.v. 20.000 €, für einen anderen Mangel i.H.v. 30.000 € an. Der Besteller wird zur Zahlung von insgesamt 200.000 € verurteilt, davon 150.000

---

224 BGH, Urt. v. 31.03.2005 – VII ZR 369/02, BauR 2005, 1012.
225 BGH, Urt. v. 06.05.1999 – VII ZR 180/98, BauR 1999, 1025.
226 OLG Naumburg, Urt. v. 12.09.2013 – 2 U 183/12, IBR 2014, 81; Langen/Berger, Einführung in die VOB/B, Rn. 308.
227 BGH, Urt. v. 05.11.2015 – VII ZR 144/14, BauR 2016, 258.
228 In der bis zum 31.12.2008 gültigen Fassung des § 641 Abs. 3 BGB sogar das Dreifache.
229 BGH, Urt. v. 04.07.1996 – VII ZR 125/95, BauR 1997, 133 und Urt. v. 06.12.2007 – VII ZR 125/06, BauR 2008, 510. Dies gilt auch nach der Neufassung des § 641 Abs. 3 BGB, dazu Oberhauser, BauR 2008, 421 ff.

unbedingt und 20.000 € Zug um Zug gegen Beseitigung des einen Mangels und weitere 30.000 € Zug um Zug gegen Beseitigung des anderen Mangels.

Stehen einem offenen Restwerklohn mehrere abgrenzbare Mängel gegenüber, kann es also angemessen sein, dem Besteller für jeden einzelnen Mangel ein separates Leistungsverweigerungsrecht einzuräumen.[230] Auf der anderen Seite kann der Unternehmer auf diese Weise versuchen, das Leistungsverweigerungsrecht des Bestellers zu »entflechten«. Das Leistungsverweigerungsrecht des Bestellers baut sich somit auch mit fortschreitender Nachbesserung sukzessive ab.[231] 127

Befindet sich der Besteller bezüglich der vom Unternehmer (ordnungsgemäß) angebotenen Nacherfüllung in **Annahmeverzug** (§§ 293 ff. BGB)[232], **entfällt** das Leistungsverweigerungsrecht des Bestellers auf den Druckzuschlag.[233] Hält der Unternehmer dem Nacherfüllungsanspruch des Bestellers aus § 635 Abs. 1 BGB berechtigt einen Sicherungsanspruch gemäß § 650f BGB[234] entgegen, steht dem Besteller nur ein einfacher Mangeleinbehalt ohne Druckzuschlag zu.[235] 128

Im Übrigen wird auf die Kommentierung von § 641 Rdn. 50 verwiesen. 129

IV. Erlöschensgründe

1. Übersicht

Der entstandene Anspruch geht unter (erlischt), wenn die Mangelbeseitigung ordnungsgemäß erfolgt ist, aber auch, wenn die Nacherfüllung unmöglich ist (§ 275 Abs. 1 BGB), oder der Besteller andere Mängelrechte geltend macht. Im Übrigen kommen weitere, allgemeine Erlöschensgründe in Betracht, zum Beispiel wenn der Besteller auf sein Nacherfüllungsrecht verzichtet bzw. dem Unternehmer durch Vertrag die Nacherfüllungsschuld erlässt (§ 397 BGB). Im Einzelnen: 130

2. (Nach-)Erfüllung

a) Ordnungsgemäße Nacherfüllung

Die Pflicht zur Nacherfüllung ist im Sinne des § 362 BGB dann erfüllt, wenn die Bauleistung endgültig vertragsgemäß, also mangelfrei entsprechend der Sollbeschaffenheit hergestellt ist, entweder durch Nachbesserung bzw. Mängelbeseitigung[236] oder durch Neuherstellung der Bauleistung wie ursprünglich vertraglich vereinbart.[237] Der Besteller hat auch Anspruch darauf, dass die Mangelbeseitigung auch nach den anerkannten Regeln der Technik zum Zeitpunkt der Sanierung und im Übrigen nach den aktuell geltenden gesetzlichen Bestimmungen, also ordnungsgemäß erfolgt.[238] Generell richtet sich die Mangelbeseitigung nach den anerkannten Regeln der Technik und beispielsweise nicht allein nach den technischen Vorgaben einer den Unternehmer zur Mangelbeseitigung verurteilenden Gerichtsentscheidung.[239] Auch wenn das BGB in § 633 Abs. 2 – anders als § 13 Abs. 1 S. 2 VOB/B – für die Definition der Mangelfreiheit nicht ausdrücklich die anerkannten Regeln der Technik erwähnt, ist nach ganz herrschender Meinung in Rechtsprechung und Literatur 131

230 OLG Nürnberg, Urt. v. 09.10.1998 – 6 U 1414/97, BauR 2000, 273.
231 OLG Dresden, Urt. 06.02.2001 – 7 U 313/00, BauR 2001, 1261.
232 Zum »Gläubigerverzug« siehe ausführlich MüKo-BGB/Ernst, § 293.
233 OLG Celle, Urt. v. 28.02.2002 – 13 U 185/01, BauR 2003, 106 und Urt. v. 13.01.2005 – 14 U 129/03, BauR 2006, 1316.
234 Vor dem 01.01.2018 § 648a BGB a.F., dazu ausführlich die Kommentierung zu § 650 f.
235 OLG Jena, Urt. v. 06.03.2013 – 2 U 105/12, IBR 2014, 415.
236 Vgl. BGH, Urt. v. 07.05.2009 – VII ZR 15/08, NJW-RR 2009, 1175 in Abgrenzung zur Beseitigung von **Mangelfolgen**.
237 Zum Wahlrecht des Unternehmers siehe Rdn. 103.
238 BGH, Urt. v. 07.11.1985 – VII ZR 270/83, NJW 1986, 922; OLG Stuttgart, Urt. v. 03.07.2012 – 10 U 33/12, NJW 2013, 699; OLG Düsseldorf, Urt. v. 09.11.2018 – 22 U 91/14, BauR 2019, 1317. Zu den möglichen Mehrkosten oder »Sowieso-Kosten« siehe Rdn. 169.
239 OLG Hamm, Urt. v. 22.05.2003 – 24 U 111/02, NJW 2003, 3568.

auch beim BGB-Bauvertrag mangels anderer Vereinbarung die Leistung in der Regel mangelhaft, wenn sie nicht den zur Zeit der Abnahme anerkannten Regeln der Technik als vertraglichem Mindeststandard entspricht,[240] was gleichermaßen konsequent auch für die Mangelbeseitigung gilt. Zwar hat der Gesetzgeber in der Neufassung des § 633 BGB davon abgesehen, die Definition der Mangelfreiheit um diese Voraussetzung zu ergänzen, die Entwurfsbegründung betont aber, dass gleichwohl die anerkannten Regeln der Technik einzuhalten seien.[241]

132 Nach dem Grundsatz von Treu und Glauben (§ 242 BGB) kann sich bei erfolgreicher Nacherfüllung im Anschluss an eine an sich entbehrliche Fristsetzung auch ein Ausschluss der Geltendmachung der Mängelrechte ergeben.[242]

b) Fehlgeschlagene Nacherfüllung

133 Ist jedoch die Mangelbeseitigung wiederum mangelhaft ausgeführt worden (sog. Fehlschlag bzw. fehlgeschlagene Nacherfüllung) und/oder hat der Unternehmer seine Nacherfüllungspflicht schuldhaft verletzt, kann der Besteller die nachrangigen Gewährleistungsrechte aus § 634 Nrn. 2 bis 4 bzw. §§ 636 bis 638 BGB geltend machen; einer vorherigen Fristsetzung bedarf es nur dann nicht, wenn die Nacherfüllung endgültig fehlgeschlagen ist, der Unternehmer die erneute, ordnungsgemäße Nacherfüllung ernsthaft und endgültig verweigert oder dem Besteller weitere Nacherfüllungsversuche nicht zumutbar sind.[243]

134 Allgemein ist die Nacherfüllung daher fehlgeschlagen, wenn sie
- bereits einmal[244] vergeblich versucht worden ist,[245]
- unmöglich ist (dazu nachfolgend Rdn. 138),
- vom Unternehmer ernsthaft und endgültig verweigert[246] oder
- unnötig verzögert wird,[247] oder
- dem Besteller aufgrund einer Vielzahl von Mängeln, der Schwere des Mangels oder anderen gravierenden Gründen nicht zuzumuten ist.[248]

135 Für weitere Einzelheiten wird auf die Kommentierung § 637 Rdn. 100 (»Fehlgeschlagene Nacherfüllung«) verwiesen.

c) Surrogate

136 Der Vollständigkeit halber ist noch auf die Vorschrift des § 364 BGB hinzuweisen. Danach erlischt der Nacherfüllungsanspruch des Bestellers auch dann, wenn er eine andere Leistung als die geschuldete Nacherfüllungsleistung *»an Erfüllung statt annimmt.«*[249]

240 BGH, Urt. v. 14.05.1998 – VII ZR 184–97, NJW 1998, 2814; BGH, Urt. v. 09.07.1981 – VII ZR 40/80, BauR 1981, 577; OLG Düsseldorf, Urt. v. 14.07.1995 – 22 U 46/95, NJW-RR 1996, 146; OLG Schleswig, Urt. v. 07.03.2002 – 7 U 38/98, IBR 2002, 406; Voit, in: Bamberger/Roth/Hau/Poseck, § 633 BGB Rn. 14; BeckOK-BGB/Voit, § 633 Rn. 14; Langen, in: Kapellmann/Messerschmidt, § 13 VOB/B Rn. 49; Leesmeister/Kaiser, Praxishandbuch VOB/C, Kap. 8 Rn. 16.

241 BT-Drucks. 14/6040, 261, rechte Spalte, 1. Abs. Zur Konkretisierung der a.R.d.T. siehe oben Rdn. 40.

242 BGH, Urt. v. 12.03.2010 – V ZR 147/09, BauR 2010, 1074; zur Gestattungspflicht siehe Finn, ZGS 2004, 32.

243 Zu den jeweiligen Anspruchsvoraussetzungen siehe die Kommentierungen §§ 636 bis 638.

244 Vgl. MüKo-BGB/Busche, § 636 Rn. 21 m.w.N.

245 BGH, Urt. v. 02.02.1994 – VIII ZR 262/92, NJW 1994, 1005. Zum Selbstvornahmerecht siehe die Kommentierung § 637.

246 OLG Frankfurt, Urt. v. 14.06.2012 – 12 U 185/10, IBRRS 2012, 2738.

247 BGH, Urt. v. 26.11.1984 – VIII ZR 214/83, NJW 1985, 623.

248 OLG Köln, Urt. v. 16.01.1992 – 12 U 151/91, NJW-RR 1992, 1147.

249 Dazu MüKo-BGB/Fetzer, § 364 Rn. 1 ff.

Oder der Besteller verzichtet auf seinen Nacherfüllungsanspruch, indem er dem Unternehmer gemäß § 397 BGB durch Vertrag die Schuld (Verpflichtung zur Nacherfüllung) erlässt. Der Verzicht auf bestehende Mängelrechte ist zulässig, unterliegt aber strengen Anforderungen. Das Einverständnis mit einer bestimmten Sanierungsmethode, die sich später als ungeeignet herausstellt, stellt in der Regel keinen (konkludenten) Verzicht dar.[250] 137

3. Unmöglichkeit

Der Nacherfüllungsanspruch aus § 635 Abs. 1 BGB ist ausgeschlossen (erlischt), wenn die Nacherfüllung gemäß § 275 Abs. 1 BGB unmöglich ist.[251] In diesem Fall entfällt auch der Ersatzvornahmeanspruch einschließlich Kostenvorschussanspruch aus §§ 637, 634 Nr. 2 BGB.[252] Stattdessen stehen dem Besteller bei Vorliegen der jeweiligen Voraussetzungen die Schadensersatzansprüche aus § 311a BGB bzw. §§ 280 Abs. 1, 3, 283 BGB (vgl. 634 Nr. 4 BGB) zu.[253] Zudem ist er gemäß §§ 346, 323 Abs. 5, 634 Nr. 3 BGB zum Rücktritt vom Bauvertrag oder zur Minderung nach § 638 BGB berechtigt.[254] 138

Konkret kann dies der Fall sein, wenn der Mangel **aus technischen Gründen** bzw. durch fachtechnische Maßnahmen nicht beseitigt werden kann.[255] Dies gilt beispielsweise auch für nicht mehr behebbare Planungs- und Bauüberwachungsfehler des Architekten, wenn der Mangel sich bereits im Ausführungsgewerk verwirklicht hat; statt des Nacherfüllungsanspruchs kann der Besteller dann Schadensersatz verlangen.[256] 139

Gleiches gilt, wenn die Mangelbeseitigung zwar technisch möglich ist, durch die Sanierungsmaßnahmen aber das versprochene Werk **nicht unwesentlich verändert** werden würde.[257] 140

In vertraglichen **Leistungsketten** wird der Nacherfüllungsanspruch des Generalunternehmers bzw. Hauptunternehmers gegen seinen Vertragspartner/Nachunternehmer dann unmöglich, wenn bereits der Nachunternehmer die Mängelbeseitigung unmittelbar für den Besteller (Auftraggeber des Hauptunternehmers) aufgrund eines gesonderten Vertrags vorgenommen hat.[258] 141

Der Nacherfüllungsanspruch wird auch dann (für den Unternehmer subjektiv[259]) unmöglich, wenn der Besteller die Nacherfüllung zum Beispiel aufgrund unterlassener Mitwirkungshandlungen (z.B. bestellerseitige Ausführungsplanung) oder aktiv durch Verhängung eines Baustellen-/Hausverbots nicht zulässt;[260] dies gilt jedoch in der Regel nicht bei Insolvenz des Bestellers.[261] 142

---

250 BGH, Urt. v. 06.12.2001 – VII ZR 19/00, NJW 2002, 748, siehe auch OLG Düsseldorf, Urt. v. 19.03.1999 – 22 U 198/98, NJW-RR 2000, 165.

251 BGH, Urt. v. 02.02.1994 – VIII ZR 262/92, NJW 1994, 1005. Allgemein MüKo-BGB/Ernst, § 275 Rn. 33 ff.

252 Dazu die Kommentierung § 637 BGB. Vgl. auch BGH, Urt. v. 08.05.2014 – VII ZR 203/11, BauR 2014, 1291.

253 Ausführlich § 634 Rdn. 20. Zur anfänglichen und nachträglichen Unmöglichkeit s. Ernst, a.a.O.

254 Siehe dazu Rdn. 143.

255 BGH, Urt. v. 08.05.2014 – VII ZR 203/11, BauR 2014, 1291; weitere Fälle z.B. OLG Düsseldorf, Urt. v. 04.12.1992 – 22 U 154/92, IBR 1993, 377 und OLG Celle, Urt. v. 14.12.1994 – 11 U 12/94, BauR 1995, 856; siehe auch Althaus, BauR 2014, 1369.

256 BGH, Urt. v. 01.02.1965 – GSZ 1/64, NJW 1965, 1175. Zur Ausnahme beim Totalunternehmervertrag siehe OLG Düsseldorf, Urt. v. 23.08.2002 – 22 U 111/01, NZBau 2003, 445.

257 BGH, Urt. v. 21.12.2000 – VII ZR 17/99, NJW 2001, 1642.

258 BGH, Urt. v. 14.01.2010 – VII ZR 106/08, NJW 2010, 1282.

259 Zur objektiven und subjektiven Unmöglichkeit siehe MüKo-BGB/Ernst, § 275 Rn. 36 ff.

260 BGH, Urt. v. 01.08.2013 – VII ZR 75/11, NJW 2013, 3297.

261 Zur bestellerseitigen Planung: OLG Nürnberg, Urt. v. 23.11.2021 – 6 U 4362/19, IBR 2022, 290; zum Hausverbot: OLG Düsseldorf, Urt. v. 28.01.2005 – 23 U 150/04, ZIP 2005, 668.

4. Ausübung anderer Mängelrechte

143 Der Nacherfüllungsanspruch erlischt auch dann, wenn der Besteller andere Mängelrechte gegenüber dem Unternehmer geltend macht, namentlich

- gemäß §§ 346 Abs. 1, 323 Abs. 1, 634 Nr. 3, 636 BGB den **Rücktritt** vom Bauvertrag erklärt oder
- nach §§ 638, 634 Nr. 3 BGB die **Minderung** geltend macht oder
- aus §§ 280 Abs. 1, 3, 281, 634 Nr. 4, 636 BGB vom Unternehmer **Schadensersatz statt der Leistung** (statt der Nacherfüllung) berechtigt verlangt.

144 Hierbei handelt es sich um die sog. sekundären Mängelrechte des Bestellers, die ab der grundsätzlichen Mängelhaftung des Unternehmers in einem Stufenverhältnis (§ 634 BGB) stehen; als primäres Mängelrecht hat der Besteller zunächst nur den Nacherfüllungsanspruch.[262] Neben dem Nacherfüllungsanspruch kann der Besteller nach §§ 280 Abs. 1, 634 Nr. 4 BGB **Schadensersatz neben der Leistung** geltend machen, also Ersatz für von der Nacherfüllung nicht erfasster Schäden verlangen, auch wegen Verzug in Verbindung mit § 286 BGB.

145 Für weitere Einzelheiten wird auf die Kommentierungen des § 634 Rdn. 25 ff. sowie der §§ 636 bis 638 verwiesen.

V. Durchsetzbarkeit

1. Übersicht

146 Der Nacherfüllungsanspruch ist gehemmt, das heißt für den Besteller gegenüber dem Unternehmer (gegebenenfalls dauerhaft) nicht durchsetzbar, wenn der Unternehmer Einreden in Form von Leistungsverweigerungsrechten oder der Verjährung berechtigt erhebt. Im Einzelnen:

2. Leistungsverweigerung

a) Unverhältnismäßige Nacherfüllungskosten

147 Neben den allgemeinen Leistungsverweigerungsrechten aus §§ 273, 320, 275 Abs. 2 und 3 BGB und dem besonderen Leistungsverweigerungsrecht aus § 650f Abs. 5 BGB enthält **§ 635 Abs. 3 BGB** ein weiteres spezielles Leistungsverweigerungsrecht. Danach kann der Unternehmer die Nacherfüllung unbeschadet der in § 275 Abs. 2 und 3 BGB genannten Gründe insbesondere verweigern, wenn sie nur mit unverhältnismäßigen Kosten möglich ist. Insoweit wird auf die Kommentierung des Absatzes 3 von § 635 BGB bei Rdn. 190 verwiesen.

b) Kostenbeteiligung und Sicherheit

148 Hat der Besteller den Mangel mitzuverantworten oder fallen sog. Sowieso-Kosten an,[263] sodass der Unternehmer Anspruch auf eine Kostenbeteiligung hat, kann er die Mangelbeseitigung entweder davon abhängig machen, dass der Besteller Sicherheit in entsprechender Höhe leistet,[264] oder er die Mängelbeseitigung von der Zahlung in Höhe der **Kostenbeteiligung** abhängig macht.[265] Insoweit greift das allgemeine Leistungsverweigerungsrecht nach § 320 BGB, das unter anderem der Einredeerhebung bedarf.[266]

149 Ein spezielles Leistungsverweigerungsrecht steht dem Unternehmer für den Fall zu, dass der Besteller eine vom Unternehmer berechtigt geforderte **Bauhandwerkersicherung** nicht leistet, § 650f Abs. 1 und 5 S. 1 Alt. 1 BGB. Der Unternehmer ist dann berechtigt, die Mängelbeseitigung bis zur Sicher-

---

262 S.o. Rdn. 5 sowie § 634 Rdn. 25.
263 S.u. Rdn. 169.
264 BGH, Urt. v. 22.03.1984 – VII ZR 50/82, NJW 1984, 1676.
265 »Doppelte Zug-um-Zug-Verurteilung«, ausführlich Rdn. 216.
266 Ausführlich MüKo-BGB/Emmerich, § 320 Rn. 1 ff.

heitsleistung zu verweigern, solange er bereit und in der Lage ist, die Mängel zu beseitigen.[267] Allerdings behält der Besteller trotz nicht gestellter Sicherheit sein Leistungsverweigerungsrecht wegen Mängeln gegenüber der Werklohnforderung des Unternehmers.[268] Jedoch kann der Besteller in diesem Fall das Zurückbehaltungsrecht lediglich in Höhe der erforderlichen Mangelbeseitigungskosten, das heißt ohne den (regelmäßig) doppelten Druckzuschlag gemäß § 641 Abs. 3 BGB, geltend machen.[269]

Für weitere Einzelheiten wird auf die Kommentierung von § 650f verwiesen. **150**

c) Unverhältnismäßiger Aufwand

Der Unternehmer kann die Nacherfüllung nach der allgemeinen Vorschrift aus **§ 275 Abs. 2 BGB** **151** verweigern, wenn die Nacherfüllung einen unverhältnismäßigen Aufwand erfordert. Dabei sind im Rahmen einer Verhältnismäßigkeitsprüfung auch der Inhalt des Bauvertrags, das Gebot von Treu und Glauben (§ 242 BGB) sowie das Leistungsinteresse des Bestellers zu berücksichtigen, ferner, ob der Unternehmer die mangelhafte Leistung zu vertreten hat (vgl. § 275 Abs. 2 BGB).[270] Hat der Unternehmer den Mangel zu vertreten, schließt das seine Einrede grundsätzlich nicht aus.

Allerdings ist die Anwendung dieses Verweigerungsrechts wegen unverhältnismäßigen Aufwandes **152** auf Werk- bzw. Bauverträge äußerst gering bzw. eher theoretischer Natur, weil es gegenüber dem speziellen Leistungsverweigerungsrecht aus § 635 Abs. 3 BGB wesentlich strengere Voraussetzungen hat.[271] Gleichwohl lässt der Gesetzgeber in § 635 Abs. 3 BGB die Anwendung von § 275 Abs. 2 BGB ausdrücklich zu,[272] beispielsweise nach einer Entscheidung des Oberlandesgerichts München, wonach im Fall einer geringfügig (4,5 m^2) zu klein errichteten Werkhalle die Unverhältnismäßigkeit der Mängelbeseitigung (Neuerrichtung) angenommen wurde.[273]

d) Unzumutbarkeit

Die vorstehenden Ausführungen zu § 275 Abs. 2 BGB geltend entsprechend für das allgemeine **153** Verweigerungsrecht nach **§ 275 Abs. 3 BGB**.[274] Danach kann der Unternehmer die Nacherfüllung verweigern, wenn er sie persönlich leisten muss und sie für ihn unter Abwägung des seiner Leistung entgegenstehenden Hindernisses mit dem Leistungsinteresse des Bestellers unzumutbar ist (vgl. § 275 Abs. 3 BGB). Auch in diesem Fall kann der Unternehmer die **Einrede** erheben.

Unter anderem wegen des seltenen, theoretischen Anwendungsfalls auf Bauverträge (siehe oben **154** Rdn. 152) wird auch insoweit auf das spezielle Leistungsverweigerungsrecht des Unternehmers aus § 635 Abs. 3 BGB unter Rdn. 190 verwiesen.

---

267 BGH, Urt. v. 27.09.2007 – VII ZR 80/05, NZBau 2008, 55 und Urt. v. 16.04.2009 – VII ZR 9/08, NZBau 2009, 439.

268 BGH, Urt. v. 22.01.2004 – VII ZR 183/02, NJW 2004, 1525; BGH, Urt. v. 22.01.2004 – VII ZR 68/03, NZBau 2004, 261; BGH, Urt. v. 13.01.2005 – VII ZR 28/04, NZBau 2005, 280; BGH, Urt. v. 22.09.2005 – VII ZR 152/05, NZBau 2006, 40. Im Übrigen siehe Rdn. 117.

269 OLG Jena, Urt. v. 06.03.2013 – 2 U 105/12, IBR 2014, 415; Otto, BauR 2004, 838; Kniffka, BauR 2007, 246.

270 Allgemein zum Verweigerungsrecht des § 275 Abs. 2 BGB, auch zur Abgrenzung zur subjektiven Unmöglichkeit nach § 275 Abs. 1 BGB: Müko-BGB/Ernst, a.a.O.

271 BGH, Beschl. v. 14.01.2009 – VIII ZR 70/08, NJW 2009, 1660.

272 Leupertz/Halfmeier, in: PWW, BGB, § 635 Rn. 8; Rütten/Raab, in: Dauner-Lieb/Langen, § 635 BGB Rn. 33; Voit, in: Bamberger/Roth/Hau/Poseck, § 635 BGB Rn. 15.

273 OLG München, Urt. v. 24.04.2013 – 13 U 1800/12 Bau, NJW-RR 2013, 1036.

274 Siehe auch MüKo-BGB/Ernst, a.a.O.

3. Verjährung

155 Der Nacherfüllungsanspruch darf nicht gemäß § 214 BGB verjährt sein (Einrede des Unternehmers). Für die Mängelansprüche aus § 634 Nrn. 1, 2 und 4 BGB – Nacherfüllung, Selbstvornahme und Schadensersatz – gilt grundsätzlich nicht die allgemeine Verjährungsfrist der §§ 195, 199 BGB, sondern diese Gewährleistungsansprüche verjähren bei BGB-Bauverträgen grundsätzlich in **5 Jahren**, § 634a Abs. 1 Nr. 2 BGB, beginnend mit der **Abnahme** (§ 634a Abs. 2 BGB).[275] Die Fristberechnung erfolgt nach §§ 187 Abs. 1, 188 Abs. 2 Hs. 1 BGB. Hemmung, Ablaufhemmung und Neubeginn der Verjährung erfolgen nach den allgemeinen Vorschriften der §§ 203 ff. BGB. Praxisrelevant ist der Neubeginn der Verjährung durch Anerkenntnis der Verpflichtung zur Nachbesserung.[276] Für den Hemmungstatbestand der Verhandlungen (§ 203 BGB) ist zu beachten, dass hierfür bereits die einvernehmliche Untersuchung auf Mängel durch den Unternehmer genügt, außer der Unternehmer lehnt die Mängelhaftung von vornherein ab.[277] Die Geltendmachung eines Mängelrechts hemmt gleichzeitig die Verjährung für alle Mängelrechte,[278] und zwar aus der gerügten Mangelerscheinung für alle damit zusammenhängenden Mängel in vollem Umfang (Symptom-Rechtsprechung des Bundesgerichtshofs).[279] Daraus folgt, dass weitere Mängel dadurch nicht gehemmt werden, soweit sie mit dem geltend gemachten Mangel nicht in Verbindung stehen.[280]

156 Nach § 634a Abs. 3 und 4 BGB gilt für Rücktritt und Minderung (§ 634 Nr. 3 BGB) § 218 BGB (analog).[281]

157 Hat der Unternehmer allerdings den **Mangel arglistig verschwiegen**, verjähren die Mängelansprüche in der regelmäßigen Verjährungsfrist (§§ 195, 199 BGB), das heißt regelmäßig in 3 Jahren, mindestens aber in 5 Jahren und höchstens in 10 Jahren.[282]

158 Wie bereits unter Rdn. 15 dargestellt, stehen dem Besteller eines BGB-Bauvertragsrechts die Mängelrechte grundsätzlich erst nach Abnahme zu. Für die Ausnahmefälle der Mängelrechte **vor Abnahme** gilt, dass sich im Erfüllungsstadium **unerledigte Ansprüche** automatisch mit der Abnahme »umwandeln« und somit die Verjährungsregeln nach § 634a BGB gelten.[283]

▶ **Beispiel:**

Kurz vor der Fertigstellung rügt der Besteller berechtigt einen Mangel, der trotz Fristsetzung nicht vom Unternehmer beseitigt wird. Später erfolgt die Abnahme unter Vorbehalt dieses Mangels.

---

275 Bei VOB-Bauverträgen beträgt die Verjährungsfrist für Mängelansprüche (§ 13 Abs. 4 u. 5 VOB/B) grds. 4 Jahre, bei bestimmten Bauwerken/Anlagen 1 oder 2 Jahre (ggf. mit Verlängerungsoption) und u.U. für gerügte Mängel bis zu 6 Jahre. Ausführlich Langen, in: Kapellmann/Messerschmidt, § 13 VOB/B, C. I. Rn. 138 ff.

276 Auch durch tatsächliches Verhalten möglich: OLG Brandenburg, Urt. v. 11.08.2021 – 4 U 130/20, IBR 2022, 514 und OLG Köln, Beschl. v. 29.10.2021 – 17 U 162/19, IBR 2023, 69.

277 Wagner, ZIP 2002, 789. Auch bei fehlerhafter Nacherfüllung (streitig), vgl. Faber/Werner, NJW 2008, 1910.

278 BGH, Urt. v. 30.10.2007 – X ZR 101/06, NJW 2008, 576; BGH, Urt. v. 07.07.2005 – VII ZR 59/04, NJW-RR 2005, 1474.

279 Siehe schon Rdn. 19 sowie BGH, a.a.O. und BGH, Urt. v. 01.02.2005 – X ZR 112/02, NJW-RR 2005, 1037.

280 OLG Saarbrücken, Urt. v. 19.10.2022 – 2 U 229/21, IBR 2023, 345.

281 Dazu die Kommentierungen von § 636 und § 638 sowie § 634a Rdn. 54 ff.

282 Ausführlich MüKo-BGB/Grote, §§ 195 ff. sowie OLG Karlsruhe, Urt. v. 24.01.2014 – 4 U 149/13, NJW 2014, 1308; anschauliches Beispiel bei Langen/Berger, Einführung in die VOB/B, Rn. 337 und § 634a Rdn. 45; keine Geltung von Individualvereinbarungen zur Verkürzung der Verjährung bei Arglist OLG Naumburg, Urt. v. 25.06.2022 – 2 U 63/18, IBR 2024, 170.

283 Vgl. BGH, Urt. v. 08.07.2010 – VII ZR 171/08, BauR 2010, 1778.

Für weitere Einzelheiten zur Verjährung sowie zur Verwirkung von Mängelansprüchen wird auf die Kommentierung des § 634a verwiesen. 159

C. § 635 Absatz 2 BGB – Nacherfüllungskosten

I. Inhalt und Umfang

Bei der klarstellenden Regelung in Absatz 2 von § 635 BGB handelt es sich um einen Annex zum Nacherfüllungsanspruch aus Absatz 1,[284] die Verpflichtung des Unternehmers, **sämtliche** für die Nacherfüllung notwendigen Aufwendungen zu tragen;[285] klarstellend insoweit, als der Unternehmer die Mangelbeseitigung grundsätzlich **kostenneutral** schuldet.[286] Im Einzelnen: 160

Die Vorschrift gibt durch die Formulierung »insbesondere« eine beispielhafte, also nicht abschließende, Auflistung von typischen Aufwendungen bzw. Kosten des Unternehmers, die im Zusammenhang mit der Beseitigung eines Mangels entstehen: 161

- Transportkosten,
- Wegekosten,
- Arbeitskosten und
- Materialkosten.[287]

Weitere Aufwendungen/Kosten: 162

- Unter Umständen hat der Unternehmer gegenüber dem Besteller auch die Kosten des Aus- und Wiedereinbaus von mangelhaften Bauteilen, die von Dritten bezogen wurden, zu tragen.[288]
- Kosten für notwendige Vorbereitungs- und Nebenarbeiten.
- Aufwendungen im Zusammenhang mit der Mangelursachenforschung oder dem Auffinden aller Mängel aufgrund der Symptomanzeige.[289]
- Aufwendungen für Nacharbeiten, z.B. Wiederherstellungskosten für außerhalb des Mangels liegende Bauteile und Beschädigung anderer Güter.[290]

Notwendige Aufwendungen und Kosten, die der **Besteller** im Rahmen bzw. während der Mangelbeseitigung, auch im Vorfeld und danach, hat, sind grundsätzlich vom Unternehmer zu tragen. Hierzu gehören beispielsweise Kosten zur Auffindung des Mangels und dessen Verfolgung, soweit sie erforderlich sind, zum Beispiel Gutachterkosten und Rechtsverfolgungskosten,[291] oder auch die Zusatzkosten der vom Besteller beauftragten Architekten/Ingenieur für notwendige Bauleitung und Koordination während der Mangelbeseitigung. 163

Der Anspruch aus § 635 Abs. 1, 2 BGB umfasst hingegen nicht **Mangelfolgeschäden** oder Schäden, die nicht in unmittelbarem Zusammenhang mit der Mangelbeseitigung an außerhalb des mangelhaften Leistungsteils liegenden Gewerken oder Rechtsgütern des Bestellers entstanden sind.[292] Insoweit handelt es sich um Schadensersatz, den der Besteller über die Ansprüche aus §§ 280 ff. (§§ 634 Nr. 4, 636), § 823 BGB geltend machen muss.[293] 164

284 Kein Schadensersatzanspruch, insoweit klarstellend BGH, Urt. v. 17.02.1999 – X ZR 40/96, NJW-RR 1999, 813.

285 Siehe nur BGH, Urt. v. 13.12.1962 – II ZR 196/60, NJW 1963, 805.

286 Dazu bereits Rdn. 12.

287 BGH, Urt. v. 22.03.1979 – VII ZR 142/78, NJW 1979, 2095.

288 Kaiser, BauR 2013, 139; Voit, a.a.O., Rn. 9 f.

289 OLG Koblenz, Urt. v. 04.03.2015 – 3 U 1042/14, NJW 2015, 1967. Siehe aber auch Rdn. 27.

290 BGH, Urt. v. 13.12.1962 – II ZR 196/60, NJW 1963, 805; BGH, Urt. v. 07.11.1985 – VII ZR 270/83, NJW 1986, 922; OLG Karlsruhe, Urt. v. 01.03.2005 – 17 U 114/04, BauR 2005, 1485.

291 Vgl. BGH, Urt. v. 23.01.1991 – VIII ZR 122/90, NJW 1991, 1604; OLG Köln, Beschl. v. 09.10.2012 – 22 U 58/12, NJW-RR 2013, 530; Kaiser, BauR 2013, 144.

292 BGH, Urt. v. 07.11.1985 – VII ZR 270/83, NJW 1986, 922.

293 BGH, Urt. v. 08.06.1978 – VII ZR 161/77, NJW 1978, 1626; Kaiser, BauR 2013, 142. Beispiele bei Grüneberg/Retzlaff, BGB, § 634 Rn. 12, 17.

165 Die **Kostenberechnung** hat so zu erfolgen, dass nach dem ursprünglichen, zum Zeitpunkt des Vertragsschlusses bestehenden Preisniveaus die Aufwendungen (Kosten) in der damaligen üblichen Bauzeit und Arbeitsweise ermittelt werden.[294]

166 Sind gegenüber dem vereinbarten Leistungsverzeichnis Änderungs- oder Zusatzleistungen vom Unternehmer zu erbringen, um überhaupt eine mangelfreie Leistung herstellen zu können, steht dem Unternehmer grundsätzlich auch ein zusätzlicher Vergütungsanspruch gegen den Besteller zu.[295]

▶ **Beispiel:**

167 Der Unternehmer ist damit beauftragt, die Kellerwände abzudichten mit dem vereinbarten Erfolg, dass ein dauerhaftes Trockenlegen des Kellers erreicht werden soll. Somit schuldet der Unternehmer über die im Leistungsverzeichnis beschriebenen Abdichtungsarbeiten hinaus alle sonstigen Leistungen, die zu einer dauerhaften Trockenlegung des Kellers führen.[296]

168 Eine Mangelhaftigkeit ist also auch dann zu bejahen, wenn es die vereinbarte Funktion bzw. den mit der Leistung beabsichtigten Erfolg nicht erfüllt.[297]

II. Sowieso-Kosten

169 Erlangt der Besteller durch die Mängelhaftung außerhalb *sowieso* bestehender Leistungspflichten des Unternehmers Vorteile, so hat er sie auszugleichen;[298] solche Vorteile kann der Besteller dadurch erlangen, dass er durch die Mängelbeseitigung ein mangelfreies Werk zu einem Preis erhält, der bei vertragsgerechtem Verhalten der Parteien – hätte man zum Beispiel alle für ein mängelfreies Werk notwendigen Leistungen vereinbart – von Anfang an höher gewesen wäre.[299] Diesen Mehrpreis nennt man Sowieso-Kosten (oder »Ohnehin-Kosten«).[300] Der Unternehmer ist jedoch darlegungs- und beweispflichtig dafür.[301]

170 Der Besteller muss also die vom Unternehmer grundsätzlich kostenneutral geschuldete Mängelbeseitigung ausnahmsweise insoweit vergüten. Insofern stehen sich zwei Ansprüche gegenüber: Der Mangelbeseitigungsanspruch des Bestellers aus § 635 Abs. 1 BGB und der Kosten- bzw. Zusatzvergütungsanspruch des Unternehmers.

▶ **Beispiel:**

171 Der Unternehmer stellt eine mangelhafte Leistung unter Verwendung der im Leistungsverzeichnis vorgesehenen Baumaterialien und gemäß den Ausführungsvorgaben her. Es stellt sich heraus, dass eine Mängelbeseitigung nur möglich ist, wenn teurere Materialien eingesetzt und ein aufwändigeres Herstellungsverfahren angewendet werden.

172 In derartigen Fällen muss sich der Besteller an den Mängelbeseitigungskosten in Höhe der Sowieso-Kosten beteiligen.[302] Denn der Besteller hätte auch ursprünglich – hätte er von Anfang an die richtigen Materialien und das richtige Herstellungsverfahren geplant – für diese teurere Ausführung

294 OLG Nürnberg, Urt. v. 29.11.2000 – 4 U 2053/99, BauR 2001, 961; OLG Hamm, Beschl. v. 12.10.2010 – 19 W 33/10, NJW 2011, 237.
295 OLG Celle, Urt. v. 19.11.2009 – 6 U 96/0, BauR 2011, 1015.
296 OLG Düsseldorf, Urt. v. 07.10.2016 – 22 U 60/16, BauR 2017, 1380.
297 OLG Celle, Urt. v. 19.11.2009 – 6 U 96/0, BauR 2011, 1015.
298 BGH, Urt. v. 02.10.1989 – VII ZR 140/88, NJW-RR 1990, 89; kritisch Glöckner, BauR 2009, 301, 316 (ergänzende Vertragsauslegung).
299 Jurgeleit, in: Kniffka/Koeble/Jurgeleit/Sacher, Kompendium des Baurechts, Teil 5 Rn. 77.
300 Vgl. auch BGH, Urt. v. 14.11.2017 – VII ZR 65/14, NJW 2018, 391 sowie OLG Hamburg, Urt. v. 03.12.2019 – 4 U 129/18, IBRRS 2020, 2012.
301 OLG Köln, Urt. v. 03.12.2020 – 7 U 210/13, IBR 2022, 289.
302 Ausführlich Berger, BauR 2013, 325.

mehr bezahlen müssen.[303] Zeitlich maßgebend ist insoweit der Preisstand einer seinerzeit ordnungsgemäßen Errichtung. Der Unternehmer muss daher grundsätzlich Mehrkosten aus späteren Preiserhöhungen selbst tragen;[304] dies gilt jedoch nicht uneingeschränkt im Fall der Mithaftung des Bestellers aufgrund eines (ihm zuzurechnenden) Planungsfehlers.[305] In Höhe dieser Sowieso-Kosten kann der Unternehmer vor der Mängelbeseitigung vom Besteller eine **Sicherheitsleistung** verlangen.

Der Unternehmer kann aber keine Sowieso-Kosten vom Besteller erstattet verlangen, wenn er die zusätzlich oder geändert erforderlichen Maßnahmen von Anfang an schuldete.[306] Dies richtet sich nach der vereinbarten Leistungsbeschreibung, 173
- ob die vom Unternehmer zu erbringenden Leistungen detailliert und differenziert genug beschrieben waren,[307] oder
- ob die Leistungen global (zielorientiert funktional) formuliert waren.[308]

Im Fall der detaillierten Leistungsbeschreibung schuldet der Unternehmer für die vereinbarte Vergütung im Zweifel nur die Leistungen, die detailliert beschrieben sind. Lässt sich mit einer solchen Leistungsbeschreibung keine mangelfreie Leistung erstellen, muss der Unternehmer unter Umständen zwar die fehlerhafte oder unvollständige Leistungsbeschreibung im Rahmen seiner Prüfungs- und Bedenkenhinweispflicht beanstanden,[309] die zusätzlichen oder geänderten Leistungen sind jedoch vom Besteller als Sowieso-Kosten dem Unternehmer zusätzlich zu vergüten.[310] 174

Im Fall der globalen Leistungsbeschreibung schuldet der Unternehmer von Anfang an eine funktionale, weil zielorientiert beschriebene Leistung. Erreicht der Unternehmer dieses Ziel mit den von ihm eingesetzten Mitteln nicht, ist der höhere Aufwand im Rahmen der Mängelbeseitigung von ihm selbst zu tragen, weil er den entsprechend höheren Aufwand auch von Anfang an dem Besteller geschuldet hat. 175

Vor diesem Hintergrund kommt es für die Entstehung und Erstattungsfähigkeit von Sowieso-Kosten nicht darauf an, ob die Bauvertragsparteien für die vom Unternehmer geschuldete Leistung einen Einheitspreis oder einen Pauschalpreis vereinbart haben – es kommt allein auf die Art der beschriebenen Leistung (vereinbarten Leistungsbeschreibung) an.[311] Der Unternehmer kann sich auch nicht darauf berufen, dass er ein sehr preisgünstiges Angebot unterbreitet habe; denn auch ein sehr preisgünstiges Angebot verpflichtet den Unternehmer uneingeschränkt zur mängelfreien Ausführung.[312] 176

Entsprechendes gilt für im Rahmen von Nacherfüllungsarbeiten für eine teurere Ausführungsart als ursprünglich vereinbart anfallende Mehrkosten, wenn diese zum Beispiel nach den aktuellen technischen Vorgaben oder Gesetzen erforderlich ist.[313] 177

303 OLG Schleswig, Urt. v. 16.11.2021 – 7 U 185/19, IBR 2022, 236; OLG Karlsruhe, Urt. v. 07.03.2006 – 8 U 200/05, BauR 2006, 2066.

304 BGH, Urt. v. 08.07.1993 – VII ZR 176/91, BauR 1993, 722; OLG Nürnberg, Urt. v. 29.11.2000 – 4 U 2053/99, BauR 2001, 961; OLG Düsseldorf, Urt. v. 11.12.2001 – 21 U 92/01, BauR 2002, 802.

305 BGH, Urt. v. 27.05.2010 – VII ZR 182/09, BauR 2010, 1583; siehe auch Rdn. 77 zur Verantwortung des Bestellers für den Mangel.

306 OLG Stuttgart, Urt. v. 17.03.2010 – 3 U 160/09, BauR 2010, 1599.

307 Dies ist regelmäßig bei einem sog. Einheitspreisvertrag oder Detail-Pauschalvertrag mit jeweils detailliertem LV der Fall. Dazu Kapellmann, in: Kapellmann/Messerschmidt, § 2 VOB/B Rn. 451 ff.

308 Dies ist regelmäßig beim sog. Global-Pauschalvertrag mit funktionaler Leistungsbeschreibung der Fall. Dazu Kapellmann, a.a.O., Rn. 464 ff.

309 Dazu oben Rdn. 54.

310 BGH, Urt. v. 16.07.1998 – VII ZR 350/96, BauR 1999, 37; OLG Karlsruhe, Beschl. v. 17.06.1998 – 14 W 83/97, BauR 1999, 1032; OLG Celle, Urt. v. 03.07.2002 – 7 U 123/02, BauR 2003, 730.

311 OLG Schleswig, Urt. v. 30.09.1999 – 7 U 196/98, BauR 2000, 1201.

312 BGH, Urt. v. 11.11.1999 – VII ZR 403/98, BauR 2000, 411.

313 BGH, Urt. v. 13.09.2001 – VII ZR 392/00, NJW 2002, 141; BGH, Urt. v. 29.06.2006 – VII ZR 274/04, NJW-RR 2006, 1311.

III. Abzug »neu für alt«

178 Der Besteller muss sich unter Umständen auch dann an den Kosten der Nacherfüllung beteiligen, wenn er durch den Zeitpunkt der vorgenommenen Mangelbeseitigung Renovierungskosten erspart oder die Lebensdauer des Bauwerks verlängert wird.[314]

Beispiele:

- Wird im Rahmen der Nacherfüllung ein Flachdach mit einer Lebensdauer von 35 Jahren erneuert, muss sich der Besteller die durch die Erneuerung verlängerte Lebensdauer als Vorteil anrechnen lassen.[315]
- Wird im Rahmen der Nacherfüllung 8 Jahre nach Fertigstellung eine Asphaltdecke mit einer üblichen Nutzungsdauer von 16 Jahren vollständig erneuert, muss sich der Besteller einen 50 %-igen Abzug »neu für alt« anrechnen lassen.[316]

179 Der Besteller muss sich also dann **Nutzungsvorteile** anrechnen lassen, wenn der Mangel nicht zeitnah beseitigt wird, weil er sich erst später auswirkt und der Besteller das Werk bis dahin beanstandungsfrei und nach Beseitigung deutlich länger nutzen kann bzw. das Werk dadurch eine längere »Lebensdauer« bekommt.

180 Dies gilt jedoch nur dann, wenn der Unternehmer die Mängelbeseitigung nicht verzögert hat oder sonstige Umstände dem Zweck der kostenneutralen und verschuldensunabhängigen Mängelhaftung nicht widersprechen.[317] Der Abzug »neu für alt« greift somit nicht, wenn der Unternehmer die Nachbesserung verzögert hat und dem Besteller letztlich zu keinem Zeitpunkt eine uneingeschränkt nutzungsfähige Werkleistung zur Verfügung gestanden hat.[318] Anderes kann bei Verzögerung gelten, wenn der Mangel sich erst spät ausgewirkt hat und der Besteller bis dahin keine Gebrauchsnachteile hinnehmen musste.[319] Der Abzug »neu für alt« greift gemäß § 242 BGB (Treu und Glauben) auch dann nicht zugunsten des Unternehmers, wenn er den Mangel arglistig verschwiegen hat,[320] sodass der Besteller seine Mängelrechte erst Jahre später, nach Entdeckung des Mangels, geltend machen kann.[321] Vor diesem Hintergrund ist der Anwendungsbereich solcher Nutzungsvorteilsanrechnungen äußerst gering, zumal es sich weder bei Absatz 1 noch bei Absatz 2 des § 635 BGB um einen Schadensersatzanspruch handelt.[322]

IV. Vorteilsausgleich

181 Unter bestimmten Voraussetzungen sind Vorteile, die aufgrund eines schädigenden Ereignisses eingetreten sind, auf einen Schadensersatzanspruch anzurechnen.[323] Dieses, für das Schadensersatzrecht entwickelte Institut des Vorteilsausgleichs kann auf die Mängelhaftung im Rahmen sog. **Vertragsketten-Fälle** übertragen werden; der Bundesgerichtshof hat in mehreren Entscheidungen den Grund-

---

314 Ausführlich Berger, BauR 2013, 325.

315 Vgl. auch OLG Düsseldorf, Urt. v. 11.12.2001 – 21 U 92/01, BauR 2002, 802.

316 OLG Dresden, Urt. v. 21.03.2007 – 6 U 219/03, BauR 2008, 692.

317 BGH, Urt. v. 27.09.2018 – VII ZR 45/17, NJW 2019, 421; BGH, Urt. v. 13.09.2001 – VII ZR 392/00, NJW 2002, 141.

318 BGH, a.a.O.; BGH, Urt. v. 17.05.1984 – VII ZR 169/82, BauR 1984, 510 und Urt. v. 15.06.1989 – VII ZR 14/88, BauR 1989, 606; OLG Karlsruhe, Urt. v. 09.12.1999 – 9 U 185/98, BauR 2002, 93; OLG Stuttgart, Urt. v. 17.03.2010 – 3 U 160/09, BauR 2010, 1599; OLG Celle, Urt. v. 15.06.2017 – 6 U 2/17, BauR 2018, 1449; Drittler, BauR 2019, 1524 (1530).

319 OLG Schleswig, Urt. v. 16.11.2021 – 7 U 185/19, IBR 2022, 236.

320 Zum arglistigen Verschweigen eines Mangels siehe ausführlich § 634a Rdn. 45.

321 OLG Hamm, Urt. v. 14.03.2012 – 12 U 118/10, BauR 2013, 1897.

322 Siehe oben Rdn. 5.

323 Ausführlich Grüneberg/Grüneberg, BGB, Vor § 249 Rn. 67 ff. Zum Vorteilsausgleich und zu dessen Übertragbarkeit auf die Nacherfüllung vgl. Berger, BauR 2013, 325. Zum Meinungsstreit siehe auch Peters, JR 2008, 177; Weyer, NZBau 2007, 695.

satz des Vorteilsausgleichs bei Nacherfüllungsansprüchen in Vertragsketten angewendet und dabei seine bisherige Rechtsprechung zur Eigenständigkeit der Vertragsverhältnisse[324] aufgegeben: Der jeweilige Besteller machte gegenüber dem jeweiligen Unternehmer (Nachunternehmer) Nacherfüllungsansprüche geltend, die seitens seines eigenen »Auftraggebers« (Besteller/Bauherr) entweder wegen Verjährung oder aufgrund einer zwischenzeitlich getroffenen Vereinbarung nicht mehr durchsetzbar waren.[325] Steht fest, dass der (General-)Unternehmer von seinem Besteller wegen Mängeln nicht mehr in Anspruch genommen wird, so kann er gehindert sein, seinerseits Ansprüche wegen dieser Mängel gegen seinen (Nach-)Unternehmer geltend zu machen; die Verjährung des Nacherfüllungsanspruchs des Bestellers (Bauherrn) gegen den Generalunternehmer hindert nach dem Rechtsgedanken der Vorteilsausgleichung (in Vertragsketten) diesen somit, gegenüber seinem Nachunternehmer noch nicht verjährte Ansprüche wegen dieser Mängel geltend zu machen.[326] Auch ein zwischen dem Bauherrn und dem General- bzw. Hauptunternehmer getroffene **Vergleich** über Mängelansprüche reduziert den Anspruch des Hauptunternehmers gegenüber seinem Unternehmer auf den wirtschaftlichen Inhalt des Vergleichs.[327]

Vorstehendes gilt gleichermaßen für die **Minderung** nach § 638 BGB,[328] jedoch mit Einschränkungen: 182

Wie schon unter Rdn. 117 zum Leistungsverweigerungsrecht des Bestellers wegen Mängeln in 183 Leistungsketten ausgeführt, kann der Hauptunternehmer zwar die Minderung gegenüber seinen Nachunternehmer auch für den Fall erklären, dass der Bauherr die Minderung nicht geltend macht (machen kann), er darf die Minderung aber nicht nach den Mängelbeseitigungskosten berechnen.[329] Nach der Rechtsprechung des Bundesgerichtshofs ist der Hauptunternehmer gegenüber dem Nachunternehmer zudem auch dann in vollem Umfang zur **Leistungsverweigerung** berechtigt, wenn er seinerseits vom Bauherrn wegen des entsprechenden Mangels nicht in Anspruch genommen wird (werden kann).

Die höchstrichterlichen Entscheidungen widersprechen sich teilweise: Entweder bewertet man die 184 jeweiligen Rechte der Besteller (Bauherr und Haupt-/Generalunternehmer) unabhängig davon, welche Mängelrechte der jeweilige eigene »Auftraggeber« geltend macht. Oder man macht die Ausübung der jeweiligen Mängelrechte davon abhängig, in welchem Umfang der Besteller selbst von seinem Besteller in Anspruch genommen wird (noch in Anspruch genommen werden kann). – Überzeugender ist die eigenständige Bewertung des jeweiligen Vertragsverhältnisses unabhängig von der Leistungskette.[330]

Die Grundsätze der Vorteilsausgleichung gelten auch in Vertragsketten mit Planern im Architekten- 185 und Ingenieurrecht, zum Beispiel Bauherr – Architekt – Statiker; das Recht des Architekten, den Honoraranspruch des Statikers wegen Mängeln der Tragwerksplanung zu mindern, wird durch das Verhalten des Bauherrn nicht berührt, weil insoweit zwei selbständige Vertragsverhältnisse betroffen sind, die grundsätzlich unabhängig voneinander zu beurteilen sind.[331] Zum Bauträgerrecht hat der Bundesgerichtshof entschieden: Ein Bauträger, der vom Käufer Vorschuss auf Mängelbeseitigungskosten zurückfordern kann, muss sich diesen Anspruch grundsätzlich nicht nach dem Institut des Vorteilsausgleichs auf seinen eigenen Schadensersatzanspruch gegen seinen Auftragnehmer wegen derselben Mängel anrechnen lassen; eine Anrechnung kommt erst in Betracht, wenn er den Rück-

324 BGH, Urt. v. 24.03.1977 – VII ZR 319/75, BauR 1977, 277.

325 BGH, Urt. v. 28.06.2007 – VII ZR 81/06, BauR 2007, 1564 und Urt. v. 28.06.2007 – VII ZR 8/06, BauR 2007, 1567.

326 BGH, a.a.O.

327 BGH, Urt. v. 28.06.2007 – VII ZR 81/06, BauR 2007, 1564.

328 Zunächst uneingeschränkt: BGH, Beschl. v. 20.12.2010 – VII ZR 95/10, BauR 2011, 683. Gegen die uneingeschränkte Anwendung Berger, BauR 2013, 325. Dazu die Kommentierung § 638 Rdn. 112.

329 BGH, Urt. v. 05.02.2013 – 9 U 2870/12, BauR 2013, 1859.

330 So zutreffen: Langen/Berger, Rn. 314.

331 BGH, Urt. v. 28.01.2016 – VII ZR 266/14, BauR 2016, 855; vgl. auch Zahn, BauR 2016, 1232.

zahlungsanspruch gegen den Käufer realisiert habe und gleichzeitig feststehe, dass er vom Erwerber wegen dieser Mängel nicht mehr in Anspruch genommen werden kann.[332]

186 Letztlich soll mit der (einschränkenden) Rechtsprechung des Bundesgerichtshofs in Vertragsketten eine unzulässige Bereicherung des jeweiligen Bestellers am Mangel (Schaden) vermieden werden, indem er von seinem Unternehmer die Mängelbeseitigungskosten verlangt, ohne den Mangel beseitigen zu wollen.[333]

V. Mitverantwortung des Bestellers

187 Wenn der Besteller den Mangel selbst oder über die Zurechnung anderer Baubeteiligter **mitverursacht** hat,[334] hat er sich an den Kosten für die erforderlichen Aufwendungen zu beteiligen, und zwar in Höhe seines quotalen Haftungsanteils (§ 254 BGB analog).[335] Dies ist insbesondere der Fall, dass sich der Besteller im Rahmen der Mangelentstehung Fehler seiner Erfüllungsgehilfen, zum Beispiel eine mangelhafte Planung oder Vorgabe seines Architekten/Ingenieurs,[336] oder fehlerhafter Vorleistungen anderer von ihm beauftragter Unternehmer[337] zurechnen lassen muss, der Unternehmer jedoch seinen Prüf- und Hinweispflichten in vollem Umfang nachgekommen ist.[338] Ähnlich ist es, wenn während der Mangelbeseitigung auch vom Besteller allein zu verantwortende Fehler durch den Unternehmer behoben werden.[339] Grundsätzlich hat der Unternehmer die Mangelursache bzw. die (Mit-)Verantwortung des Bestellers (und seiner Erfüllungsgehilfen oder Vorunternehmer) zu beweisen.

188 Die Kosten, die nach dem Nacherfüllungsverlangen für die Untersuchung der gerügten Mangelerscheinung anfallen, hat der Unternehmer grundsätzlich nur dann zu tragen, wenn auch tatsächlich ein Mangel vorliegt.[340] Dieser Grundsatz gilt mithin auch für Kosten, die für die Beseitigung der gerügten Erscheinung anfallen, jedoch nicht auf einen Mangel des Unternehmers zurückzuführen sind – sie trägt der Besteller. Allerdings kann der Unternehmer diese Kosten nur dann in Form von vertraglichen Vergütungsansprüchen geltend machen, wenn er mit dem Besteller vor Ausführung eine entsprechende Vereinbarung abgeschlossen hat, beispielsweise als sog. Nachtrag oder in dem Sinne, dass die Kostentragung von der späteren Klärung der Mangelverantwortlichkeit abhängig gemacht werde.[341] Im Übrigen kommen Ansprüche aus »Geschäftsführung ohne Auftrag« (§§ 677 ff. BGB) oder nach Bereicherungsrecht (§§ 812 ff. BGB), gegebenenfalls auch Schadensersatz, in Betracht, was jedoch im Einzelnen streitig ist.[342]

189 Zu den Kosten, die durch eine **unberechtigte Mängelrüge** entstanden sind, siehe oben Rdn. 27.

---

332 BGH, Urt. v. 10.07.2008 – VII ZR 16/07, BauR 2008, 1877.

333 Nach wie vor ist dies aber ein primäres Thema des Schadensersatzanspruches. Siehe dazu die Kommentierungen § 634 Rdn. 17.

334 Dazu Rdn. 54 ff.

335 BGH, Urt. v. 07.05.2010 – VII ZR 182/09, NJW 2010, 2571; zur Beweislast siehe auch OLG Düsseldorf, Urt. v. 16.06.2017 – I-22 U 14/17, NJW 2018, 627.

336 BGH, Urt. v. 27.09.2018 – VII ZR 45/17, NJW 2019, 421; BGH, Urt. v. 13.09.2001 – VII ZR 392/00, NJW 2002, 141; OLG Oldenburg, Urt. v. 24.11.2016 – 8 U 70/15, BauR 2018, 845.

337 OLG München, Urt. v. 03.07.1987 – 14 U 840/86, NJW-RR 1988, 20.

338 Dazu Rdn. 54.

339 OLG Düsseldorf, Urt. v. 16.06.2017 – I-22 U 14/17, NJW 2018, 627.

340 Vgl. Schwarze, NJW 2015, 3601. Siehe auch OLG Koblenz, Urt. v. 04.03.2015 – 3 U 1042/14, NJW 2015, 1967.

341 OLG Celle, Urt. v. 06.01.2011 – 6 U 122/10, BauR 2012, 655; OLG Celle, Urt. v. 08.05.2002 – 7 U 47/00, BauR 2003, 265; OLG Stuttgart, Urt. v. 08.12.2015 – 10 U 132/13, MDR 2016, 457; BGH, Urt. v. 05.11.1998 – VII ZR 236–97, NJW 1999, 416.

342 OLG Düsseldorf, Urt. v. 19.06.2007 – 21 U 164/06, NJW-RR 2008, 331; ausführlich Pauly, BauR 2016, 3 m.w.N.

D. § 635 Absatz 3 BGB – Leistungsverweigerungsrecht

I. Inhalt und Voraussetzungen

Unbeschadet der allgemeinen Leistungsverweigerungsrechte des Unternehmers wie beispielsweise aus § 320 und § 275 Abs. 2 und 3 BGB (dazu bereits Rdn. 147) gewährt § 635 Abs. 3 BGB dem Unternehmer ein spezielles Leistungsverweigerungsrecht, wenn die Nacherfüllung nur mit **unverhältnismäßigen Kosten** möglich ist. Die Einrede ist grundsätzlich erst nach Abnahme möglich.[343] Insoweit muss eine **Gesamtabwägung** der Unverhältnismäßigkeit stattfinden, in der nicht nur die Nacherfüllungskosten, sondern auch das Nacherfüllungsinteresse des Bestellers, die Bedeutung des Mangels sowie der Gesamtwert der beauftragten Leistung zu berücksichtigen sind. 190

Nach dem Bundesgerichtshof und einigen Oberlandesgerichten sind die Aufwendungen für eine Mangelbeseitigung dann unverhältnismäßig, wenn der in Richtung auf die Beseitigung des Mangels erzielte Erfolg oder Teilerfolg bei Abwägung der Umstände des Einzelfalls in keinem vernünftigen Verhältnis zur Höhe des dafür gemachten Geldaufwandes steht und es dem Unternehmer nicht zugemutet werden kann, vom Besteller unnötigerweise geleistete Aufwendungen tragen zu müssen.[344] 191

In Bezug auf das Wahlrecht des Unternehmers greift das Leistungsverweigerungsrecht aus § 635 Abs. 3 BGB nur dann, wenn die Unverhältnismäßigkeit auf beide Arten der Nacherfüllung (Nachbesserung und Neuherstellung) zutrifft – gilt sie nur für eine Form, muss der Unternehmer die andere durchführen. 192

Vor diesem Hintergrund liegen nach (selbstverständlich freiwilliger) **Einrede** durch den Unternehmer die Voraussetzungen für das Leistungsverweigerungsrecht vor, wenn der Nacherfüllungsaufwand (insbesondere Kosten der Mängelbeseitigung) in keinem vernünftigen Verhältnis zu dem objektiven Interesse des Bestellers an einer (fiktiven) mangelfreien Leistung steht.[345] Im Einzelnen: 193

Auf Seiten des **Unternehmers** sind also zunächst die erforderlichen Aufwendungen der Nacherfüllung bzw. die Mangelbeseitigungs- oder Neuherstellungskosten zu berücksichtigen, und zwar der Höhe nach zum Zeitpunkt der ursprünglich vereinbarten Leistungserbringung (siehe unten Rdn. 205). Zudem ist ein etwaiges Vertretenmüssen der mangelhaften Leistung durch den Unternehmer zu bewerten, dabei insbesondere der Grad der Pflichtverletzung und die Schwere des Mangels, die Form der Fahrlässigkeit oder gar vorsätzliches Handeln.[346] Der Grad des Verschuldens des Unternehmers an der Entstehung des Mangels ist also in die Gesamtabwägung zur Beurteilung der Frage, ob der Unternehmer die Nacherfüllung wegen unverhältnismäßig hohen Aufwandes berechtigt verweigert, einzubeziehen. Im Ausnahmefall kann somit auch ein durch den Unternehmer vorsätzlich oder grob fahrlässig herbeigeführter Mangel den Einwand der Unverhältnismäßigkeit der Nacherfüllung rechtfertigen.[347] Unabhängig vom Verschulden ist die Mangelursache und die Verantwortlichkeit (Risikosphäre) des Unternehmers zu hinterfragen, beispielsweise wenn der Mangel für ihn vorhersehbar war.[348] Im diesem Zusammenhang kann die Einrede gegen die Gebote von Treu und Glauben (§ 242 194

343 OLG Düsseldorf, Beschl. v. 02.06.2020 – 23 U 149/19, IBR 2022, 233.

344 BGH, Urt. v. 30.07.2015 – VII ZR 70/14, BauR 2015, 1842; OLG Düsseldorf, Urt. v. 18.02.2014 – I-23 U 62/13, BauR 2014, 1158 und Urt. v. 04.11.2014 – I-21 U 23/14, BauR 2016, 131; OLG Oldenburg, Urt. v. 11.12.2014 – 8 U 141/09, BauR 2016, 124.

345 BGH, Urt. v. 10.04.2008 – VII ZR 214/06, NJW-RR 2008, 971; OLG Frankfurt, Urt. v. 26.03.2021 – 13 U 347/19, IBR 2024, 172, OLG Hamburg, Urt. v. 19.02.2015 – 4 U 111/13, NJW 2016, 412.

346 Allerdings lässt selbst Vorsatz die Einrede des Unternehmers nicht per se entfallen, s.o. Rdn. 146 und BGH, Urt. v. 16.04.2009 – VII ZR 177/07, NJW 2009, 2123; OLG Düsseldorf; Urt. v. 26.02.2015 – 24 U 56/10, NZBau 2015, 485; Seibel, ZfBR 2009, 731; Schwenker, BGH, Urt. v. 16.04.2009 – VII ZR 177/07, ZfIR 2009, 462.

347 BGH, Urt. v. 16.04.2009 – VII ZR 177/07, BauR 2009, 1151; OLG Koblenz, Urt. v. 03.09.2007 – 12 U 333/06, BauR 2009, 1761.

348 Voit, BauR 2002, 145.

BGB) verstoßen, beispielsweise wenn der Unternehmer bewusst eine mangelhafte Leistung zur Kosteneinsparung erbringt.[349]

195 Dabei kommt es nicht auf das Verhältnis dieser Kosten zu dem ursprünglichen Herstellungsaufwand an, sondern auf das Wertverhältnis zwischen dem zur Mängelbeseitigung erforderlichen Aufwand und dem Vorteil, den die Mängelbeseitigung dem Besteller gewährt.[350] Daher ist auf Seiten des **Bestellers**, aus Sicht eines vernünftigen, objektiven Auftraggebers, primär das Interesse an einer mangelfreien Leistung zu berücksichtigen.[351] Dabei ist die Art der Beeinträchtigung des Mangels am Werk insgesamt zu bewerten, insbesondere ob

- optische Mängel bzw. Beeinträchtigungen vorliegen,[352]
- die Funktionsfähigkeit beeinträchtigt ist,[353]
- Nutzung und Nutzungsdauer des Bauwerks beeinträchtigt sind,[354]
- eine Gesundheitsgefährdung besteht, z.B. bei Schimmelpilzbildung als Mangelfolgeschaden.[355]

Des Weiteren kommt es für die Verhältnismäßigkeit der Nachbesserung auch darauf an, ob der Besteller seine Mängelrechte anderweitig durch Beauftragung Dritter geltend machen kann.[356]

196 So hat beispielsweise das Oberlandesgericht Karlsruhe die Mängelbeseitigung wegen Einbaus einer 2-fach ausgeführter statt 3-fach geschuldeter Wärmeschutzverglasung als nicht unverhältnismäßig angesehen.[357] Das Oberlandesgericht Karlsruhe sah jedoch den Erfolg der Mangelbeseitigung (Unterbindung von Kondenswasserbildung) bei der Errichtung einer Photovoltaikanlage auf bestehender, nicht witterungsfreier Unterdachkonstruktion als in keinem vernünftigen Verhältnis zur Höhe des dafür gemachten Geldaufwands stehend an.[358] Ebenfalls sah das Oberlandesgericht Koblenz die Neuerrichtung einer Klinkerfassade wegen nicht durchgehender Belüftung bei dennoch funktionsfähiger Wärmedämmung als unverhältnismäßig an.[359] Eine Mängelbeseitigung kann mit unverhältnismäßigen Kosten verbunden sein, wenn durch die Nachbesserung zwar eine technische und optische Verbesserung erreicht wird, jedoch nach wie vor sichtbare Mängel, wie zum Beispiel Unebenheiten, verbleiben.[360] Schließlich kommt es auf das (neu) vereinbarte und hergestellte Werk und das Gesamtergebnis im Verhältnis zum Ergebnis der jeweiligen Nacherfüllungsart, deren Auswahl grundsätzlich beim Unternehmer liegt, an.[361]

349 Vgl. OLG Düsseldorf, Urt. v. 09.05.2000 – 23 U 189/99, BauR 2001, 1922 u. OLG Hamburg, Urt. v. 03.01.1974 – 3 U 134/73, MDR 1974, 489.

350 BGH, Urt. v. 06.12.2001 – VII ZR 241/00, BauR 2002, 613 und Urt. v. 24.04.1997 – VII ZR 110/96, BauR 1997, 638; OLG Oldenburg, Urt. v. 08.11.2022 – 2 U 10/22, IBR 2024, 569; OLG Düsseldorf, Urt. v. 04.08.1992 – 23 U 236/91, BauR 1993, 82; OLG Köln, Urt. v. 23.10.2001 – 3 U 21/01, BauR 2002, 801.

351 OLG Hamm, Urt. v. 22.01.2013 – VIII ZR 329/11, NJW-RR 2013, 522.

352 Dazu BGH, Urt. v. 06.12.2001 – VII ZR 241/00, NJW-RR 2002, 661; Eschenbruch, NZBau 2015, 458.

353 Dazu BGH, Urt. v. 04.07.1996 – VII ZR 24/95, NJW 1996, 3269; OLG Düsseldorf, Urt. v. 16.06.2017 – I-22 U 14/17, NJW 2018, 627; OLG Hamburg, Urt. v. 25.11.2020 – 8 U 18/20, IBRRS 2023, 0422; zur Unverhältnismäßigkeit bei Funktionstauglichkeit: OLG Frankfurt, Urt. v. 26.03.2021 – 13 U 347/19, IBR 2024, 172 und OLG Hamm, Urt. v. 18.08.2022 – 24 U 51/20, IBR 2023, 65.

354 Dazu BGH, Urt. v. 10.11.2005 – VII ZR 137/04, NJW-RR 2006, 453.

355 Vgl. OLG Naumburg, Urt. v. 11.07.2019 – 1 U 116/18, NZBau 2019, 779.

356 OLG München, Beschl. v. 25.01.2021 – 28 U 4343/20 Bau, IBR 2023, 11.

357 OLG Karlsruhe, Beschl. v. 01.02.2018 – 9 U 52/17, BauR 2018, 1446.

358 OLG Celle, Urt. v. 05.03.2020 – 6 U 48/19, IBR 2022, 123.

359 OLG Koblenz, Urt. v. 24.06.2021 – 2 U 391/19, IBR 2022, 621.

360 OLG Düsseldorf, BauR 1999, 858. Mampel, BauR 1999, 854.

361 Zum Wahlrecht siehe Rdn. 103.

▶ **Beispiel:**

Der öffentliche Auftraggeber einer neuen Straße, die der Unternehmer mangelhaft ausgeführt hat, muss im Rahmen der Nacherfüllung keinen »Flickenteppich« durch bloße Erneuerung der fehlerhaften Felder an der Asphaltdecke hinnehmen, sondern kann eine vollständige Erneuerung der Asphaltdecke verlangen.[362] 197

So hat der Bundesgerichtshof klargestellt, dass bei der Beurteilung der Unverhältnismäßigkeit der Nacherfüllung das Interesse der Bestellers an der vertraglich vereinbarten höherwertigen und risikoärmeren Art der Ausführung nicht deshalb als gering bewertet werden dürfe, weil die tatsächlich ausgeführte Bauleistung den **anerkannten Regeln der Technik**[363] entspreche; das auf der vertraglichen Vereinbarung der Parteien beruhende Erfüllungsinteresse des Bestellers habe Vorrang vor dem Interesse des Unternehmers an der Geringhaltung der Sanierungskosten.[364] 198

▶ **Beispiel:**

Der Besteller hatte den Unternehmer mit der Herstellung doppelt beplankter, imprägnierter Trennwände beauftragt. Nach einem Wasserschaden wurde festgestellt, dass der Unternehmer vertragswidrig jeweils eine imprägnierte und eine nicht imprägnierte Platte angebracht hatte. Der BGH hielt den Unternehmer für verpflichtet, die Trennwände mit jeweils zwei imprägnierten Platten neu herzustellen, auch wenn die Verwendung jeweils einer nicht imprägnierten Platte den anerkannten Regeln der Technik entsprochen habe.[365] 199

Gleiches gilt bei Schallschutzmängeln im Wohnungsbau: Der Besteller kann grundsätzlich stets die Nacherfüllungsmaßnahmen verlangen, die zur Herstellung eines vereinbarten und ordnungsgemäßen Schallschutzes erforderlich sind, auch wenn diese mit einem hohen Aufwand verbunden sind.[366] Ähnliches gilt bei mangelhafter Abdichtung (z.B. Keller oder Dach) oder Wärmedämmung.[367] 200

Für die Bewertung der Höhe des Beseitigungsaufwandes kommt es auf den **Zeitpunkt** an, in dem die vertragsgemäße Erfüllung geschuldet war.[368] Eine in späteren Jahren eintretende Erhöhung dieses Aufwandes ist unerheblich, weil der Unternehmer hierdurch für die Nichtbeseitigung des Mangels belohnt würde.[369] 201

▶ **Beispiel:**

Der Unternehmer wurde mit Fliesenarbeiten zu einem Preis von 10.000 € beauftragt. Nach der Abnahme treten großflächig Risse auf. Die Nacherfüllung ist nur durch komplette Neuherstellung möglich; diese hätte im Zeitpunkt der Mängelfeststellung insgesamt (einschließ- 202

---

362 OLG Dresden, Urt. v. 21.03.2007 – 6 U 219/03, BauR 2008, 693.

363 Zu den a.R.d.T. im Rahmen der Mangelbeurteilung siehe Rdn. 40 sowie Leesmeister/Kaiser, Praxishandbuch VOB/C, Kap. 8 Rn. 76 ff.

364 BGH, Urt. v. 10.04.2008 – VII ZR 214/06, BauR 2008, 1140.

365 BGH, a.a.O. Zur grundsätzlichen Frage, ob ein Mangel vorliegt, wenn die Bauvertragsparteien einen technisch höherwertigen Qualitätsstandard als die a.R.d.T. vereinbart haben, siehe Leesmeister/Kaiser, Praxishandbuch VOB/C, Kap. 8 Rn. 89 ff.

366 OLG Hamm, Urt. v. 08.03.2001 – 21 U 24/00, BauR 2001, 1757; zur umstrittenen »Schallschutz«-DIN 4109 BGH, Urt. v. 19.01.1995 – VII ZR 131/93, NJW-RR 1995, 472, sowie BGH, Urt. v. 14.05.1998 – VII ZR 184/97, BauR 1998, 872, BGH, Urt. v. 14.06.2007 – VII ZR 45/06, BauR 2007, 1570 und BGH, Urt. v. 04.06.2009 – VII ZR 54/07, BauR 2009, 1288. Siehe auch OLG Düsseldorf, Urt. v. 15.07.2010 – 5 U 25/09, BauR 2010, 2142; OLG München, Urt. v. 03.02.1998 – 9 U 3922/97, BauR 1999, 399; OLG Koblenz, Urt. v. 29.06.2005 – 1 U 1825/00, BauR 2006, 843.

367 OLG Nürnberg, Urt. v. 21.03.2024 – 13 U 695/23, IBR 2024, 454, OLG Düsseldorf, Urt. v. 09.05.2000 – 23 U 189/99, BauR 2001, 1922.

368 BGH, Urt. v. 23.02.1995 – VII ZR 235/93, NJW 1995, 1836; BGH, Urt. v. 04.04.2014 – V ZR 275/12, NJW 2015, 468.

369 BGH, Urt. v. 06.04.1995 – VII ZR 73/94, BauR 1995, 541 und Urt. v. 04.07.1996 – VII ZR 24/95, BauR 1996, 858.

lich der Abbruchkosten und sonstiger Nebenkosten) 15.000 € gekostet. 5 Jahre später belaufen sich die Kosten auf 22.000 €.
In diesem Fall kommt es nicht auf das Verhältnis der Nacherfüllungskosten zu dem ursprünglichen Herstellungsaufwand an, sondern allein darauf, ob der maßgebende Aufwand der zeitgerechten Neuherstellung (15.000 €) in einem vernünftigen Verhältnis zu dem Vorteil steht, der dem Besteller aus einem mängelfreien Fliesenbelag erwächst. Die zwischenzeitliche Kostensteigerung um 7.000 € ist unerheblich.

203 Zudem muss berücksichtigt werden, ob der Besteller gegenüber dem Unternehmer ausreichende **Mitwirkungsbereitschaft** signalisiert. Schließlich kann der Besteller eine (drohende) Unverhältnismäßigkeit der Kosten durch das verbindliche Angebot einer adäquaten Zuzahlung beseitigen.[370]

204 Der Unternehmer kann sich ausnahmsweise auch dann auf die Unzumutbarkeit der Mängelbeseitigung berufen, wenn der Fehler der Leistung auch auf einer fehlerhaften Planung des Bestellers (bzw. seines Erfüllungsgehilfen: Architekt/Ingenieur) beruht, der Besteller sich jedoch weder zur Beteiligung/Mitwirkung an der Nachbesserung mittels Planungskorrektur noch zur Übernahme anteiliger Kosten bereit erklärt.[371]

II. Rechtsfolgen

205 Der Nacherfüllungsanspruch des Bestellers ist ausgeschlossen, wenn die Unverhältnismäßigkeit zugunsten des Unternehmers festgestellt wurde und die vorstehenden übrigen Voraussetzungen einschließlich der erhobenen Einrede vorliegen. Erhebt der Unternehmer die Einrede, muss der Besteller später die Nacherfüllung nicht mehr gestatten. Der Vergütungsanspruch nach § 631 Abs. 1 BGB bleibt unverändert bestehen (vgl. § 326 Abs. 1 S. 2 BGB); hiergegen kann wiederum der Besteller das Leistungsverweigerungsrecht aus § 641 Abs. 3 BGB nicht geltend machen, weil ja schon sein Nacherfüllungsanspruch ausgeschlossen ist – gleiches gilt für den Anspruch aus §§ 637, 634 Nr. 2 BGB. Allerdings kann der Besteller nach wie vor bei wesentlichen Mängeln vom Bauvertrag nach §§ 346 Abs. 1, 323, 326 Abs. 5, 634 Nr. 3 BGB zurücktreten oder die Vergütung mindern (§§ 638, 634 Nr. 3 BGB). Zudem kann der Besteller – bei erheblichen (wesentlichen) Mängeln und Vertretenmüssen des Unternehmers – Schadensersatz sowie Aufwendungsersatz gemäß §§ 280 ff. i.V.m. 634 Nr. 4 BGB verlangen. Bei unerheblichen (unwesentlichen) Mängeln verbleiben dem Besteller nur noch das Minderungsrecht sowie der Schadensersatz neben der Leistung.[372]

206 Bei berechtigter Leistungsverweigerung des Unternehmers steht dem Besteller ein Schadensersatzanspruch zu, der jedoch (selbstverständlich) nicht in Höhe der unverhältnismäßig hohen Nacherfüllungskosten geltend gemacht werden kann.[373]

207 Zum Leistungsverweigerungsrecht des **Bestellers** wegen Mängeln gegen den Werklohnanspruch des Unternehmers siehe Rdn. 117. Im Übrigen kann in Ausnahmefällen der Besteller das Nacherfüllungsrecht des Unternehmers[374] »verweigern« und anstatt Nacherfüllung direkt (ohne Fristsetzung) Minderung verlangen, wenn die Mängelbeseitigung für den Besteller **unzumutbar** ist.[375]

---

370 Siehe MüKo-BGB/Busche, § 635 Rn. 38.
371 OLG Bamberg, Urt. v. 15.11.2002 – 4 U 179/01, BauR 2016, 2104.
372 Dazu ausführlich § 634 Rdn. 25.
373 OLG Koblenz, Urt. v. 24.06.2021 – 2 U 391/19, IBR 2022, 621; OLG Düsseldorf, Urt. v. 04.11.2014 – I-21 U 23/14, BauR 2016, 131.
374 Dazu oben Rdn. 117.
375 OLG Dresden, Urt. v. 23.04.2002 – 15 U 77/01, BauR 2003, 262.

▶ **Beispiel:**

Der Mangel kann nur durch eine doppelt so teure Ausführung wie ursprünglich vorgesehen beseitigt werden, sodass sich der Besteller am Aufwand des Unternehmers in erheblichem Umfang mit den sog. Sowieso-Kosten[376] beteiligen müsste.[377] 208

E. § 635 Absatz 4 BGB – Rückgewähranspruch

Wenn der Unternehmer aufgrund seines Wahlrechts aus § 635 Abs. 1 BGB oder alternativloser Nacherfüllungsart (ohne Leistungsverweigerungsrecht) die Nacherfüllung in Form der Neuherstellung erbringt, hat er gegen den Besteller gemäß §§ 346 bis 348 i.V.m. § 635 Abs. 4 BGB Anspruch auf Rückgewähr des mangelhaften Werks bzw. auch der einzelnen ausgetauschten (mangelhaften) Bauteile.[378] Durch die Geltendmachung des Anspruchs entsteht ein Rückgewährschuldverhältnis nach §§ 346 ff. BGB. 209

In diesem Fall ist der Unternehmer selbst für die Umsetzung der »Rückgabe« (Demontage, Deinstallation, Rücktransport usw. einschließlich aller erforderlichen Nebenleistungen) verantwortlich, der Besteller ist zur Duldung und Mitwirkung verpflichtet. Die Rückgewähr hat Zug um Zug gegen die Nacherfüllungsleistung zu erfolgen (§ 348 BGB). 210

Kann der Besteller das Werk wegen seiner Eigenart nicht zurückgeben, so ist er dem Unternehmer grundsätzlich zum **Wertersatz** gemäß § 346 Abs. 2 und 3 BGB verpflichtet. 211

▶ **Beispiele:**

- Reparaturarbeiten durch den Unternehmer an einem Haus, die der Besteller nicht zurückgeben kann.[379]
- Überstreicht der Unternehmer den mangelhaften Erstanstrich an einem Haus, entfällt der Wertersatzanspruch, weil der Unternehmer den Ausschluss der Rückgabe durch den Besteller zu vertreten hat (§ 346 Abs. 3 Nr. 2 BGB).[380]

Problematisch ist die Herausgabe von durch den Besteller gezogenen **Nutzungen**, die der Unternehmer gemäß § 346 Abs. 1 BGB herausverlangen bzw. nach § 347 BGB Wertersatz für entgegen den Regeln einer ordnungsmäßigen Wirtschaft nicht gezogener Nutzungen beanspruchen kann. Im Kaufrecht enthielt § 439 Abs. 4 BGB a.F. die Verpflichtung zum Nutzungsersatz, die jedoch der Europäische Gerichtshof aus Gründen des Verbraucherschutzes mit Art. 3 der inzwischen abgelösten Verbrauchsgüterkauf-Richtlinie für unvereinbar erklärt hat.[381] Die nachfolgende Richtlinie zum Warenkauf hat zur nationalen Änderung des § 439 BGB geführt. Der Nutzungsersatz ist nun in § 439 Abs. 6 BGB geregelt und enthält zusätzlich die Pflicht des Käufers, die Sache auf seine Kosten zurückzunehmen.[382] Diese Kaufrechtsreform hat zugleich § 475 Abs. 3 S. 1 BGB als Umsetzung des Urteils eingeführt, der Nutzungsersatz durch Herausgabe oder Wertersatz beim Verbraucherkauf ausschließt und damit das Urteil legislativ manifestiert. Zwar ist diese Entscheidung auf das Werkvertragsrecht nicht unmittelbar übertragbar, aber dadurch ist § 635 Abs. 4 BGB insoweit (Nutzungsersatz) zumindest rechtspolitisch angreifbar, weil die Vorschrift den Besteller wirtschaftlich belastet und ihn von der Geltendmachung seines berechtigten Nacherfüllungsanspruchs abhalten könnte.[383] Für eine Beibehaltung des Nutzungsersatzes spricht jedoch, dass der deutsche Gesetzgeber die Gel- 213

376 Dazu ausführlich Rdn. 169.
377 Weitere Beispiele bei § 637 Rdn. 85.
378 Vgl. Staudinger/Peters, BGB, § 635 Abs. 4 Rn. 15.
379 MüKo-BGB/Busche, § 635 Rn. 50.
380 Busche, a.a.O. Eine u.U. verbleibende Bereicherung muss der Besteller aber nach **§§ 818 ff. BGB** herausgeben (§ 346 Abs. 3 S. 2 BGB).
381 EuGH, Urt. v. 17.04.2008 – C-404/06, NJW 2008, 1433.
382 EU-Richtlinie 2019/771 vom 22.05.2019, BT-Drucks. 19/27424.
383 Busche, a.a.O. sowie Kohler, FS Jagenburg 2002, S. 379 und ZGS 2004, 48.

tung des Nutzungsersatzverbotes gegenüber Verbrauchern nur für den Werklieferungsvertrag angeordnet hat (§ 650 Abs. 1 BGB).

F. Prozessuales

I. Einleitung: Streitige Mängel

214 Ist zwischen den Bauvertragsparteien streitig, wer in welchem Umfang für einen Mangel verantwortlich ist und weigert sich der Unternehmer deshalb, die Behebung des Mangels ohne einen entgeltlichen **Reparaturauftrag** durchzuführen,[384] kann der Besteller das Verlangen des Unternehmers zurückweisen und nach Ablauf der Nacherfüllungsfrist oder bei Entbehrlichkeit der Nachfristsetzung die Selbst-/Ersatzvornahme durchführen (lassen); nach der Abnahme trägt der Besteller die **Darlegungs- und Beweislast** für die Mangelhaftigkeit des Gewerks des Unternehmers.[385] Besteller und Unternehmer können aber auch vereinbaren, dass der Unternehmer zunächst die Mängelbeseitigung durchführt und anschließend die Verantwortung für den Mangel einschließlich Kostentragung geklärt wird. Dann steht dem Unternehmer bereits aus dieser Vereinbarung ein bedingter (§ 158 BGB) Vergütungsanspruch für den Mangelbeseitigungsaufwand zu, wenn und soweit der Unternehmer nicht für den Mangel verantwortlich war;[386] die Vereinbarung muss insoweit eindeutig sein.[387] Erteilt der Besteller dem Unternehmer einen Reparaturauftrag unter dem Vorbehalt der Rückforderung für den Fall, dass sich später die Verantwortlichkeit des Unternehmers für den Mangel herausstellen sollte, dann kann der Unternehmer sofort im Anschluss an die Mängelbeseitigung die Vergütung vom Besteller verlangen. Bei dieser Vereinbarung ist der Besteller auch nicht berechtigt, gegen den Vergütungsanspruch des Unternehmers aus dem »Reparaturauftrag« mit einem anderen Mängelanspruch aufzurechnen.[388] Der Besteller müsste in diesem Fall auf Rückzahlung klagen. Umgekehrt kann der Unternehmer dem Nacherfüllungsverlangen des Bestellers unter dem Vorbehalt der Werklohnberechnung nachkommen.[389] Hat der Besteller, gegebenenfalls auch »irrtümlich« beziehungsweise in Unkenntnis der Verantwortung des Unternehmers für den Mangel, einen Reparaturauftrag an den Unternehmer erteilt und stellt sich später die Verantwortung des Unternehmers für den Mangel und somit seine Nacherfüllungspflicht heraus, kann der Unternehmer die vereinbarte Vergütung nur verlangen beziehungsweise behalten, wenn die Vereinbarung der Vertragsparteien als Vergleich im Sinne des § 779 BGB zu beurteilen ist[390] oder der Besteller seine Vergütungspflicht tatsächlich in Kenntnis des Streits über die Mangelverantwortung anerkannt hat.[391] Insoweit kann auch bei den Mängelansprüchen die **Kooperationspflicht** der Bauvertragsparteien[392] von Bedeutung bzw. anwendbar sein.

▶ **Beispiel:**

215 Der Besteller rügt zu Recht den unzureichenden Schallschutz als Mangel der vom Unternehmer erbrachten Werkleistung. Ist die konkrete Sanierungsmaßnahme unter Berücksichtigung

---

384 Zur »unberechtigten Mängelrüge« siehe § 635 Rdn. 27.
385 Dazu weiter Rdn. 216.
386 BGH, Urt. v. 05.11.1998 – VII ZR 236/97, BauR 1999, 252.
387 OLG Düsseldorf, Urt. v. 19.06.2007 – I-21 U 164/06, BauR 2007, 1902.
388 Dazu OLG Düsseldorf, Urt. v. 20.07.1994 – 22 U 249/93, NJW-RR 1995, 402.
389 OLG Celle, Urt. v. 08.05.2002 – 7 U 47/00, BauR 2003, 265.
390 Im Einzelnen MüKo-BGB/Habersack, § 779 Rn. 3 ff.
391 OLG Dresden, Urt. v. 03.06.1999 – 7 U 616/99, BauR 1999, 1454; OLG Celle, Urt. v. 14.10.2004 – 5 U 148/03, BauR 2005, 106.
392 BGH, Urt. v. 28.10.1999 – VII ZR 393/98, NJW 2000, 807; BGH, Urt. v. 28.08.2003 – I ZR 9/01, NJW-RR 2003, 1547; BGH, Urt. v. 09.11.2000 – VII ZR 82/99, NZBau 2001, 129; BGH, Urt. v. 22.05.2003 – VII ZR 143/02, NJW 2003, 2678; OLG Nürnberg, Urt. v. 09.07.1999 – 6 U 3845/98, NJW-RR 1999, 1619; OLG Düsseldorf, Urt. v. 07.06.2000 – 5 U 184/99, NZBau 2000, 427; OLG Düsseldorf, Urt. v. 27.12.2001 – 21 U 81/01, BauR 2002, 963. Fuchs, Kooperationspflichten der Bauvertragsparteien; Schuhmann, BauR 2003, 162; Schwarze, BauR 2004, 894.

denkmalschutzrechtlicher Vorgaben streitig, muss der Besteller dies mit dem Unternehmer im Einzelnen erörtern und eine gütliche Einigung versuchen, wenn sich der Unternehmer generell nachbesserungsbereit zeigt. Eine ohne diesen Einigungsversuch vom Besteller erklärte Kündigung verstößt gegen die Kooperationspflicht aus § 242 BGB und ist unberechtigt.[393]

II. Klageverfahren sowie Darlegungs- und Beweislast

Mit Gefahrübergang beziehungsweise nach der Abnahme trägt grundsätzlich der Besteller die Darlegungs- und Beweislast für die Mangelhaftigkeit des Werks des Unternehmers,[394] es sei denn, der Besteller hat einen Vorbehalt gemäß § 640 Abs. 2 BGB erklärt. Gegebenenfalls gilt dies auch in Bezug auf die Verantwortung des Unternehmers für den Mangel, erst recht, wenn der Mangel bereits im Wege der Ersatzvornahme beseitigt wurde,[395] sowie für die Ursächlichkeit des Mangels für eventuelle (Folge-)Schäden.[396] Der Besteller muss also die Einzelheiten (und »Mangeltypen«) aus § 633 BGB beweisen.[397] Macht der Besteller gegen den Unternehmer klageweise verschiedene Mängelrechte aus § 634 BGB geltend, führt dies zu unterschiedlichen **Streitgegenständen.**[398] Wendet der Besteller Mängel im **Werklohnprozess** des Unternehmers ein, hat er diese ebenfalls zu beweisen.[399] 216

Der Besteller hat im Grundsatz sämtliche Voraussetzungen für die Nacherfüllung darzulegen und zu beweisen.[400] Ebenfalls hat er die etwaige Setzung einer Nachbesserungsfrist einschließlich deren Angemessenheit sowie (alternativ) die Entbehrlichkeitsgründe bezüglich der Fristsetzung zu beweisen.[401] 217

Alle **Einwendungen** gegen den Mängelanspruch, zum Beispiel die Mitverantwortung des Bestellers für die Mangelentstehung oder zu hohe (teilweise nicht erforderliche) Ersatzvornahmeaufwendungen, Ausschlussgründe oder Leistungsverweigerungsrechte oder auch Einschränkungen der Kostentragungspflicht aus § 635 BGB, muss grundsätzlich der Unternehmer beweisen.[402] 218

---

393 OLG Rostock, Urt. v. 26.10.2006 – 7 U 131/05, BauR 2007, 1260.

394 BGH, Urt. v. 11.10.2001 – VII ZR 383/99, NJW 2002, 223. Dazu weiter § 640 Rdn. 90. Vgl. auch § 363 BGB. **Vor Abnahme** hat der Unternehmer die Mangelfreiheit seines Werks zu beweisen, BGH, Urt. v. 24.11.1998 – X ZR 21/96, NJW-RR 1999, 347; BGH, Urt. v. 30.06.2016 – VII ZR 188/13, NJW-RR 2016, 1143. Für **Beweiserleichterungen** bei unberechtigten Selbstvornahme durch den Besteller siehe Pause/Vogel, in: ibr-OK Bauvertragsrecht, § 640 BGB Rn. 20; a.A.: Grams, ZfIR 2008, 400. Allgemein zur Beweislast Zahn, BauR 2006, 1823; Peters, NZBau 2009, 209. Zur **Beweissicherung** siehe Mally, NJW 2017, 1081; zur Sonderregelung bei **Zustandsfeststellung** siehe § 650g Rdn. 45 ff.

395 BGH, Urt. v. 23.10.2008 – VII ZR 64/07, NJW 2009, 360; OLG Celle, Urt. v. 08.05.2014 – 5 U 163/13, BauR 2017, 897. Zur Situation der Abnahme nach Kündigung siehe BGH, Urt. v. 06.02.2014 – VII ZR 160/12, NJW-RR 2014, 456 und Grams, ZfIR 2008, 400.

396 BGH, BGH-Report 2005, 1603.

397 OLG Stuttgart, Urt. v. 09.01.2018 – 10 U 93/17, BauR 2018, 1138. Dabei ist die »Symptomrechtsprechung« zu beachten, dazu Rdn. 19 bzw. BGH, Urt. v. 17.01.2002 – VII ZR 488/00, NJW-RR 2002, 743; BGH, Beschl. v. 14.12.2017 – VII ZR 217/15, BauR 2018, 669, im Architektenrecht OLG Stuttgart, Urt. v. 25.03.2022 – 12 U 169/21, IBR 2024, 28. Zum Anscheinsbeweis bei Verletzung oder Beachtung der **DIN-Normen** und/oder der **a.R.d.T.** siehe OLG Hamburg, Urt. v. 07.02.2023 – 4 U 77/21, IBR 2024, 230 und OLG Düsseldorf, Urt. v. 04.05.2012 – 23 U 80/11, BauR 2012, 1259 und Leesmeister/Kaiser, Praxishandbuch VOB/C, Kap. 8 Rn. 89 ff. m.w.N. Zur Beweislast beim Rechtsmangel siehe BGH, Urt. v. 24.10.2000 – X ZR 15/98, NJW-RR 2001, 268.

398 OLG Dresden, Urt. v. 09.06.1999 – 8 U 814/99, NJW-RR 2000, 1337.

399 BGH, Urt. v. 28.10.1999 – VII ZR 115/97, NJW-RR 2000, 309. Dies gilt grds. auch vor Abnahme bzgl. der Unvollständigkeit der Werkleistung.

400 BGH, Urt. v. 25.06.2015 – VII ZR 220/14, MDR 2015, 999.

401 OLG Düsseldorf, Urt. v. 18.12.2015 – I-22 U 84/15, NJW-RR 2016, 533.

402 BGH, Urt. v. 11.06.1992 – VII ZR 333/90, NJW-RR 1992, 1300; BGH, Urt. v. 08.05.2003 – VII ZR 407/01, BauR 2003, 1247; OLG Rostock, Urt. v. 11.06.2009 – 3 U 213/08, NJW-RR 2009, 1674. Bei Verletzung der **Prüf- und Bedenkenhinweispflicht** (dazu Rdn. 54) BGH, Urt. v. 08.11.2007 – VII ZR 183/05, NJW 2008, 511. Bei Anerkenntnis des Unternehmers (z.B. durch Nachbesserungs-

219 Auch kann der Besteller auf **Feststellung** einer Mängelhaftung in Bezug auf bestimmte vom Unternehmer bestrittene Mängel klagen.[403] Der Besteller kann auch im Rahmen einer Klage primär Schadensersatz verlangen und hilfsweise die Nacherfüllung für den Fall, dass die Voraussetzungen des Schadensersatzanspruchs nicht vorliegen.[404]

220 Die Klage des Bestellers auf **Mängelbeseitigung** durch den Unternehmer ist in der Praxis relativ selten, was zum einen vollstreckungsrechtliche Gründe (Hindernisse) haben mag, zum anderen die Selbstvornahme (bzw. die Klage auf Kostenerstattung/-vorschuss) in der Regel auch faktisch die bessere Alternative darstellt; Ausnahmefälle sind insbesondere solche, in denen die Mängelbeseitigung nur durch den Unternehmer »persönlich« möglich ist oder jedenfalls durch Dritte mit erheblichen (technischen) Schwierigkeiten verbunden ist. Um den Unternehmer zur Nacherfüllung verurteilen zu können, muss der Mangel bzw. die Mangelerscheinung schon im Klageantrag konkret angegeben werden,[405] die Mangelursache muss nicht genannt werden.[406] Der Besteller muss mit der Klage nur die »Behebung des Mangels« beantragen, die Art der Nacherfüllung muss er nicht angeben, weil grundsätzlich der Unternehmer die Wahl der Nachbesserung hat,[407] es sei denn, die Bauvertragsparteien streiten primär über die konkrete Nacherfüllungsart.[408]

221 Kann einerseits der Besteller Mängelbeseitigung verlangen, andererseits der Unternehmer aufgrund von »Sowieso-Kosten« oder einer Mitverantwortung des Bestellers für den Mangel eine **Zuschusszahlung** bzw. quotale Kostenbeteiligung,[409] kommt im Werklohnprozess eine Vergütungszahlung Zug um Zug gegen Mängelbeseitigung und umgekehrt die Mängelbeseitigung Zug um Zug gegen Kostenbeteiligung bzw. Zuschusszahlung in Betracht.[410] Der Unternehmer muss daher zunächst den Besteller zur Zuschusszahlung aufzufordern. Erst wenn der Besteller dies ablehnt, kann der Unternehmer den Zahlungsanspruch vollstrecken.[411]

222 Das **Leistungsverweigerungsrecht** des Bestellers wegen Mängeln[412] führt in einem Gerichtsverfahren nicht dazu, dass die **Werklohnklage** des Unternehmers abgewiesen wird; vielmehr bzw. stattdessen wird der Klage Zug um Zug gegen die Beseitigung der Mängel stattgegeben (§ 322 Abs. 1 BGB). Für den Besteller ist zu beachten, dass es sich bei dem Leistungsverweigerungsrecht um eine echte Einrede handelt, sodass sie (im Bauprozess) auch als solche vom Besteller erhoben werden muss, weil das Gericht sie nicht von Amts wegen berücksichtigt, selbst wenn der entsprechende Mangel unstreitig vorliegt.[413]

---

versuche) BGH, Urt. v. 03.03.1998 – X ZR 14/95, NJW-RR 1998, 1268, siehe aber auch BGH, Urt. v. 09.03.2011 – VIII ZR 266/09, NJW 2011, 1664.

403 BGH, Urt. v. 06.12.2001 – VII ZR 440/00, NJW 2002, 681.

404 BGH, Urt. v. 06.11.1975 – VII ZR 222/73, NJW 1976, 143.

405 BGH, Urt. v. 04.06.1973 – VII ZR 112/71, NJW 1973, 1792. Zur Symptom-Rechtsprechung siehe Rdn. 19.

406 BGH, Urt. v. 03.12.1998 – VII ZR 405/97, NJW 1999, 1330 und Urt. v. 28.10.1999 – VII ZR 115/97, NJW-RR 2000, 309. Zur **Vollstreckungsgegenklage** siehe OLG Hamm, Urt. v. 22.05.2003 – 24 U 111/02, NJW 2003, 3568.

407 Zum Wahlrecht siehe Rdn. 103.

408 BGH, Urt. v. 24.04.1997 – VII ZR 110/96, BauR 1997, 638; Quadbeck, MDR 2000, 570.

409 Dazu Rdn. 169.

410 »Doppelte Zug um Zug-Verurteilung«, BGH, Urt. v. 22.03.1984 – VII ZR 286/82, NJW 1984, 1679. Zur **Zwangsvollstreckung** siehe Langen, in: Kapellmann/Messerschmidt, § 13 VOB/B, C. II. 6. a) Rn. 304.

411 BGH, Urt. v. 22.03.1984 – VII ZR 286/82, NJW 1984, 1679; Koos, in: Ingenstau/Korbion, § 13 Abs. 5 VOB/B Rn. 291–295; Pastor, in: Werner/Pastor, Rn. 3212–3214.

412 Ausführlich Rdn. 117.

413 BGH, Urt. v. 07.10.1998 – VIII ZR 100/97, BauR 1999, 69.

▶ **Beispiel:**

Der Unternehmer verklagt den Besteller auf Restwerklohn i.H.v. 200.000 €. Der Besteller wendet Mängel ein. Für einen Mangel erkennt das Gericht einen voraussichtlichen Beseitigungsaufwand i.H.v. 20.000 €, für einen anderen Mangel i.H.v. 30.000 € an. Der Besteller wird zur Zahlung von insgesamt 200.000 € verurteilt, davon 150.000 unbedingt und 20.000 € Zug um Zug gegen Beseitigung des einen Mangels und weitere 30.000 € Zug um Zug gegen Beseitigung des anderen Mangels. 223

Zwar muss der Besteller im Werklohnprozess des Unternehmers keinen formellen Antrag für seine Einrede stellen, sodass bei berechtigt erhobener Einrede und berechtigter Vergütungsforderung eine Verurteilung des Bestellers zur Zahlung Zug um Zug gegen Beseitigung der gerügten Mängel erfolgt.[414] Der Unternehmer sollte in diesem Fall – bei unstreitigem Mangel – seinen Klageantrag durch eine Zug um Zug-Verurteilung des Bestellers einschränken, um eine Prozesskostenbeteiligung zu verhindern.[415] Aber auch der Besteller sollte nicht Klageabweisung, sondern eine Zug um Zug-Verurteilung beantragen, anderenfalls hat er in der Regel eine Teil der Prozesskosten zu tragen (§ 92 Abs. 1 ZPO).[416] Zudem muss der Besteller die Mängel so präzisieren, dass die Zug um Zug-Leistung hinreichend bestimmt umschrieben werden kann, um einer uneingeschränkten Verurteilung zu entgehen.[417] 224

▶ **Beispiel:**

Der Unternehmer verklagt den Besteller auf Restwerklohn aus einem Vertrag über die Erbringung von Mauerarbeiten. Im Verfahren erhebt der Besteller die Mängeleinrede und rügt, dass *»die Mauern nicht lotrecht stehen.«* Obwohl die Rüge zu pauschal und somit völlig unzureichend ist, kommt es zu einer Verurteilung zur Zahlung Zug um Zug gegen *»Herstellung eines lotrechten Mauerwerks in dem Gebäude«*. Dieses Urteil ist jedoch nicht vollstreckbar.[418] 225

III. Exkurs: Insolvenz des Unternehmers

Die Insolvenz des Unternehmers führt nicht automatisch zur Auflösung des Bauvertrags. Vielmehr muss der Besteller den Vertrag kündigen.[419] Unabhängig davon ändert die Insolvenz des Unternehmers grundsätzlich auch nichts an der Mängelhaftung. Selbst bei insolvenzbedingter Kündigung muss der Besteller den Unternehmer bzw. Insolvenzverwalter des Unternehmers unter Fristsetzung zur Mängelbeseitigung auffordern, bevor er eine Selbstvornahme veranlassen kann.[420] Denn der Insolvenzverwalter kann entscheiden, ob er mit noch vorhandenen Arbeitskräften des insolventen Unternehmers oder durch Beauftragung einer Drittfirma die Mängel beseitigt. Lässt der Insolvenzverwalter die (angemessene) Nachbesserungsfrist fruchtlos verstreichen, kann der Besteller die sekundären Mängelrechte (Selbstvornahme/Aufwendungsersatz bzw. Kostenerstattung und Kostenvorschuss, Minderung oder Schadensersatz) gegenüber dem Insolvenzverwalter geltend machen. Der Besteller kann mit diesen Mängelansprüchen auch gegen einen fälligen Werklohnanspruch des 226

---

414 BGH, Urt. v. 15.11.2012 – VII ZR 99/10, NJW 2013, 678, OVG Schleswig-Holstein, Urt. v. 13.11.2023 – 2 LA 85/19, IBR 2024, 60.

415 Vgl. Siegburg, BauR 1992, 419 m.w.N.

416 OLG Köln, Beschl. v. 08.02.2008 – 11 W 7/08, NZBau 2008, 320; Weyer, BauR 1981, 426; **a.A.** OLG Düsseldorf, Beschl. v. 02.03.2010 – I-21 W 8/10, BauR 2010, 1236.

417 OLG Düsseldorf, Urt. v. 18.09.1998 – 22 U 57/96, NJW-RR 1999, 793; Siegburg, BauR 1992, 419.

418 Vgl. BGH, Beschl. v. 09.11.2006 – VII ZR 176/05, BauR 2007, 431; OLG Düsseldorf, Urt. v. 18.09.1998 – 22 U 57/96, NJW-RR 1999, 793.

419 Zur Kündigung durch den Insolvenzverwalter siehe BGH, Urt. v. 25.04.2002 – IX ZR 313/99, BauR 2002, 1264.

420 OLG Brandenburg, Urt. v. 06.12.2002 – 4 U 103/02, BauR 2003, 1404; OLG Düsseldorf, Urt. v. 04.12.1992 – 22 U 154/92, IBR 1993, 377; OLG Celle, Urt. v. 14.12.1994 – 11 U 12/94, BauR 1995, 856.

Insolvenzverwalters ohne Verstoß gegen das Verbot aus § 95 Abs. 1 S. 3 InsO aufrechnen.[421] Die Insolvenz des Generalunternehmers führt nicht zur Unmöglichkeit (§ 275 Abs. 1 BGB) der Nacherfüllung durch den Nachunternehmer.[422]

G. Abweichende Vereinbarungen

I. AGB-Klauseln

227 Per Allgemeiner Geschäftsbedingung (AGB) kann der Nacherfüllungsanspruch des Bestellers dann nicht ausgeschlossen oder beschränkt werden (§ 309 Nr. 8b BGB), wenn eine solche Klausel gegenüber einem Verbraucher[423] verwendet wird, im Übrigen gilt § 307 BGB. Im Einzelnen:

- Ein **vollständiger Ausschluss** der Mängelrechte aus § 634 BGB oder einzelner Ansprüche wie bspw. Nacherfüllung nach § 635 BGB ist AGB-rechtlich aufgrund des Klauselverbots aus § 309 Nr. 8 b aa BGB und über § 307 BGB bei Verträgen mit Unternehmern[424] grundsätzlich nicht möglich. Entsprechendes gilt für eine Beschränkung in Form der Abtretung der Mängelansprüche gegen andere Baubeteiligte bei Generalunternehmern oder ähnlichen Vertragskonstellationen (»Leistungsketten«).[425]
- Eine **Beschränkung** der Mängelrechte zulasten des Bestellers allein auf den Nacherfüllungsanspruch ist möglich, solange ihm bei fehlgeschlagener Nacherfüllung das Minderungsrecht vorbehalten bleibt, das Rücktrittsrecht kann jedoch bei Bauverträgen formularmäßig ausgeschlossen werden[426] (vgl. § 309 Nr. 8b bb BGB, der über § 307 BGB auch gegenüber Unternehmern bzw. juristischen Personen gilt).[427]
- Nach § 309 Nr. 8 b cc BGB, **Aufwendungen bei Nacherfüllung**, darf per AGB nicht die Verpflichtung des Unternehmers ausgeschlossen oder beschränkt werden, die für die Nacherfüllung erforderlichen Aufwendungen gemäß § 635 Absatz 2 BGB zu tragen oder zu ersetzen; dies gilt über § 307 BGB auch bei (Bau-)Verträgen zwischen Unternehmern.[428]
- Gemäß § 309 Nr. 8 b dd BGB, **Vorenthalten der Nacherfüllung**, darf in AGB die Nacherfüllung nicht von der vorherigen Zahlung der vollständigen oder eines unter Berücksichtigung des Mangels unverhältnismäßig hohen Teils der Vergütung abhängig gemacht werden.[429] Das Verbot gilt auch bei Verträgen zwischen Unternehmern (§ 307 BGB).[430]

228 Abweichende Vereinbarungen zur **Beweislast** sind in den Grenzen von § 309 Nr. 12 BGB zulässig.[431]

---

421 BGH, Urt. v. 22.09.2005 – VII ZR 117/03, BauR 2005, 1913. Zur Inanspruchnahme von Sicherheiten siehe BGH, Urt. v. 24.03.1994 – IX ZR 149/93, IBR 1994, 408.

422 Vgl. OLG Düsseldorf, Urt. v. 28.01.2005 – 23 U 150/04, BauR 2005, 1342.

423 Zum **Verbraucherbauvertrag** siehe im Einzelnen die Kommentierungen der **§§ 650i–650o.**

424 U.a. BGH, Urt. v. 26.01.1993 – X ZR 90/91, NJW-RR 1993, 561m.w.N.

425 Siehe BGH, Urt. v. 21.03.2002 – VII ZR 493/00, NJW 2002, 2470; Schonebeck, BauR 2005, 934; vgl. auch BGH, Urt. v. 21.05.1987 – VII ZR 3/86, NJW-RR 1987, 1035. Sog. **Subsidiaritätsklauseln** (Pflicht zur primären Inanspruchnahme anderer Baubeteiligter) sind grds. zulässig, vgl. BGH, Urt. v. 04.12.1997 – VII ZR 6/97, NJW 1998, 904 u. NJW 2002, 2470, Urt. v. 21.03.2002 – VII ZR 493/00 (jeweils zum Bauträgervertrag).

426 Vgl. BGH, Urt. v. 18.09.1967 – VII ZR 52/65, NJW 1968, 44 und BGH, Urt. v. 16.05.1990 – VIII ZR 245/89, NJW-RR 1990, 1141.

427 Wird das einzige vertragliche Mängelrecht der Nacherfüllung verspätet erbracht, kommt ein Verzugsschadensersatzanspruch (neben der Nacherfüllungsleistung) gem. §§ 280 Abs. 1, 2, 286 BGB in Betracht. Bei fehlgeschlagener bzw. mangelhafter Nacherfüllung ist ein Anspruch aus §§ 280 Abs. 1, 3, 281, 634 Nr. 4 BGB möglich. Vgl. auch BGH, Urt. v. 18.05.1995 – X ZR 114/93, WM 1995, 1456.

428 Vgl. nur BGH, Urt. v. 09.04.1981 – VII ZR 194/80, NJW 1981, 1510.

429 Beachte auch § 641 Abs. 3 BGB – vgl. die Kommentierung § 641 Rdn. 78.

430 Staudinger/Coester-Waltjen, BGB, § 309 Rn. 78.

431 Dazu Rdn. 216.

II. Individualvereinbarungen

229 In Bezug auf die Mängelhaftung ist § 639 BGB zu beachten, wonach sich der Unternehmer auf eine Vereinbarung, durch welche die Mängelrechte des Bestellers ausgeschlossen oder eingeschränkt werden, nicht berufen kann, wenn er entweder den Mangel arglistig verschwiegen oder eine Beschaffenheitsgarantie übernommen hat; abweichende (Individual-)Vereinbarungen sind also grundsätzlich auf beiden Seiten – in den Grenzen von § 639 BGB[432] und § 650o BGB[433] sowie §§ 138, 242 BGB und §§ 305 ff. BGB (siehe Rdn. 227) – möglich. Eine Beschränkung der Mängelrechte auf die Nacherfüllung ist individualvertraglich grundsätzlich möglich, ein vollständiger Ausschluss gegenüber einem Verbraucher hingegen nicht.[434]

H. Verhältnis zur VOB/B

230 Gemäß **§ 13 Abs. 5 Nr. 1 S. 1 VOB/B** kann der Besteller (»Auftraggeber«) vom Unternehmer (»Auftragnehmer«) die Beseitigung von Mängeln verlangen:

> *»Der Auftragnehmer ist verpflichtet, alle während der Verjährungsfrist hervortretenden Mängel, die auf vertragswidrige Leistung zurückzuführen sind, auf seine Kosten zu beseitigen, wenn es der Auftraggeber vor Ablauf der Frist schriftlich verlangt.«*

231 Anders als § 635 Abs. 1 BGB fordert § 13 Abs. 5 Nr. 1 VOB/B für das Mangelbeseitigungsverlangen[435] die **Schriftform.**[436] Die Kommunikationsart zur Wahrung der Schriftform ist umstritten. Einige Oberlandesgerichte lassen elektronische Kommunikation via E-Mail nicht ausreichen. Insbesondere ist eine Mängelrüge via Messengerdienst (z.B. WhatsApp) nicht ausreichend, um die Verjährung zu hemmen.[437] Hinsichtlich moderner Kommunikationswege besteht Unsicherheit, bis eine Entscheidung des Bundesgerichtshofes vorliegt. Aber auch beim VOB-Bauvertrag genügt eine mündliche Mängelrüge für den Nacherfüllungsanspruch, denn das Schriftsatzerfordernis ist »nur« für den sog. **Quasi-Neubeginn der Verjährung** gemäß § 13 Abs. 5 Nr. 1 **S. 2** VOB/B relevant, den das Gewährleistungsrecht des BGB nicht vorsieht. Danach verjährt der Nacherfüllungsanspruch in 2 Jahren, *»gerechnet vom Zugang des schriftlichen Verlangens«* an, allerdings nicht vor Ablauf der Gewährleistungsfristen aus § 13 Abs. 4 VOB/B oder der an ihrer Stelle vereinbarten Frist; und nach der Abnahme der Mängelbeseitigungsleistung beginnt für diese Leistung eine Verjährungsfrist von 2 Jahren neu (vgl. § 13 Abs. 5 Nr. 1 **S. 3** VOB/B).[438] – Auch diese Regelung ist dem BGB-Bauvertrag unbekannt.[439]

232 Das **Leistungsverweigerungsrecht** des Bestellers bei Mängeln (§§ 320, 322, 641 Abs. 3 BGB, dazu Rdn. 117) gilt auch für VOB-Bauverträge, weil die VOB/B das Leistungsverweigerungsrecht nicht abweichend regelt; und die Bestimmung des § 635 Abs. 3 BGB entspricht § 13 Abs. 6 Alt. 2 VOB/B[440]

---

432 Siehe dazu die Kommentierung § 639.

433 Verbraucherbauvertrag, vgl. die Kommentierung § 650o.

434 Zur problematischen Abgrenzung zwischen Individualvereinbarung und AGB am Beispiel der Vertragsstrafe siehe Schneider, in: Kapellmann/Messerschmidt, § 11 VOB/B Rn. 83 ff.

435 Dazu oben Rdn. 19.

436 Eine E-Mail ist gem. § 127 Abs. 2 BGB ausreichend: OLG Köln, Urt. v. 22.06.2016, 16 U 145/15, BauR 2017, 1218; OLG Hamm, Urt. v. 04.10.2016 – 21 U 142/15, IBR 2017, 464, Pauly, MDR 2015, 681; eine qualifizierte elektronische Signatur verlangend: OLG Frankfurt, Beschl. v. 30.04.2012 – 4 U 269/11, IBR 2012, 386 (§ 126 Abs. 3 BGB) und OLG Jena, Urt. v. 26.11.2015 – 1 U 209/15, IBR 2016, 144; anders jedoch ebenfalls OLG Frankfurt, Beschl. v. 16.03.2015 – 4 U 265/14, IBR 2016, 223 (zur im Werkvertrag vereinbarten Schriftform).

437 Seine ablehnende Haltung fortsetzend: OLG Frankfurt, Urt. v. 21.12.2023 – 15 U 211/21, IBR 2024, 67.

438 Zur unterschiedlichen Verjährungsfrist siehe Rdn. 155.

439 Dazu Langen, in: Kapellmann/Messerschmidt, § 13 VOB/B Rn. 369.

440 Vgl. Koos, in: Ingenstau/Korbion, § 13 Abs. 6 VOB/B Rn. 35.

233 Die VOB/B sieht in § 4 Abs. 7 S. 1 im Unterschied zum BGB auch **vor Abnahme** explizit den Mangelbeseitigungsanspruch vor, wonach der Unternehmer Leistungen, die schon während der Ausführung als mangelhaft oder vertragswidrig erkannt werden, auf eigene Kosten durch mangelfreie zu ersetzen hat.[441] Dies hat auch zur Folge, dass eine (erneute) Aufforderung des Bestellers zur Mängelbeseitigung bei Kenntnis vom Mangel entbehrlich wird.[442] Jedoch muss dazu die VOB/B als Ganzes vereinbart sein, ansonsten hält die Klausel der Inhaltskontrolle wegen Benachteiligung des Auftragnehmers im AGB-Recht nach höchstrichterlicher Rechtsprechung nicht stand.[443] Damit entfällt die Möglichkeit, Mängelansprüche vor Abnahme auf Kosten des Auftragnehmers mit einer Kündigung durchzusetzen.[444]

234 Haben die Bauvertragsparteien die VOB/B vereinbart, gilt § 13 Abs. 5 Nr. 1 VOB/B vom Grundsatz her **vorrangig.** Bei § 13 Abs. 5 (Nr. 1) VOB/B werden allerdings **AGB-rechtliche Probleme** diskutiert und die Wirksamkeit dieser Vertragsbedingung in Zweifel gezogen.[445] Diese Diskussion kann man umgehen, wenn die Bestimmungen der VOB/B im gewerblichen Bauvertrag[446] insgesamt, das heißt ohne inhaltliche Abweichungen, vereinbart werden (VOB/B »als Ganzes«); dann sind die VOB-Regelungen gemäß § 310 Abs. 1 S. 3 BGB **privilegiert**, sodass keine Einzelkontrollen nach §§ 307 Abs. 1/2, 308 Nr. 1a/b BGB stattfinden.[447] Der Nacherfüllungsanspruch aus § 13 Abs. 5 Nr. 1 VOB/B einschließlich seiner Verjährungsregelungen (und auch § 4 Abs. 7 S. 1 VOB/B) ist dann auch bei Abweichungen von der BGB-Regelung AGB-wirksam.

§ 636 Besondere Bestimmungen für Rücktritt und Schadensersatz

Außer in den Fällen der §§ 281 Abs. 2 und 323 Abs. 2 bedarf es der Fristsetzung auch dann nicht, wenn der Unternehmer die Nacherfüllung gemäß § 635 Abs. 3 verweigert oder wenn die Nacherfüllung fehlgeschlagen oder dem Besteller unzumutbar ist.

Übersicht

A. Allgemeines

1 § 636 BGB wurde 2001 im Rahmen der Schuldrechtsmodernisierung neu gefasst,[1] hat aber durch die Baurechtsnovelle 2018 keine erneute Änderung erfahren, obwohl es auch zu den Mängelvorschriften diverse Reformvorschläge gab, die die Arbeitsgruppe Bauvertragsrecht des Bundes-

441 BGH, Urt. v. 13.09.2001 – VII ZR 113/00, NJW-RR 2002, 160. Zur möglichen AGB-Widrigkeit siehe Voit, in: Messerschmidt/Voit, § 4 VOB/B Rn. 37.

442 Aufdrängung der Mängel durch vom Unternehmer eingeholtes Sachverständigengutachten: OLG Düsseldorf, Beschl. v. 05.12.2022 – 23 U 161/21, IBRRS 2024, 3529 und IBR 2025, 67.

443 BGH, Urt. v. 19.01.2023 – VII ZR 34/20, IBR 2023, 179; zur Erläuterung: Schonebeck, jurisPR-PrivBauR 5/2023 Anm. 1 und Schwenker, jurisPR-BGHZivilR 7/2023 Anm. 2.

444 Schonebeck, jurisPR-PrivBauR 5/2023 Anm. 1.

445 Vgl. Langen, in: Kapellmann/Messerschmidt, § 13 VOB/B Rn. 372 mit Darstellung auch der Gegenansicht u.w.N.

446 Verwendung gegenüber einem Unternehmer oder gegenüber der öffentlichen Hand, § 310 Abs. 1 S. 1 BGB.

447 Dass Voraussetzung für die Privilegierung die Vereinbarung der VOB/B als Ganzes ist, hat der BGH vor der Anpassung des § 310 Abs. 1 S. 3 BGB entschieden: Urt. v. 22.01.2004 – VII ZR 419/02, NJW 2004, 1597; Urt. v. 15.04.2004 – VII ZR 129/02, BauR 2004, 1142; Urt. v. 10.05.2007 – VII ZR 226/05, NZBau 2007, 581.

1 Art. 1 Nr. 38 Schuldrechtsmodernisierungsgesetz.

ministeriums für Justiz und Verbraucherschutz (BMJV) dem Gesetzgeber im Abschlussbericht vom 18.06.2013 vorgelegt hatte.[2] § 636 BGB entspricht weitestgehend § 440 S. 1 BGB im Kaufrecht.

Die Vorschrift beinhaltet in einem Satz sowohl für das **Rücktrittsrecht** als auch für den **Schadensersatzanspruch** des Bestellers (Auftraggeber) bei Mängeln »lediglich« ergänzende beziehungsweise **besondere Bestimmungen** über die Entbehrlichkeit der Fristsetzung: 2
- Verweigerung der Nacherfüllung durch den Unternehmer (Auftragnehmer) gemäß § 635 Abs. 3 BGB
- Fehlgeschlagene Nacherfüllung
- Unzumutbarkeit der Nacherfüllung für den Besteller

Die allgemeinen Bestimmungen finden sich – unter Bezugnahme auf die in § 634 Nr. 3 bzw. 4 BGB zitierten Normketten – für den Rücktritt in § 323 Abs. 2 BGB und für den Schadensersatz in § 281 Abs. 2 BGB. 3

§ 636 BGB (bzw. § 634 Nrn. 3 und 4 BGB – Rücktritt und Schadensersatz) gilt für Werkverträge respektive uneingeschränkt für **Bauverträge** (§ 650a BGB) einschließlich Verbraucherbauverträge (§§ 650i ff. BGB).[3] Dies folgt nicht nur – wie früher – aus der Einstufung des Bauvertrags als Werkvertrag sowie indirekt aus § 634a Abs. 1 Nr. 2 BGB (und §§ 648, 648a BGB a.F.), sondern nun auch unmittelbar aus der neuen Gesetzessystematik des 2. Buchs des BGB, wonach die Kapitel 2 und 3 (Bauvertrag/Verbraucherbauvertrag) zum Untertitel 1 (Werkvertragsrecht) gehören. Im Übrigen gelten die Mängelgewährleistungsvorschriften der §§ 633 ff. BGB grundsätzlich auch für Architekten- und Ingenieurverträge (§ 650p BGB), für die die Anwendbarkeit in 650q Abs. 1 BGB klargestellt wird, sowie für die Bauleistungsverpflichtungen eines Bauträgervertrags (vgl. § 650u Abs. 1 S. 2 BGB).[4] 4

Die hiesige Kommentierung von § 636 BGB befasst sich ausschließlich mit den besonderen Bestimmungen zur **Entbehrlichkeit der Fristsetzung.** Im Übrigen, insbesondere für die Voraussetzungen des Rücktrittsrechts und des Schadensersatzanspruchs, wird auf die Kommentierung von § 634 Rdn. 13 und 17 ff. verwiesen. 5

Im Einzelnen: 6

B. Besondere Bestimmungen zur Entbehrlichkeit der Fristsetzung

I. Grundsätzliches

Grundsätzlich ist die Geltendmachung von Rücktritt und Schadensersatz statt der Leistung (Nacherfüllung) bei Mängeln erst möglich, wenn der Besteller dem Unternehmer zuvor eine angemessene Frist zur Nacherfüllung gesetzt hat. Dies folgt nicht nur aus der in § 634 BGB normierten Rangfolge und dem damit verbundenen Umstand, dass es sich bei den Mängelrechten der Nummern 2 bis 4 um die sogenannten **sekundären Mängelrechte** handelt; primär (vorrangig) ist die Nacherfüllung gemäß § 635 BGB zu prüfen.[5] 7

Der Nacherfüllungsanspruch muss auch deshalb vorrangig geltend gemacht werden, weil § 635 BGB gleichzeitig die Nacherfüllungsbefugnis des Unternehmers indiziert, veraltet ausgedrückt: das sogenannte Recht zur zweiten Andienung (»zweite Chance« zur ordnungsgemäßen = mängelfreien Erfüllung). Aus diesem Grund sind die sekundären Mängelrechte des Bestellers aus § 634 Nrn. 2 8

2 Abrufbar unter ibr online, https://www.ibr-online.de/IBRMaterialien/pdf/Abschlussbericht_Bauvertragsrecht.pdf.
3 Dazu ausführlich § 650i Rdn. 1 ff.
4 Zu weiteren Werkvertragsgegenständen sowie zur Abgrenzung zu anderen Vertragstypen siehe MüKo-BGB/Busche § 631 Rn. 10–31.
5 Ausführlich die Kommentierung § 635. Zur Rangfolge und zum Verhältnis der Mängelrechte untereinander siehe § 634 Rdn. 25.

bis 4 BGB grundsätzlich erst **nach Fristsetzung** zur Mangelbeseitigung und damit nach dem primären Versuch einer Durchführung des Nacherfüllungsanspruchs möglich; hierdurch kann der Unternehmer die »Sekundärhaftung« beziehungsweise unter anderem Rücktritt und Schadensersatz statt der Nacherfüllungsleistung abwenden (sog. Abwendungsbefugnis). Insofern besteht für den Besteller korrespondierend mit seinem Nacherfüllungsrecht und der Nacherfüllungsbefugnis des Unternehmers sozusagen eine Obliegenheit gegenüber dem Unternehmer,[6] wenn und soweit die Nacherfüllung realisierbar ist.[7] Insoweit ist der Besteller unter Umständen auch zur Mitwirkung verpflichtet, um die Mangelbeseitigung zu ermöglichen.[8]

9 In Bezug auf **Schadensersatz** meint § 638 BGB nur den »Schadensersatz statt der Leistung wegen (…) nicht wie geschuldet erbrachter Leistung« gemäß § 281 (Abs. 1 Alt. 2) BGB, weil dort das grundsätzliche Fristsatzerfordernis besteht; beim Schadensersatz neben der Leistung (Nacherfüllung) mit der isoliert stehenden Anspruchsnorm aus § 280 BGB und bei Unmöglichkeit der Nacherfüllung gemäß § 283 BGB bzw. § 311a BGB besteht naturgemäß kein Fristsatzerfordernis, und §§ 282 und 286 sind im Rahmen von § 634 Nr. 4 Alt. 1 BGB nicht vorgesehen (und §§ 284, 634 Nr. 4 Alt. 2 BGB normieren hingegen den Ersatz vergeblicher Aufwendungen).[9]

10 Nach den **allgemeinen Bestimmungen** des § 281 Abs. 2 BGB ist die **Fristsetzung entbehrlich**, wenn der Unternehmer die Leistung ernsthaft und endgültig verweigert oder wenn besondere Umstände vorliegen, die unter Abwägung der beiderseitigen Interessen die sofortige Geltendmachung des Schadensersatzanspruchs rechtfertigen. Beim Rücktritt wegen nicht vertragsgemäß erbrachter Leistung ist gemäß § 323 Abs. 2 BGB die Fristsetzung entbehrlich, wenn der Unternehmer die Nacherfüllung ernsthaft und endgültig verweigert, oder er »die *Leistung bis zu einem im Vertrag bestimmten Termin oder innerhalb einer im Vertrag bestimmten Frist nicht bewirkt, obwohl die termin- oder fristgerechte Leistung nach einer Mitteilung des Gläubigers an den Schuldner vor Vertragsschluss oder auf Grund anderer den Vertragsabschluss begleitenden Umstände für den Gläubiger wesentlich ist*«, oder besondere Umstände vorliegen, die unter Abwägung der beiderseitigen Interessen den sofortigen Rücktritt rechtfertigen. Für die Kommentierung dieser allgemeinen Bestimmungen zur Entbehrlichkeit der Fristsetzung wird auf § 634 Rdn. 13 und 20 verwiesen.

II. Verweigerung der Nacherfüllung

11 Nach § 636 Alt. 1 BGB bedarf es der Fristsetzung (auch) dann nicht, wenn der Unternehmer die Nacherfüllung gemäß § 635 Abs. 3 BGB verweigert. § 635 Abs. 3 BGB wiederum gewährt dem Unternehmer ein spezielles Leistungsverweigerungsrecht, wenn die Nacherfüllung nur mit **unverhältnismäßigen Kosten** möglich ist. Es muss eine Gesamtabwägung der Unverhältnismäßigkeit stattfinden, in der nicht nur die Nacherfüllungskosten, sondern auch das Nacherfüllungsinteresse des Bestellers, die Bedeutung des Mangels sowie der Gesamtwert der beauftragten Leistung zu berücksichtigen sind.

12 Dabei muss der Unternehmer die Einrede berechtigt erhoben haben, allein das objektive Vorliegen der Voraussetzungen genügt nicht.[10] Liegen die Voraussetzungen einschließlich Einrede vor, sind für den Besteller Rücktritt (§§ 346, 323, 634 Nr. 3 BGB) und/oder[11] Schadensersatz statt der Leistung/Nacherfüllung (§§ 280, 281, 634 Nr. 4 BGB) ohne vorherige Fristsetzung möglich, sie ist jeweils entbehrlich. Für weitere Einzelheiten wird auf die Kommentierung von § 635 Absatz 3, Rdn. 190 ff. verwiesen.

---

6 OLG Düsseldorf, Urt. v. 18.12.2015 – I-22 U 84/15, NJW-RR 2016, 533.
7 BGH, Urt. v. 10.10.2018 – VII ZR 229/17, BauR 2019, 255.
8 Dazu § 635 Rdn. 109.
9 Ausführlich § 634 Rdn. 24.
10 BGH, Urt. v. 11.10.2012 – VII ZR 179/11, NJW 2013, 370.
11 Vgl. § 325 BGB.

III. Fehlgeschlagene Nacherfüllung

Die Fristsetzung ist gemäß § 636 Alt. 2 BGB entbehrlich, wenn die Nacherfüllung fehlgeschlagen ist. Fraglich ist, ob es im Interesse des Bestellers ausreicht, wenn die Nacherfüllung, unabhängig in welcher Form (Neuherstellung oder Nachbesserung)[12] fehlgeschlagen ist, damit die Fristsetzung für den Besteller entbehrlich wird. Ist die Mangelbeseitigung wiederum (wiederholt) mangelhaft ausgeführt worden und/oder hat der Unternehmer seine Nacherfüllungspflicht schuldhaft verletzt, kann der Besteller die nachrangigen Gewährleistungsrechte aus § 634 Nrn. 2 bis 4 BGB geltend machen. Allgemein ist die Nacherfüllung daher fehlgeschlagen, wenn sie bereits **einmal**[13] vergeblich versucht worden ist.[14] Die Regel aus der kaufrechtlichen Mängelvorschrift des § 440 S. 2 BGB, wonach grundsätzlich zwei Nachbesserungsversuche vergeblich sein müssen, kann nicht auf das Werk- bzw. Bauvertragsrecht übernommen werden. Zudem hat der europäische Gesetzgeber dies für den Warenkauf durch Verbraucher eingeschränkt:[15] Mit der Einführung des § 475d Abs. 1 S. 1 schlägt die Nacherfüllung abweichend von § 440 BGB fehl, sobald die gesetzte Frist abläuft.[16] 13

Die Nacherfüllung gilt auch als fehlgeschlagen, wenn sie unmöglich ist,[17] vom Unternehmer ernsthaft und endgültig verweigert[18] oder unnötig verzögert wird,[19] oder dem Besteller aufgrund einer Vielzahl von Mängeln, der Schwere des Mangels oder anderen gravierenden Gründen nicht zuzumuten ist.[20] 14

Der Fehlschlag kann auch innerhalb einer gesetzten Nachfristsetzung passieren, sodass der Besteller in diesem Fall bereits vor Fristablauf von seinem Selbstvornahmerecht Gebrauch machen kann.[21] 15

IV. Unzumutbarkeit der Nacherfüllung

An die Unzumutbarkeit der Nacherfüllung gemäß § 636 Alt. 3 BGB werden strenge Voraussetzungen gesetzt, sodass dieser Entbehrlichkeitsgrund in der Praxis selten vorkommt. Anders als bei § 323 Abs. 2 Nr. 3 BGB ist nur das Interesse des Bestellers maßgeblich. 16

Beispielsweise muss für den Besteller die Nacherfüllung **durch diesen Unternehmer** nicht zumutbar sein, weil der Besteller das Vertrauen in die ordnungsgemäße Vertragserfüllung bzw. Nacherfüllung des Unternehmers berechtigt verloren hat und damit das Vertrauen in dessen Leistungsfähigkeit erschüttert worden ist.[22] Auch weitere Unzumutbarkeitsgründe kommen in Betracht. 17

12 Dazu § 635 Rdn. 103.
13 Vgl. MüKo-BGB/Busche, § 636 BGB Rn. 21 m.w.N.
14 BGH, Urt. v. 02.02.1994 – VIII ZR 262/92, NJW 1994, 1005; OLG Bremen, Urt. v. 07.09.2005 – 1 U 32/05 a, BauR 2007, 422. Zum Selbstvornahmerecht siehe die Kommentierung § 637.
15 EU-Richtlinie 2019/771 vom 22.05.2019.
16 BT-Drs. 19/27424.
17 Dazu § 637 Rdn. 79.
18 OLG Frankfurt, Urt. v. 14.06.2012 – 12 U 185/10, IBRRS 2012, 2738.
19 BGH, Urt. v. 26.11.1984 – VIII ZR 214/83, NJW 1985, 623.
20 OLG Düsseldorf, Urt. v. 17.12.2009 – 5 U 57/09, BauR 2011, 121; OLG Köln, Urt. v. 16.01.1992 – 12 U 151/91, NJW-RR 1992, 1147.
21 Dauner-Lieb/Dötsch, NZBau 2004, 233.
22 OLG Düsseldorf, Urt. v. 17.12.2009 – 5 U 57/09, BauR 2011, 121 und Urt. v. 10.05.2016 – 21 U 180/15, BauR 2018, 834; OLG Bremen, Urt. v. 07.09.2005 – 1 U 32/05 a, BauR 2007, 422; OLG Saarbrücken, Urt. v. 15.11.2017 – 1 U 127/16, NJW-RR 2018, 237; OLG Koblenz, Beschl. v. 03.05.2010 – 5 U 290/10, NJW-RR 2010, 1536; Rütten/Raab, in: Dauner-Lieb/Langen, § 637 BGB, Rn. 9.

Beispiele:

- Ungeeigneter Sanierungsvorschlag des Unternehmers.[23]
- Eine von den anerkannten Regeln der Technik abweichende Bodenplatte gefährdet das Bauvorhaben insgesamt.[24]
- Explodierter Kachelofen.[25]
- Auch die Insolvenz eines Unternehmers kann (nicht zwingend) zur Unzumutbarkeit für den Besteller führen.[26]
- Unzumutbarkeit kann vorliegen, wenn der Unternehmer dem Besteller nach Erhalt einer Mängelrüge wahrheitswidrig suggeriert, das von ihm betriebene Geschäft sei nicht existent.[27]
- Es droht die behördliche Schließung des Geschäftslokals.[28]
- Der Unternehmer bestreitet nachdrücklich das Vorhandensein eines Mangels.[29]

19 In derartigen Fällen kann ausnahmsweise schon die Erhebung einer Mängelrüge selbst entbehrlich sein.[30]

20 Würde die Nacherfüllung dem Besteller unzumutbare persönliche oder wirtschaftliche Opfer abverlangen (z.B. kann die Werkleistung nicht mehr wie geplant verwendet werden), kann ebenfalls eine Nachfristsetzung entbehrlich sein.[31] Gleiches gilt, wenn dem Besteller die Nacherfüllung im Verhältnis zum Ergebnis der Mangelbeseitigung unzumutbare Unannehmlichkeiten bereitet oder wenn Kollisionen mit dem Nachfolgenunternehmer unvermeidbar sind.[32]

21 Eine ähnliche Fallkonstellation liegt vor, wenn der Besteller dem Unternehmer zwar eine (angemessene) Frist zur Nacherfüllung gesetzt hat, aber schon vor Fristablauf feststeht, dass der Unternehmer die Frist nicht einhalten wird. Dann kann gemäß § 323 Abs. 4 BGB oder zumindest nach diesem Rechtsgedanken der Besteller schon vor Fristablauf von seinem Rücktrittsrecht Gebrauch machen oder Schadensersatz verlangen.[33]

22 Schließlich ist eine Fristsetzung auch dann entbehrlich, weil sinnlos, wenn eine Nacherfüllung objektiv nicht möglich ist.

Beispiel:

23 Der Unternehmer wird vom Besteller damit beauftragt, einen dampfdichten Bodenbelag auf einer ohne ausreichende Dampfsperre ausgeführten, nicht unterkellerten Betonsohle aufzubringen. – Der Besteller kann auch ohne vorherige Fristsetzung Minderung oder Schadensersatz geltend machen.[34]

---

23 OLG Celle, Urt. v. 14.12.1993 – 16 U 10/93, BauR 1994, 250.
24 OLG Düsseldorf, Beschl. v. 02.06.2020 – 23 U 149/19, IBR 2022, 233.
25 OLG Koblenz, Urt. v. 24.11.1994 – 7 U 13/94, BauR 1995, 395.
26 BGH, Urt. v. 10.08.2006 – IX ZR 28/05, NJW 2006, 2919; OLG Düsseldorf, Urt. v. 17.12.2009 – 5 U 57/09, BauR 2011, 121.
27 OLG Düsseldorf, a.a.O.
28 BGH, Urt. v. 15.01.2002 – X ZR 233/00, BauR 2002, 940.
29 Vgl. BGH, Urt. v. 18.09.2014 – VII ZR 58/13, IBR 2014, 663 und BGH, Urt. v. 18.09.2014 – VII ZR 58/13, NJW-RR 2014, 1512.
30 OLG Stuttgart, Urt. v. 20.02.1996 – 12 U 200/95, BauR 1996, 717.
31 BGH, Urt. v. 26.01.1993 – X ZR 90/91, NJW-RR 1993, 560.
32 Vgl. BGH, Urt. v. 07.03.2002 – III ZR 12/01, NJW 2002, 1571.
33 BGH, Urt. v. 12.09.2002 – VII ZR 344/01, BauR 2002, 1847.
34 Vgl. OLG Düsseldorf, Urt. v. 31.03.1995 – 22 U 162/94, BauR 1995, 849 und Urt. v. 13.08.1996 – 22 U 42/96, BauR 1997, 312; OLG Rostock, Urt. v. 16.12.1996 – 4 U 292/95, BauR 1997, 654.

Setzt der Besteller dem Unternehmer gleichwohl eine Frist zur Nacherfüllung, kann dies bei der Gesamtbeurteilung gegen eine Unzumutbarkeit sprechen.[35] 24

§ 637 Selbstvornahme

(1) Der Besteller kann wegen eines Mangels des Werkes nach erfolglosem Ablauf einer von ihm zur Nacherfüllung bestimmten angemessenen Frist den Mangel selbst beseitigen und Ersatz der erforderlichen Aufwendungen verlangen, wenn nicht der Unternehmer die Nacherfüllung zu Recht verweigert.

(2) § 323 Abs. 2 findet entsprechende Anwendung. Der Bestimmung einer Frist bedarf es auch dann nicht, wenn die Nacherfüllung fehlgeschlagen oder dem Besteller unzumutbar ist.

(3) Der Besteller kann von dem Unternehmer für die zur Beseitigung des Mangels erforderlichen Aufwendungen Vorschuss verlangen.

Übersicht Rdn.

35 BGH, Urt. v. 12.03.2010 – V ZR 147/09, BauR 2010, 1074.

A. Allgemeines

1 § 637 BGB wurde 2001 im Rahmen der Schuldrechtsmodernisierung neu gefasst,[1] hat aber durch die Baurechtsnovelle 2018 keine erneute Änderung erfahren, obwohl es auch zu den Mängelvorschriften diverse Reformvorschläge gab, die die »Arbeitsgruppe Bauvertragsrecht« des Bundesministeriums für Justiz und Verbraucherschutz (BMJV) dem Gesetzgeber im Abschlussbericht vom 18.06.2013 vorgelegt hatte.[2]

2 Der Unternehmer (Auftragnehmer) eines wirksam geschlossenen Werkvertrags (Bauvertrags) hat gegenüber dem Besteller (Auftraggeber) zunächst drei elementare Hauptleistungspflichten im Hinblick auf die Faktoren Kosten, Zeit und Qualität: Er muss gemäß §§ 631 Abs. 1, 633 Abs. 1 BGB
- die Werk- bzw. Bauleistung vollständig zu dem vereinbarten Preis
- innerhalb einer vereinbarten oder bestimmten Ausführungsfrist[3] und
- in der geschuldeten Beschaffenheit bzw. **mängelfrei** herstellen;

erbringt der Unternehmer die Leistung nicht frei von Sach- und Rechtsmängeln (§ 633 Abs. 1 BGB), begeht er insoweit eine **Pflichtverletzung** in Form der »Schlechtleistung« oder »Nichtleistung«[4] und eröffnet dem Besteller mit der Abnahme[5] die Mängelansprüche aus § 634 bzw. § 635 bis 638 BGB.

3 Der § 637 BGB statuiert in drei Absätzen **mehrere Rechte und Pflichten** der Bauvertragsparteien:
- Anspruch des Bestellers auf Selbstvornahme (Absatz 1 Halbsatz 1 Fall 1)
- Anspruch des Bestellers auf Aufwendungsersatz (Absatz 1 Halbsatz 1 Fall 2)
- Hinweis auf Leistungsverweigerungsrecht des Unternehmers (Absatz 1 Halbsatz 2)
- Regelung zur Entbehrlichkeit der Fristsetzung zugunsten des Bestellers (Absatz 2)
- Kostenvorschussanspruch des Bestellers (Absatz 3)

4 Im Einzelnen:

B. § 637 Absatz 1 BGB – Kostenerstattungsanspruch

I. Einführung und Überblick

5 Das Gewährleistungsrecht im Werkvertragsrecht sieht für den Besteller in § 634 Nr. 2 BGB – im Gegensatz zum Kaufvertragsrecht (§ 437 BGB) – das sog. Ersatzvornahmerecht bzw. die »Selbstvornahme« vor. Dieses Recht stellt sozusagen eine Nacherfüllung[6] durch den Besteller selbst oder (ersatzweise) durch einen von ihm beauftragten Dritten dar.[7] Aus diesem Grund werden vorrangig (und hier inzident) der Nacherfüllungsanspruch aus §§ 635, 634 Nr. 1 BGB einschließlich des Zurückbehaltungsrechts des Unternehmers geprüft,[8] beziehungsweise es werden im Rahmen von § 637 Abs. 1 Hs. 1 BGB die Voraussetzung der Fristsetzung in Bezug auf die Nacherfüllung (§ 635 Abs. 1 BGB) und gemäß § 637 Abs. 1 Hs. 2 BGB der Ausschlussgrund des Leistungsverweigerungsrechts (§ 635 Abs. 3 BGB u.a.) geprüft. Der Aufbau der Anspruchsvoraussetzungen (dazu nachfolgend Rdn. 7 ff.) enthält somit inzident sämtliche Voraussetzungen des Nacherfüllungsanspruchs, der weder ausgeschlossen noch erloschen oder gehemmt sein darf. Neben dem Selbstvornahmerecht enthält § 637 Abs. 1 BGB gleichzeitig einen Aufwendungsersatz- bzw. Kostenerstattungsanspruch:

1 Art. 1 Nr. 38 Schuldrechtsmodernisierungsgesetz.
2 Abrufbar unter ibr online, https://www.ibr-online.de/IBRMaterialien/pdf/Abschlussbericht_Bauvertragsrecht.pdf.
3 Bereits aus dem durch das Gesetz zur Modernisierung des Schuldrechts vom 26.11.2001 (BGBl. I S. 3138 S) aufgehobenen § 636 BGB a.F. (»Verspätete Herstellung«) ergab sich, dass auch die pünktliche Beendigung der Werkherstellung eine Hauptpflicht des Unternehmers darstellt.
4 Dazu Rdn. 38.
5 Siehe Rdn. 43 ff.
6 Pflicht des Unternehmers aus § 635 Abs. 1 BGB.
7 Siehe Signat, ZEuP 2009, 716.
8 § 635 Rdn. 5.

nach erfolgter Selbst- bzw. Ersatzvornahme sind die hierdurch dem Besteller entstanden Kosten vom Unternehmer zu erstatten.[9]

Die Selbstvornahme gehört damit zu den sogenannten sekundären Mängelrechten; Vorrang hat die Nacherfüllung (§ 635 BGB) als »primäres Mängelrecht«.[10] Der Nacherfüllungsanspruch muss auch deshalb vorrangig geltend gemacht werden, weil die Norm gleichzeitig die Nacherfüllungsbefugnis des Unternehmers indiziert, veraltet ausgedrückt: das sogenannte Recht zur zweiten Andienung (»zweite Chance« zur ordnungsgemäßen = mängelfreien Erfüllung). Aus diesem Grund sind die sekundären Mängelrechte des Bestellers aus § 634 Nrn. 2 bis 4 BGB (§ 637 BGB) grundsätzlich erst **nach Fristsetzung** zur Mangelbeseitigung und damit nach dem primären Versuch einer Durchführung des Nacherfüllungsanspruchs möglich; hierdurch kann der Unternehmer die »Sekundärhaftung« bzw. die Selbstvornahme und den Aufwendungsersatzanspruch (einschließlich Kostenvorschuss) abwenden (sog. Abwendungsbefugnis). Insofern besteht für den Besteller korrespondierend mit seinem Nacherfüllungsrecht und der Nacherfüllungsbefugnis des Unternehmers sozusagen eine Obliegenheit gegenüber dem Unternehmer,[11] wenn und soweit die Nacherfüllung realisierbar ist.[12] Insoweit ist der Besteller unter Umständen auch zur Mitwirkung verpflichtet, um die Mangelbeseitigung zu ermöglichen.[13] 6

Sind die Gewährleistungsrechte mit erfolgter Abnahme eröffnet und damit anwendbar,[14] und hätte der Unternehmer die Nacherfüllung (§ 635 Abs. 1 BGB) erbringen müssen, ist der Kostenerstattungsanspruch nach § 637 Abs. 1 BGB bei kumulativem Vorliegen folgender **Voraussetzungen** entstanden, wenn 7
- ein Bauvertrag wirksam geschlossenen wurde,
- ein Mangel am Gewerk des Unternehmers
- zum Zeitpunkt des Gefahrübergangs vorliegt,
- der Besteller dem Unternehmer erfolglos eine angemessene Frist zur Nacherfüllung gesetzt hat oder
- die Fristsetzung aus bestimmten Gründen entbehrlich war
- und der Anspruch nicht aus bestimmten rechtlichen Gründen ausgeschlossen ist;
- schließlich muss der Besteller selbst (oder ein von ihm beauftragter Dritter) die Selbstvornahme durchgeführt haben.

Im Übrigen darf der Anspruch nicht erloschen sein, auch darf er nicht verjährt oder zum Beispiel aufgrund des Leistungsverweigerungsrechts des Unternehmers wegen unverhältnismäßiger Nacherfüllungskosten gehemmt sein (dazu im Einzelnen Rdn. 74 ff.). 8

Der Anspruch ist wie der Nacherfüllungsanspruch aus § 635 Abs. 1 BGB **verschuldensunabhängig**, Verschulden oder »Vertretenmüssen« (vgl. § 280 Abs. 1 S. 2 BGB) ist also keine Anspruchsvoraussetzung. Insofern ist auch kein Verzug mit der Mängelbeseitigung erforderlich. Dies gilt auch dann, wenn dem Unternehmer kein konkreter Ausführungsfehler nachgewiesen werden kann; allein entscheidend ist die Mangelhaftigkeit der Leistung bzw. die Abweichung von der vereinbarten Beschaffenheit.[15] 9

9 Zum **Kostenvorschussanspruch** aus § 637 Abs. 3 BGB siehe Rdn. 112.
10 Zur Rangfolge und zum Verhältnis der Mängelrechte untereinander siehe § 634 Rdn. 25.
11 OLG Düsseldorf, Urt. v. 18.12.2015 – I-22 U 84/15, NJW-RR 2016, 533.
12 BGH, Urt. v. 10.10.2018 – VII ZR 229/17, BauR 2019, 255.
13 Dazu § 635 Rdn. 100 und 109.
14 Vgl. Rdn. 12.
15 BGH, Urt. v. 07.02.2019 – VII ZR 274/17, NJW 2019, 2169; BGH, Urt. v. 10.11.2005 – VII ZR 147/04, NJW-RR 2006, 240; BGH, Urt. v. 08.11.2007 – VII ZR 183/05, NJW 2008, 511; BGH, Urt. v. 09.07.2002 – X ZR 242/99, NZBau 2002, 611; BGH, Urt. v. 10.11.2005 – VII ZR 147/04, BauR 2006, 375; Krause-Allenstein, in: Kniffka/Jurgeleit, ibr-online-Kommentar zum Bauvertragsrecht, § 635 BGB, Rn. 4.

10 Anspruchsberechtigt ist nach dem Wortlaut der Norm der Besteller. Dieser kann eine natürliche oder juristische Person (oder einer Personenmehrheit) bzw. sein Rechtsnachfolger sein. Entsprechendes gilt auf Seiten des Anspruchsverpflichteten, des Unternehmers.[16]

11 Zum Geltungsbereich, zum Verhältnis der Mängelrechte untereinander und zur Abgrenzung zum allgemeinen Leistungsstörungsrecht sowie zur Geltendmachung bei vorzeitiger Vertragsbeendigung wird auf die Kommentierung § 634 verwiesen.

II. Anspruchsvoraussetzungen

1. Anwendbarkeit

12 Nach § 633 Abs. 1 BGB muss der Unternehmer als weitere Hauptleistungspflicht dem Besteller das vereinbarte Werk frei von Sach- und Rechtsmängeln verschaffen. Der Kostenerstattungsanspruch aus §§ 634 Nr. 2, 637 Abs. 1 BGB (gleiches gilt für die übrigen Mängelansprüche aus § 634 BGB) entsteht grundsätzlich erst **nach Abnahme**; vorher besteht grundsätzlich nur der Erfüllungs- bzw. Herstellungsanspruch (§ 631 BGB), wobei im Übrigen das allgemeine Leistungsstörungsrecht (§§ 280 ff. BGB) greift.

13 Abnahme – im rechtsgeschäftlichen Sinne nach § 640 BGB – bedeutet die Billigung des Werks durch den Besteller als der Hauptsache nach vertragsgemäße Leistungserfüllung (näher dazu Rdn. 26).[17]

14 Ob die Gewährleistungsrechte im BGB-Bauvertragsrecht[18] auch schon **vor Abnahme** anwendbar sind, wenn Mängel schon während der Bauausführung auftreten, ist umstritten. Der Bundesgerichtshof hat in mehreren Urteilen entschieden, dass dem Besteller die Mängelrechte aus § 634 BGB grundsätzlich erst nach der Abnahme zustehen.[19] Ausnahmsweise vor Abnahme können Mängelrechte nur geltend gemacht werden, wenn die Vertragserfüllung ohne sofortige Mängelbeseitigung ernsthaft gefährdet ist,[20] oder wenn vor der Abnahme ein sog. Abrechnungsverhältnis zwischen Besteller und Unternehmer entstanden ist.[21] Ein die Gewährleistungsansprüche auslösendes Abrechnungsverhältnis vor der Abnahme entsteht zum Beispiel dann, wenn der Besteller auf keinen Fall mehr mit dem Unternehmer zusammenarbeiten will oder wenn der Unternehmer dem Besteller das Werk als fertiggestellt zur Abnahme anbietet und der Besteller die Minderung des Werklohns erklärt oder Schadensersatz geltend macht.[22]

15 Für weitere Einzelheiten wird auf die Kommentierungen zu § 634 Rdn. 42 (Mängelrechte vor Abnahme) und § 640 (Abnahme) verwiesen.

2. Bauvertrag

16 Besteller und Unternehmer müssen sich nach §§ 145 ff. BGB über einen **Werkvertrag** wirksam im Sinne der §§ 104 ff. BGB geeinigt haben (Schuldverhältnis). Gemäß § 631 Abs. 1 und 2 BGB handelt es sich um einen Werkvertrag, wenn sich ein Unternehmer entgeltlich zur Herstellung eines versprochenen Werks, das heißt zur Herbeiführung eines bestimmten Arbeitsergebnisses (Erfolges) gegenüber dem Besteller verpflichtet; dabei kann Vertragsgegenstand sowohl die Herstellung oder

16 Hierzu und zur Übertragung der Mängelrechte ausführlich § 634 Rdn. 55.
17 Vgl. OLG Düsseldorf, Urt. v. 22.07.2014 – I-21 U 193/13, IBR 2014, 593.
18 Beim VOB/B-Bauvertrag stehen dem Besteller (Auftraggeber) gemäß § 4 Abs. 7 VOB/B auch schon vor Abnahme Mängelrechte zu. Siehe dazu Rdn. 141.
19 Zuletzt BGH, Urt. v. 19.01.2017 – VII ZR 301/13, BauR 2017, 875 (879).
20 OLG Düsseldorf, Beschl. v. 02.06.2020 – 23 U 149/19, IBR 2022, 233 (Nichtzulassungsbeschwerde vom BGH zurückgewiesen: BGH, Beschl. v. 11.02.2021 – VII ZR 106/20).
21 Zur Nachfristsetzung, die zeitlich vor dem vereinbarten Fertigstellungstermin endet, siehe OLG Köln, Urt. v. 12.11.2012 – 11 U 146/12, NJW 2013, 1104.
22 BGH, Urt. v. 19.01.2017 – VII ZR 235/15, BauR 2017, 1024.

Veränderung einer Sache als auch ein anderer durch Arbeit oder Dienstleistung herbeizuführender Erfolg sein.[23]

Der **Bauvertrag** ist ein Werkvertrag und wird seit dem 01.01.2018 in § 650a BGB näher definiert. 17
Danach ist ein Bauvertrag *»ein Vertrag über die Herstellung, die Wiederherstellung, die Beseitigung oder den Umbau eines Bauwerks, einer Außenanlage oder eines Teils davon. Ein Vertrag über die Instandhaltung eines Bauwerks ist ein Bauvertrag, wenn das Werk für die Konstruktion, den Bestand oder den bestimmungsgemäßen Gebrauch von wesentlicher Bedeutung ist.«* Für weitere Einzelheiten und Erläuterungen wird auf die Kommentierung zu § 650a Rdn. 4 ff. verwiesen.

Somit gilt § 637 BGB uneingeschränkt für Bauverträge einschließlich **Verbraucherbauverträge** 18
(§§ 650i ff. BGB).[24] Dies folgt nicht nur – wie früher – aus der Einstufung des Bauvertrags als Werkvertrag sowie indirekt aus § 634a Abs. 1 Nr. 2 BGB (und §§ 648, 648a BGB a.F.), sondern nun auch unmittelbar aus der neuen Gesetzessystematik des 2. Buchs des BGB, wonach die Kapitel 2 und 3 (Bauvertrag/Verbraucherbauvertrag) zum Untertitel 1 (Werkvertragsrecht) gehören.

Im Übrigen gelten die Mängelgewährleistungsrechte der §§ 633 ff. BGB grundsätzlich auch für 19
Architekten- und Ingenieurverträge (§ 650p BGB), für die die Anwendbarkeit in § 650q Abs. 1 BGB klargestellt wird, sowie für die Bauleistungsverpflichtungen eines Bauträgervertrags (vgl. § 650u Abs. 1 S. 2 BGB).[25]

Zur Geltendmachung von Mängelansprüchen für den Fall, dass kein Werkvertrag (wirksam) 20
geschlossen wurde, wird auf die Kommentierungen zu § 631 und § 634 Rdn. 6, 8 verwiesen.

3. Mangel

Weitere, zentrale und anspruchsauslösende Voraussetzung ist das Vorliegen eines Mangels, was in 21
§ 634 Nr. 1 BGB explizit und in § 635 BGB implizit genannt ist. Die **Pflichtverletzung** des Unternehmers ist also die Nichterfüllung seiner Hauptpflicht aus § 633 Abs. 1 BGB bzw. die »Schlechtleistung« (siehe Rdn. 2).

In § 633 Abs. 2 und 3 BGB werden Sach- und Rechtsmangel, bzw. wird jeweils die Mangelfreiheit 22
des Werks definiert. Danach ist die Leistung **sachmängelfrei**, wenn sie der Vereinbarung entspricht. Wurde die Beschaffenheit nicht vereinbart ist, ist die Leistung mängelfrei, wenn sie sich für die nach dem Vertrag vorausgesetzte, ansonsten für die gewöhnliche Verwendung eignet und eine Beschaffenheit aufweist, die bei Werken der gleichen Art und Güte üblich ist und die der Besteller nach der Art des Werkes erwarten kann. Im Übrigen steht es gemäß § 633 Abs. 2 S. 3 BGB einem Sachmangel gleich, wenn der Unternehmer ein anderes als das bestellte Werk oder das Werk in zu geringer Menge herstellt.[26]

Die Definition der Sachmangelfreiheit für den VOB-Bauvertrag stimmt inhaltlich im Wesentlichen 23
mit der BGB-Definition der seit dem 01.01.2002 geltenden Fassung des § 633 Abs. 2 BGB überein,[27] wird jedoch in § 13 Abs. 1 S. 2 und 3 VOB/B ausdrücklich ergänzt um die Einhaltung der **anerkannten Regeln der Technik**. Aber auch beim BGB-Bauvertrag geht die ganz herrschende Meinung davon aus, dass sich der Unternehmer, soweit nicht tatsächlich ein anderer Standard oder eine andere Ausführung vereinbart ist, jedenfalls stillschweigend stets zur Beachtung der anerkannten

23 Vgl. Lederer/Raab, in: Dauner-Lieb/Langen, § 631 BGB Rn. 10 ff.

24 Dazu ausführlich § 650i Rdn. 1 ff.

25 Zu weiteren Werkvertragsgegenständen sowie zur Abgrenzung zu anderen Vertragstypen siehe MüKo-BGB/Busche, § 631 Rn. 10–31.

26 Zum **Rechtsmangel** nach § 633 Abs. 3 BGB siehe § 633 Rdn. 96 und Moufang/Koos, in: Messerschmidt/Voit, § 633 BGB Rn. 67–71.

27 Ausführlich Langen/Schiffers, Rn. 1882 ff.

Regeln der Technik als **vertraglichen Mindeststandard** gemäß § 633 Abs. 2 BGB verpflichtet.[28] Zwar hat der Gesetzgeber in der Neufassung des § 633 BGB davon abgesehen, die Definition der Mangelfreiheit um diese Voraussetzung zu ergänzen, die Entwurfsbegründung betont aber, dass gleichwohl die anerkannten Regeln der Technik einzuhalten seien.[29] Umgekehrt schließt die Einhaltung der Regeln einen Mangel nicht aus, wenn vertraglich mehr vereinbart ist.[30] Im Sinne einer Definition sind anerkannte Regeln der Technik Regeln für die Ausführung baulicher Leistungen, die sich nach Meinung der Mehrheit der maßgeblichen Fachleute in der Praxis bewährt haben oder deren Eignung von ihnen als nachgewiesen angesehen wird.[31] Darunter fallen sämtliche Vorschriften und Bestimmungen, die sich in der Theorie und Wissenschaft als richtig und praktisch umsetzbar erwiesen haben,[32] zum Beispiel basierend auf Studien oder Gutachten von Sachverständigen und Wissenschaftlern.[33] Diese können sich konkret – je nach Leistungsbereich und Gewerk – beispielsweise ergeben aus

– DIN-Normen, vor allem den DIN 18299 bis 18459 (ATV = **VOB/C**),[34]
– europäischen und anderen internationalen Normen (CEN/CENELEC/EN),
– den Einheitlichen Technischen Baubestimmungen (ETB),[35]
– den Regeln des Handwerks,[36]
– Hersteller-Richtlinien für die Verwendung einzelner Bauprodukte,[37]
– Montageanleitungen/Einbauhinweisen (ggf. mit Herstellerempfehlungen),[38]
– Bestimmungen der Arbeitsstätten-VO,[39]

---

28 BGH, Urt. v. 14.05.1998 – VII ZR 184/97, NJW 1998, 2814; BGH, Urt. v. 09.07.1981 – VII ZR 40/80, BauR 1981, 577; OLG Düsseldorf, Urt. v. 14.07.1995 – 22 U 46/95, NJW-RR 1996, 146; OLG Schleswig, Urt. v. 07.03.2002 – 7 U 38/98, IBR 2002, 406; OLG Köln, Urt. v. 10.02.2021 – 11 U 128/19, Voit, in: Bamberger/Roth/Hau/Poseck, § 633 BGB Rn. 14; BeckOK BGB/Voit, § 633 Rn. 14; Langen, in: Kapellmann/Messerschmidt, § 13 VOB/B Rn. 49; Kaiser/Leesmeister, Praxishandbuch VOB/C, Kap. 8, Rn. 16 ff.; Staudinger/Peters, § 633 BGB, Rn. 177; Grüneberg/Retzlaff, BGB, § 633 Rn. 6.

29 BT-Drs. 14/6040, 261, rechte Spalte, 1. Abs.

30 OLG München, Beschl. v. 27.03.2020 – 20 U 4425/19 Bau, IBR 2021, 510.

31 Merkens, in: Kapellmann/Messerschmidt, VOB/B § 4, Rn. 55.

32 Vgl. Moufang, in: Ingenstau/Korbion, § 4 Abs. 2 VOB/B, Rn. 32 ff., 48; Werner/Pastor, Rn. 1926 ff.; Kaiser/Leesmeister, Praxishandbuch in die VOB/C, Kap. 8, Rn. 16 ff.

33 Zur Abgrenzung von a.R.d.T. zu »Stand der Technik« und »Stand von Wissenschaft und Technik« vgl. ausführlich Merkens, a.a.O., Rn. 55 f. sowie Seibel, BauR 2004, 266 ff. Zur Abgrenzung von DIN-Normen: sind keine Rechtsnormen, sondern als private technische Regelungen mit Empfehlungscharakter zu qualifizieren. Vgl. BGH, Urt. v. 06.06.1991 – I ZR 234/89, NJW-RR 1991, 1445, 1447; BGH, Urt. v. 06.10.2004 – VIII ZR 355/03, NZM 2005, 60, 61; Ganten, in: Ganten/Jagenburg/Motzke, VOB/B § 4 Rn. 85; Klein, Einführung in die DIN-Normen, S. 13; Dresenkamp, SchlHA, 1994, 165 f.

34 OLG Brandenburg, Urt. v. 18.06.2009 – 12 U 164/08, NJW-RR 2009, 1468; Seibel, Urt. v. 28.02.2002 – VII ZR 376/00, ZfBR 2007, 310; ausführlich Kaiser/Leesmeister, Praxishandbuch VOB/C, Kap. 1, Rn. 82 ff.

35 OLG Köln, Urt. v. 06.05.1991 – 12 U 130/88, BauR 1991, 759.

36 OLG Schleswig, Urt. v. 05.07.2023 – 12 U 116/22, OLG München, Urt. v. 18.02.1998 – 7 U 6173/95, NJW-RR 1999, 1657.

37 OLG Jena, Urt. v. 27.07.2006 – 1 U 897/04, BauR 2009, 669; OLG Brandenburg, Urt. v. 15.06.2011 – 4 U 144/10, IBR 2011, 455; BGH, Urt. v. 23.07.2009 – VII ZR 164/08, BauR 2009, 1589.

38 Vgl. dazu Grüneberg/Weidenkaff, BGB, § 434, Rn. 33; Schmidt/Zwätz/Bär/Schulte, Ausführung von Stahlbauten, S. 143 f.; Rodemann, ZfBR 2010, 523; OLG Frankfurt, Urt. v. 25.04.2007 – 13 U 103/0, BauR 2008, 847; OLG Oldenburg, Urt. v. 07.12.2006 – 8 U 182/06, BauR 2008, 1457; BGH, Urt. v. 04.02.1986 – VI ZR 179/84, NJW 1986, 1863; Büdenbender, in: Dauner-Lieb/Langen, § 434 BGB, Rn. 63.

39 OLG Brandenburg, Urt. v. 11.07.2002 – 2 U 182/01, BauR 2002, 1562.

- Vorschriften, Mustern und Merkblätter von Bauberufsgenossenschaften u.a.,[40]
- VDE-Bestimmungen (Bestimmungen des Verbandes der Elektrotechniker) und
- aus sonstigen ähnlichen baurechtlichen und -technischen Bestimmungen.[41]

Zudem besteht nach (noch) überwiegend praktizierter Meinung die (widerlegbare) **Vermutungsregelung** zugunsten des Unternehmers, dass eine nachweislich DIN-konform ausgeführte Bauleistung den anerkannten Regeln der Technik entspricht und somit in technischer Hinsicht grundsätzlich mangelfrei ist.[42]

Diese gelebte Praxis in Bezug auf die rechtliche Bedeutung der allgemein anerkannten Regeln der Technik wird jüngst unter anderem vom Oberlandesgericht Düsseldorf eingeschränkt.[43] Darüber hinaus hat nunmehr die Bundesregierung[44] den – von BGH-Richtern und baurechtlicher Literatur stark kritisierten – Entwurf eines Gesetzes zur zivilrechtlichen Erleichterung des Gebäudebaus (**Gebäudetyp-E-Gesetz**) auf den Weg gebracht; aktuell liegt der Regierungsentwurf vor,[45] mit dem das Bürgerliche Gesetzbuch insbesondere hinsichtlich der Sachmängelfreiheit und (Nicht-)Einhaltung von anerkannten Regeln der Technik eine Änderung erfahren soll: Nach dem neuen § 650a BGB-E Absatz 3 sollen ohne ausdrückliche Vereinbarung technische Normen und Regeln **nicht** Gegenstand der vertraglichen Leistungspflicht werden, wenn sie ausschließlich Komfort- oder Ausstattungsmerkmale betreffen oder (nach dem neuen Absatz 4) durch Rechtsverordnung bestimmt worden sind, weil sie die Nutzung von innovativen, nachhaltigen oder kostengünstigen Bauweisen oder Baustoffen erheblich erschweren.[46] Und bei »Gebäudebauverträgen« zwischen »fachkundigen Unternehmern« sollen diese gemäß § 650o BGB-E per Vereinbarung von den anerkannten Regeln der Technik abweichen können, ohne dass der Unternehmer den Besteller über die mit dieser Abweichung verbundenen Risiken und Konsequenzen aufklären muss. Ohne Beschaffenheitsvereinbarung soll ein Abweichen von den anerkannten Regeln der Technik unter bestimmten Voraussetzungen keinen Sachmangel begründen. Wenn das Gesetz in Kraft tritt, möchte die Bundesregierung

40 OLG Frankfurt, Urt. v. 19.01.2005 – 1 U 82/00, BauR 2005, 1937; vgl. auch OLG Düsseldorf, OLG Report NRW 1/2014.

41 Reichtelt, BauR 2007, 1483; einschränkend OLG Hamm, Urt. v. 04.05.1995 – 17 U 25/94, NJW-RR 1996, 213; Kamphausen, BauR 2008, 25; Quack, BauR 2010, 863. Zu bloßen unverbindlichen (soweit nicht sicherheitsrelevant) Vorgaben und Empfehlungen eines Herstellers und deren Bedeutung siehe OLG Köln, Urt. v. 22.09.2005 – VII ZR 152/05, MDR 2006, 147; OLG Frankfurt, Urt. v. 25.04.2007 – 13 U 103/0, BauR 2008, 847; BGH, Urt. v. 23.07.2009 – VII ZR 164/08, NJW-RR 2009, 1467; OLG Brandenburg, Urt. v. 02.08.2006 – 4 U 132/99, BauR 2008, 93; OLG Jena, Urt. v. 27.07.2006, 1 U 897/04, BauR 2009, 669.

42 Vgl. BGH, Urt. v. 14.05.1998 – VII ZR 184/97, NJW 1998, 2814 und BGH, Urt. v. 24.05.2013 – V ZR 182/12, BauR 2013, 1443 mit Verweis auf Pastor, in: Werner/Pastor, Rn. 1969 m.w.N.

43 OLG Düsseldorf, Urt. v. 09.02.2023 – 5 U 227/21, NZBau 2023, 454, und Urt. v. 22.11.2024, 22 U 40/24, IBRRS 2025, 1007; vgl. auch Dt. Baugerichtstag v. 12.05.2023, Arbeitskreise V und VI Normung und Sachverständigenrecht, abrufbar unter https://baugerichtstag.de/wp-content/uploads/2023/02/BauR-2023-Thesenheft.pdf.

44 Auch die neue »GroKo«-Regierung hat in ihrem Koalitionsvertrag 2025 vereinbart, dass der Gebäudetyp-E abgesichert und zivilrechtlich ermöglicht und damit u.a. das Abweichen von den a.R.d.T. künftig keinen Mangel mehr darstellen werde (…). Abrufbar z.B. unter: https://www.cdu.de/aktuelles/funktionierender-staat/koalitionsvertrag-2025-staat-modernisieren/.

45 Allerdings noch von der alten »Ampel«-Regierung, abrufbar auf der Seite des Bundesministeriums für Justiz: https://www.bmj.de/SharedDocs/Gesetzgebungsverfahren/DE/2024_Gebaeudetyp_E.html.

46 Im Referentenentwurf vom 21.06.2024 lautete § 650b Abs. 3 BGB-E noch: *Es wird vermutet, dass 1. bautechnische Normungen, die sicherheitstechnische Festlegungen enthalten, an erkannte Regeln der Technik sind und 2. bautechnische Normungen, die reine Ausstattungs- und Komfortmerkmale abbilden, keine anerkannten Regeln der Technik sind.* Abrufbar unter: https://www.bmj.de/SharedDocs/Downloads/DE/Gesetzgebung/RefE/RefE_GebaeudetypE.pdf?__blob=publicationFile&v=2.

es fünf Jahre evaluieren. Die Anpassung von § 13 VOB/B oder besser noch die Abschaffung der VOB/B wäre dann nur konsequent.[47]

24 Ist die Funktionstauglichkeit für den vertraglich vorausgesetzten oder den gewöhnlichen Verwendungszweck aufgrund der vereinbarten Beschaffenheit oder der Einhaltung der anerkannten Regeln der Technik nicht zu erreichen, schuldet der Unternehmer im Rahmen seiner **Erfolgshaftung**[48] gleichwohl die vereinbarte Funktionstauglichkeit – solange ist die Leistung mangelhaft (sog. **funktionaler Mangelbegriff**).[49] Die Funktionsfähigkeit gehört somit zur (stillschweigenden) Beschaffenheitsvereinbarung, selbst wenn die (ausdrückliche) Beschaffenheitsvereinbarung zu einer funktions**un**tauglichen Leistung führen würde.[50]

25 Für weitere Einzelheiten zu den Merkmalen des Mangelbegriffs etc. wird auf die Kommentierung des § 633 Rdn. 24 verwiesen.

4. Gefahrübergang – Abnahme

26 Der Mangel bzw. die Mangelfreiheit muss grundsätzlich zum Zeitpunkt des Gefahrübergangs vorgelegen haben. Im Gegensatz zum Kaufvertragsrecht (vgl. § 434 Abs. 1 S. 1 BGB: »bei Gefahrübergang«) ist im Werkvertragsrecht der für die Mangelfreiheit einschlägige Zeitpunkt nicht ausdrücklich festgeschrieben. Trotzdem ist auch für die Werkmängelansprüche der Gefahrübergang im Sinne des **§ 644 BGB** (»Gefahrtragung«) der maßgebende Zeitpunkt; in der Regel stellt die **Abnahme** den Gefahrübergang dar.

27 Der Begriff der Abnahme wird in der (Bau-)Praxis vielseitig verwendet.[51] Für
- die Anwendbarkeit der BGB-Gewährleistungsrechte,[52]
- den Gefahrübergang und den relevanten Zeitpunkt für die Mängelfreiheit,
- die Werklohnfälligkeit,[53]
- den Wegfall der Vorleistungspflicht des Unternehmers,
- die Beschränkung des Erfüllungsanspruchs des Bestellers auf Mängelansprüche,
- die Beweislastumkehr bei Mängeln,
- den Verlust nicht vorbehaltener Ansprüche sowie für
- den Beginn der Gewährleistungs- bzw. Verjährungsfristen[54]

also zusammengefasst für Wirkungen der Abnahme, ist die **privatrechtliche** Abnahme gemäß **§ 640 BGB** zwischen Besteller und Unternehmer relevant.[55] Abnahme im rechtsgeschäftlichen Sinne bedeutet danach die Billigung des Werks durch den Besteller als der Hauptsache nach vertragsgemäße Leistungserfüllung.[56] Die Abnahme kann ausdrücklich oder förmlich erklärt werden, aber auch

47 Vgl. dazu Leesmeister, FS Langen (2023), S. 206.

48 Dazu Rdn. 21.

49 Dies hat der BGH inzwischen auch für den Geltungsbereich nach dem Schuldrechtsmodernisierungsgesetz mit Urteil vom 08.11.2007 – VII ZR 183/05, klargestellt (BauR 2008, 344). Vgl. auch OLG Düsseldorf, Urt. v. 27.01.2015 – I-22 U 154/14, BauR 2015, 982, OLG München, Beschl. v. 27.03.2020 – 20 U 4425/19 Bau, IBR 2021, 510 und Beschl. v. 25.01.2021 – 28 U 4343/20 Bau, IBR 2023, 11.

50 Vgl. Langen, in: Kapellmann/Messerschmidt, § 13 VOB/B, Rn. 42. Zu etwaigen Mehrkosten im Rahmen der Mangelbeseitigung aufgrund einer fehlerhaften/unvollständigen Leistungsbeschreibung siehe Rdn. 65.

51 Z.B. die öffentlich-rechtliche Abnahme des Rohbaus durch das Bauordnungsamt oder die Abnahme einer Aufzugsanlage durch den TÜV. Zur sog. technischen Abnahme oder Zustandsfeststellung siehe § 650g Abs. 1–3 BGB.

52 Zu den Mängelrechten vor/ohne Abnahme siehe Rdn. 12, 26.

53 Seit dem 01.01.2018 ist auch für BGB-Bauverträge ergänzend die Prüfbarkeit der Schlussrechnung Fälligkeitsvoraussetzung für den Vergütungsanspruch, § 650g Abs. 4 BGB.

54 Siehe § 634a Abs. 2 BGB.

55 In der VOB/B ist sie in § 12 geregelt.

56 OLG Düsseldorf, Urt. v. 22.07.2014 – I-21 U 193/13, IBR 2014, 593.

konkludent oder fiktiv erfolgen; in bestimmten Fällen ist sie sogar entbehrlich oder sie wird vom Besteller (un-)berechtigt verweigert.

Die VOB/B benennt in § 13 Abs. 1 für die Sachmängelfreiheit ausdrücklich den Zeitpunkt der Abnahme.[57] Beim BGB-Bauvertrag ergibt sich dogmatisch aus verschiedenen Anknüpfungen des gesetzlichen Wortlautes, dass der Unternehmer die Mängelfreiheit zum Zeitpunkt der Abnahme schuldet. Bei §§ 631 Abs. 1, 633 Abs. 1 und 2 BGB kommt es für die Erfüllung der Pflicht des Unternehmers, ein mängelfreies und somit vertragsgemäßes Werk herzustellen,[58] auf den Zeitpunkt der Abnahme an, weil der Besteller gemäß § 640 Abs. 1 BGB verpflichtet ist, das vertragsgemäß (mängelfrei) hergestellte Werk abzunehmen.[59] Insoweit ist auch der neue § 650g BGB zu beachten, wonach die Konsequenzen der erheblich erleichterten Abnahmeverweigerungsmöglichkeiten durch den Besteller zumindest abgemildert werden.[60] 28

Für weitere Einzelheiten zu den Voraussetzungen der Abnahme (und sog. echten Teilabnahme), den Abnahmeformen und Abnahmewirkungen usw. wird auf die Kommentierungen § 640 (»Abnahme«) und § 644 (»Gefahrtragung«) verwiesen. 29

5. Erfolglose Fristsetzung zur Nacherfüllung

a) Grundsatz: Fristsatzerfordernis

aa) Anforderungen

Der Bundesgerichtshof hat auch für die Rechtslage nach Inkrafttreten der Schuldrechtsmodernisierung[61] noch einmal klargestellt, dass der Aufwendungsersatzanspruch nach § 637 Abs. 1 BGB sowie die weiteren sekundären Mängelrechte[62] erst nach Ablauf einer angemessenen Frist zur Nacherfüllung bzw. bei ausnahmsweiser Entbehrlichkeit der Fristsetzung (dazu Rdn. 30 ff.) geltend gemacht werden können und somit die Nichteinhaltung dieser strengen Voraussetzungen und Formalien zum Ausschluss dieser Mängelrechte führt.[63] 30

Der Besteller muss dem Unternehmer vor Ausübung seines Selbstvornahmerechts grundsätzlich eine angemessene Frist zur Nacherfüllung gesetzt haben, die fruchtlos abgelaufen ist. Das bedeutet, der Besteller muss zunächst wie bei § 635 Abs. 1 BGB ein **Nacherfüllungsverlangen (Mängelrüge)** ausgesprochen und dieses mit einer (angemessenen) Fristsetzung zur Mängelbeseitigung verbunden haben. Das Nacherfüllungsverlangen ist eine geschäftsähnliche Handlung.[64] Sie muss dem Unternehmer oder an einer von diesem hierfür bevollmächtigten Person[65] zugehen und inhaltlich den Mangel nur seinem äußeren Erscheinungsbild nach bzw. lediglich dessen Symptome nachvollzieh- 31

57 Dazu auch Rdn. 141.

58 Vgl. ausführlich Rdn. 2, 5.

59 Langen, in: Kapellmann/Messerschmidt, § 13 VOB/B, Rn. 63; vgl. auch Kniffka, in: Kniffka/Jurgeleit, ibr-online-Kommentar zum Bauvertragsrecht, § 633 Rn. 68.

60 Ausführlich Kommentierung § 650g.

61 Art. 1 Nr. 38 Schuldrechtsmodernisierungsgesetz.

62 Dazu Rdn. 3.

63 Grundsatzurteil des BGH, Urt. v. 23.02.2005 – VIII ZR 100/04, BauR 2005, 1021. Vgl. auch Kniffka, BauR 2005, 1024.

64 BGH, Urt. v. 12.12.2001 – X ZR 192/00, BauR 2002, 945; MüKo-BGB/Busche, § 133 Rn. 49 m.w.N.

65 Stellvertreter, aber auch der Empfangsbote, ggf. der Insolvenzverwalter – AG Bremen, Urt. v. 13.03.2009 – 6 C 0059/08, NZBau 2009, 388.

bar beschreiben (sog. Symptomtheorie);[66] die technischen Ursachen sind nicht maßgebend.[67] Liegt für den Besteller aus bestimmten Gründen bereits eine Unzumutbarkeit der Nacherfüllung vor (dazu Rdn. 103), kann in derartigen Fällen ausnahmsweise schon die Erhebung einer Mängelrüge selbst entbehrlich sein.[68] Der Grundsatz des Fristsatzerfordernisses der Selbstvornahme gilt auch im Fall der Kündigung des Werkvertrags. Bei Kündigung ist daher zuvor eine Fristsetzung zur Mängelbeseitigung zu empfehlen.[69]

32 Für weitere Einzelheiten, auch zur unberechtigten Mängelrüge, wird auf die Kommentierung von § 635 Rdn. 19 verwiesen. Die Mängelrüge mit Fristsetzung ist **formlos** möglich. Nicht erforderlich ist, dass der Besteller damit droht, nach fruchtlosem Fristablauf die Nacherfüllung (durch den Unternehmer) abzulehnen und die Selbstvornahme durchzuführen.

33 Eine Fristsetzung zur Nacherfüllung erfordert aber nicht zwingend, dass tatsächlich auch eine »Frist zur Durchführung« gesetzt wird. Nach Ansicht des Bundesgerichtshofs soll es auch ausreichen, wenn der Gläubiger (Besteller) durch das Verlangen nach sofortiger, unverzüglicher oder umgehender Nacherfüllungsleistung oder ähnliche Formulierungen, zum Beispiel ein Verlangen nach »schneller Behebung der gerügten Mängel«, deutlich mache, dass dem Schuldner (Unternehmer) für die Nacherfüllung nur eine begrenzter (bestimmbarer) Zeitraum zur Verfügung stehe. Der Angabe eines bestimmten Zeitraums oder Endtermins bedürfe es daher nicht unbedingt.[70]

34 Der Besteller muss mit der Mängelrüge mit Fristsetzung die Mängelbeseitigung bzw. Nacherfüllung unmittelbar verlangen. Es reicht grundsätzlich nicht aus, wenn der Besteller den Unternehmer lediglich dazu auffordert, innerhalb einer bestimmten Frist die **Bereitschaft** zur Mängelbeseitigung verbindlich zu erklären oder Lösungsvorschläge zu unterbreiten.[71] Ausreichend ist jedoch mit dem Risiko der zeitlichen Angemessenheit der Frist die Aufforderung, den Mangel umgehend bzw. unverzüglich zu beheben.[72]

35 Sind jedoch die Mangelbeseitigungsmaßnahmen aufgrund ihres Umfangs und Aufwandes zeitlich schwer abzuschätzen, sodass die Bestimmung einer angemessenen Ausführungs- bzw. Fertigstellungsfrist für den Besteller kaum möglich ist, kann eine Fristsetzung für den **Beginn** der Mängelbeseitigung ausreichen.[73]

36 Eine wirksame Fristsetzung liegt nicht vor, wenn der Besteller den Unternehmer durch die Fristsetzung zu einer Nacherfüllungsart auffordert, die der Unternehmer nicht schuldet.[74]

---

66 »Symptom-Rechtsprechung« des BGH, zuletzt Urt. v. 09.10.2008 – VII ZR 80/07, NJW 2009, 354; Urt. v. 28.10.1999 – VII ZR 115/97, NJW-RR 2000, 309 sowie Urt. v. 03.07.1997 – VII ZR 210/96, BauR 1997, 1029; Urt. v. 02.04.1998 – VII ZR 230/96, BauR 1998, 632; Urt. v. 03.12.1998 – VII ZR 405/97, BauR 1999, 391 und Urt. v. 14.01.1999 – VII ZR 185/97, BauR 1999, 899. Siehe auch OLG München, Urt. v. 22.02.2006 – 27 U 607/05, BauR 2007, 2073; OLG Düsseldorf, Urt. v. 23.10.2015 – I-22 U 57/15, NJW 2016, 168; OLG Saarbrücken, Urt. v. 19.10.2022 – 2 U 229/21, IBR 2023, 345.

67 BGH, Urt. v. 12.06.1980 – VII ZR 270/79, WM 1980, 951.

68 OLG Stuttgart, Urt. v. 20.02.1996 – 12 U 200/95, BauR 1996, 717.

69 OLG Oldenburg, Urt. v. 13.10.2020 – 2 U 87/20, IBR 2021, 410 und OLG Köln, Beschl. v. 03.02.2021 – 16 U 90/20, IBR 2024, 8, anderes gilt nur, wenn die zu behebenden Mängel den Kündigungsgrund darstellen.

70 Die Entscheidung ist zum Kaufvertragsrecht ergangen: BGH, Urt. v. 13.07.2016 – VIII ZR 49/15, BauR 2016, 1915. Kritisch und mit dem Wortlaut der Norm argumentierend Langen/Berger, Einführung in die VOB/B Rn. 315 sowie OLG Celle, Urt. v. 09.10.2013 – 14 U 21/13, BauR 2016, 1926. Siehe auch BGH, Urt. v. 12.08.2009 – VIII ZR 254/08, NJW 2009, 3153.

71 OLG Bamberg, Beschl. v. 13.09.2022 – 3 U 300/21, IBR 2024, 120, BGH, Urt. v. 16.09.1999 – VII ZR 456/98, BauR 2000, 98; OLG Düsseldorf, Urt. v. 15.01.1999 – 22 U 120/98, BauR 1999, 1030 und Urt. v. 15.03.2000 – 5 U 92/99, BauR 2001, 645; siehe auch Harms, BauR 2004, 745.

72 OLG Stuttgart, Urt. v. 20.12.2022 – 10 U 96/22, IBR 2023, 563.

73 OLG Stuttgart, Urt. v. 21.04.2010 – 10 U 9/09, BauR 2010, 1083.

74 Vgl. OLG Celle, Urt. v. 09.10.2013 – 14 U 21/13, BauR 2016, 1926.

▶ **Beispiel:**

Der Besteller verlangt vom Unternehmer, der sein Gewerk mangelhaft ausgeführt hat, einen Komplettaustausch des Werks (Neuherstellung), obwohl die Instandsetzung (Mangelbeseitigung) möglich ist und eine ordnungsgemäße Nacherfüllung darstellt. 37

bb) Angemessenheit

Die Frist zur Nacherfüllung in Form der Mängelbeseitigung oder Neuherstellung[75] muss ausreichend lang, das heißt angemessen sein; dabei ist die Angemessenheit der Frist unter Berücksichtigung der Interessen beider Vertragsparteien und der Umstände des Einzelfalls zu bestimmen. Angemessen ist die Frist, die dem Unternehmer unter Berücksichtigung von Art, Umfang und Schwierigkeit der Nacherfüllung bei zügiger Durchführung die ordnungsgemäße Nacherfüllung erlaubt.[76] Dabei muss berücksichtigt werden, dass der für den Mangel verantwortliche Unternehmer, im Vergleich zu einem nicht für den Mangel verantwortlichen und zum Beispiel mit der Ersatzvornahme beauftragten Dritten, zu vermehrten Anstrengungen zur kurzfristigen Mangelbeseitigung verpflichtet ist.[77] 38

Ist die Frist unangemessen kurz, ist die Voraussetzung des Fristsatzerfordernisses nicht direkt erledigt – wenn nicht bereits die Ersatzvornahme durchgeführt wurde –, vielmehr wird automatisch eine objektiv angemessene Frist in Gang gesetzt.[78] Hält der Unternehmer die Frist für zu kurz, muss er dies grundsätzlich rügen.[79] 39

Hat sich der Besteller hinsichtlich der vom Unternehmer angebotenen Nacherfüllung in **Annahmeverzug** befunden,[80] hat dies auch Auswirkungen auf die Angemessenheit der Nachbesserungsfrist, weil es dem Unternehmer nicht zuzumuten ist, sich in einem solchen Fall gegenüber dem Besteller dauernd zur Erbringung der Nacherfüllungsleistung bereit zu halten.[81] Ist der Unternehmer für die Durchführung der Nacherfüllungsleistung von einer **Mitwirkung** des Bestellers abhängig, muss der Besteller – gegebenenfalls auf einen notwendigen Hinweis des Unternehmers – die Mitwirkungshandlung während der Frist vornehmen oder zumindest anbieten.[82] 40

cc) Fruchtloser Fristablauf

Die Nachfristsetzung muss erfolglos gewesen sein, das heißt die vom Besteller dem Unternehmer zur Nacherfüllung gesetzte (angemessene) Frist muss fruchtlos abgelaufen sein.[83] Der Unternehmer hat also entweder den Mangel nicht innerhalb der Frist beseitigt oder die hierfür erforderlichen Handlungen nicht vorgenommen. Ist bereits vor Fristablauf klar erkennbar, dass der Unternehmer die Frist nicht mehr einhalten kann, ist die Nacherfüllung fehlgeschlagen.[84] Hat sich der Besteller 41

75 Zum Wahlrecht des Unternehmers siehe § 635 Rdn. 103.

76 Vgl. Langen, in: Kapellmann/Messerschmidt, § 13 VOB/B, Rn. 330 m.w.N.

77 OLG Düsseldorf, Urt. v. 31.10.2006 – 23 U 39/06, BauR 2007, 1254.

78 BGH, Urt. v. 21.06.1985 – V ZR 134/84, NJW 1985, 2640; OLG Koblenz, Urt. v. 04.04.2012 – 5 U 1229/11, NJW-RR 2013, 107.

79 OLG Brandenburg, Urt. v. 05.09.2024 – 12 U 3/22, IBR 2024, 625.

80 Zum Annahme- bzw. Gläubigerverzug siehe § 635 Rdn. 115, 128.

81 BGH, Urt. v. 03.04.2007 – X ZR 104/04, BauR 2007, 1410; OLG Düsseldorf, Urt. v. 10.05.2016 – 21 U 180/15, BauR 2018, 834; Sienz, BauR 2018, 376.

82 BGH, Urt. v. 03.04.2007 – X ZR 104/04, NJW 2007, 2761; OLG Celle, Urt. v. 18.06.2008 – 14 U 147/07, BauR 2008, 2046.

83 OLG Düsseldorf, Urt. v. 10.05.2016 – 21 U 180/15, BauR 2018, 834; OLG Oldenburg, Urt. v. 14.05.2021 – 2 U 122/20, IBR 2021, 461.

84 BGH, Urt. v. 12.09.2002 – VII ZR 344/01, NJW-RR 2003, 13; zur fehlgeschlagenen Nacherfüllung siehe Rdn. 100.

hinsichtlich der Nacherfüllung in Annahmeverzug befunden, kann die Fristsetzung grundsätzlich nicht erfolglos sein.[85]

42 Nach fruchtlosem Ablauf der angemessenen Nachbesserungsfrist **erlischt** das Nacherfüllungs**recht** des Unternehmers,[86] seine Nacherfüllungs**pflicht bleibt** aber weiter bestehen.[87] Somit kann der Besteller weiterhin Nacherfüllung vom Unternehmer – auch klageweise[88] – fordern.

43 Dem Besteller steht es frei, ob er dem Unternehmer trotz fruchtlosen Ablaufs der angemessenen Frist eine **weitere Chance** der Nacherfüllung gibt. In der Praxis werden dem Unternehmer aus unterschiedlichen und nachvollziehbaren Gründen häufig mehrere Nachfristen gesetzt. In diesem Fall ist der Besteller allerdings an seine erneute Nacherfüllungsfrist gebunden. Gleiches gilt für den Fall, dass der Besteller eine längere (großzügigere) als die angemessene Frist gesetzt hat.[89]

44 Auch kann der Besteller eine **verspätete Nacherfüllung** durch den Unternehmer gestatten.[90] Ist die Verspätung auf ein Verschulden des Unternehmers zurückzuführen (Verzug mit der Nacherfüllungsleistung), kann der Besteller die damit verbundenen Kosten als Schaden gemäß §§ 280 Abs. 1, 2, 286 BGB geltend machen.

45 Führt der Besteller eine Selbstvornahme durch, ohne zuvor dem Unternehmer eine notwendige (nicht entbehrliche) Frist zur Nacherfüllung eingeräumt zu haben, dann steht dem Besteller kein Kostenerstattungsanspruch hinsichtlich des Mangelbeseitigungsaufwands zu, selbst wenn der Mangel und die Verantwortung des Unternehmers hierfür unstreitig sind und der Unternehmer den Nacherfüllungsaufwand eingespart hat.[91]

b) Ausnahme: Entbehrlichkeit der Nachfristsetzung

46 Einer Fristsetzung bedarf es ausnahmsweise in bestimmten, in § 637 Abs. 2 BGB aufgezeigten Fällen nicht. Danach ist eine Fristsetzung zur Nacherfüllung entbehrlich, wenn

- der Unternehmer die Nacherfüllung ernsthaft und endgültig verweigert (§ 323 Abs. 2 Nr. 1 BGB),
- der Unternehmer die Nacherfüllungsleistung zu einem im Bauvertrag bestimmten Termin oder innerhalb einer bestimmten Frist nicht bewirkt und der Besteller im Bauvertrag den Fortbestand seines Nacherfüllungsinteresses an die Rechtzeitigkeit der Nacherfüllung gebunden hat (§ 323 Abs. 2 Nr. 2 BGB),
- besondere Umstände vorliegen, die unter Abwägung der beiderseitigen Interessen die sofortige Selbst-/Ersatzvornahme rechtfertigen (§ 323 Abs. 2 Nr. 3 BGB analog), oder
- die Nacherfüllung fehlgeschlagen oder dem Besteller unzumutbar ist (§ 637 Abs. 2 S. 2 BGB).

47 Die Entbehrlichkeitsgründe werden ausführlich im Rahmen der Kommentierung des Absatzes 2 von § 637 BGB unter Rdn. 94 ff. behandelt.

---

85 OLG Düsseldorf, Urt. v. 20.03.1998 – 22 U 159/97, NJW-RR 1998, 1030. Zum Gläubigerverzug siehe § 635 Rdn. 115, 128.

86 BGH, Urt. v. 27.02.2003 – VII ZR 338/01, BauR 2003, 693 und Urt. v. 27.11.2003 – VII ZR 93/01, BauR 2004, 501; OLG Koblenz, Beschl. v. 27.03.2014 – 3 U 944/13, IBR 2014, 265; OLG Koblenz, Beschl. v. 03.02.2014 – 3 U 944/13, BauR 2014, 1497; a.A. OLG Hamm, Urt. v. 03.12.2004 – 19 U 93/04, BauR 2005, 1190 mit Kommentierung Jansen, BauR 2005, 1089. Zum Nacherfüllungsrecht des Unternehmers siehe § 635 Rdn. 6.

87 OLG Koblenz, Beschl. v. 03.02.2014 – 3 U 944/13, BauR 2014, 1497.

88 Dazu § 635 Rdn. 214.

89 Weitere Einzelheiten bei § 635 Rdn. 19.

90 BGH, Urt. v. 27.11.2003 – VII ZR 93/01, NJW-RR 2004, 303; OLG Koblenz, Beschl. v. 03.02.2014 – 3 U 944/13, BauR 2014, 1497.

91 BGH, Urt. v. 23.02.2005 – VIII ZR 100/04, BauR 2005, 1021; OLG Düsseldorf, Urt. v. 11.10.2013 – 22 U 81/13, IBR 2014, 79; OLG München, Urt. v. 13.03.2012 – 9 U 2658/11, IBR 2014, 205.

6. Ausschlussgründe

a) Übersicht

Schon im Rahmen der Prüfung der Anspruchsentstehung darf der Aufwendungsersatz- bzw. Kostenerstattungsanspruch aus § 637 Abs. 1 BGB nicht ausgeschlossen sein. In Betracht kommen die Ausschlussgründe in Form der Vereinbarung sowie der vorbehaltslosen Abnahme trotz Kenntnis des Bestellers vom Mangel. Zudem kann trotz des Grundsatzes der verschuldensunabhängigen Mängelhaftung des Unternehmers die Verantwortung des Bestellers für den Mangel in Verbindung mit der Einhaltung der sog. Prüfungs- und Bedenkenhinweispflicht des Unternehmers unter bestimmten Voraussetzungen zum Haftungsausschluss führen. Schließlich kann sich (ausnahmsweise) gemäß § 242 BGB ein Ausschluss der Geltendmachung von Mängelansprüchen ergeben, wenn der Besteller dem Unternehmer die Nacherfüllung gestatten musste.[92] Im Einzelnen: 48

b) Vereinbarung

Haben die Bauvertragsparteien vor oder nach Vertragsschluss die Mängelhaftung oder isoliert die Selbstvornahme bzw. Kostenerstattung und -vorschuss durch (ggf. gesonderte) Vereinbarung ausgeschlossen oder beschränkt, muss deren Wirksamkeit überprüft werden. Die Wirksamkeit ist vor allem auch davon abhängig, ob es sich um eine individualvertragliche Vereinbarung oder um eine Allgemeine Geschäftsbedingung (AGB-Klausel) handelt. Dabei sind unter anderem die Grenzen von § 639 BGB bzw. §§ 307 ff. BGB zu beachten.[93] 49

Die von § 637 BGB abweichenden Vereinbarungen werden ausführlich unter Rdn. 138 behandelt. 50

c) Vorbehaltslose Abnahme

Wenn der Besteller ein mangelhaftes Bauwerk (rechtsgeschäftlich) abnimmt, obwohl ihm der Mangel bekannt ist, stehen ihm der Nacherfüllungsanspruch bzw. die Mängelrechte aus § 634 Nr. 1 bis 3 BGB dann nicht (mehr) zu, wenn er sich seine Mängelrechte wegen dieses Mangels bei der Abnahme nicht vorbehält, § 640 Abs. 3 BGB. 51

Weil der Besteller im Werkvertragsrecht keine Pflicht oder (Rüge-)Obliegenheit[94] zur Suche nach Mängeln hat, reicht die bloße Erkennbarkeit eines Mangels für diesen Ausschlussgrund nicht aus.[95] Auch die Offenkundigkeit eines Mangels bedeutet nicht die Kenntnis des Bestellers, kann jedoch zu einem (widerlegbaren) Anscheinsbeweis zulasten des Bestellers führen.[96] Der Besteller muss den Mangel bei Abnahme positiv kennen. 52

Liegen die Voraussetzungen des § 640 Abs. 3 BGB vor, verliert der Besteller seinen Nacherfüllungsanspruch (sowie den Anspruch auf Selbstvornahme, das Rücktritts- und das Minderungsrecht). Allerdings bleiben ihm die Schadensersatzansprüche aus §§ 280 ff. BGB i.V.m. § 634 Nr. 4 BGB erhalten. Dieser Schadensersatzanspruch umfasst dabei nicht nur die Folgeschäden der Mängel, sondern auch die Mängelbeseitigungskosten selbst,[97] wobei auch in diesem Fall – bei Geltendmachung des Schadensersatzanspruchs – der Besteller dem Unternehmer zuvor eine Frist zur Nacherfüllung gesetzt haben muss,[98] im Übrigen ist der Schadensersatzanspruch naturgemäß vom Verschulden des Unternehmers abhängig (was jedoch vermutet wird, § 280 Abs. 1 S. 2 BGB). 53

---

92 Siehe bereits Rdn. 48 sowie BGH, Urt. v. 20.01.2006 – V ZR 124/05, NJW 2006, 1198 und OLG Schleswig, Urt. v. 09.12.2016 – 1 U 17/13, NJW-RR 2017, 591.

93 Dazu auch § 639 Rdn. 4 ff.

94 Zum Handelskauf siehe § 377 HGB.

95 BGH, Urt. v. 24.10.1996 – VII ZR 98/94, BauR 1997, 129.

96 OLG München, Beschl. v. 08.02.2012 – 13 U 2928/11 Bau, IBR 2014, 136.

97 Langen, in: Kapellmann/Messerschmidt, § 13 VOB/B, Rn. 415 m.w.N.; kritisch und differenzierend OLG Schleswig, Urt. v. 18.12.2015 – 1 U 125/14, NZBau 2016, 298 sowie Kögl, BauR 2016, 1844.

98 Langen, a.a.O.

54 Für eine ausführliche Kommentierung wird auf § 640 Rdn. 78 verwiesen.

d) Verantwortung des Bestellers

55 Wie bereits unter Rdn. 9 dargestellt, ist wesentliches Merkmal der Mängelhaftung, dass der Unternehmer **verschuldensunabhängig** haftet; es kommt allein auf das Vorhandensein eines Mangels gemäß § 633 BGB an.[99] Dieser Grundsatz gilt zunächst auch für den Fall, dass der Besteller für den Mangel (mit-)verantwortlich ist, es sei denn, für den Unternehmer greift folgender Enthaftungstatbestand:

56 Die Haftung für den Mangel kann ausgeschlossen sein oder jedenfalls nur anteilig vorliegen,[100] wenn der Besteller für den Mangel verantwortlich ist *und* der Unternehmer gegen seine **Prüfungs- und Bedenkenhinweispflicht** verstoßen hat.[101] Insofern finden die in der VOB/B klar geregelten Grundsätze aus §§ 4 Abs. 3, 13 Abs. 3 auch beim BGB-Bauvertrag als vertragliche Nebenpflicht des Unternehmers über verschiedene Normen Anwendung.[102]

57 Zusammenfassend geht es im Wesentlichen darum, dass die **Mangelursache** im Verantwortungsbereich des Bestellers liegt, insbesondere also
- von ihm vorgegebene ungeeignete Bauteile oder
- dessen fehlerhafte Planung/Ausführungsvorgabe oder
- Vorleistungen anderer Unternehmer

ursächlich für den Mangel waren[103] und (obwohl) der Unternehmer seiner Prüfungs- und Bedenkenhinweispflicht nachgekommen ist.[104]

58 Dieses Sonderthema wird ausführlich im Rahmen der Kommentierung von § 635, dort unter Rdn. 54 ff. behandelt.

7. Selbstvornahme

59 Naturgemäß ist der Kostenerstattungsanspruch gemäß § 637 Abs. 1 BGB erst nach erfolgter Selbstvornahme möglich. Der Besteller muss also die Selbst- bzw. Ersatzvornahmemaßnahmen (nach Ablauf der Frist) durchgeführt haben bzw. den Mangel durch eine Drittfirma beseitigen lassen, wozu er nunmehr – nach Vorliegen der vorstehenden Voraussetzungen – auch berechtigt ist; anschließend kann er vom Unternehmer **Kostenerstattung** verlangen (dazu nachfolgend Rdn. 60). Alternativ kann er vor Durchführung der Selbst-/Ersatzvornahme (Mängelbeseitigung) Kostenvorschuss nach § 637 Abs. 3 BGB verlangen[105] (dazu ausführlich Rdn. 112 ff.) oder aber weiterhin auf Nacherfüllung durch den Unternehmer bestehen (Rdn. 5 ff., 81).

III. Rechtsfolgen

1. Allgemeine

60 Bei Vorliegen der Tatbestandsmerkmale des § 637 Abs. 1 BGB ist der Besteller zunächst berechtigt, die Mängel selbst zu beseitigen bzw. durch Dritte beseitigen zu lassen (Selbst- bzw. Ersatzvornahme-

---

99 BGH, Urt. v. 09.07.2002 – X ZR 242/99, NZBau 2002, 611; BGH, Urt. v. 10.11.2005 – VII ZR 147/04, BauR 2006, 375.

100 BGH, Urt. v. 25.02.2016 – VII ZR 210/13, BauR 2016, 1033; OLG Düsseldorf, Urt. v. 06.10.2017 – I-22 U 41/17, BauR 2018, 1433.

101 Zur Abgrenzung zwischen Prüf- und Hinweispflicht und Aufklärungs- und Mitteilungspflicht siehe Langen/Berger, Einführung in die VOB/B, Rn. 277 m.w.N.

102 Ausführlich § 635 Rdn. 54.

103 Vgl. auch den Fall des OLG Düsseldorf, Urt. v. 13.12.2013 – 22 U 67/13, IBR 2014, 77 und IBR 2014, 183.

104 BGH, Urt. 08.11.2007 – VII ZR 183/05, IBR 2008, 77.

105 BGH, Urt. v. 30.09.1992 – VIII ZR 193/91, BauR 1993, 96.

recht).[106] Dieses Recht ist logische und untrennbare Vorstufe für den Aufwendungsersatzanspruch (Erstattung der Selbstvornahmekosten), denn natürlich darf der Besteller jederzeit und ohne Vorliegen der rechtlichen Voraussetzungen Mängel an seinem Werk(-Eigentum) selbst beseitigen – er hat dann nur keinen Anspruch auf Kostenerstattung. Insofern ist der Aufwendungsersatzanspruch entscheidend, der gleichzeitig mit dem Selbstvornahmerecht vorliegt.

Dem Besteller steht es frei, ob er dem Unternehmer dennoch eine weitere Chance zur Nacherfüllung 61 gibt. In der Praxis werden aus unterschiedlichen und nachvollziehbaren Gründen dem Unternehmer häufig mehrere Nachfristen gesetzt. In diesem Fall ist der Besteller an seine erneute Nacherfüllungsfrist gebunden.[107]

Liegen die Voraussetzungen der Selbstvornahme vor, ist der Unternehmer jedenfalls nicht mehr zur 62 Nacherfüllung berechtigt.[108] Denn nach fruchtlosem Ablauf der angemessenen Nachbesserungsfrist **erlischt** das Nacherfüllungs**recht** des Unternehmers,[109] seine Nacherfüllungs**pflicht bleibt** aber weiter bestehen.[110] Somit kann der Besteller weiterhin Nacherfüllung vom Unternehmer – auch klageweise[111] – fordern. Beseitigt der Unternehmer den noch vorhandenen Mangel (erfolgreich), obwohl er beispielsweise bereits zur Zahlung eines Kostenvorschusses verurteilt wurde, ist seine hierauf gestützte Vollstreckungsgegenklage dann unbegründet, wenn der Besteller den Mängelbeseitigungsarbeiten durch den Unternehmer nicht zugestimmt hat und deren Erfolg (ganz oder teilweise, berechtigt oder unberechtigt) in Abrede stellt; in einem solchen Fall ist erst bei der Abrechnung des Kostenvorschusses unter dem Gesichtspunkt der Erforderlichkeit der vom Besteller aufgewendeten Kosten zu prüfen, ob und inwieweit Nachbesserungsarbeiten des Unternehmers erfolgreich waren.[112]

Mangelfolgeschäden[113] bzw. die Auswirkungen eines Mangels kann der Besteller sofort, das heißt 63 ohne vorherige Aufforderung/Fristsetzung, selbst beseitigen bzw. durch Dritte beseitigen lassen und vom Unternehmer Schadensersatz nach §§ 280 Abs. 1, 634 Nr. 4 BGB verlangen. Beseitigt der Besteller jedoch den Mangel selbst ohne Vorliegen der Voraussetzungen aus § 637 BGB (z.B. auch vor Ablauf der von ihm gesetzten Frist), stehen ihm grundsätzlich auch keine anderen (Ersatz-) Ansprüche, beispielsweise aus Bereicherungsrecht (§§ 812 ff. BGB), Geschäftsführung ohne Auftrag (§§ 677 ff. BGB) oder deliktischer Haftung (§§ 823 ff. BGB), zu; auch kann er den Vergütungsanspruch des Unternehmers nicht wegen »ersparter Aufwendungen« entsprechend kürzen.[114]

Aufwendungen im Rahmen der Selbstvornahme sind freiwillige Vermögensopfer des Bestellers.[115] 64 Vom Grundsatz sind hiervon auch die durch den Besteller tatsächlich selbst erbrachten Arbeitsleistungen und Materialaufwendungen umfasst, problematisch ist dabei unter anderem deren Wert,

106 OLG Stuttgart, Urt. v. 19.04.2011 – 10 U 116/10, BauR 2011, 1824. Zu **Planabweichungen** während der Ausführung siehe OLG Stuttgart, Urt. v. 15.04.2014 – 10 U 130/13, BauR 2015, 269.

107 Siehe oben Rdn. 38.

108 BGH, Urt. v. 11.09.2012 – XI ZR 56/11, NJW 2013, 1228; OLG Koblenz, Beschl. v. 03.02.2014 – 3 U 944/13, BauR 2014, 1497; Voit, in: Bamberger/Roth/Hau/Poseck, § 637 BGB, Rn. 8 mit **Streitdarstellung.**

109 BGH, Urt. v. 27.02.2003 – VII ZR 338/01, BauR 2003, 693 und Urt. v. 27.11.2003 – VII ZR 93/01, BauR 2004, 501; OLG Koblenz, Beschl. v. 27.03.2014 – 3 U 944/13, IBR 2014, 265; OLG Koblenz, Beschl. v. 03.02.2014 – 3 U 944/13, BauR 2014, 1497; a.A. OLG Hamm, Urt. v. 03.12.2004 – 19 U 93/04, Baur 2005, 1190 mit Kommentierung Jansen, BauR 2005, 1089. Zum Nacherfüllungsrecht des Unternehmers siehe § 635 Rdn. 6.

110 OLG Koblenz, Beschl. v. 03.02.2014 – 3 U 944/13, BauR 2014, 1497.

111 Dazu § 635 Rdn. 108.

112 OLG Nürnberg, Urt. v. 28.07.2005 – 13 U 896/05, NJW-RR 2006, 165.

113 Dazu § 634 Rdn. 18.

114 Vgl. OLG Düsseldorf, Urt. v. 11.10.2013 – I-22 U 81/13, NJW 2014, 1115; **a.A.** Herresthal/Riehm, NJW 2005, 1457; siehe auch Eusani, NZBau 2006, 676; Voit, in: Bamberger/Roth/Hau/Poseck, § 637 BGB, Rn. 18.

115 Allgemein zum Begriff »Aufwendungen« MüKo-BGB/Busche, § 637 Rn. 8.

der entsprechend § 287 ZPO geschätzt werden muss; Vergleichsmaßstab der Schätzung ist der Arbeitslohn einer angestellten Person für die Mängelbeseitigung.[116]

2. Erforderlichkeit und Umfang der Aufwendungen

65 Die vom Besteller tatsächlich getätigten Aufwendungen müssen für die Mangelbeseitigung – wie in der Nacherfüllung berechtigt gefordert – objektiv erforderlich gewesen sein. Dies ist der Fall, wenn auch ein »vernünftiger«, das heißt wirtschaftlich denkender Besteller, gegebenenfalls aufgrund sachkundiger Beratung, die Aufwendungen für eine geeignete und erfolgsversprechende Maßnahme zur Behebung des Mangels ausführen würde.[117] Dies gilt vor allem dann, wenn für die Mängelbeseitigung durch einen Dritten mehrere, gleich geeignete Wege zur Verfügung stehen.

66 Dabei kommt es primär auf die **Geeignetheit** der Maßnahme an, nicht auf die kostengünstigste.[118] Zu den erforderlichen Aufwendungen gehören nicht nur die Kosten für die unmittelbare Beseitigung des Mangels, sondern auch alle mit ihr im Zusammenhang stehenden Arbeiten und Maßnahmen, die für den Erfolg der Mangelbeseitigung notwendig waren,[119] zum Beispiel die Kosten einer Begutachtung oder Bauleitung,[120] Hotelunterbringung,[121] Lagerkosten von Möbeln und Malerarbeiten[122] sowie grundsätzlich auch nutzlose Aufwendungen wie Kosten für eine unnötig aufwändige Methode der Mängelbeseitigung,[123] nicht jedoch der sog. merkantile Minderwert.[124] Vor diesem Hintergrund sind unter Umständen auch teurere (als übliche) Mangelbeseitigungskosten in voller Höhe erstattungsfähig.[125] Grundsätzlich ist jedoch der Besteller – ähnlich seiner Schadensminderungsobliegenheit[126] – gemäß § 254 BGB analog verpflichtet, die Kosten der Mangelbeseitigung so gering wie möglich zu halten und für den Nachweis beispielsweise Angebote einzuholen; grundsätzlich darf er den sichersten (erfolgsversprechenden, siehe oben) Weg zur Mangelbehebung wählen, sodass er nicht den günstigsten Bieter beauftragen muss.[127]

67 Findet die Selbst- bzw. Ersatzvornahme in Form der **Neuherstellung** statt, muss zunächst dem Grunde nach feststehen, dass der Besteller gegen den Unternehmer den Nacherfüllungsanspruch aus § 635 Abs. 1 BGB auch in Form der Neuherstellung hat.[128] Wird im Rahmen der Selbstvornahme mit der Behebung des Mangels ein anderer als der mit dem Unternehmer vereinbarte Zustand hergestellt, ist eine (volle) Kostenerstattung über § 242 BGB nur in Ausnahmefällen möglich, in jedem Fall muss ein Vorteilsausgleich vorgenommen werden.[129]

68 Sind die Mängelbeseitigungsmaßnahmen so aufwändig und umfangreich, dass zum Beispiel eine Vergabe der Leistungen, eine Planung oder ein Sanierungskonzept und/oder eine Bauüberwachung der Sanierungsarbeiten notwendig werden, hat der Unternehmer auch diese Kosten zu tragen.[130]

---

116 BGH, Urt. v. 12.10.1972 – VII ZR 51/72, NJW 1973, 46.

117 BGH, Urt. v. 31.01.1991 – VII ZR 63/90, NJW-RR 1991, 789; OLG Frankfurt, Urt. v. 13.12.1996 – 24 U 51/95, NJW-RR 1997, 340; OLG Naumburg, Urt. v. 05.10.2015 – 1 U 46/15, NJW-RR 2016, 397; OLG Köln, Beschl. v. 18.09.2013 – 11 U 79/13, IBR 2014, 18; OLG Hamm, Urt. v. 25.11.2014 – 24 U 64/13, BauR 2015, 994; OLG Celle, Urt. v. 28.05.2014 – 14 U 188/13, BauR 2016, 530; OLG Düsseldorf, Urt. v. 13.01.2017 – I-22 U 134/16, BauR 2018, 1005.

118 OLG Celle, Urt. v. 28.05.2014 – 14 U 188/13, BauR 2016, 530.

119 OLG Brandenburg, Urt. v. 19.12.2024 – 10 U 136/23, IBRRS 2025, 0137.

120 OLG Stuttgart, Urt. v. 25.05.2011 – 9 U 122/10, NJW-RR 2011, 1242.

121 OLG Köln, Urt. v. 03.11.2010 – 11 U 54/10, MDR 2011, 354.

122 OLG Brandenburg, Urt. v. 19.12.2024 – 10 U 136/23, IBRRS 2025, 0137.

123 BGH, Urt. v. 07.03.2013 – VII ZR 119/10, NJW 2013, 1528; kritisch Markwort, JZ 2019, 173.

124 BGH, Urt. v. 24.10.1996 – VII ZR 98/94, NJW-RR 1997, 339.

125 OLG Frankfurt, Urt. v. 14.10.1987 – 7 U 112/84, NJW-RR 1988, 918.

126 Dazu MüKo-BGB/Oetker, § 254 Rn. 69 ff.

127 OLG Düsseldorf, Urt. v. 19.07.2011 – I-21 U 76/09, NJW-RR 2011, 1530.

128 Zum Wahlrecht zwischen Nachbesserung und Neuherstellung siehe die Kommentierung § 635 Rdn. 103.

129 BGH, Urt. v. 21.11.2013 – VII ZR 275/12, NJW 2014, 620.

130 Vgl. insoweit OLG Düsseldorf, Urt. v. 07.06.2011 – 21 U 100/10, BauR 2012, 960.

Zudem umfasst der Kostenerstattungsanspruch den tatsächlichen Nacherfüllungsaufwand auch insoweit, als die Nacherfüllung hätte preiswerter ausgeführt werden können.[131]

Im Übrigen sind bei der **Höhe der Kostenerstattung** (auch Kostenvorschuss) 69
- der Umfang der Mängelbeseitigungskosten (§ 635 Abs. 2 BGB),
- die konkrete Kostenberechnung,
- die sog. Sowieso-Kosten,
- ein etwaiger Abzug »neu für alt«,
- der Vorteilsausgleich sowie
- eine mögliche Kostenbeteiligung des Bestellers wegen Mitverantwortung

zu berücksichtigen. Die vorstehenden Kostenthemen werden jeweils ausführlich bei § 635 Rdn. 160 ff. (»Nacherfüllungskosten«) behandelt.

3. Erfolglose Selbstvornahme

Nicht erforderlich ist, dass die Mängelbeseitigung durch den Besteller oder Dritte erfolgreich war, 70 denn auch bei fehlgeschlagener, misslungener Ersatzvornahme ist der Unternehmer grundsätzlich erstattungspflichtig.[132] Je nach Fallkonstellation (bspw. hat die Drittfirma die Mangelbeseitigung mangelhaft durchgeführt und/oder Schäden verursacht) muss der Besteller die Ersatzansprüche gegen den Dritten an den Unternehmer abtreten. Zudem trägt der Unternehmer das »**Prognoserisiko**«, dass im Rahmen der vom Besteller veranlassten Selbstvornahme auch Maßnahmen ausgeführt werden, die sich nachträglich als nicht erforderlich erweisen.[133] Insofern sind auch solche Kosten erstattungsfähig, die sich später als preislich unverhältnismäßig herausstellende Nacherfüllung aufgewendet worden sind – anderes gilt erst bei Missachtung der ordentlichen Sorgfalt bei Auswahl des Drittunternehmers.[134]

Der Besteller ist berechtigt, mit dem Aufwendungsersatzanspruch auch gegenüber anderen Ver- 71 gütungsansprüchen des Unternehmers die **Aufrechnung** gemäß §§ 387 ff. BGB zu erklären.[135]

Hat der Besteller selbst oder über die Zurechnung von Erfüllungsgehilfen den Mangel mitverursacht, 72 ist der Aufwendungsersatzanspruch um die entsprechende Mitverschuldensquote zu kürzen.[136] Entsprechendes gilt für den Abzug von »Sowieso-Kosten«.[137]

Ein Abzug »Neu für Alt«[138] findet im Rahmen von § 637 BGB in der Regel nicht statt, erst recht 73 nicht, wenn beispielsweise zwischen der Selbstvornahme und den verweigerten oder erfolglosen Nachbesserungsversuchen des Unternehmers ein langer Zeitraum liegt.[139] Etwas anderes kann bei sehr spät entdecktem, sogenanntem »verstecktem Mangel« gelten, für den unter Umständen eine verlängerte Gewährleistungs- bzw. Verjährungsfrist einschlägig ist.[140]

---

131 Vgl. dazu OLG Celle, Urt. v. 11.12.2003 – 6 U 105/03, BauR 2004, 1018; OLG Karlsruhe, Urt. v. 19.10.2004 – 17 U 107/04, BauR 2005, 879.

132 Siehe allgemein auch BGH, Urt. v. 11.09.2012 – XI ZR 56/11, NJW 2013, 1228.

133 BGH, Urt. v. 07.03.2013 – VII ZR 119/10, BauR 2013, 1129; OLG Hamm, Urt. v. 25.11.2014 – 24 U 64/13, BauR 2015, 994; OLG Oldenburg, Urt. v. 26.02.2015 – 24 U 56/10, BauR 2016, 685.

134 OLG Düsseldorf, OLG Düsseldorf, Urt. v. 11.05.2023 – 5 U 155/22, IBR 2024, 456 und Urt. v. 07.06.2011 – 21 U 100/10, BauR 2012, 960 und Urt. v. 07.06.2011 – 21 U 100/10, BauR 2013, 262; OLG Celle, Urt. v. 28.05.2014 – 14 U 188/13, BauR 2016, 530 und BauR 2019, 685.

135 OLG Naumburg, Urt. v. 10.10.2013 – 1 U 96/12, NJW 2014, 1539.

136 Vgl. OLG Stuttgart, Urt. v. 15.04.2014 – 10 U 127/13, NJW 2014, 2658; BGH, Urt. v. 19.05.1988 – VII ZR 111/87, BauR 1988, 468. Zur Grundthematik siehe die Kommentierung § 635 Rdn. 77.

137 § 635 Rdn. 169.

138 Vgl. § 635 Rdn. 178.

139 OLG Celle, Urt. v. 15.06.2017 – 6 U 2/17, BauR 2018, 1449; OLG Karlsruhe, Urt. v. 09.12.1999 – 9 U 185/98, BauR 2002, 93.

140 OLG Karlsruhe, Urt. v. 21.12.2018 – 8 U 55/17, NJW 2019, 2098.

IV. Erlöschensgründe

1. Übersicht

74 Der Aufwendungsersatzanspruch aus § 637 Abs. 1 BGB entfällt auch dann, wenn der Nacherfüllungsanspruch aus § 635 Abs. 1 BGB unmöglich geworden ist (§ 275 Abs. 1 BGB). In diesem Fall kann der Besteller nur noch Rücktritt, Minderung oder Schadensersatz (§ 634 Nrn. 3 und 4 BGB) geltend machen. Im Übrigen kommen weitere, allgemeine Erlöschensgründe in Betracht, zum Beispiel wenn der Besteller auf seinen Kostenerstattungsanspruch verzichtet bzw. dem Unternehmer durch Vertrag diese Schuld erlässt (§ 397 BGB). Im Einzelnen:

2. Erfüllung

a) Zahlung

75 Die Pflicht zur Kostenerstattung bzw. zum Kostenvorschuss nach § 637 Abs. 3 BGB (dazu Rdn. 112) ist im Sinne des § 362 BGB dann erfüllt, wenn der Unternehmer den notwendigen Geldbetrag vollständig an den Besteller gezahlt hat. Beim Kostenvorschussanspruch wird eine (vollständige) Erfüllung unter Umständen erst nach erfolgter Selbstvornahme und »Endabrechnung« des Bestellers möglich sein, wenn die Mängelbeseitigung teurer geworden ist als ursprünglich im Rahmen des Kostenvorschussanspruchs kalkuliert; in diesem Fall hat der Besteller gegen den Unternehmer einen sog. Nachschussanspruch.[141]

76 Nach dem Grundsatz von Treu und Glauben (§ 242 BGB) kann sich bei erfolgreicher Nacherfüllung im Anschluss an eine an sich entbehrliche Fristsetzung auch ein Ausschluss der Geltendmachung der Mängelrechte ergeben.[142]

b) Surrogate

77 Der Vollständigkeit halber ist noch auf die Vorschrift des § 364 BGB hinzuweisen. Danach erlischt der Aufwendungsersatzanspruch des Bestellers auch dann, wenn er eine andere Leistung als die geschuldete Leistung *»an Erfüllung statt annimmt.«*[143]

78 Oder der Besteller verzichtet auf seinen Kostenerstattungsanspruch, indem er dem Unternehmer gemäß § 397 BGB durch Vertrag die Schuld erlässt. Der Verzicht auf bestehende Mängelrechte ist zulässig, unterliegt aber strengen Anforderungen.[144]

3. Unmöglichkeit

79 Der Kostenerstattungsanspruch aus § 637 Abs. 1 BGB erlischt, wenn der Nacherfüllungsanspruch aus § 635 Abs. 1 BGB gemäß § 275 Abs. 1 BGB unmöglich ist.[145] Stattdessen stehen dem Besteller bei Vorliegen der jeweiligen Voraussetzungen die Schadensersatzansprüche aus § 311a BGB bzw. §§ 280 Abs. 1, 3, 283 BGB (vgl. 634 Nr. 4 BGB) zu.[146] Zudem ist er gemäß §§ 346, 323 Abs. 5, 634 Nr. 3 BGB zum Rücktritt vom Bauvertrag oder zur Minderung nach § 638 BGB berechtigt.[147]

80 Auf die Kommentierung der Unmöglichkeitsfälle zur Nacherfüllung wird daher verwiesen, § 635 Rdn. 79.

---

141 Siehe Rdn. 127.

142 BGH, Urt. v. 12.03.2010 – V ZR 147/09, BauR 2010, 1074; zur Gestattungspflicht siehe Finn, ZGS 2004, 32.

143 Dazu MüKo-BGB/Fetzer, § 364 Rn. 1 ff.

144 Einzelheiten bei MüKo-BGB/Schlüter, § 397 Rn. 2 f.

145 BGH, Urt. v. 08.05.2014 – VII ZR 203/11, BauR 2014, 1291; BGH, Urt. v. 02.02.1994 – VIII ZR 262/92, NJW 1994, 1005. Allgemein MüKo-BGB/Ernst, § 275 Rn. 33 ff.

146 Ausführlich § 634 Rdn. 18. Zur anfänglichen und nachträglichen Unmöglichkeit s. Ernst, a.a.O.

147 Siehe dazu Rdn. 81.

4. Ausübung anderer Mängelrechte

Das Selbstvornahmerecht bzw. der Kostenerstattungsanspruch erlischt auch dann, wenn der Besteller andere Mängelrechte gegenüber dem Unternehmer geltend macht, namentlich 81
- (selbstverständlich) die **Nacherfüllung** gemäß § 635 Abs. 1 BGB begehrt und die gesetzte Nachbesserungsfrist noch nicht abgelaufen ist,
- gemäß §§ 346 Abs. 1, 323 Abs. 1, 634 Nr. 3, 636 BGB den **Rücktritt** vom Bauvertrag erklärt oder
- nach §§ 638, 634 Nr. 3 BGB die **Minderung** geltend macht oder
- aus §§ 280 Abs. 1, 3, 281, 634 Nr. 4, 636 BGB vom Unternehmer **Schadensersatz statt der Leistung** (statt der Nacherfüllung) berechtigt verlangt.

Neben dem Kostenerstattungsanspruch kann der Besteller nach §§ 280 Abs. 1, 634 Nr. 4 BGB **Schadensersatz neben der Leistung** geltend machen. Verlangt der Besteller den »kleinen Schadensersatz«, behält er trotz § 281 Abs. 4 BGB weiterhin sein Selbstvornahmerecht, wenn er tatsächlich den Mangel beseitigen will.[148] 82

Für weitere Einzelheiten wird auf die Kommentierungen des § 634 Rdn. 25 sowie der §§ 636 bis 638 verwiesen. 83

V. Durchsetzbarkeit

1. Übersicht

Der Aufwendungsersatzanspruch ist, wie der Normtext in § 637 Abs. 1 Hs. 2 BGB klarstellt, gehemmt, wenn schon der Nacherfüllungsanspruch (§ 635 Abs. 1 BGB) vom Unternehmer zu Recht verweigert wird; insofern kommt überwiegend das spezielle Leistungsverweigerungsrecht aus § 635 Abs. 3 BGB wegen unverhältnismäßiger Kosten in Betracht. Zudem kann der Kostenerstattungsanspruch bereits verjährt sein. Im Einzelnen: 84

2. Leistungsverweigerungsrechte des Unternehmers

Neben den allgemeinen Leistungsverweigerungsrechten aus §§ 273, 320, 275 Abs. 2 und 3 BGB und dem besonderen Leistungsverweigerungsrecht aus § 650f Abs. 5 BGB enthält **§ 635 Abs. 3 BGB** ein weiteres spezielles Leistungsverweigerungsrecht. Danach kann der Unternehmer die Nacherfüllung insbesondere verweigern, wenn sie nur mit unverhältnismäßigen Kosten möglich ist. 85

Im Übrigen kann der Unternehmer die Nacherfüllung aus folgenden Gründen verweigern: 86
- Kostenbeteiligung des Bestellers aufgrund einer Mitverantwortung für den Mangel oder angefallener »Sowieso-Kosten« in Höhe der entsprechenden Kostenbeteiligung nach Maßgabe des § 320 BGB.
- Vom Unternehmer berechtigt geforderte und vom Besteller nicht geleistete Bauhandwerkersicherung, § 650f Abs. 1 und 5 S. 1 Alt. 1 BGB.
- Unverhältnismäßiger Nacherfüllungsaufwand gemäß § 275 Abs. 2 BGB.
- Unzumutbarkeit bei persönlicher Leistungserbringung gemäß § 275 abs. 3 BGB.

Vor diesem Hintergrund wird auf die ausführliche Kommentierung der Leistungsverweigerungsrechte des Unternehmers im Zusammenhang mit der Nacherfüllung, § 635 Rdn. 190 ff. verwiesen. 87

3. Verjährung

Der Anspruch aus § 637 Abs. 1/3 BGB darf nicht gemäß § 214 BGB verjährt sein (Einrede des Unternehmers). Für die Mängelansprüche aus § 634 Nrn. 1, 2 und 4 BGB – Nacherfüllung, Selbstvornahme und Schadensersatz – gilt grundsätzlich nicht die allgemeine Verjährungsfrist der §§ 195, 88

148 BGH, Urt. v. 22.02.2018 – VII ZR 46/17, NJW 2018, 1463.

199 BGB, sondern diese Gewährleistungsansprüche verjähren bei BGB-Bauverträgen grundsätzlich in **5 Jahren**, § 634a Abs. 1 Nr. 2 BGB, beginnend mit der **Abnahme** (§ 634a Abs. 2 BGB).[149] Die Fristberechnung erfolgt nach §§ 187 Abs. 1, 188 Abs. 2 Hs. 1 BGB. Hemmung, Ablaufhemmung und Neubeginn der Verjährung erfolgen nach den allgemeinen Vorschriften der §§ 203 ff. BGB. Für den Hemmungstatbestand der Verhandlungen (§ 203 BGB) ist zu beachten, dass hierfür bereits die einvernehmliche Untersuchung auf Mängel durch den Unternehmer genügt, außer der Unternehmer lehnt die Mängelhaftung von vornherein ab.[150] Die Geltendmachung eines Mängelrechts hemmt gleichzeitig die Verjährung für alle Mängelrechte,[151] und zwar aus der gerügten Mangelerscheinung für alle damit zusammenhängenden Mängel in vollem Umfang (Symptom-Rechtsprechung des Bundesgerichtshofs).[152]

89 Nach § 634a Abs. 3 und 4 BGB gilt für Rücktritt und Minderung (§ 634 Nr. 3 BGB) § 218 BGB (analog).[153]

90 Hat der Unternehmer allerdings den **Mangel arglistig verschwiegen**, verjähren die Mängelansprüche in der regelmäßigen Verjährungsfrist (§§ 195, 199 BGB), das heißt regelmäßig in 3 Jahren, mindestens aber in 5 Jahren und höchstens in 10 Jahren.[154]

91 Wie bereits unter Rdn. 12 dargestellt, stehen dem Besteller eines BGB-Bauvertragsrechts die Mängelrechte grundsätzlich erst nach Abnahme zu. Für die Ausnahmefälle der Mängelrechte **vor Abnahme** gilt, dass sich im Erfüllungsstadium **unerledigte Ansprüche** automatisch mit der Abnahme »umwandeln« und somit die Verjährungsregeln nach § 634a BGB gelten.[155]

▶ **Beispiel:**

92 Kurz vor der Fertigstellung rügt der Besteller berechtigt einen Mangel, der trotz Fristsetzung nicht vom Unternehmer beseitigt wird. Später erfolgt die Abnahme unter Vorbehalt dieses Mangels.

93 Für weitere Einzelheiten zur Verjährung sowie zur Verwirkung von Mängelansprüchen wird auf die Kommentierung des § 634a verwiesen.

C. § 637 Absatz 2 BGB – Entbehrlichkeit der Fristsetzung

I. Überblick

94 Grundsätzlich muss der Besteller gemäß § 637 Abs. 1 BGB dem Unternehmer eine angemessene Frist zur Nacherfüllung gesetzt haben (s.o. Rdn. 30). In bestimmten Fällen ist jedoch das Fristsatzerfordernis ausnahmsweise entbehrlich. § 637 Abs. 2 S. 1 BGB verweist insoweit zunächst auf allgemeine Entbehrlichkeitsgründe aus § 323 Abs. 2 BGB, der analog angewendet wird. Zudem sieht

---

149 Bei VOB-Bauverträgen beträgt die Verjährungsfrist für Mängelansprüche (§ 13 Abs. 4 u. 5 VOB/B) grds. 4 Jahre, bei bestimmten Bauwerken/Anlagen 1 oder 2 Jahre (ggf. mit Verlängerungsoption) und u.U. für (schriftlich) gerügte Mängel bis zu 6 Jahre. Ausführlich Langen, in: Kapellmann/Messerschmidt, § 13 VOB/B, Rn. 138 ff.

150 Wagner, ZIP 2002, 789. Auch bei fehlerhafter Nacherfüllung (streitig), vgl. Faber/Werner, NJW 2008, 1910.

151 BGH, Urt. v. 30.10.2007 – X ZR 101/06, NJW 2008, 576; BGH, Urt. 07.07.2005 – VII ZR 59/04, NJW-RR 2005, 1474.

152 Siehe schon Rdn. 30 sowie BGH, a.a.O. und Urt. v. 01.02.2005 – X ZR 112/02, NJW-RR 2005, 1037.

153 Dazu § 638 Rdn. 88.

154 Ausführlich MüKo-BGB/Grote, §§ 195 ff.; anschauliches Beispiel bei Langen/Berger, Einführung in die VOB/B Rn. 337 und § 634a Rdn. 45.

155 Vgl. BGH, Urt. v. 08.07.2010 – VII ZR 171/08, BauR 2010, 1778.

§ 637 Abs. 2 S. 2 BGB zwei weitere, spezielle Ausnahmetatbestände vor. Zusammenfassend ist eine Fristsetzung zur Nacherfüllung entbehrlich, wenn

- der Unternehmer die Nacherfüllung ernsthaft und endgültig verweigert, § 323 Abs. 2 Nr. 1 BGB (dazu Rdn. 96),
- der Unternehmer die Nacherfüllungsleistung zu einem im Bauvertrag bestimmten Termin oder innerhalb einer bestimmten Frist nicht bewirkt und der Besteller im Bauvertrag den Fortbestand seines Nacherfüllungsinteresses an die Rechtzeitigkeit der Nacherfüllung gebunden hat, § 323 Abs. 2 Nr. 2 BGB (dazu Rdn. 98),
- besondere Umstände vorliegen, die unter Abwägung der beiderseitigen Interessen die sofortige Selbst-/Ersatzvornahme rechtfertigen, § 323 Abs. 2 Nr. 3 BGB analog (dazu Rdn. 99), oder
- die Nacherfüllung fehlgeschlagen oder dem Besteller unzumutbar ist, § 637 Abs. 2 S. 2 BGB (dazu Rdn. 100 und 103).

Die Rechtsprechung stellt hinsichtlich des Zeitpunkts der Entbehrlichkeit auf den Zeitpunkt ab, an dem die Aufforderung zur Mängelbeseitigung hätte erfolgen müssen.[156]

Im Einzelnen: 95

II. Ernsthafte und endgültige Nacherfüllungsverweigerung

Gemäß § 323 Abs. 2 Nr. 1 BGB analog ist die Fristsetzung dann entbehrlich, wenn der Unter- 96
nehmer die Nacherfüllung »ernsthaft und endgültig verweigert«.[157]

Dabei kann es im Einzelfall durchaus zweifelhaft sein, ob ein bestimmtes Verhalten bzw. Äußerun- 97
gen des Unternehmers als ernsthafte und endgültige Erfüllungsverweigerung anzusehen sind. Insofern unterliegt die ernsthafte und endgültige Erfüllungsverweigerung strengen **Anforderungen**; Einzelfälle sind:

- Zunächst muss der Unternehmer die Nacherfüllung zeitlich vor der Selbstvornahme (ernsthaft und endgültig) verweigert haben und nicht erst nach durchgeführter Selbstvornahme.[158]
- Bestreitet der Unternehmer nachhaltig und beharrlich den gerügten Mangel, ist eine (nochmalige) Mängelbeseitigungsaufforderung mit Fristsetzung nicht erforderlich.[159]
- Einer weiteren Mängelrüge (Fristsetzung) bedarf es auch dann nicht, wenn der Unternehmer den Mangel in einem anwaltlichen Schriftsatz kategorisch bestritten hat.[160] Das bloße Bestreiten behaupteter Mängel im Prozess reicht hingegen nicht für eine ernsthafte und endgültige Erfüllungsverweigerung.[161]
- Erhebt der Unternehmer gegenüber dem Nacherfüllungsanspruch des Bestellers die Einrede der Verjährung,[162] liegt ebenfalls eine ernsthafte und endgültige Erfüllungsverweigerung vor.[163]

156 Zur Abweichung vom Zeitpunkt der Kündigung: OLG Köln, Beschl. v. 03.02.2021 – 16 U 90/20, IBR 2024, 8.

157 Geschäftsähnliche Handlung: Lühl, BauR 2018, 1165; OLG Stuttgart, Urt. v. 30.12.2020 – 10 U 202/20, IBR 2022, 506.

158 BGH, Urt. v. 20.01.2009 – X ZR 45/07, BauR 2009, 976 und Urt. v. 20.01.2009 – X ZR 45/07, NJW-RR 2009, 667; OLG Celle, Urt. v. 08.12.2016 – 6 U 50/16, BauR 2018, 681.

159 BGH, Urt. v. 18.09.2014 – VII ZR 58/13, IBR 2014, 663 und Urt. v. 18.09.2014 – VII ZR 58/13, NJW-RR 2014, 1512.

160 BGH, Urt. 05.12.2002 – VII ZR 360/01, BauR 2003, 386; **a.A.** OLG Düsseldorf, Urt. v. 15.01.1999 – 22 U 120/98, BauR 1999, 1030 und Urt. v. 15.03.2000 – 5 U 92/99, BauR 2001, 645; siehe auch OLG Düsseldorf, Beschl. v. 10.10.2014 – I-22 U 72/14, NJW-RR 2015, 341.

161 BGH, Urt. v. 20.01.2009 – X ZR 45/07, BauR 2009, 976; OLG Düsseldorf, Urt. v. 11.10.2013 – I-22 U 81/13, NJW 2014, 1115.

162 Siehe dazu Rdn. 88 und ausführlich die Kommentierung § 634a.

163 OLG Celle, Urt. v. 05.11.1998 – 22 U 39/96, BauR 1999, 763.

- Erhebt der Unternehmer in Kenntnis der Mängelrüge Klage gegen den Besteller auf Werklohnzahlung unbedingt, also nicht Zug um Zug gegen Mängelbeseitigung,[164] kann darin ebenso eine ernsthafte und endgültige Nacherfüllungsverweigerung gesehen werden.[165]
- Der Unternehmer beruft sich endgültig, jedoch unberechtigt, auf ein Leistungsverweigerungsrecht.[166]
- Die Anmeldung von Bedenken gegen die vorgesehene Art der Ausführung durch den Unternehmer ist eine vertragliche Pflicht und gerade keine Verweigerung der Nacherfüllung.[167]
- Ebenfalls stellt das bloße Verlassen der Baustelle noch keine Erfüllungsverweigerung dar.[168]

III. Wegfall des Leistungsinteresses

98 Nach § 323 Abs. 2 Nr. 2 BGB analog bedarf es einer Fristsetzung nicht, wenn das Interesse des Bestellers an der Nacherfüllung aufgrund **verzögerter Leistung** bereits entfallen ist. Dies ist dann der Fall, wenn die Beauftragung der Werkleistung **anlassgebunden** war, beispielsweise die (temporäre) Herstellung und Errichtung von Tribünen und anderen Bauten an Karneval.[169]

IV. Besondere Umstände

99 Liegen entsprechend § 323 Abs. 2 Nr. 3 BGB analog besondere Umstände vor, die unter Abwägung der Interessen beider Vertragsparteien die sofortige Selbstvornahme rechtfertigen, ist eine Fristsetzung entbehrlich. Dies ist zum Beispiel gegeben, wenn bei nicht sofortiger Mängelbeseitigung die Behörde ein Geschäftshaus schließen würde.[170] Im Übrigen kann auf die Fälle des § 637 Abs. 2 S. 2 Var. 2 BGB (dazu Rdn. 103) verwiesen werden, wobei § 323 Abs. 2 Nr. 3 BGB für die Beurteilung der Unzumutbarkeit auf die Interessen **beider Vertragsparteien** abstellt.

V. Fehlgeschlagene Nacherfüllung

100 Die Fristsetzung ist gemäß § 637 Abs. 2 S. 2 Var. 1 BGB entbehrlich, wenn die Nacherfüllung fehlgeschlagen ist. Fraglich ist, ob es im Interesse des Bestellers ausreicht, wenn die Nacherfüllung, unabhängig in welcher Form (Neuherstellung oder Nachbesserung),[171] fehlgeschlagen ist, damit die Fristsetzung für den Besteller entbehrlich wird. Ist die Mangelbeseitigung wiederum (wiederholt) mangelhaft ausgeführt worden und/oder hat der Unternehmer seine Nacherfüllungspflicht schuldhaft verletzt, kann der Besteller die nachrangigen Gewährleistungsrechte aus § 634 Nrn. 2 bis 4 bzw. §§ 636 bis 638 BGB geltend machen. Allgemein ist die Nacherfüllung daher fehlgeschlagen, wenn sie bereits einmal[172] vergeblich versucht worden ist.[173] Die Regel aus der kaufrechtlichen Mängelvorschrift des § 440 S. 2 BGB, wonach grundsätzlich zwei Nachbesserungsversuche vergeblich sein müssen, kann nicht auf das Werk- bzw. Bauvertragsrecht übernommen werden. Zudem hat der europäische Gesetzgeber dies für den Warenkauf durch Verbraucher eingeschränkt:[174] Mit

---

164 Zum Leistungsverweigerungsrecht des Bestellers wegen Mängel sowie zur sog. Zug um Zug-Verurteilung siehe § 635 Rdn. 117 und 216.

165 OLG Rostock, Urt. v. 27.03.2006 – 3 U 21/04, BauR 2006, 1481.

166 LG Bonn, Urt. 05.08.2003 – 15 O 75/03, NJW-RR 2003, 1502; OLG Düsseldorf, Urt. v. 18.02.2014 – I-23 U 62/13, NJW 2014, 2802.

167 OLG Schleswig, Beschl. v. 10.11.2021 – 12 U 159/20, IBR 2022, 174.

168 Es bleibt eine Kontaktaufnahme des Bestellers im Anschluss nötig: OLG München, Urt. v. 26.07.2022 – 9 U 7532/21 Bau, IBR 2024, 57.

169 Vgl. auch BGH, Urt. v. 06.06.2013 – VII ZR 355/12, NJW 2013, 3022. Weitere Fälle bei MüKo-BGB/Ernst, § 323 Rn. 111.

170 BGH, Urt. v. 15.01.2002 – X ZR 233/00, NJW-RR 2002, 666.

171 Dazu § 635 Rdn. 103.

172 Vgl. MüKo-BGB/Busche, § 636 Rn. 21 m.w.N.

173 BGH, Urt. v. 02.02.1994 – VIII ZR 262/92, NJW 1994, 1005; OLG Bremen, Urt. v. 07.09.2005 – 1 U 32/05 a, BauR 2007, 422.

174 EU-Richtlinie 2019/771 vom 22.05.2019.

der Einführung des § 475d Abs. 1 S. 1 schlägt die Nacherfüllung abweichend von § 440 BGB fehl, sobald die gesetzte Frist abläuft.[175]

Die Nacherfüllung gilt auch als fehlgeschlagen, wenn sie unmöglich ist,[176] vom Unternehmer ernsthaft und endgültig verweigert[177] oder unnötig verzögert wird,[178] oder dem Besteller aufgrund einer Vielzahl von Mängeln, der Schwere des Mangels oder anderen gravierenden Gründen nicht zuzumuten ist.[179] 101

Der Fehlschlag kann auch innerhalb einer gesetzten Nachfristsetzung passieren, sodass der Besteller in diesem Fall bereits vor Fristablauf von seinem Selbstvornahmerecht Gebrauch machen kann.[180] 102

VI. Unzumutbarkeit der Nacherfüllung

An die Unzumutbarkeit der Nacherfüllung gemäß § 637 Abs. 2 S. 2 Var. 2 BGB werden strenge Voraussetzungen gesetzt, sodass dieser Entbehrlichkeitsgrund in der Praxis selten vorkommt. Anders als bei § 323 Abs. 2 Nr. 3 BGB (dazu oben Rdn. 99) ist nur das Interesse des Bestellers maßgeblich. 103

Beispielsweise muss für den Besteller die Nacherfüllung **durch diesen Unternehmer** nicht zumutbar sein, weil der Besteller das Vertrauen in die ordnungsgemäße Vertragserfüllung bzw. Nacherfüllung des Unternehmers berechtigt verloren hat und damit das Vertrauen in dessen Leistungsfähigkeit erschüttert worden ist.[181] Auch weitere Unzumutbarkeitsgründe kommen in Betracht. 104

▶ **Beispiele:**

- Ungeeigneter Sanierungsvorschlag des Unternehmers.[182]
- Explodierter Kachelofen.[183]
- Auch die Insolvenz eines Unternehmers kann (nicht zwingend) zur Unzumutbarkeit für den Besteller führen.[184]
- Unzumutbarkeit kann vorliegen, wenn der Unternehmer dem Besteller nach Erhalt einer Mängelrüge wahrheitswidrig suggeriert, das von ihm betriebene Geschäft sei nicht existent.[185]
- Es droht die behördliche Schließung des Geschäftslokals.[186]
- Der Unternehmer bestreitet nachdrücklich das Vorhandensein eines Mangels.[187]

In derartigen Fällen kann ausnahmsweise schon die Erhebung einer Mängelrüge selbst entbehrlich sein.[188] 106

175 BT-Drs. 19/27424.
176 Dazu Rdn. 79.
177 OLG Frankfurt, Urt. v. 14.06.2012 – 12 U 185/10, IBRRS 2012, 2738.
178 BGH, Urt. v. 26.11.1984 – VIII ZR 214/83, NJW 1985, 623.
179 OLG Düsseldorf, Urt. v. 17.12.2009 – 5 U 57/09, BauR 2011, 121; OLG Köln, Urt. v. 16.01.1992 – 12 U 151/91, NJW-RR 1992, 1147.
180 Dauner-Lieb/Dötsch, NZBau 2004, 233.
181 OLG Düsseldorf, Urt. v. 17.12.2009 – 5 U 57/09, BauR 2011, 121 und Urt. v. 10.05.2016 – 21 U 180/15, BauR 2018, 834; OLG Bremen, Urt. v. 07.09.2005 – 1 U 32/05 a, BauR 2007, 422; OLG Saarbrücken, Urt. v. 15.11.2017 – 1 U 127/16, NJW-RR 2018, 237; OLG Koblenz, Beschl. v. 03.05.2010 – 5 U 290/10, NJW-RR 2010, 1536; Rütten/Raab, in: Dauner-Lieb/Langen, § 637 BGB, Rn. 9.
182 OLG Celle, Urt. v. 14.12.1993 – 16 U 10/93, BauR 1994, 250.
183 OLG Koblenz, Urt. v. 24.11.1994 – 7 U 13/94, BauR 1995, 395.
184 BGH, Urt. v. 10.08.2006 – IX ZR 28/05, NJW 2006, 2919; OLG Düsseldorf, Urt. v. 17.12.2009 – 5 U 57/09, BauR 2011, 121.
185 OLG Düsseldorf, a.a.O.
186 BGH, Urt. v. 15.01.2002 – X ZR 233/00, BauR 2002, 940.
187 Vgl. BGH, Urt. v. 18.09.2014 – VII ZR 58/13, IBR 2014, 663 und Urt. v. 18.09.2014 – VII ZR 58/13, NJW-RR 2014, 1512.
188 OLG Stuttgart, Urt. v. 20.02.1996 – 12 U 200/95, BauR 1996, 717.

107 Würde die Nacherfüllung dem Besteller unzumutbare persönliche oder wirtschaftliche Opfer abverlangen (z.B. kann die Werkleistung nicht mehr wie geplant verwendet werden), kann ebenfalls eine Nachristsetzung entbehrlich sein.[189] Gleiches gilt, wenn dem Besteller die Nacherfüllung im Verhältnis zum Ergebnis der Mangelbeseitigung unzumutbare Unannehmlichkeiten bereitet oder wenn Kollisionen mit dem Nachfolgenunternehmer unvermeidbar sind.[190]

108 Eine ähnliche Fallkonstellation liegt vor, wenn der Besteller dem Unternehmer zwar eine (angemessene) Frist zur Nacherfüllung gesetzt hat, aber schon vor Fristablauf feststeht, dass der Unternehmer die Frist nicht einhalten wird. Dann kann gemäß § 323 Abs. 4 BGB analog oder zumindest nach diesem Rechtsgedanken der Besteller schon vor Fristablauf die Selbstvornahme durchführen oder Schadensersatz verlangen.[191]

109 Schließlich ist eine Fristsetzung auch dann entbehrlich, weil sinnlos, wenn eine Nacherfüllung objektiv nicht möglich ist.

▶ **Beispiel:**

110 Der Unternehmer wird vom Besteller damit beauftragt, einen dampfdichten Bodenbelag auf einer ohne ausreichende Dampfsperre ausgeführten, nicht unterkellerten Betonsohle aufzubringen. – Der Besteller kann auch ohne vorherige Fristsetzung Minderung oder Schadensersatz geltend machen.[192]

111 Setzt der Besteller dem Unternehmer gleichwohl eine Frist zur Nacherfüllung, kann dies bei der Gesamtbeurteilung gegen eine Unzumutbarkeit sprechen.[193]

D. § 637 Absatz 3 BGB – Kostenvorschussanspruch

I. Voraussetzungen

112 Ist der Besteller nach § 637 Abs. 1 BGB zur **Selbstvornahme** berechtigt und hat er auch die **Absicht**, die Mängelbeseitigung zeitnah durchzuführen, ist der Kostenvorschussanspruch nach § 637 Abs. 3 BGB eröffnet.[194] Denn Sinn und Zweck der Norm ist, dass der Besteller für die – eigentlich vom Unternehmer kostenneutral zu erbringende – Mangelbeseitigung nun im Rahmen der Selbstvornahme nicht eigene finanzielle Mittel riskieren soll.[195]

113 In dem Verlangen nach Kostenvorschuss bringt der Besteller gleichzeitig konkludent seine Absicht zur tatsächlichen Durchführung der Mängelbeseitigung zum Ausdruck,[196] sodass zunächst diese Absicht unterstellt oder zumindest vermutet werden muss.[197] Diese Anspruchsvoraussetzung ist somit nicht gegeben, wenn feststeht, dass der Besteller entweder den Mangel nicht beseitigen will[198] oder den Mangel nicht in einem angemessenen Zeitraum beseitigen (lassen) kann.[199]

---

189 BGH, Urt. v. 26.01.1993 – X ZR 90/91, NJW-RR 1993, 560.

190 BGH, Urt. v. 07.03.2002 – III ZR 12/01, NJW 2002, 1571.

191 BGH, BauR 2002, 1847.

192 Vgl. OLG Düsseldorf, Urt. v. 31.03.1995 – 22 U 162/94, BauR 1995, 849 und Urt. v. 13.08.1996 – 22 U 42/96, BauR 1997, 312; OLG Rostock, Urt. v. 16.12.1996 – 4 U 292/95, BauR 1997, 654.

193 BGH, Urt. v. 12.03.2010 – V ZR 147/09, BauR 2010, 1074.

194 Zum gesonderten Verlangen siehe BGH, Urt. v. 11.09.2012 – XI ZR 56/11, NJW 2013, 1228 (**streitig**).

195 BGH, Urt. v. 14.01.2010 – VII ZR 108/08, NJW 2010, 1192.

196 BGH, Urt. v. 17.02.1999 – X ZR 40/96, NJW-RR 1999, 813.

197 OLG Köln, Urt. v. 13.04.2022 – 11 U 22/21, IBRRS 2022, 3288; Moufang, in: Messerschmidt/Voit, § 650a BGB, Rn. 1; BeckOGK/Rast, § 637 BGB Rn. 188 f.

198 OLG Frankfurt, Urt. v. 19.09.2018 – 29 U 152/17, NJW-RR 2018, 1425; OLG Celle, Urt. v. 09.05.2001 – 7 U 109/00, BauR 2001, 1753.

199 Vgl. dazu § 635 Rdn. 109.

Der Kostenvorschussanspruch ist ausgeschlossen bzw. tritt in Wege der Konkurrenz zurück, wenn der Besteller den Kostenvorschussbetrag vom Unternehmer durch das Zurückbehaltungsrecht aus § 641 Abs. 3 BGB (»Mangeleinbehalt«) oder eine ausreichende Gewährleistungssicherheit (z.B. in Form des Bareinbehalts) erlangen kann.[200] 114

II. Höhe

Die Höhe des nach § 637 Abs. 3 BGB geforderten Kostenvorschussbetrags muss angemessen sein und beschränkt sich auf den Aufwand für die Mangelbeseitigung.[201] Maßstab ist wie bei § 637 Abs. 1 BGB die Sichtweise eines vernünftigen, wirtschaftlich denkenden Bestellers bei der Kalkulation der Mangelbeseitigung,[202] wobei die Sanierungsmethode dem Grunde nach festgelegt werden muss.[203] Es ist möglich, dass der – sachkundig beratene – Besteller die Höhe der Selbstvornahmekosten grob schätzt; insoweit sind die Anforderungen an die **Darlegungslast** gering.[204] Auch darf der Besteller darauf vertrauen, dass der Preis des von ihm beauftragten Drittunternehmers angemessen ist.[205] 115

Ist der Besteller für den Mangel mitverantwortlich oder fallen sog. Sowieso-Kosten an, ist (selbstverständlich) auch der Kostenvorschussanspruch wie bei § 635 Abs. 1 BGB entsprechend zu reduzieren.[206] 116

Zahlt der Unternehmer bei Vorliegen der Voraussetzungen aus § 637 Abs. 1 und 3 BGB nicht, ist er zur Zahlung von **Verzugszinsen** erst bei Vorliegen der zusätzlichen Voraussetzungen nach §§ 286 ff. BGB verpflichtet.[207] 117

Der Kostenvorschussbetrag kann gegebenenfalls mit **Umsatzsteuer** geltend gemacht werden.[208] Ist der Besteller nicht zum Vorsteuerabzug berechtigt, umfasst der Kostenvorschussanspruch, anders als der Schadensersatzanspruch,[209] die Umsatzsteuer.[210] 118

III. Vorläufigkeit

Der Kostenvorschussanspruch ist im Gegensatz zum Aufwendungsersatzanspruch aus § 637 Abs. 1 BGB zunächst nur vorläufig; erst nach Durchführung der Selbstvornahme stehen die tatsächlichen Kosten fest,[211] die auch niedriger oder höher als verlangt ausfallen können. Daher ist der Besteller gegenüber dem Unternehmer zu einer nachvollziehbaren **Abrechnung** einschließlich der Verwendungsnachweise verpflichtet,[212] und zwar in angemessener Frist.[213] Insoweit hat der Unternehmer gegenüber dem Besteller einen entsprechenden Auskunftsanspruch aus § 666 BGB.[214] Der Besteller 119

---

200 BGH, Urt. v. 02.03.1967 – VII ZR 215/64, NJW 1967, 1366; OLG Hamm, Urt. v. 30.10.1995 – 17 U 83/94, NJW-RR 1996, 1046.

201 Mangelfolgeschäden sind vom Kostenvorschuss nicht umfasst.

202 BGH, Urt. v. 14.01.1999 – VII ZR 19/98, BauR 1999, 631; OLG Hamburg, Urt. v. 28.09.2018 – 11 U 128/17, NJW-RR 2019, 336.

203 OLG Düsseldorf, Urt. v. 08.04.2016, 22 U 164/15, BauR 2018, 115.

204 BGH, Urt. v. 11.03.2004 – VII ZR 339/02, NJW-RR 2004, 1023; OLG Düsseldorf, Urt. v. 13.01.2017 – I-22 U 134/16, NZBau 2017, 280.

205 OLG Bamberg, Urt. v. 02.03.2023 – 12 U 29/22, IBR 2024, 122.

206 Siehe § 635 Rdn. 160 ff.

207 BGH, Urt. v. 27.03.1980 – VII ZR 214/79, NJW 1980, 1955.

208 OLG Celle, Urt. v. 20.03.2018 – 14 U 96/17, BauR 2018, 1445.

209 Siehe dazu § 634 Rdn. 17 ff.

210 BGH, Urt. v. 22.07.2010 – VII ZR 176/09, BauR 2010, 1752.

211 S.o. Rdn. 115.

212 BGH, Urt. v. 14.01.2010 – VII ZR 108/08, NJW 2010, 1192; OLG Köln, Urt. v. 16.03.2016 – 16 U 109/15, NZBau 2016, 436. Zum Zinsanspruch vgl. BGH, Urt. v. 20.05.1985 – VII ZR 266/84, NJW 1985, 2325.

213 Dazu oben Rdn. 112, 115 und BGH, Urt. v. 14.01.2010 – VII ZR 108/08, NJW 2010, 1192.

214 LG Hildesheim, Urt. v. 02.04.2008 – 4 O 376/07, NJW-RR 2008, 1338.

muss also nach Erhalt des Kostenvorschusses die Mängelbeseitigung in angemessener Frist durchführen (lassen) und abrechnen, weil der Unternehmer einen **Rückzahlungsanspruch** in Höhe des nicht verbrauchten Vorschusses gegenüber dem Besteller hat (dazu Rdn. 124) oder der Besteller bei ursprünglich zu geringem Vorschuss einen **»Nachschussanspruch«** hinsichtlich zusätzlicher Kosten gegenüber dem Unternehmer hat (dazu Rdn. 127).

120 Die **angemessene Frist**, während derer der Besteller die Selbstvornahme durchzuführen hat, beträgt regelmäßig 6 Monate und in Ausnahmefällen 1 Jahr bzw. im Einzelfall – je nach Schwierigkeit und Umfang der Mängelbeseitigungsarbeiten – kann die Frist auch länger sein.[215]

121 Weil der Besteller den vom Unternehmer gezahlten Vorschussbetrag bestimmungsgemäß (nur für die Mängelbeseitigung) verwenden muss,[216] hat er auch insoweit gegenüber dem Unternehmer eine Nachweis- bzw. Auskunftspflicht (siehe oben). In »Leistungsketten-Fällen« darf der Besteller als Generalunternehmer den Kostenvorschuss auch gegenüber seinem Auftraggeber für vergleichbare Regelungen verwenden, wenn dadurch sichergestellt ist, dass dadurch der Nachunternehmer (Unternehmer) keine Nachteile hat.[217]

122 Der Besteller ist berechtigt, mit seinem Kostenvorschussanspruch gegen Vergütungsansprüche des Unternehmers aufzurechnen.[218] Beseitigt jedoch der Unternehmer den Mangel ordnungsgemäß, wird die Aufrechnung unwirksam.[219]

IV. Einwendungen

123 Der Anspruch erlischt, wenn auch der Nacherfüllungsanspruch oder das Selbstvornahmerecht (Kostenerstattungsanspruch) erloschen ist, zum Beispiel durch Erfüllung der Mängelbeseitigung oder Zahlung. Im Übrigen gelten für den Kostenvorschussanspruch dieselben rechtsvernichtenden und -hemmenden Einwendungen einschließlich Verjährung wie beim Kostenerstattungsanspruch aus § 637 Abs. 1 BGB – siehe dazu im Einzelnen Rdn. 74 ff.

V. Rückforderungsanspruch des Unternehmers

124 Der Unternehmer hat gegen den Besteller Anspruch auf Rückzahlung des vollen Kostenvorschussbetrags, wenn die Voraussetzungen des § 637 Abs. 3 BGB entfallen,[220] zum Beispiel weil der Besteller den Betrag nicht bestimmungsgemäß verwendet hat, der Besteller nicht (mehr) die Absicht zur Selbstvornahme verfolgt[221] oder auch bei nicht fristgerechter Verwendung und Abrechnung.[222] Schließlich kann der Unternehmer den überschießenden (nicht verbrauchten) Kostenvorschussbetrag zurückverlangen.[223]

---

215 BGH, Urt. v. 14.01.2010 – VII ZR 108/08, BauR 2010, 614, NJW 2010, 1192; OLG Düsseldorf, Urt. v. 16.05.2014 – 22 U 171/13, BauR 2015, 271.

216 OLG Braunschweig, Urt. v. 06.03.2003 – 8 U 85/02, BauR 2003, 1234.

217 Vgl. BGH, Urt. v. 01.02.1990 – VII ZR 150/89, NJW 1990, 1475; BGH, Urt. v. 07.12.1988 – VII ZR 112/88, NJW-RR 1989, 405.

218 OLG Hamburg, Urt. v. 28.09.2018 – 11 U 128/17, NJW-RR 2019, 336; OLG Düsseldorf, Beschl. v. 10.10.2014 – I-22 U 72/14, NJW-RR 2015, 341.

219 OLG Nürnberg, Urt. v. 18.04.2002 – 13 U 4136/01, NJW-RR 2002, 1239.

220 BGH, Urt. v. 14.01.2010 – VII ZR 108/08, NJW 2010, 1192.

221 OLG Celle, Urt. v. 09.11.2012 – 16 U 53/12, NJW 2013, 475.

222 Allerdings ist über § 242 BGB eine Einwendung bei inzwischen entstandenen oder alsbald entstehenden Selbstvornahmekosten noch möglich. Vgl. zum Ganzen BGH, Urt. v. 14.01.2010 – VII ZR 108/08, NJW 2010, 1192. Siehe oben Rdn. 115.

223 Siehe auch Weyer, BauR 2009, 28.

Solange sich der Besteller mit den Mängelbeseitigungsmaßnahmen noch im Rahmen der angemessenen Frist bewegt (dazu oben Rdn. 38), ist der Rückzahlungsanspruch des Unternehmers **ausgeschlossen.**[224] Im Übrigen kann der Besteller gegen den Rückzahlungsanspruch mit einem im Zusammenhang mit dem Mangel stehenden Schadensersatzanspruch (z.B. § 280 Abs. 1, 634 Nr. 4 BGB) **aufrechnen**, wobei der Bundesgerichtshof einen Schadensersatzanspruch in Höhe fiktiver Mängelbeseitigungskosten ablehnt.[225] 125

Der Rückforderungsanspruch verjährt in der regelmäßigen (3-jährigen) Verjährungsfrist gemäß §§ 195, 199 Abs. 1 BGB.[226] 126

VI. Nachschussanspruch des Bestellers

Stellt sich nach durchgeführter Selbstvornahme (oder während oder sogar vor Beginn der Mängelbeseitigung heraus, dass der vom Unternehmer gezahlte Kostenvorschuss der Höhe nach unzureichend war, so hat der Besteller einen sog. Nachschussanspruch, und zwar in Höhe der nachgewiesenen Mängelbeseitigungskosten. Damit bleibt der Anspruch aus § 637 Abs. 3 BGB insoweit bestehen;[227] durch die erste Zahlung des Unternehmers tritt also keine (vollständige) Erfüllung des Kostenvorschussanspruchs im Sinne des § 362 BGB ein. 127

In diesem Zusammenhang hat der Bundesgerichtshof entschieden, dass ein dem Besteller Kostenvorschuss zusprechendes Urteil regelmäßig die Feststellung enthalte, dass der Unternehmer zur Übernahme der vollständigen Nacherfüllungskosten verpflichtet sei; einer gesonderten Feststellungsklage bedarf es nicht, weshalb der Nachschussanspruch auch nicht in der ursprünglichen Gewährleistungsfrist verjährt.[228] 128

E. Prozessuales

I. Einleitung: Streitige Mängel

Ist zwischen den Bauvertragsparteien streitig, wer in welchem Umfang für einen Mangel verantwortlich ist und weigert sich der Unternehmer deshalb, die Behebung des Mangels ohne einen entgeltlichen **Reparaturauftrag** durchzuführen,[229] kann der Besteller das Verlangen des Unternehmers zurückweisen und nach Ablauf der Nacherfüllungsfrist oder bei Entbehrlichkeit der Nachfristsetzung die Selbst-/Ersatzvornahme durchführen (lassen); nach der Abnahme trägt der Besteller die **Darlegungs- und Beweislast** für die Mangelhaftigkeit des Gewerks des Unternehmers.[230] Besteller und Unternehmer können aber auch vereinbaren, dass der Unternehmer zunächst die Mängelbeseitigung durchführt und anschließend die Verantwortung für den Mangel einschließlich Kostentragung geklärt wird. Dann steht dem Unternehmer bereits aus dieser Vereinbarung ein bedingter (§ 158 BGB) Vergütungsanspruch für den Mangelbeseitigungsaufwand zu, wenn und soweit der Unternehmer nicht für den Mangel verantwortlich war;[231] die Vereinbarung muss insoweit eindeutig sein.[232] Erteilt der Besteller dem Unternehmer einen Reparaturauftrag unter dem Vorbehalt der Rückforderung für den Fall, dass sich später die Verantwortlichkeit des Unternehmers für den Man- 129

224 BGH, Urt. v. 14.01.2010 – VII ZR 108/08, BauR 2010, 614, NJW 2010, 1192; OLG Düsseldorf, Urt. v. 16.05.2014 – 22 U 171/13, BauR 2015, 271.

225 BGH, Urt. v. 14.01.2010 – VII ZR 108/08, BauR 2010, 614, NJW 2010, 1192.

226 Vgl. dazu BGH, Urt. v. 14.01.2010 – VII ZR 213/07, NJW 2010, 1195; OLG Oldenburg, Urt. v. 08.11.2007 – 8 U 123/07, BauR 2008, 2051.

227 Vgl. BGH, Urt. v. 25.09.2008 – VII ZR 204/07, NJW 2009, 60, BauR 2008, 2041; OLG Köln, Urt. v. 29.06.2022 – 11 U 33/20, IBR 2022, 454.

228 BGH, Urt. v. 25.09.2008 – VII ZR 204/07, NJW 2009, 60, BauR 2008, 2041.; OLG Düsseldorf, Urt. v. 13.01.2017 – I-22 U 134/16, BauR 2018, 1005.

229 Zur »unberechtigten Mängelrüge« siehe § 635 Rdn. 27.

230 Dazu § 640 Rdn. 90.

231 BGH, Urt. v. 05.11.1998 – VII ZR 236/97, BauR 1999, 252.

232 OLG Düsseldorf, Urt. v. 19.06.2007 – I-21 U 164/06, BauR 2007, 1902.

gel herausstellen sollte, dann kann der Unternehmer sofort im Anschluss an die Mängelbeseitigung die Vergütung vom Besteller verlangen. Bei dieser Vereinbarung ist der Besteller auch nicht berechtigt, gegen den Vergütungsanspruch des Unternehmers aus dem »Reparaturauftrag« mit einem anderen Mängelanspruch aufzurechnen.[233] Der Besteller müsste in diesem Fall auf Rückzahlung klagen. Umgekehrt kann der Unternehmer dem Nacherfüllungsverlangen des Bestellers unter dem Vorbehalt der Werklohnberechnung nachkommen.[234] Hat der Besteller, gegebenenfalls auch »irrtümlich« beziehungsweise in Unkenntnis der Verantwortung des Unternehmers für den Mangel, einen Reparaturauftrag an den Unternehmer erteilt und stellt sich später die Verantwortung des Unternehmers für den Mangel und somit seine Nacherfüllungspflicht heraus, kann der Unternehmer die vereinbarte Vergütung nur verlangen beziehungsweise behalten, wenn die Vereinbarung der Vertragsparteien als Vergleich im Sinne des § 779 BGB zu beurteilen ist[235] oder der Besteller seine Vergütungspflicht tatsächlich in Kenntnis des Streits über die Mangelverantwortung anerkannt hat.[236] Insoweit kann auch bei den Mängelansprüchen die **Kooperationspflicht** der Bauvertragsparteien[237] von Bedeutung bzw. anwendbar sein.[238]

II. Klageverfahren sowie Darlegungs- und Beweislast

130 Mit Gefahrübergang beziehungsweise nach der Abnahme trägt grundsätzlich der Besteller die Darlegungs- und Beweislast für die Mangelhaftigkeit des Werks des Unternehmers, es sei denn, der Besteller hat einen Vorbehalt gemäß § 640 Abs. 2 BGB erklärt. Gegebenenfalls gilt dies auch in Bezug auf die Verantwortung des Unternehmers für den Mangel, erst recht, wenn der Mangel bereits im Wege der Ersatzvornahme beseitigt wurde,[239] sowie für die Ursächlichkeit des Mangels für eventuelle (Folge-)Schäden.[240] Der Besteller muss also die Einzelheiten (und »Mangeltypen«) aus § 633 BGB beweisen.[241] Macht der Besteller gegen den Unternehmer klageweise verschiedene Mängelrechte aus § 634 BGB geltend, führt dies zu unterschiedlichen **Streitgegenständen.**[242] Wendet der Besteller Mängel im **Werklohnprozess** des Unternehmers ein, hat er diese ebenfalls zu beweisen.[243]

---

233 Dazu OLG Düsseldorf, Urt. v. 20.07.1994 – 22 U 249/93, NJW-RR 1995, 402.

234 OLG Celle, Urt. v. 08.05.2002 – 7 U 47/00, BauR 2003, 265.

235 Im Einzelnen MüKo-BGB/Habersack, § 779 Rn. 3 ff.

236 OLG Dresden, Urt. v. 03.06.1999 – 7 U 616/99, BauR 1999, 1454; OLG Celle, Urt. v. 14.10.2004 – 5 U 148/03, BauR 2005, 106.

237 BGH, Urt. v. 28.10.1999 – VII ZR 393/98, NJW 2000, 807; BGH, Urt. v. 28.08.2003 – I ZR 9/01, NJW-RR 2003, 1547; BGH, Urt. v. 09.11.2000 – VII ZR 82/99, NZBau 2001, 129; BGH, Urt. v. 22.05.2003 – VII ZR 143/02, NJW 2003, 2678; OLG Nürnberg, Urt. v. 09.07.1999 – 6 U 3845/98, NJW-RR 1999, 1619; OLG Düsseldorf, Urt. v. 07.06.2000 – 5 U 184/99, NZBau 2000, 427; OLG Düsseldorf, Urt. v. 27.12.2001 – 21 U 81/01, BauR 2002, 963. Fuchs Kooperationspflichten der Bauvertragsparteien; Schuhmann, BauR 2003, 162; Schwarze, BauR 2004, 894.

238 OLG Rostock, Urt. v. 26.10.2006 – 7 U 131/05, BauR 2007, 1260; siehe § 635 Rdn. 214.

239 BGH, Urt. v. 23.10.2008 – VII ZR 64/07, NJW 2009, 360; OLG Celle, Urt. v. 08.05.2014 – 5 U 163/13, BauR 2017, 897. Zur Situation der Abnahme nach Kündigung siehe BGH, Urt. v. 06.02.2014 – VII ZR 160/12, NJW-RR 2014, 456 und Grams, ZfIR 2008, 400.

240 BGH, BGH-Report 2005, 1603.

241 OLG Stuttgart, Urt. v. 09.01.2018 – 10 U 93/17, BauR 2018, 1138. Dabei ist die »Symptomrechtsprechung« zu beachten, dazu BGH, Urt. v. 17.01.2002 – VII ZR 488/00, NJW-RR 2002, 743; BGH, Beschl. v. 14.12.2017 – VII ZR 217/15, BauR 2018, 669. Zum Anscheinsbeweis bei Verletzung oder Beachtung der **DIN-Normen** und/oder der **a.R.d.T.** siehe OLG Hamburg, Urt. v. 07.02.2023 – 4 U 77/21, IBR 2024, 230 und OLG Düsseldorf, Urt. v. 04.05.2012 – 23 U 80/11, BauR 2012, 1259 und Kaiser/Leesmeister, Praxishandbuch VOB/C, Kap. 8, Rn. 89 ff. m.w.N. Zur Beweislast beim Rechtsmangel siehe BGH, Urt. v. 24.10.2000 – X ZR 15/98, NJW-RR 2001, 268.

242 OLG Dresden, Urt. v. 09.06.1999 – 8 U 814/99, NJW-RR 2000, 1337.

243 BGH, Urt. v. 28.10.1999 – VII ZR 115/97, NJW-RR 2000, 309. Dies gilt grds. auch vor Abnahme bzgl. der Unvollständigkeit der Werkleistung.

Der Besteller hat im Grundsatz sämtliche Voraussetzungen für die Selbstvornahme beziehungsweise den Kostenerstattungsanspruch darzulegen und zu beweisen.[244] Ebenfalls hat er die Setzung der Nachbesserungsfrist einschließlich deren Angemessenheit sowie (alternativ) die Entbehrlichkeitsgründe bezüglich der Fristsetzung zu beweisen.[245] Verlangt der Besteller Ersatz der von ihm aufgewendeten Mängelbeseitigungskosten, so hat er darzulegen, dass die durchgeführten Maßnahmen der Mängelbeseitigung dienten.[246] Eine Vermutung dafür, dass sämtliche von einer Drittfirma im Rahmen einer Mängelbeseitigung durchgeführten Arbeiten ausschließlich der Mängelbeseitigung dienen, besteht nicht; auch besteht kein im Verhältnis zum Unternehmer schützenswertes Vertrauen des Bestellers, der Dritte werde nur Arbeiten zur Mängelbeseitigung durchführen.[247] 131

Alle **Einwendungen** gegen den Mängelanspruch, zum Beispiel die Mitverantwortung des Bestellers für die Mangelentstehung oder zu hohe (teilweise nicht erforderliche) Ersatzvornahmeaufwendungen, Ausschlussgründe oder Leistungsverweigerungsrechte, muss grundsätzlich der Unternehmer beweisen.[248] Den Besteller ist jedoch nach erledigter Selbstvornahme auskunfts- und rechenschaftspflichtig über diese gemäß §§ 666, 259 BGB. Ihn trifft insoweit die sekundäre Darlegungslast.[249] 132

Der Kostenvorschussanspruch § 637 Abs. 3 BGB ist ein vorweggenommener Ersatzanspruch der vom Unternehmer geschuldeten Ersatzvornahmekosten,[250] bei dem für die Darlegung des Umfangs nur geringe Anforderungen gelten.[251] Jedoch ist bei Streit über die Frage, ob der Vorschuss nach einer günstigeren oder teureren Mängelbeseitigungsmethode zu bemessen ist, grundsätzlich Beweis darüber zu erheben, ob der Mangel nur mit der teureren Methode behoben werden kann.[252] Weigert sich der Unternehmer zur Zahlung des Kostenvorschusses und verklagt ihn der Besteller daraufhin, kann er während des Prozesses bei erfolgter Selbstvornahme auf diesen Anspruch (Kostenerstattung, § 637 Abs. 1 BGB) umstellen, ohne dass es einer **Klageänderung** bedarf.[253] Stellt der Besteller jedoch auf Schadensersatz um, ist dies eine Klageänderung.[254] Die Beweislast trägt für alle Anspruchsvoraussetzungen der Besteller. 133

Der Bundesgerichtshof hat entschieden, dass ein dem Besteller Kostenvorschuss zusprechendes Urteil regelmäßig die Feststellung enthalte, dass der Unternehmer zur Übernahme der vollständigen Nacherfüllungskosten verpflichtet sei; einer gesonderten **Feststellungsklage** bedürfe es nicht, weshalb der Nachschussanspruch auch nicht in der ursprünglichen Gewährleistungsfrist verjährt.[255] Dies gilt nicht, soweit der Besteller die Klageforderung bewusst einschränkt, beispielsweise im Vorgriff auf 134

244 BGH, Urt. v. 25.06.2015 – VII ZR 220/14, MDR 2015, 999.

245 Zugangsbeweis nötig: KG, Beschl. v. 30.03.2023 – 27 U 192/22, IBR 2025, 62; OLG Düsseldorf, Urt. v. 18.12.2015 – I-22 U 84/15, NJW-RR 2016, 533.

246 BGH, Urt. v. 25.06.2015 – VII ZR 220/14, MDR 2015, 999.

247 BGH, a.a.O.

248 BGH, Urt. v. 11.06.1992 – VII ZR 333/90, NJW-RR 1992, 1300; BGH, Urt. v. 08.05.2003 – VII ZR 407/01, BauR 2003, 1247; OLG Rostock, Urt. v. 11.06.2009 – 3 U 213/08, NJW-RR 2009, 1674. Bei Verletzung der **Prüf- und Bedenkenhinweispflicht** (dazu Rdn. 54) BGH, Urt. v. 08.11.2007 – VII ZR 183/05, NJW 2008, 511. Bei Anerkenntnis des Unternehmers (z.B. durch Nachbesserungsversuche) BGH, Urt. v. 03.03.1998 – X ZR 14/95, NJW-RR 1998, 1268, siehe aber auch BGH, Urt. v. 09.03.2011 – VIII ZR 266/09, NJW 2011, 1664.

249 OLG Brandenburg, Urt. v. 29.05.2024 – 11 U 74/18, IBR 2024, 400.

250 BGH, Urt. v. 25.09.2008 – VII ZR 204/07, NJW 2009, 60.

251 BGH, Urt. v. 22.02.2001 – VII ZR 115/99, NJW-RR 2001, 739.

252 OLG Düsseldorf, Urt. v. 13.01.2023 – 22 U 300/21, IBR 2023, 184.

253 BGH, Urt. v. 26.11.2009 – VII ZR 133/08, ZfBR 2010, 246, OLG Bamberg, Urt. v. 02.03.2023 – 12 U 29/22, IBRRS 2023, 2983.

254 BGH, Urt. v. 13.11.1997 – VII ZR 100/97, NJW-RR 1998, 1006; OLG Köln, Urt. v. 12.11.2012 – 11 U 146/12, NJW 2013, 1104; **a.A.**: OLG Brandenburg, Urt. v. 09.11.2000 – 8 U 43/00, NJW-RR 2001, 386.

255 BGH, Urt. v. 25.09.2008 – VII ZR 204/07, NJW 2009, 60, BauR 2008, 2041.

eine zu erwartende Mitverschuldensquote.[256] Im Übrigen kann aber der Besteller auf Feststellung einer Mängelhaftung in Bezug auf bestimmte vom Unternehmer bestrittene Mängel klagen.[257] Der Besteller kann auch im Rahmen einer Klage primär Schadensersatz verlangen und hilfsweise die Nacherfüllung für den Fall, dass die Voraussetzungen des Schadensersatzanspruchs nicht vorliegen.[258]

135 Beseitigt der Unternehmer den noch vorhandenen Mangel (erfolgreich), obwohl er beispielsweise bereits zur Zahlung eines Kostenvorschusses verurteilt wurde, ist seine hierauf gestützte **Vollstreckungsgegenklage** dann unbegründet, wenn der Besteller den Mängelbeseitigungsarbeiten durch den Unternehmer nicht zugestimmt hat und deren Erfolg (ganz oder teilweise, berechtigt oder unberechtigt) in Abrede stellt; in einem solchen Fall ist erst bei der Abrechnung des Kostenvorschusses unter dem Gesichtspunkt der Erforderlichkeit der vom Besteller aufgewandten Kosten zu prüfen, ob und inwieweit Nachbesserungsarbeiten des Unternehmers erfolgreich waren.[259] Auch der Anspruch auf Kostenvorschuss wird durch aufgedrängte Mängelbeseitigung nicht berührt.[260]

136 Eine Frist zur Mängelbeseitigung ist entbehrlich, wenn der Unternehmer den Mangel in einem **anwaltlichen Schriftsatz** kategorisch **bestritten** hat.[261] Das bloße Bestreiten behaupteter Mängel im **Prozess** reicht hingegen nicht für eine ernsthafte und endgültige Erfüllungsverweigerung.[262] Erhebt der Unternehmer in Kenntnis der Mängelrüge Klage gegen den Besteller auf Werklohnzahlung unbedingt, also nicht Zug um Zug gegen Mängelbeseitigung,[263] kann darin ebenso eine ernsthafte und endgültige Nacherfüllungsverweigerung gesehen werden.[264]

III. Exkurs: Insolvenz des Unternehmers

137 Die Insolvenz des Unternehmers führt nicht automatisch zur Auflösung des Bauvertrags. Vielmehr muss der Besteller den Vertrag kündigen.[265] Unabhängig davon ändert die Insolvenz des Unternehmers grundsätzlich auch nichts an der Mängelhaftung. Selbst bei insolvenzbedingter Kündigung muss der Besteller den Unternehmer bzw. Insolvenzverwalter des Unternehmers unter Fristsetzung zur Mängelbeseitigung auffordern, bevor er eine Selbstvornahme veranlassen kann.[266] Denn der Insolvenzverwalter kann sich entscheiden, ob er mit noch vorhandenen Arbeitskräften des insolventen Unternehmers oder durch Beauftragung einer Drittfirma die Mängel beseitigt. Lässt der Insolvenzverwalter die (angemessene) Nachbesserungsfrist fruchtlos verstreichen, kann der Besteller die sekundären Mängelrechte (Selbstvornahme/Aufwendungsersatz bzw. Kostenerstattung und Kostenvorschuss, Minderung oder Schadensersatz) gegenüber dem Insolvenzverwalter geltend machen. Der Besteller kann mit diesen Mängelansprüchen auch gegen einen fälligen Werklohnanspruch des Insolvenzverwalters ohne Verstoß gegen das Verbot aus § 95 Abs. 1 S. 3 InsO aufrechnen.[267] Die

---

256 OLG Düsseldorf, Urt. v. 13.01.2017 – I-22 U 134/16, BauR 2018, 1005.
257 BGH, Urt. v. 06.12.2001 – VII ZR 440/00, NJW 2002, 681.
258 BGH, Urt. v. 06.11.1975 – VII ZR 222/73, NJW 1976, 143.
259 OLG Nürnburg, Urt. v. 28.07.2005 – 13 U 896/05, NJW-RR 2006, 165.
260 OLG Köln, Urt. v. 19.06.2024 – 11 U 73/23, IBR 2024, 455.
261 BGH, Urt. 05.12.2002 – VII ZR 360/01, BauR 2003, 386; a.A. OLG Düsseldorf, Urt. v. 15.01.1999 – 22 U 120/98, BauR 1999, 1030 und Urt. v. 15.03.2000 – 5 U 92/99, BauR 2001, 645.
262 BGH, Urt. v. 20.01.2009 – X ZR 45/07, BauR 2009, 976.
263 Zum Leistungsverweigerungsrecht des Bestellers wegen Mängel sowie zur sog. Zug um Zug-Verurteilung siehe § 635 Rdn. 117 und 216.
264 OLG Rostock, Urt. v. 27.03.2006 – 3 U 21/04, BauR 2006, 1481.
265 Zur Kündigung durch den Insolvenzverwalter siehe BGH, Urt. v. 25.04.2002 – IX ZR 313/99, BauR 2002, 1264.
266 OLG Brandenburg, Urt. v. 06.12.2002 – 4 U 103/02, BauR 2003, 1404; OLG Düsseldorf, Urt. v. 04.12.1992 – 22 U 154/92, IBR 1993, 377; OLG Celle, Urt. v. 14.12.1994 – 11 U 12/94, BauR 1995, 856.
267 BGH, Urt. v. 22.09.2005 – VII ZR 117/03, BauR 2005, 1913. Zur Inanspruchnahme von Sicherheiten siehe BGH, Urt. v. 24.03.1994 – IX ZR 149/93, IBR 1994, 408.

Insolvenz des Generalunternehmers führt nicht zur Unmöglichkeit (§ 275 Abs. 1 BGB) der Nacherfüllung durch den Nachunternehmer.[268]

F. Abweichende Vereinbarungen

I. AGB-Klauseln

Per Allgemeiner Geschäftsbedingung (AGB) kann das Selbstvornahmerecht des Bestellers dann nicht ausgeschlossen oder beschränkt werden (§ 309 Nr. 8 b BGB), wenn eine solche Klausel gegenüber einem Verbraucher[269] verwendet wird, im Übrigen gilt § 307 BGB. Im Einzelnen: 138

- Ein **vollständiger Ausschluss** der Mängelrechte aus § 634 BGB oder einzelner Ansprüche wie bspw. die Selbstvornahme nach § 637 BGB ist AGB-rechtlich aufgrund des Klauselverbots aus § 309 Nr. 8 b aa BGB und über § 307 BGB bei Verträgen mit Unternehmern[270] grundsätzlich nicht möglich. Entsprechendes gilt für eine Beschränkung in Form der Abtretung der Mängelansprüche gegen andere Baubeteiligte bei Generalunternehmern oder ähnlichen Vertragskonstellationen (»Leistungsketten«).[271]
- Eine **Beschränkung** der Mängelrechte zulasten des Bestellers allein auf den Nacherfüllungsanspruch ist möglich, solange ihm bei fehlgeschlagener Nacherfüllung das Minderungsrecht vorbehalten bleibt, das Rücktrittsrecht kann jedoch bei Bauverträgen formularmäßig ausgeschlossen werden[272] (vgl. § 309 Nr. 8b bb BGB, der über § 307 BGB auch gegenüber Unternehmern bzw. juristischen Personen gilt).[273]
- Nach § 309 Nr. 8 b cc BGB, **Aufwendungen bei Nacherfüllung**, darf per AGB nicht die Verpflichtung des Unternehmers ausgeschlossen oder beschränkt werden, die für die Nacherfüllung erforderlichen Aufwendungen zu tragen oder zu ersetzen; dies gilt über § 307 BGB auch bei (Bau-)Verträgen zwischen Unternehmern.[274]
- Gemäß § 309 Nr. 8 b dd BGB, **Vorenthalten der Nacherfüllung**, darf in AGB die Nacherfüllung nicht von der vorherigen Zahlung der vollständigen oder eines unter Berücksichtigung des Mangels unverhältnismäßig hohen Teils der Vergütung abhängig gemacht werden.[275] Das Verbot gilt auch bei Verträgen zwischen Unternehmern (§ 307 BGB).[276]
- Das Recht des Bestellers, mit seinem **Kostenvorschussanspruch** aus § 637 Abs. 3 BGB gegen Werklohnansprüche des Unternehmers **aufzurechnen**,[277] kann nicht ausgeschlossen werden.[278]

Abweichende Vereinbarungen zur **Beweislast** sind in den Grenzen von § 309 Nr. 12 BGB zulässig.[279] 139

---

268 Vgl. OLG Düsseldorf, Urt. v. 28.01.2005 – 23 U 150/04, BauR 2005, 1342.

269 Zum **Verbraucherbauvertrag** siehe im Einzelnen die Kommentierungen der **§§ 650i–650o**.

270 U.a. BGH, Urt. v. 26.01.1993 – X ZR 90/91, NJW-RR 1993, 561.

271 Siehe BGH, Urt. v. 21.03.2002 – VII ZR 493/00, NJW 2002, 2470; Schonebeck, BauR 2005, 934; vgl. auch BGH, Urt. v. 21.05.1987 – VII ZR 3/86, NJW-RR 1987, 1035. Sog. **Subsidiaritätsklauseln** (Pflicht zur primären Inanspruchnahme anderer Baubeteiligter) sind grds. zulässig, vgl. BGH, Urt. v. 04.12.1997 – VII ZR 6/97, NJW 1998, 904 u. BGH, Urt. v. 21.03.2002 – VII ZR 493/00, NJW 2002, 2470 (jeweils zum Bauträgervertrag).

272 Vgl. BGH, Urt. v. 18.09.1967 – VII ZR 52/65, NJW 1968, 44 und BGH, Urt. v. 16.05.1990 – VIII ZR 245/89, NJW-RR 1990, 1141.

273 Wird das einzige vertragliche Mängelrecht der Nacherfüllung verspätet erbracht, kommt ein Verzugsschadensersatzanspruch (neben der Nacherfüllungsleistung) gem. §§ 280 Abs. 1, 2, 286 BGB in Betracht. Bei fehlgeschlagener bzw. mangelhafter Nacherfüllung ist ein Anspruch aus §§ 280 Abs. 1, 3, 281, 634 Nr. 4 BGB möglich. Vgl. auch BGH, Urt. v. 18.05.1995 – X ZR 114/93, WM 1995, 1456.

274 Vgl. nur BGH, NJW 1981, 1510.

275 Beachte auch § 641 Abs. 3 BGB – vgl. die Kommentierung § 641 Rdn. 50.

276 Staudinger/Coester-Waltjen, § 309 BGB, Rn. 78.

277 Siehe oben Rdn. 125.

278 KG, NJW-RR 2012, 271.

279 Dazu Rdn. 130.

II. Individualvereinbarungen

140 In Bezug auf die Mängelhaftung ist § 639 BGB zu beachten, wonach sich der Unternehmer auf eine Vereinbarung, durch welche die Mängelrechte des Bestellers ausgeschlossen oder eingeschränkt werden, nicht berufen kann, wenn er entweder den Mangel arglistig verschwiegen oder eine Beschaffenheitsgarantie übernommen hat; abweichende (Individual-)Vereinbarungen sind also grundsätzlich auf beiden Seiten – in den Grenzen von § 639 BGB[280] und § 650o BGB[281] sowie §§ 138, 242 BGB und §§ 305 ff. BGB (siehe oben Rdn. 138) – möglich. Eine Beschränkung der Mängelrechte auf die Nacherfüllung ist individualvertraglich grundsätzlich möglich, ein vollständiger Ausschluss gegenüber einem Verbraucher hingegen nicht.[282]

G. Verhältnis zur VOB/B

141 Gemäß § 13 Abs. 5 Nr. 2 VOB/B kann der Besteller (»Auftraggeber«) den Mangel selbst beseitigen, und zwar grundsätzlich erst nach Ablauf einer von ihm dem Unternehmer (»Auftragnehmer«) erfolglos gesetzten, angemessenen Frist:

> *»Kommt der Auftragnehmer der Aufforderung zur Mängelbeseitigung in einer vom Auftraggeber gesetzten angemessenen Frist nicht nach, so kann der Auftraggeber die Mängel auf Kosten des Auftragnehmers beseitigen lassen.«*

142 Insoweit entsprechen die Anspruchsvoraussetzungen denen von § 637 Abs. 1 BGB. Das Fristsetzungserfordernis und eine Entbehrlichkeit aus § 637 Abs. 2 BGB gelten auch für VOB-Verträge.[283]

143 Vor der Mängelbeseitigung kann auch beim VOB-Bauvertrag Kostenvorschuss (§ 637 Abs. 3 BGB) geltend gemacht werden.[284]

144 Die VOB/B sieht in § 4 Abs. 7 S. 3 im Unterschied zum BGB auch **vor Abnahme** explizit das Selbstvornahmerecht vor, das allerdings grundsätzlich die Kündigung des Bauvertrags als zusätzliche Anspruchsvoraussetzung verlangt,[285] es sei denn, der Unternehmer hat die Nacherfüllung ernsthaft und endgültig verweigert.[286]

145 Haben die Bauvertragsparteien die VOB/B vereinbart, gilt § 13 Abs. 5 Nr. 2 VOB/B vorrangig. Weil § 13 Abs. 5 Nr. 2 VOB/B einer »AGB-Kontrolle« uneingeschränkt standhält,[287] ist eine Diskussion zur Privilegierung der VOB/B im gewerblichen Bauvertrag[288] gemäß § 310 Abs. 1 S. 3 BGB entbehrlich.[289]

146 Zur unterschiedlichen **Verjährungsfrist** siehe Rdn. 88 (und Fn. 137).

---

280 Siehe dazu die Kommentierung § 639.

281 Verbraucherbauvertrag, vgl. die Kommentierung § 650o.

282 Zur problematischen Abgrenzung zwischen Individualvereinbarung und AGB am Beispiel der Vertragsstrafe siehe Schneider, in: Kapellmann/Messerschmidt, § 11 VOB/B, D. II. 1., Rn. 83 ff.

283 OLG Brandenburg, Urt. v. 22.03.2023 – 4 U 190/21, IBR 2023, 286, OLG Naumburg, Urt. v. 25.06.2022 – 2 U 63/18, IBR 2024, 170.

284 OLG Braunschweig, Beschl. v. 22.02.2022 – 8 U 97/20, IBR 2024, 121, OLG Köln, Urt. v. 13.04.2022 – 11 U 22/21, IBRRS 2022, 3288; OLG Brandenburg, Urt. v. 29.08.2013 – 12 U 183/12, IBR 2014, 19; Langen, in: Kapellmann/Messerschmidt, § 13 VOB/B, Rn. 372.

285 BGH, Urt. v. 13.09.2001 – VII ZR 113/00, NJW-RR 2002, 160. Zur möglichen AGB-Widrigkeit siehe Voit, in: Messerschmidt/Voit, § 4 VOB/B, Rn. 37.

286 BGH, Urt. v. 09.10.2008 – VII ZR 80/07, NJW 2009, 354.

287 Vgl. Langen, in: Kapellmann/Messerschmidt, § 13 VOB/B, C. II. 7. f), Rn. 348 mit Darstellung auch der Gegenansicht und m.w.N.

288 Verwendung gegenüber einem Unternehmer oder gegenüber der öffentlichen Hand, § 310 Abs. 1 S. 1 BGB.

289 Siehe dazu aber § 635 Rdn. 230.

§ 638 Minderung

(1) Statt zurückzutreten, kann der Besteller die Vergütung durch Erklärung gegenüber dem Unternehmer mindern. Der Ausschlussgrund des § 323 Abs. 5 Satz 2 findet keine Anwendung.

(2) Sind auf der Seite des Bestellers oder auf der Seite des Unternehmers mehrere beteiligt, so kann die Minderung nur von allen oder gegen alle erklärt werden.

(3) Bei der Minderung ist die Vergütung in dem Verhältnis herabzusetzen, in welchem zur Zeit des Vertragsschlusses der Wert des Werkes in mangelfreiem Zustand zu dem wirklichen Wert gestanden haben würde. Die Minderung ist, soweit erforderlich, durch Schätzung zu ermitteln.

(4) Hat der Besteller mehr als die geminderte Vergütung gezahlt, so ist der Mehrbetrag vom Unternehmer zu erstatten. § 346 Abs. 1 und § 347 Abs. 1 finden entsprechende Anwendung.

Übersicht Rdn.

A. Allgemeines

§ 638 BGB wurde 2001 im Rahmen der Schuldrechtsmodernisierung neu gefasst,[1] hat aber durch die Baurechtsnovelle 2018 keine erneute Änderung erfahren, obwohl es auch zu den Mängelvorschriften diverse Reformvorschläge gab, die die »Arbeitsgruppe Bauvertragsrecht« des Bundes- 1

1 Art. 1 Nr. 38 Schuldrechtsmodernisierungsgesetz.

ministeriums für Justiz und Verbraucherschutz (BMJV) dem Gesetzgeber im Abschlussbericht vom 18.06.2013 vorgelegt hatte.[2]

2 Der Unternehmer eines wirksam geschlossenen Werkvertrags (Bauvertrags) hat gegenüber dem Besteller zunächst drei elementare Hauptleistungspflichten im Hinblick auf die Faktoren Kosten, Zeit und Qualität: Er muss gemäß §§ 631 Abs. 1, 633 Abs. 1 BGB
- die Werk- bzw. Bauleistung vollständig zu dem vereinbarten Preis
- innerhalb einer vereinbarten oder bestimmten Ausführungsfrist[3] und
- in der geschuldeten Beschaffenheit bzw. **mängelfrei** herstellen;

erbringt der Unternehmer die Leistung nicht frei von Sach- und Rechtsmängeln (§ 633 Abs. 1 BGB), begeht er insoweit eine **Pflichtverletzung** in Form der »Schlechtleistung« oder »Nichtleistung«[4] und eröffnet dem Besteller mit der Abnahme[5] die Mängelansprüche aus § 634 bzw. § 635 bis 638 BGB.

3 Bei der Minderung handelt es sich um ein **Gestaltungsrecht**, das mit der Ausübung das Vertragsverhältnis zwischen Besteller und Unternehmer teilweise umgestaltet und dabei den Werklohnanspruch des Unternehmers um einen der mangelbedingten Wertminderung des Bauwerks entsprechenden Geldbetrag herabsetzt (vgl. Absatz 3). § 638 Abs. 4 BGB gibt dem Besteller einen separaten Rückzahlungsanspruch mit eigener Anspruchsgrundlage (§§ 346 Abs. 1, 638 Abs. 4, 634 Nr. 3 BGB) für den Fall, dass der Besteller bereits zu viel Vergütung an den Unternehmer gezahlt hat. Die Norm entspricht im Wesentlichen der kaufrechtlichen Gewährleistungsvorschrift des § 441 BGB (»Minderung«).

4 Das Minderungsrecht kann auf Dritte **übertragen** werden (§ 413 BGB).[6] Die Minderung bezieht sich auf die gesamte Vergütung des Unternehmers, sodass der Minderungsbetrag nicht von einem eingeklagten Teilbetrag abhängig ist; vielmehr ist er von dem letztrangigen Teil der Werklohnforderung abzurechnen.[7] Ist die Vergütungsforderung teilweise abgetreten, kann der der Besteller die Minderung gegenüber der Teilforderung im Verhältnis ihrer Höhe einwenden.[8]

5 Der § 638 BGB statuiert in vier Absätzen **mehrere Rechte und Pflichten** der Bauvertragsparteien:
- Minderungsrecht des Bestellers statt Rücktritt (Absatz 1)
- Minderungserklärung bei mehreren Baubeteiligten (Absatz 2)
- Regelung zur Minderungshöhe (Absatz 3)
- Rückzahlungsanspruch des Bestellers (Absatz 4)

6 Im Einzelnen:

B. § 638 Absatz 1 BGB – Minderungsrecht

I. Einführung und Überblick

7 Das Gewährleistungsrecht im Werkvertragsrecht sieht für den Besteller in § 634 Nr. 3 BGB – wie auch das Kaufvertragsrecht in § 437 Nr. 2 BGB –die Minderung vor. Vorrangig ist allerdings die Nacherfüllung gemäß § 635 BGB zu prüfen,[9] beziehungsweise es werden im Rahmen von § 638

2 Abrufbar unter ibr online, https://www.ibr-online.de/IBRMaterialien/pdf/Abschlussbericht_Bauvertragsrecht.pdf.

3 Bereits aus dem durch das Gesetz zur Modernisierung des Schuldrechts vom 26.11.2001 (BGBl. I S. 3138 S) aufgehobenen § 636 BGB a.F. (»Verspätete Herstellung«) ergab sich, dass auch die pünktliche Beendigung der Werkherstellung eine Hauptpflicht des Unternehmers darstellt.

4 Dazu Rdn. 28.

5 Siehe Rdn. 33.

6 Vgl. BGH, Urt. v. 16.12.2004 – VII ZR 257/03, NJW 2005, 1115; MüKo-BGB/Kieninger, § 413 Rn. 11–13.

7 BGH, Urt. v. 01.07.1971 – VII ZR 224/69, NJW 1971, 1800.

8 BGH, Urt. v. 08.12.1966 – VII ZR 144/64, NJW 1967, 388.

9 Ausführlich die Kommentierung zu § 635.

Abs. 1/4 BGB die Voraussetzungen der Fristsetzung in Bezug auf die Nacherfüllung (§ 635 Abs. 1 BGB) geprüft.

Die Minderung gehört damit zu den sogenannten sekundären Mängelrechten; Vorrang hat grundsätzlich die Nacherfüllung als »primäres Mängelrecht«.[10] Der Nacherfüllungsanspruch muss auch deshalb vorrangig geltend gemacht werden, weil die Norm gleichzeitig die Nacherfüllungsbefugnis des Unternehmers indiziert, veraltet ausgedrückt: das sogenannte Recht zur zweiten Andienung (»zweite Chance« zur ordnungsgemäßen = mängelfreien Erfüllung). Aus diesem Grund sind die sekundären Mängelrechte des Bestellers aus § 634 Nrn. 2 bis 4 BGB (§ 637 BGB) grundsätzlich erst **nach Fristsetzung** zur Mangelbeseitigung und damit nach dem primären Versuch einer Durchführung des Nacherfüllungsanspruchs möglich; hierdurch kann der Unternehmer die »Sekundärhaftung« bzw. die Minderung abwenden (sog. Abwendungsbefugnis). Insofern besteht für den Besteller korrespondierend mit seinem Nacherfüllungsrecht und der Nacherfüllungsbefugnis des Unternehmers sozusagen eine Obliegenheit gegenüber dem Unternehmer,[11] wenn und soweit die Nacherfüllung realisierbar ist.[12] Insoweit ist der Besteller unter Umständen auch zur Mitwirkung verpflichtet, um die Mangelbeseitigung zu ermöglichen.[13] Im Unterschied zur Selbstvornahme (Kostenerstattungsanspruch) aus § 637 BGB[14] besteht das Minderungsrecht grundsätzlich auch dann, wenn die Nacherfüllung erloschen oder gehemmt ist, insbesondere der Unternehmer die Nacherfüllung berechtigt verweigert oder die Nacherfüllung unmöglich ist. 8

Sind die Gewährleistungsrechte mit erfolgter Abnahme eröffnet und damit anwendbar,[15] ist die Minderung nach § 638 Abs. 1 BGB bei kumulativem Vorliegen folgender **Voraussetzungen** entstanden, wenn 9
- der Besteller gegenüber dem Unternehmer die Minderung erklärt hat,
- ein Bauvertrag wirksam geschlossenen wurde,
- ein Minderungsgrund besteht, das heißt
- ein Mangel am Gewerk des Unternehmers zum Zeitpunkt des Gefahrübergangs vorliegt und
- der Besteller dem Unternehmer erfolglos eine angemessene Frist zur Nacherfüllung gesetzt hat oder die Nachfristsetzung aus bestimmten Gründen entbehrlich war;
- schließlich darf die Minderung nicht ausgeschlossen und nicht unwirksam sein.

Bei dem Minderungsrecht des Bestellers nach §§ 638 Abs. 1, 634 Nr. 3 BGB handelt es sich, wie beim Rücktritt, um ein Gestaltungsrecht. Das bedeutet, dass die Rechtsfolgen der Minderung unter anderem erst mit Zugang der sogenannten **Gestaltungserklärung**, der Minderungserklärung, beim Unternehmer eintreten. 10

Aus dem einleitenden Normtext *»Statt zurückzutreten«* ergibt sich zweierlei: Zum einen muss sich der Besteller zwischen Rücktritt *oder* Minderung entscheiden, die beiden Rechte können also nicht nebeneinander geltend gemacht werden (vgl. auch den Gesetzeswortlaut von § 634 Nr. 3 BGB *»oder«*). Zum anderen ist die Minderung **wie der Rücktritt** zu prüfen und es gelten die Besonderheiten des Rücktrittsrechts (analog).[16] Somit sind die Voraussetzungen des Rücktritts zu prüfen;[17] auch darf der Rücktritt nicht ausgeschlossen sein, wobei § 323 Abs. 5 S. 2 BGB ausweislich des Normtextes § 638 Abs. 1 S. 2 BGB nicht anwendbar ist – für die Minderung genügt daher auch ein **unerheblicher Mangel**. 11

10 Zur Rangfolge und zum Verhältnis der Mängelrechte untereinander siehe § 634 Rdn. 25.
11 OLG Düsseldorf, Urt. v. 18.12.2015 – I-22 U 84/15, NJW-RR 2016, 533.
12 BGH, Urt. v. 10.10.2018 – VII ZR 229/17, BauR 2019, 255.
13 Dazu § 635 Rdn. 100 und 109.
14 Ausführlich die Kommentierung zu § 637.
15 Vgl. Rdn. 15.
16 Zum Rücktrittsrecht des Bestellers aus §§ 346, 323, 636, 634 Nr. 4 BGB siehe § 636 Rdn. 2 ff.
17 Vgl. auch § 636 Rdn. 2 ff.

12 Wie der Rücktritt (und im Übrigen die Nacherfüllung und Selbstvornahme) ist auch die Minderung **verschuldensunabhängig**, Verschulden (»Vertretenmüssen«, vgl. § 280 Abs. 1 S. 2 BGB) ist also keine Anspruchsvoraussetzung. Insofern ist auch kein Verzug mit der Mängelbeseitigung erforderlich. Dies gilt auch dann, wenn dem Unternehmer kein konkreter Ausführungsfehler nachgewiesen werden kann; allein entscheidend ist die Mangelhaftigkeit der Leistung bzw. die Abweichung von der vereinbarten Beschaffenheit.[18] Das Minderungsrecht kann jedoch grundsätzlich erst nach erfolglosem Ablauf einer vom Besteller gesetzten angemessenen Nacherfüllungsfrist erklärt werden (siehe oben).

13 Anspruchsberechtigt ist nach dem Wortlaut der Norm der Besteller. Dieser kann eine natürliche oder juristische Person (oder einer Personenmehrheit) bzw. ihr Rechtsnachfolger sein. Entsprechendes gilt auf Seiten des Anspruchsverpflichteten, des Unternehmers.[19] Sofern mehrere Personen auf der Besteller- und/oder Unternehmerseite tätig sind, kann gemäß § 638 Abs. 2 BGB die Minderung nur von allen oder gegen alle erklärt werden.[20]

14 Zum Geltungsbereich, zum Verhältnis der Mängelrechte untereinander und zur Abgrenzung zum allgemeinen Leistungsstörungsrecht sowie zur Geltendmachung bei vorzeitiger Vertragsbeendigung wird auf die Kommentierung zu § 634 verwiesen.

II. Voraussetzungen

1. Anwendbarkeit

15 Nach § 633 Abs. 1 BGB muss der Unternehmer als weitere Hauptleistungspflicht dem Besteller das vereinbarte Werk frei von Sach- und Rechtsmängeln verschaffen. Das Minderungsrecht aus §§ 634 Nr. 3, 638 Abs. 1 BGB (gleiches gilt für die übrigen Mängelrechte aus § 634 BGB) entsteht grundsätzlich erst **nach Abnahme**; vorher besteht grundsätzlich nur der Erfüllungs- bzw. Herstellungsanspruch (§ 631 BGB), wobei im Übrigen das allgemeine Leistungsstörungsrecht (§§ 280 ff. BGB) greift.

16 Abnahme – im rechtsgeschäftlichen Sinne nach § 640 BGB – bedeutet die Billigung des Werks durch den Besteller als der Hauptsache nach vertragsgemäße Leistungserfüllung (näher dazu Rdn. 33).[21]

17 Ob die Gewährleistungsrechte im BGB-Bauvertragsrecht[22] auch schon **vor Abnahme** anwendbar sind, wenn Mängel schon während der Bauausführung auftreten, ist umstritten. Der Bundesgerichtshof hat in mehreren Urteilen entschieden, dass dem Besteller die Mängelrechte aus § 634 BGB grundsätzlich erst nach der Abnahme zustehen.[23] Ausnahmsweise können die Mängelrechte vor Abnahme nur geltend gemacht werden, wenn die Vertragserfüllung ohne sofortige Mängelbeseitigung ernsthaft gefährdet ist,[24] oder wenn vor der Abnahme ein sog. Abrechnungsverhältnis zwischen Besteller und Unternehmer entstanden ist. Ein die Gewährleistungsansprüche auslösendes Abrechnungsverhältnis vor der Abnahme entsteht zum Beispiel dann, wenn der Besteller auf keinen Fall mehr mit dem Unternehmer zusammenarbeiten will oder wenn der Unternehmer dem Besteller

18 BGH, Urt. v. 07.02.2019 – VII ZR 274/17, NJW 2019, 2169; BGH, Urt. v. 10.11.2005 – VII ZR 147/04, NJW-RR 2006, 240; BGH, Urt. v. 08.11.2007 – VII ZR 183/05, NJW 2008, 511; BGH, Urt. v. 09.07.2002 – X ZR 242/99, NZBau 2002, 611; BGH, Urt. v. 10.11.2005 – VII ZR 147/04, BauR 2006, 375; Krause-Allenstein, in: Kniffka/Jurgeleit, ibr-OK Bauvertragsrecht, § 635 BGB, Rn. 4.

19 Hierzu und zur Übertragung der Mängelrechte ausführlich § 634 Rdn. 55 ff.

20 Einzelheiten s.u. Rdn. 110.

21 Vgl. OLG Düsseldorf, Urt. v. 22.07.2014 – I-21 U 193/13, IBR 2014, 593.

22 Beim VOB/B-Bauvertrag stehen dem Besteller (Auftraggeber) gemäß § 4 Abs. 7 VOB/B auch schon vor Abnahme Mängelrechte zu. Siehe dazu Rdn. 137.

23 Zuletzt BGH, Urt. v. 19.01.2017 – VII ZR 301/13, BauR 2017, 875 (879).

24 OLG Düsseldorf, Beschl. v. 02.06.2020 – 23 U 149/19, IBR 2022, 233 (Nichtzulassungsbeschwerde vom BGH zurückgewiesen: BGH, Beschl. v. 11.02.2021 – VII ZR 106/20).

das Werk als fertiggestellt zur Abnahme anbietet und der Besteller die Minderung des Werklohns erklärt oder Schadensersatz geltend macht.[25]

Für weitere Einzelheiten wird auf die Kommentierungen zu § 634 Rdn. 42 (Mängelrechte vor Abnahme) und § 640 (Abnahme) verwiesen. 18

2. Minderungserklärung

Aufgrund des Gestaltungsrechts muss der Besteller die Minderung gegenüber dem Unternehmer ausdrücklich oder konkludent[26] erklären. Es handelt sich um eine einseitige, empfangsbedürftige und unwiderrufliche Willenserklärung gemäß § 130 BGB, die dem Unternehmer zugehen muss, um die Rechtsfolgen zu entfalten. Die Minderungserklärung ist rechtsgestaltend und daher ein **bedingungsfeindliches** Rechtsgeschäft.[27] 19

Die Minderungserklärung ist **formfrei** möglich, gleichwohl empfiehlt sich aus Beweisgründen die Schriftform. **Inhaltlich** muss die Willenserklärung den von der Minderung betroffenen Mangel benennen oder auf eine vorherige entsprechende Mängelrüge Bezug nehmen und sie sollte den Umfang der Minderung angeben. Allerdings muss der Mangel nur seinem äußeren Erscheinungsbild nach beziehungsweise es müssen lediglich dessen **Symptome** nachvollziehbar beschrieben werden (sog. Symptomtheorie);[28] die technischen Ursachen sind nicht maßgebend.[29] Insoweit wird auf die Anforderungen der Mängelrüge und damit auf die Kommentierung von § 635 (»Nacherfüllungsverlangen«), dort unter Rdn. 19 ff. verwiesen. 20

Sofern mehrere Personen auf der Besteller- und/oder Unternehmerseite tätig sind, kann gemäß § 638 Abs. 2 BGB die Minderung nur von allen oder gegen alle erklärt werden.[30] 21

3. Minderungsgrund

a) Übersicht

Für die Ausübung dieses Gestaltungsrechts (Minderungserklärung) muss es einen Grund geben; dieser Minderungsgrund ist gegeben, wenn die Parteien durch einen wirksam geschlossenen Bauvertrag miteinander verbunden sind, ein Mangel bei Gefahrübergang vorliegt und der Besteller dem Unternehmer erfolglos eine (angemessene) Frist zur Nacherfüllung gesetzt hat oder die Nachfristsetzung aus bestimmten Gründen entbehrlich ist. Im Einzelnen: 22

b) Bauvertrag

Besteller und Unternehmer müssen sich nach §§ 145 ff. BGB über einen **Werkvertrag** wirksam im Sinne der §§ 104 ff. BGB geeinigt haben (Schuldverhältnis). Gemäß § 631 Abs. 1 und 2 BGB handelt es sich um einen Werkvertrag, wenn sich ein Unternehmer entgeltlich zur Herstellung eines versprochenen Werks, das heißt zur Herbeiführung eines bestimmten Arbeitsergebnisses (Erfolges) gegenüber dem Besteller verpflichtet; dabei kann Vertragsgegenstand sowohl die Herstellung oder 23

---

25 BGH, Urt. v. 19.01.2017 – VII ZR 235/15, BauR 2017, 1024.

26 Auslegung nach §§ 133, 157, 242 BGB.

27 Voit, in: Bamberger/Roth/Hau/Poseck, § 638 BGB, Rn. 2.

28 »Symptom-Rechtsprechung« des BGH, zuletzt Urt. v. 09.10.2008 – VII ZR 80/07, NJW 2009, 354; Urt. v. 28.10.1999 – VII ZR 115/97, NJW-RR 2000, 309 sowie Urt. v. 03.07.1997 – VII ZR 210/96, BauR 1997, 1029; Urt. v. 02.04.1998 – VII ZR 230/96, BauR 1998, 632; Urt. v. 03.12.1998 – VII ZR 405/97, BauR 1999, 391 und Urt. v. 14.01.1999 – VII ZR 185/97, BauR 1999, 899. Siehe auch OLG München, Urt. v. 22.02.2006 – 27 U 607/05, BauR 2007, 2073; OLG Düsseldorf, Urt. v. 23.10.2015 – I-22 U 57/15, OLG Saarbrücken, Urt. v. 19.10.2022 – 2 U 229/21, IBR 2023, 345.

29 BGH, Urt. v. 12.06.1980 – VII ZR 270/79, WM 1980, 951.

30 Einzelheiten s.u. Rdn. 110.

Veränderung einer Sache als auch ein anderer durch Arbeit oder Dienstleistung herbeizuführender Erfolg sein.[31]

24 Der **Bauvertrag** ist ein Werkvertrag und wird seit dem 01.01.2018 in § 650a BGB näher definiert. Danach ist ein Bauvertrag *»ein Vertrag über die Herstellung, die Wiederherstellung, die Beseitigung oder den Umbau eines Bauwerks, einer Außenanlage oder eines Teils davon. Ein Vertrag über die Instandhaltung eines Bauwerks ist ein Bauvertrag, wenn das Werk für die Konstruktion, den Bestand oder den bestimmungsgemäßen Gebrauch von wesentlicher Bedeutung ist.«* Für weitere Einzelheiten und Erläuterungen wird auf die Kommentierung zu § 650a Rdn. 4 ff. verwiesen.

25 Somit gilt § 637 BGB uneingeschränkt für Bauverträge einschließlich **Verbraucherbauverträge** (§§ 650i ff. BGB).[32] Dies folgt nicht nur – wie früher – aus der Einstufung des Bauvertrags als Werkvertrag sowie indirekt aus § 634a Abs. 1 Nr. 2 BGB (und §§ 648, 648a BGB a.F.), sondern nun auch unmittelbar aus der neuen Gesetzessystematik des 2. Buchs des BGB, wonach die Kapitel 2 und 3 (Bauvertrag/Verbraucherbauvertrag) zum Untertitel 1 (Werkvertragsrecht) gehören.

26 Im Übrigen gelten die Mängelgewährleistungsrechte der §§ 633 ff. BGB grundsätzlich auch für Architekten- und Ingenieurverträge (§ 650p BGB), für die die Anwendbarkeit in 650q Abs. 1 BGB klargestellt wird, sowie für die Bauleistungsverpflichtungen eines Bauträgervertrags (vgl. § 650u Abs. 1 S. 2 BGB).[33]

27 Zur Geltendmachung von Mängelansprüchen für den Fall, dass kein Werkvertrag (wirksam) geschlossen wurde, wird auf die Kommentierungen zu § 631 und § 634 Rdn. 6 verwiesen.

c) Mangel

28 Weitere, zentrale und anspruchsauslösende Voraussetzung ist das Vorliegen eines Mangels, was in § 634 Nr. 1 BGB explizit und in § 635 BGB implizit genannt ist. Die **Pflichtverletzung** des Unternehmers ist also die Nichterfüllung seiner Hauptpflicht aus § 633 Abs. 1 BGB bzw. die »Schlechtleistung« (siehe Rdn. 2).

29 In § 633 Abs. 2 und 3 BGB werden Sach- und Rechtsmangel, bzw. wird jeweils die Mangelfreiheit des Werks definiert. Danach ist die Leistung **sachmängelfrei**, wenn sie der Vereinbarung entspricht. Wurde die Beschaffenheit nicht vereinbart ist, ist die Leistung mängelfrei, wenn sie sich für die nach dem Vertrag vorausgesetzte, ansonsten für die gewöhnliche Verwendung eignet und eine Beschaffenheit aufweist, die bei Werken der gleichen Art und Güte üblich ist und die der Besteller nach der Art des Werkes erwarten kann. Im Übrigen steht es gemäß § 633 Abs. 2 S. 3 BGB einem Sachmangel gleich, wenn der Unternehmer ein anderes als das bestellte Werk oder das Werk in zu geringer Menge herstellt.[34]

30 Die Definition der Sachmangelfreiheit für den VOB-Bauvertrag stimmt inhaltlich im Wesentlichen mit der BGB-Definition der seit dem 01.01.2002 geltenden Fassung des § 633 Abs. 2 BGB überein,[35] wird jedoch in § 13 Abs. 1 S. 2 und 3 VOB/B ausdrücklich ergänzt um die Einhaltung der **anerkannten Regeln der Technik.** Aber auch beim BGB-Bauvertrag geht die ganz herrschende Meinung davon aus, dass sich der Unternehmer, soweit nicht tatsächlich ein anderer Standard oder eine andere Ausführung vereinbart ist, jedenfalls stillschweigend stets zur Beachtung der anerkannten

---

31 Vgl. Lederer/Raab, in: Dauner-Lieb/Langen, § 631 BGB, Rn. 10 ff.

32 Dazu ausführlich § 650i Rdn. 1 ff.

33 Zu weiteren Werkvertragsgegenständen sowie zur Abgrenzung zu anderen Vertragstypen siehe MüKo-BGB/Busche, § 631 Rn. 10–31.

34 Zum **Rechtsmangel** nach § 633 Abs. 3 BGB siehe § 633 Rdn. 96 und Moufang/Koos, in: Messerschmidt/Voit, § 633 BGB, Rn. 67–71.

35 Ausführlich Langen/Schiffers, Rn. 1882 ff.

Regeln der Technik als **vertraglichen Mindeststandard** gemäß § 633 Abs. 2 BGB verpflichtet.[36] Zwar hat der Gesetzgeber in der Neufassung des § 633 BGB davon abgesehen, die Definition der Mangelfreiheit um diese Voraussetzung zu ergänzen, die Entwurfsbegründung betont aber, dass gleichwohl die anerkannten Regeln der Technik einzuhalten seien.[37] Umgekehrt schließt die Einhaltung der Regeln einen Mangel nicht aus, wenn vertraglich ein höherer technischer Standard vereinbart ist.[38] Im Sinne einer Definition sind anerkannte Regeln der Technik Regeln für die Ausführung baulicher Leistungen, die sich nach Meinung der Mehrheit der maßgeblichen Fachleute in der Praxis bewährt haben oder deren Eignung von ihnen als nachgewiesen angesehen wird.[39] Darunter fallen sämtliche Vorschriften und Bestimmungen, die sich in der Theorie und Wissenschaft als richtig und praktisch umsetzbar erwiesen haben,[40] zum Beispiel basierend auf Studien oder Gutachten von Sachverständigen und Wissenschaftlern.[41] Diese können sich konkret – je nach Leistungsbereich und Gewerk – beispielsweise ergeben aus

- DIN-Normen, vor allem den DIN 18299 bis 18459 (ATV = **VOB/C**),[42]
- europäischen und anderen internationalen Normen (CEN/CENELEC/EN),
- den Einheitlichen Technischen Baubestimmungen (ETB),[43]
- den Regeln des Handwerks,[44]
- Hersteller-Richtlinien für die Verwendung einzelner Bauprodukte,[45]
- Montageanleitungen/Einbauhinweisen (ggf. mit Herstellerempfehlungen),[46]
- Bestimmungen der Arbeitsstätten-VO,[47]

---

36 BGH, Urt. v. 14.05.1998 – VII ZR 184/97, NJW 1998, 2814; BGH, Urt. v. 09.07.1981 – VII ZR 40/80, BauR 1981, 577; OLG Düsseldorf, Urt. v. 14.07.1995 – 22 U 46/95, NJW-RR 1996, 146; OLG Schleswig, Urt. v. 07.03.2002 – 7 U 38/98, IBR 2002, 406; OLG Köln, Urt. v. 10.02.2021 – 11 U 128/19, Voit, in: Bamberger/Roth/Hau/Poseck, § 633 BGB, Rn. 14; BeckOK BGB/Voit, § 633 Rn. 14; Langen, in: Kapellmann/Messerschmidt, § 13 VOB/B, Rn. 49; Kaiser/Leesmeister, Praxishandbuch VOB/C, Kap. 8, Rn. 16 ff.; Staudinger/Peters, § 633 BGB, Rn. 177; Grüneberg/Retzlaff, BGB, § 633 Rn. 6.

37 BT-Drs. 14/6040, 261, rechte Spalte, 1. Abs.

38 OLG München, Beschl. v. 27.03.2020 – 20 U 4425/19 Bau, IBR 2021, 510.

39 Merkens, in: Kapellmann/Messerschmidt, VOB/B § 4, Rn. 55.

40 Vgl. Moufang, in: Ingenstau/Korbion, VOB/B § 4 Abs. 2; Rn. 32 ff., 48; Werner/Pastor, Rn. 1926 ff.; Kaiser/Leesmeister, Praxishandbuch VOB/C, Kap. 8, Rn. 16 ff.

41 Zur Abgrenzung von a.R.d.T. zu »Stand der Technik« und »Stand von Wissenschaft und Technik« vgl. ausführlich Merkens, a.a.O., Rn. 55 f. sowie Seibel, BauR 2004, 266 ff. Zur Abgrenzung von DIN-Normen: sind keine Rechtsnormen, sondern als private technische Regelungen mit Empfehlungscharakter zu qualifizieren. Vgl. BGH, Urt. v. 06.06.1991 – I ZR 234/89, NJW-RR 1991, 1445, 1447; BGH, Urt. v. 06.10.2004 – VIII ZR 355/03, NZM 2005, 60, 61; Ganten, in: Ganten/Jagenburg/Motzke, VOB/B § 4, Rn. 85; Klein, Einführung in die DIN-Normen, S. 13; Dresenkamp, SchlHA, 1994, 165 f.

42 OLG Brandenburg, Urt. v. 18.06.2009 – 12 U 164/08, NJW-RR 2009, 1468; BGH, Urt. v. 28.02.2002 – VII ZR 376/00, ZfBR 2007, 310; ausführlich Kaiser/Leesmeister, Praxishandbuch VOB/C Kap 1, Rn. 82 ff.

43 OLG Köln, Urt. v. 06.05.1991 – 12 U 130/88, BauR 1991, 759.

44 OLG Schleswig, Urt. v. 05.07.2023 – 12 U 116/22, OLG München, Urt. v. 18.02.1998 – 7 U 6173/95, NJW-RR 1999, 1657.

45 OLG Jena, Urt. v. 27.07.2006 – 1 U 897/04, BauR 2009, 669; OLG Brandenburg, Urt. v. 15.06.2011 – 4 U 144/10, IBR 2011, 455; BGH, Urt. v. 23.07.2009 – VII ZR 164/08, BauR 2009, 1589.

46 Vgl. dazu Grüneberg/Weidenkaff, BGB, § 434 Rn. 33; Schmidt/Zwätz/Bär/Schulte, Ausführung von Stahlbauten, S. 143 f.; Rodemann, ZfBR 2010, 523; OLG Frankfurt, Urt. v. 25.04.2007 – 13 U 103/0, BauR 2008, 847; OLG Oldenburg, Urt. v. 07.12.2006 – 8 U 182/06, BauR 2008, 1457; BGH, Urt. v. 04.02.1986 – VI ZR 179/84, NJW 1986, 1863; Büdenbender, in: Dauner-Lieb/Langen, BGB § 434, Rn. 63.

47 OLG Brandenburg, Urt. v. 11.07.2002 – 2 U 182/01, BauR 2002, 1562.

- Vorschriften, Mustern und Merkblätter von Bauberufsgenossenschaften u.a.,[48]
- VDE-Bestimmungen (Bestimmungen des Verbandes der Elektrotechniker) und
- aus sonstigen baurechtlichen und -technischen Bestimmungen.[49]

Zudem besteht nach (noch) überwiegend praktizierter Meinung die (widerlegbare) **Vermutungsregelung** zugunsten des Unternehmers, dass eine nachweislich DIN-konform ausgeführte Bauleistung den anerkannten Regeln der Technik entspricht und somit in technischer Hinsicht grundsätzlich mangelfrei ist.[50]

Diese gelebte Praxis in Bezug auf die rechtliche Bedeutung der allgemein anerkannten Regeln der Technik wird jüngst unter anderem vom Oberlandesgericht Düsseldorf eingeschränkt.[51] Darüber hinaus hat nunmehr die Bundesregierung[52] den – von BGH-Richtern und baurechtlicher Literatur stark kritisierten – Entwurf eines Gesetzes zur zivilrechtlichen Erleichterung des Gebäudebaus (**Gebäudetyp-E-Gesetz**) auf den Weg gebracht; aktuell liegt der Regierungsentwurf vor,[53] mit dem das Bürgerliche Gesetzbuch insbesondere hinsichtlich der Sachmängelfreiheit und (Nicht-)Einhaltung von anerkannten Regeln der Technik eine Änderung erfahren soll: Nach dem neuen § 650a BGB-E Absatz 3 sollen ohne ausdrückliche Vereinbarung technische Normen und Regeln **nicht** Gegenstand der vertraglichen Leistungspflicht werden, wenn sie ausschließlich Komfort- oder Ausstattungsmerkmale betreffen oder (nach dem neuen Absatz 4) durch Rechtsverordnung bestimmt worden sind, weil sie die Nutzung von innovativen, nachhaltigen oder kostengünstigen Bauweisen oder Baustoffen erheblich erschweren.[54] Und bei »Gebäudebauverträgen« zwischen »fachkundigen Unternehmern« sollen diese gemäß § 650o BGB-E per Vereinbarung von den anerkannten Regeln der Technik abweichen können, ohne dass der Unternehmer den Besteller über die mit dieser Abweichung verbundenen Risiken und Konsequenzen aufklären muss. Ohne Beschaffenheitsvereinbarung soll ein Abweichen von den anerkannten Regeln der Technik unter bestimmten Voraussetzungen keinen Sachmangel begründen. Wenn das Gesetz in Kraft tritt, möchte die Bundesregierung

48 OLG Frankfurt, Urt. v. 19.01.2005 – 1 U 82/00, BauR 2005, 1937; vgl. auch OLG Düsseldorf, OLG Report NRW 1/2014.

49 Reichtelt, BauR 2007, 1483; einschränkend OLG Hamm, Urt. v. 04.05.1995 – 17 U 25/94, NJW-RR 1996, 213; Kamphausen, BauR 2008, 25; Quack, BauR 2010, 863. Zu bloßen unverbindlichen (soweit nicht sicherheitsrelevant) Vorgaben und Empfehlungen eines Herstellers und deren Bedeutung siehe OLG Köln, Urt. v. 22.09.2005 – VII ZR 152/05, MDR 2006, 147; OLG Frankfurt, Urt. v. 25.04.2007 – 13 U 103/0, BauR 2008, 847; BGH, Urt. v. 23.07.2009 – VII ZR 164/08, NJW-RR 2009, 1467; OLG Brandenburg, Urt. v. 02.08.2006 – 4 U 132/99, BauR 2008, 93; OLG Jena, Urt. v. 27.07.2006 – 1 U 897/04, BauR 2009, 669.

50 Vgl. BGH, Urt. v. 14.05.1998 – VII ZR 184/97, NJW 1998, 2814 und BGH, Urt. v. 24.05.2013 – V ZR 182/12, BauR 2013, 1443 mit Verweis auf Pastor, in: Werner/Pastor, Der Bauprozess, Rn. 1969 m.w.N.

51 OLG Düsseldorf, Urt. v. 09.02.2023 – 5 U 227/21, NZBau 2023, 454, und Urt. v. 22.11.2024 – 22 U 40/24, IBRRS 2025, 1007; vgl. auch Dt. Baugerichtstag v. 12.05.2023, Arbeitskreise V und VI Normung und Sachverständigenrecht, abrufbar unter https://baugerichtstag.de/wp-content/uploads/2023/02/BauR-2023-Thesenheft.pdf.

52 Auch die neue »GroKo«-Regierung hat in ihrem Koalitionsvertrag 2025 vereinbart, dass der Gebäudetyp-E abgesichert und zivilrechtlich ermöglicht und damit u.a. das Abweichen von den a.R.d.T. künftig keinen Mangel mehr darstellen werde (…). Abrufbar z.B. unter: https://www.cdu.de/aktuelles/funktionierender-staat/koalitionsvertrag-2025-staat-modernisieren/.

53 Allerdings noch von der alten »Ampel«-Regierung, abrufbar auf der Seite des Bundesministeriums für Justiz: https://www.bmj.de/SharedDocs/Gesetzgebungsverfahren/DE/2024_Gebaeudetyp_E.html.

54 Im Referentenentwurf vom 21.06.2024 lautete § 650b Abs. 3 BGB-E noch: *Es wird vermutet, dass 1. bautechnische Normungen, die sicherheitstechnische Festlegungen enthalten, an erkannte Regeln der Technik sind und 2. bautechnische Normungen, die reine Ausstattungs- und Komfortmerkmale abbilden, keine anerkannten Regeln der Technik sind.* Abrufbar unter: https://www.bmj.de/SharedDocs/Downloads/DE/Gesetzgebung/RefE/RefE_GebaudetypE.pdf?__blob=publicationFile&v=2.

es fünf Jahre evaluieren. Die Anpassung von § 13 VOB/B oder besser noch die Abschaffung der VOB/B wäre dann nur konsequent.[55]

Ist die Funktionstauglichkeit für den vertraglich vorausgesetzten oder den gewöhnlichen Verwendungszweck aufgrund der vereinbarten Beschaffenheit oder der Einhaltung der anerkannten Regeln der Technik nicht zu erreichen, schuldet der Unternehmer im Rahmen seiner **Erfolgshaftung**[56] gleichwohl die vereinbarte Funktionstauglichkeit – solange ist die Leistung mangelhaft (sog. **funktionaler Mangelbegriff**).[57] Die Funktionsfähigkeit gehört somit zur (stillschweigenden) Beschaffenheitsvereinbarung, selbst wenn die (ausdrückliche) Beschaffenheitsvereinbarung zu einer funktions**un**tauglichen Leistung führen würde.[58] 31

Für weitere Einzelheiten zu den Merkmalen des Mangelbegriffs etc. wird auf die Kommentierung des § 633 Rdn. 24 verwiesen. 32

d) Gefahrübergang – Abnahme

Der Mangel bzw. die Mangelfreiheit muss grundsätzlich zum Zeitpunkt des Gefahrübergangs vorgelegen haben. Im Gegensatz zum Kaufvertragsrecht (vgl. § 434 Abs. 1 S. 1 BGB: »bei Gefahrübergang«) ist im Werkvertragsrecht der für die Mangelfreiheit einschlägige Zeitpunkt nicht ausdrücklich festgeschrieben. Trotzdem ist auch für die Werkmängelansprüche der Gefahrübergang im Sinne des **§ 644 BGB** (»Gefahrtragung«) der maßgebende Zeitpunkt; in der Regel stellt die **Abnahme** den Gefahrübergang dar. 33

Der Begriff der Abnahme wird in der (Bau-)Praxis vielseitig verwendet.[59] Für 34
- die Anwendbarkeit der BGB-Gewährleistungsrechte,[60]
- den Gefahrübergang und den relevanten Zeitpunkt für die Mängelfreiheit,
- die Werklohnfälligkeit,[61]
- den Wegfall der Vorleistungspflicht des Unternehmers,
- die Beschränkung des Erfüllungsanspruchs des Bestellers auf Mängelansprüche,
- die Beweislastumkehr bei Mängeln,
- den Verlust nicht vorbehaltener Ansprüche sowie für
- den Beginn der Gewährleistungs- bzw. Verjährungsfristen,[62]

also zusammengefasst für die Wirkungen der Abnahme, ist die **privatrechtliche** Abnahme gemäß **§ 640 BGB** zwischen Besteller und Unternehmer relevant.[63] Abnahme im rechtsgeschäftlichen Sinne bedeutet danach die Billigung des Werks durch den Besteller als der Hauptsache nach vertragsgemäße Leistungserfüllung.[64] Die Abnahme kann ausdrücklich oder förmlich erklärt werden, aber auch konkludent oder fiktiv erfolgen; in bestimmten Fällen ist sie sogar entbehrlich oder sie wird vom Besteller (un-)berechtigt verweigert.

---

55 Vgl. dazu Leesmeister, FS Langen (2023), S. 206.

56 Dazu Rdn. 28.

57 Dies hat der BGH inzwischen auch für den Geltungsbereich nach dem Schuldrechtsmodernisierungsgesetz mit Urteil vom 08.11.2007 klargestellt (BauR 2008, 344). Vgl. auch OLG Düsseldorf, Urt. v. 27.01.2015 – I-22 U 154/14, BauR 2015, 982, OLG München, Beschl. v. 27.03.2020 – 20 U 4425/19 Bau, IBR 2021, 510 und Beschl. v. 25.01.2021 – 28 U 4343/20 Bau, IBR 2023, 11.

58 Vgl. Langen, in: Kapellmann/Messerschmidt, § 13 VOB/B, Rn. 42.

59 Z.B. die öffentlich-rechtliche Abnahme des Rohbaus durch das Bauordnungsamt oder die Abnahme einer Aufzugsanlage durch den TÜV. Zur sog. technischen Abnahme oder Zustandsfeststellung siehe § 650g Abs. 1–3 BGB.

60 Zu den Mängelrechten vor/ohne Abnahme siehe Rdn. 15.

61 Seit dem 01.01.2018 ist auch für BGB-Bauverträge ergänzend die Prüfbarkeit der Schlussrechnung Fälligkeitsvoraussetzung für den Vergütungsanspruch, § 650g Abs. 4 BGB.

62 Siehe § 634a Abs. 2 BGB.

63 In der VOB/B ist sie in § 12 geregelt.

64 OLG Düsseldorf, Urt. v. 22.07.2014 – I-21 U 193/13, IBR 2014, 593.

35 Die VOB/B benennt in § 13 Abs. 1 für die Sachmängelfreiheit ausdrücklich den Zeitpunkt der Abnahme.[65] Beim BGB-Bauvertrag ergibt sich dogmatisch aus verschiedenen Anknüpfungen des gesetzlichen Wortlautes, dass der Unternehmer die Mängelfreiheit zum Zeitpunkt der Abnahme schuldet. Bei §§ 631 Abs. 1, 633 Abs. 1 und 2 BGB kommt es für die Erfüllung der Pflicht des Unternehmers, ein mängelfreies und somit vertragsgemäßes Werk herzustellen,[66] auf den Zeitpunkt der Abnahme an, weil der Besteller gemäß § 640 Abs. 1 BGB verpflichtet ist, das vertragsgemäß (mängelfrei) hergestellte Werk abzunehmen.[67] Insoweit ist auch der neue § 650g BGB zu beachten, wonach die Konsequenzen der erheblich erleichterten Abnahmeverweigerungsmöglichkeiten durch den Besteller zumindest abgemildert werden.[68]

36 Für weitere Einzelheiten zu den Voraussetzungen der Abnahme (und sog. echten Teilabnahme), den Abnahmeformen und Abnahmewirkungen usw. wird auf die Kommentierungen zu § 640 (»Abnahme«) und § 644 (»Gefahrtragung«) verwiesen.

e) Erfolglose Fristsetzung zur Nacherfüllung

aa) Grundsatz: Fristsatzerfordernis

aaa) Anforderungen

37 Weil die Minderung wie der Rücktritt zu prüfen ist, müssen alle Rücktrittsvoraussetzungen (analog) vorliegen.[69] Daher bedarf es grundsätzlich einer angemessenen Frist zur Nacherfüllung gemäß § 323 Abs. 1 BGB. Erst wenn die Frist fruchtlos abgelaufen ist, kann der Besteller die Minderung erklären. Der Bundesgerichtshof hat auch für die Rechtslage nach Inkrafttreten der Schuldrechtsmodernisierung[70] noch einmal klargestellt, dass sekundäre Mängelrechte (hier die Minderung) nach Ablauf einer angemessenen Frist zur Nacherfüllung bzw. bei ausnahmsweiser Entbehrlichkeit der Fristsetzung (dazu Rdn. 53 ff.) geltend gemacht werden können und somit die Nichteinhaltung dieser strengen Voraussetzungen und Formalien zum Ausschluss dieser Mängelrechte führt.[71]

38 Der Besteller muss dem Unternehmer vor Ausübung seines Minderungsrechts (zur Minderungserklärung s. Rdn. 19) grundsätzlich eine angemessene Frist zur Nacherfüllung gesetzt haben, die fruchtlos abgelaufen ist. Das bedeutet, der Besteller muss zunächst wie bei § 635 Abs. 1 BGB ein **Nacherfüllungsverlangen (Mängelrüge)** ausgesprochen und dieses mit einer (angemessenen) Fristsetzung zur Mängelbeseitigung verbunden haben. Das Nacherfüllungsverlangen ist eine geschäftsähnliche Handlung.[72] Sie muss dem Unternehmer oder an einer von diesem hierfür bevollmächtigten Person[73] zugehen und inhaltlich den Mangel nur seinem äußeren Erscheinungsbild nach bzw. lediglich dessen Symptome nachvollziehbar beschreiben (sog. Symptomtheorie);[74] die technischen Ursa-

---

65 Dazu auch Rdn. 137 und 33.

66 Vgl. ausführlich Rdn. 28.

67 Langen, in: Kapellmann/Messerschmidt, § 13 VOB/B, B. I. 9., Rn. 63; vgl. auch Kniffka, in: Kniffka/Jurgeleit, ibr-OK Bauvertragsrecht, § 633 Rn. 68.

68 Ausführlich die Kommentierung zu § 650g.

69 S.o. Rdn. 11.

70 Art. 1 Nr. 38 Schuldrechtsmodernisierungsgesetz.

71 Grundsatzurteil des BGH, Urt. v. 23.02.2005 – VIII ZR 100/04, BauR 2005, 1021; Fristsetzungserfordernis gilt auch im Abrechnungsverhältnis: OLG Celle, Urt. v. 06.02.2020 – 8 U 133/19, IBRRS 2021, 1703 und IBR 2021, 409. Vgl. auch Kniffka, BauR 2005, 1024.

72 BGH, Urt. v. 12.12.2001 – X ZR 192/00, BauR 2002, 945; MüKo-BGB/Busche, § 133 Rn. 49 m.w.N.

73 Stellvertreter, aber auch der Empfangsbote, ggf. der Insolvenzverwalter – AG Bremen, Urt. v. 13.03.2009 – 6 C 0059/08, NZBau 2009, 388.

74 »Symptom-Rechtsprechung« des BGH, zuletzt Urt. v. 09.10.2008 – VII ZR 80/07, NJW 2009, 354; Urt. v. 28.10.1999 – VII ZR 115/97, NJW-RR 2000, 309 sowie Urt. v. 03.07.1997 – VII ZR 210/96, BauR 1997, 1029; Urt. v. 02.04.1998 – VII ZR 230/96, BauR 1998, 632; Urt. v. 03.12.1998 – VII ZR 405/97, BauR 1999, 391 und Urt. v. 14.01.1999 – VII ZR 185/97, BauR 1999, 899. Siehe auch

chen sind nicht maßgebend.[75] Liegt für den Besteller aus bestimmten Gründen bereits eine Unzumutbarkeit der Nacherfüllung vor, kann in derartigen Fällen ausnahmsweise schon die Erhebung einer Mängelrüge selbst entbehrlich sein.[76]

Für weitere Einzelheiten, auch zur unberechtigten Mängelrüge, wird auf die Kommentierung von § 635 Rdn. 27 verwiesen. Die Mängelrüge mit Fristsetzung ist also **formlos** möglich, es gilt §§ 130 BGB analog. Nicht erforderlich ist, dass der Besteller damit droht, nach fruchtlosem Fristablauf die Nacherfüllung (durch den Unternehmer) abzulehnen und die Selbstvornahme durchzuführen. Auch ein Verzug mit der Nacherfüllung ist nicht mehr erforderlich.[77] 39

Eine Fristsetzung zur Nacherfüllung erfordert aber nicht zwingend, dass tatsächlich auch eine »Frist zur Durchführung« gesetzt wird. Nach Ansicht des Bundesgerichtshofs soll es auch ausreichen, wenn der Gläubiger (Besteller) durch das Verlangen nach sofortiger, unverzüglicher oder umgehender Nacherfüllungsleistung oder ähnliche Formulierungen, zum Beispiel ein Verlangen nach »schneller Behebung der gerügten Mängel«, deutlich mache, dass dem Schuldner (Unternehmer) für die Nacherfüllung nur eine begrenzter (bestimmbarer) Zeitraum zur Verfügung stehe. Der Angabe eines bestimmten Zeitraums oder Endtermins bedürfe es daher nicht unbedingt.[78] 40

Der Besteller muss mit der Mängelrüge mit Fristsetzung die Mängelbeseitigung bzw. Nacherfüllung unmittelbar verlangen. Es reicht grundsätzlich nicht aus, wenn der Besteller den Unternehmer lediglich dazu auffordert, innerhalb einer bestimmten Frist die **Bereitschaft** zur Mängelbeseitigung verbindlich zu erklären oder Lösungsvorschläge zu unterbreiten.[79] 41

Sind jedoch die Mangelbeseitigungsmaßnahmen aufgrund ihres Umfangs und Aufwandes zeitlich schwer abzuschätzen, sodass die Bestimmung einer angemessenen Ausführungs- bzw. Fertigstellungsfrist für den Besteller kaum möglich ist, kann eine Fristsetzung für den **Beginn** der Mängelbeseitigung ausreichen.[80] 42

Eine wirksame Fristsetzung liegt nicht vor, wenn der Besteller den Unternehmer durch die Fristsetzung zu einer Nacherfüllungsart auffordert, die der Unternehmer nicht schuldet.[81] 43

▶ **Beispiel:**

Der Besteller verlangt vom Unternehmer, der sein Gewerk mangelhaft ausgeführt hat, einen Komplettaustausch des Werks (Neuherstellung), obwohl die Instandsetzung (Mangelbeseitigung) möglich ist und eine ordnungsgemäße Nacherfüllung darstellt.[82] 44

OLG München, Urt. v. 22.02.2006 – 27 U 607/05, BauR 2007, 2073; OLG Düsseldorf, Urt. v. 23.10.2015 – I-22 U 57/15, NJW 2016, 168.

75 BGH, Urt. v. 12.06.1980 – VII ZR 270/79, WM 1980, 951.

76 OLG Stuttgart, Urt. v. 20.02.1996 – 12 U 200/95, BauR 1996, 717.

77 So noch die alte (vor 2001) Fassung des § 633 Abs. 3 BGB zum Selbstvornahmerecht.

78 Die Entscheidung ist zum Kaufvertragsrecht ergangen: BGH, Urt. v. 13.07.2016 – VIII ZR 49/15, BauR 2016, 1915. Kritisch und mit dem Wortlaut der Norm argumentierend Langen/Berger, Einführung in die VOB/B, Rn. 315 sowie OLG Celle, Urt. v. 09.10.2013 – 14 U 21/13, BauR 2016, 1926. Siehe auch BGH, Urt. v. 12.08.2009 – VIII ZR 254/08, NJW 2009, 3153.

79 BGH, Urt. v. 16.09.1999 – VII ZR 456/98, BauR 2000, 98; OLG Düsseldorf, Urt. v. 15.01.1999 – 22 U 120/98, BauR 1999, 1030 und Urt. v. 15.03.2000 – 5 U 92/99, BauR 2001, 645; siehe auch Harms, BauR 2004, 745.

80 OLG Stuttgart, Urt. v. 21.04.2010 – 10 U 9/09, BauR 2010, 1083.

81 Vgl. OLG Celle, Urt. v. 09.10.2013 – 14 U 21/13, BauR 2016, 1926.

82 Zum Wahlrecht des Unternehmers siehe § 635 Rdn. 103.

bbb) Angemessenheit

45 Die Frist zur Nacherfüllung in Form der Mängelbeseitigung oder Neuherstellung[83] muss ausreichend lang, das heißt angemessen sein; dabei ist die Angemessenheit der Frist unter Berücksichtigung der Interessen beider Vertragsparteien und der Umstände des Einzelfalls zu bestimmen. Angemessen ist die Frist, die dem Unternehmer unter Berücksichtigung von Art, Umfang und Schwierigkeit der Nacherfüllung bei zügiger Durchführung die ordnungsgemäße Nacherfüllung erlaubt.[84] Dabei muss berücksichtigt werden, dass der für den Mangel verantwortliche Unternehmer, im Vergleich zu einem nicht für den Mangel verantwortlichen und zum Beispiel mit der Ersatzvornahme beauftragten Dritten, zu vermehrten Anstrengungen zur kurzfristigen Mangelbeseitigung verpflichtet ist.[85]

46 Ist die Frist unangemessen kurz, ist die Voraussetzung des Fristsatzerfordernisses nicht direkt erledigt – wenn nicht bereits die Ersatzvornahme durchgeführt wurde –, vielmehr wird automatisch eine objektiv angemessene Frist in Gang gesetzt.[86]

47 Hat sich der Besteller hinsichtlich der vom Unternehmer angebotenen Nacherfüllung in **Annahmeverzug** befunden,[87] hat dies auch Auswirkungen auf die Angemessenheit der Nachbesserungsfrist, weil es dem Unternehmer nicht zuzumuten ist, sich in einem solchen Fall gegenüber dem Besteller dauernd zur Erbringung der Nacherfüllungsleistung bereit zu halten.[88] Ist der Unternehmer für die Durchführung der Nacherfüllungsleistung von einer **Mitwirkung** des Bestellers abhängig, muss der Besteller – gegebenenfalls auf einen notwendigen Hinweis des Unternehmers – die Mitwirkungshandlung während der Frist vornehmen oder zumindest anbieten.[89]

ccc) Fruchtloser Fristablauf

48 Die Nachfristsetzung muss erfolglos gewesen sein, das heißt die vom Besteller dem Unternehmer zur Nacherfüllung gesetzte (angemessene) Frist muss fruchtlos abgelaufen sein.[90] Der Unternehmer hat also entweder den Mangel nicht innerhalb der Frist beseitigt oder die hierfür erforderlichen Handlungen nicht vorgenommen. Ist bereits vor Fristablauf klar erkennbar, dass der Unternehmer die Frist nicht mehr einhalten kann, ist die Nacherfüllung fehlgeschlagen.[91] Hat sich der Besteller hinsichtlich der Nacherfüllung in Annahmeverzug befunden, kann die Fristsetzung grundsätzlich nicht erfolglos sein.[92]

---

83 Zum Wahlrecht des Unternehmers siehe § 635 Rdn. 103.

84 Vgl. Weyer, in: Kapellmann/Messerschmidt, § 13 VOB/B, Rn. 330 m.w.N.

85 OLG Düsseldorf, Urt. v. 31.10.2006 – 23 U 39/06, BauR 2007, 1254.

86 BGH, Urt. v. 21.06.1985 – V ZR 134/84, NJW 1985, 2640; OLG Koblenz, Urt. v. 04.04.2012 – 5 U 1229/11, NJW-RR 2013, 107.

87 Zum Annahme- bzw. Gläubigerverzug siehe § 635 Rdn. 40.

88 BGH, Urt. v. 03.04.2007 – X ZR 104/04, BauR 2007, 1410; OLG Düsseldorf, Urt. v. 10.05.2016 – 21 U 180/15, BauR 2018, 834; Sienz, BauR 2018, 376.

89 BGH, Urt. v. 03.04.2007 – X ZR 104/04, NJW 2007, 2761; OLG Celle, Urt. v. 18.06.2008 – 14 U 147/07, BauR 2008, 2046.

90 OLG Düsseldorf, Urt. v. 10.05.2016 – 21 U 180/15, BauR 2018, 834.

91 BGH, Urt. v. 12.09.2002 – VII ZR 344/01, NJW-RR 2003, 13; zur fehlgeschlagenen Nacherfüllung siehe Rdn. 53.

92 OLG Düsseldorf, Urt. v. 20.03.1998 – 22 U 159/97, NJW-RR 1998, 1030. Zum Gläubigerverzug siehe Rdn. 101.

Nach fruchtlosem Ablauf der angemessenen Nachbesserungsfrist **erlischt** das Nacherfüllungs**recht** des Unternehmers,[93] seine Nacherfüllungs**pflicht bleibt** aber weiter bestehen.[94] Somit kann der Besteller weiterhin Nacherfüllung vom Unternehmer – auch klageweise[95] – fordern. 49

Dem Besteller steht es frei, ob er dem Unternehmer trotz fruchtlosen Ablaufs der angemessenen Frist eine **weitere Chance** der Nacherfüllung gibt. In der Praxis werden dem Unternehmer aus unterschiedlichen und nachvollziehbaren Gründen häufig mehrere Nachfristen gesetzt. In diesem Fall ist der Besteller allerdings an seine erneute Nacherfüllungsfrist gebunden. Gleiches gilt für den Fall, dass der Besteller eine längere (großzügigere) als die angemessene Frist gesetzt hat.[96] 50

Auch kann der Besteller eine **verspätete Nacherfüllung** durch den Unternehmer gestatten.[97] Ist die Verspätung auf ein Verschulden des Unternehmers zurückzuführen (Verzug mit der Nacherfüllungsleistung), kann der Besteller die damit verbundenen Kosten als Schaden gemäß §§ 280 Abs. 1, 2, 286 BGB geltend machen. 51

Führt der Besteller eine Selbstvornahme durch, ohne zuvor dem Unternehmer eine notwendige (nicht entbehrliche) Frist zur Nacherfüllung eingeräumt zu haben, dann steht dem Besteller kein Kostenerstattungsanspruch hinsichtlich des Mangelbeseitigungsaufwands zu, selbst wenn der Mangel und die Verantwortung des Unternehmers hierfür unstreitig sind und der Unternehmer den Nacherfüllungsaufwand eingespart hat.[98] 52

bb) Ausnahme: Entbehrlichkeit der Nachfristsetzung

Einer Fristsetzung zur Nacherfüllung bedarf es ausnahmsweise in bestimmten Fällen nicht; sie ist entbehrlich, wenn 53

- der Unternehmer die Nacherfüllung ernsthaft und endgültig verweigert, § 323 Abs. 2 Nr. 1 BGB (dazu Rdn. 54),
- der Unternehmer die Nacherfüllungsleistung zu einem im Bauvertrag bestimmten Termin oder innerhalb einer bestimmten Frist nicht bewirkt und der Besteller im Bauvertrag den Fortbestand seines Nacherfüllungsinteresses an die Rechtzeitigkeit der Nacherfüllung gebunden hat, § 323 Abs. 2 Nr. 2 BGB (dazu Rdn. 56),
- besondere Umstände vorliegen, die unter Abwägung der beiderseitigen Interessen die sofortige Minderung rechtfertigen, § 323 Abs. 2 Nr. 3 BGB analog (dazu Rdn. 57),
- die Nacherfüllung unmöglich ist oder der Unternehmer die Nacherfüllung gemäß § 275 Abs. 2/3 BGB verweigert, § 326 Abs. 5 BGB (dazu Rdn. 58), oder
- der Unternehmer die Nacherfüllung gemäß § 635 Abs. 3 BGB verweigert oder die Nacherfüllung fehlgeschlagen oder dem Besteller unzumutbar ist, § 636 BGB (dazu Rdn. 68).

aaa) Ernsthafte und endgültige Nacherfüllungsverweigerung

Gemäß § 323 Abs. 2 Nr. 1 BGB analog ist die Fristsetzung dann entbehrlich, wenn der Unternehmer die Nacherfüllung »ernsthaft und endgültig verweigert«.[99] 54

---

93 BGH, Urt. v. 27.02.2003 – VII ZR 338/01, BauR 2003, 693 und Urt. v. 27.11.2003 – VII ZR 93/01, BauR 2004, 501; OLG Koblenz, Beschl. v. 27.03.2014 – 3 U 944/13, IBR 2014, 265; OLG Koblenz, Beschl. v. 03.02.2014 – 3 U 944/13, BauR 2014, 1497; a.A. OLG Hamm, Urt. v. 03.12.2004 – 19 U 93/04, BauR 2005, 1190 mit Kommentierung Jansen, BauR 2005, 1089. Zum Nacherfüllungsrecht des Unternehmers siehe § 635 Rdn. 6.

94 OLG Koblenz, Beschl. v. 03.02.2014 – 3 U 944/13, BauR 2014, 1497.

95 Dazu § 635 Rdn. 216.

96 Weitere Einzelheiten bei § 635 Rdn. 19.

97 BGH, Urt. v. 27.11.2003 – VII ZR 93/01, NJW-RR 2004, 303; OLG Koblenz, Beschl. v. 03.02.2014 – 3 U 944/13, BauR 2014, 1497.

98 BGH, Urt. v. 23.02.2005 – VIII ZR 100/04, BauR 2005, 1021; OLG Düsseldorf, Urt. v. 11.10.2013 – 22 U 81/13, IBR 2014, 79; OLG München, Urt. v. 13.03.2012 – 9 U 2658/11, IBR 2014, 205.

99 Geschäftsähnliche Handlung: Lühl, BauR 2018, 1165.

55 Dabei kann im Einzelfall durchaus zweifelhaft sein, ob ein bestimmtes Verhalten bzw. Äußerungen des Unternehmers als ernsthafte und endgültige Erfüllungsverweigerung anzusehen sind. Insofern unterliegt die ernsthafte und endgültige Erfüllungsverweigerung strengen **Anforderungen**; Einzelfälle sind:

- Zunächst muss der Unternehmer die Nacherfüllung zeitlich vor der Selbstvornahme (ernsthaft und endgültig) verweigert haben und nicht erst nach durchgeführter Selbstvornahme.[100]
- Bestreitet der Unternehmer nachhaltig und beharrlich den gerügten Mangel, ist eine (nochmalige) Mängelbeseitigungsaufforderung mit Fristsetzung nicht erforderlich.[101]
- Einer weiteren Mängelrüge (Fristsetzung) bedarf es auch dann nicht, wenn der Unternehmer den Mangel in einem anwaltlichen Schriftsatz kategorisch bestritten hat.[102] Das bloße Bestreiten behaupteter Mängel im Prozess reicht hingegen nicht für eine ernsthafte und endgültige Erfüllungsverweigerung.[103]
- Erhebt der Unternehmer gegenüber dem Nacherfüllungsanspruch des Bestellers die Einrede der Verjährung,[104] liegt ebenfalls eine ernsthafte und endgültige Erfüllungsverweigerung vor.[105]
- Erhebt der Unternehmer in Kenntnis der Mängelrüge Klage gegen den Besteller auf Werklohnzahlung unbedingt, also nicht Zug um Zug gegen Mängelbeseitigung,[106] kann darin ebenso eine ernsthafte und endgültige Nacherfüllungsverweigerung gesehen werden.[107]
- Der Unternehmer beruft sich endgültig, jedoch unberechtigt, auf ein Leistungsverweigerungsrecht.[108]

bbb) Wegfall des Leistungsinteresses

56 Nach § 323 Abs. 2 Nr. 2 BGB analog bedarf es einer Fristsetzung nicht, wenn das Interesse des Bestellers an der Nacherfüllung aufgrund **verzögerter Leistung** bereits entfallen ist. Dies ist dann der Fall, wenn die Beauftragung der Werkleistung **anlassgebunden** war, beispielsweise die (temporäre) Herstellung und Errichtung von Tribünen und anderen Bauten an Karneval.[109]

ccc) Besondere Umstände

57 Liegen entsprechend § 323 Abs. 2 Nr. 3 BGB analog besondere Umstände vor, die unter Abwägung der Interessen beider Vertragsparteien die sofortige Minderung rechtfertigen, ist eine Fristsetzung entbehrlich.[110] Im Übrigen kann auf die Fälle des § 637 Abs. 2 S. 2 Var. 2 BGB (dazu Rdn. 103) verwiesen werden, wobei § 323 Abs. 2 Nr. 3 BGB für die Beurteilung der Unzumutbarkeit auf die Interessen **beider Vertragsparteien** abstellt.

---

100 BGH, Urt. v. 20.01.2009 – X ZR 45/07, BauR 2009, 976 und Urt. v. 20.01.2009 – X ZR 45/07, NJW-RR 2009, 667; OLG Celle, Urt. v. 08.12.2016 – 6 U 50/16, BauR 2018, 681.

101 BGH, Urt. v. 18.09.2014 – VII ZR 58/13, IBR 2014, 663 und Urt. v. 18.09.2014 – VII ZR 58/13, NJW-RR 2014, 1512.

102 BGH, Urt. 05.12.2002 – VII ZR 360/01, BauR 2003, 386; **a.A.** OLG Düsseldorf, Urt. v. 15.03.2000 – 5 U 92/99, BauR 1999, 1030 und Urt. v. 15.03.2000 – 5 U 92/99, BauR 2001, 645; siehe auch OLG Düsseldorf, Beschl. v. 10.10.2014 – I-22 U 72/14, NJW-RR 2015, 341.

103 BGH, Urt. v. 20.01.2009 – X ZR 45/07, BauR 2009, 976; OLG Düsseldorf, Urt. v. 11.10.2013 – I-22 U 81/13, NJW 2014, 1115.

104 Siehe dazu Rdn. 102 und ausführlich die Kommentierung zu § 634a.

105 OLG Celle, Urt. v. 05.11.1998 – 22 U 39/96, BauR 1999, 763.

106 Zum Leistungsverweigerungsrecht des Bestellers wegen Mängel sowie zur sog. Zug um Zug-Verurteilung siehe § 635 Rdn. 117 und 216.

107 OLG Rostock, Urt. v. 27.03.2006 – 3 U 21/04, BauR 2006, 1481.

108 LG Bonn, Urt. 05.08.2003 – 15 O 75/03, NJW-RR 2003, 1502; OLG Düsseldorf, Urt. v. 18.02.2014 – I-23 U 62/13, NJW 2014, 2802.

109 Vgl. auch BGH, Urt. v. 06.06.2013 – VII ZR 355/12, NJW 2013, 3022. Weitere Fälle bei MüKo-BGB/Ernst, § 323 Rn. 111.

110 BGH, Urt. v. 15.01.2002 – X ZR 233/00, NJW-RR 2002, 666.

ddd) Unmöglichkeit der Nacherfüllung

58 Gemäß § 326 Abs. 5 BGB kann der Gläubiger (Besteller) zurücktreten bzw. die Minderung geltend machen,[111] wenn der Schuldner (Unternehmer) nach § 275 Abs. 1 bis 3 BGB nicht zu leisten braucht bzw. die Nacherfüllung nicht erbringen muss; auf den Rücktritt bzw. die Minderung findet § 323 BGB (analog) mit der Maßgabe entsprechende Anwendung, dass die Fristsetzung entbehrlich ist.

59 Ist die Nacherfüllung gemäß § 275 Abs. 1 BGB unmöglich, erlischt auch der Nacherfüllungsanspruch aus § 635 Abs. 1 BGB.[112] Dann entfällt auch der Ersatzvornahmeanspruch einschließlich Kostenvorschussanspruch aus §§ 637, 634 Nr. 2 BGB.[113] Stattdessen stehen dem Besteller bei Vorliegen der jeweiligen Voraussetzungen die Schadensersatzansprüche aus § 311a BGB bzw. §§ 280 Abs. 1, 3, 283 BGB (vgl. 634 Nr. 4 BGB) zu.[114] Zudem ist er gemäß §§ 346, 323 Abs. 5, 634 Nr. 3 BGB zum Rücktritt vom Bauvertrag oder zur Minderung nach § 638 BGB berechtigt.[115]

60 Konkret kann dies der Fall sein, wenn der Mangel **aus technischen Gründen** bzw. durch fachtechnische Maßnahmen nicht beseitigt werden kann.[116] Gleiches gilt, wenn die Mangelbeseitigung zwar technisch möglich ist, durch die Sanierungsmaßnahmen aber das versprochene Werk **nicht unwesentlich verändert** werden würde.[117]

61 In vertraglichen **Leistungsketten** wird der Nacherfüllungsanspruch des Generalunternehmers bzw. Hauptunternehmers gegen seinen Vertragspartner/Nachunternehmer dann unmöglich, wenn bereits der Nachunternehmer die Mängelbeseitigung unmittelbar für den Besteller (Auftraggeber des Hauptunternehmers) aufgrund eines gesonderten Vertrags vorgenommen hat.[118]

eee) Unverhältnismäßiger Aufwand

62 Gemäß § 326 Abs. 5 BGB kann der Gläubiger (Besteller) zurücktreten bzw. die Minderung geltend machen,[119] wenn der Schuldner (Unternehmer) nach § 275 Abs. 1 bis 3 BGB nicht zu leisten braucht bzw. die Nacherfüllung nicht erbringen muss; auf den Rücktritt bzw. die Minderung findet § 323 BGB (analog) mit der Maßgabe entsprechende Anwendung, dass die Fristsetzung entbehrlich ist.

63 Der Unternehmer kann die Nacherfüllung nach der allgemeinen Vorschrift aus **§ 275 Abs. 2 BGB** verweigern, wenn die Nacherfüllung einen unverhältnismäßigen Aufwand erfordert. Dabei sind im Rahmen einer Verhältnismäßigkeitsprüfung auch der Inhalt des Bauvertrags, das Gebot von Treu und Glauben (§ 242 BGB) sowie das Leistungsinteresse des Bestellers zu berücksichtigen, ferner, ob der Unternehmer die mangelhafte Leistung zu vertreten hat (vgl. § 275 Abs. 2 BGB).[120] Hat der Unternehmer den Mangel zu vertreten, schließt das seine Einrede grundsätzlich nicht aus.

64 Allerdings ist die Anwendung dieses Verweigerungsrechts wegen unverhältnismäßigen Aufwandes auf Werk- bzw. Bauverträge äußerst gering bzw. eher theoretischer Natur, weil es gegenüber dem

111 »Minderung wie Rücktritt«, siehe Rdn. 11.
112 BGH, Urt. v. 02.02.1994 – VIII ZR 262/92, NJW 1994, 1005. Allgemein MüKo-BGB/Ernst, § 275 Rn. 33 ff. Vgl. auch § 635 Rdn. 138.
113 Dazu die Kommentierung § 637. Vgl. auch BGH, Urt. v. 08.05.2014 – VII ZR 203/11, BauR 2014, 1291.
114 Ausführlich § 634 Rdn. 17 ff. Zur anfänglichen und nachträglichen Unmöglichkeit s. MüKO-BGB/Ernst, a.a.O.
115 Siehe dazu Rdn. 11.
116 BGH, Urt. v. 08.05.2014 – VII ZR 203/11, BauR 2014, 1291; weitere Fälle z.B. OLG Düsseldorf, Urt. v. 04.12.1992 – 22 U 154/92, IBR 1993, 377 und OLG Celle, Urt. v. 14.12.1994 – 11 U 12/94, BauR 1995, 856; siehe auch Althaus, BauR 2014, 1369.
117 BGH, Urt. v. 21.12.2000 – VII ZR 17/99, NJW 2001, 1642.
118 BGH, Urt. v. 14.01.2010 – VII ZR 106/08, NJW 2010, 1282.
119 »Minderung wie Rücktritt«, siehe Rdn. 11.
120 Allgemein zum Verweigerungsrecht des § 275 Abs. 2 BGB, auch zur Abgrenzung zur subjektiven Unmöglichkeit nach § 275 Abs. 1 BGB: MüKO-BGB/Ernst, a.a.O.

speziellen Leistungsverweigerungsrecht aus § 635 Abs. 3 BGB wesentlich strengere Voraussetzungen hat.[121] Gleichwohl lässt der Gesetzgeber in § 635 Abs. 3 BGB die Anwendung von § 275 Abs. 2 BGB ausdrücklich zu,[122] beispielsweise nach einer Entscheidung des Oberlandesgerichts München, wonach im Fall einer geringfügig (4,5 m^2) zu klein errichteten Werkhalle die Unverhältnismäßigkeit der Mängelbeseitigung (Neuerrichtung) angenommen wurde.[123]

fff) Unzumutbarkeit

65 Gemäß § 326 Abs. 5 BGB kann der Gläubiger (Besteller) zurücktreten bzw. die Minderung geltend machen,[124] wenn der Schuldner (Unternehmer) nach § 275 Abs. 1 bis 3 BGB nicht zu leisten braucht bzw. die Nacherfüllung nicht erbringen muss; auf den Rücktritt bzw. die Minderung findet § 323 BGB (analog) mit der Maßgabe entsprechende Anwendung, dass die Fristsetzung entbehrlich ist.

66 Die Ausführungen zu § 275 Abs. 2 BGB (Rdn. 63) geltend entsprechend für das allgemeine Verweigerungsrecht nach **§ 275 Abs. 3 BGB.**[125] Danach kann der Unternehmer die Nacherfüllung verweigern, wenn er sie persönlich leisten muss und sie für ihn unter Abwägung des seiner Leistung entgegenstehenden Hindernisses mit dem Leistungsinteresse des Bestellers unzumutbar ist (vgl. § 275 Abs. 3 BGB). Auch in diesem Fall kann der Unternehmer die Einrede erheben.

67 Unter anderem wegen des seltenen, theoretischen Anwendungsfalls auf Bauverträge wird auch insoweit auf das spezielle Leistungsverweigerungsrecht des Unternehmers aus § 635 Abs. 3 BGB verwiesen.

ggg) Leistungsverweigerungsrecht des Unternehmers

68 Gemäß § 636 BGB, der auch auf die Minderung anwendbar ist,[126] bedarf es der Fristsetzung auch dann nicht, wenn der Unternehmer die Nacherfüllung gemäß **§ 635 Abs. 3 BGB** verweigert oder wenn die Nacherfüllung fehlgeschlagen oder dem Besteller unzumutbar ist.[127]

69 § 635 Abs. 3 BGB gewährt dem Unternehmer ein spezielles Leistungsverweigerungsrecht, wenn die Nacherfüllung nur mit **unverhältnismäßigen Kosten** möglich ist. Insoweit muss eine **Gesamtabwägung** der Unverhältnismäßigkeit stattfinden, in der nicht nur die Nacherfüllungskosten, sondern auch das Nacherfüllungsinteresse des Bestellers, die Bedeutung des Mangels sowie der Gesamtwert der beauftragten Leistung zu berücksichtigen sind.

70 Der Nacherfüllungsanspruch des Bestellers ist ausgeschlossen, wenn die Unverhältnismäßigkeit zugunsten des Unternehmers festgestellt wurde und die übrigen Voraussetzungen einschließlich der erhobenen Einrede vorliegen.[128] Erhebt der Unternehmer die Einrede, muss der Besteller später die Nacherfüllung nicht mehr gestatten. Der Vergütungsanspruch nach § 631 Abs. 1 BGB bleibt unverändert bestehen (vgl. § 326 Abs. 1 S. 2 BGB); hiergegen kann wiederum der Besteller das Leistungsverweigerungsrecht aus § 641 Abs. 3 BGB nicht geltend machen, weil ja schon sein Nacherfüllungsanspruch ausgeschlossen ist. Allerdings kann der Besteller nach wie vor die Vergütung mindern (§§ 638, 634 Nr. 3 BGB) oder bei wesentlichen Mängeln vom Bauvertrag nach §§ 346 Abs. 1, 323, 326 Abs. 5, 634 Nr. 3 BGB zurücktreten. Zudem kann der Besteller – bei erheblichen (wesentlichen) Mängeln und Vertretenmüssen des Unternehmers – Schadensersatz sowie Aufwendungsersatz

121 BGH, Beschl. v. 14.01.2009 – VIII ZR 70/08, NJW 2009, 1660.
122 Leupertz/Halfmeier, in: PWW, § 635 BGB, Rn. 8; Rütten/Raab, in: Dauner-Lieb/Langen, § 635 BGB, Rn. 33; Voit, in: Bamberger/Roth/Hau/Poseck, § 635 BGB, Rn. 15.
123 OLG München, Urt. v. 24.04.2013 – 13 U 1800/12 Bau, NJW-RR 2013, 1036.
124 »Minderung wie Rücktritt«, siehe Rdn. 11.
125 Siehe auch MüKo-BGB/Ernst, a.a.O.
126 »Minderung wie Rücktritt«, siehe Rdn. 11.
127 Vgl. auch die Kommentierung § 636.
128 Dazu ausführlich § 635 Rdn. 147.

gemäß §§ 280 ff. i.V.m. 634 Nr. 4 BGB verlangen. Bei **unwesentlichen Mängeln** verbleiben dem Besteller nur noch das Minderungsrecht sowie der Schadensersatz neben der Leistung.[129]

Für weitere Einzelheiten wird auf die ausführliche Kommentierung von § 635 Abs. 3 BGB verwiesen. 71

hhh) Fehlgeschlagene Nacherfüllung

Gemäß § 636 BGB, der auch auf die Minderung anwendbar ist,[130] bedarf es der Fristsetzung auch dann nicht, wenn die Nacherfüllung fehlgeschlagen oder dem Besteller unzumutbar ist.[131] 72

Fraglich ist, ob es im Interesse des Bestellers ausreicht, wenn die Nacherfüllung, unabhängig in welcher Form (Neuherstellung oder Nachbesserung)[132] fehlgeschlagen ist, damit die Fristsetzung für den Besteller entbehrlich wird. Ist die Mangelbeseitigung wiederum (wiederholt) mangelhaft ausgeführt worden und/oder hat der Unternehmer seine Nacherfüllungspflicht schuldhaft verletzt, kann der Besteller die nachrangigen Gewährleistungsrechte aus § 634 Nrn. 2 bis 4 bzw. §§ 636 bis 638 BGB geltend machen. Allgemein ist die Nacherfüllung daher fehlgeschlagen, wenn sie bereits einmal[133] vergeblich versucht worden ist.[134] Die Regel aus der kaufrechtlichen Mängelvorschrift des § 440 S. 2 BGB, wonach grundsätzlich zwei Nachbesserungsversuche vergeblich sein müssen, kann nicht auf das Werk- bzw. Bauvertragsrecht übernommen werden. Zudem hat der europäische Gesetzgeber dies für den Warenkauf durch Verbraucher eingeschränkt:[135] Mit der Einführung des § 475d Abs. 1 S. 1 schlägt die Nacherfüllung abweichend von § 440 BGB fehl, sobald die gesetzte Frist abläuft.[136] 73

Die Nacherfüllung gilt auch als fehlgeschlagen, wenn sie unmöglich ist,[137] vom Unternehmer ernsthaft und endgültig verweigert[138] oder unnötig verzögert wird,[139] oder dem Besteller aufgrund einer Vielzahl von Mängeln, der Schwere des Mangels oder anderen gravierenden Gründen nicht zuzumuten ist.[140] 74

Der Fehlschlag kann auch innerhalb einer gesetzten Nachfristsetzung passieren, sodass der Besteller in diesem Fall bereits vor Fristablauf von seinem Minderungsrecht Gebrauch machen kann.[141] 75

iii) Unzumutbarkeit der Nacherfüllung

Gemäß § 636 BGB, der auch auf die Minderung anwendbar ist,[142] bedarf es der Fristsetzung auch dann nicht, wenn die Nacherfüllung fehlgeschlagen oder dem Besteller unzumutbar ist.[143] 76

129 Dazu ausführlich § 634 Rdn. 25.
130 »Minderung wie Rücktritt«, siehe Rdn. 11.
131 Vgl. auch die Kommentierung § 636.
132 Dazu § 635 Rdn. 103.
133 Vgl. MüKo-BGB/Busche, § 636 Rn. 21 m.w.N.
134 BGH, Urt. v. 02.02.1994 – VIII ZR 262/92, NJW 1994, 1005; OLG Bremen, Urt. v. 07.09.2005 – 1 U 32/05 a, BauR 2007, 422. Zum Selbstvornahmerecht siehe die Kommentierung § 637.
135 EU-Richtlinie 2019/771 vom 22.05.2019.
136 BT-Drs. 19/27424.
137 Dazu § 635 Rdn. 138.
138 OLG Frankfurt, Urt. v. 14.06.2012 – 12 U 185/10, IBRRS 2012, 2738.
139 BGH, Urt. v. 26.11.1984 – VIII ZR 214/83, NJW 1985, 623.
140 OLG Düsseldorf, Urt. v. 17.12.2009 – 5 U 57/09, BauR 2011, 121; OLG Köln, Urt. v. 16.01.1992 – 12 U 151/91, NJW-RR 1992, 1147.
141 Vgl. Dauner-Lieb/Dötsch, NZBau 2004, 233.
142 »Minderung wie Rücktritt«, siehe Rdn. 11.
143 Vgl. auch die Kommentierung § 636.

77 An die Unzumutbarkeit der Nacherfüllung werden strenge Voraussetzungen gesetzt, sodass dieser Entbehrlichkeitsgrund in der Praxis selten vorkommt. Anders als bei § 323 Abs. 2 Nr. 3 BGB (dazu oben Rdn. 57) ist nur das Interesse des Bestellers maßgeblich.

78 Beispielsweise muss für den Besteller die Nacherfüllung **durch diesen Unternehmer** nicht zumutbar sein, weil der Besteller das Vertrauen in die ordnungsgemäße Vertragserfüllung bzw. Nacherfüllung des Unternehmers berechtigt verloren hat und damit das Vertrauen in dessen Leistungsfähigkeit erschüttert worden ist.[144] Auch weitere Unzumutbarkeitsgründe kommen in Betracht.

▶ **Beispiele:**

- Ungeeigneter Sanierungsvorschlag des Unternehmers.[145]
- Explodierter Kachelofen.[146]
- Auch die Insolvenz eines Unternehmers kann (nicht zwingend) zur Unzumutbarkeit für den Besteller führen.[147]
- Unzumutbarkeit kann vorliegen, wenn der Unternehmer dem Besteller nach Erhalt einer Mängelrüge wahrheitswidrig suggeriert, das von ihm betriebene Geschäft sei nicht existent.[148]
- Es droht die behördliche Schließung des Geschäftslokals.[149]
- Der Unternehmer bestreitet nachdrücklich das Vorhandensein eines Mangels.[150]

80 In derartigen Fällen kann ausnahmsweise schon die Erhebung einer Mängelrüge selbst entbehrlich sein.[151]

81 Würde die Nacherfüllung dem Besteller unzumutbare persönliche oder wirtschaftliche Opfer abverlangen (z.B. kann die Werkleistung nicht mehr wie geplant verwendet werden), kann ebenfalls eine Nachristsetzung entbehrlich sein.[152] Gleiches gilt, wenn dem Besteller die Nacherfüllung im Verhältnis zum Ergebnis der Mangelbeseitigung unzumutbare Unannehmlichkeiten bereitet oder wenn Kollisionen mit dem Nachfolgenunternehmer unvermeidbar sind.[153]

82 Eine ähnliche Fallkonstellation liegt vor, wenn der Besteller dem Unternehmer zwar eine (angemessene) Frist zur Nacherfüllung gesetzt hat, aber schon vor Fristablauf feststeht, dass der Unternehmer die Frist nicht einhalten wird. Dann kann gemäß § 323 Abs. 4 BGB analog schon vor Fristablauf die Minderung verlangen.

83 Schließlich ist eine Fristsetzung auch dann entbehrlich, weil sinnlos, wenn eine Nacherfüllung objektiv nicht möglich ist.

▶ **Beispiel:**

84 Der Unternehmer wird vom Besteller damit beauftragt, einen dampfdichten Bodenbelag auf einer ohne ausreichende Dampfsperre ausgeführten, nicht unterkellerten Betonsohle aufzu-

---

144 OLG Düsseldorf, Urt. v. 17.12.2009 – 5 U 57/09, BauR 2011, 121 und BauR 2018, 834; OLG Bremen, Urt. v. 07.09.2005 – 1 U 32/05 a, BauR 2007, 422; OLG Saarbrücken, Urt. v. 15.11.2017 – 1 U 127/16, NJW-RR 2018, 237; OLG Koblenz, Beschl. v. 03.05.2010 – 5 U 290/10, NJW-RR 2010, 1536; Rütten/Raab, in: Dauner-Lieb/Langen, § 637 BGB, Rn. 9.

145 OLG Celle, Urt. v. 14.12.1993 – 16 U 10/93, BauR 1994, 250.

146 OLG Koblenz, Urt. v. 24.11.1994 – 7 U 13/94, BauR 1995, 395.

147 BGH, Urt. v. 10.08.2006 – IX ZR 28/05, NJW 2006, 2919; OLG Düsseldorf, Urt. v. 17.12.2009 – 5 U 57/09, BauR 2011, 121.

148 OLG Düsseldorf, a.a.O.

149 BGH, Urt. v. 15.01.2002 – X ZR 233/00, BauR 2002, 940.

150 Vgl. BGH, Urt. v. 18.09.2014 – VII ZR 58/13, IBR 2014, 663 und Urt. v. 18.09.2014 – VII ZR 58/13, NJW-RR 2014, 1512.

151 OLG Stuttgart, Urt. v. 20.02.1996 – 12 U 200/95, BauR 1996, 717.

152 BGH, Urt. v. 26.01.1993 – X ZR 90/91, NJW-RR 1993, 560.

153 BGH, Urt. v. 07.03.2002 – III ZR 12/01, NJW 2002, 1571.

bringen. – Der Besteller kann auch ohne vorherige Fristsetzung Minderung oder Schadensersatz geltend machen.[154]

Setzt der Besteller dem Unternehmer gleichwohl eine Frist zur Nacherfüllung, kann dies bei der Gesamtbeurteilung gegen eine Unzumutbarkeit sprechen.[155] 85

4. Ausschlussgründe

a) Übersicht

Das Minderungsrecht aus § 638 BGB darf nicht ausgeschlossen sein. In Betracht kommen die Ausschlussgründe in Form der Vereinbarung sowie der vorbehaltslosen Abnahme trotz Kenntnis des Bestellers vom Mangel. Zudem kann trotz des Grundsatzes der verschuldensunabhängigen Mängelhaftung des Unternehmers die Verantwortung des Bestellers für den Mangel in Verbindung mit der Einhaltung der sog. Prüfungs- und Bedenkenhinweispflicht des Unternehmers unter bestimmten Voraussetzungen zum Haftungsausschluss führen. 86

Zudem kann sich (ausnahmsweise) gemäß § 242 BGB ein Ausschluss der Geltendmachung von Mängelansprüchen ergeben, wenn der Besteller dem Unternehmer die Nacherfüllung gestatten musste.[156] Steht in einer Leistungskette fest, dass der Generalunternehmer für den Mangel selbst nicht vom Besteller, seinem Auftraggeber, in Anspruch genommen wird, ist die Minderung auch für ihn gegenüber dem Nachunternehmer, seinem Unternehmer, über § 242 BGB ausgeschlossen.[157] 87

Auch könnte die Minderung nach § 323 Abs. 6 BGB (analog) ausgeschlossen sein, wenn der Besteller den Mangel zu vertreten hat oder sich zur Zeit der Mangelentstehung in Annahmeverzug befindet. 88

Schließlich wird die Minderung in dem Zeitpunkt ausgeschlossen, in welchem der Besteller sein Rücktrittsrecht (zuerst) ausübt (»*Statt zurückzutreten*«) oder der Besteller wegen des Mangels Schadensersatz statt der Leistung geltend macht. Dogmatisch führt dieser Ausschlussgrund im Fall des Rückzahlungsanspruchs aus § 638 Abs. 4 BGB zu dessen Untergang (er erlischt).[158] 89

Zu beachten ist, dass gemäß § 638 Abs. 1 S. 2 BGB die Rücktrittsvorschrift des § 323 Abs. 5 S. 2 BGB auf die Minderung keine Anwendung findet, sodass die Minderung auch bei nur geringfügiger Schlechtleistung beziehungsweise unwesentlichem Mangel geltend gemacht werden kann. 90

b) Vereinbarung

Haben die Bauvertragsparteien vor oder nach Vertragsschluss die Mängelhaftung oder isoliert die Minderung durch (ggf. gesonderte) Vereinbarung ausgeschlossen oder beschränkt, muss deren Wirksamkeit überprüft werden. Die Wirksamkeit ist vor allem auch davon abhängig, ob es sich um eine individualvertragliche Vereinbarung oder um eine Allgemeine Geschäftsbedingung (AGB-Klausel) handelt. Dabei sind unter anderem die Grenzen von § 639 BGB bzw. §§ 307 ff. BGB zu beachten.[159] 91

Die von § 638 BGB abweichenden Vereinbarungen werden ausführlich unter Rdn. 134 behandelt. 92

---

154 Vgl. OLG Düsseldorf, Urt. v. 31.03.1995 – 22 U 162/94, BauR 1995, 849 und Urt. v. 13.08.1996 – 22 U 42/96, BauR 1997, 312; OLG Rostock, Urt. v. 16.12.1996 – 4 U 292/95, BauR 1997, 654.

155 BGH, Urt. v. 12.03.2010 – V ZR 147/09, BauR 2010, 1074.

156 Siehe BGH, Urt. v. 20.01.2006 – V ZR 124/05, NJW 2006, 1198 und OLG Schleswig, Urt. v. 09.12.2016 – 1 U 17/13, NJW-RR 2017, 591.

157 BGH, Urt. v. 20.12.2010 – VII ZR 100/10, NJW-RR 2011, 377; BGH, Urt. v. 28.01.2016 – VII ZR 266/14, NJW 2016, 2032; Oberhauser, NZBau 2016, 626; Weingart, BauR 2017, 6.

158 Rdn. 126.

159 Dazu auch § 639 Rdn. 4 ff.

c) Vorbehaltslose Abnahme

93 Wenn der Besteller ein mangelhaftes Bauwerk (rechtsgeschäftlich) abnimmt, obwohl ihm der Mangel bekannt ist, stehen ihm das Minderungsrecht bzw. die Mängelrechte aus § 634 Nr. 1 bis 3 BGB dann nicht (mehr) zu, wenn er sich seine Mängelrechte wegen dieses Mangelns bei der Abnahme nicht vorbehält, § 640 Abs. 3 BGB.

94 Weil der Besteller im Werkvertragsrecht keine Pflicht oder (Rüge-)Obliegenheit[160] zur Suche nach Mängeln hat, reicht die bloße Erkennbarkeit eines Mangels für diesen Ausschlussgrund nicht aus.[161] Auch die Offenkundigkeit eines Mangels bedeutet nicht die Kenntnis des Bestellers, kann jedoch zu einem (widerlegbaren) Anscheinsbeweis zulasten des Bestellers führen.[162] Der Besteller muss den Mangel bei Abnahme positiv kennen.

95 Liegen die Voraussetzungen des § 640 Abs. 3 BGB vor, verliert der Besteller auch sein Minderungsrecht (sowie den Anspruch auf Nacherfüllung, Selbstvornahme und das Rücktrittsrecht). Allerdings bleiben ihm die Schadensersatzansprüche aus §§ 280 ff. BGB i.V.m. § 634 Nr. 4 BGB erhalten. Dieser Schadensersatzanspruch umfasst dabei nicht nur die Folgeschäden der Mängel, sondern auch die Mängelbeseitigungskosten selbst,[163] wobei auch in diesem Fall – bei Geltendmachung des Schadensersatzanspruchs – der Besteller dem Unternehmer zuvor eine Frist zur Nacherfüllung gesetzt haben muss,[164] im Übrigen ist der Schadensersatzanspruch naturgemäß vom Verschulden des Unternehmers abhängig (was jedoch vermutet wird, § 280 Abs. 1 S. 2 BGB).

96 Für eine ausführliche Kommentierung wird auf § 640 Rdn. 78 verwiesen.

d) Verantwortung des Bestellers

97 Wie bereits unter Rdn. 12 dargestellt ist wesentliches Merkmal der Mängelhaftung, dass der Unternehmer **verschuldensunabhängig** haftet; es kommt allein auf das Vorhandensein eines Mangels gemäß § 633 BGB an.[165] Dieser Grundsatz gilt zunächst auch für den Fall, dass der Besteller für den Mangel (mit-)verantwortlich ist, es sei denn, für den Unternehmer greift folgender Enthaftungstatbestand:

98 Die Haftung für den Mangel kann ausgeschlossen sein oder jedenfalls nur anteilig vorliegen,[166] wenn der Besteller für den Mangel verantwortlich ist *und* der Unternehmer gegen seine **Prüfungs- und Bedenkenhinweispflicht** verstoßen hat.[167] Insofern finden die in der VOB/B klar geregelten Grundsätze aus §§ 4 Abs. 3, 13 Abs. 3 auch beim BGB-Bauvertrag als vertragliche Nebenpflicht des Unternehmers über verschiedene Normen Anwendung.[168]

99 Zusammenfassend geht es im Wesentlichen darum, dass die **Mangelursache** im Verantwortungsbereich des Bestellers liegt, insbesondere also
- von ihm vorgegebene ungeeignete Bauteile oder
- dessen fehlerhafte Planung/Ausführungsvorgabe oder
- Vorleistungen anderer Unternehmer

160 Zum Handelskauf siehe § 377 HGB.
161 BGH, Urt. v. 24.10.1996 – VII ZR 98/94, BauR 1997, 129.
162 OLG München, Beschl. v. 08.02.2012 – 13 U 2928/11 Bau, IBR 2014, 136.
163 Langen, in: Kapellmann/Messerschmidt, § 13 VOB/B, Rn. 415 m.w.N.; kritisch und differenzierend OLG Schleswig, Urt. v. 18.12.2015 – 1 U 125/14, NZBau 2016, 298 sowie Kögl, BauR 2016, 1844.
164 Langen, a.a.O.
165 BGH, Urt. v. 09.07.2002 – X ZR 242/99, NZBau 2002, 611; BGH, Urt. v. 10.11.2005 – VII ZR 147/04, BauR 2006, 375.
166 BGH, Urt. v. 25.02.2016 – VII ZR 210/13, BauR 2016, 1033; OLG Düsseldorf, Urt. v. 06.10.2017 – I-22 U 41/17, BauR 2018, 1433.
167 Zur Abgrenzung zwischen Prüf- und Hinweispflicht und Aufklärungs- und Mitteilungspflicht siehe Langen/Berger, Einführung in die VOB/B, Rn. 278 m.w.N.
168 Ausführlich § 635 Rdn. 54 ff.

ursächlich für den Mangel waren[169] und (obwohl) der Unternehmer seiner Prüfungs- und Bedenkenhinweispflicht nachgekommen ist.[170]

100 Dieses Sonderthema wird ausführlich im Rahmen der Kommentierung von § 635, dort unter Rdn. 54 ff. behandelt.

e) **Vertretenmüssen oder Annahmeverzug des Bestellers**

101 Gemäß § 326 Abs. 6 BGB ist der »Rücktritt« ausgeschlossen, wenn der Gläubiger (Besteller) für den Umstand (Mangel), der ihn zum Rücktritt vom (Bau-)Vertrag berechtigen würde, allein oder weit überwiegend verantwortlich ist oder wenn der vom Schuldner (Unternehmer) nicht zu vertretende Umstand (Mangel) zu einer Zeit eintritt, zu welcher der Gläubiger (Besteller) im Annahmeverzug ist. Es ist allerdings streitig, ob ein Ausschluss nach § 323 Abs. 6 BGB die Ausübung des Minderungsrechts hindert beziehungsweise die Norm analog zur Anwendung kommt.[171] Für die erste Variante (Vertretenmüssen) dürfte zunächst selbstverständlich sein, dass die Minderung – so wie auch die übrigen Mängelrechte – ausgeschlossen ist, wenn der Besteller für den Mangel (im Wesentlichen) allein verantwortlich ist, also der Unternehmer die mangelhafte Ausführung beispielsweise durch Einhaltung seiner Prüf- und Bedenkenhinweispflicht oder anderer Nebenpflichten nicht verhindern oder zumindest (rechtzeitig) darauf aufmerksam machen konnte.[172] Für letztere Alternative (Annahmeverzug) ist der praktische Anwendungsfall in Bausachen eher gering.[173]

5. Unwirksamkeit

102 Die Minderung darf nicht unwirksam sein. Als Gestaltungsrecht unterliegt die Minderung keiner Verjährung.[174] Gleichwohl ist die Minderung gemäß § 218 i.V.m. § 634a Abs. 4, 5 BGB unwirksam, wenn der Nacherfüllungsanspruch aus §§ 635 Abs. 1, 634 Nr. 1 BGB **verjährt** ist. Dieser verjährt grundsätzlich nicht innerhalb der allgemeinen Verjährungsfrist der §§ 195, 199 BGB, sondern grundsätzlich in **5 Jahren**, § 634a Abs. 1 Nr. 2 BGB, beginnend mit der Abnahme (§ 634a Abs. 2 BGB).[175]

103 Für weitere Einzelheiten zur Verjährung sowie zur Verwirkung von Mängelansprüchen wird auf die Kommentierung des § 634a verwiesen.

III. Rechtsfolgen

1. Rechtsgestaltung/Erlöschensgrund

104 Durch Zugang der Minderungserklärung beim Unternehmer (und Vorliegen der Voraussetzungen im Übrigen) wird automatisch der Werklohn des Unternehmers um den geminderten Betrag in der berechtigten Höhe[176] (nur) in Bezug auf den gerügten Mangel herabgesetzt. Insofern hat die Minderung als Gestaltungsrecht zunächst diese rechtsgestaltende Wirkung.[177]

---

169 Vgl. auch den Fall des OLG Düsseldorf, Urt. v. 13.12.2013 – 22 U 67/13, IBR 2014, 77 und IBR 2014, 183.

170 BGH, Urt. 08.11.2007 – VII ZR 183/05, IBR 2008, 77.

171 Siehe Jansen, ZIP 2002, 877; Fest, ZGS 2006, 173 m.w.N.

172 Dazu Rdn. 99 sowie § 635 Rdn. 54. Vgl. auch Kaiser/Leesmeister, Praxishandbuch VOB/C, Kap. 8, Rn. 82 ff.

173 Vgl. aber Grüneberg/Grüneberg, BGB, § 323 Rn. 30 f. m.w.N.

174 Vgl. die Nummerierung in § 634a Abs. 1 BGB. Dazu § 634a Rdn. 56.

175 Bei VOB-Bauverträgen beträgt die Verjährungsfrist für Mängelansprüche (§ 13 Abs. 4 u. 5 VOB/B) grds. 4 Jahre, bei bestimmten Bauwerken/Anlagen 1 oder 2 Jahre (ggf. mit Verlängerungsoption) und u.U. für gerügte Mängel bis zu 6 Jahre. Ausführlich Langen, in: Kapellmann/Messerschmidt, § 13 VOB/B, Rn. 138 ff.

176 S.u. Rdn. 112 zu Absatz 3 der Norm.

177 Teichmann, ZfBR 2002, 13.

105 Vor der (vollständigen) Vergütungszahlung führt die Minderung daher zum (vollständigen oder teilweisen) Untergang der Werklohnforderung des Unternehmers; in dieser Konstellation ist die Minderung Erlöschensgrund für den Anspruch des Unternehmers aus § 631 Abs. 1 BGB.

106 Gemäß § 638 Abs. 3 S. 1 BGB ist die Vergütung in dem Verhältnis herabzusetzen, in welchem zur Zeit des Vertragsschlusses der Wert des Werkes in mangelfreiem Zustand zu dem wirklichen Wert gestanden haben würde. Dieser Betrag muss gegebenenfalls geschätzt werden (vgl. § 638 Abs. 3 S. 2 BGB). Zur genauen Berechnung und Formel wird auf die Kommentierung von Absatz 3 (»Höhe der Minderung«) unter Rdn. 112 verwiesen.

107 Bei der Minderungserklärung[178] muss der Besteller nicht den Umfang der Werklohnherabsetzung benennen, er kann aber einen bestimmten oder bestimmbaren Betrag angeben, und zwar auch noch zu einem späteren Zeitpunkt, beispielsweise wenn der konkrete Minderungsbetrag noch ermittelt werden muss.[179]

108 Die Minderung kann nicht mit dem großen Schadensersatz statt der Leistung kombiniert werden.[180] Es ist jedoch möglich, neben der Minderung den kleinen Schadensersatz unter Berücksichtigung der Minderung geltend zu machen.[181]

2. Rückzahlungsanspruch

109 Sollte der Besteller die Vergütung bereits an den Unternehmer voll (oder zu viel) gezahlt haben, und hat er von seinem Minderungsrecht Gebrauch gemacht, steht ihm hinsichtlich des minderungsbedingten Mehrbetrags gegen den Unternehmer ein Rückzahlungsanspruch aus §§ 346 Abs. 1, **638 Abs. 4 BGB** zu. Insoweit wird auf die Kommentierung von Absatz 4 der Norm, Rdn. 126 ff., verwiesen.

C. § 638 Absatz 2 BGB – Mehrere Beteiligte

110 § 638 Abs. 2 BGB stellt klar, dass bei mehreren Vertragsbeteiligten sowohl auf Besteller- als auch auf Unternehmerseite die Minderung nur von allen oder gegen alle erklärt werden kann.[182] Insoweit gilt das sog. Einheitsprinzip wie beim Rücktritt, § 351 BGB.[183] Denn auch die Minderung ist nicht teilbar.

111 Wenn sich die Bestellerseite nicht einig über die Ausübung ihres Minderungsrechts ist, kann eine Mitwirkung nur im Innenverhältnis durchgesetzt werden. Die Minderungserklärung muss nicht zwingend von und gegenüber allen Beteiligten gleichzeitig erfolgen; wirksam wird die Minderung allerdings erst mit Zugang (§ 130 BGB) an den letzten Unternehmer.

D. § 638 Absatz 3 BGB – Höhe der Minderung

112 Nach dem Wortlaut des § 638 Abs. 3 BGB ist der Werklohn des Unternehmers in dem Verhältnis zu mindern, *»in welchem zur Zeit des Vertragsschlusses der Wert des Werkes in mangelfreiem Zustand zu dem wirklichen Wert gestanden haben würde.«* Der Minderwert ist in der Regel nach den Kosten zu berechnen, die an sich für die Nacherfüllung erforderlich wären.

---

178 Rdn. 19.

179 Siehe dazu § 638 Abs. 3 bzw. Rdn. 12.

180 Vgl. § 634 Rdn. 25.

181 BGH, Urt. v. 09.05.2018 – VIII ZR 26/17, NJW 2018, 2863 und Urt. v. 19.01.2017 – VII ZR 235/15, NJW 2017, 1607.

182 Zur **Minderungserklärung** siehe Rdn. 19.

183 Ausführlich MüKo-BGB/Gaier, § 351 Rn. 1 ff.

Daraus resultiert folgende **Berechnungsformel:** 113

Verminderte Vergütung X = Soll-Wert bei Mangelfreiheit: Ist-Wert bei Mangelhaftigkeit = volle Vergütung: verminderte Vergütung

In der Regel entspricht der Sollwert der vereinbarten Vergütung. Dabei ist grundsätzlich vom objektiven Wert auszugehen, es können aber auch andere Faktoren Berücksichtigung finden. Auch kann sich der Minderwert beispielsweise an den unter Umständen zu schätzenden Vergütungsteilen orientieren, die auf die mangelbehafteten Leistungsteile entfallen,[184] gegebenenfalls auch nach merkantilem oder technischem Minderwert.[185] 114

Durch die **neue Rechtsprechung** des Bundesgerichtshofs[186] wurde nach jahrelanger anders gelebter Praxis und Rechtsprechung[187] nunmehr klargestellt, dass nicht der Geldbetrag für die voraussichtliche (fiktive) Mangelbeseitigung maßgebend ist. Dies ist vor allem dann der Fall, wenn die Mangelbeseitigung zum Beispiel wegen Unmöglichkeit nicht durchführbar ist[188] oder wegen unverhältnismäßig hoher Kosten verweigert wird[189] – dann berechnet sich in solchen Fällen der Minderwert nur danach, in welcher Höhe die Gesamtleistung durch den Mangel tatsächlich gemindert ist.[190] 115

Fehlt für die Formel der Ist-Wert, so kann die Vergütung vollständig entfallen und der Unternehmer kann Herausgabe des mangelhaften Werks verlangen (ähnlich § 635 Abs. 4 BGB).[191] 116

Für die Minderwertberechnung ist grundsätzlich der **Zeitpunkt** des Vertragsschlusses maßgeblich.[192] Aus diesem Grund muss zwischen der tatsächlichen Wertminderung zum Zeitpunkt der Minderungserklärung und dem Minderungsbetrag differenziert werden.[193] 117

Ist eine Berechnung anhand der Formel nicht (klar) möglich, eröffnet § 638 Abs. 3 S. 2 BGB den Weg der **Schätzung** über § 287 ZPO; im Übrigen kann die Minderungshöhe unter Umständen auch von Sachverständigen geschätzt werden.[194] 118

Im Rahmen der Minderbewertung muss auch eine etwaige Mitverantwortung des Bestellers an dem Mangel quotal gemäß § 254 BGB analog berücksichtigt werden. 119

▶ **Beispiel:**

Besteht der Mangel darin, dass die vereinbarte Wohnfläche eines Hauses tatsächlich geringer ist, kann der Minderbetrag entsprechend dem Quadratmeter-Preis der vereinbarten Fläche berechnet werden.[195] 120

---

184 BGH, Urt. v. 22.02.2018 – VII ZR 46/17, NJW 2018, 1463.
185 BGH, Urt. v. 09.01.2003 – VII ZR 181/00, NJW 2003, 1188; OLG Köln, Urt. v. 09.12.2016 – 19 U 43/16, NJW 2017, 2206.
186 BGH, Urt. v. 22.02.2018 – VII ZR 46/17, NJW 2018, 1463.
187 Vgl. BGH, Urt. v. 17.12.1996 – X ZR 76/94, NJW-RR 1997, 688.
188 Dazu § 635 Rdn. 138.
189 Dazu § 635 Rdn. 147.
190 BGH, Urt. v. 01.08.2013 – VII ZR 75/11, NJW 2013, 3297.
191 BGH, Urt. v. 29.10.1964 – VII ZR 52/63, NJW 1965, 152.
192 **Streitig**, siehe OLG Schleswig-Holstein, Urt. v. 09.12.2016 – 1 U 17/13, NJW-RR 2017, 591 m.w.N.
193 Einzelheiten bei MüKo-BGB/Busche, § 638 Rn. 10.
194 BGH, Urt. v. 09.01.2003 – VII ZR 181/00, BauR 2003, 533; OLG Düsseldorf, Urt. v. 28.05.1993 – 22 U 286/92, BauR 1993, 733 und Urt. v. 16.06.1998 – 21 U 194/97, BauR 1999, 498; OLG Zweibrücken, Urt. v. 25.04.2005 – 7 U 53/04, BauR 2006, 690 (Nutzwertanalyse für die Minderwertberechnung bei Mängeln).
195 OLG Celle, Urt. v. 28.10.1998 – 13 U 84/98 und Urt. v. 14.01.1998 – 6 U 88/96, jeweils NJW-RR 1999, 816.

121 Unter bestimmten Voraussetzungen sind **Vorteile**, die aufgrund eines schädigenden Ereignisses eingetreten sind, auf einen Schadensersatzanspruch **anzurechnen**.[196] Dieses, für das Schadensersatzrecht entwickelte Institut des Vorteilsausgleichs kann auf die Mängelhaftung im Rahmen sog. Vertragsketten-Fälle übertragen werden; der Bundesgerichtshof hat in mehreren Entscheidungen den Grundsatz des **Vorteilsausgleichs** bei Nacherfüllungsansprüchen in **Vertragsketten** angewendet und dabei seine bisherige Rechtsprechung zur Eigenständigkeit der Vertragsverhältnisse[197] aufgegeben: Der jeweilige Besteller machte gegenüber dem jeweiligen Unternehmer (Nachunternehmer) Nacherfüllungsansprüche geltend, die seitens seines eigenen »Auftraggebers« (Besteller/Bauherr) entweder wegen Verjährung oder aufgrund einer zwischenzeitlich getroffenen Vereinbarung nicht mehr durchsetzbar waren.[198] Steht fest, dass der (General-)Unternehmer von seinem Besteller wegen Mängeln nicht mehr in Anspruch genommen wird, so kann er gehindert sein, seinerseits Ansprüche wegen dieser Mängel gegen seinen (Nach-)Unternehmer geltend zu machen; die Verjährung des Nacherfüllungsanspruchs des Bestellers (Bauherrn) gegen den Generalunternehmer hindert nach dem Rechtsgedanken der Vorteilsausgleichung (in Vertragsketten) diesen somit, gegenüber seinem Nachunternehmer noch nicht verjährte Ansprüche wegen dieser Mängel geltend zu machen.[199] Auch ein zwischen dem Bauherrn und dem General- bzw. Hauptunternehmer getroffener **Vergleich** über Mängelansprüche reduziert den Anspruch des Hauptunternehmers gegenüber seinem Unternehmer auf den wirtschaftlichen Inhalt des Vergleichs.[200] Dies gilt gleichermaßen für die **Minderung** nach § 638 BGB,[201] jedoch mit folgenden Einschränkungen:

122 Beim Leistungsverweigerungsrecht des Bestellers wegen Mängeln in Leistungsketten[202] kann der Hauptunternehmer zwar die Minderung gegenüber seinem Nachunternehmer auch für den Fall erklären, dass der Bauherr die Minderung nicht geltend macht (machen kann), er darf die Minderung aber nicht nach den Mängelbeseitigungskosten berechnen.[203] Nach der Rechtsprechung des Bundesgerichtshofs ist der Hauptunternehmer gegenüber dem Nachunternehmer zudem auch dann in vollem Umfang zur Leistungsverweigerung berechtigt, wenn er seinerseits vom Bauherrn wegen des entsprechenden Mangels nicht in Anspruch genommen wird (werden kann).

123 Die höchstrichterlichen Entscheidungen widersprechen sich teilweise: Entweder bewertet man die jeweiligen Rechte der Besteller (Bauherr und Haupt-/Generalunternehmer) unabhängig davon, welche Mängelrechte der jeweilige eigene »Auftraggeber« geltend macht. Oder man macht die Ausübung der jeweiligen Mängelrechte davon abhängig, in welchem Umfang der Besteller selbst von seinem Besteller in Anspruch genommen wird (noch in Anspruch genommen werden kann). – Überzeugender ist die eigenständige Bewertung des jeweiligen Vertragsverhältnisses unabhängig von der Leistungskette.[204]

124 Die Grundsätze der Vorteilsausgleichung gelten auch in Vertragsketten mit Planern im Architekten- und Ingenieurrecht, zum Beispiel Bauherr – Architekt – Statiker; das Recht des Architekten, den Honoraranspruch des Statikers wegen Mängeln der Tragwerksplanung zu **mindern**, wird durch das Verhalten des Bauherrn nicht berührt, weil insoweit zwei selbständige Vertragsverhältnisse betroffen

---

196 Ausführlich Grüneberg/Grüneberg, BGB, Vor § 249 Rn. 67 ff. Zum Vorteilsausgleich und zu dessen Übertragbarkeit auf die Nacherfüllung vgl. Berger, BauR 2013, 325. Zum Meinungsstreit siehe auch Peters, JR 2008, 177; Weyer, NZBau 2007, 695.

197 BGH, Urt. v. 24.03.1977 – VII ZR 319/75, BauR 1977, 277.

198 BGH, Urt. v. 28.06.2007 – VII ZR 81/06, BauR 2007, 1564 und Urt. v. 28.06.2007 – VII ZR 8/06, BauR 2007, 1567.

199 BGH, a.a.O.

200 BGH, Urt. v. 28.06.2007 – VII ZR 81/06, BauR 2007, 1564.

201 Zunächst uneingeschränkt: BGH, Beschl. v. 20.12.2010 – VII ZR 95/10, BauR 2011, 683. Gegen die uneingeschränkte Anwendung Berger, BauR 2013, 325.

202 Ausführlich § 635 Rdn. 117 ff.

203 BGH, Urt. v. 05.02.2013 – 9 U 2870/12, BauR 2013, 1859.

204 So zutreffend Langen/Berger, Einführung in die VOB/B, Rn. 314.

sind, die grundsätzlich unabhängig voneinander zu beurteilen sind.[205] Zum Bauträgerrecht hat der Bundesgerichtshof entschieden: Ein Bauträger, der vom Käufer Vorschuss auf Mängelbeseitigungskosten zurückfordern kann, muss sich diesen Anspruch grundsätzlich nicht nach dem Institut des Vorteilsausgleichs auf seinen eigenen Schadensersatzanspruch gegen seinen Auftragnehmer wegen derselben Mängel anrechnen lassen; eine Anrechnung kommt erst in Betracht, wenn er den Rückzahlungsanspruch gegen den Käufer realisiert habe und gleichzeitig feststehe, dass er vom Erwerber wegen dieser Mängel nicht mehr in Anspruch genommen werden kann.[206]

Letztlich soll mit der (einschränkenden) Rechtsprechung des Bundesgerichtshofs in Vertragsketten **125** eine unzulässige Bereicherung des jeweiligen Bestellers am Mangel (Schaden) vermieden werden, indem er von seinem Unternehmer die Mängelbeseitigungskosten verlangt, ohne den Mangel beseitigen zu wollen.[207]

E. § 638 Absatz 4 BGB – Rückzahlungsanspruch

Liegen die Voraussetzung der Minderung vor und hat der Besteller die Minderungserklärung aus- **126** gesprochen, jedoch den Unternehmer bereits **überzahlt**, erhält er über § 638 Abs. 4 BGB einen eigenen Rückzahlungsanspruch mit der Anspruchsgrundlage der §§ 346 Abs. 1, 638 Abs. 4, 634 Nr. 3 BGB. Denn § 638 Abs. 4 S. 2 BGB verweist ausdrücklich auf die entsprechende Anwendung von §§ 346 Abs. 1 und § 347 Abs. 1 BGB. Somit stehen ihm dem Grunde nach unter anderem auch **Zinsen** zu (vgl. § 347 Abs. 1 BGB).

Ansprüche aus ungerechtfertigter Bereicherung (§§ 812 ff. BGB) sind daher nicht erforderlich, um **127** den in Höhe der Minderung zu viel gezahlten Werklohn zurückzuverlangen. Neben den **Voraussetzungen** des § 638 Abs. 1 BGB (Rdn. 15 ff.) muss also der Besteller an den Unternehmer mehr bezahlt haben als den wirksam geminderten Werklohn. Dabei ist der Zeitpunkt der (Über-)Zahlung unerheblich. Daher ist der Rückzahlungsanspruch gemäß § 638 Abs. 4 BGB auch dann möglich, wenn bei Streit über den Umfang der Minderung der Besteller die Vergütung entweder unter Vorbehalt oder zunächst in voller Höhe zahlt, um beispielsweise einen Rechtstreit zu vermeiden.[208]

F. Prozessuales

I. Klageverfahren sowie Darlegungs- und Beweislast

Mit Gefahrübergang beziehungsweise nach der Abnahme trägt grundsätzlich der Besteller die Dar- **128** legungs- und Beweislast für die Mangelhaftigkeit des Werks des Unternehmers,[209] es sei denn, der Besteller hat einen Vorbehalt gemäß § 640 Abs. 2 BGB erklärt. Der Besteller muss also die Einzelheiten (und »Mangeltypen«) aus § 633 BGB beweisen.[210] Macht der Besteller gegen den Unter-

205 BGH, Urt. v. 28.01.2016 – VII ZR 266/14, BauR 2016, 855; vgl. auch Zahn, BauR 2016, 1232.

206 BGH, Urt. v. 10.07.2008 – VII ZR 16/07, BauR 2008, 1877.

207 Nach wie vor ist dies aber ein primäres Thema des Schadensersatzanspruches. Siehe dazu die Kommentierungen § 634 Rdn. 17 und § 636.

208 Vgl. OLG Zweibrücken, Urt. v. 19.02.2009 – 4 U 69/08, NJW 2009, 2221.

209 BGH, Urt. v. 11.10.2001 – VII ZR 383/99, NJW 2002, 223. Dazu weiter § 640 Rdn. 90. Vgl. auch § 363 BGB. **Vor Abnahme** hat der Unternehmer die Mangelfreiheit seines Werks zu beweisen, BGH, Urt. v. 24.11.1998 – X ZR 21/96, NJW-RR 1999, 347; BGH, Urt. v. 30.06.2016 – VII ZR 188/13, NJW-RR 2016, 1143. Für **Beweiserleichterungen** bei unberechtigten Selbstvornahme durch den Besteller siehe Pause/Vogel, in: Kniffka/Jurgeleit, ibr-OK Bauvertragsrecht, § 640 BGB, Rn. 20; a.A. Grams, ZfIR 2008, 400. Allgemein zur Beweislast Zahn, BauR 2006, 1823; Peters, NZBau 2009, 209. Zur **Beweissicherung** siehe Mally, NJW 2017, 1081; zur Sonderregelung bei **Zustandsfeststellung** siehe § 650g Rdn. 18.

210 OLG Stuttgart, Urt. v. 09.01.2018 – 10 U 93/17, BauR 2018, 1138. Dabei ist die »Symptomrechtsprechung« zu beachten, dazu Rdn. 19 bzw. BGH, Urt. v. 17.01.2002 – VII ZR 488/00, NJW-RR 2002, 743; BGH, Beschl. v. 14.12.2017 – VII ZR 217/15, BauR 2018, 669. Zum Anscheinsbeweis bei Verletzung oder Beachtung der **DIN-Normen** und/oder der **a.R.d.T.** siehe OLG Hamburg,

nehmer klageweise verschiedene Mängelrechte aus § 634 BGB geltend, führt dies zu unterschiedlichen **Streitgegenständen**.[211] Wendet der Besteller Mängel im **Werklohnprozess** des Unternehmers ein, hat er diese ebenfalls zu beweisen.[212]

129 Der Besteller hat im Grundsatz sämtliche Voraussetzungen für die Minderung darzulegen und zu beweisen,[213] auch für die Ausübung des Gestaltungsrechts. Ebenfalls hat er die Setzung der Nachbesserungsfrist einschließlich deren Angemessenheit sowie (alternativ) die Entbehrlichkeitsgründe bezüglich der Fristsetzung zu beweisen.[214] Alle **Einwendungen** gegen den Mängelanspruch, muss grundsätzlich der Unternehmer beweisen.[215]

130 Eine Frist zur Mängelbeseitigung ist entbehrlich, wenn der Unternehmer den Mangel in einem **anwaltlichen Schriftsatz** kategorisch **bestritten** hat.[216] Das bloße Bestreiten behaupteter Mängel im **Prozess** reicht hingegen nicht für eine ernsthafte und endgültige Erfüllungsverweigerung.[217]

131 Weil die Minderung den vollständigen Werklohn des Unternehmers betrifft, ist der Minderwert nicht von einem eingeklagten Teilbetrag abhängig (anders bei Aufrechnung), sondern von dem letztrangigen Teil der Werklohnforderung abzurechnen.[218]

II. Exkurs: Insolvenz des Unternehmers

132 Die Insolvenz des Unternehmers führt nicht automatisch zur Auflösung des Bauvertrags. Vielmehr muss der Besteller den Vertrag kündigen.[219] Unabhängig davon ändert die Insolvenz des Unternehmers grundsätzlich auch nichts an der Mängelhaftung. Selbst bei insolvenzbedingter Kündigung muss der Besteller den Unternehmer bzw. Insolvenzverwalter des Unternehmers unter Fristsetzung zur Mängelbeseitigung auffordern, bevor er weitere Mängelrechte geltend machen kann.[220] Denn der Insolvenzverwalter kann sich entscheiden, ob er mit noch vorhandenen Arbeitskräften des insolventen Unternehmers oder durch Beauftragung einer Drittfirma die Mängel beseitigt. Lässt der Insolvenzverwalter die (angemessene) Nachbesserungsfrist fruchtlos verstreichen, kann der Besteller die sekundären Mängelrechte (Selbstvornahme/Aufwendungsersatz bzw. Kostenerstattung und Kostenvorschuss, Minderung oder Schadensersatz) gegenüber dem Insolvenzverwalter geltend machen. Der Besteller kann mit diesen Mängelansprüchen auch gegen einen fälligen Werklohnanspruch des Insolvenzverwalters ohne Verstoß gegen das Verbot aus § 95 Abs. 1 S. 3 InsO auf-

---

Urt. v. 07.02.2023 – 4 U 77/21, IBR 2024, 230 und OLG Düsseldorf, Urt. v. 04.05.2012 – 23 U 80/11, BauR 2012, 1259 und Kaiser/Leesmeister, Praxishandbuch VOB/C, Kap. 8, Rn. 16 ff. m.w.N. Zur Beweislast beim Rechtsmangel siehe BGH, Urt. v. 24.10.2000 – X ZR 15/98, NJW-RR 2001, 268.

211 OLG Dresden, Urt. v. 09.06.1999 – 8 U 814/99, NJW-RR 2000, 1337.

212 BGH, Urt. v. 28.10.1999 – VII ZR 115/97, NJW-RR 2000, 309. Dies gilt grds. auch vor Abnahme bzgl. der Unvollständigkeit der Werkleistung.

213 BGH, Urt. v. 25.06.2015 – VII ZR 220/14, MDR 2015, 999.

214 OLG Düsseldorf, Urt. v. 18.12.2015 – I-22 U 84/15, NJW-RR 2016, 533.

215 BGH, Urt. v. 11.06.1992 – VII ZR 333/90, NJW-RR 1992, 1300; BGH, Urt. v. 08.05.2003 – VII ZR 407/01, BauR 2003, 1247; OLG Rostock, Urt. v. 11.06.2009 – 3 U 213/08, NJW-RR 2009, 1674. Bei Verletzung der **Prüf- und Bedenkenhinweispflicht** (dazu Rdn. 54) BGH, Urt. v. 08.11.2007 – VII ZR 183/05, NJW 2008, 511. Bei Anerkenntnis des Unternehmers (z.B. durch Nachbesserungsversuche) BGH, Urt. v. 03.03.1998 – X ZR 14/95, NJW-RR 1998, 1268, siehe aber auch BGH, Urt. v. 09.03.2011 – VIII ZR 266/09, NJW 2011, 1664.

216 BGH, Urt. 05.12.2002 – VII ZR 360/01, BauR 2003, 386; a.A. OLG Düsseldorf, Urt. v. 15.01.1999 – 22 U 120/98, BauR 1999, 1030 und Urt. v. 15.03.2000 – 5 U 92/99, BauR 2001, 645.

217 BGH, Urt. v. 20.01.2009 – X ZR 45/07, BauR 2009, 976.

218 BGH, Urt. v. 01.07.1971 – VII ZR 224/69, NJW 1971, 1800.

219 Zur Kündigung durch den Insolvenzverwalter siehe BGH, Urt. v. 25.04.2002 – IX ZR 313/99, BauR 2002, 1264.

220 OLG Brandenburg, Urt. v. 06.12.2002 – 4 U 103/02, BauR 2003, 1404; OLG Düsseldorf, Urt. v. 04.12.1992 – 22 U 154/92, IBR 1993, 377; OLG Celle, Urt. v. 14.12.1994 – 11 U 12/94, BauR 1995, 856.

rechnen.[221] Die Insolvenz des Generalunternehmers führt nicht zur Unmöglichkeit (§ 275 Abs. 1 BGB) der Nacherfüllung durch den Nachunternehmer.[222]

Macht der Besteller gegenüber dem insolventen Hauptunternehmer einen Nacherfüllungsanspruch 133 geltend und würde dieser aufgrund der Insolvenz in einer »wertlosen« Insolvenzforderung enden, erkennt der Bundesgerichtshof einen Minderungsanspruch des Hauptunternehmers (Generalunternehmers) gegenüber dem Nachunternehmer an.[223] Denn der Hauptunternehmer könnte vom Nachunternehmer Nacherfüllung verlangen, die wiederum dem Besteller zugutekommen würde. Um eine Besserstellung des Bestellers gegenüber anderen Gläubigern des Hauptunternehmers zu vermeiden, billigt der Bundesgerichtshof dem Insolvenzverwalter des Hauptunternehmers einen **Minderungsanspruch** anstatt eines Nacherfüllungsanspruchs gegenüber dem Nachunternehmer zu, der als Zahlungs- bzw. Geldanspruch (anstatt als Nacherfüllungsleistung) der Insolvenzmasse zufließt und damit allen Gläubigern (und nicht nur dem Besteller) zugutekommt.[224]

G. Abweichende Vereinbarungen

I. AGB-Klauseln

Per Allgemeiner Geschäftsbedingung (AGB) kann der Nacherfüllungsanspruch des Bestellers dann 134 nicht ausgeschlossen oder beschränkt werden (§ 309 Nr. 8b BGB), wenn eine solche Klausel gegenüber einem Verbraucher[225] verwendet wird, im Übrigen gilt § 307 BGB. Im Einzelnen:
- Ein **vollständiger Ausschluss** der Mängelrechte aus § 634 BGB oder einzelner Ansprüche wie bspw. Minderung nach § 638 BGB ist AGB-rechtlich aufgrund des Klauselverbots aus § 309 Nr. 8 b aa BGB und über § 307 BGB bei Verträgen mit Unternehmern[226] grundsätzlich nicht möglich. Entsprechendes gilt für eine Beschränkung in Form der Abtretung der Mängelansprüche gegen andere Baubeteiligte bei Generalunternehmern oder ähnlichen Vertragskonstellationen (»Leistungsketten«).[227]
- Eine **Beschränkung** der Mängelrechte zulasten des Bestellers allein auf den Nacherfüllungsanspruch ist möglich, solange ihm bei fehlgeschlagener Nacherfüllung das **Minderungsrecht** vorbehalten bleibt, das Rücktrittsrecht kann jedoch bei Bauverträgen formularmäßig ausgeschlossen werden[228] (vgl. § 309 Nr. 8b bb BGB, der über § 307 BGB auch gegenüber Unternehmern bzw. juristischen Personen gilt).[229]
- Vereinbarungen zur **Höhe** der Minderungen sind grundsätzlich zulässig.[230]

Abweichende Vereinbarungen zur **Beweislast** sind in den Grenzen von § 309 Nr. 12 BGB zulässig.[231] 135

---

221 BGH, Urt. v. 22.09.2005 – VII ZR 117/03, BauR 2005, 1913. Zur Inanspruchnahme von Sicherheiten siehe BGH, Urt. v. 24.03.1994 – IX ZR 149/93, IBR 1994, 408.

222 Vgl. OLG Düsseldorf, Urt. v. 28.01.2005 – 23 U 150/04, BauR 2005, 1342.

223 BGH, Urt. v. 10.08.2006 – IX ZR 28/05, BauR 2006, 1884.

224 BGH, a.a.O.

225 Zum **Verbraucherbauvertrag** siehe im Einzelnen die Kommentierungen der **§§ 650i–650o.**

226 U.a. BGH, Urt. v. 26.01.1993 – X ZR 90/91, NJW-RR 1993, 561.

227 Siehe BGH, Urt. v. 21.03.2002 – VII ZR 493/00, NJW 2002, 2470; Schonebeck, BauR 2005, 934; vgl. auch BGH, Urt. v. 21.05.1987 – VII ZR 3/86, NJW-RR 1987, 1035. Sog. **Subsidiaritätsklauseln** (Pflicht zur primären Inanspruchnahme anderer Baubeteiligter) sind grds. zulässig, vgl. BGH, Urt. v. 04.12.1997 – VII ZR 6/97, NJW 1998, 904 u. BGH, Urt. v. 21.03.2002 – VII ZR 493/00, NJW 2002, 2470 (jeweils zum Bauträgervertrag).

228 Vgl. BGH, Urt. v. 18.09.1967 – VII ZR 52/65, NJW 1968, 44 und BGH, Urt. v. 16.05.1990 – VIII ZR 245/89, NJW-RR 1990, 1141.

229 Wird das einzige vertragliche Mängelrecht der Nacherfüllung verspätet erbracht, kommt ein Verzugsschadensersatzanspruch (neben der Nacherfüllungsleistung) gem. §§ 280 Abs. 1, 2, 286 BGB in Betracht. Bei fehlgeschlagener bzw. mangelhafter Nacherfüllung ist ein Anspruch aus §§ 280 Abs. 1, 3, 281, 634 Nr. 4 BGB möglich. Vgl. auch BGH, Urt. v. 18.05.1995 – X ZR 114/93, WM 1995, 1456.

230 Vgl. Schuhmann, NZBau 2003, 602.

231 Dazu Rdn. 128.

II. Individualvereinbarungen

136 In Bezug auf die Mängelhaftung ist § 639 BGB zu beachten, wonach sich der Unternehmer auf eine Vereinbarung, durch welche die Mängelrechte des Bestellers ausgeschlossen oder eingeschränkt werden, nicht berufen kann, wenn er entweder den Mangel arglistig verschwiegen oder eine Beschaffenheitsgarantie übernommen hat; abweichende (Individual-)Vereinbarungen sind also grundsätzlich auf beiden Seiten – in den Grenzen von § 639 BGB[232] und § 650o BGB[233] sowie §§ 138, 242 BGB und §§ 305 ff. BGB – möglich. Eine Beschränkung der Mängelrechte auf die Nacherfüllung ist individualvertraglich grundsätzlich möglich, ein vollständiger Ausschluss gegenüber einem Verbraucher hingegen nicht.[234]

H. Verhältnis zur VOB/B

137 Gemäß § 13 Abs. 6 VOB/B kann der Besteller (»Auftraggeber«) die Vergütung des Unternehmers (»Auftragnehmer«) unter bestimmten Voraussetzungen mindern:

> *»Ist die Beseitigung des Mangels für den Auftraggeber unzumutbar oder ist sie unmöglich oder würde sie einen unverhältnismäßig hohen Aufwand erfordern und wird sie deshalb vom Auftragnehmer verweigert, so kann der Auftraggeber durch Erklärung gegenüber dem Auftragnehmer die Vergütung mindern (§ 638 BGB).«*

138 Ist die Nacherfüllung unmöglich oder würde sie einen unverhältnismäßig hohen Aufwand erfordern und wird sie deshalb vom Unternehmer verweigert, kann der Besteller statt der Nacherfüllung/Selbstvornahme eine Wertminderung verlangen. Aufgrund der ausdrücklichen Benennung von § 638 BGB stellt § 13 Abs. 6 VOB/B klar, dass die Minderung durch Gestaltungserklärung (Minderungserklärung) des Bestellers geltend zu machen ist.

139 Eine **wesentliche Abweichung** des VOB-Vertrags gegenüber dem BGB-Bauvertrag ist die Beschränkung des Minderungsrechts auf die in § 13 Abs. 6 VOB/B genannten Ausnahmefälle. Hingegen kann gemäß 638 BGB bei jedem Mangel beziehungsweise in jeder Fallkonstellation – solange nur die Formalien der Nacherfüllungsfrist oder deren Entbehrlichkeit eingehalten wurden – gemindert werden; beim BGB-Bauvertrag ist es also nicht erforderlich, dass die Nacherfüllung unmöglich oder die Mangelbeseitigung für den Besteller unzumutbar oder für den Unternehmer unverhältnismäßig teuer ist.

140 Im Gegensatz zu §§ 638 Abs. 1, 323 Abs. 1 BGB sieht § 13 Abs. 6 VOB/B das grundsätzliche Fristsetzungserfordernis nicht vor. Allerdings liegt hierin im Ergebnis keine Abweichung vom BGB, weil ja die Minderung nach § 13 Abs. 6 VOB/B die drei Einschränkungen (Mängelbeseitigung ist unmöglich oder für den Besteller unzumutbar oder für den Unternehmer unverhältnismäßig teuer) voraussetzt, die im BGB jeweils zur Entbehrlichkeit der Nachfristsetzung führen (§§ 638 Abs. 1 S. 1, 636 BGB/§§ 638 Abs. 1 S. 1, 634 Nr. 3, 326 Abs. 5, 275 Abs. 1 BGB/§§ 638 Abs. 1 S. 1, 636, 635 Abs. 3 BGB).[235]

141 Hinsichtlich der Berechnung der Minderungshöhe werden für beide »Vertragstypen« (BGB vs. VOB) keine Unterschiede gemacht.[236]

232 Siehe dazu die Kommentierung § 639.
233 Verbraucherbauvertrag, vgl. die Kommentierung § 650o.
234 Zur problematischen Abgrenzung zwischen Individualvereinbarung und AGB am Beispiel der Vertragsstrafe siehe Schneider, in: Kapellmann/Messerschmidt, § 11 VOB/B, Rn. 83 ff.
235 Dazu Rdn. 53 ff.
236 BGH, Urt. v. 10.08.2006 – IX ZR 28/05, ZFIR 2007, 113.

§ 639 Haftungsausschluss

Auf eine Vereinbarung, durch welche die Rechte des Bestellers wegen eines Mangels ausgeschlossen oder beschränkt werden, kann sich der Unternehmer nicht berufen, soweit er den Mangel arglistig verschwiegen oder eine Garantie für die Beschaffenheit des Werkes übernommen hat.

Übersicht

A. Einleitung

I. Entwicklung

1 Im Zuge der Schuldrechtsreform zum 01.01.2002 wurde § 639 BGB weitreichend geändert (zuvor § 637 BGB a.F.). Während die Vorgängervorschrift noch die Nichtigkeit etwaiger Vereinbarungen über Gewährleistungsbeschränkungen vorsah, regelt § 639 BGB heute, dass sich der Unternehmer auf derartige Vereinbarungen in den in § 639 BGB aufgeführten Fällen »nicht [mehr] berufen« kann (vgl. zu den Rechtsfolgen im Detail Rdn. 27). Zudem wurde mit der Aufnahme von Beschaffenheitsgarantien der Anwendungsbereich von § 639 BGB wesentlich erweitert (Näheres siehe Rdn. 23 ff.). Zum 08.12.2004 erfolgte eine Lockerung zu Gunsten der Unternehmer. Bis dahin beschränkte § 639 BGB die Möglichkeit des Unternehmers, sich auf etwaige Ausschlüsse zu berufen, »wenn« ein Verschweigen oder eine Beschaffenheitsgarantie vorlag. Heute gilt diese Beschränkung lediglich, »soweit« Letzteres der Fall ist.[1] Im Zuge der Reform des Werkvertragsrechts zum 01.01.2018 blieb § 639 BGB unverändert.

II. Normzweck

2 Es steht den Vertragsparteien grundsätzlich frei, privatautonom über ihre Rechte zu disponieren und insbesondere auf diese zu verzichten. Ähnlich wie die kauf- bzw. mietvertraglichen Regelungen in den §§ 444, 536d BGB beschränkt § 639 BGB aber die Möglichkeit des Unternehmers, sich auf eine vertragliche Einschränkung der Mängelrechte zu berufen, soweit der Unternehmer das Vorliegen des Mangels arglistig verschwiegen hat. Anders als im Mietrecht (§ 536d BGB) tritt dieselbe Rechtsfolge zudem ein, soweit der Unternehmer dem Besteller eine bestimmte Beschaffenheit garantiert hat.

3 Die Norm schützt den Besteller folglich, durch Täuschung oder in sonstiger Weise an der Geltendmachung seiner Gewährleistungsrechte gehindert zu werden. Gleichzeitig stärkt die Vorschrift die Bedeutung der Parteivereinbarung, indem sie den Bestand von Beschaffenheitsgarantien schützt. Im

---

1 Vgl. Art. 1 Nr. 6 Gesetz zur Änderung der Vorschriften über Fernabsatzverträge bei Finanzdienstleistungen v. 02.12.2004, BGBl. 2004 I S. 3102.

Kern ist § 639 BGB damit eine Ausprägung des in § 242 BGB verankerten Verbots widersprüchlichen Verhaltens.[2]

B. Anwendungsbereich

I. Sachlicher Anwendungsbereich:

1. »Vereinbarung« hinsichtlich »eines Mangels«

4 § 639 BGB setzt eine »Vereinbarung« hinsichtlich »eines Mangels« voraus. Diese Vereinbarungen können formlos sein, sodass die Vorschrift auch auf mündliche oder konkludente Vereinbarungen anwendbar ist. Auch wenn § 639 BGB dem Wortlaut nach eine »Vereinbarung« der Parteien voraussetzt und damit die Notwendigkeit einer wechselseitigen Erklärung impliziert, erfasst die Regelung auch einseitige Verzichtserklärungen des Bestellers.[3] Auch müssen sich die Vereinbarungen, anders als der Wortlaut des § 639 BGB vermuten lässt, nicht auf die Rechte des Bestellers bezüglich »eines« bestimmten Mangels beziehen. Der § 639 BGB findet gerade bei (den ohnehin häufigeren) pauschalen Beschränkungen bzw. Ausschlüssen der Gewährleistungsrechte Anwendung.

2. Ausschluss oder Beschränkung von Rechten des Bestellers

5 § 639 BGB ist auf sämtliche Vereinbarungen anwendbar, durch die der Besteller schlechter gestellt werden soll, als es nach den gesetzlichen Regelungen in §§ 633 ff. BGB der Fall wäre.[4] Wurden dem Besteller hingegen zunächst durch eine gesonderte vertragliche Vereinbarung besonders weitreichende Rechte zugestanden und soll eine spätere Vereinbarung diese Rechte wieder beschränken, steht § 639 BGB dem nicht entgegen.[5]

6 Die Vereinbarung im Sinne von § 639 BGB ist von etwaigen Beschaffenheitsvereinbarungen hinsichtlich der geschuldeten Leistung im Sinne von § 633 Abs. 2 S. 2 BGB abzugrenzen. Vereinbaren die Parteien eine hinter den Anforderungen an die gewöhnliche Verwendung bzw. hinter üblichen Eigenschaften der Werkleistung zurückbleibende Beschaffenheit, stellt dies keine Beschränkung der Gewährleistungsrechte im Sinne des § 639 BGB dar.[6] Soweit Vereinbarungen den Leistungsgegenstand im Sinne einer Beschaffenheitsvereinbarung unmittelbar festlegen, findet nach § 307 Abs. 3 S. 1 BGB zudem keine Inhaltskontrolle statt.[7] Dann sind lediglich die Grenzen der §§ 138, 242 BGB sowie im Falle allgemeiner Geschäftsbedingungen die Transparenzanforderungen des § 307 Abs. 1 S. 2 BGB zu beachten.

7 Eine negative Beschaffenheitsvereinbarung kann indirekt eine Haftungsbegrenzung sein. Dies ist der Fall, wenn der Unternehmer ein verwendungstaugliches Werk verspricht, er dieses aber zugleich in einer Art und Weise deklariert, die der Verwendungstauglichkeit letztlich entgegensteht und den Besteller dementsprechend von der Geltendmachung von Gewährleistungsansprüchen abhalten soll (Bsp.: »Pfuscharbeit«, »Notlösung«, »keine Dauerlösung«).[8] Solche Einschränkungen der Beschaffenheit können nach § 307 Abs. 3 S. 2 BGB einen Verstoß gegen das Transparenzgebot des § 307 Abs. 1 S. 2 BGB darstellen. Widerspricht eine in vorformulierten Vertragsklauseln enthaltene Beschaffenheitsvereinbarung der berechtigten Erwartungshaltung des Bestellers, wird diese Klausel zudem nach § 305c Abs. 1 BGB als überraschende Klausel nicht Vertragsbestandteil. Geschuldet ist dann die übliche Beschaffenheit im Sinne von § 633 Abs. 2 S. 2 BGB. Gleichsam widersprechen

---

2 MüKo-BGB/Busche, § 639 Rn. 2; Raab, in: Dauner-Lieb/Langen, BGB – Schuldrecht, 4. Aufl. 2021, § 639 Rn. 4.

3 Messerschmidt, in: Messerschmidt/Voit, Privates Baurecht, § 639 BGB, Rn. 18.

4 Leupertz/Popescu, in: Staudinger, BGB, NB 2024, § 639 Rn. 7.

5 Grüneberg/Retzlaff, BGB, § 639 Rn. 5; MüKo-BGB/Busche, § 639 Rn. 3.

6 Leupertz/Halfmeier, in: PWW, BGB, § 639 Rn. 2; Grüneberg/Retzlaff berg, BGB, § 639 Rn. 2.

7 BGH, Urt. v. 12.03.2014 – IV ZR 295/13, NJW 2014, 1658; Grüneberg/Grüneberg, BGB, § 307 Rn. 44; MüKo-BGB/Busche, § 307 Rn. 13.

8 Vgl. MüKo-BGB/Lorenz, § 476 Rn. 9.

solche Klauseln dem funktionalen Mangelbegriff und sind daher nur in engen Grenzen und mit deutlichen Hinweisen als Individualabrede möglich.[9]

Zu Art oder Schwere der vom Haftungsausschluss betroffenen Mängel enthält § 639 BGB keine Einschränkungen. Die Norm gilt mithin bei jeder Art von Mangel, egal ob unwesentlich oder wesentlich. Darüber hinaus erfasst die Vorschrift nicht nur den Ausschluss von Mängelrechten, sondern auch sonstige Beschränkungen bei deren Ausübung durch den Besteller.[10] Der Unternehmer kann die Geltendmachung der Mängelrechte z.B. nicht von einer Selbstbeteiligung abhängig machen oder die Ausübung auf die vorherige Inanspruchnahme Dritter beschränken.[11] 8

Da sich § 639 BGB auf Beschränkungen sämtlicher Mängelrechte bezieht, erfasst die Vorschrift auch sog. entfernten Mangelfolgeschäden, solange die Rechtsfolge an das Bestehen von Mängeln anknüpft.[12] Demgegenüber hat die Anknüpfung an »Mängelrechte« zur Folge, dass Ansprüche aus Nebenpflichtverletzungen (§§ 280 Abs. 1, 241 Abs. 2, 242 BGB) nicht den Beschränkungen des § 639 BGB unterliegen.[13] In diesen Fällen geht es nicht um Rechte *wegen* eines Mangels. 9

Soweit § 639 BGB nicht eingreift, sind bei Haftungsbeschränkungen ergänzend die §§ 138, 242, 276 Abs. 3 und 202 BGB zu berücksichtigen. Liegt eine Beschränkung in Gestalt von allgemeinen Geschäftsbedingungen vor, gelten zudem die Vorschriften der AGB-Kontrolle (§§ 305 ff. BGB). 10

II. Zeitlicher Anwendungsbereich

§ 639 BGB findet auch dann Anwendung, wenn die beschränkende Vereinbarung erst nach Vertragsschluss getroffen wird.[14] Etwas anderes gilt hingegen auf Grund von § 640 Abs. 3 BGB, wenn der Besteller einen Mangel bei der Abnahme kannte. Dann ist die Geltendmachung von Mängelrechten insoweit bereits nach dem Gesetz ausgeschlossen, sodass vertragliche Vereinbarungen dahingehend unerheblich sind. Liegt kein Fall des § 640 Abs. 3 BGB vor, findet § 639 BGB auf Vereinbarungen oder Erklärungen Anwendung, die nach der Abnahme getroffen bzw. abgegeben wurden.[15] 11

C. Arglistiges Verschweigen von Mängeln

I. Arglistiges Verschweigen durch den Unternehmer

1. Kenntnis des Unternehmers

a) Kenntnisnahme durch den Unternehmer

Die erste Alternative des § 639 BGB setzt ein arglistiges Verschweigen von Mängeln durch den Unternehmer voraus. Also muss dem Unternehmer das Vorliegen des jeweiligen Mangels bekannt sein. Es genügt aber bereits, wenn dem Unternehmer Umstände bekannt sind, die bei objektiver Betrachtung auf das Vorliegen eines Mangels schließen lassen und der Unternehmer dies nicht näher hinterfragt.[16] Der Kenntnis steht es nach dem Normzweck des § 639 BGB außerdem gleich, wenn sich der Unternehmer bewusst einer Kenntnisnahme verschließt, indem er erforderliche Kontrollen 12

---

9 Vgl. hierzu BGH, Urt. v. 11.11.1999 – VII ZR 403/97, BauR 2000, 411; BGH, Urt. v. 08.11.2007 – VII ZR 183/05, BauR 2008, 344; sowie ausführlich Peters, NZBau 2013, 129.

10 Leupertz/Popescu, in: Staudinger, BGB NB 2024, § 639 Rn. 7; Messerschmidt, in: Messerschmidt/Voit, Privates Baurecht, § 639 BGB, Rn. 13.

11 BeckOGK/Rast, Stand 01.01.2025, § 639 BGB, Rn. 7.

12 Leupertz/Halfmeier, in: PWW, BGB, § 639 Rn. 3.

13 BeckOGK/Rast, Stand 01.01.2025, § 639 BGB, Rn. 11.

14 MüKo-BGB/Busche, § 639 Rn. 3; Grüneberg/Retzlaff, BGB, § 639 Rn. 4.

15 Grüneberg/Retzlaff, BGB, § 639 Rn. 4.

16 BGH, Urt. v. 07.07.1989 – V ZR 21/88 – NJW 1990, 42; BGH, Urt. v. 05.08.2010 – VII ZR 46/09 – NZBau 2010, 771.

unterlässt.[17] Arglist in Hinsicht auf die Mangelhaftigkeit eines Werkes soll auch dann vorliegen, wenn es der Unternehmer bei arbeitsteiliger Herstellung des Werkes unterlässt, die notwendigen organisatorischen Voraussetzungen zu schaffen, um sachgerecht beurteilen zu können, ob das Werk mangelfrei ist.[18] Der Unternehmer ist daher gehalten, den Herstellungsprozess angemessen zu überwachen und das Werk (spätestens) bei Abnahme auch seinerseits auf Mangelfreiheit zu überprüfen.[19] Die Indizwirkung selbst gravierender Mängel darf indes nicht überbewertet werden, da sich im Nachhinein nahezu jeder denkbare Baumangel für den Fall einer anderen – besseren – Kontrolle des Herstellungsprozesses als vermeidbar darstellt.[20] Eine Indizwirkung kann mithin nur solchen Mängeln zukommen, die bei einer üblichen Kontrolle dermaßen offensichtlich sind, dass sie dem fachkundigen Betrachter »ins Auge springen« und dies mit einfacher Nachlässigkeit nicht mehr erklärlich ist.[21] Arglist liegt auch vor, wenn sich der Unternehmer »ins Blaue hinein« zu der Beschaffenheit des Werkes äußert.[22] Handelt der Unternehmer hingegen lediglich fahrlässig, erfüllt dies den Tatbestand des § 639 BGB nicht.[23] Ob dem Unternehmer ein einmal bekannt gewesener Mangel im Zeitpunkt der Vereinbarung noch bewusst ist, spielt keine Rolle.[24]

b) Wissenszurechnung

13 Für das Wissen sonstiger Personen aus dem Machtbereich des Unternehmers gilt Ähnliches. Gemäß § 166 Abs. 1 BGB sind dem Unternehmer die Erkenntnisse von Vertretern zuzurechnen. Bei anderen Personen, die der Unternehmer nicht mit eigener Verhandlungsmacht ausstattet und die daher keine Stellvertreter sind, die er aber als Werkzeug zur Übergabe des Werkes oder für die Überwachung der Ausführung einsetzt, erfolgt die Zurechnung in entsprechender Anwendung von § 278 BGB.[25]

14 Problematisch ist die Wissenszurechnung bei sonstigen Mitarbeitern, die lediglich im Zuge der Erstellung des Werkes mit der Ausführung von Arbeiten betraut sind, aber keine Überwachungsfunktion wahrnehmen und nicht im Rahmen der Übergabe mit dem Vertragspartner in Kontakt treten. Vereinzelt wird vertreten, der Unternehmer habe für die Kenntnis sämtlicher Hilfspersonen einzustehen, die für ihn an der Herstellung des Werkes mitwirken.[26] Der Bundesgerichtshof beschränkt die Zurechnung hingegen auf den oben genannten Personenkreis und nimmt darüber hinaus nur dort ein arglistiges Verschweigen des Unternehmers an, wo ihm ein Organisationsverschulden bei der Überwachung der Ausführungsarbeiten vorzuwerfen ist.[27] Hält der Unternehmer seine Mitarbeiter nicht zur Mitteilung an oder wirkt er gerade darauf hin, dass keine Mitteilung erfolgt, ist dies bewusstem Verschließen gleichzusetzen (vgl. Rdn. 12). Die Zurechnung der Erkenntnisse von

17 BGH, Urt. v. 08.03.2012 – VII ZR 116/10, NJW 2012, 1653; BGH, Urt. v. 30.11.2004 – X ZR 43/03 (OLG Naumburg), NJW 2005, 893; BGH, Urt. v. 23.05.2002 – VII ZR 219/01, NJW 2002, 2776; BGH, Urt. v. 12.03.1992 – VII ZR 5/91, NJW 1992, 1754.

18 OLG Düsseldorf, Urt. v. 15.05.2018 – 21 U 63/17, BeckRS 2018, 17821.

19 OLG Düsseldorf, a.a.O.

20 OLG Düsseldorf, a.a.O.

21 Zu diesem Maßstab: OLG Brandenburg, Urt. v. 02.03.2023 – 12 U 78/22, NJW-RR 2023, 799; LG Hof, Urt. v. 21.02.2022 – 35 O 5/20, BeckRS 2022, 58892; bestätigt: OLG Bamberg, Beschl. v. 10.10.2022 – 3 U 61/22; BGH, Beschl. v. 08.11.2023 – VII ZR 200/22 (Nichtzulassungsbeschwerde zurückgewiesen), BeckRS 2022, 58891.

22 OLG Koblenz, Urt. v. 06.04.2009 – 12 U 1495/07, BauR 2010, 1092.

23 BGH, Urt. v. 22.07.2010 – VII ZR 77/08, BauR 2010, 1959; OLG Celle, Urt. v. 07.12.2006 – 13 U 145/06, BauR 2007, 2074.

24 Leupertz/Popescu, in: Staudinger, BGB, NB 2024, § 639 Rn. 14.

25 BGH, Urt. v. 30.10.2013 – VII ZR 339/12, NZBau 2014, 31; BGH, Urt. v. 30.11.2004 – X ZR 43/03, NJW 2005, 893; BGH, Urt. v. 20.12.1973 – VII ZR 184/72, BauR 1974, 130.

26 Leupertz/Popescu, in: Staudinger, BGB, NB 2024, § 639 Rn. 15 f. Für eine eingeschränkte Zurechnung demgegenüber neben der Rechtsprechung BeckOGK/Rast, Stand: 01.01.2025, § 639 BGB, Rn. 48; Messerschmidt, in: Messerschmidt/Voit, Privates Baurecht, § 639 BGB, Rn. 27; BeckOK BGB/Voit, 73. Ed. 2024, § 639 BGB, Rn. 5.

27 BGH, Urt. v. 12.03.1992 – VII ZR 5/91, BauR 1992, 500.

Mitarbeitern ist nicht uneingeschränkt. Unbeachtlich sind etwa Kenntnisse von Mitarbeitern, bei denen sich die Kenntniserlangung als zufällig darstellt und in keinem inneren Zusammenhang mit deren eigentlichem Aufgabenbereich steht.[28]

Dem Besteller dürfen keine Nachteile durch die Einschaltung von **Subunternehmern** entstehen. 15
Der Unternehmer ist in diesen Fällen besonders verpflichtet, die erforderlichen organisatorischen Voraussetzungen zu schaffen, um sachgerecht beurteilen zu können, ob das vom Subunternehmer hergestellte Werk mangelfrei ist.[29] Inwiefern der Unternehmer die Tätigkeit des Subunternehmers tatsächlich überwacht, ist unbeachtlich. Eine arglistige Täuschung durch den Subunternehmer schließt eine Zurechnung der Kenntnis zu Lasten des Unternehmers nicht aus.[30] Denn der Unternehmer schuf dieses Täuschungsrisiko durch die Einschaltung des Dritten selbst. Das gilt sogar dann, wenn der Unternehmer die Täuschung durch den Subunternehmer bei ordnungsgemäßer Überwachung nicht hätte erkennen können; denn andernfalls würde der Besteller die Nachteile der arbeitsteiligen Organisation der Vorgehensweise des Unternehmers tragen.[31]

In jüngerer Zeit wird vermehrt gefordert, die Kenntniszurechnung bei der Einschaltung von Sub- 16
unternehmern auf die Fälle »grober Organisationsverletzungen« durch den Unternehmer zu beschränken.[32] Zu dem Organisationsverschulden des Unternehmers müsse der Vorwurf hinzutreten, sich durch die mangelnde Überwachung aktiv der Kenntnisnahme entziehen zu wollen.[33] Dieser Ansatz verkennt allerdings, dass sich im Rahmen des § 639 BGB der Vorwurf auf das arglistige Verschweigen gegenüber dem Besteller bezieht, nicht aber auf das arglistige Verhindern der eigenen Kenntnisnahme. Ohne die Einschaltung Dritter soll es für die von § 639 BGB vorausgesetzte Kenntnis des Unternehmers genügen, wenn dieser das Vorliegen von Mängeln billigend in Kauf nimmt (bedingter Vorsatz).[34] Damit stützt sich der Vorwurf ohne Einschaltung Dritter im Wesentlichen auf eine subjektive Komponente. Daher ist es nicht überzeugend, bei der Einschaltung Dritter als objektive Komponente das Hinzutreten einer »groben Organisationspflichtverletzung« zu fordern. Letzteres kann allenfalls als Indiz im Rahmen der Darlegungs- und Beweislast eine Rolle spielen. Nachdem das arbeitsteilige Vorgehen des Unternehmers den Besteller nicht belasten darf, muss es für die Anwendung von § 639 BGB bei mehrstufigen Vertragsbeziehungen genügen, wenn der Unternehmer die Mangelhaftigkeit der Leistung des Subunternehmers billigend in Kauf nimmt, was trotz Wahrung der objektiven Organisations- und Überwachungsobliegenheiten möglich bleibt.

2. Verschweigen durch den Unternehmer

§ 639 BGB setzt voraus, dass der Unternehmer den von ihm erkannten oder von ihm zu erkennenden 17
Mangel gegenüber dem Besteller verschweigt. Problematisch ist, inwiefern ein Verschweigen das Bestehen einer Offenbarungspflicht voraussetzt. Nach teilweise vertretener Ansicht ist eine gesonderte Offenbarungspflicht entbehrlich, da bereits § 639 BGB die Pflicht zur Offenbarung enthalte.[35] Die

28 BeckOK BGB/Voit, 73. Ed. 2024, § 639 BGB, Rn. 5; kritisch hingegen Leupertz/Popescu, in: Staudinger, BGB, NB 2024, § 639 Rn. 15 f.

29 BGH, Urt. v. 12.10.2006 – VII ZR 272/05, NZBau 2007, 96; BGH, Urt. v. 30.11.2004 – X ZR 43/03, BauR 2005, 550; BGH, Urt. v. 12.03.1992 – VII ZR 5/91, BauR 1992, 500.

30 BGH, Urt. v. 15.01.1976 – VII ZR 96/74, BauR 1976, 131; BGH, Urt. v. 20.12.1973– VII ZR 184/72, BauR 1974, 130.

31 BGH, Urt. v. 12.10.2006 – VII ZR 272/05, NZBau 2007, 96.

32 BeckOK BGB/Voit, 61. Ed. 2022, § 639 Rn. 6; Jagenburg, in: FS Mantscheff (2000), S. 120 ff.; Knipp, BauR 2007, 944, 949; Messerschmidt, in: Messerschmidt/Voit, Privates Baurecht, § 639 BGB, Rn. 30.

33 BGH, Urt. v. 22.07.2010 – VII ZR 77/08, BauR 2010, 1959; BeckOK BGB/Voit, 61. Ed. 2022, § 639 Rn. 6.

34 BeckOK BGB/Voit, 73. Ed. 2024, § 639 Rn. 3; BGH, Urt. v. 07.07.1989 – V ZR 21/88, NJW 1990, 42.

35 Vgl. BeckOK BGB/Voit, 73. Ed. 2024, § 639 Rn. 8; Teichmann, in: Soergel, BGB, 12. Aufl. 1997, § 637 BGB a.F., Rn. 10.

Rechtsprechung setzt hingegen das Bestehen einer eigenständigen Offenbarungspflicht voraus.[36] Die Annahme einer echten Offenbarungs(neben)pflicht würde aber stets die Haftung für etwaige Pflichtverletzungen und damit einen eigenen Schadenersatzanspruch begründen. Daraus lässt sich schließen, dass für die Anwendbarkeit von § 639 BGB keine eigene Offenbarungspflicht vorliegen muss (wohl aber kann), sondern § 639 BGB bei erkannten Mängeln das Bestehen einer Offenbarungspflicht impliziert.

18 In zeitlicher Hinsicht kommt es wegen der Vorleistungspflicht des Unternehmers und des im Werkvertragsrecht bestehenden Abnahmeerfordernisses auf den Moment der Abnahme an.[37] Bis zu diesem Zeitpunkt obliegt es dem Unternehmer als Teil seiner Herstellungspflicht, erkannte Mängel zu beheben.[38] Schließen die Parteien erst nach der Abnahme eine haftungsbeschränkende Vereinbarung, kommt es für das Verschweigen des Unternehmers auf diesen Zeitpunkt an.[39]

19 Erlangt der Unternehmer erst nach Abschluss der von § 639 BGB angesprochenen »Vereinbarung« Kenntnis von dem Bestehen eines Mangels, hindert ihn dies nicht daran, sich weiterhin auf die Haftungsprivilegierung zu berufen.

20 Das Verschweigen des Unternehmers ist in verschiedenen Formen vorstellbar. Es muss vor allem nicht in einem Unterlassen bestehen, sondern kann sich – etwa im Falle des Vortäuschens der Mangelfreiheit – gleichsam als aktive Handlung darstellen.[40]

3. Arglist des Unternehmers

21 Verschweigt der Unternehmer das Vorliegen eines Mangels, genügt dies noch nicht, um die Rechtsfolge des § 639 BGB auszulösen. Das Schweigen des Unternehmers muss »arglistig« sein. Arglist liegt bereits vor, wenn der Unternehmer die Unkenntnis des Bestellers billigend in Kauf nimmt (bedingter Vorsatz). Wie sich der Besteller nach Auffassung des Unternehmers in Kenntnis des Mangels verhalten würde, insbesondere ob er nach der Vorstellung des Unternehmers tatsächlich versuchen würde, Gewährleistungsrechte geltend zu machen, ist hingegen unbeachtlich.[41] Unbeachtlich ist zudem, ob der Unternehmer in Schädigungsabsicht handelt oder einen eigenen Vorteil verfolgt.[42]

II. Keine Kenntnis des Bestellers

22 Die Rechtsfolge des § 639 BGB tritt nicht ein, sofern der Besteller im Zeitpunkt der Vereinbarung nicht schutzwürdig ist. Sie entfällt, sobald und soweit auf Seiten des Bestellers in zweifacher Hinsicht eine qualifizierte Kenntnisnahme bezüglich des Vorliegens von Mängeln gegeben ist. Das setzt zum einen voraus, dass der Besteller den Mangel des Werks positiv erkannt hat.[43] Erlangt der Besteller vor der Abnahme des Werkes Kenntnis von einem Mangel, kann er gem. § 640 Abs. 3 BGB auch ohne gesonderte Vereinbarung die Mängelrechte aus §§ 634 Nr. 1 bis 3 BGB verlieren, sodass sich § 639 BGB in diesen Fällen lediglich auf den Schadenersatzanspruch aus § 634 Nr. 4 BGB beziehen kann.[44] Um die Schutzwürdigkeit einzubüßen, muss der Besteller nicht nur die äußerlichen Mangel-

36 BGH, Urt. v. 30.11.2004 – X ZR 43/03, NJW 2005, 893. Zustimmend Leupertz/Halfmeier, in: PWW, BGB, § 639 Rn. 4; Leupertz/Popescu, in: Staudinger, BGB, NB 2019, § 639 Rn. 12.

37 Vgl. BGH, Urt. v. 20.12.1973 – VII ZR 184/72, NJW 1974, 553; Schwenker/Rodemann, in: Erman, BGB, § 639 Rn. 6.

38 BeckOK BGB/Voit, 73. Ed. 2024, § 639 Rn. 10.

39 Leupertz/Halfmeier, in: PWW, BGB, § 639 Rn. 4.

40 Leupertz/Popescu, in: Staudinger, BGB, NB 2019, § 639 Rn. 17; MüKo-BGB/Busche, § 634a Rn. 40.

41 BeckOK BGB/Voit, 73. Ed. 2024, § 639 Rn. 13. A.A.: Teichmann, in: Soergel, BGB, 12. Aufl. 1999, § 637 Rn. 13.

42 BGH, Urt. v. 23.05.2002 – VII ZR 219/01, NJW 2002, 2776; BGH, Urt. v. 08.03.2012 – VII ZR 116/10, BauR 2012, 942; BGH, Urt. v. 05.12.1985 – VII ZR 5/85, NJW 1986, 980.

43 BeckOGK/Rast, Stand: 01.01.2025, § 639 BGB, Rn. 38; Messerschmidt, in: Messerschmidt/Voit, Privates Baurecht, § 639 BGB, Rn. 28.

44 BeckOK BGB/Voit, 73. Ed. 2024, § 639 Rn. 14.

erscheinungen erkannt haben, sondern sich darüber hinaus der Bedeutung und Tragweite der Mangelsymptome bewusst sein (Fallbeispiel: Setzungsrisse)[45]. Es genügt also nicht, wenn der Besteller ein bestimmtes äußeres Merkmal des Werkes, welches objektiv betrachtet einen Mangel darstellt, wahrgenommen hat. Der Besteller muss darüber hinaus verstanden haben, dass die vom Unternehmer hergestellte Sache auf Grund des wahrgenommenen Merkmals von der geschuldeten Beschaffenheit abweicht. Diese Abweichung muss der Besteller zudem qualitativ bewerten können und sich einen Eindruck davon gemacht haben, wie stark ihn der Mangel in der Nutzung des Werkes beeinträchtigt. Will der Unternehmer rechtssicher einen Gewährleistungsverzicht vereinbaren, setzt das folglich voraus, den Besteller vorab hinreichend über die möglichen Konsequenzen des betreffenden Mangels aufzuklären.

D. Beschaffenheitsgarantien

An das Verbot widersprüchlicher Verhaltensweisen anknüpfend, versagt § 639 BGB dem Unternehmer die Berufung auf Haftungsausschlüsse bezüglich solcher Teile der Leistung, hinsichtlich derer er eine Beschaffenheitsgarantie übernommen hat. Dabei ist zwischen Beschaffenheitsvereinbarungen und Beschaffenheitsgarantien zu unterscheiden. Die Feststellung einer Beschaffenheitsgarantie erfordert stets eine Auslegung im Einzelfall, wobei nur die Beschaffenheitsvereinbarung in § 633 Abs. 2 S. 1 BGB gesetzlich normiert ist. Für die Abgrenzung gilt: Während eine Beschaffenheitsvereinbarung im Sinne von § 633 Abs. 2 S. 1 BGB lediglich die vertragliche Festsetzung eines bestimmten Leistungssolls zum Gegenstand hat, geht die Vereinbarung einer Beschaffenheitsgarantie darüber hinaus. Bei einer Beschaffenheitsgarantie verpflichtet sich der Unternehmer, verschuldensunabhängig für das Vorhandensein bestimmter Eigenschaften einzutreten.[46] Der Besteller kann gegenüber dem Unternehmer bei einer Beschaffenheitsgarantie also nicht nur die Gewährleistungsrechte aus § 634 Nr. 1–3 BGB geltend machen, sondern muss dem Unternehmer selbst für Schadenersatzforderungen nach § 634 Nr. 4 BGB kein Verschulden nachweisen.[47] Angesichts dieser Haftungsverschärfung sind an das Vorliegen einer Beschaffenheitsgarantie strenge Maßstäbe zu stellen.[48] Inhaltlich sichert der Unternehmer durch die Abgabe einer Beschaffenheitsgarantie entweder das unbedingte Bestehen einer bestimmten Eigenschaft im Zeitpunkt der Abnahme zu oder verspricht das Fortbestehen einer Eigenschaft für einen bestimmten Zeitraum (Haltbarkeitsgarantie). 23

Die Bezeichnung als Garantie ist dabei für sich genommen kein alleinentscheidendes Abgrenzungskriterium.[49] Der Unternehmer sichert mit einer Garantieerklärung nicht zwangsläufig eine unbeschränkte Haftung zu. Mangels einer gesetzlichen Regelung entscheidet der Garantiegeber vielmehr selbst über den Umfang seiner Zusage.[50] Innerhalb der Reichweite einer solchen freiwilligen Garantie steht § 639 BGB allerdings weiteren Haftungsausschlüssen entgegen. Sichert der Verkäufer einer Immobilie deren »Kernsanierung« zu, vereinbaren die Parteien mindestens die anerkannten Regeln der Technik. In Bezug auf diese Eigenschaften kann kein wirksamer Haftungsausschluss vereinbart werden.[51] 24

§ 639 BGB gilt nicht nur bei unselbstständigen Garantien, die an ein bestehendes Schuldverhältnis (insb. §§ 631, 633 BGB) anknüpfen, sondern in ähnlicher Weise bei selbstständigen Garantien, mit denen der Garantiegeber dem Gläubiger unabhängig von einem sonstigen Schuldverhältnis bestimmte 25

45 BeckOK BGB/Voit, 73. Ed. 2024, § 639 Rn. 17.
46 BeckOK BGB/Voit, 73. Ed. 2024, § 639 Rn. 17; Grüneberg/Sprau, BGB, § 634 Rn. 17 f.
47 Leupertz/Halfmeier, in: PWW, BGB, § 639 Rn. 5; Raab, in: Dauner-Lieb/Langen, BGB – Schuldrecht, § 639 Rn. 15; BeckOK BGB/Voit, 58. Ed. 2020, § 639 Rn. 17.
48 BGH, Urt. v. 25.09.1975 – VII ZR 179/73, NJW 1976, 43.
49 BGH, Urt. v. 20.09.1973 – VII ZR 207/72, WM 1973, 1322.
50 BT-Drucks. 14/7052, S. 184; jurisPK-BGB/Genius, § 639 Rn. 21.
51 OLG München, Urt. v. 15.02.2022 – 28 U 2563/13 Bau; BGH, Beschl. v. 14.12.2022 – VII ZR 56/22 (Nichtzulassungsbeschwerde zurückgewiesen).

Eigenschaften zusichert.[52] Der Garantiegeber verspricht bei einer selbstständigen Garantie regelmäßig Eigenschaften, die über die Pflicht zur vertragsgemäßen Herstellung des Werks hinausgehen und häufig von Faktoren abhängen, die außerhalb des eigentlichen Werkes liegen.[53] Im Bereich des Bauvertragsrechts kommt als Inhalt selbstständiger Garantien etwa die Einhaltung einer bestimmten Bausumme,[54] die Erzielung eines bestimmten Ertrags[55] oder die vollkommene gesundheitliche Unbedenklichkeit bestimmter Materialien[56] in Frage. Die Haftung richtet sich im Falle einer selbstständigen Garantie allerdings nicht nach den § 633 ff. BGB, sondern basiert auf der Garantieerklärung als eigenständiger Haftungsgrundlage. Die Haftung reicht im Falle der selbstständigen Garantie so weit, wie es sich aus der Garantieerklärung selbst ergibt.

26 Selbstständige Garantieerklärungen unterliegen genauso wie unselbstständige Garantien dem in § 639 BGB angelegten Verbots widersprüchlicher Verhaltensweisen. Demnach kann die im Rahmen der selbstständigen Garantie versprochene Haftung zwar in gewisser Hinsicht beschränkt werden,[57] da es keinen gesetzlichen Haftungsmaßstab für selbstständige Garantien gibt. Derartige Beschränkungen dürfen allerdings dem Kern des Garantieversprechens nicht entgegenstehen, da ansonsten ein unzulässiges, widersprüchliches Verhalten vorliegen würde. Damit findet § 639 BGB allerdings nicht unmittelbar auf Garantieversprechen Anwendung. Ist das Garantieversprechen wegen einzelner Haftungsbeschränkungen in sich widersprüchlich, stellt sich vielmehr die im Wege der Auslegung zu beurteilende Frage, ob ein wirksames Garantieversprechen abgegeben wurde. Die Rechtsfolge geht hier also über die des § 639 BGB hinaus.

E. Rechtsfolge – Berufen auf Haftungsbeschränkung ausgeschlossen

27 Nach § 639 BGB kann sich der Unternehmer bei Vorliegen der dortigen Voraussetzungen nicht mehr auf etwaige Haftungsausschlüsse »berufen«. Anknüpfend an die Vorgängervorschrift wird dies von einigen noch immer als Anordnung der Nichtigkeit etwaiger Haftungsausschlüsse verstanden.[58] Das entspricht allerdings nicht dem Willen des Gesetzgebers, der die Teilunwirksamkeit ausdrücklich abschaffen wollte.[59] Die Rechtsfolge des § 639 BGB gilt außerdem nicht mehr, »wenn« eine arglistige Täuschung oder eine Beschaffenheitsgarantie vorliegt, sondern lediglich »soweit« die Täuschung wirkt bzw. die Beschaffenheitsgarantie reicht. Grundsätzlich kann sich der Unternehmer im Übrigen also weiterhin auf den vereinbarten Haftungsausschluss berufen. Der Wirksamkeit des Haftungsausschlusses können in diesen Fällen allerdings andere Nichtigkeitsgründe entgegenstehen,[60] wobei insbesondere die Anfechtung nach § 123 BGB in Frage kommt.

28 Das arglistige Verschweigen eines Mangels lässt zudem nicht nur die Gewährleistungsrechte des Bestellers unberührt, sondern kann darüber hinaus eine Haftung aus weiteren Anspruchsgrundlagen begründen. Klärt der Unternehmer den Besteller nicht über einen seinerseits erkannten Mangel auf, kann dies eine Verletzung von Offenbarungspflichten und damit eine Nebenpflichtverletzung im Sinne von §§ 280 Abs. 1, 241 Abs. 2 BGB darstellen. Gehen von der Leistung des Unternehmers Gefahren für den Besteller aus, muss der Unternehmer den Besteller darauf hinweisen, um bereits die Entstehung von Schäden zu verhindern (vgl. insofern die sog. Sekundärhaftung[61] bei Architekten

52 Grüneberg/Retzlaff, BGB, § 639 Rn. 5; Leupertz/Halfmeier, in: PWW, BGB, § 639 Rn. 6.
53 Mundt, NZBau 2003, 73, 77.
54 BGH, Urt. v. 06.11.1986 – VII ZR 36/85, NJW-RR 1987, 274.
55 BGH, Urt. v. 08.02.1973 – VII ZR 208/70, BauR 1973, 191.
56 BGH, Urt. v. 19.10.1999 – X ZR 26/97, ZfBR 2000, 98.
57 Vgl. dazu Rdn. 26.
58 Leupertz/Popescu, in: Staudinger, BGB, NB 2024, § 639 Rn. 1; Messerschmidt, in: Messerschmidt/Voit, Privates Baurecht, § 639 BGB, Rn. 4.
59 BT-Drucks 14/6040, S. 240; i.E. ebenso Genius, in: jurisPK-BGB, § 639 Rn. 23.
60 MüKo-BGB/Busche, § 639 Rn. 10.
61 Dazu v. Rintelen, NZBau 2008, 209.

und Ingenieuren).[62] Handelt der Unternehmer im Zeitpunkt des Verschweigens mit Schädigungsvorsatz und in einer gegen die guten Sitten verstoßenden Weise, ist er dem Besteller nach § 826 BGB zum Schadenersatz verpflichtet. Dieser Anspruch unterliegt einer gesonderten Verjährung.

F. Abweichende Vereinbarungen

Um den Normzweck zu erfüllen, ist § 639 BGB selbst weder durch Formular- noch durch Individualvereinbarungen abdingbar.[63] Die Reichweite des § 639 BGB können die Parteien allerdings mittelbar beeinflussen, indem sie die Beschaffenheit entsprechend vereinbaren. Für eine nicht vereinbarte Beschaffenheit besteht in den Grenzen von § 633 Abs. 2 S. 2 BGB keine Haftung, weshalb insoweit keine Haftungsbeschränkung erforderlich ist. Erst recht muss keine der Parteien eine Beschaffenheitsgarantie übernehmen. Wird dies vom Besteller verlangt, steht die Reichweite der Beschaffenheitsgarantie zur Disposition der Parteien. Die Vereinbarung eines Haftungsausschlusses ist im Übrigen kaum angreifbar, sofern der Unternehmer vorab eine hinreichende Aufklärung des Bestellers über Art und das Ausmaß etwaiger Mängel sicherstellt. Bei der Beurteilung von Haftungsbeschränkungen in Formularvereinbarungen ist neben § 639 BGB jedoch § 309 BGB zu berücksichtigen, der im Einzelnen verschiedene Grenzen setzt.[64] Ist zwischen den Vertragsparteien die VOB/B vereinbart, bleibt § 639 BGB daneben unverändert anwendbar.[65] 29

G. Beweislast

Der Besteller hat die Kenntnis des Unternehmers vom Mangel zu beweisen.[66] Dabei kommt dem Besteller jedoch eine Beweiserleichterung zugute, wonach er nur darzulegen und zu beweisen hat, dass der Unternehmer den Mangel hätte feststellen müssen; den Unternehmer trifft dann die Darlegungslast hinsichtlich der ihn entlastenden Umstände.[67] Steht auf Seiten des Unternehmers die Zurechnung der Kenntnis Dritter in Frage, kann ein besonderes Ausmaß der Mangelerscheinungen ein grobes Organisationsverschulden des Unternehmers indizieren und die vorwerfbare Unkenntnis bzw. die billigende Inkaufnahme des Mangels im Sinne des § 639 BGB belegen.[68] Der Unternehmer trägt hingegen die Beweislast, sofern er sich unter Verweis auf die Kenntnis des Bestellers weiterhin auf die vereinbarte Haftungsbeschränkung berufen will.[69] 30

§ 640 Abnahme

(1) Der Besteller ist verpflichtet, das vertragsmäßig hergestellte Werk abzunehmen, sofern nicht nach der Beschaffenheit des Werkes die Abnahme ausgeschlossen ist. Wegen unwesentlicher Mängel kann die Abnahme nicht verweigert werden.

(2) Als abgenommen gilt ein Werk auch, wenn der Unternehmer dem Besteller nach Fertigstellung des Werks eine angemessene Frist zur Abnahme gesetzt hat und der Besteller die Abnahme nicht innerhalb dieser Frist unter Angabe mindestens eines Mangels verweigert hat. Ist der Besteller ein Verbraucher, so treten die Rechtsfolgen des Satzes 1 nur dann ein, wenn der Unternehmer den Besteller zusammen mit der Aufforderung zur Abnahme auf die Folgen einer nicht erklärten

62 BeckOK BGB/Voit, 73. Ed. 2024, § 639 Rn. 9.
63 MüKo-BGB/Busche, § 639 Rn. 2.
64 Hier insbesondere zu berücksichtigen: § 309 Nr. 3, 4, 5, 7, 8, 12, 13, 14. Siehe dazu Werner/Pastor, Der Bauprozess, Rn. 2642 ff.
65 Langen, in: Kapellmann/Messerschmidt, VOB-Kommentar Teil A/B, § 13 VOB/B, Rn. 489.
66 BGH, Urt. v. 10.07.1987 – V ZR 152/86, NJW-RR 1987, 1415.
67 BGH, Urt. v. 12.03.1992 – VII ZR 5/91, BauR 1992, 500.
68 BGH, Urt. v. 22.07.2010 – VII ZR 77/08, BauR 2010, 1959; BGH, Urt. v. 12.03.1992 – VII ZR 5/91, BauR 1992, 500; Neuhaus, MDR 2002, 131, 133.
69 Genius, in: JurisPK-BGB, § 639 Rn. 33; BGH, Urt. v. 12.11.2010 – V ZR 181/09, BauR 2011, 520 (für das Kaufrecht).

oder ohne Angabe von Mängeln verweigerten Abnahme hingewiesen hat; der Hinweis muss in Textform erfolgen.

(3) Nimmt der Besteller ein mangelhaftes Werk gemäß Absatz 1 Satz 1 ab, obschon er den Mangel kennt, so stehen ihm die in § 634 Nr. 1 bis 3 bezeichneten Rechte nur zu, wenn er sich seine Rechte wegen des Mangels bei der Abnahme vorbehält.

Übersicht

A. Allgemeines

I. Einführung

1 Die Abnahme ist die *»Annahme als Erfüllung«*[1] und somit der *»Dreh- und Angelpunkt«* eines jeden Bauvertrages.[2] Bis zur Abnahme befindet sich der Vertrag noch im Erfüllungsstadium, weshalb der BGH die Anwendung der werkvertraglichen Sekundäransprüche (Mängelansprüche nach § 634 BGB) auf die Zeit vor der Abnahme grundsätzlich abgelehnt hat.[3] Vor der Abnahme existiert das Werk nach der gesetzgeberischen Konzeption noch nicht als solches, sondern allenfalls »in Gedanken« des Unternehmers und wird erst mit der Abnahme zu dem versprochenen Werk, auf das sich die Parteien vorvertraglich verständigt hatten. Mit der Abnahme klärt sich also erst, ob das tatsächliche Werk der »gedanklichen« Konzeption der vertraglichen Vereinbarung entspricht. Durch die Abnahme

1 BGH, Urt. v. 20.02.1997 – VII ZR 288/94, NJW 1997, 1982; BGH, Urt. v. 04.06.1973 – VII ZR 112/71, NJW 1973, 1792; Thode, ZfBR 1999, 116.

2 BeckOK BGB/Voit, § 640 Rn. 1; Jagenburg, NJW 1974, 2264, 2265.

3 BGH, Urt. v. 19.01.2017 – VII ZR 193/15, BeckRS 2017, 102864; BGH, Urt. v. 19.01.2017 – VII ZR 235/15, NJW 2017, 1607; BGH, Urt. v. 19.01.2017 – VII ZR 301/13, NJW 2017, 1604.

billigt der Besteller das dargestellte Werk als dasjenige, das er zuvor »bestellt« hatte, sodass auch erst mit der Abnahme der Werklohnanspruch fällig wird, § 641 BGB (zuvor fällige Ansprüche auf Abschlagszahlungen sind nur Abschläge des einheitlichen Werklohnanspruches). Mit der Abnahme geht dann auch die Gefahr der zufälligen Beschädigung oder des zufälligen Untergangs gemäß § 644 BGB auf den Besteller über, damit verbunden auch die Darlegungs- und Beweislast für später erkannte Mängel.[4] Der Besteller kann Mängel- oder Vertragsstrafenansprüche verlieren, wenn er sie sich nicht bei Abnahme vorbehält, § 341 Abs. 3 BGB, § 640 Abs. 3 BGB.[5]

Seit Inkrafttreten des BGB ist deshalb die Abnahme auch als Pflicht des Bestellers, als *»Haupt[leistungs]pflicht«*[6], und nicht nur als Mitwirkungsobliegenheit ausgestaltet. Der Besteller ist deshalb zur Abnahme **verpflichtet**, sobald das Werk vertragsmäßig hergestellt ist (§ 640 Abs. 1 S. 1 BGB). Ist nach der Beschaffenheit des Werkes die Abnahme ausgeschlossen, so scheidet eine Abnahme nach § 640 Abs. 1 S. 1 BGB aus. An die Stelle der Abnahme tritt aber dann nach § 646 BGB die Vollendung des Werkes. Die Abnahmepflicht besteht seit dem Gesetz zur Beschleunigung fälliger Zahlungen vom 30.03.2000[7] auch, sofern das Werk lediglich unwesentliche Mängel hat, denn wegen unwesentlicher Mängel kann die Abnahme nicht verweigert werden (§ 640 Abs. 1 S. 2 BGB a.F.). Daneben führte das Gesetz mit § 640 Abs. 1 S. 3 BGB a.F. auch eine – zuvor nur in § 12 Abs. 5 VOB/B geregelte – Abnahmefiktion ein, wonach es der Abnahme gleichsteht, wenn der Besteller das Werk nicht innerhalb einer ihm vom Unternehmer bestimmten Frist abnimmt, obwohl er hierzu verpflichtet ist. Mit der gesetzlichen Neuregelung des Bauvertragsrechts im BGB zum 01.01.2018 wurde dieser bisherige § 640 Abs. 1 S. 3 BGB a.F. als § 640 Abs. 2 BGB neu gefasst und inhaltlich dahingehend ergänzt, dass die Abnahmefiktion nicht eingreift, wenn der Besteller innerhalb einer vom Unternehmer gesetzten Frist die Abnahme unter Angabe mindestens eines Mangels verweigert. Ist der Besteller ein Verbraucher, so tritt diese Rechtsfolge nur dann ein, wenn der Unternehmer den Besteller entsprechend in Textform auf die Folgen der nicht erklärten oder ohne Angabe von Mängeln verweigerten Abnahme hingewiesen hat. 2

Für den Verbrauchervertrag über die Herstellung digitaler Produkte gem. § 650 Abs. 2 – 4 BGB ist zu berücksichtigen, dass auf einen Verbrauchervertrag nach § 650 Abs. 2 S. 1 BGB die §§ 633 – 639 BGB über die Rechte bei Mängeln sowie § 640 BGB über die Abnahme nicht anzuwenden sind und an deren Stelle nach § 650 Abs. 2 S. 2 BGB die Vorschriften des Abschnitts 3 Titel 2a treten. Die §§ 641, 644 und 645 BGB sind dann mit der Maßgabe anzuwenden, dass nach § 650 Abs. 2 S. 3 BGB anstelle der Abnahme die Bereitstellung des digitalen Produkts nach § 327b Abs. 3 bis 5 BGB maßgeblich ist. 3

II. Entstehungsgeschichte

Mit dem gesetzlichen Bauvertragsrecht wurden die Regelungen über die Abnahme ausschließlich im Bereich der Abnahmefiktion (§ 640 Abs. 2 BGB) geändert. 4

Ursprünglich hatte § 640 BGB beim Inkrafttreten im Jahr 1900 folgenden Wortlaut: *»(1) Der Besteller ist verpflichtet, das vertragsmäßig hergestellte Werk abzunehmen, sofern nicht nach der Beschaffenheit des Werkes die Abnahme ausgeschlossen ist. (2) Nimmt der Besteller ein mangelhaftes Werk ab, obschon er den Mangel kennt, so stehen ihm die in §§ 633, 634 bestimmten Ansprüche nur zu, wenn er sich seine Rechte wegen des Mangels bei der Abnahme vorbehält.«* Die Abnahmewirkungen konnten also nur 5

---

4 BGH, Urt. v. 08.06.2004 – X ZR 7/02, BeckRS 2004, 07365; BGH, Urt. v. 24.10.1996 – VII ZR 98/94, NJW-RR 1997, 339.

5 BGH, Urt. v. 05.11.2015 – VII ZR 43/15, NJW 2016, 634; OLG Zweibrücken, Urt. v. 12.02.2015 – 6 U 40/13, BeckRS 2015, 9231.

6 BGH, Urt. v. 16.05.2019 – IX ZR 44/18, NJW 2019, 2166; BGH, Urt. v. 12.05.2016 – VII ZR 171/15, NJW 2016, 2878; BGH, Urt. v. 26.02.1981 – VII ZR 287/79, NJW 1981, 1448; BGH, Urt. v. 23.02.1989 – VII ZR 89/87, NJW 1989, 1602; Grüneberg/Retzlaff, BGB, § 640 Rn. 3; MüKo-BGB/Busche, § 640 Rn. 2.

7 BGBl. 2000 Teil I Nr. 14, S. 330.

mittels Willenshandlung des Bestellers eintreten. Eine Abnahmefiktion gegen oder ohne Willen des Bestellers enthielt das BGB nicht.

6 Mit dem Gesetz zur Beschleunigung fälliger Zahlungen vom 30.03.2000[8] wurden die Regelungen in inhaltlicher Hinsicht wesentlich geändert:

Absatz 1 wurde zunächst der folgende Satz angefügt: »*Wegen unwesentlicher Mängel kann die Abnahme nicht verweigert werden.*« Neben der Einführung eines gesetzlichen Anspruches auf Abschlagszahlungen in § 632a BGB wurde mit dem Gesetz somit auch geregelt, dass die Abnahme des Werkes nur wegen mehr als unwesentlicher Mängel versagt werden könne. Der Gesetzgeber versprach sich hierdurch eine Beschleunigung der Abnahme und damit auch der Fälligkeit von Werklohnforderungen.

Zudem wurde mit einem weiteren Satz in Absatz 1 (erstmals) eine Abnahmefiktion gesetzlich kodifiziert: »*Der Abnahme steht es gleich, wenn der Besteller das Werk nicht innerhalb einer ihm vom Unternehmer bestimmten angemessenen Frist abnimmt, obwohl er dazu verpflichtet ist.*« Redaktionell wurden zudem in Absatz 2 nach dem Wort »*Werk*« die Worte »*gemäß Absatz 1 Satz 1*« eingefügt, da sich der potenzielle Rechtsverlust nur auf die rechtsgeschäftliche Abnahme und nicht auf die Abnahmefiktion beziehen sollte.

Sinn und Zweck dieser Änderungen war es, die Rechtsposition des Unternehmers zu stärken, damit dieser mittels eines schlüssigen Tatsachenvortrages die Abnahmewirkung belegen kann und so die Fälligkeit von Werklohnansprüchen und letztlich deren beschleunigte Zahlung bewirken kann.[9] Es erschien aus damaliger Sicht unklar, wie sich die Rechtslage gestaltete, wenn der Besteller das abnahmefähige Werk nicht abnimmt.[10] Insofern wollte der Gesetzgeber dem Unternehmer einen Weg weisen, um bei einer Abnahmeweigerung des Bestellers doch noch ausreichenden Tatsachenvortrag für eine schlüssige Werklohnklage bringen zu können, indem der Unternehmer darlegt, das Werk fertiggestellt zu haben und dem Besteller eine angemessene Frist zur Abnahme gesetzt zu haben, auf die der Besteller nicht reagiert hat.

7 Diese Erwartung konnte sich in der Praxis nicht gänzlich erfüllen. So sollen sich nach Auffassung des Gesetzgebers Schwächen der Regelung in den Fällen gezeigt haben, in denen der Besteller auf das entsprechende Abnahmeverlangen negativ reagierte, die Abnahme also verweigerte, ohne allerdings konkrete Mängel zu benennen. In diesen Fällen könne – so die Gesetzesbegründung – die Fiktion dieser Regelungen nicht greifen, wodurch sich die Fälligkeit der Werklohnforderung hinausgeschoben haben solle. Insofern ließe sich oftmals nur nach einer entsprechenden Beweisaufnahme klären, ob im Zeitpunkt des Abnahmeverlangens tatsächlich wesentliche Mängel vorlagen, die den Besteller zu Abnahmeverweigerung berechtigt hätten oder ob dies nicht der Fall war, er also zur Abnahme verpflichtet gewesen wäre, wobei die Beweislast – wegen der fehlenden Abnahme – beim Unternehmer lag.[11]

8 Deshalb bezweckte der Gesetzgeber mit der gesetzlichen Neuregelung des Bauvertragsrechts zum 01.01.2018, die Möglichkeit der fiktiven Abnahme effektiver auszugestalten, um eine missbräuchliche Verweigerung der Abnahme auszuschließen. Es solle nicht mehr genügen, lediglich die Abnahme zu verweigern, vielmehr müsse der Besteller diese Abnahmeverweigerung mit mindestens einem Mangel begründen. Gemäß § 640 Abs. 2 S. 1 BGB tritt die Fiktion der Abnahme nach Auffassung des Gesetzgebers nur noch dann ein, wenn sich der Besteller überhaupt nicht zu dem Abnahmeverlangen des Bestellers äußert oder er die Abnahme ohne Benennung von Mängeln verweigert. Das Schweigen oder Nichtbenennen von Mängeln führt auch dann zur fiktiven Abnahme, wenn wesentliche Mängel vorhanden sind. Die bisherige Unterscheidung zwischen unwesentlichen und wesent-

8 BGBl. 2000 Teil I Nr. 14, S. 330.
9 Vgl. BT-Drs. 14/1246, S. 6; Motzke, NZBau 2000, 489; Peters, NZBau 2000, 169.
10 Thode, ZfBR 1999, 116.
11 Vgl. Gesetzentwurf der Bundesregierung, BR-Drs. 123/16, S. 50.

lichen Mängeln soll bei der Abnahmefiktion nach Auffassung des Gesetzgebers nicht mehr bestehen. Hinzu kommt in diesem Zusammenhang auch die Anforderung der Fertigstellung des Werkes.

Ob das rechtspolitische Ansinnen des Gesetzgebers geglückt ist, wird die Praxis zeigen. In der rechtswissenschaftlichen Literatur wurden jedenfalls bereits rechtspolitische Bedenken gegen die Regelung vorgebracht, vereinzelt wurde vom *»Aufweichen«* der Abnahmefiktion gesprochen.[12] Denn das in der Praxis entscheidende Problem, im Fall der Abnahmefiktion die Abnahmereife im Streitfall beweisen zu können, wird durch die Regelung nicht beseitigt. Hier hilft dem Unternehmer jetzt aber die Möglichkeit der Zustandsfeststellung nach § 650g BGB. 9

Die Vorschriften zur Abnahme werden bei Bauverträgen mit den Regelungen in § 650g BGB ergänzt, der in den Abs. 1 – 3 gesetzliche Regelungen zur Zustandsfeststellung für den Fall enthält, dass die Abnahme verweigert wird. Verweigert nämlich der Besteller die Abnahme unter Angabe von Mängeln, so hat er nach § 650g Abs. 1 S. 1 BGB auf Verlangen des Unternehmers an einer gemeinsamen Feststellung des Zustandes des Werkes mitzuwirken. Bleibt der Besteller einem vereinbarten oder einem vom Unternehmer innerhalb einer angemessenen Frist bestimmten Termin zur Zustandsfeststellung fern, so kann der Unternehmer die Zustandsfeststellung dann auch einseitig vornehmen, § 650g Abs. 2 S. 1 BGB. Dies gilt allerdings dann nicht, wenn der Besteller im Falle eines Umstandes fernbleibt, den er nicht zu vertreten hat und er dem Unternehmer diesen Grund unverzüglich mitgeteilt hat, § 650g Abs. 2 S. 2 BGB. Ferner bestimmt § 650g Abs. 4 BGB die Erteilung einer prüffähigen Schlussrechnung als zusätzliche Fälligkeitsvoraussetzung für den Vergütungsanspruch (wie aus der VOB/B bekannt). 10

Besteller, die Verbraucher sind, müssen nach § 640 Abs. 2 S. 2 BGB in Textform über die Möglichkeit der fiktiven Abnahme und deren Konsequenzen informiert werden. Diese Regelung kann nach § 650o BGB nicht zum Nachteil des Verbrauchers abbedungen werden. 11

B. Abnahmepflicht (Abs. 1)

Die Regelungen des § 640 Abs. 1 BGB wurden inhaltlich durch die gesetzliche Neuregelung des Bauvertragsrechts im BGB zum 01.01.2018 nicht geändert. Nur der bisherige § 640 Abs. 1 S. 3 BGB a.F. wurde – mit inhaltlicher Modifikation – geändert und in § 640 Abs. 2 BGB verschoben. 12

I. Vertragspflicht des Bestellers

Die Abnahme ist eine Hauptpflicht des Bestellers.[13] Schon in den Motiven des BGB wird die Verpflichtung des Bestellers, das Werk abzunehmen begründet; eine weitergehende Untersuchungs- und Anzeigepflicht des Bestellers (analog § 377 HGB) wurde abgelehnt.[14] Während hinsichtlich der vom Besteller vorzunehmenden Handlungen bei der Errichtung des Werkes immer noch Streit besteht, ob diese Mitwirkungspflichten oder (lediglich) Mitwirkungsobliegenheiten begründen (vgl. hierzu die zu § 642 BGB vertretenen Auffassungen), ist der Meinungsstand hinsichtlich der Abnahme**pflicht** des Bestellers insoweit eindeutig. 13

Der Verzug des Bestellers mit der Abnahme begründet deshalb sowohl einen Schuldnerverzug nach § 286 BGB als auch einen Annahmeverzug nach §§ 294 ff. BGB. Hierfür ist es erforderlich, dass die jeweiligen Voraussetzungen vorliegen, für den Gläubiger- und Schuldnerverzug die Aufforderung zur Abnahme und für den Schuldnerverzug darüber hinaus noch Mahnung und Vertretenmüssen.

12 Kimpel, NZBau 2016, 734; Orlowski, ZfBR 2016, 419, 421; Reinelt, BauR 2016, 1; Tschäpe/Werner, ZfBR 2017, 419, 421.

13 BGH, Urt. v. 16.05.2019 – IX ZR 44/18, NJW 2019, 2166; BGH, Urt. v. 12.05.2016 – VII ZR 171/15, NJW 2016, 2878; BGH, Urt. v. 23.02.1989 – VII ZR 89/87, NJW 1989, 1602; BGH, Urt. v. 26.02.1981 – VII ZR 287/79, NJW 1981, 1448; Grüneberg/Retzlaff, BGB, § 640 Rn. 3; MüKo-BGB/Busche, § 640 Rn. 2.

14 Motive, zitiert nach Mugdan, S. 640 zum damaligen § 572-Entwurf.

Insofern geht bei einer pflichtwidrig nicht erteilten Abnahme die Vergütungsgefahr nach § 644 Abs. 1 S. 2 BGB auf den Besteller über und der Besteller ist im Wege des Schadensersatzes nach § 286 Abs. 1 BGB verpflichtet, den Unternehmer so zu stellen, wie er bei pflichtgemäßer Abnahme durch den Besteller stünde: Der Werklohn wird fällig. Einer gesonderten »Klage auf Abnahme« bedarf es hingegen nicht, zwar ist der Anspruch auf Abnahme selbständig einklagbar[15], die Klage ist aber nicht notwendig, um den Werklohnanspruch geltend zu machen. Letztlich steht also die »verzögerte« Abnahme oder »unberechtigte« Abnahmeverweigerung insofern der Abnahme gleich, die rechtlichen Wirkungen der Abnahme treten also auch bei unberechtigter Verweigerung der Abnahme ein.[16]

Allerdings hat der Unternehmer bei einer unterlassenen Abnahme die Darlegungs- und Beweislast, dass zum Zeitpunkt des Abnahmeverlangens die Abnahmevoraussetzungen vorlagen. Insofern geht **praktisch** – anders als bei der erfolgten Abnahme – die Darlegungs- und Beweislast für die Mangelhaftigkeit bzw. -freiheit nicht vom Unternehmer auf den Besteller über.

Fraglich ist zudem, ob die Verjährungsfrist nach § 634a Abs. 2 BGB auch mit der Abnahmeverweigerung beginnt. Bei der ernsthaften und endgültigen Abnahmeverweigerung dürfte dies anzunehmen sein. Bei der treuwidrigen oder irrtümlichen Abnahmeverweigerung unter Verweis auf vermeintlich bestehende Mängel (aber eben nicht tatsächlich bestehende, sonst wäre die Abnahmeverweigerung berechtigt) könnte der Rechtsgedanke des § 162 BGB heranzuziehen sein (ansonsten § 640 Abs. 2 BGB).[17]

Verweigert der Besteller die Abnahme vorläufig zu Recht, treten die Abnahmewirkungen erst mit erfolgter Abnahme (in der Regel nach entsprechenden Mängelbeseitigungsarbeiten) ein.[18]

14 Die Abnahmepflicht besteht lediglich dann gemäß § 640 Abs. 1 S. 1 Hs. 2 BGB nicht, sofern nach der Beschaffenheit des Werkes eine Abnahme ausgeschlossen ist. Derartige nicht abnahmefähige Werke können nach der Parteivereinbarung oder der Verkehrssitte solche sein, bei denen eine Abnahme unüblich oder sinnlos ist, weil hier eine Nacherfüllung von vornherein nicht in Betracht kommen kann. Hierzu können beispielsweise reine Überwachungsleistungen oder auch freie künstlerische Werkleistungen zählen, bei denen dann die Vollendung des Werkes an die Stelle der Abnahme tritt, § 646 BGB. Bau- und Architekten- sowie (Fach-)planerleistungen sind regelmäßig abnahmefähig.[19]

II. Voraussetzung: Vertragsgemäße Herstellung

1. Abnahmereife

15 Voraussetzung der Abnahmepflicht ist die vertragsgemäße Herstellung des Werkes, in der Praxis oftmals als »Abnahmereife« bezeichnet. Wegen unwesentlicher Mängel kann die Abnahme nicht verweigert werden, vgl. § 640 Abs. 1 S. 2 BGB, d.h. das Vorhandensein von unwesentlichen Mängeln führt zwar dazu, dass das Werk nicht vertragsmäßig hergestellt ist, gleichwohl aber »abnahmereif« ist. Diese Diskrepanz führt dazu, dass der Besteller regelmäßig bei unwesentlichen Mängeln den primären Erfüllungsanspruch verliert und auf die sekundären Rechte des § 634 BGB verwiesen wird, die insoweit aber einen ausreichenden Ausgleich für den »verlorenen« Erfüllungsanspruch darstellen. Der Besteller ist des Weiteren auch nicht »schutzlos«: Er kann nach § 641 Abs. 3 BGB einen

15 BGH, Urt. v. 09.05.2019 – VII ZR 154/18, NZBau 2019, 572; BGH, Urt. v. 27.02.1996 – X ZR 3/94, NJW 1996, 1749; BGH, Urt. v. 26.02.1981 – VII ZR 287/79, NJW 1981, 1448; BeckOK BGB/Voit, § 640 Rn. 27; MüKo-BGB/Busche, § 640 Rn. 48 ff.

16 OLG Oldenburg, Urt. v. 11.12.2014 – 8 U 140/09, NJOZ 2015, 1417; Grüneberg/Retzlaff, BGB, § 640 Rn. 4; MüKo-BGB/Busche, § 640 Rn. 47.

17 Grüneberg/Retzlaff, BGB, § 640 Rn. 4; MüKo-BGB/Busche, § 640 Rn. 47.

18 Ibr-OK Bauvertragsrecht/Pause/Vogel, § 640 BGB Rn. 43; Thode, ZfBR 1999, 116.

19 BGH, Urt. v. 18.09.1967 – VII ZR 88/65, NJW 1967, 2259; BGH, Urt. v. 09.07.1962 – VII ZR 98/61, NJW 1962, 1764.

angemessenen Teil der Vergütung zurückhalten, jedenfalls sofern die Beseitigung des Mangels noch verlangt werden kann, der Unternehmer also nicht berechtigt ist, die Nacherfüllung gemäß §§ 275 Abs. 2, 3 BGB oder § 635 Abs. 2 BGB zu verweigern. Der Besteller kann wegen eines Mangels der Werkleistung auch dann ein Leistungsverweigerungsrecht gegenüber dem Unternehmer nach Eintritt der Verjährung der Mängelansprüche gemäß § 215 BGB geltend machen, wenn der Mangel bereits vor Ablauf der Verjährungsfrist in Erscheinung getreten ist und daher ein hierauf gestütztes Leistungsverweigerungsrecht bereits in nicht verjährter Zeit hätte geltend gemacht werden können.[20]

Eine Abnahme kann ausweislich der gesetzlichen Ausgangslage im Regelfall aber nur dann gefordert werden, wenn alle vertraglich geschuldeten Leistungen erbracht sind, wobei im Einzelfall aber schwierig abzugrenzen sein dürfte, ob es sich bei einem gerügten Mangel um eine fehlende Restleistung oder eine erbrachte Schlechtleistung handelt.[21] Bei einer Restleistung könnte argumentiert werden, eine Abnahmepflicht bestehe (noch) nicht, bei einer Schlechtleistung aber schon. Um diese Unterscheidung zu vermeiden, wird angeregt, Restleistungen und Schlechtleistungen im Hinblick auf die Abnahmepflicht gleichzustellen.[22] Hierfür spricht nicht nur Sinn und Zweck der Regelung, sondern auch der systematische Zusammenhang zu § 640 Abs. 2 BGB, der auf die »Fertigstellung« als Tatbestandsmerkmal abstellt, das Abs. 1 gerade nicht vorsieht. 16

2. Kündigung

Die vertragsgemäße Herstellung wird bei der Kündigung naturgemäß nicht gefordert. Der BGH entschied, dass auch nach der Kündigung eines Bauvertrages die Pflicht des Bestellers besteht, die bis zur Kündigung erbrachten Leistungen abzunehmen, sofern diese – außer ihrer fehlenden Fertigstellung – im Übrigen im Wesentlichen vertragsgemäß erbracht sind.[23] 17

3. Teilabnahmen

Das Gesetz regelt die Frage, ob Teilabnahmen zulässig sind oder verlangt werden können, nicht in § 640 BGB. Gesetzlich ist die Teilabnahme für Architekten- und Ingenieurverträge in § 650s BGB vorgesehen, demnach kann der Besteller von Architektenleistungen zur Teilabnahme von bestimmten Leistungen verpflichtet sein. Im Übrigen setzt eine Teilabnahme eine entsprechende Vereinbarung voraus. § 641 Abs. 1 S. 2 BGB setzt die Möglichkeit von Teilabnahmen voraus: *»Ist das Werk in Teilen abzunehmen und die Vergütung für die einzelnen Teile bestimmt, so ist die Vergütung für jeden Teil bei dessen Abnahme zu entrichten.«* In § 12 Abs. 2 VOB/B ist die Pflicht des Bestellers zur Abnahme von *»in sich abgeschlossenen Teilleistungen«* ausdrücklich geregelt. Im Rahmen der Privatautonomie sind die Vertragsparteien berechtigt, Teilabnahmen zu vereinbaren. Soweit ein Bauvertrag daher Teilabnahmen vorsieht, besteht eine Pflicht des Bestellers, sofern die entsprechenden Voraussetzungen vorliegen, mit den jeweiligen Wirkungen. 18

Das Gesetz regelt nicht, in welchen Fällen bei Bauverträgen eine Teilabnahme gefordert werden kann. In § 648a Abs. 2 BGB ist jetzt im Rahmen des Kündigungsrechts die Kündigung von *»abgrenzbaren«* Teile der geschuldeten Leistung geregelt worden (der Begriff *»abgrenzbar«* ist bewusst weiter gefasst als der *»in sich abgeschlossene«* Teil). Aus diesem Rechtsinstitut kann aber nicht geschlossen werden, dass das BGB für jeden abgrenzbaren Teil einer Leistung bei ungekündigtem Vertrag auch eine Teilabnahme zulässt. Dies würde den Interessen des Bestellers, grundsätzlich eine einheitliche Abnahme auszusprechen, zuwiderlaufen und zu zahlreichen rechtlichen Diskrepanzen im bestehenden 19

20 BGH, Urt. v. 05.11.2015 – VII ZR 144/14, NJW 2016, 52.

21 BGH, Urt. v. 20.10.2005 – VII ZR 155/04, NZBau 2006, 122; BGH, Urt. v. 25.02.1999 – VII ZR 190/97, NJW 1999, 2112.

22 BGH, Urt. v. 13.06.2006 – X ZR 167/04, NJW-RR 2006, 1309; BGH, Urt. v. 15.06.2000 – VII ZR 30/99, NJW 2000, 2818; BGH, Urt. v. 03.11.1992 – X ZR 83/90, NJW 1993, 1063; Vogel, BauR 2011, 313, 317 m.w.N.

23 BGH, Urt. v. 11.05.2006 – VII ZR 146/04, NJW 2006, 2475; BGH, Urt. v. 19.12.2002 – VII ZR 103/00, NJW 2003, 1450; BeckOK BGB/Voit, § 640 Rn. 4; Brügmann/Kenter, NJW 2003, 2121.

Bauvertrag führen (etwa unterschiedliche Darlegungs- und Beweislasten für einen einheitlichen Mangel, der in mehreren Teilen der Leistung auftritt). Insofern dürfte bei BGB-Verträgen in Ermangelung einer anderweitigen vertraglichen Regelung eine Teilabnahme nur bei funktional eingrenzbaren in sich geschlossenen Teilleistungen möglich sein.

III. Abnahmeerklärung und Abnahmeformen

20 Abnahme des Werkes bedeutet die körperliche Entgegennahme, verbunden mit der Billigung des Werkes als im Wesentlichen vertragsgemäße Leistung.[24] Nach diesem zweigliedrigen Abnahmebegriff bedarf es also sowohl einer Kundgebung nach außen hin (in Form einer körperlichen Entgegennahme oder einer Besitznahme) als auch einer ausdrücklichen oder stillschweigenden bzw. konkludenten rechtsgeschäftlichen Erklärung des Bestellers.[25] Bestrebungen, allein eine körperliche Fertigstellung der ausgeführten Leistung genügen zu lassen[26], wie auch das Abstellen allein auf die Billigung (sog. eingliedriger Abnahmebegriff)[27], konnten sich nicht durchsetzen. Zwar ist die Abnahme ohne Billigung des Bestellers nach § 640 Abs. 2 BGB als Abnahmefiktion anzusehen, hierdurch wird der zweigliedrige Abnahmebegriff aber nicht aufgegeben.

21 Die Abnahme setzt keinen Vertrag der Parteien voraus. Die Rechtsnatur der Abnahmeerklärung, ob diese eine empfangsbedürftige Willenserklärung oder eine geschäftsähnliche Handlung darstellt, auf welche die Regelungen über Willenserklärungen entsprechend anzuwenden sind, ist streitig[28], diese Frage ist jedoch mangels praktischer Auswirkungen rein akademisch. Jedenfalls sind auf die Abnahmeerklärung die Regelungen für Rechtsgeschäfte entsprechend anzuwenden, soweit nicht die besonderen werkvertraglichen Bestimmungen als lex specialis vorrangige Regelungen bereithalten.[29] So sind die allgemeinen Regelungen zur Geschäftsfähigkeit, zur Willenserklärung, zum Zugang, zur Anfechtung, zur Vollmacht, zur Genehmigung etc. anzuwenden.[30] Indes ist hinsichtlich der Anfechtbarkeit zu differenzieren, bei Irrtum oder arglistiger Täuschung über Mängel gelten grundsätzlich die werkvertraglichen Mängelrechte vorrangig: So soll die Abnahmeerklärung nach allgemeiner Meinung nicht angefochten werden können, jedenfalls nicht soweit sich der Irrtum des Bestellers auf die Beschaffenheit des Werkes oder Mängel beziehe.[31] Schließlich beziehen sich die Regelungen der Mängelhaftung auf eine Diskrepanz zwischen dem realisierten Werk und dem versprochenen Werk, regeln also unmittelbar einen »Irrtum« des Bestellers zu dem Zeitpunkt, zu dem er das realisierte Werk als das vermeintlich vertraglich versprochene Werk billigte (also zum Zeitpunkt der Abnahme).

In den Fällen, in denen der Besteller nach eingehender gutachterlicher Prüfung die Relevanz von Mängeln verkennt, liegt indes häufig kein Fall eines Irrtums, sondern ein Fall des § 640 Abs. 3 BGB (unterlassener Vorbehalt bei Kenntnis) vor.

---

24 BGH, Urt. v. 25.04.1996 – X ZR 59/94, NJW-RR 1996, 883; BGH, Urt. v. 29.06.1993 – X ZR 60/92, NJW-RR 1993, 1461; BGH, Urt. v. 25.03.1993 – X ZR 17/92, NJW 1993, 1972; BGH, Urt. v. 28.04.1992 – X ZR 27/91, NJW-RR 1992, 1078; BGH, Urt. v. 06.05.1968 – VII ZR 33/66, NJW 1968, 1524; BGH, Urt. v. 18.09.1967 – VII ZR 88/65, NJW 1967, 2259; Grüneberg/Retzlaff, BGB, § 640 Rn. 5; Messerschmidt/Voit/Messerschmidt, § 640 BGB Rn. 15.

25 Ibr-OK Bauvertragsrecht/Pause/Vogel, § 640 BGB Rn. 3; MüKo-BGB/Busche, § 640 Rn. 2.

26 Abschlussbericht der Kommission zur Überarbeitung des Schuldrechtes, 1992, zu § 640 BGB-KE S. 264.

27 BeckOK BGB/Voit, § 640 Rn. 18; Messerschmidt/Voit/Messerschmidt, § 640 BGB Rn. 17 f.; Peters, BauR 2013, 381.

28 OLG Stuttgart, Urt. v. 08.12.2010 – 4 U 67/10, NJW-RR 2011, 669; BeckOK BGB/Voit, § 640 Rn. 5; Messerschmidt/Voit/Messerschmidt, § 640 BGB Rn. 15 ff., 19; MüKo-BGB/Busche, § 640 Rn. 4.

29 Grüneberg/Retzlaff, BGB, § 640 Rn. 5; ibr-OK Bauvertragsrecht/Pause/Vogel, § 640 BGB Rn. 5.

30 Grüneberg/Retzlaff, BGB, § 640 Rn. 5; ibr-OK Bauvertragsrecht/Pause/Vogel, § 640 BGB Rn. 5 ff.

31 OLG München, Urt. v. 13.12.2011 – 9 U 2533/11, NJW 2012, 397; BeckOK BGB/Voit, § 640 Rn. 15; MüKo-BGB/Busche, § 640 Rn. 5.

Die Abnahme erfolgt regelmäßig formfrei, es sei denn, die Parteien haben eine förmliche Abnahme vereinbart, etwa nach § 12 Abs. 4 VOB/B.[32] Vereinbaren die Parteien (wirksam) die förmliche Abnahme, ist eine Abnahmefiktion nach § 12 Abs. 5 VOB/B oder eine konkludente Abnahme ausgeschlossen, ebenfalls ist eine Billigung des Werks durch Nutzung ausgeschlossen (weil die Parteien die Billigung gerade an die förmliche Erklärung gebunden haben). 22

Allerdings steht es den Parteien frei, das ursprünglich vereinbarte Erfordernis der förmlichen Abnahme nachträglich ausdrücklich oder konkludent wieder aufzuheben, wofür aber strenge Anforderungen gelten.[33] Auch bei vereinbarter Form einer Abnahme können die Parteien (einen entsprechenden Einigungswillen vorausgesetzt) die gewillkürte Schriftform ausdrücklich schriftlich oder mündlich oder sogar konkludent nachträglich abbedingen, insbesondere dann, wenn keine Partei auf der Durchführung einer förmlichen Abnahme besteht. Nach Auffassung des OLG Hamm steht die Rüge einer Vielzahl (streitiger) Mängel einem Verzichtswillen des Bestellers entgegen.[34] Eine konkludente Erklärung der Parteien, von der vereinbarten förmlichen Abnahme abzusehen, kann angenommen werden, wenn der Besteller nach Erhalt der Schlussrechnung die Rechnungsprüfung durchführt, ohne die fehlende Abnahme zu rügen.[35]

Ansonsten kann die Abnahme zwar formlos erklärt werden, regelmäßig erstellen die Vertragsparteien aber ein Abnahmeprotokoll, in welchem (etwa durch »Ankreuzen« oder »Streichen«) erklärt wird, ob die Leistung abgenommen wird oder nicht. Ferner werden die vorhandenen Mängel (ggf. mit abweichenden Bemerkungen des Unternehmers) und die Vorbehalte des Bestellers nach § 640 Abs. 3 BGB und § 341 Abs. 3 BGB aufgenommen.

Die Abnahme kann auch stillschweigend bzw. konkludent erklärt werden. Sie stellt ein Rechtsgeschäft dar, der Besteller erklärt die Abnahme nur nicht ausdrücklich, sondern durch schlüssiges Verhalten.[36] Eine konkludente Abnahme liegt regelmäßig dann vor, wenn aus dem nach außen in Erscheinung getretenen Verhalten des Bestellers der Schluss gezogen werden kann, der Besteller will das Werk als im Wesentlichen vertragsgemäß billigen.[37] Der Unternehmer muss das Werk übergeben haben und Anlass haben, es als abgeschlossen anzusehen, während das Verhalten des Bestellers den Schluss auf seinen Abnahmewillen zulassen muss.[38] Dies ist regelmäßig eine Frage des Einzelfalls.[39] Eine konkludente Abnahme kann regelmäßig nicht in der bloßen Ingebrauchnahme des Werkes 23

32 Grüneberg/Retzlaff, BGB, § 640 Rn. 5.

33 BGH, Urt. v. 22.12.2000 – VII ZR 310/99, NJW 2001, 818; BGH, Urt. v. 03.11.1992 – X ZR 83/90, NJW 1993, 1063; BGH, Urt. v. 21.04.1977 – VII ZR 108/76, BeckRS 1977, 31119227; OLG Naumburg, Urt. v. 16.12.2019 – 12 U 114/19, NZBau 2020, 504; OLG Frankfurt a.M., Urt. v. 19.08.2019 – 21 U 11/19, NJW 2020, 935; OLG Hamm, Urt. v. 30.04.2019 – 24 U 14/18, NJW 2019, 3240; OLG Bamberg, Urt. v. 09.12.2015 – 8 U 23/15, BeckRS 2016, 1606; OLG Düsseldorf, Urt. v. 04.02.2011 – 22 U 76/10, NJW-RR 2011, 597; OLG Hamm, Urt. v. 17.06.2008 – 19 U 152/04, BeckRS 2009, 24179; BeckOK BGB/Voit, § 640 Rn. 13.

34 OLG Hamm, Urt. v. 30.04.2019 – 24 U 14/18, NJW 2019, 3240; Jansen, NZBau 2020, 283.

35 BGH, Urt. v. 21.04.1977 – VII ZR 108/76, BeckRS 1977, 31119227; OLG Naumburg, Urt. v. 16.12.2019 – 12 U 114/19, NZBau 2020, 504; OLG Hamm, Urt. v. 30.04.2019 – 24 U 14/18, NJW 2019, 3240; Jansen, NZBau 2020, 283.

36 BGH, Urt. v. 26.09.2013 – VII ZR 220/12, NJW 2013, 3513; BGH, Urt. v. 25.02.2010 – VII ZR 64/09, NZBau 2010, 318; Grüneberg/Retzlaff, BGB, § 640 Rn. 8.

37 BGH, Urt. v. 21.02.2019 – I ZR 98/17, NJW 2019, 2322; BGH, Urt. v. 12.05.2016 – VII ZR 171/15, NJW 2016, 2878; BGH, Urt. v. 05.11.2015 – VII ZR 43/15, NJW 2016, 634; BGH, Urt. v. 26.09.2013 – VII ZR 220/12, NJW 2013, 3513; BGH, Urt. v. 25.02.2010 – VII ZR 64/09, NZBau 2010, 318; BGH, Urt. v. 25.04.1996 – X ZR 59/94, NJW-RR 1996, 883; BGH, Urt. v. 29.06.1993 – X ZR 60/92, NJW-RR 1993, 1461; Grüneberg/Retzlaff, BGB, § 640 Rn. 8 ff.

38 Grüneberg/Retzlaff, BGB, § 640 Rn. 9 f.

39 Beispiele: Vgl. Grüneberg/Retzlaff, BGB, § 640 Rn. 11.

durch den Besteller gesehen werden, hinzukommen muss in der Regel, dass der Besteller nicht zu erkennen gegeben hat, die Abnahme wegen wesentlicher Mängel verweigern zu wollen.[40]

Der konkludenten Abnahme steht die Vereinbarung einer förmlichen Abnahme oder eines schriftlichen Abnahmeverlangens nicht entgegen, wenn sich eindeutig ergibt, dass die Parteien auf die Förmlichkeit verzichten.[41]

IV. Satz 2: Wesentliche Mängel hindern die Abnahmepflicht des Bestellers

24 Die Einschränkung der Abnahmepflicht in § 640 Abs. 1 S. 2 BGB wurde durch das Gesetz zur Beschleunigung fälliger Zahlungen 2000 eingefügt. Bis dahin war der Besteller grundsätzlich berechtigt, auch bei noch nicht vollständiger, d.h. vollkommen mangelfreier (§ 633 BGB) Erstellung des Werkes die Abnahme zu verweigern, also auch (in engen Grenzen aus Treu und Glauben) bei kleinsten Mängeln. Die eingefügte Regelung orientierte sich an § 12 Abs. 3 VOB/B, der aus praktischen Erwägungen (zur Beschleunigung der Abwicklung von Bauvertragsverhältnissen) die Abnahmepflicht dahingehend ausdehnt, dass (nur) wegen wesentlichen Mängeln die Abnahme verweigert werden darf.[42]

25 Im Umkehrschluss zum Wortlaut in § 640 Abs. 1 S. 2 BGB ist nach allgemeiner Auffassung der Besteller bei BGB-Bauverträgen berechtigt, die Abnahme nur dann zu verweigern, wenn wesentliche Mängel vorliegen. Solange wesentliche Mängel an der Werkleistung vorliegen, ist der Besteller also nicht verpflichtet, das Werk abzunehmen.

26 Ob ein Mangel wesentlich oder unwesentlich ist, muss im Einzelfall unter Berücksichtigung der Verkehrsauffassung und nach Abwägung der beiderseitigen Interessen beurteilt werden.[43] Entscheidend ist, ob es unter Abwägung beider Interessen dem Besteller zumutbar ist, die Leistung als im Wesentlichen vertragsgemäß anzunehmen und ihn auf die Sekundäransprüche zu verweisen. Dabei kommt es auf die Höhe der Beseitigungskosten, die Auswirkung des Mangels auf die Funktionsfähigkeit und Gestaltung des Gesamtwerkes und das Ausmaß und die sich daraus ergebende Zumutbarkeit an, maßgeblich sind also Art, Umfang und Auswirkung des Mangels.[44] Zu berücksichtigen sind ferner der faktische (zeitliche und logistische) Aufwand für die Mängelbeseitigung, ein eventuelles Verschulden, die Auswirkungen auf die Gebrauchstauglichkeit und die Optik. Bei Bauleistungen kommt es maßgeblich auch darauf an, ob die Leistung infolge des Mangels weiterhin technisch funktionsfähig ist, den vereinbarten vertraglichen Leistungsparametern genügt und ob sie darüber hinaus noch eine (ggf. vorhandene) optische, ästhetische Funktion ausüben kann (bspw.

---

40 BGH, Urt. v. 05.11.2015 – VII ZR 43/15, NJW 2016, 634; BGH, Urt. v. 26.09.2013 – VII ZR 220/12, NJW 2013, 3513; BGH, Urt. v. 25.02.2010 – VII ZR 64/09, NZBau 2010, 318; Grüneberg/Retzlaff, BGB, § 640 Rn. 10; MüKo-BGB/Busche, § 640 Rn. 18.

41 BGH, Urt. v. 22.12.2000 – VII ZR 310/99, NJW 2001, 818; BGH, Urt. v. 03.11.1992 – X ZR 83/90, NJW 1993, 1063; OLG Düsseldorf, Urt. v. 18.12.2018 – I-22 U 93/18, BeckRS 2018, 46839.

42 MüKo-BGB/Busche, § 640 Rn. 12; Motzke, NZBau 2000, 489, 494.

43 BGH, Urt. v. 30.04.1992 – VII ZR 185/90, NJW 1992, 2481; BGH, Urt. v. 26.02.1981 – VII ZR 287/79, NJW 1981, 1448; OLG Brandenburg, Urt. v. 10.06.2020 – 11 U 120/17, BeckRS 2020, 12892; OLG Hamm, Urt. v. 30.04.2019 – I-24 U 14/18, BeckRS 2019, 14177; OLG Hamm, Urt. v. 18.01.2019 – I-12 U 54/18, NJW-RR 2019, 651; OLG Düsseldorf, Urt. v. 18.12.2018 – I-22 U 93/18, BeckRS 2018, 46839; Grüneberg/Retzlaff, BGB, § 640 Rn. 3; MüKo-BGB/Busche, § 640 Rn. 13.

44 BGH, Urt. v. 30.04.1992 – VII ZR 185/90, NJW 1992, 2481; BGH, Urt. v. 26.02.1981 – VII ZR 287/79, NJW 1981, 1448; OLG Brandenburg, Urt. v. 10.06.2020 – 11 U 120/17, BeckRS 2020, 12892; OLG Hamm, Urt. v. 30.04.2019 – I-24 U 14/18, BeckRS 2019, 14177; OLG Hamm, Urt. v. 18.01.2019 – I-12 U 54/18, NJW-RR 2019, 651; OLG Düsseldorf, Urt. v. 18.12.2018 – I-22 U 93/18, BeckRS 2018, 46839; Grüneberg/Retzlaff, BGB, § 640 Rn. 3; MüKo-BGB/Busche, § 640 Rn. 13.

Fassadenputz- oder Innenausbauarbeiten). Diese beiden Funktionen müssen separat, etwa anhand einer Punktematrix bewertet werden.

Auch eine Vielzahl unwesentlicher Mängel kann im Einzelfall in ihrer Gesamtheit einen wesentlichen Mangel darstellen, mehrere Mängel können also je für sich unwesentlich, zusammen aber wesentlich sein.[45]

Auch ausstehende Restarbeiten können trotz fehlender Fertigstellung im Übrigen unwesentlichen Mängeln gleichstehen.[46]

Die **Darlegungs- und Beweislast** obliegt in der Regel dem Unternehmer, da er die Tatbestands- 27 voraussetzungen des von ihm geltend gemachten Anspruchs auf Abnahme darlegen und im Streitfall beweisen muss.

Nimmt der Besteller das Werk »freiwillig« trotz wesentlicher Mängel ab, so bleibt die Abnahme 28 gleichwohl wirksam. Denn die Abnahmeweigerung bei wesentlichen Mängeln ist nicht verpflichtend, sie ist keine »Muss-Regelung«, sondern vielmehr eine »Kann-Regelung« zugunsten des Bestellers.[47] Hat sich der Besteller »geirrt«, ist die Rechtslage gleichwohl diffiziler, denn eine Anfechtung der Abnahmeerklärung wegen Irrtums scheidet regelmäßig aus.[48] Behält sich der Besteller bei der Abnahme nicht Ansprüche nach § 640 Abs. 3 BGB vor, so stehen ihm diese Rechte dann selbst bei wesentlichen Mängeln nicht mehr zu.

Verweigert der Besteller jedoch die Abnahme wegen wesentlicher Mängel zu Recht, so stehen dem 29 Besteller weiterhin sämtliche Erfüllungsansprüche zu, wie auch das Recht, die Zahlung des Werklohnes gemäß § 641 Abs. 3 BGB zu verweigern. Der Besteller braucht die Beseitigung der Mängel nicht zu verlangen, der Unternehmer ist schließlich ohnehin zur Herstellung des mangelfreien Werkes verpflichtet. Der Besteller kann aber auch nach § 323 BGB vorgehen und vom Vertrag zurücktreten. Alternativ kann der Besteller gemäß § 648 BGB bzw. § 648a BGB kündigen.

V. Satz 2: Unwesentliche Mängel hindern die Abnahmepflicht des Bestellers nicht

Liegen nur unwesentliche Mängel vor, so ist der Besteller nach § 640 Abs. 1 S. 2 BGB trotz der 30 fehlenden Vertragsgemäßheit des Werkes verpflichtet, die Werkleistungen abzunehmen. Die negative Formulierung des Gesetzes orientiert sich an der damals bereits bestehenden Regelung in § 12 Abs. 3 VOB/B[49] und griff die Rechtsprechung auf, wonach der Besteller trotz Mängeln nach Treu und Glauben verpflichtet gewesen sein sollte, eine Bauleistung abzunehmen, wenn der Mangel seiner Art, seinem Umfang und vor allem seinen Auswirkungen nach derart unbedeutend war, dass das Interesse des Bestellers an einer Beseitigung vor Abnahme nicht schützenswert gewesen sei.[50] Demnach war der Besteller sogar dann berechtigt, die Abnahme zu verweigern, wenn die Bauleistung auch nur geringste Mängel aufwies. Die Leistung war ursprünglich also nur dann abnahmereif, wenn sie vollständig und mangelfrei war. Die negative Formulierung diente der Vermeidung einer Beweislastumkehr.[51] Auch wenn die sprachlichen Bedenken gegen eine Gleichstellung nicht von der Hand zu weisen sind, dürfte der systematische Kontext zu § 12 Abs. 3 VOB/B insbesondere im Zusammenhang mit den gesetzgeberischen Intentionen dazu führen, sich inhaltlich an der damaligen Rechtsprechung zu § 12 Abs. 3 VOB/B zu orientieren.

---

45 OLG Hamm, Urt. v. 30.04.2019 – I-24 U 14/18, BeckRS 2019, 14177; Grüneberg/Retzlaff, BGB, § 640 Rn. 3; MüKo-BGB/Busche, § 640 Rn. 13.
46 Grüneberg/Retzlaff, BGB, § 640 Rn. 3.
47 Messerschmidt/Voit/Messerschmidt, § 640 BGB Rn. 105; vgl. auch Thode, ZfBR 1999, 116.
48 Siehe oben, Rdn. 21.
49 MüKo-BGB/Busche, § 640 Rn. 12; Motzke, NZBau 2000, 489, 494; Peters, NZBau 2000, 169.
50 BGH, Urt. v. 25.01.1996, VII ZR 26/95, NJW 1996, 1280.
51 Motzke, NZBau 2000, 489.

31 Nimmt der Besteller die Leistungen ab, obwohl noch (unwesentliche) Mängel vorliegen, so muss er sich die Rechte wegen erkannter Mängel nach § 640 Abs. 3 BGB vorbehalten.

Verweigert der Besteller die Abnahme, obwohl nur unwesentliche Mängel vorliegen, so ist die Abnahmeverweigerung pflichtwidrig.[52] Eine pflichtwidrige Abnahmeverweigerung ist unberechtigt und damit regelmäßig unbeachtlich. Zwar kann eine, wenn auch pflichtwidrige, eindeutige Erklärung nicht in ihr Gegenteil ausgelegt oder umgedeutet werden (§§ 133, 157 BGB), allerdings kann der Unternehmer in diesen Fällen nach § 640 Abs. 2 BGB vorgehen.[53] Hat der Unternehmer dem Besteller dann gemäß § 640 Abs. 2 BGB eine angemessene Frist gesetzt, steht die unberechtigte Abnahmeverweigerung nach allgemeiner Meinung der Abnahme gleich.[54]

Zu den Kriterien der Abgrenzung zwischen wesentlichen und unwesentlichen Mängeln siehe Rdn. 26.

VI. Abweichende Vereinbarungen

32 In Allgemeinen Geschäftsbedingungen des Unternehmers kann die Abnahmepflicht nicht an geringe Voraussetzungen gebunden werden. Ebenso ist es unzulässig, in Allgemeinen Geschäftsbedingungen des Unternehmers die Abnahmeerklärung zu fingieren und die Wirkungen der Abnahme an bestimmte Ereignisse wie etwa die Übergabe, die Ingebrauchnahme oder weitere Nutzung zu knüpfen.

33 In Allgemeinen Geschäftsbedingungen des Auftraggebers dürften Regelungen, welche die Abnahmepflicht zulasten des Unternehmers an strengere Voraussetzungen in qualitativer oder zeitlicher Hinsicht binden, ebenfalls regelmäßig unwirksam sein.

34 Klauseln in Bauträgerverträgen zur Abnahme des Gemeinschaftseigentums bei Wohnanlagen, wonach Dritte, vor allem Sachverständige, oder auch aus der Mitte der Erwerber zu wählende Vertreter für die Abnahme des Gemeinschaftseigentums bevollmächtigt werden, wurden in der Praxis bei vielen Bauvorhaben in allgemeinen Geschäftsbedingungen verwendet und sind weiterhin problematisch. Nach dem BGH halten diese Abnahmeklauseln einer AGB-Inhaltskontrolle nicht stand.[55] Dies hat zur Folge, dass keine wirksame Abnahme des Gemeinschaftseigentums besteht und damit die Gewährleistungsfrist nicht beginnt. Es kommt zu einem zeitlich unbegrenzten Erfüllungsstadium mit der Pflicht des Bauträgers zur mangelfreien Herstellung des Gemeinschaftseigentums. Die Erwerber können nichtsdestotrotz Mängelrechte geltend machen, die Verjährungsfrist beginnt jedoch nicht, die Mängelrechte können also wegen der fehlenden Abnahme nicht verjähren. Als Verwender einer unwirksamen Klausel kann der Bauträger sich auch regelmäßig nicht zu seinen Gunsten auf deren Unwirksamkeit berufen, er kann sich also gegenüber den Erwerbern nicht auf die fehlende Abnahme berufen. Diese Rechtslage zu einer zeitlich unbegrenzten Haftung kann den Bauträger entscheidend belasten. Nunmehr zeigt sich vereinzelt eine Korrektur dieser Rechtsprechung dahingehend, die Haftung des Bauträgers einzugrenzen.[56] Dazu wird den Erwerbern im Einzelfall unter Bezugnahme auf den Grundsatz von Treu und Glauben nach § 242 BGB verwehrt, sich auf eine unwirksame

52 Messerschmidt/Voit/Messerschmidt, § 640 BGB Rn. 107; MüKo-BGB/Busche, § 640 Rn. 47.

53 Grüneberg/Retzlaff, BGB, § 640 Rn. 4.

54 Messerschmidt/Voit/Messerschmidt, § 640 BGB Rn. 107.

55 BGH, Urt. v. 26.03.2026 – VII ZR 68/24, BeckRS 2026, 5527; BGH, Urt. v. 30.06.2016 – VII ZR 188/13, ZfBR 2016, 772; BGH, Urt. v. 12.05.2016 – VII ZR 171/15, ZfBR 2016, 664; BGH, Urt. v. 25.02.2016 – VII ZR 49/15, ZfBR 2016, 452.

56 BGH, Urt. v. 26.03.2026 – VII ZR 68/24, BeckRS 2026, 5527; BGH, Urt. v. 09.11.2023 – VII ZR 241/22, ZfBR 2024, 221; OLG Stuttgart, Urt. v. 06.06.2024 – 13 U 419/19, ZfBR 2024, 532; OLG Stuttgart, Urt. v. 02.04.2024 – 10 U 13/23, ZfBR 2024, 515; OLG München, Beschl. v. 01.12.2023 – 28 U 3344/23 Bau e, ZfBR 2024, 402; OLG München, Hinweisbeschl. v. 19.10.2023 – 28 U 3344/23 Bau e, BeckRS 2023, 31609; OLG Schleswig, Urt. v. 18.11.2022 – 1 U 42/21, ZfBR 2023, 249; LG München I, Urt. v. 13.07.2023 – 2 O 1924/22, BeckRS 2023, 17307; zu den neuen Entwicklungen in der Rechtsprechung bzgl. der Begrenzung der Mängelhaftung bei unwirksamen Abnahmeklauseln im Einzelnen: Tschäpe/Trefzger, ZfBR 2024, 486; ZfBR 2022, 523; auch BeckOGK/Kögl, § 640 BGB Rn. 397 ff., 408 ff.

Abnahmeklausel zu berufen. Der BGH stellte klar, dass für die Durchsetzbarkeit des Kostenvorschussanspruchs wegen Mängeln des Gemeinschaftseigentums eine zeitliche Obergrenze von 30 Jahren ab dem Zeitpunkt der infolge der Unwirksamkeit der Abnahmeklausel fehlgeschlagenen Abnahme gilt.[57]

C. Abnahmefiktion Nachfristsetzung (Abs. 2)

I. Allgemeines

1. Entstehungsgeschichte

Die Regelung der Abnahmefiktion wurde mit der gesetzlichen Neuregelung des Bauvertragsrechts zum 01.01.2018 geändert und findet auf Verträge Anwendung, die nach dem 01.01.2018 geschlossen wurden. Zur angeblichen Erleichterung des Unternehmers hat der Gesetzgeber die Voraussetzungen der bislang in § 640 Abs. 1 S. 3 BGB a.F. und nunmehr in § 640 Abs. 2 BGB geregelten »fiktiven Abnahme« geringfügig modifiziert. Der bisherige Abs. 1 S. 3 wurde dabei sprachlich ergänzt und systematisch in Abs. 2 verschoben. Der bisherige Abs. 2 wurde – inhaltlich unverändert – zum neuen Abs. 3. 35

Nach § 640 Abs. 1 S. 3 BGB a.F. wird die Abnahme »fingiert«, d.h. die Abnahme erfolgt ohne Abnahmewillen des Bestellers. Bislang waren hierfür folgende Tatbestandsvoraussetzungen notwendig: 36
- Abnahmereife Leistung (Leistung ohne wesentliche Mängel),
- Setzung einer angemessenen Frist zur Abnahme durch den Unternehmer,
- Keine Abnahmeerklärung durch den Besteller.

Der Gesetzgeber war der Auffassung, dass die bisherige Abnahmefiktion in Abs. 1 S. 3 sich zwar grundsätzlich »bewährt« habe, allerdings nicht ausreichend ausgestaltet worden sei. In der Praxis sollen sich Schwächen der Regelung gezeigt haben. Denn die Fälligkeit der Werklohnforderung werde, so die amtliche Begründung, hinausgeschoben, wenn der Besteller nach entsprechender Fristsetzung die Abnahme verweigere, ohne die von ihm beanstandeten Mängel zu benennen. In diesen Fällen greife die Fiktion nicht, sodass erst nach einer längeren Zeit im Rahmen eines Gerichtsverfahrens geklärt werden könne, ob im Zeitpunkt des Abnahmeverlangens tatsächlich wesentliche Mängel vorlagen oder nicht. Deshalb müsse der Besteller jetzt innerhalb der vom Unternehmer gesetzten angemessenen Frist die Abnahme unter Nennung mindestens eines konkreten Mangels verweigern, sonst gelte die Abnahme als erteilt. 37

Diese Auffassung des Gesetzgebers war aber auch schon vor dem Hintergrund der früheren Rechtslage falsch, denn die Abnahmefiktion trat **unabhängig** vom Willen des Bestellers ein, der vom Besteller geäußerte Wille war also unbeachtlich, insbesondere war also auch dessen Abnahmeverweigerung unbeachtlich, wenn sie nicht berechtigt war, insbesondere wenn keine wesentlichen Mängel vorlagen, denn wegen unwesentlicher Mängel durfte die Abnahme ja nicht verweigert werden. Es kam nur darauf an, dass der Besteller das (abnahmefähige) Werk nicht innerhalb der gesetzten Frist positiv durch Willenserklärung abnahm.[58] 38

Überdies galt auch schon zum Zeitpunkt der Einführung der Abnahmefiktion, dass der Besteller bei einer unberechtigten Abnahmeverweigerung mit der Abnahme in Schuldner- und Gläubigerverzug geriet. In der Folge hatte er (auch schon damals) den Unternehmer so zu stellen, als wenn er abgenommen hätte (§ 286 Abs. 1 BGB), sodass der Werklohnanspruch fällig wurde. Insofern bedurfte es der Abnahmefiktion schon zu deren erstmaliger gesetzlichen Regelung im Jahr 2000 für die wesentlichen Abnahmewirkungen streng genommen gar nicht, wenn der Unternehmer den Besteller zur Abnahme aufgefordert hatte (was für die Abnahmefiktion auch erforderlich ist) und 39

57 BGH, Urt. v. 26.03.2026 – VII ZR 68/24, BeckRS 2026, 5527.

58 Ibr-OK Bauvertragsrecht/Pause/Vogel, § 640 BGB Rn. 67; Kimpel, NZBau 2016, 734, 735.

der Unternehmer den Besteller sodann mahnte, zumal dieser parallel auch in Gläubigerverzug geriet, mit den entsprechenden Folgen, z.B. nach § 644 Abs. 1 S. 2 BGB.[59] Diese Rechtslage wird durch die Neuregelung eigentlich auch nicht tangiert, worauf die Gemeinsame Stellungnahme Bau zu Recht hinweist.[60] Denn nach alter – wie auch nach aktueller Regelung – ist letztlich allein entscheidend, ob das Werk »fertig« ist, ob also die Werkleistung abgeschlossen ist. Nach altem Recht entsprach dies dem Begriff der »Abnahmereife«, nach aktuellem Recht (bei kleineren Unterschieden) dem Begriff der *»Fertigstellung«*.

40 Die dem Unternehmer hierbei obliegende Darlegungs- und Beweislast wurde durch die gesetzliche Neuregelung bewusst nicht korrigiert. Hier hilft dem Bauunternehmer aber das Rechtsinstitut der *»Zustandsfeststellung«* in § 650g BGB.

41 Einzig diejenigen (in der Praxis aber seltenen) Fälle, in denen der Besteller ohne Angaben von Mängeln die Abnahme verweigert, werden von Abs. 2 aufgefangen, **ohne** dass der Unternehmer dann die Abnahmereife **beweisen** muss, selbst sogar dann, wenn wesentliche Mängel vorliegen.

42 Führt der Besteller aber (mindestens) einen (nach Auffassung des Gesetzgebers reicht sogar ein nur unwesentlicher) Mangel an und verweigert deshalb die Abnahme, so verschlechtert sich – jedenfalls nach Auffassung des Gesetzgebers – die Rechtslage zulasten des Unternehmers. Denn er kann sich nicht auf eine von ihm zu beweisende objektiv vorliegende Abnahmereife berufen.

43 Genau diese Beweisschwierigkeiten waren jedoch auch der Ausgangspunkt der Thesen des Dritten Deutschen Baugerichtstages, auf die die eingeführten Regelungen zurückgeführt werden können.[61] Dem Baugerichtstag ging es entscheidend darum, die **Beweislast** für die Abnahmereife mittels einer Zustandsfeststellung zu reduzieren, die Abnahmefiktion an sich aber unverändert zu belassen (*»Auch die Regelung über die fiktive Abnahme in § 640 Abs. 1 S. 3 BGB soll unverändert bleiben«*).[62] Dieser Ansatz wurde im Ergebnis aber nicht umgesetzt. Letztlich wird deshalb sogar vertreten, die Möglichkeit des Unternehmers, über die Abnahmefiktion eine erleichterte Abnahme zu erhalten, sei vereitelt worden, da schon alleine die Abnahmeverweigerung unter Nennung eines Mangels zum Verlust der Abnahmefiktion geführt habe.[63]

44 Zusammenfassend sind nach der gesetzlichen Neuregelung des Bauvertragsrechts folgende Tatbestandsvoraussetzungen für die Abnahmefiktion nach § 640 Abs. 2 BGB erforderlich:
- Fertigstellung der Leistung,
- Setzung einer angemessenen Frist zur Abnahme durch den Unternehmer,
- keine Abnahmeverweigerung unter Nennung eines Mangels durch den Besteller.

2. Sinn und Zweck

45 Durch die Fristsetzung kann der Unternehmer eine »fiktive« Abnahme bzw. eine Abnahmefiktion herbeiführen. Der Unterschied zu der Abnahme nach § 640 Abs. 1 BGB liegt darin, dass es bei der Abnahmefiktion nach Absatz 2 keiner rechtsgeschäftlichen Erklärung des Bestellers bedarf und auch keiner körperlichen Entgegennahme. Die Abnahmefiktion tritt deshalb ohne oder sogar gegen den ausdrücklichen Willen des Bestellers ein und soll dem Unternehmer ermöglichen, einen schlüssigen Tatsachenvortrag für eine Werklohnklage zu liefern. Zwar könnte der Unternehmer die Abnahme mahnen und seine Leistung dem Besteller anbieten, sodass dieser in Schuldner- und Gläubigerverzug geraten würde. Hierdurch verlagert sich zwar die Gefahr, auch die Werklohnforderung könnte fällig

59 Peters, NZBau 2000, 169.

60 Gemeinsame Stellungnahme Bau der Deutschen Bauindustrie und des Deutschen Baugewerbes, S. 9 unter Ziff. 8.

61 Thesen des 3. Baugerichtstages, 2010, Arbeitskreis I Bauvertragsrecht These 3.

62 Allerdings stimmte der 4. Baugerichtstag dem Entwurfs-Konzept mit »deutlicher« Mehrheit unter ausdrücklicher Aufgabe der Empfehlungen des 3. Baugerichtstages zu: Empfehlungen des 4. Baugerichtstages 2012, AK I, 9. Empfehlung.

63 Kimpel, NZBau 2016, 734; Reinelt, BauR 2016, 1; Tschäpe/Werner, ZfBR 2017, 419, 421.

werden. Eine unterlassene Abnahme oder eine unberechtigte Abnahmeverweigerung stehen der Abnahme aber auch im Hinblick auf die restlichen Abnahmewirkungen (wie Beginn der Verjährungsfrist für Mängelansprüche etc.) nur dann völlig gleich, wenn der Unternehmer nach Absatz 2 vorgegangen ist und dessen Tatbestandsvoraussetzungen vorliegen.

II. Voraussetzungen der Abnahmefiktion (Abs. 2 Satz 1)

1. Fertigstellung des Werkes

Ein Vorgehen nach § 640 Abs. 2 BGB ist nur möglich, wenn das Werk **fertiggestellt** ist. 46

Diese Voraussetzung ist mit der gesetzlichen Neuregelung des Bauvertragsrechts zum 01.01.2018 47 in das BGB aufgenommen worden. Durch die Einführung dieses Kriteriums hat sich die in der früheren Rechtslage tatsächlich oft schwierig zu entscheidende Frage, ob das Werk abnahmereif ist oder nicht, zwar erledigt, ersetzt wurde diese Problematik aber durch die Frage, ob das Werk fertiggestellt ist oder nicht. Nach früherer Rechtslage sollte die fingierte Abnahme eine Abnahme**pflicht** des Bestellers voraussetzen, somit Abnahmereife, d.h. ein bis auf unwesentliche Mängel vertragsgemäß hergestelltes Werk, erfordern.[64]

Nach der Vorstellung des Gesetzgebers ist das Werk fertiggestellt, wenn das Werk nach der vertrag- 48 lichen Vereinbarung der Parteien als »fertig« anzusehen ist. Dies soll dann der Fall sein, wenn die vertraglichen Leistungen abgearbeitet bzw. erbracht sind, unabhängig davon, ob (auch wesentliche) Mängel vorliegen oder nicht.[65] Eine Fertigstellung setzt nicht voraus, dass sämtliche Arbeiten erbracht und alle wesentlichen Mängel behoben worden sind, Fertigstellung kann damit auch gegeben sein, wenn Nebenleistungen noch ausstehen und noch – auch wesentliche – Mängel des Werks vorliegen.[66] Es muss nur vollständig fertiggestellt sein, ohne dass Restleistungen notwendig sind.[67]

Der Begriff der »**Fertigstellung**« soll sich von dem Begriff der »**vollständigen Fertigstellung**« in § 3 Abs. 2 S. 2 Nr. 2 MaBV unterscheiden, der voraussetze, dass sämtliche Arbeiten erbracht und alle wesentlichen Mängel behoben worden seien, somit Abnahmereife der Werkleistung voraussetze.[68]

Die Formulierung und das Ansinnen des Gesetzgebers erscheinen vor dem Hintergrund des Absatzes 1 49 jedoch missglückt. Es ist legitim, dass durch die Einführung des neuen Kriteriums zum Schutz des Bestellers ein zu frühes Andienen des Werkes unterbunden und damit ein missbräuchlicher Einsatz des Instrumentes der fiktiven Abnahme verhindert werden soll. Gleichwohl erscheint es nicht überzeugend, dass in Absatz 2 ein strengeres Erfordernis an die Abnahmefiktion gestellt wird als in Absatz 1. Es hätte ausgereicht, wenn auf die »im Wesentlichen vertragsgemäße Herstellung« verwiesen worden wäre. Denn insoweit könnten sich die Begrifflichkeiten der »Fertigstellung« und der »wesentlichen Herstellung« dahingehend unterscheiden, dass die Vornahme von Restarbeiten ein Vorgehen nach Absatz 2 unterbindet. Schwierigkeiten bestehen vor dem Hintergrund der Abgrenzung zwischen unfertigen Leistungen und mangelhaften Leistungen.

---

64 Grüneberg/Retzlaff, BGB, § 640 Rn. 3, 14; ibr-OK Bauvertragsrecht/Pause/Vogel, § 640 BGB Rn. 73.

65 Begr. RegE zum Gesetz zur Reform des Bauvertragsrechts, BT-Drs. 18/8486, 24, 49; OLG Brandenburg, Urt. v. 21.11.2024 – 10 U 131/23, NZBau 2025, 228; OLG Brandenburg, Urt. v. 09.11.2018 – 4 U 49/16, NJW 2019, 939; Grüneberg/Retzlaff, BGB, § 640 Rn. 14; ibr-OK Bauvertragsrecht/Pause/Vogel, § 640 BGB Rn. 73; Tschäpe/Werner, ZfBR 2017, 419, 421.

66 OLG Brandenburg, Urt. v. 21.11.2024 – 10 U 131/23, NZBau 2025, 228; OLG Schleswig, Urt. v. 10.12.2021 – 1 U 64/20, ZfBR 2022, 253; OLG Brandenburg, Urt. v. 09.11.2018 – 4 U 49/16, NJW 2019, 939; Grüneberg/Retzlaff, BGB, § 640 Rn. 14; ibr-OK Bauvertragsrecht/Pause/Vogel, § 640 BGB Rn. 73.

67 OLG Brandenburg, Urt. v. 21.11.2024 – 10 U 131/23, NZBau 2025, 228.

68 Begründung des Gesetzesentwurfes der Bundesregierung, BR-Drs. 123/16, 51 unter Verweis auf BGH, Urt. v. 30.04.1998 – VII ZR 47/97, NJW 1998, 2967; RegE BT-Drs. 18/8486, 49.

Nach alter Rechtslage konnte die Abnahmefiktion nur bei Abnahmereife des Werkes, also bei im Wesentlichen vertragsgemäßer Herstellung greifen. Jetzt genügt die Fertigstellung des Werkes, mithin also kein qualitativ beschriebener, sondern ein quantitativ beschriebener Begriff.[69] Im Gegensatz zur bisherigen Rechtslage kann der Unternehmer deshalb auch bei wesentlichen Mängeln eine Abnahmefiktion nach § 640 Abs. 2 BGB erreichen (wenn der Besteller untätig bleibt und keine Mängel rügt). Diese Regelung erscheint auch den Interessen des Bestellers zu genügen, da es dieser ohne Weiteres in der Hand hat, innerhalb der ihm gesetzten Frist die Abnahme unter Angaben eines Mangels zu verweigern. Entgegen der bisherigen Regelung kommt es folglich nicht mehr darauf an, ob der Besteller zur Abnahme verpflichtet ist. Insoweit werden Unternehmer also gegenüber der bisher bestehenden Regelung bessergestellt.[70]

50 Wird eine **Teilabnahme** nach § 641 Abs. 1 S. 2 BGB verlangt, muss sich – denklogisch – die Abnahmefiktion und damit auch die »Fertigstellung«, wie auch bei der Kündigung, nur auf den maßgeblichen Teil der Werkleistung beziehen. Der Gesetzgeber hat sich mit dieser Problematik nicht befasst, hat also die Thematik der Abnahmefiktion bei Teilabnahmen weder ausschließen noch erschweren wollen.[71]

2. Fristsetzung

51 Der Unternehmer muss den Besteller unter Setzung einer angemessenen Frist zur Abnahme auffordern. Welche Frist angemessen ist, bestimmt sich nach den besonderen Umständen des jeweiligen Einzelfalls. Als angemessen gilt eine Frist, die es dem Besteller ermöglicht, das Werk nach seiner konkreten Beschaffenheit und den konkreten Umständen zu besichtigen, zu prüfen und zu billigen.[72] Regelmäßig dürften für Bauwerke in Anlehnung an § 12 Abs. 5 VOB/B 12 Werktage ausreichen.[73] Wird eine zu kurze Frist gesetzt, ist die Fristsetzung nicht gegenstandslos, vielmehr tritt anstelle der unwirksamen unangemessenen Frist eine angemessene Frist.[74]

52 Aufgrund des Wortlautes ist die Setzung einer **Frist** (»innerhalb von … Tagen«) erforderlich, also eine Zeitspanne, wobei die Nennung eines Spätest-**Termins** (»bis zum …«) auch ausreichend sein dürfte. Die Fristsetzung wird ausweislich des gesetzlichen Wortlautes nicht entbehrlich, wenn der Besteller die Abnahme bereits verweigert hat oder absehbar ist, dass der Besteller die Abnahme ernsthaft und endgültig verweigern wird. Eine den §§ 281 Abs. 2, 323 Abs. 2 BGB entsprechende Vorschrift fehlt bei § 640 BGB. Der Gesetzgeber hat diese Vorschriften auch nicht in Ansehung des Meinungsstreits zu § 640 BGB a.F. eingefügt. Die Fristsetzung ist gleichwohl als bloße Förmelei entbehrlich, wenn der Besteller die Abnahme ernsthaft und endgültig verweigert hat.[75] Allerdings ist die Fiktion vom Willen des Bestellers geradezu unabhängig, sodass es für die Frage der Abnahme**fiktion** nicht auf dessen Willen ankommen kann (wohl aber ggf. für die Abnahme nach Abs. 1).

53 Schriftform ist nicht erforderlich, bei Verbrauchern ist jedoch nach § 640 Abs. 2 S. 2 BGB der Hinweis formbedürftig (Textform, § 126b BGB).[76]

---

69 Ibr-OK Bauvertragsrecht/Pause/Vogel, § 640 BGB Rn. 73.

70 Breitling, NZBau 2017, 393; Orlowski, ZfBR 2016, 419, 421.

71 Tschäpe/Werner, ZfBR 2017, 419, 421.

72 BeckOGK/Kögl, § 640 BGB Rn. 140; BeckOK BGB/Voit, § 640 Rn. 34; Grüneberg/Retzlaff, BGB, § 640 Rn. 15.

73 BeckOGK/Kögl, § 640 BGB Rn. 140; Grüneberg/Retzlaff, BGB, § 640 Rn. 15; ibr-OK Bauvertragsrecht/Pause/Vogel, § 640 BGB Rn. 76.

74 BeckOGK/Kögl, § 640 BGB Rn. 141; BeckOK BGB/Voit, § 640 Rn. 34; Grüneberg/Retzlaff, BGB, § 640 Rn. 15.

75 BGH, Urt. v. 08.11.2007 – VII ZR 183/05, NJW 2008, 511; BeckOGK/Kögl, § 640 BGB Rn. 134.

76 BeckOK BGB/Voit, § 640 Rn. 34; Grüneberg/Retzlaff, BGB, § 640 Rn. 15.

Die Fristsetzung muss allerdings gegenüber dem Besteller erfolgen, eine Fristsetzung gegenüber einem Projektsteuerer oder Architekten genügt regelmäßig nicht, es sei denn, diese wurden von Besteller ausdrücklich bevollmächtigt oder leiten die Fristsetzung an den Besteller weiter. 54

3. Ergebnisloser Fristablauf – Form der Abnahmeverweigerung

Die Abnahme wird fingiert, wenn der Besteller die Abnahme nicht innerhalb der ihm gesetzten Frist unter Angabe mindestens eines Mangels verweigert. 55

Der Besteller hat die Abnahmeverweigerung innerhalb der Frist zu erklären, um die Fiktion zu vereiteln. Streitig ist die Frage, ob eine fiktive Abnahme nach § 640 Abs. 2 BGB ausscheidet, wenn der Besteller bereits vor der Fristsetzung Mängel des Werks gerügt hat.[77] Das OLG Schleswig entschied am 10.12.2021, dass die fiktive Abnahme nach § 640 Abs. 2 BGB in diesem Fall eintrete, jedenfalls dann, wenn dem Werkunternehmer keine erheblichen Mängel des Werks bekannt seien.[78] Dementsprechend entschied das OLG Brandenburg am 21.11.2024, dass eine fiktive Abnahme durch vor der Fristsetzung des Bauunternehmers erhobene Mängelrügen nicht ausgeschlossen werde; erforderlich hierfür sei vielmehr eine Mängelrüge zwischen dem Setzen und dem Ablauf der Frist.[79] Demnach stehen durch den Besteller bereits vor der Fristsetzung des Unternehmers gerügte Mängel nicht der Abnahmefiktion entgegen. Werden vom Besteller bereits vor der Fristsetzung Mängel geltend gemacht, reicht das zur Vermeidung der Fiktionswirkung nicht aus, sie müssen innerhalb der Frist nochmals geltend gemacht werden. Die Fiktion soll erst dann ausscheiden, wenn der Unternehmer die Frist zur Abnahme rechtsmissbräuchlich in dem Wissen setzt, dass tatsächlich wesentliche Mängel vorhanden sind.

a) Angabe mindestens eines Mangels

Schweigt der Besteller auf das Abnahmeverlangen, so gilt das Werk mit Fristablauf als abgenommen und sämtliche Abnahmewirkungen (Fälligkeit des Werklohnanspruches in Gänze, Gefahrübergang, Verjährungsfristbeginn, Darlegungs- und Beweislast für Mängel) treten ein. 56

Gleiches gilt, wenn der Besteller die Abnahme ohne Angabe von Gründen verweigert.

Der Besteller muss also zur Vermeidung der Abnahmefiktion mindestens einen Mangel benennen.

b) Muss der Mangel vorhanden sein?

Es kommt nach dem Wortlaut des Gesetzes nicht darauf an, ob der Mangel auch tatsächlich vorliegt, in analoger Anwendung der §§ 162, 242 BGB wäre aber eine Abnahmeverweigerung unter Berufung auf Mängel, die tatsächlich nicht vorliegen, treuwidrig.[80] Richtigerweise ist im Rahmen der Abnahmefiktion wie auch im Rahmen der tatsächlichen Abnahmeverweigerung nach Abs. 1 dahingehend zu differenzieren, ob der Besteller tatsächlich, also objektiv zur Abnahme verpflichtet war oder nicht. Ist dies der Fall, hindert auch die (im Übrigen formell wirksame aber) inhaltlich falsche Bezugnahme auf tatsächlich nicht bestehende Mängel die Abnahmefiktion nicht. Ansonsten müsste der Unternehmer wieder darlegen und im Streitfall beweisen, dass der Besteller mit entsprechendem Vorsatz handelte oder das Fehlen des vorgeschobenen Mangels »offensichtlich« war, was ihm in der Praxis oftmals nicht gelingen wird. Damit würde aber die gesetzgeberische Intention, die Abnahmefiktion zu erleichtern, zunichte gemacht. Die unberechtigte Annahmeverweigerung steht also der nicht fristgerecht erstellten Abnahme so gleich, als ob der Besteller geschwiegen hätte. 57

77 Zum Meinungsstand: OLG Brandenburg, Urt. v. 21.11.2024 – 10 U 131/23, NZBau 2025, 228; OLG Schleswig, Urt. v. 10.12.2021 – 1 U 64/20, ZfBR 2022, 253.

78 OLG Schleswig, Urt. v. 10.12.2021 – 1 U 64/20, ZfBR 2022, 253; Grüneberg/Retzlaff, BGB, § 649 Rn. 15; MüKo-BGB/Busche, § 640 Rn. 30.

79 OLG Brandenburg, Urt. v. 21.11.2024 – 10 U 131/23, NZBau 2025, 228.

80 MüKo-BGB/Busche, § 640 Rn. 47; Orlowski, ZfBR 2016, 419, 421.

Die Abnahmefiktion tritt dann mit Fristablauf ein, der Unternehmer kann zudem die Zustandsfeststellung nach § 650g BGB bewirken.

c) **Qualität des Mangels: Wesentlich oder unwesentlich?**

58 Der benannte Mangel braucht nach Auffassung des Gesetzgebers nicht wesentlich zu sein. Nach Auffassung des Gesetzgebers solle keine Unterscheidung zwischen wesentlichen und unwesentlichen Mängeln vorgenommen werden, da diese Unterscheidung im Einzelfall schwierig sei und oftmals erst im gerichtlichen Verfahren festgestellt werden könne. Damit würde erneut Unklarheit über den Eintritt der Abnahmefiktion entstehen. Im Gegensatz zur bisherigen Rechtslage führt das Schweigen oder Nichtbenennen von Mängeln auch dann zur fiktiven Abnahme, wenn wesentliche Mängel vorhanden sind. Diese Rechtslage ist nach Auffassung des Gesetzgebers unter Abwägung der Interessen beider Vertragspartner gerechtfertigt, da der Besteller die Abnahme innerhalb der vom Unternehmer gesetzten Frist unter Angabe eines Mangels verhindern konnte. Der Besteller solle, so die gesetzgeberische Intention, dazu angehalten werden, sich im Falle eines Abnahmeverlangens sachlich-inhaltlich zur Qualität des Werkes zu äußern und zeitnah mit dem Unternehmer die Gründe der Abnahmeverweigerung auszutauschen, um diesem auch zeitnah die Möglichkeit zu geben, beanstandete Mängel zu begutachten und gegebenenfalls zu beseitigen.[81]

59 Allerdings sind insoweit § 640 Abs. 1 S. 2 und Abs. 2 S. 1 BGB nicht kongruent: Wegen unwesentlicher Mängel soll nämlich die Abnahme nicht verweigert werden können (Abs. 1 S. 2), bei einem Abnahmeverlangen nach Abs. 2 hindern aber unwesentliche Mängel nach Auffassung der Gesetzesbegründung das Eintreten der Abnahmewirkungen. Hierdurch verschlechtert sich die Rechtslage des Unternehmers im Vergleich zur früheren Rechtslage. Dem Gesetzgeber war es wichtig, dass die Abnahme nur bei wesentlichen Mängeln verweigert werden dürfe.[82] Insofern sollte die Abnahmefiktion auch nur bei wesentlichen Mängeln nicht greifen.[83] Dies würde bedeuten, dass der Besteller, der (lediglich unwesentliche) Mängel festgestellt hat, keinen Abnahmetermin vereinbart, denn dann dürfte er die Abnahme nach Abs. 1 Satz 2 nicht verweigern, sondern könnte schlichtweg auf die Fertigstellungsanzeige mit Abnahmebegehren nach Abs. 2 »einsilbig« unter Verweis auf den bestehenden unwesentlichen Mangel reagieren. Dieser Wertungswiderspruch erschließt sich nicht. Nach richtiger Auffassung wird der Besteller deshalb auch bei einem Vorgehen nach Abs. 2 wegen unwesentlicher Mängel die Abnahme nicht verweigern dürfen, wie es Abs. 1 Satz 2 auch explizit regelt. Abs. 2 ist also richtigerweise so zu lesen, dass es der Abnahme gleichsteht, wenn »der Besteller die Abnahme nicht [...] unter Angabe mindestens eines **wesentlichen** Mangels verweigert hat«. Wer mit der Gesetzesbegründung die Nennung eines nur unwesentlichen Mangels genügen lässt, würde entgegen der gesetzgeberischen Intention den Besteller übervorteilen, da dieser dann viel leichter eine Abnahme vermeiden kann, zumal er nach früherem Recht einen wesentlichen Mangel hätte angeben müssen.[84] In jedem Fall bleibt dem Unternehmer aber die Möglichkeit, den Besteller in Verzug zu setzen, um so die Abnahmewirkungen über § 286 BGB eintreten zu lassen.

Auch eine insoweit unbeachtliche Annahmeverweigerung führt bei Fristablauf zur Abnahmefiktion.

---

81 Siehe Begründung des Gesetzesentwurfes der Bundesregierung, BR-Drs. 123/16, S. 51.

82 Siehe bspw. die Äußerung des Parl. Staatssekretärs Dr. Pick in der Sitzung des Bundestages vom 24.02.2000, Plenarprotokoll des Deutschen Bundestages 14/90, S. 8348 (A): »*Schließlich ist es ganz wichtig, dass künftig die Abnahme wegen wesentlicher Mängel verweigert werden darf, und zwar nur wegen wesentlicher Mängel.*«

83 BT-Drs. 14/2752, S. 12: »*Die Abnahmefiktion sollte nur dann eingreifen, wenn der Besteller zur Abnahme verpflichtet ist.* [...] *Er stellt klar, dass bei einem mit wesentlichen Mängeln behafteten Werk auch keine Abnahmefiktion eingreift.*«

84 So auch im Ergebnis: Breitling, NZBau 2017, 393, 394; Orlowski, ZfBR 2016, 419, 421; auf die Risiken der Baupraxis bei anderer Auslegung weist hin: Kimpel, NZBau 2016, 734.

d) Qualität der Mangelbenennung: Symptomrechtsprechung

Nach Auffassung des Gesetzgebers muss der Besteller die Mängel nicht »im Detail« angeben. Diese Einschränkung lässt sich dem Gesetzeswortlaut jedoch nicht entnehmen. Vielmehr muss die Regelung in Abs. 2 im Lichte der übrigen Bestimmungen gesehen werden, bei denen der Besteller aus dem Vorhandensein von Mängeln Rechte oder Ansprüche herleitet und entsprechende **Erklärungen** tätigt. In all diesen Fällen hat die Rechtsprechung die formalen Anforderungen dahingehend konkretisiert, dass der Besteller nicht den Mangel an sich darlegen müsse, sondern sich darauf beschränken könne, das nach außen hin in Erscheinung tretende Mangelsymptom zu beschreiben (sog. Symptomrechtsprechung).[85] Diese Anforderungen sind auch hier zu berücksichtigen. Ausreichend (aber auch notwendig) ist somit die Angabe der Mangelerscheinung. Damit wird der Mangel selbst zum Gegenstand der Erklärung. Ist dies nicht der Fall, wird also kein Symptom benannt, ist die Abnahmeverweigerung unsubstantiiert und damit unbeachtlich, sodass mit Fristablauf die Abnahmefiktion eintritt. 60

4. Darlegungs- und Beweislast

Geht der Unternehmer nach § 640 Abs. 2 BGB vor, so muss er die Fertigstellung des Werkes, den Zugang einer angemessenen Fristsetzung und die fehlende bzw. unsachgemäße Antwort des Bestellers darlegen und im Streitfall beweisen. Eine darüber hinausgehende Darlegung der »Abnahmereife«, also der im Wesentlichen mangelfreien Herstellung des Werkes, ist in diesen Fällen nicht mehr gefordert. 61

Hat der Besteller jedoch mindestens einen (nach der hier vertretenen Auffassung: wesentlichen) Mangel form- und fristgerecht gerügt und deshalb die Abnahme verweigert, so kommt eine Abnahmefiktion nach Absatz 2 mit der damit verbundenen Beweiserleichterung zunächst tatbestandlich nicht in Betracht. Es muss dann (zumeist im Wege der Beweisaufnahme) geklärt werden, ob der Unternehmer das Werk im Wesentlichen mangelfrei hergestellt hat, ob also der Besteller zur Abnahme verpflichtet war und (allein wegen unwesentlicher Mängel) die Abnahme nicht verweigern durfte oder ob er hierzu (wegen wesentlicher Mängel) berechtigt war. Die Darlegungs- und Beweislast obliegt insoweit gemäß den allgemeinen Regelungen dem Unternehmer. Vereinzelt wurde im Gesetzgebungsverfahren vorgebracht, auch insoweit dem Unternehmer die Darlegungs- und Beweislast zu nehmen und auf den Besteller zu übertragen.[86] Diese Überlegungen haben sich aber nicht durchgesetzt. Der Unternehmer kann aber eine Zustandsfeststellung nach § 650g BGB bewirken. 62

Folgende Fälle sind mithin zusammenfassend zu unterscheiden: 63

- Der Unternehmer behauptet Fertigstellung, der Besteller reagiert auf das Abnahmeverlangen nicht oder reagiert ablehnend mit dem Verweis auf die fehlende Fertigstellung: Im Wege der Beweisaufnahme ist zu klären, ob das Werk fertiggestellt war (nicht, ob es im Wesentlichen vertragsgemäß fertiggestellt war). Es kommt mithin darauf an, ob tatsächlich noch (bedeutende oder unbedeutende) Restarbeiten zu erledigen waren. Ist dies der Fall, kann sich der Unternehmer nicht auf die Abnahmefiktion berufen, denn deren Tatbestandsvoraussetzungen liegen insoweit nicht vor, die Leistung ist nicht fertiggestellt.
- Der Unternehmer behauptet Fertigstellung, die auch (unbestritten oder nach der Beweisaufnahme feststehend) tatsächlich vorliegt:
  - Der Besteller schweigt: Abnahmefiktion, ohne dass es auf die objektive Abnahmereife ankommt.
  - Der Besteller lehnt die Abnahme unter Verweis auf wesentliche Mängel ab: Keine Abnahmefiktion nach Abs. 2, wenn diese Mängel tatsächlich vorliegen, was im Wege der Beweisaufnahme zu klären wäre. Liegen diese Mängel aber tatsächlich nicht vor, dann steht die unbe-

---

85 BGH, Urt. v. 21.12.2000 – VII ZR 192/98, NJW-RR 2001, 380; BGH, Urt. v. 18.01.1990 – VII ZR 260/88, NJW 1990, 1472; BGH, Urt. v. 07.03.1985 – VII ZR 60/83, BeckRS 1985, 31078269.

86 Gemeinsame Stellungnahme Bau der Deutschen Bauindustrie und des Deutschen Baugewerbes, S. 9.

rechtigte Abnahmeverweigerung der Abnahme gleich, sodass die wesentlichen Abnahmewirkungen nach Abs. 1 (wegen Schuldner- und Gläubigerverzuges) eintreten.[87]

- Der Besteller lehnt die Abnahme unter Verweis auf unwesentliche Mängel ab: Nach der hier vertretenen Auffassung tritt die Abnahmefiktion wegen des Wortlautes in Abs. 1 Satz 2 dennoch ein, auf eine Beweisaufnahme kommt es nicht an.

III. Abs. 2 Satz 2: Besonderheiten gegenüber Verbrauchern

64 Aus Gründen des Verbraucherschutzes müssen Besteller, die Verbraucher sind, nach § 640 Abs. 2 S. 2 BGB vom Unternehmer über die Möglichkeit der fiktiven Abnahme und deren Vermeidung informiert werden. Denn von einem Verbraucher könne nicht erwartet werden, dass sich dieser über die Rechtsfolgen der Fristsetzung des Unternehmers im Klaren sei. Der Verbraucher muss also ausdrücklich darauf hingewiesen werden, dass der Unternehmer eine fiktive Abnahme erreichen will und was er tun muss, um die fiktive Abnahme zu vermeiden. Die Regelung sieht deshalb vor, dass der Unternehmer den Verbraucher zusammen mit der Fristsetzung zur Abnahme in Textform nach § 126b BGB darüber aufzuklären hat, dass eine ohne Angabe von Mängeln verweigerte Abnahme oder ein Schweigen die Fiktion der Abnahme (ohne Rücksicht auf ggf. wesentliche Mängel und ohne die Möglichkeit einer Beweislastumkehr) herbeiführt. Wird diese Information unterlassen, so sind die Tatbestandsvoraussetzungen des § 640 Abs. 2 BGB nicht gegeben, die Rechtsfolgen treten dann ausweislich des ausdrücklichen Wortlautes nicht ein.

Diese Regelung ist gemäß § 650o BGB zwingend und kann zulasten des Verbrauchers weder individualvertraglich noch in Allgemeinen Geschäftsbedingungen abbedungen werden.

IV. Insbesondere: Wiederholbarkeit des Abnahmeverlangens – Nachschieben von Mängeln

65 Das Abnahmeverlangen nach § 640 Abs. 2 S. 1 BGB kann (beliebig oft) wiederholt werden. Eine zeitliche Befristung sieht das Gesetz nicht vor. Insbesondere wird der Unternehmer nach erfolgter Beseitigung der gerügten Mängel sein Abnahmebegehren wiederholen. Der Besteller muss dann wiederum innerhalb der angemessenen Frist reagieren, indem er entweder neue Mängel rügt oder die erfolgreiche Beseitigung des bereits gerügten Mangels bestreitet.

66 Ein Nachschieben von weiteren Mängeln ist zulässig.[88]

Entsprechend der gesetzgeberischen Intention soll es dem Besteller bei der Abnahmeverweigerung nicht obliegen, alle Mängel anzugeben oder Mängel im Detail darzulegen. Es genüge, so der Gesetzgeber, wenn der Besteller dem Unternehmer mitteile, wo das Werk aus seiner Sicht nicht die vereinbarte Beschaffenheit habe. Weitere Mängel, die der Besteller zunächst nicht angegeben habe, könnten gleichwohl bei der anschließenden Bewertung der Abnahmereife berücksichtigt werden, sie müssten aber objektiv vorliegen.[89]

Auch ohne wiederholtes Abnahmeverlangen kann der Besteller auch nach Fristablauf noch weitere (wesentliche oder unwesentliche) Mängel rügen, ohne dass diesbezüglich die Darlegungs- und Beweislast auf ihn übergegangen ist. Wenn keine Abnahme erfolgt ist und auch die Abnahmefiktion aus Abs. 2 wegen der form- und fristgerechten Reaktion des Bestellers nicht eingreift, hat auch keine Abnahme stattgefunden. Insofern sind dann auch die Abnahmewirkungen nicht eingetreten. Da die Abnahme (nur) unter Nennung eines einzigen (nach Auffassung des Gesetzgebers auch nur unwesentlichen) Mangels verweigert werden kann, ist es dem Besteller möglich, auch nach Fristablauf noch weitere Mängel nachzuschieben.

87 Ausnahme ist der Beginn der Verjährungsfrist nach § 634a BGB, die nur bei Vorsatz des Bestellers analog § 162 BGB in Gang gesetzt wird.

88 BeckOGK/Kögl, § 640 BGB Rn. 147; Grüneberg/Retzlaff, BGB, § 640 Rn. 16.

89 Begründung des Gesetzesentwurfes der Bundesregierung BR-Drs. 123/16, S. 51.

V. Zustandsfeststellung, § 650g BGB

Die Zustandsfeststellung ergänzt die Abnahmefiktion nach § 640 Abs. 2 BGB.[90] Verweigert der Besteller die Abnahme unter Angabe von Mängeln, so hat er nach § 650g Abs. 1 S. 1 BGB auf Verlangen des Unternehmers an einer gemeinsamen Feststellung des Zustands des Werkes mitzuwirken. Das gilt auch, wenn die Annahmeverweigerung unberechtigt oder unsubstantiiert war. Die gemeinsame Zustandsfeststellung soll mit der Angabe des Tages der Anfertigung versehen werden und ist von beiden Vertragsparteien zu unterschreiben. Bleibt der Besteller einem vereinbarten oder einem von dem Unternehmer innerhalb einer angemessenen Frist bestimmten Termin zur Zustandsfeststellung fern, kann der Unternehmer nach § 650g Abs. 2 S. 1 BGB die Zustandsfeststellung auch einseitig vornehmen; dies gilt nur dann nicht, wenn der Besteller infolge eines Umstands fernbleibt, den er nicht zu vertreten hat und den er dem Unternehmer unverzüglich mitteilt. Hat der Unternehmer die Zustandsfeststellung einseitig vorgenommen, hat er diese mit der Angabe des Tages der Anfertigung zu versehen, zu unterzeichnen und dem Besteller als Abschrift zur Verfügung zu stellen. 67

Die Wirkungen der Zustandsfeststellung werden durch § 650g Abs. 3 BGB konkretisiert: Hat der Besteller das Werk erhalten oder ist es ihm verschafft worden, so wird vermutet, dass ein in der Zustandsfeststellung nicht angegebener offenkundiger Mangel erst nach der Zustandsfeststellung entstanden ist und vom Besteller zu vertreten ist. Diese Vermutungswirkung gilt nur dann nicht, wenn der Mangel nach seiner Art gar nicht vom Besteller verursacht worden sein kann. 68

Im Gesetz nicht geregelt ist der Fall, dass sich die Parteien uneins sind und keine gemeinsame Zustandsfeststellung erfolgt.[91] In diesem Fällen wird nach wertender Betrachtung geprüft werden müssen, welche Partei die fehlende gemeinsame Zustandsfeststellung zu verantworten hat. 69

Die Hinzuziehung einer (neutralen) dritten Partei würde sich in der Praxis empfehlen. In Ermangelung einer vertraglichen Regelung existiert aber hierzu keine gesetzliche Pflicht. 70

VI. Abdingbarkeit

Die Regelung in § 640 Abs. 2 BGB dürfte zum gesetzlichen Leitbild gehören.[92] Die Norm kann deshalb nicht dahingehend abbedungen werden, dass der Unternehmer grundsätzlich nicht ohne oder gegen den Willen des Bestellers die Abnahmewirkungen herbeiführen kann. Auch in VOB/B-Verträgen kann deshalb trotz § 12 Abs. 5 VOB/B die Abnahmefiktion des BGB nicht ausgeschlossen werden, § 640 Abs. 2 BGB ist auch bei Vereinbarung der VOB/B anwendbar und wird nicht durch die VOB/B verdrängt.[93] Allenfalls wären Akzentuierungen von Form und Frist denkbar, wenn sie die Ausübung des Rechts als solches nicht unangemessen erschweren. 71

Das OLG Frankfurt a.M. entschied im Urteil vom 28.10.2020[94], dass folgende Klausel in Verträgen eines Bauunternehmens mit Verbrauchern zur fiktiven Abnahme nach § 640 Abs. 2 BGB einer AGB-Inhaltskontrolle nicht standhalte: »Als abgenommen gilt das Werk auch, wenn der AN nach Fertigstellung eine angemessene Frist zur Abnahme gesetzt hat und der AG die Abnahme nicht innerhalb dieser Frist unter Angabe wesentlicher Mängel verweigert hat.« Die Klausel fordere vom Besteller abweichend von der gesetzlichen Regelung die Benennung einer Mehrzahl von Mängeln. Zudem genüge nicht nur die Benennung irgendeines Mangels, dieser müsse wesentlich sein. Auch enthalte die Klausel nicht den Hinweis gem. § 640 Abs. 2 S. 2 BGB. Bereits aus § 650o BGB ergibt sich, dass der Hinweis gegenüber einem Verbraucher nicht abbedungen werden kann.

90 BeckOGK/Kögl, § 640 BGB Rn. 191; MüKo-BGB/Busche, § 640 Rn. 26.
91 Breitling, NZBau 2017, 393, 396.
92 BeckOGK/Kögl, § 640 BGB Rn. 262, 410; BeckOK BGB/Voit, § 640 Rn. 37; ibr-OK Bauvertragsrecht/Pause/Vogel, § 640 BGB Rn. 87.
93 BeckOGK/Kögl, § 640 BGB Rn. 272; ibr-OK Bauvertragsrecht/Pause/Vogel, § 640 BGB Rn. 105.
94 OLG Frankfurt a.M., Urt. v. 28.10.2020 – 29 U 146/19, NZBau 2021, 328.

D. Folgen der Abnahme (Abs. 3)

I. Allgemeine Folgen

72 Mit der Abnahme endet das Erfüllungsstadium, die werkvertragliche Vorleistungspflicht des Unternehmers entfällt.[95] Der Erfüllungsanspruch nach § 631 Abs. 1 BGB erlischt und wandelt sich, indem er sich auf die Mangelbeseitigung konkretisiert, mithin in die Ansprüche nach § 634 BGB. Ob es sich dabei um eine Ersetzung handelt, ist rechtsdogmatisch noch nicht hinreichend geklärt. Jedenfalls ist der Besteller nach erklärter Abnahme nur noch auf die Ansprüche nach § 634 BGB beschränkt, die wiederum vor Abnahme nicht anwendbar sind.[96]

73 Daneben wird mit der Abnahme die Vergütung gemäß § 641 Abs. 1 BGB fällig. Vor Abnahme steht dem Vergütungsanspruch ohnehin die Einrede nach § 320 BGB entgegen. Etwas anderes gilt nach § 632a BGB oder im Falle (in der Praxis üblicher) vertraglicher Ansprüche auf Abschlagszahlungen (die bei Anwendbarkeit der VOB/B ohnehin nach § 16 VOB/B bestehen). Entsprechend dem gesetzlichen Leitbild ist also der Unternehmer bis zur Abnahme vorleistungspflichtig. Nach der Abnahme hat der Unternehmer Mängel ggf. sogar nur noch Zug-um-Zug gegen Zahlung der ausstehenden Vergütung zu beseitigen.

74 Sofern die Parteien nichts anderes vereinbart haben, ist der Vergütungsanspruch mit der Abnahme in gesetzlicher Höhe (gemäß § 246 BGB in Höhe von 4 %, gemäß § 352 HGB in Höhe von 5 %) zu verzinsen, ohne dass der Besteller bereits im Verzug ist (dann würde sich der Zinssatz aus § 288 BGB ergeben).

75 Mit der Abnahme geht sowohl die Leistungs- als auch die Vergütungsgefahr auf den Besteller über, §§ 644, 645 BGB. Der Unternehmer muss also bei Beschädigung oder Untergang des Werkes dieses nicht noch einmal neu herstellen, der Erfüllungsanspruch ist erloschen, auf die Regelungen zur Unmöglichkeit (§ 275 BGB) kommt es nach der Abnahme nicht mehr an. Überdies hat der Unternehmer auch einen Anspruch auf die Vergütung, wenn das Werk nach Abnahme beschädigt wird oder untergeht, §§ 644, 645 BGB. Spätestens mit der Abnahme endet somit auch (eine sich aus den vertraglichen Regelungen oder aus § 4 Abs. 5 VOB/B ergebende) Pflicht oder Obliegenheit, das Werk vor Gefahren zu schützen, wenn nichts anderes vereinbart ist.

76 Ferner geht mit der Abnahme die Darlegungs- und Beweislast für das Vorhandensein bzw. die Abwesenheit von Mängeln auf den Besteller über. Bis zur Abnahme trägt der Unternehmer die Darlegungs- und Beweislast für die Mangelfreiheit des Werkes, nach der Abnahme der Besteller (sofern er sich die Mängelansprüche nicht nach § 640 Abs. 3 BGB vorbehalten hat, hierzu unten, Rdn. 86). Die Darlegungs- und Beweislast für den Umfang der erbrachten Leistungen (wichtig vor allem bei Einheitspreisverträgen) trägt hingegen auch nach der Abnahme der Unternehmer, sofern nicht die Parteien ein gemeinsames Aufmaß nach § 14 VOB/B erstellt haben oder der Besteller an der Erstellung eines gemeinsamen Aufmaßes nicht mitgewirkt hat.

77 Schließlich beginnt mit der Abnahme die Verjährungsfrist für Mängelansprüche nach § 634a Abs. 2 BGB, wobei eine im Abnahmeprotokoll vereinbarte vom Vertrag abweichende Verjährungsfrist vorrangig zu berücksichtigen sein kann.

Ob die im Abnahmeprotokoll erfolgten Eintragungen tatsächlich als wirksame Änderung der ursprünglich getroffenen Vereinbarung verstanden werden können, muss durch Auslegung im Einzelfall (§§ 133, 157 BGB) beurteilt werden.[97] Wenn die Frage nach der Gewährleistungsfrist im Rahmen der Abnahme nicht erörtert wurde oder erkennbar ist, dass der Besteller bzw. der Unternehmer

---

95 BGH, Urt. v. 20.02.1997 – VII ZR 288/94, NJW 1997, 1982; Grüneberg/Retzlaff, BGB, § 640 Rn. 18; ibr-OK Bauvertragsrecht/Pause/Vogel, § 640 BGB Rn. 10, 12.

96 BGH, Urt. v. 19.01.2017 – VII ZR 193/15, BeckRS 2017, 102864; BGH, Urt. v. 19.01.2017 – VII ZR 235/15, NJW 2017, 1607; BGH, Urt. v. 19.01.2017 – VII ZR 301/13, NJW 2017, 1604.

97 BGH, Urt. v. 27.09.2018 – VII ZR 45/17, NJW 2019, 421.

einer Änderung der Verjährungsfrist eindeutig nicht zustimmen wollten, führt der Eintrag nicht zu einer Änderung der Verjährungsfrist.[98] Legen die Vertragsparteien anlässlich der Durchführung der Abnahme gemeinsam ausdrücklich fest, dass das Abnahmedatum den Beginn der Gewährleistung markiert und geben sie darüber hinaus ein festes Datum für das Ende der Gewährleistung an, stellt sich diese Vereinbarung im Abnahmeprotokoll regelmäßig als rechtsgeschäftliche Änderungsvereinbarung dar.[99]

Die ernsthafte und endgültige Abnahmeverweigerung steht insofern aber der Abnahme jedenfalls analog § 162 BGB gleich, wenn der Besteller die Abnahme vorsätzlich grundlos verweigert.[100]

II. Mängel- und Vertragsstrafenvorbehalt

1. Allgemeine Vorbehaltsobliegenheit

Hat der Besteller Kenntnis von Mängeln, so muss er sich die Rechte vorbehalten, ansonsten sind 78 sie mit der Abnahme verwirkt. Gleiches gilt für den Verlust einer Vertragsstrafe, sofern diese nicht vorbehalten wurde oder die Parteien eine anderweitige wirksame Regelung getroffen haben, § 341 Abs. 3 BGB.

2. Anwendbarkeit bei der Abnahmefiktion

Nach herrschender Auffassung ist § 640 Abs. 3 BGB auf die Abnahmefiktion nach § 640 Abs. 2 79 BGB nicht anwendbar.[101] Nach allgemeiner Auffassung führt die Abnahmefiktion nach § 640 Abs. 2 BGB nicht dazu, dass die Beweislast für die Mangelfreiheit bekannter Mängel auf den Besteller übergeht und der Vorbehalt erklärt werden muss. Hierfür spreche der eindeutige Wortlaut von § 640 Abs. 3 BGB, der sich – schon vor der gesetzlichen Neuregelung des Bauvertragsrechts – nur auf die erklärte Abnahme nach § 640 Abs. 1 BGB, nicht jedoch auf die Abnahme nach § 640 Abs. 2 BGB beziehe. Dies entspreche auch der gesetzgeberischen Intention.[102]

Diese Auffassung überzeugt jedoch ausweislich des klaren Wortlautes des § 640 Abs. 2 BGB nicht, da hiernach das Werk als *»abgenommen gilt«* und sich Abs. 3 auf die »Abnahme« bezieht. Auch eine Abnahme nach Absatz 2 ist eine »vollwertige« Abnahme. Es entspricht auch der gesetzgeberischen Intention, den Besteller für sein vertragswidriges und überdies unkooperatives Verhalten, keine Mängel zu rügen und auf das Abnahmeverlangen noch nicht einmal zu reagieren, zu »bestrafen«. Wenn schon der Besteller entgegen seiner Pflicht nach Abs. 1 die Werkleistung nicht abnimmt, auch nicht auf das Abnahmeverlangen des Auftragnehmers nach Abs. 2 reagiert, bestünde ein Wertungswiderspruch, wenn er dann Ansprüche für erkannte (!) Mängel behielte, diese aber verlieren würde, wenn er die Abnahme erklärte und damit dem Unternehmer die Beweislast für die Abnahmereife abnehme. Überdies sind die Grenzen zwischen einer fiktiven (Abs. 2) und konkludent (Abs. 1) erklärten Abnahme fließend. Dem Besteller ist es ohne Weiteres zumutbar, erkannte Mängel auch innerhalb der vom Unternehmer gesetzten Frist zu rügen. Diese Auffassung entspricht auch der Regelung in § 12 Abs. 5 Nr. 3 VOB/B. Selbst der BGH hat – allerdings im Zusammenhang mit

98 BGH, Urt. v. 27.09.2018 – VII ZR 45/17, NJW 2019, 421; OLG Stuttgart, Urt. v. 17.10.2017 – 10 U 55/17, IBR 2020, 289.

99 OLG Bamberg, Urt. v. 26.06.2018 – 5 U 99/15, NZBau 2019, 58; OLG Düsseldorf, Urt. v. 09.02.2016 – 21 U 183/15, BeckRS 2016, 115240; OLG Braunschweig, Urt. v. 20.12.2012 – 8 U 7/12, NJOZ 2013, 1378; OLG München, Urt. v. 20.10.2009 – 9 U 3804/08, NJW-RR 2010, 824.

100 Grüneberg/Retzlaff, BGB, § 640 Rn. 4; MüKo-BGB/Busche, § 640 Rn. 47.

101 OLG Schleswig, Urt. v. 10.12.2021 – 1 U 64/20, BeckRS 2021, 38777; Grüneberg/Retzlaff, BGB, § 640 Rn. 21; ibr-OK Bauvertragsrecht/Pause/Vogel, § 640 BGB Rn. 71; MüKo-BGB/Busche, § 640 Rn. 34; Hedermann, NJW 2015, 2381; Jansen, NZBau 2016, 688; Kögl, BauR 2016, 1844.

102 BT-Drs. 14/2752, S. 12.

§ 12 Abs. 5 VOB/B – ausgeführt, dass nicht ersichtlich sei, warum diesbezüglich bei einer Abnahmefiktion etwas anderes als bei einer erfolgten (förmlichen) Abnahme gelten solle.[103]

80 Der herrschenden Meinung folgend wäre Abs. 3 zwar nicht direkt auf Abs. 2 anwendbar, nach der hier vertretenen Auffassung aber jedenfalls **analog.** Denn Abs. 3 verbietet auch nicht die Anwendung der allgemeinen, aus § 242 BGB resultierenden Normen, wonach widersprüchliches Verhalten (Erkennen von Mängeln einerseits, »Abnehmen geschehen« andererseits) unbeachtlich ist.

81 Wenn mit der herrschenden Meinung de lege lata Abs. 3 weder direkt noch analog auf Abs. 2 anwendbar sein sollte, dann wäre es jedenfalls **de lege ferenda** rechtspolitisch wünschenswert, diesem Wertungswiderspruch durch eine klarstellende Ergänzung von Abs. 3 positiv abzuhelfen. So könnte auch das Problem des »findigen« Bestellers reduziert werden, der einem Abnahmeverlangen immer wieder neue, möglicherweise bereits länger erkannte Mängel entgegensetzt.

82 Hinsichtlich des **Vertragsstrafenvorbehaltes** gilt: Die Regelung des § 341 Abs. 3 BGB gilt in Ermangelung abweichender gesetzlichen Regelungen auch bei der Abnahmefiktion.[104]

3. Voraussetzungen des Vorbehaltes

83 Zunächst muss eine **Abnahme** vorliegen, eine konkludente Abnahme genügt.[105] Der Vorbehalt muss bei Abnahme in einem engen zeitlichen Zusammenhang mit der Abnahme erfolgen bzw. muss für den Unternehmer zum Zeitpunkt der Abnahme erkennbar sein, dass der Besteller auf die Mängelansprüche trotz Abnahme nicht verzichten möchte und seinen Vorbehalt aufrechterhält.[106] Ein später erklärter Vorbehalt ist daher wirkungslos. Ein früher erklärter Vorbehalt genügt nur dann, wenn die Erklärung des Bestellers nach §§ 133, 157 BGB so zu verstehen ist, dass er den früheren Vorbehalt trotz des Zeitablaufes zum Zeitpunkt der Abnahmeerklärung immer noch aufrechterhält, etwa weil der Unternehmer die gerügten Mängel immer noch nicht beseitigt hat und die Mängelansprüche des Bestellers rechtshängig verfolgt werden oder wenn aus dem Verhalten des Bestellers ersichtlich wird, dass sich seine Position zu den zuvor gerügten Mängeln nicht geändert hat.

84 Der Besteller muss sodann positive **Kenntnis** des konkreten Mangels haben, Kennenmüssen genügt nicht.[107] Der Besteller muss dabei das Mangelsymptom kennen, nicht aber die Folgen des Mangels. Er muss sich keiner Wert- oder Tauglichkeitsminderung bewusst sein, die Kenntnis des Mangelsymptoms als solchen genügt, ist aber auch erforderlich. Dem Besteller fehlt nach Ansicht der Rechtsprechung die erforderliche Kenntnis allenfalls dann, wenn er die Bedeutung und Auswirkungen des Mangels seinerzeit nicht übersehen konnte.[108]

85 Schließlich muss der **Vorbehalt** fehlen. Hierbei handelt es sich um eine einseitige empfangsbedürftige Willenserklärung, deren Form sich nach der vereinbarten Form der Abnahme bemisst. Haben die Parteien also eine förmliche Abnahme vereinbart, so muss auch der Vorbehalt förmlich erfolgen. Haben die Parteien keine förmliche Abnahme vereinbart, kann der Vorbehalt auch formlos erfolgen. Die eindeutige Verwendung des Wortes »Vorbehalt« ist nicht erforderlich. Es ist ausreichend, aber auch erforderlich, dass sich aus der Erklärung des Bestellers nach §§ 133, 157 BGB ergibt, dass

---

103 BGH, Urt. v. 12.06.1975 – VII ZR 55/73, NJW 1975, 1701; BGH, Urt. v. 03.11.1960 – VII ZR 150/59, NJW 1961, 115.

104 OLG Zweibrücken, Urt. v. 12.02.2015 – 6 U 40/13, BeckRS 2015, 9231; BeckOK BGB/Voit, § 640 Rn. 46; ibr-OK Bauvertragsrecht/Pause/Vogel, § 640 BGB Rn. 71; Zeitler, ZfBR 2007, 216.

105 Grüneberg/Retzlaff, BGB, § 640 Rn. 21.

106 BGH, Urt. v. 12.06.1975 – VII ZR 55/73, NJW 1975, 1701; BeckOGK/Kögl, § 640 BGB Rn. 233; BeckOK BGB/Voit, § 640 Rn. 41; ibr-OK Bauvertragsrecht/Pause/Vogel, § 640 BGB Rn. 94; MüKo-BGB/Busche, § 640 Rn. 37.

107 BeckOGK/Kögl, § 640 BGB Rn. 229 f.; BeckOK BGB/Voit, § 640 Rn. 39; Grüneberg/Retzlaff, BGB, § 640 Rn. 21; MüKo-BGB/Busche, § 640 Rn. 36.

108 BGH, Urt. v. 09.11.2000 – VII ZR 409/99, NJW-RR 2001, 309; BGH, Urt. v. 22.10.1969 – VIII ZR 196/67 NJW 1970, 383.

dieser die gerügten Mängel nicht hinnimmt, sondern die hieraus resultierenden rechtlichen Ansprüche weiterverfolgen will.

4. Rechtsfolgen des erklärten Vorbehalts

Der Vorbehalt von Mängeln bei der Abnahme ändert nichts an den Abnahmewirkungen im Übrigen. Die Nennung von Mängeln in einem Abnahmeprotokoll, das eine Abnahmeerklärung ausdrücklich oder konkludent aufweist, ist regelmäßig dahingehend auszulegen, dass sich der Besteller die Rechte wegen dieser Mängel vorbehalten hat. 86

Die Rechte wegen der vorbehaltenen Mängel ergeben sich aus § 634 BGB. Der originäre Erfüllungsanspruch ist durch die Abnahme erloschen. Der Besteller hat somit alle Ansprüche der §§ 634 ff. BGB. Hinsichtlich der vorbehaltenen Mängel bleibt die Beweislast jedoch beim Unternehmer, d.h. dieser muss die fehlende Mangelhaftigkeit darlegen und im Streitfall beweisen.[109] 87

5. Rechtsfolgen des unterlassenen Vorbehaltes

Hat der Besteller sich die Rechte nicht vorbehalten, stehen ihm die in § 634 Nr. 1 – 3 BGB genannten Rechte (Nacherfüllung, Ersatzvornahme, Rücktritt, Minderung) nicht mehr zu. Hierbei handelt es sich um eine Einrede des Unternehmers.[110] 88

Der Schadensersatzanspruch wegen nicht vorbehaltener Mängel (§ 634 Nr. 4 BGB) wird in § 640 Abs. 3 BGB nicht genannt und bleibt daher erhalten.

Ob dies so richtig ist, kann bezweifelt werden.[111] Dies überzeugt inhaltlich nicht und ist auch trotz des ausdrücklichen Wortlautes nicht zwingend, da die Regelung auf einem Redaktionsversehen des historischen Gesetzgebers beruht, das auch weder durch das Schuldrechtsmodernisierungsgesetz 2002 noch durch das Bauvertragsrecht korrigiert wurde. Es erscheint als Wertungswiderspruch, wenn einerseits Mängelansprüche (insbesondere Nachbesserungsansprüche und Erstattungsansprüche für die Selbst-/Ersatzvornahme) aufgrund einer Billigung durch den Besteller ausgeschlossen werden, gleichzeitig aber die gleiche Rechtsfolge als Schadensersatzanspruch, der – nach Fristsetzung zur Mangelbeseitigung (!) – auf die Höhe der Mängelbeseitigungskosten abstellt, gefordert werden kann. Das Argument, Schadensersatzansprüche bestünden nur bei Verschulden, weshalb eine unterschiedliche Sichtweise gerechtfertigt sei, überzeugt nicht. Denn Abs. 3 »bestraft« eine Obliegenheit des Bestellers und nimmt auf dessen rechtsmissbräuchliches Verhalten Bezug, ohne die Handlung des Unternehmers zu berücksichtigen (zumal ein Verschulden des Unternehmers bei Mängeln ohnehin regelmäßig vorliegen dürfte). Auch der Vergleich zu kauf- oder mietrechtlichen Vorschriften (§§ 442, 536b BGB) unterstützt diese Sichtweise. Richtigerweise ist deshalb die Regelung in Abs. 3 so zu verstehen, dass auch Schadensersatzansprüche, jedenfalls bezogen auf das mangelhafte Werk, ausgeschlossen sind und nur (ausnahmsweise) diejenigen Schadensersatzansprüche nicht ausgeschlossen sind, die sich auf Mangelfolgeschäden an anderen Rechtsgütern des Bestellers beziehen. Letztlich wäre die abweichende Auffassung auch rechtspolitisch verfehlt, einem Anspruch aus § 634 Nr. 4 BGB könnte der Unternehmer nach richtiger Auffassung den Einwand widersprüchlichen Verhaltens nach § 242 BGB entgegenhalten.

Im Einzelfall kann die vorbehaltslose Abnahme nach Treu und Glauben auch als Verzicht auf die Geltendmachung von Mängelansprüchen ausgelegt werden, etwa in Verträgen über den Bau von Anlagen, wenn der Besteller die Werkleistung gutachterlich überprüfen ließ und das Werk dann nach Prüfung abnimmt, ohne sich etwaige Mängelansprüche vorzubehalten. Dies gilt vor allem 89

109 BGH, Urt. v. 23.10.2008 – VII ZR 64/07, NJW 2009, 360; BGH, Urt. v. 24.10.1996 – VII ZR 98/94, NJW-RR 1997, 339.

110 Ibr-OK Bauvertragsrecht/Pause/Vogel, § 640 BGB Rn. 96; Müko-BGB/Busche, § 640 Rn. 41.

111 BeckOGK/Kögl, § 640 BGB Rn. 225; Grüneberg/Retzlaff, BGB, § 640 Rn. 20; Kögl, BauR 2016, 1844.

dann, wenn er dem Unternehmer suggeriert, die Anlage zu akzeptieren, sodass dieser dann noch einfach vorzunehmende Optimierungsmaßnahmen unterlässt, die später nicht mehr ohne Weiteres nachgeholt werden können.

Ein Verzicht kommt auch in Betracht, wenn sich die Parteien im Wege von Verhandlungen nach Diskussionen einigen oder einen Vergleich schließen.

6. Darlegungs- und Beweislast

90 Der Unternehmer muss die Voraussetzungen des Anspruchsausschlusses beweisen, hierzu zählen die Abnahme und die Kenntnis des Mangels seitens des Bestellers; der Besteller trägt dann die Beweislast für den Vorbehalt bei der Abnahme.[112] Hat sich der Besteller die Ansprüche wegen des Mangels vorbehalten, so verbleibt es diesbezüglich bei der ursprünglichen Beweislastverteilung vor der Abnahme, d.h. der Unternehmer muss die (ursprüngliche oder durch Mangelbeseitigungsmaßnahmen später eingetretene) Mangelfreiheit darlegen und im Streitfall beweisen.[113]

III. Abdingbarkeit

91 Es ist zwar grundsätzlich denkbar, die Bestimmung in § 640 Abs. 3 BGB abzubedingen. Indes wird praktisch die vorbehaltslose Erklärung einer Abnahme trotz Kenntnis von Mängeln oder Vertragsstrafenansprüchen immer die Frage aufwerfen, ob die Erklärung dennoch wegen ansonsten widersprüchlichen Verhaltens nach Treu und Glauben die Rechtswirkungen des Abs. 3 auslöst, was regelmäßig der Fall sein wird.

E. Folgen der fehlenden Abnahme

92 Beseitigt der Besteller die zur verweigerten Abnahme führenden Mängel, geht der Erfüllungsanspruch unter und der Besteller kann sich nicht mehr auf die fehlende Abnahme berufen.[114] Dies ändert aber nichts an der Beweislast.

93 Liegt keine zu Recht verweigerte Abnahme vor, bleibt der Vertrag im Erfüllungsstadium. Macht der Auftraggeber aber (nur) noch finanzielle Mängelansprüche (Vorschuss für Ersatzvornahmekosten, Minderung oder Schadensersatz) geltend, erwartet also keine weiteren Leistungen und lehnt der Unternehmer eine Erfüllung ab, so entsteht ein Abrechnungsverhältnis, in dem sich Restwerklohnanspruch und Gegenansprüche des Bestellers verrechnend (nicht: aufrechenbar) gegenüberstehen.[115]

94 Erfolgt die fehlende Abnahme indes zu Unrecht, weil keine wesentlichen Mängel vorliegen, kann der Unternehmer sofort seinen Restwerklohnanspruch geltend machen und muss nicht zuvor auf Abnahme klagen. Es entsteht also auch dann faktisch ein ähnliches Abrechnungsverhältnis, allerdings mit veränderter Beweislast, wenn es dem Unternehmer allein gelingt, die Abnahmereife zu belegen.

95 Die Beweislast obliegt dem Unternehmer selbst dann, wenn er sich hinsichtlich der Mängelansprüche auf eine Verjährung berufen könnte (denn eine Verjährung der Erfüllungsansprüche trete nie vor Abnahme ein).[116]

---

112 Grüneberg/Retzlaff, BGB, § 640 Rn. 22.

113 BGH, Urt. v. 23.10.2008 – VII ZR 64/07, NJW 2009, 360; BGH, Urt. v. 24.10.1996 – VII ZR 98/94, NJW-RR 1997, 339; BeckOGK/Kögl, § 640 BGB Rn. 214, 228; BeckOK BGB/Voit, § 640 Rn. 42; Grüneberg/Retzlaff, BGB, § 640 Rn. 22.

114 BGH, Urt. v. 23.10.2008 – VII ZR 64/07, NJW 2009, 360; BeckOGK/Kögl, § 640 BGB Rn. 203.

115 BGH, Urt. v. 19.01.2017 – VII ZR 235/15, NZBau 2017, 211.

116 OLG Hamm, Urt. v. 30.04.2019 – 24 U 14/18, NJW 2019, 3240; Jansen, NZBau 2020, 283.

F. Besonderheiten bei Vereinbarung der VOB/B

§ 12 VOB/B regelt die Abnahme im Einzelnen nicht abschließend, die Bestimmungen des § 640 BGB sind auch bei VOB/B-Verträgen ergänzend heranzuziehen. 96

Nach **§ 12 Abs. 1 VOB/B** hat der Besteller die **Abnahme innerhalb von 12 Werktagen** zu erklären, falls die Parteien keine andere Frist vereinbart haben. Diese Frist wird auch bei § 640 Abs. 2 BGB entsprechend herangezogen.[117] Im Übrigen entspricht die Regelung in § 12 Abs. 1 VOB/B inhaltlich weitgehend der Regelung in § 640 Abs. 1 S. 1 BGB. Die Abnahme kann – bei schnellerer Fertigstellung – auch schon vor Ablauf der vereinbarten Ausführungsfrist verlangt werden. Ob diese Regelung auch beim BGB-Bauvertrag analog gilt, dürfte fraglich sein. Schließlich regelt die VOB/B an vielen Stellen gerade die zügigere Vertragsabwicklung aufgrund von aufgetretenen Besonderheiten im Bauablauf, während das BGB eher an dem Grundsatz, Verträge sind einzuhalten, festhält. Sofern der Besteller deshalb auf die frühere Abnahme und Übernahme nicht eingerichtet ist, dürfte nach der hier vertretenen Ansicht, diese Sonderregelung der VOB/B nur bei deren Geltung anwendbar sein. 97

Gemäß **§ 12 Abs. 2 VOB/B** sind **Teilabnahmen** in sich abgeschlossener Leistungen zulässig.

§ 12 Abs. 3 VOB/B bestimmt, dass die Abnahme nur wegen **wesentlicher Mängel verweigert** werden kann. Die Norm ist damit inhaltlich im Wesentlichen mit § 640 Abs. 1 S. 2 BGB identisch. 98

§ 12 Abs. 4 VOB/B regelt die **förmliche Abnahme**, die durchzuführen ist, sofern es eine Vertragspartei verlangt, und den Umgang mit dem dabei erstellten Abnahmeprotokoll (*»Niederschrift«*). 99

Die beiden in **§ 12 Abs. 5 VOB/B** geregelten **Abnahmefiktionen** treten ergänzend neben die Bestimmung aus § 640 Abs. 2 BGB.[118] Sie umfassen zum einen die Abnahme durch Ingebrauchnahme, zum anderen die Abnahme bei Fertigstellungsmitteilung ohne Abnahmebegehren, wobei eine Fertigstellungsmitteilung in der Übersendung einer Schlussrechnung gesehen werden kann.[119] 100

§ 12 Abs. 6 VOB/B regelt schließlich den **Gefahrenübergang**, soweit die Gefahr nicht bereits zuvor nach anderen Vorschriften (etwa gemäß § 7 VOB/B oder § 644 BGB) auf den Besteller übergegangen ist. 101

§ 641 Fälligkeit der Vergütung

(1) Die Vergütung ist bei der Abnahme des Werkes zu entrichten. Ist das Werk in Teilen abzunehmen und die Vergütung für die einzelnen Teile bestimmt, so ist die Vergütung für jeden Teil bei dessen Abnahme zu entrichten.

(2) Die Vergütung des Unternehmers für ein Werk, dessen Herstellung der Besteller einem Dritten versprochen hat, wird spätestens fällig,
1. **soweit der Besteller von dem Dritten für das versprochene Werk wegen dessen Herstellung seine Vergütung oder Teile davon erhalten hat,**
2. **soweit das Werk des Bestellers von dem Dritten abgenommen worden ist oder als abgenommen gilt oder**
3. **wenn der Unternehmer dem Besteller erfolglos eine angemessene Frist zur Auskunft über die in den Nummern 1 und 2 bezeichneten Umstände bestimmt hat.**

---

117 BeckOGK/Kögl, § 640 BGB Rn. 140; Grüneberg/Retzlaff, BGB, § 640 Rn. 15; ibr-OK Bauvertragsrecht/Pause/Vogel, § 640 BGB Rn. 76.

118 BeckOGK/Kögl, § 640 BGB Rn. 272, 312 ff.; ibr-OK Bauvertragsrecht/Pause/Vogel, § 640 BGB Rn. 105.

119 BGH, Urt. v. 28.04.1980 – VII ZR 109/79, BeckRS 1980, 31075790; OLG Brandenburg, Urt. v. 20.08.2020 – 12 U 34/20, BeckRS 2020, 20875; OLG Düsseldorf, Urt. v. 16.05.1997 – 22 U 232/96, NJW-RR 1997, 1178.

Hat der Besteller dem Dritten wegen möglicher Mängel des Werks Sicherheit geleistet, gilt Satz 1 nur, wenn der Unternehmer dem Besteller entsprechende Sicherheit leistet.

(3) Kann der Besteller die Beseitigung eines Mangels verlangen, so kann er nach der Fälligkeit die Zahlung eines angemessenen Teils der Vergütung verweigern; angemessen ist in der Regel das Doppelte der für die Beseitigung des Mangels erforderlichen Kosten.

(4) Eine in Geld festgesetzte Vergütung hat der Besteller von der Abnahme des Werkes an zu verzinsen, sofern nicht die Vergütung gestundet ist.

Übersicht Rdn.

A. Einleitung

I. Entwicklung

1 Die ursprünglich bei Inkrafttreten des BGB geltende Fassung des § 641 BGB enthielt lediglich die heute in Abs. 1 und Abs. 4 enthaltenen Regelungen.

2 Die Absätze 2 und 3 sind durch das Gesetz zur Beschleunigung fälliger Zahlungen vom 30.03.2000 ergänzt worden und zum 01.05.2000 in Kraft getreten.[1] Gleichzeitig wurde § 632a BGB eingeführt, der durch einen Anspruch auf Abschlagszahlungen den bisherigen Grundsatz der Vorleistungspflicht des Unternehmers relativiert. Auch für die Fälligkeit in der (werkvertraglichen) Leistungskette kam es zu Änderungen. Seitdem kann der Subunternehmer von seinem Auftraggeber die Zahlung der Vergütung verlangen, soweit dieser von Seiten des Bestellers befriedigt wurde (sog. »Durchgriffsfälligkeit«[2]). Zusätzlich wurde das Leistungsverweigerungsrecht bei mangelhaften Leistungen kodifiziert und der Druckzuschlag (damals) auf das Dreifache der erforderlichen Mängelbeseitigungskosten festgelegt. Zuvor war der Druckzuschlag dem Grunde nach in der Rechtsprechung anerkannt,[3] die Höhe des Einbehalts wurde jedoch unterschiedlich beurteilt.[4]

3 Weitere Veränderungen brachte das zum 01.01.2009 in Kraft getretene Forderungssicherungsgesetz (FoSiG) vom 23.10.2008 mit sich.[5] Bezogen auf § 641 BGB sollte das FoSiG zum einen Probleme bei der Durchgriffsfälligkeit lösen. Nach der durch das Gesetz zur Beschleunigung fälliger Zahlungen eingeführten Ausgestaltung des § 641 Abs. 2 BGB wurde der Zahlungsanspruch des Subunternehmers zwar mit Zahlung an den Hauptunternehmer fällig. Um den eigenen Zahlungsanspruch tatsächlich geltend machen zu können, musste der Subunternehmer allerdings auch Kenntnis von der geleisteten Zahlung erlangen, was in der Praxis nicht gewährleistet ist. Der Abs. 2 wurde daher um die heutigen Nrn. 1 und 2 ergänzt, wonach die Durchgriffsfälligkeit zum einen eingreift, sobald das Werk des Bestellers von dem Dritten abgenommen worden ist oder als abgenommen gilt (vgl. Rdn. 45 f.); zum anderen kann der (Sub-) Unternehmer dem Hauptunternehmer seitdem eine Frist zur Auskunft über die Abnahme beziehungsweise die Vergütung der Leistung setzen und nach gegebenenfalls erfolglosem Fristablauf ebenfalls Zahlung verlangen (vgl. Rdn. 47 f.). Neben den Änderungen bei der Durchgriffsfälligkeit wurde außerdem der »Druckzuschlag« angepasst. Die Höhe des möglichen Einbehalts ist regelmäßig auf das Doppelte der erforderlichen Mangelbeseitigungskosten festgelegt. Es handelt sich hierbei aber nur um einen Regelsatz, sodass abweichende Beurteilungen in beide Richtungen möglich sind (vgl. Rdn. 53 ff.).

4 Die jüngste Reform des Werkvertragsrechts zum 01.01.2018 beinhaltete keine Änderungen an § 641 BGB.[6] Allerdings sehen die neu eingeführten Regelungen Modifikationen vor, die vom Grundsatz des § 641 BGB abweichen. Für den Bauvertrag regelt § 650g Abs. 4 S. 1 Nr. 2 BGB in Anlehnung an die VOB/B nunmehr die Erteilung einer prüffähigen Schlussrechnung als weitere Fälligkeitsvoraussetzung. Das Gleiche gilt nach § 650i Abs. 3 BGB für den Verbraucherbauvertrag. Für den Architekten- und Ingenieurvertrag gilt hingegen gem. § 650q Abs. 1 BGB weiterhin § 641 BGB – in deren Anwendungsbereich modifiziert durch das in § 15 HOAI über den Verweis auf § 650g Abs. 4 BGB geregelte Schlussrechnungserfordernis. Gemäß der für den Bauträgervertrag eingeführten Regelungen in § 650u f. BGB ist die Vergütung dem Grunde nach ebenfalls im Sinne von § 641 Abs. 1 BGB im Zeitpunkt der Abnahme fällig – es bestehen jedoch Abweichungen (vgl. Rdn. 110 f.).

1 BGBl. I 2000, S. 330.
2 Schmidt-Räntsch, ZfIR 2000, 337 (338).
3 BGH, Urt. v. 09.07.1981 – VII ZR 40/80, BauR 1981, 577 (580); Schmidt-Räntsch, ZfIR 2000, 337 (339); Siegburg, Handbuch der Gewährleistung beim Bauvertrag, Rn. 542.
4 BGH, Urt. v. 09.07.1981 – VII ZR 40/80, BauR 1981, 577 (580); BGH, Urt. v. 16.01.1992 – VII ZR 85/90, BauR 1992, 401 (402).
5 BGBl. I 2008. S. 2022.
6 BGBl. I 2017, S. 969 ff.

II. Normzweck

5 Im Werkvertragsrecht stehen die Verpflichtung des Unternehmers zur Herstellung des versprochenen Werkes und die Verpflichtung des Bestellers zur Zahlung der vereinbarten Vergütung im Gegenseitigkeitsverhältnis (Synallagma). Anders als im Kaufrecht sind beide Verpflichtungen im Werkvertragsrecht nicht gleichzeitig zu bewirken (dort in der Regel: Zahlung gegen Übergabe). Vielmehr ist der Unternehmer gegenüber dem Besteller mit seiner Herstellung zur Vorleistung verpflichtet.[7] Nach § 641 Abs. 1 S. 1 BGB wird die Vergütungspflicht des Bestellers erst mit der Abnahme des Werkes fällig.

6 Der Unternehmer trägt durch die Vorleistungspflicht sowohl hinsichtlich seines Arbeits- als auch des Materialaufwands das Vorfinanzierungsrisiko.[8] Gerade bei Bauleistungen vergrößert der gesetzliche Eigentumserwerb zu Gunsten des Bestellers durch die feste Verbindung mit einem Grundstück das Risiko, vgl. § 946 BGB. Entsprechendes gilt in den anderen Fällen des gesetzlichen Eigentumserwerbs, also der Verbindung beweglicher Sachen (§ 947 BGB) sowie der Vermischung von Sachen (§ 948 BGB). Die Grundsätze des gesetzlichen Eigentumserwerbs im Verhältnis zwischen Unternehmer und Besteller sind zwingendes Recht.[9]

7 Das aus der Vorleistungspflicht resultierende Risiko des Unternehmers wird durch andere Regelungen abgemildert. Der Unternehmer kann nach § 632a BGB Abschlagszahlungen in Höhe des Wertes der von ihm erbrachten und nach dem Vertrag geschuldeten Leistung verlangen (vgl. § 632a Abs. 1 S. 1 BGB). Außerdem steht dem Unternehmer für seine Forderungen aus dem Werkvertrag nach § 647 BGB das Unternehmerpfandrecht zu, das ihm im Falle des Ausbleibens der Vergütung eine Verwertung hergestellter oder ausgebesserter beweglicher Sachen des Bestellers ermöglicht. Bei Bauleistungen kann der Unternehmer zudem nach § 650e S. 1 BGB die Einräumung einer Sicherungshypothek am Baugrundstück des Bestellers verlangen oder nach § 650f BGB Sicherheit fordern.

III. Systematik

8 § 641 Abs. 1 BGB regelt den Grundsatz der Fälligkeit des Werklohnanspruchs bei Abnahme des Werkes. Außerdem regelt § 641 Abs. 1 S. 2 BGB die Fälligkeit der Vergütung im Falle von Teilabnahmen einzelner Teilleistungen.

9 Sonderregelungen enthält § 641 Abs. 2 BGB für die Fälligkeit im Rahmen sogenannter Leistungsketten, also bei der Einschaltung von Subunternehmern. Bei Vorliegen der in § 641 Abs. 2 S. 1 Nr. 1 bis 3 BGB bestimmten Voraussetzungen ist die Vergütung des Subunternehmers spätestens fällig, soweit der Besteller von dem Dritten für das versprochene Werk wegen dessen Herstellung seine Vergütung oder Teile davon erhalten hat (Nr. 1) oder soweit das Werk des Bestellers von dem Dritten abgenommen worden ist oder als abgenommen gilt (Nr. 2) oder wenn der Unternehmer dem Besteller erfolglos eine angemessene Frist zur Auskunft über die in den Nummern 1 und 2 bezeichneten Umstände bestimmt hat (Nr. 3). Eine Rückausnahme von der Durchgriffsfälligkeit ergibt sich aus § 641 Abs. 2 S. 2 BGB, wonach eine Sicherheitsleistung des Hauptunternehmers gegenüber dem Dritten wegen Mängeln zur Folge hat, dass auch der Subunternehmer dem Hauptunternehmer eine Sicherheitsleistung zu stellen hat, um die Durchgriffsfälligkeit zu begründen.

10 § 641 Abs. 3 BGB sieht bei einer mangelhaften Werkleistung ein Zurückbehaltungsrecht des Bestellers vor. Vom allgemeinen Zurückbehaltungsrecht aus § 320 Abs. 1 S. 1 BGB unterscheidet sich § 641 Abs. 3 BGB durch den gesetzlich vorgesehenen »Druckzuschlag« in Höhe der doppelten Mangelbeseitigungskosten. Damit soll der wirtschaftlich denkende Unternehmer motiviert werden, nicht

---

7 Kritisch zu dem Begriff der »Vorleistungspflicht« Sienz, BauR 2004, 10.

8 BGH, Urt. v. 19.01.2017 – VII ZR 301/13, NJW 2017, 1604, 1606; MüKo-BGB/Busche, § 641 Rn. 2; BeckOGK/Lasch, Stand: 01.01.2025, § 641 BGB Rn. 3.

9 MüKo-BGB/Füller, § 946 Rn. 13; Ebbing, in: Erman, BGB, § 946 Rn. 3.

schlicht nichts zu tun, da ihn ein (nur) einfacher Einbehalt wirtschaftlich genauso träfe wie eine etwaige Mangelbeseitigung.

Schließlich enthält § 641 BGB in Abs. 4 für die fällige Werklohnforderung des Unternehmers einen 11
eigenständigen verzugsunabhängigen Anspruch auf Zinsen.

B. Fälligkeit der Vergütung bei Abnahme (Abs. 1)

I. Begriff der Vergütung – Anwendungsbereich des § 641 Abs. 1 BGB

In § 641 BGB ist die Fälligkeit der Vergütung geregelt. Der Anwendungsbereich der Regelung ist 12
folglich auf die zur Herstellungsverpflichtung des Unternehmers im Gegenseitigkeitsverhältnis stehende Zahlungsverpflichtung beschränkt. Dabei ist unbeachtlich, welches Zahlungsmittel oder welche Art von Gegenleistung die Parteien vereinbart haben. Ausdrücklich geregelt ist z.B. in § 23 Abs. 1 VOB/A die Möglichkeit, Bauleistungen durch Einräumung eines Nutzungsrechts an der baulichen Anlage zu vergüten. Naturalien und im Zuge der Werkarbeiten anfallende Wertstoffe können ebenfalls als Vergütung oder Vergütungsbestandteil vereinbart werden.[10]

Aus dem Bauablauf resultierende Entschädigungs- oder Schadensersatzansprüche unterliegen einer 13
gesonderten Fälligkeit. Schon vor Erklärung der Abnahme und damit unabhängig von der Fälligkeit der Vergütung kann der Besteller noch während des Bauablaufs Schadensersatz für die Verletzung vertraglicher Pflichten nach dem allgemeinen Leistungsstörungsrecht verlangen.[11] Das gilt insbesondere für den Entschädigungsanspruch, der dem Unternehmer nach § 642 BGB zusteht, wenn der Besteller durch Unterlassen einer Mitwirkungshandlung in Annahmeverzug gerät. Nach teilweise vertretener Ansicht handelt es sich hierbei aufgrund der Anknüpfung an den vereinbarten Werklohn um einen vergütungsähnlichen Anspruch.[12] Für die Fälligkeit sowie den Beginn der Verjährung käme es dann auf den Zeitpunkt der Abnahme an.[13] Das widerspricht jedoch sowohl dem Wortlaut als auch dem Zweck der Vorschrift. Nach § 642 Abs. 1 BGB kann der Unternehmer eine Entschädigung verlangen, wenn der Besteller in Annahmeverzug kommt. Damit stellt § 642 Abs. 1 BGB einen Schadensersatzanspruch eigener Art dar.[14] Diese Entschädigung soll das durch den Annahmeverzug gesteigerte Vorleistungsrisiko sowie die Vorhaltungskosten des Unternehmers ausgleichen. Dementsprechend tritt die Fälligkeit der Entschädigung richtigerweise unmittelbar mit Beginn des Annahmeverzuges ein.[15] Die Anlehnung an die vereinbarte Vergütung dient vornehmlich dazu, die Höhe des Anspruchs an den von den Parteien vereinbarten Größen auszurichten – zu den Details vgl. § 642 BGB, Rdn. 69.

II. Abnahme als Fälligkeitsvoraussetzung

1. Grundsatz

Mit Abnahme des Werks wird gem. § 641 Abs. 1 BGB die Vergütung fällig.[16] Ob eine Verpflichtung 14
zur Abnahme bestand, ist für den Eintritt der Fälligkeit unbeachtlich, sofern die Abnahme tatsäch-

10 Exemplarisch OLG Hamm, Urt. v. 22.12.2011 – 21 U 111/10, IBR 2012, 321 – Altmetall bei Abbrucharbeiten.

11 Moufang/Koos, in: Messerschmidt/Voit, Privates Baurecht, § 634 BGB Rn. 22 ff.; BeckOK BGB/Voit, 73. Ed. 2024, § 634 Rn. 28; Raab, in: Dauner-Lieb/Langen, BGB – Schuldrecht, 4. Aufl. 2021, § 634 Rn. 33.

12 Leupertz/Popescu, in: Staudinger, BGB, NB 2024, § 642 Rn. 8; Stickler, in: Messerschmidt/Voit, Privates Baurecht, § 642 BGB Rn. 37; Raab, in: Dauner-Lieb/Langen, BGB – Schuldrecht, 4. Aufl. 2021, § 642 Rn. 1.

13 Retzlaff, in: Kniffka, ibr-OK Bauvertragsrecht, Stand: 07.02.2025, § 642 BGB Rn. 127; Stickler, in: Messerschmidt/Voit, Privates Baurecht, § 642 BGB Rn. 37.

14 BGH, Urt. v. 30.01.2020 – VII ZR 33/19, NJW 2020, 1293; MüKo-BGB/Busche, § 642 Rn. 16.

15 MüKo-BGB/Busche, § 642 Rn. 16; Schwenker/Rodemann, in: Erman, BGB, § 642 Rn. 6.

16 Hinsichtlich der Voraussetzungen der Abnahme sei hier auf die Ausführungen zu § 640 BGB verwiesen.

lich erklärt wurde.[17] Sie wird auch dann fällig, wenn sich der Besteller wegen einzelner erkannter Mängel im Sinne von § 640 Abs. 3 seine Rechte bei der Abnahme vorbehalten hat. Fälligkeit der Forderung tritt erst recht ein, wenn unbekannte Mängel vorhanden sind. § 641 Abs. 3 BGB hindert damit nicht die Fälligkeit der Forderung,[18] sondern gewährt nur ein Zurückbehaltungsrecht an einer fälligen Forderung und hindert damit den Eintritt des Verzugs.[19]

2. Teilabnahme

15 Der Werklohnanspruch wird nicht immer als Gesamtbetrag fällig. Haben die Parteien eine Abnahme von Teilleistungen vereinbart und eine Vergütung für die einzelnen Teile der Leistung bestimmt, tritt die Fälligkeit einzelner Vergütungsteile nach § 641 Abs. 1 S. 2 BGB jeweils eigenständig und nur teilweise ein.

16 Dem Wortlaut von § 641 Abs. 1 BGB nach gilt dies jedoch nur, sofern der Besteller zur Teilabnahme verpflichtet ist (»Ist das Werk in Teilen abzunehmen…«). Die Abnahme von Teilleistungen ohne entsprechende vertragliche Verpflichtung kommt in der Praxis zwar selten vor, sie ist dem Besteller jedoch jederzeit möglich.[20] Erklärt der Besteller die Abnahme einer abtrennbaren Teilleistung und ist die auf den jeweiligen Teil entfallene Vergütung vertraglich isoliert bestimmt, soll der Unternehmer – was wenig überzeugt – den jeweiligen Vergütungsbestandteil aber dennoch nur einfordern können, sofern eine vertragliche Vereinbarung über die Möglichkeit von Teilabnahmen vorliegt.[21]

III. Fälligkeit ohne Abnahme

1. Nicht abnahmebedürftige Werke

17 Ist die körperliche Hinnahme des Werkes nicht möglich, wie z.B. im Falle rein geistiger Werke (z.B. Theateraufführungen), kann der Besteller das Werk zwar als im Wesentlichen vertragsgemäß billigen, eine Abnahme im Sinne von § 640 Abs. 1 S. 1 BGB scheidet jedoch aus. An die Stelle der Abnahme tritt in diesen Fällen nach § 646 BGB die Vollendung des Werkes (vgl. dazu § 646 Rdn. 12 ff.). In diesen Fällen ist der Vergütungsanspruch unmittelbar mit Vollendung des Werkes fällig.[22]

2. Abnahmeverweigerung und Abnahmefiktion

18 Weigert sich der Besteller, die vom Unternehmer angebotene Leistung abzunehmen, steht dies dem Eintritt der Fälligkeit nicht zwangsläufig entgegen. Denn andernfalls könnte sich der Besteller durch schlichte Verweigerung einer Abnahmeerklärung seiner Zahlungspflicht entziehen. Nach § 640 Abs. 1 S. 2 BGB darf der Besteller die Abnahme wegen unwesentlicher Mängel nicht verweigern, sondern ist zur Abnahme verpflichtet. Der Unternehmer kann die Abnahme auch selbständig einklagen.[23] In der Regel wird er aber auf Werklohn klagen und die Frage der Abnahme muss dann inzident als Voraussetzung des Werklohnanspruchs geprüft werden.

19 Setzt der Unternehmer dem Besteller eine angemessene Frist zur Abnahme und verweigert der Besteller die Abnahme nicht bis zum Ablauf dieser Frist unter Angabe mindestens eines Mangels, gilt das Werk nach § 640 Abs. 2 S. 1 BGB als abgenommen (gesetzliche Fiktion). Bei einem Verbraucher gilt dies jedoch nur, sofern dieser zusammen mit der Aufforderung zur Abnahme in Text-

---

17 Mayr, in: Leupertz/Preussner/Sienz, BeckOK Bauvertragsrecht, Stand 15.02.2025, § 641 BGB Rn. 5; Raab, in: Dauner-Lieb/Langen, BGB – Schuldrecht, 4. Aufl. 2021, § 641 Rn. 5.

18 So aber Pause/Vogel, in: Kniffka, ibr-OK Bauvertragsrecht, Stand 07.02.2025, § 641 BGB Rn. 63.

19 MüKo-BGB/Busche, § 64 Rn. 38.

20 Schwenker/Rodemann, in: Erman, BGB, § 641 Rn. 9.

21 BGH, Beschl. v. 05.01.2017 – VII ZR 184/14, BauR 2017, 721, 723; BeckOGK/Lasch, Stand: 01.01.2025, § 641 BGB Rn. 18 f.; Leupertz/Halfmeier, in: PWW, BGB, § 641 Rn. 4.

22 MüKo-BGB/Busche, § 646 Rn. 4; Schwenker/Rodemann, in: Erman, BGB, § 646 Rn. 1; Leupertz/Halfmeier, in: PWW, BGB, § 641 Rn. 6.

23 BGH, Urt. v. 27.02.1996 – X ZR 3/94, NJW 1996, 1749 – 1751.

form auf die Folgen einer ausgebliebenen Abnahmeerklärung hingewiesen wurde (Vgl. zu den Anforderungen an den Hinweis § 640 BGB, Rdn. 64). Einer Fristsetzung bedarf es nicht, sofern der Besteller die Abnahme ernsthaft und endgültig verweigert, obwohl lediglich unwesentliche Mängel im Sinne von § 640 Abs. 1 S. 2 BGB vorliegen. Ein Abnahmeverlangen des Unternehmers wäre unter diesen Voraussetzungen eine bloße Förmelei, zu der sich ein Unternehmer vernünftigerweise nicht veranlasst sehen muss.[24] Mit Eintritt der Abnahmefiktion wird auch die Vergütung fällig. Die Verweigerung der Abnahme durch den Besteller muss nicht auf einem wesentlichen Mangel beruhen. Auch die Berufung auf einen unwesentlichen Mangel oder einen tatsächlich nicht bestehenden Mangel verhindert die Abnahmewirkung und damit den Eintritt der Fälligkeit.[25] Gibt der Besteller nur offensichtlich nicht bestehende oder eindeutig unwesentliche Mängel an, kann dies allerdings rechtsmissbräuchlich sein.[26]

Eine berechtigte Abnahmeverweigerung schließt den Eintritt der Fälligkeit hingegen aus;[27] die Fälligkeit etwaiger bereits zuvor fällig gewordener Abschlagszahlungen für erbrachte Teilleistungen bleibt davon jedoch unberührt.[28] 20

3. Abrechnungsverhältnis statt Abnahme

An die Stelle der Abnahme kann außerdem ein sogenanntes Abrechnungsverhältnis treten.[29] Ein solches liegt vor, wenn der Besteller zum Ausdruck bringt, an der Erfüllung beziehungsweise Nacherfüllung durch den Unternehmer nicht länger interessiert zu sein. Das ist z.B. der Fall, wenn der Besteller seine Forderungen auf Schadenersatz beschränkt, den Rücktritt vom Vertrag erklärt oder aber den Vergütungsanspruch mindert.[30] Auch wenn der Besteller den Mangel im Rahmen der Selbstvornahme von einem Dritten beheben lässt entsteht ein Abrechnungsverhältnis. Es entsteht aber nicht bereits durch ein Verlangen nach Kostenvorschuss für die Selbstvornahme.[31] Ebenfalls nicht allein ausreichend ist, dass ein Insolvenzverwalter die Erfüllung des Vertrages nach § 103 InsO ablehnt[32] oder der Bauvertrag gekündigt wird. Im letztgenannten Fall endet das Erfüllungsstadium hinsichtlich der bereits erbrachten Leistungen (noch) nicht. Der Auftraggeber kann nämlich hinsichtlich der bereits erbrachten Leistungen Nacherfüllung verlangen.[33] 21

Auch der Versuch einer Selbstvornahme führt zudem nicht zwangsläufig zum Eintritt eines Abrechnungsverhältnisses. Immerhin bleibt bis zur erfolgreichen Behebung des Mangels offen, ob 22

24 BGH, Urt. v. 08.11.2007 – VII ZR 183/05, NJW 2008, 511; BGH, Urt. v. 25.01.1996 – VII ZR 26/95, NJW 1996, 1280; Motzke, NZBau 2000, 489, 495; Henkel, MDR 2003, 913, 916 f.; Grüneberg/Retzlaff, BGB, § 641 Rn. 3; Raab, in: Dauner-Lieb/Langen, BGB – Schuldrecht, 4. Aufl. 2021, § 641 Rn. 12; Leupertz/Halfmeier, in: PWW, BGB, § 641 Rn. 7; BeckOK BGB/Voit, 73. Ed. 2024, § 641 Rn. 5; Pause/Vogel, in: Kniffka, Bauvertragsrecht, § 641 BGB Rn. 8.

25 BeckOK BGB/Voit, 73. Ed. 2024, § 640 Rn. 34; MüKo-BGB/Busche, § 640 Rn. 30. A.A.: § 640 BGB Rdn. 59.

26 BT-Drucks. 18/8486, S. 48.

27 BGH, Urt. v. 08.01.2004 – VII ZR 198/02, NJW-RR 2004, 591; Pause/Vogel, in: Kniffka, Bauvertragsrecht, § 641 BGB Rn. 7; Grüneberg/Retzlaff, BGB, § 641 Rn. 3.

28 Leupertz/Halfmeier, in: PWW, BGB, § 641 Rn. 7.

29 MüKo-BGB/Busche, § 641 Rn. 28.

30 BGH, Urt. v. 22.09.2005 – VII ZR 117/03, NJW 2005, 3574; BGH, Urt. v. 15.11.2002 – VII ZR 479/00, BauR 2002, 1399; Leupertz/Halfmeier, in: PWW, BGB, § 641 Rn. 6; Pause/Vogel, in: Kniffka, Bauvertragsrecht, § 641 BGB Rn. 9.

31 BGH, Urt. v. 19.01.2017 – VII ZR 301/13, BauR 2017, 875.

32 OLG Oldenburg, Urt. v. 23.04.2024 – 2 U 128/23, juris.

33 OLG München, Beschl. v. 22.05.2023 – 28 U 6295/22 Bau, juris.

der Besteller den Unternehmer nicht subsidiär in Anspruch nehmen will.[34] Ist die Selbstvornahme hingegen erfolgreich entsteht das Abrechnungsverhältnis.[35]

23 Der Werkunternehmer kann ein Abrechnungsverhältnis nicht z.B. durch ernsthafte und endgültige Verweigerung der Nacherfüllung einseitig herbeiführen.[36] Verweigert hingegen der Besteller die Mitwirkung bei der Bewirkung des Werkerfolgs endgültig, bejaht der Bundesgerichtshof die Fälligkeit des Werklohnanspruchs.[37] Auch wenn die Parteien einvernehmlich erklären, auf die Abnahme zu verzichten, geht der Vertrag in ein Abrechnungsverhältnis über.[38] Letzteres kann auch konkludent durch vorbehaltlose Begleichung der Schlussrechnung oder bestimmungsgemäße Ingebrauchnahme des Werkes geschehen.[39] In solchen Fällen mag allerdings häufig zugleich eine jedenfalls konkludente Abnahme zu sehen sein. Kündigt der Besteller den Vertrag, setzt die Fälligkeit der Vergütung ebenfalls eine Abnahme der bisher erbrachten Leistungen voraus.[40]

4. Fälligkeit vor der Abnahme – Abschlagszahlungen

24 Die durch § 640 Abs. 1 BGB begründete Vorleistungspflicht des Unternehmers stellt wegen des damit verbundenen Insolvenzrisikos eine wirtschaftliche Belastung dar. Um diese Belastung zu kompensieren, sieht § 632a BGB einen Anspruch auf Abschlagszahlungen vor. Auch ohne eine gesonderte Vereinbarung – anders bei Bauträgerverträgen (Vgl. § 650v BGB Rdn. 2) – kann der Unternehmer danach Abschlagszahlungen in Höhe des Wertes der von ihm erbrachten und nach dem Vertrag geschuldeten Leistungen verlangen. Selbst bei mangelbehafteten Leistungen steht dem Unternehmer dem Grunde nach ein Abschlagsanspruch zu. Der Besteller kann jedoch in Höhe eines in Anbetracht des Mangels angemessenen Teil des Abschlags die Zahlung verweigern (vgl. § 632a Abs. 1 S. 2 BGB).

IV. Rechnungslegung als Fälligkeitsvoraussetzung

25 Ob der Unternehmer seine Forderung gegenüber dem Besteller abgerechnet hat, ist für die Fälligkeit des Vergütungsanspruchs im Werkvertragsrecht grundsätzlich unbeachtlich (für den Anwendungsbereich des Baurechts vgl. aber Rn. 108).[41]

26 Die Entbehrlichkeit einer Abrechnung für die Fälligkeit der Forderung gilt nicht nur, wenn die genaue Höhe der geschuldeten Vergütung bereits aus der vertraglichen Vereinbarung hervorgeht (z.B. im Falle einer Pauschalpreisvereinbarung), sondern auch bei einer vom tatsächlichen Leistungsaufwand abhängigen Vergütung (z.B.: Einheitspreisvertrag). Dass der Besteller in den letztgenannten Konstellationen schon rein faktisch nicht in der Lage ist, die geschuldete Vergütung zu leisten, ist aber dennoch zu berücksichtigen. So kann der Besteller insbesondere nicht in Verzug geraten, solange er mangels Abrechnung nicht zur Leistung der geschuldeten Vergütung in der Lage ist – vgl. § 286 Abs. 4 BGB.[42] Kann der Besteller die geschuldete Vergütung nicht eigenständig ermitteln, kann

34 Vgl. BGH, Urt. v. 19.01.2017 – VII ZR 301/13, BauR 2017, 875, Rn. 47.
35 OLG Bamberg, Urt. v. 03.03.2015 – 8 U 31/14, NJW 2015, 1533; Grüneberg/Retzlaff, BGB, § 641 Rn. 4.
36 OLG Düsseldorf, Urt. v. 22.07.2014 – 21 U 193/13, IBR 2014, 593.
37 BGH, Urt. v. 15.05.1990 – X ZR 128/88, NJW 1990, 3008; Grüneberg/Retzlaff, BGB, § 641 Rn. 4.
38 BeckOK Bauvertragsrecht/Mayr, Stand 15.02.2025, § 641 Rn. 16.
39 Vgl. OLG Brandenburg, Urt. v. 24.02.2011 – 12 U 129/10, BauR 2011, 1056.
40 BGH, Urt. v. 11.05.2006 – VII ZR 146/04, NJW 2006, 2475; Schwenker/Rodemann, in: Erman, BGB, § 641 Rn. 4; Leupertz/Halfmeier, in: PWW, BGB, § 641 Rn. 4; Pause/Vogel, in: Kniffka, Bauvertragsrecht, § 641 BGB Rn. 1. A.A.: Peters, BauR 2012, 11, 15.
41 BGH, Urt. v. 18.12.1980 – VII ZR 41/80, BauR 1981, 199; Pause/Vogel, in: Kniffka, Bauvertragsrecht, § 641 BGB Rn. 28; Schwenker/Rodemann, in: Erman, BGB, § 641 Rn. 1; Leupertz/Halfmeier, in: PWW, BGB, § 641 Rn. 2; Grüneberg/Retzlaff, BGB, § 641 Rn. 3; BeckOGK/Lasch, Stand 01.01.2025, § 641 BGB Rn. 13.
42 BGH, Urt. v. 12.07.2006 –X ZR 157/05, NJW 2006, 3271.

außerdem bei fehlender Rechnungslegung ein Zurückbehaltungsrecht nach § 273 BGB bestehen.[43] Spätestens für die gerichtliche Durchsetzung der Werklohnforderung ist der Unternehmer zudem regelmäßig ohnehin darauf angewiesen, eine nachvollziehbare Abrechnung vorzulegen, um seinen Anspruch schlüssig darzulegen.[44]

Eine Verpflichtung zur Abrechnung mit bestimmten Anforderungen zur Begründung der Fälligkeit 27 kann sich allerdings aus vertraglichen Vereinbarungen oder gesetzlichen Spezialregelungen ergeben. Ausdrücklich ist ein solches Erfordernis seit der Reform des Werkvertragsrechts zum 01.01.2018 gem. § 650g Abs. 4 BGB für Bauverträge im Sinne von § 650a BGB vorgesehen. Diese Regelung findet zudem auf Verbraucherbauverträge (§ 650i BGB) sowie auf Architekten- und Ingenieurverträge (§ 650p BGB sowie § 15 Abs. 1 HOAI) entsprechend Anwendung. Haben die Parteien die VOB/B einbezogen, ergibt sich das Schlussrechnungserfordernis aus § 14 Abs. 1 VOB/B. Vor Einführung des Schlussrechnungserfordernisses in § 650g Abs. 4 BGB wurde bei komplexen Werken, insbesondere in der Baubranche oder im Anlagenbau zum Teil auf Grundlage der Parteiinteressen ein konkludent vereinbartes Schlussrechnungserfordernis angenommen.[45] Die Einführung des § 650g Abs. 4 BGB hat an den insoweit zur Auslegung heranzuziehenden Parteiinteressen nichts geändert.

In Ansehung der Neuregelung in § 650g Abs. 4 BGB ist es jedoch fragwürdig und bislang höchst- 28 richterlich nicht geklärt, ob ein Schlussrechnungserfordernis auch außerhalb des Anwendungsbereichs der bauvertraglichen Vorschriften in AGB wirksam vereinbart werden kann.[46] Bis zur Einführung der Vorschrift wurde hierin unter Verweis auf die damit dem Unternehmer in Bezug auf den Eintritt der Fälligkeit zustehenden Gestaltungsmöglichkeiten eine unangemessene Benachteiligung des Bestellers gesehen.[47] Nunmehr prägt das Schlussrechnungserfordernis des § 650g Abs. 4 BGB ein neues gesetzliches Leitbild, welches sowohl im unternehmerischen Geschäftsverkehr als auch gegenüber Verbrauchern gilt. Eine Benachteiligung des Unternehmers, der ohnehin bereits aus steuerlichen Gründen zur Abrechnung verpflichtet ist und den Zeitpunkt der Fälligkeit über die Rechnungslegung selbst bestimmen kann, kommt bei Vereinbarung eines Schlussrechnungserfordernisses in den AGB des Bestellers nicht in Betracht. Knüpft der Unternehmer den Eintritt der Fälligkeit des Werklohns in eigenen AGB an die Schlussrechnungslegung, kann er damit den Zeitpunkt des Fälligkeitseintritts zwar selbst bestimmen. Der Unternehmer ist in diesen Konstellationen jedoch zur Rechnungslegung nicht nur berechtigt, sondern auch verpflichtet – § 14 Abs. 2 S. 1 Nr. 1 UStG. Der Besteller kann den Unternehmer folglich hinsichtlich der Rechnungslegung in Verzug setzen und dementsprechend etwaige Nachteile ausgleichen.[48] Eine unangemessene Benachteiligung des Bestellers ergibt sich folglich nur dann, wenn dem Unternehmer für die Rechnungslegung vertraglich ein unangemessen langer Zeitraum eingeräumt wird.

Abgesehen von den werkvertraglichen Erfordernissen ist der Unternehmer zudem in steuerlicher 29 Hinsicht zur Rechnungslegung verpflichtet – vgl. § 14 Abs. 1 UStG. Dieser Umstand kann wiederum in Gestalt eines Zurückbehaltungsrechts (§ 273 BGB) beziehungsweise in Form von Schadenersatzansprüchen auf die schuldrechtliche Ebene durchschlagen.[49]

---

43 Leupertz/Halfmeier, in: PWW, BGB, § 641 Rn. 2; Raab, in: Dauner-Lieb/Langen, BGB – Schuldrecht, 4. Aufl. 2021, § 641 Rn. 5.

44 BGH, Urt. v. 14.06.2007 – VII ZR 230/06, NJW-RR 2007, 1393; Leupertz/Halfmeier, in: PWW, BGB, § 641 Rn. 2.

45 Pause/Vogel, in: Kniffka, Bauvertragsrecht, 3. Aufl. 2018, § 641 BGB, Rn. 29; Leupertz/Halfmeier, in: PWW, BGB, § 641 Rn. 3; BeckOK BGB/Voit, 58. Ed. 2020, § 641 Rn. 4; Peters/Jacoby, in: Staudinger, BGB, NB 2019, § 641 Rn. 4.

46 Pause/Vogel, in: Kniffka, Bauvertragsrecht, 3. Aufl. 2018, § 641 BGB Rn. 31.

47 BGH, Urt. v. 18.12.1980 – VII ZR 41/80, BauR 1981, 199; OLG Stuttgart, Urt. v. 15.09.1993, – 9 U 90/93, NJW-RR 1994, 17. A.A.: Peters/Jacoby, in: Staudinger, BGB, NB 2019, § 641 Rn. 28.

48 Korn, in: Bunjes, UStG, 19. Aufl. 2020, § 14 Rn. 24 – 25.

49 BGH, Urt. v. 12.12.1990 – VIII ZR 35/90, NJW-RR 1991, 793; Pause/Vogel, in: Kniffka, Bauvertragsrecht, § 641 BGB Rn. 50.

V. Anforderungen an die Prüffähigkeit

30 Welche Anforderungen an die (prüffähige) Schlussrechnung zu stellen sind, hängt von den jeweiligen vertraglichen Vereinbarungen, insbesondere von der Vergütungsabrede ab. Haben die Parteien einen Pauschalpreis vereinbart, reicht es aus, den vertraglichen Leistungsgegenstand und den vereinbarten Pauschalpreis auszuweisen. Höhere Anforderungen bestehen, sofern einzelne der ursprünglich vereinbarten Leistungen nachträglich nicht ausgeführt werden konnten oder sollten, sodass nach den Maßgaben des § 648 S. 2 BGB abzurechnen ist oder wenn geänderte oder zusätzliche Leistungen erbracht wurden. Solche Nachträge sind dann gesondert prüfbar abzurechnen.[50]

31 Knüpft die Vergütungsvereinbarung an Einheitspreise an, ergibt sich die Vergütung also aus der Multiplikation von Menge und Einheitspreis, ist zur prüfbaren Rechnungslegung ein entsprechender Nachweis erforderlich – vgl. § 14 Abs. 1, Abs. 2 VOB/B.

Bei Stundenlohnvereinbarungen sind über Bautagesberichte beziehungsweise Stunden- oder Tageslohnzettel die erbrachten Leistungen detailliert nachzuhalten – Näheres regelt bei VOB/B-Verträgen § 15 VOB/B.[51]

32 Missachtet der Unternehmer die Anforderungen an die Prüffähigkeit der Schlussrechnung, kann der Besteller dieses Defizit den Forderungen des Unternehmers jedoch nicht uneingeschränkt entgegenhalten. Insbesondere muss der Besteller den Mangel der Prüfbarkeit in angemessener Frist rügen. Bei Vereinbarung der VOB/B gilt gem. § 16 Abs. 3 Nr. 1 S. 1 VOB/B eine Prüffrist von 30 Tagen beziehungsweise – bei ausdrücklicher Vereinbarung – in besonders gelagerten Fällen von maximal 60 Tagen. Im Anwendungsbereich des Bauvertragsrechts sieht § 650g Abs. 4 S. 3 BGB für seit dem 01.01.2018 abgeschlossene Verträge ebenfalls eine Prüffrist von maximal 30 Tagen vor.

VI. Bindungswirkung der Abrechnung & Überzahlung

33 Eine erfolgte Abrechnung hat grundsätzlich keine Bindungswirkung zu Lasten des Unternehmers zur Folge.[52] In einem VOB/B-Vertrag bestehen in § 16 Abs. 3 Nr. 2 VOB/B Sonderregeln. Diese knüpfen allerdings nicht an die Rechnungslegung an, sondern beziehen sich auf die vorbehaltlose Annahme der Schlusszahlung. Erfolgt keine Schlusszahlung, kann der Unternehmer die einmal gestellte Rechnung mithin grundsätzlich auch nachträglich korrigieren.[53]

C. Durchgriffsfälligkeit bei Subunternehmern (Abs. 2)

I. Sinn & Zweck der Sonderregelung

34 Zur Kosten- und Prozessoptimierung spielt gerade im Bauwesen die Untervergabe von Teilen der Leistung oder sogar des gesamten Auftragsumfangs eine große Rolle. Auch eine mehrfache Untervergabe mit verschiedenen Ebenen ist keine Seltenheit. Begrifflich ist bei der Einschaltung von einem oder mehreren Subunternehmern von einer »Leistungskette«[54] die Rede. Da die Fälligkeit an die Abnahme anknüpft und diese im jeweiligen Vertragsverhältnis zu erklären ist, spielen andere Verträge in einer Leistungskette für die Frage der Fälligkeit grundsätzlich keine Rolle (Relativität der Schuldverhältnisse). Das ist kein juristischer Selbstzweck, sondern trägt dem Umstand Rechnung, dass Abweichungen entlang der Kette keine Seltenheit sind, sei es aufgrund bewusster Entscheidung oder unzureichender oder ungenauer vertraglicher Vereinbarung. Selbst bei identischen Anforderungen an die geschuldete Werkleistung hat jeder Besteller im Zuge der Abnahme die Möglichkeit, die Ver-

50 Vgl. § 648 BGB Rdn. 58 ff.

51 Vgl. dazu Messerschmidt, in: Kapellmann/Messerschmidt, VOB-Kommentar Teil A/B, § 15 VOB/B.

52 BGH, Urt. v. 05.06.1997 – VII ZR 54/96, NJW-RR 1997, 1513; Pause/Vogel, in: Kniffka, Bauvertragsrecht, 3. Aufl. 2018, § 641 BGB Rn. 46.

53 BGH, Urt. v. 17.12.1987 – VII ZR 16/87, NJW 1988, 910.

54 Vgl. dazu näher hiernach Rdn. 37.

tragsgemäßheit des Werkes eigenständig zu prüfen und zu beurteilen. Daher schlägt die Abnahme im Hauptunternehmerverhältnis nicht auf sämtliche Glieder der Leistungskette durch.

§ 641 Abs. 2 BGB schränkt die Verknüpfung von Fälligkeit und Abnahme ein und entkoppelt beide Aspekte im Fall von Leistungsketten voneinander. Gleichzeitig verknüpft die Regelung die Fälligkeit der Vergütung des Subunternehmers mit dem Hauptunternehmerverhältnis. 35

Neben dogmatischen Bedenken[55] bestehen Probleme in der praktischen Anwendung der Norm.[56] 36
Zwar haben die mit dem Forderungssicherungsgesetz eingeführten Änderungen an Abs. 2 in Teilen für Abhilfe gesorgt,[57] in der Praxis erweist sich allerdings das Informationsdefizit auf Seiten des Subunternehmers unverändert als Hauptproblem. Auf Grundlage von § 641 Abs. 2 S. 1 Nr. 2 und 3 BGB wird der Vergütungsanspruch des Subunternehmers aufgrund der jeweils geregelten Umstände im Vertrag des Hauptunternehmers fällig;[58] durchsetzen kann der Subunternehmer seinen Anspruch allerdings erst, wenn der Subunternehmer von den den Anspruch begründenden Umständen Kenntnis erlangt. Hier soll die selten praktizierte, in § 641 Abs. 2 S. 1 Nr. 3 BGB vorgesehene Möglichkeit der Fristsetzung zur Auskunft Abhilfe schaffen.

II. Vorliegen einer Leistungskette

Eine »Durchgriffsfälligkeit« nach § 641 Abs. 2 BGB setzt voraus, dass eine Leistungskette vorliegt. 37
Der Besteller muss die Herstellung des Werkes einem Dritten versprochen haben. Erforderlich ist also Personenverschiedenheit zwischen den einzelnen Beteiligten, wie etwa im Verhältnis Bauherr/Bauträger/Generalunternehmer/Subunternehmer. Damit § 641 Abs. 2 BGB eingreift, muss zwischen dem Besteller und dem (Nach-)Unternehmer ein Werkvertrag vorliegen. Für das Leistungsversprechen des Bestellers gegenüber dem Dritten kommen hingegen auch andere Vertragsformen in Frage; der Anwendbarkeit von § 641 Abs. 2 BGB steht dies nicht entgegen.[59]

Es genügt allerdings nicht, wenn der Besteller das vom Unternehmer geleistete Werk irgendwie 38
gegenüber einem Dritten (etwa als Arbeitsgrundlage) verwerten möchte. Nach § 641 Abs. 2 S. 1 BGB kommt eine Durchgriffsfälligkeit nur in Betracht, soweit die jeweils dem Hauptunternehmer beziehungsweise dem Besteller versprochenen Werke tatsächlich identisch sind.[60] Eine vollkommene Identität ist jedoch nicht erforderlich. Es genügt, wenn die vom Unternehmer versprochene Leistung einem Teil der Leistung entspricht, die der Besteller dem Dritten versprochen hat.[61] Lässt der Besteller die dem Dritten geschuldete Leistung von verschiedenen Subunternehmern arbeitsteilig erbringen, können beide Unternehmer die Durchgriffsfälligkeit geltend machen.[62]

§ 641 Abs. 2 S. 1 BGB erweckt durch die Vergangenheitsform (»versprochen hat«) den Eindruck, 39
dass die zeitliche Abfolge der Beauftragungen in irgendeiner Weise von Bedeutung ist. Dem ist jedoch nicht so. Es steht der Durchgriffsfälligkeit nicht entgegen, wenn der Unternehmer dem Besteller eine Leistung versprochen hat, die dieser erst zu einem späteren Zeitpunkt einem Dritten zusagt.[63]

---

55 Peters, NZBau 2000, 169, 172.
56 Dazu Raab, in: Dauner-Lieb/Langen, BGB – Schuldrecht, 4. Aufl. 2021, § 641 Rn. 19.
57 Vgl. dazu Rdn. 3.
58 Vgl. zu den genauen Anforderungen Rdn. 41 ff. sowie Rdn. 45 ff.
59 BeckOK BGB/Voit, 73. Ed. 2024, § 641 Rn. 16; Grüneberg/Retzlaff, BGB, § 641 Rn. 10; Messerschmidt, in: Messerschmidt/Voit, Privates Baurecht, § 641 BGB Rn. 226; Schubert, ZfBR 2005, 219, 220.
60 Raab, in: Dauner-Lieb/Langen, BGB – Schuldrecht, 4. Aufl. 2021, § 641 Rn. 19; Grüneberg/Retzlaff, BGB, § 641 Rn. 10; MüKo-BGB/Busche, § 641 Rn. 21.
61 Messerschmidt, in: Messerschmidt/Voit, Privates Baurecht, § 641 BGB Rn. 226; MüKo-BGB/Busche, § 641 Rn. 20.
62 OLG Düsseldorf, Urt. v. 08.04.2011 – 22 U 165/10, IBR 2013, 402.
63 Schubert, ZfBR 2005, 219, 220; Grüneberg/Retzlaff, BGB, § 641 Rn. 10.

III. Fertigstellung des Werkes

40 Umstritten ist, ob die Durchgriffsfälligkeit voraussetzt, dass die Leistung des Unternehmers bereits vollständig fertiggestellt wurde oder ob § 641 Abs. 2 BGB zu jedem beliebigen Zeitpunkt des Herstellungsprozesses beziehungsweise zumindest mit dem Abschluss einzelner Teilgewerke greift. Zum Teil wird das Fertigstellungserfordernis nicht gesondert hervorgehoben.[64] Dem wird unter Verweis auf den Wortlaut von § 641 Abs. 2 S. 1 Nr. 1 BGB entgegengehalten, dass der Dritte dem Besteller die Vergütung für das versprochene Werk »wegen dessen Herstellung« geleistet haben muss.[65] Hierauf hebt auch die Gesetzesbegründung ab, die auf die »nach Herstellung der einzelnen Gewerke« gezahlte Vergütung abstellt.[66] Hat der Subunternehmer seinerseits noch keine Leistung erbracht, besteht zudem kein ausgleichungsbedürftiges Vorleistungsrisiko.

IV. Fälligkeit bei Zahlung an Hauptunternehmer (S. 1 Nr. 1)

41 Hat der Besteller seinerseits die Vergütung oder Teile der Vergütung von demjenigen erhalten, dem er die Werkleistung versprochen hat (Dritten i.S.d. § 641 Abs. 2 BGB), wird nach § 641 Abs. 2 S. 1 Nr. 1 BGB damit auch die Vergütung des (Sub-)Unternehmers fällig. Die Durchgriffsfälligkeit tritt nur ein, soweit der Besteller die erhaltene Vergütung nicht zurückgewähren muss, sondern endgültig darüber verfügen kann.[67] Entfällt der Rechtsgrund für den Erhalt der Vergütung nachträglich und hat der Besteller dem Dritten die Vergütung dementsprechend zu erstatten (§ 812 Abs. 1 S. 2 Alt. 1 BGB), entfällt damit auch für den Unternehmer die Fälligkeit des Vergütungsanspruchs, sodass der Besteller eine etwaig gezahlte Vergütung nach den Vorschriften des Bereicherungsrechts herausverlangen kann.[68] Der Unternehmer ist dennoch nicht zur Herausgabe verpflichtet, sofern die Fälligkeit der Vergütung im Verhältnis Besteller/Unternehmer zwischenzeitlich eingetreten ist. Das Gleiche gilt, sofern etwaige Rückforderungen des Bestellers treuwidrig wären, weil der Besteller seinerseits unmittelbar zur Rückzahlung verpflichtet wäre, etwa, weil das Werk des Unternehmers bereits fertiggestellt und abnahmereif ist, sodass dieser über die Fiktion des § 640 Abs. 2 BGB jederzeit die Fälligkeit herbeiführen könnte (sog. dolo agit-Einrede[69]).[70]

42 § 641 Abs. 1 S. 1 Nr. 1 BGB regelt nicht, in welcher Form der Besteller seine Vergütung erhalten haben muss. Daher führen Erfüllungssurrogate ebenso zu einer Durchgriffsfälligkeit wie die unmittelbare Befriedigung des Bestellers durch Leistung von Geld.[71]

43 Eine Durchgriffsfälligkeit besteht nicht erst mit Leistung der Gesamtvergütung, sondern tritt gem. § 641 Abs. 2 S. 1 Nr. 1 BGB bereits bei einer teilweisen Befriedigung der Forderungen des Bestellers gegenüber dem Dritten ein. Setzt sich das dem Dritten versprochene Werk aus verschiedenen Abschnitten zusammen, für die dem Besteller wiederum verschiedene Unternehmer verantwortlich sind, steht dem einzelnen Unternehmer im Falle einer Teilleistung durch den Besteller auch nur ein Vergütungsanspruch zu, der seinem Anteil an der Gesamtleistung entspricht.[72]

Der im Wege der Durchgriffsfälligkeit fällige Werklohnanspruch ist zudem nicht mit dem Anspruch auf Abschlagszahlungen gleichzusetzen. § 641 Abs. 2 S. 1 Nr. 1 stellt darauf ab, dass der Besteller

---

64 Leupertz/Popescu, in: Staudinger, BGB, NB 2024, § 641 Rn. 63; jurisPK-BGB/Genius, § 641 Rn. 25 f.

65 BeckOGK/Lasch, Stand: 01.01.2025, § 641 BGB Rn. 47; MüKo-BGB/Busche, § 641 Rn. 21; Raab, in: Dauner-Lieb/Langen, BGB – Schuldrecht, 4. Aufl. 2021, § 641 Rn. 23; Kniffka, ZfBR 2000, 227, 231; Leupertz/Halfmeier, in: PWW, BGB, § 641 Rn. 11.

66 BT-Drucks. 14/1246, S. 7.

67 Messerschmidt, in: Messerschmidt/Voit, Privates Baurecht, § 641 BGB Rn. 230.

68 BeckOK BGB/Voit, Stand 07.02.2025, § 641 Rn. 18.

69 Dolo agit qui petit quod statim redditurus est (sinngemäß: arglistig handelt, wer etwas fordert, das er sofort zurückgeben müsste), dazu Grüneberg/Grüneberg, BGB, § 242 Rn. 52.

70 BeckOK BGB/Voit, Stand 07.02.2025, § 641 BGB Rn. 18.

71 BeckOK BGB/Voit, Stand 07.02.2025, § 641 BGB Rn. 17.

72 BeckOK BGB/Voit, Stand 07.02.2025, § 641 BGB Rn. 19.

vom Dritten »seine Vergütung oder Teile davon« erhalten hat, knüpft also an den eigentlichen Werklohnanspruch an. Demgegenüber löst die Zahlung eines vom Dritten gegenüber dem Besteller versprochenen Abschlags i.S.v. § 632a BGB nicht automatisch zugleich die Fälligkeit eines Abschlagsanspruchs des (Sub-)Unternehmers aus.[73] Hierzu bedarf es eines gesonderten Abschlagsverlangens des (Sub-)Unternehmers gegenüber dem Besteller – § 632a Abs. 1 S. 1 BGB.[74]

Die Durchgriffsfälligkeit setzt nach § 641 Abs. 2 S. 1 Nr. 1 BGB demgegenüber die Fertigstellung des vom (Sub-)Unternehmer geschuldeten Werkes voraus.[75] Hat der (Sub-)Unternehmer das Werk fertiggestellt, löst aber auch die Zahlung von Teilbeträgen – wie etwa einer Abschlagszahlung – die anteilige Fälligkeit der Werklohnforderung des (Sub-)Unternehmers aus.[76] Für die Zuordnung einer Zahlung zu der gegenständlichen Werkleistung ist der jeweilige Subunternehmer allerdings selbst darlegungs- und beweisbelastet.[77] 44

V. Fälligkeit bei Abnahme gegenüber Hauptunternehmer (S. 1 Nr. 2)

Auch die Abnahme der vom Besteller an den Dritten versprochenen Leistung löst nach § 641 Abs. 2 S. 1 Nr. 2 BGB die Fälligkeit der Ansprüche des Unternehmers aus. Es kommen sämtliche Abnahmeformen und Abnahmesurrogate im Sinne von § 640 BGB in Betracht. Die Regelung führt dazu, dass der Besteller die Fälligkeit der Vergütungsforderung des Unternehmers nicht einfach verzögern kann, indem er die Abnahme des Werkes durch den Dritten verzögert. 45

Abgrenzungsprobleme treten auf, wenn der Besteller dem Dritten eine Leistung versprochen hat, die zwar mit der vom Unternehmer geschuldeten Leistung teilidentisch ist, aber insgesamt über die Leistung des Unternehmers hinausgeht. Nach dem Wortlaut knüpft § 641 Abs. 2 S. 1 Nr. 2 BGB daran an, dass der Dritte »das Werk des Bestellers« abnimmt. Wenn das vom Besteller geschuldete Werk über dasjenige des Unternehmers hinausgeht, kann sich die Abnahme der Leistung des Bestellers jedoch bis weit nach Fertigstellung der (Sub-)Unternehmerleistung hinauszögern. Deswegen soll § 641 Abs. 2 S. 1 Nr. 2 BGB auch greifen, wenn der Dritte eine Abnahme erklärt hat, die sich auf den vom Unternehmer geschuldeten Teil der Leistung bezieht.[78] Erklärt der Dritte allerdings nur eine Teilabnahme gegenüber dem Besteller, zieht dies nicht automatisch einen Teilvergütungsanspruch des (Sub-)Unternehmers nach sich. Ein Teilvergütungsanspruch des (Sub-)Unternehmers besteht – nach Nr. 1 – nur, sofern auch der Besteller seinerseits von dem Dritten tatsächlich einen Teil des Werklohns erhalten hat.[79] Diese sogenannte Durchgriffsfälligkeit tritt unabhängig davon ein, ob die Abnahme im Verhältnis zwischen Auftraggeber und Auftragnehmer stattgefunden hat und ob dort Abnahmereife zu bejahen ist.[80] 46

VI. Fälligkeit bei erfolglosem Fristablauf (S. 1 Nr. 3)

Mit der durch das Forderungssicherungsgesetz[81] eingeführten Regelung des § 641 Abs. 2 S. 1 Nr. 3 BGB versuchte der Gesetzgeber, ein Kernproblem der Vorleistungspflicht innerhalb der Leistungs- 47

73 Grüneberg/Retzlaff, BGB, § 641 BGB Rn. 9; Pause/Vogel, in: Kniffka, Bauvertragsrecht, 3. Aufl. 2018, § 641 BGB Rn. 15; Raab, in: Dauner-Lieb/Langen, BGB – Schuldrecht, 4. Aufl. 2021, § 641 Rn. 23.

74 BeckOK BGB/Voit, Stand 07.02.2025, § 641 Rn. 19.

75 MüKo-BGB/Busche, § 641 Rn. 21; Pause/Vogel, in: Kniffka, Bauvertragsrecht, 3. Aufl. 2018, § 641 BGB Rn. 15, BT-Drucks. 14/1246, S. 7.

76 BT-Drucks. 14/1246, S. 7; Raab, in: Dauner-Lieb/Langen, BGB – Schuldrecht, 4. Aufl. 2021, § 641 Rn. 23; MüKo-BGB/Busche, § 641 Rn. 25; Leupertz/Halfmeier, in: PWW, BGB, § 641 Rn. 11 und 20; A.A. Peters, NZBau 2000, 169, 172.

77 Kniffka, ZfBR 2000, 227; Schwenker/Rodemann, in: Erman, BGB, § 641 Rn. 12.

78 Raab, in: Dauner-Lieb/Langen, BGB – Schuldrecht, 4. Aufl. 2021, § 641 Rn. 25; Schwenker/Rodemann, in: Erman, BGB, § 641 Rn. 13.

79 Raab, in: Dauner-Lieb/Langen, BGB – Schuldrecht, 4. Aufl. 2021, § 641 Rn. 25.

80 OLG Brandenburg, Urt. v. 10.06.2020 – 11 U 120/17, BeckRS 2020, 12892.

81 BGBl. I 2008, S. 2022.

kette zu lösen. Der Subunternehmer ist oft vor allem durch ein Informationsdefizit bezüglich der Vorgänge zwischen dem Besteller und dem Dritten an einer Geltendmachung des Werklohnanspruchs aufgrund einer Durchgriffsfälligkeit gehindert.[82] Daher ordnet § 641 Abs. 2 S. 2 Nr. 3 BGB die Fälligkeit des Werklohnanspruchs des Unternehmers für den Fall an, dass der Unternehmer dem Besteller eine angemessene Frist zur Auskunft über die Abnahme des Werkes beziehungsweise die Zahlung seitens des Dritten gestellt hat und diese erfolglos abgelaufen ist. Was die Angemessenheit der Frist anbelangt, ist zu berücksichtigen, dass die Mitteilung als solche keinen nennenswerten Aufwand verursacht und auf Seiten des Bestellers regelmäßig kein Aufwand für die Beschaffung der Informationen betrieben werden muss. Dementsprechend kann hier eine kurze, wenige Tage umfassende Frist genügen.[83]

48 Ein selbständiger Auskunftsanspruch ergibt sich aus § 641 Abs. 2 S. 1 Nr. 3 BGB zwar nicht,[84] ein solcher soll allerdings auf Grundlage von § 242 BGB bestehen.[85] Erteilt der Besteller dennoch eine Auskunft, muss diese zutreffend sein. Eine Falschauskunft kann Schadensersatzansprüche auslösen.[86] Die praktischen Probleme bei einer Abrechnung in der Leistungskette kann § 641 Abs. 2 BGB folglich nicht gänzlich ausräumen.

VII. Einschränkung der Durchgriffsfälligkeit bei Sicherheitsleistung (S. 2)

49 Wenn der Besteller dem Dritten eine Sicherheit gestellt hat, um einen Gewährleistungsanspruch des Dritten abzusichern, greift die in § 641 Abs. 2 S. 1 BGB geregelte Durchgriffsfälligkeit nicht automatisch. Vielmehr muss der Unternehmer nach § 641 Abs. 2 S. 2 BGB zunächst seinerseits eine Sicherheit stellen. Die Sicherheitsleistung des Unternehmers muss derjenigen des Bestellers an den Dritten entsprechen, was sich nach der Gesetzesbegründung sowohl auf die Höhe der Sicherheit als auch auf das verwendete Sicherungsmittel bezieht.[87] Auf Grundlage des im Vordergrund stehenden Sicherungsinteresses kann eine Beschränkung des verwendeten Sicherungsmittels jedoch nicht überzeugen. Es erscheint widersinnig, wenn der Besteller einen Zahlungsanspruch des Unternehmers verweigern dürfte, weil die vom Unternehmer gestellte Sicherheit diejenige des Bestellers zwar betragsmäßig weit überschreitet, sich aber auf das falsche Sicherungsmittel stützt. Im Ergebnis ist bei § 641 Abs. 2 S. 2 BGB daher nicht auf die Gleichartigkeit, sondern auf die Gleichwertigkeit der nach § 232 zur Wahl stehenden Sicherheiten abzustellen.[88] Zu Recht wird außerdem darauf hingewiesen, dass § 641 Abs. 2 S. 2 BGB teleologisch zu reduzieren ist, soweit der Unternehmer auch ohne die Durchgriffsfälligkeit nach § 641 Abs. 2 S. 1 Nr. 1 bis 3 BGB eine Vergütung verlangen kann – insbesondere nach Abnahme seiner Leistung

D. Leistungsverweigerungsrecht des Bestellers (Abs. 3)

I. Normgenese und Normzweck

50 Das Leistungsverweigerungsrecht des Bestellers im Falle einer mangelhaften Leistung des Unternehmers wurde auf Grundlage des Gesetzes zur Beschleunigung fälliger Zahlungen in § 641 Abs. 3

82 BT-Drucks. 16/511, S. 11, 16.

83 Pause/Vogel, in: Kniffka, Bauvertragsrecht, 3. Aufl. 2018, § 641 BGB Rn. 19 (eine Woche); Leinemann, NZBau 2009, 3745, 3747 (sechs Tage); MüKo-BGB/Busche, § 641 Rn. 24.

84 Pause/Vogel, in: Kniffka, Bauvertragsrecht, § 641 BGB Rn. 9; Kiesel, NJW 2000, 1673, 1678.

85 Grüneberg/Retzlaff, BGB, § 641 Rn. 10; Kiesel, NJW 2000, 1673, 1678.

86 Leupertz/Halfmeier, in: PWW, BGB, § 641 Rn. 13; Grüneberg/Retzlaff, BGB, § 641 Rn. 10; Pause/Vogel, in: Kniffka, Bauvertragsrecht, 3. Aufl. 2018, § 641 BGB Rn. 19.

87 BT-Drucks. 16/511, S. 11, 16; so auch Grüneberg/Retzlaff, BGB, § 641 Rn. 10.

88 MüKo-BGB/Busche, § 641 Rn. 26; A.A. wohl Leupertz/Popescu, in: Staudinger, BGB, NB 2024, § 641 Rn. 69.

BGB aufgenommen.[89] Es stellt eine besondere Ausformung des allgemeinen Verweigerungsrechts nach § 320 BGB dar.[90]

Der in § 641 Abs. 3 BGB vorgesehene Druckzuschlag sieht vor, dass der Besteller einen die erforder- 51
lichen Mängelbeseitigungskosten übersteigenden Anteil der vereinbarten Vergütung zurückhalten kann. Ohne diesen Zuschlag könnte sich der Unternehmer verleitet fühlen, keine Nachbesserung vorzunehmen und sich nur die einfachen Mangelbeseitigungskosten abziehen zu lassen. Der Druckzuschlag, der seit Wirksamwerden des Forderungssicherungsgesetzes[91] nicht mehr auf einen bestimmten Betrag begrenzt ist,[92] soll dem Besteller in derartigen Situationen die Möglichkeit geben, den Unternehmer tatsächlich zur Erbringung der vertragsgemäßen Leistung zu motivieren.[93]

II. Nachbesserungsanspruch des Bestellers

Der Besteller kann die Zahlung eines angemessenen Teils der Vergütung verweigern, sofern er (noch) 52
die Beseitigung eines Mangels verlangen kann. Die Leistung des Unternehmers muss also einen Mangel aufweisen. Dem in § 641 Abs. 3 BGB angesprochenen Mangelbeseitigungsverlangen des Bestellers können allerdings Vorschriften des werkvertraglichen Gewährleistungsrechts entgegenstehen. Der Unternehmer kann die Nachbesserung verweigern, wenn Sie unmöglich ist (§ 275 BGB). Er kann die Nachbesserung nach § 635 Abs. 3 BGB auch verweigern, wenn sie nur mit unverhältnismäßigen Kosten möglich ist.[94] In diesen Fällen scheidet auch ein Leistungsverweigerungsrecht des Bestellers nach § 641 Abs. 3 BGB aus.[95] Gleiches gilt, wenn der Besteller den Mangel im Zeitpunkt der Abnahme zwar erkannt hat, aber diesbezüglich keinen Vorbehalt geäußert hat und somit anschließend aufgrund von § 640 Abs. 3 BGB keine Nachbesserung verlangen kann. Eine Verjährung des Nacherfüllungsanspruchs steht dem Leistungsverweigerungsrecht nach § 641 Abs. 3 BGB nur dann entgegen, wenn die Verjährung bereits eingetreten ist, bevor sich der Besteller auf sein Leistungsverweigerungsrecht berufen hat.[96]

III. Bemessung des Druckzuschlages

Für die Höhe des Druckzuschlags gibt es keine Obergrenze.[97] Der Einbehalt muss angemessen sein, 53
um die mit der Regelung verfolgte Druckfunktion auf den Unternehmer zu erreichen. § 641 Abs. 3 BGB knüpft aber an die Mängelbeseitigungskosten an und legt den Regelsatz auf das Doppelte der Mängelbeseitigungskosten fest. Ausschlaggebend sind die Kosten, die der Besteller bei einer Fremdvergabe aufbringen müsste.[98] Besonderheiten weist die Bestimmung des Druckzuschlages beim Erwerb von Sonder- und Gemeinschaftseigentum im Bauträgervertrag auf: Macht nur ein Erwerber wegen eines Mangels Ansprüche geltend, kann er seine Leistung in Höhe der (gesamten) Mängelbeseitigungskosten unter Berücksichtigung des Druckzuschlags verweigern. Machen dagegen mehrere Eigentümer wegen eines Mangels Zurückbehaltungsrechte geltend, ist das Leistungsverweigerungsrecht nach § 242 BGB insgesamt auf die angemessene Höhe begrenzt, wobei den einzelnen Eigentümern in diesem Fall das Zurückbehaltungsrecht regelmäßig nur quotal in Höhe

89 BGBl. I 2000, S. 330.
90 Pause/Vogel, in: Kniffka, Bauvertragsrecht, 3. Aufl. 2018, § 641 BGB Rn. 56; Grüneberg/Retzlaff, BGB, § 641 Rn. 19 f.
91 BGBl. I 2008, S. 2022.
92 Vgl. dazu Rdn. 53 ff.
93 Schwenker/Rodemann, in: Erman, BGB, § 641 Rn. 17.
94 Vgl. dazu § 635 Rdn. 190 ff.
95 MüKo-BGB/Busche, § 641 Rn. 32.
96 BGBl. I 2008. S. 2022. Vgl. dazu Rdn. 52.
97 Vgl. zu früheren Gesetzesfassungen Rdn. 3.
98 BeckOK BGB/Voit, 61. Ed. 2022, § 641 Rn. 38.

ihrer jeweiligen Miteigentumsanteile und bis zur Ausschöpfung des durch § 641 Abs. 3 BGB gesteckten Rahmens zusteht.[99]

54 Eine Überschreitung dieses Regelsatzes kann gerade bei besonders niedrigen Nachbesserungskosten erforderlich sein, um den Unternehmer tatsächlich zur Nachbesserung anzuhalten.[100] Bei der Bestimmung eines vom Regelfall abweichenden Druckzuschlags sind sämtliche Aspekte des Einzelfalls zu berücksichtigen. Ein über den Regelsatz hinausgehender Einbehalt kann etwa in Frage kommen, wenn zuvor bereits mehrere Nachbesserungsversuche fehlgeschlagen sind.[101] Das überzeugt allerdings nur, sofern die wiederholten Fehlschläge tatsächlich die Ernsthaftigkeit der Nachbesserungsversuche in Frage stellen.

55 Einem vollständigen Einbehalt der gesamten Vergütung steht der Wortlaut von § 641 Abs. 3 BGB entgegen, demzufolge der Besteller nur einen »Teil« der Vergütung einbehalten kann.[102] Hierfür spricht neben dem Wortlaut auch die zu diesem Zeitpunkt vom Besteller bereits erklärte Abnahme. Mit dieser hat der Besteller zum Ausdruck gebracht, die vom Unternehmer erbrachte Leistung zumindest in Teilen als vertragskonform zu billigen. Bei der Ermittlung des angemessenen Einbehalts ist dieser Aspekt zu berücksichtigen.[103]

56 Abweichungen vom Regelsatz können sich nicht nur nach oben, sondern auch nach unten ergeben. Darf der Besteller auf Grund besonders hoher Mangelbeseitigungskosten ohnehin bereits einen Großteil der vereinbarten Vergütung verweigern, kann der angemessene Druckzuschlag nach Auffassung des Gesetzgebers geringer ausfallen.[104] Bereits geleistete Sicherheiten sind bei der Bemessung des zulässigen Druckzuschlags zu berücksichtigen; sie stehen der Geltendmachung des Zurückbehaltungsrechts aber nicht generell entgegen.[105] Ein geleisteter Sicherheitseinbehalt muss außerdem nicht unmittelbar wertmäßig auf die Höhe des Druckzuschlags angerechnet werden.[106]

57 Die Beweislast für die Höhe der tatsächlich erforderlichen Mangelbeseitigungskosten und damit für einen etwaig unangemessen hohen Einbehalt trägt der Unternehmer.[107] Etwas anderes gilt hingegen, wenn der Besteller den Regelsatz nach § 641 Abs. 3 Hs. 2 BGB überschreiten will.[108] Das Risiko einer fehlerhaften Schätzung der Mangelbeseitigungskosten trägt der Unternehmer.

IV. Wirkung des Leistungsverweigerungsrechts

58 Kann der Besteller die Zahlung der Vergütung nach § 641 Abs. 3 BGB verweigern, gerät er trotz Ausbleiben der Zahlung nicht in Verzug. Eine Verurteilung des Bestellers ist in diesem Fall nur Zug um Zug gegen Behebung der Mängel möglich.

---

99 OLG Oldenburg, Beschl. v. 27.04.2023 – 12 U 114/22, IBRRS 2024, 0859.

100 Biebelheimer, NZBau 2004, 124 (126); MüKo-BGB/Busche, § 641 Rn. 36.

101 Leupertz/Halfmeier, in: PWW, BGB, § 641 Rn. 21.

102 BeckOGK/Lasch, § 641 BGB Rn. 93; Pause/Vogel, in: Kniffka, IBR-online-Kommentar, Stand: 01.02.2024, § 641 BGB Rn. 56; Grüneberg/Retzlaff, BGB, § 641 Rn. 15.

103 BeckOGK/Lasch, § 641 BGB Rn. 93; Pause/Vogel, in: Kniffka, IBR-online-Kommentar, Stand: 07.06.2021, § 641 BGB Rn. 56.

104 BT-Drucks. 16/511, S. 16. Siehe dazu OLG Celle, Urt. v. 13.01.2005 – 14 U 129/03, BauR 2006, 1316.

105 BGH, Urt. v. 08.07.1982 – VII ZR 96/81, NJW 1982, 2494; BGH, Urt. v. 09.07.1981 – VII ZR 40/80, NJW 1981, 2801; Leupertz/Halfmeier, in: PWW, BGB, § 641 Rn. 19; OLG Jena, Urt. v. 29.08.2019 – 1 U 324/17; BGH, Beschl. v. 15.09.2021 – VII ZR 210/19 (Nichtzulassungsbeschwerde zurückgewiesen).

106 BGH, Urt. v. 09.07.1981 – VII ZR 40/80, NJW 1981, 2801; Pause/Vogel, in: Kniffka, Bauvertragsrecht, § 641 BGB Rn. 72.

107 BGH, Urt. v. 06.12.2012 – VII ZR 125/06, BauR 2008, 510; Grüneberg/Retzlaff, BGB, § 641 Rn. 4; MüKo-BGB/Busche, § 641 Rn. 35; Schwenker/Rodemann, in: Erman, BGB, § 641 Rn. 17.

108 So BeckOK BGB/Voit, 58. Ed. 2020, § 641 Rn. 39. A.A.: Pause/Vogel, in: Kniffka, Bauvertragsrecht, § 641 BGB Rn. 66.

V. Erlöschen des Leistungsverweigerungsrechts

Nach Eintritt des Annahmeverzuges mit der Nachbesserung kann der Besteller nach wie vor ein Zurückbehaltungsrecht nach § 641 Abs. 3 BGB geltend machen, allerdings beschränkt auf die Höhe der Mangelbeseitigungskosten.[109] Das Leistungsverweigerungsrecht aus § 641 Abs. 3 BGB erlischt, sobald das Mangelbeseitigungsrecht des Bestellers entfällt. Folglich ist die Vergütung in voller Höhe fällig, sobald der Unternehmer den Mangel des Werkes beseitigt hat oder der Unternehmer aus anderen Gründen keine Beseitigung des Mangels mehr verlangen kann. Behebt der Besteller den Mangel beispielsweise selbst oder lässt er ihn durch einen Dritten (erfolgreich) beseitigen, scheidet ein Anspruch auf Mangelbeseitigung und damit das Leistungsverweigerungsrecht nach § 641 Abs. 3 BGB aus.[110] Wird die Beseitigung des Mangels unmöglich, kann sich der ausstehende Zahlungsanspruch zwar im Falle der Minderung anteilig reduzieren (§§ 326 Abs. 1 S. 2, 634 Nr. 3 BGB), für den zuvor einbehaltenen Druckzuschlag entfällt jedoch das Zurückbehaltungsrecht, der zurückbehaltene Betrag wird fällig. Nacherfüllungsansprüche erlöschen außerdem, sofern der Besteller vom Vertrag zurücktritt (§ 634 Nr. 3 BGB) oder das Vertragsverhältnis anderweitig in ein Abrechnungsverhältnis übergeht (vgl. dazu Rdn. 21 f.);[111] insbesondere sofern der Besteller die Nacherfüllung durch den Unternehmer ernsthaft und endgültig ablehnt.[112] Eine derartige rechtsgestaltende Ablehnung liegt vor, sofern der Besteller im Sinne von § 281 BGB Schadensersatz statt der Leistung verlangt.[113] Verweigert der Unternehmer hingegen die Durchführung der Nacherfüllung, hat dies nicht in jedem Fall eine rechtsgestaltende Wirkung hinsichtlich des Bestehens von Nacherfüllungsansprüchen. Das Bestehen des Leistungsverweigerungsrechts bleibt von der Verweigerung durch den Unternehmer unberührt, sofern nicht der Unternehmer nach § 635 Abs. 3 BGB zur Verweigerung sowohl der Beseitigung des Mangels als auch der Neuherstellung des Werkes berechtigt ist.[114] Andernfalls könnte der Unternehmer dem Besteller einseitig die Möglichkeit nehmen, den Druckzuschlag im Sinne von § 641 Abs. 3 BGB geltend zu machen. 59

E. Erfüllung der Zahlungspflicht

I. Zahlungsmittel und alternative Formen der Erfüllung

Der Anspruch auf Zahlung des vereinbarten Werklohns erlischt gem. § 362 Abs. 1 BGB, wenn der Besteller die geschuldete Leistung an den Gläubiger bewirkt. Die geschuldete (Gegen)leistung ergibt sich aus dem Vertrag. Zu dem »Ob« sowie der Höhe der Vergütungsverpflichtung stellt § 632 BGB jeweils Vermutungsregelungen auf (vgl. dazu § 632 BGB Rdn. 2). Zum geschuldeten Zahlungsmittel enthält das BGB keine ausdrückliche Regelung und ist über die Parteivereinbarung – nötigenfalls im Wege der Auslegung – zu bestimmen. Insbesondere einseitige Anweisungen auf der Rechnung sind nicht verbindlich. 60

1. Ordentliche Zahlungsmittel (Barzahlung/Lastschrift/Überweisung)

Als ordentliche Zahlungsmittel kommen die Barzahlung sowie diverse Formen der bargeldlosen Zahlung in Frage (insb. Lastschrift, Überweisung). Nach § 14 Abs. 1 S. 2 BBankG sind auf Euro lautende Banknoten in Deutschland das einzige unbeschränkte gesetzliche Zahlungsmittel. Fehlt 61

109 OLG Schleswig, Urt. v. 10.12.2021 – 1 U 64/20, ZfBR 2022, 253.
110 BGH, Urt. v. 31.03.2005 – VII ZR 369/02, BauR 2005, 1012; Messerschmidt, in: Messerschmidt/Voit, Privates Baurecht, 3. Aufl. 2018, § 641 Rn. 265.
111 BeckOGK/Lasch, Stand: 01.01.2025, § 641 BGB Rn. 88.
112 OLG Düsseldorf, Urt. v. 29.11.2012 – I-5 U 129/07, BauR 2013, 2043; Grüneberg/Retzlaff, BGB, § 641 Rn. 13.
113 MüKo-BGB/Busche, § 641 Rn. 32; Dauner-Lieb, in: Dauner-Lieb/Langen, BGB – Schuldrecht, 4. Aufl. 2021, § 281 Rn. 47; BeckOGK/Lasch, Stand: 01.05.2021, § 641 BGB Rn. 86 ff.
114 Messerschmidt, in: Messerschmidt/Voit, Privates Baurecht, § 641 BGB Rn. 265.

eine vertragliche Vereinbarung über das Zahlungsmittel, kann eine Barzahlung dementsprechend nicht abgelehnt werden.[115] Privatautonom können die Parteien gleichwohl etwas anderes regeln.

62 Unter Kaufleuten gilt der Handelsbrauch, dass Zahlungen mangels anderweitiger Vereinbarungen in Form von Überweisungen vorgenommen werden können.[116] Gibt der Unternehmer auf der vorgelegten Abrechnung seine Kontoverbindung an, bleibt die ursprüngliche vertragliche Vereinbarung hiervon grundsätzlich unberührt. Der Unternehmer gibt damit allerdings zu verstehen, mit einer Zahlungsabwicklung per Überweisung einverstanden zu sein.[117] Leistet der Besteller daraufhin eine bargeldlose (Teil-)Zahlung, bringt dieser Vorgang allerdings nicht automatisch einen Rechtsbindungswillen dahingehend zum Ausdruck, weitere Zahlungen ebenfalls auf diesem Weg zu leisten.

2. Erfüllungssurrogate

63 Neben den ordentlichen Zahlungsmitteln kommen verschiedene Erfüllungssurrogate in Betracht (§§ 362 ff. BGB).

a) Annahme an Erfüllungs statt

64 Dem Unternehmer steht es nach § 364 Abs. 1 BGB frei, eine andere als die vereinbarte Leistung anstatt der Erfüllung anzunehmen. Eine gesetzliche Verpflichtung hierzu besteht allerdings nicht.

b) Aufrechnung und Hinterlegung

65 Besondere Praxisrelevanz besitzt die Erfüllung durch Aufrechnung. Bei gleichartigen Leistungen (insbesondere sich gegenüberstehenden Geldforderungen) kann der Schuldner die gegen ihn gerichteten Ansprüche zum Erlöschen bringen, in dem er gegenüber seinem Gläubiger die Aufrechnung mit eigenen Forderungen erklärt. Erklärt der Schuldner bei bestehender Aufrechnungslage die Aufrechnung, führt dies gem. § 389 BGB insoweit zum Erlöschen der Forderung des Gläubigers, wie sich beide Ansprüche decken. Die Forderungen gelten ab dem Zeitpunkt als erloschen, ab dem sie einander zur Aufrechnung gegenüberstehen.

66 Als Erfüllungssurrogat kommt außerdem die Hinterlegung in Betracht. Geld, Wertpapiere und sonstige Urkunden sowie Kostbarkeiten kann der Schuldner nach § 372 S. 1 BGB bei einer dazu bestimmten öffentlichen Stelle für den Gläubiger hinterlegen. Voraussetzung ist, dass sich der Gläubiger zu diesem Zeitpunkt mit der Annahme der geschuldeten Leistung in Verzug befindet (Annahmeverzug – vgl. §§ 293 ff. BGB). Alternativ ist eine Hinterlegung möglich, sofern den Schuldner andere in der Person des Gläubigers liegende Gründe daran hindern, unmittelbar an diesen zu leisten.

c) Leistung durch Dritte

67 Die Verpflichtung zur Zahlung des Werklohns stellt keine höchstpersönliche Schuld dar. Daher kommt gem. § 267 Abs. 1 BGB auch eine Leistung durch Dritte zur Befriedigung der Forderungen des Unternehmers in Betracht. Nach § 267 Abs. 1 S. 2 BGB ist keine Einwilligung des Bestellers in die Leistungshandlung des Dritten erforderlich. Andererseits kann der Unternehmer die Leistung eines Dritten und die damit verbundene Erfüllungswirkung nur dann durch Ablehnung verhindern, wenn auch der Besteller der Leistung durch den Dritten widerspricht – § 267 Abs. 2 BGB.

II. Rechtsfolgen der Erfüllung

68 Mit Bewirkung der Leistung geht die Forderung des Unternehmers unter. Sofern § 362 Abs. 1 BGB vom Erlöschen des Schuldverhältnisses spricht, bezieht sich dies auf das Schuldverhältnis im enge-

115 MüKo-BGB/Fetzner, § 362 Rn. 22; BeckOGK/Looschelders, Stand: 01.01.2025, § 362 BGB Rn. 152.
116 Messerschmidt, in: Messerschmidt/Voit, Privates Baurecht, § 641 BGB Rn. 158; MüKo-BGB/Fetzner, § 362 Rn. 22.
117 BGH, Urt. v. 05.05.1986 – II ZR 150/85, NJW 1986, 2428; MüKo-BGB/Fetzner, § 362 Rn. 22.

ren Sinne[118] – mithin das Forderungsrecht des Unternehmers hinsichtlich der Werklohnforderung. Im Übrigen bleibt das Schuldverhältnis, also der Werkvertrag, jedoch wirksam, sodass beide Parteien weiterhin Rechte hieraus ableiten können.

F. Verzug und Verzinsungspflicht (Abs. 4)

I. Verzug

Nach § 286 Abs. 1 S. 1 gerät der Besteller in Verzug, wenn er auf eine nach Eintritt der Fälligkeit erfolgte Mahnung nicht leistet. Mahnung ist eine unmissverständliche Aufforderung zur Leistung, ohne dass es einer Fristsetzung bedürfte.[119] 69

Einer Mahnung bedarf es nach § 286 Abs. 2 BGB nicht, wenn vertraglich eine bestimmte Leistungszeit vereinbart ist (Nr. 1, 2), der Schuldner die Leistung ernsthaft und endgültig verweigert (Nr. 3) oder ein sofortiger Verzugseintritt aus sonstigen Gründen unter Abwägung der beiderseitigen Interessen gerechtfertigt ist (Nr. 4). Für Entgeltforderungen, wie (regelmäßig) dem Werklohnanspruch, gilt zudem für den Eintritt des Verzugs gemäß § 286 Abs. 3 BGB eine Höchstfrist von 30 Tagen nach Fälligkeit und Zugang einer Rechnung. Verbraucher müssen auf diese Rechtsfolge gesondert hingewiesen werden – § 286 Abs. 3 S. 1 Hs. 2 BGB. Der Schuldner gerät gemäß § 286 Abs. 4 BGB nicht in Verzug, soweit er das Ausbleiben der Leistung nicht zu vertreten hat. Maßstab ist § 276 Abs. 1 S. 1 BGB. Einen nicht in der Verantwortung des Bestellers liegenden Hinderungsgrund stellt in Bezug auf die Begleichung der Werklohnforderung hingegen die fehlende oder unzulängliche Abrechnung der Leistung dar (vgl. Rdn. 25 ff.). 70

Der Verzug endet, soweit eine der oben genannten Voraussetzungen wegfällt, insbesondere mit der Erfüllung (vgl. Rdn. 60 ff.), außerdem beim Untergang beziehungsweise dem Wegfall der Durchsetzbarkeit des Anspruchs. 71

II. Verzugsfolge – Schadenersatz

Bei Verzug ist der Schuldner dem Gläubiger gem. §§ 280 Abs. 1 S. 1, Abs. 2, 286 Abs. 1 S. 1 BGB zum Schadenersatz verpflichtet. Der Maßstab des Vertretenmüssens verschärft sich dabei für die Dauer des Verzugs, § 287 BGB. Für Entgeltforderungen sieht § 288 Abs. 5 S. 1 BGB eine Schadenspauschale von 40 € vor, sofern der Schuldner kein Verbraucher ist. Diese Pauschale kann der Gläubiger zur anteiligen Kompensation seiner Rechtsverfolgungskosten geltend machen. Er muss sich diesen Betrag jedoch gegebenenfalls auf den sonstigen Verzugsschadensersatz anrechnen lassen.[120] 72

III. Zinsen (Abs. 4)

Für die Dauer des Verzugs hat der Schuldner eine Entgeltschuld nach § 288 Abs. 1 BGB zu verzinsen. Der Verzugszinssatz beträgt dabei für Verbraucher fünf Punkte über dem Basiszinssatz – vgl. §§ 288 Abs. 1, 247 BGB. Bei Unternehmergeschäften beträgt er bei Entgeltforderungen neun Prozentpunkte, §§ 288 Abs. 2, 247 BGB. 73

Für Verzugszinsen, nicht jedoch hinsichtlich der allgemeinen Voraussetzungen des Verzugseintritts,[121] gilt im Werkvertragsrecht eine Sonderregelung in § 641 Abs. 4 BGB. Nach dieser Vorschrift hat der 74

Besteller, falls wie in aller Regel als Werklohn ein Geldbetrag vereinbart ist, den Vergütungsanspruch bereits ab der Abnahme oder des Abnahmesurrogates an zu verzinsen. Der Verzugszins beträgt, 75

---

118 MüKo-BGB/Fetzner, Vor § 362 Rn. 1; Avenarius, in: Dauner-Lieb/Langen, BGB – Schuldrecht, 4. Aufl. 2021, § 362 Rn. 1.

119 MüKo-BGB/Ernst, § 288 Rn. 51; Schulte-Nölke, in: Dauner-Lieb/Langen, BGB – Schuldrecht, 4. Aufl. 2021, § 286 Rn. 24.

120 MüKo-BGB/Ernst, § 288 Rn. 30.

121 Pause/Vogel, in: Kniffka, Bauvertragsrecht, § 641 BGB Rn. 87.

anders als bei § 288 BGB, gem. § 246 BGB vier Prozent, bei beiderseitigen Handelsgeschäften gilt gem. § 352 HGB ein Zins von fünf Prozent. Gerät der Besteller mit der Begleichung des Werklohnanspruchs in Verzug, gelten die höheren Zinssätze nach § 288 BGB.

76 Durch die in § 641 Abs. 4 BGB geregelte Anknüpfung an die Abnahme des Werkes kann die Pflicht zur Verzinsung einsetzen, bevor der Besteller eine Abrechnung der Leistung erhalten hat und dementsprechend überhaupt erst in der Lage ist, die geschuldete Vergütung zu begleichen. Kann der Besteller die geschuldete Vergütung nicht bereits aus der vertraglichen Vereinbarung ableiten und hat er daher einen Anspruch auf Rechnungslegung gegen den Unternehmer (vgl. Rdn. 27), steht ihm jedoch ein Zurückbehaltungsrecht zu. Für diesen Zeitraum besteht kein Anspruch auf Zinsen.[122] Das Gleiche gilt nach § 641 Abs. 4 Hs. 2 BGB, solange eine Stundung der Vergütung vereinbart ist.[123]

77 Ein im Bauwesen regelmäßig vereinbarter Sicherheitseinbehalt für etwaige Gewährleistungsforderungen kommt der Stundung gleich und bewirkt insoweit ebenfalls das Entfallen der Zinspflicht.[124]

G. Abweichende Vereinbarungen

I. Abweichungen durch AGB und Individualvertrag

1. Fälligkeitsabreden

78 Die Fälligkeit der Vergütung ändernde Vereinbarungen sind grundsätzlich zulässig und bspw. bei Bauverträgen, aber auch in anderen Bereichen in Form von Zahlungsplänen üblich.[125] Entsprechende Vereinbarungen müssen die Grenzen aus §§ 134, 138, 242 BGB wahren.[126] Bei sämtlichen Abweichungen ist zudem zu berücksichtigen, dass § 641 Abs. 1 S. 1 BGB mit der dort vorgesehenen Vorleistungspflicht des Unternehmers von dem allgemeinen Grundsatz des § 271 Abs. 1 BGB abweicht und damit für das Werkvertragsrecht ein gesetzliches Leitbild prägt.[127] Das stellt bei Abweichungen in Allgemeinen Geschäftsbedingungen im Sinne von § 305 Abs. 1 BGB eine nach § 307 Abs. 2 Nr. 1 BGB zu berücksichtigende Wertung dar.

79 Ausdrückliche Einschränkungen für Vereinbarungen hinsichtlich der Fälligkeit enthält zudem § 271a BGB, der auf nach dem 29.07.2014 geschlossene Verträge Anwendung findet, sofern der Entgeltschuldner ein Unternehmer ist – § 271a Abs. 5 Nr. 2 BGB. Nach § 271a Abs. 1 BGB ist eine Vereinbarung, aufgrund derer ein Gläubiger die Erfüllung der Entgeltforderung erst nach mehr als 60 Tagen nach Empfang der Gegenleistung verlangen kann, nur wirksam, wenn diese Vereinbarung ausdrücklich getroffen wurde und im Hinblick auf die Belange des Gläubigers nicht grob unbillig ist. Ist eine Entgeltforderung, wie im Falle der Werkleistung, erst nach Überprüfung oder Abnahme der Gegenleistung zu erfüllen, so ist gemäß § 271a Abs. 3 BGB eine Vereinbarung, die dem Schuldner für die Überprüfung oder Abnahme der Gegenleistung eine Frist von mehr als 30 Tagen nach deren Empfang gewährt, ebenfalls nur wirksam, wenn diese Vereinbarung ausdrücklich getroffen wurde und im Hinblick auf die Belange des Gläubigers nicht grob unbillig ist.

---

122 Schwenker/Rodemann, in: Erman, BGB, § 641 Rn. 10; jurisPK-BGB/Genius, § 641 Rn. 43; i.E. auch Pause/Vogel, in: Kniffka, Bauvertragsrecht, 3. Aufl. 2018, § 641 BGB Rn. 88.

123 Zum Begriff der Stundung vgl. Rdn. 90 ff.

124 BeckOGK/Lasch, Stand: 01.01.2025, § 641 BGB Rn. 108.

125 Schwenker/Rodemann, in: Erman, BGB, § 641 Rn. 2; Pause/Vogel, in: Kniffka, Bauvertragsrecht, § 641 BGB Rn. 83.

126 BeckOGK/Lasch, Stand: 01.01.2025, § 641 BGB Rn. 113.

127 BGH, Urt. v. 10.07.1986 – III ZR 19/85, NJW 1986, 3199; BGH, Urt. v. 07.03.2013 – VII ZR 162/12, NJW 2013, 1431; BeckOK BGB/Voit, 58. Ed. 2020, § 641 Rn. 41; Grüneberg/Retzlaff, BGB, § 641 Rn. 16; BeckOGK/Lasch, Stand: 01.01.2025, § 641 BGB Rn. 113.

Im Übrigen ist jeweils im Einzelfall zu ermitteln, ob die Vereinbarung mit dem Interesse des Unternehmers an einer möglichst frühzeitigen Befreiung von dem ihn bis zum Erhalt der Vergütung treffenden Vorleistungsrisiko vereinbar ist. In Allgemeinen Geschäftsbedingungen sind daher Klauseln unwirksam, die die Fälligkeit der Vergütung an eine mangelfreie Leistung oder die Behebung sämtlicher im Zeitpunkt der Abnahme festgestellter Mängel knüpfen.[128] 80

Unwirksam sind zunächst Klauseln, die die Fälligkeit ganz von der Abnahme entkoppeln. § 641 Abs. 1 BGB ist Ausdruck eines formularmäßig nicht abänderbaren Gerechtigkeitsgebots. Der Besteller soll erst zur Zahlung verpflichtet sein, wenn das Werk vollständig hergestellt ist und er soll geschützt sein, wenn er der Auffassung ist, dass das Werk nicht oder nicht in der notwendigen Qualität hergestellt wurde.[129] Unwirksam ist auch eine Klausel, nach der die Schlusszahlung »innerhalb von vier Wochen nach der Gesamtfertigstellung mit Übergabe-Aufmaß, Inbetriebnahme und mängelfreier förmlicher Abnahme durch den Auftraggeber« fällig wird.[130] Unwirksam sind ferner sogenannte »pay when paid«-Klauseln, mit denen die Fälligkeit der Vergütung von der Bezahlung durch einen Dritten abhängig gemacht wird.[131] Zulässig sind hingegen Vereinbarungen, die für den Eintritt der Fälligkeit an eine zuvor zu erteilende Schlussrechnung anknüpfen, was sich bei Vereinbarung der VOB/B ohnehin aus dieser ergibt und gleichsam im Bauvertragsrecht in § 650g Abs. 4 Nr. 2 gesetzlich vorgesehen ist.[132] 81

2. Abschlagszahlungen

Für Abschlagszahlungen enthält § 632a BGB für das Werkvertragsrecht eine Spezialregelung. Diese wird für Bauträgerverträge in § 650v BGB wiederum modifiziert. Zu den Details sowie möglichen vertraglichen Abweichungen vgl. § 632a BGB, Rdn. 5 ff., 47 sowie § 650v BGB, Rdn. 1 ff. 82

3. Nachlass

Der Unternehmer kann auf einen Teil seiner Werklohnforderung verzichten. Ein Nachlass reduziert dauerhaft die Höhe der Forderung. Unmittelbar die vertragliche Vergütung betreffende Vereinbarungen sind nach § 307 Abs. 3 S. 1 BGB keiner Inhaltskontrolle zugänglich. Solche Vereinbarungen können aber auf Grund mangelnder Transparenz eine zur Unwirksamkeit führende, unangemessene Benachteiligung darstellen – vgl. § 307 Abs. 3 S. 2 BGB. 83

Bei Nachlässen ist zu prüfen, ob sich dieser bloß auf die ursprünglich vereinbarte Werkleistung bezieht oder ob auch etwaige Nachträge erfasst sind. Ohne gesonderte Vereinbarung hierzu ist die Reichweite des Nachlasses im Zweifel eng auszulegen – insbesondere, sofern im Zeitpunkt der Erklärung keine geänderten oder zusätzlichen Leistungen zur Diskussion standen.[133] Etwas anderes gilt, sofern die Erklärung pauschal für sämtliche Einheitspreise abgegeben wurde, was im Einzelfall im Wege der Auslegung zu ermitteln ist.[134] Bezieht sich der Verzicht auf bestimmte Teilleistungen, 84

128 KG, Urt. v. 08.04.2014 – 27 U 105/13, NJW-RR 2014, 1236.

129 KG Berlin, Urt. v. 19.12.2023 – 21 U 24/23, juris.

130 OLG Jena, Urt. v. 06.03.2013 – 2 U 105/12, IBR 2014, 462.

131 OLG München, Urt. v. 25.01.2011 – 9 U 1953/10, NZBau 2011, 365; OLG Celle, Urt. v. 29.07.2009 – 14 U 67/09, NJW-RR 2009, 1529; Pause/Vogel, in: Kniffka, Bauvertragsrecht, § 641 BGB Rn. 86; Grüneberg/Retzlaff, BGB, § 641 Rn. 16.

132 BGH, Urt. v. 27.11.2003 – VII ZR 288/02, NJW-RR 2004, 445; Leupertz/Halfmeier, in: PWW, BGB, § 641 Rn. 5.

133 Pause/Vogel, in: Kniffka, ibr-OK, Stand: 01.02.2024, § 641 BGB Rn. 80; BeckOGK/Lasch, Stand: 01.01.2025, § 641 BGB Rn. 165.

134 BGH, Urt. v. 24.07.2003 –VII ZR 79/02, NJW-RR 2004, 92; OLG Hamm, Urt. v. 13.01.1995 – 12 U 84/94, IBR 1995, 162; OLG Düsseldorf, Urt. v. 22.09.1992 – 23 U 224/91, BauR 1993, 479; Pause/Vogel, in: Kniffka, Bauvertragsrecht, § 641 BGB Rn. 80; Drittler, IBR 2008, 195.

besteht kein Anlass für eine Erstreckung auf geänderte oder zusätzliche Leistungen,[135] jedenfalls dann nicht, wenn diese mit den Teilleistungen, auf die sich der Nachlass bezieht, nicht in einem inhaltlichen oder technischen Zusammenhang stehen.

4. Skonto-Vereinbarungen

85 Die Skonto-Vereinbarung ähnelt in der Wirkung dem Nachlass auf die Werklohnforderung. Allerdings reduziert sich der Anspruch des Unternehmers in diesem Fall nicht ohne Weiteres, sondern ist an eine aufschiebende Bedingung geknüpft.[136] Leistet der Besteller bis zu einem vereinbarten Zeitpunkt, wird ihm ein Teil der geschuldeten Vergütung erlassen. Die Skonto-Vereinbarung regelt folglich nicht den Zeitpunkt der Fälligkeit, sondern die Höhe in der der Vergütungsanspruch fällig wird. Grundsätzlich berechtigt nur die vollständige Zahlung zum Abzug des Skonto-Satzes – zu den Ausnahmen vgl. sogleich.[137]

86 Skonto-Vereinbarungen sind weit verbreitet, einen Handelsbrauch stellen sie aber nicht dar. Daher muss zwingend eine vertragliche Vereinbarung vorliegen.[138]

87 In Allgemeinen Geschäftsbedingungen des Werkunternehmers sind Skonto-Vereinbarungen zulässig,[139] sofern sie den Anforderungen des § 307 Abs. 1 S. 2, Abs. 2 BGB genügen. Eine Skonto-Klausel in Allgemeinen Geschäftsbedingungen des Bestellers darf keine unangemessene Benachteiligung des Unternehmers darstellen. Eine benachteiligende Intransparenz liegt vor, sofern die Klausel keine Rückschlüsse auf den Zeitraum zulässt, in dem die Zahlung des Bestellers erfolgen muss.[140] Gleiches gilt, wenn die Dauer der Zahlungsfrist von weiteren Handlungen eines Dritten abhängen soll und somit für den Unternehmer willkürlich ist, wie etwa bei Anknüpfung an die vorherige Rechnungsprüfung durch den Architekten des Bestellers.[141] Sind mehrere Teil- oder Abschlagszahlungen vereinbart, muss die Skonto-Klausel zudem Aufschluss darüber geben, ob der Nachlass nur greift, sofern sämtliche Zahlungen innerhalb der jeweiligen Frist erfüllt werden, oder ob jede Forderung insoweit eigenständig zu beurteilen ist. Im Zweifel ist jede Forderung isoliert zu betrachten und berechtigt demzufolge eigenständig zu einem Abzug.[142] Die Skonto-Vereinbarung stellt eine unangemessene Benachteiligung dar, sofern sie vorbehaltlos an die ungekürzte Begleichung des ausgewiesenen Rechnungsbetrags anknüpft. Übersteigt der Rechnungsbetrag die legitime Forderung des Unternehmers, berechtigt auch die »richtige« Teilzahlung den Besteller zum Abzug des Skontos.[143] Unangemessen benachteiligt den Besteller eine Skonto-Vereinbarung, die nur dann zum Abzug legitimiert, wenn erst nach Eintritt der Fälligkeit gezahlt wird.[144] Unwirksam sind in Allgemeinen Geschäftsbedingungen des Bestellers außerdem Klauseln, die diesem die Möglichkeit geben, den Lauf der

135 Pause/Vogel, in: Kniffka, Bauvertragsrecht, § 641 BGB Rn. 80; Kniffka, in: Kniffka/Koeble/Jurgeleit/Sacher, Kompendium des Baurechts, 4. Teil Rn. 517.

136 BGH, Urt. v. 11.02.1998 – VIII ZR 287/97, NJW 1998, 1302; Pause/Vogel, in: Kniffka, Bauvertragsrecht, § 641 BGB Rn. 75.

137 OLG Stuttgart, Urt. v. 06.03.2012 – 10 U 102/11, BauR 2012, 1104; Pause/Vogel, in: Kniffka, Bauvertragsrecht, § 641 BGB Rn. 78.

138 Kniffka, in: Kniffka/Koeble/Jurgeleit/Sacher, Kompendium des Baurechts, 4. Teil Rn. 518 ff.; BeckOGK/Lasch, Stand: 01.01.2025, § 641 BGB Rn. 161; Pause/Vogel, in: Kniffka, Bauvertragsrecht, § 641 BGB Rn. 75.

139 BGH, Urt. v. 29.06.2000 – VII ZR 186/99, NZBau 2000, 467.

140 BGH, Urt. v. 25.01.1996 – VII ZR 233/94, NJW 1996, 1346.

141 OLG Frankfurt, Urt. v. 21.09.1988 – 17 U 191/87, NJW-RR 1988, 1485.

142 BGH, Urt. v. 29.06.2000 – VII ZR 186/99, NJW 2000, 3277; BeckOGK/Lasch, Stand: 01.05.2021, § 641 BGB Rn. 162.

143 OLG Stuttgart, Urt. v. 06.03.2012 – 10 U 102/11, NJW 2012, 2360.

144 LG München I, Urt. v. 11.08.2006 – 18 O 22392/04, IBR 2007, 1219.

Skonto-Frist einseitig zu verzögern, beispielsweise durch eine Anknüpfung an die Prüfung der Schlussrechnung.[145]

Steht dem Besteller gegenüber der Vergütungsforderung ein Leistungsverweigerungsrecht zu, stellt 88 sich die Frage, ob dieses auch die Skonto-Frist hemmt.[146] Zahlt der Besteller aufgrund eines Leistungsverweigerungsrechts nur einen Teil der Vergütung, wird teilweise die Abzugsfähigkeit des Skontos nicht in Gänze, sondern lediglich auf den tatsächlich geleisteten Teil der Vergütung angenommen.[147] Der Sinn und Zweck einer Skonto-Abrede steht jedoch einer Hemmung der Skonto-Frist grundsätzlich entgegen.[148] Denn die Vereinbarung eines Skontos soll den Schuldner zur umgehenden Leistung bewegen und damit die Liquidität des Unternehmers sichern. Dieser Effekt ginge verloren, wenn der Besteller unter Berufung auf Leistungsverweigerungsrechte eine Hemmung der Skonto-Frist bewirken könnte. Steht dem Schuldner jedoch hinsichtlich eines Teils der Leistung ein dauerhaftes Leistungsverweigerungsrecht zu, liegt eine fehlerhafte Abrechnung vor, weshalb auch eine Teilzahlung den Skonto-Abzug herbeiführt.[149]

5. Sicherheitseinbehalt

Dem Sicherungsinteresse des Bestellers für etwaige Mängel tragen die Parteien gerade bei Werkver- 89 trägen durch die Vereinbarung eines (in der Regel durch Bürgschaft ablösbaren) Sicherheitseinbehaltes Rechnung. Dieses setzt eine (wirksame) Parteivereinbarung voraus. Weder Gewohnheitsrecht noch die bloße Vereinbarung der VOB/B berechtigen bereits zu solchen Einbehalten. Vereinbaren die Parteien einen Sicherheitseinbehalt, bezieht sich dieser auf einen der Höhe nach vertraglich festgelegten Teil der Vergütung. Die Vereinbarung verzögert für diesen Teilbetrag die Fälligkeit der Forderung. In Übereinstimmung mit dem Sicherungszweck ist der Einbehalt dabei oft zeitlich an den Lauf der Gewährleistungsfristen geknüpft. Im Anwendungsbereich der VOB/B richtet sich die Rückgabe nach § 17 Abs. 8 Nr. 2 VOB/B (Ablauf von zwei Jahren nach Abnahme der Werkleistung)[150]. Angesichts der von § 641 Abs. 1 BGB grundsätzlich vorgesehenen Fälligkeit bei Abnahme kann ein Sicherheitseinbehalt – außer in Individualvereinbarungen – nur dann wirksam vereinbart werden, wenn er den Unternehmer nicht unangemessen benachteiligt. Aus der Rechtsprechung ergeben sich allgemein anerkannte Richtwerte. Zulässig ist in aller Regel die Vereinbarung eines Sicherheitseinbehaltes in Höhe von 5 % der Auftragssumme.[151] Dem Unternehmer muss jedoch das Recht bleiben, den Einbehalt durch eine andere Sicherheit, etwa eine Bürgschaft, abzulösen.[152] Die Möglichkeit die Ablösung der Bürgschaft auf eine Bürgschaft auf erstes Anfordern zu beschränken, stellt ebenfalls eine unangemessene Benachteiligung dar.[153] Die Bezugsgröße der Höhe der Sicherheit muss wegen des Transparenzgebotes klar angegeben sein (Bezugsgröße Brutto oder Netto?).[154] Kann der Unternehmer den Sicherheitseinbehalt nur ablösen, sofern die Leistung keine

145 LG Berlin, Urt. v. 18.10.1984 – 93 S 1/84, BauR 1986, 700; OLG Frankfurt a.M., Urt. v. 21.09.1988 – 17 U 191/87, NJW-RR 1988, 1485.

146 Kniffka, in: Kniffka/Koeble/Jurgeleit/Sacher, Kompendium des Baurechts, 4. Teil Rn. 518 ff.; BeckOGK/Lasch, Stand: 01.01.2025, § 641 BGB Rn. 164.

147 OLG Karlsruhe, Urt. v. 17.07.1980 – 4 U 146/78, MDR 1980, 933.

148 BeckOGK/Lasch, Stand: 01.01.2025, § 641 BGB Rn. 164.

149 BeckOGK/Lasch, Stand: 01.01.2025, § 641 BGB Rn. 164.

150 Voit, in: Messerschmidt/Voit, Privates Baurecht, § 17 VOB/B Rn. 22.

151 Vgl. Hildebrandt, in: Jansen/Seibel, VOB/B, § 17 Rn. 44; Voit, in: Messerschmidt/Voit, Privates Baurecht, § 17 VOB/B Rn. 4.

152 BGH, Urt. v. 05.06.1997 – VII ZR 324/95, NJW 1997, 2598.

153 BGH, Urt. v. 05.06.1997 – VII ZR 324/95, NJW 1997, 2598; BGH, Urt. v. 09.12.2004 – VII ZR 265/03, NZBau 2005, 219; BGH, Urt. v. 16.10.2014 – VII ZR 152/12, NJW 2014, 3645.

154 Voit, in: Messerschmidt/Voit, Privates Baurecht, § 17 VOB/B Rn. 4; Thierau, in: Kapellmann/Messerschmidt, VOB-Kommentar, Teil A/B, § 17 VOB/B Rn. 86.

wesentlichen Mängel aufweist, ist die Vereinbarung in Allgemeinen Geschäftsbedingungen ebenfalls unwirksam.[155]

6. Stundung

90 Eine Stundung verschiebt die Fälligkeit einer Forderung zu Gunsten des Schuldners. Die Forderung bleibt aber erfüllbar.[156] Die Stundung bedarf als Vertrag bei formbedürftigen Rechtsgeschäften der vorgeschriebenen Form.[157] Sie ist von der Vereinbarung eines bestimmten Zahlungsziels abzugrenzen, mit dem im Zeitpunkt des Vertragsschlusses bereits ein bestimmter Fälligkeitstermin festgelegt wird.[158] Mit der Vereinbarung eines Zahlungsziels wird für die Leistung eine Zeit nach dem Kalender bestimmt. Erbringt der Schuldner in Folge eines Umstands, den er zu vertreten hat, die geschuldete Leistung nicht, kommt er spätestens mit Ablauf des Zahlungsziels, also ab Beginn des Folgetages, gemäß § 286 Abs. 2 Nr. 1 BGB in Verzug, ohne dass es einer Mahnung des Gläubigers bedarf.[159] Bei Entgeltforderungen tritt der Verzug mangels anderweitiger Vereinbarungen zudem spätestens ein, wenn der Schuldner nicht innerhalb von 30 Tagen nach Fälligkeit und Zugang einer Rechnung leistet – vgl. § 286 Abs. 3 BGB. Die Stundung gibt dem Schuldner demgegenüber die Möglichkeit, für eine bestimmte Zeit gegenüber Forderungen des Gläubigers eine Einrede zu erheben, indem sie die Fälligkeit der Forderung bei Fortbestand der Erfüllbarkeit hinauszögert.[160]

91 Demzufolge hemmt die Stundung gem. § 205 BGB die Verjährung der gestundeten Forderung, sofern der Gläubiger die Forderung für einen Zeitraum stundet, der über die Frist der Verjährung hinausgeht. Die nachträgliche Stundung stellt regelmäßig ein Anerkenntnis dar und führt damit zum Neubeginn der Verjährung.[161] Dies gilt insbesondere, wenn der Schuldner den Gläubiger um eine Stundung bittet.[162]

Der Zeitraum einer Stundung wird regelmäßig befristet. Außerdem kann der Gläubiger die Stundung widerrufen, sofern der Schuldner den Anspruch in erheblicher Weise gefährdet oder sogar generell bestreitet.[163] Darüber hinaus soll auch eine nachträgliche Verschlechterung der Verhältnisse des Schuldners den Gläubiger zum Widerruf berechtigen.[164]

92 Eine Stundung ist im Rahmen einer Individualvereinbarung grundsätzlich ohne Weiteres möglich. Ist kein Zeitraum bestimmt, sondern eine Stundung auf unbestimmte Zeit vereinbart, setzt der Gläubiger die Dauer der Stundung einseitig nach billigem Ermessen (§§ 315, 316 BGB) fest.[165] Bei langzeitigen Stundungen sind zudem die Grenzen des § 202 Abs. 2 BGB zu berücksichtigen.[166] Daher beträgt die Höchstfrist für Stundungen 30 Jahre.

93 Bei formularvertraglichen Stundungsvereinbarungen ist nach § 307 Abs. 2 Nr. 1 BGB das gesetzliche Leitbild der Fälligkeit bei Abnahme nach § 641 Abs. 1 BGB zu berücksichtigen. Abweichungen

155 BGH, Urt. v. 13.11.2003 – VII ZR 57/02, NJW 2004, 443.
156 Grüneberg/Grüneberg, BGB, § 271 Rn. 12; BGH, Urt. v. 12.03.2013– XI ZR 227/12, NJW 2013, 3437.
157 Grüneberg/Grüneberg, BGB, § 271 Rn. 14.
158 BGH, Urt. v. 01.02.2007 – III ZR 159/06, NJW 2007, 1581.
159 MüKo-BGB/Ernst, § 286 Rn. 59; Feldmann, in: Staudinger, BGB, NB 2019, § 286 Rn. 69.
160 MüKo-BGB/Krüger, § 271 Rn. 22; BeckOK BGB/Lorenz, 61. Ed. 2022, § 271 Rn. 15.
161 Grüneberg/Ellenberger, BGB, § 205 Rn. 2; BeckOK BGB/Heinrich, 73. Ed. 2024, § 205 Rn. 2.
162 jurisPK-BGB/Lakkis, § 205 Rn. 8.
163 BGH, Urt. v. 05.03.1981 – III ZR 115/80, NJW 1981, 1666.
164 BGH, Urt. v. 29.05.1974, 1974, 652; Grüneberg/Grüneberg, BGB, § 271 Rn. 15; MüKo-BGB/Krüger, § 271 Rn. 25; BeckOK BGB/Lorenz, 58. Ed. 2021, § 271 Rn. 16.
165 BGH, Urt. v. 24.10.1990 – VIII ZR 305/89, NJW-RR 1991, 822; OLG Frankfurt a.M.; Urt. v. 01.12.1981 – 5 U 107/81, MDR 1982, 324; MüKo-BGB/Krüger, 8. Aufl. 2019, § 271 Rn. 23; BeckOK BGB/Lorenz, 61. Ed. 2022, § 271 Rn. 13; Grüneberg/Grüneberg, BGB, § 271 Rn. 14.
166 Vgl. Jacoby, in: Staudinger, BGB, NB 2024, § 202 Rn. 4a ff.; BeckOK BGB/Heinrich, 73. Ed. 2024, § 202 Rn. 3; Deppenkemper, in: PWW, BGB, § 202 Rn. 2.

hiervon benachteiligen den Unternehmer als Gläubiger der Werklohnforderung regelmäßig unangemessen und sind daher als AGB des Bestellers unwirksam.[167] Das gilt etwa bei Subunternehmerketten, bei denen eine nachträgliche Stundungsvereinbarung vorsieht, die Fälligkeit der Vergütung solange hinauszuschieben, bis der Besteller seinerseits den mit einem Dritten vereinbarten Werklohn erhalten hat.[168]

7. Druckzuschlag

Der in § 641 Abs. 3 BGB vorgesehene Druckzuschlag steht zur Disposition der Parteien. Eine vollständige Abbedingung durch den Unternehmer ist allerdings mit dem in der Vorschrift zum Ausdruck kommenden Leitgedanken nicht vereinbar und in Allgemeinen Geschäftsbedingungen des Unternehmers nach § 307 Abs. 2 Nr. 1 BGB unwirksam.[169] Eine Klausel in Allgemeinen Geschäftsbedingungen, wonach die Geltendmachung von Aufrechnungen mit nicht rechtskräftig festgestellten Gegenansprüchen sowie von Zurückbehaltungsrechten ausgeschlossen ist, muss dahingehend verstanden werden, dass Zurückbehaltungsrechte sowie Leistungsverweigerungsrechte nach §§ 320, 641 Abs. 3 BGB generell ausgeschlossen sind; deswegen ist eine solche Klausel ebenfalls unwirksam.[170] 94

In den AGB des Bestellers stellt demgegenüber vor allem die Ausweitung des Druckzuschlages über den von § 641 Abs. 3 Hs. 2 BGB vorgesehenen Rahmen ein Problem dar. Insofern ist zu berücksichtigen, dass die Altfassung von § 641 Abs. 3 BGB den Druckzuschlag bis zum Jahr 2009 auf »mindestens« das Dreifache der erforderlichen Mangelbeseitigungskosten festlegte. Hiervon nahm der Gesetzgeber auf Grund der damit verbundenen übermäßigen Belastung für die Unternehmerschaft ausdrücklich Abstand.[171] Kern der Neuregelung sollte fortan die Festlegung auf einen Regelanstatt eines Mindestsatzes sein.[172] Eine formularvertragliche Abkehr hiervon stellt eine unangemessene Benachteiligung des Unternehmers im Sinne von § 307 Abs. 2 Nr. 2 BGB dar. Dass der angemessene Einbehalt das Doppelte der Mängelbeseitigungskosten überschreiten kann, hat der Gesetzgeber durch die Neufassung von § 641 Abs. 3 Hs. 2 BGB klargestellt. Die Festlegung auf einen darüberhinausgehenden Regelsatz ist in Formularverträgen nur dann angemessen, wenn diese Verträge auf Vertragsverhältnisse Anwendung finden, die regelmäßig einen derart geringen Auftragswert zum Gegenstand haben, dass die vom Gesetzgeber durchaus antizipierte Situation eines erheblichen Missverhältnisses zwischen Vergütung und Mangelbeseitigungskosten hier regelmäßig auftritt. 95

8. Durchgriffsfälligkeit

Eine Abbedingung der Durchgriffsfälligkeit im Sinne von § 641 Abs. 2 BGB scheidet auf Grund des Leitbildcharakters dieser Regelungen in AGB des Bestellers aus.[173] Es kommen allerdings Modifikationen in Frage. 96

II. Abweichungen durch Vereinbarung der VOB/B

Ein spezieller Fall von Abweichungen durch Allgemeine Geschäftsbedingungen liegt vor, sofern die Parteien die VOB/B in der jeweils zum Zeitpunkt des Vertragsschlusses geltenden Fassung ohne inhaltliche Abweichungen insgesamt einbezogen haben. Dann unterliegen einzelne Bestimmungen der VOB/B gem. § 310 Abs. 1 S. 3 BGB nicht isoliert der Inhalts- oder Transparenzkontrolle. 97

167 Leupertz/Popescu, in: Staudinger, BGB, NB 2024, § 641 Rn. 45.
168 LG Saarbrücken, Urt. v. 07.11.2011 – 3 O 201/11, NZBau 2012, 242; Leupertz/Popescu, in: Staudinger, BGB, NB 2024, § 641 Rn. 45.
169 BGH, Urt. v. 31.03.2005 – VII ZR 180/04, BauR 2005, 1010; Leupertz/Halfmeier, in: PWW, BGB, § 641 Rn. 17; Pause/Vogel, in: Kniffka, Bauvertragsrecht, § 641 BGB Rn. 73.
170 BGH, Urt. v. 31.03.2005 – VII ZR 180/04, BauR 2005, 1010.
171 BT-Drucks. 16/511, S. 16.
172 BT-Drucks. 16/511, S. 16.
173 Pause/Vogel, in: Kniffka, Bauvertragsrecht, 3. Aufl. 2018, § 641 BGB Rn. 27.

Gegenstand einer Inhaltskontrolle kann dann lediglich die VOB/B als Gesamtregelwerk sein. Liegen inhaltliche Abweichungen vor, zieht dies wiederum das Eingreifen der Inhaltskontrolle für jede einzelne VOB/B-Klausel nach sich.[174]

98 § 16 VOB/B regelt:

- die **Abschlagszahlung (§ 16 Abs. 1 VOB/B)** für tatsächlich schon erbrachte Leistungen, die außerhalb des VOB/B-Vertrages in § 632a BGB zu finden ist und
- die **Vorauszahlung (§ 16 Abs. 2 VOB/B)**, bei der eine Zahlung geleistet wird, obwohl der Unternehmer seine Leistung noch nicht erbracht hat,
- die **Schlusszahlung (§ 16 Abs. 3 VOB/B)**, die erst nach Abnahme und im Gegensatz zu § 641 BGB einerseits, andererseits aber entsprechend § 650g Abs. 4 Nr. 2 BGB erst nach Erstellung der Schlussrechnung zu entrichten ist,
- die **Teilschlusszahlung (§ 16 Abs. 4 VOB/B)**, die auf abgenommene in sich abgeschlossene Teile der Leistung zu zahlen ist und damit dem § 641 Abs. 1 S. 2 BGB entspricht.
- Unter den Voraussetzungen des § 16 Abs. 6 VOB/B ist der Auftraggeber sogar dazu berechtigt, **Direktzahlungen** an Gläubiger des Auftragnehmers zu leisten.

1. Zahlungsmodalitäten nach § 16 VOB/B

a) Vorauszahlung (§ 16 Abs. 2 VOB/B)

99 Eine Vorauszahlung auf noch nicht erbrachte Leistungen ist eine Vorleistung des Auftraggebers und kann nur verlangt werden, wenn sie vertraglich vereinbart wurde.[175] Diesen Grundsatz lässt die VOB/B unangetastet. Für den Fall einer solchen Vereinbarung enthält § 16 Abs. 2 VOB/B spezielle Regelungen. So kann der Auftraggeber bei Vereinbarung einer Vorauszahlung gemäß § 16 Abs. 2 Nr. 1 S. 1 Hs. 2 VOB/B eine ausreichende Sicherheit hierfür verlangen. Nach § 16 Abs. 2 Nr. 1 S. 2 VOB/B wird die Vorauszahlung mit 3 Prozent über dem Basiszinssatz des § 247 BGB verzinst, wenn nichts anderes vereinbart ist. Vorauszahlungen sind nach den näheren Maßgaben von § 16 Abs. 2 Nr. 2 VOB/B auf später fällig werdende Zahlungen anzurechnen.

b) Schlusszahlung (§ 16 Abs. 3 VOB/B)

100 Hinsichtlich der sog. Schlusszahlung deckt sich die Rechtslage bei Bauverträgen im Sinne von § 650a BGB im Falle der Vereinbarung der VOB/B weitgehend mit § 650g Abs. 4 Nr. 2 BGB. Zusätzlich zur Abnahme[176] ist die Erteilung einer prüffähigen Schlussrechnung Fälligkeitsvoraussetzung (§ 16 Abs. 3 Nr. 1 VOB/B).[177] Erst nach Prüfung und Feststellung der Schlussrechnung durch den Besteller wird die Schlusszahlung fällig; grundsätzlich jedoch spätesten nach 30, in Einzelfällen nach 60 Tagen. Die Einordnung einer Rechnung als Schlussrechnung und einer Zahlung als Schlusszahlung richten sich nach der Sicht der jeweiligen Vertragspartner. Ob eine Rechnung eine endgültige Rechnung und damit eine Schlussrechnung darstellen soll, hängt vom (erkennbaren) Willen des Unternehmers ab.[178] Ob gleichsam die geleistete Zahlung abschließend sein soll, hängt im Gegenzug von dem (erkennbaren) Willen des Bestellers ab. Der Unternehmer muss also darstellen, welche Vergütung

174 Dazu im Detail Thode, in: Messerschmidt/Voit, Privates Baurecht, I. Teil Sys., F. Bauvertrag und AGB, Rn. 51 ff.

175 BeckOGK/Lasch, Stand: 01.01.2025, § 641 Rn. 193.

176 Die Abnahme ist bei § 16 Abs. 3 Nr. 1 VOB/B eine ungeschriebene Fälligkeitsvoraussetzung, st. Rspr.: BGH, Urt. v. 18.12.1980 – VII ZR 43/80, NJW 1981, 822; BGH, Urt. v. 26.02.1981 – VII ZR 287/79, NJW 1981, 1448 (1448); BGH, Urt. v. 22.01.1987 – VII ZR 96/85, NJW 1987, 2582 (2584); BGH, Urt. v. 10.05.1990 – VII ZR 257/89, NJW-RR 1990, 1170 (1171); gleichwohl bestehen etliche Ausnahmen, die diese Voraussetzung entbehrlich machen kann, dazu: Messerschmidt, in: Kapellmann/Messerschmidt, VOB-Kommentar, § 16 VOB/B Rn. 325.

177 Vgl. § 650g BGB Rdn. 74 ff.

178 BeckOGK/Lasch, Stand: 01.01.2025, § 641 BGB Rn. 203; MüKo-BGB/Busche, § 641 Rn. 45.

er für seine Leistung endgültig vom Besteller beansprucht.[179] Dies geschieht dadurch, dass der Unternehmer alle Ansprüche darstellt, die sich aus dem zugrunde gelegten Vertrag ergeben.[180] Eine Schlussrechnung umfasst damit inhaltlich auch die schon geleisteten Voraus- und Abschlagszahlungen.[181]

Die Fälligkeit des Werklohnanspruchs setzt weiterhin voraus, dass die Schlussrechnung prüfbar ist 101
(§ 14 Abs. 4 VOB/B).[182] Prüfbar ist die Schlussrechnung, wenn sie einen Nachweis über Art und Umfang der erbrachten Leistungen enthält, wobei der Nachweis insbesondere durch Vorlage eines Aufmaßes, durch Mengenberechnungen, Zeichnungen oder anderer Belege geführt werden kann.[183] Die Prüffähigkeit der Schlussrechnung ist allerdings kein Selbstzweck. Der Auftraggeber kann sich nicht auf die fehlende Prüffähigkeit berufen, wenn seine Kontroll- und Informationsinteressen auch ohne Vorlage einer prüffähigen Rechnung gewahrt sind.[184] Der Besteller muss in die Lage versetzt werden, die Forderung des Unternehmers auf Grundlage des zugrunde liegenden Vertrages zu überprüfen.[185] Ist eine Schlussrechnung nicht prüfbar und wird die fehlende Prüfbarkeit von dem Besteller innerhalb der Fristen des § 16 Abs. 3 Nr. 1 VOB/B (30 oder 60 Kalendertage) gerügt, wird die Werklohnforderung mangels Prüfbarkeit der Rechnung nicht fällig.[186] Die Prüfbarkeitsrüge muss konkrete Gründe für die fehlende Prüfbarkeit benennen. Eine bloß pauschale und formelhafte Rüge der fehlenden Prüfbarkeit reicht nicht aus.[187] Erfolgt die Rüge der fehlenden Prüfbarkeit nicht fristgerecht, wird die Rechnung unbeschadet einer etwaig fehlenden Prüfbarkeit fällig, aber nicht automatisch materiell richtig. Eine inhaltlich fehlerhafte Abrechnung kann unverändert geltend gemacht werden.[188] Dreißig Kalendertage (im Ausnahmefall: 60 Kalendertage) nach Zugang der Schlussrechnung wird die Schlusszahlung auch ohne Prüfung und Feststellung fällig.

Der Auftraggeber muss die Schlussrechnung prüfen und feststellen und alsbald, spätestens innerhalb 102
von 30 Kalendertagen Schlusszahlung leisten. Der Auftraggeber hat ferner die Prüfung der Schlussrechnung gem. § 16 Abs. 3 Nr. 1 S. 4 VOB/B zu beschleunigen. Kommt es zu einer Verzögerung der Prüfung, wird der unbestrittene Teil der Vergütung als Abschlagszahlung gem. § 16 Abs. 3 Nr. 1 S. 5 VOB/B sofort fällig. Dies ist jedoch nur der Fall, wenn der unbestrittene Betrag bereits getätigte Abschlagszahlungen übersteigt, da nur der Betrag fällig wird, der prüfbar abgerechnet und nach Abzug der Abschlags- und Vorauszahlungen noch nicht abgegolten ist.[189]

Die Werklohnforderung wird auch fällig, wenn der Auftragnehmer nach angemessener Fristsetzung 103
keine prüfbare Schlussrechnung erstellt und der Auftraggeber nach § 14 Abs. 4 VOB/B die Schluss-

179 OLG Hamm, Urt. v. 14.06.1995 – 12 U 142/94, NJW-RR 1996, 593; vgl. auch BGH NJW 1982, 1594 (1594); 1975, 1701 (1702); 1975, 1833 (1833 f.).

180 OLG Stuttgart, Urt. v. 14.02.2017 – 10 U 107/16, NZBau 2017, 412 Rn. 69.

181 MüKo-BGB/Busche, § 641 Rn. 45.

182 Messerschmidt, in: Kapellmann/Messerschmidt, VOB-Kommentar, § 16 VOB/B Rn. 177; BeckOGK/Lasch, Stand: 01.01.2023, § 641 BGB Rn. 207.

183 MüKo-BGB/Busche, § 641 Rn. 45. Zu den Details vgl. § 650g BGB Rdn. 74 ff.

184 St. Rspr.: BGH, Urt. v. 12.01.2006 – VII ZR 2/04, NZBau 2006, 248 Rn. 15; BGH, Urt. v. 27.11.2003 – VII ZR 288/02, NJW-RR 204, 445 (447); BGH, Urt. v. 22.11.2001 – VII ZR 168/00, NJW 2002, 676; BGH, Urt. v. 18.09.1997 – VII ZR 300/96, NJW 1998, 135.

185 BGH, Versäumnisurt. v. 19.04.2005 – X ZR 191/02, NJW-RR 2005, 1103; OLG Saarbrücken, Urt. v. 29.06.2010 – U 250/05, NJW 2010, 3662 (3662).

186 BeckOGK/Lasch, Stand: 01.05.2021, § 641 BGB Rn. 208.

187 St. Rspr.: BGH, Urt. v. 22.04.2010 – VII ZR 48/07, NJW-RR 2010, 1176 Rn. 18; BGH, Urt. v. 27.11.2003 – VII ZR 288/02, NJW-RR 2004, 445(448); OLG Brandenburg, Urt. v. 15.03.2018 – 12 U 82/17, NJW-RR 2018, 919 Rn. 21.

188 BGH, Urt. v. 18.01.2001 – VII ZR 416/99, NZBau 2001, 314 (315); BeckOK VOB/Kandel, 43. Ed. 2021, § 16 Abs. 3 VOB/B, Rn. 19.

189 BGH, Urt. v. 22.12.2005 – VII ZR 316/03, NJW-RR 2006, 455 Rn. 17; BGH, Urt. v. 09.01.1997 – VII ZR 69/96, NJW 1997, 1444 (1444); OLG Brandenburg, Urt. v. 18.06.2015 – 12 U 14/14, NJW-RR 2015, 1360 (1362).

rechnung selbst aufstellt.[190] In diesem Fall kann der Auftraggeber sich nicht auf deren fehlende Prüfbarkeit berufen.[191]

104 Da sich die Verjährung nach der Fälligkeit richtet,[192] kann die Verjährungsfrist nicht anfangen zu laufen, solange der Unternehmer dem Auftraggeber keine Schlussrechnung zukommen lässt. Dem Auftraggeber bleibt aber nach § 14 Abs. 4 VOB/B die Möglichkeit, die Fälligkeit herbeizuführen, indem er selbst die Schlussrechnung erstellt.[193] Eine ausdrückliche Regelung in diesem Sinne enthält § 650g Abs. 4 BGB nicht.[194] Nach den Grundsätzen der §§ 162, 242 BGB kann sich der Unternehmer allerdings bei Nichtvorliegen einer Schlussrechnung auch bei einem BGB-Vertrag nicht zu seinen Gunsten auf das Fehlen der Schlussrechnung berufen.[195]

c) Teilschlusszahlung (§ 16 Abs. 4 VOB/B)

105 Durch eine Teilschlussrechnung wird eine schon erbrachte und abgenommene Teilleistung endgültig abgerechnet. Die Anforderungen an Teilschlussrechnung und Schlussrechnung entsprechen sich, so dass dieselben Voraussetzungen wie für die Schlussrechnung gelten.[196]

2. Zinsansprüche nach § 16 Abs. 5 Nr. 3 VOB/B

106 Die VOB/B regelt die Zinsansprüche abweichend von § 641 Abs. 4.[197] So sind Zinsen nach der spezielleren Regel des § 16 Abs. 5 Nr. 3 VOB/B nur zu entrichten, wenn eine durch den Auftragnehmer gesetzte angemessene Nachfrist zur Zahlung erfolglos verstrichen ist. Nur in Fällen, in denen der Auftragnehmer seine vertraglichen und gesetzlichen Verpflichtungen erfüllt hat und der Auftraggeber trotzdem innerhalb von 30 Tagen nach Zugang der Rechnung oder Aufstellung bei Abschlagszahlungen nicht zahlt, können gem. § 16 Abs. 5 Nr. 3 S. 3 VOB/B Verzugszinsen ohne Fristsetzung anfallen. Dies ist jedoch dann nicht der Fall, wenn der Auftraggeber den Zahlungsverzug nicht zu verantworten hat. Die Höhe des Verzugszinssatzes bestimmt sich gem. § 16 Abs. 5 Nr. 3 S. 2 VOB/B nach § 288 Abs. 2 BGB; es sei denn, der Auftragnehmer weist einen höheren Verzugsschaden nach.

107 Damit stellt die Regelung der VOB/B nicht nur eine Abweichung gegenüber den Grundsätzen des § 641 Abs. 4 BGB, sondern auch gegenüber § 286 Abs. 3 BGB sowie § 271a BGB dar. Gegenüber § 286 Abs. 3 BGB stellt sich bei § 16 Abs. 5 Nr. 3 VOB/B die Frage, ob die ergänzend hinzugenommenen Kriterien, wie etwa die Erfüllung der »vertraglichen und gesetzlichen Verpflichtungen«, den Anforderungen des Transparenzgebots gerecht wird. Dies wird für den Fall der isolierten Verwendung bezweifelt.[198] Gleiches gilt für die in § 16 Abs. 5 Nr. 3 VOB/B enthaltenen inhaltlichen Abweichung gegenüber § 271a BGB.[199]

---

190 BeckOGK/Lasch, Stand: 01.01.2025, § 641 BGB Rn. 203; MüKo-BGB/Busche, § 641 Rn. 45.

191 OLG Stuttgart, Urt. v. 14.02.2017 – 10 U 107/16, NZBau 2017, 412 Rn. 66.

192 BGH, Urt. v. 10.05.1990 – VII ZR 257/89, NJW-RR 1990, 1170 f.; Schwenker/Rodemann, in: Erman, BGB, § 641 Rn. 2.

193 BeckOK VOB/Kandel, 43. Ed. 2021, § 16 Abs. 3 VOB/B Rn. 44; MüKo-BGB/Busche, § 641 Rn. 48.

194 Vgl. § 650g BGB Rdn. 100 ff.

195 Pause/Vogel, in: Kniffka, IBR-online Kommentar Bauvertragsrecht, Stand: 07.06.2021, § 650g BGB Rn. 39.

196 BeckOGK/Lasch, Stand: 01.01.2025, § 641 BGB Rn. 231.

197 BGH, Urt. v. 19.02.1964 – I b ZR 203/62, NJW 1964, 1223; BeckOK Bauvertragsrecht/Mayr, 28. Stand 15.02.2025, § 641 BGB Rn. 40.

198 Pause/Vogel, in: Kniffka, IBR-online Kommentar Bauvertragsrecht, Stand 01.02.2024, § 641 BGB Rn. 147.

199 Oechsler, NZBau 2012, 329.

III. Besonderheiten bei Bauverträgen (§ 650g Abs. 4 BGB)

Die in § 641 Abs. 1 BGB geregelte Fälligkeit bei Abnahme findet nach § 650a Abs. 1 S. 2 BGB auch bei Bauverträgen Anwendung. Für Bauverträge im Sinne von § 650a BGB enthält § 650g Abs. 4 S. 1 Nr. 2 BGB aber eine Sonderregelung. Danach hat der Unternehmer dem Besteller eine prüffähige Schlussrechnung zu erteilen. Vorher wird die Werklohnforderung – trotz Abnahme – nicht fällig (vgl. zu den Details § 650g BGB, Rdn. 66 ff.). Die im Bauvertragsrecht vorgesehenen Modifikationen gelten bei Verbraucherbauverträgen gemäß § 650i Abs. 3 BGB »ergänzend« (vgl. dazu § 650i BGB, Rdn. 46 ff.). 108

IV. Besonderheiten bei Architekten- und Ingenieurverträgen

Für Architekten- und Ingenieurverträge gelten gemäß § 650q Abs. 1 BGB die Vorschriften des allgemeinen Werkvertragsrechts sowie bestimmte Vorschriften des Bauvertragsrechts entsprechend. Hierzu zählen einerseits die Grundsätze des § 641 BGB, aber auch das Schlussrechnungserfordernis aus § 650g Abs. 4 S. 1 Nr. 2 BGB (vgl. dazu § 650q BGB, Rdn. 88).[200] Für Architekten- und Ingenieurverträge ist im Übrigen das Schlussrechnungserfordernis gem. § 15 Abs. 1 HOAI i.V.m. § 650g Abs. 4 BGB zu berücksichtigen.[201] Letzteres gilt insbesondere für Verträge, die nicht dem Anwendungsbereich der §§ 650p ff. BGB, aber der HOAI unterfallen – also Planungs- oder Überwachungsleistungen, die sich weder auf ein Bauwerk noch auf eine Außenanlage beziehen, sondern z.B. eine sonstige technische Anlage zum Gegenstand haben.[202] 109

V. Besonderheiten bei Bauträgerverträgen

Sonderregelungen zur Fälligkeit sieht das BGB auch für den Bauträgervertrag vor (vgl. zum Anwendungsbereich § 650u BGB, Rdn. 3 ff.). Hinsichtlich der Errichtung oder des Umbaus finden hier gemäß § 650u Abs. 1 S. 2 BGB die Vorschriften des allgemeinen Werkvertragsrechts (Untertitel 1) Anwendung. Dieser Verweis umfasst auch § 641 BGB. 110

Spezielle Regelungen enthält darüber hinaus die Makler- und Bauträgerverordnung (MaBV).[203] 111 Besonderheiten gelten demnach insbesondere für die nach § 650v BGB gesondert zu vereinbarenden Abschlagszahlungen. Die MaBV enthält in § 3 Abs. 2 MaBV einen vom Baufortschritt abhängigen Ratenplan. Die Anzahl der Abschlagszahlungen ist dabei gem. § 3 Abs. 2 S. 1 MaBV auf maximal sieben Teilbeträge begrenzt. Nach Beginn der Erdarbeiten ist zunächst ein Sockelbetrag von 30 bzw. 20 Prozent fällig – abhängig von der Einräumung eines Erbbaurechts bzw. der Übertragung von Eigentum (§ 3 Abs. 2 S. 2 Nr. 1 MaBV). Für weitere Zahlungen sind Teilbeträge entsprechend des Baufortschritts vorgesehen, wobei § 3 Abs. 2 S. 2 den Bauablauf in insgesamt 13 Bauabschnitte gliedert und die geschuldeten Teilbeträge jeweils auf einen konkreten Prozentsatz der restlichen Vertragssumme festlegt.[204] Umstritten ist insofern, ob damit zugleich eine zeitliche Reihenfolge der einzelnen Teilbeträge vorgeschrieben ist.[205] Wegen der Beschränkung auf insgesamt sieben Teilbeträge

200 Vgl. dazu § 650q BGB Rdn. 88 ff.

201 Dazu näher Stein, in: Fuchs/Berger/Seifert, HOAI, § 15 Rn. 13 ff.

202 jurisPK-BGB/Stelzner, § 650p Rn. 49; BT-Drucks. 18/8486, S. 66.

203 Vgl. vertiefend Basty, Der Bauträgervertrag, 11. Aufl. 2023, Kapitel 5.

204 Im Einzelnen: 40 % nach Rohbaufertigstellung, einschließlich Zimmererarbeiten; 8 % für die Herstellung der Dachflächen und Dachrinnen; 3 % für die Rohinstallation der Heizungsanlagen; 3 % für die Rohinstallation der Sanitäranlagen; 3 % für die Rohinstallation der Elektroanlagen; 10 % für den Fenstereinbau, einschließlich der Verglasung; 6 % für den Innenputz, ausgenommen Beiputzarbeiten; 3 % für den Estrich; 4 % für die Fliesenarbeiten im Sanitärbereich; 12 % nach Bezugsfertigkeit und Zug um Zug gegen Besitzübergabe; 3 % für die Fassadenarbeiten; 5 % nach vollständiger Fertigstellung.

205 Ablehnend Basty, Der Bauträgervertrag, 11. Aufl. 2023, Kapitel 5, Rn. 47. Einzelheiten auch: Werner/Pastor, Bauprozess, Rn. 1569 ff.

müssen die zuvor angesprochenen Anteile für die einzelnen Bauabschnitte im Zuge eines vertraglichen Ratenplans zusammengefasst werden.[206]

§ 642 Mitwirkung des Bestellers

(1) Ist bei der Herstellung des Werkes eine Handlung des Bestellers erforderlich, so kann der Unternehmer, wenn der Besteller durch das Unterlassen der Handlung in Verzug der Annahme kommt, eine angemessene Entschädigung verlangen.

(2) Die Höhe der Entschädigung bestimmt sich einerseits nach der Dauer des Verzugs und der Höhe der vereinbarten Vergütung, andererseits nach demjenigen, was der Unternehmer infolge des Verzugs an Aufwendungen erspart oder durch anderweitige Verwendung seiner Arbeitskraft erwerben kann.

Übersicht

A. Allgemeines

I. Einführung

1 § 642 BGB regelt zusammen mit § 643 BGB die Konsequenzen aus unterlassenen Mitwirkungshandlungen des Bestellers. Dabei setzt § 642 BGB das Vorhandensein von entsprechenden Mit-

206 Beispiel z.B. bei Basty, Der Bauträgervertrag, 11. Aufl. 2023, Kapitel 5, Rn. 48.

wirkungshandlungen voraus, die Norm regelt also nicht, ob und – falls ja – welche Handlungen vom Besteller vorzunehmen sind und wann, sondern verweist insoweit zwangsläufig auf die entsprechenden vertraglichen oder gesetzlichen Regelungen.

Die Norm setzt mithin voraus, dass bei der Herstellung des Werkes nicht nur der Unternehmer/ 2
Auftragnehmer Leistungen auszuführen hat, sondern dass es auch der Mitwirkung des Bestellers bedarf, damit das Werk entstehen kann. Gerade diese Situation, dass beide Vertragsparteien im Zusammenwirken erst den Werkerfolg bewirken können, begründet im Übrigen auch die vom BGH höchstrichterlich bestätigte Kooperationspflicht der Parteien.[1]

Unterlässt der Auftraggeber eine für die Herstellung des Werkes erforderliche Handlung und gerät 3
er deshalb in Verzug der Annahme der Leistungen des Unternehmers, so erhält jener durch § 642 BGB einen Anspruch auf eine angemessene Entschädigung. Die Höhe der Entschädigung bestimmt sich gemäß § 642 Abs. 2 BGB einerseits nach der Dauer des Verzugs und der Höhe der vereinbarten Vergütung und andererseits nach den ersparten Aufwendungen und den anderweitigen Erwerbsmöglichkeiten. Der Anspruch ist verschuldensunabhängig, weshalb er auch systematisch in die Gefahrtragungsregelungen der §§ 643–645 BGB eingruppiert wurde: Der Auftraggeber übernimmt mit dem Vertragsschluss die Gefahr für die rechtzeitige und ordnungsgemäße Vornahme der von ihm zu erbringenden Mitwirkungshandlungen.

Führt die Unterlassung einer Mitwirkungshandlung des Bestellers nunmehr dazu, dass der Unter- 4
nehmer seine Produktionsmittel vorhalten muss und diese nicht vergütet werden, weil der Unternehmer sie nicht zur Leistungserbringung einsetzen kann, so erleidet der Unternehmer einen Nachteil. Denn nur der Einsatz seiner Produktionsmittel zur Leistung des vertraglich geschuldeten Werkes wird durch die nach § 631 BGB zu zahlende Vergütung abgefunden. Die insoweit nutzlose Vorhaltung der Produktionsmittel für den Zeitraum, zu dem der Auftragnehmer aufgrund der unterlassenen Mitwirkungshandlung des Auftraggebers die vertraglich geschuldete Leistung zur Erbringung des Werkes nicht hat vornehmen können, wird aber von dieser Vergütung nicht erfasst und ist deshalb nach dem Willen des Gesetzgebers zusätzlich zu kompensieren. Der BGH hat in seinen beiden richtungsweisenden Urteilen vom 26.10.2017[2] und vom 30.01.2020[3] entschieden, dass der Auftragnehmer nach § 642 BGB aber nur für die vergebliche Vorhaltung seiner Produktionsmittel in diesem Zeitraum zu entschädigen ist. Nachteile, die durch den Annahmeverzug des Bestellers bzw. durch die Unterlassung seiner Mitwirkungshandlung zu einem Zeitraum entstehen, der nach diesem Verzugszeitraum liegt oder andere Kostenfaktoren betrifft (Umsatznachteile, entgangene Geschäftskosten etc.), werden von § 642 BGB nicht erfasst. § 642 BGB schafft also keinen vollständigen Schadensersatz. Solche Nachteile sind aber möglicherweise über andere Normen zu erstatten, beispielsweise im Rahmen eines verschuldensabhängigen Schadensersatzanspruches, etwa nach § 280 BGB oder nach § 6 Abs. 6 VOB/B, sofern aber deren Voraussetzungen vorliegen – was in aller Regel die Verletzung einer übernommenen Pflicht erfordert. Der Ruf nach dem Gesetzgeber ist deshalb unnötig. Dessen ungeachtet gibt es aber gleichwohl inzwischen auch durch den Baugerichtstag und den Deutschen Anwaltverein Reformbestrebungen zur Integration des § 642 BGB in ein modifiziertes Regelungssystem für bauzeitliche Ansprüche.[4]

Ein weiterer Hinweis in diesem Zusammenhang: In dem Licht der neueren Rechtsprechung haben 5
sich die Konturen der Norm stark gewandelt. Es ist deshalb äußerste Vorsicht geboten bei der Übertragung von Rechtsprechung und Literatur, die diese beiden Entscheidungen des BGH noch nicht berücksichtigen.

1 Retzlaff, in: Kniffka, 3. Auflage: »§ 642 BGB stellt somit eine gesetzliche Sanktion für unkooperatives Verhalten des Bestellers dar.«, § 642 BGB, Rn. 2.

2 BGH, Urt. v. 26.10.2017 – VII ZR 16/17.

3 BGH, Urt. v. 20.01.2020 – VII ZR 33/19.

4 Siehe die Thesen zum Baugerichtstag 2020. Siehe hierzu auch die Initiativstellungnahme 55/2025 des Deutschen Anwaltvereins aus September 2025. Für eine Gesetzesänderung auch: Popescu, BauR 2026, 1.

6 Neben dem Anspruch nach § 642 BGB kann der Auftragnehmer wegen unterlassener Mitwirkungshandlungen auch nach § 643 BGB vorgehen und, sofern dessen Voraussetzungen vorliegen, auch nach § 648a BGB den Bauvertrag aus wichtigem Grund kündigen.

7 Wird die Bauleistung infolge der unterlassenen Mitwirkungshandlung unmöglich (etwa, weil der Auftraggeber die Anordnung einer zur Erreichung des vereinbarten Werkes notwendigen Änderung [z.B. eine nach § 650b Abs. 1 S. 1 Nr. 2 BGB] unterlässt), kann der Unternehmer auch die Rechte aus dem allgemeinen Schuldrecht geltend machen.[5]

8 Wird das Werk trotz oder nach dem Annahmeverzug noch hergestellt, besteht der Anspruch nach § 642 BGB neben dem Vergütungsanspruch des Unternehmers aus § 631 BGB (wobei viel dafür spricht, dass es sich dabei um einen selbständigen und unabhängigen Anspruch handelt, und nicht um einen, der als unselbständiger Rechnungsposten in die Schlussrechnung einzustellen wäre[6]). Wird das Werk nicht vollendet bleibt der Anspruch aus § 642 BGB jedenfalls auch bestehen und steht neben einem Anspruch aus §§ 643, 645 Abs. 1 S. 2 BGB oder einem Anspruch aus § 648 BGB.[7]

9 § 642 BGB gilt für alle Werkverträge, für alle Bau-Verbraucherbau- sowie Bauträgerverträge sowie insbesondere auch für alle Architekten- und Ingenieurverträge. Die Anwendung ist aufgrund der verschuldensunabhängigen Gefahrtragung für Besteller jedoch angesichts der Unkenntnis vieler Auftraggeber/Bauherren in Verbraucherbau- und Bauträgerverträgen rechtspolitisch kritisch.

II. Regelungsnotwendigkeit

10 Die Verfasser des BGB sahen die Notwendigkeit für eine gesonderte Regelung in der Tatsache begründet, dass die Mitwirkungshandlungen des Auftraggebers nicht per se gleichzeitig auch Pflichten sind, bei deren Verzug oder Unterlassung die allgemeinen Regelungen des Schuldrechts (seinerzeit nur: Verzug und Unmöglichkeit, die allgemeine Pflichtverletzung, pVV war damals noch unbekannt) einschlägig sind. Deshalb war dem Auftragnehmer wenigstens für den Zeitraum des Verzugs ein verschuldensunabhängiger Anspruch zuzubilligen, der aus dem Umstand resultierte, dass der Auftraggeber die Gefahr für die rechtzeitige und ordnungsgemäße Erfüllung seiner Mitwirkungshandlungen übernommen hatte.

11 Hintergrund der besonderen Regelung in § 642 BGB war dann auch die Tatsache, dass der Werkvertrag ursprünglich als Sonderform des Dienstvertrages ausgestaltet werden sollte und insofern die dienstvertraglichen Regelungen grundsätzlich Pate standen für die Entwicklung des gesetzlichen Werkvertragsrechts. Im Dienstvertragsrecht gestaltet § 615 BGB einen Einredeverzicht, der rechtsdogmatisch relativ einfach gefasst werden kann, nämlich deswegen, weil die Vergütung im Dienstvertragsrecht üblicherweise zeitabhängig, also nach Stunden- oder Tagessätzen vereinbart wird. Die zeitabhängige Vorhaltung der Produktionsfaktoren, also insbesondere der Arbeitszeit des Dienstverpflichteten kann deshalb relativ leicht berechnet und rechtlich gefasst werden.[8] Der Werkunternehmer wird aber, so jedenfalls die Verfasser des BGB, nicht auf Stunden– oder Tagessatzbasis vergütet, sondern pauschal: Für »ein Stück Werk« gibt es »eine Vergütung«. Der zeitabhängige Anteil an dieser Vergütung konnte baubetrieblich zum Zeitpunkt der Redaktion des BGB aber noch nicht exakt erfasst werden, weshalb die Verfasser des BGB eine von § 615 BGB abweichende Regelung erschufen.

5 BGH, Urt. v. 08.11.2007 – VII ZR 183/05, BGHZ 174, 110–126, Rn. 37–38.
6 Selbständiger Anspruch: OLG Hamburg, 29.03.2012 – 13 U 26/07, BauR 2014, 1359.
7 BGH, 21.10.1999 – VII ZR 185/98, NJW 2000, 1336.
8 Vgl. Retzlaff, ibr-OK Bauvertragsrecht, 07.02.2025, § 642 BGB Rn. 8.

III. Insbesondere: Pflicht oder Obliegenheit

Bevor die Frage geklärt werden muss, ob die Unterlassung von Mitwirkungshandlungen des Auftraggebers nicht nur einen Annahmeverzug nach § 642 BGB auslösen können, sondern darüber hinaus möglicherweise auch einen Schadensersatzanspruch aufgrund einer Pflichtverletzung, ist zu klären, ob diese Frage für den Anwendungsbereich des § 642 BGB überhaupt relevant ist. Die Frage wäre dann rechtsdogmatisch an dieser Stelle irrelevant, wenn § 642 BGB sowohl unterlassene Pflichten als auch unterlassene Obliegenheiten umfasste. Relevant wäre sie dann nur für die Frage, ob daneben (oder stattdessen) auch Schadensersatzansprüche bestehen. 12

Dafür, dass § 642 BGB weit zu fassen ist und sowohl Obliegenheiten als auch Pflichten umfasst, sprechen zunächst sowohl der Wortlaut als auch Sinn und Zweck von § 642 BGB. Der Wortlaut spricht allein von Mitwirkungshandlung, was Obliegenheiten und Pflichten einschließt. Und auch Sinn und Zweck verlangen nicht nach einer Differenzierung: Schließlich verlangt der Werkerfolg beides gleichermaßen und wird durch die Unterlassung beider Handlungen gleichermaßen beeinträchtigt. Auch sind die Folgen für den Auftragnehmer in beiden Fällen gleich. Das spricht dafür, dass § 642 BGB sowohl die Unterlassung einer geschuldeten Leistung (im Sinne einer Pflichtverletzung) als auch die Unterlassung einer lediglich gebotenen Leistung (im Sinne einer Obliegenheitsverletzung) umfasst. Sowohl Pflichten als auch Obliegenheiten sind also Mitwirkungshandlungen im Sinne des § 642 BGB, so dass der Auftraggeber also durchaus auch mit der Unterlassung einer Pflicht oder der pflichtwidrigen Vornahme einer Handlung in Annahmeverzug geraten kann und nicht (»nur«) in Schuldnerverzug. Schuldnerverzug und Annahmeverzug schließen sich mithin nicht aus, entscheidend ist stets der Blickwinkel: So kann der Käufer einer Sache durchaus mit der Annahme der Kaufsache in Annahmeverzug geraten, gleichzeitig aber auch in Schuldnerverzug, weil nämlich die Annahme der Kaufsache nach § 433 BGB eine Pflicht des Käufers ist. Gleiches gilt richtigerweise auch für die Abnahme im Werkvertragsrecht. Folgt man dieser Auffassung, so kommt es im Rahmen des § 642 BGB nicht darauf an zu entscheiden, welche Rechtsnatur die betreffende Mitwirkungshandlung hat.

Lediglich nach einer anderen Auffassung schließen sich Pflichten und Obliegenheiten wechselseitig hingegen aus, da das, was ausschließlich im eigenen Interesse vorgenommen wird, nicht gleichzeitig eine Pflicht gegenüber einem Dritten sein könne. Zudem könne man nicht mit einer Pflichtverletzung in Annahmeverzug geraten. Folgte man dieser Auffassung, so müsste geklärt werden, ob sich der Wortlaut von § 642 BGB ausschließlich auf Obliegenheiten beziehe, oder ob er auch Pflichten einschließe.[9] 13

Richtigerweise umfasst der Anspruch aus § 642 BGB aber sowohl Pflichtverletzungen als auch Obliegenheitsverletzungen, da der Wortlaut, wie bereits erwähnt, an keiner Stelle auf eine Pflicht oder eine Obliegenheit verweist, sondern sich pauschal auf alle erdenklichen Mitwirkungshandlungen bezieht, mithin unabhängig von deren Rechtsqualität.[10] Der Begriff Annahmeverzug bezieht sich nicht auf die Handlung des Gläubigers, sondern auf die Annahme der vom Unternehmer angebotenen Leistung zur Herstellung des Werkes. Auch dem historischen Gesetzgeber kam es nicht darauf an, zu qualifizieren, welche Rechtsnatur die Mitwirkungshandlung hat. Der Gegensatz war ihm nicht bekannt: Schließlich hob er hervor, dass, wenn die Mitwirkungshandlung sogar eine Pflicht wäre, die allgemeinen Vorschriften über den Schuldnerverzug neben dem § 642 BGB anzu-

---

9 § 642 bezieht sich nur auf Obliegenheiten: Vowinckel, in: Beck'scher VOB-Kommentar, § 6 Abs. 6 Rn. 128; MüKo-BGB/Busche § 642 Rn. 4; Stickler, in: Messerschmidt/Voit, § 642 BGB Rn. 8; Schonebeck, in: Leinemann/Kues, § 642 BGB Rn. 2; jew. m.w.N. Hierzu auch: Karczewski, NZBau 2025, 154.

10 Motive II S. 495; Rspr. u. Literatur schließen sich dieser Auffassung an: BGH, Urt. v. 30.09.1971 – VII ZR 20/70, NJW 1972, 99; BGH, Urt. v. 13.11.1951 – I ZR 140/52, NJW 1954, 229; Kapellmann, NZBau 2011, 193. Auch das Reichsgericht differenzierte diesbezüglich nicht zwischen Obliegenheiten u. Pflichten: RG, 29.11.1922 – V 271/22, RGZ 106, 22(25); KG, 16.02.2018 – 21 U 66/16.

wenden seien.[11] Dies entspricht auch gelegentlichen Äußerungen der Rechtsprechung.[12] Für diese Auffassung spricht auch der systematische Zusammenhang: Denn nach dieser (herrschenden) Auffassung hätte der Auftragnehmer bei einer unterlassenen Mitwirkungshandlung in jedem Fall einen verschuldensunabhängigen Anspruch nach § 642 BGB, unabhängig von der Frage, ob es sich bei der gebotenen Mitwirkungshandlung um eine Pflicht oder eine Obliegenheit handelte. Handelte es sich aber sogar um eine Pflicht, so stünde dem Auftragnehmer dann darüber hinaus noch ein weitergehender, aber verschuldensunabhängiger, Schadensersatzanspruch aus § 280 BGB ggfls. i.V.m. § 286 BGB zu, bei VOB/B-Verträgen würde dieser Schadensersatzanspruch durch § 6 Abs. 6 VOB/B ergänzt bzw. modifiziert werden. Das Sanktionssystem wäre hiernach also zweistufig, abhängig davon, ob die Mitwirkungshandlung (nur) eine Obliegenheit oder sogar (auch) eine Pflicht ist.

14 Spielt hiernach die Frage, ob eine Mitwirkungshandlung eine Pflicht oder eine Obliegenheit darstellt, für den Anwendungsbereich von § 642 BGB keine Rolle, soll gleichwohl an dieser Stelle der weitere Meinungsstreit, der streng genommen nur für Schadensersatzansprüche eine Rolle spielt, nicht ausgeklammert werden: Denn in Rechtsprechung und Literatur ist noch nicht abschließend geklärt, welche Rechtsnatur die im Vertrag geregelten oder auch nicht ausdrücklich geregelten Mitwirkungshandlungen des Auftraggebers haben.[13] Es ist nicht nur streitig, ob diese – sofern nichts Abweichendes wirksam vereinbart ist – eine Pflicht darstellen oder ob es sich bei ihnen um eine Obliegenheit handelt und ob – wenn es Pflichten sind – dann Haupt- oder Nebenpflichten sind.

Zur Klärung dieser Frage ist entscheidend, ob der Auftraggeber gegenüber seinem Auftragnehmer verpflichtet ist, die Mitwirkungshandlungen vorzunehmen oder ob er dies nur aus eigenem Interesse tut. Es ist im Ergebnis wohl überzeugender, wenn die zur Herstellung des vereinbarten Werkes erforderlichen Mitwirkungshandlungen des Auftraggebers nicht nur als Obliegenheit, sondern sogar als unselbständige Nebenpflicht im Sinne des § 241 Abs. 2 BGB qualifiziert würden. Hierfür sprechen folgende Argumente:

15 Es überzeugt nicht, wenn aus Rücksicht auf die Motive des historischen Gesetzgebers immer wieder betont wird, der Auftragnehmer habe kein originäres Interesse an der Herstellung des Werkes, weshalb es ihm nur auf die Zahlung der Vergütung ankomme. Denn der historische Gesetzgeber hatte noch ein ganz anderes Verständnis von der Aufgabenverteilung im Werkvertrag. So sollte »die Natur des Verhältnisses« es regelmäßig mit sich bringen, dass der Unternehmer »sich Anweisungen des Bestellers nicht gefallen zu lassen« brauche[14] oder dass der Unternehmer, wenn er einen Vorschuss erhalte, eine Kaution zu stellen hatte. Ein solches Bild ist heute nicht mehr aktuell.

Ob eine Handlung nur Obliegenheit oder sogar Pflicht ist, hängt zudem von der Auslegung des Vertrages ab. Aufklärung –, Schutz – und Rücksichtsleistungen sind gemeinhin Nebenpflichten im Sinne des § 241 Abs. 2 BGB oder des § 242 BGB.[15] Hierzu zählt auch die Leistungstreuepflicht, also die durch den Abschluss des Vertrages eingegangene Pflicht, (a) die eigenen vertraglich definierten Leistungen zu erbringen und (b) das Erreichen des Vertragszweckes zu fördern. Gläubiger und Schuldner sind verpflichtet, im Zusammenwirken die Voraussetzungen für die Durchführung des Vertrages zu schaffen und Erfüllungshindernisse zu beseitigen.[16] Das gilt insbesondere dann, wenn

---

11 Zu den Motiven: Mugdan Bd. 2 S. 495.

12 BGH, 20.04.2017 – VII ZR 194/13; OLG Brandenburg, 26.06.2017 – 11 U 36/12. Auch das Reichsgericht differenzierte diesbezüglich nicht zwischen Obliegenheiten u. Pflichten: RG, 29.11.1922 – V 271/22, RGZ 106, 22(25).

13 Zum Meinungsstand: Karczewski, NZBau 2025, 154; Keldungs, BauR 2024, 561; Gerhardter, BauR 2023, 1577; Schilder, BauR 2007, 450; Kapellmann, NZBau 2011, 193; Peters, NZBau 2011, 641; Leupertz, BauR 2014, 381; Glöckner, BauR 2014, 368; Sienz, 2014, 390; Hartwig, BauR 2014, 1055; Althaus, NZBau 2015, 67.

14 Die Vorlagen der Redaktion für die erste Kommission zur Ausarbeitung des Entwurfes eines Bürgerlichen Gesetzbuches, zitiert nach Schubert, S. 111.

15 Grüneberg/Grüneberg, BGB, § 241 Rn. 6 ff.; § 242 Rn. 23 ff.

16 Grüneberg/Grüneberg, BGB, § 242 Rn. 32.

das Integritätsinteresse des Schuldners besonders groß, vor allem dann, wenn er durch die Vornahme der Mitwirkungshandlung selbst Nachteilen ausgesetzt ist. Das ist bei den zur Herstellung des Werkes erforderlichen Mitwirkungshandlungen des Auftraggebers der Fall. Denn der Auftragnehmer wird, wenn der Auftraggeber durch die Unterlassung der Mitwirkungshandlung in Annahmeverzug gerät, finanzielle Nachteile erlangen. Da er leistungsbezogen vergütet wird, kann er eine Abschlagszahlung erst nach Leistung erbringen, der Annahmeverzug führt also zu einer Liquiditätsverlagerung und damit zunächst zu Einkommenseinbußen. Gleichermaßen bleibt der Auftragnehmer aber verpflichtet, seinen Arbeitnehmern den vereinbarten Lohn zu zahlen, er muss Lieferanten bezahlen und seinen allgemeinen Geschäftsbetrieb aufrecht halten. Die Verletzung einer Mitwirkungshandlung wirkt sich also direkt auf die Rechtsgüter des Auftragnehmers aus, so dass die Mitwirkungshandlung des Auftraggebers nicht, wie etwa die Rüge nach § 377 HGB oder der Mangelvorbehalt nach § 640 Abs. 3 BGB ausschließlich im eigenen Interesse des Auftraggebers erfolgt.

Nach (jedenfalls bisherigem) Verständnis der höchstrichterlichen[17] und obergerichtlichen[18] Rechtsprechung und einer weit verbreiteten Meinung in der Literatur sind die wesentlichen Mitwirkungshandlungen des Bestellers aber seit den Vorunternehmer-Entscheidungen des BGH in aller Regel entsprechend der Auslegung des jeweiligen Vertrages nur Obliegenheiten und keine (Neben-)Pflichten. Denn in aller Regel wolle sich der Auftraggeber nicht gegenüber dem Auftragnehmer verpflichten, die jeweilige Mitwirkungshandlung zu erbringen oder das Bauwerk als für die Unternehmerleistung geeignet zur Verfügung stellen. Das ergebe sich auch aus § 648 BGB, der das freie Kündigungsrecht des Auftraggebers – als größtmögliche Flexibilität seines Entscheidungsprozesses voraussetze. Allerdings verkennt dieses Argument, dass das Kündigungsrecht des Auftraggebers mit einer enormen Sanktion einhergeht – nämlich der vollen Vergütungspflicht (nur um ersparte Aufwendungen und anderweitigen Erwerb gekürzt). Das kommt einem Schadensersatzanspruch gleich (vor allem weil Wagnis und Gewinn nicht als erspart gelten können). Zudem hat selbst der BGH früher eine Mitwirkungshandlung als Pflicht angesehen, wenn durch die Verweigerung/Unterlassung der Mitwirkungshandlung der Vertragszweck gefährdet, insbesondere dessen Durchsetzung endgültig vereitelt werde.[19] Gelegentliche Äußerungen des BGH am Rande seines Urteils vom 26.10.2017 lassen aber nicht nur den von Hoffnung getragenen, sondern auch den belastbaren Schluss zu, dass der BGH in der Zukunft an seiner bisherigen rigiden Sichtweise nicht mehr festhält, sondern insbesondere unter Berücksichtigung der vertraglichen Regelungen und der jeweiligen wirtschaftlichen Folgen, Mitwirkungshandlungen des Auftraggebers durchaus auch als Nebenpflichten qualifizieren würde. So weit ist es aber noch nicht. 16

Jedenfalls können aber, so auch die Rechtsprechung, Pflichten vertraglich vereinbart werden, so dass es letztlich stets auf die Vertragsauslegung ankommt, die ausdrücklich oder konkludent erfolgen kann oder auch über einen Verweis auf die Regelungen der VOB/B, die z.B. in § 3 Abs. 1 VOB/B konkrete Mitwirkungshandlungen als Haupt- oder Nebenpflicht qualifizieren. 17

Würden die Mitwirkungshandlungen nicht als Pflicht qualifiziert, ergäbe sich ohne vertragliche Gestaltung ein erheblicher Rechtsverlust für Auftragnehmer. Diese erhielten dann nach der Rechtsprechung des BGH nur eine Kompensation für den Verzögerungszeitraum, selbst bei Verschulden des Auftraggebers aber nur eine Kompensation nach § 645 Abs. 2 BGB, wenn der Vertrag gekündigt wird.[20] Ob ein solcher Rechtsverlust hinnehmbar ist oder nicht, braucht hier nicht entschieden zu werden. Es sei aber darauf verwiesen, dass insbesondere auch die Sicherheiten des Auftraggebers 18

---

17 BGH, Urt. v. 21.10.1999 – VII ZR 185/98; BGH, Urt. v. 27.11.2008 – VII ZR 206/06.

18 KG, 29.01.2019 – 21 U 122/18; OLG Dresden, Urt. v. 13.12.2023 – 13 U 378/23; OLG Hamm, Urt. v. 10.07.2024 – 12 U 80/22; OLG Hamburg, Urt. v. 27.11.2020 – 8 U 7/20 m.w.N.

19 Grüneberg/Retzlaff, BGB, § 642 Rn. 3 unter Verweis auf BGHZ 11, 80.

20 Bezeichnenderweise brachte Peters die Behauptung, dass über § 642 BGB auch spätere Preissteigerungen zu entschädigen wären, als Argument dafür, dass deshalb die Mitwirkungshandlungen nur Obliegenheiten seien, was aber jetzt nach BGH nicht der Fall ist, NZBau 2011, 641.

gesetzlich nicht geregelt sind und es hierzu nicht nur eine gefestigte Rechtslage, sondern auch eine geübte Vertragspraxis gibt, die den Interessen beider Vertragspartner hinreichend Rechnung trägt.

19 Bei Verträgen unter Geltung der VOB/B kommt es auf diese Unterscheidung nach der hier vertretenen Auffassung jedenfalls dann nicht an, wenn der Auftraggeber die VOB/B gestellt hat. Denn der Wortlaut von § 6 Abs. 6 VOB/B setzt keine Pflichtverletzung voraus, sondern allein die vom Auftraggeber zu vertretende Behinderung.[21] Insofern ist schon unter AGB-Gesichtspunkten äußerst fraglich, wie der Begriff der Pflichtverletzung in den (unstreitig schweigenden Wortlaut) der Norm hineingelesen werden kann.

IV. Entstehungsgeschichte

20 Der historische Gesetzgeber wollte über § 642 BGB die Warte- und Ausfallzeiten des Unternehmers entschädigen, wenn dieser aufgrund von Umständen, die der Besteller vorzunehmen hatte (und deshalb seiner Risikosphäre unterliegen) an der Herstellung des Werkes zeitweilig gehindert werden sollte. Deshalb wurde die Regelung in den systematischen Zusammenhang mit den Regelungen zur Gefahrtragung gestellt und verschuldensunabhängig ausgestaltet. Wurde der Unternehmer nicht nur zeitweilig an der Herstellung des Werkes gehindert, sollten die allgemeinen Regelungen zur Unmöglichkeit eingreifen. Da das BGB seinerzeit weder Abschlagszahlungen noch Nebenpflichtverletzungen kannte, konnte sich der historische Gesetzgeber weder an der pVV noch an vergleichbaren Regelungen wie § 615 BGB im Dienstvertragsrecht orientieren, sondern musste einen eigenen Anspruchstypus konstruieren, den Entschädigungsanspruch mit einer eigentümlichen Berechnungsgrundlage in Abs. 2 (»einerseits … andererseits«).

21 Dem historischen Gesetzgeber war durchaus bewusst, dass Mitwirkungshandlungen des Auftraggebers nicht nur Obliegenheiten sein können, sondern auch Pflichten (wenn auch Nebenpflichten i.S.d. heutigen § 241 Abs. 2 BGB noch unbekannt waren). Entsprechend billigte der historische Gesetzgeber die Möglichkeit, dass die schuldhafte Verzögerung von Mitwirkungshandlungen, so sie denn als Pflichten zu qualifizieren sind, weitergehende Ansprüche des Auftragnehmers aus Verzug nach § 286 BGB begründen können. Mit der Erkenntnis, dass auch die Schlechterfüllung von Nebenpflichten Schadensersatzansprüche auslösen können, wurde ein paralleler Schadensersatzanspruch des Auftragnehmers 1926 in die VOB/B übernommen und für BGB-Verträge 1953 – soweit ersichtlich erstmals – auch durch den BGH bestätigte. Auch hinsichtlich einer »Gläubigerobliegenheit« bestehe, so der BGH, die Möglichkeit der positiven Vertragsverletzung, soweit der Gläubiger diese schuldhaft herbeigeführt habe.[22] Jede Vertragspartei sei – so der BGH weiter – verpflichtet, alles zu tun, dass der Vertragszweck erfüllt werden könne, insofern bestehe eine schuldrechtliche Treuepflicht, die bei schuldhafter Nicht- oder Schlechterfüllung zum Schadensersatz berechtige. Diese Rechtsprechung bestätigte der BGH in der Folgezeit.[23] Aufgrund der weitergehenden Rechtsfolgen verdrängte der Schadensersatzanspruch faktisch den »kleineren« Entschädigungsanspruch, auch weil die Regelung zur Beweislast in § 286 Abs. 4 BGB die »Hürde« des Verschuldens in der Praxis als nicht so hoch empfinden ließ.

22 Das Blatt drehte sich aber mit der Vorunternehmer-Rechtsprechung des BGH im Jahr 1985: Der BGH entschied, dass Fehler eines Vorunternehmers dem Auftraggeber im Verhältnis zum Nachfolgeunternehmer nicht mehr zugerechnet werden können, denn insoweit sei der Vorunternehmer nicht Erfüllungsgehilfe des Auftraggebers. Es bestehe keine Pflicht des Auftraggebers, seinem Auftragnehmer ein baureifes Grundstück zu präsentieren. Dieses Erfordernis sei eine bloße den Interessen des Auftraggebers dienende Obliegenheit.[24] Damals sprach der BGH dem Auftragnehmer

---

21 Auch wenn diese Auffassung erheblicher Kritik ausgesetzt ist: Siehe Markus, in: Kapellmann/Messerschmidt, § 6 VOB/B Rn. 54.

22 BGH, 13.11.1953 – I ZR 140/52.

23 BGH, 16.05.1968 – VII ZR 40/66, BGHZ 50, 175; BGH, 29.10.1985 – X ZR 12/85.

24 BGH, 27.06.1985 – VII ZR 23/84, NJW 1985, 2475 – Vorunternehmer I.

freilich auch keinen Anspruch aus § 642 BGB zu, da die Herstellung einer mangelhaften Vorleistung keine vom Auftraggeber zu erbringende Mitwirkungshandlung sei. Im Jahr 1999 bestätigte der BGH mit der Vorunternehmer II – Entscheidung zwar die fehlende Anwendbarkeit eines Schadensersatzanspruches, gestand dem Auftragnehmer aber wenigstens dem Grunde nach einen Anspruch aus § 642 BGB zu.[25] Infolge dieser Rechtsprechung wandelte sich der Entschädigungsanspruch des § 642 BGB von der »grauen Maus« im Schatten des großen Schadensersatzanspruches zu der »Allzweckwaffe« oder »Wollmilchsau«[26] für Bauablaufstörungen.

V. Rechtsprechungsentwicklung ab 2017

Dieser zwischenzeitliche hohe »Kurswert« des § 642 BGB wurde vom BGH mit den beiden Entscheidungen vom 26.10.2017 und 30.01.2020 jedoch wieder korrigiert und § 642 dabei auf seinen ursprünglichen Kerngehalt beschränkt: 23

Mit seinen beiden Grundsatz-Urteilen vom 26.10.2017[27] und vom 30.01.2020[28] hat der BGH inzwischen den Anwendungsbereich des § 642 BGB dahingehend gestutzt, dass nur Nachteile im Annahmeverzugszeitraum, also im Behinderungs- oder Störungszeitraum entschädigt werden, weshalb wesentliche Folgen für den Auftragnehmer im weiteren Projektablauf (Preiserhöhungen, entgangener Gewinn bei nicht annehmbaren Folgeaufträgen etc.) genauso wie weitergehende Nachteile (wie: Umsatzeinbußen) unberücksichtigt bleiben. Diese Folgen könnten nur über einen weitergehenden Schadensersatzanspruch abgefangen werden, zu dem sich der BGH aber bislang noch nicht wieder positionieren konnte. 24

B. Tatbestandsvoraussetzungen

Tatbestandsvoraussetzung des § 642 BGB ist das Unterlassen einer bei der Herstellung des Werks erforderlichen Mitwirkungshandlung des Bestellers. 25

I. Bei der Herstellung des Werks

1. Bei der Herstellung

§ 642 BGB ist einschlägig, solange sich das Werk Herstellungsprozess befindet. Das ist der Zeitraum zwischen dem Tag, an dem der Auftragnehmer vertragsgemäß mit seinen Leistungen (hierzu zählen auch Vorleistungen abseits des eigentlichen Leistungsortes) hätte beginnen müssen (in Ermangelung einer vertraglichen Regelung gilt insoweit § 271 BGB: sofort) und dem Tag, an dem das Werk abgenommen wurde oder hätte abgenommen werden müssen, denn dann endet das Erfüllungsstadium. Gerät der Auftraggeber anschließend mit der Abnahme in Verzug, kann der Auftragnehmer nach § 286 BGB vorgehen, zumal er dann auch in aller Regel keine Ressourcen mehr vorhalten muss und ihm die allgemeinen Regelungen des Annahmeverzugs, insbesondere §§ 300, 304 BGB genügen (das kann im Einzelfall aber auch zum Annahmeverzug führen, bspw. wenn der Auftragnehmer die Sicherung des Bauwerks durchführen muss oder den Auftraggeber instruieren oder einweisen muss).[29] Führt der Auftraggeber Mitwirkungshandlungen bei der Beseitigung von Mängeln nicht aus, könnte ebenfalls erwogen werden, § 642 BGB analog anzuwenden. 26

Um keine Handlung bei der Herstellung des Werkes handelt es sich nach Auffassung des BGH bei dem Vertragsschluss, weshalb § 642 BGB auf den Ersatz von Vorhaltekosten infolge eines verzögerten 27

25 BGH, 21.10.1999 – VII ZR 185/98, NJW 2000, 1336 – Vorunternehmer II.
26 Sonntag, BauR 2020, 883.
27 BGH, Urt. v. 26.10.2017 – VII ZR 16/17.
28 BGH, 30.01.2020 – VII ZR 33/19.
29 So auch schon die Motive, zitiert nach Mugdan, S. 277.

Vergabeverfahrens (anders als § 2 Abs. 5 VOB/B) im Ergebnis nicht anwendbar ist.[30] Etwas anderes gilt, wenn ein Vertrag bereits geschlossen worden war und der Auftraggeber die Bauleistungen innerhalb einer bestimmten Frist hätte abrufen müssen oder – bei einem Bestimmungsrecht dieses nach billigem Ermessen hätte ausüben müssen.[31]

2. des Werks

28 Eine Mitwirkungshandlung i.S. des § 642 BGB liegt nur vor, wenn diese für die Herstellung des vom Werkunternehmer geschuldeten werkvertraglichen Erfolgs erforderlich ist. Wird dieser durch den Auftraggeber gar nicht behindert, etwa, weil der Auftraggeber zwar mangels Vornahme von ihm zu erbringender Leistungen das Werk nicht in Betrieb nehmen kann, der Auftragnehmer die Inbetriebnahme aber auch nicht schuldete, kommt ein Anspruch aus § 642 BGB nicht in Betracht.[32]

29 Das »Werk« bezieht sich auf den »Werkerfolg« im Sinne des § 631 BGB und nicht auf das »Bausoll« (also den vertraglich bepreisten Leistungsumfang). Dies ergibt sich schon aus dem Wortlaut und der historischen Entwicklungsgeschichte der Norm. Weichen »Bausoll« und »Werkerfolg«, also »Erfolgssoll« voneinander ab und ist zur »Erreichung« dieses »Werkerfolgs« eine zusätzliche oder geänderte Leistung im Sinne des § 650b Abs. 1 S. 1 Nr. 2 notwendig, ist der Anwendungsbereich des § 642 BGB gleichwohl eröffnet. Die Zeitspanne bis die zusätzliche oder geänderte Leistung angeordnet oder vereinbart ist, könnte zu einem Annahmeverzug führen. Gleiches gilt für die bis zur Anordnung i.S.d. § 650b Abs. 2 BGB gesetzlich vorgeschriebene Frist. Denn die fehlende Anordnung oder Vereinbarung, die geänderte oder zusätzliche (gleichwohl: erforderliche) Leistung auszuführen, ist auch eine unterlassene Mitwirkungshandlung.

II. Erforderliche Mitwirkung des Bestellers

1. Tun und Unterlassen

30 Der Wortlaut des § 642 BGB spricht vom Unterlassen einer Mitwirkungshandlung, diese kann aber berechtigterweise nicht nur in einem Tun, sondern auch in einem Unterlassen bestehen,[33] sodass unter § 642 BGB auch die Vornahme von Störungshandlungen (eben dem »Unterlassen eines Unterlassens«) zu fassen ist. Inhaltlich gleichen sich damit die »erforderlichen Mitwirkungshandlungen des Auftraggebers« nach § 642 BGB den »Behinderungen aus der Risikosphäre des Auftraggebers« nach § 6 Abs. 2 Nr. 1 VOB/B an. Denn der Auftraggeber hat jedenfalls auch die (konkludent vereinbarte) Mitwirkungshandlung, den Auftragnehmer in der Ausführung des Werkes nicht zu stören.[34]

2. Erforderlichkeit

31 Die Mitwirkungshandlung muss zur Herstellung des Werkes »**erforderlich**« sein. Dies bedeutet, dass das Werk vertragskonform (also mit den vertraglich vereinbarten Ressourcen und Kapazitäten, zu den vertraglich vereinbarten Bedingungen hinsichtlich Bausoll, Leistungsparametern, Bauzeit, Ablaufsoll etc.) ohne die Mitwirkungshandlung nicht oder jedenfalls nicht zu den vertraglich vereinbarten Bedingungen realisiert werden kann. Ist die Mitwirkungshandlung des Bestellers nur »förderlich« aber eben nicht »erforderlich«, würde sich also der Auftragnehmer nur Aufwand sparen, zu dessen Vornahme er aber vertraglich verpflichtet wäre, ist der Anwendungsbereich von § 642 BGB nicht

---

30 BGH, 26.04.2018 – VII ZR 81/17, NZBau 2018, 459. Mehrvergütungsansprüche können aber bestehen, dies entspricht der ständigen Rechtsprechung des BGH und der Instanzgerichte, vgl. bspw. OLG Brandenburg, 15.12.2016 – 12 U 179/15.

31 OLG Frankfurt, 12.06.2012 – 11 U 102/10.

32 OLG Düsseldorf, Urt. v. 14.01.2011 – I-22 U 198/07, Rn. 39.

33 BGH, 21.10.1999 – VII ZR 185/98, NJW 2000, 1336.

34 Vowinckel, in: Beck'scher VOB-Kommentar Teil B, § 6 Abs. 6 Rn. 129; MüKo-BGB/Busche, § 642 Rn. 6.

gegeben. Kann der Auftragnehmer vom Bauablauf auch anders vorgehen, als ursprünglich vereinbart, dann mag es für den Umstellungszeitraum einen Annahmeverzug geben, darüber hinaus wäre die Mitwirkungshandlung des Auftraggebers aber nicht für den Werkerfolg »erforderlich«.[35] Ohnehin wäre der Auftragnehmer schon zur Schadensminderung verpflichtet, die sinnvolle Umstellung vorzunehmen, wenn sie ihm zumutbar ist (§ 254 BGB bzw. § 6 Abs. 3 VOB/B).

3. Erforderlichkeit zum konkreten Zeitpunkt

Die Mitwirkungshandlung muss aber nicht nur »abstrakt« erforderlich sein, sondern zu dem konkreten Zeitpunkt, zu dem der Auftragnehmer diese für die Herstellung des Werkes tatsächlich benötigt, denn erst dann ist die Mitwirkungshandlung »erforderlich« und conditio sine qua non für den Werkerfolg, dies ist dann der Fall, wenn die Mitwirkungshandlung des Auftraggebers baubetrieblich benötigt wird. Mithin kommt ein Anspruch aus § 642 BGB erst dann in Betracht, wenn die Mitwirkungshandlung auf dem »**kritischen Weg**« für den Werkerfolg ist. Das wiederum ist dann der Fall, wenn sich dieser kritische Weg aus dem vertragsgemäß aufgestellten und auf den fraglichen Mitwirkungszeitpunkt fortgeschriebenen Bauzeitenplan/Terminplan ergibt. Ist kein Terminplan aufgestellt und auch die Bedingungen zu dessen Erstellung nicht vertraglich geregelt, ist der Auftragnehmer berechtigt, einen solchen Terminplan im Rahmen seiner Dispositionsfreiheit zu errichten, vorausgesetzt, dieser Terminplan hält die Restriktionen des Vertrages ein. Aber selbst dann ist die Mitwirkungshandlung des Bestellers nicht erforderlich, wenn ein solcher Terminplan noch umgestellt werden kann und der Auftragnehmer andere Leistungen vorziehen und so das Bauwerk letztlich noch ungestört herstellen kann. Der Auftragnehmer ist aufgrund der Kooperationspflicht gehalten, den Auftraggeber im Fall solcher Störungen anzusprechen und mögliche Umstellungen des Bauablaufes anzubieten.[36] Ein Annahmeverzug kann dann allenfalls für den Zeitraum der Umstellung bestehen (z.B. für den Zeitraum, indem Personal, Geräte und Material von Punkt »a« zu Punkt »b« gebracht werden müssen). 32

Ist für eine Mitwirkungshandlung zwar ein Termin vereinbart, wirkt sich aber die Unterlassung zeitlich noch gar nicht aus (weil die Parteien bspw. eine viel zu frühe Bemusterung vereinbart haben), dann gerät der Auftraggeber jedenfalls dann auch noch nicht in Annahmeverzug, wenn seine Verzögerung durch die zeitlich frühere Verzögerung des Auftragnehmers herausgefordert wurde. Gleiches gilt, wenn aufgrund eines früheren Verzugs ein ursprünglich vorgesehener Termin bei von vornherein ungestörtem Bauablauf zwar zeitkritisch geworden wäre, dies nun aber – störungsbedingt – nicht mehr ist. In diesen Fällen gerät der Auftraggeber wegen der zeitlich früheren Störung erst zu dem Zeitpunkt in Annahmeverzug, zu dem sich seine Unterlassung tatsächlich auf den konkreten Bauablauf auswirkt (und nicht nur hypothetisch hätte auswirken können). Mit anderen Worten: Störungen aus der Sphäre des Auftragnehmers können auch die Zeitpunkte für die Erforderlichkeit der Mitwirkungspflichten des Auftraggebers in analoger Anwendung der Absätze 2 – 4 des § 6 VOB/B (auch bei einem BGB-Bauvertrag) verschieben. 33

Letztlich richtet sich also die Frage, zu welchem Zeitpunkt die Mitwirkungshandlung zu erbringen ist nach den Erforderlichkeiten des Bauablaufes. Gab es noch keine Störungen mag der ursprünglich vorgesehene Terminplan maßgeblich sein, gab es allerdings schon zuvor Abweichungen, dann gerät der Auftraggeber frühestens zu dem Zeitpunkt in Annahmeverzug, zu dem der Auftragnehmer auf die Mitwirkungshandlung tatsächlich angewiesen ist.[37] Insbesondere für unterlassene Planlieferungen bedarf es eines Vortrags des Auftragnehmers dazu, dass der betreffende Plan gerade zu dem jeweiligen Termin für die Vornahme der Bauleistung erforderlich war, denn es ist nicht per se ersichtlich, dass ein Unternehmer jederzeit auf die gesamte Planung angewiesen wäre.[38]

35 Vgl. OLG Hamburg, Urt. v. 23.02.2023 – 4 U 54/22.
36 LG Bonn, Urt. v. 09.06.2021 – 1 O 86/19.
37 OLG Hamburg, Urt. v. 16.11.2018 – 1 U 40/17.
38 OLG Dresden, Urt. v. 13.12.2023 – 13 U 378/23.

4. Handlung des Bestellers

34 Die geforderte Mitwirkungshandlung muss auch eine **vom Besteller** zu erbringende Leistung sein. Das Gesetz definiert nicht, welche Mitwirkungshandlungen dem Besteller obliegen, sondern verweist insofern auf die vertraglichen Vereinbarungen und die dort getroffene Zuweisung der Handlungs- und Verantwortungs- bzw. Risikosphären. Eine vom Besteller zu erbringende Mitwirkungshandlung liegt nicht vor, wenn die vertragliche Abgrenzung der Risikosphären die betreffende Leistung einem Dritten außerhalb der Sphäre des Auftraggebers oder dem Auftragnehmer zuordnet. Maßgeblich ist dabei die Abgrenzung der vertraglichen Risikozuordnungen, die entweder ausdrücklich im Vertrag[39], konkludent über die Geschäfts- oder Vertragsgrundlage oder in Ermangelung individueller Regelungen über allgemein übliche Risikozuweisungen erfolgen kann. Dies kann, muss aber nicht, auch in der Leistungsbeschreibung erfolgen. Entscheidend ist dabei vor allem das Bausoll, das die vom *Auftragnehmer* bepreiste und damit eindeutig von ihm zu erbringende Leistung definiert. Das, was vom Bausoll umfasst ist, kann nicht gleichzeitig eine vom *Besteller* zu erbringende Leistung sein. Entsprechend gilt: Das, wovon der Unternehmer bei der Kalkulation seines Angebotes ausgehen durfte, ist entscheidend für die Bestimmung der vom Besteller vorzunehmenden Mitwirkungshandlungen.

35 Ergänzend sind die zu §§ 644, 645 BGB entwickelten Grundsätze maßgebend, da die Normen der §§ 642–645 BGB zusammen gesehen die Gefahrtragungsregelungen abbilden und entsprechend einheitlich auszulegen sind.[40] Bei VOB/B-Verträgen kann zudem auch auf die in § 3 oder in § 4 Abs. 1, 4 VOB/B geregelten Handlungspflichten des Auftraggebers abgestellt werden.

36 Zu den vom Besteller zu erbringenden Mitwirkungshandlungen zählen daher in aller Regel (sofern nichts Abweichendes vertraglich vereinbart wurde):
- **persönliches Erscheinen** für Probe, Operation, Maßnehmen, Porträt,
- persönliche Informationen und **Entscheidungen** (bei Bemusterungen o.ä.), Anweisungen zur Gestaltung,
- wenn vereinbart: Erstellung von Leistungsprofilen Spezifikationen oder Pflichtenheften,[41]
- entsprechend der vertraglichen Vereinbarung: Vollständige und mangelfreie Planung,[42]
- wenn vereinbart: Planfreigaben,[43]
- vereinbarte **Beistellungen** von Material, Geräten, Stoffen oder Komponenten,[44]
- die **Zurverfügungstellung des vertraglich beschriebenen Grundstückes,**[45]
- wenn vertraglich vereinbart: Ordnung/Sicherheit der Baustelle – diese Mitwirkungshandlungen wurden insbesondere in der »Corona-Krise« ab März 2020 relevant, als – zunächst über kommunale Verordnungen und sodann über Landesverordnungen – weitergehende Hygiene-Standards gefordert wurden,
- die Gewährung des Zugangs[46]; die Erreichbarkeit durch einen vorgegebenen Transportweg,[47]
- die Mangelfreiheit des Baugrundes: Die fehlende Bebaubarkeit des Bodens aufgrund der Realisierung eines dem Auftraggeber vertraglich zugewiesenen **Baugrundrisikos** wie bspw. Schadstoff-

39 Leupertz, BauR 2010, 1999, 2000, 2005 f.
40 In diesem Sinne auch: Glöckner, BauR 2014, 369.
41 OLG Zweibrücken, 28.09.2016 – 7 U 66/14.
42 OLG Köln, Urt. v. 31.01.2022 – 19 U 131/21.
43 OLG Karlsruhe, 12.04.2016 – 8 U 174/14, BauR 2016, 1728.
44 OLG Düsseldorf, 19.02.2013 – 21 U 24/12; OLG Düsseldorf, 28.02.2014 – 22 U 112/13.
45 BGH, Urt. v. 20.04.2017 – VII ZR 194/13, BGHZ 214, 340 – 350, Rn. 19, wobei auszulegen ist, von welcher Baufreiheit ausgegangen werden kann, siehe bspw. OLG Brandenburg 25.11.2015 – 4 U 7/14 oder OLG Oldenburg, 20.08.1019 – 2 U 81/19 oder BGH, 12.09.2013 – VII ZR 227/11. OLG Düsseldorf, Urt. v. 19.12.2019 – 5 U 52/19.
46 OLG Zweibrücken, 28.09.2016 – 7 U 66/14.
47 Döring, in: Ingenstau/Korbion, § 6 Abs. 2 VOB/B Rn. 8.

oder Kampfmittelbelastungen im Boden oder archäologischer Funde ist ein Umstand, der eine unterlassenen Mitwirkungshandlung darstellen kann,[48]
- die rechtzeitige und vollständige Vornahme von **Vorunternehmerleistungen**,[49]
- die Anordnung von erforderlichen Änderungen,[50] die Aktivierung von erforderlichen Bedarfspositionen/Eventualpositionen,[51] oder die Vornahme von Abrufen,[52]
- die rechtzeitige Bereitstellung zuverlässiger Pläne,[53] es sei denn, es ist vertraglich vereinbart, dass der Unternehmer die erforderliche Detailplanung selbst vornimmt. Die Übergabe fehlerhafter oder unvollständiger **Pläne**[54] oder die verspätete oder fehlende Vorlage von geschuldeten **Ausführungsplänen ist also eine unterlassene Mitwirkungshandlung des Auftraggebers**,[55]
- die vollständige und richtige Information zu örtlichen Gegebenheiten, Vorlage richtiger Vorgaben,[56]
- die Festlegung der Höhenfestpunkte der Baugrube,[57]
- die Beschaffung öffentlich-rechtlicher Voraussetzungen und **Genehmigungen**,[58]
- die fristgerechte Erfüllung vertraglicher **Zahlungspflichten**[59]: Macht der Auftragnehmer sodann in berechtigter Weise von seinem Leistungsverweigerungsrecht Gebrauch, kann dieser Umstand einer erforderlichen Mitwirkungshandlung gleichgesetzt werden,
- die Bereitstellung der geforderten Sicherheit nach § 650f Abs. 5 S. 1 BGB,[60]
- die etwaig erforderliche Reaktion auf eine Bedenkenanzeige des Auftragnehmers, bspw. dann, wenn dieser berechtigterweise auf Angaben des Auftraggebers angewiesen ist.[61]

Keine erforderliche Mitwirkungshandlung ist die **Überwachung des Auftragnehmers**, da dieser zur Herstellung des Werkes nicht überwacht zu werden braucht. Die Einschaltung einer Bauüberwachung ist keine Pflicht, sondern erfolgt lediglich im eigenen Interesse des Auftraggebers. Die fehlende oder unsachgemäße Überwachung des Auftragnehmers ist deshalb kein der Risikosphäre des Auftraggebers zuordenbarer Umstand. Der Auftragnehmer ist für die Mangelfreiheit seiner Leistungen allein 37

48 BGH, 21.03.2013 – VII ZR 122/11, NJW 2013, 1957; KG, 16.02.2018 – 21 U 66/16.

49 BGH, 16.10.1997 – VII ZR 64/96, NJW 1998, 456; OLG Oldenburg, 30.09.2014 – 2 U 113/13; LG Mosbach, 02.02.2018 – 1 O 164,17, NZBau 2018, 468. OLG Düsseldorf, Urt. v. 19.12.2019 – 5 U 52/19; OLG Hamburg, Urt. v. 16.11.2018 – 1 U 40/17.

50 OLG München, 27.02.2007 – 9 U 3566/06; OLG Stuttgart, 29.11.2011 – 10 U 58/11; OLG Hamm, 12.04.2011 – 24 U 29/09; OLG Koblenz, 18.03.1988 – 8 U 345/87, NJW-RR 1988, 851; die fehlende Unterzeichnung einer Nachtragsvereinbarung ist aber unschädlich: OLG Düsseldorf, 10.11.2005 – 21 U 1783/03, BauR 2006, 531.

51 Leinemann/Kues, in: Leinemann (7. Auflage), § 6 VOB/B Rn. 12.

52 OLG Frankfurt, 12.06.2012 – 11 U 102/10.

53 BGH, Urt. v. 15.05.2013 – VII ZR 257/11, BGHZ 197, 252 – 262, Rn. 20; BGH, Urt. v. 27.11.2008 – VII ZR 206/06, BGHZ 179, 55 Rn. 30, 36; BGH, NJW 2016, 3022.

54 OLG Frankfurt a.M., 16.03.2010 – 14 U 31/04.

55 KG, 21.04.2016 – 27 U 81/15.

56 OLG Koblenz, 03.11.2005 – 5 U 450/05 unter Verweis auch auf Rspr. des BGH.

57 OLG Frankfurt, Urt. v. 14.03.2011 – 1 U 55/10, Rn. 18.

58 BGH, Urt. v. 27.07.2006 – VII ZR 202/04, BGHZ 168, 368–380, Rn. 33; BGH, Urt. v. 16.12.2004 – VII ZR 16/03, BauR 2005, 735, 736 m.w.N., ZfBR 2005, 355, NZBau 2005, 285; OLG Schleswig, 11.02.2015 – 4 U 16/05; OLG Düsseldorf, 28.04.1987 – 23 U 151/86, BauR 1987, 487.

59 LG Berlin, Urt. v. 07.09.2023 – 12 O 225/20. Maßgeblich ist der Zahlungseingang: OLG Karlsruhe, 09.04.2014 – 7 U 177/13.

60 Dem Auftragnehmer steht dann auch Ersatz des durch die Leistungseinstellung entstandenen Verzögerungsschadens zu: OLG Köln, 07.06.2016 – 22 U 45/12; so auch: KG, 16.02.2018 – 21 U 66/16. Andere Auffassung (weil der Werkerfolg nicht von der Sicherheit abhänge): Vowinckel, in: Beck'scher VOB/B-Kommentar, § 6 Abs. 6 Rn. 129.

61 OLG Brandenburg, 28.06.2018 – 12 U 68/17.

verantwortlich und kann folglich auch nicht in der Ausführung seiner Leistungen deswegen behindert sein, weil der Auftraggeber ihn nur unzureichend überwacht haben sollte[62].

38 **Keine** erforderliche Mitwirkungshandlung ist ferner das Unterlassen einer bestimmten **Witterung**, wenn nicht der Vertrag dem Auftraggeber konkrete Schutzpflichten übertragen hat. Regelmäßig obliegt es aber nicht dem Auftraggeber, für die Dauer des Herstellungsprozesses äußere Einwirkungen in Form von Frost, Eis und Schnee auf das zur Verfügung gestellte Baugrundstück abzuwehren.[63]

39 **Keine** unterlassene Mitwirkungshandlung ist die **fehlende Baufreiheit**, die sich noch im »baustellentypischen« Rahmen bewegt, da dies noch von der vertraglichen Risikosphäre umfasst ist.[64]

40 **Keine** unterlassene Mitwirkungshandlung des Auftraggebers liegt vor, wenn der Auftraggeber auf die störende Handlung keinen Einfluss nehmen konnte: **Deliktische Handlungen Dritter** (Diebstahl, Sachbeschädigungen) oder Maßnahmen von **Behörden** ohne konkreten Bezug zu Anträgen oder Genehmigungserfordernissen (bspw. Straßensperrungen) können nur dann dem Auftraggeber zugerechnet werden, wenn diese Vorkommnisse für ihn vorhersehbar waren und er z.B. kraft überlegenen Wissens oder konkreter (ggfls. vertraglich übernommener) Einflussmöglichkeiten, diese Störungen hätte unterbinden können.

5. Pflicht oder Obliegenheit

41 Es kommt wie oben ausführlich beschrieben nicht darauf an, ob die Mitwirkungshandlung (nur) eine Obliegenheit des Bestellers oder (sogar) eine echte oder unechte Nebenpflicht oder gar eine Hauptpflicht ist – auf den entsprechenden Meinungsstreit kommt es deshalb an dieser Stelle nicht an. Denn § 642 BGB fordert kein Verschulden, es wird deswegen auch keine Pflichtverletzung verlangt, weder sind die §§ 276 ff. BGB noch § 830 BGB anwendbar, der Auftraggeber kann sich also nicht exkulpieren, sondern haftet verschuldensunabhängig für die Folgen des Unterlassens »seiner« Mitwirkungshandlung. Das ist auch sachgerecht, denn insbesondere nach der Rechtsprechung des BGH ist die Haftung des Auftraggebers auf die dem Auftragnehmer in dem Verzugszeitraum entstehenden Folgen begrenzt.

6. Unterlassen dieser Mitwirkungshandlung

42 Die Mitwirkungshandlung muss unterlassen werden (bzw. – bei einem Unterlassen – die Störung vorgenommen werden). Hierzu zählt nicht nur die Mitwirkungshandlung, die **vollständig unterlassen**, also gar nicht vorgenommen wird, sondern auch die Mitwirkungshandlung, die **nicht rechtzeitig**, sondern nur verzögert vorgenommen wird[65] (ansonsten bestünde keine »Dauer des Verzugs«) oder **nicht vollständig** oder **nicht ordnungsgemäß**. Gemäß § 242 BGB ist aber eine Grenze dort zu ziehen, wo die Mitwirkungshandlung zwar nicht vollständig ordnungsgemäß erbracht wird, aber so, dass die verbliebenen Unzulänglichkeiten den Auftragnehmer nicht in der Ausführung behindern, insbesondere es ihm ermöglichen, mit seiner Leistung (wenigstens) schon einmal anzufangen oder – sei es auch unter Umstellung des Bauablaufes ohne Hinzuziehung zusätzlichen Aufwandes, also zusätzlicher Ressourcen, an einer Stelle der Baustelle zu beginnen. Trotz Unterlassens einer Mitwirkungshandlung gerät der Auftraggeber nicht in Annahmeverzug, wenn der Auftragnehmer das Unterlassen selbst zu vertreten hat, etwa, weil er eine Vorleistung zu erbringen hat, die erst den Auftraggeber in die Lage versetzt, seine Mitwirkungshandlung zu erbringen (bspw. Berechnungen für

62 BGH, 16.10.1997 – VII ZR 64/96, NJW 1998, 456; BGH, 27.06.1985 – VII ZR 23/84 = BGHZ 95, 128.

63 BGH, Urt. v. 20.04.2017 – VII ZR 194/13, BGHZ 214, 340 – 350; BGH, 18.04.2002 – VII ZR 70/01; OLG Düsseldorf, 25.08.2015 – 23 U 13/13; OLG Brandenburg, 26.06.2013 – 11 U 36/12; OLG Frankfurt, 29.05.2015 – 24 U 7/15; LG Berlin, Urt. v. 07.09.2023 – 12 O 225/20. Hierzu auch: Motzke, BauR 2018, 581.

64 AG München, 06.06.2014 – 251 C 29343/13, BauR 2014, 1828.

65 Vgl. LG Mosbach, 02.02.2018 – 1 O 164/17, NZBau 2018, 468.

eine vom Auftraggeber zu beantragende Genehmigung) oder aber durch schuldhaftes Handeln die Voraussetzungen für die Unterlassung geschaffen hat (bspw. durch fehlende Aufklärung).[66]

Die Mitwirkungshandlung muss nachholbar sein. Ist das nicht der Fall oder unterlässt der Auftraggeber die Mitwirkungshandlung dauerhaft, liegt (spätestens zu dem Zeitpunkt, zu dem bekannt ist, dass der Auftraggeber die Mitwirkungshandlung nicht mehr vornehmen wird) Unmöglichkeit vor, so dass ab diesem Zeitpunkt der Annahmeverzug beendet ist und sich der weitere Vergütungsanspruch des Auftragnehmers dann nach § 326 BGB richtet.[67] Der bis dahin entstandene Entschädigungsanspruch bleibt von der Unmöglichkeit aber unberührt. 43

C. Annahmeverzug

Der Auftraggeber muss, so der ausdrückliche Wortlaut der Vorschrift, »durch« das Unterlassen der Handlung in Annahmeverzug kommen. Annahmeverzug liegt gemäß § 293 BGB dann vor, wenn der Auftraggeber die ihm gemäß §§ 294 ff. BGB ordnungsgemäß angebotene Leistung nicht annimmt. 44

I. Ordnungsgemäße Leistung

Nach §§ 294 ff. BGB muss der Auftragnehmer seine Leistung ordnungsgemäß **anbieten**, also zur richtigen (vereinbarten) Zeit, am richtigen (vereinbarten) Ort und in der richtigen (vereinbarten) Qualität (sofern vereinbart auch mit dem richtigen oder ausreichenden Personal), mit den richtigen (vereinbarten) Materialien und den richtigen (vereinbarten) Geräten. 45

Das **Angebot einer unzureichenden und damit mangelhaften Leistung** hindert den Annahmeverzug.[68] Ausnahmsweise kann ein unzureichendes Angebot dann unschädlich sein, wenn sich die unterlassene Mitwirkungshandlung an einem anderen Bauteil oder an einem anderen Gewerk auswirkt und der Auftragnehmer die von der unterlassenen Mitwirkungshandlung des Auftraggebers betroffene Teilleistung indes ordnungsgemäß angeboten hat. Ein **Beispiel**: Ein Unternehmer hat Parkett- und Fliesenarbeiten zu erbringen, hierzu hat er einen Parkettleger und einen Fliesenleger vorgesehen. Der vom Auftraggeber vorbereitete Untergrund für die Fliesenarbeiten ist in Ordnung, allerdings hat der Auftragnehmer die falschen Fliesen mitgebracht; der vom Auftraggeber vorbereitete Untergrund für die Parkettarbeiten ist aber mangelhaft. Hier gerät der Auftraggeber trotz unzureichenden Angebotes zumindest hinsichtlich der Parkettarbeiten in Annahmeverzug, weil sich das unzureichende Angebot des Auftragnehmers hier nicht auswirkt. 46

Das Angebot zu einem **früheren Zeitpunkt** ist nur dann ordnungsgemäß, wenn der Auftragnehmer zu dem **früheren Zeitpunkt** leisten durfte, § 271 Abs. 2 BGB. Wenn die Parteien einen verbindlichen Terminplan vereinbart haben ist § 271 Abs. 2 BGB im Zweifel abbedungen.[69] Bietet der Auftragnehmer die Leistung zu einem **späteren Zeitpunkt** an, so kommt der Auftraggeber erst mit dem Angebot in Annahmeverzug, es sei denn, durch das spätere Angebot ist bereits Unmöglichkeit eingetreten. 47

---

66 OLG Dresden, Urt. v. 29.06.2022 – 22 U 1689/20.

67 Instruktiv hierzu: BGH, Urt. v. 08.11.2007 – VII ZR 183/05, BGHZ 174, 110–126, Rn. 37–38.

68 OLG Celle, 27.11.2008 – 6 U 102/08; KG, 28.04.2008 – 7 U 58/07.

69 BGH, 26.07.2007 – VII ZR 42/05, NZBau 2007, 653; OLG Frankfurt a.M., 16.06.1992 – 8 U 302/91, BauR 1992, 763; OLG Hamm, 11.03.1994 – 12 U 9/93, NJW-RR 1995, 786; OLG Koblenz, 29.09.2011 – 5 U 224/11.

II. Angebot i.S.d. §§ 294–296 BGB

48 Gemäß § 294 BGB ist ein **tatsächliches Angebot** erforderlich. Hierzu muss der Auftragnehmer das Personal, die erforderlichen Geräte und Materialien auf der Baustelle zur Verfügung halten und zu erkennen geben, dass er bereit und in der Lage ist, die Leistungen zu erbringen.[70]

49 Nur, wenn der Auftraggeber im Vorfeld erklärt hat, die Leistungen des Auftragnehmers nicht annehmen zu wollen oder nicht annehmen zu können oder wenn aus sonstigen objektiven Umständen ersichtlich ist, dass der Auftraggeber die anzubietenden Leistungen gar nicht wird annehmen können, genügt nach § 295 BGB ein **wörtliches Angebot.** Dieses liegt **jedenfalls** dann auch vor, wenn das Personal auf der Baustelle zur Verfügung steht. Dem wörtlichen Angebot steht nach § 295 Abs. 2 BGB die Aufforderung gleich, die erforderliche Mitwirkungshandlung vorzunehmen.

50 Das Angebot ist nach § 296 S. 1 oder S. 2 BGB **entbehrlich**, wenn für die von dem Auftraggeber vorzunehmende Handlung eine Zeit nach dem Kalender bestimmt war oder bestimmbar war. Das ist insbesondere dann der Fall, wenn die Parteien einen Bauzeiten- oder **Terminplan** vereinbart haben.[71] Gab es aber vor der unterlassenen Mitwirkungshandlung schon frühere Störungen und haben sich deshalb die Termine dieses Terminplans verschoben, so haben sich auch die Termine, zu denen Mitwirkungshandlungen des Auftraggebers vorzunehmen waren verschoben. Wenn die Parteien hiernach keinen neuen (Steuerungs-)Terminplan vereinbart haben, kann im Zweifel nicht mehr angenommen werden, dass für die Mitwirkungshandlung des Auftraggebers ein Termin nach dem Kalender bestimmt war. In diesen Fällen kann sich der Auftragnehmer nicht mehr auf § 296 BGB berufen, so dass ein wirkliches Angebot nach § 295 BGB erforderlich wird. In diesen Fällen wird oftmals aber auch zu prüfen sein, ob der Auftragnehmer die erforderliche Mitwirkungshandlung rechtzeitig abgerufen, angefordert oder erbeten hat. In vielen Verträgen sind Regelungen vorgesehen, wonach der Auftraggeber rechtzeitig zu informieren ist, wenn Mitwirkungshandlungen benötigt werden. Solche Klauseln sind sinnvoll. In analoger Anwendung des Rechtsgedankens aus § 162 BGB wird sich der Auftragnehmer dann nicht auf die unterlassene Mitwirkungshandlung berufen können, wenn er die Bedingung zu deren Vornahme (nämlich das rechtzeitige Abrufen) selbst vereitelt hat.

51 Ein wörtliches Angebot ist auch dann entbehrlich, wenn der Auftraggeber selbst dem Auftragnehmer einen Termin zur Vornahme der Mitwirkungshandlungen gestellt hat oder den Auftragnehmer einen Termin genannt hat oder diesen (ob rechtlich zulässig oder nicht) zur Leistung zu einem bestimmten Termin aufgefordert hat und dann an diesem Tag eine dem Auftraggeber bekannte notwendige Mitwirkungshandlung trotzdem nicht vorliegt. Denn mit der Leistungssaufforderung verbindet der Auftraggeber nach objektivem Empfängerhorizont, dass er zur Annahme der geforderten Leistungen bereit ist und daher die ihm bekannten Voraussetzungen zur Leistungserbringung auch schaffen werde.[72]

52 Schließlich ist das Angebot entbehrlich, wenn dieses eine bloße Förmelei wäre und der Auftraggeber erkennbar unter keinen Umständen bereit ist, die geschuldete Leistung entgegen zu nehmen, also keine Anhaltspunkte vorliegen, dass der Auftraggeber bei einem wörtlichen Angebot des Auftrag-

70 BGH, 19.12.2002 – VII ZR 440/01, NJW 2003, 1601; OLG Jena, 11.10.2005 – 8 U 849/04, NZBau 2006, 293; OLG Düsseldorf, 19.02.2013 – 21 U 24/12, BauR 2013, 1866.

71 LG Mosbach, 02.02.2018 – 1 O 164/17, NZBau 2018, 468; Duve, NZBau 2018, 516.

72 Dieser Umstand lag bspw. dem Sachverhalt des Urteils des OLG Düsseldorf zugrunde: OLG Düsseldorf, Urt. v. 19.12.2019 – 5 U 52/19: »Erklärt der Auftraggeber, dass er aufgrund von Verzögerungen im Bauablauf die Arbeitsleistungen des Auftragnehmers nicht entgegennehmen wird, bedarf es keines tatsächlichen oder wörtlichen Leistungsangebots des Auftragnehmers, um in Annahmeverzug zu geraten.« Siehe auch: OLG Düsseldorf, Urt. v. 19.02.2013 – I-21 U 24/12; näher hierzu unter Verweis auf die (je nach vertraglicher Regelung mehr oder weniger relevante) Maßgeblichkeit vereinbarter Terminpläne: Stickler, in: Messerschmidt/Voit, BGB, § 642 Rn. 23 ff.

nehmers seine Ansicht ändern würde.[73] Das ist insbesondere dann der Fall, wenn der Auftraggeber aufgrund früherer Verzögerungen oder aufgrund von Verzögerungen bei Vorgewerken den Leistungsbeginn ganz oder hinsichtlich einzelner Teilleistungen einseitig verschiebt.[74]

III. Leistungsbereitschaft des AN nach § 297 BGB

Der Auftraggeber gerät nicht in Annahmeverzug, wenn der Auftragnehmer **die konkrete, von der unterlassenen Mitwirkungshandlung des Auftraggebers betroffene Leistung zum Zeitpunkt der Unterlassung** auch ohne den Beitrag des Auftraggebers aus anderen Gründen nicht erbringen konnte oder nicht hätte erbringen können, § 297 BGB. Dabei spielt es keine Rolle, ob der hindernde Grund vom Auftragnehmer selbst zu vertreten war oder nicht, solange nicht der Auftraggeber diesen Grund zu vertreten hatte. So gerät der Auftraggeber bspw. dann nicht in Annahmeverzug wenn der Auftragnehmer aufgrund eigner Versäumnisse (fehlende Nachunternehmer, fehlendes Material, eigene Mängel etc.) oder auch wegen unverschuldeter Ereignisse wie einer ungünstigen Witterung ohnehin nicht hätte leisten können (es sei denn, die »schlechte« Witterung tritt erst zu einem Zeitpunkt auf, zu welcher der Auftragnehmer ohne die unterlassene Mitwirkungshandlung seine Teilleistung schon abgeschlossen hätte, so dass ihn die ungünstige Witterung bei ordnungsgemäßer Vornahme der erforderlichen Mitwirkungshandlung des Auftraggebers nicht beeinträchtigt hätte). 53

Fehlt insoweit die **eigene Leistungsbereitschaft**, steht dem Auftragnehmer kein Anspruch nach § 642 BGB zu. Er mag dann zwar – bei fehlendem Verschulden – auch nicht in Schuldnerverzug geraten,[75] hat aber nach § 642 BGB keinen Anspruch auf einen finanziellen Ausgleich.[76] 54

Fälle von Doppelkausalität (Auftragnehmer und Auftraggeber verursachen jeweils durch eigene Versäumnisse eine Bauzeitverzögerung) sind daher insofern finanziell so zu lösen, dass weder der Auftragnehmer noch der Auftraggeber eine finanzielle Kompensation erhält: Dem Auftraggeber stehen keine Ansprüche auf Schadensersatz zu, weil der Auftragnehmer die Verzögerung nicht zu vertreten hat (denn es liegt ein vom Auftraggeber selbst zu vertretender Umstand vor, der den Auftragnehmer an der Erfüllung hindert). Faktisch verlängert sich dadurch die Ausführungsfrist (das stellt § 6 Abs. 2 VOB/B klar und ergibt sich beim BGB-Bauvertrag aus dem fehlenden Verschulden im Sinne des § 286 Abs. 4 BGB). Dem Auftragnehmer steht aber auch kein finanzieller Anspruch zu, weil er selbst nicht leistungsbereit war und daher der Auftraggeber nicht in Annahmeverzug geriet (zudem fehlt es an der Kausalität – siehe sogleich) und weil der Auftraggeber mangels Verletzung einer vertraglichen Pflicht nicht schadensersatzpflichtig werden kann – die Mitwirkungshandlung ist »nur« eine Obliegenheit.

IV. Kausalität

Der Auftraggeber muss **durch** die ausgebliebene Mitwirkungshandlung oder die vorgenommene Tätigkeit (bei Unterlassungspflichten bzw. -obliegenheiten) in Annahmeverzug geraten sein. Das ist dann nicht der Fall, wenn auch der Auftragnehmer (aufgrund fehlender Leistungsbereitschaft oder anderweitiger Ursachen) die Leistung auch bei Hinzudenken der unterbliebenen Mitwirkungshandlung nicht hätte vornehmen können. Folglich wird in all den Fällen der Doppelkausalität oder parallelen Kausalität, die bei den Schadensersatzansprüchen und Bauzeitverlängerungen diskutiert werden, jedenfalls im Zusammenhang mit dem § 642 BGB klar sein, dass dem Auftragnehmer ein Entschädigungsanspruch dann nicht zusteht, auch nicht unter dem Gesichtspunkt eines Mitverschuldens nach § 254 BGB. 55

73 BGH, Versäumnisurt. v. 21.02.2017 – XI ZR 467/15; BGH, Urt. v. 09.10.2000 – II ZR 75/99.

74 Vgl. OLG Düsseldorf, Urt. v. 19.12.2019 – 5 U 52/19.

75 Döring, in: Ingenstau/Korbion, § 6 Abs. 6 VOB/B Rn. 56 unter Verweis auf BGH, 23.01.1996 – X ZR 105/93, NJW 1996, 1745. So auch: OLG Hamburg, Urt. v. 16.11.2018 – 1 U 40/17.

76 OLG Frankfurt, Urt. v. 03.02.2023 – 21 U 47/20.

V. Erforderlichkeit einer weiteren Anzeige

56 Es ist fraglich, ob der Auftragnehmer das Unterlassen der Mitwirkungshandlung anzuzeigen hat. Dies ist bei VOB/B-Verträgen gemäß § 6 Abs. 6 Satz 2 BGB der Fall. Diese Regelung geht auf die Rechtsprechung des BGH zurück, der insoweit auf § 6 Abs. 1 VOB/B Bezug nahm.[77] Da das BGB diese Anzeigepflicht nicht kennt, kann eine Anzeigepflicht auch nur dann bestehen, wenn der Auftragnehmer grundsätzlich aufgrund einer Kooperationspflicht im konkreten Fall den Auftraggeber hätte hinweisen müssen. Dies wird regelmäßig der Fall sein, weil der Auftragnehmer sachnäher mit der Baustelle befasst ist und erkennen kann, welche Mitwirkungshandlungen benötigt werden, insbesondere dann, wenn der Auftraggeber selbst arbeitsteilig vorgeht und Dritte (Architekten, Planer etc.) eingeschaltet hat, von denen er annimmt, dass diese alle erforderlichen Mitwirkungshandlungen übernehmen. Die Anzeige nach §§ 294 ff. BGB genügt nicht in jedem Fall, da dieser Anzeige nur zu entnehmen ist, zu welcher Leistung der Auftragnehmer in der Lage wäre, nicht aber, welche Mitwirkungshandlung hierzu vom Auftraggeber erforderlich wäre.

57 Unterlässt der Auftragnehmer eine bestehende konkrete Pflicht, wäre er dem Auftraggeber zum Schadensersatz verpflichtet und hätte den Auftraggeber so zu stellen, wie dieser stünde, wenn der Auftragnehmer seiner Kooperationspflicht genügt hätte.

VI. Qualität des Annahmeverzugs – Stillstand oder Verlangsamung?

58 Der Auftraggeber gerät in Annahmeverzug, wenn er die Leistung des Unternehmers gar nicht annehmen kann (der Bauablauf unterbrochen ist) oder wenn er die Leistung des Unternehmers nicht vollständig also in bestimmten Teilbereichen nicht annehmen kann; das ist dann der Fall, wenn der Bauablauf »nur« behindert ist und der Auftragnehmer nicht so leisten kann, wie vertraglich vereinbart oder von ihm in Ermangelung vertraglich vereinbarter Detailterminpläne im Rahmen seiner Dispositionsfreiheit vertragskonform geplant.

59 Auch wenn der Mitwirkungsverzug des Bestellers lediglich zur **Verlangsamung** eines Prozesses auf der Baustelle führt, soll nach Rechtsprechung des KG der Anwendungsbereich des § 642 BGB eröffnet.[78] Dagegen spricht zwar, dass der Auftragnehmer auch bei reinen Behinderungen während dieser Zeit sein Personal einsetzen konnte, so dass dann, wenn der Auftragnehmer in dem gestörten Vorgang weiter arbeitet § 642 BGB nicht einschlägig ist, weil kein Annahmeverzug besteht.[79] Dies ist aber bei richtiger Betrachtung schon eine Frage zur Höhe bzw. zum Umfang des Anspruchs. Richtigerweise kann daher auch bei einer Verlangsamung oder Umstellungsnotwendigkeit des Bauablaufes ein Anspruch aus § 642 BGB bestehen, dessen Höhe aber in aller Regel dann minimal sein dürfte.

VII. Beginn und Ende des Annahmeverzugs

60 Der Annahmeverzug beginnt mit dem Zeitpunkt, an dem der Auftragnehmer aufgrund der fehlenden Mitwirkungshandlung seine Leistungen nicht, wie vorgesehen, erbringen kann. Er endet, wenn der Auftragnehmer seine Mitwirkungshandlung nachgeholt hat und der Auftragnehmer seine Leistungen fortsetzen kann. Ist hierfür eine weitere Vorbereitungszeit erforderlich (etwa, um Geräte oder Material wieder auf die Baustelle zu schaffen, dann zählt diese Vorbereitungszeit zum Annahmeverzug, weil sie noch direkt von diesem veranlasst wurde). Analog zu § 5 VOB/B kann deshalb maxi-

77 BGH, 21.10.1999 – VII ZR 185/98, NJW 2000, 1336; KG, 19.04.2011 – 21 U 55/07. Die Anzeige ist entbehrlich, wenn der Auftraggeber die Behinderung kannte: LG Mosbach, 02.02.2018 – 1 O 164/17, NZBau 2018, 468. Bei VOB/B-Verträgen ist die Anzeige immer noch erforderlich: OLG Hamburg, Urt. v. 16.11.2018 – 1 U 40/17.

78 KG, 16.02.2018 – 21 U 66/16.

79 KG, 16.02.2018 – 21 U 66/16.

mal eine Frist von 12 Werktagen in Ansatz gebracht werden, vorausgesetzt, diese Frist ist tatsächlich benötigt worden und war auch erforderlich.[80]

D. Kein Verschulden erforderlich

Der Anspruch aus § 642 BGB ist **verschuldensunabhängig.** Ein Verschulden des Auftraggebers ist nicht erforderlich. Mithin »haftet« der Auftraggeber insoweit auch für Leistungen Dritter, seien dies Erfüllungs- oder Obliegenheitsgehilfen. Entsprechend kommt es auch nicht darauf an, ob der Auftraggeber Pflichten oder Obliegenheiten zu erfüllen hatte. Insofern hat der Auftraggeber grundsätzlich auch die Nachteile eines Ereignisses »höherer Gewalt« zu tragen, wenn er deswegen Mitwirkungshandlungen nicht erbringen konnte – sofern der Auftragnehmer selbst leistungsbereit war –, wenn nicht im Einzelfall die vorrangig vorzunehmende Auslegung des Vertrages (die nach § 242 BGB zu erfolgen hat) zu einem anderen Ergebnis kommt oder nach § 313 BGB eine entsprechende Anpassung des Vertrages erfolgt. 61

E. Rechtsfolgen, Höhe der Vergütung – Abs. 2

Über den rechtlichen Charakter der Entschädigung und die Bezifferung des Anspruchs herrschte jedenfalls bis zu den wegweisenden Entscheidungen des BGH vom 26.10.2017 und 30.01.2020 ein reger Streit, weil der Wortlaut und der Regelungsgehalt der Norm letztlich eine große Spannbreite an denkbarer Auslegung zuließen.[81] Bisherige Rechtsprechung und wissenschaftliche Diskussion müssen vor dem Hintergrund der Grundsatz-Entscheidungen des BGH aus Oktober 2017 und Januar 2020 betrachtet werden, frühere Quellen können also nicht mehr unbefangen übertragen werden. 62

Bei allem Streit im Detail herrschte letztlich aber schon immer Einigkeit darüber, dass dem Auftragnehmer durch den Annahmeverzug im Verzugszeitraum weder ein unberechtigter Nachteil noch ein unberechtigter Vorteil entstehen soll,[82] wobei § 642 BGB (anders als Schadensersatzansprüche über §§ 249 ff. BGB) keine vollständige Kompensation für die erlittenen Nachteile vorsah. Denn die Regelung steht in engem Zusammenhang zu den Gefahrtragungsregelungen der §§ 643–645 BGB, die gleichfalls keine vollständige Kompensation (etwa für den Fall der Kündigung) vorsehen und den Auftragnehmer schlechter stellen als im Fall des § 648 BGB n.F. – § 649 BGB a.F. Diese Schlechterstellung ist mithin gesetzgeberisch gewollt und deshalb der beschränkten Rechtsfolge immanent, sonst bräuchte es auch die Kündigungsmöglichkeit in § 643 BGB nicht.[83] Im Übrigen hat der BGH auch schon vor den beiden Grundsatzentscheidungen aus 2017 und 2020 entschieden, dass die §§ 249 ff. BGB auf § 642 BGB nicht anwendbar sind.[84] 63

I. Berechnungsparameter

Das Gesetz schreibt zur Bemessung der Höhe des Anspruches die Berücksichtigung der folgenden vier Parameter bzw. Kriterien vor: 64
- Dauer des Verzugs
- Höhe der Vergütung
- ersparte Aufwendungen
- anderweitiger Erwerbsmöglichkeit

80 OLG Düsseldorf, Urt. v. 19.12.2019 – 5 U 52/19.

81 Ausführlich: Glöckner, BauR 2014, 368; Sienz, BauR 2014, 390; Markus, in: Kapellmann/Messerschmidt, § 6 Rn. 92; Hartwig, BauR 2014, 1055 (1070).

82 LG Mosbach, 18.04.2019 – 2 O 232/17.

83 Sienz, BauR 2014, 391.

84 BGH, 24.01.2008 – VII ZR 280/05; s.a. Sienz, BauR 2014, 391. Zur Bewertung der Rechtsprechung aus baubetrieblicher Sicht: Möhring/Tiesler, BauR 2026, 248.

65 Das Gesetz leitet die ersten beiden Parameter mit dem Wort »einerseits« und die letzten beiden Parameter mit »andererseits« ein. Diese Wortwahl ist ungewöhnlich und lud zu allerlei Spekulation und Diskussion ein. Bis zur wegweisenden Entscheidung des BGH herrschte deshalb auch großer Streit über die Frage, ob die Entschädigung »von oben« (also beginnend bei der vertraglich geschuldeten Vergütung unter Abzug der ersparten Aufwendungen) oder »von unten« (beginnend bei den konkreten Nachteilen des Annahmeverzugs) zu ermitteln wäre.[85]

66 Auch diese Streitfrage ist inzwischen geklärt: Der BGH und – zuvor auch schon das KG – haben deshalb zur Konturierung des Anspruches auf den Sinn und Zweck der Norm abgestellt. Hiernach sollen durch § 642 BGB die Nachteile ausgeglichen werden, die dem Auftragnehmer durch die Vorhaltung seiner Produktionsfaktoren während des Annahmeverzugs entstehen. Der Begriff des Nachteils kann auch ohne weiteres in das Wort »Entschädigung« hineininterpretiert werden, ähnlich wie »Schaden« in »Schadensersatz«.

67 Der BGH entschied in seinem Urteil vom 30.01.2020 aber auch, dass dem Auftragnehmer nicht alle Nachteile aus dem Annahmeverzug nach § 642 BGB zu kompensieren sind, insbesondere müssten nicht alle Umsatzverluste ausgeglichen werden.[86] Denn dies würde letztlich zu einer Übervorteilung des Auftragnehmers führen, eine Rechtslage, die der Gesetzgeber ersichtlich nicht wollte, solange jedenfalls die unterlassene Mitwirkungshandlung nicht auch als Pflichtverletzung zu werten ist. Der Auftragnehmer dürfe also nicht seine Vergütung »von oben« berechnen. Gegen die Berechnung »von oben« sprechen zudem der abweichende Wortlaut im Vergleich zu § 648 BGB (dort: »vereinbarte Vergütung abzüglich…«), trotz vergleichbarer Interessenslage,[87] der systematische Zusammenhang mit den §§ 643 ff. und die Motive des historischen Gesetzgebers. Letztlich soll es sich – so der BGH – aber um ein dem Abwägungsermessen des Tatrichters nach § 287 ZPO obliegende Frage handeln.[88] Tatsächlich bedarf es aber des Rückgriffs auf ein Abwägungsermessen nicht. Es besteht kein rechtspolitisches Bedürfnis, die Anforderungen an die Darlegungs- und Beweislast angesichts § 287 ZPO noch weiter zu senken. Vielmehr kann die exakte Höhe eines Anspruchs auch ermittelt werden, hierauf haben beide Parteien ein sich aus dem Rechtsstaatsgebot ergebendes Recht.

1. Dauer des Verzugs

68 Basis der Entschädigung ist die Dauer des (Annahme-)verzugs, also des Behinderungszeitraums. Der Entschädigungsanspruch umfasst mithin keine Entschädigung für Nachteile, die dem Auftragnehmer bei der Fortsetzung der Arbeiten in einem späteren Zeitraum entstehen[89]. Jede andere Interpretation hätte zur Folge, dass der Entschädigungsanspruch die vom historischen Gesetzgeber gewollte Beschränkung auf die Kompensation des Vorhalteaufwandes überschreitet. Aufgrund des Wortlautes, aber auch aus historischen, systematischen und teleologischen Gründen war deshalb der Entschädigungsanspruch auf die Folgen während des Annahmeverzugs zu beschränken.[90] Tatsächlich

---

85 Drittler, BauR 2010, 1524 m.w.N. zum damaligen Meinungsstand; instruktiv auch: Fuchs, in: Beck'scher HOAI-Kommentar, 2. Auflage, VII, Rn. 66 ff.

86 Glöckner, BauR 2014, 374; Nach anderer Auffassung kann der Auftragnehmer die Kosten ohne Begründung der einzelnen Kostenelemente »von oben nach unten« ermitteln und muss dann von der für die Dauer des Annahmeverzugs vereinbarten Vergütung ausgehen und hiervon die tatsächlich ersparten Aufwendungen in Abzug bringen. Für diese Sichtweise könnte tatsächlich der Wortlaut mit der Formulierung »einerseits«/»andererseits« sprechen u. das teleologische Argument, dass die Vergütung unter Abzug der ersparten Aufwendungen fortgeschrieben wird. Althaus, NZBau 2015, 67; Roskosny/Bolz, BauR 2006, 1804.

87 So auch Glöckner, BauR 2014, 374.

88 BGH, 30.01.2020 – VII ZR 33/19; ihm folgend: OLG Karlsruhe, Urt. v. 27.08.2020 – 8 U 49/19.

89 Ggfls. aber ein weitergehender Schadensersatzanspruch, der – so auch die Motive – nicht ausgeschlossen ist (Motive II S. 493, 495), etwa nach §§ 280, 286 BGB oder nach § 6 Abs. 6 VOB/B. Alternativ ggfls. auch nach § 313 BGB.

90 So schon vor der BGH-Entscheidung aus Oktober 2017: Sonntag, NZBau, 2017, 525; Glöckner, BauR 2014, 368; Sienz, BauR 2014, 390; Althaus, NZBau 2015, 67. Die Rechtsprechung des BGH war

kann der Anspruch aber auch nur auf einen Teil des Annahmeverzugs-Zeitraumes reduziert werden, wenn nämlich der Besteller die Beendigung der Vorhaltung anordnet (dann aber auch mit dem Risiko, dass sich später eine weitere Verzögerung deswegen ergibt, weil der Auftragnehmer eine größere Vorlauffrist zur Wiederaufnahme der Tätigkeit benötigt).[91]

2. Vereinbarte Vergütung

Weiterer Parameter der Bewertung des Anspruchs ist ferner die vereinbarte **Vergütung.** Deshalb soll gemeinhin die **Bewertung** der Nachteile also des **tatsächlichen Mehraufwandes** gemäß der **Auftragskalkulation** des Unternehmers erfolgen.[92] Gegen diese Auffassung könnte jetzt allerdings eingewendet werden, dass § 650c BGB dem Auftragnehmer bei bauinhaltlichen Änderungen die Wahl überlässt, seine Vergütungsforderung entweder auf Basis der Kalkulation oder auf Basis der tatsächlich erforderlichen Kosten geltend zu machen. Wenn also schon bei vertraglichen Vergütungsansprüchen der Auftragnehmer beide Möglichkeiten hat, so wäre es unbillig, ihn bei einem vertraglichen Entschädigungsanspruch aus § 642 BGB auf eine Möglichkeit zu beschränken. Tatsächlich meinte der historische Gesetzgeber mit dem Begriff »Vergütung« auch die **Kosten**, da die Leistungsvorhaltung in dem vereinbarten Lohn enthalten sein sollte (dem Gesetzgeber war die abschlagsweise Bewertung der Werkleistung fremd). Insofern sind die Kosten der Vorhaltung logischerweise als »minus« in der Vergütung der vereinbarten Leistung enthalten, die eben nur als Berechnungsparameter heranzuziehen ist, aus welcher der tatsächliche »Vorhalteaufwand« kalkulatorisch herauszurechnen ist. Keineswegs können also vereinbarte Stundensätze herangezogen werden, da diese nicht nur die Vorhaltung, sondern auch die Leistung mitberücksichtigen; die Vorhaltung muss aber geringer bewertet werden als die Leistung. Mithin können nach der hier vertretenen Meinung auch die **tatsächlich entstandenen und erforderlichen Kosten** Basis der Berechnung der Anspruchshöhe sein. 69

Der BGH orientiert sich jedoch weiterhin an dem Wortlaut der Norm und fordert, den Anteil der unproduktiv vorgehaltenen Produktionsmittel an der vereinbarten Gesamtvergütung zu ermitteln.[93] 70

3. Ersparte Aufwendungen

»Andererseits«, als Begrenzung nach »unten«, sind die ersparten Aufwendungen bei der Berechnung der Entschädigungshöhe in Abzug zu bringen. Hierzu zählen all diejenigen Tätigkeiten, Leistungen, Maßnahmen, Aufwendungen, die der Auftragnehmer aufgrund des Annahmeverzugs **tatsächlich** erspart. Hierzu zählen: 71

– anderweitiger Personal- oder Materialeinsatz,
– Abbau von Überstunden,

---

zunächst uneinheitlich: BGH, 19.12.2002 – VII ZR 440/01, NJW 2003, 1601; BGH, 20.08.2009 – VII ZR 212/07, NZBau 2010, 47. Entscheidend aber: BGH, 26.10.2017 – VII ZR 16/17. In der Tendenz auch: OLG Köln, 14.08.2003 – 12 U 114/02, NJW-RR 2004, 818; OLG Jena, 11.10.2005 – 8 U 849/04, NZBau 2006, 510; KG, 28.05.2013 – 7 U 12/12, BauR 2013, 1493 (Rn. 61). Weitere Nachweise zur früheren Rechtslage können der Vorauflage entnommen werden.

91 Retzlaff, BauR 2021, 330.

92 So auch: OLG Celle, Urt. v. 04.03.2020 – 7 U 334/18; KG, 10.01.2017 – 21 U 14/16; OLG München, 22.10.2014 – 27 U 2924/14; LG Mosbach 02.02.2018 – 1 O 164/17, NZBau 2018, 468. Siehe weiter: OLG Karlsruhe, 27.02.2007 – 8 U 47/06, BauR 2007, 931; Döring, in: Ingenstau/Korbion, § 6 Abs. 6 VOB/B Rn. 61 ff.; Markus, in: Kapellmann/Messerschmidt, § 6 Rn. 94; Vowinckel, in: Beck'scher VOB-Kommentar Teil B, § 6 Abs. 6 Rn. 134 ff.: Althaus, NZBau 2015, 67; Jurgeleit, in: Kniffka/Koeble/Jurgeleit/Sacher, Kompendium des Baurechts, 6. Auflage, 7. Teil, Rn. 78 (»Vergütungsanteilen«); Eschenbruch/Gerstberger, Bauwirtschaft 2018, 45. Insofern missverständlich: LG Bonn, 10.03.2014 – 1 O 360/12, BauR 2014, 1045; OLG Dresden, 06.01.2012 – 1 U 13/10, BauR 2012, 1286. Hatte der Auftragnehmer allerdings einen höheren Schaden, sollte er nach einer Auffassung diese höheren Kosten anstelle der kalkulierten Beträge geltend machen können: Markus, in: Kapellmann/Messerschmidt § 6 Rn. 94; a.A.: Vowinckel, in: Beck'scher VOB-Kommentar Teil B, § 6 Abs. 6 Rn. 134 ff.

93 BGH, 30.01.2020 – VII ZR 33/19.

- Urlaubsgewährungen,
- ersparte Hotel- und Reisekosten,
- ersparte Verbrauchsmittel,
- die Stornierung von Bestellungen,
- die Kündigung oder fehlende Beauftragung von Nachunternehmern,
- alle Leistungen, die der Auftragnehmer verschieben kann, also später für das nach § 631 BGB versprochene Werk erbringt (also spätere Materialverwendung, späterer Geräteeinsatz etc.).

4. Anderweitiger Erwerb

72 Schließlich muss ebenfalls berücksichtigt werden, was der Auftragnehmer **aufgrund** des Annahmeverzugs (also nicht nur in dem Annahmeverzugszeitraum, sondern auch etwa danach) anderweitig erwerben kann. Ein solcher anderweitiger Erwerb kann durch den Einsatz der von dem Annahmeverzug betroffenen Produktionsfaktoren/Ressourcen (= Personal, Geräte, Material) auf anderen Baustellen (das Personal wird abgezogen und woanders eingesetzt), aber auch auf derselben Baustelle (der Bauablauf wird umgestellt und das Personal macht etwas anderes) erfolgen. Letzteres ist oft der Fall, wenn parallele Nachtragsleistungen ausgeführt werden, über deren Preise die Kosten der durch den Annahmeverzug beeinträchtigten Produktionsfaktoren vergütet werden.[94] Der Wortlaut des § 642 BGB weicht in zweierlei Hinsicht vom – immer wieder vergleichend herangezogenen – § 648 BGB n.F. (§ 649 BGB a.F.) ab: Es reicht bei § 642 BGB für den Abzug schon aus, dass der Auftragnehmer etwas anderweitig *»erwerben kann«*, der Erwerb muss nicht tatsächlich erfolgt sein. Zudem ist es bei § 642 BGB für einen entfallenden Abzug nicht erforderlich, dass der Erwerb nur *»böswillig«* unterlassen wurde wie bei § 648 BGB, sondern es reicht aus, dass er schlicht »unterlassen« wurde. Die Anrechnung anderweitiger Erwerbsmöglichkeiten erfolgt also viel umfassender, als dies bei § 648 BGB der Fall ist. Dies unterstreicht, dass über § 642 BGB keine volle Kompensation der Nachteile des Auftragnehmers gewollt ist.[95] Dies ist auch interessensgerecht, weil bei § 649 BGB die geschuldete Leistung endgültig nicht erbracht wird, bei § 642 BGB wird dem Auftragnehmer die Möglichkeit erhalten, den vereinbarten Verdienst zu erwirtschaften. Deshalb sind nicht nur »echte« Füllaufträge heranzuziehen, also solche, die der Auftragnehmer nur dann nicht hätte, wenn es den Mitwirkungsverzug nicht gegeben hätte (so wie bei § 649 BGB), sondern alle Erwerbsmöglichkeiten, es kommt letztlich nur darauf an, ob der Auftragnehmer die durch den Annahmeverzug frei gewordenen Kapazitäten einsetzten konnte oder ob er diese tatsächlich ohne Verdienstmöglichkeiten vorhalten musste oder ihm die Möglichkeit genommen wurde, sich um einen Füllauftrag zu bemühen. Es geht auch letztlich nur um die Vorhaltung, nicht um die Auslastung oder Kostendeckung, es ist also auch nicht entscheidend, ob der Auftragnehmer sein Personal anderweitig kostendeckend einsetzen konnte.[96]

II. Einzelheiten

73 Auf Basis der vorstehenden Berechnungsparameter ist nach der hier vertretenen Auffassung dem Auftragnehmer der konkret entstandene Mehraufwand im Verzugszeitraum unter Berücksichtigung des weiteren Erwerbs im Verlauf der Baumaßnahme auf Basis der ordnungsgemäß kalkulierten Kosten zu erstatten. Es kommt nicht auf einen Schaden an. Insofern kann dem Auftragnehmer ein Anspruch aus § 642 BGB gegen den Auftraggeber zustehen, auch wenn der Nachunternehmer einen solchen Anspruch nicht geltend macht. Analog zur Rechtsprechung des BGH bei Mängelansprüchen wäre dies nach § 242 BGB erst dann nicht mehr möglich, wenn sich der Auftragnehmer gegenüber seinem Nachunternehmer auf die Verjährung berufen kann oder der Nachunternehmer auf solche Ansprüche wirksam verzichtet hat. Ein Anspruch besteht dabei aber nur in der Differenz zwischen

---

94 So auch bspw.: OLG Düsseldorf, Urt. v. 16.08.2019 – 22 U 140/16.

95 Beratungen, zitiert nach Schubert, Bd. II, 7. Abschnitt zu §§ 642, 643, S. 893.

96 Ausführlich hierzu: Sienz, BauR 2014, 392, 394, 397. BGH, 30.01.2020 – VII ZR 33/19.

dem hypothetischen Aufwand ohne den Annahmeverzug des Bestellers und dem tatsächlichen Aufwand.[97]

1. Direkter Aufwand der Baustellenvorhaltung

Die Ermittlung der Entschädigungshöhe für die Vorhaltung der Baustelle bezieht sich zunächst auf den tatsächlichen Mehraufwand für unbeschäftigtes Personal, Material und Gerät während der Dauer des Annahmeverzugs. Hierzu ist auszugehen von der Anzahl an Arbeitnehmern, Material und Geräten, die der Auftragnehmer ohne den Mitwirkungsverzug nicht nur kalkulatorisch eingeplant hätte, sondern tatsächlich bei ungestörten Bauablauf eingesetzt hätte und der in der Zeit des Annahmeverzuges nicht anderweitig und sei es auch nur zur Akquise (s.o.) eingesetzt werden konnte. Dabei kann nur der Aufwand berücksichtigt werden, der tariflich und gesetzlich zulässig ist (bspw. 40 Stunden pro Woche).[98] Von dem Aufwand für die Personalvorhaltung sind in Abzug zu bringen anzurechnende Urlaubstage,[99] abgebaute Überstunden oder anderweitige Erwerbsmöglichkeiten (etwa Einsatz auf anderen Baustellen) wie auch »interner« Einsatz, z.B. wenn Mitarbeiter zu internen Arbeiten (etwa Reinigungsarbeiten, Sortierung …) im eigenen Interesse eingeteilt werden.[100] Es kann zudem vom Auftragnehmer erwartet werden, dass er sein Personal nicht stets auf der Baustelle vorhält, sondern flexibel reagiert und nach einer gewissen Zeit abzieht.[101] 74

Von dem Aufwand für die Vorhaltung von Geräten oder Maschinen sind in Abzug zu bringen ersparte Treibstoffkosten und ersparte Deckungsbeiträge für Verschleiß und Reparaturen. Es kommt darauf an, welche Produktionsfaktoren tatsächlich vorgehalten wurden – wobei nicht entscheidend ist, dass diese Produktionsfaktoren auch auf der Baustelle selbst vorgehalten wurden.[102] Allerdings können diese Produktionsfaktoren nach Auffassung des KG nur so lange vorgehalten werden, wie es das entweder erforderlich ist, angemessen ist oder vom Besteller angewiesen worden ist.[103] 75

Materialaufwand wird in aller Regel erspart sein bzw. nach dem Annahmeverzug anderweitig verwendet werden können – ausnahmsweise könnten aber verderbliche Materialien unwiederbringlich verloren sein und wären daher zu entschädigen.

Der so ermittelte und verbliebene Mehraufwand kann dann nicht allein gemäß den vereinbarten Preisen bewertet werden, weil es den Preis für eine vorgehaltene arbeitslose Personalstunde oder ein vorgehaltenes Gerät, das nicht benötigt wird, nicht gibt. Vielmehr müssen hierfür aus der Kalkulation die anteiligen Preisbestandteile ermittelt werden.[104] Dies gelingt anhand der jeweiligen Leistungsansätze und den dabei unterstellten kalkulierten Kosten (Lohn-,[105] oder Mietkosten[106]). Baubetrieblich wäre dann zu klären, ob es nur auf die Leistungsansätze der vom Annahmeverzug betroffenen Positionen ankäme (wofür die Nähe zum Schadensersatz spricht) oder auf den Gesamtpreis (wofür der Wortlaut »Vergütung« spricht). Der Auftragnehmer kann nach der Rechtsprechung auch aus Leistungspositionen für Einrichtung und Räumung der Baustelle die entsprechenden Vergütungsansätze heranziehen, wenn er belegt, welchen Aufwand er bei diesen Positionen kalkuliert hat und 76

97 OLG Brandenburg, Urt. v. 20.07.2023 – 10 U 14/23. Der Auftragnehmer muss den tatsächlichen Aufwand für den Stillstandszeitraum darlegen: OLG Düsseldorf, Urt. v. 07.06.2016 – 23 U 149/13.

98 OLG Karlsruhe, Urt. v. 27.08.2020 – 8 U 49/19: 12,5–25 %.

99 Siehe überzeugend: Retzlaff, BauR 2021, 336.

100 LG Mosbach, 18.04.2019 – 2 O 232/17: Schätzung bis zu 50 %; OLG Karlsruhe, Urt. v. 27.08.2020 – 8 U 49/19: 12,5–25 %.

101 KG, 16.02.2018 – 21 U 66/16.

102 OLG Karlsruhe, Urt. v. 27.08.2020 – 8 U 49/19.

103 KG, Urt. v. 28.04.2020 – 21 U 76/19.

104 OLG München, Urt. v. 14.06.2023 – 20 U 8406/21 Bau.

105 Schilder, BauR 2007, 450. LG Mosbach, 18.04.2019 – 2 O 232/17 (Verrechnungslohn: Lohnkosten, Sozialbeiträge, Zuschlag auf Lohn, Nachlass, Umsatzsteuer). Für die Kalkulation auch: OLG Celle, Urt. v. 04.03.2020 – 7 U 334/18.

106 KG, 16.02.2018 – 21 U 66/16, allerdings keine Fortschreibung einer Unterdeckung.

welcher Aufwand infolge des Annahmeverzuges tatsächlich entstanden ist – Schätzungen ohne Substanz genügen insoweit aber nicht.[107] Richtigerweise kommt es auf die Kosten der jeweiligen Position an, die der Auftragnehmer richtigerweise hätte kalkuliert haben müssen.

Hat der Auftragnehmer zum Zeitpunkt des Stillstandes mehr Personal oder Geräte im Einsatz, als er ursprünglich kalkuliert hat, kann er hierfür allerdings keine Entschädigung verlangen, da er ansonsten sein Unternehmerrisiko auf den Auftraggeber abwälzen könnte. Maßgeblich ist also für die Menge (von Personal, Geräten, etc.) die aufgrund vorangegangener Störungen fortgeschriebene Auftragskalkulation für den Zeitpunkt unmittelbar vor Störungsbeginn. Für die Höhe maßgeblich sind nach der hier vertretenen Auffassung gemäß § 650c BGB analog die tatsächlich erforderlichen Kosten, maximal aber die kalkulierten Kosten. Für den Gleichklang mit § 650c BGB spricht auch die Rechtsprechung, dass bei § 2 Abs. 3 und 5 VOB/B im Zweifel die tatsächlich erforderlichen Kosten maßgeblich sind.[108] In diesem Sinne meint auch das AG Viersen, dass nur die tatsächlichen Aufwendungen, bspw. die Kosten einer Fremdeinlagerung, erstattungsfähig seien (wenn auch dort nach § 304 BGB und nicht nach § 642 BGB).[109] Auch das OLG Köln entschied inzwischen, dass die Stillstandskosten im Rahmen eines Anspruchs aus § 2 Abs. 5 VOB/B nach den tatsächlich erforderlichen Kosten zu berechnen seien.[110] Insofern kann letztlich bei § 642 BGB nichts Anderes zutreffen. Der BGH und ihm folgend die Rechtsprechung hingegen stellen auf die »vereinbarte Vergütung« und damit letztlich auf die Kalkulation ab.[111] Richtig ist allerdings, dass die vereinbarte Vergütung die Maximalgrenze für den Auftragnehmer darstellt. Haben die Parteien Bedarfspositionen für die Vorhaltung eines Produktionsmittels vertraglich vereinbart, kann nach Auffassung des KG auch auf solche Preise zurückgegriffen werden, selbst wenn es eine Anordnung des Bestellers nicht gab.[112]

77 Entschädigungsfähig sind ferner zusätzlicher Aufwand für die zusätzliche Baustellensicherung, einen zusätzlichen (zwischenzeitlichen) Baustellenabbau und spätere zusätzliche Baustelleneinrichtung, oder die zusätzliche Vorhaltung der Baustelleninfrastruktur.

2. Lohn-Materialpreissteigerungen, Beschleunigungskosten

78 Die bis zur Entscheidung des BGH erfolgte Diskussion über eine Entschädigung für Lohn- oder Materialkostensteigerungen, die erst nach Beendigung des Annahmeverzugs eintreten, ist nach den Entscheidungen des BGH aus 2017 und 2020 obsolet. Die Obergerichte schließen sich der Entscheidung des BGH an.[113] Eine Entschädigung findet insoweit nicht statt. Soweit aus rechtspolitischen Gründen weitergehende Ansätze diskutiert werden, bedürfen diese einer gesetzgeberischen Entscheidung. Ob für eine solche aber ein Bedürfnis besteht, weil die Parteien im Rahmen der Vertragsfreiheit andere Regelungen treffen können (wie etwa auch zu Vertragserfüllungs- oder Gewährleistungssicherheiten), sei dahingestellt.

3. Baustellengemeinkosten, Sicherungsmaßnahmen

79 Tatsächlich zusätzlich entstandener, zusätzlicher Aufwand an Baustellengemeinkosten kann auf Basis der kalkulierten Ansätze oder auch – nach hier vertretener Auffassung anhand der tatsächlich erforder-

107 OLG Brandenburg, Urt. v. 20.07.2023 – 10 U 14/23.

108 BGH, 08.08.2019 – VII ZR 34/18; ihm folgend die Instanzgerichte, siehe bspw nur: OLG Jena, Urt. v. 10.01.2020 – 4 U 812/15; OLG Köln, 03.02.2021 – 11 U 136/18; OLG Düsseldorf, 19.12.2019 – 5 U 52/19.

109 AG Viersen, 11.12.2020 – 32 C 480/19.

110 OLG Köln, 03.02.2021 – 11 U 136/18.

111 BGH, 30.01.2020 – VII ZR 33/19; OLG Celle, 04.03.2020 – 7 U 334/18.

112 KG, Urt. v. 28.04.2020 – 21 U 76/19. Auf die vereinbarte Vergütung stellt auch das OLG Karlsruhe ab: OLG Karlsruhe, Urt. v. 27.08.2020 – 8 U 49/19.

113 OLG Hamburg, Urt. v. 27.11.2020 – 8 U 7/20.

lichen Kosten – entschädigt werden, nicht jedoch über einen prozentualen Zuschlag.[114] Gleiches gilt für Lageraufwand (ggfls. nach § 354 HGB).[115] Es kommt auch hier nicht auf den tatsächlich entstandenen Kosten oder einen Schaden an, sondern auf einen etwaigen Mehraufwand, dessen Entschädigung sich dann an dem Anteil des vertraglichen Aufwandes an dem vereinbarten Preis richtet, also nach der Kalkulation.

Besondere Sicherungsmaßnahmen, die ausschließlich aufgrund des Annahmeverzugs anfallen, sei **80** es, um das eigene Werk zu schützen, sei es, um das Werk des Auftraggebers gemäß einer vertraglichen Verantwortungsaufteilung zu schützen, sind zwar nicht nach § 642 BGB, wohl aber als Geschäftsführung ohne Auftrag, gesondert zu erstatten.

4. Allgemeine Geschäftskosten

Allgemeine Geschäftskosten sind per se nicht baustellenbezogen und stehen deshalb in keinem **81** direkten Kausalverhältnis zum Annahmeverzug. Sie können aufgrund des Entschädigungscharakters nur in Höhe des vereinbarten prozentualen Zuschlages auf die direkten Kosten aufgeschlagen werden.[116]

Es ist allerdings nicht statthaft, die unterdeckten Allgemeinen Geschäftskosten über eine »Berechnung **82** von oben« als absoluten Betrag geltend zu machen (und sei es auch nur über eine Berechnung der entgangenen Erlöse).[117] Denn nach der Rechtsprechung des BGH kann nur der tatsächliche Mehraufwand entschädigt werden. Aufgrund des fehlenden Kausalzusammenhangs von Allgemeinen Geschäftskosten zur Baustelle gibt es keinen zuzuordnenden Mehraufwand.[118] Die zuvor umstrittene Rechtsfrage ist also durch den BGH jetzt jedenfalls für die Praxis geklärt. Zuvor wurde die Meinung vertreten, dem Auftragnehmer könnte ein Ausgleich dafür zustehen, dass er die kalkulierten AGK in einem bestimmten Zeitraum nicht habe erwirtschaften können.[119] Hiergegen spricht, dass Produktionsmittel gerade nicht vorgehalten werden, wenn das Personal anderweitig eingesetzt, Urlaubs- oder Überstundenansprüche abgebaut werden können. Ein Produktionsmittel ist nur dann vorgehalten, wenn der Unternehmer es ausschließlich für einen bestimmten Auftrag bereithält, so dass er anderweitige Umsatzmöglichkeiten verliert. Anders als konkrete Produktionsmittel hält ein Unternehmer seinen allgemeinen Geschäftsbetrieb nicht nur für ein Projekt oder einen Vertrag vor

---

114 So aber das OLG Karlsruhe, Urt. v. 27.08.2020 – 8 U 49/19 mit der Begründung, der Unternehmer habe die BGK auch als Zuschläge kalkuliert. Tatsächlich werden die Baustellengemeinkosten aber richtigerweise in der Kalkulation zunächst der Höhe nach ermittelt und dann zur Ermittlung der Einheitspreise auf die einzelnen Leistungspositionen als prozentuale Zuschläge verteilt, wenn es keine gesonderte Leistungsposition für die BGK gibt; a.A. deshalb auch mit überzeugender Begründung: KG, 16.02.2018 – 21 U 66/16; LG Bonn, 10.03.2014 – 1 O 360/12, BauR 2014, 1045; Sonntag, NZBau 2017, 525; Retzlaff, BauR 2021, 330.

115 Nachweise bei AG Viersen, 11.12.2020 – 32 C 480/19.

116 BGH, Versäumnisurt. v. 26.10.2017 – VII ZR 16/17; OLG Düsseldorf, Urt. v. 19.12.2019 – 5 U 52/19. KG, Urt. v. 10.01.2017 – 21 U 14/16; so schon das OLG Düsseldorf zu § 6 Abs. 6 VOB/B: OLG Düsseldorf, Urt. v. 28.04.1987 – 23 U 151/86; Retzlaff, BauR 2021, 330.

117 Eine solche Absage erteilt auch das OLG Düsseldorf, Beschl. v. 05.09.2022 – 23 U 116/21.

118 BGH, 30.01.2020 – VII ZR 33/19; OLG Düsseldorf, Urt. v. 19.12.2019 – 5 U 52/19; KG, 29.01.2019 – 21 U 122/18; LG Bonn 10.03.2014 – 1 O 360/12, BauR 2014, 1045; LG Mainz, 08.01.2016 – 2 O 328/14; Sonntag, NZBau 2017, 525; Retzlaff, in: ibr-OK Bauvertragsrecht, Stand: 07.02.2025, § 642 BGB, Rn. 102 ff.; Sienz: tatsächliche AGK (Sienz, BauR 2014, 390). LG Mosbach, 18.04.2019 – 2 O 232/17; KG, 29.01.2019 – 21 U 122/18; OLG Celle, 24.02.1999 – 14a (6) U 4/98, BauR 2000, 416; Vowinckel, in: Beck'scher VOB-Kommentar Teil B, § 6 Abs. 6 Rn. 134.

119 Leinemann, NZBau 2009, 624; Roquette, BauR 2010, 1468.

5. Wagnis und (entgangener) Gewinn

83 Der Auftragnehmer kann einen anteiligen Gewinn in Höhe des kalkulierten Zuschlages auf die direkten Positionen des Anspruchs aus § 642 BGB verlangen. Die frühere Auffassung des BGH[120] ist überholt.[121] Der Auftragnehmer kann allerdings darüber hinaus keinen entgangenen Gewinn **aus anderen Verträgen** verlangen.[122]

6. Mehrwertsteuer

84 Auf den Anspruch des Auftragnehmers fällt die Umsatzsteuer nach § 1 Abs. 1 Nr. 1 S. 1 UStG an,[123] weil ein steuerbarer Leistungsaustausch vorliegt.

7. Sonderkosten

85 Der Auftragnehmer hat aus § 642 BGB keinen Anspruch auf Erstattung von Gutachter- oder Rechtsverfolgungskosten.[124] Ein Anspruch kann sich aus anderen Anspruchsgrundlagen ergeben, etwa aus einem verfahrensrechtlichen Erstattungsanspruch oder aus einem Schadensersatzanspruch, soweit deren Voraussetzungen vorliegen.

8. Kosten der Ersatzvornahme, Beschleunigungskosten oder zusätzliche Leistungen

86 Führt der Auftragnehmer die Mitwirkungshandlung des Auftraggebers selbst aus, um den Baufortschritt zu ermöglichen, so kann er die Kosten dieser Ersatzvornahme entweder aufgrund einer vertraglichen Vereinbarung oder auf Basis einer Geschäftsführung ohne Auftrag verlangen, nicht aber nach § 642 BGB. Gleiches gilt für etwaige Beschleunigungskosten. Diese Kosten kann der Auftragnehmer nur dann vom Auftraggeber verlangen, wenn anderweitige Anspruchsgrundlagen einschlägig sind wie etwa §§ 280, 286 BGB, § 6 Abs. 6 VOB/B, §§ 650b, c BGB oder §§ 675 ff. BGB.

87 Gleiches gilt, wenn der Auftragnehmer Beschleunigungsmaßnahmen umsetzt, etwa Umstellungen im Bauablauf oder zusätzliche Kapazitäten und Ressourcen einsetzt, um die Verzögerungen aufzuholen. Diese Leistungen haben keine direkte Ursache im Annahmeverzug, sondern in dem weiteren Willensentschluss des Auftragnehmers, den Auftraggeber zu »unterstützen«. Sind die Leistungen vom Auftragnehmer angeordnet worden (nach § 650b BGB oder § 1 Abs. 3, 4 VOB/B), so bestimmt sich die Höhe der Vergütung für den Auftragnehmer allein nach § 650c BGB bzw. § 2 Abs. 5, 6 VOB/B. Sind die Leistungen vom Auftraggeber nachträglich anerkannt worden, so richten sich die Vergütungsansprüche des Auftragnehmers bei BGB-Verträgen nach §§ 631, 632 BGB – oder ggfls. § 650c Abs. 1, 2 analog oder bei VOB/B-Verträgen nach § 2 Abs. 8 Nr. 2 Satz 1 VOB/B. Hat der Auftraggeber die Leistungen weder angeordnet noch vergütet, bestimmen sich die Rechtsfolgen bei BGB-Verträgen nach den §§ 677 ff. BGB und bei VOB/B-Verträgen nach § 2 Abs. 8 Nr. 2 Satz 2, Nr. 3 VOB/B.

88 Gleiches gilt, wenn nach dem Annahmeverzug zusätzliche oder geänderte Leistungen auszuführen sind, um die Folgen der Verzögerung zu vermeiden (z.B. Reparaturarbeiten, Wartungen und Kontrollen, Transporte etc.).

89 Nach § 642 BGB sind allein besondere Sicherungsmaßnahmen zu erstatten, zu denen der Auftragnehmer entweder aufgrund der vertraglichen Aufteilung der Verantwortlichkeiten selbst verpflichtet war oder zu denen er sich berechtigterweise aus eigenem Antrieb (um seine eigene Leistung zu schützen) herausgefordert fühlen durfte.

---

120 BGH, 21.10.1999 – VII ZR 185/98, NJW 2000, 1336.

121 BGH, 26.10.2017 – VII ZR 16/17; BGH, 30.01.2020 – VII ZR 33/19; OLG Karlsruhe, 27.08.2020 – 8 U 49/19.

122 Döring, in: Ingenstau/Korbion, § 6 Abs. 6 VOB/B Rn. 62.

123 BGH, 24.01.2008 – VII ZR 280/05, NZBau 2008, 1523.

124 Das hat der BGH zu § 2 Abs. 5 VOB/B entschieden: BGH, 22.10.2020 – VII ZR 10/17.

9. Vertragliche Abzüge

Nach Auffassung der Rechtsprechung sind vertragliche Abzüge wie Umlagen oder Nachlässe anzusetzen, weil es sich um einen Vergütungsanspruch handelt, der auf Basis der Kalkulation zu ermitteln sei.[125] Dies dürfte dann aber nicht gelten, wenn der Anspruch auf Basis der tatsächlich erforderlichen Kosten ermittelt wird. 90

III. Beweislast

Den allgemeinen Regeln folgend, muss der Auftragnehmer alle Tatbestandsvoraussetzungen des von ihm geltend gemachten Anspruches darlegen und diese ggf. beweisen.[126] Da es sich bei den Tatbestandsmerkmalen des Unterlassens einer Mitwirkungshandlung, deren Erforderlichkeit für die Herstellung des Werkes (einschließlich des Zeitpunktes[127]) und des Annahmeverzugs um den Anspruchsgrund handelt, ist der Auftragnehmer diesbezüglich darlegungs- und beweisbelastet.[128] Ihm kommt insoweit auch keine Beweiserleichterung nach § 287 ZPO zugute. Vielmehr muss er i.S.d. § 286 ZPO darlegen und beweisen, dass (a) die entsprechende Mitwirkungshandlung vertraglich vom Besteller zu erbringen war, dass sie (b) erforderlich war (insbesondere zu dem entsprechenden Zeitpunkt), dass er selbst (c) die ihm obliegenden Leistungen ordnungsgemäß angeboten hat und (d) die Dauer des Annahmeverzugs und damit auch die Dauer der Vorhaltung der Produktionsmittel.[129] Auch der Kausalzusammenhang zwischen unterlassener Mitwirkungshandlung und Annahmeverzug ist vom Auftragnehmer darzulegen. 91

Indes wird die eigene Leistungsbereitschaft aufgrund der gesetzlichen Wertung in § 299 BGB vermutet. Insoweit muss der Auftraggeber die **fehlende Leistungsbereitschaft** als Einwendung darlegen und beweisen, dies wird ihm nur über eine entsprechende Baustellendokumentation gelingen, gegebenenfalls besteht eine sekundäre Darlegungslast des Auftragnehmers.[130] Der Auftragnehmer genügt dieser Darlegungslast, wenn er die von ihm beauftragten Nachunternehmer benennt, allein die Tatsache, dass der Auftraggeber einwendet, der Auftragnehmer habe kein Material auf der Baustelle gehabt, widerlegt die Leistungsbereitschaft noch nicht, wenn der Auftragnehmer vorträgt, er hätte Material schnell beschaffen können. Der Auftraggeber kann die fehlende Leistungsbereitschaft aber durch Umstände auf der Baustelle belegen (etwa: Mängel, fehlende Kapazitäten, ungenügende Ressourcen etc.). 92

Nach der Rechtsprechung des BGH bezieht sich der Anspruch des § 642 BGB nicht mehr auf die Auswirkungen und Folgen im weiteren Bauablauf, deshalb ist eine Darlegung zu den weiteren Folgen des Annahmeverzugs entbehrlich und die hierzu ergangene Rechtsprechung obsolet. Die zu § 6 Abs. 6 VOB/B und früher auch zu § 642 BGB immer wieder diskutierte konkret-**Bauablaufbezogene Darstellung hinsichtlich der Folgen einer** Behinderung oder Störung ist nicht (mehr per se) erforderlich, da der Anspruch nach § 642 BGB nur den Zeitraum des Annahmeverzugs betrifft und gerade nicht mehr die späteren Folgen im Bauablauf entschädigt.[131] Eine derartige Darstellung ist aber dann 93

---

125 KG, 16.02.2018 – 21 U 66/16; LG Mosbach, 02.02.2018 – 1 O 164/17, NZBau 2018, 468.

126 BGH, 30.01.2020 – VII TR 33/19; OLG München, Urt. v. 14.06.2023 – 20 U 8406/21 Bau. Für die Parallele bei Schadensersatzansprüchen: KG, Urt. v. 05.09.2024 – 27 U 71/23.

127 Vgl. generell zur Beweislast des Schuldners hierzu: BGH, Urt. v. 21.10.2003 – X ZR 218/01.

128 OLG Köln, Beschl. v. 23.06.2022 – 19 U 237/21; OLG Oldenburg, 20.08.2019 – 2 U 81/19; OLG Braunschweig, 15.06.2017 – 8 U 59/16 unter Verweis auf die insoweit parallel geltende Beweislast wie bei Ansprüchen nach § 6 Abs. 6 VOB/B.

129 KG, 16.02.2018 – 21 U 66/16. Zur Dauer des Annahmeverzugs: OLG Düsseldorf, NJW-RR 1996, 1507.

130 OLG Frankfurt, 08.05.2015 – 25 U 174/13. Zur Beweislast des Auftraggebers auch: LG Mosbach, 02.02.2018 – 1 O 164/17, NZBau 2018, 468. Siehe auch: Duve, NZBau 2018, 516. OLG Düsseldorf, Urt. v. 19.12.2019 – 5 U 52/19.

131 LG Mosbach, 18.04.2019 – 2 O 232/17; KG, 12.02.2018 – 21 U 155/06; LG Mosbach, 02.02.2018 – 1 O 164/17. So auch nach der jüngsten BGH-Rechtsprechung: LG Berlin, Urt. v. 07.09.2023 – 12

erforderlich, wenn es in einem früheren Stadium des Bauablaufes Störungen oder Verzögerungen gab, die sich dann auch auf den Zeitpunkt der vom Auftraggeber zu erbringenden Mitwirkungshandlung auswirken (Stichworte: **Zeitpunkt der Erforderlichkeit und ordnungsgemäßes Angebot**). Hierzu ist der Auftragnehmer darlegungs- und beweisbelastet. Das ergibt sich schon aus den allgemeinen Erwägungen, da der Auftragnehmer sich auch hinsichtlich eines behaupteten Verzuges entlasten muss (§ 286 Abs. 4 BGB). Deswegen ist es auch bei Störungen im Bauablauf regelmäßig erforderlich, dass der Auftragnehmer eine bauablaufbezogene Darstellung vorlegt, der sich der geplante (also hypothetisch-störungsfreie) Bauablauf entnehmen lässt, wie auch die tatsächlichen Störungen und deren Folgen.[132] Da es sich dabei aber jeweils um Tatsachen zum Anspruchsgrund handelt, kommt hierfür eine Beweiserleichterung nach § 287 ZPO schon vom Wortlaut der Norm her nicht in Betracht. Nach Auffassung des OLG Braunschweig soll es einer solchen Darstellung auch dann nicht bedürfen, wenn für die vertraglich vereinbarten Leistungen ein absoluter Baustopp im Annahmeverzugszeitraum herrschte.[133] Dieser Leitsatz greift in dieser apodiktischen Aussage aber zu kurz: Denn die baustellenbezogene Darstellung bleibt weiterhin nötig, für die Frage, ob die vom Auftraggeber geschuldete Mitwirkungshandlung zum angegebenen Zeitpunkt überhaupt »fällig« und »erforderlich« war.

94 **Ein Beispiel:**

Nach der Rechtsprechung[134] ist die »Aktivierung«, also die Beauftragung einer vereinbarten Eventualposition eine Mitwirkungsobliegenheit des Bestellers, die dieser vornehmen muss, wenn die Vornahme dieser Leistung zur Herstellung eines mangelfreien Werkes erforderlich ist. Allerdings ist der Unternehmer nach der Rechtsprechung[135] auch verpflichtet, den Auftraggeber auf das Aktivierungs-Erfordernis hinzuweisen. Kommt der Auftragnehmer dieser Pflicht nicht nach, wird auch die Mitwirkungsobliegenheit des Auftraggebers nicht fällig.

95 Auch hinsichtlich der Höhe trägt der Auftragnehmer, so auch der BGH, als Anspruchssteller die Darlegungs- und Beweislast für die vom Gericht zu berücksichtigenden Kriterien.[136] Bei der Ermittlung der Entschädigungshöhe ist nach verbreiterter Auffassung ähnlich wie bei der Ermittlung eines Schmerzensgeldes eine Schätzung nach § 287 ZPO möglich, denn es handelte sich um eine Gesamtabwägung, keine Rechenformel[137], der Richter können auch ein Ermessen ausüben,[138] wenn der Auftragnehmer ausreichende Anknüpfungselemente darlegen kann.[139] Diese Auffassung ist abzulehnen, weil der Wortlaut des Gesetzes für eine Schätzung keinen Ansatz liefert. Es wäre auch im

---

O 225/20; A.A. (allerdings noch zur alten BGH-Rechtsprechung): OLG Köln, 08.04.2015 – 17 U 35/14; OLG Köln, 28.01.2014 – 24 U 199/12, NJW 2014, 3039; OLG Frankfurt, 25.09.2015 – 4 U 268/14; LG Karlsruhe, 05.10.2018 – 6 O 340/15. KG, 16.02.2018 – 21 U 66/16. Schon vor der Grundsatzentscheidung des BGH war umstritten, ob es einer solchen Darstellung immer bedurfte: KG, 10.01.2017 – 21 U 14/16.

132 OLG Düsseldorf, Urt. v. 01.04.2024 – 22 U 208/23, OLG Celle, Beschl. v. 24.05.2022 – 14 U 27/22; OLG Brandenburg, Urt. v. 20.07.2023 – 10 U 14/23; LG Frankfurt a.M., Urt. v. 20.12.2024 – 2–31 O 156/24; insofern auch für eine Parallelität der Beweislast bei Ansprüchen aus § 6 Abs. 6 und § 2 VOB/B im Fall einer Bauzeitverlängerung (ähnliches dürfte dann auch für § 642 BGB gelten): OLG Köln, Urt. v. 29.08.2019 – 7 U 113/18.

133 OLG Braunschweig, 15.06.2017 – 8 U 59/16.

134 OLG Dresden, 02.10.2018 – 9 U 186/17.

135 OLG Dresden, 02.10.2018 – 9 U 186/17.

136 BGH, 30.01.2020 – VII ZR 33/19.

137 Sienz, BauR 2014, 398.

138 Althaus, NZBau 2015, 67; so allerdings jetzt ausdrücklich der BGH, 30.01.2020 – VII ZR 33/19.

139 BGH, 30.01.2020 – VII ZR 33/19; BGH, 26.10.2017 – VII ZR 16/17, NZBau 2018, 25; KG, 16.02.2018 – 21 U 66/16: Mit Ablauf der kleinsten zeitlichen Abrechnungseinheit sei der Anspruch dem Grunde nach entstanden, die Frage, in welchem zeitlichen Umfang die Vorhaltung veranlasst worden sei, könne das Gericht nach § 287 ZPO nach freiem Ermessen entscheiden.: MüKo-BGB/Busche, § 642 Rn. 21; Glöckner, BauR 2014, 375 ff.

Hinblick auf das Rechtsstaatsprinzip fatal, wenn ein Auftragnehmer schon vom Ansatz her keinen Anspruch auf eine genaue Bewertung hat, wo eine genaue Bewertung möglich wäre.

Im Hinblick auf die Höhe des Anspruchs ist der Auftragnehmer im Übrigen darlegungsbelastet für die zur Ermittlung der Entschädigung maßgeblichen Faktoren, vor allem zur vereinbarten Vergütung und zu den Nachteilen (Schadensauswirkungen).[140] Die Beweislast für ersparte Aufwendungen soll nach der Rechtsprechung der Auftraggeber tragen, wobei der Auftragnehmer diesbezüglich eine sekundäre Darlegungslast haben soll.[141] Diese Auffassung überzeugt nicht. Denn anders als bei § 649 BGB handelt es sich um eine anspruchsbegründende Tatsache.[142] Der Auftragnehmer muss bspw. die Einsatz- und Beschäftigungslosigkeit darlegen, also dass er die Arbeiter nicht anderweitig einsetzen konnte,[143] so jetzt auch der BGH.[144] Der Auftragnehmer muss also auch darlegen, dass seine bereit gestellten Produktionsfaktoren (Personal und Geräte) im Annahmeverzugszeitraum nicht auch woanders, insbesondere nicht an anderen Stellen des Bauvorhabens, hätten eingesetzt werden können. 96

Dem BGH ist allerdings nicht beizupflichten, wenn er dem Gericht einen »Ermessensspielraum« eröffnet, der es dem Gericht ermöglichen würde, sich über die Darlegungs- und Beweislast hinwegzusetzen. Richtig ist indes, dass über § 287 ZPO jedenfalls die Mindestentschädigung festgestellt werden kann, § 287 ZPO eröffnet aber keine allgemeine Billigkeitsentscheidung. 97

F. Weitere Folgen des Annahmeverzugs

I. Kein Verzug des Auftragnehmers

Das Unterlassen der Mitwirkungshandlung wird, da es sich letztlich um eine Handlung vor der Vollendung des Werkes handelt, dem Verzug der Annahme gleichgestellt, so dass die §§ 293 ff. BGB anwendbar sind. Der Annahmeverzug des Bestellers schließt einen Verzug des Unternehmers – so die Rechtsprechung – »automatisch« aus.[145] Dies ist grundsätzlich auch richtig. Bevor aber reflexhaft immer dieser Schluss gezogen wird, erscheint es doch richtiger zu differenzieren: Dort, wo tatsächlich der Unternehmer durch den Annahmeverzug des Bestellers an der Ausführung gehindert ist, kann er nicht in Verzug geraten. Es wird aber durchaus andere Bauteile geben können, andere Gewerke oder andere Stellen desselben Bauteils und Gewerkes, an denen sich ein punktueller Annahmeverzug nicht auswirkt. Es ist also immer im Einzelnen zu prüfen, ob und wie weit sich ein Annahmeverzug des Bestellers tatsächlich so auf den Bauablauf auswirkt, dass der Verzug des Unternehmers ausgeschlossen ist. Der Annahmeverzug schließt auch dann den Verzug des Auftragnehmers nicht aus, wenn es keine Kausalität zwischen der unterlassenen Mitwirkungshandlung und dem Fristversäumnis gibt, etwa dann, wenn der Auftragnehmer die Leistungen einstellt und die Fortsetzung der Arbeiten nicht nur von notwendigen Mitwirkungshandlungen des Auftraggebers abhängig macht, sondern auch von der Erfüllung tatsächlich nicht bestehender Forderungen (etwa einer unberechtigten Forderung auf eine Abschlagszahlung).[146] Berechtigt wäre aber bspw. die Leistungs- 98

140 Sprau unter Verweis auf KG, BauR 2012, 951; Sienz, BauR 2014, 398.

141 LG Mosbach, 02.02.2018 – 1 O 164/17, NZBau 2018, 468; Duve, NZBau 2018, 516; Glöckner, BauR 2014, 368.

142 KG, 29.01.2019 – 21 U 122/18.

143 KG, 29.01.2019 – 21 U 122/18. OLG Düsseldorf, Urt. v. 16.08.2019 – 22 U 140/19: Darzulegen sei u.a., wie der Unternehmer den Bauablauf tatsächlich geplant habe, wie der Arbeitskräfteeinsatz erfolgen sollte; dem gegenüberzustellen sei der tatsächliche Bauablauf, wobei auch darzulegen sei, welche Arbeitskräfte anderweitig eingesetzt werden konnten.

144 BGH, 30.01.2020 – VII ZR 33/19. Siehe auch OLG Düsseldorf, Urt. v. 16.08.2019 – 22 U 140/16.

145 OLG Zweibrücken, Urt. v. 28.09.2016 – 7 U 66/14, Rn. 35 unter Verweis auf BGH, Urt. v. 23.01.1996 – X ZR 105/93, Rn. 16; OLG Stuttgart, 14.08.2018 – 10 U 154/17; OLG Brandenburg, Urt. v. 11.11.2021 – 12 U 79/21.

146 OLG Stuttgart, Urt. v. 28.04.2020 – 10 U 294/19. Siehe auch: OLG München, Beschl. v. 07.04.2020 – 28 U 1694/19 Bau.

einstellung wegen einer nicht gestellten Sicherheit nach § 650f BGB, in einem solchen Fall schließt die unterlassene Mitwirkungshandlung den Verzug des Auftragnehmers aus. Im Übrigen kann sich aber der Annahmeverzug auch auf die Ausführungsfristen auswirken. Soweit der Auftragnehmer infolge des Annahmeverzuges Bauleistungen nicht erbringen kann, ist er in der Ausführung behindert, bei VOB/B-Verträgen gelten dann die Bestimmungen des § 6 VOB/B, mit der Folge, dass sich die Ausführungsfristen »automatisch« verlängern können (§ 6 Abs. 2 VOB/B: »Ausführungsfristen werden verlängert …«, der Umfang der zu berechnenden Fristverlängerung bestimmt sich gemäß § 6 Abs. 4 VOB/B nach der Dauer der Behinderung, einem Zuschlag für die Wiederaufnahme der Arbeiten und eine etwaige Verschiebung in eine ungünstigere Jahreszeit; indes ist der Auftragnehmer nach § 6 Abs. 3 VOB/B auch verpflichtet, alles zu tun, was ihm billigerweise zugemutet werden kann, um die Weiterführung der Arbeiten zu ermöglichen). Diese Regelungen gelten sinngemäß auch beim BGB-Bauvertrag, jedenfalls aber kann der Auftragnehmer nicht in Verzug geraten, wenn er aufgrund des Annahmeverzuges das Fristversäumnis nicht zu vertreten hat (§ 286 Abs. 4 BGB), wobei die Darlegungs- und Beweislast beim Auftragnehmer liegt.

II. Gefahrübergang

99 Mit dem Annahmeverzug tritt entsprechend §§ 644, 645 BGB die Gefahr nur insoweit auf den Auftraggeber über, als dass (a) keine abweichende vertragliche Vereinbarung besteht (bspw. die Sicherheit auf der Baustelle bis zur Abnahme zu übernehmen) und (b) der Gefahrübergang eine direkte Folge des Annahmeverzugs ist (etwa, weil der Auftragnehmer gerade wegen des Annahmeverzugs gehindert ist, Schutzvorkehrungen vorzunehmen). Die erheblich reduzierte Anwendung des Gefahrübergangs erklärt sich daraus, dass im Fall des § 642 BGB das Werk noch nicht hergestellt ist und der Besteller keine Risiken des Herstellungsvorgangs übernehmen kann, in den er nicht eingebunden ist und dessen Risiken (bspw. durch Geräte etc.) nicht beherrschen **kann**. Deshalb kann auch letztlich in der Praxis allein der Verzug mit der Abnahme/Übernahme des Werkes den Gefahrübergang nach §§ 644, 645 bewirken.

G. Sonstiges

I. Abschlagszahlungen, Zinsen, Verzug

100 Der Auftragnehmer kann nach allgemeiner Auffassung gemäß § 632a BGB Abschlagszahlungen für den Anspruch nach § 642 BGB verlangen. Das überzeugt dogmatisch nicht. Gleichwohl wird praktisch das gleiche Ergebnis dadurch erzielt werden können, dass der Auftragnehmer in regelmäßigen Abständen seine Entschädigung neu berechnet und die Höhe seines Anspruches fortschreibt und so dem Auftraggeber eine aktualisierte Rechnung unterbreitet.

101 Aufgrund des praktischen Bedürfnisses und der ähnlichen Interessenslage stellt sich die Frage, ob der Auftragnehmer auch nach § 650c Abs. 3 BGB vorgehen kann. Da die dogmatischen Grundlagen der Entschädigungsberechnung aber in § 642 BGB speziell geregelt sind, kann die gesetzliche Ausnahmeregelung aufgrund der geforderten engen Auslegung nicht analog angewendet werden. Aus demselben Grund ist auch ein Verfahren nach § 650d BGB unstatthaft.

II. Sicherheit nach § 650e oder § 650f BGB, Anwendbarkeit von § 650d BGB

102 Der Anspruch aus § 642 BGB tritt neben den Vergütungsanspruch aus § 631 BGB. Er ist ein selbständiger Anspruch und daher nicht nach § 648a BGB a.F. entspricht § 650f BGB n.F. sicherbar.[147] Im Übrigen spricht auch der Wortlaut von § 650f BGB gegen eine Besicherung, da die Höhe des Anspruchs aus § 642 BGB weder vertraglich noch in einem Zusatzauftrag »vereinbart« ist. Es gibt auch kein rechtspolitisches Bedürfnis für eine Besicherung, da sich der Gesetzgeber bewusst dafür entschieden hat, das Risiko auch teilweise dem Auftragnehmer mittragen zu lassen und ihn auf das

147 LG Berlin, 19.01.2017 – 86 O 142/16; LG Halle, 09.02.2016 – 8 O 40/15. A.A.: LG Münster, Urt. v. 18.01.2021 – 212 O 120/20.

Kündigungsrecht nach § 643 BGB zu verweisen. Insofern kann sich der Auftragnehmer gegen eine unbillig lange Kostentragung aus den unbeabsichtigten Störungen durch die Kündigung zumindest teilweise entziehen. Zudem gibt es in vielen Fällen eine »Grauzone«, in welchem Umfang Verzögerungen durch eine Partei zu verantworten sind, diese Grauzone sollte nicht mit dem »starken« Schwert der Sicherheit durch kursorische Prüfung der Rechtslage zugunsten einer Partei verschoben werden. Ansonsten besteht die Gefahr, dass der Auftraggeber im Rahmen der reinen Plausibilitätskontrolle einem letztlich unberechtigten Sicherheitsbegehren ausgesetzt ist.

Da sich der Mehraufwand des Auftragnehmers auch nicht auf dem Grundstück des Bestellers verwirklicht, kann auch keine Besicherung nach § 650e BGB verlangt werden.

Aus diesem Grund ist ein Anspruch aus § 642 BGB auch kein tauglicher Anspruch für ein Vorgehen nach § 650d BGB. Auch wenn hierfür vereinzelt rechtspolitische Gründe angetragen werden,[148] sprechen sowohl der Wortlaut als auch die wechselseitige Motivationslage dagegen: Der Auftragnehmer kann sich eines fortgesetzten Annahmeverzuges durch ein Vorgehen nach § 643 BGB entziehen, der Auftraggeber kann jederzeit frei kündigen. Für ein einstweiliges Verfügungsverfahren besteht daher kein Bedürfnis, zumal die dabei zu klärenden rechtlichen und tatsächlichen Fragen für ein Eilverfahren in vielen Fällen zu komplex sein dürften. Auch auf allgemeine Schadensersatzansprüche aufgrund von Nebenpflichtverletzungen nach § 280 BGB, denen der Entschädigungsanspruch insoweit ähnelt, ist § 650d BGB nicht anwendbar.

III. Fälligkeit, Verzug und Zinsen

Der Anspruch aus § 642 BGB entsteht, sobald die Mitwirkungshandlung unterlassen wurde und der hieraus entstehende Annahmeverzug beginnt – die beiden Zeiträume können auseinanderfallen, wenn der Besteller eine Mitwirkungshandlung früher hätte vornehmen müssen, sich die Unterlassung aber erst später auswirkt. Maßgeblich ist insoweit der Zeitpunkt, zu dem der Auftragnehmer (erstmals) einen Nachteil verspürt und diesen beziffern könnte, auch wenn eine abschließende Bezifferung noch nicht möglich wäre (hierzu könnte sich der Auftragnehmer prozessual durch einen Feststellungsantrag behelfen). Bei VOB/B-Verträgen wird der Anspruch des Auftragnehmers aus § 642 BGB (dort aber in Verbindung mit § 6 Abs. 6 Satz 2 VOB/B) darüber hinaus aber erst mit Zugang einer prüfbaren Aufstellung fällig, ohne Rechnung steht der Fälligkeit wegen der erforderlichen Rechnung ein Zurückbehaltungsrecht entgegen. Der Anspruch soll deshalb bei einem VOB/B-Vertrag erst mit Rechnungsstellung fällig werden und als unselbständiger Rechnungsposten Bestandteil der Schlussrechnung sein.[149] Diese Auffassung ist aber nicht haltbar, weil der Anspruch nach § 642 BGB auch bei einem VOB/B-Vertrag neben den Werklohnanspruch tritt. 103

Gleiches gilt für BGB-Verträge. § 650g Abs. 4 BGB sieht eine Rechnung als Fälligkeitsvoraussetzung nur für Schlussrechnungen, nicht aber für Abschlagsrechnungen vor und ist auch nicht ohne Weiteres auf Ansprüche neben dem Werklohnanspruch aus § 631 BGB analog anwendbar. Es fehlt an einer unbeabsichtigten Regelungslücke. Schließlich fordern auch Schadensersatzansprüche, denen der Entschädigungsanspruch insoweit ähnelt, keine Rechnungserstellung. Der Anspruch aus § 642 BGB wird deshalb auch ohne Rechnung fällig. Liegt noch keine Rechnung vor, besteht aber schon wegen der Mehrwertsteuerpflichtigkeit ein Zurückbehaltungsrecht des Auftraggebers.

Da es sich in gewisser Form um ein Entgelt handelt, weil die Entschädigung als Gegenleistung für die Vorhaltung von Ressourcen geschuldet ist, dürfte auch der Verzug gemäß § 286 Abs. 3 BGB auch ohne Mahnung spätestens nach Ablauf von 30 Tagen nach Zugang der Rechnung eintreten.

Ebenfalls dürfte deshalb auch der höhere Zinsanspruch für Entgeltforderungen aus § 288 Abs. 2 BGB anfallen.

---

148 Reumann, BauR 2020, 1695.

149 Leinemann/Kues, in: Leinemann (7. Auflage), § 6 Rn. 192; Döring, in: Ingenstau/Korbion, § 6 Abs. 6 VOB/B Rn. 66. Weitere Fundstellen zur früher vertretenen Rechtslage in der Vorauflage.

IV. Verjährung

104 Der Anspruch verjährt in der allgemeinen Verjährungsfrist der §§ 195, 199 BGB. Die Verjährungsfrist beginnt mit dem Schluss des Jahres, in welchem der Anspruch entstanden ist, also mit Beginn des Annahmeverzugs.[150] Nach anderer (auch früher hier vertretenen) Auffassung[151] läuft die Verjährung im Gleichklang mit der Verjährung des Werklohnanspruches. Hierfür soll das Argument sprechen, dass gemäß der Rechtsprechung Entschädigungsansprüche nach § 642 BGB unselbständige Rechnungsposten eines einheitlichen Vergütungsanspruches nach § 631 BGB seien.[152] Hierfür spräche zwar eine Rechtsklarheit, die insbesondere für die Praxis eine enorme Bedeutung hat – schließlich kann oftmals nicht genau differenziert werden, ob die Forderung des Auftragnehmers auf § 642 BGB, auf eine Vergütungsanpassung nach §§ 650b, c BGB oder auf einen Schadensersatzanspruch gestützt wird.[153]

Rechtsdogmatisch ist diese Auffassung aber nicht haltbar: Der Anspruch aus § 642 BGB tritt neben den Werklohnanspruch. Er modifiziert oder tangiert letzteren nicht, sondern ist ein selbständiger Anspruch, der einer selbständigen Verjährung unterliegt. Daher gelten hier die allgemeinen Regelungen, wonach ein Anspruch dann entsteht, wenn er erstmals geltend gemacht werden kann.[154] Dass der Anspruch der Umsatzsteuer unterliegt und daher abgerechnet werden muss, ist dabei kein Argument für die Gegenauffassung:[155] Denn die fehlende Rechnung führt nur zu einem Zurückbehaltungsrecht nach §§ 273, 320 BGB des Auftraggebers, das aber die Fälligkeit des Anspruches nicht beeinflusst.

V. Abweichende Regelungen, VOB/B

105 Die Bestimmungen des § 642 BGB gelten über die ausdrückliche Verweisung in § 6 Abs. 6 Satz 2 VOB/B auch bei VOB-Verträgen, werden dort aber dadurch modifiziert, dass die in § 6 Abs. 1 VOB/B vorgeschrieben Behinderungsanzeige als Tatbestandsvoraussetzung festgelegt wird. Ansonsten gelten wegen der Rechtsgrundverweisung keine Besonderheiten.

VI. Konkurrenzen

106 Der Anspruch aus § 642 BGB tritt neben den Vergütungsanspruch für die Werkleistung, unabhängig davon, ob diese bei späterer Fertigstellung nach § 631 BGB oder bei einer Kündigung des Auftragnehmers nach §§ 643, 645 BGB oder nach einer Kündigung des Bestellers nach § 648 BGB vergütet wird.

107 Über § 642 BGB hinausgehende Ansprüche können dem Auftragnehmer über §§ 280, 286 BGB bzw. § 6 Abs. 6 VOB/B zustehen, wenn die unterlassene Mitwirkungshandlung auch gleichzeitig eine Vertragspflicht war. In dem Fall muss der Auftragnehmer aber den tatsächlich entstandenen Schaden belegen – das gilt auch für die Bewertung des Mehraufwandes: Bei § 642 BGB wird dieser anhand der vereinbarten Vergütung kompensiert (bspw. anhand der kalkulierten Leistungsansätze und dem Mittellohn), unabhängig davon, welcher konkrete Nachteil dem Auftragnehmer in finan-

---

150 So auch: Sienz, BauR 2021, 1205; Steiner, BauR 2022, 24; ders. BauR 2023, 1.

151 Siehe bspw. zum Anspruch nach § 6 Abs. 6 VOB/B: Kapellmann/Messerschmidt/Markus, § 6 VOB/B Rn. 89.

152 KG, 16.02.2018 – 21 U 66/16.

153 So auch Retzlaff, in: ibr-OK Bauvertragsrecht, 07.02.2025, § 642 BGB Rn. 151.

154 So auch: LG Kempten, Urt. v. 27.09.2024 – 11 O 1705/23; Jurgeleit, in: Kniffka/Koeble/Jurgeleit/Sacher, Kompendium des Baurechts, 6. Auflage, 7. Teil, Rn. 81a.

155 Für den Anspruch auf Ersatz eines Mangelfolgeschadens genauso: OLG Schleswig, Urt. v. 20.12.2024 – 1 U 85/22; für den Anspruch auf Schadensersatz bei Nebenpflichtverletzungen: OLG Düsseldorf, Urt. v. 08.10.2021 – 22 U 66/21; so auch: OLG Nürnberg, Beschl. v. 23.08.2021 – 2 U 2524/20; für den Verzugsschadensersatzanspruch: BGH, Urt. v. 19.05.2022 – VII ZR 149/21.

zieller Hinsicht entstanden ist – im Rahmen eines Schadensersatzanspruches kommt es insoweit auf den tatsächlichen Schaden an.

In Betracht kommen auch Ansprüche aus § 304 BGB.[156] Der Ersatz von Mehraufwendungen nach § 304 BGB betrifft nur das erfolglose tatsächliche Angebot und (immerhin) Lagerkosten und Aufwendungen für die Aufbewahrung der Materialien, aber keine Entschädigung für das Vorhalten der »Arbeitszeit«[157]. Ansprüche auf Kostensteigerungen in der weiteren Bauabwicklung, die nach der Rechtsprechung des BGH nicht (mehr) über § 642 BGB entschädigt werden, können ggfls. auch über § 670 BGB oder aufgrund ergänzender Vertragsauslegung (§ 650b BGB analog als Sowieso-Kosten) ersetzt werden, wenn die entsprechenden Voraussetzungen vorliegen.[158]

Nach vereinzelter obergerichtlicher Rechtsprechung sollte die Verzugsmitteilung des Auftraggebers zur verzögerten Leistungsausführung eine »andere Anordnung« i.S.v. § 2 Abs. 5 VOB/B darstellen und einen Anspruch des Auftragnehmers auf Mehrvergütung begründen.[159] Diese Auffassung überzeugt nicht und ist vom BGH mit richtigen Argumenten inzwischen abgelehnt worden, sofern nicht etwas anderes vereinbart oder im Einzelfall erklärt worden ist.[160] Denn eine derartige Mitteilung wird in aller Regel keinen rechtsgeschäftlichen Erklärungswillen aufweisen, der aber für eine Anordnung erforderlich wäre. Der Auftraggeber will keine Rechtsfolgen auslösen, sondern nur Tatsachen übermitteln, es handelt sich um eine schlichte Wissenserklärung, zu deren Abgabe der Auftraggeber aufgrund seiner Kooperationspflicht verpflichtet ist. Es wird dem Auftraggeber in den meisten Fällen an einem rechtsgestalterischen Erklärungsbewusstsein fehlen. Ein solcher Wille läge allerdings dann vor, wenn der Auftraggeber eine neue Sach- und Rechtslage begründen will und Beschleunigungen oder Umstellungen des Bauablaufes oder die Ausführung zusätzlicher oder geänderter Leistungen anordnet.[161] In diesem Fall könnte es solche Ansprüche dann aber geben.[162] Gleiches gilt, wenn infolge einer ausdrücklichen Anordnung bauzeitliche Folgen auftreten, die dann entsprechend zu vergüten sind (in aller Regel aber als Teil der »Nachtragsvergütung«, es sei denn, die Parteien haben sich explizit verständigt, vorbehaltene zeitliche Auswirkungen gesondert nach denselben Grundsätzen zu vergüten).[163] 108

Denkbar sind auch vertragliche Ansprüche, etwa aus vereinbarten Stundenverrechnungsätzen, wenn diese auch explizit für behinderungsbedingte Warte- und Ausfallzeiten gelten sollen und nicht nur für geleistete Arbeitsstunden.[164]

Ansprüche aus § 642 BGB konkurrieren regelmäßig mit Schadensersatzansprüchen des Auftragnehmers, etwa aus § 6 Abs. 6 VOB/B oder aus § 280 BGB. Der Auftragnehmer hat in diesen Fällen nicht einen einheitlichen bauzeitabhängigen Anspruch (»Bauzeitenclaim«), sondern muss vielmehr genau differenzieren, welche Folgen welchem Umstand und welcher Anspruchsgrundlage zugeordnet

156 Hierzu: Schneider, BauR 2018, 411; Schneider, BauR 2019, 347.

157 KG, 28.05.2013 – 7 U 12/12, BauR 2013, 1493: »wartezeitbedingte Mehrkosten«.

158 Sienz, BauR 2014, 378. Das diskutiert die Rechtsprechung auch über § 2 Abs. 5 VOB/B: KG, 29.01.2019 – 21 U 122/18.

159 OLG Brandenburg, Urt. v. 25.06.2020 – 12 U 59/19; KG, Urt. v. 29.01.2019 – 21 U 122/18; KG Urt. v. 27.08.2024 – 21 U 128/23.

160 BGH, Urt. v. 19.09.2024 – VII ZR 10/24, dazu: kritisch (insbesondere auch unter AGB-Gesichtspunkten: v. Kiedrowski, NZBau 2025, 162). So auch: OLG Köln, Urt. v. 21.12.2023 – 7 U 173/20; OLG Düsseldorf, Urt. v. 25.10.2013 – I-22 U 21/13; LG Kempten, Urt. v. 27.09.2024 – 11 O 1705/23.

161 Sonntag, NZBau 2019, 647.

162 Solche Ansprüche werden bspw. erwogen von: OLG Frankfurt, Urt. v. 09.03.2025 – 15 U 295/21; OLG Köln, Urt. v. 29.08.2019 – 7 U 113/18; OLG Köln, Urt. v. 03.02.2021 – 11 U 136/18.

163 BGH, Beschl. v. 23.03.2022 – VII ZR 191/21; OLG Frankfurt, Urt. v. 09.03.2023 – 15 U 295/21. Zur Bedeutung des Vorbehaltes: OLG München, Urt. v. 26.09.2017 – 28 U 2834/09.

164 LG Berlin, Urt. v. 07.09.2023 – 12 O 225/20.

werden.[165] Dabei muss jede einzelne Störung (Behinderung) separat für sich dargelegt und in ihren tatsächlichen wie rechtlichen Folgen separat bewertet werden.[166]

VII. Regress und Drittschadensliquidation

109 Der Auftraggeber kann den an einen Auftragnehmer nach § 642 BGB zu zahlenden Betrag gegenüber denjenigen regressieren, der aufgrund der Verletzung einer dem Auftraggeber gegenüberbestehenden Pflicht die unterlassene Mitwirkungshandlung und damit den Verzug verursacht hat, bspw. der Vorunternehmer, der die Vorleistung nicht innerhalb der vereinbarten Fristen erbracht hat und deshalb in Verzug geraten ist. Voraussetzung ist, dass jeweils ein Anspruch, etwa aus § 286 BGB besteht. In diesen Fällen ist es zumutbar, dass der Auftraggeber einen schlüssig vorgetragenen Anspruch erfüllt, um härtere Folgen für den Bauablauf zu vermeiden, selbst wenn der Anspruch dann tatsächlich in der Höhe nicht bestand. Der Regress ist dann möglich, wenn dem Schuldner etwaige Rückzahlungsansprüche gegen den Auftragnehmer abgetreten werden.[167]

Nach einer in der Literatur[168] vertretenen Auffassung soll der Auftraggeber den Schaden des von einer Störung des Vorunternehmers betroffenen Auftragnehmers gegen den Vorunternehmer geltend machen können, weil der geschädigte Auftragnehmer keinen Anspruch gegen den Auftraggeber habe, wohl aber einen Schaden und der Auftraggeber gegen den störenden Vorunternehmer einen Anspruch, aber keinen Schaden. Diese Auffassung ist aber abzulehnen. Denn sowohl der Auftraggeber hat infolge der Störung des Vorunternehmers einen Schaden (in Form einer Bauzeitverlängerung), als auch der spätere Auftragnehmer einen Anspruch (auf Entschädigung während des Annahmeverzuges). Es liegt also nicht die typische für eine Drittschadensliquidation erforderliche zufällige Schadensverlagerung vor, wie bei der Anwendung der gesetzlichen Gefahrtragungsregeln beim Versendungskauf oder bei § 644 BGB.

VIII. Besonderheiten beim Planervertrag

110 Weitgehend ungeklärt sind noch die Einzelheiten eines Entschädigungsanspruches beim Planervertrag, wobei der Ausgangspunkt, dass auch dem Planer eine Entschädigung nach § 642 BGB zustehen kann, unstreitig ist.[169] Auch die Frage, welche Mitwirkungshandlungen dem Auftraggeber obliegen, sorgt für wenig Streit. So dürfte unbestritten sein, dass dem Auftraggeber Bemusterungen, planerische Entscheidungen, Finanzierungen, Beauftragung von Fachplanern etc. obliegen. Im Rahmen der Bauüberwachung obliegt es dem Auftraggeber aber auch, für die Bauausführung durch die ausführenden Unternehmer zu sorgen, damit der Planer diese überwachen kann. Kommt es hier zu einem Stillstand und kann der Planer nichts überwachen, wäre es denkbar, dass ein Annahmeverzug des Auftraggebers vorliegt. Kommt es hingegen »nur« zu Verzögerungen während der Bauausführung und »gibt es etwas zu überwachen«, dann läge ein Annahmeverzug in aller Regel nicht vor und dem Planer blieben in Ermangelung von anderen vertraglichen Vereinbarungen letztlich ein Anspruch auf Anpassung des Vertrages bei gestörter Geschäftsgrundlage; ein teilweiser Annahmeverzug wäre aber denkbar, wenn die zu Recht kalkulierten Ressourcen des Planers bzw. die von ihm vorgehaltenen Kapazitäten nur teilweise ausgelastet wären. In einem solchen Fall müsste dann auch der Planer den tatsächlichen Mehraufwand infolge seiner Vorhaltung ermitteln (also Soll und Ist) gegenüberstellen und ersparte Aufwendungen sowie anderweitige Erwerbsmöglichkeiten in Abzug bringen. Hier gibt es keine dogmatischen Unterschiede zum Annahmeverzug im Bauvertrag.

165 Siehe bspw. OLG Zweibrücken, Beschl. v. 03.12.2020 – 5 U 62/20.
166 OLG Celle, Urt. v. 04.03.2020 – 7 U 334/18; OLG Zweibrücken, Beschl. v. 03.12.2020 – 5 U 62/20; LG Frankfurt a.M., Urt. v. 20.12.2024 – 2–31 O 156/24.
167 OLG München, 13.04.2021 – 9 U 2715/20 Bau.
168 Karczewski, NZBau 2025, 154.
169 Hierzu: Ryll/Himmel, NZBau 2025, 611.

§ 643 Kündigung bei unterlassener Mitwirkung

Der Unternehmer ist im Falle des § 642 berechtigt, dem Besteller zur Nachholung der Handlung eine angemessene Frist mit der Erklärung zu bestimmen, dass er den Vertrag kündige, wenn die Handlung nicht bis zum Ablauf der Frist vorgenommen werde. Der Vertrag gilt als aufgehoben, wenn nicht die Nachholung bis zum Ablauf der Frist erfolgt.

Übersicht

A. Allgemeines

I. Einführung

In Ergänzung zu den Regelungen des § 642 BGB erhält (nur) der Unternehmer durch § 643 BGB ein weiteres Recht (neben der Kündigung aus wichtigem Grund nach § 648a BGB, sollten dessen Voraussetzungen erfüllt sein), sich von einem Werkvertrag zu lösen, wenn der Auftraggeber seinen Mitwirkungshandlungen (unabhängig davon, ob diese als Obliegenheiten oder als Nebenpflichten qualifiziert werden) nicht nachkommt – die Kündigungsmöglichkeiten des Auftraggebers ergeben sich aus §§ 648, 648a BGB. § 643 BGB flankiert damit die finanziellen Ansprüche aus § 642 BGB und gewährt dem Auftragnehmer ein Lösungsrecht vom Vertrag, sollte die finanzielle Kompensation des § 642 BGB und/oder die ungewisse Dauer des Annahmeverzuges und die damit einhergehende Verlängerung der Bauzeit ihm nicht dauerhaft die Nachteile erstatten, die er aufgrund einer fehlenden Mitwirkungshandlung des Auftraggebers hat. Dies gilt um so mehr, als dass § 642 BGB dem Auftragnehmer keine volle Kompensation der ihm entstehenden Nachteile gewährt. So werden weder über § 642 noch in aller Regel allein über die Vorlage eines Terminplans Steigerungen von Lohn- oder Materialkosten kompensiert, die nicht während des Annahmeverzuges (dem Störungszeitraum) sondern danach anfallen. 1

Allerdings bestimmen sich die Rechtsfolgen der Kündigung nach § 643 BGB nicht nach §§ 648, 648a BGB, die Kündigung des Auftragnehmers nach § 643 BGB wird also nicht einer freien Kündigung durch den Auftraggeber oder einer von diesem verschuldeten Kündigung aus wichtigem Grund gleichgesetzt, vielmehr verweist § 645 Abs. 1 Satz 2 BGB für die Fälle des § 643 BGB auf § 645 Abs. 1 Satz 1 BGB: Der Auftragnehmer erhält hiernach nur *»einen der geleisteten Arbeit entsprechenden Teil der Vergütung und Ersatz der in der Vergütung nicht inbegriffenen Auslagen«*.

Sachlich ist § 643 BGB auf alle Werkverträge anwendbar, somit auch auf alle Bau-, Verbraucherbau-, Bauträger- und Architekten-/Planerverträge, wenn auch ggfls. nach der hier vertretenen Auffassung mit einer einschränkenden Auslegung. 2

Alternative Kündigungs- oder Beendigungsmöglichkeiten bestehen für den Auftragnehmer nach § 648a BGB (Kündigung aus wichtigem Grund), § 650 f Abs. 5 BGB (Kündigung bei unterlassener Stellung einer geforderten Sicherheit) und §§ 323, 324 BGB (Rücktritt, insbesondere wegen der Verletzung einer Nebenpflicht i.S.d. § 241 Abs. 2 BGB) sowie bei wirksamer Vereinbarung der VOB/B ergänzend auch nach § 6 Abs. 7 oder § 9 VOB/B. 3

II. Entstehungsgeschichte

4 Während der Beratung zum BGB war es umstritten, ob dem Unternehmer über die allgemeinen Regelungen bei Verzug und Unmöglichkeit hinaus auch ein Rücktritts- oder Kündigungsrecht zustehen sollte, wenn der Auftraggeber, erforderliche Mitwirkungshandlungen nur vorübergehend nicht erbringt, ohne dass das Werk unmöglich wird. Im 1. Entwurf war hierzu noch keine Regelung vorgesehen, im 2. Entwurf war sie nur als eigenständiger Absatz zum (damaligen § 579 BGB – jetzt § 642 BGB) vorgesehen, im 3. Entwurf war die Regelung dann schon als eigener Paragraph (damals noch als § 633 BGB) enthalten. Die Norm ist seitdem unverändert. Die Verfasser des BGB nahmen die Regelung auf, um dem Auftragnehmer die Disposition über seine Ressourcen und Kapazitäten zu belassen. Er sollte diese nicht »unendlich« dem Besteller auf Abruf wieder zur Verfügung stellen müssen, sobald jener seine Mitwirkungshandlung nachhole. Der Besteller sei, so die damalige Auffassung, dadurch hinreichend geschützt, dass er selbst jederzeit nach § 648 BGB den Werkvertrag »frei« kündigen könne. Im Gegenzug sollte der Unternehmer, über die Kündigung nach § 643 BGB »nur« den verminderten Vergütungsanspruch nach § 645 BGB erhalten.

B. Annahmeverzug durch unterlassene Mitwirkung – Fall des § 642 BGB

5 Voraussetzung des § 643 BGB ist – so der ausdrückliche Wortlaut des Gesetzes – der *»Fall [e] des § 642 BGB«*. Dies bedeutet, dass dessen Voraussetzungen in Gänze vorliegen müssen. Es muss mithin (a) eine unterlassene Mitwirkungshandlung (oder eine dieser gleich gestellte Störungshandlung durch aktives Tun) des Bestellers vorliegen, die (b) bei der Herstellung des Werkes erforderlich ist und (c) der Besteller muss sich im Annahmeverzug befinden, ein Verschulden ist – wie auch bei § 642 BGB – nicht nötig. Ein Vorgehen nach § 643 BGB ist insbesondere nur dann möglich, wenn die Mitwirkungshandlung des Bestellers für das vereinbarte Werk tatsächlich **erforderlich** ist. Zur Vermeidung von Wiederholungen ist auf die Kommentierung bei § 642 BGB zu verweisen. Nach der hier vertretenen Auffassung muss aber auch durch die Unterlassung der Mitwirkungshandlung des Bestellers eine gewisse »Schwere« vorliegen und tatsächlich der Werkerfolg ohne die Mitwirkungshandlung nicht realisierbar sein und nicht nur die vereinbarte Art, wie sich dieser Werkerfolg herbeiführen lässt. Diese Einschränkung ist nötig, damit nicht jede »kleinste« Behinderung durch den Auftraggeber den Auftragnehmer zur Kündigung des Werkvertrages veranlassen kann (s.u.).

C. Fristbestimmung

6 Der Unternehmer hat dem Auftraggeber sodann eine *»angemessene Frist«* zu bestimmen, mit der Erklärung, dass er den Vertrag kündige, wenn die Handlung nicht bis zum Ablauf der Frist vorgenommen werde.

I. Willenserklärung

7 Die Fristsetzung des Unternehmers ist eine einseitige, empfangsbedürftige und – wegen Satz 2 – auch eine rechtsgestaltende[1] Willenserklärung. Auf sie sind deshalb die allgemeinen Regelungen im Hinblick auf Wirksamkeit, Zugang, Vollmacht etc. anzuwenden. Hat der Erklärende ohne Vollmacht gehandelt, gilt § 180 BGB: hat sich der Erklärende stillschweigend oder ausdrücklich auf eine Vollmacht berufen, legt diese aber nicht vor, so kommt es darauf an, ob der Erklärungsgegner die fehlende Vollmacht beanstandet hat oder nicht. Hat er sie nicht beanstandet, gelten die §§ 177–179; hat er sie beanstandet, so gilt § 174 BGB. Die Genehmigung des Geschäftsherrn wirkt zwar gemäß § 184 BGB auf den Zeitpunkt der Erklärung zurück, sie muss aber bei Fristablauf vorliegen.[2]

1 Retzlaff, ibr-OK, Stand 07.02.2025, § 643 BGB, Rn. 6 unter Verweis auf BGH, 28.11.2002 – VII ZR 270/01.

2 Grüneberg/Ellenberger, BGB, § 180 Rn. 1; hierzu auch: Vogel, BauR 2011, 313.

II. Form

8 Noch nicht höchstrichterlich geklärt, ist die Frage, ob auf die Erklärung des § 643 BGB der gesetzliche Formzwang des § 650h BGB für Bauverträge anzuwenden ist. Die Fristbestimmung nach § 643 BGB ist nach strengen Maßstäben keine Kündigung. Jedoch sprechen Sinn und Zweck der dortigen Vorschrift und der systematische Zusammenhang dafür, § 650h BGB anzuwenden, da die Kündigung nach § 643 BGB allein durch die Erklärung des Auftragnehmers und den anschließenden fruchtlosen Fristablauf bezweckt wird.[3] Die rechtsgestaltende Erklärung liegt hier schon in der Fristsetzung und nicht erst in der Kündigung, sodass es geboten erscheint, die Formerfordernisse des § 650h BGB auch auf die Kündigungsandrohung nach § 643 BGB zu erstrecken.

III. Inhalt der Erklärung

9 Die Erklärung muss hinreichend erkennen lassen, dass es dem Unternehmer »ernst« ist und er bei fruchtlosem Fristablauf, also der Untätigkeit des Bestellers den Vertrag beenden wird, somit also der Bestand des Vertrages nur noch vom Besteller und vom Ablauf der Frist abhängt. Das ist dann nicht der Fall, wenn sich der Auftragnehmer nur *»die Kündigung vorbehält«*, die *»Kündigung androht«*, *»die Kündigung empfiehlt«*, *»entsprechende weitere rechtliche Schritte«* ankündigt, auf die *»Rechtsfolgen der §§ 642, 643 BGB verweist«* oder eine *»einvernehmliche Vertragsaufhebung«* empfiehlt,[4] sondern nur dann, wenn der Auftragnehmer unmissverständlich erklärt, dass er die Kündigung erklären *»wird«*. Es ist also mehr erforderlich als eine Androhung der Kündigung oder deren Ankündigung; wegen des rechtsgestaltenden Inhaltes der Erklärung muss deshalb auch eindeutig die Kündigung bzw. Vertragsaufhebung ausgesprochen sein, damit bei Fristablauf auch die entsprechenden rechtlichen Folgen eintreten können. Bleiben Zweifel, so muss sich der Auftragnehmer – da er durch einen unzweifelhaften Wortlaut seiner Erklärung diese Zweifel hätte vermeiden können – dieses Risiko zurechnen lassen; der Vertrag bleibt also »im Zweifel« bestehen.

10 Die Erklärung muss zudem die vom Besteller geforderte Mitwirkungshandlung hinreichend spezifiziert und genau bezeichnen und zwar nicht im Hinblick auf den Erfolg oder den mit ihr bezweckten Sinn, sondern im Hinblick auf die vom Besteller konkret vorzunehmende Tätigkeit. Dieser muss also genau erkennen können, was von ihm innerhalb der vom Auftragnehmer gesetzten Frist verlangt wird, sodass er »ohne schuldhaftes Zögern« die Vornahme dieser Tätigkeit veranlassen kann.[5] Die Erklärung kann hierzu auch auf vorangegangene Korrespondenz verweisen, vorausgesetzt, diese war auch dem Auftraggeber zugegangen und beinhaltet ihrerseits eine konkrete und hinreichend genaue Beschreibung der vorzunehmenden Handlung. Der Besteller muss aber allein aus der Fristsetzung des § 643 BGB und der in Bezug genommenen Korrespondenz eindeutig erkennen können, welche Mitwirkungshandlung von ihm verlangt wird. Zweifel gehen zulasten des Auftragnehmers.

IV. Zeitpunkt

11 Die Fristsetzung muss erfolgen, nachdem der Auftraggeber in Annahmeverzug ist, dies ergibt sich schon einerseits daraus, dass § 643 auf den »Fall« des § 642 BGB verweist, also den Umstand der unterlassenen Mitwirkungshandlung **und** den **hieraus** entstandenen Annahmeverzug des Bestellers voraussetzt und andererseits, dass eine Frist zur »Nachholung« der Mitwirkungshandlung zu setzen sei; nachgeholt werden kann aber nur, was schon eigentlich hätte geschehen sein müssen. In analoger Anwendung des Rechtsgedankens aus § 286 Abs. 1 S. 1 BGB ist eine verfrühte Fristsetzung, also eine »Mahnung« ohne »Fälligkeit« wirkungslos und setzt auch keine Frist nach Fälligkeit in Gang. Nach der hier vertretenen Auffassung muss der Besteller also bereits in Annahmeverzug sein (sei es aufgrund eines tatsächlichen, eines wörtlichen oder eines entbehrlichen Angebotes nach

---

3 So auch Retzlaff, a.a.O., Rn. 12; Schonebeck, in: Leinemann/Kues, § 643 BGB, Rn. 8; Geheeb, in: Leinemann/Kues, § 650h BGB, Rn. 5.

4 OLG Brandenburg, Urt. v. 17.06.2010 – 12 U 21/10, NJW-RR 2010, 1670.

5 OLG Brandenburg, Urt. v. 17.06.2010 – 12 U 21/10, NJW-RR 2010, 1670.

§§ 294–296 BGB). Erst danach kann der Unternehmer die Frist nach § 643 BGB setzen.[6] Nach anderer Auffassung soll die Fristsetzung mit dem wörtlichen Angebot § 295 BGB verbunden werden können.[7] Diese Meinung verkennt aber, dass das Gesetz zwar die Verbindung von Mahnung und Fristsetzung akzeptiert, nicht aber im Allgemeinen (sondern nur bei einem Fixgeschäft) die Fälligkeitsstellung mit einer Mahnung. Für eine den Wortlaut des § 643 BGB übersteigende Ausdehnung besteht auch kein praktisches Bedürfnis.

V. Angemessene Frist

12 Die Frist muss angemessen sein. Was das genau bedeutet, kann dem Gesetz nicht entnommen werden. Eine Frist ist nach bislang gefestigter Ansicht dann angemessen, wenn der Besteller in der Lage ist, die von ihm geforderte Handlung innerhalb der Frist vornehmen zu können. Von ihm können zwar zu Recht alle Anstrengungen erwartet werden, die Frist muss aber gleichwohl entsprechend der Umstände des Einzelfalls so angemessen sein, dass der Besteller unverzüglich nach Zugang der Fristsetzung alles Erforderliche in Gang setzen kann, um die verlangte Handlung vorzunehmen. Gemäß der früheren Rechtsprechung zu § 648a Abs. 5 BGB a.F. (jetzt: § 650 f BGB), der in der Fassung vor dem 01.01.2009 auf § 643 BGB verwies, sollte eine Nachfrist von 3–4 Werktagen angemessen, weshalb dieser Zeitraum auch beim § 643 BGB immer wieder zitiert wurde.[8] Dies kann jetzt auch noch als Anhaltspunkt für »kleinere« und leicht vorzunehmenden Mitwirkungshandlungen dienen. Allerdings kann es im Einzelfall auch erforderlich sein, eine längere Frist in Anspruch zu nehmen, hierzu ein Beispiel: Der Besteller muss für einen Unternehmer noch eine Unterkonstruktion betonieren lassen. Zur Vornahme dieser Handlung muss der Besteller einen Nachunternehmer mit der Betonierung beauftragen, dieser muss sodann Material und Personal disponieren, die Betonage vornehmen, der Beton muss dann noch aushärten. Diese Leistung kann kaum in 3 – 4 Werktagen vorgenommen werden, so dass dann eine längere Frist erforderlich sein wird. Dies entspricht im Übrigen auch der allgemeinen Regelung in § 323 BGB oder § 281 BGB. Schon das Reichsgericht entschied, dass eine Frist als unangemessen kurz anzusehen sei, bei welcher der Auftragnehmer davon ausgehen musste, dass der Besteller diese nicht werde einhalten können.[9]

Diese Auffassungen überzeugen aber nicht, setzen sie doch in aller Regel voraus, dass der Besteller die von ihm geforderte Leistung aber auch erfüllen müsse, was weder § 642 noch § 643 BGB voraussetzen. Im Gegenteil: Beide Normen unterstellen implizit, dass die geforderte Mitwirkungshandlung eine Obliegenheit des Bestellers sei, die dieser gar nicht erfüllen müsse.[10] Zudem stellt § 642 BGB richtigerweise auf die »Handlung« des Bestellers und nicht den »Erfolg« dieser Handlung ab, der durchaus später erst eintreten kann. Insofern kann richtigerweise nicht auf die allgemeinen Regelungen, die zu einer Nachfrist im Rahmen des § 281 BGB entwickelt wurden, zurückgegriffen werden, sondern es ist entsprechend dem Sinn und Zweck des § 643 BGB (den ungewissen Zeitraum des Annahmeverzuges zu beenden und dem Auftragnehmer eine Kündigungsmöglichkeit zu verschaffen) eigenständig zu bestimmen, wie lang die angemessene Frist hier sein muss. Danach bestimmt sich die Angemessenheit der Länge in einer Abwägung aus den Interessen des Auftragnehmers (wie lange wird es voraussichtlich dauern, bis die Mitwirkungshandlung erbracht werden kann und wie lange wird der Auftragnehmer durch die Entschädigung des § 642 BGB hinreichend kompensiert und ist nicht zur Vermeidung von wesentlichen Nachteilen auf eine Kündigung angewiesen) und des Auftraggebers (der ein Interesse an der Wirksamkeit des Vertrages hat). Schematische Formeln[11] verbieten sich daher.

---

6 Dies scheint auch Retzlaff einzuräumen, wenn er im selben Abschnitt aufführt, dass § 643 BGB eine »Nachfrist« fordere: a.a.O., Rn. 8.

7 Retzlaff, a.a.O., § 643 BGB Rn. 8 unter angeblichen Verweis auf RG, 11.04.1902 – II 407/01.

8 OLG Düsseldorf, Beschl. v. 03.07.2018 – 22 U 83/17.

9 RG, Urt. v. 16.06.1908 – III 512/07, zitiert bei Schmitz, BauR 2024, 194. So auch: OLG Karlsruhe, Urt. v. 22.01.2023 – 12 U 141/02.

10 Darauf weist Schmitz in BauR 2024, 196, zu Recht hin.

11 Schmitz, BauR 2024, 196 geht von regelmäßig 5 – 10 Kalendertagen aus.

Eine unangemessen kurze Fristbestimmung ist, wie auch bei §§ 281, 323 BGB, nicht wirkungslos, sondern setzt eine angemessen lange Frist in Gang.[12] Das birgt aber das Risiko, dass der Auftragnehmer zu einem früheren Zeitpunkt vom Fristablauf ausgeht und seine weitere Tätigkeit einstellt und die Baustelle verlässt, weil er davon ausgeht, der Besteller habe seine Mitwirkungshandlung nicht innerhalb der gesetzten Frist erbracht. War diese aber zu kurz bemessen und lief in Wirklichkeit also noch nicht ab, als der Unternehmer seine Leistung einstellte, erfolgte diese Leistungseinstellung zu früh und unrechtmäßig. Dies kann den Besteller dann dazu veranlassen, den Unternehmer zur Leistungserbringung aufzufordern und aus einer etwaigen Weigerung des Unternehmers weitere Rechte abzuleiten, bis hin zur Kündigung aus wichtigem Grund nach § 648a BGB. 13

VI. Modifikation der Fristsetzung: Rücknahme, Verkürzung und Verlängerung

Nach allgemeiner Auffassung soll die Erklärung rücknehmbar sein.[13] Dies ist dogmatisch zwar nicht ohne weiteres nachvollziehbar, weil es sich bei der Rücknahme der Frist nicht um einen Widerruf nach § 130 Satz 2 BGB handelt, da die Frist bereits einmal wirksam gesetzt worden ist. Der Auftragnehmer kann aber auf die Rechtsfolgen seiner Erklärung durch eine neue (empfangsbedürftige Willenserklärung) wirksam verzichten und auf den Zugang der Annahmeerklärung dieses Verzichtes durch den Auftraggeber verzichten. Dieser muss aber zumindest dem Verzicht (ausdrücklich oder notfalls auch nur konkludent) zustimmen. Diese Zustimmung kann konkludent bereits dann vorliegen, wenn er trotz Fristablauf die Vornahme der notwendigen Mitwirkungshandlung fortsetzt oder den Auftragnehmer nicht von der Baustelle verweist, sondern weiter arbeiten lässt. Die Rücknahme der Fristsetzung durch den Auftragnehmer kann ebenfalls konkludent erfolgen. Dies ist selbst dann möglich, wenn der Auftragnehmer trotz Ablaufes der von ihm gesetzten Frist weitere Werkleistungen (etwa an ungestörten Bereichen) erbringt oder den Auftraggeber weiterhin zur Vornahme der unterlassenen Mitwirkungshandlung auffordert und dadurch zu erkennen gibt, dass er den Vertrag nicht beenden will. Hierzu genügt es schon, wenn der Auftragnehmer nach Ablauf der von ihm gesetzten Frist weitere Bautätigkeiten, die über die bloße Sicherung der Baustelle und einer geordneten Beendigung der Bautätigkeit hinaus geht und Leistungen umfasst, die der Auftragnehmer nicht ausführen würde, wenn er von der Kündigung des Vertrages ausgehen würde. Auch auf den Zugang der Annahme einer solchen konkludenten Willenserklärung durch den Auftraggeber, kann der Auftragnehmer konkludent verzichtet haben. Rechtsdogmatisch könnte dasselbe Ergebnis dadurch erzielt werden, dass man jede Bautätigkeit über den Fristablauf hinaus jedenfalls als Angebot auf den Abschluss eines neuen Bauvertrages ansähe, der nicht nur zu den alten Konditionen eingegangen werden soll, sondern auch noch den eigentlich gekündigten Vertrag fortsetzen soll. Ein solches Angebot wird dann auch der Auftraggeber konkludent annehmen können. 14

Nach der Rücknahme der Erklärung ist der Auftragnehmer – außer in Fällen des § 242 BGB – bis zur Vornahme der dem Auftraggeber obliegenden Mitwirkungshandlung nicht gehindert, eine neue Frist nach § 643 BGB zu setzen, das Kündigungsrecht lebt also neu wieder auf. 15

Der Auftragnehmer kann im Übrigen die gesetzte Frist jederzeit verlängern, aber wegen § 242 BGB nicht zum Nachteil des Bestellers verkürzen. 16

VII. Umdeutung in eine Kündigung aus wichtigem Grund

Sind die Voraussetzungen des § 643 BGB nicht erfüllt, ist immer noch zu prüfen, ob der Sachverhalt dann eine Kündigung aus wichtigem Grund rechtfertigt, was der Fall sein kann, wenn die unterlassene Mitwirkungshandlung das Vertrauensverhältnis der Parteien zueinander nachhaltig und in erheblichem Maße erschüttert hat.[14] In diesem Fall bedarf es aber einer gesonderten und ausdrücklichen Kündigungserklärung des Auftragnehmers, denn die Fristsetzung mit Kündigungsan- 17

12 OLG Düsseldorf, Beschl. v. 03.07.2018 – 22 U 83/17; Retzlaff, a.a.O., Rn. 10.
13 MüKo-BGB/Busche, § 643 Rn. 5; Schonebeck, in: Leinemann/Kues, § 643 Rn. 7.
14 Vgl. OLG Frankfurt, Urt. v. 03.04.2017 – 29 U 169/16, NJW-RR 2017, 982.

drohung nach § 643 BGB stellt die erforderliche Kündigungserklärung nur dann dar, wenn die implizit enthaltene Bedingung (dass die genannte Mitwirkungshandlung nicht binnen der gesetzten Frist erfolgt) eintritt. Ist das nicht der Fall, bedarf es einer eigenständigen Kündigungserklärung.

VIII. Entbehrlichkeit einer Fristsetzung

18 Die Fristsetzung ist entbehrlich, wenn es sich um eine bloße Förmelei handeln würde, weil der Besteller durch die Fristsetzung ohnehin nicht in die Lage gebracht werden würde, die geforderte Leistung zu erbringen. Das ist dann der Fall, wenn der Besteller die Vornahme der von ihm zu erbringenden Mitwirkungshandlung schon ernsthaft und endgültig abgelehnt hat oder diese aus anderen Gründen nicht erbringen will oder auch (subjektiv) nicht erbringen kann. In diesen Fällen lässt es der BGH ausreichen, dass sich der Unternehmer durch Kündigungserklärung vom Vertrag löst.[15] Darlegungs- und beweisbelastet für diese Ausnahme ist aber der Unternehmer. Kein Fall des § 643 BGB ist aber, wenn die Mitwirkungshandlung von vornherein objektiv gar nicht erbracht werden kann, dann liegt ein Fall der vom Besteller zu verantwortenden Unmöglichkeit vor.

D. Fristablauf

19 Die gesetzte Frist ist fruchtlos verstrichen, wenn die geforderte Leistung nicht vollständig und ordnungsgemäß nachgeholt worden ist, also nicht so ausgeführt worden ist, wie sie vor dem Annahmeverzug hätte erfolgen müssen. Indes wird gemäß § 242 BGB dann etwas anderes gelten, wenn der Auftraggeber mit der Leistung schon begonnen hat und aus neuen Gründen an der fristgerechten Fertigstellung der Mitwirkungshandlung gehindert wird, die er nicht zu vertreten hat (bspw. Witterungsverhältnisse) oder wenn die Mitwirkungshandlung im Wesentlichen erbracht ist (analog zu § 640 BGB: »ohne wesentliche Mängel«) oder unmittelbar vor ihrer vollständigen Fertigstellung steht.[16] Maßgeblich kommt es darauf an, dass der Auftragnehmer in absehbarer Zeit wieder in die Lage versetzt wird, seine Ressourcen wieder einzusetzen und nicht auf eine unbestimmte Zeit »vertröstet« wird. Begründen kann man dieses Ergebnis mit dem allgemeinen Grundsatz der Kooperationspflicht: Grundsätzlich sind beide Parteien gehalten, alles Zumutbare zu tun, um den geschlossenen Vertrag zu erfüllen und das vereinbarte Werk entstehen zu lassen, im Zweifel geht also die Vertragserfüllung vor.

E. Rechtsfolgen

I. Vertragsaufhebung

20 § 643 BGB ist ein »Fremdkörper« im BGB. Denn mit fruchtlosem Ablauf der Frist gilt der Vertrag als aufgehoben. Einer gesonderten Kündigungserklärung bedarf es nicht. Trotz entsprechender Anregungen hat der Gesetzgeber mit der Implementierung des gesetzlichen Bauvertragsrechts in das BGB zum 01.01.2018 § 643 BGB nicht entsprechend geändert.

21 Ist allerdings die VOB/B wirksam vereinbart, so wird § 643 BGB durch § 9 VOB/B modifiziert, der nach Fristsetzung mit Kündigungsandrohung noch eine gesonderte Kündigung durch den Auftragnehmer verlangt.[17]

II. Vergütung des Auftragnehmers

22 Der Auftragnehmer erhält für die erbrachten Leistungen eine Vergütung nach § 645 BGB. Für die nicht-erbrachten Leistungen erhält der Auftragnehmer keine Vergütung, sondern lediglich eine Kompensation für Auslagen, deren Vergütung in der Vergütung für die bereits erbrachten Leistun-

15 BGH, Urt. v. 22.01.2004 – VII ZR 183/02, BGHZ 157, 335, Rn. 20; BGH, Urt. v. 19.11.1991 – X ZR 28/90; BGH, Urt. v. 10.06.1974 – VII ZR 30/73.

16 Schonebeck, in: Leinemann/Kues, § 643 BGB Rn. 8a.

17 Schonebeck, in: Leinemann/Kues, § 643 BGB Rn. 14.

gen, nicht enthalten ist. Etwas anderes gilt nur dann, wenn der Auftraggeber die Unterlassung der Mitwirkungshandlung auch in der gesetzten Nachfrist zu vertreten hat, letzteres setzt aber ein Verschulden und damit eine Pflichtverletzung voraus, die nach der Rechtsprechung in aller Regel bei den Mitwirkungshandlungen des Auftraggebers abgelehnt wird. Nach der Rechtsprechung des KG sollen Ansprüche, denen der Auftragnehmer seitens dessen Nachunternehmern infolge einer solchen Kündigung ausgesetzt ist, »Auslagen« im Sinne des § 645 Abs. 1 Satz 1 BGB sein.[18] Ein solcher Ansatz mag aus Billigkeitsgründen angenommen werden, darf aber nicht dazu führen, dass die dogmatischen Grenzen zwischen verschuldensunabhängigen und verschuldensabhängigen Ansprüchen verwischen.

Für den Zeitraum des Annahmeverzugs bis zum Fristablauf besteht neben dem Vergütungsanspruch nach § 631 BGB, der sich gemäß § 645 Abs. 1 Satz 2 BGB im Fall der Kündigung nur auf die erbrachte Leistung bezieht, der Entschädigungsanspruch nach § 642 BGB. 23

Der Auftragnehmer stellt sich also bei einem Vorgehen nach § 643 BGB schlechter als bei einer »freien« Kündigung des Auftraggebers oder bei einer von diesem zu vertretenden Kündigung durch den Auftragnehmer (etwa nach § 648a Abs. 4, 5 BGB, nach § 326 Abs. 2 BGB oder nach § 650 f BGB). Diese Schlechterstellung besteht zum einen hinsichtlich der Beweislast (der Auftragnehmer trägt die Beweislast gemäß § 645 BGB und hat nur eine differenzierte Beweislast bei § 648 BGB), zum anderen hinsichtlich der Höhe seines Anspruches und der Verschuldensabhängigkeit (gemäß § 645 Abs. 2 BGB erhält der Auftragnehmer den entgangenen Gewinn nur bei Verschulden des Auftraggebers, nach § 648 BGB verschuldensunabhängig). 24

Diese Schlechterstellung mag als befremdlich empfunden werden, entspricht aber der ausdrücklichen Entscheidung des historischen Gesetzgebers, sie wird von der Rechtsprechung akzeptiert und veranlasste den Gesetzgeber bis heute auch nicht zu einer Revision der gesetzlichen Regelung. 25

III. Allgemeine Kündigungsfolgen

Da es sich bei § 643 BGB letztlich auch um eine Kündigung handelt, bestehen auch die allgemeinen Kündigungsfolgen: Die Kündigung wirkt ex nunc, lässt also den Rechtsgrund für die bis zur Kündigung erbrachten Leistungen bestehen. Deshalb ist der Auftraggeber/Besteller zur Abnahme der bis zur Kündigung erbrachten Leistungen verpflichtet, der Auftragnehmer hat ein Recht zur Erstellung eines Aufmaßes und eine Leistungsstandfeststellung. Der Auftragnehmer hat das »Recht« zur Mängelbeseitigung, der Auftraggeber muss also bei Mängeln der erbrachten Leistung erst noch eine Frist zur Mangelbeseitigung setzen, bevor er die Rechte aus §§ 636 ff. BGB geltend machen kann. 26

F. Einschränkende Auslegung geboten

Die uneingeschränkte Anwendbarkeit der Vorschrift des § 643 BGB wäre für Auftraggeber extrem nachteilig, wenn diese – was bei nahezu jedem Bauvorhaben der Fall ist – arbeitsteilig vorgehen und für die unterschiedlichen Gewerke jeweils andere Auftragnehmer beschäftigen. Führen diese Auftragnehmer die ihnen obliegenden Vorarbeiten nicht ordnungsgemäß aus, unterlässt der Auftraggeber für den später tätigen Auftragnehmer eine erforderliche Mitwirkungshandlung. Dieser könnte dann nach § 643 BGB vorgehen, ohne dass der Auftraggeber die Unterlassung zu vertreten hätte. Dem Auftraggeber entstünde dann infolge der dann kündigungsbedingt entstehenden Verzögerungen, den neuen Beauftragungen und ggfls. sogar einer neuen Ausschreibung ein beträchtlicher zeitlicher und finanzieller Schaden. Dies gilt insbesondere dann, wenn – wie das KG jüngst entschieden hat – der Anwendungsbereich von § 642 BGB weit gefasst wird und nicht nur jede Unterbrechung umfasst (also jeder »echte«, vollständige Annahmeverzug), sondern auch jede Unterlassung, die sich nur behindernd bzw. störend auswirkt. Es erscheint daher insbesondere aus einem praktischen Bedürfnis geboten, § 643 BGB einschränkend auszulegen und eine gewisse Schwere der unterlassenen 27

18 KG, Urt. v. 04.07.2025 – 21 U 129/23.

Mitwirkungshandlung zu fordern – jedenfalls aber eine Auswirkung auf den Bauablauf zu fordern. Das ergibt sich zwar nicht aus einer Analogie zu § 9 VOB/B, wohl aber aus § 242 BGB.[19] Die einschränkende Anwendbarkeit des § 643 BGB kann auch damit begründet werden, dass der Auftragnehmer bei Behinderungen oder Störungen **verpflichtet** ist, den Bauablauf anzupassen, dies stellt § 6 Abs. 3 VOB/B für VOB/B-Bauverträge klar, diese Norm gilt aufgrund der Kooperationspflicht sinngemäß auch bei BGB-Bauverträgen.[20]

28 Schon die Motive hoben hervor, dass die Einräumung eines Rücktrittsrechts oder eines Rechts auf Befreiung von der weiteren Ausführung des Werkes eine *»ungerechtfertigte Härte gegen den Besteller sein«* würde.[21] Die Regelung wurde gleichwohl aufgenommen, um den Auftragnehmer zu schützen, damit *»dieser nicht in das Unbestimmte gebunden bleibe und sich nicht jederzeit zur Leistung in Bereitschaft halten müsse«*.[22] Genau dieses Interesse muss aber dann auch anspruchseinschränkend herangezogen werden, um eine uferlose Anwendung des § 643 BGB zu vermeiden:[23]

29 Die Interessen beider Vertragsparteien sind auch dann ausreichend gewahrt, wenn der Auftragnehmer nicht bei »jeder kleinsten« Untätigkeit des Auftraggebers nach § 643 BGB vorgehen kann. Vielmehr ist es dem Auftragnehmer in den folgenden Fällen verwehrt, gemäß § 643 BGB vorzugehen:

- **Zeit zur Nachholung der Mitwirkungshandlung ist bekannt:** Unterbrechungen können dann nicht zu einer Kündigung berechtigen, wenn der Auftragnehmer genau weiß, wann die Mitwirkungshandlung nachgeholt wird und der Auftraggeber zugesagt hat, die dem Auftragnehmer bis dahin entstehenden Nachteile gemäß § 642 BGB auszugleichen. In diesem Fall weiß der Auftragnehmer nämlich, bis wann er seine Ressourcen vorzuhalten hat, es liegt also keine Unsicherheit vor, selbst wenn der angekündigte Zeitpunkt der Vornahme später liegt als der Ablauf einer angemessenen Frist.
- **Überlagerte Interessen des Auftraggebers:** Daneben kann der Auftragnehmer nicht kündigen, wenn ausnahmsweise gemäß § 242 BGB die Interessen des Auftraggebers an einer Vertragsdurchführung die Interessen des Auftragnehmers an einer Kündigung – gerade in Ansehung der finanziellen Kompensation nach § 642 BGB – überwiegen. Das ist bspw. dann der Fall, wenn der Auftragnehmer eine Sicherheit nach § 648 f BGB hat und der Auftraggeber die fälligen Ansprüche nach § 642 BGB erfüllt hat bzw. sogar diese sicherstellt oder wenn der Auftraggeber auch zusagt, trotz Aufrechterhaltung des Vertrages den Schadensersatz nach § 645 Abs. 2 BGB zu übernehmen. Das ist auch der Fall, wenn der Auftraggeber nur »kleinste« Mitwirkungshandlungen unterlässt, die letztlich unbedeutend sind und untergeordnete Leistungsteile betreffen, dessen Unterbleiben auch die Abnahmereife nicht hindern würde.[24]
- **Fehlende Vertragstreue:** Der Auftragnehmer ist an der Ausübung seiner Rechte aus § 643 BGB gehindert, wenn er selbst nicht vertragstreu ist, § 242 BGB. Derjenige, der selbst den Vertrag verletzt, soll nicht davon profitieren, dass (auch) der andere Vertragspartner den Vertrag bricht.
- **Eigener Verzug des Auftragnehmers:** Ist der Auftragnehmer selbst in Verzug, scheidet ein Annahmeverzug des Bestellers gemäß § 297 BGB aus, so dass die Tatbestandsvoraussetzungen des § 643 BGB nicht vorliegen.
- **Fehlende Erforderlichkeit:** Ist die vom Besteller vorzunehmenden Mitwirkungshandlung zum Zeitpunkt der Fristsetzung (noch) nicht oder nicht mehr erforderlich, liegt sie etwa nicht auf dem kritischen Weg und hat deren Unterlassung keine Folgen für den Auftragnehmer, sind die Tatbestandsvoraussetzungen des § 643 BGB ebenfalls nicht gegeben.

---

19 So auch: MüKo-BGB/Busche, § 643 Rn. 6.

20 So auch: von Kiedrowski, BauR 2019, 1503: Kündigungsrecht nur, wenn keine Anpassung bzw. Umstellung des Bauablaufes vorgenommen werden kann. In diesem Sinne auch: Kues/Thomas, NZBau 2006, 75.

21 Motive, zitiert nach Mugdan, S. 277.

22 Beratungen, zitiert nach Schubert, Bd. II, 7. Abschnitt zu §§ 642, 643, S. 891.

23 Ähnlich auch: Sienz, BauR 2021, 1205.

24 OLG Düsseldorf, Urt. v. 14.01.2011 – I-22 U 198/07 Rn. 40.

- **Rechtsmissbrauch:** Eine Kündigung ist auch dann ausgeschlossen, wenn sie rechtsmissbräuchlich wäre, etwa dann, wenn dem Auftragnehmer durch die unterlassene Mitwirkungshandlung keine Nachteile entstehen oder wenn der Auftragnehmer nur auf eine frühere Kündigungsandrohung des Auftraggebers reagiert.
- **Keine Unterbrechung, nur Störung/Behinderung:** Unterlassene Mitwirkungshandlungen, die sich nur störend und behindernd auswirken, berechtigen ebenfalls regelmäßig nicht zu einer Kündigung nach § 643 BGB (wohl aber gegebenenfalls nach § 648a BGB). Der Wortlaut von § 643 BGB ist diesbezüglich zwar uneindeutig, weil nicht geklärt ist, was das Gesetz unter »Annahmeverzug« i.S.d. § 642 BGB versteht (die vollständige Unterbrechung oder auch nur die behindernde Ausführung). Die Einschränkung kann aber dadurch begründet werden, dass sowohl der historische Gesetzgeber als auch der Sinn und Zweck der Vorschrift davon ausgehen, dass der Auftragnehmer nicht auf unangemessen lange Sicht, Personal und Kapazitäten vorhalten soll. Dies geschieht aber nicht, wenn der Auftragnehmer ohnehin an dem Werk tätig ist und demzufolge (wenn auch verlangsamt) Lohn erwirtschaften kann (inzwischen sieht das BGB schließlich auch Abschlagszahlungen vor, dieser Umstand war dem historischen Gesetzgeber noch fremd). Begründet werden kann diese Auffassung damit, dass es sich um eine für **den Werkerfolg** i.S.d. § 621 BGB erforderliche Mitwirkungshandlung handeln muss, und nicht nur um eine Handlung, deren Unterlassen sich möglichweise nur zeitlich auswirkt.
- **Fortsetzung der Leistungen durch den Auftragnehmer:** Setzt der Auftragnehmer seine Leistungen trotz der fehlenden Mitwirkung des Auftraggebers fort, macht er also von dem Annahmeverzug keinen Gebrauch und tritt in Vorleistung, kann er nicht den Vertrag kündigen. Denn der Regelung der §§ 642, 643 BGB liegt die Vorstellung des Gesetzgebers zugrunde, dass durch den Annahmeverzug ein Schwebezustand eintritt. Der Unternehmer ist weiterhin zur Leistung verpflichtet, kann diese aber ohne Mitwirkung des Bestellers nicht bewirken und muss gleichwohl Arbeitskräfte und Gerät bereithalten. Nur, um diesen Schwebezustand zu beenden und die Dispositionsfreiheit über Arbeitskraft und Kapital zurückzuerhalten, räumt § 643 BGB dem Unternehmer ein Lösungsrecht ein.[25] Gibt es einen solchen Schwebezustand nicht, kann der Auftragnehmer auch nicht nach § 643 BGB vorgehen. Das OLG Düsseldorf hat in diesem Zusammenhang auch schon entschieden, dass eine Kündigung dann nicht statthaft ist, wenn die Ausführung anderer Leistungen oder die Umstellung des Bauablaufes noch möglich ist.[26]

G. VOB/B und abweichende Regelungen

I. Abdingbarkeit

§ 643 BGB ist abdingbar.[27] In allgemeinen Geschäftsbedingungen des Auftraggebers aber nur, wenn es dem Auftragnehmer weiterhin ermöglicht wird, mit zumutbarem Aufwand eine Kündigung vorzunehmen. Aus § 9 VOB/B wird herausgelesen, dass es hiernach einer gesonderten Kündigungserklärung nach Ablauf der gesetzten Frist bedürfe und der VOB-Bauvertrag im Gegensatz zum BGB-Bauvertrag gerade nicht nach Ablauf der gesetzten Frist »automatisch« als gekündigt gilt. Ein solches Erfordernis der Kündigungserklärung nach § 9 VOB/B erscheint noch angemessen und zumutbar. Insofern sprechen keine Bedenken gegen eine Wirksamkeit dieser Regelung unter AGB-Gesichtspunkten. 30

Fraglich ist, ob eine Regelung, wonach der Auftragnehmer den Vertrag »nur aus wichtigem Grund« kündigen könne, § 643 BGB in unangemessener Weise abbedingt, oder ob nicht der gesetzliche Fall des § 643 BGB unter Berücksichtigung der hier vertretenen Einschränkungen gerade ein »wichtiger« Grund sein kann.[28] Richtigerweise würde eine solche Regelung zwar § 643 BGB unberührt

25 OLG, Schleswig Beschl. v. 11.03.2011 – 5 U 123/08 Rn. 77; s.a. OLG Düsseldorf, Urt. v. 14.01.2011 – I-22 U 198/07 Rn. 40.
26 Vgl. OLG Düsseldorf, Urt. v. 14.01.2011 – I-22 U 198/07 Rn. 40.
27 MüKo-BGB/Busche, § 643 Rn. 9; Retzlaff, a.a.O., Rn. 27.
28 Unklar: Retzlaff, a.a.O., Rn. 27.

lassen, könnte aber bei der gebotenen verwenderfeindlichen Auslegung zur Unwirksamkeit einer entsprechenden Regelung führen.

II. VOB/B

31 In VOB/B-Verträgen wird § 643 BGB durch § 6 Abs. 7 und § 9 VOB/B modifiziert: Nach § 6 Abs. 7 VOB/B kann jede Partei bei einer Unterbrechung von mehr als drei Monaten den Vertrag kündigen. Nach § 9 VOB/B kann der Auftragnehmer aus wichtigem Grund kündigen, wenn die entsprechenden Tatbestandsvoraussetzungen vorliegen.

§ 644 Gefahrtragung

(1) Der Unternehmer trägt die Gefahr bis zur Abnahme des Werkes. Kommt der Besteller in Verzug der Annahme, so geht die Gefahr auf ihn über. Für den zufälligen Untergang und eine zufällige Verschlechterung des von dem Besteller gelieferten Stoffes ist der Unternehmer nicht verantwortlich.

(2) Versendet der Unternehmer das Werk auf Verlangen des Bestellers nach einem anderen Ort als dem Erfüllungsort, so finden die für den Kauf geltenden Vorschriften des § 447 entsprechende Anwendung.

Übersicht Rdn.

A. Allgemeines

1 Die Bestimmungen in § 644 und § 645 BGB regeln (nicht abschließend) die Gefahrtragung beim Werkvertrag, also die Risikoverteilung zwischen den Vertragsparteien bei Störungen in der Vertrags-

abwicklung, die von keiner Vertragspartei zu vertreten sind, d.h. bei zufälligem Untergang oder zufälliger Verschlechterung des Leistungsgegenstands.[1]

§§ 644, 645 BGB gehören zum ursprünglichen »Kern« des BGB und wurden in der Vergangenheit nicht nennenswert inhaltlich verändert. Allein durch die Änderungen im gesetzlichen Bauvertragsrecht zum 01.01.2018 wurden die Rechtsfolgen von § 644 BGB durch § 650g Abs. 1 – 3 BGB modifiziert und im Ergebnis jedenfalls in den Fällen der streitigen Abnahme die strikten Regelungen der Gefahrtragung bewusst leicht zugunsten des Unternehmers abgeschwächt.[2] Ist in Fällen der Abnahmeverweigerung in der (einseitigen oder gemeinsamen) Zustandsfeststellung ein offenkundiger Mangel nicht enthalten, wird vermutet, dass der Mangel erst nach der Zustandsfeststellung entstanden und vom Besteller zu vertreten ist.

Die §§ 644 und 645 BGB finden auf alle Werkverträge Anwendung.[3] Für den Verbrauchervertrag über die Herstellung digitaler Produkte gem. § 650 Abs. 2 – 4 BGB ist zu berücksichtigen, dass auf einen Verbrauchervertrag nach § 650 Abs. 2 S. 1 BGB die §§ 633 – 639 BGB über die Rechte bei Mängeln sowie § 640 BGB über die Abnahme nicht anzuwenden sind und an deren Stelle nach § 650 Abs. 2 S. 2 BGB die Vorschriften des Abschnitts 3 Titel 2a treten. Die §§ 641, 644 und 645 BGB sind dann mit der Maßgabe anzuwenden, dass nach § 650 Abs. 2 S. 3 BGB anstelle der Abnahme die Bereitstellung des digitalen Produkts nach § 327b Abs. 3 – 5 BGB maßgeblich ist.

Die §§ 644 und 645 BGB ergänzen die Bestimmungen des allgemeinen Leistungsstörungsrechts, insbesondere die Regelungen in § 275 und § 326 BGB und ergeben zusammen mit diesen Normen ein einheitliches Konzept zur Gefahrtragung im Werkvertragsrecht, das zur Anwendung kommt, sofern und soweit nichts anderes zwischen den Parteien wirksam vereinbart worden ist.[4] Die §§ 644 und 645 BGB enthalten dabei Sonderregelungen und gehen den allgemeinen Regeln vor.[5]

Sonstige Erschwernisse in der Herstellung des Werks (etwa: ein aufwendigerer Transport oder die 2
Notwendigkeit der Ausführung zusätzlicher Leistungen) sind von diesem Regelungskonzept nicht umfasst. Diesbezüglich hilft allein § 650b Abs. 1 Nr. 2 BGB, der insoweit das (Preis- und Leistungs-) Risiko dem Besteller auferlegt, wenn es sich um eine Leistung handelt, die vom vertraglich vereinbarten Leistungsumfang noch nicht umfasst ist. Darüber hinaus liegende Störungen sind (jedenfalls im Hinblick auf die Kostentragung und die Leistungspflicht) aufgrund der allgemeinen Erfolgsbezogenheit des Werkvertrages vom Unternehmer zu tragen, in zeitlicher Hinsicht trifft ihn aber ggf. an der Überschreitung der Ausführungstermine kein Verschulden, § 286 Abs. 4 BGB.

Für den Begriff der Gefahr bzw. Störung im Sinne der §§ 644, 645 BGB gilt: Hat eine Vertrags- 3
partei den zur Realisierung des Risikos führenden Umstand zu vertreten, ist für die Gefahrtragungsregelungen kein Raum (und auch kein Bedürfnis), es gelten dann die allgemeinen Bestimmungen, insbesondere die §§ 275, 280, 283, 323, 325 und 326 BGB:[6] **Verschulden schließt Gefahrtragung aus.** Gefahrtragung meint in diesem Zusammenhang also die Risikoverteilung zwischen den Vertragsparteien bei Störungen bei der Vertragsabwicklung, die für die Parteien zufällig sind, also die von den Vertragsparteien oder deren Erfüllungsgehilfen nicht zu vertreten sind.

Die Gefahrtragung des § 644 BGB bezieht sich demnach auf eine Leistungsstörung, die von keiner Partei zu vertreten ist. Richtigerweise greift § 644 BGB nicht ein, wenn die Störung von einer Par-

1 BeckOGK/Lasch, § 644 BGB Rn. 1; BeckOK BGB/Voit, § 644 Rn. 1; ibr-OK BauVertrR/Pause/Vogel, § 644 BGB Rn. 1.
2 BT-Drs. 18/8486, S. 60.
3 BeckOGK/Lasch, § 644 BGB Rn. 2; Grüneberg/Retzlaff, BGB, § 644 Rn. 1.
4 Beispiel für eine abweichende Vereinbarung der Parteien: BGH, Urt. v. 19.06.1984 – X ZR 93/83, NJW 1984, 2406.
5 BGH, Urt. v. 21.08.1997 – VII ZR 17/96, NJW 1997, 3018; BeckOGK/Lasch, § 644 BGB Rn. 4; Messerschmidt/Voit/Merkens, § 644 BGB Rn. 2.
6 BeckOGK/Lasch, § 644 BGB Rn. 6; BeckOK BGB/Voit, § 644 Rn. 1, 21; ibr-OK BauVertrR/Pause/Vogel, § 644 BGB Rn. 2; MüKo-BGB/Busche, § 644 Rn. 1, 12.

tei zu vertreten ist, wobei Maßstab des Vertretenmüssens und der jeweiligen Leistungspflicht dem Vertrag zu entnehmen ist. Haben die Parteien keine individuelle Abgrenzung ihrer jeweiligen Leistungspflichten vorgenommen, so gelten die allgemeinen Regelungen, wonach die Mitwirkungshandlungen des Bestellers gemäß der (umstrittenen) Rechtsprechung des BGH keine Pflichten darstellen.[7] Die §§ 644, 645 BGB grenzen dabei die Risikobereiche der Vertragsparteien nicht ab, definieren insbesondere nicht abschließend den Umfang der vertraglich übernommenen Risiken, sondern regeln nur deren Rechtsfolgen, abgesehen von den explizit in § 644 Abs. 1 S. 3 BGB und § 645 S. 1 BGB normierten Fällen: vom Besteller gelieferter Stoffe und Anweisungen des Bestellers.

4 Zu unterscheiden sind die **Leistungsgefahr**, die **Sachgefahr** und die **Vergütungsgefahr** (auch **Gegenleistungs-** bzw. **Vergütungsgefahr**).

Die Leistungsgefahr beschreibt das Risiko des Unternehmers, das Werk trotz des zufälligen Untergangs, der zufälligen Beschädigung oder der Verschlechterung ordnungsgemäß, also vertragsgemäß, (nochmals) herstellen zu müssen.[8]

Die Sachgefahr ist das Risiko eines zufälligen Untergangs oder einer zufälligen Verschlechterung der vom Besteller zur Verfügung gestellten Stoffe.[9]

Die Vergütungsgefahr bezeichnet das Risiko des Unternehmers, für die vergeblich erbrachte Leistung keine Vergütung zu erhalten bzw. das Risiko des Bestellers, die vereinbarte Vergütung zahlen zu müssen, obwohl das Werk untergegangen, beschädigt oder verschlechtert ist.[10]

5 Gemeinhin wird in der Regel zu knapp behauptet, § 644 Abs. 1 S. 1 BGB und Abs. 2 (für die Versendung des Werkes unter Verweis auf § 447 BGB) regelten nur die Vergütungsgefahr, die Leistungsgefahr richte sich nach den allgemeinen Vorschriften.[11] Dies ist ungenau. Denn der Gefahrübergang in Abs. 1 S. 1 wiederholt den allgemeinen Grundsatz, dass der Schuldner bei Vertragsschluss die Leistungs- und Vergütungsgefahr trägt und durch Erfüllung beide Gefahren auf den Gläubiger übergehen, und bezieht sich damit sowohl auf die Vergütungs- als auch (jedenfalls als Klarstellung) auf die Leistungsgefahr.[12] Zudem regelt Abs. 1 S. 3 einen Spezialfall der Leistungsgefahr, die vom Besteller zu tragende Sachgefahr bezüglich der von ihm beigestellten Stoffe.

B. Gefahrtragung Abs. 1

I. Gefahrtragung bis zur Abnahme, Abs. 1 Satz 1

1. Leistungs- und Vergütungsgefahr

a) Leistungsgefahr

6 Tritt während des Herstellungsprozesses des Werkes ein Umstand auf, der zu einer Beschädigung, Verschlechterung oder sogar zum Untergang des Werkes führt, so ist zunächst zu klären, ob der Unternehmer gleichwohl zur (Wieder-)Herstellung des versprochenen Werkes verpflichtet bleibt. **Schulbuchbeispiel** ist der Brand, der das im Bau befindliche Gebäude zerstört, in der **Praxis** wichtigstes **Beispiel** ist die Beschädigung des Werkes durch einen auf der gleichen Baustelle arbeitenden Drittunternehmer.

---

7 Siehe ausführlich § 642 Rdn. 12.

8 BeckOK BGB/Voit, § 644 Rn. 1; Grüneberg/Retzlaff, BGB, § 644 Rn. 1; ibr-OK BauVertrR/Pause/Vogel, § 644 BGB Rn. 3; Messerschmidt/Voit/Merkens, § 644 BGB Rn. 15; -/Busche, § 644 Rn. 1.

9 BeckOGK/Lasch, § 644 BGB Rn. 1, 17; BeckOK BGB/Voit, § 644 Rn. 1.

10 BeckOK BGB/Voit, § 644 Rn. 1; Grüneberg/Retzlaff, BGB, § 644 Rn. 1; ibr-OK BauVertrR/Pause/Vogel, § 644 BGB Rn. 3; MüKo-BGB/Busche, § 644 Rn. 1.

11 BeckOGK/Lasch, § 644 BGB Rn. 1, 7; Messerschmidt/Voit/Merkens, § 644 BGB Rn. 1; MüKo-BGB/Busche, § 644 Rn. 1.

12 Grüneberg/Retzlaff, BGB, § 644 Rn. 1.

Es ist unklar, ob auch Verschlechterungen im Hinblick auf die Herstellung des Werkes unter die Leistungsgefahr fallen. Beispiel: durch Brand wird nicht das Werk, sondern nur das Gerüst zerstört, das nun nochmals aufgebaut werden muss; ein anderes Beispiel: durch schlechte Witterung ist die ursprüngliche Baustraße nicht mehr befahrbar und es muss jetzt eine neue Straße errichtet werden. Ausschlaggebend ist, welcher »Werk«-Begriff der »Leistungsgefahr« zugrunde zu legen ist: Das funktionale Werk im Sinne des § 650b Abs. 1 S. 1 Nr. 2 BGB oder die vertraglich geschuldete Werkleistung im Sinne des Bau-Solls. Vom funktionalen Mängelbegriff ausgehend, der vom BGH insbesondere in der »Blockheizkraftwerk«-Entscheidung[13] geprägt wurde, wird als Werk in diesem Sinne die sich körperlich manifestierende Sache anzusehen sein, weshalb Störungen im Produktionsprozess – von unterlassenen Mitwirkungshandlungen des Bestellers abgesehen[14] – nicht die Leistungsgefahr tangieren.

Die **Leistungsgefahr** trägt der Unternehmer bis zur **Abnahme**, denn erst dann geht der Primär- 7
Erfüllungsanspruch unter.[15] Die Leistungspflicht des Unternehmers zur vertragsgemäßen Herstellung des Werkes wird durch die Zerstörung oder Beschädigung des begonnenen Werks im Grundsatz nicht berührt.[16] Der Unternehmer bleibt zur Herstellung des Werkes verpflichtet und muss das Werk je nach Beeinträchtigung ganz oder teilweise neu herstellen.[17] Gerade hieran zeigt sich die Erfolgsbezogenheit des Werkvertrages.[18]

Wird das Werk auf Verlangen des Bestellers versendet, geht die Gefahr schon mit der Übersendung über, § 644 Abs. 2 i.V.m. § 447 BGB. Wird das Werk nach der Abnahme (oder Übersendung) beschädigt, verschlechtert oder geht es unter, so entfällt die (nochmalige) Leistungspflicht des Unternehmers und er braucht – ohne erneute vertragliche Regelung – nicht zu leisten.

Eine **reduzierte** Leistungsgefahr besteht im Fall des **Annahmeverzuges** nach § 300 Abs. 1 BGB: 8
Gerät der Besteller mit der Abnahme in Annahmeverzug, so haftet der Unternehmer nur für Vorsatz und grobe Fahrlässigkeit. Geht das Werk dann infolge leichter Fahrlässigkeit unter, so wird der Unternehmer von der Leistungspflicht befreit. Zur Vermeidung dieser Rechtsfolgen werden allerdings zumeist zusätzliche Leistungs- oder Schutzpflichten des Unternehmers vorliegen. So regelt bspw. § 4 Abs. 5 VOB/B, dass der Unternehmer sein Werk, »die von ihm ausgeführten Leistungen und die ihm für die Ausführung übergebenen Gegenstände« bis zur Abnahme vor Beschädigungen gegen Diebstahl und Beschädigung zu schützen hat, auf Verlangen des Bestellers zudem auch vor Winterschäden und Grundwasser. Wird das Werk dennoch im Annahmeverzug des Bestellers aufgrund leichter Fahrlässigkeit des Unternehmers beschädigt oder geht es unter, so handelt es sich dann um die Realisierung einer »zufälligen« Gefahr, weil diese Gefahr von keiner Partei zu vertreten ist. Der Unternehmer ist dann nicht zur Herstellung des Werkes verpflichtet, obwohl er die vereinbarte volle Vergütung erhält, § 644 Abs. 1 BGB.

Die Leistungsgefahr geht allerdings auf den Besteller über (in dem Sinne, dass der Unternehmer 9
von der nochmaligen Tätigkeit befreit wird), wenn **Unmöglichkeit** im Sinne des § 275 BGB eintritt, wenn also entweder die Herstellung des Werkes tatsächlich absolut unmöglich wird (§ 275 Abs. 1 BGB) oder aber der Unternehmer gemäß § 275 Abs. 2 oder Abs. 3 BGB zur Leistungsver-

13 BGH, Urt. v. 08.11.2007 – VII ZR 183/05, NJW 2008, 511.

14 Hierzu können indes auch Handlungsobliegenheiten des Bestellers gehören, wie etwa Störungen, die der eigenen Risikosphäre unterliegen, zu beseitigen oder zusätzliche Leistungen anzuordnen, die zur Herstellung der vereinbarten Funktion erforderlich sind. Kommt der Besteller diesen Obliegenheiten nicht nach, könnte der Unternehmer in der Ausführung behindert sein und käme – allerdings erst über den »Umweg« der Kündigung nach § 643 BGB – von der Leistungspflicht frei.

15 Ibr-OK BauVertrR/Pause/Vogel, § 644 BGB Rn. 5; Messerschmidt/Voit/Merkens, § 644 BGB Rn. 4, 8; MüKo-BGB/Busche, § 644 Rn. 10.

16 BeckOK BGB/Voit, § 644 Rn. 5; ibr-OK BauVertrR/Pause/Vogel, § 644 BGB Rn. 5.

17 BeckOK BGB/Voit, § 644 Rn. 5; ibr-OK BauVertrR/Pause/Vogel, § 644 BGB Rn. 5.

18 Messerschmidt/Voit/Merkens, § 644 BGB Rn. 1.

weigerung berechtigt ist.[19] Auf die erleichterte Einrede des § 635 Abs. 3 BGB kann sich der Unternehmer erst nach der Abnahme berufen.

10 Gemäß § 646 BGB steht die **Vollendung** auch für die Regelungen des § 644 BGB in den dort beschriebenen Fällen der Abnahme gleich.

11 Daneben geht die Leistungsgefahr im Fall des § 650g Abs. 1 bis 3 BGB auf den Besteller über, wenn er das Werk noch nicht abgenommen hat und auch noch nicht in Verzug der Abnahme ist, das Werk aber schon von ihm in Besitz genommen und das gesetzlich normierte Verfahren der **Zustandsfeststellung** absolviert wurde. Es war gerade Zweck der gesetzgeberischen Vorstellungen durch die Zustandsfeststellung die Leistungsgefahr auf den Besteller zu übertragen. Der Unternehmer solle nicht mehr zur Herstellung des (vollständigen) Werkes verpflichtet sein, wenn das Werk vor der Abnahme in den Einflussbereich des Bestellers übergegangen ist und von diesem genutzt wird. Ohne die Regelung des § 650g BGB wäre dies aber nach § 644 Abs. 1 BGB der Fall.[20] Beim Kauf wäre das allerdings nicht der Fall, weil der Übergang der Leistungsgefahr schon mit der Übergabe nach § 446 BGB erfolgt. Diese Unterschiede zum Kaufrecht hat der Gesetzgeber bewusst nicht vollständig aufgehoben, der Werkunternehmer steht also letztlich schlechter als der Verkäufer, dies ist aber eine bewusste gesetzgeberische Entscheidung. Die Schlechterstellung ist auch nicht unbillig, weil der Unternehmer nicht schutzlos ist: Er kann die Abnahme nach § 640 Abs. 2 BGB selbst betreiben, er kann den Besteller in Annahmeverzug setzen (§ 644 Abs. 1 S. 2 BGB) und er kann im Übrigen inzwischen auch die Zustandsfeststellung nach § 650g BGB betreiben.

12 Umstritten ist, ob nach § 645 BGB auch die Leistungsgefahr übergeht, wenn einer der dort beschriebenen Fälle eintritt, oder ob § 645 BGB nur die Vergütungsgefahr regelt. Zwar scheint der Wortlaut der Norm den Schluss zuzulassen, dass sich bei einer Beschädigung des Werkes der Werklohn auf die anteilige Vergütung reduziere, richtigerweise handelt es sich dabei aber nur um einen zusätzlichen Vergütungsanspruch für die durch die Beschädigung nicht mehr im Werk vorhandene Leistung, die aber erbracht wurde.[21] Zur Herstellung des Werkes insgesamt bleibt der Unternehmer also weiterhin verpflichtet und erhält hierfür auch weiterhin die volle Vergütung, wenn die Leistungsgefahr nicht aus anderen Umständen (etwa wegen Unmöglichkeit) auf den Besteller übergeht. Richtigerweise bleibt der Unternehmer also auch in den Fällen des § 645 BGB bei einer teilweisen Beschädigung oder einem teilweisen Untergang zur Herstellung des vertraglich vereinbarten (versprochenen) Werkes verpflichtet.[22] Die Leistungsgefahr geht in diesen Fällen auch nur dann auf den Besteller über, wenn der Unternehmer den Bauvertrag aus wichtigem Grund kündigen kann, etwa, weil der Besteller eine nach §§ 631, 645 BGB geschuldete Vergütung nicht zahlt oder ein Fall der Unmöglichkeit (Interessefortfall o.ä.) eingetreten ist.

13 Nach der Abnahme gelten die **Gewährleistungsregelungen (Mängelansprüche)** der §§ 633 ff. BGB, die insoweit dann die Geltung der allgemeinen Regelungen verdrängen.

14 Grundsätzlich nicht der Leistungsgefahr unterliegen **Behinderungen** oder **Störungen im Bauablauf**, die aus Mitwirkungshandlungen des Bestellers resultieren. Sofern und soweit die Herstellung des Werkes deswegen erschwert oder sogar unmöglich wird, weil der Besteller hierfür die Verantwortung übernommen hat (entweder in Form einer gebotenen Handlung oder durch ein gebotenes Unterlassen), obliegt dem Unternehmer nicht die Verpflichtung zur Herstellung des Werkes. Er ist dann vielmehr in der Ausführung der Leistung behindert und kann, sofern er leistungsbereit und -willig ist, den Besteller in Verzug der Annahme seiner Werkleistung setzen und somit nach § 642 BGB

19 BeckOGK/Lasch, § 644 BGB Rn. 9, 15.
20 BT-Drs. 18/8486, S. 59, 60.
21 Ibr-OK BauVertrR/Pause/Vogel, § 644 BGB Rn. 9; a.A. OLG Naumburg, Urt. v. 30.11.2000 – 2 U 104/00, BeckRS 2000, 30471113.
22 Ibr-OK BauVertrR/Pause/Vogel, § 644 BGB Rn. 8.

und ggf. sogar nach § 643 BGB vorgehen.[23] Gemäß § 242 BGB ist der Unternehmer aber – entsprechend den Regelungen in § 6 Abs. 3, 4 VOB/B – verpflichtet, alles zu tun, was ihm billigerweise zugemutet werden kann, um die Fortsetzung der Arbeiten zu ermöglichen.

b) Vergütungsgefahr

In Ergänzung zu den §§ 320 ff. BGB, vor allem § 326 BGB, regeln § 644 und § 645 BGB den Übergang der Vergütungsgefahr auf den Besteller. Im Grundsatz gelten die §§ 320, 326 Abs. 1 BGB: Keine Leistung ohne Gegenleistung. Kann der Unternehmer das versprochene Werk nicht abnahmereif herstellen, entfällt der Anspruch auf die Gegenleistung. Bis zur **Abnahme** des Werkes trägt also der Unternehmer dementsprechend **auch** gem. § 644 Abs. 1 S. 1 BGB die **Vergütungsgefahr.** Gehen das Werk oder die zu dessen Ausführung erforderlichen Stoffe bis zur Abnahme unter oder wird die Herstellung des Werkes unmöglich, so erhält der Unternehmer keine Vergütung. Ist dies **teilweise** der Fall, dann ist die Vergütung zu mindern (§ 326 Abs. 1 S. 1 Hs. 2 BGB). 15

Der Unternehmer erhält also die volle vereinbarte Vergütung nur dann, wenn er auch das ganz versprochene Werk herstellt. Sind zur Herstellung weitere Kosten nötig, weil die Beschädigungen behoben werden können (die Leistungsgefahr also nicht wegen Unmöglichkeit übergegangen ist), dann muss der Unternehmer diese zusätzlichen Maßnahmen auf eigene Kosten übernehmen. 16

Trägt der Unternehmer die Vergütungsgefahr, erhält er auch keine teilweise Vergütung für **verlorenes Material** oder getätigte Aufwendungen. Hat bspw. der Besteller im Rahmen einer Abschlags- oder Vorauszahlung Material bezahlt, so ist der Unternehmer zur Rückerstattung dieser Zahlungen im Rahmen der Schlussrechnung verpflichtet, da die Voraus- oder Abschlagszahlung regelmäßig keine gesonderte vertragliche bzw. synallagmatische Leistungspflicht darstellt, sondern nur ein Rechnungsposten des einheitlichen Vergütungsanspruches.[24]

Ausnahmen: Die Vergütungsgefahr geht aber schon zuvor dann auf den Besteller über, wenn 17
- die Parteien **vereinbaren**, dem Besteller bestimmte Risiken zuzuweisen,
- der Besteller die zu einer **Unmöglichkeit** i.S.d. § 275 Abs. 1 BGB führenden Umstände allein oder weit überwiegend zu **vertreten** hat, wobei diese Regelung durch § 645 BGB konkretisiert und präzisiert wird,
- der Besteller die zu einer **Unverhältnismäßigkeit** i.S.d. § 275 Abs. 2 und 3 BGB führenden Umstände allein oder weit überwiegend zu **vertreten** hat, wobei diese Regelung durch § 645 BGB konkretisiert und präzisiert wird. Der Übergang der Vergütungsgefahr greift jedoch nicht bei einer Unverhältnismäßigkeit i.S.d. § 635 Abs. 3 BGB – die erleichterten Anforderungen rechtfertigen sich nur vor dem Hintergrund, dass der Besteller das Werk zuvor gebilligt und abgenommen hat.
- ein sonstiger Fall des **§ 645 BGB** eingreift oder
- der Besteller die zur Unmöglichkeit/Unverhältnismäßigkeit führenden Umstände zwar nicht zu vertreten hat, diese aber zum Zeitpunkt des **Annahmeverzuges** eintreten und der Schuldner diese auch nicht gemäß § 300 BGB (mit Vorsatz oder grober Fahrlässigkeit) zu vertreten hat.
  Umstritten und offenbar noch nicht hinreichend geklärt ist, ob sich der Unternehmer auf diese Haftungsprivilegierung berufen kann, wenn er gleichzeitig im Verzug der Leistungserbringung war und demnach gemäß § 287 BGB auch für Zufall haften würde. Haftungsprivilegierung einerseits und Haftungserweiterung andererseits schließen sich aus, sodass für den Fall, dass der Unternehmer mit der Leistungserbringung in Verzug war und anschließend der Besteller in Annahmeverzug gerät, der vorherige Schuldnerverzug endet, er mithin nicht mehr für Zufall haftet, sich aber andererseits aufgrund des vorangegangenen Schuldnerverzuges auch nicht auf die Haftungsprivilegierung des § 300 BGB berufen kann.

---

23 Beispiel für eine Leistungspflicht des Bestellers (richtigerweise wohl eher: Obliegenheit): BGH, Urt. v. 19.06.1984 – X ZR 93/83, NJW 1984, 2406.

24 BeckOK BGB/Voit, § 644 Rn. 11; ibr-OK BauVertrR/Pause/Vogel, § 644 BGB Rn. 17.

Ein **Beispiel:** Die Fertigstellung des Werkes war zum 01.05. vereinbart. Der Unternehmer stellt es aber erst am 15.05. her und verlangt die unverzügliche Abnahme. Am 18.05. geht das Werk durch Brand unter, bevor der Besteller es abnehmen konnte. War der Brand nicht vom Unternehmer verschuldet, würde er nach § 300 BGB (da der Besteller in Annahmeverzug war) nicht haften, nach § 287 BGB (da er selbst im Leistungsverzug war) aber schon. Es ist in diesen Fällen sachgerecht, den Unternehmer nicht schlechter zu stellen, als er stünde, wenn er den Besteller rechtzeitig in Annahmeverzug gebracht hätte, andererseits ist es aber unbillig, ihn wegen des Schuldnerverzugs besser zu stellen, als er stünde, wenn der Besteller nicht im Annahmeverzug wäre.

In all diesen Fällen muss sich der Unternehmer ersparte Aufwendungen anrechnen lassen (§ 326 Abs. 2 S. 2).

c) Maßstab des Vertretenmüssens des Bestellers

18 Der Besteller hat zunächst Pflichtverletzungen (auch vertraglicher Nebenpflichten im Sinne des § 241 Abs. 2 BGB) im Sinne der §§ 276 bis 278 BGB zu vertreten. Darüber hinaus haftet er – wenn auch nicht verschuldensunabhängig – im Sinne des § 254 gemäß der ihm in eigenen Angelegenheiten obliegenden Sorgfalt für die von ihm und seiner Einflusssphäre unterliegenden und von ihm übernommenen Risiken.

2. Störung

19 Die Regelung des § 644 BGB bezieht sich nicht auf alle Fälle der Störung. Erschwernisse in Form unterlassener Mitwirkungshandlungen regeln §§ 642, 643 BGB. Damit ist die weitaus häufigste Form von Störungen im Bauablauf von § 644 BGB gar nicht betroffen.

20 **Einzelfälle:**

a) Wetterrisiko

21 Das Wetterrisiko trägt bis zum Übergang der Leistungsgefahr grundsätzlich der Unternehmer, sofern nichts Abweichendes vereinbart ist. Es gilt der Grundsatz aus § 644 Abs. 1 BGB, dass der Unternehmer vor der Abnahme des Werks dessen Sachgefahr und damit auch das Risiko schlechten Wetters trägt.[25] Der Besteller hat keine wie auch immer geartete Mitwirkungshandlung, für ausreichendes Wetter zu sorgen, sofern die Parteien dies nicht gesondert vereinbart haben. Wird also das Werk vor der Abnahme durch Blitzschlag zerstört, aber eben nicht unmöglich, bleibt der Unternehmer zur Herstellung verpflichtet, soweit die Ausführung nicht nach § 275 Abs. 1 bis 3 BGB unmöglich oder unverhältnismäßig ist. Etwas anderes kann im Einzelfall gelten, wenn es sich um völlig atypische Witterungsverhältnisse handelt, die der Besteller in der Ausschreibung (Hochwasserstände) genau beschrieben hatte.[26]

b) Diebstahlrisiko

22 Auch das Risiko, dass das angefangene Werk oder die zu dessen Herstellung erforderlichen Materialien, Geräte, Werkzeuge oder Hilfskonstruktionen (Gerüste, Leitungen, Kabel usw.) gestohlen werden, trägt der Unternehmer,[27] sofern die Parteien nicht ausnahmsweise deren Beistellung durch den Besteller vereinbart haben (siehe auch § 644 Abs. 1 S. 3 BGB). Die Kosten zur Wiederbeschaffung trägt mithin der Unternehmer.[28] Diese Risikoverteilung wird der tatsächlichen, an einer Baustelle regelmäßig anzutreffenden Situation gerecht, wonach es der Entscheidungsfreiheit des Unternehmers

25 OLG Frankfurt a.M., Urt. v. 29.05.2015 – 24 U 7/15, BeckRS 2015, 123723.

26 OLG Düsseldorf, Urt. v. 16.04.2002 – 4 U 187/01, NZBau 2002, 684.

27 OLG Saarbrücken, Urt. v. 03.12.2014 – 1 U 49/14, NJW-RR 2015, 649.

28 OLG Düsseldorf, Urt. v. 20.02.2009 – I-22 U 135/08, BeckRS 2010, 5731.

überlassen ist, in welchem Umfang er die von ihm verwandten Materialien und Hilfsmittel vor Zugriffen Dritter während der Bauausführung schützt. Dabei liegt es auch regelmäßig in seinem organisatorischen Ermessen, ob er die von ihm benötigten Materialien und Hilfsmittel abends von der Baustelle abzieht – was er aufgrund des damit verbundenen Aufwandes regelmäßig unterlassen wird – oder diese auf der Baustelle belässt.[29]

c) Beschädigungen durch Dritte

Der Unternehmer trägt auch das Risiko, dass sein begonnenes Werk ganz oder teilweise durch Dritte, 23 hierzu zählen auch parallel arbeitende Unternehmer (bspw. anderer Gewerke), beschädigt oder zerstört wird.[30] Die »kostenlose« Wiederholung von Arbeitstätigkeiten entspricht gerade der gesetzgeberischen Intention des Werkvertrages als erfolgsbezogenen Vertrag (in Abgrenzung zum Dienstvertrag). Insofern erkennt der BGH die entsprechende Leistungspflicht des Unternehmers ohne Anspruch auf zusätzliche Vergütung an.[31] Eine zusätzliche Vergütung schuldet der Besteller analog zur Rechtsprechung des BGH zu irrtümlichen »Nachträgen«, die aber tatsächlich schon vom ursprünglichen Bau-Soll umfasst waren, nur dann, wenn er einen entsprechenden Anspruch ausdrücklich anerkannt hat oder er sich mit dem Unternehmer in Ansehung einer möglicherweise streitigen Rechtslage verglichen hat.[32]

Da weder zuvor arbeitende noch parallel arbeitende Unternehmer Erfüllungsgehilfen des Bestellers 24 sind, hat dieser ein etwaiges Verschulden dieser Unternehmer nicht nach §§ 276 bis 278 BGB zu vertreten. Die Beschädigungen durch Dritte sind also für die Vertragsparteien »zufällig« und damit in aller Regel von beiden nicht zu vertreten. Die Pflicht, das Gewerk bis zur Abnahme zu schützen, wird regelmäßig nur eine Obliegenheit des Unternehmers sein, da dieser – sofern nicht im Einzelfall besondere Gründe für einen Schutz auch im Interesse des Bestellers vorliegen, was bspw. bei besonderen Kunstwerken oder Bauwerken im Fokus der Öffentlichkeit sein kann – gemeinhin nur ein eigenes Interesse am Schutz seiner Leistung hat. Die gleichzeitige Beauftragung verschiedener Bauhandwerker kann im Regelfall die Verschiebung der Vergütungsgefahr auf den Bauherrn nicht rechtfertigen.[33] Indes wird der geschädigte Unternehmer regelmäßig über den Weg der Drittschadensliquidation von dem Schädiger Ersatz des ihm erlittenen Schadens verlangen können.

d) Notwendige bzw. erforderliche Zusatzleistungen

Ist zur Herstellung des Werkes eine Zusatzleistung erforderlich (im Sinne des § 650b Abs. 1 Nr. 2 25 BGB), handelt es sich nicht um einen Fall des § 644 BGB. Streng genommen könnte zwar argumentiert werden, die Herstellung des Werkes werde für den ausführenden Unternehmer unmöglich, wenn der Besteller die Ausführung der notwendigen Zusatzleistung nicht anordnet. Allerdings könnte der Unternehmer das Werk dennoch herstellen, wenn er die notwendigen Zusatzleistungen, die vertraglich noch nicht vereinbart sind, ohne Anordnung (nach §§ 677 ff. BGB bzw. § 2 Abs. 8 VOB/B) ausführt. Die Herstellung des Werkes ist also nicht »unmöglich«. Zudem wird der Besteller in vielen Fällen nach § 242 BGB verpflichtet sein, solche Leistungen anzuordnen, sodass die unterlassene Anordnung vom Besteller zu vertreten ist. Letztlich wird der Unternehmer bei einer unterlassenen Anordnung aber auch nach §§ 642, 643 BGB vorgehen können.

---

29 OLG Köln, Urt. v. 17.01.1984 – 22 U 235/83, BeckRS 2012, 6601.

30 OLG Düsseldorf, Urt. v. 16.04.2020 – 5 U 131/18, BeckRS 2020, 53141; OLG Hamm, Urt. v. 25.09.2001 – 21 U 108/00, BeckRS 2001, 9922.

31 BGH, Urt. v. 08.03.2012 – VII ZR 177/11, NZBau 2012, 432; BGH, Urt. v. 26.04.2005 – X ZR 166/04, NZBau 2005, 453.

32 BGH, Urt. v. 08.03.2012 – VII ZR 177/11, NZBau 2012, 432; BGH, Urt. v. 26.04.2005 – X ZR 166/04, NZBau 2005, 453.

33 BGH, Urt. v. 06.11.1980 – VII ZR 47/80, NJW 1981, 391; OLG Naumburg, Urt. v. 30.11.2000 – 2 U 104/00, BeckRS 2000, 30471113.

e) Störungen im Bauablauf/unterlassene Mitwirkungshandlungen

26 Unterlassene Mitwirkungshandlungen im Sinne des § 642 BGB sind keine Störungen im Sinne des § 644 BGB: Zum einen sind die Regelungen der §§ 642, 643 BGB spezieller und gehen der in § 644 BGB allenfalls am Rande angesprochenen Leistungsgefahr als Ausdruck des allgemeinen Leistungsstörungsrechts vor. Zum anderen wird auch in all diesen Fällen die Herstellung des Werkes nicht unmöglich werden.

f) Mängel

27 Beruht der (ganz oder teilweise) Untergang des Werkes oder seine Beschädigung auf einem Mangel, ist für § 644 BGB im Ergebnis praktisch kein Raum. Denn die Mangelfreiheit seines Werkes hat der Unternehmer verschuldensunabhängig zu gewähren. Ohnehin stünden dem Besteller selbst nach der Abnahme die verschuldensunabhängigen Mängelrechte des § 641 Abs. 3 BGB und der §§ 633 ff. BGB zu.[34]

g) Baugrundrisiko

28 Das Baugrundrisiko, also die Gefahr unvorhergesehener Erschwernisse aufgrund der Beschaffenheit des Baugrundes, fällt grundsätzlich in die Risikosphäre des Bestellers, weil es sich um den vom Besteller im Sinne der §§ 644 f. BGB zur Verfügung zu stellenden Stoff handelt.[35] Letztlich gibt es aber keine generelle Verteilung dieses Risikos, entscheidend sind immer die vertraglichen Grundlagen, die im Zweifel auszulegen sind. Dabei müssen Umfang der wechselseitigen Kenntnisse (Wissensgefälle zulasten des Bestellers oder in umgekehrter Richtung), Bedenkenhinweispflichten oder Prüfpflichten[36], Umfang möglicher Bodenuntersuchungen etc. einbezogen werden.

h) Anordnungen des Bestellers

29 Das Risiko gefahrerhöhender Anweisungen oder Anordnungen trägt der Besteller. Wenn ein Bauherr eine Unterbrechung der Bauarbeiten anordnet, trägt er das Risiko für Schäden, die infolgedessen an schon ausgeführten, jedoch noch nicht abgenommenen Bauleistungen entstehen. Ein Beispiel: Hat ein Besteller für eine Fußbodenheizung in einem (neu errichteten) Einfamilienhaus den Heizungsbauer angewiesen, seine Arbeiten einzustellen, und steht der Bau danach für zwei Jahre still, kann der spätere Erwerber den Heizungsbauer nicht auf Schadenersatz für zwischenzeitlich eingetretene Frostschäden an der Heizungsanlage in Anspruch nehmen.[37]

3. Teilweiser Untergang

30 Wird das Werk nur teilweise zerstört und ist dessen vollständige Reparatur unmöglich oder unverhältnismäßig im Sinne des § 275 Abs. 2, 3 BGB, so kommt es für die **Leistungsgefahr** darauf an, ob das verbliebene Werk für den Besteller noch von Interesse ist. Ist das nicht der Fall, bleibt es bei den genannten Rechtsfolgen. Ob das Werk für den Besteller von Interesse ist, richtet sich in Ermangelung anderweitiger Erkenntnisse wohl nach §§ 677 ff. BGB.

31 Ist das Werk allerdings für den Besteller noch von Interesse, so ist im Hinblick auf die **Vergütungsgefahr** die Vergütung zu mindern, § 326 Abs. 1 BGB i.V.m. § 441 Abs. 3 BGB, wenn nicht die

---

34 Ibr-OK BauVertrR/Pause/Vogel, § 644 BGB Rn. 24 f.

35 BGH, Urt. v. 28.01.2016 – I ZR 60/14, NZBau 2016, 283; OLG Frankfurt a.M., Hinweisbeschl. v. 31.05.2010 – 22 U 83/08, NJW-RR 2010, 1675; OLG Brandenburg, Urt. v. 16.07.2008 – 4 U 187/07, NZBau 2009, 181; OLG Brandenburg, Urt. v. 13.09.2007 – 12 U 214/06, BeckRS 2007, 17183.

36 OLG Frankfurt a.M., Hinweisbeschl. v. 31.05.2010 – 22 U 83/08, NJW-RR 2010, 1675.

37 OLG Düsseldorf, Urt. v. 16.07.2004 – 22 U 59/03, BeckRS 2005, 12945.

Vergütungsgefahr auf den Besteller übergegangen ist (bspw. weil er den teilweisen Untergang zu vertreten hatte).

4. Versicherbarkeit

Das Risiko der Leistungsgefahr ist über eine Bauleistungsversicherung versicherbar. Diese kann entweder vom Besteller oder vom Unternehmer abgeschlossen werden. Regelmäßig wird ausweislich der jeweiligen Versicherungsbedingungen im konkreten Fall das Risiko der Neu- bzw. Wiederherstellungskosten versichert. Der Unternehmer erhält dabei letztlich eine Erstattung der Kosten (allerdings in der Regel ohne Wagnis und Gewinn, da er aus der Beschädigung keinen Vorteil ziehen soll), die erforderlich werden, um den entstandenen Schaden zu beseitigen und das Werk wieder in die Lage vor Schadenseintritt zu versetzen. 32

5. Zeitliche und kommerzielle Folgen, Drittschadensliquidation

Die **zeitlichen Folgen** des eingetretenen Risikos richten sich nicht nach § 644 BGB. Ob also der Unternehmer durch die Realisierung des (Wetter-, Diebstahls- oder sonstigen) Risikos vor Übergang der Leistungs- und Vergütungsgefahr einen zusätzlichen Zeitbedarf erhält (entweder in Form einer zusätzlichen Bauzeit wie etwa in § 6 Abs. 2 VOB/B geregelt oder in Form einer »Zeitgutschrift« aufgrund fehlenden Verschuldens durch § 286 Abs. 4 BGB) richtet sich nach den vertraglichen Regelungen. Diese greifen oftmals zugunsten des Unternehmers schon dann ein, wenn er die Realisierung des Risikos, also die Störung nicht zu vertreten hat. Zufällige Störungen wie Diebstahl oder schlechtes Wetter können also dem Unternehmer einen zeitlichen Mehrbedarf verschaffen, sofern der Unternehmer nicht bspw. doch im Fall des Diebstahls etwa durch Verstoß gegen Sicherheitsregelungen oder durch eine Nebenpflichtverletzung oder im Fall des schlechten Wetters bspw. – wie in § 6 Abs. 2 S. 2 VOB/B – auch in zeitlicher Hinsicht ein Risiko übernommen hat. 33

§ 644 BGB regelt also allein die **kommerziellen Folgen** solcher zufälligen Störungen: Muss der Unternehmer die Kosten der zur Beseitigung der Störung und Wiederherstellung des Werkes erforderlichen Leistungen selbst aufwenden, trägt er also die Leistungs- und Vergütungsgefahr, oder erhält er hierfür, wenn er das Werk wiederherstellen muss, eine zusätzliche Kompensation bzw. Vergütung oder, wenn er das Werk nicht wiederherstellen muss, wenigstens eine für den bisherigen Aufwand angemessene Vergütung. 34

Wird das Werk durch Dritte beschädigt und besteht zwischen dem Unternehmer und dem Dritten keine vertragliche Beziehung, hat der geschädigte Unternehmer allenfalls einen deliktischen Anspruch aus §§ 823 ff. BGB gegen den Schädiger.[38] Als geschädigtes Rechtsgut kommen Besitz oder Eigentum, im Einzelfall vielleicht auch der eingerichtete und ausgeübte Gewerbebetrieb in Betracht. Gemäß der Rechtsprechung des BGH hat der geschädigte Unternehmer aber auch schon aufgrund des gestörten Besitzes einen Anspruch auf Ersatz der Wiederherstellungskosten gegen den Dritten.[39] Zum Schaden gehört dabei aber auch nach §§ 249 ff. BGB der entgangene Gewinn. 35

Hatte der geschädigte Unternehmer keinen Besitz erlangt oder diesen – weil er inzwischen an anderen Bauteilen tätig ist oder seine Leistungen beendet hatte und von der Baustelle abgezogen ist – aufgegeben, dann wird er in den meisten Fällen keine eigene Rechtsgutverletzung erlitten haben, vor allem, weil das Eigentum an seinen Materialien durch Einbau auf den Grundstückseigentümer, in den allermeisten Fällen der Besteller, übergegangen sein wird. Dieser hätte zwar als Eigentümer einen Anspruch gegen den Schädiger, wegen der noch nicht übergegangenen Vergütungsgefahr aber keinen Schaden. Da diese Schadensverlagerung im Verhältnis zum Schädiger zufällig ist, handelt es 36

38 BGH, Urt. v. 30.09.1969 – VI ZR 254/67, NJW 1970, 38; KG, Beschl. v. 08.01.2021 – 21 U 1064/20, BeckRS 2021, 3706; OLG Düsseldorf, Urt. v. 15.11.1995 – 19 U 21/95, NJW-RR 1996, 591.

39 BGH, Urt. v. 09.04.1984 – II ZR 234/83, NJW 1984, 2569; BGH, Urt. v. 30.09.1969 – VI ZR 254/67, NJW 1970, 38.

sich bei dieser Konstellation um einen typischen Fall der **Drittschadensliquidation**[40]: Der anspruchsberechtigte Eigentümer ist berechtigt, den Schaden eines Dritten gegenüber dem Schädiger zu liquidieren. Er ist hierzu aber nicht verpflichtet. Vielmehr kann der Geschädigte vom Eigentümer entsprechend § 255 bzw. § 285 BGB oder aufgrund einer vertraglichen Nebenpflicht die Abtretung dieses Anspruches verlangen. Diese Abtretung steht aufgrund des engen wirtschaftlichen Verhältnisses im synallagmatischen Zusammenhang mit der Neu-/Wiederherstellung des Werkes, der geschädigte Unternehmer kann also die Abtretung nicht nur Zug um Zug gegen Neuherstellung verlangen, sondern in erweiternder Auslegung des Rechtsgedankens aus § 321 BGB sogar als Voraussetzung der Arbeitsaufnahme.

6. Gesonderte Beauftragung

37 Hat der Besteller dem Unternehmer entgeltlich die Reparatur solcher Leistungen in Auftrag gegeben, die dieser bereits erbracht hat und die von einem Drittunternehmen vor der Abnahme beschädigt worden sind, entfällt die Vergütungspflicht für diesen Auftrag nicht bereits deshalb, weil der Unternehmer möglicherweise noch die Vergütungsgefahr trug. Es muss vielmehr im Wege der Vertragsauslegung ermittelt werden, ob der Besteller bereit war, trotz dieses Umstandes und unter Berücksichtigung aller sonstigen dem Reparaturauftrag zugrunde liegenden Umstände, eine Vergütungspflicht zu begründen.[41] Dies wird dann der Fall sein, wenn der Besteller einen solchen Anspruch anerkannt hat oder sich die Parteien in Ansehung der Risiken verglichen haben.

II. Gefahrübergang mit der Abnahme, Abs. 1 Satz 1

38 Mit der Abnahme (oder der Vollendung in den Fällen des § 646 BGB) erlischt der Erfüllungsanspruch, §§ 640, 362 BGB. Bei der Abnahme wird auch die vereinbarte Vergütung fällig, § 641 Abs. 1 S. 1 BGB. Somit entspricht § 644 Abs. 1 S. 1 BGB den allgemeinen Regelungen, wonach der Besteller mit der Abnahme die **Leistungs- und** die **Vergütungsgefahr** übernimmt. Inhaltlich korrespondiert § 644 BGB also sowohl mit §§ 362, 640 BGB als auch mit §§ 326 Abs. 1, 641 BGB.

III. Gefahrübergang bei Annahmeverzug, Abs. 1 Satz 2

1. Begriff des Annahmeverzugs

39 Weiter geht die Gefahr auf den Besteller über, wenn er in Verzug mit der Annahme wegen unterlassener Abnahme der fertig gestellten Leistung ist.

Aufgrund des sachlichen Zusammenhangs mit Abs. 1 S. 1 und der allgemeinen Regelungen in § 326 BGB bezieht sich der Annahmeverzug ausschließlich auf die (Teil-)Abnahme und nicht (trotz des Wortlautes) auf die vor Fertigstellung unterlassene Mitwirkungshandlung des Bestellers nach § 642 BGB.[42] Allein das Unterlassen einer Mitwirkungshandlung führt also nicht sofort zum Gefahrübergang. Ansonsten würde der Besteller in unbilliger und nicht nachvollziehbarer Weise benachteiligt, da er womöglich schon zu einem frühen Zeitraum die Gefahr übernähme. Das kann der Gesetzgeber nicht gewollt haben. Etwas anderes gilt allenfalls dann, wenn hinsichtlich einer in sich

---

40 BGH, Urt. v. 30.09.1969 – VI ZR 254/67, NJW 1970, 38; OLG München, Urt. v. 19.07.2011 – 9 U 1027/11, NJW 2011, 3375; OLG Dresden, Urt. v. 15.11.2005 – 14 U 2368/04, BeckRS 2007, 12001; OLG Düsseldorf, Urt. v. 15.11.1995 – 19 U 21/95, NJW-RR 1996, 591; BeckOGK/Lasch, § 644 BGB Rn. 44 ff.; BeckOK BGB/Voit, § 644 Rn. 22; Grüneberg/Retzlaff, BGB, § 644 Rn. 8; MüKo-BGB/Busche, § 644 Rn. 15.

41 BGH, Urt. v. 08.03.2012 – VII ZR 177/11, NJW 2012, 2105; BGH, Urt. v. 26.04.2005 – X ZR 166/04, NZBau 2005, 453.

42 BeckOGK/Lasch, § 644 BGB Rn. 34; BeckOK BauVertrR/Dressel, § 644 BGB Rn. 23 f.; BeckOK BGB/Voit, § 644 Rn. 15; Grüneberg/Retzlaff, BGB, § 644 Rn. 6; ibr-OK BauVertrR/Pause/Vogel, § 644 BGB Rn. 30; Messerschmidt/Voit/Merkens, § 644 BGB Rn. 13 f.

abgeschlossenen Teilleistung ein Annahmeverzug dergestalt besteht, dass der Besteller an dem Schutz des Werkes mitzuwirken hatte (etwa, weil eine Anschluss-Leistung durch einen Dritt-Unternehmer auszuführen ist, durch deren Verzögerung sich das Werk dann beschädigt). In diesen Fällen ist der Rechtsgedanke des § 644 Abs. 1 S. 2 BGB analog heranzuziehen.

2. Voraussetzung des Annahmeverzuges

a) Allgemeine Voraussetzungen

Voraussetzung des Annahmeverzuges ist, dass der Unternehmer, was von ihm zu beweisen ist, (a) die Leistung auch abnahmereif erbracht hat (d.h. ohne wesentliche Mängel), (b) der Besteller das Werk nicht abgenommen hat, obwohl (c) der Unternehmer den Besteller zur Abnahme gemäß §§ 293 ff. BGB aufgefordert hat – soweit nicht die Aufforderung entbehrlich war. Ein Verschulden des Bestellers ist nicht erforderlich. 40

b) Sonderfall bei gestörten Bauabläufen

Fraglich ist in diesem Zusammenhang, ob ein nach dem Kalender bestimmter Termin im Sinne des § 296 BGB nicht bereits dann vorliegt, wenn die im Vertrag vereinbarten Termine überschritten sind – war nämlich der Unternehmer zuvor in Verzug oder gab es Behinderungen, so verschoben sich die Ausführungsfristen, sodass der Besteller dann erst in Annahmeverzug geraten kann, wenn er insoweit noch einmal tatsächlich aufgefordert wurde. 41

Dafür würde sprechen, dass bei einem gestörten Bauablauf die Ausführungsfristen (zumindest bei VOB-Verträgen nach § 6 Abs. 2 VOB/B automatisch) verlängert wurden; dagegen würde sprechen, dass der Besteller im Fall selbst verantworteter Behinderungen »begünstigt« würde. Aufgrund der wechselseitigen Kooperationspflicht und dem geringen Aufwand, zumindest ein wörtliches Angebot auszusprechen, liegt es nahe, § 296 BGB einschränkend auszulegen. 42

c) Einschränkungen bei Verschulden des Unternehmers

Der Gefahrübergang findet allerdings nicht statt, wenn der Unternehmer trotz Annahmeverzuges den Untergang/die Verschlechterung des Werkes zu vertreten hat, denn dann fehlt es an dem für die Annahme einer »Gefahr« charakteristischen Zufall. Hat eine Partei die Störung zu vertreten, handelt es sich nicht um die Realisierung einer zufälligen »Gefahr«, sondern um die Verletzung einer vertraglichen Pflicht, die dann die Gefahrtragungsregeln verdrängt. Hat der Unternehmer deshalb gemäß § 300 BGB vorsätzlich oder grob fahrlässig gehandelt, hat der Gefahrübergang nicht stattgefunden. Der Werkunternehmer ist auch nach Beendigung der erforderlichen Arbeiten verpflichtet, das hergestellte Werk bis zur Abnahme vor etwaigen Einwirkungen Dritter zu schützen. Versäumt er insoweit etwas und wurde sein Werk dadurch noch vor der Abnahme fehlerhaft, liegt ein von ihm zu vertretender Werkmangel vor.[43] 43

3. Gefahrübergang

a) Vergütungsgefahr

Die Vergütungsgefahr geht auch mit dem Annahmeverzug auf den Besteller über. 44

b) Leistungsgefahr

Die Leistungsgefahr geht mit dem Annahmeverzug nicht per se auf den Besteller über, wohl aber reduziert sich die Haftung auf Vorsatz und grobe Fahrlässigkeit, § 300 Abs. 1 BGB. War der Unter- 45

43 BGH, Urt. v. 15.03.1973 – VII ZR 175/72, BeckRS 1973, 31125139; OLG Koblenz, Urt. v. 25.02.2015 – 10 U 558/14, IBRRS 2016, 2851; OLG Düsseldorf, Urt. v. 20.02.2009 – I-22 U 135/08, BeckRS 2010, 5731.

nehmer im Besitz des Werkes oder hatte er die Sicherung des Werkes zu besorgen, so ist die Regelung des § 303 BGB, der seinem Wortlaut nach nur für Grundstücke gilt, jedoch analog anzuwenden und der Unternehmer hat das Recht zur Besitzaufgabe, nachdem er dies dem Besteller zuvor angekündigt und eine angemessene Frist gewartet hat.

IV. Fehlende Verantwortlichkeit für gelieferte Stoffe, Abs. 1 Satz 3

46 Einen Sonderfall der Leistungsgefahr, die sog. Sachgefahr regelt § 644 Abs. 1 S. 3 BGB. Das Risiko eines zufälligen Untergangs oder einer zufälligen Verschlechterung des Stoffes, den der Besteller dem Unternehmer im Rahmen der Werkleistung liefert, trägt der Besteller.[44]

1. Stoff

47 Unter »Stoff« im Sinne des § 644 BGB ist zunächst das zur Ausführung des Werkes erforderliche Material zu verstehen, wobei es sich nicht zwangsläufig um Material handeln muss, das sich letztlich auch im (Bau-)werk niederschlägt, sondern auch um Hilfsstoffe, wie Gerüste, Werkzeuge oder Maschinen handeln kann.[45] Entscheidend ist, dass es sich um eine »stoffliche«, also körperliche Sache handelt, die für die Herstellung des Werkes verwendet werden sollte. Als »Stoff« kann in diesem Sinne auch der Baugrund angesehen werden.[46]

2. vom Besteller geliefert

48 Unter Lieferung ist jedweder Vorgang zu verstehen, der vom Besteller veranlasst wurde, um die Stoffe dem Unternehmer zur Verfügung zu stellen. In Abgrenzung zur bloßen Anregung einerseits und zur vertraglich verbindlichen Vorschrift, bestimmte Produkte zu verwenden, andererseits muss es sich (a) um einen tatsächlich vom Besteller gesteuerten Transportvorgang zum Unternehmer handeln (wobei der Transport zur Baustelle oder auch zu Lager- bzw. Montageplätzen des Unternehmers erfolgen kann), der (b) über die vertraglich vereinbarten Regelungen hinausgeht, denn für diese Regelungen hat der Unternehmer mit Vertragsunterzeichnung die erfolgsbezogene Risikoübernahme getätigt. Da der Baugrund nicht »geliefert« werden kann, ist insoweit jedoch auch nach Sinn und Zweck und wegen der gleichgerichteten Interessenslage eine analoge Anwendung anzuraten.

3. Zufälliger Untergang oder Verschlechterung

49 Die Verschlechterung bzw. der Untergang der Stoffe des Bestellers muss zufällig sein. Dem Unternehmer darf kein Verschulden an dem Untergang oder der Verschlechterung des Stoffes anzulasten sein. In Anlehnung an § 282 BGB hat der Unternehmer das fehlende Verschulden nachzuweisen.[47]

4. Bedenkenhinweis oder Schutzpflichten

50 Davon zu unterscheiden ist der Fall, dass die Verschlechterung bzw. der Untergang der Stoffe des Bestellers nicht zufällig ist, weil der Unternehmer den ihm obliegenden Obhuts- und Schutzpflichten nicht gerecht wird.

Der Unternehmer hat die von ihm zu bearbeitenden Sachen des Bestellers sorgfältig und pfleglich zu behandeln und vor Schäden zu bewahren.[48]

---

44 BeckOGK/Lasch, § 644 BGB Rn. 17 ff.

45 BGH, Urt. v. 28.01.2016 – I ZR 60/14, NZBau 2016, 283.

46 BGH, Urt. v. 28.01.2016 – I ZR 60/14, NZBau 2016, 283; OLG Düsseldorf, Urt. v. 22.11.1991 – 22 U 132/91, NJW-RR 1992, 1236; Messerschmidt/Voit/Merkens, § 644 BGB Rn. 6.

47 BGH, Urt. v. 14.11.1989 – X ZR 116/88, NJW-RR 1990, 446; ibr-OK BauVertrR/Pause/Vogel, § 644 BGB Rn. 18.

48 BGH, Urt. v. 19.11.1996 – X ZR 75/96, NJW-RR 1997, 342; BGH, Urt. v. 23.09.1982 – VII ZR 82/82, NJW 1983, 113; OLG Düsseldorf, Urt. v. 22.11.1991 – 22 U 132/91, NJW-RR 1992, 1236; Messerschmidt/Voit/Merkens, § 644 BGB Rn. 6.

Der Unternehmer hat – entweder über § 4 Abs. 3 VOB/B oder als vertragliche Nebenpflicht nach § 241 Abs. 2 BGB – den gelieferten Stoff zu prüfen. Kommen ihm bei ordnungsgemäßer Prüfung Bedenken gegen die Eignung, Haltbarkeit o.Ä. oder hätten ihm Bedenken kommen müssen und hätte der Besteller bei ordnungsgemäßem Hinweis Vorkehrungen gegen den Untergang oder die Verschlechterung getroffen, so ist der Untergang/die Verschlechterung des Stoffes nicht zufällig, sondern Folge des schuldhaften Handelns des Unternehmers. Gleiches gilt, wenn der Unternehmer verpflichtet war, den Stoff selbst zu schützen. Hat der Unternehmer diese Nebenpflicht schuldhaft verletzt, kann er sich nicht mehr auf § 644 Abs. 1 S. 3 BGB berufen.[49]

5. Rechtsfolgen – fehlende Verantwortlichkeit

Der Unternehmer kommt nicht von der Leistung frei, § 644 Abs. 1 S. 3 BGB regelt also nicht die Leistungsgefahr. Der Unternehmer hat vom Besteller die Lieferung des neuen Stoffes zu verlangen. Liefert der Besteller den Stoff (auf seine Kosten) nicht nochmals, kann der Unternehmer nach §§ 642, 643 BGB vorgehen, denn bei der Neulieferung handelt es sich um eine vom Besteller vorzunehmende Mitwirkungshandlung. In diesem Fall hat der Unternehmer nur Anspruch auf die (einmalige) Vergütung. 51

Nicht geklärt ist, ob der Unternehmer nicht auch noch Anspruch auf Vergütung der zusätzlich entstandenen Kosten hat. Nach Pause/Vogel soll das nicht der Fall sein, weil die Leistung noch nicht abgenommen wurde.[50] Richtigerweise geht die Vergütungsgefahr, wenn auch nicht nach § 644 Abs. 1 S. 3 BGB, wohl dann aber nach § 645 BGB auf den Besteller über. Der Unternehmer hat deshalb einerseits einen Anspruch auf den dem geleisteten Teil der Arbeit entsprechenden Teil der Vergütung und andererseits, wenn er das Werk vollendet, auf die vereinbarte Vergütung. Werden hierfür dann aber Leistungen erforderlich, die vertraglich nicht vorgesehen waren, muss der Besteller entweder nach § 1 Abs. 3, 4 VOB/B oder nach § 650b BGB vorgehen, mit den Rechtsfolgen aus § 2 Abs. 5, 6 VOB/B bzw. § 650c BGB. 52

V. Darlegungs- und Beweislast

Die Darlegungs- und Beweislast trägt der Unternehmer, da er sich in aller Regel auf den Übergang der Gefahr berufen wird. Der Unternehmer muss dann auch die Voraussetzungen des Gefahrübergangs belegen, insbesondere die Abnahmereife des Werkes, wenn er sich auf den Annahmeverzug stützt. Diesbezüglich unterliegt der Unternehmer einem beachtlichen Dokumentationserfordernis. 53

C. Versendung des Werkes, Abs. 2

Nach § 644 Abs. 2 BGB findet § 447 BGB Anwendung, sodass die Gefahr auch dann auf den Besteller übergeht, wenn die Sache nach einem anderen Ort als dem Erfüllungsort versendet wird und sobald der Unternehmer die Sache dem Spediteur, dem Frachtführer oder der sonst zur Ausführung der Versendung bestimmten Person oder Anstalt ausgeliefert hat. 54

Naturgemäß findet diese Vorschrift im Baubereich nur kaum Anwendung.[51] Nach § 650 BGB finden bei Werklieferverträgen ohnehin die Vorschriften über den Kauf, also auch § 447 BGB direkt Anwendung, selbst wenn die herzustellende und zu liefernde Sache nicht vertretbar ist.

§ 447 55

(1) Versendet der Verkäufer auf Verlangen des Käufers die verkaufte Sache nach einem anderen Ort als dem Erfüllungsort, so geht die Gefahr auf den Käufer über, sobald der Verkäufer die Sache dem Spedi-

49 Ibr-OK BauVertrR/Pause/Vogel, § 644 BGB Rn. 18.
50 Ibr-OK BauVertrR/Pause/Vogel, § 644 BGB Rn. 18 ff.
51 Ibr-OK BauVertrR/Pause/Vogel, § 644 BGB Rn. 31.

teur, dem Frachtführer oder der sonst zur Ausführung der Versendung bestimmten Person oder Anstalt ausgeliefert hat.

(2) Hat der Käufer eine besondere Anweisung über die Art der Versendung erteilt und weicht der Verkäufer ohne dringenden Grund von der Anweisung ab, so ist der Verkäufer dem Käufer für den daraus entstandenen Schaden verantwortlich.

56 Die Beweislast für die vereinbarte Versendung hat derjenige, der sich auf den Gefahrübergang beruft, in aller Regel also der Unternehmer. Dieser hat (a) die Abnahmereife zum Zeitpunkt der Versendung zu beweisen (der Gefahrübergang tritt nämlich nur ein, wenn das Werk zum Zeitpunkt der Übersendung ohne wesentliche Mängel hergestellt worden war), (b) die ordnungsgemäße (insbesondere: Verpackung, Information über besonders zu beachtende Aspekte – Bruchgefahr etc.) Auslieferung (Übergabe) an den Beförderer und ggfls. auch (c) die fehlende Kausalität zwischen Verstoß gegen die Anweisung und eingetretenem Schaden. Gemäß den allgemeinen Vorschriften hat der Unternehmer auch das fehlende Verschulden zu beweisen.

57 Mit der Auslieferung an den Beförderer erhält der Besteller einen Anspruch gegen den Beförderer (etwa aus Delikt oder einem Frachtvertrag) und gegen den Unternehmer nach § 285 BGB, wenn dieser einen eigenen Ersatzanspruch aus dem Fracht- oder Speditionsvertrag erhält (z.B. nach §§ 421 ff., 457 ff. HGB).

58 Kein Fall des § 447 BGB ist, wenn der Unternehmer die Sache einem Besitzdiener des Bestellers übergibt, dann findet bereits der Besitzübergang nach § 929 BGB statt und es handelt sich nicht um einen Versendungskauf, sondern um eine Holschuld. Ob dann schon – trotz fehlender Abnahme – ein Gefahrübergang stattfindet, ist Auslegungsfrage. Dafür spricht die wesentliche nähere Beziehung zwischen Besteller und Besitzdiener. Wenn schon die Versendung zu einem Gefahrübergang führt, ist dies bei einer Holschuld erst recht der Fall, vor allem dann, wenn der Besitzdiener in aller Regel auch Vertreter i.S.d. § 164 BGB ist und daher konkludent etwaige Mängel hätte rügen können. Zumeist wird daher mit einer Holschuld schon eine konkludent erklärte Abnahme verbunden sein.

D. Abweichende Vereinbarungen

59 Die Parteien können die Leistungs- und Vergütungsgefahr abweichend von der gesetzlichen Regelung bestimmen, bei Allgemeinen Geschäftsbedingungen sind die Grenzen der §§ 305 ff. BGB zu beachten.[52] Abweichende Vorschriften sind als Allgemeine Geschäftsbedingungen kaum vorstellbar, da der Rechtsgedanke des § 644 BGB zum gesetzlichen Leitbild zählt. Indes werden auch in allgemeinen Geschäftsbedingungen Risikoeinordnungen (etwa die Übertragung des Bodenrisikos auf den Unternehmer) möglich sein. Individualabreden sind möglich und erfolgen in aller Regel auch durch die Leistungsbeschreibungen.[53]

E. Besonderheiten bei Vereinbarung der VOB/B

60 § 12 Abs. 6 VOB/B wiederholt die Regelung des § 644 Abs. 1 S. 1 BGB.[54] Danach geht mit der Abnahme die Vergütungsgefahr auf den Besteller über.

Gemäß § 7 VOB/B wird die Vergütungsgefahr abweichend von § 644 Abs. 1 BGB zu einem teilweise erheblich früheren Zeitpunkt auf den Besteller zugunsten des Unternehmers verlagert.[55] So hat der Unternehmer einen Anspruch auf Vergütung für die von ihm ausgeführten Leistungen, wenn

---

52 BeckOK BauVertrR/Dressel, § 644 BGB Rn. 31a; BeckOK BGB/Voit, § 644 Rn. 24 ff.; Grüneberg/Retzlaff, BGB, § 644 Rn. 1; Messerschmidt/Voit/Merkens, § 644 BGB Rn. 35.

53 Grüneberg/Retzlaff, BGB, § 644 Rn. 4.

54 Grüneberg/Retzlaff, BGB, § 644 Rn. 10; ibr-OK BauVertrR/Pause/Vogel, § 644 BGB Rn. 32; Messerschmidt/Voit/Merkens, § 644 BGB Rn. 34; MüKo-BGB/Busche, § 644 Rn. 16.

55 BeckOK BauVertrR/Dressel, § 644 BGB Rn. 34; Grüneberg/Retzlaff, BGB, § 644 Rn. 10; Messerschmidt/Voit/Merkens, § 644 BGB Rn. 26 ff.; MüKo-BGB/Busche, BGB, § 644 Rn. 16 ff.

die Bauleistung schon vor der Abnahme untergeht oder beschädigt wird, sofern er dies (a) nicht zu vertreten hat und (b) der Umstand für ihn unabwendbar war.

§ 645 Verantwortlichkeit des Bestellers

(1) Ist das Werk vor der Abnahme infolge eines Mangels des von dem Besteller gelieferten Stoffes oder infolge einer von dem Besteller für die Ausführung erteilten Anweisung untergegangen, verschlechtert oder unausführbar geworden, ohne dass ein Umstand mitgewirkt hat, den der Unternehmer zu vertreten hat, so kann der Unternehmer einen der geleisteten Arbeit entsprechenden Teil der Vergütung und Ersatz der in der Vergütung nicht inbegriffenen Auslagen verlangen. Das Gleiche gilt, wenn der Vertrag in Gemäßheit des § 643 aufgehoben wird.

(2) Eine weitergehende Haftung des Bestellers wegen Verschulden bleibt unberührt.

Übersicht

A. Allgemeines

1 § 645 BGB ergänzt die Regelung in § 644 Abs. 1 S. 1 BGB, dass der Unternehmer bis zur Abnahme die Vergütungsgefahr trägt.[1] Während § 644 BGB den Gefahrübergang bei Abnahme (oder bei Annahmeverzug) regelt, setzt § 645 BGB in dem Prozess der Werkherstellung an und weist für erforderliche Mitwirkungshandlungen des Bestellers diesem die verschuldensunabhängige Verantwortung für die seiner Risikosphäre unterliegenden Anweisungen oder für die von ihm gelieferten Stoffe zu. Nach § 645 BGB geht die Vergütungsgefahr schon vor Abnahme auf den Besteller über, wenn das Werk aufgrund eines von ihm gelieferten Stoffes oder einer von ihm getätigten Anweisung untergeht, verschlechtert oder unausführbar wird. Ausreichend ist die objektive Verantwortung des Bestellers für die von ihm geschaffene Risikolage, auf eine subjektive Vorwerfbarkeit kommt es nicht an.

2 § 645 BGB beruht auf Billigkeitsgründen, weil der Besteller in den beiden Fällen »sachnäherer« ist, die Verantwortlichkeit für seine Mitwirkungshandlungen (Anweisungen oder Materialbeistellungen)

1 BeckOGK/Lasch, § 645 BGB Rn. 5; BeckOK BauVertrR/Dressel, § 645 BGB Rn. 1; Grüneberg/Retzlaff, BGB, § 645 Rn. 1; Leinemann/Kues/Goede, § 645 BGB Rn. 1; MüKo-BGB/Busche, § 645 Rn. 1.

übernehmen muss und der Unternehmer diese Risiken schlechterdings kaum übernehmen kann.[2] Der Besteller ist hinreichend geschützt, weil schon jegliches Verschulden des Unternehmers (etwa im Hinblick auf Prüf- und Hinweispflichten) die verschuldensunabhängige Gefahrtragung ausschließt und über § 645 BGB keine vollständige Kompensation der Nachteile des Unternehmers erfolgt (anders beispielsweise bei einer freien Kündigung nach § 648 BGB).[3] Denn über § 645 BGB wird die Preisgefahr nicht vollständig dem Besteller übertragen. Soweit nämlich das Werk nicht vollendet wird, erhält der Unternehmer nur eine Vergütung für die ausgeführten Leistungen und den Ersatz der Auslagen, die in der Vergütung für die erbrachten Leistungen nicht enthalten ist.

3 Es wird behauptet, § 645 BGB sei auch deswegen keine Anspruchsgrundlage, sondern eine Anspruchserhaltungsnorm[4]. Richtigerweise entspricht schon der Wortlaut von § 645 BGB dem Wortlaut einer Anspruchsgrundlage. Nur, wenn die Herstellung des Werkes unmöglich wird, kann über § 645 BGB der Vergütungsanspruch entgegen § 326 Abs. 1 BGB erhalten bleiben. Wird die Herstellung des Werkes nicht unmöglich, kann der Unternehmer die vereinbarte Vergütung mit der Abnahme verlangen und erhält zusätzlich über § 645 BGB einen Ausgleich für die nutzlose Tätigkeit bis zur Verschlechterung. Die dogmatische Einordnung ist ohne praktische Auswirkungen.

4 § 645 BGB findet auf alle Werkverträge Anwendung.[5]

Auf einen Vertrag über die Lieferung herzustellender oder zu erzeugender beweglicher nicht vertretbarer Sachen gem. § 650 Abs. 1 S. 3 BGB ist § 645 BGB mit der Maßgabe anzuwenden, dass an die Stelle der Abnahme der nach den §§ 446 und 447 BGB maßgebliche Zeitpunkt tritt. Für den Verbrauchervertrag über die Herstellung digitaler Produkte gem. § 650 Abs. 2 – 4 BGB ist zu berücksichtigen, dass auf einen Verbrauchervertrag nach § 650 Abs. 2 S. 1 BGB die §§ 633 – 639 BGB über die Rechte bei Mängeln sowie § 640 BGB über die Abnahme nicht anzuwenden sind und an deren Stelle nach § 650 Abs. 2 S. 2 BGB die Vorschriften des Abschnitts 3 Titel 2a treten. Die §§ 641, 644 und 645 BGB sind dann mit der Maßgabe anzuwenden, dass nach § 650 Abs. 2 S. 3 BGB anstelle der Abnahme die Bereitstellung des digitalen Produkts nach § 327b Abs. 3 bis 5 BGB maßgeblich ist.

5 Soweit § 645 Abs. 1 BGB anwendbar ist, sind die allgemeinen Unmöglichkeitsregeln durch diese Sonderbestimmung ausgeschlossen.[6]

B. Gefahrtragung nach Abs. 1

I. Vor der Abnahme

6 § 645 BGB bezieht sich – wie auch § 642 BGB – auf den Zeitraum vor der Abnahme. Tritt die Beeinträchtigung vor der Abnahme ein, ist der Anwendungsbereich von § 645 BGB eröffnet. § 645 BGB regelt einen Sonderfall, in dem die Vergütungsgefahr vorverlagert wird und dadurch schon vor der Abnahme beim Besteller liegt.[7]

7 Tritt die Beeinträchtigung nach der Abnahme (im Sinne des § 640 BGB) ein, ist der Anwendungsbereich von § 645 BGB nicht eröffnet. Ist die Sache schon abgenommen, gilt § 644 Abs. 1 S. 1

2 BeckOGK/Lasch, § 645 BGB Rn. 5; BeckOK BauVertrR/Dressel, § 645 BGB Rn. 2; ibr-OK BauVertrR/Pause/Vogel, § 645 BGB Rn. 1; Messerschmidt/Voit/Merkens, § 645 BGB Rn. 1; MüKo-BGB/Busche, § 645 Rn. 1.

3 BGH, Urt. v. 30.01.2020 – VII ZR 33/19, NJW 2020, 1293.

4 Leinemann/Kues/Goede, § 645 BGB Rn. 5.

5 BeckOGK/Lasch, § 645 BGB Rn. 2; Grüneberg/Retzlaff, BGB, § 645 Rn. 1.

6 BGH, Urt. v. 21.08.1997 – VII ZR 17/96, NJW 1997, 3018; BGH, Urt. v. 30.11.1972 – VII ZR 239/71, NJW 1973, 318.

7 BeckOGK/Lasch, § 645 BGB Rn. 7; ibr-OK BauVertrR/Pause/Vogel, § 645 BGB Rn. 2; Leinemann/Kues/Goede, § 645 BGB Rn. 14.

BGB und nicht § 645 BGB, mit der Abnahme geht die Gefahr vom Unternehmer auf den Besteller über.

Wann die Handlung des Bestellers stattgefunden hat, ist irrelevant, da diese denklogisch vor der Abnahme vorgenommen wurde.

Ist der Besteller mit der Abnahme in Verzug, wird § 644 BGB schon einschlägig sein, sodass es auf § 645 BGB dann nicht ankommt.

II. Beeinträchtigung: Verschlechterung, Untergang oder Unausführbarkeit

Das vom Unternehmer bereits (teilweise) erstellte oder noch herzustellende Werk muss infolge des mangelhaften Stoffes oder der Anweisung des Bestellers vor der Abnahme untergegangen sein, unausführbar geworden sein oder sich verschlechtert haben. 8

Wird das Werk durch die Beeinträchtigung nicht verschlechtert und bleibt das Werk ausführbar, wird das Werk also nur erschwert, so ist für § 645 BGB kein Bedarf, da dessen Tatbestandsvoraussetzungen (Verschlechterung, Untergang, Unausführbarkeit) nicht erfüllt sind.[8] Beispiel: die vom Besteller gelieferten Trockenbauwände sind zu groß und müssen abgeschliffen werden, was zu zusätzlichen Kosten und zu zusätzlicher Zeit führt – oder der vom Besteller beigestellte Baugrund erfordert zusätzliche Maßnahmen. Vielmehr kann sich der Unternehmer in diesen Fällen gegebenenfalls auf §§ 642, 643 BGB berufen (weil die vom Besteller vorzunehmende Mitwirkungshandlung nicht ordnungsgemäß erbracht wird) oder er führt die zusätzlich erforderlichen Maßnahmen nach Änderungsbegehren des Bestellers aus (§ 650b Abs. 1 S. 1 Nr. 2 BGB) oder es liegt eine Geschäftsführung ohne Auftrag vor. Die zeitlichen Folgen ergeben sich in diesen Fällen aus § 286 Abs. 4 BGB – bei VOB/B-Verträgen aus § 6 VOB/B.

1. Verschlechterung

Das Werk hat sich verschlechtert, wenn es mit seinem geplanten Herstellungsgrad entsprechend gegenüber der vertraglich zu diesem Zeitpunkt plangemäß vorliegenden vereinbarten Beschaffenheit nachteilig abweicht, aber noch (ggfs. mit zusätzlichem Aufwand) ordnungsgemäß fertiggestellt werden kann. Die Verschlechterung kann darin bestehen, dass das Werk seinen vorausgesetzten Zweck nicht oder nicht in Gänze erfüllen kann oder dass es nicht mehr wie beabsichtigt genutzt werden kann.[9] Eine Verschlechterung liegt aber auch dann vor, wenn das Werk beschädigt oder in sonstiger Weise nachteilig verändert bzw. mangelhaft wird[10], wobei es nicht auf den Vergleich zum beabsichtigten Gesamtwerk, sondern auf den geplanten und ausgeführten Herstellungsprozess ankommt. Ein Beispiel: Hat der Unternehmer Trockenbauplatten zu liefern und führt der Unternehmer die Beplankung des Trockenbaus aus, dann liegt eine Verschlechterung auch dann vor, wenn einzelne Trockenbauplatten aufgrund eines Materialfehlers absacken, auch wenn das Werk zuvor noch gar nicht fertiggestellt war. Es kommt allein darauf an, dass der Unternehmer den Herstellungsprozess ordnungsgemäß umgesetzt hatte und auf diesem Ausführungsstand basierend dann eine Verschlechterung eingetreten ist. 9

2. Untergang

Das Werk ist untergegangen, wenn seine Substanz vernichtet ist oder vollständig in seine Einzelteile zerlegt ist.[11] Ist die Herstellung des Werkes mit dem Untergang unmöglich geworden, kann sich der Unternehmer auf § 645 BGB (als Ausnahme zu §§ 323 ff. BGB) berufen. 10

---

8 BeckOK BGB/Voit, § 645 Rn. 11.

9 Leinemann/Kues/Goede, § 645 BGB Rn. 23.

10 OLG Brandenburg, Urt. v. 21.06.2023 – 4 U 102/22, NZBau 2023, 733 (nicht nur marginal beschädigt); Messerschmidt/Voit/Merkens, § 645 BGB Rn. 4.

11 Leinemann/Kues/Goede, § 645 BGB Rn. 19; MüKo-BGB/Busche, § 645 Rn. 4.

3. Unausführbarkeit

11 Das Werk wird unausführbar, wenn seine Herstellung aus welchen Gründen auch immer (mögen es technische, rechtliche oder wirtschaftliche Gründe sein) im Sinne einer Unmöglichkeit nach § 275 BGB nicht mehr möglich ist.[12] Unausführbarkeit liegt auch dann vor, wenn bspw. die Planungsleistung aufgrund eines Mangels der vorhandenen Bausubstanz nicht vorgenommen werden kann.[13] Auch in diesem Fall geht die Unausführbarkeit mit einer Unmöglichkeit einher und § 645 BGB greift als Ausnahme zu §§ 323 ff. BGB.

4. Zweckfortfall/Zweckerreichung

12 Den in § 645 BGB genannten Umständen sind weitere Fälle der Unmöglichkeit, wie Zweckfortfall (der Leistungserfolg kann nicht mehr erreicht werden, weil das Objekt der Werkleistung weggefallen ist – Schulbeispiel: das zu streichende Haus brennt ab) und Zweckerreichung (der Leistungserfolg wird schon auf andere Weise erreicht – Schulbeispiel: das abzuschleppende Schiff kommt durch eine Flutwelle von selbst frei) gleichzusetzen.[14]

Nach dem BGH ist § 645 BGB auch einschlägig, wenn wegen einer Materialbrüchigkeit der Werkerfolg (dort: Reparatur) nicht vorgenommen werden kann.[15]

III. Ursache

1. Infolge eines Mangels des vom Besteller gelieferten Stoffes

a) Stoff

13 Der Begriff des Stoffs ist weit auszulegen und umfasst jeden Gegenstand, aus dem, an dem oder mit dessen Hilfe das Werk herzustellen ist, letztlich alles, was zur Herstellung des Werkes benötigt wird[16], insbesondere:
- Gerüste, Werkzeuge, Materialien und andere Hilfsmittel vom Besteller[17]
- Baugrund/Boden oder vorhandene Bausubstanz[18] (auch die Leistung von Vorunternehmern, auf denen der Unternehmer aufsetzt – wobei, dies ist in diesem Zusammenhang besonders zu erwähnen, schon das geringste Verschulden des Unternehmers diese Risikozuweisung ausschließt [ohne dass ein Umstand mitwirkt, den der Unternehmer zu vertreten hat] und gerade hier die umfassenden Prüf- und Hinweispflichten des Unternehmers zu Vorleistungen zu berücksichtigen sind, vgl. z.B. § 4 Abs. 3 VOB/B),
- Transportgüter/Frachtgut,[19]
- Verpackungen,
- Vorplanungsleistungen,[20]

---

12 BGH, Urt. v. 21.02.2019 – I ZR 98/17, NJW 2019, 2322; Messerschmidt/Voit/Merkens, § 645 BGB Rn. 5; MüKo-BGB/Busche, § 645 Rn. 4.

13 BGH, Urt. v. 16.12.2004 – VII ZR 16/03, NZBau 2005, 285.

14 BeckOGK/Lasch, § 645 BGB Rn. 44 ff.; Leinemann/Kues/Goede, § 645 BGB Rn. 11 ff.

15 BGH, Urt. v. 30.11.1972 – VII ZR 239/71, NJW 1973, 318.

16 BGH, Urt. v. 28.01.2016 – I ZR 60/14, NZBau 2016, 283; BGH, Urt. v. 16.12.2004 – VII ZR 16/03, NZBau 2005, 285; BGH, Urt. v. 30.11.1972 – VII ZR 239/71, NJW 1973, 318; BeckOGK/Lasch, § 645 BGB Rn. 12; BeckOK BauVertrR/Dressel, § 645 BGB Rn. 8; BeckOK BGB/Voit, § 645 Rn. 5.

17 BeckOK BGB/Voit, § 645 Rn. 5.

18 BGH, Urt. v. 28.01.2016 – I ZR 60/14, NZBau 2016, 283; BGH, Urt. v. 16.12.2004 – VII ZR 16/03, NZBau 2005, 285; OLG Hamburg, Urt. v. 22.01.2021 – 6 U 197/14, BeckRS 2021, 36351; OLG Naumburg, Urt. v. 16.12.2019 – 12 U 114/19, NZBau 2020, 504; OLG Karlsruhe, Urt. v. 06.04.2010 – 4 U 129/08, NJW-RR 2010, 1609; OLG Naumburg, Urt. v. 18.03.2004 – 4 U 127/03, NZBau 2005, 107; BeckOK BGB/Voit, § 645 Rn. 5; Messerschmidt/Voit/Merkens, § 645 BGB Rn. 7 f.

19 BeckOK BGB/Voit, § 645 Rn. 5; MüKo-BGB/Busche, § 645 Rn. 6.

20 Etwa Statik: LG Hamburg, Urt. v. 16.12.2016 – 412 HKO 10/14, NZBau 2017, 288.

- Zufahrtswege, Baustraßen,
- Digitale Vorleistungen (etwa: für BIM).

b) Lieferung durch den Besteller

Der Besteller muss den Stoff geliefert haben. Der Begriff des Lieferns ist weit auszulegen[21] und bedeutet, dass der Besteller dem Unternehmer den Stoff zur Verfügung gestellt haben muss. 14

Unerheblich ist, auf welchen Gründen die Lieferung des mangelhaften Stoffes beruht oder von wem der Stoff geliefert wird.[22] Es reicht aus, dass der Stoff dem Unternehmer beigestellt wird (entweder schon an der Baustelle vorhanden ist, wie etwa der Baugrund oder Boden oder Gerüste) oder aber vom Besteller an anderer Stelle vorrätig gehalten wird und vom Unternehmer abgeholt wird (etwa: Einbauteile, Schüttgut oder Ähnliches).

c) Mangelhaftigkeit

Zum Verständnis der »Mangelhaftigkeit« des vom Besteller gelieferten Stoffs kann nicht auf den »Mangel« im Sinne der §§ 633 ff. BGB als Anknüpfungspunkt für die Mängelrechte des Bestellers zurückgegriffen werden.[23] Die Ansicht, die den Begriff des Mangels nach §§ 633 ff. BGB heranzieht, verweist vorrangig auf eine Beschaffenheitsvereinbarung nach § 633 Abs. 2 S. 1 BGB.[24] Weil es diese jedoch regelmäßig nicht geben wird und der Begriff des Stoffs im Sinne des § 645 BGB weit auszulegen ist, ist maßgeblich, dass die Eignung des vom Besteller gelieferten Stoffes für die Werkleistung in der Weise eingeschränkt ist, dass das Werk vom Unternehmer nicht oder nur mangelhaft hergestellt werden kann.[25] 15

Kein Mangel in diesem Sinne liegt in den sog. »Ausreißer«-Fällen vor, bei denen der Besteller dem Unternehmer ein bestimmtes Fabrikat oder einen bestimmten Typ vorgegeben hat, der auch an sich geeignet ist, im konkreten Fall jedoch aufgrund eines Produktionsfehlers einen Mangel aufwies. Insoweit findet die allgemeine Regelung in § 644 BGB Anwendung.[26] 16

Gibt der Besteller hingegen schon konkrete Sachen (im Sinne einer konkretisierten Stückschuld und eben nicht nur im Sinne einer Gattungsschuld) vor, dann übernimmt der Besteller auch das konkrete Risiko.[27] Denn über § 645 BGB soll nur das besondere Risiko dem Besteller zugewiesen werden, das dadurch entsteht, dass er sich selbst in einem besonderen Umfang in die Bauausführung einbringt, das allgemeine Ausführungsrisiko soll beim Unternehmer bestehen bleiben. Der Unternehmer soll also nicht von den Risiken entbunden werden, die er auch ohne die besondere Einmischung des Bestellers gehabt hätte.

Maßgeblicher Zeitpunkt für die Mangelhaftigkeit des Stoffes, mit dem das Werk hergestellt wird, ist wegen einer sachgerechten Verteilung der Risiken nicht der Zeitpunkt der Lieferung, sondern der Zeitpunkt der Verwendung des Stoffes, also des Einsatzes durch den Unternehmer.[28] 17

21 BeckOK BGB/Voit, § 645 Rn. 6; Messerschmidt/Voit/Merkens, § 645 BGB Rn. 11.
22 BeckOGK/Lasch, § 645 BGB Rn. 19; BeckOK BauVertrR/Dressel, § 645 BGB Rn. 11; Messerschmidt/Voit/Merkens, § 645 BGB Rn. 11; MüKo-BGB/Busche, § 645 Rn. 8.
23 BeckOGK/Lasch, § 645 BGB Rn. 13; Messerschmidt/Voit/Merkens, § 645 BGB Rn. 9.
24 Ibr-OK BauVertrR/Pause/Vogel, § 645 BGB Rn. 8; Leinemann/Kues/Goede, § 645 BGB Rn. 29; MüKo-BGB/Busche, § 645 Rn. 7.
25 BGH, Urt. v. 30.11.1972 – VII ZR 239/71, NJW 1973, 318; BeckOGK/Lasch, § 645 BGB Rn. 13; BeckOK BGB/Voit, § 645 Rn. 7; Messerschmidt/Voit/Merkens, § 645 BGB Rn. 9.
26 BeckOGK/Lasch, § 645 BGB Rn. 13.
27 BGH, Urt. v. 14.03.1996 – VII ZR 34/95, NJW 1996, 2372.
28 BeckOGK/Lasch, § 645 BGB Rn. 20; BeckOK BGB/Voit, § 645 Rn. 9; Leinemann/Kues/Goede, § 645 BGB Rn. 31; Messerschmidt/Voit/Merkens, § 645 BGB Rn. 9; MüKo-BGB/Busche, § 645 Rn. 7.

d) Kausalität – »infolge«

18 Die Beeinträchtigung des Werkes muss infolge des Mangels eingetreten sein. Zwischen der Beeinträchtigung des Werks und dem Mangel des Stoffes muss ein kausaler Zusammenhang bestehen.[29] Das setzt voraus, dass sich das Werk zunächst einmal dem Produktionsprozess folgend in einem ordnungsgemäßen Herstellungsvorgang befand und das so – ordnungsgemäß – teilhergestellte Werk infolge des Mangels beschädigt (im Sinne der Verschlechterung, des Untergangs oder der Unausführbarkeit) wird.

19 Liegen anderweitige äußere Umstände vor, die zu der Beschädigung geführt haben, ist die Kausalität nicht gegeben[30], wobei die allgemeinen Grundsätze zur Doppel- oder Gesamtkausalität, die von der Rechtsprechung im Rahmen der §§ 249 ff. BGB entwickelt worden sind, ergänzend zu berücksichtigen sind. Hat der Unternehmer den Beitrag verschuldet, ist aber die Kausalität wegen der Tatbestandsvoraussetzung in Abs. 1 Satz 1 a.E. unterbrochen, hat der Unternehmer keinen Anspruch.

e) Insbesondere: Baugrundrisiko

20 Das Baugrundrisiko ist nicht per se einer Partei zugewiesen, sondern es kommt auch diesbezüglich immer auf die konkreten vertraglichen Regelungen an.[31]

Die Zuweisung des Baugrundrisikos ist daher in Abhängigkeit von dem jeweiligen Fachwissen, von der vorvertraglichen Korrespondenz und von dem übernommenen Leistungsumfang vorzunehmen. Hierbei kommt es auch darauf an, welche Aufschlüsse vorgenommen wurden, welche Gutachten über welchen konkreten Bereich vorgenommen wurden und ob diesen Gutachten bestimmte Restriktionen oder Bedingungen entnommen werden können.

Sieht bspw. das Gutachten vor, dass die Konsistenz oder Zusammensetzung des Baugrundes nur in einem Bereich detailliert ermittelt wurde, dann wird der Unternehmer das Risiko eingegangen sein, dass der Baugrund an anderer Stelle gerade noch nicht detailliert ermittelt wurde. Es ist dann eine Frage der Vertragsauslegung, ob der Unternehmer von bestimmten typischen oder üblichen Bedingungen ausgehen durfte oder nicht.

Der Baugrund kann zwar grundsätzlich nicht mangelhaft sein, allerdings kann er z.B. hinsichtlich Bodenklasse, Altlasten, Kampfstoffe oder Grundwasserverhältnisse von der zwischen den Parteien vereinbarten oder vorausgesetzten Beschaffenheit abweichen und damit jedenfalls einem Mangel gleichstehen, sodass der Baugrund ein vom Besteller der Werkleistung gelieferter »Stoff« sein kann, mit der Folge, dass die für beide Vertragsteile nicht erkennbare Schwierigkeit des Baugrundes nach § 645 BGB dem Besteller zugewiesen wird.[32]

Auch in Allgemeinen Geschäftsbedingungen kann das Baugrundrisiko wirksam übertragen werden.[33]

---

29 Ibr-OK BauVertrR/Pause/Vogel, § 645 BGB Rn. 18; Messerschmidt/Voit/Merkens, § 645 BGB Rn. 10, 14; MüKo-BGB/Busche, § 645 Rn. 7.

30 BeckOK BGB/Voit, § 645 Rn. 9.

31 BGH, Urt. v. 20.08.2009 – VII ZR 205/07, NJW 2010, 227; OLG München, Urt. v. 11.02.2014 – 9 U 5582/10, BeckRS 2015, 2085; OLG München, Urt. v. 10.06.2008 – 9 U 2192/07, BeckRS 2009, 26924; BeckOK BauVertrR/Dressel, § 645 BGB Rn. 9 f.; ibr-OK BauVertrR/Pause/Vogel, § 645 BGB Rn. 9.

32 BGH, Urt. v. 28.01.2016 – I ZR 60/14, NZBau 2016, 283; OLG Frankfurt a.M., Beschl. v. 31.05.2010 – 22 U 83/08, NZBau 2011, 34; BeckOK BGB/Voit, § 645 Rn. 7; Messerschmidt/Voit/Merkens, § 645 BGB Rn. 7 f.

33 OLG München, Urt. v. 12.02.2019 – 9 U 728/18, BeckRS 2019, 1323; BeckOGK/Lasch, § 645 BGB Rn. 16.

2. Infolge einer Anweisung

Die von dem Besteller für die Ausführung erteilten Anweisungen sind dem Mangel eines von ihm gelieferten Stoffes gleichgestellt. Grundsätzlich ist dem Unternehmer überlassen, wie er den vereinbarten Erfolg herbeiführt. Greift der Besteller in seine unternehmerische Dispositionsfreiheit ein, muss dies dazu führen, dass die daraus resultierenden Risiken umverteilt werden.[34] Die Risikoübertragung rechtfertigt sich also vor dem Hintergrund, dass es grundsätzlich Sache des Unternehmers ist, zu bestimmen, wie er den vertraglich vereinbarten Erfolg herbeiführt. 21

a) Nach Vertragsschluss

Es muss sich grundsätzlich um Anweisungen nach Vertragsschluss handeln. Angaben des Bestellers vor oder bei Vertragsschluss bzw. im Vertrag sind keine Anweisung in diesem Sinne, da der Unternehmer mit seiner Willenserklärung bei Vertragsschluss die Verpflichtung für die Erreichung des vertraglich so beschriebenen Werks übernimmt (wobei er bei einer Unausführbarkeit im Sinne einer anfänglichen Unmöglichkeit nur bei Verschulden gemäß § 311a BGB haftet).[35] Vertragliche Regelungen definieren die Risikoverteilung, führen aber nicht zu einer Risikoverlagerung. Der Unternehmer trägt insofern das Risiko des Erfolgseintritts, den zu erfüllen, er versprochen und vertraglich zugesichert hat. 22

b) Anweisung

Eine Anweisung liegt vor, wenn der Besteller in die Dispositionsfreiheit des Unternehmers eingreift und er dem Unternehmer bestimmte Vorgaben macht, deren Beachtung durch den Unternehmer gefordert wird (»eindeutige, die Befolgung durch den Auftragnehmer heischende Anordnung des Auftraggebers […], die dem Auftragnehmer keine Wahl läßt«)[36] und deren Risiko der Besteller erkennbar übernehmen will – wobei letzteres Tatbestandsmerkmal schnell zu einer denklogischen Spirale führt, da die Risikoübernahme gerade die Rechtsfolge der Anweisung ist. 23

Die Anweisung ist eine Willenserklärung, sodass der Besteller jedenfalls ein Erklärungsbewusstsein und ein Rechtsfolgenbewusstsein haben muss. Die Anweisung muss einen verbindlichen bzw. verpflichtenden Charakter haben, es muss sich um eine eindeutige Anordnung des Bestellers handeln, das Werk in einer bestimmten Weise auszuführen und die von der Erwartung getragen ist, dass der Unternehmer der Anweisung Folge leistet, die diesem also keine Wahl lässt.[37] Bloße Wünsche, Anregungen, Vorstellungen, Empfehlungen, Hinweise reichen nicht aus.[38]

Inhaltlich liegt eine Anweisung dann vor, wenn der Besteller die Modalitäten der Ausführung in technischer Hinsicht, in zeitlicher oder bauablaufbezogener Hinsicht oder in sonstiger organisatorischer Hinsicht bestimmen will.[39]

Von der Anordnung nach § 650b Abs. 2 BGB ist die Anweisung zu unterscheiden, denn die Anweisung bewegt sich noch innerhalb des vertraglich vereinbarten Bau-Solls, während die Anordnung nach § 650b Abs. 2 BGB dem Unternehmer zur Ausführung von Leistungen außerhalb des Bau-Solls bestimmt. 24

---

34 Ibr-OK BauVertrR/Pause/Vogel, § 645 BGB Rn. 11; Messerschmidt/Voit/Merkens, § 645 BGB Rn. 12.

35 BGH, Urt. v. 11.03.1982 – VII ZR 357/80, NJW 1982, 1458; BGH, Urt. v. 26.06.1980 – VII ZR 257/79, NJW 1080, 2189; BeckOK BauVertrR/Dressel, § 645 BGB Rn. 19; BeckOK BGB/Voit, § 645 Rn. 10; Messerschmidt/Voit/Merkens, § 645 BGB Rn. 12.

36 BGH, Urt. v. 22.05.1975 – VII ZR 204/74, BeckRS 1975, 31118548.

37 BGH, Urt. v. 22.05.1975 – VII ZR 204/74, BeckRS 1975, 31118548; BeckOK BGB/Voit, § 645 Rn. 10; Grüneberg/Retzlaff, BGB, § 645 Rn. 4.

38 BeckOK BauVertrR/Dressel, § 645 BGB Rn. 18; ibr-OK BauVertrR/Pause/Vogel, § 645 BGB Rn. 13 f.; Messerschmidt/Voit/Merkens, § 645 BGB Rn. 14.

39 BeckOGK/Lasch, § 645 BGB Rn. 23.

25 Ob der Besteller zu der Anweisung vertraglich berechtigt war oder nicht, spielt keine Rolle.[40] Denn wenn schon eine vertraglich zulässige Anweisung zur Risikoverlagerung führt, muss dies erst recht für eine vertraglich unzulässige Anweisung gelten, die der Unternehmer freiwillig befolgt, weil er das Risiko eines Vertragsbruches nicht eingehen will, entscheidend ist aber, dass der Besteller eindeutig und unmissverständlich die Befolgung seiner Anweisung erwartet.

c) Kausalität – »infolge«

26 Auch im Fall der Anweisung bedarf es des kausalen Zusammenhangs zwischen der Anweisung und der Beeinträchtigung des Werks. Hierzu wird auf oben verwiesen, Rdn. 18.

d) des Bestellers

27 Ähnlich wie bei § 254 BGB zählen auch Obliegenheitsvertreter zum Bereich des Bestellers, also jene Personen, deren Handlungen dem Besteller zuzurechnen sind, bspw. Bevollmächtigte, Architekten, Nachunternehmer, Vorunternehmer, Projektsteuerer, etc.

3. Entsprechende Anwendung des § 645 Abs. 1 S. 1 BGB

a) Grundlagen

28 § 645 Abs. 1 S. 1 BGB bezieht sich unmittelbar auf die Fälle, in denen das Werk infolge eines Mangels des von dem Besteller gelieferten Stoffes oder infolge einer von dem Besteller erteilten Anweisung untergegangen, verschlechtert oder unausführbar geworden ist. Darüber hinaus kann § 645 Abs. 1 S. 1 BGB entsprechende Anwendung in Fällen finden, in denen die Risikolage der gesetzlichen Risikoverteilung vergleichbar ist, also insbesondere, wenn die Leistung des Unternehmers aus Umständen untergeht oder unmöglich wird, die in der Person des Bestellers liegen oder auf Handlungen des Bestellers zurückgehen, auch wenn es an einem Verschulden des Bestellers fehlt, und der Besteller damit der sich aus diesen Umständen ergebenden Gefahr für das Werk nähersteht als der Unternehmer.[41] Die entsprechende Anwendung führt zu einem angemessenen Interessenausgleich: Der Unternehmer erhält eine Vergütung (nur) für die erbrachte und untergegangene Werkleistung, der Besteller braucht den darüber hinausgehenden Teil der vereinbarten Vergütung nicht zu entrichten.[42]

29 Es wird teilweise erwogen, den Rechtsgedanken des § 645 BGB aufgrund der hinter ihm stehenden Billigkeit auszudehnen und eine Verantwortlichkeit des Bestellers für alle Umstände zu konstruieren, die aus seiner Sphäre stammen (sog. Sphärentheorie).[43] Hiernach soll den in § 645 BGB genannten Umständen (Stoff und Anweisung) all jene Umstände gleichstehen, die der Verantwortlichkeit des Bestellers zuzurechnen seien. Der BGH hat diese Frage bisher nicht entschieden, die Sphärentheorie kann jedoch nicht überzeugen.[44] Gegen die Ausdehnung des Rechtsgedankens auf eine generelle

---

40 BeckOGK/Lasch, § 645 BGB Rn. 22; BeckOK BauVertrR/Dressel, § 645 BGB Rn. 21; BeckOK BGB/Voit, § 645 Rn. 10; ibr-OK BauVertrR/Pause/Vogel, § 645 BGB Rn. 12.

41 BGH, Urt. v. 16.10.1997 – VII ZR 64/96, NJW 1998, 456; BGH, Urt. v. 21.08.1997 – VII ZR 17/96, NJW 1997, 3018; BGH, Urt. v. 06.11.1980 – VII ZR 47/80, NJW 1981, 391; OLG Brandenburg, Urt. v. 21.06.2023 – 4 U 102/22, NZBau 2023, 733; BeckOGK/Lasch, § 645 BGB Rn. 38; BeckOK BGB/Voit, § 645 Rn. 18; ibr-OK BauVertrR/Pause/Vogel, § 645 BGB Rn. 16; Messerschmidt/Voit/Merkens, § 645 BGB Rn. 22; MüKo-BGB/Busche, § 645 Rn. 14 ff.; a.A. Grüneberg/Retzlaff, BGB, § 645 Rn. 5.

42 BGH, Urt. v. 16.10.1997 – VII ZR 64/96, NJW 1998, 456; BGH, Urt. v. 06.11.1980 – VII ZR 47/80, NJW 1981, 391; BeckOGK/Lasch, § 645 BGB Rn. 38.

43 MüKo-BGB/Busche, § 645 Rn. 2, 14 ff. m.w.N.

44 KG, Urt. v. 21.06.2022 – 21 U 122/21, BeckRS 2022, 14382; OLG München, Urt. v. 09.11.1990 – 23 U 4090/90, NJW-RR 1992, 348; BeckOGK/Lasch, § 645 BGB Rn. 39; BeckOK BauVertrR/Dressel, § 645 BGB Rn. 31; BeckOK BGB/Voit, § 645 Rn. 17; Grüneberg/Retzlaff, BGB, § 645 Rn. 5; Leinemann/Kues/Goede, § 645 BGB Rn. 7 f.; Messerschmidt/Voit/Merkens, § 645 BGB Rn. 23.

Risikosphäre sprechen die Motive des Gesetzgebers. Gerade dem Gesetzgeber war wichtig, dass der Unternehmer die Gefahr für das Werk bis zur Abnahme trägt, denn der Besteller muss dieses nach Fertigstellung prüfen können.[45] Eine so weitgehende Risikoverteilung ist zudem angesichts des Wortlauts des Gesetzes, der Unbestimmtheit des Begriffes und der fehlenden Notwendigkeit abzulehnen.[46]

Eine entsprechende Anwendung des § 645 Abs. 1 S. 1 BGB ist geboten, wenn das Werk des Unternehmers aus Umständen untergeht oder unmöglich wird, die ihre Ursachen in der Person des Bestellers oder in den Werk gefährdenden Handlungen des Bestellers haben, hinreichend – aber auch notwendig – ist insoweit die objektive Verantwortung des Bestellers für eine von ihm geschaffene Risikolage, die nicht notwendigerweise eine subjektive Vorwerfbarkeit fordert (dann gilt § 645 Abs. 2 BGB), aber auch nicht nur in einer bloßen Sachnähe besteht.[47] Voraussetzung ist also 30
- eine Risikolage,
- die der Unternehmer bei Vertragsschluss nicht berücksichtigen konnte[48] und
- für die der Besteller nach objektiven Gesichtspunkten verantwortlich ist, weil
  - die Risikolage vom Besteller geschaffen ist,
  - er diese Risikolage beeinflussen kann und
  - diese Risikolage gegenüber dem allgemeinen Lebensrisiko erhöht ist.

Letztlich ist in diesen Fällen zu prüfen, ob es sich um eine besondere Risikoerhöhung handelt, die es aus Billigkeitsgründen rechtfertigt, die allgemeinen Gefahrtragungsregeln zu durchbrechen und ausnahmsweise die Preisgefahr auf den Besteller zu übertragen. Allgemeine Lebens- oder Ausführungsrisiken, die der Unternehmer auch ohne den besonderen Einfluss des Bestellers gehabt hätte, rechtfertigen eine solche Billigkeitsentscheidung in aller Regel nicht.

Eine mögliche (gebotene) aber unterlassene Bedenkenanmeldung des Unternehmers schließt den Anspruch aus § 645 BGB aus.[49] 31

b) Einzelfälle

Zu solch vergleichbaren Risiken zählen: 32
- Eine entsprechende Anwendung ist geboten, wenn die **Person des Bestellers** die Beschädigung verursacht hat.[50]
- Gleiches gilt, wenn das **Verhalten** des Bestellers (oder eines ihm zuzurechnenden Dritten) die Beschädigung herbeigeführt hat (z.B.: der Besteller lagert leicht entzündliche Materialien in der noch nicht übergebenen Scheune oder der Besteller entfernt den von ihm vorgenommenen Hochwasserschutz frühzeitig).[51]

---

45 Protokolle II S. 2248 zu § 577 E, zitiert nach: Mugdan, S. 934; Leinemann/Kues/Goede, § 645 BGB Rn. 7.

46 OLG München, Urt. v. 09.11.1990 – 23 U 4090/90, NJW-RR 1992, 348; BeckOK BGB/Voit, § 645 Rn. 17 f.; Leinemann/Kues/Goede, § 645 BGB Rn. 7; Messerschmidt/Voit/Merkens, § 645 BGB Rn. 23; MüKo-BGB/Busche, § 645 Rn. 15.

47 BGH, Urt. v. 16.10.1997 – VII ZR 64/96, NJW 1998, 456; BGH, Urt. v. 21.08.1997 – VII ZR 17/96, NJW 1997, 3018; BGH, Urt. v. 06.11.1980 – VII ZR 47/80, NJW 1981, 391; OLG Brandenburg, Urt. v. 21.06.2023 – 4 U 102/22, NZBau 2023, 733; BeckOGK/Lasch, § 645 BGB Rn. 40, 41; BeckOK BGB/Voit, § 645 Rn. 18 ff.; ibr-OK BauVertrR/Pause/Vogel, § 645 BGB Rn. 16; Leinemann/Kues/Goede, § 645 BGB Rn. 8 ff.; Messerschmidt/Voit/Merkens, § 645 BGB Rn. 22 ff.; MüKo-BGB/Busche, § 645 Rn. 14 ff.

48 So ausdrücklich die Motive, S. 2251, 2253: zitiert nach Mugdan, S. 935 zu § 577 E.

49 BGH, Urt. v. 08.11.2007 – VII ZR 183/05, NJW 2008, 511; ibr-OK BauVertrR/Pause/Vogel, § 645 BGB Rn. 15.

50 OLG München, Urt. v. 09.11.1990 – 23 U 4090/90, NJW-RR 1992, 348.

51 BGH, Urt. v. 16.10.1997 – VII ZR 64/96, NJW 1998, 456; BGH, Urt. v. 21.08.1997 – VII ZR 17/96, NJW 1997, 3018.

- Eine entsprechende Anwendung kommt bei einer fehlenden Aufklärung bei einer entsprechend bestehenden Pflicht in Frage.[52]
- Die **Gefahrschaffung** durch den Besteller zählt auch dazu, wobei die Tatsache, dass Dritte bei dem Bauvorhaben allein eingesetzt werden, noch nicht dem Besteller zuzurechnen sind.[53] Beschädigen also Nebenunternehmer das Werk des Unternehmers, ohne dass dem Besteller der Verstoß gegen konkrete Sorgfaltspflichten anzulasten ist, kann sich der Unternehmer nicht auf einen teilweisen Gefahrübergang nach § 645 BGB berufen und muss sich insofern an den Schädiger selbst halten, sofern nicht – im Einzelfall – die konkrete Beauftragung des Dritten ein besonderes Risiko darstellt[54]. Gleiches gilt, wenn Geräte beschädigt werden, weil der Besteller über Risiken nicht aufgeklärt hat.[55]
- Die Übernahme politischer Risiken kann in aller Regel nicht dem Besteller zugerechnet werden, da es sich dabei um das allgemeine Lebensrisiko handelt.[56]
- Allein die Tatsache, dass das Werk beim Besteller ausgeführt wird und dabei beschädigt wird, genügt, so auch schon nach dem historischen Gesetzgeber nicht für einen Gefahrübergang.[57] Hier kann dem Unternehmer inzwischen allerdings die Zustandsfeststellung nach § 650g BGB helfen.
- Höhere Gewalt, Witterungen, Überschwemmungen, Blitzschlag und sonstige Ereignisse sind keine nach § 645 BGB genügenden Umstände, für die dem Besteller das Risiko obliegt. Treten solche Ereignisse ein, verbleibt es bei den allgemeinen Vorschriften. Im Hinblick auf die zeitlichen Folgen mag § 286 Abs. 4 BGB zu einem fehlenden Verschulden des Unternehmers führen, sodass weder der Besteller noch der Unternehmer von der jeweils anderen Partei Ansprüche auf Erstattung von Mehrkosten hat.

IV. Keine Mitverantwortung des Unternehmers

33 Hat der Unternehmer selbst bei der Beeinträchtigung des Werkes mitgewirkt, kann er sich nicht auf § 645 BGB berufen. Der Tatbestand ist also nur dann erfüllt, wenn die Beschädigung eingetreten ist, ohne dass ein Umstand mitgewirkt hat, den der Unternehmer zu vertreten hat.

Der Anwendungsbereich dieser Voraussetzung ist schon ausweislich des Gesetzeswortlautes weit. Bei einer bloßen Mitverantwortung entfällt der Vergütungsanspruch, die Wertung des Gesetzes ist insoweit eindeutig: Da der Unternehmer einen Erfolg versprochen hat, überwiegt dessen Mitverantwortung das verschuldensunabhängige Risiko des Bestellers. Auf ein Verschulden des Unternehmers kommt es nicht an.[58] Auch § 254 BGB findet keine Anwendung, die Mitwirkung des Unternehmers führt insgesamt zum Verlust des Anspruchs nach § 645 Abs. 1 S. 1 BGB.[59] Wirkt sich der vom Unternehmer zu vertretende Umstand dagegen nur teilweise auf die Beeinträchtigung des Werks aus, hat der Unternehmer für den erhalten bleibenden Teil des Werks einen Anspruch nach § 645 Abs. 1 S. 1 BGB.[60]

52 OLG Oldenburg, Urt. v. 06.03.2018 – 12 U 38/17, BeckRS 2018, 9610; hier ergab die Vertragsauslegung, dass der Besteller die Pflicht hatte, dem Unternehmer den Verlauf von Leitungen im Boden zu benennen, was der Besteller nicht getan hatte, weshalb der Unternehmer Bohrungen nicht hat vornehmen können.

53 BGH, Urt. v. 06.11.1980 – VII ZR 47/80, NJW 1981, 391.

54 BGH, Urt. v. 06.11.1980 – VII ZR 47/80, NJW 1981, 391; anders bei besonders risikoträchtigen Schweißarbeiten: OLG Köln, Urt. v. 15.04.1975 – 15 U 156/74, OLGZ 1975, 323.

55 BGH, Urt. v. 28.01.2016 – I ZR 60/14, NZBau 2016, 283; ibr-OK BauVertrR/Pause/Vogel, § 645 BGB Rn. 17.

56 Ausnahme im Einzelfall: BGH, Urt. v. 11.03.1982 – VII ZR 357/80, NJW 1982, 1458; ibr-OK BauVertrR/Pause/Vogel, § 645 BGB Rn. 17.

57 Protokolle, zitiert nach Mugdan, S. 934 zu § 577 E.

58 BGH, Urt. v. 30.01.2020 – VII ZR 33/19, NJW 2020, 1293; ibr-OK BauVertrR/Pause/Vogel, § 645 BGB Rn. 4, 19; Messerschmidt/Voit/Merkens, § 645 BGB Rn. 15.

59 BeckOGK/Lasch, § 645 BGB Rn. 28; BeckOK BGB/Voit, § 645 Rn. 12.

60 BeckOK BGB/Voit, § 645 Rn. 14.

Ein Verschulden des Unternehmers liegt insbesondere dann vor, wenn er vertraglich geschuldeten Prüfungs- und Hinweispflichten nicht genügt und wenn er Bedenken, die ihm hätten kommen müssen, nicht artikuliert.[61] Ob und in welchem Umfang der Unternehmer solche Pflichten hat, hängt von den vertraglichen Regelungen, dem Fachwissen der Parteien und den näheren Umständen der wechselseitigen Beiträge ab. 34

Bei Vereinbarung der VOB/B sind für die dem Unternehmer obliegenden Pflichten zur Prüfung und Mitteilung sowie zur Erteilung von Hinweisen und Anmeldung von Bedenken § 13 Abs. 3 VOB/B, § 4 Abs. 3 Hs. 1 VOB/B und § 4 Abs. 1 Nr. 4 S. 1 VOB/B zu beachten.

Im Allgemeinen ist aber jeder Unternehmer verpflichtet, beigestellte Stoffe, Anweisungen oder sonstige Beiträge des Bestellers nicht unreflektiert hinzunehmen, sondern muss die Stoffe auf die Geeignetheit hin überprüfen (etwa: Sichtprüfungen, Mengenprüfungen etc. vornehmen).

Zu vertreten hat der Unternehmer in diesem Sinne auch Mängel der Werkleistung (wegen der verschuldensunabhängigen Gewährleistung).[62] 35

V. Rechtsfolgen

1. Teilvergütung

Der Unternehmer kann vom Besteller nach § 645 Abs. 1 S. 1 BGB einen der geleisteten Arbeit entsprechenden Teil der Vergütung verlangen. 36

Der Anspruch auf Teilvergütung des Unternehmers nach § 645 BGB bleibt regelmäßig hinter der Vergütung nach ordentlicher Kündigung des Bestellers gem. § 648 BGB und dem Anspruch des Unternehmers bei Unmöglichkeit der Leistung gem. § 326 Abs. 2 BGB zurück.[63] § 645 BGB schafft aus Billigkeitsgründen einen Interessenausgleich, indem dem Unternehmer von vornherein nur die anteilige Vergütung (und weitergehende Ansprüche nur bei Verschulden nach § 645 Abs. 2 BGB) für solche von ihm erbrachte Leistungen zugesprochen wird, die ausschließlich aus vom Besteller objektiv zu verantwortenden Umständen untergegangen, verschlechtert oder unausführbar geworden sind, und er nicht wie bei § 648 BGB die vereinbarte vollständige Vergütung (abzüglich ersparter Aufwendungen oder anderweitigem Erwerb) erhält.[64]

Für § 645 Abs. 1 S. 1 BGB ist die tatsächlich erbrachte Leistung im Verhältnis zu dem geschuldeten vertragsgemäßen Gesamtwerk maßgebend, der Unternehmer hat – wie auch bei der Kündigung – die erbrachten Leistungen von den beschädigungsbedingt nicht mehr zu erbringenden Leistungen abzugrenzen und den Wert der erbrachten Leistungen im Verhältnis zum Gesamtwerk zu ermitteln.[65] Der Unternehmer erhält dabei insbesondere nicht den Gewinnanteil für die nicht mehr erbrachten Leistungen.[66]

Es gelten die Anforderungen wie bei einer freien Kündigung nach § 648 BGB, auf die Kommentierung des § 648 BGB wird verwiesen.[67] In diesem Sinne muss die Abrechnung bzw. Aufstellung des Unternehmers nachvollziehbar und überprüfbar sein. Die Berechnung des Vergütungsanspruches nach Aufhebung des Vertrages in Anwendung von § 645 Abs. 1 S. 2 BGB erfordert grundsätzlich eine Darlegung der erbrachten Leistungen und ihre Abgrenzung von dem nicht ausgeführten Teil. 37

61 BGH, Urt. v. 08.11.2007 – VII ZR 183/05, NJW 2008, 511; BeckOK BGB/Voit, § 645 Rn. 12; Messerschmidt/Voit/Merkens, § 645 BGB Rn. 16; MüKo-BGB/Busche, § 645 Rn. 10.

62 BeckOK BGB/Voit, § 645 Rn. 12; MüKo-BGB/Busche, § 645 Rn. 10.

63 BeckOK BGB/Voit, § 645 Rn. 24; Messerschmidt/Voit/Merkens, § 645 BGB Rn. 18.

64 BeckOGK/Lasch, § 645 BGB Rn. 32.

65 BeckOGK/Lasch, § 645 BGB Rn. 32; MüKo-BGB/Busche, § 645 Rn. 12.

66 BeckOK BGB/Voit, § 645 Rn. 24; Messerschmidt/Voit/Merkens, § 645 BGB Rn. 18 f.

67 BGH, Urt. v. 11.02.1999 – VII ZR 91/98, NJW 1999, 2036; BeckOK BGB/Voit, § 645 Rn. 25; ibr-OK BauVertrR/Pause/Vogel, § 645 BGB Rn. 26; Leinemann/Kues/Goede, § 645 BGB Rn. 45; MüKo-BGB/Busche, § 645 Rn. 12.

Haben die Parteien einen Pauschalvertrag geschlossen, ist die Höhe der Vergütung für die erbrachten Leistungen deshalb grundsätzlich nach dem Verhältnis des Werts der erbrachten Teilleistungen zum Wert der nach dem Pauschalvertrag geschuldeten Gesamtleistung zu errechnen.[68]

2. Auslagen

38 Der Unternehmer hat darüber hinaus einen Anspruch auf Erstattung der in der Teilvergütung nicht inbegriffenen Auslagen. Das sind die Kosten, die dem Unternehmer bis zur Beeinträchtigung des Werkes entstanden sind, die aber von der Teilvergütung für die erbrachten Leistungen nicht erfasst sind.[69] Entscheidend ist, dass es sich jeweils um Auslagen handelt, die sich auf die ausgeführte Leistung beziehen und Kosten umfassen, die der Unternehmer bereits aufgewendet hat. Über die Auslagen kann nicht »durch die Hintertür« eine Vergütung für die noch nicht erbrachten Leistungen abzüglich ersparter Aufwendungen eingeführt werden. Denn hierdurch würde die gesetzgeberische Wertung im Vergleich zu § 648 BGB unterlaufen.

Auslagen i.S.d. § 645 Abs. 1 S. 1 BGB sind beispielsweise:
- Vorbereitungskosten für den noch ausstehenden Teil der Werkleistung wie Transportkosten und Kosten für die Beschaffung von Materialien, Geräten und Maschinen[70],
- Genehmigungsgebühren[71],
- Planungsleistungen[72].

Der Unternehmer ist verpflichtet, diese Kosten gering zu halten (vgl. § 254 BGB) und für einen anderweitigen Erwerb zu sorgen, anderenfalls kann der Anspruch reduziert werden.[73]

39 Folgekosten (etwa Kosten des Stillstands, zur Entsorgung, Einlagerung, Absicherung, Dokumentation) oder Kosten für die Schadensermittlung sind keine zu erstattenden Auslagen i.S.d. § 645 Abs. 1 S. 1 BGB, da diese Kosten sich nicht auf die geleistete Arbeit beziehen, möglich ist eine Erstattung über § 645 Abs. 2 BGB i.V.m. §§ 280 ff. BGB.[74]

3. Abnahme

40 Analog zur Rechtslage nach der Kündigung müssen die Leistungen des Unternehmers, die er bis zu der Beschädigung ausführte, abgenommen werden. Ist dies nicht möglich, weil die Leistungen vollständig beschädigt sind, gilt § 646 BGB.

VI. Folgen bei Verschlechterung

41 Hat sich das Werk verschlechtert, bleibt der Unternehmer aufgrund der nicht übergegangenen Leistungsgefahr verpflichtet, das Werk zu vollenden (er schuldet einen funktionalen Erfolg). Die hierzu notwendige Leistung ist von der vereinbarten Vergütung erfasst. Die (sinnlos) aufgewendete Teiltätigkeit bis zur Verschlechterung erhält der Unternehmer über § 645 BGB. Etwaig weiter

---

68 BGH, Urt. v. 16.10.2014 – VII ZR 176/12, NZBau 2015, 27; BGH, Urt. v. 28.07.2011 – VII ZR 45/11, NZBau 2011, 669; BGH, Urt. v. 11.02.1999 – VII ZR 91/98, NJW 1999, 2036; OLG Brandenburg, Urt. v. 31.07.2018 – 6 U 25/15, BeckRS 2018, 33163; BeckOK BGB/Voit, § 645 Rn. 26.

69 BGH, Urt. v. 16.10.1997 – VII ZR 64/96, NJW 1998, 456; BeckOK BGB/Voit, § 645 Rn. 28; ibr-OK BauVertrR/Pause/Vogel, § 645 BGB Rn. 27; Messerschmidt/Voit/Merkens, § 645 BGB Rn. 20.

70 BGH, Urt. v. 16.10.1997 – VII ZR 64/96, NJW 1998, 456: Gerätekosten, die durch das konkrete Werk veranlasst sind, aber noch nicht durch die Vergütung abgedeckt sind; BeckOK BGB/Voit, § 645 BGB Rn. 28; ibr-OK BauVertrR/Pause/Vogel, § 645 BGB Rn. 27; Messerschmidt/Voit/Merkens, § 645 BGB Rn. 20; MüKo-BGB/Busche, § 645 Rn. 13.

71 Grüneberg/Retzlaff, BGB, § 645 Rn. 7.

72 Grüneberg/Retzlaff, BGB, § 645 Rn. 7.

73 BGH, Urt. v. 16.10.1997 – VII ZR 64/96, NJW 1998, 456.

74 BGH, Urt. v. 16.10.1997 – VII ZR 64/96, NJW 1998, 456; BeckOGK/Lasch, § 645 BGB Rn. 37; BeckOK BGB/Voit, § 645 Rn. 28; ibr-OK BauVertrR/Pause/Vogel, § 645 BGB Rn. 28.

erforderliche Zusatzleistungen, die vom vertraglichen Leistungsumfang nicht umfasst sind, hat der Besteller nach § 650b Abs. 1 Nr. 2 BGB anzuordnen. Führt der Unternehmer solche Leistungen ohne Auftrag des Bestellers aus, gelten die Regelungen der Geschäftsführung ohne Auftrag. Gleiches gilt, wenn der Unternehmer die Beeinträchtigung beseitigt (etwa das Hochwasser beim vollgelaufenen Schürmannbau).[75]

C. Verweis auf § 643 BGB, Abs. 1 Satz 2

Der Verweis auf § 643 BGB in § 645 Abs. 1 S. 2 BGB ist eine Rechtsfolgenverweisung, die systematisch eigentlich in § 643 BGB zu fassen gewesen wäre, bei der Formulierung des Gesetzes aber (missglückt) in § 645 Abs. 1 S. 2 BGB geregelt wurde.[76] 42

Nach §§ 643, 645 Abs. 1 Satz 2 BGB erhält der Unternehmer für die bis zur Kündigung erbrachte Leistung die anteilige Vergütung zuzüglich weitergehender Auslagen, wenn der Vertrag gem. § 643 BGB als aufgehoben gilt, weil der Besteller seinen Mitwirkungsobliegenheiten nach § 642 BGB trotz Fristsetzung und Kündigungsandrohung des Unternehmers nicht gerecht wird.

Insofern hat der Unternehmer gegenüber einer freien Kündigung nach § 648 BGB oder einer von ihm ausgesprochenen Kündigung aus wichtigem Grund nach § 648a BGB einen geringeren Vergütungsanspruch. Diese Differenzierung ist gewollt und entspricht der abgestuften Risikoverteilung, die der Gesetzgeber gewünscht hat und die letztlich auch der Billigkeit entspricht.

D. Weitergehende Haftung des Bestellers nach Abs. 2

§ 645 Abs. 2 BGB verdeutlicht, dass § 645 Abs. 1 S. 1 BGB die Ansprüche des Unternehmers bei einer Beeinträchtigung des Werkes nicht abschließend regelt, eine weitergehende, über § 645 Abs. 1 S. 1 BGB hinausgehende Haftung des Bestellers wegen Verschuldens bleibt unberührt.[77] 43

Hat der Besteller die Beeinträchtigung verschuldet, hat der Unternehmer weitergehende Ansprüche, etwa aus § 280 BGB, aus § 326 Abs. 2 BGB oder aus §§ 823 ff. BGB.[78]

Soweit § 645 BGB als Rechtsgrundverweisung zu verstehen ist, hat die Norm lediglich klarstellenden Charakter. Insofern wird dann jeweils zu prüfen sein, ob und in welchem Umfang der Besteller schuldhaft gehandelt hat, indem er entweder Rechtsgüter des Unternehmers (i.S.d. §§ 823 ff. BGB) oder vertraglich übernommene Pflichten (i.S.d. § 280 BGB – wobei Nebenpflichten genügen, § 241 Abs. 2 BGB) vorsätzlich oder fahrlässig verletzt hat. Hat der Unternehmer die Beschädigung mitverursacht, wäre insoweit auf seinen Schadensersatzanspruch § 254 BGB anspruchsreduzierend zu berücksichtigen. 44

Fraglich ist aber, ob § 645 Abs. 2 BGB darüber hinaus auch als Rechtsfolgenverweisung zu verstehen ist, was dann die Folgefrage auslösen würde, wie der Verschuldensmaßstab zu bestimmen ist, wenn keine Pflicht (vielleicht allenfalls die Schadensminderungspflicht aus § 254 BGB), sondern eine vertraglich vereinbarte Obliegenheit verletzt ist. Nach allgemeiner Auffassung statuiert § 645 Abs. 2 BGB aber keine eigene Anspruchsgrundlage, sondern verweist letztlich auf etwaig bestehende weitere Anspruchsgrundlagen, um klarzustellen, dass die (dem Unternehmer keine volle Kompensation gewährende) Regelung in § 645 Abs. 1 BGB nicht abschließend ist – die gleichen Erwägungen veranlassten den historischen Gesetzgeber auch im Zusammenhang mit § 642 BGB festzuhalten, dass dem Unternehmer bei Verschulden durchaus aufgrund einer Pflichtverletzung weitergehende Ansprüche wegen (Schuldner-)Verzugs zustehen können. 45

75 BGH, Urt. v. 16.10.1997, VII ZR 64/96, NJW 1998, 456.

76 BeckOGK/Lasch, § 645 BGB Rn. 48 ff.; Grüneberg/Retzlaff, BGB, § 645 Rn. 1; MüKo-BGB/Busche, § 645 Rn. 19.

77 BeckOGK/Lasch, § 645 BGB Rn. 54; BeckOK BauVertrR/Dressel, § 645 BGB Rn. 38.

78 BeckOGK/Lasch, § 645 BGB Rn. 54; BeckOK BauVertrR/Dressel, § 645 BGB Rn. 38; BeckOK BGB/Voit, § 645 Rn. 34 f.; MüKo-BGB/Busche, § 645 Rn. 20.

E. Abweichende Vereinbarungen – Besonderheiten bei Vereinbarung der VOB/B

46 Abweichende Vereinbarungen sind möglich.[79]

Abweichende Vereinbarungen sind individualvertraglich denkbar.[80]

Auch in Allgemeinen Geschäftsbedingungen können Risikozuweisungen abweichend von § 645 BGB getroffen werden, wobei die Grenzen der §§ 305 ff. BGB zu beachten sind.[81] Es ist stets im Einzelfall abzuwägen, ob eine unangemessene Benachteiligung des Vertragspartners vorliegt, was sicherlich in Allgemeinen Geschäftsbedingungen des Bestellers zulässigerweise dann nicht der Fall ist, wenn der Unternehmer als Fachunternehmen weitergehende Aufklärungsmöglichkeiten hat. In Allgemeinen Geschäftsbedingungen des Unternehmers wird nicht geregelt werden können, dass sich dieser selbst auch bei eigenem Verschulden auf § 645 BGB wird berufen können.

Die Rechtsfolgen können abweichend geregelt werden.[82]

47 § 645 BGB ist auch bei VOB/B-Verträgen anwendbar.[83] § 12 Abs. 6 VOB/B und § 7 VOB/B weichen allenfalls von § 644 Abs. 1 BGB, nicht aber von § 645 BGB ab.[84] Die Bedenkenhinweispflicht des Unternehmers ist in § 4 Abs. 3 VOB/B speziell geregelt, dessen Grundsätze sind über § 242 BGB auch im BGB-Bauvertrag anwendbar.

F. Darlegungs- und Beweislast

48 Der Unternehmer trägt die Darlegungs- und Beweislast für den Teilvergütungsanspruch nach § 645 Abs. 1 S. 1 BGB dem Grunde und der Höhe nach.[85] Der Unternehmer hat auch als Voraussetzung des Tatbestands darzulegen und zu beweisen, dass an der Beeinträchtigung seines Werks kein Umstand mitgewirkt hat, den er selbst zu vertreten hat.[86]

§ 646 Vollendung statt Abnahme

Ist nach der Beschaffenheit des Werkes die Abnahme ausgeschlossen, so tritt in den Fällen des § 634a Abs. 2 und der §§ 641, 644 und 645 an die Stelle der Abnahme die Vollendung des Werkes.

Übersicht

A. Allgemeines

1 Ist nach der Beschaffenheit des Werkes die Abnahme ausgeschlossen, ist für den Verjährungsbeginn (§ 634a Abs. 2 BGB), die Fälligkeit der Vergütung (§ 641 BGB) und die Gefahrtragung (§§ 644, 645 BGB) anstelle der Abnahme die Vollendung des Werkes maßgeblich.

---

79 BeckOGK/Lasch, § 645 BGB Rn. 55; BeckOK BGB/Voit, § 645 Rn. 32; Grüneberg/Retzlaff, BGB, § 645 Rn. 1.

80 BeckOK BauVertrR/Dressel, § 645 BGB Rn. 40.

81 OLG München, Urt. v. 12.02.2019 – 9 U 728/18, BeckRS 2019, 1323; BeckOGK/Lasch, § 645 BGB Rn. 55; Grüneberg/Retzlaff, BGB, § 645 Rn. 1.

82 BeckOGK/Lasch, § 645 BGB Rn. 59.

83 BGH, Urt. v. 21.08.1997 – VII ZR 17/96, NJW 1997, 3018; BeckOGK/Lasch, § 645 BGB Rn. 2, 60.

84 BGH, Urt. v. 16.10.1997 – VII ZR 64/96, NJW 1998, 456; BGH, Urt. v. 21.08.1997 – VII ZR 17/96, NJW 1997, 3018; BeckOGK/Lasch, § 645 BGB Rn. 60.

85 BeckOGK/Lasch, § 645 BGB Rn. 51; BeckOK BauVertrR/Dressel, § 645 BGB Rn. 37.

86 OLG Naumburg, Urt. v. 12.06.2020 – 8 U 45/18, BeckRS 2020, 58878; BeckOK BGB/Voit, § 645 Rn. 15; MüKo-BGB/Busche, § 645 Rn. 11.

§ 646 BGB ergänzt die Regelungen zur Abnahme in § 640 BGB. Die Vollendung des Werkes soll nach § 646 BGB immer dann an die Stelle der Abnahme nach § 640 BGB treten, wenn gem. § 640 Abs. 1 S. 1 Hs. 2 BGB nach der Beschaffenheit des Werkes eine Abnahme ausgeschlossen ist.

§ 646 BGB ist restriktiv auszulegen, weil der Besteller – anders als bei § 640 BGB – den Eintritt 2
der Abnahmewirkungen nicht beeinflussen kann.[1]

§ 646 BGB ist **nicht** auf **verkörperte Werke** anzuwenden, körperliche Werke sind der Abnahme nach § 640 BGB zugänglich.[2]

§ 646 BGB ist daher für **Bau- und Planungsleistungen** und damit in der baurechtlichen Praxis mit Bau- und Planungsvorhaben **bedeutungslos** und zu vernachlässigen, da insbesondere sowohl Bauarbeiten an sich als auch Planungsleistungen grundsätzlich nach § 640 Abs. 1 BGB abgenommen werden können.[3] Maßgeblich ist insoweit, dass sich die Bauleistungen in der Regel im Bauwerk oder in Unterlagen verkörpern und der Besteller insoweit die Leistungen prüfen und billigen kann.

Dies gilt nicht nur für sämtliche Reparatur-, Wartungs- und Bauverträge, sondern auch für Architektenverträge[4], Planer- und Ingenieurverträge[5], oder Verträge über Tragwerksplanung (Statik)[6]. Noch nicht geklärt ist die Frage, ob das auch für Projektsteuerungsarbeiten gilt, was richtigerweise anzunehmen ist, weil sich auch die Projektsteuerung in körperlichen Dokumenten niederschlägt.[7] Gleiches gilt bei projektunabhängigen Machbarkeitsstudien, Bedarfsanalysen etc. Auch bei diesen Vertragstypen wird wenigstens das Ergebnis der Werkleistung verkörpert werden. Gutachterliche Leistungen jeglicher Art sind deshalb auch abnahmefähig, sodass § 646 BGB bei entsprechenden Werkverträgen nicht anwendbar ist. Das ist bspw. für Marktstudien obergerichtlich[8] und für Bodengutachten höchstrichterlich[9] entschieden.

Daher ist auch der fehlende Verweis auf § 650g BGB, der neben den in § 646 BGB ausdrücklich zitierten Vorschriften ebenfalls Rechtsfolgen an die Abnahme knüpft, unschädlich und richtig.

Aufgrund seiner fehlenden Kontur wird § 646 BGB zudem oft kritisch gesehen[10], ist aber letztlich in der Praxis auch eher bedeutungslos.

Kein Fall des § 646 BGB ist, so aber teilweise die frühere Rechtsprechung aufgrund einer ähnlichen 3
Interessenlage, wenn nach der Kündigung eines Werkvertrages das teilerrichtete Werk nicht funktionsfähig ist und deshalb mit wesentlichen Mängeln (weil nicht funktionsfähig) behaftet ist und deshalb nicht abgenommen wird.[11] Spätestens seitdem der BGH[12] aber entschied, dass auch bei einer Kündigung die bis zur Kündigung erbrachten Teilleistungen abnehmbar sind (und der Auftragnehmer insofern einen Anspruch auf Abnahme der bis zur Kündigung erbrachten Leistungen hat), kann in diesen Fällen nicht mehr auf § 646 BGB abgestellt werden (im Übrigen ist bei solchen Verträgen

1 BeckOK BGB/Voit, § 646 Rn. 1; ibr-OK BauVertrR/Pause/Vogel, § 646 BGB Rn. 2.
2 BGH, Urt. v. 30.12.1963 – VII ZR 88/62, NJW 1964, 647; BeckOK BGB/Voit, § 646 Rn. 2; ibr-OK BauVertrR/Pause/Vogel, § 646 BGB Rn. 1.
3 BeckOK BauVertrR/Mayr, § 646 BGB Rn. 1; ibr-OK BauVertrR/Pause/Vogel, § 646 BGB Rn. 2; Messerschmidt/Voit/Messerschmidt, § 646 BGB Rn. 2 f.
4 BGH, Urt. v. 30.12.1963 – VII ZR 88/62, NJW 1964, 647; BGH, Urt. v. 09.07.1962 – VII ZR 98/61, NJW 1962, 1764.
5 BGH, Urt. v. 18.09.1967 – VII ZR 88/65, NJW 1967, 2259; FG Düsseldorf, Urt. v. 12.04.2011 – 13 K 3413/07 F, BeckRS 2012, 95297.
6 BGH, Urt. v. 18.09.1967 – VII ZR 88/65, NJW 1967, 2259.
7 Offengelassen: OLG Naumburg, Urt. v. 14.03.2008 – 10 U 64/07, NZBau 2009, 318.
8 OLG Düsseldorf, Urt. v. 07.10.1997 – 23 U 63/97, BeckRS 1997, 15706.
9 BGH, Urt. v. 28.04.1992 – X ZR 27/91, NJW-RR 1992, 1078.
10 BeckOGK/Kögl, § 646 BGB Rn. 4; ibr-OK BauVertrR/Pause/Vogel, § 646 BGB Rn. 2.
11 Siehe bspw. OLG Hamm, Urt. v. 23.01.1995 – 17 U 105/94, NJW-RR 1995, 657.
12 BGH, Urt. v. 11.05.2006 – VII ZR 146/04, NJW 2006, 2475.

die Abnahme auch nicht aufgrund der [*vereinbarten*] Beschaffenheit ausgeschlossen, sondern allenfalls nach der unfertigen [faktisch *realisierten*] Beschaffenheit).

Nach § 650 Abs. 2 BGB ist bei einem Verbrauchervertrag über die Herstellung digitaler Produkte zwar § 640 BGB nicht anzuwenden, jedoch greift auch § 646 BGB nicht ein, anwendbar sind vielmehr die Vorschriften des Abschnitts 3 Titel 2a.

B. Ausschluss der Abnahme

4 Der Anwendungsbereich des § 646 BGB ist beschränkt.[13]

Für den Ausschluss der Abnahme nach der Beschaffenheit des Werkes ist der Begriff der Abnahme zugrunde zu legen. Anknüpfungspunkt ist ebenso die Beschaffenheit des Werkes. § 646 BGB findet nur dann Anwendung, wenn das Werk derart beschaffen ist, dass der Besteller das Werk nicht entgegennehmen und billigen kann.

Unter Abnahme versteht die nahezu einhellige Auffassung die **körperliche Entgegennahme** des Werkes **verbunden** mit der **Anerkennung (Billigung) des Werkes** als im Wesentlichen vertragsgemäße Leistung.[14] Dieser zweigliedrige Begriff setzte sich während der Beratung des BGB durch[15] und wird von Rechtsprechung und Literatur seit jeher zugrunde gelegt.

Maßgeblich ist weiter die Beschaffenheit des Werkes im Sinne des § 633 BGB, also zunächst die **vereinbarten** und – in Ermangelung einer Vereinbarung – die **vorausgesetzten** oder **üblichen** Eigenschaften des Werkes. Es kommt darauf an, ob diese Eigenschaften es ausschließen, dass das Werk abnahmefähig ist.

5 Vor diesem Hintergrund wird angenommen, dass die Abnahme nach der Beschaffenheit des Werkes ausgeschlossen ist, wenn das Werk nicht körperlich entgegengenommen werden kann, wenn es sich also um unkörperliche Leistungen bzw. einen **immateriellen bzw. geistigen Werkerfolg** handelt.[16] Im Übrigen seien die Werke abnahmefähig, für diese greife § 646 BGB daher nicht ein.

Diese Annahme greift aber zu kurz und ist einzuschränken.

6 Auch bei geistigen Werken kann in diesem Sinne eine Ab- oder Entgegennahme erfolgen, sofern sich das geistige Werk in einem Gegenstand, also einer Urkunde oder Sache, wie etwa einem Gutachten oder einem Plan bei Leistungen eines Architekten verkörpert und vom Besteller entgegengenommen und gebilligt werden kann.[17]

7 Zudem lässt die Rechtsprechung allein die Billigung des Werkes genügen, wenn eine körperliche **Entgegen**nahme nach der Beschaffenheit des Werkes ausgeschlossen ist oder deshalb ausgeschlossen ist, weil sich das Werk schon im Besitz des Bestellers befindet.[18] Das ist immer dann der Fall, wenn sich die Werkleistung zwar körperlich manifestiert (also »gegenständlich« ist), dieser Gegenstand

13 BeckOGK/Kögl, § 646 BGB Rn. 1; BeckOK BauVertrR/Mayr, § 646 BGB Rn. 2; Messerschmidt/Voit/Messerschmidt, § 646 BGB Rn. 3; MüKo-BGB/Busche, § 646 Rn. 2.

14 BGH, Urt. v. 18.09.1967 – VII ZR 88/65, NJW 1967, 2259; Grüneberg/Retzlaff, BGB, § 640 Rn. 5 m.w.N.

15 So wurde anfangs noch, analog zum Kaufrecht, die »Annahme« des Werkes, also die körperliche Entgegennahme in den Vordergrund gestellt und insbesondere im Mängelrecht, die »Gutheißung« also die Billigung des Werkes als Anknüpfungspunkt der Verjährungsfrist angesehen; im Verlauf der Diskussionen verknüpften sich beide Elemente zum Begriff der »Abnahme«.

16 BeckOK BauVertrR/Mayr, § 646 BGB Rn. 2; Leinemann/Kues/Bolz, § 646 BGB Rn. 2; Messerschmidt/Voit/Messerschmidt, § 646 BGB Rn. 3; MüKo-BGB/Busche, § 646 Rn. 2.

17 BGH, Urt. v. 30.09.1999 – VII ZR 162/97, NJW 2000, 133; BGH, Urt. v. 18.09.1967 – VII ZR 88/65, NJW 1967, 2259; BGH, Urt. v. 09.07.1962 – VII ZR 98/61, NJW 1962, 1764; BeckOGK/Kögl, § 646 BGB Rn. 11; BeckOK BGB/Voit, § 646 Rn. 2; Grüneberg/Retzlaff, BGB, § 646 Rn. 1.

18 OLG Stuttgart, Urt. v. 08.12.2010 – 4 U 67/10, NJW-RR 2011, 669.

aber aufgrund seiner Natur nicht »entgegen« genommen werden kann, weil er sich aufgrund seiner Größe oder Masse eben nicht bewegen lässt.

Mithin wird bei allen **Bauarbeiten**, Arbeiten an einem Haus, an einem Grundstück oder an einer schweren Maschine von dem Erfordernis der körperlichen Entgegennahme für die Abnahme abgesehen. Es ist in diesen Fällen für die Abnahme hinreichend, aber eben auch erforderlich, dass der Besteller das hergestellte Werk als im Wesentlichen vertragsgemäß **billigt**.

Streng genommen ist diese Form der Billigung bei jedem Werk denkbar.[19] Richtig ist es deshalb insbesondere im Hinblick auf die vereinbarte Beschaffenheit für den Anwendungsbereich des § 646 BGB darauf abzustellen, ob die Parteien **vereinbart** haben, dass eine derartige **Billigung** im unmittelbaren Anschluss an die Fertigstellung des Werkes **nicht erforderlich** ist, oder ob eine solche Billigung auch nicht innerhalb einer vom Auftragnehmer nach § 640 Abs. 2 BGB zu setzenden Frist mangels Sinnhaftigkeit nach der Verkehrssitte nachgeholt werden kann.[20] Es geht insoweit um zwar abnahmefähige, aber nicht abnahmebedürftige Werke.[21] **8**

Das ist immer dann der Fall, wenn das Werk sich überhaupt nicht dauerhaft verkörpert, also so »**flüchtig**« ist, dass der Besteller das Werk nicht billigen kann (oder aufgrund anderer Umstände gar nicht billigen darf) und dass es auch einer Nacherfüllung nicht mehr zugänglich ist, sondern »einmalig« ist.[22]

Die Grenzen zur konkludenten Billigung, bei der auch der Auftragnehmer auf den Zugang der Abnahmeerklärung verzichtet, sind dabei naturgemäß fließend.

In der Rechtsprechung werden hierzu als Beispiel Reinigungsarbeiten genannt, bei denen der Auftraggeber auf eine Kontrolle im unmittelbaren Zusammenhang verzichtet.[23] **9**

Weitere **Beispiele** für derartige Werkleistungen sind: Theateraufführungen, Konzertveranstaltungen, Live-Aufführungen (auch Livestreams im Internet), Winterdienst,[24] Entsorgungsverträge wie Abfallsammlungen[25] oder Übernahmen von Bauschutt[26], (Flug- und sonstige) Beförderungs-, Transport- und Frachtverträge,[27] Autorenverträge (weil das Werk des Autors aufgrund der Individualität und des Urheberrechts vom Besteller nicht gebilligt werden kann). Nach der Rechtsprechung soll auch die Veröffentlichung von Werbeanzeigen hierunter fallen, dies ist aber abzulehnen, weil der Besteller auch dort das hergestellte Werk (die Anzeige) prüfen und billigen kann.[28]

Angesichts der Digitalisierung dürften auch elektronische Dokumente in diesem Sinne dann körperlich entgegengenommen sein, wenn der Besteller die entsprechende Datei geöffnet und damit visualisiert hat. Gleiches gilt für Video-Aufnahmen oder Software-Entwicklungen. **10**

19 BeckOGK/Kögl, § 646 BGB Rn. 8.

20 Vgl. BeckOK BGB/Voit, § 646 Rn. 4; Grüneberg/Retzlaff, BGB, § 646 Rn. 1.

21 Vgl. BeckOK BGB/Voit, § 646 Rn. 4.

22 Grüneberg/Retzlaff, BGB, § 646 Rn. 1.

23 OLG Köln, Urt. v. 24.11.2016 – 7 U 77/16, BeckRS 2016, 118302; OLG Hamm, Urt. v. 04.10.2016 – 21 U 142/15, BeckRS 2016, 119491; LG Aachen, Urt. v. 22.03.2016 – 12 O 395/15, BeckRS 2016, 118303.

24 OLG Hamm, Urt. v. 04.10.2016 – 21 U 142/15, BeckRS 2016, 119491; KG, Urt. v. 14.11.2013 – 4 U 41/12, IBRRS 2016, 1872 unter Verweis auf BGH.

25 OLG Bremen, Urt. v. 09.03.2012 – 2 U 98/11, BeckRS 2012, 211287; OLG Brandenburg, Urt. v. 08.11.1994 – 6 U 26/94, IBR 1995, 275.

26 LG Potsdam, Urt. v. 10.01.2018 – 6 S 42/17, BeckRS 2018, 29813.

27 BGH, Urt. v. 27.10.1988 – I ZR 156/86, NJW-RR 1989, 160; OLG Bremen, Urt. v. 09.03.2012 – 2 U 98/11, BeckRS 2012, 211287; OLG Düsseldorf, Urt. v. 29.04.1993 – 18 U 260/92, NJW-RR 1994, 1122.

28 AG Witten, Urt. v. 19.04.2018 – 2 C 1084/17, BeckRS 2018, 28284; AG Rheda-Wiedenbrück, Urt. v. 07.02.2002 – 11 C 296/01, NJW-RR 2022, 856.

Offen ist, ob sich Baustellenabsicherungen durch Aufsichten, Brandwachen, Signalposten verkörpern oder nicht. In diesen Fällen wird, wie auch beim Winterdienst oder bei Reinigungsverträgen, der Auftraggeber auf eine Abnahme in unmittelbarem zeitlichen Zusammenhang verzichten, sodass auch wegen der fehlenden Nachholbarkeit der zeitbezogenen Leistung der Anwendungsbereich des § 646 BGB eröffnet ist.[29]

11 **Nicht** zu derartigen Verträgen zählen aber: Filmvorführungen, weil der Film reproduzierbar ist oder Reinigungsleistungen, bei denen sich der Auftraggeber die nachträgliche Billigung in unmittelbarem zeitlichen Zusammenhang vorbehält.

C. Vollendung

12 Die Vollendung des Werkes tritt an die Stelle der Abnahme. Die Vollendung meint die vollständige Fertigstellung, Mangelfreiheit gehört jedoch nicht dazu.[30]

Der Begriff der Vollendung ist gesetzlich ebenso wie der Begriff der Fertigstellung nicht definiert. Während unter »Fertigstellung« bislang üblicherweise die »Abnahmereife«, also die Vollständigkeit und Freiheit von wesentlichen Mängeln verstanden wurde, definierte das AG Witten die »vollständige Fertigstellung« als Vollendung,[31] obwohl – so schon die frühere obergerichtliche Rechtsprechung – vorhandene Mängel eine Vollendung nicht hinderten.[32]

Inzwischen wird der Begriff der »Fertigstellung« in § 640 Abs. 2 BGB auch gesetzlich vorausgesetzt, ohne gleichwohl den Begriff zu definieren. Auf die dortigen Ausführungen kann verwiesen werden.

D. Abdingbarkeit

13 § 646 BGB ist schon allein deswegen abdingbar, weil die Parteien des Werkvertrages die Art der vertraglichen Beschaffenheit frei definieren können (und dies sogar ohne die rigiden Grenzen des AGB-Rechts). Insofern ist es ohne Weiteres möglich, vertraglich zu regeln, dass die Vollendung die Abnahme nicht ersetzt, zumal aufgrund der strengen Rechtsfolgen gerade Auftraggeber kein Interesse an einer Anwendung des § 646 BGB haben und Auftragnehmer über den Weg des § 640 Abs. 2 BGB hinreichend geschützt sind.

E. Rechtsfolgen

14 Die Vollendung ersetzt die Abnahme (im Übrigen ohne, dass es eines Verlangens i.S.d. § 640 Abs. 2 BGB bedarf). Die Vollendung wirkt sich also im Wesentlichen wie die Abnahme aus.[33] Dies bedeutet, dass der Werklohnanspruch mit der Vollendung fällig wird (§ 641 BGB), dass die Verjährungsfrist für Mängelansprüche beginnt (§ 634a Abs. 2 BGB) und dass die Vergütungsgefahr auf den Besteller übergeht (§§ 644, 645 BGB).

§ 640 Abs. 3 BGB ist nicht anwendbar, § 646 BGB verweist nicht auf § 640 Abs. 3 BGB und die entsprechenden maßgeblichen Rechtsgedanken sind nicht anwendbar.[34] Bei einer Vollendung fehlt eine Billigung des Werkes durch den Besteller; dies kann nicht dazu führen, dass der Besteller seine

29 Leinemann/Kues/Bolz, § 646 BGB Rn. 2.

30 BeckOGK/Kögl, § 646 BGB Rn. 18; BeckOK BGB/Voit, § 646 Rn. 5; Grüneberg/Retzlaff, BGB, § 646 Rn. 2. MüKo-BGB/Busche, § 646 Rn. 3.

31 AG Witten, Urt. v. 19.04.2018 – 2 C 1084/17, BeckRS 2018, 28284.

32 OLG Hamm, Urt. v. 23.01.1995 – 17 U 105/94, NJW-RR 1995, 657.

33 Grüneberg/Retzlaff, BGB, § 646 Rn. 2; MüKo-BGB/Busche, § 646 Rn. 4.

34 So wohl auch, obwohl in dem Fall nicht entscheidungserheblich: OLG Köln, Urt. v. 24.11.2016 – 7 U 77/16, BeckRS 2016, 118302; Grüneberg/Retzlaff, BGB, § 646 Rn. 2; Messerschmidt/Voit/Messerschmidt, § 646 BGB Rn. 3; MüKo-BGB/Busche, § 646 Rn. 4; Leinemann/Kues/Bolz, § 646 BGB Rn. 3.

Mängelrechte verliert.[35] Bekannte Mängel müssen daher bei § 646 BGB nicht vorbehalten werden, dies gilt auch für die Vertragsstrafe.[36] Denkbar erscheint jedoch mit einer zurückhaltenden Handhabung, dass der Besteller auf die Mängelrechte gegebenenfalls stillschweigend verzichtet oder sie verwirkt.[37]

Dass der Besteller die Leistung des Unternehmers nicht hinsichtlich der im Wesentlichen vertragsgerechten Erbringung prüfen und billigen kann, hat auch zur Folge, dass mit der Vollendung die Beweislast für Mängel nicht auf den Besteller übergeht.[38] Denn wegen der fehlenden Billigung durch den Besteller ist eine Beweislastumkehr nicht gerechtfertigt.[39] Damit trifft auch nach der Vollendung den Unternehmer die Beweislast für die Mängelfreiheit des Werkes.

§ 647 Unternehmerpfandrecht

Der Unternehmer hat für seine Forderungen aus dem Vertrag ein Pfandrecht an den von ihm hergestellten oder ausgebesserten beweglichen Sachen des Bestellers, wenn sie bei der Herstellung oder zum Zwecke der Ausbesserung in seinen Besitz gelangt sind.

Übersicht

A. Änderungen durch Bauvertragsrechtsreform

1 § 647 BGB hat durch die Bauvertragsrechtsreform bzw. das neue BGB-Bauvertragsrecht vom 01.01.2018 keine Änderung erfahren.

B. Werkvertragliches Sicherungssystem und Einordnung von § 647 BGB

2 Die werkvertragliche Vergütungsforderung des Unternehmers ist nach den Regelungen §§ 647, 647a, 650e und 650f BGB besicherbar, mit der Einschränkung, dass §§ 650e und 650f BGB nur für Bauverträge gemäß § 650a BGB gelten. Die Regelungen inklusive § 647 BGB ergänzen einander und schließen sich nicht gegenseitig aus[1], wenngleich die jeweilige Forderung letztlich natürlich nur einmal besichert werden kann. Sie dienen dem Schutz des Vergütungsanspruchs des Werkunternehmers infolge dessen Vorleistungspflicht.

3 § 647 BGB ist in dem System die einzige gesetzliche Sicherung. §§ 647a und 650e BGB begründen Ansprüche auf Einräumung einer Hypothek und § 650f BGB (auf Verlangen) auf Stellung einer Sicherheit.

4 Das Sicherungssystem insgesamt dient im Interessenausgleich der Vorleistungspflicht des Unternehmers.

---

35 Grüneberg/Retzlaff, BGB, § 646 Rn. 2; MüKo-BGB/Busche, § 646 Rn. 5.
36 BeckOGK/Kögl, § 646 BGB Rn. 23; MüKo-BGB/Busche, § 646 Rn. 5.
37 BeckOGK/Kögl, § 646 BGB Rn. 23; Grüneberg/Retzlaff, BGB, § 646 Rn. 2; MüKo-BGB/Busche, § 646 Rn. 5.
38 BeckOGK/Kögl, § 646 BGB Rn. 24; BeckOK BGB/Voit, § 646 Rn. 7; Grüneberg/Retzlaff, BGB, § 646 Rn. 2; MüKo-BGB/Busche, § 646 Rn. 6.
39 BeckOGK/Kögl, § 646 BGB Rn. 24; BeckOK BGB/Voit, § 646 Rn. 7.
1 BGH, Beschl. v. 04.03.1993 – VII ZR 282/91.

C. Anwendungsbereich

I. Pfandgläubiger

5 Pfandberechtigter Unternehmer gemäß § 647 BGB ist der Werkunternehmer im Sinne von § 631 BGB, beim Bauvertrag in Verbindung mit § 650a Abs. 2 S. 1 BGB. Auf den Baulieferungsvertrag findet § 647 BGB gemäß § 650 S. 3 BGB keine Anwendung. Gemäß § 1257 BGB finden die Regelungen des Vertragspfandrechts auf das Unternehmerpfandrecht Anwendung. Der Haftungsumfang des Pfandes ergibt sich aus § 1210 BGB, die Verwertung erfolgt nach den §§ 1235 ff. BGB.

6 Das Pfand darf erhoben werden auf sämtliche Forderungen[2] des betreffenden Vertragsverhältnisses (vgl. zur Erweiterung auf frühere Verträge unten Ziff. 2), also die Werklohnforderung(en) als solche, aber bspw. auch der Anspruch auf Entschädigung aus § 642 BGB oder auf Schadensersatz. Für die Geltendmachung des Pfandrechts ist nicht erforderlich, dass die Forderung bereits fällig ist, sie muss lediglich, das aber schon, entstanden sein. Die Fälligkeit der Forderung ist erst für die Verwertung des Pfandrechts erforderlich und damit diesbezügliche Voraussetzung.

II. Pfandsache

7 Die Pfandsache muss beweglich im Sinne der §§ 90 ff. BGB sein. Beweglich sind danach also alle Sachen, die nicht Grundstück, nicht Grundstücken gleichgestellt oder Grundstücksbestandteile sind.[3] Bei Schiffen ist die Abgrenzung zu § 647a BGB und bei Baugrundstücken die Abgrenzung zu § 650e BGB zu beachten: Nur nicht eingetragene oder eintragungsfähige Schiffe können nach § 647 BGB besichert werden, sonst gilt § 647a BGB; bei Baugrundstücken gilt, abgesehen davon, dass sie unbewegliche Sachen sind, § 650e BGB. Ein nur zu einem vorübergehenden Zweck auf einem Grundstück errichtetes Gebäude ist eine bewegliche Sache, so z.B. ein vom Mieter/Pächter auf fremdem Grundstück errichtetes Gebäude (widerlegbare Vermutung)[4].

8 Die Sache muss selbstredend im Eigentum des Bestellers stehen. Ein gutgläubiger Erwerb des Pfandrechts ist richtigerweise ausgeschlossen.[5] Nachunternehmer werden deswegen regelmäßig keine Pfandrechte nach § 647 BGB erwerben.

9 Der Unternehmer darf sich die Sache nicht widerrechtlich zur Verpfändung aneignen, sondern es muss sich entweder um die vom Unternehmer hergestellte Sache oder um die zur »Ausbesserung« in seinen Besitz gelangte Sache handeln, wobei der Begriff der »Ausbesserung« dem beinahe urzeitlichen Motiv des Gesetzgebers bei Schaffung des Werkvertragsrechts und in dessen Rahmen von § 647 BGB geschuldet sein dürfte, die werkvertragliche Regelung nämlich eines Vertrages über eine Schuhreparatur. Richtigerweise erfasst § 647 BGB sämtliche Be- und Verarbeitungsformen der überlassenen Sache, womit zugleich die Abgrenzung zu nicht pfändbaren, zur Bearbeitung überlassenen Arbeitsmitteln klar wird – diese werden nicht »ausgebessert«, be- oder verarbeitet. Das Pfandrecht erstreckt sich auf die gesamte Sache, auch wenn nur ein Teil werkvertraglich betroffen ist (Pfand ist das ganze Kfz, auch wenn nur der Motor repariert wurde).

10 Der Unternehmer muss (rechtmäßig) zumindest mittelbaren Besitz über die zur Herstellung oder zur Bearbeitung erhaltene Sache erlangt haben. Gemäß § 650q Abs. 1 BGB gilt § 647 BGB qua Gesetz zwar auch für den **Architekten- und Ingenieurvertrag**, ohne allerdings nennenswert praktische Relevanz zu entfalten: Der Architekt wird regelmäßig eigene neue Pläne erstellen, in deren Besitz er also nicht durch den Besteller gelangt. Vom Besteller erhaltene Pläne wiederum gelangen zwar in den Besitz des Architekten, dienen aber regelmäßig nicht der Herstellung oder Bearbeitung neuer Pläne, es sei denn, ausnahmsweise ist das übergebene Original zu überarbeiten.

---

2 Grüneberg/Sprau, BGB, 85. Aufl., § 647, Rn. 2.
3 RG, Urt. v. 19.09.1903 – V 106/03.
4 BGH, Urt. v. 22.12.1995 – V ZR 334/94.
5 BGH, Urt. v. 18.05.1983 – VIII ZR 86/82.

III. Abweichende Vereinbarungen

§ 647 BGB kann individualvertraglich abbedungen werden.[6] In den Grenzen von § 307 BGB gilt das auch für eine formularmäßige Abbedingung. Gleiches gilt für eine Erweiterung des Pfandrechtes auch auf weitere Verträge.[7] Unwirksam dürften aber bspw. wohl Klauseln sein, die dem Besteller ein vertragliches Pfandrecht bedingen, aber das gesetzliche Pfandrecht des Unternehmers ausschließen.[8] 11

§ 647a Sicherungshypothek des Inhabers einer Schiffswerft

Der Inhaber einer Schiffswerft kann für seine Forderungen aus dem Bau oder der Ausbesserung eines Schiffes die Einräumung einer Schiffshypothek an dem Schiffsbauwerk oder dem Schiff des Bestellers verlangen. Ist das Werk noch nicht vollendet, so kann er die Einräumung der Schiffshypothek für einen der geleisteten Arbeit entsprechenden Teil der Vergütung und für die in der Vergütung nicht inbegriffenen Auslagen verlangen. § 647 findet keine Anwendung.

§ 647a BGB wurde im Zuge der Bauvertragsrechtsreform zum 01.01.2018 neu aufgenommen. 1
Inhaltlich entspricht die Regelung dem bis dahin gültigen Absatz 2 von § 648 BGB a.F. Die Abtrennung und eigenständige Neuregelung in § 647a BGB liegt rein systematisch darin bedingt, dass § 648 BGB a.F. inzwischen in § 650e BGB n.F. neu geregelt und damit eine rein bauvertragliche (Neu-)Regelung wurde. Inhaltlich hat sich nichts geändert.[1]

S. 1 und S. 2 decken sich mit § 650e Abs. 1 S. 1 und S. 2. Es gelten daher die Ausführungen zu 2
§ 650e BGB entsprechend. Nicht identisch ist S. 3: § 647 BGB findet keine Anwendung. Damit wird das Sicherungsgut von § 647a BGB als unbewegliche Sache behandelt, obwohl es sich tatsächlich um eine bewegliche Sache handelt. § 647 BGB findet aber wiederum Anwendung, wenn das Schiff nicht in das Schiffsregister eingetragen ist, weil dann die Eintragung einer Hypothek in das Register schlicht nicht möglich ist. Dann gilt § 647 BGB.[2]

Anders als die Bauhandwerkersicherungshypothek besteht mit § 647a BGB nicht ipso iure für den 3
Unternehmer eine dingliche Sicherheit an dem Schiff/Schiffsbauwerk, sondern nur ein schuldrechtlicher Anspruch[3] auf Einräumung dieser.

Der Begriff des Schiffsbauwerks ist weit zu verstehen.[4] Er erfasst das noch im Bau befindliche Schiff, 4
§ 76 Abs. 1 SchiffR, ebenso im Bau befindliche Schwimmdocks, § 81a SchiffRG.

Anspruchsberechtigter ist der Inhaber einer Schiffswerft. Werftinhaber ist derjenige, der die Werft 5
betreibt. Das kann eine juristische oder natürliche Person sein und muss nicht notwendig zugleich auch der Eigentümer der Werft sein.

Sicherungsfähig sind Forderungen, die sich aus dem Bau oder der Ausbesserung eines Schiffes 6
ergeben. Ähnlich wie bei § 650a BGB sind das also nur Forderungen, die den Neubau oder den grundlegenden Umbau eines Schiffs zum Gegenstand haben, also nicht bloß etwa einfache Reinigungsarbeiten o.ä.[5]

Gemäß § 76 Abs. 2 SchiffRG können allerdings nur Schiffe nach § 647a BGB durch Eintragung 7
einer Hypothek belastet werden, die nach der Fertigstellung als Seeschiff mehr als fünfzig Kubik-

6 MüKo-BGB/Busche, § 647 Rn. 2.
7 BGH, Urt. v. 14.07.1987 – X ZR 38/86.
8 BeckOK BGB/Ehlers, 60. Edition, § 647 Rn. 16–18.
1 BT-Drucks. 18/8486, 24 (49).
2 Vgl. Messerschmidt/Voit/Hildebrandt, 4. Auflage 2022, § 646a BGB, Rn. 5; ebenso MüKo-BGB/Busche, § 647a Rn. 4.
3 MüKo-BGB/Busche, § 647a Rn. 1.
4 BeckOGK/Mund, Stand 01.07.2024, § 647a BGB Rn. 8.
5 BeckOGK/Mund, Stand 01.07.2024, § 647a BGB Rn. 12.

meter Bruttoraumgehalt haben oder als Binnenschiff zur Eintragung in das Binnenschiffsregister geeignet ist.

8 Die Verjährung der Forderung steht nach § 216 BGB einer Verwertung der Schiffshypothek entgegen.

9 **Abweichende Vereinbarungen:**

§ 647a BGB ist, wie § 650a BGB, grundsätzlich dispositiv. Die Abbedingung von § 647a BGB durch AGB ohne jede andere angemessene Sicherheit dürfte jedoch wohl einen Verstoß gegen § 307 BGB nach sich ziehen.

10 **Durchsetzung des Anspruchs:**

Die Bestellung der Schiffshypothek erfolgt gem. § 8 Abs. 2 i.V.m. § 3 Abs. 1 SchiffRG durch Einigung und Eintragung.

Die Befriedigung des Gläubigers regelt § 47 Abs. 1 SchiffRG.

§ 648 Kündigungsrecht des Bestellers

Der Besteller kann bis zur Vollendung des Werkes jederzeit den Vertrag kündigen. Kündigt der Besteller, so ist der Unternehmer berechtigt, die vereinbarte Vergütung zu verlangen; er muss sich jedoch dasjenige anrechnen lassen, was er infolge der Aufhebung des Vertrags an Aufwendungen erspart oder durch anderweitige Verwendung seiner Arbeitskraft erwirbt oder zu erwerben böswillig unterlässt. Es wird vermutet, dass danach dem Unternehmer 5 vom Hundert der auf den noch nicht erbrachten Teil der Werkleistung entfallenden vereinbarten Vergütung zustehen.

Übersicht Rdn.

A. Allgemeines

I. Einführung

1 § 648 BGB gewährt dem Besteller ein sog. **freies** Kündigungsrecht. »Frei« ist die Kündigung in Abgrenzung zur Kündigung aus wichtigem Grund, vgl. § 648a BGB, weil der Besteller allein durch die Erklärung gegenüber dem Unternehmer ohne weitere Voraussetzungen wirksam kündigen kann.

Das »freie« Kündigungsrecht des Bestellers gehört zum gesetzlichen Leitbild des Werkvertragsrechts. Da regelmäßig einzig der Besteller ein Interesse an der Errichtung des Werks hat, soll er darüber disponieren können, ob das Werk auch tatsächlich (vollständig) ausgeführt werden soll. Verliert er während der Bauausführung das Interesse an diesem Werk, so soll es ihm möglich sein, die weitere Ausführung zu verhindern.[1] Der Unternehmer hat regelmäßig an der Ausführung des Werks an sich kein besonderes Interesse, sondern lediglich an der Erlangung seines Vergütungsanspruchs. Daher sind nach dem gesetzlichen Leitbild die Interessen des Unternehmers hinreichend gewahrt, sofern er durch die Kündigung keinen »ungerechtfertigten Vor- oder Nachteil« erlangt,[2] weshalb ihm die vereinbarte Vergütung auch für die kündigungsbedingt nicht mehr erbrachten Leistungen zusteht, abzüglich ersparter Aufwendungen und anderweitigen Erwerb.

Dem Unternehmer steht hingegen kein freies Kündigungsrecht zu. Ihm weist das Gesetz nur in Ausnahmefällen ein Kündigungsrecht zu und stets in Abhängigkeit von bestimmten Umständen (insb. wichtiger Grund i.S.d. § 648a BGB, unterlassene Mitwirkung i.S.d. § 643 BGB, verweigerte Bauhandwerkersicherung gem. § 650f BGB, Sonderkündigungsrecht der Architekten und Ingenieure gem. § 650r BGB). Erklärt der Unternehmer die Kündigung, obwohl die Tatbestandsvoraussetzung einer zur Kündigung berechtigenden Norm nicht erfüllt sind, so ist die Kündigung nichtig und entfaltet keine Wirkung. Der Bauvertrag gilt ungekündigt fort. 2

II. Entstehungsgeschichte

Das »freie« Kündigungsrecht des Bestellers ist seit jeher Bestandteil der gesetzlichen Regelungen.[3] 3 Der historische Gesetzgeber begründete diese Rechtslage damit, dass dem Unternehmer ein Recht auf die Ausführung des Werkes überhaupt nicht zustehe.[4] Da die Arbeit nur im Interesse des Bestellers geschehe, könne dieser, solange das Werk nicht vollendet sei, die Herstellung desselben *»inhibieren«*. Den Interessen des Bestellers trägt die Regelung Rechnung, indem ihm der Anspruch auf die Gegenleistung abzüglich ersparter Aufwendungen und anstelle der Gegenleistung Erworbenem bzw. böswillig nicht erworbenem verbleibt. Der Besteller soll damit vollständig schadlos gehalten werde

Zur Erleichterung der Abrechnung des Unternehmers wird seit dem Forderungssicherungsgesetz 4 zum 01.01.2009 durch die Einfügung des Satzes 3 vermutet, dass die ihm zustehende Vergütung für die kündigungsbedingt nicht ausgeführten Leistungen 5 % der ursprünglich hierfür vereinbarten Vergütung beträgt.

B. Kündigung – Satz 1

I. Erklärung

Die Kündigungserklärung ist eine einseitige, empfangsbedürftige, rechtsgestaltende und damit 5 bedingungsfeindliche Willenserklärung. Sie muss – auch wenn sie vorher angedroht worden war – nochmals explizit ausgesprochen werden. Die Kündigung kann grundsätzlich auch konkludent erfolgen, etwa durch eine Selbstvornahme oder durch eine Vergabe an Dritte, wobei dann die Grenzen zur Unmöglichkeit verschwimmen,[5] für Bauverträge ist eine konkludente Kündigung aufgrund des Formzwangs in § 650h BGB nicht möglich.

Die Kündigung kann ausweislich des Wortlautes der Norm zu jedwedem Zeitpunkt zwischen Ver- 6 tragsschluss (ab dann gibt es den »Besteller«) und »Vollendung« erklärt werden. »Vollendung« (vgl.

1 Weshalb Regelungen in AGB des Unternehmers, die das freie Kündigungsrecht ausschließen, unwirksam sein sollen: BGH, Urt. v. 08.07.1999 – VII ZR 237/99; OLG Düsseldorf, Urt. v. 03.09.1999 – 12 U 118/99.

2 BGH, Urt. v. 14.01.2010 – VII ZR 106/08.

3 Schmitz, in: Kniffka/Jurgeleit, § 648 BGB. Rn. 1.

4 Motive, zitiert nach: Mugdan, Band 2, S. 281 zu § 578e.

5 Unmöglichkeit bei Selbstvornahme durch den Besteller: BGH, Urt. v. 22.09.2004 – VIII ZR 203/03, NJW-RR 2005, 357.

zum Begriff auch § 646 BGB) ist nach der hier vertretenden Auffassung dann eingetreten, wenn dem Besteller kein Primärleistungsanspruch (Erfüllungsanspruch) mehr zusteht. Eine nach Vollendung erklärte Kündigung ist wirkungslos, da durch sie kein bestehender Leistungsanspruch untergeht, da dieser bereits vorher durch Erfüllung untergegangen ist. Auf den durch Erfüllung untergegangenen Leistungsanspruch hat die Abnahme hingegen keine Auswirkungen mehr, sodass es insoweit nicht darauf ankommt, ob das Werk abgenommen wurde. Anders ist dies nur, wenn erst durch die Abnahme eines nicht abnahmereifen Werkes der Erfüllungsanspruch des Bestellers unterging und er nunmehr lediglich Sekundärleistungsansprüche hat. Dann kann nach Abnahme trotz fehlender Vollendung nicht mehr wirksam gekündigt werden. Nach anderer Ansicht,[6] ist eine Kündigung nur bis zur Abnahme möglich. Wird die Abnahme zu Recht wegen wesentlicher Mängel verweigert, ist eine Kündigung noch möglich, gleiches gilt, wenn die Abnahme zu Unrecht nur wegen unwesentlicher Mängel verweigert wird oder nach der hier vertretenen Auffassung sogar auch dann, wenn die Abnahme bereits erklärt wurde, gleichwohl aber noch Erfüllungsansprüche bestehen. In den allermeisten Fällen wird der Besteller dann aber nicht »frei« kündigen, sondern entweder Mängelansprüche geltend machen oder über Fristsetzungen einen wichtigen Kündigungsgrund erwirken.

7 Nach der Vollendung besteht kein kündbarer Primäranspruch mehr. Der Sekundäranspruch als Recht der Zweiten Andienung des Bestellers ist nicht kündbar. Der Besteller, der die Primärleistung angenommen hat, muss dem Besteller auch die Möglichkeit zur Mängelbeseitigung einräumen, wenn die Primärleistung mangelhaft war. Dies entspricht dem Grundgedanken, dass die Werkserstellung zwar grundsätzlich im Interesse des Bestellers erfolgt und daher er die Disposition über die Vollendung des Werks hat. Sobald der Besteller sich aber einmal dazu entschlossen hat, eine Leistung ausführen zu lassen, so hat er kein Recht, nachträglich davon abzurücken, indem er hinsichtlich der Sekundäransprüche die Kündigung erklärt.

II. Form und Frist

8 Die Kündigung nach § 648 BGB ist für alle Werkverträge, mit Ausnahme von Bauverträgen, formfrei möglich, wenn die Parteien nichts anderes wirksam vereinbart haben. Für Bauverträge schreibt § 650h BGB hingegen die Schriftform vor. Die »freie« Kündigung nach § 648 BGB muss nicht begründet werden.

9 Da es für die freie Kündigung keines Grundes bedarf, ist auch keine Begründung erforderlich. Der Wortlaut muss eindeutig sein, das Wort »Kündigung« aber nicht verwendet werden. Es genügt, wenn sich aus dem Gesamtzusammenhang ergibt, dass der Besteller keine weiteren Leistungen des Unternehmers mehr ausgeführt wissen will.

III. Umdeutung

10 Eine »freie« Kündigung kann, braucht aber nicht in eine Kündigung aus wichtigem Grund umgedeutet werden, weil die Rechtsfolgen des § 648a BGB schon dann eintreten, wenn der Kündigungsgrund zum Zeitpunkt der Kündigungserklärung objektiv vorlag, auch wenn sich der Besteller auf diesen nicht in seiner Kündigungserklärung bezogen hat.[7]

11 Eine Kündigung aus wichtigem Grund kann hingegen nicht ohne weiteres in eine »freie« Kündigung umgedeutet werden, weil die Rechtsfolgen ganz anders sind und jedenfalls nicht ohne weitere Anhaltspunkte davon ausgegangen werden kann, dass der Besteller auch in Kenntnis dieses Risikos die Kündigung erklärt hätte. Will der Besteller die (bedingungslose) Kündigung, so muss er wenigstens »hilfsweise« den Werkvertrag auch nach § 648 BGB kündigen.[8]

6 Schmitz, in: Kniffka/Jurgeleit, § 648 BGB, Rn. 19.
7 Siehe § 648a BGB, Rdn. 85.
8 BGH, NJW-RR 2004, 1538.

IV. Abgrenzung zum Rücktritt

Kündigungs- wie Rücktrittserklärung sind als empfangsbedürftige Willenserklärungen jeweils der Auslegung nach Maßgabe der §§ 133, 157 BGB zugänglich. Dabei kann insbesondere etwa bei juristischen Laien (z.B. Verbrauchern) auch eine Auslegung entgegen dem Wortlaut erfolgen, wenn ersichtlich ist, dass der Erklärende eine andere Rechtsfolge wünschte. So ist die Verwendung des jeweiligen Begriffs bei der Abgrenzung zwischen Kündigungs- und Rücktrittserklärung ein gewichtiges Indiz. Ist jedoch ersichtlich, dass die Partei den Vertrag ex tunc (dann Rücktritt) oder ex nunc (dann Kündigung) beendigen wollte, so ist die Erklärung entsprechend auszulegen.[9] 12

V. Abgrenzung zur Vertragsaufhebung

Unabhängig vom Kündigungs- oder Rücktrittsrecht der Parteien steht es ihnen jederzeit frei, den Vertrag einvernehmlich aufzuheben und dadurch die jeweiligen Leistungspflichten in dem vereinbarten Ausmaß entfallen zu lassen. Voraussetzung hierfür sind – wie beim Vertragsschluss – korrespondierende Willenserklärungen den Parteien. 13

Das Gesetz regelt die Rechtsfolge einer Vertragsaufhebung nicht. Hier steht es zur Disposition der Parteien, welche Ansprüche nach einer Vertragsaufhebung zwischen ihnen (fort)bestehen. Teilweise wird in der Literatur[10] und Rechtsprechung[11] bei fehlender Regelung (insbesondere bei konkludenter Vertragsaufhebung nach gescheiterter Kündigung) hinsichtlich der Rechtsfolgen darauf abzustellen sein, ob eine zeitgleich erfolgte wirksame Kündigung als freie Kündigung zu werten wäre (dann Rechtsfolgen des § 648 BGB) oder die Voraussetzung für ein Sonderkündigungsrecht vorgelegen haben (dann die Rechtsfolgen der einschlägigen Norm). 14

Nach hier vertretener Ansicht überzeugt dies nicht; sofern die Tatbestandsvoraussetzung für eine Kündigung vorliegen, steht es den Parteien frei, diese Kündigung zu erklären und die jeweilige damit verbundene Rechtsfolge (einseitig) hervorzurufen. Entscheiden sich die Parteien jedoch für eine (einvernehmliche) Vertragsaufhebung, so sind sie konsequenterweise auch gehalten, einvernehmlich die Rechtsfolgen der Vertragsaufhebung zu bestimmen. Eine Übertragung der für die einseitige Kündigung vorgesehenen Rechtsfolgen auf diese Situation scheint nicht interessengerecht und auch nicht zum Schutz der kündigungsberechtigten Partei erforderlich. Diese hätte es schließlich in der Hand, die Rechtsfolgen schlicht durch eine Kündigung herbeizuführen. 15

Dies schließt natürlich nicht aus, dass die (konkludenten) Erklärungen der Parteien zur Vertragsaufhebung im Einzelfall nach Maßgabe der §§ 133, 157 BGB so auszulegen sind, dass die Rechtsfolge eines Kündigungstatbestandes gewollt ist; dies ist selbstverständlich möglich. 16

VI. Teilkündigung

Nach der bis zum 01.01.2018 geltenden Rechtslage war umstritten, ob der Besteller auch Teilkündigungen aussprechen durfte, was größtenteils als »minus«[12] zur Gesamtkündigung angenommen wurde. Inzwischen sieht § 648a Abs. 2 BGB Teilkündigungen vor, so dass nichts dagegen spricht 17

9 BGH, NZBau 2001, 621; BGH, NJW 2003, 3474.

10 So Fuchs, in: BeckOK BauVertR, Stand: 01.02.2024, § 650r BGB Rn. 25.

11 So OLG Düsseldorf, Urt. v. 20.02.2025 – 5 U 102/23, OLG Hamm, Urt. v. 05.07.2024 – 12 U 95/22 und OLG München, Beschl. v. 02.04.2019 – 28 U 413/19, jeweils für den Fall, dass übereinstimmend vereinbarte Leistungen im EP-Vertrag nicht zur Ausführung kommen; hier bestünde (im VOB/B-Vertrag) kein Anspruch auf die Abrechnung von Mindermengen i.S.d. § 2 Abs. 3 Nr. 2 VOB/B, sondern ein Anspruch auf Kündigungsvergütung hinsichtlich der nicht ausgeführten Leistungen gem. § 8 VOB/B analog bzw. § 648 BGB analog; OLG Schleswig-Holstein, Urt. v. 10.11.2021 – 12 U 159/20, wonach sich eine (formal) unwirksame Kündigung in ein Angebot zur Vertragsaufhebung umdeuten lässt, gerichtet auf eine Aufhebung mit den Kündigungsfolgen von § 648 BGB oder § 648a BGB, abhängig vom Vorliegen eines wichtigen Grunds.

12 Grüneberg/Retzlaff, BGB, § 648, Rn. 2.

im Wege des »erst-recht-Schlusses« diese Regelung auch bei der »freien« Kündigung nach § 648 BGB analog anzuwenden.[13]

VII. Darlegungs- und Beweislast

18 Die Darlegungs- und Beweislast verteilt sich nach den allgemeinen Grundsätzen. Soweit der Besteller sich auf die Kündigung als rechtsvernichtende Einrede gegen den (vollen) Vergütungsanspruch beruft, trägt er die Darlegungs- und Beweislast.[14] Beruft sich der Unternehmer hingegen auf die Kündigung etwa als Tatbestandsvoraussetzung für die Kündigungsvergütung oder rechtsvernichtende Einrede gegen den Primärleistungsanspruch des Bestellers, so hat er die Kündigung darzulegen und zu beweisen.

Behauptet der Besteller, es läge eine Kündigung aus wichtigem Grund vor, so trägt er hierfür und insbesondere für den Kündigungsgrund auch dann die Darlegungs- und Beweislast, wenn der Unternehmer die Kündigung selbst darlegen und beweisen muss. Hier muss der Unternehmer nur darlegen, dass gekündigt wurde; der Besteller müsste dann darlegen, dass es sich nicht um eine freie Kündigung, sondern um eine solche aus wichtigem Grund gehandelt habe – die Darlegungs- und Beweislast für den vom Besteller behaupteten Kündigungsgrund richtet sich dann nach den allgemeinen Regelungen.

VIII. Allgemeine Kündigungsfolgen

19 Die Kündigung wirkt – im Gegensatz zum Rücktritt – ex nunc.[15] Zusammenfassend hat die Kündigung des Bauvertrages damit folgende Wirkungen:

1. Der Vertrag beschränkt sich auf die erbrachten Leistungen

20 Mit der Kündigung beschränkt sich der Primärleistungsanspruch auf die erbrachten Leistungen.[16] Diesbezüglich bleibt der Werkvertrag Rechtsgrund im Sinne des § 812 BGB. Der Primärleistungsanspruch der bis zum Kündigungszeitpunkt nicht erbrachten Leistungen geht unter. Der vereinbarte Werkerfolg beschränkt sich damit auf die Leistungen, die der Unternehmer bis zur Kündigung erbracht hat.[17]

Zum Zeitpunkt der Kündigung sind die Primärleistungsansprüche aus dem Werkvertrag entweder (anteilig) erfüllt durch Erbringen der Leistung oder untergegangen durch die Kündigung. Primärleistungsansprüche können ab diesem Punkt nicht mehr bestehen.

2. Mängelansprüche bleiben unberührt

21 Sekundärleistungsansprüche und andere Mängelansprüche werden durch die Kündigung nicht berührt und bleiben hinsichtlich der erbrachten Leistungen bestehen. Dies gilt für sämtliche wechselseitige Rechte und Pflichten hinsichtlich etwaiger Mängel der erbrachten Leistungen. Insofern hat der Besteller diesbezüglich alle Mängel- und Erfüllungsansprüche, der Unternehmer grundsätzlich aber auch noch das Nachbesserungsrecht und die Nachbesserungspflicht.[18]

---

13 So auch Schmitz, in: Kniffka/Jurgeleit, § 648 BGB Rn. 22, Grüneberg/Retzlaff, BGB, § 648 Rn. 2.

14 Vgl. BGH, Urt. v. 10.05.1990 – VII ZR 45/89, BauR 1990, 632.

15 Daher ist die ex tunc wirkende Anfechtung auch bei einem bereits gekündigten Bauvertrag noch möglich, vgl. KG Berlin, Urt. v. 13.01.2023 – 21 U 74/22.

16 BGH, Urt. v. 13.11.1981 – I ZR 168/79, NJW 1982, 2553; BGH, Urt. v. 19.12.2002 – VII ZR 103/00, NJW 2003, 1450; Grüneberg/Retzlaff, BGB, § 649 Rn. 4; MüKo-BGB/Busche, § 649 Rn. 20; Pioch, JA 2016, 414.

17 BGH, Urt. v. 19.12.2002 – VII ZR 103/00; BGH, Urt. v. 25.03.1993 – X ZR 17/92.

18 BGH, Urt. v. 25.06.1987 – VII ZR 251/86, NJW 1988, 140; BGH, Urt. v. 21.12.2000 – VII ZR 488/99, NJW-RR 2011, 383; BGH, Urt. v. 08.07.2004 – VII ZR 317/02, NJW-RR 2004, 1461;

Dies folgt daraus, dass die Sekundärleistungsansprüche aus der mangelhaften Erfüllung eines Primärleistungsanspruchs erwachsen; da die Kündigung bereits erfüllte Primärleistungsansprüche nicht berührt, gilt dies auch hinsichtlich der aus ihnen erwachsenen Sekundärleistungsansprüche.

Der Besteller hat dem Unternehmer also weiterhin ein Recht zur zweiten Andienung hinsichtlich bereits erbrachter Leistungen einzuräumen. Insoweit unterscheiden sich die Rechte und Pflichten der Parteien nicht von denen im ungekündigten Werkvertrag.[19] Grundsätzlich verbleiben dem Besteller also bezüglich der erbrachten Leistungen alle Mängelansprüche, sofern deren Voraussetzungen gegeben sind.[20]

In der Praxis bereitet die Abgrenzung zwischen Mangel (dann übliche Mangelrechte) und Rest- 22
leistung (dann keine Mangelrechte und reduzierte Kündigungsvergütung) regelmäßig Schwierigkeiten.[21] Richtigerweise kommt es zum einen auf den ursprünglich vereinbarten Bauablauf an, zum anderen auf die mögliche Abgrenzbarkeit der nicht vertragsgerecht erbrachten Teilleistungen.[22] Sollten zum Kündigungszeitpunkt abgrenzbare Leistungen fehlen, so wird es sich regelmäßig um nicht ausgeführte Teilleistungen handeln, insbesondere dann, wenn sie gemäß aktuellem, fortgeschriebenem Terminplan zum Kündigungszeitpunkt noch gar nicht hätten ausgeführt sein sollen. Gleiches gilt, wenn der Unternehmer diese Leistungen auch noch nicht abgerechnet hat, denn dann ist diese Leistung auch noch nicht ausgeführt worden. Wenn aber eine fehlende Leistung vom Unternehmer bereits abgerechnet wurde, so hat dieser suggeriert, sie sei bereits vollständig und mangelfrei ausgeführt, so dass die Vermutung besteht, dass es sich bei der fehlenden Teilleistung richtigerweise um die Beseitigung eines zuvor ausgeführten Mangels handelt.

3. Recht auf Abnahme

Nach der Kündigung (egal durch wen ausgesprochen) hat der Unternehmer einen Anspruch auf 23
Abnahme der bis zur Kündigung erbrachten Leistungen, soweit diese abnahmereif sind.[23]

4. Recht zur Feststellung des Leistungsstandes/gemeinsames Aufmaß

Nach § 648a BGB Abs. 4 Satz 1 sind beide Vertragsparteien nach der Kündigung des Werkvertrages 24
verpflichtet, eine gemeinsame Leistungsstandsfeststellung vorzunehmen, sofern mindestens eine

---

Kapellmann/Messerschmidt/v. Rintelen, § 9 VOB/B Rn. 82 kritisch hierzu (aber eher als rechtspolitische Überlegung, um die Abgrenzungsschwierigkeiten zu vermeiden): Vogel, BauR 2011, 313, 318.

19 BGH, Urt. v. 30.06.1983 – VII ZR 293/82, NJW 1983, 2439; BGH, Urt. v. 08.10.1987 – VII ZR 45/87, BauR 1988, 82; Kniffka, ZfBR 1998, 113; BGH, Urt. v. 21.12.2000 – VII ZR 488/99, NJW-RR 2001, 383; OLG Hamm, Urt. v. 02.02.1995 – 17 U 162/92, BauR 1995, 413.

20 Grüneberg/Retzlaff, BGB, § 648 Rn. 4; MüKo-BGB/Busche, § 649 Rn. 33 (zunächst nur ein Zurückbehaltungsrecht; richtigerweise greifen aber mit der Abnahme der bis zur Kündigung erbrachten Leistungen die §§ 634 ff. BGB ein.); OLG Düsseldorf, Urt. v. 17.04.2015 – I-22 U 157/14, NJW 2016, 721; BGH, Urt. v. 08.07.2004 – VII ZR 317/02, BauR 2004, 1616.

21 Hierzu: BGH, Urt. v. 13.06.2006 – X ZR 167/04, BauR 2006, 1488; Vogel, BauR 2011, 313.

22 *»Als Mangel kommt nicht die infolge der Kündigung zwangsläufig veranlasste Unvollständigkeit in Betracht, sondern nur dem Teilwerk selbst anhaftende Fehler«*: BGH, Urt. v. 25.03.1993 – X ZR 17/92, NJW 1993, 1972. Die Abgrenzung zwischen Mängeln und Restleistungen ist auch für die Abrechnung nach der Kündigung relevant, wenn der Besteller neben Mängelansprüchen auch einen Schadensersatzanspruch nach § 280 BGB hinsichtlich der Mehrkosten geltend macht, die über die Sowieso-Kosten hinaus für die Fertigstellung des Werkes durch einen anderen Unternehmer anfallen. Der Vortrag des Bestellers ist nach höchstrichterlicher Rechtsprechung unschlüssig, wenn er nicht zwischen diesen beiden Sachverhalten differenziert, falls der Unternehmer den Kündigungsgrund nicht zu vertreten hat: BGH, Urt. v. 08.10.1987 – VII ZR 45/87, BauR 1988, 82. Zur rechtspolitischen Richtigkeit dieser Regelung und der häufig fehlenden Beachtung in der Praxis siehe auch die Begründung der Thesen des dritten Baugerichtstages.

23 BGH, Urt. v. 11.05.2006 – VII ZR 146/04, NJW 2006, 2475; Grüneberg/Retzlaff, BGB, § 648 Rn. 4.

Partei dies verlangt.[24] Aufgrund der selben Interessenslage sind »erst recht« die Regelungen des § 648a Abs. 4 BGB zur Feststellung des Leistungsstandes analog anwendbar.[25]

5. Fälligkeit des Werklohns

25 Mit der Abnahme wird der Werklohn hinsichtlich der erbrachten Leistungen[26] fällig. Erfolgt keine Abnahme, kann die Fälligkeit auch nach Fertigstellung des ursprünglich geschuldeten Werkes eintreten, wenn nämlich ein Abrechnungsverhältnis dadurch eingetreten ist, dass der Besteller keine Mängelansprüche mehr geltend macht.[27]

26 Der Besteller behält ebenfalls seinen Anspruch auf Abrechnung und Rückzahlung etwaig erhöhter Abschlagszahlungen. Ist der Unternehmer nach Abrechnung überzahlt, besteht der Rückzahlungsanspruch nicht aus § 812 BGB, sondern aus dem Vertrag, weil sich aufgrund der erhaltenen Abschlagszahlungen die treuhänderische Verpflichtung des Unternehmers ergibt, am Ende der Baumaßnahme (und sei es eben nach der Kündigung) die vertragsgemäße Verrechnungen erhaltener Voraus- oder Abschlagszahlung durch eine Schlussrechnung nachzuweisen und einen etwaigen Saldo an den Besteller auszukehren.

C. Abrechnung – Satz 2

I. Trennung der erbrachten Leistungen und nicht erbrachten Leistungen

27 Auch wenn Satz 2 mit dem ersten Halbsatz konstituiert, dass der Unternehmer die vereinbarte Vergütung verlangen kann, folgt jedenfalls aus der gesetzlichen Anrechnungspflicht im zweiten Halbsatz eine Trennung der Vergütung in die Abrechnung der erbrachten Leistungen und die Abrechnung der nicht erbrachten Leistungen. Der Unternehmer muss nach einer Kündigung in der Schlussrechnung zwingend die erbrachten Leistungen von den kündigungsbedingt nicht mehr erbrachten Leistungen trennen und für beide Teilbereiche eine separate Abrechnung vornehmen. Eine Abrechnung des Unternehmers, die diesen Anforderungen nicht genügt, ist nicht schlüssig. Eine entsprechende Forderung wird nicht fällig. Dogmatisch wird der Vergütungsanspruch für die erbrachten Leistungen aus § 631 Abs. 1 BGB hergeleitet, während der Vergütungsanspruch für die nicht erbrachten Leistungen direkt aus § 648 S. 2 BGB abgeleitet wird.[28]

28 Die Parteien sollen durch die kündigungsbedingte Abrechnung weder ungerechtfertigte Vor- noch Nachteile erleiden.[29] Dem entspricht es, dass die Kündigung weder zu einer Schmälerung noch einer Vergrößerung des Gewinns des Unternehmers führen soll. Entsprechend sind die ersparten Aufwendungen, die bei Durchführung des Vertrages gerade nicht Teil des Gewinns des Unternehmers geworden wären, sondern von ihm hätten aufgewendet werden müssen zur Werkherstellung, von der Kündigungsvergütung abzuziehen.

29 Einer getrennten Abrechnung bedarf es nicht, wenn der Besteller die Leistung des Unternehmers insgesamt, also nicht nur auf die kündigungsbedingt erbrachten Teile der Leistung, abgenommen hat. Weist die Leistung trotz der Abnahme noch Mängel auf oder wurde sie, wenn auch kündigungsbedingt, nicht fertiggestellt, ist der Besteller auf Mängelansprüche angewiesen, die er dem Vergütungsanspruch des Auftragnehmers dann möglicherweise als Einrede entgegenhalten kann.[30]

---

24 Siehe § 648a BGB Rdn. 85.

25 Schmitz, in: Kniffka/Jurgeleit., § 648 BGB, Rn. 25.

26 Zur Pflicht des Unternehmers, die erbrachten Leistungen in der Schlussrechnung von den nicht erbrachten Leistungen zu differenzieren, vgl. Rdn. 27.

27 Vgl. Kniffka, ZfBR 1998, 113; Brügmann/Kentner, NJW 2003, 2121; Schmitz, in: Kniffka/Jurgeleit, § 649 BGB Rn. 51.

28 So auch Schmitz, in: Kniffka/Jurgeleit., § 648 BGB., Rn. 31.

29 BGH, Urt. v. 21.12.1995 – VII ZR 198/94.

30 OLG Köln, Urt. v. 01.10.2004 – 20 U 85/03.

Gleichsam bedarf es keiner Trennung, wenn kündigungsbedingt gar keine Arbeiten ausgeführt wurden.

Für eine schlüssige, nach Anspruchsgrundlagen (§ 631 Abs. 1 bzw. § 648 S. 2 BGB) getrennte Abrechnung der erbrachten und kündigungsbedingt nicht erbrachten Leistungen muss der Unternehmer zunächst darlegen (und im Bestreitensfall beweisen), welche Arbeiten erbracht und welche nicht erbracht wurden. 30

Noch nicht beauftragte Nachtragsleistungen sind bei der Abrechnung nicht zu berücksichtigen, da der Unternehmer erst mit Beauftragung einen Anspruch auf deren Vergütung hatte. Hier können die gleichen Argumente übertragen werden, die bei der Absicherung von Nachtragsleistungen gemäß § 650 f BGB (früher: § 648a BGB a.F.) vorgetragen werden. 31

Beauftragte, vereinbarte (etwa in Form von Vertragsergänzungen oder echten Nachträgen) wie auch rechtswirksam angeordnete Nachtragsleistungen können hingegen berücksichtigt werden, da der Unternehmer diese Leistungen sicher ausgeführt hätte, wenn der Vertrag nicht gekündigt worden wäre. 32

II. Vergütung für die erbrachten Leistungen

Die »freie« Kündigung nach § 648 BGB lässt den Vergütungsanspruch des Unternehmers für die erbrachten Leistungen unberührt. Der Unternehmer kann seinen Werklohnanspruch auch nur auf diesen Vergütungsanteil beschränken (und dann keine Vergütung für die nicht erbrachte Leistung beanspruchen), dann muss er nicht doppelt abrechnen. 33

Für die erbrachten Leistungen muss eine Vergütung aus der ursprünglichen Gesamtvergütung hergeleitet und ermittelt werden. Für die erbrachten Leistungen muss also ein Preis ermittelt werden, der das Verhältnis zwischen den erbrachten Leistungen und den vertraglich geschuldeten Gesamtleistungen reflektiert. Dabei soll der Unternehmer durch die Kündigung weder ungerechtfertigte Vor- noch Nachteile erleiden. Insbesondere bleibt ein etwaiges Verschulden oder eine etwaige Verursachung des Kündigungsgrundes für die Vergütung der erbrachten Leistungen außer Betracht. Dies kann allenfalls im Zusammenhang mit einen weitergehenden Schadensersatzanspruch in ausreichendem und abschließendem Maße berücksichtigt werden.[31] 34

Die fehlende Schlüssigkeit der Abrechnung für die nicht erbrachten Leistungen lässt die Schlüssigkeit der Abrechnung der erbrachten Leistungen unberührt.[32] Voraussetzung dafür ist jedoch eine schlüssige Darstellung, welche Leistungen erbracht bzw. nicht erbracht wurden. 35

1. Umfang der erbrachten Leistungen

Der Unternehmer hat zunächst die Arbeiten erbracht, die im Zeitpunkt der Kündigung im Bauwerk verkörpert sind (*»erbrachter Teil des Werkes«*). 36

Bereits hergestellten, aber noch nicht eingebauten Bauteile sind nach Rechtsprechung des BGH jedenfalls in VOB-Verträgen grundsätzlich keine erbrachten Leistungen, denn § 8 Abs. 3 Nr. 3 VOB/B räume dem Besteller gerade das Recht ein, die bereits angelieferten und noch nicht eingebauten Bauteile gegen eine angemessene Vergütung in Anspruch zu nehmen.[33] Im Einzelfall sei aber aus Treu und Glauben der Besteller verpflichtet, diese Bauteile zu übernehmen und angemessen zu vergüten, wenn der Unternehmer die Gegenstände nicht weiter verwenden kann, der Besteller diese aber – trotz der bei einer Weiterverarbeitung durch einen anderen Unternehmer erschwerten 37

31 BGH, Urt. v. 21.12.1995, VII ZR 198/94, NJW 1996, 1282.
32 BGH, Urt. v. 27.01.2011 – VII ZR 133/10.
33 BGH, Urt. v. 09.03.1995, VII ZR 23/93, NJW 1995, 1837; Kapellmann/Messerschmidt/v. Rintelen, § 9 VOB/B Rn. 80. So auch: OLG Köln, Urt. v. 17.03.2021, 11 U 281/19.

Gewährleistungsübernahme – ohne Weiteres verwenden könne.[34] Einen derartigen Fall nahm der BGH beispielsweise aber schon dann an, wenn der Unternehmer die gefertigten Bauteile selbst nicht mehr verwenden kann.[35] Dieser grundsätzlichen Auffassung schließt sich bspw. auch das OLG Düsseldorf an, wobei das OLG Düsseldorf sogar eine gesteigerte Darlegungslast bei dem Unternehmer für jeden einzelnen Gegenstand sah.[36]

38 Gleichwohl dieses Ergebnis in der Sache überzeugt, scheint der Rückgriff auf Treu und Glauben zur Verpflichtung des Bestellers zur Vergütung dieser Bauteile nicht erforderlich. So führt der Unternehmer auch schon bei Vorbereitungshandlungen vertragliche Verpflichtungen aus, soweit diese Handlungen zum Zeitpunkt der Kündigung vom Unternehmer hätten ausgeführt werden müssen und deshalb gemäß (zum Kündigungszeitpunkt vertragsgemäß) geplanten Bauablauf vorbereitet wurden. Maßgeblich für den Zeitpunkt der »Erbringung« muss der Terminplan des Unternehmers sein, soweit sich dieser mit den vertraglichen Regelungen zur Bauzeit deckt. Hat der Unternehmer hiernach terminplankonform Leistungen erbracht, sei es auch nur in Form von Vorleistungen oder Hilfsleistungen, hierzu zählen auch Herstellung, Vormontagen oder Lieferungen, so hat der Unternehmer diese Leistung zum Zeitpunkt der Kündigung auch erbracht.

39 Insofern ist auch die Herstellung, Planung[37] oder Lieferung von Bauteilen als »erbrachte« Leistung anzusehen, sofern vertraglich nichts Abweichendes geregelt ist, § 8 Abs. 3 Nr. 3 VOB/B stellt eine derartige abweichende vertragliche Regelung dar, weshalb – im Umkehrschluss – für BGB-Verträge eben der Grundsatz gilt, dass auch hergestellte Produkte angemessen zu vergüten sind.

40 Aus dem Rechtsgedanken des § 645 BGB folgt weiterhin, dass bei unternehmerseitiger Kündigung diejenigen Kosten oder Auslagen zu erstatten sind, die in der Vergütung der erbrachten Leistungen nicht enthalten sind, aber bis zum Kündigungszeitpunkt bereits entstanden sind. Hierzu zählen etwa Nachunternehmerkosten, Kosten für Transport und Lagerung, Lohnkosten für vorbereitende Arbeiten, möglicherweise auch anteilige Baustellengemeinkosten und Allgemeine Geschäftskosten für den Zeitraum bis zur Kündigung, sofern diese kalkulatorisch durch die erhaltene Vergütung noch nicht kompensiert wurden.[38] Deren Kosten für den Zeitraum nach der Kündigung wären aber – wenn überhaupt – so doch jedenfalls dem Grunde nach nur über die Vergütung der noch nicht erbrachten Leistungen zu erstatten, wie auch die Mehrkosten einer etwaig erforderlichen früheren Räumung (während hingegen die anteiligen Kosten der ohnehin erforderlichen Räumung mit zu den erbrachten Leistungen zu zählen wären).

41 Aufgrund des ausdrücklichen Wortlautes des Gesetzes und der fehlenden Umsetzung entsprechender Anregungen im Gesetzgebungsverfahren, kommt es nicht darauf an, ob die erbrachten Leistungen für den Besteller noch von Interesse sind.[39] Hat der Besteller an den erbrachten Leistungen kein Interesse, kann er entweder zurücktreten oder nach § 281 BGB Schadensersatz statt der Leistung verlangen und mit diesem Anspruch gegen den Anspruch des Unternehmers aus § 648a Abs. 5 BGB aufrechnen.

---

34 BGH, Urt. v. 09.03.1995 – VII ZR 23/93, NJW 1995, 1837, vgl. auch OLG Köln, Urt. v. 17.03.2021 – 11 U 281/19, OLG Köln, Urt. v. 13.04.2022 – 11 U 7/21, wonach (im VOB/B-Vertrag) nur Leistungen zu vergüten sind, die in das Bauwerk eingeflossen sind; der bloße Aufwand des Unternehmers genüge nicht. Sind Planungsleistungen erbracht worden, die keine eigenständige Leistung darstellen und deren Vergütung in die Baupreise eingerechnet sind, so könne der Unternehmer hierfür keine Vergütung verlangen.

35 BGH, Urt. v. 07.01.2003 – X ZR 16/01, NZBau 2003, 327.

36 OLG Düsseldorf, Urt. v. 13.03.2020 – 22 U 222/19.

37 Ausdrücklich a.A.: OLG Köln, Urt. v. 17.03.2021 – 11 U 281/19.

38 Kapellmann/Messerschmidt/v. Rintelen, § 9 VOB/B, Rn. 79.

39 So aber noch vertreten in der Lit. zur alten Rechtslage unter Verweis auf BGH, Urt. v. 25.03.1993 – X ZR 17/92, NJW 1993, 1972.

Erbracht sind aber unfertige Teilleistungen einer einheitlichen Leistungsposition, die sich –kalkulativ – aus einzelnen Teilleistungen zusammensetzt. Dies ist etwa der Fall, wenn der Unternehmer zwar bereits den vertraglich geschuldeten Durchbruch, nicht aber bereits die Rohrleitungsdurchführung und das Verschließen der verbleibenden Lücken ausgeführt hat. In diesem Fall kann der Unternehmer für den Durchbruch, nicht aber für die anderen Leistungen, eine Vergütung verlangen. Der Unternehmer muss dann die einheitliche Leistungsposition entsprechend seiner Auftragskalkulation aufgliedern in eine Teilleistung für die erbrachten Teilleistungen dieser Position und die nicht erbrachten Teilleistungen dieser Leistungsposition. Gleiches gilt für Teilpauschalen, etwa die Vorhaltung der Baustelleneinrichtung oder Hilfsleistungen, wie etwa Gerüst Auf-, Abbau und -vorhaltung. 42

Für den Umfang der erbrachten Leistungen ist der Unternehmer darlegungs- und beweisbelastet. Dies gilt auch, wenn die Leistungen nach der Kündigung abgenommen wurden. Ihm hilft hier die Leistungsstandfeststellung nach § 648a Abs. 4. BGB. Unklarheiten bei der Abgrenzung führen aber nicht dazu, dass der Vortrag nicht schlüssig ist. Vielmehr wird dann nach Beweislast entschieden.[40] 43

2. Bewertung der erbrachten Leistungen

Die für erbrachten Leistungen verlangte Vergütung muss sich aus der vertraglich vereinbarten Vergütung ableiten lassen. Hierzu ist es erforderlich, dass der Unternehmer die erbrachten Leistungen darlegt und sodann auf der Grundlage der vertraglichen Vergütungsvereinbarung bewertet. 44

a) Darlegungs- und Beweislast

Der Unternehmer ist auch für die preisliche Bewertung der erbrachten Leistungen darlegungs- und beweisbelastet. Zu berücksichtigen ist jedoch, dass eine Abrechnung nicht per se unprüfbar ist, wenn einzelne Elemente unschlüssig oder unrichtig sind. Dem Vortrag des Unternehmers und entsprechenden Beweisangeboten ist insoweit grundsätzlich nachzukommen, unaufklärbare Defizite gehen aber zu seinen Lasten. 45

Ferner muss der Unternehmer die prozentuale Bewertung der erbrachten Leistungen nachvollziehbar darlegen. Es ist etwa unzureichend, den Leistungsstand pauschal als Prozentangabe zu bewerten. Hierzu ist stets auch Vortrag dazu erforderlich, welche Leistung der Unternehmer ohne Kündigung hypothetisch ausgeführt hätte – auf Basis der vertraglichen Regelung ohne zukünftige Nachtragsleistungen, deren Ausführung zum Kündigungszeitpunkt noch nicht sicher war. Im Übrigen ist auch nicht von vornherein klar, dass »x Prozent« der Leistung auch »x Prozent der Vergütung« entspricht. 46

b) Einheitspreisvertrag

Auch wenn die vereinbarten Einheitspreise kalkulatorisch für den Unternehmer eine reine Liquiditätsberechnung darstellen, sind diese Preise dennoch Bestandteil der vertraglichen Preisvereinbarung. Deshalb ist es ganz einheitliche Meinung, dass beim Einheitspreisvertrag die erbrachte Leistung auf der Grundlage des Leistungsverzeichnisses abzurechnen ist. Die erbrachten Leistungen sind durch Abrechnung nach Zeichnungen oder (bei abweichender Ausführung nach den entsprechenden technischen Normen, bspw. der VOB/C = DIN 18999 ff.) durch Aufmaß zu ermitteln und mit den vereinbarten Einheitspreisen zu berechnen.[41] Sind nur Teile von Leistungen ausgeführt, für die im Leistungsverzeichnis ein einheitlicher Einheitspreis ermittelt ist, handelt es sich hierbei um eine (»versteckte«) Pauschale, so dass bezüglich dieser Position dann die Abrechnungsmaßstäbe für den Pauschalvertrag herangezogen werden müssen (hierzu sogleich Rdn. 49); alle anderen Positionen 47

40 BGH, Urt. v. 14.11.2002 – VII ZR 224/01, NJW 2003, 581.

41 BGH, Urt. v. 21.12.1995 – VII ZR 198/94, BauR 1996, 382; Kapellmann/Messerschmidt/Lederer, § 8 VOB/B, Rn. 28. Die Einheitspreise sind auch nicht wegen kündigungsbedingt erhöhter oder verminderter Mengen anzupassen. § 2 Abs. 3 VOB/B ist auch bei einem VOB-Vertrag nur anzuwenden, wenn dessen Tatbestandsvoraussetzungen unabhängig von der Kündigung eingetreten wären.

sind dann entsprechend den vereinbarten Einheitspreisen abzurechnen, wenn diese jeweils qualitativ zu 100 % erbracht wurden. Zu einer solchen »versteckten« Pauschale kann auch die oftmals pauschal abgerechnete Vorhaltung der Baustelleneinrichtung zählen. Haben die Parteien die Vorhaltung der Baustelleneinrichtung etwa »pauschal« mit monatlichen Beträgen vergütet und hält der Unternehmer kündigungsbedingt die Baustelleneinrichtung eben nicht vollständig vor, so muss er wie bei einem Pauschalpreis den Umfang der tatsächlich erbrachten Vorhaltung von der kündigungsbedingt nicht mehr vorgehaltenen Baustelleneinrichtung abgrenzen. Zu einer solchen Diskrepanz kann es bspw. dann kommen, wenn eine Kündigung relativ früh erfolgt ist und in der Vorhaltung »teure« Baustelleneinrichtungsgegenstände noch nicht auf die Baustelle verbracht wurden, diese aber anteilig in der Baustelleneinrichtung mitvergütet werden sollten. Mängelansprüche an den erbrachten Leistungen bleiben unberührt und rechtfertigen nicht von vornherein eine Minderung der Vergütung.[42] Hierzu muss dann der Besteller Mängelansprüche geltend machen.

48 Kündigungsbedingt erbrachte Minderleistungen rechtfertigen nach der Rechtsprechung keine Reduzierung des Einheitspreises nach § 2 Abs. 3 VOB/B.[43]

c) **Pauschalvertrag**

49 Auch beim Pauschalvertrag erfolgt die Berechnung der Vergütung für die ausgeführte Leistung anhand der bereits ausgeführten Leistung sowie der vertraglichen Vereinbarung. Zunächst muss der Unternehmer – wie beim Einheitspreisvertrag – die erbrachten Leistungen darlegen. Da die Einzelleistungen zwischen den Parteien jedoch anders als beim Einheitspreisvertrag nicht bepreist wurden, muss der Unternehmer darüber hinaus, die vereinbarte Pauschale auf die erbrachten und nicht erbrachten Leistungen aufteilen und hierüber die geschuldete Vergütung bestimmen. Dabei muss der Wert der erbrachten Leistungen im Zeitpunkt der Kündigung im Verhältnis zum Preis der Gesamtleistung gesetzt werden können.[44] Die geschuldete Vergütung entspricht daher – wie auch beim Einheitspreisvertrag – nicht unbedingt dem objektiven Wert der Leistungen, sondern spiegelt das vertragliche Vergütungsniveau wider.

Ohne eine die Forderung in diesem Umfang darlegende Abrechnung ist die Werklohnforderung nicht fällig.[45]

Haben die Parteien für bestimmte Gewerke oder Positionen »Teil-Pauschalen« gebildet, ist für diese Leistungen auch die »Teil-Pauschale« maßgeblich, da sie Bestandteil der Preisvereinbarung der Parteien ist; haben die Parteien neben Pauschal- auch Einheitspreise vorgesehen, hat die Abrechnung für die jeweiligen Leistungen separat zu erfolgen.

50 Der Unternehmer muss hierzu 2-stufig vorgehen: Er muss zum einen die erbrachten Leistungen in ein Verhältnis zur ursprünglichen geschuldeten Gesamtleistung setzen, er muss also ermitteln, welche Menge er bei den einzelnen Leistungen erbracht hat und welche Menge er erbracht hätte, wenn der Vertrag nicht gekündigt, sondern ordnungsgemäß beendet worden wäre. So muss beispielsweise der Unternehmer von Stahlarbeiten darlegen, dass er 120 kg Bewehrungsstahl verbaut hat, bei ordnungsgemäßer Beendigung des Vertrages aber 180 kg Bewehrungsstahl erbracht hätte.

---

42 Etwas anderes kann bei Architektenverträgen gelten, weil die Grundleistungen nach HOAI entsprechend der Rechtsprechung des BGH als »Teilerfolge« vereinbart wurden, so dass der Besteller das Honorar um die den nicht erbrachten Grundleistungen entsprechende Vergütung reduzieren, »mindern« kann.

43 OLG Celle, Urt. v. 22.06.1994 – 6 U 212/93.

44 BGH, Urt. v. 06.03.1997 – VII ZR 47/96, BauR 1997, 643; BGH, Urt. v. 29.06.1995 – VII ZR 184/94, NJW 1995, 2712.

45 OLG Dresden, Urt. v. 10.05.2016 – 9 U 1838/15.

Sodann muss der Unternehmer in einem zweiten Schritt alle Leistungen, die Bestandteil der jeweiligen Pauschale sind, aufgliedern und die Pauschale auf diese einzelnen Leistungen zergliedern. Die Summe der einzelnen Preise muss dann im Ergebnis den vereinbarten Pauschalpreis ergeben.[46] 51

Die Aufgliederung des Pauschalpreises auf die einzelnen Leistungen muss der Kalkulation des Unternehmers entsprechen, sie muss technisch widerspruchsfrei sein und für den Besteller nachvollziehbar dargestellt werden. Ein etwaig kalkulierter Verlust muss genauso wie ein etwaig kalkulierter Gewinn nachvollziehbar den einzelnen Positionen zugeordnet werden können, gleiches gilt für kalkulierte Zuschlagssätze für Gemeinkosten oder allgemeine Geschäftskosten. Liegen keine anderweitigen Anhaltspunkte für eine abweichende Beurteilung vor, sind diese Beträge gleichmäßig auf alle Positionen zu verteilen. Der Besteller kann dem Unternehmer aber nicht entgegenhalten, dass dieser bei ordnungsgemäßer Beendigung des Vertrages einen höheren Verlust erlitten hätte, so dass er, der Besteller, diesen Vorteil des Unternehmers erhalten müsse. Schließlich gehört es zum originären unternehmerischen Risiko, mit Verlust zu kalkulieren, genauso wie es zu dem allgemein unternehmerischen Risiko gehört, dass ein Vertrag vorzeitig gekündigt wird. Für eine Besserstellung des Bestellers bleibt deshalb kein Raum. Denn auch der Besteller soll durch die Kündigung keinen ungerechtfertigten Vorteil erhalten.[47] 52

Hat der Unternehmer bei der Aufgliederung der Pauschale Leistungen irrtümlich vergessen, weil er diese nicht kalkuliert hat, so muss er sich dieses Kalkulationsrisiko zuschreiben lassen. Maßgeblich ist also nicht, welche Leistungen der Besteller insgesamt zur Ermittlung seiner Pauschale kalkuliert hat, sondern welche Leistungen ausweislich der vertraglichen Leistungsbeschreibung von der vereinbarten Pauschale umfasst gewesen wären. Es ist also maßgeblich, welche Kosten der Unternehmer tatsächlich gehabt hätte, wenn er den Vertrag ordnungsgemäß erfüllt hätte. 53

Die Aufgliederung der Pauschale kann nicht auf Basis eines etwaig vereinbarten Zahlungsplans erfolgen. Maßgeblich ist der vertraglich vereinbarte Leistungsumfang.[48] Der Zahlungsplan ist, sofern nichts Abweichendes zwischen den Parteien vereinbart ist, keine Preisvereinbarung, sondern eine Liquiditätsvereinbarung. Nur, wenn die nach dem Zahlungsplan feststehenden Abschlagszahlungen auch dem Wert der jeweils bis dahin geschuldeten Leistung entsprechen, kann auf Basis eines solchen Zahlungsplanes abgerechnet werden. Regelmäßig ist dies aber nicht der Fall[49]. Der Unternehmer kann daher weder frei noch auf Basis von Fachliteratur ermittelten Einheitspreisen, die marktüblich und angemessen sein, abrechnen. 54

Die Aufgliederung der gesamten Pauschale in eine Vielzahl von Einheitspreisen ist jedoch nicht per se geschuldet, sondern nur dann, wenn dies für die fachgerechte Beurteilung des Wertes der erbrachten Leistungen notwendig ist. Dann muss aber auch der gesamte Pauschalpreis in Einheitspreise auf- 55

---

46 BGH, Urt. v. 14.11.2002 – VII ZR 224/01, NJW 2003, 581; BGH, Urt. v. 04.05.2000 – VII ZR 53/99, NJW 2000, 2988.

47 Zum Verlust: BGH, Urt. v. 25.07.2002 – VII ZR 263/01, BauR 2002, 1695.

48 Ein Beispiel: Der Unternehmer für TGA-Leistungen hat die Elektroverkabelung nicht einkalkuliert, weil diese in den vertraglichen Plänen nicht enthalten war und er deshalb der Auffassung war, die Elektroleitungen nicht zu schulden. Erfolgt die Kündigung nach Ausführung der Elektroarbeiten, so gilt für die Vergütung der Elektroarbeiten die Kalkulation des Unternehmers, da der Besteller Anspruch auf die Verkabelung hatte, ist die ausgeführte Leistung mangelhaft. Der Besteller kann deshalb mit etwaigen Mängelansprüchen aufrechnen, so dass sich das Kalkulationsrisiko des Unternehmers bei der Abrechnung der Verfügung, sondern bei der Geltendmachung von Sekundäransprüchen realisiert.
Weiteres Beispiel (für eine Kellerabdichtung): Kniffka/Schmitz, § 648 BGB Rn. 75.

49 BGH, Urt. v. 27.01.2011 – VII ZR 133/10, NJW 2011, 915; BGH, Urt. v. 16.10.1997 – VII ZR 82/96, BauR 1998, 125; BGH, Urt. v. 04.07.1996 – VII ZR 227/93, NJW 1996, 3270; BGH, Urt. v. 10.06.1999 – VII ZR 215/98, NJW 1999, 3118.

gegliedert werden.[50] Maßgeblich ist dabei das vereinbarte Preis- und Leistungsgefüge.[51] Nur, wenn die nicht erbrachten Leistungen im Zeitpunkt der Kündigung nur noch so geringfügig sind, dass keine kalkulatorischen Verschiebung zulasten des Bestellers verdeckt werden können, kann die Bewertung der nicht erbrachten Leistungen separat erfolgen und dann von der Gesamtpauschale abgezogen werden.[52] Die Genauigkeit der Bewertung hängt letztlich von den Umständen des Einzelfalls ab. Insofern hängt es auch davon ab, in welchem Umfang Leistungen nicht erbracht sind, ob für die gesamte vertragliche Verfügung Einheitspreise erstellt werden müssen. Hat beispielsweise der Unternehmer zur Ermittlung der Pauschale ein detailliertes Leistungsverzeichnis bepreist und wurde dies (gegebenenfalls mit Preisreduzierungen) dann als Pauschale beauftragt, ist die Ermittlung von vertraglichen Einheitspreisen vergleichsweise einfach. Grundsätzlich müssen aber die Aufgliederung nicht dem Detaillierungsgrad eines Einheitspreisvertrages entsprechen, eine gewerkebezogene Aufstellung kann ausreichend sein.[53]

III. Vergütung für die nicht erbrachten Leistungen

56 Der Unternehmer kann (muss aber nicht) auch für die kündigungsbedingt nicht mehr erbrachten Leistungen einen Vergütungsanspruch geltend machen. Dieser Vergütungsanspruch resultiert direkt aus § 648 S. 2 BGB und ist zweigliedrig aufgebaut: Der Unternehmer hat zunächst die Vergütung für die nicht mehr erbrachten Leistungen darzulegen und sodann den Abzug aufgrund ersparter Aufwendungen bzw. anderweitigem Erwerb bzw. böswillig unterlassenen anderweitigen Erwerbes vorzunehmen.

57 Hierzu kann der Unternehmer nach § 648 S. 3 BGB vorgehen und zunächst ohne weitere Plausibilisierung 5 % der auf die nicht erbrachte Leistung beruhende Vergütung in Ansatz bringen. Dies wird dem Unternehmer zunächst relativ leicht gelingen, da vermutet wird, dass die Differenz zwischen der Auftragssumme und der Vergütung für die erbrachten Leistungen dem Vergütungsanteil für die kündigungsbedingt nicht mehr erbrachten Leistungen darstellt.

1. Umfang der nicht erbrachten Leistungen

58 Zur Ermittlung der Vergütung für die nicht erbrachten Leistungen muss der Unternehmer eine Abrechnung erstellen, die von der Preisvereinbarung des gekündigten Vertrages abhängt. Bei einem Einheitspreisvertrag muss der Unternehmer also ermitteln, welche Menge er erbracht hätte, wenn der Vertrag nicht gekündigt worden wäre. Grundsätzlich können dafür die im Leistungsverzeichnis als Vordersätze geschätzten Mengen verwendet werden. Jedoch steht es dem Unternehmer auch frei darzulegen, dass die Vordersätze im Leistungsverzeichnis zu gering waren und er tatsächlich durch mehr Leistung eine höhere Vergütung erwirtschaftet hätte.[54] Nach hiesigem Verständnis würde dies aber den Unternehmer gegebenenfalls einen unberechtigten Vorteil erbringen, da er auf diese Weise das übliche Prognoserisiko auf den Besteller abwälzt. Richtigerweise kann der Unternehmer im Zeitpunkt der Kündigung nicht mit einem Auftrag rechnen, der über die Vordersätze hinausging. Insofern sind nach hiesigem Verständnis auch nur die Vordersätze des Leistungsverzeichnisses in Ansatz zu bringen. Aus dem gleichen Grund kann der Unternehmer auch nicht eine Vergütung für Nachtragsleistungen verlangen, die zum Zeitpunkt der Kündigung noch nicht ausgeführt worden waren.[55]

---

50 BGH, Urt. v. 04.05.2000 – VII ZR 53/99, NJW 2000, 2988.

51 Und nicht etwa ein anderes Preis- und Leistungsgefüge. BGH, Urt. v. 27.01.2011 – VII ZR 133/10, NJW 2011, 915; Schmitz, in: Kniffka/Jurgeleit, § 648 BGB Rn. 91.

52 BGH, Urt. v. 16.01.1986 – VII ZR 138/85, NJW 1986, 1176; BGH, Urt. v. 14.11.2002 – VII ZR 224/01, NJW 2003, 581; BGH, Urt. v. 26.10.2000 – VII ZR 3/99, NJW-RR 2001, 311; BGH, Urt. v. 04.05.2000 – VII ZR 53/99, NJW 2000, 2988.

53 BGH, Urt. v. 04.07.2002 – VII ZR 103/01, BauR 2002, 1588, OLG Oldenburg, Urt. v. 23.05.2023 – 2 U 195/22; Schmitz, in: Kniffka/Jurgeleit, § 648 BGB Rn. 76 ff.

54 BGH, Urt. v. 21.12.1995 – VII ZR 188/94; Kniffka, a.a.O., Rn. 110.

55 A.A.: Kniffka, a.a.O., Rn. 111. Maßgeblicher Zeitpunkt soll dabei der Zeitpunkt der Kündigung sein.

Denn der Besteller muss das Recht haben, Leistungen freiwillig anzuordnen oder es zu unterlassen. Dem Unternehmer entsteht dadurch kein Nachteil, da er den kalkuliertem Gewinn aus dem Hauptauftrag, auf den allein er bei Vertragsschluss setzen konnte, erwirtschaftet. Beim Pauschalvertrag gelten die gleichen Grundsätze hinsichtlich des Wertes der nicht erbrachten Leistungen.

2. Abzug der tatsächlichen Ersparnis

Der Unternehmer muss bei der Vergütung die tatsächliche Ersparnis in Abzug bringen. Ersparte 59 Aufwendungen sind jene Aufwendungen, die der Unternehmer wegen der Kündigung nicht mehr machen muss, die er aber für die nicht ausgeführten Leistungen hätte machen müssen, wenn der Vertrag ordnungsgemäß ausgeführt worden wäre. Basis dieser Vergleichsberechnung sind also nicht die hypothetischen Gesamtaufwendungen, weil die Vergütung für die tatsächlich ausgeführten Leistungen getrennt abgerechnet werden und insoweit auch keine Vermengung erfolgen kann, selbst wenn es sich bei den bereits erbrachten Leistungen um unterkalkulierte Leistungen handelte.[56] Noch nicht beauftragte Nachtragsleistungen sind auch nicht zu berücksichtigen, weil diese Leistungen zum Zeitpunkt der Kündigung noch nicht beauftragt waren und diese Vergütung auch dementsprechend noch nicht zu der vom Wortlaut des § 648 Satz 2 BGB verlangten »vereinbarten« Vergütung zählt. Vereinbarte Nachträge müssen hingegen berücksichtigt werden. Angeordnete Nachtragsleistungen, deren Vergütungshöhe aber noch nicht »vereinbart« ist, müssen angesetzt werden, ggfls. aufgrund der Berechnung nach § 650c Abs. 1 oder Abs. 2 BGB.

Streitig ist, ob sich der Unternehmer diesbezüglich allein auf die Kalkulation verlassen kann[57] oder 60 ob er auf die tatsächlichen Aufwendungen Bezug nehmen kann, die er gehabt hätte. Richtigerweise ist die Kalkulation hierfür nur ein Anhaltspunkt, der vom Besteller widerlegt werden kann, so auch jetzt – wenn auch freilich in anderem Zusammenhang – § 650c Abs. 2 BGB. Das ähnliche Streitpotenzial gibt sich bei der finanziellen Bewertung der Aufwendungen. Hier stellt der BGH nicht auf kalkulierte Kosten oder fiktive Kosten ab, sondern auf die tatsächlichen (hypothetischen) Kosten[58]

Der Unternehmer kann deshalb höhere ersparte Aufwendungen haben, wenn während der Vertrags- 61 laufzeit die kalkulierten Preise nicht auskömmlich gewesen wären, er hätte geringere ersparte Aufwendungen, wenn er mit höheren Kosten kalkuliert hätte.[59] Dies ist im Ergebnis auch sachgerecht, denn der Unternehmer soll durch die Kündigung weder einen unberechtigten Vorteil noch einen unberechtigten Nachteil erleiden, sondern letztlich finanziell so stehen, wie er stünde, wenn der Vertrag nicht gekündigt worden wäre.

Bei einem »ungünstigen« Vertrag kann es also zu der Situation kommen, dass der Unternehmer 62 letztlich keinen Anspruch mehr hat, weil die ersparten Aufwendungen die vereinbarte Vergütung vollkommen aufwiegen. Dem Besteller steht dann aber selbstverständlich kein Anspruch gegen den Unternehmer zu, denn es fehlt dabei schon an der Anspruchsgrundlage: auf § 648 BGB kann sich der Besteller nicht stützen, andere Anspruchsgrundlagen wie § 812 oder § 670 BGB scheiden ebenfalls aus.

Entscheidend ist bei der Bewertung der ersparten Aufwendungen eine Gesamtbetrachtung: Die 63 ersparten Aufwendungen werden nicht auf einzelne Positionen heruntergebrochen, mit einer Einschränkung: Die ersparten Aufwendungen beziehen sich jeweils nur auf den kündigungsbedingt nicht mehr ausgeführten Teil des Vertrages. Diese Vergütung kann nicht mit der Vergütung für die erbrachten Leistungen verrechnet werden.[60]

---

56 BGH, 08.10.1987 – VII ZR 45/87; BGH, 07.07.1988 – VII ZR 179/87; Markus, NZBau 2005, 417.

57 In diesem Sinne BGH, Urt. v. 21.12.1995 – VII ZR 198/94.

58 BGH, Urt. v. 28.10.1999 – VII ZR 236/89; BGH, Urt. v. 22.09.2005 – VII ZR 63/04; BGH, Urt. v. 08.07.1999 – VII ZR 237/98.

59 BGH, 01.08.2023 – X ZR 118/22.

60 Kniffka, a.a.O., Rn. 89.

64 Darlegungsbelastet für die ersparten Aufwendungen ist zunächst der Unternehmer. Dieser kann sich hierzu auf seine Kalkulation beziehen, solange sich keine Anhaltpunkte dafür ergeben, dass die tatsächlich ersparten Kosten von den kalkulierten Kosten abweichen[61]. Der Unternehmer kann die ersparten Aufwendungen nicht mit fiktiven Prozentsätzen abrechnen. Er muss im Streitfall seine Kalkulation offenlegen, damit der Besteller in die Lage versetzt wird, sich sachgerecht zu verteidigen. Vor diesem Hintergrund ist zu den einzelnen Kostenfaktoren folgendes zu sagen:

- Personalkosten: Regelmäßig hat der Unternehmer Personalkosten erspart, wenn das vorgesehene Personal nicht mehr beschäftigt werden muss, weil Urlaubsansprüche bestehen, Überstunden abgebaut werden können oder Arbeiter entlassen werden (wobei es keine Pflicht gibt, rechtlich mögliche Kündigungen auszusprechen).[62]
- Material und Geräte: Regelmäßig hat der Unternehmer auch Materialkosten und Gerätekosten erspart, insbesondere dann, wenn das Material noch nicht geordert worden ist, storniert oder zurückgegeben werden kann. Wird das Material anderweitig verwendet, handelt es sich um anderweitigen Erwerb (siehe unten). Gleiches gilt für Gerätekosten, die kündigungsbedingt nicht mehr anfallen, es sei denn, es handelt sich um Mietgeräte, deren Miete ebenfalls nicht mehr neutralisiert werden konnte. Nach Auffassung des BGH können untergeordnete Materialkosten (wie Telefon, Kopierkosten etc.) mit einer Pauschale als erspart abgezogen werden.[63]
- Nachunternehmerkosten sind dann erspart, wenn sie nicht gezahlt werden. Es besteht, anders als beim Personal, allerdings die Obliegenheit, dass der gekündigte Unternehmer seinerseits die Nachunternehmer ebenfalls nach § 648 BGB kündigt, so dass die Nachunternehmer den Haupt-Unternehmer auch nur eine Vergütung nach § 648 S. 2 BGB in Rechnung stellen können. Hat der Nachunternehmer eine derartige Rechnung noch nicht gestellt, kann der Hauptauftraggeber die volle Nachunternehmervergütung als Ersparnis abziehen (da insoweit noch kein fälliger Anspruch des Bauunternehmers besteht), jedoch feststellen lassen, dass der Besteller verpflichtet ist, die noch nicht feststehende Vergütung des Nachunternehmers dem Hauptunternehmer zu zahlen.[64]
- Allgemeine Geschäftskosten sind grundsätzlich nicht erspart, da sie nicht projektbezogen anfallen.[65]
- Baustellengemeinkosten sind erspart, wenn diese zeitabhängig kalkuliert wurden und wegen der Kündigung nicht mehr anfallen. Im Übrigen hängt es davon ab, ob die Baustellengemeinkosten auch Personalkosten (Bauleiter, Sicherheitskräfte etc.) umfassen, dann gelten die gleichen Erwägungen wie zu Personalkosten oder ob diese auch Sachkosten (Geräte) enthalten, dann gelten die gleichen Erwägungen wie zu den Materialien und Geräten.
- Finanzierungskosten, Planungskosten oder Kosten für Verpackung und Transport können erspart sein, wenn diese tatsächlich anfallen.
- Der kalkulierte Gewinn ist nicht erspart, gleiches gilt für »Wagnis«.[66]

Im Architektenvertrag gilt ergänzend das Folgende: In der Regel gibt es hier keine Urkalkulation für einzelne Leistungsphasen. Eine detaillierte Einzelkalkulation nach Leistungsphasen ist praktisch nicht möglich. Stattdessen muss der Architekt darlegen, wie der voraussichtliche Projektablauf gewesen wäre, wenn er das Vorhaben vollständig durchgeführt hätte. Er muss hier neben den ersparten Aufwendungen auch Angaben dazu machen, wie lange sein Büro mit welchen Leistungen befasst gewesen wäre. Bei den Ersparnissen ist zu differenzieren zwischen den Sachkosten, und innerhalb dieser zwischen den nicht abzuziehenden allgemeinen Sachkosten und den abzuziehenden projektbezogenen Sachkosten, und den Personalkosten. Bei Personalkosten ist zu unterschieden, ob es sich

---

61 BGH, Urt. v. 24.06.1999 – VII ZR 342/98; BGH, Urt. v. 08.01.2015 – VII ZR 6/14; Kniffka, a.a.O., Rn. 90. Etwas abweichende Auffassung: Markus, NZBau 2005, 417.
62 BGH, Urt. v. 28.10.1999 – VII ZR 326/98.
63 BGH, Urt. v. 28.10.1999 – VII ZR 326/98; Urt. v. 08.01.2015 – VII ZR 6/14.
64 BGH, Urt. v. 11.02.1999 – VII ZR 39/97.
65 BGH, Urt. v. 14.01.1999 – VII ZR 277/97; BGH, Urt. v. 24.03.2016, VII ZR 202/15.
66 BGH, Urt. v. 24.03.2016 – VII ZR 201/15.

um angestellte Mitarbeiter handelt (dann regelmäßig keine Ersparnis) oder um Subplaner handelt (dann Ersparnis abhängig von der Möglichkeit zur Lösung vom Subplanervertrag).[67]

Weiterhin umfasst der Anspruch nach § 648 S. 2 im Architektenvertrag grundsätzlich nicht die Vergütung für Leistungen, die der Besteller später aufgrund des Kündigungsrechts nach § 650 r Abs. 1 BGB hätte kündigen können. Hier gilt die Rechtsfolge des § 648 BGB nur hinsichtlich derjenigen Leistung, die bis zur Entstehung des Sonderkündigungsrechts geschuldet waren.[68]

3. Abzug des anderweitigen Erwerbes

Der Unternehmer muss sich auch den anderweitigen Erwerb anrechnen lassen und denjenigen 65
Erwerb, den er böswillig unterlassen hat. Anderweitiger Erwerb ist dasjenige, was der Unternehmer durch Einsatz der Produktionsfaktoren des gekündigten Vertrages erwirbt, entweder durch deren Einsatz an anderen Projekten oder durch Annahme zusätzlicher Aufträge (Füllaufträge). Böswillig unterlassen ist ein solcher Erwerb, wenn es dem Unternehmer möglich gewesen wäre, diesen Erwerb zu generieren, er es aber aus nicht nachvollziehbaren Gründen versäumt hat.

Der Unternehmer muss deshalb darlegen, welche anderen Aufträge er kündigungsbedingt 66
angenommen hat oder hätte annehmen können. Dabei ist nur der Erwerb anzurechnen, der durch die Kündigung des Bestellers erst ermöglicht wurde. Es muss also ein ursächlicher Zusammenhang, (anders als bei § 642 BGB), zwischen der Kündigung und dem anderweitigen Erwerb dahingehend bestehen, dass der anderweitige Erwerb nicht hätte vorgenommen werden können, wenn es die Kündigung nicht gegeben hätte. Es kommt dabei allerdings auch darauf an, ob das Personal, das ursprünglich bei dem gekündigten Auftrag eingesetzt werden sollte, insoweit einen anderweitigen Erwerb ermöglicht, weil es jetzt bei einem anderen Auftrag eingesetzt wird und **dort** eine Vergütung erwirtschaftet, die der Unternehmer ohne die Kündigung eben nicht hätte erwirtschaften können (sei es, weil er durch das zusätzliche Personal schneller arbeiten kann und deshalb eine größere Leistung erzielen kann, die dann zu einer schnelleren Liquidität führt). Nach der Rechtsprechung sind aber nur Füllaufträge anzusetzen.[69] Insofern ist der Unternehmer auch verpflichtet, den Erwerb, den er mit dem Personal des gekündigten Vertrages erzielen konnte, zwar nicht als tatsächliche Ersparnis, aber als anderweitigen Erwerb in Abzug zu bringen.

Für die Darlegung genügt es, wenn der Unternehmer sich zu Füllaufträgen wahrheitsgemäß, nachvollziehbar und widerspruchsfrei erklärt. Da sich ein anderweitiger Erwerb – im Gegensatz zu ersparten Aufwendungen – nicht nachvollziehbar aus dem Vertrag ableiten lassen, kann der Besteller nicht verlangen, dass der Unternehmer seine gesamte Geschäftsstruktur offenlegt, um die Beurteilung von Akquisemöglichkeiten zu erlauben. Je wahrscheinlicher ein anderweitiger Erwerb ist, desto ausführlicher hat der Unternehmer hierzu vorzutragen. Dies ist insbesondere der Fall, wenn etwa nach Art und Dauer des gekündigten Teils naheliegend ist, dass das Personal anderweitig beschäftigt worden ist.[70]

4. Mehrwertsteuer

Nach früher vertretener Auffassung fiel die Mehrwertsteuer nur hinsichtlich des Vergütungsteils an, 67
der für erbrachte Leistungen geschuldet wurde. Nach dieser Auffassung konnte der Unternehmer vom Besteller keine Umsatzsteuer für die Vergütung nicht erbrachter Leistungen verlangen, da es hier an einem Leistungsaustausch im steuerrechtlichen Sinne mangelte. Insoweit war von der Nettovergütung auszugehen.[71]

---

67 OLG Düsseldorf, Urt. v. 20.06.2023 – 21 U 191/22.

68 BGH, Urt. v. 17.11.2022 – VII ZR 862/21, OLG Frankfurt, Urt. v. 26.10.2021 – 21 U 53/20.

69 BGH. Urt. v. 30.09.1999 – VII ZR 206/98; BGH, Urt. v. 08.01.2015 – VII ZR 6/14.

70 BGH, Beschl. v. 15.03.2023 – VII ZR 150/22.

71 BGH, Urt. v. 22.11.2007 – VII ZR 83/05. OLG Frankfurt a.M., Urt. v. 06.09.2018 – 29 U 55/17; OLG Frankfurt, Urt. v. 08.04.2019 – 29 U 53/18.

Nach nunmehriger Entscheidung des EuGH[72] ist Art. 2 Abs. 1 c Richtlinie 2006/112/EG so auszulegen, dass im gemeinsamen Mehrwertsteuersystem der vertraglich geschuldete Betrag als Entgelt für eine Dienstleistung anzusehen und daher mehrwertsteuerpflichtig ist. Da auch die Kündigungsvergütung vertraglich – nach der freien Kündigung – vertraglich geschuldet ist, ist sie somit mehrwertsteuerpflichtig. Auf den (fehlenden) Leistungsaustausch kommt es nicht mehr an.

IV. Darlegungs- und Beweislast

68 Der Unternehmer trägt die Darlegungs- und Beweislast für die vereinbarte Gesamtvergütung, für den Umfang der erbrachten Leistungen, deren Bewertung im Verhältnis zur Gesamtvergütung und deren Mangelfreiheit (es sei denn, es liegt bereits eine Abnahme vor). Der Besteller für die Kündigung[73].

69 Hinsichtlich der nicht erbrachten Leistungen trägt der Unternehmer die Darlegungs- und Beweislast für den hypothetischen Umfang der Gesamtleistung mithin für den Umfang der nicht erbrachten Leistung und für deren Bewertung im Verhältnis zur Gesamtvergütung.

70 Macht der Unternehmer nicht von der Vermutungswirkung des Satzes 3 Gebrauch, so muss er auch die Höhe der ersparten Aufwendungen und die Höhe der anderweitigen Erwerbsmöglichkeiten/des anderweitigen Erwerbs darlegen, wobei die Beweislast diesbezüglich nach herrschender Meinung beim Besteller liegt. Allerdings obliegt dem Unternehmer eine sekundäre Darlegungslast, da der Besteller in Ermangelung eigener Kenntnisse insoweit zur sachgerechten Verteidigung auf die Darlegung des Unternehmers angewiesen ist. Der Umfang der erforderlichen Darlegungen hängt vom Informationsbedürfnis des Bestellers ab, ist aber letztlich nicht zu gering anzusehen, weil der Besteller schlichtweg keinen Einblick in die Interna des Unternehmers hat und diesem gerade wegen der hohen Darlegungslast vom Gesetzgeber die Möglichkeit der Pauschale nach Satz 3 gewährt worden ist.[74]

D. Vermutung – Satz 3

71 Nach Satz 3 gilt eine (widerlegliche) gesetzliche Vermutung dahingehend, dass der dem Unternehmer zustehende Anspruch aus den nicht erbrachten Leistungen 5 % der hierauf entfallenden Vergütung beträgt, die ersparten Aufwendungen und der anderweitige Erwerb werden also insgesamt mit 95 % bewertet. Der Unternehmer kann zur Vereinfachung der Berechenbarkeit und der Darlegungslast auf die pauschale Abrechnung nach Satz 3 zurückgreifen, er ist hierzu aber nicht verpflichtet, er kann auch nach Satz 2 vorgehen und ggfls. einen höheren Anspruch darlegen.

72 Geht der Unternehmer nach Satz 3 vor, so braucht er »nur« den Umfang der nicht erbrachten Leistungen und deren Bewertung im Verhältnis zur Gesamtvergütung darzulegen. Der Besteller muss dann höhere ersparte Aufwendungen und/oder höhere anderweitigen Erwerb bzw. höhere anderweitige Erwerbsmöglichkeiten darlegen und im Streitfall beweisen.[75]

73 Gegen diese Darlegungs- und Beweislast gibt es Bedenken.[76] Hätte nämlich der Gesetzgeber einen Mindestsatz festlegen wollen, hätte er dies ohne weiteres auch tun können. Da der Gesetzgeber hiervon Abstand genommen hat, muss der Unternehmer dennoch, um seinen Anspruch nach § 648 S. 3 BGB zu begründen, die ersparten Aufwendungen und den anderweitigen Verdienst darlegen. Auch wenn die Darlegungs- und Beweislast beim Besteller liegt, der den Anspruch in Höhe der gesetzlichen Vermutung abwehren will, hat der Unternehmer dennoch eine sekundäre Darlegungslast, so vorzutragen, dass der Besteller den von ihm verlangten Beweis auch führen kann.

---

72 EuGH, Urt. v. 28.11.2024 – Rs. C-622/23.

73 Entgegen OLG Hamm, BauR 2002, 631.

74 Grüneberg/Sprau, BGB, § 648 Rn. 11: »hohe Darlegungslast«.

75 Grüneberg/Sprau, BGB, § 648 Rn. 18 ff.

76 Kniffka, a.a.O., Rn. 85.

E. Abweichende Bestimmungen

I. Besonderheiten der VOB/B

Die Kündigung durch den Besteller wird in § 8 VOB/B geregelt, die Kündigung durch den Unternehmer in § 9 VOB/B. 74

Gemäß § 8 Abs. 1 VOB/B kann der Besteller bis zur Vollendung der Leistung jederzeit den Vertrag kündigen. Tatbestandsvoraussetzungen und Rechtsfolgen entsprechen im Wesentlichen § 648 BGB (sog. »freie Kündigung«). Nach § 8 Abs. 2 VOB/B kann der Besteller bei Insolvenz des Unternehmers den Bauvertrag aus wichtigem Grund kündigen. Die erbrachten Leistungen werden vergütet, hinsichtlich der Restfertigstellungsmehrkosten hat der Besteller einen Schadensersatzanspruch. § 8 Abs. 3 VOB/B verweist auf die an anderen Stellen der VOB/B geregelten Kündigungsgründe bei Mängeln vor Abnahme (§ 4 Abs. 7 VOB/B), bei unberechtigten Nachunternehmereinsatz (§ 4 Abs. 8 VOB/B) und bei Verzug des Unternehmers (§ 5 Abs. 4 VOB/B). In diesen Fällen ist eine Teilkündigung in sich abgeschlossener Leistungen zulässig. Der Besteller kann weitergehenden Schadensersatz verlangen und vorhandene Geräte, Materialien oder Gerüste gegen angemessene Vergütung in Anspruch nehmen. 75

§ 8 Abs. 4 VOB/B gewährt einen weiteren Kündigungsgrund bei wettbewerbswidrigen Absprachen. Diese Regelung wird mit der VOB/B 2016 durch § 8 Abs. 5 VOB/B ergänzt, wonach auch die Kündigung in der Leistungs- bzw. Vertragskette bei wettbewerbswidrigen Absprachen möglich ist. Gemäß § 8 Abs. 6 VOB/B bedarf die Kündigung der Schriftform. Diese Regelung entspricht jetzt § 650h BGB. Nach § 8 Abs. 7 VOB/B kann der Unternehmer nach der Kündigung Abnahme und Aufmaß verlangen; diese Regelung entspricht weitgehend auch den gesetzlichen Regelungen mit der Leistungsstandfeststellung in § 648a Abs. 4 bzw. § 650g BGB. Schließlich kann gemäß § 8 Abs. 8 VOB/B eine Vertragsstrafe nur für die Zeit bis zur Kündigung bemessen werden. 76

Die Kündigungsgründe für eine Kündigung aus wichtigem Grund des Unternehmers sind in § 9 Abs. 1 VOB/B aufgeführt und beschränken sich auf die fehlende Ausführung einer dem Besteller obliegenden Mitwirkungshandlung (die Regelung entspricht im Wesentlichen bei kleineren Abweichungen der Regelung in § 643 BGB) und Zahlungsverzug. Nach § 9 Abs. 2 VOB/B ist auch die Kündigung des Unternehmers schriftlich zu erklären. Sie ist erst nach einer Abmahnung und Nachfristsetzung zulässig. Gemäß § 9 Abs. 3 VOB/B sind die bis zur Kündigung erbrachten Leistungen abzurechnen; weitergehende Ansprüche des Unternehmers aus § 642 BGB oder wegen Verschuldens des Bestellers bleiben unberührt. 77

In § 6 Abs. 7 VOB/B ist für beide Vertragspartner ein Sonderkündigungsrecht geregelt für den Fall einer Unterbrechung, die länger als drei Monate dauert. 78

II. Individuelle Regelungen

Die Regelungen des § 648 BGB sind individuell abdingbar. So kann sowohl das Recht des Bestellers jederzeit »frei« zu kündigen beschränkt werden wie auch die Rechtsfolgen im Hinblick auf die Vergütung des Unternehmers. 79

III. AGB

In Allgemeinen Geschäftsbedingungen können die Regelungen hingegen nicht grundsätzlich wirksam ausgeschlossen werden. Das freie Kündigungsrecht des Bestellers gehört zum gesetzlichen Leitbild, in Allgemeinen Geschäftsbedingungen des Unternehmers kann deshalb nicht grundsätzlich das Kündigungsrecht des Bestellers auf wichtige Gründe beschränkt werden. Genauso wenig können in Allgemeinen Geschäftsbedingungen die Regelungen zur Abrechnung in erheblichem Maße zugunsten einer Partei von der gesetzlichen Wertung abgewichen werden. Weder kann in Allgemeinen Geschäftsbedingungen des Bestellers die Vergütung auf erbrachte Leistungen beschränkt werden noch in Allgemeinen Geschäftsbedingungen des Unternehmers die pauschale Abrechenbarkeit wesentlich erhöht werden, nach (früherer) Rechtsprechung sollen noch 10 % zulässig sein. Diese Recht- **80** sprechung datiert aber aus der Zeit vor Einführung des Satzes 3 und kann deshalb jetzt nicht mehr gelten, nach hiesigem Verständnis benachteiligt eine Pauschale in Höhe des Doppelten der gesetzgeberischen Wertung den Verwendungsgegner in unverhältnismäßiger Weise. In jedem Fall muss in Allgemeinen Geschäftsbedingungen der Gegenbeweis ermöglicht werden.

§ 648a Kündigung aus wichtigem Grund

(1) Beide Vertragsparteien können den Vertrag aus wichtigem Grund ohne Einhaltung einer Kündigungsfrist kündigen. Ein wichtiger Grund liegt vor, wenn dem kündigenden Teil unter Berücksichtigung aller Umstände des Einzelfalls und unter Abwägung der beiderseitigen Interessen die Fortsetzung des Vertragsverhältnisses zur Fertigstellung des Werks nicht zugemutet werden kann.

(2) Eine Teilkündigung ist möglich; sie muss sich auf einen abgrenzbaren Teil des geschuldeten Werks beziehen.

(3) § 314 Abs. 2 und 3 gilt entsprechend.

(4) Nach der Kündigung kann jede Vertragspartei von der anderen verlangen, dass sie an einer gemeinsamen Feststellung des Leistungsstandes mitwirkt. Verweigert eine Partei die Mitwirkung oder bleibt sie einem vereinbarten oder einem von der anderen Vertragspartei innerhalb einer angemessenen Frist bestimmten Termin zur Leistungsstandfeststellung fern, trifft sie die Beweislast für den Leistungsstand zum Zeitpunkt der Kündigung. Dies gilt nicht, wenn die Vertragspartei infolge eines Umstandes fernbleibt, den sie nicht zu vertreten hat und den sie der anderen Vertragspartei unverzüglich mitgeteilt hat.

(5) Kündigt eine Vertragspartei aus wichtigem Grund, ist der Unternehmer nur berechtigt, die Vergütung zu verlangen, die auf den bis zur Kündigung erbrachten Teil des Werks entfällt.

(6) Die Berechtigung, Schadensersatz zu verlangen, wird durch die Kündigung nicht ausgeschlossen.

Übersicht

A. Allgemeines

I. Kündigungsrecht für Unternehmer und Besteller

Das Kündigungsrecht aus wichtigem Grund nach § 648a BGB steht – im Gegensatz zu § 648 BGB – nicht nur dem Besteller, sondern auch dem Unternehmer zu. Während der Unternehmer sich nur in besonderen Fällen und als Ausnahme einseitig durch Kündigung vom Vertrag lösen kann, kann der Besteller sich stets im Wege der freien Kündigung einseitig vom Vertrag lösen, ohne dass es hierfür eines Grundes bedarf. Bei der bestellerseitigen Kündigung unterscheiden sich jedoch die Rechtsfolgen erheblich zwischen der freien Kündigung und der Kündigung aus wichtigem Grund. 1

II. Einführung

Bauen ist ein Prozess, der längere Zeit in Anspruch nimmt. Selbst kleinere Bauvorhaben dauern regelmäßig mehrere Monate, Großbauvorhaben können sich sogar über mehrere Jahre hinstrecken. Aufgrund der zeitlichen Dauer ähnelt die Vertragsbeziehung zwischen den Bauvertragsparteien, Unternehmer und Besteller, in gewisser Weise einem Dauerschuldverhältnis eher als einem nur punktuellen Leistungsaustausch. Deshalb erscheint es geboten, den Parteien auch bis zur Vollendung des Werkes die Möglichkeit zu gewähren, sich von dem geschlossenen Vertrag zu lösen, wenn Differenzen in der Vertragsabwicklung es einer Partei nicht mehr zumutbar erscheinen lassen, den Vertrag fortzusetzen. 2

Grundsätzlich sieht das allgemeine Schuldrecht für Verträge, in denen Leistungen nicht oder nicht wie vertraglich geschuldet erbracht werden, den Rücktritt nach Maßgabe des § 323 BGB vor. Der Rücktritt führt jedoch zu einer Vertragsbeendigung *ex tunc*, lässt den Vertrag also rückwirkend auch für die Vergangenheit entfallen. Die Parteien sollen dabei grundsätzlich so gestellt werden, als hätten sie den Vertrag nie geschlossen. Dies beinhaltet regelmäßig die Rückgewährung aller erlangter Leistungen, vgl. § 346 BGB.

Dieses gesetzliche Rücktrittsrecht ist grundsätzlich auch im Bauvertrag anwendbar. Regelmäßig erfüllt es die Bedürfnisse der Parteien jedoch nicht in befriedigender Weise. Insbesondere ist die Herausgabe des Erlangten, vgl. § 346 Abs. 1 BGB, regelmäßig nicht im Interesse beider Parteien, da sie regelmäßig mit einer Substanzverletzung zumindest des Werkes, aber häufig auch mit einer Substanzverletzungen von Vorleistungen oder den Werken nachfolgender Gewerke einhergeht. Sofern eine Herausgabe nicht möglich sein sollte und das Werk beim Besteller verbleibt, entfallen jedenfalls dessen Sekundärleistungsansprüche. Das Gesetz gibt deshalb beiden Vertragsparteien, Besteller wie Unternehmer, gemäß § 648a BGB über das gesetzliche Rücktrittsrecht hinaus[1] das Recht, den Vertrag durch Kündigung zu beenden.

1 §§ 281 Abs. 1 S. 1, 323 Abs. 1 BGB.

Die Kündigung wirkt – im Gegensatz zum Rücktritt – nur *ex nunc*, also für die Zukunft. Bereits erfüllte Leistungsplichten des Unternehmers werden nicht berührt: Soweit er bereits geleistet hat, wird die Vertragsbeziehung durch die Kündigung – anders als durch einen Rücktritt – also nicht berührt. Der Unternehmer behält seinen Vergütungsanspruch für diese Leistungen und der Besteller darf (und muss) das Werk behalten und kann seine Gewährleistungsrechte hinsichtlich dieses Teils wie beim nicht gekündigten Vertrag ausüben. Lediglich für noch nicht erbrachte Leistungen entfaltet die Kündigung also Wirkung: Der Unternehmer muss (und darf) sie nicht mehr erbringen, der Besteller muss sie nicht mehr vergüten.

Das Recht zur Kündigung (beim Vorliegen bestimmter Kündigungsgründe als Tatbestandsvoraussetzungen) findet in der VOB/B in § 8 Abs. 2 – 4 VOB/B für die Kündigung des Bestellers und in § 9 VOB/B für die Kündigung des Unternehmers eine Parallele. Darüber hinaus übertragen das Gesetz in § 648 BGB und die VOB/B in § 8 Abs. 1 VOB/B allein dem Besteller das Recht, den Vertrag auch »frei«, d.h. ohne Kündigungsgrund zu kündigen. Der Unternehmer kann einen geschlossenen Bauvertrag hingegen weder nach BGB noch nach VOB/B »frei«, d.h. ohne wichtigen Grund, kündigen. Täte er dies doch und erbrächte sodann keine Leistungen mehr, stellte dies eine endgültige und ernsthafte Erfüllungsverweigerung dar und wäre als ein Umstand zu bewerten, der den Besteller zur Kündigung aus wichtigem Grund berechtigen könnte und da vom Unternehmer verschuldet – auch zu weiteren Schadensersatzansprüchen.

III. Entstehungsgeschichte

3 Das BGB sah ursprünglich nur für Dauerschuldverhältnisse, etwa die Miete oder den Dienstvertrag, ein Kündigungsrecht vor. Bei allen weiteren Schuldverhältnissen war eine einseitige Lösung vom Vertragsverhältnis grundsätzlich nur durch den Rücktritt möglich. Zwischen Rücktritt und Kündigung bestanden (und bestehen) gravierende Unterschiede: Insbesondere wirkt der Rücktritt ex tunc, der macht den einstigen Vertragsschluss also rückgängig. Das Gesetz behandelt die Parteien sodann so, als hätten sie diesen Vertrag nie geschlossen. Im Rahmen der Vertragsabwicklung sind bereits ausgetauschte Leistungen gem. § 346 Abs. 1 BGB zurückzugewähren oder – sofern eine Rückgabe in Natur nicht möglich ist – wertmäßig zu ersetzen, vgl. § 346 Abs. 2 BGB.

Die Kündigung beendet demgegenüber das Schuldverhältnis für die Zukunft, ex nunc. Für die bereits erbrachten Leistungen bleibt der Vertrag als Rechtsgrund bestehen, so dass diese Leistungen nicht zurück zu gewähren sind.[2]

4 Im BGB-Werkvertragsrecht hatte der Besteller nach § 649 BGB a.F. das freie Kündigungsrecht ohne wichtigen Grund. Darüber hinaus hatte der Besteller das »besondere« Kündigungsrechte bei Überschreitung des Kostenanschlages, § 650 BGB a.F. oder bei verspäteter Herstellung durch den Unternehmer, § 636 BGB a.F. und das Wandelungsrecht nach § 634a.F. Der Unternehmer konnte lediglich nach § 643 BGB kündigen in dem speziellen Fall der unterlassenen, aber für die Werksherstellung erforderlichen Mitwirkung des Bestellers. Kommt der Besteller hier in Verzug und droht der Unternehmer die Kündigung an, so kann er kündigen, wenn der Besteller weiterhin verzugsbegründend nicht mitwirkt. Nachträglich wurde das Kündigungsrecht des Unternehmers bei unterlassener Sicherheitsleistung gemäß § 648a BGB a.F. normiert. Ein darüberhinausgehendes Kündigungsrecht des Unternehmers sah das Gesetz ebenso wenig vor wie ein Kündigungsrecht des Bestellers mit abgemilderten Kündigungsfolgen.

5 Der historische Gesetzgeber begründete diese Rechtslage damit, dass gemeinrechtlich umstritten sei, ob der Besteller sich einseitig »willkürlich« von dem Werkvertrag lösen könne. Zur Begründung wurde ausgeführt, dass dem Unternehmer ein Recht auf die Ausführung des Werkes überhaupt nicht

2 Schon das Reichsgericht thematisierte die Unterschiede zwischen Kündigung und Rücktritt wie folgt: »Kündigung und Rücktritt sind begrifflich verschiedenen Rechtshandlungen. Während die Kündigung das Schuldverhältnis für die Zukunft beendet, bedeutet der Rücktritt die Erklärung, dass das wirksam eingegangene Geschäft als nicht geschlossen zu erachten sei.« RG, Urt. v. 19.06.1917 – RGZ 90, 328.

zustehe.[3] Da die Arbeit nur im Interesse des Bestellers geschehe, könne dieser, solange das Werk nicht vollendet sei, die Herstellung desselben *»inhibieren«*. Den Interessen des Bestellers, der, wenn nicht allein, so doch vorzugsweise ein Interesse an der Ausführung des Werkes habe, trage diese Regelung Rechnung, da der Unternehmer vollständig schadlos gehalten werde, in dem ihm der Anspruch auf die Gegenleistung verbleibe.

Rechtsprechung und Lehre entwickelten in der Folge aus den im Besonderen Teil des BGB enthaltenen Kündigungsmöglichkeiten den Grundsatz, dass bei Dauerschuldverhältnissen die Kündigung das gesetzliche Rücktrittsrecht ersetze. Für Werkverträge wurde außerdem erwogen, ein außerordentliches Kündigungsrecht a maiore ad minus aus der Regelung zur freien Kündigung nach § 649 BGB a.F. zu entnehmen.[4] Der Begriff des Dauerschuldverhältnisses wurde dabei von Rechtsprechung und Lehre entwickelt und aus den Regelungen über die Miete, das Darlehen, den Dienstvertrag, die Verwahrung oder der Gesellschaft abgeleitet und auf alle Dauerschuldverhältnisse ausgedehnt. Entsprechend wurde für Dauerschuldverhältnisse der allgemeine Grundsatz entwickelt, dass diese aus wichtigem Grund gekündigt werden können, ohne dass Kündigungsgründe oder Kündigungsfolgen näher geregelt wurden.[5] Das Kündigungsrecht wurde jedoch zunächst nicht gesetzlich implementiert. In Rechtsprechung und Literatur etablierte sich im Anschluss die Auffassung, die aus dem Grundsatz von Treu und Glauben abgeleiteten allgemeinen Grundsätze der außerordentlichen Kündigung aus wichtigem Grund bei Dauerschuldverhältnissen auf das Werkvertragsrecht und somit auch auf Bauverträge zu übertragen, obgleich diese in Ermangelung der Erfüllung wiederkehrender Leistungen nicht im strengen Sinne als Dauerschuldverhältnisse anzusehen waren.[6] 6

Erst mit dem Gesetz zur Modernisierung des Schuldrechts vom 26.11.2001[7] wurde zum 01.01.2002 im heutigen § 314 BGB die Kündigung von Dauerschuldverhältnissen gesetzlich geregelt. Zur Begründung führte der Gesetzgeber aus, dass bei auf Dauer oder jedenfalls für einen längeren Zeitraum angelegten und allgemein als Dauerschuldverhältnisse bezeichneten Rechtsbeziehungen das Bedürfnis bestehe, unter gewissen Voraussetzungen eine vorzeitige Auflösung zu ermöglichen.[8] Dieser in Rechtsprechung und Rechtslehre schon damals allgemein anerkannte Rechtsgrundsatz sei in seinem Kern zwingendes Recht. Zwar stelle das Fehlen einer allgemeinen gesetzlichen Regelung für die Rechtspraxis keinen nennenswerten Mangel dar, es müsse jedoch als unbefriedigend angesehen werden, wenn das Recht der Kündigung aus wichtigem Grund nicht in das Gesetz aufgenommen würde. Der Gesetzesentwurf habe deshalb im Wesentlichen die bis dahin ergangene Rechtsprechung übernommen. 7

Es entsprach deshalb allgemeiner Meinung, dass, wie auch schon zuvor, die allgemeinen Grundsätze der Kündigung aus wichtigem Grund bei Dauerschuldverhältnissen, die nach der Schuldrechtsmodernisierung 2002 in § 314 BGB verankert waren, auf den Bauvertrag zu übertragen sind.[9] Es konnte deshalb auch ein Bauvertrag gemäß § 314 BGB außerordentlich aus wichtigem Grund gekündigt werden, wenn einer Vertragspartei unter Berücksichtigung aller Umstände des Einzelfalls und unter Abwägung der beiderseitigen Interessen die Fortsetzung des Vertrages unzumutbar war.[10] 8

3 Motive, zitiert nach: Mugdan, Band 2, S. 281 zu § 578-e.

4 Stellungnahme des Instituts für Baurecht e.V. zum Referentenentwurf, Rn. 56.

5 BGH, Urt. v. 15.06.1951 – V ZR 86/50, NJW 1951, 836: »Der Rechtsprechung, dass das Dauerschuldverhältnisse auch ohne vertragliche Grundlage aus wichtigem Grunde gekündigt werden können, wird beigetreten.«.

6 Pioch, JA 2016, 414; BGH, Urt. v. 25.03.1993 – X ZR 17/92, NJW 1993, 1972; BGH, Urt. v. 04.05.2000 – VII ZR 53/99, NJW 2000, 2988.

7 BGBl. I S. 3138.

8 BT-Drucks. 14/6040, S. 176.

9 Lederer, in: Kapellmann/Messerschmidt, § 8 VOB/B Rn. 3; v. Rintelen, in: Kapellmann/Messerschmidt, § 9 VOB/B Rn. 1.

10 Pioch JA 2016, 414.

9 Die Kündigung aus wichtigem Grund war im gesetzlichen Werkvertragsrecht bislang nicht geregelt. Die Praxis behalf sich oftmals mit einer vertraglichen Regelung des Kündigungsrechtes aus wichtigem Grund. Nach der Rechtsprechung war eine Kündigung des Werkvertrages aus wichtigem Grund dann zulässig, wenn es einer Vertragspartei unter Berücksichtigung der Umstände des Einzelfalls nicht mehr zumutbar war, den Vertrag fortzusetzen, weil das Vertrauensverhältnis entweder nachhaltig gestört war oder die Erreichung des Vertragszweckes gefährdet erschien[11]. Zur Begründung wurde auf eine Analogie zu § 314 BGB wegen der Parallelität des Bauvertrages als Langzeitvertrag zu einem Dauerschuldverhältnis zurückgegriffen, eine Ableitung aus § 242 BGB vorgenommen oder der Rechtsgedanke der gesetzlich normierten Kündigungsgründe in § 643 BGB, § 648a BGB a.F., entspricht jetzt § 650 f BGB n.F., angewendet.

10 Der Referentenentwurf des Bundesministeriums der Justiz und für Verbraucherschutz vom 10.09.2015 sah sodann die Einführung eines spezifischen Kündigungsrechtes aus wichtigem Grund für Werkverträge vor. Zur Begründung verwies der Referentenentwurf darauf, dass über das freie Kündigungsrecht, welches unverändert erhalten bleiben solle, Regelungsbedarf bestehe hinsichtlich eines Kündigungsrechtes aus wichtigem Grund. Denn von der Rechtsprechung werde für den – im Gegensatz zum einfachen Werkvertrag – in der Regel auf eine längere Erfüllungszeit angelegten Bauvertrag vielfach bisher schon ein Kündigungsrecht aus wichtigem Grund anerkannt und dabei das Kündigungsrecht aus wichtigem Grund bei Dauerschuldverhältnissen nach § 314 BGB herangezogen. Es bestehe indes Rechtsunsicherheit, welche Gründe eine außerordentliche Kündigung tragen, da das Kündigungsrecht allein auf Richterrecht basiere. Der Entwurf sehe daher vor, die außerordentliche Kündigung bei Werkverträgen gesetzlich zu regeln, um für die Praxis mehr Rechtssicherheit zu schaffen. Allerdings sah der Entwurf von der Normierung einzelner Kündigungstatbestände, wie etwa in § 8 VOB/B, ab. Insofern wurde den Erwägungsgründen des Referentenentwurfs letztlich nicht in konsequenter Weise Rechnung getragen. Die Regelung in § 648a BGB orientiert sich vielmehr an § 314 BGB, wiederholt deren Grundsätze, verweist sogar auf einzelne Absätze, ohne detaillierte Regelungen zu schaffen. Insofern verbleibt hier noch dieselbe Unsicherheit hinsichtlich der berechtigten Kündigungsgründe, die erst in der Zukunft durch richterliche Rechtsfortbildung geklärt werden muss.

11 Die Übernahme eines allgemeinen Kündigungstatbestandes in das Gesetz geht auf die Thesen des 3. Deutschen Baurechtstages zurück.[12] Dieser regte an, einen allgemeinen Kündigungstatbestand in das Gesetz aufzunehmen, der Formalien und inhaltliche Fragen, insbesondere Kündigungsvoraussetzung für beide Seiten und hieran anknüpfende Rechtsfolgen, regeln sollte, insbesondere ein Schriftformerfordernis vorsah, ein jederzeitiges freies Kündigungsrecht des Bestellers, außerordentliche Kündigungsrechte beider Seiten aus wichtigem Grund, generelle Rechtsfolgenregelungen zur Kündigung und die Verpflichtung beider Parteien zur Teilnahme an einer Leistungsstandabgrenzung nach Kündigung auf Verlangen der anderen Seite, mit Beweislastumkehr im Weigerungsfall.

12 Zur Begründung verwies der Deutsche Baugerichtstag e.V. darauf, dass das BGB in zahlreichen Normen Regelungen dazu enthalte, unter welchen inhaltlichen Voraussetzungen eine fristlose Kündigung eines Vertrages möglich sei. Für das Baurecht fehle aber eine solche gesetzliche Regelung, obwohl Kündigungen im Baugeschehen eine wichtige Rolle spielten. Die Praxis behelfe sich mit den Rechtsprechungsregeln und einer Einzelfallkasuistik. Hinzu kämen Versuche der Vertragsgestaltung oder den Verweis auf die VOB/B. Es finde sich deshalb auch im BGB keine allgemeine Rechtsfolgenregelung, abgesehen von der Regelung des § 648 BGB n.F. (entspricht § 649 BGB a.F.). Eine allgemeine Regelung sei schon deshalb sinnvoll, um sie als Norm zum Zwecke der Verweisung

---

11 BGH, Urt. v. 23.05.1996 – VII ZR 140/95, NJW-RR 1996, 1108; BGH, Urt. v. 30.06.1983 – VII ZR 293/82, NJW 1983, 2439; BGH, Urt. v. 15.11.1962 – VII ZR 113/61, BB 1963, 160; hierzu: Hebel, BauR 2011, 330; Boldt, NZBau 2002, 655; Voit, BauR 2002, 1776; Sienz, BauR 2002, 181; Pioch, JA 2016, 414.

12 Thesenpapier der Kernarbeitsgruppe im Arbeitskreis I – Bauvertragsrecht des Deutschen Baugerichtstages, S. 27 ff.

für andere Vorschriften heranziehen zu können. Auch der Blick auf die Rechtssicherheit bei der Verwendung Allgemeiner Geschäftsbedingungen verlange insoweit eine gesetzliche Regelung.

Dementsprechend stieß auch der Referentenentwurf diesbezüglich auf breite Zustimmung.[13] Anders als das Thesenpapier, übernahm der Referentenentwurf aber nicht die Insolvenz per se als wichtigen Grund.[14] 13

Der Referentenentwurf ist in wesentlichen Punkten in das Gesetz eingegangen, allerdings wurden im Verlauf des Gesetzgebungsverfahrens noch folgende Modifikationen vorgenommen. Diese Änderungen gehen zurück auf die Anmerkung des Bundesrates:[15] 14

- Absatz 2 des Referentenentwurfes sah noch folgende Regelung vor: *»§ 314 Abs. 2–4 gilt entsprechend. Eine Teilkündigung ist möglich; sie muss sich auf einen nach dem Vertrag abgrenzbaren Teil der Leistung beziehen.«* – Unterschiede bestanden also insoweit, als das die jetzigen Absätze 2 und 3 zusammengezogen worden waren und der Verweis auf § 314 BGB sich nicht auf die Absätze 2 und 3, wie jetzt Gesetz geworden ist, beschränkte, sondern auch auf Absatz 4 ausgedehnt wurde. Ferner wurde die Teilkündigung auf einen *»nach dem Vertrag«* abgrenzbaren Teil *»der Leistung«* und nicht auf einen abgrenzbaren Teil des *»geschuldeten Werkes«* bezogen.
- Absatz 3 Satz 2 bezog sich auf einen Termin zur *»Leistungsstandabgrenzung«* und nicht auf einen Termin zur *»Leistungsstandfeststellung«*. Satz 3 enthielt noch nicht den letzten Halbsatz *»... und den sie der anderen Vertragspartei unverzüglich mitgeteilt hat.«*
- Schließlich fehlte der letzte Absatz, wonach die Berechtigung, Schadensersatz zu verlangen, durch die Kündigung nicht ausgeschlossen werde.

Der Bundesrat beschloss am 22.04.2016 zu dem Gesetzentwurf darüber hinaus dergestalt Stellung zu nehmen, dass dem § 648a Abs. 5 BGB noch folgender Satz anzufügen sei: *»Besteht der wichtige Grund in der Verletzung einer Pflicht des Unternehmers aus dem Vertrag, kann eine Vergütung nicht verlangt werden, soweit der Besteller an der Teilleistung kein Interesse hat.«* Zur Begründung verwies der Bundesrat darauf, dass der Unternehmer im Fall einer außerordentlichen Kündigung die auf den bis dahin erbrachten Teil der Werkleistung entfallende Vergütung verlangen könne. Diese Regelung erscheine zwar dem Grunde nach interessengerecht, jedoch werde dabei der Möglichkeit, dass der Besteller an dem erbrachten Teilwerk kein Interesse mehr habe, nicht Rechnung getragen. Gerade vor dem Hintergrund der Wertung des § 266 BGB, wonach der Schuldner zu Teilleistungen grundsätzlich nicht berechtigt sei, wäre ein nur teilweise fertiggestelltes Werk für den Besteller regelmäßig nur dann von Nutzen, wenn es zumindest auch in Teilen funktionstüchtig oder aber die Fertigstellung durch einen anderen Unternehmer unter zumutbaren Umständen möglich sei. Wenn der Grund zur außerordentlichen Kündigung im Verhalten des Unternehmers liege, sei es daher unbillig, den Besteller auch für diese Fälle uneingeschränkt zur Entrichtung einer Teilvergütung zu verpflichten. Die Bundesregierung stimmte dem Vorschlag des Bundesrates nicht zu.[16] Denn es gehöre zu den Eigenschaften einer Kündigung, dass das Vertragsverhältnis für die Zukunft beendet werde. Bis dahin erbrachte Leistungen verblieben bei den Parteien und seien entsprechend zu vergüten. Dagegen spreche nämlich, dass die Rechtsfolgen der Kündigung von denen des Rücktritts zu unterscheiden seien. Da das Gesetz für den Rücktritt eigenständige Voraussetzungen vorsehe, müssten auch die Rechtsfolgen unterschiedlich sein. Besteht der Kündigungsgrund in einer schuldhaften Pflichtverletzung des Unternehmers, stehe dem Besteller ohnehin neben dem Recht zur Kündigung ein Anspruch auf Schadensersatz zu, was jetzt in § 648a Abs. 6 BGB ausdrücklich klargestellt worden sei. Die Bundesregierung konnte sich letztlich im Bundestag durchsetzen. 15

13 Vgl. etwa die Stellungnahme des Instituts für Baurecht Freiburg e.V. zum Referentenentwurf eines Gesetzes zur Reform des Bauvertragsrechts und zur Änderung der kaufrechtlichen Mängelhaftung, dort Rn. 56: »Die Regelung ist gleichfalls zu begrüßen.«.

14 Vgl. Rdn. 37 ff.

15 BR-Drucks. 123/16 (B) 22.04.2016 (Beschluss). Vgl. insoweit die Anlage 4 zur BT-Drucks. 18/8486, S. 94 ff., Gegenäußerung der Bundesregierung.

16 Anlage 4 zur BT-Drucks. 18/8486, S. 94 ff.

16 Ferner bat der Bundesrat, zu prüfen, ob die Vergütungsregelung in § 648a Abs. 5 BGB durch den in § 649 S. 3 BGB zum Ausdruck kommenden Rechtsgedanken ergänzt werden sollte. Denn die in § 648 Abs. 5 BGB vorgesehene Vergütungsregelung erscheine für die Fälle ergänzungsbedürftig, in denen der Besteller den wichtigen Grund für eine Kündigung seitens des Unternehmers zu vertreten habe, der Kündigungsgrund also aus der Sphäre des Bestellers komme. Eine derartige Situation sei aus Sicht des Unternehmers dem in § 648 BGB n.F. (entspricht § 649 BGB a.F.) geregelten Sachverhalt des freien Kündigungsgrundrechts des Bestellers vergleichbar. Die Bundesregierung äußerte sich hierzu dahingehend, dass sie das Anliegen des Bundesrates prüfen werde. Sie gebe jedoch zu bedenken, dass eine freie Kündigung des Bestellers nicht ohne weiteres mit einer Kündigung des Unternehmers zu vergleichen sei, dem ein Kündigungsgrund aus der Sphäre des Bestellers zugrunde liege. Denn bei der freien Kündigung bleibe der Besteller grundsätzlich zur Zahlung der gesamten vereinbarten Vergütung verpflichtet, kündige dagegen der Unternehmer, sei nur die bis zur Kündigung erbrachte Leistung zu vergüten. Habe der Besteller die Kündigung des Unternehmers durch ein schuldhaftes Verhalten herbeigeführt, bestünden daneben Schadensersatzansprüche des Unternehmers nach §§ 280–282 BGB, was durch § 648a Abs. 6 BGB ausdrücklich klargestellt werde.

IV. Allgemeine Kündigungsfolgen

17 Die Kündigung führt zu einer Beendigung des Vertragsverhältnisses ex tunc. Vor allem entfällt die (weitere) Primärleistungspflicht des Unternehmers, während die bis zur Kündigung begründeten gegenseitigen Ansprüche bestehen bleiben. Hierin unterscheidet sich die Kündigung aus wichtigem Grund nach § 648a BGB nicht von der freien Kündigung nach § 648 BGB (Siehe die Kommentierung zu § 648 BGB).

B. Wichtiger Grund (Abs. 1)

18 Das Gesetz bemüht die Generalklausel des wichtigen Grundes. Was einen wichtigen Grund in diesem Sinne darstellt, wird im Gesetz nicht näher konkretisiert. Nach allgemeiner Definition liegt ein wichtiger Grund i.S.d. § 648a BGB dann vor, wenn der kündigenden Partei unter Berücksichtigung des Einzelfalls und bei Abwägung der Interessen beider Parteien die Fortsetzung des Vertragsverhältnisses nicht mehr zugemutet werden kann.[17] Dies erfordert stets eine Abwägungsentscheidung zwischen den wechselseitigen Interessen, bei dem neben der Schwere der Pflichtverletzung, der Bedeutung der Pflicht für die Vertragsausführung und die verbleibende Zeit bis zur vollständigen Vertragsabwicklung auch weitere Umstände des Einzelfalls einfließen. Sofern Ergebnis dieser Abwägung ist, dass der kündigenden Partei die weitere Vertragsabwicklung nicht mehr zugemutet werden kann und daher die sofortige Beendigung des Vertrages erforderlich ist, liegt ein wichtiger Grund i.S.d. § 648a BGB vor.[18]

I. Allgemeine Definition

19 Das Gesetzt definiert nicht – anders als etwa § 8 VOB/B – wann ein zur Kündigung berechtigender wichtiger Grund für Besteller oder Unternehmer vorliegt. Dies ist bewusst unterblieben, da der Gesetzgeber fürchtete, dass auf eine derartige Weise nicht *»alle denkbaren Konstellationen«* erfasst werden könnten.[19] Insofern fügt sich § 648a BGB in vergleichbare Normen wie § 314 BGB oder § 626 BGB ein.

---

17 Vgl. zur Definition: MüKo-BGB/Busche, § 648a Rn. 2.

18 Vgl. Grüneberg/Retzlaff, BGB, § 648a Rn. 3. Andere Auffassung wohl: OLG Brandenburg, Urt. v. 15.01.2008 – 11 U 98/07: Es kommt nicht darauf an, ob Haupt- oder Nebenpflichten verletzt sind. Eine fristlose Kündigung ist hiernach auch bei einer mehrfachen und nachhaltigen Vertragspflichtverletzung gegeben.

19 Vgl. die Gesetzesbegründung.

Entsprechend ist es der Rechtsprechung überlassen, den unbestimmten Rechtsbegriff des wichtigen Grundes auszufüllen und damit handhabbar zu machen. Hierbei hat sich – neben einer umfassenden Kasuistik – insbesondere der an § 282 BGB angelehnte Maßstab herausgebildet, ein wichtiger Grund läge in einer in ihren Auswirkungen (insbesondere: entstandene oder noch drohende Schäden), erheblichen Pflichtverletzung, durch die die Vertrauensbeziehung zwischen den Vertragsparteien so belastet wird, dass eine weitere Vertragsfortführung der einen Seite nicht mehr zumutbar scheint. Die verletzte Pflicht muss regelmäßig synallagmatisch sein und die Verletzung muss so schwerwiegend sein, dass eine sofortige Beendigung erforderlich ist und im Umkehrschluss die weitere Vertragserfüllung angesichts der bisherigen Vertragserfüllung nicht mehr zumutbar erscheint. Insofern wird der Kündigungsgrund so beschaffen sein müssen, dass es eine über die »normale« Pflichtverletzung hinausgehende Erheblichkeit bedarf, die auf die Zukunft projizierend die Vertrauensbeziehung der Vertragsparteien belastet.[20] Dabei begründet sich die Kündigung stets mit der fehlenden Zumutbarkeit hinsichtlich der *weiteren* Vertragsausführung.[21] Sofern die Pflichtverletzung sich also nicht zu wiederholen droht, dürfte der Kündigungsgrund regelmäßig entfallen, es sei denn, das Fehlverhalten ist so angelegt, dass es auch für andere Fälle eingreifen könnte (z.B. Abrechnungsbetrug). Da das gestörte Vertrauensverhältnis kündigungsbegründend ist, kann die Störung sowohl auf einer einzelnen besonders schwerwiegenden Vertragsverletzung beruhen (hierzu sogleich die Kommentierung der Einzelfälle) als auch auf einer Reihe von Pflichtverletzungen, die jede für sich betrachtet zur Rechtfertigung der Störung nicht ausreichen, im Rahmen einer Gesamtabwägung aber die Störung des Vertrauensverhältnisses und damit die Kündigung begründen können.[22]

II. Einzelfälle

Die Rechtsprechung hat eine weitgehende Kasuistik der Umstände entwickelt, die als wichtige Gründe i.S.d. § 648a BGB gelten und daher eine Kündigung aus wichtigem Grund ermöglichen. Dies darf jedoch nicht darüber hinwegtäuschen, dass in einem Einzelfall eine Abwägung aller Gesamtumstände im Hinblick auf die Zumutbarkeit eines Festhaltens am Vertrag vorzunehmen ist, sodass sich eine rein auf die Kasuistik fokussierte Einordnung von kündigungsberechtigenden Umständen verbietet. 20

1. Kündigungsgründe nach VOB/B

Da der Gesetzgeber bei Einführung des § 648a BGB indirekt Bezug genommen hat auf die Kündigungsgründe nach Maßgabe der VOB/B, dürften die dort geregelten Umstände regelmäßig auch wichtige Gründe i.S.d. § 648a BGB darstellen. 21

Insbesondere jedoch seit in jüngerer Zeit die Rechtsprechung zunehmend Regelungen der VOB/B als Verstoß gegen die §§ 307 ff. BGB erkennt und die Bedeutung von § 310 Abs. 1 S. 3 BGB stark zurückgegangen ist, muss hier aber zunächst kritisch geprüft werden, ob der jeweilige in der VOB/B definierte Kündigungsgrund der AGB-Kontrolle standhält. Soweit dies nicht der Fall ist – also die Vereinbarung dieser Umstände als Kündigungsgrund im Rahmen von AGBs nicht möglich ist – dürfte allein bei Rückgriff auf die gesetzliche Regelung des § 648a BGB erst recht keine wirksame Kündigung auf diesen Grund gestützt werden. 22

Insbesondere entschied der BGH jüngst, dass das Kündigungsrecht nach § 4 Nr. 7 S. 3 i.V.m. § 8 Nr. 3 Abs. 1 S. 1 Var. 1 VOB/B der Inhaltskontrolle *nicht* standhält, wenn die VOB/B – wie zumeist – 23

---

20 Vgl. die Begriffsdefinition bei Kniffka/Koeble, 7. Teil Rn. 30; 8. Teil Rn. 33; so auch: OLG Dresden, 17.11.2020 – 6 U 349/20.

21 Insoweit erscheint es regelmäßig zweifelhaft, ob bei fehlendem Vertrauensverhältnis eine Teilkündigung denkbar ist, da der Kündigende zugleich erklärt, hinsichtlich des nicht gekündigten Teils die Zusammenarbeit fortsetzen zu wollen und zu können, a.A.: OLG Brandenburg, Urt. v. 20.04.2023 – 12 U 118/22.

22 OLG Dresden, 17.11.2020 – 6 U 349/20.

nicht als Ganzes vereinbart wurde und daher nicht von der Privilegierung des § 310 Abs. 1 S. 3 BGB erfasst wird und wenn der Besteller Verwender ist. Demnach benachteiligt das Kündigungsrecht des Bestellers bei während der Ausführung erkannten Mängel, die sodann nicht fristgerecht beseitigt werden, den Unternehmer unangemessen, da das Kündigungsrecht seinem Wortlaut nach auch auf ganz geringfügige und unbedeutende Mängel Anwendung findet, bei denen der Besteller nach Maßgabe des § 640 Abs. 1 S: 2 BGB zur Abnahme verpflichtet ist. Aufgrund dieses Wertungswiderspruchs zum Gesetzesrecht hält die Klausel der Inhaltskontrolle nicht stand.[23]

24 Dies bedeutet jedoch nicht, dass schlechterdings eine Kündigung wegen Mängeln im Ausführungsstadium unzulässig ist. Insbesondere bleibt § 4 Nr. 7 S. 3 VOB/B – nur ohne das daran geknüpfte Kündigungsrecht – wirksam. Eine Pflichtverletzung liegt bei unterbliebener Mangelbeseitigung auch vor Abnahme somit jedenfalls vor. Ob diese bedeutend genug ist, um einen wichtigen Grund i.S.d. § 648a BGB darzustellen, wird im jeweiligen Einzelfall unter Berücksichtigung der Zumutbarkeit und des zwischen den Parteien verbleibenden Vertrauensverhältnisses zu bewerten sein.[24]

2. Zahlungsverzug des Bestellers

25 Der Zahlungsverzug des Bestellers kann eine Kündigung regelmäßig rechtfertigen, insbesondere dann, wenn der Besteller kontinuierlich die vertraglichen Zahlungsfristen ignoriert oder wenn er regelmäßig unberechtigte Abzüge vornimmt – dabei wird aber, vgl. insoweit auch § 9 VOB/B, eine Mahnung und eine anschließende Nachfristsetzung erforderlich sein, vgl. § 648a Abs. 2 BGB. Kein Grund besteht jedoch, wenn lediglich eine »kleinere« Rechnung nicht bezahlt wurde[25] oder wenn eine strittige Nachtragsleistung nicht bezahlt wurde, solange die Parteien noch Grund und Höhe der Nachtragsforderung klären. Entsprechend kann der Besteller den Vertrag auch nicht deswegen aus wichtigem Grund kündigen, weil der Unternehmer die Fortsetzung der Arbeiten von der Erklärung abhängig macht, dass der Besteller eine unwiderrufliche Zahlungszusage erklärt.[26] Voraussetzung für ein Kündigungsgrund ist weiterhin die Inverzugsetzung des Bestellers durch den Unternehmer mit einer fälligen Zahlung (grundsätzlich ist also eine Mahnung erforderlich, damit überhaupt das Kündigungsrecht entsteht, des Weiteren dann gemäß Abs. 3 i.V.m. § 314 Abs. 2 BGB eine Abmahnung mit Nachfristsetzung),[27] hierzu gehören auch Ansprüche aus geänderten oder zusätzlichen Leistungen nach § 650c BGB, vgl. insoweit auch § 9 Abs. 1 Nr. 2 VOB/B.

26 Sofern dem Besteller, etwa wegen Mängeln, ein Leistungsverweigerungsrecht zusteht, wird die Werklohnforderung nicht fällig. Entsprechend kann auch kein Verzug eintreten und ein Kündigungsgrund scheidet aus. Im Gegenteil kann in der Drohung des Unternehmers, bei berechtigter Leistungsverweigerung des Unternehmers seinerseits die Leistung einzustellen ein die Kündigung rechtfertigender wichtiger Grund für den Besteller liegen, da der Unternehmer unter diesen Umständen nicht zur Leistungseinstellung berechtigt ist.[28]

3. Terminverzug des Unternehmers

27 Der Terminverzug des Unternehmers kann einen Kündigungsgrund darstellen, wenn der Unternehmer auch aus von ihm nicht zu vertretenden Gründen eine Vertragsfrist nicht eingehalten hat und das Versäumnis so erheblich ist, dass dem Besteller eine Fortsetzung des Vertrages mit dem

---

23 BGH, Urt. v. 19.01.2023 – VII ZR 34/20.

24 In diese Richtung auch Gartz, NJW 2023, 1356.

25 OLG Schleswig, Urt. v. 13.06.2006 – X ZR 167/04, NJW-RR 2006, 1309. In diesem Fall ist der Unternehmer gehalten, sich zunächst um eine einvernehmliche Beilegung des Konflikts zu bemühen: OLG Stuttgart, Urt. v. 31.01.2017 – 10 U 70/16.

26 BGH, Urt. v. 04.07.1996 – VII ZR 227/93, NJW 1996, 3270; OLG Düsseldorf, Urt. v. 16.02.1978 – 13 U 156/77, BB 1978, 1339.

27 OLG München, Urt. v. 16.01.2014 – 6 U 870/13, IBR 2017, 375.

28 OLG München, Urt. v. 15.07.1997 – 28 U 3517/96, IBR 1999, 526.

Unternehmer nicht mehr zumutbar ist.[29] Gleiches gilt, wenn von vornherein (mit an Sicherheit grenzender Wahrscheinlichkeit) feststeht, dass der Unternehmer eine Vertragsfrist aus von ihm nicht zu vertretenden Gründen nicht einhalten wird (hieran auch kein vernünftiger Zweifel besteht) und die Säumnis von so erheblichem Gewicht ist, dass eine Fortsetzung des Vertrages mit dem Unternehmer nicht zumutbar ist.[30] Nach zutreffender Auffassung des OLG Köln muss der Unternehmer die Baustelle so betreiben, dass er seine Leistung zum vereinbarten Termin übergeben kann. Hierzu muss er auch den zeitlich vorgesehenen Ablauf der Bauarbeiten einhalten. Gibt es hierzu keinen Detail-Terminplan, muss der Unternehmer den Ablauf der erforderlichen Zwischenfristen selbst einschätzen. Verletzt dann der Unternehmer die angemessene Förderung der Baumaßnahme, hat der Besteller noch während der Bauausführung das Recht, Abhilfe zu verlangen.[31] Behindert der Unternehmer die so konkretisierte Fertigstellung, kann der Besteller den Vertrag kündigen.

Die fehlende Vornahme von Beschleunigungsmaßnahmen rechtfertigt die außerordentliche Kündigung aber nicht,[32] vgl. § 5 Abs. 4 VOB/B. Denn der Unternehmer ist regelmäßig nicht zur Vornahme von Beschleunigungsmaßnahmen verpflichtet, mit denen eine Erhöhung der Personalkapazitäten oder der Projektressourcen (wie Geräte und Material) verbunden sind, wenn er die Störung des Bauablaufes nicht zu vertreten hat. War der Unternehmer ohnehin schon (selbst verschuldet) in Verzug, bestünde ein entsprechendes Kündigungsrecht des Bestellers nach den allgemeinen Bestimmungen (wie zuvor beschrieben). 28

Der verspätete Beginn kann eine Kündigung rechtfertigen, bspw. nach § 5 VOB/B (kein Baubeginn innerhalb von 12 Werktagen).[33] Auch der Verzug mit einer verbindlichen Zwischenfrist nach § 5 Abs. 1 Satz 2 VOB/B kann zu einem Kündigungsrecht aus wichtigem Grund führen.[34] Hat aber der Besteller dem Unternehmer eine Frist zur Fortführung der Arbeiten gesetzt, kann jedenfalls innerhalb dieser Frist die Kündigung nicht auf einen Verzug gestützt werden. Denn mit der Nachfrist gibt der Besteller zu verstehen, dass das Vertragsverhältnis nicht so zerrüttet ist, dass die Fortsetzung des Vertrages unzumutbar geworden ist.[35]

4. Leistungseinstellung/Kündigungsandrohung

Die Leistungseinstellung des Unternehmers (etwa auch wegen Streit über Nachträge) kann wegen eines Verstoßes gegen die Kooperationspflicht einen Kündigungsgrund darstellen.[36] Gleiches gilt für die ernsthafte und endgültige Erfüllungsverweigerung.[37] Wann der Unternehmer die Erfüllung ernsthaft und endgültig verweigert, ist unter Anlehnung auf § 323 Abs. 2 Nr. 1 BGB zu bestimmen. Noch nicht hinreichend geklärt ist die Frage, ob die Leistungseinstellung bei einer Insolvenz des Unternehmers, wenn der (vorläufige oder endgültige) Insolvenzverwalter das Wahlrecht nach Insolvenzordnung dergestalt ausübt, dass die Fortsetzung des Vertragsverhältnisses abgelehnt wird, auch einen wichtigen Kündigungsgrund des Bestellers darstellt. Da der Besteller hier der gleichen Situation ausgesetzt ist wie bei einer ernsthaften und endgültigen Erfüllungsverweigerung, dürfte grundsätzlich ein Kündigungsrecht bestehen, das aber nicht mehr greifen kann, weil mit der Aus- 29

29 BGH, Urt. v. 12.02.2003 – X ZR 62/01, BauR 2003, 880.
30 BGH, Urt. v. 04.05.2000 – VII ZR 53/99, NZBau 2000, 375: drei Monate.
31 OLG Köln, Urt. v. 22.12.2016 – 3 U 89/15.
32 BGH, Urt. v. 28.10.1999 – VII ZR 393/98, NZBau 2000, 130; OLG Zweibrücken, Urt. v. 29.09.2016 – 6 U 6/15, NJW-RR 2017, 338.
33 OLG Frankfurt, Urt. v. 08.04.2019 – 29 U 53/18.
34 OLG Stuttgart, Urt. v. 01.12.2020 – 10 U 124/20.
35 OLG Bremen, Urt. v. 20.12.2019 – 2 U 50/18.
36 OLG Frankfurt a.M., Urt. v. 21.09.2011 – 1 U 154/10, BauR 2012, 262; OLG Stuttgart, Urt. v. 16.03.2020 – 10 U 294/19 – auch beim VOB/B-Vertrag, dann aber auch nur unter den Voraussetzungen des § 5 Abs. 3, 4 VOB/B.
37 BGH, Urt. v. 28.10.1999 – VII ZR 393/98, NJW 2000, 807.

übung des Wahlrechtes der Vertrag bereits beendet ist. Schadensersatzansprüche des Bestellers bestehen dann nach den allgemeinen Vorschriften.

Ebenfalls wäre die Verweigerung des Bestellers, über die Folgen aufgetretener Änderungen zu verhandeln, als Verstoß gegen die Kooperationspflicht zu werten.

5. Schlechtleistung, wesentliche Mängel § 4 Abs. 7 VOB/B

30 Nach § 4 Abs. 7 VOB/B kann der Bauvertrag gekündigt werden, wenn der Unternehmer vor Abnahme gerügte Mängel nicht innerhalb einer ihm gesetzten Frist beseitigt. Diese Bestimmung hat der BGH jedoch für den Fall, dass der Besteller Verwender der AGB ist, für AGB-widrig erklärt, sofern die VOB/B nicht nach § 310 Abs. 1 S. 3 BGB privilegiert ist, da nach verwenderfeindlicher (weil weitestgehender) Auslegung auch dann ein Kündigungsrecht bestünde, wenn der gerügte Mangel unwesentlich ist und nicht zur Verweigerung der Abnahme berechtigen würde. Sofern der Unternehmer aber ein Recht auf Abnahme des (unwesentlich mängelbehafteten) Werks hat, widerspricht es dem gesetzlichen Leitbild, die unterbliebene Beseitigung des unwesentlichen Mangels als Kündigungsgrund in AGB zu statuieren.[38] Schon aus diesem Grund besteht hinsichtlich der analogen Anwendbarkeit des § 4 Abs. 7 VOB/B auf den BGB-Vertrag erhebliche Bedenken. Insbesondere entspricht es der gesetzgeberischen Grundsatzentscheidung, dass Mängelrechte grundsätzlich erst nach Abnahme bestehen, vor Abnahme hingegen der Besteller auf seinen Primärleistungsanspruch verwiesen ist und die Geltendmachung von Mängelrechten schon zu diesem Zeitpunkt die Dispositionsfreiheit des Unternehmers beeinträchtigen würde.[39]

Gleichwohl kommt es in der Praxis regelmäßig zu Fallgestaltungen, bei denen ein Werk bzw. insbesondere einen Teilleistung als (vermeintlich) nicht vertragsgerecht durch den Besteller erkannt wird, der Unternehmer zur vertragsgerechten Herstellung nicht Willens oder in der Lage ist.

Hier ist zu differenzieren:

Leistet der Unternehmer nachhaltig, in erheblichem qualitativem und quantitativem Maße vertragswidrig und hat der Besteller allein dadurch in objektiv nachvollziehbarer Weise das Vertrauen in eine ordnungsgemäße Fortsetzung des Vertragsverhältnisses und die Fertigstellung einer im Wesentlichen mangelfreien Leistung verloren, so dürfte hierin allein bereits ein wichtiger Grund i.S.d. § 648a BGB bestehen. So kann etwa der wiederholte oder länger andauernde Verstoß gegen allgemein anerkannte Regeln der Technik deshalb nach der Rechtsprechung einen Kündigungsgrund darstellen.[40] Gleiches gilt für den mehrfachen Verstoß gegen vertraglich vereinbarte Ausführungsarten, wie etwa die Abfuhr des Bodenaushubes per LKW anstatt per Schiff.[41] Mängel im Architektenwerk wie fehlende Übernahme der Grüneintragungen der Baugenehmigung und eine damit einhergehende fehlerhafte Ausführungsplanung können ebenfalls einen wichtigen Kündigungsgrund darstellen.[42] Weitere Fälle aus der Rechtsprechung sind: grobe Ausführungsfehler entgegen den Weisungen eines Sonderfachmannes, beharrliche Verstöße gegen Vorgaben, etc.[43] Weicht der Unternehmer sehenden Auges von der Baugenehmigung ab, stellt dies nach Auffassung des OLG Bamberg eine eklatante Pflichtverletzung dar, die sogar zu einer fristlosen Kündigung aus wichtigem Grund berechtigt.[44] Dies kann auch dafür sprechen, dass der Unternehmer nicht willens oder nicht in der Lage ist, den Vertrag ordnungsgemäß zu erfüllen, das kann auch einen Kündigungsgrund darstellen.[45]

38 BGH, Urt. v. 19.01.2023 – VII ZR 34/20, NZBau 2023, 301.
39 So auch BGH, Urt. v. 19.01.2017 – VII ZR 301/13, MDR 2017, 328.
40 BGH, Urt. v. 26.11.1959 – VII ZR 120/58, NJW 1960, 431; OLG Schleswig, Urt. v. 09.03.2010 – 3 U 55/09, BauR 2011, 690.
41 BGH, Urt. v. 23.05.1996 – VII ZR 140/95, NJW-RR 1996, 1108.
42 OLG Düsseldorf, Urt. v. 26.03.2013 – 23 U 102/12, NJOZ 2014, 135.
43 Nachweise bei Kniffka/Koeble, 7. Teil, Rn. 29.
44 OLG Bamberg, Beschl. v. 08.05.2019 – 4 U 125/18.
45 OLG Celle, Urt. v. 26.09.2019 – 5 U 40/19.

Auch der Verstoß gegen die (AGB-wirksamen) Verpflichtung zur vertragsgerechten Herstellung des Werkes nach Maßgabe des § 4 Abs. 7 S. 1 VOB/B dürfte (wenn auch nicht automatisch, s.o.) dann zu einem Kündigungsgrund werden, wenn aufgrund hinzutretender Umstände (insb. Schwere der Pflichtverletzung, etwa bei wiederkehrender nicht vertragsgerechter Leistung) das Vertrauen des Bestellers in die Leistungsfähigkeit und -willigkeit des Unternehmers berechtigterweise erschüttert ist.

6. Unberechtigter Nachunternehmereinsatz

Gemäß § 4 Abs. 8 Nr. 1 VOB/B hat der Unternehmer die Leistungen grundsätzlich im eigenen Betrieb auszuführen. Mit schriftlicher Genehmigung des Bestellers darf er sie an Nachunternehmer übertragen. Erbringt der Unternehmer ohne schriftliche Zustimmung des Aufraggebers Leistungen nicht im eigenen Betrieb, obwohl sein Betrieb darauf eingerichtet ist, kann der Besteller ihm eine angemessen Frist zur Aufnahme der Leistung im eigenen Betrieb setzen und bei fruchtlosem Ablauf der Frist den Vertrag kündigen. 31

Diese Regelung ist dem BGB fremd. Im Gegensatz zum gesetzlichen Dienstvertragsrecht, das den höchstpersönlichen Arbeitseinsatz regelt, ist der Werkvertrag erfolgsbezogen. Wie der Unternehmer das Werk errichtet, kann dem Besteller grundsätzlich egal sein. Der Bauvertrag hat jedoch aufgrund der Dauer der Bauzeit eine persönlichere Komponente und wird durch ein Vertrauens- und Kooperationsverhältnis charakterisiert, das eine persönliche Beziehung zwischen den Vertragsparteien darstellt. Ein generelles Kündigungsrecht gibt es deshalb bei einem unberechtigten Nachunternehmereinsatz, wie bei einem VOB-Vertrag[46] regelmäßig nicht, sondern nur, wenn der Nachunternehmer unzuverlässig ist, ersichtlich ungeeignet ist, sich schon in der Vergangenheit als unkooperativ gezeigt hat o.ä. In Ermangelung einer entsprechenden wörtlichen Regelung ist es aber nicht, wie bei § 4 Abs. 8 VOB/B, erforderlich, dass der Betrieb des Unternehmers auf die Leistung eingerichtet ist. 32

7. Kartell- oder Wettbewerbsverstöße

Gemäß § 8 Abs. 4 Nr. 1 VOB/B kann der Besteller den Vertrag kündigen, wenn der Unternehmer aus Anlass der Vergabe des Bauauftrages eine unzulässige Wettbewerbsbeschränkung getroffen hat oder im Anwendungsbereich des 4. Teils des GWB wegen eines zwingendes Ausschlussgrundes gar nicht hätte beauftragt werden dürfen. Hierzu zählen: Submissionsabsprachen, Schmiergeldzahlungen, Bestechung, Vorteilsannahmen u.v.m. Ob ein derartiges Verhalten auch bei einem BGB-Bauvertrag eine Kündigung aus wichtigem Grund rechtfertigt, bedarf stets der Prüfung aller Umstände des jeweiligen Einzelfalls. Gleichwohl indiziert der entsprechende Kartell- oder Wettbewerbsverstoß regelmäßig die Unzuverlässigkeit des Unternehmers, weshalb der Besteller auch regelmäßig das Vertrauen in eine ordnungsgemäße Fortsetzung des Vertragsverhältnisses verloren haben wird. Hat der Besteller deshalb dargelegt und im Streitfall bewiesen, dass dem Unternehmer ein entsprechender Kartell- oder Wettbewerbsverstoß nachzuweisen ist, obliegt es dem Unternehmer, darzulegen und zu beweisen, dass dies keinen Grund darstellt, weshalb der Besteller das Vertrauen in die ordnungsgemäße Abwicklung des Bauvertrages hätte verlieren dürfen. Dieser Beweis wird allerdings regelmäßig schwierig zu führen sein. 33

46 Beim VOB/B-Vertrag kann eine Kündigung wirksam auf § 4 Abs. 8 VOB/B gestützt werden: siehe bspw. (dort aber aus anderen Gründen im Ergebnis anders): OLG Frankfurt a.M., Urt. v. 06.09.2018 – 29 U 55/17.

8. Unberechtigte Kündigung eines Vertragsteils

34 Kündigt der Besteller den Vertrag aus wichtigem Grund, obgleich ein solcher nicht vorliegt (oder kündigt der Unternehmer frei, obwohl er dies nicht kann), rechtfertigt dies regelmäßig die andere Partei, den Vertrag ihrerseits zu kündigen.[47] Hier bieten sich in der Rechtspraxis einige Fallstricke.

Zunächst wird die unberechtigte Kündigung des Bestellers aus wichtigem Grund als freie Kündigung umgedeutet, sofern die Voraussetzungen des § 140 BGB vorliegen.[48] In diesem Fall ist das Vertragsverhältnis durch die Kündigung beendet, es greifen jedoch die (für den Besteller ungünstigeren) Rechtsfolgen des § 648 BGB und nicht die des § 648a BGB.

Soweit die Voraussetzungen des § 140 BGB nicht vorliegen oder stets im Falle einer unberechtigten Kündigung des Unternehmers aus wichtigem Grund wird das Vertragsverhältnis nicht durch diese Kündigung beendet und besteht fort. Jedoch stellt die unberechtigte Kündigung für die Gegenseite ihrerseits einen Kündigungsgrund dar, da hierin ein vertragswidriges Verhalten liegt.[49]

Erklärt die Gegenseite nun ihrerseits die Kündigung aus wichtigem Grund, so ist das Vertragsverhältnis jedenfalls durch eine der Kündigungen erloschen, wobei regelmäßig zwischen den Parteien streitig sein dürfte, wessen Kündigung diese Wirkung entfaltete. Verzichtet der Unternehmer seinerseits auf die Kündigung, so dürfte regelmäßig schon das Fortbestehen des Vertragsverhältnisses zwischen den Parteien streitig sein.

Eine gerichtliche Klärung, ob eine Kündigung wirksam ist, ob es sich um eine Kündigung aus wichtigem Grund oder eine (umgedeutete) freie Kündigung handelt und wessen Kündigung Wirkung entfaltet, ist im Rahmen einer Feststellungsklage (auch in der Variante der Zwischenfeststellungs-[wider]klage, § 256 Abs. 2 ZPO) zulässig.[50]

35 Eine andere Auffassung sieht den Kündigungsgrund der Gegenseite nicht in der vertragswidrigen Kündigungserklärung, sondern in der darin zum Ausdruck kommenden ernsthaften und endgültigen Erfüllungsverweigerung.[51] In diesem Fall kommt es jedoch regelmäßig auf die Umstände des Einzelfalls an. Insbesondere dürfte einen unberechtigte Kündigungserklärung dann keine Erfüllungsverweigerung sein, wenn, wenn auf die Mitteilung der Unwirksamkeit durch die Gegenseite eine Vertragsfortsetzung folgt.[52] Hier könnte es ratsam sein, die Gegenseite unter Hinweis auf die für unwirksam gehaltene Kündigung zunächst abzumahnen.

9. Unberechtigte Teilkündigung

36 Zur Teilkündigung nach § 8 Abs. 3 Nr. 1 S. 2 VOB/B hat der BGH entschieden, dass eine Teilkündigung eines nicht abgeschlossenen Teils unzulässig und damit nichtig ist. Auch ist der Unternehmer in dem Fall berechtigt, seinerseits den Bauvertrag (im Ganzen) aus wichtigem Grund zu kündigen, da die nicht vertragsgemäße Kündigung von nicht abgeschlossenen Teilleistung vertragswidrig ist und damit regelmäßig einen Kündigungsgrund darstellt.[53] In konsequenter Fortschreibung

47 Anders die Rechtsprechung: BGH, Urt. v. 14.11.1966 – VII ZR 112/64, NJW 1967, 248; BGH, Urt. v. 01.12.1993 – VIII ZR 129/92, NJW 1994, 443; Kniffka/Koeble, 9. Teil Rn. 4.

48 So ppt. BGH, Urt. v. 07.05.2025 – VII ZR 145/12.

49 BGH, Urt. v. 14.11.1966 – VII ZR 112/64, NJW 1967, 248, BGH, Urt. v. 01.12.1993 – VIII ZR 129/92, NJW 1994, 443, BGH, Urt. v. 20.08.2009 – VII ZR 212/07, NZBau 2010, 47; anders OLG Köln, Urt. v. 26.11.2019 – 5 O 277/16, das in der unberechtigten Kündigung lediglich eine potenzielle endgültige Erfüllungsverweigerung sieht, die aufgrund der Umstände des entschiedenen Falls abgelehnt wurde; auf die Vertragswidrigkeit der Erklärung einer unberechtigten Kündigung geht das OLG nicht ein.

50 BGH, Urt. v. 19.01.2023 – VII ZR 34/20.

51 Vgl. OLG Köln, Urt. v. 26.11.2019 – 5 O 277/16.

52 So etwa in dem vom OLG Köln entschiedenen Fall.

53 BGH, Urt. v. 20.08.2009 – VII ZR 212/07, NJW 2009, 3717; hierzu: Lederer, in: Kapellmann/Messerschmidt, § 8 VOB/B Rn. 21.

der Rechtsprechung müsste dies auch für eine Teilkündigung nach Maßgabe des § 648a Abs. 2 BGB gelten, die sich ebenfalls auf einen abgrenzbaren Teil des Werks beziehen muss, vgl. § 648a Abs. 2, 2. HS BGB. In einem solchen Fall dürfte jedoch stets kritisch zu hinterfragen sein, ob die Zumutbarkeitsschwelle des § 648a BGB tatsächlich überschritten ist, etwa weil es dem Unternehmer durch die unzulässige Teilkündigung unmöglich gemacht wird, ein mangelfreies (Teil-)Werk zu errichten (bspw. eine TGA-Anlage).

10. Insolvenz

Gemäß § 8 Abs. 3 VOB/B kann der Besteller bei einer Insolvenz des Unternehmers einen VOB-Bauvertrag aus wichtigem Grund kündigen. Nach Auffassung des OLG Frankfurt am Main verstieß das Kündigungsrecht nach § 8 Abs. 3 VOB/B gegen § 119 InsO.[54] Der BGH und zahlreiche andere Instanzgerichte sahen hingegen keinen Verstoß und bestätigten die Regelung in § 8 Abs. 3 VOB/B.[55] 37

Obgleich es in Rechtsprechung und Literatur zum Zeitpunkt der Erstellung des Referentenentwurfs höchst umstritten war, ob dem Besteller im Falle der Insolvenz des Unternehmers ein Kündigungsrecht aus wichtigem Grund zustehe und ob die entsprechende Regelung in § 8 Abs. 3 VOB/B gegen die Grundprinzipien der Insolvenzordnung, insbesondere § 119 InsO verstößt, sah der Entwurf von einer Klarstellung dieser, für die Praxis höchst wichtigen Thematik, ab,[56] obwohl auch noch der Abschlussbericht der Arbeitsgruppe Bauvertragsrecht beim Bundesministerium der Justiz die Implementierung eines entsprechenden Kündigungsgrundes vorsah. Der Gesetzesentwurf der Bundesregierung berücksichtigte jedoch von Anfang an keinen speziellen Kündigungstatbestand für den Fall der Insolvenz des Unternehmers. Ein solches generelles Kündigungsrecht würde, so der Referentenentwurf, *»nicht der Vielgestaltigkeit der Lebensverhältnisse Rechnung tragen«*. Der Gesetzesentwurf verneint aber hingegen nicht per se die Möglichkeit, im Falle der Insolvenz eines Vertragspartners den Vertrag aus wichtigem Grund zu kündigen, da die Leistungsfähigkeit und Zuverlässigkeit des Unternehmers beim Abschluss eines Bauvertrages regelmäßig zu den Gesichtspunkten gehören sollen, die für einen Besteller von wesentlicher Bedeutung seien.[57] Insofern ist zu unterscheiden, welche Partei in Insolvenz gerät: 38

a) Insolvenz des Bestellers

Die Insolvenz des Bestellers ist regelmäßig kein Kündigungsgrund für den Unternehmer. Der Unternehmer kann einerseits nach § 650 f BGB n.F. (entspricht § 648a BGB a.F.) vorgehen und vom Besteller eine Sicherheit anfordern, die dieser aufgrund der Insolvenz regelmäßig nicht mehr beibringen kann. Infolgedessen kann der Unternehmer sich dann nach Ablauf der dem Besteller gesetzten Frist vom Vertrag lösen. Parallel kann der Besteller den Unternehmer auch hinsichtlich ausstehender Zahlungen oder Mitwirkungshandlungen in Verzug setzen und sodann den Vertrag entweder nach § 643 BGB oder aus wichtigem Grund (dann aber wegen der ausstehenden Zahlungen kündigen. 39

Der Besteller selbst kann den Werkvertrag nicht außerordentlich kündigen. Wird über das Vermögen des Bestellers jedoch das Insolvenzverfahren eröffnet, kann der Insolvenzverwalter das Wahlrecht nach § 119 InsO ausüben und sich auf diese Weise von der weiteren Vertragsabwicklung befreien. 40

In der Praxis verhandeln (insolventer) Besteller (zumeist vertreten durch den vorläufigen Insolvenzverwalter) und ausführender Unternehmer regelmäßig auch über die Fortsetzung des Vertragsver- 41

54 OLG Frankfurt a.M., Urt. v. 16.03.2015 – 1 U 38/14, BauR 2015, 1332.

55 BGH, Urt. v. 07.04.2016 – VII ZR 56/15, NJW 2016, 1945; OLG Koblenz, Urt. v. 05.05.2014 – 12 U 231/13, NZI 2014, 807; OLG Celle, Urt. v. 05.03.2014 – 7 U 114/13, BauR 2015, 676; OLG Düsseldorf, Urt. v. 08.09.2006 – 23 U 35/06, BauR 2006, 2054.

56 Ausführlich zur rechtlichen Problematik: Lederer, in: Kapellmann/Messerschmidt, § 8 VOB/B Rn. 73 ff.

57 BGH, Urt. v. 26.09.1985 – VII ZR 19/85, NJW 1986, 255; Gesetzesentwurf der Bundesregierung, BR-Drucks. 123/16, S. 51.

hältnisses und über eine Anpassung der jeweiligen Konditionen, da infolge der regelmäßig beiden Seiten zustehenden Lösungsmöglichkeiten oftmals eine neue Verhandlungssituation eröffnet worden ist. Der Anspruch auf die noch ausstehende Vergütung für die bis zur Insolvenz erbrachten Leistungen richtet sich dabei aber nur gegen die Masse. Die (regelmäßig neu ausgehandelte) Vergütung für die noch-nicht-ausgeführten Leistungen nach Insolvenzeröffnung ist vom Insolvenzverwalter zu entrichten.

b) Insolvenz des ausführenden Unternehmers

42 Zu unterscheiden ist, ob dem Besteller aufgrund der Insolvenz an sich ein eigenes außerordentliches Kündigungsrecht zusteht, oder ob dem Besteller wegen der regelmäßig mit der Insolvenz einhergehenden weiteren Folgen (Leistungseinstellung, ernsthaft und endgültige Erfüllungsverweigerung, Verzug mit Ausführungsfristen etc.) ein weiteres außerordentliches Kündigungsrecht zusteht. Letzteres ist von der Insolvenz an sich unabhängig und hängt von den jeweiligen Tatbestandsvoraussetzungen im Einzelfall ab.

43 Die Insolvenz des Unternehmers an sich belegt dessen fehlende Leistungsfähigkeit und fehlende Zuverlässigkeit und begründet zunächst per se den Verdacht, dass die Fortführung des Vertragsverhältnisses für den Besteller mit hohen Risiken verbunden ist, da die begründete, ernsthafte und konkrete Gefahr besteht, dass der Unternehmer nicht über ausreichend Personal und liquide Mittel verfügt, um seiner gesetzlichen Vorleistungspflicht nachzukommen. Bestehen allerdings gute Sanierungschancen für das angeschlagene Unternehmen, können diese Risiken minimiert sein oder sogar gänzlich ausfallen, so dass die Geschäftstätigkeit ohne größere Komplikationen fortgesetzt werden wird. Mit der Fortführung der Bauarbeiten und der damit erworbenen zusätzlichen Liquidität kann ein Insolvenzverwalter den gesamten Geschäftsbetrieb des angeschlagenen Unternehmens möglicherweise sogar »retten«.[58] Diese Erwägungen sind auch in der Gesetzesbegründung aufgegriffen worden. Ausweislich der Gesetzesbegründung ist somit entscheidend, ob die Fortsetzung des Vertragsverhältnisses wahrscheinlich ist, für den Besteller zumutbar ist und ob der Verwalter zeitnah erklärt, die Bauleistungen ohne wesentliche Unterbrechungen fortzuführen. Aufgrund des mit einer Insolvenz regelmäßig einhergehenden Anscheinsverdachts obliegt es jedoch dem Insolvenzverwalter, durch entsprechende Begutachtungen den Verdacht der Unzuverlässigkeit auszuräumen.[59] Gleiches gilt für den Fall, dass der Unternehmer eine Sanierung im sogenannten »Schutzschirmverfahren« nach § 270b InsO vornehmen lassen will. Darüber hinaus entschied der BGH, dass ein generelles Kündigungsrecht nicht das Wahlrecht des Unternehmers nach § 103 InsO unterlaufen darf,[60] jedenfalls dann nicht, wenn – wie in dem dort entschiedenen Fall – der Werkvertrag erst nach Insolvenz geschlossen worden war.

44 Unter Berücksichtigung der vom BGH ausdrücklich als wirksam angesehenen Regelung der VOB/B kann deshalb die Insolvenz des Unternehmers in folgenden Fällen ein außerordentliches Kündigungsrecht des Bestellers begründen:[61]

- Eigener Insolvenzantrag des Unternehmers,[62] ohne Erklärung, dass der Geschäftsbetrieb aufrechterhalten wird und bei gleichzeitiger Leistungseinstellung;
- Fehlender Beleg der Sanierungsfähigkeit durch den vorläufigen Insolvenzverwalter (weder Sanierungsgutachten noch Bescheinigung im »Schutzschirmverfahren«);
- Abweisung der Eröffnung des Insolvenzverfahrens mangels Masse und die

58 So auch die Erwägungen in der Gesetzesbegründung.

59 So auch die Gesetzesbegründung, die den Insolvenzverwalter die Obliegenheit auferlegt, durch geeignete Unterlagen, etwa ein Sanierungsgutachten zu dokumentieren, dass der Geschäftsbetrieb ohne besondere Störungen aufrecht erhalten werden kann.

60 BGH, Urt. v. 14.09.2017 – IX ZR 261/15.

61 Langen, NZBau 2015, 658.

62 Ausführlich, auch zu den rechtspolitischen Beweggründen: Lederer, in: Kapellmann/Messerschmidt, § 8 VOB/B Rn. 70, 73.

- Eröffnung des Insolvenzverfahrens, da in diesem Fall eine Sanierung als unwahrscheinlich anzusehen ist,
- jeweils sofern der Besteller die Insolvenz bei Abschluss des Vertrages nicht kannte.

Die in § 8 Abs. 2 Nr. 1 VOB/B beschriebenen weiteren Kündigungsrechte im Falle der Insolvenz dürften aber vor diesem Hintergrund bei einem BGB-Bauvertrag nicht als außerordentlicher Kündigungsgrund anzusehen sein: 45
- Beantragung des Eröffnungsinsolvenzverfahrens durch den Besteller oder einen anderen Gläubiger[63]
- Beantragung eines vergleichbaren gesetzlichen Verfahrens und die
- Zahlungseinstellung.

Selbstredend berechtigt die Insolvenz des Unternehmers weder ihn selbst noch den vorläufigen Insolvenzverwalter zur außerordentlichen Kündigung des Bauvertrages. Auch diesbezüglich ist das insolvente Unternehmen auf die Regelung der Insolvenzordnung angewiesen, wonach aber der vorläufige Insolvenzverwalter selbstverständlich auch sein Wahlrecht ausüben kann.[64] 46

c) Insolvenz eines Nachunternehmers

Die Insolvenz des Nachunternehmers berechtigt den Unternehmer regelmäßig nicht zur Kündigung des mit dem Besteller geschlossenen Bauvertrages, da der Nachunternehmer insoweit als Erfüllungsgehilfe des Unternehmers nach § 278 BGB anzusehen ist, sofern zwischen den Parteien nichts Abweichendes vereinbart ist. Lediglich im Einzelfall könnte die Insolvenz eines Nachunternehmers den Unternehmer zur außerordentlichen Kündigung berechtigen, wenn die Insolvenz des Nachunternehmers vom Besteller veranlasst worden ist, der Nachunternehmer vom Besteller vorgegeben war, die besonderen Fähigkeiten des insolventen Nachunternehmers für den Bauvertrag als Geschäftsgrundlage unentbehrlich waren und der insolvente Nachunternehmer auch nicht durch einen anderen Unternehmer ersetzt werden kann. 47

d) Insolvenz von Dritten (Kunden, Nutzern, Erwerbern etc.)

Die Insolvenz von Kunden, Nutzern, Erwerbern oder sonstigen Dritten rechtfertigen regelmäßig nicht die außerordentliche Kündigung eines Bauvertrages. Im absoluten Einzelfall kann dies aber eine Störung der Geschäftsgrundlage des Vertrages darstellen. 48

11. Verzug mit einer erforderlichen Mitwirkungshandlung des Bestellers

Der Unternehmer kann den Vertrag bei einer unterlassenen Mitwirkungshandlung des Bestellers oder bei einer Störung des Bauablaufes durch den Besteller regelmäßig nicht nach § 648a BGB kündigen, wohl aber nach § 643 BGB. Insoweit gehen die speziellen Regelungen in §§ 642, 643 BGB der allgemeinen Regelung in § 648a BGB vor. Zu derartigen Mitwirkungshandlungen können zählen: Die Bereitstellung des Grundstücks, die rechtzeitige Übergabe von Ausführungsplänen, die Regelung des Zusammenarbeitens mehrerer Unternehmer, die Vornahme von Bemusterungen und vertraglich vereinbarter Abrufe, die Beibringung von Genehmigungen etc. 49

12. Unterlassene Reaktion auf einen Bedenkenhinweis

Einen Sonderfall der Kündigung nach § 648a BGB wird auch vorliegen, wenn der Besteller seiner Obliegenheit/Pflicht nicht nachkommt, nach berechtigten Bedenken des Unternehmers gegen seine Leistungsanordnungen, eine Umplanung vorzunehmen. Wenn der Unternehmer dann unter Verstoß gegen öffentliches Recht oder gegen seine Verkehrssicherungspflicht oder unter Gefahr für Leib 50

---

63 Kritisch schon zur diesbezüglichen VOB/B-Regelung: Lederer, in: Kapellmann/Messerschmidt, § 8 VOB/B Rn. 70.

64 Vgl. Rdn. 40.

und Leben weiterarbeiten müsste, kann er im Einzelfall den Vertrag aus wichtigem Grund nach § 648a BGB kündigen.[65]

13. Unterlassene Stellung einer Bauhandwerkersicherheit

51 Unterlässt es der Besteller, eine geforderte Sicherheit nach § 650h BGB zu stellen, kann der Unternehmer den Vertrag nicht nach § 648a BGB, sondern nur nach § 650h Abs. 5 BGB kündigen. Auch insoweit sind die dort beschriebenen Bestimmungen als lex specialis vorrangig.

14. Baustillstand/Unterbrechung

52 Gemäß § 6 Abs. 7 VOB/B haben beide Vertragsparteien einen Anspruch auf eine Kündigung des Bauvertrages, wenn eine Unterbrechung länger als drei Monate dauert. Der Bundesgerichtshof hat die Rechtmäßigkeit dieser Regelung bestätigt[66]. Dies erscheint auch sachgerecht. Denn im Falle eines Stillstandes oder einer länger andauernden Unterbrechung wird es dem Unternehmer regelmäßig nach Ablauf einer angemessenen Frist nicht zumutbar sein, auf die Durchführung dieses Vertrages (»vergeblich«) zu warten und weitere Aufträge abzulehnen, weil er seine Produktionsressourcen (Geräte, Material und Personal) für das stillstehende oder unterbrochene Bauvorhaben vorhalten muss. Insofern erscheint es sachgerecht, die Regelung nach § 6 Abs. 7 VOB/B auch auf BGB-Bauverträge auszudehnen. Der länger andauernde Stillstand bzw. die Unterbrechung an sich stellt also einen außerordentlichen Kündigungsgrund dar. Regelmäßig bedarf es dann aber auch einer Fristsetzung gemäß § 648a Abs. 3 i.V.m. § 314 BGB, die auch fristgemäß nach Ende der 3-monatigen Stillstandzeit erklärt werden muss. Ansonsten ist der Kündigungsgrund wegen dieses Stillstandes verwirkt, weil eben auch der Besteller die Erwartung erhalten kann, der Unternehmer »akzeptiere« den Stillstand und stehe parat, wenn es »wieder los geht«. Allerdings dürfte sich bei einem nach Ablauf der Drei-Monats-Frist noch andauernden Stillstand wieder ein neuer Kündigungsgrund ergeben, der den Unternehmer dann wieder zu einer Abhilfeaufforderung nach § 314 Abs. 2 BGB berechtigen kann. Erst, wenn eine Vertragspartei einen wesentlich länger andauernden Stillstand, beispielsweise einen dreimaligen Stillstand von jeweils drei Monaten ungerügt hinnimmt, dürfte der entsprechende Kündigungsgrund endgültig verwirkt sein.

15. Straftaten und Schwarzarbeit

53 Straftaten einer Partei im Zusammenhang mit dem konkreten Bauvorhaben und der konkret beteiligten Personen rechtfertigen ebenfalls die außerordentliche Kündigung.[67] Der Besteller hat einen wichtigen Grund zur Kündigung, wenn ein dringender Verdacht auf Schwarzarbeit und einen Verstoß gegen das Arbeitnehmer-Entsendegesetz besteht.[68]

16. Nachtragsdiskussionen

54 Bislang war in Rechtsprechung und Literatur höchst umstritten, unter welchen Voraussetzungen eine Partei den Bauvertrag kündigen kann, wenn sich zwischen den Parteien Diskussionen und Streitigkeiten wegen unterschiedlicher Auffassungen über die Berechtigung von Nachtragsvergütungen ergeben.[69] So hat bspw. das OLG Schleswig einen wichtigen Kündigungsgrund für den Unternehmer angenommen, wenn der Besteller berechtigte Mehrkostenforderungen zurückweist und diese nicht

---

65 OLG Düsseldorf, Urt. v. 07.10.1987 – 19 U 13/87, BauR 1988, 478.

66 BGH, Urt. v. 20.04.2017 – VII ZR 194/13, NJW 2017, 2025.

67 BGH, Urt. v. 06.05.1999 – VII ZR 132/97, NJW 1999, 2266 zur Bestechlichkeit des Unternehmers; BGH, Urt. v. 30.06.1983 – VII ZR 293/82, NJW 1983, 2349: Beschäftigung von Arbeitnehmern des Unternehmers als Schwarzarbeiter durch den Besteller (!); Diebstahl: v. Rintelen, in: Kapellmann/Messerschmidt, § 9 VOB/B Rn. 53.

68 LG Potsdam, Urt. v. 15.02.2019 – 6 O 352/13, NJW-RR 2019, 850.

69 Zum Streitstand bspw. v. Rintelen, in: Kapellmann/Messerschmidt, § 9 VOB/B Rn. 46.

geringfügig sind, d.h. nicht lediglich 1 % der Nettovertragssumme betragen.[70] Mit der detaillierten und abschließenden Regelung in §§ 650b, 650c BGB hat der Gesetzgeber für BGB-Bauverträge das Leistungsverweigerungsrecht des Unternehmers und damit auch ein etwaiges Kündigungsrecht weitergehend ausgeschlossen.[71] Im Streitfall muss eine gerichtliche Entscheidung nach § 650d BGB eingeholt werden. Ein Kündigungsrecht dürfte jetzt jedenfalls nicht mehr bestehen, es sei denn, der Besteller kommt einer einstweiligen Verfügung nach § 650d BGB nicht nach oder zahlt nicht die in § 650c BGB beschriebenen Abschläge.

III. Wechselseitige Kündigungen/Kündigungskonflikt

Haben sowohl Besteller als auch Unternehmer die Kündigung erklärt, kommt es nicht auf eine 55 materielle Gesamtbetrachtung unter Berücksichtigung von Billigkeitsaspekten an. Vielmehr ist chronologisch zu bestimmen, welche Kündigungserklärung zeitlich Vorrang hat (letztlich also, wer zuerst wirksam die Kündigung erklärt hat und somit, welche Kündigung formwirksam zuerst zugegangen ist). Denn ist der Vertrag einmal von einer Partei wirksam gekündigt worden, geht die sodann im Anschluss erklärte Kündigung ins Leere.[72]

Zu einem Kündigungskonflikt kann es auch dann kommen, wenn der Unternehmer eine berechtigte Sicherheit nach § 650f BGB fordert und damit einen ansonsten bestehenden Verzug beendet.[73] Macht der Unternehmer aber die Fortsetzung der Arbeiten von weiteren Bedingungen abhängig, etwa der Erfüllung nicht bestehender oder jedenfalls nicht fälliger Abschlagsforderungen, dann lebt das Kündigungsrecht des Bestellers wieder auf.[74]

IV. Darlegungs- und Beweislast

Hinsichtlich der Darlegungs- und Beweislast muss differenziert werden zwischen der Kündigungs- 56 erklärung und dem Kündigungsgrund:

Die Darlegungs- und Beweislast für die Kündigungserklärung obliegt demjenigen, der sich auf die Kündigung beruft.

Die Darlegungs- und Beweislast für das Bestehen eines wichtigen Grundes obliegt grundsätzlich demjenigen, der die Kündigung erklärt hat, da es sich um eine rechtsvernichtende Einwendung gegen den zunächst bestehenden Werkvertrag handelt,[75] es sei denn, es gelten allgemeine Regelungen, wonach die Darlegungs- und Beweislast einer Vertragspartei obliegt. Das ist insbesondere dann der Fall, wenn der Besteller aus wichtigem Grund kündigt, weil der Unternehmer Mängel vor Abnahme nicht beseitigt oder der Unternehmer in Verzug war. Denn hinsichtlich dieser materiellrechtlichen Tatsachen bleiben die allgemeinen Regelungen der Darlegungs- und Beweislast unbeschadet. Mithin muss der Unternehmer vor der Abnahme die Mangelfreiheit der von ihm ausgeführten Leistungen beweisen (und eben nicht der Besteller deren Mangelhaftigkeit).[76]

Ebenso muss der Unternehmer vor der Abnahme beweisen, dass er ordnungsgemäß erfüllt hat. Das bedeutet, dass bei einer Kündigung aus Verzug der Besteller nur die vereinbarten Ausführungstermine

70 OLG Schleswig, Beschl. v. 11.03.2011 – 5 U 123/08.

71 Zur Rechtslage bei VOB-Verträgen siehe bspw. Kapellmann, in: Kapellmann/Messerschmidt, § 2 VOB/B Rn. 205 ff.

72 OLG Düsseldorf, Urt. v. 12.04.2019 – 22 U 62/18, MDR 2019, 985.

73 OLG Stuttgart, Urt. v. 16.03.2020 – 10 U 294/19.

74 OLG Stuttgart, Urt. v. 16.03.2020 – 10 U 294/19.

75 Vgl. BGH, Urt. v. 10.05.1990 – VII ZR 45/89, BauR 1990, 632.

76 OLG Frankfurt, 17.06.2019 – 21 U 73/17: »Der Bauunternehmer, dem der Besteller wegen Nichteinhaltung eines vertraglich vereinbarten Fälligkeitstermins gekündigt hat und der sich dagegen auf Behinderungstatbestände beruft, hat diese konkret bauablaufbezogen darzustellen. Auch nach einer Kündigung des Bestellers hat der Bauunternehmer die Mangelfreiheit seiner nicht abgenommenen Leistungen zu beweisen.« Letztlich so auch: OLG Koblenz, 28.07.2020 – 4 U 1282/17.

und die tatsächlichen, diese nicht erfüllenden Ausführungstermine darlegen muss. Der Unternehmer müsste dann darlegen und im Streitfall beweisen, dass er nicht in Verzug gewesen sei, weil etwa Behinderungen aus der Risikosphäre des Bestellers, unterlassene Mitwirkungshandlungen des Bestellers oder sonstige Umstände vorlagen, die ihn nach § 286 Abs. 4 BGB exkulpieren (etwa bei einem VOB/B-Vertrag auch die in § 6 Abs. 2 S. 1 Nr. b) und c) geregelten Umstände).[77]

C. Teilkündigung (Abs. 2)

I. Bisherige Rechtslage

57 Die Frage, ob der Besteller oder der Unternehmer, anstatt den ganzen Vertrag zu kündigen, auch nur einen Teil des Vertrages kündigen konnte, wurde in Rechtsprechung und Literatur zum früheren Recht uneinheitlich bewertet. Eine gesetzliche Regelung gab es nicht. Auch die VOB/B enthält keine allgemein eindeutige Regelung für alle Kündigungsgründe.[78] Die Rechtsprechung hat teilweise die Teilkündigung eines Werkvertrages akzeptiert.[79] In der Literatur war die Auffassung uneinheitlich.[80] Letztlich wurde maßgeblich auf den Sinn und Zweck des § 649 BGB abgestellt. Hiernach sollte das Recht zur freien Kündigung des Bestellers nicht durch eine Beschränkung des Umfangs der erklärten Kündigung tangiert werden, sofern die Beeinträchtigungen für den Unternehmer nicht unzumutbar seien. Da dieser finanziell kompensiert werden würde, war eine Teilkündigung durchaus zulässig, sofern sie nicht zu Abgrenzungsschwierigkeiten zwischen erbrachter und nicht-erbrachter Leistung führe und es dem Unternehmer unzumutbar erschwere, die Mangelfreiheit der ausgeführten Leistungen belegen zu können. Letztlich war eine Teilkündigung also nur dann unzulässig, sofern eine Zuordnung von Mängeln nicht mehr möglich wäre, beispielsweise bei der Errichtung einer einheitlichen TGA-Anlage wie z.B. einer Lüftungsanlage.

58 Für die Zulässigkeit einer Teilkündigung aus wichtigem Grund sprach zudem noch das geringere Schutzbedürfnis des Vertragspartners, wenn es schon möglich sei, wegen eines Fehlverhaltens den ganzen Vertrag zu kündigen, so wäre es jedenfalls auch möglich, nur den Teil eines Vertrages zu kündigen.

II. Neue Rechtslage

59 Die neue Rechtslage klärt diese Unsicherheit. Hiernach sind Teilkündigungen zulässig. Es kommt nicht darauf an, ob die gekündigten Teile *»in sich abgeschlossene Teilleistungen«* sind, wie dies noch bei der Teilabnahme in § 641 Abs. 1 Satz 2 BGB gefordert wird. Vielmehr genügt jetzt, dass sich die Teilkündigung auf einen abgrenzbaren Teil des geschuldeten Werkes bezieht. Damit eröffnet das Gesetz praxistauglichere Lösungen, da die hohen Anforderungen des BGH an die in § 8 Abs. 3 Nr. 1 Satz 2 VOB/B geregelte Teilkündigung in der Praxis kaum erreichbar sind und die Gefahr einer zulässigen Gegenkündigung des Unternehmers bei einer vom Besteller ausgesprochenen unzulässigen Teilkündigung nach § 9 Abs. 1 VOB/B zu erheblichen Gefährdungen in der Praxis führt.[81] Das Gesetz definiert jedoch nicht, wann Teile abgrenzbar sind. *Langen* schlägt vor, sich an die Aufteilung der Leistungen im Vertrag zu orientieren.[82] Hiernach soll eine Teilkündigung von

77 Ausführlich: Joussen, in: Ingenstau/Korbion, § 8 Abs. 3 VOB/B, Rn. 36; OLG Frankfurt a.M., Urt. v. 17.06.2019 – 21 U 73/17; OLG Frankfurt, 08.04.2019 – 29 U 53/18; siehe hierzu auch: BGH, Urt. v. 23.10.2008 – VII ZR 64/07.

78 Einerseits (zu § 8 Abs. 1 VOB/B): Lederer, in: Kapellmann/Messerschmidt, § 8 VOB/B Rn. 20. Andererseits (zu § 8 Abs. 3 Nr. 1 Satz 2 VOB/B): Lederer, in: Kapellmann/Messerschmidt, § 8 VOB/B Rn. 89. Zu § 8 Abs. 4 VOB/B: Lederer, in: Kapellmann/Messerschmidt, § 8 VOB/B Rn. 112; zu § 9 VOB/B: v. Rintelen, in: Kapellmann/Messerschmidt, § 9 VOB/B Rn. 73.

79 BGH, Beschl. v. 12.11.2009 – VII ZR 39/07, IBRRS 2009, 4055.

80 Hierzu beispielsweise: Lang, BauR 2006, 1956; Kirberger, BauR 2011, 343; weitgehend: Kniffka/Koeble, 7. Teil, Rn. 29.

81 BGH, Urt. v. 20.08.2009 – VII ZR 212/07, NZBau 2010, 47.

82 Langen, NZBau 2015, 658.

einzelnen Losen möglich sein (*»Wer losweise beauftragt werden kann, sollte auch losweise gekündigt werden können.«*).

60 In sich abgrenzbar sind aber auch einzelne Gewerke in funktionaler Hinsicht, einzelne Bereiche in räumlicher Hinsicht, sogar einzelne Positionen eines Leistungsverzeichnisses, sofern diese, bis auf die unvermeidbar tatsächlichen Schnittpunkte, nicht für Restleistungen von erheblicher Bedeutung sind. Beispielsweise wird der Besteller nicht einzelne Ventilatoren einer einheitlichen Lüftungsanlage teilkündigen können, da der einzelne Ventilator zwar an sich abgrenzbar ist, gleichzeitig aber ein unverzichtbares Element der gesamten TGA-Lüftungsanlage darstellt. Der Besteller wird aber beispielsweise beim Bau eines Mehrfamilienhauses einen einzelnen Balkon einer Wohnung teilkündigen können oder im Bereich des Innenausbaus die Parkettarbeiten in einem Raum, während er sie in einem anderen Raum ausführen lässt. Auch die Gesetzesbegründung scheint den Vertragsparteien einen derart weiten Ermessensspielraum zukommen zu lassen, da sie nur maßgeblich darauf abstellt, dass die Vertragspartner eine klare Abgrenzung der von der Teilkündigung erfassten und der danach noch von einem anderen Werkunternehmer zu erbringenden Leistungen vornehmen können müssen und der von der Kündigung betroffene Unternehmer allein in der Lage sein muss, die von ihm noch geschuldeten Leistungen ohne Beeinträchtigung zu erbringen.[83] Nach der Rechtsprechung des BGH sind bei einem VOB-Vertrag Leistungsteile innerhalb eines Gewerks nur bei klarer zeitlicher oder räumlicher Trennung teilkündbar.[84] Insofern kann eine Kündigung wegen Mängeln, aber auch eine Kündigung wegen Verzuges auf einen in sich abgeschlossenen Teil der vertraglichen Leistung beschränkt werden.[85] Der Besteller ist nicht verpflichtet, den an sich auch für weitere Teile der Leistung bestehenden Kündigungsgrund so weit auszudehnen. Allerdings muss der Besteller bedenken, dass hinsichtlich der nicht gekündigten Teile dann wegen Fristablauf womöglich kein Kündigungsrecht mehr besteht.

61 Eine Teilkündigung, die den Anforderungen des Abs. 2 nicht entspricht, ist nichtig und damit unwirksam. Sie berechtigt den Unternehmer aber nur im Einzelfall, seinerseits den Werkvertrag aus wichtigem Grund zu kündigen.[86]

D. Anwendbarkeit der Allgemeinen Vorschriften (Abs. 3)

I. Allgemeines

62 Gemäß § 648a Absatz 3 BGB sind die allgemeinen Vorschriften aus § 314 BGB Abs. 2 und 3 anwendbar. § 314 Abs. 4 BGB wurde mit identischem Wortlaut zur besonderen Klarstellung als gesonderter Abs. 6 eingefügt. Eine unterschiedliche Wertigkeit zwischen den verwiesenen Normen und der gesondert wiederholten Norm besteht jedoch nicht. Bei einer Kündigung nach § 648a BGB sind also all diese Normen mit gleichwertigem Bedeutungsgehalt zu berücksichtigen.

II. Abmahnung oder Abhilfeaufforderung nach § 314 Abs. 2

1. Gesetzliche Regelungen

63 § 314 Abs. 2 BGB lautet:

> *»Besteht der wichtige Grund in der Verletzung einer Pflicht aus dem Vertrag, ist die Kündigung erst nach erfolglosem Ablauf einer zur Abhilfe bestimmten Frist oder nach erfolgloser Abmahnung zulässig.*
>
> *Für die Entbehrlichkeit der Bestimmung einer Frist zur Abhilfe und für die Entbehrlichkeit einer Abmahnung findet § 323 Abs. 2 Nummer 1 und 2 entsprechende Anwendung.*

83 Gesetzesbegründung, BR-Drucks. 123/16, S. 52.
84 BGH, Urt. v. 20.08.2009 – VII ZR 212/07, NZBau 2010, 47.
85 Vgl. BGH, Beschl. v. 20.04.2020 – VII ZR 112/18.
86 Vgl. Rdn. 36.

Die Bestimmung einer Frist zur Abhilfe und eine Abmahnung sind auch entbehrlich, wenn besondere Umstände vorliegen, die unter Abwägung der beiderseitigen Interessen die sofortige Kündigung rechtfertigen.«

64 § 323 Abs. 2 Nummer 1 und 2 BGB, auf den § 314 Abs. 2 S. 2 BGB verweist, lautet:

»Die Fristsetzung ist entbehrlich, wenn

1. *der Schuldner die Leistung ernsthaft und endgültig verweigert,*
2. *der Schuldner die Leistung bis zu einem im Vertrag bestimmten Termin oder innerhalb einer im Vertrag bestimmten Frist nicht bewirkt, obwohl die termin- oder fristgerechte Leistung nach einer Mitteilung des Gläubigers an den Schuldner vor Vertragsschluss oder auf Grund anderen den Vertragsabschluss begleitenden Umstände für den Gläubiger wesentlich ist, (...)«*

65 Die vorgenannten Vorschriften wurden durch das Schuldrechtsmodernisierungsgesetz 2001 in das BGB implementiert. Nach Auffassung des historischen Gesetzgebers 2001 sollen die Kündigung aus wichtigem Grund wie auch der Rücktritt bei Verletzung von vertraglichen Pflichten entsprechend der zum Zeitpunkt der Kodifizierung ergangenen Rechtsprechung grundsätzlich erst nach Ablauf einer zur Abhilfe bestimmten Frist oder nach Abmahnung zulässig sein.[87] Anlässlich der Kodifizierung des § 648a BGB in das Werkvertragsrecht sah der Gesetzgeber 2017 von einer längeren Begründung ab und verwies allein auf den Wortlaut von § 314 Abs. 2 BGB.[88] Grundsätzlich muss der Kündigende dem Vertragspartner zuvor erfolglos eine angemessene Frist zur Abhilfe gesetzt haben, wenn der Vertrag aus wichtigem Grund gekündigt werden soll. Dies gilt im Übrigen auch bei VOB/B-Verträgen.[89]

2. Inhalt der Abmahnung und Abhilfeaufforderung

66 Differenzierung: Ausweislich des Wortlautes von § 314 Abs. 2 BGB stehen »Abmahnung« und »Abhilfeaufforderung« ein einem Alternativverhältnis zueinander (*»oder«*). Eine dogmatische Unterscheidung kann in Ermangelung unterschiedlicher Konsequenzen in der Praxis regelmäßig dahinstehen. Eine »Abmahnung« ist gefordert, wenn der Pflichtverstoß zum Zeitpunkt des Bekanntwerdens bei der anderen Partei nicht mehr fortwirkt und der vertragsgemäße Zustand wieder eingetreten ist. Eine »Abhilfeaufforderung« setzt das Vorhandensein des vertragswidrigen Zustandes voraus.[90]

67 Die Abmahnung hat eine Rüge- und Warn- und (richtigerweise auch eine) Beweisfunktion. Mit der Abmahnung erklärt die eine Vertragspartei, dass sie das Verhalten der anderen Partei als Vertragspflichtverletzung auffasst (Rügefunktion), sie kündigt für die Wiederholung oder Aufrechterhaltung des Pflichtverstoßes vertragliche Konsequenzen an (Warnfunktion) und dokumentiert schließlich Situation und Vorgehensweise (Beweisfunktion). Um diese Funktionen zu erfüllen, muss die Abmahnung der anderen Partei das Fehlverhalten in nachvollziehbarer Weise schildern und die Androhung der Kündigung bewusst werden lassen. Hierzu ist es zwar nicht erforderlich, dass die Worte »Abmahnung«, »Androhung« oder »Kündigung« genannt werden, es ist hinreichend (aber auch notwendig), dass der entsprechende Sachverhalt konkret und genau dargelegt wird und die beabsichtigte Konsequenz klar und deutlich kommuniziert werden. Die andere Vertragspartei muss – mit den Worten des BGH – erkennen, dass die weitere Zusammenarbeit *»auf dem Spiel«* steht.[91]

---

87 BT-Drucks. 14/6040 S. 178. Nach Kniffka/Koeble, 7. Teil, Rn. 30 waren diese Tatbestandsvoraussetzungen schon zum »alten« Recht zu erfüllen. So wohl auch OLG München, Urt. v. 16.01.2014 – 6 U 870/13, IBR 2017, 375.

88 BT-Drucks. 18/8486, S. 51.

89 OLG Frankfurt a.M., Urt. v. 06.09.2018 – 29 U 55/17.

90 Vgl. Grüneberg/Grüneberg, BGB, § 323 Rn. 17.

91 BGH, Urt. v. 12.10.2011 – VIII ZR 3/11, NJW 2012, 53. Der andere Vertragsteil muss nachdrücklich und unmissverständlich auf die Folgen einer weiteren Nichterfüllung der Vertragspflichten hingewiesen worden sein: OLG Stuttgart, Urt. v. 31.01.2017 – 10 U 70/16.

Allein der Verweis auf die Regelungen der VOB/B stellt keine »Abmahnung« oder Kündigungsandrohung dar.[92] Die Verwendung von Begrifflichkeiten wie *»in diesem Fall werden wir ihre Leistung nicht mehr annehmen«* oder *»letzte Aufforderung«* dürften aber ausreichend sein. Dass sich für den Fall des fruchtlosen Ablaufes der Frist die Kündigung nur *»vorbehalten«* werde, relativiert nach Auffassung des OLG Koblenz die Abmahnung nicht.[93]

Gleiches gilt für die **Abhilfeaufforderung**. Auch sie muss den Sachverhalt konkret und genau beschreiben,[94] allerdings die Konsequenz in doppelter Hinsicht konkret und genau darlegen: Denn zum einen muss die von der anderen Partei geforderte Abhilfemaßnahme konkret und genau beschrieben werden, zum anderen muss die Androhung der Kündigung für den Fall der Unterlassung konkret und genau kommuniziert werden. Regelmäßig bedarf es deshalb einer zusätzlichen **Fristsetzung**, die bei der Abmahnung erlässlich ist. Die Länge der Frist bestimmt sich nach den Umständen des Einzelfalls und bemisst sich grundsätzlich gemäß § 242 BGB (Treu und Glauben) danach, wie lange ein objektiver Dritter in der Lage des Schuldners für die geforderte Maßnahme benötigen würde, wenn er diese alsbald und unverzüglich (d.h. ohne schuldhaftes Zögern, bei *»Anspannung aller Mittel und Kräfte«*[95]) nach Erhalt der Abhilfeaufforderung in die Wege leiten würde. Der Gläubiger muss also regelmäßig dem Schuldner keine zusätzliche Überlegungsfrist einräumen, sondern kann sich darauf verlassen, dass ein redlicher Schuldner die geforderte Maßnahme unmittelbar nach Zugang der Abhilfeaufforderung umsetzen lässt. Etwas anderes kann nach Treu und Glauben allenfalls dann gelten, wenn der Gläubiger die geforderte Leistung zum Zeitpunkt der Abhilfeaufforderung gar nicht benötigt und die kurze Fristsetzung einen schikanösen Charakter aufweist. Die Setzung einer zu kurz bemessenen Frist lässt regelmäßig die Wirksamkeit der Abhilfeaufforderung im Übrigen unberührt und setzt – wie auch sonst im allgemeinen Recht – eine angemessen lange Frist in Gang, wenn nicht die Frist nur zum Schein gesetzt wurde und der Kündigende zu erkennen gibt, dass er die geforderte Leistung auch nach Fristablauf nicht annehmen werde.[96] 68

Eine Abmahnung stellen letztlich auch die Regelungen in § 8 Abs. 3 und § 5 Abs. 4 VOB/B bzw. § 4 Abs. 7 VOB/B mit dem dort geregelten Erfordernis der Nachfristsetzung dar. Diese halten auch einer Inhaltskontrolle stand. Setzt der Besteller dem Unternehmer also vor einer Kündigung wegen Verzuges keine Frist zur Fertigstellung, steht ihm kein Anspruch auf Schadensersatz zu.[97]

3. Fälligkeit der Vertragspflicht und eigene Vertragstreue

Liegt der wichtige Grund für die Abhilfeaufforderung im Unterlassen einer vertraglich gebotenen Handlung, ist die Abhilfeaufforderung nur dann wirksam, wenn der Schuldner auch zur Leistung verpflichtet war, die entsprechend vertragliche Pflicht also fällig war. Der Schuldner darf nicht zur Leistungsverweigerung berechtigt gewesen sein (hierbei kommt es auf die objektive Lage an). Insbesondere muss bspw. der Besteller selbst auch vertragstreu gewesen sein und die ihm obliegenden Mitwirkungshandlungen nach § 642 BGB erbracht haben oder in einer den Annahmeverzug begründenden Weise angeboten haben.[98] Liegt der Kündigungsgrund im Versäumen einer Bau- 69

92 OLG Frankfurt, Urt. v. 08.04.2019 – 29 U 53/18.

93 OLG Koblenz, 28.07.2020 – 4 U 1282/17.

94 V. Rintelen, in: Kapellmann/Messerschmidt, § 9 VOB/B Rn. 63 zur ähnlichen Thematik bei § 9 Abs. 2 VOB/B.

95 V. Rintelen, in: Kapellmann/Messerschmidt, § 9 VOB/B Rn. 64 unter Verweis auf die Rechtsprechung; zur ähnlichen Thematik bei § 9 Abs. 2 VOB/B; vgl. auch Kniffka/Koeble, 6. Teil, Rn. 192; BGH, Urt. v. 11.06.1964 – VII ZR 216/62.

96 BGH, Urt. v. 21.06.1985 – V ZR 134/84 NJW 1985, 2640.

97 OLG Hamburg, 22.07.2020 – 4 U 63/19 (zu § 5 Abs. 4 VOB/B); OLG Koblenz 28.07.2020 – 4 U 1282/17 (zu § 4 Abs. 7 VOB/B).

98 Grüneberg/Grüneberg, BGB, § 323 Rn. 15 unter Verweis auf BGH, Urt. v. 08.11.2007 – VII ZR 183/05, NJW 2008, 511; BGH, Urt. v. 06.12.1991 – V ZR 229/90, NJW 1992, 556; MüKo-BGB/Ernst, § 323 Rn. 273.

leistung, muss die entsprechende Teilleistung auch unter Berücksichtigung von etwaigen Ausführungsfristverlängerungen nach § 6 Abs. 2 VOB/B (diese Regelung gilt bei BGB-Bauverträgen nach § 242 BGB analog) fällig gewesen sein. Eine Kündigung oder Abmahnung vor Fälligkeit ist regelmäßig nicht zulässig; der Gesetzgeber hat eine § 323 Abs. 4 BGB entsprechende Regelung bei § 314 BGB nicht vorgesehen. Eine solche Kündigung könnte allenfalls auf die Entbehrlichkeit einer Abmahnung gestützt werden, wenn mit an Sicherheit grenzender Wahrscheinlichkeit feststeht, dass der Schuldner seiner ihm obliegenden Pflicht nicht ordnungsgemäß nachkommen wird, sei es, weil die Leistung ernsthaft und endgültig verweigert wird, sei es, weil sich aus den Umständen ergibt, dass der Schuldner die Leistung auch nicht bis zum Ende einer etwaigen angemessen Nachfrist erbringen wird.[99] Entsprechend ist es auch erforderlich, dass der Kündigende bzw. Abmahnende selbst leistungsbereit und –fähig war, er also selbst vertragstreu war. Hat der Besteller bspw. eigene Vorleistungen nicht erbracht, kann er den – parallel – in Verzug befindlichen Unternehmer nicht aus wichtigem Grund kündigen, sofern nicht ein anderweitiger Kündigungsgrund besteht.

4. Erklärung: Form, Frist, Vollmacht

70 Abmahnung und Abhilfeaufforderung sind wie auch die Mahnung nach § 286 BGB einseitige, empfangsbedürftige Willenserklärungen. Die entsprechenden Regelungen des Allgemeinen Teils gelten also unmittelbar.[100] Die Erklärungen bedürfen keiner besonderen Form, sofern die Parteien nichts anderes vereinbart haben. § 650h BGB ist auch bei Abmahnungen oder Abhilfeaufforderungen innerhalb eines Bauvertrags nicht anwendbar. Die Erklärungen bedürfen jeweils des Zugangs beim Schuldner, die Beweislast obliegt entsprechend der allgemeinen Regelungen dem Gläubiger. Einer besonderen Frist bedarf es ausweislich des Gesetzeswortlautes nicht. Gleichwohl wird Abs. 3 auf die Abmahnung und Abhilfeaufforderung aufgrund desselben Sinns und Zweckes analog anwendbar sein. Wenn nämlich schon die Kündigung innerhalb angemessener Zeit ausgesprochen werden muss, kann dies für die Abmahnung nicht anders zu beurteilen sein. Da es sich bei der Abmahnung um eine einseitige Erklärung handelt, ist die Erklärung bei Abgabe durch einen Bevollmächtigten unwirksam, sofern dieser keine Vollmachtsurkunde vorlegt und die Erklärung unverzüglich zurückweisen wird, vgl. § 174 BGB. Eine erneute Abmahnung ist nach den allgemeinen Regeln möglich, muss aber ebenfalls binnen angemessener Frist erfolgen. Andernfalls ist die Abmahnung wirkungslos und kann eine spätere Kündigung nicht mehr rechtfertigen. Aus der Berechtigung, einen Vertrag zu kündigen, kann regelmäßig auch auf die Berechtigung zur Abmahnung geschlossen werden. Darüber hinaus dürften wegen der fehlenden direkten vertragsgestaltenden Relevanz Architekten, Bauüberwacher oder Projektsteuerer, ähnlich wie für die Mangelanzeige oder die terminliche Mahnung, auch zur Erteilung einer Abmahnung bevollmächtigt sein.

5. Entbehrlichkeit

71 Abmahnung oder Abhilfeaufforderung sind nach § 314 Abs. 2 S. 2 i.V.m. § 323 Abs. 2 Nr. 1 und 2 BGB sowie nach § 314 Abs. 2 S. 3 BGB in folgenden Fällen entbehrlich:

a) Ernsthafte und endgültige Erfüllungsverweigerung:

72 Nach der Rechtsprechung sind an das Vorliegen der Voraussetzungen strenge Anforderungen zu stellen, die Weigerung des Schuldners, den Vertrag ordnungsgemäß zu erfüllen muss objektiv als dessen »letztes Wort« verstanden werden müssen.[101]

---

99 Grüneberg/Grüneberg, BGB, § 323 Rn. 23 mit dem konstruierten Fall, dass der Unternehmer für eine Leistung, die nach eigenen Angaben des Schuldners drei Monate benötigt, zwei Wochen vor Fälligkeit noch nicht einmal begonnen hat; MüKo-BGB/Ernst, § 323 Rn. 139 ff.

100 Vgl. Grüneberg/Grüneberg, BGB, § 323 Rn. 12; MüKo-BGB/Ernst, § 323 Rn. 54.

101 BGH, Urt. v. 29.06.2011 – VIII ZR 202/10, NJW 2011, 2872; BGH, Urt. v. 01.07.2015 – VIII ZR 226/14, NJW 2015, 3455; »großzügiger« im Hinblick auf die richtlinienkonforme Auslegung unter Verweis auf den Wortlaut in Art. 18 Abs. 2 der maßgeblichen Richtlinie: Riehm, NJW 2014, 2065

b) Fixschuld

In Abgrenzung zum absoluten Fixgeschäft, das bei Säumnis sogar zur Unmöglichkeit nach § 275 BGB führt, regelt der Gesetzgeber hier das relative Fixgeschäft. Ein solches liegt vor, wenn eine Leistungszeit genau bestimmt ist und die Rechtzeitigkeit für den Gläubiger derart wesentlich ist, dass das Geschäft mit der zeitgerechten Leistung *»stehen und fallen«* soll.[102] Vertragliche Ausführungsfristen sind in Bauverträgen regelmäßig keine derartigen Fristen, die eine Fixschuld bestimmen, das gilt sowohl für Fristen, die im Bauablaufplan enthalten sind und schon deswegen regelmäßig gar keine Vertragsfristen sind (§ 5 VOB/B) als auch für verbindliche Vertragsfristen. Denn die Bauleistung ist in aller Regel nachholbar und auch dann noch für den Besteller von Interesse; es ist ohnehin kaum ein Bauvorhaben denkbar, dass mit dem Ablauf eines Termins seinen Zweck erfüllt hat (denkbar ist allenfalls der Errichtung von speziellen mobilen Besuchertribünen für Großveranstaltungen, die nach der Veranstaltung nicht mehr benötigt werden oder Hilfs-/Schutzkonstruktionen, die den erstmaligen Eintritt eines dann irreparablen Schadens verhindern sollen). Streitig dürfte es hingehen bei originären Bestellerrisiken sein, wenn bspw. eine Anlage aufgrund geänderter rechtlicher Bestimmungen nicht mehr gewinnbringend genutzt werden kann. Hier dürfte es allerdings in den meisten Fällen sachgerecht sein, den Besteller auf die (ohnehin bestehende) Schadensersatzverpflichtung des Unternehmers zu verweisen. 73

c) Besondere Umstände

Schließlich bedarf es einer Fristsetzung nach § 314 Abs. 2 S. 3 BGB dann nicht, wenn besondere Umstände vorliegen, die unter Abwägung der beiderseitigen Interessen die sofortige Kündigung rechtfertigen. Da es sich hierbei um einen doppelt erheblichen Umstand handeln muss (zum einen muss die Vertragspflichtverletzung so erheblich sein, dass sie überhaupt als wichtiger Grund zur Kündigung Anlass gibt, so dann muss sie zudem so erheblich sein, dass es weder einer Abmahnung noch einer Abhilfeaufforderung bedarf) können nur solche Umstände hierunter fallen, die objektiv das Vertrauensverhältnis so gravierend belasten, dass eine sofortige Beendigung des Vertrages geboten erscheint, also sozusagen die einzige »vernünftige« Reaktion des Gläubigers darstellt.[103] Hierunter können erhebliche, die Baustelle betreffende Straftaten fallen, wie ein festgestellter erheblicher oder wiederholter Abrechnungsbetrug,[104] der bewusste Einsatz unzulässiger Materialien o.ä. Letztlich muss das Vertrauen in die Leistungsfähigkeit oder Leistungswilligkeit des Schuldners entfallen sein. 74

6. Spezielle Regelung in § 643 BGB

Der Unternehmer kann sich im Fall einer unterlassenen Mitwirkungshandlung des Bestellers, die für die Errichtung des Werkes erforderlich ist, nicht auf § 648a BGB i.V.m. § 314 BGB berufen. Diesbezüglich ist § 643 BGB als speziellere Regelung vorgreiflich und abschließend. Insbesondere sind Form, Erklärungsinhalt und Frist in § 643 BGB spezieller geregelt (von einer sprachlichen Anpassung sah der Gesetzgeber 2017 bewusst ab[105]). 75

und Grüneberg/Grüneberg, BGB, § 323 Rn. 18; MüKo-BGB/Ernst, § 323 Rn. 105. Einer Fristsetzung/Abmahnung bedarf es dann nicht, wenn eine solche von vornherein keinen Erfolg verspricht: OLG Stuttgart, Urt. v. 31.01.2017 – 10 U 70/16.

102 BGH, Urt. v. 17.01.1990 – VIII ZR 292/88, NJW 1990, 2065; BGH, Urt. v. 18.04.1989 – X ZR 85/88, NJW-RR 1989, 1373.

103 OLG Stuttgart, Urt. v. 31.01.2017 – 10 U 70/16 (»besonderes schwere Vertragsverletzung, die es dem Kündigenden unzumutbar macht, noch weiterhin mit dem Partner im Vertrag zu bleiben bzw. den Ablauf einer durch die Abmahnung eröffneten, noch weiteren Zeitspanne abzuwarten«).

104 Vgl. OLG Hamm, Urt. v. 24.02.2006 – 20 U 179/05, NJW-RR 2006, 1035; BGH, Urt. v. 10.03.2010 – VIII ZR 182/08, NJW 2010, 2503; a.A. Weiss, NJW 2014, 1212.

105 Vgl. noch den Referentenentwurf, Änderung Nr. 19 zu § 643 BGB.

III. Kündigungsfrist nach § 314 Abs. 3

76 § 314 Abs. 3 BGB lautet:

»Der Berechtigte kann nur innerhalb einer angemessenen Frist kündigen, nachdem er vom Kündigungsgrund Kenntnis erlangt hat.«

77 Nach Auffassung des seinerzeitigen Gesetzgebers wurde die damals geltende Rechtsprechung aus zwei Gründen kodifiziert: Zum einen sollte der Vertragspartner in angemessener Zeit Klarheit darüber erhalten, ob von der Kündigungsmöglichkeit Gebrauch gemacht wird oder nicht. Zum anderen könne nach längerer Zeit nicht mehr angenommen werden, dass die (weitere) Fortsetzung des Vertragsverhältnisses wirklich unzumutbar ist. Letztlich wird durch diese Regelung einer widersprüchlichen Verhaltensweise[106] der kündigenden Vertragspartei vorgebeugt (Aufrechterhaltung des Vertrages einerseits und Drohung mit Vertragslösung andererseits). Der historische Gesetzgeber des § 314 Abs. 2 orientierte sich im Jahr 2001/2002 an zahlreichen vergleichbaren Regelungen wie § 626 Abs. 2 BGB für das Arbeitsrecht oder §§ 6, 24 und 70 VVG für das Versicherungsrecht. Gleichwohl sah der Gesetzgeber davon ab, eine konkrete Frist zu benennen, da die Vielzahl von möglichen Dauerschuldverhältnisses »vielgestaltig« sei, so dass keine gleiche Frist für alle denkbaren Fälle vorgeschrieben werden könne.[107]

78 Anlässlich der Kodifizierung des § 648a BGB in das Werkvertragsrecht sah der Gesetzgeber auch 2017/2018 von einer längeren Begründung ab und verwies allein auf den Wortlaut von § 314 Abs. 3, ohne eine konkrete Frist zu bestimmen.[108] Diese Rechtslage entspricht dem Stand von Rechtsprechung und Literatur zur Rechtslage bei VOB-Verträgen.[109]

79 Insofern ist auch heute die arbeitsrechtliche Zwei-Wochen-Frist des § 626 Abs. 2 BGB nur ein Anhaltspunkt. Maßgeblich sind zum einen die Dauer der vertraglich vereinbarten Bauleistung einerseits, der Grad des Verschuldens andererseits. Eine Kündigung/Abmahnung innerhalb der zwei-Wochen-Frist kann jedoch niemals verspätet sein. Die Frist beginnt mit Kenntnis des Gläubigers, Kennenmüssen reicht nicht.[110] Hat aber die eine Vertragspartei der anderen Partei in Kenntnis des Kündigungsgrundes eine Frist zur Fortsetzung des Vertragsverhältnisses gesetzt, hat sie damit das Vertrauensverhältnis als nicht so zerstört angesehen, dass die Fortsetzung des Vertrages eben nicht mehr zugemutet werden kann.[111]

IV. Form

80 Die Kündigung des Bauvertrages muss nach § 650h BGB schriftlich erfolgen; die Norm ist nicht disponibel.[112] Übrige Werkverträge können formlos gekündigt werden, wenn die Parteien nichts anderes vereinbart haben. Bis zur gesetzlichen Regelung konnte die Kündigung noch formlos erklärt werden[113], nur bei Vereinbarung der VOB/B war die Kündigung gemäß § 8 Abs. 5 VOB/B bzw. § 9 Abs. 2 Satz 1 VOB/B schriftlich zu erklären. Hierbei handelte es sich um eine gewillkürte Schrift-

---

106 Auf § 242 BGB wegen widersprüchlichen Verhaltens verweist auch das OLG Bremen, Urt. v. 20.12.2019 – 2 U 50/18.

107 BT-Drucks. 14/6040 S. 178.

108 BT-Drucks. 18/8486, S. 51.

109 Zur Kündigung durch den Besteller: Lederer, in: Kapellmann/Messerschmidt, § 8 VOB/B Rn. 88. Zur Kündigung durch den Unternehmer: v. Rintelen, in: Kapellmann/Messerschmidt, § 9 VOB/B Rn. 75. Siehe bspw. auch: OLG Schleswig, Beschl. v. 11.03.2011 – 5 U 123/08 (Kündigung nach zwei Monaten ist zu spät); OLG München, Beschl. v. 12.07.2016 – 13 U 2466/15 Bau: Kündigung muss »unverzüglich« erfolgen. OLG Frankfurt a.M., Urt. v. 06.09.2018 – 29 U 55/17.

110 Grüneberg/Grüneberg, BGB, § 314 Rn. 10; MüKo-BGB/Gaier, § 314 Rn. 32.

111 OLG Bremen, Urt. v. 20.12.2019 – 2 U 50/18 m.w.N.

112 Siehe die Kommentierung dort.

113 Sogar durch schlüssiges Verhalten: OLG Koblenz, Beschl. v. 02.11.2017–10 U 1434/16.

form im Sinne des § 127 BGB, so dass die strengen Anforderungen des § 126 BGB nicht galten und der Zugang per Fax ausreichend war.[114]

In Ermangelung entsprechender Regelungen bedarf die Kündigung keiner besonderen Begründung. Es ist also nicht die Bezugnahme auf die erfolgten Abmahnungen erforderlich. Maßgeblich ist allein, ob die Abmahnung bzw. Abhilfeaufforderung objektiv vorlagen oder nicht (wenn sie nicht nach § 314 Abs. 2 BGB entbehrlich waren). In der Praxis dürfte die Mitteilung des Kündigungsgrundes jedoch absolut üblich sein.

Auf Verlangen des Kündigungsempfängers muss der Kündigende aber die Kündigungsgründe mitteilen, wobei Gründe auch nachgeschoben werden können (sofern diese ordnungsgemäß in einer Abmahnung bzw. Abhilfeaufforderung enthalten waren, es sei denn diese waren nach § 314 Abs. 2 BGB entbehrlich). Dies ist eine vertragliche Nebenpflicht, vgl. § 241 Abs. 2 BGB.[115] Fehlt die Abmahnung, obwohl diese nicht entbehrlich war, kann die Kündigung hierauf nicht gestützt werden.[116] Gründe, auf die sich der Besteller nicht stützt sind aber bei der Gesamtwürdigung zu betrachten und wirken sich regelmäßig nicht besonders auf die Zumutbarkeit aus. 81

Die Kündigung ist bedingungsfeindlich, es sei denn, der Kündigungsempfänger kann die Bedingung selbst beeinflussen (sog. Potestativbedingung). Die gelegentlich beobachtete Praxis, nur unter der »Bedingung« zu kündigen, dass ein wichtiger Grund vorliegt, ist keine Bedingung i.S.d. § 158 BGB, sondern erklärt lediglich, dass vom kündigenden Besteller eine Umdeutung seiner Erklärung in eine freie Kündigungserklärung, vgl. § 140 BGB, nicht gewollt ist. Diese Erklärung ist im Rahmen der Auslegung der Kündigungserklärung zu beachten und führt regelmäßig dazu, dass die Voraussetzungen des § 140 BGB nicht eintreten und eine unwirksame Kündigung aus wichtigem Grund nicht in eine wirksame freie Kündigung umgedeutet wird.[117] 82

V. Folgen einer unwirksamen Kündigung

Eine unberechtigte außerordentliche Kündigung ist – gleich aus welchem Grund die Kündigung unberechtigt ist, ob mangels Grundes, mangels Abmahnung, mangels Form oder mangels Fristwahrung – unwirksam. Der Vertrag bleibt also bestehen, sofern die Kündigung des Bestellers nicht als »freie« Kündigung umzudeuten ist oder diese schon hilfsweise miterklärt worden war. 83

Eine unwirksame Kündigung aus wichtigem Grund berechtigt in aller Regel den Vertragspartner seinerseits zu einer Kündigung aus wichtigem Grund, weil ihm das Festhalten am Vertrag nicht zugemutet werden kann, wenn der Vertragspartner meint, es läge ein wichtiger Kündigungsgrund vor, der aber tatsächlich gar nicht vorhanden ist.[118]

VI. Umdeutung

Eine Umdeutung in eine ordentliche Kündigung des Bestellers nach § 648 BGB ist möglich, wenn nach der Sachlage anzunehmen ist, dass der Kündigende auch frei gekündigt hätte, was regelmäßig der Fall sein dürfte, weil ja die Kündigung wegen der Unzumutbarkeit der Vertragsfortsetzung erklärt 84

---

114 OLG Frankfurt, Urt. v. 08.04.2019 – 29 U 53/18.

115 BGH, Urt. v. 11.10.2017 – VII ZR 46/15; BGH, Urt. v. 26.11.1959 – VII ZR 120/58, NJW 1960, 431; BGH, Urt. v. 06.02.1975 – VII ZR 244/73; NJW 1975, 825; BGH, Urt. v. 23.06.2005 – VII ZR 197/03, NJW 2005, 2771; BGH, Urt. v. 25.03.1993 – X ZR 17/92, NJW 1993, 1972.

116 Hebel, BauR 2011, 330.

117 Lederer, in: Kapellmann/Messerschmidt, § 8 VOB/B Rn. 16.

118 BGH, Urt. v. 05.12.1968 – VII ZR 127/66, NJW 1969, 419; BGH, Urt. v. 12.03.2003 – VIII ZR 197/02, NJW-RR 2003, 981; BGH, Urt. v. 20.08.2009 – VII ZR 212/07, NJW 2009, 3717, Schmitz, in: Kniffka/Jurgeleit, § 648a BGB, Rn. 18.

wurde.[119] Hierzu muss such aus der Kündigungserklärung ergeben, dass der Vertrag unabhängig davon beendet werden soll, ob der geltend gemachte Kündigungsgrund vorliegt.[120]

E. Feststellung des Leistungsstandes (Abs. 4)

85 Nach 648a Abs. 4 S. 1 BGB sind beide Vertragsparteien nach der Kündigung des Werkvertrages verpflichtet, eine gemeinsame Leistungsstandsfeststellung vorzunehmen, sofern eine Partei dies verlangt. Die Regelung greift die Bestimmung in § 8 Abs. 7 VOB/B und die hierzu ergangene Rechtsprechung[121] auf und kodifiziert deren wesentlichen Leitsätze. Die Leistungsstandsfeststellung soll allein der quantitativen Bewertung der bis zur Kündigung erbrachten Leistungen dienen, soll also nur den Umfang, bzw. die Mengen oder Massen der Leistungen berücksichtigen.[122] Sie hat keine Abnahmewirkungen und unterscheidet sich damit von der Leistungsstandsfeststellung nach § 650g BGB, die sich auch auf die Qualität der erbrachten Leistungen bezieht. Gleichwohl ergänzen sich beide Feststellungen und können in der Praxis auch gemeinsam erfolgen, da der gekündigte Bauunternehmer entsprechend den Anforderungen der höchstrichterlichen Rechtsprechung in der Regel nach der Kündigung auch die Abnahme[123] der erbrachten Leistungen verlangen wird und insofern – bei Abnahmeverweigerung durch den Besteller zusätzlich eine Leistungsstandsfeststellung nach § 650g BGB verlangen wird, die sich eben auch auf die Qualität der ausgeführten Leistungen bezieht, wie dem gesetzlichen Hinweis auf den Ausschluss für offenkundige Mängel zu entnehmen ist.

86 Analog zu den vergleichbaren Regelungen in § 650g BGB, aus den gleichen Erwägungen, aber aus nicht überzeugenden Gründen leider nicht mit identischem Wortlaut, kann der Leistungsstand von einer Partei selbst ermittelt werden, wenn die andere Partei die Mitwirkung an der Feststellung des Leistungsstandes ablehnt oder einem vereinbarten oder innerhalb angemessener Frist bestimmten Termin fernbleibt. In diesem Fall trifft sie nach S. 2 die Beweislast hinsichtlich des Leistungsstandes, es sei denn, sie bleibt aufgrund eines Umstandes fern, den sie nicht zu vertreten und der anderen Partei unverzüglich (§ 121 BGB = *»ohne schuldhaftes Zögern«*) mitgeteilt hat.

F. Vergütung (Abs. 5)

87 Im Fall einer (wirksamen) Kündigung, sei es eine »freie« ohne wichtigen Grund nach § 648 BGB oder eine aus wichtigem Grund nach § 648a BGB, egal von wem zu vertreten, entfällt der Vertrag für die Zukunft.

Im Gegensatz zu einer Kündigung nach § 648 BGB, bei der § 648 Satz 2 BGB ausdrücklich den Vergütungsanspruch für die nicht-erbrachten Leistungen regelt, steht dem Unternehmer gemäß des ausdrücklichen Wortlautes in § 648a Abs. 5 BGB bei einer Kündigung aus wichtigem Grund für die nicht-erbrachten Leistungen keine Vergütung mehr zu, der entsprechende Vergütungsanspruch ist untergegangen, weil die hierzu im Synallagma stehende Leistungspflicht des Unternehmers nicht mehr erbracht wird.[124]

---

119 OLG Frankfurt a.M., Urt. v. 08.04.2019 – 29 U 53/18: »Ob eine außerordentliche Kündigung bei Fehlen eines wichtigen Kündigungsgrunds in eine ordentliche Kündigung umzudeuten ist, richtet sich nach dem Inhalt der Kündigungserklärung. Im Regelfall ist eine solche Kündigung dahin zu verstehen, dass auch eine freie Kündigung gewollt ist. Will der Besteller seine aus wichtigem Grund erklärte Kündigung nicht so verstanden wissen, muss sich das aus der Kündigungserklärung oder den Umständen ergeben.«.

120 OLG Karlsruhe, Urt. v. 05.04.2023 – 15 U 101/22.

121 Im Wesentlichen: BGH, Urt. v. 22.05.2003 – VII ZR 143/02, BauR 2003, 1207. Zustimmend: Langen, NZBau 2015, 568.

122 BT-Drucks. 18/8486 S. 51.

123 Der Unternehmer hat nach der Kündigung einen Anspruch auf Abnahme, vgl. Rdn. 20.

124 Zu den diversen Versuchen in der Literatur, einen verschuldensunabhängigen Vergütungsanspruch hinsichtlich der nicht erbrachten Leistungen analog § 649 BGB a.F. zu begründen: v. Rintelen, in: Kapellmann/Messerschmidt, § 9 VOB/B Rn. 95 ff.

Die Vergütung beschränkt sich nach der Kündigung also nur auf das erbrachte Teilwerk.[125] Insofern muss – wie im Übrigen auch im ersten Teil einer Abrechnung nach § 648 BGB – eine Vergütung für die erbrachte Leistung aus der ursprünglichen Gesamtvergütung hergeleitet und ermittelt werden. Für die erbrachten Leistungen muss also ein Preis ermittelt werden, der das Verhältnis zwischen den erbrachten Leistungen und den vertraglich geschuldeten Gesamtleistungen reflektiert. Dabei soll der Unternehmer durch die Kündigung weder ungerechtfertigte Vor- noch Nachteile erleiden, ein etwaiges Verschulden oder eine etwaige Verursachung des Kündigungsgrundes werden nicht bei der Vergütung der erbrachten Leistungen, sondern allenfalls im Zusammenhang mit einen weitergehenden Schadensersatzanspruch in ausreichendem und abschließendem Maße berücksichtigt.[126] Ausnahmsweise steht dem Unternehmer die gesamte vertragliche Vergütung dann zu, wenn der Besteller die Gesamtleistung des Unternehmers abgenommen hat und anschließend den Vertrag kündigt. Liegen dann Mängel vor, bestimmen sich die Ansprüche des Bestellers ausschließlich nach den Mängelrechten, der Vergütungsanspruch an sich ist dann in voller Höhe fällig.[127] Entsprechend kann im Hinblick auf die Ermittlung des Umfangs der erbrachten Leistung wie auch auf dessen finanzielle Bewertung und auf die Darlegungs- und Beweislast auf die Kommentierung zu § 648 BGB verwiesen werden.[128] 88

Grundsätzlich bestimmt sich der Vergütungsanspruch ausgehend von der Vergütung für das Teilwerk in mangelfreiem Zustand; eine Kürzung der Vergütung wegen Mängeln ist grundsätzlich keine Rechtsfolge der Kündigung. Stattdessen ist der Besteller grundsätzlich auf die gesetzlichen und vertraglichen Mängelrechte verwiesen. Nur ausnahmsweise ist ein Mangel in der Vergütungshöhe zu berücksichtigen. Hier sind insbesondere die folgenden Fälle zu unterscheiden: 89

Kündigt der Besteller (wirksam) wegen eines Mangels nach Fristsetzung, so kann der Besteller Ersatz der Kosten der Selbstvornahme verlangen. Hier wäre es widersinnig, dem Unternehmer nochmals im gekündigten Zustand die Gelegenheit zur Mängelbeseitigung einzuräumen, die er im ungekündigten Zustand nicht (erfolgreich) ergriffen hat. Liegt ein nicht kündigungsbegründender Mangel vor, so unterscheidet sich die Situation hinsichtlich der Mängel grundsätzlich nicht von der im nicht gekündigten Vertrag: Der Besteller darf die Abnahme verweigern, wenn der Mangel wesentlich ist. Ist der Mangel nicht wesentlich (oder nimmt der Besteller trotz dessen ab) und hat der Besteller sich die Mängelrechte bei bekannten Mängeln vorbehalten, so stehen ihm die vollen Mängelrechte nach Abnahme zu. Dem Unternehmer steht spiegelbildlich dazu grundsätzlich auch das Recht zur zweiten Andienung vor; ohne erfolglose Nachbesserungsaufforderung kann der Besteller keine Minderung, keinen Kostenvorschuss und keine Selbstvornahmekosten verlangen.[129] Verweigert der Besteller berechtigterweise aufgrund von wesentlichen Mängeln die Abnahme, so wird die Schlusszahlung des Werklohns für die erbrachte Leistung nicht fällig (Ausnahme: Abrechnungsverhältnis, s.u.). Der Besteller muss dem Unternehmer sodann die Gelegenheit zur Mängelbeseitigung geben. Erst wenn der Unternehmer dem nicht nachkommt, kann der Besteller den Mangel selbst beseitigen und sodann die Kosten beim Unternehmer regressieren. Mit der Beseitigung des Mangels (auch durch einen Dritten) wird das Werk abnahmereife und der Vergütungsanspruch des Unternehmers entsteht nach Abnahme oder Abnahmefiktion.[130] 90

Kündigt der Unternehmer und weist sein Werk Mängel auf, so steht ihm zunächst die Vergütung nur hinsichtlich der mängelfrei erbrachten Leistungen zu; er hat insoweit die Wahl, Mängel zu beseitigen und die volle Vergütung zu erlangen oder sich ohne Mängelbeseitigung auf eine gekürzte 91

125 BT-Drucks. 18/8486, S. 52.

126 BGH, Urt. v. 21.12.1995 – VII ZR 198/94, NJW 1996, 1282.

127 OLG Köln, Urt. v. 01.10.2004 – 20 U 85/03, BauR 2005, 151.

128 Siehe § 648 BGB Rdn. 68.

129 So BGH, Urt. v. 08.10.1987 – VII ZR 45/87, vgl. Geheeb, in: Leinemann/Kues, BGB-Bauvertragsrecht, 2. Aufl. 2023, § 648 Rn. 59–60.

130 Vgl. Kniffka/Jurgeleit, in: Kniffka/Koeble/Jurgeleit/Sacher, Kompendium des Baurechts, 6. Aufl. 2025, 8. Teil Rn. 89.

Vergütung zu beschränken. Ob in diesem Fall die gekürzte Vergütung nach dem System des Abrechnungsverhältnisses (s.u.) oder nach § 648a Abs. 5 S. 2 BGB zu berechnen ist, ist umstritten.[131]

92 Anders stellt es sich dar, wenn zwischen den Parteien ein Abrechnungsverhältnis besteht. Das ist dann der Fall, wenn der Unternehmer das Werk als abnahmereif angeboten habe und der Besteller nur noch Schadensersatz statt der Leistung oder Minderung geltend mache. Dies kann auch der Fall sein, wenn der Besteller zum Ausdruck bringt, auf keinen Fall mehr mit dem Unternehmer zusammenarbeiten zu wollen,[132] wenn der Besteller die Abnahme – berechtigt oder unberechtigt – ernsthaft und endgültig verweigert[133] oder wenn der Unternehmer die Nacherfüllung ernsthaft und endgültig ablehnt.[134] Hier findet sodann eine Abrechnung der beiderseitigen Ansprüche statt.[135] Anders sei es, wenn der Besteller das Recht zur Selbstvornahme und den Anspruch auf Kostenvorschuss geltend macht, da hierfür der Erfüllungsanspruch (bis zur Abrechnung über den Kostenvorschuss) bestehen bleibe.[136]

G. Weitergehender Schadensersatz (Abs. 6)

93 Einer Anregung des Bundesrates folgend,[137] hat der Gesetzgeber klargestellt, dass die außerordentliche Kündigung die Berechtigung, weitergehenden Schadensersatz zu verlangen, nicht berührt, wenn der wichtige Grund, der Anlass für die Kündigung war, von einer Partei schuldhaft herbeigeführt worden ist.[138] Der Bundesrat hatte vorgeschlagen, einer üblichen Regelung der Praxis folgend, die außerordentliche Kündigung durch den Unternehmer der freien Kündigung des Bestellers nach § 648 BGB gleichzustellen. Dieser Anregung schlossen sich die Stellungnahmen des Instituts für Baurecht und der dritte Baugerichtstag an.[139]

Der Gesetzgeber entschloss sich jedoch, keine zusätzlichen Regelungen zu schaffen und beließ es bei dem Verweis auf die allgemeinen Regelungen.

I. Berechtigte Kündigung des Unternehmers aus wichtigem Grund

94 In der Literatur ist umstritten, welche Ansprüche dem Unternehmer bei einer berechtigten außerordentlichen Kündigung zustehen können.[140] Mangels entsprechender Regelung kommt e Vergütungsanspruch für die nicht erbrachten Leistungen – anders als bei der freien Kündigung – nicht in Betracht. Das Gesetz stellt stattdessen explizit klar, dass Schadensersatzansprüche bestehen bleiben.

Voraussetzung dafür ist jedoch, dass der Tatbestand hierfür, regelmäßig § 280 Abs. 1 BGB, erfüllt ist. Dies dürfte bei einer berechtigten Kündigung des Unternehmers zumeist der Fall sein: Der (gekündigte) Werkvertrag bildet das Schuldverhältnis der Parteien, die Pflichtverletzung i.S.d. § 280 Abs. 1 BGB liegt ist regelmäßig identisch mit den kündigungsbegründenden Umständen. Insoweit muss der Besteller sein Leistungsversprechen nicht wie geschuldet erfüllt oder –in der Praxis häufig –eine vertragliche Nebenpflicht, vgl. § 241 Abs. 2 BGB, verletzt haben. Das Verschulden des

131 Vgl. OLG Düsseldorf, Urt. v. 30.11.2023 – 5 U 33/23 m.w.N.
132 OLG Naumburg, Urt. v. 29.12.2022 – 2 U 21/22.
133 BGH, Urt. v. 28.05.2020 – VII ZR 108/19.
134 BGH, Urt. v. 19.01.2017 – VII ZR 301/13.
135 Vgl. hierzu BGH, Urt. v. 11.05.2006 – VII ZR 146/04 zum alten Schuldrecht.
136 BGH, Urt. v. 19.01.2017 – VII ZR 235/15, vgl. Oberhauser, in: NZBau, 2024, 379.
137 BR-Drucks. 123/16, S. 7 zu Ziff. 9. Kritisch auch: Langen NZBau 2015, 658; Orlowski ZfBR 2016, 419.
138 BT-Drucks. 18/8486, S. 52.
139 Stellungnahme des Instituts für Baurecht, Rn. 60, 61. Begründung der These 9 des Arbeitskreises I des dritten Baugerichtstages.
140 Siehe hierzu ausführlich: v. Rintelen, in: Kapellmann/Messerschmidt, § 9 VOB/B Rn. 95 ff.

Bestellers wird vermutet, vgl. § 280 Abs. 1 S. 2 BGB; dem Besteller obliegt der Beweis des Gegenteils, vgl. § 292 ZPO.

Weiterhin muss ein kausaler Schaden beim Unternehmer aufgrund der Pflichtverletzung entstanden sein. Hierbei unterbricht die Kündigung den Kausalverlauf nicht, weil der Unternehmer durch das Verhalten des Bestellers zur Kündigung veranlasst worden war und die Kündigung eine von der Rechtsordnung gebilligte Verhaltensweise ist. 95

Der Schaden des Unternehmers liegt in der für die nicht-erbrachten Leistungen vereinbarten Vergütung abzüglich der ersparten Aufwendungen und dessen, was der Unternehmer durch die bereit gehaltenen Produktionsfaktoren anderweitig verdient oder unter Verstoß gegen die Schadensminderungspflicht nach § 254 BGB »böswillig« zu erwerben unterlässt.[141] Insofern entspricht die Rechtsfolge des § 280 Abs. 1 BGB regelmäßig dem Ergebnis § 648 S. 2 und 3 BGB. Dies hat vereinzelt zu Forderungen in der Literatur geführt, die Rechtsfolgen der freien Kündigung analog auf die Kündigung des Unternehmers aus wichtigem Grund anzuwenden.[142] Allerdings unterscheiden die Rechtsfolgenregime sich – neben dem Verschuldenserfordernis auf Tatbestandsebene – darin, dass der Besteller sich bei der freien Kündigung auf die Vermutung des § 648 S. 3 BGB stützen kann. Bei der dem Schadensersatzanspruch in Folge der Kündigung aus wichtigem Grund ist dies nicht möglich, allerdings gilt hier der vereinfachte Beweismaßstab des § 287 Abs. 1 ZPO. Weiterhin ist der auf den Schadensersatzanspruch anwendbare § 254 BGB weitergehender als § 648 S. 2 Hs. 2 BGB, da als anspruchsminderndes Mitverschulden des Unternehmers nach § 254 BGB nicht nur der Verzicht auf die Reduzierung des Schadens als Schadensminderungsobliegenheit, sondern auch das der Kündigung vorausgehende Verhalten in Betracht kommt. Dieses findet beim Anspruch nach § 648 S. 2 BGB keine Berücksichtigung.

Weitere Ansprüche des Unternehmers auf Vergütung (etwa bezüglich ausgeführter Nachtragsleistungen), aus § 304 BGB oder wegen Entschädigung nach § 642 BGB sind ebenfalls nicht ausgeschlossen. 96

II. Berechtigte Kündigung des Bestellers/Bestellers aus wichtigem Grund

Der Besteller kann bei einer berechtigten außerordentlichen Kündigung weitergehende Schadensersatzansprüche wegen der zeitlichen Verzögerung haben. Hierzu zählen zunächst die Schäden an anderen Rechtsgütern als dem zu errichtendem Werk, wie: Baustillstandskosten, Finanzierungsschäden, laufende Kosten der Baustelleneinrichtung, Versicherungskosten, Mietausfälle, Erlösausfälle weil bspw. Käufer wegen des Verzugs vom Kaufvertrag zurücktreten etc.),[143] wenn und soweit der Unternehmer schuldhaft gehandelt hat.[144] Der entsprechende Anspruch beruht auf § 280 BGB. 97

Daneben wird der Besteller regelmäßig Restfertigstellungsmehrkosten haben, da ein Drittunternehmer schon allein wegen der Gewährleistungsschnittstellen und der günstigeren Verhandlungsposition regelmäßig höhere Preise verlangen wird. Zur Substantiierung dieses Anspruches ist es erforderlich, dass der Besteller darlegt und im Streitfall beweist, welche Vergütung er bei ungekündigter Fortsetzung inklusive »Nachträgen«[145] oder Behinderungskosten dem gekündigten Unternehmer gezahlt hätte, also jene Beträge, die dem gekündigten Unternehmer gezahlt worden wären, wenn dieser die Werkleistung mangelfrei vollendet hätte (»Sowieso-Kosten«) und welche Vergütung er 98

141 Kniffka/Koeble, 9. Teil Rn. 31 f. Hierzu ausführlich: Lederer, in: Kapellmann/Messerschmidt, § 8 VOB/B Rn. 30 ff.

142 So auch der Vorschlag von Langen, NZBau 2015, 568.

143 Lederer, in: Kapellmann/Messerschmidt, § 8 VOB/B Rn. 102.

144 § 8 Abs. 3 Nr. 2 S. 1 VOB/B gibt dem Besteller hingegen sogar das Recht, verschuldensunabhängig die Restfertigstellungsmehrkosten zu verlangen. Nur für darüber hinausgehende Ansprüche bedarf es eines Verschuldens.

145 BGH, Urt. v. 25.11.1999 – VII ZR 468/98, BauR 2000, 571.

dem Nachunternehmer gezahlt hat.[146] Die Darlegungs- und Beweislast trifft nach den allgemeinen Regeln den Besteller. Dieser muss zunächst die Höhe der Mehrkosten belegen. Der Unternehmer kann sodann bestreiten, dass die Preise angemessen sind und dass der Besteller seiner Schadensminderungspflicht nicht nachgekommen ist. Hierbei ist der Besteller zwar grundsätzlich nach § 254 BGB verpflichtet, die Fertigstellungskosten in angemessenen Grenzen zu halten. Bewegt sich die Schlussrechnung des Drittunternehmers jedoch insgesamt im Rahmen des Ortsüblichen und Angemessen, ist es unerheblich, wenn einige Einzelpreise nicht mehr ortsüblich und angemessen sind.[147] Die Einwendungen der Unangemessenheit und Ortsunüblichkeit sind vom Unternehmer zu beweisen, wobei insofern dem Besteller sicherlich eine sekundäre Darlegungslast dahingehend obliegt, darzulegen, wie er den nachfolgenden Unternehmer ausgewählt hat. Dabei wird es beispielsweise darauf ankommen, ob der nachfolgende Unternehmer auch auf der gleichen Preisbasis (Einheitspreis oder Pauschale) vergütet wird, wenn es bei dem gekündigten Vertrag auch der Fall war. Eine Pflicht hierzu gibt es aber nicht. In vielen Fällen wird der nachfolgende Unternehmer aufgrund seiner Verhandlungsmacht (schließlich übernimmt er ein halbfertiges Werk und muss hierfür in Ermangelung einer abweichenden vertraglichen Regelung in vollem Umfang Gewähr leisten) eine Vergütung auf EP-Basis oder sogar Stundenbasis verlangen.[148]

99 Der Besteller kann aber auch nach § 281 BGB Schadensersatz statt der Leistung verlangen, wenn er an der Fertigstellung des gekündigten Werkes kein Interesse mehr hat. In diesem Fall müssten erhaltene Abschlagszahlungen zurückgezahlt werden, die Kosten des Abbruchs erstattet und der weitergehende Nichterfüllungsschaden ersetzt werden.

100 Hat der Besteller bei einer Teilkündigung an der Teilleistung kein Interesse mehr, entspricht es jedenfalls in aller Regel dem Gebot von Treu und Glauben und der Kooperationspflicht der Vertragsparteien, die gekündigte Teilleistung Zug um Zug gegen Erstattung der hierauf erhaltenen Anzahlungen dem gekündigten Unternehmer anzubieten.

H. Weitere Kündigungsfolgen

101 Gemäß § 8 Abs. 3 Nr. 3 VOB/B kann der Besteller Geräte, Gerüste und auf der Baustelle vorhandene andere Einrichtungen des Unternehmers wie auch angelieferte Stoffe und Bauteile gegen angemessene Vergütung in Anspruch nehmen. Hierdurch entsteht ein eigenständiges, neues vertragliches Nutzungsverhältnis.[149] Eine entsprechende Regelung sieht das BGB nicht vor.[150] Angesichts der Tatsache, dass es sich bei der Regelung der VOB/B um eine (wenn auch vertraglich zunächst vereinbarte) Allgemeine Geschäftsbedingung handelt, aus der ein Kontrahierungszwang abgeleitet wird, dürfte es regelmäßig nicht in Betracht kommen, diese Regelung bei BGB-Verträgen ohne weiteres analog anzuwenden, zumal, worauf das OLG Düsseldorf in einer viel beachteten Entscheidung hingewiesen hat, besitzrechtliche Faktoren zu berücksichtigen sind. Ein Besteller begeht eine verbotene Eigenmacht nach § 858 BGB, wenn er Geräte oder Materialien des Unternehmers ohne dessen Willen in Besitz nimmt oder ihm dessen Besitz (z.B. durch Aussperrung) entzieht.[151] Nach § 242 BGB ergibt sich allerdings das Gebot, den Vertragspartner nicht grundlos zu schädigen. Insofern dürfte es bei BGB-Bauverträgen lediglich die wechselseitige Pflicht geben, über die Verwendung der Geräte, Materialien etc. zu verhandeln. Wenn der Besteller in diesem Zusammenhang dem Unternehmer anbietet, diese Gegenstände zu dem ursprünglich vereinbarten Preis und auch nur für die ursprünglich vereinbarte Zeit weiter in Anspruch zu nehmen, wäre der Unternehmer nicht berechtigt, seine Zustimmung zu verweigern, es sei denn, er kann nachweisen, dass die vertraglich vereinbarten Preise

146 OLG Düsseldorf, Beschl. v. 08.02.2024 – 22 U 212/23.
147 LG Heilbronn, Urt. v. 21.03.2024 – 3 O 155/21.
148 Hierzu ausführlich: Lederer, in: Kapellmann/Messerschmidt, § 8 VOB/B Rn. 94–98.
149 Lederer, in: Kapellmann/Messerschmidt, § 8 VOB/B Rn. 104.
150 Messerschmidt/Voit, § 649 BGB Rn. 17.
151 OLG Düsseldorf, Urt. v. 28.11.2007 – I-11 U 19/07, IBR 2008, 429. Vgl. auch: OLG Stuttgart, Beschl. v. 22.11.2011 – 10 W 47/11, NJW-Spezial 2012, 12.

unterkalkuliert waren und nur durch höhere Preise bei kündigungsbedingt weggefallenen Leistungen gedeckt wurden. In diesem Fall müsste der Besteller dem Unternehmer dann darüber hinaus auch diese Kostenunterdeckungsdifferenz erstatten. Ein Anspruch des Unternehmers gegen den Besteller auf Weiterbenutzung gibt es in aller Regel nicht.[152]

102 Der Unternehmer muss ferner alle erhaltenen Unterlagen, Pläne, Schlüssel, Zugriffcodes und Ähnliches herausgeben. Ob er hieran ein Zurückbehaltungsrecht geltend machen kann, ist eine Frage des Einzelfalls. Ein Zurückbehaltungsrecht dürfte bspw. dann ausgeschlossen sein, wenn es dem Unternehmer nur um »Druck« geht und er den Besteller durch die zurückbehaltenen Gegenstände nicht in die Lage versetzen kann, das Bauvorhaben fertigzustellen.

I. Abweichende vertragliche Regelungen

103 Weder in Allgemeinen Geschäftsbedingungen des Bestellers noch in solchen des Unternehmers kann das Kündigungsrecht aus wichtigem Grund ausgeschlossen werden.[153] Insofern zählen §§ 314, 648a BGB in ihrem Grundgehalt zum gesetzlichen Leitbild. Vertraglich können lediglich Einzelheiten, wie besondere Kündigungsgründe, Fristen (allerdings keine Verlängerung bei Unzumutbarkeit der weiteren Vertragsfortsetzung[154]), Form und Kündigungsfolgen abgeändert werden, sofern dem Verwendungsgegner die Ausübung der Kündigung nicht in unzumutbarer Weise erschwert wird.

§ 649 Kostenanschlag

(1) Ist dem Vertrag ein Kostenanschlag zugrunde gelegt worden, ohne dass der Unternehmer die Gewähr für die Richtigkeit des Anschlags übernommen hat, und ergibt sich, dass das Werk nicht ohne eine wesentliche Überschreitung des Anschlags ausführbar ist, so steht dem Unternehmer, wenn der Besteller den Vertrag aus diesem Grund kündigt, nur der im § 645 Abs. 1 bestimmte Anspruch zu.

(2) Ist eine solche Überschreitung des Anschlags zu erwarten, so hat der Unternehmer dem Besteller unverzüglich Anzeige zu machen.

Übersicht Rdn.

152 So auch für VOB-Verträge: BGH, Urt. v. 09.03.1995 – VII ZR 23/93, BauR 1995, 545.

153 V. Rintelen, in: Kapellmann/Messerschmidt, § 9 VOB/B Rn. 103a; Messerschmidt/Voit, § 649 BGB Rn. 69.

154 BGH, Urt. v. 28.09.1989 – VII ZR 167/88, BauR 1990, 81.

A. Einleitung

I. Entwicklung

1 Die Regelung zum Kostenanschlag nach § 649 BGB beruht auf dem wortgleichen § 650 BGB a.F., der durch das Gesetz zur Reform des Bauvertragsrechts, zur Änderung der kaufrechtlichen Mängelhaftung, zur Stärkung des zivilprozessualen Rechtsschutzes und zum maschinellen Siegel im Grundbuch- und Schiffsregisterverfahren lediglich seinen Standort wechselte.

II. Normzweck

2 Ein Kostenanschlag dient vor allem dazu, den Besteller über die voraussichtlichen Kosten der Beauftragung zu informieren und ihm ggf. einen Preisvergleich unter verschiedenen Anbietern zu ermöglichen.[1] Dies lässt sich jedoch nur erreichen, wenn die Angaben in dem Anschlag ausreichend verlässlich sind, wovon der Besteller ausgeht.[2] Zwar ist ein Kostenanschlag nicht verbindlich im Sinne einer Preisvereinbarung, sodass das Risiko eines höheren tatsächlichen Kostenaufwands beim Besteller liegt. Gleichwohl solldieser vor einer wesentlichen Überschreitung der angegebenen Kosten geschützt werden.[3]

3 Aus diesem Grund gewährt § 649 Abs. 1 BGB dem Besteller ein gegenüber der freien Kündigung nach § 648 BGB privilegiertes Kündigungsrecht[4]: Wenn der Besteller das Vertragsverhältnis aufgrund einer wesentlichen Überschreitung eines Kostenanschlags kündigt, ist der Besteller nach § 649 Abs. 1 BGB zur Zahlung einer der geleisteten Arbeit des Unternehmers entsprechenden Vergütung gemäß § 645 Abs. 1 BGB verpflichtet. Abweichend von § 648 S. 2 BGB ist er aber nicht zur Zahlung der vereinbarten Vergütung abzüglich etwaiger ersparter Aufwendungen, anderweitig erzielten oder böswillig unterlassenen Erwerbs verpflichtet.

4 Dem Schutz des Bestellers dient auch § 649 Abs. 2 BGB, der den Unternehmer verpflichtet, dem Besteller unverzüglich im Sinne des § 121 Abs. 1 BGB Anzeige zu machen, wenn eine wesentliche Überschreitung des Kostenanschlags zu erwarten ist. Hierdurch soll der Besteller die Möglichkeit erhalten, frühzeitig den Vertrag zu kündigen, um die Teilzahlungsverpflichtung nach § 645 Abs. 1 BGB möglichst gering zu halten.[5]

5 Diese Regelungen sind sachgerecht, denn der Grund der Kündigung (eine wesentliche Überschreitung der im Kostenanschlag angegebenen Kosten) stammt aus der Sphäre des Unternehmers.[6] Zu beachten ist aber, dass der Schutz des Bestellers trotz des Kündigungsrechts nicht umfassend ist, denn an der vollständigen Vergütungspflicht des Bestellers für Leistungen, die bis zur Kündigung erbracht wurden, ändert sich nichts.[7] Insofern kann ein böswilliger Unternehmer den Besteller durch zu niedrige Kostenanschläge »ködern« und zum Vertragsabschluss bewegen; der Besteller kann sich dann seinerseits durch die Kündigung aber nicht der Vergütungspflicht für bereits erbrachte Leistungen entziehen. Um ein solch unfaires Wettbewerbsverfahren zu vermeiden, normiert § 649 Abs. 2 BGB die unverzügliche Anzeigepflicht des Unternehmers bei zu erwartender wesentlicher Überschreitung des Kostenanschlags. Hierin liegt die eigentliche »Sanktion« des Unternehmers, der sich bei einem Ver-

1 Bruinier, in: ibr-OK Bauvertragsrecht, § 649 BGB Rn. 1.
2 Messerschmidt/Voit/Oberhauser, § 649 BGB Rn. 1.
3 Bruinier, in: ibr-OK Bauvertragsrecht, § 649 BGB Rn. 1.
4 Grüneberg/Retzlaff, BGB, § 649 Rn. 5; Werner/Pastor/Werner, Rn. 1694; vgl. auch BeckOK Bauvertragsrecht/v. Kiedrowski, § 648 BGB Rn. 1; Bruinier, in: ibr-OK Bauvertragsrecht, § 649 BGB Rn. 1; Leupertz/Halfmeier, in: PWW, BGB, § 649 Rn. 1; a.A. Ingenstau/Korbion/Joussen/Vygen, Vor §§ 8, 9 VOB/B Rn. 71: Kündigungsrecht ergebe sich vielmehr aus den allgemeinen Kündigungsregeln nach § 648 BGB und lediglich die gesetzliche Vergütungsfolge des § 649 S. 2 BGB a.F. werde durch § 650 Abs. 1 BGB a.F. i.V.m. § 645 Abs. 1 BGB verdrängt.
5 BeckOK BGB/Voit, § 649 Rn. 1.
6 Ebenso MüKo-BGB/Busche, § 649 Rn. 1.
7 Bruinier, in: ibr-OK Bauvertragsrecht, § 649 BGB Rn. 3.

stoß gegen diese Anzeigepflicht schadensersatzpflichtig macht.[8] Der Schadensersatzanspruch umfasst in diesem Fall den Schaden, der sich aus der Zahlungspflicht des Bestellers für bereits erbrachte Leistungen nach § 645 BGB ergibt, die bei einer rechtzeitigen Anzeige und Kündigung nicht angefallen wären.[9]

Den Besteller trifft aber nach richtiger Auffassung[10] nach allgemeinen Grundsätzen insoweit die Beweislast.[11] Er muss darlegen und beweisen, dass er bei rechtzeitiger Anzeige der Kostenüberschreitung gekündigt hätte. An die Beweisführung sind aber keine allzu hohen Anforderungen zu stellen.[12] Man wird genügen lassen müssen, wenn der Besteller Umstände darlegt, die bei rechtzeitiger Kostenüberschreitungsanzeige die Erklärung einer Kündigung nach § 649 Abs. 1 BGB nahelegen.[13] Anschließend läge es an dem Unternehmer, darzulegen, dass der Besteller bspw. die Kostenüberschreitung kannte, diese auf seinen Weisungen beruht[14] oder er auch bei rechtzeitiger Kenntnis nicht gekündigt hätte, – etwa, weil die überschrittenen Kosten nach wie vor das günstigste Angebot darstellen. 6

III. Dogmatische Einordnung

Der Kostenanschlag nach § 649 BGB wird nicht selbst Gegenstand eines Vertrags, sondern liegt einem solchen gemäß § 649 Abs. 1 BGB zugrunde. Regelmäßig ist der eingeholte Kostenanschlag, der im Zweifel nach § 632 Abs. 3 BGB nicht zu vergüten ist, für den Besteller das Hauptmotiv, den Werkvertrag gerade mit dem konkreten Unternehmer abzuschließen[15] und er bildet die Grundlage der Vorstellung des Bestellers von den tatsächlich anfallenden Kosten.[16] Insofern handelt es sich bei der Regelung des § 649 Abs. 1 BGB um einen Sonderfall des Wegfalls der Geschäftsgrundlage nach § 313 BGB.[17] Hierfür spricht auch, dass die Rechtsfolgen des § 649 Abs. 1 BGB und des § 313 Abs. 3 S. 2 BGB, namentlich das Recht zur Kündigung, übereinstimmen.[18] 7

B. Voraussetzungen des Kündigungsrechts nach § 649 Abs. 1 BGB

I. Kostenanschlag

Der Tatbestand des § 649 Abs. 1 BGB setzt zunächst voraus, dass ein Kostenanschlag vorliegt, für dessen Richtigkeit der Unternehmer keine Gewähr übernommen hat, und dieser zur Grundlage des Vertrags gemacht worden ist. 8

---

8 So wohl auch Bruinier, in: ibr-OK Bauvertragsrecht, § 649 BGB Rn. 3; vgl. auch Grüneberg/Retzlaff, BGB, § 649 Rn. 5 f.

9 Bruinier, in: ibr-OK Bauvertragsrecht, § 649 BGB Rn. 3; Werner/Pastor/Werner, Rn. 1697.

10 Vgl. zum Meinungsstand Köhler, NJW 1983, 1633 (1634).

11 Ebenso Werner/Pastor/Werner, Rn. 1698; Köhler, NJW 1983, 1633 (1634).

12 OLG Frankfurt a.M., Urt. v. 11.01.1984 – 17 U 255/82, OLGZ 1984, 198 (»plausible Darlegung«, dass bei rechtzeitiger Anzeige gekündigt worden wäre, genügt); Köhler, NJW 1983, 1633 (1634).

13 Köhler, NJW 1983, 1633 (1634).

14 Köhler, NJW 1983, 1633 (1634).

15 Messerschmidt/Voit/Oberhauser, § 649 BGB Rn. 2; MüKo-BGB/Busche, § 649 Rn. 2.

16 Messerschmidt/Voit/Oberhauser, § 649 BGB Rn. 1.

17 BGH, Urt. v. 21.12.2010 – X ZR 122/07, NJW 2011, 989; OLG Saarbrücken, Urt. v. 19.11.2014 – 2 U 172/13, NJW 2015, 879; OLG Frankfurt a.M., Urt. v. 18.10.1988 – 14 U 80/87, NJW-RR 1989, 209; BeckOK Bauvertragsrecht/v. Kiedrowski, § 648 BGB Rn. 2; BeckOK BGB/Voit, § 649 Rn. 2; Messerschmidt/Voit/Oberhauser, § 649 BGB Rn. 1; Leupertz/Halfmeier, in: PWW, BGB, § 649 Rn. 1; so wohl auch Bruinier, in: ibr-OK Bauvertragsrecht, § 649 BGB Rn. 2; a.A. MüKo-BGB/Busche, § 649 Rn. 2 m.w.N., der § 649 BGB als Sonderregelung des Motivirrtums ansieht, der ausnahmsweise nicht unbeachtlich sei.

18 Messerschmidt/Voit/Oberhauser, § 649 BGB Rn. 1 m.w.N.

1. Definition und Abgrenzung

9 Ein Kostenanschlag nach § 649 Abs. 1 BGB ist eine unverbindliche Berechnung der voraussichtlich anfallenden Kosten auf der Grundlage einer fachmännischen gutachtlichen Äußerung des Unternehmers zur Kostenfrage, die dem Vertrag zugrunde gelegt worden ist, ohne Vertragsbestandteil geworden zu sein.[19] Erforderlich ist, dass der Unternehmer seine Berechnungsgrundlage offenlegt, also die voraussichtlich anfallenden Leistungen aufgliedert und die hierauf voraussichtlich zu zahlende Vergütung angibt.[20] Allenfalls bei einfachen Bauaufgaben ist ein Offenlegen der Berechnungsgrundlage keine zwingende Voraussetzung eines Kostenanschlags[21], wobei gleichwohl eine fachmännische Prüfung und Berechnung zu erfolgen hat.

10 Abzugrenzen ist der Kostenanschlag hiernach von der bloßen Angabe des Bestellers über die ungefähren Kosten ohne nähere Prüfung und Berechnung, insbesondere in der Form einer spontanen mündlichen Angabe auf eine Frage des Bestellers (teilweise auch bezeichnet als [völlig] unverbindlicher Kostenanschlag).[22]

11 Der Kostenanschlag muss sich auf die konkrete werkvertragliche Leistung des Unternehmers und dessen Vergütung beziehen.[23] Unerheblich ist, wer den Kostenanschlag erstellt hat, denn es kommt maßgeblich darauf an, dass die Parteien ihn dem Vertrag übereinstimmend zugrunde gelegt haben.[24]

12 Dogmatisch handelt es sich bei dem Kostenanschlag um eine bloße Auskunft. Der Besteller fragt die Kosten einer bestimmten Leistung an und erhält den Kostenanschlag als Antwort auf diese Anfrage.

13 Häufig stellt sich die Frage der Abgrenzung des Kostenanschlags zum Angebot. Der Kostenanschlag ist nicht bindend im Sinne des § 145 BGB. Er ist eine Wissenserklärung, die nicht angenommen werden kann. Nur das Angebot zum Vertragsabschluss stellt eine annahmefähige Willenserklärung dar. Im Einzelfall wird hier durch Auslegung zu unterscheiden sein. Erschwerend ist dabei zu berücksichtigen, dass der Kostenanschlag häufig dem Angebot des Unternehmers zugrunde liegt. Insofern muss durch Auslegung ermittelt werden, ob es sich bei der jeweiligen Erklärung des Unternehmers um eine bloße Wissens- oder um eine annahmefähige Willenserklärung handelt.

14 Eine Kosteneinschätzung des Unternehmers, insbesondere eines Architekten oder Ingenieurs nach § 650p Abs. 2 BGB, über Leistungen Dritter stellt danach keinen Kostenanschlag im Sinne des § 649 Abs. 1 BGB dar.[25] Denn diese Einschätzung bezieht sich gerade nicht auf das konkret geschuldete Werk des Unternehmers (z.B. Planung), sondern auf Leistungen Dritter oder gar das Gesamtvorhaben (z.B. Bauwerk). Auch eine entsprechende Anwendung des § 649 BGB kommt nicht in Betracht, sondern der Unternehmer haftet vielmehr für mangelhaft ermittelte Baukosten nach den allgemeinen Regeln.[26]

---

19 OLG Saarbrücken, Urt. v. 19.11.2014 – 2 U 172/13, NJW 2015, 879; BeckOK Bauvertragsrecht/v. Kiedrowski, § 648 BGB Rn. 4; Messerschmidt/Voit/Oberhauser, § 649 BGB Rn. 3; MüKo-BGB/Busche, § 649 Rn. 3; Grüneberg/Retzlaff, BGB, § 649 Rn. 2; Leupertz/Halfmeier, in: PWW, BGB, § 649 Rn. 2.

20 MüKo-BGB/Busche, § 649 Rn. 3 m.w.N.; BeckOK Bauvertragsrecht/v. Kiedrowski, § 648 BGB Rn. 4; weiter BeckOK BGB/Voit, § 649 Rn. 5.

21 BeckOK Bauvertragsrecht/v. Kiedrowski, § 648 BGB Rn. 4.

22 Bruinier, in: ibr-OK Bauvertragsrecht, § 649 BGB Rn. 7; MüKo-BGB/Busche, § 649 Rn. 3 m.w.N.

23 Messerschmidt/Voit/Oberhauser, § 649 BGB Rn. 3; MüKo-BGB/Busche, § 649 Rn. 4.

24 Messerschmidt/Voit/Oberhauser, § 649 BGB Rn. 3; MüKo-BGB/Busche, § 649 Rn. 4.

25 BGH, Urt. v. 21.12.2010 – X ZR 122/07, NJW 2011, 989; BGH, Urt. v. 26.10.1972 – VII ZR 181/71, NJW 1973, 140; BeckOK Bauvertragsrecht/v. Kiedrowski, § 648 BGB Rn. 8; Messerschmidt/Voit/Oberhauser § 649 BGB Rn. 3; MüKo-BGB/Busche, § 649 Rn. 4, 20 m.w.N. auch zu Gegenansicht; Grüneberg/Retzlaff, BGB, § 649 Rn. 2.

26 BGH, Urt. v. 26.10.1972 – VII ZR 181/71, NJW 1973, 140; Messerschmidt/Voit/Oberhauser, § 649 BGB Rn. 3.

Eine bestimmte Formvorgabe für einen Kostenanschlag besteht nicht. Ratsam ist es aber aus Gründen der Nachweisbarkeit, einen solchen schriftlich zu fixieren.[27] Grundsätzlich sind damit auch mündliche Kostenanschläge denkbar. Gerade in diesen Fällen wird aber genau zu prüfen sein, ob es sich nicht doch um eine völlig unverbindliche, nicht dem Anwendungsbereich des § 649 BGB unterfallende Auskunft handelt. 15

2. Keine Gewähr für Richtigkeit

Der Unternehmer darf für die Richtigkeit des Kostenanschlags keine Gewähr übernommen haben (unverbindlicher Kostenanschlag). Hat der Unternehmer eine Richtigkeitsgewähr übernommen, liegt demgegenüber ein »verbindlicher«[28] Kostenanschlag vor, auf den § 649 BGB keine Anwendung findet. § 649 BGB findet ebenso keine Anwendung, wenn der Preis bereits vertraglich abschließend fixiert wird.[29] Denn dann liegt eine Preisvereinbarung und kein Kostenanschlag vor. 16

Die Abgrenzung von verbindlicher Preisabrede und Kostenanschlag sowie die Intensität einer etwaigen Bindung bestimmen sich nach der nach allgemeinen Grundsätzen vorzunehmenden Auslegung des Vertrags nach §§ 133, 157 BGB unter Berücksichtigung der Besonderheiten des Einzelfalles[30], wobei eine feste Regel zur Einordnung in eine dieser beiden Kategorien nicht besteht.[31] Für einen unverbindlichen Kostenanschlag spricht etwa, wenn in diesem Circa-Preise[32] »ungefähre Richtwerte«[33] oder »bloße Kostenschätzung«[34] angegeben sind, wobei auch in einem solchen Fall ausnahmsweise von einer verbindlichen Vergütungsabrede ausgegangen werden kann, etwa bei einer Zusage des Unternehmers, den Richtpreis eines Konkurrenten auch einzuhalten.[35] Ein weiteres Indiz für einen Kostenanschlag ist bei größeren Projekten der Umstand, dass die Verhandlungen nicht schriftlich niedergelegt worden sind.[36] Andererseits spricht für eine verbindliche Vergütungsvereinbarung, wenn der Besteller (konkludent) zum Ausdruck gebracht hat, dass er eine verbindliche Preisangabe wünscht, und der Unternehmer hierauf Preisangaben gemacht hat.[37] Auch eine größere Differenzierung und Qualifizierung der Preisangaben spricht für die Verbindlichkeit dieser Angaben.[38] 17

Danach ergeben sich je nach den Gegebenheiten des Einzelfalls verschiedene Bindungen[39], wobei das Sonderkündigungsrecht nach § 649 Abs. 1 BGB nur soweit besteht, wie keine Bindung greift[40]: Es kann eine umfassende Preisbindung bestehen, insbesondere aufgrund eines Festpreisvertrags[41] oder Globalpauschalvertrags.[42] Eine ebenso umfangreiche Preisbindung besteht, wenn sich der 18

---

27 Ebenso Messerschmidt/Voit/Oberhauser, § 649 BGB, Rn. 4; MüKo-BGB/Busche, § 649 Rn. 5.
28 Bruinier, in: ibr-OK Bauvertragsrecht, § 649 Rn. 14.
29 OLG Saarbrücken, Urt. v. 19.11.2014 – 2 U 172/13, NJW 2015, 879; MüKo-BGB/Busche, § 649 Rn. 6.
30 Leupertz/Halfmeier, in: PWW, BGB, § 649 Rn. 2.
31 BeckOK BGB/Voit, § 649 Rn. 4 m.w.N.; nach Bruinier, in: ibr-OK Bauvertragsrecht, § 649 BGB Rn. 14 ist die »Verbindlichkeit eines Kostenanschlags [...] die Ausnahme und wird in der Regel vom Besteller ausdrücklich angefordert und vom Unternehmer ausdrücklich erklärt«.
32 BeckOK BGB/Voit, § 649 Rn. 4.
33 Ingenstau/Korbion/Joussen/Vygen, Vor §§ 8, 9 VOB/B Rn. 72.
34 Ingenstau/Korbion/Joussen/Vygen, Vor §§ 8, 9 VOB/B Rn. 72.
35 BeckOK BGB/Voit, § 649 Rn. 4 m.w.N.
36 BeckOK BGB/Voit, § 649 Rn. 4; Bruinier, in: ibr-OK Bauvertragsrecht, § 649 BGB Rn. 7, 21 geht davon aus, dass bloße mündliche Spontanschätzungen i.d.R. für eine vollständige Unverbindlichkeit sprechen.
37 BeckOK BGB/Voit, § 649 Rn. 4.
38 Bruinier, in: ibr-OK Bauvertragsrecht, § 649 Rn. 7.
39 Vgl. auch Ingenstau/Korbion/Joussen/Vygen, Vor §§ 8, 9 VOB/B Rn. 72.
40 Nicht ausreichend differenzierend: BeckOK BGB/Voit, § 649 Rn. 3; MüKo-BGB/Busche, § 649 Rn. 6; Leupertz/Halfmeier, in: PWW, BGB, § 649 Rn. 2.
41 Messerschmidt/Voit/Oberhauser, § 649 BGB Rn. 6.
42 BeckOK Bauvertragsrecht/v. Kiedrowski, § 648 BGB Rn. 5.

Unternehmer im Rahmen einer (Höchst- oder Maximalpreis-)Garantie dazu verpflichtet hat, für die Einhaltung des Kostenanschlags einzustehen.[43] Eine geringere Bindung besteht vor allem bei Einheitspreis- und Stundenlohnverträgen, nämlich nur an die ausgewiesenen Einheitspreise bzw. die zur Leistungsausführung kalkulierte Zeit.[44] Auch bei einfachen Pauschalverträgen, bei denen die entsprechenden Preisangaben lediglich hinsichtlich der vom Unternehmer zu ermittelnden Mengen oder der von einer Pauschale erfassten Leistungen eine Bindung entfalten, besteht insoweit eine geringere Bindung.[45]

19 Schließlich ist darauf hinzuweisen, dass der Unternehmer die Beweislast für die vereinbarte Vergütung trägt, sodass es für diesen besonders ratsam ist, eine entsprechende Vereinbarung schriftlich zu fixieren.[46]

3. Vertragsgrundlage

20 Dem Vertrag muss der unverbindliche Kostenanschlag zugrunde gelegt worden sein. Dies ist nicht der Fall, wenn es sich lediglich um eine einseitige Vorstellung einer Partei über die entstehenden Kosten handelt.[47] Vielmehr muss für die Parteien erkennbar sein, dass der Kostenanschlag für den Vertragsschluss von Bedeutung war und Grundlage des Vertrags geworden ist. Davon dürfte grundsätzlich auszugehen sein, wenn der Unternehmer auf eine Anfrage des Bestellers hin einen Kostenanschlag erstellt und diesem vorgelegt hat und es anschließend zu einem Vertragsschluss zwischen diesen kommt.[48] Möglich und ausreichend ist aber auch, wenn der Kostenanschlag erst nachträglich zugrunde gelegt wird, etwa bei einer Auftragserweiterung.[49]

21 Geschäftsgrundlage ist das im Kostenanschlag zum Ausdruck gebrachte Verhältnis von Leistung und Gegenleistung, also zwischen der vom Unternehmer zu erbringenden Werkleistung einerseits und seiner für diese kalkulierten Vergütung andererseits.[50] Geschäftsgrundlage im Sinne des § 313 BGB sind die bei Abschluss des Vertrages zutage getretenen, dem anderen Teil erkennbar gewordenen und von ihm nicht beanstandeten Vorstellungen einer Partei oder die gemeinsamen Vorstellungen beider Parteien von dem Vorhandensein oder dem künftigen Eintritt bestimmter Umstände, sofern der Geschäftswille der Parteien auf diesen Vorstellungen aufbaut.[51] Als eine solche Geschäftsgrundlage ist das im Kostenanschlag zum Ausdruck gebrachte Kosten-Leistungs-Verhältnis anzusehen, wenn Leistung und Gegenleistung hinreichend konkretisiert sind.[52]

II. Wesentliche Überschreitung des Kostenanschlags

22 Weiterhin erfordert der Tatbestand des § 649 Abs. 1 BGB, dass das geschuldete Werk nicht ohne wesentliche Überschreitung der im Kostenanschlag ausgewiesenen Kosten ausführbar ist. Daraus

43 BeckOK Bauvertragsrecht/v. Kiedrowski, § 648 BGB Rn. 7; Ingenstau/Korbion/Joussen/Vygen, Vor §§ 8, 9 VOB/B Rn. 72.; Messerschmidt/Voit/Oberhauser, § 649 BGB Rn. 6; MüKo-BGB/Busche, § 649 Rn. 6; Grüneberg/Retzlaff, BGB, § 649 Rn. 2; Leupertz/Halfmeier, in: PWW, BGB, § 649 Rn. 4.
44 BeckOK Bauvertragsrecht/v. Kiedrowski, § 648 BGB Rn. 6; BeckOK BGB/Voit, § 649 Rn. 3; Messerschmidt/Voit/Oberhauser, § 649 BGB Rn. 6.
45 BeckOK Bauvertragsrecht/v. Kiedrowski, § 648 BGB Rn. 6; Messerschmidt/Voit/Oberhauser, § 649 BGB Rn. 6.
46 BeckOK BGB/Voit, § 649 Rn. 4.
47 BeckOK BGB/Voit, § 649 Rn. 5; Messerschmidt/Voit/Oberhauser § 649 BGB Rn. 5.
48 Bruinier, in: ibr-OK Bauvertragsrecht, § 649 BGB Rn. 19.
49 Bruinier, in: ibr-OK Bauvertragsrecht, § 649 BGB Rn. 19.
50 BGH, Urt. v. 10.02.2011 – X ZR 122/07, NJW 2011, 989; BGH, Urt. v. 26.10.197 – VII ZR 181/71, NJW 1973, 140; Messerschmidt/Voit/Oberhauser, § 649 BGB Rn. 5.
51 BGH, Urt. v. 15.11.2000 – VIII ZR 324/99, NJW 2001, 1204.
52 BGH, Urt. v. 23.10.1972 – VII ZR 50/72, NJW 1973, 140.

folgt, dass die wesentliche Überschreitung noch nicht im Zeitpunkt der Kündigung eingetreten sein muss, diese sich aber mit hinreichender Sicherheit ergeben wird.[53]

1. Überschreitung

Maßgeblicher Bezug zur Bestimmung, ob eine Überschreitung vorliegt, ist die Höhe der angesetzten Gesamtvergütung und nicht die Höhe von im Kostenanschlag ausgewiesenen Einzelpositionen.[54] Weist der Kostenanschlag nur Einzelpositionen und keine Gesamtsumme aus, ist dennoch eine Betrachtung des Kostenanschlags insgesamt vorzunehmen. Denn die Überschreitung einzelner Positionen kann durch Unterschreitungen an anderer Stelle ausgeglichen werden. Insofern ist eine isolierte Betrachtung nicht angemessen – die Erreichung des durch den Gesetzgeber angestrebten Schutzziels wird bei einer Gesamtbetrachtung hinreichend gewährleistet. 23

Grundsätzlich ist die Ursache der Kostenüberschreitung ohne Relevanz.[55] Insofern ist ein Verschulden des Unternehmers an der Überschreitung der Kosten nicht erforderlich.[56] Die Risikozuweisung an den Unternehmer lässt sich mit dessen größerer »Werknähe« und dessen Fachwissen begründen. Auch Gründe, die der Sphäre des Bestellers entstammen, können für die Anwendbarkeit des § 649 Abs. 1 BGB ausreichend sein.[57] Dies ist insbesondere der Fall, wenn etwa die Verteuerung durch die vom Besteller zur Verfügung gestellten Stoffe begründet ist.[58] Denn diese gehen in die Sphäre des Unternehmers über und allein dieser hat auch eine entsprechende Einwirkungsmöglichkeit auf die Stoffe. 24

Für die in der Praxis häufige Fallgruppe der Änderungen des vertraglich vereinbarten Leistungsumfangs gilt: Sofern der Leistungsumfang, der dem Kostenanschlag zugrunde lag, einvernehmlich erweitert wurde, muss der Besteller regelmäßig davon ausgehen, dass auch der Kostenrahmen entsprechend angepasst wird.[59] In einem solchen Fall, soweit eine Vergütungsvereinbarung für die Mehrleistung des Unternehmers fehlt, muss zur Feststellung, ob eine Überschreitung vorliegt, der auf die Mehrleistung entfallende Kostenbetrag aus dem vom Besteller zu zahlenden Gesamtpreis herausgerechnet werden, bevor man diese Kosten in Bezug zu den im Kostenanschlag ausgewiesenen Gesamtkosten setzt.[60] 25

Eine Grenze der Anwendbarkeit des § 649 Abs. 1 BGB stellt aber das Gebot von Treu und Glaube nach § 242 BGB dar, wenn sich die Ausübung des Kündigungsrechts nach § 649 Abs. 1 BGB als unzulässige Rechtsausübung darstellt.[61] Dies ist etwa der Fall, wenn der Besteller die Gefahr der Verteuerung erkannt hat und diese dem Unternehmer unbekannt geblieben ist.[62] § 649 BGB ist 26

53 Messerschmidt/Voit/Oberhauser, § 649 BGB Rn. 9; MüKo-BGB/Busche, § 649 Rn. 7.

54 BeckOK Bauvertragsrecht/v. Kiedrowski, § 648 BGB Rn. 9; BeckOK BGB/Voit, § 649 Rn. 6; Bruinier, in: ibr-OK Bauvertragsrecht, § 649 BGB Rn. 37; Messerschmidt/Voit/Oberhauser, § 649 BGB Rn. 7; MüKo-BGB/Busche, § 649 BGB Rn. 8; Grüneberg/Retzlaff, BGB, § 649 Rn. 3 f.; Werner/Pastor/Werner, Rn. 1696.

55 BeckOK BGB/Voit, § 649 Rn. 8; Messerschmidt/Voit/Oberhauser, § 649 BGB Rn. 8; MüKo-BGB/Busche, § 649 Rn. 9.

56 BeckOK BGB/Voit, § 649 Rn. 8; Messerschmidt/Voit/Oberhauser, § 649 BGB Rn. 8; Popescu, NZBau 2014, 201 (202).

57 Messerschmidt/Voit/Oberhauser, § 649 BGB Rn. 8; Popescu, NZBau 2014, 201 (202); differenzierend: Bruinier, in: ibr-OK Bauvertragsrecht, § 649 BGB Rn. 31 ff.

58 BeckOK BGB/Voit, § 649 Rn. 8.

59 BeckOK BGB/Voit, § 649 Rn. 6; Werner/Pastor/Werner, Rn. 1696.

60 BeckOK BGB/Voit, § 649 Rn. 6; Messerschmidt/Voit/Oberhauser, § 649 BGB Rn. 7; MüKo-BGB/Busche, § 649 Rn. 8.

61 BeckOK BGB/Voit, § 649 Rn. 8; Messerschmidt/Voit/Oberhauser, § 649 BGB Rn. 8; Popescu, NZBau 2014, 201 (202).

62 BeckOK BGB/Voit, § 649 Rn. 8.

schon nicht anwendbar, wenn die Kostenüberschreitung auf unrichtige Angaben des Bestellers zurückzuführen ist.[63]

2. Wesentlichkeit der Überschreitung

27 Da der Kostenanschlag nur eine vorläufige Ermittlung der zu erwartenden Kosten ist, sind gewisse Überschreitungen der dort ausgewiesenen Kosten hinzunehmen. Erst wenn die Überschreitung wesentlich ist, berechtigt diese zur Kündigung nach § 649 Abs. 1 BGB.

28 Ob eine Überschreitung der im Kostenanschlag dargestellten Gesamtkosten wesentlich ist, orientiert sich an den Umständen des Einzelfalls.[64] Maßgeblich ist, ob die Kostenüberschreitung den redlichen Besteller unter Berücksichtigung sämtlicher Umstände des Einzelfalls zur Umdisponierung, etwa der Kündigung des Vertrags, veranlassen könnte.[65] Relevante Kriterien sind in diesem Zusammenhang vor allem die Eigenarten des Gewerks, der Umfang des Auftrags[66], die Schwierigkeit der Kalkulation der Kosten, der mögliche[67] und tatsächliche Detaillierungsgrad des Kostenanschlags[68], der Zeitpunkt der Erkennbarkeit der Überschreitung der veranschlagten Kosten sowie die Interessen des Bestellers bei Vertragsabschluss.[69]

29 Die von Rechtsprechung und Literatur entwickelten Prozentsätze zur Wesentlichkeit einer Kostenüberschreitung von 15 bis 25 %[70] können insofern allenfalls als Richtschnur dienen.[71]

III. Kündigungserklärung

30 Schließlich erfordert § 649 Abs. 1 BGB, dass der Besteller den Vertrag wegen der wesentlichen Überschreitung des Kostenanschlags kündigt.

31 Bei der Kündigungserklärung handelt es sich um eine einseitige empfangsbedürftige Willenserklärung. Diese unterliegt mit Ausnahme von Kündigungen von Bauverträgen nach § 650a BGB, für die Schriftform gemäß § 650h BGB vorgeschrieben ist, keiner bestimmten Form. Die Kündigungs-

---

63 BGH, Urt. v. 21.12.2010 – X ZR 122/07, NJW 2011, 989; BeckOK Bauvertragsrecht/v. Kiedrowski, § 648 BGB Rn. 8; Messerschmidt/Voit/Oberhauser, § 649 BGB Rn. 8; a.A. BeckOK BGB/Voit, § 649 Rn. 8, der davon ausgeht, dass § 649 BGB anwendbar bleibt, aber dem Besteller das Kündigungsrecht unter dem Gesichtspunkt der Missbräuchlichkeit versagt.

64 BeckOK BGB/Voit, § 649 Rn. 7; Ingenstau/Korbion/Joussen/Vygen, Vor §§ 8, 9 VOB/B Rn. 73; Bruinier, in: ibr-OK Bauvertragsrecht, § 649 BGB Rn. 37; Köhler, NJW 1983, 1633 (1634); Messerschmidt/Voit/Oberhauser, § 649 Rn. 10; MüKo-BGB/Busche, § 649 Rn. 10; Grüneberg/Retzlaff, BGB, § 649 Rn. 3 f.; Leupertz/Halfmeier, in: PWW, BGB, § 649 Rn. 3; Werner/Pastor/Werner, Rn. 1696.

65 Köhler, NJW 1983, 1633 (1634); Messerschmidt/Voit/Oberhauser, § 649 BGB Rn. 10.

66 BeckOK BGB/Voit, § 649 Rn. 7; vgl. auch Staudinger/Peters, § 649 BGB Rn. 24; a.A.: Messerschmidt/Voit/Oberhauser, § 649 BGB Rn. 10 lehnt dieses Kriterium ab, da nicht generell davon ausgegangen werden könne, dass bei kleineren Aufträgen wegen der niedrigeren absoluten Größe größere Überschreitungen für den Besteller hinzunehmen seien. Doch kann gerade bei einem Vertrag mit geringem Umfang bereits eine geringfügige Überschreitung wesentlich sein (hierzu auch Bruinier, in: ibr-OK Bauvertragsrecht, § 649 BGB Rn. 37).

67 Werner/Pastor/Werner, Rn. 1696.

68 Bruinier, in: ibr-OK Bauvertragsrecht, § 649 BGB Rn. 37; Leupertz/Halfmeier, in: PWW, BGB, § 649 Rn. 3.

69 Vgl. vertiefend hierzu Bruinier, in: ibr-OK Bauvertragsrecht, § 649 BGB Rn. 37; Köhler, NJW 1983, 1633 (1634); MüKo-BGB/Busche, § 649 Rn. 10.

70 Ingenstau/Korbion/Joussen/Vygen, Vor §§ 8, 9 VOB/B Rn. 73 und Werner/Pastor/Werner, Rn. 1696 (Überschreitung regelmäßig ab 25 % wesentlich); Bruinier, in: ibr-OK Bauvertragsrecht, § 649 BGB Rn. 38 und MüKo-BGB/Busche, § 649 Rn. 10 (Überschreitung von weniger als 10 % regelmäßig nicht wesentlich); Grüneberg/Retzlaff, BGB, § 649 Rn. 4 (Wesentlichkeitsschwelle kommt ab 10–25 % in Betracht, im Ausnahmefall schon ab 5 %).

71 Ebenso BeckOK BGB/Voit, § 649 Rn. 7; Grüneberg/Retzlaff, BGB, § 649 Rn. 4; Leupertz/Halfmeier, in: PWW, BGB, § 649 Rn. 3.

erklärung muss nicht mit einer Begründung versehen sein, sodass der Besteller den außerordentlichen Kündigungsgrund der wesentlichen Überschreitung des Kostenanschlags noch nachschieben kann, sofern dieser objektiv bei Kündigung vorlag.[72] Allerdings dürfte ein Nachschieben nur dann möglich sein, wenn der Unternehmer bei Zugang anhand der Erklärung oder der Begleitumstände zumindest erkennen kann, dass der Besteller die Erklärung als außerordentliche Kündigung bzw. als Kündigung aus wichtigem Grund und nicht als freie Kündigung gem. § 648 BGB verstanden wissen wollte.[73] Wenn ein Nachschieben von Kündigungsgründen möglich ist, ist es auch unschädlich, wenn der Besteller vom Kündigungsgrund des § 649 BGB erst nach bereits erklärter Kündigung Kenntnis erlangt, weil es allein auf das objektive Vorliegen dieses Kündigungsgrundes im Zeitpunkt der Abgabe der Kündigungserklärung ankommt.[74]

Damit wird die vom Wortlaut des § 649 Abs. 1 BGB geforderte Kausalitätsbeziehung zwischen Kündigung und wesentlicher Überschreitung des Kostenanschlags erheblich gelockert. Diese Auslegung ist aber angezeigt, um keine divergierenden Entscheidungen im Verhältnis zu den vergleichbaren Fällen der Unkenntnis des Bestehens eines wichtigen Grundes bei einer Kündigung nach § 648a BGB[75] herbeizuführen.[76] Im Übrigen ist zu berücksichtigen, dass der Unternehmer andernfalls sonst vortragen müsste, dass dem Besteller Informationen unbekannt waren, er also die Kündigung nicht auf die wesentliche Überschreitung gestützt hat, wobei der Unternehmer zur Preisgabe entsprechender Informationen nach § 649 Abs. 2 BGB verpflichtet war.[77] 32

Sofern weder die Voraussetzungen nach § 649 Abs. 1 BGB noch ein anderer außerordentlicher Kündigungsgrund vorliegen, ist die erklärte Kündigung regelmäßig als freie Kündigung gemäß § 648 S. 1 BGB auszulegen[78], wenn davon auszugehen ist, dass eine Beendigung der Vertragsbeziehung in jedem Fall bezweckt werden sollte. 33

Die Kündigung ist nicht an feste Kündigungsfristen gebunden. Andererseits hat sie innerhalb angemessener Frist entsprechend § 314 Abs. 3 BGB zu erfolgen.[79] Ausschlaggebender Zeitpunkt für den Beginn der Frist ist nicht der Zeitpunkt der ersten Kenntnis von einer zu erwartenden oder bereits eingetretenen Überschreitung, sondern der Zeitpunkt der Kenntnis vom gänzlichen Umfang dieser Überschreitung.[80] 34

C. Rechtsfolgen der Kündigung nach § 649 Abs. 1 BGB

Sofern das Vertragsverhältnis nach § 649 Abs. 1 BGB gekündigt wird, endet dieses mit Wirkung für die Zukunft. Insofern ist der Umfang des vom Werkunternehmer geschuldeten Erfolgs auf dasjenige gerichtet, das er bis zur Kündigung bereits geleistet hat. Für diesen bereits erbrachten Teil bleiben die bis zur Kündigung geltenden Vorschriften, etwa diejenigen zur Fälligkeit des Werklohns, weiterhin anwendbar.[81] Daher ist der Werklohn des Unternehmers für das von ihm bereits geleistete Teilwerk, auf den er nach § 649 Abs. 1 BGB i.V.m. § 645 Abs. 1 BGB einen Anspruch hat, grund- 35

72 BeckOK BGB/Voit, § 649 Rn. 9; BeckOK Bauvertragsrecht/v. Kiedrowski, § 648 BGB Rn. 13; Bruinier, in: ibr-OK Bauvertragsrecht, § 649 BGB Rn. 40; Messerschmidt/Voit/Oberhauser, § 649 BGB, Rn. 11; i.E. so auch MüKo-BGB/Busche, § 649 Rn. 11.

73 OLG Naumburg, Urt. v. 25.05.2023 – 2 U 126/20, juris Rn. 61.

74 BeckOK BGB/Voit, § 649 Rn. 9.

75 Vgl. hierzu BeckOK BGB/Voit, § 648 Rn. 6; MüKo-BGB/Busche, § 648a Rn. 6 m.w.N.

76 BeckOK BGB/Voit, § 649 Rn. 9.

77 BeckOK BGB/Voit, § 649 Rn. 9.

78 BGH, Urt. v. 24.07.2003 – VII ZR 218/02, NJW 2003, 3474; vertiefend hierzu BeckOK Bauvertragsrecht/v. Kiedrowski, § 648 Rn. 16; Bruinier, in: ibr-OK Bauvertragsrecht, § 649 BGB Rn. 41; Messerschmidt/Voit/Oberhauser, § 649 BGB Rn. 11; MüKo-BGB/Busche, § 649 Rn. 11.

79 Bruinier, in: ibr-OK Bauvertragsrecht, § 649 BGB Rn. 42.

80 Bruinier, in: ibr-OK Bauvertragsrecht, § 649 BGB Rn. 42.

81 BeckOK Bauvertragsrecht/v. Kiedrowski, § 648 BGB Rn. 18; vgl. BeckOK BGB/Voit, § 649 Rn. 10, § 648 BGB Rn. 14; MüKo-BGB/Busche, § 649 Rn. 11.

sätzlich nur bei Abnahme (§ 640 BGB) desselben durch den Besteller fällig nach § 641 Abs. 1 S. 1 BGB bzw. bei Bauverträgen nach § 650g Abs. 4 BGB erst dann, wenn auch eine Schlussrechnung vorgelegt wurde.[82]

36 Wenn das bis zur Kündigung vom Unternehmer hergestellte Teilwerk mangelhaft ist, stehen dem Besteller vor der Abnahme die allgemeinen Leistungsstörungsrechte zu.[83] Bei bereits erfolgter Abnahme kann er auf die werkvertraglichen Mängelrechte aus § 634 BGB zurückgreifen.[84]

D. Weitere Rechte des Bestellers bei Überschreitung des Kostenanschlags

I. Anpassung des Vertrags

37 Zum Teil wird erwogen, dem Besteller neben dem Kündigungsrecht ein Recht auf Vertragsanpassung einzuräumen.[85] Hiergegen spricht aber bereits, dass § 649 BGB die wesentliche Überschreitung eines Kostenanschlags abschließend regelt, sodass es an einer Regelungslücke fehlt, die aber Voraussetzung für eine entsprechende Rechtsfortbildung oder Analogie wäre.[86]

38 Selbstverständlich steht es den Parteien im Rahmen ihrer Parteiautonomie frei, eine einvernehmliche Vertragsanpassung vorzunehmen, wobei dem Besteller die Kündigungsmöglichkeit freilich als »Druckmittel« zur Verfügung steht.[87] Wenn der Unternehmer eine Vertragsanpassung vorschlägt und der Besteller dennoch kündigt, dürfte diese Kündigung nur ausnahmsweise rechtsmissbräuchlich sein, da von ihm nicht verlangt werden kann, eine höhere Vergütung oder geringwertigere Leistung des Unternehmers zu akzeptieren.[88]

39 Sofern sich der Besteller entschließt, den Vertrag nicht zu kündigen, hat er die vertraglich vereinbarte Vergütung an den Unternehmer zu zahlen. Da eine solche verbindliche Preisabsprache fehlt, hat er in der Regel die tatsächlichen Kosten zu zahlen, die dann auch den Kostenanschlag überschreiten können.[89]

II. Schadensersatz

40 Wenn die Überschreitung des Kostenanschlags vom Unternehmer zu vertreten ist, steht dem Besteller nach allgemeinen Regeln ein Schadensersatzanspruch nach § 280 Abs. 1 BGB zu.[90]

41 Anknüpfungspunkt für die Pflichtverletzung kann dabei die vorvertragliche Pflicht nach § 311 Abs. 2 BGB, den Kostenanschlag richtig zu erstellen, sein.[91] Eine Verletzung dieser Pflicht liegt ins-

---

82 BGH, Urt. v. 11.05.2006 – VII ZR 146/04, NJW 2006, 2475; vertiefend hierzu BeckOK Bauvertragsrecht/v. Kiedrowski, § 648 Rn. 21 ff.

83 Vertiefend hierzu BeckOK Bauvertragsrecht/v. Kiedrowski, § 648 BGB Rn. 20.

84 Vgl. BeckOK Bauvertragsrecht/v. Kiedrowski, § 648 BGB Rn. 20; MüKo-BGB/Busche, § 649 Rn. 12, § 648 Rn. 16.

85 So etwa Staudinger/Peters, § 649 BGB Rn. 25: Ein Recht auf Vertragsanpassung bestehe, da es sich hier um einen Fall einer relevanten Störung der Geschäftsgrundlage handele und eine Kündigung nur die ultima ratio sei.

86 BeckOK BGB/Voit, § 649 Rn. 11; Messerschmidt/Voit/Oberhauser, § 649 BGB Rn. 13; i.E. so auch MüKo-BGB/Busche, § 649 Rn. 12, der bereits die Einordnung des § 649 BGB als Sonderfall des Wegfalls der Geschäftsgrundlage ablehnt.

87 BeckOK BGB/Voit, § 649 Rn. 11; Messerschmidt/Voit/Oberhauser, § 649 BGB, Rn. 13.

88 BeckOK BGB/Voit, § 649 Rn. 11; Messerschmidt/Voit/Oberhauser, § 649 BGB Rn. 13.

89 Messerschmidt/Voit/Oberhauser, § 649 BGB Rn. 13; MüKo-BGB/Busche, § 649 Rn. 12.

90 OLG Saarbrücken, Urt. v. 19.11.2014 – 2 U 172/13, NJW 2015, 879; BeckOK Bauvertragsrecht/v. Kiedrowski, § 648 BGB Rn. 54 f.; BeckOK BGB/Voit, § 649 Rn. 12; Bruinier, in: ibr-OK Bauvertragsrecht, § 649 BGB Rn. 58; Messerschmidt/Voit/Oberhauser § 649 BGB Rn. 14; MüKo-BGB/Busche, § 649 Rn. 13; Grüneberg/Retzlaff, BGB, § 649 Rn. 6.

91 OLG Saarbrücken, Urt. v. 19.11.2014 – 2 U 172/13, NJW 2015, 879; BeckOK Bauvertragsrecht/v. Kiedrowski, § 648 BGB Rn. 55; BeckOK BGB/Voit, § 649 Rn. 12; Bruinier, in: ibr-OK Bauvertrags-

besondere vor, wenn der Unternehmer nicht alle für die Preisermittlung erforderlichen Informationen eingeholt hat[92], sodass sein Kostenanschlag nicht das tatsächliche Kostenvolumen abbildet. Der Schaden des Bestellers kann in solchen Fällen etwa darin liegen, dass er andere, sich im Nachhinein wegen der Unrichtigkeit des Kostenanschlags als günstiger darstellende, Angebote nicht angenommen hat.[93]

Eine Pflichtverletzung liegt auch in der Verursachung von Mehrkosten während der Leistungserbringung.[94] Insoweit entspricht der Schaden den verursachten Mehrkosten. 42

Nach allgemeinen Grundsätzen trägt der Besteller die Beweislast für die Pflichtverletzung des Unternehmers sowie für den Eintritt des Schadens.[95] Für das Nichtvertretenmüssen des Schadens ist der Unternehmer nach § 280 Abs. 1 S. 2 BGB beweisbelastet.[96] 43

III. Anfechtungsrecht

Der Besteller kann neben dem Kündigungsrecht auch das Recht haben, seine auf Abschluss des Vertrags mit dem Unternehmer gerichtete Willenserklärung anzufechten. Denkbar wäre dies beispielsweise wegen eines sog. »offenen Kalkulationsirrtums«.[97] Einen solchen gilt es aber im Einzelfall genau zu prüfen und insbesondere vom unbeachtlichen Motivirrtum abzugrenzen. Insofern kann nicht pauschal von einem Anfechtungsrecht ausgegangen werden. Unproblematisch erweist sich dagegen eine Anfechtung nach § 123 BGB, soweit die Voraussetzungen vorliegen. In beiden Fällen gilt: § 649 Abs. 1 BGB hat unterschiedliche Voraussetzungen und Rechtsfolgen im Verhältnis zum Anfechtungsrecht, sodass dieser die Anwendbarkeit der §§ 119 ff. BGB nicht sperrt.[98] 44

E. Anzeigepflicht, § 649 Abs. 2 BGB

I. Bestand und Inhalt der Anzeigepflicht nach § 649 Abs. 2 BGB

Nach § 649 Abs. 2 BGB ist der Unternehmer dazu verpflichtet, dem Besteller unverzüglich Anzeige zu machen, wenn zu erwarten ist, dass ein Kostenanschlag wesentlich überschritten wird. 45

Maßgeblich für die Beurteilung, ob eine wesentliche Überschreitung des Kostenanschlags zu erwarten ist, ist der Vergleich zwischen der mit dem Kostenanschlag kalkulierten Vergütung und der nunmehr zu erwartenden Vergütung.[99] Um diesen Vergleich überhaupt durchführen zu können, muss der Unternehmer alle Faktoren beobachten, die für seine Vergütung relevant sind[100] (Kostenbeobachtung). Wann und wie oft der Unternehmer dann einen Vergleich (Kostenkontrolle) tatsächlich anstellen muss, hängt von den Umständen des Einzelfalles ab. Jedenfalls wenn sich besondere 46

---

recht, § 649 BGB Rn. 58; Messerschmidt/Voit/Oberhauser, § 649 BGB Rn. 14; MüKo-BGB/Busche, § 649 Rn. 13; Grüneberg/Retzlaff, BGB, § 649 Rn. 6; vgl. zum früheren Recht OLG Köln, Urt. v. 17.07.1997 – NJW-RR 1998, 548; OLG Frankfurt a.M., Urt. v. 18.10.1988 – 14 U 80/87, NJW-RR 1989, 209.

92 MüKo-BGB/Busche, § 649 Rn. 13.

93 OLG Saarbrücken, Urt. v. 19.11.2014 – 2 U 172/13, NJW 2015, 879; BeckOK Bauvertragsrecht/v. Kiedrowski, § 648 BGB Rn. 58; Messerschmidt/Voit/Oberhauser, § 649 BGB Rn. 14; vgl. zum früheren Recht OLG Frankfurt a.M., Urt. v. 18.10.1988 – 14 U 80/87, NJW-RR 1989, 209.

94 Messerschmidt/Voit/Oberhauser, § 649 BGB Rn. 14; MüKo-BGB/Busche, § 649 Rn. 13; Grüneberg/Retzlaff, BGB, § 649 Rn. 6.

95 Vgl. Messerschmidt/Voit/Oberhauser, § 649 BGB Rn. 14; MüKo-BGB/Busche, § 649 Rn. 13.

96 Messerschmidt/Voit/Oberhauser, § 649 BGB Rn. 14; MüKo-BGB/Busche, § 649 Rn. 13.

97 MüKo-BGB/Busche, § 649 Rn. 14; kritisch zum offenen Kalkulationsirrtum aber MüKo-BGB/Armbrüster, § 119 Rn. 93.

98 MüKo-BGB/Busche, § 649 Rn. 14.

99 BeckOK BGB/Voit, § 649 Rn. 12.

100 BeckOK BGB/Voit, § 649 Rn. 14; Messerschmidt/Voit/Oberhauser, § 649 BGB Rn. 16; MüKo-BGB/Busche, § 649 Rn. 15; vgl. auch OLG Celle, Urt. v. 03.04.2003 – 22 U 179/01, NJW-RR 2003, 1243.

Umstände ergeben, die bei der Kalkulation des Kostenanschlags nicht berücksichtigt worden sind (z.B. Kostensteigerung, Erschwerung der Arbeiten), muss ein Vergleich angestellt werden, selbst wenn sich diese Umstände nur auf einen Teilbereich der geschuldeten Arbeit auswirken[101] (z.B. bei einem sog. Schlüsselfertig-Bauvertrag stellen sich Arbeiten am Dach als erheblich komplexer dar).

47 Wenn dieser Vergleich ergibt, dass eine wesentliche Überschreitung des Kostenanschlags zu erwarten ist, muss der Unternehmer unverzüglich, also ohne schuldhaftes Zögern (§ 121 Abs. 1 S. 1 BGB) dem Besteller eine entsprechende Anzeige machen. Damit der Besteller aufgrund der Anzeige abschätzen kann, ob er bestimmte Dispositionen sinnvollerweise treffen, insbesondere den Vertrag nach § 649 Abs. 1 BGB kündigen, soll, muss die Anzeige die entsprechenden Informationen enthalten.[102] Erforderlich ist danach regelmäßig, dass der Unternehmer dem Besteller die zu erwartende Überschreitung des Kostenanschlags, die Gründe für diese Überschreitung sowie die nun zu erwartenden Gesamtkosten mitteilt.[103] Diese Anzeige unterliegt aber keiner bestimmten Formvorgabe, sodass auch eine mündliche Anzeige ausreichend ist. Allerdings ist dem Unternehmer aus Beweisgründen zu raten, die Anzeige schriftlich zu machen.

48 Die Anzeigepflicht des Unternehmers nach § 649 Abs. 2 BGB besteht auch dann, wenn die im Kostenanschlag ausgewiesenen Kosten von Anfang an zu niedrig kalkuliert waren oder wenn der Unternehmer bei Erstellung des Kostenanschlags auf eine günstige Entwicklung der kostenrelevanten Faktoren gesetzt hat.[104] In solchen Fällen kommen wegen der unrichtigen Erstellung des Kostenanschlags auch Ansprüche wegen Verletzung einer vorvertraglichen Pflicht in Betracht (s.o.).

49 Dagegen besteht diese Anzeigepflicht nicht, wenn die Überschreitung des Kostenanschlags durch zusätzliche oder andere Leistungen auf Wunsch des Bestellers bedingt wurde[105] und ihm die kostenerhöhende Wirkung bewusst war.[106] Die Anzeigepflicht besteht auch in solchen Fällen nicht, in denen der Besteller bereits Kenntnis über die Informationen hat, über die der Unternehmer ihn informieren müsste.[107] Nicht ausreichend ist die bloße Erkennbarkeit der Überschreitung für den Besteller.[108] Darauf könnte sich unter Umständen aber der Einwand anspruchskürzenden Mitverschuldens (§ 254 BGB) mit Blick auf einen an die Anzeigepflichtverletzung anknüpfenden Schadensersatzanspruch nach § 280 Abs. 1 BGB stützen.[109]

50 Schließlich ist zu beachten, dass sich aus § 649 Abs. 2 BGB keine allgemeine Kosteninformationspflicht, unabhängig vom Vorliegen eines Kostenanschlags, ergibt.[110] Diese kann sich nur als vertragliche Nebenpflicht ergeben.[111]

---

101 BeckOK BGB/Voit, § 649 Rn. 14.

102 BeckOK Bauvertragsrecht/v. Kiedrowski, § 648 BGB Rn. 35; Bruinier, in: ibr-OK Bauvertragsrecht, § 649 BGB Rn. 46; Messerschmidt/Voit/Oberhauser, § 649 BGB Rn. 16.

103 BeckOK Bauvertragsrecht/v. Kiedrowski, § 648 BGB Rn. 35.

104 BeckOK BGB/Voit, § 649 Rn. 12.

105 BeckOK Bauvertragsrecht/v. Kiedrowski, § 648 BGB Rn. 36; Messerschmidt/Voit/Oberhauser, § 649 BGB Rn. 15; MüKo-BGB/Busche, § 649 Rn. 15; anders wohl Staudinger/Peters § 649 Rn. 3.

106 Bruinier, in: ibr-OK Bauvertragsrecht, § 649 BGB Rn. 47.

107 OLG Saarbrücken, Urt. v. 19.11.2014 – 2 U 172/13, NJW 2015, 879; BeckOK Bauvertragsrecht/v. Kiedrowski, § 648 BGB Rn. 36; Bruinier, in: ibr-OK Bauvertragsrecht, § 649 BGB Rn. 47; Messerschmidt/Voit/Oberhauser, § 649 BGB Rn. 15; MüKo-BGB/Busche, § 649 Rn. 15; so wohl auch Staudinger/Peters § 649 BGB Rn. 3.

108 Bruinier, in: ibr-OK Bauvertragsrecht, § 649 BGB Rn. 47; Messerschmidt/Voit/Oberhauser, § 649 BGB Rn. 15; so wohl auch Staudinger/Peters § 649 Rn. 3; vgl. OLG Frankfurt a.M., Urt. v. 11.01.1984 – 17 U 255/82, OLGZ 1984, 198.

109 Bruinier, in: ibr-OK Bauvertragsrecht, § 649 BGB Rn. 47; Grüneberg/Retzlaff, BGB, § 649 Rn. 6.

110 Messerschmidt/Voit/Oberhauser, § 649 BGB Rn. 17; MüKo-BGB/Busche, § 649 Rn. 15; a.A. Staudinger/Peters § 649 Rn. 3.

111 Messerschmidt/Voit/Oberhauser, § 649 BGB Rn. 18; MüKo-BGB/Busche, § 649 Rn. 15.

II. Rechtsfolgen einer Anzeigepflichtverletzung

Wenn der Unternehmer schuldhaft seine Anzeigepflicht aus § 649 Abs. 2 BGB verletzt, also die Anzeige nicht oder nicht rechtzeitig macht, macht er sich gegenüber dem Besteller nach § 280 Abs. 1 BGB schadensersatzpflichtig.[112] Sein Vergütungsanspruch für die erbrachten Leistungen wird durch die Pflichtverletzung allerdings nicht berührt. 51

Der Schadensersatzanspruch ist auf den Ersatz des negativen Interesses gerichtet, d.h. dass der Besteller so gestellt werden muss, wie er bei rechtzeitiger Anzeige stünde.[113] Ein Schaden entsteht ihm nach der Differenzhypothese daher nur, wenn er bei Kenntnis der wesentlichen Überschreitung des Kostenanschlags von der Kündigungsmöglichkeit nach § 649 Abs. 1 BGB Gebrauch gemacht hätte.[114] 52

Hätte der Besteller den Vertrag auch bei rechtzeitiger Anzeige nicht gekündigt, z.B. weil er auf den geschuldeten Erfolg angewiesen ist und ihn nicht preisgünstiger hätte erreichen können, besteht keine Differenz zwischen der hypothetischen Vermögenslage bei rechtzeitiger Anzeige und der tatsächlichen Vermögenslage, sodass kein Schaden vorliegt.[115] Wenn der Besteller den Vertrag gekündigt hätte und das Werk nicht vollendet worden wäre, besteht der Schaden des Bestellers in Höhe der Differenz von tatsächlich zu zahlender Vergütung an den Unternehmer und hypothetischer Teilvergütung, die er bei vorzeitiger Kündigung nach § 649 Abs. 1 BGB i.V.m. § 645 BGB an den Unternehmer zu zahlen hätte.[116] Wenn der Besteller nach der Kündigung die Fertigstellung durch einen anderen, preisgünstigeren Unternehmer beauftragt hätte, besteht der Schaden in Höhe der Mehraufwendungen, die sich aus der Differenz von tatsächlich zu zahlender Vergütung und hypothetischer Teilvergütung wegen vorzeitiger Kündigung zuzüglich der Drittunternehmerkosten ergeben.[117] 53

Soweit das Werk des Unternehmers nach dem hypothetischen Kündigungszeitpunkt fertiggestellt wurde und der Besteller dieses behalten will, muss er sich nach den Grundsätzen der Vorteilsausgleichung[118] den objektiven Wert dieses Werks anrechnen lassen[119], da er diesen dadurch erlangt hat, 54

---

112 OLG Saarbrücken, Urt. v. 19.11.2014 – 2 U 172/13, NJW 2015, 879; BeckOK Bauvertragsrecht/v. Kiedrowski, § 648 BGB Rn. 37; BeckOK BGB/Voit, § 649 Rn. 15; Bruinier, in: ibr-OK Bauvertragsrecht, § 649 BGB Rn. 49; Messerschmidt/Voit/Oberhauser, § 649 BGB Rn. 19; MüKo-BGB/Busche, § 649 Rn. 15; Grüneberg/Retzlaff, BGB, § 649 Rn. 6.

113 OLG Saarbrücken, Urt. v. 19.11.2014 – 2 U 172/13, NJW 2015, 879; OLG Celle, Urt. v. 03.04.2003 – 22 U 179/01, NJW-RR 2003, 1243; BeckOK Bauvertragsrecht/v. Kiedrowski, § 648 BGB Rn. 41; BeckOK BGB/Voit, § 649 Rn. 15; Messerschmidt/Voit/Oberhauser, § 649 BGB Rn. 19; MüKo-BGB/Busche, § 649 Rn. 16; Grüneberg/Retzlaff, BGB, § 649 Rn. 6.

114 OLG Saarbrücken, Urt. v. 19.11.2014 – 2 U 172/13, NJW 2015, 879; BeckOK BGB/Voit, § 649 BGB Rn. 15; Leupertz/Halfmeier, in: PWW, BGB, § 649 Rn. 5.

115 OLG Saarbrücken, Urt. v. 19.11.2014 – 2 U 172/13, NJW 2015, 879; OLG Frankfurt a.M., Urt. v. 18.10.1988 – 14 U 80/87, NJW-RR 1989, 209; BeckOK BGB/Voit, § 649 Rn. 15; MüKo-BGB/Busche, § 649 Rn. 16.

116 Messerschmidt/Voit/Oberhauser, § 649 BGB Rn. 19.

117 BeckOK BGB/Voit, § 649 Rn. 15; Messerschmidt/Voit/Oberhauser, § 649 BGB Rn. 19; Leupertz/Halfmeier, in: PWW, BGB, § 649 Rn. 5.

118 Vertiefend hierzu MüKo-BGB/Oetker, § 249 Rn. 228 ff.

119 OLG Saarbrücken, Urt. v. 19.11.2014 – 2 U 172/13, NJW 2015, 879; OLG Celle, Urt. v. 03.04.2003 – 22 U 179/01, NJW-RR 2003, 1243; eingehend hierzu BeckOK BGB/Voit, § 649 Rn. 16 m.w.N.; Bruinier, in: ibr-OK Bauvertragsrecht, § 649 BGB Rn. 54 f.; Messerschmidt/Voit/Oberhauser, § 649 BGB Rn. 20; a.A.: OLG Frankfurt a.M., Urt. v. 18.10.1988 – 14 U 80/87, NJW-RR 1989, 209 stellt für die Bewertung des Wertzuwachses nicht auf die objektive Werterhöhung, sondern auf das subjektive Interesse des Bestellers an der Vollendung der Werkleistung ab; BeckOK Bauvertragsrecht/v. Kiedrowski, § 648 BGB Rn. 49 ff. geht davon aus, dass der Wertzuwachs je nach Einzelfall zu bewerten sei und maßgeblich objektive und auch subjektive Kriterien sein könnten; MüKo-BGB/Busche, § 649 Rn. 18 begrenzt den Anspruch des Unternehmers der Höhe nach durch die für die Kündigungsbefugnis maßgebliche Wesentlichkeitsschwelle, da diese das vom Besteller maximal zu tragende Vergütungs-

dass der Unternehmer ihm übertragene Arbeiten ausgeführt hat, die bei einer vorzeitigen Kündigung des Vertrags entfallen wären.

55 Mangels Kausalität zwischen Pflichtverletzung und Schaden entfällt der Schadensersatzanspruch, wenn der Besteller positiv wusste, dass eine wesentliche Überschreitung des Kostenanschlags eintritt.[120] Wenn der Besteller die wesentliche Überschreitung hätte erkennen können oder ein Anlass zur Nachfrage beim Unternehmer bestand, die aber unterblieben ist, kann dies als anspruchskürzendes Mitverschulden nach § 254 BGB bewertet werden.[121]

56 Die Beweislast für die Pflichtverletzung und den Schaden trägt nach allgemeinen Grundsätzen der Besteller.[122] Hinsichtlich der Pflichtverletzung genügt es, wenn der Besteller diese (objektiv) darlegt und beweist[123], etwa indem er vorträgt und beweist, dass zu einem bestimmten Zeitpunkt eine konkrete Kostenkontrollpflicht bestand und eine Anzeige vom Unternehmer daraufhin nicht gemacht wurde.[124] Der Unternehmer kann nun darlegen und beweisen, dass er ausreichende Maßnahmen getroffen hat, um der Kostenkontrollpflicht nachzukommen.[125] Der Besteller trägt außerdem die Darlegungs- und Beweislast für den Umstand, dass er bei rechtzeitiger Anzeige von der Kündigungsmöglichkeit nach § 649 Abs. 1 BGB Gebrauch gemacht hätte.[126] Eine dahingehende Vermutung besteht allerdings nicht, weil die Reaktionsmöglichkeiten auf eine wesentliche Überschreitung des Kostenanschlags maßgeblich vom Einzelfall abhängen.[127]

F. Abweichende Vereinbarungen

57 Von § 649 BGB abweichende Vereinbarungen sind grundsätzlich zulässig[128], wobei ein Ausschluss dieser Norm durch AGB wegen § 307 Abs. 2 Nr. 1 BGB unwirksam ist.[129] Sofern die Parteien die VOB/B vereinbaren, schließt dies § 649 BGB nicht aus.[130] Die in diesem Zusammenhang relevanten Normen der VOB/B, die die Vergütung betreffen (§ 1 Abs. 3, 4, § 2 Abs. 3, 5, 6 VOB/B), regeln nur Mehrleistungen und deren Abrechnung, aber kein Kündigungsrecht des Bestellers wegen Überschreitung eines Kostenanschlags und sind daher nicht lex specialis gegenüber § 649 BGB.[131]

---

risiko markiere; Leupertz/Halfmeier, in: PWW, BGB, § 649 Rn. 5 wollen den Wertzuwachs über eine mit subjektiven Beurteilungskriterien durchsetzte Vorteilsausgleichung bestimmen; Werner/Pastor/Werner, Rn. 1700 lehnt eine Berücksichtigung des Wertzuwachses beim Besteller gänzlich mit Verweis darauf ab, dass die Anzeigepflichtverletzung des Unternehmers andernfalls keine rechtlichen und wirtschaftlichen Konsequenzen für ihn hätte; dabei wird übersehen, dass die für das Schadensersatzrecht geltende Differenzhypothese keine Sanktionsfunktion hat (vgl. hierzu Bruinier, in: ibr-OK Bauvertragsrecht, § 649 BGB Rn. 54).

120 BeckOK BGB/Voit, § 649 Rn. 17 m.w.N.

121 BeckOK Bauvertragsrecht/v. Kiedrowski, § 648 BGB Rn. 52; BeckOK BGB/Voit, § 649 Rn. 17; Bruinier, in: ibr-OK Bauvertragsrecht, § 649 BGB Rn. 57; Messerschmidt/Voit/Oberhauser, § 649 Rn. 19; MüKo-BGB/Busche, § 649 Rn. 16.

122 Vgl. MüKo-BGB/Busche, § 649 Rn. 17; Leupertz/Halfmeier, in: PWW, BGB, § 649 Rn. 5.

123 MüKo-BGB/Busche, § 649 Rn. 17.

124 BeckOK BGB/Voit, § 649 Rn. 14.

125 BeckOK BGB/Voit, § 649 Rn. 14.

126 Bruinier, in: ibr-OK Bauvertragsrecht, § 649 BGB Rn. 52; MüKo-BGB/Busche, § 649 Rn. 17 m.w.N.

127 Bruinier, in: ibr-OK Bauvertragsrecht, § 649 BGB Rn. 52 m.w.N. auch zur Gegenmeinung.

128 Grüneberg/Retzlaff, BGB, § 649 Rn. 1.

129 BeckOK BGB/Voit, § 649 Rn. 18; Messerschmidt/Voit/Oberhauser, § 649 BGB Rn. 21.

130 BeckOK Bauvertragsrecht/v. Kiedrowski, § 648 BGB Rn. 59; BeckOK BGB/Voit, § 649 Rn. 18; MüKo-BGB/Busche, § 649 Rn. 19 m.w.N.; a.A.: Ingenstau/Korbion/Joussen/Vygen, Vor §§ 8, 9 VOB/B Rn. 74 hält § 649 nur für anwendbar, wenn die § 1 Abs. 3, 4, § 2 Abs. 3, 5 und 6 VOB/B nicht anwendbar sind, sie also durch gesonderte Vertragsbedingungen ausgeschlossen sind.

131 BeckOK Bauvertragsrecht/v. Kiedrowski, § 648 BGB Rn. 59; MüKo-BGB/Busche, § 649 BGB Rn. 19.

§ 650 Anwendung des Kaufrechts

(1) Auf einen Vertrag, der die Lieferung herzustellender oder zu erzeugender beweglicher Sachen zum Gegenstand hat, finden die Vorschriften über den Kauf Anwendung. § 442 Abs. 1 Satz 1 findet bei diesen Verträgen auch Anwendung, wenn der Mangel auf den vom Besteller gelieferten Stoff zurückzuführen ist. Soweit es sich bei den herzustellenden oder zu erzeugenden beweglichen Sachen um nicht vertretbare Sachen handelt, sind auch die §§ 642, 643, 645, 648 und 649 mit der Maßgabe anzuwenden, dass an die Stelle der Abnahme der nach den §§ 446 und 447 maßgebliche Zeitpunkt tritt.

(2) Auf einen Verbrauchervertrag, bei dem der Unternehmer sich verpflichtet,
1. digitale Inhalte herzustellen,
2. einen Erfolg durch eine digitale Dienstleistung herbeizuführen oder
3. einen körperlichen Datenträger herzustellen, der ausschließlich als Träger digitaler Inhalte dient,
sind die §§ 633 bis 639 über die Rechte bei Mängeln sowie § 640 über die Abnahme nicht anzuwenden. An die Stelle der nach Satz 1 nicht anzuwendenden Vorschriften treten die Vorschriften des Abschnitts 3 Titel 2a. Die §§ 641, 644 und 645 sind mit der Maßgabe anzuwenden, dass an die Stelle der Abnahme die Bereitstellung des digitalen Produkts (§ 327b Absatz 3 bis 5) tritt.

(3) Auf einen Verbrauchervertrag, bei dem der Unternehmer sich verpflichtet, einen herzustellenden körperlichen Datenträger zu liefern, der ausschließlich als Träger digitaler Inhalte dient, sind abweichend von Absatz 1 Satz 1 und 2 § 433 Absatz 1 Satz 2, die §§ 434 bis 442, 475 Absatz 3 Satz 1, Absatz 4 bis 6 und die §§ 476 und 477 über die Rechte bei Mängeln nicht anzuwenden. An die Stelle der nach Satz 1 nicht anzuwendenden Vorschriften treten die Vorschriften des Abschnitts 3 Titel 2a.

(4) Für einen Verbrauchervertrag, bei dem der Unternehmer sich verpflichtet, eine Sache herzustellen, die ein digitales Produkt enthält oder mit digitalen Produkten verbunden ist, gilt der Anwendungsausschluss nach Absatz 2 entsprechend für diejenigen Bestandteile des Vertrags, welche die digitalen Produkte betreffen. Für einen Verbrauchervertrag, bei dem der Unternehmer sich verpflichtet, eine herzustellende Sache zu liefern, die ein digitales Produkt enthält oder mit digitalen Produkten verbunden ist, gilt der Anwendungsausschluss nach Absatz 3 entsprechend für diejenigen Bestandteile des Vertrags, welche die digitalen Produkte betreffen.

Übersicht

A. Entwicklung

1 Der Absatz 1 des § 650 BGB ist durch das am 01.01.2018 in Kraft getretene Gesetz zur Reform des Bauvertragsrechts und zur Änderung der kaufrechtlichen Mängelhaftung in das BGB eingefügt worden, damals noch als einziger Absatz.[1] Diese entspricht mit geringfügigen redaktionellen Abweichungen, die durch die Verweisung auf andere Normen bedingt waren, der Fassung des § 651 BGB a.F. Aus diesem Grund ist die bisherige Literatur und Rechtsprechung zu § 651 BGB a.F. sowie die Erkenntnisse aus dessen Entstehungsgeschichte uneingeschränkt auf § 650 BGB übertragbar.

Die Absätze 2–4 des § 650 BGB sind durch das am 01.01.2022 in Kraft getretene Gesetz zur Umsetzung der Richtlinien über bestimmte vertragsrechtliche Aspekte der Bereitstellung digitaler Inhalte und digitaler Dienstleistungen eingefügt worden.[2] Durch die Ergänzung werden die Erfordernisse der Digitale-Inhalt-RL erfüllt. Der Regelungsgegenstand der Absätze sind bestimmte Verbraucherverträge über die Herstellung von digitalen Produkten als Werkvertrag oder Werklieferungsvertrag.

Eine inhaltliche Verbindung zwischen § 650 Abs. 1 BGB und § 650 Abs. 2–4 BGB besteht nicht.

B. Der Werklieferungsvertrag

I. Entwicklung

2 § 651 BGB a.F. wurde durch das Gesetz zur Modernisierung des Schuldrechts gänzlich neu gefasst.[3] Dieser regelte, dass auf grundsätzlich alle nach dem 01.01.2002[4] entstandenen Verträge, die die Lieferung herzustellender oder zu erzeugender beweglicher Sachen zum Gegenstand hatten, Kaufrecht anzuwenden war. Daneben blieben aber gemäß § 651 S. 3 BGB a.F. einige Normen des Werkvertragsrechts anwendbar, wenn der Vertrag die Herstellung oder Erzeugung und Lieferung einer unvertretbaren Sache zum Gegenstand hatte.

3 Im Gegensatz hierzu regelte der »systematisch nicht leicht zu durchschauende«[5] § 651 BGB in der Fassung vor dem Inkrafttreten des SchuldRModG, dass je nach Herkunft des Materials und der Art der herzustellenden Sache zu differenzieren war: Wenn sich der Unternehmer verpflichtete das Werk aus einem von ihm zu beschaffenden Stoff herzustellen und handelte es sich bei der herzustellenden Sache um eine vertretbare Sache, war Kaufrecht anwendbar (§ 651 BGB Abs. 1 S. 2 Hs. 1 BGB i.d.F. vor dem Inkrafttreten des SchuldRModG). Wenn es sich bei der herzustellenden Sache um eine nicht vertretbare Sache handelte, so waren mit wenigen Ausnahmen werkvertragliche Regelungen anwendbar (§ 651 BGB Abs. 1 S. 2 Hs. 2 BGB i.d.F. vor dem Inkrafttreten des SchuldRModG). Sofern sich der Unternehmer nur zur Beschaffung von Zutaten oder sonstigen Nebensachen verpflichtete, so fanden ausschließlich die Vorschriften über den Werkvertrag Anwendung (§ 651 BGB Abs. 2 BGB i.d.F. vor dem Inkrafttreten des SchuldRModG).

4 Die Änderung des § 651 BGB i.d.F. vor dem Inkrafttreten des SchuldRModG durch das SchuldRModG wurde einerseits dadurch veranlasst, dass die alte Regelung vom Gesetzgeber als unübersichtlich eingeordnet wurde, aber andererseits und vor allem die Verbrauchsgüterkaufrichtlinie 1999/44/EG zu einer Änderung zwang.[6] Nach Art. 1 Abs. 4 Verbrauchsgüterkauf-RL gelten als Kaufverträge auch Verträge über die Lieferung herzustellender oder zu erzeugender Verbrauchsgüter. Dieser Vorgabe wurde mit der Gesetzesänderung Rechnung getragen, wobei zur Vereinfachung

1 BGBl. I, 2017, 972; siehe zur Gesetzgebungsgeschichte: BT-Drucks. 14/6040, S. 267 f.; 14/6857, S. 38, 68; 14/7052, S. 205.
2 BGBl. I, 2021, 2123.
3 BGBl. I, 2001, 3167.
4 Art. 229 § 5 EGBGB.
5 BT-Drucks. 14/6040, S. 267 f. (»Ein Mangel dieser Regelung liegt in der unübersichtlichen Verweisung auf einzelne Vorschriften des Kauf- und Werkvertragsrechts«).
6 BT-Drucks. 14/6040, S. 2, 267 f.

bewusst auf eine Unterscheidung zwischen Verbrauchsgüterkaufverträgen im Sinne der Richtlinie und Verträgen, die der Richtlinie nicht unterliegen, verzichtet wurde.[7] Insofern war die Neuregelung des § 651 BGB a.F. gleichermaßen auf Verbraucherverträge und Verträge ohne Beteiligung eines Unternehmers anwendbar.

II. Anwendungsvoraussetzungen

§ 650 Abs. 1 BGB erfasst nur Verträge, die die Lieferung herzustellender oder zu erzeugender beweglicher Sachen zum Gegenstand hat, S. 1. Wenn eine dieser Voraussetzungen nicht vorliegt, ist auf den Vertrag regelmäßig Kaufrecht, wobei es sich dann etwa um einen Kaufvertrag mit Montagepflicht oder Handelskauf handeln kann[8], oder Werkvertragsrecht anwendbar. Je nach den Umständen des Einzelfalles kann es sich auch um einen typengemischten Vertrag handeln, der Elemente des Kauf- und des Werkvertrags vereint.[9] 5

1. Bewegliche Sachen

Sachen sind nach § 90 BGB und in Einstimmigkeit mit Art. 1 Abs. 2 lit. b VerbrauchsgüterkaufRL körperliche Gegenstände. Nach § 90a BGB sind Tiere keine Sachen, aber auf sie finden die für Sachen geltenden Vorschriften unter Beachtung von Tierschutzgesetzen[10] Anwendung. Keine Sache liegt vor, wenn die Erbringung einer geistigen Leistung, wie etwa eines Gutachtens oder einer Fachplanung, geschuldet ist.[11] Dies gilt auch, wenn die geistige Leistung körperlich durch eine schriftliche Ausfertigung fixiert wurde, denn maßgeblich ist allein die dahinterstehende geistige Leistung.[12] 6

Wann eine Sache beweglich ist, wird nicht legaldefiniert. Nach der sachenrechtlichen Betrachtungsweise sind solche Sachen beweglich, die weder ein Grundstück noch Bestandteil eines solchen (§ 94 BGB) und auch nicht einem Grundstück gleichgestellt (Erbbaurecht; Wohnungseigentum) sind.[13] Danach sind grundsätzlich auch Schiffe und Schiffsbauwerke bewegliche Sachen, doch für diese gelten bei entsprechender Eintragung in das Schiffsregister die werkvertraglichen Regelungen nach § 647a BGB. 7

Dieses Verständnis von »beweglich« hätte insbesondere zur Folge, dass Verträge, die auf die Errichtung von Bauwerken gerichtet sind, nur dann als Werkvertrag einzuordnen sind, wenn das Gewerk wesentlicher Bestandteil des Grundstücks wird. Probleme ergeben sich daher mit Blick auf Scheinbestandteile gemäß § 95 BGB. Diese werden als bewegliche Sachen im sachenrechtlichen Sinne eingeordnet[14], selbst dann, wenn sie mit einem Grundstück verbunden oder in ein Gebäude eingefügt wurden, also faktisch »unbeweglich« sind. Unter Zugrundelegung dieses sachenrechtlichen Verständnisses von »beweglicher Sache«, ergäbe sich bei der Anwendung von § 650 Abs. 1 BGB die Konsequenz, dass auf Verträge, die die Erstellung von Scheinbestandteilen zum Gegenstand haben, Kaufrecht Anwendung fände. Damit hingen die auf den Vertrag anwendbaren Normen davon ab, ob die Sache beweglich im sachenrechtlichen Sinne ist. 8

---

7 BT-Drucks. 14/6040, S. 268.

8 Bruinier, in: Kniffka/Jurgeleit, § 650 BGB Rn. 5.

9 Bruinier, in: Kniffka/Jurgeleit, § 650 BGB Rn. 5; siehe zum typengemischten Vertrag allgemein etwa BeckOK BGB/Gehrlein, § 311 Rn. 21 ff.; MüKo-BGB/Emmerich, § 311 Rn. 29 ff.

10 Siehe hierzu etwa: BeckOK BGB/Fritsche, § 90a Rn. 4.

11 Bruinier, in: Kniffka/Jurgeleit, § 650 BGB Rn. 6.

12 Bruinier, in: Kniffka/Jurgeleit, § 650 BGB Rn. 6.

13 BeckOK BGB/Voit, § 650 Rn. 2 f.; Messerschmidt/Voit/Leidig, § 650 BGB, Rn. 11; Bruinier, in: Kniffka/Jurgeleit, § 650 BGB, Rn. 7; MüKo-BGB/Busche, § 650 Rn. 6; Leupertz/Halfmeier, in: PWW, BGB, § 650 Rn. 8.

14 BGH, Urt. v. 05.05.2006 – V ZR 139/05, NJW-RR 2006, 1160; BGH, Urt. v. 31.10.1986 – V ZR 168/85, NJW 1987, 774; MüKo-BGB/Stresemann, § 95 Rn. 37; Grüneberg/Ellenberger, BGB, § 95 Rn. 1; Völzmann-Stickelbrock, in: PWW, BGB, § 95 Rn. 1.

9 Dies ist unbefriedigend[15], denn diesbezüglich besteht eine kaum zu durchdringende Kasuistik[16], die für die Vertragsparteien erhebliche Rechtsunsicherheit bedeutet.[17] Denn für den Unternehmer wird kaum zu erkennen sein, ob das Bauwerk ein wesentlicher oder lediglich ein Scheinbestandteil des Grundstücks wird.[18] Dies ist gerade vor dem Hintergrund, dass die kauf- und werkvertraglichen Regelungen erhebliche Unterschiede aufweisen problematisch. Insbesondere dem Sicherungsbedürfnis des Unternehmers könnte nicht durch Abschlagszahlungen nach § 632a BGB oder Sicherheiten gemäß §§ 647a, 650e, 650f BGB Rechnung getragen werden. Dieses Sicherungsbedürfnis besteht für den Unternehmer auch unabhängig davon, ob das Werk ein Scheinbestandteil oder ein wesentliches Grundstücksbestandteil ist.[19] Allein aus diesem Grund wäre eine einheitliche Behandlung von solchen Verträgen schon angezeigt.

10 Möglicherweise ging auch der Gesetzgeber von einer vom sachenrechtlichen Verständnis unabhängigen Bewertung des Begriffs »bewegliche Sache« aus. Denn in der Begründung des Gesetzesentwurfs der Bundesregierung für das SchuldRModG ist ausgeführt, dass bei der Frage, ob eine Sache »für ein Bauwerk« verwendet worden ist, auf die zu dem § 638 Abs. 1 S. 1 BGB a.F. entwickelten Kriterien zurückgegriffen werden kann.[20] Weiter heißt es in dem Regierungsentwurf: »Danach ist ein Bauwerk eine unbewegliche, durch Verwendung von Arbeit und Material in Verbindung mit dem Erdboden hergestellte Sache.«[21] Dies ist die Wiedergabe der ständigen Rechtsprechung des BGH zu § 638 Abs. 1 S. 1 BGB a.F. bzgl. der Definition von »Bauwerk«.[22] Die Rechtsprechung hat in diesem Zusammenhang aber betont, dass es nicht auf die sachenrechtliche Auslegung ankomme.[23] Insofern könnte man daraus folgern, dass der Gesetzgeber anerkannt hat, dass die Einordnung einer Sache als beweglich nicht stets auf sachenrechtlichen Erwägungen beruht und gerade im Werkvertragsrecht eine anderweitige Auslegung maßgeblich ist.[24]

11 Zu beachten ist weiterhin, dass der Begriff »bewegliche Sache« im Zusammenhang mit § 650 Abs. 1 BGB maßgeblich durch die VerbrauchsgüterkaufRL beeinflusst wurde. Aus diesem Grund verbietet sich ohnehin eine autonome Auslegung nach nationalem deutschen (Sachen-)Recht und es ist vielmehr eine richtlinienkonforme Auslegung vorzunehmen.[25] Eine Definition enthält die VerbrauchsgüterkaufRL nicht. Lediglich Art. 1 Abs. 2 lit. b VerbrauchsgüterkaufRL definiert »Verbrauchsgüter« als »bewegliche körperliche Gegenstände« und benennt Ausnahmen hiervon.

15 Ebenso Messerschmidt/Voit/Leidig, § 650 BGB, Rn. 13; Thode, NZBau 2002, 360 (361) spricht gar von »desaströs«.

16 Vgl. BeckOK BGB/Fritzsche, § 94 Rn. 4 ff.; MüKo-BGB/Stresemann, § 94 Rn. 4 ff.; siehe etwa auch die sich widersprechenden Entscheidungen des BGH zu Photovoltaikanlagen, BGH, Urt. v. 09.10.2013 – VIII ZR 318/12, NJW 2014, 845 (Kaufrecht) dagegen BGH, Urt. v. 10.01.2019 – VII ZR 184/17, NJW 2019, 1593.

17 Ebenso Thode, NZBau 2002, 360 (362); so wohl auch BeckOK BGB/Voit, § 650 Rn. 3.

18 BeckOK BGB/Voit, § 650 Rn. 3.

19 BeckOK BGB/Voit, § 650 Rn. 3.

20 BT-Drucks. 14/6040, S. 227.

21 BT-Drucks. 14/6040, S. 227.

22 BGH, Urt. v. 20.05.2003 – X ZR 57/02, NJW-RR 2003, 1320 m.w.N.

23 BGH, Urt. v. 20.05.2003 – X ZR 57/02, NJW-RR 2003, 1320 m.w.N.

24 Messerschmidt/Voit/Leidig, § 650 BGB Rn. 15.

25 Leinemann/Kues/Altenburg, § 650 BGB Rn. 5; Messerschmidt/Voit/Leidig, § 650 BGB, Rn. 16; MüKo-BGB/Busche, § 650 Rn. 6; Leupertz/Halfmeier, in: PWW, BGB, § 650 Rn. 8; Der BGH, Urt. v. 23.07.2009 – VII ZR 151/08, NJW 2009, 2877 (sog. Silo-Fall) hat offengelassen, ob der Begriff der »beweglichen Sache« im Sinne des § 651 S. 1 BGB sachenrechtlich oder im Lichte der VerbrauchsgüterkaufRL auszulegen ist, wenngleich das Urteil Sympathien für letztere Auslegung zum Ausdruck bringt; Bruinier, in: Kniffka/Jurgeleit, § 650 BGB Rn. 12 ff., lässt diesen Streit offen; Nach BeckOK BGB/Voit, § 650 Rn. 3 folgt die Beschränkung des Begriffs der »beweglichen Sache« weniger aus der Richtlinienkonformität als aus einer teleologischen Auslegung des Begriffs vor dem Hintergrund der Zielsetzung einer Umsetzung der Richtlinie; so auch Leistner, JA 2007, 81 (82).

Ausgehend vom Sinn und Zweck der VerbrauchsgüterkaufRL lassen sich allerdings Rückschlüsse auf das zugrundeliegende Verständnis von »beweglichen Sachen« ziehen. Schutzzweck dieser Richtlinie ist es nach Erwägungsgrund Nr. 5 insbesondere ein Mindestmaß an Verbraucherschutz im Warenverkehr mit Massengütern zu gewährleisten.[26] Nicht bezweckt wurde hingegen eine Regelung der Immobilienwirtschaft, unabhängig davon, ob es sich bei den Immobilien um Scheinbestandteile oder wesentliche Bestandteile nach nationalem Recht handelt.[27] 12

Nach dem Vorgenannten ist die Einordnung einer Sache als »beweglich« im Sinne des § 650 Abs. 1 BGB nicht anhand des nationalen sachenrechtlichen Verständnisses vorzunehmen. Vielmehr kommt es bei richtiger, richtlinienkonformer Auslegung auf eine natürliche Betrachtungsweise der Beweglichkeit an.[28] Danach sind sämtliche tatsächlich beweglichen Sachen auch »beweglich« im Sinne des § 650 Abs. 1 BGB. Umgekehrt sind ausreichend fest mit einem Grundstück verbundene (Schein-)Bestandteile nicht beweglich im tatsächlichen Sinne, sodass Verträge über diese Bestandteile nach § 650 Abs. 1 BGB nicht dem Kaufrecht, sondern dem Werkvertragsrecht unterfallen.[29] 13

2. Herstellung oder Erzeugung

§ 650 Abs. 1 BGB findet nur auf Verträge Anwendung, die eine Pflicht zur Herstellung oder Erzeugung zum Gegenstand haben und diese Pflicht dem Vertrag sein Gepräge gibt. Hiervon ist nicht notwendigerweise auszugehen, nur weil es die Sache bei Vertragsschluss noch nicht gab. Denn es kann auch sein, dass es dem Gläubiger nicht auf die Herstellung, sondern allein auf die Verschaffung des Endproduktes ankommt.[30] 14

Herstellung meint das Schaffen von etwas Neuem aus eigener Kraft.[31] Ein Verweis auf den Begriff der »Herstellung« des § 631 BGB[32] ist abzulehnen[33], denn dieser ist nicht ausschließlich auf die Schaffung von etwas Neuem gerichtet.[34] 15

26 RL 1999/44/EG, ABl. L 171 vom 07.07.1999, S. 12; vgl. auch Messerschmidt/Voit/Leidig, § 650 BGB Rn. 17; Leupertz/Halfmeier, in: PWW, BGB, § 650 Rn. 9; Thode, NZBau 2002, 360 (362); Thode, ZfBR 2000, 363 (365) m.w.N.

27 Messerschmidt/Voit/Leidig, § 650 BGB Rn. 17 m.w.N.; Thode, NZBau 2002, 360 (362); Thode, ZfBR 2000, 363 (365) m.w.N.

28 Ebenso Leinemann/Kues/Altenburg, § 650 BGB Rn. 5; Messerschmidt/Voit/Leidig, § 650 BGB Rn. 18; MüKo-BGB/Busche, § 650 Rn. 6); Leupertz/Halfmeier, in: PWW, BGB, § 650 Rn. 9; im Ergebnis so auch BeckOK BGB/Voit, § 650 Rn. 3 m.w.N. auch zur Gegenansicht, der alternativ aber auch vorschlägt, den Begriff der »Lieferung« im Sinne des § 650 BGB eng auszulegen, sodass Verträge über Scheinbestandteile nicht von dieser Norm erfasst werden, denn Verträge über die Errichtung eines Gebäudes als Scheinbestandteil verpflichten zwar zur Herstellung, nicht aber zur Lieferung einer herzustellenden Sache, da die Herstellungsverpflichtung und nicht die Besitz- und Eigentumsverschaffung im Vordergrund stehe; ähnlich wie hier auch Leistner, JA 2007, 81 (82); Bruinier, in: Kniffka/Jurgeleit, § 650 BGB Rn. 12 ff. benennt dieses Ergebnis nicht ausdrücklich, folgt aber dessen Konsequenzen, wenn er Scheinbestandteile dem Werkvertragsrecht unterwirft (Rn. 8).

29 Messerschmidt/Voit/Leidig, § 650 BGB Rn. 18 m.w.N.; So auch Bruinier, in: Kniffka/Jurgeleit, § 650 BGB Rn. 12 ff.

30 Bruinier, in: Kniffka/Jurgeleit, § 650 BGB Rn. 24.

31 BeckOK BGB/Voit, § 650 Rn. 5; Leinemann/Kues/Altenburg, § 650 BGB Rn. 7 m.w.N.; Bruinier, in: Kniffka/Jurgeleit, § 650 BGB Rn. 20; Messerschmidt/Voit/Leidig, § 650 BGB Rn. 21; MüKo-BGB/Busche, § 650 Rn. 9; Leupertz/Halfmeier, in: PWW, BGB, § 650 Rn. 4.

32 Grüneberg/Retzlaff, BGB, § 650 Rn. 2, Einf. § 631, Rn. 1; insofern widersprüchlich ist MüKo-BGB/Busche, § 650 Rn. 9, der bzgl. des Begriffs der »Herstellung« auf den des § 631 BGB verweist, wo es heißt, dass hierunter etwa auch die Veränderung einer Sache fallen kann (§ 631, Rn. 72), aber gleichzeitig ausführt, dass nur die Erschaffung zuvor nicht existenter Sachen von § 650 erfasst sei.

33 Ebenso BeckOK BGB/Voit, § 650 Rn. 5.

34 MüKo-BGB/Busche, § 631 Rn. 72; Grüneberg/Retzlaff, BGB, Einf v § 631 Rn. 1.

16 Unter Erzeugung wird das Schaffen von etwas Neuem nicht aus eigener Kraft, sondern mittels der Natur verstanden.[35] Danach handelt es sich bei einem Vertrag über die Lieferung von noch zu melkender Milch um einen Kaufvertrag. Dagegen ist es etwa auf einen Mastvertrag, der die Mästung eines zuvor an den Schuldner übergebenen Tieres bis zu einem bestimmten Gewicht und anschließende Rückgabe an den Gläubiger zum Gegenstand hat, Werkvertragsrecht anwendbar.[36] Im baurechtlichen Bereich dürfte für die Alternative des »Erzeugens« allerdings kaum ein Anwendungsbereich verbleiben.

17 Nach dem Wortlaut des § 650 Abs. 1 BGB ist es unerheblich, ob der Unternehmer die Sache selbst herstellt oder erzeugt. Daher genügt es, sofern dem die vertraglichen Vereinbarungen der Parteien nicht entgegenstehen, wenn dies auf Veranlassung des Verkäufers durch einen Dritten erfolgt.[37] Unerheblich ist auch, wo die Sache hergestellt oder erzeugt werden soll.[38]

3. Lieferung

18 Die herzustellende oder zu erzeugende Sache muss geliefert werden, § 650 Abs. 1 S. 1 BGB. Unter der Lieferung versteht man die Verschaffung, d.h. ähnlich wie bei der kaufrechtlichen Verschaffungspflicht gem. § 433 Abs. 1 BGB die Eigentums- und Besitzverschaffung, der zu leistenden Sache zur Vertragserfüllung.[39] Hintergrund dieses Verständnisses ist, dass die VerbrauchsgüterkaufRL die Lieferung herzustellender oder zu erzeugender Sachen in Bezug zum Kaufrecht thematisiert, sodass davon auszugehen ist, dass ein kaufrechtliches Verständnis von »Lieferung« zugrunde zu legen ist.[40]

19 Zur Bestimmung der Art der geschuldeten Lieferung ist maßgeblich, wann der Schuldner das seinerseits Erforderliche getan hat.[41] Dies richtet sich nach den konkreten Umständen des Einzelfalles, sodass eine Hol-, Schick- oder Bringschuld vorliegen kann.[42]

III. Abgrenzung zu Werk- und Kaufvertrag

1. Abgrenzungskriterien

20 Die Abgrenzung des Werklieferungs- zum Werk- und Kaufvertrag ist in Anbetracht der erheblich voneinander abweichenden Regelungssysteme, denen diese Vertragstypen unterworfen sind, von erheblicher Bedeutung. Die Grenzen sind dabei gerade in der praktischen Ausgestaltung vieler Verträge fließend, die Unterscheidung im Detail anspruchsvoll. Die gilt gerade auch in Bezug auf die zwingende Abgrenzung zwischen Werk- und Werklieferungsvertrag.[43]

21 Grundlegend gilt:

35 BeckOK BGB/Voit, § 650 Rn. 7; Bruinier, in: Kniffka/Jurgeleit, § 650 BGB Rn. 20; MüKo-BGB/Busche, § 650 Rn. 9; Grüneberg/Retzlaff, BGB, § 650 Rn. 2; Leupertz/Halfmeier, in: PWW, BGB, § 650 Rn. 4.

36 BeckOK BGB/Voit, § 650 Rn. 7.

37 BeckOK BGB/Voit, § 650 Rn. 13 m.w.N. auch zu Gegenansichten; Bruinier, in: Kniffka/Jurgeleit, § 650 BGB Rn. 21; MüKo-BGB/Busche, § 650 Rn. 8; differenzierend Staudinger/Leupertz/Popescu, § 650 BGB Rn. 13 ff.

38 Bruinier, in: Kniffka/Jurgeleit, § 650 BGB, Rn. 23.

39 BeckOK BGB/Voit, § 650 Rn. 8; MüKo-BGB/Busche, § 650 Rn. 7; BeckOGK BGB/Merkle § 650 Rn. 8.; a.A. (Anwendung von Kaufvertragsrecht auch dann denkbar, wenn Eigentumserwerb des Bestellers nach den §§ 946 ff. BGB erfolgt) Staudinger/Leupertz/Popescu, § 650 BGB Rn. 21; Leupertz/Halfmeier, in: PWW, BGB, § 650 Rn. 3; Leistner, JA 2007, 81 (82); weites Begriffsverständnis wohl auch bei Leinemann/Kues/Altenburg, § 650 BGB Rn. 8 und Bruinier, in: Kniffka/Jurgeleit, § 650 BGB Rn. 17, die jeweils von »Besitz bzw. Eigentum« sprechen.

40 BeckOK BGB/Voit, § 650 Rn. 8.

41 MüKo-BGB/Busche, § 650 Rn. 7.

42 Leinemann/Kues/Altenburg, § 650 BGB, Rn. 8; MüKo-BGB/Busche, § 650 Rn. 7.

43 BGH, Urt. v. 07.12.2017 – VII ZR 1010/14, ZfBR 2018, S. 236, (240), Rn. 49.

Maßgebliches Abgrenzungskriterium ist der Schwerpunkt der zu erbringenden Leistung. Dieser ist anhand im Rahmen einer Gesamtbetrachtung aller Umstände des Einzelfalls zu ermitteln. Hierdurch ist der Schwerpunkt der Leistung zu bestimmen.[44] Je mehr die mit dem Warenumsatz verbundene Übertragung von Eigentum und Besitz auf den »Besteller« im Vordergrund steht und je weniger die individuellen Anforderungen des Kunden und die geschuldete Montageleistung das Gesamtbild des Vertragsverhältnisses prägen, desto eher ist die Annahme eines Kaufvertrags geboten.[45] Maßgebliche Kriterien sind die Art des zu liefernden Gegenstands, das Wertverhältnis von Lieferung und Montage sowie die Besonderheiten des geschuldeten Ergebnisses.[46] Der Zweck der herzustellenden und zu liefernden Sache bleibt dabei in den meisten Fällen außer Betracht.

Zum Wertverhältnis von Lieferung und Montage werden in der Rechtsprechung verschiedene Ansätze 22 vertreten, die jeweils auf den Einzelfall abzielen und daher nur bedingt verallgemeinerungsfähig sind.[47]

2. Werklieferungsvertrag und Kaufvertrag

Nach § 433 Abs. 1 S. 1 BGB schuldet der Verkäufer dem Käufer die Sache zu übergeben und das 23 Eigentum an der Sache zu verschaffen, wohingegen der Unternehmer im Rahmen eines Werklieferungsvertrags nach § 650 Abs. 1 S. 1 BGB dazu verpflichtet ist, eine bewegliche Sache herzustellen oder zu erzeugen und zu liefern. Hierin zeigt sich der Unterschied: Der Unternehmer muss die Sache gerade herstellen oder erzeugen, wohingegen dies für den Verkäufer nicht erforderlich ist. Gleichwohl kann ein Kaufvertrag auch vorliegen, wenn der Verkäufer die Sache selbst oder durch einen Dritten noch herstellen oder erzeugen muss. Denn maßgeblich ist, ob es dem Gläubiger auf die Herstellung (dann Werklieferungsvertrag) oder allein auf die Verschaffung des Endproduktes (dann Kaufvertrag) ankommt.[48]

Letzteres ist unproblematisch bei Verträgen über die Lieferung von Sachen, die bereits hergestellt 24 oder erzeugt sind der Fall.[49] Auch ein Vertrag, der die Lieferung eines nicht vorrätigen Standardproduktes zum Gegenstand hat, ist demgemäß ein Kaufvertrag.[50]

Weiter liegt ein Kaufvertrag (mit Montageverpflichtung) auch dann vor, wenn auch geschuldete 25 Leistungen an sich zwar in den Anwendungsbereich des § 650 Abs. 1 BGB fielen, sich diese aber nur als untergeordnete Nebenleistung eines Kaufvertrags darstellen, diesem also bei einer Gesamtbetrachtung nicht das spezifische Gepräge geben.[51] Dies ist der Fall, wenn die Montageleistung hinter der Verschaffung des Eigentums erheblich zurücktritt, weil der Erwerber erstere üblicherweise selbst vornehmen kann und sich folglich nur als Serviceleistung des Verkäufers darstellt, die häufig nicht oder nur gering vergütet wird.[52] Ein häufig relevantes Indiz in diesem Zusammenhang ist

44 BGH, Urt. v. 03.03.2004 – VIII ZR 76/03, NJW-RR 2004, 850.

45 OLG Köln, Beschl. v. 13.04.2015 – 11 U 183/14, NJW-RR 2015, 859.

46 BGH, Beschl. v. 16.04.2013 – VIII ZR 375/11, BeckRS 2013, 15325.

47 Türen: OLG Köln, Beschl. v. 13.04.2015 – 11 U 183/14, NJW-RR 2015, 859, OLG Hamm, Urt. v. 27.09.2022 – 24 U 57/21; Kühlgerät: OLG Düsseldorf, Urt. v. 06.11.2012 – I-21 U 75/11, BeckRS 2013, 2041; Einbauküche: OLG München, Beschl. v. 15.02.2018 – 17 U 116/18, BeckRS 2018, 41325, OLG Oldenburg, Urt. v. 05.03.2024 – 2 U 115/23; Inneneinrichtung eines Ladengeschäfts: OLG Dresden, Urt. v. 24.02.2023 – 22 U 1499/22.

48 Bruinier, in: Kniffka/Jurgeleit, § 650 BGB, Rn. 24.

49 Insofern klarstellend schon BGH, Urt. v. 21.06.1967 – VIII ZR 26/65, NJW 1967, 1903.

50 BGH, Urt. v. 02.04.2014 – VIII ZR 46/13, NJW 2014, 2183; Dies deckt sich auch mit der Rspr. des EuGH, Urt. v. 07.09.2017 – C-247/16, NJW 2017, 3215, denn danach ist die VerbrauchsgüterkaufRL lediglich dann anwendbar, wenn eine etwaige Dienstleistung den Verkauf nur ergänzt.

51 BGH, Urt. v. 03.03.2004 – VIII ZR 76/03, NJW-RR 2004, 650; BeckOK BGB/Voit, § 650 Rn. 12; MüKo-BGB/Busche, § 650 Rn. 10.

52 BeckOK BGB/Voit, § 650 Rn. 12.

daher der Wert der Herstellung bzw. Montage im Verhältnis zur Gesamtleistung.[53] Aus diesen Gründen handelt es sich bei einem Vertrag über den Kauf von herzustellenden, zerlegten Möbeln, die vom Verkäufer beim Kunden montiert werden, um einen Kaufvertrag. Auch ein Vertrag, der die Lieferung und den Einbau einer herzustellenden Solaranlage zum Gegenstand hat, ist als Kaufvertrag mit Montageverpflichtung zu qualifizieren, wenn die Montage dem Vertrag nicht sein spezifisches Gepräge gibt, insbesondere weil der Wert der Montage deutlich geringer als der Wert Solaranlage ist.[54] Unzweifelhaft handelt es sich auch bei einem Vertrag, der die Herstellung und Lieferung von Standardware mit geringfügigen Modifikationen für den Kunden zum Gegenstand hat, um einen Kaufvertrag. Der BGH hat etwa einen Vertrag, der die Herstellung eines standardisierten Mobilheims mit Sonder- und Zusatzwünschen, wie unter anderem einer anderen Ausfertigung der Türen, einer vollständigen Verfliesung des Baderaums, einer Verstärkung einigen Wände und den Einbau von Anschlüssen für Wasch- und Spülmaschine sowie die Aufstellung des Mobilheims (ohne Hausanschlüsse) auf dem vom Käufer zu erstellenden Fundament als Kaufvertrag qualifiziert.[55] Weiterhin kann auch darauf abgestellt werden, wie beständig die Verbindung zwischen dem Gegenstand und seinem Einbringungsort ist und ob für den Leistungserfolg an dem Einbringungsort gearbeitet werden musste.[56] Haben die Parteien regelmäßig keine Berührungen während der Herstellungsphase des Werks, da diese sich in der Sphäre des Unternehmers vollzieht, so liegt regelmäßig ein Werklieferungsvertrag vor. Findet jedoch eine Einbauphase von erheblicher Dauer in der Sphäre des Bestellers statt, so spricht dies für einen Werkvertrag.[57]

3. Werklieferungsvertrag und Werkvertrag

26 Bei einem Werkvertrag wird der Unternehmer nach § 631 Abs. 1 BGB zur Herstellung des versprochenen Werkes verpflichtet. § 650 Abs. 1 BGB ist demgegenüber deutlich enger gefasst, da die »Lieferung« einer »herzustellenden oder zu erzeugenden« »beweglichen Sache« Tatbestandsvoraussetzung ist.

27 Demgemäß handelt es sich bei Verträgen, die auf die Errichtung eines Bauwerks gerichtet sind, um Werkverträge, da es an einer beweglichen Sache fehlt. Dies gilt gleichermaßen dafür, ob das Bauwerk ein wesentlicher (§§ 93 f. BGB) oder lediglich ein Scheinbestandteil (§ 95 BGB) des Grundstücks ist.

28 Wenn die Herstellungs- und Lieferverpflichtung durch weitergehende Vertragspflichten überlagert wird, liegt kein Werklieferungsvertrag vor und § 650 Abs. 1 BGB findet keine Anwendung, weil dann diese weitergehende Verpflichtung dem Vertrag sein Gepräge gibt.[58] Daher handelt es sich etwa bei einem Vertrag, der auf Errichtung eines Einfamilienhauses gerichtet ist, wobei hierfür herzustellende oder zu erzeugende bewegliche Sachen (Bauteile) geliefert werden müssen, um einen Werkvertrag. Dies gilt insbesondere, soweit der Unternehmer nicht primär die Lieferung von Einzelteilen, sondern die Herstellung eines funktionsfähigen Werks (hier: aus Maschinenteilen zusammengesetzte Produktionsanlage) schuldet.[59] Auch ein Vertrag, der auf die Herstellung und Montage einer Auf-Dach-Solaranlage gerichtet ist, stellt einen Werkvertrag dar, wenn deren Installation mit sehr aufwendigen Anpassungsarbeiten an dem Gebäude verbunden ist, denn die Montagearbeit gibt dem Vertrag sein spezifisches Gepräge.[60] Die Herstellung und Lieferung der Solaranlage stellt sich in diesem Fall nur als Nebenleistung dar. Auch die vertraglich vereinbarte Herstellung eines Parkett-

53 BGH, Urt. v. 03.03.2004 – VIII ZR 76/03, NJW-RR 2004, 650; MüKo-BGB/Busche, § 650 Rn. 7; Schneidewindt, NJW 2013, 3751 (3754).
54 BGH, Urt. v. 03.03.2004 – VIII ZR 76/03, NJW-RR 2004, 650.
55 BGH, Urt. v. 15.04.2004 – VII ZR 291/03, NJW-RR 2004, 1205.
56 OLG Düsseldorf, Urt. v. 15.12.2022 – 5 U 213/21.
57 OLG München, Urt. v. 10.12.2019 – 28 U 1575/17.
58 Bruinier, in: Kniffka/Jurgeleit, § 650 BGB, Rn. 29 m.w.N.; MüKo-BGB/Busche, § 650 Rn. 13.
59 OLG Zweibrücken, Urt. v. 08.12.2020 – 5 U 67/19.
60 BGH, Urt. v. 02.06.2016 – VII ZR 348/13, NJW 2016, 2876.

bodens unterfällt selbst dann dem Werkvertragsrecht, wenn zur Erfüllung des Vertrags herzustellende Parkettstäbe geliefert und montiert werden müssen, denn es steht die Herstellung des Parkettbodens und nicht die Lieferung der einzelnen Parkettstäbe im Vordergrund.[61] Auch liegt etwa ein Werkvertrag bei der Lieferung speziell nach den Vorgaben des Bestellers ausgebauter Container, deren Zusammenfügen und Montage auf einem bauseits bereitzustellenden Fundament zu erfolgen hat[62] oder beim Bau eines Fertigpools.[63] Auch hier liegt jeweils der Schwerpunkt auf den Ein- bzw. Aufbau des Werkes und nicht auf der Eigentumsverschaffung.

Gegenstand eines Werkvertrags kann über die Tatbestandsvoraussetzungen des § 650 Abs. 1 BGB 29 hinaus auch eine Tätigkeit, die nicht auf Schaffung von etwas Neuem gerichtet ist, sein. Daher erfasst allein das Werkvertragsrecht Arbeiten an bereits bestehenden Sachen. Hierzu zählen etwa Reparatur-, Wartungs-, Instandhaltungs- und Änderungsarbeiten, wie sich aus § 634a Abs. 1 Nr. 1 BGB ergibt.[64] Maßgeblich für die Abgrenzung von Herstellung bzw. Erzeugung und Reparatur ist die Verkehrsanschauung.[65] Hierbei kann auf die zu § 950 BGB entwickelten Grundsätze[66] zur Konkretisierung der Verkehrsanschauung zurückgegriffen werden[67]: Demnach ist etwa ein Vertrag über die Restauration eines Gemäldes als Werkvertrag zu qualifizieren, selbst wenn der Wert der Restauration den Wert der Schmuckstücks erheblich übersteigt, denn eine neue Sache wird nach der Verkehrsanschauung gleichwohl nicht hergestellt. Dagegen handelt es sich bei einem Vertrag, der auf Nachbildung eines Gemäldes gerichtet ist, um einen Werklieferungsvertrag nach § 650 Abs. 1 S. 1 BGB. Zu beachten ist schließlich, dass selbst dann, wenn die fachgerechte Reparatur den Einbau herzustellender oder zu erzeugender beweglicher Sachen erfordert, Werkvertragsrecht anwendbar ist, es sei denn die Reparatur stellt sich nur als untergeordneter Teil der geschuldeten Leistung dar.[68] Im letzteren Fall liegt ein Werklieferungsvertrag vor.

Geistige und schöpferische Leistungen können nicht Gegenstand eines Werklieferungsvertrags, son- 30 dern ausschließlich eines Werkvertrags sein, da es insoweit an dem Merkmal »Sache« fehlt. Auch geistige und schöpferische Leistungen, die in einer beweglichen Sache, wie etwa einem Gutachten, einer Ausfertigung der Architektenplanung, einem Gemälde oder einer Porzellanfigur, verkörpert sind, unterfallen dem Werkvertragsrecht, denn die jeweils dahinter stehende geistige oder schöpferische Leistung gibt dem Vertrag sein Gepräge.[69] Das Werkvertragsrecht ist aber dann nicht anwendbar, wenn die Verkörperung der Leistung nicht mehr dazu erforderlich ist, diese erfahrbar zu machen.[70] Dies ist insbesondere der Fall, wenn sich diese nur als Vorarbeit einer Massenproduktion zur Generierung von Warenumsatz darstellt.[71] Danach gilt für die Entwicklung eines Prototyps Werkvertragsrecht. Für die auf diesem basierende Serienfertigung gilt § 650 Abs. 1 BGB.[72]

Mangels »Lieferung« sind von § 650 Abs. 1 BGB solche Fällen nicht erfasst, in denen der Besteller 31 Eigentum an der zu leistenden Sache kraft Gesetzes erwirbt (§§ 946 ff. BGB) oder von Anfang an Eigentümer war, insbesondere weil er dem Unternehmer die zu bearbeitenden Stoffe zur Verfügung

---

61 BGH, Beschl. v. 16.04.2013 – VIII ZR 375/11, BeckRS 2013, 15325.
62 OLG Celle, Urt. v. 14.09.2021 – 4 U 41/20.
63 OLG Stuttgart, Urt. v. 23.02.2021 – 12 U 540/19.
64 BeckOK BGB/Voit, § 650 Rn. 5; MüKo-BGB/Busche, § 650 Rn. 14; vgl. auch die Änderung BT-Drucks. 14/6040, S. 268.
65 BeckOK BGB/Voit, § 650 Rn. 5.
66 Vgl. etwa BeckOK BGB/Kindl, § 950 Rn. 5.
67 BeckOK BGB/Voit, § 650 Rn. 5, 9 f.; Staudinger/Leupertz/Popescu, § 650 BGB Rn. 13.
68 Bruinier, in: Kniffka/Jurgeleit, § 650 BGB, Rn. 30; Grüneberg/Retzlaff, BGB, § 650 Rn. 7.
69 Messerschmidt/Voit/Leidig, § 650 BGB, Rn. 49; MüKo-BGB/Busche, § 650 Rn. 15; Leupertz/Halfmeier, in: PWW, BGB, § 650 Rn. 10.
70 MüKo-BGB/Busche, § 650 Rn. 15.
71 MüKo-BGB/Busche, § 650 Rn. 15.
72 MüKo-BGB/Busche, § 650 Rn. 15.

gestellt hat, da es jedenfalls an einer Eigentumsverschaffung fehlt.[73] In solchen Konstellationen ist ausschließlich Werkvertragsrecht anwendbar.

4. Wechsel der Zuordnung

32 Sofern die Parteien einen ursprünglich aufgrund von umfangreichen Montageverpflichtungen als Werkvertrag zu klassifizierenden Vertrag insoweit abändern, als dass nunmehr nur noch die Lieferung des Materials (hier: Sichtschutzwände) geschuldet ist und die andere Partei die Montage selbst übernimmt, so ändert sich dadurch nach Auffassung des OLG Hamburg[74] hierdurch auch die Rechtsnatur des Vertrages hin zu einem Werklieferungsvertrag.

IV. Rechtsfolgen

1. Anwendung des Kaufrechts, § 650 Abs. 1 S. 1 BGB

33 Nach § 650 Abs. 1 S. 1 BGB findet auf den Werklieferungsvertrag ohne Einschränkungen Kaufrecht Anwendung. Dies gilt grundsätzlich für vertretbare und nicht vertretbare Sachen, wobei nach § 650 Abs. 1 S. 3 BGB für nicht vertretbare Sachen zusätzlich die dort aufgeführten Regelungen des Werkvertragsrechts gelten.

34 Im Rahmen des Kaufrechts ist die jeweilige Typisierung des Vertrags zu beachten, sodass etwa die besonderen Regelungen des Verbrauchsgüterkaufs (§§ 474 ff. BGB) oder des Handelskaufs (§§ 373 ff. HGB) zu beachten sein können.[75] Voraussetzung für die Anwendung der §§ 474 ff. BGB ist, dass der Vertrag zwischen einem Unternehmer und einem Verbraucher geschlossen wurde. Für die Anwendbarkeit der §§ 373 ff. HGB, die nach § 381 Abs. 2 HGB ausdrücklich für Werklieferungsverträge gelten können, muss der Vertrag einen einseitigen (z.B. § 373 HGB) und zum Teil auch beidseitigen (z.B. bei § 377 Abs. 1 HGB) Handelskauf zum Gegenstand haben. Hervorzuheben ist in diesem Zusammenhang insbesondere die Anwendbarkeit von § 377 HGB, sodass den Besteller eine Untersuchungs- und Rügeobliegenheit[76] treffen kann.[77]

35 Nicht anwendbar ist hingegen § 278 BGB: Der Hersteller oder Erzeuger der Sache ist nicht Erfüllungsgehilfe des Unternehmers.[78] Denn ansonsten würde der Kauf einer bereits hergestellten Sache und der Erwerb einer noch herzustellenden Sache unterschiedlich behandelt.[79]

---

73 BeckOK BGB/Voit, § 650 Rn. 8 ff.; MüKo-BGB/Busche, § 650 Rn. 7; a.A. Röthel, NJW 2005, 625 (627 ff.) und Zirkel, NZBau 2006, 412 (414), die § 950 BGB dahingehend auslegen, dass der Unternehmer Eigentum erwirbt, das er dann seinerseits dem Besteller übereignen und übergeben kann; Leinemann/Kues/Altenburg, § 650 BGB, Rn. 9 hält in diesen Fällen das Gepräge des Vertrags für maßgeblich, wobei er auf die Grundsätze der Rechtsprechung zur Abgrenzung des Kaufvertrags mit Montageverpflichtung vom Werkvertrag (BGH, Urt. v. 03.03.2004 – VIII ZR 76/03, NJW-RR 2004, 850) abstellt, sodass je nach Fallgestaltung und unabhängig von § 650 BGB Werkvertrags oder Kaufrecht Anwendung finden kann.

74 OLG Hamburg, Urt. v. 15.11.2019 – 8 U 75/19.

75 Leinemann/Kues/Altenburg, § 650 BGB Rn. 12.

76 Eingehend hierzu: Bruinier, in: Kniffka/Jurgeleit, § 650 BGB, Rn. 77 ff.

77 BeckOK BGB/Voit, § 650 Rn. 13; Bruinier, in: Kniffka/Jurgeleit, § 650 BGB, Rn. 77; Leinemann/Kues/Altenburg, § 650 BGB, Rn. 13.

78 BGH, Urt. v. 02.04.2014 – VIII ZR 46/13, NJW 2014, 2183 m.w.N.; Bruinier, in: Kniffka/Jurgeleit, § 650 BGB, Rn. 22; kritisch hierzu MüKo-BGB/Busche, § 650 Rn. 8; Staudinger/Leupetz/Popescu, § 650 BGB Rn. 18; Differenzierend danach, ob den Unternehmer eine Herstellungspflicht trifft (dann sei § 278 BGB anwendbar) oder nicht (dann sei § 278 BGB nicht anwendbar); BeckOK BGB/Voit, § 650 Rn. 14.

79 BGH, Urt. v. 21.06.1967 – VIII ZR 26/65, NJW 1967, 1903.

2. Modifikation bei Lieferung nicht vertretbarer Sachen, § 650 Abs. 1 S. 3 BGB

36 Bei Verträgen über die Lieferung nicht vertretbarer Sachen finden gemäß § 650 Abs. 1 S. 3 BGB die werkvertraglichen Regeln über die Mitwirkung des Bestellers (§ 642 BGB), die Kündigung des Unternehmers bei unterlassener Mitwirkung (§ 643 BGB), die Verantwortlichkeit des Bestellers für Mängel (§ 645 BGB), das freie Kündigungsrecht des Bestellers (§ 648 BGB) und den Kostenanschlag (§ 649 BGB) ergänzend Anwendung. Außerdem tritt an die Stelle der Abnahme der nach den §§ 446 und 447 BGB maßgebliche Zeitpunkt, also entweder die Übergabe (§ 446 BGB) oder die Auslieferung der Sache an die zur Ausführung der Versendung bestimmte Person oder Anstalt (§ 447 BGB).

37 Hintergrund dieser Regelung ist die Interessenlage der Parteien: Einerseits soll der Unternehmer durch die Anwendbarkeit der §§ 642, 643 und 645 BGB geschützt werden, da durch ihn häufig noch ein aufwändiger Herstellungsprozess mit besonderen Risiken durchgeführt werden muss.[80] Andererseits wird berücksichtigt, dass der Besteller gerade bei »Großprojekten« ein schutzwürdiges Interesse daran haben kann, vor Abschluss des Projektes dieses aufzugeben, etwa weil es aus Kostengründen nicht mehr realisierbar ist.[81] Aus diesem Grund steht ihm das Recht zur freien Kündigung nach § 648 BGB zu. Diese Wirtschaftlichkeitsgesichtspunkte liegen auch der Anwendbarkeit des § 649 BGB zugrunde.

38 Ob eine Sache vertretbar ist, richtet sich nicht nach der Parteivereinbarung, sondern ausschließlich nach § 91 BGB.[82] Danach ist eine Sache vertretbar, die beweglich ist und im Verkehr nach Zahl, Maß oder Gewicht bestimmt zu werden pflegt. Dies ist insbesondere bei Sachen der Fall, die ohne weiteres durch Sachen der gleichen Art ausgetauscht werden können, da sie sich nicht durch ausgeprägte Individualisierungsmerkmale unterscheiden.[83] Daraus folgt, dass nicht vertretbar solche Sachen sind, die individualisiert sind, also nicht ausgetauscht werden können. Dies ist bei Neuware der Fall, wenn sie an die Bestellerwünsche individuell angepasst wird, sodass der Unternehmer diese nicht oder nur sehr schwer anderweitig absetzen kann.[84]

39 Zum Teil wird diskutiert[85], ob § 650 Abs. 1 S. 3 BGB analog auf Verträge über die Lieferung vertretbarer Sachen anwendbar sei, insbesondere, wenn diese zum Einbau in ein bestimmtes Bauvorhaben bestimmt sind. Doch fehlt es erkennbar an einer planwidrigen Regelungslücke, sodass eine Analogie ausscheidet.[86]

3. Haftungsbefreiung des Unternehmers, § 650 Abs 1 S. 2 BGB

40 Nach § 650 Abs. 1 S. 2 BGB findet auf sämtliche Werklieferungsverträge § 442 Abs. 1 S. 1 BGB, nach dem die Mängelrechte des Käufers, der den Mangel bei Vertragsschluss kannte, ausgeschlossen sind, auch für solche Fälle Anwendung, in denen der Mangel des vom Unternehmer hergestellten Werks auf einen vom Besteller gelieferten Stoff zurückzuführen ist. Insofern bewirkt der Mangel des vom Besteller zur Verfügung gestellten Stoffes für diesen einen Verlust von Mängelrechten. Dies gilt, da es sich um eine Rechtsfolgenverweisung handelt, unabhängig von einer Kenntnis des Käufers von der Fehlerhaftigkeit seiner Stoffe.[87] Nach dem Wortlaut des § 650 Abs. 1 S. 2 BGB ist eine Kenntnis oder Erkennbarkeit derselben für den Unternehmer unbeachtlich für den Rechtsverlust des Bestellers.

---

80 Bruinier, in: Kniffka/Jurgeleit, § 650 BGB Rn. 39.
81 Bruinier, in: Kniffka/Jurgeleit, § 650 BGB Rn. 39.
82 BeckOK BGB/Voit, § 650 Rn. 17; Bruinier, in: Kniffka/Jurgeleit, § 650 BGB, Rn. 33; MüKo-BGB/Busche, § 650 Rn. 20.
83 MüKo-BGB/Stresemann, § 91 BGB, Rn. 1; detaillierter hierzu auch BeckOK BGB/Voit, § 650 Rn. 17.
84 BeckOK BGB/Voit, § 650 Rn. 17 m.w.N.; Bruinier, in: Kniffka/Jurgeleit, § 650 BGB Rn. 34.
85 BeckOK BGB/Voit, § 650 Rn. 15; vgl. Bruinier, in: Kniffka/Jurgeleit, § 650 BGB Rn. 41 m.w.N.
86 Bruinier, in: Kniffka/Jurgeleit, § 650 BGB Rn. 41.
87 BeckOK BGB/Voit, § 650 Rn. 16 m.w.N.; Bruinier, in: Kniffka/Jurgeleit, § 650 BGB Rn. 35.

41 Letzteres führt zu einer erheblichen Ausdehnung der Verantwortlichkeit des Bestellers für einen Stoffmangel im Verhältnis zu den werkvertraglichen Regelungen, denn nach § 645 BGB trifft den Besteller die Verantwortlichkeit für einen Mangel seiner Stoffe nur, wenn der Unternehmer den Mangel selbst bei ordnungsmäßiger Prüfung nicht erkennen konnte.[88] Da gemäß § 650 Abs. 1 S. 3 BGB die Regelung des § 645 BGB bei Verträgen, die unvertretbare Sachen zum Gegenstand haben, zur Anwendung gelangt, wohingegen es bei Verträgen über vertretbare Sachen bei der Regelung des § 650 Abs. 1 S. 2 BGB bleibt, kommt es insofern zu einem Wertungswiderspruch. Um diese Ungleichbehandlung zu vermeiden, ist § 650 As. 1 S. 2 BGB teleologisch so zu reduzieren, dass ein Mangel, der vom Besteller zur Verfügung gestellten Stoffe, nur zu einem Rechtsverlust des Bestellers führt, wenn der Unternehmer den Mangel auch bei ordnungsmäßiger Prüfung nicht bemerken konnte.[89]

42 Wenn der Unternehmer die Stoffe lediglich im Namen des Bestellers beschafft, ist § 650 Abs. 1 S. 2 BGB nicht einschlägig.[90] Den Unternehmer trifft nach allgemeinen Grundsätzen die Beweislast für das Vorliegen der Voraussetzungen des § 650 Abs. 1 S. 2 BGB.[91]

V. Abweichende Parteivereinbarungen

43 Die Parteien können von § 650 Abs. 1 BGB abweichende Regelungen vereinbaren, wobei sich eine Grenze bei einem Vertrag, auf den die Regelungen zum Verbrauchsgüterkauf (§§ 474 ff. BGB) anwendbar sind, aus § 476 BGB ergibt.[92]

44 Die Parteien können nicht das auf den Werklieferungsvertrag anwendbare Recht bestimmen, etwa mit dem Ziel, die Anwendung allein von Werkvertragsrecht herbeizuführen.[93] Denn der konkrete Vertragstyp und die anwendbaren Regelungen folgen unmittelbar aus dem BGB und orientieren sich an den vertraglich vereinbarten Hauptleistungspflichten. Solange die Parteien nicht die Hauptleistungspflichten verändern, bleibt es bei der Zuordnung zu dem bestimmten Vertragstyp.[94] Aus diesem Grund ist zum Beispiel die Bestimmung wonach auf den Werklieferungsvertrag Werkvertragsrecht anwendbar sei, unwirksam und sie ist so zu verstehen, dass die dispositiven Regelungen des Kaufrechts durch werkvertragliche Regelungen ersetzt werden.[95]

45 Sofern durch allgemeine Geschäftsbedingungen von § 650 Abs. 1 BGB abgewichen wird, ist als Leitbild der Inhaltskontrolle nach § 307 Abs. 2 BGB jedoch nicht allein das Kaufrecht zugrunde zu legen, sondern es sind die Besonderheiten des konkreten Werklieferungsvertrags und die auf diesen anzuwendenden Normen zu berücksichtigen.[96]

88 BeckOK BGB/Voit, § 645 Rn. 12.
89 BeckOK BGB/Voit, § 650 Rn. 16 m.w.N. auch zur Gegenmeinung; MüKo-BGB/Busche, § 650 Rn. 18; a.A. Bruinier, in: Kniffka/Jurgeleit, § 650 BGB Rn. 37, die keine teleologische Reduktion vornehmen, sondern dem Besteller einen Schadensersatzanspruch nach § 280 Abs. 1 BGB zusprechen, wenn der Unternehmer einen Mangel der vom Besteller zur Verfügung gestellten Stoffe bei ordnungsmäßiger Prüfung hätte erkennen können, die Sache, aus diesem Grund ebenfalls mangelhaft, aber gleichwohl herstellt und liefert.
90 BeckOK BGB/Voit, § 650 Rn. 16; MüKo-BGB/Busche, § 650 Rn. 18.
91 MüKo-BGB/Busche, § 650 Rn. 18.
92 BeckOK BGB/Voit, § 650 Rn. 24; Grüneberg/Retzlaff, BGB, § 650 Rn. 2.
93 BeckOK BGB/Voit, § 650 Rn. 25; MüKo-BGB/Busche, § 650 Rn. 1; a.A., die dahin geht, Rechtswahl jedenfalls bei Nicht-Verbraucherverträgen zuzulassen: Bruinier, in: Kniffka/Jurgeleit, § 650 BGB, Rn. 108; Grüneberg/Retzlaff, BGB, § 650 Rn. 4; Thode, NZBau 2002, 360 (362).
94 BeckOK BGB/Voit, § 650 Rn. 25.
95 BeckOK BGB/Voit, § 650 Rn. 25.
96 Vgl. BeckOK BGB/Voit, § 650 Rn. 24; MüKo-BGB/Busche, § 650 Rn. 1.

C. Der Verbrauchervertrag über die Herstellung digitaler Produkte

I. Entwicklung

Mit der Einführung der § 650 Abs. 2–4 setzt der Gesetzgeber die Bestimmungen der Digitale-Inhalte-RL um. Die hiesige Regelung ist ergänzend zu den allgemeinen Regelungen zu Verträgen über digitale Produkte (vgl. §§ 327 ff. BGB). 46

Die Vorschriften traten mit Wirkung zum 01.01.2022 in Kraft; sie sind gem. Art. 229 § 57 I, II EGBGB auf Verträge anzuwenden, bei denen die Leistungszeit nach dem 01.01.2022 ist. Auf vorher zu erbringende Leistungen findet die Norm keine Anwendung. 47

Die § 650 Abs. 2 bis 4 BGB klären das Konkurrenzverhältnis zwischen dem Mängelregime des Werkvertragsrechts bzw. des Werkliefervertragsrechts und dem in §§ 327d–327n BGB normierten eigenständigen Mängelregime für Verträge mit digitalem Inhalt.[97] 48

II. Anwendungsbereich (Abs. 2)

1. Verbrauchervertrag

§ 650 Abs. 2–4 BGB sind nur anwendbar, soweit ein Verbrauchervertrag i.S.d. § 310 Abs. 3 BGB vorliegt. Ein Verbrauchervertrag ist dabei ein Vertrag, den eine natürliche Person zu privaten Zwecken mit einem Gewerbetreibenden schließt.[98] 49

Liegt kein Verbrauchervertrag vor, so ist § 650 Abs. 2–4 BGB nicht anwendbar. In diesem Fall bleiben §§ 631 BGB bzw. § 650 Abs. 1 BGB ohne Einschränkungen anwendbar.[99] 50

2. Vertragsinhalt

Darüber hinaus ist § 650 Abs. 2–4 BGB nur anwendbar, soweit der Inhalt des Vertrages ist, einen digitalen Inhalt herzustellen (Abs. 2 S. 1 Nr. 1 BGB); einen Erfolg durch eine digitale Dienstleistung herbeizuführen (Abs. 2 S. 1 Nr. 2 BGB) oder einen körperlichen Datenträger herzustellen, der ausschließlich als Träger digitaler Inhalte dient (Abs. 2 S. 1 Nr. 3) 51

Damit erfasst die Norm drei Sachverhalte, die jeweils einen werkvertraglichen Zuschnitt haben, da in jedem der drei Fälle die Herbeiführung eines Erfolges i.S.d. § 631 Abs. 1 BGB geschuldet ist. Zu den drei Sachverhalten gibt es jeweils Parallelregelungen in §§ 327 ff. BGB: 52
- Zur Herstellung digitaler Inhalte (Abs. 2 S. 1 Nr. 1 BGB) in § 327 Abs. 1 S. 1 Alt. 1, Abs. 2 S. 1 BGB,
- Zur Herbeiführung eines Erfolgs durch digitale Dienstleistungen (Abs. 2 S. 1 Nr. 2 BGB) in § 327 Abs. 1 S. 1 Alt. 2, Abs. 2 S. 2 BGB,
- Zur Herstellung eines körperlichen Datenträgers ausschließlich als Träger digitaler Inhalte (Abs. 2 S. 1 Nr. 3 BGB) in § 327 Abs. 5 BGB.

III. Rechtsfolge (Abs. 2)

Aufgrund der Regelungen in §§ 327 ff. BGB bezüglich dieser Vertragsinhalte normiert § 650 Abs. 2 S. 1 BGB nunmehr, dass in diesem Fall §§ 633–640 BGB nicht anzuwenden sind. Dies betrifft die werkvertraglichen Rechte des Bestellers bei Mängeln (§§ 633–639 BGB) sowie die werkvertraglichen Reglungen zur Abnahme des Werks (§ 640 BGB). 53

Stattdessen normieren §§ 327d–327n BGB eigenständige Mängelrechte, die aufgrund von § 650 Abs. 2 S. 1 Nach Nr. 3 BGB anstelle der werkvertraglichen Normen Anwendung finden. 54

---

97 So MüKo-BGB/Busche, § 650 Rn. 24.

98 Vgl. weiterführend auch zur Abgrenzung: MüKo-BGB/Fornasier, § 310 Rn. 67–84.

99 So MüKo-BGB/Busche, § 650 BGB Rn. 25.

55 Da keine Abnahme stattfindet, normiert § 650 Abs. 2 S. 2 BGB konsequenterweise, dass bei der Anwendung der §§ 641, 644, 645 BGB auf Verträge i.S.d. § 650 Abs. 2 S. 1 BGB die Bereitstellung des Produkts i.S.d. § 327b Abs. 3–5 BGB) die Abnahme ersetzt. Andernfalls entstünde hier eine planwidrige Regelungslücke, da der Gesetzgeber §§ 641, 644, 645 BGB nicht von der Anwendung für Verträge i.S.d. § 650 Abs. 2 S. 1 BGB ausschließen wollte, die Normen aber aufgrund des Tatbestandsmerkmals der Abnahme ohne die Modifizierung des § 650 Abs. 2 S. 2 BGB denklogisch nicht anwendbar sein können.

IV. Vertrag über die Herstellung eines Trägers digitaler Inhalte (Abs. 3)

56 Die Regelungen des Abs. 3 erfassen Sachverhalte, die als Werklieferungsvertrag zu bewerten sind. Hier wird das gem. § 650 Abs. 1 BGB grundsätzlich anwendbare kaufrechtliche Mängelgewährleistungsrecht zugunsten des Mängelregimes der §§ 327 ff. BGB.

57 Damit wird der Gleichlauf der Mängelgewährleistung für Verträge über digitale Produkte, die als Kaufvertrag (dazu § 475a BGB) und solchen, die als Werklieferungsvertrag (dazu die hiesige Norm) zu bewerten sind, hergestellt. Dies entspricht der grundsätzlichen gesetzgeberischen Entscheidung, den Werklieferungsvertrag dem Kaufvertrag gleichzustellen.

V. Aufteilung bei Verträgen mit gemischt digitalem und nicht digitalem Werk (Abs. 4)

58 Abs. 4 regelt die Fälle, in denen ein Werk sowohl digitale Elemente als auch nicht digitale Elemente enthält bzw. ein digitales Produkt mit einer (nicht-digitalen) Sache verbunden ist. Hierbei sieht das Gesetz vor, zwischen den digitalen und den nicht digitalen Bestandteilen zu trennen und das jeweilige Mängelgewährleistungsrecht auf sie anzuwenden. Entsprechend findet das Gewährleistungsrecht nach Maßgabe der §§ 327 ff. BGB auf die digitalen Teile des Vertrages Anwendung, während die nicht-digitalen Teile – je nach Ausgestaltung des Vertrags – unter das werkrechtliche (so S. 1) oder das werkliefervertragliche (so S. 2) Mängelregime fallen.

VI. Abdingbarkeit der Abs. 2 bis 4

59 Gem. § 327s BGB, auf den Abs. 2 bis 4 jeweils auch verweisen, sind abweichende Vereinbarungen zur Anwendung der §§ 327–327r BGB nicht zulasten eines Verbrauchers zulässig. Da Abs. 2–4 nur bei Verbraucherverträgen anwendbar sind, sind sie nur insoweit abdingbar, als die Änderung zulasten des Unternehmers geht.

Kapitel 2 Bauvertrag

§ 650a Bauvertrag

(1) Ein Bauvertrag ist ein Vertrag über die Herstellung, die Wiederherstellung, die Beseitigung oder den Umbau eines Bauwerks, einer Außenanlage oder eines Teils davon. Für den Bauvertrag gelten ergänzend die folgenden Vorschriften dieses Kapitels.

(2) Ein Vertrag über die Instandhaltung eines Bauwerks ist ein Bauvertrag, wenn das Werk für die Konstruktion, den Bestand oder den bestimmungsgemäßen Gebrauch von wesentlicher Bedeutung ist.

Übersicht

A. Systematik und Entstehungsgeschichte

1 Der Bauvertrag war bislang gesetzlich nicht definiert, auch wenn in Rechtsprechung und Literatur schon seit langem vom »Bauvertrag« mit einem mehr oder weniger festen Begriffsinhalt die Rede ist.[1] Aufgrund verschiedener Gesetzesinitiativen (z.B. durch das Bauhandwerkersicherungsgesetz vom 30.04.1993[2] sowie durch das Forderungssicherungsgesetz vom 23.10.2008[3]) sind verschiedene bauvertragsspezifische Regelungen in das BGB eingeführt worden, bei denen Bauleistungen Grundlage der Neuregelung waren, ohne jedoch den Bauvertrag als eigenständige Vertragsform anzuerkennen oder zu regeln. So enthält § 634a Abs. 1 Nr. 2 BGB eine auf fünf Jahre verlängerte Verjährungsfrist für Ansprüche »bei einem Bauwerk und einem Werk, dessen Erfolg in der Erbringung von Planungs- oder Überwachungsleistungen hierfür besteht«. Während die fünfjährige Verjährungsfrist nicht auf die neuen Vorschriften zum Bauvertrag in §§ 650a ff. BGB »synchronisiert« worden ist, wurde eine weitere bauvertragsspezifische Norm, die Bauhandwerkersicherung gemäß § 648a BGB, mit einer folgerichtigen redaktionellen Anpassung als neue Bestimmung des § 650f BGB in das Bauvertragsrecht übernommen. Wiederum andere Normen, die auf die besonderen Belange eines Bauvertrages zugeschnitten sind, wie die »Durchgriffsfälligkeit« in § 641 Abs. 2 BGB, sind in den allgemeinen Vorschriften des Werkvertrags verblieben, obwohl ein besonderes Bedürfnis für eine Regelung der Durchgriffsfälligkeit außerhalb von Bauverträgen kaum bestehen dürfte.

2 In § 650a Abs. 1 BGB des Referentenentwurfs des BMJV vom 10.09.2015 war der Bauvertrag als Vertrag über die Herstellung, Wiederherstellung oder den Umbau eines Bauwerks, einer Außenanlage oder eines Teils davon beschrieben. Diese Begriffsdefinition ist im Rahmen des Kabinettentwurfs vom 11.03.2016[4] um das Merkmal der Beseitigung eines Bauwerks, einer Außenanlage oder eines Teils davon erweitert worden. Zu § 650a Abs. 2 BGB hatte das BMJV vorgeschlagen, einen Vertrag über die Instandhaltung eines Bauwerks als Bauvertrag einzustufen, wenn das Werk für die Konstruktion oder den bestimmungsgemäßen Bestand von wesentlicher Bedeutung sei und die angebrachten oder eingebauten Teile mit dem Bauwerk fest verbunden würden. Auch diese Begriffsdefinition bei Instandhaltungsarbeiten hat durch die Bundesregierung im Rahmen des Kabinettsentwurfs zum Entwurf des Bauvertragsgesetzes eine geringfügige Modifikation dahin erfahren, dass ein Vertrag über die Instandhaltung eines Bauwerks dann ein Bauvertrag ist, wenn das Werk für die Konstruktion, den Bestand oder den bestimmungsgemäßen Gebrauch von wesentlicher Bedeutung ist.[5]

3 Der Bundesrat hatte in seiner Anmerkung Nr. 10 zum Gesetzesentwurf der Bundesregierung zu § 650a Abs. 2 BGB eine Klarstellung dahin empfohlen, dass nicht jede Wartungsarbeit oder kleinere Reparaturarbeit unter den Begriff des Bauvertrages mit seinen speziellen rechtlichen Konsequenzen falle. Der in der Gesetzesbegründung zu § 650a Abs. 2 BGB dazu enthaltene beispielhafte Hinweis auf »Verträge zur Inspektion von Brücken oder zur Pflege und Wartung von tragenden oder sonst für den Bestand eines Bauwerks wichtigen Teilen« erscheine für eine rechtssichere Abgrenzung in der Praxis gerade für kleine und mittlere Handwerksbetriebe nicht ausreichend. Einen möglichen Ansatzpunkt könne die Überlegung bieten, in Abs. 2 den Begriff »Instandhaltung« durch den Begriff

1 Vgl. z.B. die Definition bei Grüneberg/Retzlaff, BGB, Einf. v. § 631 Rn. 15 mit zahlreichen weiteren Nachweisen.
2 BGBl. I 509.
3 BGBl. I 2022.
4 BR-Drucks. 123/16.
5 BR-Drucks. 123/16.

»Instandsetzung« zu ersetzen, der einen klareren Bezug zur Substanzerhaltung aufweise.[6] In ihrer Stellungnahme zu den Vorschlägen des Bundesrates erklärte die Bundesregierung, das Anliegen des Bundesrates prüfen zu wollen.[7] Zu einer inhaltlichen Änderung ist es bis zum Gesetzesbeschluss jedoch nicht mehr gekommen.

B. § 650a Abs. 1 BGB

4 § 650a Abs. 1 BGB definiert den Bauvertrag als einen Vertrag über die

- Herstellung,
- Wiederherstellung,
- Beseitigung oder
- den Umbau

eines **Bauwerks**, einer **Außenanlage** oder eines **Teils davon**. Für diesen so definierten Bauvertrag gelten gemäß § 650a Abs. 1 S. 2 BGB neben den allgemeinen Vorschriften des Werkvertrages gemäß §§ 631 bis 650 BGB ergänzend die (überwiegend) neuen Vorschriften der §§ 650b bis 650h BGB.

5 Der Gesetzgeber hat sich bei der (erstmaligen) Definition eines Bauvertrages im BGB (in Abgrenzung zum »einfachen« Werkvertrag) auf die in § 634a Abs. 1 Nr. 2 BGB bereits vorhandene Regelung berufen, wonach Ansprüche bei einem Bauwerk und einem Werk, dessen Erfolg in der Erbringung von Planungs- oder Überwachungsleistungen für ein Bauwerk bestehen, in fünf Jahren verjähren.[8] Leupertz[9] weist zutreffend darauf hin, dass der Bauwerksbegriff in § 634a Abs. 1 Nr. 2 BGB verjährungsrechtlich geprägt ist, weil bei Bauwerken Mängel oftmals erst spät, wenngleich in aller Regel innerhalb der fünfjährigen Verjährungsfrist, auftreten.[10] Demgegenüber sollen die Sondervorschriften zum Bauvertrag den Besonderheiten eines Langzeitvertrages Rechnung tragen, sodass der Tätigkeitsgegenstand eines »Bauwerks« für sich alleine noch nicht ausreicht, um stets von einem Bauvertrag im Sinne von § 650a BGB auszugehen. Hinzukommen müssen vielmehr die weiteren Tatbestandsvoraussetzungen des § 650a Abs. 1 oder Abs. 2 BGB.[11] Mit keinem Wort geht der Gesetzgeber auf die im Wesentlichen inhaltsgleiche vergaberechtliche Definition des *Bauauftrags* in § 99 Abs. 3 GWB bzw. in § 1 Abs. 1 Nr. 1 EG VOB/A ein, ebenso wenig auf den Begriff der *Bauleistungen* in § 1 VOB/A (2016). Damit ist künftig zwischen dem vergaberechtlichen Begriff des Bauauftrages bzw. der Bauleistungen und dem zivilrechtlichen Begriff des Bauvertrages zu unterscheiden, auch wenn sich die praktischen Auswirkungen dieser Differenzierung in Grenzen halten dürften.[12]

I. Bauwerk

6 Der Gesetzgeber nimmt in der Begründung zu § 650a Abs. 1 S. 1 BGB Bezug auf den Bauwerksbegriff in § 634a Abs. 1 Nr. 2 BGB und die dazu ergangene Rechtsprechung.[13] Ein Bauwerk ist von der Rechtsprechung als unbewegliche, durch Verwendung von Arbeit und Material in Verbindung

6 BT-Drucks. 18/8486, S. 90.

7 BT-Drucks. 18/8486, S. 110.

8 Vgl. BT-Drucks. 18/8486, S. 53; daneben sind die Sondervorschriften der §§ 648 Abs. 1 sowie 648a BGB zu erwähnen, in denen ebenfalls Leistungen zur Herstellung eines Bauwerks bzw. einer Außenanlage zu gesonderten Sicherungsansprüchen des Unternehmers führen.

9 Leupertz, in: BeckOK BauvertragsR, § 650a BGB Rn. 4 ff.

10 BGH, Urt. v. 20.12.2012 – VII ZR 182/10, NZBau 2013, 161 = BauR 2013, 596; so zutreffend auch Jurgeleit, in: ibr-OK Bauvertragsrecht, Stand 22.04.2024, § 650a BGB Rn. 6.

11 So zutreffend Leupertz, a.a.O.

12 Dazu Langen, NZBau 2015, 658, 662.

13 BT-Drucks. 18/8486, S. 53.

mit dem Erdboden hergestellte Sache definiert worden.[14] Der Bauwerksbegriff umfasst demnach auf und unter der Erdoberfläche errichtete Werke und geht weiter als der des Gebäudes.[15]

Zu den Bauwerken[16] gehören nach der Rechtsprechung z.B. 7
- Gleisanlagen für Eisen- und Straßenbahnen, Brücken und Überführungen,[17]
- größere ortsfeste technische Anlagen wie die Förderanlage in einem Grubenschacht,[18]
- Straßenbauwerke und Gasrohrleitungsnetze,[19]
- eine großflächige aus 335 Solarmodulen bestehende Photovoltaik-Anlage auf einem Tennishallendach nebst allen Nebeneinrichtungen und Verkabelungen,[20]
- die Anbringung einer großen Leuchtreklame an einem Ladengeschäft,[21]
- der Einbau einer nach Maß gefertigten Küchenzeile in eine Mietwohnung,[22]
- die Erstellung einer Förderanlage für die Automobilproduktion,[23]
- die Errichtung einer Windenergieanlage[24] sowie eines Geothermiekraftwerks,[25]
- daneben natürlich auch klassische Hoch- und Tiefbauten wie Gebäude, U-Bahn-Anlagen usw.[26]

Die **Herstellung einzelner Bauteile** ist ebenfalls als Bauwerksleistung anzusehen, ohne dass es darauf 8 ankommt, ob die einzelnen Bauteile einen äußerlich hervortretenden, körperlich abgesetzten Teil des Baus darstellen.[27] Vor diesem Hintergrund sind als Bauwerksleistungen ebenfalls anzusehen
- eine abdichtende Beschichtung des Außenputzes,[28]
- Fahrbahnmarkierungen bei Straßenneubauten,[29]
- die Entwässerung des Dach-, Straßen- und Drainagewassers von Gebäuden oder[30]
- ein Oberflächenabdichtungssystem für eine Mülldeponie.[31]

Der Begriff des Bauwerks setzt eine **Verbindung mit dem Grund und Boden** voraus. Ist das Bau- 9 werk wesentlicher Bestandteil des Grundstücks im sachenrechtlichen Sinne (§§ 93 ff., 946 BGB), so ist dies zwar ein Indiz für das Vorliegen eines Bauwerks. Ausreichend ist aber auch bereits eine enge und auf längere Zeit angelegte Verbindung mit dem Grund und Boden, weshalb auch eine als Ladengeschäft genutzte Container-Kombination ausreicht,[32] während zu einer Baustelleneinrichtung gehörende Bau-Container kein Bauwerk darstellen, weil sie nicht für eine dauerhaft ortsfeste Nut-

---

14 BGH, Urt. v. 16.09.1971 – VII ZR 5/70, BGHZ 57, 60 = NJW 1971, 2219 = BauR 1971, 259; BGHZ 68, 208 = NJW 1977, 1146 = BauR 1977, 203; BGH, Urt. v. 04.11.1982 – VII ZR 65/82, NJW 1983, 567 = BauR 1983, 64; NZBau 2003, 559 = BauR 2003, 1391.

15 BGH, Urt. v. 16.09.1971 – VII ZR 5/70, BGHZ 57, 60 = NJW 1971, 2219 = BauR 1971, 259; BGH, Urt. v. 04.11.1982 – VII ZR 65/82, NJW 1983, 567 = BauR 1983, 64.

16 Vgl. dazu auch die Zusammenstellung von Kainz, in: FS Englert 2014, S. 157 ff.

17 BGH, Urt. v. 13.01.1972 – VII ZR 46/70, BauR 1972, 172.

18 BGH, Urt. v. 03.12.1998 – VII ZR 109/97, NJW 1999, 2434 = BauR 1999, 670.

19 BGH, Urt. v. 17.12.1992 – VII ZR 45/92, BGHZ 121, 94 = NJW 1993, 723 = BauR 1993, 219.

20 BGH, Urt. v. 02.06.2016 – VII ZR 348/13, NZBau 2016, 558.

21 OLG Hamm, Urt. v. 27.06.1994 – 017 U 53/93, NJW-RR 1995, 213 = BauR 1995, 214.

22 KG, Urt. v. 31.10.1995 – 7 U 5519/95, NJW-RR 1996, 1010.

23 BGH, Urt. v. 03.12.1998 – VII ZR 109/97, NJW 1999, 2434 = BauR 1999, 670.

24 LG Hannover, Urt. v. 22.01.2010 – 2 O 302/07, IBR 2011, 209.

25 OLG München, Urt. v. 09.04.2024 – 9 U 4221/23, Bau, BauR 2025, 128.

26 Näher dazu Langen, in: Kapellmann/Messerschmidt, § 13 VOB/B Rn. 156 ff.

27 BGH, Urt. v. 20.05.2003 – X ZR 57/02, NZBau 2003, 559 = BauR 2003, 1391.

28 BGH, Urt. v. 08.01.1970 – VII ZR 35/68, BauR 1970, 47.

29 Danker/John, BauR 2001, 718.

30 OLG Düsseldorf, Urt. v. 15.11.2000 – 5 U 156/99, NJW-RR 2003, 14 = BauR 2003, 127; näher dazu Langen, in: Kapellmann/Messerschmidt, § 13 VOB/B Rn. 158 ff.

31 OLG Brandenburg, Beschl. v. 01.11.2021 – 1 AR 41/21, IBR 2022, 2268.

32 BGH, Urt. v. 30.01.1992 – VII ZR 86/90, BGHZ 117, 121 = NJW 1992, 1445; NJW 1997, 1982 = BauR 1997, 640.

zung bestimmt sind.[33] Auch ein Berliner Verbau stellt nach Auffassung des OLG Hamm[34] kein Bauwerk dar und ist auch nicht von wesentlicher Bedeutung für ein zu errichtendes Bauwerk.[35]

10 Technische Anlagen können entweder eigenständige Bauwerke sein, wenn sie z.B. wie ein Gebäude fest mit dem Erdboden verbunden sind, was auch bereits allein durch Schwere oder Gewicht der Anlage der Fall sein kann, z.B.

- eine Förderanlage für die Automobilproduktion,[36]
- eine Produktionsanlage für Kartoffelchips.[37]

Entsprechend kann auch eine Windenergieanlage als Bauwerk anzusehen sein,[38] im Einzelfall auch eine Photovoltaikanlage.[39]

II. Außenanlage

11 Auch wenn sich der Vertrag auf die Herstellung, die Wiederherstellung, die Beseitigung oder den Umbau einer Außenanlage (oder eines Teils davon) bezieht, liegt nach § 650a Abs. 1 S. 1 BGB ein Bauvertrag vor. In der Gesetzesbegründung hat sich der Gesetzgeber auf den Begriff der Außenanlage in § 648a Abs. 1 BGB bezogen. Unter einer Außenanlage versteht man hiernach grundstücksbezogene Arbeiten wie Erdarbeiten, Pflanzarbeiten, Rasenarbeiten, Saatarbeiten, landschaftsgärtnerische, entwässerungs- oder vegetationstechnische Arbeiten, wie sie typischerweise durch Unternehmen des Garten- und Landschaftsbaus oder des Sportplatzbaus durchgeführt werden.[40]

12 *Bauwerksbezogene* Erdarbeiten wie die Herstellung der Baugrube für ein Gebäude sind Arbeiten zur Herstellung eines Bauwerks.[41] Wird ein Bauunternehmer in einem einheitlichen Vertrag mit der Errichtung eines Einfamilienhauses einschließlich Herstellung der Terrasse, der Garagenzufahrt sowie der Anlage des Gartens beauftragt, so liegt insgesamt ein Vertrag zur Herstellung eines Bauwerks vor.[42]

13 Da Arbeiten an einer Außenanlage gleichermaßen wie Arbeiten an einem Bauwerk den Tatbestand eines Bauvertrags nach neuem Recht begründen, spielt die zum Verjährungsrecht in § 634a Abs. 1 Nr. 1 und 2 BGB erforderliche Differenzierung zwischen bauwerksbezogenen Arbeiten und (lediglich) grundstücksbezogenen Arbeiten hier keine Rolle.

III. Teil eines Bauwerks oder einer Außenanlage

14 Ein Bauvertrag nach § 650a Abs. 1 BGB liegt bereits vor, wenn sich die entsprechenden Arbeiten auf einen Teil eines Bauwerks oder einer Außenanlage beziehen. Auch diese Begrifflichkeit entstammt bereits § 648a Abs. 1 S. 1 BGB (a.F.) und bedeutet damit auch für die Definition des Bauvertrages, dass nicht nur Komplettverträge zur Herstellung eines Bauwerks oder einer Außenanlage als Bauverträge anzusehen sind, sondern auch Verträge über einzelne Leistungsbereiche/Gewerke eines Bauwerks wie z.B. die Elektroarbeiten, die Maurerarbeiten, schließlich auch Arbeiten, die sich nur auf einen Gebäudeteil beziehen (Heizungsanlage im Wintergarten) oder auf einen Teil der Außenanlage (Herstellung einer Rasenfläche im Bereich eines ehemaligen Swimmingpools).[43] Soweit »Teile

33 Näher dazu Langen, in: Kapellmann/Messerschmidt, § 13 VOB/B Rn. 157.
34 OLG Hamm, Urt. v. 24.02.2015 – 24 U 94/13, NJOZ 2016, 8 = BauR 2015, 1676.
35 Kritisch Englert, NZBau 2017, 385 f.
36 BGH, Urt. v. 03.12.1998 – VII ZR 109/97, NJW 1999, 2434.
37 BGH, Urt. v. 07.12.2017 – VII ZR 101/14, BauR 2018, 529.
38 Vgl. Grabe, BauR 2015, 1 ff.
39 Vgl. oben Rdn. 7.
40 BT-Drucks. 12/4526, S. 10.
41 BGH, Urt. v. 24.03.1977 – VII ZR 220/75, BGHZ 68, 208 = NJW 1977, 1146 = BauR 1977, 203.
42 OLG Düsseldorf, Urt. v. 12.05.2000 – 22 U 194/99, NJW-RR 2000, 1336 = NZBau 2000, 573 = BauR 2001, 648.
43 Vgl. ebenfalls BGH, Urt. v. 20.05.2003 – X ZR 57/02, NZBau 2003, 559.

eines Bauwerks«, z.B. Balkone als Betonfertigteile, nur hergestellt und geliefert, nicht aber in das Gebäude eingebaut werden, liegt (unverändert) gemäß § 650 BGB (vormals § 651 BGB) ein Kaufvertrag und kein Bauvertrag vor. Auf die bloße Herstellung und Lieferung von Bauteilen und Baumaterialien sind also unverändert weder die Werkvertragsvorschriften[44] noch die Vorschriften des Bauvertrags gemäß §§ 650a ff. BGB anwendbar, mithin bestehen hinsichtlich solcher Kaufpreisansprüche unverändert auch keine Sicherungsansprüche gemäß § 650f BGB (vormals: § 648a BGB).

Arbeiten, die sich nur auf einen Teil eines Bauwerks beziehen, sind gemäß § 650a Abs. 2 BGB zu 15
unterscheiden von (bloßen) Instandhaltungsarbeiten an einem Bauwerk, die nur unter den dort genannten Voraussetzungen die Anforderungen an einem Bauvertrag erfüllen.[45]

Da Instandhaltungsarbeiten nach § 650a Abs. 2 BGB nur dann als Bauvertrag eingestuft werden, wenn sie »von wesentlicher Bedeutung« für Konstruktion, Bestand oder bestimmungsgemäßen Gebrauch sind, wird auch für § 650a Abs. 1 BGB diskutiert, dass Leistungen, die sich nur auf einen Teil eines Bauwerks oder einer Außenanlage beziehen, ebenfalls »wesentlich« sein müssen, sich also z.B. auf einen erheblichen Teil eines Bauwerks oder einer Außenanlage beziehen müssen.[46] Zwar enthält § 650a Abs. 1 BGB seinem Wortlaut nach keinerlei Einschränkung. Da der Gesetzgeber die Sonderregelungen für den Bauvertrag mit Blick auf die längerfristige Zusammenarbeit der Parteien geschaffen hat, ist Voit dahin zuzustimmen, dass z.B. geringfügige Widerherstellarbeiten an Gebäudeteilen nicht als Bauvertrag im Sinne von § 650a BGB einzustufen sein dürften.

IV. Herstellung

Gemäß § 631 Abs. 2 BGB kann Gegenstand eines Werkvertrags (und damit auch eines Bauvertrags) 16
sowohl die Herstellung oder Veränderung einer Sache als auch ein anderer durch Arbeit oder Dienstleistung herbeizuführender Erfolg sein. Die (erstmalige) Herstellung des Werks (hier: des Bauwerks oder der Außenanlage) entspricht damit dem Grundtypus des Werkvertrages gemäß § 631 Abs. 2 BGB. Unter Herstellung ist die Schaffung eines zuvor nicht bestehenden Bauwerks bzw. einer entsprechenden Außenanlage im Sinne der werkvertraglichen Wertschöpfung zu verstehen.[47] Herstellung liegt nicht erst dann vor, wenn das Bauwerk als Ganzes hergestellt wird. Vielmehr ist als Herstellung auch die Erstellung einzelner Bauteile und Bauglieder zu verstehen, und zwar unabhängig davon, ob sie als äußerlich hervortretende, körperlich abgesetzte Teile in Erscheinung treten.[48]

V. Wiederherstellung

Der Begriff der Wiederherstellung (eines Bauwerks oder einer Außenanlage) findet sich weder in 17
den allgemeinen Vorschriften der §§ 631 bis 650 BGB noch wird er vom Gesetzgeber in den Materialien zu § 650a BGB erläutert. Die Wiederherstellung setzt rein sprachlich voraus, dass zuvor ein Bauwerk oder eine Außenanlage vorhanden war, das bzw. die nunmehr vertragsgemäß wieder, also neu, hergestellt wird. Der Wiederherstellung ist also mit der Herstellung gemein, dass ein Bauwerk oder eine Außenanlage hergestellt wird, nur eben nicht erstmalig, sondern als Folge einer vorherigen Beschädigung oder Zerstörung des ursprünglich vorhandenen Bauwerks bzw. der entsprechenden Außenanlage.[49] In Anlehnung an den in § 2 Abs. 3 HOAI (2013)[50] geregelten Wiederaufbau eines Objekts setzt die Wiederherstellung gemäß § 650a Abs. 1 S. 1 BGB also voraus, dass das vorher

44 Soweit nicht gemäß § 650 S. 3 BGB einzelne Vorschriften des Werkvertragsrechts bei der Herstellung nicht vertretbarer Sachen anwendbar sind.

45 Näher dazu unten Rdn. 24 f.

46 Vgl. Voit, in: BeckOK BGB, § 650a Rn. 4.

47 Vgl. auch Dammert u.a., Das neue Bauvertragsrecht, § 2 Rn. 18.; Jurgeleit, in: ibr-OK Bauvertragsrecht, Stand 22.04.2024, § 650a BGB Rn. 20.

48 BGH, Urt. v. 20.05.2003 – X ZR 57/02, BGHZ 19, 319, 321; näher dazu oben Rdn. 14.

49 Vgl. dazu Motzke, NZBau 2017, 515, 517; Jurgeleit, in: ibr-OK Bauvertragsrecht, Stand 22.04.2024, § 650a Rn. 21.

50 Identisch mit § 2 Abs. 3 HOAI 2021.

vorhandene Bauwerk bzw. die entsprechende Außenanlage ganz oder teilweise zerstört war und entweder die Bausubstanz erheblich beeinträchtigt oder die Funktionsfähigkeit stark eingeschränkt war.[51] Ist ein Bauwerk oder eine Außenanlage beispielsweise durch ein Unwetter teilweise beschädigt worden, so hängt es vom Grad und Umfang der Beschädigung ab, ob die entsprechenden Gebäudeteile oder Teile der Außenanlage im Sinne von Abs. 1 S. 1 wieder hergestellt werden oder ob (lediglich) eine Instandhaltung gemäß § 650 Abs. 2 BGB vorliegt, die nur unter den dort näher genannten Voraussetzungen als Bauvertrag einzustufen ist.[52]

VI. Beseitigung

18 Auch ein Vertrag über die Beseitigung eines Bauwerks oder einer Außenanlage (oder eines Teils davon) wird von § 650a Abs. 1 S. 1 BGB als Bauvertrag eingestuft, was im Referentenentwurf des BMJV zunächst nicht vorgesehen war. § 650a Abs. 1 S. 1 BGB stimmt an dieser Stelle mit der Begriffsbestimmung der Bauleistung in § 1 VOB/A (2016) überein, wonach auch die Beseitigung einer baulichen Anlage als Bauleistung im Sinne der VOB/A angesehen wird.[53] Auch in der Baupraxis werden Verträge über den »Abbruch«, den »Rückbau« oder die schlichte Beseitigung baulicher Anlagen unproblematisch als Werkverträge eingestuft, was nunmehr auch der gesetzlichen Definition des Bauvertrags entspricht.

19 Allerdings ist jedem Werkvertrag und damit auch Bauvertrag immanent, dass vom Unternehmer ein Erfolg geschuldet wird (§ 631 Abs. 2 BGB). Der vom Unternehmer bei der Beseitigung im Sinne der Mängelfreiheit der erbrachten Werkleistung geschuldete Erfolg bezieht sich dabei auf die Beseitigung des Bauwerks oder der Außenanlage entsprechend den anerkannten Regeln der Technik und – entsprechend der Rechtsprechung des BGH zum funktionalen Mangelbegriff[54] – in einer Funktionstauglichkeit der Leistung dergestalt, dass z.B. keine Rückstände im Baugrund verbleiben, die dem mit dem Abbruch verbundenen Zweck – Gründung des geplanten Neubaus – im Wege stehen, gleichermaßen eine als Gründung des Neubaus taugliche Auffüllung und Verdichtung des Geländes, auf dem das beseitigte Bauwerk gestanden hat. Typischerweise werden solche Anforderungen an den Baugrund nach Abschluss der Rückbaumaßnahme im Bauvertrag detailliert geregelt.

VII. Umbau

20 Auch den Umbau eines Bauwerks, einer Außenanlage oder eines Teils davon stuft § 650a Abs. 1 BGB als Bauvertrag ein. Da die Materialien zum Begriff der Instandhaltung in § 650a Abs. 2 BGB auf die Definition in § 2 Abs. 9 HOAI (2013) verweisen,[55] wird man auch bezüglich des Umbaubegriffs auf die Definition in § 2 Abs. 5 HOAI (2013)[56] rekurrieren dürfen.[57] Umbauten sind hiernach Umgestaltungen eines vorhandenen Objekts mit wesentlichen Eingriffen in Konstruktion oder Bestand.

21 Für die Frage, was unter »Konstruktion« eines Bauwerks zu verstehen ist, kann auf den Begriff der »Konstruktionen« in DIN 276 Kostengruppe 300 verwiesen werden. So sind dies beispielsweise die Gründung eines Bauwerks (KG 320) oder die Außenwände (KG 330).[58] Betrifft die Umgestaltung

---

51 Vgl. Locher/Koeble/Frik, HOAI, 15. Aufl., § 2 Rn. 11; vgl. auch Dammert u.a., a.a.O., § 2 Rn. 19.

52 Locher/Koeble/Frik, a.a.O.; ebenso Motzke, NZBau 2017, 515, 517; a.A. Jurgeleit, in: ibr-OK Bauvertragsrecht, Stand 22.04.2024, § 650a Rn. 21, wonach eine Wiederherstellung auch eine Instandhaltung umfassen könne. Insgesamt trete § 650a Abs. 2 BGB dann hinter Abs. 1 zurück.

53 Folgerichtig werden Abbruch- und Rückbauarbeiten in den ATV DIN 18459 (09/2016) der VOB/C als Bestandteil des VOB/B-Vertrages geregelt.

54 BGH, Urt. v. 08.11.2007 – VII ZR 183/05, NZBau 2008, 109 »Blockheizkraftwerk«.

55 BT-Drucks. 18/8486, S. 54.

56 Identisch mit § 2 Abs. 5 HOAI 2021.

57 So auch Dammert u.a., a.a.O., § 2 Rn. 21.; ebenso Jurgeleit, in: ibr-OK Bauvertragsrecht, Stand 22.04.2024, § 650a Rn. 23.

58 Näher dazu Berger/Seifert, in: Fuchs/Berger/Seifert, § 2 HOAI Rn. 26.

nicht die vorstehend definierte Konstruktion, so kann sie dennoch den Bestand des Bauwerks oder – insbesondere – der Außenanlage betreffen. Wird z.B. ein Landschaftsgarten oder ein Park grundlegend verändert, so liegt ebenfalls ein Umbau vor.[59]

Der Eingriff in Konstruktion oder Bestand des Bauwerks bzw. der Außenanlage muss darüber hinaus das Merkmal der **Wesentlichkeit** erfüllen. Wann dies der Fall ist, hängt davon ab, wie stark der Bestand verändert wird. Teilweise wird dazu in der HOAI-Literatur die Meinung vertreten, dass bei einem bestimmten prozentualen Anteil (10 bis 20 %) bereits ein wesentlicher Eingriff vorliege.[60] Teilweise wird auch vertreten, dass die Wesentlichkeitsgrenze nur im Einzelfall geklärt werden könne, wobei auf Planungsaufwand und Kosten abzustellen sei.[61] Grundlegende Gestaltungs-, Konstruktions- oder Funktionalitätsänderungen eines Gebäudes oder einer Außenanlage werden daher im Regelfall als Umbau im Sinne von § 650a Abs. 1 BGB einzustufen sein.[62] Im Einzelfall kann zweifelhaft sein, ob (bereits) ein Umbau oder (lediglich) eine Instandhaltung im Sinne von § 650a Abs. 2 BGB vorliegt. Wird beispielsweise lediglich die Funktionsfähigkeit einer defekten Heizungsanlage wieder hergestellt, so liegt im Sinne von Abs. 2 eine Instandhaltung vor. Wird der Funktionsmangel zum Anlass genommen, die Ölheizung in eine moderne Heizung, z.B. mit Holzpellets, umzugestalten, so liegt keine Instandsetzung nach Abs. 2, sondern ein Umbau nach Abs. 1 vor.[63] 22

C. § 650a Abs. 2 BGB

Ein Vertrag über die ***Instandhaltung eines Bauwerks*** ist nach Abs. 2 dann ein Bauvertrag, wenn das Werk für die Konstruktion, den Bestand oder den bestimmungsgemäßen Gebrauch von wesentlicher Bedeutung ist. Nach der Gesetzesbegründung kann nur unter diesen Voraussetzungen davon ausgegangen werden, dass es sich nach Vertragsdauer und –umfang um einen auf längerfristige Zusammenarbeit angelegten Vertrag handelt, bei dem die Anwendung der speziellen bauvertragsrechtlichen Vorschriften (§§ 650b ff. BGB) gerechtfertigt ist.[64] Unter Instandhaltung seien dabei Arbeiten zu verstehen, die zur Erhaltung des Soll-Zustands des Bauwerks dienen, wobei der Gesetzgeber auf § 2 Abs. 9 HOAI und ergänzend auf § 1 VOB/A verweist. Als Beispiele von Instandhaltungsarbeiten, die für Konstruktion, Bestand oder bestimmungsgemäßen Gebrauch des Bauwerks von wesentlicher Bedeutung seien, nennt der Gesetzgeber Pflege-, Wartungs- und Inspektionsleistungen, die der Erhaltung und/oder der Funktionsfähigkeit des Bauwerks dienen. Erfasst würden etwa Verträge zur Inspektion von Brücken oder zur Pflege und Wartung von tragenden oder sonst für den Bestand eines Bauwerks wichtigen Teilen.[65] 23

I. Instandhaltung

Was unter *Instandhaltung* eines Bauwerks zu verstehen ist, lässt sich dem Gesetz nicht unmittelbar entnehmen. Einerseits verweist der Gesetzgeber zum Begriff der Instandhaltung auf § 2 Abs. 9 HOAI. Hiernach sind Instandhaltungen *Maßnahmen zur Erhaltung des Soll-Zustands* eines Objekts. Im Gegensatz dazu definiert § 2 Abs. 8 HOAI *Instandsetzungen* als *Maßnahmen zur Wiederherstellung des zum bestimmungsgemäßen Gebrauch* geeigneten Zustands (Soll-Zustands) eines Objekts, soweit diese Maßnahmen nicht unter § 2 Abs. 3 HOAI (Wiederaufbauten) fallen. Nach der Begrifflichkeit der HOAI ist die Instandsetzung also nicht lediglich ein Unterfall der Instandhaltung. Vielmehr erfolgt eine Instandsetzung, wenn bereits Schäden vorhanden sind, die zur Wiederherstellung des bestimmungsgemäßen Gebrauchs (Soll-Zustands) repariert werden müssen, während es bei Instand- 24

59 Dazu Berger/Seifert, in: Fuchs/Berger/Seifert, a.a.O. § 2 HOAI Rn. 27.
60 Vgl. Locher/Koeble/Frik, HOAI, § 2 Rn. 13.
61 Vgl. Berger/Seifert, in: Fuchs/Berger/Seifert, a.a.O. § 2 HOAI Rn. 28.
62 Näher Berger/Seifert, in: Fuchs/Berger/Seifert, a.a.O. Rn. 25; Locher/Koeble/Frik, HOAI, § 2 Rn. 13.
63 Dazu Locher/Koeble/Frik, HOAI, § 2 Rn. 13.
64 BT-Drucks. 18/8486 S. 53.
65 BT-Drucks. 18/8486, S. 53 f.

haltungen nur um Erhaltungsmaßnahmen des Soll-Zustandes geht.[66] Hiernach wäre also, soweit die weiteren Voraussetzungen von § 650a Abs. 2 BGB vorliegen, die Instandhaltung als bloße Erhaltungsmaßnahme eines Bauwerks als Bauvertrag anzusehen, während eine die Substanz des Bauwerks selbst betreffende Instandsetzung (im Sinne von § 2 Abs. 8 HOAI) nicht als Unterfall der Instandhaltung, sondern nur als Wiederherstellung im Sinne von § 650a Abs. 1 BGB als Bauvertrag zu klassifizieren wäre.[67]

25 Richtiger erscheint, in Übereinstimmung mit § 1 VOB/A den Begriff der **Instandhaltung als Oberbegriff** anzusehen und die Instandsetzung als eine von mehreren Möglichkeiten einer Instandhaltungsmaßnahme einzustufen. Mit dieser Systematik stimmt beispielsweise auch die sog. Instandhaltungsrichtlinie[68] überein. Hiernach gehören zur Instandhaltung (von Betonbauteilen) die Komponenten Inspektion, Wartung, Instandsetzung und Verbesserung. Überträgt man diese Systematik auf § 650a Abs. 2 BGB, so erschließt sich auch die Begründung des Gesetzgebers, der Pflege-, Wartungs- und Inspektionsleistungen, die der Erhaltung und/oder der Funktionsfähigkeit des Bauwerks dienen, als typische Leistungen einer Instandhaltungsmaßnahme ansieht. Neben Pflege-, Wartungs- und Inspektionsarbeiten ist die Instandsetzung einer bereits geschädigten Bausubstanz also ein typischer und häufiger Fall einer Instandhaltungsmaßnahme.[69]

II. Wesentliche Bedeutung für Konstruktion, Bestand oder bestimmungsgemäßen Gebrauch

26 Die Instandhaltungsmaßnahme muss von wesentlicher Bedeutung für die Konstruktion, den Bestand oder den bestimmungsgemäßen Gebrauch des Bauwerks sein. Der Gesetzgeber sieht diese Anforderungen als Regulativ für die längerfristige Zusammenarbeit als Wesensmerkmal eines Bauvertrages im Gegensatz zum allgemeinen Werkvertrag.[70]

27 Die Begriffsmerkmale eines wesentlichen Eingriffs in Konstruktion oder Bestand finden sich bereits in der Legaldefinition von Umbauarbeiten in § 2 Abs. 5 HOAI. Wie bereits dazu ausgeführt, kann hinsichtlich des Begriffs der Konstruktion auf die entsprechenden Kostengruppen in DIN 276 verwiesen werden.[71] Aus der verschiedenen Begrifflichkeit ergibt sich, dass Konstruktion und Bestand nicht identisch sind, d.h. die Instandhaltung kann von wesentlicher Bedeutung für den Bestand eines Bauwerks sein, ohne die Konstruktion selbst zu betreffen. Von wesentlicher Bedeutung für den Bestand eines Bauwerks ist beispielsweise die Gebäudedichtigkeit im Kellerbereich, an der Fassade oder im Dachbereich, ohne dass hiervon konstruktive Teile des Gebäudes betroffen sein müssen. Schließlich kann sich die wesentliche Bedeutung der Instandhaltungsmaßnahme auch nur auf den bestimmungsgemäßen Gebrauch des Bauwerks beziehen, ohne dass Konstruktion oder Bestand zwingend Gegenstand der Maßnahme sein müssen. Dies betrifft beispielsweise Brandschutzmaßnahmen wie Entrauchungsanlagen, die nicht automatisch konstruktive oder bestandsrelevante Maßnahmen sind.

28 Die Instandhaltungsmaßnahme muss schließlich für Konstruktion, Bestand oder bestimmungsgemäßen Gebrauch von **wesentlicher Bedeutung** sein. Schon vor der gesetzlichen Neuregelung bestand Einigkeit, dass eine bauwerksbezogene Arbeit im Sinne von § 634a Abs. 1 Nr. 2 BGB nicht nur bei der Neuherstellung eines Bauwerks vorliegt, sondern auch bei Instandsetzungs-, Änderungs-

---

66 Vgl. Berger/Seifert, in: Fuchs/Berger/Seifert, § 2 HOAI Rn. 35, 38.

67 So Leupertz, in: BeckOK Bauvertragsrecht, § 650a BGB Rn. 34, allerdings mit zutreffendem Hinweis darauf, dass im Einzelfall die Abgrenzung zwischen Instandhaltung einerseits und Instandsetzung/Wiederherstellung andererseits sehr schwierig sein kann.

68 DAfStb-Richtlinie des Deutschen Ausschusses für Stahlbeton, derzeit Entwurfsstand 2016–06–14.

69 Eine tiefere Auseinandersetzung mit den Begriffen Instandhaltung und Instandsetzung enthält die Diss. von Teigeler, *Die Instandhaltung als Bauvertrag nach § 650a Abs. 2 BGB, 2024*, Kap. 3.

70 BT-Drucks. 18/8486, S. 53; Mehr Ausführungen zur Wesentlichkeit: Teigeler, Die Instandhaltung als Bauvertrag nach § 650a Abs. 2 BGB, Kap. 3, III.

71 Dazu oben Rdn. 9.

und Umbauarbeiten an bestehenden Gebäuden, die für deren Erneuerung, Bestand oder Benutzbarkeit von wesentlicher Bedeutung sind, sofern eine feste Verbindung mit dem Gebäude vorliegt.[72]

Von wesentlicher Bedeutung sind beispielsweise 29
- die Neuisolierung der Außenwände nebst Verlegung einer Dränage zur Beseitigung von Kellernässe,[73]
- die Erneuerung der Dacheindeckung mit Schiefer auf einer größeren Teilfläche eines Kirchendachs,[74]
- umfangreiche Malerarbeiten bei Umbau und vollständiger Renovierung eines Hauses.[75]
- laut Gesetzgeber auch Verträge zur Inspektion von Brücken oder zur Pflege und Wartung von tragenden oder sonst für den Bestand eines Bauwerks wichtigen Teilen,[76]
- Die Beurteilung von Malerarbeiten kann Schwierigkeiten bereiten. Zwischenzeitlich hat das OLG Karlsruhe[77] einen Vertrag über Malerarbeiten, die sich nicht auf den bloßen Anstrich beschränken, sondern auch die Gebäudesubstanz betreffen, als wesentliche Instandhaltungsmaßnahme eingeordnet. Da die Arbeiten die Funktion der Fassade wiederhergestellt haben, ist dem zuzustimmen. Dennoch ist bei Malerarbeiten besonderes Augenmerk auf den Umfang und die Wesentlichkeit der Maßnahme für das Bauwerk zu legen.[78]

Im Gegensatz dazu stehen kleinere Reparatur- oder Ausbesserungsarbeiten, die weder für Konstruktion noch für den bestimmungsgemäßen Gebrauch von zentraler Bedeutung sind.[79] 30

Die Längerfristigkeit der Zusammenarbeit oder ein bestimmtes Volumen des Instandhaltungsvertrages ist hingegen nicht Voraussetzung, um einen Bauvertrag nach Abs. 2 zu bejahen. Die längerfristige Zusammenarbeit ist zwar nach der gesetzgeberischen Intention typisches Wesensmerkmal eines Bauvertrages,[80] im Einzelfall aber nicht Tatbestandsvoraussetzung eines Bauvertrages. Wenn also beispielsweise eine für die Konstruktion eines Bauwerks relevante Instandsetzungsarbeit in wenigen Tagen ausgeführt wird (oder werden muss), so liegt zwar im Einzelfall keine längerfristige Zusammenarbeit der Parteien vor, dennoch sind die Voraussetzungen eines Bauvertrags nach Abs. 2 erfüllt. 31

III. Außenanlage

Im Gegensatz zu § 650a Abs. 1 BGB bezieht sich Abs. 2 nur auf Instandhaltungsarbeiten an Bauwerken, nicht auf entsprechende Arbeiten an Außenanlagen oder Teilen davon. Nach dem Wortlaut des Gesetzes liegt bei Verträgen über Instandhaltungsarbeiten an Außenanlagen also auch dann kein Bauvertrag vor, wenn diese Instandhaltungsarbeiten für den Bestand oder den bestimmungsgemäßen Gebrauch der Außenanlage von wesentlicher Bedeutung sind. Solche Arbeiten müssen nach dem Wortlaut des Gesetzes also die Voraussetzung einer Wiederherstellung oder eines Umbaus nach Abs. 1 erfüllen, um die Kriterien eines Bauvertrages zu erfüllen. 32

---

72 BT-Drucks. 14/6040 D 227; BGH, Urt. v. 06.11.1969 – VII ZR 159/67, BGHZ 53, 43 = NJW 1970, 419 = BauR 1970, 45; BGH, Urt. v. 09.10.2013 – VIII ZR 318/12, NJW 2014, 845; allgemein dazu Langen, in: Kapellmann/Messerschmidt, § 13 VOB/B Rn. 161.

73 BGH, Urt. v. 22.09.1983 – VII ZR 360/82, NJW 1984, 168 = BauR 1984, 64.

74 BGH, Urt. v. 21.12.1955 – VI ZR 246/54, BGHZ 19, 319 = NJW 1958, 1195.

75 BGH, Urt. v. 16.09.1993 – VII ZR 180/92, NJW 1993, 3195.

76 BT-Drucks. 18/8486, S. 53.

77 OLG Karlsruhe, Beschl. v. 15.12.2021 – 25 U 342/21, NZBau 2022, 341, ähnlich KG, Urt. v. 02.03.2021 – 21 U 1098/20, NZBau 2021, 523.

78 BGH, Urt. v. 16.09.1993 – VII ZR 180/92, NJW 93, 3195.

79 Vgl. Lederer, in: Kapellmann/Messerschmidt, § 1 VOB/A Rn. 19; Langen, in: Kapellmann/Messerschmidt, § 13 VOB/B Rn. 162.

80 BT-Drucks. 18/8486, S. 53.

33 Eine Begründung für diese Differenzierung zwischen Abs. 1 und Abs. 2 findet sich in den Materialien nicht. Deshalb ist davon auszugehen, dass der Gesetzgeber bei den in Abs. 2 geregelten Instandhaltungsarbeiten primär Bauwerke vor Augen hatte, bei denen konstruktiv relevante oder bestandserhaltende Instandsetzungsarbeiten sicherlich auch viel häufiger sind als bei Außenanlagen. Wenn aber eine Instandhaltungsarbeit für eine Außenanlage, beispielsweise für eine Parkanlage oder für einen Sportplatz, von wesentlicher Bedeutung für den Bestand oder auch den bestimmungsgemäßen Gebrauch ist, dann liegt kein Grund vor, eine solche wesentliche Instandhaltungsmaßnahme einer Außenanlage als einfachen Werkvertrag zu behandeln, eine entsprechende bauwerksbezogene Maßnahme hingegen als Bauvertrag. In diesen Fällen sollte Abs. 2 also entsprechend angewendet werden.[81]

D. Gemischte Verträge

34 Wenn in einem wirtschaftlich einheitlichen Vertrag verschiedene Arbeiten übernommen werden, z.B. Abbruch- und Neubauarbeiten oder Umbau- und Instandhaltungsarbeiten, die einem einheitlichen Zweck dienen und nach natürlicher Betrachtungsweise zusammen gehören, so liegt insgesamt ein Bauvertrag im Sinne von § 650a BGB vor, auch wenn einzelne Teile der Leistungen, z.B. unwesentliche Instandhaltungsarbeiten an einzelnen Gebäudeteilen, isoliert betrachtet nicht die Voraussetzungen des Abs. 2 erfüllen.[82] Gleiches gilt, wenn sich der Unternehmer im Vertrag nicht nur zur Ausführung von Bauleistungen, sondern auch zu entsprechenden Planungsleistungen für diese Bauleistungen verpflichtet, beispielsweise in einem Generalunternehmervertrag die Erstellung der Ausführungsplanung und anschließend die schlüsselfertige Ausführung der geplanten Arbeiten übernimmt.[83] Die vorlaufend zu den Bauleistungen zu erbringende Planungsleistungen stellen zwar für sich betrachtet keine Bauleistung dar, sind bei einheitlicher Beauftragung aber notwendige und gleichzeitig untergeordnete Leistungen zu den Bauleistungen und gehören damit ebenso zum Bauvertrag nach § 650a BGB wie die körperlichen Bauleistungen selbst. Deshalb gelten die Vorschriften zum Bauvertrag gemäß §§ 650a ff. BGB in solchen Fällen auch für die vom Unternehmer mit übernommenen Planungsleistungen, wie dies richtigerweise auch in § 1 Abs. 1 EG VOB/A geregelt ist.[84]

Die Anwendung des Bauvertragsrechts erfolgt somit, wenn der Sinn und Zweck des Vertrags sowie die wirtschaftliche Bedeutung und Interessen der Parteien den typischen Interessen im Rahmen eines Bauvertrages entsprechen. Maßgeblich ist vor deshalb ein Vertragsgegenstand, der in qualitativer Hinsicht durch substanzielle Bauleistungen bestimmt wird und durch einen Leistungsaustausch über einen längeren Zeitraum sowie einer komplexen Zusammenarbeit zwischen Besteller und Unternehmer sowie vielfältigen gegenseitigen Pflichten charakterisiert ist.[85]

Ein Anspruch auf eine Bauhandwerkersicherung nach § 650f BGB besteht bei gemischten Verträgen nur, wenn der Schwerpunkt des Vertrages im Bauvertragsrecht liegt und die Eigenart des Vertrags mit dem Schwerpunkt richtig gewürdigt ist.[86]

E. Vertragstypenwahl

35 Wie vorstehend dargelegt, ist die Abgrenzung eines Bauwerks- oder anlagenbezogenen Werkvertrages zu einem (echten) Bauvertrag im Sinne von § 650a BGB nicht immer einfach. Da sich die Rechtsfolgen eines Bauvertrages, insbesondere hinsichtlich des Anordnungsrechts des Bestellers nach § 650b Abs. 2 BGB sowie seines Sicherungsanspruchs nach § 650f BGB, erheblich vom (einfachen) Werk-

81 Vgl. auch Jurgeleit, ibr-OK Bauvertragsrecht, Stand 22.04.2024, Rn. 27 f.; A.A. Leupertz, in: BeckOK Bauvertragsrecht, § 650a Rn. 21; Dammert u.a., a.a.O., § 2 Rn. 23.

82 Dazu Langen, in: Kapellmann/Messerschmidt, § 13 VOB/B Rn. 176; ähnlich v. Rintelen, in: Messerschmidt/Voit, § 650a Rn. 29 f.

83 Vgl. auch OLG Düsseldorf, Urt. v. 05.07.2000 – Verg 5/99, NZBau 2001, 106.

84 Dazu Lederer, in: Kapellmann/Messerschmidt, § 1 EG VOB/A Rn. 4.

85 Teigeler, Die Instandhaltung als Bauvertrag nach § 650a Abs. 2 BGB S. 64, 67.

86 OLG München, Urt. v. 09.04.2024 – 9 U 4221/23, BauR 2025, 128.

vertrag unterscheiden, kann es sich im Einzelfall empfehlen, Abgrenzungsdiskussionen durch klare vertragliche Vereinbarungen entbehrlich zu machen. Eine solche Vertragstypenwahl ist jedoch ihrerseits nicht unproblematisch, worauf Leupertz[87] zutreffend hinweist. Die Rechtsprechung hat zur werkvertraglichen Mängelhaftung des Bauträgers zutreffend darauf hingewiesen, dass nicht die Bezeichnung als Kauf- oder Werkvertrag oder der Person als Käufer/Verkäufer entscheidend ist, sondern dass sich nach dem Zweck und der wirtschaftlichen Bedeutung des Vertrages sowie der Interessenlage die Verpflichtung des Verkäufers zur mangelfreien Errichtung des Bauwerks ergibt.[88] Soweit also eindeutig (nur) ein Werkvertrag wenn auch mit Bezug zu einem Bauwerk oder zu einer Außenanlage vorliegt, begegnet die – auch individualvertragliche – Vereinbarung der Parteien, wonach auf diesen Vertrag die Vorschriften des Bauvertrages nach §§ 650a ff. Anwendung finden, Bedenken.[89] Leupertz weist allerdings zutreffend darauf hin, dass jedenfalls eine mittelbare Vertragstypenwahl zulässig sein dürfte, wonach die Parteien z.B. in einer Zieldefinition in der Präambel des Vertrages darauf hinweisen, dass sie gemeinsam von der Anwendbarkeit der bauvertraglichen Bestimmungen der §§ 650a ff. BGB ausgehen und/oder im Regelungszusammenhang klar vereinbaren, dass der Besteller nach Maßgabe des § 650b Abs. 2 BGB Änderungen des Werkerfolgs anordnen kann oder der Unternehmer nach § 650f BGB berechtigt ist, Sicherheit zu fordern. Gegen eine solche »milde Typenwahl« sollten gerade im Sinne der beiderseits gewünschten Rechtsklarheiten keine Bedenken bestehen.

F. Verjährung

Durch den neu geschaffenen Begriff des Bauvertrages in § 650a BGB kommt es zu einer vom Gesetzgeber zu überdenkenden Diskrepanz bei der Verjährung entsprechender Mängelhaftungsansprüche. Denn ein Bauvertrag liegt nach § 650a Abs. 1 BGB nicht nur bei der Herstellung, Wiederherstellung usw. eines Bauwerks vor, bei dem die Mängelhaftungsansprüche sowohl für die Ausführung selbst wie auch für die Planung und Überwachung nach § 634a Abs. 1 Nr. 2 BGB in fünf Jahren verjähren. Ein Bauvertrag besteht auch bei entsprechenden Arbeiten zu Außenanlagen, bei denen Mängelhaftungsansprüche gemäß § 634a Abs. 1 Nr. 1 BGB jedoch – unverändert – in zwei Jahren verjähren.[90] Wenn der Gesetzgeber aber auch Arbeiten zur Herstellung, Wiederherstellung, Beseitigung und zum Umbau von Außenanlagen als Bauvertrag einstuft, dann sollte für den Bauvertrag auch eine einheitliche Verjährungsfrist von fünf Jahren für Mängelansprüche nach § 634a Abs. 1 Nr. 2 BGB eingeführt werden. Solange dies nicht geschieht, verjähren also Mängelansprüche aus einem Bauvertrag unterschiedlich danach, ob sich die Bauleistungen auf Bauwerke beziehen (fünf Jahre) oder auf Außenanlagen (zwei Jahre). Bezieht sich der Bauvertrag sowohl auf ein Bauwerk als auch auf die Außenanlage des Bauwerks, dann liegt ein einheitlicher Vertrag mit einheitlicher fünfjähriger Verjährungsfrist vor.[91] Eine ähnliche Problematik ergab sich in einem Fall, in dem sich der Veräußerer eines Grundstücks auch zur Errichtung einer Eigentumswohnung verpflichtete. Der BGH entschied hier, dass bei einem Bauträgervertrag zur Errichtung einer Eigentumswohnung als einheitlichen Vertrag der Vergütungsanspruch für den Grundstücksanteil und der Eigentumswohnung einheitlich gem. § 196 BGB in zehn Jahren verjähren.[92] In einem weiteren Fall wurde entschieden, dass bei synallagmatisch verbundenen Ansprüchen die Fälligkeit als Beginn der Verjährungsfrist erst mit der Fälligkeit des jeweiligen Anspruchs eintritt. Bei einem Grundstückskaufvertrag, in dem die Auflassung aufschiebend bedingt nach Zahlung des Kaufpreises notariell vereinbart wurde, beginnt die Fälligkeit des Anspruchs somit nicht mit Vertragsschluss, sondern mit dem vereinbarten Zeitpunkt zur Leistung. Wenn seitdem über zehn Jahre vergangen sind, ändert das nichts an der Fällig- 36

87 Vgl. Leupertz, BeckOK Bauvertragsrecht, § 650a Rn. 40 ff.
88 BGH, Urt. v. 29.06.1989 – VII ZR 151/88, BGHZ 108, 164 = NJW 1989, 2748.
89 Vgl. Leupertz, a.a.O., Rn. 43.
90 Vgl. Leupertz, in: BeckOK BauvertragsR, § 650a Rn. 39.
91 Vgl. oben Fn. 40.
92 BGH, 07.12.2023 – VII ZR 231/22, BauR 2024, 509.

keit. Jedoch kann man über treuwidriges Verhalten (§ 242 BGB) oder den Wegfall der Geschäftsgrundlage (§ 313 BGB) nachdenken.[93]

§ 650b Änderung des Vertrags; Anordnungsrecht des Bestellers

(1) Begehrt der Besteller
1. eine Änderung des vereinbarten Werkerfolgs (§ 631 Absatz 2) oder
2. eine Änderung, die zur Erreichung des vereinbarten Werkerfolgs notwendig ist, streben die Vertragsparteien Einvernehmen über die Änderung und die infolge der Änderung zu leistende Mehr- oder Mindervergütung an. Der Unternehmer ist verpflichtet, ein Angebot über die Mehr- oder Mindervergütung zu erstellen, im Falle einer Änderung nach Satz 1 Nummer 1 jedoch nur, wenn ihm die Ausführung der Änderung zumutbar ist. Macht der Unternehmer betriebsinterne Vorgänge für die Unzumutbarkeit einer Anordnung nach Absatz 1 Satz 1 Nummer 1 geltend, trifft ihn die Beweislast hierfür. Trägt der Besteller die Verantwortung für die Planung des Bauwerks oder der Außenanlage, ist der Unternehmer nur dann zur Erstellung eines Angebots über die Mehr- oder Mindervergütung verpflichtet, wenn der Besteller die für die Änderung erforderliche Planung vorgenommen und dem Unternehmer zur Verfügung gestellt hat. Begehrt der Besteller eine Änderung, für die dem Unternehmer nach § 650c Absatz 1 Satz 2 kein Anspruch auf Vergütung für vermehrten Aufwand zusteht, streben die Parteien nur Einvernehmen über die Änderung an; Satz 2 findet in diesem Fall keine Anwendung.

(2) Erzielen die Parteien binnen 30 Tagen nach Zugang des Änderungsbegehrens beim Unternehmer keine Einigung nach Absatz 1, kann der Besteller die Änderung in Textform anordnen. Der Unternehmer ist verpflichtet, der Anordnung des Bestellers nachzukommen, einer Anordnung nach Absatz 1 Satz 1 Nummer 1 jedoch nur, wenn ihm die Ausführung zumutbar ist. Absatz 1 Satz 3 gilt entsprechend.

Übersicht

93 BGH, 15.03.2024 – V ZR 224/22, BauR 2024, 1045.

A. Entstehungsgeschichte

Das Werkvertragsrecht des BGB war bis zum 31.12.2017 durch das Konsensualprinzip geprägt, d.h. der von den Parteien einvernehmlich festgelegte Inhalt des Werkvertrages konnte – mit Ausnahme der Vertragskündigung – grundsätzlich nur im Einvernehmen der Parteien geändert werden. Auf der Basis des von der Rechtsprechung geprägten **funktionalen Mangelbegriffs**[1], wonach der Unternehmer selbst bei einer fehlerhaften Leistungsbeschreibung des Werkvertrages ein mangelfreies und damit funktionstaugliches Werk herstellen muss, führte dies aber schon nach dem bis zum 31.12.2017 gültigen Recht zur Notwendigkeit, dem Besteller im Rahmen von Treu und Glauben (§ 242 BGB) das Recht einzuräumen, durch entsprechende (einseitige) Anordnungen Fehler der Planung bzw. der Leistungsbeschreibung zu korrigieren.[2] Neben dieser »Fehlerkorrektur« wurde vereinzelt auch für »freie Änderungen« eine Änderungsbefugnis angenommen, wenn mit Blick auf Art und Umfang der begehrten Leistungsänderung berechtigte Interessen des Unternehmers nicht wesentlich berührt werden.[3] Für Verträge, denen die VOB/B zu Grunde lag, war dies anders. Die in § 1 Abs. 3 und Abs. 4 VOB/B vorgesehenen Änderungsrechte des Auftraggebers beschränken sich nicht auf solche »notwendigen« Anordnungen zur Herstellung eines mangelfreien Werks, sondern erfassen zumindest vom Wortlaut des § 1 Abs. 3 VOB/B praktisch jede beliebige Änderung des Vertragsinhalts, wenn- 1

1 Vgl. BGH, Urt. v. 08.11.2007 – VII ZR 183/05, NZBau 2008, 109 »Blockheizkraftwerk«; dazu auch Leupertz, in: BeckOK BauvertragsR, § 650b BGB Rn. 22.

2 Vgl. BGH, Urt. v. 25.01.1996 – VII ZR 233/94, BauR 1996, 378; dazu Orlowski, ZfBR 2016, 419, 425 und BauR 2017, 1427; Dammert u.a., § 2 Rn. 26.

3 OLG Hamm, Urt. v. 09.02.2023 – 24 U 77/21, BeckRS 2023, 4996.

gleich mit der automatischen Rechtsfolge einer Vergütungsanpassung gemäß § 2 Abs. 5 und Abs. 6 VOB/B.

2 Zumindest im Grundsatz besteht seit langem Einigkeit darüber, dass die in der VOB/B geregelten und in der Praxis des Bauvertragsrechts auch weitgehend funktionierenden Änderungsrechte des Bestellers auch Eingang in das Werkvertragsrecht des BGB finden sollten. Eine erste ernsthafte Regelungsinitiative ging vom Arbeitskreis I des 3. Deutschen Baugerichtstags im Jahr 2010 aus, in dem auf das große praktische Bedürfnis hingewiesen wurde, dem Besteller auch nach Vertragsabschluss die Möglichkeit einzuräumen, geänderten Anforderungen oder Wünschen an das beabsichtigte Bauwerk Rechnung zu tragen. Der 3. Deutsche Baugerichtstag empfahl, in das Gesetz das Recht des Bestellers aufzunehmen, Änderungen und Erweiterungen der Leistungen anzuordnen, soweit dies unter Berücksichtigung (auch) der Interessen des Bestellers für den Unternehmer zumutbar sei. Das Anordnungsrecht des Bestellers sollte sich auch auf die Ausführungsart und insbesondere auf die vereinbarte Bauzeit beziehen, jedoch keine Verkürzung der vertraglichen Bauzeit (Beschleunigung) umfassen. Regelungsgegenstand sollte hiernach auch eine Vergütungsanpassung unter Berücksichtigung der geänderten Kosten sein.[4] Der 4. Deutsche Baugerichtstag im Jahr 2012 nahm dann noch bestimmte Differenzierungen zu den Regelungsvorschlägen des Jahres 2010 vor und regte gleichzeitig an, prozedurale Änderungen im Sinne der Einführung eines Eilverfahrens zur Vermeidung bzw. Beilegung von Streit über die Anordnung sowie die Bezahlung von Nachtragsleistungen vorzunehmen.[5]

3 Teilweise parallel dazu schlug die vom BMJV eingerichtete »Arbeitsgruppe Bauvertragsrecht« in ihrem Abschlussbericht vom 18.06.2013 die Einführung eines durch das Kriterium der Zumutbarkeit begrenzten, einseitigen Leistungsbestimmungsrechts (Änderungsrecht) des Bestellers vor, verbunden damit auch ein an den tatsächlich erforderlichen Mehr- oder Minderkosten bemessener Vergütungsanspruch für den Nachtrag. Schließlich regte die Arbeitsgruppe die Einführung eines besonderen Streitbeilegungsmechanismus für Nachträge in Form einer Bauverfügung vor.[6] Der Referentenentwurf des BMJV vom 10.09.2015[7] setzte die Vorschläge der Arbeitsgruppe Bauvertragsrecht weitgehend um, sah aber von der Regelung einer Bauverfügung ab.

4 Der von der Bundesregierung am 11.03.2016 eingebrachte Gesetzentwurf[8] sah in § 650b BGB einen neuen Abs. 1 vor, wonach vor Entstehung eines Anordnungsrechts des Bestellers ein Einigungsversuch der Parteien hinsichtlich der gewünschten Änderungen zum Bauvertrag einerseits wie auch hinsichtlich der damit verbundenen Vergütungsfolge andererseits stattfinden muss. Der Bundesrat hat dazu am 12.04.2016[9] eine Reihe von Änderungsvorschlägen unterbreitet, die von der Bundesregierung in der Gesetzesvorlage vom 18.05.2016[10] teilweise berücksichtigt worden sind. Im Rahmen der Gesetzesberatung ist es dann noch zu verschiedenen Änderungen und Ergänzungen[11] bis zur Beschlussfassung am 09.03.2017[12] gekommen.

B. Überblick

5 Wie sich bereits aus der Überschrift zu § 650b BGB ergibt, enthält die Vorschrift eine gestufte Regelung. Im Vordergrund steht nach dem in Abs. 1 verkörperten Willen des Gesetzgebers das Ziel, Änderungen des Vertrages nach Möglichkeit einvernehmlich im Sinne einer Änderungsvereinbarung herbeizuführen, die sowohl den geänderten Inhalt auf der einen als auch die damit verbundene,

4 Vgl. 4. Empfehlung des 3. DBGT 2010 (Arbeitskreis I), abrufbar unter www.baugerichtstag.de.
5 Vgl. Empfehlungen des 4. DBGT 2010 (Arbeitskreis I), abrufbar unter www.baugerichtstag.de.
6 Vgl. Abschlussbericht der AG Bauvertragsrecht beim BMJV vom 18.06.2013, S. 28.
7 Abrufbar unter www.bmjv.de.
8 BT-Drucks. 123/16.
9 BT-Drucks. 123/1./16.
10 BT-Drucks. 18/8486.
11 BT-Drucks. 18/11437.
12 BT-Plenarprotokoll 18/221.

geänderte Vergütung auf der anderen Seite regelt. In der Gesetzesbegründung[13] heißt es dazu, Einvernehmen der Bauvertragsparteien sowohl über den geänderten Inhalt des Vertrages als auch über die damit verbundene Vergütung sei regelmäßig im Interesse beider Parteien, weil ein Streit über eine Vertragsänderung die Zusammenarbeit bei der weiteren Ausführung des Baus erheblich belasten könne. Dies ist zweifelsfrei richtig, gilt aber für alle nachträglich gewünschten Änderungen abgeschlossener Verträge, wenngleich nicht zu verkennen ist, dass gerade auf eine längere Ausführungsfrist angelegte Bauverträge häufiger Änderungsbedarf am festgelegten Vertragsinhalt herbeiführen als z.B. das Austauschgeschäft beim Kaufvertrag.

Für das anzustrebende Einvernehmen spielt es keine Rolle, ob sich das Änderungsbegehren des Bestellers auf den vereinbarten Werkerfolg bezieht (§ 650b Abs. 1 S. 1 Nr. 1 BGB), ob er also z.B. eine andere Nutzung (Wohnen anstatt Büro), eine andere Raumaufteilung, eine geänderte Konstruktion oder Sonstiges begehrt oder ob es sich um eine zur Erreichung des vereinbarten Werkerfolgs notwendige Änderung handelt (§ 650b Abs. 1 S. 1 Nr. 2 BGB), also z.B. die Korrektur einer fehlerhaften Planung oder einer fehlerhaften Leistungsbeschreibung, um eine funktionstaugliche Leistung herstellen zu können. In beiden Fällen gibt der Gesetzgeber vor, dass die Parteien zunächst Einvernehmen über die Änderung und die damit verbundene Mehr- oder Mindervergütung anstreben (sollen). Der Weg zu dieser vom Gesetz gewünschten Einigung der Parteien über die Vertragsänderung wird in § 650b Abs. 1 BGB sehr ausführlich und gleichzeitig kompliziert geregelt.[14] Zunächst ist zu klären, wer die Planungsverantwortung trägt. Liegt diese beim Besteller, so muss der Besteller dem Unternehmer als Grundlage von dessen Änderungsangebot die erforderliche Planung vorlegen (§ 650b Abs. 1 S. 4 BGB), wozu neben der Mengenermittlung auch eine dem Unternehmer eine Preiskalkulation erlaubende Leistungsbeschreibung gehört.[15] Im Umkehrschluss folgt daraus, dass dem Unternehmer selbst die Planung einschließlich Mengenermittlung und Leistungsbeschreibung obliegt, wenn er die Planungsverantwortung trägt. Gesetzlich ungeregelt ist der in der Praxis häufige Fall, dass die Planungsverantwortung teilweise vom Besteller und teilweise vom Unternehmer getragen wird. 6

Sind die Grundlagen für das Änderungsangebot gegeben, so muss der Unternehmer gemäß § 650b Abs. 1 S. 2 BGB ein Angebot über die Mehr- oder Mindervergütung erstellen, ohne dass das Gesetz regelt, auf welcher Basis und in welcher Form und Frist das Angebot vorzulegen ist. Im Fall einer Änderung des vereinbarten Werkerfolgs (Abs. 1 Nr. 1) ist der Unternehmer gemäß Abs. 1 S. 2, letzter Hs. zur Vorlage eines Angebots nur verpflichtet, wenn ihm die Ausführung der Änderung auch zumutbar ist. Beweispflichtig für die Zumutbarkeit ist grundsätzlich der Besteller, es sei denn, der Unternehmer macht betriebsinterne Vorgänge für die Unzumutbarkeit der Änderung geltend.[16] In diesem Fall trifft ihn die Beweislast für die Unzumutbarkeit. 7

In logischer Konsequenz regelt § 650b Abs. 1 S. 5 BGB, dass sich der Einigungsversuch der Parteien nur auf die Änderung der Leistung (und nicht gleichzeitig auf die damit verbundene, geänderte Vergütung) beziehen muss, wenn dem Unternehmer nach § 650c Abs. 1 S. 2 BGB kein Anspruch auf Vergütung für vermehrten Aufwand zusteht[17]. 8

Kommt es binnen 30 Tagen nach Zugang des Änderungsbegehrens beim Unternehmer nicht zu einer Einigung nach § 650b Abs. 1 BGB, so entsteht gemäß § 650b Abs. 2 S. 1 BGB das (einseitige) Recht des Bestellers, die Vertragsänderung in Textform anzuordnen. Dieses Anordnungsrecht gilt 9

13 BT-Drucks. 18/8486, S. 54.

14 Dazu ausführlich Langen, BauR 2019, 303.

15 Vgl. beispielhaft Anlage 10 zu § 34 Abs. 4 HOAI, Grundleistung 6 b bei der Objektplanung Gebäude.

16 Das Gesetz spricht in § 650b Abs. 1 S. 3 BGB noch von der Unzumutbarkeit der *Anordnung*, was auf dem Referentenentwurf des BMJV beruht, dessen § 650b Abs. 1 BGB von vornherein das Anordnungsrecht des Bestellers ohne den »Umweg« eines Einigungsversuchs der Parteien regelte.

17 Dies ist gemäß § 650c Abs. 1 S. 2 BGB der Fall, wenn die Leistungspflicht des Unternehmers neben der Bauausführung auch die Planung des Bauwerks oder der Außenanlage umfasst und es zur Erreichung des Werkerfolgs einer Änderung der Planung und Ausführung bedarf.

für beide in § 650b Abs. 1 S. 1 Nr. 1 und Nr. 2 BGB geregelten Fälle, bei der Änderung des Werkerfolgs jedoch nur, wenn dem Unternehmer die Ausführung zumutbar ist. Auch hier ist der Besteller darlegungs- und beweispflichtig, es sei denn, der Unternehmer beruft sich auf betriebsinterne Vorgänge für die Unzumutbarkeit der Anordnung, § 650b Abs. 2 S. 3 BGB. Das Anordnungsrecht gem. § 650b Abs. 2 BGB gilt auch beim Verbraucherbauvertrag (§ 650i Abs. 3 BGB) und beim Architekten- und Ingenieurvertrag (§ 650q BGB).

10 Festzuhalten ist an dieser Stelle: Dogmatisch betrachtet erscheint es zwar ungewöhnlich, aber vertretbar, das Entstehen eines (einseitigen) Anordnungsrechts des Bestellers von einem gescheiterten Einigungsversuch der Parteien über die betreffende Änderung des Vertrags abhängig zu machen. Praxisorientiert ist die Regelung jedoch nur bedingt, da auch bei noch so kleinen Änderungen zunächst das Procedere eines Einigungsversuchs durchlaufen werden muss, ohne dass damit zwingend ein Mehrwert für eine der Parteien verbunden ist.[18] Gerade die seit Jahrzehnten erprobte Praxis zu den Anordnungsrechten des VOB/B-Auftraggebers gemäß § 1 Abs. 3 und Abs. 4 VOB/B zeigt, dass oftmals, auch ohne entsprechendes Gebot der VOB/B, nach erfolgter Anordnung des Auftraggebers eine nachlaufende Einigung der Parteien sowohl zum Inhalt der Änderungsleistungen als auch – insbesondere – zu der damit verbundenen Vergütung stattfindet (Nachtragsvereinbarung). Es wäre deshalb sinnvoll gewesen, wenn der Gesetzgeber es bei dem im Referentenentwurf[19] auf der Basis des Abschlussberichts der Arbeitsgruppe Bauvertragsrecht[20] vorgesehenen Anordnungsrecht des Bestellers belassen und dessen Tatbestandsvoraussetzungen praxisorientiert geregelt hätte.

C. § 650b Abs. 1 BGB – Änderung des Vertrags

I. Begriffe: Änderung des Werkerfolgs, notwendige Änderung zur Erreichung des Werkerfolgs, geänderte und zusätzliche Leistungen

11 Im Bereich modifizierter Leistungen wurde die Baupraxis bis zum Jahr 2017 durch die Regelungen und die Begrifflichkeiten der VOB/B geprägt, da das frühere Werkvertragsrecht des BGB dazu keine Regelungen enthielt. Die VOB/B unterscheidet (unverändert) zwischen der vom Auftraggeber angeordneten Änderung des Bauentwurfs (§§ 1 Abs. 3, 2 Abs. 5 VOB/B) und der Anordnung nicht vereinbarter Leistungen, die zur Ausführung der vertraglichen Leistung erforderlich werden (§§ 1 Abs. 4 S. 1, 2 Abs. 6 VOB/B), also kurz gesagt zwischen geänderten Leistungen auf der einen Seite und zusätzlichen Leistungen auf der anderen Seite. Das Regelungsgefüge der VOB/B wird dabei sowohl hinsichtlich der Anordnungsbefugnisse des Auftraggebers als auch und insbesondere hinsichtlich der Vergütungsfolgen in § 2 Abs. 5 und Abs. 6 VOB/B kritisiert.[21] Nicht zuletzt deshalb hat der Gesetzgeber, den Vorschlägen des DBGT[22] und des Abschlussberichts der vom BMJV eingerichteten Arbeitsgruppe[23] folgend, in § 650b BGB eine **neue Begrifflichkeit** geschaffen. Das Gesetz unterscheidet in § 650b BGB nicht danach, ob eine bereits gegenständlich vereinbarte Leistung geändert wird oder ob eine noch nicht vereinbarte Leistung hinzukommt, sondern das Gesetz unterscheidet in § 650b Abs. 1 S. 1 BGB allein danach, ob sich die gewünschte Änderung auf den vereinbarten Werkerfolg bezieht (Abs. 1 S. 1 Nr. 1) oder ob der vereinbarte Werkerfolg unverändert bleibt, die Änderung aber zur Erreichung dieses Werkerfolgs notwendig ist (Abs. 1 S. 1 Nr. 2). Der Begriff der Änderung nach § 650b Abs. 1 BGB geht also deutlich weiter als der Begriff der Änderung des Bauentwurfs in §§ 1 Abs. 3, 2 Abs. 5 VOB/B und umfasst neben einer Änderung einer vereinbarten Leistung im eigentlichen Wortsinn auch eine zusätzliche Leistung, wenn durch diese

18 Vgl. auch die Kritik in der Stellungnahme des Deutschen Anwaltsvereins von Juni 2016, ergänzend Göbel, DZWIR 2017, 10, 16; ablehnend ebenfalls Leupertz, in: BeckOK BauvertragsR, § 650b BGB Rn. 36.
19 Dort § 650b Abs. 1 BGB-E.
20 Vgl. Abschlussbericht S. 21 ff.
21 Dazu ausführlich Kapellmann, in: Kapellmann/Messerschmidt, § 2 VOB/B Rn. 320 ff.
22 Vgl. dazu Rdn. 2.
23 Vgl. Rdn. 3.

entweder der vereinbarte Werkerfolg geändert oder gerade herbeigeführt werden soll. **Änderung** ist also der gesetzliche **Oberbegriff** für eine Veränderung einer bereits vereinbarten Leistung gleichermaßen wie das Hinzukommen einer bislang nicht vereinbarten Leistung, sodass wünschenswert wäre, wenn sich die VOB/B dieser Differenzierung anschließen würde, um nicht ein und denselben Sachverhalt sprachlich unterschiedlich zu regeln.

Verlangt der Besteller ein »**Weniger**« an Leistung als bisher vereinbart, dann kommt es darauf an, ob dieses »Weniger« eine Folge einer gewünschten Änderung ist (Entfall der vereinbarten Holztreppe und stattdessen Erstellung einer Betontreppe). Dann liegt eine Änderung im Sinne von § 650b Abs. 1 BGB vor. Soll die vereinbarte Holztreppe hingegen ersatzlos entfallen, dann liegt der Fall einer Teilkündigung im Sinne von § 648 BGB vor, d.h. §§ 650b und c BGB kommen nicht zur Anwendung. 12

II. Änderungsbegehren des Bestellers

Wenngleich sich aus den Materialien nicht näher ergibt, was unter einem (Änderungs-)*Begehren* des Bestellers zu verstehen ist, so ist damit aus dem Gesamtzusammenhang der *Wunsch des Bestellers* zu verstehen, eine Änderung im Sinne von Abs. 1 S. 1 Nr. 1 oder Nr. 2 herbeizuführen. Mangels anderweitiger Regelung kann dieser Änderungswunsch vom Besteller **formfrei** geäußert werden, da das Gesetz die Textform nur für die Änderungs*anordnung* in § 650b Abs. 2 S. 1 BGB vorgibt.[24] Da es sich beim Änderungsbegehren um eine empfangsbedürftige Willenserklärung des Bestellers handelt,[25] ist ihm aus Beweisgründen dennoch zumindest die **Textform** gemäß § 126b BGB **zu empfehlen.** 13

Die Motivation des Bestellers für sein Änderungsbegehren ist unerheblich. Strebt der Besteller eine Änderung des Werkerfolgs gemäß Abs. 1 S. 1 Nr. 1 an, so wird die Initiative regelmäßig von ihm selbst oder seinem Vertragspartner, beispielsweise dem Käufer des zu erstellenden Gebäudes oder seinem Mieter, ausgehen. Geht es um eine Änderung, die im Sinne von Abs. 1 S. 1 Nr. 2 zur Erreichung des vereinbarten Werkerfolgs notwendig ist, so wird dem Änderungsbegehren häufig ein Bedenkenhinweis des Unternehmers bezüglich des bisher festgelegten Vertragsinhalts (Planung, Leistungsbeschreibung usw.) vorangehen. Verknüpft der Unternehmer seinen Bedenkenhinweis sogleich mit einem Änderungsangebot, ohne dass ein Begehren des Bestellers vorangegangen ist, so bedarf es im Fall des späteren Scheiterns der Verhandlungen der Parteien keines nachträglichen Begehrens, um das Anordnungsrecht in § 650b Abs. 2 BGB entstehen zu lassen. Ein solches nachträgliches Begehren des Bestellers wäre überflüssige Förmelei. 14

Nach der Regelung in § 650b Abs. 1 S. 1 BGB löst das Änderungsbegehren des Bestellers das entsprechende Einigungsprozedere aus. Dementsprechend muss sich der Erklärung des Bestellers aus dem Empfängerhorizont des Unternehmers hinreichend deutlich entnehmen lassen, ob der Wille des Bestellers tatsächlich auf eine einvernehmliche Änderung des Vertrages gerichtet ist (mit der Option des Bestellers, bei Scheitern der Einigung die Vertragsänderung einseitig anordnen zu können), oder ob andere Fallkonstellationen vorliegen. Solche sind insbesondere wie folgt denkbar: 15

Der Besteller bittet den Unternehmer lediglich um eine *Auskunft*, ob eine andere Ausführung in Betracht kommt und welche Kosten ca. damit verbunden sein würden. Da in diesem Beispielsfall kein verbindliches Änderungsbegehren im Sinne von § 650b Abs. 1 S. 1 BGB vorliegt, steht es dem Unternehmer frei, dem Wunsch des Bestellers Rechnung zu tragen oder auch nicht. 16

Äußert der Besteller entweder ein ausdrücklich als solches bezeichnetes »Änderungsbegehren« oder ergibt sich aus seiner Erklärung für den Unternehmer hinreichend deutlich, dass der Besteller eine Vertragsänderung wünscht, dann liegt der gesetzliche Fall des § 650b Abs. 1 BGB vor und der Unternehmer muss als nächstes ein Änderungsangebot bzgl. der gewünschten Leistungsänderung 17

24 So auch Orlowski, BauR 2017, 1427, 1428; Leupertz, in: BeckOK BauvertragsR, § 650b BGB Rn. 38.
25 § 650b Abs. 2 S. 1 BGB.

und deren Vergütung vorlegen, soweit die weiteren gesetzlichen Voraussetzungen vorliegen. In Zweifelsfällen ist dem Unternehmer anzuraten, eine klarstellende Erklärung des Bestellers zu erbitten.

18 Ein weiterer denkbarer Fall besteht darin, dass der Besteller vom Unternehmer eine bestimmte **Leistung verlangt**, die nach Auffassung des Bestellers aber **bereits zum geschuldeten Leistungsumfang des Unternehmers gehört**. Ist dies nicht der Fall, bedeutet das Leistungsverlangen des Bestellers in Wahrheit also eine Leistungsänderung (entweder als Änderung des Werkerfolgs oder als Änderung zur Herbeiführung des Werkerfolgs, dazu nachstehend Rdn. 30 ff.). Dann ist fraglich, ob dieses »unberechtigte Leistungsverlangen« in ein Änderungsbegehren nach § 650b Abs. 1 S. 1 BGB umgedeutet werden kann. Leupertz[26] vertritt überzeugend die Auffassung, dass eine solche Umdeutung weder zulässig noch geboten ist, da der Erklärungsinhalt eindeutig ist. Dem Besteller verbleibt die Möglichkeit, hilfsweise ein Änderungsbegehren zu erklären und den Unternehmer aufzufordern, ein Änderungsangebot hinsichtlich der verlangten Leistung vorzulegen.[27] Erfolgt diese »Hilfserklärung« des Bestellers nicht, dann ist der Unternehmer auch nicht verpflichtet, auf das (unberechtigte) Leistungsverlangen des Bestellers seinerseits ein Leistungs- und Preisangebot nach § 650b Abs. 1 S. 2 BGB vorzulegen. Auch eine entsprechende Hinweispflicht trifft den Unternehmer in diesem Fall nicht. Die Konsequenz besteht in diesem Fall also darin, dass mangels wirksamen Begehrens des Bestellers auch kein Anordnungsrecht des Bestellers nach Abs. 2 entstehen kann.

19 Für die Praxis bedeutsamer ist die Anschlussfrage, ob das Leistungsverlangen des Bestellers hinsichtlich einer vermeintlichen Vertragsleistung in eine Änderungsanordnung nach § 650b Abs. 2 BGB (bzw. § 1 Abs. 3 VOB/B) umgedeutet werden kann, wenn die verlangte Leistung nicht zum Bausoll des Unternehmers gehört und deshalb materiell eine Leistungsänderung verlangt wird. Hierzu wird auf die Ausführungen in Rdn. 127 verwiesen.

20 Schließlich ist der Fall zu berücksichtigen, dass der Besteller unbeschadet des § 650b Abs. 1 BGB sogleich eine geänderte Leistung anordnet, ohne dazu bereits berechtigt zu sein. Der Fall liegt bspw. vor, wenn die Bestimmungen der VOB/B nicht vollständig im Sinne von § 310 Abs. 1 S. 3 BGB in den Bauvertrag einbezogen worden sind und die AGB-Kontrolle zum Ergebnis führt, dass das sofortige Anordnungsrecht nach § 1 Abs. 3 oder Abs. 4 S. 1 VOB/B als unwirksam einzustufen ist.[28] Hier ist zu unterscheiden: Führt der Unternehmer die (unwirksame) Anordnung des Bestellers aus, so wird man regelmäßig von einer konkludenten Änderungsvereinbarung der Parteien ausgehen können, bei der sich lediglich die Frage stellt, ob der Unternehmer die geänderte Vergütung nach § 650c BGB oder nach § 632 Abs. 2 BGB berechnen muss.[29] Die entsprechende Anwendung des § 650c BGB scheint in diesem Fall geboten, da die Interessenlage ähnlich derjenigen ist, dass der Anordnung ein gescheiterter Einigungsversuch vorangegangen ist. Weigert der Unternehmer sich (zu Recht), die unwirksame Änderungsanordnung auszuführen, dann ist er nach § 650b Abs. 1 S. 2 BGB im Regelfall gehalten, die unwirksame Anordnung des Bestellers in ein Änderungsbegehren nach § 650b Abs. 1 S. 1 BGB umzudeuten und, soweit die übrigen Voraussetzungen gegeben sind, ein Änderungsangebot vorzulegen.

III. Werkerfolg im Sinne von § 650b Abs. 1 S. 1 BGB

21 Wie bereits in Rdn. 11 erläutert, hat das Gesetz in § 650b Abs. 1 S. 1 BGB gegenüber den in der Praxis früher üblichen Formulierungen geänderter oder zusätzlicher Leistungen eine neue Begrifflichkeit geprägt. Das Gesetz unterscheidet danach, ob sich das Änderungsbegehren des Bestellers (und im Fall des Scheiterns der Einigung seine spätere Anordnung) auf eine Änderung des vereinbarten Werkerfolgs bezieht (Abs. 1 S. 1 Nr. 1) oder ob zur Erreichung des vereinbarten Werkerfolgs eine Leistungsänderung erforderlich ist (Abs. 1 S. 1 Nr. 2). Da der Unternehmer zu notwendigen

26 Vgl. Leupertz, in: BeckOK BauvertragsR, § 650b BGB Rn. 40.

27 Leupertz, in: BeckOK BauvertragsR, a.a.O.

28 Dazu näher Rdn. 159 ff.

29 Vgl. Leupertz, in: BeckOK BauvertragsR, a.a.O.

Änderungen gleichsam unbedingt verpflichtet ist, während nicht notwendige Änderungen des Werkerfolgs die Zumutbarkeit für den Unternehmer voraussetzen (§ 650b Abs. 1 S. 2 und 3, § 650b Abs. 2 S. 2 BGB), ist die Definition des geschuldeten Werkerfolgs maßgebliches Unterscheidungsmerkmal.

1. Detaillierte Leistungsbeschreibung mit Leistungsverzeichnis

Das in öffentlichen, gleichermaßen aber auch in privaten Bauverträgen maßgebende Kriterium zur Definition des vom Unternehmer geschuldeten Werkerfolgs ist dabei die Methodik der Leistungsbeschreibung. Erfolgt diese Leistungsbeschreibung auf Basis eines Leistungsverzeichnisses, bei dem die Einzelleistungen detailliert beschrieben und mit entsprechenden Mengenvordersätzen unterlegt sind, so besteht der vom Unternehmer geschuldete Werkerfolg und damit auch die für die Mängelfreiheit der Werkleistung maßgebende Beschaffenheitsvereinbarung i.S.v. § 633 Abs. 2 BGB in der vollständigen und mängelfreien Ausführung dieser detaillierten Leistungsbeschreibung mit Leistungsverzeichnis (nach dem Muster des § 7b VOB/A). Wünscht der Besteller eine Änderung der in diesem Leistungsverzeichnis getroffenen Festlegungen, seien es andere Materialien, eine andere Herstellart usw., so liegt unproblematisch eine begehrte Änderung des vereinbarten Werkerfolgs i.S.v. § 650b Abs. 1 S. 1 Nr. 1 BGB vor. Ausnahmsweise ist dies nicht der Fall, wenn der mit dem Bauvertrag angestrebte Erfolg, die Funktionalität der Leistung, mittels des vereinbarten Leistungsverzeichnisses nicht erreicht werden kann. Dies kann der Fall sein, weil z.B. für die Funktion der Leistung erforderliche Leistungen im Leistungsverzeichnis fehlen oder falsch beschrieben sind. Für diesen Fall hat die Rechtsprechung bereits seit vielen Jahren den sog. **funktionalen Mangelbegriff** geschaffen.[30] Bei einem »Widerspruch« zwischen der detaillierten Leistungsvorgabe im Leistungsverzeichnis einerseits und der (im Zweifel) gewünschten Funktionsfähigkeit der Leistung andererseits geht die Rechtsprechung im Sinne des funktionalen Mangelbegriffs also davon aus, dass der Unternehmer im Zweifel auch zur Funktionsfähigkeit erforderliche, im Leistungsverzeichnis aber fehlende (oder falsch beschriebene) Leistungen schuldet, d.h. die ausdrückliche, detaillierte Leistungsbeschreibung wird um das stillschweigend vereinbarte Element der Funktionsfähigkeit ergänzt.[31] 22

Soweit also ein Delta zwischen der Summe der Einzelleistungen gem. Leistungsverzeichnis und der Funktionsfähigkeit der Gesamtleistung besteht, schuldet der Unternehmer nach dem funktionalen Mangelbegriff auch solche Ergänzungs- und Korrekturleistungen, die zur Erreichung der Mängelfreiheit der Leistung erforderlich sind. Bei solchen Leistungen handelt es sich damit im Sinne des Gesetzes um geänderte Leistungen, die zur Herbeiführung des vereinbarten Erfolgs erforderlich sind. Obwohl dies auch schon vor Inkrafttreten der neuen Vorschriften Stand der Rechtsprechung war[32], ergibt sich nun aus §§ 650b und c BGB in wünschenswerter Klarheit, dass dem Unternehmer für geänderte Leistungen, die zur Herbeiführung der Mängelfreiheit (Werkerfolg) erforderlich sind und (mangels Einigung) vom Besteller angeordnet worden sind, ein entsprechender Vergütungsanspruch zusteht. 23

2. Funktionale Leistungsbeschreibung

Die zweite Ausschreibungs- bzw. Vertragsmethodik bei Bauverträgen besteht darin, eine (mehr oder weniger) funktionale Leistungsbeschreibung, also eine »Leistungsbeschreibung mit Leistungsprogramm« gem. § 7c VOB/A, dem Vertrag zu Grunde zu legen. In der Reinform dieser funktionalen Leistungsbeschreibung beschränkt sich der Besteller auf eine programmatische, bestimmte Funktionen definierende Beschreibung, deren Umsetzung vom Unternehmer zu planen und anschließend auszuführen ist. In dieser – in der Praxis selten anzutreffenden – Reinform entsprechen sich also die funktionale Leistungsbeschreibung, der vereinbarte Werkerfolg und damit gleichzeitig 24

30 Vgl. maßgebend BGH, Urt. v. 08.11.2007 – VII ZR 183/05, NJW 2008, 511 (Blockheizkraftwerk); BGH, Urt. v. 09.07.2002 – X ZR 242/99, NJW-RR 2002, 1533.

31 Vgl. dazu ausführlich Langen, in: Kapellmann/Messerschmidt, § 13 VOB/B Rn. 30 ff.

32 Vgl. oben Rdn. 1.

der funktionale Mangelbegriff dadurch, dass der Unternehmer letztlich die Risiken der Richtigkeit und Vollständigkeit seiner eigenen Planung und hierauf basierenden Bauausführung übernimmt.[33]

25 Zwischen den beiden Grundtypen des Bauvertrages mit detaillierter Leistungsbeschreibung auf der Basis eines Leistungsverzeichnisses einerseits und einer reinen Funktionsbeschreibung (Leistungsprogramm) andererseits gibt es in der Praxis zahlreiche Mischformen, sei es, dass einem Teil der beauftragten Leistungen ein Leistungsverzeichnis zu Grunde liegt und einem anderen Teil eine Funktionalbeschreibung oder sei es, dass die Funktionalbeschreibung der detaillierten Leistungsbeschreibung mit Leistungsverzeichnis »übergestülpt« wird mit der unverkennbaren Absicht, einerseits die vom Unternehmer zu erbringenden Leistungen möglichst umfänglich zu detaillieren, andererseits das Risiko der Richtigkeit und Vollständigkeit der Leistungsbeschreibung auf den Unternehmer zu verlagern – und auf dieses Weise Nachträge zu vermeiden.[34] Soll also das Risiko einer unvollständigen oder falschen detaillierten Leistungsbeschreibung durch eine Vollständigkeitsklausel auf den Unternehmer verlagert werden, so ist eine solche Klausel im Zweifel wegen unangemessener Benachteiligung des Unternehmers AGB-unwirksam.[35]

3. Auslegung der Leistungsbeschreibung

26 Soweit der vom Unternehmer geschuldete Werkerfolg – insbesondere bei der Leistungsbeschreibung mit Leistungsverzeichnis – unklar ist, bedarf es im Einzelfall der **Auslegung**. Anerkannte Auslegungsgrundsätze sind dabei:

27 – Zunächst beginnt jede Auslegung beim Wortlaut des Vertrages bzw. der Leistungsbeschreibung.[36] Maßgebend ist dabei der »Empfängerhorizont« des Bieters.[37]
- Die Leistungsbeschreibung ist als Ganzes für die Auslegung heranzuziehen, ohne dass der Text der Leistungsbeschreibung automatisch Vorrang vor der zeichnerischen Darstellung hat, genauso umgekehrt.[38]
- Bei öffentlichen Auftraggebern gilt der Grundsatz einer VOB/A-konformen Auslegung der Leistungsbeschreibung[39], in die auch die Hinweise für Leistungsbeschreibungen in den jeweiligen Abschnitten 0 der Allgemeinen Technischen Vertragsbedingungen (VOB/C) einbezogen sind.[40] Gem. § 7 Abs. 1 VOB/B soll dem Unternehmer kein ungewöhnliches Wagnis auferlegt werden.[41] Im Zweifel gilt der Grundsatz der VOB/A-konformen Auslegung auch für private Bauverträge.[42]
- Daneben gelten die Grundsätze »speziell vor allgemein« sowie »neu vor alt«.[43]

Der Vertrag selbst kann natürlich die maßgebenden Auslegungsgrundsätze bestimmen und, wie in § 1 Abs. 2 VOB/B vorgesehen, eine »Vertragshierarchie« für die einzelnen Elemente eines Bauvertrages regeln. Eine solche Vertragshierarchie muss nicht unbedingt logischen Regeln folgen und kann also z.B. festlegen, dass eine allgemeine Regelung Vorrang vor einer speziellen hat.

28 Festzuhalten bleibt damit, dass die Festlegung des vom Unternehmer geschuldeten Werkerfolges und damit sein »Bausoll« im gesetzlichen Nachtragsrecht nach §§ 650b und c BGB gleichermaßen schwierig sein kann, wie dies bei der Bausollbestimmung in VOB/B-Verträgen Gegenstand jahr-

33 Zutreffend Leupertz, in: BeckOK Bauvertragsrecht, § 650b BGB Rn. 24 f.
34 Dazu ausführlich Kapellmann, in: Kapellmann/Messerschmidt, § 2 VOB/B Rn. 458 ff.
35 Vgl. Kapellmann, in: Kapellmann/Messerschmidt, § 2 VOB/B Rn. 461 m.w.N.
36 Vgl. BGH, Urt. v. 17.06.2004 – VII ZR 75/03; NJW-RR 2004, 1248; Kapellmann, in: Kapellmann/Messerschmidt, § 2 VOB/B Rn. 149.
37 BGH, Urt. v. 22.04.1993 – VII ZR 118/92, NJW-RR 1993, 1109; Kapellmann, in: Kapellmann/Messerschmidt, § 2 VOB/B Rn. 168 ff.
38 Vgl. Kapellmann, in: Kapellmann/Messerschmidt, § 2 VOB/B Rn. 188.
39 BGH, Urt. v. 11.11.1993 – VII ZR 47/93, NJW 1994, 850.
40 BGH, Urt. v. 22.12.2011 - VII ZR 67/11, NJW 2012, 518.
41 BGH, Urt. v. 11.11.1993 – VII ZR 47/93, NJW 1994, 850.
42 Vgl. Kapellmann, in: Kapellmann/Messerschmidt, § 2 VOB/B Rn. 190 ff.
43 Vgl. Kapellmann, in: Kapellmann/Messerschmidt, § 2 VOB/B Rn. 156.

zehntelanger Rechtsprechung und Literatur ist. Trotz des unterschiedlichen Nachtragssystems und der unterschiedlichen Begrifflichkeit kann auf diese zur VOB/B ergangene Rechtsprechung und Literatur zurückgegriffen werden.[44]

Dazu einige Beispiele aus der neueren Rechtsprechung: 29
- Die Berücksichtigung von Trocknungs- und Aushärtezeiten gehört zum Bausoll des Unternehmers.[45]
- Wird der Unternehmer durch ein Leistungsverzeichnis sowie ein Schadstoffkataster zum Pauschalpreis mit Abbrucharbeiten beauftragt, findet er während der Durchführung der Arbeiten aber im LV und im Schadstoffkataster nicht beschriebenes Asbest vor, so ist dessen Sicherung und Entsorgung nicht vom Bausoll umfasst.[46]
- Der Unternehmer wird vom Besteller mit der schlüsselfertigen Erstellung eines Bürogebäudes zum Pauschalpreis beauftragt. Bestandteil des Vertrages ist ein zwischen dem Besteller und dem Büromieter abgeschlossener Mietvertrag nebst Mieter-Baubeschreibung. Dort ist eine Geothermieanlage für das Gebäude vorgesehen, für deren Ausführung der Unternehmer einen Nachtrag geltend macht.[47]

IV. Änderung des vereinbarten Werkerfolgs gemäß § 650b Abs. 1 S. 1 Nr. 1 BGB

Das Änderungsbegehren des Bestellers kann sich nach der Konzeption des Gesetzes entweder auf 30 eine noch nicht vertragsgegenständliche Leistung beziehen, die jedoch zur Erreichung des vereinbarten Werkerfolgs notwendig ist (Abs. 1 S. 1 Nr. 2) oder auf die Änderung des vereinbarten Werkerfolgs selbst (Abs. 1 S. 1 Nr. 1). Soweit sich die Parteien über die Leistungsänderung und deren Vergütung einigen, können die unterschiedlichen Tatbestandsvoraussetzungen dahinstehen. Kommt es jedoch nicht zu einer Einigung, so liegen für das nach Abs. 2 entstehende Anordnungsrecht des Bestellers unterschiedliche Tatbestandsvoraussetzungen vor, je nachdem, ob es sich um einen Fall nach Abs. 1 S. 1 Nr. 1 oder Nr. 2 handelt.

Was im Einzelnen unter dem in Abs. 1 S. 1 Nr. 1 geregelten Werkerfolg und dessen Änderung zu 31 verstehen ist, lässt sich den Gesetzesmaterialien nur bedingt entnehmen. In der Begründung zu Abs. 1 S. 1 Nr. 1 heißt es lediglich, die Änderung des Werkerfolgs sei nicht an bestimmte Ziele gebunden. So könne sie darauf zurückzuführen sein, dass sich die **Vorstellungen des Bestellers geändert** hätten oder er **bei der Planung** Umstände, etwa **unterzubringende Möbel** oder sonstige Gegenstände, **nicht berücksichtigt** habe.[48]

Bevor Einzelfälle und deren Regelung zu diskutieren sind, muss zunächst einmal Klarheit darüber 32 bestehen, was unter vereinbartem Werkerfolg im Sinne von Abs. 1 S. 1 Nr. 1 zu verstehen ist. Hierzu wird vorab auf die Erläuterungen in Rdn. 14 ff. verwiesen.

Abs. 1 S. 1 Nr. 1 verweist bezüglich des vereinbarten Werkerfolgs auf § 631 Abs. 2 BGB. Hiernach 33 kann Gegenstand des Werkvertrages sowohl die Herstellung oder Veränderung einer Sache als auch ein anderer durch Arbeit oder Dienstleistung herbeizuführender Erfolg sein. Bei der in Abs. 1 S. 1 Nr. 1 geregelten Änderung des Werkerfolgs geht es also um den Inhalt der vom Unternehmer kraft Vertrages geschuldeten Leistung, sei es die Quantität der Leistung (Leistungsumfang), sei es die Qualität der Leistung (im Sinne der geschuldeten Mängelfreiheit) oder sei es auch bezüglich des Nutzungszwecks der Leistung. Die geschuldete Mängelfreiheit der Leistung einschließlich ihrer Funktionalität (**funktionaler Mangelbegriff**) gehört deshalb nach dem klaren Willen des Gesetz-

44 Vgl. auch Leupertz, in: BeckOK BauvertragsR, § 650b BGB Rn. 30 ff.

45 OLG Düsseldorf, Urt. v. 12.12.2019 – 5 U 236/18, IBR 2021, 59.

46 KG, Urt. v. 13.04.2021 – 21 U 45/19, IBR 2021, 340; ähnlich OLG Schleswig, Urt. v. 12.03.2021 – 1 U 81/20, IBR 2021, 505.

47 OLG Stuttgart, Urt. v. 02.03.2021 – 10 U 57/14 IBR 2023, 59.

48 Vgl. BT-Drucks. 18/8486, S. 54.

gebers zum vereinbarten Werkerfolg,[49] sodass Änderungsleistungen, die lediglich die vereinbarte Beschaffenheit oder die Funktionsfähigkeit der Leistung sichern bzw. herbeiführen sollen, unter § 650b Abs. 1 S. 1 Nr. 2 und nicht unter Nr. 1 BGB zu fassen sind.[50]

34 Außerhalb dieser dogmatischen Abgrenzung zwischen Änderungen, die den vereinbarten Werkerfolg unberührt lassen und dessen Herbeiführung dienen (Nr. 2) und solchen Änderungen, die den vereinbarten Werkerfolg schlichtweg ändern (Nr. 1), werden die meisten Fälle in der Praxis unproblematisch einer der beiden Alternativen zuzuordnen sein. Neben den in der Gesetzesbegründung angeführten Fallbeispielen liegt eine Änderung des Werkerfolgs beispielsweise auch vor, wenn der Nutzungszweck des Bauwerks geändert werden soll (Wohnen statt Büro), wenn andere Quantitäten vom Besteller gewünscht werden (ein zusätzliches Wohngeschoss, eine weitere Tiefgaragenebene, zusätzliche Stellplätze usw.), wenn geänderte Qualitätswünsche bestehen (doppelt beplankte Gipskartonwände zur Erhöhung des Schallschutzes) usw.

V. Änderungen, die zur Erreichung des vereinbarten Werkerfolgs notwendig sind – § 650b Abs. 1 S. 1 Nr. 2 BGB

35 Änderungen, die zur Erreichung des vereinbarten Werkerfolgs notwendig sind, können nach der Gesetzesbegründung aus verschiedenen Gründen veranlasst sein, etwa durch **Änderungen der Rechtslage** oder durch **behördliche Vorgaben**. Betroffen seien auch Fälle, in denen die ursprüngliche **Leistungsbeschreibung** des Bestellers **lücken- oder fehlerhaft** ist und ihre Umsetzung deshalb nicht zur Herstellung eines funktionstauglichen Bauwerks führen würde.[51]

36 Abs. 1 S. 1 Nr. 2 erfasst damit alle diejenigen Änderungen, zu deren Ausführung der Unternehmer im Rahmen seiner Pflicht zur mängelfreien Herstellung des Werks einschließlich deren Funktionsfähigkeit über den festgelegten Vertragsinhalt hinaus verpflichtet ist, losgelöst von der Frage, ob die geänderte Leistung im Sinne von Abs. 1 S. 1 Nr. 2 auch zu einer geänderten Vergütung führt.

37 **Ändern sich** also beispielsweise während der Ausführung der Arbeiten die **anerkannten Regeln der Technik**, zu deren Einhaltung zum Zeitpunkt der Abnahme der Unternehmer auch beim BGB-Werkvertrag verpflichtet ist,[52] so ist die Leistung des Unternehmers allein wegen Nichteinhaltung der (neuen) anerkannten Regeln der Technik mangelhaft, unabhängig davon, ob es aufgrund des Regelverstoßes zu Schäden oder sonstigen Nachteilen des Bestellers kommt.[53] Der BGH hat in einem solchen Fall – noch zur alten Rechtslage – entschieden: Der Besteller kann entweder die Einhaltung der neuen allgemein anerkannten Regeln der Technik verlangen mit der Folge, dass dem Unternehmer zusätzlicher Aufwand zur Einhaltung der neuen technischen Regeln entsteht. Hinsichtlich dieses Zusatzaufwandes kann der Unternehmer vom Besteller eine geänderte Vergütung verlangen. Die Alternative besteht darin, dass der Besteller von der Einhaltung der neuen allgemein anerkannten Regeln der Technik absieht, um damit eine Verteuerung seines Bauvorhabens durch erhöhten Aufwand oder einen Rückbau der nach altem Standard bereits erbrachten Leistungen zu vermeiden. In diesem Fall liegt eine zulässige Abweichung des Unternehmers vom geschuldeten technischen Standard mit der Folge vor, dass der Besteller bzgl. der Nichteinhaltung der neuen anerkannten Regeln der Technik keine Mängelrechte geltend machen kann.[54]

Der Lösungsweg des BGH entspricht exakt der Rechtslage nach neuem Bauvertragsrecht. Nach § 650b Abs. 1 BGB ist der Besteller nicht gezwungen, ein Änderungsbegehren nach Abs. 1 S. 1 Nr. 1 zu stellen, wenn sich die anerkannten Regeln der Technik zwischen Vertragsabschluss und Abnahme ändern oder wenn sich die Mangelhaftigkeit der Planung bzw. Leistungsbeschreibung

49 A.A. Markus, NZBau 2016, 601.
50 Vgl. Langen, NZBau 2015, 658, 662; Althaus, BauR 2017, 412; 415; Göbel, DZWIR 2017, 10, 15.
51 BT-Drucks. 18/8486, S. 54.
52 Vgl. Grüneberg/Retzlaff, BGB, § 633 Rn. 5a.
53 Näher dazu Langen, in: Kapellmann/Messerschmidt, § 13 VOB/B Rn. 49 ff.
54 BGH, Urt. v. 14.11.2017 – VII ZR 65/14, BauR 2018, 510.

herausstellt. Ihm steht lediglich das *Recht* zu, eine entsprechende Änderung zu verlangen und, falls keine Einigkeit über die Leistungsänderung und deren Vergütung erzielt wird, die Leistungsänderung nach § 650b Abs. 2 S. 1 BGB anzuordnen. Mit der Änderung verknüpfte Mehrkosten hat der Besteller dem Unternehmer (zzgl. angemessener Zuschläge) zu erstatten[55], es sei denn, der Unternehmer trägt die Planungsverantwortung für die mangelhafte Planung, deren bauliche Umsetzung nicht zu einer mängelfreien Leistung führen würde, § 650c Abs. 1 S. 2 i.V.m. § 650b Abs. 1 S. 5. BGB.

Liegt, wie häufig, dem Vertrag eine lücken- oder fehlerhafte Planung bzw. Leistungsbeschreibung zugrunde, so wird, wie der Gesetzgeber zutreffend anmerkt, dem Änderungsbegehren des Bestellers regelmäßig ein entsprechender Bedenkenhinweis des Unternehmers vorausgehen. In diesem Fall ermöglicht § 650b Abs. 1 S. 1 Nr. 2 BGB dem Besteller, diejenige Änderung zu begehren (und im Fall der Nichteinigung nach Abs. 2 anzuordnen), durch die der Planungsfehler oder Fehler der Leistungsbeschreibung dem Interesse des Bestellers entsprechend korrigiert werden kann. Der Besteller – und nicht der Unternehmer – kann also entscheiden, auf welche Weise die mangelhafte Leistungsbeschreibung korrigiert wird, zumal er ja auch die entsprechenden Änderungskosten trägt.[56] Daneben wird es auch Fälle geben, in welchen dem Unternehmer der Planungsfehler oder der Fehler der Leistungsbeschreibung entweder pflichtwidrig nicht auffällt oder nicht auffallen muss, dem Besteller der Fehler aber gleichwohl offenbar wird und deshalb Bedarf nach einer geänderten Leistung zur Erreichung des vereinbarten Werkerfolgs besteht. 38

In jedem Fall muss die Änderungsleistung zur Erreichung des vereinbarten Werkerfolgs *notwendig* sein. Notwendig in diesem Sinne ist eine Änderungsleistung (nur) dann, wenn ohne eine Änderung des vereinbarten Leistungsinhalts der vereinbarte Werkerfolg nicht eintreten würde, also im vorbesprochenen Sinn entweder zum Zeitpunkt der Abnahme ein Verstoß der Leistungen gegen die anerkannten Regeln der Technik oder gegen zu diesem Zeitpunkt verbindlich geltende Rechtsvorschriften oder behördliche Vorgaben bestehen würde oder wenn ohne eine Änderung des Leistungsinhaltes die vom Unternehmer geschuldete Funktionsfähigkeit der Leistung und damit deren Mängelfreiheit nicht gegeben wäre. Die Notwendigkeit muss sich also auf die Änderung des Leistungsinhalts und nicht unbedingt konkret auf die vom Besteller gewünschte Änderung als solche beziehen. 39

Für den ähnlich gelagerten Fall erforderlicher Zusatzleistungen in § 1 Abs. 4 S. 1 VOB/B besteht Einigkeit, dass die anordnungsfähigen Zusatzleistungen in technischer Hinsicht erforderlich sein müssen, um zu einer vollständigen und mängelfreien Gesamtleistung zu gelangen.[57] Diese enge Auslegung ist auf den weiter gefassten Anwendungsbereich des § 650b Abs. 1 S. 1 Nr. 2 BGB nicht übertragbar, da sich das Änderungsbegehren und spätere Anordnungsrecht des Bestellers nicht nur auf fehlende, sondern auch auf fehlerhaft beschriebene Leistungen bezieht, um die Erreichung des vereinbarten Werkerfolgs sicherzustellen. Daraus ergibt sich gleichzeitig, dass eine vom Besteller lediglich gewünschte, aber nicht rechtlich oder technisch tatsächlich erforderliche Änderung wie z.B. der zusätzliche Einbau einer Lüftungs- oder Klimaanlage, um die Klimaverhältnisse in den Büros zu verbessern, nicht unter Nr. 2, sondern unter Nr. 1 fällt. 40

VI. Änderungsleistungen, die gleichzeitig zur Erreichung des vereinbarten Werkerfolgs notwendig sind als auch den Werkerfolg selbst ändern

Gesetzlich ungeregelt ist der Fall, dass der Besteller eine Leistungsänderung begehrt bzw. im Fall der Nichteinigung anordnet, die einerseits zur Herbeiführung des vereinbarten Werkerfolgs notwendig ist als auch gleichzeitig diesen Werkerfolg ändert: 41

55 BGH, a.a.O.

56 Die Überlegungen von Meyn, BauR 2020, 1073, in solchen Fällen – abweichend von § 650b – dem Unternehmer zu überlassen, ohne Einigungsversuch und auch ohne Anordnung des Bestellers eine mängelfreie Leistung herzustellen, überzeugen nicht.

57 Vgl. v. Rintelen, in: Kapellmann/Messerschmidt, § 1 VOB/B Rn. 106 f. m.w.N.

Der Besteller beauftragt den Unternehmer mit der Errichtung einer Lagerhalle für leichte Dämmstoffe. Dem Bauvertrag liegt die Statik des vom Besteller beauftragten Tragwerksplaners zu Grunde. Diese enthält einen Berechnungsfehler, da zu gering dimensionierte Bohrpfähle vorgesehen sind, deren Einbindetiefe zudem nicht hinreichend berechnet worden ist. Im Zuge der statischen Neuberechnung ändert der Besteller den Verwendungszweck für die Halle, in der er nun Baustahl und andere schwere Baumaterialien lagern möchte. Diese Nutzungsänderung bedingt zusätzliche Bohrpfähle, um die Lasten ordnungsgemäß abtragen zu können.

Die Leistungsänderungen, die zur Erreichung des vorgesehenen Nutzungszwecks »Lagerung von Dämmstoffen« erforderlich sind, unterfallen § 650b Abs. 1 S. 1 Nr. 2, während die Änderungen, die dem geänderten Nutzungszweck »Lagerung von schweren Baustoffen« geschuldet sind, § 650b Abs. 1 S. 1 Nr. 1 unterfallen.[58]

VII. Änderung der Bauumstände, insbesondere der Bauzeit

42 Bezieht sich der Änderungswunsch des Bestellers nicht auf den vereinbarten Werkerfolg oder die zur Erreichung des vereinbarten Werkerfolgs notwendigen Leistungen, sondern auf die vereinbarten Bauumstände, insbesondere die vereinbarten Ausführungsfristen (Bauzeit), so ist dieser Regelungsbereich nicht von § 650b Abs. 1 und folglich auch nicht von Abs. 2 BGB erfasst. Begehrt der Besteller also beispielsweise eine Verschiebung des vereinbarten Baubeginns oder eine spätere Fertigstellung, eine Unterbrechung der Arbeiten oder die Aufholung einer behinderungsbedingt verlängerten Ausführungsfrist durch Beschleunigungsmaßnahmen, so ist der Unternehmer weder nach § 650b Abs. 1 BGB verpflichtet, ein entsprechendes Leistungs- und Vergütungsangebot zu unterbreiten, noch entsteht im Fall des Scheiterns (oder des Nichtzustandekommens) der Verhandlungen nach § 650b Abs. 2 BGB ein entsprechendes Anordnungsrecht des Bestellers.[59]

43 Der auf den Abschlussbericht der Arbeitsgruppe Bauvertragsrecht[60] zurückgehende Referentenentwurf sah in § 650b Abs. 2 S. 3 BGB dazu folgende Regelung vor: »*Betrifft eine Änderung nach Abs. 1 Nr. 1 die Art der Ausführung der Bauleistung oder die Bauzeit, muss der Unternehmer sie nur befolgen, wenn schwerwiegende Gründe vorliegen und bei der Abwägung der beiderseitigen Interessen die Interessen des Bestellers an der Anordnung deutlich überwiegen.*« Das Anordnungsrecht des Bestellers hinsichtlich der Art der Ausführung der Bauleistung und insbesondere hinsichtlich der Bauzeit sollte also nicht nur, wie in § 650b Abs. 2 S. 1 BGB generell für das Anordnungsrecht vorgesehen, von der Zumutbarkeit für den Unternehmer abhängen, sondern ausnahmsweise nur dann entstehen, wenn schwerwiegende Gründe vorlagen und bei der Abwägung der beiderseitigen Interessen diejenigen des Bestellers an der Anordnung die entsprechend gegenläufigen Interessen des Unternehmers deutlich überwiegen. Dieses, an erschwerte Voraussetzungen geknüpfte Anordnungsrecht des Bestellers hinsichtlich der Art der Bauausführung und insbesondere hinsichtlich der vereinbarten Ausführungsfristen ist vom Gesetzentwurf der Bundesregierung nicht übernommen und im weiteren Gesetzgebungsverfahren auch nicht mehr im Sinne einer inhaltsgleichen oder zumindest – ähnlichen Regelung aufgegriffen worden. Weder die Art der Bauausführung (z.B. ein bestimmtes Herstellverfahren) noch die vereinbarten Ausführungsfristen gehören zum Werkerfolg im Sinne von § 650b Abs. 1 Nr. 1 oder Nr. 2 BGB, sodass die Nichtregelung dieser Fallkonstellationen im Rahmen des

---

58 Dabei dürfte im konkreten Beispiel das Unterscheidungsmerkmal zwischen Nr. 1 und Nr. 2, also die Zumutbarkeit der Änderung für den Unternehmer, angesichts desselben Leistungsbereichs »Bohrpfähle« unproblematisch sein. Es sind aber auch Fälle denkbar, in denen die mit den notwendigen Änderungen einhergehenden »freien Änderungen« im Einzelfall für den beauftragten Unternehmer unzumutbar sein könnten. Dann ist der Besteller nur berechtigt, die notwendigen Änderungen zu begehren bzw. im Falle der Nichteinigung anzuordnen, während die darüber hinausgehenden Änderungen für den Unternehmer unzumutbar sind.

59 Ebenso v. Rintelen, in: ibr-OK Bauvertragsrecht, Stand 22.04.2024, § 650b BGB Rn. 63 f.; Leupertz, in: BeckOK BauvertragsR, § 650b BGB Rn. 48; Retzlaff, BauR 2017, 1747, 1789.

60 Abschlussbericht, S. 22.

§ 650b BGB besagt, dass hinsichtlich dieser Regelungsbereiche weder ein Einigungsgebot der Parteien nach Abs. 1 noch, im Fall des Scheiterns, ein Anordnungsrecht des Bestellers nach Abs. 2 besteht.[61] Hinsichtlich dieser »ungeregelten« Bereiche verbleibt es bei den allgemeinen Regelungen, dass insoweit eine Änderung des Bauvertrages nur auf freiwilliger Basis mit vollständigem Einvernehmen beider Parteien erfolgen muss. Es existiert weder ein Einigungsgebot noch im Fall des Scheiterns ein einseitiges Recht des Bestellers, entsprechende Anordnungen zu treffen.[62]

Eine **Ausnahme** mag man dann diskutieren, wenn der Werkvertrag ähnlich einem Fixgeschäft ausgestaltet ist, also z.B. ein Fußballstadion für eine Europa- oder Weltmeisterschaft fertig gestellt werden muss. In solchen Fällen wird man dem Besteller allerdings bereits nach Treu und Glauben das Recht zubilligen, die zur Zweckerreichung notwendigen Maßnahmen (z.B. Beschleunigung) verlangen zu dürfen. 44

Von einem Begehren bzw. einer Anordnung des Bestellers bzgl. der Bauzeit oder sonstiger Bauumstände, z.B. der Art der Ausführung der Bauleistung, zu trennen sind **die zeitlichen Folgen einer zulässig vom Besteller begehrten oder angeordneten Leistungsänderung** im Sinne von § 650b Abs. 1 und Abs. 2. Stellt sich also bspw. in der vom Besteller zu verantwortenden Planung ein Fehler heraus, der eine grundlegende Neuplanung erfordert, so führt regelmäßig bereits diese Neuplanung im betroffenen Bereich, bei grundlegenden Mängeln auch im gesamten Bauvorhaben, zu einer Verzögerung bzw. zu einem teilweisen Stillstand, die bei einer erforderlichen Freigabe durch den Prüfingenieur oder einer Nachtragsbaugenehmigung Wochen und Monate in Anspruch nehmen kann. Erst recht kann ein damit verknüpftes, geändertes Bauverfahren (z.B. Sanierung im Schutz einer Vereisung anstatt der vorgesehenen Sanierung mit einer Unterwasserbetonsohle) zu weiteren Verzögerungen der späteren Bauausführung führen. Solche Auswirkungen auf die vereinbarten Ausführungsfristen, das vereinbarte Bauverfahren usw. sind als **Folge der notwendigen Leistungsänderung** grundsätzlich vom Unternehmer hinzunehmen. Mit der notwendigen Leistungsänderung verbundene Folgekosten, insbesondere einer Verfahrensumstellung und/oder einer Bauzeitverlängerung, sind vom Besteller im Rahmen des § 650c BGB an den Unternehmer zu vergüten.[63] 45

Allenfalls im Einzelfall kann fraglich sein, ob der Besteller dann, wenn mehrere Lösungsalternativen für die notwendige Leistungsänderung zur Verfügung stehen, auf die Interessen des Unternehmers und dessen unternehmerische Ressourcen Rücksicht nehmen muss, also bspw. gehalten ist, einer Planänderung den Vorzug zu geben, wonach ein vom Unternehmer auf anderen Baustellen dringend benötigtes Gerät nicht über Gebühr auf der gegenständlichen Baustelle verbleibt. Das wäre nichts anderes als das Zumutbarkeitskriterium, das der Gesetzgeber ausdrücklich nur für die Änderungen des Werkerfolgs eingeführt hat, auf einer sekundären Ebene auch für notwendige Leistungsänderungen heranzuziehen. Dies wird aber unter dem Aspekt von Treu und Glauben nur ausnahmsweise der Fall sein, wenn sich der Besteller bspw. nur deshalb für eine von mehreren möglichen Leistungsänderungen entscheidet, um die Interessen des Unternehmers zu schädigen. 46

Wenn mit einer vom Besteller begehrten bzw. angeordneten Änderung des Werkerfolgs Auswirkungen auf die Bauzeit oder die Art der Bauausführung verbunden sind, sind diese zeitlichen (oder sonstigen) Folgen der Leistungsänderung grundsätzlich hinzunehmen, also kein Grund für den Unternehmer, wegen der mit der Leistungsänderung verbundenen Bauzeitverlängerung die Unzumutbarkeit der Leistungsänderung einzuwenden. **Im Einzelfall** können aber die mit einer Leistungsänderung verbundenen Verzögerungen für den Unternehmer zu einer Unzumutbarkeit der begehrten Leistungsänderung als solche führen. 47

---

61 Vgl. auch Oberhauser, NZBau 2019, 3; wohl auch Orlowski, ZfBR 2016, 419, 426; zweifelnd in BauR 2017, 1427, 1429.

62 Zutreffend Dammert u.a., § 2 Rn. 35.

63 BGH, Beschl. v. 23.03.2022 – VII ZR 191/212, NZBau 2022, 521; ähnlich BGH, Urt. v. 26.04.2018 – VII ZR 81/17, NZBau 2018, 25.

▶ **Beispiel:**

48 Der mit Lieferung und Einbau von 500 Innentüren beauftragte Unternehmer hat 400 Türen bereits eingebaut. Die restlichen 100 Stück befinden sich bereits auf der Baustelle und sollen in den nächsten fünf Werktagen montiert werden. Der Besteller findet endlich einen Mieter, der die Räume jedoch nur anmietet, wenn anstatt weißer Kunststofftüren graue Holztüren eingebaut werden. Der Besteller begehrt vom Unternehmer den Ausbau der bereits montierten Türen und die Lieferung und Montage der 500 grauen Holztüren. Diese grauen Holztüren haben jedoch eine Lieferzeit von acht Wochen und müssen damit in einem Zeitraum montiert werden, in dem der Unternehmer längst in einem ihn voll auslastenden Anschlussauftrag beschäftigt ist.
In diesem Beispiel wäre der Ausbau der weißen Kunststofftüren und die Montage der grauen Holztüren unproblematisch, wenn diese zeitnah lieferbar wären und eingebaut werden könnten. Der geänderte Leistungsinhalt »graue Holztüren anstatt weißer Kunststofftüren« ist für den Unternehmer als solches also zumutbar. Die Verschiebung des Leistungszeitraums um mindestens zwei Monate (zzgl. Montage der neuen Türen) kann, je nach unternehmerischer Disposition des Unternehmers, aber zur Unzumutbarkeit i.S.v. § 650b Abs. 1 S. 2 und Abs. 2 S. 2 BGB führen.

VIII. Anzustrebendes Einvernehmen der Parteien

1. Kooperationspflicht der Parteien

49 Gemäß § 650b Abs. 1 S. 1 BGB streben die Vertragsparteien Einvernehmen über die Änderung und die infolge der Änderung zu leistende Mehr- oder Mindervergütung an, soweit der Besteller entweder eine Änderung des vereinbarten Werkerfolgs oder eine Änderung, die zur Erreichung des vereinbarten Werkerfolgs notwendig ist, begehrt. Die nähere Ausgestaltung des Einigungsbestrebens der Parteien erfolgt dahin, dass der Unternehmer unter bestimmten Voraussetzungen ein Angebot vorzulegen hat, über das die Parteien dann mit dem Ziel einer Einigung verhandeln.

50 Das von den Parteien anzustrebende Einvernehmen stellt nicht nur einen wohlgemeinten Rat des Gesetzgebers dar, worauf die Gesetzesbegründung, eine Einigung entspreche regelmäßig dem Interesse beider Parteien, hindeuten könnte.[64] Vom (ernsthaften) Einigungsversuch der Parteien und dessen Scheitern hängt vielmehr das in § 650b Abs. 2 BGB geregelte Anordnungsrecht des Bestellers ab. Liegt ein Änderungsbegehren (Änderungswunsch) des Bestellers nach Abs. 1 S. 1 Nr. 1 oder Nr. 2 vor, so ist der Unternehmer unter den weiteren Voraussetzungen des § 650b Abs. 1 BGB verpflichtet, ein entsprechendes Angebot vorzulegen.[65] Liegt ein entsprechendes Unternehmerangebot vor, so obliegt es dem Besteller, das Angebot zu prüfen und einen ernsthaften Einigungsversuch, sei es in Schrift- oder Textform, sei es mündlich, zu unternehmen. Erst und nur dann entsteht nach der Vorstellung des Gesetzgebers das an eine gescheiterte Einigung anknüpfende Anordnungsrecht nach § 650b Abs. 2 BGB. Der Unternehmer ist also, z.B. im Fall von ihm aufgezeigter Bedenken hinsichtlich der Leistungsbeschreibung oder der zugrunde liegenden Planung, weder von sich aus verpflichtet, ein Änderungsangebot einschließlich der damit verbundenen Vergütung vorzulegen noch darf der Besteller ein Angebot des Unternehmers, das entsprechend dem Begehren des Bestellers vorgelegt worden ist, zur Seite legen und den Ablauf der 30-tägigen Frist nach § 650b Abs. 2 BGB abwarten, um ein Anordnungsrecht anstelle der Änderungsvereinbarung zu generieren.

51 Die gesetzliche Regelung des anzustrebenden Einvernehmens ist damit eine **Kodifizierung der Kooperationspflicht der Parteien** hinsichtlich der vom Besteller gewünschten Änderung nach Abs. 1 Nr. 1 oder Nr. 2 der Vorschrift.[66] Verstöße der einen oder anderen Partei können somit zu ent-

64 BT-Drucks. 18/8486, S. 54; BT-Drucks. 18/11437, S. 47.
65 Zutreffend Dammert u.a., § 2 Rn. 81; Leupertz, in: BeckOK BauvertragsR, § 650b BGB Rn. 55; Mundt, in: BeckOGK, § 650b BGB Rn. 114 f.
66 So zutreffend Althaus, BauR 2017, 412, 415 f.; ebenso Hettler/Halbgewachs, BauR 2021, 1021, 1027.

sprechenden Schadensersatzansprüchen des jeweiligen Vertragspartners führen, auch wenn im Einzelfall der Nachweis, welcher Schaden dem Vertragspartner aus der Verletzung der Kooperationspflicht erwachsen ist, schwierig sein mag.[67] Vorstellbar ist auch, dass einer Anordnung des Bestellers nach § 650b Abs. 2 BGB, die ohne ernsthaften Einigungsversuch nach Ablauf der 30-Tages-Frist erfolgt, der Einwand der unzulässigen Rechtsausübung entgegensteht, was zu ihrer Unbeachtlichkeit seitens des Unternehmers führen kann.[68]

2. Leistungspflicht des Unternehmers in der 30-tägigen Vakanz

Eine für die Praxis wichtige Frage besteht darin, ob der Unternehmer während der 30-tägigen Vakanz zwischen dem Änderungsbegehren des Bestellers und dem erfolgreichen Abschluss bzw. dem Scheitern der Einigungsbemühungen berechtigt bzw. verpflichtet ist, die **bisherige Vertragsleistung aus- bzw. fortzuführen**. Dafür spricht zunächst, dass bis zu einer einvernehmlichen Vertragsänderung der Parteien nach Abs. 1 oder einer vertragsändernden Anordnung des Bestellers nach Abs. 2 der bisherige Vertragsinhalt fortbesteht.[69] Indes ist zu differenzieren: 52

Wünscht der Besteller eine **Änderung des vereinbarten Werkerfolgs** im Sinne von § 650b Abs. 1 S. 1 Nr. 1 BGB, so steht trotz des Änderungsbegehrens des Bestellers keineswegs fest, dass eine Änderung des vereinbarten Werkerfolgs eintritt. Selbst wenn die begehrte Änderung für den Unternehmer zumutbar ist und der Unternehmer ein entsprechendes Angebot vorlegt, so steht es dem Besteller frei, von einer Annahme des Angebots abzusehen, weil ihm die geänderte Leistung bspw. zu teuer ist oder verlängerte Lieferzeiten nicht akzeptabel erscheinen. Selbst bei gescheiterter Einigung kann der Besteller davon absehen, von seinem Anordnungsrecht nach Abs. 2 S. 1 Gebrauch zu machen. Das bloße Änderungsbegehren des Bestellers führt also weder zum Recht noch zur Pflicht des Unternehmers umzudisponieren, von Materialbestellungen hinsichtlich der bisherigen Leistung abzusehen oder die bereits in Ausführung befindliche Leistung zu unterbrechen. Soweit sich das Änderungsbegehren des Bestellers allerdings auf eine bereits in Ausführung befindliche (oder unmittelbar bevorstehende) Leistung bezieht, sollte der Unternehmer den Besteller um Erklärung bitten, ob er die entsprechende Leistung aus- bzw. weiterführen oder zunächst unterbrechen soll. Eine entsprechende »Nachfragepflicht« des Unternehmers besteht allerdings nicht. Umgekehrt kann der Besteller seinerseits die entsprechenden Arbeiten stoppen, verschieben oder eine sonstige Umdisposition anordnen, allerdings mit den Folgen des § 642 BGB und einer entsprechenden Bauzeitverlängerung nach § 6 Abs. 2 Nr. 1a VOB/B[70], d. h. der Besteller gerät bei Leistungsbereitschaft des Unternehmers insoweit in Annahmeverzug. Eine Fristsetzung mit Kündigungsandrohung des Unternehmers nach § 643 S. 1 BGB, ihm die Fortsetzung der bisherigen Arbeiten zu erlauben, dürfte allerdings nur im Ausnahmefall zulässig sein. Denn der Besteller ist gem. § 650b, entweder im Rahmen einer einvernehmlichen Vertragsergänzung, bei Scheitern der Verhandlungen aber jedenfalls durch sein Anordnungsrecht nach § 650b Abs. 2, berechtigt, notfalls einseitig den bisherigen Vertragsinhalt zu verändern. Dieses Änderungsrecht beinhaltet inzident das Recht, den Vertrag mit dem Unternehmer – mit geändertem Inhalt – auch fortzusetzen. Solange der Besteller also im Rahmen des Einigungsprozederes und, nach Scheitern der Bemühungen, in angemessener Frist über sein jetzt entstandenes Anordnungsrecht befinden kann, ist der Unternehmer gehindert, die Kündigung eben dieses Vertrages durch eine Fristsetzung mit Kündigungsandrohung nach § 643 Abs. 1 in die Wege zu leiten. Ein solches Verhalten des Unternehmers wäre treuwidrig, seine Fristsetzung mit Kündigungsandrohung im Regelfall unwirksam. 53

Begehrt der Besteller eine **Leistungsänderung**, die zur Herbeiführung des vereinbarten Werkerfolgs i.S.v. Abs. 1 S. 1 Nr. 2 **notwendig** ist, so bleibt es – analog des Falls nach Abs. 1 S. 1 Nr. 1 – zunächst 54

67 So auch Orlowski, BauR 2017, 1427, 1430.
68 So auch Leupertz, in: BeckOK BauvertragsR, § 650b BGB Rn. 50.
69 So auch Leupertz, in: BeckOK BauvertragsR, § 650b BGB Rn. 48a.
70 Die Fristverlängerung der VOB/B gilt auch für den BGB-Bauvertrag, vgl. Berger, in: Ganten/Jansen/Voit, vor § 6 VOB/B Rn. 2 ff.

ebenfalls beim bisherigen Vertragsinhalt. Anders als im Fall des Abs. 1 S. 1 Nr. 1 steht bei notwendigen Änderungen jedoch fest, dass ohne diese Änderung der vereinbarte Werkerfolg, insbesondere die Mängelfreiheit der erbrachten Leistung, nicht erreicht werden kann. Soweit der Besteller die Planungsverantwortung für dieses »fehlerhafte Vertragssoll« trägt, entspricht es also in aller Regel seinem Interesse, dass die Leistung, deren notwendige Änderung er begehrt, nicht aus- bzw. weitergeführt wird. *von Rintelen*[71] vertritt die Auffassung, in diesem Fall enthalte das Änderungsbegehren gleichzeitig eine »Abbestellung« der fehlerhaft geplanten bzw. beschriebenen Leistung. Etwas präziser dürfte der Begriff der »Suspendierung« dieser Leistung sein, weil trotz des Änderungsbegehrens des Bestellers zunächst nicht feststeht, ob es zu einer Änderungsvereinbarung der Parteien oder einer Anordnung des Bestellers zur Leistungsänderung kommt, etwa wenn die mit der Änderung verbundenen Kosten inakzeptabel hoch erscheinen oder sonstige Gründe den Besteller bewegen, trotz des drohenden Mangels von der Leistungsänderung abzusehen. Dies gilt insbesondere, wenn dem Änderungsbegehren des Bestellers ein entsprechender Bedenkenhinweis des Unternehmers[72], typischerweise verbunden mit einer Behinderungsanzeige des Unternehmers, vorangegangen ist. In diesem Fall besteht aufgrund des »reaktiven« Änderungsbegehrens gleichsam Einvernehmen zwischen Unternehmer und Besteller, dass Bedenken gegen die ursprünglich vorgesehene Leistung bestehen, so dass es sinnwidrig wäre, diese Leistung aus- bzw. fortzuführen, so lange das weitere Vorgehen nicht geklärt ist.

55 Geht dem Änderungsbegehren des Bestellers **kein** entsprechender **Bedenkenhinweis** des Unternehmers voran, so empfiehlt sich für den Besteller, klarstellend dem Unternehmer mitzuteilen, dass bis zur Klärung die entsprechende Leistung nicht ausgeführt bzw. fortgeführt werden soll. Die mit etwaigen Stillständen oder Umdispositionen verbundenen Kosten gehen wiederum zu Lasten des Bestellers, soweit die Voraussetzungen des § 642 BGB vorliegen.[73]

56 Soweit der **Unternehmer** die **Planungsverantwortung** trägt, ergibt sich bereits aus § 650c Abs. 2 S. 1 i.V.m. § 650b Abs. 1 S. 5 BGB, dass dem Unternehmer für die notwendige Leistungsänderung kein Vergütungsanspruch zusteht. Folglich obliegt es dem eigenen Interesse des Unternehmers, entweder die Ausführung der mangelhaften Leistung von sich aus zu unterbrechen oder zur Vermeidung weiterer Schäden zunächst fortzuführen, z.B. bei einem Betoniervorgang, der zunächst vollendet werden muss. Die Zeit- und Kostenfolgen gehen in diesem Fall zu Lasten des Unternehmers.[74]

IX. Angebot des Unternehmers über die Mehr- oder Mindervergütung der Änderungsleistung

57 Gemäß § 650b Abs. 1 S. 2 bis 5 BGB ist der Unternehmer unter folgenden Voraussetzungen zur Vorlage eines Angebots über die Mehr- oder Mindervergütung der begehrten Änderungsleistung verpflichtet:

- Trägt der Besteller die Planungsverantwortung, so muss *er* dem Unternehmer die für die Änderungsleistung erforderliche Planung zur Verfügung stellen (Abs. 1 S. 4), unabhängig davon, ob eine freie Änderung nach Abs. 1 S. 1 Nr. 1 oder eine notwendige Änderung nach Nr. 2 im Raum steht.
- Begehrt der Besteller eine Änderung des vereinbarten Werkerfolgs nach Abs. 1 S. 1 Nr. 1, so muss dem Unternehmer die Änderung zumutbar sein.
- Steht dem Unternehmer nach § 650c Abs. 1 S. 2 BGB kein geänderter Vergütungsanspruch zu, so bedarf es folgerichtig keines Angebots des Unternehmers bezüglich einer geänderten Vergütung, § 650b Abs. 1 S. 5 BGB, sondern nur bezüglich der geänderten Leistung.

---

71 V. Rintelen, in: ibr-OK Bauvertragsrecht, Stand 22.04.2024, § 650b BGB Rn. 84; ähnlich Leupertz, in: BeckOK BauvertragsR, § 650b BGB Rn. 48d.

72 Nach § 4 Abs. 3 VOB/B bzw. § 242 BGB.

73 Vgl. Althaus, BauR 2017, 412, 416.

74 Vgl. näher Langen, BauR 2019, 303, 308.

1. Form und Frist des Angebots

a) Form

Ungeregelt ist, in welcher Form der Unternehmer das Angebot vorlegen muss. 58

§ 650b BGB sieht die Textform nur für die Anordnung des Bestellers gemäß Abs. 2 S. 1 vor, falls 59
eine Einigung der Parteien über die Änderung der Leistung und deren Vergütung nicht zustande gekommen ist. Daraus folgt, dass das vom Unternehmer vorzulegende Angebot keiner Form bedarf, also auch mündlich erfolgen kann.[75] Bei geringfügigen Änderungen wie z.B. einem geänderten Preis/m^2 für eine andere als die bestellte Fliese oder einen Änderungspreis/m^2 für Parkettboden anstatt des bestellten Laminatbodens, mag ein formloses, insbesondere mündliches, Angebot auch ausreichend sein. Bei größeren, insbesondere komplexen Vertragsänderungen ist die gesetzliche Formfreiheit bei der Änderung aber ebenso wenig praxistauglich wie beim Vertragsabschluss selbst. Sowohl aus Dokumentations- als aus Beweisgründen ist den Parteien deshalb dringend zu empfehlen, sowohl für das Änderungsbegehren selbst als auch für das daraufhin vorzulegende Angebot zumindest die Textform gemäß § 126b BGB zu wahren und diese auch im Bauvertrag zu vereinbaren.

b) Frist

Von größerer Bedeutung für die Praxis ist die Frage, *wann* der Unternehmer das Angebot über die 60
Leistungsänderung und deren Vergütung vorlegen muss. § 650b Abs. 2 S. 1 BGB lässt sich lediglich entnehmen, dass das Anordnungsrecht des Bestellers (erst) dann entsteht, wenn die Parteien binnen 30 Tagen nach Zugang des Änderungsbegehrens beim Unternehmer keine Einigung über die geänderte Leistung und deren Vergütung erzielt haben. Da § 650b Abs. 1 BGB die Kooperationspflicht der Bauvertragsparteien bezüglich einer vom Besteller gewünschten Änderung und deren Vergütung kodifiziert,[76] lässt sich der **30-Tages-Höchstfrist** des § 650b Abs. 2 S. 1 BGB immerhin entnehmen, dass der Unternehmer zur Wahrung der 30-Tages-Frist so rechtzeitig zur Vorlage des Angebotes verpflichtet ist, dass dieses Angebot vom Besteller geprüft und anschließend ggf. eine Angebotsverhandlung mit dem Ziel einer Einigung der Parteien stattfinden kann.[77] Über diese allgemeinen Erwägungen hinaus sind die Besonderheiten des Bauvertrages und seiner Änderung zu berücksichtigen. § 271 Abs. 1 BGB enthält die Vorgabe, dass der Schuldner (Unternehmer) die Leistung (Angebotserstellung) sofort bewirken muss, wenn eine abweichende Zeit für die Leistung weder vereinbart noch aus den Umständen zu entnehmen ist. Die Rechtsprechung folgert aus § 271 Abs. 1 BGB für Bauleistungen, dass der Unternehmer mangels abweichender Vereinbarung alsbald mit den Bauarbeiten beginnen und diese in angemessener Zeit zu Ende führen muss.[78] Bezogen auf die gesetzliche Pflicht zur Angebotsvorlage gemäß § 650b Abs. 1 S. 2 BGB ließe sich daraus folgern, dass der Unternehmer jedenfalls in der **üblichen und angemessenen Frist** ein **entsprechendes Angebot** zu erstellen und **vorzulegen hat**. Letzteres hängt wiederum vom Aufwand des Unternehmers ab, der mit der Erstellung des Angebots verbunden ist.[79] In **Leistungsketten** ist dabei auch zu berücksichtigen, dass der Unternehmer oftmals ein Angebot seines Nachunternehmers benötigt, um ein eigenes Angebot gegenüber dem Besteller erstellten zu können.[80] unabhängig hiervon ist zu differenzieren:

Hat der Unternehmer nach Maßgabe einer vom Besteller erstellten Änderungsplanung einschließ- 61
lich Mengenermittlung und Leistungsbeschreibung lediglich die mit den Änderungsarbeiten verbundenen Kosten (einschließlich der angemessenen Zuschläge) zu kalkulieren, so dürfte die

75 So auch Leupertz, in: BeckOK BauvertragsR, § 650b BGB Rn. 56.
76 Dazu oben Rdn. 49.
77 So wohl auch Althaus, BauR 2017, 412, 415; a.A. Leupertz, in: BeckOK BauvertragsR, § 650b BGB Rn. 57 f.
78 BGH, Urt. v. 08.03.2001 – VII ZR 470/99, NJW-RR 2001, 806.
79 Dazu auch Oberhauser, NZBau 2019, 3.
80 Darauf weist zutreffend Leupertz, in: BeckOK BauvertragsR, § 650b BGB Rn. 52 hin.

angemessene Frist im Regelfall maximal 7–10 Tage nach Vorlage der Planung einschließlich Leistungsverzeichnis betragen. Beschränkt sich die Tätigkeit des Unternehmers nicht lediglich auf die Kostenermittlung, sondern muss er – z.B. bei geteilter Planungsverantwortung – auf Basis eines vom Besteller vorgelegten Änderungsentwurfs seinerseits die Mengenermittlung und Leistungsbeschreibung vornehmen (Leistungsphasen 5 und 6 der HOAI), so wird man dem Unternehmer je nach Umfang der vorzunehmenden Berechnungen und Ermittlungen eine Frist von **bis drei Wochen** nach Vorlage des Änderungsbegehrens einräumen müssen. Trägt der Unternehmer sogar die alleinige Planungsverantwortung, so ist gemäß § 650b Abs. 1 S. 5 i.V.m. § 650c Abs. 1 S. 2 BGB zu unterscheiden: Begehrt der Besteller hiernach eine Leistungsänderung, die zur Erreichung des vereinbarten Werkerfolgs notwendig ist (§ 650b Abs. 1 S. 1 Nr. 2 BGB), so beruht dies regelmäßig auf einem vom Unternehmer selbst zu verantwortenden Planungsmangel. Deshalb steht ihm gemäß § 650c Abs. 1 S. 2 BGB kein geänderter Vergütungsanspruch für diese ihm selbst zuzuschreibende Mängelbeseitigung zu, worauf der Bundesrat im Gesetzgebungsverfahren zutreffend hingewiesen hat.[81] Folgerichtig bestimmt § 650b Abs. 1 S. 5 BGB, dass sich das Änderungsangebot des Unternehmers nur auf die geänderte, zur Erreichung des Werkerfolgs notwendige Leistung beziehen muss. Naturgemäß hängt der Zeitbedarf des Unternehmers zur Korrektur des Planungsfehlers und zur Erstellung des damit verbundenen Leistungsangebots vom Einzelfall ab. Im Regelfall dürfte das Angebot jedoch binnen 7–10 Tagen nach dem Begehren des Bestellers vorzulegen sein.

62 Begehrt der Besteller hingegen bei **Planungsverantwortung des Unternehmers** eine **Änderung des Werkerfolgs**, so muss der Unternehmer zur Erstellung des Angebots zunächst die vorangehende Planung (selbst) erstellen und auf der Basis seiner eigenen Planung ein Änderungsangebot (nebst Mengenermittlung und Leistungsbeschreibung) erstellen sowie die damit verbundenen Kosten benennen. Auch hier spielt der Einzelfall natürlich eine wichtige Rolle, im Regelfall wird man dem Unternehmer bei dieser Konstellation aber eine **Frist von zwei bis drei Wochen** einräumen müssen.

63 Aus den vorstehenden Erwägungen ergibt sich, dass eine generelle Bestimmung, wann das Angebot des Unternehmers vorliegen muss, nicht möglich ist, sondern die zulässige und angemessene Bearbeitungsfrist vom Einzelfall abhängig ist.[82] Keinesfalls ist es jedoch zulässig, wenn der Unternehmer das Angebot ohne triftigen Grund so spät vorlegt, z.B. erst vier Wochen nach Zugang des Änderungsbegehrens, dass eine zielführende Verhandlung zwecks Erreichung einer Vereinbarung binnen der 30 Tagesfrist nicht mehr möglich ist. In diesem Fall würde die gesetzliche Vorgabe, möglichst binnen 30 Tagen Einvernehmen hinsichtlich der Änderung und deren Vergütung zu erzielen, ad absurdum geführt. Hier entsteht nicht nur nach Ablauf von 30 Tagen das Anordnungsrecht des Bestellers nach § 650b Abs. 2 BGB, ggf. auch ohne vorherige Vorlage des Angebots.[83] Vielmehr steht dem Unternehmer, wenn es durch die Nichtvorlage (oder verspätete Vorlage) des Angebots zu einem Baustopp hinsichtlich der bisherigen Leistungen kommt, auch kein Entschädigungsanspruch gemäß § 642 BGB bzw. Bauzeitverlängerungsanspruch zu, da der Unternehmer die Möglichkeit einer frühzeitigen Einigung und damit auch Fortsetzung des Bauablaufs vereitelt hat.[84] Dies gilt erst recht, wenn der Unternehmer nicht gesetzeskonforme oder formalistisch übertriebene Anforderungen an die Unterbreitung eines Angebotes stellt, beispielsweise vom die Planungsverantwortung tragenden Besteller neben der Mengenermittlung und Leistungsbeschreibung noch weitere Angaben und Unterlagen fordert, die für die Kostenermittlung der Änderungsleistung nicht erforderlich sind.

64 In jedem Fall ist den Parteien anzuraten, im Bauvertrag eine Regelfrist (z.B. eine Woche oder zwei Wochen) für die Vorlage des Unternehmerangebotes zu vereinbaren, die im vom Unternehmer zu begründenden Einzelfall angemessen verlängert werden kann.

81 Vgl. BT-Drucks. 18/8486, S. 92.
82 Zutr. Leupertz, in: BeckOK BauvertragsR, § 650b BGB Rn. 57.
83 So zutr. Leupertz, in: BeckOK BauvertragsR, § 650b BGB Rn. 58.
84 Dazu auch Althaus, BauR 2017, 412, 416.

2. Für die Änderung erforderliche Planung

Trägt der Besteller die Verantwortung für die Planung des Bauwerks oder der Außenanlage, so ist der Unternehmer gemäß § 650b Abs. 1 S. 4 BGB nur dann zur Erstellung eines Angebots über die Mehr- oder Mindervergütung verpflichtet, wenn der Besteller dem Unternehmer die für die Änderung erforderliche Planung zur Verfügung gestellt hat. Die Vorlage der entsprechenden Planung ist mithin Voraussetzung für die Pflicht des Unternehmers, das entsprechende Angebot vorzulegen. Legt der Besteller seine Planung pflichtwidrig nicht vor, so entfällt die Pflicht des Unternehmers, die Kosten für die gewünschte Änderung zu benennen. Folglich beginnt in diesem Fall die 30-tägige Frist zur Einigung nicht, sodass auch kein Anordnungsrecht des Bestellers nach § 650b Abs. 2 BGB entsteht, zumindest die Ausübung des Anordnungsrechts als treuwidrig anzusehen sein kann.[85] 65

Hinsichtlich der gesetzlich vorausgesetzten Planungsverantwortung ist wie folgt zu differenzieren:

a) Alleinige Planungsverantwortung des Bestellers

Was unter Planungsverantwortung zu verstehen ist, ergibt sich nur ansatzweise aus den Materialien. In der Gesetzesbegründung heißt es dazu lediglich, mit § 650b Abs. 1 S. 4 BGB werde dem Umstand Rechnung getragen, dass der Unternehmer erst dann zur Erstellung des Angebots über die Mehr- oder Mindervergütung in der Lage sei, wenn er die geänderte Planung und die darin vorgesehene Leistung kenne.[86] Offensichtlich meint der Gesetzgeber mit Planungsverantwortung also die vertragliche Regelung der Parteien, wer die Planung der entsprechenden Leistung zu erbringen hat. Für die Ausführung des Unternehmers ist dabei maßgebend die Ausführungsplanung gemäß Leistungsphase 5 nach HOAI sowie die daraus abgeleitete Mengenermittlung nebst Leistungsbeschreibung gemäß Leistungsphase 6 der HOAI.[87] Obliegen diese Leistungen gemäß Bauvertrag dem Besteller, so bewirkt § 650b Abs. 1 S. 4 BGB eine »Verlängerung der Planungszuständigkeit des Bestellers in die Ausführungsphase hinein«[88] mit der Folge, dass der Besteller sein Änderungsbegehren zu planen, die damit verbundenen Mengen zu ermitteln und die Leistung so zu beschreiben hat, dass der Unternehmer die damit verknüpften Mehr- oder Minderkosten sicher und ohne umfangreiche Vorarbeiten berechnen kann (§ 7 Abs. 1 Nr. 1 VOB/A). 66

b) Zwischen Besteller und Unternehmer geteilte Planungsverantwortung

Zutreffend wurde bereits im Gesetzgebungsverfahren darauf hingewiesen, dass die Planungsverantwortung für ein Bauwerk oder eine Außenanlage häufig zwischen Besteller und Unternehmer geteilt ist.[89] Eine typische, wenngleich längst nicht die einzige Form einer Teilung der Planungsverantwortung besteht insbesondere im Projektgeschäft darin, dass der Besteller durch seine Architekten und Ingenieure einen behördlich genehmigten Bauentwurf erstellen lässt (Leistungsphasen 1 bis 4 der HOAI), während der vom Besteller beauftragte (General-)Unternehmer die Erstellung der Ausführungsplanung (Leistungsphase 5) und auf dieser Basis die schlüsselfertige Erstellung des Bauwerks oder der Außenanlage übernimmt. Die sinnentsprechende Auslegung von § 650b Abs. 1 S. 4 BGB führt bei diesen Fallkonstellationen zur »**Verlängerung der jeweiligen Planungszuständigkeit** in die Ausführungsphase hinein« mit der Folge, dass eine für die gewünschte Änderungsleistung erforderliche Entwurfsplanung, ggf. auch eine behördliche Nachtragsgenehmigung, vom Besteller vorzulegen ist und dem Unternehmer auf Basis dieser (genehmigten) Entwurfsplanung die Fortschreibung der Ausführungsplanung einschließlich der Erstellung der Leistungsbeschreibung (inklusive Mengen- 67

85 Rdn. 112.

86 BT-Drucks. 18/8486, S. 55.

87 A.A. Dammert u.a., § 2 Rn. 69, wo zwischen »Angebotsplanung« und »Ausführungsplanung« unterschieden wird, was aber weder der Systematik der HOAI (Leistungsbeschreibung in Lph. 6 auf Basis der Ausführungsplanung in Lph.5) noch der Praxis entspricht; vgl. auch Oberhauser, NZBau 2019, 3, 5.

88 Stellungnahme des Deutschen Richterbundes Nr. 24/15, November 2015, S. 7 ff.

89 Zutreffend Kimpel, NZBau 2016, 734, 736.

ermittlung und Leistungsverzeichnis bezüglich der geänderten Leistungen) im Sinne der Leistungsphasen 5 und 6 der HOAI obliegt. In solchen Fällen muss also jeder Vertragspartner »seinen« Teil der Planungsverantwortung im Rahmen des Einigungsgebots erfüllen. Legt im Beispielsfall der Besteller keinen (genehmigten) Änderungsentwurf vor, so ist der Unternehmer seinerseits nicht zur Erstellung einer Ausführungsplanung verpflichtet, geschweige denn zur Mengenermittlung und Leistungsbeschreibung. Fehlen mithin die Grundlagen des vom Unternehmer vorzulegenden Änderungsangebots, so beginnt nicht die gesetzliche Frist von 30 Tagen zur Herbeiführung einer Einigung. Wenn die Frist nicht beginnt, kann sie auch nicht ablaufen, folglich entsteht in solchen Fällen kein Anordnungsrecht des Bestellers nach § 650b Abs. 2 BGB.[90] Zumindest kann die Ausübung des Anordnungsrechts als treuwidrig anzusehen sein.

c) **Alleinige Planungsverantwortung des Unternehmers**

68 Schließlich kann die Planungsverantwortung vollständig vom Unternehmer übernommen worden sein, sei es, dass die Leistungspflicht des Unternehmers neben der Bauausführung auch die entsprechende Planung des Bauvorhabens umfasst, oder sei es, dass der Unternehmer für die vom Besteller bereitgestellte Planung die Verantwortung übernommen hat, was regelmäßig eine Individualvereinbarung der Parteien voraussetzt.[91] Soweit das Gesetz in § 650b Abs. 1 Satz 4 einerseits den Begriff der »Planungsverantwortung des Bestellers« verwendet, in § 650c Abs. 1 S. 2 BGB jedoch von der Planung als Leistungspflicht des Unternehmers spricht, ergibt sich aus der Gesetzesbegründung, dass die Planung als Leistungspflicht des Unternehmers zwar den typischen, aber nicht den einzigen Fall darstellt, in dem der Unternehmer die Planungsverantwortung trägt.[92] Entscheidend ist also die Planungsverantwortung des Bestellers oder des Unternehmers, sei es als Folge einer eigenen Leistungspflicht oder -obliegenheit oder sei es aufgrund einer vertraglichen Vereinbarung.

69 Trägt hiernach der Unternehmer die Planungsverantwortung und äußert der Besteller in diesem Fall einen Änderungswunsch, so ist danach zu unterscheiden, ob die Änderung zur Erreichung des vereinbarten Werkerfolgs notwendig ist (§ 650b Abs. 1 S. 1 Nr. 2 BGB) oder ob es sich um eine (freie) Änderung des vereinbarten Werkerfolgs nach § 650b Abs. 1 S. 1 Nr. 1 BGB handelt.

70 Bei einer **Änderung**, die **zur Erreichung des vereinbarten Werkerfolgs notwendig** ist, handelt es sich im Regelfall um die Korrektur eines vom Unternehmer zu verantwortenden Planungsmangels. Für diesen Fall hatte der Bundesrat die heutige Regelung des § 650b Abs. 1 S. 5 BGB sowie des § 650c Abs. 1 S. 2 BGB vorgeschlagen, also die Klarstellung, dass dem Unternehmer in diesem Fall kein geänderter Vergütungsanspruch zusteht und sich folglich sein Angebot nur auf die Leistungsänderung als solche beziehen muss.[93] Dieser Änderungsvorschlag ist Gegenstand der gesetzlichen Regelung geworden.[94] Begehrt der Besteller mit seinem Änderungswunsch nach § 650b Abs. 1 S. 1 Nr. 2 BGB also letztlich die Korrektur eines vom Unternehmer zu verantwortenden Planungsmangels, so ist der Unternehmer zur Erstellung einer entsprechend korrigierten (Änderungs-)Planung und auf deren Basis zur Vorlage eines Änderungsangebots gemäß § 650b Abs. 1 S. 5 BGB verpflichtet. Im Rahmen dieses auf die geänderte Leistung beschränkten Angebots hat der Unternehmer dem Besteller die verschiedenen Möglichkeiten aufzuzeigen, die zur Herbeiführung des vereinbarten Werkerfolgs geeignet sind. Das »Auswahlrecht« liegt dann beim Besteller.

71 Auch bei dieser Konstellation (vollständige Planungsverantwortung des Unternehmers) ist natürlich denkbar, dass im Rahmen der Korrektur der Planung Kosten entstehen, die der Besteller auch bei

90 Näher dazu Rdn. 112.
91 Vgl. Langen/Schiffers, Rn. 856.
92 Näher dazu unten § 650c Rdn. 78.
93 Zutreffend Dammert u.a., § 2 Rn. 71; vgl. BT-Drucks. 18/8486, S. 91 und S. 96.
94 Dazu BT-Drucks. 18/11437, S. 47.

einer von Anfang an ordnungsgemäßen Planung hätte tragen müssen (**Sowiesokosten**).[95] Steht dem Unternehmer also trotz der von ihm übernommenen Planungsverantwortung ein Vergütungsanspruch hinsichtlich der Mehrkosten zu, die auch bei von Anfang an ordnungsgemäßer Planung vom Besteller zu tragen wären, so ist § 650b Abs. 1 S. 5 BGB einschränkend dahin auszulegen, dass der Unternehmer im Rahmen des Änderungsangebots die vom Besteller zu tragenden Sowiesokosten nach näherer Maßgabe des § 650c BGB benennen muss.

Begehrt der Besteller die **Änderung des vereinbarten Werkerfolgs** gemäß Abs. 1 S. 1 Nr. 1, so bleibt es beim Grundsatz des § 650b Abs. 1 S. 2 BGB, wonach der Unternehmer ein Angebot über die Mehr- oder Mindervergütung vorzulegen hat, die mit der gewünschten Änderung verbunden ist. Der Unterschied zum Fall des § 650b Abs. 1 S. 4 BGB besteht hier darin, dass die Änderungsplanung einschließlich Mengenermittlung und Leistungsbeschreibung nicht vom Besteller vorzulegen ist, sondern vom Unternehmer – im Rahmen seiner Gesamtverantwortung für die Planung – selbst zu erstellen ist. Die dem Änderungswunsch des Bestellers folgende Änderungsplanung des Unternehmers richtet sich nach den vertraglichen Vereinbarungen der Parteien; im Zweifel steht dem Unternehmer für die Änderungsplanung ein geänderter Vergütungsanspruch gemäß § 650q i.V.m. §§ 650b und c BGB zu.[96] 72

d) Nachreichung der Planung

§ 650b Abs. 1 S. 2 und S. 4 BGB bestimmt nicht, ob der Besteller bereits zusammen mit dem Änderungsbegehren die für die geänderte Leistung erforderliche Planung vorlegen muss oder ob der Besteller die geänderte Planung »nachreichen« kann. Aus dem Zusammenhang der beiden Vorschriften ergibt sich jedoch, dass das Änderungsbegehren des Bestellers zwar die Pflicht des Unternehmers zur Erstellung des Angebots auslöst, **Fälligkeitsvoraussetzung** für die Erstellung des Angebots jedoch die Vorlage der Planung für die geänderte Leistung ist, wenn der Besteller (ganz oder teilweise) die Planungsverantwortung trägt. Meldet der die Planungsverantwortung tragende Besteller also zunächst einen Änderungswunsch an, legt die zur Angebotserstellung erforderliche Planung aber erst eine Woche später vor, so wird hierdurch die Frist, die dem Unternehmer für die Erstellung des Angebots zur Verfügung steht, nicht verkürzt.[97] 73

e) Streit über die Planungsverantwortung

Bei Streit der Parteien über die Planungsverantwortung[98] richtet sich diese nach der materiellen Rechtslage. Ist also beispielsweise eine vom Besteller gestellte AGB-Klausel, wonach der Unternehmer die Planungsverantwortung für die vom Besteller erstellte Planung übernimmt, unwirksam, so bleibt es bei der Obliegenheit des Bestellers, dem Unternehmer als Grundlage für das zu erstellende Änderungsangebot die Planung für die geänderte Leistung einschließlich Mengenermittlung und Leistungsbeschreibung vorzulegen. Kommt der Besteller seiner Obliegenheit nicht nach, so ist der Unternehmer nicht zur Erstellung eines entsprechenden Angebots verpflichtet mit der Konsequenz, dass ein einseitiges Anordnungsrecht des Bestellers gemäß § 650b Abs. 2 BGB nicht entsteht. 74

3. Zumutbarkeit für den Unternehmer

Bei der Frage, inwieweit dem Unternehmer die geänderte Leistung zumutbar sein muss, ist zu unterscheiden: 75

95 Vgl. BGH, Urt. v. 08.07.1993 – VII ZR 176/91, BauR 1993, 722; BGH, Urt. v. 27.05.2010 – VII ZR 182/09, BauR 2010, 1583; OLG Stuttgart, Urt. v. 27.05.2010 – VII ZR 182/09, BauR 2010, 1599.

96 Dazu bereits oben Rdn. 71.

97 Ähnlich Dammert u.a., § 2 Rn. 78.

98 Beispiel:Der Unternehmer hat in vom Besteller gestellten AGBs die Verantwortung für die vom Besteller erstellte Planung übernommen, die Wirksamkeit der AGB-Klausel ist jedoch zweifelhaft.

a) Zur Erreichung des vereinbarten Werkerfolgs notwendige Änderung

76 Begehrt der Besteller eine Leistungsänderung, die zur Erreichung des vereinbarten Werkerfolgs notwendig ist, so ist der Unternehmer unter den weiteren Voraussetzungen des § 650b Abs. 1 BGB zur Vorlage eines Angebots verpflichtet, ohne dass es auf die Frage ankommt, ob die Leistungsänderung für ihn zumutbar ist oder nicht. Die Zumutbarkeit der begehrten Leistungsänderung für den Unternehmer spielt gemäß § 650b Abs. 1 S. 2 und 3 BGB also nur eine Rolle, soweit es um eine begehrte Änderung des vereinbarten Werkerfolgs geht. Aus der insoweit nachvollziehbaren Gesetzesbegründung ergibt sich, dass die im Sinne von Abs. 1 S. 1 Nr. 2 notwendigen Leistungsänderungen in aller Regel der Einhaltung (neuer) gesetzlicher Vorschriften oder der Vermeidung einer mangelhaften Bauleistung dienen, sodass es nicht gerechtfertigt erschiene, wenn der Unternehmer sich darauf berufen könnte, diese notwendige Leistungsänderung sei für ihn unzumutbar.[99] Wird also beispielsweise bezüglich einer schon teilweise ausgeführten Bauleistung ein Mangel festgestellt, der auf der mangelhaften, im Verantwortungsbereich des Bestellers stehenden Planung beruht und einen (teilweisen) Rückbau der schon ausgeführten Leistung und eine entsprechende Neuherstellung erforderlich macht, so kann sich der Unternehmer dem Änderungsbegehren des Bestellers nicht dadurch widersetzen, dass er sich auf die Unzumutbarkeit des Rückbaus bzw. der anschließenden Neuherstellung der teilweise schon vorhandenen Leistung beruft, auch nicht mit Rücksicht auf die Bauzeitverlängerung, die ggf. mit Rückbau und Neuherstellung verbunden ist. Abhängig davon, ob der Planungsmangel für den Unternehmer vor der Ausführung erkennbar war, erhält der Unternehmer den entstehenden Mehraufwand vollständig oder – bei Verletzung der Prüfungs- und Hinweispflicht nach § 4 Abs. 3 VOB/B-[100] zumindest teilweise erstattet,[101] so dass dem Unternehmer durch die im Einzelfall aufwendige Änderung keine finanziellen Nachteile entstehen und folglich daraus auch keine Unzumutbarkeit abgeleitet werden kann.

77 In diesem Fall steht dem Unternehmer also lediglich das allgemeine Leistungsverweigerungsrecht gemäß § 275 Abs. 2 und 3 BGB offen,[102] das bei Leistungen, die zur Herbeiführung des vereinbarten Werkerfolgs notwendig sind, jedoch nur in den seltensten Fällen einschlägig ist.

b) Änderung des Werkerfolgs

78 Soweit der Besteller eine Änderung des vereinbarten Werkerfolgs gemäß § 650b Abs. 1 S. 1 Nr. 1 BGB begehrt, ist der Unternehmer zur Erstellung eines Angebots über die Mehr- oder Mindervergütung nur verpflichtet, wenn ihm die Ausführung der Änderung zumutbar ist.

79 In der Gesetzesbegründung heißt es dazu, das **Zumutbarkeitskriterium** könne beispielsweise die **technischen Möglichkeiten**, die **Ausstattung** und die **Qualifikation des Bauunternehmers** betreffen, aber auch **betriebsinterne Vorgänge**. Bei der Abwägung, welche Leistungen für den Unternehmer zumutbar seien, seien die Interessen beider Parteien zu berücksichtigen und müssten in einem ausgewogenen Verhältnis in die Bewertung einfließen. Dabei sei auch zu berücksichtigen, dass der Unternehmer durch die Anordnung zu Leistungen verpflichtet werde, die nicht der ursprünglichen Vereinbarung der Parteien entsprochen haben. Die Schwelle für die Unzumutbarkeit einer Anordnung (bzw. des Änderungsbegehrens nach Abs. 1) müsse daher unterhalb des allgemeinen Leistungsverweigerungsrechts wegen Unzumutbarkeit nach § 275 Abs. 2 und 3 BGB liegen.[103]

80 Die Gesetzesbegründung lässt nur vage erahnen, unter welchen konkreten Voraussetzungen die Änderung des vereinbarten Werkerfolgs für den Unternehmer unzumutbar ist, sodass er nach der gesetzlichen Konzeption nicht einmal ein geändertes Vergütungsangebot vorlegen muss, geschweige denn ein diesbezügliches Anordnungsrecht des Bestellers nach § 650b Abs. 2 BGB entsteht.

---

99 BT-Drucks. 18/8486, S. 54.
100 Die auch bei BGB-Bauverträgen gilt, vgl. BGH, BauR 2008, 344.
101 Vgl. BGH, BauR 2005, 1016.
102 Vgl. BT-Drucks. 18/8486, S. 54.
103 BT-Drucks. 18/8486, S. 54.

Die heutige gesetzliche Lösung geht im Wesentlichen auf die Vorschläge der Arbeitsgruppe Bauvertragsrecht im Abschlussbericht vom 18.06.2013 zurück.[104] Dabei wies die Arbeitsgruppe einerseits zutreffend darauf hin, dass die Änderung des Werkerfolgs Leistungen betreffe, die gerade nicht Gegenstand der Planung und Ausführung des Bauvertrages gewesen seien, andererseits die Parteien im Stadium der Abwicklung des Bauvertrages aneinander gebunden seien und ein Wechsel des Vertragspartners für den Besteller nur schwer möglich und mit hohen Kosten verbunden sei.[105] Die zum Klauselverbot des § 308 Nr. 4 BGB ergangene Rechtsprechung, wonach jedenfalls ein »triftiger Grund« für eine formularmäßig vorgesehene Vertragsänderung vorhanden sein müsse,[106] dürfte bei der Auslegung des § 650b Abs. 1 S. 2 BGB kaum verwertbar sein, da das Gesetz selbst – und nicht eine vom Verwender gestellte AGB-Klausel – das Änderungsrecht vorsieht. 81

Unzumutbar ist einem Unternehmer hiernach beispielsweise die Erbringung einer geänderten Leistung, die zwar der gleichen Funktion dient wie die ursprünglich vorgesehene Leistung, jedoch ein **fachfremdes Gewerk** des Unternehmers betrifft (Änderung einer vom Schreiner zu erstellenden Holztreppe in eine Treppe aus Betonfertigteilen). Auch die zeitlichen, zu einer **erheblichen Bauzeitverlängerung** führenden **Folgen der Leistungsänderung** können zur Unzumutbarkeit für den Unternehmer führen.[107] Auch wenn alle finanziellen Folgen – auch einer solchen Bauzeitverlängerung – vom Besteller zu tragen sind, ist die Dispositionsfreiheit des Unternehmers im Einzelfall geschützt. Zutreffend weist der Gesetzgeber darauf hin, dass es bei der Zumutbarkeitsprüfung auf eine Gesamtbetrachtung ankomme, bei den betrieblichen Belangen eines Generalunternehmers also beispielsweise auch die Kompetenzen und Kapazitäten der Nachunternehmer zu berücksichtigen seien.[108] Wird aber beispielsweise ein Generalunternehmer mit der schlüsselfertigen und betriebsbereiten Erstellung eines Hotels beauftragt und ändert der Besteller die Planung dahin, dass anstelle eines Hotels ein Bürogebäude errichtet wird, weil er keinen Hotelpächter findet, so erscheint diese Änderung des Werkerfolgs selbst für einen Generalunternehmer dann unzumutbar, wenn der Generalunternehmer gerade im Hinblick auf seine besondere Kompetenz bei der Erstellung von Hotelanlagen beauftragt worden ist.[109] 82

c) Beweislast

Die **Beweislast** für die Zumutbarkeit der gewünschten Änderung des vereinbarten Werkerfolgs obliegt dem **Besteller.**[110] Beruft sich der **Unternehmer** indes für die Unzumutbarkeit auf **betriebsinterne Vorgänge**, so trifft ihn gemäß § 650b Abs. 1 S. 3 BGB die Beweislast. Beruft sich der Unternehmer also beispielsweise auf fehlende Kapazitäten, Vollauslastung, fehlende Verfügbarkeit von Geräten, die für die Änderungsleistung erforderlich sind usw., so sind an die substantiierte Darlegung der entsprechenden Umstände strenge Voraussetzungen zu knüpfen, da der Besteller solche Betriebsinterna ansonsten nicht überprüfen kann und damit sein bei Scheitern der Verhandlungen entstehendes Anordnungsrecht nach § 650b Abs. 2 BGB nicht zweckentsprechend geltend machen kann. 83

Die bisherige Anwendung des gesetzlichen Bauvertragsrechts seit Inkrafttreten am 01.01.2018 bestätigt die vielfache Erwartung, dass sich Unternehmer nur in den seltensten Fällen gegenüber Änderungswünschen oder -anordungen des Bestellers darauf berufen, die geänderte Leistung sei dem Unternehmer nicht zumutbar. Allenfalls bei nur mit erheblichen Lieferproblemen beschaffbaren Materialien oder Sondergeräten kommt es in der Praxis vor, dass sich Unternehmer wegen 84

104 Abschlussbericht, S. 21.
105 Abschlussbericht, S. 23.
106 BGH, Urt. v. 23.06.2005 – VII ZR 200/04, NJW 2005, 3420; BGH, 11.10.2007 – III ZR 63/07, NJW-RR 2008, 134.
107 Dazu oben Rdn. 47.
108 BT-Drucks. 18/8486, S. 55.
109 Zur Abgrenzung vgl. auch Schramke/Keilmann, NZBau 2016, 333, 336.
110 BT-Drucks. 18/8486, S. 55.

damit verbundener Bauzeitverlängerungen auf die Unzumutbarkeit der gewünschten bzw. angeordneten Änderung berufen.

4. Der Angebotspreis

85 Weder dem Gesetzeswortlaut noch der Gesetzesbegründung lässt sich mit der gewünschten Klarheit entnehmen, auf welcher Basis das vom Unternehmer gemäß § 650b Abs. 1 S. 2 BGB vorzulegende Angebot über die Mehr- oder Mindervergütung zu erstellen ist, ob der Unternehmer die Änderungsvergütung also »frei« kalkulieren kann, ob er bei der Angebotserstellung bereits an die Vergütungsregelung des § 650c Abs. 1 und Abs. 2 BGB gebunden ist oder nach § 632 Abs. 2 BGB eine marktübliche Vergütung anbieten muss.

86 Wenn die Parteien nach der gesetzgeberischen Intention des § 650b Abs. 1 S. 1 BGB zunächst Einvernehmen über die vom Besteller gewünschte Änderung und deren Vergütung anstreben sollen, ohne dass der Gesetzgeber etwas zum Angebotspreis regelt, dann ist dies zunächst ein Indiz dafür, dass der Unternehmer die Mehr- oder Mindervergütung bis zur Grenze der Sittenwidrigkeit nach § 138 Abs. 1 BGB und in den Grenzen von Treu und Glauben (§ 242 BGB) frei kalkulieren kann.[111] Auch die Vergütungsregelung des § 650c Abs. 1 S. 1 BGB, die (nur) im Fall einer *Anordnung des Bestellers* greift, spricht dafür, dass dieselbe Vergütungsregelung nicht bereits für das im Vorfeld vom Unternehmer zu erstellende Angebot gilt. Vielfach wird deshalb die Auffassung vertreten, mangels abweichender Regelung in § 650b Abs. 1 BGB könne der Unternehmer im Rahmen der Einigungsphase die Nachtragsvergütung bis zu den gesetzlichen Grenzen der Sittenwidrigkeit und von Treu und Glauben frei bestimmen.[112]

87 Allerdings gäbe es nach dieser Auffassung dann im Rahmen der §§ 650b und 650c BGB zwei unterschiedliche Vergütungssysteme für dieselbe geänderte Leistung: Das in § 650b Abs. 1 BGB enthaltene Einigungsgebot könnte auf einem vom Unternehmer frei ermittelten Angebotspreis basieren, während bei einem Scheitern der Verhandlungen der Parteien ein Anordnungsrecht des Bestellers entsteht, dessen Vergütungsfolgen in § 650c Abs. 1 und 2 BGB minutiös geregelt sind, nämlich primär auf Basis der **für die Änderung tatsächlich erforderlichen Kosten nebst Zuschlägen**, wahlweise auch auf der Basis einer vereinbarungsgemäß hinterlegten Urkalkulation. Zwar existieren zum Zeitpunkt der Angebotserstellung durch den Unternehmer noch keine tatsächlich erforderlichen Kosten im Sinne von § 650c Abs. 1 S. 1 BGB. Der Unternehmer kann aber die **voraussichtlich tatsächlich erforderlichen Kosten** im Vorhinein ermitteln, z.B. geänderte Materialpreise, höheren (oder niedrigeren) Lohnaufwand für die Erstellung, Angebotspreise für anderes Gerät und auch Nachunternehmerangebote. Außerdem kann er, wenn seine Urkalkulation vereinbarungsgemäß hinterlegt ist, auch nach Maßgabe dieser Kalkulation den Nachtragspreis ermitteln, so wie dies jahrzehntelang bei VOB-Bauverträgen üblich war.[113]

Die Anwendungspraxis der §§ 650b und 650c BGB seit Inkrafttreten des Gesetzes am 01.01.2018 bestätigt auch, dass der Unternehmer bei Änderungswünschen oder -anordnungen des Bestellers gleichermaßen vorgeht, also die Änderungskosten entweder anhand geänderter Material- oder Gerätepreise bzw. Nachunternehmerangebote ermittelt *oder* die Preisfortschreibung nach Maßgabe der vereinbarungsgemäß hinterlegten Urkalkulation vornimmt. Würde der Unternehmer danach diffe-

111 So offenbar auch Kimpel, NZBau 2016, 734, 736; ebenso Orlowski, BauR 2017, 1427, 1429; Leupertz, in: BeckOK BauvertragsR, § 650b BGB Rn. 60; v. Rintelen, in: ibr-OK Bauvertragsrecht, Stand 22.04.2024, § 650b BGB Rn. 96 ff.; Hettler/Halbgewachs, BauR 2021, 1021, 1029.

112 Siehe vorstehende Fußnote.

113 Fraglich ist in diesem Fall allerdings, wie sich die in § 650c Abs. 2 S. 2 BGB enthaltene Widerlegungsmöglichkeit des Bestellers hinsichtlich des nach Urkalkulation fortgeschriebenen Preises auswirken kann. Denn wenn die Parteien im Rahmen des Einigungsprozesses nach § 650b Abs. 1 BGB eine Preisvereinbarung getroffen haben, ist dieser Preis bindend, so dass die Widerlegungsmöglichkeit des Bestellers, die tatsächlich erforderlichen Kosten zuzüglich angemessener Zuschläge seien geringer, leer läuft.

renzieren, ob er das Nachtragsangebot auf einen bloßen Änderungswunsch des Bestellers nach § 650b Abs. 1 BGB frei kalkuliert erstellt oder nach einer entsprechenden Anordnung des Bestellers nach § 650b Abs. 2 BGB (nach tatsächlich erforderlichen Kosten nebst Zuschlägen oder gemäß Kalkulation), dann wäre diese unterschiedliche Preisgestaltung für das Vertrauensverhältnis der Bauvertragsparteien nicht zuträglich. Denn der Unternehmer muss ja damit rechnen, dass der Besteller ein überhöhtes (frei kalkuliertes) Angebot nach § 650b Abs. 1 BGB ablehnt und nach Anordnung der Leistungsänderung die Darlegung der tatsächlich erforderlichen Kosten nebst angemessener Zuschläge fordern kann.

Kann der Unternehmer die voraussichtlich tatsächlich erforderlichen Kosten der begehrten Änderung im Einzelfall nicht zuverlässig kalkulieren, so ist es zulässig, wenn der Unternehmer im Rahmen seines Angebotes einen **Preisanpassungsvorbehalt** nach Maßgabe der tatsächlich entstehenden Kosten aufnimmt. Ansonsten wäre der Unternehmer unbillig benachteiligt, weil er an das einmal erstellte Angebot im Fall der Annahme durch den Besteller gebunden wäre, während er bei einer Änderungsanordnung nach § 650b Abs. 2 S. 1 nach den tatsächlich anfallenden (erforderlichen) Kosten zzgl. angemessener Zuschläge abrechnen kann. Ein solcher Vorbehalt erscheint deshalb im Hinblick auf die auf eine ex post Betrachtung abstellende Vergütungsregelung des § 650c Abs. 1 BGB angemessen und letztlich auch üblich, wie bspw. Preisvorbehalte hinsichtlich der zum Zeitpunkt einer Angebotslegung noch nicht absehbaren zeitlichen und damit verbundenen Kostenfolgen eines Änderungsangebotes zeigen.[114] Alternativ kann er, wie nach § 2 Abs. 5 und Abs. 6 VOB/B seit Jahrzehnten üblich, auf Basis der vereinbarungsgemäß hinterlegten Urkalkulation die fortgeschriebene Vergütung für die Änderungs- oder Zusatzleistung im Vorhinein ermitteln und idealiter mit dem Besteller auch vereinbaren, wie dies von § 650b Abs. 1 BGB auch erwünscht ist. Wollte man dem Unternehmer also freistellen, einen beliebigen, möglicherweise deutlich überhöhten Angebotspreis für die vom Besteller gewünschte Änderung zu benennen, so wäre der Besteller trotz des gesetzlichen Einigungsgebots gleichsam gezwungen, das Angebot abzulehnen, um dann spätestens nach Ablauf der 30-Tages-Frist ein Anordnungsrecht zu generieren, für das die Vergütungsfolgen in § 650c Abs. 1 und Abs. 2 BGB klar geregelt sind.

§ 650b Abs. 1 S. 2 BGB ist deshalb nicht nur gesetzessystematisch, sondern auch nach Sinn und Zweck der gesetzlichen Regelung dahin auszulegen, dass der Unternehmer die Vergütung für die geänderte Leistung im Rahmen seines vorzulegenden Angebots entweder nach § 650c Abs. 1 BGB auf Basis der voraussichtlich entstehenden tatsächlichen Kosten (zzgl. angemessener Zuschläge) oder alternativ nach § 650c Abs. 2 BGB auf Basis der vereinbarungsgemäß hinterlegten Urkalkulation zu ermitteln hat.[115] Auf diese Weise entsteht ein **homogenes Vergütungssystem**, das unabhängig davon gilt, ob die Parteien eine Einigung über die Änderungsleistung und deren Vergütung erzielen oder ob es mangels Einigung zu einer einseitigen Anordnung derselben Leistung durch den Besteller mit den entsprechenden Vergütungsfolgen des § 650c Abs. 1 und Abs. 2 BGB kommt. Diese Auslegung reduziert auch die allgemeine Befürchtung, der Unternehmer könne sein Angebot nach § 650b Abs. 1 S. 2 BGB schon deshalb überhöhen, um im Rahmen einer Abschlagsforderung nach § 650c Abs. 3 mittels 80 % des Angebotspreises de facto mindestens 100 % Nachtragsvergütung bereits per Abschlag zu erhalten.[116] Der »redliche Unternehmer« erhält nach dieser Maßgabe bei Nichteinigung der Parteien über die Änderungsvergütung also vorläufig 80 % der ihm tatsächlich zustehenden Vergütung, sei es nach tatsächlich erforderlichen Kosten oder sei es nach Maßgabe der hinterlegten Urkalkulation, sodass das Risiko einer Überzahlung seitens des Bestellers einschließlich Rückforderungsrisiko deutlich gemindert ist. Der Gesetzgeber spricht im Zusammenhang mit § 650c Abs. 3 BGB selbst davon, die Vorschrift solle gewährleisten, dass jedenfalls ein Teil der geschuldeten Mehrvergütung im Rahmen von Abschlagszahlungen berücksichtigt werde.[117] **Überhöht der Unter-** 88

114 Vgl. zuletzt OLG München, Urt. v. 26.09.2017 – 28 U 2834/09, BauR 2021, 266.
115 Überzeugend: Oberhauser, NZBau 2019, 3, 6 f.; ausführlich dazu auch Langen, FS Lauer 2021, 225.
116 Vgl. Kimpel, NZBau 2016, 734, 736; Orlowski, ZfBR 2016, 419, 427.
117 BT-Drucks. 18/8486, S. 57.

nehmer sein nach § 650b Abs. 1 S. 2 BGB zu erstellendes **Angebot** gleichwohl, so kann er zwar nach § 650c Abs. 3 S. 1 BGB zunächst einen Abschlag i.H.v. 80 % des (überhöhten) Angebots verlangen. Die Überhöhung des Angebots kann, wenn bereits das Angebot nach Maßgabe des § 650c Abs. 1 oder Abs. 2 BGB zu erstellen ist, im einstweiligen Verfügungsverfahren nach § 650d BGB jedoch gerichtlich korrigiert und damit eine unerwünschte Überzahlung des Unternehmers verhindert werden. Die nach hier vertretener Auffassung bestehende Pflicht des Unternehmers, den Angebotspreis nach § 650b Abs. 1 S. 2 BGB auf Basis der Vergütungsvorschriften gemäß § 650c Abs. 1 oder Abs. 2 BGB zu ermitteln, wird auf diese Weise Teil eines effektiven, durch § 650d BGB zu gewährleistenden Rechtsschutzes.

89 Soweit die gerichtliche Herabsetzungsmöglichkeit nach § 650c Abs. 3 S. 1 BGB als Argument für die freie Kalkulierbarkeit des Angebotes durch den Unternehmer herangezogen wird, geht dies fehl: Denn wenn der Unternehmer berechtigt wäre, das Angebot nach § 650b Abs. 1 S. 2 BGB bis zur Grenze der Sittenwidrigkeit und von Treu und Glauben frei zu kalkulieren, bestünde rechtlich überhaupt keine Möglichkeit für das Verfügungsgericht, in dieses Recht des Unternehmers zur freien Kalkulation einzugreifen und das als überhöht empfundene Angebot durch einstweilige Verfügung zu reduzieren.[118] Lediglich bei sittenwidrigen oder treuwidrig überhöhten Angeboten könnte der Richter also nach § 650c Abs. 3 S. 1 BGB eingreifen und die Abschlagsrechnung angemessen reduzieren. Das entspricht nicht dem Sinn und Zweck des § 650c Abs. 3 S. 1 BGB, d.h. die richterliche Herabsetzungsmöglichkeit nach § 650c Abs. 3, soweit der Unternehmer ein *unzulässiges Preisangebot* vorgelegt hat, spricht gerade dafür, dass der Unternehmer bereits im Rahmen seines Preisangebots an § 650c Abs. 1 und 2 gebunden ist.[119]

5. Sonstiger Inhalt des Angebots

90 Welchen Inhalt das vom Unternehmer vorzulegende Angebot ansonsten aufweisen muss, hängt von der jeweiligen Konstellation ab:

91 Obliegt dem **Besteller** die **Planungsverantwortung** für die Bauleistung, so hat er als Grundlage des Unternehmerangebots die geänderte Planung (einschließlich Mengenermittlung und Leistungsbeschreibung) vorzulegen. In diesem Fall ist der Unternehmer lediglich verpflichtet, die Mehr- oder Mindervergütung entsprechend den vom Besteller vorzulegenden Angebotsgrundlagen zu benennen.

92 Bei einer zwischen **Besteller** und **Unternehmer geteilten Planungsverantwortung** muss der Unternehmer im Rahmen der von ihm übernommenen Planungsverantwortung auch die Planung der Änderungsleistung übernehmen, bei einer ab Leistungsphase 5 der HOAI übernommenen Planungsverantwortung also beispielsweise die Ausführungsplanung einschließlich Mengenermittlung und Leistungsbeschreibung selbst vornehmen, anschließend die Mehr- oder Mindervergütung für die Änderungsleistung benennen.[120]

93 Hat der **Unternehmer die Planungsverantwortung** vollständig übernommen, so ist zwischen den beiden Alternativen des § 650b Abs. 1 BGB zu differenzieren: Begehrt der Besteller eine Änderung des vereinbarten Werkerfolgs (Abs. 1 S. 1 Nr. 1), so muss der Unternehmer als Grundlage seines Angebots zunächst die geänderte Planung einschließlich Mengenermittlung und Leistungsbeschreibung erstellen und anschließend auf Basis seiner eigenen Planung die Mehr- oder Mindervergütung benennen.[121] In diesem Fall löst das Änderungsbegehren des Bestellers nach Abs. 1 S. 1 Nr. 1 also zunächst eine seitens des Unternehmers erforderliche Änderungsplanung aus, die sodann mit einer Mehr- und Mindervergütung zu bepreisen ist.

118 Vgl. Langen, BauR 2019, 310.
119 Vgl. Langen, a.a.O.
120 Näher dazu oben Rdn. 67.
121 Näher dazu oben Rdn. 71.

Begehrt der Besteller hingegen eine Änderung, die im Sinne von Abs. 1 S. 1 Nr. 2 zur Erreichung des vereinbarten Werkerfolgs notwendig ist, so bedingt dies ebenfalls eine Um- oder Neuplanung des Unternehmers (Planungskorrektur), für die der Unternehmer jedoch ebenso wenig eine Vergütung beanspruchen kann wie hinsichtlich der Änderung der Leistung selbst. Weil dies so ist, beschränkt sich sein Angebot gemäß § 650b Abs. 1 S. 5 BGB von vornherein auf die Beschreibung der Änderungsleistung, über die sodann ein Einigungsversuch der Parteien stattfinden muss. 94

Für alle drei Konstellationen beschränkt sich die gesetzliche Vorgabe also darauf, dass die geänderte Leistung entweder vom Besteller oder vom Unternehmer (oder von beiden) zu planen ist und, soweit dem Unternehmer ein geänderter Vergütungsanspruch zusteht, die Mehr- oder Mindervergütung anzubieten ist. Die Beschränkung der gesetzlichen Vorgaben auf diesen »Mindestinhalt« des Unternehmerangebots bedeutet jedoch nicht, dass die Parteien es dabei belassen sollten. Wird beispielsweise die bisherige Leistung auf Wunsch des Bestellers vorerst nicht weiter ausgeführt, um zunächst den Inhalt und die Vergütung einer notwendigen Änderung zu verhandeln, so erscheint es sinnvoll, wenn sich das Angebot des Unternehmers nicht nur auf die Mehr- und Mindervergütung der geänderten Leistung selbst, sondern auch auf die bereits entstandenen und voraussichtlich noch entstehenden **Stillstandskosten** bezieht. Gleiches gilt, soweit eine Leistungsänderung zu einer **Bauzeitverlängerung** und damit einer Erhöhung der bauzeitabhängigen Kosten wie z.B. der Baustellengemeinkosten führt. Solche flankierenden Regelungen sind zwar gesetzlich nicht vorgeschrieben, im beiderseitigen Interesse der Parteien jedoch sinnvoll, um die **vollständigen Vergütungsfolgen einer Änderungsleistung** abzubilden. Zu berücksichtigen ist dabei insbesondere die ständige obergerichtliche Rechtsprechung, wonach eine Einigung der Parteien über eine geänderte oder zusätzliche Leistung und deren Vergütung (Nachtragsvereinbarung) im Regelfall abschließend ist und damit auch Kosten, die durch eine Bauzeitverlängerung entstehen, abgegolten werden.[122] Lassen sich die entsprechenden Mehrkosten zum Zeitpunkt der (angestrebten) Einigung noch nicht bestimmen, so erscheint ein Vorbehalt nachträglicher Berechnung seitens des Unternehmers als probater Weg. 95

6. Kosten des Angebots – Kosten der Nachtragsbearbeitung

§ 650b Abs. 1 BGB regelt nicht, von welcher Partei die mit der Angebotserstellung verbundenen Kosten zu tragen sind. Allgemein wird davon ausgegangen, dass entsprechend der grundsätzlichen Regelung in § 632 Abs. 3 BGB die mit dem Angebot (Kostenanschlag) verbundenen Aufwendungen im Zweifel nicht zu vergüten sind.[123] Jedoch bezieht sich § 632 Abs. 3 BGB auf den Fall, dass der Unternehmer **freiwillig** ein Angebot unterbreitet. Im Fall des § 650b Abs. 1 BGB ist der Unternehmer unter den dort näher geregelten Voraussetzungen aber gesetzlich verpflichtet, ein Angebot hinsichtlich der mit dem Änderungswunsch des Bestellers verbundenen Mehr- oder Mindervergütung zu unterbreiten. 96

Kommt es zu einer Einigung der Parteien bzw. nach einer gescheiterten Einigung zu einer zulässigen Anordnung des Bestellers gemäß § 650b Abs. 2 BGB, so steht dem Unternehmer zwar ein entsprechender Vergütungsanspruch gemäß § 650c BGB zu. Für den VOB-Vertrag hat der BGH aber inzwischen entschieden, dass der Vergütungsanspruch nach § 2 Abs. 5 VOB/B nicht die (Gutachter) Kosten umfasst, die im Zusammenhang mit der Ermittlung der Nachtragsvergütung entstanden sind.[124] Dies gilt mit gleicher Begründung auch für die Nachtragsvergütung nach BGB, soweit die Parteien nicht eine anderweitige Vereinbarung bezüglich der Kosten der Nachtragsbearbeitung treffen. Kommt es jedoch nicht zu einer Einigung der Parteien über den Änderungswunsch und dessen Vergütung und wird die entsprechende Leistung vom Besteller auch nicht nach § 650b Abs. 2 BGB angeordnet, so verbleiben die mit der Angebotserstellung verbundenen Kosten beim Unternehmer.[125] 97

122 Vgl. BGH, BauR 1995, 701; ergänzend Kapellmann, in: Kapellmann/Messerschmidt, § 2 VOB/B Rn. 372.

123 Vgl. BT-Drucks. 18/8486, S. 98.

124 BGH Urt. v. 22.10.2020 – VII ZR 10/17, IBR 2021, 3.

125 BT-Drucks. 18/8486, S. 98.

Dies erscheint jedenfalls dann nicht ausgewogen, wenn der Besteller zahlreiche Änderungswünsche nach § 650b Abs. 1 S. 1 BGB äußert, von einer »Beauftragung«, sei es im Wege der Einigung mit dem Unternehmer oder sei es durch nachträgliche Anordnung nach § 650b Abs. 2 BGB, jedoch Abstand nimmt. Bis zur Grenze der Treuwidrigkeit ist dieses Ergebnis jedoch hinzunehmen, da der Gesetzgeber ersichtlich keinen eigenständigen Vergütungsanspruch für die mit der Erstellung des Angebots verbundenen Kosten des Unternehmers regeln wollte.

X. Ausdrückliche oder konkludente Einigung/Teileinigung

98 Der Gesetzgeber hat in § 650b Abs. 1 BGB lediglich das »Einigungsbestreben« der Bauvertragsparteien geregelt, ohne den Inhalt der anzustrebenden Einigung näher zu bestimmen. Entsprechend der bislang von den Bestimmungen der VOB/B geprägten Praxis[126] sind zahlreiche Fälle einer ausdrücklichen oder konkludenten, einer vollständigen oder teilweisen sowie einer vorbehaltlosen oder Einigung mit Vorbehalt denkbar.

1. Einvernehmliche Vertragsänderung

99 Einigen sich der Besteller und der Unternehmer über die vom Besteller begehrte Leistungsänderung **und** über die vom Unternehmer angebotene Vergütung, so liegt die in § 650b Abs. 1 BGB intendierte Vertragsänderung vor. Anstelle der bisher beauftragten Leistung X schuldet der Unternehmer nunmehr die einvernehmlich geänderte Leistung Y. Anstelle der bislang vereinbarten Vergütung i.H.v. X € schuldet der Besteller nunmehr die einvernehmlich geänderte Vergütung i.H.v. Y €.

Aufgrund der Vertragsfreiheit der Parteien kann die Änderungsvereinbarung auch solche Inhalte umfassen, die nach § 650b Abs. 2 BGB nicht anordnungsfähig sind, also z.B. eine **Änderung der Ausführungsfristen** oder auch des vereinbarten Herstellverfahrens oder des Materialtransports.

Wie auch bei sonstigen Nachtragsvereinbarungen ist die **Änderungsvereinbarung abschließend**, es sei denn, die Parteien haben ausdrücklich oder konkludent weitere Anpassungen vorbehalten, z.B. hinsichtlich einer verlängerten Ausführungsfrist, ggf. auch einer mit einer Bauzeitverlängerung einhergehenden Vergütung bauzeitabhängiger Kosten.[127]

100 Klarzustellen ist, dass der Gesetzgeber in § 650b Abs. 2 S. 1 BGB die Einigungsfrist von 30 Tagen zwar als Höchstfrist ausgestaltet hat mit der Folge, dass der Besteller zur einseitigen Anordnung der begehrten Leistungsänderung berechtigt ist, wenn nicht binnen 30 Tagen nach Zugang des Änderungsbegehrens eine einvernehmliche Änderung erfolgt ist. Den Parteien steht es jedoch frei, die 30-Tage-Frist entweder bereits im Vertrag oder aber im Zuge der Einigungsbemühungen anzupassen, insbesondere also zu verkürzen[128], aber auch zu verlängern, weil bspw. Änderungsplanung, Angebotserstellung und Verhandlungen der Parteien binnen 30 Werktagen nicht zu bewerkstelligen sind. Regeln die Parteien also z.B., dass der Unternehmer aufgrund einer komplizierten statischen Neuberechnung das Angebot binnen sechs Wochen vorzulegen hat, dann enthält diese Vereinbarung einen temporären und konkludenten Verzicht des Bestellers auf sein Anordnungsrecht, das bereits nach Ablauf von 30 Tagen entstehen würde. Die Parteien können die Einigung nach § 650b Abs. 1 also auch zu einem beliebigen späteren Zeitpunkt noch treffen als sie gesetzlich durch die Regelfrist von 30 Tagen vorgesehen ist.

101 Eine einvernehmliche Vertragsänderung kann selbst dann noch stattfinden, wenn der Besteller aufgrund einer Nichteinigung der Parteien innerhalb der Frist von 30 Tagen die Änderung bereits ein-

126 Vgl. v. Rintelen, ibr-OK Bauvertragsrecht, Stand 22.04.2024, § 650b BGB Rn. 123 ff.; Leupertz, in: BeckOK BauvertragsR, § 650b BGB Rn. 67c.

127 Vgl. BGH, Urt. v. 24.01.2008 – VII ZR 280/05, IBR 2008, 202; OLG Düsseldorf, Beschl. v. 24.07.2017 – 23 U 11/16, IBR 2018, 1041; KG, Urt. v. 22.06.2018 – 7 U 111/17, IBR 2020, 226.

128 Soweit der Unternehmer im Fall von Besteller AGBs nicht unangemessen benachteiligt wird, vgl. dazu Rdn. 163.

seitig angeordnet hat, anschließend aber noch eine Einigung der Parteien sowohl über die Leistungsänderung als auch deren Vergütung erfolgt. Die zunächst aufgrund der Anordnung erfolgte Vertragsänderung geht nunmehr in die einvernehmliche Vertragsänderung einschl. der Vergütungsänderung auf mit der Folge, dass auch weitere Änderungen der Parteien über den Anordnungsinhalt hinaus geregelt werden können, ebenso wie die Parteien auch im Rahmen der Einigung von der Vergütungsfolge des § 650c Abs. 1 und 2 BGB abweichen können, dies alles ist Folge der Vertragsfreiheit der Parteien nach § 311 Abs. 1 BGB.[129]

2. Konkludente Einigung

Aufgrund der gesetzlichen Formfreiheit sowohl für das Änderungsbegehren des Bestellers als auch **102**
für die anzustrebende Einigung können alle Willenserklärungen der Parteien auch konkludent erfolgen.[130] Äußert also der Besteller bspw. ein Änderungsbegehren, welches vom Unternehmer sogleich ausgeführt wird, so liegt für sich betrachtet noch keine konkludente Einigung der Parteien über die Leistungsänderung vor. Denn das Änderungsbegehren des Bestellers stellt nach der Gesetzeskonzeption in § 650b Abs. 1 BGB nur eine invitatio ad offerendum dar, woraufhin der Unternehmer ein Leistungs- und Preisangebot vorzulegen hat.[131] Wird die vom Unternehmer für die Änderungsarbeiten erteilte Rechnung aber vom Besteller ausgeglichen, so ist sowohl über die Leistungsänderung als auch deren Vergütung eine konkludente Einigung der Parteien zu Stande gekommen.[132]

Gleiches gilt, wenn der Besteller abweichend von § 650b Abs. 1 sogleich eine Leistungsänderung anordnet, die vom Unternehmer befolgt wird. Auch hier liegt eine konkludente Vertragsänderung, zunächst beschränkt auf die Leistungsseite des Vertrages, vor.

Dies gilt auch, wenn der Besteller eine Leistungsänderung begehrt oder anordnet, die nach § 650b Abs. 2 BGB gar nicht anordnungsfähig ist, bspw. eine **Bauzeitanordnung.**[133] Ordnet der Besteller also bspw. einen später als vereinbarten Baubeginn an oder eine Unterbrechung der Arbeiten und kommt der Unternehmer dieser Anordnung schlicht nach, so liegt eine konkludent vereinbarte Vertragsänderung zumindest bezüglich des Vertragsinhalts vor, deren Vergütungsfolgen zu klären sind.[134]

3. Teileinigung über die Leistungsänderung oder deren Vergütung

Auch Teileinigungen der Parteien, entweder nur über die Leistungsänderung oder nur über die Ver- **103**
gütung einer Leistungsänderung, sind vorstellbar, gleichermaßen als ausdrückliche Vereinbarung oder auch als konkludente Vereinbarung.

▶ **Beispiel:**

Der Besteller fordert vom mit der schlüsselfertigen Erstellung eines Wohnhauses beauftragten Unternehmer die Herstellung von Rollläden in allen Geschossen des Hauses, weil dies nach seinem Verständnis der funktionalen Leistungsbeschreibung von Unternehmer geschuldet sei. Der Unternehmer beruft sich auf eine Außenansicht des Gebäudes im Rahmen der funktionalen Leistungsbeschreibung, in der Rollläden nur in den Erdgeschosswohnungen sichtbar seien.

Das Leistungsverlangen des Bestellers stellt bereits kein Änderungsbegehren im Sinne von § 650b Abs. 1 S. 1 BGB dar und kann als Begehren nur ausgelegt werden, wenn der Besteller zumindest hilfsweise erklärt hat, ein solches Änderungsbegehren zu äußern.[135] Erklärt der

129 Vgl. v. Rintelen, ibr-OK Bauvertragsrecht, Stand 22.04.2024, § 650b BGB Rn. 122.
130 V. Rintelen, a.a.O.
131 Zutr. Leupertz, in: BeckOK BauvertragsR § 650b BGB Rn. 67c.
132 Ausführlich dazu v. Rintelen, in: ibr-OK Bauvertragsrecht, Stand 22.04.2024, § 650b BGB Rn. 121 ff.
133 Näher Rdn. 42 ff.
134 Näher dazu § 650c Rdn. 17.
135 Näher dazu oben Rdn. 18.

Unternehmer in diesem Beispiel, er sei bereit, die vom Besteller verlangten Rollläden in allen übrigen Geschossen auszuführen, wenn sein damit verbundener Werklohn später geklärt werde, dann liegt eine Teileinigung über die Ausführung der entsprechenden Leistung vor, so dass es keiner Anordnung des Bestellers nach § 650b Abs. 2 BGB bedarf. Der Nachtragsanspruch des Unternehmers, über den kein Einvernehmen hergestellt worden ist, hängt dann davon ab, ob die Vertragsauslegung des Bestellers oder diejenige des Unternehmers richtig ist, was einzelfallabhängig ist.

104 Gleichermaßen können die Parteien sich auch über die Durchführung einer (unstreitigen) Leistungsänderung im Sinne von § 650b Abs. 1 BGB einigen, ohne die Vergütung festzulegen.

▶ **Beispiel:**

Im Beispiel der schlüsselfertigen Erstellung des Wohnhauses besteht zwischen den Parteien Einigkeit, dass der Unternehmer Rollläden nur in den Erdgeschosswohnungen schuldet. Auf das Begehren des Bestellers hin, Rollläden auch in den Obergeschossen herzustellen, erzielen die Parteien Einvernehmen über diese Leistungsänderung. Kein Einvernehmen wird erzielt hinsichtlich der Vergütung, da der Besteller das Preisangebot des Unternehmers für überhöht hält.

In diesem Beispiel findet eine einvernehmliche Vertragsänderung hinsichtlich der vom Unternehmer zu erbringenden Leistung statt, ohne dass entsprechend der gesetzlichen Intention auch die Vergütungsänderung geeinigt wird. In diesem Fall ist zweifelhaft, ob der Unternehmer nach § 632 Abs. 2 BGB die *übliche Vergütung* fordern kann[136] oder ob die Vergütung nach § 650c BGB analog zu ermitteln ist.[137] Letzterer Auffassung ist der Vorzug zu geben, da § 650c BGB die Vergütungsermittlung für den Fall bestimmt, dass kein Einvernehmen der Parteien über die Vergütung der geänderten Leistung erfolgt ist. Primär hat der Gesetzgeber natürlich den Fall im Blick, dass die Leistungsänderung mangels Einigung der Parteien vom Besteller angeordnet worden ist. Erfolgt jedoch eine Teileinigung der Parteien über die Leistungsänderung, ohne die Einigung auf die Vergütungsfolge zu erstrecken, so ist § 650c seinem Sinn und Zweck nach gleichermaßen anwendbar, ohne dass es eines »Rückfalls« auf die übliche Vergütung im Sinne von § 632 Abs. 2 BGB bedarf.[138]

105 Eine Teileinigung der Parteien ist nicht nur hinsichtlich der Leistungsänderung, sondern auch hinsichtlich der Vergütung einer Leistungsänderung denkbar.

▶ **Beispiel:**

Entsprechend des vorherigen Beispiels streiten die Parteien darüber, ob der Unternehmer Rollläden auch in den Obergeschossen des Wohnhauses schuldet. Einigkeit besteht zwischen den Parteien, dass Lieferung und Montage je Rolllade mit 150 € zu vergüten sind. In diesem Beispiel ist die Leistungsänderung streitig, hinsichtlich der Vergütung besteht Einigkeit, so dass § 650c Abs. 1 und 2 auf die Vergütung nicht anzuwenden ist.

4. Einigung unter Vorbehalt

106 Schließlich ist der Fall denkbar, dass eine Einigung der Parteien erfolgt, jedoch unter Vorbehalt. Dieser Vorbehalt kann sich bspw. auf die Leistungsänderung erstrecken, wenn das Vertragssoll zwischen Besteller und Unternehmer streitig ist. Erklärt der Unternehmer sich also unter dem Vorbe-

136 So v. Rintelen, ibr-OK Bauvertragsrecht, Stand 22.04.2024, § 650b BGB Rn. 138.

137 Vgl. Leupertz, in: Messerschmidt/Voit, § 650c Rn. 11.

138 Ebenso KG, Urt. v. 07.09.2021 – 21 U 86/21, NJW 2021, 3198, 3203; Leupertz, in: BeckOK BauvertragsR, § 650b BGB Rn. 70; v. Rintelen weist allerdings zutreffend darauf hin, dass bei Leistungsänderungen die Vergütungsermittlung nach § 650c mehr und mehr die übliche Vergütung i.S.v. § 632 Abs. 2 BGB darstellen dürfte, vgl. v. Rintelen, ibr-OK Bauvertragsrecht, Stand 22.04.2024, § 650b BGB Rn. 138.

halt eines Vergütungsanspruchs bereit, die vom Besteller als Bestandteil des Hauptvertrages geforderte Leistung auszuführen und ist der Besteller umgekehrt mit diesem Vorbehalt einverstanden, dann hängt der Vergütungsanspruch des Unternehmers davon ab, ob es sich um eine Hauptvertragsleistung oder um eine Leistungsänderung im Sinne von § 650b BGB handelt. Besteht keine Einigung über die Vergütung, dann richtet sich der Vergütungsanspruch des Unternehmers wiederum nach § 650c BGB und nicht nach § 632 Abs. 2 BGB.[139]

Gleichermaßen kann sich der Unternehmer im Rahmen seines Änderungsangebots nach § 650b Abs. 1 BGB vorbehalten, eine Bauzeitverlängerung – z.B. bei einer nicht kalkulierbaren Lieferzeit für geänderte Materialien – zu fordern, verbunden damit auch die Erstattung bauzeitabhängiger Kosten. Folgt man der hier vertretenen Auffassung, wonach der Unternehmer den Angebotspreis im Rahmen des Einigungsbestrebens nach Maßgabe von § 650c Abs. 1 oder 2 BGB zu ermitteln hat und nicht frei kalkulieren kann[140], so kann sich der Unternehmer bei der ex ante Ermittlung der voraussichtlichen tatsächlich erforderlichen Kosten im Sinne von § 650c Abs. 1 BGB vorbehalten, die bei der ex post Betrachtung tatsächlich höheren (erforderlichen) Kosten nachzuberechnen, um im Rahmen der Ermittlung des ihn im Fall eines Einvernehmens bindenden Angebotspreises nicht schlechter zu stehen, als wenn die Vergütung nachlaufend auf Basis der tatsächlich erforderlichen Kosten ermittelt wird.

Ist der Besteller mit solchen Vorbehalten nicht einverstanden, dann kommt es eben nicht zu einer Einigung oder Teileinigung der Parteien i.S.v. § 650b Abs. 1 BGB, so dass sich die Abwicklung sodann nach § 650b Abs. 2 und § 650c BGB richtet.

D. § 650b Abs. 2 BGB – Anordnungsrecht des Bestellers

Erzielen die Parteien binnen 30 Tagen nach Zugang des Änderungsbegehrens des Bestellers beim Unternehmer keine Einigung nach § 650b Abs. 1 BGB, so kann der Besteller die gewünschte Änderung in Textform anordnen. Aus dem gesetzlich vorgeschriebenen Einigungsgebot erwächst im Fall der Nichteinigung binnen 30 Tagen nach Zugang des Änderungsbegehrens des Bestellers beim Unternehmer also ein einseitiges Anordnungsrecht des Bestellers bezüglich der geänderten Leistungen. **107**

I. Keine Einigung nach Abs. 1

Die Entstehung des Anordnungsrechts des Bestellers nach Abs. 2 setzt voraus, dass »keine Einigung nach Abs. 1« der Vorschrift erzielt worden ist. **108**

Der Ablauf, wie es zu der vom Gesetz gewünschten Einigung der Parteien sowohl über die geänderte Leistung als auch deren Vergütung kommen soll, ist im Einzelnen in § 650b Abs. 1 BGB geregelt, sodass hinsichtlich der einzelnen Tatbestandsmerkmale auf die dortige Kommentierung verwiesen werden kann. **109**

Bezüglich der Frage, ob eine Einigung der Parteien nach § 650b Abs. 1 BGB stattgefunden hat oder nicht, sind verschiedenste Konstellationen denkbar, im Einzelnen:

Haben sich die Parteien entsprechend dem Gebot des § 650b Abs. 1 BGB sowohl über den geänderten Leistungsinhalt als auch die damit verbundene Vergütung geeinigt, so liegt im Sinne von § 650b Abs. 1 BGB eine Einigung der Parteien vor mit der Folge, dass dem Besteller kein (ergänzendes) Anordnungsrecht nach § 650b Abs. 2 S. 1 BGB zusteht. Hinsichtlich des geänderten Leistungsinhalts bedarf es aufgrund der Einigung der Parteien auch keines Anordnungsrechts. In Betracht käme aber ein »sekundäres« Anordnungsrecht des Bestellers, z.B. hinsichtlich des Bauablaufs, der aufgrund der Leistungsänderung nicht mehr opportun erscheint oder auch hinsichtlich der zeit- **110**

139 Streitig, näher dazu oben, Rdn. 104.
140 Näher dazu oben, Rdn. 85 ff.

lichen Folgen, die sich aufgrund der Leistungsänderung ergeben. Den Parteien ist zu empfehlen, solche Folgethemen zum Gegenstand der Einigung zu machen,[141] einseitige Anordnungsrechte des Bestellers ergeben sich insoweit jedoch nicht. Auch wenn es aufgrund einer notwendigen Änderung im Sinne von § 650b Abs. 1 S. 1 Nr. 2 BGB zu einer Bauzeitverlängerung kommt, ist der Besteller nicht zu einer Bauzeitverkürzenden Anordnung gegenüber dem Unternehmer berechtigt.[142]

111 Liegt nur eine **Teileinigung** der Parteien vor, z.B. über die vom Besteller gewünschte Änderung der Leistung selbst, nicht aber hinsichtlich deren Vergütung, so haben die Parteien zwar im Sinne von § 650b Abs. 1 BGB keine (vollständige) Einigung erzielt. Eines vertragsändernden Anordnungsrechts des Bestellers bedarf es in diesem Fall aber nicht, weil die Parteien den Vertrag bzgl. der zu erbringenden Leistung bereits geändert haben.[143]

112 Für das Entstehen des Anordnungsrechts des Bestellers nach § 650b Abs. 2 S. 1 BGB spielt es grundsätzlich keine Rolle, weshalb keine Einigung der Parteien erfolgt ist. Wie bereits dargestellt,[144] kann die Ausübung eines entstandenen **Anordnungsrechts** durch den Besteller im Einzelfall jedoch **treuwidrig** sein. Dies ist insbesondere der Fall, wenn der Besteller seine Obliegenheiten im Rahmen des Einigungsgebots gemäß § 650b Abs. 1 BGB verletzt und damit eine Einigungsmöglichkeit vereitelt hat. Legt der Besteller also entgegen § 650b Abs. 1 S. 4 BGB die für das Unternehmerangebot erforderliche, geänderte Planung nicht vor (oder eine mangelhafte/unvollständige Planung), sodass der Unternehmer an der Vorlage eines Änderungsangebots gehindert ist, so ist der Ablauf der 30-tägigen Einigungsfrist jedenfalls bis zur Erfüllung der Bestellerobliegenheit gehemmt mit der Folge, dass kein Anordnungsrecht des Bestellers entstehen kann.[145]

113 Lehnt der Besteller Verhandlungen über das vom Unternehmer vorgelegte Vergütungsangebot ab, weil er z.B. der Auffassung ist, die entsprechende Leistung sei bereits vom bisherigen Vertragsinhalt erfasst oder das Angebot sei völlig überhöht und damit keine geeignete Verhandlungsgrundlage, so entsteht das Anordnungsrecht des Bestellers dennoch grundsätzlich erst nach Ablauf der 30-Tages-Frist. Ansonsten hätte es der Besteller in der Hand, durch eine kategorische Ablehnung des Angebots zu seinen Gunsten das Anordnungsrecht vorzeitig entstehen zu lassen, was der gesetzlichen Verhandlungspflicht zuwiderlaufen würde. Besteht zwischen Besteller und Unternehmer allerdings Einigkeit, dass Verhandlungen sinnlos sind, dann wäre das Abwarten der 30-Tages-Frist bloße Förmelei und das Anordnungsrecht des Bestellers entsteht vorher.[146] Je nach Einzelfall kommt aber in Betracht, dass der Unternehmer aufgrund seiner Pflichtverletzung hinsichtlich des vorzulegenden Angebots für damit verbundene Schäden, z.B. Bauverzögerungen, schadensersatzpflichtig ist.[147] Im Einzelfall ist der Kausalnachweis zwischen Pflichtverletzung des Unternehmers bezüglich des Angebots und dem geltend gemachten Schaden aus verzögertem Bauablauf natürlich schwierig.

II. 30-Tages-Frist

1. Höchstfrist

114 Das Anordnungsrecht des Bestellers entsteht gemäß § 650b Abs. 2 S. 1 BGB, wenn die Einigung nach Abs. 1 nicht binnen 30 Tagen nach Zugang des Änderungsbegehrens beim Unternehmer erfolgt ist. Diese Befristung des Einigungsgebots auf 30 Tage geht auf die Initiative des Bundesrats zurück, der in Anlehnung an § 15a Abs. 1 S. 2 EGZPO allerdings vorgeschlagen hatte, dass die Verhandlungspflicht der Parteien spätestens 30 Tage nach *Zugang des Angebots* nach Abs. 1 S. 2 beim Besteller

141 So auch Orlowski, BauR 2017, 1427, 1429.
142 Näher oben Rdn. 42 ff.
143 Ausführlich dazu oben Rdn. 97 ff.; ebenso Leupertz, in: BeckOK BauvertragsR, § 650b BGB Rn. 70.
144 Vgl. oben Rdn. 49 ff.
145 Zutreffend Dammert u.a., § 2 Rn. 88.
146 Vgl. auch nachstehend Rdn. 115.
147 BGH, Urt. v. 19.09.2024 – VII ZR 10/24.

ablaufen sollte.[148] Diese Anregung ist vom Gesetzgeber aufgegriffen, allerdings dahin modifiziert worden, dass die 30-Tages-Frist bereits mit dem Zugang des Änderungsbegehrens beginnt und nicht erst mit der Vorlage des Unternehmerangebots, was bei einem verspätet vorgelegten Angebot zu einer unvertretbar langen Verhandlungsphase der Parteien geführt hätte.[149]

Für die Entstehung des Anordnungsrechts des Bestellers nach Abs. 2 S. 1 kommt es grundsätzlich 115 nur darauf an, ob innerhalb der 30-Tages-Frist eine Einigung der Parteien über die geänderte Leistung und deren Vergütung stattgefunden hat. Scheitern die Verhandlungen der Parteien also bereits vor Ablauf der 30-Tages-Frist, so entsteht das Anordnungsrecht des Bestellers bereits mit dem Scheitern der Verhandlungen. Gleiches gilt nach dem Rechtsgedanken des § 323 Abs. 2 Nr. 1 BGB, wenn der Unternehmer seine Mitwirkungspflicht im Rahmen des Einigungsgebots endgültig und ernsthaft verweigert, was sich sowohl auf die Erstellung des Angebots selbst als auch auf Verhandlungen über das Angebot beziehen kann.[150] Auch in diesem Fall entsteht das Anordnungsrecht des Bestellers also bereits vor Ablauf der 30-Tages-Frist. Verstößt der Besteller seinerseits gegen seine Mitwirkungsobliegenheiten, z.B. hinsichtlich der Vorlage der geänderten Planung oder hinsichtlich der Prüfung und Verhandlung des Unternehmerangebots, so entsteht nach dem gesetzgeberischen Willen das Anordnungsrecht gleichwohl frühestens nach Ablauf der Frist von 30 Tagen, weil der Besteller das ihn begünstigende, einseitige Leistungsänderungsrecht ansonsten beliebig generieren könnte.[151]

Dauern die Verhandlungen der Parteien, z.B. bei komplexen, mit umfangreichem Planungsaufwand 116 verbundenen Änderungsleistungen über die 30-Tages-Frist hinaus an, so steht es den Parteien frei, die Frist einvernehmlich zu verlängern bzw. seitens des Bestellers auf das formal bereits entstandene Anordnungsrecht konkludent (vorläufig) zu verzichten.[152] Ansonsten spielt es für das Entstehen des Anordnungsrechts des Bestellers aber keine Rolle, ob binnen der gesetzlich normierten Frist von 30 Tagen die Einigung über geringe oder umfangreiche Änderungen nicht erfolgt ist. Entscheidend ist, dass dem Besteller nach Ablauf der Frist das Recht zustehen soll, einseitig die Änderung des Leistungsinhalts anzuordnen, nachdem innerhalb der Frist keine Einigung erfolgt ist.

Für die Fristberechnung selbst gelten die §§ 187 ff. BGB. Endet die 30-Tages-Frist also an einem 117 Samstag, einem Sonntag oder einem Feiertag, so endet die Frist erst mit Ablauf des nächsten Werktags (§ 193 BGB).

2. Ausnahmefall: Vorzeitiges Anordnungsrecht des Bestellers bei notwendigen Änderungen und drohenden Bauablaufstörungen

Hinsichtlich der zeitlichen Entstehung des Anordnungsrechts differenziert § 650b Abs. 2 S. 1 BGB 118 nicht zwischen Änderungen des Werkerfolgs und notwendigen Änderungen, die zur Erreichung des Werkerfolgs erforderlich sind. In beiden Fällen sieht der Gesetzgeber die Dispositionsfreiheit des Bestellers als ausreichend geschützt an, wenn binnen 30 Tagen nach Zugang des Änderungsbegehrens keine Einigkeit erzielt worden ist.

Sowohl bei notwendigen als auch bei freien Änderungen kann das 30-tägige Einigungsprozedere jedoch mit einem ungehinderten Bauablauf kollidieren. Dies gilt insbesondere, wenn die bisherige, zu ändernde Leistung bereits vom Unternehmer ausgeführt wird oder der Ausführungsbeginn jedenfalls vor Ablauf der 30-Tagefrist erfolgen soll.

Bei der **freien Änderung** sind etwaige Bauablaufstörungen vom Besteller hinzunehmen und fallen 119 in die **Risikosphäre des Bestellers**, der es ja in der Hand hatte, den Vertragsinhalt von vornherein so zu regeln, wie dies nun durch eine einvernehmliche Vertragsänderung bzw. eine einseitige

148 BT-Drucks. 18/8486, S. 93.
149 BT-Drucks. 18/11437, S. 47.
150 So auch Orlowski, BauR 2017, 1427, 1430.
151 Näher dazu oben Rdn. 42 ff.
152 Dazu auch Althaus, BauR 2017, 412, 416; siehe auch oben Rdn. 100.

Änderungsanordnung geschehen soll. Etwaige Bauablaufstörungen aufgrund einer einvernehmlichen Vertragsänderung bzw. einer angeordneten Leistungsänderung gehen deshalb zu Lasten des Bestellers, der auch die Kosten eines während der 30-tägigen Vakanz von ihm angeordneten Baustopps zu tragen hat.[153]

120 Die **notwendige Änderung** zeichnet sich demgegenüber dadurch aus, dass ohne ihre Durchführung der Werkerfolg nicht erreicht wird, der Unternehmer also eine mangelhafte Leistung erstellt. In diesem Fall führt bereits das Änderungsbegehren des Bestellers nach § 650b Abs. 1 S. 1 Nr. 2 BGB dazu, dass der Unternehmer die bisherige, nicht zum Werkerfolg führende Leistung nicht weiter ausführen darf, unabhängig davon, ob der Unternehmer selbst einen Bedenkenhinweis bzgl. des mangelhaften Vertragssolls erklärt hat oder die Initiative vom Besteller ausgeht.[154] Kollidiert in diesem Fall einer notwendigen Leistungsänderung die 30-Tagesfrist mit dem Bauablauf, so erscheint es geboten, **§ 650b Abs. 2 S. 1 BGB** dahin **teleologisch zu reduzieren**, dass der Besteller auch während der 30-tägigen Einigungsfrist bereits zu einer Änderungsanordnung berechtigt ist, wenn ohne diese (vorzeitige) Änderungsanordnung Baustillstände oder sonstige Bauablaufstörungen eintreten würden, deren Entstehung nicht Sinn und Zweck des Einigungsgebotes nach § 650b Abs. 1 BGB sind.[155] Dies gilt unabhängig davon, ob die Planungsverantwortung beim Besteller oder beim Unternehmer liegt, weil hiervon nur abhängt, ob dem Unternehmer für die geänderte Leistung eine geänderte Vergütung zusteht oder nicht, §§ 650b Abs. 1 S. 5 i.V.m. § 650c Abs. 1 S. 2 BGB. In beiden Fällen muss die Leistungsänderung selbst aber erfolgen, um die Mängelfreiheit der Bauleistung sicherzustellen. Dies gilt nicht nur bei Planungsfehlern, sondern auch bei gesetzlichen oder behördlichen Änderungen bzw. geänderten Regeln der Technik.[156]

Gleichermaßen entsteht ein vorzeitiges Anordnungsrecht des Bestellers auch bei **Gefahr im Verzug.**[157]

Inzwischen hat sich eine entsprechende Vertragspraxis entwickelt. In vielen Bauverträgen ist geregelt, dass dem Besteller bei notwendigen Änderungen im Sinne des Gesetzes auch vor Ablauf der 30-Tages-Frist ein Anordnungsrecht zusteht, wenn andernfalls mehr als nur geringe Bauzeitschäden durch Stillstände drohen würden.

3. Verfrüht erklärte Anordnung

121 Ungeregelt ist, ob und welche Wirkungen eine vom Besteller **verfrüht erklärte Anordnung** nach § 650b Abs. 2 S. 1 BGB hat. Ordnet der Besteller also ohne vorherige Verhandlungen der Parteien eine bestimmte Leistungsänderung an, so wird man diese (zunächst unwirksame) Anordnung im Sinne von § 650b Abs. 1 S. 1 BGB als Änderungswunsch auslegen können, woraufhin nun der Einigungsversuch der Parteien nach Abs. 1 stattzufinden hat. Scheitern die Verhandlungen der Parteien oder kommt es jedenfalls innerhalb der Frist von 30 Tagen nicht zu einer Einigung, so muss die Frage, ob der Besteller dieselbe Anordnung nun nochmals aussprechen muss oder ob die frühere, als Änderungswunsch ausgelegte Anordnung unverändert Gültigkeit beansprucht, wie folgt beantwortet werden: Da das Anordnungs*recht* des Bestellers nach § 650b Abs. 2 S. 1 BGB entweder das Scheitern der Verhandlungen oder den Ablauf der 30-Tages-Frist voraussetzt, ist eine verfrühte Anordnung des Bestellers unwirksam, sodass die Rechtsfolgen des § 650b Abs. 2 erst mit einer

153 Näher dazu oben Rdn. 53.

154 Näher dazu oben Rdn. 54 ff.

155 Näher dazu Langen, BauR 2019, 303, 312; die Überlegung von Meyn, BauR 2020, 1073, das hier angesprochene zeitliche Problem dadurch zu lösen, dass der Besteller im Rahmen einer Vertragsklausel auf sein Anordnungsrecht verzichtet (und damit gleichzeitig das Einigungsgebot entfällt), überzeugt nicht. Der Unternehmer ist zwar zu einer mängelfreien Leistung verpflichtet, jedoch nicht zur Übernahme der Planungsverantwortung, wenn in der bestellerseitigen Planung oder Leistungsbeschreibung Mängel enthalten sind oder Leistungen anderer Unternehmer Mängel aufweisen.

156 Näher dazu Rdn. 35 ff.

157 Näher Langen, BauR 2019, 303, 313.

(nochmaligen) Anordnung des Bestellers eintreten. Ein Änderungsbedürfnis des Bestellers kann jedoch ausnahmsweise gem. §§ 157, 242 BGB im Einzelfall als einseitige Anordnung durchgesetzt werden, wenn die berechtigten Interessen des Unternehmers nicht wesentlich berührt werden.[158]

III. Anordnungsrecht des Bestellers

Einigen die Parteien sich nicht binnen 30 Tagen nach Zugang des Änderungsbegehrens beim Unternehmer, so kann der Besteller die gewünschte Änderung in Textform anordnen. In der Begründung zu § 650b Abs. 2 BGB nimmt der Gesetzgeber Bezug auf das entsprechende Anordnungsrecht des VOB-Auftraggebers aus § 1 Abs. 3 und Abs. 4 VOB/B.[159] Zu Inhalt und Ausgestaltung des Anordnungsrechts kann deshalb in Anlehnung an Rechtsprechung und Literatur zu § 1 Abs. 3 und 4 VOB/B festgehalten werden: 122

Entgegen häufiger Darstellung handelt es sich beim Anordnungsrecht des Auftraggebers nach § 1 Abs. 3 und Abs. 4 VOB/B und nunmehr auch beim gesetzlichen Anordnungsrecht gemäß § 650b Abs. 2 S. 1 BGB nicht um ein (allgemeines) Leistungs*bestimmungs*recht gemäß § 315 BGB, sondern um einen Änderungs*vorbehalt* hinsichtlich einer bereits durch den Vertrag bestimmten (Bau-)Leistung.[160] Bei der **Anordnung einer Leistungsänderung** handelt es sich um eine rechtsgeschäftliche Erklärung des Bestellers, mit der einseitig eine Änderung der Vertragspflichten des Unternehmers herbeigeführt werden soll.[161] Von einer Anordnung ist demgemäß auszugehen, wenn der Besteller einseitig gestaltend erklärt, dass er anstelle der bisher vertragsgegenständlichen Leistung X nunmehr die Leistung Y wünsche, sodass für den Unternehmer als Erklärungsempfänger klar ist, dass mit dieser Willenserklärung des Bestellers fortan ein anderer Leistungsinhalt als bisher auszuführen ist. Dementsprechend ist eine Anordnung nach § 650b Abs. 2 S. 1 BGB, analog der Rechtslage zu § 1 Abs. 3 und Abs. 4 VOB/B, von einem bloßen Änderungswunsch oder der Aufforderung an den Unternehmer, hinsichtlich einer bestimmten Leistung einen Änderungsvorschlag zu unterbreiten, zu unterscheiden.[162] 123

Die Änderungsanordnung des Bestellers kann sich auf Art und Umfang der geschuldeten Leistungen, aber auch auf die Modalitäten der Leistung wie z.B. den vereinbarten Bauablauf beziehen. Soweit die Änderungsanordnung des Bestellers den »Erlaubnisbereich« des § 650b Abs. 1 BGB (oder beim VOB-Bauvertrag den Bereich des § 1 Abs. 3 und 4 VOB/B) überschreitet, ist im Einzelfall zu prüfen, ob der Besteller zu einer entsprechenden leistungsändernden Anordnung überhaupt befugt ist. 124

Unabhängig von der Anordnungsbefugnis kann im Einzelfall auch zweifelhaft sein, ob überhaupt eine leistungsändernde Willenserklärung des Bestellers vorliegt. Dies hat der BGH im Urteil vom 19.09.2024[163] für den Fall verneint, dass es aufgrund bestellerseitig zu vertretender Behinderungen (zu spät vorgelegte Ausführungspläne) zu Verzögerungen kam, denen der Besteller durch einen entsprechend fortgeschriebenen Bauablaufplan Rechnung trug. Lt. BGH liegt allein in der Vorlage eines behinderungsbedingt fortgeschriebene Bauablaufplans keine leistungsändernde Willenserklärung des Bestellers vor, da im neuen Bauzeitenplan lediglich auf die Behinderungsfolgen des § 6 Abs. 2 Nr. 1 VOB/B reagiert werde. Ein Vergütungsanspruch nach § 2 Abs. 5 VOB/B[164] bezüglich der aus der Behinderung erwachsenden Mehrkosten stehe dem Unternehmer in diesem Fall nicht zu.

---

158 OLG Hamm, Urt. v. 09.02.2023 – I-24 U 77/21, BauR 2023, 1390.

159 BT-Drucks. 18/8486, S. 55; Orlowski BauR 2017, 1427, 1428.

160 Vgl. v. Rintelen, in: Kapellmann/Messerschmidt, § 1 VOB/B Rn. 55 m.w.N.

161 BGH, Urt. v. 19.09.2024 – VII ZR 10/24, NZBau 2025, 176; BGH, NZBau 2004, 207; allgemein v. Rintelen, in: Kapellmann/Messerschmidt, § 1 VOB/B Rn. 59; Orlowski, BauR 2017, 1427, 1430.

162 Vgl. Kapellmann, in: Kapellmann/Messerschmidt, § 2 VOB/B Rn. 335 ff.

163 BGH, Urt. v. 19.09.2024 – VII ZR 10/24, NZBau 2025, 176.

164 Oder nach § 650c BGB.

Dieser Entscheidung ist allenfalls zuzustimmen, wenn der fortgeschriebene Bauzeitenplan nur eine analoge Zeitfortschreibung für die Dauer der Bauunterbrechung darstellt,[165] nicht aber, wenn der Besteller im fortgeschriebenen Bauzeitenplan durch Umstellung des Bauablaufs in die Dispositionsfreiheit des Unternehmers eingreift.[166] In diesem Fall liegt zwar eine nicht von § 650b Abs. 2 BGB gedeckte, aber faktisch wirksame »sonstige Anordnung« im Sinne von § 2 Abs. 5 VOB/B vor, die auch bei einem gesetzlichen Bauvertrag einen Vergütungsanspruch hinsichtlich der dadurch bedingten Mehrkosten auslöst.

125 Während die Anordnung nach den Bestimmungen der VOB/B formlos möglich ist, also auch mündlich oder konkludent erklärt werden kann,[167] bestimmt der Gesetzgeber in § 650b Abs. 2 S. 1 BGB, dass eine wirksame Anordnung nur in **Textform** erfolgen kann.[168] Formlose und konkludente Anordnungen des Bestellers sind damit zumindest grundsätzlich unbeachtlich und führen infolge dessen weder dazu, dass der Unternehmer fortan eine andere Leistung als bisher ausführen muss noch dazu, dass er für die geänderte Leistung eine geänderte Vergütung beanspruchen kann. Befolgt der Unternehmer eine solche formunwirksame Anordnung, dann steht ihm allerdings gleichwohl ein Vergütungsanspruch nach § 650c Abs. 1 und 2 BGB zu.[169]

126 In der Baupraxis ist insbesondere bei funktionalen Leistungsbeschreibungen oftmals streitig, ob eine bestimmte Leistung zum vom Unternehmer geschuldeten Leistungsumfang gehört oder nicht. Hier sind grundsätzlich zwei Konstellationen denkbar: Der Besteller ordnet die Ausführung einer bestimmten Leistung als vermeintliche Leistungsänderung an, die nach zutreffender Auslegung der Leistungsbeschreibung aber bereits zum vom Unternehmer geschuldeten Leistungsinhalt gehört. Eine solche »irrtümliche« Anordnung geht ins Leere, da die durch Anordnung festgelegte Leistung bereits vom Unternehmer geschuldet wird. Folglich ist mit der Ausführung dieser irrtümlich angeordneten Leistung kein geänderter Vergütungsanspruch des Unternehmers verbunden.[170]

127 Der umgekehrte Fall: Der Unternehmer vertritt die Auffassung, eine bestimmte Leistung gehöre nicht zum von ihm geschuldeten Leistungsumfang, während der Besteller die entsprechende Leistung vom Unternehmer als Vertragsleistung fordert, ohne dass der Unternehmer hierfür eine zusätzliche Vergütung verlangen könne. Gehört die streitige Leistung tatsächlich nicht zum vom Unternehmer geschuldeten Leistungsumfang, so ist die Leistungsforderung des Bestellers im Zweifel dahin auszulegen, dass die Erbringung der entsprechenden Leistung auch als Änderungsleistung gewollt ist, so dass das Leistungsverlangen des Bestellers in eine Änderungsanordnung umgedeutet werden kann.[171] Eine Anordnung einer Leistungsänderung setzt kein Bewusstsein des Bestellers voraus, dass mit der Forderung einer bestimmten Leistung auch eine Vergütungsänderung verbunden ist. Der »Rechtsirrtum« des Bestellers hinsichtlich der Vergütungsfolge ändert an der Wirksamkeit der Anordnung nichts.[172]

165 Also z.B. Verlängerung der Ausführungsfrist um 2 Wochen bei zweiwöchigem Baustopp aufgrund fehlender Pläne.

166 Im konkreten Fall sah der neue Bauzeitenplan bspw. vor, dass zuvor vom Unternehmer zeitlich parallel geplante Arbeiten nun nacheinander ausgeführt werden sollten – mit entsprechend verlängerter Ausführung.

167 Vgl. Kapellmann, a.a.O. Rn. 341 ff.

168 Dazu näher unten Rdn. 131 ff.

169 Vgl. Rdn. 134 ff.

170 Zutreffend Kapellmann, a.a.O. Rn. 337.

171 Zum Parallelfall des § 1 Abs. 3 und 4 VOB/B vgl. Kapellmann, a.a.O. Rn. 337; vgl. auch Schramke/Keilmann, NZBau 2016, 333.

172 Vgl. Kapellmann, a.a.O.; zur Umdeutung eines Leistungsverlangens in ein Änderungsbegehren siehe oben Rdn. 18.

Mit Urteil vom 07.09.2021 entschied das KG,[173] dass der Besteller sich auch dann behandeln lassen müsse, als habe er eine Änderungsanordnung ausgesprochen, wenn er objektiv eine Leistungsänderung fordere, aber gleichzeitig zum Ausdruck bringe, dass er seine Erklärung nicht als Änderungsanordnung verstanden wissen wolle. Zwar liege in diesem Fall keine Änderungsanordnung vor. Allerdings sei es dem Besteller verwehrt, sich auf diesen Umstand zu berufen, weil sein Verhalten widersprüchlich sei. 128

Im Ergebnis ist dieser Entscheidung zuzustimmen, da es jedenfalls treuwidrig erscheint, wenn der Besteller den Unternehmer durch seine Erklärung, er müsse eine entsprechende Leistung als Vertragsleistung und damit ohne Änderungsvergütung ausführen, dem Risiko einer Vertragsverletzung aussetzt, wenn der Unternehmer die Ausführung zu Unrecht verweigern würde. Das widerspricht der Kooperationsverpflichtung im Bauvertrag, die auch für den Besteller gilt.

Inhaltlich erfasst die Anordnung des Bestellers nach § 650b Abs. 2 S. 1 BGB »die Änderung«. 129
Gemeint ist damit entweder die Änderung des vereinbarten Werkerfolgs oder die Änderung, die zur Erreichung des vereinbarten Werkerfolgs notwendig ist im Sinne von § 650b Abs. 1 S. 1 Nr. 1 oder Nr. 2 BGB, also eine Leistungsänderung, hinsichtlich derer der Besteller zunächst den Einigungsversuch mit dem Unternehmer durchzuführen hat. Bezieht sich also der – gescheiterte – Einigungsversuch der Parteien nach Abs. 1 auf die Änderungsleistung X, so ist der Besteller nach gescheiterter Einigung nicht berechtigt, nunmehr einseitig eine Leistungsänderung Y anzuordnen. Im Einzelfall kann es allerdings gerechtfertigt sein, von einem erneuten Einigungsversuch nach § 650b Abs. 1 BGB Abstand zu nehmen, hinsichtlich einer »**Änderung zur Änderung**« also nicht erneut einen Einigungsversuch unternehmen zu müssen. Dies ist der Fall, wenn keine substanzielle Veränderung des Änderungswunsches des Bestellers vorliegt.[174]

Wünscht der Besteller also beispielsweise, die vereinbarte Holztreppe im Wohnhaus durch eine 130
Treppenanlage aus Betonfertigteilen zu ersetzen und scheitert der entsprechende Einigungsversuch der Parteien, so ist der Besteller nach Abs. 2 S. 1 zur einseitigen Anordnung »dieser Änderung« berechtigt, soweit die übrigen Voraussetzungen des § 650b Abs. 2 BGB vorliegen. Ändert der Besteller nun seinen Plan dahin, anstelle der gewünschten Treppe aus Betonfertigteilen eine Treppe in Ortbeton herstellen zu lassen, so wäre ein erneuter Einigungsversuch nach Abs. 1 mit einer erneuten 30-Tages-Frist wahrscheinlich ebenfalls erfolglos. In solchen und ähnlichen Konstellationen erscheint es deshalb gerechtfertigt, nach einem gescheiterten Einigungsversuch das nunmehr entstandene Anordnungsrecht des Bestellers auch auf eine abweichende Ausführung gegenüber dem bisherigen Wunsch (Ortbeton anstatt Betonfertigteile) zu erstrecken. Eine Verallgemeinerung, von einer gescheiterten Einigung auf das Scheitern künftiger Einigungsbemühungen zu schließen, ist natürlich nicht zulässig.[175]

IV. Textform der Anordnung

§ 650b Abs. 2 S. 1 BGB bestimmt, dass der Besteller die Leistungsänderung *in Textform* anordnen 131
muss, d.h. als lesbare Erklärung, in der die Person des Erklärenden genannt ist und die auf einem dauerhaften Datenträger abgegeben werden kann, § 126b BGB.

Weder im Referentenwurf des BMJV noch im Gesetzentwurf der Bundesregierung war eine bestimmte 132
Form für die Anordnung des Bestellers vorgesehen, d.h. entsprechend den Regelungen der VOB/B sollte auch der Besteller beim BGB-Bauvertrag formlos eine wirksame Änderungsanordnung erklären können. Der Bundesrat hatte demgegenüber sogar die Schriftform für die Anordnung gefordert.[176]

173 KG, Urt. v. 07.09.2021 – 21 U 86/21, NJW 2021, 3198; ähnlich bereits OLG Hamm, Urt. v. 13.07.2017 – 24 U 117/16, IBRRS 2019, 3741.

174 So zutreffend Leupertz, in: BeckOK BauvertragsR, § 650b BGB Rn. 77.

175 Z.B. mit dem Argument, der Unternehmer biete ja bekanntlich immer erst einmal viel zu teuer an.

176 BT-Drucks. 18/8486, S. 92. In der Begründung des Bundesrats zum Änderungsvorschlag Nr. 13 zum Kabinettsentwurf heißt es, aus Gründen der Beweisbarkeit und zur Rechtsklarheit solle für das Anordnungsrecht die Schrift- oder Textform vorgeschrieben werden.

Im Rahmen der Schlussberatung hat der Gesetzgeber sich dann für die Textform entschieden. Zur Begründung wird ausgeführt, das Formerfordernis solle einerseits eine klarstellende Funktion erfüllen und insbesondere auch der besseren Beweisbarkeit der Anordnung dienen, andererseits den Besteller vor möglicherweise übereilten Anordnungen schützen.[177]

133 Dass die Einhaltung einer bestimmten Form für eine – insbesondere gestaltende – Willenserklärung zum einen der Klarstellung, zum zweiten der Dokumentation und zum dritten auch dem Schutz vor Spontanerklärungen dient, steht außer Frage. Dennoch ist absehbar, dass große Teile der an das formlose Anordnungsrecht der VOB/B gewöhnten Baupraxis mit der Einhaltung der Textform Probleme haben werden. Dies gilt beispielsweise im durchaus nicht seltenen Fall, dass mündliche Änderungsanordnungen des Bestellers in einem Baustellenprotokoll festgehalten werden, das im Zweifel nicht der Textform gemäß § 126b BGB entspricht.

134 Erfolgt die Anordnung des Bestellers **nicht** (zumindest) **in Textform**, so weist die Gesetzesbegründung zu § 650b Abs. 2 S. 1 BGB explizit auf die Formnichtigkeit und damit Unbeachtlichkeit der Anordnung hin.[178] In solchen Fällen ist nach der Gesetzesbegründung danach **zu unterscheiden**, ob der **Unternehmer** die formnichtige **Anordnung gleichwohl befolgt oder nicht**. Leistet der Unternehmer der formnichtigen Anordnung keine Folge, so verhält er sich unverändert vertragskonform, indem er nicht die geänderte, sondern die ursprünglich festgelegte Leistung ausführt. Erklärt der Besteller in diesem Fall einen vorläufigen Baustopp und stellt der Unternehmer daraufhin die Arbeiten bis auf weiteres ein, so entsteht ein Entschädigungsanspruch des Unternehmers gemäß § 642 BGB, ebenso gehen etwaige Bauzeitverlängerungen zu Lasten des Bestellers.

135 Leistet der Unternehmer einer formunwirksamen Anordnung des Bestellers Folge, so wird man im Regelfall davon ausgehen können, dass konkludentes Einvernehmen zwischen Besteller und Unternehmer über die durchgeführte Vertragsänderung besteht, weshalb in diesem Fall von einer rechtsgeschäftlichen Abstandnahme vom Formerfordernis der Textform vorliegt.[179] Für diesen Fall bleibt lediglich fraglich, ob dem Unternehmer für die geänderte Leistung ein Vergütungsanspruch nach § 650c oder nach § 632 Abs. 2 als übliche Vergütung zusteht. Richtig erscheint, § 650c BGB auch auf diesen Fall zu erstrecken.[180]

136 Problematisch bleiben damit Fälle, in denen kein konkludenter Verzicht der Parteien auf die Textform der Anordnung angenommen werden kann, weil z.B. der Unternehmer erklärt, er halte die Anordnung des Bestellers (mangels Textform) für unzulässig, führe diese Anordnung zur Vermeidung von Stillständen oder anderen Nachteilen gleichwohl aus. Da in solchen, eher seltenen Konstellationen weder eine konkludente Einigung der Parteien über die Vertragsänderung noch über die Abbedingung der Textform vorliegt, ist der Unternehmer auf einen Anspruch aus Geschäftsführung ohne Auftrag oder nach Bereicherungsrecht beschränkt.[181]

137 In seiner Entscheidung vom 07.09.2021 entschied das KG[182] zutreffend, dass es dem Besteller verwehrt sein könne, sich auf die Nichteinhaltung der Textform der Änderung zu berufen.

V. Befolgungspflicht des Unternehmers

138 Gemäß § 650b Abs. 2 S. 2 BGB ist der Unternehmer verpflichtet, der Anordnung des Bestellers nachzukommen, einer Anordnung zur Änderung des Werkerfolgs (Abs. 1 S. 1 Nr. 1) jedoch nur, wenn ihm die Ausführung zumutbar ist; Abs. 1 S. 3 gilt entsprechend.

177 BT-Drucks. 18/11437, S. 47.
178 BT-Drucks. 18/11437, S. 47.
179 Vgl. OLG Hamm, Urt. v. 12.04.2011 – 24 U 29/09, BauR 2013, 956; ergänzend Leupertz, in: BeckOK BauvertragsR, § 650b BGB Rn. 78.
180 Dazu bereits oben Rn. 73 g; anderer Auffassung Leupertz, in: BeckOK BauvertragsR, § 650b BGB Rn. 78a; v. Rintelen, in: ibr-OK Bauvertragsrecht, Stand 22.04.2024, § 650b BGB Rn. 138.
181 Vgl. dazu auch Leupertz, in: BeckOK BauvertragsR, § 650b BGB Rn. 71.
182 KG, Urt. v. 07.09.2021 – 21 U 86/21, NJW 2021, 3198 Rn. 71.

1. Bei Änderung des Werkerfolgs nur bei Zumutbarkeit für den Unternehmer

§ 650b Abs. 2 S. 2 BGB regelt damit eine »**Befolgungspflicht**« **des Unternehmers**, soweit der Besteller eine nach Abs. 2 S. 1 zulässige Anordnung getroffen hat. Diese inhaltsgleich auf den Referentenentwurf des BMJV[183] zurückgehende Regelung bezweckt in erster Linie die Klarstellung, dass der Unternehmer eine ihm nicht zumutbare Anordnung im Fall des Abs. 1 S. 1 Nr. 1 nicht befolgen muss. Die **Zumutbarkeit** der Anordnung des Bestellers, durch die der vereinbarte Werkerfolg geändert wird, ist also **Anspruchsvoraussetzung** für die Verbindlichkeit der erfolgten Anordnung. Bezüglich der Voraussetzungen der Zumutbarkeit und der Beweislast für den Besteller (es sei denn der Unternehmer beruft sich für die fehlende Zumutbarkeit auf betriebsinterne Vorgänge) darf auf die Kommentierung zu § 650b Abs. 1 S. 2 und 3 BGB verwiesen werden.[184] Gleichzeitig ergibt sich aus § 650b Abs. 2 S. 2 BGB aber auch, dass der Unternehmer der Anordnung des Bestellers 139

- bei zur Erreichung des vereinbarten Werkerfolgs notwendigen Leistungen (Abs. 1 S. 1 Nr. 2) in jedem Fall[185] und
- bei Änderungen des vereinbarten Werkerfolgs (Abs. 1 S. 1 Nr. 1) im Rahmen der Zumutbarkeit

nachkommen muss, und zwar unabhängig davon, ob Einvernehmen oder Meinungsverschiedenheiten zwischen den Parteien hinsichtlich der Mehr- oder Mindervergütung gemäß § 650c BGB bestehen.

2. Kein erneuter Einigungsversuch bezüglich der Vergütung

Das Nachtragssystem der VOB/B sieht in § 2 Abs. 5 und Abs. 6 vor, dass die Parteien bei einer auftraggeberseitigen Änderungsanordnung die damit verbundene *Vergütungsänderung vor der Ausführung vereinbaren sollen* (§ 2 Abs. 5 S. 2 VOB/B) bzw. sogar *möglichst vor Beginn der Ausführung* (§ 2 Abs. 6 Nr. 2 S. 2 VOB/B). Da die VOB/B in § 1 Abs. 3 und Abs. 4 S. 1 ein unbedingtes, nicht von einer gescheiterten Einigung abhängiges Anordnungsrecht des Auftraggebers vorsieht, ist es konsequent, dass sich im Nachtragssystem der VOB/B der Einigungsversuch auf die Vergütungsänderung *nach* erfolgter Änderungsanordnung des Auftraggebers beschränkt. 140

Demgegenüber sieht das nach gescheiterter Einigung entstandene Anordnungsrecht des Bestellers nach § 650b Abs. 2 S. 1 BGB nicht einen erneuten Einigungsversuch der Parteien hinsichtlich der Vergütungsänderung nach § 650c Abs. 1 und 2 BGB vor. Dies ist einerseits schlüssig, weil die Gesamteinigung der Parteien über die Leistungsänderung *und* deren Vergütung zuvor gescheitert ist. Soweit allerdings in der Literatur die Auffassung vertreten wird, der Unternehmer könne den Angebotspreis in der Einigungsphase frei kalkulieren[186], ist dies für den Besteller nachteilig. Denn insbesondere dann, wenn die Einigung der Parteien an dem aus Sicht des Bestellers überhöhten Angebotspreis des Unternehmers scheitert, der Besteller aber gleichwohl durch Anordnung auf der Leistungsänderung beharrt, besteht ein berechtigtes Interesse des Bestellers, im Vorfeld der Ausführung der geänderten Leistung den nach § 650c Abs. 1 oder Abs. 2 zu ermittelnden Preis zu kennen. 141

▶ **Beispiel:**

Auf das Begehren des Bestellers, anstelle der vereinbarten Holztreppe eine Betontreppe zu errichten, benennt der Unternehmer einen Änderungspreis i.H.v. 10.000,00 €. Die Einigung der Parteien scheitert an dem aus Sicht des Bestellers überhöhten Preis. Nunmehr ordnet der Besteller die Änderung an und verlangt vom Unternehmer Auskunft über die mit der Ände-

183 Vgl. Referentenentwurf des BMJV vom 10.09.2015, S. 56.
184 Näher oben Rdn. 75 ff.
185 Somit die Leistungspflicht des Unternehmers nicht ausnahmsweise nach § 275 Abs. 2 oder 3 BGB ausgeschlossen ist.
186 Dazu ausführlich Rdn. 85 ff.

rung verbundenen, tatsächlich erforderlichen Kosten zzgl. angemessener Zuschläge. Diese belaufen sich auf 5.000,00 € anstatt der angebotenen 10.000,00 €.

142 Teilt man die hier vertretene Auffassung, wonach der Unternehmer den Angebotspreis bereits im Rahmen des Einigungsversuchs nach § 650c Abs. 1 oder Abs. 2 BGB zu richten hat[187], so besteht aus Sicht des Bestellers kein Bedarf an einer nochmaligen Benennung des Änderungspreises. Bei freier Kalkulierbarkeit des Preises ist dies aber anders, d.h. die Vertreter der freien Kalkulierbarkeit des Angebotspreises nach § 650b Abs. 1 BGB müssten konsequent einen Auskunftsanspruch des Bestellers nach erfolgter Änderungsanordnung bzgl. des Vergütungsanspruchs des Unternehmers nach § 650c Abs. 1 oder Abs. 2 BGB bejahen.

3. Leistungsverweigerungsrecht des Unternehmers

143 Für das Einigungsgebot der Parteien nach § 2 Abs. 5 und Abs. 6 VOB/B ist umstritten, ob dem Auftragnehmer ein **Leistungsverweigerungsrecht** zusteht, wenn der Auftraggeber die vom Auftragnehmer geforderte Vergütung entweder schon dem Grunde nach oder jedenfalls der Höhe nach verweigert.[188] Dieses Einigungsgebot nach § 2 Abs. 5 und 6 VOB/B bezieht sich zum einen nur auf die geänderte Vergütung; zum anderen »soll« diese Einigung (möglichst) vor der Ausführung der geänderten oder zusätzlichen Leistung erfolgen. Daraus erwächst eine Kooperationspflicht der Parteien, wonach sich der Auftraggeber zum Nachtragsangebot des Auftragnehmers erklären muss. Bei Anordnungen des Bestellers nach § 650b Abs. 2 BGB kann diese Problematik nur dann auftreten, wenn der Besteller beispielsweise bereits im Zusammenhang mit der Anordnung erklärt, dass er für die (geänderte) Leistung keine geänderte Vergütung zu zahlen bereit ist, weil die entsprechende Leistung nach seiner Auffassung zum beauftragten Leistungsumfang gehört oder eine vom Unternehmer vergütungsfrei zu erbringende Mängelbeseitigungsleistung darstelle. Steht dem Unternehmer für die geänderte Leistung hingegen tatsächlich ein geänderter Vergütungsanspruch nach § 650c BGB zu, dann steht ihm nach der Rechtsprechung des BGH analog zur Rechtslage nach VOB/B ebenfalls ein Leistungsverweigerungsrecht zu. Im Normalfall kann dieser Streit über die dem Unternehmer zustehende Mehr- oder Mindervergütung nach dem System des BGB aber nicht auftreten, weil der Unternehmer weder verpflichtet ist, bereits auf die Anordnung des Bestellers hin die Mehr- oder Mindervergütung zu benennen[189] noch der Besteller verpflichtet ist, irgendeine Erklärung hinsichtlich der dem Unternehmer nach § 650c BGB zustehenden Vergütung abzugeben.[190] Abweichend vom System der VOB/B besteht das System der §§ 650b Abs. 2 und 650c BGB also darin, dass der Besteller nach gescheitertem Einigungsversuch die entsprechend geänderte Leistung anordnet, sie anschließend vom Unternehmer ausgeführt wird und dieser sodann entweder nach § 650c Abs. 3 oder »konventionell« nach § 632a BGB Abschläge nach Leistungsfortschritt fordert oder die Vergütung im Rahmen der Schlussabrechnung geklärt wird. Ein Leistungsverweigerungsrecht des Unternehmers aufgrund einer vom Besteller im Vorhinein verweigerten Vergütung oder unrechtmäßigen Kürzung dieser Vergütung entsteht im Regelfall also nicht.[191] Zahlt aber der Besteller entgegen § 650c Abs. 3 BGB nicht die dem Unternehmer zustehende Abschlagsforderung für die geänderte Leistung, so kann dem Unternehmer gemäß § 320 BGB ein Leistungsverweigerungsrecht zustehen.[192]

---

187 Vgl. oben Rdn. 88 f.

188 Bei einer grundlosen Ablehnung des Mehrvergütungsanspruchs schon dem Grunde nach besteht Einigkeit, dass der Auftragnehmer zur Leistungsverweigerung berechtigt ist, vgl. BGH, Urt. v. 08.07.2004 – VII ZR 231/03, NZBau 2004, 613; BGH, Urt. v. 13.03.2008 – VII ZR 194/06, NZBau 2008, 437; allgemein dazu Kapellmann, in: Kapellmann/Messerschmidt, § 2 VOB/B Rn. 373 ff.

189 Seine Angebotspflicht nach § 650b Abs. 1 S. 2 BGB gilt nur für das Änderungsbegehren des Bestellers.

190 So auch Leupertz, in: BeckOK BauvertragsR, § 650b BGB Rn. 80.

191 Ausführlich dazu Langen, in: FS Locher (2021) 229 ff.

192 Näher dazu § 650c BGB Rdn. 145.

E. Abweichende Vereinbarungen

I. Individualvereinbarung

Die Regelungen in § 650b BGB zum Einigungsgebot (Abs. 1) bzw. zum Anordnungsrecht des Bestellers (Abs. 2) sind dispositiv. Im Rahmen einer **Individualvereinbarung** können die Parteien im Bauvertrag also weitestgehend von den gesetzlichen Vorgaben abweichen und z.B. vereinbaren, dass dem Besteller sogleich ein Anordnungsrecht zusteht, ohne zuvor den Versuch einer Einigung mit dem Unternehmer durchführen zu müssen. Wie immer besteht die Grenze der vertraglichen Gestaltungsfreiheit bei der Sittenwidrigkeit (§ 138 Abs. 1 BGB) bzw. bei Treu und Glauben (§ 242 BGB). 144

II. AGB-Klausel

Deutlich schwieriger ist die Frage zu beantworten, inwieweit in **vom Besteller gestellten Vertragsbedingungen** von den Vorgaben des § 650b BGB abgewichen werden kann. Da das in § 650b Abs. 1 BGB geregelte **Einigungsgebot** zu den wesentlichen Grundgedanken der gesetzlichen Regelung im Sinne von § 307 Abs. 2 Nr. 1 BGB gehört, dürfte eine vollständige Abbedingung des Einigungsgebots AGB-rechtlich unzulässig sein. Zulässig (und gleichzeitig sinnvoll) erscheint aber beispielsweise, im Fall einer Änderung, die gemäß § 650 Abs. 1 S. 1 Nr. 2 BGB zur Erreichung des vereinbarten Werkerfolgs notwendig ist, jedenfalls dann vom gesetzlichen Einigungsgebot abzuweichen, wenn dringende Belange des Bauablaufs dies gebieten.[193] Mit Rücksicht auf die entsprechende Interessenlage[194] erscheint es in solchen Fällen auch sinnvoll und zulässig, die Einigungsfrist von 30 Tagen angemessen abzukürzen, z.B. auf zwei Wochen. 145

Eine (vollständige) Abbedingung des **Zumutbarkeitskriteriums** gemäß § 650b Abs. 1 S. 2 und 3 bzw. Abs. 2 S. 2 BGB erscheint unzulässig, da die Zumutbarkeit einer Änderung des vereinbarten Werkerfolgs gemäß Abs. 1 S. 1 Nr. 1 nicht nur für die Angebotspflicht des Unternehmers, sondern auch für die Befolgungspflicht des Unternehmers nach Abs. 2 S. 2 zu den wesentlichen Grundgedanken der gesetzlichen Regelung im Sinne von § 307 Abs. 2 Nr. 1 BGB gehören dürfte.[195] 146

AGB-rechtlich zulässig (und nach hier vertretener Auffassung bereits jetzt Gegenstand der gesetzlichen Regelung) dürfte auch die Regelung (Klarstellung) sein, wonach der Unternehmer für das nach § 650b Abs. 1 S. 2 BGB vorzulegende **Angebot** die Mehr- oder Mindervergütung entweder nach den **voraussichtlichen tatsächlichen Kosten** (§ 650c Abs. 1 BGB) **oder auf Basis der vereinbarungsgemäß hinterlegten Urkalkulation** (§ 650c Abs. 2 BGB) zu erstellen hat. 147

Im Einzelnen bleibt die Kautelarpraxis zu § 650b BGB und die daran anknüpfende Judikatur abzuwarten.

F. Verhältnis zur VOB/B

I. Keine AGB-Sonderprivilegierung der §§ 1 Abs. 3 und 4, 2 Abs. 5 und 6 VOB/B

Der Regierungsentwurf sah in § 650c Abs. 4 BGB-E eine gesonderte AGB-Privilegierung der Vergütungsanpassung nach § 2 Abs. 5 und Abs. 6 VOB/B vor, auch wenn die Bestimmungen der VOB/B dem gewerblichen Bauvertrag abweichend von § 310 Abs. 1 S. 3 BGB nicht ohne inhaltliche Abweichungen zugrunde lagen. Zur Begründung des Gesetzentwurfs wurde erläutert, das neue Privileg ermögliche es den Parteien im Bereich der öffentlichen und gewerblichen Aufträge, gemäß § 2 Abs. 5 und Abs. 6 VOB/B und der dazu entstandenen Praxis den neuen Preis weiterhin unter Fortschreibung der Auftragskalkulation/Urkalkulation zu berechnen, wenn sie zumindest die 148

---

193 Was sich nach hier vertretener Auffassung bereits aus der teleologischen Reduktion des § 650b Abs. 2 S. 1 BGB ergibt; näher dazu Rdn. 120.

194 Dazu bereits oben Rdn. 117.

195 OLG Koblenz, Urt. v. 09.03.2023 – 2 U 63/22, BauR 2024, 514.

Bestimmungen der VOB/B zum Anordnungsrecht und zur Vergütungsanpassung ohne Abweichung insgesamt vereinbart haben.[196] Der Bundesrat schlug zu dieser »Sonderprivilegierung« vor, auch die Bestimmungen zum Anordnungsrecht des Auftraggebers in § 1 Abs. 3 und 4 VOB/B in die AGB-rechtliche Sonderprivilegierung einzubeziehen.[197] Die Bundesregierung stimmte diesem Vorschlag in ihrer Stellungnahme zu.[198] Die Sonderprivilegierung sollte sich auf die jeweils zum Zeitpunkt des Vertragsschlusses geltende Fassung der VOB/B beziehen.

149 Im Rahmen der Schlussberatung wurde von dieser Sonderprivilegierung wieder Abstand genommen, und zwar mit der Begründung, es erscheine als nicht gerechtfertigt, eine Privilegierung der VOB/B allein daran zu knüpfen, dass die Bestimmungen der VOB/B zum Anordnungsrecht und zur Vergütungsanpassung ohne Abweichungen insgesamt in den Vertrag einbezogen würden. Das Gegenseitigkeitsverhältnis des Anordnungsrechts des Bestellers und des Rechts des Unternehmers auf Vergütungsanpassung sowie die paritätische Besetzung des Deutschen Vergabeausschusses reiche zur Rechtfertigung der Privilegierung nicht aus. Es solle vielmehr dabei bleiben, dass die VOB/B nur dann privilegiert werde, wenn sie ohne Abweichungen insgesamt vereinbart sei, § 310 Abs. 1 S. 3 BGB. Ein »Rosinenpicken« verhandlungsstarker Besteller, die so etwa die Anwendbarkeit der vorläufigen Abschlagszahlungsregelung nach § 650c Abs. 3 BGB vermeiden könnte, wäre durch die Streichung des vorgeschlagenen § 650c Abs. 4 BGB-E verhindert.[199]

150 Aus der vorgeschlagenen, letztlich aber nicht in das Gesetz übernommenen Sonderprivilegierung der §§ 1 Abs. 3 und 4, 2 Abs. 5 und 6 VOB/B ergibt sich damit, dass die §§ 1 Abs. 3 und 4, 2 Abs. 5 und 6 VOB/B genauso der AGB-Kontrolle unterliegen wie die sonstigen Regelungen der VOB/B. Nur dann, wenn die Bestimmungen der VOB/B in der jeweils zum Zeitpunkt des Vertragsschlusses geltenden Fassung ohne inhaltliche Abweichungen insgesamt in den Bauvertrag einbezogen werden, ist also gemäß § 310 Abs. 1 S. 3 BGB eine AGB-rechtliche Inhaltskontrolle der einzelnen VOB/B-Bestimmungen ausgeschlossen. Dies gilt unverändert nur bei Verwendung der VOB/B gegenüber einem Unternehmer, einer juristischen Person des öffentlichen Rechts oder einem öffentlich-rechtlichen Sondervermögen, § 310 Abs. 1 S. 1 BGB. Bei Verwendung der VOB/B gegenüber einem Verbraucher findet die AGB-Inhaltskontrolle der VOB/B unverändert selbst dann statt, wenn die VOB/B dem Vertrag ohne inhaltliche Abweichung zugrunde liegt, es sei denn, der Verbraucher ist gem. § 310 Abs. 3 Nr. 1 BGB-Verwender.

II. Ergänzung der VOB/B durch die gesetzlichen Vorschriften

151 Werden die Bestimmungen der VOB/B in ihrer jeweils gültigen Fassung im gewerblichen Bauvertrag[200] ohne inhaltliche Abweichungen vereinbart, so findet gemäß § 310 Abs. 1 S. 3 BGB keine Einzelkontrolle der einzelnen VOB-Regelungen gemäß §§ 307 Abs. 1 und 2 sowie 308 Nr. 1 a und 1 b BGB statt. Das in § 1 Abs. 3 und Abs. 4 VOB/B geregelte Anordnungsrecht des Auftraggebers ist also, wie auch vor Inkrafttreten des § 650b BGB, AGB-wirksam, auch wenn mit § 650b BGB für alle ab dem 01.01.2018 abgeschlossenen Bauverträge ein neues (bzw. erstmaliges) gesetzliches Leitbild für den Inhalt von Bauverträgen besteht.

152 Die AGB-Kontrollfreiheit der VOB/B-Vorschriften bedeutet naturgemäß nicht, dass nicht **ergänzend gesetzliche Regelungen auch auf VOB/B-Verträge anwendbar sind.** Hierzu kommt es auf die Frage an, ob die entsprechenden Regelungen der VOB/B den entsprechenden Themenbereich abschließend regeln; dann sind die entsprechenden »konkurrierenden« gesetzlichen Vorschriften durch die vorrangigen Bestimmungen der VOB/B verdrängt. Regeln die VOB/B-Normen hingegen nur Teil-

196 BT-Drucks. 18/8486, S. 58.
197 BT-Drucks. 18/8486, S. 93, Vorschlag Nr. 15.
198 BT-Drucks. 18/8486, S. 112.
199 BT-Drucks. 18/11437, S. 48 f.
200 Verwendung gegenüber einem Unternehmer oder gegenüber der öffentlichen Hand, § 310 Abs. 1 S. 1 BGB.

bereiche, dann kommen die gesetzlichen Regelungen ergänzend zur Anwendung, soweit die VOB/B keine vorrangige Regelung bereithält.[201] Für das Verhältnis zwischen § 1 Abs. 3 und 4 VOB/B sowie § 650b BGB ist insoweit festzuhalten:

Gemäß § 1 Abs. 3 VOB/B ist der Auftraggeber berechtigt, Änderungen des Bauentwurfs anzuordnen. 153
Gemäß § 1 Abs. 4 S. 1 VOB/B hat der Auftragnehmer auf Verlangen des Auftraggebers nicht vereinbarte Leistungen, die zur Ausführung der vertraglichen Leistungen erforderlich werden, ebenfalls auszuführen, außer sein Betrieb ist auf derartige Leistungen nicht eingerichtet. Nicht notwendige Leistungen können dem Auftragnehmer nach Abs. 4 S. 2 nur mit seiner Zustimmung übertragen werden.

Auch wenn sich die Diktion in § 1 Abs. 3 und Abs. 4 VOB/B von derjenigen des § 650b Abs. 1 154
S. 1 BGB unterscheidet, wonach zwischen einer Änderung des vereinbarten Werkerfolgs sowie einer Änderung, die zur Erreichung des vereinbarten Werkerfolgs notwendig ist, unterschieden wird[202], enthalten die in § 1 Abs. 3 und Abs. 4 VOB/B geregelten Anordnungsrechte beim VOB/B-Bauvertrag eine abschließende Sonderregelung gegenüber § 650b Abs. 1 S. 1 BGB. Daraus ergibt sich, dass es für den VOB/B-Vertrag unverändert nicht darauf ankommt, ob durch die modifizierten Leistungen die Änderung des Werkerfolgs eintritt oder diese Modifikationen gerade zur Herbeiführung des vereinbarten Werkerfolgs führen sollen. Die VOB/B unterscheidet unverändert danach, ob eine Änderung des Bauentwurfs vorliegt[203] oder ob notwendige bzw. nicht notwendige Zusatzleistungen verlangt werden.[204]

§ 1 Abs. 3 und Abs. 4 VOB/B kennen, analog des Referentenentwurfs zu § 650b BGB, kein 155
Einigungsgebot als Grundlage eines einseitigen Anordnungsrechts. Das »Anordnungsprinzip« der VOB/B konkurrierte bislang mit dem gesetzlichen Konsensualprinzip, wonach Abweichungen vom bauvertraglichen Leistungsumfang grundsätzlich nur bei Einvernehmen der Parteien möglich waren. Seit dem 01.01.2018 besteht durch § 650b Abs. 1 BGB ein modifiziertes Konsensualprinzip, d.h. Einvernehmen der Parteien bezüglich der geänderten Leistungen ist gesetzlich erwünscht, es wird bei Scheitern der Bemühungen bzw. nach Ablauf der 30-Tages-Frist jedoch durch das entstehende Anordnungsrecht des Bestellers ersetzt. Demnach ist festzuhalten, dass das in § 650b Abs. 1 BGB verankerte **Einigungsgebot keine ergänzende Anwendung auf VOB/B-Verträge** finden kann.

Es verbleibt die Frage, ob die in § 650b Abs. 2 S. 2 BGB geregelte **Zumutbarkeit** der den Werk- 156
erfolg ändernden Leistung auch für VOB/B-Verträge gilt. Die VOB/B sieht in § 1 Abs. 3 keine weiteren Anspruchsvoraussetzungen für die vom Auftraggeber angeordnete Änderung des Entwurfs vor. Bereits jetzt besteht aber Einigkeit, dass der Änderungsvorbehalt des VOB-Auftraggebers nicht uneingeschränkt besteht. So muss die vom VOB-Auftraggeber angeordnete Änderung gemäß § 315 BGB der Billigkeit entsprechen.[205] Einigkeit besteht auch darin, dass die beiderseitigen Interessen hinsichtlich der vom Auftraggeber angeordneten Leistungsänderung gegeneinander abzuwägen sind. Fehlen dem Auftragnehmer beispielsweise die für die Änderung der Leistung erforderlichen Kapazitäten, so kann die Änderungsanordnung des Auftraggebers im Einzelfall unwirksam sein.[206]

Dem Wortlaut nach besteht das Änderungsrecht des Auftraggebers nach § 1 Abs. 3 VOB/B also 157
uneingeschränkt, in der Sache sind nach beiderseitiger Interessenabwägung aber gewisse, wenn auch nicht im Einzelnen geregelte Grenzen gegeben. Eine generelle Übertragbarkeit des Zumutbarkeitskriteriums aus § 650b Abs. 2 S. 2 BGB, dessen Inhalt durch § 650b Abs. 1 S. 2 und 3 BGB geprägt wird, auf den VOB-Vertrag ist demnach nicht möglich.

201 Dazu v. Rintelen, in: Kapellmann/Messerschmidt, VOB/B-Einleitung Rn. 49 f.
202 Näher dazu oben Rdn. 11 ff.
203 Was im Wesentlichen mit einer Änderung des Werkerfolgs übereinstimmen dürfte.
204 Was im Wesentlichen mit Änderungen übereinstimmen dürfte, die zur Herbeiführung des vereinbarten Werkerfolgs notwendig sind.
205 V. Rintelen, in: Kapellmann/Messerschmidt, § 1 VOB/B Rn. 104.
206 Näher dazu v. Rintelen, in: Kapellmann/Messerschmidt, § 1 VOB/B Rn. 109 f.

158 Im Ergebnis ist damit festzuhalten, dass die neuen gesetzlichen Vorgaben aus § 650b BGB weder ganz noch teilweise auf die in sich abgeschlossenen Regelungen des § 1 Abs. 3 und 4 VOB/B übertragbar sind.

III. Isolierte Inhaltskontrolle von § 1 Abs. 3 und 4 VOB/B

159 Liegen einem Bauvertrag mit einem Unternehmen oder mit der öffentlichen Hand die Bestimmungen der VOB/B nicht ohne inhaltliche Abweichung insgesamt zu Grunde (§ 310 Abs. 1 S. 3 BGB) oder wird die vollständig dem Vertrag zu Grunde gelegte VOB/B gegenüber einem Verbraucher verwendet, so findet eine Inhaltskontrolle der einzelnen Bestimmungen und damit auch des § 1 Abs. 3 und 4 (sowie des § 2 Abs. 5 und 6 als Vergütungsfolge) VOB/B statt.

Vor Inkrafttreten des gesetzlichen Bauvertragsrechts war dabei im Wesentlichen anerkannt, dass sowohl § 1 Abs. 3[207] als auch § 1 Abs. 4 S. 1 VOB/B[208] einer isolierten Inhaltskontrolle nach § 307 BGB Stand halten. Tragende Begründung im Fall des nach dem Wortlaut des weitreichenden Änderungsvorbehalts des Auftraggebers nach § 1 Abs. 3 VOB/B war dabei der Umstand, dass durch die automatische Vergütungsanpassung nach § 2 Abs. 5 VOB/B das Äquivalenzverhältnis zwischen Leistung und Gegenleistung auch bei einer Leistungsänderung gewahrt bleibe, einer vom Auftraggeber angeordneten, geänderten Leistung also automatisch auch eine entsprechend geänderte Vergütung folge.[209] Ausdrücklich hielt der BGH die Preisfortschreibung nach § 2 Abs. 5 im Fall einer Leistungsänderung nach § 1 Abs. 3 VOB/B für angemessen, weil sie einen »überschaubaren Modus für die Bildung des neuen Preises« nach Maßgabe der Urkalkulation des Auftragnehmers beinhalten würde. So verblieben dem Auftragnehmer etwaige Vorteile aus seiner ursprünglichen Kalkulation. Wenn er im Einzelfall sein ursprüngliches Angebot zu knapp kalkuliert habe oder ihm ein Kalkulationsfehler unterlaufen sei, so sei es nicht unbillig, ihn daran im Rahmen der Neuberechnung des Preises festzuhalten.[210] Für das Anordnungsrecht bzgl. erforderlicher Zusatzleistungen nach § 1 Abs. 4 S. 1 VOB/B ergebe sich die AGB-Wirksamkeit schon daraus, dass der Auftraggeber für den Werkerfolg erforderliche Zusatzleistungen auch nach gesetzlichem Werkvertragsrecht bereits nach Treu und Glauben anordnen könne. § 2 Abs. 6 VOB/B billige ihm hierfür eine besondere Vergütung zu, ohne dass es darauf ankäme, ob die Vergütungsfolge AGB-konform sei.[211]

160 Während bis zum 31.12.2017 ein »AGB-rechtliches Regelungsvakuum« bestand, das von der Rechtsprechung im Sinne einer AGB-Konformität der VOB/B-Nachtragsregelungen gefüllt wurde, liegt seit dem 01.01.2018 ein eigenständiges Regelungskonzept des gesetzlichen Bauvertragsrechts vor. Naturgemäß ist vor diesem Hintergrund die Diskussion (neu) entfacht, ob die Nachtragsregelungen der VOB/B einer isolierten Inhaltskontrolle standhalten.

Inzwischen haben erste, wenngleich instanzgerichtliche Entscheidungen das sofortige Anordnungsrecht des Bestellers aus § 1 Abs. 3 oder 4 VOB/B ohne vorherigen Einigungsversuch für AGB-unwirksam erklärt.[212] Auch ein wesentlicher Teil der Literatur vertritt die Auffassung, dass sowohl die Anordnungsrechte nach § 1 Abs. 3 und Abs. 4 S. 1 VOB/B als auch die Vergütungsfolge nach § 2 Abs. 5 und Abs. 6 VOB/B nicht mehr AGB-konform und deshalb unwirksam seien.[213] Verschiedene Autoren vertreten hingegen die Auffassung, dass das Nachtragssystem der VOB/B unver-

207 BGH, Urt. v. 25.01.1996 – VII ZR 233/94, BauR 1996, 378; ergänzend v. Rintelen, in: Kapellmann/Messerschmidt, § 1 VOB/B Rn. 130 ff.

208 BGH, Urt. v. 25.01.1996 – VII ZR 233/94, BauR 1996, 378 = NJW 1996, 1346; ergänzend v. Rintelen, in: Kapellmann/Messerschmidt, § 1 VOB/B Rn. 162 ff. m.w.N.

209 Näher v. Rintelen, a.a.O.

210 BGH, a.a.O.

211 BGH, a.a.O.

212 Vgl. LG Hechingen, Urt. v. 02.11.2021 – 2 O 305/21; LG Halle, Urt. v. 21.05.2021 – 4 O 208/19.

213 Vgl. Orlowski, BauR 2017, 1427, 1436; Jurgeleit, in: ibr-OK Bauvertragsrecht, Stand 22.04.2024, vor § 631 BGB Rn. 73 ff.; DLOPS/Oberhauser, § 2, Rn. 92 und 129; Oberhauser, NZBau 2019, 3, 9.

ändert – oder sogar erst recht – AGB-wirksam sei, weil das gesetzliche Leitbild der §§ 650b und c BGB eine zwar im Detail andere, im Ergebnis aber eine dem System VOB/B ähnliche und damit AGB-rechtlich unbedenkliche Regelungssystematik aufweisen würden.[214]

Tatsächlich erscheint eine differenzierte Betrachtung geboten.

1. Einigungsgebot

§ 650b Abs. 1 BGB bringt zunächst sehr eindeutig zum Ausdruck, dass abweichend vom Anordnungsprinzip des § 1 Abs. 3 und 4 VOB/B, zunächst obligatorisch ein **Einigungsversuch** der Parteien bezüglich der gewünschten Änderung sowie deren Vergütung stattfinden muss. Einen solchen obligatorischen Einigungsversuch kennt die VOB/B auf den ersten Blick nicht. Auf den zweiten Blick ergibt sich jedoch, dass die **VOB/B** sehr wohl ein **Einigungsgebot** beinhaltet, wenn auch in § 2 Abs. 5 S. 2 und Abs. 6 Nr. 2 S. 2 VOB/B konkret bezogen und beschränkt auf die **geänderte bzw. zusätzliche Vergütung**. Sowohl im Fall einer geänderten Leistung nach § 1 Abs. 3 VOB/B als auch im Fall einer zusätzlichen Leistung nach § 1 Abs. 4 S. 1 VOB/B sind die Parteien also angehalten, möglichst noch vor Beginn der Ausführung den geänderten oder zusätzlichen Preis festzulegen. Der zentrale Unterschied zwischen Gesetz und VOB/B besteht also einerseits darin, dass der VOB-Auftraggeber ohne jeglichen Einigungsversuch sogleich die Änderungs- oder (notwendige) Zusatzleistung anordnen darf, während nach § 650b Abs. 2 S. 1 BGB ein entsprechendes Anordnungsrecht des Bestellers erst nach gescheitertem Einigungsversuch besteht. Gemeinsam ist den Regelungen des BGB wie auch der VOB/B aber, dass Einvernehmen angestrebt werden soll, sei es – wie im BGB – von Anfang an bezüglich der Leistungsänderung und deren Vergütung oder aber, wie in der VOB/B, jedenfalls vor Ausführungsbeginn der geänderten oder zusätzlichen Leistung bezüglich deren Vergütung. Auch nach den neuen Bestimmungen des § 650b BGB ist der Besteller aber letztlich, und zwar nach gescheiterter Einigung bzw. Ablauf der 30-Tages-Frist, zur einseitigen Anordnung der Leistungsänderung berechtigt. Eines gesonderten Einigungsversuchs bezüglich der Vergütung bedarf es nach dem BGB-Konzept nicht mehr, da der Einigungsversuch bezüglich der Leistungsänderung und deren Vergütung bereits vor Entstehen des Anordnungsrechts stattgefunden hat. **161**

Das durch § 1 Abs. 3 und Abs. 4 VOB/B geregelte Anordnungskonzept weicht damit zwar inhaltlich vom gesetzlichen Leitbild des § 650b Abs. 1 und 2 BGB ab. Wesentliche Grundgedanken dieses gesetzlichen Leitbilds, nämlich dem Änderungswunsch des Bestellers letztlich Rechnung zu tragen und den Versuch einer Einigung zu erzielen, stimmen jedoch in VOB/B und BGB überein. Das durch § 1 Abs. 3 und Abs. 4 VOB/B verkörperte Anordnungsprinzip der VOB/B hält also trotz des gesetzlichen Leitbilds in § 650b Abs. 1 BGB vor Entstehung eines Anordnungsrechts einen Einigungsversuch durchzuführen, AGB-rechtlich Stand. Eine unangemessene Benachteiligung des VOB-Auftragnehmers gegenüber dem Unternehmer nach gesetzlichem Bauvertragsrecht liegt also nicht vor.[215] **162**

2. 30-Tages-Frist

Damit beantwortet sich automatisch die Frage, ob das sofortige Anordnungsrecht nach § 1 Abs. 3 und 4 VOB/B dem gesetzlichen Leitbild des § 650b Abs. 2 S. 1 BGB widerspricht, wonach das Anordnungsrecht erst nach Scheitern des Einigungsversuchs bzw. nach Ablauf der 30-Tages-Frist entsteht. Dies ist aus den vorgenannten Gründen nicht der Fall, da die 30-Tages-Frist des § 650b Abs. 2 S. 1 BGB keine »Mindestfrist«, sondern eine »Höchstfrist« darstellt, wann spätestens das Anordnungsrecht des Bestellers nach § 650b Abs. 2 S. 1 BGB entsteht. Es erscheint deshalb auch an dieser Stelle mit dem Grundgedanken der neuen gesetzlichen Regelung vereinbar, wenn die **163**

214 Vgl. Kapellmann, NZBau 2017, 635, 638; v. Rintelen, in: ibr-OK Bauvertragsrecht, Stand 22.04.2024, § 650b BGB Rn. 255 ff.; Kniffka/Retzlaff, BauR 2017, 1747, 1794; Leupertz, in: BeckOK BauvertragsR BGB § 650b, Rn. 91 f.

215 A.A. Popescu, BauR 2019, 317, 326.

VOB/B einen Einigungsversuch nicht für die Entstehung des Anordnungsrechts selbst, sondern lediglich für die Vergütungsfolge festschreibt, und zwar möglichst noch vor Beginn der Ausführung und damit zu einem Zeitpunkt, zu dem der VOB-Auftragnehmer trotz wirksamer Anordnung des Auftraggebers notfalls noch die Ausführung der geänderten oder zusätzlichen Leistung verweigert kann, wenn z.B. der Auftraggeber schon dem Grunde nach eine Vergütung ablehnt.[216]

3. Zumutbarkeit

164 AGB-rechtlich bedenklich könnte schließlich sein, dass der Besteller nach § 650b Abs. 2 S. 2 i.V.m. Abs. 1 S. 3 BGB zur Anordnung einer Änderung des vereinbarten Werkerfolgs nur berechtigt ist, wenn dies für den Unternehmer zumutbar ist. Wie schon ausgeführt,[217] enthält zwar der Wortlaut der »Konkurrenznorm« in § 1 Abs. 3 VOB/B keine entsprechende Einschränkung. Jedoch besteht auch zum Anordnungsrecht des Auftraggebers nach § 1 Abs. 3 VOB/B Einigkeit, dass die Änderungsanordnung gemäß § 315 BGB der Billigkeit entsprechen muss, dass auch die Auftragnehmerinteressen bei der angeordneten Entwurfsänderung zu berücksichtigen sind, ebenso betriebliche Belange des Auftragnehmers wie sein Fachbereich oder erforderliche Kapazitäten, um die Änderungsleistung auszuführen.[218] Die Kodifizierung des Zumutbarkeitserfordernisses für den Unternehmer in § 650b BGB hat damit im Rahmen der AGB-Kontrolle zwar eindeutig Leitbildcharakter. Da die unter dem Begriff der Zumutbarkeit zu subsumierenden Einschränkungen aber bereits jetzt, zumindest im Wesentlichen, auch als Einschränkungen zum Anordnungsrecht des Auftraggebers nach § 1 Abs. 3 VOB/B anerkannt sind, verstößt § 1 Abs. 3 VOB/B damit insoweit nicht gegen das neue gesetzliche Leitbild des § 650b BGB.

4. Unwirksamkeit von § 1 Abs. 3 VOB/B wegen Unwirksamkeit von § 2 Abs. 5 VOB/B?

a) Traditionelle Auslegung der VOB/B

165 Das dem Wortlaut nach weite, inhaltlich aber dem gesetzlichen Anordnungsrecht nach § 650b Abs. 2 S. 1 BGB sehr ähnliche Anordnungsrecht nach § 1 Abs. 3 VOB/B verstößt damit »für sich betrachtet« nicht gegen das gesetzliche Leitbild. Voraussetzung ist allerdings, dass das einseitige Anordnungsrecht des Auftraggebers auch automatisch zu einer adäquaten Vergütungsanpassung führt.[219]

166 § 2 Abs. 5 VOB/B regelt dazu, dass bei einer vom Auftraggeber angeordneten Leistungsänderung (oder bei anderen Anordnungen des Auftraggebers), wodurch die Grundlagen des Preises für eine im Vertrag vorgesehene Leistung geändert werden, ein neuer Preis unter Berücksichtigung der Mehr- oder Minderkosten zu vereinbaren ist. Bislang wurde diese Bestimmung nahezu einhellig dahin ausgelegt, dass die Preisfortschreibung bei geänderten Leistungen nach Maßgabe der Urkalkulation des Auftragnehmers zu erfolgen habe.[220] Diese »Vorgabe« einer praktisch einschränkungslosen Fortschreibung der Urkalkulation für geänderte Leistungen entspricht ausdrücklich nicht dem Leitbild des § 650c Abs. 1 BGB, wonach sich die Vergütung für geänderte Leistungen grundsätzlich nach den damit verbundenen, tatsächlich erforderlichen Kosten zzgl. angemessener Zuschläge richten soll und nicht nach einem ggf. zu hohen und zu niedrigen Preis, gemessen an den Änderungskosten.[221] Obwohl der BGH noch in der Leitentscheidung vom 25.01.1996 keine Bedenken gegen die Fortschreibung der Urkalkulation auch bei einem »zu hohen« oder »zu niedrigen« Nachtragspreis hatte, lässt sich diese Auffassung nach Maßgabe des neuen gesetzlichen Leitbildes in § 650c Abs. 1 BGB

---

216 Vgl. oben Rdn. 143.

217 Vgl. oben Rdn. 156.

218 Dazu ausführlich v. Rintelen, in: Kapellmann/Messerschmidt, § 1 VOB/B Rn. 109; ebenso v. Rintelen, ibr-OK Bauvertragsrecht, § 650b BGB Rn. 14.

219 Dazu auch Popescu, BauR 2019, 317, 331.

220 So ausdrücklich BGH, Urt. v. 25.01.1996 – VII ZR 233/94, BauR 1996, 378; dazu Mund, NZBau 2020, 619; Pamp, BauR 2021, 299.

221 Dazu ausführlich § 650c BGB Rdn. 7 ff.

und der dort verankerten Maßgeblichkeit der tatsächlich erforderlichen Kosten der Änderungsleistung (zzgl. angemessener Zuschläge) nicht mehr aufrecht erhalten. Deshalb wurde in der Vorauflage dieses Kommentars die Auffassung vertreten, dass die Vergütungsfortschreibung nach § 2 Abs. 5 VOB/B AGB-unwirksam ist. Bei konsequenter Betrachtung war das AGB-konforme Anordnungsrecht des Auftraggebers nach § 1 Abs. 3 VOB/B also mit einer AGB-unwirksamen Vergütungsfolge in § 2 Abs. 5 VOB/B verbunden mit dem Gesamtergebnis, dass §§ 1 Abs. 3 und 2 Abs. 5 VOB/B insgesamt AGB-unwirksam sind.[222]

b) VOB/B-Auslegung seit dem Urteil des BGH vom 08.08.2019

Durch Urteil vom 08.08.2019[223] hat der BGH überraschend die Vergütungsregeln der VOB/B anders ausgelegt als bisher. Im Leitsatz 1 dieser Entscheidung hat der BGH für die Vergütungsanpassung bei Mengenüberschreitungen im Einheitspreisvertrag (§ 2 Abs. 3 Nr. 2 VOB/B) Folgendes festgehalten: »*Wie die Vergütungsanpassung bei Mengenmehrungen vorzunehmen ist, wenn eine Einigung über den neuen Einheitspreis nicht zu Stande kommt, ist in § 2 Abs. 3 Nr. 2 VOB/B nicht geregelt. Die Bestimmung gibt nur vor, dass bei der von den Parteien zu treffenden Vereinbarung über den neuen Preis Mehr- oder Minderkosten zu berücksichtigen sind.*« 167

Im Leitsatz 3 hat der BGH ergänzt: »*Haben sich die Parteien nicht insgesamt oder im Hinblick auf einzelne Elemente der Preisbildung geeinigt, enthält der Vertrag eine Lücke, die im Wege der ergänzenden Vertragsauslegung gem. §§ 133, 157 BGB zu schließen ist. Dabei entspricht es der Redlichkeit und dem bestmöglichen Ausgleich der wechselseitigen Interessen, dass durch die unvorhergesehene Veränderung der auszuführenden Leistungen im vom § 2 Abs. 3 Nr. 2 VOB/B bestimmten Umfang keine der Vertragsparteien eine Besser- oder Schlechterstellung erfahren soll.*«

Konkret ging es im zugrunde liegenden Sachverhalt um einen Einheitspreisvertrag, worin sich der klagende Auftragnehmer zur Entsorgung von einer Tonne Bauschutt zum Einheitspreis von 462,00 €/t verpflichtet hatte. Tatsächlich waren knapp 84 t zu entsorgen. Die »Ist-Entsorgungskosten« des Auftragnehmers für diese Menge beliefen sich auf Grund 92,00 €/t zzgl. 20 % GU-Zuschlag, mithin rund 110,00 €/t. Unter Berücksichtigung eigener Verladekosten des Auftragnehmers ergaben sich auf diese Weise rund 150,00 €/t anstatt der vereinbarten 462,00 €/t.

Markus[224] hat zutreffend darauf hingewiesen, dass bei dieser Konstellation bereits kein Fall des § 2 Abs. 3 Nr. 2 VOB/B vorlag, weil bei einem Preis pro Mengeneinheit ohne Vordersatz keine Mengenüberschreitung im Sinne von § 2 Abs. 3 Nr. 2 VOB/B eintreten kann. Der Mengenansatz »eine Tonne« beruhte ersichtlich nicht auf einer Mengenermittlung, so dass die Mehrmenge von rd. 83 t auch nicht als Mengenüberschreitung im Sinne von § 2 Abs. 3 Nr. 2 VOB/B anzusehen war. Unabhängig davon hat der BGH aber ausgeführt, dass die Regelung in § 2 Abs. 3 Nr. 2 VOB/B, einen neuen Preis unter Berücksichtigung der Mehr- oder Minderkosten (der Mengenüberschreitung über 110 % des Vordersatzes hinaus) zu vereinbaren, keine inhaltliche Vorgabe enthalte, *wie* der neue Preis zu bilden sei. Deshalb komme es auf Vereinbarungen der Parteien an, die entweder bereits im ursprünglichen Bauvertrag enthalten seien oder nachträglich getroffen würden. Soweit beides nicht der Fall sei, sei die Vertragsvereinbarung ergänzend nach Treu und Glauben auszulegen, da die VOB/B gerade keine inhaltliche Vorgabe einer Preisfortschreibung nach Urkalkulation des Auftragnehmers beinhalte. Die redliche ergänzende Vertragsauslegung führe aber dazu, dass es auf die tatsächlichen Kosten ankomme, die mit der Mengenmehrung verbunden seien, zzgl. angemessener Zuschläge des Auftragnehmers. 168

Damit hat der BGH nicht nur das gesetzliche Leitbild des § 650c Abs. 1 BGB als Maßstab einer ergänzenden Vertragsauslegung herangezogen, sondern gleichzeitig die traditionelle Auslegung der VOB/B einer Preisfortschreibung nach Urkalkulation des Auftragnehmers für obsolet erklärt. 169

222 Dazu Vorauflage, Rn. 124 f.
223 BGH, Urt. v. 08.08.2019 – VII ZR 34/18, NZBau 2019, 706.
224 Markus, NZBau 2020, 67.

170 Für die hier diskutierte Frage, ob **§ 2 Abs. 5 VOB/B** im Fall einer vom Auftraggeber angeordneten Leistungsänderung eine AGB-rechtskonforme Vergütungsfolge enthält, kommt es auf den Inhalt dieser Vergütungsbestimmung an. Da der Wortlaut der Preisfortschreibung nach § 2 Abs. 3 Nr. 2 im Fall der schlichten Mengenüberschreitung praktisch identisch mit dem der Preisfortschreibung nach § 2 Abs. 5 VOB/B ist, hat das OLG Düsseldorf im Urteil vom 19.12.2019[225] zwischenzeitlich entschieden, dass auch § 2 Abs. 5 VOB/B lediglich regelt, *dass* im Fall einer angeordneten Leistungsänderung ein neuer Preis zu vereinbaren ist, **nicht aber, auf welcher Grundlage** der neue Preis zu vereinbaren ist. Auch im Fall einer vom Auftraggeber angeordneten Leistungsänderung führt die Auslegung der VOB/B nach der neuesten Rechtsprechung also dazu, dass entgegen jahrzehntelanger Praxis § 2 Abs. 5 VOB/B nicht bestimmt, dass der Preis nach Maßgabe der Urkalkulation des Auftragnehmers fortzuschreiben ist,[226] es sei denn, die Parteien haben entweder bereits im Vertrag oder anlässlich des Nachtrags selbst Vereinbarungen zur Art und Weise der Vergütungsermittlung getroffen.[227] Die ergänzende Vertragsauslegung ergibt nach der neueren Rechtsprechung auch für diesen Fall, dass die Vergütung nach Maßgabe der tatsächlichen Mehr- oder Minderkosten zu ermitteln ist, die mit der Leistungsänderung verbunden sind, zzgl. angemessener Zuschläge, also nichts anderes als eine Anwendung des § 650c Abs. 1 BGB im Rahmen der »gesetzeskonformen Auslegung« der VOB/B, wenngleich auf dem Umweg einer ergänzenden Vertragsauslegung. Dass bei dieser Auslegung der VOB/B nebenher der gesetzgeberische Zweck für das Wahlrecht des Unternehmers nach § 650c Abs. 2 S. 1 BGB entfallen ist, weil die VOB/B nach neuester Rechtsprechung und gegen die Annahme des Gesetzgebers überhaupt nicht regelt, dass eine Preisfortschreibung nach (vereinbarungsgemäß hinterlegter) Urkalkulation vorzunehmen ist, sei nur am Rande bemerkt.

Wenn aber § 2 Abs. 5 VOB/B nach Maßgabe dieser neuen Rechtsprechung keine inhaltliche Vorgabe für die Preisvereinbarung enthält, dann liegt naturgemäß in der »neutralen« Vorgabe, für die geänderten Leistungen einen neuen Preis zu vereinbaren, auch keine treuwidrige Benachteiligung des Auftragnehmers gegenüber dem gesetzlichen Leitbild des § 650c BGB vor. Das gilt insbesondere dann nicht, wenn man die (scheinbare) Lücke der Vergütungsbestimmung des § 2 Abs. 5 VOB/B dahin füllt, dass die Vertragsvereinbarung der Parteien ergänzen dahin auszulegen ist, dass es auf den tatsächlichen Aufwand ankommt, der für den Auftragnehmer mit der geänderten Leistung verbunden ist, zzgl. angemessener Zuschläge. Im Ergebnis ist damit festzuhalten, dass entgegen der in der Vorauflage vertretenen Auffassung § 2 Abs. 5 VOB/B keine AGB-widrige Vergütungsfolge beinhaltet, wenn man die Vorschrift mit der neuesten Rechtsprechung auslegt. Dies führt dann folgerichtig dazu, dass das Anordnungsrecht des Auftraggebers nach § 1 Abs. 3 VOB/B weder hinsichtlich der Leistungsseite noch hinsichtlich der Vergütungsfolge einen AGB-Verstoß enthält.

5. Wirksamkeit von § 1 Abs. 4 S. 1 VOB/B

171 Soweit der VOB/B-Auftraggeber nach § 1 Abs. 4 S. 1 VOB/B berechtigt ist, erforderliche Zusatzleistungen anzuordnen, hat der BGH schon im Jahr 1996 entschieden, dass dieses Anordnungsrecht schon deshalb AGB-konform sei, weil ein entsprechendes Anordnungsrecht auch beim BGB-Werkvertragsrecht nach Treu und Glauben anzuerkennen sei, wenn ohne die Zusatzleistung der vereinbarte Werkerfolg nicht erreichen werden könne. § 1 Abs. 4 S. 1 VOB/B trage damit dem Spannungsverhältnis zwischen Planung und Realität angemessen Rechnung, zumal nach § 2 Abs. 6 VOB/B automatisch die Vergütung anzupassen sei.[228]

172 Auch wenn der BGH in der damaligen Entscheidung ausdrücklich offen gelassen hat, ob die Vergütungsbestimmung des § 2 Abs. 6 VOB/B ihrerseits AGB-konform sei, ist nicht zu verkennen,

225 OLG Düsseldorf, Urt. v. 19.12.2019 – I-5 U 52/19, BauR 2020, 1466; ebenso KG, Urt. v. 27.08.2019 – 21 U 160/18, juris Rn. 44 = NJW 2020, 343.

226 So inzwischen auch OLG Köln, Urt. v. 03.02.2021 – VII ZR 191/21, BauR 2021, 973, dazu Althaus, NZBau 2022, 505.

227 OLG Düsseldorf, a.a.O.

228 BGH, Urt. v. 25.01.1996 – VII ZR 233/94, BauR 1996, 378.

dass auch ein für sich betrachtet nicht anzuzweifelndes Anordnungsrecht des Auftraggebers bzgl. erforderlicher Zusatzleistungen mit einer gesetzeskonformen Vergütungsfolge verbunden sein muss. Insoweit ging man bislang davon aus, dass § 2 Abs. 5 und Abs. 6 VOB/B trotz des geringfügig unterschiedlichen Wortlauts übereinstimmend regeln, dass die Vergütung für geänderte Leistungen gleichermaßen wie die Vergütung für zusätzliche Leistungen auf Basis der Urkalkulation des Auftragnehmers zu ermitteln ist. Wenn die neuere Rechtsprechung des BGH nun für § 2 Abs. 3 Nr. 2 sowie wegen des identischen Wortlauts zwangsläufig auch zu § 2 Abs. 5 VOB/B davon ausgeht, dass die VOB/B gerade keine inhaltliche Vorgabe für die Vereinbarung des neuen Preises bereitstellt, dann stellt sich die Frage, ob diese Auslegung auch auf § 2 Abs. 6 VOB/B zu erstrecken ist. Gerade dies wird neuestens vom OLG Brandenburg[229] vertreten. Das OLG Brandenburg interpretiert § 2 Abs. 6 VOB/B dahin, dass schon durch den Wortlaut (»besondere Kosten der geforderten Leistung«) eine Beschränkung hinsichtlich der Fortschreibung in der Urkalkulation enthalten sei. Die Bestimmung bringe zum Ausdruck, dass das Äquivalenzprinzip gelten solle, wonach durch die unvorhergesehene Veränderung der auszuführenden Leistungen keine Vertragspartei eine Besser- oder Schlechterstellung erfahren solle. Folglich komme es auch im Fall einer angeordneten Zusatzleistung auf die tatsächlich erforderlichen Mehr- oder Minderkosten zzgl. angemessener Zuschläge an.[230]

Zumindest wenn man dieser Auslegung des § 2 Abs. 6 VOB/B folgt, ergibt sich auch für das Anordnungsrecht des Auftraggebers nach § 1 Abs. 4 S. 1 VOB/B weder »für sich betrachtet« noch im Hinblick auf eine das gesetzliche Leitbild verletzende Vergütungsfolge einer AGB-Unwirksamkeit der VOB/B-Nachtragsbestimmungen.

Insgesamt ist dem DVA aber eine grundlegende Überprüfung und gesetzeskonforme Fortschreibung sowohl der Anordnungsbefugnisse aus § 1 Abs. 3 und Abs. 4 VOB/B als auch der Vergütungsfolgen aus § 2 Abs. 5 und Abs. 6 VOB/B zu empfehlen, die auch einer isolierten Inhaltskontrolle Stand hält. 173

§ 650c Vergütungsanpassung bei Anordnungen nach § 650b Abs. 2

(1) Die Höhe des Vergütungsanspruchs für den infolge einer Anordnung des Bestellers nach § 650b Abs. 2 vermehrten oder verminderten Aufwand ist nach den tatsächlich erforderlichen Kosten mit angemessenen Zuschlägen für allgemeine Geschäftskosten, Wagnis und Gewinn zu ermitteln. Umfasst die Leistungspflicht des Unternehmers auch die Planung des Bauwerks oder der Außenanlage, steht diesem im Fall des § 650b Abs. 1 S. 1 Nr. 2 kein Anspruch auf Vergütung für vermehrten Aufwand zu.

(2) Der Unternehmer kann zur Berechnung der Vergütung für den Nachtrag auf die Ansätze in einer vereinbarungsgemäß hinterlegten Urkalkulation zurückgreifen. Es wird vermutet, dass die auf Basis der Urkalkulation fortgeschriebene Vergütung der Vergütung nach Abs. 1 entspricht.

(3) Bei der Berechnung von vereinbarten oder gemäß § 632a geschuldeten Abschlagszahlungen kann der Unternehmer 80 % einer in einem Angebot nach § 650b Abs. 1 S. 2 genannten Mehrvergütung ansetzen, wenn sich die Parteien nicht über die Höhe geeinigt haben oder keine anderslautende gerichtliche Entscheidung ergeht. Wählt der Unternehmer diesen Weg und ergeht keine anderslautende gerichtliche Entscheidung, wird die nach den Abs. 1 und 2 geschuldete Mehrvergütung erst nach der Abnahme des Werkes fällig. Zahlungen nach S. 1, die die nach den Abs. 1 und 2 geschuldete Mehrvergütung übersteigen, sind dem Besteller zurückzugewähren und ab ihrem Eingang beim Unternehmer zu verzinsen. § 288 Abs. 1 S. 2, Abs. 2 und § 289 S. 1 gelten entsprechend.

229 OLG Brandenburg, Urt. v. 22.04.2020 – 11 O 153/18, BauR 2020, 1487; dazu Kaufmann/Rohr, BauR 2020, 1369.
230 OLG Brandenburg, a.a.O.

Übersicht

A. Entstehungsgeschichte

1 Wenn sich die vom Unternehmer auszuführende Bauleistung auf Veranlassung des Bestellers ändert, muss sich infolge des Äquivalenzverhältnisses grundsätzlich auch die dem Unternehmer zustehende

Vergütung ändern. Die Entstehungsgeschichte zum Änderungsrecht des Bestellers in § 650b BGB[1] ist deshalb zwangsläufig verknüpft mit der Vergütungsregelung in § 650c BGB. Auch hier hat der 3. Deutsche Baugerichtstag bereits im Jahr 2010 umfängliche Vorarbeiten geleistet. Der Arbeitskreis I sprach sich für eine gesetzliche Regelung aus, wie die Preise für geänderte oder zusätzlich erforderliche Leistungen zu ermitteln seien, wenn die Vertragsparteien selbst keine anderweitigen Vereinbarungen dazu treffen. Hierdurch sollte dazu beigetragen werden, intransparente Praktiken der Preisbildung und Preisfortschreibung unter Beibehaltung des Wettbewerbs zu verhindern.[2] Vom Arbeitskreis VI desselben 3. Deutschen Baugerichtstags wurde ebenfalls die autonome Preisvereinbarung der Parteien favorisiert. In dem Fall, dass keine Vereinbarung vorliege, solle die Vergütungsanpassung jedoch durch Fortschreibung der Vertragspreise und deren Einzelbestandteile ermittelt werden. Soweit diese Fortschreibung ganz oder teilweise nicht möglich oder unzumutbar sei, sei auf einen angemessenen Preis abzustellen.[3]

Auf dem 4. Deutschen Baugerichtstag im Jahr 2012 empfahl der Arbeitskreis I, in Fortentwicklung 2
der Empfehlungen des Arbeitskreises VI des 3. Deutschen Baugerichtstags, das bisher überwiegend praktizierte Modell der (vor-)kalkulatorischen Preisfortschreibung dahingehend zu modifizieren, dass der Unternehmer eine Mehrvergütung für zusätzliche oder geänderte Leistungen nach den tatsächlich hierfür erforderlichen Kosten erhält, wobei eine widerlegbare Vermutung dafür bestehen sollte, dass die in seiner hinterlegten Kalkulation enthaltenen Werte diesen tatsächlich erforderlichen Kosten entsprechen.[4]

Die vom BMJV eingesetzte Arbeitsgruppe hat in ihrem Abschlussbericht vom 18.06.2013[5] neben 3
den Vorschlägen zur Einführung eines Anordnungsrechts des Bestellers[6] ebenfalls Vorschläge für die Preisanpassung bei Mehr- oder Minderleistungen unterbreitet. Angelehnt an die Vorschläge des 4. Deutschen Baugerichtstags sollen die Preise für den infolge einer Anordnung des Bestellers geänderten Aufwand primär nach den im Zeitpunkt der Ausführung der Nachtragsleistungen tatsächlich erforderlichen Mehr- oder Minderkosten ermittelt werden. Allerdings dürfe der Unternehmer zur schlüssigen Darlegung der tatsächlich erforderlichen Kosten auf seine Urkalkulation zurückgreifen, die eine widerlegliche Vermutung begründen würde, dass die dort enthaltenen Werte den tatsächlich erforderlichen Mehr- oder Minderkosten entsprechen. Die tatsächlich erforderlichen Kosten sollten mit Zuschlägen für Allgemeine Geschäftskosten, Wagnis und Gewinn versehen werden.[7]

Die Vorschläge des 4. Deutschen Baugerichtstags und der Arbeitsgruppe wurden zentraler Bestand- 4
teil des Referentenentwurfs des BMJV zu § 650c BGB, der auch die Begründung der Arbeitsgruppe im Wesentlichen übernahm.[8]

Im Regierungsentwurf vom 11.03.2016[9] wurde der Regelungsvorschlag des Referentenentwurfs des 5
BMJV in § 650c Abs. 1 und 2 im Wesentlichen unverändert übernommen. Allerdings wurde in § 650c Abs. 3 BGB-E ergänzend vorgeschlagen, dass dem Unternehmer ein Anspruch auf Abschlagszahlungen bezüglich der ausgeführten Änderungsleistungen i.H.v. 80 % der in seinem Angebot nach § 650b Abs. 1 S. 2 BGB genannten Mehrvergütung zustehen sollte, soweit die Parteien sich nicht über die Höhe geeinigt haben oder eine anderslautende gerichtliche Entscheidung ergehe. Überzahlungen des Unternehmers sollten nach Abs. 3 S. 2 und 3 verzinst an den Besteller zurückgezahlt werden. In Abs. 4 wurde, zunächst nur für die Vergütungsfolgen des § 2 Abs. 5 und Abs. 6 VOB/B,

1 Dazu § 650b Rdn. 1 ff.
2 BauR 2010, 1326.
3 BauR 2010, 1420.
4 BauR 2012, 1471 ff., 1476.
5 Abschlussbericht der Arbeitsgruppe Bauvertragsrecht beim Bundesministerium der Justiz vom 18.06.2013, S. 21 ff.
6 Dazu näher oben § 650b BGB Rdn. 3.
7 Näher Abschlussbericht, S. 24 f.
8 Vgl. Referentenentwurf des BMJV vom 10.09.2015, S. 58 ff.
9 BT-Drucks. 18/8486.

auf Anregung des Bundesrats aber auch für das Anordnungsrecht des Bestellers gemäß § 1 Abs. 3 und Abs. 4 VOB/B,[10] eine AGB-rechtliche Sonderprivilegierung für die genannten Bestimmungen der VOB/B im geschäftlichen Verkehr vorgeschlagen. Schließlich wurde noch ein Abs. 5 zum Gegenstand des Entwurfs, wonach zur erleichterten Erlangung einer einstweiligen Verfügung über Streitfragen bezüglich der Leistungsänderung und deren Vergütung kein Verfügungsgrund glaubhaft gemacht werden musste, wenn zuvor unter Beteiligung von Sachverständigen ein Einigungsversuch gescheitert war.

6 In die Gesetzesfassung des § 650c BGB sind mit kleineren Änderungen die Vorschläge aus dem Regierungsentwurf zu den Abs. 1 bis 3 übernommen worden, während die »Sonderprivilegierung« der VOB/B in Abs. 4 ersatzlos gestrichen wurde. Der Regelungsvorschlag in Abs. 5 für die erleichterte Erlangung einer einstweiligen Verfügung wurde modifiziert zum Regelungsgegenstand von § 650d BGB.

B. Überblick

7 In § 650b BGB hat der Gesetzgeber den Bedarf der Baupraxis, den festgelegten Leistungsumfang auch nachträglich noch verändern zu können, durch ein zweistufiges Änderungsmodell anerkannt. Wünscht der Besteller eine Änderung des vereinbarten Werkerfolgs oder eine Änderung, die zur Erreichung des vereinbarten Werkerfolgs notwendig ist, so unterliegen die Parteien einem in § 650b Abs. 1 BGB geregelten Einigungsgebot. Kommt es innerhalb von 30 Tagen nicht zu einer Einigung, so entsteht nach näherer Maßgabe von § 650b Abs. 2 BGB ein einseitiges Änderungsrecht des Bestellers. Gesetzlicher Regelungsbedarf für die Vergütungsfolgen einer Änderung besteht nur, soweit die Parteien sich über die Leistungsänderung und deren Vergütung nicht bereits im Rahmen von § 650b Abs. 1 BGB (oder unabhängig davon) geeinigt haben. Beruht die vom Unternehmer auszuführende Leistungsänderung also auf einer einseitigen Anordnung des Bestellers nach § 650b Abs. 2 BGB, so besteht eine zwangsläufige Regelungsnotwendigkeit für die Vergütungsfolgen dieser einseitig vom Besteller festgelegten Leistungsänderung. Auf Basis der vom DBGT und der Arbeitsgruppe Bauvertragsrecht beim BMJV geleisteten Vorarbeit hatte der Gesetzgeber also nicht das »Ob«, sondern nur das »Wie« der Vergütungsänderung zu regeln. Als »Regelungsmodelle« standen seinerzeit insbesondere zur Verfügung
- die marktübliche Vergütung gemäß § 632 Abs. 2 BGB;
- die Preisfortschreibung auf Basis der Urkalkulation nach dem (damals weithin praktizierten) Modell des § 2 Abs. 5 und Abs. 6 VOB/B;
- Selbstkostenpreise des Unternehmers (ggf. mit Zuschlägen);
- Preisindizes.[11]

8 Der Gesetzgeber hat sich in **§ 650c Abs. 1 und Abs. 2 BGB** für das vom 4. Deutschen Baugerichtstag sowie der Arbeitsgruppe Bauvertragsrecht des BMJV favorisierte Modell entschieden, dass sich die geänderte Vergütung nach den für die Änderung tatsächlich erforderlichen Kosten mit Zuschlägen für Allgemeine Geschäftskosten sowie Wagnis und Gewinn richten soll und nicht, wie gemäß § 2 Abs. 5 und 6 VOB/B seinerzeit häufig praktiziert, nach der dem Vertrag zugrunde liegenden Kalkulation. Dieser Grundsatz des § 650c Abs. 1 BGB wird durch § 650c Abs. 2 BGB modifiziert, wonach (S. 1) der Unternehmer zur Berechnung der Vergütung für den Nachtrag auf die Ansätze in einer vereinbarungsgemäß hinterlegten Urkalkulation zurückgreifen kann und wonach (S. 2) vermutet wird, dass die auf Basis der Urkalkulation fortgeschriebene Vergütung der Vergütung nach Abs. 1 entspricht. Der Unternehmer hat also ein **Wahlrecht** zwischen der Ermittlung der Nachtragsvergütung auf der Basis der tatsächlich erforderlichen Kosten einerseits oder durch Preisfortschreibung

10 Dazu näher oben § 650b BGB Rdn. 148 ff.

11 Vgl. auch Arbeitsgruppe I des 3. Deutschen Baugerichtstags, BauR 2010, 1327; die denkbaren Möglichkeiten der Nachtragskalkulation sind aus baubetrieblicher Sicht – punktuell abweichend von den damaligen Überlegungen des DBGT – zwischenzeitlich ausführlich erläutert und voneinander abgegrenzt, siehe Kapellmann/Schiffers/Markus, Bd. 1 Rn. 42 ff.

gemäß vereinbarungsgemäß hinterlegter Urkalkulation andererseits, allerdings mit der Widerlegungsmöglichkeit für den Besteller, dass die tatsächlich erforderlichen Kosten der Änderung geringer sind als die aus der Urkalkulation fortgeschriebenen Kosten. Tatsächlich versucht der Gesetzgeber, diese beiden grundsätzlich unterschiedlichen Ermittlungsarten für die Nachtragsvergütung »unter einen Hut« zu bringen, indem unter den in Abs. 2 genannten Voraussetzungen die Vermutung besteht, dass die auf Basis der Urkalkulation fortgeschriebene Vergütung den tatsächlich erforderlichen Kosten nebst Zuschlägen entspricht.[12] Dass die Praxis hier vor gehörige Herausforderungen bei der Vergütungsermittlung gestellt wurde und unverändert wird, liegt auf der Hand.[13] Fest steht aber jedenfalls, dass sonstige Vergütungsmodelle wie marktübliche Preise für die Nachtragsvergütung gemäß § 650c BGB nach der Entscheidung des Gesetzgebers nicht in Betracht kommen.[14]

§ 650c Abs. 3 BGB regelt – abweichend von der Überschrift des § 650c BGB – nicht die Vergütungsanpassung bei Anordnungen nach § 650b Abs. 2 BGB, sondern das Recht des Unternehmers auf Abschlagszahlungen für bereits (teilweise) ausgeführte Änderungsleistungen. Meinungsverschiedenheiten der Bauvertragsparteien über Grund oder Höhe des geänderten Vergütungsanspruchs des Unternehmers führen in der Praxis häufig dazu, dass der Besteller entweder gar keine Zahlung leistet oder eine deutlich unter den Forderungen des Unternehmers liegende Teilzahlung. In Kenntnis dieser häufig zu Liquiditätsproblemen des Unternehmers führenden Situation hat der Gesetzgeber mit § 650c Abs. 3 BGB ein Novum dergestalt geschaffen, dass dem Unternehmer ein Anspruch auf Abschlagszahlungen i.H.v. 80 % der nach § 650b Abs. 1 S. 2 BGB angebotenen Mehrvergütung zusteht, auch dann, wenn der Vergütungsanspruch des Unternehmers schon dem Grunde nach streitig ist oder vom Besteller der Höhe nach als überhöht moniert wird.[15] Die Pauschalregelung des § 650c Abs. 3 BGB ist schon während des Gesetzgebungsverfahrens zu Recht kritisiert worden, weil sie zwar einfach wirkt, der Praxis jedoch große Probleme bereitet.[16] Immerhin hat der Gesetzgeber erkannt, dass es durch den Anspruch auf Abschlagszahlungen i.H.v. 80 % des Angebotspreises, der ja in der Einigungsphase und vor einer Anordnung des Bestellers gebildet worden ist, möglicherweise zu einer Überzahlung des Unternehmers gegenüber dem ihm tatsächlich zustehenden Vergütungsanspruch kommen kann. Die »Sanktion« des Gesetzes besteht in Abs. 3 S. 3 (lediglich) darin, dass der Unternehmer den zu viel erhaltenen Betrag verzinst an den Besteller zurückzahlen muss. Es durfte von Anfang an bezweifelt werden, dass diese »Zinssanktion« den Unternehmer davon abhalten wird, eine zu hohe Abschlagsforderung zu stellen. Allerdings haben sich auch umgekehrt Befürchtungen, der Unternehmer werde wegen des »80 %-Abschlagszahlungsanspruchs« nach § 650c Abs. 3 BGB stark überhöhte Angebote vorlegen, in der Praxis weitgehend nicht bestätigt. 9

Losgelöst von der nachträglichen Abrechnung inklusiv einer verzinsten Rückforderung verbleibt dem Besteller im Fall überhöhter Nachtragsansprüche des Unternehmers nur die Möglichkeit, gemäß § 650d eine einstweilige Verfügung zu erwirken. Von Anfang an wurde angezweifelt, dass damit der vom Gesetzgeber gewünschte effektive Rechtsschutz gewährleistet sein werde.[17] Tatsächlich ist die Judikatur zu § 650d BGB rd. 8 Jahre nach Inkrafttreten der Regelung sehr vereinzelt geblieben.[18] 10

---

12 Dass dies unter richtiger Anwendung der verschiedenen Ermittlungsmaßstäben auch aufgeht, zeigt Knopp, in: FS Langen, S. 169 ff., sowie in Kapellmann/Schiffers/Markus, Bd. 1 Rn. 42 ff., insb. Rn. 57.

13 Vgl auch Orlowski, BauR 2017, 1427, 1432; OLG Celle, Urt. v. 14.05.2025 – 14 U 238/24, IBR 2025, 333; OLG Düsseldorf, Urt. v. 27.03.2025 – 5 U 148/23, IBR 2025, 392.

14 Vgl. BT-Drucks. 18/8486, S. 56.

15 Näher dazu unten Rn. 93 ff.

16 Vgl. Kniffka, BauR 2016, 1533, 1536; Kimpel, NZBau 2016, 734, 736; Orlowski, ZfBR 2016, 419, 427.

17 Kimpel, a.a.O.

18 Näher dazu § 650d BGB Rdn. 32 ff.

C. Einheitliches Vergütungssystem sowohl für notwendige Änderungen als auch für Änderungen des Werkerfolgs

11 Das durch § 650c Abs. 1 und Abs. 2 BGB normierte Vergütungssystem nach den tatsächlich erforderlichen Kosten der Änderung, wahlweise nach einer vereinbarungsgemäß hinterlegten Urkalkulation des Unternehmers, gilt für **beide Arten der Leistungsänderung** gemäß § 650b Abs. 1 S. 1 BGB.

12 Im Gesetzgebungsverfahren war, anknüpfend an die Überlegungen der Arbeitsgruppe Bauvertragsrecht beim BMJV,[19] diskutiert worden, den Vergütungsanspruch des Unternehmers für eine vom Besteller angeordnete Änderung des Werkerfolgs (§ 650b Abs. 1 S. 1 Nr. 1 BGB) anders zu ermitteln als den Vergütungsanspruch für eine Änderung, die gemäß Abs. 1 S. 1 Nr. 2 zur Erreichung des vereinbarten Werkerfolgs notwendig ist.[20] Diskutiert wurde insbesondere, bei nach Abs. 1 S. 1 Nr. 2 zur Erreichung des Werkerfolgs notwendigen Änderungen (ausschließlich) auf das ursprünglich vereinbarte Preisniveau abzustellen, um den fiktiven Preis zugrunde zu legen, den die Parteien vereinbart hätten, wenn dem Vertrag von Anfang an eine vollständige bzw. mängelfreie Leistungsbeschreibung zugrunde gelegen hätte.[21] Freie Leistungsänderungen im Sinne von Abs. 1 S. 1 Nr. 1 sollten hingegen auf der Basis der tatsächlich mit den Leistungsänderungen verbundenen Mehr- oder Minderkosten vergütet werden.[22] Den Empfehlungen der Arbeitsgruppe beim BMJV folgend, hat der Gesetzgeber von dieser Differenzierung Abstand genommen, nicht zuletzt mit der zutreffenden Begründung, dass eine Abgrenzung der beiden Fälle des § 650b Abs. 1 S. 1 Nr. 1 und 2 im Einzelfall sehr schwierig sein könne.[23] Das Ergebnis ist zu begrüßen, da die beiden Alternativen des § 650b Abs. 1 S. 1 BGB durchaus in Kombination auftreten können, wenn beispielsweise ein vom Unternehmer beanstandeter Planungsfehler dadurch korrigiert wird, dass insgesamt eine andere planerische Lösung für die Leistungen gewählt wird, die sowohl Elemente von Abs. 1 S. 1 Nr. 1 als auch solche von Abs. 1 S. 1 Nr. 2 enthält. Unabhängig von der gesetzlichen Entscheidung ist im Rahmen der Anspruchsvoraussetzungen unverändert zwischen einer Änderung des vereinbarten Werkerfolgs und einer Änderung, die der Erreichung des vereinbarten Werkerfolgs dient, zu unterscheiden, wie sich näher aus § 650b Abs. 1 BGB ergibt.[24]

D. § 650c Abs. 1 BGB

13 Gemäß § 650b Abs. 1 S. 1 BGB ist die Höhe des Vergütungsanspruchs des Unternehmers für den infolge einer Anordnung des Bestellers nach § 650b Abs. 2 BGB vermehrten oder verminderten Aufwand nach den tatsächlich erforderlichen Kosten mit (angemessenen) Zuschlägen für Allgemeine Geschäftskosten sowie Wagnis und Gewinn zu ermitteln. Abs. 1 S. 2 stellt klar, dass dem Unternehmer im Fall des § 650b Abs. 1 S. 1 Nr. 2 BGB (Leistungsänderung, die zur Erreichung des vereinbarten Werkerfolgs notwendig ist) kein modifizierter Vergütungsanspruch zusteht, wenn die Leistungspflicht des Unternehmers auch die Planung des Bauwerks oder der Außenanlage umfasst.

14 Sowohl die gesetzgeberische Entscheidung für eine Vergütungsermittlung nach dem Modell »tatsächlich erforderliche Kosten« als auch die damit verknüpften, einzelnen Tatbestandsvoraussetzungen werfen zahlreiche Fragen auf, deren Klärung der Gesetzgeber zu einem wesentlichen Teil den Gerichten übertragen hat.[25]

I. Anordnung des Bestellers nach § 650b Abs. 2 BGB

15 § 650c Abs. 1 S. 1 (und Abs. 2 S. 1) BGB regelt den Vergütungsanspruch des Unternehmers in Folge einer Anordnung des Bestellers nach § 650b Abs. 2 BGB. Die gesetzliche Vergütungsfolge

19 Abschlussbericht, S. 26.
20 BT-Drucks. 18/8486, S. 56.
21 BT-Drucks. 18/8486, S. 56.
22 BT-Drucks. 18/8486, S. 56.
23 BT-Drucks. 18/8486, S. 56.
24 Vgl. dazu 650b Rdn. 19 ff.
25 So zutreffend Althaus, BauR 2017, 412, 416 f.

setzt daher grundsätzlich eine **wirksame Anordnung** des Bestellers im Sinne von § 650b Abs. 2 BGB voraus[26]. Hierzu kann auf die ausführlichen Erläuterungen zu § 650b Abs. 2 BGB verwiesen werden.[27] An dieser Stelle zusammenfassend:

Das Anordnungsrecht des Bestellers nach § 650b Abs. 2 S. 1 BGB setzt voraus, dass die Parteien binnen 30 Tagen nach Zugang des Änderungsbegehrens des Bestellers beim Unternehmer keine Einigung über die begehrte Leistungsänderung **und** deren Vergütung entsprechend § 650b Abs. 1 BGB erzielt haben. Die »Nichteinigkeit« der Parteien über die begehrte Leistungsänderung und deren Vergütung setzt also ein Scheitern des vom Besteller durch sein Änderungsbegehren initiierten Einigungsversuchs binnen 30 Tagen nach Zugang des Änderungsbegehrens voraus. Ordnet der Besteller also – nach dem Vorbild des § 1 Abs. 3 und Abs. 4 S. 1 VOB/B – sogleich eine Leistungsänderung an, ohne dass zuvor ein Einigungsversuch der Parteien stattgefunden hat, dann ist eine solche Anordnung ebenso unwirksam[28] wie die Anordnung des Bestellers nach einem Einigungsversuch, den der Besteller durch die Verletzung seiner Mitwirkungsobliegenheiten zum Scheitern gebracht hat.[29] Gleichermaßen unwirksam ist eine Anordnung des Bestellers, die der in § 650b Abs. 2 S. 1 BGB geregelten Textform entbehrt[30] oder die dem Unternehmer, im Fall der Änderung des Werkerfolgs, nicht zumutbar ist.[31] 16

Kein Anordnungsrecht steht dem Besteller schließlich zu, wenn sich sein Änderungsbegehren und, nach Scheitern eines Einigungsversuchs, seine Anordnung auf die Bauumstände bezieht, bspw. auf das vereinbarte Bauverfahren oder insbesondere die vereinbarten Ausführungsfristen.[32]

Offen und demzufolge umstritten ist die Rechtsfolge, wenn der Besteller eine **unwirksame Anordnung** erklärt, die vom Unternehmer allerdings unbeschadet dessen befolgt wird. Dies ist in der Praxis häufig zu beobachten, wenn z.B. der Besteller nach einem Bedenkenhinweis des Unternehmers eine Leistungsänderung anordnet und diese Anordnung vom Unternehmer, oftmals auch zur Vermeidung von Stillständen, sogleich umgesetzt wird. Gleiches gilt, wenn der Besteller, z.B. aufgrund verspätet erteilter Baugenehmigung, die Verschiebung des vereinbarten Baubeginns anordnet, obwohl er mangels Anordnungsrechts hinsichtlich der vereinbarten Ausführungsfristen dazu nicht befugt ist. 17

In diesen Fällen kommen drei Lösungsansätze in Betracht: Der erste und schon auf den ersten Blick zu bevorzugende Lösungsansatz besteht darin, § 650c Abs. 1 (und Abs. 2) auch auf den Fall (entsprechend) anzuwenden, dass keine »rechtmäßige« Anordnung des Bestellers im Sinne von § 650b Abs. 2 BGB vorliegt, der Unternehmer die Anordnung aber ungeachtet dessen befolgt hat. Die zweite Möglichkeit besteht darin, dem Unternehmer aufgrund des engen Wortlauts des § 650c Abs. 1 BGB (nur) einen Anspruch auf die übliche Vergütung nach § 632 Abs. 2 BGB einzuräumen. Die dritte und verbleibende Möglichkeit würde darin bestehen, dem Unternehmer lediglich einen Anspruch auf Aufwendungsersatz nach § 683 BGB oder auf Wertersatz nach § 812 BGB unter den dortigen Voraussetzungen einzuräumen.

§ 2 Abs. 5 VOB/B enthält für **VOB/B-Verträge** insoweit einen Auffangtatbestand, als dem Unternehmer im Fall einer »sonstigen Anordnung des Bestellers« ebenfalls ein Vergütungsanspruch zusteht, auch wenn sich die Anordnung des Bestellers nicht auf eine Entwurfsänderung nach § 1 Abs. 3 VOB/B beschränkt. Als »sonstige Anordnung« sind dabei insbesondere, auch nach der VOB/B nicht 18

---

26 So auch Brunstamp, in: Langen, Werk- und Bauvertragsrecht, § 650c Rn. 4.

27 Dort § 650b BGB Rdn. 74 ff.

28 § 650b BGB Rdn. 121.

29 Z.B. Nichtvorlage der für das Änderungsangebot erforderlichen Planung, wenn der Besteller die Planungsverantwortung trägt (§ 650b BGB Rdn. 65 ff.) oder die kategorische Weigerung des Bestellers, mit dem Unternehmer einen Einigungsversuch zu unternehmen (§ 650b BGB Rn. 30).

30 Dazu näher § 650b BGB Rdn. 131 ff.

31 § 650b BGB Rdn. 78 ff. sowie 101.

32 Dazu § 650b BGB Rdn. 42 ff.

erlaubte, »Bauzeitanordnungen« des Bestellers anzusehen.[33] Das Kammergericht[34] und das OLG Brandenburg[35] hatten eine den Vergütungsanspruch auslösende »sonstige« Anordnung des Bestellers im Fall einer Behinderung des Bauablaufs bspw. schon darin gesehen, dass der Besteller dem Unternehmer die Umstände anzeigte, die seinen Annahmeverzug begründeten. Inzwischen hat der BGH durch Urteil vom 19.09.2024 klargestellt, dass die bloße Mitteilung einer bestellerseitigen Behinderung an den Unternehmer ebenso wenig eine leistungsändernde Anordnung darstellt wie die Vorlage eines fortgeschriebenen Bauablaufplans, mit dem der Besteller auf die Zeitfolgen der Behinderung reagiert.[36]

Einen solchen »Rechtsfolgenüberschuss«, also einen entsprechenden Vergütungsanspruch auch bei Überschreitung des Anordnungsrechts durch den Besteller, sieht § 650c Abs. 1 S. 1 BGB seinem Wortlaut nach nicht vor. Dennoch erscheint es grundsätzlich interessengemäß, dem Unternehmer einen nach § 650c Abs. 1 (oder Abs. 2) BGB zu bemessenden Vergütungsanspruch auch dann zu gewähren, wenn er einer formal oder materiell unwirksamen Anordnung des Bestellers Folge leistet. Denn gerade die vielfach in Betracht kommenden Möglichkeiten, weshalb eine Anordnung des Bestellers unwirksam sein kann, gebietet, den der unwirksamen Anordnung folgenden Unternehmer nicht schlechter zu stellen, als wenn die inhaltlich gleiche Anordnung wirksam ist.[37] Bei einer formunwirksamen, weil z.B. nur mündlich erklärten Anordnung, wird ohnehin häufig der Fall eines konkludenten Einvernehmens der Parteien über die die durchgeführte Vertragsänderung bestehen.[38] Einigen sich die Parteien nur über die Leistungsänderung, während hinsichtlich der Vergütungsfolge keine Einigkeit erzielt werden konnte, dann erscheint es ebenfalls opportun, den Vergütungsanspruch nach § 650c BGB zu bemessen, um im Fall von leistungsändernden Anordnungen des Bestellers ein möglichst einheitliches Vergütungssystem zur Verfügung zu stellen.[39]

II. Infolge einer Anordnung des Bestellers geänderter Aufwand

19 Die Vergütungsfortschreibung gemäß § 650c Abs. 1 S. 1 BGB setzt zunächst voraus, dass ein vermehrter oder verminderter Aufwand des Unternehmers *infolge einer Anordnung des Bestellers nach § 650b Abs. 2 BGB* eintritt. Aus der Bestimmung ergeben sich zwei Konsequenzen: Zum einen muss der geänderte Aufwand des Unternehmers die Folge der Änderungsanordnung des Bestellers sein, die Änderungsanordnung muss also kausal für die Kostenänderung sein. Zum anderen indiziert der Wortlaut des § 650c Abs. 1 S. 1 BGB, dass die Vergütungsfolge nicht greift, soweit die Parteien im Vorfeld einer Anordnung einen Einigungsversuch über die Leistungsänderung und deren Vergütung unternehmen.

20 Zum Begriffsinhalt der *Anordnung des Bestellers* nach § 650b Abs. 2 BGB darf auf die dortige Kommentierung verwiesen werden.[40] Im Umkehrschluss könnte man aus der Regelung in Abs. 1 S. 1 ableiten, dass der Unternehmer die von ihm nach § 650b Abs. 1 S. 2 BGB anzubietende Vergütung im Rahmen des Einigungsgebots frei kalkulieren kann. Dem steht jedoch zum einen die Gesetzessystematik und zum anderen der Sinn und Zweck der §§ 650b und c BGB entgegen, wonach ein

---

33 Vgl. OLG Brandenburg, Urt. v. 25.06.2020 – 12 U 59/19, NJW 2020, 3790; ausführlich Kapellmann, in: Kapellmann/Messerschmidt, § 2 VOB/B Rn. 324 m.w.N.

34 KG, Urt. v. 29.01.2019 – 21 U 122/18, BauR 2019, 823.

35 A.a.O.

36 BGH, Urt. v. 19.09.2024 – VII ZR 10/24, NZBau 2025, 176; näher dazu § 650b BGB Rdn. 124.

37 So auch Althaus/Kattenbusch, in: BeckOK BauvertragsR, § 650c BGB Rn. 5a für den Sonderfall, dass nur eine Teileinigung der Parteien über die Leistungsänderung, nicht aber deren Vergütung stattgefunden hat.

38 § 650b BGB Rdn. 135; im Fall einer (unwirksamen) Bauzeitanordnung sprechen sich Althaus/Kattenbusch, a.a.O. allerdings gegen eine entsprechende Anwendbarkeit von § 650c BGB aus, vgl. Rn. 56.

39 Vgl. § 650b BGB Rdn. 97 g; anderer Auffassung v. Rintelen, in: ibr-OK Bauvertragsrecht, § 650b BGB Rn. 138.

40 Dazu § 650b BGB Rdn. 123.

und derselbe Änderungswunsch des Bestellers möglichst einvernehmlich, im Fall der Nichteinigung aber notfalls auch im Wege der Anordnung umgesetzt werden soll. Wenn für das von den Parteien herzustellende Einvernehmen andere Regeln bezüglich der Vergütung der Leistungen bestehen würden als im Fall einer Anordnung des Bestellers, könnte dies den Unternehmer verleiten, entweder (unredlich) überhöhte Preise durchzusetzen, weil dem Besteller an einer möglichst umgehenden Umsetzung der Änderung gelegen ist oder aber den Besteller zu zwingen, die gewünschte, ggf. sogar erforderliche Änderung erst nach 30 Tagen zu anderen Preiskonditionen anordnen zu können.[41] Unabhängig von dieser Detailfrage besteht aber jedenfalls kein gesetzlicher Regelungsbedarf für eine modifizierte Vergütung, wenn sich die Parteien über die Leistungsänderung und deren Vergütung geeinigt haben.

Beruht die Leistungsänderung auf einer einseitigen Anordnung des Bestellers nach § 650b Abs. 2 BGB, so richtet sich die Höhe des Vergütungsanspruchs nach den tatsächlich erforderlichen Kosten, die für den vermehrten oder verminderten Aufwand des Unternehmers entstehen. Die **Anordnung** des Bestellers muss also **ursächlich** für den **vermehrten oder verminderten Aufwand** des Unternehmers sein. Dies gilt sowohl für den unmittelbaren Aufwand, der im Zusammenhang mit der angeordneten Leistungsänderung entsteht (z.B. höhere oder zusätzliche Materialkosten, teurere Geräte, höherer Arbeitslohn durch aufwändigere Herstellung) als auch für den geänderten Aufwand, der als mittelbare Folge der Leistungsänderung entsteht, z.B. eine verlängerte Bauzeit und die damit verbundenen Mehrkosten. 21

Umgekehrt: Wenn dem Unternehmer unabhängig von der Änderungsanordnung des Bestellers ein höherer Aufwand entsteht, als von ihm im Rahmen der vereinbarten Vergütung kalkuliert, dann ist dieser vermehrte Aufwand nicht die Folge einer Anordnung des Bestellers, sondern einer Fehlkalkulation des Unternehmers oder auch die Folge eines beispielsweise vom Unternehmer übernommenen Ausführungsrisikos. Ein solcher Mehraufwand, der zwar *anlässlich* der vom Besteller geänderten Leistung realisiert wird, gleichermaßen aber auch bei Ausführung der ursprünglich festgelegten Leistung entstanden wäre, ist bei der Feststellung der Mehr- oder Mindervergütung nach Abs. 1 S. 1 nicht zu berücksichtigen. Umgekehrt soll durch § 650c Abs. 1 BGB eine Verlusterhöhung in Folge der angeordneten Änderung gerade vermieden werden. 22

▶ **Beispiel:**

Der Besteller beauftragt den Unternehmer mit der Herstellung einer Betonbodenplatte d = 10 cm zum Einheitspreis von 100,00 €/m², der kalkulierte Herstellkosten in Höhe von 80,00 €/m² enthält Die Herstellkosten betragen tatsächlich 120,00 €/m², so dass der Unternehmer je m² 40,00 € Verlust realisieren würde. Aus statischen Gründen wird die Bodenplatte auf d = 15 cm verstärkt, die Herstellkosten dafür betragen nun tatsächlich 170,00 €/m².
Die Kostenunterdeckung i.H.v. 40,00 €/m² beruht nicht auf der Änderungsanordnung des Bestellers, sondern auf der Fehlkalkulation des Unternehmers. Schon nach dem Wortlaut des § 650c Abs. 1 S. 1 BGB beruht der »vermehrte Aufwand« für die Betonsohle d = 15 cm also erst oberhalb von 120,00 €/m² auf der Änderungsanordnung des Bestellers, was auch der Intention des § 650c Abs. 1 S. 1 BGB entspricht, die tatsächlich erforderlichen Kosten der geänderten Leistung den hypothetisch erforderlichen Kosten der Ursprungsleistung gegenüberzustellen. Die Nachtragsvergütung des Unternehmers im Beispiel beläuft sich also auf 50,00 €/m² (Herstellkosten) zzgl. angemessener Zuschläge für allgemeine Geschäftskosten sowie Wagnis und Gewinn.[42]

Darlegungs- und beweispflichtig dafür, dass der geltend gemachte Mehraufwand infolge der Anordnung des Bestellers entstanden ist, ist der Unternehmer.[43] 23

41 Näher dazu § 650b BGB Rdn. 85 ff.
42 Näher dazu Rdn. 27 ff.
43 Althaus/Kattenbusch, in: BeckOK BauvertragsR, § 650c BGB Rn. 18a;.

III. Vermehrter oder verminderter Aufwand nach tatsächlich erforderlichen Kosten

24 § 650c Abs. 1 S. 1 BGB bestimmt, dass sich die Höhe des Vergütungsanspruchs für den infolge einer Anordnung des Bestellers nach § 650b Abs. 2 BGB vermehrten oder verminderten Aufwand nach den tatsächlich erforderlichen Kosten (mit angemessenen Zuschlägen für Allgemeine Geschäftskosten, Wagnis und Gewinn) ermittelt.

1. Aufwand und Kosten

25 Nach § 650c Abs. 1 S. 1 BGB richtet sich der für die Vergütungshöhe maßgebliche, vermehrte oder verminderte Aufwand des Unternehmers nach den tatsächlich erforderlichen Kosten der Änderungsleistung. Nach dieser Systematik sind die tatsächlich erforderlichen Kosten also Bestandteil des vermehrten oder verminderten Aufwands, der wiederum die Höhe der Nachtragsvergütung des Unternehmers bestimmt.

26 Wenngleich betriebswirtschaftlich zwischen Aufwand[44] und Kosten[45] unterschieden wird, die Kosten also zentraler Bestandteil des Aufwands für eine bestimmte Leistung sind, kann die Differenzierung zwischen diesen beiden Begriffen im Rahmen der Ermittlung der Vergütungshöhe dahinstehen. So muss sich der Unternehmer gemäß § 648 S. 2 BGB beispielsweise die kündigungsbedingt ersparten Aufwendungen abziehen lassen, während § 8 Abs. 1 S. 2 VOB/B beim gleichen Sachverhalt von ersparten Kosten spricht. Das Gesetz selbst erwähnt in § 649 BGB den Begriff des *Kosten*anschlags.

27 Maßgeblich für den vermehrten oder verminderten Aufwand des Unternehmers im Rahmen einer Änderungsleistung sind also die damit verbundenen (tatsächlich erforderlichen) Kosten.

2. Tatsächlich erforderliche Kosten der Änderungsleistung

28 Die zentrale Regelung des § 650c Abs. 1 S. 1 BGB besteht darin, dass sich der Vergütungsanspruch des Unternehmers bei einer vom Besteller angeordneten Leistungsänderung nach den damit verbundenen, tatsächlich erforderlichen Kosten richten soll und ausweislich der Gesetzesbegründung nicht nach sonstigen Parametern wie der üblichen Vergütung[46].

29 Ausweislich der Materialien[47] liegen dem gesetzlichen Vergütungsmodell in § 650c Abs. 1 S. 1 BGB folgende Überlegungen zugrunde: Die für die unveränderten Vertragsleistungen vereinbarten Preise bleiben unberührt.[48] Mehr- oder Minderleistungen sollen hingegen nach den hierfür tatsächlich erforderlichen Kosten mit angemessenen Zuschlägen für Allgemeine Geschäftskosten sowie Wagnis und Gewinn abgerechnet werden. Bei der Ermittlung des veränderten Aufwands nach den tatsächlich erforderlichen Kosten ist die **Differenz** zwischen den **hypothetischen Kosten**, die ohne die Anordnung des Bestellers entstanden wären, und den **Ist-Kosten**, die aufgrund der Anordnung tatsächlich entstanden sind, **zu bilden**. Diese Differenz ist die Grundlage der Vergütung für den geänderten Aufwand.[49] Wenngleich die Formel recht einfach erscheint, beinhaltet sie u.a. folgende nicht trivial zu beantwortende Bewertungsfragen: (1) Wie lassen sich hypothetische Kosten von Leistungen, die anordnungsbedingt nicht zur Ausführung kamen, sachgerecht ermitteln? (2) Wie

---

44 Aufwand bedeutet den bewerteten Verbrauch aller Güter in einer bestimmten Rechnungsperiode, vgl. Wikipedia »Aufwand«; nach Bartel/Hofmann, BauR 2021, 429 sind unter Aufwand in Geld bewertete Zahlungsströme zu verstehen, vgl. S. 430.

45 Kosten stehen betriebswirtschaftlich für den bewerteten Verbrauch an Produktionsfaktoren in Geldeinheiten, welche zur Erstellung der betrieblichen Leistung in einer Abrechnungsperiode notwendig sind, vgl. Wikipedia »Kosten«; nach Bartel/Hofmann, a.a.O., hat der Begriff Kosten vorrangig eine kalkulatorische Bedeutung und bedeutet nicht zwingend einen Zahlungsstrom.

46 BT-Drucks. 18/8486, S. 56.

47 BT-Drucks. 18/8486, S. 56 f.

48 Was selbstverständlich sein sollte, soweit Nachtragskalkulation immer eine vergütungsrelevante Kausalität des veränderten Bausolls voraussetzt, vgl. Kapellmann/Schiffers/Markus, Bd. 1 Rn. 45.

49 BT-Drucks. 18/8486, S. 56.

wird der Erforderlichkeit Rechnung getragen, wenn es sich um zusätzliche Leistungen handelt, denen keine hypothetischen Kosten gegenüberstünden?

a) Unveränderte Vertragsleistung

Soweit die vertraglich vereinbarten Leistungen des Unternehmers von der Änderungsanordnung des Bestellers nicht betroffen sind, verbleibt es – selbstverständlich – bei der vereinbarten Vergütung für diese unveränderten Leistungen. 30

Im Fall eines Einheitspreisvertrages ist die anteilige Vergütung für die unveränderte Leistung im Regelfall unproblematisch zu ermitteln. Bei Pauschalpreisvereinbarungen muss die anteilige Vergütung für die unveränderte Leistung ggf. nach Maßgabe der Kalkulation, auf der der Pauschalpreis beruht, ermittelt werden.[50] 31

Problematisch ist aber bereits der Fall, dass zwar körperlich die Leistung unverändert bleibt, aufgrund der Änderungsanordnung des Bestellers aber z.B. ein geänderter Bauablauf erforderlich wird[51] oder auch ein anderes Herstellverfahren angewendet werden muss.[52] Daneben sind auch mittelbare Auswirkungen der angeordneten Leistungsänderung auf die ansonsten unveränderte Leistung denkbar, wenn z.B. aufgrund einer anderen Raumaufteilung geänderte Brandabschnitte für die ansonsten unveränderte Bauleistung entstehen. Soweit also für die körperlich unveränderte Leistung aufgrund der Leistungsänderung mittelbar ein geänderter Aufwand entsteht, ist dieser bei der Höhe der Nachtragsvergütung zu berücksichtigen. 32

b) Geänderte Vertragsleistung

In den Materialien zu § 650c Abs. 1 BGB ist nur von Mehr- oder Minderleistungen die Rede, hinsichtlich derer die tatsächlich erforderlichen Kosten zu ermitteln sind. Klarzustellen ist, dass neben Mehr- oder Minderleistungen auch qualitative Leistungsänderungen ohne Änderung der Quantität denkbar sind und gleichermaßen gemeint sein müssen, wenn z.B. Materialgüter verändert werden. 33

Die tatsächlich erforderlichen Kosten sind also maßgeblich für alle auf Anordnung des Bestellers nach § 650b Abs. 2 BGB geänderten Leistungen, seien es Mehr- oder Minderleistungen, seien es veränderte Leistungen oder veränderter Aufwand zur Herstellung derselben Leistung. 34

c) Entfallende Vertragsleistung

aa) Im Rahmen einer Änderung

Die Änderungsanordnung des Bestellers nach § 650b Abs. 2 BGB kann zu einem (teilweisen) Leistungsentfall führen, der im Zusammenhang mit der angeordneten Änderung entsteht, z.B. Entfall der vorgesehenen Holztreppen, stattdessen Erstellung von Betontreppen. Entfall einerseits und Hinzukommen neuer Leistungen andererseits sind dann insgesamt als Änderung im Sinne von §§ 650b Abs. 2 und 650c Abs. 1 BGB anzusehen, sodass die durch den Entfall einerseits entstehenden Minderkosten und die durch das Hinzukommen der neuen Leistung andererseits entstehenden Mehrkosten nach tatsächlich erforderlichen Kosten zu erfassen und der Nachtragsvergütung zugrunde zu legen sind. 35

---

50 Zum Parallelfall des gekündigten Pauschalvertrages vgl. BGH, BauR 1996, 846; 1997, 304; 1998, 121 und 125; 1999, 632; 2002, 1695; 2003, 377.

51 Z.B. Vorziehen bestimmter Leistungen bis zur Klärung der Änderungswünsche des Bestellers innerhalb der 30-Tages-Frist des § 650b BGB.

52 Der Besteller hat die Ausführung eines weiteren Wohngeschosses angeordnet, sodass ein größerer Kran zur Baustelle geschafft werden muss.

▶ **Beispiel:**

Die Parteien haben für drei Holztreppen einen Preis von 3.000,00 € je Treppe vereinbart. Die vom Unternehmer kalkulierten Kosten belaufen sich auf 2.500,00 € zzgl. 500,00 € für allgemeine Geschäftskosten sowie Wagnis und Gewinn. Tatsächlich hätten die Holztreppen 3.000,00 €/Stück gekostet. Die angeordneten Betontreppen kosten 4.000,00 €/Stück.
Bei der Ermittlung des Nachtragspreises nach § 650c Abs. 1 BGB sind nicht die kalkulierten Kosten in Höhe von 2.500,00 €/Stück Holztreppe, sondern die hypothetischen Ist-Kosten in Höhe von 3.000,00 €/Stück anzurechnen, sodass das Delta zwischen der entfallenden Leistung und der hinzugekommenen Leistung 1.000,00 € beträgt. Der kalkulierte Deckungsbeitrag in Höhe von 500,00 € pro Holztreppe verbleibt beim Unternehmer. Auf den Nachtragspreis in Höhe von 1.000,00 € erhält der Unternehmer einen angemessenen Zuschlag für allgemeine Geschäftskosten sowie Wagnis und Gewinn, also nicht (automatisch) den auf die Ursprungsleistung kalkulierten Deckungsbeitrag in Höhe von 20 %.[53]

bb) Ersatzloser Entfall

36 Kommt es aufgrund einer Anordnung des Bestellers hingegen zum ersatzlosen Entfall beauftragter Leistungen, dann ist die Leistungsänderung nach §§ 650b und c BGB von der Teilkündigung nach § 648 BGB abzugrenzen. Besteht die »Planänderung« des Bestellers also darin, dass er die vorgesehenen Holztreppen gegenüber der beauftragten Schreinerfirma kündigt und nunmehr gegenüber der beauftragten Rohbaufirma die Ausführung von Betontreppen anordnet, dann wirkt sich diese Änderung vertragstechnisch in einer Kündigung gegenüber der Schreinerfirma und einer Zusatzleistung durch die Rohbaufirma aus. Der Vergütungsanspruch der gekündigten Schreinerfirma richtet sich in diesem Fall also nicht nach §§ 650b und c BGB, sondern nach § 648 BGB. In diesem Fall steht dem Unternehmer die vereinbarte Vergütung zu, von der er sich die kündigungsbedingt ersparten Aufwendungen sowie anderweitigen Erwerb abziehen lassen muss. Nach aktueller Rechtsprechung des BGH[54] richten sich die ersparten Aufwendungen der Schreinerfirma allerdings wiederum nach den tatsächlich ersparten Kosten und nicht nach den kalkulierten Kosten, es sei denn, es liegen keine Anhaltspunkte dafür vor, dass die tatsächlichen Kosten von den kalkulierten Kosten abweichen.[55] Die Kündigungsabrechnung nach aktueller Rechtsprechung des BGH entspricht damit im Wesentlichen der Abrechnungsgrundlage für Leistungsänderungen nach § 650c Abs. 1 und Abs. 2 BGB.

Werden in dem Beispielsfall unter Rdn. 35 also die drei Holztreppen gegenüber der Schreinerfirma gekündigt und erspart die Schreinerfirma kündigungsbedingt sämtliche Herstellerkosten, dann ist von dem Vergütungsanspruch der Schreinerfirma in Höhe von 3.000,00 € pro Holztreppe der ersparte Aufwand in Höhe von 3.000,00 € pro Holztreppe abzuziehen mit dem Ergebnis, dass der gekündigten Schreinerfirma kein Vergütungsanspruch zusteht. Denn der kalkulierte Deckungsbeitrag in Höhe von 500,00 € pro Treppe wäre ja durch die Unterkalkulation aufgezehrt worden.

d) Tatsächlich erforderliche Kosten der Änderungsleistung

aa) Generelle Einordnung: Methode und Maßstab; Erforderlichkeit

37 In baubetrieblicher Hinsicht lassen sich verschiedene Möglichkeiten der Nachtragskalkulation, also der Kalkulation der Änderungsleistung, differenzieren.[56] Grundlegend ist zunächst im Kern zu unterscheiden, ob die für die Nachtragsleistung erforderlichen Kosten *vorkalkulatorisch* berechnet werden oder *nachkalkulatorisch* im tatsächlichen Ausmaß festgestellt werden. Nur im erstgenannten vor-

53 Dazu unten Rn. 50 ff.
54 BGH, Urt. v. 08.07.1999 – VII ZR 237/98, BauR 1999, 1294, 1297; BGH, Urt. v. 22.09.2005 – VII ZR 63/04, BauR 2005, 1916 = NZBau 2005, 683.
55 BGH, Urt. v. 08.01.2015 – VII ZR 6/14, BauR 2015, 660, 664.
56 Vgl. Knopp, in: FS Langen, S. 169 ff., sowie Kapellmann/Schiffers/Markus, Bd. 1 Rn. 46 ff.

kalkulatorischen Fall bedarf es für die Berechnung einer Bewertung. Zur Abgrenzung: tatsächlich angefallene Kosten sind bewertungsfrei feststellbar. Weiter kann im Hinblick auf die Bewertung dahingehend differenziert werden, ob diese *frei*, also nach subjektivem Ermessen des Kalkulierenden, oder in Anlehnung an einen etwaigen *Maßstab* erfolgt. Im Fall einer maßstabsbezogenen Bewertung, kann der Maßstab entweder unabhängig von einem etwaigen konkreten Auftrag sein (so etwa bei der Ermittlung *üblicher* Vergütung) oder aber aus eben jenem abgeleitet werden (*auftragsbezogener* Maßstab). Im letzteren Fall kann der Maßstab entweder aus Soll-Daten bestimmt werden (sog. Vertragspreisniveau) oder aus Ist-Daten bestimmt werden (sog. Produktivitätsniveau).[57]

Soweit § 650c Abs. 1 BGB die *Erforderlichkeit* der Kosten in den Vordergrund stellt, ergibt sich schon aus der Begrifflichkeit, dass damit eine Bewertung einhergeht und es eben nicht *nur* die tatsächlichen Kosten, also die ungefilterten Ist-Kosten, sein können. Das Schrifttum versteht die Erforderlichkeit in diesem Sinne überwiegend als ein Korrektiv der Ist-Kosten, das den Besteller vor unnötigen Kosten schützen soll. *Markus/Knopp* führen demgegenüber ausführlich zum schlüssigen Verständnis der Erforderlichkeit aus und arbeiten dabei heraus, dass die *tatsächlich erforderlichen* Kosten eben nicht die »irgendwie« limitierten *tatsächlich entstandenen* Kosten sein können, sondern vielmehr vorkalkulatorisch ermittelbare erforderliche Kosten sein müssen, die auch unabhängig von den tatsächlichen Kosten der Nachtragsleistung bestimmbar sein müssen.[58]

Der *Maßstab*, der dem folgend zur Bewertung resp. zur Berechnung der *tatsächlich erforderlichen* Kosten anzusetzen ist, ist das **Produktivitätsniveau** der Vertragsleistung (nicht der Nachtragsleistung), das sich aus dem Verhältnis zwischen den Ist-Werten (Kostensätze, Leistungs-/Aufwandswerte etc.) der vertraglichen Bezugsleistung (einer der Nachtragsleistung möglichst ähnlichen Vertragsleistung) und der entsprechenden Werte aus einem objektiven Bezugssystem bestimmt.[59]

Mittels desselben objektiven Bezugssystems und des auftragsbezogenen Ist-Maßstabs (Produktivitätsniveau) lassen sich sodann die tatsächlich erforderlichen Kosten dergestalt berechnen, dass folgende Zwecksetzung sichergestellt ist:

> *»Die Nachtragsvergütung soll unter Ansatz der vom Unternehmer bei der Erbringung der originären Vertragsleistung erreichten Produktivität ermittelt werden.«*[60]

An den Stellen, an denen die in den Materialien der Gesetzesbegründung einfach formulierte Differenzberechnung (Ist-Kosten der Änderungsleistung abzgl. hypothetischer Kosten der unveränderten Leistung) praktisch an ihre Grenzen stößt, nämlich bei der Bewertung von hypothetischen Kosten und bei der generellen Bewertung der Erforderlichkeit der Ist-Kosten im Fall der rein zusätzlichen Leistung (vgl. Rdn. 29), gibt die vorzitierte Hypothese und der objektivierbare Maßstab des Produktivitätsniveaus eine schlüssige Hilfestellung.

Zudem: Soweit für die Ermittlung der Nachtragsvergütung nach § 650c Abs. 1 auf den Maßstab des Produktivitätsniveaus (und damit auf die Ist-Daten der Vertragsleistung) zurückgegriffen wird und für die Ermittlung der Nachtragsvergütung nach § 650c Abs. 2 auf den Maßstab des Vertragspreisniveaus (und damit auf die Soll-Daten der Vertragsleistung) folgen beide Ermittlungsweisen derselben Berechnungs**methodik** – sie unterscheiden sich nur im **Maßstab.** Für den (oftmals sicherlich eher theoretischen) Fall, dass die Ist-Daten mit den Soll-Daten übereinstimmen, also der Fall, in dem der Unternehmer exakt die Kosten tatsächlich realisiert, die er in seiner Urkalkulation angenommen hat, führt die beschriebene Vorgehensweise bei § 650c Abs. 1 und Abs. 2 zu dem identischen Ergebnis. Insofern ist auch die Vermutung nach § 650c Abs. 2 S. 2 schlüssig und sogar mathematisch belegbar.

57 Ebd.
58 Vgl. Kapellmann/Schiffers/Markus, Bd. 1 Rn. 814 ff., insb. 819 ff.
59 Vgl. Kapellmann/Schiffers/Markus, Bd. 1 Rn. 52 f.
60 Vgl. Kapellmann/Schiffers/Markus, Bd. 1 Rn. 59 ff.

38 Die bislang zum § 650c Abs. 1 und damit zu den tatsächlich erforderlichen Kosten entschiedenen Fälle haben die Erforderlichkeit nicht näher thematisiert. *Markus/Knopp* deuten dem – auch im Sinne der neueren BGH-Rechtsprechung – eine tatsächliche Vermutung bei, nämlich dass »die Kosten, die ein Unternehmer tatsächlich aufwendet, seinen tatsächlich erforderlichen Kosten entsprechen. Daraus folgt, dass der Auftragnehmer seine tatsächlich angefallenen Kosten zur Darlegung der tatsächlich erforderlichen Kosten zwar nicht darlegen muss, dass er sie aber darlegen und sich auf die vorgenannte tatsächliche Vermutung berufen kann.«[61]

Vor dem Hintergrund ergibt das Produktivitätsniveau als Größe der (vorkalkulatorischen) maßstabs- und auftragsbezogenen Bewertung den ganzheitlichen Erklärungsansatz der tatsächlich erforderlichen Kosten als Element des generischen Verständnisses zur Nachtragskalkulation. Es hilft an den Stellen, an denen die Erforderlichkeit der tatsächlichen Kosten einer Nachtragsleistung strittig gestellt werden oder nicht nachvollziehbar dargelegt werden können (bspw. bei der Bewertung hypothetischer Kosten der unveränderten Leistung); dies dadurch, dass eine objektive Einordnung der *normalen* Wirtschaftlichkeit des Unternehmers beziffert wird, an der er sich wohl sinnigerweise auch bei der Nachtragserbringung messen lassen darf oder muss.

39 Für die praktische und wohl alltäglichere Anwendung wird die vorbeschriebene tatsächliche Vermutung, die *tatsächlich erforderlichen* Kosten entsprächen den *tatsächlich entstandenen* Kosten, eine verkürzte und leichtere Darlegung ermöglichen und insbesondere auch die Differenzberechnung (Ist-Kosten der Änderungsleistung abzgl. hypothetischer Kosten der unveränderten Leistung), die in der Gesetzesbegründung beschrieben wird, als tragbar dastehen.

bb) Hypothetische Kosten der Vertragsleistung

40 Soweit sich aufgrund der Anordnung des Bestellers nach § 650b Abs. 2 BGB die Herstellkosten ändern, sind für die geänderten Kosten nicht die vom Unternehmer – in welcher Form auch immer – kalkulierten Kosten maßgebend, sondern die tatsächlich mit der Leistungsänderung verbundenen und erforderlichen Kosten. Nach den Materialien ist bei der Ermittlung des veränderten Aufwands – wie zuvor geschildert – die Differenz zwischen den hypothetischen Kosten, die ohne die Anordnung des Bestellers entstanden wären, und den Ist-Kosten, die aufgrund der Anordnung tatsächlich entstanden sind, zu bilden. Diese Differenz ist die Grundlage für die Vergütung für den geänderten Aufwand.[62]

41 Nicht ganz eindeutig ist zunächst, was unter den hypothetischen Kosten, die ohne die Anordnung des Bestellers entstanden wären, zu verstehen ist. Bei diesen hypothetischen Kosten könnte es sich einerseits um die vom Unternehmer kalkulierten Kosten handeln, andererseits aber auch um die tatsächlichen Kosten, die entstanden wären, wenn die Leistung unverändert ausgeführt worden wäre.

42 Aus dem Gesamtzusammenhang ergibt sich recht eindeutig, dass das Gesetz im Rahmen der Vergütungsermittlung nach § 650c Abs. 1 S. 1 BGB die Kalkulation des Unternehmers als maßgebliche Berechnungsgrundlage verlässt und stattdessen auf die hypothetischen Ist-Kosten abstellt, die bei unveränderter Leistung entstanden wären.[63]

▶ **Beispiel:**

43 Der Unternehmer hat für Herstellung und Einbau von Fenstern Kosten i.H.v. 1.000 €/Stück kalkuliert. Aufgrund einer von ihm zu tragenden Materialpreiserhöhung hätten sich die tatsächlichen Kosten auf 1.100 €/Stück belaufen. Die vom Besteller angeordnete Änderung der Fenster, z.B. eine erhöhte Schallschutzklasse, führt zu (erforderlichen) Ist-Kosten i.H.v. 1.300 €/Stück. In diesem Fall sind Basis des Mehrvergütungsanspruchs des Unternehmers erhöhte

61 Kapellmann/Schiffers/Markus, Bd. 1 Rn. 828, ausführlicher Rn. 841 f.
62 BT-Drucks. 18/8486, S. 56.
63 So auch Dammert u.a., § 2 Rn. 103; Althaus/Kattenbusch, in: BeckOK BauvertragsR, § 650c BGB Rn. 17; Retzlaff, BauR 2017, 1781, 1799.

Kosten von 200 €/Stück und nicht 300 €/Stück, d.h. der gemäß Kalkulation hypothetisch entstandene Verlust geht weiterhin zu Lasten des Unternehmers.

Aber auch umgekehrt: Bei kalkulierten Kosten i.H.v. 1.000 €/Stück hätten sich die tatsächlichen Kosten aufgrund verminderten Aufwands (z.B. günstigere Einkaufskonditionen) nur auf 900 €/Stück belaufen. Die vom Besteller angeordnete Änderung führt zu Ist-Kosten i.H.v. 1.300 €/Stück. Für die geänderte Vergütung ist das Kostendelta i.H.v. 400 €/Stück und nicht nur i.H.v. 300 €/Stück einzustellen. 44

Unabhängig davon, ob die hypothetischen Kosten der geänderten Leistung höher oder niedriger sind als die entsprechend kalkulierten Kosten, sind maßgebend also die hypothetischen Ist-Kosten im Verhältnis zu den tatsächlich entstehenden Kosten, jedenfalls dann, wenn die tatsächliche Vermutung greift, dass die tatsächlich entstandenen Kosten auch den tatsächlich erforderlichen Kosten entsprechen.[64] 45

Soweit die hypothetischen Ist-Kosten der unveränderten Leistung nicht bekannt oder nachweisbar sind, was anders als bei den vorliegend vereinfachten Beispielen in der Praxis regelmäßig der Fall sein wird, wären die hypothetischen Ist-Kosten mittels des Produktivitätsniveaus der ausgeführten Vertragsleistung ermittelbar.[65] 46

Bezogen auf unser vorangegangenen Fensterbeispiel würde das bedeuten, der Fensterbauer könnte die (hypothetischen) Kosten des ursprünglich vorgesehenen Fenstereinbaus (oben 1.100 bzw. 900 €/Stück) nicht konkret benennen. Er hatte allerdings schon andere, ähnliche Leistungen im Rahmen des geschlossenen Vertrags ausgeführt, bspw. den Einbau einer Balkontür, für die er tatsächliche Kosten i.H.v. 2.000 € nachweisen kann. Auf dieser Informationsbasis ließe sich das Produktivitätsniveau nun wie folgt ermitteln: 47

– **Ist-Kosten** der Bezugsleistung (Balkontüre): **2.000 €**
– Kostenansatz der Bezugsleistung Balkontüre aus einem **objektiven Bezugssystem** (Preiskatalog, Kostendatenbank etc.): **2.200 €**
– **Produktivitätsniveau** der Ist-Leistung: **0,91** = 2.000 €/2.200 €

Soweit nun davon ausgegangen werden muss, dass der Fensterbauer die Nachtragsleistung in derselben Wirtschaftlichkeit respektive Produktivität erbringen soll, wie er auch die Vertragsleistungen, die er zu Festpreisen ausführen muss, erbringt, muss die geänderte Leistung wie folgt ermittelt werden:

– Kostenansatz der geänderten Leistung »Fenster mit höherer Schallschutzklasse« aus demselben **objektiven Bezugssystem** wie zuvor die Bezugsleistung »Balkontür« bewertet wurde: **1.250 €**
– Tatsächlich erforderliche Kosten der Nachtragsleistung: **1.137,50 €** (= 0,91 x 1.250 €)

Auf diese Weise lassen sich die hypothetischen Kosten sowie die tatsächlich erforderlichen Kosten methodisch so ermitteln, dass jedenfalls die ansonsten (also innerhalb der ausgeführten Vertragsleistungen) vom Unternehmer tatsächlich realisierte Wirtschaftlichkeit abgebildet und beibehalten wird, auch wenn keine konkreten Nachweise für die nicht angefallenen Kosten der unveränderten Leistung sowie der Ist-Kosten der Nachtragsleistung (glaubhaft) belegt werden.

Besteht die Leistungsänderung im Sinne von § 650b Abs. 1 S. 1 BGB **in zusätzlichen Leistungen,** so entfallen im Hinblick auf die Formel der Gesetzesbegründung (Ist-Kosten der Änderungsleistung abzgl. hypothetischer Kosten der unveränderten Leistung) aus der Natur der Sache die hypothetischen Ist-Kosten des Unternehmers, sodass es – der Differenzermittlung folgend – scheinbar lediglich auf die Ist-Kosten der zusätzlichen Leistung ankäme.[66] 48

64 Vgl. Rdn. 38 f.
65 Vgl. Rdn. 37 und tiefergehend Kapellmann/Schiffers/Markus, Bd. 1 Rn. 51, 814 ff.
66 So auch die Erläuterungen im Urteil: KG, Urt. v. 07.09.2021 – 21 U 86/21, KG, Urt. v. 02.03.2021 – 21 U 1098/20.

Auch hier braucht es erneut das Bewusstsein, dass diese Überlegung nur unter der Vermutung greift, dass die tatsächlich erforderlichen Kosten den tatsächlich entstandenen Kosten entsprächen,[67] ohne dass die Erforderlichkeit respektive Wirtschaftlichkeit oder die Nachweisbelastbarkeit der tatsächlich ausgeführten Zusatzleistung in Frage gestellt würde. Anderenfalls müsste auch hier das Produktivitätsniveau der tatsächlich ausgeführten Vertragsleistungen als Maßstab für die Ermittlung der tatsächlich erforderlichen Kosten der Nachtragsleistung herangezogen werden. Das vorangegangene Fensterbeispiel zeigt, dass die Ermittlung unabhängig davon erfolgt, ob es eine geänderte oder eine zusätzliche Leistung ist.

cc) Ist-Kosten der Änderungsleistung

49 Die tatsächlich erforderlichen Kosten im Sinne von § 650c Abs. 1 S. 1 BGB ergeben sich nach den Gesetzesmaterialien aus der Differenz zwischen den hypothetischen Kosten der ursprünglichen Leistung und den Ist-Kosten der gemäß Anordnung des Bestellers ausgeführten Leistung.[68] Dabei wird die tatsächliche Vermutung unterstellt, dass die tatsächlich erforderlichen Kosten den tatsächlich entstandenen Kosten entsprechen.[69]

50 Soweit § 650c Abs. 1 S. 1 BGB regelt, dass die tatsächlichen Kosten (Ist-Kosten) der Änderungsleistung auch **erforderlich** sein müssen, handelt es sich um eine dem Gebot der Wirtschaftlichkeit entsprechende Klarstellung, da die Vergütung nicht erforderlicher Kosten durch den Besteller schlechterdings nicht in Betracht kommt.[70] Der Sinn dieser Klarstellung besteht darin, eine Missbrauchskontrolle einzuführen und insbesondere zu verhindern, dass durch Gefälligkeitsrechnungen von Lieferanten und Nachunternehmern erhöhte Preise an den Besteller »durchgestellt« werden können.[71] Eine »unbedingte Notwendigkeit« der Kosten, wie von *Bartel/Hofmann* angedeutet,[72] ist nach der Zweckbestimmung des § 650c Abs. 1 BGB nicht erforderlich. Im Gegenteil: Es geht einzig darum, zu ermitteln, welche Vergütung dem Unternehmer für die Änderungsleistung unter Ansatz der vom Unternehmer bei der Erbringung der originären Vertragsleistung erreichten Produktivität adäquat zusteht. Unter Rückgriff auf das Produktivitätsniveau käme es überspitzt nicht einmal auf den Nachweis der Ist-Kosten der Änderungsleistung an, sie könnten also durchaus auch geringer sein.[73]

51 Im Einzelfall – wenn die Bewertung nicht über das Produktivitätsniveau der Vertragsleistung, sondern nach subjektivem Ermessen erfolgt – kann die Erforderlichkeit nachgewiesener Ist-Kosten des Unternehmers problematisch sein. Wenn bspw. der Besteller argumentiert, bestimmte Materialien oder Mietgeräte seien woanders günstiger zu bekommen oder ihm liege für die Änderungsleistung insgesamt ein preisgünstigeres Angebot eines Drittunternehmers vor. In solchen Fällen bleibt der Unternehmer zwar für die Erforderlichkeit der Änderungskosten darlegungs- und beweispflichtig.[74] Da dem Vergütungsanspruch nach § 650c Abs. 1 S. 1 BGB eine vom Besteller angeordnete, nachträgliche Änderung des Vertragsinhaltes zu Grunde liegt, ist der Unternehmer im Rahmen der Erforderlichkeit der entstehenden Kosten jedoch nicht gehalten, zu einem anderen Materiallieferanten, einem anderen Vermieter von Baugeräten oder zu einem fremden Nachunternehmer zu wechseln, lediglich, um vom Besteller begehrte Kostenvorteile zu realisieren. Der Unternehmer verhält sich also auch im Sinne der Erforderlichkeit der Kosten rechtmäßig, wenn er seitens seiner regelmäßigen Vertragspartner übliche Marktpreise akzeptiert und seinem Vergütungsanspruch zu

---

67 Vgl. Rdn. 38 f.

68 BT-Drucks. 18/8486, S. 56.

69 Vgl. Rdn. 38 f.

70 Zutreffend Kapellmann, NZBau 2013, 537, 538; vgl. auch Dammert u.a., § 2 Rn. 106.

71 So bereits zutreffend der AK I des 4. Deutschen Baugerichtstags, BauR 2012, 1478.

72 Bartel/Hofmann, BauR 2021, 429, 430.

73 Vgl. Kapellmann/Schiffers/Markus, Bd. 1 Rn. 841.

74 Althaus/Kattenbusch, in: BeckOK BauvertragsR, § 650c BGB Rn. 29; Kniffka/Koeble/Jurgeleit/Sacher, Kompendium, 6. Teil, Rn. 313.

Grunde legt. Aufgrund der Begriffsidentität zu § 637 BGB, wonach der Besteller unter den dort genannten Voraussetzungen den Ersatz der erforderlichen Aufwendungen zur Mängelbeseitigung vom Unternehmer fordern kann, kann zumindest sinngemäß auf die dortige Rechtsprechung zur Erforderlichkeit der Aufwendungen zurückgegriffen werden.[75] Unzulässig erscheint, den vermeidbaren Aufwand eines unterdurchschnittlich produktiven Unternehmers, der auch den sonstigen Vertragsleistungen dieses Unternehmers zugrundeliegt, als nicht erforderlich einzustufen und damit eine Kürzung bei den Herstellkosten zu verlangen. Maßgebend für die Erforderlichkeit des Aufwandes ist damit die vom Besteller im Rahmen der Auswahl dieses Unternehmers akzeptierte Produktivität und nicht eine »optimale Produktivität«, die zu Idealwerten bei den (erforderlichen) Ist-Kosten der Änderungsleistung führen würde.[76] Um diesen Ansatz objektiv berechenbar zu machen, hat *Knopp* den Produktivitätsniveaufaktor (in methodischer Anlehnung an den seinerzeit von *Kapellmann/Schiffers* entwickelten Vertragspreisniveaufaktor) entwickelt.[77]

52 Welche tatsächlich (erforderlichen) Kosten im Einzelfall mit der vom Besteller angeordneten Änderungsleistung verbunden sind, hängt naturgemäß vom Einzelfall und auch davon ab, ob der Unternehmer die entsprechende Leistung im eigenen Betrieb ausführt oder durch Nachunternehmer ausführen lässt.

53 Bei **Eigenleistungen** hat der Unternehmer die tatsächlich aufgrund der Änderungsleistung entstandenen Kosten wie Lohnaufwand, Materialaufwand, Geräteaufwand usw. in geeigneter Form nachzuweisen und diese nachgewiesenen Ist-Kosten den hypothetischen Kosten für die ursprüngliche Leistung gegenüberzustellen.[78] Dabei muss der Unternehmer nach einer Entscheidung des KG vom 18.07.2025[79] für die schlüssige Darlegung seines Nachtragsanspruchs zumindest nach den Kostenarten Material, Geräte und Arbeit differenzieren, soweit die Parteien im Bauvertrag nicht hiervon abweichende Regelungen getroffen haben. Die Praktikabilität ist insbesondere bei größeren Baumaßnahmen (auch im Vergleich zur Fortschreibung der Urkalkulation) fraglich.[80] **Fremdleistungen** wie Mietkosten für Geräte, Container usw. können anhand der entsprechenden Rechnungen belegt werden, gleichermaßen **Nachunternehmerleistungen.**[81] In der »Vertragskette« zwischen Besteller, Unternehmer und Nachunternehmer kommt es für die Ist-Kosten der Änderungsleistung auf das jeweilige Vertragsverhältnis an. Hat der Unternehmer also z.B. mit seinem Nachunternehmer die Bestimmungen der VOB/B vereinbart, sodass der Nachunternehmer dem Unternehmer nach § 2 Abs. 5 und Abs. 6 VOB/B ermittelte Nachtragspreise berechnet, so handelt es sich bei diesen VOB-Nachtragspreisen des Nachunternehmers um (im Zweifel erforderliche) Ist-Kosten des Unternehmers im Verhältnis zum Besteller. Macht der Unternehmer in diesem Beispiel also nicht von seinem Recht Gebrauch, für die Nachtragsvergütung seinerseits nach § 650c Abs. 2 BGB auf seine Urkalkulation zurückzugreifen, so finden in beiden Vertragsverhältnissen unterschiedliche Regeln für die Ermittlung der Nachtragsvergütung Anwendung.[82]

54 Mehraufwand, der dem Unternehmer aufgrund einer Verfahrensumstellung, durch erforderliche Bauunterbrechungen oder schlicht durch eine **verlängerte Bauzeit** in Folge erhöhten Aufwandes oder längerer Lieferzeiten der neuen Materialien entsteht, gehört ebenfalls zu den erforderlichen

75 Vgl. § 637 Rdn. 66.

76 Dazu auch Knopp, in: FS Langen, S. 169 ff., S. 175; Kapellmann/Schiffers/Markus, Bd. 1 Rn. 814 ff., sowie Schwerdtner, BauR 2021, 311.

77 Knopp, in: FS Langen, S. 169 ff., sowie Kapellmann/Schiffers/Markus, Bd. 1 Rn. 52, 55, 814 ff.

78 Auch dazu AK I des 4. Deutschen Baugerichtstags, BauR 2012, 1478.

79 KG, Urt.v. 18.07.2025 – 21 U 176/24, IBRRS 2025, 2108.

80 So auch Kapellmann/Schiffers/Markus, Bd. 1 Rn. 63, 816.

81 KG, Urt. v. 04.07.2025 – 21 U 129/23, IBR 2025, 457; KG, Urt. v. 18.07.2025 – 21 U 176/24; OLG Brandenburg, Urt. v. 23.07.2025 – 4 U 92/24. Vgl. Althaus/Kattenbusch, in: BeckOK BauvertragsR, § 650c BGB Rn. 19a.

82 Zur Nachweisführung vgl. vertiefend Dammert u.a., § 2 Rn. 107.

Ist-Kosten der Änderungsleistung. *Althaus/Kattenbusch*[83] weisen zutreffend darauf hin, dass solche durch die Bauumstände verursachten Mehrkosten einer besonders sorgfältigen Dokumentation und ggf. Nachweisführung bedürfen. Insbesondere kann es dem Unternehmer Schwierigkeiten bereiten, die hypothetischen Ist-Kosten des ursprünglichen Vertragsinhalts nachzuweisen und im Vergleich dazu die Mehrkosten der geänderten Ausführung. Probate Nachweismittel sind dabei z.B. die tatsächlichen Ausführungsfristen für eine bereits ausgeführte Teilbauleistung[84] und, wenn es keine vergleichbar bereits ausgeführte Leistung gibt, von den Ist-Kosten der geänderten Bauleistung einen Rückschluss auf die hypothetischen Ist-Kosten bei unveränderter Ausführung vorzunehmen, insbesondere hinsichtlich der vereinbarten Ausführungsfristen. Liegen keine Anhaltspunkte vor, dass der Unternehmer die vereinbarten Fristen bei Ausführung der unveränderten Leistungen überschritten hätte, dann spricht eine Vermutung dafür, dass nach einer angeordneten Leistungsänderung die tatsächlich eingetretene Bauzeitverlängerung auf der Leistungsänderung beruht.

dd) Baustellengemeinkosten

55 § 650c Abs. 1 S. 1 BGB differenziert zwischen den tatsächlich erforderlichen Kosten der Änderungsleistungen einerseits und den Zuschlägen für Allgemeine Kosten sowie Wagnis und Gewinn andererseits.

56 Die tatsächlichen Kosten der Bauherstellung (Löhne, Materialien, Geräte usw.) werden baubetrieblich als sog. **Einzelkosten der Teilleistungen (EKT)** bezeichnet.[85] Neben diesen Einzelkosten der Teilleistungen entstehen in aller Regel für eine Baustelle auch sog. **Baustellengemeinkosten (BGK)**, also z.B. die Kosten für die Baustelleneinrichtung und deren Vorhaltung, die Bauleitung usw., also Kosten, die nicht einer einzelnen Leistungsposition zugeordnet werden können, sondern für Einrichtung, Vorhaltung, Betrieb und Abbau der Baustelle erforderlich sind.[86] Baubetrieblich stellt die Summe der Einzelkosten der Teilleistungen sowie der Baustellengemeinkosten die sog. **Herstellkosten** für die einzelne Bauleistung dar.[87]

57 Da der Gesetzgeber in § 650c Abs. 1 S. 1 BGB zwischen den (tatsächlich erforderlichen) Herstellkosten auf der einen Seite und den Zuschlägen (für Allgemeine Geschäftskosten sowie Wagnis und Gewinn) auf der anderen Seite differenziert, besteht Einigkeit darin, dass die für die Änderungsleistung anfallenden Baustellengemeinkosten nach tatsächlich erforderlicher Höhe (und nicht als Zuschlag) anzusetzen sind.[88] Das Prinzip, die BGK als direkte Folgekosten der Nachtragsleistung, statt als Zuschlag auszuweisen, galt – auch wenn in der Praxis nicht konsequent verbreitet – seit eh und je schon im VOB/B-Kontext.[89] Dies hat der BGH inzwischen für die ergänzende Vertragsauslegung eines VOB/B-Vertrages bestätigt und dies gilt entsprechend auch für die Vergütungsberechnung nach § 650c Abs. 1 S. 1 BGB.[90]

58 Eine Änderung der Baustellengemeinkosten aufgrund einer vom Besteller angeordneten Leistungsänderung kommt z.B. in Betracht, wenn die angeordnete Änderung zu einer längeren Baustellenvorhaltung führt und der Unternehmer zusätzliche Mietkosten für Baugeräte, Container usw. zahlen muss oder auch den in die BGK einkalkulierten Bauleiter länger bezahlen muss als ohne die angeordnete Leistungsänderung. Im Hinblick auf die Erforderlichkeit der tatsächlich entstehenden Kosten kann es im Einzelfall geboten sein, den Besteller in die Kostenentstehung einzubeziehen. Hat der Unternehmer also bspw. die Wahl zwischen einer schlichten Verlängerung der Ausführungs-

83 Althaus/Kattenbusch, in: BeckOK BauvertragsR, § 650c BGB Rn. 20.
84 Althaus/Kattenbusch, in: BeckOK BauvertragsR, § 650c BGB Rn. 21.
85 Vgl. Langen/Schiffers, Bauplanung und Bauausführung, Rn. 105.
86 Vgl. Langen/Schiffers, Rn. 107.
87 Langen/Schiffers, a.a.O.
88 Vgl. Langen, NZBau 2015, 658, 665; Kimpel, NZBau 2016, 734, 735; Althaus, BauR 2017, 412, 416; Dammert u.a., § 2 Rn. 104.
89 Vgl. Kapellmann/Schiffers/Markus, Bd. 1 834, 941.
90 Vgl. BGH, Urt. v. 21.11.2019 – VII ZR 10/19, NZBau 2020, 84; näher dazu unten Rdn. 114 ff.

frist und damit verbundenen, zusätzlichen bauzeitabhängigen Kosten und zusätzlichen Gerätekosten, die aber die Bauzeitverlängerung verhindern oder zumindest reduzieren, dann erscheint es geboten, seitens des Unternehmers den Besteller in die Entscheidung einzubeziehen, weil z.B. die Bauzeitverlängerung bei unverändertem Gerätebestand zwar die kostengünstigere Variante aus Sicht des Unternehmers, aus Sicht des Bestellers aber mit Blick auf Nutzungsausfälle die teurere Variante sein kann.

Auch änderungsbedingte zusätzliche Baustellengemeinkosten sind vom Unternehmer darzulegen und zu beweisen.

IV. Angemessene Zuschläge für Allgemeine Geschäftskosten sowie Wagnis und Gewinn

Den tatsächlich erforderlichen Kosten der Änderungsleistung (unter Abzug der hypothetischen Kosten der ursprünglichen Leistung) ist nach § 650c Abs. 1 BGB S. 1 ein angemessener Zuschlag für Allgemeine Geschäftskosten sowie Wagnis und Gewinn hinzuzufügen. 59

Der Gesetzesbegründung ist zu entnehmen, dass die Zuschläge für Allgemeine Geschäftskosten sowie Wagnis und Gewinn *angemessen* sein müssen. Der bloße Verweis des Unternehmers auf die Urkalkulation genüge nicht, um die Angemessenheit der Zuschlagssätze darzulegen. Innerhalb einer Nachtragsberechnung dürfe es keine Kombination zwischen den tatsächlich erforderlichen Kosten einerseits und den kalkulierten Kosten andererseits geben, um keine Anreize für spekulative Kostenverschiebungen zu schaffen. Damit scheide im Rahmen des Abs. 1 ein Rückgriff auf die hinterlegte Urkalkulation aus.[91] 60

Die Berechnung der Mehr- oder Mindervergütung werde auch nicht um einen sog. Vertragspreisniveaufaktor ergänzt. Die Anwendung dieses Faktors würde dazu führen, dass die ursprünglich einkalkulierte Gewinn- oder Verlustspanne auch bei der Berechnung der Vergütung für die Nachträge zugrunde zu legen wäre, was im Ergebnis zu einer Potenzierung der Gewinne oder Verluste der Ausgangskalkulation führen würde. Stattdessen soll die im Wettbewerb für die Ausgangsleistungen zustande gekommene, anteilige Gewinn- oder Verlustspanne für die jeweilige Bezugsposition in ihrer ursprünglichen Höhe, d.h. als Absolutbetrag, erhalten bleiben und dadurch das Preisrisiko für die Vertragsparteien begrenzt werden.[92] 61

Da die »Zuschlagsregelung« des Gesetzes allenfalls in Verbindung mit der Gesetzesbegründung einigermaßen nachvollziehbar ist, ist die Regelung zunächst bereits während des Gesetzgebungsverfahrens kritisiert worden.[93] Nach zwischenzeitlich vertiefter Auseinandersetzung ist die Systematik des Gesetzgebers jedoch durchgängig und schlüssig. Im Falle des Abs. 1 liegt im Zweifel gar keine – hinterlegte – Urkalkulation vor; die Regelung muss natürlich dennoch umsetzbar sein. 62

1. Allgemeine Geschäftskosten

Neben den Einzelkosten der Teilleistungen (EKT) wie Löhne, Materialien, Geräte usw. sowie den für Einrichtung und Vorhaltung der Baustelle erforderlichen Baustellengemeinkosten (BGK)[94] fallen in aller Regel auch sog. Allgemeine Geschäftskosten (AGK) beim Unternehmer an. Hierbei handelt es sich um die allgemeinen Kosten des Unternehmers, die unabhängig von der einzelnen Baustelle und erst recht unabhängig von den Einzelkosten der Teilleistungen des einzelnen Bauvertrages entstehen, wie beispielsweise die Mietkosten für den Firmensitz, die Buchhaltung, das Management usw.[95] 63

91 BT-Drucks. 18/8486, S. 57.

92 BT-Drucks. 18/8486, S. 57.

93 Vgl. dazu Langen, NZBau 2015, 658, 664; Althaus, BauR 2017, 412, 416 f.

94 Dazu oben Rdn. 55 ff.

95 Näher dazu Langen/Schiffers, Rn. 101.

64 Solche Allgemeinen Geschäftskosten werden regelmäßig umsatzbezogen einzelnen Baustellen zugeschlagen, d.h. die kalkulierte Kostendeckung der Allgemeinen Geschäftskosten tritt ein, wenn die entsprechende Baustelle innerhalb der Berechnungsperiode (z.B. Kalenderjahr) den entsprechenden Umsatz erzeugt.[96]

▶ **Beispiel:**

65 Dazu ein **Berechnungsbeispiel:** Der Besteller hat mit dem Unternehmer für die Errichtung von 10 Bohrpfählen d = 40 cm, Länge 15 m, eine Vergütung i.H.v. 1.265,00 €/lfd. m vereinbart. Die Kalkulation des Unternehmers sieht Einzelkosten der Teilleistungen (EKT) i.H.v. 1.000,00 €/lfd. m vor, 10 % Baustellengemeinkosten (BGK) i.H.v. 100,00 €, Zwischensumme 1.100,00 €. Diese Herstellkosten hat der Unternehmer beaufschlagt mit 10 % (= 110,00 €) für allgemeine Geschäftskosten (AGK) sowie 5 % (= 55,00 €) für Wagnis und Gewinn (W+G) je lfd. m, so dass sich ein Einheitspreis i.H.v. 1.265,00 €/lfd. m ergibt. Die kalkulierten Herstellkosten entsprechen auch den tatsächlichen Kosten, wenn die Bohrpfähle so ausgeführt würden.

Aufgrund geänderter Bodenverhältnisse müssen Bohrpfähle der Stärke d = 50 cm, Einbindetiefe 18 m, hergestellt werden, die vom Besteller nach gescheitertem Einigungsversuch angeordnet werden.

Im Rahmen der Nachtragsberechnung gem. § 650c Abs. 1 S. 1 BGB kann der Unternehmer den vereinbarten Betrag i.H.v. 1.265,00 €/lfd. m einstellen, bei 150 lfd. m mithin 189.750,00 €. Hierin enthalten ist ein »Deckungsbeitrag« für die AGK i.H.v. 1.500 lfd. m x 110,00 € = 16.500,00 € sowie für W+G i.H.v. 55,00 €/lfd. m x 150 lfd. m = 8.250,00 €. Dieser »Deckungsbeitrag« bleibt dem Unternehmer im Rahmen der Nachtragsberechnung als »Absolutbetrag« erhalten.[97]

Die tatsächlich erforderlichen Mehrkosten der Änderungsleistung (d = 50 cm anstatt d = 40 cm, Einbindetiefe 18 m anstatt 15 m) ermitteln sich angenommen wie folgt:

d = 50 cm anstatt d = 40 cm, Mehrkosten 200,00 €/lfd. m. Die tatsächlich erforderlichen Mehrkosten der Änderungsleistung betragen bei einer Gesamtmenge von 10 Bohrpfählen d = 50 cm x Einbindetiefe 18 m = 180 lfd. m x 200,00 € = 36.000,00 €. Diese zusätzlichen Herstellkosten sind nach § 650c Abs. 1 S. 1 BGB mit einem angemessenen Zuschlag für AGK sowie W+G zu versehen.[98] Nach der Intention des Gesetzgebers ist eindeutig, dass die kalkulierten Zuschläge im Rahmen der Nachtragsberechnung nach § 650c Abs. 1 S. 1 BGB gerade nicht automatisch fortgeschrieben werden sollen, sondern dass auf die erforderlichen Mehrkosten der Änderungsleistung eben nur ein angemessener Zuschlag für die AGK sowie W+G erhoben werden soll. Kommt man für die im Raum stehenden Bohrpfahlarbeiten zu dem Ergebnis, dass ein Zuschlag auf die Herstellkosten für AGK in Höhe von 10 % und in Höhe von weiteren 5 % für Wagnis und Gewinn angemessen ist, dann können diese Zuschläge vom Unternehmer in Ansatz gebracht werden.

66 Sind mit einer Änderungsleistung ausnahmsweise **geänderte Allgemeine Geschäftskosten** verbunden, dann sollen nach den Gesetzesmaterialien diese geänderten AGK nicht durch einen angemessenen Zuschlag, sondern durch eine konkrete Berechnung anhand der tatsächlich erforderlichen Mehrkosten geltend gemacht werden können.[99] Dieser Sonderfall wird aber nur bei außergewöhnlich umfangreichen Änderungsleistungen in Betracht kommen, weil z.B. durch die Vielzahl der Leistungsänderungen und der damit verbundenen Nachträge ein zusätzlicher Baukaufmann vom Unternehmer eingestellt wird, der nicht über die BGK, sondern über die AGK erfasst wird.

---

96 Vgl. dazu Kapellmann/Schiffers/Markus, Bd. 1 Rn. 23 ff.

97 Vgl. BT-Drucks. 18/8486, S. 56; ebenso Retzlaff, BauR 2017, 1781, 1798 ff.; vgl. auch Althaus/Kattenbusch, in: BeckOK BauvertragsR, § 650c BGB Rn. 35 f.

98 Zur Angemessenheit der Zuschläge näher unten Rdn. 71.

99 BT-Drucks. 18/8486, S. 56.

2. Wagnis und Gewinn

Baubetrieblich betrachtet stellen die Einzelkosten der Teilleistungen (EKT) sowie die Baustellengemeinkosten (BGK)[100] die sog. Herstellkosten (HK) der entsprechenden Bauleistungen dar. Nach Zuschlag der Allgemeinen Geschäftskosten spricht man von den Selbstkosten (SK) des Bauunternehmers[101], d.h. wenn die tatsächlichen Herstellkosten und die tatsächlichen Allgemeinen Geschäftskosten exakt dem entsprechen, was der Unternehmer kalkuliert hat, dann werden die Selbstkosten des Unternehmers abgedeckt. Noch nicht erfasst ist bei dieser Betrachtung der unternehmerische Zuschlag für Wagnis einerseits und Gewinn andererseits, wobei dieser »W+G«-Zuschlag häufig von den Bauunternehmen einheitlich kalkuliert wird, z.B. mit einem Zuschlag i.H.v. 3 % auf die Selbstkosten.[102] Der W+G-Zuschlag kann dabei entweder einheitlich über die Gesamtauftragssumme kalkuliert sein oder aber über verschiedene Positionen hinweg unterschiedlich. Die gesetzgeberische Intention im Rahmen von § 650c Abs. 1 S. 1 BGB besteht nun sehr eindeutig darin, unabhängig vom Volumen der Änderungsleistungen und auch unabhängig davon, ob sich ein Mehr- oder Mindervergütungsanspruch des Unternehmers ergibt, die ursprüngliche **Gewinn- oder Verlustspanne** für die jeweilige Bezugsposition **als Absolutbetrag** zu erhalten und dadurch das Preisrisiko für die Vertragsparteien zu begrenzen, so dass lediglich die Mehrleistung angemessen bezuschlagt wird.[103] Der Zuschlag soll, wie weiter oben im Kontext der AGK auch beschrieben, ausweislich der Gesetzesbegründung nicht »blind« aus der Urkalkulation entnommen werden, aber jedenfalls angemessen sein. 67

▶ **Dazu Beispiel 1: Erhöhter Aufwand des Unternehmers**

Die vom Unternehmer kalkulierten Selbstkosten (EKT, BGK und AGK) belaufen sich auf 100.000 €. Der kalkulatorische Zuschlag des Unternehmers für Wagnis und Gewinn beläuft sich auf 3 % = 3.000 €, sodass sich eine Auftragssumme i.H.v. 103.000 € ergibt. Aufgrund verschiedener Änderungsanordnungen des Bestellers erhöhen sich die Selbstkosten des Unternehmers von 100.000 € auf 130.000 €. Gemäß § 2 Abs. 5 und Abs. 6 VOB/B[104] könnte der Unternehmer den Zuschlag für Wagnis und Gewinn i.H.v. 3 % zumindest nach traditionellem Verständnis der VOB/B[105] auf die neue Gesamtsumme erheben und folglich einen W+G-Zuschlag i.H.v. 3.900 € geltend machen. Nach der Vorstellung des Gesetzgebers verbleibt es hingegen für die ursprüngliche Auftragssumme bei einem Gewinnzuschlag in Höhe von 3.000 €, während auf die Änderungsvergütung in Höhe von 30.000 € ein »angemessener« Gewinnzuschlag berechnet werden darf. 68

▶ **Beispiel 2: Verminderter Aufwand des Unternehmers**

Aufgrund einer statischen Optimierung des Tragwerks ordnet der Besteller den Entfall jeder dritten Stütze bei einer in Skelettbauweise errichteten Halle an. Hierdurch sinken die Herstellkosten des Unternehmers um 20 %. 69

Eine kalkulatorische Preisfortschreibung nach dem »System VOB/B« würde zu entsprechend reduzierten Deckungsbeiträgen des Unternehmers führen. Da sich der Gesetzgeber in § 650c Abs. 1 S. 1 BGB eindeutig gegen eine Preisfortschreibung nach Urkalkulation des Unternehmers und auch die Heranziehung eines »Vertragspreisniveaufaktors« gewendet hat[106], sondern im Gegenteil ausdrücklich gefordert hat, dass der kalkulierte Gewinn als »Absolutbetrag« erhalten bleiben soll, spricht dies dafür, dass auch bei einer aufwandsmindernden Änderungsanordnung der Unternehmers der Deckungsbeitrag des Unternehmers nach Maßgabe des

100 Dazu oben Rdn. 55 ff.
101 Langen/Schiffers, Rn. 105.
102 Vgl. Langen/Schiffers, a.a.O.
103 BT-Drucks. 18/8486, S. 57.
104 In der Auslegung der VOB/B vor dem Urteil des BGH v. 08.08.2019 – VII ZR 34/18, BauR 2019, 1766.
105 Dazu unten Rdn. 114 f.
106 BT-Drucks. 18/8486, S. 56 f.

vereinbarten Vertragspreises unverändert bleibt.[107] Kommt es bei mehreren leistungsändernden Anordnungen des Bestellers teilweise zu vermindertem und teilweise zu vermehrtem Aufwand, so erscheint es insgesamt gerechtfertigt, nach dem Vorbild von § 2 Abs. 3 Nr. 3 S. 1 VOB/B eine **Ausgleichsberechnung** vorzunehmen, um eine – vom Gesetz gerade nicht gewollte – Gewinnmaximierung des Unternehmers zu vermeiden.[108]

▶ **Beispiel 3: Mischkalkulation**

70 Ein Generalunternehmer ist mit der schlüsselfertigen Erstellung eines Bürogebäudes beauftragt. Die Selbstkosten des GU belaufen sich auf 1 Mio. €. Hiervon entfallen 350.000 € auf den Rohbau, 250.000 € auf den Innenausbau und 400.000 € auf die technische Ausrüstung. Der GU hat für Rohbau und Innenausbau keinen W+G-Zuschlag kalkuliert, für die technische Ausrüstung allerdings einen W+G-Zuschlag i.H.v. 10 % = 40.000 €. Erhöhen sich durch Anordnung des Bestellers die Herstellkosten der technischen Ausrüstung auf 600.000 €, so verbleibt es nach § 650c Abs. 1 S. 1 BGB bei dem W+G-Zuschlag i.H.v. 10 % = 40.000 €. Auf die erhöhten Herstellkosten von 200.000,00 € darf nicht der kalkulatorische Zuschlag für W+G i.H.v. 10 % berechnet werden, sondern nur ein »angemessener Zuschlag«.
Umgekehrt: Tritt die Auftragserhöhung nicht im Bereich der technischen Ausrüstungen des Gebäudes auf, sondern z.B. im Rahmen des Rohbaus oder des Innenausbaus, so bleibt es für die anteilige Vertragssumme dabei, dass der Unternehmer keinen Zuschlag für W+G erwirtschaftet. Die anteilige Auftragserhöhung darf hingegen mit einem angemessenen Zuschlag für W+G beaufschlagt werden.

3. Angemessener Zuschlag

71 Weder aus dem Gesetz selbst noch aus den Materialien ergibt sich, was unter einem »angemessenen Zuschlag« für Allgemeine Geschäftskosten einerseits sowie Wagnis und Gewinn des Unternehmers andererseits zu verstehen sein soll. Klar ist nach der Gesetzesbegründung lediglich, dass gerade nicht die kalkulierten Zuschläge zu Grunde gelegt und schlicht fortgeschrieben werden sollen.[109] Diese Sichtweise entspricht inzwischen auch der neueren Rechtsprechung des BGH zur Vereinbarung eines neuen Einheitspreises bei Mengenüber- oder -unterschreitungen nach § 2 Abs. 3 VOB/B[110] sowie der obergerichtlichen Rechtsprechung zur entsprechenden Auslegung des § 2 Abs. 5 und 6 VOB/B,[111] was jedoch nicht ausschließt, dass sich die Parteien über die Zuschlagshöhe bei Nachträgen verständigen können und diese Zuschläge sodann als angemessen verstanden würden, wie dies bspw. auch im BGH-Urteil vom 08.08.2019 (VII ZR 34/18) der Fall durch einen vereinbarten GU-Zuschlag in Höhe von 20% der Fall war.

Eine kalkulatorische Fortschreibung der Zuschlagsätze für Allgemeine Geschäftskosten sowie Wagnis und Gewinn kann jedenfalls auch nicht über den »Kunstgriff« des § 650c Abs. 2 S. 2 BGB erfolgen, wonach vermutet wird, dass die auf Basis der Urkalkulation fortgeschriebene Vergütung der Vergütung nach Abs. 1 entspricht. Diese gesetzliche Vermutungswirkung gilt nicht für einzelne Kalkulationsansätze im Rahmen der Vergütungsbestimmung nach Maßgabe tatsächlich erforderlicher Kosten gem. Abs. 1 S. 1, sondern nur für die alternative Vergütungsermittlung auf Basis der

107 So auch Althaus/Kattenbusch, in: BeckOK BauvertragsR, § 650c BGB Rn. 45 f.; Voit, in: BeckOK BGB, § 650c, Rn. 10.

108 So zutreffend Althaus/Kattenbusch, in: BeckOK BauvertragsR, § 650c BGB Rn. 46, die allerdings die Auffassung vertreten, dass reine Mengenmehrungen und -minderungen im Sinne von § 2 Abs. 3 VOB/B in diese Ausgleichsberechnung nicht einzubeziehen sind, weil das gesetzliche Bauvertragsrecht keine Preisanpassungen bei Mehr- und Mindermengen vorsieht.

109 BT-Drucks. 18/8486, S. 56.

110 BGH, Urt. v. 08.08.2019 – VII ZR 34/18, BauR 2019, 1766; BGH, Urt. v. 21.11.2019 – VII ZR 10/19, NZBau 2020, 84.

111 Dazu näher § 650b Rdn. 170.

vereinbarungsgemäß hinterlegten Urkalkulation des Unternehmers.[112] Anderenfalls würden sich dadurch erhebliche Spekulationsmöglichkeiten ergeben.

Allerdings wird trotz der gegenläufigen Intention des Gesetzgebers teilweise die Auffassung vertreten, der vom Unternehmer kalkulierte Zuschlag (Deckungsbeitrag) sei bis zur »Falsifizierung« als angemessen im Sinne von § 650c Abs. 1 S. 1 BGB anzusehen.[113] Richtig daran ist, dass die auftragsspezifische Kalkulation des Unternehmers im Regelfall im Wettbewerb erfolgt, so dass die dortigen Kalkulationselemente im Zweifel (zumindest) als angemessene Preiselemente und damit auch als angemessene Zuschläge einzustufen sein dürften. Dem entspricht auch weitgehend die Praxis seit Inkrafttreten des § 650c BGB: In den meisten dem Verf. bekannten Nachtragskalkulationen werden die Zuschläge – vom Besteller unbeanstandet – aus der Urkalkulation abgeleitet.

Zur Bestimmung eines angemessenen Zuschlages lassen sich der Literatur verschiedene Gedanken- 72
modelle entnehmen:

Branchenübliche Werte: Denkbar wäre es, die Angemessenheit über statistische oder sachverständig abgeschätzte Werte zu bestimmen.[114] Dieser Ansatz würde aber den unternehmensspezifischen Bezug der AGK, des Wagnisses und des Gewinns außer Acht lassen und würde auch mit dem ansonsten bei der Nachtragsvergütung gem. § 650c Abs. 1 angedachten Idee, sich an der tatsächlichen Kostenrealität des Unternehmers zu orientieren, brechen. Die so entstehende Uneinigkeit der Ermittlung der direkten Kosten der Änderungsleistung (EKT und BGK) und der Zuschläge (AGK und W+G) würde unweigerlich zu Spekulations- und Manipulationspotenzial führen. Soweit der branchenübliche Wert geringer sein sollte als der tatsächlich unternehmensspezifische, würde sich aus der vom Besteller angeordneten Nachtragsleistung zudem ein wirtschaftlicher Nachteil des Unternehmers ergeben. Der Unternehmer kann seine (Unternehmens-)Deckungsbeiträge für AGK und W+G nämlich nur durch den Einsatz seiner Produktionsmittel erwirtschaften; wenn er diese nun zur Ausführung einer Nachtragsleistung geringer gedeckt einsetzen muss als in einer Vertragsleistung an anderer Stelle, stellt er sich damit wirtschaftlich schlechter, ohne dass er dies beeinflussen kann.[115]

Festgelegte Mindestwerte in Anlehnung an § 648 S. 3 BGB/Schätzermessen des Gerichts: Denk- 73
bar wäre es auch, die Angemessenheit der Zuschläge (AGK und W+G) über einen festgelegten Prozentsatz zu definieren, und zwar dadurch, dass die Vermutungswirkung des § 648 S. 3 BGB im Fall der freien Kündigung des Bestellers (95 % ersparte Kosten = 5 % Deckungsbeitrag »von oben«)[116] als gesetzgeberische Wertung für einen Mindestzuschlag für AGK sowie W+G zugrunde gelegt wird, was »von unten berechnet« zu einem (angemessenen) Mindestzuschlag für AGK und W+G auf die Änderungsvergütung in Höhe von 5,26 % führen würde.[117]

Auch dieser Ansatz würde den unternehmensspezifischen Bezug der Zuschlagskalkulation sowie die Ist-Kosten-Systematik im Bereich der direkten Kosten missachten und letztlich spekulatives Verhalten begünstigen. Das Opportunitätskostenprinzip wird auch bei diesem Ansatz außer Acht gelassen, sodass auf diese Weise jedenfalls kein wirtschaftlich ausgewogenes Ergebnis herbeigeführt würde. Versöhnlich macht diesen Ansatz einzig der Aspekt, dass er als Mindestansatz verstanden werden soll. Für den darüber hinaus darzulegenden Anteil der Zuschläge müsste also auch auf die

---

112 So zutreffend Althaus/Kattenbusch, in: BeckOK BauvertragsR, § 650c BGB Rn. 39.

113 KG, Urt. v. 18.07.2025 – 21 U 176/24, IBRRS 2025, 2108.

114 Vertreter dieses Ansatzes sind bspw.: v. Rintelen, in: ibr-OK Bauvertragsrecht, § 650c BGB Rn. 80 f.; Leinemann/Kues, in: Leinemann/Kues, 2. Aufl., § 650c BGB Rn. 60; Retzlaff, BauR 2017, 1801.

115 Zu dem dahinterliegendem Opportunitätskostenprinzip siehe insb. Kapellmann/Schiffers/Markus, Bd. 1 Rn. 837 f.

116 Entspricht 5,26 % »von unten«.

117 Vertreter dieses Ansatzes ist Retzlaff, BauR 2017, 1801; inzwischen vom KG im Urt. v. 18.07.2025 – 21 U 176/24, IBRRS 2025, 2108 so entschieden. Das KG führt in diesem Urteil aus, im Zweifel sei ein Deckungsbeitrag von bis zu 20 % auf die tatsächlich erforderlichen Änderungskosten als angemessen einzustufen.

anderen Ansätze zurückgegriffen werden. Unbenommen davon ist auch die Herleitung dieses Vorschlages problematisch: § 648 S. 3 BGB und § 650c Abs. 1 S. 1 BGB verfolgen unterschiedliche Ziele, nämlich einerseits im Fall der Kündigung eine vermutete Mindestvergütung für die nicht erbrachten Leistungen in Höhe von 5 % festzulegen, was einem vermutet ersparten Aufwand in Höhe von 95 % entspricht, andererseits eben nicht die kalkulierten, sondern angemessene Zuschläge für AGK sowie W+G auf die Änderungsvergütung zu erheben. Auch im Fall eines mit Verlust kalkulierten Auftrages steht dem Unternehmer im Fall der grundlosen Kündigung also ein vermuteter Restvergütungsanspruch in Höhe von 5 % der noch nicht erbrachten Leistungen zu, der aber vom Besteller gerade widerlegt werden kann. Nach der Konzeption des § 650c Abs. 1 S. 1 BGB soll dem Unternehmer aber bzgl. der Änderungsvergütung auf jeden Fall ein angemessener Zuschlag auf die AGK sowie W+G zustehen, unabhängig davon, ob die unveränderte Vertragsleistung mit Gewinn oder Verlust kalkuliert worden ist. Von daher erscheint der »Mindestdeckungsbeitrag« in Höhe von 5,26 % auf die Änderungsvergütung letztlich nicht geeignet, der gesetzgeberischen Intention Rechnung zu tragen.

74 **Ist-Werte aus der Betriebsbuchhaltung des Unternehmers:** Ein weiterer – nach unserer Auffassung **der richtige** – Ansatz besteht darin, die Angemessenheit der Zuschlagssätze für AGK und W+G anhand der unternehmens- und betriebsspezifischen Gegebenheiten respektive auf Basis der Betriebsbuchhaltung darzulegen.[118] Hierfür bedarf es einer konkreten Darlegung der entsprechenden Unternehmenskennwerte und betriebswirtschaftlichen Auswertungen, woraus nachvollzogen werden kann, welcher Prozentsatz zur Deckung der Allgemeinen Geschäftskosten zum Zeitpunkt der Nachtragsleistung für das Unternehmen erforderlich war. Der Unternehmer kann auch seinen Gewinn je Euro Herstellkosten ausweisen, den er schließlich auch bei dem Einsatz seiner Produktionsfaktoren für die Umsetzung der Nachtragsleistung erwirtschaften muss, um nicht schlechter gestellt zu sein, als würde er mit den Produktionsmitteln einen anderen Auftrag bedienen. Zur weiteren Plausibilisierung regen *Markus/Knopp* situativ auch den Abgleich mit Auftragskalkulationen von Vergleichsprojekten des Unternehmers an. Dies deshalb, weil die reine Betrachtung der Kennzahlen auf Unternehmensebene ggf. Aspekte beinhaltet, die nicht im direkten Zusammenhang mit der nachtragsgegenständlichen Bauleistung steht (z.B. unterschiedliche Geschäftsbereiche mit unterschiedlichen Gewinnmargen, Effekte von halbfertigen Leistungen, Rückstellungen und Abschreibungen etc.), wodurch sich verzerrende Effekte bei der Bewertung der Angemessenheit der Zuschlagssätze für die konkrete Nachtragsleistung ergeben können.[119] Auch wenn das Vorgehen über die Ist-Werte der Betriebsbuchhaltung des Unternehmers in der praktischen Umsetzung einen deutlich höheren Aufwand mit sich bringt als bislang aus der Urkalkulationsfortschreibung bekannt, ist es das im Sinne der Regelung aus § 650c Abs. 1 sachlich richtige Vorgehen. Praktische Erfahrungen mit diesem Vorgehen werden in den letzten Jahren zudem auch im Kontext der sog. *Integrierten Projektabwicklung* gesammelt, bei der im Rahmen geschlossener Mehrparteienverträge ein Selbstkostenerstattungssystem vorgesehen wird, welches üblicherweise eine so konkrete Darlegung der Zuschlagssätze voraussetzt.[120]

75 **Werte aus Vergleichsprojekten des Unternehmers:** Diesen Ansatz haben wir bereits als zusätzlichen Plausibilitätsaspekt bei dem vorbeschriebenen Ansatz (Rdn. 74) mit erläutert; wir weisen ihn hier nur zur Vervollständigung nochmals gesondert aus. Eine isolierte, nicht weiter reflektierte Anwendung, d.h. ohne den Abgleich der Ist-Betriebsbuchhaltung des Unternehmers, wird nicht immer sachgerecht und deshalb nicht zu empfehlen sein.

118 Vertreter dieses Ansatzes sind bspw.: Markus/Knopp, in: Kapellmann/Schiffers/Markus, 8. Aufl., Bd. 1 Rn. 835; Althaus/Kattenbusch, in: Althaus/Bartsch/Kattenbusch, Nachträge, 2. Aufl., Rn. 33; Althaus/Kattenbusch, in: BeckOK Bauvertragsrecht, 29. Edition, § 650c BGB Rn. 44.; Kniffka/Jurgeleit, in: Kompendium des Baurechts, 2025, Rn. 317; Vygen/Joussen, Bauvertragsrecht, 6. Aufl., Rn. 3323.

119 Vgl. Kapellmann/Schiffers/Markus, Bd. 1 Rn. 835.

120 Quelle: IPA Zentrum (Hrsg.), Integrierte Projektabwicklung (IPA) – Charakteristikum 5: Anreizsystem im Rahmen eines Vergütungsmodells, 2023.

Im Streitfall kann der Tatrichter die **Angemessenheit der Deckungsbeiträge** nach § 287 Abs. 2 ZPO, ggf. unter Mitwirkung eines Sachverständigen, **schätzen.**[121] 76

V. Entfall des Vergütungsanspruchs nach § 650c Abs. 1 S. 2 BGB

Gemäß § 650c Abs. 1 S. 2 BGB steht dem Unternehmer bei einer Änderungsanordnung des Bestellers, die zur Erreichung des vereinbarten Werkerfolgs notwendig ist (§ 650b Abs. 1 S. 1 Nr. 2 BGB) kein Vergütungsanspruch für vermehrten Aufwand zu, wenn die Leistungspflicht des Unternehmers auch die Planung des Bauwerks oder der Außenanlage umfasst. Die Vorschrift ist, ebenso wie § 650b Abs. 1 S. 5 BGB, auf Vorschlag des Bundesrates aufgenommen worden. Dazu heißt es in der Gesetzesbegründung: »*Obliegt dem Unternehmer nicht nur die Ausführung der vom Besteller erstellten Planung, sondern auch die Erstellung der Planung selbst, so ist er zu einer mangelfreien Gesamtleistung von Planung und Ausführung verpflichtet. Falls der Besteller einen Mangel der Planung aufdeckt und den Unternehmer auffordert, zum Zweck der Erreichung eines mangelfreien Werkerfolgs (§ 650b Abs. 1 S. 1 Nr. 2 BGB-E) seine Planung und Ausführung zu ändern, kann dem Unternehmer daraus kein Mehrvergütungsanspruch erwachsen, da die Planung und Ausführung eines mangelfreien Werks ohnehin bereits Gegenstand seiner vertraglichen Leistungspflichten ist. Durch den neu eingefügten S. 2 wird in Ergänzung des ebenfalls neu eingefügten § 650b Abs. 1 S. 5 BGB-E – dieser stellt den Unternehmer von der Verpflichtung zur Erstellung eines Mehrvergütungsangebots frei – klargestellt, dass dem Unternehmer dieser Konstellation kein Mehrvergütungsanspruch zusteht.*« 77

1. Planungspflicht und Planungsverantwortung des Unternehmers

§ 650c Abs. 1 S. 2 BGB setzt voraus, dass die Leistungspflicht des Unternehmers auch die Planung des Bauwerks oder der Außenanlage umfasst. In diesem Fall steht ihm für Änderungsanordnungen des Bestellers, die zur Erreichung des vereinbarten Werkerfolgs notwendig sind, kein Vergütungsanspruch zu. Folgerichtig bestimmt § 650b Abs. 1 S. 5 BGB, dass sich das nach § 650b Abs. 1 S. 2 BGB vom Unternehmer vorzulegende Angebot nur auf die geänderte Leistung bezieht, nicht auf eine geänderte Vergütung, weil dem Unternehmer kein geänderter Vergütungsanspruch zusteht. 78

Allerdings stimmen die Begriffe in § 650b Abs. 1 und in § 650c Abs. 1 BGB nicht vollständig überein. Denn während § 650b Abs. 1 S. 4 BGB von der Planungs*verantwortung* des Bestellers spricht, stellt § 650c Abs. 1 S. 2 i.V.m. § 650b Abs. 1 S. 5 BGB darauf ab, ob die *Leistungspflicht* des Unternehmers (auch) die Planung des Bauwerks oder der Außenanlage umfasst. 79

Im Regelfall wird kein Unterschied zwischen Planungsverantwortung und Planungspflicht des Unternehmers bestehen, denn wenn die Planung zur Leistungspflicht des Unternehmers gehört, trägt er hierfür naturgemäß auch die Verantwortung. Anders kann es sein, wenn beispielsweise die Planung vom Besteller erstellt worden ist, der Unternehmer im Rahmen einer zulässigen Risikovereinbarung aber die Planungsverantwortung für diese bestellerseitige Planung übernommen hat. In diesem Fall gehört die Planung nicht zum vom Unternehmer geschuldeten Leistungsumfang, dennoch hat er vertraglich die Verantwortung für diese Planung übernommen und damit auch die Risiken, die sich aus der Unvollständigkeit oder Mangelhaftigkeit der Planung ergeben.[122] Bei sinngerechter Auslegung erfasst § 650c Abs. 1 S. 2 BGB also nicht nur den Fall, dass die Erstellung der Planung zum originären Leistungsumfang des Unternehmers gehört, sondern auch den Fall, dass der Unternehmer vertraglich die Planungsverantwortung vom Besteller übernommen hat.[123] 80

---

121 BGH, Urt. v. 21.11.2019 – VII ZR 10/19, BauR 2019, 1766 Rn. 24; das KG hat im Urteil vom 18.07.2025 – 21 U 176/24, IBRRS 2025, 2108 die Schätzung eines Zuschlagssatzes von bis zu 20 % auf die geänderten Herstellkosten als angemessen und deshalb zulässig erachtet.

122 Näher dazu Langen/Schiffers, Rn. 854 ff.

123 Vgl. dazu auch oben § 650b BGB Rdn. 68.

2. Vorvertragliche und vertragliche Planungsverantwortung

81 Seinem Wortlaut nach bestimmt das Gesetz in § 650c Abs. 1 S. 2 BGB lediglich, dass dem Unternehmer kein Anspruch auf Vergütung für vermehrten Aufwand zusteht, wenn seine Leistungspflicht (bzw. seine Planungsverantwortung)[124] auch die Planung des Bauwerks oder der Außenanlage umfasst. Der Wortlaut indiziert allerdings, dass der Unternehmer *im Rahmen des Bauvertrags* Planungspflichten übernimmt, die er fehlerhaft erbringt. Dieser Fall bedarf aber keiner gesonderten Regelung, weil die erforderliche Korrektur einer mangelhaften Planungsleistung des Unternehmers ebenso selbstverständlich ist wie der Entfall eines Vergütungsanspruchs.[125] Demgegenüber liegt eine Änderung, die zur Erreichung des vereinbarten Werkerfolgs i.S.v. § 650b Abs. 1 S. 1 Nr. 2 BGB erforderlich ist, insbesondere dann vor, wenn dem Vertrag bereits eine mangelhafte Planung bzw. Leistungsbeschreibung zugrunde liegt. Wie sich aus der Bezugnahme des § 650c Abs. 2 BGB auf § 650b Abs. 1 S. 1 Nr. 2 BGB ergibt, ist unter Planung als Leistungspflicht des Unternehmers (bzw. Planungsverantwortung des Unternehmers) also insbesondere der Fall zu verstehen, dass dem Vertrag eine fehlerhafte Planung bzw. vom Unternehmer stammende/zu verantwortende Leistungsbeschreibung zugrunde liegt. Dies kann der Fall sein, weil z.B. der Unternehmer vorvertraglich eine fehlerhafte Planung und anschließend Leistungsbeschreibung erstellt hat, die Gegenstand des Bauvertrages geworden ist.[126] Gleichermaßen ist der Fall denkbar, dass der Unternehmer im Rahmen eines Stufenvertrages in einer ersten Stufe die Planung erstellt hat, die sodann Grundlage des Bauvertrages geworden ist, der von den Parteien in der zweiten Stufe abgeschlossen wird.

Es kommt also letztlich nicht darauf an, ob der Unternehmer die mangelhafte Planung vorvertraglich oder als Vertragsleistung erstellt hat, genauso wenig ist entscheidend, ob dem Unternehmer für die Planung ein Vergütungsanspruch zusteht.

82 In der Praxis kommen häufig Fälle vor, in denen der Besteller die Planungsverantwortung trägt, vom Unternehmer aber im Rahmen der Prüfungs- und Hinweispflicht Bedenken gegen diese Planung erhoben werden. Soweit der Unternehmer im Zuge seines Bedenkenhinweises einen Abhilfevorschlag unterbreitet, also eine Änderungsplanung vorlegt, die ihrerseits vom Besteller akzeptiert wird, kann die damit verknüpfte Änderung der vom Unternehmer geschuldeten Leistung ebenfalls auf seiner Planungsverantwortung beruhen.[127]

3. Sowieso-Kosten

83 Es besteht im Übrigen Einigkeit, dass der apodiktische Wortlaut des § 650c Abs. 1 S. 2 BGB – Entfall des Vergütungsanspruchs bei Planungsplicht/Planungsverantwortung des Unternehmers – in dieser Form zu weit geht. Dies gilt insbesondere dann, wenn mit der Planungskorrektur sog. Sowieso-Kosten verknüpft sind, also Kosten, die der Besteller auch bei von Anfang an ordnungsgemäßer Planung des Unternehmers hätte tragen müssen. Dies ist nach der Rechtsprechung der Fall, wenn die Kalkulation des Werklohns auf den »Vorstellungen« des Unternehmers, also auf dessen Planung bzw. Angebot oder Leistungsbeschreibung, beruht.[128] Trägt der Unternehmer im Einzelfall hingegen auch das Vergütungsrisiko für die mängelfreie bauliche Umsetzung der von ihm erstellten Planung, dann scheidet ein Vergütungsanspruch des Unternehmers für die Plankorrektur auch hinsichtlich etwaiger Sowiesokosten aus. Soweit der Unternehmer nach diesen Rechtsprechungsgrundsätzen also eine Vergütung für den Sowieso-Kosten-Anteil der geänderten Leistung beanspruchen kann, steht diesem Anspruch zwar der Wortlaut, nicht aber der Sinn und Zweck des § 650c Abs. 1 S. 2 BGB entgegen.

124 Vorstehend Rdn. 80.
125 So zutreffend Althaus/Kattenbusch, in: BeckOK BauvertragsR, § 650c BGB Rn. 61.
126 So zutreffend Althaus/Kattenbusch, a.a.O.
127 Vgl. dazu auch Merkens, in: Kapellmann/Messerschmidt, § 4 VOB/B Rn. 98 ff.
128 BGH, Urt. v. 17.05.1984 – VII ZR 169/82, BauR 1984, 510.

4. Verminderter Aufwand

Schließlich regelt § 650 Abs. 1 S. 2 BGB nur den Ausschluss der Vergütung für *vermehrten Aufwand* des Unternehmers. Dass dies bei der erforderlichen Korrektur einer mangelhaften Planung des Unternehmers der Regelfall ist, liegt auf der Hand. Denkbar sind allerdings auch Fälle, in denen im Zusammenhang mit einer Fehlplanung des Unternehmers bzgl. einzelner Positionen oder auch insgesamt verminderter Aufwand entsteht, bei dem fraglich ist, ob dieser zu einem geminderten Vergütungsanspruch des Unternehmers führt oder nicht. 84

▶ **Beispiel:**

Die auf der Planung des Unternehmers basierende Leistungsbeschreibung sieht die Erstellung eines Wärmedämmverbundsystems (WDVS) mit einer Gesamtstärke von 16 cm vor. Der Grenzverlauf des zu dämmenden Gebäudes lässt aber nur ein WDVS in einer Gesamtstärke von 10 cm zu. Die erforderliche Umplanung führt dennoch zu einer mängelfreien Leistung und gleichzeitig gemindertem Aufwand des Unternehmers.

Wenn die mangelhafte Planung des Unternehmers dazu führt, dass nicht nur die dem Bauvertrag zugrunde liegende Leistungsbeschreibung fehlerhaft ist und korrigiert werden muss, sondern der Besteller für die entsprechende Leistung auch eine zu hohe Vergütung vereinbart hat, dann muss die Planungshaftung des Unternehmers auch dazu führen, dass die Vergütung auf den Betrag reduziert wird, den die Parteien bei von Anfang an fehlerfreier Planung und Leistungsbeschreibung vereinbart hätten. Der Ausschluss der Mehrvergütung zugunsten des Unternehmers in § 650c Abs. 1 S. 2 BGB führt also nicht zu einem Ausschluss einer entsprechenden Mindervergütung, wenn aufgrund des Planungsfehlers für die fehlerhaft beschriebene Leistung eine zu hohe Vergütung vereinbart worden ist. 85

5. Zwischen Besteller und Unternehmer geteilte Planungsverantwortung

§ 650b Abs. 1 S. 4 und 5 BGB und § 650c Abs. 1 S. 2 BGB regeln nur den Fall, dass entweder der Besteller die (volle) Planungsverantwortung trägt oder aber der Unternehmer die (volle) Planungsverantwortung bzw. eine entsprechende Leistungsverpflichtung. In der Praxis tritt aber häufig auch der Fall auf, dass der Besteller einen Teil der Planung erbringt und anschließend der Unternehmer die restliche Planung. Für diese Konstellation geteilter Planungsverantwortung muss jeder Vertragsteil »seinen Teil« der Planungsverantwortung tragen. § 650c Abs. 1 S. 2 BGB ist also einschränkend dahin auszulegen, dass dem Unternehmer im Fall von § 650b Abs. 1 S. 1 Nr. 2 BGB insoweit kein Mehrvergütungsanspruch zusteht, als er die Planungsverantwortung trägt. Soweit die Mehrkosten hingegen aus Bereichen herrühren, für die der Besteller die Planungsverantwortung trägt, werden entsprechende Vergütungsansprüche des Unternehmers gemäß § 650c Abs. 1 S. 2 BGB nicht ausgeschlossen.[129] 86

E. § 650c Abs. 2 BGB

Gemäß § 650c Abs. 2 BGB kann der Unternehmer zur Berechnung der Vergütung für den Nachtrag wahlweise auf die Ansätze in einer vereinbarungsgemäß hinterlegten Urkalkulation zurückgreifen, wobei gemäß S. 2 vermutet wird, dass die auf Basis der Urkalkulation fortgeschriebene Vergütung der Vergütung nach § 650c Abs. 1 BGB entspricht. 87

In der Gesetzesbegründung heißt es (auszugsweise) dazu[130]:

> *»Um die Abrechnung praktikabel zu gestalten, wird dem Unternehmer die Möglichkeit eröffnet, zur Berechnung der Vergütung für den Nachtrag auf die Kostenansätze einer vereinbarungsgemäß hinterlegten Urkalkulation zurückzugreifen. Ergänzend greift eine widerlegliche Vermutung, dass* 88

129 Näher dazu oben § 650b BGB Rdn. 67.
130 Vgl. BT-Drucks. 18/8486 S. 56.

die in dieser Urkalkulation enthaltenen bzw. fortgeschriebenen Preis- und Kostenansätze den tatsächlich erforderlichen Kosten entsprechen und hinsichtlich der Zuschläge weiterhin angemessen sind. (…) Dadurch wird gewährleistet, dass die Vertragsparteien für die Ermittlung der tatsächlich erforderlichen Kosten keine Neuberechnung vornehmen müssen, sondern – wie bisher – auf die in der Regel vorhandene Urkalkulation des Unternehmers zurückgreifen können. Die Vermutungswirkung kann jedoch nur greifen, wenn die vom Unternehmer offenbarte oder zumindest hinterlegte Urkalkulation ausreichend aufgeschlüsselt ist. Ein wichtiger Nebeneffekt dieser Regelung ist der Anreiz für den Unternehmer, die Kalkulation nachvollziehbar zu gestalten, um sie – gestützt auf die gesetzliche Vermutung – für die Berechnung der »Ist-Kosten« heranziehen zu können.

Für den Unternehmer ergibt sich also ein Wahlrecht, ob er »Nachträge« auf Basis seiner ursprünglichen Kalkulation (Abs. 2) oder nach den tatsächlich erforderlichen Kosten (Abs. 1) abrechnen will. Um Spekulationen bei der Preisgestaltung zu verhindern, kann der Unternehmer das Wahlrecht für jeden Nachtrag nur insgesamt ausüben (»Vergütung für den Nachtrag«) (…).«

I. (Abrechnungs-)Wahlrecht des Unternehmers

89 § 650c Abs. 2 BGB räumt dem Unternehmer ein Wahlrecht ein, ob er die Vergütung für die angeordnete Leistungsänderung nach Abs. 1 S. 1 auf der Basis der tatsächlich erforderlichen Kosten nebst angemessenen Zuschlägen berechnet oder nach Abs. 2 S. 1 auf der Basis einer vereinbarungsgemäß hinterlegten Kalkulation. Durch das Wahlrecht des Unternehmers nach Abs. 2 S. 1 soll laut Gesetzesbegründung die Abrechnung praktikabel gestaltet werden, was insoweit überrascht, als der Gesetzgeber damit die Abrechnung der in Abs. 1 geregelten Vergütung »tatsächlich erforderliche Kosten nebst Zuschlägen« offenbar selbst als unpraktikabel einstuft. Richtig an dieser gesetzgeberischen Einschätzung ist, dass hinsichtlich der Ermittlung eines modifizierten Vergütungsanspruchs nach Maßgabe der Urkalkulation durch die Vorgaben der VOB/B eine jahrzehntelange, durch umfängliche Rechtsprechung und Literatur begleitete Praxiserfahrung bestand und in gewissem Umfang immer noch besteht, während das gesetzliche Modell des Abs. 1 S. 1 auf Basis der tatsächlich erforderlichen Kosten nebst Zuschlägen die Bewährungsprobe erst noch bestehen muss. Jedenfalls ist es schon auf den ersten Blick deutlich einfacher, die Vergütung für geänderte oder zusätzliche Leistungen auf der Basis der hinterlegten Urkalkulation fortzuschreiben, als für jede noch so geringfügige Änderungs- oder Zusatzleistung zum einen die tatsächlich (erforderlichen) Kosten zu ermitteln und diese den hypothetischen Kosten der ursprünglichen Leistung gegenüberzustellen, sowie das Ganze auch noch dem Besteller nachweisen zu müssen. Während die Kalkulationsfortschreibung im Kern nur ein zentrales Dokument benötigt, nämlich eine aussagekräftige Urkalkulation, muss für die Ist-Kosten basierte Ermittlung tatsächlich erforderlicher Kosten die gesamte Ist-Bauleistung kleinteilig und strukturiert dokumentiert und für etwaige Nachtragsberechnungen und -abgrenzungen nachvollziehbar sein. Es bedarf deshalb keiner allzu großen Fantasie, dass das »Regelmodell« der Vergütungsermittlung auf Basis des Gesetzes weiterhin die Preisfortschreibung nach Urkalkulation gemäß Abs. 2 sein wird und die Vergütungsermittlung nach Maßgabe der tatsächlich erforderlichen Kosten nebst angemessenen Zuschlägen nur für Sonderfälle herangezogen wird, wenn z.B. aus Sicht des Bestellers die Preisfortschreibung nach Urkalkulation, insbesondere bei spekulativen Preisen, zu unangemessenen Vergütungsansprüchen des Unternehmers führen würde, oder umgekehrt aus Sicht des Unternehmers zu einer Verlustfortschreibung aufgrund nicht kostendeckender Kalkulation. Durch die Tatsache, dass nunmehr verschiedene Vorgehensweisen normiert sind, lässt sich in der Praxis weiterhin eine gewisse Verunsicherung feststellen und jedenfalls der Effekt, dass die verschiedenen Ansätze auch durcheinandergebracht werden, was wiederum erhebliche Spekulations- und Manipulationspotenziale mit sich bringt, die ja eigentlich vom Gesetzgeber gerade gemindert werden sollten.

II. Wahlrecht nur einheitlich für den »Nachtrag«

1. Begriff des Nachtrags

Ganz nebenher findet sich in der Gesetzessprache des § 650c Abs. 2 S. 1 BGB erstmals der Begriff »Nachtrag«, ohne dass dieser Begriff vom Gesetzgeber definiert wird. Aus dem Regelungszusammenhang ergibt sich, dass das Gesetz unter »Nachtrag« die vom Besteller nach § 650b Abs. 2 BGB angeordnete Leistungsänderung (gemäß Abs. 1 S. 1 Nr. 1 oder Nr. 2) und die damit verbundenen Vergütungsfolgen gemäß § 650c Abs. 1 **oder** Abs. 2 BGB meint.[131] Dies entspricht der in der Baupraxis ohnehin verwendeten Begrifflichkeit, auch wenn die seit Jahrzehnten eine Nachtragsregelung bereithaltende VOB/B den Begriff des Nachtrags selbst nicht erwähnt. Neben der Begrifflichkeit bezweckt der Gesetzgeber mit der Regelung zum Nachtrag in Abs. 2 S. 1 die **Klarstellung**, dass der Unternehmer das **Wahlrecht**, die Vergütung entweder nach Abs. 1 oder nach Abs. 2 zu ermitteln, **für jeden Nachtrag nur insgesamt ausüben kann.**[132] Der Unternehmer soll also für einen (einheitlichen) Nachtrag nicht teilweise auf die tatsächlich erforderlichen Kosten und teilweise auf die kalkulatorischen Preisansätze der Urkalkulation zurückgreifen können, um die ihm jeweils günstigere Kostenbasis heranzuziehen, sondern nur entweder insgesamt auf Basis der tatsächlich erforderlichen Kosten nebst angemessenen Zuschlägen oder insgesamt auf Basis der hinterlegten Urkalkulation. 90

Der Unternehmer kann im Rahmen seines Wahlrechts nach Abs. 2 die Nachtragsvergütung auch nicht hinsichtlich der Herstellkosten insgesamt nach den tatsächlich erforderlichen Kosten und die Zuschläge nach seiner Urkalkulation berechnen, aber auch nicht umgekehrt die Herstellkosten aus der Urkalkulation fortschreiben und darauf angemessene Zuschläge für seine AGK sowie W+G berechnen. Andernfalls könnte der auf Nachträge »spekulierende« Unternehmer durch das Verschieben von Herstellkosten in die Zuschläge (oder umgekehrt von Zuschlägen in die Herstellkosten) die vom Gesetzgeber in § 650c Abs. 1 S. 1 gewünschte »Kostenneutralität« der Nachtragsvergütung unterlaufen.[133]

In den meisten Fällen wird die Abgrenzung von Nachträgen untereinander keine Probleme bereiten, weil die vom Besteller begehrte und im Fall der Nichteinigung angeordnete Leistungsänderung technisch/inhaltlich »die Nachtragsleistung« des Unternehmers bestimmt und die nach § 650c Abs. 1 oder Abs. 2 zu bestimmende Vergütung der technischen Leistungsänderung folgt, nicht umgekehrt. Ordnet der Besteller also bspw. die Ersetzung der beauftragten Holztreppen durch Betontreppen an oder eine erhöhte Schallschutzklasse für die Fenster, dann erstreckt sich dieser »Nachtrag« einschl. der Vergütungsfolge auf die auszuführende Leistungsänderung. Im Einzelfall kann aber die Abgrenzung und damit auch der Umfang des unternehmerseitigen Wahlrechts zweifelhaft sein. *Althaus/Kattenbusch*[134] bilden hierzu den Fall, dass der Unternehmer mit einem Erdaushub bestimmten Umfangs und dessen Einbau an anderer Stelle des Grundstücks beauftragt ist. Wegen geänderter Bodenverhältnisse muss ein Teil des Aushubs entsorgt und durch neu anzuliefernden Boden ersetzt werden. Bei dieser vom Besteller angeordneten (notwendigen) Leistungsänderung liegt trotz der Aufspaltung in Abtransport und Entsorgung des ungeeigneten Bodens einerseits sowie Anlieferung und Einbau des geeigneten Bodens andererseits *ein Nachtrag* vor, so dass der Unternehmer nicht Abfuhr und Entsorgung des ungeeigneten Bodens nach tatsächlich erforderlichen Kosten nebst angemessenen Zuschlägen sowie Anlieferung und Einbau des neuen Bodens nach Maßgabe der vereinbarungsgemäß hinterlegten Urkalkulation abrechnen kann.[135] Führen bspw. Brandschutzauflagen dazu, dass neue Brandabschnitte erforderlich werden, mit der Folge, dass z.B. Brandschutztüren anstatt einfacher Türen eingebaut werden müssen, zusätzliche Entrauchungsöffnungen erforderlich werden usw., erstrecken sich also solche Änderungen über mehrere Gewerke mehrerer Unternehmer, dann 91

131 Ähnlich Althaus/Kattenbusch, in: BeckOK BauvertragsR, § 650c BGB Rn. 71.

132 BT-Drucks. 18/8486, S. 57.

133 So auch KG, Urt. v. 18.07.2025 – 21 U 176/24, IBRRS 2025, 2108.

134 Althaus/Kattenbusch, in: BeckOK BauvertragsR, § 650c BGB Rn. 134 ff.

135 Zutreffend Althaus/Kattenbusch, a.a.O., Rn. 136.

liegt pro Gewerk und Unternehmer jeweils *ein (gesonderter) Nachtrag* vor, auch wenn funktional aus Sicht des Bauherrn nur eine (funktionale) Leistungsänderung stattfindet. Der mit den Türen beauftragte Unternehmer könnte also bspw. nach Abs. 2 abrechnen, der mit den Trockenbauarbeiten beauftragte Unternehmer nach Abs. 1.

Ist in diesem Beispielsfall allerdings ein Generalunternehmer beauftragt, so liegt für den Generalunternehmer im Verhältnis zum Besteller *ein Nachtrag* vor, während für die Nachunternehmer mehrere einzelne Nachträge im Verhältnis zum Generalunternehmer vorliegen. Der mit den Türen beauftragte Nachunternehmer kann also bspw. auf Basis der tatsächlich erforderlichen Kosten der Leistungsänderung plus angemessener Zuschläge abrechnen, der Nachunternehmer Trockenbau könnte nach § 650c Abs. 2 BGB abrechnen. In diesem Fall könnte der Generalunternehmer nun seinerseits entweder insgesamt nach Maßgabe der tatsächlich erforderlichen Kosten plus Zuschlägen abrechnen.[136]

92 Soweit in der Literatur diskutiert wird, auch bei (eindeutig) mehreren getrennten Nachträgen dürfe jeder Unternehmer im Rahmen »seines Vertrages« das Wahlrecht nur einmal ausüben[137], so entspricht dies weder dem Gesetzeszweck noch der Gesetzesbegründung und ist deshalb abzulehnen.[138]

2. Kritik am Wahlrecht des Unternehmers

93 Es wäre vorab wünschenswert gewesen, wenn der Gesetzgeber das von ihm geschaffene Wahlrecht des Unternehmers, die Vergütung des Nachtrages nach Abs. 1 oder nach Abs. 2 (einheitlich) abzurechnen, ausreichend deutlich im Gesetzestext verankert und nicht in der Gesetzesbegründung »versteckt« hätte.

Unabhängig hiervon wird der Unternehmer natürlich geneigt sein, die ihm günstigere Variante zu wählen, also bei einer Unterkalkulation der Kosten die Änderungsleistung nach Maßgabe der tatsächlich erforderlichen Kosten zzgl. angemessener Zuschläge für AGK sowie W+G zu berechnen, hingegen bei einer (über)auskömmlichen Kalkulation diese Kalkulation nach Abs. 2 fortzuschreiben und darauf zu setzen, dass dem Besteller der Nachweis nach Abs. 2 S. 2 nicht gelingt, dass die tatsächlich erforderlichen Kosten niedriger sind als die Fortschreibung der kalkulierten Kosten. Die gesetzgeberische Intention, Spekulationen bei der Preiskalkulation einzudämmen[139], wird also durch das Wahlrecht des Unternehmers, den Nachtrag aus der Urkalkulation zu ermitteln, keineswegs erreicht, sondern erlaubt geradezu eine **risikofreie Spekulation**. Denn »verspekuliert« sich der Unternehmer bezüglich einzelner Leistungen oder Leistungsteile, so ist er nach dem Vergütungssystem der VOB/B[140] im Zweifel an den »schlechten Preis« gebunden[141], während er nach dem Vergütungssystem des BGB die Folgen seiner Fehlspekulation nur in dem Umfang tragen muss, wie sich eine Kostenunterdeckung auch bei unveränderter Leistung realisiert hätte. Die Mehrkosten der Ist-Leistung zur Ursprungsleistung kann er kurzerhand nach den tatsächlich erforderlichen Kosten nebst Zuschlägen abrechnen. Dadurch fördert das Gesetz geradezu spekulative Preiskalkulationen, weil das Risiko der Fehlspekulation durch Abs. 1 S. 1 zumindest reduziert wird, während die Chance der Spekulation durch Abs. 2 S. 1 vollumfänglich erhalten bleibt, es sei denn, dem Besteller gelingt der Nachweis, dass die tatsächlich erforderlichen Kosten geringer sind als die kalkulativ fortgeschriebenen Preise.

---

136 Wobei die vom NU-Trockenbau nach § 650c Abs. 2 BGB ermittelte Vergütung aus Sicht des GU im Verhältnis zum Besteller als tatsächlich erforderliche Kosten im Sinne von § 650c Abs. 1 BGB zu behandeln wären.

137 So Kniffka/Koeble/Jurgeleit/Sacher, Kompendium Baurecht, 6. Teil Rn. 338.

138 Zutreffend Althaus/Kattenbusch, in: BeckOK BauvertragsR, § 650c BGB Rn. 137.

139 BT-Drucks. 18/8486, S. 56.

140 In der früheren Auslegung bis zum Urteil des BGH v. 08.08.2019 – VII ZR 34/18, BauR 2019, 1766; näher dazu Rdn. 114 ff.

141 Dazu Langen, NZBau 2019, 10.

Insgesamt hat der Gesetzgeber die Vorüberlegungen des Deutschen Baugerichtstages und der Arbeitsgruppe Bauvertragsrecht des BMJV durch das Wahlrecht zwischen Abs. 1 und Abs. 2 zwar im Wesentlichen umgesetzt. Dennoch dürfen Zweifel geäußert werden, ob der Gesetzgeber damit tatsächlich ein der VOB/B (in alter Auslegung) überlegenes Vergütungssystem implementiert hat.[142] 94

III. Vergütungsberechnung nach vereinbarungsgemäß hinterlegter Urkalkulation

Die alternative Vergütungsermittlung durch den Unternehmer nach Abs. 2 S. 1 setzt eine vereinbarungsgemäß hinterlegte Urkalkulation voraus. Auch hierzu ergibt sich nicht aus dem Gesetz selbst, sondern nur aus der Gesetzesbegründung, was dem Gesetzgeber hier genau vorgeschwebt hat. Gemeint ist eine 95

- ausreichend aufgeschlüsselte Kalkulation, die
- vom Unternehmer offenbart oder zumindest (vereinbarungsgemäß) hinterlegt worden ist.[143]

1. Ausreichende Aufschlüsselung der Urkalkulation

Aus der Gesetzesbegründung zu § 650c Abs. 2 S. 1 BGB ergibt sich, dass der Unternehmer nur auf Basis einer ausreichend aufgeschlüsselten Urkalkulation berechtigt sein soll, die Nachtragsvergütung kalkulatorisch und nicht auf Basis der tatsächlich erforderlichen Kosten gemäß Abs. 1 zu ermitteln. Was unter ausreichend aufgeschlüsselt zu verstehen ist, lässt sich der Gesetzesbegründung nur sehr allgemein entnehmen. Die Gesetzesbegründung erwähnt beispielhaft einen Zuschlag für Allgemeine Geschäftskosten, woraus sich entnehmen lässt, dass zumindest dieser AGK-Zuschlag Gegenstand der hinterlegten Urkalkulation sein muss. Gleiches gilt für den Zuschlag für Wagnis und Gewinn. Ergänzend heißt es in der Gesetzesbegründung, dass sich die widerlegliche Vermutung bei unternehmensbezogen kalkulierten Zuschlägen auch auf die in der Urkalkulation ausgewiesenen Ansätze und Bezugsgrößen wie Umsatz, Bauzeit oder projektbezogene Festbeträge beziehen könne.[144] Dadurch, also durch die ausreichende Aufschlüsselung, werde gewährleistet, dass die Vertragsparteien für die Ermittlung der tatsächlich erforderlichen Kosten keine Neuberechnung vornehmen müssen, sondern – wie bisher – auf die in der Regel vorhandene Urkalkulation des Unternehmers zurückgreifen können. 96

Nach Maßgabe der aktuellen Gesetzeslage einschließlich ihrer Begründung hängt es also vom Einzelfall ab, ob die vom Unternehmer wahlweise für die Preisfortschreibung herangezogene Kalkulation als »ausreichend aufgeschlüsselt« angesehen werden kann oder nicht. 97

Vergaberechtliche Vorgaben zu (Mindest-)Anforderungen an die Preiskalkulation des Bieters existieren beispielsweise im öffentlichen Auftragswesen und dort insbesondere im Vergabehandbuch des Bundes.[145] 98

Bei privaten Bauvergaben kommt es bislang darauf an, ob der Bieter nach den Ausschreibungsbedingungen nach Auftragserteilung eine Urkalkulation beim Besteller hinterlegen muss und wenn ja, ob inhaltliche Anforderungen an die Aufschlüsselung der Kosten definiert sind. Ist dies nicht der Fall, dann steht es dem Bieter frei, die Herstellkosten entsprechend den Einzelkosten der Teilleistungen sowie der Baustellengemeinkosten kalkulativ zu ermitteln und diese mit den Zuschlägen für AGK sowie Wagnis und Gewinn zu belegen, alternativ aber auch, die Preise beliebig zu kalkulieren, sei es nach Erfahrungswerten ähnlicher Baustellen, sei es über grobe Bezugseinheiten wie Quadratmeter oder Kubikmeter oder sei es auch schlicht, die Preise zu schätzen.[146] Vorrangig und den Bauvertragsparteien auch zu empfehlen ist es deshalb, nach Maßgabe des § 650c Abs. 2 BGB den **Mindestinhalt der kalkulatorischen Aufschlüsselung** durch den Unternehmer zu definieren,

142 Zutreffend Kapellmann, NZBau 2013, 537 ff.
143 BT-Drucks. 18/8486, S. 57.
144 BT-Drucks. 18/8486, S. 57.
145 VHB Bund, 2017, Ausgabe 2019, Formblätter 221 bis 223.
146 Vgl. auch Kapellmann/Messerschmidt, § 2 VOB/B Rn. 137 ff.

um Streit über die Plausibilität bzw. hinreichende Aufschlüsselung der Kalkulation zu vermeiden.[147] Da das Wahlrecht nach Abs. 1 oder Abs. 2 nur dem Unternehmer zusteht und nicht auch dem Besteller[148], empfiehlt sich für den Unternehmer, bei fehlenden Vorgaben des Bestellers an den Inhalt der zu hinterlegenden Kalkulation seinerseits die Anforderungen an die ausreichende Aufschlüsselung zu vereinbaren, um ihm die Ausübung des Wahlrechts nach Abs. 1 oder Abs. 2 auch tatsächlich zu ermöglichen.

99 Im Hinblick auf übliche Praxisfälle der Nachtragsvergütung sollten der Urkalkulation folgende Aufschlüsselungen zu entnehmen sein und etwaige Anforderungen entsprechend rechtzeitig bei Ausschreibung vom Besteller formuliert werden:[149]

- Aufschlüsselung der Gesamtsummen je Kostenart und Übersicht über die einzelnen Kalkulationsumlagen und -zuschläge (wie etwa EFB 221/222),
- Aufschlüsselung der BGK-Umlage in die einzelnen Kostenpositionen und die dahinterliegenden Kalkulationsansätze, wie Einsatzintensität, Einsatzdauer, Kostensatz etc., ggf. separate Aufschlüsselung verschiedener Bauphasen, soweit kalkulationsrelevant,
- positionsweise Aufschlüsselung der enthaltenen Einzelkosten der Teilleistungen und der jeweiligen Bezuschlagungen,
- bei der Aufschlüsselung der enthaltenen Einzelkosten der Teilleistungen sind die dahinterliegenden Kalkulationsansätze, wie Aufwands- und Leistungswerte, Kalkulationssätze für Geräte- oder Lohnstunden, Materialkosten, Annahmen zu Verbrauchsstoffen, Verschnitten, Auflockerungsfaktoren etc., auszuweisen,
- auch bei kalkulierten Nachunternehmerkosten sind die zutreffenden Kalkulationsgrundlagen auszuweisen und über die jeweiligen Nachunternehmerverträge im Zweifel darzulegen.

100 Soweit Vorgaben oder Vereinbarungen der Parteien fehlen, kommt es also für die ausreichende Aufschlüsselung der Kalkulation im Einzelfall darauf an, ob sich bezüglich der betroffenen Leistungspositionen oder Leistungsteile aus der Urkalkulation für die ursprüngliche Leistung die Einzelkosten der Teilleistungen, die (anteiligen) Baustellengemeinkosten, die Zuschlagssätze für Allgemeine Geschäftskosten sowie Wagnis und Gewinn und ggf. auch sonstige Bezugsgrößen wie Umsatz, Bauzeit (und bauzeitabhängige Kosten) sowie projektbezogene Festbeträge, wie z.B. für Einrichtung und Abrüstung der Baustelle, ergeben, die eine Fortschreibung der Kalkulation erlauben.

2. Vereinbarungsgemäß hinterlegte Urkalkulation

101 Um dem Unternehmer die Ermittlung der Nachtragsvergütung nach Urkalkulation zu ermöglichen, muss die ausreichend aufgeschlüsselte Urkalkulation vereinbarungsgemäß hinterlegt sein.

102 In der Gesetzesbegründung heißt es hierzu, die Vermutungswirkung, dass die kalkulierten Kosten den tatsächlich erforderlichen Kosten nach Abs. 1 S. 1 entsprechen, könne nur greifen, wenn der Unternehmer die ausreichend aufgeschlüsselte Urkalkulation entweder offenbart oder zumindest hinterlegt habe.[150] Die **Art und Weise der Hinterlegung** ist dabei im Gesetz nicht definiert und bleibt den Parteien überlassen. Üblich und gebräuchliche Praxis öffentlicher Auftraggeber ist die Hinterlegung der Urkalkulation in einem verschlossenen Umschlag beim Besteller. Gleichermaßen zulässig ist jede andere Vereinbarung der Parteien, also z.B. die Hinterlegung bei einem Notar, bei einem Adjudikator oder jedem sonstigen Dritten oder aber auch die leichter zugängliche Ablage in digitaler Form auf einem gemeinsamen Cloud-Speicher oder im Projektdatenraum.

103 Ist die Hinterlegung der Urkalkulation vereinbart, wird sie aber nicht durchgeführt und verbleibt damit beim Unternehmer, so ist, anders als beim VOB/B-Vertrag[151], die **Nachreichung** der

147 Dazu auch Orlowski BauR 2017, 1427, 1432 f.
148 Dazu die Kritik in der Stellungnahme des Deutschen Anwaltvereins von Juni 2016, BT-Drucks. 18/8486.
149 Gemäß Kapellmann/Schiffers/Markus, Bd. 1 Rn. 840.
150 Vgl. BT-Drucks. 18/8486, S. 56.
151 Vgl. BGH, Urt. v. 18.12.2008 – VII ZR 201/06; NJW 2009, 835.

Urkalkulation zwecks Ausübung des Wahlrechts nach Abs. 2 **nicht zulässig**, es sei denn, der Besteller akzeptiert diese Nachreichung im Sinne einer nachträglichen Hinterlegung. Gleiches gilt, wenn sich aus der vereinbarungsgemäß hinterlegten Urkalkulation mangels ausreichender Aufschlüsselung keine Preisfortschreibung für die geänderte Leistung herleiten lässt, was die Grundlage des gesetzlichen Wahlrechts zu Gunsten des Unternehmers ist.[152]

Wann und in welcher Form die Vereinbarung der Hinterlegung erfolgt, ist für das Wahlrecht des Unternehmers unerheblich. Die Vereinbarung kann also vertragsgemäß bereits mit dem Vertragsabschluss erfolgen, aber auch während der bereits laufenden Bauarbeiten anlässlich des ersten Nachtrages. Für das Wahlrecht des Unternehmers ist allein entscheidend, dass sich der Besteller mit der Hinterlegung der Kalkulation einverstanden erklärt hat. 104

Dies führt zu der Frage, ob der Besteller zur Vermeidung des unternehmerischen Wahlrechts berechtigt ist, eine ihm angebotene Hinterlegung der Urkalkulation des Unternehmers abzulehnen, was unterschiedlich beurteilt wird. Teilweise wird vertreten, mangels anderweitiger gesetzlicher Regelung könne der Besteller nach freiem Ermessen seine Zustimmung zur Hinterlegung der Urkalkulation verweigern.[153] Gegen diese Auffassung spricht, dass der Besteller damit das gesetzliche Wahlrecht zu Gunsten des Unternehmers, aber auch zu Gunsten der Praktikabilität der Abrechnung von Nachträgen[154], schlichtweg durch sein fehlendes Einverständnis zur Hinterlegung vereiteln könnte. Soweit also nicht im Einzelfall wichtige Gründe entgegenstehen, ist der Besteller nach hiesiger Auffassung im Sinne des gesetzlich gewünschten Wahlrechts nach Treu und Glauben verpflichtet, eine ihm angebotene Urkalkulation auch entgegenzunehmen und damit *vereinbarungsgemäß* zu hinterlegen. 105

3. Offenbarte Urkalkulation

Der Gesetzgeber formuliert in der Gesetzesbegründung, die (ausreichend aufgeschlüsselte) Urkalkulation des Unternehmers müsse offenbart, zumindest aber hinterlegt sein, um das Wahlrecht des Unternehmers zu rechtfertigen.[155] Was unter »Offenbarung« der Urkalkulation zu verstehen ist, ergibt sich aus der Gesetzesbegründung nicht. Gemeint sein dürfte, dass der Unternehmer die Kalkulation nicht nur, wie in der Praxis üblich, in einem verschlossenen Umschlag beim Besteller oder an dritter Stelle hinterlegt, sondern die Urkalkulation dem Besteller inhaltlich zur Kenntnis gibt und damit die Art und Weise sowie die Einzelheiten der Kostenkalkulation sowie der Zuschläge offenlegt. 106

Obwohl die (bloße) Hinterlegung der Urkalkulation nach der Intention des Gesetzgebers ein »Minus« gegenüber deren Offenbarung darstellt, regelt das Gesetz seinem Wortlaut nach nur den Fall der vereinbarungsgemäßen Hinterlegung. Wünschenswert wäre eine gesetzgeberische Klarstellung, dass das Wahlrecht auch bei Offenbarung der ausreichend aufgeschlüsselten Kalkulation gilt. Bereits nach dem jetzigen Wortlaut des Gesetzes ist dies aber nach Sinn und Zweck des Wahlrechts der Fall.[156]

Dass die Offenbarung der Urkalkulation im Zuge deren Hinterlegung im Zweifel konfliktpräventiv wirken würde und damit immer empfehlenswert wäre, sollte außer Frage stehen. Soweit unterschiedliche Auffassungen zwischen Besteller und Unternehmer bzgl. der »ausreichenden Aufschlüsselung« bestehen, wäre eine vernünftige Aufklärung und ggf. ergänzende Erläuterung bzw. zusätzliche Aufschlüsselung deutlich problemfreier und kooperativer durchzuführen als zu dem Zeitpunkt, in dem es bereits zu einer strittigen Auseinandersetzung über die Nachtragsvergütung gekommen ist.[157]

152 So zutreffend, Althaus/Kattenbusch, in: BeckOK BauvertragsR, § 650c BGB Rn. 74.
153 Vgl. v. Rintelen, in: ibr-OK Bauvertragsrecht, Stand 22.04.2024, § 650c BGB Rn. 133 ff.
154 BT-Drucks. 18/8486, S. 56.
155 BT-Drucks. 18/8486, S. 56.
156 Vgl. dazu auch die Diskussion im Arbeitskreis I b des 7. Deutschen Baugerichtstages 2018, BauR 2018, 1469, 1498 ff.
157 Vgl. Kapellmann/Schiffers/Markus, Bd. 1 Rn. 840, und Zobel, in: Sindermann/Sonntag/Knopp, Anti-Claim-Management, Kap. 6 Rn. 43 ff.

IV. Vermutungswirkung gemäß § 650c Abs. 2 S. 2 BGB

107 Macht der Unternehmer von seinem Wahlrecht gemäß Abs. 2 S. 1 Gebrauch und leitet die Nachtragsvergütung aus der vereinbarungsgemäß hinterlegten Urkalkulation ab, so wird nach S. 2 vermutet, dass die auf Basis der Urkalkulation fortgeschriebene Vergütung der Vergütung nach Abs. 1, also den tatsächlich erforderlichen Kosten nebst (angemessenen) Zuschlägen, entspricht.[158] Explizit heißt es in der Gesetzesbegründung, dass hinsichtlich eines Zuschlags für Allgemeine Geschäftskosten mithin vermutet werde, dass er weiterhin zutreffend sei. Hätten sich hingegen die Allgemeinen Geschäftskosten erhöht, so habe der Unternehmer die Möglichkeit, die Berechnungsmethode nach Abs. 1 zu wählen und sie auf andere Weise schlüssig darzulegen.[159] Gleichermaßen würden in die Vermutung für die Ansätze der Urkalkulation auch die Zuschläge für Wagnis und Gewinn einbezogen, da solche Zuschläge im Wettbewerb um die Ausgangsleistung erzielt worden seien, sodass es sachgerecht sei, sie über die Vermutung im Zweifel fortzuschreiben. Schließlich gelte dies auch für unternehmensbezogen kalkulierte Zuschläge.[160] Soweit der vom Unternehmer vorgelegten Vergütungsfortschreibung nach Abs. 2 also eine ausreichend aufgeschlüsselte und entweder offenbarte oder vereinbarungsgemäß hinterlegte Urkalkulation zugrunde liegt, wird Kraft Gesetztes nicht nur vermutet, dass die Herstellkosten (Einzelkosten der Teilleistungen und Baustellengemeinkosten) den tatsächlich erforderlichen Kosten nach Abs. 1 S. 1 entsprechen, sondern dass auch die Zuschläge gemäß Urkalkulation als angemessene Zuschläge im Sinne von Abs. 1 S. 1 anzusehen sind. Damit entspricht die gesetzliche Vermutungsregelung des § 650c Abs. 2 S. 2 BGB im Grundsatz der Rechtsprechung des BGH zum **Vergütungsanspruch des Unternehmers nach der Auftragskündigung gemäß § 648 BGB bzw. § 8 Abs. 1 VOB/B.** Zu dieser Konstellation hat der BGH zuletzt im Urt. v. 08.01.2015[161] entschieden, dass der Unternehmer die kündigungsbedingt ersparten Aufwendungen grundsätzlich nach Maßgabe der Kosten berücksichtigen müsse, die bei Durchführung des Auftrags tatsächlich entstanden wären. Solange sich aber keine Anhaltspunkte für eine andere Kostenentwicklung ergeben, reiche es aus, wenn der Unternehmer die Ersparnisse auf der Grundlage seiner ursprünglichen Kalkulation berechne.[162] Für die freie Kündigung des Bestellers – und nun ebenso für die Mehr- oder Mindervergütung nach entsprechender Änderungsanordnung des Bestellers – bedeutet dies also, dass die (ausreichend aufgeschlüsselte) Kalkulation des Unternehmers so lange für die Vergütungsberechnung herangezogen werden kann, wie die Unrichtigkeit der darin zugrunde gelegten Ansätze nicht dargelegt und ggf. bewiesen ist.

108 Allerdings hat das KG[163] zutreffend darauf hingewiesen, dass gem. § 650c Abs. 2 S. 2 BGB lediglich vermutet wird, dass die in einer Urkalkulation enthaltenen Rechnungsansätze den tatsächlich erforderlichen Kosten entsprechen. Auf die Mehrvergütung als solche, die der Unternehmer als Endergebnis der Preisfortschreibung unter Heranziehung der Urkalkulation ermittelt hat, erstreckt sich die Richtigkeitsvermutung nicht.[164]

109 Die widerlegbare Vermutung des Gesetzes, dass die Nachtragsvergütung auf Basis der tatsächlich erforderlichen Kosten einschließlich angemessener Zuschläge und die auf Basis der Fortschreibung der Urkalkulation einander entsprechen, geht auch rechnerisch auf, sofern

158 BT-Drucks. 18/8486, S. 57.
159 BT-Drucks. 18/8486, S. 57.
160 BT-Drucks. 18/8486, S. 57.
161 BGH, Urt. v. 08.01.2015 – VII ZR 6/14, BauR 2015, 660, 664.
162 Ebenso BGH, Urt. v. 22.09.2005 – VII ZR 63/04, BauR 2005, 1916, 1917.
163 KG, Urt. v. 02.03.2021 – 21 U 1098/20, NZBau 2021, 523.
164 Konkret: Der Unternehmer konnte den Kalkulationslohn aus dem EFB-Preisblatt, das vom KG als Urkalkulation anerkannt wurde, für die streitige Zusatzleistung heranziehen, nicht aber den pro m^2 angesetzten Aufwandswert und damit den für den Nachtrag gebildeten Einheitspreis von 12,80 €/m^2.

- nach hier vertretener Auffassung[165] die tatsächlich erforderlichen Kosten und angemessenen Zuschläge sachgerecht mittels des Maßstabs des Produktivitätsniveaus (also auf Ist-Daten-Basis) ermittelt werden,[166]
- die Fortschreibung der Urkalkulation sachgerecht mittels des Maßstabs des Vertragspreisniveaus (also auf Soll-Daten-Basis) ermittelt wird[167] und
- die kalkulierten Kosten mit den tatsächlich anfallenden Kosten deckungsgleich sind.[168]

Zwar sind diese »Ideal«-Umstände, insb. der letzte Anstrich, selten wenn nicht nie vollständig gegeben. Dennoch ist es für das schlüssige Verständnis, wie die verschiedenen Ermittlungswege miteinander im Zusammenhang stehen müssten, bedeutend. Es ist im Übrigen auch eine verträgliche und sinnhafte Fügung, wenn die Berechnung der Nachtragsvergütung zum identischen Ergebnis führt, egal ob Maßstab 1 oder Maßstab 2, solange der Unternehmer die Vertragsleistung so nah wie möglich an (idealerweise deckungsgleich mit) den tatsächlichen Kosten der Bauleistung kalkuliert hat.[169]

Der Besteller kann die Vermutungswirkung gemäß Abs. 2 S. 2 widerlegen, wenn er nachweist, dass **110**
die gemäß Urkalkulation fortgeschriebenen Herstellkosten (Einzelkosten der Teilleistungen oder Baustellengemeinkosten) nicht den tatsächlich erforderlichen Kosten im Sinne von Abs. 1 S. 1 entsprechen, insbesondere über die tatsächlich erforderlichen Kosten hinausgehen. Wie dem Besteller dieser Nachweis gelingen soll, lässt das Gesetz offen. Soweit der Unternehmer die entsprechenden Änderungsleistungen im eigenen Betrieb ausführt, erfolgt regelmäßig eine innerbetriebliche Kostenrechnung, auf die der Besteller keinen Zugriff hat. Im Regelfall dürfte dem Besteller auch kein Auskunftsanspruch hinsichtlich dieser betriebsinternen Kostenrechnung des Unternehmers zustehen, d.h. der Besteller müsste auf andere Weise, z.B. durch Angebotspreise von Drittunternehmern, Materialpreise von Lieferanten usw. nachweisen, dass die Fortschreibung der kalkulierten Preise nicht den tatsächlich erforderlichen Kosten der Änderungsleistung entspricht. Es liegt auf der Hand, dass ein solcher Nachweis im Regelfall schwierig ist und deshalb allenfalls bei spekulativen Preisen gelingen wird, deren Fortschreibung greifbar über den tatsächlich erforderlichen Herstellkosten liegt.

Teilweise wird diskutiert, analog der Rechtsprechung zum kündigungsbedingt ersparten Aufwand **111**
des Unternehmers auch bzgl. der tatsächlich erforderlichen Kosten eine *Erstdarlegungslast* zu Lasten des Unternehmers anzunehmen, so dass dem Besteller lediglich die *sekundäre Darlegungslast* obliegen würde, die Darlegungen des Unternehmers zu widerlegen. Die vom Gesetzgeber beabsichtigte »praktikable Abrechnung, wie bisher« eine Preisfortschreibung nach Maßgabe der Urkalkulation wahlweise zu erlauben, würde jedoch relativiert, wenn nicht sogar entwertet, wenn der Unternehmer im Zusammenhang mit der Ausübung seines Wahlrechts nach Abs. 2 gehalten wäre darzulegen, welche tatsächlich erforderlichen Kosten im Sinne von Abs. 1 S. 1 mit der angeordneten Leistungsänderung verbunden waren. Deshalb wird man für den Regelfall sowohl eine Auskunftspflicht des Unternehmers als auch dessen Erstdarlegungslast hinsichtlich tatsächlich erforderlicher Kosten zu verneinen haben.[170]

Ähnliches gilt für die Fortschreibung der Zuschläge für Allgemeine Geschäftskosten sowie Wagnis **112**
und Gewinn. Führt also die Fortschreibung dieser Zuschläge gemäß Urkalkulation zu einer Preiserhöhung, die über einem angemessenen Zuschlag gemäß Abs. 1 S. 1 liegt, so entfällt die Vermutungswirkung des Abs. 2 S. 2 mit der Folge, dass der Unternehmer den Vergütungsanspruch nach Abs. 1 S. 1 berechnen muss. Gleiches gilt für eine »unangemessene Gewinnerhöhung«, ins-

165 Näher Rn. 31a ff.
166 Gem. Knopp, in: FS Langen, S. 169 ff., und Kapellmann/Schiffers/Markus, Bd. 1 Rn. 52 ff., 830 ff.
167 Gem. Kapellmann/Schiffers/Markus, Bd. 1 Rn. 51 ff., 843 ff.
168 Vgl. Kapellmann/Schiffers/Markus, Bd. 1 Rn. 67.
169 Hierzu auch Kapellmann/Schiffers/Markus, Bd. 1 Rn. 816.
170 So auch Althaus/Kattenbusch, in: BeckOK BauvertragsR, § 650c BGB Rn. 139; Hornickel, NZBau 2021, 712, 714 f.

besondere bei spekulativen Gewinnzuschlägen der Urkalkulation, die sich bei einer Vergütungsfortschreibung nach Urkalkulation in einer unangemessenen Gewinnüberhöhung für die betroffenen Positionen oder Leistungen auswirken würde.

113 Gelingt dem Besteller die Widerlegung der Vermutungswirkung gemäß Abs. 2 S. 2 nicht vollständig, sondern nur für einen Teil der fortgeschriebenen Kosten, so kommt es darauf an, ob die nach Abs. 2 S. 1 ermittelte Vergütung über derjenigen nach Abs. 1 S. 1 liegt. Beispiel: Die vom Unternehmer nach Urkalkulation fortgeschriebenen Herstellkosten entsprechen (im Wesentlichen) den tatsächlich erforderlichen Kosten, sodass die Vermutungswirkung hinsichtlich der fortgeschriebenen Herstellkosten eingreift. Jedoch hat der Unternehmer »spekulativ« einen deutlich überhöhten Zuschlag für Wagnis und Gewinn (oder für Allgemeine Geschäftskosten) berechnet, sodass durch die Fortschreibung der Urkalkulation insgesamt ein höherer Nachtragspreis gegenüber Abs. 1 S. 1 entsteht. Somit ist die Vermutungswirkung des Abs. 2 S. 2 für die gesamte Nachtragsvergütung widerlegt. Wie bereits ausgeführt, kann der Unternehmer für einen Nachtrag nur einheitlich entweder die Berechnungsmethode gemäß Abs. 1 S. 1 oder gemäß Abs. 2 S. 1 wählen. Führt die Fortschreibung der Herstellkosten gemäß Urkalkulation zu niedrigeren Herstellkosten der Leistungsänderung als die tatsächlich erforderlichen Kosten, sind die kalkulierten Zuschläge für AGK sowie W + G aber höher als angemessene Zuschläge nach Abs. 1 S. 1, so kommt es auf das Gesamtergebnis der beiden konkurrierenden Preisermittlungen an. Führen die unangemessen überhöhten Zuschläge also insgesamt zu einer Nachtragsvergütung nach Abs. 2, die höher ist als die Abs. 1 S. 1 ermittelte Nachtragsvergütung, so kann der Besteller die Herabsetzung auf die nach Abs. 1 S. 1 ermittelte Vergütung verlangen.

Das ist ein zugegebenermaßen theoretischer Fall, der aber das dahinterstehende System und das Verhältnis der Absätze 1 und 2 erläutert.

V. § 650c Abs. 2 BGB als Reinkarnation der Preisfortschreibung nach VOB/B?

114 Der Gesetzgeber hat sich mit der Regelung in § 650c Abs. 1 S. 1 bewusst dafür entschieden, die Nachtragsvergütung nach Maßgabe tatsächlich erforderlicher Kosten zzgl. angemessener Zuschläge für Allgemeine Geschäftskosten sowie Wagnis und Gewinn zu bestimmen. Dieses gesetzliche Leitbild weicht vom »Konkurrenzsystem« der VOB/B ab, wonach die Preisfortschreibung am Maßstab der Urkalkulation[171] stattfinden soll. Gleichwohl hat der Gesetzgeber in § 650c Abs. 2 S. 1 BGB die vor Inkrafttreten des neuen Bauvertragsrechts dominierende VOB/B-Praxis akzeptiert, eine Preisfortschreibung nach Maßgabe der vereinbarungsgemäß hinterlegten Urkalkulation und damit auf der Basis nicht tatsächlicher, sondern der urkalkulierten Kosten und deren Fortschreibung vorzunehmen. Die beiden Systeme nach Abs. 1 S. 1 und Abs. 2 S. 1 werden durch die widerlegbare Vermutung in Abs. 2 S. 2 synchronisiert.

115 Die Annahme des Gesetzgebers, dass insbesondere § 2 Abs. 5 und Abs. 6 VOB/B eine Regelung beinhalten, wonach »neue Preise« für die geänderte oder zusätzliche Leistung nach Maßgabe der Urkalkulation des Unternehmers zu vereinbaren sind, wird von der neusten Rechtsprechung massiv in Frage gestellt.

116 Zunächst hat der BGH durch Urteil vom 08.08.2019[172] für einen Fall der Mengenüberschreitung nach § 2 Abs. 3 Nr. 2 VOB/B entschieden, die VOB bestimme entgegen (bis dahin) überwiegender Annahme in Rechtsprechung und Literatur in § 2 Abs. 3 Nr. 2 VOB/B nur, *dass* bei entsprechender Mengenmehrung über 110 % des Vordersatzes ein neuer Preis zu vereinbaren sei, aber nicht, *auf welcher Grundlage* dies zu geschehen habe. Soweit die Parteien also nicht im Vertrag insgesamt oder für einzelne Elemente der Preisbildung eine Regelung getroffen hätten, sei diese Lücke im Wege der ergänzenden Vertragsauslegung gem. §§ 133, 157 BGB zu schließen. Dabei entspreche es der Red-

171 Zur Systematik »Fortschreibung Urkalkulation«: Kapellmann/Schiffers/Markus, Bd. 1 Rn. 843.
172 BGH, Urt. v. 08.08.2019 – VII ZR 34/18, BauR 2019, 1766 = NZBau 2019, 706.

lichkeit und dem bestmöglichen Ausgleich der wechselseitigen Interessen, dass durch die unvorhergesehene Veränderung der auszuführenden Leistungen im von § 2 Abs. 3 Nr. 2 VOB/B bestimmten Umfang keine der Vertragsparteien eine Besser- oder Schlechterstellung erfahren sollten. Die demzufolge erforderliche Abwägung der beiderseitigen Interessen nach Treu und Glauben ergebe, dass für die Bemessung des neuen Einheitspreises bei Mehrmengen im Sinne von § 2 Abs. 3 Nr. 2 VOB/B die **tatsächlich erforderlichen Kosten zzgl. angemessener Zuschläge** maßgeblich seien.

Im Folgeurteil vom 21.11.2019[173] hat der BGH zum v. g. Urteil vom 08.08.2019 klargestellt, dass zum einen die Baustellengemeinkosten zu den tatsächlich erforderlichen Kosten und nicht zu den angemessenen Zuschlägen zu zählen seien.[174] Zum anderen könne der angemessene Zuschlag für Allgemeine Geschäftskosten nicht durch einen bloßen Verweis des Unternehmers auf seine Kalkulation begründet werden.[175] **117**

Wegen des identischen Wortlauts von § 2 Abs. 3 Nr. 2 und § 2 Abs. 5 VOB/B liegt es auf der Hand, die »Allgemeine Geschäftsbedingung« VOB/B in den beiden Vorschriften nicht unterschiedlich auszulegen. Folgerichtig hatten bereits das KG[176] und das OLG Düsseldorf[177] entschieden, dass die vom BGH aufgestellten Grundsätze zur Auslegung des § 2 Abs. 3 Nr. 2 VOB/B auch auf die Auslegung des § 2 Abs. 5 VOB/B Anwendung finden. Mit anderen Worten ist der neue Preis für eine vom Besteller angeordnete Entwurfsänderung (oder einer sonstigen Anordnung des Bestellers nach § 2 Abs. 5 VOB/B) also nicht auf der Basis der Urkalkulation des Unternehmers zu bilden, sondern nach Maßgabe der tatsächlich erforderlichen Kosten zzgl. angemessener Zuschläge für Allgemeine Geschäftskosten sowie Wagnis und Gewinn.[178] Dies entspricht inzwischen der ganz herrschenden Auffassung in der obergerichtlichen Judikatur.[179] **118**

Ob die vom BGH und den verschiedenen OLGs festgestellte Regelungslücke hinsichtlich der Preisermittlung in § 2 Abs. 3 Nr. 2 und Abs. 5 VOB/B auch im Fall der nach § 2 Abs. 6 VOB/B zu berechnenden Vergütung für eine angeordnete Zusatzleistung vorhanden ist, ist wegen des unterschiedlichen Wortlauts in § 2 Abs. 5 und 6 VOB/B durchaus zweifelhaft. Immerhin stellt § 2 Abs. 6 Nr. 2 VOB/B für die Berechnung der Nachtragsvergütung bei der Anordnung einer Zusatzleistung auf die *Grundlagen der Preisermittlung der Vertragsleistung* ab, was bis zur vom BGH eingeleiteten Rechtsprechungsänderung überwiegend als Preisfortschreibung qua Urkalkulation verstanden und praktiziert wurde – und wegen der Einheitlichkeit der Preisfortschreibung bei geänderten wie zusätzlichen Leistungen gleichermaßen angewendet wurde. Trotz des unterschiedlichen Wortlauts hat aber das OLG Brandenburg bereits durch Urteil vom 22.04.2020[180] entschieden, dass die Regelungslücke zum »Wie« der Preisermittlung beim VOB-Bauvertrag auch bei Zusatzleistungen vorliege. Inzwischen entspricht dies auch zu § 2 Abs. 6 VOB/B der herrschenden Auffassung in der OLG-Rechtsprechung.[181] **119**

Eine Entscheidung des BGH zur Auslegung von § 2 Abs. 5 und 6 VOB/B steht noch aus. Es ist aber zu erwarten, dass der BGH sowohl zu § 2 Abs. 5 als auch zu § 2 Abs. 6 VOB/B entscheiden wird, dass die von ihm zu § 2 Abs. 3 Nr. 2 VOB/B festgestellte Regelungslücke besteht, die im Wege

---

173 BGH, Urt. v. 21.11.2019 – VII ZR 10/19, NZBau 2020, 84.
174 Rn. 22 des Urteils.
175 Rn. 24 des Urteils.
176 KG, Urt. v. 27.08.2019 – 21 U 160/18.
177 OLG Düsseldorf, Urt. v. 19.12.2019 – I-5 U 52/19, NZBau 2020, 509; OLG Naumburg, 16.12.2019 – 12 U 114/19, NZBau 2020, 504.
178 OLG Düsseldorf, Urt. v. 27.03.2025 – 5 U 148/23, NZBau 2025, 496–501.
179 OLG Köln, Urt. v. 03.02.2021 – 11 U 136/18; KG, Urt. v. 02.03.2021 – 21 U 1098/20: OLG Koblenz, Beschl. v. 20.06.2022 – 1 U 2211/21; OLG Frankfurt, Urt. v. 21.09.2020 – 29 U 171/19; abweichend lediglich OLG Schleswig, BauR 2022, 1500.
180 OLG Brandenburg, Urt. v. 22.04.2020 – 11 U 153/18, BauR 2020, 1487.
181 OLG Köln, Urt. v. 03.02.2021 – 11 U 136/18; KG, Urt. v. 02.03.2021 – 21 U 1098/20; KG, Beschl. v. 17.01.2023, 27 U 11/22.

der ergänzenden Vertragsauslegung dahin zu schließen ist, dass sich der Nachtragspreis nach den tatsächlich erforderlichen Kosten zuzüglich angemessener Zuschläge für AGK sowie W + G richtet.[182]

Soweit der VOB-Bauvertrag nach dem 31.12.2017 abgeschlossen worden ist, bedarf es des Lückenschlusses durch ergänzende Vertragsauslegung nicht mehr. Die Regelungslücke im VOB-Vertrag, wenn man sie denn sehen möchte, kann durch gesetzeskonforme Auslegung nach Maßgabe des § 650c BGB geschlossen werden. Für diesen Fall wäre der Unternehmer aber nicht auf die Abrechnung nach § 650c Abs. 1 BGB beschränkt, sondern er könnte auch von seinem Wahlrecht nach § 650c Abs. 2 BGB Gebrauch machen, soweit die Voraussetzungen (vereinbarungsgemäß hinterlegte Urkalkulation) vorliegen.

120 Es stellt sich die Frage, ob der Gesetzgeber die Bestimmung des § 650c Abs. 2 BGB auch geschaffen hätte, wenn er geahnt hätte, dass seine Annahme, die VOB/B bestimme eine Preisfortschreibung nach Urkalkulation, von der neuen obergerichtlichen Rechtsprechung nicht (mehr) geteilt wird. Die Überlegungen des Gesetzgebers zur Praktikabilität einer Preisfortschreibung nach Urkalkulation sind natürlich unabhängig von der neuen Auslegung der VOB/B durch die Rechtsprechung; dennoch entbehren sie zumindest teilweise der Grundlage, wenn die gesetzgeberische Annahme eines bestimmten Regelungsinhalts der VOB/B von der obergerichtlichen Rechtsprechung nicht (mehr) geteilt wird.

121 Letztlich gewährt § 650c Abs. 2 BGB dem Unternehmer damit ein Abrechnungswahlrecht, das er bei Vereinbarung der VOB/B und deren »traditioneller Auslegung« in dieser Form nicht hätte, eben weil die VOB/B nach Meinung des BGH und der Oberlandesgerichte nicht das bestimmt, was der Gesetzgeber meint, es sei bestimmt. Für den DVA ergibt sich damit Prüfungsbedarf, die vermeintliche Regelungslücke entweder zu belassen und durch die ergänzende/gesetzeskonforme Vertragsauslegung des BGH und der Oberlandesgerichte füllen zu lassen oder eine klare Regelung in die VOB/B aufzunehmen, *wie* im Fall von Mengenmehrungen, insbesondere aber von Leistungsänderungen und Zusatzleistungen, der neue Preis zu vereinbaren ist. Für den Gesetzgeber wird sich die Frage stellen, ob das Wahlrecht des Unternehmers noch zu rechtfertigen ist, wenn die Basis dieses Wahlrechts, also die VOB/B, letztlich nichts anderes regelt als § 650c Abs. 1 BGB.

F. § 650c Abs. 3 BGB

I. Entstehung und Überblick

122 Gemäß § 650c Abs. 3 S. 1 BGB kann der Unternehmer bei der Berechnung von entweder vereinbarten oder gemäß § 632a BGB geschuldeten Abschlagszahlungen 80 % einer in einem Angebot nach § 650b Abs. 1 S. 2 BGB genannten Mehrvergütung ansetzen, wenn sich die Parteien nicht über die Höhe geeinigt haben oder keine anderslautende gerichtliche Entscheidung ergeht. Gemäß S. 2 wird die nach den Abs. 1 und 2 geschuldete Mehrvergütung erst nach der Abnahme des Werks fällig, wenn der Unternehmer nach S. 1 vorgeht und keine anderslautende gerichtliche Entscheidung ergeht. Überschießende Zahlungen sind dem Besteller nach Abs. 3 S. 3 zurückzugewähren und ab ihrem Eingang beim Unternehmer entsprechend § 288 Abs. 1 S. 2 Abs. 2 und § 289 S. 1 BGB zu verzinsen.

123 Die in Abs. 3 S. 1 enthaltene »**80 %-Regelung**« für Nachtragsansprüche des Unternehmers wird seit ihrem Vorschlag durch die Bundesregierung als verbraucherfeindlich und nicht mehr dem Vorschlag des DBGT entsprechend kritisiert[183], sie berge ein hohes Risikopotenzial für den Besteller[184], da sie den Unternehmer geradezu dazu einlade, ein überhöhtes Nachtragsangebot gemäß § 650b

182 Dazu auch bereits Pamp, BauR 2021, 299 ff.
183 Vgl. Kniffka, BauR 2016, 1533, 1536.
184 Orlowski, ZfBR 2016, 419, 427.

Abs. 1 S. 2 BGB vorzulegen, um auf diese Weise zumindest 100 % der dem Unternehmer letztlich zustehenden Vergütung bereits im Wege der Abschlagszahlung sicherzustellen.[185]

Der Gesetzgeber hat die tatsächlich zunächst wie ein Fremdkörper wirkende Regelung mit folgenden Erwägungen begründet:

> *»Besteht zwischen den Parteien Streit über die nach den Abs. 1 und 2 geschuldete Mehrvergütung, ergibt sich für den Unternehmer das Risiko, dass er die in Folge der Änderung geschuldete Mehrleistung zunächst ohne Vergütung erbringt und eine Klärung der Mehrvergütung erst im Zusammenhang mit der Schlussrechnung erfolgt. Um hier zu gewährleisten, dass jedenfalls ein Teil der geschuldeten Mehrvergütung im Rahmen von Abschlagszahlungen berücksichtigt wird, sieht Abs. 3 eine vorläufige Pauschalierung vor. Danach kann der Unternehmer bei der Berechnung von vereinbarten oder gemäß § 632a BGB geschuldeten Abschlagszahlungen 80 % einer in einem Angebot nach § 650b Abs. 1 S. 2 BGB genannten Mehrvergütung ansetzen, wenn sich die Parteien nicht über die Höhe geeinigt haben oder eine anderslautende gerichtliche Entscheidung ergeht. Auf diese Weise erhält der Unternehmer während der Ausführung des Baus einen leicht zu begründenden vorläufigen Mehrvergütungsanspruch. Hält der Besteller ihn für überhöht, muss er gerichtlichen Rechtsschutz in Anspruch nehmen.* 124
>
> *Kommt die vorläufige Berechnung der Abschläge nach der 80 %-Regelung zur Anwendung, erfolgt die genaue Berechnung der Mehrvergütung erst in der Schlussrechnung. Der Anspruch des Unternehmers auf die nach den Abs. 1 und 2 berechnete Mehrvergütung wird dann erst nach der Abnahme des Werks fällig (S. 2). Für den Fall, dass sich nunmehr eine Überzahlung durch den Besteller ergibt, sieht S. 3 einen Rückgewähranspruch vor.«*[186]

Nach intensiver Diskussion im Gesetzgebungsverfahren heißt es in der abschließenden Begründung des Ausschusses für Recht und Verbraucherschutz ergänzend:

> *»Die Regelung bringt allerdings Risiken für den Besteller mit sich. Es kann zu Überzahlungen durch ihn kommen, da sich die Höhe der Abschlagsforderung anhand des von dem Unternehmer im Rahmen des Einigungsversuchs nach § 650b Abs. 1 S. 2 BGB-E erstellten Angebots bemisst. (…) Falls die Angebotssumme überhöht angesetzt ist, ist der Besteller aufgrund der 80 %-Regelung gleichwohl zur Zahlung verpflichtet. (…) Um diese Risiken für den Besteller zu reduzieren und leichtfertig zu hoch angesetzten Mehrvergütungsangeboten entgegenzuwirken, wird eine Verzinsungspflicht für Überzahlungen vorgesehen. (…)«*[187] 125

II. Anspruch auf Abschlagszahlung i.H.v. 80 % der Angebotssumme

1. Berechnung von vereinbarten oder gemäß § 632a BGB geschuldeten Abschlagszahlungen

Mit Abs. 3 S. 1, erster Hs. der Vorschrift wird zunächst klargestellt, dass die 80 %-Regelung sowohl zur Anwendung kommt, wenn die Parteien Vereinbarungen über Zeitpunkt und Höhe der jeweiligen Abschlagszahlung getroffen haben, z.B. in einem Zahlungsplan, als auch dann, wenn der Unternehmer Abschlagszahlungen nach § 632a BGB verlangt, also abhängig vom Wert der erbrachten Leistungen. 126

Soweit die Parteien einen gegenüber § 632a BGB vorrangigen Zahlungsplan vereinbart haben und in diesen Zahlungsplan nachlaufend einvernehmlich auch die Höhe der Abschläge für geänderte Leistungen nach § 650b Abs. 1 BGB eingestellt haben, hat dieser fortgeschriebene Zahlungsplan naturgemäß Vorrang vor der 80 %-Regelung des Abs. 3 S. 1, wie sich auch bereits aus der Vorschrift selbst ergibt (*wenn sich die Parteien nicht über die Höhe geeinigt haben*). Insoweit stellt die 80 %-Rege- 127

185 Vgl. Kimpel, NZBau 2016, 734, 736.
186 Vgl. BT-Drucks. 18/8486, S. 57 f.
187 BT-Drucks. 18/11437, S. 48.

lung also nur eine Auffangregelung für den Fall dar, dass keine Einigung der Parteien über Grund und Höhe der Änderungsvergütung des Unternehmers erzielt wurde.

128 Soweit die Parteien in einem vereinbarten Zahlungsplan nicht ausnahmsweise auch die Vergütung des Unternehmers für angeordnete Änderungsleistungen geregelt haben, steht dem Unternehmer das Recht auf Abschlagszahlungen gemäß § 632a BGB entsprechend dem Wert der anteilig erbrachten Leistungen zu. In diesem (Standard-)Fall räumt das Gesetz dem Unternehmer beim Bauvertrag ein **Wahlrecht** ein: Entweder er macht eine Abschlagszahlung nach Maßgabe des § 632a BGB (in Höhe von 100 %) geltend. Oder er verlangt gemäß § 650c Abs. 3 S. 1 BGB den Abschlag i.H.v. 80 % der im Rahmen des Einigungsversuchs vorgelegten Angebotssumme.[188] Nur für den letzteren Fall gelten die Sonderbestimmungen des § 650c Abs. 3 BGB, wonach der Unternehmer pauschal 80 % der Angebotssumme (in Höhe des von ihm nachzuweisenden Leistungsstandes) geltend machen kann. Als Folge dieser Wahl hat er sodann aber die in § 650c Abs. 3 S. 2 bis S. 4 BGB geregelten Nachteile zu tragen, wonach ein über 80 % hinausgehender Werklohnanspruch erst mit Abnahme und Schlussrechnung fällig wird und wonach eine etwaige Überzahlung automatisch ab Zahlungseingang beim Unternehmer mit 5 % bzw. 9 % über Basiszinssatz zu verzinsen ist, je nachdem, ob an dem Rechtsgeschäft ein Verbraucher oder ein Unternehmer bzw. eine Behörde beteiligt ist.

2. 80 % des Angebotspreises nach § 650b Abs. 1 S. 2 BGB

129 Nach dem klaren Wortlaut des § 650c Abs. 3 S. 1 BGB und der ebenso klaren Gesetzesbegründung steht dem Unternehmer eine Abschlagszahlung i.H.v. 80 % der in einem Angebot nach § 650b Abs. 1 S. 2 BGB genannten Mehrvergütung für die entsprechende Änderungsleistung zu, wenn sich die Parteien nicht über die Höhe geeinigt haben oder keine anderslautende gerichtliche Entscheidung ergeht.

a) Streitiger Nachtragsanspruch des Unternehmers dem Grunde nach

130 Unklar ist, ob die 80 %-Regelung des § 650c Abs. 3 S. 1 BGB einen dem Grunde nach bestehenden Vergütungsanspruch des Unternehmers voraussetzt oder dem Unternehmer auch bei Meinungsverschiedenheiten der Parteien dem Grunde nach eine vorläufige Liquidität i.H.v. 80 % des Angebotspreises sichern will, wie teilweise vertreten wird.[189]

131 *Gesetzeswortlaut und -systematik* deuten zunächst darauf hin, dass das Recht des Unternehmers, eine Abschlagszahlung i.H.v. 80 % des Angebotspreises nach § 650b Abs. 1 S. 2 BGB zu fordern, eine vom Besteller angeordnete Leistungsänderung voraussetzt. Dementsprechend wird in der Literatur überwiegend die Auffassung vertreten, dem Unternehmer stehe bei einem schon dem Grunde nach fehlenden Vergütungsanspruch nach § 650c Abs. 1 und 2 BGB folglich auch kein Anspruch auf eine Abschlagszahlung i.H.v. 80 % des Angebotspreises nach Abs. 1 S. 2 BGB zu.[190]

188 Vgl. Dammert u.a., § 2 Rn. 121 ff.; Orlowski, BauR 2017, 1427, 1434 vertritt die Auffassung, der Unternehmer könne im Fall, dass die Parteien sich nicht über die Höhe des Vergütungsanspruchs gemäß § 650c Abs. 1 oder Abs. 2 BGB geeinigt haben, nur nach § 650c Abs. 3 BGB vorgehen. Das erscheint aber als Überstrapazierung des Wortlauts von § 650c Abs. 3 S. 1 BGB. Ansonsten würde auch das durch Abs. 3 S. 2 begründete Wahlrecht leerlaufen, denn der Unternehmer könnte im Fall fehlender Einigung über die Vergütungshöhe ausschließlich einen Abschlag in Höhe von 80 % des Angebotspreises fordern. Zum Parallelfall gemäß § 2 Abs. 5 oder 6 VOB/B vgl. auch BGH BauR 2012, 1395, wonach der Auftragnehmer auch ohne Einigung über die Höhe des Nachtrags eine Abschlagszahlung fordern kann.

189 Orlowski, ZfBR 2016, 419, 427.

190 Vgl. Dammert u. a./Oberhauser, § 2, Rn. 22; v. Rintelen, in: ibr-OK Bauvertragsrecht, Stand 22.04.2024, § 650c BGB Rn. 149/7 ff.; Retzlaff, BauR 2017, 1747, 1808; Althaus/Kattenbusch, in: BeckOK BauvertragsR, § 650c BGB Rn. 147; Rodemann, BauR 2024, 3, 8; offen gelassen vom OLG München, Beschl. v. 12.03.2024 – 9 U 3791/23Bau, NZBau 2024, 753.

Die *Gesetzesbegründung* deutet hingegen darauf hin, dass dem Unternehmer auch bei einem dem Grunde nach streitigen Vergütungsanspruch zunächst ein Abschlagszahlungsanspruch i.H.v. 80 % des Angebotspreises zustehen soll (*besteht zwischen den Parteien Streit über die nach den Abs. 1 und 2 geschuldete Mehrvergütung, ...*)[191]. Noch deutlicher weist darauf die ergänzende Gesetzesbegründung des Rechtsausschusses vom 08.03.2017 hin, wo von einem vorläufigen pauschalierten Mehrvergütungsanspruch des Unternehmers nach Anordnungen des Bestellers die Rede ist, die dem vorleistungspflichtigen Unternehmer schnell Liquidität verschaffen soll.[192] Diese sehr weite und unternehmerfreundliche Auslegung des § 650c Abs. 3 S. 1 BGB erscheint zwar nicht zwingend, da dem Unternehmer zu Lasten des Bestellers selbst in dem Fall eine Abschlagszahlung i.H.v. 80 % zustehen würde, wenn dem Grunde nach gar kein Vergütungsanspruch des Unternehmers besteht. In der Praxis sind jedoch gerade Fälle häufig streitig, in denen der Besteller vom Unternehmer eine Leistung verlangt (anordnet), die nach Auffassung des Bestellers bereits vom geschuldeten Leistungsumfang des Unternehmers abgedeckt ist (insbesondere bei funktionalen Leistungsbeschreibungen), während der Unternehmer für dieselbe Leistung eine Nachtragsvergütung verlangt. Insbesondere könnte die Nichtanwendung des § 650c Abs. 3 BGB auf schon dem Grunde nach streitige Nachtragsansprüche den Besteller verleiten, im Zweifel eine vermeintliche Vertragsleistung zu verlangen und weder nach § 650b Abs. 1 BGB eine Leistungsänderung mit dem Ziel einer Einigung zu begehren noch, nach Scheitern der Einigung, eine Änderungsleistung anzuordnen. Würde man diese Fälle aus dem Anwendungsbereich des § 650c Abs. 3 S. 1 BGB ausklammern, dann würde der gesetzlich gewünschte Liquiditätsschutz für Unternehmer zumindest in erheblichen Teilen leerlaufen. 132

Der Anspruch des Unternehmers auf Abschlagszahlung i.H.v. 80 % des Angebotspreises setzt deshalb lediglich eine Anordnung bzw. ein in eine Anordnung umzudeutendes Leistungsverlangen des Bestellers[193] im Sinne von § 650b Abs. 2 BGB voraus, unabhängig davon, ob sich aus der Anordnung dem Grunde nach ein geänderter Vergütungsanspruch des Unternehmers ergibt. Inzwischen hat sich auch das KG in der Entscheidung vom 02.03.2021[194] zumindest indirekt der hier vertretenen Auffassung angeschlossenen. Zwar führt das KG aus, § 650c Abs. 3 BGB regele ein »vorläufiges einseitiges Preisbestimmungsrecht« des Unternehmers hinsichtlich eines der Höhe nach umstrittenen Mehrvergütungsanspruchs des Unternehmers. Das deutet darauf hin, dass das KG mit der Mehrheit der Literatur für § 650c Abs. 3 BGB einen dem Grunde nach bestehenden Vergütungsanspruch nach § 650c Abs. 1 BGB fordert. Im Rahmen der im einstweiligen Verfügungsverfahren erforderlichen, summarischen Prüfung der Abschlagszahlungsforderung führt das Gericht aber aus, dass ein pauschaler Abzug von der Forderung gerechtfertigt sei, da sich im Hauptsacheverfahren noch herausstellen könne, dass der Abschlagsrechnung schon dem Grunde nach keine geänderte Leistung im Sinne von § 650c Abs. 1 BGB zugrunde liege. Das bedeutet im Umkehrschluss, dass der Unternehmer eine 80%-Abschlagsrechnung auch für einen dem Grunde nach streitigen Nachtrag stellen kann und es dann dem Besteller obliegt, Einwendungen sowohl dem Grunde als auch der Höhe nach im einstweiligen Verfügungsverfahren nach § 650d BGB zu erheben.

b) Angebot nach § 650b Abs. 1 S. 2 BGB

Der Anspruch des Unternehmers auf Abschlagszahlung richtet sich der Höhe nach nach dem vom Unternehmer gemäß § 650b Abs. 1 S. 2 BGB vorgelegten Angebot bezüglich der vom Besteller gewünschten Änderung der Bauleistung. 133

Von grundlegender Bedeutung ist also zunächst, nach welchen Kriterien sich das vom Unternehmer vorzulegende Angebot richtet. Dazu wird teilweise die Auffassung vertreten, der Unternehmer könne das Angebot frei kalkulieren, sodass er selbst bei einem »Mondpreis« 80 % dieses »Mondpreises« als 134

191 BT-Drucks. 18/8486, S. 57.
192 BT-Drucks. 18/11437, S. 48.
193 Dazu oben § 650b, Rdn. 18.
194 KG, Urt. v. 02.03.2021 – 21 U 1098/20, NZBau 2021, 523.

Abschlag verlangen könne.[195] Überwiegend wird in der Literatur die Auffassung vertreten, der Unternehmer könne das Angebot nach Abs. 1 S. 2 zwar nicht sittenwidrig, wohl aber bis zur Grenze der Treuwidrigkeit frei kalkulieren.[196] Nach hier vertretener Auffassung ist der Unternehmer im Rahmen des durch § 650c Abs. 1 BGB geregelten Einigungsgebots jedoch verpflichtet, die angebotene Vergütung entweder nach § 650c Abs. 1 BGB an den voraussichtlich tatsächlich erforderlichen Kosten der Änderungsleistung nebst angemessenen Zuschlägen zu bemessen oder auf Basis der vereinbarungsgemäß hinterlegten Urkalkulation nach § 650b Abs. 2 BGB.[197] Folgt man dieser Auffassung, dann kann der Unternehmer das Nachtragsangebot also nicht, wie das ursprüngliche Angebot, »willkürlich« kalkulieren, sondern er muss sich schon bei der Ermittlung der Angebotssumme für die Änderungsleistung im Rahmen des § 650c Abs. 1 und Abs. 2 BGB bewegen. Dadurch wird nicht nur den Interessen des Bestellers Rechnung getragen, keine überhöhten Abschlagsrechnungen des Unternehmers zahlen zu müssen, sondern es wird gleichzeitig dem gemäß § 650d BGB mit einem einstweiligen Verfügungsverfahren befassten Gericht die Entscheidung erleichtert, da Angebotspreis und tatsächlicher Vergütungsanspruch gemäß § 650c Abs. 1 und Abs. 2 BGB korrelieren.

135 Hält man den Unternehmer mit der hier vertretenen Auffassung für verpflichtet, schon das Angebot nach § 650b Abs. 1 S. 2 BGB nach Maßgabe des § 650c Abs. 1 oder Abs. 2 BGB zu kalkulieren, so kann das Angebot dennoch, auch deutlich, überhöht sein. Schätzt der nach § 650c Abs. 1 BGB anbietende Unternehmer bspw. die (voraussichtlich) tatsächlich erforderlichen Kosten der Änderungsleistung falsch ein oder geht er von zu geringen hypothetischen Kosten der Ursprungsleistung aus, dann kann sich diese ex ante-Einschätzung nach Durchführung der Änderungsleistung im Rahmen der ex post Bewertung nach § 650c Abs. 1 als durchaus falsch erweisen. Deshalb besteht für die richterliche Korrekturbefugnis nach § 650c Abs. 3 S. 1 BGB durchaus auch dann Raum, wenn man nicht von einer freien Kalkulierbarkeit des Angebots nach § 650b Abs. 1 S. 2 BGB ausgeht. Denn zum Zeitpunkt der Abschlagsrechnung hat der Unternehmer die Änderungsleistung entweder bereits vollständig oder zumindest teilweise erbracht, so dass er auch in der Lage ist, die tatsächlich erforderlichen Kosten jedenfalls für den ausgeführten Teil der Leistung (zzgl. angemessener Zuschläge) zu bestimmen und in diesem Zusammenhang die zu verrechnenden hypothetischen Kosten der ungeänderten Leistung zu benennen. Erweist sich vor dieser Faktenlage das Angebot nach § 650b Abs. 1 S. 2 BGB als zu hoch, ohne dass der Unternehmer von sich aus die Korrektur im Rahmen der Abschlagsrechnung vornimmt, so kann der Besteller im Wege der einstweiligen Verfügung das Gericht anrufen und eine Herabsetzung der überhöhten Abschlagsrechnung beantragen.[198]

136 Hat der Unternehmer kein Angebot nach § 650b Abs. 1 S. 2 BGB vorgelegt, so fehlt die gesetzliche Grundlage für eine Pauschalierung der Abschlagszahlung i.H.v. 80 % der Angebotssumme. In diesem Fall steht dem Unternehmer also grundsätzlich nur der »normale« Weg des § 632a BGB offen.

137 Die formale Anknüpfung des Gesetzes an das nach § 650b Abs. 1 S. 2 BGB erstellte Angebot bietet jedoch mit dem Gesetz nicht zu vereinbarende **Umgehungsmöglichkeiten**. Insbesondere könnte der Besteller zwar einen Änderungswunsch nach § 650b Abs. 1 S. 1 BGB äußern, jedoch keine oder eine für eine Angebotserstellung völlig unzulängliche Planung vorlegen und damit darauf »spekulieren«, die entsprechende Leistung nach § 650b Abs. 2 BGB anzuordnen. In diesem Fall würde der Unternehmer also schlechter gestellt als bei einem sich redlich verhaltenden Besteller und der Schutzzweck des § 650c Abs. 3 S. 1 BGB würde infrage gestellt. Deshalb erscheint es bei dieser Fallkonstellation zulässig, wenn der Unternehmer das für die 80 %-Regelung maßgebliche Angebot,

---

195 Kimpel, NZBau 2016, 734, 736.

196 Vgl. Abel/Schönfeld, BauR 2018, 1, 3; Beck OGK/Mundt, § 650b BGB Rn. 126, 128.

197 Wie hier auch Dammert u. a./Oberhauser, § 2 Rn. 80; näher dazu oben § 650b BGB Rdn. 85 ff.

198 Wie hier KG Urt. v. 02.03.2021 – 21 U 1098/20, NZBau 2021, 523. Das KG hat ausdrücklich bestätigt, dass das »vorläufige einseitige Preisbestimmungsrecht« des Unternehmers nach § 650c Abs. 3 im einstweiligen Verfügungsverfahren nach Grund und Höhe vollständig überprüft und korrigiert werden kann. Selbst bei einem dem Grunde nach bestehenden Nachtragsanspruch könne der vom Unternehmer angesetzte (Einheits-)Preis zu hoch und deshalb nach unten zu korrigieren sein.

das der Besteller durch sein Verhalten vereitelt hat, spätestens im Zusammenhang mit der Abschlagsrechnung i.H.v. 80 % des entsprechenden Angebots vorlegt. Schließt man sich der hier vertretenen Auffassung an, wonach das Angebot vom Unternehmer nach Maßgabe des § 650c Abs. 1 oder Abs. 2 BGB zu erstellen ist,[199] dann droht dem Besteller auch bei einem nachträglich erstellten Angebot keine Übervorteilung bzw. kann er sich gegenüber der 80 %igen Abschlagszahlung im Wege der einstweiligen Verfügung zur Wehr setzen.

Hat der Unternehmer hingegen kein Angebot vorgelegt, obwohl der Besteller seinen Mitwirkungsobliegenheiten gemäß § 650b Abs. 1 BGB genügt hat, so steht ihm das Recht auf eine Abschlagszahlung i.H.v. pauschal 80 % der Angebotssumme nach § 650b Abs. 1 S. 2 BGB nicht zu. In diesem Fall kommt auch keine nachträgliche Vorlage eines Angebots durch den Unternehmer in Betracht. 138

c) Ergänzende Geltung des § 632a BGB

Die Bestimmung des § 650c Abs. 3 S. 1 BGB bezweckt nur, dem Unternehmer schnell Liquidität verschaffen zu können, wenn über die Nachtragsforderung des Unternehmers (dem Grunde oder der Höhe nach) kein Einvernehmen besteht. Die Höhe der dem Unternehmer konkret zustehenden Abschlagszahlung richtet sich ergänzend nach § 632a Abs. 1 BGB, also nach dem Wert der vertragsgemäß erbrachten Leistungen. Unbeschadet des § 650c Abs. 3 S. 1 BGB obliegt dem Unternehmer also im Rahmen der Abschlagsrechnung den der Abschlagsrechnung **zugrunde liegenden Leistungsumfang prüfbar darzulegen**. Ihm steht dann entsprechend dem Leistungsstand der Anspruch i.H.v. 80 % des Angebotspreises zu, während die ihm tatsächlich zustehende Vergütung gemäß § 650c Abs. 3 S. 2 BGB erst im Rahmen der Schlussabrechnung nach Abnahme geklärt werden soll. Auch Mängel der bislang vom Unternehmer erbrachten Änderungsleistung mindern also gemäß § 632a Abs. 1 S. 2 BGB die Abschlagszahlung. 139

d) Einigung der Höhe nach bzw. anderslautende gerichtliche Entscheidung

Die 80 %-Pauschalierung gemäß Abs. 3 S. 1 gilt nur, wenn sich die Parteien nicht über die Höhe geeinigt haben oder wenn keine anderslautende gerichtliche Entscheidung ergeht. 140

Der erste Fall bedarf keiner näheren Erläuterung und ist selbsterklärend.

Ähnliches gilt für den zweiten Fall einer anderslautenden gerichtlichen Entscheidung. Aus der Gesetzesbegründung ergibt sich dazu recht deutlich, dass der Gesetzgeber mit der 80 %-Pauschalierung nur eine »Richtschnur« für die außergerichtliche Abwicklung der Nachtragsansprüche vorgeben möchte, während sämtliche denkbaren Streitfälle auf Antrag einer der Parteien, ggf. auch auf Antrag beider Parteien, im Rahmen des einstweiligen Verfügungsverfahrens gemäß § 650d BGB geklärt werden sollen. 141

Macht der Besteller also beispielsweise geltend, der Angebotspreis des Unternehmers gemäß § 650b Abs. 1 S. 2 BGB sei überhöht, so muss er eine einstweilige Verfügung gemäß § 650d BGB erwirken, wonach dem Unternehmer eine geringere Abschlagszahlung als 80 % der Angebotssumme zusteht. Gleiches gilt, wenn der Besteller einwendet, der Vergütungsanspruch des Unternehmers bestehe schon dem Grunde nach nicht, weil die geforderte Leistung keine Änderung der vom Unternehmer geschuldeten Leistung darstelle. In solchen und vielen anderen denkbaren Fällen muss also der Besteller eine einstweilige Verfügung erwirken, wenn er keine oder eine geringere als die vom Unternehmer geforderte Abschlagszahlung leisten möchte. Wegen der Einzelheiten wird auf die Kommentierung zu § 650d BGB verwiesen. 142

Das KG hat in seiner Entscheidung vom 02.03.2021[200] verdeutlicht, dass § 650c Abs. 3 S. 1 BGB nach Sinn und Zweck der Norm damit die Bedeutung eines **»vorläufigen einseitigen Preis-** 143

199 Dazu oben § 650b BGB Rdn. 85 ff.
200 KG, Urt. v. 02.03.2021 – 21 U 1098/20, NZBau 2021, 523.

bestimmungsrechts« des Unternehmers zukomme.[201] Zahle der Besteller auf die 80% – Abschlagsrechnung nicht, so gerate er auch dann in Zahlungsverzug, wenn sich im Nachhinein die Nichtberechtigung (oder Überhöhung) der Forderung des Unternehmers herausstelle. Der mit einer aus seiner Sicht unberechtigten oder überhöhten Forderung konfrontierte Besteller muss also entweder erfolgreich einstweiligen Rechtsschutz in Anspruch nehmen oder damit rechnen, dass der Unternehmer aufgrund der Nichtzahlung der 80% – Rechnung Verzugszinsen berechnet, seine Leistungen einstellt oder gar den Vertrag aus wichtigem Grund kündigt.

144 Mit Urteil vom 02.11.2021 hat der 27. Senat des KG die Linie des 21. Senats -bestätigt und entschieden, dass der Unternehmer seiner Abschlagsforderung die 80 %-Regelung solange vorläufig zu Grunde legen dürfe, bis eine anderslautende gerichtliche Entscheidung ergehe.[202] Erst, wenn das Nachtragsangebot des Unternehmers so stark überhöht sei, dass es als rechtsmissbräuchlich oder sittenwidrig anzusehen sei, sei dem Unternehmer (nur) die übliche Vergütung i.S.v. § 632 Abs. 2 als Grundlage für die Abschlagszahlung zuzugestehen.[203] Dies verdient trotz der daran geäußerten Kritik[204] uneingeschränkten Zuspruch, jede andere Auslegung verstößt gegen den insofern eindeutigen Wortlaut. Zwar wäre der Unternehmer im Zeitpunkt der Zahlungsaufforderung schon in der Lage, eine an den Parametern von § 650c Abs. 1 oder 2 BGB orientierte Berechnung durchzuführen.[205] Das Gesetz gestattet ihm aber ausdrücklich die Zugrundelegung der 80 %-Regelung und verlagert die Verantwortlichkeit, dies zu korrigieren, mit allen damit einhergehenden prozessualen Folgen bewusst auf den Besteller.

Selbstverständlich ist das Gericht im Rahmen des einstweiligen Verfügungsverfahrens nicht mehr an die 80 %-Regelung gebunden.[206] Schließlich sind die Leistungen, für die Abschlag gefordert wird, im Verfahren über die Berechtigung der Abschlagszahlung schon erbracht, sodass das Gericht eine fundierte Entscheidung treffen kann.[207] Einer Vermutung für die Richtigkeit der nach § 650c Abs. 3 S. 1 Alt. 1 BGB bestimmten Abschlagshöhe bedarf es daher nicht.

3. Leistungsverweigerungsrecht des Unternehmers

145 Leistet der Besteller die dem Unternehmer nach Abs. 3 S. 1 zustehende Abschlagszahlung nicht **und** erwirkt er auch keine anderslautende gerichtliche Entscheidung (einstweilige Verfügung), so ist der Unternehmer berechtigt, gemäß § 320 BGB die weitere Ausführung der Arbeiten, und zwar nicht nur der Änderungsleistungen, sondern auch der übrigen von ihm geschuldeten (Vertrags-)Leistungen, zu verweigern.[208] Insoweit bestehen hinsichtlich der Regelung aus Abs. 3 S. 1 keine Abweichungen zur sonstigen Rechtslage bei Zahlungsverzug des Bestellers. Die Vorläufigkeit der Abschlagszahlung i.H.v. 80 % des Angebotspreises (entsprechend des Leistungsstandes des Unternehmers zum Zeitpunkt der Abrechnung) ändert an dieser Rechtslage nichts. Denn unter den genannten Voraussetzungen begründet § 650c Abs. 3 S. 1 BGB einen fälligen Zahlungsanspruch des Unternehmers in der entsprechenden Höhe, auch wenn sich der nach Abs. 3 S. 2 fällige Werklohnanspruch selbst als im Nachhinein schon dem Grunde nach nicht bestehend oder niedriger erweist als der geltend gemachte Anspruch auf Abschlagszahlung. Der Besteller kann im Fall einer tatsächlichen oder zumindest so empfundenen Überhöhung der Abschlagsrechnung also nur entweder eine Einigung mit dem Unternehmer über die entsprechende Abschlagszahlung erreichen oder aber eine »anders lautende gerichtliche Entscheidung« erwirken. Ansonsten muss er zahlen, um Zahlungsverzug, ein

201 Ebenso OLG München, Beschl. v. 12.03.2024 – 9 U 3791/23Bau, NZBau 2024, 753.
202 KG, Urt. v. 02.11.2021 – 27 U 120/21, NJW 2022, 548.
203 KG, a.a.O. mit Hinweis auf MüKo-BGB/Busche, § 650c Rn. 8.
204 Kiedrowski, NJW 2022, 508, 510.
205 Kiedrowski, a.a.O.
206 KG, a.a.O.; Kiedrowski, a.a.O.
207 Kiedrowski, a.a.O.
208 Vgl. KG, Urt. v. 02.03.2021 – 21 U 1098/20, NZBau 2021, 523; Brunstamp, in: Langen, Werk- und Bauvertragsrecht, § 650c Rn. 21; Vertiefend: Eufinger/Jahn, BauR 2024, 1263.

Leistungsverweigerungsrecht und ggf. sogar die Vertragskündigung des Unternehmers zu vermeiden.[209]

III. Abrechnung nach Abs. 3 S. 2

Macht der Unternehmer von seinem Wahlrecht[210] nach Abs. 3 S. 1 Gebrauch und verlangt eine Abschlagszahlung i.H.v. 80 % der Angebotssumme (und ergeht keine anderslautende gerichtliche Entscheidung) so wird gemäß Abs. 3 S. 2 die nach den Abs. 1 und 2 geschuldete Mehrvergütung erst nach der Abnahme des Werks fällig. 146

In der Gesetzesbegründung heißt es dazu, im Fall der 80 %igen Abschlagszahlung erfolge die genaue Berechnung der Mehrvergütung erst in der Schlussrechnung. Der Anspruch des Unternehmers auf die nach den Abs. 1 und 2 berechnete Mehrvergütung werde dann erst nach der Abnahme des Werks fällig.[211] 147

Der Vergütungsanspruch des Unternehmers beim Bauvertrag wird gemäß § 650g Abs. 4 BGB erst fällig nach Abnahme sowie Erteilung einer prüffähigen Schlussrechnung. Soweit der Unternehmer also gemäß § 650c Abs. 3 S. 1 BGB eine (oder mehrere) Abschlagszahlungen(en) i.H.v. 80 % der Angebotssumme erteilt hat, kann er eine darüber hinausgehende Forderung erst nach Abnahme und Vorlage einer prüffähigen Schlussrechnung fordern, soweit ihm gemäß § 650c Abs. 1 oder Abs. 2 ein höherer Vergütungsanspruch als die bereits erhaltenen 80 % der Angebotssumme zusteht. 148

Gemäß Abs. 3 S. 2 gilt dies nicht, wenn eine anderslautende gerichtliche Entscheidung hinsichtlich der Höhe der Abschlagszahlung ergangen ist. Ergeht also z.B. auf Antrag des Bestellers eine einstweilige Verfügung gemäß § 650d BGB, wonach die Abschlagszahlung zu Gunsten des Unternehmers auf einen geringeren Betrag als 80 % der Angebotssumme festgelegt wird, so kann der Unternehmer gemäß 632a Abs. 1 BGB einen darüber hinausgehende Abschlag fordern, sofern sein tatsächlicher Mehrvergütungsanspruch höher ist als die vom Gericht in der einstweiligen Verfügung festgesetzte Summe. Im Ergebnis stellt Abs. 3 S. 2 also klar, dass es bis zur Abnahme und Vorlage der prüffähigen Schlussrechnung bei der Abschlagszahlung i.H.v. 80 % verbleibt, falls der Unternehmer diese 80 %-Regelung wählt und nicht eine anderweitige gerichtliche Entscheidung ergeht. 149

IV. Verzinslicher Rückzahlungsanspruch des Bestellers gemäß Abs. 3 S. 3 und S. 4

Ursprünglich sah der Kabinettsentwurf in Abs. 3 S. 3 lediglich vor, dass der Unternehmer zur Rückzahlung an den Besteller verpflichtet sein sollte, wenn seine Abschlagszahlung i.H.v. 80 % höher war als der ihm tatsächlich nach Abs. 1 oder Abs. 2 zustehende Vergütungsanspruch. Im Gesetzgebungsverfahren ist Abs. 3 S. 3 um eine automatische Verzinsungspflicht hinsichtlich der überzahlten Beträge entsprechend § 288 Abs. 1 S. 2, Abs. 2 und § 289 S. 1 BGB erweitert worden. Zur Begründung hat der Gesetzgeber darauf hingewiesen, die automatische Verzinsungspflicht ab Eingang der Zahlung beim Unternehmer solle einerseits das Risiko des Bestellers reduzieren und andererseits leichtfertig zu hoch angesetzten Mehrvergütungsangeboten des Unternehmers entgegenwirken.[212] Soweit sich also im Rahmen der Schlussrechnungsprüfung, ggf. auch in einem anschließenden Rechtsstreit ergibt, dass dem Unternehmer für die Änderungsleistungen ein geringerer Vergütungsanspruch zusteht als 80 % des Angebotspreises, so hat der Unternehmer den zu viel erhaltenen Betrag nicht nur an den Besteller zurückzuzahlen, sondern ab Erhalt der Zahlung bei Verbraucherverträgen mit 5 % über dem Basiszinssatz und bei Verträgen, an denen ein Verbraucher nicht beteiligt ist (Unternehmer, öffentliche Hand) mit 9 % über dem Basiszinssatz zu verzinsen. Aufgrund der Sonderregelung des Abs. 3 S. 4 setzt die Verzinsung des Überzahlungsbetrages ab Eingang beim Unternehmer keinen Verzug des Unternehmers voraus, sodass es weder einer »Fälligstellung« durch 150

209 Näher Rdn. 143.
210 Dazu oben Rdn. 128.
211 BT-Drucks. 18/8486, S. 58.
212 BT-Drucks. 18/11437, S. 48.

den Besteller bedarf noch einer Mahnung gemäß § 286 Abs. 1 BGB. Aus der Gesetzesbegründung zu Abs. 3 S. 3 und S. 4 ergibt sich zudem, wie zu verfahren ist, wenn sich die Überzahlung über mehrere Abschlagszahlungen i.H.v. jeweils 80 % der Angebotssumme ergibt. In diesem Fall entsteht die Zinspflicht mit der ersten, die tatsächlich geschuldete Mehrvergütung übersteigenden Zahlung, die Zinsen sind alsdann für die weiteren Abschlagszahlungen gestaffelt zu berechnen.[213]

151 Die Regelung aus Abs. 3 S. 3 und 4 BGB ist verhältnismäßig einfach anzuwenden, wenn der Besteller auf konkrete Abschlagsrechnungen des Unternehmers für Nachtragsleistungen konkret zuzuordnende Zahlungen i.H.v. jeweils 80 % der jeweiligen Angebotssumme leistet. Stellt der Unternehmer aber bspw. eine Abschlagsrechnung, die sowohl Leistungen des Hauptvertrages als auch bereits geeinigte und noch nicht geeinigte Nachträge umfasst, worauf der Besteller eine Pauschalzahlung leistet, so wird sich im Zweifelsfall nicht aufklären lassen, ob die Überzahlung des Bestellers die Hauptleistungen, die geeinigten Nachträge oder die 80 % Forderung des Unternehmers für die noch nicht geeinigten Nachträge betrifft.

152 Im Übrigen ergibt sich aus Abs. 3 S. 3, dass die ab Zahlungseingang verzinsliche Rückforderung nur besteht, wenn sich die Parteien nicht über die Höhe des Nachtrags geeinigt haben oder keine anderslautende gerichtliche Entscheidung ergeht. Soweit also im Rahmen einer einstweiligen Verfügung eine unter 80 % der Angebotssumme liegende Abschlagszahlung festgesetzt wird, die dennoch oberhalb des dem Unternehmer zustehenden Vergütungsanspruch nach Abs. 1 oder Abs. 2 liegt, so entfällt der ab Zahlungseingang verzinsliche Rückforderungsanspruch des Bestellers. In diesem Fall kann der Besteller also lediglich Rückzahlung in Höhe der geleisteten Zuvielzahlung fordern, Zinsen jedoch erst ab Verzug des Unternehmers mit der Rückzahlung.

G. Abweichende Vereinbarungen

I. Individualvereinbarung

153 Die Regelungen in § 650c BGB zur Vergütungsanpassung bei Anordnungen nach § 650b Abs. 2 BGB sind, ebenso wie die Regelungen in § 650b BGB auch,[214] dispositiv[215]. Im Rahmen einer **Individualvereinbarung** können die Parteien im Bauvertrag also von den gesetzlichen Vorgaben abweichen und z.B. vereinbaren, dass der Unternehmer die anordnungsbedingt geänderte Leistung ausschließlich nach den tatsächlich erforderlichen Kosten einschließlich angemessener Zuschläge (§ 650c Abs. 1 BGB) oder ausschließlich in Fortschreibung der hinterlegten Urkalkulation (§ 650c Abs. 2 BGB) abzurechnen hat. Auch alternative Abrechnungsvereinbarungen sind individuell zulässig, z.B. die Abrechnung von Änderungsleistungen nach einer im Vorhinein festgelegten (Einheits-) Preisliste. Gleichermaßen individualvertraglich abbedungen werden kann auch die 80 %-Regelung in § 650c Abs. 3 S. 1 BGB. Die Grenze der individualvertraglichen Vertragsverhältnisse liegt bei sittenwidrigen Vereinbarungen (§ 138 Abs. 1 BGB) bzw. bei Treu und Glauben (§ 242 BGB).

II. AGB-Klauseln

154 In **Allgemeinen Geschäftsbedingungen** des Bestellers darf nur insoweit von § 650c BGB abgewichen werden, als damit nicht die wesentlichen Grundgedanken der (neuen) gesetzlichen Regelungen gemäß 307 Abs. 2 Nr. 1 BGB verletzt werden. Hier ist zu differenzieren:

155 Tragender Grundgedanke der Vergütungsberechnung für Nachträge ist die Vorgabe aus § 650c Abs. 1 BGB, wonach sich der Vergütungsanspruch des Unternehmers für vom Besteller angeordnete Änderungsleistungen nach den dafür **tatsächlich erforderlichen Kosten** (nebst angemessenen Zuschlägen) richten soll. Damit möchte der Gesetzgeber im Fall angeordneter Leistungsänderungen sowohl eine Verlustmaximierung zu Lasten des Unternehmers als auch eine Gewinnmaximierung

213 BT-Drucks. 18/11437, S. 48.
214 Dazu § 650b Rdn. 144.
215 Ebenso Althaus/Kattenbusch, in: BeckOK BauvertragsR, § 650c BGB Rn. 156.

zu Lasten des Bestellers verhindern und damit die aus der VOB/B seit Jahrzehnten bekannte Preisfortschreibung nach Urkalkulation durch das BGB-System einer Preisfortschreibung entsprechend den tatsächlich erforderlichen Kosten zzgl. angemessener Zuschläge ersetzen. Soweit der Besteller in seinen Allgemeinen Geschäftsbedingungen also eine Vergütungsfortschreibung *ausschließlich* gemäß hinterlegter Urkalkulation vorsieht und damit § 650c Abs. 1 BGB abbedingt, verstößt die Klausel gegen den zentralen Grundgedanken der gesetzlichen Neuregelung und ist damit AGB-unwirksam[216]. Gleiches gilt, wenn der Besteller in seinen AGBs die gesetzliche Vorgabe ausschließt oder wesentlich einschränkt, wonach der Unternehmer auf die tatsächlich erforderlichen Kosten der Änderungsleistung einen **angemessenen Zuschlag** für Allgemeine Geschäftskosten sowie Wagnis und Gewinn erheben kann.

Soweit der Besteller in seinen Allgemeinen Geschäftsbedingungen das **Wahlrecht** des Unternehmers 156
aus § 650c Abs. 2 BGB **ausschließt**, erscheint dies demgegenüber zulässig. Die alternative Vergütungsermittlung des Unternehmers gemäß hinterlegter Urkalkulation dient, wie sich der Gesetzesbegründung entnehmen lässt, lediglich der Praktikabilität der Vergütungsberechnung[217], ohne am Grundsatz des § 650c Abs. 1 BGB etwas ändern zu wollen. Das ergibt sich deutlich aus § 650c Abs. 2 S. 2 BGB, wonach bei der Vergütungsermittlung gemäß hinterlegter Urkalkulation vermutet wird, dass die auf Basis der Urkalkulation fortgeschriebene Vergütung der Vergütung nach Abs. 1 entspricht. Sehen die Allgemeinen Geschäftsbedingungen des Bestellers also vor, dass die Vergütung für angeordnete geänderte Leistungen ausschließlich nach § 650c Abs. 1 BGB zu ermitteln ist, so ist der Ausschluss des Wahlrechts des Unternehmers, nach Abs. 2 abzurechnen, AGB-rechtlich zulässig[218].

Der Ausschluss oder die wesentliche Einschränkung der **80 %-Regelung** aus **Abs. 3 S. 1** BGB ist 157
hingegen unwirksam, da der Gesetzgeber ersichtlich die Liquiditätsinteressen des Unternehmers bezüglich der Nachtragsvergütung schützen will. Wird also § 650c Abs. 3 S. 1 BGB in AGBs des Bestellers ausdrücklich ausgeschlossen, so ist dies ebenso unwirksam wie die Verpflichtung des Unternehmers, Zug um Zug gegen die Abschlagszahlung eine Sicherheit in entsprechender Höhe (oder jedenfalls in substantieller Höhe) zu leisten.[219] Erst recht AGB-unwirksam ist die Ersetzung des Zahlungsanspruchs durch einen bloßen Sicherungsanspruch des Unternehmers, da dem Unternehmer ein Sicherungsanspruch in Höhe der Nachtragsforderung schon gem. § 650f BGB zusteht.[220] Das »Mehr« gegenüber dem gesetzlichen Sicherungsanspruch, nämlich ein mögliches Delta zwischen dem Anspruch i.H.v. 80 % der Angebotssumme und 100 % der Abschlagsforderung nach § 632a BGB, rechtfertigt nicht die vom Besteller beabsichtigte Ersetzung der Liquidität durch eine bloße Sicherheit, die dem Unternehmer gerade keine Liquidität zur Verfügung stellt.[221]

H. Verhältnis zur VOB/B

I. Keine AGB-Sonderprivilegierung der §§ 1 Abs. 3 und 4, 2 Abs. 5 und 6 VOB/B

Der Regierungsentwurf sah in § 650c Abs. 4 BGB-E eine gesonderte AGB-Privilegierung der Ver- 158
gütungsanpassung nach § 2 Abs. 5 und Abs. 6 VOB/B vor, auch wenn die Bestimmungen der VOB/B dem gewerblichen Bauvertrag abweichend von § 310 Abs. 1 S. 3 BGB nicht ohne inhaltliche Abweichungen zugrunde lagen. Wie sich aus der Gesetzesbegründung ergab, wollte die Regie-

216 Vgl. OLG Koblenz, Urt. v. 09.03.2023 – 2 U 63/22, IBRRS 2023, 0912; ebenso Althaus/Kattenbusch, in: BeckOK BauvertragsR, § 650c BGB Rn. 160.

217 BT-Drucks. 18/8486, S. 57.

218 So auch Althaus/Kattenbusch, in: BeckOK BauvertragsR, § 650c BGB Rn. 160.

219 Vgl. Althaus/Kattenbusch, in: BeckOK BauvertragsR, § 650c BGB Rn. 161; anderer Auffassung Retzlaff, BauR 2017, 1781, 1812.

220 So zutreffend v. Rintelen, in: ibr-OK Bauvertragsrecht, Stand 22.04.2024, § 650c BGB Rn. 230; Althaus/Kattenbusch, in: BeckOK BauvertragsR, § 650c BGB Rn. 161; anderer Auffassung Retzlaff, BauR 2017, 1781, 1812.

221 So zutreffend Althaus/Kattenbusch, a.a.O.

rung damit die Jahrzehnte alte Praxis im Bereich der öffentlichen und gewerblichen Bauaufträge, die Vergütung für geänderte und zusätzliche Leistungen durch Fortschreibung der Urkalkulation zu ermitteln, ungeachtet der neuen gesetzlichen Bestimmungen schützen.[222] Der Bundesrat schlug zu dieser »Sonderprivilegierung« auch die Einbeziehung der Anordnungsrechte des Auftraggebers gemäß § 1 Abs. 3 und Abs. 4 VOB/B vor[223], was auch konsequent war, *wenn* man das System VOB/B trotz abweichender gesetzlicher Regelungen aufrechterhalten wollte.

159 In den Schlussberatungen zum Gesetz hat der Gesetzgeber von dieser Sonderprivilegierung jedoch Abstand genommen,[224] d.h. die AGB-rechtliche Beurteilung der §§ 1 Abs. 3 und 4, 2 Abs. 5 und 6 VOB/B entspricht derjenigen der übrigen VOB/B-Regelungen gemäß § 310 Abs. 1 S. 3 BGB. Wegen der weiteren Einzelheiten darf auf die Kommentierung zu § 650b BGB verwiesen werden.[225]

II. VOB/B ohne inhaltliche Abweichungen vereinbart

160 Werden die Bestimmungen der VOB/B in ihrer jeweils gültigen Fassung im gewerblichen Bauvertrag[226] ohne inhaltliche Abweichungen vereinbart, so findet gemäß § 310 Abs. 1 S. 3 BGB keine Einzelkontrolle der einzelnen VOB-Regelungen gemäß §§ 307 Abs. 1 und 2 sowie 308, Nr. 1 a und 1 b BGB statt. Die Vergütungsregelungen in § 2 Abs. 5 und Abs. 6 sind also, ebenso wie das zugrunde liegende Anordnungsrecht des Auftraggebers gemäß § 1 Abs. 3 und Abs. 4 VOB/B,[227] wie auch vor Inkrafttreten des § 650c BGB AGB-wirksam. Anzumerken ist allerdings, dass die AGB-rechtliche Privilegierung der VOB/B durch § 310 Abs. 1 S. 3 BGB inzident voraussetzt, dass die VOB/B durch fortlaufende Anpassungen (Modernisierungen) neu eingeführten Gesetzesbestimmungen Rechnung trägt, insbesondere solchen, die im Sinne von § 307 Abs. 2 BGB Leitbildcharakter besitzen. Da die VOB/B unverändert auf der Fassung des Jahres 2016 verharrt, in mehr als 7 Jahren seit Inkrafttreten des gesetzlichen Bauvertragsrechts diesen gesetzlichen Vorgaben in keiner Weise Rechnung trägt, wird vereinzelt bereits die Frage gestellt, ob angesichts dieses »Regelungsdilemmas« der VOB/B die AGB-Privilegierung überhaupt noch zu rechtfertigen ist.[228]

1. Ergänzende Geltung des § 650c BGB

161 Selbst bei AGB-Kontrollfreiheit der entsprechenden VOB/B-Vorschriften nach § 310 Abs. 1 S. 3 BGB steht einer **ergänzenden Anwendung der gesetzlichen Regelung auch auf VOB-Vertrag jedoch nicht entgegen**. Hierzu kommt es auf die Frage an, ob die entsprechenden Regelungen der VOB/B den gesetzlichen Regelungsbereich abschließend regeln; dann sind die entsprechenden »konkurrierenden« gesetzlichen Vorschriften durch die vorrangigen Bestimmungen der VOB/B verdrängt. Regeln die VOB/B-Normen hingegen nur Teilbereiche, dann kommen die gesetzlichen Regelungen ergänzend zur Anwendung, soweit die VOB/B keine vorrangige Regelung bereithält.[229] Für das Verhältnis zwischen § 2 Abs. 5 und 6 VOB/B sowie § 650c BGB ist dazu festzuhalten:

2. § 650c Abs. 1 und Abs. 2 BGB nicht ergänzend anwendbar

162 Soweit der Auftragnehmer bei einem VOB/B-Vertrag auf Anordnung des Auftraggebers gemäß § 1 Abs. 3 oder Abs. 4 VOB/B eine geänderte oder zusätzliche Leistung ausführt, ist gemäß § 2 Abs. 5 oder Abs. 6 VOB/B auf Verlangen (insbesondere: des Auftragnehmers) ein neuer Preis zu vereinbaren, d.h. dem Auftragnehmer steht ein geänderter Vergütungsanspruch zu. Trotz des geringfügig

---

222 BT-Drucks. 18/8486, S. 58.
223 BT-Drucks. 18/8486, S. 93, Vorschlag Nr. 15.
224 Näher dazu BT-Drucks. 18/11437, S. 48.
225 Vgl. § 650b BGB Rdn. 107 ff.
226 Verwendung gegenüber einem Unternehmer oder gegenüber der öffentlichen Hand, § 310 Abs. 1 S. 1 BGB.
227 Dazu § 650b BGB Rdn. 151 ff.
228 Vgl. Rütten, in: FS Langen, S. 385 ff.
229 Dazu v. Rintelen, in: Kapellmann/Messerschmidt, VOB/B Einl. Rn. 43 ff.

unterschiedlichen Wortlauts in § 2 Abs. 5 und Abs. 6 VOB/B bestand bis zur Entscheidung des BGH vom 08.08.2019[230] weitgehend Einvernehmen, dass die Vergütung für die geänderte oder zusätzliche Leistung im Wege der **Preisfortschreibung auf Basis der Urkalkulation** (Auftragskalkulation) des Auftragnehmers zu ermitteln ist.[231] Nur vereinzelt wurde die Auffassung vertreten, dass die Preisfortschreibung nach VOB/B auf der Basis tatsächlich entstehender Kosten zu ermitteln sei.[232] Die »traditionelle Auslegung« der VOB/B war für den Gesetzgeber sogar Veranlassung, in § 650c Abs. 2 S. 1 BGB die Abrechnungsvereinbarung nach Maßgabe einer vereinbarungsgemäß hinterlegten Urkalkulation zuzulassen.[233]

Geht man unverändert von dieser traditionellen Auslegung des § 2 Abs. 5 und 6 VOB/B aus, so stellt die Vergütungsfortschreibung nach der Urkalkulation des Auftragnehmers beim VOB/B-Bauvertrag ein in sich abgeschlossenes System dar, wodurch § 650c Abs. 1 BGB abbedungen ist und weder ganz noch teilweise auf VOB/B-Verträge Anwendung findet.[234] 163

Geht man mit der neueren Rechtsprechung seit dem Urteil des BGH vom 08.08.2019[235] davon aus, dass § 2 Abs. 5, 6 VOB/B nur Regelungen dazu enthalten, *dass* auf Verlangen ein neuer Preis für den Nachtrag zu vereinbaren ist, aber keine Regelungen dazu enthalten, *wie* der neue Preis für geänderte oder zusätzliche Leistungen zu vereinbaren ist und schließt mit eben dieser Rechtsprechung die Lücke durch ergänzende Vertragsauslegung nach Maßgabe tatsächlich erforderlicher Kosten zzgl. angemessener Zuschläge, dann führt diese ergänzende Vertragsauslegung des § 2 Abs. 5, 6 VOB/B defacto zu einer Anwendung des § 650c Abs. 1 BGB auch auf die Preisfortschreibung bei VOB/B-Verträgen. Rechtsdogmatisch bedeutet dies dennoch keine ergänzende Anwendung der gesetzlichen Vorschriften auf VOB/B-Bauverträge, sondern eben nur eine ergänzende Vertragsauslegung der Regelungslücke der VOB/B nach Maßgabe dessen, was die Parteien redlicherweise vereinbart hätten, wenn sie die Lücke gekannt hätten.[236] Auch bei der neuen Auslegung der VOB/B verbleibt es also dabei, dass die gesetzlichen Vorschriften nicht ergänzend auf die Preisbestimmung des § 2 Abs. 5, 6 VOB/B anwendbar sind. 164

Nicht ganz so eindeutig ist die Frage zu beantworten, ob auch die Vorschrift des § 650c Abs. 2 BGB auf VOB/B-Verträge anwendbar ist oder nicht. Auch diese Frage ist im Ergebnis zu verneinen.[237] § 650c Abs. 2 BGB liegt zwar das »Vorbild« der Preisfortschreibung nach Urkalkulation gem. dem »System der VOB/B« zu Grunde. Dennoch unterscheidet sich die gesetzliche Vorschrift grundlegend von der Vergütungsfortschreibung nach VOB/B in der traditionellen Auslegung. Denn zum einen fordert § 650c Abs. 2 S. 1 BGB eine vereinbarungsgemäß hinterlegte Urkalkulation, um seitens des Unternehmers das Wahlrecht ausüben zu können.[238] Dies gilt beim VOB/B-Vertrag nicht. Zum anderen ist – nach traditioneller Auslegung – beim VOB/B-Vertrag die Vergütungsfortschreibung nach Maßgabe der Urkalkulation *die Preisfortschreibung*, während durch § 650c Abs. 2 S. 2 BGB deutlich wird, dass die Preisfortschreibung nach Urkalkulation lediglich die Vermutung beinhaltet, den tatsächlich erforderlichen Kosten zzgl. angemessener Zuschläge gem. § 650c Abs. 1 BGB zu entsprechen.[239] 165

---

230 BGH, Urt. v. 08.08.2019 – VII ZR 34/18, NZBau 2019, 706.

231 BGH »Vorkalkulatorische Preisfortschreibung«, NZBau 2013, 364; BGH »Eisenbahnbrücke«, BauR 1999, 897; OLG Nürnberg, BauR 2015, 509; OLG Düsseldorf, NZBau 2015, 556; allgemein Markus, in: Kapellmann/Messerschmidt, § 2 VOB/B Rn. 418 ff.

232 Vgl. Franz, BauR 2012, 380; Althaus, BauR 2012, 359.

233 BT-Drucks. 18/8486, S. 57 (… zurückgreifen auf die Urkalkulation »wie bisher«); näher dazu oben Rdn. 87 ff.

234 So zutreffend auch Althaus/Kattenbusch, in: BeckOK BauvertragsR, § 650c BGB Rn. 157.

235 Näher dazu Rdn. 116.

236 Näher Rdn. 116.

237 Vgl. Althaus/Kattenbusch, in: BeckOK BauvertragsR, § 650c BGB Rn. 157 ff.

238 Dazu oben Rdn. 101 ff.

239 Näher oben Rdn. 81 ff.

3. § 650c Abs. 3 BGB ergänzend anwendbar

166 Von besonderer Bedeutung für die Praxis ist die Frage, ob die **80 %-Regelung** gemäß § 650c Abs. 3 BGB auch auf VOB/B-Verträge Anwendung findet. Dazu ist zunächst zu konstatieren, dass sich die Vergütungsvorschriften des § 2 Abs. 5 und Abs. 6 VOB/B mit der Frage, *wie* der Auftragnehmer seinen modifizierten Vergütungsanspruch durch Abschlagszahlung realisiert, überhaupt nicht befassen. Von einem »in sich abgeschlossenen VOB/B-System« kann an dieser Stelle also nicht gesprochen werden, was die Tür für eine Anwendung des § 650c Abs. 3 BGB auf VOB/B-Verträge öffnet.

167 Auch ist die Interessenlage des VOB/B-Auftragnehmers im Wesentlichen identisch mit der Interessenlage des BGB-Unternehmers: In beiden Fällen kann der Auftraggeber bzw. Besteller gemäß § 1 Abs. 3 und 4 VOB/B bzw. § 650b Abs. 2 BGB eine Vertragsänderung anordnen, die der Auftragnehmer/Unternehmer zu befolgen hat. In beiden Fällen steht dem Auftragnehmer bzw. Unternehmer aufgrund der Vertragsänderung ein geänderter Vergütungsanspruch zu, der jedoch, ebenso in beiden Fällen, nach Grund oder Höhe streitig sein kann. In beiden Fällen, aus der VOB/B-Praxis hinlänglich bekannt und für die BGB-Praxis ab 01.01.2018 gleichermaßen zu erwarten, zahlt der Auftraggeber/Besteller bei einem dem Grunde oder der Höhe nach streitigen Nachtrag zunächst einmal nichts oder weniger, als vom Auftragnehmer/Unternehmer verlangt.

168 Damit ist festzuhalten: Auch wenn sich das Anordnungsrecht des Bestellers nach BGB vom Anordnungsrecht des Auftraggebers nach VOB/B unterscheidet und ebenso die modifizierte Vergütung nach BGB anders ermittelt wird als nach VOB/B, so ist die Interessenlage des VOB/B-Auftragnehmers nahezu identisch mit der Interessenlage des Unternehmers nach BGB, soweit es um die Bezahlung bereits ausgeführter Nachtragsleistungen geht.

169 Man könnte nun einwenden, trotz weitgehend gleicher Interessenlage sei § 650c Abs. 3 S. 1 BGB deshalb nicht auf VOB/B-Verträge anwendbar, weil es in der VOB/B keine § 650b Abs. 1 S. 2 BGB entsprechende Regelung gibt, wonach der Unternehmer im Vorfeld des Anordnungsrechts des Bestellers ein Angebot über die Kosten der vom Besteller gewünschten Änderungsleistung vorzulegen hat[240]; und hieran knüpft ja die 80 %ige Abschlagszahlung gemäß § 650c Abs. 3 S. 1 BGB an. Tatsächlich gibt es ein solches Angebot des VOB-Auftragnehmers im Vorfeld einer vom Auftraggeber angeordneten Leistungsänderung oder Zusatzleistung nur auf freiwilliger Basis, wenn nämlich der Auftraggeber beim Auftragnehmer einen Preis für eine im Raum stehende Änderung oder Zusatzleistung abfragt. Aber auch im Anordnungssystem der VOB/B gibt es regelmäßig *nach der Anordnung* des Auftraggebers ein Nachtragsangebot des Auftragnehmers, das Grundlage für die nach § 2 Abs. 5 und Abs. 6 VOB/B anzustrebende Preisvereinbarung ist.[241] Gibt es also entsprechend den in der VOB/B geregelten Kooperationspflichten der Parteien[242] ein Preisangebot des Auftragnehmers, so gäbe es bei entsprechender Anwendung des § 650c Abs. 3 S. 1 BGB auf VOB/B-Verträge damit auch eine analoge Anknüpfungsgrundlage für VOB/B-Verträge. Ob sich das Preisangebot des Unternehmers gemäß § 650b Abs. 1 S. 2 BGB auf den Änderungswunsch des Bestellers bezieht oder ob es konkret auf eine Anordnung des VOB-Auftraggebers gemäß § 1 Abs. 3 oder Abs. 4 VOB/B erstellt wird, ändert nichts daran, dass auch für den Auftragnehmer nach VOB/B ein erhebliches Liquiditätsrisiko besteht, Nachtragsleistungen ohne adäquate Vergütung im Wege der Abschlagszahlung durchführen zu müssen.

170 Die Interessenlage beim VOB/B-Vertrag entspricht also der gesetzlich geregelten Interessenlage gemäß § 650c Abs. 3 BGB; die geringfügigen Unterschiede zwischen dem Preisangebot beim Bauvertrag nach BGB und dem Preisangebot des Auftragnehmers im Rahmen der Preisvereinbarung nach VOB/B sind hinzunehmen. Damit ist die gesetzliche Regelung des **§ 650c Abs. 3 S. 1 BGB**

---

240 So Althaus/Kattenbusch, in: BeckOK BauvertragsR, § 650c BGB Rn. 158.

241 Gemäß § 2 Abs. 5 S. 2 VOB/B soll die Preisvereinbarung vor der Ausführung getroffen werden. Gemäß § 2 Abs. 6 Nr. 2 S. 2 VOB/B soll der Preis für die Zusatzleistung möglichst vor Beginn der Ausführung vereinbart werden.

242 Vgl. Markus, in: Kapellmann/Messerschmidt, § 2 VOB/B Rn. 396.

entsprechend der aktuellen Fassung der VOB/B **auch auf VOB/B-Bauverträge anzuwenden**[243], solange der DVA[244] nicht im Rahmen einer Neufassung der VOB/B klarstellt, dass die gesetzliche Regelung des § 650c Abs. 3 S. 1 BGB nicht auch für VOB/B-Verträge gelten soll. Dies hat das KG im Urteil vom 02.03.2021[245] sowie im Urteil vom 02.11.2021[246] inzwischen zutreffend bestätigt, ebenso das OLG München im Beschluss vom 12.03.2024[247].

Teile der Literatur halten § 650c Abs. 3 BGB hingegen auf VOB-Bauverträge für nicht anwendbar, was angesichts der gleichen Interessenlage und der fehlenden VOB-Regelung zu einer 80 %-Abschlagszahlung nicht überzeugt.[248]

Die Anwendung des § 650c Abs. 3 BGB auf VOB/B-Verträge ist auch insoweit interessengerecht, 171 als nach traditioneller Auslegung die Preisfortschreibung gem. der Urkalkulation des Auftragnehmers zu erfolgen hat. Das für die 80 %ige Abschlagszahlung maßgebliche Nachtragsangebot des VOB/B-Auftragnehmers basiert also bei dieser traditionellen Auslegung automatisch auf der Fortschreibung der Urkalkulation und nicht, wie im Rahmen von § 650c Abs. 3 BGB vertreten wird[249], auf freier Kalkulation des Unternehmers. Führt dieses VOB-Preisangebot trotz der Beschränkung auf 80 % nach Meinung des Bestellers zu einer überhöhten Abschlagsforderung, so muss der Besteller im Zweifel eine einstweilige Verfügung nach § 650d BGB beantragen, so wie es das Gesetz in § 650c Abs. 3 BGB auch vorsieht.

Die ergänzende Geltung des § 650c Abs. 3 S. 1 BGB führt automatisch auch zur entsprechenden 172 Anwendung der S. 2 bis 4 in § 650c Abs. 3 BGB.[250] Auch in diesem Fall wird der Anspruch des Auftragnehmers erst mit Abnahme und Schlussrechnung fällig, auch im in diesem Fall ist eine Überzahlung ab Eingang beim Auftragnehmer mit 5 %-Punkten (Verbrauchervertrag) bzw. mit 9 %-Punkten (Bauvertrag mit Unternehmen oder Behörde) über dem Basiszinssatz zu verzinsen. Gleichermaßen führt die Anwendbarkeit des § 650c Abs. 3 BGB auf VOB-Verträge damit automatisch auch zur Anwendbarkeit des § 650d BGB.[251]

III. Isolierte Inhaltskontrolle von § 2 Abs. 5 und Abs. 6 VOB/B

Die traditionelle Auslegung der Preisfortschreibung nach § 2 Abs. 5 und Abs. 6 VOB/B bedeutet 173 eine deutliche Abweichung vom gesetzlichen Leitbild des § 650c Abs. 1 BGB, wonach gerade nicht die kalkulierten Kosten der ursprünglichen Leistung einerseits und der geänderten/zusätzlichen Leistung andererseits relevant sein sollen, sondern die hypothetischen Ist-Kosten der ursprünglichen Leistung im Verhältnis zu den tatsächlichen (erforderlichen) Kosten der geänderten Leistung zzgl. angemessener Zuschläge für allgemeine Geschäftskosten sowie Wagnis und Gewinn. Zutreffend

243 Zutreffend Retzlaff, BauR 2017, 1781, 1812.

244 Deutscher Vergabe- und Vertragsausschuss.

245 KG, Urt. v. 02.03.2021 – 21 U 1098/20, NZBau 2021, 523.

246 KG, Urt. v. 02.11.2021 – 27 U 120/21, NZBau 2011, 92.

247 OLG München, Beschl. v. 12.03.2024 – 9 U 3791/23Bau, NZBau 2024, 753; allerdings fordert das OLG München für die Anwendbarkeit des § 650c Abs. 3 im VOB-Vertrag, dass dazu auch die Voraussetzungen des § 650b BGB vorliegen. Der VOB-Auftraggeber dürfe also nicht nach dem »System VOB/B« sogleich die Änderungsleistung anordnen, worauf der Auftragnehmer nachlaufend ein Preisangebot vorlege. Vielmehr müsse der VOB-Auftraggeber zunächst einen Änderungswunsch äußern, worauf der Auftragnehmer ein Preisangebot vorlege und, falls sich die Parteien nicht einigen, erst danach die Änderungsanordnung erfolge. In dieser einengenden Auslegung wird § 650c Abs. 3 BGB im VOB-Vertrag nur selten zur Anwendung kommen, wie das OLG München in der Beschlussbegründung selbst einräumt.

248 Kniffka, in Kniffka u.a., Teil 4 Rn. 324; Althaus/Kattenbusch, in: BeckOKBauvertragsR, § 650c BGB Rn. 158.

249 Vgl. oben Rdn. 133 ff.

250 Dazu oben Rdn. 146 ff.

251 KG, a.a.O.

wird deshalb nach Maßgabe dieses traditionellen Verständnisses der VOB/B überwiegend die Auffassung vertreten, wonach § 2 Abs. 5 und Abs. 6 VOB/B nach § 307 Abs. 2 Nr. 1 BGB AGB-unwirksam sind, soweit der Auftraggeber als Verwender der VOB/B anzusehen ist.[252]

174 Seit dem Urteil vom 08.08.2019[253] wird vom BGH und inzwischen auch von nahezu allen damit befassten Oberlandesgerichten[254] die Auffassung vertreten, § 2 Abs. 3, Abs. 5 und Abs. 6 VOB/B regele nur, *dass* unter den genannten Voraussetzungen auf Verlangen ein neuer Preis zu vereinbaren sei, aber nicht, auf welcher Grundlage der neue Preis zu vereinbaren ist. Diese Gesetzeslücke füllt die Rechtsprechung durch eine ergänzende Vertragsauslegung, die im Ergebnis auf eine gesetzeskonforme Auslegung der VOB/B-Preisvorschriften nach § 650c Abs. 1 BGB hinausläuft.[255] Wenn § 2 Abs. 5 und 6 VOB/B aber, entgegen der der Vorschrift des § 650c Abs. 2 S. 1 BGB zu Grunde liegenden Annahme des Gesetzgebers, keine inhaltliche Vorgabe für den Preis der geänderten oder zusätzlichen Leistung enthalten, dann können die entsprechenden Preisbestimmungen der VOB/B auch nicht gegen das gesetzliche Leitbild verstoßen, sondern entsprechen diesem ja gerade aufgrund der ergänzenden Vertragsauslegung, die einer AGB-rechtlichen Inhaltskontrolle vorgeht.[256] Im Sinne dieser neuen Auslegung der Preisbestimmungen der VOB/B verstoßen also weder § 2 Abs. 3 noch Abs. 5 und Abs. 6 VOB/B gegen das gesetzliche Leitbild des § 650c Abs. 1 BGB. Dass es nicht der Sinn einer Preisbestimmung im Fall angeordneter Leistungsänderungen oder Zusatzleistungen sein kann, nur das »Ob« nicht aber das »Wie« des neuen Preises zu bestimmen, steht auf einem anderen Blatt und ist durch den DVA, nicht durch die obergerichtliche Rechtsprechung, zu lösen.[257]

§ 650d Einstweilige Verfügung

Zum Erlass einer einstweiligen Verfügung in Streitigkeiten über das Anordnungsrecht gemäß § 650b oder die Vergütungsanpassung gem. § 650c ist es nach Beginn der Bauausführung nicht erforderlich, dass der Verfügungsgrund glaubhaft gemacht wird.

Übersicht Rdn.

252 Vgl. Langen, NZBau 2019, 10, 12; v. Rintelen, in: ibr-OK Bauvertragsrecht, Stand 22.04.2024, § 650c BGB Rn. 231 ff.; vgl. auch § 650b BGB Rdn. 166.

253 BGH, Urt. v. 08.08.2019 – VII ZR 34/18, NZBau 2019, 706; dazu Mund, NZBau 2020, 619; Pamp, BauR 2021, 299.

254 OLG Düsseldorf, Urt. v. 19.12.2019 – 5 U 52/19, NZBau 2020, 509; OLG Brandenburg, Urt. v. 22.04.2020 – 11 U 153/18, BauR 2020, 1487; OLG Köln, Urt. v. 03.02.2021 – 11 U 138/18, BauR 2021, 973; KG, Urt. v. 27.08.2019 – 21 U 160/18, NJW 2020, 343 = juris Rn. 44.

255 Näher dazu § 650b BGB Rdn. 167 ff. sowie oben Rdn. 114 ff.

256 So zutreffend Althaus/Kattenbusch, in: BeckOK BauvertragsR, § 650c BGB Rn. 159a.

257 Vgl. oben Rdn. 113.

A. Entstehungsgeschichte

§ 650d BGB enthält eine prozedurale Sondernorm, wonach es bei Streitigkeiten über das Anordnungsrecht des Bestellers gemäß § 650b BGB oder die Vergütungsanpassung nach § 650c BGB nach Beginn der Bauausführung nicht erforderlich ist, einen Verfügungsgrund glaubhaft zu machen. Der im Rahmen eines einstweiligen Verfügungsverfahrens (widerlegbar) vermutete Verfügungsgrund vervollständigt auf prozessualer Ebene damit die gesetzlichen Nachtragsregeln der §§ 650b Abs. 2 und 650c BGB insoweit, als Streitigkeiten der Parteien bzgl. der angeordneten Leistungsänderung und/oder deren Vergütung im einstweiligen Rechtsschutzverfahren vorläufig richterlich geklärt werden können.[1] 1

Im Vorfeld dieser auf den Referentenentwurf des BMJV zurückgehenden Regelung[2] hatten sich der **Deutsche Baugerichtstag** (DBGT) und die vom BMJV eingerichtete »Arbeitsgruppe Bauvertragsrecht« neben der Einführung eines Anordnungsrechts des Bestellers hinsichtlich geänderter Leistungen und deren Vergütung intensiv auch mit der Verbesserung des Rechtsschutzes zu Gunsten des Bestellers und Unternehmers befasst. Dabei schlug der Arbeitskreis I des 4. DBGT im Jahr 2012, in Übereinstimmung mit der Arbeitsgruppe Bauvertragsrecht, die gesetzliche Einführung einer sog. **Bauverfügung** vor. Hiernach sollte das für die Bauverfügung zuständige Gericht in einem an das einstweilige Verfügungsverfahren angelehnten Verfahren während der Bauausführung für die Parteien bindende Entscheidungen sowohl bezüglich der vom Besteller angeordneten Änderungen als auch deren Vergütung treffen können. Inhaltlich sollte im Rahmen der Bauverfügung geklärt werden, ob die vom Besteller gewünschte Änderung für den Unternehmer zumutbar sei und welche geänderte Vergütung dem Unternehmer hierfür zustehe. Gleichzeitig schlug der 4. DBGT die Bestimmung von Zuständigkeiten für entsprechende Eilverfahren, die Besetzung der zuständigen Spruchkörper mit fachkompetenten Richtern sowie die flächendeckende Schaffung von Baukammern vor.[3] Die in Abstimmung mit der Arbeitsgruppe Bauvertragsrecht erarbeiteten Vorschläge wurden vom 4. DBGT mit überwältigender Mehrheit angenommen.[4] Für den Fall, dass der Gesetzgeber kein neues Schnellverfahren »Bauverfügung« einführen würde, empfahl der Arbeitskreis I »hilfsweise«, ein außergerichtliches Streitbeilegungsverfahren, etwa im Rahmen eines (beschränkten) Adjudikationsverfahrens, zu regeln.[5] Vertiefende Vorschläge für ein solches Adjudikationsverfahren 2

1 Dazu Jansen, NZBau 2020, 755; Bardarsky, BauR 2020, 1054; Rode, BauR 2024, 3; zu den Besonderheiten bauzeitbedingter Mehrvergütungsansprüche vgl. Reumann, BauR 2020, 1695.

2 Referentenentwurf des BMJV vom 10.09.2015, dort § 650b Abs. 4 BGB-E, abrufbar unter www.bmjv.de.

3 Vgl. die Empfehlungen des 4. DBGT 2012 (Arbeitskreis I), S. 6 ff., abrufbar unter www.baugerichtstag.de.

4 Vgl. S. 3 f. des Thesenpapiers des 4. DBGT.

5 4. DBGT, a.a.O.

erfolgten durch die Arbeitskreise III und VII im Rahmen des 5. Deutschen Baugerichtstags im Jahr 2014.[6]

3 In Übereinstimmung mit den Vorschlägen des DBGT empfahl auch die **Arbeitsgruppe Bauvertragsrecht** im Rahmen ihres Abschlussberichts vom 18.06.2013 die gesetzliche Einführung einer Bauverfügung, die als Folgeregelung für das vorgesehene Anordnungsrecht des Bestellers zur Leistungsänderung und der damit verbundenen Vergütungsfolge als »essentiell« eingestuft wurde.[7] Im Rahmen der Bauverfügung sollten nicht nur Streitigkeiten der Parteien über das Anordnungsrecht des Bestellers (z.B. Zumutbarkeit der Anordnung), sondern auch bezüglich der damit verbundenen Mehr- oder Mindervergütung des Unternehmers schnell und kompetent geklärt werden. Das Verfahren zur Bauverfügung sollte sich überwiegend am Verfahren der einstweiligen Verfügung gemäß §§ 935 ff. ZPO orientieren, wobei nach Beginn der Bautätigkeit die Eilbedürftigkeit (Verfügungsgrund) vermutet werden sollte. Es sollten, anders als im einstweiligen Verfügungsverfahren, nicht nur präsente Beweismittel zugelassen sein, sondern das mit der Bauverfügung befasste Gericht sollte im Regelfall einen Sachverständigen bereits zum Verhandlungstermin hinzuziehen. Der Verhandlungstermin selbst sollte bereits binnen zwei Wochen nach Antragstellung stattfinden. Ein Rechtsmittelzug (Berufung) war nicht vorgesehen.[8]

4 Trotz dieser übereinstimmenden und inhaltlich auch überzeugenden Vorschläge sowohl des DBGT als auch der Arbeitsgruppe Bauvertragsrecht sah der am 10.09.2015 vorgelegte **Referentenentwurf des BMJV** von Regelungsvorschlägen zu einer gerichtlichen Bauverfügung ab und schlug in § 650b Abs. 4 BGB-E lediglich vor, dass es zum Erlass einer einstweiligen Verfügung nach Beginn der Bauausführung nicht erforderlich sei, dass der Verfügungsgrund glaubhaft gemacht werde. In der Begründung des Referentenentwurfs heißt es dazu, in diesem Punkt sei man der Empfehlung der Arbeitsgruppe Bauvertragsrecht nicht gefolgt, weil im Ministerium Zweifel aufgekommen seien, ob die Einführung eines Bauverfügungsverfahrens tatsächlich zwingend erforderlich sei. Eine Umfrage bei den Mitgliedern der Arbeitsgruppe Bauvertragsrecht habe zu dem Ergebnis geführt, dass in der Regel trotz teils erheblicher Differenzen über Anordnungen des Auftraggebers nach § 1 Abs. 3 und Abs. 4 VOB/B während der laufenden Bauarbeiten kein gerichtlicher Rechtsschutz in Anspruch genommen werde und ein Streit der Parteien erst im Zusammenhang mit der Schlussabrechnung ausgetragen werde. Es komme demnach bei VOB/B-Verträgen in der Regel nicht zu erheblichen Verzögerungen und Unterbrechungen der Bauarbeiten wegen Streitigkeiten über Anordnungen des Bestellers. Deshalb sehe der Referentenentwurf zunächst von der Einführung eines speziellen Bauverfügungsverfahrens ab und beschränke sich auf eine Regelung zur erleichterten Erlangung einer einstweiligen Verfügung. Falls sich allerdings nach ersten Erfahrungen mit dem neuen Anordnungsrecht doch ein Bedarf für ein spezielles Bauverfügungsverfahren ergeben sollte, könne dies später gesondert eingeführt werden.[9]

5 Der **Regierungsentwurf** vom 11.03.2016 hat den Regelungsvorschlag des BMJV – keine Bauverfügung, sondern erleichterte einstweilige Verfügung – mit gleicher Begründung[10] übernommen, den Referentenentwurf zu § 650b Abs. 3 BGB-E jedoch dahin erweitert, dass der Verfügungsgrund nur dann vermutet werde, wenn zuvor unter Beiziehung eines Sachverständigen versucht worden sei, die Streitigkeit einvernehmlich beizulegen. Eine inhaltsgleiche Regelung sah der Regierungsentwurf in § 650c Abs. 5 BGB-E auch im Rahmen der Vergütungsanpassung vor, wodurch deutlich wurde, dass sich die Erleichterung bezüglich einer einstweiligen Verfügung sowohl auf das Anordnungsrecht des Bestellers als auch auf den Vergütungsanspruch des Unternehmers beziehen sollte. Insbesondere

6 5. DBGT, S. 24 ff., abrufbar unter www.baugerichtstag.de.

7 Vgl. im Einzelnen Abschlussbericht Arbeitsgruppe Bauvertragsrecht, S. 28 bis 31, abrufbar unter www.bmvj.de.

8 Vgl. im Einzelnen Abschlussbericht Arbeitsgruppe Bauvertragsrecht, S. 28 bis 31, abrufbar unter www.bmvj.de.

9 Vgl. etwa Referentenentwurf des BMJV vom 10.09.2015, S. 58, abrufbar unter www.bmjv.de.

10 BT-Drucks. 18/8486, S. 55.

der (neue) Regelungsvorschlag, wonach ein vermuteter Verfügungsgrund nur bei Scheitern einer Sachverständigenschlichtung anzunehmen sei, stieß schon während des Gesetzgebungsverfahrens auf erhebliche Kritik[11] und ist auf Empfehlung des Rechtsausschusses des Bundestags nicht weiterverfolgt worden. Zur Begründung hat der Rechtsausschuss darauf hingewiesen, er halte den vor der Anordnung des Bestellers vorgesehenen Einigungsversuch (§ 650b Abs. 1 BGB)[12] für ausreichend. Nach einer Anordnung des Bestellers müssten die Parteien die Möglichkeit erhalten, schnell Rechtsschutz zu erlangen, um Baustillstände und Liquiditätsengpässe soweit als möglich zu vermeiden. Diesem Interesse würde es zuwiderlaufen, wenn die Parteien einen weiteren Einigungsversuch unternehmen müssten, bevor sie eine einstweilige Verfügung unter erleichterten Bedingungen beantragen könnten.[13]

Im Rahmen der Schlussberatung sind die in §§ 650b Abs. 3 und 650c Abs. 5 BGB-E vorgesehenen Regelungen nun einheitlich in § 650d BGB zusammengefasst worden.

B. Überblick

§ 650d BGB soll den Parteien die Erlangung einer einstweiligen Verfügung bei Streitigkeiten über Nachträge gemäß §§ 650b und 650c BGB erleichtern. Der Gesetzgeber hat dazu vorerst[14] von der Einführung eines gesonderten Schnellverfahrens zur Erlangung einer Bauverfügung abgesehen und die Parteien damit auf das herkömmliche, nun allerdings leichter anzuwendende Verfahren des einstweiligen Rechtsschutzes gemäß §§ 935, 940 ZPO verwiesen. Der üblicherweise auch bei Nachtragsstreitigkeiten fehlende **Verfügungsgrund** wird nach Beginn der Bauausführung nun **gesetzlich vermutet**, wenngleich (durch den Antragsgegner) widerlegbar. Vorbild der neuen gesetzlichen Regelung sind § 885 Abs. 1 S. 2 BGB, wonach zum Erlass der einstweiligen Verfügung zur Eintragung einer Vormerkung die Gefährdung des zu sichernden Anspruchs nicht glaubhaft gemacht werden muss sowie § 899 Abs. 2 S. 2 BGB, wonach zum Erlass einer einstweiligen Verfügung, die auf einen Grundbuchwiderspruch gerichtet ist, eine Gefährdung des Rechts nicht glaubhaft gemacht werden muss.[15] Diese widerlegbare Vermutung des Verfügungsgrundes gilt nur bei »Streitigkeiten« der Parteien über das Anordnungsrecht des Bestellers gemäß § 650b BGB (genauer: Abs. 2 der Vorschrift) oder die Vergütungsanpassung gemäß § 650c BGB und auch erst nach Beginn der Bauausführung, was nach Auffassung des KG bis über die Fertigstellung der Baumaßnahme hinaus gelten soll.[16] Vor Beginn derselben muss der Verfügungsgrund also, wie bisher auch, vom Antragsteller glaubhaft gemacht werden. 6

Da die ausdrückliche gesetzgeberische Intention darin besteht, den Bauvertrag nicht nur hinsichtlich einer Änderungsbefugnis des Bestellers nach § 650b Abs. 2 BGB und der damit verknüpften Vergütungsanpassung nach § 650c BGB zu flexibilisieren, sondern auch damit verbundene Streitfragen baubegleitend gerichtlich (vorläufig) klären zu lassen, war mit in Kraft treten des neuen Rechts damit gerechnet worden, dass die Bauvertragsparteien von dieser Möglichkeit intensiv Gebrauch machen würden. Rund acht Jahre nach in Kraft treten des neuen Rechts ist das Gegenteil der Fall. Nur vereinzelt sind Gerichtsentscheidungen in einschlägigen einstweiligen Verfügungsverfahren ver- 7

11 Vgl. die Stellungnahme des Deutschen Anwaltsvereins von Juni 2016, S. 16 ff. (BT-Drucks. 18/8486); Kniffka, BauR 2016, 1533, 1536.

12 Dazu § 650b BGB Rdn. 49 ff.

13 BT-Drucks. 18/11437, S. 49.

14 Vgl. dazu oben Rdn. 4.

15 Vgl. BT-Drucks. 18/8486, S. 55 und dazu die Kritik in der Stellungnahme des Deutschen Richterbundes Nr. 24/15 von November 2015, S. 9, wonach die Situation bei Nachtragsstreitigkeiten nicht vergleichbar sei.

16 KG, Urt. v. 02.03.2021 – 21 U 1098/20, NZBau 2021, 523.

öffentlicht worden, auf die nachstehend näher eingegangen wird.[17] Von einer gesicherten Kasuistik kann insoweit noch nicht gesprochen werden.

8 Über die Vermutung des Verfügungsgrunds hinaus enthält § 650d BGB keine Erleichterungen für den einstweiligen Rechtsschutz der Bauvertragsparteien, d.h. der Antragsteller muss den **Verfügungsanspruch** entsprechend den allgemeinen Anforderungen glaubhaft machen,[18] ebenso den Verfügungsgrund, wenn im Einzelfall die Vermutung des § 650d BGB widerlegt worden ist.[19] Auch an der Schadensersatzpflicht gemäß § 945 ZPO, falls sich die einstweilige Verfügung als von Anfang an ungerechtfertigt erweist oder gemäß § 926 Abs. 2 oder § 942 Abs. 3 ZPO aufgehoben wird, ändert sich durch § 650d BGB nichts.[20]

C. Streitigkeiten über das Anordnungsrecht gemäß § 650b BGB oder die Vergütungsanpassung gemäß § 650c BGB

I. Gesetzesbegründung

9 Zur Begründung des Regelungsvorschlags in § 650b Abs. 3 BGB-E und § 650c Abs. 5 BGB-E, heute in § 650d BGB zusammengefasst, hatte die Bundesregierung darauf hingewiesen, § 650b Abs. 3 BGB-E lehne sich an die vergleichbaren Regelungen in §§ 885 Abs. 1 S. 2 und § 899 Abs. 2 S. 2 an. Die Vorschrift enthalte die Vermutung des Vorliegens eines Verfügungsgrundes im Rahmen eines Verfahrens auf Erlass einer einstweiligen Verfügung bei Streitigkeiten der Vertragsparteien im Zusammenhang mit Anordnungen nach § 650b Abs. 1 BGB-E.[21] Nach Beginn der Bauausführung werde danach widerleglich vermutet, dass ein Verfügungsgrund im Sinne der §§ 935, 940 der ZPO gegeben sei und damit eine Entscheidung im Wege der einstweiligen Verfügung zur Abwendung wesentlicher Nachteile notwendig sei. Diese Vermutung sei im Hinblick auf die sich **ständig ändernde Sachlage am Bau** und die **drohende Schaffung vollendeter Tatsachen**, wenn ohne vorherige gerichtliche Entscheidung über die Rechtmäßigkeit der Anordnung weitergebaut werde, gerechtfertigt und vereinfache die Erlangung einstweiligen Rechtsschutzes.[22] Ergänzend heißt es in der Begründung zu § 650c Abs. 5 BGB-E:

10 *»Durch Abs. 5 sollen parallel zu der Regelung in § 650b Abs. 3 einstweilige Verfügungen zur Durchsetzung von Forderungen des Unternehmers auf Abschlagszahlungen oder Sicherheitsleistungen, die sich wegen Anordnungen des Bestellers geändert haben, erleichtert werden. Auch insoweit wird danach widerleglich vermutet, dass ein Verfügungsgrund im Sinne der §§ 935, 940 ZPO nach Beginn der Bauausführung gegeben ist, und damit eine Entscheidung im Wege der einstweiligen Verfügung zur Abwendung wesentlicher Nachteile notwendig ist.*

Es ist anzunehmen, dass es in der künftigen Praxis weniger Streitigkeiten über die Zumutbarkeit einer Änderungsanordnung des Bestellers als über die aus einer Änderungsanordnung folgende Ver-

---

17 Vgl. LG Berlin, Beschl. v. 04.12.2019 – 32 O 244/19, IBR 2020, 448; LG Berlin, Beschl. v. 20.04.2020 – 19 O 34/20, BauR 2020, 1519; LG Hechingen, Urt. v. 02.11.2021 – 2 O 305/21, IBR 2022, 2246; KG, Beschl. v. 06.04.2020 – 7 W 32/19, BauR 2020, 1463; KG, Urt. v. 02.03.2021 – 21 U 1098/20, NZBau 2021, 523; KG, Urt. v. 07.09.2021 – 21 U 86/21, NJW 2021, 3198; KG, Urt. v. 02.11.2021 – 27 U 120/21, NJW 2022, 548; OLG Karlsruhe, Beschl. v. 23.09.2022 – 8 W 29/22, NZBau 2023, 226; LG München, Urt. v. 31.08.2023 – 24 O 9551/23, IBRRS 2023, 2422; OLG München, Urt. v. 12.03.2024 – 9 U 3791/23Bau, NZBau 2024, 75; OLG Celle, Urt. v. 14.05.2025 – 14 U 238/24, IBRRS 2025, 1475.

18 Vgl. dazu Zöller/Vollkommer, § 935 ZPO Rn. 8; Orlowski, BauR 2017, 1427, 1437; näher dazu unten Rdn. 63 ff.

19 Vgl. Zöller/Vollkommer, § 935 ZPO Rn. 11; näher dazu unten Rdn. 70 ff.

20 Vgl. dazu schon Langen, NZBau 2015, 658, 664.

21 Gemeint war § 650b Abs. 2 BGB-E, nach dem der Regierungsentwurf in § 650b Abs. 1 BGB-E, abweichend vom Referentenentwurf des BMJV, einen obligatorischen Einigungsversuch der Parteien vor Entstehung eines Anordnungsrechts des Bestellers vorgesehen hatte.

22 BT-Drucks. 18/8486, S. 55.

gütungsanpassung geben wird. Zudem sind die grundsätzlich vorleistungspflichtigen Unternehmer in besonderem Maß auf Liquidität – etwa durch an den neuen Leistungsumfang angepasste Abschlagszahlungen – angewiesen. Dies gilt vor allem dann, wenn es aufgrund der Änderungsanordnung zu erheblichen Kostensteigerungen kommt. Daher soll den Unternehmern ermöglicht werden, in einstweiligen Verfügungsverfahren schnell einen Titel über den geänderten Abschlagszahlungsanspruch oder die nunmehr zu gewährende Sicherheit zu erlangen. Macht der Unternehmer von seiner vorläufigen Pauschalierungsmöglichkeit der Mehrvergütung nach Abs. 3 S. 1 Gebrauch, dient die erleichterte einstweilige Verfügung auch den Interessen des Bestellers. Er kann so überhöhten Ansprüchen schnell entgegentreten.

Bereits nach geltender Rechtslage lässt die Rechtsprechung eine auf Zahlung von Geld – und damit auf vorläufige Befriedigung – gerichtete einstweilige (Leistungs-)Verfügung zu. An das Bestehen eines Verfügungsgrundes stellt sie jedoch insoweit erhöhte Anforderungen: Der Antragsteller bedarf dringend der sofortigen Erfüllung seines Anspruchs; die geschuldete Handlung muss, soll sie nicht ihren Sinn verlieren, so kurzfristig zu erbringen sein, dass die Erwirkung eines Titels im ordentlichen Verfahren nicht mehr möglich erscheint; dem Antragsteller müssen aus der Nichtleistung Nachteile drohen, die schwerwiegend und außer Verhältnis zu dem Schaden stehen, der dem Antragsgegner droht.... Diese insbesondere im Unterhaltsrecht entwickelten Voraussetzungen dürften trotz ihrer großen Bedeutung für die Liquidität von Bauunternehmern nach geltendem Recht in Bezug auf Abschlagsforderungen zumeist nicht gegeben sein. Hier knüpft der vorgeschlagene Abs. 5 an, indem er die Voraussetzungen, unter denen der Unternehmer eine auf Zahlung gerichtete einstweilige Verfügung erlangen kann, nach Beginn der Bauausführung absenkt.«[23]

Der im Regierungsentwurf vorgesehene, in der Begründung jedoch nicht näher erläuterte (obligatorische) Einigungsversuch mit Hilfe eines Sachverständigen ist im Rahmen der Schlussberatung des Gesetzes auf Vorschlag des Rechtsausschusses entfallen. Zutreffend hatte der Rechtsausschuss darauf hingewiesen, der vor der Anordnung des Bestellers in § 650b Abs. 1 BGB vorgesehene Einigungsversuch sei ausreichend. Nach einer Anordnung müssten die Parteien die Möglichkeit erhalten, schnell Rechtsschutz zu erlangen, um Baustillstände und Liquiditätsengpässe so weit als möglich zu vermeiden. Diesem Interesse würde es zuwiderlaufen, wenn die Parteien einen weiteren Einigungsversuch unternehmen müssten, bevor eine einstweilige Verfügung unter erleichterten Bedingungen erlangt werden könne.[24] Damit schloss sich der Rechtsausschuss der bereits im Gesetzgebungsverfahren erhobenen Kritik am (zweiten) Einigungsversuch als Voraussetzung des erleichterten einstweiligen Verfügungsverfahrens an.[25] 11

II. Streitigkeit

Der widerlegbar vermutete Verfügungsgrund gilt für Streitigkeiten (der Parteien) über das Anordnungsrecht des Bestellers nach § 650b Abs. 2 BGB oder die Vergütungsanpassung nach § 650c BGB. 12

Der Begriff der Streitigkeit ist weder im Gesetz selbst definiert noch in der Gesetzesbegründung erläutert. Da die Gesetzesbegründung allerdings auf §§ 935 und 940 ZPO rekurriert,[26] erscheint es zulässig, eine Streitigkeit der Bauvertragsparteien im Sinne von § 650d BGB als ***streitiges Rechtsverhältnis* im Sinne von § 940 ZPO** zu definieren. Ein (streitiges) Rechtsverhältnis in diesem Sinne wird angenommen, wenn »jede Art von Anspruch« zwischen den Parteien streitig ist oder werden kann. Der Gläubiger muss nach materiellem Recht keinen Anspruch auf die erstrebte Regelung haben wie überhaupt noch keine Ansprüche aus dem Rechtsverhältnis entstanden sein müssen.[27] 13

23 Vgl. BT-Drucks. 18/8486, S. 58 f.
24 BT-Drucks. 18/11437, S. 49.
25 So bereits die Anmerkung Nr. 22 des Bundesrates zum Gesetzentwurf der Bundesregierung, BT-Drucks. 18/8486, S. 97; ebenso Althaus, BauR 2017, 412, 420; Kniffka, BauR 2016, 1533, 1536.
26 BT-Drucks. 18/8486, S. 55.
27 Vgl. Zöller/Vollkommer, § 940 ZPO Rn. 2; MüKo-ZPO/Drescher, § 940 Rn. 5 ff.

Streitig ist das so umschriebene Rechtsverhältnis, wenn jede von zwei Parteien ein Recht in Anspruch nimmt oder eine Partei das Recht der anderen bestreitet. Nicht erforderlich ist eine bereits eingetretene Rechtsverletzung.[28]

14 Als Streitigkeit im Sinne von § 650d BGB sind also nicht nur bereits entstandene Streitpositionen zwischen Besteller und Unternehmer zu verstehen,[29] sondern auch bereits im Vorfeld entstandene Meinungsverschiedenheiten, die ggf. zu einer Rechtsverletzung führen können.[30]

15 Da es dem Gesetzgeber ersichtlich darum geht, insbesondere dem vergütungsberechtigten Unternehmer schnellen und effektiven Rechtsschutz zu gewähren,[31] ist der Begriff der **Streitigkeit** im Sinne von § 650d BGB also **weit auszulegen**. Hat der Vertragspartner allerdings (noch) keinen Anlass gegeben, den Erlass einer einstweiligen Verfügung zu beantragen, so fehlt nicht nur regelmäßig der – nach § 650d BGB allerdings vermutete – Verfügungsgrund für die einstweilige Verfügung, sondern es liegt bereits keine Streitigkeit der Parteien im Sinne von § 650d BGB vor.[32]

16 Die Streitigkeit der Bauvertragsparteien muss sich auf das Anordnungsrecht des Bestellers oder dessen Vergütungsfolge, insbesondere den geänderten Anspruch des Unternehmers auf Abschlagszahlungen,[33] beziehen. Sonstige Streitigkeiten der Parteien im Rahmen eines Bauvertrages sind also vom vermuteten Verfügungsgrund des § 650d BGB nicht erfasst. Stellt der Unternehmer also bspw. seine Arbeiten ein, weil er sich in deren Fortsetzung durch den Besteller behindert sieht, so steht der (potenzielle) Streit der Parteien über die geltend gemachte Behinderung und deren Folgen nicht im Zusammenhang mit dem Anordnungsrecht des Bestellers oder dem daraus folgenden Vergütungsanspruch des Unternehmers. Selbst wenn sich der Unternehmer also in der Ausführung von Nachtragsleistungen durch den Besteller behindert glaubt, steht dem Besteller für eine in Betracht kommende Leistungs- oder Feststellungsverfügung, gerichtet auf die Fortsetzung der Arbeiten, kein vermuteter Verfügungsgrund zur Seite.

III. Streitigkeit über das Anordnungsrecht des Bestellers gemäß § 650b Abs. 2 BGB

17 Der Gesetzgeber geht für die Praxis wohl zutreffend davon aus, dass die Bauvertragsparteien weniger über die Zumutbarkeit einer Anordnung des Bestellers als über die aus einer Änderungsanordnung folgende Vergütungsanpassung streiten werden.[34] Dennoch sind auch bzgl. des Anordnungsrechts des Bestellers, über die Zumutbarkeit für den Unternehmer hinaus, verschiedenste Streitigkeiten denkbar, die Gegenstand eines einstweiligen Verfügungsverfahrens nach § 650d BGB sein können.

1. Streitiges Leistungssoll des Unternehmers

18 Eine zwischen den Parteien streitige Vorfrage des Anordnungsrechts des Bestellers besteht häufig darin, ob eine bestimmte, vom Besteller verlangte Leistung vom vertraglichen Leistungssoll des Unternehmers erfasst ist oder eine Änderungsleistung im Sinne von § 650b Abs. 1 S. 1 BGB darstellt. Der Gesetzgeber selbst hat im Rahmen der Begründung zu § 71 Abs. 2 Nr. 5 GVG klargestellt,

28 Zöller/Vollkommer, a.a.O.

29 So auch BeckOK BauvertragsR/Leupertz/Althaus, § 650d BGB Rn. 7 f.; Beispiele: Der Unternehmer weigert sich, einer bereits erfolgten Anordnung des Bestellers Folge zu leisten; der Besteller weigert sich, die vom Unternehmer verlangte Abschlagszahlung zu leisten.

30 Beispiele: Der Unternehmer erklärt im Vorfeld einer Anordnung des Bestellers, dass er der Anordnung nicht folgen werde; der Besteller erklärt vor Erteilung der Abschlagsrechnung des Unternehmers, dass er keine Zahlung leisten werde.

31 BT-Drucks. 18/8486, S. 59.

32 Beispiel:Der Besteller erklärt bereits zusammen mit seinem Änderungsbegehren gemäß § 650b Abs. 1 S. 1 BGB, dass die begehrte Leistung nach seiner Auffassung zum vom Unternehmer geschuldeten Leistungsumfang gehört und er sich deshalb vorbehalte, den vom Unternehmer geltend gemachten Vergütungsanspruch noch einmal eingehend zu überprüfen.

33 BT-Drucks. 18/8486, S. 58 f.

34 BT-Drucks. 18/8486, S. 59.

dass auch Vorfragen einer Leistungsänderung und damit Art und Umfang der vom Unternehmer geschuldeten Leistung Gegenstand einer Streitigkeit im Sinne des § 650d BGB sein können.[35] Zutreffend wird deshalb angenommen, dass auch diese Vorfrage einer Leistungsänderung Gegenstand des erleichterten einstweiligen Verfügungsverfahrens sein kann, sei es, dass der Besteller durch einstweilige Verfügung die Feststellung begehrt, dass eine bestimmte Leistung vom Vertragsumfang umfasst ist oder sei es, dass der Unternehmer einen entsprechenden negativen Feststellungsantrag stellt, wonach seine Leistungspflicht die entsprechende Leistung gerade nicht oder nicht in dem begehrten Umfang umfasst.[36] Das KG hat dem Unternehmer ein Feststellungsinteresse eingeräumt, wonach er ohne Anordnung einer (notwendigen) Leistungsänderung durch den Besteller keine mängelfreie Leistung erstellen könne.[37] Leupertz/Althaus[38] weisen zutreffend darauf hin, dass dem Besteller bei für ihn negativer Entscheidung die Möglichkeit verbleibt, die dennoch begehrte Leistung als Leistungsänderung anzuordnen – mit der Folge einer entsprechenden (vorläufigen)[39] Streitbeilegung.

2. Angeordnete Leistungsänderung

Im Zusammenhang mit einer vom Besteller angeordneten Leistungsänderung sind verschiedenste Streitigkeiten vorstellbar, insbesondere: 19

a) Bauzeitanordnungen

Bauzeitanordnungen wie auch generell Anordnungen des Bestellers bzgl. des Bauverfahrens und der Bauumstände **sind nach § 650b Abs. 2 BGB nicht zulässig.**[40] Dennoch kommen sie in der Praxis vor und werden vom Unternehmer unabhängig von ihrer Unzulässigkeit häufig beachtet. Auf diese Fallgruppe beziehen sich einige der bislang veröffentlichten Entscheidungen zu § 650d BGB: 20

aa) Nach der Entscheidung des Landgerichts Berlin vom 04.12.2019[41] stellt eine Aufforderung des Bestellers, die Baustelle »mit ausreichender Mannstärke zu besetzen«, keine angeordnete Leistungsänderung im Sinne von § 650b Abs. 2 BGB dar, sondern lediglich eine Aufforderung, die vereinbarte Leistungszeit zu erreichen. Da keine angeordnete Leistungsänderung im Sinne von § 650b Abs. 2 BGB vorliege und dem Unternehmer folglich weder ein Vergütungsanspruch nach § 650c BGB noch ein zusätzlicher Sicherungsanspruch nach § 650f BGB zustehe, hielt das LG Berlin den Besteller für berechtigt, im einstweiligen Verfügungsverfahren eine negative Feststellung zu beantragen, wonach keine angeordnete Leistungsänderung im Sinne von § 650b Abs. 2 BGB vorliege. 21

bb) Der Entscheidung des LG Berlin vom 20.04.2020[42] lag ein Bauvertrag zugrunde, der keine verbindlichen Vertragstermine enthielt. Der Besteller teilte dem Unternehmer mit, dass mit den Bauleistungen erst sechs Monate später als vorgesehen begonnen werden könne. Der Unternehmer legte einen »Bauzeitnachtrag« vor und verlangte unter Berufung auf § 650c Abs. 3 BGB eine Abschlagszahlung in Höhe von 80 %. Der Besteller beantragte im einstweiligen Verfügungsverfahren die Feststellung, dass der Unternehmer hierzu vorläufig nicht berechtigt sei. 22

Das LG Berlin hielt den Feststellungsantrag des Bestellers für zulässig und begründet, weil § 650d BGB auch die Streitfrage erfasse, ob überhaupt eine angeordnete Leistungsänderung im Sinne von

35 BT-Drucks. 18/11437, S. 50.
36 BeckOK BauvertragsR/Leupertz/Althaus, § 650d BGB Rn. 10.
37 KG, Urt. v. 07.09.2021 – 21 U 86/21, NZBau 2021, 782.
38 So auch Reumann, BauR 2020, 1695, 1699.
39 Vorläufig deshalb, weil sich im Nachhinein die Unrichtigkeit der vorläufigen Entscheidung herausstellen kann.
40 Vgl. im Einzelnen § 650b Rdn. 42 ff. und ergänzend OLG Celle, Urt. v. 14.05.2025 – 14 U 238/24, IBRRS 2025, 1475.
41 LG Berlin, 32 O 244/19, IBR 2020, 448.
42 LG Berlin, 19 O 34/20, BauR 2020, 1519.

§ 650b Abs. 2 BGB als Grundlage eines geänderten Vergütungsanspruchs nach § 650c BGB vorliegt, was im vorliegenden Fall verneint wurde.[43]

23 cc) Der Entscheidung des Kammergerichts vom 06.04.2020[44] lag ein VOB/B-Bauvertrag zugrunde. Der Besteller legte dem Unternehmer einen gegenüber den vereinbarten Vertragsfristen beschleunigten Bauablaufplan vor und forderte diesen zu einer früheren Arbeitsaufnahme mit kürzeren Ausführungsfristen auf. Der Unternehmer legte einen Bauzeitnachtrag vor und kündigte die Arbeitseinstellung für den Fall der Ablehnung durch den Besteller an. Daraufhin beantragte der Besteller, dem Unternehmer die unverzügliche Aufnahme der Arbeiten im Wege einer Leistungsverfügung aufzugeben, hilfsweise festzustellen, dass dem Unternehmer kein Leistungsverweigerungsrecht zustehe.

Das KG hielt die beantragte Leistungsverfügung für unbegründet, da sie im Sinne der §§ 935, 940 ZPO jedenfalls nicht zur Abwendung wesentlicher Nachteile notwendig gewesen sei. Unabhängig davon hätte das KG die beantragte Leistungsverfügung auch deshalb ablehnen können, weil Bauzeitanordnungen nicht vom Anordnungsrecht des Bestellers nach § 650b Abs. 2 BGB umfasst sind.[45] Die hilfsweise beantragte Feststellungsverfügung hielt das KG für unzulässig, da die erstrebte Rechtsfolge mit dem Charakter des Eilverfahrens, z.B. hinsichtlich der Rechtskraftwirkung oder der Vollstreckbarkeit, unvereinbar sei. Dieser Teil der Entscheidung überzeugt jedoch nicht, da gerade (positive wie negative) Feststellungsverfügungen einer der Hauptanwendungsfälle des § 650d BGB sind.[46] Anzumerken ist, dass das KG § 650d BGB ohne Weiteres für auf VOB/B-Bauverträge anwendbar hielt.[47]

b) Zumutbarkeit der Anordnung für den Unternehmer

24 Eine vom Besteller angeordnete Änderung des Werkerfolgs ist nach § 650b Abs. 1 S. 1 BGB nur zulässig, wenn sie für den Unternehmer zumutbar ist.[48] Hält der Unternehmer die Anordnung des Bestellers also für nicht zumutbar, so kann diese Frage sowohl auf Antrag des Bestellers (im Sinne einer positiven Feststellungsverfügung) als auch des Unternehmers (im Sinne einer negativen Feststellungsverfügung) geklärt werden, um die Streitigkeiten der Parteien über die Ausführung der angeordneten Leistungsänderung einstweilen beizulegen.[49] Richtigerweise kann die Zumutbarkeitsfrage auch bereits im Rahmen des Einigungsversuchs der Parteien nach § 650b Abs. 1 BGB gerichtlich geklärt werden, weil im Fall der Änderung des Werkerfolgs hiervon bereits die Pflicht des Unternehmers abhängt, überhaupt ein Angebot über die begehrte Leistungsänderung vorzulegen.[50] Gleiches gilt, wenn der Unternehmer die Auffassung vertritt, die vom Besteller begehrte bzw. angeordnete Leistungsänderung sei nicht zur Erreichung des Werkerfolgs notwendig (im Sinne von § 650b Abs. 1 S. 1 Nr. 2 BGB), sondern stelle eine – für ihn unzumutbare – Anordnung zur Änderung des Werkerfolgs dar.

c) Weitere Einwendungen des Unternehmers gegen die Änderungsanordnung des Bestellers

25 Es sind zahlreiche weitere Streitfälle über das Anordnungsrecht des Bestellers denkbar, Beispiele:
- Der Besteller ordnet eine Leistungsänderung an, ohne vorher gemäß § 650b Abs. 1 BGB mit dem Unternehmer einen (ernsthaften) Einigungsversuch unternommen zu haben.[51]

43 Zu diesem Beschluss vgl. Jansen, NZBau 2020, 755; ebenso Reumann, BauR 2020, 1695.
44 KG, 06.04.2020 – 7 W 32/19, NJW 2021, 83.
45 Dazu § 650b Rdn. 42 f.
46 Ebenso Manteufel, BauR 2019, 334; Retzlaff, BauR 2017, 1844 ff.; BeckOK BauvertragsR/Leupertz/Althaus, § 650d BGB Rn. 15a; and. Auff. Rodemann, BauR 2024, 3, 5; näher dazu unten Rdn. 80 ff.
47 So auch der zutreffende Praxishinweis von Rehbein, IBR 2020, 3087; näher dazu unten Rdn. 96.
48 Dazu näher § 650b Rdn. 75 ff.
49 So zutreffend BeckOK BauvertragsR/Leupertz/Althaus, § 650d BGB Rn. 12 ff.
50 So zutreffend Leupertz/Althaus, a.a.O. Rn. 18.
51 Dazu § 650b BGB Rdn. 50, 112.

- Der Besteller ordnet eine Leistungsänderung an, ohne dem Unternehmer im Rahmen des Einigungsversuchs nach § 650b Abs. 1 S. 4 BGB die ihm obliegende Änderungsplanung vorgelegt zu haben.[52]
- Der Bestelle ordnet schon vor dem Scheitern der Verhandlungen der Parteien zur Vertragsänderung und vor Ablauf der 30-Tages-Frist eine Leistungsänderung an.[53]
- Der Besteller ordnet die Leistungsänderung nicht in Textform, sondern mündlich oder im Rahmen eines Baustellenprotokolls an.[54]

Auch in diesen Fällen wird regelmäßig eine – positive oder negative – Feststellungsverfügung in Betracht kommen.[55]

IV. Streitigkeit über die Vergütungsanpassung gemäß § 650c BGB

Die jahrzehntelange Praxis zu den Anordnungsrechten des VOB/B-Auftraggebers nach § 1 Abs. 3 und Abs. 4 VOB/B und den damit verbundenen Vergütungsfolgen gemäß § 2 Abs. 5 und Abs. 6 VOB/B bestätigt die Einschätzung des Gesetzgebers, dass sich Streitigkeiten der Bauvertragsparteien nach §§ 650b und c BGB im Wesentlichen auf die Vergütungsfolgen der Anordnungen des Bestellers konzentrieren werden.[56] Da die gesetzlichen Vergütungsfolgen nach § 650c BGB einschließlich der Sonderregelungen für Abschlagszahlungen in § 650c Abs. 3 deutlich von der bislang geübten VOB/B-Praxis abweichen, war davon auszugehen, dass es nach Inkrafttreten der neuen Vorschriften zu einer Fülle von Streitfällen kommen würde, in denen primär der Unternehmer, bezüglich der 80 %-Regelung in § 650c Abs. 3 BGB aber auch der Besteller, gerichtliche Hilfe in Anspruch nehmen würden. Wie bereits in Rdn. 7 ausgeführt, sind rund acht Jahre nach Inkrafttreten der neuen Vorschriften aber nur vereinzelt Entscheidungen in einstweiligen Verfügungsverfahren nach § 650d BGB veröffentlicht worden.[57] 26

1. Streitigkeit über die Vergütungsanpassung nach § 650c Abs. 1 oder 2 BGB

Wie bereits in Rdn. 20 ff. ausgeführt, ist nach einer Anordnung bzw. einem bloßen Leistungsverlangen des Bestellers häufig zwischen den Parteien streitig, ob dem Unternehmer für die im Raum stehende Leistung überhaupt ein geänderter Vergütungsanspruch nach § 650c Abs. 1 oder 2 zusteht. Wird dies vom Besteller bestritten, weil z.B. lediglich eine nach dem Vertrag geschuldete Leistung gefordert werde, der Unternehmer zu einer kostenfreien Mängelbeseitigung verpflichtet sei oder ihm nach § 650c Abs. 1 S. 2 BGB aufgrund seiner Planungsverantwortung kein Vergütungsanspruch zustehe, so ist bei diesem Streit »dem Grunde nach« die einstweilige (Feststellungs-)Verfügung das probate Mittel, die Streitigkeit der Parteien baubegleitend beizulegen. 27

Gleiches gilt, wenn es eine generelle Streitigkeit der Parteien über die Vergütungsanpassung gibt, z.B. über die Frage, ob der Unternehmer zu einer Preisfortschreibung nach seiner Urkalkulation berechtigt ist, obwohl der Besteller nicht zu einer »vereinbarungsgemäßen« Hinterlegung derselben bereit war.[58] 28

2. Streitigkeit über eine nach § 650c Abs. 1 BGB berechnete Abschlagsforderung

Regelmäßig wird sich eine Streitigkeit der Parteien bezüglich der Vergütungsanpassung auf eine Abschlagsforderung des Unternehmers beziehen. 29

52 Dazu § 650b BGB Rdn. 65.
53 Dazu § 650b BGB Rdn. 75 ff.
54 Dazu § 650b BGB Rdn. 131 ff.
55 Vgl. dazu Manteufel, BauR 2019, 334, 341.
56 BT-Drucks. 18/8486, S. 59.
57 Näher Rdn. 21 ff. und Rdn. 32.
58 Dazu § 650c BGB Rdn. 105.

Wie sich unmittelbar aus dem Wortlaut des § 650c Abs. 3 S. 1 BGB ergibt, kann der Unternehmer die Abschlagsforderung für eine auf Anordnung des Bestellers (ganz oder teilweise) ausgeführte Leistungsänderung auf seinen geänderten Vergütungsanspruch nach § 650c Abs. 1 BGB stützen, ohne von seinem Wahlrecht nach Abs. 3 S. 1 der Vorschrift Gebrauch machen zu müssen. Der Unternehmer muss also nicht von seinem Pauschalierungsrecht nach § 650c Abs. 3 BGB in Höhe von 80 % seines Angebotspreises Gebrauch machen, sondern er kann »konventionell« seinen Vergütungsanspruch für die angeordnete Leistungsänderung nach § 650c Abs. 1 BGB berechnen und in Höhe von 100% des Leistungsstandes abrechnen.[59]

Die Streitigkeit der Parteien kann sich dabei insbesondere auf die Frage beziehen,
- ob überhaupt eine (wirksame) Änderungsanordnung des Bestellers vorliegt,[60]
- den vom Unternehmer glaubhaft zu machenden Leistungsstand,[61]
- die für die Änderungsleistungen tatsächlich erforderlichen Kosten,[62]
- die gegenüberzustellenden hypothetischen Kosten der ursprünglichen Leistung,[63]
- die Angemessenheit der Zuschläge für allgemeine Geschäftskosten sowie Wagnis und Gewinn,[64]

30 Außerhalb der Vergütungsberechnung selbst können auch Einwendungen und Einreden des Bestellers zwischen den Parteien streitig sein, z.B. Mängeleinbehalte nach § 632a Abs. 1 S. 2 BGB. Althaus/Leupertz[65] weisen zutreffend darauf hin, dass die Berechtigung eines Mängeleinwands und -abzugs durch den Besteller den durch § 650d BGB beabsichtigten, vereinfachten einstweiligen Rechtsschutz erschweren kann. Die Glaubhaftmachung der Mängelfreiheit bzw. eines nur in geringerer Höhe berechtigten Einbehalts ist im einstweiligen Verfügungsverfahren zwar schwierig, aber seit langem Gegenstand von einstweiligen Verfügungsverfahren, die nach § 885 Abs. 1 BGB auf die Eintragung einer Vormerkung gemäß § 650e BGB gerichtet sind. Das Gericht muss im Rahmen der einstweiligen Verfügungsentscheidung also auch über Mängeleinbehalte oder sonstige Einwendungen und Einreden entscheiden, die der Abschlagsforderung entgegenstehen können.[66]

3. Streitigkeit über eine nach § 650c Abs. 2 BGB berechnete Abschlagsforderung

31 Fordert der Unternehmer eine Abschlagszahlung auf Basis seiner (vereinbarungsgemäß hinterlegten) Urkalkulation, so gelten die Ausführungen gem. vorstehender Rdn. 29 und 30 mit der Maßgabe, dass der Unternehmer glaubhaft machen muss
- die Vereinbarung zur Hinterlegung der Urkalkulation
- sowie die Ableitung der berechneten Vergütung aus dieser Urkalkulation, also die Preisfortschreibung nach Maßgabe der kalkulierten Kosten und Zuschläge.[67]

4. Streitigkeit über eine 80 %-Abschlagsforderung nach § 650c Abs. 3 S. 1 BGB

32 Macht der Unternehmer von seinem gesetzlichen Wahlrecht Gebrauch und berechnet die Abschlagsforderung auf der Basis von 80 % seiner Angebotssumme nach § 650b Abs. 1 S. 2 BGB, so ist folgendes zu beachten:

59 Diese Variante ist für den Unternehmer insbesondere dann interessant, wenn sich die in der Angebotsphase erstellte Kostenermittlung als unzutreffend erwiesen hat und mit dem Nachtrag höhere Kosten verbunden sind als erwartet.
60 Dazu im Einzelnen § 650b BGB Rdn. 15 ff.
61 Vgl. BeckOK BauvertragsR/Leupertz/Althaus, § 650d BGB Rn. 36.
62 Vgl. dazu § 650c BGB Rdn. 40 ff.
63 Vgl. dazu § 650c BGB Rdn. 32 ff.
64 Dazu § 650c BGB Rdn. 59 f. sowie allgemein Leupertz/Althaus, a.a.O.
65 A.a.O. Rdn. 65 f.
66 I.E. ebenso Leupertz/Althaus, a.a.O. Rn. 40; differenzierend BeckOK BGB/Voit, § 650d Rn. 11.
67 Zutreffend Leupertz/Althaus, a.a.O. Rn. 38.

§ 650c Abs. 3 S. 1 BGB stellt dem Unternehmer lediglich eine *Abrechnungsvereinfachung* durch die Pauschalierung nach Maßgabe seines nach § 650b BGB vorgelegten Angebots zur Verfügung, aber nicht mehr. Der Unternehmer muss also im Streitfall (insbesondere im einstweiligen Verfügungsverfahren nach § 650d BGB) gleichermaßen wie bei einer Abschlagsrechnung nach §§ 632a, 650c Abs. 1 und 2 BGB die angeordnete Leistungsänderung des Bestellers glaubhaft machen, den von ihm erbrachten und der Abschlagsrechnung zugrunde gelegten Leistungsstand, die Bezugspositionen des Angebots usw.[68] Lediglich hinsichtlich der Vergütungsermittlung steht ihm nach § 650c Abs. 3 S. 1 BGB ein vorläufiges, die Abschlagsrechnung betreffendes Pauschalierungsrecht zu, soweit eben nicht eine das Pauschalierungsrecht ausschließende Einigung der Parteien stattgefunden hat (oder anlässlich der Abschlagsrechnung stattfindet) *oder* eine anderslautende gerichtliche Entscheidung ergeht.

Eine Besonderheit ergibt sich daraus, dass dem Unternehmer die »80 %-Forderung« nur zusteht, »soweit keine anderslautende gerichtliche Entscheidung ergeht«, § 650c Abs. 3 S. 1 BGB. Das Korrektiv einer anderslautenden, die Abschlagsrechnung des Unternehmers korrigierenden Gerichtsentscheidung ist also bereits im Wortlaut des Gesetzes angelegt. Anlass zu einer entsprechenden Gerichtsentscheidung wird insbesondere dann bestehen, wenn der Besteller entweder bereits das »Ob« der Abschlagsforderung in Zweifel zieht, weil nach seiner Auffassung keine von ihm angeordnete Leistungsänderung vorliege oder die Berechnungsgrundlage, also das im Einigungsverfahren vom Unternehmer vorgelegte Angebot, gemessen am tatsächlichen Vergütungsanspruch des Unternehmers nach § 650c Abs. 1 BGB überhöht ist.[69] Dies wiederum setzt inzident voraus, dass der Unternehmer den Angebotspreis losgelöst von den (voraussichtlichen) tatsächlichen Kosten nebst angemessener Zuschläge bestimmt hat, wozu er nach zwar bestrittener, aber verbreiteter Auffassung auch berechtigt sein soll.[70] 33

Nachstehend eine **Übersicht zur bisher veröffentlichten Judikatur** zum Abschlagszahlungsanspruch des Unternehmers nach § 650c Abs. 3 BGB:

Ein anschauliches Beispiel für die Möglichkeit des Unternehmers, im einstweiligen Verfügungsverfahren eine **Zahlungsverfügung** zu einer streitigen Abschlagsforderung nach § 650c Abs. 3 BGB zu erwirken, enthält die **Entscheidung des KG vom 02.03.2021.**[71] Der Unternehmer machte in einem VOB/B-Bauvertrag aufgrund einer Anordnung bzw. einem Leistungsverlangen des Bestellers, also einem schon dem Grunde nach streitigen Nachtrag, eine Mehrvergütung für ausgleichenden Haftputz an Decken und Wänden in Höhe von 12,80 €/m² geltend. Der Gesamtnachtrag belief sich auf rd. 167.000,– €, wovon der Unternehmer 80% = rd. 133.000,– € gemäß § 650c Abs. 3 BGB geltend machte. Das KG stellte zunächst fest, dass §§ 650c Abs. 3 und 650d BGB auch auf einen VOB/B-Bauvertrag anzuwenden seien. Das Gericht habe im Rahmen der beantragten Zahlungsverfügung den Nachtrag summarisch nach Grund und Höhe zu prüfen und sei dabei an das Nachtragsangebot des Unternehmers nicht gebunden sei. Denn die Richtigkeit des im Einigungsversuch nach § 650b Abs. 1 BGB vorgelegten Angebots solle im einstweiligen Verfügungsverfahren durch das Gericht gerade summarisch geprüft werden. Als Ergebnis dieser summarischen Prüfung erkannte das KG dem Unternehmer einen Zahlungsanspruch in Höhe von lediglich rd. 30 % = 50.000,– € der geltend gemachten Nachtragsforderung zu, weil der Nachtrag auch dem Grunde nach streitig sei, was bei der Ermessensentscheidung des Gerichts im einstweiligen Rechtsschutz zu berücksichtigen sei. Im Übrigen entfalle die Dringlichkeitsvermutung nach § 650d BGB nicht durch den zwischenzeitlichen Eintritt der Schlussrechnungsreife. Soweit der Besteller auf die Zahlungsverfügung gezahlt, den gezahlten Betrag aber von der nächsten Abschlagsrechnung aber wieder in Abzug gebracht habe, könne der Unternehmer erneut nach § 650d BGB eine Zahlungsverfügung beantragen. 34

68 Zutreffend KG, Urt. v. 02.11.2021 – 27 U 120/21, NZBau 2022, 92.
69 Vgl. Manteufel, BauR 2019, 334, 343.
70 Vgl. näher § 650b BGB Rdn. 85 ff.
71 KG, Urt. v. 02.03.2021 – 21 U 1098/20, NZBau 2021, 523.

35 Auch das **Urteil des KG vom 07.09.2021**[72] befasst sich mit einer vom Unternehmer beantragten **Zahlungsverfügung** hinsichtlich seiner nach § 650c Abs. 3 BGB gestellten Abschlagsrechnung. Das KG stellte (erneut) zunächst fest, dass § 650c Abs. 3 BGB mangels abweichender Regelungen in der VOB/B auch auf VOB/B-Bauverträge anwendbar sei.[73] Auch eine Zahlungsverfügung könne nach § 650d BGB unter den dortigen Voraussetzungen erwirkt werden. Die nach dieser Vorschrift vermutete Eilbedürftigkeit (Verfügungsgrund) entfalle nicht dadurch, dass der Antragsteller mit dem einstweiligen Verfügungsantrag zunächst zuwarte (konkret: Rd. 1,5 Jahre nach Vorlage der Schlussrechnung). Eine Existenzgefährdung aufgrund ausbleibender Zahlung sei für den Verfügungsgrund nicht erforderlich.

36 Dem weiteren **Urteil des KG vom 02.11.2021**[74] lagen mehrere **negative Feststellungsanträge** des Bestellers gegenüber dem Unternehmer zugrunde, die darauf gerichtet waren, das vorläufige Nichtbestehen eines Abschlagszahlungsanspruchs des Unternehmers nach Maßgabe seines Nachtragsangebots festzustellen, was durch die stattgebende einstweilige Verfügung des KG erfolgte. Zwar sei § 650c Abs. 3 BGB auch auf einen – im konkreten Fall abgeschlossenen – VOB/B-Vertrag anwendbar.[75] Die vereinfachte Vergütungsermittlung nach § 650c Abs. 3 BGB entbinde den Unternehmer aber nicht, die sonstigen Anspruchsvoraussetzungen für seine Abschlagsrechnung wie bspw. die Ankündigung des Anspruchs nach § 2 Abs. 6 VOB/B für eine Zusatzleistung glaubhaft zu machen. Nach § 650d BGB werde lediglich der *Verfügungsgrund* vermutet, also die für eine einstweilige Verfügung erforderliche Eilbedürftigkeit, nicht aber der *Verfügungsanspruch,* der im summarischen Prüfungsverfahren des einstweiligen Rechtsschutzes vom Anspruchsteller glaubhaft zu machen sei.

37 Das **OLG Karlsruhe** stellte im **Beschluss vom 23.09.2022**[76] fest, dass Gegenstand einer vom Unternehmer beantragten **Zahlungsverfügung** nur die (durch den Nachtrag erhöhte) Abschlagsforderung als solche (Saldo) sein könne, nicht aber die einzelne streitige Nachtragsposition. Ansonsten sei, abweichend von der Entscheidung des KG vom 02.03.2021, nach Eintritt der Schlussrechnungsreife § 650d BGB nicht mehr anwendbar, was bedeutet, dass der Unternehmer in diesem Fall die (existenzgefährdende) Eilbedürftigkeit glaubhaft machen müsse.

38 Dem **Urteil des LG München vom 31.08.2023**[77] lag wiederum ein **negativer Feststellungsantrag** des Bestellers gegen den Unternehmer zugrunde mit dem Ziel, das (vorläufige) Nichtbestehen eines vom Unternehmer geltend gemachten Abschlagszahlungsanspruchs feststellen zu lassen. Das LG München hielt fest, § 650d BGB lasse sowohl positive wie negative Feststellungsanträge der Bauvertragsparteien zu, gerichtet auf die Feststellung des Bestehens wie des Nichtbestehens eines auf § 650c Abs. 3 BGB gestützten Anspruchs auf Abschlagszahlung. Dieser Anspruch setze aber voraus, dass vorher das in § 650b Abs. 1 BGB vorgesehene Einigungsverfahren »ordnungsgemäß durchlaufen« worden sei.

In der Berufungsentscheidung zu diesem Urteil stellte das **OLG München durch Urteil vom 12.03.2024**[78] zunächst fest, dass entgegen der in der Literatur geäußerten Zweifel[79] jedenfalls im Fall einer auf § 650c Abs. 3 BGB gestützten Abschlagsforderung ein Rechtsschutzbedürfnis für eine (positive wie negative) Feststellungsverfügung vorliege, wie sich bereits aus dem Wortlaut des § 650c Abs. 3 BGB ergebe. Einer solchen Feststellungsverfügung komme eine *vorläufige materiellrechtliche Wirkung* dergestalt zu, dass dem Unternehmer im Fall eines festgestellten Nichtbestehens der ent-

72 KG, Urt. v. 07.09.2021 – 21 U 86/21, NZBau 2021, 782.

73 Ohne allerdings die Frage zu problematisieren, ob auch im VOIB/B-Bauvertrag zunächst der Einigungsversuch nach § 650b Abs. 1 BGB gescheitert sein müsse, bevor der Besteller die Leistungsänderung angeordnet habe; dazu die in Rdn. 37 und 38 genannten Entscheidungen.

74 KG, Urt. v. 02.11.2021 – 27 U 120/21, NZBau 2022, 92.

75 Dazu näher unten Rdn. 96.

76 OLG Karlsruhe, Beschl. v. 23.09.2022 – 8 W 29/22, NZBau 2023, 226.

77 LG München, Urt. v. 31.08.2023 – 24 O 9551/23, IBRRS 2023, 2422.

78 OLG München, Urt. v. 12.03.2024 – 9 U 3791/23Bau, NZBau 2024, 753.

79 Ausführlich Rodemann, BauR 2024, 3, 5 m.w.N.

sprechenden Abschlagsforderung auch kein Leistungsverweigerungsrecht (insb. auf Arbeitseinstellung) zustehe. Im Übrigen seien §§ 650c Abs. 3 und 650d BGB auch auf den VOB/B-Bauvertrag anwendbar. Allerdings setze die Anwendung voraus, dass trotz der Systemunterschiede zwischen Nachträgen nach VOB/B und BGB auch im VOB/B-Vertrag nach den Regularien des § 650b BGB verfahren worden sei, also zunächst ein Änderungsbegehren des Bestellers erfolge (und nicht sogleich die Änderungsanordnung selbst nach § 1 Abs. 3 oder 4 VOB/B) und anschließend ein Angebot des Unternehmers noch vor der Änderungsanordnung gelegt werde.

Nahezu identisch mit dem OLG München hat auch das **OLG Celle durch Urteil vom 14.05.2025**[80] im Fall einer vom Unternehmer beantragten **Zahlungsverfügung** entschieden. §§ 650c Abs. 3 und 650d BGB seien auch auf den VOB/B-Bauvertrag anwendbar, würden aber die Einhaltung des »BGB-Nachtragssystems« trotz des abweichenden VOB/B-Systems voraussetzen, insbesondere also die Vorlage des Nachtragsangebots durch den Unternehmer *vor* der Änderungsanordnung des Bestellers. Andernfalls hätte es der Unternehmer nach Meinung des OLG Celle in der Hand, über das »nachlaufende« Angebot die Höhe seiner Abschlagsforderung nach § 650c Abs. 3 BGB selbst zu bestimmen. Im Übrigen teilt das OLG Celle nicht die Auffassung des KG im Urteil vom 07.09.2021, wonach sich der Unternehmer nahezu beliebig Zeit mit dem einstweiligen Verfügungsantrag lassen könne. Es bestehe zwar keine feste Frist, wann die Eilbedürftigkeit und damit der Verfügungsgrund für eine Zahlungsverfügung entfalle; ein Zuwarten von nahezu 1,5 Jahren nach Rechnungslegung wie im Fall der KG-Entscheidung vom 07.09.2021 sei aber eindeutig zu lang. Regelmäßig müsse der einstweilige Verfügungsantrag binnen 1 – 2 Monaten nach Rechnungslegung gestellt werden. 39

Zwischenfazit: 40

Viele der sich aus den noch verhältnismäßig neuen Vorschriften ergebenden Zweifelsfragen sind zunächst einigermaßen rechtssicher geklärt:

- Nach § 650d BGB können Besteller und Unternehmer im einstweiligen Verfügungsverfahren sowohl positive wie negative Feststellungsanträge stellen als auch – der Unternehmer – eine Zahlungsverfügung hinsichtlich seiner auf § 650c Abs. 3 BGB gestützten Abschlagsforderung beantragen;
- Wann zeitlich betrachtet der Verfügungsgrund und damit die Eilbedürftigkeit insbesondere für eine Zahlungsverfügung entfällt, wird unterschiedlich beurteilt. Der »sichere Weg« besteht für den Unternehmer darin, zeitnah nach der ausbleibenden oder sogar vom Besteller verweigerten Abschlagszahlung die Zahlungsverfügung zu beantragen;
- Sowohl die Zahlungsverfügung als auch die Feststellungsverfügung entfalten vorläufige materiellrechtliche Wirkung. Stellt das Verfügungsgericht also das Nichtbestehen der Abschlagsforderung des Unternehmers fest, so kann der Unternehmer weder die Arbeiten einstellen noch gar den Vertrag aus wichtigem Grund kündigen – selbst wenn im späteren Hauptverfahren das Bestehen einer entsprechenden Abschlagsforderung (und damit die Unrichtigkeit der einstweiligen Verfügung) festgestellt wird. Umgekehrt: Wehrt der Besteller sich nicht gegen eine aus seiner Sicht unberechtigte, auf § 650c Abs. 3 BGB gestützte Abschlagsrechnung, so gerät er mit der Zahlung in Verzug und der Unternehmer kann sowohl die arbeiten einstellen als auch den Vertrag aus wichtigem Grund kündigen, soweit die weiteren Voraussetzungen dazu vorliegen. Auch hier sind Arbeitseinstellung und Kündigung berechtigt, selbst wenn sich im nachlaufenden Hauptverfahren die Unrichtigkeit der Verfügungsentscheidung herausstellt.[81] Eine solche vorläufige materiellrechtliche Wirkung ist Neuland und birgt für beide Vertragsparteien Chancen und Risiken.
- §§ 650c Abs. 3 und 650d BGB gelten richtigerweise auch für VOB/B-Bauverträge, weil die VOB/B – schon aufgrund ihrer letzten Überarbeitung im Jahr 2016 – keine abweichenden Regelungen vom Gesetz enthält, das erst im Jahr 2018 in Kraft getreten ist.[82]

80 OLG Celle, Urt. v. 14.05.2025 – 14 U 238/24, IBRRS 2025, 1475.

81 Vgl. Langen, BauR 2022, 320 ff.

82 So zutreffend auch Rodemann, BauR 2024, 3.

– Streitig ist allerdings, ob für die Anwendbarkeit von §§ 650c Abs. 3, 650d BGB im VOB/B-Vertrag Voraussetzung ist, dass zunächst ein (gescheiterter) Einigungsversuch der Parteien erfolgt sein muss, in dessen Zusammenhang der Unternehmer das Nachtragsangebot vorgelegt, bevor der Besteller die Änderungsleistung einseitig angeordnet hat oder ob die gesetzlichen Bestimmungen auch auf »die Abläufe« des VOB/B-Vertrages passen, wonach sogleich die leistungsändernde Anordnung durch den Besteller erfolgt und (im Regelfall) erst danach das Nachtragsangebot des Unternehmers vorgelegt wird. Zu dieser Frage ist die Auffassung des KG vorzugswürdig, weil ansonsten die Anwendung der gesetzlichen Bestimmungen auf den VOB/B-Bauvertrag weitgehend leerlaufen würde. Das Argument des OLG Celle im Urteil vom 14.05.2025, andernfalls hätte es der Unternehmer in der Hand, über das nachlaufende Angebot die Höhe seiner späteren Abschlagsforderung zu bestimmen, verfängt nicht, weil der Unternehmer diese Möglichkeit auch schon bei seinem Angebot im Einigungsversuch nach § 650b Abs. 1 BGB hat.[83] Im Gegenteil: Legt der Unternehmer dem Besteller im VOB/B-Vertrag das Nachtragsangebot erst nach der Änderungsanordnung vor, so ist der Unternehmer gezwungen, den Preis entweder nach § 650c Abs. 1 BGB (nach Maßgabe der tatsächlich erforderlichen Kosten) oder nach § 650c Abs. 2 BGB (nach Maßgabe der vereinbarungsgemäß hinterlegten Urkalkulation) zu ermitteln, wodurch das Risiko einer überhöhten Abschlagsforderung substantiell geringer ist als im »System BGB-Bauvertrag«.

41 Liegt also nach Meinung des Bestellers eine entweder bereits dem Grunde nach unberechtigte oder eine überhöhte Abschlagsforderung (auf der Basis eines überhöhten Angebots) des Unternehmers vor, so ist der Besteller gleichermaßen gehalten wie berechtigt, die »anderslautende gerichtliche Entscheidung« im Wege eines Feststellungsantrags im einstweiligen Verfügungsverfahren zu beantragen.[84] Es reicht dazu der Antrag aus, gerichtlich festzustellen, dass dem Unternehmer die geltend gemachte Abschlagsforderung (vorläufig) nicht zustehe, ohne dass der Besteller dazu vortragen muss, in welcher Höhe die Forderung berechtigt sei.[85] Das KG hat in der zuvor genannten Entscheidung vom 02.03.2021 deutlich gemacht, dass der Besteller ohne eine solche »Korrektur« der Abschlagsrechnung durch einstweilige Verfügung Gefahr laufe, in Zahlungsverzug zu geraten bis hin zu einem Leistungsverweigerungs- und Kündigungsrecht des Unternehmers, selbst wenn sich im Hauptsachestreit ergebe, dass der Nachtrag nicht oder in geringerer Höhe berechtigt war.[86]

42 Allerdings muss der Besteller im einstweiligen Verfügungsverfahren glaubhaft machen, dass die entsprechende Abschlagsforderung nach Maßgabe des dem Unternehmer tatsächlich zustehenden Werklohnanspruchs nach § 650c Abs. 1 BGB überhöht ist. Der Besteller muss also im Einzelnen darlegen und glaubhaft machen,

– welche hypothetischen Kosten mit der ursprünglichen Leistung verbunden gewesen wären,[87]
– welche tatsächlich erforderlichen Kosten mit der Änderungsleistung verbunden waren
– und welche Zuschläge für AGK sowie W+G angemessen sind.[88]

---

83 Jedenfalls, wenn man der überwiegenden Auffassung folgt, wonach der Unternehmer das Angebot frei kalkulieren kann, vgl. dazu § 650b BGB Rdn. 85 ff.

84 So zutreffend Leupertz/Althaus, a.a.O. § 650d BGB Rn. 42.

85 Leupertz/Althaus, a.a.O. Rn. 45.

86 Näher dazu § 650c Rdn. 145.

87 Dies entfällt bei einer reinen Mehrleistung des Unternehmers, mit der kein Entfall einer ursprünglich vorgesehenen Leistung verbunden ist.

88 Ebenso Leupertz/Althaus, a.a.O. Rn. 43 f.; soweit Leupertz/Althaus, in Rn. 43 ausführen, der Besteller müsse dabei auch das Wahlrecht des Unternehmers nach § 650c Abs. 2 BGB berücksichtigen, die Vergütung auf Basis einer vereinbarungsgemäß hinterlegten Urkalkulation zu berechnen, erscheint dies nicht zutreffend. Denn wenn der Besteller die tatsächlich erforderlichen Kosten nebst angemessener Zuschläge glaubhaft macht, scheidet aufgrund der Vermutungswirkung des § 650c Abs. 2 S. 2 BGB eine Abrechnung nach Maßgabe der Urkalkulation aus.

Dass hier häufig eine »Darlegungsnot« des Bestellers vorliegen dürfte, liegt auf der Hand. Lösbar ist dies nur durch eine (reduzierte) primäre Darlegungslast des Bestellers und einer damit einhergehenden sekundären Darlegungslast des Unternehmers, der als einziger die tatsächlichen Kosten darlegen kann.[89] Nur auf diese Weise kann der effektive Rechtsschutz im Sinne einer »anderslautenden gerichtlichen Entscheidung« gewährleistet werden.

Gelingt dem Besteller der Nachweis, dass dem Unternehmer nur eine geringere als die von ihm verlangte Abschlagsforderung zusteht, dann stellt sich die **Frage, ob der Unternehmer an die Beschränkung auf 80 % gebunden bleibt.** 43

▶ **Beispiel:**

Der Unternehmer hat für die angeordnete Änderung einer Holz- in eine Betontreppe einen Nachtragspreis in Höhe von 10.000,– € angeboten. Nach gescheiterter Einigung, entsprechender Änderungsanordnung des Bestellers und Ausführung fordert der Unternehmer einen Abschlag in Höhe von 80 % = 8.000,– €. Dem Besteller gelingt die Glaubhaftmachung, dass der Vergütungsanspruch des Unternehmers nach § 650c Abs. 1 BGB nur 5.000,– € beträgt. In diesem Fall kann der Unternehmer die Abschlagsrechnung nach §§ 632a, 650c Abs. 1 BGB neu aufstellen und 5.000,– € fordern; er ist nicht an die Quote von 80 % gebunden, wonach er nur 4.000,– € geltend machen könnte.[90]

Während der Besteller im Sinne einer »anderslautenden gerichtlichen Entscheidung« darauf beschränkt ist, im einstweiligen Verfügungsverfahren feststellen zu lassen, dass dem Unternehmer die Abschlagsforderung nicht in der geltend gemachten Höhe zusteht, kann der Unternehmer seinerseits entweder eine (positive) Feststellung über die Berechtigung der entsprechenden Forderung beantragen oder auch sogleich eine auf Zahlung gerichtete Leistungsverfügung.[91] 44

Auch wenn der Gesetzgeber mit der »80 %-Abschlagsforderung« des Unternehmers nach § 650c Abs. 3 BGB dessen Liquiditätsinteressen sichern will, kann dies nicht dazu führen, dass Einwendungen und Einreden des Bestellers unbeachtlich wären. Der Besteller kann der auf § 650c Abs. 3 BGB gestützten Abschlagsforderung des Unternehmers also gleichermaßen Mängel und sonstige Einwendungen entgegenhalten wie der auf §§ 632a, 650c Abs. 1 oder 2 BGB gestützten Abschlagsforderung des Unternehmers.[92] 45

V. Streitigkeit über den Sicherungsanspruch des Unternehmers

Die Vergütungsanpassung nach § 650c BGB für eine vom Besteller angeordnete Leistungsänderung kann sich auch auf den Sicherungsanspruch des Unternehmers gemäß §§ 650e und f BGB auswirken. 46

Steht dem Unternehmer für die ausgeführte Leistungsänderung ein höherer Vergütungsanspruch zu, so kann er gemäß § 650e BGB für seine – nach § 650c BGB fortgeschriebene – Forderung eine entsprechend höhere Sicherungshypothek am Baugrundstück des Bestellers verlangen; gemäß S. 2 gilt dies auch für teilweise ausgeführte Arbeiten. Soweit zur Sicherung des Anspruchs auf Eintragung der Sicherungshypothek eine Vormerkung per einstweiliger Verfügung eingetragen werden soll, wird gemäß § 885 Abs. 1 S. 2 BGB bereits nach bisherigem Recht die Gefährdung des zu sichernden Anspruchs und damit der Verfügungsgrund vermutet. Insoweit bedarf es also keines Rückgriffs auf § 650d BGB.[93] 47

89 Zutreffend Leupertz/Althaus, a.a.O. Rn. 44; Manteufel, BauR 2019, 334, 343.

90 Näher dazu § 650c BGB Rdn. 149.

91 Vgl. auch Leupertz/Althaus, a.a.O. Rn. 41; Manteufel, BauR 2019, 334, 343 f.; näher dazu unten Rdn. 77.

92 Vgl. Rdn. 30; ergänzend Manteufel, BauR 2019, 334, 344.

93 Ebenso BeckOK BauvertragsR/Leupertz/Althaus, § 650d BGB Rn. 26.

48 Soweit dem Unternehmer aufgrund der geänderten Leistung ein höherer Vergütungsanspruch gemäß § 650c BGB zusteht, geht damit ein entsprechend höherer Sicherungsanspruch gemäß § 650f Abs. 1 BGB (vormals § 648a Abs. 1 BGB) einher. Obwohl dieser Sicherungsanspruch in § 650d BGB nicht erwähnt wird, lässt sich der Gesetzesbegründung der deutliche Wille des Gesetzgebers entnehmen, auch hinsichtlich des Sicherungsanspruchs unter erleichterten Bedingungen eine einstweilige Verfügung erwirken zu können. Es heißt hier: »*Daher soll den Unternehmern ermöglicht werden, im einstweiligen Verfügungsverfahren schnell einen Titel über den geänderten Abschlagszahlungsanspruch* ***oder die nunmehr zu gewährende Sicherheit zu erlangen.***«[94] Da der Sicherungsanspruch nach § 650f Abs. 1 BGB nach Grund und Höhe dem Vergütungsanspruch nach § 650c BGB folgt, gilt die widerlegbare Vermutung des Verfügungsgrunds also auch für den Sicherungsanspruch des Unternehmers. Nach dem Willen des Gesetzgebers steht hier im Vordergrund eine Leistungsverfügung des Gerichts, wonach der Besteller dem Unternehmer die (zusätzliche) Sicherheit in Höhe der Nachtragsforderung zur Verfügung stellen muss.[95]

VI. Streitigkeit sowohl über das Anordnungsrecht als auch über die Vergütungsanpassung/Sicherheit

49 Die Streitigkeit der Parteien kann sich auch sowohl auf das Anordnungsrecht des Bestellers als auch die damit verbundene Vergütungsfolge beziehen. Für diesen Fall hatte der Bundesrat in der Empfehlung Nr. 18 zu § 650b Abs. 3 BGB-E einen neuen S. 3 vorgeschlagen, wonach die einstweilige Verfügung auf Antrag einer Partei auch einen Ausspruch über die Verpflichtung des Bestellers zur Zahlung von Abschlagszahlungen aufgrund der angeordneten Änderung zu enthalten habe. Zur Begründung verwies der Bundesrat darauf, es könne ein Bedürfnis bestehen, im einstweiligen Verfügungsverfahren nicht allein die Zulässigkeit der Anordnung des Bestellers, sondern zugleich auch die mit der Anordnung verbundene Vergütungspflicht, insbesondere die Höhe einer vom Besteller geschuldeten Abschlagszahlung, zu regeln.[96] Die Bundesregierung hat diesem Vorschlag des Bundesrats nicht zugestimmt und darauf verwiesen, die Entscheidung über das »Ob« einer angeordneten Änderung sei besonders eilbedürftig, weil ohne sie häufig nicht weitergebaut werden könne und teure Baustillstände drohen würden. Durch die vom Bundesrat vorgeschlagene »Verknüpfung« der einstweiligen Verfügung über die Zulässigkeit der Anordnung mit der Höhe der sich daraus ergebenden Abschlagszahlung könne sich die besonders eilbedürftige Entscheidung verzögern. Es sei ausreichend, wenn zwei gesondert betriebene einstweilige Verfügungsverfahren ggf. gemäß § 147 ZPO miteinander verbunden würden.[97]

50 Dieser Auffassung ist bereits deshalb zuzustimmen, weil eine Abschlagsforderung des Unternehmers aus geänderter Leistung zunächst einmal deren (teilweise) Ausführung und Abrechnung voraussetzt und damit ein Streit über die Rechtmäßigkeit einer Änderungsanordnung mit einem Streit über eine Abschlagsforderung normalerweise zeitlich nicht zusammenfallen kann. Sehr wohl kann aber, auch im zeitlichen Zusammenhang, ein Streit sowohl über die Anordnung des Bestellers als auch die damit verbundene Vergütungsanpassung entstehen.

51 Besteht zwischen den Parteien also sowohl Streit über die Zulässigkeit der Anordnung des Bestellers als auch über die damit verbundene Vergütungsfolge, so obliegt es grundsätzlich jeder Partei, eine ihren Interessen und Ansprüchen entsprechende einstweilige Verfügung zu erwirken.[98]

52 Weigert sich der Unternehmer, die vom Besteller angeordnete Leistungsänderung auszuführen, so kann der Besteller die Erstellung der Bauleistung ohne Berücksichtigung der Änderungsanordnung dadurch verhindern, dass dem Unternehmer per einstweiliger Verfügung aufgegeben wird, die

94 BT-Drucks. 18/8486, S. 59; Hervorhebung nur hier.
95 Leupertz/Althaus, a.a.O.
96 BT-Drucks. 18/8486, S. 95.
97 BT-Drucks. 18/8486, S. 113.
98 Kritisch dazu BeckOK BauvertragsR/Leupertz/Althaus, § 650d BGB Rn. 4.

geänderte Leistung auszuführen.[99] Die von Leupertz/Althaus[100] vertretene Auffassung, wonach der Besteller grundsätzlich keine Leistungsverfügung im Sinne einer »Befolgungsanordnung« erwirken könne, sondern allenfalls eine Unterlassungsverfügung – gerichtet auf die Nichtfortführung der ursprünglichen Leistung – überzeugt nicht. Denn selbst wenn dem Unternehmer gerichtlich untersagt wird, die ursprüngliche Leistung weiter auszuführen, bedeutet das noch nicht, dass der Unternehmer anstelle dessen nun die angeordnete Änderungsleistung erbringt. Steht dies zu besorgen, so erscheint die Leistungsverfügung, gerichtet auf Ausführung der angeordneten Änderung, als zielführende Entscheidung im einstweiligen Rechtsschutz.

Klarzustellen ist an dieser Stelle, dass der Besteller den einstweiligen Rechtsschutz in Anspruch nehmen kann, aber nicht muss. Der Besteller kann also auch von der Beantragung einer einstweiligen (Leistungs-)Verfügung absehen und den Besteller (unter Androhung der Kündigung aus wichtigem Grund) auffordern, die angeordnete Leistungsänderung auszuführen und widrigenfalls den Vertrag aus wichtigem Grund gemäß § 648a BGB kündigen. 53

Beantragt der Besteller eine auf Durchführung seiner Anordnung gerichtete einstweilige Verfügung, so besteht, vom gesetzlich geregelten Ausnahmefall des § 650c Abs. 3 S. 1 BGB abgesehen,[101] grundsätzlich kein Rechtsschutzinteresse des Bestellers, neben der Leistungsverfügung gerichtlich feststellen zu lassen, dass dem Unternehmer kein Vergütungsanspruch oder nur ein Vergütungsanspruch in bestimmter Höhe zusteht.[102] Es ist also grundsätzlich Sache des Unternehmers und nicht Sache des Bestellers, Grund und Höhe der dem Unternehmer für die Leistungsänderung zustehenden Vergütung zu klären. 54

Soweit der Unternehmer die Auffassung vertritt, die Anordnung des Bestellers sei unzulässig, weil sie für ihn beispielsweise nicht zumutbar ist, so hängt das Rechtsschutzinteresse des Unternehmers vom Vorgehen des Bestellers ab. Beantragt der Besteller, wie vorher dargestellt, eine auf Durchführung der Anordnung gerichtete einstweilige Verfügung, so wird die Zulässigkeit in diesem vom Besteller betriebenen Verfahren summarisch geklärt und der Unternehmer kann seine Einwendungen gegen die Zulässigkeit im Verfahren geltend machen. Sieht der Besteller jedoch von der Zuhilfenahme einstweiligen Rechtsschutzes ab und steht im Fall der Nichtdurchführung der Anordnung eine Vertragsverletzung ggf. bis hin zur Kündigung aus wichtigem Grund, im Raum, so besteht nach Sinn und Zweck des § 650d BGB ausnahmsweise auch ein Rechtsschutzinteresse des Unternehmers, die Zulässigkeit der Anordnung des Bestellers im Wege einer einstweiligen (Feststellungs-)Verfügung klären zu lassen. Stellt das Gericht die Unzulässigkeit der Anordnung des Bestellers fest, so ist der Unternehmer zur Leistungsverweigerung berechtigt, auch wenn sich im späteren Hauptsacheverfahren herausstellt, dass die Anordnung des Bestellers zulässig war. Aufgrund der Feststellungsverfügung des Gerichts kommt der Unternehmer also mit der entsprechenden Leistung nicht in Verzug;[103] eine gleichwohl ausgesprochene Kündigung des Bestellers erfolgt nicht aus wichtigem Grund im Sinne des § 648a BGB. 55

Für die Durchsetzung des geänderten Vergütungsanspruchs gemäß § 650c BGB, insbesondere für Abschlagszahlungen entweder gemäß § 650c Abs. 3 S. 1 BGB oder gemäß § 632a BGB, ebenso für den damit korrespondierenden Sicherungsanspruch nach § 650f BGB, steht dem Unternehmer der Weg der einstweiligen (Leistungs-)Verfügung offen.[104] 56

---

99 So ausdrücklich BT-Drucks. 18/8486, S. 54; a.A. BeckOK BauvertragsR/Leupertz/Althaus, § 650d BGB Rn. 21 f.

100 Leupertz/Althaus, a.a.O. Rn. 22.

101 Dazu näher unten Rn. 50.

102 Anders im Fall des LG Berlin, BauR 2020, 1519: Dort beantragte der Besteller die Feststellung, dass dem Unternehmer mangels Änderungsanordnung kein Anspruch auf Abschlagszahlung nach § 650c Abs. 3 BGB zustehe, dem das LG Berlin auch stattgab. Näher dazu Rn. 19b.

103 So auch BeckOK BGB/Voit, § 650d Rn. 10.

104 So auch BeckOK BauvertragsR/Leupertz/Althaus, § 650d BGB Rn. 26; näher dazu unten Rdn. 65.

57 **Ausnahmsweise** kommt ein **Gegenverfügungsantrag** nach Art einer Widerklage durch den jeweiligen Antragsgegner in Betracht, also beispielsweise durch den Unternehmer gerichtet auf bestimmte Abschlagszahlungen für die vom Besteller angeordnete Leistungsänderung.[105] Soweit getrennte Verfügungsverfahren derselben Parteien anhängig sind, kommt die in der Gesetzesbegründung bereits erwähnte Verbindung der verschiedenen einstweiligen Verfügungsverfahren gemäß § 147 ZPO je nach Einzelfall in Betracht, soweit die Eilbedürftigkeit der Entscheidung nicht entgegensteht. Gegen eine Prozessverbindung nach § 147 ZPO kann aber beispielsweise sprechen, wenn aufgrund der Weigerung des Unternehmers, einer Anordnung des Bestellers Folge zu leisten, die Entscheidung über die Zulässigkeit der Anordnung zur Vermeidung eines Baustopps eilbedürftig ist, während über den Vergütungsanspruch des Unternehmers als Folge der Leistungsänderung zu späterer Zeit entschieden werden kann.

VII. Nach Beginn der Bauausführung

58 Der widerlegbar vermutete Verfügungsgrund besteht gemäß § 650d BGB erst nach Beginn der Bauausführung. Während der Bauausführung sieht der Gesetzgeber also besondere Risiken, wenn der Unternehmer einer (zulässigen) Anordnung des Bestellers nach § 650b Abs. 2 BGB keine Folge leistet, sodass der Besteller den Unternehmer per einstweiliger Verfügung zwingen kann, die angeordnete Leistungsänderung auch auszuführen.[106] Umgekehrt soll dem Liquiditätsinteresse des Unternehmers bezüglich durchgeführter und abschlagsweise abgerechneter Nachträge Rechnung getragen werden.[107]

59 Was unter »Beginn der Bauausführung« zu verstehen ist, lassen Gesetz und Gesetzesbegründung offen. Insoweit kann auf die Kommentierung zum identischen Tatbestandsmerkmal in § 5 Abs. 1 S. 1 VOB/B zurückgegriffen werden. Allgemein wird unter Beginn der Bauausführung die **Arbeitsaufnahme auf der Baustelle** verstanden, die im Regelfall durch die Einrichtung der Baustelle und die zeitnahe Aufnahme der beauftragten Arbeiten dokumentiert wird.[108] Innerbetriebliche Maßnahmen des Unternehmers zur Arbeitsvorbereitung, z.B. die Gerätedisposition, Materialbestellungen usw., sind ebenso wenig als Beginn der Bauausführung anzusehen wie vorbereitende Planungsarbeiten des Unternehmers.[109]

60 **Vor Beginn der Bauausführung** können allerdings ebenso Streitigkeiten der Parteien über das Anordnungsrecht und/oder die Vergütungsfolge einer Änderungsanordnung eintreten, wenn es beispielsweise schon vor dem Ausführungsbeginn zu größeren Änderungen der Planung und damit verbundenen Kostenfolgen kommt. Eine (streitige) Abschlagsforderung setzt zwar die Erbringung der entsprechenden Bauleistung und damit auch den Beginn der Bauausführung voraus. Geht es aber um die Rechtmäßigkeit der Anordnung oder um das Bestehen einer Nachtragsforderung des Unternehmers dem Grunde nach,[110] so erscheint das Tatbestandsmerkmal »nach Beginn der Bauausführung« hinsichtlich des Regelungszwecks der Vorschrift nicht abschließend, weil das zwar der typische, aber nicht einzige Fall einer Nachtragsstreitigkeit ist. Hier erscheint eine entsprechende Anwendung des § 650d BGB geboten, wenn in den genannten Fällen auch schon vor Ausführungsbeginn Bedarf für die einstweilige Regelung der Streitigkeit besteht. Ansonsten müsste der jeweilige

---

105 Dazu Zöller/Vollkommer, § 935 ZPO Rn. 4 m.w.N.

106 BT-Drucks. 18/8486, S. 55.

107 BT-Drucks. 18/8486, S. 59.

108 Vgl. dazu Sacher, in: Kapellmann/Messerschmidt, § 5 VOB/B Rn. 122 m.w.N.; ebenso Leupertz/Althaus, a.a.O. Rn. 9; so auch OLG Düsseldorf, Beschl. v. 25.07.2019 – 23 U 126/18, IBR 2020, 580.

109 Vgl. Langen, a.a.O. Rn. 57; soweit der Unternehmer vereinbarungsgemäß Planungsleistungen erbringt, z.B. die Ausführungsplanung, kann diese im Sinne von § 5 Abs. 1 S. 1 VOB/B bereits als vereinbarter Beginn der Bauausführung verstanden werden. Nach Sinn und Zweck des § 650d BGB gilt dies aber nicht für den widerlegbar vermuteten Verfügungsgrund im Rahmen einer einstweiligen Verfügung.

110 Z.B. bei streitigem Leistungssoll.

Antragsteller den – nur ausnahmsweise vorliegenden – Verfügungsgrund vor Beginn der Ausführung glaubhaft machen, da die Vermutungswirkung des § 650d BGB nicht greift. Ab dem Moment der Ausführung würde der Verfügungsgrund vermutet.

Nach Auffassung des KG im Urteil vom 02.03.2021 gilt § 650d BGB **nicht nur bis zur Fertigstellung**, sondern auch darüber hinaus, weil das Vorleistungsrisiko des Unternehmers nicht mit Abschluss seiner Arbeiten ende.[111] Der aus § 650f Abs. 1 BGB abgeleiteten Begründung, wonach auch der Sicherungsanspruch noch nach Abnahme geltend gemacht werden könne, ist zuzustimmen.[112] 61

D. Einstweiliges Verfügungsverfahren

Unbeschadet des nach § 650d BGB widerlegbar vermuteten Verfügungsgrundes nach Beginn der Bauausführung ist für das einstweilige Verfügungsverfahren ergänzend zu beachten: 62

I. Leistungsverfügung/Feststellungsverfügung

Gemeinhin wird bei der einstweiligen Verfügung zwischen der **Sicherungsverfügung** gemäß § 935 ZPO und der **Regelungsverfügung** gemäß § 940 ZPO unterschieden.[113] Die vom Gesetzgeber durch § 650d BGB intendierte **Leistungsverfügung** (Befriedigungsverfügung) wird teilweise als Unterart der Regelungsverfügung nach § 940 ZPO eingestuft,[114] teilweise auch – neben der Regelungsverfügung – als zweite Unterart der Sicherungsverfügung gemäß § 935 ZPO,[115] teilweise aber auch als gerichtlich herausgebildete, dritte Art einer einstweiligen Verfügung neben der Sicherungs- und Regelungsverfügung.[116] Zur Frage, wann bei Streitigkeiten über das Anordnungsrecht des Bestellers und dessen Vergütungsfolgen eine Leistungs- oder eine Feststellungsverfügung in Betracht kommt, wird auf die Rdn. 17 ff. sowie 48 ff. verwiesen. 63

Die dogmatische Einstufung der gemäß §§ 650c Abs. 3, 650d BGB vornehmlich in Betracht kommenden Leistungsverfügung mag hier dahinstehen, da auch für eine Leistungsverfügung die Verfügungsvoraussetzungen, insbesondere die Glaubhaftmachung des Verfügungsanspruchs und, soweit nicht gesetzlich vermutet, des Verfügungsgrundes erforderlich sind.[117] Im Einzelfall kommt aufgrund der besonderen Interessenlage auch eine Feststellungsverfügung in Betracht.[118] 64

II. Verfügungsanspruch

Verfügungsanspruch einer *Sicherungsverfügung* gemäß § 935 ZPO ist ein subjektives Recht des Antragstellers, dessen Verwirklichung durch die einstweilige Verfügung gesichert werden soll, wobei nur Individualansprüche in Betracht kommen, die der Durchsetzung in einem Hauptsacheprozess fähig sind.[119] Bei der *Regelungsverfügung* gemäß § 940 ZPO tritt an die Stelle des nach § 935 ZPO zu sichernden Individualanspruchs das zwischen den Parteien bestehende Rechtsverhältnis, das einer vorläufigen gerichtlichen Regelung bedarf.[120] Dementsprechend bedarf es bei einer nach § 650d BGB begehrten *Leistungsverfügung* eines die entsprechende Leistung begründenden Anspruchs des 65

---

111 KG, Urt. v. 02.03.2021 – 21 U 1098/20, NZBau 2021, 523.
112 And. Auff. OLG Karlsruhe, Beschl. v. 23.09.2022 – 8 W 29/22, NZBau 2023, 226; LG Berlin, Urt. v. 16.10.202 – 8 O 126/20, IBR 2021, 118.
113 Vgl. Zöller/Vollkommer, § 935 Rn. 2; Musielak/Voit/Huber, § 935 ZPO Rn. 2; für den Bereich des Baurechts vgl. Werner/Pastor, Rn. 331 ff.
114 So z.B. Zöller/Vollkommer, § 935 ZPO Rn. 2; Werner/Pastor, Rn. 331 ff.
115 So mit guten Argumenten MüKo-ZPO/Drescher, § 935 Rn. 3 ff.
116 Musielak/Voit/Huber, § 935 ZPO Rn. 2.
117 Dazu näher Musielak/Voit/Huber, § 940 ZPO Rn. 2.
118 Näher dazu unten Rdn. 80.
119 Vgl. Zöller/Vollkommer, § 935 ZPO Rn. 6.
120 Vgl. Musielak/Voit/Huber, § 940 ZPO Rn. 3.

Antragstellers, sei es des Anspruchs des Bestellers auf Befolgung der angeordneten Leistungsänderung gemäß § 650b Abs. 2 BGB, eines aus § 650c BGB abgeleiteten Vergütungsanspruchs (insbesondere: einer Abschlagsforderung nach § 650c Abs. 3 BGB) oder eines damit korrespondierenden Sicherungsanspruchs gemäß § 650f BGB.[121] Das Gericht muss diesen Verfügungsanspruch einer **vollen** und nicht nur eingeschränkten **Schlüssigkeitsprüfung** unterziehen,[122] wobei die Intensität der rechtlichen Prüfung weder von der Schwierigkeit der zu klärenden Rechtsfragen noch vom Rechtsgebiet selbst abhängig zu machen ist.[123] Ein anschauliches Beispiel hierfür enthält das Urteil des KG vom 02.03.2021.[124]

66 Der Verfügungsanspruch bedarf schließlich der **Glaubhaftmachung** durch den Antragsteller, d.h. das angerufene Gericht muss mit *überwiegender Wahrscheinlichkeit* von dem Bestehen des entsprechenden Anspruchs ausgehen.[125] Welches Maß der Glaubhaftmachung erforderlich ist, hängt auch davon ab, in welchem Umfang die begehrte (Leistungs-)Verfügung die Interessen des Antragsgegners berührt,[126] d.h. das Gericht hat bei der Bewertung der Glaubhaftmachung auch die wechselseitigen Interessen im Rahmen der beantragten einstweiligen Verfügung zu berücksichtigen.[127]

67 Begehrt also der Besteller beispielsweise eine Leistungsänderung, die im Sinne von § 650b Abs. 1 S. 1 Nr. 2 BGB zur Erreichung des vereinbarten Werkerfolgs notwendig ist, weil sie die Mangelfreiheit der vom Unternehmer auszuführenden Bauleistung sicherstellen soll, so sind im Zweifel geringere Anforderungen an die Glaubhaftmachung des entsprechenden Anordnungsrechts des Bestellers zu stellen als bei einer angeordneten Änderung des Werkerfolgs, die im Sinne von § 650b Abs. 1 S. 1 Nr. 1 BGB nur unter den strengeren Voraussetzungen des § 650b Abs. 1 BGB zulässig ist. Bei der Würdigung der Glaubhaftmachung hat das Gericht auch die grundsätzliche gesetzgeberische Entscheidung in § 650b Abs. 2 BGB zu beachten, entgegen der bis zum 31.12.2017 gültigen Rechtslage dem Besteller ein einseitiges Recht einzuräumen, Leistungsänderungen gegenüber dem vereinbarten Vertragsinhalt zu verlangen. Wie der Gesetzgeber zutreffend ausgeführt hat, wird das – auch durch jahrzehntelange Praxis der VOB/B bestätigte – Interesse des Unternehmers regelmäßig nicht darin bestehen, eine vom Besteller angeordnete Leistungsänderung zu verweigern, sondern die damit verbundene und ihm gemäß § 650c BGB zustehende Vergütung zu sichern und zeitnah zu realisieren.[128]

68 Für die Glaubhaftmachung des Verfügungsanspruchs selbst gilt § 294 ZPO, d.h. der Antragsteller kann sich, wie auch beim sonstigen einstweiligen Verfügungsverfahren, **aller präsenter** (§ 294 Abs. 2 ZPO) **Beweismittel** einschließlich der Versicherung an Eides statt bedienen.[129] Neben der Vernehmung präsenter Zeugen sowie der Vorlage von Versicherungen an Eides statt[130] wird bei Streitigkeiten der Parteien über das Anordnungsrecht des Bestellers oder den Vergütungsanspruch des Unternehmers regelmäßig die Glaubhaftmachung durch das **Gutachten eines Privatsachverständigen** eine wichtige Rolle spielen. So kann der Besteller beispielsweise durch die Vorlage eines Sachverständigengutachtens glaubhaft machen, dass seine Anordnung nicht auf die Änderung des vereinbarten Werkerfolgs gemäß § 650b Abs. 1 S. 1 Nr. 1 BGB gerichtet ist, sondern unter den erleichterten Voraussetzungen von § 650b Abs. 1 S. 1 Nr. 2 BGB zur Erreichung des vereinbarten Werkerfolgs notwendig ist. Die Glaubhaftmachung durch ein vom Besteller eingeholtes Sachverständigengutachten kann sich auch auf die Zumutbarkeit der angeordneten Leistungsänderung gemäß § 650b

121 Dazu oben Rdn. 65.
122 Vgl. MüKo-ZPO/Drescher, § 935 Rn. 12; Zöller/Vollkommer, § 935 ZPO Rn. 7.
123 Vgl. MüKo-ZPO/Drescher, a.a.O.
124 KG, Urt. v. 02.03.2021 – 21 U 1098/20, NZBau 2021, 523.
125 Vgl. Zöller/Vollkommer, § 935 ZPO Rn. 8; MüKo-ZPO/Drescher, § 935 Rn. 13 f.
126 Vgl. Zöller/Vollkommer, § 935 ZPO Rn. 8.
127 MüKo-ZPO/Drescher, § 935 Rn. 14.
128 BT-Drucks. 18/8486, S. 59.
129 Vgl. Musielak/Voit/Huber, § 294 ZPO Rn. 4.
130 Vgl. dazu auch Leupertz/Althaus, a.a.O. Rn. 48.

Abs. 1 S. 2 BGB bzw. auf die Widerlegung der vom Unternehmer glaubhaft zu machenden Unzumutbarkeit aufgrund betriebsinterner Vorgänge nach § 650b Abs. 1 S. 3 BGB beziehen.[131]

69 Besonders relevant wird das (private) Sachverständigengutachten als Mittel der Glaubhaftmachung im Rahmen des Vergütungsanspruchs des Unternehmers gemäß § 650c BGB. Da das Gesetz in § 650c Abs. 3 S. 1 BGB für den Unternehmer eine Möglichkeit bereithält, unter erleichterten Voraussetzungen eine Abschlagszahlung i.H.v. 80 % des Angebotspreises gemäß § 650b Abs. 1 S. 2 BGB verlangen zu können, kann es auch im Rahmen dieser erleichterten Abschlagszahlung zu Streitigkeiten über den »richtigen« Angebotspreis gemäß § 650b Abs. 1 S. 2 BGB,[132] über die bis zur Abschlagszahlung ausgeführte Leistung im Verhältnis zur angebotenen Leistung oder auch über den Leistungsumfang kommen, der der geforderten Abschlagszahlung zugrunde liegt. Da die 80 %-Regelung des § 650c Abs. 3 S. 1 BGB ein Wahlrecht des Unternehmers beinhaltet,[133] kann der Unternehmer auch den herkömmlichen Weg der Abschlagsforderung nach § 632a BGB beschreiten und auf dieser Basis nicht 80 % des Angebotspreises (nach Maßgabe der bislang erbrachten Leistungen) verlangen, sondern 100 % der ihm gemäß § 650c Abs. 1 oder Abs. 2 BGB zustehenden Vergütung für die bis dahin erbrachten Leistungen.[134] In diesem Fall muss der Unternehmer aber die Anspruchsvoraussetzungen des § 650c Abs. 1 BGB[135] oder diejenigen des § 650c Abs. 2 BGB[136] glaubhaft machen. Da diese Anspruchsvoraussetzungen praktisch nur mittels eines (privaten) Sachverständigengutachtens glaubhaft gemacht (und vom Antragsgegner durch ein eigenes Sachverständigengutachten widerlegt) werden können, zeigt die bisherige Gerichtspraxis,[137] dass im einstweiligen Rechtsschutz vorwiegend auf § 650c Abs. 3 BGB gestützte Abschlagsforderungen geltend gemacht worden sind.

III. Verfügungsgrund

1. Widerlegbare Vermutung

70 Nach der Gesetzessystematik erfolgt die einstweilige Verfügung gemäß §§ 935, 940 ZPO aufgrund summarischer Prüfung zur vorläufigen Sicherung oder Regelung von Rechten bzw. Rechtsverhältnissen. Dagegen ist die einstweilige Verfügung, von Ausnahmefällen abgesehen, grundsätzlich nicht auf die vorläufige, erst recht nicht auf die endgültige Befriedigung von Ansprüchen gerichtet. Zutreffend werden von der Rechtsprechung an eine Leistungs- bzw. Befriedigungsverfügung deshalb besonders strenge Anforderungen hinsichtlich des Verfügungsgrunds gestellt. Der Antragsteller bedarf dringend der sofortigen Erfüllung seines Anspruchs. Die geschuldete Handlung muss, wenn sie nicht ihren Sinn verlieren soll, so kurzfristig zu erbringen sein, dass die Erwirkung eines Titels im ordentlichen Verfahren nicht mehr möglich erscheint. Schließlich müssen die dem Antragsteller aus der Nichtleistung drohenden Nachteile schwer wiegen und außer Verhältnis zu dem Schaden stehen, den der Antragsgegner aufgrund der Leistungsverfügung erleiden kann.[138]

71 Bei Streitigkeiten der Parteien über die vom Besteller angeordnete Leistungsänderung sowie die damit für den Unternehmer verbundene Vergütung liegen diese besonderen Voraussetzungen eines Verfügungsgrunds für eine Leistungsverfügung in aller Regel nicht vor.[139] Vor diesem Hintergrund

131 Dazu näher oben § 650b BGB Rn. 60.

132 Dazu oben § 650b BGB Rn. 62 f.

133 Näher § 650c BGB Rn. 67 f.

134 Näher oben Rdn. 27 ff.

135 Tatsächlich erforderliche Kosten zuzüglich angemessener Zuschläge für Allgemeine Geschäftskosten sowie Wagnis und Gewinn, vgl. § 650c BGB Rdn. 28 ff.

136 Vergütungsfortschreibung nach Maßgabe der vereinbarungsgemäß hinterlegten und ausreichend aufgeschlüsselten Urkalkulation, vgl. § 650c BGB Rdn. 95 ff.

137 Dazu oben Rdn. 34 ff.

138 Vgl. dazu Musielak/Voit/Huber, § 940 ZPO Rn. 14; Zöller/Vollkommer, § 940 ZPO Rn. 6; vgl. auch BT-Drucks. 18/8486, S. 59.

139 Vgl. auch Althaus, BauR 2017, 412, 419; ebenso Leupertz/Althaus, a.a.O. § 650d BGB Rn. 27 ff.

ist § 650d BGB zu sehen, wonach der nach allgemeinen Anforderungen nicht bestehende und auch nicht glaubhaft zu machende Verfügungsgrund gesetzlich (widerlegbar) vermutet wird und damit sowohl dem Besteller als auch dem Unternehmer, jeweils bezogen auf den betreffenden Leistungs- oder Vergütungsanspruch, die Erlangung einer Leistungs- oder Feststellungsverfügung ermöglicht werden soll. Soweit also nach Beginn der Bauausführung[140] eine Streitigkeit zwischen den Bauvertragsparteien über das Anordnungsrecht des Bestellers nach § 650b Abs. 2 BGB oder den Vergütungsanspruch des Unternehmers nach § 650c BGB (oder beides) entsteht, wird ein Verfügungsgrund vermutet und muss folglich im einstweiligen Verfügungsverfahren vom (jeweiligen) Antragsteller nicht glaubhaft gemacht werden. Nach Maßgabe der gesetzlichen Vermutung bedarf es also keines Vortrags des Antragstellers dazu, dass ohne den Erlass der einstweiligen Verfügung der Leistungsanspruch letztlich nicht mehr im ordentlichen Verfahren durchgesetzt werden kann bzw. außer Verhältnis stehende, ggf. sogar existenzgefährdende Nachteile entstehen können.

72 *Althaus*[141] kritisiert die gesetzliche Regelung einer widerlegbaren Vermutung mit der Begründung, die Widerlegung sei angesichts der hohen Ansprüche an den Verfügungsgrund verhältnismäßig einfach und die gesetzliche Regelung laufe damit möglicherweise leer. Dem Besteller werde regelmäßig die Glaubhaftmachung gelingen, dass die Existenz des Unternehmers durch eine ausbleibende Abschlagszahlung nicht gefährdet sei.[142] Dies überzeugt jedoch nicht, da § 650d BGB der gesetzgeberische Wille zu entnehmen ist, dass es auf die im Normalfall weder vorliegenden noch glaubhaft zu machenden Voraussetzungen eines Verfügungsgrundes für eine einstweilige Verfügung gerade nicht ankommen soll, sondern hiervon zu Lasten des Antragsgegners grundsätzlich auszugehen ist. Will der Antragsgegner die gesetzliche Vermutung eines Verfügungsgrunds also widerlegen, so muss *er* seinerseits glaubhaft machen, dass keine sofortige Erfüllung des Anspruchs erforderlich ist, die geschuldete Handlung auch ohne einstweilige Verfügung im ordentlichen Verfahren geltend gemacht werden kann, ohne ihren Sinn zu verlieren bzw. dem Antragsteller keine schwerwiegenden, außer Verhältnis stehenden und ggf. sogar existenziellen Nachteile drohen. Im Regelfall wird es dem Antragsgegner also nicht gelingen, den gesetzlich vermuteten Verfügungsgrund zu widerlegen.[143] Dies wird durch das Urteil des KG vom 02.03.2021 bestätigt, das zugunsten des Unternehmers von einem Verfügungsgrund für einen Zahlungsanspruch nach § 650c Abs. 3 BGB selbst nach Fertigstellung der Arbeiten und Schlussrechnungsreife ausgegangen ist, da der Verfügungsgrund »Liquiditätsinteresse des Unternehmers für eine ausgeführte Nachtragsleistung« unabhängig von einer etwaigen Existenzgefährdung ohne diese Zahlung bestehe.[144]

73 Die Entscheidung wurde durch das Schrifttum diesbezüglich überwiegend zustimmend aufgenommen.[145] Mit Urteil vom 07.09.2021[146] hat das KG an dieser Linie festgehalten. Darüber hinaus hat es bestätigt, dass auch eine gute wirtschaftliche Verfassung des Unternehmers den Verfügungsgrund nicht entfallen lasse. Die Vermutung habe ihren Grund nicht vorwiegend im Liquiditätsbedürfnis des Unternehmers, sondern diene vornehmlich der Kompensation des durch die einseitig veranlasste Leistungsänderung gesteigerten Vorleistungsrisikos des Bauunternehmers. Diesem sei die Durchsetzung eines änderungsbedingten Mehrvergütungsanspruchs gegenüber der Durchsetzung einer einvernehmlich bepreisten Vergütungsposition erheblich erschwert, sodass allein

140 Dazu oben Rdn. 58 f.

141 BauR 2017, 412, 419; abgeschwächt Leupertz/Althaus, a.a.O. Rn. 29; siehe auch Pause, NZBau 2019, 755.

142 Leupertz/Althaus, a.a.O. Rn. 29.

143 So zutreffend auch Glöckner, VuR 2016, 123, 131 f.

144 KG, Urt. v. 02.03.2021 – 21 U 1098/20, NZBau 2021, 523; Auch: OLG Karlsruhe, Beschl. v. 23.09.2022 – 8 W 29/22.

145 BeckOK BGB/Voit § 650d Rn. 7; BeckOGK/Mundt, § 650d BGB Rn. 58; von Kiedrowski, NJW 2021, 1709; Oppler, NZBau 2021, 514.

146 KG, Urt. v. 07.09.2021 – 21 U 86/21, NJW 2021, 3198, 3199.

die Beurteilung der konkreten Vertragsbeziehung maßgeblich für den Erlass der einstweiligen Verfügung wäre. Dem ist zuzustimmen.[147]

Keinesfalls kann der Verfügungsgrund bei einer Abschlagsforderung des Unternehmers bereits dadurch als widerlegt angesehen werden, dass ihm ein zusätzlicher Sicherungsanspruch nach § 650f BGB zusteht.[148] Selbst wenn der Besteller dem Unternehmer eine entsprechende zusätzliche Sicherheit mit oder ohne Aufforderung anbietet oder gar zur Verfügung stellt, wird das durch §§ 650c Abs. 3, 650d BGB geschützte Liquiditätsinteresse des Unternehmers hierdurch nicht befriedigt.[149] 74

2. Selbstwiderlegung

Unbeschadet dieser besonderen, kraft Gesetzes vermuteten Anforderungen an den Verfügungsgrund kann der Verfügungsgrund aber aus sonstigen Gründen entfallen, insbesondere im Fall der sog. **Selbstwiderlegung.**[150] Von einer Selbstwiderlegung ist auszugehen, wenn der Antragsteller nach Eintritt der (hier: vermuteten) Gefährdung mit einem **Antrag zuwartet** oder das **Verfahren nicht zügig betreibt.**[151] Der Besteller kann den vermuteten Verfügungsgrund hinsichtlich einer leistungsändernden Anordnung also dadurch »selbst widerlegen«, dass er nach erfolgter und vom Unternehmer zurückgewiesener Anordnung wochenlang zuwartet, bevor er unmittelbar vor dem Ausführungsbeginn der geänderten Leistung versucht, diese im Wege der einstweiligen Verfügung durchzusetzen.[152] Genauso kann der Unternehmer den vermuteten Verfügungsgrund hinsichtlich seines Vergütungsanspruchs widerlegen, indem er hinsichtlich der angeordneten und ausgeführten Leistungsänderung keine Abschlagszahlungen verlangt, im Rahmen der Schlussrechnung jedoch versucht, seinen Vergütungsanspruch durch einstweilige Verfügung durchzusetzen. Sehr großzügig hatte dazu das KG entschieden, dass es im Ermessen des Unternehmers liege, wann er den auf Zahlung gerichteten Eilantrag an das Verfügungsgericht stelle. Selbst rd. 1,5 Jahre nach Vorlage der Schlussrechnung sei noch von einem Verfügungsgrund auszugehen.[153] Dem hat das OLG Celle widersprochen und, abhängig vom Einzelfall, eine Regelfrist für die Vermutungswirkung des § 650d BGB von 1 – 2 Monaten nach Rechnungslegung festgelegt.[154] In der Tendenz dürfte dem OLG Celle zuzustimmen sein. 75

Der gesetzlich vermutete Verfügungsgrund sowohl für das Anordnungsrecht des Bestellers als auch für den Vergütungsanspruch des Unternehmers betrifft also nur die ansonsten nicht vorliegenden, strengen Voraussetzungen einer Leistungsverfügung, nicht jedoch das (allgemeine) Rechtsschutzinteresse, den jeweiligen Anspruch gerade im Eilverfahren der einstweiligen Verfügung durchsetzen zu wollen. 76

IV. Inhalt der einstweiligen Verfügung

1. Leistungsverfügung

a) Zugunsten des Bestellers

Wie sich aus der Gesetzesbegründung zu § 650d BGB ergibt, soll dem Besteller, ebenso wie dem Unternehmer, in erster Linie die Möglichkeit verschafft werden, das Anordnungsrecht und eine damit verknüpfte Abschlagsforderung mittels einer Leistungsverfügung durchzusetzen.[155] Vorrangig 77

---

147 A.A. OLG Celle, Urt. v. 14.05.2025 – 14 U 238/24, IBRRS 2025, 1475.

148 KG, a.a.O.; a.A. Orlowski, BauR 2017, 1427, 1439.

149 Ebenso BeckOK BauvertragsR/Leupertz/Althaus, § 650d BGB Rn. 30.

150 Vgl auch Orlowski, BauR 2017, 1427, 1438.

151 Vgl. MüKo-ZPO/Drescher, § 935 Rn. 18 ff.; Musielak/Huber, § 940 ZPO Rn. 15; Zöller/Vollkommer, § 940 ZPO Rn. 4.

152 Vgl. auch BeckOK BGB/Voit, § 650d Rn. 7.

153 KG, Urt. v. 07.09.2021 – 21 U 86/21, NZBau 2021, 782.

154 OLG Celle, Urt. v. 14.05.2025 – 14 U 238/24, IBRRS 2025, 1475.

155 BT-Drucks. 18/8486, S. 55 für das Anordnungsrecht und S. 59 für den Vergütungsanspruch.

kann also der Besteller eine auf die Ausführung der (zulässigen) Anordnung gerichtete Leistungsverfügung beantragen, soweit sich der Unternehmer entgegen seiner »Befolgungspflicht« aus § 650b Abs. 2 S. 2 BGB weigert, die angeordnete Leistungsänderung auszuführen.[156] Allerdings hat das KG durch Beschluss vom 06.04.2020 einen entsprechenden Leistungsantrag des Bestellers zurückgewiesen, weil dies nur zur Abwendung wesentlicher Nachteile des Antragstellers zulässig sei, was im vorliegenden Fall nicht ersichtlich gewesen sei.[157] Inwieweit generell Leistungsverfügungen nach dem neuen Bauvertragsrecht zulässig seien, hat das KG offengelassen. Auch Leupertz/Althaus sowie weitere Stimmen in der Literatur lehnen eine Leistungsverfügung zugunsten des Bestellers grundsätzlich ab, ohne dies allerdings überzeugend zu begründen.[158] Lediglich im Einzelfall komme eine Unterlassungsverfügung in Betracht, wenn die Gefahr bestehe, dass der Unternehmer unbeschadet der (wirksamen) Änderungsanordnung die bisherige Leistung weiter ausführe.

78 Die Skepsis gegenüber einer Leistungsverfügung zugunsten des Bestellers, gerichtet auf Durchführung der angeordneten Leistungsänderung, ist unbegründet, da auch insoweit der Verfügungsgrund, also die Vermeidung wesentlicher Nachteile des Antragstellers, gesetzlich vermutet wird.[159] Weshalb es insoweit zielführend sein soll, dem Unternehmer im Einzelfall lediglich die weitere Ausführung der bisherigen Leistung zu untersagen, anstatt ihm positiv aufzugeben, die geänderte Leistung auszuführen, überzeugt nicht. Davon zu trennen ist die Frage, wie der vermutete Verfügungsgrund bzgl. des Anordnungsrechts im Einzelfall widerlegt werden kann. Denkbar ist z.B. eine Glaubhaftmachung durch den Unternehmer, dass die streitige Anordnung auch noch später ausgeführt werden kann, ohne den Bauablauf nachhaltig zu beeinträchtigen, so dass keine Eilbedürftigkeit besteht, die Anlass für den vorläufigen Rechtsschutz wäre.

b) Zugunsten des Unternehmers

79 Eine Leistungsverfügung zugunsten des Unternehmers kommt insbesondere bezüglich einer nach Grund oder Höhe streitigen Abschlagsforderung des Unternehmers in Betracht. Zutreffend hat bereits das KG im Urteil vom 02.03.2021[160] ausgeführt, der Gesetzgeber habe durch die Einführung des § 650d BGB dem von einer angeordneten Leistungsänderung betroffenen Unternehmer die Möglichkeit eröffnen wollen, im Wege der einstweiligen Verfügung in der Zwischenphase bis zur abschließenden Klärung seiner Mehrvergütung Liquidität im Wege der einstweiligen Verfügung zu erstreiten. Inhalt der auf Zahlung an den Unternehmer gerichteten Zahlungsverfügung könne aber nicht die isolierte Nachtragsforderung selbst sein, sondern nur ein **Saldo**, der sich aus der Abschlagsrechnung unter Einschluss des Nachtrags ergebe.[161] Dem ist uneingeschränkt zuzustimmen.[162]

Soweit das KG allerdings einen fortbestehenden bzw. wieder neu entstehenden Verfügungsgrund für eine erneute Zahlungsverfügung annimmt, wenn der Besteller die aufgrund der (ersten) Zahlungsverfügung geleistete Zahlung von der nächsten Abschlagsrechnung wieder abziehe, erscheint dies bedenklich. Zielführender ist es, wenn der Unternehmer im ersten einstweiligen Verfügungsverfahren neben der Zahlungsverfügung eine Feststellungsverfügung beantragt, die es dem Besteller untersagt, den Zahlungstitel durch die spätere Verrechnung zu unterlaufen.

---

156 Wie hier Dammert u.a., § 2 Rn. 134; BeckOGK/Mundt, § 650d BGB Rn. 46; Retzlaff, BauR 2017, 1781, 1815; Oppler, NZBau, 2018, 67, 69; Manteufel, BauR 2019, 334, 339.

157 KG, Beschl. v. 06.04.2020 – 7 W 32/19, BauR 2020, 1215; dazu auch schon oben Rdn. 23.

158 Leupertz/Althaus, a.a.O. Rn. 21 f.; ebenso Sacher/Jansen, NZBau 2019, 20, 22; BeckOK BGB/Voit, § 650d Rn. 9 ff., der sich vorrangig für die Zulässigkeit einer auf eine Sicherheit anstatt auf eine Zahlung gerichteten Verfügung ausspricht.

159 Vgl. Manteufel, a.a.O.; siehe auch bereits oben Rdn. 52.

160 NZBau 2021, 523.

161 Ebenso KG, Urt. v. 07.09.2021 – 21 U 86/21, NZBau 2021, 782; OLG Karlsruhe, Beschl. v. 23.09.2022 – 8 W 29/22, NZBau 2023, 226.

162 Ebenso Rodemann, BauR 2024, 3, 4.

Neben (oder anstelle) dem Zahlungstitel kann der Unternehmer im Wege der Leistungsverfügung auch eine zusätzliche Sicherheit nach § 650f BGB geltend machen.[163]

2. Feststellungsverfügung

Entweder neben der Leistungsverfügung oder aber an deren Stelle kommt auch eine Feststellungsverfügung in Betracht, wenn ein entsprechendes Feststellungsinteresse des Antragstellers besteht.[164] 80

Auf Seiten des **Bestellers** gilt dies gemäß § 650c Abs. 3 S. 1 BGB insbesondere für den Fall, dass dem Unternehmer keine oder eine geringere Abschlagsforderung als 80 % des Angebotspreises gemäß § 650b Abs. 1 S. 2 BGB zusteht. Diese »80 %-Regelung« gilt gemäß § 650c Abs. 3 S. 1 BGB unter dem ausdrücklichen Vorbehalt, dass keine anders lautende gerichtliche Entscheidung ergeht. In der Gesetzesbegründung heißt es dazu, wenn der Besteller die Abschlagszahlung i.H.v. 80 % des Angebotspreises für überhöht halte, müsse er gerichtlichen Rechtsschutz in Anspruch nehmen,[165] was gleichzeitig bedeutet, dass er entsprechenden Rechtsschutz auch in Anspruch nehmen kann. Fordert der Unternehmer also für eine auf Anordnung des Bestellers ausgeführte Leistungsänderung einen Abschlag i.H.v. 80 % der Angebotssumme gemäß § 650b Abs. 1 S. 2 BGB und ist der Besteller der Auffassung, die Angebotssumme und damit auch die geforderte Abschlagszahlung seien überhöht, so kann (und muss) der Besteller im Wege einstweiligen Rechtsschutzes die Feststellung beantragen, dass dem Unternehmer entweder die begehrte Abschlagszahlung nicht zusteht oder dass ihm nur eine Abschlagszahlung in niedrigerer, vom Besteller darzulegender Höhe zusteht.[166] Sieht der Besteller bei einer von ihm als unberechtigt oder überhöht angesehenen Abschlagsforderung des Unternehmers von einer gerichtlichen Klärung ab und leistet entweder gar keine oder eine zu geringe Abschlagszahlung, so läuft der Besteller nicht nur Gefahr, den Differenzbetrag verzinsen zu müssen, sondern auch, dass der Unternehmer von einem Leistungsverweigerungsrecht gemäß § 320 BGB Gebrauch macht und die Streitigkeit möglicherweise bis hin zur Kündigung eskaliert. Die durch das Wahlrecht des Unternehmers nach § 650c Abs. 3 BGB geschaffene und fällige Abschlagsforderung muss also, wenn der Besteller nichts oder weniger zahlen möchte, durch eine von ihm zu erwirkende Feststellungsverfügung »außer Kraft gesetzt« werden. Der Feststellungsverfügung kommt mithin eine temporäre materiellrechtliche Wirkung zu.[167] Insoweit ist es also die Intention des § 650c Abs. 3 S. 1 BGB, dem Besteller die Möglichkeit zu geben, seine Einwendungen gegen die 80 %ige Abschlagsforderung im einstweiligen Verfügungsverfahren klären zu lassen und damit auch für ein in Betracht kommendes Leistungsverweigerungsrecht des Unternehmers wechselseitig Klarheit zu schaffen.[168] 81

Gleiches gilt für den Fall, dass der Besteller auf der Ausführung einer angeordneten Leistungsänderung besteht, ohne zur Durchsetzung eine einstweilige Verfügung zu erwirken. Auch hier besteht (ausnahmsweise) ein Rechtsschutzinteresse des Unternehmers, die Zulässigkeit der Anordnung des Bestellers im einstweiligen Verfügungsverfahren klären zu lassen, um vorläufige Rechtssicherheit hinsichtlich eines etwaigen Leistungsverweigerungsrechts zu erhalten und eine Eskalation, insbesondere durch Kündigung des Vertrages aus wichtigem Grund durch den Besteller, möglichst zu verhindern.[169] 82

Auch der **Unternehmer** ist nicht gehalten, seine Vergütungsinteressen nach § 650c BGB, insbesondere seine Abschlagsforderung, im Wege einer Leistungsverfügung zu sichern bzw. durchzusetzen. Dies gilt nicht nur, wenn er gerichtlich feststellen lassen will, dass seitens des Bestellers keine wirksame, 83

163 Vgl. Manteufel, a.a.O.; näher dazu Rdn. 32 ff.
164 Dazu Bardarsky, BauR 2020, 1054, 1057 ff.
165 BT-Drucks. 18/8486, S. 58.
166 So auch KG, Urt. v. 02.11.2021 – 27 U 120/21, NJW 2022, 548; Orlowski, ZfBR 2016, 419, 427; ebenso Dammert u.a., § 2 Rn. 135; Manteufel, a.a.O.; näher dazu oben Rdn. 32 ff.
167 Näher oben Rdn. 40.
168 So ausdrücklich auch BeckOK BGB/Voit, § 650d Rn. 10.
169 Vgl. die Rechtsprechungsnachweise in Rdn. 21–23.

eine geänderte Vergütung nach § 650c BGB auslösende Anordnung vorliegt,[170] sondern auch, wenn er nach einer (wirksamen) Anordnung des Bestellers Grund und/oder Höhe des geänderten Vergütungsanspruch festgestellt wissen will.[171] Ein Feststellungsantrag kann auch hilfsweise zum Leistungsantrag gestellt werden.[172]

V. Zwangsvollstreckung

84 Soweit dem Unternehmer durch einstweilige Verfügung die Ausführung vom Besteller angeordneter Leistungsänderungen aufgegeben wird, ist die Zwangsvollstreckung noch ungeklärt. Üblicherweise wird eine werkvertragliche Leistung, z.B. eine Mängelbeseitigung, als vertretbare Handlung mit der Folge einer Zwangsvollstreckung nach § 887 ZPO angesehen. Nach teilweise vertretener Auffassung gilt dies auch für eine Leistungsanordnung nach §§ 650b Abs. 2, 650d BGB.[173] Teilweise wird eine entsprechende Anwendung des § 890 ZPO befürwortet, wonach die Leistungsverfügung durch ein Ordnungsgeld bzw. Ordnungshaft durchgesetzt würde.[174] Richtig erscheint hingegen die Zwangsvollstreckung nach § 888 ZPO. Zwar wird bei werkvertraglichen Leistungen üblicherweise danach differenziert, ob die Leistung, z.B. aufgrund unersetzbarer Fähigkeit des Schuldners, nur vom Schuldner ausgeführt werden kann (dann unvertretbare Handlung im Sinne von § 888 ZPO) oder ob die Herstellung, Beseitigung oder Reparatur auch von Drittunternehmern ausgeführt werden kann (dann vertretbare Handlung im Sinne von § 887 ZPO).[175] Die Besonderheit bei der auf die Ausführung bestimmter Bauleistungen gerichteten Leistungsverfügung ist jedoch, dass nur der Unternehmer im Rahmen des bestehenden Bauvertrages die anstehende Leistung ausführen darf und folglich kann, damit aus vertragsrechtlichen Gründen eine nicht vertretbare Handlung im Sinne von § 888 ZPO vorliegt.[176] Die Zwangsvollstreckung einer entsprechenden einstweiligen Verfügung erfolgt also durch Zwangsgeld und für den Fall, dass dieses nicht beigetrieben werden kann, durch Zwangshaft oder (sogleich) durch Zwangshaft nach § 888 ZPO.[177]

85 Soweit umgekehrt der Unternehmer eine auf die Leistung einer Abschlagszahlung gerichtete einstweilige Verfügung erwirkt, richtet sich die Zwangsvollstreckung nach den allgemeinen Bestimmungen für die Durchsetzung von Geldforderungen gemäß §§ 802a ff. ZPO.

86 Soweit der Besteller (alternativ oder kumulativ) eine zusätzliche Sicherheit gemäß § 650f BGB zur Verfügung stellen muss, richtet sich auch hier die Zwangsvollstreckung nach § 888 ZPO.

VI. Schadensersatzpflicht nach § 945 ZPO

87 Soweit die Bauvertragsparteien unter den erleichterten Voraussetzungen des § 650d BGB einstweiligen Rechtsschutz erwirken, sei es als Leistungsverfügung bezüglich der Ausführung vom Besteller angeordneter Leistungsänderungen oder bezüglich an den Unternehmer zu zahlender Abschläge bzw. Gestellung zusätzlicher Sicherheiten oder sei es auch als positive oder negative Feststellungsverfügung, so kollidiert der vom Gesetzgeber beabsichtigte vorläufige Rechtsschutz bei laufenden Bauverträgen mit der »nachlaufenden« Schadensersatzpflicht aus § 945 ZPO, soweit sich die einstweilige Verfügung als von Anfang an ungerechtfertigt herausstellt oder gemäß §§ 926 Abs. 2 bzw. 942 Abs. 3 ZPO aufgehoben wird.[178] Der Schadensersatzanspruch aus § 945 ZPO besteht verschuldensunabhängig und erfasst alle Schäden, die dem Vertragspartner aus der (im Nachhinein) ungerecht-

170 Dazu oben Rdn. 27 ff.
171 So zutreffend Manteufel, BauR 2019, 334, 339.
172 Vgl. KG, Beschl. v. 06.04.2020 – 7 W 32/19, BauR 2020, 1215.
173 So z.B. Sacher/Jansen, NZBau 2019, 20; ebenso Rehbein, IBR 2020, 3087.
174 Vgl. Oppler, NZBau 2018, 67, 69.
175 Vgl. MüKo-ZPO/Gruber, § 887 Rn. 13 m.w.N.
176 Vgl. MüKo-ZPO/Gruber, § 888 Rn. 2.
177 Offen gelassen vom KG, Beschl. v. 06.04.2020 – 7 W 32/19, BauR 2020, 1215.
178 Dazu bereits Langen, NZBau 2015, 658, 664.

fertigten oder aufgehobenen einstweiligen Verfügung erwachsen sind.[179] Ein anschauliches Beispiel über die mit einer ungerechtfertigten einstweiligen Verfügung verbundenen Schadensrisiken enthält die Entscheidung des BGH vom 13.10.2016.[180] Der Mieter hatte gegenüber dem Vermieter, der umfangreiche Sanierungs- und Energieeinsparungsmaßnahmen durchführen wollte, über einen Zeitraum von beinahe einem Jahr einen Baustopp per einstweiliger Verfügung erwirkt. Aufgrund dieses Baustopps zahlte der Vermieter/Bauherr an den von ihm beauftragten Generalübernehmer eine Entschädigung gemäß § 642 BGB i.H.v. rund 40.000 €, des Weiteren Bereitstellungszinsen auf nicht abgerufene Baudarlehen. Schließlich machte der Vermieter/Bauherr einen Mietausfallschaden i.H.v. rund 30.000 € geltend. Der BGH führte aus, dass der Mieter für diese Schäden grundsätzlich schadensersatzpflichtig sei, wobei es insbesondere im Fall der Entschädigungszahlung an den Generalübernehmer nicht darauf ankomme, ob dem Generalübernehmer tatsächlich ein Entschädigungsanspruch in dieser Höhe zugestanden habe. Entscheidend sei vielmehr, ob der Vermieter/Bauherr nach den bei Vornahme der Zahlung erkennbaren Umständen von einer Berechtigung der Generalübernehmerin ausgehen und die Zahlung an diese folglich als vernünftig und zweckmäßig ansehen durfte.[181]

Sowohl der Besteller als auch der Unternehmer müssen sich also vergegenwärtigen, dass die Erwirkung einer einstweiligen Verfügung in einem Pyrrhussieg enden kann, wenn sich die einstweilige Verfügung im nachlaufenden Schadensersatzprozess, in dem das erkennende Gericht nicht an die einstweilige Verfügung gebunden ist,[182] als unberechtigt erweist. Beide Vertragspartner müssen also bei der Erwirkung einer etwaigen einstweiligen Verfügung in Betracht ziehen, ob diese einstweilige Verfügung einer Nachprüfung im Erkenntnisverfahren oder im Schadensersatzverfahren nach § 945 ZPO Stand hält. 88

Wird der Unternehmer im Wege der einstweiligen Verfügung also beispielsweise verpflichtet, eine Anordnung des Bestellers gemäß § 650b Abs. 2 BGB auszuführen, obwohl ihm dies aus Kapazitätsgründen nicht zumutbar war,[183] und gerät der Unternehmer aufgrund der Ausführung der Leistungsänderung auf einer anderen Baustelle in Terminverzug, so kann der dort entstandene Schaden (z.B. Vertragsstrafe) als Vollziehungsschaden im Sinne von § 945 ZPO anzusehen sein. 89

Wird der Besteller umgekehrt durch einstweilige Verfügung zur Zahlung einer im Nachhinein deutlich überhöhten Abschlagszahlung an den Unternehmer verpflichtet, so kann der Schadensausgleich nach § 945 ZPO normalerweise durch Aufrechnung im Rahmen der Schlussabrechnung der Baustelle erfolgen. Gerät der Besteller aber beispielsweise in einen Liquiditätsengpass oder muss er aufgrund der überhöhten Abschlagszahlung einen zusätzlichen Kredit aufnehmen, so sind die damit verbundenen Kosten (z.B. Kreditzinsen) ersatzfähiger Schaden im Sinne von § 945 ZPO.[184] 90

Nach Sinn und Zweck des § 650d BGB kommt eine Schadensersatzpflicht des Unternehmers allerdings in folgender Konstellation nicht in Betracht: Der Besteller fordert die Ausführung einer Leistung als Vertragsleistung, die der Unternehmer als Leistungsänderung ansieht. Auf seinen Antrag ergeht eine entsprechende Feststellungsverfügung des Gerichts zu seinen Gunsten. Der Besteller bestreitet dennoch (endgültig und ernsthaft) den Nachtragsanspruch des Unternehmers, worauf der Unternehmer die Ausführung der Leistung verweigert. Darauf kündigt der Besteller den Vertrag aus wichtigem Grund, wodurch dem Besteller ein Schaden entsteht. Im Hauptsacheverfahren stellt das Gericht fest, dass es sich um eine Vertragsleistung des Unternehmers handelte. Sinn und Zweck des § 650d BGB, Streitigkeiten der Parteien über Nachträge baubegleitend beizulegen, würden mit einer auf § 945 ZPO gestützten Schadensersatzpflicht des Unternehmers nicht im Einklang stehen. Die 91

179 Im Einzelnen Zöller/Vollkommer, § 945 ZPO Rn. 13 ff.
180 BGH, Urt. v. 13.10.2016 – IX ZR 149/15, BauR 2017, 547.
181 BGH, a.a.O., S. 549.
182 Vgl. Zöller/Vollkommer, § 945 ZPO Rn. 9.
183 Dazu § 650b BGB Rdn. 82.
184 BGH, Urt. v. 13.10.2016 – IX ZR 149/15, BauR 2017, 547.

der Feststellungsverfügung entgegenstehende Kündigung des Bestellers aus wichtigem Grund kann also nicht im Nachhinein als berechtigte Kündigung aus wichtigem Grund eingestuft werden, so dass der Unternehmer nicht verpflichtet ist, die dem Besteller kündigungsbedingt entstandenen Mehrkosten zu erstatten.

92 Die Tatsache, dass sich der Gesetzgeber in § 650d BGB für das herkömmliche einstweilige Verfügungsverfahren, wenngleich unter erleichterten Voraussetzungen, und gegen die vom DBGT und der Arbeitsgruppe Bauvertragsrecht empfohlene Bauverfügung entschieden hat,[185] die nicht mit dem entsprechenden Schadensersatzrisiko aus § 945 ZPO belastet gewesen wäre, muss also trotz der in Rdn. 91 geschilderten Einschränkung als gravierendes Manko der gesetzlichen Lösung in § 650d BGB bewertet werden.

93 Alternativ kann über eine weitergehende teleologische Reduktion der Vorschrift nachgedacht werden:

Die Einbeziehung des in Rdn. 91 genannten Risikos in die Entscheidungsfindung der Beteiligten könnte ein Grund dafür sein, dass die einstweilige Verfügung in der Praxis noch immer selten anzutreffen ist. Die nach dem Wortlaut eindeutige, verschuldensunabhängige Schadensersatzpflicht des Verfügungsgläubigers kollidiert mit Sinn und Zweck des »Befriedungscharakters« der einstweiligen Verfügung nach § 650d.[186] Eine einstweilige Regelung, sei sie auch nur feststellend, die nach einem oftmals Jahre andauernden Hauptsacheverfahren aufgehoben werden kann und damit automatisch eine Schadensersatzpflicht auslöst, wird den enormen wirtschaftlichen und zeitlichen Dimensionen des Bauens nicht gerecht. Der Verfügungsgläubiger müsste diese Möglichkeit über Jahre in seiner Finanzplanung berücksichtigen und Reserven für eine mögliche Schadensersatzpflicht schaffen, deren Ausmaß kaum absehbar ist. So wird das Ziel, dem Bauunternehmer Liquidität zu vermitteln,[187] zwar kurzfristig erreicht, aber mittelfristig konterkariert. Infolgedessen würde auch die beschleunigende Wirkung der Verfügung verpuffen, da der Verfügungsgläubiger trotz einer für ihn günstigen Entscheidung nicht auf die vorläufige Rechtslage vertrauen könnte, sondern sein Verhalten immer auch darauf überprüfen und auszurichten wird, den möglichen Schadensersatzanspruch gering zu halten. Dazu würde er zumindest im Rahmen der wirtschaftlichen Vernunft gehalten, gegebenenfalls sogar im Rahmen einer Schadensminderungspflicht verpflichtet sein.

Diese Faktoren sind im Gesetzgebungsverfahren zum neuen Bauvertragsrecht nicht berücksichtigt worden. Demgemäß liegt eine vom Gesetzgeber für § 945 ZPO nicht berücksichtigte, überschießende Regelung vor, die nicht mit dem Sinn und Zweck des § 650d BGB zu vereinbaren ist. Die Norm würde ihren Zweck, das »zentrale verfahrensrechtliche Instrument für die Bewältigung von Nachtragsstreitigkeiten«[188] zu bieten, dass zur Bewältigung von Nachtragsstreitigkeiten auch ausreichend sei,[189] verlieren. Daher ist die § 945 ZPO im Anwendungsbereich von § 650d BGB dahingehend teleologisch zu reduzieren, dass die Aufhebung der einstweiligen Verfügung keine Schadensersatzpflicht des Verfügungsgläubigers auslöst. Dies wird auch dadurch verdeutlicht, dass der Gesetzgeber das einstweilige Verfahren über § 650d unter Entfall der Notwendigkeit eines Verfügungsgrundes eröffnet hat.

E. Abdingbarkeit von § 650d BGB

94 Soweit in **Allgemeinen Geschäftsbedingungen** geregelt werden soll, dass vorläufiger Rechtsschutz im Wege der einstweiligen Verfügung entweder generell ausgeschlossen wird oder jedenfalls die widerlegbare Vermutung des § 650d BGB nicht zur Anwendung kommen soll, verstößt eine solche

185 Dazu oben Rdn. 2 ff.

186 Siehe dazu vertiefend Langen, BauR 2022, 320, 337 f.

187 BT-Drucks. 18/8486, S. 58.

188 BeckOK BauvertragsR/Leupertz/Althaus, Vor § 650d BGB Rn. 1.

189 BT-Drucks. 18/8486, S. 55.

Klausel zumindest gegen den Grundgedanken des § 309 Nr. 14 BGB[190] und damit auch im kaufmännischen Geschäftsverkehr gegen den wesentlichen Grundgedanken der gesetzlichen Bestimmung des § 650d BGB, was zur AGB-Unwirksamkeit gemäß § 307 Abs. 2 Nr. 1 BGB führt. Das gilt unabhängig davon, ob der Besteller oder der Unternehmer Verwender der Klausel ist.[191] Die bloße Vereinbarung der VOB/B ist nicht als Ausschluß des § 650d BGB anzusehen, weil den Bestimmungen der VOB/B nicht zu entnehmen ist, dass § 650d BGB ausgeschlossen sein soll.[192]

Im Rahmen einer **Individualvereinbarung** können die Parteien ausdrücklich oder auch konkludent 95
entweder den einstweiligen Rechtsschutz gemäß §§ 935, 940 ZPO generell oder aber zumindest den widerlegbar vermuteten Verfügungsgrund gemäß § 650d BGB ausschließen.[193] Hiervon ist insbesondere dann auszugehen, wenn die Parteien eine **Adjudikationsvereinbarung** abschließen mit dem Ziel, Streitigkeiten der Bauvertragsparteien während des Bauablaufs über das Anordnungsrecht des Bestellers oder den Vergütungs- bzw. Sicherheitsanspruch des Unternehmers, durch einen Adjudikator (anstelle eines staatlichen Gerichts im Wege einstweiligen Rechtsschutzes) vorläufig entscheiden zu lassen.[194] Bereits im Abschlussbericht der Arbeitsgruppe Bauvertragsrecht vom 18.06.2013 wurde empfohlen, entsprechend dem Vorbild von § 1032 ZPO vorzusehen, dass eine wirksame Vereinbarung über ein außergerichtliches Streitbeilegungsverfahren Vorrang vor dem Erlass der seinerzeit vorgeschlagenen (und vom Gesetzgeber vorerst nicht umgesetzten) Bauverfügung haben sollte.[195] Auch der 5. DBGT hatte im Jahr 2014 den Gesetzgeber aufgefordert, den Bauvertragsparteien die Wahl zwischen einer gerichtlichen Bauverfügung und einem vereinbaren Adjudikationsverfahren zu ermöglichen, insbesondere ein gerichtliches Bauverfügungsverfahren durch eine Adjudikationsvereinbarung auszuschließen.[196] Schließlich hat der Gesetzgeber selbst im Rahmen der Gesetzesbegründung zu § 650b BGB ausgeführt, es werde angenommen, dass Streitigkeiten über Anordnungen nach § 650b Abs. 2 BGB entweder durch Verhandlungen der Parteien oder durch einstweilige Verfügungen beigelegt werden können. Die Bundesregierung werde u.a. bei der Durchführung von Pilotprojekten prüfen, inwieweit außergerichtliche Streitbeilegungsverfahren (Mediation, Schlichtung und Adjudikation) eine schnelle Streitbeilegung fördern können.[197] Soweit die Parteien also insbesondere durch eine Adjudikationsvereinbarung eine baubegleitende Streitbeilegung durch einen Adjudikator vereinbaren, entfällt hierdurch entweder (im Rahmen der Adjudikationsvereinbarung ausdrücklich) oder zumindest konkludent die parallele Möglichkeit, unabhängig von der Entscheidung des Adjudikators eine einstweilige Verfügung zur selben Streitfrage zu erwirken.

F. Anwendbarkeit auf VOB/B-Verträge

§ 650d BGB bezieht sich dem Wortlaut nach (allein) auf Streitigkeiten der Parteien über das 96
Anordnungsrecht des Bestellers gemäß § 650b Abs. 2 BGB oder die Vergütungsanpassung gemäß § 650c BGB. Die gesetzgeberische Intention besteht darin, den Bauvertragsparteien bei solchen typischerweise den Bauablauf behindernden Streitigkeiten erleichterten Zugang zu einer vorläufigen

190 Durch Gesetz vom 19.02.2016, DGBl I 2054, in § 309 BGB eingefügt.

191 So auch Leupertz/Althaus, a.a.O., Rn. 51; ebenso Sacher in: Kniffka/Koeble/Jurgeleit/Sacher, Kompendium des Baurechts, 5. A., Teil 12 Rn. 118.

192 KG, Urt. v. 02.03.2021 – 21 U 1098/20, NZBau 2021, 523.

193 Ebenso Leupertz/Althaus, a.a.O.; a.A. BeckOK BGB/Voit, § 650d Rn. 12, der § 650d BGB als Teil der »Effektivität der Rechtsschutzgewährung« für nicht abdingbar hält.

194 Dazu beispielsweise Kniffka/Koeble, 13. Teil Rn. 124 f. unter Hinweis auf das Gutachten von Papier zur verfassungsrechtlichen Unbedenklichkeit eines dem gerichtlichen Rechtsschutz während des Bauablaufs ersetzenden Adjudikationsverfahrens; wie hier Leupertz/Althaus, a.a.O. Rn. 52; Jurgeleit, FS Leupertz 2021, 293 hält eine Adjudikationsvereinbarung allerdings unter bestimmten Voraussetzungen für unwirksam.

195 Abschlussbericht vom 18.06.2013, S. 28 ff., abrufbar unter www.bmjv.de.

196 Beschlussempfehlungen Nr. 3 und Nr. 11 des 5. DBGT, abrufbar unter www.dbgt.de.

197 BT-Drucks. 18/8486, S. 56.

gerichtlichen Entscheidung zu verschaffen und dadurch insbesondere Fakten zu vermeiden, wenn sich der Unternehmer weigert, einer Anordnung des Bestellers Folge zu leisten[198] und umgekehrt dem Unternehmer Liquidität (und ergänzende Sicherheit) zu verschaffen, wenn der Besteller die Nachtragsforderung des Unternehmers dem Grunde oder der Höhe nach bestreitet.[199]

97 Inhalt und gesetzgeberische Intention sind uneingeschränkt auf die Situation bei Bauverträgen übertragbar, denen die Bestimmungen der VOB/B zugrunde liegen. Auch hier kann es zu Streit der Parteien kommen, ob eine Anordnung des Bestellers gemäß § 1 Abs. 3 oder Abs. 4 VOB/B zulässig ist und folglich vom Auftragnehmer ausgeführt werden muss. Gleichermaßen besteht ein Standardproblem beim VOB/B-Vertrag darin, dass der Auftraggeber die Nachtragsforderung des Auftragnehmers entweder bereits dem Grunde nach zurückweist, weil z.B. die ausgeführte Leistung bereits vom geschuldeten Leistungsumfang erfasst sein soll oder jedenfalls eine überhöhte oder auch nicht prüfbare Nachtragsvergütung geltend gemacht wird. Da die Bestimmungen der VOB/B keine § 650d BGB ausschließende oder einschränkende Regelung enthalten, gilt die widerlegbare Vermutung eines Verfügungsgrundes nach Beginn der Bauausführung folglich auch für VOB/B-Verträge.[200]

98 Die damit weitgehend anerkannte Anwendbarkeit des § 650d (und auch des § 650c Abs. 3 BGB)[201] müsste dazu führen, dass auch der VOB-Auftragnehmer unter den erleichterten Bedingungen des § 650d BGB einen Zahlungstitel oder eine Feststellungsverfügung hinsichtlich seines Anspruchs auf Abschlagszahlung erwirken kann genauso wie umgekehrt der VOB-Auftraggeber. Tatsächlich fordern aber das OLG München[202] und auch das OLG Celle,[203] dass sowohl § 650c Abs. 3 BGB als auch § 650d BGB im VOB/B-Bauvertrag voraussetzen, dass nicht sogleich, wie es das VOB/B-System in § 1 Abs. 3 und 4 VOB/B vorsieht, die Änderungs- oder Zusatzleistung angeordnet, sondern nach dem »System BGB« zunächst ein Einigungsversuch der Parteien nach § 650b Abs. 1 BGB vorgeschaltet wird, in dessen Rahmen der Unternehmer ein Nachtragsangebot abgibt. Die Änderungsanordnung kann nach § 650b Abs. 2 BGB hiernach erst *nach* dem gescheiterten Einigungsversuch erfolgen. Nach Auffassung des OLG Celle hätte es der Unternehmer im »VOB/B-Nachtragssystem« ansonsten in der Hand, durch ein nachlaufendes Angebot die Höhe seiner auf § 650c Abs. 3 BGB gestützten Abschlagsforderung zu bestimmen.

99 Diese Auffassung überzeugt nicht. Zum einen hat es der Unternehmer nach § 650b Abs. 1 BGB auch im »BGB-System« in der Hand, sowohl für den Fall einer Einigung als auch für den Fall einer Änderungsanordnung nach gescheiterter Einigung die Höhe seiner Abschlagsforderung nach § 650c Abs. 3 BGB zu beeinflussen, insbesondere wenn man der überwiegenden Literaturauffassung folgt, wonach der Unternehmer sein Angebot frei kalkulieren kann.[204] Demgegenüber ist er im »System VOB/B« gehalten, das Nachtragsangebot nach bereits erfolgter Änderungsanordnung entweder nach Maßgabe der tatsächlich erforderlichen Kosten nach § 650c Abs. 1 BGB oder auf Grundlage der vereinbarungsgemäß hinterlegten Urkalkulation nach § 650c Abs. 2 BGB zu erstellen. Das »VOB/B-System« gewährleistet also ein deutlich näher an der endgültigen Vergütung orientiertes Nachtragsangebot des Unternehmers als das »System BGB.«

---

198 BT-Drucks. 18/8486, S. 55.

199 BT-Drucks. 18/8486, S. 59.

200 Vgl. KG, Urt. v. 02.03.2021 – 21 U 1098/20, NZBau 2021, 523; KG, Urt. v. 02.11.2021 – 27 U 120/21, NJW 2022, 548; KG, Urt. v. 07.09.2021 – 21 U 86/21, NJW 2021, 3198; KG, Urt. v. 02.03.2021 – 21 U 1098, 20, NZBau 2021, 523; OLG München, Urt. v. 12.03.2024 – 9 U 3791/23Bau, NZBau 2024, 753; OLG Celle, Urt. v. 14.05.2025 – 14 U 238/24, IBRRS 2025, 1475; Rodemann, BauR 2024, 3; auch BeckOK BGB/Voit, § 650d Rn. 3; Manteufel, BauR 2019, 334, 336 f.; Rehbein, IBR 2020, 3087; Jansen, NZBau 2020, 755; a.A. Orlowski, BauR 2017, 1427, 1439; BeckOGK/Mundt, § 650d BGB Rn. 25.

201 Näher § 650c Rdn. 166.

202 OLG München, Urt. v. 12.03.2024 – 9 U 3791/23Bau, NZBau 2024, 753.

203 OLG Celle, Urt. v. 14.05.2025 – 14 U 238/24, IBRRS 2025, 1475.

204 Näher § 650b BGB Rdn. 85 ff.

Zum zweiten führt die Auffassung der genannten OLGs de facto zur Nichtanwendbarkeit der §§ 650c Abs. 3 und 650d BGB im VOB/B-Bauvertrag, was vom OLG München im Urteil vom 12.03.2024 auch ausdrücklich angemerkt wird. Der Hinweis des OLG München, es stehe den Parteien ja frei, wie sie die Abwicklung von Verträgen gestalten, trifft bereits für alle öffentlichen Auftraggeber nicht zu, die nach § 8a Abs. 1 VOB/A gezwungen sind, ihren Bauverträgen die VOB/B zugrunde zulegen. Das OLG führt an, dies habe den Gesetzgeber schließlich nicht davon abgehalten, ein von der VOB/B abweichendes Nachtragssystem zu kodifizieren, was zutrifft. Der Gesetzgeber hat aber mit der Schaffung der §§ 650c Abs. 3 und 650d BGB nicht bestimmt, dass diese Erleichterungen nur greifen, wenn exakt und ohne Spielraum nach dem Wortlaut des Gesetzes verfahren wird. Die gesetzlichen Erleichterungen für den Unternehmer können also ohne Problem auf das »Nachtragssystem VOB/B« übertragen werden, weil dieses bei Einführung des Gesetzes schon vorhandene System auch eine Orientierung für das BGB-Nachtragssystem war, sieht man von dem vorgeschalteten Einigungsversuch nach § 650b Abs. 1 und der abweichenden Vergütungsbestimmung des § 650c Abs. 1 BGB einmal ab. **100**

Abweichend von der genannten OLG-Rechtsprechung lassen sich die Erleichterungen für den Unternehmer aus §§ 650c Abs. 3 und 650d BGB also ohne weiteres auf den VOB/B-Bauvertrag und das dortige Nachtragssystem übertragen,[205] wobei dringend eine Klarstellung in der überfälligen VOB/B-Reform wünschenswert wäre. **101**

§ 650e Sicherungshypothek des Bauunternehmers

Der Unternehmer kann für seine Forderungen aus dem Vertrag die Einräumung einer Sicherungshypothek an dem Baugrundstück des Bestellers verlangen. Ist das Werk noch nicht vollendet, so kann er die Einräumung der Sicherungshypothek für einen der geleisteten Arbeit entsprechenden Teil der Vergütung und für die in der Vergütung nicht inbegriffenen Auslagen verlangen.

Übersicht

A. Änderungen gegenüber § 648 BGB a.F.

1 Eine der wenigen Änderungen der §§ 648, 648a BGB a.F. betrifft zunächst die **systematische Verschiebung** der Bauhandwerkersicherungshypothek in Kapitel 2 des Werkvertragsrechts, also die Verschiebung weg vom (allgemeinen) Werkvertragsrecht hin zum (speziellen/neuen) Bauvertragsrecht. Die Sicherheiten gliedern sich künftig unter den Ordnungsnummern §§ 650e und 650f BGB ein.

2 Inhaltlich ist die Bauhandwerkersicherungshypothek im Zuge der Bauvertragsrechtsreform nur insoweit erweitert worden, dass seit dem 01.01.2018 auch ein mit der Errichtung einer **Außenanlage** beauftragter Unternehmer nunmehr eine Sicherungshypothek verlangen kann.[1]

3 Der Ausschluss der Besicherung von Werklohnansprüchen durch Errichtung einer Außenanlage wurde bislang damit begründet, dass die Außenanlage in § 648a Abs. 1 S. 1 BGB a.F. ausdrücklich erwähnt werde (»Der Unternehmer eines Bauwerks, einer Außenanlage oder …«). Eine Außenanlage war demgemäß von einem Bauwerk zu unterscheiden. Nur der an einem Bauwerk wertsteigernde

205 So zutreffend KG, Urt. v. 02.03.2021 – 21 U 1098/20, NZBau 2021, 523 und KG, Urt. v. 07.09.2021 – 21 U 86/21, NZBau 2021, 782.

1 BT-Drs. 18/8486, S. 58.

Leistungen erbringende Unternehmer war gemäß § 648 BGB a.F. jedoch zur Besicherung seiner Ansprüche berechtigt.[2]

4 Sekundär ist, ob der Gesetzgeber damit eine echte Änderung im Sinne einer Erweiterung herbeiführte oder nur klarstellend korrigiert, was bei der nachträglichen Einführung des § 648a BGB a.F. durch die definitorische Unterscheidung zwischen einem Bauwerk und einer Außenanlage »übersehen« wurde. Systematisch war die Unterscheidung zwischen einem besicherbaren Werklohnanspruch aufgrund von bspw. Erdarbeiten und einem Werklohnanspruch aufgrund der Errichtung einer Außenanlage nicht zu rechtfertigen. Vor diesem Hintergrund ist die heutige Erweiterung von § 650e BGB nur konsequent.

Im Übrigen ist der Anwendungsbereich des § 648 BGB a.F. durch die Bauvertragsrechtsreform unverändert geblieben

B. Anwendungsbereich

5 Zeitlich gilt § 650e BGB nur für ab dem 01.01.2018 abgeschlossene Verträge, für bis zum 31.12.2017 abgeschlossene Verträge gilt die alte Fassung des § 648 BGB a.F.

6 Sachlich gilt § 650e BGB für alle Bauwerkverträge des Kapitel 2. Auf Werklieferungsverträge gemäß § 650 BGB und Bauträgerverträge § 650u BGB ist § 650e BGB nicht anwendbar. Letzteres gilt allerdings naturgemäß nicht für den Nachunternehmer des Bauträgers selbst, indem dessen Beauftragung keinen Auftrag gemäß § 650u BGB zum Gegenstand hat, sondern nur einen Auftrag nach § 650a BGB.

7 Der **Anspruch auf eine Sicherungshypothek** ist (nur) ein schuldrechtlicher Anspruch auf Bestellung einer Hypothek.[3] Besteht kein Sicherungsbedürfnis, ist der Anspruch aus § 650e BGB ausgeschlossen. Das Sicherungsbedürfnis entfällt bspw. bei bereits erlangter Sicherheit nach § 650f BGB, bei – auch unter Vorbehalt geleisteter[4] – Zahlung oder der Insolvenzunfähigkeit des Unternehmers[5].

I. Berechtigter

8 Berechtigt ist der Unternehmer jedes Bauwerkvertrages von Kapitel 2, also inzwischen auch der Außenanlagenbauer sowie der Abbruchunternehmer. Eine Abtretung ist nicht möglich.

II. Verpflichteter

9 Verpflichteter ist der Besteller der Werkleistung, der im Zeitpunkt des Sicherungsverlangens[6] Grundstückseigentümer sein muss. Zwischen Besteller und Grundstückseigentümer muss rechtliche **Personenidentität** vorliegen, nicht lediglich wirtschaftliche Personenidentität[7] – soweit das nach Treu und Glauben nicht zu untragbaren Ergebnissen führt, die den schutzwürdigen und schutzbedürftigen Interessen des Unternehmers unbillig zuwider laufen[8], so bspw. wenn die vom Alleingesellschafter beherrschte GmbH Auftraggeberin für Bauleistungen auf dem Grundstück des Alleingesellschafters ist. Ebenso bei rechtsmissbräuchlicher Beauftragung durch einen Dritten statt des Grundstückseigentümers selbst.[9]

---

2 Palandt/Sprau, BGB, 76. Aufl., § 648 Rn. 2.
3 Leupertz/Halfmeier, in: PWW, BGB, 13. Aufl., § 650e Rn. 2.
4 OLG Zweibrücken, Beschl. v. 25.09.2007 – 8 W 44/07.
5 OLG Koblenz, Beschl. v. 14.04.2010 – 12 W 178/10.
6 OLG Hamm, Urt. v. 07.10.1998 – 12 U 19/98.
7 BGH, Urt. v. 22.10.1987 – VII ZR 12/87; OLG Hamm, Beschl. v. 07.03.2006 – 21 W 7/06; OLG Celle, Urt. v. 31.10.2002 – 6 U 159/02.
8 BGH, Urt. v. 22.10.1987 – VII ZR 12/87, OLG Frankfurt a.M., Beschl. v. 25.05.2000 – 16 U 103/98; Leupertz/Halfmeier, in: PWW, BGB, 13. Aufl., § 650e Rn. 6.
9 Scharfenberg, in: LPS, § 650e BGB Rn. 14.

III. Pfandgegenstand

10 Pfandgegenstand ist das dem Vertrag zugrunde liegende Baugrundstück oder Erbbaurecht[10], nicht ein anderes im Eigentum des Unternehmers stehendes oder fremdes Grundstück. Wenn nur auf einem Teil des Grundstücks Bauarbeiten ausgeführt werden, kann trotzdem das ganze Grundstück besichert werden.[11] Ebenso haftet jedes mehrerer Grundstücke desselben Projektes für eine berechtigte Forderung in voller Höhe[12], soweit grundstücksbezogene Einzelverträge bestehen.[13] Bei Eigentümerwechsel erlischt das Sicherungsrecht, wenn nicht mindestens eine Vormerkung eingetragen ist; die ranghöhere Auflassungsvormerkung verdrängt die eingetragene Vormerkung/Hypothek.[14]

IV. Sicherbare Forderungen

11 Sicherbar sind alle aus dem Vertrag herrührenden Forderungen des Unternehmers gegen den Besteller, also insbesondere Anspruch auf Werklohn, Vergütung nach § 648 S. 2[15], (vertraglicher) Schadensersatz[16] und die Kosten der Erwirkung der Hypothek oder Vormerkung[17]. Richtigerweise zählt dazu auch der umstrittene Anspruch aus § 642 BGB, umstritten deswegen, weil dem Anspruch die teilweise[18] für erforderlich gehaltene bauleistungsbedingte Wertsteigerung an dem Grundstück fehlt. Das ist aber beim (Verzugs)Schadensersatz auch nicht der Fall und die Sicherbarkeit richtigerweise trotzdem anerkannt. Im Übrigen liefe der Sicherungsanspruch ansonsten insbesondere bei Architektenleistungen leer, die streng genommen keine insofern unmittelbare Wertsteigerung des Grundstücks bedingen. Der Anspruch war insofern aber auch schon vorher von der Rechtsprechung anerkannt und ist jetzt in § 650q Abs. 1 gesetzlich normiert. Die Sicherheit nach § 650e BGB bei § 642 BGB abzulehnen wäre daher widersprüchlich und demgegenüber inkonsequent. Der Unternehmer erleidet auch keinen – gegenüber bspw. § 648 S. 2 BGB – unangemessenen Nachteil durch die Absicherung von Ansprüchen aus § 642 BGB nach § 650e BGB. Auch erleidet der Unternehmer ein mit Blick auf das darzulegende und zu beweisende und damit begründete Sicherungsinteresse des Auftragnehmers hinnehmbaren Einschnitt durch die Hypothek, dies insbesondere nicht, weil er die Hypothek jederzeit durch Stellung einer anderen Sicherheit bspw. nach § 650f BGB sofort ablösen kann. Auch Ansprüche aus § 642 BGB müssen daher absicherungsfähig sein.[19]

Die sicherungsfähige Forderung muss nicht fällig sein.[20] Der Forderung dürfen jedoch keine Einreden entgegenstehen, die Forderung darf also insbesondere nicht verjährt sein. Mängeleinwendungen sind ohne Druckzuschlag zu berücksichtigen. Mängel sind jedoch auch von der Sicherungshöhe abzuziehen, wenn der Besteller die Einwendung noch nicht erhoben hat. Im Umfang der mangelhaften Werkleistungen liegt keine werthaltige Leistung vor, die zu einem berechtigten Werklohnanspruch führt.

12 Die Höhe des Sicherungsanspruchs richtet sich nach dem Wert der erbrachten Leistungen, die in das Bauwerk eingegangen sein müssen[21], aber nicht zwingend zu einer Wertsteigerung des Grundstückes in ebendieser Höhe führen muss. Der Druckzuschlag gemäß § 641 Abs. 3 BGB sowie etwaig vereinbarte Abzüge/Sicherungseinbehalte der Parteien sind unbeachtlich.[22] Wohl aber ist der Wert

10 Merkens, NZBau 2009, 349, 352 ff.
11 OLG Hamm, Urt. v. 12.05.2000 – 12 U 39/00.
12 BGH, Urt. v. 16.12.1999 – VII ZR 299/96.
13 Leupertz/Halfmeier, in: PWW, BGB, § 650e Rn. 4.
14 OLG Düsseldorf, Beschl. v. 20.12.1976 – 5 U 163/76.
15 OLG Düsseldorf, Beschl. v. 14.08.2003 – 5 W 17/03.
16 BGH, Urt. v. 22.10.1987 – VII ZR 12/87; BGH, Urt. v. 05.12.1968 – VII ZR 127/66.
17 MüKo-BGB/Busche, § 650e Rn. 22.
18 Vgl. nur OLG Celle, Urt. v. 06.02.2020 – 14 U 160/19.
19 Vgl. auch Leicht, in: jurisPK-BGB, § 650e Rn. 16.
20 Scharfenberg, in: LPS, § 650e BGB Rn. 19.
21 Scharfenberg, in: LPS, § 650e BGB Rn. 19.
22 BGH, Beschl. v. 25.11.1999 – VII ZR 95/99.

vom Auftragnehmer zu vertretender, einstandspflichtiger Mängel abzuziehen[23], auch dann, wenn ein Leistungsverweigerungsrecht besteht[24].

Im Verfügungsverfahren zur Erlangung einer Vormerkung ist die Glaubhaftmachung der Forderung als **Verfügungsanspruch** erforderlich, bspw. durch Vorlage einer prüffähigen Abschlags-/Schlussrechnung, Vertragsunterlagen und eine entsprechende eidesstattliche Versicherung. Der **Verfügungsgrund** muss nicht glaubhaft gemacht werden.

V. Sicherungsumfang

13 Gesichert ist nur die der Grundbucheintragung zugrunde liegende Forderung.[25] Die Sicherheit nach § 650e BGB ist keine revolvierende Sicherheit, weshalb es nach vereinzelter Auffassung an der praktischen Bedeutung des Sicherungsanspruchs fehlen soll.[26] Das ist unzutreffend bzw. nur dann der Fall, wenn der Auftragnehmer während der Bauausführung eine Abschlagsforderung besichert. In dieser Situation erscheint die Sicherheit nach § 650f BGB praktikabler und vorzugswürdig, zumal deren Nichtgewährung die Leistungseinstellung oder sogar Kündigung des Vertrages durch den Unternehmer ermöglicht.

14 In der Praxis sichert der Unternehmer daher regelmäßig (strittige) Schlussforderungen durch § 650e BGB ab, in einem Zeitpunkt, in dem den Unternehmer die Vormerkung spürbarer trifft als während der Bauphase, und in einem Zeitpunkt, in dem der Unternehmer die Sanktionen des Verzichts auf eine angeforderte § 650f BGB-Sicherheit (Leistungseinstellung und Kündigung) nicht mehr fürchtet und deswegen zumeist auf die Stellung einer Sicherheit nach § 650f BGB verzichtet. Gerade dann kann der Anspruch aus § 650e BGB von größerer praktischer Bedeutung sein als der (dann konkurrierende) Anspruch aus § 650f BGB.

Die Hypothek wird durch dingliche Einigung und Eintragung (§ 873 BGB; bei fehlender Bewilligung gem. § 894 ZPO) bestellt.

C. Abweichende Vereinbarungen

15 Abweichende Vereinbarungen bis hin zur vollständigen Abbedingung sind durch Individualvereinbarung – auch gegenüber Verbrauchern – unproblematisch möglich.

16 Die Möglichkeit der Abbedingung von § 650e BGB durch AGB ist umstritten. Teilweise wird das wegen der unabdingbaren alternativen Sicherungsmöglichkeit nach § 650f BGB befürwortet[27]. Die Kritik, keine Abbedingung durch AGB ohne Einräumung einer anderweitigen gleichwertigen Sicherheit zuzulassen[28], erscheint daher auf den ersten Blick unberechtigt, ist es bei genauerer Betrachtung jedoch nicht. § 650f BGB ist (nur) eine gleichwertige Sicherheit, wenn die Sicherheit tatsächlich vorliegt; weshalb der Unternehmer auch richtigerweise die Vormerkung/Hypothek freigeben muss, wenn er eine Sicherheit nach § 650f BGB im Austausch erhält. Weigert der Unternehmer sich hingegen eine Sicherheit nach § 650f BGB zu stellen und muss der Unternehmer sich diese einseitig/gerichtlich verschaffen, ist die Sicherheit nach § 650f BGB keineswegs gleichwertig[29]. Die Sicherheit nach § 650e BGB kann der Auftragnehmer nämlich einseitig ohne Mitwirkung des Unternehmers erwirken und zwar insbesondere im Eilverfahren schnell/dann, wenn es darauf ankommt: Wenn der Besteller nach Leistungserbringung keine Leistungseinstellung/Kündigung bei Nichtstellung der Sicherheit nach § 650f BGB mehr fürchten muss und damit zugleich das Sicherungsbedürfnis des

23 OLG Hamm, Urt. v. 20.10.1999 – 12 U 107/99.
24 OLG Celle, Urt. v. 07.08.2002 – 7 U 60/02.
25 BGH, Urt. v. 17.05.1974 – V ZR 187/72.
26 Leicht, in: jurisPK-BGB, § 650e Rn. 3.
27 Leicht, in: jurisPK-BGB, § 650e Rn. 27.
28 Fuchs, BauR 2012, 326.
29 Vgl. auch Scharfenberg, in: LPS, § 650e BGB Rn. 33.

Unternehmers nach vollständiger Leistungserbringung am größten ist. § 650e BGB kann daher nicht durch AGB abbedungen werden, soweit nicht kein Anspruch auf eine gleichwertige Sicherheit geschaffen wird.

D. Verhältnis zu § 650f BGB

Der Anspruch auf Einräumung einer Sicherungshypothek nach § 650e BGB ist ausgeschlossen, 17
soweit Sicherheit nach § 650f BGB vorliegt.

§ 650f Bauhandwerkersicherung

(1) Der Unternehmer kann vom Besteller Sicherheit für die auch in Zusatzaufträgen vereinbarte und noch nicht gezahlte Vergütung einschließlich dazugehöriger Nebenforderungen, die mit 10 Prozent des zu sichernden Vergütungsanspruchs anzusetzen sind, verlangen. Satz 1 gilt in demselben Umfang auch für Ansprüche, die an die Stelle der Vergütung treten. Der Anspruch des Unternehmers auf Sicherheit wird nicht dadurch ausgeschlossen, dass der Besteller Erfüllung verlangen kann oder das Werk abgenommen hat. Ansprüche, mit denen der Besteller gegen den Anspruch des Unternehmers auf Vergütung aufrechnen kann, bleiben bei der Berechnung der Vergütung unberücksichtigt, es sei denn, sie sind unstreitig oder rechtskräftig festgestellt. Die Sicherheit ist auch dann als ausreichend anzusehen, wenn sich der Sicherungsgeber das Recht vorbehält, sein Versprechen im Falle einer wesentlichen Verschlechterung der Vermögensverhältnisse des Bestellers mit Wirkung für Vergütungsansprüche aus Bauleistungen zu widerrufen, die der Unternehmer bei Zugang der Widerrufserklärung noch nicht erbracht hat.

(2) Die Sicherheit kann auch durch eine Garantie oder ein sonstiges Zahlungsversprechen eines im Geltungsbereich dieses Gesetzes zum Geschäftsbetrieb befugten Kreditinstituts oder Kreditversicherers geleistet werden. Das Kreditinstitut oder der Kreditversicherer darf Zahlungen an den Unternehmer nur leisten, soweit der Besteller den Vergütungsanspruch des Unternehmers anerkennt oder durch vorläufig vollstreckbares Urteil zur Zahlung der Vergütung verurteilt worden ist und die Voraussetzungen vorliegen, unter denen die Zwangsvollstreckung begonnen werden darf.

(3) Der Unternehmer hat dem Besteller die üblichen Kosten der Sicherheitsleistung bis zu einem Höchstsatz von 2 Prozent für das Jahr zu erstatten. Dies gilt nicht, soweit eine Sicherheit wegen Einwendungen des Bestellers gegen den Vergütungsanspruch des Unternehmers aufrechterhalten werden muss und die Einwendungen sich als unbegründet erweisen.

(4) Der Unternehmer für seinen Vergütungsanspruch eine Sicherheit nach Absatz 1 oder 2 erlangt hat, ist der Anspruch auf Einräumung einer Sicherungshypothek nach § 650e ausgeschlossen.

(5) Hat der Unternehmer dem Besteller erfolglos eine angemessene Frist zur Leistung der Sicherheit nach Absatz 1 bestimmt, so kann der Unternehmer die Leistung verweigern oder den Vertrag kündigen. Kündigt er den Vertrag, ist der Unternehmer berechtigt, die vereinbarte Vergütung zu verlangen; er muss sich jedoch dasjenige anrechnen lassen, was er infolge der Aufhebung des Vertrages an Aufwendungen erspart oder durch anderweitige Verwendung seiner Arbeitskraft erwirbt oder böswillig zu erwerben unterlässt. Es wird vermutet, dass danach dem Unternehmer 5 Prozent der auf den noch nicht erbrachten Teil der Werkleistung entfallenden vereinbarten Vergütung zustehen.

(6) Die Vorschriften der Absätze 1 bis 5 finden keine Anwendung, wenn der Besteller

1. **eine juristische Person des öffentlichen Rechts oder ein öffentlich-rechtliches Sondervermögen ist, über deren Vermögen ein Insolvenzverfahren unzulässig ist, oder**
2. **Verbraucher ist und es sich um einen Verbraucherbauvertrag nach § 650i oder um einen Bauträgervertrag nach § 650u handelt.**

Satz 1 Nummer 2 gilt nicht bei Betreuung des Bauvorhabens durch einen zur Verfügung über die Finanzierungsmittel des Bestellers ermächtigten Baubetreuer.

(7) **Eine von den Absätzen 1 bis 5 abweichende Vereinbarung ist unwirksam.**

Übersicht

A. Änderungen durch Bauvertragsrechtsreform 2018

I. Systematische Verschiebung

1 Die §§ 648, 648a BGB a.F. wurden im Zuge der Bauvertragsrechtsreform systematisch (konsequent) aus dem Teil des allgemeinen Werkvertragsrechts in das neue Bauvertragsrecht verschoben und unter den Ordnungsnummern §§ 650e und 650f BGB aufgenommen.

II. Änderungen im Anwendungsbereich gegenüber der alten Rechtslage

2 Der Anwendungsbereich von § 650f BGB ist gegenüber § 648a BGB a.F. bis auf wenige Ausnahmen unverändert geblieben.

3 In Absatz 1, Absatz 3 und Absatz 5 wurde ohne inhaltliche Änderung jeweils der nicht mehr gebräuchliche Begriff »vom Hundert« durch »**Prozent**« ersetzt.[1]

4 Das in Absatz 6 Satz 1 Nummer 2 normierte sogenannte **Verbraucherprivileg** wird an die neue Systematik des Titels 9 angepasst. Ausgenommen vom Anwendungsbereich des § 650e BGB sind Verträge von Verbrauchern, die einen Verbraucherbauvertrag im Sinne des § 650i BGB sowie einen Bauträgervertrag im Sinne des § 650u BGB zum Gegenstand haben.[2]

5 In der alten Fassung fanden die Vorschriften zur Bauhandwerkersicherung keine Anwendung, wenn der Besteller eine natürliche Person war, der Bauarbeiten zur Herstellung oder Instandsetzung eines Einfamilienhauses mit oder ohne Einliegerwohnung ausführen ließ.

6 Die Neufassung knüpft an die Definition des Verbraucherbauvertrags und des Bauträgervertrags in § 650i BGB und § 650u BGB an und schafft damit für die Praxis mehr Klarheit und Rechtsicherheit hinsichtlich des Anwendungsbereichs der Vorschrift, insbesondere wird klargestellt, dass der von einem Verbraucher geschlossene **Verbraucher-/Bauträgervertrag nicht von der Vorschrift erfasst ist.**

7 Durch die Änderung erfährt die Vorschrift eine geringfügige Ausweitung des Verbraucherprivilegs gegenüber § 648a Abs. 6 Nr. 2 BGB a.F.: Seit dem 01.01.2018 sind auch Verträge eines Verbrauchers über den **Bau eines Mehrfamilienhauses vom Verbraucherprivileg** erfasst. Auch für diese Verträge gälten die Argumente, die für das Verbraucherprivileg sprechen, so die Begründung. Die finanzielle Situation des Verbrauchers werde vor und während der Realisierung des Bauprojekts in der Regel durch die finanzierende Bank ausreichend geprüft. Komme es nach dem Ende der Bauphase zu einer Einschränkung der finanziellen Leistungsfähigkeit des Bestellers, so betreffe dies in aller Regel die Ansprüche, die die finanzierende Bank gegen den Besteller habe. Probleme bei der Begleichung der Vergütungsansprüche des Unternehmers entstünden nur dann, wenn sich die Kosten für das Bauprojekt durch unvorhergesehene Ereignisse wesentlich erhöhen und sich dadurch die für das Bau-

1 BT-Drucks. 18/8486, S. 58.
2 BT-Drucks. 18/8486, S. 58.

projekt vorgesehene Finanzierung als nicht ausreichend erweise. Dabei handele es sich jedoch um Ausnahmefälle, für die eine gesetzliche Regelung nicht erforderlich sei.[3]

Die Abgrenzung, Klarstellung und Erweiterung der Anwendbarkeit des § 650f Abs. 6 BGB war mit Blick auf die Entwicklungen in der Rechtsprechung[4] zur (Einzelfall-)Auslegung des bisherigen Verbraucherprivilegs angezeigt. Die neue Rechtslage sorgt nun endlich für Klarheit. 8

B. Anwendungsbereich

I. Absatz 1

§ 650f BGB sichert Vergütungsansprüche des Unternehmers aus einem Bau-/Architekten- oder Ingenieurvertrages (**Berechtigter**) gegen den Besteller (**Verpflichteter**). Auf Kaufrecht- ist § 650f BGB nicht anwendbar. Der Vergütungsanspruch muss noch nicht fällig sein. Leistungen müssen noch nicht erbracht sein. § 650f BGB schützt den Unternehmer hinsichtlich dessen Vorleistungspflicht vor einem Ausfall seines erst späteren Vergütungsanspruchs. Der Anspruch besteht daher auch noch nach der Abnahme und nach Kündigung. 9

Besicherbar ist die Höhe des vereinbarten (Brutto-)Werklohns (bei Nachträgen: Wert der angeordnete zusätzlichen/geänderten Leistung[5]) abzüglich etwaig vereinbarter Umlagen oder Nachlässe sowie etwaiger Ansprüche aus § 281 BGB, § 643 BGB, § 645 Abs. 2 BGB und § 642 BGB abzüglich erhaltener – auch vorbehaltener – Zahlungen und Sicherheiten, zuzüglich 10 % für Nebenkosten. Beim Pauschalpreisvertrag ist auf die vertragliche vereinbarte Pauschalsumme abzustellen, bei Einheitspreisverträgen auf tatsächlich anfallende Vordersätze. Strittige Nachträge sind sicherungsfähig, soweit der Unternehmer die behauptete Nachtragshöhe schlüssig darlegt.

Nach der Kündigung gemäß § 650f Abs. 5 BGB beschränkt sich die Höhe des Sicherungsanspruchs auf die Kündigungsvergütung aus § 650f Abs. 5 S. 2 BGB, wobei auf die Detaillierung zwischen erbrachter und nicht erbrachter Leistung und der Darlegung deren Bewertung verzichtet werden kann, wenn er sich nach Abs. 5 S. 3 auf die Mindestvergütung von 5 % beschränkt und diese so berechnet, als wenn er keinerlei Leistungen erbracht hätte; in diesem Fall schuldet der Auftraggeber nur eine Sicherung in Höhe des Nettobetrags[6]. Gegenforderungen, auch Mängelrechte, sind nicht abzugsfähig, soweit diese nicht unstreitig oder rechtskräftig festgestellt sind.

Der Anspruch verringert sich um erhaltene Zahlungen und/oder andere adäquate Sicherheiten des Bestellers, z.B. § 650e BGB, nicht aber um Sicherheiten, die der Besteller zur Sicherung seiner Ansprüche der Vertragserfüllung oder Gewährleistung hält. Der Besteller hat grundsätzlich ein Recht zum Austausch gegen andere adäquate Sicherheiten, im Einzelfall sogar, selbst wenn die Parteien individualvertraglich eine bestimmte Form der Sicherheit gewählt haben. Abzuwägen muss in solchen Fällen aber sein z.B. die Verwertbarkeit der Sicherheit für den Besteller, das Rating einer Bürgin etc.

Voraussetzung ist nicht, dass der Unternehmer seinerseits erfüllungsbereit ist.[7] Ebenso wenig steht eine Vertragsbeendigung bspw. durch Kündigung oder Rücktritt dem Anspruch entgegen. Der Anspruch ist sofort einklagbar.[8] Die – auch vorläufige – Vollstreckung eines Urteils auf Stellung der Sicherheit erfolgt ohne Sicherheitsleistung, weil Gegenstand der verurteilten Leistung lediglich die Verpflichtung zu einer Sicherheitsleistung ist.[9] 10

3 BT-Drucks. 18/8486, S. 58 f.
4 BGH, Urt. v. 10.03.2016 – VII ZR 214/15, BauR 2016, 1022.
5 Vgl. OLG Karlsruhe, Urt. v. 12.03.1996 – 8 U 207/95.
6 BGH, Urt. v. 18.01.2024 – VII ZR 34/23.
7 Vgl. Leupertz/Halfmeier, in: PWW, BGB, § 650f Rn. 11 f.; a.A. Leicht, in: jurisPK-BGB, § 650f Rn. 26.
8 OLG Hamm, Urt. v. 02.06.2015 – 17 O 108/14.
9 OLG Schleswig, Urt. v. 06.09.2023 – 12 U 59/23.

11 Soweit der Anspruch bereits anderweitig abgesichert ist, besteht kein Anspruch auf eine zusätzliche Sicherheit nach § 650f BGB. Entscheidend ist nicht der Nennbetrag der anderen Sicherheit, sondern deren Werthaltigkeit.[10] Werthaltig ist grundsätzlich eine Sicherheit nach § 650e BGB, solange die tatsächliche Rangsicherung eine Befriedigung erwarten lässt[11], nicht aber ein abgetretenes Guthaben auf einem Tagesgeldkonto[12].

12 Die Sicherheit nach § 650f BGB ist – nur – im Falle eines entsprechenden **Sicherungsverlangens** des Unternehmers und nur im Umfang der (jeweils/bis zur) berechtigt geforderten Höhe innerhalb angemessener Frist zu stellen. Die Forderung ist schlüssig darzulegen. Die Zuvielforderung schadet allerdings nicht, das Verlangen erstreckt sich dann bis zur (für den Besteller ermittelbaren[13]) angemessenen Höhe[14]. Ohne Angabe der Sicherungshöhe ist das Verlangen hingegen unwirksam.[15] Nur in Abwägung der widerstreitenden Interessen im Einzelfall dürfte allerdings richtig sein, dass unschädlich sein soll, wenn der Unternehmer konkret Sicherheit in Form einer Bürgschaft verlangt.[16] Das Interesse des Unternehmers darf grundsätzlich nicht einer bestimmten Form gelten, sondern muss sich im Wesentlichen auf die Werthaltigkeit für ihn beschränken, bspw. hinsichtlich der Verwertbarkeit etc. Grundsätzlich haben die geltenden Bestimmungen der §§ 232 ff. BGB und die Weiterungen aus Abs. 2 Vorrang.

Die Sicherheit deckt nur bis dahin begründete Ansprüche, also z.B. nicht zulasten der Bürgin nachträglich entstandene Nachtragsansprüche.

13 Eine **Frist** zur Stellung der verlangten Sicherheit von 7 bis 10 Tagen ist in der Regel angemessen.[17] Angemessen ist die Frist aber grundsätzlich bereits, wenn der Besteller innerhalb dieses Zeitraums »ohne schuldhaftes Zögern« die verlangte Sicherheit beschaffen kann.[18] Eine unangemessene Fristsetzung führt nicht zur Unwirksamkeit des Verlangens, sondern zur Verlängerung der Frist auf den im Einzelfall angemessenen Zeitraum.

14 Das Verlangen bedarf keiner bestimmten Form, zu Beweiszwecken, insbesondere mit Blick auf die Fristsetzung, ist aber mindestens Textform empfehlenswert. Soweit das Verlangen aber durch einen etwa bevollmächtigten Dritten gestellt wird, bedarf aber die urschriftliche Vorlage der Vollmachtsurkunde der Schriftform, § 174 BGB. Umgekehrt sind Dritte wie der Architekt im Zweifelsfall nicht empfangsbevollmächtigt. Das Verlangen sollte daher im Zweifel immer mindestens auch an den Besteller unmittelbar gerichtet werden.

15 Der Anspruch aus § 650f BGB ist ein verhaltener Anspruch. Demzufolge beginnt die gültige Regelverjährungsfrist von 3 Jahren gemäß § 199 Abs. 1 BGB Verjährung folgerichtig taggenau[19] erst mit dem Verlangen der Sicherheit bzw. des besichert verlangten Teils der Forderung.[20] Es widerspräche dem Sicherungszweck von § 650f BGB gerade bei langjährigen Verträgen, würde die Verjährung nach der Gegenauffassung bereits mit Vertragsabschluss beginnen. Dem Problem mit einer unterstellten Verjährungshemmung während der Bauausführung zu begegnen, schafft unnötig Unsicherheit. Die Frage dürfte inzwischen aber nun abschließend vom BGH mit Urteil vom 21.11.2024 (Az. VII ZR 245/23) entschieden sein.

---

10 Leicht, in: jurisPK-BGB, § 650f Rn. 21.
11 Vgl. OLG Frankfurt, Urt. v. 24.06.2024 – 29 U 100/22.
12 OLG Hamm, Urt. v. 03.06.2016 – 12 U 99/15.
13 BGH, Urt. v. 06.03.2014 – VII ZR 349/12.
14 BGH, Urt. v. 09.11.2000 – VII ZR 82/99.
15 OLG Jena, Urt. v. 17.03.2010 – 7 U 289/09; OLG Dresden, Urt. v. 28.02.2002 – 4 U 2123/01.
16 So OLG Köln, Urt. v. 23.04.2015 – 3 U 124/14.
17 BT-Drucks. 12/1836, S. 9.
18 BGH, Urt. v. 31.03.2005 – VII ZR 346/03.
19 BGH, Urt. v. 21.11.2024 – VII ZR 245/23, Rn. 18.
20 Zuletzt OLG München, Urt. v. 21.11.2023 – 9 U 301/23; a.A. Leicht, in: jurisPK-BGB, § 650f Rn. 37 f.

Der Anspruch aus der Bürgschaft verjährt wiederum seinerseits binnen 3 Jahren ab dessen Fälligkeit, die nach zutreffender Ansicht gemäß Abs. 2 S. 2 erst vorliegt, wenn ein Anerkenntnis des Bestellers vorliegt oder der Besteller durch ein vorläufig vollstreckbares Urteil zur Zahlung verurteilt wurde.[21]

Der Sicherungsanspruch besteht, solange der Unternehmer einen gemäß Abs. 1 S. 1, S. 2 sicherbaren Anspruch gegen den Besteller hat, solange also der Sicherungsfall eintreten kann; ist das nicht mehr der Fall, ist eine bereits gestellte Sicherung zurück zu gewähren, also ggf. auch anteilig bspw. nach weiteren Abschlagszahlungen.[22] 16

Die Rechtsprechung hält grundsätzlich für unschädlich, wenn der Unternehmer mit seinem Sicherungsverlangen »auch« andere Motive als das bloße Erlangen der Sicherheit verfolgt.[23] So ist bspw. unschädlich, wenn der Unternehmer eine ihm gesetzte Mangelbeseitigungsfrist mit einem Sicherungsverlangen »kontert«, um von seinem Leistungsverweigerungsrecht oder gar seinem Kündigungsrecht nach Abs. 5 Gebrauch machen zu können (»Wettlauf der Fristen«). 17

Die Sicherheitenstellung dürfte Bringschuld sein, § 269 BGB. Der Gesetzgeber wie auch die Rechtsprechung bewerten die Angemessenheit der Frist zur Sicherheitenstellung nur danach, dass der Besteller die Sicherheit binnen dieser Frist »ohne schuldhaftes Zögern« beschaffen kann. In Zeiten, in denen die Deutsche Post die verbindlichen Postlaufzeiten immer weiter reduziert und die werktägliche Zustellung nicht mehr garantiert, muss dieses Risiko der noch rechtzeitigen Versendung bei der Angemessenheit der Fristbemessung zu berücksichtigen sein. 18

II. Absatz 2

Als (werthaltige) Sicherheit kommen zunächst alle Sicherheiten gem. §§ 232 Abs. 1, 233 BGB in Betracht. Nach § 650f Abs. 2 S. 1 BGB kommen aber auch eine Garantie oder ein sonstiges Zahlungsversprechen eines Kreditinstituts oder -versicherers in Betracht. 19

Die Art der Sicherheit wählt der Besteller, § 262 BGB. Es darf keine konkrete Sicherheit gefordert werden, insbesondere keine Bürgschaft auf erstes Anfordern. In der Praxis wählt der Besteller zumeist die Bürgschaft, die unbefristet sein und einen unmittelbaren Zahlungsanspruch gegen den Sicherungsgeber begründen muss.[24] Der Sicherungsgeber »kann« sich in diesem Fall den Widerruf seines Zahlungsversprechens nach § 650f Abs. 1 S. 5 BGB für den Fall vorbehalten, dass sich die Vermögensverhältnisse des Bestellers nach Abschluss des Bauvertrages wesentlich verschlechtern. Widerrufbar ist das Sicherungsversprechen jedoch nur insoweit, wie im Zeitpunkt der Erklärung Bauleistungen noch nicht erbracht wurden.[25] Wichtig ist, dass die Möglichkeit zum Widerruf des Sicherungsversprechens nicht qua Gesetz gilt, sondern zu vereinbaren ist. 20

Im Fall der Sicherheitenstellung nach § 650f Abs. 2 S. 1 BGB durch ein Kreditinstitut oder -versicherer ist zu beachten, dass nach S. 2 zum Schutz des Bestellers nur unter den dort genannten Voraussetzungen Zahlungen geleistet werden dürfen, nämlich dann, wenn der Besteller den besicherten Anspruch anerkennt oder vollstreckbar zur Zahlung verurteilt wurde (Fälligkeitsvoraussetzung des Anspruchs aus der Sicherheit). 21

Eigene Einwendungen/Einreden des Sicherungsgebers bleiben hiervon unberührt, so bspw. die Erhebung der Einrede der Verjährung. Auch auf etwaige Einwendungen des Hauptschuldners muss sich der Sicherungsgeber trotz der Fälligkeitsvoraussetzung eines Anerkenntnisses oder vorläufig vollstreckbaren Urteils berufen können, weil § 650f BGB einerseits § 768 Abs. 1 S. 1 BGB nicht abbedingt und andererseits sowohl das Anerkenntnis wie auch der Zahlungstitel grundsätzlich nicht

21 OLG Frankfurt, Urt. v. 25.02.2019 – 29 U 81/18.
22 Leupertz/Halfmeier, in: PWW, BGB, § 650f Rn. 11 f.
23 BGH, Urt. v. 23.11.2017 – VII ZR 34/15.
24 BGH, Urt. v. 09.11.2000 – VII ZR 82/99; OLG Frankfurt, Urt. v. 12.08.2002 – 1 U 127/01.
25 BGH, Urt. v. 09.11.2000 – VII ZR 82/99.

gegenüber Dritten, also dem Bürgen selber, wirken – zumindest muss das gelten, soweit darüber nicht rechtskräftig entschieden ist.

III. Absatz 3

22 Stellt der Besteller die vom Unternehmer verlangte Sicherheit, trägt im Verhältnis zum Sicherungsgeber der Besteller die Kosten. Der Besteller hat jedoch einen Kostenerstattungsanspruch (aber keinen Kostenübernahmeanspruch!) gegenüber dem Unternehmer von bis zu 2 % der üblichen Kosten für die gestellte Sicherheit. Soweit die Kostenregelung für abdingbar[26] gehalten wird, ist dies unzutreffend. Gemäß Absatz 7 sind abweichende Regelungen zu den Absätzen 1 bis 5 (vgl. die Ausführungen unten zu Absatz 7) unwirksam.

23 Der Besteller darf die Stellung der verlangten Sicherheit nicht von einer Kostenübernahmebestätigung oder einer Sicherheit für den Kostenerstattungsanspruch durch den Unternehmer abhängig machen.[27]

24 Der Kostenerstattungsanspruch entfällt nach Satz 2, wenn und soweit die Sicherheit vom Unternehmer nur deswegen noch einbehalten wird, weil der Besteller unbegründet Einwendungen gegen den geltend gemachten den Vergütungsanspruch des Unternehmers erhebt.

IV. Absatz 4

25 Das Verbot der Doppelbesicherung eines Vergütungsanspruchs gilt in alle Richtungen, also nicht nur bei Abs. 1, so dass das Sicherheitsverlangen des Berechtigten leerläuft, wenn und soweit er bereits nach § 650e besichert ist, sondern nach Abs. 4 eben auch umgekehrt. Der Berechtigte kann also keine weitere/zusätzliche Sicherheit nach § 650e BGB verlangen, wenn und soweit der Anspruch bereits nach § 650f besichert ist. Spätestens in dieser »Klarstellung« des Gesetzgebers in Abs. 4 verdeutlicht sich, dass Sicherheiten nach § 650e BGB und § 650f BGB grundsätzlich[28] gleichwertig sind (oder zumindest so zu behandeln sind).

V. Absatz 5

26 Stellt der Besteller die verlangte Sicherheit binnen angemessener Frist nicht oder nicht vollständig, kann der Unternehmer nach seinem Belieben ohne vorherige Ankündigung Konsequenzen ziehen, und zwar nach seiner Wahl entweder die weitere Leistung verweigern (**Leistungsverweigerungsrecht**) oder den Vertrag kündigen (**Kündigungsrecht**), letzteres solange, wie der Besteller eine adäquate Sicherheit auch nicht nachreicht. Der Kündigungsgrund wird nach hiesiger Auffassung nicht bereits durch ein zu langes Zuwarten verwirkt[29], sondern allenfalls infolge eines weiteren Umstandsverhaltens, das das Fallenlassen des Verlangens durch den Unternehmer bedingt. Andernfalls bliebe dem Unternehmer langfristig nur das Leistungsverweigerungsrecht und der Vertrag damit unauflösbar. Das Verlangen kann auch nicht dazu zu erneuern sein müssen, da ansonsten während der neuen angemessenen Fristsetzung während dieser Zeit auch das Leistungsverweigerungsrecht entfiele. Zudem würde der bloße Zeitablauf eine rechtzeitige Ausübung der Kündigung erzwingen, die vorzugswürdigen Erhaltung des Vertrages dürfte jedoch fördern, wenn der Unternehmer zunächst nur das Leistungsverweigerungsrecht durchsetzt.

Der Anspruch auf Stellung der verlangten Sicherheit besteht ansonsten sowohl bei der Leistungseinstellung wie auch nach der Kündigung fort[30]; im Falle der Kündigung reduziert sich lediglich die Sicherungshöhe auf die Kündigungsvergütung nach § 648 BGB. § 650f Abs. 5 S. 2 und S. 3 BGB sind deckungs- und inhaltsgleich mit § 648 BGB (siehe dort Rdn. 19 ff.)

---

26 Vgl. Leinemann/Klaft, NJW 1995, 2521.

27 Scharfenberg, in: LPS, § 650f Rn. 35.

28 Vgl. aber OLG Frankfurt, Urt. v. 24.06.2024 – 29 U 100/22 bei »nicht werthaltiger Rangsicherung«.

29 So BeckOGK/Mundt, Stand 01.01.2025, § 650f BGB Rn. 108.

30 BGH, Urt. v. 22.01.2004 – VII ZR 183/02.

Das Leistungsverweigerungsrecht erstreckt sich auch auf die Mangelbeseitigung, wobei der Unternehmer selbstredend erfüllungsbereit bleiben muss.

VI. Absatz 6 – Ausnahmen

Ausgenommen von der Verpflichtung auf Verlangen eine Sicherheit nach § 650f BGB zu stellen 27
sind nach Absatz 6 juristische Personen des öffentlichen Rechts sowie öffentlich-rechtliches Sondervermögen, über deren Vermögen ein Insolvenzverfahren unzulässig ist. Die Privilegierung gilt nicht für privatrechtliche Gesellschaften, die von der öffentlichen Hand beherrscht werden, wenngleich diese ebenfalls faktisch insolvenzunfähig sind.[31]

Weggefallen ist die Privilegierung der natürlichen Person. Privilegiert ist nun der Verbraucher gem. § 13 BGB (siehe oben Rdn. 4).

VII. Absatz 7 – Abdingbarkeit

Gemäß § 650f Abs. 7 BGB sind Vereinbarungen unwirksam, mit denen von den Vorschriften in 28
§ 650f Abs. 1–5 BGB abgewichen werden soll. Der Anspruch auf Sicherheit ist damit **unabdingbar.** Das gilt nach herrschender Auffassung für sämtliche Regelungen – individual wie formularmäßig, vertraglich wie nachvertraglich[32] – die den Anspruch einschränken oder dessen Geltendmachung vereiteln; sogar ein (freiwilliger) Verzicht des Unternehmers im Vertrag ist unwirksam.[33] Allenfalls ein in einer besonderen Interessenlage kurzweiliger temporärer, individualvertraglich vereinbarter Verzicht des Auftragnehmers auf die Geltendmachung von § 650f BGB sollte nach hier Vertretener Auffassung in Betracht kommen können, etwa wenn die Parteien im Streitfall Regelungen zur einvernehmlichen Aufhebung des gemeinsamen Vertrages anstreben und das wegen der faktischen Folgen des Sicherungsverlangens der gemeinsamen Interessenlage entspricht, nämlich einen ggf. insolvenzgefährdenden Liquiditätsabfluss für die Beschaffung der Sicherheit beim Besteller zu verhindern. Dogmatisch ist den Kritikern und der wohl herrschenden Meinung aber zuzugestehen, dass das Gesetz dafür tatsächlich keinen Spielraum lässt, um genau das zu verhindern: die Öffnung der Büchse der Pandora. Abweichungen dürften damit lediglich von den Regelungen des Abs. 6 zulässig und wirksam sein.

§ 650g Zustandsfeststellung bei Verweigerung der Abnahme; Schlussrechnung

(1) Verweigert der Besteller die Abnahme unter Angabe von Mängeln, hat er auf Verlangen des Unternehmers an einer gemeinsamen Feststellung des Zustands des Werks mitzuwirken. Die gemeinsame Zustandsfeststellung soll mit der Angabe des Tages der Anfertigung versehen werden und ist von beiden Vertragsparteien zu unterschreiben.

(2) Bleibt der Besteller einem vereinbarten oder einem von dem Unternehmer innerhalb einer angemessenen Frist bestimmten Termin zur Zustandsfeststellung fern, so kann der Unternehmer die Zustandsfeststellung auch einseitig vornehmen. Dies gilt nicht, wenn der Besteller infolge eines Umstands fernbleibt, den er nicht zu vertreten hat und den er dem Unternehmer unverzüglich mitgeteilt hat. Der Unternehmer hat die einseitige Zustandsfeststellung mit der Angabe des Tages der Anfertigung zu versehen und sie zu unterschreiben sowie dem Besteller eine Abschrift der einseitigen Zustandsfeststellung zur Verfügung zu stellen.

(3) Ist das Werk dem Besteller verschafft worden und ist in der Zustandsfeststellung nach Absatz 1 oder 2 ein offenkundiger Mangel nicht angegeben, wird vermutet, dass dieser nach der Zustandsfeststellung entstanden und vom Besteller zu vertreten ist. Die Vermutung gilt nicht, wenn der Mangel nach seiner Art nicht vom Besteller verursacht worden sein kann.

---

31 Leicht, in: jurisPK-BGB, § 650f Rn. 14.
32 Kniffka, BauR 2001, 246, 251 f.
33 BGH; Urt. v. 09.11.2000 – VII ZR 82/99.

(4) Die Vergütung ist zu entrichten, wenn
1. der Besteller das Werk abgenommen hat oder die Abnahme nach § 641 Absatz 2 entbehrlich ist, und
2. der Unternehmer dem Besteller eine prüffähige Schlussrechnung erteilt hat.

Die Schlussrechnung ist prüffähig, wenn sie eine übersichtliche Aufstellung der erbrachten Leistungen enthält und für den Besteller nachvollziehbar ist. Sie gilt als prüffähig, wenn der Besteller nicht innerhalb von 30 Tagen nach Zugang der Schlussrechnung begründete Einwendungen gegen ihre Prüffähigkeit erhoben hat.

Übersicht Rdn.

A. Entwicklung

1 § 650g BGB, der im Zuge der Novellierung des Werkvertragsrechts zum 01.01.2018 erstmals in das BGB eingeführt wurde, enthält Regelungen zur Zustandsfeststellung und zur Fälligkeit des Werklohns.

I. Bisherige Rechtslage

2 Eine Verpflichtung zur Zustandsfeststellung war im bisher geltenden Recht nicht normiert. Sie wurde im Zuge der Novellierung des Werkvertragsrechts neu in das BGB eingeführt.

3 Vergleichbare Regelungen fanden sich allerdings schon vor der Reform des Werkvertragsrechts in der VOB/B. In § 4 Abs. 10 VOB/B ist beispielsweise eine gemeinsame Zustandsfeststellung von Leistungsteilen für den Fall vorgesehen, dass diese Teile durch die weitere Ausführung der Prüfung und der Feststellung entzogen werden. Auch hier ist das Ergebnis schriftlich niederzulegen. § 4

Abs. 10 VOB/B regelt damit nicht die Frage der Zustandsfeststellung nach einer Abnahmeverweigerung – inhaltlich sind die Regelungen jedoch zumindest teilweise vergleichbar.[1]

4 Darüber hinaus findet sich in § 8 Abs. 7 VOB/B eine vergleichbare Regelung für den Fall der Kündigung. Hier kann der Auftragnehmer Aufmaß (und Abnahme) der von ihm aufgeführten Leistungen alsbald nach der Kündigung verlangen. Auch diese Regelung beabsichtigt eine Feststellung des Status quo für gegebenenfalls folgende weitere Auseinandersetzungen.

5 Dem BGB bisher ebenfalls fremd war das Erfordernis der Erteilung einer prüffähigen Schlussrechnung als Voraussetzung der Fälligkeit. Bisher wurde die Vergütung des Werkunternehmers grundsätzlich gemäß § 641 BGB a.F. mit der Abnahme des Werkes fällig. Eine Sonderregelung für Bauverträge war nicht vorgesehen.

6 Auch diesbezüglich gingen die Regelungen der VOB/B über die gesetzlichen Regelungen hinaus. § 14 VOB/B enthält die Anforderungen an eine prüfbare Abrechnung. Eine vergleichbare Regelung findet sich in § 15 HOAI 2013.

II. Entwicklung bis zur aktuellen Fassung

7 Die Einführung einer Zustandsfeststellung nach Abnahmeverweigerung wurde dem Gesetzgeber bereits im Zuge des 3. Deutschen Baugerichtstages empfohlen.[2] Eine entsprechende Regelung hatte bereits Eingang in den Referentenentwurf gefunden. Dabei sah der Entwurf zunächst lediglich vor, dem Werkunternehmer die Möglichkeit einzuräumen, eine gemeinsame Zustandsfeststellung zu verlangen. Eine einseitige Zustandsfeststellung war nicht vorgesehen. In der Rechtsfolge (Abs. 3) entsprach der Entwurf allerdings bereits der heutigen Fassung.

8 Der Gesetzesentwurf der Bundesregierung hat diese Regelungen im Wesentlichen übernommen. Eingeführt wurde hier eine ausdrückliche Verpflichtung des Bestellers zur Durchführung einer Zustandsfeststellung. Geregelt wurden ebenfalls die Anforderungen an die Protokollierung. Auch die einseitige Zustandsfeststellung durch den Unternehmer findet sich erstmals im Regierungsentwurf.[3]

9 In der Begründung des Entwurfs wird in Übereinstimmung mit der Begründung der Thesen des Deutschen Baugerichtstages[4] auf folgende Problematik verwiesen, die die Einführung einer entsprechenden Regelung erforderlich machte: Kommt es nicht zu einer Abnahme des Bauwerkes, weil die Vertragspartner über die Abnahmereife des Werkes streiten, besteht in der Praxis das Bedürfnis, den Zustand des Werkes zum Zeitpunkt des Abnahmeverlangens zu dokumentieren. Insbesondere wenn der Besteller das Werk ohne vorherige Abnahme in Benutzung genommen hat, entstehen bei einer späteren Abnahme Unsicherheiten über die Zuordnung von Mängeln. Zur Vermeidung solcher Unsicherheiten soll den Besteller eine Obliegenheit treffen, auf das Verlangen des Unternehmers an einer gemeinsamen Feststellung mitzuwirken. Die Begründung des Entwurfs weist insofern ausdrücklich darauf hin, dass die Zustandsfeststellung nicht die Abnahme ersetzt und auch keine sonstigen Ausschlusswirkungen hat; sie dient lediglich der Dokumentation des Zustands des Werkes, um späteren Streit vorzubeugen.

10 Abs. 2 konkretisiert die Anforderungen an eine einseitige Zustandsfeststellung durch den Unternehmer, um die Parteien zu einer kooperativen Zusammenarbeit zu bewegen.

11 Abs. 3 schränkt nach dem Willen des Gesetzgebers das Risiko des Unternehmers, der die Gefahr bis zur Abnahme des Werkes trägt (§ 644 BGB), ein. In Fällen, in denen eine Abnahme streitig ist,

1 Aufgrund der grundsätzlichen Vergleichbarkeit von § 4 Abs. 10 VOB/B und § 650g BGB werden nachfolgend die zu den Regelungen der VOB/B entwickelte Literatur und Rechtsprechung herangezogen.
2 Empfehlungen des 3. DBGT 2010 (Arbeitskreis 1), abrufbar unter www.baugerichtstag.de, S. 3.
3 BT-Drucks. 18/8486, S. 59 f.
4 Thesenpapier des 3. DBGT 2010 (Arbeitskreis 1), abrufbar unter www.baugerichtstag.de, S. 11 ff.

sich das Werk allerdings bereits im Einflussbereich des Bestellers befindet und von diesem genutzt wird, wäre der Werkunternehmer andernfalls zur Herstellung eines vollständig mangelfreien Werkes verpflichtet und würde bis zur tatsächlichen Abnahme die Beweislast bezüglich der Mangelfreiheit tragen. Er müsste dementsprechend auch Schäden beseitigen, von denen er nicht beweisen könnte, dass sie vom Besteller verursacht wurden. Zumindest für offenkundige Mängel, die nicht festgestellt worden sind, wird nun vermutet, dass diese erst nach Zustandsfeststellung entstanden und vom Besteller zu vertreten sind. Der Unternehmer wird so entlastet.

12 Die prüffähige Schlussrechnung als zusätzliches Fälligkeitserfordernis war in dem Referentenentwurf noch nicht vorgesehen. Die Einführung einer Schlussrechnung als Fälligkeitserfordernis war aber bereits von der Arbeitsgruppe Bauvertragsrecht beim Bundesministerium der Justiz im Rahmen des Abschlussberichts vom 18.06.2013 vorgeschlagen worden.[5] Da eine entsprechende Schlussrechnungslegung auch bei BGB-Bauverträgen gängiger Praxis entspreche, sollten die gesetzlichen Regelungen an die Bedürfnisse der Praxis angepasst werden.

13 Die Bundesregierung hat diese Anforderung im Zuge des Gesetzgebungsverfahrens aufgenommen. Sie ist jedoch noch über den ursprünglich lediglich auf Verbraucherbauverträge begrenzten Vorschlag hinausgegangen und hat das Erfordernis einer Schlussrechnung auf alle Bauverträge ausgeweitet. Diesbezüglich hat sie ausdrücklich auf den Bericht der Arbeitsgruppe Bauvertragsrecht[6] Bezug genommen.

B. Zustandsfeststellung bei Verweigerung der Abnahme

I. Allgemeines

14 Die Zustandsfeststellung dient nach dem Willen des Gesetzgebers der Rechtssicherheit. Zutreffend weist die Gesetzesbegründung darauf hin, dass es in Fällen, in denen die Abnahme verweigert wird, ein praktisches Bedürfnis gibt, den Zustand des Werkes zum Zeitpunkt des Abnahmeverlangens zu dokumentieren.[7] Insbesondere wird dies relevant, wenn der Besteller das Werk ohne vorherige Abnahme in Benutzung genommen hat. Dann stellt sich bei der späteren Abnahme häufig die Frage, ob nunmehr festgestellte Mängel aus dem Verantwortungsbereich des Bestellers oder dem des Unternehmers stammen. Die Dokumentation der bis zur Abnahmeverweigerung erbrachten Bauleistung ist geeignet, solche Streitigkeiten zwischen den Parteien vorzubeugen und erleichtert in einem späteren Prozess die Beweisführung.

15 § 650g BGB findet nach dem Wortlaut in Fällen der streitigen Abnahmeverweigerung Anwendung. Insbesondere in diesen Fällen ist dem Unternehmer daran gelegen, den Zustand seines Werkes zum Zeitpunkt des Abnahmeverlangens möglichst umfassend festzustellen. § 650g BGB kann bei entsprechender Vereinbarung allerdings auch bei einer unstreitigen Abnahmeverweigerung zur Anwendung kommen. Denkbar sind beispielsweise Fälle, in denen das Werk unstreitig mangelbehaftet ist. Aufgrund einer länger andauernden Mangelbeseitigung kann der Unternehmer ein Interesse daran haben, den Zustand der nicht von dem Mangel betroffenen Leistungsteile einvernehmlich festzustellen.

16 Die Zustandsfeststellung liegt primär im Interesse des Unternehmers. Dies gilt gerade im Hinblick auf die besondere Bedeutung, die die Abnahme für den Unternehmer hat (Beginn der Mängelhaftungsfrist, Beweislastumkehr zur Mängelhaftung, Fälligkeit des Vergütungsanspruchs, Gefahrübergang, Ausschlusswirkung des § 640 Abs. 3 BGB). Das darf allerdings nicht darüber hinwegtäuschen, dass auch für den Besteller die Rechtssicherheit, die mit einer Zustandsfeststellung einhergeht, Vorteile beinhaltet. So erleichtert eine umfassende Dokumentation die etwaige Durch-

5 Abschlussbericht der Arbeitsgruppe Bauvertragsrecht beim Bundesministerium der Justiz vom 18.06.2013, S. 45 ff.

6 Gegenäußerung der Bundesregierung zur Stellungnahme des Bundesrats, BT-Drucks. 18/8486, S. 100.

7 BT-Drucks. 18/8486, S. 59.

setzung von Ansprüchen gegenüber Dritten, die mit dem Werk in Kontakt kommen und Schäden verursachen (bspw. Mieter).

Im Sinne der Rechtssicherheit hat sich der Gesetzgeber entgegen der noch im Referentenentwurf vorgesehenen Fassung im Hinblick auf die Bedürfnisse der Praxis dazu entschlossen, nicht nur den Fall der einvernehmlichen Zustandsfeststellung bei Verweigerung der Abnahme zu regeln, sondern dem Unternehmer auch die Möglichkeit einer einseitigen Zustandsfeststellung einzuräumen. 17

II. Zustandsfeststellung unter Mitwirkung des Bestellers (Abs. 1)

1. Verweigerung der Abnahme

Eine Zustandsfeststellung im Sinne des § 650g Abs. 1 BGB ist ausweislich des eindeutigen Wortlautes nur für den Fall einer Abnahmeverweigerung des Bestellers möglich. Der Wortlaut von § 650g Abs. 1 S. 1 BGB nimmt hier Bezug auf die Regelung in § 640 Abs. 2 BGB. Gemäß § 640 Abs. 2 S. 1 BGB kann der Besteller die Abnahme unter Angabe mindestens eines Mangels verweigern. 18

Soweit § 650g Abs. 1 S. 1 BGB voraussetzt, dass der Besteller die Abnahme unter Verweis auf Mängel (Plural) verweigern muss, entspricht dies nicht § 640 Abs. 2 S. 1 BGB. Dieser sieht lediglich die Benennung von (mindestens) einem Mangel vor. Bei dieser Abweichung dürfte es sich jedoch lediglich um einen redaktionellen Fehler handeln, denn auch in § 640 Abs. 2 S. 1 BGB hieß es im Regierungsentwurf ursprünglich »unter Angabe von Mängeln«[8]. Um dem Missverständnis entgegenzuwirken, dass der Eintritt der fiktiven Abnahme nur durch die Angabe mehrerer Mängel verhindert werden kann, wurde dieser Wortlaut im Rahmen des Gesetzgebungsverfahrens dahingehend geändert, dass die Angabe »mindestens eines Mangels« genügt.[9] Hierbei hat der Gesetzgeber versäumt, den § 650g Abs. 1 S. 1 BGB derselben Modifizierung zu unterwerfen. Daher ist davon auszugehen, dass der Tatbestand von § 650g Abs. 1 BGB auch nur die Angabe eines Mangels erfordert.[10] Andernfalls würde die unbefriedigende Situation bestehen, dass der Besteller unter Angabe eines Mangels die Abnahme verweigern und den Eintritt der Abnahmefiktion verhindern, der Unternehmer jedoch keine Zustandsfeststellung verlangen könnte. Dies würde gerade dem Zweck des § 650g Abs. 1 BGB, Rechtssicherheit herzustellen, zuwiderlaufen. 19

Zu berücksichtigen ist allerdings ein bedeutender Unterschied zwischen § 650g BGB und § 640 BGB. Nach letzterem ist Voraussetzung für die Abnahmeverweigerung das Vorliegen eines wesentlichen Mangels gemäß § 640 Abs. 1 S. 2 BGB. Diese Einschränkung gilt nicht für § 650g BGB. Hier reicht auch die Abnahmeverweigerung unter Verweis auf einen unwesentlichen Mangel aus, um dem Unternehmer einen Anspruch auf die Zustandsfeststellung einzuräumen. Hierin liegt nur scheinbar ein Widerspruch. Es ist ausdrückliches Ziel des Gesetzgebers, die Zustandsfeststellung für alle Fälle der Abnahmeverweigerung zuzulassen. Etwaige Auseinandersetzungen über das Vorliegen *wesentlicher* Mängel (und die damit verbundene Wirksamkeit der Abnahmeverweigerung) sollen insbesondere nicht im Zusammenhang mit der Zustandsfeststellung geführt werden.[11] Die Zustandsfeststellung soll für klärungsbedürftige Fragestellungen eine Diskussionsgrundlage (ggf. im späteren gerichtlichen Prozess) bieten. Insofern kommt es auch nicht darauf an, ob tatsächlich Mängel im Rechtssinne vorliegen.[12] 20

Da Voraussetzung für eine Zustandsfeststellung nach § 650g die verweigerte Abnahme ist, ergibt sich die Notwendigkeit der Fertigstellung der vertraglich geschuldeten Leistung (jedenfalls aus Sicht 21

8 BT-Drucks. 18/8486, S. 12.

9 BT-Drucks. 18/11437, S. 12, 40.

10 Ebenso BeckOK BauVertrR/Hummel, § 650g BGB Rn. 11; BeckOK BGB/Voit, § 650g Rn. 2; Messerschmidt/Voit/Messerschmidt, § 650g BGB Rn. 27; MüKo-BGB/Busche, § 650g Rn. 5; Grüneberg/Retzlaff, BGB, § 650g Rn. 4; Leupertz/Halfmeier, in: PWW, § 650g BGB Rn. 2.

11 Ebenso wohl auch Messerschmidt/Voit/Messerschmidt, § 650g BGB Rn. 28; i.E. so wohl auch Pause/Vogel, in: ibr-OK Bauvertragsrecht, § 650g BGB Rn. 6.

12 NK-BGB/Linz, § 650g Rn. 22.

des Unternehmers), welche der Abnahmeverweigerung zugrunde liegt.[13] Damit findet diese Norm in Anbetracht des eindeutigen Wortlautes keine Anwendung auf Konstellationen, welche beispielsweise unter den Anwendungsbereich des § 4 Abs. 10 VOB/B fallen (Feststellungen für Leistungsteile, die durch die weitere Ausführung der Prüfung und Feststellung entzogen werden). Teilleistungen vor Fertigstellung sind damit einer Zustandsfeststellung nach § 650g BGB nicht zugänglich. Folglich gilt: Selbst wenn eine gemeinsame Zustandsfeststellung nach Auffassung des Unternehmers in Anbetracht der weiteren Arbeiten sinnvoll wäre – über § 650g BGB ist sie nicht zu erreichen, es sei denn, die Parteien vereinbaren eine entsprechende Anwendung.

Anders ist dies nur in denjenigen Fällen zu beurteilen, in denen dem Unternehmer ein (vertraglicher oder gesetzlicher) Anspruch auf Teilabnahme zusteht. Wird eine solche Teilabnahme nach § 640 Abs. 2 BGB durch den Besteller nicht erklärt, so findet auf die diesbezüglichen Leistungen § 650g BGB Anwendung.

In Ausnahmefällen ist eine unvollständige Bauleistung durch den Besteller abzunehmen; dies gilt auch in allen anderen Fällen der Vertragsbeendigung, z.B. aufgrund von Kündigung.[14] § 650g BGB findet dann Anwendung.

2. Verlangen der Feststellung

22 Die Feststellung ist auf Verlangen vorzunehmen. Ausweislich des Wortlautes kann lediglich der Unternehmer die gemeinsame Feststellung verlangen. Regelungen über Form und Frist des Verlangens gibt es nicht. Aus Beweiszwecken und gerade im Hinblick auf die besondere Regelung des Abs. 2 empfiehlt es sich jedoch, das Verlangen schriftlich gegen Nachweis auszubringen.[15] Das Mitwirkungsverlangen des Unternehmers muss sich auf eine gemeinsame Feststellung richten.[16] Aus diesem Grund muss dieses rechtzeitig ausgebracht werden, sodass dem Besteller eine Teilnahme an der gemeinsamen Feststellung möglich und zumutbar ist.

23 Der praktisch weniger relevante Fall, in dem der Besteller eine Zustandsfeststellung herbeiführen möchte, findet damit keine gesetzliche Regelung.[17] In diesem Fall sähe sich der Unternehmer allerdings als Ausdruck der werkvertraglichen Kooperationspflicht verpflichtet, dem Verlangen des Bestellers nachzukommen. Die nachfolgend beschriebenen Rechtsfolgen des § 650g BGB fänden jedoch keine Anwendung.[18]

3. Gemeinsame Feststellung – Inhalt

24 Gegenstand der Zustandsfeststellung ist das vertragliche Werk. Nach der Vorstellung des Gesetzgebers sollen die Parteien gemeinsam den Zustand dieses Werkes, das bedeutet den Umfang der bisher erbrachten Leistungen, ihre Qualität, gegebenenfalls bereits erkennbare Mängel etc. feststellen.

25 Der Umfang der gemeinsamen Feststellung wird dabei nicht konkretisiert.[19] Es bleibt den Parteien überlassen, inwieweit sie die Feststellung vornehmen. Der Umfang dürfte sich insbesondere an dem Werk, bzw. dem zu erreichenden Erfolg, orientieren. Gerade im Hinblick auf umfangreiche Bauvorhaben kann auch eine sehr aufwendige Zustandsfeststellung unter Beiziehung von Sachver-

---

13 NK-BGB/Linz, § 650g Rn. 15.

14 BGH, Urt. v. 11.05.2006 – VII ZR 146/04, NJW 2006, 2475; NK-BGB/Linz, § 650g Rn. 15; Messerschmidt/Voit/Messerschmidt, § 650g BGB Rn. 19.

15 NK-BGB/Linz, § 650g Rn. 24.

16 Messerschmidt/Voit/Messerschmidt, § 650g BGB Rn. 38.

17 Vgl. hierzu Messerschmidt/Voit/Messerschmidt, § 650g BGB Rn. 34, der ein eigenständiges Recht des Bestellers auf gemeinschaftliche Zustandsfeststellung für sinnvoll gehalten hätte.

18 A.A. BeckOK BauVertrR/Hummel, § 650g BGB Rn. 18, der keinen Grund sieht, den auf Verlangen des Bestellers erfolgten gemeinschaftlichen Feststellungen nicht die Wirkung des § 650g Abs. 1 BGB beizumessen.

19 Leinemann/Kues/von Kiedrowski, § 650g BGB Rn. 7.

ständigen sinnvoll sein. Diese muss sich nicht auf den Zustand, d.h. auf eine rein oberflächliche Feststellung der augenscheinlich erkennbaren Leistungen, beschränken, sondern kann auch eine Funktionsprüfung und allgemeine Feststellung der Mangelfreiheit (zur Abgrenzung von der Abnahme siehe nachfolgend) beinhalten.[20]

4. Gemeinsame Feststellung – Mitwirken des Bestellers

Gem. § 650g Abs. 1 BGB hat der Besteller an der gemeinsamen Zustandsfeststellung mitzuwirken. 26 Hierbei handelt es sich um keine Verpflichtung, sondern um eine bloße Obliegenheit.[21] Denn die Rechtsfolge der Nichtmitwirkung ergibt sich aus Abs. 2 und 3. Die Mitwirkungsobliegenheit erfasst nicht nur die Teilnahme an sich, was sich aus dem Wortlaut der Norm ergibt. Der Besteller hat vielmehr eine gemeinsame Zustandsfeststellung im Rahmen seiner vertraglichen Verpflichtungen zu ermöglichen und zu fördern. Die Grenzen dieser Obliegenheit werden sich kaum allgemeingültig bestimmen lassen. Sie bleiben der Auslegung des Vertrags unter Berücksichtigung der Verpflichtung zur gegenseitigen Kooperation überlassen.

Zu berücksichtigen ist, dass eine gemeinsame Zustandsfeststellung keine einvernehmliche Fest- 27 stellung voraussetzt. Insofern kommt es lediglich darauf an, dass die Parteien klar zu erkennen geben, inwieweit über die Feststellungen Einvernehmen erzielt wurde oder ob sie streitig geblieben sind.[22]

5. Niederlegung der Ergebnisse

Gerade vor dem Hintergrund der Rechtssicherheit kommt der Niederlegung der Ergebnisse der 28 gemeinsamen Zustandsfeststellung eine besondere Bedeutung zu. Der Gesetzgeber fordert die Parteien dazu auf, den Tag der Anfertigung festzuhalten sowie beidseitig eine Unterzeichnung vorzunehmen. Während Ersteres lediglich eine Soll-Bestimmung darstellt, ist das Unterschriftserfordernis als notwendige Voraussetzung der Zustandsfeststellung zu verstehen, um sicherzustellen, dass die Niederschrift die gemeinsamen Feststellungen wiedergibt.[23] Fehlt die Unterschrift, dann entfaltet die Zustandsfeststellung keine Rechtswirkungen.[24] Unterschrift im Sinne des § 650g Abs. 1 S. 1 BGB meint nicht nur die eigenhändige Unterzeichnung, sondern erfasst nach dem Sinn und Zweck der Norm auch die elektronische Form gemäß § 126a BGB, sofern der jeweilige Aussteller eindeutig erkennbar ist.[25] Verweigert eine Partei grundlos ihre Unterschrift, stellt dies einen Verstoß gegen die vertragliche Mitwirkungspflicht dar und führt bei Vorliegen eines Schadens zu einem Schadensersatzanspruch. Ein möglicher Schaden kann beispielsweise in der Beauftragung eines Sachverständigen zur Zustandsfeststellung liegen.[26]

---

20 Pause/Vogel, in: ibr-OK Bauvertragsrecht, § 650g BGB Rn. 10; Jansen/Seibel/Gartz, § 4 VOB/B Rn. 194; Messerschmidt/Voit/Messerschmidt, § 650g BGB Rn. 47 f.; anders wohl Grüneberg/Retzlaff, BGB, § 650g Rn. 6, der davon ausgeht, dass nur eine solche Prüfung erforderlich ist, bei der offenkundige Mängel entdeckt werden können; in diesem Sinne wohl auch BeckOK BGB/Voit, § 650g Rn. 4.

21 Pause/Vogel, in: ibr-OK Bauvertragsrecht, § 650g BGB Rn. 11; MüKo-BGB/Busche, § 650g Rn. 4; Jauernig/Mansel, § 650g BGB Rn. 9.

22 Ingenstau/Korbion/Oppler, § 4 Abs. 10 VOB/B Rn. 6; Junghenn, in: Beck'scher VOB-Kommentar, § 4 Abs. 10 VOB/B Rn. 6.

23 BT-Drucks. 18/8486, S. 59; ebenso BeckOK BauVertrR/Hummel, § 650g BGB Rn. 22; BeckOK BGB/Voit, § 650g Rn. 7; Messerschmidt/Voit/Messerschmidt, § 650g BGB Rn. 55, 58; MüKo-BGB/Busche, § 650g Rn. 6; a.A. Pause/Vogel, in: ibr-OK Bauvertragsrecht, § 650g BGB Rn. 9, die davon ausgehen, dass die beidseitige Unterzeichnung keine notwendige Voraussetzung sei.

24 MüKo-BGB/Busche, § 650g Rn. 6.

25 BeckOK BauVertrR/Hummel, § 650g BGB Rn. 23; a.A. BeckOK BGB/Voit, § 650g Rn. 8.

26 BeckOK BGB/Voit, § 650g Rn. 13.

Im Übrigen bestehen keine weiteren Formvorgaben, insbesondere ist eine schriftliche Protokollierung nicht zwingend erforderlich.[27] Gerade im Sinne der gerichtsfesten Beweisführung ist eine solche aber dringend zu empfehlen. Verweist das Protokoll auf Anlagen, ist darauf zu achten, dass diese von der beiderseitigen Unterschrift erfasst werden.

29 Ein Protokoll einer Zustandsfeststellung sollte Angaben darüber enthalten, welche Leistungsteile besichtigt wurden, welcher Zustand in welchem Entwicklungsstadium festgestellt wurde und ob Mängel erkannt worden sind.[28] Ebenso sollte in das Protokoll aufgenommen werden, ob die Feststellungen einvernehmlich erfolgt oder streitig geblieben sind.[29] Jede Partei hat das Recht auf eine unterzeichnete Ausfertigung des Protokolls; dies ergibt sich mittelbar aus § 650g Abs. 2 S. 3.[30] Durch die Unterschrift erkennt der Unterzeichnende nicht etwaige Gefahrbereichszuordnungen, sondern nur die Richtigkeit der gemeinsam besprochenen tatsächlichen Feststellungen an.[31]

6. Kosten der gemeinsamen Zustandsfeststellung

30 Die gesetzliche Regelung enthält keine Hinweise auf die Kostentragungspflicht. In der Begründung des Regierungsentwurfes[32] wurde darauf hingewiesen, dass jede Partei die ihr entstehenden Kosten der Zustandsfeststellung grundsätzlich selbst zu tragen habe. Dies begründe sich darin, dass die Zustandsfeststellung im Interesse beider Vertragspartner liege.

31 Dem ist zuzustimmen.[33] Soweit die Parteien sich dazu entscheiden sollten, gemeinsam einen Sachverständigen mit der Zustandsfeststellung zu beauftragen, sind dessen Kosten hälftig zu teilen.[34]

32 Dies entspricht auch der herrschenden Meinung[35] in Bezug auf die Kostenlast aus § 4 Abs. 10 VOB/B. Die diesbezüglich vereinzelt vertretene Auffassung, der Unternehmer sei aufgrund seiner Vorleistungspflicht bis zur Abnahme auch im Hinblick auf die Zustandsfeststellung zur Kostentragung verpflichtet,[36] ist jedenfalls auf § 650g BGB nicht übertragbar. Die Gesetzesbegründung spricht bereits gegen eine solche Annahme. Darüber hinaus wird sie dem grundsätzlichen beiderseitigen Interesse an der Zustandsfeststellung nicht gerecht.

33 Etwas anderes soll nur dann gelten, wenn die Voraussetzungen eines Schadensersatzanspruches vorliegen (§ 280 Abs. 1 BGB).[37] Dies kann etwa der Fall sein, wenn der Unternehmer den Besteller zur Abnahme auffordert, obwohl das Werk offensichtlich wesentliche Mängel aufweist.[38]

---

27 BeckOK BauVertrR/Hummel, § 650g BGB Rn. 24; a.A. Messerschmidt/Voit/Messerschmidt, § 650g BGB Rn. 55, der aber anerkennt, dass die Zustandsfeststellung um nicht schriftliche Anlagen ergänzt werden kann, Rn. 60.

28 BeckOK BGB/Voit, § 650g Rn. 4; Junghenn, in: Beck'scher VOB-Kommentar, § 4 Abs. 10 VOB/B Rn. 6 m.w.N.

29 Junghenn, in: Beck'scher VOB-Kommentar, § 4 Abs. 10 VOB/B Rn. 6; Ingenstau/Korbion/Oppler, § 4 Abs. 10 VOB/B Rn. 6; Messerschmidt/Voit/Messerschmidt, § 650g BGB Rn. 56.

30 Messerschmidt/Voit/Messerschmidt, § 650g BGB Rn. 46.

31 BeckOK BGB/Voit, § 650g BGB Rn. 19; Kapellmann/Messerschmidt/Merkens, § 4 VOB/B Rn. 234.

32 BT-Drucks. 18/8486, S. 60.

33 Ebenso: Pause/Vogel, in: ibr-OK Bauvertragsrecht, § 650g BGB Rn. 12; BeckOK BauVertrR/Hummel, § 650g BGB Rn. 48.

34 Jansen/Seibel/Gartz, § 4 VOB/B Rn. 196.

35 BeckOK VOB/B/Fuchs, § 4 Abs. 10 Rn. 5; Leinemann/Leinemann, § 4 VOB/B Rn. 197 m.w.N.; Jansen/Seibel/Gartz, § 4 VOB/B Rn. 196.

36 FKZGM/Keller, § 4 VOB/B Rn. 372.

37 Vgl. hierzu auch BeckOK BauVertrR/Hummel, § 650g BGB Rn. 48; Jauernig/Mansel, § 650g BGB Rn. 24.

38 BT-Drucks. 18/8486, S. 60.

III. Zustandsfeststellung durch den Unternehmer (Abs. 2)

1. Fernbleiben des Bestellers

Die einseitige Zustandsfeststellung durch den Unternehmer setzt voraus, dass der Besteller trotz Möglichkeit der Teilnahme von einer solchen abgesehen hat. Dies ist nach dem Wortlaut des Gesetzes dann der Fall, wenn er oder ein von ihm bevollmächtigter Vertreter[39] zu einem vereinbarten Termin nicht erscheint. Kommt es gar nicht erst zu einer Vereinbarung eines gemeinsamen Termins, weil der Besteller eine Terminabstimmung verweigert, unangemessen verzögert oder verkompliziert, oder gar nicht erst auf das Verlangen des Unternehmers reagiert, so kann der Unternehmer seinerseits einen Termin innerhalb einer angemessenen Frist bestimmen und dem Besteller mitteilen. Die Regelungen in § 650g Abs. 1 und 2 BGB stellen jedoch vorrangig auf eine gemeinsame Feststellung des Zustands des Werkes ab. Daher sind zunächst die Möglichkeiten einer einvernehmlichen Terminbestimmung und -durchführung auszuschöpfen, wobei der Unternehmer nach Möglichkeit auch abweichende Terminvorschläge des Bestellers zu berücksichtigen hat.[40] 34

Die Angemessenheit der Frist wird nach dem Einzelfall zu beurteilen sein.[41] Herangezogen werden kann zwar die Regelung des § 12 Abs. 1 VOB/B, wonach die Abnahme der Leistungen innerhalb einer Frist von 12 Werktagen durchzuführen ist.[42] Allerdings verbietet sich eine einheitliche Festlegung. Zu den zu berücksichtigenden Umständen des Einzelfalls zählen insbesondere die Interessen des Unternehmers an der zeitnahen Zustandsfeststellung sowie die objektiven Möglichkeiten des Bestellers, die Zustandsfeststellung sachgerecht durchzuführen.[43] Gerade im Bereich komplexer Bauvorhaben, bei denen verschiedene Gewerke ineinandergreifen und ein hohes Risiko besteht, dass das aus Sicht des Unternehmers abnahmereife Werk beschädigt wird, oder wenn dem Besteller das Werk bereits zur Nutzung übergeben wurde oder die Übergabe unmittelbar bevorsteht,[44] müssen auch kürzere Fristen zulässig sein. Andererseits muss bei komplexen Gewerken berücksichtigt werden, dass sich der Besteller inhaltlich ausreichend auf den Termin vorbereiten und etwa Sachverständige hinzuziehen können muss, sodass auch längere Fristen angemessen sein können.[45] Eine zu kurz bemessene Frist setzt nicht eine objektiv angemessene Frist in Gang; vielmehr ist eine einseitige Zustandsfeststellung dann nicht möglich, da es an einer diese rechtfertigenden Obliegenheitsverletzung des Bestellers fehlt.[46] 35

Der Werkunternehmer ist in jedem Fall gut beraten, seine entsprechenden Aufforderungen hinreichend zu dokumentieren und insbesondere auch den Zugang der Aufforderung an den Besteller sicherzustellen. In der Praxis würde er sich anderenfalls sicherlich häufig dem Einwand aussetzen, die einseitige Zustandsfeststellung rechtsmissbräuchlich herbeigeführt zu haben. 36

2. Vertretenmüssen und Mitteilungspflicht

Das Fernbleiben des Bestellers vom vereinbarten bzw. angekündigten Termin führt nicht in jedem Fall zu dem Recht des Unternehmers zur einseitigen Zustandsfeststellung. Gemäß § 650g Abs. 2 37

39 BeckOK BauVertrR/Hummel, § 650g BGB Rn. 38.

40 Messerschmidt/Voit/Messerschmidt, § 650g BGB Rn. 64.

41 BeckOK BauVertrR/Hummel, § 650g BGB Rn. 34; MüKo-BGB/Busche, § 650g Rn. 7; Grüneberg/Retzlaff, § 650g BGB Rn. 5.

42 Tschäpe/Werner, ZfBR 2017, 419 m.w.N.; BeckOK BGB/Voit, § 650g Rn. 9 hält eine Frist von einer Woche, wenn der Besteller nicht sachkundig beraten ist, für zu kurz; BeckOK BauVertrR/Hummel, § 650g BGB Rn. 34 hält in Anbetracht der bestehenden Entschuldigungsmöglichkeit gemäß § 650g Abs. 2 S. 2 BGB einen Vorlauf von 10 Tagen oder auch einer Woche jedenfalls im Regelfall nicht unangemessen kurz; MüKo-BGB/Busche, § 650g Rn. 7 spricht sich für eine regelmäßig angemessene Frist von 14 Tagen aus.

43 Grüneberg/Retzlaff, § 650g BGB Rn. 5; Leinemann/Kues/von Kiedrowski, § 650g BGB Rn. 13.

44 BeckOK BauVertrR/Hummel, § 650g BGB Rn. 33.

45 BeckOK BauVertrR/Hummel, § 650g BGB Rn. 33; BeckOK BGB/Voit, § 650g Rn. 9.

46 BeckOK BauVertrR/Hummel, BGB § 650g Rn. 36.

S. 2 BGB ist der Unternehmer zu einer solchen nicht berechtigt, wenn der Besteller infolge eines Umstandes fernbleibt, den er nicht zu vertreten hat und den er dem Unternehmer unverzüglich angezeigt hat. Insofern finden die Regelungen der §§ 276, 278 BGB Anwendung.[47] Der Besteller ist im Hinblick auf sein Vertretenmüssen darlegungs- und beweisbelastet.

38 Im Sinne der bauvertraglichen Kooperation ist der Besteller zudem verpflichtet, den Unternehmer über den Hinderungsgrund unverzüglich, d.h. ohne schuldhaftes Zögern (§ 121 Abs. 1 S. 1 BGB), in Kenntnis zu setzen. Hierdurch soll bezweckt werden, dass die Parteien sich bereits vor dem Termin zur Zustandsfeststellung über mögliche Verhinderungsgründe des Bestellers austauschen[48] und ggf. eine einvernehmliche Verlegung des Termins vereinbaren. Ist dem Besteller der Termin ohnehin schon bekannt, kann die Mitteilung im Einzelfall entfallen.[49]

3. Einseitige Zustandsfeststellung

39 Auch im Hinblick auf die einseitige Zustandsfeststellung räumt der Gesetzgeber dem Unternehmer bzgl. Form und Umfang der Feststellungen weitgehende Freiheit ein. Der Unternehmer hat allerdings aus Gründen der Nachvollziehbarkeit notwendigerweise die Zustandsfeststellung mit der Angabe des Tages der Anfertigung zu versehen und sie zu unterschreiben. Die Begehung hat an dem vereinbarten bzw. einseitig bestimmten Termin stattzufinden, damit der Besteller die Möglichkeit hat, später noch hinzuzustoßen.[50] In Bezug auf den Umfang der Feststellungen kann an sich auf die obigen Ausführungen verwiesen werden. Schuldhaft unrichtige oder unvollständige Feststellungen können eine Schadensersatzpflicht auslösen sowie einen (versuchten) Betrug darstellen.[51]

40 Da es sich um eine einseitige Zustandsfeststellung handelt, ist der Unternehmer verpflichtet, dem Besteller eine Abschrift zur Verfügung zu stellen (Abs. 2 S. 3), damit dieser die Gelegenheit hat, die Feststellungen zu überprüfen und hierzu Stellung zu nehmen. Außerdem soll dadurch verhindert werden, dass der Inhalt der Zustandsfeststellung im Nachhinein verändert wird.[52]

Sollte der Besteller dem Unternehmer den Zugang zu dem Werk verweigern, kann der Unternehmer den Zustand nach seiner Erinnerung beschreiben, da der Besteller ansonsten den Zweck der Zustandsfeststellung vereiteln könnte.[53]

4. Anwendbarkeit des Abs. 2 bei gemeinsamer Zustandsfeststellung

41 In der Praxis dürfte sich häufig der Fall ergeben, dass die Parteien sich zu einer gemeinsamen Zustandsfeststellung vor Ort eingefunden haben, eine inhaltliche Einigung in Bezug auf die Feststellungen des Zustands allerdings nicht möglich ist. Insofern ist zu erwägen, ob in solchen Fällen der Unternehmer nicht eine einseitige Feststellung nach Abs. 2 vornehmen kann.

42 Dabei wird vertreten, dass eine analoge Anwendung des Abs. 2 in solchen Fällen zulässig ist.[54] Begründet wird dies damit, dass die Ansprüche des Unternehmers anderenfalls leerlaufen würden. Einem rechtsmissbräuchlichen Verhalten des Bestellers (der sich zwar vor Ort einfindet, in inhaltlicher Hinsicht eine Zustandsfeststellung jedoch verweigert) müsste auf diese Art und Weise entgegengewirkt werden.

47 Messerschmidt/Voit/Messerschmidt, § 650g BGB Rn. 66.
48 BT-Drucks. 18/8486, S. 59.
49 BeckOK BGB/Voit, § 650g Rn. 11.
50 NK-BGB/Linz, § 650g Rn. 39.
51 BeckOK BGB/Voit, § 650g Rn. 14.
52 BT-Drucks. 18/8486, S. 60; Jauernig/Mansel, § 650g BGB Rn. 20.
53 Zutreffend Pause/Vogel, in: ibr-OK Bauvertragsrecht, § 650g BGB Rn. 18.
54 Tschäpe/Werner, ZfBR 2017, 419, 423 m.w.N.

Dem ist zu widersprechen.[55] Bereits der Wortlaut des Abs. 2 verbietet eine Analogie. Denn hier ist gerade Voraussetzung, dass der Besteller seinen vertraglichen Kooperationspflichten nicht nachkommt, d.h. an der Zustandsfeststellung überhaupt nicht teilnimmt. Der Fall, dass der Besteller teilnimmt, inhaltlich aber eine abweichende Auffassung vom Unternehmer vertritt, ist nicht ansatzweise vergleichbar. Zwar dürfte sich in der Praxis hier tatsächlich erhebliches Konfliktpotenzial ergeben, eine Lösung über die analoge Anwendung des Abs. 2 führte jedoch zu einer einseitigen Begünstigung des Unternehmers. Dieser sähe sich dann in der Lage, die Zustandsfeststellung vollumfänglich einseitig zu diktieren. Das widerspricht gerade dem Zweck des Gesetzes. Entsprechend wird auch in der Begründung des Regierungsentwurfes ausdrücklich darauf hingewiesen, dass Abs. 2 keine Anwendung finden sollte, wenn sich die Parteien nicht einigen können.[56] Für diesen Fall verweist der Gesetzgeber auf die Möglichkeit des selbständigen Beweisverfahrens nach §§ 485 ff. ZPO. Dem Unternehmer steht es auch offen, die Mitwirkung bei der Zustandsfeststellung vertraglich als echte Schuldnerpflicht auszugestalten.[57] 43

5. Kosten der einseitigen Zustandsfeststellung

Grundsätzlich soll jede Partei die ihr entstehenden Kosten selbst tragen.[58] Für die Fälle der einseitigen Zustandsfeststellung passt dies aber nicht. Es ist vielmehr angezeigt, die Kostenlast der Partei aufzuerlegen, die unberechtigt die Abnahme verlangt oder diese unberechtigt verweigert hat.[59] 44

IV. Rechtsfolgen

1. Beweislastumkehr für offenkundige Mängel (Abs. 3)

An die Zustandsfeststellung knüpft eine Beweislastumkehr für das Vorliegen offenkundiger Mängel zugunsten des Unternehmers an. Folgende Tatbestandsmerkmale müssen hierfür erfüllt sein: 45

a) Verschaffen des Werkes

Die in § 650g Abs. 3 BGB geregelte Beweislastumkehr setzt zunächst voraus, dass dem Besteller das Werk vom Unternehmer verschafft wurde. Die bloße Zustandsfeststellung begründet daher noch keine Beweislastumkehr – verschafft der Unternehmer das Werk nach Zustandsfeststellung nicht dem Besteller, obliegt dem Unternehmer weiter die uneingeschränkte Gefahrtragung. Der Begriff des Verschaffens wird im Gesetz nicht legaldefiniert. Er findet sich allerdings ebenfalls in § 633 Abs. 1 BGB. 46

Zur Bedeutung des Begriffs »Verschaffen« werden verschiedene Auffassungen vertreten: Das Werk soll vom Unternehmer verschafft sein, wenn die Vergütungsgefahr auf den Besteller übergegangen ist[60] bzw. wenn es endgültig in dessen Einflussbereich übergegangen ist, also etwa wenn der Besteller das Werk in Besitz genommen habe und z.B. den neu errichteten Anbau nutze.[61] Teilweise wird auch der Tatbestand der Verschaffung als Abnahme verstanden.[62] 47

In Anbetracht des Umstandes, dass § 650g BGB gerade voraussetzt, dass eine Abnahmeverweigerung durch den Besteller vorliegt, scheidet eine Gleichstellung des Verschaffens mit der Abnahme offensichtlich aus. Gleichzeitig erscheint es zweifelhaft, für das Verschaffen auf den Übergang der Ver- 48

---

55 Ebenso Pause/Vogel, in: ibr-OK Bauvertragsrecht, § 650g BGB Rn. 16 m.w.N.; MüKo-BGB/Busche, § 650g Rn. 7; Leinemann/Kues/von Kiedrowski, § 650g BGB Rn. 10; so wohl auch BeckOK BGB/Voit, § 650g Rn. 12.

56 BT-Drucks. 18/8486, S. 60.

57 Pause/Vogel, in: ibr-OK Bauvertragsrecht, § 650g BGB Rn. 5.

58 BT-Drucks. 18/8486, S. 60.

59 Pause/Vogel, in: ibr-OK Bauvertragsrecht, § 650g BGB Rn. 19; vgl. BT-Drucks. 18/8486, S. 60.

60 MüKo-BGB/Busche, § 633 Rn. 6.

61 Grüneberg/Retzlaff, BGB, § 650g Rn. 3.

62 Pause, NZBau 2002, 648.

gütungsgefahr auf den Besteller nach § 644 Abs. 1 BGB abzustellen, da dieser den Übergang in Form der Abnahme ja gerade verweigert. Auch kann nicht auf die Eigentumsübertragung an sich abgestellt werden: Zum einen wird der Unternehmer das Werk ohne die Erlangung eines entsprechenden Vergütungsanspruches im Gegenzug kaum übereignen wollen. Zum anderen ist zu berücksichtigen, dass der Unternehmer häufig Leistungen an Gegenständen schuldet, die überhaupt nicht in seinem Eigentum stehen.

49 Zutreffend ist daher darauf abzustellen, dass der Unternehmer die hergestellte Sache beim Besteller abliefert bzw. diesem zur Verfügung stellt.[63] In diesem Sinne weist auch die Gesetzesbegründung darauf hin, dass das Werk vor der Abnahme bereits »in den Einflussbereich des Bestellers« übergeht und »von diesem genutzt« wird.[64] Maßgeblich ist hier lediglich der tatsächliche Übergang in die Risikosphäre des Bestellers[65] – hieraus resultiert schließlich auch die Gefahr der Verursachung von Schäden, die der Unternehmer noch vor der Abnahme beseitigen müsste. Gerade diese Fälle beabsichtigt der Gesetzgeber durch die Einführung der Zustandsfeststellung zu Gunsten des Unternehmers zu vereinfachen.

b) Offenkundiger Mangel

50 Um einen offenkundigen Mangel handelt es sich dann, wenn der Mangel bei einer ordnungsgemäßen Zustandsfeststellung ohne Weiteres hätte entdeckt werden müssen.[66] Bei der Auslegung des Begriffes »offenkundig« ist die jeweilige Fachkunde des Bestellers zu berücksichtigen.[67]

51 Zutreffend stellt der Gesetzgeber hier auf die Fachkunde des Bestellers ab. Zu dessen Lasten wirkt sich die Vermutung aus. Insofern muss seine Fachkunde für die Beurteilung des offenkundigen Mangels maßgebend sein. Von einem fachkundigen Besteller wird insofern eine detailliertere Begleitung der Zustandsfeststellung zu erwarten sein als von einem Laien.

52 Es gilt zu beachten, dass der Begriff »Mangel« in § 650g Abs. 3 BGB weiter gefasst ist als der des § 633 BGB. Denn ein Mangel im Sinne des § 633 BGB kann grundsätzlich erst nach der Abnahme in Betracht kommen,[68] wohingegen § 650g gerade den Fall regelt, dass eine Abnahme nicht erfolgt ist.[69] Die Vermutung des Abs. 3 ist schließlich, dass kein »Mangel« in der Werkleistung des Unternehmers vorliegt, sondern die Abweichung vom Besteller zu verantworten ist.[70]

c) Zustandsfeststellungen nach Abs. 1 und 2

53 Voraussetzung ist darüber hinaus auch, dass eine Zustandsfeststellung nach den Voraussetzungen der Abs. 1 und 2 vorgenommen und der offenkundige Mangel nicht angegeben wurde. Hier reicht es, dass die Symptome des Mangels beschrieben wurden. Abweichungen mit Blick auf die Zustandsfeststellung dürfen sich hier lediglich im Hinblick auf § 650g Abs. 1 S. 2 BGB, d.h. auf die formellen Anforderungen an die Niederlegung des Ergebnisses der Zustandsfeststellungen, ergeben, da es sich hierbei um eine Soll-Vorschrift handelt.

63 NK-BGB/Langen/Raab, § 633 Rn. 6; Leupertz/Halfmeier, in: PWW, § 633 BGB Rn. 10.
64 BT-Drucks. 18/8486, S. 60.
65 Ebenso BeckOK BauVertrR/Hummel, § 650g BGB Rn. 51; BeckOK BGB/Voit, § 650g Rn. 16; Pause/Vogel, in: ibr-OK Bauvertragsrecht, § 650g BGB Rn. 20; MüKo-BGB/Busche, § 650g Rn. 10.
66 BT Drucks. 18/8486, S. 60; kritisch hierzu: Pause/Vogel, in: ibr-OK Bauvertragsrecht, § 650g BGB Rn. 21.
67 BT-Drucks. 18/8486, S. 60.
68 Vgl. BGH, Urt. v. 19.01.2017 – VII ZR 235/15, ZfBR 2017, 340.
69 BeckOK BauVertrR/Hummel, § 650g BGB Rn. 56.
70 BeckOK BauVertrR/Hummel, § 650g BGB Rn. 56.

d) Vermutung

Wie eingangs beschrieben, beabsichtigte der Gesetzgeber für die Fälle, in denen eine Abnahmeverweigerung erfolgte, eine Verbesserung der Position des Unternehmers. Dieser hat bis zur Abnahme die Abnahmereife des Werkes sicherzustellen und muss daher auch solche Abweichungen beseitigen, die bereits nach Fertigstellung aber vor Abnahme entstanden sind, wenn ihm der Nachweis nicht gelingt, dass diese auf den Besteller zurückzuführen sind. Gerade in den Fällen, in denen das Werk durch den Besteller selbst beeinträchtigt wurde, dem Unternehmer der Nachweis dieses Verursachungszusammenhangs allerdings nicht gelang, war der Unternehmer benachteiligt. 54

Zu seiner Entlastung wurde deshalb die Vorschrift des § 650g Abs. 3 S. 1 BGB geschaffen. Die darin normierte widerlegliche (vgl. § 292 ZPO) Vermutung schränkt das Risiko des Unternehmers ein und stellt eine Ausnahme von § 644 BGB dar.[71] Nunmehr gilt bei Vorliegen der tatbestandlichen Voraussetzungen des § 650g Abs. 3 BGB die Vermutung, dass ein offenkundiger Mangel, der in der Zustandsfeststellung nicht angegeben wurde, nach der Zustandsfeststellung entstanden und vom Besteller zu vertreten ist. Die Beweislast wird damit für offenkundige Mängel, die in der Zustandsfeststellung nicht angegeben wurden, zugunsten des Unternehmers auf den Besteller verlagert.[72] Verlangt der Besteller die Beseitigung eines solchen offenkundigen Mangels, so muss er nachweisen, dass dieser nicht erst nach der Zustandsfeststellung entstanden bzw. durch ihn zu vertreten ist. 55

Kann die Vermutung nicht erschüttert werden, hat der Besteller auch für Abweichungen/Schäden einzustehen, die von Dritten verursacht wurden. Der Gesetzgeber hat diese Problematik erkannt und hält sie ausdrücklich für gerechtfertigt.[73] Begründet wird diese Rechtsfolge damit, dass der Besteller bereits im Besitz des Werkes ist und daher Beeinträchtigungen durch Dritte eher vermeiden kann als der Unternehmer, der dafür bisher einzustehen hat. Hierin liegt eine weitere Abkehr vom grundsätzlichen Gefahrtragungsprinzip des § 644 BGB. Gerade im Hinblick auf große Bauvorhaben, in denen der Unternehmer sein Werk fertiggestellt hat und nunmehr mit dem Besteller über die Abnahme streitet, entspricht dies allerdings den Erfahrungen der Praxis. Tatsächlich wird der Unternehmer keinen Einfluss darauf haben, wer seitens der übrigen am Bau Beteiligten mit seinen Leistungen in Kontakt kommt und hier gegebenenfalls Schäden verursacht. Demgegenüber hat der Besteller die Möglichkeit, etwa notwendige Schutzmaßnahmen zu veranlassen. 56

Vor diesem Hintergrund wird die besondere Bedeutung der ordnungsgemäßen Protokollierung der Zustandsfeststellung für beide Parteien nochmals deutlich. Für den Unternehmer besteht hier die Möglichkeit, hinsichtlich offenkundiger Mängel eine Beweislastumkehr zu seinen Gunsten herbeizuführen. Für den Besteller besteht die Gefahr, dass er unter Umständen verpflichtet ist, ein mangelhaftes Werk abzunehmen, weil ihm der Nachweis, dass dieser Mangel nicht auf ihn zurückzuführen ist, nicht gelingt. 57

---

71 Kniffka/Retzlaff, BauR 2017, 1747, 1826; Leupertz/Halfmeier, in: PWW, § 650g BGB Rn. 7, 11.

72 BeckOK BauVertrR/Hummel, § 650g BGB Rn. 59, 61; Messerschmidt/Voit/Messerschmidt, § 650g BGB Rn. 85, 93; MüKo-BGB/Busche, § 650g Rn. 11; Leupertz/Halfmeier, in: PWW, § 650g BGB Rn. 7.

73 BT-Drucks. 18/8486, S. 60; kritisch hierzu: Kniffka/Retzlaff, BauR 2017, 1747, 1826 mit Hinweis darauf, dass ein Besteller, der selbst (General-)Unternehmer in einer Leistungskette ist, sich nicht immer in Besitz des Werkes befinde und es daher nicht schützen könne; BeckOK BauVertrR/Hummel, § 650g BGB Rn. 60 der darauf verweist, dass für die beabsichtigte Änderung der Gefahrtragung eine Vermutung ausgereicht hätte, wonach der Mangel nicht durch den Unternehmer verursacht wurde, und eine Vermutung des Verschuldens zu Lasten des Bestellers gerade an der gesetzgeberischen Intention vorbeigehe.

e) Ausnahmen

58 Die gesetzliche Regelung zu Lasten des Bestellers gilt nicht ausnahmslos. Ausweislich des § 650g Abs. 3 S. 2 BGB bleibt es bei der Gefahrtragung nach § 640 BGB in den Fällen, in denen der Mangel nach seiner Art nicht vom Besteller verursacht worden sein kann.

59 Nach der Gesetzesbegründung ist dies immer dann der Fall, wenn es sich um einen Materialfehler handelt oder der Mangel darin besteht, dass ein Werk nicht nach den Planungsvorgaben hergestellt wurde.[74] Weiterhin erfasst § 650g Abs. 3 S. 2 auch solche Mängel, die zwar auf die Nutzung des Bestellers zurückzuführen sein können, aber im konkreten Fall durch eine Schlechtleistung des Unternehmers verursacht worden sind.[75]

2. Weitere Rechtsfolgen

60 In Bezug auf vergleichbare Regelungen in der VOB/B wird eine über den Regelungsinhalt des § 650 Abs. 3 BGB hinausgehende Rechtsfolge diskutiert. Häufig wird hier die Auffassung vertreten, dass eine gemeinsame Zustandsfeststellung nach der VOB/B eine Beweislastumkehr zur Folge habe.[76] Derjenige, der sich auf einen davon abweichenden Leistungsstand berufen möchte, soll für diesen abweichenden Leistungsstand die Darlegungs- und Beweislast tragen.

61 Eine solche Beweislastumkehr geht über den Wortlaut des § 650g Abs. 3 BGB hinaus. Der Gesetzgeber hat eine Regelung lediglich im Hinblick auf offenkundige Mängel getroffen. Eine darüber hinausgehende Vermutung im Hinblick auf den Leistungsstand an sich lässt sich dem Wortlaut nicht entnehmen. Der Gesetzgeber verweist in der Begründung vielmehr ausdrücklich darauf, dass die Zustandsfeststellung nicht die Abnahme ersetzt und auch sonst keine Ausschlusswirkungen hat.[77] Sie dient – entsprechend ihrer Bezeichnung – lediglich der Dokumentation des Zustands des Werkes, um späteren Streit vorzubeugen und ist Grundlage für eine modifizierte Gefahrtragung. Insofern sprechen der eindeutige Wortlaut der Regelung und der in der Gesetzesbegründung deutlich werdende Wille des Gesetzgebers dafür, die Wirkung der Zustandsfeststellung auf den in Abs. 3 ausdrücklich beschriebenen Umfang zu begrenzen.[78]

62 Aus der Gesetzessystematik ergibt sich im Übrigen eindeutig, dass die gemeinsame Zustandsfeststellung keine Abnahmewirkungen hat. Durch die Zustandsfeststellung bestätigt der Besteller gerade nicht die vereinbarungsgemäße Beschaffenheit des Werkes. Dies gilt in Anbetracht der vorausgehenden Abnahmeverweigerung selbst dann, wenn keine oder nur unwesentliche Mängel festgehalten werden.[79]

63 In diesem Zusammenhang stellt sich die Frage, ob der Zustandsfeststellung bei der Feststellung von Mängeln die Wirkung eines (deklaratorischen) Anerkenntnisses zukommt. Die Zustandsfeststellung selbst bezieht sich zunächst nur auf den physischen Zustand des Werkes. Ob etwaige Defizite als Mangel einzuordnen sind, ist eine davon zu unterscheidende Rechtsfrage. Von einem deklaratorischen Anerkenntnis eines Mangels im rechtlichen Sinn kann damit nur bei Hinzutreten besonderer Umstände die Rede sein, namentlich wenn die Parteien einen Mangel ausdrücklich als solchen i.S.d. § 633 BGB bezeichnen oder Feststellungen in quantitativer Hinsicht treffen. Dem wird der Unternehmer aber kaum zustimmen, da er dann – zumindest in den Fällen, in denen es sich um einen wesentlichen Mangel handelt – die fehlende Abnahmereife seines eigenen Werkes bestätigt.

---

74 BT-Drucks. 18/8486, S. 60.

75 BeckOK BauVertrR/Hummel, § 650g BGB Rn. 64.

76 Messerschmidt/Voit/Voit, § 4 VOB/B Rn. 36; Kapellmann/Messerschmidt/Mertens, § 4 VOB/B Rn. 235; Jansen/Seibel/Gartz, § 4 VOB/B Rn. 206; abweichend: Ingenstau/Korbion/Oppler, § 4 Abs. 10 VOB/B Rn. 7 unter Verweis auf BGH, Urt. v. 22.05.2003 – VII ZR 143/02, BauR 2003, 1207 und Urt. v. 24.07.2003 – VII ZR 79/02, BauR 2003, 1892.

77 BT Drucks. 18/8486, S. 59.

78 Ebenso BeckOK BauVertrR/Hummel, § 650g BGB Rn. 61; MüKo-BGB/Busche, § 650g Rn. 4.

79 BeckOK BauVertrR/Hummel, § 650g BGB Rn. 30; HK-BGB/Scheuch, § 650g Rn. 7.

V. Beweislast

Der Unternehmer trägt die Darlegungs- und Beweislast für die Voraussetzungen der Vermutungswirkung gem. Abs. 3, sofern er sich auf diese beruft. Dabei trägt allerdings der Besteller die Darlegungs- und Beweislast für die Gründe seines Fernbleibens vom Termin, die Mitteilung an den Unternehmer und den Umstand, dass der Mangel schon von seiner Art her nicht von ihm verursacht worden sein kann. 64

VI. Abdingbarkeit

Die § 650g Abs. 1 bis 3 BGB sind vollständig abdingbar. Dies ergibt sich aus einem Umkehrschluss aus § 650o BGB.[80] Allerdings gilt nach § 309 Nr. 12 BGB, welcher über §§ 307 Abs. 1, 310 Abs. 1 S. 2 BGB auch gegenüber Unternehmern mittelbare Berücksichtigung findet, dass der Verwender keine Beweislastregelungen zum Nachteil des anderen Vertragsteils treffen kann.[81] Kleinere Anpassungen, etwa zu Form und Inhalt der Feststellung einer Frist im Falle einer einseitigen Terminbestimmung, bleiben aber möglich.[82] 65

C. Fälligkeit des Werklohnanspruchs

I. Allgemeines

In Anbetracht der grundlegenden Bedeutung systematisch deplatziert, findet sich in § 650g Abs. 4 BGB eine wesentliche Neuerung im Vergleich zur bisherigen Rechtslage. Die prüffähige Schlussrechnung wird neben der Abnahme erstmals als Fälligkeitserfordernis in das BGB eingeführt. Für Bauverträge, Verbraucherbauverträge und Architekten- und Ingenieurverträge erfährt § 641 BGB insofern eine Erweiterung. Dadurch wird der Besteller in die Lage versetzt, die Berechtigung der geforderten Vergütung nachvollziehen zu können. 66

Die Voraussetzung einer prüffähigen Schlussrechnung für die Fälligkeit einer Forderung ist aus § 14 Abs. 1, 16 Abs. 3 Nr. 1 S. 1 VOB/B wie auch aus § 15 Abs. 1 HOAI bekannt. Im Abschlussbericht der Arbeitsgruppe Bauvertragsrecht beim Bundesministerium der Justiz vom 18.06.2013 wurde auch ausdrücklich gefordert, diese Regelung in das BGB zu übernehmen.[83] Bereits vorher wurde in Literatur und Rechtsprechung teilweise die Auffassung vertreten, dass auch bei einem BGB-Kaufvertrag eine prüffähige Schlussrechnung Fälligkeitsvoraussetzung sei.[84] Zutreffend wies die Arbeitsgruppe darauf hin, dass die Erstellung einer prüffähigen Schlussrechnung jedenfalls der gängigen Praxis entspreche und gerade bei Einheitspreisverträgen unverzichtbar sei. 67

II. Fälligkeit – Voraussetzungen

1. Abnahme

Wie in der bisherigen Fassung des BGB bereits geregelt, ist die erste Voraussetzung für die Fälligkeit nach wie vor die Abnahme, bzw. die Entbehrlichkeit der Abnahme gem. § 641 Abs. 2 BGB oder die Abnahmefiktion nach § 640 Abs. 2 BGB. Insofern wird auf die dortigen Ausführungen verwiesen. 68

80 Jauernig/Mansel, § 650g BGB Rn. 3.
81 Vgl. BGH, Urt. v. 06.02.2014 – VII ZR 160/12, NZBau 2014, 221.
82 Pause/Vogel, in: ibr-OK Bauvertragsrecht, § 650g BGB Rn. 28.
83 Abschlussbericht der Arbeitsgruppe Bauvertragsrecht beim Bundesministerium der Justiz vom 18.06.2013, S. 46.
84 Vgl. OLG Frankfurt, Urt. v. 11.04.1997 – 7 U 273/93, BauR 1997, 856.

2. Prüffähige Schlussrechnung

69 Darüber hinaus muss der Unternehmer dem Besteller für die nach dem 01.01.2018 geschlossenen Verträge eine prüffähige Schlussrechnung erteilen. Nur wenn eine solche vorliegt, besteht ein fälliger Vergütungsanspruch.

a) Schlussrechnung

70 Der Unternehmer ist verpflichtet, dem Besteller eine prüffähige Schlussrechnung zu erteilen. Eine gesetzliche Definition des Begriffs »Schlussrechnung« fehlt. Es kann aber auf das entsprechende Begriffsverständnis zu §§ 14 Abs. 1, 16 Abs. 3 Nr. 1 S. 1 VOB/B zurückgegriffen werden.[85]

Eine Schlussrechnung setzt zunächst eine schriftliche Ausarbeitung voraus. Eine mündliche Abrechnung löst damit die Fälligkeit nicht aus.[86]

71 Darüber hinaus muss es sich um eine Schlussrechnung handeln. Die Verwendung dieses konkreten Begriffs ist nicht erforderlich.[87] Der Abrechnung des Bestellers muss lediglich zu entnehmen sein, dass er seine Leistungen abschließend und endgültig abrechnet.[88] Wird die Vergütung lediglich vorläufig berechnet oder werden einzelne Leistungsteile bzw. Ansprüche von der Abrechnung ausgenommen, wobei der Unternehmer zu erkennen gibt, dass er sich eine diesbezügliche Abrechnung noch vorbehält, liegt keine Schlussrechnung vor.[89] Unabhängig hiervon kann der Unternehmer auch im Nachhinein eine bereits eingereichte Abrechnung als Schlussrechnung bezeichnen oder verschiedene, bereits vorliegende Abrechnungen zu einer solchen verbinden.[90]

72 Voraussetzung ist jedenfalls, dass es sich um eine endgültige und abschließende Berechnung aller Leistungen und Forderungen handelt. Die Schlussrechnung stellt regelmäßig die letzte Rechnung des Unternehmers dar und fasst als solche sämtliche Leistungen zusammen.[91]

73 Zu berücksichtigen ist, dass einzelne Positionen der Schlussrechnung keine Forderungen i.S.d. §§ 398 ff. BGB darstellen. Sie können nicht isoliert abgetreten werden. Maßgeblich ist insofern lediglich das Schlussrechnungssaldo, das sich aus der Summe der einzelnen Positionen abzüglich geleisteter Abschlagszahlungen ergibt.[92]

b) Allgemein: Prüffähigkeit

74 Wesentlich ist, dass nach der gesetzlichen Regelung nicht allein die Erteilung einer Schlussrechnung die Fälligkeit des Werklohnanspruchs herbeiführt. Die Schlussrechnung muss prüffähig sein, § 650g Abs. 4 S. 1 Nr. 2 BGB. Die Legaldefinition zu dem Begriff der Prüffähigkeit findet sich in § 650g Abs. 4 S. 2 BGB. Eine Schlussrechnung ist hiernach prüffähig, wenn sie eine übersichtliche Aufstellung der erbrachten Leistungen enthält und für den Besteller nachvollziehbar ist.

75 Die Legaldefinition löst sich deutlich von den Regelungen des § 14 Abs. 1 VOB/B. Das dortige Erfordernis, die Reihenfolge der Posten (aus dem Angebot) einzuhalten und die in den Vertrags-

---

85 Vgl. BeckOK BauVertrR/Hummel, § 650g BGB Rn. 73.

86 Kapellmann/Messerschmidt/Messerschmidt, § 14 VOB/B Rn. 17.

87 Kapellmann/Messerschmidt/Messerschmidt, § 14 VOB/B Rn. 106; Messerschmidt/Voit/Messerschmidt, § 650g BGB Rn. 102; Grüneberg/Retzlaff, BGB, § 650g Rn. 13.

88 BeckOK BauVertrR/Hummel, § 650g BGB Rn. 73; Messerschmidt/Voit/Messerschmidt, § 650g BGB Rn. 101 f.; MüKo-BGB/Busche, § 650g Rn. 13, 16; Grüneberg/Retzlaff, BGB, § 650g Rn. 13.

89 BGH, Urt. v. 08.12.1977 – VII ZR 84/76, BauR 1978, 145; BGH, Urt. v. 11.03.1982 – VII ZR 104/81, BauR 1982, 282; BeckOK BauVertrR/Hummel, § 650g BGB Rn. 73.

90 BeckOK BauVertrR/Hummel, § 650g BGB Rn. 73; Kapellmann/Messerschmidt/Messerschmidt, § 14 VOB/B Rn. 106.

91 Kapellmann/Messerschmidt/Messerschmidt, § 14 VOB/B Rn. 106; Grüneberg/Retzlaff, BGB, § 650g Rn. 13.

92 Ingenstau/Korbion/Locher, § 16 Abs. 3 VOB/B Rn. 8 m.w.N.

bestandteilen enthaltenen Bezeichnungen zu verwenden, findet sich nicht in dem gesetzlichen Wortlaut. Auch ist der Unternehmer nicht verpflichtet, die zum Nachweis von Art und Umfang der Leistung erforderlichen Mengenberechnungen, Zeichnungen etc. beizufügen.

Die Prüffähigkeit dient dem Schutz des Bestellers.[93] Erforderlich ist lediglich eine übersichtliche Aufstellung der erbrachten Leistungen, die für den Besteller nachvollziehbar ist. Insofern lässt der Gesetzgeber den Parteien Raum, um die Gestaltung der Schlussrechnung an die Art und die Komplexität des Bauvorhabens[94] und die jeweilige Fachkenntnis anzupassen.[95] Lediglich für Schlussrechnungen im Rahmen von Einheitspreisverträgen hat der Gesetzgeber ausgeführt, dass nur dann von der Prüffähigkeit der Rechnung ausgegangen werden könne, »wenn sie eine Aufstellung enthält, wie oft die jeweiligen Einzelleistungen erbracht wurden. Je nach Art und Umfang der erbrachten Leistungen sind Mengenberechnungen, Zeichnungen und sonstige Belege beizufügen.«[96] 76

Im Hinblick auf die Anforderungen an die Prüffähigkeit der Schlussrechnung hat es der Gesetzgeber allerdings versäumt, eine mit der Abrechnung der Abschlagszahlungen gem. § 632a Abs. 1 S. 5 BGB übereinstimmende, bzw. einheitliche Neuregelung zu entwickeln. Maßgeblich für die Abschlagsrechnung ist die rasche und sichere Beurteilung von Leistungen. Letztendlich handelt es sich um nichts anderes als eine prüffähige Abrechnung.[97] Sowohl bei der Schluss- als auch bei der Abschlagsrechnung muss es dem Besteller möglich sein, den vom Unternehmer erbrachten Leistungsumfang und die hieran anknüpfende Vergütung nachzuvollziehen. Insofern wäre eine einheitliche Regelung wünschenswert gewesen. 77

Der Begriff der übersichtlichen Aufstellung wird ebenfalls in § 14 VOB/B verwendet, weshalb hier auf die dort entwickelten Grundsätze zurückgegriffen werden kann.[98] Die übersichtliche Aufstellung setzt üblicherweise die Angabe der Vertrags- bzw. Leistungsgrundlage, den Umfang der Leistungserbringung, je nach Vergütungsart die hieran anknüpfende Vergütungsberechnung sowie die Gesamtberechnung voraus.[99] Überschneidungen und Unklarheiten sind zu vermeiden. Die übersichtliche Aufstellung kann es erfordern, dass die Aufstellung an der vertraglichen Grundlage (Leistungsverzeichnis) ausgerichtet wird.[100] Auch müssen eventuelle Abzüge (z.B. Skonto), Einbehalte (etwa Sicherheiten) und geleistete Abschlagszahlungen in der Aufstellung berücksichtigt werden.[101] Geänderte Leistungen und ihre Vergütung sind gesondert auszuweisen.[102] 78

Der Begriff der Nachvollziehbarkeit wird im Gesetz nicht näher definiert. Auch die VOB/B kennt ihn nicht, so dass eine vergleichende Betrachtung nicht weiterführt. Die Nachvollziehbarkeit setzt zwangsläufig eine übersichtliche Aufstellung voraus. Ein darüber hinausgehender Regelungsgehalt kommt dem Merkmal im Hinblick auf die individuellen vertraglichen Verhältnisse, bzw. die Merkmale des Bauablaufs und die Eigenschaften des Bestellers zu.[103] So sind beispielsweise vertragliche Bezeichnungen für eingesetzte Materialien und Bauabschnitte zu verwenden. Es muss dem Besteller möglich sein, vor dem Hintergrund des konkreten Bauvorhabens den Umfang der Leistungser- 79

93 BGH, Urt. v. 11.02.1999 – VII ZR 399/97, NJW 1999, 1867.
94 BT-Drucks. 18/11437, S. 43.
95 Messerschmidt/Voit/Messerschmidt, § 650g BGB Rn. 103 f.
96 BT-Drucks. 18/11437, S. 43.
97 MüKo-BGB/Busche, § 632a Rn. 7.
98 Ebenso: Leupertz/Halfmeier, in: PWW, § 650g BGB Rn. 15; so wohl auch: Messerschmidt/Voit/Messerschmidt, § 650g BGB Rn. 105; vorsichtiger: Pause/Vogel, in: ibr-OK Bauvertragsrecht, § 650g BGB Rn. 34.
99 Kapellmann/Messerschmidt/Messerschmidt, § 14 VOB/B Rn. 30 m.w.N.
100 Ingenstau/Korbion/Locher, § 14 Abs. 1 VOB/B Rn. 16.
101 Grüneberg/Retzlaff, BGB, § 650g Rn. 13.
102 BeckOK BauVertrR/Hummel, § 650g BGB Rn. 76a; Messerschmidt/Voit/Messerschmidt, § 650g BGB Rn. 105.
103 Vgl. BeckOK BauVertrR/Hummel, § 650g BGB Rn. 76.

bringung und die hieran anknüpfende Vergütung zu ermitteln.[104] Dabei ist die Fachkenntnis des Bestellers zu berücksichtigen. Zwar stellt § 650g Abs. 4 S. 2 BGB auf die Prüffähigkeit »für den Besteller« ab, allerdings meint dies nicht die subjektive Sicht des Bestellers. Gemeint ist vielmehr, ob die Rechnung für einen objektiven Dritten mit dem Kenntnisstand des Bestellers nachvollziehbar ist.[105] Andernfalls könnte sich der Besteller auf intellektuelle Unzulänglichkeiten berufen und damit in letzter Konsequenz den Eintritt der Fälligkeit der Schlusszahlung nach § 650g Abs. 4 S. 1 BGB verhindern.[106]

c) Prüffähigkeit – Prüfungsmaßstab

80 Die Beurteilung der Prüffähigkeit einer Schlussrechnung hängt maßgeblich vom Prüfungsmaßstab ab. Hier ist zwischen dem Prüfungsmaßstab des Bestellers und dem des Gerichts zu unterscheiden.

81 So ist im Hinblick auf den Prüfungsmaßstab des Bestellers zu berücksichtigen, dass das Prüffähigkeitserfordernis der Abrechnung grundsätzlich seinem Schutz gilt.[107] Die Anforderungen an die Prüffähigkeit ergeben sich anhand des Informations- und Kontrollinteresses des Bestellers.[108]

82 Für den Einzelfall ist jeweils zu beurteilen, wie die Schlussrechnung zu gestalten ist, damit der Besteller in die Lage versetzt wird, die erbrachten und abgerechneten Leistungen ordnungsgemäß zu prüfen. Zu berücksichtigen sind in dieser Hinsicht auch die Kenntnisse und Fähigkeiten des Bestellers und der von ihm beauftragten Hilfspersonen.[109]

83 Ausschlaggebender Prüfungsmaßstab ist der Empfänger- und Erkenntnishorizont des Bestellers.[110] Handelt es sich um einen fachkundigen Bauherrn, so ist dessen Abrechnungsverständnis zugrunde zu legen. Erst recht gilt dies, wenn sich der Besteller eines versierten Fachmannes zur Prüfung der Schlussrechnung bedient.

84 Der Unternehmer muss präzise gegenüber dem Besteller abrechnen.[111] Vor allem ist er nicht berechtigt, lediglich überschlägig ermittelte Rechnungen vorzulegen.

85 In Bezug auf den gerichtlichen Prüfungsmaßstab gilt Folgendes: Die Prüffähigkeit wird grundsätzlich von Amts wegen geprüft. Es handelt sich um eine Rechtsfrage. Gem. § 139 Abs. 3 ZPO ist das Gericht verpflichtet, den Unternehmer konkret auf Prüffähigkeits- und Fälligkeitsbedenken hinzuweisen.[112] Verbleiben trotz weiteren Vortrags des Unternehmers Bedenken, ist die Vergütungsklage mangels Fälligkeit als derzeit unbegründet abzuweisen.[113] Zur Ermittlung der Prüffähigkeit wird sich das Gericht bei fehlender eigener Sachkenntnis in Zweifelsfällen Bausachverständigen bedienen.

104 MüKo-BGB/Busche, § 650g Rn. 14.

105 BeckOK BGB/Voit, § 650g Rn. 24; Deckers, ZfBR 2017, 523, 536.

106 Deckers, ZfBR 2017, 523, 536.

107 BGH, Urt. v. 11.02.1999 – VII ZR 399/97, NJW 1999, 1867; BGH, Urt. v. 26.10.2000 – VII ZR 99/99, NZBau 2001, 85.

108 BeckOK BauVertrR/Hummel, § 650g BGB Rn. 75; Messerschmidt/Voit/Messerschmidt, § 650g BGB Rn. 104; MüKo-BGB/Busche, § 650g Rn. 14; Kapellmann/Messerschmidt/Messerschmidt, § 14 VOB/B Rn. 19.

109 BGH, Urt. v. 26.10.2000 – VII ZR 99/99, NZBau 2001, 85; Messerschmidt/Voit/Messerschmidt, § 650g BGB Rn. 104.

110 BGH, Urt. v. 26.10.2000 – VII ZR 99/99, NZBau 2001, 85; vgl. Messerschmidt/Voit/Messerschmidt, § 650g BGB Rn. 103 f.

111 Kapellmann/Messerschmidt/Messerschmidt, § 14 VOB/B Rn. 13.

112 BGH, Beschl. v. 21.03.2013 – VII ZR 58/12, NJW-RR 2013, 655; BGH, Urt. v. 11.02.1999 – VII ZR 399/97, NJW 1999, 1867.

113 BGH, Urt. v. 04.05.2000 – VII ZR 394/97, ZfBR 2000, 471.

d) Prüffähigkeit bei einzelnen Abrechnungsarten

Die Anforderungen an eine prüffähige Schlussrechnung variieren auch je nach der von den Parteien gewählten Abrechnungsart. In allen Fällen sind die bereits geleisteten Zahlungen des Bestellers und die Ansprüche für geänderte Leistungen gesondert aufzuführen. 86

Beim Einheitspreisvertrag wird die Vergütung nach den vertraglichen Einheitspreisen und den tatsächlich ausgeführten und nachgewiesenen Leistungen berechnet.[114] Entsprechend müssen durch den Unternehmer die vereinbarten Einheitspreise mit den durch das Aufmaß ermittelten Mengen errechnet und den einzelnen Positionen des Leistungsverzeichnisses zugeordnet werden. 87

Eine derart detaillierte Aufstellung ist im Rahmen des Pauschalpreisvertrages nicht erforderlich.[115] Allerdings hat der Unternehmer auch hier prüffähig abzurechnen: Er muss zumindest den erreichten Leistungsstand und den vereinbarten Gesamtpreis prüffähig belegen.[116] 88

Beim Stundenlohnvertrag hat der Unternehmer die tatsächlich angefallenen Stunden sowie die vereinbarten Stundensätze prüffähig zu belegen, die abgerechneten Stunden müssen allerdings nicht einzelnen Tätigkeiten zugeordnet werden.[117]

e) Prüffähigkeit bei der Kündigung

Als problematisch erweist sich in der Praxis häufig die prüffähige Schlussrechnung bei gekündigten Verträgen. Auch hier ist das Schlussrechnungserfordernis Voraussetzung für die Fälligkeit.[118] Der Unternehmer ist daher verpflichtet, in seiner Schlussrechnung in Anbetracht der Kündigung zwischen den erbrachten und nicht erbrachten Leistungen zu differenzieren. 89

Im Hinblick auf die erbrachten Leistungen ist die Abrechnung eines gekündigten Vertrages bei Einheitspreisverträgen und Stundenlohnverträgen zumeist unproblematisch möglich. In die Abrechnung finden die tatsächlich erbrachten Leistungen Eingang, die gemäß der vertraglichen Vereinbarung vergütet werden. Die Abrechnung eines gekündigten Pauschalpreisvertrages setzt ebenfalls zunächst die prüffähige Zusammenstellung der erbrachten Leistungen voraus. Darüber hinaus muss der Unternehmer allerdings nachvollziehbar darlegen, welcher Anteil der ursprünglich für die gesamte Leistung vereinbarten Vergütung auf die tatsächlich erbrachte Leistung entfällt. 90

Macht der Unternehmer darüber hinaus bei einer Kündigung gemäß § 648 BGB Vergütungsansprüche für die nicht erbrachten Leistungen geltend, so hat er für die nicht mehr ausgeführten Bauleistungen die von ihm ersparten Aufwendungen und einen etwaigen anderweitigen Erwerb darzulegen.[119] 91

f) Einwendungen gegen die und Fiktion der Prüffähigkeit

In Anbetracht der Bedeutung der prüffähigen Schlussrechnung für die Fälligkeit der Werklohnforderung sind in der Praxis Einwendungen gegen die Prüffähigkeit an sich häufig. Stellt sich die Schlussrechnung tatsächlich als nicht prüffähig heraus, so ist der Werklohnanspruch noch nicht fällig. Entsprechend entstehen auch keine Ansprüche auf Verzugszinsen etc. 92

114 BeckOK BauVertrR/Hummel, § 650g BGB, Rn. 76.

115 OLG Brandenburg, Urt. v. 21.11.2024 – 10 U 131/2, NJW-RR 2025, 87, 89; strenger insoweit BeckOK BauVertrR/Hummel, § 650g BGB Rn. 76, der ggf. bei einem unveränderten Pauschalvertrag geringere Anforderungen an die Prüffähigkeit der Schlussrechnung als bei einem Einheitspreisvertrag stellt.

116 Grüneberg/Retzlaff, BGB, § 650g Rn. 13.

117 BGH, Beschl. v. 01.02.2023 – VII ZR 882/21, NZBau 2023, 224, 225; BeckOK BauVertrR/Hummel § 650g BGB Rn. 75a.

118 BGH, Urt. v. 08.10.1998 – VII ZR 296/97, BauR 1999, 63.

119 Kapellmann/Messerschmidt/Messerschmidt, § 14 VOB/B Rn. 58.

93 Der Regelung des § 16 Abs. 3 S. 1 VOB/B folgend hat der Gesetzgeber Einwendungen gegen die Prüffähigkeit nicht zeitlich uneingeschränkt zugelassen. Diese müssen durch den Besteller gem. § 650g Abs. 4 S. 3 BGB innerhalb einer Frist von 30 Tagen nach Zugang der Schlussrechnung erhoben werden. Nach Ablauf der 30-tägigen Frist sind Einwendungen, die die Prüffähigkeit betreffen, unzulässig und stehen der Fälligkeit der Werklohnforderung auch bei einer an sich nicht prüffähigen Schlussrechnung nicht entgegen. Insofern wird die Prüffähigkeit der Schlussrechnung fingiert. Vor diesem Hintergrund muss sich der Besteller zeitnah nach Zugang der Schlussrechnung mit deren Prüffähigkeit befassen, um den Verlust etwaiger Einwendungen zu verhindern.

94 Voraussetzung der Fiktion nach § 650g Abs. 4 S. 3 BGB ist zunächst das Vorliegen einer Schlussrechnung mit Mindestangaben, wie der Parteibezeichnung, der pauschalen Bezeichnung der abgerechneten Leistungen und der Höhe der Forderung.[120] Weiterhin muss diese dem Besteller erteilt werden, ihm also nach § 130 Abs. 1 S. 1 BGB zugehen.[121]

95 Die 30-tägige Prüfungsfrist nach § 650g Abs. 4 S. 3 BGB beginnt mit dem Zugang der Schlussrechnung. Für die Fristberechnung gelten die §§ 187 Abs. 1, 188 Abs. 1, 193 BGB.[122]

96 Schließlich dürfen dem Unternehmer innerhalb dieser Frist keine Einwendungen des Bestellers gegen die Prüffähigkeit der Schlussrechnung zugehen (§ 130 Abs. 1 S. 1 BGB).[123] Diese die Prüffähigkeit ausschließenden Einwände müssen so konkret benannt werden, dass der Unternehmer die Prüffähigkeit anschließend herbeiführen kann.[124] Ein pauschales Bestreiten ist nicht ausreichend.[125] Greifen die Einwendungen nicht durch, handelt es sich um eine prüffähige Schlussrechnung nach § 650g Abs. 4 S. 2 BGB, bei der die Fälligkeit nach § 650g Abs. 4 S. 1 BGB eintritt.[126] Sofern vom Besteller erhobene Einwendungen gegen die Prüffähigkeit nicht durchgreifen, die Schlussrechnung gleichwohl aber aus anderen Gründen nicht prüffähig ist, wird die Fälligkeit nach § 650g Abs. 4 S. 3 BGB fingiert.[127]

97 Die Einwendungen gegen die Prüffähigkeit sind strikt von denjenigen gegen die inhaltliche Richtigkeit der Schlussrechnung zu unterscheiden. Letztere stellen die Prüffähigkeit der Rechnung nicht in Frage.[128] Dem Besteller steht es jederzeit, auch nach Ablauf der Frist nach § 650g Abs. 4 S. 3 BGB, zu, sachlich-materielle Einwendungen gegen die Abrechnung des Unternehmers zu erheben.[129] Dabei können auch Abrechnungsweisen, die zu überhöhten Ansprüchen des Unternehmers führen, gerügt werden.

98 In der Praxis stellt sich regelmäßig die Frage, wie mit Einwänden gegen die Prüffähigkeit umzugehen ist, die nur einen Teil der Schlussrechnung betreffen. Für die an die Fälligkeit der Forderung anknüpfenden Rechtsfolgen, wie beispielsweise die Verjährung, ist dies von besonderer Bedeutung, da dann der Teil der Schlussrechnung fällig wäre, der der Verjährung unterläge. Dieses wenig praktikable Ergebnis einer teilweisen Prüffähigkeit bzw. einer teilweise fehlenden Prüffähigkeit findet jedoch keine Entsprechung im Gesetz. Der Gesetzgeber formuliert die Anforderung an eine prüffähige Schlussrechnung absolut – liegt diese nicht vor, fehlt es an einer Prüffähigkeit insgesamt. Eine

---

120 Grüneberg/Retzlaff, BGB, § 650g Rn. 11.
121 Pause/Vogel, in: ibr-OK Bauvertragsrecht, § 650g BGB Rn. 32.
122 BeckOK BauVertrR/Hummel, § 650g BGB Rn. 79; Grüneberg/Retzlaff, BGB, § 650g Rn. 14.
123 Grüneberg/Retzlaff, BGB, § 650g Rn. 14.
124 BeckOK BauVertrR/Hummel, § 650g BGB Rn. 80; Grüneberg/Retzlaff, BGB, § 650g Rn. 14; Pause/Vogel, in: ibr-OK Bauvertragsrecht, § 650g BGB Rn. 35; Messerschmidt/Voit/Messerschmidt, § 650g BGB Rn. 107; MüKo-BGB/Busche, § 650g Rn. 14.
125 BT-Drucks. 18/11437, 43.
126 BeckOK BauVertrR/Hummel, § 650g BGB Rn. 80.
127 BeckOK BauVertrR/Hummel, § 650g BGB Rn. 80.
128 BeckOK BGB/Voit, § 650g Rn. 26; HK-BGB/Scheuch, § 650g Rn. 10.
129 BGH, Urt. v. 23.09.2004 – VII ZR 173/03, NJW-RR 2005, 167; BeckOK BauVertrR/Hummel, § 650g BGB Rn. 78; vgl. auch Leupertz/Halfmeier, in: PWW, § 650g BGB Rn. 16.

differenzierende Formulierung (»soweit«) enthält § 650g BGB gerade nicht. Insofern gilt: Einwände gegen die Prüffähigkeit der Schlussrechnung betreffen diese insgesamt. Schließlich werden mit der Schlussrechnung nicht die einzelnen Beträge/Positionen, sondern das Gesamt-Saldo in Rechnung gestellt. Dementsprechend gilt auch für die Verjährung, dass diese nur einheitlich, nämlich nach Fälligkeit der (gesamten) Schlussrechnungsforderung, beginnt.[130] Unabhängig davon ist die Frage zu behandeln, ob unstrittige Beträge ungeachtet der fehlenden Fälligkeit der Schlussrechnungsforderung insgesamt vorab als Abschlagzahlung vom Besteller zu leisten sind. Dies wird zum Teil mit Hinweis auf entsprechende BGH Rechtsprechung zum Architektenvertrag auf der Grundlage von Treu und Glauben bejaht.[131]

Die Prüffähigkeit ist jedoch kein Selbstzweck.[132] Solange der Besteller in dem konkreten Fall in der 99 Lage ist, die Prüfung vorzunehmen, ist die Rechnung nach Treu und Glauben als prüfbar zu behandeln, selbst wenn sie die Voraussetzungen an die Prüffähigkeit nicht erfüllt.[133] Entscheidend ist, ob eine Rechnung dem Kontroll- und Informationsinteresse des Bestellers im konkreten Fall genügt.[134] Solange dies der Fall ist, ist es rechtsmissbräuchlich, sich auf die fehlende Prüfbarkeit zu berufen, selbst wenn die Rechnung nicht auf dem Leistungsverzeichnis basiert oder andere Bezeichnungen verwendet.[135]

g) Erstellung der Schlussrechnung durch den Besteller

Durch den Gesetzgeber nicht geregelt wurde der Fall, dass der Unternehmer überhaupt keine Schluss- 100 rechnung erteilt. Die Fälligkeit der Werklohnforderung tritt insofern nicht ein.

Der Besteller hat hier keine Möglichkeit, auf den Unternehmer einzuwirken. Es fehlt an einer Rege- 101 lung, die § 14 Abs. 4 VOB/B entspricht. Hiernach kann der Besteller den Unternehmer unter Fristsetzung zur Erstellung einer Schlussrechnung auffordern und diese, für den Fall, dass der Unternehmer dieser Aufforderung nicht nachkommt, auf dessen Kosten selbst erstellen lassen. § 650g BGB entspricht dagegen dem Vorschlag aus dem Abschlussbericht der Arbeitsgruppe Bauvertragsrecht beim Bundesministerium der Justiz vom 18.06.2013, in dem eine solche Regelung für nicht notwendig erachtet wurde.[136] Die Arbeitsgruppe ging insofern davon aus, dass das Interesse des Unternehmers an einer schnellen Bezahlung und schnellen Rechnungstellung überwiege. Die Manipulations- und Nachlässigkeitsfälle seien zu vernachlässigen, der Unternehmer habe in jedem Fall die Folgen einer Nebenpflichtverletzung zu tragen. Anderes gelte nur für öffentliche Auftraggeber, denen ein entsprechendes Recht eingeräumt werden müsse.

Die Einführung einer entsprechenden Regelung wäre dennoch notwendig gewesen. Tatsächlich 102 dürfte in den meisten Fällen das Interesse des Unternehmers an einer zügigen Bezahlung dazu führen, dass dieser eine entsprechende Schlussrechnung stellt. Dennoch gilt es, auch die Fälle zu regeln, in denen der Unternehmer bewusst von der Stellung einer Schlussrechnung absieht, um die Fälligkeit und damit den Beginn der Verjährung zu vermeiden. Nach der vom Gesetzgeber vorgesehenen Rechtslage hat der Besteller keine Möglichkeit, die Schlussrechnung selbst herbeizuführen.[137] Ein

130 A.A. zu Schlussrechnungen nach HOAI: BGH, Urt. v. 27.11.2003 – VII ZR 288/02, NJW-RR 2004, 445; zu VOB/B: BGH, Urt. v. 22.12.2005 – VII ZR 316/03, NZBau 2006, 231.

131 BeckOK BauVertrR/Hummel, § 650g BGB Rn. 85.

132 BGH, Urt. v. 22.11.2001 – VII ZR 168/00, NZBau 2002, 90.

133 OLG Celle, Urt. v. 13.09.1995 – 13 U 30/95, BauR 1996, 264; Pause/Vogel, in: ibr-OK Bauvertragsrecht, § 650g BGB Rn. 47.

134 Pause/Vogel, in: ibr-OK Bauvertragsrecht, § 650g BGB Rn. 47.

135 Pause/Vogel, in: ibr-OK Bauvertragsrecht, § 650g BGB Rn. 48.

136 Abschlussbericht der Arbeitsgruppe Bauvertragsrecht beim Bundesministerium der Justiz vom 18.06.2013, S. 47.

137 A.A. BeckOK BauVertrR/Hummel, § 650g BGB Rn. 87, wonach eine ungeschriebene Nebenpflicht des Unternehmers zur Abrechnung besteht; dies gibt dem Besteller die Möglichkeit, den Besteller

solches Interesse haben allerdings nicht lediglich öffentliche Auftraggeber, sodass diesbezüglich eine Regelungslücke besteht.

III. Fälligkeit – Zeitpunkt

103 Die Fälligkeit der Schlussrechnungsforderung tritt im Fall einer prüffähigen Aufstellung zum Zeitpunkt des Zugangs derselben beim Besteller ein, vorausgesetzt, dass eine Abnahme zeitlich vorausgegangen ist.

104 Liegt keine prüffähige Aufstellung vor und wird dies vom Besteller fristgemäß gerügt, tritt keine Fälligkeit ein.

105 In den Fällen, in denen die fehlende Prüffähigkeit aber nicht fristgemäß vom Besteller gerügt wird und damit § 650g Abs. 4 S. 3 BGB Anwendung findet, ist im Gesetz nicht eindeutig geregelt, auf welchen Zeitpunkt für die Fälligkeit abzustellen ist. Die Forderung könnte mit Zugang oder aber erst mit Ablauf der 30-tägigen Frist fällig werden. Ersteres ist zutreffend: Durch die Regelung des § 650g Abs. 4 S. 3 BGB wird der Zeitpunkt der Fälligkeit nicht verschoben, es handelt sich lediglich um eine Ausschlussfrist zu Lasten des Bestellers. Für die Bestimmung der Fälligkeit muss diese unberücksichtigt bleiben, um insofern den vom Gesetzgeber beabsichtigten Gleichlauf der prüffähigen Schlussrechnung mit der nicht prüffähigen Schlussrechnung nach Ablauf der Frist zu erreichen.[138]

IV. Fälligkeit – Verjährung und Zinsen

106 Der Beginn der Verjährung nach Fälligkeit der Forderung richtet sich nach § 199 BGB.

107 Hinsichtlich des Zinsanspruchs ist das Verhältnis zu § 641 Abs. 4 BGB zu betrachten. Hiernach hat der Besteller eine in Geld festgesetzte Vergütung ab der Abnahme des Werkes an zu verzinsen, sofern die Vergütung nicht gestundet ist. Der vermeintlich fehlende Verweis auf § 650g BGB ist vor dem Hintergrund der Regelungssystematik nachvollziehbar: § 641 BGB unterfällt den allgemeinen Vorschriften für Werkverträge (Kapitel 1), § 650g BGB unterfällt den spezielleren Regelungen zum Bauvertrag (Kapitel 2). Vor dem Hintergrund der Spezialität des § 650g BGB sind dessen Regelungen zur Fälligkeit vorrangig und abschließend. § 641 Abs. 4 BGB findet keine Anwendung. Verzugszinsen fallen bei Bauverträgen (und entsprechenden Verweisen auf § 650g BGB) damit erst nach Vorliegen der Voraussetzungen von § 650g BGB i.V.m. § 286 BGB an.

§ 650h Schriftform der Kündigung

Die Kündigung des Bauvertrags bedarf der schriftlichen Form.

Übersicht

nach Fristsetzung gem. §§ 162 Abs. 1, 242 BGB so zu behandeln, als ob er eine Rechnung erstellt hätte.

138 BeckOK BauVertrR/Hummel, § 650g BGB Rn. 82 m.w.N.

A. Allgemeines

I. Einführung

1 Die Regelung in § 650h BGB steht im Zusammenhang mit den in § 648 BGB und § 648a BGB Vorschriften zur ordentlichen und außerordentlichen Kündigung eines Werkvertrags. Während der Werksvertrag in Anlehnung an die allgemeine Vorschrift des § 314 BGB formlos gekündigt werden kann, statuiert § 650h BGB für den Bauvertrag ein Schriftformerfordernis i.S.d. § 126 BGB für alle Kündigungen, also etwa für jene nach § 648 BGB als auch für jene nach § 648a BGB, sowohl für die Kündigungen des Auftragnehmers als auch für Kündigungen durch den Auftraggeber.

2 Ausweislich der Gesetzesbegründung soll das Erfordernis der Schriftform der Rechtssicherheit und der Beweissicherung dienen. Sie soll die Bauvertragsparteien überdies vor übereilten Handlungen schützen, die angesichts des Leistungsvolumens, das Bauverträge in der Regel haben, mit erheblichen negativen Folgen in zeitlicher und finanzieller Hinsicht verbunden sein können.[1] Der angestrebte Schutzzweck werde, so der Gesetzgeber, durch eine Kündigung in Textform nicht erreicht, so dass es der (strengeren) Schriftform bedürfe. Anders als bei § 623 BGB (Kündigung von Arbeitsverhältnissen), auf die in der Gesetzesbegründung verwiesen wird, ist aber die elektronische Form nach § 126a BGB nicht ausgeschlossen (so auch bei der Kündigung von Mietverhältnissen nach § 568 Abs. 1 BGB). Die Kündigung kann also in Schriftform oder in elektronischer Form erfolgen.

II. Entstehungsgeschichte

3 Rechtsprechung und Lehre hatten für Dauerschuldverhältnisse anstelle des gesetzlichen Rücktrittsrechtes ein allgemeines Kündigungsrecht aus wichtigem Grund entwickelt. Dieses Kündigungsrecht wurde durch das Schuldrechtsmodernisierungsgesetz 2002 in § 314 BGB implementiert, ohne die Form einer Kündigung zu reglementieren. Ein spezifisches Kündigungsrecht für den Werkvertrag oder den Bauvertrag enthielt § 314 BGB nicht. Nach der Rechtsprechung galten aber Bauträgerverträge[2], Architektenverträge[3], Instandhaltungsverträge[4] und andere Bauverträge[5] als ein derartiges Dauerschuldverhältnis. Mit der späteren gesetzlichen Regelung des Kündigungsrechtes für Werkverträge wollte der Gesetzgeber dann auch die Form der Kündigung gesetzlich regeln, da ansonsten eine Kündigung formlos, d.h. mündlich oder gar konkludent, hätte ausgesprochen werden können.[6] Um die Bauvertragsparteien vor übereilten und später bereuten spontanen Handlungen zu schützen, war schon im Referentenentwurf der Bundesregierung das Schriftformerfordernis vorgesehen. Es wurde in allen Stellungnahmen, soweit ersichtlich, einhellig begrüßt. Die umgesetzte Regelung knüpft an § 8 Abs. 5 VOB/B (Kündigung durch den Auftraggeber) bzw. § 9 Abs. 2 S. 1 VOB/B (Kündigung durch den Auftragnehmer) an.

B. Schriftform

4 Das Schriftformerfordernis gilt sowohl für die freie Kündigung nach § 648 BGB als auch für die Kündigung aus wichtigem Grund nach § 648a BGB. Es gilt für Kündigungen durch den Auftraggeber wie auch für Kündigungen durch den Auftragnehmer. Das Schriftformerfordernis gilt aufgrund der Verweisung in § 650q Abs. 1 BGB auch für Architekten- und Planerverträge (dort auch für das Sonderkündigungsrecht nach § 650r BGB, da § 650h BGB alle Kündigungen erfasst). Für Bauträgerverträge ist § 650h BGB zwar formal anwendbar; da aber der Gesetzgeber in § 650u BGB

---

1 BR-Drs. 123/16, S. 66, inhaltsgleich mit BT-Drs. 18/8486, S. 61.

2 OLG Düsseldorf, Urt. v. 31.01.2012 – I-23 U 20/11, BauR 2012, 970.

3 OLG Oldenburg, Urt. v. 06.09.2012 – 8 U 96/12, NJW-RR 2013, 463, OLG Frankfurt, Urt. v. 26.10.2021 – 21 U 53/20, BeckRS 2021, 59273, bestätigt durch BGH, Urt. v. 17.11.2022 – VII ZR 862/21, NJW 2023, 1120.

4 BGH, Urt. v. 23.01.2002 – XII ZR 5/00, NJW-RR 2002, 946.

5 BGH, Urt. v. 23.05.1996 – VII ZR 140/95, NJW-RR 1996, 1108.

6 Vgl. Langen, NZBau 2015, 658.

ohnehin die Anwendbarkeit der Kündigungsmöglichkeiten der §§ 648, 648a BGB für Bauträgerverträge ausgeschlossen hat, kann § 650h BGB faktisch nicht einschlägig sein. Ob der Ausschluss der Kündigungsmöglichkeit angemessen ist, mag dahinstehen.[7] Jedenfalls gilt § 650h BGB nicht analog für Rücktrittserklärungen.[8]

I. Wahrung der Schriftform

5 Die (gesetzliche) Schriftform ist in § 126 BGB definiert. Sie wird nach §§ 126 Abs. 1, Abs. 2 BGB entweder durch eine eigenhändige Urkunde mit Namensunterschrift oder mittels notariell beglaubigten Handzeichens gewahrt. Aus der Unterschrift muss die Identität des Ausstellers erkennbar werden, die Unterschrift muss den Urkundentext räumlich abschließen, Nachträge auf den Kündigungsschreiben müssen erneut unterschrieben werden, inhaltliche Nachträge aus einer separaten Erklärung (beispielsweise über die Kündigungsfolgen oder ein »Nachschieben« von Kündigungsgründen) aber nicht. Aufgrund des Erfordernisses einer eigenhändigen Unterschrift reicht die Niederschrift einer Kündigung in einem Besprechungs- oder Baustellenprotokoll nur dann aus, wenn dieses von einem Vertretungsberechtigen des Kündigenden unterzeichnet wird. Das Schweigen reicht nicht aus.

Ein elektronisches Dokument wahrt die gesetzliche Schriftform grundsätzlich nicht. Auch die Unterschrift auf einem elektronischen Schreibtablett wahrt die Schriftform nicht. Unzulässig ist auch die Unterzeichnung durch Stempel, Faksimile oder sonstiger Hilfsmittel. Eine elektronische Signatur ist nur nach § 126a BGB zulässig. Diese elektronische Form nach § 126a BGB erfordert eine qualifizierte elektronische Signatur nach dem Signaturgesetz (geändert durch das erste Signaturänderungsgesetz). Eine E-Mail ohne qualifizierte elektronische Signatur genügt insoweit auch nicht.[9]

Die Schriftform kann nicht durch Textform nach § 126b BGB ersetzt werden (dafür würde eine E-Mail genügen). Eine per E-Mail übermittelte Kündigung entspricht also nicht der gesetzlich vorgeschriebenen Form und ist daher nach § 125 BGB nichtig.

II. Exkurs: Kündigung per beA

6 Zwar statuiert § 130a Abs 1 ZPO, dass bestimmte schriftlich bei Gericht einzureichende Dokumente auch als elektronische Dokumente eingereicht werden können, sofern das elektronische Dokument eine qualifizierte elektronische Signatur aufweist oder signiert und auf einem sicheren Übermittlungsweg eingereicht wurde. Diese Regelung gilt allerdings nur für das Prozessrecht und die Einreichung von Dokumenten bei Gericht, nicht für die Übermittlung zwischen anderen Nutzern (z.B. zwischen Rechtsanwälten). Insoweit gilt hier, dass bei einer Übersendung per beA nicht die (reduzierteren Anforderungen) des § 130a Abs. 1 ZPO, sondern des § 126a BGB maßgebend sind. Demnach genügt die Übersendung durch beA nur dann dem § 650h BGB, wenn das Kündigungsschreiben mit einer qualifizierten elektronischen Signatur versehen ist, vgl. § 126a Abs. 1 BGB. Ein Kündigungsschreiben mit einfacher Signatur und sicherem Übermittlungsweg hingegen ist nicht ausreichen. Da § 130d ZPO (beA-Nutzungspflicht für Rechtsanwälte) ebenfalls nur prozessual Wirkung entfaltet, ist dem Rechtsanwalt eine schriftliche Kündigung nicht verwehrt.

Bei einer Kündigung per beA gelten für den Zugang der Erklärung die allgemeinen Regeln. Auf die Abgabe eines Empfangsbekenntnis kommt es hier nicht an. Vielmehr liegt bereits dann der Zugang vor, wenn das elektronische Dokument in den Eingang des beA des Empfängeranwalts gelangt ist und nach gewöhnlichen Umständen und nach der Verkehrsanschauung mit einer Kenntnisnahme des Dokuments gerechnet werden kann. Dies dürfte sich auf die üblichen Bürozeiten beschränken.

---

7 Kritisch: J. Langen, § 650u BGB, Rn. 57 ff.

8 So auch: Sienz, in: Leupertz/Preussner/Sienz, § 650h BGB, Rn. 2.

9 OLG München, Beschl. v. 03.02.2022 – 28 U 3344/21, NJW-Spezial 2022, 622, zustimmend: Schmitz, in: Kniffka/Jurgeleit, § 650h BGB, Rn. 3; Geheeb, in: Leinemann/Kues, § 650h BGB, Rn. 9.

Geht eine Kündigung außerhalb dieser Zeiten ein, so findet der Zugang zur nächsten üblichen Bürozeit statt.[10]

Eine weitere Schwierigkeit im elektronischen Rechtsverkehr ist die Vorlage der Originalvollmacht. Ohne das Vorlegen der Originalvollmacht ist die durch einen Vertreter abgegebene Kündigung unwirksam, wenn die Gegenseite sie aus diesem Grund unverzüglich zurückweist, vgl. § 174 S. 1 BGB. Die Vollmachtsurkunde als verkörperte Gedankenerklärung i.S.d. § 172 BGB muss dem Schriftformerfordernis des § 126 BGB genügen. Die Textform (§ 126b BGB) oder die elektronische Form (§ 126a BGB) sind nicht ausreichend, ebenso wenig eine Fotokopie oder beglaubige Abschrift. Insoweit ist es auch nicht ausreichend, wenn der Vollmachtgeber die Vollmacht qualifiziert elektronisch signiert und die so signierte Vollmacht per beA mitsamt des Kündigungsschreibens übersandt wird.[11]

Praktisch lässt sich das Erfordernis der Vorlage der Vollmacht durch eine frühzeitige Vorlage, etwa bei Kündigungsandrohung, erfüllen; die einmal vorgelegte Vollmachtsurkunde behält ihre Wirksamkeit bis zur (verlangten) Rückgabe oder Kraftloserklärung, vgl. § 172 Abs. 2 BGB. Sodann kann wirksam und ohne die Möglichkeit der Zurückweisung nach Maßgabe des § 126a BGB gekündigt werden.

III. Zugang der Kündigung

Bei der Kündigung handelt es sich um eine empfangsbedürftige Willenserklärung, insofern muss 7
die formgerecht errichtete Erklärung dem Erklärungsempfänger zugehen[12], d.h. die Übermittlung durch Telefax oder eines eingescannten Dokuments, reicht wegen § 127 Abs. 2 S. 1 BGB auch zur Fristwahrung nicht aus, weil es sich um eine gesetzliche und nicht um eine gewillkürte Schriftform handelt.[13] Die zu den parallelen Vorschriften in § 8 Abs. 6 VOB/B und § 9 Abs. 2 VOB/B vertretenen Auffassungen sind auf die gesetzliche Regelung in § 650h BGB nicht übertragbar.[14]

IV. Folgen fehlender Form

Eine nur mündlich oder in Textform (nach § 126b BGB) ausgesprochene Kündigung ist form- 8
nichtig, vgl. § 125 S. 2 BGB. Den Parteien steht auch nicht zu, auf die Einhaltung der gesetzlich vorgeschriebenen Form gemeinsam zu verzichten, was bei vertraglich vereinbarten Formen (ggf. sogar konkludent) möglich wäre. Insofern überlagert die gesetzliche Regelung jetzt die Bestimmungen in § 8 Abs. 5 VOB/B (bei Kündigungen des Auftraggebers) bzw. in § 9 Abs. 2 S. 1 VOB/B (bei Kündigung durch den Auftragnehmer).[15] Die beiden in der VOB/B normierten Schriftformerfordernisse bestehen aufgrund vertraglicher Vereinbarung, für sie gilt deshalb § 127 BGB, der zwar auf § 126 BGB verweist, hingegen aber nach § 127 Abs. 2 BGB auch die »telekommunikative« Übermittlung zulässt, weshalb eine Kündigung auch per Telefax ausgesprochen werden konnte. Das ist jetzt nicht mehr möglich, da § 126 BGB die telekommunikative Übermittlung von Erklärungen, die aufgrund einer gesetzlichen Regelung einer bestimmten Form unterliegen, nicht als ausreichendes Äquivalent ansieht.

Ist eine ausgesprochene Kündigung wegen der nicht-eingehaltenen Form nichtig, so kann die 9
Erklärung in der wirksamen Form nachgeholt werden. Erst diese zweite Kündigung entfaltet Wirk-

---

10 Vgl. hierzu: Fleindl, in: NZM 2024, 65.

11 Vgl. hierzu m.w.N.: Fleindl, in: NZM 2024, 65, 67–68.

12 OLG Stuttgart, Urt. v. 21.12.2021 – 10 U 149/21, NZBau 2022, 404.

13 Anders noch zur früheren Rechtslage, als § 8 VOB/B allein die gewillkürte Schriftform vorsah. Damals war der Zugang per Telefax noch ausreichend: OLG Frankfurt, Urt. v. 08.04.2019, 29 U 53/18.

14 V. Rintelen, in: Kapellmann/Messerschmidt, § 9 VOB/B Rn. 71; Vogel, in: Jansen/Seibel, § 8 VOB/B Rn. 133. Wie hier: Grüneberg/Ellenberger, § 126 BGB, Rn. 12.

15 Hierzu: Lederer, in: Kapellmann/Messerschmidt, § 8 VOB/B Rn. 116; v. Rintelen, in: Kapellmann/Messerschmidt, § 9 VOB/B Rn. 71.

samkeit, die erste, formnichtige Kündigung bleibt ein rechtliches Nullum. Die zweite, wirksame Kündigung ist dann aber nur wirksam, wenn in dem Zeitpunkt ihres Zugangs auch noch ein Kündigungsgrund besteht. Liegt dann bspw. ein Kündigungsgrund nicht mehr vor, weil die nach § 648a Abs. 3 i.V.m. § 314 Abs. 3 BGB einzuhaltende Frist verstrichen ist, ist die Kündigung – dann wegen fehlenden Grundes – unwirksam, sodass der Vertrag insgesamt nicht wirksam gekündigt wurde.[16]

10 Haben sich die Vertragsparteien aber einvernehmlich auf eine Aufhebung der vertraglichen Leistungspflicht für die Zukunft verständigt, kommt eine Umdeutung des Kündigungsschreibens nach § 140 BGB in den Abschluss einer entsprechenden Vertragsaufhebungsvereinbarung in Betracht. Eine derartige einvernehmliche Vertragsaufhebung könnte beispielsweise dann anzunehmen sein, wenn der Auftragnehmer bei formlos ausgesprochener Kündigung des Auftraggebers diesem mitteilt, er werde (bei einem Architektenvertrag) das Projekt schließen und abrechnen und im Anschluss eine Schlussabrechnung stellt[17] oder die Gegenseite die Kündigung hinnimmt, die Parteien sich darüber einig sind, dass das Werk nicht weiter ausgeführt werden soll und dies als stillschweigende Vertragsaufhebung auszulegen ist[18] oder (wiederum bei einem Architektenvertrag) in zeitlichem Zusammenhang mit der formnichtigen Kündigung der kündigungsempfangende Architekt die bisherigen Planungsunterlagen sowie eine Rechnung über die erbrachten Leistungen übermittelt und die Parteien sich darüber einig sind, dass die Planung nicht weiter fortgesetzt wird.[19] Eine einverständliche Vertragsaufhebung kann auch dann angenommen werden, wenn beide Vertragsparteien davon ausgehen, dass die Leistungen jedenfalls nicht mehr ausgeführt werden sollen.[20] Letztlich dürfte stets im Einzelfall zu bewerten sein, ob die für die Vertragsaufhebung erforderlichen korrespondierenden Willenserklärungen der Parteien (einmal umgedeutet aus der Kündigungserklärung) vorliegen. Dies dürfte jedenfalls dann nicht der Fall sein, wenn der Empfänger der unwirksamen Kündigung von deren Wirksamkeit ausgeht und daher gar nicht in dem Bewusstsein handelt, noch eine Erklärung mit Rechtswirkung abgeben zu können. Kritisch sind weiter die Fälle, in denen die Parteien zwar über den Tatbestand der Vertragsaufhebung Einvernehmen erzielt haben, nicht aber hinsichtlich der Rechtsfolgen. Hier könnte ein offener Dissens vorliegen, so dass die Aufhebungsvereinbarung im Zweifel nicht wirksam geschlossen wäre. Häufig wird der Fall so sein, dass sich Auftraggeber und Auftragnehmer über die Berechtigung des Auftraggebers zur Kündigung aus wichtigem Grund streiten, weil der Auftragnehmer das Vorhandensein eines wichtigen Kündigungsgrundes (etwa Verzug oder Mangelhaftigkeit der Werkleistung) bestreiten wird und den Rechtsstandpunkt einnehmen wird, es handele sich um eine sogenannte freie Kündigung nach § 648 BGB. In diesen Fällen wird aber die Vertragsaufhebung an sich kaum infrage stehen, so dass die Auslegung der entsprechenden Willenserklärungen von Auftraggeber und Auftragnehmer regelmäßig dahingehend zu erfolgen hat, dass jedenfalls der Vertrag einvernehmlich aufgehoben wurde und beide Parteien insoweit die Rechtsfolgen des § 648 BGB oder § 648a BGB unabhängig von der Frage, ob die Kündigungsvoraussetzung des § 650h BGB gegeben ist, akzeptieren. Hätte der Auftraggeber hiernach also nach § 648a BGB wirksam kündigen können, so würden auch dessen Rechtsfolgen anzuwenden sein.[21] Ist dies aber nicht der Fall, muss der Auftraggeber die Folgen einer freien Kündigung hinnehmen. Das OLG Dres-

16 Langen, NZBau 2015, 658.

17 So OLG Frankfurt, Urt. v. 16.05.2022 – 29 U 94/21, NJW 2022, 3516.

18 So OLG Frankfurt, Urt. v. 11.05.2023 – 22 U 19/22, BeckRS 2023, 53597, BGH, Beschl. v. 15.05.2024 – VII ZR 118/23 (Zurückweisung der Nichtzulassungsbeschwerde).

19 So OLG Düsseldorf, Urt. v. 20.02.2025 – 5 U 102/23, BeckRS 2025, 6732.

20 OLG Dresden, 24.10.2018 – 1 U 601/17, IBRRS 2019, 2746.

21 So im Ergebnis auch: BGH, Urt. v. 29.06.2000 – VII ZR 186/99, NZBau 2000, 467; BGH, Urt. v. 29.04.1999 – VII ZR 248–98, BauR 1999, 1021; BGH, Urt. v. 04.06.1973 – VII ZR 113/71, BauR 1973, 319; Kapellmann/Schiffers Bd. 2, Rn. 1411; Joussen/Vygen, in: Ingenstau/Korbion § 8 Abs. 5 VOB/B Rn. 7; Vogel, in: Jansen/Seibel, § 8 VOB/B Rn. 131.

den entschied, dass in solchen Fällen sich die vom Auftragnehmer zu beanspruchende Vergütung – jedenfalls bei VOB/B-Verträgen – nach § 8 Abs. 1 Nr. 2 VOB/B richte.[22]

V. Abgrenzung zur Änderungsanordnung

11 Vom Gesetzgeber nicht bedacht wurde der Fall, dass eine Änderungsanordnung nach § 650b Abs. 2 BGB auch eine Kündigung bereits beauftragter Leistungen beinhalten kann.[23] Für die Änderungsanordnung sieht das Gesetz nur die Textform vor, es verlangt insoweit keine Schriftform, sondern lässt Erklärungen in E-Mail zu. Richtigerweise wird es bei der Frage, ob die richtige Form vorliegt darauf ankommen, was als Schwerpunkt der Erklärung anzusehen ist und ob der Erklärende die Leistung ändern oder kündigen wollte. Wenn bspw. eine per E-Mail übermittelte Planänderung nicht nur den Entfall von Teilleistungen, sondern auch die Errichtung neuer Leistungen umfasst, dann wird es sich unter dem einheitlichen Blickwinkel der Erklärung insgesamt (jedenfalls in der Abgrenzung der Formvorschriften) eher um eine Änderungsanordnung handeln, so dass Textform ausreicht. Wenn die Änderung aber allein den Entfall einer Teilleistung regelt, dürfte es sich um eine Kündigung handeln, mit dem Erfordernis der Schriftform.

12 Eine andere Abgrenzung könnte allenfalls analog der Rechtslage bei § 2 Abs. 5, 6 VOB/B (dort: Abgrenzung zwischen zusätzlichen und geänderten Leistungen) dahingehend erfolgen, dass auf die bautechnische Fortschreibung der geänderten Leistung abgestellt wird: Ist die geänderte Leistung technisch-kalkulatorisch aus der vereinbarten Leistung ableitbar, dann handelt es sich um eine Änderung; falls nicht, dann handelt es sich um die Teilkündigung der beauftragten Leistung, verbunden mit der Anordnung der Ausführung einer neuen zusätzlichen Leistung.[24] Dies hätte dann zur Folge, dass die »Änderung« per E-Mail der gesetzlichen Schriftform nicht genügt hätte, weil es sich tatsächlich um eine Kündigung gehandelt hätte.

13 Da der Auftraggeber als Erklärender oftmals nicht den bautechnischen Hintergrund des Auftragnehmers hat, ist der erstgenannten Abgrenzungstheorie der Vorzug zu geben, da sie maßgeblich den Erklärungswillen des Erklärenden berücksichtigt.

VI. Keine Begründungspflicht

14 Eine Begründungspflicht für Kündigungen sieht das Gesetz nicht vor (dies hätte der Gesetzgeber ansonsten regeln müssen, wie er es beispielsweise bei der Kündigung eines Wohnraummietvertrages in § 573 Abs. 3, § 573a Abs. 3 BGB getan hat).[25] Auch die außerordentliche Kündigung des Bauvertrages ist somit ohne Darlegung von Gründen möglich. Die Gründe müssen nur zum Zeitpunkt der Kündigungserklärung an sich objektiv vorgelegen haben. Die Bezugnahme auf Gründe können jederzeit *»nachgeschoben«* oder sogar *»ausgetauscht«* werden.[26]

15 Im Extremfall können sogar Gründe, die der Erklärende zum Zeitpunkt der Kündigung gar nicht kannte und deshalb bei der Kündigungserklärung auch nicht berücksichtigen konnte, ausreichen, sofern sie allein zum Zeitpunkt der Kündigungserklärung objektiv vorlagen.[27] Insofern ist der Erklärende nicht auf die Gründe beschränkt, die in dem Kündigungsschreiben angeführt werden,

---

22 OLG Dresden, 24.10.2018 – 1 U 601/17, IBRRS 2019, 2746.

23 Hierzu Langen, NZBau 2015, 658.

24 Dies wäre bspw. dann der Fall, wenn statt einer Holztreppe eine Betontreppe ausgeführt werden soll.

25 Vogel, in: Jansen/Seibel, § 8 VOB/B Rn. 133.

26 Vgl. BGH, Beschl. v. 11.10.2017 – VII ZR 46/15, NZBau 2018, 32; BGH, Urt. v. 22.10.1981 – VII ZR 310/79, NJW 1982, 438; BGH, Urt. v. 25.03.1993 – X ZR 17/92, NJW 1993, 1972; BGH, Urt. v. 05.05.1958 – II ZR 245/56, NJW 1958, 1136; BGH, Urt. v. 23.06.2005 – VII, ZR 197/03, NZBau 2005, 582; Hebel, BauR 2011, 330; einschränkend: OLG Stuttgart, Urt. v. 14.07.2011 – 10 U 59/10, BauR 2012, 1130.

27 BGH, Urt. v. 06.02.1975 – VII ZR 244/73, NJW 1975, 825; kritisch: Lederer, in: Kapellmann/Messerschmidt, § 8 VOB/B Rn. 19.

auch wenn er diese kannte und nur zu erwähnen »vergaß«. Die Begrenzung von Kündigungsgründen in der Kündigungserklärung ist also nicht als Verzicht anzusehen. Eine Begründung der Kündigung obliegt der kündigenden Partei jedoch im gerichtlichen Verfahren, sofern die Gegenseite die Wirksamkeit der Kündigung aus wichtigem Grund mangels ausreichender Gründe anzweifelt. In diesem Fall muss die kündigende Partei die Gründe darlegen und ggf. beweisen. Ob hierbei zu berücksichtigen ist, ob die Partei einen nun vorgebrachten Grund bereits in der Kündigungserklärung angebracht hat, dürfte grundsätzlich zu verneinen sein. Hiermit würde ein – gesetzgeberisch nicht gewollter – indirekter Begründungszwang entstehen, da der Kündigende, der nicht alle in Frage kommenden Gründe im Kündigungsschreiben benennt, Gefahr laufen würde, sich später nicht mehr auf sie berufen zu können. Außerdem ist bei der entgegengesetzten Position gänzlich offen, wie eine Kündigung vollkommen ohne Begründung zu bewerten ist. Entweder man wendet die Beschränkung hier nicht an und stellt sodann denjenigen, der gar nicht begründet, besser als den, der zum Teil begründet, oder man verwehrt – aus der inneren Logik des Arguments konsequenterweise – dem ohne Begründung Kündigenden den Rückgriff auf die nicht genannten (also auf alle) Gründe; hierdurch wird die Kündigung aus wichtigem Grund zwangsläufig unwirksam. Allenfalls kann bei der subjektiven Komponente der »Zumutbarkeit« zu berücksichtigen sein, ob dem Kündigenden ein bestimmtes Fehlverhalten überhaupt bekannt war und ob dieses Fehlverhalten seine Handlungen motiviert oder zumindest mitbestimmt hat. Hier kann die im Kündigungsschreiben gegebene Begründung – sofern es überhaupt eine gibt – wohl als Indiz herangezogen werden.

16 Als Gründe für eine Kündigung aus wichtigem Grund – ob im Kündigungsschreiben aufgeführt oder nicht – kommen aber zweifelsohne nur Gründe in Betracht, die zum Zeitpunkt der Erklärung vorlagen. Somit entfallen Gründe, etwa weil die zeitliche Beschränkung nach § 314 Abs. 3 BGB oder die tatsächliche Beschränkung einer vorherigen Abmahnung nach § 314 Abs. 2 BGB nicht eingehalten sind. Gleiches gilt bei einer etwaig erforderlichen Nachfristsetzung, z.B. im Sinne des § 643 BGB, § 5 Abs. 3, Abs. 4 VOB/B, § 9 Abs. 1 VOB/B.

VII. Auslegung der Kündigungserklärung

17 Da nur die »Kündigung« der Schriftform unterliegt, muss der Wortlaut »Kündigung« in der Erklärung nicht enthalten sein, §§ 133, 157 BGB. Es reicht aus, dies ist aber auch notwendig, dass aus der Erklärung der Wille erkennbar wird, das Vertragsverhältnis einseitig, vorzeitig und endgültig beenden zu wollen.[28]

18 Die Kündigungserklärung ist bedingungsfeindlich. Allenfalls kann der Erklärende die Kündigung allein auf eine außerordentliche Kündigung beschränken und die »freie« Kündigung bei Fehlen eines wichtigen Grundes ausschließen. Hierbei handelt es sich um keine Bedingung i.e.S. d. § 158 BGB, sondern lediglich um eine vom Erklärungsempfänger vorsorglich abgegebene zusätzliche Erklärung, wie die Kündigungserklärung auszulegen ist, insb., dass eine Umdeutung i.S.d. § 140 BGB nicht erfolgen soll. Fraglich ist, ob eine Bedingung zulässig ist, deren Eintritt allein vom Kündigungsempfänger abhängt (sog. Potestativbedingung). Dies wird im Sinne einer Rechtsklarheit aber im Einzelfall nur dann zulässig sein, wenn die Bedingung so formuliert ist, dass für einen objektiven Dritten kein Zweifel darüber bestehen kann, ob die Bedingung eingetreten ist oder nicht. Eine Kündigung mit der (allgemeinen und damit auslegungsbedürftigen) Bedingung *»Wir kündigen, wenn nicht bis zum … Leistung x erbracht ist.«* dürfte deshalb nach der hier vertretenen Auffassung in der Regel unwirksam sein (möglicherweise aber in die Ankündigung/Androhung einer Kündigung umgedeutet werden können).

VIII. Vollmacht und Vertretung

19 Die Kündigung ist von der jeweiligen Vertragspartei zu erklären oder entgegen zu nehmen. Ohne ausdrückliche Vollmacht dürften Bauleiter, Projektsteuerer oder Architekten nicht bevollmächtigt

28 Vgl. Lederer, in: Kapellmann/Messerschmidt, § 8 VOB/B, Rn. 16f.

sein, Kündigungen zu erklären. Die Kündigungserklärung eines Nichtbevollmächtigten kann nach §§ 177, 180 BGB genehmigt werden. Die Kündigung eines Bevollmächtigten ist unwirksam, wenn sie nach § 174 BGB zurückgewiesen wird, wenn der Bevollmächtigte eine Vollmachtsurkunde nicht vorlegt und der andere Vertragsteil das Rechtsgeschäft aus diesem Grunde unverzüglich zurückweist. Eine Genehmigung der Erklärung ist dann nicht mehr möglich. Stattdessen muss die Erklärung erneut und unter Vorlage der Vollmacht vorgenommen werden. Ob die nach Zurückweisung fälschlicherweise erfolgte Genehmigung als eigenständige Kündigungserklärung aufgefasst werden kann, dürfte eine Frage des Einzelfalls sein. Jedenfalls muss auch diese Erklärung den Anforderungen des § 650h BGB genügen und entfaltet ihre Wirkung nicht rückwirkend, sondern erst ab Zugang.

IX. Analoge Anwendbarkeit auf die Kündigung nach § 643 BGB

Gemäß § 643 BGB gilt ein Bauvertrag als aufgehoben, wenn der Auftraggeber eine ihm obliegende Mitwirkungshandlung nicht innerhalb einer ihm gesetzten Frist nachholt und der Auftragnehmer erklärt hat, dass er den Vertrag kündige, wenn die Handlung nicht bis zum Ablauf der Frist vorgenommen werde. Einer gesonderten Kündigungserklärung bedarf es nicht mehr. Der Vertrag gilt mit Ablauf der Nachfrist als aufgehoben. Damit ist der mit dieser Regelung verbundene Automatismus spätestens nach Änderung des ehemaligen § 648a BGB ein Ausnahmefall und »Fremdkörper« im Gesetz. Im Verlauf des Gesetzgebungsverfahrens wurde diskutiert, diese Sonderregelung zu ersetzen und dem Auftragnehmer nach Ablauf der Nachfrist ein Kündigungsrecht zuzubilligen; die Kündigung hätte dann aber auch noch gesondert erklärt werden müssen. Dieser Vorschlag hat sich aber nicht durchsetzen können. Folglich verbleibt es dabei, dass der Vertrag im Fall des § 643 BGB automatisch mit Ablauf der Nachfrist endet, ohne dass es einer weiteren Erklärung des Auftragnehmers bedarf. Diskutiert wird, ob für diese Erklärung nach § 643 BGB auch die strenge Schriftform nach § 650h BGB anzuwenden ist. Aufgrund des Wortlautes des Gesetzes könnte vertreten werden, dass für diese Erklärung des Auftragnehmers keine Schriftform nötig ist, denn § 650h bezieht sich nach seinem Wortlaut auf die »Kündigung« und nicht auf die »Androhung« der Kündigung. Deshalb unterliegt auch die Androhung der Kündigung nach § 648a BGB n.F. keiner Schriftform. Im Fall des § 643 BGB ist die Interessenslage hingegen differenzierter zu betrachten: Der Auftragnehmer muss im Fall des § 643 BGB, anders als bei § 648a BGB, nicht die Kündigung »androhen«, sondern nur »ankündigen«: Er muss »erklären«, dass er den Vertrag kündigen werde. Die Erklärung nach § 643 BGB könnte also auch schon als Kündigungserklärung interpretiert werden. Insofern erscheint es vom Wortlaut her auch geboten, für diese Erklärung die Schriftform zu verlangen, da eben keine weitere gesonderte Kündigungserklärung, die nach § 650h BGB einer Schriftform bedürfte, benötigt wird. Nach § 643 BGB würde sonst ein Bauvertrag gekündigt werden können, ohne dass eine der Schriftform entsprechende Kündigungserklärung vorliegt. Zudem sind Schutzzweck und Interessenslage identisch: Denn auch diesbezüglich gelten die Erwägungen des Gesetzgebers, die Bauvertragsparteien vor unüberlegten und emotional geprägten Äußerungen zu schützen. 20

X. Abdingbarkeit, VOB/B

Das Kündigungserfordernis gehört zum gesetzlichen Leitbild. Eine Abbedingung ist daher in Allgemeinen Geschäftsbedingungen nicht möglich.[29] Individualvertraglich soll eine Abbedingung möglich sein.[30] 21

Allgemeine Geschäftsbedingungen, die eine stärkere Form vorschreiben (etwa: Einschreiben), sind unwirksam.[31] 22

Nach § 8 Abs. 6 VOB/B ist die Kündigung auch beim VOB/B-Vertrag schriftlich zu erklären. Da es sich hierbei um eine vertragliche vereinbarte Schriftform handelt, würde gem. § 127 Abs. 2 BGB 23

---

29 OLG München, Beschl. v. 03.02.2022 – 28 U 3344/21, NJW-Spezial 2022, 622.

30 Sienz, in: Leupert/Preussner/Sienz, § 650h BGB, Rn. 8.

31 Geheeb, in: Leinemann/Kues, § 650h BGB Rn. 14.

grundsätzlich auch eine telekommunikative Übermittlung ausreichen.[32] Da § 650h BGB jedoch nicht disponibel ist, sind die strengen Voraussetzungen des § 126 BGB anzuwenden, sodass der Zugang als Telefax nicht ausreichend ist.[33] Stattdessen ist eine schriftliche Kündigungserklärung i.S.d. § 126 BGB erforderlich.[34]

Kapitel 3 Verbraucherbauvertrag

§ 650i Verbraucherbauvertrag

(1) Verbraucherbauverträge sind Verträge, durch die der Unternehmer von einem Verbraucher zum Bau eines neuen Gebäudes oder zu erheblichen Umbaumaßnahmen an einem bestehenden Gebäude verpflichtet wird.

(2) Der Verbraucherbauvertrag bedarf der Textform.

(3) Für Verbraucherbauverträge gelten ergänzend die folgenden Vorschriften dieses Kapitels.

Übersicht

A. Allgemeines

1 Schon seit längerer Zeit wurde die Notwendigkeit diskutiert, Verbrauchern bei Verträgen über die Errichtung von Wohngebäuden einen über die bisherige gesetzliche Regelung hinausgehenden Schutz zu geben.[1] Der Gesetzgeber hatte diese Forderung aufgegriffen und erstmals ein spezielles Verbraucherbauvertragsrecht geschaffen. Anlass hierfür waren besondere Risiken, die aus Sicht des Gesetzgebers für den Verbraucher bei der Durchführung eines Bauvorhabens bestehen. Demnach wende der Verbraucher für die Errichtung oder den Umbau eines Hauses häufig einen wesentlichen Teil seiner wirtschaftlichen Ressourcen auf.[2] Die Insolvenz des Bauunternehmens könne daher gravierende Auswirkungen haben.[3] Gleiches gelte für unerwartete Mehrkosten, die durch eine nicht fristgerechte Fertigstellung des Baus entstünden.[4] Außerdem bestand aus Sicht des Gesetzgebers eine

32 So etwa vertreten bei Kniffka/Jurgeleit/Schmitz, ibr-OK BauvertragsR, Stand 15.11.2021, BGB § 650 Rn. 7.

33 OLG Frankfurt, Urt. v. 08.04.2019 – 29 U 53/18, IBRRS 2020, 1614.

34 So auch OLG München, Beschl. v. 03.02.2022 – 28 U 3344/21, NJW-Spezial 2022, 622.

1 Vgl. etwa die Vorschläge des Arbeitskreises Schuldrechtsmodernisierungsgesetz des Instituts für Baurecht Freiburg e.V., BauR 2006, 263, 275 f. oder die Vorschläge des Arbeitskreises V des 1. Deutschen Baugerichtstages, abrufbar unter https://baugerichtstag.de/wp-content/uploads/2019/03/1ak_alle.pdf, abgerufen am 24.04.2026.

2 BT-Drucks. 18/8486, S. 1.

3 BT-Drucks. 18/8486, S. 1.

4 BT-Drucks. 18/8486, S. 1.

Schutzlücke[5], da gemäß § 312 Abs. 2 Nr. 3 BGB die §§ 312 ff. BGB[6] auf Verträge über den Bau von neuen Gebäuden oder erhebliche Umbaumaßnahmen an bestehenden Gebäuden grundsätzlich[7] keine Anwendung finden. Dies gilt insbesondere für die universellen Informationspflichten des Unternehmers gemäß § 312a Abs. 2 BGB sowie das Widerrufsrecht des Verbrauchers bei außerhalb von Geschäftsräumen geschlossenen Verträgen und bei Fernabsatzverträgen gemäß § 312g BGB. Denn nach § 312 Abs. 2 Nr. 3 BGB a.F. waren bzw. sind von den Vorschriften der Kapitel 1 und 2 des Untertitels *»Grundsätze bei Verbraucherverträgen und besondere Vertriebsformen«* auf Verträge über den Bau von neuen Gebäuden oder erhebliche Umbaumaßnahmen an bestehenden Gebäuden bzw. auf Verbraucherbauverträge nach § 650i Abs. 1 BGB[8] nur § 312a Abs. 1, 3, 4 und 6 BGB anwendbar. Nicht anwendbar waren bzw. sind daher insbesondere die universellen Informationspflichten des Unternehmers gemäß § 312a Abs. 2 BGB sowie das Widerrufsrecht des Verbrauchers bei außerhalb von Geschäftsräumen geschlossenen Verträgen und bei Fernabsatzverträgen gemäß § 312g BGB.

Vor diesem Hintergrund hatte der Gesetzgeber zum Schutz des Verbrauchers eine Reihe von neuen Vorschriften eingeführt. Diese gehen über den Anwendungsbereich der Verbraucherrechterichtlinie hinaus, was teilweise als eine *»überschießende Umsetzung«* der Richtlinie bezeichnet wird.[9] 2

Diese Vorschriften betreffen insbesondere die Pflicht des Unternehmers, dem Besteller bereits vorvertraglich eine Baubeschreibung zu übergeben (§ 650j BGB), den Inhalt und die Auslegung des Vertrages (§ 650k BGB), die Schaffung eines Verbraucherwiderrufsrechts (§ 650l BGB), die Begrenzung und Absicherung von Abschlagszahlungen (§ 650m BGB) sowie die Pflicht zur Erstellung und Herausgabe von Unterlagen durch den Unternehmer (§ 650n BGB). Außerdem wird geregelt, inwiefern von den Vorschriften zum Nachteil des Verbrauchers abgewichen werden kann (§ 650o BGB). 3

Die Vorschriften des Kapitels 3 finden nur Anwendung auf Verbraucherverträge, die den Bau eines neuen Gebäudes aus einer Hand oder die Durchführung erheblicher Umbaumaßnahmen an einem bestehenden Gebäude zum Gegenstand haben. Der sachliche Anwendungsbereich des Verbraucherbauvertrages ist damit deutlich enger gefasst als der des Bauvertrages gemäß § 650a BGB. Nur ein geringer Teil aller Bauverträge, die zwischen einem Unternehmer und einem Verbraucher abgeschlossen werden, ist daher gleichzeitig auch Verbraucherbauvertrag i.S. § 650i Abs. 1 BGB. Der Gesetzgeber ist damit weitergehenden Forderungen, die Vorschriften zum Verbraucherbauvertrag auf sämtliche Bauverträge zwischen einem Verbraucher und einem Unternehmer auszuweiten[10], nicht gefolgt. 4

Zu beachten ist außerdem, dass sich die Vorschriften nur auf den Bau bzw. den Umbau eines Gebäudes, nicht jedoch auf Planungs- und Bauüberwachungsleistungen beziehen. Die Vorschriften des Verbraucherbauvertrages finden auf Architekten- und Ingenieurverträge gemäß § 650q BGB keine Anwendung. 5

---

5 BT-Drucks. 18/8486, S. 61; BT-Drucks. 18/8486 S. 63.

6 Die §§ 312 ff. BGB in der derzeitigen Fassung sind mit Wirkung zum 13.06.2014 in Kraft getreten und dienen der Umsetzung der EU-Verbraucherrechterichtlinie vom 25.10.2011 (Richtlinie 2011/83/EU, ABl. L 304 v. 22.11.2011).

7 D.h. mit Ausnahme von § 312a Abs. 1, 3, 4 und 6 BGB.

8 Die Formulierung *»Verträge über den Bau von neuen Gebäuden oder erhebliche Umbaumaßnahmen an bestehenden Gebäuden«* wurde in der ab dem 01.01.2018 geltenden Fassung ersetzt durch die Formulierung *»Verbraucherverträge nach § 650i Abs. 1 BGB«*.

9 Pause/Vogel, NZBau, 2015, 667; Pause, BauR 2017, 430, 431, weist insofern darauf hin, dass mit dem Begriff »überschießend« eine Überschreitung des Anwendungsbereichs, nicht eine Steigerung des in der Richtlinie vorgesehenen Mindestschutzes gemeint ist.

10 So etwa Pause/Vogel, NZBau, 2015, 667, 668; Pause, BauR 2017, 430, 432 f.

B. Verbraucherbauvertrag

6 Verbraucherbauverträge werden definiert als Verträge zwischen einem Unternehmer und einem Verbraucher, durch die ein Unternehmer zum Bau eines neuen Gebäudes oder zu erheblichen Umbaumaßnahmen an einem bestehenden Gebäude verpflichtet wird.

I. Unternehmer

7 Unternehmer ist gemäß § 14 Abs. 1 BGB jede natürliche oder juristische Person, die am Markt planmäßig und dauerhaft Leistungen gegen ein Entgelt anbietet.[11]

II. Verbraucher

8 Verbraucher ist gemäß § 13 BGB jede natürliche Person, die ein Rechtsgeschäft zu Zwecken abschließt, die überwiegend weder ihrer gewerblichen noch ihrer selbständigen beruflichen Tätigkeit zugerechnet werden können.

9 Die Zuordnung zum unternehmerischen oder privaten Bereich erfolgt nach objektiven Kriterien durch Auslegung des betreffenden Rechtsgeschäfts, auf den inneren Willen der Beteiligten kommt es nicht an.[12] Rechtsgeschäftliches Handeln einer natürlichen Person ist grundsätzlich als Verbraucherhandeln anzusehen, wobei verbleibende Zweifel, welcher Sphäre das konkrete Handeln zuzuordnen ist, zu Gunsten der Verbrauchereigenschaft zu entscheiden sind.[13] Der Verbraucher trägt zwar die Beweislast dafür, dass nach dem von ihm verfolgten Zweck ein seinem privaten Rechtskreis zuzuordnendes Rechtsgeschäft vorliegt.[14] Allerdings gehen Unsicherheiten und Zweifel aufgrund der äußeren, für den Vertragspartner erkennbaren Umstände des Geschäfts nicht zu Lasten des Verbrauchers.[15] Nur wenn die erkennbaren Umstände eindeutig und zweifelsfrei darauf hinweisen, dass die natürliche Person in Verfolgung ihrer gewerblichen oder selbständigen beruflichen Tätigkeit handelt, kommt eine Zurechnung entgegen dem mit dem rechtsgeschäftlichen Handeln objektiv verfolgten Zweck in Betracht.[16]

10 Mit dem Wort *»überwiegend«* wird klargestellt, dass es bei Rechtsgeschäften, die sowohl gewerblichen bzw. selbständigen beruflichen Zwecken als auch privaten Zwecken dienen, auf den überwiegenden Zweck ankommt. Sofern eine natürliche Person einen Vertrag nicht überwiegend zu gewerblichen oder selbständigen beruflichen Zwecken abschließt, ist sie Verbraucher.[17]

11 Im Zusammenhang mit Bauverträgen stellt sich die Frage nach der Verbrauchereigenschaft, wenn der Besteller beabsichtigt, seine Immobilie ganz oder teilweise zu vermieten. Dies schließt die Verbrauchereigenschaft nicht von vornherein aus. Verbraucher i.S.v. § 13 BGB kann auch derjenige sein, der zur Verwaltung seines eigenen Vermögens tätig wird. Die Rechtsprechung stellt zur Abgrenzung der privaten von einer berufsmäßig betriebenen Vermögensverwaltung auf den Umfang der hiermit verbundenen Geschäfte ab.[18] Sobald diese einen planmäßigen Geschäftsbetrieb, wie etwa die Unterhaltung eines Büros oder einer Organisation erfordern, liegt eine gewerbliche Betätigung vor.[19] Nach diesen Kriterien ist die Vermietung einer eigenen Immobilie im Regelfall nicht als gewerbliche Betätigung einzustufen.

---

11 BGH, Urt. v. 29.03.2006 – VIII ZR 173/05, NJW 2006, 2250.
12 BGH, Urt. v. 15.11.2007 – III ZR 295/06, NJW 2008, 435.
13 BGH, Urt. v. 30.09.2009 – VIII ZR 7/09, NJW 2009, 3780.
14 BGH, Urt. v. 30.09.2009 – VIII ZR 7/09, NJW 2009, 3780.
15 BGH, Urt. v. 30.09.2009 – VIII ZR 7/09, NJW 2009, 3780.
16 BGH, Urt. v. 30.09.2009 – VIII ZR 7/09, NJW 2009, 3780.
17 BT-Drucks. 17/13951, S. 96.
18 BGH, Urt. v. 23.10.2001 – XI ZR 63/01.
19 BGH, Urt. v. 23.10.2001 – XI ZR 63/01.

Außerdem stellt sich die Frage, ob eine Wohnungseigentümergemeinschaft Verbrauchereigenschaft haben kann. Sie ist gemäß § 10 Abs. 6 S. 1 des Wohnungseigentumsgesetzes (WEG) teilrechtsfähig und kann im Rahmen der Verwaltung des gemeinschaftlichen Eigentums sogar Grundstückseigentum erwerben.[20] Nach einer Entscheidung des BGH[21] ist sie im Interesse des Verbraucherschutzes der in ihr zusammengeschlossenen, nicht gewerblich handelnden natürlichen Personen mit einem Verbraucher gemäß § 13 BGB gleichzustellen, wenn ihr wenigstens ein Verbraucher angehört und sie ein Rechtsgeschäft zu einem Zweck abschließt, der weder einer gewerblichen noch einer selbständigen beruflichen Tätigkeit dient. 12

III. Vertrag zur Verpflichtung des Unternehmers zum Bau eines neuen Gebäudes oder zu erheblichen Umbaumaßnahmen

Durch den Vertrag muss ein Unternehmer zum Bau eines neuen Gebäudes oder zur Durchführung erhebliche Umbaumaßnahmen an bestehenden Gebäuden verpflichtet werden. 13

1. Bau eines neuen Gebäudes

Der Begriff »*Bau eines neuen Gebäudes*« entspricht der Formulierung in § 312 Abs. 2 Nr. 3 BGB a.F. Durch diese Vorschrift werden sowohl der qualifizierte Verbraucherschutz bei außerhalb von Geschäftsräumen geschlossenen Verträgen und Fernabsatzverträgen als auch der allgemeine Verbraucherschutz durch die universelle Informationspflicht ausgeschlossen.[22] Diese Schutzlücke soll durch die Verwendung gleichlautender Begriffe beim Verbraucherbauvertrag geschlossen werden.[23] § 312 Abs. 2 Nr. 3 BGB a.F. sowie § 650i Abs. 1 BGB sind daher einheitlich zu interpretieren. 14

Außerdem ist Art. 4 EU-Verbraucherrechterichtlinie zu beachten. Danach ist die Richtlinie vollständig umzusetzen. Es ist den Mitgliedsstaaten untersagt, strengere oder weniger strenge Regelungen zur Gewährleistung eines anderen Verbraucherschutzniveaus einzuführen oder aufrecht zu erhalten. Im Rahmen einer richtlinienkonformen Auslegung ergibt sich daher, dass der Anwendungsbereich von § 650i Abs. 1 BGB nicht im Wege einer extensiven Auslegung auf Verträge ausgedehnt werden darf, die in den Anwendungsbereich von § 312 BGB fallen.[24] 15

Darüber hinaus ist zu beachten, dass Verbraucher in bestimmten Fällen durch die Anwendung der §§ 650i ff. BGB schlechter gestellt wird als im Anwendungsbereich der §§ 312 ff. BGB. So hat etwa der Widerruf eines Vertrages nach § 312g Abs. 1 BGB (Widerrufsrecht bei außerhalb von Geschäftsräumen geschlossenen Verträgen und bei Fernabsatzverträgen) für den Verbraucher eine günstigere Rechtsfolge als ein Widerruf nach § 650l BGB (Verbraucherbauvertrag).[25] Bei Ausübung des Widerrufrechts nach § 312g Abs. 1 BGB ist er dem Unternehmer nur unter bestimmten Voraussetzungen zum Wertersatz verpflichtet.[26] Diese Einschränkung besteht bei Ausübung des Widerrufsrechts nach § 650l BGB nicht.[27] Auch dies spricht dagegen, den Anwendungsbereich von § 650i Abs. 1 BGB extensiv auszudehnen. 16

20 BGH, Urt. v. 18.03.2016 – V ZR 75/15, NJW 2016, 2177.

21 BGH, Urt. v. 25.03.2015 – VIII ZR 243/13, NJW 2015, 3228.

22 Glöckner, BauR 2014, 411, 414.

23 BT-Drucks. 18/8486, S. 61; Lenkeit, BauR 2017, 454, 464.

24 Kniffka/Koeble/Jurgeleit/Sacher, 5. Aufl. 2020, 2. Teil, Rn. 47; mit dem Hinweis, dass nach der Richtlinie lediglich eine Erweiterung bzw. Konkretisierung der Informationspflichten zulässig ist, nicht jedoch eine Modifikation auch des Widerrufsrechts: Pause, BauR 2017, 430, 433.

25 Die Widerrufsrechte nach den beiden Vorschriften stehen in einem »entweder-oder-Verhältnis«, da § 312g BGB auf Verbraucherbauverträge gemäß § 312 Abs. 2 Nr. 3 BGB keine Anwendung findet.

26 Vgl. § 357 Abs. 7 BGB.

27 Vgl. § 357d BGB.

17 Demnach sind Verträge zum Bau eines neuen Gebäudes dahingehend zu verstehen, dass das neue Gebäude grundsätzlich als Ganzes Vertragsgegenstand sein muss, also ein *»Bauen aus einer Hand«* gegeben ist.[28]

18 Gleiches muss dementsprechend auch für den Anwendungsbereich des Verbraucherbauvertrages gelten. Die Beauftragung nach einzelnen Gewerken reicht demnach nicht, damit der *»Bau eines neuen Gebäudes«* vorliegt.[29] Die Regelungen finden daher insbesondere Anwendung auf den Generalunter- und -übernehmervertrag sowie den Fertighausvertrag mit Errichtungsverpflichtung.[30]

19 Der BGH hat inzwischen entschieden, dass es sich nicht um einen Verbraucherbauvertrag im Sinne von § 650i Abs. 1 BGB handelt, wenn der Unternehmer nur zur Herstellung eines einzelnen Gewerks verpflichtet wird, das im Rahmen des Baus eines neuen Gebäudes zu erbringen ist.[31] Er hat damit einen Meinungsstreit über den Anwendungsbereich dieser Vorschrift beendet. Hierin wurde u.a. vertreten, dass der Anwendungsbereich von § 650i BGB zum Schutz des Verbrauchers auch eröffnet sei, wenn der Verbraucher die einzelnen Bauleistungen zum Bau eines neuen Gebäudes gewerkeweise an verschiedene Unternehmer vergibt.[32] Diese weitreichende Ausdehnung des Anwendungsbereichs kam allerdings schon aus den o.g. Gründen wegen Art. 4 EU-Verbraucherrechterichtlinie nicht in Betracht.[33] Ausnahmsweise kann der Anwendungsbereich jedoch eröffnet sein, wenn die vom Unternehmer nicht auszuführenden Gewerke lediglich eine untergeordnete Bedeutung haben und auch ohne ihre Beauftragung eine Herstellungsverpflichtung des Unternehmers für das gesamte Gebäude angenommen werden kann.[34] Außerdem ist der Anwendungsbereich der Vorschrift auch ausnahmsweise eröffnet, wenn der Unternehmer seine Herstellungsverpflichtung künstlich auf mehrere Verträge aufspaltet, da in diesem Fall ein Umgehungsgeschäft i.S.v. § 650o S. 2 BGB vorliegt.[35] Liegt ein solcher Ausnahmefall nicht vor, ist jeder einzelne Vertrag selbständig zu bewerten.[36] Daher kommt kein Verbraucherbauvertrag im Sinne von § 650i Abs. 1 Fall 1 BGB zustande, wenn ein Unternehmer im Verlauf der Bauarbeiten nur sukzessive durch mehrere selbständige Verträge insgesamt mit sämtlichen Gewerken beauftragt wird.[37]

20 Keine Gebäude sind nach der Gesetzesbegründung Bauwerke von untergeordneter Funktion, wie z.B. ein Carport oder ein Gebäudeschuppen.[38] Gleiches soll gelten für die Errichtung von Anbauten, wie z.B. einer Garage oder eines Wintergartens.[39]

2. Erhebliche Umbaumaßnahme

21 Auch der Begriff *»erhebliche Umbaumaßnahme«* entspricht der Formulierung in § 312 Abs. 2 Nr. 3 BGB a.F., so dass die Begriffe einheitlich auszulegen sind. Der Begriff der erheblichen Umbaumaß-

---

28 Glöckner, BauR 2014, 411, 415; Pause, BauR 2017, 430, 431.

29 BeckOK BauVertragsR/Langjahr, 15.08.2025, § 650i BGB Rn. 24.; Kniffka/Koeble/Jurgeleit/Sacher, 2. Teil, Rn. 50; Kniffka/Retzlaff, ibr-OK Bauvertragsrecht, Stand: 04.05.2020, § 650i BGB Rn. 8; MüKo-BGB/Busche, § 650i Rn. 6.

30 Glöckner, BauR 2014, 411, 415; Pause, BauR 2017, 430, 431.

31 BGH, Urt. v. 16.03.2023 – VII ZR 94/22, NJW 2023, 2640.

32 So etwa noch OLG Hamm, Urt. v. 24.04.2021 – 24 U 198/20, IBR 2021, 351; so etwa auch BeckOGK/Merkle, 01.04.2020, § 650i BGB Rn. 37; Segger-Piening, in: jurisPK-BGB, § 650i Rn. 17 ff. mit ausführlicher Darstellung des damaligen Meinungsstandes in der Literatur; Messerschmidt/Voit, Rn. 23; Motzke, NZBau 2017, 515, 518; Kniffka/Stretz, ibr-OK Bauvertragsrecht, Stand 10.08.2021, § 650i BGB, Rn. 19.

33 Kniffka/Koeble/Jurgeleit/Sacher, 2. Teil, Rn. 49.

34 Kniffka/Koeble/Jurgeleit/Sacher, 2. Teil, Rn. 50.

35 Kniffka/Koeble/Jurgeleit/Sacher, 2. Teil, Rn. 51; vgl. auch die Kommentierung zu § 650o BGB.

36 BGH, Urt. v. 26.10.2023 – VII ZR 25/23.

37 BGH, Urt. v. 26.10.2023 – VII ZR 25/23.

38 BT-Drucks. 18/8486, S. 61.

39 BT-Drucks. 18/8486, S. 61.

nahme ist aus den o. g. Gründen eng auszulegen, so dass hierunter nur solche Umbaumaßnahmen fallen, die mit dem Bau eines neuen Gebäudes vergleichbar sind.[40] Maßgeblich sind dabei Umfang und Komplexität des Eingriffs sowie das Ausmaß des Eingriffs in die bauliche Substanz des Gebäudes.[41] Als Beispiel für erhebliche Umbaumaßnahmen werden Baumaßnahmen genannt, bei denen nur die Fassade eines alten Gebäudes erhalten bleibt.[42] Umbaumaßnahmen, die hinter diesem Maßstab zurück bleiben, stellen keine erhebliche Umbaumaßnahme im Sinne des § 650i BGB dar. Nicht ausreichend sind daher Instandsetzungs- und Renovierungsmaßnahmen wie etwa der Einbau einer neuen Heizungsanlage oder die Neueindeckung des Daches.[43] Ebenfalls nicht ausreichend sind die Errichtung eines Anbaus an ein Wohnhaus und der Umbau einer Garage in Wohnraum.[44]

C. Textformerfordernis

§ 650i Abs. 2 BGB bestimmt, dass der Verbrauchervertrag der Textform bedarf. 22

I. Allgemein

Diese Regelung geht auf einen Änderungsvorschlag des Bundesrats zurück.[45] Zur Begründung verwies der Bundesrat auf die besondere wirtschaftliche Bedeutung, die Verträge über die Errichtung neuer Gebäude oder wesentlicher Umbaumaßnahmen an Gebäuden für den Verbraucher regelmäßig haben.[46] Hieraus leitete der Bundesrat ein erhöhtes Bedürfnis nach Rechtssicherheit ab sowie die Notwendigkeit, Beweisschwierigkeiten vorzubeugen.[47] 23

II. Textform

Die Voraussetzungen zur Einhaltung der Textform ergeben sich aus § 126b Satz 1 BGB. Diese Vorschrift sieht vor, dass bei durch Gesetz vorgeschriebener Textform eine lesbare Erklärung auf einem dauerhaften Datenträger abgegeben werden muss, in der die Person des Erklärenden genannt ist. 24

1. Dauerhafter Datenträger

Ein dauerhafter Datenträger ist gemäß § 126b Satz 2 BGB jedes Medium, das es dem Empfänger ermöglicht, eine auf dem Datenträger befindliche, an ihn persönlich gerichtete Erklärung so aufzubewahren oder zu speichern, dass sie ihm während eines für ihren Zweck angemessenen Zeitraums zugänglich ist und geeignet ist, die Erklärung unverändert wiederzugeben. Geeignete dauerhafte Datenträger stellen derzeit Papier, USB-Stick, CD-ROM, DVD, Diskette oder E-Mails dar.[48] Bei Texten, die lediglich in das Internet eingestellt werden (z.B. auf der Webseite des Unternehmers) sind die Voraussetzungen solange nicht erfüllt, wie der Verbraucher sie nicht auf seinem eigenen Computer abspeichert oder ausdruckt.[49] 25

---

40 BT-Drucks. 17/12637, S. 46; BT-Drucks. 18/8486, S. 61.
41 BT-Drucks. 17/12637, S. 46; BT-Drucks. 18/8486, S. 61.
42 BT-Drucks. 17/12637, S. 46; BT-Drucks. 18/8486, S. 61.
43 BeckOK BauvertragsR/Langjahr, 15.08.2025, § 650i BGB Rn. 26; Pause, BauR 2017, 430, 431.
44 OLG Saarbrücken, Urt. v. 31.03.2021 – 2 U 214/20.
45 BR-Drucks. 123/16 (Beschl. v. 22.04.2016), S. 17.
46 BR-Drucks. 123/16 (Beschl. v. 22.04.2016), S. 17.
47 BR-Drucks. 123/16 (Beschl. v. 22.04.2016), S. 17.
48 MüKo-BGB/Einsele, § 126b Rn. 6.
49 BGH, Urt. v. 29.04.2010 – I ZR 66/08, NJW 2010, 3566; a.A. MüKo-BGB/Einsele, § 126b Rn. 6, wonach jedenfalls außerhalb des Schutzbereichs der europäischen Verbraucherschutzgesetze schon die *Möglichkeit*, die Internetseite auszudrucken oder abzuspeichern, ausreichen soll.

2. Lesbare Erklärung

26 Eine elektronische Erklärung reicht aus, wenn sie über ein Anzeigenprogramm in Schriftzeichen lesbar ist,[50] wobei Sprach- und Bildaufzeichnungen nicht das Textformerfordernis erfüllen.[51] Darüber hinaus soll es bei elektronischen Erklärungen erforderlich sein, dass die Voraussetzungen des § 130 BGB über das Wirksamwerden von Willenserklärungen gegenüber Abwesenden eingehalten werden.[52] Demnach soll eine elektronische Übermittlung nur ausreichen, wenn der Empfänger durch Mitteilung seiner E-Mail-Adresse, Faxnummer oder in sonstiger Weise zu erkennen gegeben hat, dass er mit einer elektronischen Übermittlung von rechtserheblichen Erklärungen einverstanden ist.[53]

Die Erklärung muss alle wesentlichen Vertragsbestandteile (*»essentialia negotii«*) umfassen.

27 Beim Werkvertrag gehört hierzu zumindest die Bestimmung der vom Unternehmer zu erbringenden Leistungen,[54] also den sich aus Art und Umfang der vereinbarten Leistungen ergebende Werkerfolg.[55] Dieser muss jedenfalls objektiv bestimmbar sein.[56]

28 Zur Einhaltung der Textform ist es nicht erforderlich, dass diese Angaben im eigentlichen Vertrag enthalten sind. Es reicht aus, dass der Unternehmer dem Verbraucher vorvertraglich eine Baubeschreibung in Textform gemäß § 650j BGB übergeben hat. Sofern die Parteien im Vertrag nicht ausdrücklich etwas anderes vereinbaren, werden die Angaben der Baubeschreibung in Bezug auf die Bauausführung gemäß § 650k BGB automatisch Vertragsinhalt.

29 In diesem Zusammenhang stellt sich die Frage, ob das Textformerfordernis noch eingehalten ist, wenn die Beschreibung der zu erbringenden Leistungen unvollständig oder unklar ist. Diese Frage ist grundsätzlich zu bejahen, da § 650j Abs. 2 BGB regelt, dass der Vertrag dann unter Berücksichtigung sämtlicher vertragsbegleitender Umstände, insbesondere des Komfort- und Qualitätsstandards nach der übrigen Leistungsbeschreibung auszulegen ist. Verbleibende Zweifel gehen zu Lasten des Unternehmers. Anhand dieser Auslegungsregeln ist es in der Regel möglich, den geschuldeten Werkerfolg objektiv zu bestimmen.

30 Selbst wenn die Baubeschreibung vollständig fehlt, kann ein formwirksamer Vertrag vorliegen. In diesem Fall ist zu klären, ob die Parteien sich auf die wesentlichen Vertragsbestandteile (essentialia negotii) verständigt haben. Hierzu können auch Umstände herangezogen werden, die außerhalb des in Textform abgefassten Vertrages liegen, sofern diese dort einen – wenn auch unvollkommenen – Ausdruck gefunden haben.[57] Lassen sich aufgrund dieser Umstände die essentialia negotii hinreichend bestimmen, ist der Vertrag formwirksam zustande gekommen.

31 Darüber hinaus muss der Verbraucherbauvertrag gemäß § 650j Abs. 3 Satz 1 BGB verbindliche Angaben zum Fertigstellungszeitpunkt oder – sofern dies bei Abschluss des Vertrages nicht möglich ist – zur Dauer der Bauausführung enthalten. Teilweise wird vertreten, dass es sich bei der Bauzeit um ein essentialium negotii des Bauvertrages handelt.[58] Unabhängig von dieser Frage ist die erforder-

---

50 BT-Drucks. 17/12637, S. 44; MüKo-BGB/Einsele, § 126b Rn. 4.

51 MüKo-BGB/Einsele, § 126b Rn. 4.

52 MüKo-BGB/Einsele, § 126b Rn. 4.

53 Grüneberg/Ellenberger, BGB, § 126b Rn. 3; vgl. auch MüKo-BGB/Einsele, § 126b Rn. 12, wonach dies jedoch kein Problem der formwirksamen Abgabe, sondern des Zugangs der Willenserklärung darstellen soll.

54 OLG München, Urt. v. 12.04.2011 – 9 U 4323/09, openJur 2012, 115257.

55 Grüneberg/Sprau, BGB, § 631 Rn. 1a m.w.N.

56 Grüneberg/Sprau, BGB, § 631 Rn. 1a.

57 Kniffka/Koeble/Jurgeleit/Sacher, 2. Teil, Rn. 75 unter Verweis auf die nach ständiger Rechtsprechung anzuwendende »Andeutungstheorie«, vgl. hierzu etwa BAG, Urt. v. 13.07.2006 – 8 AZR 382/05, NJW 2007, 250, Tz. 23 m.w.N.

58 So etwa Zanner/Keller, NZBau 2004, 353, 358.

liche Textform auch eingehalten, wenn im Vertrag keine Angaben zum Fertigstellungszeitpunkt oder zur Bauzeit enthalten sind. In diesem Fall werden die Angaben zum Fertigstellungszeitpunkt bzw. zur Dauer der Bauausführung aus der vorvertraglich übergebenen Baubeschreibung gemäß § 650j Abs. 3 Satz 2 BGB Vertragsinhalt. Fehlen solche Angaben auch in der vorvertraglichen Baubeschreibung (oder wurde eine solche nicht übergeben), ist die Bauzeit objektiv bestimmbar.[59]

Nicht notwendig ist eine vertragliche Regelung zum Werklohn, da sich die Vergütungspflicht jedenfalls aus § 632 Abs. 2 BGB ergibt.[60]

3. Nennung der Person des Erklärenden

In der Erklärung muss die Person des Erklärenden benannt sein. Wegen der von § 126a BGB abweichenden Gesetzesfassung soll eine Namensnennung nicht zwingend erforderlich sein, sofern sich aus der Erklärung zweifelsfrei die Person des Erklärenden ergibt.[61] Dies soll auch durch die Nennung eines Vor- oder Spitznamens (bzw. Pseudonyms)[62] gewährleistet sein können. Gleichwohl ist dringend zu empfehlen, die Person des Erklärenden klar zu benennen. 32

Wird eine Person durch eine andere vertreten, so ist der Vertreter Erklärender.[63] Der Begriff des Erklärenden ist identisch mit dem des Ausstellers in § 126 BGB[64]. Daher ist die Rechtsprechung zu § 126 BGB auf § 126b BGB übertragbar.[65] Nach dieser Rechtsprechung ist das Schriftformerfordernis gemäß § 126 BGB bei Unterzeichnung durch den Vertreter (der als Aussteller mit seinem eigenen Namen unterzeichnen muss) nur eingehalten, wenn das Vertretungsverhältnis in der Urkunde hinreichend deutlich zum Ausdruck kommt.[66] Die Frage, ob der Vertreter tatsächlich Vertretungsmacht gehabt hat, ist hingegen keine Frage der Schriftform, sondern der Wirksamkeit des Vertrages.[67] 33

Problematisch ist die Einhaltung der Schriftform etwa, wenn nur einer von mehreren Gesellschaftern einer GbR unterzeichnet hat. In diesem Fall muss sich aus einem entsprechenden Zusatz in der Urkunde hinreichend deutlich ergeben, dass der Gesellschafter die GbR alleine vertritt, da ansonsten das Schriftformerfordernis nicht eingehalten ist.[68] Eines Vertretungszusatzes bedarf es zur Einhaltung der Schriftform hingegen nicht, wenn bei einer GmbH der alleinige Geschäftsführer unterzeichnet und von vornherein klar ist, dass er nicht für sich, sondern für die Gesellschaft handelt.[69] 34

Für die Einhaltung der Textform bedeutet dies, dass bei Abgabe der Erklärung durch einen Vertreter aus der Erklärung hinreichend deutlich die (ggf. Allein-)Vertretungsberechtigung des Vertreters für den Vertretenen zum Ausdruck kommen muss. 35

4. Abschluss

Nach der Gesetzeslage vor dem 13.06.2014 war es erforderlich, dass der Abschluss der Erklärung durch eine Nachbildung der Namensunterschrift oder in anderer Weise kenntlich gemacht wird. In 36

59 Siehe hierzu Kommentierung zu 650k BGB n.F. unter Rdn. 38.
60 BGH, Urt. v. 12.01.2006 – VII ZR 2/04, NJW-RR 2006, 667; LG Nürnberg-Fürth, Urt. v. 12.03.2012 – 6 O 3415/07, NJW-RR 2012, 985; Grüneberg/Sprau, BGB, § 631 Rn. 1a.
61 MüKo-BGB/Einsele, § 126b Rn. 7.
62 MüKo-BGB/Einsele, § 126b Rn. 7.
63 MüKo-BGB/Einsele, § 126b Rn. 7; Grüneberg/Ellenberger, BGB, § 126b Rn. 4 mit Verweis auf Grüneberg/Ellenberger, BGB, § 126 Rn. 9.
64 MüKo-BGB/Einsele, § 126b Rn. 7; Grüneberg/Ellenberger, BGB, § 126b Rn. 4.
65 Grüneberg/Ellenberger, BGB, § 126b Rn. 4, im Ergebnis auch MüKo-BGB/Einsele, § 126b Rn. 7.
66 BGH, Urt. v. 23.01.2013 – XII ZR 35/11, NJW 2013, 6; MüKo-BGB/Einsele, § 126b Rn. 7; Grüneberg/Ellenberger, BGB, § 126 Rn. 9.
67 BGH, Urt. v. 04.11.2009 – XII ZR 86/07, BGHZ 183, 67.
68 BGH, Urt. v. 23.01.2013 – XII ZR 35/11, NJW 2013.
69 BGH, Urt. v. 06.04.2005 – XII ZR 132/03, NJW 2005, 2225; BGH, Urt. v. 04.11.2009 – XII ZR 86/07, BGHZ 183, 67.

der aktuellen Gesetzesfassung des § 126b BGB wird ein solcher Abschluss nicht mehr genannt. Zum Teil wird daher die Auffassung vertreten, dass deshalb das entsprechende Erfordernis nicht mehr besteht.[70] Nach anderer Auffassung soll das Erfordernis nach wie vor bestehen, da eine inhaltliche Neufassung der Vorschrift nicht beabsichtigt gewesen sei.[71] Bis zu einer endgültigen Klärung dieser Frage empfiehlt es sich, weiterhin den Abschluss der Erklärung deutlich zu machen.

5. Ersatzformen

37 Die Voraussetzungen der Textform werden auch durch die Schriftform, die elektronische Form, die notarielle Beurkundung und die öffentliche Beglaubigung erfüllt.[72] Die Textform stellt von allen Formen die geringsten Anforderungen und kann daher durch alle anderen Formen ersetzt werden.

III. Rechtsfolge bei nicht erfülltem Textformerfordernis

38 Durch das Textformerfordernis gemäß § 650i Abs. 2 BGB soll der Vertrag insgesamt formbedürftig sein.[73] Aus der Formulierung *»bedarf der Textform«* ergibt sich, dass die Gültigkeit des Rechtsgeschäfts von der Einhaltung der Form abhängen soll. Dies ergibt sich auch aus dem vom Gesetzgeber verfolgten Ziel, durch das Textformerfordernis Rechtssicherheit für den Verbraucher zu schaffen.[74]

Der Verstoß gegen das gesetzliche Textformerfordernis hat daher gemäß § 125 Satz 1 BGB zur Folge, dass das gesamte Rechtsgeschäft von Anfang an nichtig ist.

39 Die Nichtigkeit besteht grundsätzlich auch, wenn derjenige, der durch das Formerfordernis geschützt werden soll – hier der Verbraucher – das Rechtsgeschäft gegen sich gelten lassen will.[75]

40 In ganz besonderen Ausnahmefällen kann das Rechtsgeschäft trotz Verstoßes gegen das Formerfordernis nach Treu und Glauben als gültig zu behandeln sein. Voraussetzung hierfür ist, dass es nach den Beziehungen der Parteien und den gesamten Umständen mit Treu und Glauben unvereinbar wäre, das Rechtsgeschäft am Formmangel scheitern zu lassen. Das Ergebnis muss für die betroffene Partei nicht nur hart, sondern schlechterdings untragbar sein.[76] Die Rechtsprechung hat hierzu bislang vor allem zwei Fallgruppen als Ausnahmen anerkannt:

41 Einerseits tritt der Formmangel zurück, wenn die Rückabwicklung bzw. Nichterfüllung des Vertrages dazu führen würde, dass eine Partei, die gutgläubig auf die Wirksamkeit des Rechtsgeschäfts vertraut hat, in ihrer wirtschaftlichen Existenz gefährdet ist.[77] Ein solcher Fall wird allerdings regelmäßig schon deshalb nicht in Betracht kommen, da im Falle der Nichtigkeit wegen Verstoßes gegen das Textformerfordernis grundsätzlich Ansprüche aus § 812 BGB in Betracht kommen.[78]

42 Andererseits tritt der Formmangel zurück, wenn eine Partei eine besonders schwere Treuepflichtverletzung begangen hat. Eine besonders schwere Treuepflichtverletzung kommt in Betracht, wenn eine Partei in schwerwiegender Weise gegen das Verbot des venire contra factum proprium verstoßen

---

70 PWW, § 126b BGB Rn. 11 mit dem Hinweis, dass es sich ohnehin nur um eine wenig bedeutsame Formalie gehandelt habe.

71 MüKo-BGB/Einsele, § 126b Rn. 8; BeckOGK/Primaczenko/Frohn, 01.05.2020, § 126b BGB Rn. 23, jeweils mit Verweis auf BT-Drucks. 17/12637.

72 MüKo-BGB/Einsele, § 126b Rn. 10 mit Verweis auf BT-Drucks. 14/4987, S. 20; Grüneberg/Ellenberger, BGB, § 126b Rn. 2, wobei die notarielle Beurkundung in analoger Anwendung von § 126 Abs. 4 BGB ausreichen soll.

73 BR-Drucks. 123/16 (Beschl. v. 22.04.2016), S. 17.

74 BR-Drucks. 123/16 (Beschl. v. 22.04.2016), S. 17; BT-Drucks. 18/11437, S. 49.

75 MüKo-BGB/Einsele, § 125 Rn. 43 m.w.N.

76 BGH, Urt. v. 03.11.2016 – III ZR 286, 15, BGHRZ Nr. 48484; BGH, Urt. v. 22.10.2015 – IX ZR 100/13, NJW 2016, 1391 m.w.N.

77 BGH, Urt. v. 03.11.2016 – III ZR 286, 15, BGHRZ Nr. 48484; BGH, Urt. v. 18.10.1974 – V ZR 17/73, NJW 1975, 43.

78 Grüneberg/Ellenberger, BGB, § 125 Rn. 31.; MüKo-BGB/Einsele, § 125 Rn. 43.

hat, etwa dadurch, dass sie die Erfüllung der von ihr übernommenen Verpflichtung verweigert, nachdem sie über längere Zeit die Vorteile aus der formunwirksamen Vereinbarung in Anspruch genommen hat.[79] Darüber hinaus muss die Partei, die an dem formnichtigen Rechtsgeschäft festhalten will, auf die Formgültigkeit vertraut haben und in ihrem Vertrauen schutzwürdig sein. § 242 BGB ist daher unanwendbar, wenn beide Parteien den Formmangel kannten.[80] Auch grob fahrlässige Unkenntnis des Formmangels verdient keinen Schutz.[81]

Ist der Vertrag wegen Verstoßes gegen das Textformerfordernis nichtig, kommen Ansprüche des Unternehmers für die erbrachten Leistungen nach § 812 BGB in Betracht.[82] Im Regelfall ist es nicht möglich, die Bauleistung herauszugeben.[83] Der Unternehmer hat in diesem Fall Anspruch auf Wertersatz gemäß § 818 Abs. 2 BGB. 43

Sofern die Bauleistung plangerecht erfolgt ist und vom Verbraucher genutzt wird, bestimmt sich die Höhe des Wertersatzes nach den vom Verbraucher ersparten Aufwendungen.[84] Diese bemessen sich nach der Höhe der üblichen Vergütung[85], jedoch begrenzt durch die Höhe dessen, was der Unternehmer verlangen könnte, wenn die Parteien einen wirksamen Vertrag geschlossen hätten.[86] Außerdem ist ein Abschlag dafür vorzunehmen, dass dem Verbraucher aufgrund der unwirksamen Vereinbarung keine Gewährleistungsansprüche zustehen.[87] Bestehen Mängel an der Bauleistung, sind hierfür ggf. weitere Abschläge vorzunehmen.[88] 44

IV. Beweislast

Die Beweislast für die Einhaltung der Textform und den Zugang der Erklärung trägt derjenige, der hieraus Rechte herleiten will.[89] 45

D. Ergänzende Geltung der Vorschriften des Kapitels 3

§ 650i Abs. 3 BGB bestimmt, dass für Verbraucherverträge ergänzend die Vorschriften des Kapitels 3 Verbraucherbauvertrag gelten. 46

Mit dem Wort *»ergänzend«* wird klargestellt, dass auf den Verbraucherbauvertrag auch die vorangehenden Kapitel des Untertitels 1 Werkvertrag, also die allgemeinen Regelungen zum Werkvertrag (Kapitel 1) und die Regelungen zum Bauvertrag (Kapitel 2) Anwendung finden. 47

Bei Widersprüchen greift der allgemeine Grundsatz, wonach die spezielleren Regelungen den allgemeineren Regelungen vorgehen. Daher gelten die Regelungen aus Kapitel 3 zum Verbraucherbauvertrag vor den Vorschriften aus Kapitel 2 zum Bauvertrag, diese wiederum gehen den allgemeinen Regelungen zum Werkvertrag in Kapitel 1 vor. 48

Zu beachten ist außerdem § 650o BGB (Kapitel 4). Diese Vorschrift regelt, inwiefern zum Nachteil des Verbrauchers von den vorangehenden Regelungen des Untertitels 1 (Kapitel 1–3) abgewichen werden kann. 49

---

79 BGH, Urt. v. 03.11.2016 – III ZR 286, 15, BGHRZ Nr. 48484; BGH, Urt. v. 14.06.1996 – V ZR 85/95, NJW 1996, 2503, 2504; BGH, Urt. v. 16.07.2004 – V ZR 222/03, NJW 2004, 3330, 3331 f.
80 BGH, Urt. v. 03.11.2016 – III ZR 286, 15, BGHRZ Nr. 48484.
81 BGH, Urt. v. 03.11.2016 – III ZR 286, 15, BGHRZ Nr. 48484.
82 Grüneberg/Ellenberger, BGB, § 125 Rn. 31.
83 Vgl. Kommentierung zu § 650k BGB unter Rdn. 67.
84 BGH, Urt. v. 10.11.1977 – VII ZR 321/75, NJW 1978, 322; BGH, Urt. v. 05.11.1981 – VII ZR 216/80, NJW 1982, 879.
85 BGH, Urt. v. 10.11.1977 – VII ZR 321/75, NJW 1978, 322; BGH, Urt. v. 05.11.1981 – VII ZR 216/80, NJW 1982, 879.
86 BGH, Urt. v. 31.05.1990 – VII ZR 336/89.
87 BGH, Urt. v. 31.05.1990 – VII ZR 336/89.
88 BGH, Urt. v. 31.05.1990 – VII ZR 336/89.
89 MüKo-BGB/Einsele, § 126b Rn. 13; Grüneberg/Ellenberger, BGB, § 126b Rn. 6.

§ 650j Baubeschreibung

Der Unternehmer hat den Verbraucher über die sich aus Artikel 249 des Einführungsgesetzes zum Bürgerlichen Gesetzbuche ergebenden Einzelheiten in der dort vorgesehenen Form zu unterrichten, es sei denn, der Verbraucher oder ein von ihm Beauftragter macht die wesentlichen Planungsvorgaben.

Übersicht

A. Allgemeines

1 Der Gesetzgeber hatte zur Umsetzung der Verbraucherrechterichtlinie vom 25.10.2011[1] in den §§ 312 ff. BGB für Verbraucherverträge Informationspflichten geschaffen, die der Unternehmer gegenüber Verbrauchern zu erfüllen hat. So hat der Unternehmer den Verbraucher u.a. gemäß § 312a Abs. 2 S. 1 BGB i.V.m. Art. 246 Abs. 1 Nr. 1 EGBGB vor Abgabe von dessen Vertragserklärung in einem angemessenen Umfang über die wesentlichen Eigenschaften der Waren oder Dienstleistungen zu informieren.

2 Bei außerhalb von Geschäftsräumen geschlossen Verträgen oder bei Fernabsatzverträgen besteht gemäß § 312d Abs. 1 S. 1 BGB i.V.m. Art. 246a EGBGB sogar eine erweiterte Informationspflicht. Die in Erfüllung dieser erweiterten Informationspflicht gemachten Angaben des Unternehmers werden zudem gemäß § 312d Abs. 1 S. 2 BGB Vertragsinhalt, es sei denn, die Vertragsparteien haben ausdrücklich etwas anderes vereinbart.

3 Von den Informationspflichten nach § 312a Abs. 2 S. 1 BGB bzw. § 312d Abs. 1 S. 1 BGB ausgenommen sind gemäß § 312 Abs. 2 Nr. 3 BGB a.F. hingegen Verbraucherverträge über den Bau von neuen Gebäuden oder erhebliche Umbaumaßnahmen an bestehenden Gebäuden. Aufgrund dieser Ausnahme bestand aus Sicht des Gesetzgebers ein auf Dauer nicht akzeptables Ungleichgewicht, das durch die Schaffung einer Baubeschreibungspflicht beseitigt werden sollte.[2]

4 Glöckner[3] weist in diesem Zusammenhang darauf hin, dass Verbraucher häufig nur einmal in ihrem Leben einschlägige Verträge abschließen und daher in der Regel zu ihren Lasten eine informationelle Unterlegenheit besteht. Die Baubeschreibung soll es Verbrauchern ermöglichen, die vom Unternehmer angebotene Leistung durch einen sachverständigen Dritten überprüfen zu lassen und einen Preis-/Leistungsvergleich mit anderen Angeboten vorzunehmen.[4]

5 Außerdem sollen Verbraucher in ihren gerechtfertigten Erwartungen geschützt werden, die bei ihnen aufgrund der Vertragsverhandlungen entstanden sind.[5] Zudem soll der Wettbewerb gestärkt werden[6], der aufgrund einer besonderen Enge des Marktes stark eingeschränkt ist.[7]

6 Schließlich soll der Verbraucher schon vor Vertragsschluss durch Information über die Bauzeit in die Lage versetzt werden, die Finanzierung des Bauprojektes, die Kündigung eines bisherigen Mietvertrages und seinen Umzug in das neue Haus verlässlich zu planen.[8]

B. Baubeschreibungspflicht

7 Der Unternehmer ist gemäß § 650j BGB i.V.m. Art. 249 § 1 EGBGB verpflichtet, dem Verbraucher rechtzeitig vor Abgabe von dessen Vertragserklärung eine Baubeschreibung in Textform zur Ver-

1 ABl. L 304 v. 22.11.2011.
2 BT-Drucks. 18/8486, S. 61.
3 Glöckner, VuR 2016, 163, 165.
4 BT-Drucks. 18/8486, S. 62.
5 BT-Drucks. 18/8486, S. 62.
6 BT-Drucks. 18/8486, S. 62.
7 Glöckner, VuR 2016, 163, 165.
8 BT-Drucks. 18/8486, S. 62.

fügung zu stellen.[9] In der Baubeschreibung müssen gemäß Art. 249 § 2 Abs. 1 EGBGB die wesentlichen Eigenschaften des angebotenen Werks in klarer Weise dargestellt werden, wobei in Art. 249 § 2 Abs. 1 S. 2 EGBGB eine Reihe von Mindestangaben geregelt sind.[10] Außerdem muss die Baubeschreibung gemäß Art. 249 § 2 Abs. 2 EGBGB verbindliche Angaben zur Bauzeit enthalten.[11]

Die Verpflichtung besteht nicht, wenn der Verbraucher oder ein von ihm beauftragter Dritter – im Regelfall ein Architekt – die wesentlichen Planungsvorgaben gemacht hat.[12] Da es sich hierbei um eine Ausnahmeregelung von der verbraucherschützenden Regelung handelt, ist diese Einschränkung eng auszulegen.[13] 8

Nicht wesentlich im Sinne der Vorschrift sind die Planungsvorgaben des Verbrauchers oder seines Beauftragten daher, wenn sie gemessen an den Anforderungen von Art. 249 § 2 EGBGB unvollständig oder nicht detailliert genug sind.[14] Der Unternehmer ist in diesem Fall verpflichtet, ergänzende oder vertiefende Angaben zu machen, bis das Informationsniveau nach Art. 249 § 2 EGBGB erreicht ist.[15]

Aufgrund der besonderen Bedeutung, die der Gesetzgeber den Angaben zur Bauzeit in Art. 249 § 2 Abs. 2 EGBGB gegeben hat, wird man diese Angaben ebenfalls als »wesentliche Planungsvorgaben« bewerten müssen.[16] Sofern die Planungsvorgaben des Verbrauchers daher nicht bereits konkrete Vorgaben zur Bauzeit enthalten, hat der Unternehmer diese Angaben ggf. in der Baubeschreibung zu ergänzen.

Es stellt sich die Frage, ob die Voraussetzungen für eine Ausnahme auch gegeben sind, wenn der Unternehmer auf der Grundlage einer funktionalen Leistungsbeschreibung beauftragt werden soll. Bei einer funktionalen Leistungsbeschreibung ist es Sache des Unternehmers, auf Basis der zugrunde liegenden (durch den Besteller erstellten) Planung die für eine funktionierende und zweckentsprechende Technik notwendigen Einzelheiten selbst zu ermitteln,[17] In einem solchen Fall wird man verlangen müssen, dass in der zugrunde liegenden Planung zumindest alle wesentlichen Funktionen und Ausstattungen enthalten sind. Insofern darf die Planung weder unvollständig noch lückenhaft sein. Diese (Mindest-)Voraussetzungen korrespondieren mit den Anforderungen, die an eine vom Unternehmer erstellte Baubeschreibung zu stellen sind.[18] 9

Die Beweislast dafür, dass der Verbraucher oder ein von ihm Beauftragter die wesentlichen Planungsvorgaben gemacht haben, liegt beim Unternehmer.

Die Baubeschreibungspflicht stellt eine vorvertragliche, nicht leistungsbezogene Nebenpflicht dar.

Im Falle eines Verstoßes gegen die Baubeschreibungspflicht durch den Unternehmer kann dem Verbraucher ein Schadensersatzanspruch gemäß §§ 311 Abs. 2, 280 Abs. 1 BGB zustehen.[19] Voraussetzung hierfür ist, dass die Pflichtverletzung vom Unternehmer schuldhaft zu vertreten ist (was in der Regel der Fall sein wird) und dem Verbraucher aufgrund der Pflichtverletzung ein Schaden entstanden ist. 10

Der Schaden kann darin liegen, dass der Verbraucher mit einem Vertrag belastet ist, den er bei ordnungsgemäßer Erfüllung der Baubeschreibungspflicht durch den Unternehmer nicht oder jeden- 11

9 Zu den Einzelheiten siehe die Kommentierung zu Art. 249 § 1 EGBGB.
10 Zu den Einzelheiten siehe die Kommentierung zu Art. 249 § 2 Abs. 1 EGBGB.
11 Zu den Einzelheiten siehe die Kommentierung zu Art. 249 § 2 Abs. 2 EGBGB.
12 Im Folgenden umfasst der Begriff »Besteller« auch den in dessen Auftrag tätigen Dritten.
13 BGH, Urt. v. 07.07.2016, – I ZR 68/15, NJW-RR 2017, 368.
14 MüKo-BGB/Busche, § 650j Rn. 21; Messerschmidt/Voit/Lenkeit, § 650j BGB Rn. 7.
15 MüKo-BGB/Busche, § 650j Rn. 21; Messerschmidt/Voit/Lenkeit, § 650j BGB Rn. 7.
16 Messerschmidt/Voit/Lenkeit, § 650j BGB Rn. 8; Kniffka/Koeble/Jurgeleit/Sacher, 2. Teil Rn. 81–82.
17 BGH, Urt. v. 13.03.2008 – VII ZR 194/06, NJW 2008, 2106.
18 Zu den Einzelheiten siehe die Kommentierung zu Art. 249 § 2 EGBGB.
19 BT-Drucks. 18/8486, S. 62.

falls nicht mit dem vereinbarten Inhalt geschlossen hätte. Der Schadensersatzanspruch geht vorrangig auf Anpassung des Vertrages, unter Umständen aber auch auf Vertragsaufhebung.[20] Zur Beweislastverteilung wird vertreten, dass dem Verbraucher die Vermutung des »aufklärungsgerechten« Verhaltens zugute kommt und der Unternehmer beweisen muss, dass der Schaden auch bei pflichtgemäßen Verhalten entstanden wäre.[21]

12 *Glöckner*[22] hat den Beispielsfall gebildet, dass ein Verbraucher die Ausführung eines Innenputzes beauftragt hat. Die vorvertraglichen Informationen durch den Unternehmer enthalten keinen Hinweis darauf, aus welchem Material der Putz hergestellt wird. Im Beispielsfall verwendet der Unternehmer Gipsputz, gegen den der Verbraucher allergisch ist. In einem solchen Fall liegt auf der Hand, dass der Verbraucher sich bei ordnungsgemäßer vorvertraglicher Information gegen den Gipsputz und z.B. für Kalkzementputz entschieden hätte.

13 Darüber hinaus kann derjenige, der gegen verbraucherschützende Vorschriften verstößt, gemäß § 2 Abs. 1 Unterlassungsklagegesetz (UKlaG) durch Verbraucherschutzverbände und andere nach dem UKlaG berechtigten Stellen auf Unterlassung und Beseitigung in Anspruch genommen werden. Zur Klarstellung, dass sich der Schutzbereich des UKlaG nun auch auf Verbraucherbauverträge nach den §§ 650i ff. BGB bezieht, ist in § 2 Abs. 2 S. 1 Nr. 1 UKlaG unter Buchstabe f) der Begriff *»Bauverträge«* ergänzt worden.[23] Unternehmer, die gegen die Baubeschreibungspflicht gemäß § 650j BGB verstoßen, müssen daher mit einer Abmahnung rechnen.

§ 650k Inhalt des Vertrags

(1) Die Angaben der vorvertraglich zur Verfügung gestellten Baubeschreibung in Bezug auf die Bauausführung werden Inhalt des Vertrags, es sei denn, die Vertragsparteien haben ausdrücklich etwas anderes vereinbart.

(2) Soweit die Baubeschreibung unvollständig oder unklar ist, ist der Vertrag unter Berücksichtigung sämtlicher vertragsbegleitender Umstände, insbesondere des Komfort- und Qualitätsstandards nach der übrigen Leistungsbeschreibung, auszulegen. Zweifel bei der Auslegung des Vertrags bezüglich der vom Unternehmer geschuldeten Leistung gehen zu dessen Lasten.

(3) Der Bauvertrag muss verbindliche Angaben zum Zeitpunkt der Fertigstellung des Werks oder, wenn dieser Zeitpunkt zum Zeitpunkt des Abschlusses des Bauvertrags nicht angegeben werden kann, zur Dauer der Bauausführung enthalten. Enthält der Vertrag diese Angaben nicht, werden die vorvertraglich in der Baubeschreibung übermittelten Angaben zum Zeitpunkt der Fertigstellung des Werks oder zur Dauer der Bauausführung Inhalt des Vertrags.

Übersicht Rdn.

20 MüKo-BGB/Busche, § 650j Rn. 18.

21 MüKo-BGB/Busche, § 650j Rn. 18.

22 Glöckner, BauR 2014, 411; der von Glöckner gebildete Beispielsfall bezieht sich auf die Informationspflichten zu Verbrauchervertrag. Damit die Regelungen zum Verbraucher**bau**vertrag anwendbar sind, muss es sich allerdings gemäß § 650i Abs. 1 BGB um Arbeiten zum Bau eines neuen Gebäudes (aus einer Hand) oder um erhebliche Umbaumaßnahmen handeln, die einer Neuerrichtung gleichkommen.

23 BT-Drucks. 18/8486, S. 74.

A. Allgemeines

§ 650k BGB knüpft an die Verpflichtung des Unternehmers zur Baubeschreibungspflicht nach § 650j BGB an.[1] Dies gilt sowohl im Hinblick auf die vom Unternehmer zu erbringenden Leistungen als auch in Bezug auf die Bauzeit. 1

B. Vorvertragliche Baubeschreibung wird grundsätzlich Vertragsinhalt

§ 650k Abs. 1 BGB bestimmt, dass die Angaben der vorvertraglich zur Verfügung gestellten Baubeschreibung in Bezug auf die Bauausführung grundsätzlich Vertragsinhalt werden. Dies gilt ausnahmsweise nicht, wenn die Vertragsparteien ausdrücklich etwas anderes vereinbart haben. 2

Der Gesetzgeber orientiert sich hierbei an der Vorschrift des Art. 6 Abs. 6 der EU-Verbraucherrechterichtlinie und deren Umsetzung in § 312d Abs. 1 S. 2 BGB, die im Hinblick auf die vorvertraglichen Informationspflichten bei Fernabsatz- und außerhalb von Geschäftsräumen geschlossenen Verträgen eine vergleichbare Regelung enthält.[2] Eine abweichende Vereinbarung durch konkludentes Verhalten von Unternehmer oder Verbraucher ist nach dieser Regelung ausgeschlossen. 3

Nach teilweise vertretener Auffassung soll es nach Sinn und Zweck von § 650k Abs. 1 BGB zulässig sein, zugunsten des Verbrauchers von diesem Grundsatz abzuweichen, wenn dieser ausdrücklich eine Änderung verlangt und der Unternehmer (nur) konkludent zustimmt.[3] Allerdings dürfte eine solche abweichende Vereinbarung bereits nicht mehr dem Textformerfordernis gemäß § 650i Abs. 2 BGB genügen. Nach der von der Rechtsprechung zugrunde gelegten Andeutungstheorie muss der rechtsgeschäftliche Wille der Vertragspartner, der aus Umständen außerhalb der formbedürftigen Erklärung ermittelt wird, in der Erklärung einen, wenn auch unvollkommenen, Ausdruck gefunden haben; die Grenze der Berücksichtigung dieser Umstände ist überschritten, wenn die formbedürftige Erklärung die Richtung des rechtsgeschäftlichen Willens nicht einmal dem Grunde nach erkennen lässt.[4] 4

Die Regelung in § 650k Abs. 1 BGB greift nur, wenn der Unternehmer dem Besteller vorvertraglich eine Baubeschreibung übergeben hat. Der Gesetzgeber hat es nicht für notwendig erachtet den Fall zu regeln, dass eine vorvertragliche Baubeschreibung vollständig fehlt. In der Gesetzesbegründung heißt es hierzu, dass – soweit in diesem Fall überhaupt ein Vertrag zustande gekommen sei – die allgemeinen Regelungen des Schadensersatzrechts ausreichend seien.[5] Darüber hinaus könne dem Verbraucher bei einer Verletzung der Baubeschreibungspflicht ein Schadensersatzanspruch nach all- 5

1 Vgl. zu den Einzelheiten die Kommentierung zu § 650j BGB.
2 BT-Drucks. 18/8486, S. 62.
3 So Kniffka/Koeble/Jurgeleit/Sacher, 2. Teil Rn. 85.
4 BGH, Urt. v. 11.02.2010 – VII ZR 218/08, NJW-RR 210, 821.
5 BT-Drucks. 18/8486, S. 62–63.

gemeinen Regelungen (§§ 311 Abs. 2, 280 Abs. 1 BGB) zustehen, da die Baubeschreibungspflicht eine vorvertragliche Pflicht darstelle.[6]

6 Tatsächlich kommt ein wirksamer Vertrag beim vollständigen Fehlen einer vorvertraglichen Baubeschreibung nur zu Stande, wenn spätestens bei Vertragsschluss in Textform geregelt wird, welche Leistungen der Unternehmer zu erbringen hat.[7] Dabei muss die Leistung nach Art und Umfang so ausreichend beschrieben sein, dass der sich hieraus ergebende Werkerfolg – ggf. unter Heranziehung der gesetzlichen Auslegungsregeln in § 650k Abs. 2 BGB – objektiv bestimmbar ist.[8]

7 Soweit eine vorvertragliche Baubeschreibung vorliegt, werden die Angaben in Bezug auf die Bauausführung grundsätzlich Vertragsinhalt. Hiermit sind die in der vorvertraglichen Baubeschreibung beschriebenen Eigenschaften des Werks gemeint, und zwar auch, soweit sie über die in Art. 249 § 2 EGBGB geforderten Mindestangaben[9] hinausgehen.

8 Sonstige Angaben in der Baubeschreibung werden hingegen nicht automatisch Vertragsinhalt. Enthält die Baubeschreibung daher z.B. Allgemeine Geschäftsbedingungen des Unternehmers, muss deren Einbeziehung bei Vertragsschluss nochmals gesondert in Textform vereinbart werden.[10] Gleiches gilt auch für den sonstigen Inhalt der Baubeschreibung, wie etwa Angaben zum Werklohn.

9 In diesem Zusammenhang stellt sich unabhängig von § 650k Abs. 1 BGB die Frage, ob der Unternehmer gemäß § 632 Abs. 2 BGB die ortsübliche Vergütung verlangen kann, wenn der in Textform geschlossene Vertrag keine Vergütung bestimmt, aber in der vorvertraglichen Baubeschreibung eine unterhalb dieses Preisniveaus liegende Vergütung genannt wird. Die Auslegung des Vertrages nach §§ 133, 157 BGB wird dann in der Regel ergeben, dass die in der vorvertraglichen Baubeschreibung genannten Preise Vertragsinhalt werden sollten. In diesem Fall kann es dem Unternehmer gemäß § 242 BGB nach Treu und Glauben verwehrt sein, sich auf einen Verstoß gegen das Textformerfordernis zu berufen.[11]

10 Die Angaben in der Baubeschreibung zur Bauausführung werden nicht Vertragsinhalt, wenn die Parteien ausdrücklich etwas anderes vereinbart haben. Die Vereinbarung muss gemäß § 650i Abs. 2 BGB in Textform getroffen werden. Schlüssiges Handeln, Schweigen oder eine nur mündlich getroffene Vereinbarung reichen daher nicht aus.[12]

C. Auslegung des Vertrages bei unvollständiger oder unklarer Baubeschreibung

11 § 650k Abs. 2 BGB bezieht sich nur auf eine vorvertraglich durch den Unternehmer übergebene Baubeschreibung.[13] Die Vorschrift ist daher nicht anwendbar, soweit die Parteien bei Vertragsschluss Abweichungen zur Baubeschreibung gemäß § 650k Abs. 1 HS 2 BGB vereinbart haben, oder die Baubeschreibung durch den Besteller erstellt worden ist.[14]

Soweit § 650k Abs. 2 BGB Anwendung findet, ist die vom Unternehmer geschuldete Leistung nach folgender Systematik zu bestimmen:

---

6 BT-Drucks. 18/8486, S. 63; vgl. hierzu auch die Kommentierung zu § 650j BGB.

7 Vgl. hierzu die Kommentierung zu § 650i BGB Rdn. 26 ff.

8 Vgl. hierzu die Kommentierung zu § 650i BGB Rdn. 26 ff.

9 Siehe hierzu die Kommentierung zu Art. 249 § 2 EGBGB.

10 Wobei die in § 305 Abs. 2 BGB normierten Voraussetzungen zur Einbeziehung von Allgemeine Geschäftsbedingungen erfüllt sein müssen.

11 Vgl. hierzu die Kommentierung zu § 650i BGB Rdn. 40 ff.

12 Vgl. hierzu die vorstehenden Ausführungen unter Rdn. 4.

13 Nach der Gesetzesbegründung (BT-Drucks. 18/8486, S. 62) sollen hierdurch die Rechtsfolgen einer *»den Anforderungen nicht genügenden Baubeschreibung«* geregelt werden, womit die Anforderungen an die vorvertragliche Baubeschreibung nach Art. 249 § 2 EGBGB gemeint sind.

14 In diesen Fällen ist jeweils nach allgemeinen Auslegungsgrundsätzen unter Berücksichtigung sämtlicher Vertragsumstände zu ermitteln, welche Leistung der Unternehmer schuldet.

I. Auslegung der geschuldeten Leistung anhand der Baubeschreibung

Im ersten Schritt ist für die Bestimmung der vom Unternehmer geschuldeten Leistung nur die Baubeschreibung heranzuziehen. Auf die weiteren vertragsbegleitenden Umstände kommt es zunächst nicht an. Daher sind die von der Rechtsprechung zur Auslegung von Allgemeinen Geschäftsbedingungen entwickelten Regeln heranzuziehen. Die Auslegung der Baubeschreibung erfolgt rein objektiv anhand des Wortlauts, wobei der Wille der Vertragspartner grundsätzlich nicht zu berücksichtigen ist.[15] Für die Auslegung kommt es entscheidend darauf an, wie der Text ihrem objektiven Sinn nach aus Sicht eines verständigen und redlichen Vertragspartners zu verstehen ist.[16] Legen die Parteien allerdings dem Text übereinstimmend eine von ihrem objektiven Sinn abweichende Bedeutung bei, ist diese maßgeblich.[17] 12

Anders als noch im Referentenentwurf des Bundesministeriums der Justiz und für Verbraucherschutz[18] hat der Gesetzgeber in Art. 249 EGBGB bewusst darauf verzichtet, als Maßstab für die Verständlichkeit der Baubeschreibung die Kenntnisse eines durchschnittlichen Verbrauchers zugrunde zu legen.[19] Vielmehr soll es nach dem Willen des Gesetzgebers ausreichen, wenn in der Baubeschreibung klare Informationen übermittelt werden.[20] Bei Verständnisproblemen wird der Verbraucher auf die Hinzuziehung von Experten verwiesen.[21] 13

Entgegen Pause[22] kommt es daher nicht mehr darauf an, dass dem Verbraucher technische Fachbegriffe, wie etwa DIN-Normen, Regelwerke von Berufsverbänden, Angabe technischer Werte usw. regelmäßig nicht geläufig sind. Maßgeblich ist vielmehr, wie ein bestimmter Begriff nach dem Verständnishorizont eines Fachmanns zu verstehen ist. Ergibt sich unter Zugrundelegung dieses Maßstabs eine klare, eindeutige und lückenlose Beschreibung der wesentlichen Eigenschaften des angebotenen Werks i.S.v. Art. 249 § 2 Abs. 1 EGBGB, so ist für die Berücksichtigung der weiteren Vertragsumstände gemäß § 650k Abs. 2 BGB kein Raum mehr, weil keine Unvollständigkeiten oder Unklarheiten verbleiben. 14

Die Baubeschreibung muss präzise Angaben zu den einzelnen Bauteilen enthalten.[23] Beschreibungen ohne Aussagekraft sind daher nicht ausreichend.

▶ **Beispiel:**

Eine Regelung, nach der *»alle Bestimmungen im Hochbau in Bezug auf Wärme-, Schall- und Brandschutz«* eingehalten werden, ist nicht klar und eindeutig. Sie besagt insbesondere nichts darüber, ob nur die Mindeststandards eingehalten werden müssen, oder ob ein deutlich höherer Standard geschuldet wird.[24] 15

Auch funktionale Baubeschreibungen reichen nicht aus, da hierdurch die Ausführungsdetails nicht festgelegt werden. § 650k Abs. 2 BGB führt im Ergebnis dazu, dass dem Unternehmer im Hinblick 16

15 Vgl. BGH, Urt. v. 17.02.1993 – VIII ZR 37/92, NJW 1993, 1381; BGH, Urt. v. 18.07.2007 – VIII ZR 227/06, NJW-RR 2007, 1697.

16 Vgl. BGH, Urt. v. 18.07.2007 – VIII ZR 227/06, NJW-RR 2007, 1697; BGH, Urt. v. 17.02.1993 – VIII ZR 37/92, NJW 1993, 1381.

17 BGH, Urt. v. 22.03.2002 – V ZR 405/00, NJW 2002, 2102–2103; BGH, Urt. v. 16.06.2009 – XI ZR 145/08, NJW 2009, 3422–3426; BGH, Urt. v. 20.01.2016 – VIII ZR 152/15, NJW-RR 2016, 526–529.

18 Dort war noch vorgesehen, dass die wesentlichen Eigenschaften des Werks *»in klarer* und verständlicher *Weise«* dargestellt werden müssen. Dagegen sieht Art. 249 § 2 EGBGB nur noch eine Darstellung *»in klarer Weise«* vor.

19 BT-Drucks. 18/8486, S. 73–74.

20 BT-Drucks. 18/8486, S. 74.

21 BT-Drucks. 18/8486, S. 74.

22 Pause, BauR 2017, 430, 434.

23 Zu den Einzelheiten siehe Kommentierung zu Art. 249 § 2 EGBGB.

24 BGH, Urt. v. 14.06.2007 – VII ZR 45/06, NJW 2007, 2983–2986.

auf die nicht geregelten Details – anders als außerhalb des Verbraucherbauvertragsrechts bei einer funktionalen Leistungsbeschreibung[25] – kein Leistungsbestimmungsrecht zusteht, sondern die Baubeschreibung insofern unklar und auslegungsbedürftig ist.

II. Auslegung des Vertrages unter Berücksichtigung sämtlicher weiterer Vertragsumstände

17 Soweit sich die vom Unternehmer geschuldete Leistung aufgrund von Unvollständigkeiten oder Unklarheiten der Baubeschreibung nicht abschließend bestimmen lässt, sind in einem zweiten Schritt sämtliche weiteren vertragsbegleitenden Umstände heranzuziehen.

18 Die Baubeschreibung ist unvollständig, soweit in ihr bestimmte Details der Ausführung nicht erwähnt oder genauer beschrieben sind.[26] Sie ist unklar, wenn nach der Auslegung anhand des Wortlauts ein nicht erheblicher Zweifel bleibt und mindestens zwei Auslegungsmethoden rechtlich vertretbar sind.[27] Hierbei bleiben Verständnismöglichkeiten unberücksichtigt, die zwar theoretisch denkbar, praktisch aber fernliegend sind und für die an Bauverträgen typischerweise Beteiligten nicht ernsthaft in Betracht kommen.[28]

19 In diesem Fall sind alle weiteren vertragsbegleitenden Umstände zu berücksichtigen, insbesondere der Komfort- und Qualitätsstandard nach der übrigen Leistungsbeschreibung.

20 § 650k Abs. 2 S. 1 BGB knüpft damit an die bisherige Rechtsprechung[29] zur lückenhaften Baubeschreibung an. Danach kann alleine daraus, dass ein bestimmtes Ausführungsdetail im Vertragstext nicht erwähnt ist, nicht ohne weiteres geschlossen werden, dass es nicht geschuldet ist. Vielmehr muss unter Berücksichtigung der gesamten Umstände des Vertrages geprüft werden, ob eine bestimmte Qualität der Ausführung stillschweigend vereinbart ist. Entsprechende Qualitätsanforderungen können sich nicht nur aus dem Vertragstext, sondern auch aus sonstigen vertragsbegleitenden Umständen ergeben, den konkreten Verhältnissen des Bauwerks und seines Umfelds, dem qualitativen Zuschnitt, dem architektonischen Anspruch und der Zweckbestimmung des Gebäudes. Entspricht das versprochene Bauwerk dem üblichen Qualitäts- und Komfortstandard, kann der Besteller demnach in der Regel auch die Ausführung nicht näher beschriebener Details in diesem Standard verlangen.

III. Verbleibende Zweifel gehen zu Lasten des Unternehmers

21 Nach § 650k Abs. 2 S. 2 BGB gehen Zweifel, die auch nach Heranziehung sämtlicher Vertragsumstände verbleiben, zu Lasten des Unternehmers. Diese Regelung knüpft bewusst an den Rechtsgedanken von § 305c Abs. 2 BGB zur Auslegung von Allgemeinen Geschäftsbedingungen an[30], so dass die von der Rechtsprechung hierzu entwickelten Grundsätze heranzuziehen sind. Demnach findet die Regelung nur Anwendung, wenn auch nach Berücksichtigung sämtlicher weiteren Vertragsumstände immer noch ein nicht unerheblicher Zweifel verbleibt und mindestens zwei Auslegungsmethoden rechtlich vertretbar sind.[31] Hierbei bleiben Verständnismöglichkeiten unberück-

25 Kniffka/Koeble/Jurgeleit/Sacher, 4. Teil Rn. 121.

26 BGH, Urt. v. 21.11.2013 – VII ZR 275/12, NJW 2014, 620.

27 Vgl. BGH, Urt. v. 05.05.2010 – III ZR 209/09, NJW 2010, 2197–2200; BGH, Urt. v. 09.05.2012 – VIII ZR 327/11, NJW 2012, 2270–2274; BGH, Urt. v. 20.01.2016 – VIII ZR 152/15, NJW-RR 2016, 526–529.

28 Vgl. BGH, Urt. v. 05.05.2010 – III ZR 209/09, NJW 2010, 2197–2200; BGH, Urt. v. 09.05.2012 – VIII ZR 327/11, NJW 2012, 2270–2274; BGH, Urt. v. 20.01.2016 – VIII ZR 152/15, NJW-RR 2016, 526–529.

29 BGH, Urt. v. 04.06.2009 – VII ZR 54/07, BGHZ 181, 225; BGH, Urt. v. 14.06.2007 – VII ZR 45/06, BGHZ 172, 346; BGH., Urt. v. 21.11.2013 – VII ZR 275/12, NJW 2014, 620–621.

30 BT-Drucks. 18/8486, S. 62.

31 Vgl. BGH, Urt. v. 05.05.2010 – III ZR 209/09, NJW 2010, 2197–2200; BGH, Urt. v. 09.05.2012 – VIII ZR 327/11, NJW 2012, 2270–2274; BGH, Urt. v. 20.01.2016 – VIII ZR 152/15, NJW-RR 2016, 526–529.

sichtigt, die zwar theoretisch denkbar, praktisch aber fernliegend sind und für die an Bauverträgen typischerweise Beteiligten nicht ernsthaft in Betracht kommen.[32]

IV. Erfolgshaftung des Unternehmers

§ 650k Abs. 2 BGB ist nicht dahingehend zu verstehen, dass die vom Unternehmer zu erbringende Leistung durch eine vollständige und klar formulierte Baubeschreibung abschließend festgelegt wird. 22

Vielmehr muss das Werk unabhängig von der Erbringung der Leistung oder Ausführungsart, die in der Baubeschreibung beschrieben ist, gemäß § 633 Abs. 2 S. 1 BGB die nach dem Vertrag vereinbarte Beschaffenheit aufweisen. Zur vereinbarten Beschaffenheit im Sinne des §§ 633 Abs. 2 S. 1 BGB gehören alle Eigenschaften des Werkes, die nach der Vereinbarung der Parteien den vertraglich geschuldeten Erfolg herbeiführen sollen.[33] Der vertraglich geschuldete Erfolg bestimmt sich nicht allein nach der zu seiner Erreichung vereinbarten Leistung oder Ausführungsart, sondern auch danach, welche Funktion das Werk nach dem Willen der Parteien erfüllen soll.[34] Eine Abweichung von der vereinbarten Beschaffenheit und damit ein Mangel im Sinne des §§ 633 Abs. 2 S. 1 BGB liegt dementsprechend vor, wenn der mit dem Vertrag verfolgte Zweck der Herstellung eines Werkes nicht erreicht wird und das Werk seine vereinbarte oder nach dem Vertrag vorausgesetzte Funktion nicht erfüllt.[35] Dies gilt unabhängig davon, ob die Parteien eine bestimmte Ausführungsart vereinbart haben oder die anerkannten Regeln der Technik eingehalten worden sind.[36] Ist die Funktionstauglichkeit für den vertraglich vorausgesetzten oder gewöhnlichen Gebrauch vereinbart und dieser Erfolg mit der vertraglich vereinbarten Leistung oder Ausführungsart oder den anerkannten Regeln der Technik nicht zu erreichen, schuldet der Unternehmer trotzdem die vereinbarte Funktionstauglichkeit.[37] 23

▶ **Beispiel**[38]:

Der nach dem Vertrag vorausgesetzte Gebrauch des Hauses zu Wohnzwecken erfordert einen sicheren Schutz gegen Regen. In der vorvertraglich übergebenen Baubeschreibung, die Vertragsinhalt wird, ist jedoch eine Ausführungsart vorgesehen, mit der kein regendichtes Dach hergestellt werden kann. Selbst wenn der Unternehmer alle Leistungen exakt so ausführt, wie in der Baubeschreibung beschrieben, weist das Werk nicht die vertraglich geschuldete Beschaffenheit auf und ist daher mangelhaft. Der Unternehmer schuldet als werkvertraglichen Erfolg daher alle zur Herstellung eines dichten Daches erforderlichen Leistungen, auch wenn diese nicht in der Baubeschreibung vorgesehen sind. 24

Motzke[39] hat diesen Unterschied zwischen der vertraglich vereinbarten Leistung oder Ausführungsart und der vereinbarten Funktionstauglichkeit mit den Begriffen *»Bausoll«* und *»Erfolgssoll«* herausgearbeitet. Das *»Bausoll«* wird dabei durch die Bau- bzw. Leistungsbeschreibung bestimmt und bildet den Ausgangspunkt für die Preisbildung. Das *»Erfolgssoll«* bezeichnet den vom Unternehmer geschuldeten Werkerfolg. 25

---

32 Vgl. BGH, Urt. v. 05.05.2010 – III ZR 209/09, NJW 2010, 2197–2200; BGH, Urt. v. 09.05.2012 – VIII ZR 327/11, NJW 2012, 2270–2274; BGH, Urt. v. 20.01.2016 – VIII ZR 152/15, NJW-RR 2016, 526–529.

33 BGH, Urt. v. 08.11.2007 – VII ZR 183/05, NJW 2008, 511.

34 BGH, Urt. v. 08.11.2007 – VII ZR 183/05, NJW 2008, 511.

35 BGH, Urt. v. 16.07.1998 – VII ZR 350/96, BGHZ 139, 244, 247; BGH, Urt. v. 11.11.1999 – VII ZR 403/98, BauR 2000, 411, 412; BGH, Urt. v. 08.11.2007 – VII ZR 183/05, NJW 2008, 511.

36 BGH, Urt. v. 08.11.2007 – VII ZR 183/05, NJW 2008, 511.

37 BGH, Urt. v. 16.07.1998 – VII ZR 350/96, BGHZ 139, 244, 247; BGH, Urt. v. 11.11.1999 – VII ZR 403/98, BauR 2000, 411, 412; BGH, Urt. v. 08.11.2007 – VII ZR 183/05, NJW 2008, 511.

38 Vgl. hierzu auch BGH, Urt. v. 11.11.1999 – VII ZR 403/98, NJW-RR 2000, 465: In dem dort zugrunde liegenden Sachverhalt ging es um das Dach einer Lager- und Produktionshalle, durch das nach heftigem Regen Wasser in die Halle eingedrungen ist.

39 Motzke, NZBau 2002, 641, 642.

26 Weichen *»Bausoll«* und *»Erfolgssoll«* voneinander ab, stellt sich die Frage, ob und ggf. welche Auswirkungen dies auf die Vergütung des Unternehmers hat bzw. welche Kosten der Unternehmer dem Besteller im Falle einer Mangelbeseitigung als *»Sowiesokosten«*[40] entgegenhalten kann.

Nach der neuen Gesetzeslage sind zur Beantwortung dieser Frage die §§ 650b, 650c BGB heranzuziehen.

27 In § 650b BGB wird gesetzlich geregelt, dass der Besteller unter bestimmten Voraussetzungen Vertragsänderungen anordnen kann. Hiervon umfasst sind gemäß § 650b Abs. 1 Nr. 2 BGB auch Änderungen, die zur Erreichung des vereinbarten Werkerfolges erforderlich sind.[41] Die Auswirkungen solcher Anordnungen auf die Vergütung des Unternehmers bestimmen sich nach § 650c BGB.[42]

28 Im Anwendungsbereich des § 650k BGB schuldet der Besteller regelmäßig auch die Planung des Bauwerks.[43] Der mit der Planung des Bauwerks beauftragte Unternehmer soll allerdings gemäß § 650c Abs. 1 S. 2 i.V.m. § 650b Abs. 1 Nr. 2 BGB keinen Vergütungsanspruch für vermehrten Aufwand haben wegen durch den Besteller angeordneten Änderungen, die zur Erreichung des vereinbarten Werkerfolges erforderlich sind. Insofern ist allerdings fraglich, ob § 650c Abs. 1 S. 2 BGB nicht einschränkend auszulegen ist.[44] Spiegelbildlich hierzu ist die Frage der im Zuge von Mangelbeseitigungsarbeiten anfallenden Sowiesokosten zu beantworten.[45]

D. Vertragliche Regelung zur Bauzeit

29 Der Verbraucher soll durch § 650k Abs. 3 BGB spätestens bei Vertragsschluss in die Lage versetzt werden, die Bauzeit verbindlich einzuschätzen. Wie schon durch die Angaben zur Bauzeit in der vorvertraglichen Baubeschreibung soll es ihm hierdurch ermöglicht werden, die Finanzierung des Bauprojektes, die Kündigung eines bisherigen Mietvertrages und seinen Umzug in das neue Haus verlässlich zu planen.[46]

I. Verbindliche Angaben zum Fertigstellungszeitpunkt oder zur Dauer der Bauausführung im Bauvertrag

30 § 650k Abs. 3 S. 1 BGB sieht vor, dass der Bauvertrag verbindliche Angaben zum Zeitpunkt der Fertigstellung des Werkes zu enthalten hat. Damit muss im Bauvertrag einen konkreter Fertigstellungszeitpunkt angegeben werden.

31 Im Referentenentwurf des Bundesministeriums der Justiz und für Verbraucherschutz vom 28.09.2015 war ursprünglich keine Ausnahme von dieser Vorgabe vorgesehen. Hiergegen ist berechtigterweise vorgebracht worden, dass bei Abschlusses des Bauvertrages häufig noch keine Baugenehmigung vorliegt und dem Unternehmer durch die vorgesehene Regelung einseitig das Risiko des Genehmigungsverfahrens und eventueller Nachbareinwendungen auferlegt wird.[47]

32 Der Gesetzgeber hat diesen Einwand aufgegriffen. § 650k Abs. 3 S. 1 BGB sieht nun vor, dass ein Fertigstellungszeitpunkt ausnahmsweise nicht verbindlich angegeben werden muss, wenn er sich bei Abschluss des Vertrages noch nicht verlässlich abschätzen lässt. In der Gesetzesbegründung wird

40 Hierunter werden solche Kosten verstanden, die dem Besteller auch dann entstanden wären, wenn der Unternehmer von Anfang an eine mangelfreie Leistung erbracht hätte.

41 Zu den Einzelheiten siehe die Kommentierung zu § 650b BGB.

42 Zu den Einzelheiten siehe die Kommentierung zu § 650c BGB.

43 Vgl. Kommentierung zu § 650j BGB Rdn. 8.

44 Zu den Einzelheiten siehe die Kommentierung zu § 650c BGB.

45 Zu den Einzelheiten siehe die Kommentierung zu § 650c BGB.

46 BT-Drucks. 18/8486, S. 62–63.

47 Stellungnahme des Deutschen Baugerichtstags e. V.(DBGT) zum Referentenentwurf, S. 25, abrufbar unter https://www.bundesgerichtshof.de/SharedDocs/Downloads/DE/Bibliothek/Gesetzesmaterialien/18_wp/Bauvertragsrecht/stellung_dbgt_refe.pdf?__blob=publicationFile&v=1, abgerufen am 24.04.2026.

hierzu als Beispiel der Fall genannt, dass vom Verbraucher noch eine Genehmigung eingeholt werden muss.[48] Liegt also z.B. bei Vertragsschluss noch keine Baugenehmigung vor, dann hängt der Zeitpunkt des Baubeginns von Voraussetzungen ab, die objektiv nicht verlässlich abgeschätzt werden können.

Für diesen Fall bestimmt § 650k Abs. 3 S. 1 BGB., dass der Vertrag zumindest verbindliche Angaben zur Dauer der Bauausführung enthalten muss.

Regelungen, die nur eine Frist für den Ausführungsbeginn vorsehen, erfüllen diese Voraussetzungen nicht. Gleiches gilt, wenn der bei einer solchen Regelung der Beginn der Ausführungsfrist tatsächlich auch von Umständen aus der Sphäre des Unternehmers abhängt.[49] Enthält der Vertrag eine von diesen Vorgaben abweichende Regelung, ist diese Regelung gemäß § 650o BGB unwirksam. Eine entsprechende Klausel des Unternehmers ist außerdem gemäß § 308 Nr. 1 BGB unwirksam.[50]

Pause[51] weist allerdings zutreffend darauf hin, dass diese Regelung noch immer problematisch ist, 33
da die Dauer der Bauausführung vom jahreszeitlichen Beginn der Arbeiten abhängt. So macht es durchaus einen Unterschied, ob bestimmte Tätigkeiten bei warmer Witterung ausgeführt werden können oder in der kühlen Jahreszeit mit Frostperioden erfolgen müssen.[52] Daher können unvorhergesehene Verzögerungen beim Genehmigungsverfahren auch Auswirkungen auf die Dauer der Bauausführung haben. Sofern solche Auswirkungen nicht bereits zu einer Verlängerung der Bauzeit führen[53], fehlt es jedenfalls im Hinblick auf die hieraus resultierende Verzögerung an einem Verschulden des Unternehmers.[54]

II. Geltung der Angaben in der vorvertraglichen Baubeschreibung bei fehlender Regelung im Vertrag

Gemäß § 650k Abs. 3 S. 2 BGB werden die vorvertraglich in der Baubeschreibung übermittelten 34
Angaben zum Zeitpunkt der Fertigstellung des Werks oder zur Dauer der Bauausführung Inhalt des Vertrages, wenn der Vertrag selbst diese Angaben nicht enthält.

III. Bestimmung der Fertigstellungsfrist bei fehlenden Angaben im Vertrag und in der vorvertraglichen Baubeschreibung

Sofern weder der Vertrag noch die vorvertragliche Baubeschreibung Angaben zum Fertigstellungs- 35
zeitpunkt oder zur Dauer der Bauausführung enthalten, ist § 271 Abs. 1 BGB maßgeblich.[55] Danach ist der Unternehmer verpflichtet, sofort mit der Bauausführung zu beginnen und die Herstellung in angemessener Zeit zügig zu Ende zu führen.[56]

48 BT-Drucks. 18/8486, S. 63.
49 OLG Koblenz, Urt. v. 09.03.2023 – 2 U 63/22.
50 OLG Koblenz, Urt. v. 09.03.2023 – 2 U 63/22 (die Entscheidung erging in einem Verbandsklageverfahren eines Verbraucherschutzvereins).
51 Pause, BauR 2017, 430, 435.
52 Vgl. etwa Agh-Ackermann/Kuen, BauR 1991, 542, 553; aus diesem Grund sehen z.B. die Allgemeinen Vertragsbedingungen für die Ausführung von Bauleistungen (VOB/B) in § 6 Abs. 4 vor, dass bei der Berechnung der Fristverlängerung wegen einer Behinderung des Auftragnehmers ein Zuschlag für eine etwaige Verschiebung der Arbeiten in eine ungünstigere Jahreszeit vorzunehmen ist.
53 Vgl. hierzu die Kommentierung zu § 650k BGB Rdn. 40.
54 Vgl. hierzu die Kommentierung zu § 650k BGB Rdn. 44.
55 Kniffka/Koeble/Jurgeleit/Sacher, 6. Teil Rn. 4.
56 BGH, Urt. v. 08.03.2001 – VII ZR 470/99, NJW-RR 2001, 806.

IV. Rechtsfolgen bei Überschreitung des vereinbarten Fertigstellungszeitpunkts, der vereinbarten oder der angemessenen Ausführungsdauer

36 Bei einer nicht eingehaltenen Vereinbarung zum Fertigstellungszeitpunkt oder zur Dauer der Bauausführung sollen die allgemeinen Regelungen zum Schuldnerverzug gelten.[57] Demnach kann der Besteller Anspruch auf Schadensersatz wegen der Schäden verlangen, die ihm durch den Verzug des Unternehmers entstehen. Entsprechendes gilt, wenn bei fehlender Vereinbarung zum Fertigstellungszeitpunkt oder zur Ausführungsdauer die Ausführung nicht innerhalb angemessener Frist erfolgt und der Unternehmer mit der Fertigstellung seiner Leistungen in Verzug gerät.

37 Dem Besteller soll in einem solchen Fall zusätzlich ein Kündigungsrecht aus wichtigem Grund gemäß § 648a BGB zustehen.[58] Darüber hinaus kommt auch ein Rücktrittsrecht des Bestellers gemäß § 323 Abs. 5 BGB in Betracht, auch wenn dieses nach Einschätzung des Gesetzgebers[59] keine für den Bauvertrag geeignete Lösung bietet, sofern bereits eine Teilleistung bewirkt worden ist.

1. Schadensersatzanspruch des Bestellers wegen Verzugs des Unternehmers gemäß §§ 280, 286 BGB

38 Der Besteller kann vom Unternehmer nach §§ 280, 286 BGB Schadensersatz verlangen, wenn ihm ein Schaden entsteht, weil der Unternehmer mit der Fertigstellung der geschuldeten Leistung in Verzug gerät. Der Unternehmer gerät in Verzug, wenn er die fällige Leistung aus einem von ihm zu vertretenden Grund pflichtwidrig verzögert. Außerdem ist für den Verzugseintritt grundsätzlich eine Mahnung erforderlich.

a) Fälligkeit der Leistung

39 Der Unternehmer kann mit der Fertigstellung der Leistung nur in Verzug geraten, wenn die Leistung fällig geworden ist.

Ist im Vertrag ein Fertigstellungszeitpunkt vereinbart, dann wird die Fertigstellung des Bauwerks mit Ablauf dieser Frist fällig.

40 Sieht der Vertrag keinen konkreten Fertigstellungszeitpunkt, sondern nur eine Ausführungsdauer vor, kommt es maßgeblich darauf an, wann der Unternehmer mit der Ausführung beginnen muss. Gemäß § 271 Abs. 1 BGB muss der Unternehmer sofort mit der Ausführung beginnen, wenn im Vertrag hierzu nichts bestimmt ist. Voraussetzung hierfür ist, dass der Besteller alle erforderlichen Vorleistungen und Mitwirkungshandlungen erbracht hat, die der Unternehmer zur Ausführung seiner Leistungen benötigt.[60] So hat der Besteller dem Unternehmer z.B. das Baugrundstück zur Verfügung zu stellen[61]. Außerdem hat er die Mitwirkungsobliegenheit, während der Bauausführung die notwendigen Entscheidungen zu treffen, etwa im Rahmen von Bemusterungen oder sonstigen Auswahlverfahren.[62] Darüber hinaus hat er die notwendigen öffentlich-rechtlichen Genehmigungen zu beschaffen, wobei hierzu grundsätzlich auch eine etwa erforderliche Baugenehmigung gehört.[63] Die Einholung der erforderlichen öffentlich-rechtlichen Genehmigungen liegt grundsätzlich alleine im Interesse des Bestellers, so dass es auch grundsätzlich seine Sache ist, die Genehmigungen einzuholen.[64]

---

57 BT-Drucks. 18/8486, S. 63.

58 BT-Drucks. 18/8486, S. 63.

59 BT-Drucks. 18/8486, S. 63.

60 BGH, Urt. v. 21.10.1982 – VII ZR 51/82, BauR 1983, 73, 74.

61 Vgl. etwa OLG Karlsruhe, Urt. v. 26.06.2008 – 19 U 179/06, BauR 2008, 1494.

62 BGH, Urt. v. 04.07.2002 – I ZR 313/99, NJW 2002, 3541.

63 BGH, Urt. v. 21.03.1974 – VII ZR 139/71; OLG Düsseldorf, Urt. v. 27.09.2011 – I 23 U 137/10, BauR 2012, 965–970; etwas anderes gilt, wenn der Unternehmer sich vertraglich zur Beschaffung der Baugenehmigung verpflichtet hat, vgl. BGH, Urt. v. 17.01.2002, VII ZR 490/00, BauR 2002, 792.

64 Ibr-OK BauVertragsrecht/Retzlaff, 26.11.2025, § 642 BGB Rn. 44. m.w.N.

Beim Verbraucherbauvertrag ist zu berücksichtigen, dass die wesentlichen Planungsvorgaben in der Regel nicht vom Besteller gemacht werden. In diesem Fall gehört zur Leistungspflicht des Unternehmers auch die Erstellung der Planung. Kommt es aufgrund von Planungsfehlern zu Verzögerungen im Baugenehmigungsverfahren, muss der Unternehmer sich diese zurechnen lassen.[65] 41

Sofern zur Dauer der Bauausführung nichts vereinbart worden ist, muss die Herstellung in angemessener Zeit zügig zu Ende geführt werden.[66] Nach Ablauf der sich hierdurch ergebenden Frist wird die Leistung fällig. 42

b) Verschulden

Verzug besteht gemäß § 286 Abs. 4 BGB nicht, solange die Leistung infolge eines Umstands unterbleibt, den der Schuldner nicht zu vertreten hat. 43

An einem Verschulden des Unternehmers fehlt es, wenn sich das Baugenehmigungsverfahren ohne sein Zutun über die normale Dauer[67] hinaus verzögert. Gleiches gilt, wenn sich die Bauausführung aufgrund von Witterungseinflüssen verzögert, die so außergewöhnlich sind, dass der Unternehmer hiermit bei Vertragsschluss nicht zu rechnen brauchte. Gewöhnliche Witterungseinflüsse hat der Unternehmer hingegen bei der Kalkulation der Ausführungsdauer zu berücksichtigen.[68] Gewöhnlich sind die Witterungseinflüsse, die nach den Erkenntnissen des Wetterdienstes noch den Mittelwerten wie auch vereinzelt auftretenden Spitzen der zurückliegenden 10 bis 20 Jahre entsprechen.[69] Ebenfalls nicht zu vertreten hat der Besteller Verzögerungen, die im Verantwortungsbereich des Bestellers liegen, etwa wenn dieser die erforderlichen Mitwirkungshandlungen nicht rechtzeitig erbringt. 44

Sofern sich der Unternehmer auf ein fehlendes Verschulden beruft, trägt er hierfür die Darlegungs- und Beweislast.[70]

c) Mahnung

Für den Eintritt des Verzugs ist gemäß § 286 Abs. 1 BGB grundsätzlich eine Mahnung des Bestellers erforderlich. Die Mahnung ist eine einseitige, empfangsbedürftige Aufforderung des Gläubigers an den Schuldner, die Leistung zu erbringen.[71] Sie muss nach Fälligkeit erfolgen, vorher ist sie wirkungslos.[72] 45

Eine geeignete Mahnung liegt etwa darin, dass der Besteller den Unternehmer unter Setzung einer konkreten Frist zur Fertigstellung der Leistung auffordert.

Ausnahmsweise ist eine Mahnung gemäß § 286 Abs. 2 Nr. 1 BGB entbehrlich, wenn für die Leistung eine Zeit nach dem Kalender bestimmt ist. Dies ist der Fall, wenn im Vertrag ein konkreter Fertigstellungstermin vereinbart ist. Wird allerdings der vereinbarte Fertigstellungstermin aus Grün- 46

65 Vgl. hierzu auch KG, Urt. v. 06.10.1989 – 7 U 2740/89, IBR 1994, 50.

66 BGH, Urt. v. 08.03.2001 – VII ZR 470/99, NJW-RR 2001, 806.

67 Die Dauer des Baugenehmigungsverfahrens ist in den jeweiligen Bundesländern unterschiedlich ausgestaltet, vgl. etwa § 61 Abs. 4 Hessische Bauordnung oder § 54 Abs. 5 Landesbauordnung für Baden-Württemberg. Der Unternehmer darf allerdings damit rechnen, dass der Bauantrag zügig bearbeitet wird, vgl. OLG Koblenz, Urt. v. 07.02.2007, 1 U 248/06, IBR 2007, 585. Im Regelfall ist danach von einer Verfahrensdauer von etwa drei Monaten ab Eingang des vollständigen Bauantrags auszugehen, vgl. OLG Koblenz, a.a.O.

68 Dieser Grundsatz ist in § 6 Abs. 2 Nr. 2 der Allgemeinen Vertragsbedingungen für die Ausführung von Bauleistungen (VOB/B) ausdrücklich geregelt; er findet allerdings auch außerhalb der VOB/B Anwendung.

69 Ganten/Jansen/Voit, Beck'scher VOB-Kommentar, § 6 Abs. 2 VOB/B Rn. 56.

70 Kniffka/Koeble/Jurgeleit/Sacher, 6. Teil Rn. 82.

71 MüKo-BGB/Ernst, § 286 Rn. 63.

72 BGH, Urt. v. 29.04.1992 – XII ZR 105/91, NJW 1992, 1956–1957; MüKo-BGB/Ernst, § 286 Rn. 69.

den überschritten, die der Unternehmer nicht zu vertreten hat, ist die Leistung nicht mehr nach dem Kalender bestimmt.[73] In diesem Fall ist anhand der Vertragsumstände eine neue Fertigstellungsfrist zu ermitteln.[74] Der Unternehmer gerät nach schuldhafter Überschreitung dieser neuen Frist erst in Verzug, wenn er eine entsprechende Mahnung erhält.[75]

47 Einer Mahnung bedarf es gemäß § 286 Abs. 2 Nr. 2 BGB nicht, wenn der Leistung ein Ereignis vorauszugehen hat und eine angemessene Zeit für die Leistung in der Weise bestimmt ist, dass sie sich von dem Ereignis an nach dem Kalender berechnen lässt. Kniffka[76] nennt hier das Beispiel, dass der Vertrag die Regelung *»Fertigstellung 8 Monate nach Erteilung der Baugenehmigung«* enthält. In diesem Fall gerät der Auftragnehmer automatisch 8 Monate nach Erteilung der Baugenehmigung in Verzug, ohne dass es hierzu einer Mahnung bedarf. Eine Mahnung ist allerdings grundsätzlich[77] erforderlich, wenn im Vertrag lediglich eine Ausführungsdauer festgelegt ist. Gleiches gilt auch, wenn der Vertrag keine Angaben zur Bauzeit enthält und auch in der vorvertraglichen Baubeschreibung lediglich eine Ausführungsdauer, aber kein Fertigstellungszeitpunkt bestimmt ist.

48 Eine Mahnung ist gemäß § 286 Abs. 2 Nr. 3 BGB nicht erforderlich, wenn der Schuldner die Leistung ernsthaft und endgültig verweigert. An das Vorliegen einer ernsthaften und endgültigen Erfüllungsverweigerung sind strenge Anforderungen zu stellen; sie sind nur erfüllt, wenn der Schuldner eindeutig zum Ausdruck bringt, er werde seinen Verpflichtungen nicht nachkommen, und es damit ausgeschlossen erscheint, dass er sich durch eine Aufforderung zur Leistung umstimmen ließe.[78]

49 Schließlich ist eine Mahnung gemäß § 286 Abs. 2 Nr. 4 BGB ausnahmsweise auch nicht erforderlich, wenn aus besonderen Gründen unter Abwägung der beiderseitigen Interessen der sofortige Eintritt des Verzugs gerechtfertigt ist. Ein solcher Ausnahmefall liegt etwa vor, wenn der Schuldner die umgehende Erbringung der Leistung besonders zugesagt hat und sich nicht daran hält (Selbstmahnung)[79].

d) Schaden

50 Der Besteller kann Ersatz des Schadens verlangen, der ihm aufgrund des Verzugs des Unternehmers entstanden ist.

51 Typische Verzögerungsschäden beim Verbraucherbauvertrag sind zusätzliche Mietkosten, die dem Verbraucher dadurch entstehen, dass er erst später einziehen kann und daher länger zur Miete wohnen muss. Hierbei kann allerdings nur die Nettokaltmiete in Ansatz gebracht werden.[80]

52 Darüber hinaus kann dem Verbraucher eine Nutzungsausfallentschädigung dafür zustehen, dass ihm die Nutzung des neuen Wohnraums vorenthalten wird und er hierdurch einen Nachteil erleidet. Dies ist der Fall, wenn der bisherige Wohnraum nicht gleichwertig zum neuen Wohnraum ist, etwa weil er deutlich kleiner ist.[81] Von der Nutzungsausfallentschädigung ist ein ggf. bestehender Schadensersatzanspruch für die zusätzlichen Mietkosten der bisherigen Wohnung abzuziehen.[82]

---

73 BGH, Urt. v. 27.10.1977 – VII ZR 298/75; BGH, Urt. v. 21.03.1985 – VII ZR 62/83, WKRS 1985, 14965; Kniffka/Koeble/Jurgeleit/Sacher, 6. Teil Rn. 88.

74 Kniffka/Koeble/Jurgeleit/Sacher, 6. Teil Rn. 88.

75 BGH, Urt. v. 27.10.1977 – VII ZR 298/75; BGH, Urt. v. 21.03.1985 – VII ZR 62/83, WKRS 1985, 14965; Kniffka/Koeble/Jurgeleit/Sacher, 6. Teil Rn. 88.

76 Kniffka/Koeble/Jurgeleit/Sacher, 6. Teil Rn. 85.

77 Es sei denn, es liegt eine der Ausnahmen nach § 286 Abs. 2 Nr. 3 oder Nr. 4 BGB vor.

78 BGH, Urt. v. 21.12.2005 – VIII ZR 49/05, NJW 2006, 1195–1197; BGH, Urt. v. 17.10.2008 – V ZR 31/08, NJW 1813–1816.

79 BGH, Urt. v. 25.02.2016 – X ZR 35/15.

80 Kniffka/Koeble/Jurgeleit/Sacher, 6. Teil Rn. 92.

81 BGH, Urt. v. 20.02.2014 – VII ZR 172/13, NJW 2014, 1374.

82 BGH, Urt. v. 20.02.2014 – VII ZR 172/13, NJW 2014, 1374.

Umgekehrt kann ein Verbraucher, der seine Immobilie ganz oder teilweise vermieten will, Mietausfälle erleiden, wenn das Haus durch den Unternehmer später fertiggestellt wird als vereinbart.[83] Auch in diesem Fall kann jedoch nur die Nettokaltmiete in Ansatz gebracht werden.[84] 53

Alternativ zum Mietausfall kann der Besteller die Finanzierungskosten erstattet verlangen, die aufgrund der verlängerten Bauzeit angefallen ist, diese sind allerdings begrenzt auf die Höhe der zu erzielenden Mieteinnahmen (Nettokaltmiete).[85] 54

Erstattet verlangt werden können außerdem Bereitstellungszinsen, die aufgrund von Bauverzögerungen anfallen.[86] Es handelt sich hierbei um Zinsen, die dafür anfallen, dass ein durch die finanzierende Bank bereit gestelltes Darlehen nicht abgerufen wird. 55

2. Kündigung aus wichtigem Grund gemäß § 648a BGB n.F.

Eine Kündigung aus wichtigem Grund gemäß § 648a BGB[87] setzt voraus, dass dem kündigenden Teil unter Berücksichtigung aller Umstände des Einzelfalls und der Abwägung der beiderseitigen Interessen die Fortsetzung des Vertragsverhältnisses bis zur Fertigstellung des Werks nicht zugemutet werden kann. Der Gesetzgeber hat auf eine beispielhafte Aufzählung von infrage kommenden Kündigungsgründen verzichtet. Der Gesetzesbegründung[88] ist zu entnehmen, dass ein wichtiger Grund gemäß § 648a BGB vorliegen soll, wenn der Unternehmer seine Leistungen aus von ihm zu vertretenden Gründen nicht zum geschuldeten Zeitpunkt fertig stellt. Gleiches soll auch gelten, wenn schon während der Bauausführung offensichtlich ist, dass der Unternehmer den geschuldeten Fertigstellungszeitpunkt aus von ihm zu vertretenden Gründen nicht einhalten kann.[89] 56

Zu beachten ist, dass eine Kündigung aus wichtigem Grund nur unter den weiteren Voraussetzungen gemäß § 648a Abs. 3 BGB i.V.m. § 314 Abs. 2 und 3 BGB zulässig ist.[90] 57

Außerdem ist § 650h BGB zu beachten, wonach die Kündigung des Bauvertrages der schriftlichen Form[91] bedarf.

Die Kündigung aus wichtigem Grund hat gemäß § 648a Abs. 5 BGB zur Folge, dass der Unternehmer nur die Vergütung für den bis zur Kündigung erbrachten Teil des Werks verlangen kann.[92] Die Abnahme der bis zum Kündigungszeitpunkt erbrachten Leistungen bleibt trotz Kündigung Voraussetzung für die Fälligkeit der Vergütung.[93] 58

Durch die Kündigung wird die Leistungspflicht des Unternehmers mit sofortiger Wirkung auf die bis zum Zeitpunkt der Kündigung erbrachten Leistungen begrenzt. Dies hat zur Folge, dass der Unternehmer weiterhin verpflichtet ist, Mängel an den bereits erbrachten Leistungen zu beseitigen. Umgekehrt bedeutet dies, dass der Unternehmer grundsätzlich[94] zur Nachbesserung berechtigt ist. 59

83 Verbraucher i.S.v. § 13 BGB kann auch derjenige sein, der zur Verwaltung seines eigenen Vermögens tätig wird; vgl. hierzu die Kommentierung zu § 650i BGB Rdn. 11.
84 BGH, Urt. v. 29.03.1990 – VII ZR 324/88, NJW-RR 1990, 980–981.
85 BGH, Urt. v. 29.03.1990 – VII ZR 324/88, NJW-RR 1990, 980–981.
86 Vgl. hierzu etwa OLG München, Urt. v. 15.11.2011 – 13 U 15/11, IBR 2012, 330.
87 Zu den Einzelheiten dieser Vorschrift siehe Kommentierung zu § 648a BGB.
88 BT-Drucks. 18/8486, S. 63.
89 BT-Drucks. 18/8486, S. 63.
90 Zu den Einzelheiten sowie zu den Rechtsfolgen einer Kündigung durch den Besteller, wenn die Voraussetzungen einer Kündigung aus wichtigem Grund nicht vorliegen, siehe Kommentierung zu § 648a BGB.
91 Zu den Einzelheiten des Schriftformerfordernisses siehe Kommentierung zu § 650h BGB.
92 Zu den Einzelheiten siehe Kommentierung zu § 648a BGB.
93 BGH, Urt. v. 11.05.2006 – VII ZR 146/04.
94 Es sei denn, der Unternehmer hat die Nacherfüllung gemäß § 635 Abs. 3 BGB ernsthaft und endgültig verweigert oder die Nacherfüllung ist bereits fehlgeschlagen oder dem Besteller ist die Nacherfüllung durch den Unternehmer ausnahmsweise unzumutbar, § 636 BGB.

Lässt der Besteller die Mängel im Wege der Ersatzvornahme beseitigen, ohne dem Unternehmer die Gelegenheit zur Nacherfüllung zu geben, kann er keine Erstattung der hierfür anfallenden Kosten verlangen.[95]

60 Die Berechtigung, Schadensersatz zu verlangen, wird durch die Kündigung nicht ausgeschlossen, § 648a Abs. 6 BGB. Der Schadensersatzanspruch ergibt sich aus den §§ 280, 286 BGB. Daher kann der Besteller ggf. Ersatz des Verzugsschaden[96] vom Unternehmer verlangen. Zusätzlich kann er ggf. Ersatz der Mehrkosten verlangen, die ihm entstehen, weil er dem Ersatzunternehmer zur Fertigstellung der fehlenden Restleistungen eine höhere Vergütung zahlen muss als dem gekündigten Unternehmer.

3. Rücktritt gemäß 323 BGB

61 Der Besteller kann gemäß § 323 Abs. 1 BGB vom Vertrag zurücktreten, wenn der Unternehmer die fällige Leistung[97] nicht oder nicht vertragsgemäß erbracht hat. Zuvor muss er dem Unternehmer noch erfolglos eine angemessene Frist zur Leistung oder Nacherfüllung gesetzt haben.

Die Fristsetzung ist in bestimmten Fällen entbehrlich:

Eine Fristsetzung ist gemäß § 323 Abs. 2 Nr. 1 BGB nicht erforderlich, wenn der Schuldner die Leistung ernsthaft und endgültig verweigert[98]

62 Eine Frist muss gemäß § 323 Abs. 2 Nr. 2 BGB auch nicht gesetzt werden, wenn ein Fixgeschäft vorliegt. Ein solches Fixgeschäft setzt zum einen voraus, dass die Leistungszeit genau bestimmt ist und zum anderen muss die Rechtzeitigkeit der Leistung für den Gläubiger wesentlich sein. Die Einhaltung der Leistungszeit muss nach dem Willen der Parteien derart wesentlich sein, dass mit der zeitgerechten Leistung das Geschäft stehen und fallen soll.[99] Jeder Zweifel wirkt sich gegen die Annahme eines Fixgeschäfts aus.[100] Beim Verbraucherbauvertrag ist in der Regel nicht von einem Fixgeschäft i.S.v. § 323 Abs. 2 Nr. 2 BGB auszugehen.

63 Eine Fristsetzung ist schließlich gemäß § 323 Abs. 2 Nr. 3 BGB ausnahmsweise auch entbehrlich, wenn besondere Umstände vorliegen, die unter Abwägung der beiderseitigen Interessen den sofortigen Rücktritt rechtfertigen.[101]

64 Der Besteller kann gemäß § 323 Abs. 4 BGB bereits vor dem Eintritt der Fälligkeit zurücktreten, wenn offensichtlich ist, dass die Voraussetzungen des Rücktritts eintreten werden.

65 Hat der Unternehmer bereits eine Teilleistung erbracht, kann der Besteller gemäß § 323 Abs. 5 S. 1 BGB vom ganzen Vertrag nur zurücktreten, wenn er an der Teilleistung kein Interesse hat. In diesem Fall kann er den Rücktritt nur für den noch nicht erbrachten Teil der Leistung erklären. Bei verzögerten Bauleistungen besteht in der Regel das Interesse des Auftraggebers an der erbrachten Leistung fort; dies gilt insbesondere dann, wenn der Besteller das Bauwerk durch einen anderen Unternehmer fertig stellen lässt[102] Ist die Leistung zudem auch mangelhaft, ist zusätzlich zu beachten, dass eine unerhebliche Pflichtverletzung nicht zum Rücktritt berechtigt. Mängel an der erbrachten Leistung stellen in der Regel dann eine unerhebliche Pflichtverletzung dar, wenn es sich um abgrenzbare Mängel handelt, die ohne Schwierigkeiten behoben werden können.[103]

95 Zu den Einzelheiten siehe Kommentierung zu § 648a BGB.
96 Siehe hierzu Kommentierung zu § 650k BGB Rdn. 38 ff.
97 Siehe zur Fälligkeit die Kommentierung zu § 650k BGB Rdn. 39 ff.
98 Siehe hierzu Kommentierung zu § 650k BGB Rdn. 48 f.
99 BGH, Urt. v. 18.04.1989 – X ZR 85/88.
100 BGH, Urt. v. 18.04.1989 – X ZR 85/88 m.w.N.
101 Vgl. die Kommentierung zu § 650k BGB Rdn. 48 f. hinsichtlich § 286 Abs. 2 Nr. 3 und 4 BGB.
102 Kniffka/Koeble/Jurgeleit/Sacher, 6. Teil Rn. 8.
103 Kniffka/Koeble/Jurgeleit/Sacher, 6. Teil Rn. 8 unter Verweis auf 5. Teil Rn. 414 sowie dort auf OLG Frankfurt, Urt. v. 28.03.2007 – 1 U 71/05, BauR 2008, 1322.

Der Besteller kann sein Rücktrittsrecht nach Treu und Glauben gemäß § 242 BGB verwirken, wenn er den Rücktritt ungebührlich verzögert.[104]

Der Rücktritt wird durch eine einseitige, rechtsgestaltende Willenserklärung gegenüber dem Unternehmer ausgeübt.

Fraglich ist, ob die Rücktrittserklärung beim Bauvertrag in entsprechender Anwendung von § 650h BGB zu ihrer Wirksamkeit der gesetzlichen Schriftform nach § 126 BGB bedarf. § 650h BGB bestimmt, dass jede Kündigung eines Bauvertrages der Schriftform bedarf. Diese Regelung soll nach der Gesetzesbegründung der Rechtssicherheit und der Beweissicherung dienen.[105] Darüber hinaus soll sie die Bauvertragsparteien vor übereilten und später bereuten spontanen Handlungen schützen, die angesichts des Umfangs, den Bauverträge in der Regel haben, mit erheblichen negativen Folgen verbunden sein können.[106] Das Schriftformerfordernis soll dabei sowohl für die freie Kündigung gemäß § 648 BGB[107] als auch für die Kündigung aus wichtigem Grund gemäß § 648a BGB gelten.[108] Besonders heikel ist für den Besteller, dass durch eine freie Kündigung die bis zum Kündigungszeitpunkt noch nicht erbrachten Leistungen mit sofortiger Wirkung entfallen, ohne dass es zuvor einer Fristsetzung durch den Besteller bedarf. Gleichzeitig ist der Unternehmer berechtigt, für die entfallenen Leistungen eine Entschädigung nach § 648 BGB zu verlangen. Die gleichen Rechtsfolgen treten im Regelfall bei einer unwirksamen außerordentlichen Kündigung oder bei einem unwirksamen Rücktritt ein, da beide Erklärungen jeweils regelmäßig in eine ordentliche Kündigung umzudeuten sind.[109] Anhand der Gesetzesbegründung zu § 650h BGB ergibt sich nicht, dass sich der Gesetzgeber bewusst mit dieser Problematik auseinandergesetzt hätte. Daher ist hier von einer planwidrigen Regelungslücke auszugehen. Aufgrund der vergleichbaren Interessenlage beim Rücktritt ist § 650h BGB auf den Rücktritt beim Bauvertrag entsprechend anzuwenden. 66

Die Rechtsfolgen des Rücktritts ergeben sich aus § 346 BGB. Nach § 346 Abs. 1 BGB sind im Falle des Rücktritts die empfangenen Leistungen zurückzugewähren und die gezogenen Nutzungen herauszugeben. Soweit die Rückgewähr oder Herausgabe nach der Natur des Erlangten ausgeschlossen ist, ist gemäß § 346 Abs. 2 S. 1 Nr. 1 BGB Wertersatz zu leisten. Bei nicht trennbaren Bauleistungen ist die Rückgewähr des Erlangten in der Regel ausgeschlossen, da die Leistung beim Rückbau zerstört oder unbrauchbar wird.[110] Die Höhe des Wertersatzes für die beim Besteller verbleibende Bauleistung ist auf der Grundlage des Werklohns zu ermitteln, wobei etwaige Mängel unter analoger Anwendung von § 638 Abs. 3 BGB zu berücksichtigen sind.[111] 67

§ 650l Widerrufsrecht

Dem Verbraucher steht ein Widerrufsrecht gemäß § 355 zu, es sei denn, der Vertrag wurde notariell beurkundet. Der Unternehmer ist verpflichtet, den Verbraucher nach Maßgabe des Artikels 249 § 3 des Einführungsgesetzes zum Bürgerlichen Gesetzbuche über sein Widerrufsrecht zu belehren.

---

104 BGHZ 25, 52.

105 BT-Drucks. 18/8486, S. 61.

106 BT-Drucks. 18/8486, S. 61.

107 Diese Vorschrift entspricht § 649 BGB a.F.

108 BT-Drucks. 18/8486, S. 61.

109 BGH, Urt. v. 24.07.2003 – VII ZR 218/02, NJW 2003, 665, BauR 2003, 1889 zur Umdeutung einer unwirksamen außerordentlichen Kündigung in eine ordentliche Kündigung; OLG Jena, Urt. v. 18.04.2007 – 7 U 946/06, BauR 2008, 534–536, IBR 2008, 83 (Nichtzulassungsbeschwerde zurückgewiesen durch BGH, Beschl. v. 08.11.2007 – VII ZR 87/07) zur Umdeutung einer unwirksamen Rücktrittserklärung in eine ordentliche Kündigung.

110 Kniffka/Krause-Allenstein, ibr-OK Bauvertragsrecht, Stand 07.02.2025, § 636 BGB Rn. 21; Voit, BauR 2002, 145, 154; indirekt bestätigt auch durch BGH, Beschl. v. 14.07.2011 – VII ZR 113/10, NJW 2011, 3085.

111 BGH, Beschl. v. 14.07.2011 – VII ZR 113/10, NJW 2011, 3085.

Übersicht

A. Allgemeines

1 Durch § 650l BGB erhält der Verbraucher das Recht, seine Vertragserklärung zum Abschluss eines Verbraucherbauvertrages gemäß § 355 BGB zu widerrufen. Der Unternehmer ist verpflichtet, den Verbraucher nach Maßgabe des Art. 249 § 3 EGBGB zu belehren.[1]

2 Nach der früheren Gesetzeslage hatte der Verbraucher bei Verträgen über den Bau von neuen Gebäuden oder erhebliche Umbaumaßnahmen an bestehenden Gebäuden auch dann kein Widerrufsrecht, wenn es sich um einen außerhalb von Geschäftsräumen oder als Fernabsatzvertrag geschlossenen Vertrag handelte. Die Vorschrift des § 312g Abs. 1 BGB, die dem Verbraucher bei solchen Vertriebsformen ein Widerrufsrecht einräumt, findet gemäß § 312 Abs. 2 Nr. 3 BGB a.F. auf solche Verträge keine Anwendung.

3 Diese Schutzlücke soll mit § 650l BGB geschlossen werden.[2] Hintergrund für die Neuregelung ist, dass der Gesetzgeber den Verbraucher vor übereilten Entscheidungen schützen will. In der Gesetzesbegründung[3] heißt es hierzu, dass Bauverträge in dieser Größenordnung von Verbrauchern zumeist nur einmal im Leben geschlossen würden und regelmäßig mit hohen finanziellen Belastungen verbunden seien. Vielfach werde ein Verbraucher seine gesamten Ersparnisse zur Finanzierung des Bauprojekts einsetzen und sich zusätzlich durch Immobiliendarlehen über viele Jahre finanziell binden. Besonders problematisch sei dabei insbesondere der Vertrieb von schlüsselfertigen Häusern, bei denen Verbraucher mit zeitlich begrenzten Rabattangeboten zu schnellen Vertragsabschlüssen gedrängt würden. Die Einführung des Widerrufsrechts solle es einem Verbraucher ermöglichen, sich während einer kurzen Bedenkzeit wieder unkompliziert vom Vertrag zu lösen.

B. Anwendungsbereich

4 Der Anwendungsbereich des Widerrufsrechts nach § 650l BGB geht weiter als der des § 312g Abs. 1 BGB: Das Widerrufsrecht gilt für alle Verbraucherbauverträge i.S.v. § 650i Abs. 1 BGB, unabhängig davon, durch welche Vertriebsform sie zustande gekommen sind.

5 Auf Änderungsvereinbarungen der Vertragspartner oder auf Änderungsanordnungen durch den Verbraucher-Besteller gemäß 650b Abs. 2 BGB[4] findet § 650l BGB keine Anwendung.[5] Durch die Vorschrift soll der Verbraucher (nur) bei Abschluss des Vertrages vor einer übereilten Entscheidung geschützt werden.[6] Grund hierfür ist, dass mit dem Abschluss von Verträgen über den Bau von neuen Gebäuden oder über erhebliche Umbaumaßnahmen an bestehenden Gebäuden für den Verbraucher regelmäßig hohe finanzielle Verpflichtungen verbunden sind.[7] Vereinbarungen oder Anordnungen, die lediglich die Änderung bereits bestehender Verträge betreffen, werden hingegen

1 Zum Inhalt der Belehrungspflicht siehe die Kommentierung zu Art. 249 § 3 EGBGB.

2 BT-Drucks. 18/8486, S. 63.

3 BT-Drucks. 18/8486, S. 63.

4 Bei den Änderungsanordnungen handelt es sich um einseitige empfangsbedürftige Willenserklärungen des Bestellers, vgl. die Kommentierung zu § 650b BGB.

5 Im Anwendungsbereich des § 312g Abs. 1 BGB besteht hingegen auch bei nachträglichen Änderungsvereinbarungen ein Verbraucherwiderrufsrecht, vgl. Lenkeit, BauR 2017, 615, 629. Hierzu muss die Änderungsvereinbarung (nicht der ursprüngliche Vertrag!) außerhalb geschlossener Geschäftsräume i.S.d. § 312b BGB oder durch einen Fernabsatzvertrag i.S.d. § 312c BGB zustande gekommen sein. § 312g BGB findet jedoch wegen § 312 Abs. 2 Nr. 3 BGB auf Verbraucherbauverträge keine Anwendung.

6 BT-Drucks. 18/8486, S. 63.

7 BT-Drucks. 18/8486, S. 63.

im Regelfall nur Teile des bereits geschlossenen Vertrages betreffen. Sie sind daher schon vom Umfang der hiermit für den Verbraucher verbundenen finanziellen Folgen nicht mit dem erstmaligen Abschluss des Vertrages vergleichbar. Eine Ausnahme hierzu bildet lediglich die Novation, also die Aufhebung eines bestehenden Schuldverhältnisses durch die Schaffung eines neuen Schuldverhältnisses. Die Novation hat zur Folge, dass der alte Vertrag erlischt und ein neuer Vertrag entsteht. In diesem Fall steht dem Verbraucher ein erneutes Widerrufsrecht bezüglich der auf die Novation gerichteten Vertragserklärung zu. Von einer Novation ist wegen der hiermit verbundenen einschneidenden Folgen allerdings nur ausnahmsweise auszugehen, wenn beide Vertragspartner den Willen hierzu unzweifelhaft zum Ausdruck bringen.[8] Im Zweifel ist daher lediglich von einer Vertragsänderung auszugehen.[9] In diesem Fall steht dem Verbraucher im Hinblick auf die hierauf gerichtete Vertragserklärung kein Widerrufsrecht zu.

Vom Anwendungsbereich des § 650l BGB ausgeschlossen sind Bauverträge, die notariell beurkundet werden. Begründet wird diese Einschränkung damit, dass es im Hinblick auf die Belehrungspflichten des Notars und die in § 17 Abs. 2a Nr. 2 des Beurkundungsgesetzes vorgesehene Zeit für die Prüfung des Vertragsentwurfs von im Regelfall 2 Wochen einer weiteren Bedenkzeit für den Verbraucher nicht bedürfe.[10] 6

C. Widerrufsrecht

Rechtsnatur, Ausübung, Form, Frist und Wirkung des Widerrufs ergeben sich aus § 355 BGB. 7

I. Rechtsnatur des Widerrufs

Die Ausübung des Widerrufsrechts durch den Verbraucher wandelt den Vertrag mit sofortiger Wirkung in ein Rückgewährschuldverhältnis um.[11] Das Widerrufsrecht stellt damit ein Gestaltungsrecht dar.[12] Der einmal ausgeübte Widerruf ist nach seinem Wirksamwerden selbst unwiderruflich.[13] 8

II. Ausübung des Widerrufsrechts

Das Widerrufsrecht wird gemäß § 355 Abs. 1 S. 2 BGB durch Erklärung des Verbrauchers gegenüber dem Unternehmer ausgeübt. Die Widerrufserklärung stellt eine einseitige, empfangsbedürftige Willenserklärung dar.[14] 9

Da es sich bei dem Widerrufsrecht um ein Gestaltungsrecht handelt, darf die Widerrufserklärung grundsätzlich nicht an Bedingungen geknüpft werden.[15] Bedingungen, deren Eintritt ausschließlich vom Willen des Erklärungsempfängers abhängt, sind jedoch ausnahmsweise zulässig.[16] 10

Soweit bei Abschluss des Vertrages mehrere Verbraucher beteiligt sind, so kann jeder einzelne Verbraucher das Widerrufsrecht unabhängig von den anderen Verbrauchern ausüben.[17] Wird der Vertrag nur von einem Teil der Verbraucher widerrufen, richtet sich die vertragliche Bindung der übri- 11

8 BGH, Urt. v. 14.11.1985 – III ZR 80/84, NJW 1986, 1490–1491; BGH, Urt. v. 14.03.2013 – III ZR 417/12, GuT 2013, 165; NZM 2013, 545–546.
9 BGH, Urt. v. 14.11.1985 – III ZR 80/84, NJW 1986, 1490–1491; BGH, Urt. v. 14.03.2013 – III ZR 417/12, GuT 2013, 165; NZM 2013, 545–546.
10 BT-Drucks. 18/8486, S. 63.
11 Vgl. Kommentierung zu § 650l BGB Rdn. 25.
12 MüKo-BGB/Busche, § 650l Rn. 7.
13 MüKo-BGB/Fritsche, § 355 Rn. 47.
14 OLG Brandenburg, Urt. v. 30.11.2016 – 4 U 86/16, WKRS 2016, 29340; OLG Nürnberg, Urt. v. 01.08.2016 – 14 U 1780/15; Lettl, JA 2011, 9–16.
15 BGH, Urt. v. 21.03.1986 – V ZR 23/85.
16 BGH, Urt. v. 21.03.1986 – V ZR 23/85.
17 MüKo-BGB/Fritsche, § 355 Rn. 38.

gen Beteiligten nach § 139 BGB analog.[18] Danach wirkt der Widerruf auch für die übrigen Verbraucher, wenn nicht anzunehmen ist, dass das Rechtsgeschäft auch ohne den Verbraucher geschlossen worden wäre, der widerrufen hat.

12 Strittig ist, ob das Widerrufsrecht nur insgesamt ausgeübt werden kann, oder ob ein teilweiser Widerruf zulässig ist. Die wohl h.M. geht bei einer objektiv teilbaren Leistung davon aus, dass ein teilweiser Widerruf zulässig ist und begründet dies in erster Linie mit der Effektivität des Verbraucherschutzes.[19] Nach a.A. sind die Rechtsfolgen des Widerrufs abschließend in den §§ 355 ff. BGB geregelt, so dass eine – auch entsprechende – Anwendung des Rücktrittsfolgenrechts inzwischen ausgeschlossen sein soll.[20] Auch der Wortlaut von § 355 BGB spreche eher dagegen, dass ein Teilwiderruf zulässig wäre.[21] Beim Verbraucherbauvertrag kommt ein Teilwiderruf grundsätzlich nicht in Betracht, weil dort in der Regel für eine einheitliche Leistung (z.B. Neubau eines Wohnhauses) eine einheitliche Vergütung als Pauschale vereinbart wird.[22]

13 Das Widerrufsrecht besteht auch bei einem nichtigen Vertrag.[23] Hierdurch ist es dem Verbraucher möglich, sich ohne Begründung wieder vom Vertrag zu lösen, anstatt sich in eine rechtliche Auseinandersetzung mit dem Unternehmer über die Nichtigkeit des Vertrages begeben zu müssen. Darüber hinaus sind die Rechtsfolgen des Widerrufs für den Verbraucher z.T. deutlich günstiger als eine kondiktionsrechtliche Rückabwicklung des Vertrages nach den §§ 812 ff. BGB.[24]

14 In besonderen Ausnahmefällen kann ein Ausschluss des Widerrufsrechts wegen unzulässiger Rechtsausübung gemäß § 242 BGB unter dem Gesichtspunkt besonderer Schutzbedürftigkeit des Unternehmers in Betracht kommen, etwa bei arglistigem oder schikanösem Verhalten des Verbrauchers gegenüber dem Unternehmer.[25] Ein Verbraucher, der das ihm zustehende Widerrufsrecht ausnutzt, um für sich selbst günstigere Vertragsbedingungen auszuhandeln, verhält sich nicht arglistig oder schikanös, sondern im Einklang mit dem Gesetz.[26]

15 Ein besonderer Fall liegt vor, wenn der Verbraucher bewusst gegen ein Verbotsgesetz verstößt, und dadurch an der Nichtigkeit des Vertrages mitwirkt. Das Verbotsgesetz soll bewirken, dass vom Abschluss des verbotenen Geschäfts abgesehen wird.[27] Daher soll grundsätzlich derjenige schutzlos bleiben, der bewusst gegen ein Verbotsgesetz verstößt.[28] Der bewusste Verstoß gegen das Verbotsgesetz soll gerade mit einem großen Risiko behaftet sein, um eine abschreckende Wirkung zu erzielen.[29] Anderenfalls könnte sich der Betreffende leichter für den Gesetzesverstoß entscheiden[30] und der Zweck des Verbotsgesetzes würde unterlaufen. Die abschreckende Wirkung wird insbesondere durch § 817 S. 2 BGB erzielt, wonach eine Rückforderung des Geleisteten ausgeschlossen ist, wenn

18 MüKo-BGB/Fritsche, § 355 Rn. 39.
19 AG Wittmund, Urt. v. 27.03.2008 – 4 C 661/07; BeckOK BGB/Martens, 73. Ed. 01.02.2025, § 312g Rn. 7; MüKo-BGB/Fritsche, § 355 Rn. 33.
20 Kotowski, VuR 2016, 291, 294.
21 Kotowski, VuR 2016, 291, 294.
22 Lenkeit, BauR 2017, 615, 628.
23 BGH, Urt. v. 25.11.2009 – VIII ZR 318/08, BGHZ 183, 235; MüKo-BGB/Fritsche, § 355 Rn. 41; Lenkeit, BauR 2017, 615, 627; a.A. mit ausführlicher, auf europarechtliche Erwägungen gestützter Begründung: Friesen, VuR 2016, 174, 179.
24 So kann sich der Unternehmer bei einer kondiktionsrechtlichen Rückabwicklung evtl. auf den Einwand der Entreicherung gemäß § 818 Abs. 3 BGB berufen.
25 BGH, Urt. v. 25.11.2009 – VIII ZR 318/08, NJW 2010, 610–612; BGH, Urt. v. 16.03.2016 – VIII ZR 146/15.
26 BGH, Urt. v. 16.03.2016 – VIII ZR 146/15.
27 BGH, Urt. v. 05.05.1992 – X ZR 134/90, NJW 1992, 2557–2560; BGH, Urt. v. 10.04.2014 – VII ZR 241/13, NJW 2014, 1805.
28 BGH, Urt. v. 05.05.1992 – X ZR 134/90, NJW 1992, 2557–2560; BGH, Urt. v. 10.04.2014 – VII ZR 241/13, NJW 2014, 1805.
29 BGH, Urt. v. 10.04.2014 – VII ZR 241/13, NJW 2014, 1805.
30 BGH, Urt. v. 05.05.1992 – X ZR 134/90, NJW 1992, 2557–2560.

dem Leistenden gleichfalls ein Verstoß gegen ein gesetzliches Verbot oder gegen die guten Sitten zur Last fällt. Diese Vorschrift würde ausgehebelt, wenn der Verbraucher ein nichtiges Rechtsgeschäft widerrufen könnte, an dessen Nichtigkeit er durch einen bewussten Gesetzesverstoß mitgewirkt hat.[31] Daher steht dem Verbraucher in diesem besonderen Fall – abweichend von der generellen Rechtsprechung des BGH[32] – nicht das Recht zu, den nichtigen Vertrag zu widerrufen.[33] Gleiches gilt dementsprechend auch für den Fall, dass der Verbraucher bewusst gegen die guten Sitten verstößt.[34] Besondere Auswirkungen hat dies vor allem bei einem Verbraucherbauvertrag, der wegen Verstoßes gegen das Schwarzarbeitsbekämpfungsgesetz (SchwarzArbG) gemäß § 1 Abs. 2 Nr. 2 SchwarzArbG i.V.m. § 134 BGB nichtig ist. Wenn der Verbraucher selbst bewusst an dem Gesetzesverstoß mitgewirkt hat, steht ihm nach der Rechtsprechung des BGH zur aktuellen Fassung des SchwarzArbG gegen den Unternehmer wegen § 817 S. 2 Halbs. 1 BGB kein Anspruch auf Rückzahlung der geleisteten Zahlungen zu,[35] gleichzeitig sind auch jegliche Mängelansprüche ausgeschlossen.[36] Da der Verbraucher aus den o.g. Gründen den Vertrag auch nicht widerrufen kann, hat er keine Möglichkeit, bereits geleistete Zahlungen vom Unternehmer zurückzuverlangen.

III. Form der Widerrufserklärung

Der Widerruf bedarf gemäß § 355 Abs. 1 S. 4 BGB keiner Begründung. Er kann formlos erfolgen, 16
also z.B. durch Brief, Telefax, E-Mail, mündlich oder telefonisch.[37] Eine Widerrufsbelehrung, die den unzutreffenden Eindruck erweckt, das Widerrufsrecht müsse durch Verwendung eines bestimmten Formulars ausgeübt werden, ist unwirksam.[38] Allerdings ist der Verbraucher für die Rechtzeitigkeit des Widerrufs darlegungs- und beweisbelastet[39], so dass ein Widerruf in Textform gemäß § 126b BGB dringend zu empfehlen ist.

Der Widerruf muss den Vertrag so bezeichnen, dass dieser identifiziert werden kann.[40] Außerdem muss die Person erkennbar sein, die den Widerruf erklärt.[41]

Aus der Erklärung muss gemäß § 355 Abs. 1 S. 3 BGB der Entschluss des Verbrauchers zum Wider- 17
ruf des Vertrages eindeutig hervorgehen. Jedenfalls nach der bis zum 12.06.2014 geltenden Fassung des § 355 BGB war es nicht erforderlich, dass in der Erklärung das Wort *»Widerruf«* verwendet wird, vielmehr genügte es, wenn der Widerrufende deutlich zum Ausdruck brachte, dass er den Vertrag nicht mehr gegen sich gelten lassen will.[42] In der seit dem 13.06.2014 geltenden Gesetzesfassung heißt es, dass aus der Erklärung des Verbrauchers eindeutig der Entschluss *»zum Widerruf«* hervorgehen müsse. Der BGH hat in seiner noch zur alten Gesetzeslage ergangenen Entscheidung[43]

---

31 Friesen, VuR 2016, 174, 179; Lenkeit, BauR 2017, 615, 626 f.

32 BGH, Urt. v. 25.11.2009 – VIII ZR 318/08, BGHZ 183, 235.

33 So auch Lenkeit, BauR 2017, 626; Messerschmidt/Voit/Lenkeit BGB § 650l Rn. 24; abwägend und im Ergebnis noch unentschieden: Kniffka/Koeble/Jurgeleit/Sacher, 2. Teil Rn. 96.

34 So wohl auch Messerschmidt/Voit/Lenkeit BGB § 650l Rn. 24; a.A. MüKo-BGB/Fritsche, § 355 Rn. 41; a.A. wohl auch Kniffka/Koeble/Jurgeleit/Sacher, 2. Teil Rn. 96.

35 BGH, Urt. v. 11.06.2015 – VII ZR 216/14, NJW 2015, 2406.

36 BGH, Urt. v. 01.08.2013 – VII ZR 6/13, NJW 2013, 3167; BGH, Urt. v. 16.03.2017 – VII ZR 197/16, NJW 2017, 1808.

37 MüKo-BGB/Fritsche, § 355 Rn. 47; BT-Drucks. 17/12637, S. 60.

38 OLG Stuttgart, Urt. v. 23.05.2023 – 10 U 33/23 (Anschluss an BGH, Beschl. v. 30.07.2015 – IV ZR 63/13; Urt. v. 16.12.2015 – IV ZR 71/14).

39 BT-Drucks. 17/12637, S. 60.

40 MüKo-BGB/Fritsche, § 355 Rn. 46; Messerschmidt/Voit/Lenkeit, § 650l BGB Rn. 26.

41 MüKo-BGB/Fritsche, § 355 Rn. 46; Messerschmidt/Voit/Lenkeit, § 650l BGB Rn. 26.

42 BGH, Urt. v. 21.10.1992 – VIII ZR 143/91 – in dem zugrunde liegenden Fall hatte der Widerrufende seinen *»Rücktritt«* vom Vertrag erklärt; BGH, Urt. v. 25.04.1996 – X ZR 139/94; BGH, Urt. v. 12.01.2017 – I ZR 198/15, WKRS 2017, 14275 – nach dem zugrunde liegenden Sachverhalt hatte der Widerrufende die *»Anfechtung«* des Vertrags erklärt.

43 BGH, Urt. v. 12.01.2017 – I ZR 198/15, WKRS 2017, 14275.

ausdrücklich offengelassen, ob die bisherige Rechtsprechung durch die geänderte Gesetzesfassung einer Modifizierung bedarf. Aus der Gesetzesbegründung ist ersichtlich, dass die Gesetzesänderung auf Art. 11 Abs. 1 der Verbraucherrechterichtlinie[44] zurückzuführen ist, wonach der Verbraucher den Unternehmer zur Ausübung seines Widerrufsrechts über seinen Entschluss informiert, *»den Vertrag zu widerrufen«*. Durch diese Regelung und die gleichzeitige Einführung eines unionsweit einheitlichen Musterwiderrufsformulars sollte die Ausübung des Widerrufsrechts in den Mitgliedsstaaten harmonisiert werden.[45] Das Widerrufsverfahren sollte vereinfacht und rechtssicher ausgestaltet werden.[46] Dem Verbraucher sollte es jedoch nach wie vor freistehen, den Vertrag mit seinen eigenen Worten zu widerrufen, vorausgesetzt, seine an den Unternehmer gerichtete Erklärung, aus der seine Widerrufsentscheidung hervorgeht, ist unmissverständlich.[47] Dieser Zweck ist erfüllt, wenn der Verbraucher durch seine Erklärung klar und unmissverständlich zum Ausdruck bringt, dass er den Vertrag nicht mehr gegen sich gelten lassen will. Daher dürfte die bisherige Rechtsprechung unverändert auch auf die neue Gesetzeslage anwendbar sein, so dass die ausdrückliche Verwendung des Begriffs *»Widerruf«* nicht erforderlich ist.[48] Bis zu einer endgültigen Klärung durch den BGH sollte der Verbraucher sicherheitshalber gleichwohl das Wort *»Widerruf«* oder *»widerrufen«* in seiner Erklärung verwenden. Die Anzeige der Verteidigungsbereitschaft in einem Rechtsstreit stellt hingegen schon nach der bis zum 12.06.2014 geltenden Rechtslage keine wirksame Widerrufserklärung dar.[49]

IV. Widerrufsfrist

18 Die Widerrufsfrist beträgt gemäß § 355 Abs. 2 S. 1 BGB 14 Tage. Sie beginnt gemäß 355 Abs. 2 S. 2 BGB grundsätzlich mit Vertragsschluss. Für den Verbraucherbauvertrag bestimmt allerdings § 356e S. 1 BGB, dass die Frist nicht beginnt, bevor der Unternehmer den Verbraucher nach Art. 249 § 3 des Einführungsgesetzes zum Bürgerlichen Gesetzbuche (EGBGB)[50] über sein Widerrufsrecht belehrt hat. Maßgebend für den Beginn der Widerrufsfrist ist das spätere der beiden Ereignisse (Vertragsschluss oder ordnungsgemäße Belehrung).[51]

19 Unabhängig von der Widerrufsbelehrung erlischt das Widerrufsrecht gemäß § 356e S. 2 BGB spätestens zwölf Monate und 14 Tage nach Vertragsschluss.

Die Widerrufsfrist kann vertraglich zu Gunsten des Verbrauchers verlängert werden. Eine Verkürzung der Widerrufsfrist ist aufgrund von § 650o BGB[52] unzulässig.

20 Zur Wahrung der Widerrufsfrist genügt gemäß § 355 Abs. 1 S. 5 BGB die Absendung des Widerrufs. Diese Regelung bezieht sich auf den Widerruf in Papierform oder durch einen anderen dauerhaften Datenträger.[53]

21 Ist die noch vor Ablauf der Widerrufsfrist rechtzeitig abgesendete Widerrufserklärung auf dem Transportweg verloren gegangen, kann der Verbraucher den Widerruf nachholen.[54] Er muss hierzu aller-

---

44 EU-Verbraucherrechterichtlinie vom 25.10.2011 (Richtlinie 2011/83/EU, ABl. L 304 v. 22.11.2011).

45 Vgl. Erwägungsgrund Nr. 44 der EU-Verbraucherrechterichtlinie vom 25.10.2011 (Richtlinie 2011/83/EU, ABl. L 304 v. 22.11.2011).

46 Vgl. Erwägungsgrund Nr. 44 der EU-Verbraucherrechterichtlinie vom 25.10.2011 (Richtlinie 2011/83/EU, ABl. L 304 v. 22.11.2011).

47 Vgl. Erwägungsgrund Nr. 44 der EU-Verbraucherrechterichtlinie vom 25.10.2011 (Richtlinie 2011/83/EU, ABl. L 304 v. 22.11.2011).

48 So auch MüKo-BGB/Fritsche, § 355 Rn. 46; Messerschmidt/Voit/Lenkeit, § 650l BGB Rn. 26.

49 BGH, Urt. v. 12.01.2017 – I ZR 198/15, WKRS 2017, 14275.

50 Zu den Einzelheiten dieser Vorschrift siehe Kommentierung zu Art. 249 § 3 EGBGB.

51 Messerschmidt/Voit/Lenkeit, § 650l BGB Rn. 31 f.

52 Zu den Einzelheiten dieser Vorschrift siehe Kommentierung zu § 650o BGB.

53 BT-Drucks. 17/12637, S. 60.

54 OLG Dresden, Urt. v. 20.10.1999 – 8 U 2081/99, NJW-RR 2000, 354; OLG Köln, Urt. v. 30.09.2011 – 20 U 50/11, WKRS 2011, 28818; MüKo-BGB/Fritsche, § 355 Rn. 57.

dings unverzüglich nach Erlangung der Kenntnis vom fehlenden Zugang die Widerrufserklärung erneut absenden.[55] An der Unverzüglichkeit fehlt es, wenn der Verbraucher keine Erkundigungen über den Zugang des Widerrufs einholt, obwohl er aus dem Verhalten des Unternehmers schließen muss, dass ihm kein Widerruf zugegangen ist.[56]

Zu beachten ist, dass etwa der Zugang eines bloßen Benachrichtigungsschreibens über die versuchte Zustellung des Widerrufs per Übergabe-Einschreiben nicht ausreicht.[57] Sobald der Verbraucher in einem solchen Fall Kenntnis davon erlangt, dass die Zustellung fehlgeschlagen ist, muss er daher aus den o.g. Gründen unverzüglich eine erneute Zustellung veranlassen. 22

Das Widerrufsrecht erlischt demnach durch Ablauf der Widerrufsfrist.

Eine Verwirkung des Widerrufsrechts kommt hingegen nicht in Betracht. Nach ständiger Rechtsprechung des BGH[58] ist ein Recht verwirkt, wenn seit der Möglichkeit der Geltendmachung längere Zeit verstrichen ist (Zeitmoment) und besondere Umstände hinzutreten, die die verspätete Geltendmachung als Verstoß gegen Treu und Glauben erscheinen lassen (Umstandsmoment). Letzteres ist der Fall, wenn der Verpflichtete bei objektiver Betrachtung aus dem Verhalten des Berechtigten entnehmen durfte, dass dieser sein Recht nicht mehr geltend machen werde.[59] Ferner muss sich der Verpflichtete im Vertrauen auf das Verhalten des Berechtigten in seinen Maßnahmen so eingerichtet haben, dass ihm durch die verspätete Durchsetzung des Rechts ein unzumutbarer Nachteil entstünde.[60] Lenkeit[61] weist insofern zutreffend darauf hin, dass wegen der in § 356e S. 2 BGB bestimmten Höchstfrist von zwölf Monate und 14 Tage – anders als bei einem zeitlich unbefristeten Widerrufsrecht – schon von vornherein das Zeitmoment nicht erreicht wird. Weiter weist er richtig darauf hin, dass es ungeachtet des fehlenden Zeitmoments jedenfalls grundsätzlich[62] auch am Umstandsmoment fehlt, da der Unternehmer, der nicht ordnungsgemäß über das Widerrufsrecht belehrt hat, ohnehin kein schutzwürdiges Vertrauen für sich in Anspruch nehmen kann.[63] 23

V. Wirkung des Widerrufs

Die Widerrufserklärung stellt eine einseitige, empfangsbedürftige Willenserklärung dar.[64] Sie wird daher gemäß § 130 Abs. 1 S. 1 BGB erst mit Zugang beim Unternehmer wirksam. Die Widerrufserklärung ist zugegangen, sobald sie derart in den Einflussbereich des Unternehmers gelangt ist, dass bei gewöhnlichen Verhältnissen mit einer Kenntnisnahme durch ihn zu rechnen ist.[65] 24

Mit Zugang der Widerrufserklärung wandelt sich der Vertrag ex nunc in ein Rückgewährschuldverhältnis um:[66] Verbraucher und Unternehmer sind gemäß § 355 Abs. 1 S. 1 BGB nicht mehr an ihre auf den Abschluss des Vertrags gerichteten Willenserklärungen gebunden. Daher stehen dem 25

---

55 OLG Dresden, Urt. v. 20.10.1999 – 8 U 2081/99, NJW-RR 2000, 354 zum Widerruf gemäß § 7 Abs. 1 VerbrKrG; OLG Köln, Urt. v. 30.09.2011 – 20 U 50/11, WKRS 2011, 28818 zum Widerruf gemäß § 8 Abs. 1 VVG; MüKo-BGB/Fritsche, § 355 Rn. 57.

56 Vgl. hierzu OLG Köln, Urt. v. 30.09.2011 – 20 U 50/11, WKRS 2011, 28818 zum Widerruf gemäß § 8 Abs. 1 VVG; MüKo-BGB/Fritsche, § 355 Rn. 57.

57 Vgl. BGH, Urt. v. 26.11.1997 – VIII ZR 22/97, NJW 1998, 976–977.

58 BGH, Urt. v. 23.01.2014 – VII ZR 177/13, NJW 2014, 1230–1231, m.w.N.

59 BGH, Urt. v. 23.01.2014 – VII ZR 177/13, NJW 2014, 1230–1231, m.w.N.

60 BGH, Urt. v. 23.01.2014 – VII ZR 177/13, NJW 2014, 1230–1231, m.w.N.

61 Lenkeit, BauR 2017, 615, 627.

62 Es sei denn, der Vertrag ist bereits beendet und die *beiderseitigen* Leistungspflichten sind erfüllt.

63 Lenkeit, BauR 2017, 615, 627.

64 OLG Brandenburg, Urt. v. 30.11.2016 – 4 U 86/16, WKRS 2016, 29340; OLG Nürnberg, Urt. v. 01.08.2016 – 14 U 1780/15; Lettl, JA 2011, 9–16.

65 Vgl. BGH, Urt. v. 26.11.1997 – VIII ZR 22/97, NJW 1998, 976–977.

66 BGH, Urt. v. 12.01.2016 – XI ZR 366/15 zum Widerruf eines Verbraucherdarlehensvertrages; OLG Koblenz, Urt. v. 09.01.2006 – 12 U 740/04, NJW 2006, 919–922 mit ausführlicher Begründung; MüKo-BGB/Fritsche, § 355 Rn. 59.

Verbraucher bei Widerruf des Vertrages für bereits erbrachte Leistungen des Unternehmers keinerlei Mängelrechte zu.[67] Zwischenzeitlich entstandene Sekundäransprüche wie etwa solche aus §§ 280 Abs. 1, 241 Abs. 2, 311 Abs. 2 BGB bestehen grundsätzlich fort.[68] Daher kann sich etwa bei einer schuldhaft nicht rechtzeitig oder ordnungsgemäß erfolgten Widerrufsbelehrung ein Schadensersatzanspruch des Bestellers nach §§ 311 Abs. 2, 280 Abs. 1 BGB auf Rückbau der bis zum Widerruf durch den Unternehmer ausgeführten Leistungen ergeben; hierfür muss der Besteller allerdings nachweisen, dass er bei rechtzeitiger bzw. ordnungsgemäßer Widerrufsbelehrung den Verbraucherbauvertrag schon zu einem früheren Zeitpunkt widerrufen hätte.[69] In diesem Fall steht dem Unternehmer auch kein Anspruch auf Wertersatz nach § 357e BGB zu.

Bei Ansprüchen gegen den Verbraucher ist § 361 Abs. 1 BGB zu beachten, wonach die Ansprüche des Unternehmers gegen den Verbraucher infolge des Widerrufs in den §§ 355 ff. BGB abschließend geregelt sind.[70] Daher scheiden insbesondere Ansprüche des Unternehmers gegen den Verbraucher auf Nutzungsersatz aus.[71]

Gemäß § 355 Abs. 3 S. 1 BGB sind die beiderseitig empfangenen Leistungen unverzüglich zurückzugewähren. Die Rückgewährpflichten werden sofort fällig.[72]

26 Der Unternehmer ist daher verpflichtet, die erhaltenen Zahlungen an den Verbraucher zu erstatten. Dabei hat er das gleiche Zahlungsmittel zu verwenden, wie der Verbraucher bei der Zahlung.[73] Hat der Verbraucher demnach eine Barzahlung geleistet, so muss der Unternehmer den Betrag in bar erstatten, bei Zahlung durch Überweisung oder als Lastschrift muss der Unternehmer den Betrag auf das Konto des Verbrauchers zurückzahlen.[74] Die Erteilung von Gutscheinen ist unzureichend, es sei denn, der Verbraucher hatte bereits für die ursprüngliche Zahlung Gutscheine verwendet.[75] Gegen seine Erstattungspflicht kann der Unternehmer mit einem Wertersatzanspruch nach § 357e S. 1 BGB aufrechnen.[76]

27 Der Verbraucher ist verpflichtet, die erhaltenen Leistungen unverzüglich an den Unternehmer zurückzugewähren. Anders als § 357 BGB für außerhalb von Geschäftsräumen oder durch Fernabsatz geschlossene Verträge ordnet § 357e BGB nicht die Verpflichtung des Verbrauchers zur Rücksendung

---

67 Leupert/Preussner/Sienz, BeckOK Bauvertragsrecht, 15.08.2025, § 357e BGB Rn. 9; Pause/Vogel, NZBau 2015, 667 (669); Retzlaff, in: ibr-OK Bauvertragsrecht, Stand 04.05.2020, § 650l BGB Rn. 19; a.A. Lenkeit, in: Messerschmidt/Voit, § 650l BGB Rn. 70, wonach der Unternehmer bei Mängeln zum Rückbau der bis zum Widerruf erbrachten Leistungen verpflichtet sein soll; ebenso im Ergebnis, wenn der Besteller an der bis zum Widerruf erbrachten Teilleistung des Unternehmers aufgrund der nicht vertragsgerechten Ausführung kein Interesse mehr hat: Kniffka/Koeble/Jurgeleit/Sacher, 2. Teil Rn. 121.

68 MüKo-BGB/Fritsche, § 355 Rn. 59.

69 Kniffka/Koeble/Jurgeleit/Sacher, 2. Teil Rn. 114 ff.

70 MüKo-BGB/Fritsche, § 355 Rn. 59.

71 MüKo-BGB/Fritsche, § 355 Rn. 59; vgl. auch EuGH, Urt. v. 03.09.2009 – C-489/07 (Pia Messner/Firma Stefan Krüger), NJW 2009, 3015–3016, wonach nationale Regelungen, durch die dem Verbraucher eine Nutzungsentschädigung auferlegt werden, mit der Richtlinie 97/7/EG (Fernabsatzrichtlinie, mit Wirkung vom 13.06.2014 ersetzt durch die Verbraucherrechte-Richtlinie 2011/83/EU) nicht vereinbar sind.

72 MüKo-BGB/Fritsche, § 355 Rn. 64.

73 Lenkeit, BauR 2017, 615, 619.

74 Lenkeit, BauR 2017, 615, 619.

75 MüKo-BGB/Fritsche, § 355 Rn. 62 unter Verweis auf Erwägungsgrund Nr. 46 EU-Verbraucherrechterichtlinie vom 25.10.2011 (Richtlinie 2011/83/EU, ABl. L 304 v. 22.11.2011).

76 Vgl. BGH, Urt. v. 12.10.2016 – VIII ZR 55/15, NJW 2017, 878–885; WM 2017, 1173–1180 zur Aufrechnung mit einem Wertersatzanspruch nach § 357 Abs. 3 S. 1 BGB gegen einen Rückzahlungsanspruch des Verbrauchers aus §§ 346 Abs. 1, 357 Abs. 1, 355 Abs. 1, 2, 312d Abs. 1, 2, 312b Abs. 1 BGB; MüKo-BGB/Fritsche, § 355 Rn. 62.

an, so dass es sich um eine Holschuld des Unternehmers handelt.[77] Es reicht daher aus, wenn der Verbraucher die Materialien oder Fertigbauteile an der Baustelle zur Abholung bereitstellt.

Die Rückgewähr der Leistungen ist bei Bauleistungen in der Regel ihrer Natur nach ausgeschlossen.[78] 28
Dies ist insbesondere der Fall, wenn Baumaterialien nicht ohne Zerstörung zurückgegeben werden können[79], etwa wenn Bauleistungen untrennbar mit dem Haus oder dem Grundstück des Verbrauchers verbunden sind oder die Entsorgungsleitungen betreffen.[80] In der Gesetzesbegründung[81] werden als Beispiele genannt: Der Aushub der Baugrube, das Betonieren von Fundamenten oder die Errichtung des Dachstuhls.

Ist die Rückgewähr der bis zum Widerruf erbrachten Leistung ihrer Natur nach ausgeschlossen, schuldet der Verbraucher dem Unternehmer gemäß § 357e S. 1 BGB Wertersatz.

Bei der Berechnung des Wertes orientiert sich § 357e S. 2 BGB an § 357 Abs. 8 S. 4 BGB.[82] Demnach ist die vereinbarte Vergütung zu Grunde zu legen. Höchstrichterlich bislang nicht geklärt ist die Frage der Fälligkeit des Wertersatzanspruchs und die Frage der Notwendigkeit der prüfbaren Abrechnung als Fälligkeitsvoraussetzung.[83] Die bisherige obergerichtliche Rechtsprechung geht davon aus, dass eine prüfbare Abrechnung Fälligkeitsvoraussetzung ist und nimmt die Berechnung der Höhe des Wertersatzes nach den gleichen Grundsätzen vor wie die Abrechnung der Vergütung nach einer Kündigung aus wichtigem Grund.[84] Nach diesen Grundsätzen muss die für die Gesamtleistung vereinbarte Vergütung auf die erbrachten und die nicht erbrachten Leistungen aufgeteilt werden.[85] Nicht zu berücksichtigen ist hierbei, dass der Unternehmer aufgrund des Widerrufs von seinen Leistungspflichten aus dem Vertrag befreit wird, etwa im Hinblick auf Nacherfüllung, Sicherheitsleistung und unter Umständen auch Verzugsfolgen oder eine Vertragsstrafe. Hierfür ist kein Abschlag von der Vergütung vorzunehmen.[86] Weist die Leistung des Unternehmers hingegen erkennbare Mängel auf, ist ein Abschlag unter analoger Anwendung von § 638 Abs. 3 BGB vorzunehmen.[87] Die Höhe des Wertersatzes für die beim Besteller verbleibende Bauleistung ist auf der Grundlage des Werklohns zu ermitteln, wobei etwaige Mängel unter analoger Anwendung von § 638 Abs. 3 BGB zu berücksichtigen sind.[88]

Der objektive Marktwert ist gemäß § 357e S. 3 BGB nur in den Fällen maßgeblich, in denen die vereinbarte Vergütung unverhältnismäßig hoch ist. In diesem Fall ist auf die übliche bzw. angemessene Vergütung für eine gleichwertige Leistung abzustellen. Ob eine Vergütung unverhältnismäßig hoch ist, bestimmt sich anhand des Aufwands des Unternehmers (Mühe und Kosten) und des Umfangs

77 Anders noch in der Vorauflage; MüKo-BGB/Fritsche, § 355 Rn. 4; Kniffka/Koeble/Jurgeleit/Sacher, 2. Teil Rn. 108; BeckOGK/Reiter/Schott, Stand 01.01.2025, § 357e BGB Rn. 10.

78 Kniffka/Koeble/Jurgeleit/Sacher, 2. Teil Rn. 107; Voit, BauR 2002, 145, 154; OLG Brandenburg, Urt. v. 10.06.2010 – 12 U 135/06, BauR 2010, 1639; OLG Düsseldorf, Urt. v. 14.01.2011 – 22 U 198/07, NJW 2011, 1081 zum alten Schuldrecht.

79 Kniffka/Koeble/Jurgeleit/Sacher, 2. Teil Rn. 107; OLG Düsseldorf, Urt. v. 14.01.2011 – 22 U 198/07, NJW 2011, 1081 zum alten Schuldrecht; vgl. hierzu auch der entsprechende Hinweis an den Verbraucher im letzten Satz der Musterwiderrufsbelehrung in Anlage 10 zu Art. 249 § 3 EGBGB.

80 OLG Brandenburg, Urt. v. 10.06.2010 – 12 U 135/06, BauR 2010, 1639.

81 Gesetzesbegründung zu § 357d BGB, BT-Drucks. 18/8486, S. 38.

82 BT-Drucks. 18/8486, S. 38.

83 Stretz, in: ibr-OK Bauvertragsrecht, Stand 22.04.2024, § 650l BGB Rn. 38.

84 OLG Düsseldorf, Beschl. v. 09.10.2023 – 22 U 135/23 unter Verweis auf den vorangegangenen Beschl. v. 11.09.2023; OLG Rostock, Beschl. v. 23.11.2022 – 4 U 14/22.

85 OLG Düsseldorf, Beschl. v. 09.10.2023 – 22 U 135/23 unter Verweis auf den vorangegangenen Beschl. v. 11.09.2023; OLG Rostock, Beschl. v. 23.11.2022 – 4 U 14/22.

86 A.A. auch Lenkeit, BauR 2017, 615, 622.

87 Vgl. BGH, Beschl. v. 14.07.2011 – VII ZR 113/10, NJW 2011, 3085 zum Wertersatz nach Rücktritt, soweit die Bauleistungen Mängel aufweisen.

88 So wohl auch BeckOGK/Reiter, Stand 01.04.2020, § 357d BGB Rn. 14.

seiner Leistung sowie dem wirtschaftlichen Nutzen für den Verbraucher; in der Regel wird die vereinbarte Vergütung unverhältnismäßig hoch sein, wenn sie das übliche Entgelt um 20 % übersteigt.[89]

29 Baustoffe oder Bauteile, die noch nicht verbaut worden sind und auf der Baustelle lagern, wie z.B. noch nicht montierte Fenster und Türen, Fertigteile, Sand, Zement etc., können ohne weiteres an den Unternehmer zurückgewährt werden. Nicht maßgeblich ist es, ob der Verbraucher bereits Eigentum an den Baumaterialien erlangt hat.

Soweit ein Teil der bereits erbrachten Leistungen zurückgewährt werden kann, beschränkt sich die Rückgewährverpflichtung auf diesen Teil.[90] Nach teilweise vertretener Auffassung ist der Rückgewährausschluss hingegen einheitlich zu bestimmen.[91]

Wenn eine Rückgewähr möglich ist, kann der Unternehmer insoweit keinen Wertersatz verlangen. Hierdurch können für den Unternehmer erhebliche Nachteile entstehen, etwa wenn er speziell für den Besteller angefertigte Bauteile zurücknehmen muss. Aufgrund dessen empfiehlt es sich für den Unternehmer, den Ausführungsbeginn für seine früheste Leistung vertraglich so zu vereinbaren, dass zu diesem Zeitpunkt die Widerrufsfrist bereits abgelaufen ist.

30 Soweit Bauteile ausnahmsweise zerstörungsfrei zurückgebaut werden können, sind sie ebenfalls an den Unternehmer zurückzugewähren.

31 Soweit der Unternehmer Teile des Materials bereits eingebaut hat, ohne dass die Rückgewähr der Natur nach ausgeschlossen ist, ist der Unternehmer auch zum Rückbau verpflichtet.[92] Hat der Verbraucher eigenmächtig Material selbst eingebaut oder die Verpackung geöffnet, kommt ein Schadensersatzanspruch des Unternehmers gemäß §§ 280 Abs. 1, 241 Abs. 2 BGB in Betracht.[93]

32 Die wechselseitigen Rückgewähransprüche verjähren innerhalb der regelmäßigen Verjährung nach § 195 BGB.[94]

Im Hinblick auf die Beweislastverteilung gilt folgendes:

33 Der Unternehmer trägt die Beweislast für Tatsachen, aus denen er die Nichteinhaltung der Widerrufsfrist herleiten will. Der Verbraucher hat Inhalt, Absendung und Zugang des Widerrufs zu beweisen.[95]

§ 650m Abschlagszahlungen; Absicherung des Vergütungsanspruchs

(1) Verlangt der Unternehmer Abschlagszahlungen nach § 632a, darf der Gesamtbetrag der Abschlagszahlungen 90 Prozent der vereinbarten Gesamtvergütung einschließlich der Vergütung für Nachtragsleistungen nach § 650c nicht übersteigen.

(2) Dem Verbraucher ist bei der ersten Abschlagszahlung eine Sicherheit für die rechtzeitige Herstellung des Werks ohne wesentliche Mängel in Höhe von 5 Prozent der vereinbarten Gesamtver-

89 Stürner, in: PWW, § 357d Rn. 6; BeckOGK/Reiter, Stand 01.04.2020, § 357d BGB Rn. 11.

90 Kniffka/Koeble/Jurgeleit/Sacher, 2. Teil Rn. 107 Fn. 176.

91 Retzlaff, in: ibr-OK Bauvertragsrecht, Stand 04.05.2020, § 650l BGB Rn. 18, wonach etwa nach Aushub der Baugrube oder Betonieren der Fundamente insgesamt keine Rückgewähr mehr in Betracht kommen soll; a.A. Kniffka/Koeble/Jurgeleit/Sacher, weder im Gesetz noch in der Gesetzesbegründung eine Stütze findet.

92 Anders noch in der Vorauflage; MüKo-BGB/Fritsche, § 355 Rn. 4; BeckOGK/Reiter/Schott, Stand 01.01.2025, § 357e BGB Rn. 5.

93 MüKo-BGB/Fritsche, § 355 Rn. 4; BeckOGK/Reiter/Schott, Stand 01.01.2025, § 357e BGB Rn. 5.2.

94 BGH Urt. v. 15.11.2006 – VIII ZR 3/06, NJW 2007, 674–679; OLG Karlsruhe, Urt. v. 29.09.2016 – 12 U 101/16, VuR 2016, 476, jeweils zum Rücktritt; Lenkeit, BauR 2017, 615, 624.

95 MüKo-BGB/Fritsche, § 355 Rn. 53. BeckOK BGB/Müller-Christmann, Stand 01.02.2025, § 355 Rn. 35.

gütung zu leisten. Erhöht sich der Vergütungsanspruch infolge einer Anordnung des Verbrauchers nach den §§ 650b und 650c oder infolge sonstiger Änderungen oder Ergänzungen des Vertrags um mehr als 10 Prozent, ist dem Verbraucher bei der nächsten Abschlagszahlung eine weitere Sicherheit in Höhe von 5 Prozent des zusätzlichen Vergütungsanspruchs zu leisten. Auf Verlangen des Unternehmers ist die Sicherheitsleistung durch Einbehalt dergestalt zu erbringen, dass der Verbraucher die Abschlagszahlungen bis zu dem Gesamtbetrag der geschuldeten Sicherheit zurückhält.

(3) Sicherheiten nach Absatz 2 können auch durch eine Garantie oder ein sonstiges Zahlungsversprechen eines im Geltungsbereich dieses Gesetzes zum Geschäftsbetrieb befugten Kreditinstituts oder Kreditversicherers geleistet werden.

(4) Verlangt der Unternehmer Abschlagszahlungen nach § 632a, ist eine Vereinbarung unwirksam, die den Verbraucher zu einer Sicherheitsleistung für die vereinbarte Vergütung verpflichtet, die die nächste Abschlagszahlung oder 20 Prozent der vereinbarten Vergütung übersteigt. Gleiches gilt, wenn die Parteien Abschlagszahlungen vereinbart haben.

Übersicht

A. Allgemeines

§ 650m Abs. 2 und 3 BGB entsprechen im Wesentlichen § 632a Abs. 3 und 4 BGB a.F., wobei der Anwendungsbereich an den in § 650i BGB normierten Begriff des Verbraucherbauvertrages angepasst wurde. Der in § 650i BGB verwendete Begriff *»erhebliche Umbaumaßnahmen«* ist enger gefasst als der in § 632a Abs. 2 und 3 BGB a.F. verwendete Begriff *»Umbau«*. Während unter den Begriff *»erhebliche Umbaumaßnahmen«* nur solche Umbaumaßnahmen fallen, die dem Bau eines neuen Gebäudes vergleichbar sind[1], fallen unter den Begriff *»Umbau«* schon Sanierungen und Instandsetzungen, die mit wesentlichen Eingriffen in die Konstruktion oder den Bestand verbunden sind.[2] Nach Einschätzung des Gesetzgebers sollen sich diese Unterschiede in der Praxis allerdings kaum auswirken.[3] 1

Wesentliche Neuregelungen enthalten § 650m Abs. 1 und 4 BGB.

Mit § 650m Abs. 1 BGB bezweckt der Gesetzgeber, dem Risiko versteckter Vorleistungen in Form von überhöhten Abschlagszahlungen zu begegnen.[4] Gleichzeitig soll der Verbraucher in die Lage versetzt werden, effektiver von der Möglichkeit des § 641 Abs. 3 BGB Gebrauch zu machen, wonach er bei Vorliegen von Mängeln nach der Fälligkeit der Vergütung einen Teil hiervon zurückbehalten kann.[5] 2

1 Vgl. Kommentierung zu § 650i BGB Rdn. 21.
2 Pause, BauR 2009, 898, 905.
3 BT-Drucks. 18/8486, S. 64.
4 BT-Drucks. 18/8486, S. 64.
5 BT-Drucks. 18/8486, S. 64.

3 Durch § 650m Abs. 4 BGB soll bei Verbraucherbauverträgen die nach früherer Gesetzeslage bestehende Möglichkeit eingeschränkt werden, eine Absicherung des Vergütungsanspruchs zu vereinbaren, wenn der Verbraucher Abschlagszahlungen zu leisten hat.[6]

B. Beschränkung des Gesamtbetrags von Abschlagszahlungen

4 § 650m Abs. 1 BGB sieht vor, dass der Gesamtbetrag der Abschlagszahlungen 90 Prozent der vereinbarten Gesamtvergütung, einschließlich der Vergütung für Nachtragsleistungen nach § 650c BGB, nicht übersteigen darf.

5 Der Anspruch des Unternehmers auf Abschlagszahlungen wird somit erst beschränkt, wenn die Summe der vom Verbraucher geleisteten Abschlagszahlungen 90 Prozent der vereinbarten Gesamtvergütung erreicht. Bis zum Erreichen dieser Obergrenze kann der Unternehmer gemäß § 632a Abs. 1 BGB Abschlagszahlungen in Höhe von jeweils 100 Prozent des Wertes der von ihm erbrachten und nach dem Vertrag geschuldeten Leistungen verlangen.[7]

6 Bei der Ermittlung der Obergrenze von 90 Prozent ist zunächst die vereinbarte Gesamtvergütung zugrunde zu legen. Soweit die Höhe der Gesamtvergütung – wie etwa beim Stundenlohnvertrag oder beim Einheitspreisvertrag – noch nicht feststeht, ist sie zu schätzen.[8] Zu berücksichtigen sind dabei auch Änderungen der Vergütung, die sich aus Änderungsvereinbarungen der Vertragspartner ergeben. Ebenfalls zu berücksichtigen sind Vergütungsänderungen, die sich aufgrund von Änderungsanordnungen des Verbrauchers nach § 650c Abs. 1 BGB ergeben. Hierbei ist zu beachten, dass sich aufgrund von Änderungsanordnungen des Verbrauchers gemäß § 650c Abs. 1 BGB nicht nur eine Erhöhung, sondern auch eine Verminderung der Vergütung ergeben kann.[9] Im letztgenannten Fall reduziert sich auch der Gesamtbetrag, der bei der Bemessung der 90 Prozent-Obergrenze zugrunde zu legen ist.

C. Sicherheitsleistung

7 Nach § 650m Abs. 2 S. 1 BGB ist dem Verbraucher bei der ersten Abschlagszahlung eine Sicherheit in Höhe von 5 Prozent der vereinbarten Gesamtvergütung zu leisten. Grundlage für die Ermittlung der Sicherheitshöhe ist die vertraglich vereinbarte Vergütung.[10]

8 Die Sicherheit ist vom Unternehmer bei der ersten Abschlagszahlung zu leisten. Sie wird fällig mit der Anforderung einer Abschlagszahlung durch den Unternehmer, ohne dass es hierzu einer gesonderten Aufforderung durch den Verbraucher bedarf.[11]

9 Der Unternehmer hat die Wahl, welche Sicherheit er stellt. Statt den in §§ 232 ff. BGB aufgezählten Sicherheiten kann er gemäß § 650m Abs. 2 S. 3 BGB die Sicherheit auch dadurch leisten, dass der Verbraucher einen entsprechenden Einbehalt von den Abschlagszahlungen vornimmt, bis der Gesamtbetrag der geschuldeten Sicherheit erreicht ist. Darüber hinaus bestimmt § 650m Abs. 3 BGB, dass die Sicherheit auch *»durch eine Garantie oder ein sonstiges Zahlungsversprechen eines im Geltungsbereich dieses Gesetzes zum Geschäftsbetrieb befugten Kreditinstituts oder Kreditversicherers geleistet werden«* kann. Diese Vorschrift entspricht wörtlich der Regelung in § 648a Abs. 2 S. 1 BGB a.F. bzw. § 650f Ab. 2 S. 1 BGB. Praktisch relevant ist hierbei insbesondere die Stellung einer selbstschuldnerischen Bürgschaft (*»sonstiges Zahlungsversprechen«* i.S.v. § 650m Abs. 3 BGB). Tauglicher Bürgen i.S.v. § 650m Abs. 3 BGB sind ausschließlich Kreditinstitute oder Kreditversicherer. Diese müssen *»im*

---

6 BT-Drucks. 18/8486, S. 64.

7 Zu den Einzelheiten siehe die Kommentierung zu § 632a BGB.

8 Kniffka/Stretz, ibr-OK Bauvertragsrecht, Stand 07.02.2025, § 650m BGB Rn. 5.

9 Zu den Einzelheiten siehe die Kommentierung zu § 650c BGB.

10 Soweit die Gesamtvergütung noch nicht feststeht, ist diese zu schätzen, vgl. die Erläuterungen unter Rdn. 6; Kniffka/Stretz, ibr-OK Bauvertragsrecht, Stand 07.02.2025, § 650m BGB Rn. 9.

11 Pause, BauR 2009, 898, 905; MüKo-BGB/Busche, § 650m Rn. 4.

Geltungsbereich dieses Gesetzes zum Geschäftsbetrieb befugt« sein. Ob diese Befugnis besteht, bestimmt sich nach dem KWG. Die §§ 232 Abs. 2, 239 BGB können nicht ergänzend herangezogen werden, da § 650m Abs. 3 BGB als lex specialis Vorrang hat.[12] Im Ergebnis kommen daher alle in Deutschland nach dem KWG zum Geschäftsbetrieb zugelassenen Kreditinstitute und Kreditversicherer als taugliche Bürgen in Betracht, auch wenn sie ihren allgemeinen Gerichtsstand nicht in Deutschland haben[13], sich nicht der Geltung deutschen Rechts unterworfen haben[14] und nicht in Deutschland verklagt werden können[15].

Sofern der Unternehmer die Sicherheit nicht leistet, steht dem Verbraucher ein Leistungsver- 10
weigerungsrecht zu.[16] Umstritten ist, ob der Besteller einen selbständig durchsetzbaren Anspruch auf Stellung der Sicherheit hat.[17] Nach richtiger Auffassung von Pause[18] wird man dies jedenfalls für den Fall annehmen müssen, dass der Verbraucher auf Verlangen des Unternehmers die erste Abschlagszahlung in voller Höhe zahlt, ohne einen Einbehalt vorzunehmen. Allgemein anerkannt ist jedenfalls, dass hiermit kein Verzicht auf die Sicherheit verbunden ist.[19] Daher hat der Verbraucher in einem solchen Fall – nach Wahl des Unternehmers, § 650m Abs. 2 S. 3 BGB – Anspruch auf Rückzahlung in Höhe der Sicherheit oder auf Übergabe einer entsprechenden Bürgschaft.[20] Enthält der vom Unternehmer gestellte Verbraucherbauvertrag eine Allgemeine Geschäftsbedingung, wonach Abschlagszahlungen nach Baufortschritt zu leisten sind, müssen hierbei auch die gesetzlichen Regelungen nach § 650m Abs. 2 BGB berücksichtigt werden. Ist dies nicht der Fall, führt dies zur Unwirksamkeit der Klausel.[21] In einem solchen Fall steht dem Besteller ein Schadensersatzanspruch gegen den Unternehmer nach §§ 241 Abs. 2, 280 Abs. 1 BGB zu, weil dieser Bedingungen stellt, die seinen Vertragspartner unangemessen benachteiligen.[22] Der Schadensersatzanspruch ist – nach Wahl des Unternehmers – auf Rückzahlung des ohne Abzug der Sicherheit gezahlten Werklohns in Höhe der Sicherheit oder auf Übergabe einer entsprechenden Bürgschaft gerichtet.[23]

Zu beachten ist, dass die beiden Schutzvorschriften nach § 650m Abs. 1 und Abs. 2 BGB neben- 11
einander gelten.[24] Entscheidet sich der Unternehmer daher nach § 650m Abs. 2 S. 3 BGB für die Stellung der Sicherheit durch Einbehalt von Abschlagszahlungen, bewirken § 650m Abs. 1 BGB und § 650m Abs. 2 BGB zusammen, dass der Unternehmer Abschlagszahlungen nur in Höhe von maximal 85 Prozent der Gesamtvergütung beanspruchen kann.

Soweit sich der Vergütungsanspruch nach Vertragsschluss infolge einer Änderungsvereinbarung der 12
Vertragspartner oder infolge einer nach § 650b Abs. 2 BGB erteilten Änderungsanordnung des Verbrauchers gemäß § 650c Abs. 1 BGB um mehr als 10 Prozent erhöht, ist dem Verbraucher bei der nächsten Abschlagszahlung eine weitere Sicherheit in Höhe von 5 Prozent des zusätzlichen Vergütungsanspruchs zu leisten.

---

12 Vgl. Kniffka/Schmitz, ibr-OK Bauvertragsrecht, Stand 07.02.2025, § 650f BGB Rn. 107 ff. zur wortgleichen Regelung in § 650f BGB; a.A. Petry, BauR 2015, 575, 577.

13 Kniffka/Schmitz, ibr-OK Bauvertragsrecht, Stand 07.02.2025, § 650f BGB Rn. 107 ff.; i.E. auch Petry, BauR 2015, 575, 580, nach deren Ansicht die Beschränkung des § 239 Abs. 1 BGB auf Bürgen mit allgemeinem Gerichtsstand im Inland europarechtswidrig ist.

14 Kniffka/Schmitz, ibr-OK Bauvertragsrecht, Stand 07.02.2025, § 650f BGB Rn. 107 ff.

15 Kniffka/Schmitz, ibr-OK Bauvertragsrecht, Stand 07.02.2025, § 650f BGB Rn. 107 ff.

16 BT-Drucks. 16/511, S. 15; BGH, Urt. v. 08.11.2012 – VII ZR 191/12, NJW 2013, 102.

17 So etwa Pause, BauR 2009, 898, 907; Messerschmidt/Voit/Lenkeit, § 650m BGB Rn. 21; a.A. MüKo-BGB/Busche, § 650m Rn. 7.

18 Pause, BauR 2009, 898, 907.

19 Pause, BauR 2009, 898, 907; MüKo-BGB/Busche, § 650m Rn. 7.

20 So auch Pause, BauR 2009, 898, 907.

21 OLG Schleswig, Urt. v. 07.04.2021 – 12 U 147/20, IBR 2021/399.

22 OLG Schleswig, Urt. v. 07.04.2021 – 12 U 147/20, IBR 2021/399.

23 OLG Schleswig, Urt. v. 07.04.2021 – 12 U 147/20, IBR 2021/399.

24 BT-Drucks. 18/8486, S. 64.

Eine Regelung für den Fall, dass sich der Vergütungsanspruch aufgrund von nachträglichen Änderungen verringert, enthält § 650m BGB nicht. Hierbei dürfte es sich um eine planwidrige Regelungslücke handeln, so dass in analoger Anwendung der Vorschrift bei einer Reduzierung um mehr als 10 % die Sicherheit entsprechend zu reduzieren sein dürfte.[25]

13 Die Sicherheit muss das Erfüllungsinteresse des Verbrauchers an der rechtzeitigen (Einhaltung des vereinbarten Fertigstellungszeitpunkt bzw. der vereinbarten Dauer der Bauausführung i.S.v. § 650k Abs. 3 BGB) Herstellung des Werks in abnahmereifer Form (ohne wesentliche Mängel, vgl. § 640 Abs. 1 S. 2 BGB) absichern.[26]

14 Umstritten ist, ob von der Sicherheit auch unwesentliche Mängel[27] abgesichert werden müssen, die der Abnahme nicht entgegenstehen.[28]

15 Die Sicherheit muss alle Ansprüche abdecken, die darauf beruhen, dass die Unternehmerleistung hinter der vertraglich vorausgesetzten Tauglichkeit oder Werthaltigkeit zurückbleibt.[29] Darüber hinaus sind die durch Überschreitung der Bauzeit entstehenden Ansprüche erfasst.[30] Die Sicherheit sichert die Ansprüche des Bestellers auf Erfüllung des Vertrages ab und umfasst damit auch einen etwaigen Vertragsstrafenanspruch.[31] Nicht abgesichert wird hingegen die Rückzahlung von überhöhten Abschlagszahlungen, wenn das Werk mangelfrei hergestellt worden ist.[32] Umstritten ist, ob die Sicherheit Ansprüche auf Rückzahlung geleisteter Abschlagszahlungen deckt, soweit sie darauf beruhen, dass das Werk nicht im Wesentlichen vertragsgerecht fertiggestellt wurde.[33] Tatsächlich sind solche Ansprüche ebenfalls von der Sicherheit umfasst. Die Sicherheit sichert nur die bis zur Abnahme entstandenen Ansprüche des Verbrauchers ab.[34] Vom Sicherungszweck nicht umfasst sind somit z.B. Gewährleistungsansprüche für Mängel, die erst nach der Abnahme gerügt werden.

16 Die Sicherheit ist nach der Abnahme an den Unternehmer herauszugeben, wenn der Sicherungsfall nicht mehr eintreten kann, also nicht bereits gesicherte Ansprüche entstanden sind oder noch

---

25 LG Frankenthal, Urt. v. 27.10.2023 – 8 O 209/23; BeckOGK/Mundt, Stand 01.01.2025, § 650m Rn. 44.

26 Dies ergibt sich schon aus der Gesetzesbegründung zu § 632a Abs. 3 und 4 BGB a.F.: BT-Drucks. 16/511, S. 15.

27 Vgl. zu der Unterscheidung von wesentlichen und unwesentlichen Mängeln: BGH, Urt. v. 26.02.1981 – VII ZR 287/79, BauR 1981, 284–288; BGH, Urt. v. 30.04.1992 – VII ZR 185/90, NJW 1992, 2481.

28 Im Hinblick auf die entsprechende Regelung in der vorhergehenden Vorschrift, § 632a Abs. 3 S. 1 BGB a.F. war dies bereits umstritten, (dagegen: Pause, BauR 2009, 898, 907; dafür: Kniffka/v. Rintelen, ibr-OK Bauvertragsrecht, Stand 12.05.2017, § 632a BGB Rn. 142, der von einem Redaktionsversehen des Gesetzgebers ausgeht); dafür, dass auch unwesentliche Mängel abgesichert werden: Messerschmidt/Voit/Lenkeit, § 650m BGB Rn. 30; differenzierende Darstellung zu der aktuellen Regelung in § 650m Abs. 2 S. 1 BGB: Kniffka/Stretz, ibr-OK Bauvertragsrecht, Stand 07.02.2025, § 650m BGB Rn. 14.

29 BT-Drucks. 16/511, S. 15.

30 BT-Drucks. 16/511, S. 15.

31 Pause, BauR 2009, 898, 907; Messerschmidt/Voit/Lenkeit, § 650m BGB Rn. 28; BGH, Urt. v. 07.06.1982 – VIII ZR 154/81, NJW 1982, 2305; BGH, Urt. v. 15.03.1990 – IX ZR 44/89, NJW-RR 1990, 811; BGH, Urt. v. 23.01.2003 – VII ZR 210/01, NJW 2003, 1805–1809; Voraussetzung ist, dass eine Vertragsstrafe wirksam vereinbart worden ist.

32 BGH Urt. v. 12.03.1980 – VIII ZR 57/79, BGHZ 76, 187; BGH, Urt. v. 12.06.1980 – VII ZR 270/79, BauR 1980, 574; a.A. wohl Kniffka/Retzlaff, ibr-OK Bauvertragsrecht, Stand 04.05.2020, § 650m BGB Rn. 6.

33 So Kniffka/Retzlaff, ibr-OK Bauvertragsrecht, Stand 04.05.2020, § 650m BGB Rn. 6 mit der überzeugenden Begründung, dass erst recht ein Anspruch des Bestellers auf Rückgewähr überhöhter Abschlagszahlungen abgedeckt sein muss, wenn schon Nachteile abgesichert sind, die dem Besteller allein aufgrund der nicht vertragsgemäßen Erfüllung entstehen; a.A. Pause, BauR 2009, 898, 907.

34 BT-Drucks. 16/511, S. 15; der 3. Deutsche Baugerichtstag hatte in seinen Empfehlungen zum Bauvertragsrecht (abrufbar unter https://baugerichtstag.de/wp-content/uploads/2019/03/3ak_alle.pdf) vorgeschlagen, dem Verbraucher einen gesetzlichen Anspruch auf eine Sicherheit zu geben, die auch Mängelansprüche *nach der Abnahme* absichert. Diesem Vorschlag ist der Gesetzgeber nicht gefolgt.

bestehen.[35] Die Sicherheit darf hingegen insbesondere zurückbehalten werden, wenn die bei der Abnahme vorbehaltenen Mängel noch nicht beseitigt sind[36] oder dem Besteller gegen den Unternehmer Schadensersatzansprüche[37] und/oder Vertragsstrafenansprüche wegen einer nicht rechtzeitigen Herstellung des Bauwerks zustehen.

Wenn die Sicherheit höher ist als die voraussichtlichen Mängelbeseitigungskosten für die bei Abnahme vorbehaltenen Mängel, darf die Sicherheit jedenfalls anteilig einbehalten werden. Beim Bareinbehalt wird zudem der Druckzuschlag gemäß § 641 Abs. 3 BGB berücksichtigt.[38] Umstritten ist, ob der Druckzuschlag auch bei einer Bürgschaft berücksichtigt werden kann, oder ob in diesem Fall nur der einfache Betrag der Mängelbeseitigungskosten anzusetzen ist.[39] Nach überzeugender Auffassung von Joussen[40] stellt das Recht zum Einbehalt der fälligen Vergütung nach § 641 Abs. 3 BGB keinen Mangelanspruch dar, sondern nur eine Fälligkeitsregelung, welche nicht vom Sicherungszweck der Bürgschaft abgedeckt ist. Daher ist bei einer Bürgschaft nur der einfache Betrag der voraussichtlichen Mängelbeseitigungskosten in Ansatz zu bringen. 17

D. Sicherungsvereinbarung zur Absicherung des Vergütungsanspruchs nur noch eingeschränkt zulässig

§ 650m Abs. 4 BGB bestimmt, dass mit dem Verlangen des Unternehmers nach einer Abschlagszahlung eine Vereinbarung unwirksam wird, die den Verbraucher zu einer Sicherheitsleistung verpflichtet, die die nächste Abschlagszahlung oder 20 Prozent der vereinbarten Vergütung übersteigt. Gleiches gilt, wenn die Vertragspartner Abschlagszahlungen vereinbart haben. 18

I. Hintergrund der Regelung

Der Unternehmer hat im Anwendungsbereich des § 648a BGB a.F. bzw. des § 650f BGB[41] grundsätzlich einen *gesetzlichen* Anspruch gegen den Besteller auf Stellung einer Sicherheit in Höhe der nach dem Vertrag geschuldeten *Gesamt*vergütung[42]. Schon nach bisherigem Recht wird dieser *gesetzliche* Anspruch allerdings nach § 648a Abs. 6 Nr. 2 BGB a.F. ausgeschlossen, wenn der Besteller eine natürliche Person ist und der Unternehmer mit Bauarbeiten zur Herstellung oder Instandsetzung eines Einfamilienhauses mit oder ohne Einliegerwohnung beauftragt worden ist. § 650f Abs. 6 Nr. 2 BGB erstreckt diesen Ausschluss nun generell auf alle Verbraucherbauverträge.[43] 19

Nach der Rechtsprechung des BGH[44] zur früheren Gesetzeslage war es dem Unternehmer möglich, mit einem Verbraucher *vertraglich* – ggf. auch durch Allgemeine Geschäftsbedingungen – die Stellung einer Sicherheit in Höhe der Gesamtvergütung zu vereinbaren. Dies galt selbst dann, wenn 20

35 Pause, BauR 2009, 898, 908; Kniffka/Stretz, ibr-OK Bauvertragsrecht, Stand 07.02.2025, § 650m BGB Rn. 19.

36 BT-Drucks. 16/511, S. 15; Kniffka/Stretz, ibr-OK Bauvertragsrecht, Stand 07.02.2025, § 650m BGB Rn. 19.

37 Vgl. die Kommentierung zu § 650k BGB unter Rdn. 38 ff. zu den Voraussetzungen eines Schadensersatzanspruchs wegen nicht rechtzeitiger Herstellung des Werks.

38 BGH, Urt. v. 06.12.2007 – VII ZR 125/06, NJW-RR 2008, 401–402.

39 Gegen eine Berücksichtigung des Druckzuschlags: OLG Koblenz, Urt. v. 08.05.2003 – 5 U 1515/02, BauR 2004, 349, 350; OLG Oldenburg, Urt. v. 21.07.2000 – 2 U 124/00, ZfBR 2002, 152–154; Ingenstau/Korbion/Joussen, § 17 Abs. 8 VOB/B Rn. 13; Pause, BauR 2009, 898, 908; a.A. OLG Brandenburg, Urt. v. 30.04.2014 – 4 U 183/10, BauR 2015, 127, 131, NJW 2014, 3793, 3796.

40 Ingenstau/Korbion/Joussen, § 17 Abs. 8 VOB/B Rn. 13.

41 Zu den Einzelheiten siehe Kommentierung zu § 650f BGB.

42 Abzüglich bereits geleisteter Zahlungen und ggf. zuzüglich Nebenforderungen in Höhe von 10 % der Gesamtvergütung – zu den Einzelheiten siehe Kommentierung zu § 650f BGB.

43 Zu den Einzelheiten siehe Kommentierung zu § 650f BGB.

44 Vgl. etwa BGH, Urt. v. 27.05.2010 – VII ZR 165/09, NJW 2010, 2272; BauR 2010, 1219 zu einem Fertighausvertrag.

ihm ein *gesetzlicher* Anspruch hierauf wegen des Ausschlusses nach § 648a Abs. 6 Nr. 2 BGB a.F. nicht zustand. Der BGH hatte das Interesse des Unternehmers auf Absicherung seiner Forderungen in solchen Fällen als mindestens gleichwertig zu dem Interesse des Bestellers gewertet, nicht mit einer Sicherheit belastet zu werden.[45] Aufgrund dieser Rechtsprechung sah der Gesetzgeber das Bedürfnis, die Zulässigkeit solcher Sicherungsabreden zum Schutz des Verbrauchers gesetzlich einzuschränken.[46] Danach soll eine Sicherheitsleistung des Verbrauchers maximal bis zur Höhe des jeweils bestehenden Vorleistungsrisikos des Unternehmers vereinbart werden können.[47]

II. Begrenzung der Sicherheit auf den Betrag der nächsten Abschlagszahlung oder alternativ auf 20 Prozent der Gesamtvergütung

1. Verlangen nach Abschlagszahlung durch den Unternehmer oder Vereinbarung von Abschlagszahlungen im Vertrag

21 § 650m Abs. 4 BGB setzt voraus, dass entweder der Unternehmer eine Abschlagszahlung vom Besteller verlangt oder dass bereits vertraglich Abschlagszahlungen vereinbart sind. Ist weder das eine noch das andere der Fall[48], bleibt eine Sicherungsvereinbarung in Höhe der Gesamtvergütung (ggf. auch durch Allgemeine Geschäftsbedingungen des Unternehmers) nach der neuen Gesetzeslage zulässig.

2. Höhe der zulässigen Absicherung

22 Hat der Unternehmer eine Abschlagszahlung verlangt oder haben die Vertragspartner Abschlagszahlungen vereinbart, greift § 650m Abs. 4 BGB. Danach ist eine Vereinbarung, die den Besteller zur Stellung einer Sicherheit für die vereinbarte Vergütung verpflichtet, maximal bis zur Höhe der nächsten Abschlagszahlung zulässig. Voraussetzung hierbei ist, dass die Vertragspartner bereits die Höhe der Abschläge festgelegt haben.[49]

23 Aus Gründen der Praktikabilität[50] lässt § 650m Abs. 4 BGB alternativ hierzu auch eine Vereinbarung zu, die den Besteller zur Stellung einer Sicherheit für die Vergütung in Höhe von bis zu 20 Prozent der vereinbarten Gesamtvergütung verpflichtet.

24 Die vereinbarte Vergütung bestimmt sich bei einem Pauschalvertrag nach der vereinbarten Pauschalen. Bei einem Einheitspreisvertrag lässt sich die abzusichernde Vergütung hingegen erst aus den tatsächlich ausgeführten Massen (multipliziert mit dem Einheitspreis der jeweiligen Position) ermitteln. Auch beim Stundenlohnvertrag steht die Vergütung bei Vertragsschluss noch nicht fest. In diesen Fällen ist die vereinbarte Gesamtvergütung zu schätzen.[51]

25 Fraglich ist, ob sich der Begriff *»vereinbarte Gesamtvergütung«* auch auf nachträgliche Änderungen des Vergütungsanspruchs bezieht, die sich aufgrund von Änderungsvereinbarungen der Vertragspartner ergeben. Dagegen spricht auf den ersten Blick, dass in § 650m Abs. 4 BGB – anders als etwa in § 648a Abs. 1 S. 1 BGB a.F. bzw. in § 650e Abs. 1 S. 1 BGB – die in Zusatzaufträgen vereinbarte Vergütung nicht ausdrücklich erwähnt wird. Zu berücksichtigen ist allerdings, dass dem Unternehmer auch nach der neuen Gesetzeslage die Möglichkeit eingeräumt werden soll, sein Vorleistungsrisiko abzusichern.[52] Erhöht sich demnach die Gesamtvergütung aufgrund einer nachträg-

---

45 BGH, Urt. v. 27.05.2010 – VII ZR 165/09, NJW 2010, 2272; BauR 2010, 1219.

46 BT-Drucks. 18/8486, S. 64.

47 BT-Drucks. 18/8486, S. 65.

48 In der Praxis dürfte dies freilich die absolute Ausnahme bleiben.

49 So auch Pause, BauR 2017, 430, 437.

50 BT-Drucks. 18/8486, S. 65.

51 Vgl. zu § 632a BGB a.F.: Kniffka/v. Rintelen, ibr-OK Bauvertragsrecht, Stand 12.05.2017, § 632a BGB Rn. 136 unter Verweis auf Bamberger/Roth/Voit, Kommentar zum BGB, 3. Aufl. 2012, § 632a BGB Rn. 30.

52 BT-Drucks. 18/8486, S. 65.

lichen Zusatzvereinbarung, ist es interessengerecht, die Höhe der vom Besteller zu leistenden Sicherheit entsprechend anzupassen.

Fraglich ist, ob darüber hinaus auch Änderungen der Vergütung nach § 650c Abs. 1 BGB zu berück- 26 sichtigen sind, die sich infolge von einseitigen Änderungsanordnungen durch den Verbraucher gemäß § 650b Abs. 2 BGB ergeben. Diese Problematik ist vergleichbar mit der Frage, ob der Unternehmer eine Sicherheit nach § 648a Abs. 1 S. 1 BGB a.F. bzw. § 650f Abs. 1 S. 1 BGB für einen zusätzlichen Vergütungsanspruch gemäß § 2 Abs. 5 oder Abs. 6 VOB/B verlangen kann, der ihm infolge einer einseitigen Anordnung des Bestellers nach § 1 Abs. 3 oder Abs. 4 S. 1 VOB/B entstanden ist.[53] Dies wird zum Teil wegen der strengen Vorgabe von § 309 Nr. 15b BGB als problematisch erachtet.[54] Nach richtiger Auffassung von Schmitz[55] ist der zusätzliche Vergütungsanspruch aufgrund des einseitigen Leistungsbestimmungsrechts des Bestellers bereits im ursprünglichen Vertrag *»antizipiert«*, so dass es keiner (nochmaligen) Einigung über diesen Vergütungsanspruch bedarf, um den Anspruch auf Stellung einer Sicherheit nach § 648a Abs. 1 S. 1 BGB a.F. bzw. § 650f Abs. 1 S. 1 BGB zu begründen.[56] Nichts anderes kann für § 650m Abs. 4 BGB gelten, zumal die Berücksichtigung von Ansprüchen nach § 650c Abs. 1 BGB bei der Bestimmung der vereinbarten Gesamtvergütung auch interessengerecht ist: Der Unternehmer muss in der Lage sein, sein erhöhtes Vorleistungsrisiko abzusichern, das sich dadurch ergibt, dass der Besteller von seinem einseitigen Leistungsbestimmungsrecht nach § 650b Abs. 2 BGB Gebrauch macht.

Zu beachten ist in diesem Zusammenhang, dass eine Anordnung des Bestellers gemäß § 650b Abs. 2 27 BGB auch zu einer Verminderung der Vergütung nach § 650c Abs. 1 BGB führen kann.

▶ **Beispiel:**

Der Besteller ordnet die Verwendung von Baustoffen an, die günstiger sind als die vertraglich 28 vereinbarten Materialien.

Fraglich ist auch, ob von dem Begriff der *»vereinbarten Vergütung«* auch Ansprüche des Unternehmers 29 aus § 649 BGB a.F. bzw. § 648 BGB umfasst sind. Dagegen scheint zunächst zu sprechen, dass in § 650m Abs. 4 BGB – anders als in § 648a Abs. 1 S. 2 BGB a.F. oder 650 f Abs. 1 S. 2 BGB – der Verweis auf *»Ansprüche, die an die Stelle der Vergütung treten«* fehlt. Joussen[57] weist allerdings zutreffend darauf hin, dass unter den Begriff der *»vereinbarten Vergütung«* nach der Rechtsprechung des BGH[58] auch Vergütungsansprüche aus § 649 BGB a.F. bzw. § 8 Abs. 1 VOB/B fallen. Allerdings wird es jedenfalls als riskant eingeschätzt, in AGB des Unternehmers in die abzusichernde Vergütung auch Ansprüche des Unternehmers nach § 648 S. 2 BGB einbeziehen zu wollen.[59]

---

53 Ein Anspruch nach § 2 Abs. 5 oder Abs. 6 VOB/B setzt voraus, dass die Parteien die Geltung der VOB/B vereinbart haben; die gleiche Situation kann nach der neuen Gesetzeslage aufgrund von § 650b Abs. 2 i.V.m. § 650c Abs. 1 BGB n.F. auch entstehen, wenn die Geltung der VOB/B nicht vereinbart worden ist.

54 Messerschmidt/Voit/Lenkeit, § 650m BGB Rn. 42.

55 Kniffka/Schmitz, ibr-OK Bauvertragsrecht, Stand 04.05.2020, § 650f BGB Rn. 61.

56 So auch Fuchs, BauR 2012, 326, 337; Rodemann/Bschorr, BauR 2013, 845, 847; Retzlaff, BauR 2013, 1184, 1190; a.A. OLG Düsseldorf, Urt. v. 20.07.2004 – I-21 U 178/03, BauR 2006, 531 [zu § 648a BGB in der für alle bis zum 31.12.2008 geschlossenen Verträge geltenden Fassung]; OLG Brandenburg, Urt. v. 26.11.2014 – 4 U 20/09 [ebenfalls zu 648 a BGB in der bis zum 31.12.2008 geltenden Fassung zu einem nach dem BGB zu beurteilenden Planervertrag]; Joussen, Jahrbuch Baurecht 2010, 39, 47; Ingenstau/Korbion/Joussen, Anhang 1 Rn. 166.

57 Ingenstau/Korbion/Joussen, Anhang 1 Rn. 167; a.A. OLG Düsseldorf, Urt. v. 30.11.1999 – 21 U 59/99, BauR 2000, 919, nach dessen Auffassung von § 648a BGB [in der bis zum 31.12.2008 geltenden Fassung] nur Vergütungs- oder vergütungsgleiche Ansprüche abgesichert werden, die eine Vorleistung des Unternehmers voraussetzen – was bei Ansprüchen nach § 649 BGB a.F. oder § 8 Abs. 1 VOB/B gerade nicht der Fall ist.

58 BGH, Urt. v. 06.03.2014 – VII ZR 349/12, NJW 2014, 2186, BauR 2014, 992.

59 Messerschmidt/Voit/Lenkeit, § 650m BGB Rn. 43, Fn. 76.

30 Schadensersatzansprüche nach § 280 Abs. 1 BGB oder Ansprüche nach § 642 BGB zählen nicht zur *»vereinbarten Vergütung«*. Eine Vereinbarung, mit der sich der Verbraucher gegenüber dem Unternehmer zur Stellung einer Sicherheit verpflichtet, ist daher unwirksam, wenn auch solche Ansprüche mit der Sicherheit abgedeckt werden sollen.[60]

31 Die Sicherheit ist zurückzugeben, wenn der Sicherungsfall nicht mehr eintreten kann.[61] Dies ist der Fall, wenn der Unternehmer seine volle Vergütung erhalten hat.[62] Darüber hinaus ist die Sicherheit teilweise zurückzugeben, soweit der Vergütungsanspruch teilweise erloschen ist.[63]

III. Folgen eines Verstoßes gegen § 650m Abs. 4 BGB

32 Eine Vereinbarung, die gegen die Vorgaben von § 650m Abs. 4 BGB verstößt, ist unwirksam. Die Unwirksamkeit hat zur Folge, dass an die Stelle der unwirksamen Klausel die dispositiven gesetzlichen Bestimmungen treten.[64] Eine geltungserhaltende Reduktion der Sicherungsabrede findet nicht statt.[65] Demnach gilt § 650f Abs. 6 Nr. 2 BGB. Danach hat der Unternehmer im Anwendungsbereich des Verbraucherbauvertrages keinen gesetzlichen Anspruch auf Stellung einer Sicherheit zur Absicherung seiner Vergütungsforderung.

§ 650n Erstellung und Herausgabe von Unterlagen

(1) Rechtzeitig vor Beginn der Ausführung einer geschuldeten Leistung hat der Unternehmer diejenigen Planungsunterlagen zu erstellen und dem Verbraucher herauszugeben, die dieser benötigt, um gegenüber Behörden den Nachweis führen zu können, dass die Leistung unter Einhaltung der einschlägigen öffentlich-rechtlichen Vorschriften ausgeführt werden wird. Die Pflicht besteht nicht, soweit der Verbraucher oder ein von ihm Beauftragter die wesentlichen Planungsvorgaben erstellt.

(2) Spätestens mit der Fertigstellung des Werks hat der Unternehmer diejenigen Unterlagen zu erstellen und dem Verbraucher herauszugeben, die dieser benötigt, um gegenüber Behörden den Nachweis führen zu können, dass die Leistung unter Einhaltung der einschlägigen öffentlich-rechtlichen Vorschriften ausgeführt worden ist.

(3) Die Absätze 1 und 2 gelten entsprechend, wenn ein Dritter, etwa ein Darlehensgeber, Nachweise für die Einhaltung bestimmter Bedingungen verlangt und wenn der Unternehmer die berechtigte Erwartung des Verbrauchers geweckt hat, diese Bedingungen einzuhalten.

Übersicht

60 Messerschmidt/Voit/Lenkeit, § 650m BGB Rn. 43.

61 In Bezug auf den Zeitpunkt der Rückgabe einer Gewährleistungssicherheit: BGH, Urt. v. 26.03.2015 – VII ZR 92/14.

62 Messerschmidt/Voit/Lenkeit, § 650m BGB Rn. 44.

63 Zur Rückgabe einer Sicherheit nach § 650f BGB: Kniffka/Schmitz, ibr-OK Bauvertragsrecht, Stand 07.02.2025, § 650f BGB Rn. 228.

64 BGH, Urt. v. 23.01.2013 – VIII ZR 100/12, WKRS 2013, 10361.

65 BGH, Urt. v. 17.05.1982 – VII ZR 316/81, NJW 1982, 2309–2310; BGH, Urt. v. 19.09.1983 – VIII ZR 84/82, NJW 1984, 48–49; BGH, Urt. v. 23.01.2013 – VIII ZR 100/12, WKRS 2013, 10361.

A. Allgemeines

I. Bisherige Rechtslage

Der Besteller kann nach bisheriger Rechtslage vom Unternehmer die Herausgabe von Unterlagen verlangen, wenn eine entsprechende Verpflichtung des Unternehmers im Vertrag vereinbart ist. Häufig wird eine solche Regelung in Verbraucherbauverträgen nicht getroffen. 1

In der Literatur[1] wird unter Bezugnahme auf die Rechtsprechung des BGH zum Architektenvertrag[2] die Auffassung vertreten, dass sich auch ohne besondere vertragliche Vereinbarung eine Herausgabepflicht von Unterlagen im Wege der Vertragsauslegung ergibt: Demnach soll der Unternehmer dem Besteller die für das Bauvorhaben erstellten Bauunterlagen herauszugeben haben, weil der Besteller diese Unterlagen für die Instandhaltung und Instandsetzung benötigt. Nach Auffassung von Pause[3] zählen zu den geschuldeten Unterlagen alle Bauunterlagen, die der Unternehmer für die Ausführung des Bauwerks erstellt hat, somit die Architektenpläne, die Entwurf- und Werkplanung, Fachplanungen, die Statik sowie ggf. Haustechnikpläne und sonstige Unterlagen. Außerdem sind nach seiner Auffassung auch die Unterlagen zu übergeben, die der Unternehmer für Genehmigungen erstellen musste, also ggf. die Baugenehmigung einschließlich dem Nachweis über die Erfüllung der erteilten Auflagen, wie etwa dem Brandschutznachweis.[4] Bei erhöhter Komplexität sollen hierzu ggf. auch eigens anzufertigende Bestandsunterlagen gehören, wie etwa Bestandspläne für die Haustechnik.[5] Prüfzeugnisse, Zulassungen für Baustoffe u.ä. Unterlagen sollen hingegen ausgenommen sein, da ansonsten die Dokumentationspflicht zur Nachweispflicht über die Mangelfreiheit ausgeweitet werde.[6] 2

Die wohl herrschende Rechtsprechung nimmt hingegen nur eine vertragliche Nebenpflicht des Unternehmers zur Herausgabe von Unterlagen nach § 242 BGB an, und das auch nur, soweit der Besteller ein besonderes, konkret begründetes rechtliches Interesse an dem Erhalt der Unterlagen hat.[7] 3

II. Zielsetzung des Gesetzgebers

Der Gesetzgeber hat es sich zur Aufgabe gemacht, Klarheit zu schaffen, in welchen Fällen der Unternehmer zur Erstellung und Herausgabe von Unterlagen über das Bauwerk verpflichtet ist. 4

1 Pause, BauR 2017, 430, 439 mit Verweis auf Pause, Bauträgerkauf und Baumodell, 5. Aufl. 2011, Rn. 470 und Basty, Der Bauträgervertrag, 8. Aufl. 2014.

2 BGH, Urt. v. 24.06.2004 – VII ZR 259/02, NJW 2004, 2588; BauR 2004, 1640.

3 Pause, BauR 2017, 430, 439.

4 Pause, BauR 2017, 430, 439.

5 Pause, BauR 2017, 430, 439.

6 Pause, BauR 2017, 430, 439.

7 *[ja = Herausgabepflicht bejaht; nein = Herausgabepflicht verneint]* OLG München, Urt. v. 15.10.1991 – 9 U 2958/91, BauR 1992, 95 *[Genehmigungs- und Planunterlagen, einschließlich Statik: nein]*; OLG Düsseldorf, Urt. v. 26.05.1994 – 5 U 196/93, IBR 1995, 456, OLGR 1994, 278 *[Entsorgungsnachweis: ja]*; OLG Köln, Urt. v. 06.08.1999 – 19 U 176/98, NJW 2000, 1877, NZBau 2000, 78 *[Unternehmerbescheinigung: ja]*; OLG Köln, Urt. v. 23.02.2005 – 11 U 76/04, IBRRS 2005, 1473 *[Wärmebedarfsberechnung, Rohrnetzberechnung, Revisionspläne der Leitungsführung, Unternehmerbescheinigungen für Sanitär- und Heizungsinstallation: ja]*; OLG Frankfurt, Urt. v. 26.10.2006 – 26 U 2/06, NJW-RR 2007, 817; BauR 2007, 895 *[Ausführungspläne und statischer Nachweis: nein]*; OLG Stuttgart, Beschl. v. 25.01.2010 – 10 U 119/09, BauR 2010, 1642, IBR 2010, 443 *[Bescheinigung der Übereinstimmung der errichteten Trinkwasseranlage mit den öffentlich-rechtlichen Vorschriften nach § 66 S. 2 BauO NRW: ja]*; OLG Köln, Urt. v. 13.05.2015 – 11 U 96/14, IBR 2015, 491 *[Energieausweis, Kanaldichtigkeitsnachweis, Einweisung in die Haustechnik und Bedienungsanleitungen: ja; Herausgabe der Werkplanungen im Maßstab 1:50, wenn die Erstellung der Werkplanung ausdrücklich in der Baubeschreibung hervorgehoben worden ist: ja]*; OLG Stuttgart, Urt. v. 16.11.2016 – 3 U 98/16, IBR 2017, 139 *[Schließkarte und Schließplan: ja]*; die genannten Urteile sind in erster Linie zum Bauträgerrecht ergangen, gelten jedoch entsprechend auch für Bauverträge; vgl. auch Lotz, BauR 2012, 157, 159 ff.; Schlie, BauR 2014, 905.

5 Aufgrund von immer komplexer und anspruchsvoller werdenden Bauvorhaben besteht aus Sicht des Gesetzgebers ein besonderes Bedürfnis, dem Bauherrn die Möglichkeit zu geben, sich genaue Kenntnisse über die der Konstruktion zu Grunde liegende Planung und die Art und Weise der Ausführung zu verschaffen.[8] Darüber hinaus soll er die Unterlagen erhalten können, die er für die spätere Unterhaltung und Instandsetzung des Bauwerks oder für einen etwaigen Umbau benötigt.[9]

6 Der Bauherr soll in die Lage versetzt werden, sowohl vor Beginn der Ausführung als auch nach der Fertigstellung des Werks gegenüber Behörden den Nachweis zu führen, dass die Bauarbeiten unter Einhaltung der einschlägigen öffentlich-rechtlichen Vorschriften ausgeführt werden bzw. ausgeführt worden sind.[10] Außerdem soll es ihm ermöglicht werden, die Einhaltung der öffentlich-rechtlichen Vorschriften durch einen sachverständigen Dritten schon während der Bauphase prüfen zu lassen.[11]

7 Soweit der Unternehmer beim Verbraucher die berechtigte Erwartung geweckt hat, dass das Bauprojekt die Bedingungen Dritter einhält, soll er verpflichtet werden, dem Verbraucher die zum Nachweis dieser Bedingungen notwendigen Unterlagen zu verschaffen.[12] In der Gesetzesbegründung wird als Beispiel die Finanzierung des Bauprojekts über die Förderbank KfW genannt, die von der Einhaltung bestimmter Förderbedingungen abhängig ist.[13]

Diese Ziele werden mit der neuen Vorschrift nur zum Teil verwirklicht.[14]

B. Verpflichtung des Unternehmers zur Erstellung und Herausgabe von Unterlagen

I. Erstellung und Herausgabe von Planungsunterlagen vor Beginn der Ausführung, § 650n Abs. 1 BGB n.F.

8 § 650n Abs. 1 BGB findet keine Anwendung, soweit der Verbraucher oder ein von ihm Beauftragter[15] die wesentlichen Planungsvorgaben erstellt hat.

9 Soweit die Vorschrift anwendbar ist, hat der Unternehmer rechtzeitig vor Beginn der Ausführung einer geschuldeten Leistung diejenigen Planungsunterlagen zu erstellen und dem Verbraucher herauszugeben, die dieser benötigt, um gegenüber Behörden den Nachweis zur Einhaltung der einschlägigen öffentlichen-rechtlichen Vorschriften führen zu können. In Abhängigkeit vom jeweiligen Landesrecht sind dies etwa Nachweise über den Schallschutz und den Wärmeschutz, die Standsicherheit und den Brandschutz.[16] Die eigentliche Ausführungsplanung, Fachplanung und Bestandsunterlagen gehören von vornherein nicht zu den nach § 650n Abs. 1 BGB geforderten Unterlagen, da sie nicht für den Nachweis zur Einhaltung öffentlich-rechtlicher Vorschriften gegenüber Behörden erforderlich sind.[17]

10 Die behördlichen Anforderungen sind im Zuge der zunehmenden Liberalisierung des öffentlichen Baurechts gerade bei kleineren Bauvorhaben immer geringer geworden.[18] Die verschiedenen Landesbauordnungen sehen für bestimmte Bauvorhaben, insbesondere für Wohngebäude mittlerer und geringer Höhe, ein genehmigungsfreies Bauen im Geltungsbereich eines qualifizierten Bebauungsplans vor, soweit das Bauvorhaben den dortigen Vorgaben nicht widerspricht und die Erschließung

8 BT-Drucks. 18/8486, S. 65.
9 BT-Drucks. 18/8486, S. 65.
10 BT-Drucks. 18/8486, S. 65.
11 BT-Drucks. 18/8486, S. 65.
12 BT-Drucks. 18/8486, S. 65.
13 BT-Drucks. 18/8486, S. 65.
14 Siehe hierzu die Kommentierung unter Rdn. 8 ff.
15 In der Regel der Architekt des Verbrauchers.
16 Vgl. hierzu etwa § 68 BauO NRW.
17 Pause, BauR 2017, 430, 438.
18 Pause, BauR 2017, 430, 438.

gesichert ist (sog. Genehmigungsfreistellung). Für diese Bauvorhaben sehen die Bauordnungen der Länder unter bestimmten Voraussetzungen Einschränkungen vor.[19]

Im Ergebnis führt die Anknüpfung an die behördliche Nachweispflicht in § 650n Abs. 1 BGB dazu, dass gerade bei kleineren Bauvorhaben (etwa dem Bau von Einfamilienhäusern) in der Regel nur eine eingeschränkte Verpflichtung des Unternehmers zur Erstellung und Übergabe von Unterlagen besteht.[20] 11

Verlangt der Verbraucher vom Unternehmer die Übergabe bestimmter Unterlagen, muss er im Streitfall darlegen und nachweisen, dass er die geforderten Unterlagen zum Nachweis der Einhaltung der einschlägigen öffentlich-rechtlichen Vorschriften gegenüber Behörden benötigt. Hierbei reicht es aus, dass der Verbraucher z.B. durch Vorlage eines Behördenschreibens nachweist, dass er zur Vorlage der entsprechenden Unterlagen aufgefordert worden ist. Ob die Behörde die Unterlagen berechtigterweise anfordert, ist unerheblich: Der Verbraucher soll in die Lage versetzt werden, schnell die geforderten Unterlagen vorzulegen.[21] 12

Die Vorschrift findet keine Anwendung, soweit der Verbraucher den Nachweis zur Einhaltung von öffentlich-rechtlichen Vorschriften nicht gegenüber Behörden, sondern gegenüber Dritten (etwa einem Nachbarn) führen muss. In diesem Fall kann sich allerdings ein Anspruch auf Herausgabe der benötigten Unterlagen gegen den Unternehmer aus einer vertraglichen Nebenpflicht gemäß § 242 BGB ergeben.[22] 13

Sofern eine Verpflichtung des Unternehmers zur Erstellung und Herausgabe von Planungsunterlagen besteht, müssen diese rechtzeitig vor Ausführung der Bauleistungen an den Verbraucher übergeben werden. Der Verbraucher muss in die Lage versetzt werden, alle erforderlichen Nachweise so zeitig bei den Behörden einzureichen, dass es zu keinen Verzögerungen des vertraglich vorgesehenen Zeitablaufs kommt. 14

II. Erstellung und Herausgabe von Unterlagen bis zur Fertigstellung des Werks, § 650n Abs. 2 BGB n.F.

§ 650n Abs. 2 BGB findet – anders als § 650n Abs. 1 BGB – auch in den Fällen Anwendung, in denen der Verbraucher oder ein von ihm Beauftragter die wesentlichen Planungsvorgaben erstellt hat. 15

Die Erläuterungen zu § 650n Abs. 1 BGB gelten entsprechend. Allerdings beschränkt sich § 650n Abs. 2 BGB nicht auf Planungsunterlagen, sondern bezieht sich generell auf alle Unterlagen, die der Verbraucher benötigt, um gegenüber Behörden den Nachweis zur Einhaltung der einschlägigen öffentlich-rechtlichen Vorschriften führen zu können.[23] 16

Zu beachten ist, dass sich die Vorschrift nur auf Unterlagen bezieht, die *vom Unternehmer* erstellt werden.[24] Die Vorschrift betrifft daher nicht Unterlagen, die von Dritten zu erstellen sind.[25] Nicht 17

19 Vgl. etwa § 68 BauO NRW, wonach die Pflicht zur Einreichung bautechnischer Nachweise u.a. nach Gebäudeklassen differenziert wird.

20 Welche Unterlagen der Verbraucher zum Nachweis der Einhaltung öffentlich-rechtlicher Vorschriften gegenüber Behörden benötigt, bestimmt sich nach den jeweiligen Landesbauordnungen.

21 Kniffka/Koeble/Jurgeleit/Sacher, 2. Teil Rn. 134; MüKo-BGB/Busche, § 650n Rn. 3; Messerschmidt/Voit/Lenkeit, § 650n BGB Rn. 19.

22 Vgl. hierzu die Kommentierung zu § 650n BGB Rdn. 3.

23 Hierzu zählt z.B. die »Unternehmererklärung«, mit welcher der Unternehmer bestätigt, dass die Auflagen der EnEV erfüllt sind, vgl. BT-Drucks. 18/8486, S. 65.

24 Pause, BauR 2017, 430, 438.

25 Nach MüKo-BGB/Busche, § 650n Rn. 6, soll es ausreichend sein, dass der Unternehmer im Besitz der Daten ist oder zumindest (z.B. bei Subunternehmern) Zugriff hierauf hat – dass dies nach der dortigen Auffassung auch für Dritte gelten soll, die nicht Erfüllungsgehilfen des Unternehmers sind (z.B. Lieferanten), ist zweifelhaft.

umfasst sind daher etwa Nachweise zu den verwendeten Bauprodukten und angewandten Bauarten i.S.v. § 53 Abs. 1 MBO, da diese vom Produkthersteller zu erstellen sind.[26] Gleiches gilt z.B. auch für die Leistungserklärung des Produktherstellers bei Bauprodukten mit CE-Kennzeichnung nach der EU-Verordnung Nr. 305/2011.[27]

18 Die Unterlagen müssen spätestens bis zur Fertigstellung des Werks an den Verbraucher übergeben werden. Dieser soll in die Lage versetzt werden, bei seiner Abnahmeentscheidung auf die Unterlagen zurückzugreifen.[28] Allerdings darf die Pflicht zur Übergabe von Unterlagen nicht zur Nachweispflicht über die Mangelfreiheit ausgeweitet werden.[29]

19 Die Verpflichtung zur Herstellung und Übergabe der Unterlagen nach § 650n Abs. 2 BGB stellt eine leistungsbezogene Nebenpflicht i.S.v. § 241 Abs. 2 BGB dar.[30] Der entsprechende Anspruch des Verbrauchers ist selbstständig einklagbar.[31] Fehlende (oder fehlerhafte) Unterlagen berechtigen den Besteller noch nicht ohne weiteres zur Verweigerung der Abnahme.[32] Die Abnahme kann verweigert werden, wenn die Unterlage für den sach- und fachgerechten Gebrauch des Gebäudes erforderlich ist.[33] Ein solcher Fall liegt z.B. vor, wenn aufgrund eines fehlenden bzw. fehlerhaften Standsicherheitsnachweises[34] oder Brandschutznachweises[35] eine behördliche Nutzungsuntersagung droht. Nach Auffassung des OLG Stuttgart[36] ist der Besteller hingegen noch nicht zur Verweigerung der Abnahme berechtigt, wenn die Bescheinigung der Übereinstimmung der errichteten Trinkwasseranlage mit den öffentlich-rechtlichen Vorschriften nach § 66 S. 2 BauO NRW fehlt. Sofern die fehlende Unterlage keinen Grund zur Verweigerung der Abnahme darstellt, besteht ein Zurückbehaltungsrecht. Die Höhe des Zurückbehaltungsrechts hängt von den Kosten ab, die entstehen, wenn der Besteller die Unterlage selbst beschaffen muss.[37]

---

26 Pause, BauR 2017, 430, 438; BeckOGK/Merkle, 650n BGB Rn. 32 mit dem Hinweis, dass die Übereinstimmungsnachweise zu einem Bauprodukt entweder gem. § 23 MBO vom Hersteller geführt werden oder gem. § 24 MBO ein von einer Zertifizierungsstelle erteiltes Übereinstimmungszertifikat vorliegt, so dass es in der Praxis ohnehin kaum zu Problemen für den Verbraucher kommen dürfte; BeckOK BauvertrR/Langjahr, BGB § 650n Rn. 18; a.A. jedenfalls für Bauträgerverträge (auf die § 650n BGB gemäß § 650u Abs. 1 S. 2 BGB Anwendung findet): BeckOK BauvertrR/Karczewski, § 650u BGB Rn. 153.

27 Pause, BauR 2017, 430, 438.

28 BT-Drucks. 18/8486, S. 65.

29 Pause, BauR 2017, 430, 439.

30 MüKo-BGB/Busche, § 650n Rn. 1; Stellungnahme des 5. Deutschen Baugerichtstags 2014, Arbeitskreis V – Bauträgerrecht, BauR 2014, 1617, 1626 f.; Pause, BauR 2017, 430, 439; a.A., wonach es sich um eine Hauptpflicht handeln soll: Orlowski, ZfBR 2016, 419 (433).

31 Stellungnahme des 5. Deutschen Baugerichtstags 2014, Arbeitskreis V – Bauträgerrecht, BauR 2014, 1617, 1626 f.; Pause, BauR 2017, 430, 439.

32 OLG Düsseldorf, Urt. v. 26.05.1994 – 5 U 196/93, IBR 1995, 456; OLG Rostock, Urt. v. 15.02.1995 – 2 U 59/94, NJW-RR 1995, 1422; IBR 1995, 333; OLG Stuttgart, Beschl. v. 25.01.2010 – 10 U 119/09. IBR 2010, 443, BauR 2010, 1642; OLG Brandenburg, Urt. v. 04.07.2012 – 13 U 63/08, IBR 2012, 513; OLG Frankfurt, Urt. v. 24.02.2015 – 16 U 135/14, IBR 2016, 206; OLG Köln, Urt. v. 07.08.2015 – 19 U 104/14, IBR 2016, 207; Pause, BauR 2017, 430, 439.

33 OLG Bamberg, Urt. v. 08.12.2010 – 3 U 93/09, IBR 2011, 575: Arbeiten an einem Röntgengerät – Besteller kann Abnahme verweigern, wenn aufgrund fehlender Dokumentation der Arbeiten die Betriebserlaubnis für das Gerät erloschen ist; Pause, BauR 2017, 430, 439.

34 Vgl. etwa den Sachverhalt, der OLG Dresden, Urt. v. 25.03.2004 – 10 U 902/00, IBR 2006, 37 zugrunde lag – in dem betreffenden Fall ging es allerdings nicht um die Frage der Abnahmefähigkeit, sondern um Schadensersatzansprüche gegen den Tragwerksplaner.

35 Vgl. etwa VG Karlsruhe, Beschl. v. 18.04.2016 – 3 K 2926/15, IBR 2016, 365.

36 OLG Stuttgart, Beschl. v. 25.01.2010 – 10 U 119/09, IBR 2010, 443; BauR 2010, 1642.

37 OLG Rostock, Urt. v. 15.02.1995 – 2 U 59/94, NJW-RR 1995, 1422; IBR 1995, 333, wonach die Höhe des Zurückbehaltungsrechts sich aus den voraussichtlichen Beschaffungskosten zuzüglich Druckzuschlag ergibt; OLG Stuttgart, Beschl. v. 25.01.2010 – 10 U 119/09. IBR 2010, 443, BauR 2010, 1642; OLG Brandenburg, Urt. v. 04.07.2012 – 13 U 63/08, IBR 2012, 513, das dem Besteller nur ein

Parallel zu § 650n BGB gilt weiterhin die bisherige Rechtslage[38], wonach sich eine Verpflichtung zur Übergabe von Unterlagen aus einer entsprechenden vertraglichen Vereinbarung der Parteien ergeben kann oder als Nebenpflicht nach § 242 BGB, wenn der Besteller hieran ein besonderes rechtliches Interesse hat. 20

III. Erstellung und Herausgabe von Unterlagen, die der Besteller zum Nachweis für die Einhaltung der Bedingungen Dritter benötigt, § 650n Abs. 3 BGB

Benötigt der Besteller Planungsunterlagen i.S.v. § 650n Abs. 1 BGB oder Unterlagen i.S.v. § 650n Abs. 2 BGB, um gegenüber einem Dritten – wie etwa einem Darlehens- oder Fördermittelgeber – den Nachweis für die Einhaltung bestimmter Bedingungen zu erbringen, ist der Unternehmer zur Erstellung und Herausgabe dieser Unterlagen verpflichtet. Voraussetzung hierfür ist, dass der Unternehmer beim Besteller die berechtigte Erwartung erweckt hat, diese Bedingungen einzuhalten. Zur Erstellung von Planungsunterlagen i.S.v. § 650n Abs. 1 BGB ist der Unternehmer allerdings nur verpflichtet, soweit nicht der Verbraucher oder ein von ihm Beauftragter die wesentlichen Planungsvorgaben erstellt hat. 21

▶ **Beispiel:**

Der Unternehmer hat im Rahmen der vorvertraglichen Baubeschreibung erklärt, dass das Gebäude unter Einhaltung bestimmter Energiestandards gemäß den Förderrichtlinien der Kreditanstalt für Wiederaufbau (KfW) errichtet wird.[39] Die vorvertragliche Baubeschreibung wird nach § 650k Abs. 1 BGB Vertragsinhalt. Auf Verlangen des Verbrauchers hat der Unternehmer diesem die zum Nachweis des entsprechenden Energiestandards erforderlichen Unterlagen zur Verfügung zu stellen. 22

Entsprechende Planungsunterlagen sind gemäß § 650n Abs. 1, 3 BGB noch vor Beginn der Ausführung vorzulegen, sonstige Unterlagen gemäß § 650n Abs. 2, 3 BGB spätestens mit der Fertigstellung des Werks. Die Unterlagen müssen dem Verbraucher außerdem so rechtzeitig zur Verfügung gestellt werden, dass dieser hierdurch keine Nachteile erleidet, insbesondere also die in den Bedingungen Dritter vorgesehenen Fristen einhalten kann. 23

Die Pflicht zur Erstellung und Herausgabe der Unterlagen stellt eine leistungsbezogene Nebenpflicht i.S.v. § 241 Abs. 2 BGB dar, die selbständig einklagbar ist.[40] Eine Verletzung der Pflicht löst Schadensersatzansprüche nach §§ 241 Abs. 1, 280 BGB aus. 24

Kapitel 4 Unabdingbarkeit

§ 650o Abweichende Vereinbarungen

Von § 640 Absatz 2 Satz 2, den §§ 650i bis 650l und § 650n kann nicht zum Nachteil des Verbrauchers abgewichen werden. Diese Vorschriften finden auch Anwendung, wenn sie durch anderweitige Gestaltungen umgangen werden.

Zurückbehaltungsrecht in Höhe der einfachen Beschaffungskosten ohne Druckzuschlag zusteht; OLG Frankfurt, Urt. v. 24.02.2015 – 16 U 135/14, IBR 2016, 206, nach dessen Auffassung das Doppelte der voraussichtlichen Kosten für die Erstellung der Unterlage einbehalten werden kann.

38 Siehe hierzu die Kommentierung unter Rdn. 3.

39 Die Förderbedingungen der KfW knüpfen an die Höchstwerte für den Energiebedarf an, die ein Referenzgebäude nach dem Gebäudeenergiegesetz (GEG) einhalten muss. Ein KfW-Effizienzhaus 100 entspricht dabei den Vorgaben des GEG. Ein KfW-Effizienzhaus 55 benötigt nur 55 % der Energie des Referenzgebäudes, ein KfW-Effizienzhaus 40 sogar nur 40 % usw. – https://www.kfw.de/inlandsfoerderung/Privatpersonen/Bestehende-Immobilie/Energieeffizient-sanieren/Das-Effizienzhaus/, abgerufen am 24.04.2026.

40 Vgl. die Kommentierung unter Rdn. 19.

1 § 650o S. 1 BGB schließt Vereinbarungen zwischen Verbraucher und Unternehmer aus, soweit sie von § 640 Abs. 2 Satz 2, den §§ 650i bis 650l und § 650n BGB abweichen und zum Nachteil des Verbrauchers getroffen werden. Gleiches gilt auch für einen einseitigen Verzicht des Verbrauchers, etwa auf sein gesetzliches Widerrufsrecht gemäß § 650l BGB, da dieses die Rechtsstellung des Verbrauchers in gleicher Weise betrifft.

Abweichungen, die für den Verbraucher nur vorteilhaft sind, sind hingegen zulässig.

2 Eine Abweichung von den verbraucherschützenden Regelungen zu den Abschlagszahlungen in § 632a BGB und § 650m Abs. 1 BGB sowie der Absicherung des Vergütungsanspruchs in § 650m Abs. 2 BGB soll durch eine individualvertragliche Vereinbarung[1] zulässig sein.[2]

3 Soweit die Abweichungen durch Allgemeine Geschäftsbedingungen des Unternehmers erfolgen, ist § 309 Nr. 15 BGB zu beachten. Gemäß § 309 Nr. 15 a) BGB sind Allgemeine Geschäftsbedingungen des Unternehmers unwirksam, nach denen dieser Abschlagszahlungen verlangen kann, die wesentlich höher sind als die nach § 632a Abs. 1 und 650m Abs. 1 BGB zu leistenden Abschlagszahlungen. Außerdem sind nach § 309 Nr. 15 b) BGB Allgemeine Geschäftsbedingungen des Unternehmers unwirksam, nach denen dieser die Sicherheitsleistung gemäß § 650m Abs. 2 BGB nicht oder nur in geringerer Höhe leisten muss.

4 Nach § 650o S. 2 BGB finden die §§ 650i bis 650l und § 650n BGB auch Anwendung, wenn sie durch anderweitige Gestaltungen umgangen werden sollen. Eine Umgehung ist anzunehmen, wenn die gewählte Gestaltung dazu dient, die Anwendung der o.g. Vorschriften entgegen den mit diesen Normen bezweckten Verbraucherschutzzielen auszuschließen oder einzuschränken.[3] Dabei genügt das Vorliegen der objektiven Voraussetzungen, eine Umgehungsabsicht des Unternehmers ist nicht erforderlich.[4] Rechtsfolge einer Umgehung ist die Anwendung derjenigen Vorschriften, die aufgrund der rechtlichen Gestaltung umgangen werden sollen. Die Beweislast für die Umgehung trägt nach den allgemeinen Regeln der Verbraucher.[5]

1 BT-Drucks. 18/8486, S. 66 – soweit dort noch auf »§ 650l BGB-E« Bezug genommen wird, handelt es sich (mit geringfügigen redaktionellen Änderungen in Abs. 4) um § 650m BGB.

2 § 650m Abs. 3 BGB enthält selbst keine verbraucherschützende Regelung; von § 650m Abs. 4 BGB kann nicht abgewichen werden, da diese Vorschrift bereits bestimmt, unter welchen Voraussetzungen eine vertragliche Vereinbarung unwirksam ist.

3 Messerschmidt/Voit/Lenkeit, § 650o BGB Rn. 35.

4 MüKo-BGB/Busche, § 650o Rn. 2.

5 MüKo-BGB/Busche, § 650o Rn. 2.

Untertitel 2 Architektenvertrag und Ingenieurvertrag

Vorbemerkung zu den §§ 650p bis 650t BGB

Übersicht

A. Das neue Architekten- und Ingenieurvertragsrecht

1 Mit dem Gesetz über die Reform des Bauvertragsrechts hat 2018 auch der Architekten- und Ingenieurvertrag als eigenständiger schuldrechtlicher Vertragstyp in das BGB Eingang gefunden. Die »Entstehungsgeschichte« war hier weniger kontrovers als etwa die rechtspolitische Diskussion über das »richtige« Nachtragssystem beim Bauvertrag:

2 Bereits der **3. Deutsche Baugerichtstag** (DBGT) hatte 2010 eine eigenständige Regelung der Besonderheiten des Rechts der Architekten- und Ingenieurverträge »einstimmig« befürwortet.[1] Konkret wurden folgende Reglungsvorschläge »einstimmig« bzw. »mit überwältigender Mehrheit« empfohlen:[2]
- Eine (Auffang-)Regelung zu den im Planungsprozess zu erbringenden Leistungen, um die vereinbarten Planungsziele zu erreichen (vgl. heute § 650 Abs. 1 BGB);
- ein Anordnungsrecht des Bestellers, soweit dem Planer zumutbar und vorbehaltlich urheberrechtlicher Belange (vgl. heute §§ 650q Abs. 1, 650b BGB);
- der Beginn der Mängelhaftungsfrist mit Fertigstellung der Bauleistungen für die bis dahin erbrachten Leistungen des Planers (vgl. heute § 650s BGB);
- die Untersuchung und ggf. Neuregelung zur gesamtschuldnerischen Haftung der Planer mit den bauausführenden Unternehmen (vgl. heute § 650t BGB).

3 Diese Empfehlungen wurden durch den **4. Deutschen Baugerichtstag** im Jahr 2012 teilweise fortgeschrieben. Neu empfohlen wurde dort mit den »einstimmig« bzw. »mit überwältigender Mehrheit« angenommenen Empfehlungen Nr. 2 bis Nr. 6 des Arbeitskreises IV:[3]
- Die Einführung einer sog. Zielfindungsphase, in der der Planer zunächst die Grundlagen und Ziele der geschuldeten Planungsleistung zu ermitteln habe, wenn diese bei Vertragsschluss noch nicht feststehen (vgl. heute § 650p Abs. 2 BGB);
- die Einführung eines Sonderkündigungsrechts des Bestellers wie des Planers, wenn der Besteller dieser Planungsgrundlage nicht zustimmt (vgl. heute § 650r BGB).

4 Am 18.06.2013 legte die 2010 beim Bundesministerium der Justiz und für Verbraucherschutz (BMVJ) eingerichtete »**Arbeitsgruppe Bauvertragsrecht**« ihren Abschlussbericht auch zu einer Neuregelung des Architekten- und Ingenieurvertragsrechts vor, deren Empfehlungen[4] in ihrer Grundausrichtung mit den Empfehlungen des DBGT weitgehend übereinstimmten. Auf diesen Vorschlägen der »Arbeitsgruppe Bauvertragsrecht« basierte im Wesentlichen der **Referentenentwurf des BMJV**

1 Vgl. 3. Deutscher Baugerichtstag, Arbeitskreis IV (Architekten- und Ingenieurrecht), BauR 2010, 1381 ff., 1391.

2 Vgl. 3. Deutscher Baugerichtstag, Arbeitskreis IV (Architekten- und Ingenieurrecht), BauR 2010, 1381 ff., 1392.

3 Vgl. 4. Deutscher Baugerichtstag, Arbeitskreis IV (Architekten- und Ingenieurrecht), BauR 2012, 1496 ff., 1511.

4 Vgl. Abschlussbericht, S. 52–58.

vom 24.09.2015.[5] Die dortigen Regelungen zum Architekten- und Ingenieurvertragsrecht wurden im **Regierungsentwurf**[6] noch modifiziert. Insbesondere wurde
- nunmehr das neue Anordnungsrechts des Bestellers im Bauvertragsrecht auch auf Architekten- und Ingenieurverträge für entsprechend anwendbar erklärt
- und eine eigene Vergütungsregelung für Planernachträge in § 650q Abs. 2 BGB geschaffen.[7]

5 Die endgültig Gesetz gewordene Fassung des Architekten- und Ingenieurvertragsrechts geht auf die an dieser Stelle letztlich redaktionellen Anpassungsvorschläge der »**Beschlussempfehlung und Bericht des Ausschusses für Rechts und Verbraucherschutz (6. Ausschuss) zu dem Gesetzentwurf der Bundesregierung – Drucks. 18/8486**« vom 08.03.2017 zurück.[8]

Damit ist der Architekten- und Ingenieurvertrag seit 2018 schuldrechtlich als eigener Vertragstyp im BGB geregelt.

6 Ihre bisher erste und einzige Änderung haben die §§ 650p ff. BGB anlässlich der Umsetzung der Vorgaben im EuGH-Urteil vom 04.07.2019[9] zur Europarechtswidrigkeit des bis dahin verbindlichen Preisrecht der HOAI erfahren. Durch das »Gesetz zur Änderung des Gesetzes zur Regelung von Ingenieur- und Architektenleistungen und anderer Gesetze« vom 12.11.2020[10] ist auch das Architekten- und Ingenieurvertragsrecht des BGB punktuell in § 650q Abs. 2 BGB, also bei den Vorschriften zur Honorarhöhe von Planernachträgen, geändert worden. Für Diskussionsstoff dürfte hier vor allem die Amtliche Begründung sorgen, wonach im Falle fehlender Parteivereinbarung künftig bei Planernachträgen offenbar der sog. Basishonorarsatz (§ 2a Abs. 2 i.V.m. § 7 Abs. 1 Satz 2 HOAI 2021) Anwendung finden soll,[11] statt eines etwa hauptvertraglich vereinbarten »Mittelsatzes«.[12]

B. Verortung in »Untertitel 2« als »werkvertragsähnlicher« Vertrag

7 Der Gesetzgeber musste hierbei zunächst über die »richtige« Einordnung des »Architekten- und Ingenieurvertrags« in das Besondere Schuldrecht entscheiden. Planungs- und Überwachungsleistungen der Architekten und Ingenieure sind regelmäßig ergebnisorientiert auf ein Ziel bezogen: Als Beitrag, damit ein Bauwerk mangelfrei und im Rahmen der ggf. veranschlagten Kosten und der ggf. vorgesehenen Zeit entsteht. Ist Gegenstand des Planervertrags damit »*ein durch Dienstleistung herbeizuführender Erfolg*« (§ 631 Abs. 2 BGB) – und der Planervertrag damit ein Werkvertrag? Das Reichsgericht ordnete Architektenverträge in ständiger Rechtsprechung regelmäßig als Dienstverträge gemäß § 611 BGB ein.[13] 50 Jahre später hat der **Bundesgerichtshof** in seiner Grundsatzentscheidung vom 26.11.1959[14] gegenteilig entschieden und qualifizierte den Architekten- und Ingenieurvertrag seither in ständiger Rechtsprechung als **Werkvertrag** gemäß § 631 BGB:

8 *»Die planende wie die bauleitende Tätigkeit des Architekten dienen der Herbeiführung desselben Erfolges (§ 631 Abs. 2 BGB), der Erstellung des Bauwerks. Der auch mit der Oberleitung und Bauführung betraute Architekt schuldet zwar nicht das Bauwerk selbst als körperliche Sache. Er hat aber durch zahlreiche ihm obliegende Einzelleistungen dafür zu sorgen, daß das Bauwerk plangerecht und frei von Mängeln entsteht und zur Vollendung kommt. … [A]lle diese Tätigkeiten*

5 Vgl. Referentenentwurf, S. 68–74.
6 BT-Drucks. 18/8486, S. 66 ff.
7 Vgl. BT-Drucks. 18/8486, S. 68 f.
8 Veröffentlicht als BT-Drucks. 18/11437.
9 Vgl. EuGH Urt. v. 04.07.2019 – C-377/17, BauR 2019, 1624.
10 BGBl. I S. 2392.
11 Vgl. BT-Drs. 19/21982, S. 15.
12 Dazu ausführlich in § 650q Rdn. 56 ff.
13 Vgl. RG, Urt. v. 18.05.1906 – VII 435/05, RGZ 63, 312, 315; RG, Urt. v. 20.05.1913 – III 373/12, RGZ 82, 285, 287; RG, Urt. v. 01.12.1914 – VII 266/14, RGZ 86, 75, 77 f.; RG, Urt. v. 28.06.1932 – III 293/31, RGZ 137, 83, 84.
14 BGH, Urt. v. 26.11.1959 – VII ZR 120/58, BGHZ 31, 224.

dienen der Verwirklichung des im Bauplan verkörperten geistigen Werks und haben somit den Zweck, den dem Bauherrn ***geschuldeten Erfolg, nämlich die mängelfreie Errichtung des geplanten Bauwerks zu bewirken.***«

Im rechtswissenschaftlichen Schrifttum bestanden von Anfang an gewisse Vorbehalte gegen eine uneingeschränkte Unterstellung unter das Werkvertragsrecht. Schon Larenz formulierte: 9

»Als ein Sondertypus, der sich in ein begriffliches Schema nicht fügt, ist der Architektenvertrag anzusehen. … Man wird im Architektenvertrag ***am Ehesten einen dem Werkvertrage nahestehenden Sondertypus*** *sehen müssen, der sich vom »Normaltypus« vornehmlich dadurch unterscheidet, dass der Architekt nur eben seinen Beitrag zu dem Enderfolg (dem Bauwerk) schuldet, seine Tätigkeit aber an diesem Enderfolg gemessen wird.«*[15]

Mehr als eine »Vorentscheidung« hatte der Gesetzgeber bereits 2002 getroffen, als er im Rahmen des **Schuldrechtsmodernisierungsgesetzes**[16] die Verjährungsfrist für Mängelansprüche »*bei einem Bauwerk und einem Werk, dessen Erfolg in der Erbringung von Planungs- und Überwachungsleistungen hierfür besteht*« im gesetzlichen Werkvertragsrecht in § 634a BGB regelte. Und in **§ 15 Abs. 1 HOAI 2013** war seit der 8. HOAI-Novelle 2013[17] die – werkvertragliche – Abnahme Fälligkeitsvoraussetzung für das Schlusshonorar. Die HOAI 2021 verweist inzwischen in § 15 für die Fälligkeit des Schlusshonorars auf § 650g BGB und für Abschlagszahlungen auf § 632a BGB. Dem Werkvertragsrecht hatte der BGH insbesondere einen Architektenvertrag unterstellt, bei dem zwar nicht der Vorentwurf, der Entwurf und die Bauvorlagen, jedoch die sonstigen Architektenleistungen nach der GOA beauftragt waren,[18] einen Vertrag über die Objektüberwachung,[19] sowie eine beauftragte »Baubegleitende stichprobenartige Mängelerfassung«[20]. Die **heute ganz herrschende Literatur** folgt im Wesentlichen – wenngleich in Teilen unverändert mit Vorbehalten – dieser BGH-Rechtsprechung zur Rechtsnatur des Planervertrages.[21] 10

Anders als der Bauvertrag, der in Kapitel 2 des »Untertitels 1 – Werkvertrag« als »echter« Werkvertrag angesehen wird, wird der Architekten- und Ingenieurvertrag **vom Gesetzgeber nunmehr als »werkvertragsähnlicher Vertrag«** qualifiziert, mit einem eigenen »Untertitel 2«. Gleichzeitig werden vom Gesetzgeber **in § 650q Abs. 1 BGB alle Vorschriften des allgemeinen Werkvertragsrechts für entsprechend anwendbar** erklärt. In der regierungsamtlichen Begründung heißt es hierzu:[22] 11

»Die Einordnung der Architekten- und Ingenieurverträge in das Vertragsrecht ist aufgrund der ***Vielgestaltigkeit der Aufgaben des Architekten*** *nicht einfach, da diese Verträge typischerweise viele verschiedene Aufgaben enthalten. Bei einigen Aufgaben des Architekten und Ingenieurs wäre auch eine Zuordnung zum Dienstvertragsrecht vorstellbar. Der BGH hat sich in seiner Rechtsprechung jedoch durchgängig für eine Unterstellung des Architektenvertrags und des Ingenieurvertrags unter das Werkvertragsrecht entschieden und diese Bewertung zum einen damit begründet, dass die Tätigkeit des Architekten der Herbeiführung eines »Erfolges (§ 631 BGB)« diene, nämlich der »Herstellung eines Bauwerks« und zum anderen festgestellt, dass die Anwendung des Werkvertragsrechts auf der Rechtsfolgenseite zu sachgerechteren Ergebnissen führe. Eine Qualifizierung des Architek-* 12

15 Larenz, Schuldrecht II/1, S. 343.
16 BGBl. I, S. 3138.
17 BGBl. I, S. 2276.
18 Vgl. BGH, Urt. v. 07.03.1974 – VII ZR 217/72, BGHZ 62, 204 = BauR 1974, 211.
19 Vgl. BGH, Urt. v. 22.10.1981 – VII ZR 310/79, BGHZ 82, 100 = BauR 1982, 79.
20 Vgl. BGH, Urt. v. 11.10.2001 – VII ZR 475/00, BGHZ 149, 57 = BauR 2002, 315.
21 Vgl. Berger, in: FBS, vor §§ 650p ff. Rn. 37 ff.; Koeble, in: LKFZ, Einl. Rn. 90 f.; Wirth, in: KMV, Teil B Rn. 111 ff.; Preussner, in: MK, Kap. 8 Rn. 7 ff.; Kniffka, in: Kniffka, Einf. v. § 631 Rn. 69 f.; a.A. aus jüngerer Zeit noch Reichert, BauR 2014, 626, der für die »Planung«, »Vergabe«, »Kostenkontrolle« und »Überwachung« vertrat, dass der Planer hier jeweils nur eine Tätigkeit nach bestimmten Regeln der Kunst schuldet, nicht aber einen Erfolg verspreche; so jetzt auch Deckers, ZfBR 2017, 523 f.
22 BT-Drucks. 18/8486, S. 66.

tenvertrags als ***»gemischter Vertrag«*** *würde zu einer* ***nicht mehr zu beherrschenden Anwendung*** *unterschiedlicher Regelungen der einzelnen Vertragstypen und damit in der Rechtsanwendung zu erheblichen Unsicherheiten führen. Da die Anwendung des Werkvertragsrechts für Architekten und Ingenieure andererseits in einigen Punkten erhebliche, teilweise unverhältnismäßig belastende Konsequenzen hat, sollen die Regelungen des Werkvertragsrechts nicht uneingeschränkt auf Architekten- und Ingenieurverträge Anwendung finden, sondern* ***den Besonderheiten dieses Vertragstyps durch spezielle Regelungen Rechnung getragen*** *werden.* ***Um den besonderen Charakter der Architekten- und Ingenieurverträge deutlich zu machen,*** *werden diese Vorschriften in Titel 9 – Werkvertrag und ähnliche Verträge – in einem eigenen Untertitel zusammengefasst.«*

13 Ob der Architekten- und Ingenieurvertrag auch als Unterfall eines »echten« Werkvertrages und nicht nur als »werkvertragsähnlicher Vertrag« in das Besondere Schuldrecht hätte eingegliedert werden können, kann letztlich dahin stehen. Denn zum einen stellt ein »**Vertragstyp**« ohnehin nur ein **bewegliches Regelmodell** dar, zumal für die Vertragspraxis kein Typenzwang besteht, sondern die schuldrechtlichen Vertragstypen des BGB dispositiv sind.[23] **Entscheidend für die Rechtsanwendung** ist aber vor allem,

- dass der Gesetzgeber für Architekten- und Ingenieurverträge in **§ 650q Abs. 1 BGB** alle Regelungen des »echten« Werkvertragsrechts grundsätzlich für entsprechend anwendbar erklärt,
- einschließlich bestimmter Vorschriften des neuen Bauvertragsrechts,
- und sich im Übrigen denkbarer Verweise auf andere Schuldvertragstypen, z.B. auf das Auftragsrecht oder den Geschäftsbesorgungsvertrag, enthalten hat.

14 Damit schafft der Gesetzgeber nunmehr für die Praxis insoweit eine uneingeschränkt begrüßenswerte Rechtssicherheit. Wie eine Analyse der **Grundnorm des § 650p BGB** über die »**Vertragstypischen Pflichten** aus Architekten- und Ingenieurverträgen« erweisen wird, **bleibt freilich auch nach der Neureglung offen**, welchen **konkreten Werkerfolg** der Architekt bzw. Ingenieur »typischerweise« – also vorbehaltlich abweichender Regelungen – schuldet, wenn er mit der »Planung« oder »Überwachung« beauftragt wird (siehe unten Rdn. 24 sowie eingehend § 650p Rdn. 57 ff.).

C. Inhaltlicher Überblick über die einzelnen Neuregelungen

15 Der Architekten- und Ingenieurvertrag wird, wie soeben aufgezeigt, vom Gesetzgeber als werkvertragsähnlicher Vertrag in das BGB eingeordnet. § 650p BGB definiert als Grundnorm zunächst die vertragstypischen Pflichten (des Planers) im Verhältnis zum allgemeinen Werkvertrag gemäß § 631 Abs. 1 BGB. In § 650q BGB werden sodann alle Vorschriften des allgemeinen Werkvertragsrechts (§§ 631 ff. BGB) sowie einzelne ausgewählte Vorschriften aus dem neuen Rechts des Bauvertrags (§§ 650a ff. BGB) für entsprechend anwendbar erklärt, soweit sich aus den architekten- und ingenieurvertragsspezifischen Regelungen der §§ 650p ff. BGB nichts anderes ergibt.

16 Ein solche Besonderheit des neuen Architekten- und Ingenieurvertragsrechts ist die in § 650p Abs. 2 BGB geschaffene sog. Zielfindungsphase. Sind bei Vertragsschluss die Planungs- und Überwachungsziele noch nicht hinreichend festgelegt – was in der Praxis ein leider immer noch häufig zu beobachtendes Phänomen ist (Stichwort: »Ankreuzvertrag«) –, so haben die Vertragsparteien zunächst eine Zielfindungsphase zu durchlaufen. Der beauftragte Planer muss dann vorab eine »Planungsgrundlage nebst Kosteneinschätzung« erstellen und dem Besteller zur Zustimmung vorlegen (§ 650p Abs. 2 BGB). Können sich die Parteien hierüber nicht verständigen, so steht dem Besteller, und unter bestimmten Voraussetzungen auch dem Planer, künftig ein Sonderkündigungsrecht am Ende dieser Zielfindungsphase zu (§ 650r BGB).

17 Die Vorschrift des § 650q BGB verweist in ihrem ersten Absatz auch auf das im Bauvertragsrecht erstmals geregelte Anordnungsrecht des Bestellers, welches damit auch für den Auftraggeber eines

23 Vgl. zur Einordnung der Schuldverträge in gesetzliche Vertragstypen Larenz/Canaris, Methodenlehre, S. 122 ff.; kritisch zur neuen Systematik des Werkvertragsrechts Orlowski, ZfBR 2016, 416, 419 f.

Architekten- und Ingenieurvertrags gilt. Vor dem Hintergrund des – vordem – verbindlichen Preisrechts der Honorarordnung der Architekten- und Ingenieure (HOAI) sah sich der Gesetzgeber jedoch veranlasst, für die Vergütungshöhe bei Planernachträgen eine eigene Spezialregelung in § 650q Abs. 2 BGB auszugestalten, die einen Vorrang der HOAI in deren Anwendungsbereich sichern soll. Trotz des neuen Charakters der Regelungen der HOAI 2021 als nunmehr bloß unverbindliche orientierende Honorarempfehlungen[24] hat es der Gesetzgeber auch bei der erfolgten Änderung in § 650q Abs. 2 BGB grundsätzlich bei diesem Verweis belassen.[25]

Im Übrigen beschränkt sich das neue Architekten- und Ingenieurvertragsrecht auf zwei Sonderregelungen, die die Themen Abnahme und Mängelhaftung betreffen. In § 650s BGB ist zugunsten des Planers ein gesetzlicher Teilabnahmeanspruch verankert, wenn die Bauausführungsleistungen abgenommen sind. In § 650t BGB ist die Möglichkeit der Inanspruchnahme für einen Überwachungsfehler eingeschränkt: Künftig muss der Besteller zunächst den gesamtschuldnerisch mithaftenden Bauunternehmer (gleichsam als primär Schuldigen) fruchtlos zur Mängelbeseitigung aufgefordert haben, bevor er auf den Planer (und damit mittelbar auf dessen Berufshaftpflichtversicherung) zugehen darf. 18

D. Entkoppelung von HOAI-Systematik und -Terminologie

Der Gesetzgeber hat bei der Formulierung der einzelnen Vorschriften des neuen Architekten- und Ingenieurvertragsrechts besonderen Wert darauf gelegt, überall dort, wo es nicht (wie in § 650q Abs. 2 BGB) um das Planerhonorar geht, möglichst jede Anknüpfung an die HOAI zu vermeiden. Wörtlich heißt es in der regierungsamtlichen Begründung zu § 650p BGB:[26] 19

> *»Auf eine Bezugnahme auf die HOAI, in der die beim Architekten- und Ingenieurvertrag in der Regel zu erbringenden Leistungsbilder und Leistungsphasen definiert sind, wurde bei der Formulierung der vertragstypischen Pflichten aus rechtssystematischen Gründen verzichtet, da es sich bei der HOAI um eine Gebührenordnung handelt.«* 20

Damit soll konsequent beachtet werden, dass die HOAI lediglich *»für Honorare«* gilt (§ 1 Satz 1 HOAI 2021), während die §§ 650p ff. BGB schuldrechtliche Regelungen darstellen. Diese gesetzgeberische Intention einer **»sauberen Trennung« zwischen Schuld- und Preisrecht** ist grundsätzlich zu begrüßen. Denn bekanntlich stellte der BGH[27] seit über zwei Jahrzehnten unermüdlich richtig, dass sich die vom Planer geschuldete Leistung aus dem abgeschlossenen Planervertrag ergibt und dass die HOAI nicht einmal normative Leitbilder für den Inhalt von Architekten- und Ingenieurverträgen enthält, sondern die in der HOAI geregelten »Leistungsbilder« lediglich Gebührentatbestände für die Berechnung des Honorars der Höhe nach sind.[28] 21

In guter Absicht also wurde vom Gesetzgeber indes »das Kind mit dem Bade ausgeschüttet«. So hat § 650s BGB seinen Weg in das BGB erklärtermaßen vor dem Hintergrund einer drohenden »Endloshaftung« des auch mit der Objektbetreuung (LPH 9 HOAI) beauftragten Planers gefunden. Er knüpft jedoch mit dem gesetzlichen Teilabnahmeanspruch ganz bewusst nicht, auch nicht alternativ, an das Ende der HOAI-Leistungsphase 8 an, sondern – und jetzt wird schon die Formulierung mühsam – an *»die Abnahme der letzten Leistung des bauausführenden Unternehmers oder der bauausführenden Unternehmen«*. Die sog. »Zielfindungsphase« des § 650p Abs. 2 BGB wird nicht als Leistungsphase »0«, 1 oder 2 definiert; die dort zu erstellende »Planungsgrundlage« wird nicht als »Bedarfsplanung«, »Vorplanung« o.ä. bezeichnet; und die zu erstellende Kostenermittlung ist in 22

24 Siehe ausführlich Berger, in: FBS, § 2a HOAI Rn. 1 ff. und Berger, in: FBS, § 7 HOAI Rn. 4 ff.

25 Siehe näher § 650q Rdn. 56 ff.

26 BT-Drucks. 18/8486, S. 68.

27 Grundlegend BGH, Urt. v. 24.10.1996 – VII ZR 283/95, BauR 1997, 154.

28 Zutreffend und deutlich jetzt auch im Zuge der Novellierung von ArchLG und HOAI 2021 die amtliche Begründung BT-Drs. 19/21982, S. 13.

bewusster Wortwahl weder eine »Kostenschätzung« noch ein »Kostenrahmen«, sondern eine »Kosten*ein*schätzung«.

23 Diese beinahe Aversion des Gesetzgebers gegen jede allzu verdächtige HOAI-Nähe führt jetzt allerdings zu zwei grundlegenden Problemen:

- Erstens »**Rechtsverunklarung**«: HOAI- bzw. DIN 276-Termini sind weitgehend definiert, praxisbewährt und zumindest in den Grundzügen rechtsklar. Die davon bewusst abgekoppelten Neuschöpfungen in den §§ 650p ff. BGB sind all dies nicht. Und der Gesetzgeber verrät auch nicht, was er meint – und lässt damit Praxis und Rechtsanwender schlimmstenfalls ratlos zurück.
- Zweitens die **Gefahr der Praxisferne:** De facto knüpft die Vertragspraxis in der übergroßen Mehrzahl der Planerverträge an die HOAI und deren Leistungsbilder an. Aufträge werden durch vereinfachende Bezugnahmen auf die HOAI-Leistungsphasen erteilt, Stufenverträge werden entlang der HOAI-Leistungsphasen gebildet, Kostenermittlungspflichten nach der DIN 276 formuliert, usw. Die HOAI-Gebührentatbestände sind denn auch nicht zufällig formuliert, es sind mit den Grundleistungen nicht ohne Grund gerade diejenigene »Leistungen, die regelmäßig im Rahmen von Flächen-Objekt- oder Fachplanungen auszuführen sind« verpreist (§ 3 Abs. 1 Satz 1 HOAI 2021), also diejenigen Leistungen, »*die zur ordnungsgemäßen Erfüllung eines Auftrags im Allgemeinen erforderlich*« sind (§ 3 Abs. 1 Satz 2 HOAI 2021). Die HOAI-Leistungsbilder sind bei aller Verbesserungswürdigkeit seit Jahrzehnten praxiserprobt. Hieran wird mutmaßlich auch kein EU-Vertragsverletzungsverfahren etwas ändern, welches sich ja »nur« gegen § 7 HOAI mit seinem zwingenden Mindest- und Höchstsatzrecht richtet. Wird durch übersteigerte Abnabelungstendenzen von der Leistungsbild- und Leistungsphasensystematik der HOAI und ihrer Terminologie nicht womöglich ein **gesetzliches Leitbild haarscharf an der Praxis vorbei** statuiert? Ist es dem Besteller z.B. noch möglich, unter Abbedingung des § 650s BGB dem Planer einen Teilabnahmeanspruch erst nach der Leistungsphase 8 zu gewähren, was je nach beauftragtem Leistungsbild durchaus praxisgerechter sein kann?

E. Künftig zu lösende Themen

24 Es können nie alle Probleme auf einmal gelöst werden. Zum Beispiel folgende für die Praxis besonders relevante Fragen müssen von den Vertragsparteien angegangen werden:

- § 650p BGB lässt offen, d.h.: überlässt es den Vertragsparteien, was der **geschuldete Werkerfolg eines Architekten- und Ingenieurvertrags** ist.[29] Dies gilt insbesondere für das Erfolgsversprechen im Falle einer Beauftragung mit der »**Überwachung**«: Schuldet der Planer damit bereits die Verhinderung der Entstehung von Baumängeln?[30] Ist der versprochene Überwachungserfolg erst erreicht, wenn der Baumangel beseitigt ist?[31]
- Auch § 650p Abs. 2 BGB dürfte an der vom Gesetzgeber erkannten »**Akquise-Problematik**« wenig ändern.[32] Hülfe hier künftig ein gesetzlich vermuteter (widerleglicher) Rechtsbindungswille weiter, wenn unternehmerische Leistungen abgefragt werden?
- Auf erwartbar grundlegende Kritik ist die gesetzliche Regelung und konkrete Ausgestaltung der sog. Zielfindungsphase in § 650p Abs. 2 BGB i.V.m. § 650r BGB gestoßen – und hier vor allem das völlig unklare Ende dieser sog. Zielfindungsphase, obwohl hiermit wechselseitige Sonder-

---

29 Vgl. BGH Urt. v. 11.07.2019 – VII ZR 266/17, BauR 2019, 1805 – Rn. 21 (»Baukostenobergrenze in AGB«).

30 Siehe die These 5 von Ryll im AK IV – Architekten- und Ingenieurrecht auf dem 10. DBGT 2025, BauR TH 2025, 31, 50 ff.

31 Siehe z.B. die Diskussion im Arbeitskreis IV auf dem 5. Deutschen Baugerichtstag, BauR 2014, 1606, 1608 ff., sowie erneut auf dem 10. Deutschen Baugerichtstag, BauR TH 2025, 31 ff.; eingehend die Kommentierung bei § 650p Rdn. 62 f.

32 Vgl. jüngst wieder OLG Düsseldorf, Urt. v. 20.02.2025 – I-5 U 102/23, BauR 2025, 1410 – Leitsätze 1–3.

kündigungsrechte verbunden sind.[33] Der AK IV des DBGT forderte hier in 2023 vom Gesetzgeber sogar einstimmig (!) eine künftig generell und klar definierte Grenze für das Ende der Zielfindungsphase.[34]

– Zum Leistungsumfang: Wann gehört eine **Kostenermittlung und -verfolgung** sowie eine **Terminplanung und -verfolgung** zum geschuldeten Leistungsumfang? Nur wenn ausdrücklich Termin- und Kostenziele vereinbart sind? Und zu welchem Zeitpunkt sind vereinbarte Leistungen im fortschreitenden Planungs- und Bauablauf zu erbringen (**Fälligkeit von Teilleistungen im Planungsprozess**)?[35]

Der Gesetzgeber sollte diese aufgeworfenen Fragen künftig sicherlich nicht entscheiden, im Einzelfall aber möglicherweise gleichsam »**vorentscheiden**«: Indem er wie z.B. im Modell des § 7 Abs. 1 Satz 2 HOAI 2021 im Sinne einer **Auffangordnung**[36] für Rechtsklarheit sorgt, was insoweit gelten soll, wenn die Parteien nichts anderes vereinbart haben. Zu Reformvorschlägen an den Gesetzgeber siehe insbesondere die Thesen des Arbeitskreises IV – Architekten- und Ingenieurrecht von Berger, Sacher und Zahn auf dem 9. DBGT 2023.[37] 25

Dies alles ändert aber nichts daran: Die erfolgte gesetzliche Regelung eines eigenen Vertragstypus »Architekten- und Ingenieurvertrag« im BGB ist als erster Schritt uneingeschränkt zu begrüßen. Damit ist nunmehr ein gesetzlicher Rahmen vorgegeben, der künftig ggfs. weiterentwickelt werden kann. 26

F. Anwendung auf bereits abgeschlossene Stufenverträge

Die Ergänzung des Art. 229 EGBGB durch die Übergangsvorschrift zum neuen Bauvertragsrecht bestimmt: 27

*»Auf ein **Schuldverhältnis,** das vor dem 1. Januar 2018 **entstanden ist,** finden die Vorschriften dieses Gesetzes, des Bürgerlichen Gesetzbuchs … in der bis zu diesem Tag geltenden Fassung Anwendung.«* 28

Für Stufenverträge[38], deren erste Stufe bereits vor 2018 beauftragt wurde, findet richtigerweise auch für die nach dem 01.01.2018 beauftragten Stufen das »alte« Recht unverändert Anwendung.[39] Zwar erfolgt hier die Annahme des vor dem Stichtag abgegebenen Angebotes über die weitere Stufe erst nach dem Stichtag.[40] Jedoch wird durch die Beauftragung der nächsten Stufe das bestehende Schuldverhältnis **auf Basis bereits vereinbarter (Rahmen-)Bedingungen nur erweitert** (= Änderung des Inhalts eines bestehenden Schuldverhältnisses gemäß § 311 Abs. 1 BGB).[41] Nach wohl herrschender Auffassung können aber nur solche Vertragsänderungen dazu führen, dass das Schuldverhältnis dem neuen Recht untersteht, die den Vertrag gleichsam einem »Neuvertrag« **gänzlich auf eine neue** 29

33 Siehe insb. die Thesen von Sacher im AK IV des DBGT 2023, BauR TH 2023, S. 38 ff.; Voit, in: FS Thierau (2025), S. 461 ff.; ausführlich Glöckner BauR 2024, 419.

34 Vgl. AK IV – Architekten- und Ingenieurrecht, BauR 2023, 1803, 1820 (1821).

35 Zur (vorzeitigen) Fälligkeit von Teilleistungen im Architektenvertrag siehe jetzt ausführlich KG, Urt. v. 26.04.2022 – 21 U 1030/20, BauR 2023, 110; zur Diskussion siehe bereits der Arbeitskreis IV auf dem 4. Deutschen Baugerichtstag, BauR 2012, 1496, 1506.

36 Ausführlich Berger, in: FBS, § 7 HOAI Rn. 10.

37 Veröffentlicht u.a. in BauR TH 2023, S. 35–51.

38 Zu Terminologie, Typen und rechtlicher Struktur ausführlich Berger, in: FBS, vor §§ 650p ff. Rn. 164 ff.

39 Das ist für Stufenverträge und das neue Architekten- und Ingenieurvertragsrecht inzwischen ganz h.M., vgl. Art. 229 EGBGB Rdn. 25 f.; Fuchs, in: LPS, § 650p Rn. 25 ff.; Preussner, in: LPS, Art 229 § 39 EGBGB Rn. 33 ff.; BeckOK BGB/Voit, § 650p Rn. 4; Zahn, in: Kniffka, § 650p Rn. 20; a.A. Koeble, in: LKFZ, Einl. Rn. 54.

40 Was schon für sich genommen nach Grüneberg, in: Palandt, 78. Aufl., Art. 229 § 5 EGBGB Rn. 3 aufgrund eines entsprechend anzunehmenden Parteiwillens im Zweifel zur Geltung alten Schuldrechts führen soll.

41 Vgl. Berger, in: FBS, vor §§ 650p ff. Rn. 175; und ausführlich Berger, in: FS Langen (2023), S. 1, 7 ff.

Grundlage stellen würden.[42] Das ist beim Stufenauftrag gerade nicht der Fall. Die Rechtslage ist insoweit infolge des divergierenden Wortlauts anders als bei 57 Abs. 1 HOAI 2021, bei dem es erst auf den Zeitpunkt der Beauftragung der nächsten Stufe ankommt.[43] Die Übergangsregelung in § 57 Abs. 2 HOAI zur neuen HOAI 2021 ist hingegen entscheidend an das EGBGB angeglichen worden und dementsprechend wie die Überleitungsvorschrift des EGBGB auszulegen.[44]

§ 650p Vertragstypische Pflichten aus Architekten- und Ingenieurverträgen

(1) Durch einen Architekten- oder Ingenieurvertrag wird der Unternehmer verpflichtet, die Leistungen zu erbringen, die nach dem jeweiligen Stand der Planung und Ausführung des Bauwerks oder der Außenanlage erforderlich sind, um die zwischen den Parteien vereinbarten Planungs- und Überwachungsziele zu erreichen.

(2) Soweit wesentliche Planungs- und Überwachungsziele noch nicht vereinbart sind, hat der Unternehmer zunächst eine Planungsgrundlage zur Ermittlung dieser Ziele zu erstellen. Er legt dem Besteller die Planungsgrundlage zusammen mit einer Kosteneinschätzung für das Vorhaben zur Zustimmung vor.

Übersicht Rdn.

42 Vgl. MüKo-BGB/Krüger, Art. 229 § 5 EGBGB Rn. 10; ebenso Grüneberg, in: Palandt, 78. Aufl., Art. 229 § 5 EGBGB Rn. 3; vgl. auch BGH, Urt. v. 10.05.1995 – VIII ZR 264/94, BGHZ 129, 371 = NJW 1995, 2290; BGH, Urt. v. 07.10.1997 – XI ZR 233/96 NJW 1998, 602.

43 Vgl. BGH, Urt. v. 18.12.2014 – VII ZR 350/13, BGHZ 204, 19 = NJW 2015, 616, BauR 2015, 689; Berger, in: FBS, vor §§ 650p ff. Rn. 181.

44 Siehe Berger, in: FBS, vor §§ 650p ff. Rn. 181.

A. Einführung und systematische Einordnung

Durch § 650p Abs. 1 BGB wird als **eigener Vertragstyp** der **»Architekten- und Ingenieurvertrag«** definiert. Er ist nach der Konzeption des Gesetzgebers ein **werkvertragsähnlicher** Vertrag (dazu ausführlich Vorbemerkung zu den §§ 650p bis 650t BGB Rdn. 7 ff.), auf den gemäß **§ 650q Abs. 1 BGB** die Vorschriften des allgemeinen Werkvertragsrechts sowie bestimmte Vorschriften des neuen Bauvertragsrechts entsprechend anwendbar sind (dazu ausführlich § 650q Rdn. 1 ff.). **Abs. 1** ist die **Grundnorm**, die die vertragstypischen Pflichten (der Planers) aus Architekten- und Ingenieurverträgen definiert. **Abs. 2** regelt in der Konzeption des Gesetzgebers den **Sonderfall**, dass im Planervertrag wesentliche Planungs- und Überwachungsziele noch nicht vereinbart sind.[1] 1

Nach der regierungsamtlichen Begründung sollen die Absätze 1 und 2 die Pflichten des Architekten und Ingenieurs *»präziser als der bisher einschlägige § 631 Abs. 1 beschreiben, wonach der Unternehmer die ›Herstellung des versprochenen Werks‹ schuldet«*[2]. In der Tat korreliert **Abs. 1** mit § 631 BGB, auf den § 650q Abs. 1 BGB ebenfalls verweist. Auffällig ist aber, dass Abs. 1 nicht das in § 631 Abs. 1 BGB allgemein bezeichnete »versprochene Werk« näher definiert.[3] Anders als § 650a BGB formuliert Abs. 1 nicht etwa: *»Ein Architekten- und Ingenieurvertrag ist ein Vertrag über die Herstellung einer Planung …«*. Dies dürfte nicht nur an »Formulierungsschwierigkeiten« für die Definition eines Vertrags über die »Überwachung« liegen. Vielmehr unterscheidet sich die Regelung in Abs. 1 von der Legaldefinition des § 650a BGB maßgeblich dadurch, dass sie die einzelnen vom Planer zu erbringenden Leistungen als echte **Leistungshandlungspflichten qualifiziert** (*»Durch … wird … verpflichtet, die Leistungen zu erbringen, die …«*)[4]. Abs. 1 knüpft damit vor allem an § 631 Abs. 2 BGB an und modifiziert die dort lediglich »abstrakt« aufgeführte »Dienstleistung« zu **Hauptleistungspflichten.**[5] Allerdings sind diese geschuldeten Leistungen kein Selbstzweck, denn sie sind zu erbringen, um die zwischen den Parteien vereinbarten Planungs- und Überwachungsziele zu erreichen. Der geschuldete (eine) Werkerfolg gemäß § 631 Abs. 2 BGB besteht damit in der Erreichung der vereinbarten Planungs- und Überwachungsziele, richtigerweise aber *auch* in der Erbringung dieser hierfür im einzelnen notwendigen Leistungen als solchen (eingehend Rdn. 57 ff.). § 650p Abs. 1 BGB regelt also einen Vertragstypus unter (unvollständiger, siehe Rdn. 133) Benennung vertragstypischer Pflichten. Im Ergebnis eher akademisch streitig ist, ob Abs. 1 über diesen abstrakt- 2

1 A.A. Motzke, NZBau 2017, 251, 253 (Abs. 2 als »grundlegende Einstiegsnorm«).
2 Vgl. BT-Drucks. 18/8486, S. 67.
3 Zutreffend Motzke, NZBau 2017, 251.
4 Insoweit zutreffend Motzke, NZBau 2017, 251.
5 Insoweit zutreffend Motzke, NZBau 2017, 251, 255.

beschreibenden Charakter hinaus selbst konkret unmittelbar Leistungspflichten statuiert (dazu Rdn. 32 ff.).

3 Als ein **grundlegendes Novum** regelt **Absatz 2** den Sonderfall, dass die Parteien einen Planervertrag bereits abgeschlossen haben, obwohl »wesentliche Planungs- und Überwachungsziele« noch nicht vereinbart sind. Ein solcher Vertrag ist nicht etwa unwirksam. Der Planer hat in diesen Fällen vielmehr **kraft Gesetzes vorab eine Planungsgrundlage** zu erstellen, die er **dem Besteller nebst einer Kosteneinschätzung zur Zustimmung** vorlegen muss. Abs. 2 steht **in engstem Zusammenhang mit § 650r BGB**, der mit der Einführung von **Sonderkündigungsrechten** die Rechtsfolgen regelt, wenn die Parteien sich über diese nachträgliche Konkretisierung der wesentlichen Planungs- und Überwachungsziele nicht verständigen können.

B. Anwendungsbereich der Absätze 1 und 2

I. »Architekten- und Ingenieurvertrag«

4 Für das Vorliegen eines »Architekten- und Ingenieurvertrags« kommt es nach § 650p Abs. 1 BGB nicht darauf an, ob – berufsstandsbezogen – ein »Architekt« oder »Ingenieur« beauftragt wird.[6] Denn Abs. 1 spricht in der Terminologie des Werkvertragsrechts neutral vom »Unternehmer«. Es geht vielmehr um die Beauftragung von Leistungen zur Erreichung bestimmter Planungs- und Überwachungsziele, nicht um die Beauftragung von Leistungen der Architekten/Innen- und Ingenieure/Innen. § 650p Abs. 1 BGB ist also (wie inzwischen deutlich auch der Wortlaut des § 1 Satz 1 HOAI 2021) **leistungsbezogen, nicht berufsstandsbezogen** formuliert.

5 Die §§ 650p ff. BGB können also anwendbar sein, wenn etwa eine deutsche Großbank ein »**Baucontrolling**« anbietet.[7] Umgekehrt wird ein Generalunternehmervertrag, bei dem der Generalunternehmer nicht nur mit der schlüsselfertigen Erstellung des Bauwerks, sondern auch mit einer hierfür erforderlichen Ausführungsplanung beauftragt wird, als Bauvertrag nach § 650a BGB zu qualifizieren sein. Im Rahmen von § 1 HOAI hat der BGH diese Ausnahme vom sog. leistungsbezogenen Anwendungsbereich bei »**Paketanbietern**« mit der sog. **Schwerpunkttheorie** begründet (**Planung als untergeordnete Vorleistung**).[8] Bei dieser Beurteilung nach dem »Schwerpunkt« der beauftragten Leistungen handelt es sich zugleich um die vom BGH präferierte Methode zur Einordnung von Verträgen unter die Vertragstypen des BGB.[9] Deshalb wird diese Rechtsprechung auch auf die Frage der Einordnung von Verträgen unter § 650a BGB oder § 650p BGB übertragbar sein.[10] Dementsprechend sind die §§ 650p ff. BGB auch nicht anwendbar auf Planungsleistungen, die im Rahmen eines **Bauträgervertrags** gemäß §§ 650u ff. BGB vom Unternehmer erbracht werden (wobei der Bauträgervertrag seinerseits gemäß der Regelung in § 650u BGB einen sog. Typenkombinationsvertrag darstellt).

6 Da es bei § 650p Abs. 1 BGB leistungsbezogen um die Beauftragung von Leistungen zur Erreichung bestimmter Planungs- und Überwachungsziele geht, es sich also zwangsläufig **bei den beauftragten Leistungen um Planungs- oder Überwachungsleistungen** handeln muss, können die §§ 650p ff. BGB nicht angewendet werden auf Verträge, bei denen nicht zumindest der Leistungsschwerpunkt (siehe vorstehend Rdn. 5) auf der Planungs- oder Überwachungstätigkeit liegt,[11] mögen die betreffenden Leistungen auch im Zusammenhang mit einem Bauwerk oder einer Außenanlage

6 Ganz h.M., vgl. Fuchs, in: LPS, § 650p Rn. 31 f.; Zahn, in: Kniffka, § 650p Rn. 41; MüKo-BGB/Busche, § 650p Rn. 4.

7 Vgl. den Fall LG Berlin, Urt. v. 30.05.2002 – 16 O 576/01, IBR 2003, 89.

8 Vgl. BGH, Urt. v. 22.05.1997 – VII ZR 290/95, BauR 1997, 677 = NJW 1997, 2329; dazu näher Berger, in: FBS, vor §§ 650p ff. A I Rn. 18 ff.

9 Vgl. etwa Larenz/Canaris, Schuldrecht II/2 § 63 I und Grüneberg, in: Grüneberg, Vor § 311 Rn. 25 f., jeweils mit Nachweisen zur Rechtsprechung. Ausführlich Berger, in: FBS, Vor § 650p Rn. 60.

10 Ebenso Fuchs, in: LPS, § 650p Rn. 39 f.

11 Vgl. Fuchs, in: LPS, § 650p Rn. 36.

erbracht werden. Aus diesem Grund scheidet bspw. die **Ingenieurvermessung**[12] oder der **Bodengutachter**, wenn er nicht mit Gründungsvorschlägen beauftragt ist, sondern nur die Baugrundverhältnisse (zutreffend) zu beschreiben hat,[13] aus dem Anwendungsbereich der §§ 650p ff. BGB aus. Und auch für eine analoge Anwendung dürfte hier angesichts der einzelnen Regelungsgegenstände dieser Vorschriften (z.B. §§ 650p Abs. 2, 650q, 650s, 650t BGB) im Zweifel kein Bedürfnis und damit mangels vergleichbarer Interessenlage auch keine Rechtfertigung bestehen. Umgekehrt: **Wo immer Planungs- oder Überwachungsleistungen zumindest den Leistungsschwerpunkt bilden**, sind die §§ 650p ff. BGB jedenfalls entsprechend anwendbar, einen hinreichend konkreten notwendigen Bauwerks- bzw. Außenanlagenbezug freilich vorausgesetzt[14] (dazu noch unten Rdn. 7 ff. und Rdn. 10 f.). Unter §§ 650p ff. BGB fallen daher unter dieser Voraussetzung die meisten sog. **Fachplanungs- und Beratungsleistungsbilder der Anlage 1 HOAI.**[15] Ebenfalls unter §§ 650p ff. BGB dürfte daher auch ein Vertrag fallen, in dem der Leistungserbringer die von einem Architekten erstellte Planung eines Bauvorhabens auf Optimierungs- und Einsparmöglichkeiten hin überprüfen soll (»Plancontrolling«).[16] Je nach Vertragsausgestaltung und nach vorgenannter Maßgabe sind die §§ 650p ff. BGB daher auch auf **Projektsteuerungsverträge** oder auf **Projektcontrollingverträge** jedenfalls entsprechend anwendbar, namentlich wenn das AHO-Leistungsbild beauftragt ist, auch wenn es sich hierbei nicht um gleichsam »klassische« Architekten- und Ingenieurleistungen im Sinne der HOAI-Leistungsbilder handelt, die der Gesetzgeber vor Augen gehabt haben dürfte.[17]

II. Planungs-/Überwachungsleistungen für »Bauwerke« bzw. »Außenanlagen«

Bei den zu erbringenden Leistungen des Planers muss es sich um Planungs- bzw. Überwachungsleistungen für ein »Bauwerk« oder eine »Außenanlage« handeln. 7

Die Vorschrift verwendet mit »**Bauwerk**« den gleichen Terminus **wie §§ 634a Abs. 1 Nr. 2, 650a BGB**. Der Gesetzgeber nimmt in der Begründung zu § 650a BGB Bezug auf den Bauwerksbegriff in § 634a Abs. 1 Nr. 2 BGB und die dazu ergangene Rechtsprechung.[18] Zu § 650p BGB führt die Gesetzesbegründung nichts Abweichendes aus. Daher ist der Terminus »Bauwerk« in allen Vorschriften identisch zu verstehen,[19] was freilich nicht dazu zwingt, über die grundsätzliche Bauwerks-Definition hinaus die Einzelfallkasuistik dieser Vorschriften zu übernehmen. Siehe daher die Kommentierung bei § 650a Rdn. 6 ff. Bauwerke sind danach unbewegliche, durch Verwendung von Arbeit und Material in Verbindung mit dem Erdboden hergestellte Sachen.[20] Hierzu gehören zunächst die Gebäude der HOAI-Anlage 10.2 (**Objektliste Gebäude**), die Ingenieurbauwerke der HOAI-Anlage 12.2 (**Objektliste Ingenieurbauwerke**) sowie die Verkehrsanlagen der HOAI-Anlage 13.2 (**Objektliste Verkehrsanlagen**)[21]. Zu Teilen von Bauwerken siehe Rdn. 11. 8

12 Zutreffend Fuchs, in: LPS, § 650 Rn. 74; a.A. Zahn, in: Kniffka, § 650p Rn. 45.

13 Vgl. die zutreffende Differenzierung bei Fuchs, in: LPS, § 650p Rn. 73.

14 Spätestens daran dürfte eine direkte oder zumindest analoge Anwendung der §§ 650p ff. BGB auf die arbeitschutzrechtlichen Tätigkeiten des SiGeKo scheitern, vgl. Fuchs, in: LPS, § 650p Rn. 76; Zahn, in: Kniffka, § 650p Rn. 44.

15 Vgl. Fuchs, in: LPS § 650p Rn. 70 ff.

16 Zur Einordnung als Werkvertrag gemäß § 631 BGB vgl. KG, Urt. v. 19.12.2023 – 21 U 24/23, BauR 2024, 1408, 1408 f.

17 Für unmittelbare Anwendung Eschenbruch/Hansen, BauR 2020, 543, 546; Fuchs, in: LPS, § 650p Rn. 75; a.A. BeckOK BGB/Voit, § 650p Rn. 5.

18 BT-Drucks. 18/8486, S. 53.

19 Wie hier Kniffka/Retzlaff, BauR 1747, 1848; Retzlaff, in: Grüneberg, § 650p Rn. 6; MüKo-BGB/Busche, § 650p Rn. 8; Zahn, in: Kniffka, § 650p Rn. 30; BeckOK BGB/Voit, § 650p Rn. 6; a.A. und für einen »weiten« Bauwerksbegriff Fuchs, in: LPS, § 650p Rn. 43 wider die Übertragbarkeit der verjährungsrechtlich begründeten Kasuistik zu § 634a BGB auf die §§ 650p ff. BGB.

20 BGH, Urt. v. 20.05.2003 – X ZR 57/02, BauR 2003, 1391.

21 Zustimmend Fuchs, in: LPS, § 650p Rn. 58 ff.; a.A. Koeble/Locher/Zahn, in: LKFZ, Einl. Rn. 91, die auch Verkehrsanlagen, Technische Ausrüstung in Freianlagen und »Ingenieurbauwerke in freier Landschaft« unter den Begriff der »Außenanlage« fallen lassen wollen. Im Ergebnis bestehen damit aber kei-

9 Abs. 1 äußert sich nicht dazu, ob es sich bei den Planungs- und Überwachungsleistungen um solche betreffend die »**Herstellung**«, die »**Wiederherstellung**«, die »**Beseitigung**« oder den »**Umbau**« (§ 650a Abs. 1 BGB) bzw. betreffend die **Instandhaltung** (§ 650a Abs. 2 BGB) eines Bauwerks handelt. Die amtliche Begründung spricht einerseits einschränkend davon, dass die Definition des Abs. 1 »*sowohl Architekten- und Ingenieurleistungen zur **Herstellung** von Bauwerken als auch zur **Herstellung** von Außenanlagen*« umfasse.[22] Bei der Definition der Außenanlage wird jedoch wiederum der Gleichlauf mit den Termini des § 650a Abs. 1 BGB betont.[23] Wenn Architekten- und Ingenieurleistungen entgegen der bislang völlig gängigen, *de facto* durch die HOAI geprägten Praxis künftig keine Planungs- bzw. Überwachungsleistungen für Umbauten, Wiederherstellungen usw. mehr betreffen sollten, hätte dies jedoch deutlich zum Ausdruck kommen müssen. Umgekehrt dürften wegen der in Abs. 1 *fehlenden* Einschränkung bzgl. »Beseitigungsarbeiten« auch **Planungs- und Überwachungsleistungen für den Abbruch, Abriss, Baufeldfreimachung, Entsorgung** o.ä.[24] *unmittelbar* unter § 650p Abs. 1 BGB fallen.[25] Sähe man dies anders, etwa weil dies nicht unter den Bauwerksbegriff i.S.d. § 634a BGB fallen sollen oder weil der vollständige Abbruch von Objekten in der HOAI traditionell nicht preisrechtlich geregelt war[26], dürfte jedenfalls eine *entsprechende Anwendung* der §§ 650p ff. BGB grundsätzlich zu bejahen sein (zu §§ 650e, f BGB siehe § 650q Rdn. 93 ff.).

10 Der Begriff der »**Außenanlage**« soll nach der relativ ausführlichen amtlichen Begründung hierzu[27] ebenso zu verstehen sein wie in § 648a BGB a.F. = § 650f BGB nF. Nach der Rechtsprechung des BGH[28] seien als Arbeiten an einer Außenanlage solche gemeint, die mit Arbeiten an einem Bauwerk im weitesten Sinne vergleichbar seien. Daher seien hier nicht sämtliche Arbeiten an einem Grundstück erfasst, sondern es müsse sich um **gestalterische** Arbeiten handeln, die der Errichtung der Anlage oder deren Bestand dienen. Dies entspreche auch der Verwendung des Begriffs der Außenanlagen in § 650a BGB. Dort sei auch nicht jede Vereinbarung über Arbeiten an einem Grundstück als Bauvertrag anzusehen, sondern nur die Herstellung, die Wiederherstellung, die Beseitigung oder der Umbau einer Anlage. Beispiele für solch notwendig gestalterische Arbeiten seien danach Planungsleistungen für die Errichtung oder Umgestaltung eines Gartens, eines Parks, eines Teichs oder eines Dammes. Nach der Amtlichen Begründung kommt es hingegen nicht darauf an, ob die Außenanlage in einem Zusammenhang mit einem Bauwerk stehe oder nicht. Zuzustimmen ist der Amtlichen Begründung[29], wonach damit Planungs- und Überwachungsleistungen zur Einrichtung oder Umgestaltung von »**Freianlagen« im Sinne des § 39 HOAI** regelmäßig als Architekten- oder Ingenieurverträge anzusehen sind. Auf die Planung und Überwachung von **vorbereitenden (z.B. Rodungs-)Arbeiten** dürften § 650p BGB ff. aufgrund der vergleichbaren Interessenlage jedenfalls entsprechend anwendbar sein.[30]

11 Anders als § 650a BGB spricht § 650p Abs. 1 BGB nicht von einem Bauwerk, einer Außenanlage »**oder einem Teil davon**«. Ein Unterschied in der Sache dürfte hieraus nicht folgen.[31] Zum einen ist die Herstellung einzelner Bauteile ebenfalls als Bauwerksleistung anzusehen (siehe § 650a Rdn. 8). Zum anderen ergibt sich dies aus dem vorstehend aufgezeigten (Rdn. 8 ff.), gerade für Außenanlagen vom Gesetzgeber intendierten Gleichlauf mit § 648a BGB a.F. Diese Vorschrift sprach ebenfalls

ne Unterschiede. **Unzutreffend** aber Deckers, ZfBR 2017, 523, 525 f., der die Verkehrsanlagenplanung aus dem Anwendungsbereich der §§ 650p ff. BGB ausnehmen will.

22 BT-Drucks. 18/8486, S. 66.

23 Vgl. BT-Drucks. 18/8486, S. 67.

24 Siehe z.B. AHO-Schriftenreihe Heft Nr. 8 (Leistungsbild für den Planungsbereich »Altlasten«) und Nr. 18 (Leistungsbild für den Planungsbereich »Baufeldfreimachung/Rückbau«).

25 Ebenso Fuchs, in: LPS, § 650p Rn. 47; a.A. Kniffka/Retzlaff, BauR 2017, 1747, 1849.

26 Vgl. Seifert/Fuchs, in: FBS, § 33 HOAI Rn. 21.

27 Vgl. BT-Drucks. 18/8486, S. 66 f.

28 Vgl. BGH, Urt. v. 24.02.2005 – VII ZR 86/04, NJW-RR 2005, 750.

29 Vgl. BT-Drucks. 18/8486, S. 67.

30 Für unmittelbare Anwendung Fuchs, in: LPS, § 650p Rn. 50; a.A. Zahn, in: Kniffka, § 650p Rn. 38.

31 Ebenso Fuchs, in: LPS, § 650p Rn. 45.

vom Unternehmer »*eines Bauwerks, einer Außenanlage oder eines Teils davon*«. Auch die **Tragwerksplanung**, die **Fassadenplanung**, die **Fachplanung der Technischen Ausrüstung** usw. fallen daher fraglos unter die Architekten- und Ingenieurverträge i.S.d. § 650p Abs. 1 BGB.[32] In diesen Fällen ist der sog. »**Vertragsgegenstand**«[33], das Planungsobjekt, auf einen Teil des (Gesamt-)Bauwerks beschränkt, was sich meistens schon aus dem beauftragten Leistungsbild ergibt (§§ 133, 157 BGB). Für den **Prüfstatiker** kommt es insoweit darauf an, ob er hoheitlich beauftragt ist (dann §§ 650p ff. BGB nicht [analog] anwendbar), oder privatrechtlich (dann §§ 650p ff. BGB anwendbar).[34] Sofern Leistungen der **Objektplanung Innenräume** nicht ohnehin unmittelbar bauwerksbezogen sind, dürften die §§ 650p BGB ff. wegen der vergleichbaren Interessenlage jedenfalls entsprechend anwendbar sein.[35] Eine entsprechende Anwendung kann sogar für die Planung und Überwachung der **losen Möblierung bzw. sonstige Ausstattung** bejaht werden, auch wenn keine feste Verbindung zum Bauwerk besteht.[36] Gleiches gilt für die Planung und Überwachung von **vorbereitenden Arbeiten im Zusammenhang mit einem Bauwerk** (z.B. Ausheben einer Baugrube).[37] Ob für die sog. **Flächenplanungsleistungsbilder der HOAI** hingegen noch ein hinreichend konkreter Bauwerks- bzw. Außenanlagenbezug oder zumindest eine Analogie-rechtfertigende vergleichbare Interessenlage besteht, dürfte eher zweifelhaft sein.[38]

C. Vertragstypische Pflichten des Unternehmers

I. Absatz 1 (wesentliche Planungs- und Überwachungsziele vereinbart)

Nach Abs. 1 ist der Planer verpflichtet »die **Leistungen** zu erbringen, die nach dem jeweiligen Stand der Planung und Ausführung des Bauwerkes oder der Außenanlage erforderlich sind, um die vereinbarten **Planungs- und Überwachungsziele** zu erreichen.« Nach der amtlichen Begründung soll mit dieser Formulierung zum Ausdruck gebracht werden, 12

»*dass Architekten- und Ingenieurverträge typischerweise eine Reihe verschiedener Pflichten umfassen und zwischen dem Planungserfolg und den Planungs- und Leistungsschritten zu unterscheiden ist.*«[39] 13

Der Gesetzgeber kommt damit einer ausdrücklichen Empfehlung insbesondere der »Arbeitsgruppe Bauvertragsrecht« nach, die in ihrem Abschlussbericht ausdrücklich gefordert hatte, dass die Neuregelung »*zwischen dem **Planungserfolg** und den **Planungsschritten/Leistungsschritten** zu unterscheiden habe, da beide Aspekte sich ergänzten.*«[40] § 650p Abs. 1 BGB entspricht damit – zumindest im Wesentlichen – der bereits nach alter Rechtslage vorgenommenen Differenzierung zwischen den **Leistungszielen** und den **hierfür zu erbringenden Leistungen**. Hierfür werden in der architektenrechtlichen Literatur[41] entsprechend dem früheren **§ 3 Abs. 2 Satz 2 HOAI 2009** die Termini »**Leistungsziele**« und »**Leistungsumfang**« verwendet (dazu unten Rdn. 16 ff. und Rdn. 32 ff.). 14

32 Ebenso Fuchs, in: LPS, § 650p Rn. 61.

33 Vgl. BGH, Urt. v. 11.12.2008 – VII ZR 235/06, BauR 2009, 521 = NJW-RR 2009, 519; siehe Seifert/Berger, in: FBS, § 2 HOAI Rn. 15.

34 Zutreffend unter Hinweis auf den Schutzzweck des privatrechtlichen Vertrags zugunsten auch des Bauherrn Fuchs, in: LPS, § 650p Rn. 62.

35 Für eine unmittelbare Anwendung aufgrund eines »weit« zu verstehenden Bauwerksbegriffs Fuchs, in: LPS, § 650p Rn. 55.

36 Für eine unmittelbare Anwendung aufgrund eines »weit« zu verstehenden Bauwerksbegriffs wiederum Fuchs, in: LPS, § 650p Rn. 55; a.A. Kniffka/Retzlaff, BauR 2017, 1747, 1849.

37 Für unmittelbare Anwendung Fuchs, in: LPS, § 650p Rn. 44.

38 Wie hier etwa Kniffka/Retzlaff, BauR 2017, 1747, 1849; Retzlaff, in: Grüneberg, § 650p Rn. 6; wohl auch Zahn, in: Kniffka, § 650p Rn. 42 f.; a.A. Fuchs, in: LPS, § 650p Rn. 67 ff.

39 Vgl. BT-Drucks. 18/8486, S. 66.

40 Abschlussbericht der Arbeitsgruppe Bauvertragsrecht, S. 54.

41 Z.B. Fuchs, in: LPS, § 650p Rn. 85.

15 Was Abs. 1 bei näherer Betrachtung unverändert nicht definiert, ist der bei einem Architekten- und Ingenieurvertrag **geschuldete konkrete Werkerfolg.** Da insbesondere die »Planungs- und Überwachungsziele« vom Gesetzgeber in keiner Form näher definiert werden, auch nicht in Gestalt einer Auffangregelung (»soweit die Parteien nichts anderes vereinbart haben«), ist deren Festlegung mehr denn je Aufgabe der Parteien (siehe dazu noch unten Rdn. 57 ff.).

1. »Vereinbarte Planungs- und Überwachungsziele« – Das Leistungsziel

16 Mit dem Begriff »Planungs- und Überwachungsziele« hat der Gesetzgeber vor allem die Anforderungen **an das zu planende Objekt**, an das Bauvorhaben, vor Augen, wonach nach Abs. 2 denjenigen Konstellationen Rechnung getragen werden soll,

17 *»in denen sich der Besteller mit noch vagen Vorstellungen* ***von dem zu planenden Bauvorhaben*** *oder der Außenanlage an den Architekten oder Ingenieur wendet, und daher bei Vertragsschluss noch keine Einigung über alle wesentlichen Planungs- und Überwachungsziele vorliegt.«*[42]

18 Damit **entspricht** der Begriff der **»Planungs- und Überwachungsziele«** dem überkommenen Begriff der sog. **»Leistungsziele«**. Hierunter werden von der architektenrechtlichen Literatur ebenfalls die Anforderungen des Bestellers **an das zu planende Gebäude** verstanden, unterteilt vor allem in die Kategorien Quantität und Qualität, Kosten und ggfs. Zeit.[43] Zu den die geschuldeten Leistungen bestimmenden Planungs- und Überwachungszielen gehören damit
- qualitative und quantitative Anforderungen an das Planungsobjekt (Rdn. 22),
- die auszuführende Maßnahme (Rdn. 23)
- aber auch etwaige Kostenvorgaben bzgl. des Bauwerks (Rdn. 24 f.)
- sowie etwaige bauwerksbezogene terminliche Vorgaben in terminlicher Hinsicht (streitig, siehe unten Rdn. 26).

19 Dies alles betrifft Vorgaben bzw. Anforderungen bzgl. *des Bauwerks.* Zu klären wird sein, ob »Planungs- und Überwachungsziele« i.S.d. Abs. 1 auch reine Vorgaben *an die geschuldeten Leistungen* umfassen können (z.B. eine Vorgabe, wann die Ausführungsplanung fertiggestellt sein muss, oder welche Softwarekompatibilitäten die Planungsdateien aufweisen müssen; dazu Rdn. 27 f.).

20 Der Ermittlung dieser Planungs- und Überwachungsziele geht regelmäßig eine Bedarfsermittlung im weiteren Sinne voraus, damit diese Planungs- und Überwachungsziele überhaupt **für den Vertragsschluss festgelegt** werden können. Wenn diese Planungs- und Überwachungsziele im Planervertrag nicht hinreichend festgelegt sind, hat dies häufig seinen Grund darin, dass es an einer vorangegangenen sorgfältigen und systematischen Bedarfsermittlung und -aufbereitung fehlt. Für diesen Fall statuiert § 650p Abs. 2 BGB nunmehr eine gesetzliche zusätzliche Leistungspflicht des Planers: In einem solchen Fall nicht hinreichend vereinbarter wesentlicher Planungs- und Überwachungsziele hat der Planer zunächst eine entsprechende »**Planungsgrundlage**« zu erstellen und dem Besteller zur Zustimmung vorzulegen (dazu eingehend unten Rdn. 65 ff.). Diese in Abs. 2 erwähnte »Planungsgrundlage« ist selbst kein solches »Planungs- und Überwachungsziel«. Vielmehr **dient sie der Ermittlung** und Festlegung der erst auf ihrer Basis zu vereinbarenden **Planungs- und Überwachungsziele.** Das Planungs- und Überwachungsziel kann und wird freilich im »Zustimmungsfalle« zur Planungsgrundlage lauten, ein Objekt zu planen oder/und zu überwachen, welches die in der Planungsgrundlage zusammengestellten Anforderungen des Bestellers einhält (siehe Rdn. 123 f.).

21 Sind die wesentlichen Planungs- und Überwachungsziele im Vertrag festgelegt, so erfolgt im weiteren »dynamischen« **Planungsprozess** deren weitere **Konkretisierung.** Das **Leistungsphasenmodell der HOAI** ist strukturell explizit auf eine solche **stufenweise Konkretisierung** ausgelegt.[44] Im neuen Architekten- und Ingenieurvertragsrecht kommt dies vor allem durch den sog. **dynamischen**

---

42 Vgl. BT-Drucks. 18/8486, S. 67.
43 Vgl. Fuchs, in: LPS, § 650p Rn. 96 ff.
44 Vgl. Fuchs, in: LPS, § 650p Rn. 117; Berger/Fuchs, Rn. 43 ff.

Leistungsumfang in Abs. 1 zum Ausdruck (siehe Rdn. 48 ff.). Durch diese stufenweise Konkretisierung der Planungsvorgaben unterscheidet sich der Planervertrag strukturell vom konventionellen Bauausführungsvertrag, bei dem das (zuvor in der Planungsphase endgültig konkretisierte) sog. Bausoll gleichsam »statisch« mit Vertragsschluss festgelegt ist. Zur Abgrenzung der Leistungszielkonkretisierung von der Leistungszieländerung im Planervertrag siehe näher § 650q Rdn. 45 ff.

Zu den danach möglichen Planungs- und Überwachungszielen im Einzelnen:

a) Qualitative und quantitative Anforderungen an das Planungsobjekt

Bei den qualitativen Vorgaben (Was wird gebaut nach Qualitätsstandard, Farbe, Material, …) und quantitativen Vorgaben (wieviel wird gebaut nach Fläche, Größe, Höhe, das Raum- und Funktionsprogramm, …) an das Planungsobjekt handelt es sich um den **klassischen Kernbereich** der zu vereinbarenden Planungs- und Überwachungsziele.[45] Es handelt sich um Beschaffenheitsvereinbarungen gemäß § 633 Abs. 2 BGB, die dem zu planenden oder/und zu überwachenden Bauwerk gleichsam unmittelbar »anhaften«. Vor allem diese Planungs- und Überwachungsziele hatte der Gesetzgeber bei Schaffung des Abs. 2 vor Augen, wenn er von den in der Praxis bei Vertragsschluss häufig noch viel zu vagen Vorstellungen des Bestellers »*von dem zu planenden Bauvorhaben*« spricht.[46] Die Frage ist hier nicht, ob diese qualitativen und quantitativen Vorgaben an das Bauwerk zu den Planungs- und Überwachungszielen i.S.d. Abs. 1 gehören – das tun sie gewiss! Das rechtliche **Hauptproblem** liegt hier wegen **§§ 650p Abs. 2, 650r BGB** darin, ob bei Vertragsschluss bereits alle wesentlichen Planungs- und Überwachungsziele vereinbart sind. Andernfalls muss der Planer künftig zunächst eine – von diesen Zielen zu unterscheidende (oben Rdn. 20) – Planungsgrundlage zur deren Ermittlung erstellen, § 650 Abs. 2 BGB (ausführlich unten Rdn. 65 ff.). 22

b) Festlegung der Maßnahme

In der Literatur wird vertreten, zu den Planungs- und Überwachungszielen gehöre auch die Festlegung der durchzuführenden Maßnahme (»**Neubau**«, »**Umbau**«, »**Instandsetzung**«, »**Instandhaltung**«, »**Renovierung**« usw.).[47] Da diese Maßnahme das Bauwerk selbst betrifft und zugleich eine zentrale leistungsbestimmende Vorgabe darstellt, ist diese Auffassung sehr gut vertretbar. Ihr wird hier gefolgt. 23

c) Einhaltung von Kostenobergrenzen

Als leistungsbestimmende Anforderung an das zu planendes Objekt können die Parteien als »Planungs- und Überwachungsziel« auch Vereinbarungen zur Einhaltung von Baukosten treffen (»**Kostenvorgabe**« gemäß Ziffer 3.6 der DIN 276:2018–12).[48] Dies harmonisiert auch mit Abs. 2 Satz 2, wonach der Planer dem Besteller zusammen mit der Planungsgrundlage eine Kosteneinschätzung zur Zustimmung vorzulegen hat, wenn wesentliche Planungs- und Überwachungsziele noch nicht vereinbart sind. Neben Vorgaben für die **Baukosten** können die Parteien auch Vorgaben bezüglich der **Baunutzungskosten** vereinbaren (siehe hierzu DIN 18960 »Nutzungskosten im Hochbau«). 24

Eine solche Kostenvorgabe kann in Gestalt einer (exakten) verbindlichen »**Kostenobergrenze**« erfolgen, aber z.B. auch durch eine Kostenvorgabe als bloße »**Zielgröße**« für die Planung (siehe Ziffer 3.6 der DIN 276:2018–12). Solche Vereinbarungen, insbesondere die Vereinbarung einer verbindlichen Baukostenobergrenze, stellt nach der Rechtsprechung des BGH eine **Beschaffenheitsvereinbarung** bezüglich des vom Planer geschuldeten Werkerfolgs dar.[49] Solche Vereinbarungen halten nach höchst- 25

45 Ebenso Fuchs, in: LPS, § 650p Rn. 97.
46 Vgl. BT-Drucks. 18/8486, S. 67.
47 Vgl. Koeble/Locher/Zahn, in: LKFZ Einl. Rn. 92.
48 Vgl. Dammert, BauR 2017, 421, 424.
49 Vgl. BGH, Urt. v. 11.07.2019 – VII ZR 266/17, BauR 2019, 1805 Rn. 24 (entgegen Retzlaff, NZBau 2017, 131) und bereits BGH, Urt. v. 06.10.2016 – VII ZR 185/13, BauR 2017, 134 – Leitsatz 2.

richterlicher Rechtsprechung einer AGB-Kontrolle statt, soweit sie einer solchen zugänglich sind.[50] Wird nur eine »ca.«-Kostenvorgabe gemacht, so ist auch dies eine Beschaffenheitsvereinbarung und nicht etwa unverbindlich. Es muss in diesem Fall aber gemäß §§ 133, 157 BGB ausgelegt werden, welche Spannbreite dieses »ca.« umfasst.[51] Eine Planung, die die vereinbarte Baukostenobergrenze überschreitet, soll im Einzelfall sogar wegen Wertlosigkeit zum vollständigen Entfall des Honoraranspruchs führen können, wenn nämlich nicht festgestellt werden kann, dass mit dieser Planung das Bauprojekt unter Einhaltung der verbindlich vereinbarten Kostenobergrenze hätte durchgeführt werden können.[52]

d) Einhaltung von bauwerksbezogenen Terminvorgaben

26 Nach umstrittener Auffassung können auch Zeitvorgaben zu den sog. Leistungszielen, verstanden als die Anforderungen an das zu planende Objekt, gehören. Solche **bauwerksbezogenen zeitlichen Beschaffenheitsvereinbarungen** (wie dessen Fertigstellungstermin) fallen dann ebenfalls unter § 633 Abs. 2 BGB, der nach dieser Auffassung nicht voraussetzt, dass vereinbarte Beschaffenheiten dem Bauwerk gleichsam unmittelbar anhaften müssten.[53] Folgt man dieser Argumentation, können solche bauwerksbezogenen Terminvorgaben ein Planungs- und Überwachungsziel i.S.d. § 650p Abs. 1 BGB darstellen. **Hiervon zu unterscheiden** sind **terminliche Vorgaben an die Planung selbst** (»Planung der Planung«, »Leistungsablauf«). Diese könnten als »leistungsbestimmende« Vorgaben theoretisch ebenfalls unter den Begriff der »Planungs- und Überwachungsziele« gefasst werden. Jedoch ist hier auch mit Blick auf § 650p Abs. 2 BGB Zurückhaltung geboten (siehe sogleich Rdn. 27 f.).

e) Anforderungen an die Planungsleistungen selbst als »Planungs- und Überwachungsziele«?

27 Neben dem soeben angesprochenen Fall des Leistungsablaufs könnten unter den insoweit offenen Terminus »Planungs- und Überwachungsziele« auch sämtliche Vorgaben gefasst werden, die nicht das zu planende Objekt betreffen, sondern ausschließlich die hierfür zu erbringenden Planungs- und Überwachungsleistungen. Als Unterfälle einer solchen Vereinbarung **rein leistungsbestimmender Ziele** kämen etwa Vorgaben zur Planungsmethode (z.B. Building Information Modeling = BIM)[54] oder zur zu verwendenden Software (z.B. Auto-CAD) in Betracht.

28 **Gegen ein solch extensives Verständnis** spricht aber nicht nur, dass der Gesetzgeber ausweislich der regierungsamtlichen Begründung nur Vorgaben an das zu planende Bauvorhaben selbst vor Augen hatte.[55] Andernfalls drohte die Definition in Abs. 1 auch zirkulär bzw. sogar widersprüchlich zu werden: Welche Leistungen soll der Planer schulden, damit er bspw. eine für seine Ausführungsplanung vereinbarte Fertigstellungsfrist einhält? Er muss hierzu nicht eine bestimmte Leistung erbringen, auch nicht die Grundleistung h) der LPH 2 der Anlage 10.1 HOAI, sondern schlicht die beauftragten Ausführungsplanungsleistungen fristgerecht fertigstellten. Schließlich ist auch im Hinblick auf die Regelung in Abs. 2 im Zweifel ein restriktives Verständnis dessen geboten, was zu den Planungs- und Überwachungszielen und damit potenziell zu den wesentlichen Planungs- und Überwachungszielen im Sinne des Abs. 2 gehören kann. Andernfalls würden ggfs. leichtfertig nicht gewollte Möglichkeiten für die Vertragsparteien geschaffen, sich über die Sonderkündigungsrechte des § 650r BGB ihren Vertragspflichten zu entziehen.

---

50 Vgl. BGH, Urt. v. 11.07.2019 – VII ZR 266/17, BauR 2019, 1805.

51 Vgl. BGH, Urt. v. 21.03.2013 – VII ZR 230/11, NJW 2013, 1539.

52 Vgl. OLG Naumburg Urt. v. 21.12.2023 – 2 U 138/22, BauR 2025, 1094.

53 Vgl. explizit Langen, NZBau 2009, 145, 146; wohl auch Fuchs, in: LPS, § 650p Rn. 101 und 156a ff.; ähnlich Kniffka, § 633 Rn. 19.

54 Grundsätzlich wie hier Fuchs, in: LPS, § 650p Rn. 101a, der aber differenziert, soweit sich BIM-Anforderungen an das zu übergebende Gebäudemodell richten bzw. an das Bauwerk selbst; für eine generelle Einordnung unter die Planungs- und Überwachungsziele Dischke/Ritter, BauR 2018, 727, 732.

55 Vgl. BT-Drucks. 18/8486, S. 67.

f) »Übliche« Leistungsziele gemäß § 633 Abs. 2 Satz 2 Nr. 2 BGB?

Die vereinbarten Planungs- und Überwachungsziele stellen vereinbarte Beschaffenheiten des versprochenen Werks dar (Rdn. 22 ff.). Soweit die Parteien keine Planungs- und Überwachungsziele vereinbart haben, könnte danach daran gedacht werden, dass insoweit **»übliche« Leistungsziele** im Sinne des **§ 633 Abs. 2 Satz 2 Nr. 2 BGB** gelten könnten. Dies dürfte jedoch in der Regel nicht in Betracht kommen:[56] 29

Dagegen spricht zum einen die Regelung in **§ 650p Abs. 2 BGB**. Denn würde bei Lücken der vereinbarten Planungs- und Überwachungsziele stattdessen eine übliche Beschaffenheit eingreifen, wäre Abs. 2 weitgehend obsolet. 30

Es stellt sich überdies jeweils die Frage, ob es denn tatsächlich eine übliche Beschaffenheit in der jeweiligen Kategorie gibt. Wenn keine Kostenvorgabe vereinbart ist, was soll dann die **»übliche« Kostenvorgabe** sein? Diese wird, wenn es um einen bezifferbaren Betrag geht, stets einzelfallabhängig von den finanziellen Möglichkeiten des Bestellers abhängen. Allenfalls könnte an das Wirtschaftlichkeitsgebot gedacht werden (vgl. § 3 Abs. 4 HOAI). Doch dürfte dies regelmäßig bereits eine konkludent vereinbarte Beschaffenheit darstellen. Entsprechendes gilt für Terminziele. Auch hier ist es fraglich, ob es **»übliche« Terminziele** überhaupt gibt, oder ob diese nicht stets von den einzelfallabhängigen Bedürfnissen (z.B. Umzugsnotwendigkeit) des Bestellers abhängen. Dass alle Projektbeteiligten ihre Leistungen in Ermangelung einer Vereinbarung über die Fertigstellung des Bauvorhabens im Zweifel alsbald nach Beauftragung zu beginnen und in angemessener Zeit zu Ende zu führen haben, ergibt bereits aus § 271 BGB.[57] Entsprechendes gilt aber auch für **Qualitätsziele.** Haben die Parteien beispielsweise keinen Qualitätsstandard für das zu planende Gebäude festgelegt, was sollte dann die **»übliche« Qualität** sein? Die **Einhaltung der anerkannten Regeln der Technik als Mindeststandard** ist im Zweifel bereits konkludent vereinbarte Beschaffenheit bzgl. des zu planenden Objektes.[58] Entsprechendes gilt für die **Funktionalität.** Auch diese wird vom BGH bereits als konkludent vereinbarte Beschaffenheit qualifiziert.[59] Und auch das sog. **Wirtschaftlichkeitsgebot** (vgl. § 3 Abs. 4 HOAI 2021) soll sich nach der Rechtsprechung regelmäßig bereits aus der Auslegung des Leistungsversprechens des Planers gemäß §§ 133, 157 BGB ergeben, wonach die Planung einen übermäßigen und insbesondere unnötigen Aufwand vermeiden soll.[60] 31

2. »die Leistungen zu erbringen, die nach dem jeweiligen Stand ... erforderlich sind« – Der Leistungsumfang

Gemäß Abs. 1 ist der Planer verpflichtet, 32

> *»**die Leistungen** zu erbringen, die **nach dem jeweiligen Stand** der Planung und Ausführung des Bauwerks oder der Außenanlage **erforderlich sind, um** die zwischen den Parteien vereinbarten Planungs- und Überwachungsziele zu erreichen.«* 33

Damit wird der in einem Architekten- und Ingenieurvertrag typologisch geschuldete sog. **Leistungsumfang** geregelt. Hierunter werden (in der Terminologie des § 3 Abs. 2 Satz 2 HOAI 2009) **die vom Planer zu erbringenden Schritte** verstanden, deren Ausführung die Parteien zur Erreichung der Leistungsziele vereinbaren. Diese Schritte werden in der Praxis, die sich regelmäßig an den Gebührentatbeständen der HOAI orientiert, definiert nach 34

---

56 Wie hier Fuchs, in: LPS, § 650p Rn. 110.

57 Vgl. BGH, Urt. v. 08.03.2001 – VII ZR 470/99, NJW-RR 2001, 806.

58 Vgl. BGH, Urt. v. 14.05.1998 – VII ZR 184/97, BauR 1998, 872.

59 Vgl. BGH, Urt. v. 29.09.2011 – VII ZR 87/11, BauR 2012, 115 – Leitsatz. 1: *»Eine Abweichung von der vereinbarten Beschaffenheit liegt vor, wenn der mit dem Vertrag verfolgte Zweck der Herstellung eines Werkes nicht erreicht wird und das Werk seine vereinbarte oder nach dem Vertrag vorausgesetzte Funktion nicht erfüllt.«.*

60 Vgl. BGH, Urt. 09.07.2009 – VII ZR 130/07, BauR 2009, 1611.

- dem **Leistungsbild**,
- den **Leistungsphasen** des Leistungsbildes,
- den in den Leistungsphasen beschriebenen **Grund- bzw. ggf. Besonderen Leistungen.**

35 Die vertragliche **Festlegung des Leistungsumfangs** kann grundsätzlich auf unterschiedliche Weise erfolgen, nämlich **detailliert oder funktional.** In den Worten des BGH:[61]

»Für die der Privatautonomie unterliegende Beschreibung der von dem Architekten geschuldeten Hauptleistung stehen den Vertragsparteien im Grundsatz zwei Wege offen:

Die Vertragsparteien können im Zeitpunkt des Vertragsschlusses umfassend Planungs- und Überwachungsziele bestimmen und Planungs- und Leistungsschritte detailliert beschreiben. Sie können aber auch im Zeitpunkt des Vertragsschlusses die Planungs- und Überwachungsziele nur im Ansatz, beispielsweise unter Bezeichnung des Grundstücks und Bestimmung des Zwecks des zu errichtenden Gebäudes oder der herzustellenden Außenanlage vereinbaren (…) und die weitergehend notwendige Konkretisierung der zukünftigen Planung überlassen (…)«

36 In der überwiegenden Vertragspraxis werden häufig die Grundleistungskataloge der HOAI »durchbeauftragt«, dann ist der geschuldete **Leistungsumfang** nicht funktional, sondern **detailliert definiert.** Besteht das Leistungsbild eines sog. »**Generalplanervertrags**« aus einer bloßen Addition der HOAI-Grundleistungskataloge (ggfs. zzgl. bestimmter Besonderer Leistungen), ist die Leistungsbeschreibung ebenfalls detailliert, nicht funktional.[62] Eine AGB-kritische[63] Hybridform der Leistungsbeschreibung ist in der Praxis der A+I-Verträge ebenfalls gelegentlich anzutreffen: Danach wird zwar der (detaillierte) Grundleistungskatalog eines HOAI-Leistungsbildes beauftragt, dies jedoch mit einer »**Komplettheitsklausel**« versehen, wonach der Planer für das vereinbarte Honorar auch etwaige weitere für die Erreichung der vereinbarten Leistungsziele erforderliche, gleichwohl in der Leistungsbeschreibung »vergessene« Leistungen schulden soll. In AGB dürfte dies unwirksam sein, soweit dadurch das Leistungsbild des betreffenden Planers überschritten wird.[64]

37 Eine **echte funktionale Leistungsbeschreibung** liegt hingegen vor, wenn der Architekt oder Ingenieur mit der »Planung« beauftragt wird oder mit explizit mit der Erbringung von »allen erforderlichen Planungs- und Überwachungsleistungen«. In diesen Fällen stellen sich zwar die vergleichbaren Auslegungsfragen wie im Rahmen des § 650p Abs. 1 BGB (dazu sogleich Rdn. 38 ff.). Jedoch gehen diese vertraglichen Regelungen dem § 650p Abs. 1 BGB stets vor (dazu auch unten Rdn. 52 ff.), der geschuldete funktionale Leistungsumfang ergibt sich hier aus dem Vertrag, nicht aus dem Gesetz. Anders ist dies im Falle der **isolierten Vereinbarung nur der Leistungsziele im Planervertrag.** Dann schweigt der Vertrag zum geschuldeten Leistungsumfang. Gleichwohl fehlt es dann nicht an *essentialia negotii.*[65] Vielmehr ergibt sich der **geschuldete Leistungsumfang** in diesem Fall aus dem Gesetz, und zwar richtigerweise **unmittelbar aus § 650p Abs. 1 BGB.**[66] Aufgrund dessen Wortlaut (*»wird verpflichtet, die Leistungen zu erbringen, die … erforderlich sind«*) bedarf es eines Umwegs über § 633 Abs. 2 Satz 2 BGB nicht. Sofern die übliche Beschaffenheit im Sinne des § 633 Abs. 2 Satz 2 BGB

61 BGH, Urt. v. 11.07.2019 – VII ZR 266/17, BauR 2019, 1805 Rn. 22 f.

62 Vgl. Berger, in: FBS, vor § 650p BGB Rn. 215 ff.

63 Vgl. dazu Wellensiek, BauR 2014, 340, 352 ff.; zur Zulässigkeit bei Bauverträgen OLG Düsseldorf, Urt. v. 27.05.2014 – I-23 U 162/13, BauR 2014, 1960.

64 Vgl. Wellensiek, BauR 2014, 340, 352 ff.; Fuchs, in: LPS, § 650p Rn. 155c.1.

65 Vgl. Fuchs, in: LPS, § 650p Rn. 147; zu fehlenden Planungs- und Überwachungszielen siehe unten Rdn. 68 ff.

66 Wie hier: Kniffka/Retzlaff, BauR 2017, 1747, 1851; Motzke NZBau 2017, 251, 255; ähnlich Zahn, in: Kniffka, § 650p Rn. 81; wohl auch Glöckner, in: Soergel, 13. Aufl. 2022, § 650p BGB Rn. 40. **a.A.** Fuchs, in: LPS, § 650p Rn. 4 f., 138; in diese Richtung auch BGH, Urt. v. 11.07.2019 – VII ZR 266/17, NZBau 2019, 632 Rdn. 21: »Mit dieser Formulierung wird zum Ausdruck gebracht, dass der Architektenvertrag **typischerweise** eine Reihe verschiedener Pflichten umfasst …. Die auf dieser Grundlage vom Architekten als Hauptleistungspflichten zu erfüllenden Pflichten definiert das Gesetz … nicht selbst.«

freilich so interpretiert wird, dass § 633 Abs. 2 Satz BGB hier »*durch § 650p Abs. 1 dahingehend ausgeformt (wird), dass im Zweifel die Einzelleistungen geschuldet sind, die nach dem jeweiligen Stand der Planung und Ausführung des Bauwerks oder der Außenanlage erforderlich sind, um die zwischen den Parteien vereinbarten Planungs- und Überwachungsziele zu erreichen.*«[67], besteht immerhin im Ergebnis kein Unterschied. Richtigerweise kommt § 650p Abs. 1 BGB in diesen Fällen indes eine Doppelfunktion zu: Er regelt nicht nur abstrakt-typische Vertragspflichten beim A+I-Vertrag,[68] sondern begründet hier unmittelbar Leistungspflichten.

a) Funktionale Beschreibung

In allen vorgenannten Fällen der funktionalen Leistungsbeschreibung (siehe Rdn. 36) stellt sich zwangsläufig die – auch vom Gesetz nicht beantwortete – Frage, welche Leistungen denn im konkreten Einzelfall erforderlich sind (dazu Rdn. 39 ff.), verstärkt durch die einmalige Formulierung »nach dem jeweiligen Stand der Planung und Ausführung« (dazu Rdn. 48 ff.). 38

aa) Erforderliche Leistungen

Eine grundsätzlich funktionale Leistungsbeschreibung, so auch des Abs. 1 in der oben Rdn. 36 genannten Auffangfunktion, dürfte an sich regelmäßig den Interessen des Bestellers entsprechen:[69] Gleichwohl stellt sich damit – in der Terminologie der HOAI gesprochen – die »Gretchen«-**Frage, welche (Grund- oder sogar Besonderen) Leistungen denn erforderlich** sind, wenn die Parteien nichts zum Leistungsumfang vereinbart haben. Dies lässt sich nicht generell, sondern **nur durch Auslegung im konkreten Einzelfall** feststellen: 39

Denn diese Frage hängt – gerade auch nach der Regelungsstruktur des Abs. 1 – davon ab, welche Planungs- und Überwachungsziele zwischen den Parteien vereinbart sind. Diese **Abhängigkeit von den vereinbarten Planungs- und Überwachungszielen** macht gerade deutlich, dass die einzelnen Planungsschritte kein Selbstzweck sind, sondern eben nur zielbezogen geschuldet werden.[70] Das heißt konkret: Sind im Vertrag keine Terminziele vereinbart, dann schuldet der Planer ohne spezielle vertragliche Vereinbarung keine rein terminlichen Einzelleistungen.[71] Umgekehrt gilt dies freilich nicht: Haben die Parteien z.B. eine verbindliche Baukostenobergrenze vereinbart, dann führt allein diese Vereinbarung eines weiteren Leistungsziels zu **keiner automatischen Erweiterung** des vertraglich geschuldeten Leistungsumfang; vielmehr hat der Planer ein einem solchen Fall auch dann (nur) »**seine**« (ohnehin vereinbarten) Leistungen jetzt auch so zu erbringen, dass diese Kostenobergrenze eingehalten werden kann.[72] 40

Auch die **Grundleistungskataloge** der HOAI bilden damit zwangsläufig **nicht ohne Weiteres die erforderlichen Leistungen** im Sinne des Abs. 1 ab.[73] Zwar werden die Grundleistungen in § 3 Abs. 2 HOAI definiert als diejenigen Leistungen, die zur ordnungsgemäßen Erfüllung eines Auftrags »*im allgemeinen erforderlich*« sind. Nach § 650p Abs. 1 BGB kommt es jedoch darauf an, ob die betreffenden Leistungen gerade für die vereinbarten Planungs- und Überwachungsziele erforderlich sind, überdies bei dem ganz konkreten Bauvorhaben. 41

---

67 So Fuchs, in: LPS, § 650p Rn. 138.
68 So aber MüKo-BGB/Busche, § 650p Rn. 4; Fuchs, in: LPS, § 650p Rn. 138.
69 Vgl. Kniffka, BauR 2015, 883, 891; Fuchs, NZBau 2015, 675, 677, Zahn, in: Kniffka, § 650p Rn. 89.
70 Vgl. Berger BauR 2026, 434, 435; Glöckner, in: Soergel, 13. Aufl. 2022, § 650p BGB Rn. 37 ff.; Dammert, BauR 2017, 421, 423; siehe auch BGH, Urt. v. 11.07.2019 – VII ZR 266/17, NZBau 2019, 632 Rdn. 20: »Zu den Leistungsbestimmungen, **von denen** die Bestimmtheit oder Bestimmbarkeit der Leistungspflichten des Architekten **abhängig ist**, gehören sämtliche Vereinbarungen der Parteien zur Beschaffenheit der von dem Architekten zu erreichenden Planungs- und Überwachungsziele …«.
71 Vgl. Berger, BauR 2026, 434, 435.
72 Vgl. Berger, BauR 2026, 434, 435; BGH, Urt. v. 11.07.2019 – VII ZR 266/17, NZBau 2019, 632 Rn. 28.
73 Vgl. Fuchs, in: LPS, § 650p Rn. 138; Zahn, in: Kniffka, § 650p Rn. 87.

▶ **Beispiel 1:**

42 Planung zum Zwecke, das Baugrundstück unter größtmöglicher Ausnutzung projektiert weiterverkaufen zu können.

▶ **Beispiel 2:**

43 Wenn dem Besteller ein Einzugstermin in das neue Gebäude völlig egal ist und deshalb keine Terminvorgaben vereinbart sind, ist durchaus fraglich, ob tatsächlich in einem solchen Fall »die Erstellung eines Terminplans mit den wesentlichen Vorgängen des Planungs- und Bauablaufs« (Grundleistung h) der Leistungsphase 2 HOAI) sowie die entsprechenden Terminplanfortschreibungspflichten in den folgenden Leistungsphasen erforderlich im Sinne des Abs. 1 sind. Man müsste dies durch Auslegung damit begründen, dass z.B. nur so der Besteller bzw. die übrigen Projektbeteiligten jeweils rechtzeitig ihren Mitwirkungspflichten nachkommen können.

▶ **Beispiel 3:**

44 Es ist keinesfalls zwingend, für das Bauvorhaben Angebote mehrerer Bauunternehmer einzuholen. Auch ist keinesfalls zwingend, die Verhandlungsführung mit den Bauunternehmen dem Planer zu übertragen, insbesondere dann nicht, wenn der Besteller selbst fachlich kompetent ist oder aber bei der Auftragsvergabe die baufachlichen Leistungsbeschreibungen in jeder Hinsicht unangetastet bleiben sollen.

Umgekehrt können Planungsleistungen erforderlich sein, die in der Systematik der HOAI Besondere Leistungen darstellen.

▶ **Beispiel 4:**

45 Die Erstellung der erforderlichen Planunterlagen für die Abgeschlossenheitsbescheinigungen beim vereinbarten Planungsziel »Planung für die Errichtung eines Mehrfamilienhauses zum Abverkauf einzelner Wohnungseinheiten«.

46 Was im Hinblick auf die vereinbarten Planungs- und Überwachungsziele gilt, gilt gleichermaßen z.B. im Hinblick auf den sog. **Vertragsgegenstand** (siehe Rdn. 11): Die Auslegung (§§ 133, 157 BGB) der übrigen Parteivereinbarungen, hier der ausdrücklichen oder konkludenten Beschränkung auf einen bestimmten Vertragsgegenstand (z.B. »Fassade«), kann sogar ergeben, dass die gemäß Abs. 1 erforderlichen Leistungen nicht an der Grenze eines HOAI-Leistungsbildes halt machen. Auch bei einer Lesart des § 650p Abs. 1 BGB als »Komplettheitsklausel« dürfte aber gemäß §§ 133, 157 BGB der geschuldete Leistungsumfang im Regelfall abhängig sein vom beruflich angebotenen Leistungsbild gerade des konkreten Planers und nicht automatisch zur Annahme eines Generalplanervertrags führen.[74]

47 In Übereinstimmung mit der früheren Rechtslage[75] bleibt es daher angesichts der Neuregelung des Abs. 1 erst recht dabei, dass **keine Vermutung für einen Vollauftrag** besteht.[76] Dies gilt umso mehr, als nach dem Wortlaut des Abs. 1 nunmehr nur die erforderlichen Leistungen »entsprechend dem jeweiligen Stand der Planung und Ausführung« geschuldet sind (dazu nachstehend Rdn. 48 ff.).

bb) Erforderlichkeit nach dem jeweiligen Planungs- bzw. Ausführungsstand

48 Zu klären bleibt, was mit dem Terminus »**nach dem jeweiligen Stand der Planung und Ausführung**« gemeint ist: Dies könnte lediglich dahingehend verstanden werden, dass ein Nachfolgeplaner nicht

74 Vgl. Berger, BauR 2026, 434, 436.

75 Vgl. BGH, Urt. v. 04.10.1979 – VII ZR 319/78, BauR 1980, 84 = NJW 1980, 122.

76 Im Ergebnis wie hier Fuchs, NZBau 2015, 675, 677; Deckers, ZfBR 2017, 523, 526 ff. (gar mit dem fragwürdigen Verdikt der Verfassungswidrigkeit des Abs. 1!).

die Leistungsphasen 1 – 5 schulden soll, die bereits seinem Vorplaner beauftragt sind oder vom Besteller selbst erbracht werden. Dann würde dieser Passus in Abs. 1 lediglich eine Selbstverständlichkeit klarstellen,[77] dass natürlich sinnlose Doppelbeauftragungen vermieden werden sollen. Die vorgenannte Formulierung kann aber auch dahingehend verstanden werden, dass sich die Frage der **Erforderlichkeit im dynamischen Planungsprozess fortlaufend neu stellen** soll. Sie **betrifft aber auch dann richtiger Weise nur den Fall, dass die Leistungsbeschreibung im Planervertrag funktional** ist (siehe oben Rdn. 37).[78] Entscheidet sich der Besteller in diesem Fall einer funktionalen Leistungsbeschreibung im Planervertrag erst »unterwegs«, dass er auch die Bauausführungsleistungen funktional, auf Grundlage einer funktionalen Leistungsbeschreibung mit Leistungsprogramm, ausschreiben will, werden insbesondere in den LPH 5 und 6 HOAI (früher so genannte) Ersetzende Besondere Leistungen zu erbringen sein (z.B. die in der HOAI 2013 mit einem entsprechenden Hinweis versehene Besondere Leistung »*Aufstellen der Leistungsbeschreibung mit Leistungsprogramm auf Grundlage der detaillierten Objektbeschreibung*«) **anstelle** der ersetzten Grundleistung (hier: »*Aufstellen von Leistungsbeschreibungen mit Leistungsverzeichnissen nach Leistungsbereichen*«).[79]

Die Gesetzesbegründung gibt hierzu wenig her. Indes dürften gute Gründe für ein zugrunde liegendes Verständnis eines **dynamischen Leistungsumfangs** sprechen: 49
- Käme es nur auf die objektive Erforderlichkeit zum Zeitpunkt des Vertragsschlusses an, wäre der fragliche Passus im Prinzip überflüssig. Deshalb spricht der Wortlaut eher für einen dynamischen Leistungsumfang.
- Gerade das o.g. Beispiel des Leistungsumfangs bei noch nicht feststehender Vergabestrategie verdeutlicht, dass die Erforderlichkeit von Leistungen nicht immer bereits bei Vertragsabschluss sinnvoll beurteilt werden kann. Welche Leistung sinnvoll und dann ggfs. erforderlich ist, wird sich vielmehr häufig erst dann zeigen können, wenn der Besteller die vereinbarten Planungs- und Überwachungsziele im Planungsverlauf weiter konkretisiert. Dann aber sprechen auch Wertungsargumente für ein dynamisches Verständnis.

Die hier vertretene Auslegung[80] des § 650p Abs. 1 BGB führt im Ergebnis dazu, dass, solange die Parteien nichts anderes vereinbart haben, nicht erforderliche Grund- oder Besondere Leistungen nicht beauftragt und damit nicht zu erbringen sind (und gemäß § 8 Abs. 2 HOAI im Anwendungsbereich der HOAI dementsprechend auch nicht zu vergüten sind).[81] Sie erschwert freilich dem Planer ggfs. die Kalkulation des anzubietenden Honorars, wenn er bei Vertragsschluss den endgültigen Leistungsumfang noch nicht kennt. 50

Der Praxis ist daher zu empfehlen, diese Problematik bereits einer vertraglichen Klärung zuzuführen, z.B. indem die Parteien eine bestimmte Vergabestrategie, obwohl noch offen, als Kalkulationsgrundlage vereinbaren, oder indem sie bestimmte Leistungen als Bedarfspositionen vereinbaren. Wird hingegen im Vertrag bereits eine bestimmte Vergabestrategie verbindlich (und nicht nur als Kalkulationsgrundlage) festgelegt, und wird diese später vom Besteller geändert, so stellt dies keine Leistungskonkretisierung im weiteren Planungsprozess, sondern eine Änderungsanordnung im Sinne des § 650b Abs. 1 BGB dar (siehe zur Abgrenzung im Einzelnen § 650q Rdn. 45 ff.), mit einem entsprechenden Honoraranpassungsanspruch gemäß § 650q Abs. 2 BGB. 51

77 Vgl. Fuchs, NZBau 2015, 675, 677.
78 Zutreffend herausgearbeitet bei Fuchs, in: LPS, § 650p Rn. 139.
79 Siehe dieses plastische Beispiel bei Fuchs, NZBau 2015, 675, 677.
80 Im Ergebnis wie hier Messerschmidt, jM 2015, 453, 456; Fuchs, NZBau 2015, 675, 677; Dammert, BauR 2017, 421, 423; Deckers, ZfBR 2017, 523, 527.
81 Vgl. Berger/Fuchs, Rn. 37a.

b) Zulässigkeit abweichender Festlegungen des Leistungsumfangs

52 Abs. 1 ist hinsichtlich des in einem Architekten- und Ingenieurvertrag geschuldeten Leistungsumfangs kein zwingendes Recht, sondern **dispositiv.**[82] Ein etwaiger Einschub (»*solange die Parteien nichts anderes vereinbart haben*«) hätte nur klarstellenden Charakter. Denn die Festlegung von Leistung und Gegenleistung ist auch beim Planervertrag originär Sache der Parteien. Abs. 1 stellt daher bezüglich des geschuldeten Leistungsumfangs nur eine **Auffangregelung** dar für den Fall, dass die Vertragsparteien zum Leistungsumfang keine, auch keine funktionale Vereinbarung getroffen haben (siehe bereits oben Rdn. 36 und Rdn. 37). Eine von Abs. 1 abweichende individuelle Vereinbarung der Parteien könnte man sogar als Regelfall der Praxis ansehen, weil die Frage, **welches Leistungsbild** beauftragt sein soll, an sich dem vereinbarten Leistungsumfang zugeordnet wird. Es ist freilich eher eine akademische Frage, ob beispielsweise die Beauftragung mit der Fachplanung Technische Ausrüstung für das »Gebäude Parkstraße 7«, oder die Beauftragung eines reinen Tragwerksplanungsbüro, (erst) eine **Beschränkung des Leistungsumfangs** darstellt oder (bereits) eine **Beschränkung des Vertragsgegenstandes** (»Planung der Haustechnik«, »Planung des Tragwerks«; siehe oben Rdn. 11 und Rdn. 46).

53 Den Parteien stehen danach auch bei Planerverträgen unterschiedliche **Ausschreibungsmethoden** zur Verfügung. So kann die Leistung – entsprechend Abs. 1 – tatsächlich **rein funktional** beschrieben werden (»*Geschuldet sind alle erforderlichen Planungs- und Überwachungsleistungen.*«). Der geschuldete Leistungsumfang kann aber auch **detailliert** beschrieben werden (»*Geschuldet sind alle Grundleistungen des Leistungsbildes Objektplanung Gebäude, sowie folgende Besondere Leistungen: …*«). Letzteres ist der häufigste Praxisfall: Mit einer solchen Ausschreibungsmethodik der vertraglichen Leistungsumfangsvereinbarung durch Bezugnahme auf die Leistungsbilder der HOAI »implementieren« die Parteien zugleich gemäß der Vertragsauslegung nach §§ 133, 157 BGB in systematischer Hinsicht folgende Grundaussagen des § 3 HOAI 2013/2021:[83]

- Die Unterscheidung zwischen Grund- und Besonderen Leistungen: Was in der HOAI als Besondere Leistung geregelt ist, kann dann kraft Auslegung gemäß §§ 133, 157 BGB gleichsam »i.V.m. § 3 HOAI 2013/2021« nicht Inhalt einer vertraglich vereinbarten HOAI-Grundleistung sein.
- Bei der Auslegung von Inhalt und Reichweite einer vereinbarten Grundleistungen gemäß §§ 133, 157 BGB ist wegen § 3 Abs. 1 HOAI 2013/2021 zu fragen, ob sie im Ergebnis der gefundenen Auslegung noch »zur ordnungsgemäßen Erfüllung eines Auftrags im Allgemeinen erforderlich ist«. Die Auslegung des Umfangs einer geschuldeten Grundleistung hat gemäß § 3 Abs. 1 HOAI 2013/2021 im Zweifel eher restriktiv zu erfolgen, da es sich nach § 3 Abs. 1 HOAI 2013/2021 eben um im Allgemeinen »erforderliche« und nicht um im Allgemeinen »gewünschte« Leistungen handeln muss.
- Durch die mittelbare Implementierung dieser »Leistungs-Systematik« des § 3 HOAI 2013/2021 kommt ferner der im Zweifel abschließend-enumerativ-ausgewählte Charakter des ausgewählten und beauftragten Leistungsumfangs zu tragen.[84]

Und schließlich kommt auch eine **Kombination** aus beiden Methoden in Betracht, gleichsam im Sinne einer detaillierten Leistungsbeschreibung mit **Komplettheitsklausel** (»*Geschuldet sind alle erforderlichen Leistungen, insbesondere alle Grundleistungen der HOAI.*« – dazu bereits oben Rdn. 36).

54 Den Parteien steht es danach insbesondere frei, (Grund- oder Besondere) Leistungen ungeachtet ihrer Erforderlichkeit zur Leistungspflicht zu erheben. Sie können z.B. die HOAI-Grundleistungs-

---

82 Bislang einhellige Auffassung, siehe Zahn, in: Kniffka, § 650p Rn. 93; Dammert, BauR 2017, 421, 423; Fuchs, NZBau 2015, 675, 677.

83 Vgl. eingehend Berger, BauR 2026, 434, 437 f.; vgl. auch (vorsichtiger) Glöckner, in: Soergel, BGB, 13. Aufl. 2022, § 650p Rn. 46: »Gleichwohl können die Regeln der HOAI indiziell bei der Auslegung des Vertrags herangezogen werden …«.

84 Vgl. auch Zahn, in: Kniffka/Jurgeleit, BauvertragsR, 4. Aufl. 2022, § 650p Rn. 77 für den Fall, dass die Parteien im Vertrag bestimmte HOAI-Leistungsphasen angekreuzt haben.

kataloge uneingeschränkt übernehmen. Allerdings ist in einem solchen Fall zu prüfen, ob die Vereinbarung der Parteien zum Leistungsumfang nicht doch dahingehend auszulegen ist, dass konkludent eine auflösende oder aufschiebende Bedingung dahingehend vereinbart wurde, dass nur die tatsächlich erforderlichen Grundleistungen beauftragt sein sollen.[85] Mit einer solchen Annahme erscheint jedoch Vorsicht geboten.[86] Wäre dies zutreffend, bedürfte es übrigens auch des Konstruktes eines Stufenvertrags nicht.

Werden die **Grundleistungskataloge routinemäßig** in Vertragsmustern des Verwenders als zu erbringendes Leistungsumfangssoll vorgegeben, handelt es sich hierbei um gestellte **Allgemeine Geschäftsbedingungen** gemäß § 305 BGB.[87] Die AGB-Qualität von nicht individualisierten Leistungsbeschreibungen im Vertragsmuster ist grundsätzlich allgemein anerkannt.[88] Da die **HOAI** 2013/2021 als Honorarordnung und damit als (»orientierender«) »Gebührentatbestand«[89] **kein gesetzliches Leitbild bzgl. des zu vereinbarenden Leitungsbildes/Leistungsumfangs** enthält, scheidet zwar eine Inhaltskontrolle nach § 307 BGB aus.[90] § 650p Abs. 1 BGB enthält zudem kein gesetzliches Leitbild, dass der für die vereinbarten Leistungsziele vereinbarte Leistungsumfang im Hinblick auf seine »Erforderlichkeit« einerseits vollständig, andererseits abschließend sein müsse.[91] Gleichwohl bleibt hier **§ 305c Abs. 2 BGB anwendbar**: Ein unterschiedliches Auslegungsergebnis bzgl. des als Leistungssoll vereinbarten HOAI-Leistungsbildes ist möglich, insb. je nach Verwender und je nach beteiligten Verkehrskreisen. Bei nicht behebbaren Auslegungszweifeln standardmäßig vereinbarter HOAI-Leistungsbilder kann also ggfs. § 305c Abs. 2 BGB greifen: **Im Zweifel** erfolgt dann eine **Auslegung zu Lasten des jeweiligen Verwenders**.[92] 55

c) HOAI-Grundleistungskataloge als »üblicher« Leistungsumfang gemäß § 633 Abs. 2 Satz 2 Nr. 2 BGB?

In der Literatur wurde unter der alten Rechtslage zum geschuldeten Leistungsumfang teilweise vertreten, dass – bei Fehlen einer Vereinbarung der Parteien – die Grundleistungen der HOAI als »übliche und zu erwartende« Planerleistungen gemäß § 633 Abs. 2 Satz 2 Nr. 2 BGB geschuldet seien.[93] Dies wird man unter dem neuen Architekten- und Ingenieurvertragsrecht wohl nicht mehr vertreten können. Denn wenn die Parteien zum Leistungsumfang nichts vereinbart haben, dann regelt nunmehr § 650p Abs. 1 BGB, dass dann die nach dem jeweiligen Stand der Planung und Ausführung des Bauwerks oder der Außenanlage *erforderlichen* Leistungen geschuldet seien. Eine andere Frage ist freilich, ob die Grundleistungskataloge der HOAI diese erforderlichen Leistungen im Sinne des Abs. 1 darstellen (dazu bereits oben Rdn. 41 ff.). 56

3. »um die Ziele zu erreichen« – Was ist der geschuldete Werkerfolg?

Abs. 1 definiert nach alledem nicht den bei einem Architekten- und Ingenieurvertrag **konkret geschuldeten Werkerfolg**, das konkrete Erfolgsversprechen. Durch den **Verweis in § 650q Abs. 1** 57

---

85 So v.a. Kniffka, BauR 2015, 883, 893.
86 Ebenfalls in der Regel ablehnend Fuchs, in: LPS § 650p Rn. 137.
87 Ebenso bspw. Ryll, IBR 2024, 1035 (nur online), Ziff. 2, eingehend hierzu und zum nachfolgenden Berger, BauR 2026, 434, 437.
88 Siehe z.B. BGH, Urt. v. 11.07.2019 – VII ZR 266/17, NZBau 2019, 632 Rn. 36.
89 Vgl. BGH, Urt. v. 24.10.1996 – VII ZR 283/95, NJW 1997, 586 Ls. 1, 2.
90 Vgl. Berger, BauR 2026, 434, 439 ff.
91 Wie hier Ryll, in: Kues/v.Kiedrowski/Bolz, AGB-Klauseln in Bauverträgen, 1. Aufl. 2024, § 19 Rn. 172; **a.A.** Zahn, in: Kniffka/Jurgeleit, BauvertragsR, 4. Aufl. 2022, § 650p Rn. 94: überraschend und intransparent.
92 Ausführlich Berger, BauR 2026, 434, 440 ff.; ebenso Ryll, IBR 2024, 1035 (nur online), Ziff. 3a).
93 So v.a. Preussner, in: MK, Kap. 8 Rn. 100 ff.

BGB auf § 631 BGB ist aber klar, dass der Planer – entsprechend der früheren Rechtslage – einen **konkreten Werkerfolg schuldet.**[94]

- Das **Bauwerk** selbst ist unverändert nicht der vom Planer geschuldete Erfolg.[95] Zwar werden insbesondere über die Beschreibung der Soll-Vorgaben an das Bauwerk bzw. die Außenanlage (d.h.: an das zu planende Objekt) die Planungs- und Überwachungsziele definiert. Beim Architekten- und Ingenieurvertrag umfasst das geschuldete Werk damit jedoch keine Bauleistungen,[96] sondern Planungs- und Überwachungsleistungen für ein Bauwerk bzw. eine Außenanlage.
- Ferner stellen auch die zu erbringenden **Leistungen** als solche nicht (allein) den geschuldeten Werkerfolg dar. Denn sie sind – auch wenn der Planer deutlicher anders als in § 631 Abs. 2 BGB zu ihrer Erbringung verpflichtet ist – kein Selbstzweck, sondern dienen einer Zieleinreichung.
- Der geschuldete Werkerfolg dürfte aber – ohne dass freilich im Ergebnis Uneinigkeit besteht: entgegen vielfach anzutreffenden Formulierungen[97] – auch nicht allein im »**Erreichen**« der Planungs- und Überwachungsziele liegen. Hierin kommt zwar *in nuce* die Erfolgsbezogenheit, der werkvertrag(sähn)liche Charakter zum Ausdruck. Wenn aber diese Planungs- und Überwachungsziele ohne Zutun des Planers erreicht werden, hat der Planer seine gemäß Abs. 1 geschuldeten Leistungen nicht erbracht und seinen Vertrag nicht erfüllt! Der geschuldete Werkerfolg, das geschuldete Werk, dürfte daher im Erreichen der vereinbarten Planungs- und Überwachungsziele gerade durch die vereinbarten bzw. geschuldeten Planungs- und Überwachungsleistungen liegen. Dass die geschuldeten einzelnen Planungs- und Überwachungsleistungen selbst Teil des Werkerfolgs sind, kam auch bereits in § 634a Abs. 1 Nr. 1 BGB (»*Werk, dessen Erfolg … in der Erbringung von Planungs- oder Überwachungsleistungen hierfür besteht*«) sowie in der früheren sog. Teilerfolgsrechtsprechung des BGH[98] zum Ausdruck.

58 In § 650p Abs. 1 BGB werden jedoch weder der geschuldete Werkerfolg noch die »Planungs- und Überwachungsziele« vom Gesetzgeber konkret definiert, sondern **werden der Parteivereinbarung überlassen.** In den Worten des BGH[99]:

> *»Zu den Leistungsbestimmungen, … die … den unmittelbaren Gegenstand der Hauptleistungspflichten bilden, gehören sämtliche Vereinbarungen der Vertragsparteien zur Beschaffenheit der von dem Architekten zu erreichenden Planungs- und Überwachungsziele.*
>
> *aa) Nach § 650p Absatz 1 BGB wird der Architekt durch einen Architektenvertrag verpflichtet, die Leistungen zu erbringen, die nach dem jeweiligen Stand der Ausführung des Bauwerks oder der Außenanlage erforderlich sind, um die zwischen den Parteien vereinbarten Planungs- und Überwachungsziele zu erreichen. Mit dieser Formulierung wird zum Ausdruck gebracht, dass der Architektenvertrag typischerweise eine Reihe verschiedener Pflichten umfasst und zwischen dem Planungserfolg und den Planungs- und Leistungsschritten zu unterscheiden ist (…). Die auf dieser Grundlage vom Architekten als Hauptleistung zu erfüllenden Pflichten definiert das Gesetz – anders als beispielsweise im Kauf- oder Mietrecht – nicht selbst, sondern verweist auf die Planungs- und Überwachungsziele, die die Parteien vereinbaren. Die vertragliche Vereinbarung ist damit entscheidend dafür, welche Hauptleistungspflichten der Architekt zu erfüllen hat (…).*

94 So auch Motzke, NZBau 2017, 251, 252, der insoweit von einer »echten Ergänzung« durch den in § 650q Abs. 1 BGB enthaltenen Verweis auf § 631 BGB spricht. Unzutreffend daher Deckers, ZfBR 2017, 523, 524.

95 Vgl. Fuchs, in: LPS, § 650p Rn. 89.

96 Zur Einordnung z.B. von Generalunternehmerverträgen, bei denen der Generalunternehmer z.B. auch die Ausführungsplanung zu erstellen hat, nach der sog. Schwerpunkttheorie siehe bereits oben Rdn. 5.

97 Vgl. Fuchs, in: LPS, § 650p Rn. 87 ff.; Zahn, in: Kniffka, § 650p Rn. 47; Motzke, NZBau 2017, 251, 252; in diese Richtung auch BGH, Urt. v. 11.07.2019 – VII ZR 266/17, BauR 2019, 1805 Rn. 6 sowie die Gesetzesbegründung BT-Drs. 18/8486, S. 66 (»Planungserfolg und Planungs- und Leistungsschritte«).

98 BGH, Urt. v. 24.06.2004 – VII ZR 259/02, BauR 2004, 1640.

99 BGH, Urt. v. 11.07.2019 – VII ZR 266/17, BauR 2019, 1805 Rn. 20 ff.

bb) Für die der Privatautonomie unterliegende Beschreibung der von dem Architekten geschuldeten Hauptleistung stehen den Vertragsparteien im Grundsatz zwei Wege offen:

Die Vertragsparteien können im Zeitpunkt des Vertragsschlusses umfassend Planungs- und Überwachungsziele bestimmen und Planungs- und Leistungsschritte detailliert beschreiben. Sie können aber auch im Zeitpunkt des Vertragsschlusses die Planungs- und Überwachungsziele nur im Ansatz, beispielsweise unter Bezeichnung des Grundstücks und Bestimmung des Zwecks des zu errichtenden Gebäudes oder der herzustellenden Außenanlage vereinbaren (…) und die weitergehend notwendige Konkretisierung der zukünftigen Planung überlassen (…).«

Die Neuregelung des Abs. 1 bringt deutlich zum Ausdruck, dass der versprochene Erfolg damit erst Recht nicht abstrakt und nebulös im »Entstehen lassen eines mangelfreien Bauwerks«[100] besteht, sondern maßgeblich durch die Vereinbarungen der Parteien bestimmt wird. Unter Berücksichtigung der Erkenntnis, dass die Ausbildung der vertragstypischen Pflichten des Planers in Abs. 1 eine Konkretisierung und Präzisierung des § 631 BGB ist (oben Rdn. 2), ist der ***konkret*** **versprochene Erfolg im Falle der Beauftragung mit der »Planung eines Bauwerks« oder/und mit der »Überwachung eines Bauwerks«** unverändert durch **Auslegung gemäß §§ 133, 157 BGB** zu ermitteln.[101] Die vertraglichen Vereinbarungen der Parteien sind hierbei gemäß §§ 133, 157 BGB in zweifacher Hinsicht maßgeblich: Erstens bei der Frage, *ob* überhaupt ein Erfolg versprochen wird. Der Planer ist selbstverständlich nicht gehindert, im Vertrag lediglich eine ordnungsgemäße Überwachung als solche und sonst nichts zuzusagen.[102] So hat etwa das OLG Brandenburg[103] einen Dienstvertrag bejaht, wenn und weil die Auslegung des konkreten Vertrags ergab, dass der beauftragte Ingenieur nur bauvorbereitende und baubegleitende beratende Betreuungsleistungen erbringen sollte, ohne für einen bestimmten »Erfolg« einstehen zu müssen. Zweitens: Geschuldet wird im Werkvertragsrecht kein unbestimmter, gleichsam unbegrenzter Erfolg, sondern »nur« das »*versprochene* Werk«.[104] Versprochener »Erfolg« kann bloß die richtige Schadensdiagnose sein. Versprochener Erfolg kann weitergehend die vollständige Schadensreparatur sein.[105] Die Schadensdiagnose ist dann nur ein Arbeitsschritt. Auch wo »ein« Erfolg versprochen wird, ist also zu fragen, welcher konkrete Erfolg? Gerade wenn hierzu im Vertrag nichts ausdrücklich geregelt ist, können beide Aspekte nicht getrennt betrachtet werden. Ob der Auftraggeber vernünftigerweise (§§ 133, 157 BGB) von einem »Erfolgsversprechen«,[106] von einem »Einstehenwollen«, ausgehen darf, hängt seinerseits maßgeblich von Umfang und Reichweite des (versprochenen) Erfolgs ab.[107] Maßgeblich kommt es danach auf das Kriterium der **Beherrschbarkeit** des Erfolgs an.[108] Für einen typischerweise ungewissen Erfolg wird sich niemand vernünftigerweise (§§ 133, 157 BGB) verpflichten wollen.[109] Umgekehrt: Dass das Erreichen des versprochenen Erfolges von Mitwirkungshandlungen des Bestellers oder ihm »zuzurechnender« Vorleistungen Dritter abhängt, kann gerade werkvertragrechtsimmanent gelöst werden (siehe z.B. §§ 650q Abs. 1, 642, 643, 645 BGB).[110] 59

Wird nun der Planer mit der »**Planung und Überwachung des Baus eines Einfamilienhauses**« beauftragt, dann kommt es besonders darauf an, wie ein »vernünftiger« Auftraggeber nach dem 60

100 A.A. Motzke, NZBau 2017, 251, 252.
101 Eingehend Berger, in: FBS, vor §§ 650p ff. B I Rn. 13 ff.
102 Vgl. treffend PDKR (9. Aufl.) Einl. Rn. 31: »*Haftung lässt sich am besten dadurch begrenzen, dass man nicht mehr verspricht als man halten kann.*«.
103 OLG Brandenburg, Beschl. v. 21.02.2020 – 12 U 69/19, IBRRS 2020, 0611.
104 Besonders pointiert Kapellmann/Schiffers, Bd. 1 Rn. 100.
105 S. das »Lehrbuchbeispiel« bei Medicus/Lorenz, SchuldR II, Rn. 691.
106 Zum »Erfolgsversprechen« als zentralem Abgrenzungskriterium des Werkvertrags eingehend Berger, in: FBS, vor §§ 650p Rn. 53.
107 Vgl. Berger, in: FBS, vor §§ 650p Rn. 53 f.
108 Vgl. instruktiv BGH, Urt. v. 16.07.2002 – X ZR 27/01, BGHZ 151, 330 = NJW 2002, 3323 (»F&E-Vertrag«); Berger, in: FBS, vor §§ 650p Rn. 53.
109 Vgl. Larenz, SchuldR II/1, S. 310 f. (S. 342).
110 Vgl. Berger, in: FBS, vor §§ 650p Rn. 53.

objektiven Empfängerhorizont (**§§ 133, 157 BGB**) das Einverständnis des Planers mit dieser Beauftragung verstehen durfte. Diese vertragliche Zusage der »**Planung eines Bauwerks**« kann und darf der »vernünftige« Auftraggeber so verstehen, dass ihm der Planer nicht nur eine ordnungsgemäße Tätigkeit zusagt, sondern darüber hinaus

61 *verspricht, dass seine Planung geeignet ist, zu einem mangelfreien Bauwerk in Übereinstimmung mit den vereinbarten Planungs- und Überwachungszielen des Bestellers zu führen.*[111]

62 Den versprochenen Erfolg einer solchermaßen mangelfreien Planung kann der Planer maßgeblich selbst beeinflussen. Sicherlich ein Grenzfall ist die Zusage der »**Überwachung**« der Bauausführung: Auch hier darf der »vernünftige« Auftraggeber die vertragliche Zusage der Objektüberwachung gemäß §§ 133, 157 BGB regelmäßig so verstehen, dass der Planer nicht nur ordnungsgemäße Tätigkeit zusagt, sondern

eine Überwachung verspricht, die geeignet ist, zu einem mangelfreien Bauwerk in Übereinstimmung mit den vereinbarten Planungs- und Überwachungszielen des Bestellers zu führen.[112]

63 Die Überwachung stellt vor allem deshalb einen Grenzfall dar, weil das »Überwachungsergebnis« hier noch weniger »greifbar« ist als bei der Planung, wo der Auftraggeber immerhin die Planung (als Ergebnis) »in der Hand halten« kann. Überdies kann rein begrifflich das Wort »Planung« anders als »Überwachung« sowohl die Tätigkeit wie auch das Ergebnis bezeichnen. Auch hier hat es jedoch der Planer entgegen manch anders lautenden Äußerungen[113] durchaus in der Hand, eine geeignete Überwachungsleistung zu erbringen, **die das Entstehen von Baumängeln verhindert** und **die Beseitigung gleichwohl entstandener Baumängel bewirkt.**[114] Dieses Versprechen eines Überwachungserfolgs mag mit nicht unerheblichem Aufwand verbunden sein, wie die Anforderungen der Rechtsprechung an die Überwachungsintensität zeigen. Unmögliches wird vom Planer hingegen nicht erwartet, der Eintritt des versprochenen Erfolgs ist keineswegs unwahrscheinlich, hängt nicht etwa nur von Zufälligkeiten und Unwägbarkeiten ab, sondern ist vielmehr vom Planer, insbesondere weil er Mängel der ausführenden Unternehmen *bereits zu verhindern* hat,[115] maßgeblich beeinflussbar.

64 Das neue Architekten- und Ingenieurvertragsrecht hat hier insoweit Klarheit gebracht, als es den Architekten- und Ingenieurvertrag über Planungs- und Überwachungsleistungen nunmehr ausdrücklich als werkvertragsähnlichen Vertrag den Vorschriften des allgemeinen Werkvertragsrechts unterstellt (§ 650q Abs. 1 BGB).

II. Absatz 2 (Wesentliche Planungs- und Überwachungsziele nicht vereinbart)

65 Absatz 2 regelt den **Sonderfall**, dass die Parteien einen Planervertrag bereits abgeschlossen haben, obwohl »**wesentliche Planungs- und Überwachungsziele**« **noch nicht vereinbart** sind. Nach der regierungsamtlichen Begründung[116] soll mit dieser Vorschrift

66 *»Fällen Rechnung getragen werden, in denen sich der Besteller mit noch vagen Vorstellungen von dem zu planenden Bauvorhaben oder der Außenanlage an den Architekten oder Ingenieur wendet,*

111 Eingehend Berger, in: FBS, vor §§ 650p Rn. 54 ff.
112 Eingehend Berger, in: FBS, vor §§ 650p Rn. 54 ff.
113 Vgl. jüngst etwa Deckers, ZfBR 2017, 523 f.; Reichert, BauR 2014, 626; Putzier, BauR 2012, 143 (148 f.); in diese Richtung auch RVD-O Einl. Rn. 32 f.; s. auch Peters/Jacoby, in: Staudinger, Vorbem. §§ 631 ff. Rn. 124, die aber nicht nach dem *konkret* versprochenen Erfolg fragen.
114 Eingehend die Kommentierung zur »Objektüberwachung« von Seifert/Fuchs, in: FBS, § 34 HOAI Rn. 282.
115 Gegen Putzier, BauR 2012, 143 (148); wie hier etwa BGH, Urt. v. 09.11.2000 – VII ZR 362/99, NJW 2001, 965 = BauR 2001, 273; eingehend Seifert/Fuchs, in: FBS, § 34 HOAI Rn. 282 ff.
116 BT-Drucks. 18/8486, S. 67.

und daher bei Vertragsschluss noch keine Einigung über alle wesentlichen Planungs- und Überwachungsziele vorliegt.«

Der Gesetzgeber will diese Konstellationen lösen, indem der Planer **als zusätzliche Leistungspflicht vorab eine Planungsgrundlage** zu erstellen hat und dem Besteller nebst einer Kosteneinschätzung zur Zustimmung vorlegen muss. Es dürfte danach eher missverständlich sein, hier von einem eigenen »zweiten« Vertragstyp eines »zieloffenen Planungsvertrags« und von § 650p Abs. 2 BGB als »Kardinalnorm« zu sprechen.[117] Es soll durch Abs. 2 kein zweites Vertragsmodell implementiert werden,[118] sondern ein **Defizit beim Vertragsabschluss des Vertragstyps »Architekten- und Ingenieurvertrag« behoben** werden. 67

1. Regelungsintention und systematische Einordnung

a) Fehlende Leistungsziele = fehlende essentialia negotii/fehlende Bestimmtheit?

§ 154 BGB lautete in der Fassung des ersten Entwurfs zum BGB: »*Solange die Vertragsschließenden über die nach dem Gesetze zum Wesen des zu schließenden Vertrages gehörenden Teile sich nicht geeinigt haben, ist der Vertrag nicht geschlossen.*«[119] Wegen der hierin liegenden Selbstverständlichkeit wurde von einer Kodifizierung dieses Grundsatze abgesehen.[120] Denn ohne die Vereinbarung der sog. ***essentialia negotii*** – bei gegenseitigen Verträgen v.a. Leistung und Gegenleistung – kann ein Vertrag/ein bestimmter Vertragstyp gar nicht zustande kommen. 68

Von diesem Grundsatz kennt das **Werkvertragsrecht** seit je eine bedeutende **Ausnahme**: Wie **§ 632 Abs. 1 BGB** zeigt, gehört die Vereinbarung der **Vergütung** (= Gegenleistung) nicht zu den *essentialia negotii*[121] des Werkvertrages.[122] Auch wo keine Vergütungsvereinbarung getroffen ist, gilt gemäß § 632 Abs. 1 BGB dem Grunde nach eine Vergütung als stillschweigend vereinbart, wenn die versprochene Planerleistung den Umständen nach nur gegen eine Vergütung zu erwarten ist. Haben die Parteien (auch oder lediglich) die **Vergütungshöhe** nicht festgelegt, richtet sich diese nach **§ 632 Abs. 2 BGB**, wobei speziell für Architekten und Ingenieurverträge im Anwendungsbereich der HOAI insoweit vorrangig gilt: Bei fehlender bzw. formwidriger Vereinbarung über die Höhe der Vergütung von Grundleistungen gilt der sog. Basishonorarsatz als vereinbart, **§ 7 Abs. 1 Satz 2 HOAI 2021**. 69

Auch bei Planerverträgen gehörte jedoch bislang eine – und sei es nur ganz grobe – Vereinbarung zum **Leistungsziel** (= **Planungs- und Überwachungsziele**, siehe Rdn. 16 ff.; z.B. Planung eines »Einfamilienhauses«) zu den *essentialia negotii*.[123] Zwar gehöre es laut BGH sogar zum »*Wesen des Architektenvertrags, dass nicht alle Planungsvorgaben bereits beim Abschluss des Vertrages feststehen, sondern erst im Laufe des Planungsprozesses entwickelt und zum Vertragsinhalt werden*«[124]. Jedoch hält der BGH einen Planungsauftrag über »Erweiterung, Umbau, Modernisierung und Instandsetzung/Instandhaltung von vier Altbaumietshäusern« nur für einen Leistungsumfang bis zur Leistungsphase 1 HOAI (Grundlagenermittlung) für hinreichend bestimmt, wenn nicht geklärt war, ob und für welche der Gebäude welche Arbeiten durchgeführt werden sollten.[125] Eine solche fehlende Bestimmt- 70

117 So Motzke, NZBau 2017, 251, 252 ff.; dagegen z.B. Glöckner, BauR 2024, 419, 425 f.

118 MüKo-BGB/Busche, § 650p Rn. 5.

119 Zitiert nach Flume, AT II § 34, 6 b).

120 Vgl. Flume, AT II § 34, 6 b). § 154 BGB stellt – BGB-typisch – bereits die Sonderregelung zu dieser ungeschriebenen Grundregel dar: Dass nämlich trotz erfolgter Einigung über alle *essentialia negotii* der Vertrag gleichwohl unwirksam sein kann.

121 Hier mit Flume, AT II § 6, 2 verstanden als »*die Punkte, welche Gegenstand der rechtsgeschäftlichen Regelung sein müssen, damit einer der von der Rechtsordnung anerkannten Rechtsgeschäftstypen vorliegt*«.

122 Vgl. Flume, AT II § 34, 6 b); Schwenker, in: TWK, 1. Aufl., § 4 Rn. 76.

123 Vgl. Koeble/Locher/Zahn, in: LKFZ, Einl. Rn. 171 f.

124 BGH, Urt. v. 21.03.2013 – VII ZR 230/11, BGHZ 197, 93 juris Rn. 10.

125 BGH, Urt. v. 23.04.2015 – VII ZR 131/13, BGHZ 205, 107 Leitsatz 1.

heit im Zeitpunkt des Vertragsschlusses führe nur dann nicht zur Unwirksamkeit des Vertrages, wenn die Vertragsparteien eine (stillschweigende) Vereinbarung getroffen haben, nach der dem Auftraggeber ein Leistungsbestimmungsrecht hinsichtlich des Inhalts der Leistungspflichten des Architekten zusteht.[126]

71 Dies stellt sich nach der Einführung des § 650p Abs. 2 BGB nunmehr substanziell anders dar: Soweit wesentliche Planungs- und Überwachungsziele – also bislang *essentialia negotii* – noch nicht vereinbart sind, hat der Unternehmer nach Abs. 2 zunächst eine Planungsgrundlage zur Ermittlung dieser Ziele zu erstellen und dem Besteller zusammen mit einer Kosteneinschätzung für das Vorhaben zur Zustimmung vorzulegen. Kommt es nach Abschluss dieser sog. **Zielfindungsphase**[127] nicht zur erbetenen Zustimmung des Bestellers, *kann* der Vertrag nach näherer Maßgabe des § 650r Abs. 1 BGB vom Besteller bzw. des § 650r Abs. 2 BGB vom Planer *gekündigt* werden. Anders ausgedrückt: **Auch ohne Einigung über wesentliche Planungs- und Überwachungsziele** kommt der **Planervertrag wirksam** zustande. Ein solcher Vertrag mag nach der sog. Zielfindungsphase gemäß § 650r BGB gekündigt werden. Erfolgt dies nicht, ist und bleibt er jedoch wirksam. Damit wurden vom Gesetzgeber zugleich folgende diskutierte Lösungsansätze verworfen:[128]
- Aufteilung in eine werkvertragliche Vor-Phase, die dem Dienstleistungs-/Geschäftsbesorgungsrecht unterstellt wird, und in eine werkvertragliche Hauptphase;
- Aufteilung in mehrere selbständige Verträge, mit Variantenmöglichkeiten der Vertragstypisierung
- Stufenvertrag mit Abrufmöglichkeit
- Aufteilung in vorvertragliches Verhältnis und formbedürftigen »Übergang« zum eigentlichen Werkvertrag
- Gänzliches Absehen von einer gesetzlichen Neuregelung, sondern Lösung über das bestehende Gesetzesrecht (z.B. §§ 642, 643 BGB) und zumindest im B2B-Bereich Vertrauen auf die etablierte Vertragspraxis (Stufenverträge).[129]

72 Auch die **Vereinbarung des Leistungsziels** gehört bei Architekten- und Ingenieurverträgen **künftig nicht** mehr zu den ***essentialia negotii***[130]. Die Entscheidung des BGH, Urt. v. 23.04.2015 – VII ZR 131/13[131] ist damit überholt; sie würde heute über § 650p Abs. 2 BGB gelöst. Die rechtsgeschäftliche Einigung des Inhalts »**Plane mir etwas!**« kann[132] nunmehr einen wirksamen Architekten- und Ingenieurvertrag darstellen:[133]
- Trotz der fehlenden Vereinbarung der Gegenleistung gilt hier eine Vergütung unter den Voraussetzungen des § 632 Abs. 1 dem Grunde nach als vereinbart.
- Der Höhe nach springen § 632 Abs. 2 BGB bzw. § 7 Abs. 1 Satz 2 HOAI 2021 ein.
- Und die fehlende Vereinbarung jeglichen Leistungsziels wird gerettet über die gesetzliche Anordnung nach § 650p Abs. 2 BGB, wonach (in Konkretisierung bzw. Erweiterung des geschuldeten Leistungsumfangs) zunächst eine Planungsgrundlage (nebst Kosteneinschätzung) zur Ermittlung

126 BGH, Urt. v. 23.04.2015 – VII ZR 131/13, BGHZ 205, 107 Leitsatz 3.

127 So auch wörtlich noch § 650q Ref-E.

128 Vgl. Dammert, BauR 2017, 421, 424.

129 So vor allem das Plädoyer von Fuchs, BauR 2012, 1505, 1508 ff.

130 Wiederum: Mit Flume, AT II § 6, 2 verstanden als *»die Punkte, welche Gegenstand der rechtsgeschäftlichen Regelung sein müssen, damit einer der von der Rechtsordnung anerkannten Rechtsgeschäftstypen vorliegt«*.

131 BGHZ 205, 107.

132 Natürlich setzt diese Einigung einen Rechtsbindungswillen voraus, was zu prüfen ist. Die Argumentation von Deckers, ZfBR 2019, 731, 735 ff. führt aber dazu, dass § 650p Abs. 2 BGB völlig leerlaufen würde (s. Deckers, ZfBR 2019, 731, 735 ff., S. 737 in seinem Fazit). Das überzeugt kaum.

133 Rodemann, BauR 2019, 374, 386 spricht von einem »ergebnisoffenen Architektenvertrag« nach § 650p Abs. 1 BGB; MüKo-BGB/Busche, § 650p Rn. 10 verlangt für die essentialia negotii jedenfalls die »Festlegung des Zwecks des Bauprojekts«, Gegenbeispiel aber: »Planung mit wirtschaftlichster Ausnutzung des Grundstücks«.

der Leistungsziele erstellt werden muss, sodass dann hierüber Einvernehmen nachgeholt werden kann.

- Der konkret geschuldete Leistungsumfang ergibt sich schließlich bei Fehlen einer näheren vertraglichen Vereinbarung – entsprechend der nachträglich geeinigten Leistungsziele – wiederum aus § 650p Abs. 1 BGB.

Freilich: Auch künftig könnte kein Planungsvertrag ohne Einigung über die Planungs- und Über- 73
wachungsziele *auf Dauer* bestehen, d.h. endgültig wirksam *bleiben.* Eine nachträgliche, gleichsam **»schleichende« Einigung** über die wesentlichen Planungs- und Überwachungsziele kann indes unverändert konkludent, außerhalb des formalen Prozederes der §§ 650p Abs. 2, 650r BGB, zustande kommen (dazu noch unten Rdn. 127).

b) Gesetzliche Implementierung einer (»honorarneutralen«) zusätzlichen Leistungspflicht

Dieses Defizit, dass beim Vertragsabschluss wesentliche Planungs- und Überwachungsziele noch 74
nicht vereinbart wurden, löst der Gesetzgeber, indem er für diese Fälle **kraft Gesetzes** festlegt, dass der Planer zunächst und im Zweifel **zusätzlich zu seinem vereinbarten Leistungsumfang** – und richtigerweise im Rahmen der vereinbarten Vergütung – zunächst eine (mangelfreie) **Planungsgrundlage nebst Kosteneinschätzung** zu erstellen hat. Es handelt sich um eine **gesetzliche Leistungserweiterung;**[134] eine »Leistungsreduktion« (*Motzke*) würde erst durch eine Kündigung seitens einer der Vertragsparteien gemäß § 650r Abs. 1, 2 BGB herbeigeführt.[135]

Weil diese zusätzliche Leistung aufgrund der ausdrücklichen Festlegung in § 650p Abs. 2 Satz 1 75
BGB »zunächst« zu erstellen ist und hierüber vorab befunden werden soll, handelt es sich um eine **gesetzlich zugelassene Teilleistung**, zu deren Erbringung der Planer **abweichend von § 266 BGB** sogar verpflichtet ist.

c) Zurückdrängung der »Akquise-Problematik«?

Nach der Amtlichen Begründung soll mit der Neuregelung des § 650p Abs. 2 BGB *»zugleich einer* 76
in der Praxis vielfach zu weitgehenden Ausdehnung der unentgeltlichen Akquise zu Lasten des Architekten entgegengewirkt werden.« Durch die Einführung einer vertraglichen Pflicht des Planers, an der Ermittlung von Planungs- und Überwachungszielen mitzuwirken, möchte der Gesetzgeber klarstellen, *»dass zum Zeitpunkt der grundlegenden Konzeption des Bauprojektes durchaus bereits ein Vertrag geschlossen sein kann«*. Alternativ sei erwogen worden, eine verpflichtende Schrift-/Textform für den Architekten- oder Ingenieurvertrag einzuführen, um die bestehenden Probleme beim Übergang von der (nicht zu vergütenden) Akquise zum (honorarpflichtigen) Vertrag zu lösen. Letztlich sei diese Überlegung aber nicht weiter verfolgt, da sich die Abgrenzungsprobleme durch eine Formvorgabe nicht lösen ließen.[136]

Nahezu sämtliche Stimmen im Schrifttum, die sich hierzu bislang geäußert haben, teilen diesen 77
Optimismus des Gesetzgebers nicht ansatzweise.[137] Dies ist auch nachvollziehbar. Es beginnt damit, dass die sich (notgedrungen) durch eine umfangreiche Einzelfallkasuistik auszeichnende Rechtsprechung[138] schon auf Basis der früheren Rechtslage ganz sicherlich nicht von der Fehlvorstellung geprägt war, in einem frühen Projektstadium *könne* kein Vertrag zustande kommen. Die **(unver-**

---

134 Insoweit auch Fuchs, in: LPS, § 650p Rn. 184.

135 Umgekehrt wie hier wohl Motzke, NZBau 2017, 251, 252 f.

136 Siehe BT-Drucks. 18/8486, S. 67.

137 Siehe etwa Fuchs, NZBau 2015, 675, 680; Motzke, NZBau 2017, 251, 255 f.; Orlowski, ZfBR 2016, 416, 434; und in der Tat beschäftigt die Rechtsprechung die Akquise-Problematik unverändert auch unter der Geltung des neuen Bauvertragsrechts, vgl. jüngst etwa OLG Düsseldorf, Urt. v. 20.02.2025 – I-5 U 102/23, BauR 2025, 1410 Leitsätze 1–3 (Realisierungswettbewerb als Form der Akquisitionsphase).

138 Siehe den Rechtsprechungsüberblick bei Berger, in: FBS, vor §§ 650p Rn. 88 ff.

ändert) entscheidende Frage ist vielmehr, ob das Verhalten bzw. die Erklärungen der Parteien (und dazu gehört auch der Besteller) vom objektiven Empfängerhorizont aus (§§ 133, 157 BGB) so verstanden werden können, dass in einem solch frühen Stadium bereits eine **rechtliche Bindung** gewollt ist.[139] Auch der Schutz des Verbrauchers (vor verfrühten Vertragsschlüssen bis zur LPH 9) dürfte in der bisherigen Rechtsprechung hier keine maßgebliche Rolle gespielt haben. Denn aus der Bejahung eines konkludenten Vertragsschlusses folgt keine »verbrauchernachteilige« Vermutung für eine Vollbeauftragung.[140] Die für die Planerseite wirklich »kritischen« Konstellationen und Urteile betreffen häufig Großbauvorhaben und sogar die öffentliche Hand auf Bestellerseite[141]. Gerade bei solchen Großprojekten sei »*zusätzlich zu berücksichtigen, dass Architekten häufig bereit sind, auch umfangreiche Architektenleistungen zu erbringen, um eine mögliche, aber noch nicht gesicherte Realisierung zu fördern.*«[142] Die Rechtsprechung folgt hier wohl eher der Praxis, nicht umgekehrt.

78 Entscheidend bleibt mithin unverändert, dass ein Planervertrag – und zwar auch ein Planervertrag ohne hinreichend definierte Leistungsziele – nur dann zustande kommt, wenn ein entsprechender Rechtsbindungswille bejaht wird. **Für bzw. gegen** einen vorhandenen **Rechtsbindungswillen**, der nicht ohne Grund gelegentlich als »*reine Fiktion*«[143] bezeichnet worden ist, und damit für oder gegen einen frühzeitigen Vertragsschluss spricht **weder eine rechtliche noch tatsächlich Vermutung.**[144] Eher steht zu vermuten, dass sich die Parteien gerade im professionellen B2B-Bereich, stehen die Planungsziele und die Chancen der Projektrealisierung noch nicht fest, vorzugsweise gar nicht rechtsgeschäftlich binden wollen, als einen planungsziellosen Vertrag einzugehen, von dem man sich nur nach der (unbestimmten und damit unberechenbaren) Maßgabe des § 650r BGB wieder lösen kann.

2. »Wesentliche Planungs- und Überwachungsziele noch nicht vereinbart«

79 § 650p Abs. 2 BGB mit den hieran anschließenden Kündigungsrechten des § 650r Abs. 1 und 2 BGB greift ein, »*soweit wesentliche Planungs- und Überwachungsziele noch nicht vereinbart sind*«.

80 »**Planungs- und Überwachungsziele**« sind hierbei die leistungsbestimmenden qualitativen und quantitativen (Beschaffenheits-)Vorgaben für das zu planende Objekt, ggfs. aber auch Kosten- und Terminvorgaben (»**Leistungsziele**«, siehe oben Rdn. 16 ff.). Nicht hierzu gehören etwaige Lücken im beauftragten »**Leistungsumfang**« (siehe oben Rdn. 32 ff.).

81 Durch das Wort »**soweit**« in Abs. 2 kommt zum Ausdruck, dass § 650 Abs. 2 BGB auch dann einschlägig ist, wenn von den wesentlichen Leistungszielen (welche auch immer das sind) zwar einige vereinbart sind (z.B. Qualitätsstandard), andere hingegen noch nicht (z.B. Raumbedarf). Oder wenn Funktionsbereiche nur für einige Gebäudeteile festgelegt sind, für andere hingegen noch überhaupt nicht. Eine ggfs. vorliegende noch unvollständige »Planungsgrundlage« muss also zur Ermöglichung einer Vereinbarung **aller** wesentlichen Leistungsziele (welche das auch immer sind) zunächst »**vervollständigt**« werden.[145] Dies schließt die Zulässigkeit »offener« Lücken nicht aus (unten Rdn. 115).

---

139 Siehe exemplarisch-mustergültig etwa OLG Düsseldorf, Urt. v. 29.02.2008 – 23 U 85/07, NZBau 2009, 457, und OLG Frankfurt, Urt. v. 07.12.2012 – 10 U 183/11, NZBau 2013, 311.

140 St. Rspr., siehe bereits BGH, Urt. v. 04.10.1979 – VII ZR 319/78, BauR 1980, 84; Berger, in: FBS, vor §§ 650p Rn. 88.

141 Siehe den Fall OLG Frankfurt, Urt. v. 07.12.2012 – 10 U 183/11, NZBau 2013, 311.

142 Vgl. etwa OLG Düsseldorf, Urt. v. 29.02.2008 – 23 U 85/07, NZBau 2009, 457.

143 Flume, AT II § 7, 7.

144 Eingehend Berger, in: FBS, vor §§ 650p ff. B I Rn. 45 ff.; aus der Rechtsprechung etwa OLG Frankfurt a.M., Urt. v. 07.12.2012 – 10 U 183/11, NZBau 2013, 311.

145 Siehe auch BT-Drucks. 18/8486, S. 67: »*... und daher bei Vertragsschluss noch keine Einigung über **alle** wesentlichen Planungs- und Überwachungsziele vorlegt. Dies kann etwa der Fall sein, wenn zwar feststeht, welchen Zweck das zu planende Gebäude haben soll, jedoch noch wesentliche Fragen, wie etwa ... offen sind*«.

Schon jetzt heiß diskutierte **Kernfrage** der Vorschrift ist damit, was »**wesentliche**« Planungs- und Überwachungsziele sind, und zwar 82
- »**der Art nach**« (z.B. Qualitäten und Quantitäten, aber auch Kosten, Zeit?)
- vor allem aber »**der Tiefe nach**« (z.B. Skizzen oder maßstäbliche Zeichnungen oder gar Varianten? Kostenrahmen oder Kostenschätzung?)

Der Gesetzgeber hat – hier vor allem mit allen Nachteilen[146] – bewusst vom Rückgriff auf definierte Termini der HOAI, der DIN 276:2018–12 o.ä. abgesehen, ohne jedoch rechtsklare Alternativen aufzuzeigen. Dies ist **für die Praxis extrem misslich, hängen an dieser Frage doch etwaige Sonderkündigungsrechte**, was der Vorschrift des § 650p Abs. 2 BGB inzwischen sogar den **Vorwurf der Verfassungswidrigkeit** (in der Lesart von BT-Drucks. 18/8484, S. 67) eingehandelt hat.[147] Die Parteien 83
- stehen nun einerseits unter dem Damoklesschwert, dass sich der Vertragspartner nach § 650r BGB vom Vertrag lossagt, bzw.
- laufen ihrerseits Gefahr, durch eine eigene unberechtigte Kündigung nach § 650r BGB eine schwerwiegende Vertragsverletzung zu begehen (so das Risiko des Planers) bzw. erheblich nachteilige wirtschaftliche Folgen tragen zu müssen (so das Risiko des Bestellers wegen § 648 BGB).

Umso wichtiger ist die Klärung, was zu den »wesentlichen Planungs- und Überwachungszielen« gehört:[148]

a) Entstehungsgeschichte und Amtliche Begründung

Analysiert man die Entstehungsgeschichte des § 650s Abs. 2 BGB im weiteren Sinne, so hatten die an der Diskussion Beteiligten **ursprünglich eine relativ trennscharfe Konturierung** dieser sog. Zielfindungsphase vor Augen, die gerade auch im Gesetzeswortlaut der »Planungsgrundlage« bzw. – insoweit sehr unglücklich – der »Kosten*ein*schätzung« zum Ausdruck kommen sollte: 84

Nach den Ausführungen des Mitglieds der Arbeitsgruppe Bauvertragsrecht sowie der Unterarbeitsgruppe Architektenvertragsrecht beim BMJ *Dammert* aus 2012 zu entsprechenden Gesetzesvorschlägen bezweckten diese, »*das zumindest **ein Mindestmaß** an Klarheit über die Ziele und Grundlagen der Planungsleistung*«[149] bestehen soll. Es gehe um die Regelung einer 85

> 86 »***Zielfindungsphase** (Synonym: Konzeptfindungsphase, **Phase 0** etc.) …, [darum,] die ›**Werkvertragskompatibilität**‹ von Verträgen über Planungsleistungen zu verbessern, um nicht zu sagen, **herzustellen**, (…). Diese Ziele und Grundlagen sind abzugrenzen und auch abgrenzbar von den späteren Planungsinhalten. **Der Sache nach geht es um eine Bedarfsplanung**. Hilfsmittel für die Konkretisierung des Inhalts einer solchen Bedarfsplanung stellen sowohl die DIN 18205 (Bedarfsplanung im Bauwesen) als auch die Vorgaben Ziffer 3.4.1 DIN 276–1 (Dez. 2008) dar. Die entsprechenden quantitativen Bedarfsangaben (z.B. Raumprogramm mit Nutzeinheiten, Funktionselemente und deren Flächen) und qualitativen Bedarfsangaben (z.B. bautechnische Anforderungen, Funktionsanforderungen, Ausstattungsstandards) bilden auch die Grundlage für die vorgesehene Einschätzung der Gesamtkosten. Der Begriff »**Einschätzung**« ist zu unterscheiden und **wird bewusst abgegrenzt vom Begriff der Kostenschätzung** i.S. von Ziffer 3.4.2 der DIN 276–1. Bei der Kosteneinschätzung geht es vielmehr die **Ermittlung eines Kostenrahmens**, wie ihn die DIN 276–1 in Ziffer 3.4.1 als erste Stufe der Kostenermittlung vorsieht.*«[150]

---

146 Siehe zur grundlegenden Kritik Vor § 650p Rdn. 22 f.

147 So Motzke, NZBau 2017, 251, 254.

148 Siehe dazu instruktiv die Plädoyers **de lege ferenda** von Sacher im AK IV des DBGT 2023, BauR TH 2023, 38 ff. und von Glöckner BauR 2024, 419; siehe auch Glöckner, in: Soergel, 13. Aufl. 2022, § 650p Rdn. 61–72.

149 Dammert, BauR 2012, 1498, 1500.

150 Dammert, BauR 2012, 1498, 1500 f.

Die sog. »Zielfindungsphase« solle sich damit von der »Planungsrealisierungsphase« unterscheiden, mithin insbesondere von der Leistungsphase 2 der HOAI:

87 *»Auf der Ebene der Zielfindungsphase geht es darum, die notwendigen Angaben für die konkrete Festlegung der wesentlichen **Beschaffenheitsparameter** der Planung, insbesondere **auch der Vorplanung zu ermitteln.**«*[151]

88 Im Abschlussbericht der Arbeitsgruppe Bauvertragsrecht beim Bundesministerium der Justiz vom 18.06.2013 heißt es zur vorgeschlagenen Zielfindungsphase dementsprechend:

89 *»Mit ›Zielfindungsphase‹ bezeichnet die Arbeitsgruppe die Phase, in der Architekt und Bauherr gemeinsam die häufig noch vagen Vorstellungen des Bauherrn konkretisieren, um den geschuldeten Planungserfolg genau zu beschreiben. (…) **Aufbauend auf den Ergebnissen der Zielfindungsphase** ist der Besteller dann in der Lage, gemeinsam mit dem Architekten und/oder Ingenieur **die Anforderungen an den Planungserfolg der sich anschließenden Planungsphase konkret zu vereinbaren.** (…). In der Gruppe ist auch diskutiert worden, ob den Vertragsparteien **zu einem späteren Zeitpunkt (beispielsweise nach Beendigung der Vorplanung und der Kostenberechnung) ein weiteres Kündigungsrecht** gewährt werden soll. Die Arbeitsgruppe folgt diesem Vorschlag nicht, weil zu diesem Zeitpunkt schon beachtliche Kosten entstanden sind, die dem Verbraucher mit dem Kündigungsrecht zum Ende der Zielfindungsphase gerade erspart werden sollen.«*[152]

90 Jedenfalls echte Planungsleistungen wie eine Vorplanung nach LPH 2 HOAI sollten danach von der Zielfindungsphase keinesfalls umfasst sein. Die Terminologie ist bewusst auf Abgrenzung gerichtet. Der **Referentenentwurf** griff in den Vorgängervorschriften diese Terminologie (»Zielfindungsphase«, »Planungsgrundlage«, »Kosteneinschätzung«) auf. Bereits die Begründung des Referentenentwurfes zu § 650o Satz 2 BGB-RefE **verwässerte** aber die konsequente Trennung »Zielfindungsphase-Planungsphase«:

91 *»Satz 2 [RefR = Abs. 2 BGB] enthält Vorgaben für die Fälle, in denen sich der Besteller mit noch vagen Vorstellungen von dem zu planenden Bauvorhaben oder der Außenanlage an den Architekten oder Ingenieur wendet, und daher bei Vertragsschluss **noch keine Vereinbarung** über die Beschaffenheit des Erfolgs **möglich** ist. Hier ist es Aufgabe des Architekten oder Ingenieurs, verschiedene Leistungen mit dem Ziel der Herbeiführung einer Konkretisierung zu erbringen, etwa **die Wünsche des Bauherrn zunächst genauer zu ermitteln** oder **Skizzen und Entwürfe zu erstellen.**«*[153]

92 Solche »Skizzen und Entwürfe« stellen bereits schöpferische Planungsleistungen dar. Freilich wird das völlig verunglückte Wort »Entwurf« im Zusammenhang mit »Skizze« ersichtlich untechnisch verwendet und nicht im Sinne von LPH 3 HOAI. Auch werden in der LPH 2 der HOAI 2013 bereits maßstäbliche Zeichnungen und nicht nur Skizzen gefordert.[154] Und das Stadium der Zielfindungsphase wird im Referentenentwurf sogar als ein so frühes Stadium verstanden, dass hier eine Festlegung der wesentlichen Planungs- und Überwachungsziele, selbst wenn gewollt, *nichtmals möglich* sei![155] Andererseits heißt es bereits im Referentenentwurf in der Begründung zu § 650q Abs. 1 Satz 1 BGB-RefE:

93 *»Damit [lies: Übergabe der Planungsgrundlage nebst Kosteneinschätzung] wird der Besteller in die Lage versetzt, eine fundierte Entscheidung zu treffen, ob er dieses Bauprojekt oder diese Außenanlage **mit diesem Planer** realisieren möchte.«*

94 Kann eine solche Entscheidung für bzw. gegen den Planer ohne eine Probe seiner »künstlerisch-architektonischen« Fertigkeiten, sprich: ohne Vorlage einer »echten« Planungsleistung beurteilt

151 Dammert, BauR 2012, 1498, 1501.
152 Abschlussbericht, S. 55 f.
153 Referentenentwurf, S. 69.
154 Siehe die Grundleistung c) der Anlage 10.1 HOAI.
155 Freilich fragwürdig!

werden?[156] Im Anhörungsverfahren wurde denn auch von verschiedentlicher Seite gerade für Inhalt und Ende der Zielfindungsphase eine nähere Präzisierung gefordert.[157] Stattdessen potenzierte die Begründung des **Regierungsentwurfs** die Abgrenzungsschwierigkeiten noch weiter, wenn eine Einigung über alle wesentlichen Planungs- und Überwachungsziele fehlen könne,

»wenn zwar feststeht, welchen ***Zweck das zu planende Gebäude*** *haben soll, jedoch noch* ***wesentliche Fragen, wie*** *etwa die* ***Art des Daches,*** *die* ***Zahl der Geschosse oder ähnliche*** *für die Planung* ***grundlegende Fragen*** *offen sind. In solchen Fällen soll der Architekt oder Ingenieur die Wünsche und Vorstellungen des Bestellers erfragen und unter deren Berücksichtigung eine Planungsgrundlage zur Ermittlung der noch offenen Planungs- und Überwachungsziele erstellen.* ***Der Entwurf verwendet bewusst das Wort »Planungsgrundlage«, um deutlich zu machen, dass es noch nicht um die eigentliche Planung geht.*** *Es ist in dieser Phase lediglich eine Grundlage, etwa* ***eine erste Skizze*** *oder eine Beschreibung des zu planenden Vorhabens, geschuldet, auf der dann die Planung aufbauen kann.* 95

Nach Abs. 2 Satz 2 ist der Architekt oder Ingenieur verpflichtet, dem Besteller die Planungsgrundlage zusammen mit einer Kosteneinschätzung für das Vorhaben zur Zustimmung vorzulegen. Die Kosteneinschätzung soll dem Besteller eine ***grobe Einschätzung*** *der zu erwartenden Kosten für seine Finanzierungsplanung geben. Planungsgrundlage und Kosteneinschätzung zusammen sollen den Besteller in die Lage versetzen, eine fundierte Entscheidung zu treffen, ob er* ***dieses Bauprojekt*** *oder die Außenanlage* ***mit diesem Planer*** *realisieren oder von dem in § 650q BGB-E vorgesehenen Kündigungsrecht Gebrauch machen möchte.«*[158]

Sind danach die wesentlichen Planungs- und Überwachungsziele noch nicht vereinbart, wenn Dachart oder Geschosszahl bei Vertragsschluss noch nicht feststehen, also Punkte, die in der HOAI-Leistungsphasensystematik eher in der Variantenplanung der LPH 2 abgestimmt werden? 96

b) Heterogenes Meinungsbild im Schrifttum

Obwohl die regierungsamtliche Begründung damit die Grenze »Zielfindungsphase – Planungsphase« geradezu verwischt, soll die Zielfindungsphase des heutigen Gesetzestextes nach *Dammert* unverändert im Sinne einer »Leistungsphase 0« verstanden werden:[159] 97

*»Der Begriff der ›****Planungsgrundlage****‹ war in seiner Reichweite umstritten. Es ging insbesondere um die Frage, wie die spezifische Leistungspflicht nach § 650o Abs. 2 [jetzt: § 650p Abs. 2 BGB]* ***von den Leistungsphasen 1–3 der Objektplanung abzugrenzen*** *sind. Wichtig ist hierbei, dass man die gesetzliche Funktion der Zielfindungsphase im Hinblick auf die Beschaffenheit der in dieser Phase geschuldeten Architektenleistungen klar vor Augen hat. Es geht darum, die wesentlichen Vertragsziele als Vorgabe für die eigentliche Planung und Bauwerkserrichtung zu konkretisieren. Damit ist auch klar, dass* ***diese Phase keine Vorwegnahme der weiteren Planungsleistungen, schon gar nicht von der Phase 3 ist.*** *Der Gesetzesentwurf bemüht sich, dies auch begrifflich zu verdeutlichen, indem bewusst von Planungsgrundlage und Kosteneinschätzung gesprochen wird.«* 98

Geradezu diametral entgegengesetzt wird demgegenüber von *Koeble* vertreten, dass Planungs- und Überwachungsziele erst dann vereinbart werden könnten, »wenn das Objekt in seinem Zuschnitt **und auch in seiner Gestaltung** in ersten Zügen feststeht«[160]. Dies sei erst dann der Fall, »wenn der Auftraggeber **im Rahmen der Vorplanung eine Variante** als Grundlage für die weiteren Planungsschritte **ausgewählt** hat«[161]. Dementsprechend stellt diese Auffassung die »Kosteneinschätzung« der 99

156 Darauf weist mit Recht Fuchs, BauR 2017 Editorial Heft 6, hin.
157 Vgl. v.a. Stellungnahme des IfBR, Rn. 99 ff.
158 BT-Drucks. 18/8486, S. 67.
159 Dammert, BauR 2017, 421, 424; ähnlich Leupertz, in: PWW, (12. Aufl.) Anh §§ 631–651 Rn. 11.
160 Koeble/Locher/Zahn, in: LKFZ, Einl. Rn. 407.
161 Koeble/Locher/Zahn, in: LKFZ, Einl. Rn. 407.

»Kostenschätzung« nach DIN 276 gleich.[162] Im Prinzip wird damit das Ende der Zielfindungsphase mit dem **Ende der HOAI-Leistungsphase 2 (Vorplanung)** in eins gesetzt.

100 *Motzke* sieht in der »Planungsgrundlage« des § 650p Abs. 2 BGB zwar im Ergebnis eine Bedarfsermittlung und Bedarfsplanung.[163] Auch seien »*die Dachart und die Zahl der Geschosse … nicht ›wesentliche Planungs- und Überwachungsziele‹*«[164]. Nehme man jedoch die Gesetzesbegründung (»*wesentliche Fragen, wie etwa die Art des Daches, die Zahl der Geschosse*«) an dieser Stelle ernst, seien dies Planungsziele, die erst »im Rahmen der Leistungsphasen 1 und 2 erarbeitet und darüber ein Konsens gefunden« werde.[165]

c) Stellungnahme

101 Die Vorschrift des § 650p Abs. 1 BGB will einerseits bezüglich der Leistungsziele **mehr als die bloße Bestimmtheit** von Verträgen über die »Planung und Überwachung« **sicherstellen.** Denn dafür würde es bereits genügen, wenn der Planervertrag das zu planende Objekt (»Einfamilienhaus«) und ggfs. die Maßnahme (»Neubau«) eindeutig[166] angibt.[167] Umgekehrt müssen zwar **nicht alle**, wohl aber alle wesentlichen Planungs- und Überwachungsziele festgelegt werden, um die Kündigungsmöglichkeiten nach § 650r BGB zu vermeiden.

102 Wann »wesentliche Planungs- und Überwachungsziele« noch nicht geklärt sind, müsste eigentlich daraus rückgeschlossen werden können, was zu ihrer Ermittlung vom Gesetzgeber noch für erforderlich erachtet wird. Nach § 650p Abs. 2 BGB hat der Planer hierzu für den Besteller eine »*Planungsgrundlage*« und eine »*Kosteneinschätzung*« zu erstellen und ihm »*zur Zustimmung vorzulegen*«. Auch wenn der Gesetzgeber von der HOAI-Systematik bewusst unabhängig sein will, **ist die Formulierung des § 650p Abs. 2 BGB (gerade in diesem Unabhängigkeitsbestreben) doch in Kenntnis der HOAI-Leistungskataloge, in Kenntnis der DIN 18205, in Kenntnis der Terminologie der DIN 276 erfolgt.** Auch wenn sich der Gesetzgeber von der HOAI-Systematik emanzipieren will, ist damit eine Annäherung an den gesetzgeberischen Willen (auch) über die Leistungskataloge der HOAI sowie die einschlägigen DIN-Vorschriften nicht nur hilfreich, sondern **zum Verständnis daher unumgänglich!**

aa) Parallelen zu HOAI, DIN 18205 und DIN 276

103 Analysiert man daraufhin zum einen die Leistungskataloge der HOAI 2013/2021, zum anderen die DIN 18205:2016–11 sowie die DIN 276, so ist – am Beispiel der Objektplanung Gebäude – festzuhalten:

- Die **HOAI 2013/2021** befasst sich ab der ersten Grundleistung der Leistungsphase 1 (»*Klären der Aufgabenstellung auf Grundlage der Vorgaben oder der Bedarfsplanung des Auftraggebers*«) bis einschließlich zur Grundleistung b) der Leistungsphase 2 (»*Abstimmen der Zielvorstellungen, Hinweise auf Zielkonflikte*«) stets mit den Zielen des Auftraggebers,[168] nicht mit der Planung i.e.S. Erst anschließend beginnt mit dem »Erarbeiten der Vorplanung, …« die eigentliche Planung. Eine Zäsur »Zielfindungsphase« vs. »Planungsphase« bzw. »Planungsgrundlage zur Ermittlung der Planungsziele« vs. »Planung gemäß den vereinbarten Planungszielen« scheint danach im

---

162 Koeble/Locher/Zahn, in: LKFZ, Einl. Rn. 407.

163 Motzke, NZBau 2017, 251, 253.

164 Motzke, NZBau 2017, 251, 253.

165 Motzke, NZBau 2017, 251, 253.

166 Das war grds. anders in Fall BGH, Urt. v. 23.04.2015 – VII ZR 131/13, BGHZ 205, 107 = NZBau 2015, 429.

167 Ähnlich Koeble/Locher/Zahn, in: LKFZ, Einl. Rn. 171 f.; Fuchs, NZBau 2015, 431, 432.

168 Vgl. Seifert/Fuchs, in: FBS, § 34 HOAI Rn. 65 mit der anschließenden Ergänzung: »*Damit wird die zentrale Aufgabe des Planers, die in der Zielfindung besteht, in dieser frühen Leistungsphase noch einmal deutlich herausgestellt.*«.

Leistungsbild Objektplanung Gebäude erst innerhalb der Leistungsphase 2 zu verlaufen, wenngleich eher zu deren Beginn.[169]

- Indes lautet bereits die erste Grundleistung in der LPH 1 »***Klären** der Aufgabenstellung **auf Grundlage der Vorgaben oder der Bedarfsplanung** des Auftraggebers*«. Die Bedarfsermittlung und Bedarfsplanung selbst ist nur Besondere Leistung, weil sie grundsätzlich als **vorangegangene** Bauherrenaufgabe angesehen wird. Die Vorgaben für die planerische Aufgabenstellung, die Planungs- und Überwachungsziele also, sollen danach zu Beginn der Leistungsphase 1 bereits feststehen. Sie sind nur noch »**zu klären**«. Zwar bildet dieses Klären der Aufgabenstellung »*gleichsam das Fundament für die gesamte Planung bis zur Fertigstellung des Bauvorhabens. Hierbei geht es um die **Leistungsziele (Planungsziele)**. Ohne ein Klären der Aufgabenstellung können nachfolgende Arbeitsschritte und Leistungsphasen wertlos sein.*«[170] In der »Denke« dieses HOAI-Leistungsbildes hat der Bauherr (= Besteller) indes idealiter bereits vor der LPH 1, gleichsam in der »Leistungsphase 0«, die Vorgaben an die planerische Aufgabenstellung als seine »Bauherrenaufgabe« bereits ermittelt und zusammengestellt. Der Planer hat lediglich die Aufgabe, diese Vorgaben zu klären, d.h. sich »**einzuarbeiten**«[171], die gemachten Vorgaben zu verstehen und zu durchdringen und, wo noch nicht mitgeteilt, **proaktiv und zielgerichtet abzufragen.** Dies umfasst auch die Abfrage von Prioritäten (»Was ist im Zweifel wichtiger?«) und es kann sich bereits in der LPH 1 ein **unauflöslicher Zielkonflikt** zeigen (»mit diesem Budget beim besten Willen nicht darstellbar«), der **dann schon jetzt zu bereinigen** ist.[172] Eine tiefergehende Analyse der Ergebnisse der LPH 1 mit einer hierauf aufbauenden »vertieften« Zielkonfliktklärung[173] ist in der HOAI-Systematik hingegen erst Gegenstand der LPH 2. Bei dieser »vertieften« Analyse handelt es sich bereits um eine systematische Untersuchung dergestalt, dass die Ergebnisse der Grundlagenermittlung in ihre Bestandteile aufgelöst, geordnet, untersucht und ausgewertet werden.[174]
- Die **DIN 18205**[175], auf die die erste HOAI-Grundleistung im Leistungsbild Objektplanung Gebäude Bezug nimmt, definiert (in ihrer Fassung 2016–11) »**Bedarfsplanung**« in Ziffer 3.5 als gesamten Prozess der **methodischen Ermittlung** des Bedarfs, einschließlich der hierfür notwendigen Erfassung der maßgeblichen Informationen und Daten, und deren zielgerichtete Aufbereitung als quantitativer und qualitativer Bedarf. Das **Ergebnis** der Bedarfsplanung wird nach Ziffer 5.2 im »**Bedarfsplan**« festgehalten, der nach Ziffer 3.3 **die der Planung zugrunde liegenden Anforderungen darstellt**, nämlich gemäß Ziffer 5.2 (vollständig und prüfbar in schriftlicher Form) die Projektziele, die Projektrahmenbedingungen sowie die qualitativen und quantitativen Anforderungen der Beteiligten. Dieser Bedarfsplan wird gemäß Ziffer 4.4.b) **dem Bauherrn zur Billigung** vorgelegt und soll anschließend gemäß Ziffer 4.4.c) **für die weitere Planung verbindlich** sein (womit die Bedarfsplanung im engeren Sinne ende). Gemäß Ziffer 5.2 enthält der Bedarfsplan aber selbst **keine Lösungen oder Lösungsansätze.**
- Nach der **DIN 276–1:2008–12**, nach der Version also, die der Gesetzgeber vor Augen hatte, gilt: Gemäß Ziffer 2.3 ist eine »Kostenvorgabe« die Festlegung der Kosten als Obergrenze oder als Zielgröße für die Planung. Gemäß Ziffer 2.4.1 ist hierbei der »**Kostenrahmen**« die Ermittlung der Kosten **auf der Grundlage der Bedarfsplanung.** Gemäß Ziffer 3.4.1 dient dieser Kostenrahmen als eine Grundlage **für die Entscheidung über die Bedarfsplanung** sowie für grundsätzliche

169 So Deckers, ZfBR 2017, 523, 531. Noch vor Inkrafttreten der HOAI 2013 wurde die Leistungsphase 1 im Leistungsbild Architektur in der Literatur mit »Sollvorgaben für die Planung« überschrieben im Gegensatz zu den folgenden »reinen Planungsphasen« – vgl. Langen/Schiffers, Rn. 543 ff., Rn. 547 ff., insb. Rn. 551: »*Während das Ziel der Leistungsphase 1 (Grundlagenermittlung) darin besteht, die Aufgabenstellung für die Planungsbeteiligten zu klären, liegt das Ziel der Vorplanung darin, ein entsprechendes Planungskonzept zu erarbeiten.*«.

170 Seifert/Fuchs, in: FBS, § 34 HOAI Rn. 28.

171 So die sehr treffende Formulierung von Koeble, in: LKFZ, § 34 HOAI Rn. 28.

172 Vgl. Seifert/Fuchs, in: FBS, § 34 HOAI Rn. 30.

173 Vgl. Seifert/Fuchs, in: FBS, § 34 HOAI Rn. 65.

174 Vgl. Seifert/Fuchs, in: FBS, § 34 HOAI Rn. 62.

175 Dazu Preussner, BauR 2009, 419.

Wirtschaftlichkeits- und Finanzierungsüberlegungen und zur Festlegung der Kostenvorgabe. Bei dem Kostenrahmen werden nach dieser Ziffer 3.4.1 insbesondere quantitative Bedarfsangaben (z.B. Raumprogramm mit Nutzinhalten, Funktionselemente und deren Flächen), qualitative Bedarfsangaben (z.B. bautechnische Anforderungen, Funktionsanforderungen, Ausstattungsstandards) und ggf. auch Angaben zum Standort zugrunde gelegt. Eine **Kostenschätzung** wird nach Ziffer 3.4.2 dieser DIN sowie gemäß § 2 Abs. 10 HOAI jedoch erst **auf Basis der Vorplanung*sergebnisse*** erstellt.

104 Danach lässt sich **einerseits** festhalten: Unbestreitbar hat der Gesetzgeber diese **Begrifflichkeiten** der HOAI, der DIN 276–1:2008–12, der DIN 18205:2016–11 **bewusst nicht** verwendet. Es wird daher sicherlich nicht vertreten werden können, dass die »wesentlichen Planungs- und Überwachungsziele« erst dann feststünden, wenn einer Bedarfsplanung nach DIN 18205:2016–11 als »Planungsgrundlage« nebst einem Kostenrahmen nach DIN 276–1:2008–12 als »Kosteneinschätzung« zugestimmt wird, oder dass die entscheidende Zäsur exakt nach der Leistungsphase »0« liege oder exakt zwischen zwei HOAI-Leistungsphasen. Dies wäre schon angesichts der Vielgestaltigkeit der zu planenden Objekte (vom Einfamilienhaus über die Außenanlage bis hin zu Flughäfen usw.) und auch angesichts der nicht stringenten HOAI-Leistungsphasen-Bildung gar nicht möglich.

105 **Andererseits** sind die **Parallelen zwischen diesen Regelwerken und § 650p Abs. 2 BGB nebst zugehöriger Gesetzesbegründung unübersehbar** und schlechterdings nicht zu leugnen:

106

HOAI/DIN: **»Bedarfsplanung«/»Bedarfsplan«**		**§ 650p Abs. 2:** **»Planungsgrundlage«**
Methodische Ermittlung des Bedarfs (DIN 18205 Ziffer 3.5)	→	Wünsche des Bestellers genauer ermitteln (BT-Drucks. 18/8486, S. 68)
Enthält die der Planung zugrunde liegenden Anforderungen (DIN 18205 Ziffer 3.3)	→	Zur Ermittlung der wesentlichen Planungs- und Überwachungsziele (Abs. 2 Satz 1)
Dem Bauherrn zur Billigung vorzulegen (DIN 18205 Ziffer 4.4.b)	→	Dem Besteller zur Zustimmung vorzulegen (Abs. 2 Satz 2)
Für die weitere Planung verbindlich (DIN 18205 4.4.c)	→	Mit der Zustimmung des Bestellers werden die wesentlichen Planungs- und Überwaschungsziele vereinbart (unten Rdn. 123 ff.)
Enthält selbst keine Lösungen und Lösungsansätze (DIN 18205 Ziffer 5.2)	→	»um deutlich zu machen, dass es noch nicht um die eigentliche Planung geht« (BT-Drucks. 18/8486, S. 67)
Kostenrahmen = Ermittlung der Kosten auf der Grundlage der Bedarfsplanung (DIN 276–1 Ziffer 2.4.1) als eine Grundlage für die Entscheidung über die Bedarfsplanung (DIN 276–1 Ziffer 3.4.1)	→	Vorlage auch der Kosteneinschätzung zur Zustimmung (Abs. 2 Satz 2)

bb) Gebot der systematischen Abfrage/Ermittlung/Zusammenstellung aller Vorgaben des Bestellers

107 **Aus diesen Parallelen wird man im Wege der Abstrahierung ableiten können:** Die »wesentlichen Planungs- und Überwachungsziele« können gemäß Abs. 2 dann festgelegt werden, wenn der Planer

seine zusätzliche gesetzliche Leistungspflicht der Erstellung einer Planungsgrundlage nebst Kosteneinschätzung erfüllt hat. Diese Unterlagen sind mangelfrei erbracht, wenn

(1) alle Vorgaben des Bestellers an das zu planende Objekt abgefragt und systematisch zusammengestellt sind,[176]

(2) einschließlich etwaiger gerade von *diesem* Besteller als wesentlich erachtete Vorgaben (unten Rdn. 113 f.),

(3) bereits jetzt ersichtliche Zielkonflikte geklärt oder nach Aufklärung noch bewusst offen gelassen sind (sonst ist keine Zustimmung zur Planungsgrundlage möglich, siehe Rdn. 115 f.),

(4) was insbesondere einen etwaigen Zielkonflikt zwischen abzufragenden Budgetvorgaben des Bestellers und vom Planer erstellter Kosteneinschätzung umfasst (unten Rdn. 116),

(5) und wenn eine Kosteneinschätzung vorgelegt ist, die sich im Rahmen zulässiger Ungenauigkeitstoleranzen auf Basis einer zutreffenden Auswertung aller seitens des Bestellers gemachten Vorgaben bewegt (unten Rdn. 119 f.).

Zu klären sind danach die Wunschvorstellungen des Bestellers, welche die Leistungsziele betreffen. **108**
Dazu gehören im Allgemeinen, gleichsam im Sinne einer »**Checkliste**«, folgende abzufragende (mögliche) **Vorgaben des Bestellers:**[177]

- **Rahmenbedingungen zum Objekt:**
  Z.B. Größe des Objekts, vorgesehene Leistungsart (Neubau, Umbau ...), Belange der Nachbarn und der Umwelt.
- **Funktional:**
  Z.B. Raumbedarf, Raumprogramm, Funktionsprogramm, funktionale Zusammenhänge und Abläufe
- **Gestaltung:**
  Gestalterische Vorstellungen, ggf. Referenzobjekte
- **Konstruktionen:**
  Vorstellungen bei Materialien für Rohbau und Ausbaukonstruktionen, Qualitätsstandards
- **Haustechnik:**
  Ansprüche bei Umfang und Ausgestaltung mit technischen Anlagen
- **Kosten:**
  Zur Verfügung stehender Kostenrahmen, mit Klärung, ob dieser als Obergrenze oder Zielgröße für die Planung zu verstehen ist (unter Berücksichtigung aller Kostengruppen nach DIN 276).
- **Termine:**
  Zeitlicher Rahmen für Planung und Bauausführung, vorgesehene Fertigstellung
- **Besonderheiten**

Der Besteller muss noch nicht zu allen Punkten eine ausgereifte oder überhaupt eine Vorstellung **109**
haben. Entscheidend ist aber, dass seine (potenziellen) Wünsche bzw. Vorgaben systematisch abgefragt und aufbereitet werden, so dass dem Planer kein Wunsch des Bestellers verborgen bleibt. Dem dient insb. die (hier vereinfacht-schematisch formulierte) **Abfrage von »Besonderheiten«**.

cc) Insbesondere: Keine kreativ-gestalterischen (Vor-)Planungsleistungen erforderlich

Die Festlegung der »wesentlichen Planungs- und Überwachungsziele« erfordert nach hier vertretener **110**
Auffassung jedenfalls **keine** Planungsleistungen ab der Grundleistung c) der Leistungsphase 2 (Vorplanung) der HOAI.[178] Es geht in der »Ziel-Findungs-Phase« nur um die Ermittlung der Sollanforderungen an die Planung, nur um die Planungsgrundlage für die Planung, nicht etwa um die

176 Eine Bedarfsermittlung wird hingegen vom Planer nicht geschuldet (zutreffend Fuchs, in: LPS, § 650p Rn. 199 ff.), ebenso wenig wie eigene technische Substanzerkundungen (zutreffend Fuchs, in: LPS, § 650p Rn. 202).

177 Vgl. Checkliste nach Seifert/Fuchs, in: FBS, § 34 HOAI Rn. 29 (mit Ausnahme der »Besonderheiten«).

178 A.A. Zahn, in: Kniffka, § 650p Rn. 231 ff., 238.

jeweilige Planungsgrundlage für die *Weiter*planung. Die »**eigentliche**« **Planung** – die nach dem erklärten Willen des Gesetzgebers **gerade nicht Teil der Zielfindungsphase** ist[179] – findet aber auf Basis festgelegter Anforderungen gerade **in derjenigen Phase statt, die die HOAI »Vorplanung« nennt:** Gerade hier werden vielfältige, überdies maßstäbliche, Varianten entwickelt, es wird planerisch experimentiert, optimiert und das beste Ergebnis gesucht. Etwas anderes kann richtigerweise auch nicht daraus folgen, dass die regierungsamtliche Begründung auch(!)[180] davon spricht, dass der Planer u.a. »*eine Skizze*« zu erstellen habe, der Besteller sich »*für diesen Planer*« entscheiden können solle, oder dass die in der Amtlichen Begründung als wesentlich bezeichnete »*Dachform*« bzw. die »*Geschossanzahl*« erst ein Thema der Leistungsphase 2 wäre. **Ausschlaggebend** muss letztlich sein, dass der Besteller, um eine nachträgliche Einigung über die wesentlichen Planungsziele überhaupt zu ermöglichen, **der erstellten Planungsgrundlage** gemäß §§ 650 Abs. 2, 650r Abs. 1, 2 BGB **zustimmen** muss (= »Ja«-Sagen; siehe näher Rdn. 125). Dies **kann richtigerweise nie die Zustimmung zu einer kreativ-gestalterischen Leistung des Bestellers sein, soll dieser nicht doch zu »echter« Planungsleistung gezwungen sein.** Zu »*einer* Skizze« könnte der Besteller höchstens als glücklichen Zufallstreffer seine Zustimmung geben. Wenn diese Skizze künftig in gestalterischer Hinsicht leistungszielbestimmend wäre, hätte dies ja zur Folge, dass ein späteres Verlangen des Bestellers, das Objekt abweichend von dieser einen Skizze gestalterisch zu planen, bereits eine Änderungsanordnung im Sinne von §§ 650q Abs. 1, 650b BGB darstellte. **Würde** zur Festlegung der wesentlichen Planungsziele **zwingend** auch die Verständigung auf ein bestimmtes **Design** gehören, **dann müsste der Planer tatsächlich zunächst eine Variantenplanung vornehmen**, und zwar solange, bis der Besteller dem »Design« des Objektes zustimmen kann. Dann würden aber bereits zur bloßen Bestimmung der Planungsziele entgegen der regierungsamtlichen Begründung zwangsläufig »echte« Planungsleistungen erforderlich werden. Umgekehrt könnte ein »vertragsauflösungswilliger« Planer dann eine **Vertragskündigung leicht provozieren**, indem er dem Besteller ausschließlich missfallende Skizzen und Entwürfe vorlegt. Genau dies will aber der Gesetzgeber vermeiden.[181]

111 Der Besteller kann also selbstverständlich rein gestalterische **Vorgaben** machen, deren Einhaltung – ähnlich Vorgaben aus Gestaltungssatzungen – im Zuge der späteren Planung auch weitgehend objektiv überprüfbar wäre (z.B. »*Bungalow*«, »*im Stil wie das Haus Nr. 24*«, »*neoklassizistische Fassade*«).

112 Die **Ermittlung der wesentlichen Planungsziele** durch Erstellung einer Planungsgrundlage **setzt aber niemals kreativ-planerische Tätigkeit voraus, sondern nur systematisches Abfragen, Ordnen und Sortieren** von Vorgaben und Wünschen des Bestellers. Nach alledem ist es in der Zielfindungsphase Aufgabe des Planers, auch solche rein gestalterischen Vorgaben abzufragen/zu ermitteln/zu ordnen. Nicht weniger, aber auch nicht mehr. Damit sind Planungs- und Überwachungsziele in **gestalterischer** Hinsicht dann geklärt, wenn der Besteller entweder hierzu keine konkreten Vorgaben hat (siehe dazu noch unten Rdn. 115), oder wenn die Vorgaben, die er gemäß der Nachfrage/der Ermittlung des Planers hat, in der Planungsgrundlage zutreffend erfasst und in der Kosteneinschätzung kostenmäßig »richtig« bewertet sind.

dd) Vorgaben, die nur für den Besteller wesentlich sind

113 Zu den abzufragenden, nötigenfalls zu ermittelnden Punkten und damit zu den wesentlichen Planungs- und Überwachungszielen können richtigerweise auch solche Vorgaben an das zu planende Objekt gehören, die man **objektiv** für »**unwesentlich**« halten mag, die **jedoch speziell für** ***diesen***

---

179 BT-Drucks. 18/8486, S. 67.

180 Zum »*ausdrücklich geäußerten Willen des Gesetzgebers*« (vgl. Fuchs, BauR 2017 Editorial Heft 6) gehören aber vor allem dessen **Zentralaussagen** (»*bewusst das Wort ›Planungsgrundlage‹*«, »*noch nicht um die eigentliche Planung geht*«, »*lediglich eine Grundlage, auf der die Planung aufbauen kann*«).

181 Siehe BT-Drucks. 18/8486, S. 69.

Besteller wesentlich sind.[182] In diesem Sinne kann beispielsweise der Wunsch des Bestellers, unbedingt eine Wohnung mit Staffelgeschoss zu haben, ein durchaus wesentliches Planungs- und Überwachungsziel sein. So enthält bspw. **DIN 18205:2016–11** in Tabelle A.3 – Checkliste 3 unter Ziffer 2.3 die **Rubrik »Spezifische Bedarfsanforderungen«**, in der die besonderen Anforderungen des Nutzers zu erfassen sind. Diese können objektiv erforderliche Angaben, aber auch nur spezielle Vorgaben dieses Nutzers darstellen. **In diesem Sinne kann** die vom Gesetzgeber erwähnte »Dachart« oder die »Geschosszahl« ausnahmsweise tatsächlich zu den wesentlichen Planungs- und Überwachungszielen gehören, auch wenn man grundsätzlich – wie hier – vertritt, dass solche »Details der Leistungsphase 2« an sich nicht festgelegt sein müssen. Dies ergibt sich letztlich aus dem **Rechtsgedanken des § 154 BGB**. Auch in der Sache wird man sich mit der Annahme schwertun, dass alle wesentlichen Planungs- und Überwachungsziele festgelegt seien, obwohl gerade der für den Besteller wichtigste Wunsch keinen Eingang in den Planervertrag gefunden hat. Eine Ausnahme hiervon wird man nach Treu und Glauben (§ 242 BGB) nur bei völlig untergeordneten nebensächlichen subjektiven Wünschen des Bestellers machen können, wenn und weil in diesen Fällen die Ausübung eines bestellerseitigen Kündigungsrechtes gemäß § 650r Abs. 1 BGB rechtsmissbräuchlich wäre.

Für die Praxis folgt daraus, dass dem Planer dringend anzuraten ist, schon **vor** seiner Beauftragung systematisch alle Vorgaben abzufragen, die der Besteller haben kann. Dies entspricht ersichtlich auch der gesamten Regelungsintention des § 650p BGB. Nur auf diese Weise einer sorgfältigen vorvertraglichen Aufklärung kann es der Planer vermeiden, dass ihm wesentliche Wünsche speziell *dieses* Bestellers unbekannt bleiben. Freilich handelt es sich in diesem vorvertraglichen Stadium, wie gerade § 650p Abs. 2 BGB zeigt, nur um eine Obliegenheit des Planers, nicht um eine Rechtspflicht. Zur geschuldeten Leistung wird dies aber, wenn der Planervertrag unterschrieben ist und sich dann herausstellt, dass ein spezielles Planungsziel gerade *dieses* Bestellers noch nicht vereinbart ist (§ 650p Abs. 2 BGB). 114

ee) Unschädlichkeit »sehenden Auges« offener Punkte/Planungsannahmen

Wenn und soweit der Besteller nach entsprechenden systematischen Aufklärungsversuchen des Planers keine weiteren Vorgaben macht, sind alle wesentlichen Planungs- und Überwachungsziele geklärt. Dann, d.h. wenn systematisch und vollständig abgefragt wurde, ist es richtiger Weise für § 650p Abs. 2 BGB unschädlich, dass ggfs. noch wesentliche Punkte offen sind, solange dies eben **»sehenden Auges«** erfolgt. Auch mit der Zustimmung des Bestellers zu einer **»offen«** (d.h. vom Planer **»aufgeklärt«**) nicht festgelegten Planungsgrundlage werden die Planungs- und Überwachungsziele ausreichend verbindlich konkretisiert. Dann ist der betreffende Punkt dem Besteller entweder »egal«, oder aber es soll gerade Aufgabe des Planers sein, diesen Punkt erst im eigentlichen Planungsprozess einer Entscheidung zuzuführen (etwa weil er sich sinnvoll noch nicht heute beantworten lässt). Ein **Beispiel** hierfür ist etwa die Planung eines **Renditeobjektes.**[183] So ist es bei Investoren- bzw. Bauträgermodellen an der Tagesordnung, dass während der Planungsphase noch nicht alle Mieter, Käufer oder sonstigen Nutzer des späteren Gebäudes feststehen. Aus diesem Grund lässt sich sogar oftmals bis zur Leistungsphase 5 (Ausführungsplanung) der HOAI seitens des Bestellers noch nicht für alle Gebäudeteile eine Bedarfsplanung oder eine vergleichbare Zielformulierung erstellen. Hier *mögen* die Vertragsparteien mit Planungsannahmen (z.B. »**Phantomplanung**«) arbeiten, was ihnen durchaus zu empfehlen ist. Aber auch ohne solche Planungsannahmen können alle wesentlichen Planungs- und Überwachungsziele bereits ausreichend festgelegt sein. 115

182 So jüngst auch OLG Düsseldorf, Urt. v. 20.02.2025 – I-5 U 102/23, BauR 2025, 1410, 1419; wie hier Schnepel, in: Kraushaar/Zimmermann, § 650p Rn. 21 f.; Fuchs, in: LPS, § 650p Rn. 171.

183 Siehe zum nachfolgenden Beispiel instruktiv DBV-Merkblatt »Qualität der Planung« (Fassung Februar 2015), S. 25.

ff) Klärung bereits jetzt ersichtlicher Zielkonflikte

116 Nach hier vertretener Auffassung[184] setzt eine ordnungsgemäße Planungsgrundlage auch nicht voraus, dass bereits eine vertiefte »Abstimmung der Zielvorstellungen, Hinweisen auf Zielkonflikte« im Sinne der Grundleistung b) der Leistungsphase 2 HOAI des Leistungsbildes Objektplanung Gebäude stattgefunden hat. Denn dies würde bereits eine vertiefte Analyse der Planungsgrundlagen selbst voraussetzen. Der Planer muss nicht bereits jetzt nach etwaigen Zielkonflikten geradezu suchen. Er muss allerdings bereits im Zuge der Erstellung der Planungsgrundlage nach Abs. 2 **etwaige Zielprioritäten des Bestellers abfragen.** Ferner muss der Planer einen **Zielkonflikt bereits jetzt klären, wenn ein solcher bereits in diesem frühen Stadium ersichtlich** sein sollte (siehe bereits oben Rdn. 103). Dies ergibt sich daraus, dass die Planungsgrundlage dem Besteller gemäß Abs. 2 Satz 2 »zur Zustimmung« vorzulegen ist. Eine Planungsgrundlage mit ungeklärten Zielkonflikten ist nämlich grundsätzlich nicht »zustimmungsfähig«. Einer solchen Klärung eines etwaigen Zielkonfliktes steht es aber gleich, wenn dessen Auflösung bewusst, d.h. vom Planer hierüber aufgeklärt und beraten, erst der späteren Planungsphase vorbehalten bleiben soll (siehe bereits oben Rdn. 115).

3. »Planungsgrundlage zur Ermittlung dieser Ziele«

117 Nach hier vertretener Auffassung (oben Rdn. 107) erfordert eine **mangelfreie »Planungsgrundlage«**, dass der Planer (1) alle Vorgaben des Bestellers an das zu planende Objekt abgefragt, nötigenfalls ermittelt und systematisch zusammengestellt hat, (2) einschließlich etwaiger gerade von *diesem* Besteller als wesentlich erachtete Vorgaben, dass (3) bereits jetzt ersichtliche Zielkonflikte geklärt oder nach Aufklärung noch bewusst offen gelassen sind, was (4) insbesondere einen etwaigen Zielkonflikt zwischen abzufragenden Budgetvorgaben des Bestellers und vom Planer erstellter Kosteneinschätzung umfasst.

118 Schon weil Abs. 2 bewusst nicht die Terminologie bestimmter DIN-Normen o.ä. verwendet, setzt eine ordnungsgemäße Planungsgrundlage nicht voraus, dass sie etwa nach DIN 18205:2016–11 erstellt ist. Erstellt der Planer eine ordnungsgemäße Bedarfsplanung nach DIN 18205:2016–11 bzw. unter Verwendung sonstiger bereichsspezifischer Regelwerke wie etwa der VDI 3637 (»Datenermittlung für langfristige Fabrikplanungen«, Stand: September 1996) oder der Zielplanung gemäß DIN 13080:2016–06 BBl. 4 im Krankenhausbau o.ä., so dürfte damit den o.g. Anforderungen an eine ordnungsgemäße Planungsgrundlage »der Tiefe nach« in der Regel genügt sein. Diese notwendige »**Tiefe**« der »Planungsgrundlage« muss jedoch **letztlich immer einzelfallabhängig** beurteilt werden, wie schon die Verschiedenheit denkbarer Planungsobjekte (Einfamilienhaus, Krankenhaus, Rheinbrücke, Sanierung denkmalgeschützter Gebäude, Flughafen, Autobahn, Garten, …) verdeutlicht.

4. »Kosteneinschätzung«

119 Nach den Ausführungen gemäß Rdn. 101 ff. zur »Tiefe« der Planungsgrundlage ist mit der Kosteneinschätzung **keine »Kostenschätzung«** im Sinne der DIN 278–1:2008–12/DIN 278:2018–12 bzw. des § 2 Abs. 10 HOAI geschuldet.[185] Denn die Kostenschätzung wird danach *»auf Basis der Ergebnisse der Vorplanung, insbesondere Planzeichnungen [und] zeichnerische[n] Darstellungen«* erstellt (Ziffer 3.4.2 der DIN 276–1). Planungsleistungen, und insb. gestalterisch-kreative Planunterlagen, werden jedoch im Rahmen der Erstellung der Planungsgrundlage nicht geschuldet (oben Rdn. 110 ff.).

120 Da der Gesetzgeber bewusst nicht auf die Terminologie der DIN 276–1 zurückgegriffen hat, ist die Kosteneinschätzung auch nicht zwingend in der Form des Kostenrahmens der DIN 276–1 zu erstellen. Ein **»Kostenrahmen« nach dieser DIN 276–1:2008–12/DIN 276:2018–12 erfüllt** aber die Anforderungen an eine Kosteneinschätzung, da er gemäß Ziffer 3.4.1 auf Basis der Bedarfs-

184 A.A. Deckers, ZfBR 2017, 523, 531.

185 A.A. Koeble, in: LKFZ, Einl. Rn. 270; wohl auch Zahn, in: Kniffka, § 650p Rn. 241: Kostenrahmen liege näher bei der Kostenschätzung als beim Kostenrahmen; wie hier Fuchs, in: LPS, § 650p Rn. 203.

angaben des Bestellers erstellt wird und damit im Wesentlichen auf Basis einer Ermittlungstiefe der gemäß Abs. 2 zu erstellenden »Planungsgrundlage« (siehe Rdn. 101 ff.). Die Kosteneinschätzung ist damit zwangsläufig in ganz erheblichem Maße **prognostisch**. Auch die Kosteneinschätzung setzt aber zu ihrer **Mangelfreiheit** voraus, dass sie entsprechend Ziffer 3.3.2 Satz 2 der DIN 276–1:2008–12 »**vollständig**« ist, sprich: die Eingangsdaten vom Planer vollständig ermittelt sind[186]. Die Mangelfreiheit der Kosteneinschätzung steht und fällt danach mit der Mangelfreiheit der Planungsgrundlage.

5. Vorlage zur »Zustimmung«, Rechtsfolge bei Zustimmung

Gemäß Abs. 2 Satz 2 hat der Planer die erstellte Planungsgrundlage nebst Kosteneinschätzung dem Besteller zur Zustimmung vorzulegen. Den Besteller trifft sodann die Obliegenheit, sich (rechtzeitig) hierzu zu erklären, das heißt seine Zustimmung zu erteilen oder diese zu verweigern (z.B. durch Kündigung nach § 650r Abs. 1 BGB). Mit diesem Prozedere – »Vorlage zur Zustimmung« durch den Planer, »Zustimmung« durch den Besteller – soll die bislang gemäß Abs. 2 Satz 1 noch fehlende Vereinbarung wesentlicher Planungs- und Überwachungsziele hergestellt werden. Es soll die aus Sicht des Gesetzgebers notwendige, aber noch fehlende Einigung der Parteien auf die wesentlichen Planungs- und Überwachungsziele nachgeholt werden. Der Planer kann dem Besteller gemäß § 650r Abs. 2 Satz 1 BGB deshalb sogar eine Frist zu dieser für die Einigung notwendigen Zustimmung setzen. Zum Schutze des Bestellers verlangt die Rechtsprechung zu Recht, dass der Werkunternehmer kenntlich machen müsse, dass er die Zielfindungsphase abschließen will. Er müsse mit der Vorlage der Unterlagen deutlich machen, dass er zu diesem Zeitpunkt seine Leistungen aus der Zielfindungsphase für fertig gestellt hält und die Zustimmung des Bestellers zu den Unterlagen erwartet.[187] 121

Hieraus ergibt sich zum einen, dass die vom Planer erstellte **Planungsgrundlage** (nebst Kosteneinschätzung) **nicht selbst das (noch fehlende) »wesentliche Planungs- und Überwachungsziel«** darstellt. Es handelt sich bei diesen Unterlagen nur um die Grundlage zur Ermittlung dieser Planungs- und Überwachungsziele. 122

Die wesentlichen Planungs- und Überwachungsziele stehen allerdings in dem Moment fest, in dem der Besteller nunmehr nachträglich seine **Zustimmung** zu dieser Planungsgrundlage nebst Kosteneinschätzung erklärt. Die Zustimmung ist danach weitaus **mehr als eine bloße »Billigung«** der erstellten Planungsgrundlage und **mehr als die bloße Entscheidung über die Weiterführung**[188]. Mit ihr kommt vielmehr **nachträglich die noch fehlende rechtsgeschäftliche Vereinbarung zustande** über die wesentlichen Planungsziele für den weiteren Planungsauftrag.[189] Das nachträgliche vereinbarte Planungs- und Überwachungsziel – der **Inhalt der nachvertraglichen Einigung** – lautet nunmehr dahin, 123

dass der Planer mit den beauftragten Leistungen ein Objekt planen und/oder überwachen soll, welches den in der Planungsgrundlage zusammengestellten Anforderungen des Bestellers (einschließlich Kosteneinschätzung) genügt. 124

Die »**Vorlage der Planung zur Zustimmung**« ist damit zugleich das **rechtsgeschäftliche Angebot des Planers** (entsprechend § 145 BGB) auf eine Einigung über eine Leistungserbringung entsprechend diesen sich aus der Planungsgrundlage ergebenden wesentlichen Planungs- und Überwachungszielen. Die **Zustimmung des Bestellers** ist die **rechtsgeschäftliche Annahme** (entsprechend § 147 BGB) dieses Angebots des Planers. Es gelten allerdings nicht die Annahmefristen des § 147 BGB entsprechend. Stattdessen gilt die Sonderreglung des § 650r Abs. 2 BGB, wonach der Planer dem Besteller bei ausbleibender Annahme zunächst eine Nachfrist setzen muss. Erklärt der Besteller seine Zustimmung (= »Ja«) nur mit Einschränkungen oder/und Vorbehalten (= »Ja, aber …«), so kommt 125

186 Vgl. Berger/Fuchs, Rn. 398.
187 Vgl. OLG Düsseldorf, Urt. v. 20.02.2025 – I-5 102/23, BauR 2025, 1410, 1421.
188 So könnte aber BT-Drucks. 18/8486, S. 67 missverstanden werden.
189 Zustimmend Fuchs, in: LPS, § 650p Rn. 225.

eine Einigung über die wesentlichen Planungsziele damit nicht zustande. Entsprechend dem Rechtsgedanken des § 150 Abs. 2 BGB wird der Planer dann zur Kündigung nach § 650r Abs. 2 Satz 2 BGB berechtigt sein (siehe § 650r Rdn. 43). Der Planer kann hiervon freilich auch absehen und sich – ausdrücklich oder durch konkludentes Verhalten – mit der modifizierten Zustimmung des Bestellers, also mit dessen neuem Angebot entsprechend § 150 Abs. 2 BGB, einverstanden erklären.[190]

126 Die erforderliche Zustimmung des Bestellers bewirkt also zwar eine **Leistungsbestimmung**.[191] Ändert der Besteller im weiteren Verlauf diese in seiner Zustimmung zur Planungsgrundlage nebst Kosteneinschätzung festgelegten Vorgaben, stellt dies eine Änderungsanordnung im Sinne der §§ 650q Abs. 1, 650b BGB dar, sodass dem Planer für die hiermit verbundenen Umplanungsleistungen dem Grunde nach ein Mehrvergütungsanspruch zustehen kann (siehe näher § 650q Rdn. 25 ff.).

127 In der Zustimmung liegt damit jedoch **keine einseitige Leistungsbestimmung** des Bestellers, etwa gemäß § 315 BGB, wie sich schon der aus dem Wortlaut ergibt (»Zustimmung« = »Ja«). Die notwendige Zustimmung des Bestellers gemäß §§ 650p Abs. 2, 650r Abs. 2 Satz 1 BGB ist **auch keine aufschiebende Bedingung** (§ 158 Abs. 1 BGB) für die Fortsetzung des Planungsvertrag,[192] **noch umgekehrt eine auflösende Bedingung** (§ 158 Abs. 2 BGB). Denn wie § 650r Abs. 1 und 2 BGB zeigt, muss der Planervertrag zu seiner Beendigung stets erst gekündigt werden. Die Parteien können das formale Prozedere der §§ 650p Abs. 2, 650r Abs. 1 und 2 BGB vollständig ignorieren, auch bei fehlender Zustimmung von einer Kündigung absehen usw. Eine nachträgliche Einigung über die wesentlichen Planungs- und Überwachungsziele kann auch außerhalb der §§ 650p Abs. 2, 650r Abs. 1 und 2 BGB konkludent zustande kommen, sie könnte theoretisch sogar erst mit der Unterschrift des Bestellers unter den Bauantrag zustande kommen. Das gesetzeskonforme Durchlaufen dieses gemäß § 650p Abs. 2 BGB i.V.m. § 650r BGB formalisierten nachträglichen Prozesses ist hierbei aber »nur« Kündigungsvoraussetzung gemäß § 650r Abs. 1 bzw. Abs. 2 BGB. Wird dieser Prozess (Vorlage der Planungsgrundlage nebst Kosteneinschätzung zur Zustimmung, ggfs. mit Belehrung, Zustimmung) nicht formal ordnungsgemäß eingehalten, bleibt der Planervertrag gleichwohl wirksam, wenn und weil im Zweifel eine konkludente *nachträgliche* Einigung der Parteien auf die wesentlichen Planungsziele zu bejahen sein wird (siehe bereits oben Rdn. 73).

128 Auch wenn der Besteller mit seiner »**Zustimmung**« die Planungsgrundlage nebst Kosteneinschätzung billigt, dürfte hierin **keine (Teil-)Abnahme** dieser erbrachten Teilleistungen liegen. Den Parteien geht es hierbei nach dem objektiven Empfängerhorizont (§§ 133, 157 BGB) nur darum, Einigkeit über die wesentlichen Planungs- und Leistungsziele herzustellen und den Vertrag auf dieser Basis fortzusetzen. Die Zustimmungserklärung des Bestellers wird daher redlicherweise nicht so verstanden werden können, dass damit bereits separate Gewährleistungsfristen für etwaige Mängel der Planungsgrundlage oder der Kosteneinschätzung laufen sollen. Hätte der Gesetzgeber dies anders gesehen, hätte eine entsprechende Neuregelung wie in § 650s BGB nahegelegen. Schließlich stellt auch die Freigabe der nächsten Leistungsphase regelmäßig keine Teilabnahme der Leistungen der vorangegangenen Leistungsphase dar.[193]

129 **Für die Praxis** ist den Parteien zur Vermeidung unliebsamer Überraschungen (insb. Kündigungen) nach alledem **dringend zu empfehlen**, die Planungsgrundlage nebst Kosteneinschätzung **vor** endgültiger Vorlage zur Zustimmung **»im Entwurf« abzustimmen**.

6. Abweichende Vereinbarungen

130 **Individualvertraglich** kann Abs. 2 abbedungen oder abgeändert werden. Das dürfte auch dann gelten, wenn der Besteller Verbraucher (§ 13 BGB) ist, da eine Regelung wie § 650o BGB im Architekten- und Ingenieurvertragsrecht fehlt.

---

190 Im Ergebnis wie hier etwa MüKo-BGB/Busche, § 650p Rn. 224; Fuchs, in: LPS, § 650p Rn. 224.

191 Vgl. Motzke, NZBau 2017, 251, 254.

192 In diese Richtung aber Motzke, NZBau 2017, 251, 252.

193 Vgl. Berger/Fuchs, Rn. 414.

In **AGB des Bestellers wie des Planers** kann die gesetzlich statuierte Leistungspflicht des Planers in Abs. 2 nicht wirksam **vollständig abbedungen** werden. Dies würde die jeweils andere Vertragspartei – Abs. 2 dient mit der angeordneten Nachholung der Präzisierung der Planungsziele nicht nur dem Schutz des Bestellers (!) – unter Verstoß gegen das gesetzliche Leitbild des Abs. 2 unangemessen benachteiligen (§ 307 Abs. 2 Nr. 1 BGB). Zulässig dürften hingegen Klauseln sein, die den völlig unbestimmten Normtext des Abs. 2 dahingehend **konkretisieren**, dass sie für beide Seiten berechenbar die erforderliche »Tiefe« der zu erstellenden »Planungsgrundlage« nebst »Kosteneinschätzung« gemäß Abs. 2 definieren, solange dadurch nicht der Normzweck des Abs. 2 ausgehöhlt wird. Gerade angesichts der erheblichen Rechtsunklarheit, was zu diesen »wesentlichen Planungs- und Überwachungszielen« gehören soll, dürfte den Parteien hierbei ein erheblicher Spielraum bei der Ausgestaltung entsprechender Klauseln zukommen. Bloße **Bestätigungsklauseln** dahingehend, dass der Vertragspartner des Klauselverwenders *»hiermit bestätigt, dass alle wesentlichen Planungs- und Überwachungsziele bereits hinreichend festgelegt sind«*, dürften hingegen regelmäßig unwirksam sein.[194] 131

7. Vergütung der Leistungen zur Zielfindung

Aus § 650r Abs. 3 BGB ergibt sich, dass die Leistungen zur Zielfindungsphase grundsätzlich zu vergüten sind.[195] Denn sie ist nach der Vorstellung des Gesetzgebers zunächst zu durchlaufen und § 650r Abs. 3 BGB würde dann andernfalls leer laufen. Das Honorar hierfür kann grundsätzlich frei vereinbart werden, spätestens seit der HOAI 2021 nunmehr auch für Grundleistungen zur Zielfindung. Lediglich wenn die Parteien für die (hauptvertraglichen) Grundleistungen keine formwirksame Vereinbarung gemäß § 7 Abs. 1 Satz 2 HOAI getroffen haben,[196] sind zur Zielfindung erbrachte Grundleistungen gemäß dem Basishonorarsatzhonorar (§ 7 Abs. 1 Satz 2 HOAI 2021), ggfs. in Verbindung mit einschlägigen Teilleistungsbewertungstabellen wie den FBS-Tabellen,[197] honorarmäßig zu vergüten. Sofern in der HOAI-Diktion »Besondere« Leistungen zur Zielfindung erbracht werden mussten, richtet sich deren Vergütung nach §§ 650q Abs. 1, 632 Abs. 2 BGB, d.h. es ist die übliche Vergütung zu leisten.[198] 132

D. Vertragstypische Pflichten des Bestellers

Anders als die Norm-Überschrift insinuiert, regelt § 650p BGB nicht die **vertragstypischen Pflichten des Bestellers** aus einem abgeschlossenen Architekten- und Ingenieurvertrag. Diese ergeben sich erst **über** die Anordnung der entsprechenden Geltung der Vorschriften des Kapitels 1 des Untertitels 1 in der **Verweisungsvorschrift § 650q Abs. 1 BGB.** Vertragstypische Pflicht des Bestellers ist danach die Vergütungspflicht gemäß §§ 650q Abs. 1, 631 Abs. 1 BGB (dazu § 650q Rdn. 7 ff.). Die werkvertragliche Abnahmepflicht gemäß §§ 650q Abs. 1, 640 BGB (dazu § 650q Rdn. 77 ff.) ist zwar nach hM einklagbare Hauptleistungspflicht[199], damit aber nicht automatisch »vertragstypische« Pflicht des Bestellers. 133

E. Neben(leistungs)pflichten und Obliegenheiten

Von diesen vertragstypischen Hauptleistungspflichten zu unterscheiden sind auch bei Planerverträgen bestehende leistungsbezogene oder nicht leistungsbezogene Nebenpflichten,[200] wie z.B. Rück- 134

---

194 Zu Bestätigungsklauseln (= regelmäßig unwirksam) siehe etwa Markus/Kapellmann/Pioch, Rn. 18, 24 und 207.

195 Vgl. Zahn, in: Kniffka, § 650p Rn. 243.

196 Dazu ausführlich Berger, in: FBS, § 7 HOAI Rn. 70 ff.

197 Abgedruckt in: FBS, 3. Auflage, 5. Teil, Anhang.

198 Vgl. Preussler, in: Leinemann/Kues, § 650p Rn. 24; Fuchs, in: LPS, § 650p Rn. 227; Zahn, in: Kniffka, § 650p Rn. 243.

199 Vgl. BGH, Urt. v. 26.02.1981 – VII ZR 287/79, BauR 1981, 284; Kniffka/Koeble, 3. Teil A Rn. 3.

200 Bzgl. der Nebenpflichten/Obliegenheiten des Bestellers näher Berger, in: FBS, § 650q Rn. 40 ff.; zu denjenigen der Planer näher Fuchs, in: LPS, § 650p Rn. 156h ff.

sichtnahmepflichten (§ 241 Abs. 2 BGB), Kooperationspflichten (§ 242 BGB), Aufklärungs- bzw. Auskunftspflichten usw., sowie etwaige Mitwirkungspflichten bzw. -obliegenheiten (siehe z.B. jetzt die Erklärungsobliegenheit des Bestellers gemäß § 650r Abs. 2 Satz 2 Alt. 2 BGB[201]).

§ 650qAnwendbare Vorschriften

(1) Für Architekten- und Ingenieurverträge gelten die Vorschriften des Kapitels 1 des Untertitels 1 sowie die §§ 650b, 650e bis 650h entsprechend, soweit sich aus diesem Untertitel nichts anderes ergibt.

(2) Für die Vergütungsanpassung im Fall von Anordnungen nach § 650b Absatz 2 gelten die Entgeltberechnungsregeln der Honorarordnung für Architekten und Ingenieure in der jeweils geltenden Fassung, soweit infolge der Anordnung zu erbringende oder entfallende Leistungen vom Anwendungsbereich der Honorarordnung erfasst werden. Im Übrigen gilt § 650c entsprechend.

Übersicht Rdn.

201 Siehe dazu die Kommentierung zu § 650r Rdn. 35 ff.

A. Einleitung

Der erstmals gesetzlich geregelte »Architekten und Ingenieurvertrag« ist systematisch nicht unter die Werkverträge gemäß Untertitel 1 eingeordnet worden, sondern wird vom Gesetzgeber »nur« als »**werkvertragsähnlicher Vertrag**« angesehen, weshalb er einen eigenen Untertitel 2 erhalten hat (zu den Gründen siehe Vor § 650p Rdn. 11 f.). 1

Deshalb gelten die **allgemeinen werkvertraglichen Vorschriften** der §§ 631–650 BGB für den Architekten- und Ingenieurvertrag nicht automatisch, sondern infolge dieser Gesetzessystematik **erst über die Verweisungsnorm des § 650q BGB**. Dies betrifft sogar die Vergütungspflicht des Bestellers, die – obgleich vertragstypisch (siehe § 650p Rdn. 133) – nicht in § 650p BGB geregelt ist. Sie ist erst über den Verweis des § 650q Abs. 1 BGB auf § 631 Abs. 1 BGB bestimmend für den Architekten- und Ingenieurvertrag.[1] 2

Daneben verweist § 650q Abs. 1 BGB **abschließend** auf **bestimmte Sondervorschriften des Bauvertragsrechts** (Kapitel 2 des Untertitels 1). »*Einzelne Vorschriften*«[2] hieraus, so die Amtliche Begründung in Übereinstimmung mit der expliziten Auflistung in § 650q Abs. 1 BGB, sollen entsprechend auf den Architekten- und Ingenieurvertrag Anwendung finden. Zum Sonderfall des nicht genannten § 650d BGB siehe unten Rdn. 70 ff. 3

Gemäß Abs. 1 gelten die Vorschriften allgemeinen Werkvertragsrechts des Kapitels 1 des Untertitels 1 sowie die speziellen bauvertragsrechtlichen Vorschriften der §§ 650b, 650e bis 650h BGB 4
- entsprechend,
- soweit sich aus den §§ 650p ff. BGB nichts anderes ergibt.

Aus der nur entsprechend angeordneten Geltung der vorgenannten Vorschriften folgt insbesondere, dass namentlich die zum Werk- bzw. Bauvertragsrecht ergangene Rechtsprechung nicht unbesehen auf Architekten- und Ingenieurverträge übertragen werden kann. Dies ist vielmehr im Einzelfall zu prüfen. So sprechen bspw. gute Gründe dafür, dass bei Architekten- und Ingenieurverträgen entgegen der zum Bauvertrag ergangenen Rechtsprechung[3] die Mängelrechte der §§ 634 ff. BGB auch schon vor der Abnahme Anwendung finden können (dazu unten Rdn. 86). Aus dem vorgenannten zweiten Spiegelstrich (»soweit sich aus diesem Untertitel [lies: der §§ 650p ff. BGB] nichts anderes ergibt.«) folgt, dass die Regelungen der §§ 650p ff. BGB stets vorrangig zu prüfen und anzuwenden sind. Dies fügt sich bzgl. des Verweises auf die werkvertraglichen Vorschriften in die generelle Regelungssystematik des BGB mit seinen »Allgemeinen Teilen« und »Besonderen Teilen« ein. Bei näherer Betrachtung der §§ 650p ff. BGB zeigt sich, dass die allgemeinen werkvertraglichen Vorschriften tatsächlich nicht verdrängt, sondern konkretisiert (z.B. Präzisierung der vertragstypischen Pflichten des Unternehmers in § 650p BGB) bzw. ergänzt werden (z.B. Sonderkündigungsrechte in § 650r BGB zusätzlich zum Kündigungsrecht aus wichtigem Grund gemäß § 650q Abs. 1, 648a BGB).

Die nachfolgende Kommentierung erläutert die in Bezug genommenen Vorschriften – nach Sachzusammenhang (Vergütung, Nachträge, Kündigung, Abnahme, …) geordnet – **nur im Hinblick auf die Spezifika**, die sich hieraus für das Architekten- und Ingenieurvertragsrecht ergeben. 5

§ 650q Abs. 2 BGB wurde anlässlich der Umsetzung der Vorgaben im EuGH-Urteil vom 04.07.2019 zur Europarechtswidrigkeit des bis dahin verbindlichen Preisrecht der HOAI durch das »Gesetz zur Änderung des Gesetzes zur Regelung von Ingenieur- und Architektenleistungen und anderer Gesetze« vom 12.11.2020 vereinfacht, indem die bisherigen Sätze 2 und 3 zu einem Satz 2 zusammengeführt wurden. Für Diskussionsstoff dürfte hier vor allem die Amtliche Begründung sorgen, wonach im Falle fehlender Parteivereinbarung künftig bei Planernachträgen offenbar der sog. Basishonorarsatz 6

1 Zum unentgeltlichen Planervertrag als Werkvertrag siehe Berger, in: FBS, § 650q Rn. 9.
2 Siehe auch BT-Drucks. 18/8486, S. 68.
3 Vgl. BGH, Urt. v. 19.01.2017 – VII ZR 301/13, NZBau 2017, 216.

(§ 2a Abs. 2 i.V.m. § 7 Abs. 1 Satz 2 HOAI 2021) Anwendung finden soll,[4] statt eines etwa hauptvertraglich vereinbarten »Mittelsatzes« (dazu näher Rdn. 64).

B. Vergütungspflicht des Bestellers, §§ 631 Abs. 1, 632 BGB

7 § 650p BGB (Vertragstypische Pflichten aus Architekten- und Ingenieurverträgen) regelt nicht die vertragstypischen Pflichten des Bestellers. Die Vergütungspflicht des Bestellers folgt vielmehr, wie soeben dargelegt, aus §§ 631 Abs. 1, 650q Abs. 1 BGB. Diese §§ 631 Abs. 1 und 632 BGB müssen nachfolgend zunächst im Lichte ihrer auch früher weitgehend anerkannten Geltung und Bedeutung speziell für das Architekten- und Ingenieurvertragsrecht kurz dargestellt werden, damit beurteilt werden kann, ob und ggf. an welcher Stelle tatsächlich Korrekturen bzw. Neuerungen durch die §§ 650p ff. BGB eintreten.

8 Dies gilt insbesondere im Hinblick auf den jetzt entfallenen vormaligen »preisrahmenrechtlichen« Charakter der HOAI, die früher vielfach als »Taxe« im Sinne des § 632 Abs. 2 BGB angesehen wurde, jetzt insoweit nur noch der unverbindlichen Preisorientierung dient (siehe sogleich Rdn. 10 ff.), und auf deren Vorschriften § 650q Abs. 2 BGB auch in der Neufassung in Satz 1 unverändert verweist.

9 Ferner hofft der Gesetzgeber auf eine weitgehende Erledigung der sog. »Akquisitionsproblematik« durch die Schaffung der sog. Zielfindungsphase (§ 650p Abs. 2 BGB) mir den zugehörigen Sonderkündigungsrechten (§ 650r BGB). Aus § 632 BGB ergibt sich, dass das dieser Hoffnung trügen dürfte. Im Einzelnen:

I. Die »vereinbarte Vergütung«, § 631 Abs. 1 BGB

1. Die Honorarvereinbarung als Anspruchsgrundlage

10 Die Vergütungspflicht ist gemäß § 631 Abs. 1 BGB **Hauptleistungspflicht** des Bestellers und steht im Gegenseitigkeitsverhältnis (»**Synallagma**«) zur Leistungspflicht des Planers.[5] Die Vergütungspflicht bzw. korrespondierend der **Honoraranspruch des Planers** folgt **nicht aus der HOAI**, sondern aus der von § 631 Abs. 1 BGB mit Rechtsgeltung versehenen[6] privatautonomen **Honorarvereinbarung** der Parteien.[7] Wie § 632 Abs. 1 BGB zeigt, gehört die Vereinbarung der Vergütung nicht zu den *essentialia negotii*[8] des Werkvertrages.[9]

11 Die sich aus dem Planervertrag ergebende Vergütungspflicht des Bestellers wurde vom seinerzeit verbindlichen Preisrecht der HOAI nur betroffen, soweit diese reichte. Die HOAI verhielt und verhält sich jedoch zu einem Honoraranspruch »dem Grund nach« gar nicht, sondern setzt einen solchen voraus.[10] Auch die Honorarhöhe richtet sich nach der zwischen den Parteien getroffenen Honorarvereinbarung. **Die HOAI stellt seit ihrer 2021er-Novellierung zudem kein verbindliches Preisrahmenrecht mehr dar, sondern bildet insoweit nur noch Preisorientierungen ab, § 2a HOAI 2021.** Sie gibt mithin in ihrem Anwendungsbereich zunächst unververbindliche Honororaremp-

---

4 Vgl. BT-Drs. 19/21982, S. 15: *»Die Bezugnahme auf die Entgeltberechnungsregelungen der HOAI in § 650q Absatz 2 Satz 1 BGB erstreckt sich insbesondere auch auf die gemäß der neuen Fassung des ArchLG in der HOAI mögliche Vorschrift, welcher Honorarsatz im Einzelfall gilt, wenn keine Honorarvereinbarung getroffen wurde.«*.

5 Vgl. Peters/Jacoby, in: Staudinger, § 631 Rn. 60; MüKo-BGB/Busche, § 631 Rn. 87.

6 Vgl. Flume, AT II § 1, 2.

7 Vgl. BGH, Urt. v. 17.04.2009 – VII ZR 164/07, BGHZ 180, 235; Berger/Fuchs, Rn. 123; v. Rintelen, in: Kniffka, § 632 Rn. 45.

8 Hier mit Flume, AT II § 6, 2 verstanden als *»die Punkte, welche Gegenstand der rechtsgeschäftlichen Regelung sein müssen, damit einer der von der Rechtsordnung anerkannten Rechtsgeschäftstypen vorliegt«*.

9 Vgl. Flume, AT II § 34, 6 b).

10 Vgl. BGH, Urt. v. 24.10.1996 – VII ZR 283/95, BGHZ 133, 399; eingehend Berger, in: FBS, § 7 HOAI Rn. 11.

fehlungen.[11] Eine **rechtsverbindliche Auffangordnung** in Gestalt der gesetzlich angeordneten Geltung des sog. Basishonorarsatzhonorars bietet sie hingegen für den Fall, dass die Vertragsparteien eine (text)formgerechte Honorarvereinbarung versäumt haben (§ 7 Abs. 1 Satz 2 HOAI 2021) bzw. der Verbraucher-Auftraggeber nicht formgerecht über den bloß orientierenden Charakter der HOAI vom Planer belehrt wurde (§ 7 Abs. 2 Satz 2 HOAI 2021).[12] **Darüber hinaus** spricht **§ 1 Satz 2 HOAI 2021** erstmals aus, dass die Regelungen der HOAI zum Zwecke der Honorarberechnung einer Honorarvereinbarung zugrunde gelegt werden können, d.h. spricht erstmals ausdrücklich eine sog. **Berechnungshonorarvereinbarung** an.

Zu den Folgen dieses strukturellen Bedeutungswandels der HOAI 2021 für die Auslegung des (unveränderten) Verweises in § 650q Abs. 2 Satz 1 BGB auf die HOAI siehe unten Rdn. 56 ff.

2. Praxisrelevante Honorarmodelle und HOAI

Die Einzelheiten der Vergütungspflicht des Bestellers ergeben sich mithin primär aus der von den Parteien getroffenen **Honorarvereinbarung als Anspruchsgrundlage.** Auch für Planernachträge (unten Rdn. 56 ff.) ist danach das zwischen den Parteien vereinbarte **Honorarmodell** von erheblicher Bedeutung. 12

Beim sog. »**Berechnungshonorar**« ist die vereinbarte Vergütungsart **leistungsbezogen.** Im Gegensatz zu einem Aufwandsvertrag ist für einen solchen Leistungsvertrag[13] kennzeichnend, dass die geschuldete Leistung als solche (z.B. ausführungsreife mangelfreie Planung) vergütet wird, und zwar gerade unabhängig von dem hierfür tatsächlich erforderlichen Aufwand. Dieses Honorarmodell ist wegen seiner Erfolgsbezogenheit grundsätzlich für den Werkvertrag besonders »passend«.[14] In der Praxis ist eine »**baukostenorientierte**« (sei es nach HOAI, sei es nach RifT[15] o.ä.) als nicht aufwandsbezogene Honorarvereinbarung geradezu ein Standardfall. Die Parteien müssen in diesen Fällen in der Honorarvereinbarung die einzelnen Honorarberechnungsparameter nicht explizit festlegen, solange diese nur bestimmbar sind. Beschränkt sich bspw. die Vergütungsvereinbarung der Parteien auf ein »*Berechnungshonorar nach § 6 Abs. 1 HOAI*«, so ist ein Honoraranspruch auf Basis der anrechenbaren Kosten gemäß Kostenberechnung, der richtigen Honorarzone und – gemäß §§ 133, 157 BGB – mit dem Basishonorarsatz als maßgeblichem Honorarsatz vereinbart, wenn nicht die Parteien explizit »Mittelsatz« o.ä. vereinbart haben.[16] Solche bei Vertragsschluss getroffenen **Berechnungshonorarvereinbarungen** sind hinsichtlich der endgültigen Honorarhöhe auch bei unverändertem Planungssoll noch **vorläufig**,[17] da durch die Bezugnahme auf § 6 Abs. 1 HOAI 2021 erst die anrechenbaren Kosten auf Basis der Kostenberechnung am Ende der LPH 3 maßgeblich sein sollen.[18] Die **HOAI** fungiert also auch hier **nicht als »Preisrecht« im Sinne einer Anspruchsgrundlage**, sondern wird lediglich in die privatautonome Honorarvereinbarung einbezogen. Das Berechnungshonorar gilt nicht etwa kraft § 6 HOAI 2021, sondern weil die Parteien dies so gewollt und vereinbart haben. 13

Ein häufiger **Unterfall eines leistungsbezogenen Honorarmodells** ist die Vereinbarung eines **Pauschalhonorars.** Das »verdiente« Honorar ist hier der Höhe nach grundsätzlich **unveränderlich**, mag die Pauschale auch auf Basis eines geschätzten Planungsaufwandes – in der Praxis häufig auf Basis eines 14

11 Ausführlich Berger, in: FBS, § 2a HOAI Rn. 1 ff.

12 S. ausf. Berger, in: FBS, § 7 HOAI Rn. 70 ff.

13 Vgl. zur Terminologie etwa MüKo-BGB/Busche, § 631 Rn. 90; speziell zu Bauausführungsverträgen etwa Langen, in: NK-BGB Anh IV zu §§ 631–651 Rn. 29 ff.

14 Vgl. Berger/Fuchs, Rn. 81; s. aber das Vergütungsmodell in BGH, Urt. v. 11.10.2001 – VII ZR 475/00, BGHZ 149, 57 = NJW 2002, 749 (»Stichprobenartige Mängelkontrolle«).

15 »Richtlinien der Staatlichen Vermögens- und Hochbauverwaltung Baden-Württemberg für die Beteiligung freiberuflich Tätiger – RifT –, Stand: Juli 2013«.

16 Eingehend Berger, in: FBS, § 650q Rn. 14.

17 Vgl. Koeble, in: LKFZ, § 7 Rn. 32.

18 Anders ist dies, wenn die Parteien eine Berechnung nach HOAI nur als (offen gelegte) Kalkulationsgrundlage für ein auf dieser Basis vereinbartes Pauschalhonorar vornehmen.

»vorläufig geschätzten« Berechnungshonorars als Kalkulationsgrundlage – gebildet worden sein.[19] Eine Änderung des vereinbarten Pauschalhonorars kommt bei unverändertem Planungssoll nur in Ausnahmefällen nach den Grundsätzen der Störung der Geschäftsgrundlage (§ 313 BGB) in Betracht.[20] Pauschalhonorarvereinbarungen sind selbst dann zulässig, wenn die Honorarberechnungsparameter der HOAI nichtmals Kalkulationsgrundlage des Pauschalhonorars waren (z.B. bei rein aufwandskalkulierter Pauschale). Ist die HOAI anwendbar,[21] ist für die Wirksamkeit der Pauschalhonorarvereinbarung allein entscheidend, dass diese in Textform geschlossen wurden. Es ist gemäß §§ 1 Satz 2, 2a, 7 Abs. 2 HOAI 2021[22] nunmehr insbesondere nicht mehr erforderlich, dass die Honorarvereinbarung den orientierenden Preisrahmen der HOAI einhält.[23]

15 Die Parteien können zulässigerweise[24] alternativ ein **aufwandsbezogenes** Honorarmodell vereinbaren[25] mit einer Vergütung nach geleistetem Zeitaufwand zum vereinbarten Stunden- oder Tagessatz (»**Stundenhonorarvereinbarung**«). Die Ungewissheit *ex ante* bzgl. der hier erst *ex post* feststellbaren »endgültigen« Wirksamkeit der Stundenhonorarvereinbarung führte schon unter der früheren Geltung des verbindlichen Preisrahmenrechts der HOAI 2013 nicht zu ihrer generellen preisrechtlichen Unzulässigkeit.[26] Ist die HOAI 2021 anwendbar,[27] ist für die Wirksamkeit auch der Stundenhonorarvereinbarung nunmehr allein entscheidend, dass diese in Textform getroffen wurde.

II. Die Vergütungspflicht gemäß § 632 BGB

16 Der **Normzweck** des § 632 BGB liegt darin, bei **Fehlen einer Vergütungsabrede** oder bei **Fehlen einer Abrede über die Höhe der Vergütung** den Vertrag nicht am Fehlen eines an sich erforderlichen *essentiale negotii* scheitern zu lassen und einen interessengerechten Ausgleich für die zu Vertragsparteien finden.[28] Dies geschieht in § 632 Abs. 1 BGB über die **Fiktion** (*»gilt als vereinbart«*)[29] einer Vergütungspflicht dem Grunde nach, in § 632 Abs. 2 BGB über die Fiktion (*»ist als vereinbart anzusehen«*)[30] der Vergütungshöhe.

1. Fiktion der Vergütungspflicht dem Grunde nach, § 632 Abs. 1 BGB

17 Auf Tatbestandsseite setzt § 631 Abs. 1 BGB insb. voraus, dass die Parteien (vorbehaltlich der Vergütungsvereinbarung) einen Werkvertrag geschlossen haben.[31] Die Parteien müssen sich also einig gewesen sein, dass der Unternehmer für den Besteller ein Werk herzustellen hat.[32] Von § 632 Abs. 1 BGB wird also **ein wechselseitiger Rechtsbindungswille vorausgesetzt** und weder vermutet noch

19 Vgl. Jansen/v. Rintelen, in: Kniffka, § 631 Rn. 418.

20 Vgl. Jansen/v. Rintelen, in: Kniffka, § 631 Rn. 419.

21 Zur Reichweite des Textformerfordernisses des § 7 Abs. 1 Satz 1 HOAI 2021 ausführlich Berger, in: FBS, § 7 Rn. 44 ff.

22 Zu dieser Normentrias ausführlich Berger, in: FBS, § 7 Rn. 1.

23 Vgl. Berger, in: FBS, § 7 Rn. 4 ff.

24 Vgl. schon unter der früheren Geltung des verbindlichen Preisrahmenrechts BGH, Urt. v. 17.04.2009 – VII ZR 164/07, BGHZ 180, 235.

25 Zu weiteren Honorarmodellen siehe näher Berger, in: FBS, § 650q Rn. 13 ff.

26 Zutreffend BGH, Urt. v. 17.04.2009 – VII ZR 164/07, BGHZ 180, 235.

27 Zur Reichweite des Textformerfordernisses des § 7 Abs. 1 Satz 1 HOAI 2021 ausführlich Berger, in: FBS, § 7 Rn. 44 ff.

28 Vgl. MüKo-BGB/Busche, § 632 Rn. 2; Raab, in: NK-BGB, § 632 Rn. 2.

29 Vgl. BGH, Urt. v. 23.01.1996 – X ZR 63/94, NJW-RR 1996, 952 Rn. 10 (*»fingiert § 632 Abs. 1 BGB«*); instruktiv Raab, in: NK-BGB, § 632 Rn. 3 f.

30 Offengelassen von BGH, Urt. v. 23.01.1996 – X ZR 63/94, NJW-RR 1996, 952 Rn. 10 (»besagt § 632 Abs. 2 BGB«); instruktiv v. Rintelen, in: Kniffka, § 632 Rn. 4; a.A. MüKo-BGB/Busche, § 632 Rn. 19 f. (»Auslegungsregel«).

31 Vgl. BGH, Urt. v. 24.06.1999 – VII ZR 196/98, NJW 1999, 3554.

32 Insoweit präzise v. Rintelen, in: Kniffka, § 632 Rn. 5.

fingiert.[33] Dies ist im Planervertragsrecht besonders praxisrelevant in den sog. Akquisitionsfällen.[34] Und hiervon kann auch die neu geschaffene sog. Zielfindungsphase mit anschließenden Sonderkündigungsrechten (§§ 650p Abs. 2, 650r BGB) nicht dispensieren!

2. Fiktion der Vergütungspflicht der Höhe nach, § 632 Abs. 2 BGB

Nach § 632 Abs. 2 BGB wird die **Vergütungshöhe fingiert** (siehe Rdn. 16), wenn sie »nicht bestimmt« ist. Dies ist der Fall, wenn eine Vergütung nur dem Grunde nach vereinbart ist bzw. nur dem Grunde nach als vereinbart gilt (§ 632 Abs. 1 BGB).[35] Die Vergütungshöhe ist hingegen bestimmt, wenn sich die Parteien über ihren Berechnungsmodus verständigt haben (z.B. »*Berechnungshonorar nach HOAI*«).[36] 18

Bei Bestehen einer Taxe ist danach die taxmäßige Vergütung geschuldet. Eine Taxe ist ein hoheitlich nach Bundes- oder Landesrecht festgelegter Preis.[37] Keine Taxe sind mangels hoheitlicher Festlegung daher die **RiFT**, die erklärtermaßen nur Honorar-Empfehlungen darstellen. Keine Taxe ist danach nunmehr wohl unstreitig die **HOAI 2021**, die grundsätzlich nur noch unverbindliche orientierende Honorarempfehlungen beinhaltet, §§ 1, 2a, 7 Abs. 1 HOAI 2021.[38] Richtigerweise stellte aber schon die **HOAI 2013** insoweit keine Taxe dar, als sie keinen konkreten Preis festlegte, sondern nur den zulässigen Preis*rahmen*.[39] 19

Eine exakte hoheitliche konkrete Preisfestlegung erfolgt durch die HOAI 2021 nur als Auffangordnung, nämlich **wenn** 20
- die Parteien gar keine Honorarvereinbarung getroffen haben (dann gilt das Basishonorarsatzhonorar, § 7 Abs. 1 Satz 2 HOAI 2021);
- die Parteien die Honorarvereinbarung nicht formgerecht in Textform getroffen haben (dann ebenfalls Geltung des Basishonorarsatzhonorars, § 7 Abs. 1 Satz 2 HOAI 2021);
- wenn der Verbraucher-Auftraggeber nicht ordnungsgemäß, rechtzeitig und formgerecht über den bloß orientierend-unverbindlichen Charakter der HOAI belehrt wurde (dann gilt anstelle eines höheren vereinbarten Honorars das Basissatzhonorar, § 7 Abs. 2 Satz 2 HOAI 2021).[40]

Die HOAI 2021 ist nur in diesen »Auffang-«Fällen Taxe im Sinne des § 632 Abs. 2 BGB. Nur in diesen Fällen lässt sich eine konkrete und rechtsverbindliche Honorarhöhe unmittelbar und allein aus der HOAI 2021 ablesen. 21

Besteht keine taxmäßige Vergütung, schuldet der Auftraggeber nach § 632 Abs. 2 BGB die »**übliche Vergütung**«, die vom BGH[41] wie folgt definiert wird: »*Üblich im Sinne von § 632 Abs. 2 BGB ist die Vergütung, die zur Zeit des Vertragsschlusses nach allgemeiner Auffassung der beteiligten Kreise am Ort der Werkleistung gewährt zu werden pflegt (...). Vergleichsmaßstab sind Leistungen gleicher Art, gleicher Güte und gleichen Umfangs. Die Anerkennung der Üblichkeit setzt gleiche Verhältnisse in zahlreichen Einzelfällen voraus (...).*« Weder ist danach der Mittelsatz oder der Basishonorarsatz per se übliche Vergütung im Sinne des § 632 Abs. 2 BGB, noch kommt extrapolierten Honorartafeln, den RifT 22

33 Vgl. BGH, Urt. v. 24.06.1999 – VII ZR 196/98, BauR 1999, 1319 = NJW 1999, 3554.
34 Dazu eingehend Berger, in: FBS, vor §§ 650p ff. B I Rn. 43 ff.
35 Vgl. MüKo-BGB/Busche, § 632 Rn. 19; Raab, in: NK-BGB, § 632 Rn. 24.
36 Vgl. BGH, Urt. v. 01.02.2000 – X ZR 198/97, BauR 2000, 1196 = NJW 2000, 1107.
37 Vgl. v. Rintelen, in: Kniffka, § 632 Rn. 28.
38 Vgl. Berger, in: FBS, § 650q Rn. 33 ff.
39 **A.A.** OLG Düsseldorf, Urt. v. 20.02.2025 – I-5 U 102/23, BauR 2025, 1410, 1417.
40 Eingehend zu allem Berger in: FBS, § 7 HOAI Rn. 118 ff.
41 Vgl. BGH, Urt. v. 26.10.2000 – VII ZR 239/98, BauR 2001, 149 = NJW 2001, 151; BGH, Urt. v. 15.02.1965 – VII ZR 194/63, BGHZ 43, 154 = NJW 1965, 1134.

oä wenigstens indizielle Bedeutung zu, geschweige denn eine beweislastrelevante Vermutungswirkung.[42]

3. Vorrang spezieller gesetzlicher Regelungen

23 Insbesondere § 632 Abs. 2 BGB greift jedoch nur ein, soweit er nicht durch speziellere gesetzliche Regelungen verdrängt wird. Solche vorrangigen Spezialregelungen sind vor allem die o.g. **§ 7 Abs. 1 Satz 2 HOAI 2021** bzw. **§ 7 Abs. 2 Satz 2 HOAI 2021**, die in den dort genannten Fällen die Geltung des Basishonorarsatzhonorars anordnen (statt einer ebenfalls denkbaren üblichen Vergütung). Eine weitere wichtige Spezialregelung stellt insoweit ferner **§ 650q Abs. 2 BGB** dar, der für die Höhe von Planernachträgen bei fehlender Vereinbarung auf die HOAI (Satz 1) bzw. auf § 650c BGB (Satz 2) verweist und eben nicht auf § 632 Abs. 2 BGB, was ja ebenfalls theoretisch denkbar gewesen wäre.

C. Abschlagszahlungen, § 632a BGB

24 Nach der Konzeption des gesetzlichen Werkvertragsrechtes ist der Planer **vorleistungspflichtig.**[43] Gemäß §§ 641 Abs. 1, 650g Abs. 4, 650q Abs. 1 BGB wird die Vergütung des Planers erst mit Abnahme des Werkes und Zugang einer prüfbaren Schlussrechnung fällig. Seit der HOAI-Novellierung 2021 enthält die HOAI hier kein Sonderrecht mehr: § 15 Satz 1 HOAI 2021 beschränkt sich auf den Verweis auf v.g. Vorschriften des BGB. Gleiches gilt nunmehr für Abschlagszahlungen: Auch hier beschränkt sich § 15 Satz 2 HOAI 2021 nunmehr auf den Verweis auf § 632a BGB. In beiden Fällen bleibt allenfalls unklar, warum § 15 HOAI 2021 nur von »entsprechender« Geltung spricht.

D. Planernachträge

25 Planernachträge, also Honoraransprüche der Architekten und Ingenieure wegen einer nachträglichen Änderung der vertraglich geschuldeten Leistung, haben seit der HOAI-Novelle 2009 in der Praxis eine erhebliche Bedeutung erfahren. Denn mit der Einführung des sog. Kostenberechnungsmodells durch § 6 Abs. 1 HOAI 2009 wurden die Planerhonorare von den tatsächlichen Baukosten entkoppelt, so dass die Planer, insb. in späteren Leistungsphasen, nicht mehr automatisch von steigenden Baukosten profitieren konnten. In **§ 3 Abs. 2 Satz 2 HOAI 2009** wurde konsequenter Weise eine strukturierte Vorschrift über Planernachträge eingeführt, wonach Leistungen, die

- durch eine Änderung des Leistungsziels,
- oder des Leistungsumfangs,
- eine Änderung des Leistungsablaufs
- oder anderer Anordnungen des Auftraggebers

erforderlich werden, gesondert frei zu vereinbaren und zu vergüten sein sollten. Die Vorschrift krankte indes (u.a.) daran, dass sie ein Anordnungsrecht des Bestellers voraussetzte, ein solches mangels Ermächtigungsgrundlage nicht statuieren durfte und das BGB-Werkvertragsrecht keine Regelung eines Anordnungsrechts des Bestellers enthielt. Vielmehr bestimmt **§ 311 Abs. 1 BGB** als allgemeiner schuldrechtlicher Grundsatz, dass nicht nur zur Begründung, sondern auch »*zur Änderung des Inhalts eines Schuldverhältnisses … ein Vertrag zwischen den Beteiligten erforderlich [ist]*«. Die HOAI 2013 reagierte auf die entsprechende Kritik aus dem Schrifttum,[44] indem sie die vormalige Regelung des § 3 Abs. 2 Satz 2 HOAI 2009 abschaffte und stattdessen in **§ 10 HOAI 2013** für Planernachträge eine Nachtragsregelung in Gestalt eines »**Doppelvereinbarungsmodells**« einführte (Einigung über die Änderung der Leistungsziele bzw. des Leistungsumfangs sowie eine zweite Einigung über

42 Vgl. Berger, in: FBS, § 650q Rn. 35 ff.; KG, Urt. v. 22.03.2004 – 24 U 57/01, NZBau 2005, 522; a.A. etwa Koeble, in: LKFZ, § 7 HOAI Rn. 91.

43 Vgl. Jansen/v. Rintelen, in: Kniffka, § 631 Rn. 312.

44 Vgl. die Erörterungen bei Berger/Fuchs, Rn. 281.

die entsprechende Honoraranpassung).[45] Das eigentliche Problem eines etwaigen Anordnungsrechts des Bestellers musste freilich ungelöst bleiben. Ebenso war unklar und umstritten, wie sich nach § 10 HOAI 2013 die konkret maßgebliche Honorarhöhe ermitteln soll, wenn sich die Parteien eben nicht einigen, und ob § 10 HOAI 2013 nicht vielmehr nur den verbindlichen Preisrechtsrahmen »von … bis« verschob. Der Wortlaut des **§ 10 HOAI 2021** hat im Zuge der HOAI 2021-Novellierung nur marginale Änderungen erfahren. Hauptsächlich wurde – parallel zu § 7 Abs. 1 Satz 1 HOAI 2021 – die Schriftform durch die Textform ersetzt. Die sich eigentlich aufdrängende Änderung, nämlich die Anpassung des (Doppel-)Vereinbarungsmodells an das seit 2018 inzwischen ja gesetzliche geregelte Anordnungsrecht des Bestellers gegenüber dem Planer (dazu sogleich Rdn. 27 ff.), ist hingegen unterblieben.

Für Bauausführungsverträge stand in der Praxis seit Jahrzehnten das Regelungsmodell des § 1 Abs. 3 und 4 i.V.m. § 2 Abs. 5 und 6 VOB/B zur Verfügung, auf welches regelmäßig durch Vereinbarung der VOB/B zurückgegriffen wurde. Nunmehr hat der Gesetzgeber zwar nicht in den allgemeinen werkvertraglichen Vorschriften, wohl aber im Bauvertragsrecht in den §§ 650b bis 650d BGB ein Anordnungsrecht des Bestellers formuliert, Regelungen zur Ermittlung der Nachtragshöhe geschaffen sowie verfahrensprozedurale Vorgaben/Möglichkeiten für den Fall der Nichteinigung getroffen. Für den Architekten- und Ingenieurvertrag hieß es bereits im Referentenentwurf in der Begründung zu § 650o Ref-E, die dortige Definition der vertragstypischen Pflichten des Planers solle »*dazu beitragen, die im Laufe der Planentwicklung notwendige Konkretisierung des Erfolgs von der eine Mehr- oder Mindervergütung auslösenden Änderungsanordnung abzugrenzen. Änderungswünsche des Bestellers, die bereits getroffene Festlegungen betreffen, können künftig nur noch über das Anordnungsrecht nach § 650b BGB-E geltend gemacht werden*«[46]. Indes enthielt der Referentenentwurf im Architekten- und Ingenieurvertragsrecht weder eine Verweisung auf die Nachtragsregelungen des Bauvertragsrechts, noch eigene Nachtragsgelungen. Dieses möglicherweise redaktionelle Versehen des Referentenentwurfs wurde in § 650q Abs. 1 BGB korrigiert, der nunmehr ausdrücklich auf das bestellerseitige Anordnungsrecht des § 650b BGB verweist (dazu unten Rdn. 27 ff.). Für die korrespondierende Vergütungsanpassung enthält § 650q Abs. 2 BGB eine differenzierende Regelung, die in Satz 1 auf die HOAI verweist (dazu unten Rdn. 53 ff.) und in Satz 2 »im übrigen« die »entsprechende« Geltung des § 650c BGB anordnet (dazu unten Rdn. 67 ff.). Unklar ist, ob § 650q Abs. 2 Satz 2 BGB auch auf § 650c Abs. 3 BGB verweist (dazu Rdn. 69) und was aus dem definitiv unterbliebenen (direkten) Verweis auf § 650d BGB (Einstweilige Verfügung) folgt (dazu unten Rdn. 70 ff.). 26

I. Anordnungsrecht (§ 650b BGB)

Gemäß **§ 311 Abs. 1 BGB** ist »*zur Änderung des Inhalts eines Schuldverhältnisses … ein Vertrag zwischen den Beteiligten erforderlich, soweit nicht das Gesetz ein anderes vorschreibt*«. Das Werkvertragsrecht schrieb bis 2018 nichts anderes vor. Und die HOAI durfte und darf hierzu mangels Ermächtigungsgrundlage nichts regeln. In der Praxis bestand und besteht jedoch gerade im Rahmen von Planerverträgen – noch mehr als beim Bauausführungsvertrag – ein praktisches Bedürfnis nachträglicher Änderungen.[47] Die Auffassungen im architektenrechtlichen Spezialschrifttum reichten dementsprechend von der Annahme eines umfassenden ungeschriebenen Anordnungsrechtes des Bestellers[48] bis hin zu dessen genereller Ablehnung *de lege lata*,[49] von Ausnahmefällen unter dem Gesichtspunkt des Rechtsmissbrauchs (§ 242 BGB) abgesehen.[50] 27

45 MüKo-BGB/Busche, § 650q Rn. 7.

46 Siehe Referentenentwurf, S. 69 f.; im Regierungsentwurf BT-Drucks. 18/8486, S. 67.

47 Vgl. Fuchs/Berger, NZBau 2016, 249; so auch BT-Drucks. 18/8486, S. 68.

48 Vgl. etwa Werner, in: Werner/Pastor, Rn. 1012a.

49 Vgl. etwa v. Rintelen, in: Messerschmidt/Voit, H Rn. 57.

50 Siehe die zu Bauausführungsverträgen ergangene Entscheidung BGH, Urt. v. 25.01.1996 – VII ZR 233/94, BauR 1996, 378 = NJW 1996, 1346; eingehend zur früheren Rechtslage Fuchs, in: FBS, (1. Aufl.) Syst A VII Rn. 19 ff.

28 Seit 2018 ist durch den ausdrücklichen Verweis des § 650q Abs. 1 BGB auf das (ebenfalls seit 2018 erstmals gesetzlich geregelte) Anordnungsrecht des Bestellers in § 650b BGB auch für Architekten- und Ingenieurverträge eine Ausnahme zur sog. negativen Vertragsfreiheit[51] des § 311 Abs. 1 BGB gesetzlich verankert. Die Regelungen des bestellerseitigen Anordnungsrechts in Bauausführungsverträgen gelten für Architektenverträge »entsprechend«. Damit kann zunächst auf die Kommentierung zu § 650b BGB verwiesen werden. Festzuhalten ist auch hier, dass das Anordnungsrecht **kein Leistungsbestimmungsrecht im Sinne des § 315 BGB** darstellt, der nur der erstmaligen, dann verbindlichen und unwiderruflichen, Konkretisierung des Leistungsinhalts dient. Das Anordnungsrecht des Bestellers gemäß §§ 650q Abs. 1, 650b BGB setzt vielmehr einen bereits hinreichend konkretisierten Leistungsinhalt voraus (und sei es nach dem Umweg über § 650p Abs. 2 Satz 2 BGB) und kann wiederholt ausgeübt werden. Es ist deshalb als sog. (gesetzlicher) **Änderungsvorbehalt** zu qualifizieren.[52] Die Grenzen ergeben sich vorrangig aus § 650b Abs. 1 BGB (dazu nachstehend Rdn. 29 ff.). Für Planerverträge ergeben sich jedoch folgende Besonderheiten im Hinblick auf das Anordnungsrecht des Bestellers:

1. Bezugspunkte des Änderungsrechts

a) Nur »entsprechende« Anwendung des § 650b BGB möglich

29 § 650b Abs. 1 BGB differenziert für Bauverträge zwischen
- einer Änderung des vereinbarten Werkerfolgs (§ 631 Abs. 2 BGB)
- und einer Änderung, die zur Erreichung des vereinbarten Werkerfolgs notwendig ist.

30 Der Gesetzgeber hat mit der zweiten Alternative vor allem die in der Ausschreibung »vergessene« Bauleistung vor Augen, ohne die jedoch das Bauwerk nicht mangelfrei hergestellt werden könnte. Diese »bauvertragliche« Differenzierung ist bestenfalls bedingt synchron mit der im Planervertragsrecht bereichsnotwendigen Differenzierung[53] zwischen
- einer Änderung der Leistungsziele (= »Planungs- und Überwachungsziele« i.S.d. § 650p Abs. 1 BGB),
- einer Änderung des Leistungsumfangs (= die hierfür zu erbringenden vereinbarten Leistungen i.S.d. § 650p Abs. 1 BGB)
- sowie ggf. einer Änderung des Leistungsablaufs, der Leistungsumstände etc.

31 Insbesondere die o.g. zweite Alternative des § 650b BGB ist im Planervertragsrecht nur schwer unmittelbar vorstellbar. Auch § 650q Abs. 2 BGB trägt aufgrund seiner unklaren Terminologie (»*infolge der Anordnung zu erbringende oder entfallende Leistungen*« vs. »*angeordnete Leistung*«) wenig Erhellendes zur Harmonisierung bei. Der Grund der differenzierten Anordnungsrechte des § 650b Abs. 1 Satz 1 BGB liegt im Zumutbarkeitskriterium, welches gemäß § 650b Abs. 1 Satz 2 BGB nur bei den sog. freien Änderungsanordnungen des § 650b Abs. 1 Satz 1 Nr. 1 BGB erfüllt sein muss. Notwendige Änderungen sollen insoweit leichter durchsetzbar sein.[54] Richtigerweise dürfte danach im Architekten- und Ingenieurvertragsrecht wie folgt abzugrenzen sein:[55]

32 Der geschuldete Werkerfolg des Planers wird (unverändert) durch die Leistungsziele, den Leistungsumfang sowie ggf. durch sonstige vereinbarte Beschaffenheiten bestimmt.[56] Daher ist die **Rechtmäßigkeit einer Änderungsanordnung** zu Leistungszielen, Leistungsumfang, Leistungsablauf usw. regelmäßig am **Maßstab des § 650b Abs. 1 Satz 1 Nr. 1 BGB (Änderung des vereinbarten Werk-**

51 Vgl. v. Rintelen, in: Messerschmidt/Voit, H Rn. 57.

52 Vgl. zu § 1 Abs. 3, 4 VOB/B v. Rintelen, in: Kapellmann/Messerschmidt, § 1 VOB/B Rn. 55; zum Änderungsvorbehalt eingehend Gernhuber, Schuldverhältnis, S. 642 ff.

53 Vgl. § 650p Rdn. 12 ff.

54 Vgl. § 650b Rdn. 75 ff.

55 Dieser Differenzierung folgen in der Sache etwa Fuchs, in: LPS, § 650q Rn. 32 ff. und Zahn, in: Kniffka, § 650q Rn. 66 ff.

56 Eingehend § 650p Rdn. 12 ff. und Rdn. 64 ff.

erfolgs) zu beurteilen. Dies hat zur Konsequenz, dass **grds. zu prüfen** ist, ob eine entsprechende Änderungsanordnung dem Planer **zumutbar** ist (§ 650b Abs. 1 Satz 2 und 3 BGB).

Eine **Ausnahme** hiervon wird man annehmen können, wenn die Änderungsanordnung des Bestellers der **Auflösung** eines anders nicht lösbaren **Zielkonflikts** dient. Dieser Fall ist § 650b Abs. 1 Satz 1 Nr. 2 BGB (Änderung zur Erreichung des vereinbarten Werkerfolgs) vergleichbar: Um eine mangelfreie Leistung zu erhalten, **muss** hier eine Änderungsanordnung erfolgen. Hier ist (irgend)eine Änderung notwendig. Dann kommt es ausnahmsweise nicht darauf an, ob die notwendige Umplanung dem Planer zumutbar ist.[57] 33

Unter notwendige Änderungen im Sinne des § 650p Abs. 1 Satz 1 Nr. 2 BGB können ferner einzelne **nicht beauftragte Grundleistungen desselben Leistungsbildes** fallen, wenn und soweit diese zur Erreichung der konkret vereinbarten Planungsziele tatsächlich unentbehrlich sind. Hingegen dürfte bei Vereinbarung des Werkerfolgs »Planung und Überwachung eines Bauwerks« die Erbringung der Leistungsphase 9 keine zwingend erforderliche Leistung sein, ihre nachträgliche Anordnung also von der Zumutbarkeit für den Planer abhängen.[58] Die Zuordnung zu den freien oder notwendigen Änderungen im Sinne des § 650b Abs. 1 Satz 1 BGB hat also vor dem Hintergrund der vereinbarten Planungs- und Überwachungsziele zu erfolgen. 34

b) Änderung des Leistungsziels, Zumutbarkeit

Typischerweise **von §§ 650q Abs. 1, 650b Abs. 1 Satz 1 Nr. 1 BGB umfasst** ist eine Änderung des Leistungsziels, eine Änderung der Planungs- und Überwachungsziele i.S.d. § 650p Abs. 1 BGB, im Sinne einer **Änderung der Anforderungen des Bestellers an das zu planende Objekt**. Eine solche Änderung des Leistungsziels liegt vor, wenn die bei Vertragsschluss vereinbarten Planungs- und Überwachungsziele gemäß § 650p Abs. 1 BGB nachvertraglich geändert werden sollen. Dem gleich zu stellen ist, wenn der Besteller nach Vertragsschluss der vom Planer erstellten Planungsgrundlage nebst Kosteneinschätzung gemäß § 650p Abs. 2 BGB zugestimmt hat und nunmehr die durch die Zustimmung festgelegten Planungs- und Überwachungsziele wiederum geändert werden sollen.[59] Zur Abgrenzung von der bloßen Planungskonkretisierung siehe unten Rdn. 45 ff. 35

Im Falle einer Änderung der Leistungsziele wird regelmäßig die **Zumutbarkeit** der entsprechenden Änderungsanordnung für den Planer zu prüfen sein, § 650b Abs. 1 Satz 2 und 3 BGB (siehe oben Rdn. 32; anders bei Auflösung von Zielkonflikten, oben Rdn. 33). Eine etwaige Unzumutbarkeit wird **nur bei ganz außergewöhnlichen Umplanungswünschen** vom Planer nachgewiesen werden können, 36

- etwa wenn die Anforderungen des geänderte Planungsobjekts die Kompetenzen oder substanziell die Kapazitäten des Planungsbüros übersteigen (Mögliches Beispiel: Hotel statt Bürogebäude),[60]
- oder wenn durch gestalterische Änderungswünsche des Bestellers die Wesenszüge der gestalterischen »Handschrift des Planers« in ihrem Kern tiefgreifend verändert, verzerrt oder verfälscht würden.[61]

Da aber anders als nach früherer Rechtslage in §§ 650q Abs. 1, 650b BGB ein gesetzliches Anordnungsrecht des Besteller nunmehr ausdrücklich legitimiert ist, werden die Zumutbarkeitskriterien nicht 37

57 Zustimmend Fuchs, in: LPS, § 650q Rn. 34; Zahn, in: Kniffka, § 650q Rn. 90/1.

58 Zutreffend Fuchs, in: LPS, § 650q Rn. 33.

59 Zustimmend BeckOK BGB/Hau/Poseck § 650q Rn. 3.

60 A.A. Motzke, NZBau 2017, 251, 256, der solche Änderungsanordnungen wegen einer hierin (tatsächlich oder vermeintlich) liegenden »Änderung der Werkidentität« generell für unzulässig hält.

61 Vgl. zum sog. Entstellungsverbot im Architektenurheberrecht etwa Glöckner, in: FBS vor §§ 650p ff. C Rn. 138; BeckOK BGB/Hau/Poseck, § 650q Rn. 4.

mehr so eng gefasst werden können wie vordem, als eine entsprechende von § 311 Abs. 1 BGB abweichende gesetzliche Regelung noch gänzlich fehlte.[62]

c) Änderung des Leistungsumfangs, Zumutbarkeit

38 Ebenfalls **unter §§ 650q Abs. 1, 650b Abs. 1 Satz 1 BGB** fallen Änderungsanordnungen zum Leistungsumfang, also die Anordnung zusätzlicher oder entfallender (in der Terminologie der HOAI: Grund- oder Besonderer) Leistungen. Dies geht ohnehin zumeist einher mit einer Änderung der Leistungsziele, gilt aber auch für eine gleichsam »isolierte« Änderung des Leistungsumfangs bei gleichbleibendem Leistungsziel. **Beispiel:** Der nur mit dem Grundleistungskatalog der Anlage 10.1 der HOAI 2013 beauftragte Architekt soll jetzt auch die erforderlichen Unterlagen für die Abgeschlossenheitsbescheinigung nach dem Wohnungseigentumsgesetz erstellen.

39 Auch hier dürfte die Fallgruppe »Änderung des vereinbarten Werkerfolgs« i.S.d. § 650b Abs. 1 Satz 1 Nr. 1 BGB regelmäßig einschlägig sein. Die dann zu prüfende **Zumutbarkeit** einer solchen Änderung des Leistungsumfangs ist jedenfalls dann zu bejahen, wenn die Änderungen **noch das dem Planer beauftragte Leistungsbild berühren** (im vorigen Beispiel also zu bejahen) bzw. wenn das beauftragte Planungsbüro auch selbst die fachlichen Kompetenzen für das weitere Leistungsbild vorhält.

d) Zeitliches Anordnungsrecht, Änderung des Leistungsablaufs

40 Fraglich ist, ob auch ein **zeitliches Änderungsrecht** (»*Einreichung des Bauantrags 2 Wochen früher!*«) oder eine **Änderung des Leistungsablaufs** (»*Zuerst Fertigstellung des Vorentwurfs für Bauteil C statt bislang A!*«) dem »entsprechend« geltenden Anordnungsrecht des Bestellers gemäß §§ 650q Abs. 1, 650b BGB unterfällt.

41 Dies dürfte zu **verneinen** sein.[63] Auch wenn man die Vereinbarung einer bestimmten Planungszeit/-frist als vereinbarte Beschaffenheit des vom Planer geschuldeten Werkerfolgs ansehen wollte,[64] ist jedoch im Gesetzgebungsverfahren die Frage eines bauzeitlichen Anordnungsrechts thematisiert und ausdrücklich verworfen worden.[65] Daher wird man auch für Planerverträge ein entsprechendes gesetzliches Anordnungsrecht ablehnen müssen,[66] mögen auch die Einwendungen gegen ein bauzeitliches Anordnungsrecht bei Bauausführungsverträgen nicht kurzerhand auf Planerverträge übertragbar sein.

42 Solche Anordnungsrechte zur Planungszeit bzw. zum Leistungsablauf **müssen danach vertraglich vereinbart** werden. Dass entsprechende Anordnungsrechte bei Planerverträgen eher zumutbar sein dürften, als bei Bauausführungsverträgen, weil Planer hauptsächlich über Personalkapazitäten disponieren müssen,[67] kann nur bei der Frage einer etwaigen unangemessenen Benachteiligung des Planers im Rahmen der **AGB-Wirksamkeit** entsprechender Klauseln des Bestellers Berücksichtigung finden. Lediglich im ganz besonderen Ausnahmefall wird man einen Anpassungsanspruch des Auftraggebers bzgl. der vertraglichen zeitlichen Vereinbarungen nach **§ 242 BGB** annehmen können,[68] etwa bei einem Planungsauftrag mit der Freianlagenplanung für eine terminlich feststehende Bundesgartenschau, bei dem es zu zeitlichen Verzögerungen kommt.

---

62 A.A. Koeble, in: LKFZ, § 10 HOAI Rn. 51 f.; tendenziell strenger auch Deckers, ZfBR 2017, 523, 534.
63 Ebenso Fuchs, in: LPS, § 650q Rn. 39; Zahn, in: Kniffka, § 650q Rn. 74; Koeble NZBau 2020, 130, 133.
64 Vgl. zur Bauzeit die Überlegungen von Langen, NZBau 2009, 145, 146.
65 Siehe die Kommentierung von Langen zu § 650b Rdn. 42 ff.
66 Im Ergebnis ebenso Koeble, in: LKFZ, § 10 HOAI Rn. 53.
67 So Fuchs, NZBau 2015, 675, 679.
68 Zutreffend Zahn, in: Kniffka, § 650q Rn. 74.

e) Änderung einer vereinbarten Kostenobergrenze

Vereinbaren die Parteien eine Kostenobergrenze, stellt dies **nach der Rechtsprechung** eine **vereinbarte Beschaffenheit** des vom Planer geschuldeten Werks dar.[69] Die Einhaltung dieser Kostenobergrenze gehört dann zu den vereinbarten Planungs- und Überwachungszielen gemäß § 650p Abs. 1 BGB (siehe § 650p Rdn. 24 f.). Dies belegt auch § 650p Abs. 2 BGB. Denn danach bedarf die Planungsgrundlage *nebst Kosteneinschätzung* der Zustimmung des Bestellers. Und durch die erteilte Zustimmung werden sodann die bis dahin noch nicht vollständig vereinbarten wesentlichen Planungs- und Überwachungsziele nachträglich festgelegt.[70] 43

Wenn nunmehr der Besteller nachvertraglich die vereinbarte Kostenobergrenze senken muss, etwa weil er doch die benötigten finanziellen Mittel nicht im erforderlichen Umfang aufbringen kann, stellt sein entsprechendes Begehren eine Änderungsanordnung dar. Fraglich ist, ob eine solche »kostenmäßige« Änderungsanordnung von der Regelung des § 650b Abs. 1 Satz 1 Nr. 1 BGB (Änderung des vereinbarten Werkerfolgs) gedeckt ist. Bei Bauverträgen spielt dies keine Rolle und wurde damit im Gesetzgebungsverfahren gar nicht diskutiert, auch nicht im Zusammenhang mit dem Architekten- und Ingenieurvertragsrecht. Da eine vereinbarte Kostenobergrenze aber vereinbarte Beschaffenheit des Werks ist, damit unter den Wortlaut des »entsprechend« geltenden § 650b Abs. 1 Satz 1 Nr. 1 BGB fällt, und da eine Planung, die die vorhandenen finanziellen Mittel des Bestellers übersteigt, im Zweifel sogar unbrauchbar ist, wird hier **im Ergebnis ein Änderungsrecht des Bestellers gemäß §§ 650q Abs. 1, 650b Abs. 1 Satz 1 Nr. 1 BGB auch zu vereinbarten Kostenvorgaben bejaht.**[71] 44

2. Abgrenzung zur Planungskonkretisierung, zur Planungsfehlerkorrektur und zur vertraglich geschuldeten Mehrfachplanung

Von vorneherein **keine Änderungsanordnung** im Sinne des § 650b Abs. 1 BGB liegt vor, wenn der Besteller ohne Änderung der vertraglich festgelegten Vorgaben im Laufe des weiteren »dynamischen« Planungsprozesses diese **vereinbarten Planungs- und Überwachungsziele nur weiter konkretisiert.**[72] Nach der Vorstellung des Gesetzgebers soll gerade die Definition des § 650p Abs. 1 BGB dazu beitragen, 45

»die im Laufe der Planentwicklung notwendige Konkretisierung des Erfolgs von der eine Mehr- oder Mindervergütung auslösenden Änderungsanordnung abzugrenzen.«[73] 46

Eine Änderung ist demgegenüber eine Abkehr von bereits vereinbarten Leistungszielen oder/und eine Vorgabe bislang nicht vereinbarter Leistungsziele. Sind bspw. die HOAI-Leistungsbilder vereinbart und macht der Besteller in der Leistungsphase 3 detailliertere Vorgaben zum Entwurf, die sich durchgängig im Rahmen der am Ende der Leistungsphase 2 freigegebenen Vorplanungsvariante halten, liegt lediglich eine honorarneutrale Konkretisierung, keine honorarpflichtige Änderungsanordnung vor. Anders ist dies, wenn eine Anordnung des Bestellers in der Entwurfsphase (LPH 3) zu einer Änderung der bereits freigegebenen Vorplanungsvariante führt, also eine **bereits abschließend getroffene Festlegung** betrifft.[74] Dies ist selbst dann eine Änderungsanordnung i.S.d. §§ 650q Abs. 1, 47

---

69 Vgl. BGH, Urt. v. 06.10.2016 – VII ZR 185/13, BauR 2017, 134 Leitsatz 2; ausdrücklich bestätigt in BGH, Urt. v. 11.07.2019 – VII ZR 266/17, NZBau 2019, 632 Rn. 24.

70 Siehe die Kommentierung bei § 650p Rdn. 121 ff.

71 Ebenso Zahn, in: Kniffka, § 650q Rn. 75; Fuchs, in: LPS, § 650q Rn. 39; ablehnend Koeble, in: Kompendium, 11. Teil Rn. 568.

72 Vgl. Fuchs, in: LPS, § 650q Rn. 25 ff.

73 BT-Drucks. 18/8486, S. 67.

74 Vgl. auch BT-Drucks. 18/8486, S. 67, wonach Änderungswünsche des Bestellers *»im Laufe der Planentwicklung«, die »bereits getroffene Festlegungen betreffen, … entweder einer vertraglichen Änderungsvereinbarung [bedürfen] oder über das Anordnungsrecht nach § 650b BGB-E geltend gemacht werden [können]«*; zustimmend auch Motzke, NZBau 2017, 251, 256.

650b BGB, wenn sich diese neue Vorgabe an sich noch innerhalb der ursprünglich vereinbarten Planungs- und Überwachungsziele des Planervertrags bewegen würde.[75]

48 Eine Änderungsanordnung im Sinne des § 650b Abs. 1 BGB ist zu verneinen, wenn der Besteller »Planungsänderungen« verlangt, zu denen der Planer bereits nach den vertraglichen Vereinbarungen zum geschuldeten Leistungsumfang verpflichtet ist. So hat ein mit der Leistungsphase 2 der HOAI beauftragter Architekt auf Verlangen des Bestellers **unterschiedliche Varianten innerhalb der in der Leistungsphase 1 geklärten Anforderungen** honorarneutral zu erstellen.[76]

49 Keine Änderungsanordnung im Sinne des § 650b Abs. 1 BGB liegt ferner vor, wenn der Besteller vom Planer berechtigt eine Umplanung verlangt, weil der Planer mit der vorgelegten Planung eine vereinbarte Kostenobergrenze nicht eingehalten hat. Dies ist »**Mängelbeseitigung**«.[77] Der Besteller verlangt damit **nur die Erfüllung der vereinbarten Planungs- und Überwachungsziele**, nicht deren Änderung.

3. Keine Wesentlichkeitsgrenze

50 Vielfach wird in Literatur[78] und (älterer) Rechtsprechung[79] vertreten, »unwesentliche« kleinere Planungsänderungen seien honorarneutral zu erbringen, wobei in ebenso apodiktischer wie verwirrender Manier unterschiedlichste Erheblichkeitsschwellen (zwischen 1 % und 12 %)[80] postuliert werden. Einen normativen Anhalt bot seinerzeit allenfalls § 5 Abs. 4 HOAI 1996, der jedoch mit der HOAI 2009 gestrichen wurde. Richtigerweise ist eine Erheblichkeitsschwelle (»von der ab«) für Planernachträge daher abzulehnen.[81]

4. Pflicht des Planers zur Angebotserstellung

51 Gemäß § 650q Abs. 1 BGB i.V.m. § 650b Abs. 1 Satz 2 BGB hat der Planer im Falle eines (zumutbaren) Änderungsbegehrens des Bestellers als Grundlage für eine zunächst anzustrebende Einigung ein Nachtragsangebot zu legen. Für § 650b Abs. 1 Satz 2 BGB wird teilweise vertreten, der Unternehmer müsse bereits dieses Angebot in der Verhandlungsphase konform mit den Vorgaben der Abs. 1 bzw. 2 des § 650c BGB erstellen.[82] Für die Angebote zu Planernachträgen von Architekten und Ingenieuren wird man dies allerdings jedenfalls inzwischen und jedenfalls deshalb verneinen müssen, weil § 650q Abs. 2 Satz 1 BGB zunächst auf die HOAI verweist, die HOAI 2021 jedoch keine verbindlichen preisrahmenrechtlichen Vorgaben mehr macht, sondern nur noch unverbindliche Honorarempfehlungen. Die Honorare auch im Anwendungsbereich der HOAI – und damit auch die Nachtragshonorare – sollen nunmehr **gerade frei kalkulierbar und vereinbar sein.**

5. Einstweilige Verfügung bei streitigem Anordnungsrecht

52 Sollte ausnahmsweise einmal das Anordnungsrecht des Bestellers als solches zwischen den Parteien streitig sein, etwa weil sich der Planer wegen betriebsinterner Gründe auf Unzumutbarkeit beruft, greift der in § 650b BGB vorgesehene Mechanismus (siehe die Kommentierung bei § 650b Rdn. 107 ff.). Insbesondere können die Parteien nach hier vertretener Auffassung auch diese Frage im Einstweiligen Verfügungsverfahren klären (ausführlich im Zusammenhang unten Rdn. 70 ff.).

---

75 Vgl. Fuchs, in: LPS, § 650q Rn. 41.
76 Vgl. Fuchs, in: LPS, § 650q Rn. 41; Zahn, in: Kniffka, § 650q Rn. 59 f.
77 Vgl. Berger/Fuchs, Rn. 273; Fuchs, in: LPS, § 650q Rn. 28.
78 Z.B. von Koeble, in: LKFZ, § 10 Rn. 14; Werner/Pastor Rn. 1022.
79 Vgl. KG, IBR 2013, 221.
80 Vgl. die detaillierten Nachweise bei Fuchs, in: LPS, § 650q Rn. 44 mit dem treffenden Hinweis: »zum Teil von identischen Autoren in unterschiedlicher Höhe«.
81 Zutreffend Fuchs, in: LPS, § 650q Rn. 44; Werner/Siegburg, BauR 2013, 1499, 1514.
82 Namentlich von Langen in diesem Kommentar bei § 650b Rdn. 85 ff.

II. Vergütungsfolge (§§ 650q Abs. 2, 650c BGB)

1. Anwendungsbereich

Nach seinem Wortlaut trifft § 650q Abs. 2 BGB Regelungen für die Vergütungsanpassung »**im Fall von Anordnungen nach § 650b Abs. 2**«. Streng genommen, d.h. in **unmittelbarer Anwendung**, beinhaltet dies nur den Fall, dass eine Einigungsphase nach § 650q Abs. 1 BGB i.V.m. § 650b Abs. 1 BGB fruchtlos durchlaufen wurde und sich nun der Besteller zur Anordnung gezwungen sieht. 53

Die gleiche Problematik kann sich jedoch stellen, wenn sich Besteller und Planer ausdrücklich über die Umplanung einigen bzw. wenn – **der in der Praxis mit Abstand häufigste Fall** – der Planer bereits dem Änderungsbegehren bzw. dem als (Befolgung heischende) »Anordnung« formulierten Änderungsbegehren des Bestellers gemäß § 650b Abs. 1 Satz 1 BGB nachkommt[83] und mit der Umplanung beginnt, ohne dass sich die Parteien zunächst über die Vergütung geeinigt haben. Aufgrund der nahezu völlig vergleichbaren Interessenlage wird man in allen diesen Fällen eine **entsprechende Anwendung des § 650q Abs. 2 BGB** bejahen können,[84] mag man auch wegen § 632 BGB das Vorliegen einer Regelungslücke diskutieren.[85] 54

Von vorstehender Konstellation streng zu unterscheiden ist der häufige und sehr praxisrelevante Fall, dass die Vertragsparteien **bereits im Planervertrag eine Regelung zur Honoraranpassung** für den Fall einer nachträglichen Änderung des Planungssolls getroffen haben. Eine solche vertragliche Regelung zur Nachtragshöhe stellt **das im Vertrag vorweg genommene »Einvernehmen«** (§ 650p Abs. 1 Satz 1 BGB) bzw. **die im Vertrag vorweg genommene »Einigung«** (§ 650b Abs. 2 Satz 1 BGB) auf einen bestimmten, »nur noch« anzuwendenen Ermittlungsmechanismus dar (z.B. »auf Stunde« oder »nach HOAI«). Hier ist § 650q Abs. 2 BGB weder tatbestandlich einschlägig, noch Bedarf es einer Analogie. **Vielmehr ist die vertragliche Vereinbarung, soweit wirksam, (auch hier) der gesetzlichen Regelung vorrangig.**[86] Seit der HOAI 2021 unterliegt eine solche vertragliche Vereinbarung zur Nachtragshöhe nicht einmal mehr preisrahmenrechtlichen Vorgaben[87] und ist ein solchermaßen vertragskonform ermitteltes angepasstes Honorar keiner sog. Gesamtvergleichbetrachtung[88] mehr zu unterziehen. Nach zutreffender Auffassung[89] liegt eine solche hauptvertragliche Vereinbarung zur Honoraranpassung bei Änderungen des vereinbarten Werkerfolgs bereits in der hauptvertraglichen Vereinbarung eines sog. »**Berechnungshonorars**« (vgl. jetzt § 1 Satz 2 HOAI 2021) bzw. in einer vereinbarten »Vergütung nach HOAI« o.ä.: **Damit ist für die Vergütungshöhe nämlich zugleich § 10 HOAI vertraglich in Bezug genommen** und stellt damit *kraft vertraglicher Vereinbarung* die maßgebliche Honoraranpassungsregelung dar. 55

83 Worin eine konkludente Einigung über die Änderung des Werkerfolgs im Sinne des § 10 gesehen werden kann, vgl. Fuchs, in: FBS, § 10 Rn. 21.

84 Im Ergebnis wie hier Fuchs, in: LPS, § 650q Rn. 66; a.A. etwa Zahn, in: Kniffka, § 650q Rn. 66, der auf die »übliche Vergütung«, also auf § 632 Abs. 2 BGB, abstellt.

85 So im Bauvertragsrecht das Argument bei v. Rintelen, in: Kniffka § 650b Rn. 138. Mit guten Gründen lässt sich aber im Architekten- und Ingenieurvertragsrecht mit § 650q Abs. 1 BGB a.E. (»soweit sich aus diesem Untertitel nichts anderes ergibt«) begründen, dass im Zweifel einer »entsprechenden« Anwendung der besonderen Vorschriften des Architekten- und Ingenieurrechts der Vorzug zu geben ist vor einer ja ebenfalls nur »entsprechend« geltenden Anwendung der allgemeinen werkvertragsrechtlichen Vorschriften.

86 Siehe bereits die 1. Auflage Rn. 56 (»Schritt 1: Grundregel«).

87 Siehe dazu noch die 1.Aufflage Rn. 56 (»Schritt 3: Geltungsvorrang des Preisrahmens der HOAI«).

88 Zu Rechtsprechung und Methodik ausführlich Berger, in: FBS, § 7 HOAI 2013 Rn. 83 ff.

89 Vor allem Fuchs, in: FBS, § 10 HOAI Rn. 14.

2. Das »Honorarmodell sui generis« des § 650q Abs. 2 BGB

a) Entstehungsgeschichte und systematische Probleme

56 Ein einseitiges gesetzliches Anordnungsrecht **muss** einen korrespondierenden gesetzlichen Anspruch auf Anpassung der Vergütung nach sich ziehen für den erwartbaren Fall, dass es an einer vorrangigen (ggfs. bereits vertraglich antizipierten) Einigung zur Nachtragshöhe fehlt. Hierfür hätten dem Gesetzgeber verschiedene Modelle zur Verfügung gestanden:

57 Der Gesetzgeber hätte hierzu auf **§ 632 Abs. 2 BGB** verweisen können. Dann hätte der Planer für den entstandenen Umplanungsaufwand bei fehlender Einigung zur Nachtragshöhe im Zweifel Anspruch auf die **»übliche Vergütung«** (zu § 632 Abs. 2 BGB oben Rdn. 18 ff.).

58 Der Gesetzgeber hätte auch in § 650q Abs. 1 BGB mit einem **Generalverweis in allen Fällen** die Vorschrift des **§ 650c BGB** für entsprechend anwendbar erklären können.[90] In diesem Fall hätte der Planer für seinen anordnungsbedingt vermehrten oder verminderten Aufwand einen Vergütungsanspruch geltend machen können, der sich nach den **tatsächlich erforderlichen Kosten** mit angemessenen Zuschlägen für allgemeine Geschäftskosten, Wagnis und Gewinn gerichtet hätte, § 650c Abs. 1 Satz 1 BGB. Nach Absatz 2 dieser Vorschrift hätte er alternativ auf eine vereinbarungsgemäß hinterlegte Urkalkulation – oder dem gleichzustellen: eine vereinbarte »offene« Honorarberechnungsgrundlage (unten Rdn. 68) – zurückgreifen und diese fortschreiben können. Ein solcher Generalverweis auf § 650c BGB hätte sich insbesondere nach Entfall des verbindlichen Preisrahmensrechts infolge der HOAI 2021-Novellierung angeboten.

59 **Stattdessen** hat der Gesetzgeber für das Architekten- und Ingenieurvertragsrecht **in § 650q Abs. 2 BGB ein eigenes Regelungsmodell *sui generis*** für die Ermittlung der Honorarhöhe von Planernachträgen geschaffen und auch in Ansehung der HOAI 2021-Novellierung grundsätzlich beibehalten, indes modifiziert.

60 Nach der **ursprünglichen Fassung des § 650b Abs. 2 BGB (2018)** sollte in ihrem Anwendungsbereich vorrangig die HOAI gelten (Satz 1 a.F.), im Übrigen die Vergütungsanpassung frei vereinbar sein (Satz 2 a.F.) und bei Scheitern/Fehlen einer Einigung § 650c BGB entsprechend gelten (Satz 3 a.F.). Insbesondere der scheinbar nahe liegende Verweis in Satz 1 a.F. auf den Anwendungsvorrang der HOAI war bei näherer Betrachtung höchst problematisch:

- Die **HOAI 2013**, insb. § 10 HOAI 2013, war grundsätzlich **keine Anspruchsgrundlage für das Honorar** (siehe oben Rdn. 10 f.).
- § 10 HOAI 2013/2021 verlangt eine doppelte Einigung über die Änderung sowie die Honorarhöhe (**Doppelvereinbarungsmodell**),[91] während § 650q Abs. 2 BGB seinem Wortlaut nach ja gerade den Anordnungsfall betrifft (zur analogen Anwendung s.o. Rdn. 53 ff.).
- Die HOAI 2013 legte nicht die Honorarhöhe fest, sondern war **Preisrahmenrecht** (§ 7 Abs. 1 HOAI 2013; siehe bereits oben Rdn. 11). § 6 HOAI legt dar, wie sich der Preisrahmen ermittelt, wobei es unverändert Sache der Parteien ist, die Honorarhöhe innerhalb diese Preisrahmens festzulegen. Auch in ihrem Anwendungsbereich ergibt sich aus der HOAI – entgegen mancher Stimme in der Literatur[92] – eine konkrete Honorarhöhe nur in bestimmten Sonderfällen, insbesondere bei formwidriger/fehlender Honorarvereinbarung (§ 7 Abs. 5 HOAI 2013: Mindestsatz; § 7 Abs. 1 Satz 2 HOAI 2021: Basishonorarsatz). **Auch § 10 HOAI 2013 verschob primär nur den Preisrahmen.**
- Für »**Grundleistungen**« als solche legt(e) die HOAI ebenfalls **kein Honorar** fest! Ihre Vorgaben enden auf Ebene der festgelegten %-Sätze der Leistungsphasen. Gerade hier muss sich die Praxis

---

90 Zu dieser naheliegenden Möglichkeit Fuchs/Berger, NZBau 2016, 249.

91 Vgl. Fuchs, in: FBS, § 10 Rn. 19 ff.

92 Siehe z.B. Koeble, in: LKF, 13. Aufl., § 10 HOAI Rn. 57.

unverändert mit dem Rückgriff auf **außergesetzliche Tabellenwerke** (Siemon-Tabellen[93], FBS-Tabellen[94], …) behelfen.

Der von ihm gewählte »dritte Weg« ließ seinerzeit schon den Gesetzgeber selbst ratlos zurück. Nach der amtlichen Begründung zu Satz 1 a.F. sollten 61

> *»vorrangig die* ***Entgeltberechnungsregeln*** *der Honorarordnung für Architekten und Ingenieure … Anwendung finden. (…) Dies wird insbesondere dann der Fall sein, wenn es sich bei den infolge der Anordnung zu erbringenden oder entfallenden Leistungen um ›****Grundleistungen****‹ im Sinne der HOAI handelt. Ob darüber hinaus auch die Grundsätze des § 10 HOAI herangezogen werden können, wenn sich infolge der Anordnung der Umfang der beauftragten Leistung ändert oder Grundleistungen zu wiederholen sind, erscheint zumindest zweifelhaft; denn § 10 HOAI setzt nach seinem Wortlaut sowohl hinsichtlich der Änderung als auch hinsichtlich der Vergütungsanpassung eine Vereinbarung der Parteien voraus. Diese Frage kann der Rechtsprechung überlassen werden. Lässt sich § 10 HOAI nicht entsprechend heranziehen oder ergibt sich aus anderen Gründen eine nicht von der HOAI erfasste Konstellation, gilt Absatz 2 Satz 2 und 3«*[95]

Dass danach mit § 10 HOAI sogar ausgerechnet die zentrale (Planernachtrags-)Vorschrift der HOAI zur »*Berechnung des Honorars bei vertraglichen Änderungen des Leistungsumfangs*« nur »darüber hinaus« und nur unter Umständen Anwendung finden sollte, musste endgültig erstaunen. Der vom Gesetzgeber in § 650q Abs. 2 BGB a.F. beschrittene »dritte Weg« war dementsprechend auf nahezu einhellige und berechtigte Kritik gestoßen.[96] In der Vorauflage wurde daher vertreten, dass Satz 1 a.F. nur den Geltungsvorrang des damals verbindlichen Preisrahmenrechts sicherstellen wollte. Es galt also primär, d.h. auch im Anwendungsbereich der HOAI 2013, im ersten Schritt der Grundsatz der freien Honorarvereinbarung gemäß Satz 2 a.F., im Falle des Scheiterns einer Einigung galt Satz 3 a.F. und das solchermaßen nach Satz 2 bzw. 3 a.F. angepasste Honorar musste im Zweifel im Ergebnis einer Preisrechtsrahmenkontrolle standhalten können (Satz 1 a.F.).[97] 62

Dem widersprechend wurde schon zu § 650q Abs. 2 BGB a.F. vertreten, durch dessen Verweis in Satz 1 werde vielmehr die HOAI zur Anspruchsgrundlage umfunktioniert. Dies wurde mit dem Wortlaut (»für die Vergütungsanpassung … gelten«) sowie mit der Systematik begründet, dass Abs. 2 gerade eine gescheiterte Einigung über die Honorarhöhe voraussetze. Indes konnte und kann der Wortlaut des Satz 1 mindestens ebenso gut dahin gehend verstanden werden, dass (lediglich) ein etwaiger Anwendungsvorrang der HOAI sicher- bzw. klargestellt werden soll. Dieser Lesart entspricht auch die o.g. Gesetzesbegründung.[98] Und selbst wenn zunächst binnen der 30-Tage-Frist eine Einigung gescheitert ist, schließt dies ja keinesfalls eine spätere Einigung nach erfolgter Anordnung voraus. Überdies dürften die Fälle, in denen zunächst eine »Anordnung« befolgt und erst nachgehend Einvernehmen über die Honorarhöhe erzielt wird in der Praxis fast den Regelfall darstellen (siehe bereits oben Rdn. 54). 63

Im Zuge der **Umsetzung des EuGH-Urteils vom 04.07.2019**[99] wurde **nunmehr** Satz 1 a.F. = Satz 1 n.F. beibehalten und Satz 2 a.F. gänzlich gestrichen. Der frühere Satz 3 a.F. ist in Satz 2 n.F. aufgegangen, wonach »im übrigen« § 650c BGB »entsprechend« gelte. Die amtliche Begründung führt hierzu jetzt aus: 64

93 Abgedruckt in LKFZ, Anhang 3.

94 Abgedruckt in FBS, Teil 5 Anhang.

95 BT-Drucks. 18/8486, S. 68.

96 Siehe Motzke, NZBau 2017, 251, 256; Dammert, BauR 2017, 421, 428 f.; Fuchs/Berger, NZBau 2016, 249, 250.; Fuchs, in: LPS, § 650q Rn. 68 ff., Rn. 80 (»Kapitulation vor der eigenen unsystematischen Regelung«); vgl. die Regelung hingegen verteidigend Koeble, NZBau 2020, 130, 133.

97 Vgl. noch die 1. Auflage Rn. 56.

98 Dem Gesetzgeber ist danach jedenfalls mitnichten bewusst gewesen, dass er die HOAI zur Anspruchsgrundlage umfunktioniert habe.

99 EuGH, Urt. v. 04.07.2019 – C-377/17, NZBau 2019, 511.

»Die Änderungen, die infolge des Urteils des Europäischen Gerichtshofs im ArchLG sowie in der HOAI erforderlich sind, haben Auswirkungen auf § 650q Absatz 2 BGB. Der Verweis auf die HOAI-Regelungen zur Entgeltberechnung im Fall einer Anordnung nach § 650b BGB wird auch künftig weiter gelten, auch wenn keine verbindlichen Mindest- und Höchsthonorarsätze mehr anzuwenden sind. § 650q Absatz 2 BGB regelt nach seinem Satz 1 »die Vergütungsanpassung im Fall von Anordnungen nach § 650b Absatz 2«. Voraussetzung einer solchen Anordnung ist nach § 650b Absatz 2, dass die Parteien keine Einigung nach § 650b Absatz 1 erzielen, also keine Einigung »über die Änderung und die infolge der Änderung zu leistende Mehr- oder Mindervergütung«. § 650q Absatz 2 BGB greift mithin schon bisher nur ein, wenn es an einer Vereinbarung über eine infolge der Änderung vorzunehmende Honoraranpassung fehlt. Durch die Streichung des Satzes 2 wird nunmehr dem unzutreffenden Umkehrschluss vorgebeugt, dass eine freie Vereinbarung über die Vergütungsanpassung nur in den Fällen des § 650q Absatz 2 Satz 2 BGB a.F. möglich sei. Die Bezugnahme auf die Entgeltberechnungsregelungen der HOAI in § 650q Absatz 2 Satz 1 BGB erstreckt sich insbesondere auch auf die gemäß der neuen Fassung des ArchLG in der HOAI mögliche Vorschrift, welcher Honorarsatz im Einzelfall gilt, wenn keine Honorarvereinbarung getroffen wurde. Vor diesem Hintergrund ist auch die Neufassung des bisherigen § 650q Absatz 2 Satz 3 BGB zu sehen, der künftig Satz 2 sein wird. Diese neue Regelung bezieht sich, wie der Satz 1 des Absatzes 2, ausschließlich auf die Fallkonstellation des § 650b Absatz 2 BGB, in der eine Änderungsanordnung des Bestellers erfolgte und keine Vereinbarung über die infolge der Änderung vorzunehmende Honoraranpassung erzielt worden ist. Fehlt es an einer Vereinbarung über die Honoraranpassung, sollen grundsätzlich die Regelungen der HOAI anzuwenden sein. Das kann aber nur für die Fallkonstellationen gelten, in denen es um Leistungen geht, die von der HOAI auch erfasst sind. Die Regelung des § 650c BGB, wonach die tatsächlich erforderlichen Kosten nebst Zuschlägen maßgeblich sind, wird deshalb durch den neuen § 650q Absatz 2 Satz 2 BGB für diejenigen Fälle für im Übrigen anwendbar erklärt, die nicht in den Anwendungsbereich der HOAI fallen.«[100]

b) Vorrang wirksamer Parteivereinbarungen

65 Angesichts der vorstehenden Gesetzesbegründung sowie angesichts des Entfalls des verbindlichen Preisrahmenrechts in der HOAI 2021 wird man nicht mehr, wie noch in der Vorauflage (s.o. Rdn. 62), vertreten können, durch Abs. 2 Satz 1 n.F. solle lediglich die Preisrahmenkontrolle gemäß HOAI sichergestellt werden. Mehr denn je ist jedoch aufgrund des nunmehr bloß orientierenden Empfehlungscharakters der HOAI 2021, dem Entfall des Satz 2 a.F. (wonach scheinbar nur »im übrigen« Vertragsfreiheit bestand) und der vorzitierten amtlichen Begründung zu betonen, **dass die Parteien grundsätzlich das Nachtragshonorar der Höhe nach frei vereinbaren können, egal zu welchem Zeitpunkt** – und damit (selbstverständlich) auch noch *nach* einer zunächst gescheiterten Einigung über die Anordnung oder/und ihre honorarmäßigen Folgen. Dass Abs. 2 eine solche gescheiterte Einigung voraussetzen mag (»im Falle von Anordnungen nach § 650b Abs. 2«), ist bei näherer Betrachtung von untergeordneter Bedeutung (siehe bereits oben Rdn. 53 f.). **Vorrangig ist danach stets eine etwaige Vereinbarung der Parteien über die Nachtragshöhe/die Honoraranpassung infolge des geänderten Planungssolls. Diese geht jeder Variante des § 650q Abs. 2 BGB vor:**

- Vorrangig ist danach sowohl die etwaige Einigung der Parteien auf das konkrete angepasste Honorar im Einzelfall, auf die **konkrete Nachtragshöhe**.
- Vorrangig ist aber auch eine (bloße) Einigung der Parteien darauf, wie das Honorar für das geänderte Planungssoll anzupassen ist, auf einen **Berechnungsmodus** also (z.B. »auf Stunde«), ohne dass schon die konkrete Honorarhöhe abschließend geeinigt ist. Haben sich die Parteien zwar auf einen Berechnungsmodus geeinigt, ist »lediglich« eine Einigung auf eine konkrete Nachtragshöhe gescheitert, **sperrt diese immerhin erfolgte Einigung auf einen Berechnungsmodus ebenfalls die Anwendung des § 650q Abs. 2 BGB** in allen Varianten: Der Planer kann im Streitfalle

100 BT-Drucks. 19/21982, S. 15.

das gemäß dem vereinbarten Berechnungsmodus richtig ermittelte Honorar einklagen. Wie sich das Nachtragshonorar nach der HOAI oder nach § 650c Abs. 1 oder Abs. 2 BGB ermitteln würde, ist aufgrund der vorrangigen Parteivereinbarung unmaßgeblich.

- Eine Einigung der Vertragsparteien ist ferner **unabhängig von dem Zeitpunkt vorrangig**, zu dem sie getroffen wird (sei es bereits im **Hauptvertrag** über den Berechnungsmodus für Nachträge; sei es in der **30-Tage-Einigungsphase** des § 650b Abs. 1 Satz 1, Abs. 2 Satz 1 BGB; sei es erst **nach erfolgter Änderungsanordnung** bzw. erst nach [ggf. konkludent] erfolgter einvernehmlicher Änderung des Planungssolls).
- Eine **vorrangige Einigung zumindest über den anzuwendenden Berechnungsmodus** liegt z.B. dann vor, wenn die Parteien im Planervertrag eine Regelung getroffen haben, dass der Mehraufwand infolge Planungsänderungen »auf Stunde« zum Stundensatz x abzurechnen ist.
- Eine vorrangige Einigung auch über den anzuwendenden Berechnungsmodus für die Honoraranpassung bei Planungsänderungen liegt aber auch dann vor, wenn die Parteien im Planervertrag für die hauptvertraglichen Leistungen ein sog. »**Berechnungshonorar**« bzw. gleichbedeutend ein »**Honorar nach HOAI**« vereinbart haben (die **Fälle des § 1 Satz 2 HOAI 2021**). Denn damit ist zugleich § 10 HOAI in Bezug genommen[101] und damit mindestens implizit zugleich der maßgebliche Berechnungsmodus für die Planernachtragshöhe vereinbart worden. Mag sich das gleiche Ergebnis hier ggfs. über § 650q Abs. 2 Satz 1 BGB ergeben, so ist doch auch in diesem äußerst praxisrelevanten Fall die vertragliche Vereinbarung maßgeblich und Geltungsgrund des Honoraranspruchs auch der Höhe nach. Da gemäß § 10 Abs. 1 HOAI die »Honorarberechnungsgrundlage« für die Grundleistungen, die »infolge des veränderten Leistungsumfangs« zu erbringen sind, anzupassen ist, bleibt bspw. ein vereinbarter Mittelsatz bei dieser Honoraranpassung nach § 10 HOAI 2021 – ggfs.[102] – unverändert.[103] Keinesfalls greift hier automatisch der Basishonorarsatz.[104]

In allen diesen Fällen ist das Honorar also nicht nach § 650q Abs. 2 BGB zu ermitteln, die **Wirksamkeit** der jeweiligen vorrangigen Parteivereinbarung selbstverständlich vorausgesetzt. Insoweit ist das verbindliche **Preisrahmenrecht** als Maßstab der Wirksamkeitskontrolle **seit der HOAI 2021 entfallen.** Eine **AGB-Wirksamkeitskontrolle** von Honorar-, also von Preisvereinbarungen, am Maßstab der HOAI 2021 ist hingegen keinesfalls ausgeschlossen, aber auf bestimmte Klauselkonstellationen beschränkt.[105] Eine gleichsam generelle AGB-Angemessenheitskontrolle der Honorarvereinbarung am Maßstab des orientierenden Preisrahmens der HOAI 2021 findet nicht statt.[106] **§ 650q Abs. 2 BGB findet daher Anwendung, wenn:** 66

- die Parteien **gar keine Einigung**, nichtmals über den Berechnungsmodus der Honoraranpassung, erzielt haben (eine solche liegt aber vor, wenn die Parteien im Planervertrag formwirksam ein Berechnungshonorar vereinbart haben, siehe vorstehend Rdn. 65!);

101 Zutreffend herausgearbeitet bei Fuchs, in: FBS, § 10 HOAI Rn. 14.

102 Die Auslegung der hauptvertraglichen Honorarvereinbarung kann allerdings – in der Praxis nicht selten – ergeben, dass der vereinbarte Honorarsatz nicht gleichsam »frei« kalkuliert und angeboten wurde, sondern sich hierin indirekt die Einzonung widerspiegelt. So beispielsweise wenn die Einzonung des Gebäudes nach § 35 Abs. 6 HOAI 2021 bspw. 25 Punkte ergab, also »noch HZ III«, und *deshalb* »HZ III 3/4-Satz« vereinbart wurde. Führen die Planungsänderungen dazu, dass für das geänderte Gebäude nunmehr 28 Bewertungspunkte ermittelt werden können, ist nunmehr »HZ IV unten« einschlägig. Hier dürfte § 10 HOAI 2021 ggfs. nicht zu einer bloßen schematischen Fortschreibung des ursprünglich vereinbarten Honorarsatzes führen, sondern auch zu dessen Anpassung, hier im gewählten Beispiel nach unten.

103 So – ohne die hier gemachte Einschränkung – grundsätzlich zutreffend Fuchs, in: FBS, § 10 HOAI Rn. 42.

104 In diese Richtung geht aber die Amtliche Begründung BT-Drs. 19/21982, S. 15. Siehe aber auch unten Rdn. 66.

105 Ausführlich dazu Berger, in: FBS, § 7 HOAI Rn. 143 ff.

106 Siehe näher Berger, in: FBS, § 7 HOAI Rn. 162 ff.

– **oder wenn die Einigung unwirksam ist.** Dies ist insbesondere der Fall, wenn die hauptvertragliche Honorarvereinbarung entgegen § 7 Abs. 1 Satz 1 HOAI 2021 nicht in Textform erfolgt ist.[107] Dann gilt gemäß § 7 Abs. 1 Satz 2 HOAI 2021 für den Grundleistungsanteil[108] ein Basishonorarsatzhonorar als vereinbart. Im Falle von Planungsänderungen ist *in diesem Fall* über § 650q Abs. 2 Satz 1 BGB der § 10 HOAI 2021 anzuwenden, der eine Anpassung der Honorarberechnungsgrundlage bei den nun geänderten Honorarparametern verlangt,[109] so dass es *in diesem Fall* der formunwirksamen hauptvertraglichen Honorarvereinbarung zu einer Honoraranpassung (z.B. höhere anrechenbare Kosten) bei im übrigen unverändert geltendem Basishonorarsatz kommt.[110]

c) Abgrenzung von Satz 1 und Satz 2, Anwendungsfragen

67 In den vorgenannten Fällen (Rdn. 66) findet § 650 Abs. 2 **Satz 2** BGB Anwendung, wenn die HOAI überhaupt keine Regelungen bzw. Empfehlungen zur Honorarhöhe bereit hält, also für änderungsbedingt zu erbringende **Besondere Leistungen,** für geänderte Leistungen aus (z.B. AHO-)Leistungsbildern gänzlich **außerhalb des Anwendungsbereichs des § 1 HOAI,** sowie für **Honorare außerhalb der Tafelwerte** (§ 2a HOAI 2021). Letzteres gilt freilich nicht, wenn und soweit die Parteien auch hier ein »Berechnungshonorar«, insb. »nach RifT«, vereinbart haben: Dann ist wiederum eine Honoraranpassung nach § 10 HOAI 2021 bereits vertraglich vereinbart (s.o. Rdn. 65) und § 650 Abs. 2 BGB damit gesperrt (s.o. Rdn. 65).

Ist § 650 Abs. 2 Satz 2 BGB einschlägig, ist die Nachtragshöhe gemäß **§ 650c Abs. 1 BGB** dann nach dem Maßstab der »**tatsächlich erforderlichen Kosten plus angemessene Zuschläge**« zu ermitteln. Die sich hierbei zweifelsohne stellenden Schwierigkeiten[111] sind indes letztlich keine substantiell anderen als im Bauvertragsrecht,[112] weshalb auf die dortigen Ausführungen zu § 650c Abs. 1 BGB verwiesen werden kann.

Der Planer, nur er, hat nach dem Wortlaut dieses Wahlrecht, kann seine Nachtragsforderung – mit der Vermutung der »Richtigkeit« – aber auch unter Rückgriff »**auf die Ansätze in einer vereinbarungsgemäß hinterlegten Urkalkulation**« darlegen, **§ 650c Abs. 2 BGB.**[113] Einer solchen »hinterlegten Urkalkulation« ist erst Recht eine (z.B. als Vertragsanlage) *offen* ausgewiesene Kalkulation (z.B. »Honorarpauschale auf Basis Honorarzone IV mit Mittelsatz«) gleich zu stellen. Eine solche **offene Honorarberechnungsgrundlage** wäre gegenüber einer hiervon abweichenden hinterlegten (nicht offenen) Kalkulation sogar **vorrangig,** §§ 133, 157 BGB.[114]

Haben die Parteien für die hauptvertraglichen Leistungen eine **Honorierung nach Zeitaufwand oder eine Pauschalvergütung** vereinbart, ohne eine Einigung, wann auch immer, zumindest über

107 Was dann im Zweifel, und sei es über § 139 BGB, auch eine etwaige Regelung im Planervertrag zur Honorarhöhe bei Planungsänderungen ergreifen dürfte, vgl. Berger, in: FBS, § 7 HOAI Rn. 74.

108 Zur Reichweite des Textformerfordernisses in § 7 Abs. 1 Satz 1 HOAI 2021 ausführlich Berger, in: FBS, § 7 HOAI Rn. 44 ff.

109 Siehe zu der danach notwendigen Kausalitätsbetrachtung näher Fuchs, in: FBS, § 10 Rn. 40 ff.

110 Wenn die Amtliche Begründung BT-Drs. 19/21982, S. 15, offenbar die Geltung des Basishonorarsatzes bei fehlender Einigung vor Augen hat, dürfte dies *in dieser* Konstellation also zutreffen. Siehe demgegenüber oben Rdn. 65.

111 Kritisch zu dieser Konstellation etwa MüKo-BGB/Busche, § 650q Rn. 6 und sogar die Gesetzesbegründung in BT-Drs. 18/8486, S. 69.

112 Zutreffend Fuchs, in: LPS, § 650q Rn. 91 ff.

113 Kritisch zu dieser Konstellation zu Unrecht MüKo-BGB/Busche, § 650q Rn. 6; Preussler, in: Leinemann/Kues, § 650q Rn. 11; Koeble NZBau 2020, 130, 134 und sogar die Gesetzesbegründung in BT-Drs. 18/8486, S. 69; wie hier demgegenüber Fuchs, in: LPS, § 650q Rn. 100 f.

114 So ist etwa bei Bauausführungsverträgen zutreffend anerkannt, dass eine vereinbarte sog. »Einheitspreisliste« zur Bewertung zusätzlicher bzw. entfallender Leistungen einer etwaigen Angebotskalkulation vorgeht, siehe Langen/Schiffers, Rn. 2450.

den Berechnungsmodus bei Planungsänderungen getroffen zu haben (sonst wäre diese stets vorrangig, siehe oben Rdn. 65), dann ist fraglich ob sich die Vergütung für den Planernachtrag nach § 650q Abs. 2 **Satz 1** BGB richtet oder aber nach dessen **Satz 2**, soweit es um zu erbringende Grundleistungen im Anwendungsbereich der HOAI geht. Argumentiert man von der Verweisnorm des § 650q Abs. 2 BGB aus, dann müsste sich die Vergütung für die geänderte Leistung nach § 10 HOAI richten, da die Verweisnorm des § 650q Abs. 2 BGB in Satz 1 nicht auf den Vergütungsmodus für die hauptvertraglichen Leistungen abstellt, sondern darauf, ob die geänderten Leistungen vom Anwendungsbereich der HOAI erfasst sind.[115] Das Ergebnis mutet freilich seltsam an. Stellt man hingegen auf die in Satz 1 in Bezug genommene Norm, die HOAI, ab, lässt sich argumentieren, diese bietet mit § 10 HOAI 2021 nur für Berechnungshonorare gemäß § 1 Satz 2 HOAI 2021 einen einschlägigen Honoraranpassungsmodus. Folgt man der letzteren Auffassung, dann ist in diesen Fällen § 650q Abs. 2 **Satz 2** BGB einschlägig, das geänderte Honorar ist also nach § 650b Abs. 1 BGB oder (nach Wahl des Planers) nach dessen Abs. 2 zu ermitteln.

d) Bewertung

De lege ferenda sollte § 650q Abs. 2 BGB zumindest aus Gründen der Rechtsklarheit ersatzlos gestrichen und der bisherige Absatz 1 um einen generellen Verweis auf § 650c BGB ergänzt werden. Jedenfalls aber sollte der Verweis auf die HOAI auf diejenigen Fälle beschränkt werden, in denen die Parteien bereits für die hauptvertraglichen Leistungen ein sog. Berechnungshonorar nach HOAI vereinbart haben, nur dort passt der Verweis des § 650q Abs. 2 Satz 1 BGB.[116] Die Sorge des Gesetzgebers, eine Honorarbestimmung nach § 650c BGB werfe gerade beim Architekten- und Ingenieurvertrag wegen fehlender Bezugspunkte Schwierigkeiten auf,[117] sollte – soweit überhaupt berechtigt – nicht ausschlaggebend sein.[118] Denn viele Planungsbüros, z.B. im Bereich der Fabrikplanung, kalkulieren ihr vertragliches Honorar inzwischen aufwandsbezogen und nehmen anhand des HOAI-Preisrahmens bestenfalls eine »Plausibilitätsgegenkontrolle« vor.[119] Hiervon sollte eher die übrige Planungslandschaft lernen, als dass der Gesetzgeber Defizite der Praxis weiter zementiert. Zudem besteht über § 650c Abs. 2 BGB die Möglichkeit des Rückgriffs auf eine vereinbarte »offene« Berechnungsgrundlage (oben Rdn. 67), die in der Praxis ganz häufig vorliegt. 68

3. Anwendung der 80 %-Regelung des § 650c Abs. 3 BGB?

Abschlagszahlungen auf Planernachträge kann der Planer dann in Höhe von 80 % des in seinem Angebot ausgewiesenen Nachtragshonorars beanspruchen, § 650c Abs. 3 BGB.[120] Erscheint dies dem Besteller zu hoch, muss und kann er dies nach hier vertretener Auffassung (siehe nachstehend bei Rdn. 70 ff.) im Einstweiligen Verfügungsverfahren klären lassen. Die Gegenauffassung, die eine Anwendbarkeit des § 650c BGB verneint, begründet dies damit, dass § 650b Abs. 2 BGB nur für die Vergütungsanpassung im Fall von Anordnungen auf § 650c BGB Bezug nehme und damit nur auf dessen Absätze 1 und 2.[121] Dies kann jedenfalls nach der aktuellen Neufassung des § 650q Abs. 2 Satz 2 BGB durchaus infrage gestellt werden. Aber auch schon früher dürfte dann ein **Redaktionsversehen**[122] wie bei § 650d BGB vorgelegen haben (dazu nachstehend Rdn. 70 ff.). Denn § 650q 69

115 Dies vertritt Fuchs, in: LPS, § 650q Rn. 84.
116 Vgl. Berger, Thesen, Arbeitskreis IV des DBGT – Architekten- und Ingenieurrecht, These 3, BauR TH 2023, 48 (50 f.).
117 Vgl. BT-Drucks. 18/8486, S. 69.
118 In allen nachfolgenden Punkten a.A. Koeble, in: LKF, 13. Aufl., § 10 HOAI Rn. 57.
119 Zur Kalkulation von Planungshonoraren siehe eingehend etwa Schramm, in: TTW, § 3 Rn. 1 f.
120 Wie hier etwa Pause, NZBau 2018, 510, 512 ff.; Digel/Jacobsen, BauR 2017, 1587, 1868 f.; differenzierend Zahn, in: Kniffka, § 650q Rn. 98.
121 So Fuchs, in: LPS, § 650q Rn. 102 ff.; Koeble, NZBau 2020, 130, 135; Kniffka/Retzlaff, BauR 2017, 1747, 1868 f.; verneinend auch LG Mönchengladbach, Beschl. v. 09.03.2023 – 11 O 181/22.
122 Ein Redaktionsversehen erfordert nicht, dass die betreffenden Vorschriften im Gesetzgebungsverfahren eine Änderung hätten erfahren haben müssen, so aber Fuchs, in: LPS, § 650q Rn. 104.

Abs. 2 BGB will – wegen der HOAI (!) – ersichtlich nur die Vergütungsfolgen abweichend von § 650c BGB regeln. Es ist zudem kein sachlicher Grund ersichtlich, weshalb das Recht auf Abschlagszahlungen für Planernachträge anders geregelt sein müsste, geschweige denn bewusst sollte, als bei Bauausführungsnachträgen. Jedenfalls sollte der Gesetzgeber dies künftig durch eine explizite Aufnahme des § 650c Abs. 3 BGB in die »Verweiskette« klarstellen.[123]

III. Einstweilige Verfügung (§ 650d BGB)

70 Weil § 650d BGB in § 650q BGB keine Erwähnung findet, ist unklar, ob auch im Planervertragsrecht die (faktisch vor allem für den Besteller praxisrelevante) Möglichkeit der Einleitung eines gerichtlichen Einstweiligen Verfügungsverfahrens betreffend die (vorläufige) Regelung von Nachtragsstreitigkeiten besteht.

71 Der Referentenentwurf hatte – wie oben Rdn. 26 aufgezeigt – einen Verweis auf die bauvertragsrechtlichen Nachtragsregelungen der §§ 650b ff. BGB (wohl versehentlich) gänzlich unterlasen. Dies wurde im Regierungsentwurf korrigiert. Dieser verwies nunmehr in § 650p RegE, der Entwurfsfassung des heutigen § 650q BGB, explizit auf die Regelungen der §§ 650b und c RegE. Und da der heutige § 650d BGB vordem in §§ 650b Abs. 3, 650c Abs. 5 Satz 1 RegE enthalten war, galt in der Systematik des Regierungsentwurfes die Regelung zur Einstweiligen Verfügung auch für Architekten- und Ingenieurverträge. In der Regierungsamtlichen Begründung findet sich zur Möglichkeit einer Einstweiligen Verfügung freilich keine einzige Aussage. Auffällig war und ist an § 650q BGB in seiner aktuellen Fassung wie auch in der Fassung des Regierungsentwurfes, dass nicht bereits dessen Abs. 1 auf § 650b BGB verweist, was durchaus möglich gewesen wäre. Dies hängt damit zusammen, dass in der Sichtweise des Gesetzgebers **§ 650q Abs. 2 BGB eine grundsätzlich spezielle Regelung zur Vergütungsanpassung** ist.[124] Zu einer solch grundsätzlich speziellen Regelung sah sich der Gesetzgeber offensichtlich durch die HOAI veranlasst, das Thema einer Einstweiligen Verfügung spielte hier keine Rolle.

72 Im Laufe des weiteren Gesetzgebungsverfahrens sind sodann die rechtspolitisch in ihren Einzelheiten hoch umstrittenen §§ 650b und c BGB nochmals stark überarbeitet worden. Hierbei sind der vormalige § 650b Abs. 3 RegE sowie der vormalige § 650c Abs. 5 RegE in einem eigenen § 650d BGB zusammen gezogen worden. Alle nachfolgenden Paragrafen »rutschten« damit »einen Buchstaben nach hinten«. Dies vollzog auch der jetzige § 650q BGB nach, ohne hierbei allerdings eine Aussage zum neuen § 650d BGB zu treffen. Wurden die §§-Buchstaben also schlicht mit der Funktion *»ersetze alle … durch …«* nach hinten verschoben, ohne dass eine sachliche Änderung beabsichtigt war?

73 Die zuletzt angesprochenen Änderungen gehen auf die »Beschlussempfehlung und Bericht des Ausschusses für Rechts und Verbraucherschutz (6. Ausschuss) zu dem Gesetzentwurf der Bundesregierung – Drucks. 18/8486« vom 08.03.2017 zurück.[125] Zur Erläuterung heißt es dort:

74 *»§ 650d sieht Erleichterungen der einstweiligen Verfügung für Streitigkeiten über das Anordnungsrecht des Bestellers nach § 650b BGB-E und für Streitigkeiten über die Vergütungsanpassung gemäß § 650c BGB-E vor* ***und regelt diese einheitlich.*** *Die bisherigen § 650b Absatz 3 und § 650c Absatz 5 BGB-E entfallen. (…)* ***Infolge dieser Einführung des neuen § 650d BGB ändert sich die Bezeichnung*** *der folgenden Vorschriften. Die bisherigen §§ 650d bis 650u BGB-E werden die §§ 650e bis 650v –neu-BGB-E.«*[126]

123 Vgl. Berger, Thesen, Arbeitskreis IV des DBGT – Architekten- und Ingenieurrecht, These 2, BauR TH 2023, 48 (49).

124 Vgl. BT-Drucks. 18/8486, S. 68.

125 Veröffentlicht als BT-Drucks. 18/11437.

126 BT-Drucks. 18/11437, S. 49.

Diese Ausführungen belegen mE deutlich, dass der fehlende Verweis in § 650q BGB auf § 650d BGB unbeabsichtigt erfolgt ist und insoweit eine Änderung zum Regierungsentwurf nicht intendiert war. Dies ergibt sich auch daraus, dass § 650q Abs. 2 Satz 3 BGB auch auf § 650c Abs. 3 Satz 1 und 2 BGB verweist. Mit der dort erwähnten »*anderslautenden gerichtlichen Entscheidung*« ist aber namentlich die gerichtliche Entscheidung im Einstweiligen Verfügungsverfahren gemeint.[127] Gerade weil § 10 HOAI auch im Grundleistungsbereich nur Preisrahmenrecht ist und sich eine Vergütungsanpassung nach § 10 HOAI jedenfalls kaum je mathematisch-rechnerisch ermitteln bzw. ablesen lässt, besteht auch bei Planerverträgen kein geringeres Bedürfnis für ein einstweiliges Verfügungsverfahren als bei Bauausführungsverträgen. Es wäre auch weitgehend sinnlos, für Honorarnachträge außerhalb der HOAI ein Einstweiliges Verfügungsverfahren zuzulassen, für HOAI-Nachträge jedoch nicht. Zudem kann auch das Nachtragsangebot des Planers in Vorausschau auf die 80 %-Regelung des § 650c Abs. 3 Satz 1 BGB – wie BT-Drucks. 18/11437, S. 48 sich ausdrückt – »*leichtfertig*« zu hoch sein. Die Eilbedürftigkeit der Klärung ist ebenfalls hier wie dort gegeben, so dass § 650d BGB auch im Planervertragsrecht seine Berechtigung findet. Der Gesetzgeber sollte auch dies klarstellen.[128] 75

Im Ergebnis sind danach **auch die Regelungen der §§ 650b-d BGB zum Einstweiligen Verfügungsverfahren** im Recht des Architekten- und Ingenieurvertrags **uneingeschränkt anwendbar.** 76

E. Abnahme, hilfsweise Zustandsfeststellung

I. Abnahme (§ 640 BGB)

1. Überblick und Systematische Einordnung

Bereits nach früherem Recht waren auf Architekten- und Ingenieurverträge die werkvertraglichen Regelungen zur Abnahme anwendbar, weil die ganz h.M. Planerverträge dem Werkvertragsrecht unterstellte.[129] Dies folgt nunmehr ausdrücklich aus § 650q Abs. 1 BGB i.V.m. § 640 Abs. 1 BGB. Unverändert stellt die Abnahme der Planerleistungen eine (notfalls einklagbare) **Hauptleistungspflicht** des Bestellers nach § 640 Abs. 1 BGB dar.[130] 77

Obwohl die vom Besteller erklärte Abnahme ausschließlich Rechtsfolgen zugunsten des Unternehmers zeitigt, wurde die Bedeutung der Abnahme speziell von den Architekten und Ingenieuren in der Praxis lange Zeit unterschätzt. Ursächlich war vor allem die seinerzeitige Privilegierung der Planer bis noch zur HOAI 2009, nach deren § 15 ihr Schlusshonorar auch ohne Abnahme fällig wurde. Mit der HOAI-Novellierung in 2013[131] wurde dieses ungerechtfertigte Privileg in **§ 15 Abs. 1 HOAI 2013** abgeschafft und die Abnahme auch bei Architekten- und Ingenieurverträgen zur gesetzlichen Fälligkeitsvoraussetzung für das Schlussrechnungshonorar.[132] Seither zeichnet sich in der Praxis, zumindest langsam, ein Sinneswandel ab. Dabei verbinden sich mit der Abnahme schon immer die weiteren viel gewichtigeren **Rechtsfolgen** des Übergangs von der Erfüllungs- in die Nacherfüllungsphase, des Beginns der Gewährleistungsfrist gemäß § 634a Abs. 1 Nr. 2, Abs. 2 BGB, stehen dem Besteller erst ab dieser Zäsur die Gewährleistungsansprüche nach § 634 BGB zu,[133] usw.[134] **§ 15 Satz 1 HOAI 2021** beschränkt sich nunmehr auf die entsprechende Geltung der Vor- 78

127 Siehe auch die Kommentierung zu § 650c Rdn. 141.

128 Vgl. Berger, Thesen, Arbeitskreis IV des DBGT – Architekten- und Ingenieurrecht, These 1, BauR TH 2023, 48 (48).

129 Vgl. die Grundsatzentscheidung BGH, Urt. v. 26.11.1959 – VII ZR 120/58, BGHZ 31, 224; zur jetzigen Rechtslage eingehend oben Vor § 650p Rdn. 7 ff.

130 Vgl. BGH, Urt. v. 27.02.1996 – X ZR 3/94, BauR 1996, 386.

131 BGBl. I S. 2276.

132 Zahn, in: Kniffka, § 650q Rn. 67.

133 Vgl. BGH, Urt. v. 19.01.2017 – VII ZR 235/15, BauR 2017, 1024, der in der Sache auf den Zeitpunkt der Beendigung des Erfüllungsstadiums abstellt.

134 Vgl. im Überblick sowie speziell zu Planerverträgen etwa Messerschmidt, NZBau 2015, 331 (331).

schrift des § 650g Abs. 4 BGB, es gibt also endgültig kein Sonderrecht der HOAI an dieser Stelle mehr.

79 Während §§ 650q Abs. 1, 640 BGB die (»**End**«- **bzw.** »**Schluss**«-)**Abnahme** der Planerleistungen betreffen, gewährt **§ 650s BGB** den Planern darüber hinaus erstmals einen gesetzlichen Anspruch auf **Teilabnahme**. Auf die dortige Kommentierung sei verwiesen.

2. Besonderheiten der Abnahme von Planerleistungen

80 Zu den Voraussetzungen und Rechtsfolgen der Abnahme, Abnahmeformen und -fiktionen kann grundsätzlich die Kommentierung zu § 640 BGB verwiesen werden. Allerdings ist die Abnahme der Planerleistungen streng von der Abnahme der Leistungen namentlich der bauausführenden Unternehmen zu unterscheiden. Insbesondere hieraus ergeben sich in Ansehung der neuen Rechtslage folgende Besonderheiten:

- **Abnahmereife der Bauleistungen** und **Abnahmereife der Planerleistungen** sind strikt getrennt zu beurteilen. So kann das Bauwerk mangelfrei sein und die Kostenermittlungen des Planers grob fehlerhaft. Ist der Planer mit der Leistungsphase 8 nach HOAI beauftragt, hat er ggf. noch weit nach Abnahme der Bauleistungen eigene Leistungen zu erbringen (Rechnungsprüfung, Objektdokumentation, Überwachung der Beseitigung der Abnahmeprotokollmängel, …). Weil seine Leistungen zu diesem Zeitpunkt der Fertigstellung der Bauleistungen ihrerseits noch nicht im Wesentlichen fertiggestellt sind, scheidet eine (Schluss-)Abnahme mangels Abnahmereife aus. Eben hieraus erklärt sich der neu eingefügte Teilabnahmeanspruch in § 650s BGB.
- Beauftragte, aber gleichwohl **nicht erbrachte (Grund-)Leistungen** werden von der Rechtsprechung als Mangel angesehen.[135] Da das Werk für die Abnahmereife indes nur im Wesentlichen mangelfrei sein muss (§§ 650q Abs. 1, 640 Abs. 1 Satz 2 BGB), können einzelne noch fehlende geringfügige »Restleistungen« des Planers ggf. als unwesentliche Mängel qualifiziert werden.[136]
- Die für eine **konkludente Abnahme** stets erforderliche angemessene Prüffrist kann nicht beginnen, bevor nicht die beauftragten Planerleistungen im Wesentlichen fertigstellt sind.[137] Auch hier kommt es mithin nicht auf den Zeitpunkt der Abnahme der Bauleistungen an.
- Da § 650q Abs. 1 BGB einschränkungslos auf § 640 BGB verweist und sich aus §§ 650p ff. BGB nichts anderes ergibt, gelten auch die Regelungen zur **fiktiven Abnahme** gemäß § 640 Abs. 2 BGB. Diese wird richtiger Weise nur gehindert, wenn sich der Besteller auf einen **wesentlichen** Mangel beruft.[138] Weil hier die Abnahme der Planerleistungen infrage steht, muss ein wesentlicher Mangel eben der *Planer*leistungen behauptet werden. Das kann z.B. zu verneinen sein, wenn gegenüber dem Architekten ein wesentlicher Mangel bloß eines völlig untergeordneten beauftragten Einzelgewerks behauptet wird.

II. Zustandsfeststellung (§ 650g BGB)

81 § 650q Abs. 1 BGB verweist auch auf die Vorschrift des § 650g BGB zur Zustandsfeststellung. Der Gesetzgeber sieht ein entsprechendes Bedürfnis auch der Planer bei verweigerter Abnahme.[139]

82 Die Abnahme der Planerleistungen kann vom Besteller unter Angabe eines – wesentlichen[140] – Planungsmangels verweigert werden. Der Besteller kann hierfür einerseits **Mängel des Bauwerks** anführen, andererseits »**reine**« **Mängel der Planerleistung unabhängig von ihrer Verkörperung im Bauwerk** rügen (z.B. eine lückenhafte Baustellendokumentation). Werden Mängel des Bauwerks

135 Vgl. BGH, Urt. v. 28.07.2011 – VII ZR 65/10, BauR 2011, 1677 (»Bautagebuch«).

136 Zutreffend Messerschmidt, NZBau 2015, 331, 332 f.

137 Zutreffend Messerschmidt, NZBau 2015, 331, 335 mit ausführlichen Nachweisen zur BGH-Rechtsprechung.

138 Zutreffend Sonntag bei § 640 Rdn. 58 f.

139 Siehe BT-Drucks. 18/8486, S. 68.

140 Zutreffend Sonntag bei § 640 Rdn. 58 f.

gerügt, richtet sich der Anspruch des Planers primär auf die entsprechende Feststellung des Zustands des Bauwerks.[141] Werden »reine« Mängel der Planerleistung im vorstehenden Sinne gerügt, bleibt freilich praktisch etwas ominös, wie man sich eine gemeinsame, hilfsweise einseitige, Zustandsfeststellung von solchen Planerleistungen rein tatsächlich vorstellen soll. Überdies dürfte ein »Beweissicherungsinteresse« in der Praxis in der Regel zweifelhaft sein. Ausgeschlossen ist ein entsprechender Zustandsfeststellungsanspruch des Planers aber auch insoweit natürlich nicht.

Auch bei einer **verweigerten Teilabnahme**, hat der Planer dann nach näherer Maßgabe der Absätze 1 83
bis 3 des § 650g BGB einen Anspruch auf gemeinsame Zustandsfeststellung.[142]

Im Übrigen sei wegen der sich im Zusammenhang mit der Zustandsfeststellung ergebenden möglichen Probleme auf die Kommentierung zu § 650g BGB verwiesen.

F. Mängelrechte, §§ 633–639 BGB

Über § 650q Abs. 1 BGB werden die **allgemeinen werkvertraglichen Mängelvorschriften der §§ 633– 84
639 BGB** für entsprechend anwendbar erklärt.

Eine hiervon **abweichende Sonderregelung** für Planerverträge enthält lediglich **§ 650t BGB.** Diese 85
Vorschrift schreibt zunächst die Rechtsprechung[143] zur gesamtschuldnerischen Haftung von bauüberwachendem Planer (auf Schadensersatz statt der Leistung, §§ 634 Nr. 4, 280, 281) und bauausführendem Unternehmer (auf Nacherfüllung, §§ 634 Nr. 1, 635 BGB) schon der seiner Überschrift nach fest. Eine Abschaffung der gesamtschuldnerischen Haftung besonders in diesen Fällen, wurde nach der regierungsamtlichen Begründung im Laufe des Gesetzgebungsverfahrens erwogen und ausdrücklich abgelehnt.[144] Stattdessen sind gemäß § 650t Mängelrechte des Bestellers gegen den bauüberwachenden Planer bis zum fruchtlosen Ablauf der dem bauausführenden Unternehmen gesetzten Frist zur Nacherfüllung ggf. gehemmt (***»kann verweigern«***), sog. ***»Vorrang der Nacherfüllung«***.[145] Zu Einzelheiten hierzu siehe die Kommentierung zu § 650t.

Auch für Planerverträge soll es nach teilweiser Auffassung bei den jüngeren BGH-Entscheidungen 86
(für »echte« Werkverträge)[146] verbleiben, wonach **§ 634 BGB erst nach Beendigung des Erfüllungsstadiums** eingreife, in der Regel also eine Abnahme voraussetze[147]. Das stößt besonders bei den auf sukzessive »Erfüllung« gerichteten Architekten- und Ingenieurverträgen auf erhebliche Friktionen: Kann der Besteller eines Vollarchitekturvertrages die Korrektur eines offenkundigen Planungsfehlers *vor* seiner Verwirklichung im Bauwerk nicht verlangen?[148] Tatsächlich ist der Planervertrag jedoch vom Gesetzgeber als (nur) werkvertragsähnlicher Vertrag eingeordnet worden, für den sich dem allgemeinen Werkvertragsrecht Vorrangiges aus den §§ 650p ff. BGB ergeben kann (siehe Rdn. 4). Solche vorrangigen »Besonderheiten« finden sich hier maßgeblich in § 650p Abs. 1 BGB:[149] Danach schuldet der Planer nicht nur »am Ende« das Erreichen der vereinbarten Planungs- und Überwachungsziele, sondern bereits »unterwegs« die einzelnen Arbeitsschritte, die auf dem Weg dahin erforderlich sind (eingehend § 650p Rdn. 32 ff.). Überdies sind »dynamisch« (eingehend § 650p Rdn. 48 ff.) die nach dem jeweiligen Stand der Planung und Ausführung des Bauwerks erforderlichen Planungsschritte zu erbringen. Wenn – wie in den allermeisten Planerverträgen – zudem in

141 **Ablehnend** Deckers, ZfBR 2017, 523, 536.
142 Siehe dazu die Kommentierung bei § 650s BGB.
143 Vgl. BGH, Beschl. v. 01.02.1965 – GSZ 1/64, BGHZ 43, 227.
144 Vgl. BT-Drucks. 18/8486, S. 70 f.
145 BT-Drucks. 18/8486, S. 70.
146 BGH, Urt. v. 19.01.2017 – VII ZR 235/15, BauR 2017, 1024.
147 So vor allem Steiner, BauR 2019, 711, 715.
148 Zu einem denkbaren Lösungsansatz schon unter der alten Rechtslage siehe Fuchs, BauR 2016, 345, 354 f. (konkludente Fälligkeitsvereinbarungen bei Vereinbarung des HOAI-Leistungsbildes und dadurch vorzeitige Teilerfüllung); konträr dazu Voit, BauR 2011, 1063, 1065 ff.
149 Zutreffend Fuchs, in: LPS, § 650p Rn. 134 ff. und grundlegend ders., NZBau 2019, 25.

sukzessiven Leistungsphasen zu erbringende Leistungskataloge der HOAI vereinbart und nach für nach abzuarbeiten sind, dann wird daran deutlich, dass beim Planervertrag geradezu typischerweise die jeweiligen Teilleistungen nicht erst zum Zeitpunkt der Abnahme, sondern viel früher und sukzessive zu verschaffen sind.[150] Diese – in diametralem Gegensatz zum sog. punktuellen Leistungsaustauschbegriff[151] des Werkvertragrechts stehenden – Besonderheiten des Planvertragsrechts rechtfertigen es, dem Besteller die Mängelrechte der §§ 634 ff. BGB auch schon vor der Abnahme zu gewähren.

87 Das neue Bauvertragsrecht hat hingegen nichts an der ebenfalls zu Recht umstrittenen Rechtsprechung geändert, wonach eine **Nacherfüllung von Planungsfehlern** (= also ggf. eine Sanierungsplanung) angeblich nicht mehr in Betracht komme, wenn und soweit sich der Planungsfehler bereits im Bauwerk verwirklicht habe.[152]

G. Fälligkeit der Honorarschlussforderung, §§ 641, 650g Abs. 4 BGB

88 Mit der Neufassung des § 15 Abs. 1 HOAI 2013 war bereits das ungerechtfertigte Privileg der Planer entfallen, wonach die Fälligkeit ihrer Honorarschlussforderung bis dahin statt der Abnahme die bloße Abnahmereife voraussetzte. Anderseits verlangte § 15 Abs. 1 HOAI 2013 unverändert eine prüffähige Honorarschlussrechnung, wodurch § 15 Abs. 1 HOAI 2013 zumindest nach herrschender Auffassung vom damaligen BGB-Werkvertragsrecht abwich.[153]

89 Nach §§ 641, 650g Abs. 4 BGB ist nunmehr auch für BGB-Bauverträge eine **prüffähige Schlussrechnung** neben der Abnahme ausdrücklich Fälligkeitsvoraussetzung. Diese Vorschriften gelten gemäß § 650q Abs. 1 BGB für Planerverträge entsprechend. Damit sind die **Fälligkeitsvoraussetzungen nach BGB und HOAI für Planerverträge erstmals durchgängig harmonisiert**. Damit war **§ 15 Abs. 1 HOAI 2013 überflüssig** geworden. Er wurde jedoch im Zuge der 2021er-Novellierung nicht gestrichen; vielmehr verweist **§ 15 Satz 1 HOAI 2021** nunmehr auf eben § 650g Abs. 4 BGB.

90 Gemäß §§ 650g Abs. 4 Satz 3, 650q Abs. 1 BGB (ggfs. i.V.m. § 15 Satz 1 HOAI 2021) gilt daher auch für Planerverträge eine Schlussrechnung kraft Gesetzes als prüffähig, wenn nicht der Besteller **binnen 30 Tagen**[154] **nach Schlussrechnungszugang begründete Einwendungen** erhebt. Einwendungen gegen die inhaltliche Richtigkeit können freilich »fristlos« erhoben werden.

91 Prüffähigkeit ist hierbei stets im Sinne **objektiver Prüffähigkeit** zu verstehen, was auch durch den Terminus »*begründete Einwendungen*« in § 650g Abs. 4 Satz 3 BGB verdeutlich wird. Da nicht ersichtlich ist, dass der Gesetzgeber die bisherigen Anforderungen an eine prüffähige Honorarschlussrechnung erleichtern oder erschweren wollte, ist die bisher hierzu ergangene Rechtsprechung unverändert für die Praxis maßgeblich. Haben die Parteien ein sog. Berechnungshonorar nach HOAI vereinbart, dann gilt für die Prüfbarkeit, dass die Schlussrechnung des Architekten alle Angaben enthalten muss, die nach dem geschlossenen Vertrag und der HOAI für eine Überprüfung der sachlichen und rechnerischen Richtigkeit des Honorars unverzichtbar sind. Die Anforderungen richten sich nach dem Informations- und Kontrollinteresse des Bestellers, der in die Lage versetzt werden muss, die Richtigkeit der einzelnen Ansätze zu beurteilen. Hierzu gehören – bei einem vertraglich vereinbarten Berechnungshonorar nach HOAI – jedenfalls Angaben zu den anrechenbaren Kosten,

150 Überzeugend KG, Urt. v. 26.04.2022 – 21 U 1030/20, BauR 2023, 111.
151 Pointiert Voit, BauR 2011, 1063, 1065 ff.
152 Vgl. BGH, Urt. v. 09.04.1981 – VII ZR 263/79, BauR 1981, 395.
153 Vgl. dazu noch Stein, in: FBS, (2. Auflage) § 15 HOAI Rn. 13.
154 Die bisherige sich an die VOB/B 2006 anlehnende 2-Monats-Frist der Rechtsprechung (BGH, Urt. v. 27.11.2003 – VII ZR 288/02, BauR 2004, 316) war schon durch die VOB/B-Novelle 2012 »brüchig« geworden.

zum Leistungsbild, zur Honorarzone, zur dazugehörigen Honorartafel und zu den erbrachten Leistungen einschließlich ihrer Bewertung.[155]

Der gesetzliche Anspruch auf Teilabnahme nach § 650s BGB führt auch ohne – ggf. durch Auslegung gemäß §§ 133, 157 BGB zu ermittelnde – gesonderte vertragliche Regelung zu korrespondierenden Ansprüchen auf **Teilschlussrechnungslegung und -zahlung.**[156] Dies folgt aus § 641 Abs. 1 Satz 2 BGB. 92

H. Sicherheiten zugunsten der Planer

I. Sicherungshypothek (§ 650e BGB)

Gemäß § 650q Abs. 1 BGB ist die Vorschrift des § 650e BGB entsprechend anwendbar, soweit sich aus Untertitel 2 nichts anderes ergibt. Aus diesen Sondervorschriften für Architekten- und Ingenieurverträge ergibt sich nichts anderes. Mit dem Verweis in § 650q Abs. 1 BGB wollte der Gesetzgeber vielmehr **die geltende Rechtslage ausdrücklich festschreiben.**[157] Danach kann neben den bauausführenden Unternehmen auch den Planern grundsätzlich ein Rechtsanspruch auf Einräumung einer Sicherungshypothek am Baugrundstück des Bestellers zur Absicherung ihrer Honorarforderungen nach näherer Maßgabe des § 650e BGB und der zur Vorgängernorm § 648 BGB a.F. ergangenen Rechtsprechung zustehen, einschließlich der Möglichkeit der raschen Absicherung durch eine Vormerkung im Wege der Einstweiligen Verfügung. Folgende für Planerverträge bestehende **Besonderheiten** seien hervorgehoben: 93

Der **personelle Anwendungsbereich** des früheren § 648 BGB a.F. (»*Unternehmer eines Bauwerks oder eines einzelnen Teils eines Bauwerks*«) dürfte wegen § 650a BGB (»*eines Bauwerks, einer Außenanlage oder eines Teils davon*«) **nunmehr in § 650f BGB weiter** gefasst sein. Auch der **Freianlagenplaner** gehört daher jetzt zum Kreis der Anspruchsberechtigten.[158] 94

Unverändert **streitig** dürfte bleiben, ob die Planungsleistungen bereits zu einer **Wertsteigerung des Grundstücks** beigetragen haben müssen (streitiges Bsp: das sog. projektierte Grundstück) bzw. sich gar bereits »**im Bauwerk verkörpert**« haben müssen (bzw. in der Außenanlage oder in einem Teil davon).[159] 95

II. Bauhandwerkersicherung (§ 650f BGB)

Gemäß § 650q Abs. 1 BGB ist auch die Vorschrift des § 650f BGB entsprechend anwendbar. Auch hier ergibt sich aus den Sondervorschriften für Architekten- und Ingenieurverträge nichts anderes. Mit dem Verweis in § 650q Abs. 1 BGB wollte der Gesetzgeber auch hier die **geltende Rechtslage ausdrücklich festschreiben.**[160] Danach kann neben den bauausführenden Unternehmen auch den Planern grundsätzlich ein Rechtsanspruch auf Stellung einer Sicherheit zur Absicherung ihrer Honorarforderungen gegen den Besteller nach näherer Maßgabe des § 650f BGB und der zur Vorgängernorm § 648a BGB a.F. ergangenen Rechtsprechung zustehen. Folgende danach für Planerverträge bestehende **Besonderheiten** seien hervorgehoben: 96

---

155 Vgl. aus jüngerer Zeit etwa OLG Düsseldorf, Urt. v. 14.01.2021 – 23 U 81/21, BauR 2025, 520 (rechtskräftig durch BGH, Beschl. v. 24.04.2024 – VII ZR 886/21).

156 Ebenso wohl auch Koeble, in: LKFZ, § 15 HOAI Rn. 13, 16.

157 Siehe BT-Drucks. 18/8486, S. 68.

158 Zum früheren Streitstand zu § 648 BGB a.F. siehe MüKo-BGB/Busche, (6. Aufl.) § 648 Rn. 13 f.

159 Vgl. bejahend OLG Celle, Urt. v. 06.02.2020 – 14 U 160/19, BauR 2020, 1509; mit überzeugenden Gründen verneinend KG, Urt. v. 14.02.2023 – 21 W 28/22, BauR 2023, 1279; OLG Hamburg, Beschl. v. 03.12.2024 – 10 W 24/24, BauR 2025, 1848; zum Streitstand näher MüKo-BGB/Busche, § 650e Rn. 15 f.; zum Umfang des Sicherungsanspruchs, wenn der Architekt den Planervertrag berechtigt gekündigt hat, siehe bereits KG, Beschl. v. 05.01.2021 – 27 W 1054/20.

160 Siehe BT-Drucks. 18/8486, S. 68.

97 Der **personelle Anwendungsbereich** des früheren § 648a BGB a.F. (»*Unternehmer eines Bauwerks, einer Außenanlage oder eines Teils davon*«) ist wegen § 650a BGB (»*eines Bauwerks, einer Außenanlage oder eines Teils davon*«) insoweit unverändert identisch mit § 650f BGB. Namentlich der Freianlagenplaner gehört also hier (unverändert) zum Kreis der Anspruchsberechtigten.[161]

98 Unverändert **streitig** dürfte auch hier bleiben, ob die Planungsleistungen bereits zu einer **Wertsteigerung des Grundstücks** beigetragen haben müssen (streitiges Bsp: das sog. projektierte Grundstück) bzw. sich gar bereits »**im Bauwerk verkörpert**« haben müssen (bzw. in der Außenanlage oder in einem Teil davon).[162] Lehnt man eine solche – ungeschriebene – Anspruchsvoraussetzung des § 650f BGB ab, ermöglichen die §§ 650q Abs. 1, 650f BGB es dem Planer, sofort nach Vertragsabschluss den Honoraranspruch abzusichern.[163] Zu einem Wertungswiderspruch führt in diesem Kontext jedoch die parallele Neuregelung des § 650g Abs. 6 Satz 1 Nr. 2 BGB, die nicht mehr generell »den Einfamilienhäuslebauer«, sondern nur noch den Verbraucher-Besteller eines Verbraucherbauvertrags gemäß § 650i BGB bzw. eines Bauträgervertrags nach § 650u BGB privilegiert. Ohne ersichtlichen sachlichen Grund kommt jetzt der Planer in diesen Konstellationen als fast einziger Beteiligter und erstmals in den Genuss, Sicherungsberechtigter zu sein. Diesen Wertungswiderspruch wollen weite Teile der Literatur nicht hinnehmen, sprechen teils von einem Redaktionsversehen[164] und plädieren teils wohl für eine analoge Anwendung des § 650f Abs. 6 Satz 1 Nr. 2 BGB, wenn der Planer vom Verbraucher-Besteller beauftragt wird.[165] Da § 650f Abs. 6 Satz 1 Nr. 2 BGB jedoch seinerseits eine Ausnahmevorschrift darstellt, wird man dessen analoge Anwendung wohl eher ablehnen müssen.[166]

I. Kündigung von Planerverträgen

I. Kündigungsvorschriften (§§ 648, 648a, 643, 650f Abs. 5 BGB)

99 Werkverträge können nach näherer Maßgabe des **§ 648 BGB** durch den Besteller jederzeit **frei** sowie gemäß **§ 648a BGB** von jeder Partei **aus wichtigem Grund gekündigt** werden. Daneben besteht für den Unternehmer gemäß **§ 643 BGB** das Recht, bei **unterlassenen Mitwirkungshandlungen** des Bestellers bereits durch Fristsetzung mit Kündigungsandrohung die Vertragsbeendigung mit Fristablauf zu erreichen. Für Bauverträge gilt darüber hinaus das Sonderkündigungsrecht des **§ 650f Abs. 5** BGB im Falle **nicht vorschriftsgemäß gestellter Bauhandwerkersicherung.**

100 Alle vorgenannten Vorschriften gelten über die Verweisungsnorm des § 650q Abs. 1 BGB entsprechend. Folgende sich hieraus für Planerverträge ergebende **Besonderheiten** seien hervorgehoben:
- Bei freier Kündigung durch den Besteller dürfte der Honoraranspruch des Planers für die kündigungsbedingt nicht mehr zu erbringenden Leistungen die 5 %-Vermutungsregel des § 648 Satz 3 BGB häufig erheblich übersteigen, weil der Hauptkostenblock der Planungsbüros meist in nicht kurzfristig abbaubaren Personalkosten besteht.[167]
- Die **(Erst-)Darlegungslast** hat das OLG Düsseldorf[168] eingehend wie folgt präzisiert: Da der Besteller die Interna des (klagenden) Architekten nicht kenne, treffe den Architekten als Werkunternehmer die Erstdarlegungslast hinsichtlich der Ersparnis und des anderweitigen Erwerbs

161 Vgl. MüKo-BGB/Busche, § 650f Rn. 8.
162 Zum damaligen Streitstand Sprau, in: Palandt, 76. Aufl., § 648a BGB Rn. 6.
163 So auch MüKo-BGB/Busche, § 650f Rn. 8 m.w.N.
164 Vgl. Deckers, ZfBR 2017, 423, 535; dagegen Zimmermann, BauR 2019, 159, 166.
165 Vgl. etwa Kniffka/Retzlaff, BauR 2017, 1747, 1869; Schmitz, in: Kniffka, § 650f Rn. 216; wieder anders Fuchs, in: LPS, § 650q Rn. 53: Planer nur dann nicht sicherungsberechtigt, wenn auf Ausführungsebene tatsächlich ein Fall des § 650i BGB vorliegt (Generalunternehmer beauftragt).
166 Im Ergebnis ebenso Scharfenberg, in: LPS, § 650f Rn. 19, freilich schon einen Wertungswiderspruch verneinend. In der Sache ebenso BGH Urt. v. 16.03.2023 – VII ZR 94/22, BauR 2023, 1243.
167 Zutreffend Rodemann, in: TTW, § 4 Rn. 272 f.
168 Vgl. OLG Düsseldorf, Urt. v. 20.06.2023 – I-21 U 191/22, BauR 2025, 274 Leitsätze 2–4 (rechtskräftig durch BGH Beschl. v. 15.05.2024 – VII ZR 134/23).

i.S.v. § 648 Satz 3 BGB. Da für den Architektenvertrag eine Abrechnung auf Basis einer Urkalkulation bzw. einer Nachkalkulation regelmäßig nicht in Betracht komme, müsse der Architekt im Einzelnen darlegen, wie der voraussichtliche Projektablauf gewesen wäre, wenn er das Objekt vollends zu betreuen gehabt hätte. Er müsse Angaben dazu machen, wie lange sein Büro mit welchen Leistungen bei dem Projekt befasst gewesen wäre sowie zur Ersparnis vortragen mit Differenzierungen zwischen (regelmäßig nicht ersparten) allgemeinen und (regelmäßig ersparten) projektbezogenen Sachkosten sowie zu Personalkosten, bei denen – je nach Art des Büros und je nach Art der Mitarbeiter (angestellte/freie Mitarbeiter/selbstständige Subplaner) bzw. nach Art der Beauftragung (vollständig bzw. stufenweise) – zu differenzieren sei. Beim sog. **anderweitigen Erwerb** seien nur solche Aufträge (sog. »Füllaufträge«) erheblich, die während der voraussichtlichen Projektlaufzeit des gekündigten Objekts entgegengenommen wurden und gleichzeitig mit dem gekündigten Auftrag bei gleicher Besetzung des Büros nicht hätten bearbeitet werden können.

- Bei der Prüfung der Zumutbarkeit der weiteren Zusammenarbeit im Rahmen von § 648a Abs. 1 Satz 2 BGB wird regelmäßig zu berücksichtigen sein, dass der Besteller dem Planer als seinem Sachwalter[169] ein erhebliches Vertrauen in dessen Vertragstreue entgegengebracht hat.

Eine nur für Planerverträge geltende Spezialregelung bildet das Sonderkündigungsrecht der Parteien nach Abschluss der sog. Zielfindungsphase gemäß § 650r BGB. Dazu ausführlich bei § 650r Rdn. 9 ff. und Rdn. 35 ff. 101

II. Schriftform der Kündigung (§ 650h BGB)

Abweichend von den allgemeinen Vorschriften für Werkverträge verlangt **§ 650h BGB** für die Kündigung von Bauverträgen nunmehr stets die Einhaltung der **Schriftform.** Weil § 650q BGB auch auf § 650h BGB verweist, **können damit auch Architekten- und Ingenieurverträge künftig nur noch schriftlich wirksam gekündigt** werden.[170] Die Schriftform ist hierbei Wirksamkeitserfordernis der Kündigung und soll auch bei Architekten- und Ingenieurverträgen der Rechtssicherheit, der Beweissicherung und dem Übereilungsschutz dienen.[171] Aufgrund des »Vertragsbeendigungsautomatismus« des § 643 BGB einerseits und den auch hier einschlägigen Schutzzwecken des § 650h BGB andererseits wird analog §§ 650q Abs. 1, 650h BGB bereits für die Fristsetzung mit Kündigungsandrohung gemäß § 643 BGB die Schriftform zu verlangen sein.[172] Über den Verweis des § 650q Abs. 1 BGB auf § 650h BGB bedürfen auch etwaige Kündigungen nach § 650r BGB am Ende der Zielfindungsphase der Schriftform. 102

Fehlt es an der erforderlichen Schriftform, bleibt eine Kündigung von Planerverträgen aus wichtigem Grund auch nicht als freie Kündigung wirksam, denn auch diese wäre nur in Schriftform wirksam (§§ 650r, 648, 650h BGB)[173]. Aus dem sich im Anschluss an eine (unwirksame) Kündigung ergebenden wechselseitigen Parteiverhalten (»Auseinandergehen«) werden sich jedoch häufig Anhaltspunkte für eine immer konkludent mögliche einvernehmliche stillschweigende Vertragsbeendigung finden lassen.[174] Im Wege der ergänzenden Vertragsauslegung (§§ 133, 157 BGB) bestimmen sich dann die Rechtsfolgen in der Regel danach, ob tatsächlich ein wichtiger Kündigungsgrund vorlag oder nicht und ggf. aus wessen »Sphäre« dieser stammte.[175] 103

169 Sie dazu etwa Hebel, in: TTW, § 15 Rn. 1.
170 Zustimmend BeckOK BGB/Hau/Poseck, § 650q Rn. 9.
171 Vgl. zum Formzweck BT-Drucks. 18/8486, S. 68.
172 Ebenso Sonntag bei § 650h Rdn. 20.
173 Siehe die Kommentierung zu § 650r Rdn. 21, 45.
174 Auch Zahn, in: Kniffka, § 650q Rn. 69.
175 Weitere Einzelheiten bei Sonntag, Kommentierung zu § 648a Rdn. 83 ff.

J. Sonstige Vorschriften aus dem allgemeinen Werkvertragsrecht, §§ 642 ff. BGB

104 Infolge des Verweises in § 650q Abs. 1 BGB auf die Vorschriften des Kapitels 1 des Untertitels 1 sind auch die §§ 642 ff. BGB auf Planerverträge entsprechend anwendbar, wobei hierzu in den §§ 650p ff. BGB nichts Gegenteiliges geregelt ist.

105 Dies betrifft insbesondere die **sehr praxisrelevanten Ansprüche des Unternehmers gemäß §§ 642, 643 BGB**, wenn der Planer in der Erbringung seiner Leistungen durch unterlassene Mitwirkungshandlungen des Bestellers (z.B. fehlende Entscheidungen, Bemusterungen, Freigaben, verzögerte Beauftragung von Sonderfachleuten usw.) gehindert ist. Durch das Neue Bauvertragsrecht ergeben sich insoweit **keine inhaltlichen Änderungen für Planerverträge**, sieht man von dem oben Rdn. 102 vertretenen Schriftformerfordernis für die Kündigungsandrohung gemäß § 643 BGB ab.

§ 650r Sonderkündigungsrecht

(1) Nach Vorlage von Unterlangen gemäß § 650p Absatz 2 kann der Besteller den Vertrag kündigen. Das Kündigungsrecht erlischt zwei Wochen nach Vorlage der Unterlagen, bei einem Verbraucher jedoch nur dann, wenn der Unternehmer ihn bei der Vorlage der Unterlagen in Textform über das Kündigungsrecht, die Frist, in der es ausgeübt werden kann, und die Rechtsfolgen der Kündigung unterrichtet hat.

(2) Der Unternehmer kann dem Besteller eine angemessene Frist für die Zustimmung nach § 650p Absatz 2 Satz 2 setzen. Er kann den Vertrag kündigen, wenn der Besteller die Zustimmung verweigert oder innerhalb der Frist nach Satz 1 keine Erklärung zu den Unterlagen abgibt.

(3) Wird der Vertrag nach Absatz 1 oder 2 gekündigt, ist der Unternehmer nur berechtigt, die Vergütung zu verlangen, die auf die bis zur Kündigung erbrachten Leistungen entfällt.

Übersicht

A. Überblick und systematische Einordnung

1 Die Vorschrift des § 650r BGB gewährt dem Besteller und unter bestimmten Umständen auch dem Planer bei einem Architekten- oder Ingenieurvertrag, bei dem die Planungs- und Überwachungsziele bei Vertragsabschluss noch nicht nach näherer Maßgabe des § 650p Abs. 2 BGB hinreichend festgelegt worden sind, ein besonderes Kündigungsrecht. § 650r BGB steht damit in **unmittelbarem systematischen Zusammenhang zu § 650p Abs. 2 BGB.** Ohne die Regelung des § 650r BGB bliebe der Planervertrag nach erfolgter Vorlage der Planungsgrundlage nebst Kosteneinschätzung gemäß § 650p Abs. 2 Satz 2 BGB gleichsam in der Schwebe: Erst § 650r BGB regelt das sich anschließende weitere (mögliche) Prozedere mit den sich anschließenden Kündigungsmöglichkeiten. Rechtssystematisch hätten die Regelungen des § 650r BGB auch als Sätze 3 ff. an § 650p Abs. 2 Satz 2 BGB angehängt werden können. Im Referentenentwurf bildete – umgekehrt – § 650p Abs. 2 Satz 2

BGB noch den ersten Satz des heutigen § 650r BGB.[1] Sachlich-inhaltliche Änderungen gegenüber dem Referentenentwurf sind an dieser Stelle im Regierungsentwurf nicht erfolgt.

Das **Kernproblem für die Praxis** wird damit gerade in der **drohenden fehlerhaften Anwendung** des § 650r BGB wegen des **unklaren Endes der Zielfindungsphase** liegen (dazu eingehend § 650p Rdn. 79 ff. sowie unten Rdn. 11; zum »konkludenten Abbedingen« der Zielfindungsphase unten Rdn. 15). Spricht der Planer (vermeintlich) gestützt auf § 650r Abs. 2 BGB eine Kündigung aus, obwohl dessen Voraussetzungen in Wahrheit nicht vorliegen, begeht er eine schwerwiegende Vertragsverletzung, die ihrerseits den Besteller zu Kündigung aus wichtigem Grund berechtigen kann.[2] 2

Das **bestellerseitige Kündigungsrecht des § 650r Abs. 1 BGB** soll nach der regierungsamtlichen Begründung insbesondere Verbraucher vor den Rechtsfolgen eines häufig übereilt abgeschlossenen umfassenden Architektenvertrags schützen, der alle neun Leistungsphasen des § 3 HOAI beinhaltet.[3] Dieses Anliegen des Gesetzgebers ist, beobachtet man die Vertragspraxis, im Grundsatz durchaus legitim.[4] Eine zwingende Notwendigkeit hätte hierzu indes auch bei **Verbraucherverträgen** nicht bestanden. Denn richtigerweise hat der Planer gerade den nicht fachkundigen Verbraucher schon bei Vertragsschluss nach Treu und Glauben (§ 242 BGB) über die Risiken eines Vollauftrags (Abschluss trotz nicht gesicherter Genehmigungsfähigkeit/ohne gesicherte Finanzierung usw.) und z.B. die **Möglichkeit eines sog. Stufenauftrags** aufzuklären.[5] Verletzt der Planer diese **vorvertragliche Aufklärungspflicht**, hat der Besteller nach allgemeinen schadensrechtlichen Grundsätzen einen Rechtsanspruch so zu stehen, wie er bei ordnungsgemäßer Beratung gestanden hätte (§§ 280 Abs. 1, 249 Abs. 1 BGB). Dies begründet dann im Zweifelsfalle ein Sonderkündigungsrecht des Bestellers aus wichtigem Grund (§§ 650q Abs. 1, 648a Abs. 1 BGB) bezüglich der (noch) nicht erforderlichen Leistungen, mit der Folge, dass diese gekündigten Leistungen dann auch nicht zu vergüten sind (§§ 650q Abs. 1, 648a Abs. 5 BGB). 3

Gerade vor diesem Hintergrund ist demgegenüber besonders kritisch zu sehen, dass sich das Sonderkündigungsrecht des § 650r Abs. 1 BGB auch auf Verträge zwischen Unternehmern (**B2B-Verträge**) erstreckt. Die regierungsamtliche Begründung hierfür lautet: »*Dass in der Praxis ein Bedürfnis zur vorzeitigen Lösung vom Vertrag auch im B2B-Bereich besteht, zeigt sich daran, dass im Unternehmerbereich häufig »gestufte« Verträge abgeschlossen werden, die beiden Vertragspartnern diese Lösungsmöglichkeiten eröffnen.*«[6] Diese Aussage belegt jedoch gerade umgekehrt, dass ein bestellerseitiges Sonderkündigungsrecht im B2B-Bereich entbehrlich gewesen wäre.[7] 4

Was das neu eingeführte **Sonderkündigungsrecht des Planers in § 650r Abs. 2 BGB** anbetrifft, wollte der Gesetzgeber ein gleichsam freies Kündigungsrecht ausdrücklich vermeiden: 5

> *»Die Einführung eines* ***Kündigungsrechts des Unternehmers ohne rechtfertigende Gründe*** *erscheint dagegen* ***nicht gerechtfertigt****. Der Besteller muss sich grundsätzlich auf die Erfüllung des Vertrags verlassen können. Muss er den Architekten oder Ingenieur auswechseln, ist dies für den Besteller mit erheblichen Mehrkosten verbunden. Zudem dürfte es für ihn in der Regel auch schwierig sein, kurzfristig einen anderen Fachplaner zu finden, der das Bauprojekt zu Ende führt.«*[8] 6

Dies muss **Rückwirkungen für Inhalt und Ende der sog. Zielfindungsphase des § 650p Abs. 2 BGB** haben und die Frage, was dort vom Planer zu leisten ist und was nicht: Müsste der Planer in dieser Phase schon echte gestalterisch-kreative Planungsleistungen erbringen, würde ihm – entgegen 7

---

1 Siehe § 650q RefE.
2 Siehe etwa BGH, Urt. v. 04.07.1996 – VII ZR 227/93, BauR 1996, 846, 847.
3 Vgl. BT-Drucks. 18/8486, S. 69.
4 So auch Kniffka, BauR 2017, 1846, 1870.
5 Dazu eingehend Fuchs, in: LPS, § 650r Rn. 13; ebenso Kniffka, BauR 2015, 883, 893.
6 BT-Drucks. 18/8486, S. 69.
7 Ebenso Fuchs, NZBau 2015, 675, 680; Kniffka, BauR 2017, 1846, 1871; Motzke, NZBau 2017, 251, 254.
8 BT-Drucks. 18/8486, S. 69.

dieser regierungsamtlichen Begründung – *de facto* ein eigenes freies Kündigungsrecht zustehen. Denn er könnte dem Besteller ausschließlich gestalterisch nicht zusagende »Entwürfe« vorlegen, auf diese Weise die Zustimmungsverweigerung des Bestellers provozieren, um dann selbst den Vertrag »frei« kündigen zu können. Gegenstand der zur Ermittlung der Planungs- und Überwachungsziele zu erstellenden Planungsgrundlage können daher in der Zielfindungsphase keine eigenen ästhetisch-gestalterischen Vorschläge des Planers sein, sondern nur vom Planer ermittelte/abgefragte gestalterische Vorgaben bzw. Wünsche des Bestellers.[9]

8 **Rechtsdogmatisch** verdeutlicht (auch)[10] § 650r BGB durch das Kündigungserfordernis, dass auch dann, wenn zunächst die sog. Zielfindungsphase gemäß § 650p Abs. 2 BGB durchlaufen werden muss, keine zwei Planerverträge (kein »Separationsmodell«) vorliegen, sondern **ein einheitlicher Planervertrag.**[11] Dieser eine Planervertrag ist ergänzt um die kraft Gesetzes angeordnete zusätzliche Leistungspflicht, zunächst eine Planungsgrundlage (nebst Kosteneinschätzung) zur Ermittlung der noch nicht ausreichend definierten Planungs- und Überwachungsziele zu erstellen.

B. Sonderkündigungsrecht des Bestellers (Abs. 1)

9 Abs. 1 regelt, dass der Besteller den Vertrag nach Vorlage der Unterlagen nach § 650p Abs. 2 BGB kündigen kann (dazu Rdn. 10 ff.). Das Kündigungsrecht erlischt nach Abs. 1 Satz 2 innerhalb von zwei Wochen (dazu Rdn. 23 ff.). Zum Schutz des Verbrauchers enthält Abs. 1 Satz 2 eine besondere Belehrungspflicht (dazu Rdn. 31 ff.).

I. »Nach Vorlage von Unterlagen gemäß § 650p Absatz 2«

10 Nach Abs. 1 kann der Besteller den geschlossenen Planvertrag »nach Vorlage von Unterlagen gemäß § 650p Absatz 2« kündigen. **Eines wichtigen oder sachlichen Kündigungsgrundes bedarf es nicht.**[12] Der Besteller kann diesen Unterlagen sogar innerlich zustimmen und gleichwohl (ohne Grund oder aus völlig anderen Gründen) den Planervertrag kündigen, ohne sich dem Risiko der nachteiligen Rechtsfolgen des § 648 BGB ausgesetzt zu sehen. Dies verdeutlicht zum einen, dass § 650r Abs. 2 BGB eine gravierende, weit über § 648 BGB hinausgehende, Abweichung vom Grundsatz »*pacta sunt servanda*« darstellt. Denn der bereits geschlossene Planervertrag kann für seine Wirksamkeit hinreichend bestimmt sein und gleichwohl die Anforderungen des § 650p Abs. 2 BGB noch nicht vollständig erfüllen.[13] Zum anderen zeigt dies, dass der Planer **keinen Rechtsanspruch auf »Zustimmung«** zur erstellten Planungsgrundlage gegen den Besteller hat.[14] Die »Zustimmung« ist keine (einklagbare) Rechtspflicht des Bestellers; es besteht insoweit lediglich eine (rechtzeitige) »Erklärungsobliegenheit«, wie sich aus § 650r Abs. 2 Satz 2 BGB ergibt. In der Praxis besteht die Sorge, die Auftraggeber könnten dieses Sonderkündigungsrecht als Druckmittel verwenden können, um günstigere Konditionen zu erwirken.[15] Der BGH hat überzeugend klargestellt, dass dieses Sonderkündigungsrecht in zeitlicher Hinsicht aber tatsächlich erst **nach** Vorlage der Unterlagen gemäß § 650p Abs. 2 BGB besteht und nicht schon während der sog. Zielfindungsphase.[16]

---

9 Siehe ausführlich die Kommentierung zu § 650p Rdn. 110 ff.

10 Auch § 650p Abs. 2 BGB spricht nicht von einem weiteren Vertrag, sondern begründet kraft Gesetzes für den einen Planervertrag nur eine zusätzliche Leistungspflicht.

11 Siehe Dammert, BauR 2017, 421, 425; Kniffka BauR 2017, 1846, 1856 spricht etwa von einem zweistufigen Vertragsmodell bestehend aus einer planungsbezogenen Konzeptionsphase und einer nachfolgenden planungsbezogenen Abwicklungsphase getrennt durch die Kündigungsmöglichkeit.

12 Ebenso Fuchs, NZBau 2015, 675, 681; Kniffka BauR 2017, 1846, 1870; Motzke, NZBau 2017, 251, 256.

13 Siehe die Kommentierung zu § 650p Rdn. 68 ff.

14 Wie hier Motzke, NZBau 2017, 251, 256.

15 So Pause, BauR 2018, 15, 16.

16 Vgl. BGH, Urt. v. 17.11.2022 – VII ZR 862/21, BauR 2023, 260, 263.; ebenso OLG Düsseldorf, Beschl. v. 07.11.2023 – I-22 U 153/23, BauR 2024, 827.

Bei diesen **vorzulegenden Unterlagen** handelt es sich um die **Planungsgrundlage** sowie die **Kosteneinschätzung** gemäß § 650p Abs. 2 BGB. Was hierzu an sich nach Art, Umfang und Tiefe erforderlich ist, ist ausführlich bei § 650p Rdn. 79 ff., 101 ff. diskutiert und erörtert. Zusammengefasst sind diese Unterlagen danach **mangelfrei erbracht, wenn** 11

(1) alle Vorgaben des Bestellers an das zu planende Objekt abgefragt, nötigenfalls ermittelt und systematisch zusammengestellt sind,
(2) einschließlich etwaiger gerade von *diesem* Besteller als wesentlich erachtete Vorgaben,
(3) bereits jetzt ersichtliche Zielkonflikte geklärt oder nach Aufklärung noch bewusst offen gelassen sind,
(4) was insbesondere einen etwaigen Zielkonflikt zwischen abzufragenden Budgetvorgaben des Bestellers und vom Planer erstellter Kosteneinschätzung umfasst,
(5) und wenn eine Kosteneinschätzung vorgelegt ist, die sich im Rahmen zulässiger Ungenauigkeitstoleranzen auf Basis einer zutreffenden Auswertung aller bestellerseitig gemachten Vorgaben bewegt.

Die »Vorlage der Unterlagen gemäß § 650p Absatz 2« bedeutet dann, dass 12
(1) die Planungsgrundlage
(2) und die Kosteneinschätzung
(3) und auch die Aufforderung zur Zustimmung

dem Besteller zugegangen sein muss. Zum Schutze des Bestellers verlangt die Rechtsprechung zu Recht, dass der Werkunternehmer kenntlich machen müsse, dass er die Zielfindungsphase abschließen will. Er müsse mit der Vorlage der Unterlagen deutlich machen, dass er zu diesem Zeitpunkt seine Leistungen aus der Zielfindungsphase für fertig gestellt hält und die Zustimmung des Bestellers zu den Unterlagen erwartet.[17]

Dass der Besteller auch zur Zustimmung aufgefordert sein muss, ergibt sich bereits aus § 650p Abs. 2 Satz 2 BGB (»*legt dem Besteller … zur Zustimmung vor*«), auf den § 650r Abs. 1 Satz 1 BGB insgesamt verweist, und entspricht überdies Sinn und Zweck des Weiteren in § 650r Abs. 1 und 2 BGB geregelten Prozederes. Die Annahme eines bloß konkludenten Zustimmungsverlangens wird sich hierbei auch im B2B-Verkehr in der Regel verbieten. Denn bereits ab hier (und nicht erst ab einer Nachfristsetzung) läuft die Zwei-Wochen-Frist des § 650r Abs. 1 Satz 2 BGB bis zum Erlöschen des bestellerseitigen Kündigungsrechts. Überdies stehen Planer und Besteller bei Erstellung von Planungsgrundlage und Kosteneinschätzung in der Regel in fortlaufendem Abstimmungskontakt, so dass auch deshalb der Planer im Sinne einer **Zäsur** ganz deutlich machen muss, dass er die notwendigen Unterlagen gemäß § 650p Abs. 2 BGB **jetzt** für abschließend und »zustimmungsfähig« erstellt hält.[18] Von dieser Frage eines »konkludenten Zustimmungsverlangens« (und einer ggfs. konkludenten Zustimmung) ist sorgfältig die (mutmaßlich nicht seltene) Fallkonstellation zu unterscheiden, dass die Parteien die §§ 650p Abs. 2, 650r BGB in der Praxis schlicht nicht »leben«, ein an sich gebotenes Durchlaufen der Zielfindungsphase gleichsam faktisch ignorieren (vgl. Rdn. 15). Bei Verbraucherverträgen scheidet ein konkludentes Zustimmungsverlangen ohnehin wegen der hier bestehenden Belehrungspflicht (unten Rdn. 31) aus. 13

Der Planer kann das Kündigungsrecht des Bestellers nicht dadurch unterlaufen, dass er die **Planungsgrundlage nebst Kosteneinschätzung nicht erstellt oder dem Besteller nicht vorlegt.** Der Besteller ist dann nicht schutzlos gestellt, sondern kann den Vertrag aus wichtigem Grund kündigen, wenn er dem Planer fruchtlos eine Nachfrist zur Vorlage der Planungsgrundlage gesetzt hat. 14

In der Praxis wird es aber nicht selten vorkommen (sogar den häufigsten Fall darstellen?),[19] dass beide Vertragsparteien ein eigentlich gebotenes Durchlaufen der Zielfindungsphase gleichsam igno- 15

---

17 Vgl. OLG Düsseldorf, Urt. v. 20.02.2025 – I-5 102/23, BauR 2025, 1410, 1421.
18 Ähnlich auch Kniffka, BauR 2017, 1846, 1872.
19 Vgl. hierzu pointiert Werner, BauR 2018, 1949: »§ 650p Abs. 2 BGB – Eine Vorschrift ohne Bedeutung für die Praxis?«.

rieren, sei es in der irrigen Annahme, die wesentlichen Planungs- und Überwachungsziele seien bereits in ihrem Planervertrag festgelegt, sei es bewusst, sei es in grundsätzlicher Unkenntnis dieser gesetzlichen Regelungen. Weder Besteller noch Planer denken an eine etwaige Zielfindungsphase, sondern leben den (lückenhaften) Planervertrag *as usual*, wie häufig unter der früheren Rechtslage: Es wird »einfach« mit den Leistungsphasen 1 ff. begonnen, etwaige wesentliche bestellerseitige Vorgaben an die Planung werden idealerweise schon jetzt, vielleicht aber auch erst viel später im Planungsprozess, »wenn es auffällt«, noch nachabgefragt. Weder verlangt der Besteller »systemgerecht« zunächst das Durchlaufen der Zielfindungsphase, noch fertigt der Planer spezifische Planungsgrundlagen nebst Kosteneinschätzungen an, noch wird förmlich um Zustimmung des Bestellers gebeten, geschweige denn diese vom Besteller förmlich erteilt oder versagt. In allen diesen Fällen wird im Laufe der Abwicklung des Planervertrags gleichwohl irgendwann faktisch der Status erreicht sein, dass die wesentlichen Planungs- und Überwachungsziele jedenfalls jetzt festgelegt sind (z.B. denkbar bei Freigabe der Ergebnisse der LPH 2 durch den Besteller). »Endet« dann »konkludent« die Zielfindungsphase und erlöschen damit »unterwegs« stillschweigend die Sonderkündigungsrechte?

16 Da diese Fallkonstellationen gerade nicht bewusst und systematisch mit formularmäßigen Klauseln herbeigeführt bzw. angegangen werden, sondern schlicht »faktisch gelebt« werden, müssen und können jedenfalls die allermeisten Konstellationen durch Auslegung dieses »individuellen« Parteiverhaltens gelöst werden. Entscheidend ist hierbei die Erkenntnis, dass zum einen die gesetzlichen Regelungen zu Zielfindungsphase und Sonderkündigungsrechten individualvertraglich und formfrei und somit auch konkludent ausgeschlossen werden können,[20] und dass zum anderen wesentliche Planungs- und Überwachungsziele auch nachträglich konkludent vereinbart werden können bzw. dass nachträglich konkludent Konsens hergestellt werden kann, dass »dies jetzt die Vorgaben« sein sollen. Eine solche konkludente Abbedingung der Zielfindungsphase mit ihren Sonderkündigungsrechten kann sogar bereits darin liegen, dass der Architekt mit Wissen und Wollen des Bestellers »mit der eigentlichen Planung«, d.h. – in den Kategorien der HOAI gesprochen – mit der Grundleistung c) der Leistungsphase 2 (»Erarbeiten der Vorplanung«) beginnt, wenn das Verhalten der Parteien vom objektiven Empfängerhorizont gemäß §§ 133, 157 BGB auf ein entsprechendes Erklärungsbewusstsein schließen lässt.[21] Und in den hier angesprochenen Fällen, dass die §§ 650p Abs. 2, 650r BGB schlechterdings nicht gelebt werden, dürfte eine konkludente nachträgliche Einigung auf die wesentlichen Planungs- und Überwachungsziele häufig jedenfalls mit der Freigabe einer Vorplanungsvariante und dementsprechend Beginn der Leistungsphase 3 erfolgt sein, allerspätestens mit der Unterschrift des Bestellers unter die Bauantragsunterlagen. Bei Verträgen mit einem Verbraucher scheitert die Annahme solcher »konkludenter« Einigungen/Abbedingungen hingegen regelmäßig an dem Schutzzweck des § 650r Abs. 1 Satz 2 Hs. 2 BGB (dazu unten Rdn. 33 f.).

17 Erfüllen die vom Planer **vorgelegten Unterlagen** in der Sache die o.g. Anforderungen nicht, sind sie also **mangelhaft** (z.B. noch lückenhaft), ist fraglich, welche **Auswirkungen** dies hat. Hierbei wird zu differenzieren sein:

18 Mangelhafte Unterlagen nach § 650p Abs. 2 BGB können richtigerweise **nicht die Zwei-Wochen-Frist des § 650r Abs. 1 Satz 2 BGB** für das Erlöschen des bestellerseitigen Kündigungsrechts auslösen.[22] Denn der Besteller würde andernfalls seines Sonderkündigungsrechtes beraubt, obwohl es objektiv und unverändert an einer ausreichenden Planungsgrundlage zur Vereinbarung der wesentlichen Planungsziele fehlt. Wohingegen der Planer den Besteller zur Fortsetzung eines solchen Vertrags ohne hinreichend definierte Leistungsziele zwingen könnte, indem er seinerseits von einer Fristsetzung zur Zustimmung nach § 650r Abs. 2 BGB absieht. Dem Besteller bliebe dann nur der Weg über § 648 BGB, was mit der Neuregelung ja gerade nicht gewollt ist.

20 Dazu Rdn. 49 und Fuchs, in: LPS, § 650p Rn. 232c.
21 Ebenso Fuchs, in: LPS, § 650p Rn. 232c.
22 So auch Rodemann/Schwenker, ZfBR 2017, 731, 735.

Solange die vorgelegten Unterlagen mangelhaft sind, hat der Planer seine Leistungspflicht gemäß § 650p Abs. 2 BGB nicht erfüllt, so dass der Besteller **berechtigt** sein muss, vom Planer **unverändert Erfüllung zu verlangen.** Auch dies spricht gegen ein vorzeitiges Erlöschen des bestellerseitigen Kündigungsrechtes nach § 650r Abs. 1 Satz 2 BGB. Eine andere Frage ist, ob der Besteller vor Ausübung seines Kündigungsrechtes gemäß § 650r Abs. 1 BGB in diesen Fällen mangelhafter Unterlagen dem Planer **zunächst Gelegenheit zur »Nachbesserung« geben muss.** Dies wird er im eigenen Interesse regelmäßig tun. Verpflichtet ist er hierzu jedoch nur ganz ausnahmsweise[23] aufgrund besonderer Umstände des Einzelfalls nach Treu und Glauben (§ 242 BGB) bzw. bei entsprechender vertraglicher Vereinbarung.[24] **§ 314 Abs. 2 BGB** ist hier nicht, **auch nicht analog, anwendbar.** Denn selbst im Falle einer mangelfreien Planungsgrundlage, der der Besteller innerlich sogar zustimmt, könnte er ohne weiteres und wirksam nach § 650r Abs. 1 Satz 1 BGB kündigen. 19

Der Planer seinerseits wird aus einer verweigerten bzw. fehlenden Zustimmung zu *mangelhaften* Unterlagen **kein Kündigungsrecht aus 650r Abs. 2 BGB** herleiten können (dazu näher Rdn. 36 f.). 20

II. Schriftform der Kündigung

Die Kündigung des Bestellers nach § 650r Abs. 1 Satz 1 BGB bedarf zu ihrer Wirksamkeit der Schriftform. Dies folgt (etwas umständlich) aus **§§ 650q Abs. 1, 650h BGB.**[25] 21

Fehlt es an der erforderlichen Form, ist eine Sonderkündigung nach § 650r BGB auch nicht als freie Kündigung wirksam, denn auch diese wäre bei Planerverträgen nur in Schriftform wirksam (§§ 650r, 648, 650h BGB)[26]. Aus dem sich im Anschluss an eine (unwirksame) Kündigung ergebenden wechselseitigen Parteiverhalten (»Auseinandergehen«) werden sich jedoch häufig Anhaltspunkte für eine immer konkludent mögliche einvernehmliche stillschweigende Vertragsbeendigung finden lassen.[27] Im Wege der ergänzenden Vertragsauslegung (§§ 133, 157 BGB) ergibt sich dann bei materiellem Vorliegen eines Sonderkündigungsrechtes gemäß § 650r Abs. 1, 2 BGB in der Regel die (identische) Rechtsfolge wie bei einer unmittelbaren Geltung des § 650r Abs. 3 BGB. 22

III. Erlöschen des Kündigungsrecht

1. Prüf- und Entscheidungsfrist von »zwei Wochen nach Vorlage der Unterlagen«

Gemäß Abs. 1 Satz 1 erlischt das Kündigungsrecht – vorbehaltlich einer bei Verbrauchern erforderlichen Belehrung (siehe unten Rdn. 31) – zwei Wochen nach Vorlage der Unterlagen. Spätestens zwei Wochen nach Zugang dieser Unterlagen beim Besteller muss damit dessen **Kündigung – auch schriftformgerecht**[28] **– dem Planer zugegangen** sein. 23

Diese **starre** Prüf- und Entscheidungsfrist gilt für die Prüfung einer Planungsgrundlage (nebst Kosteneinschätzung) für ein Einfamilienhaus gleichermaßen wie für den Neubau eines Flughafens. Sie ist selbst im Wohnungsneubau **oftmals viel zu kurz**, da auf dieser Basis z.B. Finanzierungsfragen gelöst werden müssen, ggf. das zu beplanende Grundstück gekauft wird, usw.[29] Selbst die vom 4. Deutschen Baugerichtstag vorgeschlagene Frist von »*drei/vier Wochen*«[30] wird zu Recht noch als zu kurz angesehen.[31] 24

---

23 Kniffka, BauR 2017, 1846, 1872 lehnt eine derartige Verpflichtung gänzlich ab.
24 A.A. Fuchs, in: LPS, § 650r Rn. 22.
25 Siehe die Kommentierung zu § 650q Rdn. 102, zustimmend Fuchs, in: LPS, § 650r Rn. 25.
26 Siehe die Kommentierung zu § 650q Rdn. 103.
27 Weitere Einzelheiten bei Sonntag, Kommentierung zu 648a Rn. 88 ff.
28 Vgl. etwa Ellenberger, in: Grüneberg, BGB, § 126 Rn. 12 und Berger, in: FBS, § 7 HOAI 2013 Rn. 59, jeweils m.w.N.; § 127 Abs. 2 BGB gilt nur bei gewillkürter Schriftform.
29 Zustimmend Zahn, in: Kniffka, § 650r Rn. 7.
30 BauR 2012, 1496, 1510.
31 Zutreffend Fuchs, NZBau 2015, 675, 681.

25 Dem Besteller ist daher dringend anzuraten, diese Frist im Planervertrag zu verlängern,[32] was auch AGB-rechtlich ohne unangemessene Benachteiligung des Planers auf mindestens 3 Monate zulässig sein dürfte.

26 Nach hier vertretener Auffassung wird der Fristlauf freilich nur im Falle einer grundsätzlich mangelfreien Planungsgrundlage nebst Kosteneinschätzung ausgelöst (oben Rdn. 18) und wenn die Unterlagenübersendung auch mit einer Zustimmungsaufforderung versehen ist (oben Rdn. 13).

2. Rechtsfolge bei Ausbleiben einer fristgerechten bestellerseitigen Kündigung

27 Kündigt der Besteller fristgerecht, richten sich die Rechtsfolgen nach Abs. 3 (dazu Rdn. 47 ff.).

28 Kündigt der Besteller nicht binnen der Zwei-Wochen-Frist, dann **erlischt sein gesetzliches Sonderkündigungsrecht nach Abs. 1 Satz 2.** Das gleiche gilt, wenn der Besteller den Planer binnen dieser Frist *zu Unrecht* (nämlich trotz objektiv mangelfreier Unterlagen) nur zur »Nachbesserung« aufgefordert hat. Eine verspätet ausgesprochene Kündigung des Bestellers ist in diesen Fällen – Schriftform vorausgesetzt – im Zweifel umzudeuten in eine freie Kündigung nach § 648 BGB mit den dortigen Rechtsfolgen.[33] Legt der Planer die (ggfs. überarbeitete) Planungsgrundlage dem Besteller **erneut zur Zustimmung** vor, so dürfte das **Kündigungsrecht** nach Sinn und Zweck der Vorschrift **wieder aufleben.**

29 Das bloße Erlöschen des gesetzlichen Sonderkündigungsrechts des Bestellers nach Abs. 1 Satz 2 – hat hingegen **nicht zur Folge, dass die Planungsgrundlage** mit Erlöschen des Sonderkündigungsrechtes **nunmehr automatisch als leistungszielbestimmend** gälte.[34] Eine solch gravierende, über das gesetzlich angeordnete Erlöschen des Sonderkündigungsrechts hinausgehende Rechtsfolge hätte ausdrücklich geregelt werden müssen. Auch nach dem Erlöschen seines Sonderkündigungsrechts bedarf es vielmehr (unverändert) der Zustimmung des Bestellers zur Planungsgrundlage, also der positiven Entscheidung, dass das Planungs- und Überwachungsziel in einem zu planenden Bauwerk entsprechend den sich aus der Planungsgrundlage ergebenden Anforderungen liegen soll (siehe näher § 650p Rdn. 123 f.). Dies verdeutlicht nicht zuletzt § 650r Abs. 2 BGB: Diese Vorschrift, die in der Praxis zeitlich zumeist erst *nach* Erlöschen des bestellerseitigen Sonderkündigungsrechts relevant werden dürfte, beinhaltet ja *expressis verbis* die unveränderte Möglichkeit des Bestellers, der Planungsgrundlage seine Zustimmung zu verweigern.

30 Ist die Planungsgrundlage nebst Kosteneinschätzung »zustimmungsfähig« (siehe dazu unten Rdn. 11), kann der Planer dem Besteller mithin eine Frist zur Zustimmung nach Abs. 2 setzen, was ihm im Falle des fruchtlosen Fristablaufs seinerseits das Recht zur Kündigung auch dann noch ermöglicht, wenn das Kündigungsrecht des Bestellers bereits erloschen ist. Der Planer kann aber auch von einer Kündigung absehen und den Vertrag fortsetzen. Dies gilt selbst dann, wenn der Besteller seine Zustimmung verweigert hat. Insbesondere ist die bloße Verweigerung der geforderten Zustimmung *zur Planungsgrundlage* (inkl. Kosteneinschätzung) auch nach Erlöschen des bestellerseitigen Sonderkündigungsrechts nach Abs. 1 regelmäßig **nicht** automatisch als freie bestellerseitige Kündigung (§ 648 BGB) *des Vertrages* auszulegen. Die noch ausstehende notwendige Einigung auf die wesentlichen Planungs- und Überwachungsziel muss dann – und sei es konkludent – im weiteren Planungsverlauf erfolgen. § 650r BGB ist dann jedoch für beide Seiten gleichsam »verbraucht«.

---

32 Zustimmend Zahn, in: Kniffka, § 650r Rn. 7.

33 Siehe BGH, Urt. v. 24.07.2003 – VII ZR 218/02, BauR 2003, 1889.

34 So erklärt Kniffka BauR 2017, 1846, 1872, dass der Ablauf der Zweiwochenfrist keine Fiktion des Einverständnisses des Bestellers mit der Planungsgrundlage zur Folge habe.

3. Belehrungspflicht bei Verbraucherverträgen

31 Zum Schutz des Verbrauchers ist der Planer nach der regierungsamtlichen Begründung verpflichtet, den Verbraucher
(1) »*über das besondere Kündigungsrecht,*
(2) *die Frist, in der dieses ausgeübt werden kann,*
(3) *und die Rechtsfolgen dieser Kündigung im Gegensatz zu denen des allgemeinen Kündigungsrechts*«[35]

zu unterrichten. Zum ordnungsgemäßen **Belehrungsinhalt** gehört danach jedenfalls auch, dass der Verbraucher über die Abweichung seines Sonderkündigungsrechts in den Rechtsfolgen von einer freien Kündigung gemäß § 648 BGB aufgeklärt werden muss. Welchen Inhalt diese Belehrung darüber hinaus haben muss, wird gesetzlich nicht bestimmt. Empfehlenswert ist eine – zu Beweiszwecken dokumentierte – möglichst nahe am Wortlaut des § 650r Abs. 1, Abs. 3 BGB orientierte Aufklärung.[36]

32 Die Belehrung muss in **Textform** (§ 126b BGB) erfolgen.

33 Nach dem unmissverständlichen Wortlaut zum **Belehrungszeitpunkt** muss die Belehrung »*bei der Vorlage der Unterlagen*« erfolgen. Andernfalls erlischt das Kündigungsrecht nach dem Gesetzestext nicht, auch nicht bei später nachgeholter Belehrung. Dies ist nach der regierungsamtlichen Begründung auch so gewollt: »*Unterbleibt die Unterrichtung, besteht das Kündigungsrecht des Verbrauchers weiter. Eine Möglichkeit, die Unterrichtung später nachzuholen, sieht der Entwurf nicht vor. Diese »scharfe« Rechtsfolge soll sicherstellen, dass die Belehrungspflicht von Seiten des Unternehmers ernst genommen wird.*«[37] An dem daraus folgenden »ewigen Kündigungsrecht« des Verbrauchers wird man trotz aller naheliegenden berechtigten Kritik[38] nicht umhinkommen.

34 Weder der Gesetzestext, noch der sich aus der regierungsamtlichen Begründung ergebende Normzweck schließen jedoch zwingend aus, dass das Sonderkündigungsrecht des Verbrauchers aber im Zeitpunkt seiner **ausdrücklichen Zustimmung zur Planungsgrundlage** (nebst Kosteneinschätzung) erlischt, wenn diese »zustimmungsfähig« (dazu Rdn. 11) war.[39] Der Annahme einer konkludenten Abbedingung der §§ 650p Abs. 2, 650r BGB bzw. einer konkludenten nachträglichen Einigung auf wesentliche Planungs- und Überwachungsziele mit der Folge des Erlöschens des verbraucherseitigen Kündigungsrechtes (Rdn. 15, b) dürfte aber der verbraucherschützende Normzweck des § 650r Abs. 1 Satz 2 Hs. 2 BGB entgegen stehen.

C. Sonderkündigungsrecht des Planers (Abs. 2)

35 Abs. 2 gibt dem Planer unter bestimmten Umständen ebenfalls das Recht, sich vom Vertrag zu lösen. Die Vorschrift sieht vor, dass der Planer dem Besteller eine angemessene Frist für die Zustimmung nach § 650p Abs. 2 Satz 2 BGB setzen kann. Wirkt der Besteller daraufhin nicht an der Fortführung der Planung mit, indem er die Zustimmung zu der übermittelten Planungsgrundlage und der Kosteneinschätzung verweigert oder dazu innerhalb der ihm vom Planer gesetzten angemessenen Frist keine Erklärung abgibt, soll auch dem Planer ein Kündigungsrecht zustehen. Die Vorschrift regelt einen Spezialfall einer ggf. **fehlenden notwendigen Mitwirkungshandlung des Bestellers.** Die Konstellation hätte zwanglos auch über §§ 650q Abs. 1, 643 BGB gelöst werden können. In ihrem Anwendungsbereich ist § 650r Abs. 2 BGB jetzt aber ***lex specialis* zu § 643 BGB**. § 642 BGB bleibt damit über § 650q Abs. 1 BGB anwendbar. Eine Vertragsbeendigung wegen fehlender Zustimmung des Bestellers ist aber nicht ohne (schriftliche) Kündigung durch den Planer möglich. Im Einzelnen:

35 BT-Drucks. 18/8486, S. 69.
36 Für eine »umfassende« Aufklärung hingegen Rodemann, IBR 2018, 43.
37 BT-Drucks. 18/8486, S. 69.
38 Vgl. Fuchs, NZBau 2015, 675, 681; wohl auch Dammert, BauR 2017, 421, 426, der selbst eine Ausschlussfrist für die verbraucherseitige Kündigung von max. 1 Jahr ab Vorlage der Unterlagen vorschlägt.
39 A.A. Zahn, in: Kniffka, § 650r Rn. 23.

I. »Zustimmungsreife« der Planungsgrundlage nebst Kosteneinschätzung

36 Nach dem Wortlaut des Abs. 2 ist das Sonderkündigungsrecht des Planers tatbestandlich allein an die Einhaltung bestimmter formaler Voraussetzungen gebunden. Wenn dies so wäre, könnte der Planer eine mangelhafte (oben Rdn. 11 ff.) Planungsgrundlage vorlegen, den Besteller sodann fruchtlos unter Fristsetzung zur Zustimmung zu einer nicht »zustimmungsfähigen« Unterlage auffordern und sich anschließend vom Vertrag lösen.

37 Richtigerweise kann daher nur die Zustimmung des Bestellers zu einer **mangelfreien vollständigen Planungsgrundlage** nebst Kosteneinschätzung eine Obliegenheit des Bestellers darstellen. Dementsprechend wird der Planer seinerseits aus einer verweigerten bzw. fehlenden Zustimmung des Bestellers zu mangelhaften Unterlagen kein Kündigungsrecht aus § 650r Abs. 2 BGB herleiten können.[40] Es wäre allerdings begrüßenswert gewesen, wenn der Gesetzgeber dies – entsprechend erfolgter Anregungen während des laufenden Gesetzgebungsverfahrens[41] – im Normtext klargestellt hätte (z.B. durch die Formulierung *»die ihm obliegende Zustimmung verweigert«*).

II. Angemessene Frist zur Zustimmung

38 Der Planer muss, so er kündigen will, dem Besteller zuvor eine angemessene **Nachfrist** zur Zustimmung nach § 650p Abs. 2 Satz 2 BGB setzen. Diese Frist kann der Planer auch sofort mit Vorlage der Unterlagen und erstmaligem Zustimmungsverlangen setzen.[42] Eine **Kündigungsandrohung** ist nach dem Gesetzeswortlaut **nicht** erforderlich. Dies entspricht auch der herrschenden Auffassung zu § 314 Abs. 2 BGB.[43] Anders als im Fall des § 650r Abs. 1 BGB ist die Nachfristsetzung, wenn der Besteller ein Verbraucher ist, **auch nicht** mit einer entsprechenden **Belehrung** zu verbinden.

39 Fraglich ist, wann die gesetzte Nachfrist »**angemessen**« ist. Nähme man den Gesetzgeber beim Wort, müsste auch hier eigentlich die 2-Wochenfrist des § 650r Abs. 1 Satz 2 BGB ausreichen. Denn beide, sowohl die bestellerseitige Kündigung als auch die etwaige bestellerseitige Zustimmung zur Planungsgrundlage, setzen voraus,
- dass der Besteller ausreichend Zeit hatte, die Planungsgrundlage nebst Kosteneinschätzung zu überprüfen
- einschließlich einer (knappen) Überlegungszeit, welche Konsequenzen er aus dem Prüfergebnis ziehen will.

40 Die Übertragung dieser 2-Wochenfrist auch auf § 650r Abs. 2 BGB würde jedoch nur deren völlige Unangemessenheit perpetuieren (siehe Rdn. 24). Hier, bei Abs. 2, wird es **auf den Einzelfall ankommen.**[44] Die angemessene Nachfrist ist mithin abhängig vom Umfang der Planungsgrundlage nebst Kosteneinschätzung, der Komplexität des zu planenden Objektes und der hierfür zu klärenden Vorgaben des Bestellers, und schließlich auch davon, wie viel Prüfzeit dem Besteller schon vor der Nachfristsetzung seit erstmaliger Vorlage der Planungsgrundlage zur Verfügung stand. Der Besteller seinerseits wird analog der Rechtsprechung zu § 271 BGB mit der Prüfung der Planungsgrundlage nebst Kosteneinschätzung im Zweifel alsbald beginnen und sie in angemessener Zeit zu Ende führen müssen, zzgl. eines (knappen) Bedenkzeitraumes über die Konsequenzen aus dem Prüfergebnis.[45]

41 Als Faustformel wird man auch hier festhalten können, dass die 2-Wochenfrist des Abs. 1 Satz 2 allenfalls bei überschaubaren Planungsgrundlagen ohne große Komplexität der Zusammenhänge

---

40 So auch Kniffka, BauR 2017, 1846, 1873; Zahn, in: Kniffka, § 650r Rn. 17, 21.

41 Vgl. Fuchs, NZBau 2015, 675, 681; Fuchs, in: LPS, § 650r Rn. 49; Zahn, in: Kniffka § 650r Rn. 17 f./21; anders Orlowski, ZfBR 2016, 419, 436.

42 Zustimmend Fuchs, in: LPS, § 650r Rn. 51.

43 Vgl. Grüneberg, in: Grüneberg, BGB, § 314 Rn. 8 m.w.N.

44 Zustimmend Fuchs, in: LPS, § 650r Rn. 52; so auch Zahn, in: Kniffka, § 650r Rn. 19; Retzlaff, in: Grüneberg, BGB, § 650r Rn. 4; ablehnend aber Deckers, ZfBR 2017, 523, 540, obwohl er die Kritik, dass die Prüf- und Zustimmungsfrist von zwei Wochen zu kurz ist, für zutreffend hält.

45 Vgl. zu § 271 BGB etwa Grüneberg, in: Grüneberg, BGB, § 271 Rn. 9 m.w.N.

ausreichend sein wird. Häufig wird bei komplexeren Planungsgrundlagen selbst ein Zeitraum von 3 – 4 Wochen nicht immer genügen (siehe oben Rdn. 24 f.).[46] Den Parteien ist daher dringend anzuraten, diese Fragen bereits vorsorglich im Planervertrag zu regeln.

III. Verweigerung bzw. Ausbleiben der Zustimmung

Das Kündigungsrecht des Planers setzt sodann voraus, dass entweder die geforderte bestellerseitige Zustimmung binnen der gesetzten Frist ganz ausbleibt oder aber der Besteller ausdrücklich seine Zustimmung verweigert. 42

Fraglich ist, ob das Kündigungsrecht des Planers auch dann bestehen soll, wenn der Besteller seine **Zustimmung mit Einschränkungen oder/und Vorbehalten** o.ä. versieht. Dies wird jedenfalls entsprechend dem **Rechtsgedanken des § 150 Abs. 2 BGB** zu bejahen sein.[47] Denn § 650p Abs. 2 BGB verlangt, dass *alle* wesentlichen Planungs- und Überwachungsziele *vereinbart* sein müssen. Und es würde zudem in einem Bereich *wesentlicher* Leistungsziele an Übereinstimmung fehlen. In diesem Fall der Zustimmung unter Erweiterungen, Einschränkungen oder sonstigen Änderungen ist der Planer daher zur Kündigung gemäß § 650r Abs. 2 BGB berechtigt. Er kann hiervon freilich auch absehen und sich – ausdrücklich oder durch konkludentes Verhalten – mit der modifizierten Zustimmung des Bestellers einverstanden erklären. Dann bestimmen sich fortan die nunmehr vereinbarten Planungs- und Überwachungsziele nach dem Inhalt der Zustimmung, wie der Besteller sie erklärt hat. Zur Nachbesserung und erneuten Vorlage zur Zustimmung siehe oben Rdn. 28. 43

Erklärt der Besteller hingegen fristgerecht und einschränkungslos seine Zustimmung zur Planungsgrundlage nebst Kosteneinschätzung, so **hat diese Zustimmungserklärung nunmehr zur Folge**, dass die solchermaßen genehmigte Planungsgrundlage nebst Kosteneinschätzung leistungszielbestimmend wird. Das damit nachträglich (erstmals) vereinbarte Planungs- und Überwachungsziel lautet nunmehr, dass der Planer mit den beauftragten Leistungen ein Objekt planen oder/und überwachen soll, welches den in der Planungsgrundlage zusammengestellten Anforderungen des Bestellers einschließlich der Kosteneinschätzung genügt (siehe hierzu im Einzelnen § 650p Rdn. 123 f.). 44

IV. Schriftform der Kündigung, »Kündigungsfrist«

Auch eine Kündigung des Planers nach § 650r Abs. 2 Satz 2 BGB bedarf der **Schriftform**. Dies folgt aus **§§ 650q Abs. 1, 650h BGB** (siehe bereits oben Rdn. 21). Eine Umdeutung in eine freie Kündigung gemäß § 648 BGB scheidet aus, weil danach nur der Besteller frei kündigen könnte. Die nicht formgerechte Kündigung des Planers ist danach **unwirksam**. Zur Frage einer konkludenten einvernehmlichen Vertragsaufhebung siehe oben Rdn. 22. 45

Gemäß **§§ 650q Abs. 1, 648a Abs. 3, 314 Abs. 3 BGB** muss der Planer zügig innerhalb einer angemessenen Frist kündigen, nachdem er vom Kündigungsgrund Kenntnis erlangt hat (»**Kündigungsfrist**«). Die Kündigung muss danach zügig – d.h. unter Berücksichtigung einer knappen Bedenkzeit – nach Zugang der Zustimmungsverweigerung beim Planer, bei fehlender Reaktion zügig nach Ablauf der gesetzten Nachfrist erfolgen. 46

D. Rechtsfolge bei Kündigung (Abs. 3)

Wird der Vertrag nach Absatz 1 oder 2 gekündigt, kann der Planer gemäß Abs. 3 nur für die bis zur Kündigung erbrachten Leistungen eine Vergütung verlangen. Dies entspricht wörtlich der Rechtsfolge im Falle einer Kündigung aus wichtigem Grund gemäß § 648a Abs. 5 BGB, sodass die dazu ergangene Literatur und Rechtsprechung in Betracht gezogen werden kann.[48] Zur preislichen 47

---

46 Vgl. MüKo-BGB/Busche, § 650r Rn. 3: im Regelfall 4 Wochen; Kniffka/Retzlaff, BauR 2017, 1747, 1873: nicht unter 4 Wochen.

47 Bejahend auch Fuchs, in: LPS, § 650r Rn. 55.

48 Vgl. Fuchs, in: LPS, § 650r Rn. 65; Zahn, in: Kniffka, § 650r Rn. 24.

Bewertung speziell der Leistungen zur Zielfindung siehe § 650p Rdn. 132 und nachstehend Rdn. 48. Die in Absatz 3 angeordnete Rechtsfolge gilt unabhängig davon, welcher Vertragspartner die Kündigung ausgesprochen hat.[49]

48 Nicht zu vergüten sind der Nachbesserung nicht fähige und daher für den Auftraggeber wertlose Leistungen, also solche die an schwerwiegenden Mängeln leiden.[50] Ein Vergütungsanspruch ist zudem für solche Leistungen zu verneinen, die nach Vorlage der Unterlagen über die Zielfindungsphase hinausgehen und hierzu keine ausdrückliche Veranlassung durch den Besteller vorliegt.[51] Anders als im Falle einer freien Kündigung nach § 648 Satz 2 BGB kann der Planer mithin kein anteiliges Honorar für die kündigungsbedingt nicht mehr erbrachten Leistungen verlangen, wenn der Besteller die Kündigung ausgesprochen hat. Der BGH hat überdies entschieden, dass auch im Falle einer freien Kündigung des Bestellers nach § 648 BGB noch während der Zielfindungsphase der Anspruch nach § 648 Satz 2 BGB nicht die Vergütung für Leistungen umfasst, die erst nach Abschluss der Zielfindungsphase zu erbringen gewesen wären.[52] Auch kann der Planer keinen »Ersatz der in der Vergütung nicht inbegriffenen Auslagen« (vgl. § 645 Abs. 1 Satz 1 BGB) verlangen, wie z.B. »projekthandbuchkompatibel« angeschaffte Software.[53] All dies hat seinen (guten) Grund darin, dass das Scheitern einer Einigung auf »wesentliche Planungs- und Überwachungsziele« in der Konzeption des Gesetzgebers einerseits einen wichtigen Kündigungsgrund darstellt, andererseits regelmäßig nicht auf einer schuldhaften Pflichtverletzung einer der Parteien beruht. Das Scheitern der Einigung könnte zumeist nicht einmal vorrangig der »Sphäre« der einen oder anderen Seite zugeordnet werden. Über § 650r Abs. 3 BGB hinausgehende Schadensersatzansprüche (vgl. § 648a Abs. 6 BGB) scheiden deshalb ebenfalls regelmäßig aus. Die Rechtsfolgenanordnung des Abs. 3 ist daher (systemimmanent) angemessen und schutzzweckorientiert. Korrekturen mögen in krassen Ausnahmefällen denkbar sein, sei es nach § 280 BGB bzw. – unterhalb der Schwelle einer schuldhaften Pflichtverletzung – entsprechend § 162 BGB. Unberührt bleiben etwaige Ansprüche des Planers gemäß § 642 BGB für den Zeitraum des Ablaufs einer dem Besteller nach § 650r Abs. 2 Satz 1 BGB gesetzten Frist bis zur Kündigung nach § 650r Abs. 2 Satz 2 BGB, wenn und weil der Besteller seiner Erklärungsobliegenheit nicht rechtszeitig nachgekommen ist.[54]

E. Abweichende Regelungen

I. Individualvertragliche Vereinbarungen

49 **Individualvertraglich** kann § 650r BGB abbedungen oder abgeändert werden.[55] Dies dürfte für § 650r Abs. 1 BGB allerdings dann nicht gelten, wenn der Besteller Verbraucher ist (§ 13 BGB) und man die Vorschrift des § 650r Abs. 1 BGB als insoweit zwingendes, nicht dispositives Verbraucherschutzrecht versteht. Freilich fehlt hier eine Regelung wie § 650o BGB.

II. Allgemeine Geschäftsbedingungen

50 Fraglich ist, ob bzw. inwieweit abweichende Regelungen in **Allgemeinen Geschäftsbedingungen** zulässig sind. Wie immer kommt es wegen § 307 BGB bei der Beurteilung entscheidend darauf an, wer im konkreten Fall Verwender der Vertragsklausel ist.

---

49 Vgl. BT-Drucks. 18/8486, S. 70.

50 BGH, Urt. v. 05.06.1997 – VII ZR 124/96, BGHZ 136, 33 = BauR 1997, 1060; BGH, BauR 1976, 285; OLG Düsseldorf, Urt. v. 20.11.2012 – I-23 U 132/11, BauR 2013, 776; OLG Nürnberg, Urt. v. 27.07.2005 – 6 U 117/05, NZBau 2006, 320.

51 Vgl. Rodemann, IBR 2018, 45; so auch Zahn, in: Kniffka, § 650r Rn. 24/1.

52 Vgl. BGH, Urt. v. 17.11.2022 – VII ZR 862/21, BauR 2023, 260, 264.

53 So aber zum Referentenentwurf die Anregung von Fuchs, NZBau 2015, 675, 682.

54 A.A. Deckers, ZfBR 2017, 523, 540.

55 So auch Retzlaff, in: Grüneberg, § 650r Rn. 1.

In **AGB der Planer** ist ein **Abbedingen des Sonderkündigungsrechts des Bestellers** gemäß § 650r Abs. 1 BGB jedenfalls dann eine **AGB-unwirksame** unangemessene Benachteiligung des Bestellers, wenn dies in einem Vertrag mit einem **Verbraucher** (§ 13 BGB) erfolgt. Denn gerade die verbraucherschützende Wirkung dürfte ausweislich der amtlichen Begründung (oben Rdn. 3) zum gesetzlichen Kerngehalt des § 650r Abs. 1 BGB gehören.[56] Ein routinemäßiges Abbedingen des Sonderkündigungsrechtes des Bestellers dürfte sich aber auch in **B2B-Verträgen** kaum mit den **vorvertraglichen Beratungspflichten des Planers** über den Leistungsumfang bei noch ungesicherter Projektrealisierung vertragen. Selbst wenn man eine solche Regelung hier für wirksam hielte, dürfte regelmäßig eine entsprechende Beratungspflichtverletzung des Planers vorliegen, was letztlich zu im Wesentlichen gleichen Rechtsfolgen führt (siehe Rdn. 3). 51

In **AGB des Bestellers** ist vor allem problematisch, ob bzw. wieweit das **Sonderkündigungsrecht des Planers gemäß § 650r Abs. 2 Satz 2 BGB** abbedungen oder zumindest eingeschränkt werden kann. Zu § 643 BGB vertritt die hM die zutreffende Auffassung, es sei AGB-rechtlich zulässig, die Kündigungsbefugnis des Unternehmers zumindest **einzuschränken**, z.B. indem die Parteien vereinbaren, der Vertrag dürfe nur aus wichtigem Grund gekündigt werden, wie dies z.B. in Architektenverträgen anzutreffen sei.[57] Auch bei § 650 Abs. 2 Satz 2 BGB geht es »nur« um die Frage eines dem Planer ggf. unzumutbaren »Schwebezustands«. Im Sonderfall des § 650 Abs. 2 BGB kommt jedoch hinzu, dass der »Schwebezustand« im Zweifel nur deshalb entstanden ist, weil der Planer unter **Verstoß gegen seine vorvertragliche Aufklärungspflicht** (oben Rdn. 3) einen zu weit gehenden Planervertrag trotz nicht hinreichend festgelegter Leistungsziele geschlossen hat. Dies rechtfertigt es, das Interesse des Planers an einer zügigen Entscheidung des Bestellers[58] zurückstehen zu lassen. Daher dürfte eine routinemäßige **vollständige Abbedingung** des Sonderkündigungsrechts gemäß § 650r Abs. 2 Satz BGB selbst dann mangels unangemessener Benachteiligung des Planers **AGB-wirksam** sein, wenn der Besteller zugleich sein eigenes Kündigungsrecht nach § 650r Abs. 1 BGB unangetastet lässt.[59] 52

§ 650s Teilabnahme

Der Unternehmer kann ab der Abnahme der letzten Leistung des bauausführenden Unternehmers oder der bauausführenden Unternehmer eine Teilabnahme der von ihm bis dahin erbrachten Leistungen verlangen.

Übersicht

56 So auch Retzlaff, in: Grüneberg, § 650r Rn. 1.
57 Vgl. MüKo-BGB/Busche, § 643 BGB Rn. 9.
58 Hierauf stellt Fuchs, in: LPS, § 650r Rn. 62 ab.
59 A.A. Fuchs, in: LPS § 650r Rn. 62.

A. Einleitung

I. Entstehungsgeschichte und Regelungsintention

1 Die Spezialvorschrift des § 650s BGB statuiert erstmals zugunsten der Architekten und Ingenieure einen **gesetzlichen Anspruch auf Teilabnahme** ihrer Planerleistungen. Durch § 650s BGB werden Reformüberlegungen und Vorarbeiten des Deutschen Baugerichtstages sowie der Arbeitsgruppe Bauvertragsrecht im BMJ aufgenommen und im Wesentlichen umgesetzt, die eine Teilabnahme der Planerleistungen zum – vereinfacht – Zeitpunkt der Fertigstellung bzw. Abnahme des Bauwerks empfohlen hatten.[1] Die Vorschrift blieb im Laufe des Gesetzgebungsverfahrens bis auf redaktionelle Anpassungen unverändert[2] und gehörte zu den am wenigsten umstrittenen Neuregelungen.[3] Bei näherem Hinsehen wirft § 650s BGB dogmatisch wie praktisch indes erhebliche Fragen auf.

2 Erklärtes **Doppelziel der Neuregelung** ist ausweislich der Amtlichen Begründung, dass »*die Verjährungsfristen von bauausführendem Unternehmer und Architekten und Ingenieurs für ihre bis zur Bauabnahme erbrachten Leistungen nahezu parallel laufen und der Planer nach einer Inanspruchnahme noch die Möglichkeit hat, auf den bauausführenden Unternehmer zurückzugreifen*«[4], wobei letzteres gerade bei solchen Baumängeln von Bedeutung sei, »*die ggf. überwiegend vom Bauunternehmer zu verantworten sind*«.[5] § 650s BGB soll danach eine bislang bestehende haftungsmäßige Benachteiligung des Planers im Vergleich zum (mithaftenden) bauausführenden Unternehmer abmildern und verfolgt damit gleichlaufende Regelungsziele wie der ebenfalls erstmals eingefügte § 650t BGB[6].

3 Tatsächlich wird der intendierte (zumindest ansatzweise) Gleichlauf der Gewährleistungszeiträume von Planern und bauausführenden Unternehmen aus vielfältigsten Gründen (z.B. schon wegen gänzlich divergierender Gewährleistungsfristen, siehe § 13 Abs. 4 VOB/B), kaum je erreicht werden. Und das amtliche Regresserhaltungsargument »rennt offene Türen ein«: Denn nach der höchstrichterlichen Rechtsprechung wird der Regressanspruch nach § 426 Abs. 1 BGB desjenigen Gesamtschuldners, der den Anspruch des Gläubigers erfüllt hat, grundsätzlich nicht davon berührt, dass der Anspruch des Gläubigers gegen den anderen Gesamtschuldner verjährt ist.[7]

4 Es kann also bei § 650s BGB letztlich nur, aber immerhin, um eine **Abmilderung** einer ggf. drohenden »Endloshaftung« der Planer insb. bei beauftragter Objektbetreuung gehen. Endet der beauftragte Leistungsumfang des Planers schon vor der Abnahme des Bauwerks, bedarf es des § 650s BGB ohnehin nicht, der Planer hatte und hat in diesem Fall ohnehin einen Anspruch auf (Schluss-) Abnahme seiner Leistungen gemäß § 640 BGB (i.V.m. § 650q Abs. 1 BGB).

II. Systematische Einordnung

5 Bereits nach früherem Recht waren auf Architekten- und Ingenieurverträge (auch) die werkvertraglichen Regelungen zur Abnahme anwendbar, weil die ganz h.M. Planerverträge in Übereinstimmung

1 Siehe die »mit überwältigender Mehrheit angenommene« 4. Empfehlung des AK IV des 3. DBGT, BauR 2010, S. 1392, sowie die unverändert »mit überwältigender Mehrheit angenommene« 7. Empfehlung des AK IV des 4. DBGT, BauR 2012, S. 1511; Abschlussbericht der Arbeitsgruppe Bauvertragsrecht im BMJ v. 18.06.2013, S. 56 und dazu Oehler, BauR 2012, S. 1448 (1451).

2 Neben der geänderten Paragrafen-Nummer wurde im Gesetzesentwurf der Bundesregierung lediglich das Wort »Abnahme« durch »Teilabnahme« ersetzt, ohne dass damit eine inhaltliche Änderung verbunden wäre.

3 Siehe die Nachweise in Fußnote 1; vgl. auch Fuchs, NZBau 2015, 675, 682; kritisch zur gesetzlichen Neuregelung jetzt vor allem Kuhn, ZfBR 2017, 211 und Motzke, NZBau 2017, 251, 257.

4 BT-Drucks. 18/8486, S. 70.

5 BT-Drucks. 18/8486, S. 70.

6 Siehe dazu § 650t Rdn. 4 ff.

7 Siehe eingehend BGH, Urt. v. 09.07.2009 – VII ZR 109/08, BauR 2009, 1609; vgl. auch Langen, NZBau 2015, 71, 76 und Kniffka, BauR 2015, 274, 280 f.

mit § 634a Abs. 1 Nr. 2 BGB zutreffend dem Werkvertragsrecht unterstellte.[8] Dies folgt nunmehr ausdrücklich aus § 650q Abs. 1 BGB i.V.m. § 640 Abs. 1 BGB. Unverändert stellt die Abnahme der Planerleistungen eine (notfalls einklagbare) Hauptleistungspflicht des Bestellers nach § 640 Abs. 1 BGB dar.[9]

Obwohl eine vom Besteller erklärte Abnahme ausschließlich Rechtsfolgen zugunsten des Unternehmers zeitigt, wurde die Bedeutung der Abnahme speziell von den Architekten und Ingenieuren in der Praxis lange Zeit unterschätzt. Ursächlich war vor allem die seinerzeitige Privilegierung der Planer in § 15 HOAI a.F., wonach deren Schlusshonorar auch ohne Abnahme fällig wurde. Mit der letzten HOAI-Novellierung in 2013[10] wurde dieses ungerechtfertigte Privileg abgeschafft und die Abnahme auch bei Architekten- und Ingenieurverträgen zur gesetzlichen Fälligkeitsvoraussetzung für das Schlussrechnungshonorar. Seither zeichnet sich in der Praxis, zumindest langsam, ein Sinneswandel ab. Dabei verbinden sich mit der Abnahme schon immer – und völlig unabhängig von § 15 Abs. 1 HOAI 2013 – die weiteren viel gewichtigeren Rechtsfolgen des Übergangs von der Erfüllungs- in die Nacherfüllungsphase, des Beginns der Gewährleistungsfrist gemäß § 634a Abs. 1 Nr. 2, Abs. 2 BGB, stehen dem Besteller erst ab dieser Zäsur die Gewährleistungsansprüche nach § 634 BGB zu,[11] usw.[12] 6

Die Planer waren daher schon immer gut beraten, insbesondere zur **zeitlichen Haftungsbegrenzung** die Abnahme ihrer Leistungen herbeizuführen.[13] Dies gilt umso mehr in denjenigen Fällen, in denen die Planer Vertragsleistungen noch (weit) nach Fertigstellung und Abnahme der Bauleistungen der bauausführenden Unternehmer zu erbringen haben. Besonders evident ist dies, wenn der Planer auch mit der sog. Objektbetreuung gemäß Leistungsphase 9 HOAI beauftragt ist: Da Abnahmereife als Voraussetzung eines Anspruchs auf Abnahme gemäß § 640 Abs. 1 BGB erst eintritt, wenn (im wesentlichen)[14] *alle* beauftragten Leistungen (im wesentlichen) mangelfrei erbracht sind, bedeutet(e) dies für solchermaßen beauftragte Planer, dass deren eigene Gewährleistungshaftung – strukturell bedingt – erst Jahre nach Ende der Gewährleistungshaftung des (letzten) bauausführenden Unternehmers endet. 7

Abhilfe zur Haftungsbegrenzung kann hier nur die Ablehnung einer Beauftragung mit der Objektbetreuung (LPH 9 HOAI),[15] oder aber zumindest eine vorherige Teilabnahme schaffen. Indes kannte und kennt das (allgemeine) Werkvertragsrecht in § 641 Abs. 1 Satz 2 BGB zwar eine Teilabnahme (»*Ist das Werk in Teilen abzunehmen …*«), jedoch keinen gesetzlichen Rechtsanspruch des Unternehmers hierauf. Auch eine freiwillige Teilabnahme des Bestellers kommt in der Praxis allenfalls singulär vor. Und die voreilige Interpretation von Handlungen des Bestellers als sog. »konkludente« Teilabnahme einer gerade noch nicht vollständig erbrachten Vertragsleistung verbietet sich gemäß wegen der gravierenden Abnahmefolgen regelmäßig, §§ 133, 157 BGB.[16] 8

Die Kautelarjurisprudenz hilft diesem berechtigten Anliegen der Planer daher, inzwischen meist erfolgreich und durchaus praxisorientiert, durch vertragliche Vereinbarungen von Teilabnahme- 9

---

8 Vgl. die Grundsatzentscheidung BGH, Urt. v. 26.11.1959 – VII ZR 120/58, BGHZ 31, 224; ausführlich Berger, in: FBS, Vor §§ 650p ff. Rn. 37 ff.; zur jetzigen Rechtslage eingehend oben Vor § 650p Rdn. 7 ff.

9 Vgl. BGH, Urt. v. 27.02.1996 – X ZR 3/94, BauR 1996, 386.

10 BGBl. I S. 2276.

11 Vgl. BGH, Urt. v. 19.01.2011 – VII ZR 235/15, BauR 2017, 1024, der in der Sache auf den Zeitpunkt der Beendigung des Erfüllungsstadiums abstellt.

12 Vgl. im Überblick sowie speziell zu Planerverträgen etwa Messerschmidt, NZBau 2015, 331, 331.

13 Zutreffend Messerschmidt, NZBau 2015, 331.

14 Zur Qualifizierung fehlender unwesentlicher Restleistungen als unwesentlicher Mangel vgl. Messerschmidt, NZBau 2015, 331, 332 f.; siehe auch BGH, Urt. v. 20.02.2014 – VII ZR 26/12, BauR 2014, 1023.

15 Vgl. Leupertz, BauR 2009, 393, 397.

16 Vgl. BGH, Urt. v. 10.02.1994 – VII ZR 20/93, BauR 1994, 392; Leupertz, BauR 2009, 393, 398.

ansprüchen nach Abschluss der Leistungsphase 8 HOAI (Objektüberwachung) ab. Dies ist inzwischen selbst in (seriösen) Vertragsmustern der Auftraggeberseite gleichsam »*state of the art*«, auch und gerade wenn diese zumindest auf einer vertraglichen Option[17] des Auftraggebers zur Beauftragung der LPH 9 nach HOAI bestehen. Die Wirksamkeit eines solchen vertraglich geregelten Teilabnahmeanspruchs nach der LPH 8 ist – auch in von der Planerseite gestellten Allgemeinen Geschäftsbedingungen – durch die höchstrichterliche Rechtsprechung grundsätzlich anerkannt,[18] stets vorausgesetzt, die Klausel ist hinreichend transparent.[19] Zumindest galt dies bislang (dazu unten Rdn. 34 ff.).

10 Vor diesem Hintergrund will § 650s BGB den Planern nunmehr **auch in Fällen einer fehlenden vertraglichen Regelung kraft Gesetzes** einen entsprechenden **Rechtsanspruch auf eine zeitlich vorgelagerte Teilabnahme** gewähren. Verbraucherschutzaspekte, »Informationsasymmetrien« oder dergleichen können an dieser Stelle wohl kaum eine Rolle spielen. Der vom Gesetzgeber formulierte Doppelzweck (oben Rdn. 2) wird sich bei näherer Betrachtung vielfach als Wunschdenken erweisen. Die Regelung des § 650s BGB mag, je nach Sichtweise, gleichwohl ihre programmatische Rechtfertigung als **künftiges gesetzliches Leitbild des Vertragstypus »Architekten- und Ingenieurvertrag«** im novellierten BGB-Werkvertragsrecht finden.

11 Hierbei knüpft § 650s BGB allerdings (ganz bewusst – und mit allen Vor- und Nachteilen dieser »HOAI-ferne«)[20] **weder** an die **Leistungsphasen-Systematik der HOAI** an, stellt also insbesondere nicht auf den Zeitpunkt der Beendigung der HOAI-Leistungsphase 8 (Objektüberwachung) ab. **Noch** statuiert § 650s BGB zugunsten des Planers einen **generellen** Anspruch auf Teilabnahme(n) **für in sich abgeschlossene** Leistungen (o.ä.), wie dies aus § 12 Abs. 2 VOB/B bekannt ist. Vielmehr stellt § 650s BGB ausschließlich auf den Zeitpunkt »*der Abnahme der* [jeweils?] *letzten Leistung des bauausführenden Unternehmers oder der bauausführenden Unternehmen*« ab. Zu diesem Zeitpunkt der Abnahme der letzten Bauleistung soll der Planer dann allerdings eine Teilabnahme »*der* [= aller?] *von ihm bis dahin erbrachten* [= auch unfertigen, unselbständigen, …?] *Leistungen*« verlangen können.

Die Spezialvorschrift des § 650s BGB wirft mit dieser Formulierung ersichtlich bereits einzelfallunabhängig wichtige Auslegungsprobleme auf.

B. Anspruchsvoraussetzungen

I. Teilabnahme auf Verlangen (»kann … verlangen«)

12 § 650s BGB gewährt dem Planer einen Rechtsanspruch auf Teilabnahme (»*kann … verlangen*«). Der Planer muss diesen Rechtsanspruch geltend machen, d.h. die Teilabnahme tatsächlich »verlangen«, wobei die Hürden für ein konkludentes Teilabnahme*verlangen* freilich wesentlich niedriger liegen können als für eine etwaige konkludente Teilabnahme*erklärung*, §§ 133, 157 BGB.

13 Der Besteller ist damit – anders als nach der h.M. zu § 640 BGB[21] – nicht ohne eine solche Aufforderung zur Teilabnahme verpflichtet.[22] Von Rechts wegen und in der Praxis dürfte dieser Unterschied kaum je relevante Auswirkungen zeitigen. Denn eine »freiwillige« Teilabnahme ist selten – und dann im Zweifel zulässig: Insbesondere ist der Auftraggeber berechtigt, jederzeit eine (Teil-) Abnahme zu erklären, solange dies nicht ganz ausnahmsweise rechtsmissbräuchlich ist.[23]

17 Zu solchen Stufen- bzw. Optionsverträgen eingehend Berger, in: FBS, Vor §§ 650p ff. Rn. 156 ff.
18 Vgl. BGH, Urt. v. 05.04.2001 – VII ZR 161/00, BauR 2001, 1928; BGH, Urt. v. 11.05.2006 – VII ZR 300/04, NZBau 2006, 519.
19 Verneint im Fall des BGH, Urt. v. 11.05.2006 – VII ZR 300/04, NZBau 2006, 519.
20 Siehe Vor § 650p Rdn. 19 ff.
21 Vgl. zum Streitstand Pause/Vogel, in: Kniffka, § 640 Rn. 26.
22 Vgl. Zahn, in: Kniffka, § 650s Rn. 79.
23 Wie hier Kuhn, ZfBR 2017, 211, 212.

II. Zeitpunkt des Anspruchs auf Teilabnahme

Eine Teilabnahme kann der Planer zeitlich 14
- ab Abnahme (dazu Rdn. 17)
- der letzten Leistung des bauausführenden Unternehmers oder der bauausführenden Unternehmer (dazu Rdn. 15 f.)

verlangen:

1. Die maßgebliche(n) abzunehmende(n) letzte(n) Bauleistung(en)

Die Vorschrift des § 650s BGB ist (bewusst) so gefasst, dass sie **unabhängig von der Vergabestrategie** 15
auf Ausführungsebene (GU-, Paket- oder Einzelvergabe) Anwendung findet. Aufgrund dieser Formulierung könnte die Vorschrift rein theoretisch so gelesen werden, als ob der Planer nach jeder Bauabnahme eine Teilabnahme verlangen könnte, was übrigens sogar dem Normzweck eines weitgehenden Gleichlaufs der Gewährleistungsfristen mit den bauausführenden Unternehmen förderlich wäre. Schon der Normtext lautet jedoch »*eine Teilabnahme*«, nicht etwa »*eine Teilabnahme bzw. Teilabnahmen*«, »*jeweils eine Teilabnahme*« o.ä. Auch nach den Gesetzesmaterialien soll sich der Mehraufwand des Bestellers auf eine (!) zusätzliche Abnahme beschränken.[24] Es sind danach »*zunächst die bis zum Abschluss der Bauausführung*«[25] erbrachten Leistungen des Architekten und Ingenieurs abzunehmen, die Zäsur ist danach also grundsätzlich nicht das Ende des Gewerks, sondern das Ende der Bauausführung.[26] Es wäre auch praktisch geradezu absurd, wenn allein der Fachplaner Technische Ausrüstung bei einer Bauauftragung von acht Haustechnikunternehmen entsprechend den Anlagengruppen der HOAI etwa einen Anspruch auf acht Teilabnahmen hätte, zzgl. ggf. einer Gesamtabnahme nach Ende »seiner« Leistungsphase 8.

Maßgeblich ist also – grundsätzlich – **der (eine) Zeitpunkt der Abnahme der letzten Bauleistung.** 16
Das wiederum würde bei buchstabenhörigem Verständnis dazu führen, dass bspw. der Fachplaner Technische Ausrüstung eine Teilabnahme erst mit Abnahme der letzten Malerarbeiten, gar erst nach Fertigstellung der Außenanlagen verlangen könnte. Man wird daher den zu weit geratenen Wortlaut nach Sinn und Zweck der Vorschrift dahin gehend einschränken müssen, dass es nur auf die letzte Abnahme derjenigen Bauleistung ankommen kann, auf die sich der **beauftragte Vertragsgegenstand** des betreffenden Planers (z.B. »Gebäude A und B«, »Fassade«) bzw. das **beauftragte Leistungsbild** des betreffenden Planers bezieht (wobei es hierbei wiederum nicht auf eine – allein honorarabrechnungsrelevante – Objektbildung nach HOAI ankommen kann).[27] **Beispiele:**
- Der mit der Planung, Überwachung und Objektbetreuung des Gewerks Elektrotechnik für zwei Doppelhaushälften beauftragte Ingenieur kann eine Teilabnahme nicht schon verlangen, wenn die Installation in der ersten Doppelhaushälfte abgenommen ist, sondern erst, wenn die installierte Elektrotechnik in beiden Doppelhaushälften abgenommen ist. Umgekehrt ist es für den Teilabnahmeanspruch dieses Planers irrelevant, wann die Gewerke Raumlufttechnik, Wärmeversorgungsanlagen o.ä. abgenommen werden.
- Der Generalplaner des Gebäudes A hat einen Teilabnahmeanspruch erst nach Abnahme der allerletzten Bauleistung des Gebäudes A. Der in *einem* Vertrag beauftragte Generalplaner für das Verwaltungsgebäude nebst anschließend zu errichtendem Parkhaus hat erst dann einen Teilabnahmeanspruch, wenn auch das Parkhaus abgenommen ist.

---

24 Siehe BT-Drucks. 18/8486, S. 34: »*wird der mit der Abnahme verbundene Aufwand auf zwei Zeitpunkte verteilt..... Mehraufwand entsteht allenfalls dadurch, dass die Parteien ein zweites Mal zum Ort des Bauvorhabens fahren müssen.*«.

25 BT-Drucks. 18/8486, S. 34.

26 Wie hier Zahn, in: Kniffka, § 650s Rn. 54 f.; **a.A.** Preussner, in: LPS, § 650s Rn. 68 ff. – aber der Normtext spricht nunmal ausdrücklich von der »letzten« Leistung auch bzgl. »der bauausführenden Unternehmer«.

27 Im Ausgangspunkt wie hier Kuhn, ZfBR 2017, 211 (215); Zahn, in: Kniffka, § 650s Rn. 64; unklar Koeble, in: LKFZ, Einleitung Rn. 236.

– Fraglich ist, ob es für den **Architekten** auch auf die **Abnahme der Haustechnik (KG 400)** ankommen kann, wenn diese erst nach der letzten Bauleistung der KG 300 abgenommen wird (z.B. weil erst dann die Einregulierung erfolgt). Dies wird im Falle einer Beauftragung mit dem HOAI-Leistungsbild Objektplanung Gebäude zu bejahen sein, da der Architekt auch im Hinblick auf die KG 400 umfangreiche Integrations- und Koordinationsleistungen erbringt, wie z.B. die Koordination der an der Objektüberwachung fachlich Beteiligten gemäß Ziffer c) der LPH 8 der Anlage 10.1 HOAI 2013.[28]

2. Abnahme der (»einschlägigen«) Bauleistungen erfolgt

17 Diese gemäß Rdn. 15 f. »einschlägigen« Bauleistungen müssen nach dem Wortlaut des § 650s BGB abgenommen worden sein. Die tatsächliche Abnahme der Bauleistungen, nicht deren Abnahmereife, ist danach Voraussetzung des Teilabnahmeanspruchs des Planers. Auch eine Abnahme unter Mängelvorbehalt ist eine Abnahme, mag auch bezüglich vorbehaltener Mängel die Rechtsfolge der Beweislastumkehr für die Mängelfreiheit nicht eintreten.[29] Es hindert die Fälligkeit des Teilabnahmeanspruchs nach § 650s BGB daher keineswegs, wenn die Abnahme der Bauleistungen unter Mängelvorbehalten erfolgte.[30] Eine unberechtigte Abnahmeverweigerung könnte dem Besteller hingegen allenfalls nach §§ 162, 242 BGB entgegengehalten werden.[31]

III. Teilabnahme »der bis dahin von ihm erbrachten Leistungen«

18 Die Abnahme der Bauleistungen erfolgt in den praktisch relevanten Fällen typischerweise »mitten« in der laufenden Leistungserbringung des Planers, insbesondere bei Beauftragung mit der Leistungsphase 8 HOAI. Welche Leistungen werden dann von der Teilabnahme und ihren Rechtsfolgen erfasst? Angesprochen ist damit die Teilabnahmefähigkeit der betreffenden Leistungen (dazu Rdn. 19 ff.) sowie ihr Bezug zu den abgenommenen Bauleistungen (dazu Rdn. 24 ff.).

1. Teilabnahmefähigkeit der betreffenden Leistungen

19 Ebenso wie der Besteller nichtabnahmereife Leistungen, z.B. unter Mängelvorbehalt, abnehmen kann, ist es ihm auch nicht verwehrt, Teilleistungen billigend abzunehmen, die er nichtmals auf ihre Vertragsgemäßheit hin beurteilen konnte. Fraglich ist aber umgekehrt, ob § 650s BGB dem Planer einen *Anspruch* auf Teilabnahme auch solcher Teilleistungen gibt, die nicht »**in sich abgeschlossen**« sind, die »**unselbständig**« sind, die »**unfertig**« sind, oder/und die Besteller (noch) gar nicht auf ihre Vertragsgemäßheit prüfen kann.

20 Die bisher veröffentlichten wenigen Auffassungen zu § 650s BGB divergieren: Überwiegend wird wohl ein gleichsam stillschweigendes Erfordernis »in sich abgeschlossener Leistungen« bislang verneint.[32] Einige Stimmen vertreten, dass eine Teilabnahme nur hinsichtlich »selbständiger« Leistungen möglich sei[33] oder nur hinsichtlich »vollendeter Teilleistungen«[34], wobei jeweils nicht immer klar wird, was hierunter zu verstehen sein soll.

---

28 Wie hier Rodemann, in: FBS, § 650s Rn. 13; a.A. Kuhn, ZfBR 2017, 211 (215 f.); wieder anders Zahn, in: Kniffka, § 650s Rn. 65.

29 Vgl. BGH, Urt. v. 23.10.2008 – VII ZR 64/07, BauR 2009, 237.

30 A.A. Kuhn, ZfBR 2017, 211, 214; wie hier Deckers, ZfBR 2017, 523, 542.

31 Zutreffend Orlowski, ZfBR 2016, 419, 436.

32 So explizit Kuhn, ZfBR 2017, 211 (216); auch Koeble, in: LKFZ, Einleitung Rn. 236, dürfte so zu verstehen sein.

33 Vgl. Kuhn, ZfBR 2017, 211 (216), der mit diesem Argument eine Teilabnahme der erfolgten Rechnungsprüfung kumulierender Abschlagsrechnungen für nicht prüfbar im Hinblick auf die Vertragsgemäßheit hält (äußerst fraglich, siehe dazu Rdn. 23!).

34 So Koeble, in: LKFZ, Einleitung Rn. 236, mit dem Hinweis »eventuell Überwachungstätigkeit«.

Unabhängig von der Kodifizierung des § 650s BGB wurden Ansprüche auf Teilabnahme von einzelnen Literaturstimmen »*entsprechend der allgemeinen Voraussetzung jeglicher Abnahme … nur für in sich fertiggestellte Leistungsteile*«[35] bzw. nur für »*in sich abgeschlossene, einer Teilabnahme zugängliche Leistungen*«[36] für zulässig erachtet. 21

Der Wortlaut des § 650s BGB enthält insoweit keine substanzielle Einschränkung: Das »*der*« ist im grammatikalischen Kontext sogar synonym zu »*alle*«; allenfalls in das Wort »*erbrachten*« könnte man ein »*fertig gestellt*« hineinlesen. Die Entstehungsgeschichte des § 650s BGB sowie die Amtliche Begründung hierzu[37] sind insoweit unergiebig. Allerdings ist im Rahmen des neu eingeführten Teilkündigungsrechts in § 648a Abs. 2 BGB – in bewusster Abgrenzung zur »*in sich abgeschlossenen Leistung*« gemäß § 8 Abs. 3 VOB/B[38] – geregelt, dass sich eine Teilkündigung auf einen »*abgrenzbaren Teil des geschuldeten Werks*« beziehen muss. Selbst diese abgeschwächte Anforderung fehlt in § 650s BGB. Auch § 640 Abs. 1 BGB kennt eine Abnahme des Werkes »in Teilen«, ohne dass dies hier etwa auf »in sich abgeschlossene Teile« o.ä. beschränkt wäre.[39] In systematisch-teleologischer Hinsicht dürfte **entscheidend** sein, dass die Teilabnahme wie jede Abnahme eine Billigung der (hier: teil-)abgenommenen (hier: Teil-)Leistung als im Wesentlichen vertragsgemäß beinhaltet, eine Annahme als Teilerfüllung darstellt (§ 363 BGB), und damit **dem Besteller eine Überprüfung der Vertragskonformität »bis hierhin« auch möglich sein muss.** In seiner Entscheidung zum Abnahmeerfordernis bei gekündigten Bauverträgen musste sich der BGH zwangsläufig mit der Frage auseinandersetzten, ob hier eine Abnahme »*der bis dahin erbrachten Werkleistungen*« (LS. 1) überhaupt möglich sei. Der BGH bejahte dies, »*da es i.d.R. um hinreichend abgrenzbare Teilleistungen geht, die auch in diesem Stadium der Überprüfung dahin zugänglich sind, ob sie vertragskonform erbracht worden sind*«[40]. 22

Dabei heißt »**bis hierhin vertragsgemäß**« richtiger Weise nicht zwangsläufig »*(in sich) funktionsgemäß*« oder »*fertiggestellt*« oder »*bautechnisch abgrenzbar*«, sondern nur: »***bis hierhin auf Vertragskonformität überprüfbar***«. Das ist sehr weit und ist objektiv zu beurteilen, richtet sich nicht etwa nach der subjektiven Auffassung des Bestellers.[41] Es können wichtige »Restleistungen« noch fehlen und gleichwohl die bisherige Leistung »bis hierhin vertragsgemäß« sein. Auch dass eine Leistung in der HOAI als Grundleistung aufgeführt ist, besagt insoweit nicht automatisch etwas zur so verstandenen Teilabnahmefähigkeit, weder positiv noch negativ.[42] **Beispiele** für nach hier vertretener Auffassung im Rahmen von § 650s BGB **teilabnahmefähige Teilleistungen** sind danach: 23

– »Prüfung der kumulierten 10. Abschlagsrechnung« (auch bei Beauftragung u.a. mit der Rechnungsprüfung gemäß Ziffer g) der LPH 8 der HOAI 2013)[43]: Die Vertragskonformität dieser einzelnen Rechnungsprüfung (z.B. zutreffender Leistungsstand, richtige Einheitspreise, erhaltene Abschlagszahlungen, Berücksichtigung einer Vertragserfüllungssicherheit, …) ist selbständig beurteilbar. Eine fehlerhafte Rechnungsprüfung dieser 10. Abschlagsrechnung könnte sogar einen kausalen eigenen Schaden des Bestellers begründen. Ist zum maßgeblichen Teilabnahmezeitpunkt gemäß § 650s BGB die 10. Abschlagsrechnung geprüft, ergreifen mithin die Teilabnahmewirkungen diese bis dahin erbrachte Teilleistung,[44] unabhängig davon, dass die beauftragte Grund-

35 So etwa Merl, in: Kleine-Möller/Merl/Glöckner, 6. Aufl. 2019, § 14 Rn. 139.

36 Leupertz, BauR 2009, 393, 400; so für § 650s jetzt auch Preussner, in: LPS, § 650s Rn. 30 ff.; wie hier Zahn, in: Kniffka, § 650s Rn. 71; Rodemann, in: FBS, § 650s Rn. 20.

37 BT-Drucks. 18/8486, S. 70.

38 Siehe BT-Drucks. 18/8486, S. 51.

39 Worauf auch Kapellmann, FS Thode, S. 29, zutreffend hinweist.

40 BGH, Urt. v. 11.05.2006 – VII ZR 146/04, BauR 2006, 1294, 1296.

41 Weshalb dieses Argument von Preussner, in: LPS, § 650s Rn. 33.2 nicht gegen die hier vertretene Auffassung spricht.

42 Siehe auch die differenzierende Analyse der Grundleistungen der LPH 8 HOAI als »eigenständigen«, »selbständig zu verschaffenden«, »selbständig fälligen« Teilleistungen von Fuchs, BauR 2016, 345, 356.

43 Zum entsprechenden Inhalt dieser Grundleistung siehe Seifert/Fuchs, in: FBS, § 34 Rn. 317 ff.

44 Wie hier Zahn, in: Kniffka § 650s Rn. 71; a.A. insoweit explizit Kuhn, ZfBR 2017, 211, 216.

leistung Ziffer g) der LPH 8 der HOAI 2013 zu diesem Zeitpunkt im Zweifel nicht abschließend erbracht ist.
- Entsprechendes gilt z.B., soweit der Planer für einzelne abgenommene Gewerke bereits mit einer beauftragten Auflistung der der Verjährungsfristen für Mängelansprüche gemäß Ziffer o) der LPH 8 der HOAI 2013 begonnen hat.

2. Beschränkung der Teilabnahme auf Planungs- bzw. Überwachungsleistungen im engeren Sinn?

24 Die vorstehend erörterte Problematik würde sich (in dieser Reichweite) nicht stellen, wenn die Teilabnahme von vorneherein nur die unmittelbar für die Mangelfreiheit des abgenommenen Bauwerks relevanten Planungs- und Überwachungsleistungen erfassen würde (plastisch am Beispiel der HOAI-Leistungskataloge: das Überwachen der Ausführung des Objekts, nicht aber die Rechnungsprüfung).

25 Für eine solche Begrenzung sprechen nicht unerhebliche Argumente:[45]
- bessere Abgrenzbarkeit bis hin zur Abgeschlossenheit dieser teilabgenommenen Planungs-/Überwachungsleistungen;[46]
- für den intendierten Doppelzweck des § 650s BGB (Mängelhaftungsgleichlauf, Regresserhaltung, siehe Rdn. 2) ausreichend;
- entspricht zudem der intendierten »HOAI-Unabhängigkeit« der §§ 650p ff. BGB.[47]

26 Diese Argumente dürften indes für eine teleologische Reduktion des »Teilabnahmeumfangs« des § 650s BGB nicht ausreichen: Dessen Wortlaut (»der« = »alle«) bleibt weit gefasst, ebenso die Amtliche Begründung.[48] Und die Begrenzung der Teilabnahme auf Planungs- und Überwachungsleistungen »im engeren Sinne« würfe nur neue, mit der einschneidenden Zäsur der Abnahme nur schwer vereinbare Abgrenzungsprobleme auf.

Im Ergebnis dürfte daher die Teilabnahme nach § 650s BGB wortlautgemäß alle bis dahin erbrachten Planerleistungen erfassen.

3. Abnahmereife der Planerleistungen

27 Die abzunehmenden Planerleistungen müssen (»bis hierhin«, siehe Rdn. 23) teilabnahmereif sein. Dies folgt aus § 650q Abs. 1 i.V.m. § 640 Abs. 1 BGB.

28 Die danach erforderliche Abnahmereife der Planerleistungen kann, schon aufgrund des Grundsatzes der Relativität der Schuldverhältnisse, trotz erfolgter Abnahme der Bauleistungen sehr wohl zu verneinen sein. Dies ist z.B. der Fall,
- wenn der Auftraggeber nicht abnahmereife Bauleistungen, z.B. unter Vorbehalt dieser wesentlichen Baumängel, gleichwohl abgenommen hat und das Vorliegen dieser wesentlichen Baumängel zugleich einen gravierenden Überwachungsfehler begründet;
- wenn wesentliche Planerleistungen, wie z.B. eine beauftragte Kostenermittlung, eine beauftragte Bauablaufdokumentation o.ä., nicht oder fehlerhaft erbracht sind, was für die Abnahme der Bauleistungen irrelevant war.

---

45 Vgl. andeutungsweise Dammert, BauR 2017, 421, 426 (*»nach Abnahme der letzten Bauerrichtungsleistung auch eine Abnahme seiner **hierauf bezogenen** Planungs- und Überwachungsleistungen«*); ferner bereits die Vorschläge von Leupertz, BauR 2009, 393, 400, wonach die Teilabnahme idealiter *»auch die Leistungen des Architekten unterscheidbar in solche unterteilt, die einerseits die Bauerrichtung und nachlaufend die Kontrolle und Nachbesserung des Bauergebnisses betreffen«*.

46 Siehe auch Dammert, BauR 2017, 421, 426.

47 Siehe Vor § 650p Rdn. 19 f.

48 Vgl. BT-Drucks. 18/8486, S. 70: »der bis dahin erbrachten Architekten- und Ingenieurleistungen«.

C. Rechtsfolge

I. Rechtsfolge der erklärten Teilabnahme

29 Eine vom Besteller erklärte Teilabnahme zeitigt **alle Rechtsfolgen wie eine Endabnahme, jedoch gegenständlich beschränkt auf den abgenommenen Leistungsteil**. Dies sind nach hier vertretener Auffassung alle zum Zeitpunkt der Teilabnahme »bis hierhin« auf ihre Vertragsgemäßheit prüfbaren (Teil-)Leistungen (siehe oben Rdn. 19 ff.), unabhängig davon, ob es sich um auf die Bauleistungen bezogene Planungs- bzw. Überwachungsleistungen im engeren Sinn handelt oder nicht (siehe oben Rdn. 24 ff.). Nur bzgl. solche. (Teil-)Leistungen des Planers,
- mit denen der Planer zu diesem Zeitpunkt noch gar nicht begonnen hat,
- die nichtmals auf ihre Vertragskonformität »bis hierhin« überprüfbar sind,
- oder die einvernehmlich von der Teilabnahme ausgenommen werden,

treten die Abnahmewirkungen per se nicht ein (d.h. insoweit kein Beginn der Gewährleistungsfrist usw.). Dies kann in der Konsequenz zu **uneinheitlichen Verjährungsfristen für zusammenhängende Leistungen** führen, bspw. zur Aufspaltung der Gewährleistungsfrist für eine an sich »einheitliche« Grundleistung.[49] Zur Bedeutung dieses Befundes für die AGB-Kontrolle siehe Rdn. 34 ff.

Bezüglich bei Abnahme vorbehaltener Mängel der Planerleistung tritt bereits nach allgemeinen Regeln keine Beweislastumkehr ein.[50]

30 Sind dem Besteller zum Zeitpunkt der Teilabnahme Mängel der abzunehmenden Planerleistungen positiv bekannt und behält er sich diese Mängel nicht bei der Teilabnahme vor, führt dies zu einem weit gehenden Ausschluss der Gewährleistungsrechte (§ 640 Abs. 3 BGB i.V.m. § 650q Abs. 1 BGB). Ausgeschlossen sind dann vor allem das Recht auf Nacherfüllung (§ 634 Nr. 1 BGB) auch für diejenigen Planungsfehler, die sich noch nicht im Bauwerk verwirklicht haben, sowie das Recht zur Honorarminderung (§ 634 Nr. 3 BGB). Schadensersatzansprüche wegen eines Planungsfehlers – die nach der Rechtsprechung besonders dann praxisrelevant werden, wenn sich der Planungsfehler bereits im Bauwerk verwirklicht hat – sind wegen des fehlenden Verweises der §§ 640 Abs. 3, 650q Abs. 1 BGB auf § 634 Nr. 4 BGB niemals wegen des unterlassenen Mangelvorbehalts verwirkt.

31 Der gesetzliche Anspruch auf Teilabnahme nach § 650s BGB führt auch ohne – ggf. durch Auslegung gemäß §§ 133, 157 BGB zu ermittelnde – gesonderte vertragliche Regelung zu korrespondierenden Ansprüchen auf **Teilschlussrechnungslegung und -zahlung.**[51] Dies folgt aus § 641 Satz 2 BGB. Der Besteller kann dem Planer also nach gemäß § 650s BGB erfolgter Teilabnahme eine angemessene Frist zur Teilschlussrechnungslegung setzen, um dadurch den Verjährungsbeginns des entsprechenden Zahlungsanspruches in Gang zu setzen.[52]

II. (Teil-)Abnahmeverweigerung durch den Besteller

32 Für die (Teil-)Abnahmeverweigerung bestehen vom Grundsatz her keine wesentlichen Unterschiede im Verhältnis zur Rechtslage bei Abnahmeverweigerung bei Bauverträgen, da § 650q Abs. 1 BGB auch auf die Vorschriften des § 640 Abs. 1 und 2 BGB sowie § 650g Abs. 1 bis 3 BGB verweist und die §§ 650p ff. BGB insoweit keine Sonderregelung enthalten. Das heißt:
- Der Besteller kann gemäß § 640 Abs. 1 Satz 2 BGB die Abnahme nur bei wesentlichen Mängeln der Leistungen des Planers zum Zeitpunkt der Teilabnahme verweigern, was trotz Abnahmereife der Bauleistungen zu bejahen sein kann (zur Teilabnahmereife der Planerleistungen siehe bereits oben Rdn. 27 f.).

---

49 Insoweit zutreffend Kuhn, ZfBR 2017, 211, 216 f.

50 Vgl. BGH, Urt. v. 23.10.2008 – VII ZR 64/07, BauR 2009, 237.

51 Ebenso wohl auch Koeble, in: LKFZ, § 15 HOAI Rn. 19, 22.

52 Siehe zur Fristsetzung zur Schlussrechnungslegung bei Planerverträgen BGH, Urt. v. 19.06.1986 – VII ZR 221/85, BauR 1986, 596; zu VOB/B-Bauverträgen siehe § 12 Abs. 4 VOB/B.

- Setzt der Planer dem Besteller eine Frist zur Teilabnahme, gelten die bis dahin erbrachten Planerleistungen, sofern »bis hierhin« abnahmereif (siehe oben Rdn. 23), als teilabgenommen, wenn nicht der – erforderlichenfalls nach § 640 Abs. 2 Satz 2 BGB aufgeklärte – Besteller unter Angabe mindestens eines (wesentlichen)[53] Mangels die Teilabnahme verweigert hat (§ 640 Abs. 2 Satz 1 BGB). An die Stelle der »Fertigstellung des Werkes« gemäß § 640 Abs. 2 Satz 1 BGB tritt hierbei nach Sinn und Zweck, sowie aufgrund der »entsprechenden« Geltung des gesamten § 640 BGB gemäß § 650q Abs. 1 BGB, der Zeitpunkt der Abnahme der letzten Bauleistung im Sinne des § 650s BGB.[54]
- Hat der Besteller die Teilabnahme verweigert, hat der Planer dann nach näherer Maßgabe der Absätze 1 bis 3 des § 650g BGB einen Anspruch auf gemeinsame Zustandsfeststellung.[55] Die Abnahme der Planerleistungen kann vom Besteller unter Angabe eines – wesentlichen – Planungsmangels verweigert werden. Der Besteller kann hierfür einerseits Mängel des Bauwerks anführen, andererseits »reine« Mängel der »bis hierhin« erbrachten Planerleistung unabhängig von ihrer Verkörperung im Bauwerk (z.B. eine lückenhafte Baustellendokumentation). Werden Mängel des Bauwerks gerügt, richtet sich der Anspruch des Planers primär auf die entsprechende Feststellung des Zustands des Bauwerks (dazu § 650q Rdn. 82). Werden »reine« Mängel der Planerleistung im vorstehenden Sinne gerügt, bleibt praktisch etwas ominös, wie man sich eine solche gemeinsame, hilfsweise einseitige, Zustandsfeststellung von »reinen« Planerleistungen tatsächlich vorstellen soll. Überdies dürfte ein »Beweissicherungsinteresse« in der Praxis in der Regel zweifelhaft sein. Ausgeschlossen ist ein entsprechender Zustandsfeststellungsanspruch des Planers aber auch insoweit natürlich nicht.

Wegen aller Einzelheiten siehe im Übrigen die Kommentierung zu §§ 640, 650g BGB.

D. Abweichende vertragliche Regelungen

I. Individualvertragliche Vereinbarungen

33 **Individualvertraglich** kann § 650s BGB abbedungen oder abgeändert werden. Das gilt auch dann, wenn der Besteller Verbraucher (§ 13 BGB) ist, da eine Regelung wie § 650o BGB fehlt.

II. Allgemeine Geschäftsbedingungen

34 Fraglich ist, inwieweit abweichende Regelungen in **Allgemeinen Geschäftsbedingungen** zulässig sind. Dass bestimmte Regelungen zur Abnahme in Planerverträgen früher nicht als unangemessene Benachteiligung angesehen wurden, bedeutet freilich nicht, dass dies automatisch weiter gültig ist. Denn der Gesetzgeber hat mit **§ 650s BGB ein neues gesetzliches Leitbild** und damit neue Wertungsmaßstäbe geschaffen, was damit durchaus zur AGB-Unwirksamkeit jedenfalls vormals AGB-wirksamer Vertragsklauseln[56] führen kann. Wie immer kommt es wegen § 307 BGB bei der Beurteilung entscheidend darauf an, wer im konkreten Fall Verwender der Vertragsklausel ist.

35 In **AGB des Bestellers** können damit Klauseln kritisch sein, die den gesetzlichen Teilabnahmeanspruch zu Lasten des Planers abbedingen oder erschweren, insb. zeitlich nach hinten verschieben. Wenn der Planervertrag dem Planer *zusätzlich* zu § 650s BGB einen weiteren Teilabnahmeanspruch nach der Leistungsphase 8 gewährt, ist dies unproblematisch wirksam.[57] Fraglich ist jedoch die AGB-Wirksamkeit einer bestellerseitigen Vertragsklausel, die den gesetzlichen Teilabnahmeanspruch des

---

53 Siehe zutreffend Sonntag, § 640 Rdn. 58 f.

54 Die Geltung der Abnahmefiktion des § 640 Abs. 2 BGB wird ebenfalls bejaht von Koeble, in: LKFZ, Einleitung Rn. 152.

55 Ebenso Koeble, in: LKFZ, Einleitung Rn. 237; a.A. Tschäpe/Werner, ZfBR 2017, 419, 421.

56 Vgl. zum klauselmäßigen Teilabnahmeanspruch des Planers nach der LPH 8 etwa BGH, Beschl. v. 05.04.2001 – VII ZR 161/00, BauR 2001, 1928; BGH, Urt. v. 11.05.2006 – VII ZR 300/04, BauR 2006, 1332.

57 Ebenso Preussner, in: LPS, § 650s Rn. 91.

§ 650s BGB auf das Ende der Leistungsphase 8 verschiebt. Im Falle der Beauftragung mit der Leistungsphase 8 HOAI werden wesentliche Teilleistungen strukturell bedingt und damit erst Recht bei generalisierender Betrachtungsweise ggf. erst weit nach Abnahme der letzten einschlägigen Bauleistung erbracht. Ein **klauselmäßiges Hinausschieben des Teilabnahmezeitpunktes des § 650s BGB** wird man daher nur für AGB-wirksam halten können, wenn die betreffende Vertragsklausel um eine **Spätestfrist** bezogen auf den maßgeblichen Zeitpunkt des § 650s BGB ergänzt wird.[58] Eine Vertragsklausel des Inhalts »*für Leistungen der Leistungsphase 8 erst nach deren Abschluss, spätestens aber 6 Monate nach Abnahme der letzten Bauleistung gemäß § 650s BGB*« dürfte danach aber wohl noch AGB-wirksam sein und den Planer nicht unangemessen benachteiligen.[59] Grund: Eine solche Klausel dürfte noch keine Abweichung von *wesentlichen* Grundgedanken der gesetzlichen Regelung darstellen. Der gesetzliche Schutzzweck des Gleichlaufs der Verjährungsfristen von Planern und bauausführenden Unternehmen ist ohnehin illusionär; der gesetzliche Schutzzweck der Erhaltung von Innenregressansprüchen auch nach Verjährung der Bauunternehmergewährleistung ist schon nach bisheriger Rechtslage ohnehin gewahrt (siehe oben Rdn. 3). Umgekehrt kann das Interesse des Bestellers, gerade auch des Verbrauchers (§ 13 BGB), in den vorstehend gezogenen zeitlichen Grenzen durchaus berechtigt sein, nicht mitten in unfertigen Leistungen (z.B. laufenden Rechnungsprüfungen, siehe oben Rdn. 23) unterschiedlichen Gewährleistungsfristen bzgl. der Planerleistungen, verbunden mit einem erschwerten Mängelmanagement usw., ausgesetzt zu sein. Und schließlich steht hier »nur« ein begrenztes Hinausschieben eines gesetzlichen *Teil*abnahmeanspruchs in Rede, nicht das Hinausschieben des *Gesamt*abnahmeanspruchs.

In **AGB der Planer** ist es problematisch, wenn dort vertragliche Teilabnahmeansprüche etwa für den Fall der Freigabe der jeweiligen Leistungsphasen auch vor dem (frühest zulässigen?) Zeitpunkt des § 650s BGB statuiert werden sollen. Nach bisheriger Rechtslage werden entsprechende Klauseln – zumindest bzgl. zusammenhängender HOAI-Leistungsphasen – wohl überwiegend für zulässig angesehen, wenn und soweit dies hinreichend transparent erfolgt und die teilabzunehmenden Leistungen auf ihre Vertragsgemäßheit überprüft werden können.[60] An dieser bisherigen Rechtslage ändert § 650s BGB richtiger Weise nichts: § 641 Abs. 1 Satz 2 BGB, auf den § 650q Abs. 1 BGB verweist, kennt unverändert Abnahmen des Werkes »in Teilen«. § 650s BGB dürfte insoweit keine abschließende Sonderregelung darstellen. Denn § 650s BGB will den Planer schützen, nicht seine Rechte einschränken, und lautet überdies nicht »frühestens ab der Abnahme« o.ä. 36

§ 650t Gesamtschuldnerische Haftung mit dem bauausführenden Unternehmer

Nimmt der Besteller den Unternehmer wegen eines Überwachungsfehlers in Anspruch, der zu einem Mangel an dem Bauwerk oder an der Außenanlage geführt hat, kann der Unternehmer die Leistung verweigern, wenn auch der ausführende Bauunternehmer für den Mangel haftet und der Besteller dem bauausführenden Unternehmer noch nicht erfolglos eine angemessene Frist zur Nacherfüllung bestimmt hat.

Übersicht

58 A.A. Deckers, ZfBR 2017, 523, 542, wonach eine zeitliche Begrenzung entbehrlich sei.

59 Wie hier Preussner, in: LPS, § 650s Rn. 92.1; a.A. Kuhn, ZfBR 2017, 218 f., jedoch aufgrund kaum überzeugender Übertragung der Rechtsprechung zum unzulässigen Hinausschieben der Gesamtabnahme auf das Hinausschieben einer Teilabnahme.

60 Vgl. näher unter Auswertung von Literatur und Rechtsprechung Sonntag, in: FBS, Vor §§ 650p ff. Rn. 318.

A. Entstehungsgeschichte

1 § 650t BGB gewährt dem Architekten oder Ingenieur für seine Haftung aufgrund von Überwachungsfehlern ein Leistungsverweigerungsrecht, solange der Besteller den Bauunternehmer nicht erfolglos unter Fristsetzung zur Beseitigung des entsprechenden Mangels aufgefordert hat. Diese (erstmalige) gesetzliche Regelung basiert auf der seit dem 01.02.1965[1] bestehenden Rechtsprechung des BGH und der Obergerichte, wonach bezüglich der Schadensersatzpflicht des bauüberwachenden Architekten oder Ingenieurs und der Nacherfüllungspflicht des Bauunternehmers eine gesamtschuldnerische Haftung angenommen wird, obwohl Schadensersatzpflicht einerseits und Nacherfüllungspflicht andererseits im strengen Wortsinn des § 421 BGB nicht dieselbe Leistung darstellen.[2] Die pragmatische und den Besteller begünstigende Rechtsprechung findet in der Literatur teilweise Unterstützung,[3] teilweise wird sie aber auch grundsätzlich in Frage gestellt. Der Arbeitskreis IV hat sich auf dem 5. Deutschen Baugerichtstag (DBGT) im Jahr 2014 ausführlich mit dieser Problematik befasst. Teilweise wurde die Auffassung vertreten, eine Gesamtschuld scheide schon deshalb aus, weil der bauüberwachende Architekt oder Ingenieur einen anderen Werkerfolg schulde als der Bauunternehmer.[4] Aufgrund der bei Architekten und Ingenieuren regelmäßig eintrittspflichtigen Haftpflichtversicherung führe die Annahme einer gesamtschuldnerischen Haftung zudem dazu, dass regelmäßig der Architekt/Ingenieur und nicht der primär nacherfüllungspflichtige Bauunternehmer in Anspruch genommen werde, was auch zu einer unvertretbaren Erhöhung der Versicherungsprämien führe.[5] Zumindest sei es bei Annahme einer Gesamtschuld erforderlich, dass der Besteller angehalten sei, zunächst den Nacherfüllungsanspruch gegenüber dem Bauunternehmer geltend zu machen, bevor er vom Architekten oder Ingenieur Schadensersatz fordern könnte. Dies gebiete zudem die Schadensminderungspflicht des Bestellers.[6] Der 5. DBGT empfahl dem Gesetzgeber, eine Regelung zu treffen, der zu Folge der Architekt oder Ingenieur durch den Besteller erst dann im Rahmen eines Gesamtschuldverhältnisses in Anspruch genommen werden könne, wenn der Bauunternehmer zuvor fruchtlos unter Fristsetzung zur Nacherfüllung aufgefordert worden sei.[7]

2 In Abstimmung und teilweiser Übereinstimmung mit dem DGBT befasste sich auch die vom BMJV eingerichtete *Arbeitsgruppe Bauvertragsrecht* mit dieser Problematik. Die Arbeitsgruppe sprach sich für die Beibehaltung der gesamtschuldnerischen Haftung zwischen Bauüberwacher und Bauunternehmer aus, da die Abschaffung der Gesamtschuld ausschließlich zu Lasten des Bestellers gehe und

1 BGHZ 43, 227 = NJW 1965, 1175.
2 Ausführlich dazu Langen, NZBau 2015, 2 ff. und NZBau 2015, 71 ff.
3 Vgl. z.B. Frechen, in: Werner/Pastor, Rn. 2481 ff.; Kniffka/Koeble, 6. Teil, Rn. 63 ff.; Sass, BauR 2014, 1378.
4 5. DBGT, S. 24 ff.; ergänzend Preußner, BauR 2014, 751, 755.
5 Arbeitskreis IV des DBGT, a.a.O.; diese These wurde allerdings in der gemeinsamen Stellungnahme der Auftragnehmervertreter (ZTH, ZTB und HDB) zum Abschlussbericht der Arbeitsgruppe Bauvertragsrecht beim BMJV zu Recht in Frage gestellt.
6 Arbeitskreis IV beim 5. DBGT, a.a.O.; dazu Langen, NZBau 2015, 71, 74.
7 5. DBGT, S. 41.

ihn prozessual benachteiligen würde, da er dann eine Schadensaufteilung zwischen den verschiedenen Baubeteiligten vornehmen und diese einzeln verklagen müsse. Allerdings votierte die Arbeitsgruppe ebenfalls für eine Einschränkung der gesamtschuldnerischen Haftung durch eine Regelung der Rangfolge der Inanspruchnahme. Daneben empfahl die Arbeitsgruppe auch die Prüfung, die Ansprüche des Bestellers aus Baumängeln sowohl gegenüber dem planenden wie überwachenden Architekten/Ingenieur wie schließlich auch gegenüber dem ausführenden Bauunternehmer durch eine »Multi-Risk-Versicherung« abzusichern.[8]

Der auf dem Bericht der Arbeitsgruppe Bauvertragsrecht basierende *Referentenentwurf des BMJV* 3
vom 10.09.2015 sah in § 650s BGB-E eine Regelung vor, wonach eine Inanspruchnahme des Unternehmers auf Schadensersatz nach § 634 Nr. 4 und §§ 280, 281 BGB wegen Mängeln am Bauwerk oder an der Außenanlage im Rahmen der gesamtschuldnerischen Haftung mit dem bauausführenden Unternehmer erst zulässig sein sollte, wenn der Besteller dem bauausführenden Unternehmer zuvor erfolglos eine angemessene Frist zur Nacherfüllung nach § 634 Nr. 1 und § 635 BGB bestimmt habe.[9] Bei diesem Regelungsvorschlag war einerseits unklar, was unter »erst zulässig« zu verstehen sein sollte. Gleichermaßen ging der Regelungsvorschlag sehr weit, weil er sowohl die Schadensersatzhaftung des Architekten oder Ingenieurs aus mangelhafter Planung wie auch aus mangelhafter Bauüberwachung erfasste.

Der *Regierungsentwurf* vom 10.03.2016 präzisierte den Referentenentwurf dahin, dass dem aus 4
mangelhafter Bauüberwachung haftenden Architekten oder Ingenieur ein Leistungsverweigerungsrecht zugebilligt wurde, solange der für den Ausführungsmangel verantwortliche Bauunternehmer noch nicht erfolglos unter Fristsetzung zur Mängelbeseitigung aufgefordert wurde. Gleichzeitig schränkte der Kabinettsentwurf dieses Leistungsverweigerungsrecht auf die gesamtschuldnerische Mithaftung des bauüberwachenden Architekten oder Ingenieurs ein, während die Einschränkung nicht gilt, soweit der Architekt/Ingenieur aufgrund eines Planungsmangels auf Schadensersatz in Anspruch genommen wird. Zur Begründung wurde ausgeführt, Ziel der – heute in § 650t BGB verankerten – Regelung sei es, die überproportionale Belastung der Architekten und Ingenieure im Rahmen der gesamtschuldnerischen Haftung mit dem bauausführenden Unternehmer zu reduzieren. Bauherren würden, auch wenn die Verjährungsfrist für Baumängel gegenüber dem bauausführenden Unternehmer noch nicht abgelaufen sei, vorrangig die Architekten oder Ingenieure aufgrund eines Überwachungsfehlers auf Schadensersatz in Anspruch nehmen, da diese aufgrund ihrer Berufsordnung über eine Berufshaftpflichtversicherung verfügen würden, die eine Anspruchsrealisierung erleichtere.[10] Der Rückgriff des Architekten oder Ingenieurs bzw. seiner Versicherung beim Bauunternehmer scheitere häufig an dessen Insolvenz, so dass die Architekten/Ingenieure letztlich stärker belastet würden als die primär verantwortlichen Bauunternehmer, was gleichzeitig zu einer Erhöhung der Versicherungsprämien führe. Für eine Abschaffung der Rechtsprechung des BGH zur gesamtschuldnerischen Haftung habe kein Anlass bestanden, da dies zu Lasten des Bestellers und insbesondere des Verbrauchers gehen würde, weil diese ohne gesamtschuldnerische Haftung eine häufig schwierige Quotierung der Haftung des Bauunternehmers einerseits bzw. des überwachenden Architekten oder Ingenieurs andererseits vornehmen müssten.[11] Allerdings sei dem bauüberwachenden Architekten oder Ingenieur ein Leistungsverweigerungsrecht zuzubilligen, wenn der Besteller nicht zuvor den bauausführenden Unternehmer erfolglos zur Nacherfüllung aufgefordert habe. Damit werde das Recht »zur zweiten Andienung« des Bauunternehmers geschützt und verhindert, dass der primäre Nacherfüllungsanspruch durch Schadensersatzzahlungen der Architekten und Ingenieure faktisch vereitelt werde.[12]

8 Abschlussbericht der Arbeitsgruppe vom 18.06.2013, S. 57 f.; für diese »Versicherungslösung« auch Dammert, BauR 2017, 421, 427 f.

9 Vgl. Referentenentwurf des BMJV vom 10.09.2015, abrufbar unter www.bmjv.de.

10 BT-Drucks. 18/8486, S. 70 f.

11 BT-Drucks. 18/8486; S. 71.

12 BT-Drucks., a.a.O., S. 70.

B. Überblick

5 Der Gesetzgeber hat sich in § 650t BGB nicht nur für die Beibehaltung, sondern ausdrücklich für eine gesetzliche Regelung der gesamtschuldnerischen Haftung des für einen Ausführungsmangel verantwortlichen Bauunternehmers einerseits und des für diesen Mangel ebenfalls verantwortlichen bauüberwachenden Architekten oder Ingenieurs andererseits entschieden. Das ergibt sich sowohl aus der Überschrift der Norm als auch aus der entsprechenden Gesetzesbegründung, in der der Gesetzgeber die von der Literatur teilweise geforderte Abschaffung des Gesamtschuldverhältnisses im Interesse des Bestellers und insbesondere des Verbrauchers ausdrücklich abgelehnt hat.[13] Zu beachten ist freilich, dass **kein** Gesamtschuldverhältnis besteht zwischen dem Architekten, der wegen einer Pflichtverletzung aus der **Leistungsphase 9** gegenüber dem Besteller haftet und dem bauausführenden Unternehmer, der wegen einer Pflichtverletzung bei der Erbringung seiner Bauleistung haftet.[14]

6 Im Rahmen des nun gesetzlich verankerten Gesamtschuldverhältnisses hat sich der Gesetzgeber aber der Empfehlung des 5. DBGT und der Arbeitsgruppe Bauvertragsrecht beim BMJV angeschlossen und dem schadensersatzpflichtigen Architekten oder Ingenieur ein Leistungsverweigerungsrecht zugebilligt, solange der Besteller den Unternehmer noch nicht erfolglos unter Fristsetzung zur Mängelbeseitigung aufgefordert hat. Auf den ersten Blick erscheint die gesetzliche Regelung nachvollziehbar, wonach der Besteller zunächst Nacherfüllung vom Bauunternehmer fordern muss, bevor er den Architekten oder Ingenieur auf Schadensersatz wegen des Überwachungsfehlers in Anspruch nehmen kann. Bislang ist die Rechtsprechung allerdings zutreffend davon ausgegangen, dass eine solche Obliegenheit des Bestellers, zunächst Nacherfüllung vom Bauunternehmer fordern zu müssen, nicht besteht und dass auch nur ausnahmsweise eine Verletzung der Schadensminderungspflicht anzunehmen ist, wenn der Besteller sogleich Schadensersatz vom Architekten oder Ingenieur verlangt.[15] Dabei ist zu berücksichtigen, dass der Primäranspruch des Bestellers gegenüber dem Bauunternehmer auf Nacherfüllung nach § 635 BGB gerichtet ist. Der entsprechende (Primär-)Anspruch gegenüber dem Architekten oder Ingenieur, der schuldhaft seine Überwachungspflicht verletzt hat, geht aber gerade nicht auf Nacherfüllung, sondern sogleich auf Schadensersatz gemäß §§ 634 Nr. 4 i.V.m. 280, 281 BGB, da eine Nacherfüllung bzgl. des Überwachungsfehlers nicht in Frage kommt.[16] Obwohl dem Besteller also bei mangelhafter Bauüberwachung von vornherein (nur) ein Schadensersatzanspruch gegenüber dem Architekten oder Ingenieur zusteht, »zwingt« § 650t BGB den Besteller nun, zunächst vom Bauunternehmer Nacherfüllung zu verlangen, bevor er den Architekten oder Ingenieur auf Schadensersatz in Anspruch nehmen kann. Das Argument des Gesetzgebers, durch einen gleichstufigen Schadensersatzanspruch gegen die überwachenden Architekten oder Ingenieur werde das »Recht zur zweiten Andienung« des Bauunternehmers eingeschränkt, verfängt nur sehr bedingt. Denn leistet der in Anspruch genommene Architekt oder Ingenieur Schadensersatz in Geld, so scheidet die körperliche Nachbesserung des Baumangels durch den Bauunternehmer zwar aus. Dennoch geschieht diesem kein »Unrecht«, da er dem Architekten bzw. Ingenieur zum einen Gesamtschuldausgleich nur in Höhe der internen Verantwortungsquote schuldet und zum anderen die Gesamtschuld zwischen dem Bauunternehmer und dem Architekten/Ingenieur der Höhe nach auf die Selbstkosten beschränkt ist, die dem Bauunternehmer durch die Nacherfüllung des Mangels entstehen würden. Die (primär) auf Nacherfüllung[17] gerichtete (gesamtschuldnerische) Haftung des Bauunternehmers wird also durch die Selbstkosten seiner eigenen Nachbesserung limitiert (z.B.

---

13 BT-Drucks. 18/8486, S. 71; siehe auch Preussner, in: LPS, § 650t Rn. 21: »Mit der Einfügung des § 650t hat der Gesetzgeber diese Diskussion ungeachtet dogmatischer Bedenken im Sinne der bisherigen Rechtsprechung beendet. Roma locuta causa finita«.

14 Vgl. BGH, Urt. v. 01.12.2022 – VII ZR 90/22, BauR 2023, 510.

15 BGH, BauR 2007, 1875, 1878; ergänzend Langen, NZBau 2015, 71, 75.

16 Vgl. Langen, NZBau 2015, 71, 74.

17 Es geht hier allein um die Konstellation, dass noch das Nacherfüllungs- bzw. Nachbesserungsrecht des Bauunternehmers besteht (und der Architekt des Schadensersatzanspruch des Bestellers befriedigt, vgl. unten Rdn. 23).

10.000,00 €), während der Architekt/Ingenieur Schadensersatz in Geld hinsichtlich einer Fremdnachbesserung schuldet (z.B. 15.000,00 €).[18] Auch ohne die Regelung des § 650t BGB würde der – zur Nacherfüllung berechtigte und willige – Bauunternehmer beim Gesamtschuldausgleich mit dem Architekten oder Ingenieur letztlich nur das aufwenden, was er bei einer Nachbesserung unter Berücksichtigung der internen Haftungsquote des Architekten oder Ingenieurs hätte aufwenden müssen.[19] Anders ist dies selbstverständlich in dem Fall, dass der Bauunternehmer nicht mehr nacherfüllungs- bzw. nachbesserungsbefugt ist (weil die ihm gesetzte Mängelbeseitigungsfrist fruchtlos abgelaufen ist oder eine solche Fristsetzung nach § 637 Abs. 2 BGB entbehrlich war): Dann besteht die Gesamtschuld in Höhe der (erforderlichen) Fremdnachbesserungskosten.[20]

Durch § 650t BGB wird also nicht »mehr Gerechtigkeit geschaffen«, sondern der Besteller gezwungen, 7 vom Bauunternehmer Nacherfüllung unter Fristsetzung zu verlangen, bevor er seinen – von Anfang an berechtigten – Schadensersatzanspruch durchsetzen kann. Einen – je nach Standpunkt – Fehlanreiz einer (vermeintlich) »voreiligen« Inanspruchnahme des Architekten oder Ingenieurs hat der BGH beseitigt, indem er dem Besteller auch gegenüber dem Planer einen Anspruch auf Ersatz »fiktiver« Mängelbeseitigungskosten versagt.[21] Nach seinem Wortlaut schränkt § 650t BGB eine Inanspruchnahme des Architekten bzw. Ingenieurs indes auch dann ein, wenn der Besteller ihm gegenüber »lediglich« den mangelbedingten Minderwert des Bauwerks geltend macht.[22]

C. Leistungsverweigerungsrecht des bauüberwachenden Architekten oder Ingenieurs

§ 650t BGB räumt dem bauüberwachenden Architekten oder Ingenieur ein Leistungsverweigerungs- 8 recht ein, wenn

- er wegen eines Überwachungsfehlers in Anspruch genommen wird,
- der zu einem Mangel an dem Bauwerk oder an der Außenanlage geführt hat und
- der ebenfalls für den Mangel verantwortliche Bauunternehmer noch nicht erfolglos unter Fristsetzung zur Nacherfüllung aufgefordert worden ist.

I. Inanspruchnahme wegen eines Überwachungsfehlers

1. (Bloßer) Überwachungsfehler

§ 650t BGB konstituiert keinen Schadensersatzanspruch des Bestellers gegenüber dem bauüber- 9 wachenden Architekten oder Ingenieur, sondern setzt diesen voraus. Zur Frage, unter welchen Voraussetzungen der Architekt oder Ingenieur aufgrund eines Überwachungsfehlers für einen Baumangel verantwortlich ist, kann auf die umfangreiche Kasuistik zu den Überwachungspflichten verwiesen werden.[23]

2. Planungsfehler

Soweit der Architekt bzw. Ingenieur wegen eines **Planungsfehlers** gesamtschuldnerisch neben dem 10 Bauunternehmer für den Mangel haftet, ist der Besteller nicht gehalten, zunächst einen Nacherfüllungsanspruch gegenüber dem Bauunternehmer geltend zu machen.[24] Der Gesetzgeber ist an dieser Stelle dem Referentenentwurf des BMJV, der auch im Fall eines Planungsfehlers eine Sonder-

---

18 Asymmetrische Gesamtschuld, vgl. dazu Voit, BauR 2011, 392, 399; Langen, NZBau 2015, 71, 75.

19 Voit, a.a.O.; Langen, a.a.O.

20 Unzutreffend daher die Kritik an der asymmetrischen Gesamtschuld bei Preussner, in: LPS, § 650t Rn. 62.1 ff.

21 Vgl. BGH, BauR 2018, 815 Ls. 4.

22 Vgl. zu diesem Schaden BGH, BauR 2018, 815 Ls. 5a.

23 Vgl. die Zusammenstellung bei Fuchs/Berger/Seifert, § 34 HOAI Rn. 413 ff.; zum Leistungsbild Ingenieurbauwerke § 43 HOAI Rn. 145 ff.

24 A.A. jetzt Preussner, in: LPS, § 650t Rn. 25, aber das widerspricht dem gesetzgeberischen Willen. Auch insoweit gilt: Roma locuta causa finita.

regelung zur Gesamtschuld vorgesehen hatte[25], nicht gefolgt und hat dies damit begründet, dass bei einem Planungsfehler der Architekt oder Ingenieur die Hauptursache für den Mangel gesetzt habe und es deshalb nicht angemessen wäre, den Besteller zunächst auf eine Inanspruchnahme des Bauunternehmers auf Nacherfüllung zu verweisen.[26] Über die zutreffende Begründung des Gesetzgebers hinaus ist bei einer Verantwortlichkeit des Architekten oder Ingenieurs aufgrund eines Planungsfehlers zu berücksichtigen, dass der Bauunternehmer nur dann zur Nacherfüllung verpflichtet ist, wenn der Planungsfehler bei pflichtgemäßer Sorgfalt für ihn erkennbar war **und** er seiner Bedenkenhinweispflicht[27] nicht nachgekommen ist. Selbst bei einer Verantwortlichkeit des Bauunternehmers dem Grunde nach muss sich der Besteller regelmäßig einen erheblichen Mitverschuldensanteil des Planers gemäß §§ 254, 278 BGB anrechnen lassen,[28] so dass die Nacherfüllungspflicht des Bauunternehmers regelmäßig mit einem – auf sein Verlangen abzusichernden[29] – Zuschussanspruch verbunden ist.[30] Nimmt der Besteller den Architekten oder Ingenieur also wegen eines Planungsfehlers in Anspruch, so steht dem Architekten/Ingenieur kein Leistungsverweigerungsrecht zu, auch wenn der Besteller von einer Inanspruchnahme des Bauunternehmers absieht. Gleiches gilt bei einem »Koordinationsfehler« des Architekten, soweit dieser einem Planungsfehler gleichzusetzen ist.[31]

3. Planungs- und Überwachungsfehler

11 Beruht der Baumangel auf einem Planungsfehler, der pflichtwidrig weder vom bauüberwachenden Architekten/Ingenieur noch vom Bauunternehmer bemerkt worden ist, so ist zu unterscheiden: Ist derselbe Architekt/Ingenieur sowohl für den Planungs- als auch für den Überwachungsfehler verantwortlich, so greift § 650t BGB nach Sinn und Zweck der Norm nicht ein.[32] Nimmt der Besteller den Architekten/Ingenieur also auf Schadensersatz in Anspruch, so steht ihm kein Leistungsverweigerungsrecht zu, auch wenn der Besteller nicht zuvor den Bauunternehmer auf Nacherfüllung in Anspruch genommen hat. Wird die Bauüberwachung hingegen von einem Architekten oder Ingenieur durchgeführt, der nicht bereits die Planung erstellt hat, so ist zwar die gesamtschuldnerische Haftung des überwachenden Architekten/Ingenieurs ebenso gemäß §§ 254, 278 BGB um das Planungsverschulden des Bestellers gekürzt, wie die Nacherfüllungspflicht des Bauunternehmers.[33] Der Besteller kann in diesem Fall also uneingeschränkt Schadensersatz vom Planer verlangen, während sein Anspruch gegen den Überwacher genauso gekürzt ist wie gegenüber dem Bauunternehmer.[34] Im Verhältnis zwischen dem überwachenden Architekten/Ingenieur und dem Bauunternehmer greift jedoch wieder § 650t BGB. Verlangt also der Besteller vom überwachenden Architekten oder Ingenieur (eingeschränkten) Schadensersatz in Geld, so kann der überwachende Architekt/Ingenieur sein Leistungsverweigerungsrecht nach § 650t BGB geltend machen, so lange nicht der Besteller seinen (eingeschränkten) Nacherfüllungsanspruch gegenüber dem Bauunternehmer erfolglos unter Fristsetzung geltend gemacht hat.

25 Vgl. oben Rdn. 3.
26 BT-Drucks. 18/8486, S. 70 f.
27 Gemäß § 4 Abs. 3 VOB/B bzw. gem. § 242 BGB, vgl. OLG Bremen, BauR 2001, 1559 und OLG Karlsruhe, BauR 2003, 1593.
28 Vgl. OLG Düsseldorf, BauR 2001, 638; OLG München, BauR 2011, 1832; OLG Braunschweig, BauR 2016, 2107.
29 Vgl. BGH, BauR 1984, 395; ergänzend Werner/Pastor, Rn. 2090.
30 Vgl. Werner/Pastor, Rn. 2088 ff.
31 Vgl. Preussner, in: LPS, § 650t Rn. 49.1.
32 So zutreffend Fuchs, NZBau 2015, 675, 682 f.; Rodemann, in: FBS, § 650t Rn. 7; im Ergebnis a.A. Preussner, in: LPS, § 650t Rn. 44.2.
33 Vgl. BGH, BGHZ, 179, 55 = NZBau 2009, 185 = BauR 2009, 515 (Glasfassade); BGH, NZBau 2013, 519 = BauR 2013, 1468; dazu Langen, NZBau 2015, 2, 7 f.
34 Vgl. Langen, a.a.O.

II. Ursächlichkeit des Überwachungsfehlers für einen Baumangel

1. Mangel am Bauwerk oder an der Außenanlage

Das Leistungsverweigerungsrecht gemäß § 650t BGB setzt weiter voraus, dass der Überwachungsfehler (des Architekten oder Ingenieurs) zu einem Mangel an dem Bauwerk oder an der Außenanlage geführt hat. § 650t BGB bezieht sich insoweit zwar auf die in § 650a BGB im Zusammenhang mit der Definition eines Bauvertrages verwendeten Begriffe. Voraussetzung zur Anwendung des § 650t BGB ist aber nicht, dass zwischen dem Besteller und dem Bauunternehmer ein Bauvertrag im Sinne von § 650a BGB zustande gekommen ist. Es reicht vielmehr ein (allgemeiner) Werkvertrag im Sinne der § 631 ff. BGB, so dass z.B. auch Mängel, die bei der Ausführung und Überwachung im Rahmen kleinerer Instandhaltungsarbeiten an einem Bauwerk oder einer Außenanlage entstanden sind[35] zur Anwendung von § 650t BGB führen können. 12

2. Ursächlichkeit des Überwachungsfehlers

Tatbestandsvoraussetzung des § 650t BGB ist, dass der vom Architekten oder Ingenieur zu verantwortende Überwachungsfehler zu einem Mangel am Bauwerk oder an der Außenanlage geführt hat. Im Wortsinn der Vorschrift kann ein Überwachungsfehler des Architekten oder Ingenieurs nicht zu einem Baumangel führen, sondern allenfalls dazu, dass der vom Bauunternehmer zu verantwortende Baumangel nicht durch geeignete Überwachungsmaßnahmen verhindert (oder frühzeitig erkannt) worden ist.[36] Ausweislich der Gesetzesbegründung zu § 650t BGB stellt der Gesetzgeber die Rechtsprechung des BGH und der Obergerichte zur Verantwortlichkeit des bauüberwachenden Architekten oder Ingenieurs für Baumängel nicht in Frage, sondern knüpft hieran an.[37] Hiernach hat der bauüberwachende Architekt (oder Ingenieur) die Entstehung eines mängelfreien Bauvorhabens zu bewirken[38] bzw. dafür zu sorgen, dass der Bau plangerecht und frei von Mängeln errichtet wird.[39] Im Sinne dieser Rechtsprechung hat der Überwachungsfehler des Architekten oder Ingenieurs also dann zu einem Mangel am Bauwerk oder an der Außenanlage »geführt«, wenn ihm ein Überwachungsfehler anzulasten ist, der entsprechend den von der Rechtsprechung herausgearbeiteten Grundsätzen zu einer Schadensersatzhaftung des Architekten oder Ingenieurs für den entsprechenden Baumangel führt.[40] 13

III. (Mit-)Verantwortlichkeit des Bauunternehmers

1. Bestehendes Gesamtschuldverhältnis

§ 650t BGB setzt schließlich voraus, dass neben dem überwachenden Architekten oder Ingenieur auch der Bauunternehmer für den Ausführungsmangel verantwortlich ist. Die typische, aber nicht einzige Konstellation besteht darin, dass der Bauunternehmer auf der Basis einer richtigen Planung mangelhaft ausführt und der überwachende Architekt oder Ingenieur schuldhaft den Baumangel weder festgestellt noch verhindert hat.[41] In diesem Fall haften der fehlerhaft überwachende Architekt oder Ingenieur und der Bauunternehmer als Gesamtschuldner, nun allerdings mit der Einschränkung des § 650t BGB. 14

Unterläuft dem Bauunternehmer ein Ausführungsfehler, der vom überwachenden Architekten oder Ingenieur nach den Anforderungen der Rechtsprechung nicht hätte festgestellt und verhindert werden müssen[42], so fehlt es am Gesamtschuldverhältnis zwischen dem überwachenden Architekten/ 15

35 Dazu oben, § 650a Rdn. 23.
36 Dazu ausführlich Seifert/Fuchs, in: FBS, § 34 HOAI Rn. 282.
37 BT-Drucks. 18/8486, S. 70 f.
38 BGHZ 31, 224 = NJW 1960, 431.
39 BGH, NZBau 2000, 525 = BauR 2000, 1513.
40 Vgl. Seifert/Fuchs, in: FBS, a.a.O.
41 Dazu oben Rdn. 9.
42 Vgl. dazu Seifert/Fuchs, in: FBS, § 34 HOAI Rn. 413 ff.

Ingenieur und dem Bauunternehmer, so dass es des Leistungsverweigerungsrechts aus § 650t BGB nicht bedarf. Liegt der Überwachung einerseits und der Bauausführung andererseits eine mangelhafte Planung zu Grunde, so kommt es für die – gemäß §§ 254, 278 BGB gekürzte – Haftung des überwachenden Architekten oder Ingenieurs einerseits sowie des Bauunternehmers andererseits jeweils darauf an, ob der Planungsfehler bei pflichtgemäßer Sorgfalt hätte festgestellt und entsprechend beanstandet werden müssen.[43] Ist diese Frage für den überwachenden Architekten/Ingenieur zu bejahen, während der Planungsfehler für den Bauunternehmer nicht erkennbar war, so fehlt es ebenfalls an einem Gesamtschuldverhältnis zwischen dem überwachenden Architekten/Ingenieur und dem Bauunternehmer, so dass § 650t BGB ebenfalls nicht einschlägig ist; in diesem Fall beschränkt sich das (eingeschränkte) Gesamtschuldverhältnis auf die Haftung des Planers einerseits und des überwachenden Architekten/Ingenieurs andererseits.[44]

2. Erfolglose Setzung einer angemessenen Frist zur Nacherfüllung

a) Regelfall

16 Soweit der überwachende Architekt bzw. Ingenieur und der Bauunternehmer gegenüber dem Besteller gesamtschuldnerisch für den Mangel verantwortlich sind, kann der Architekt/Ingenieur den vom Besteller begehrten Schadensersatz verweigern, solange der Besteller dem Bauunternehmer noch nicht erfolglose eine angemessene Frist zur Nacherfüllung bestimmt hat.

17 Bezüglich dieser Inanspruchnahme des Bauunternehmers durch den Besteller ist auf die allgemeinen Vorschriften zur Mängelhaftung gemäß § 634 ff. BGB zu verweisen, wonach der Besteller den in Rede stehenden Mangel zunächst seinem äußeren Erscheinungsbild nach rügen[45] und dem Unternehmer eine angemessene Frist zur Nacherfüllung im Sinne von § 637 Abs. 1 BGB setzen muss,[46] bevor er vom Bauunternehmer Kostenvorschuss oder Schadensersatz fordern kann. Auch in diesem Zusammenhang erweist sich die BGH-Rechtsprechung, wonach Mängelrechte gemäß §§ 634 ff. BGB erst nach Beendigung des Erfüllungsstadiums bestehen sollen,[47] als höchst problematisch: Streng genommen bedeutet dies in der Tat, dass der Besteller die Erfüllungsphase des Vertrags mit dem Bauunternehmer abwarten muss, bevor er den Planer in Anspruch nehmen kann, weil sonst keine angemessene Frist fruchtlos abgelaufen sein kann.[48] Auch dies ist höchst unbefriedigend.

18 Diese Obliegenheit des Bestellers zur Mängelrüge mit angemessener Frist bezweckt, das Recht des Bauunternehmers »zur zweiten Andienung« zu wahren und ihm damit Gelegenheit einzuräumen, den von ihm selbst verursachten Mangel zu beseitigen, nicht zuletzt auch, die Zufriedenheit seiner Kunden wiederherzustellen.[49]

b) Ausnahmsweise: Entbehrlichkeit der Fristsetzung

19 Auch wenn § 650t BGB dies nicht ausdrücklich klarstellt, ist nach allgemeinen Grundsätzen eine Mängelrüge bzw. die Setzung einer **angemessenen Frist** zur Mängelbeseitigung **ausnahmsweise entbehrlich**, insbesondere dann, wenn der Bauunternehmer die Mängelbeseitigung bereits endgültig und ernsthaft verweigert hat (§ 637 Abs. 2 BGB). In diesem Fall ist die entsprechende Fristsetzung also auch nach § 650t BGB entbehrlich.[50]

43 Dazu oben Rdn. 11.
44 Vgl. dazu Langen, NZBau 2015, 71, 72 f.
45 Vgl. BGH, BauR 1997, 1029; 1998, 632; 1999, 391 und 899; 2000, 261.
46 Vgl. Langen, in: Kapellmann/Messerschmidt, § 13 VOB/B Rn. 270.
47 Vgl. z.B. BGH, BauR 2018, 539.
48 Vgl. Rodemann, in: FBS, § 650t Rn. 10.
49 BT-Drucks. 18/8486, S. 70 f.
50 Zutreffend Fuchs, NZBau 2015, 675, 683; Rückert, in: Kuffer/Wirth, Handbuch des Fachanwalts Bau- und Architektenrecht, Rn. 34 f.; MüKo-BGB/Busche, § 650t Rn. 11.

c) Unklare Mängelverantwortlichkeit des Bauunternehmers

Die Mängelrüge mit angemessener **Fristsetzung** zur Mängelbeseitigung ist aber auch dann **nicht entbehrlich**, wenn sich dem Besteller nicht ohne Weiteres erschließt, in **wessen Verantwortungsbereich** der entsprechende Baumangel fällt. Setzt der Besteller also z.B. dem Rohbauunternehmer und dem Fassadenunternehmer eine Frist zur Beseitigung der Ursache aufgetretener Feuchtigkeitsschäden, die aber, wie sich später herausstellt, auf versteckten Leckagen der Rohrinstallation beruhen, so steht dem bauüberwachenden Architekten bzw. Ingenieur ein Leistungsverweigerungsrecht zu, solange der Besteller nicht gegenüber dem für die Rohrinstallation verantwortlichen Unternehmer eine Mängelrüge mit Fristsetzung zur Mängelbeseitigung ausgesprochen hat. Während der Besteller nach bisherigem Recht diese oftmals schwierige Zuordnung einer Mangelerscheinung zu einem bestimmten Gewerk vernachlässigen und stattdessen den überwachenden Architekten oder Ingenieur auf Schadensersatz in Anspruch nehmen konnte, droht ihm nach § 650t BGB nunmehr ein Leistungsverweigerungsrecht, wenn er gegenüber dem tatsächlich verantwortlichen Bauunternehmer noch keine Mängelrüge mit Fristsetzung ausgesprochen hat. Allerdings ist zu berücksichtigen, dass dem Planer im Rahmen der Objektüberwachung regelmäßig die Vertragspflicht zukommt, nicht nur die Mängel als solche festzustellen, sondern sie auch aus fachlicher Hinsicht einem Baubeteiligten zuzuordnen, damit eine verursachungsgerechte Inanspruchnahme ermöglicht wird.[51] Versäumt der Planer dies, wird seine Haftung kaum je an einem fehlenden Verschulden hieran scheitern,[52] da der Planer in solchen Fällen keinen gutachterlichen Nachweis schuldet, sondern lediglich die Benennung realistisch in Betracht kommender *möglicher* Mängelverantwortlicher. Eine solche schuldhafte Pflichtverletzung des Planers durch unterlassenen Hinweis auf den möglichen (im Ergebnis »richtigen«) Mängelverantwortlichen dürfte dann gemäß § 249 Abs. 1 BGB zum Entfall des Leistungsverweigerungsrechts nach § 650t BGB führen.[53] Denn die Vermutung beratungskonformen Verhaltens spricht dafür, dass der Besteller bei »richtigem« Hinweis des Planers auch dem weiteren Bauunternehmer eine entsprechende Mängelbeseitigungsfrist gesetzt hätte. 20

d) Verjährter Mängelbeseitigungsanspruch

Unklar ist, ob dem Besteller auch dann eine Mängelrüge mit angemessener Fristsetzung obliegt, wenn sein Nacherfüllungsanspruch gegenüber dem Bauunternehmer bereits verjährt ist. Für die Rügeobliegenheit spricht zunächst, dass dem Bauunternehmer bei verjährter Mängelhaftung gemäß § 214 Abs. 1 BGB nur ein Leistungsverweigerungsrecht, aber keine entsprechende Pflicht zur Leistungsverweigerung zusteht. Insoweit bleibt also trotz eingetretener Verjährung das »Recht zur zweiten Andienung« erhalten, dessen Realisierung gesetzgeberisches Anliegen im Rahmen von § 650t BGB ist. Hinzu kommt, dass der Verjährungseintritt aufgrund einer Mängelkorrespondenz der Parteien, geführter Verhandlungen bezüglich der Mängelbeseitigung, teilweise erfolgloser Nacherfüllungsversuche usw. oftmals unklar ist. Trotz dieser tatsächlichen Probleme, ob die Ansprüche des Bestellers gegen den Bauunternehmer verjährt sind, ist für das Leistungsverweigerungsrecht des überwachenden Architekten oder Ingenieurs nach § 650t BGB allein maßgebend, ob dem Besteller zum Zeitpunkt der Inanspruchnahme des Architekten oder Ingenieurs noch ein **durchsetzbarer Mängelbeseitigungsanspruch** gegenüber dem Bauunternehmer zusteht. Ist dies bei eingetretener Verjährung nicht der Fall, so entfällt das Leistungsverweigerungsrecht des Architekten oder Ingenieurs.[54] Hat, z.B. aufgrund eines Anerkenntnisses des Bauunternehmers nach erfolgter Mängelrüge des Bestellers gemäß § 212 Abs. 1 Nr. 1 BGB die Verjährungsfrist erneut begonnen oder ist der Lauf der Verjährungsfrist 21

51 Darauf weist zutreffen hin Preussner, in: LPS, § 650t Rn. 83 ff., der allerdings lediglich von einer Obliegenheit spricht. Zur entsprechenden Grundleistung a der LPH 9 des Leistungsbildes Objektplanung Gebäude s. BR-Drs. 334/13, S. 156; Seifert/Fuchs, in: FBS, § 34 HOAI Rn. 361; kritisch dazu Zahn, in: Kniffka, § 650t Rn. 66.

52 Anderer Auffassung wohl Preussner, in: LPS, § 650t Rn. 89a ff.; kritisch dazu Zahn, in: Kniffka, § 650t Rn. 66.

53 So zutreffend Preussner, in: LPS, § 650t Rn. 89; kritisch dazu Zahn, in: Kniffka, § 650t Rn. 66.

54 A.A. Preussner, in: LPS, § 650t Rn. 69; Hödl, Neues BauvertragsR, Rn. 449.

durch Verhandlungen zwischen dem Besteller und dem Bauunternehmer im Sinne von § 203 BGB zeitweise gehemmt worden, so kann sich der in Anspruch genommene Architekt bzw. Ingenieur auf das Leistungsverweigerungsrecht aus § 650t BGB berufen, wenn der Besteller dem Unternehmer nicht erfolglos eine angemessene Frist zur Mängelbeseitigung gesetzt hat.[55] Der Gesetzgeber selbst weist in der Begründung zu § 650t BGB zutreffend darauf hin, dass durch die Vorschrift (nur) verhindert werden soll, dass auch bei unverjährten Mängelansprüchen gegenüber dem Bauunternehmer sogleich der überwachende Architekt oder Ingenieur auf Schadensersatz in Anspruch genommen werde.[56] Um Diskussionen über das Leistungsverweigerungsrecht des Architekten oder Ingenieurs zu verhindern, ist der Besteller also gut beraten, wenn er auch bei möglicherweise bereits eingetretener Verjährung den Bauunternehmer unter Setzung einer angemessenen Frist zur Mängelbeseitigung auffordert. Weigert sich der Bauunternehmer, den gerügten Mangel zu beseitigen, so ist allerdings eine Klage des Bestellers auf Durchführung der Mängelbeseitigung nicht erforderlich.[57]

IV. Folge des Leitungsverweigerungsrechts

22 Das nach § 650t BGB bestehende Leistungsverweigerungsrecht führt dazu, dass dem Besteller gegen den überwachenden Architekten oder Ingenieur, wenn dieser die Einrede erhebt,[58] **kein durchsetzbarer Anspruch auf Schadensersatz** zusteht, obwohl eine gesamtschuldnerische Haftung von Architekt/Ingenieur und Bauunternehmer vorhanden ist. Eine gegen den Architekten bzw. Ingenieur erhobene Schadensersatzklage ist abzuweisen.

23 Allerdings ist der bauüberwachende Architekt bzw. Ingenieur **nicht verpflichtet, von seinem Leistungsverweigerungsrecht Gebrauch zu machen**. Befriedigt also der auf Schadensersatz in Anspruch genommene Architekt oder Ingenieur unter Verzicht auf sein Leistungsverweigerungsrecht den Besteller, so kann er gemäß § 426 Abs. 1 BGB im Innenverhältnis Ausgleich vom Bauunternehmer verlangen. Soweit hierzu eine Anspruchskürzung gemäß § 254 BGB erwogen wird,[59] bedarf es einer solchen Diskussion nicht, wenn man der hier vertretenen Auffassung eines von vornherein **asymmetrischen Gesamtschuldverhältnisses** zwischen dem schadensersatzpflichtigen Architekten/Ingenieur und dem nachbesserungspflichtigen Bauunternehmer folgt.[60] Bei Annahme eines asymmetrischen Gesamtschuldverhältnisses zwischen dem Architekten oder Ingenieur und dem Bauunternehmer besteht die Gesamtschuld nur in Höhe der gemeinsamen Haftung, d. h. wirtschaftlich betrachtet nur in Höhe der Selbstkosten, die dem Bauunternehmer bei der Nacherfüllung entstehen. Wird das Nacherfüllungs»recht« des Bauunternehmers dadurch vereitelt, dass der in Anspruch genommene Architekt oder Ingenieur Schadensersatz in Geld leistet, so kann der Architekt oder Ingenieur im Innenausgleich vom Bauunternehmer nur den Betrag verlangen, den der Bauunternehmer einerseits auf Basis seiner Selbstkosten und andererseits in Höhe seiner Haftungsquote erspart hat. Beispiel: Die Nacherfüllung hätte den Bauunternehmer 10.000,00 € gekostet; der bauüberwachende Architekt hat an den Besteller einen Schadensersatz i.H.v. 15.000,00 € aufgrund höherer Beseitigungskosten eines Drittunternehmers gezahlt. Im Innenverhältnis sind Architekt und Bauunternehmer zu je 50 % verantwortlich. Der Architekt kann vom Bauunternehmer also nicht 7.500,00 € fordern, sondern nur 5.000,00 €, da das Gesamtschuldverhältnis auf 10.000,00 € begrenzt war. Der »Verzicht« des überwachenden Architekten oder Ingenieurs auf sein Leistungsverweigerungs-

55 Was bei Verhandlungen über den Mängelanspruch bzw. einem Anerkenntnis aufgrund erfolgter Mängelrüge aber regelmäßig der Fall sein dürfte.

56 BT-Drucks. 18/8486, S. 70.

57 BT-Drucks. 18/8486, S. 70.

58 Zum Charakter des § 650t als (nicht »von Amts wegen« zu prüfende) Einrede vgl. Retzlaff, in: Grüneberg, BGB, § 650t Rn. 2; Preussner, in: LPS, § 650t Rn. 35.

59 Vgl. Orlowski, ZfBR 2016, 419, 437; Preussner, in: LPS, § 650t Rn. 39.

60 Dazu oben Rdn. 6.

recht nach § 650t BGB gereicht dem – nacherfüllungswilligen – Bauunternehmer also nicht zum Nachteil.[61]

V. Auswirkungen des Leistungsverweigerungsrechts auf offene Honoraransprüche

Stehen sich ein Schadensersatzanspruch des Bestellers gegen den Architekten oder Ingenieur und ein offener Honoraranspruch des Architekten oder Ingenieurs gegen den Besteller gegenüber, so kann der Besteller gemäß § 390 BGB nicht die Aufrechnung mit seinem einredebehafteten Schadensersatzanspruch gegen den einredefreien Honoraranspruch des Architekten oder Ingenieurs erklären.[62] Gleichermaßen kann er in diesem Fall grundsätzlich auch kein Zurückbehaltungsrecht gegen den Honoraranspruch des Architekten oder Ingenieurs mit dem einredebehafteten Schadensersatzanspruch ausüben.[63] Umgekehrt kann der Architekt oder Ingenieur allerdings mit dem Honoraranspruch gegen den Schadensersatzanspruch des Bestellers aufgrund des Überwachungsfehlers aufrechnen. Erklärt der Architekt oder Ingenieur die Aufrechnung, so erlischt der entsprechende Schadensersatzanspruch des Bestellers mit der Folge, dass der Architekt bzw. Ingenieur vom Bauunternehmer Innenausgleich gemäß § 426 Abs. 1 BGB fordern kann, auch wenn der Bauunternehmer nicht unter Fristsetzung zur Mängelbeseitigung aufgefordert worden ist.[64] 24

Untertitel 3 Bauträgervertrag

§ 650u Bauträgervertrag; anwendbare Vorschriften

(1) Ein Bauträgervertrag ist ein Vertrag, der die Errichtung oder den Umbau eines Hauses oder eines vergleichbaren Bauwerks zum Gegenstand hat und der zugleich die Verpflichtung des Unternehmers enthält, dem Besteller das Eigentum an dem Grundstück zu übertragen oder ein Erbbaurecht zu bestellen oder zu übertragen. Hinsichtlich der Errichtung oder des Umbaus finden die Vorschriften des Untertitels 1 Anwendung, soweit sich aus den nachfolgenden Vorschriften nichts anderes ergibt. Hinsichtlich des Anspruchs auf Übertragung des Eigentums an dem Grundstück oder auf Übertragung oder Bestellung des Erbbaurechts finden die Vorschriften über den Kauf Anwendung.

(2) Keine Anwendung finden die §§ 648, 648a, 650b bis 650e, 650k Absatz 1 sowie die §§ 650l und 650m Absatz 1.

Übersicht Rdn.

61 Wie hier BeckOK BGB/Voit, § 650t Rn. 23; BeckOGK/Kober, § 650t Rn. 98. A.A. Preussner, in: LPS, § 650t Rn. 62 – dagegen bereits oben Rdn. 6; a.A. auch Rodemann, in: FBS, § 650t Rn. 28, der meint, dann müsste sich spiegelbildlich auch der Planer darauf berufen dürfen, wenn ein bauausführender Unternehmer eine Nacherfüllung/Nachbesserung abgelehnt hat. Dies ist aber kein Gegenargument, sondern durchaus erwägenswert.

62 Ebenso Preussner, in: LPS, § 650t Rn. 39a.

63 Vgl. Grüneberg, in: Grüneberg, BGB, § 390, Rn. 2 mit dort erläuterten Ausnahmefällen; a.A. Preussner, in: LPS, § 650t Rn. 39a.

64 Vgl. dazu vorstehend Rdn. 23.

A. Geltung

1 § 650u BGB gilt nur für nach dem 31.12.2017 abgeschlossene Verträge, wenngleich sich durch den erst im Zuge der Bauvertragsrechtsreform eingeführten § 650u BGB letztlich kaum Änderungen gegenüber der bis dahin gültigen Rechtslage ergeben. Eine über die Typisierung und die Legaldefinition[1] hinausgehende (eigenständige) Reform hat das Bauträgervertragsrecht im Zuge der Bauvertragsrechtsreform nämlich nicht erfahren. Mittelbare Änderungen bringen allein die reformierten, auf den Bauträgervertrag anwendbaren/unanwendbaren Werkvertragsregelungen mit sich.

2 Immerhin ist der Bauträgervertrag seit der Reform des Bauvertragsrechts aber nicht mehr nur ein gewöhnlicher (Generalunternehmer-)Werkvertrag mit kaufrechtlichen Elementen, neben dem Werkvertrag und dem Architekten- und Ingenieurvertrag ist er inzwischen ein eigenständiger **werkvertragsähnlicher** Vertragstyp.

3 Die Definition des Bauträgervertrags in Abs. 1 entspringt dabei § 632a Abs. 2 BGB a.F.

B. Anwendungsvoraussetzungen

4 § 650u Abs. 1 S. 1 BGB setzt die Errichtung oder den Umbau eines Hauses oder vergleichbaren Bauwerks voraus.

I. Vertragsparteien

5 Beteiligte eines gemäß § 311b BGB beurkundungsbedürftigen Bauträgervertrages sind der Unternehmer (=Bauträger) und der Besteller.

6 Ein Bauträger ist ein Unternehmen, das gewerbsmäßig Wohn- und Gewerbeimmobilien auf einem eigenen oder von ihm zu beschaffenden Grundstück herstellt. Ob die damit erforderliche gewerberechtliche Erlaubnis des Bauträgers nach § 34c Abs. 1 S. 1 Nr. 4a GewO vorliegt spielt für die Anwendbarkeit des Bauträgervertragsrechts allerdings keine Rolle.

7 Besteller ist, wer bei einem Unternehmer die Errichtung oder den Umbau eines Hauses oder vergleichbaren Bauwerks mit der Verpflichtung zur Grundstückseigentumsübertragung oder zur Erbbaurechtsbestellung beauftragt. Ist der Besteller Verbraucher gemäß § 13 BGB, finden die Vorschriften zum Verbraucherbauvertrag gemäß §§ 650i BGB Anwendung.

II. Errichtung

8 Ausweislich der Begründung des Gesetzgebers zu § 650t Abs. 1 BGB-E wird ausdrücklich die bisherige Beschreibung des Bauträgervertrags aus § 632a BGB a.F. »unverändert« übernommen.[2] Damit wird zugleich davon ausgegangen werden können, dass die **Errichtung eines Hauses** auch nach der

1 BT-Drucks. 18/8486, S. 71; Orlowski, ZfBR 2016, 419.
2 BT-Drucks. 18/8486, S. 71.

Bauvertragsrechtsreform weiterhin die – auch schon fertige[3] – Herstellung eines Neubaus zum Gegenstand hat.[4]

9 Ungenau bleibt die Begriffsdefinition letztlich nur deswegen, weil damit im neuen Bauvertragsrechts für gleiche Sachverhalte unterschiedliche Begriffe verwendet werden. Während der Bauträgervertrag die »Errichtung« eines Hauses voraussetzt, ist beim Werkvertrag in § 631 BGB von der »Herstellung« die Rede und beim Verbraucherbauvertrag in § 650i vom »Bau« eines Gebäudes. Begriffserläuterungen oder die Darlegung etwaiger Unterschiede fehlen in der Gesetzesbegründung. In der »Orientierungshilfe« der Begründung wird zum Begriff »Bau« eines Gebäudes lediglich auf § 312b Abs. 3 Nr. 4 BGB in der Fassung vom 07.01.2011 verwiesen[5], was aber weder weiterhilft noch für Klarheit sorgt. Letztlich wird man davon ausgehen können und müssen, dass trotz abweichender neuer Terminologie »alles beim Alten« bleibt, weil der Gesetzgeber im Rahmen der Bauvertragsrechtreform ausdrücklich keine Veränderung des Bauträgervertragsrechts vornehmen wollte und die terminologischen Abweichungen daher mutmaßlich lediglich, das aber immerhin fahrlässig, übersehen hat.

III. Umbau

10 Weniger eindeutig wird sich allerdings der Begriff des **Umbaus** aus § 632a Abs. 2 a.F. auf § 650u Abs. 1 BGB übertragen lassen. Während die unterschiedliche Terminologie zur Errichtung, zur Herstellung und zum Bau eines Gebäudes immerhin grundsätzlich synonym verwendet werden können, gilt das für die abweichende Terminologie des aus § 632a Abs. 2 BGB a.F. in § 650u BGB übernommenen Umbaubegriffs angesichts der Neuregelung in § 650i Abs. 1 BGB nicht. Dort, beim Verbraucherbauvertrag ist jetzt nämlich ausdrücklich von der »**erheblichen** Umbaumaßnahme« die Rede, während § 632a Abs. 2 BGB a.F. nur den hinsichtlich der Erheblichkeit undifferenzierten Begriff des (einfachen) Umbaus kannte und dieser so unverändert in § 650u BGB übernommen wurde. Angesichts des damit jetzt existenten Unterschieds zwischen der erheblichen Umbaumaßnahme in § 650i Abs. 2 BGB und dem (»unerheblichen«) Umbau in § 650u BGB stellt sich damit naturgemäß die Frage, ob jeder, selbst der einfache Umbau für den Bauträgervertrag ausreichen soll.

11 Das brächte wiederum doch eine – und zwar ihrerseits erhebliche – Änderung gegenüber der bisherigen Rechtslage mit sich. Eine diesbezügliche Änderung hat der Gesetzgeber allerdings weder gewollt noch liegt diese tatsächlich vor. Der alte »Umbaubegriff« deckt sich definitorisch mit der neuen Terminologie der »erheblichen Umbaumaßnahme«, weil schon bei dessen Einführung in § 632a Abs. 2 BGB im Rahmen der Einführung des Bauforderungssicherungsgesetzes auf § 3 Nr. 5 HOAI 2002[6] verwiesen wurde, wonach Umbauten Umgestaltungen eines vorhandenen Objektes mit »wesentlichen«, also erheblichen, Eingriffen in Konstruktion oder Bestand sein sollten.

12 Die Wesentlichkeit bzw. die Erheblichkeit des Umbaus war danach also im Grunde immer schon Tatbestandsvoraussetzung – auch beim Bauträgervertrag. Angesichts der jetzt vorhandenen sprachlichen Differenzierung zum Verbraucherbauvertrag, der die Voraussetzung der Erheblichkeit der Umbaumaßnahme legal definiert, irritiert die unterlassene Anpassung des Umbaubegriffs beim Bauträgervertrag dennoch mindestens, insbesondere weil wiederholt jede Begründung fehlt.

13 Aus drei Gründen wird trotzdem mit an Sicherheit grenzender Wahrscheinlichkeit von der Voraussetzung der Wesentlichkeit eines Umbau beim Bauträgervertrag auszugehen sein können: **Erstens** hat der Gesetzgeber auch insoweit die Definition des § 632a Abs. 2 BGB a.F. ausdrücklich und damit auch in diesem Punkt »unverändert« übernehmen wollen. **Zweitens** fußt die Terminologie beim Verbraucherbauvertrag auf Art. 3 Abs. 3 Buchstabe f, der auf den Erwägungsgrund 26 der

---

3 BGH, Urt. v. 12.05.2016 – VII ZR 171/15., BGHZ 210, 206; BGH, Urt. v. 21.02.1985 – VII ZR 72/84, NJW 1985, 1551.
4 Grüneberg/Retzlaff, BGB, Vor § 633 Rn. 2.
5 BT-Drucks. 18/8486, S. 61.
6 Vgl. § 2 Nr. 5 HOAI 2013.

EU-Verbraucherrichtlinie[7] verweist. Danach wird die »erhebliche Umbaumaßnahme« als solche definiert, die dem Bau eines neuen Gebäudes vergleichbar ist. Maßgeblich sind also auch insoweit Umfang und Komplexität sowie das Ausmaß des Eingriffs in die bauliche Substanz des Gebäudes.[8] **Drittens** hätte das Fehlen des Erfordernisses der Wesentlichkeit des Umbaus zur Folge, dass ausnahmslos jede mit einer Immobilienveräußerung verbundene, auch nur unwesentliche Umbaumaßnahme den Abschluss eines Bauträgervertrages zur Folge hätte. Das kann nicht und wird nicht ernstlich beabsichtigt gewesen sein, weshalb das Ergebnis nur lauten kann, dass die Unterschiedliche Terminologie zwischen Verbraucherbauvertrag und Bauträgervertrag in diesem Punkt weder unterschiedliche Voraussetzungen noch eine unterschiedliche Rechtslage zwischen den ansonsten identischen Verträgen schafft, die sich nur in der gleichzeitigen Übertragung eines Grundstückes unterscheiden.

IV. Eines Hauses oder vergleichbaren Bauwerks

14 Ein **Haus** ist ein Gebäude, das zum ständigen Aufenthalt von Menschen bestimmt ist, also insbesondere Wohnzwecken dient.

15 Ein einem Haus **vergleichbares Bauwerk** muss diesem nach Art und Umfang gleichen. Enger als bei § 634a Abs. 1 Nr. 2 BGB ist der Wohnzweck nicht entscheidend.[9] Die Betretbarkeit spricht aber regelmäßig für die Vergleichbarkeit des Bauwerks.[10] Vergleichbare Bauwerke sind daher bspw. Garagen, Gartenlauben oder technische Anlagen, soweit sie fest mit dem Erdboden verbunden sind.[11] Keine vergleichbaren Bauwerke sind Straßen, Parkplätze oder Außenanlagen.[12]

V. Übertragung des Eigentums oder Übertragung oder Bestellung eines Erbbaurechts

16 Der Bauträger muss die Leistung im eigenen Namen auf einem Grundstück erbringen, welches nicht im Eigentum des Bestellers steht und das der Bauträger erst nach der Fertigstellung mit dem Haus oder dem vergleichbaren Bauwerk auf den Besteller überträgt.[13]

VI. Abgrenzung zum Kauf

17 Im Einzelfall zu entscheiden bleibt einstweilen, ab welchem Zeitpunkt/Zustand das fertiggestellte Bauwerk noch Neubau ist und damit eine werkvertragliche Bauleistungsverpflichtung zum Gegenstand hat und damit § 650u Abs. 1 S. 1 BGB Anwendung findet, und ab welchem Zeitpunkt/Zustand ein Altbau vorliegt, für den allein Kaufrecht gilt. Dies richtet sich nach bisheriger Rechtsprechung nach Inhalt, Zweck und wirtschaftlicher Bedeutung der Werkleistung oder der Interessenlage der Beteiligten bei Vertragsabschluss.[14] Bis 2 Jahre nach der Errichtung wird in aller Regel von einem Neubau auszugehen und damit Abs. 1 S. 1 anwendbar sein[15], jedenfalls aber 3 Jahre nach der Errichtung und wenn die veräußerte Wohnung zwischenzeitlich vermietet war dürfte diese als gebraucht gelten[16].

---

7 RL 2011/83/EU.
8 BT-Drucks. 18/8486, S. 61.
9 Dörner, in: Staudinger/Jakoby/Peters, BGB, 2016, Art. 244 EGBGB Rn. 2.
10 Grüneberg/Retzlaff, BGB, § 632a Rn. 15.
11 MüKo-BGB, § 632a Rn. 2 m.w.N.; Grüneberg/Retzlaff, BGB, § 632a Rn. 15.
12 Dörner, in: Staudinger/Jakoby/Peters, Art. 244 EGBGB Rn. 2.
13 Schwenker, in: Erman, § 632a Rn. 14.
14 BGH, Urt. v. 12.05.2016 – VII ZR 171/15.
15 BGH, Urt. v. 09.01.2003 – VII ZR 408/01; BGH, Urt. v. 25.02.2016 – VII ZR 49/15.
16 BGH, Urt. v. 25.02.2016 – VII ZR 156/13; Pause, NZBau 2017, 22, 23.

C. Anwendbare Vorschriften

Der Bauträgervertrag begründet zwei Ansprüche, zum einen den auf Übertragung des Eigentums an einem Grundstück oder auf Übertragung oder Bestellung eines Erbbaurechts, auf diesen Anspruch findet uneingeschränkt **Kaufrecht** Anwendung, zum anderen begründet der Bauträgervertrag einen Anspruch auf die Errichtung oder den Umbau eines Hauses oder vergleichbaren Bauwerks, auf diesen Anspruch finden die Vorschriften des **Werkvertragsrechts** mit Ausnahme der Regelungen in §§ 648, 648a, 650b bis 650e, 650k Abs. 1, 650l und 650m Abs. 1 BGB Anwendung. 18

I. Anwendbare Vorschriften des Werkvertragsrechts

Auf den Bauträgervertrag finden gemäß § 650u Abs. 1 S. 2, Abs. 2 BGB uneingeschränkt die Sach- und Rechtsmängelhaftung (§§ 633 ff. BGB), die Verjährungsvorschriften (§ 634a BGB) und die Vorschriften über die Abnahme (§ 640 BGB) Anwendung. 19

1. § 632a Abs. 1 S. 2 und 3 BGB – Abschlagszahlungen

Gemäß § 632a Abs. 1 S. 2 und 3 BGB kann der Besteller die Zahlung eines angemessenen Teils des Abschlags verweigern, wenn die erbrachten Leistungen nicht vertragsgemäß sind. Die Beweislast für die vertragsgemäße Leistung liegt bis zur Abnahme beim Unternehmer. Die Regelungen finden Anwendung auf den Bauträgervertrag. 20

Angemessen ist dabei in der Regel das Doppelte der für die Beseitigung des Mangels erforderlichen Kosten, §§ 632a Abs. 1 S. 4, 641 Abs. 3 BGB. 21

Selbst bei wesentlichen Mängeln kann der Besteller beim Bauträgervertrag also nicht mehr wie bisher die gesamte Abschlagszahlung bis zur Beseitigung dieser Mängel verweigern, sondern nur noch das Doppelte der für die Beseitigung dieser Mängel erforderlichen Kosten. 22

2. § 640 BGB – Abnahme

Wegen des beim Bauträgervertrag üblichen Verbrauchergeschäfts ist besonders darauf zu achten, dass der Bauträger den Besteller bei Verbraucherverträgen auf die Rechtsfolge der **Abnahmefiktion** hinzuweisen hat, und zwar in Textform zusammen mit der Abnahmeaufforderung. Ansonsten ist die Abnahmefiktion nach § 632a Abs. 2 S. 1 BGB ausgeschlossen. 23

Der Besteller ist (inzwischen) vor einem voreiligen Abnahmeverlangen und damit auch der vorzeitigen Herbeiführung einer Abnahmefiktion durch den Bauträger geschützt, weil neue Tatbestandsvoraussetzung des § 640 Abs. 2 S. 1 BGB die **Fertigstellung** des Werks ist. Das Werk ist fertiggestellt, wenn die vertragliche Bauleistung erbracht ist. Das ist anders als bei der vollständigen Fertigstellung als Voraussetzung für die Fälligkeit der Schlussrate nach § 3 Abs. 2 Nr. 2 MaBV schon/selbst dann der Fall, wenn das Werk wesentliche Mängel aufweist.[17] 24

Ansonsten besteht bei der Abnahme auch nach der Bauvertragsrechtsreform die sog. **Nachzüglerproblematik** bei der **Gemeinschaftseigentumsabnahme** weiter fort. Weiterhin unbefriedigend bleibt also der Umgang mit den Fällen, in denen der als Nachzügler Eigentum erwerbende Käufer erst nachträglich die Abnahme des Gemeinschaftseigentums erklärt, wodurch die AGB-rechtlich nicht zu verkürzende fünfjährige Gewährleistungsfrist für Mängel am Gemeinschaftseigentum für ihn auch erst ab diesem Zeitpunkt zu laufen beginnt, was deswegen de facto zu einer Gewährleistungs- bzw. Haftungsverlängerung des Bauträgers gegenüber allen Erwerbern und nicht nur gegenüber dem Nachzügler führt, weil jeder einzelne Erwerber die vollständige Mangelfreiheit des Gemeinschafts- 25

---

17 BT-Drucks. 18/8486, S. 49; Karczewski, in: BeckOK BauvertragsR, § 650u BGB Rn. 78a; Basty, Rn. 537.

eigentums verlangen kann und das zugunsten der gesamten Eigentümergemeinschaft auch tut.[18] Immerhin bleibt es aber auch bei neuer Rechtslage dabei, dass die Gemeinschaftseigentumsabnahme unter bestimmten engen Voraussetzungen vergemeinschaftet und damit vereinfacht erfolgen kann.[19]

26 Unbegründet ist die Forderung, der Gesetzgeber hätte die Nachzüglerproblematik im Rahmen der Reform des Bauvertragsrechtsreform angehen müssen oder müsse dies jedenfalls spätestens im Rahmen der angedachten Reform des Bauträgervertragsrechts tun.

27 Das Nachzüglerproblem ist allein auf die fehlende Gestaltungsmöglichkeit der Gemeinschaftseigentumsabnahme für den Bauträger zurückzuführen, weil (bislang) jede[20] AGB-rechtliche Haftungsbeschränkung von der Rechtsprechung als unzulässig erachtet wird, obwohl der Erwerber ein immerhin 2–3 Jahre »altes« Gemeinschaftseigentum miterwirbt, das von den übrigen Erwerbern bereits 2–3 Jahre in Gebrauch ist, dem Nachzügler gegenüber aber trotzdem rechtlich als neu zu gelten hat. Aus diesem Grund erscheint weniger der Gesetzgeber zu einer Lösung verpflichtet als vielmehr die Rechtsprechung gefragt, die Bewertung der Rechtslage dieser Tatsache anzupassen.

3. § 650g Zustandsfeststellung bei Verweigerung der Abnahme, Schlussrechnung

28 Die Vorschrift des § 650g BGB findet auf den Bauträgervertrag Anwendung. Das hat im Wesentlichen zweierlei zur Folge:

29 Zum einen hat der Besteller auf Verlangen des Unternehmers an einer gemeinsamen **Feststellung des Zustands** des Werks mitzuwirken, wenn er die Abnahme unter Angabe von Mängeln verweigert (nicht also, wenn er die fehlende Fertigstellung rügt)[21]. Zu empfehlen ist die Mitwirkung des Bestellers insbesondere mit Blick auf die Möglichkeit des Unternehmers nach Abs. 2, die Zustandsfeststellung ansonsten alleine vorzunehmen, und die Folge der Zustandsfeststellung nach Abs. 3: Für in der Zustandsfeststellung nicht angegebene offenkundige Mängel wird (widerleglich!) vermutet, dass dieser nach der Zustandsfeststellung entstanden und vom Besteller zu vertreten ist, soweit er nicht nach seiner Art nicht vom Besteller verursacht worden sein kann.

30 Zum anderen hat der Bauträger (inzwischen[22]) eine **prüffähige Schlussrechnung** zur Herbeiführung der Fälligkeit der Vergütung zu stellen.

4. § 650i – Verbraucherbauvertrag

31 Ist der Besteller Verbraucher und der Unternehmer Nach § 650i Abs. 1 BGB zum Bau eines neuen Gebäudes oder zu erheblichen Umbaumaßnahmen an einem bestehenden Gebäude verpflichtet[23], finden im Rahmen von § 650u Abs. 2 BGB die Schutzvorschriften des Verbraucherbauvertrages auf den Bauträgervertrag Anwendung, also § 650j, § 650k Abs. 2 und 3, § 650m Absätze 2 bis 4, § 650n und § 650o BGB.

32 Das bedingt beim Bauträgervertrag im Wesentlichen Folgendes:

5. § 650j BGB – Baubeschreibung

33 Gemäß § 650j BGB ist der Bauträger zur Vorlage einer Baubeschreibung nach den Vorgaben von Art. 249 EGBGB verpflichtet.

---

18 Vgl. BGH, Urt. v. 21.02.1985 – VII ZR 72/84, BauR 1985, 314; Reithmann, DNotZ 1991, 133; Schilling, BauR 1986, 449.

19 BGH, Beschl. v. 12.09.2013 – VII ZR 308/12, NJW 2013, 3360.

20 Vgl. nur Pause, NZBau 2017, 22.

21 Vgl. im Einzelnen die Kommentierung zu § 650g BGB.

22 Vgl. zum bisherigen Streitstand der Fälligkeitsvoraussetzung Schlussrechnung nur Karczewski, in: BeckOK BauvertragsR, § 650u BGB Rn. 95.

23 Vgl. zu den Voraussetzungen des Verbraucherbauvertrages die Kommentierung zu § 650i BGB.

Baubeschreibungen mussten bisher lediglich den Anforderungen von § 11 Abs. 1 Nr. 2 i.V.m. § 10 Abs. 4 MaBV genügen und erwiesen sich damit erfahrungsgemäß häufig als nichtssagend und intransparent, weil die laxe Vorgabe des § 11 Abs. 1 Nr. 2 i.V.m. § 10 Abs. 4 MaBV unvollständige und unklare Angaben zuließ.[24] Häufig wurde daher einfach das technische Leistungsverzeichnis als »Baubeschreibung« reproduziert. Der Mehrwert solcher Baubeschreibungen für den Besteller hielt sich mithin erkennbar in Grenzen, sind für dessen Kaufentscheidung doch weniger die technischen Eigenschaften und Merkmale der Baustoffe maßgeblich als vielmehr die Qualitätsmerkmale der Bauleistung sowie die Funktionen des Objektes. 34

Derselben Problematik erlag mangels hinreichend konkreter Anforderungen der Inhalt der Vertragspläne.[25] 35

Das Problem löst nun § 650j BGB, Art. 249 § 2 EGBGB. Danach wird der Bauträger – gleichgestellt mit ihm verwandten Auftragnehmern wie dem Generalunternehmer oder dem Generalübernehmer – zur Baubeschreibung mit den im Einzelnen vorgegebenen Inhalten verpflichtet. Als Generalklausel[26] verpflichtet Art. 249 § 2 Abs. 1 Satz 1 EGBGB den Bauträger zur »klaren« Beschreibung der **wesentlichen Eigenschaften** des angebotenen Werks, Satz 2 konkretisiert in diesem Sinne in einem damit nicht abschließenden Katalog den danach erforderlichen »Mindestinformationsgehalt« und verlangt beispielsweise neben der allgemeinen Beschreibung des herzustellenden Gebäudes und der Gebäudedaten eine konkrete Beschreibung insbesondere der Baukonstruktion aller wesentlichen Gewerke, des Innenausbaus und »ggf.« der gebäudetechnischen Anlagen, des Brand- und Schallschutz sowie der Elektroanlage bzw. Informationstechnologie. Das Klarheitsgebot in Satz 1 erfordert, dass der Bauträger seine Leistungsbeschreibung detailliert und für den Erwerber übersichtlich aufzustellen hat.[27] 36

Aufgrund dieses Informationsumfangs und der Detailtiefe besteht mit Blick auf die Entscheidung des BGH vom 05.03.2008, Az. VIII ZR 95/08 (»keine ungerechtfertigten Gestaltungsspielräume«) vereinzelt die letztlich aber wohl unbegründete Sorge, dass Art. 249 § 2 EGBGB mit der Möglichkeit zur **funktionalen Leistungsbeschreibung** unvereinbar sei. Das gibt die Norm aber weder her, die hierfür weiterhin Raum lässt,[28] noch wird die Regelung in der Praxis so ernstlich gelebt. Die Möglichkeit, Bauleistungen nur funktional beschreiben zu können, ist ein üblicher[29] und zugleich unverzichtbarer Bestandteil der Baurechtspraxis. 37

Stattdessen verbleiben eher Restzweifel, ob der vorgegebene Mindestinformationsgehalts ausreicht, nachhaltig die Baubeschreibungspraxis zu verbessern und die hehren Ziele der Vergleichbarkeit und Steigerung des Wettbewerbs einerseits und die verbesserte Bestimmung des Bausolls andererseits zu erreichen. Denn mit der vom Gesetzgeber in Art. 249 § 2 Abs. 1 in Nrn. 4, 5, 6 und 9 EGBGB gewählten Formulierung »gegebenenfalls« bleibt fraglich, wann genau dem Besteller »gegebenenfalls« bspw. die gebäudetechnischen Anlagen zu beschreiben sind. 38

Für **unvollständige Baubeschreibungen** gilt § 650k Abs. 2 BGB: Der Vertrag ist unter Berücksichtigung sämtlicher vertragsbegleitender Umstände, insbesondere des Komfort- und Qualitätsstandards nach der übrigen Leistungsbeschreibung, auszulegen. Bspw. kann in diesem Fall die DIN 18015–2/RAL-RG 678 zur Bestimmung der Anforderungen im Einzelfall für die Planung und Ausführung von Elektroinstallationen in Wohngebäuden herangezogen werden. 39

24 Vgl. zur berechtigten Kritik nur 5. Deutscher Baugerichtstag, Arbeitskreis V – Bauträgerrecht, BauR 2014, 1619 f.

25 5. Deutscher Baugerichtstag, Arbeitskreis V – Bauträgerrecht, BauR 2014, 1618.

26 BT-Drucks. 18/8486, S. 73 f.

27 Karczewski, in: BeckOK BauvertragsR, § 650u BGB Rn. 120.

28 Vgl. Pause, BauR 2017, 430, 434.

29 BGH, Urt. v. 21.11.2013 – VII ZR 275/12.

40 Von der Pflicht zur Detaillierung der Baubeschreibung nicht umfasst ist eine **Dokumentationspflicht.** Ungeklärt bleibt also beim Bauträgervertrag, ob[30] und inwieweit der Bauträger eine Dokumentation bzw. die Herstellung und Herausgabe von Plan- und sonstigen Unterlagen ohne entsprechende vertragliche Vereinbarung schuldet.

41 Nicht anzunehmen dürfte sein, dass der Gesetzgeber eine hinreichende Dokumentationspflicht des Bauträgers in § 650n Abs. 1 S. 1 BGB und damit in (nur) denjenigen Planungsunterlagen erblickt, die der Besteller benötigt, um gegenüber der Behörde den Nachweis führen zu können, dass die Leistung unter Einhaltung der einschlägigen öffentlich-rechtlichen Vorschriften ausgeführt wurde.[31]

42 Einstweilen ergibt sich der Umfang der Dokumentationspflicht des Bauträgers aus der Vertragsauslegung, so dass (unspezifiziert) mindestens diejenigen Unterlagen herauszugeben sind, die der Besteller für die Unterhaltung, Instandhaltung und Instandsetzung benötigt[32], und im Einzelfall auch solche Informationen/Unterlagen, die eine spätere bauliche Veränderung[33] ermöglichen. Voraussetzung ist ungeachtet der rechtlichen Frage nach der Anspruchsgrundlage[34] ein besonderes, konkret begründetes Interesse im Einzelfall[35].

6. § 650m BGB – Erfüllungssicherheit

43 Der Besteller hat Anspruch auf Stellung einer Erfüllungssicherheit i.H.v. 5 % nach Maßgabe von § 650m Abs. 2 BGB, wenn der Bauträger Abschlagszahlungen verlangt.[36]

7. § 650n Abs. 1 BGB – Erstellung und Herausgabe von Unterlagen

44 Gemäß § 650u Abs. 2 BGB ist § 650n Abs. 1 BGB auf den Bauträgervertrag anzuwenden. Nach § 650n Abs. 1 BGB ist der Unternehmer verpflichtet, dem Verbraucher rechtzeitig vor Beginn der Ausführung der geschuldeten Leistung diejenigen Planungsunterlagen zu erstellen und herauszugeben, die dieser benötigt, um gegenüber Behörden den Nachweis führen zu können, dass die Leistung unter Einhaltung der einschlägigen öffentlich-rechtlichen Vorschriften ausgeführt werden wird.

45 Dazu gehören hauptsächlich alle Planungsunterlagen, die nach dem jeweiligen Landesrecht zur Erlangung der Baugenehmigung erforderlich sind, also bspw. Brandschutz-, Standsicherheits-, Schallschutz- und Wärmeschutz-Energieeinsparungsnachweise, nicht aber bspw. die Ausführungsplanung, die Fachplanung oder Bestandsunterlagen.[37] Nur diese Planungsunterlagen sind schließlich gewöhnlich erforderlich, um jenen Nachweis gegenüber den Behörden führen zu können.

46 Die Vorlage jener Planungsunterlagen ist nicht Zahlungsvoraussetzung im Sinne von § 3 Abs. 1 Nr. 4 MaBV[38], dem Besteller steht in diesem Fall lediglich das Leistungsverweigerungsrecht gemäß § 641 Abs. 3 BGB in Höhe des doppelten der Kosten für die Beschaffung dieser Unterlagen zu.

47 Ohnehin ist der Anwendungsbereich von § 650n BGB beim Bauträgervertrag regelmäßig beschränkt, weil die Herstellung eines den öffentlich-rechtlichen Vorschriften entsprechenden Werks Aufgabe des Bauträgers ist und zumeist in dessen Händen liegt.

---

30 Vgl. nur OLG Karlsruhe, Urt. v. 05.07.1974 – 10 U 222/73, NJW 1975, 694; OLG München, Urt. v. 15.10.1991 – 9 U 2958/91, BauR 1992, 95; LG München, Urt. v. 02.03.2007 – 2 O 23839/06, BauR 2007, 1431; LG Krefeld, Urt. v. 11.12.2008 – 2 O 56/08, BauR 2009, 860.

31 Pause, NZBau 2017, 430, 438; vgl. dazu auch die Kommentierung zu § 650n BGB.

32 OLG Köln, Urt. v. 13.05.2015 – 11 U 96/14.

33 5. Deutscher Baugerichtstag, Arbeitskreis V – Bauträgerrecht, BauR 2014, 1618.

34 Für § 242 BGB: OLG Stuttgart, Urt. v. 16.11.2016 – 3 U 98/16; für Vertragsauslegung: OLG Köln, Urt. v. 03.12.2014 – 16 U 175/13.

35 OLG Köln, Urt. v. 03.12.2014 – 16 U 175/13; LG München I, Urt. v. 02.03.2007 – 2 O 23839/06, Basty, Rn. 436.

36 Siehe zu den Einzelheiten die Kommentierung in § 650m BGB.

37 Karczewski, in: BeckOK BauvertragsR, § 650u BGB Rn. 149.

38 Pause/Vogel, NZBau 2015, 667, 673.

II. Unanwendbare Vorschriften des Werkvertragsrechts

§ 650u Abs. 2 BGB schließt die Anwendbarkeit folgender Regelungen des Werkvertrags auf den Bauträgervertrag aus: 48

1. Ausschluss von § 648 BGB

Durch den Ausschluss der Regelung in § 648 BGB (§ 649 BGB a.F.) fehlt dem Besteller die Möglichkeit zur **freien Kündigung** des Vertrages. 49

Die Begründung im Gesetzentwurf zur Bauvertragsrechtsreform lautet, dass der Bauträger zur Erbringung einer Gesamtleistung, zusammengesetzt aus Grundstücksveräußerung und Bauwerkserrichtung, verpflichtet – andererseits aber auch zur Erbringung der gesamten Leistung berechtigt sei. Die verschiedenen Elemente seien aus kalkulatorischen und bautechnischen Gründen für den Bauträger miteinander verknüpft und sollen gegenüber einem vertragstreuen Bauträger nicht durch eine freie Kündigung des Erwerbers getrennt werden können. Die Möglichkeit einer freien Kündigung des Bauträgervertrags sei außerdem auch schon bisher von der Rechtsprechung mit Blick auf die kaufvertraglichen Elemente und das wirtschaftliche Ziel eines Bauträgervertrags verneint worden, so etwa mit Urteil des BGH vom 21.11.1985, Az. VII ZR 366/83. Folge einer freien Kündigung sei schließlich, dass der Erwerber das Grundstück bzw. den Grundstücksanteil einschließlich der bis zum Kündigungszeitpunkt erbrachten Leistungen gegen die entsprechende Vergütung verlangen und anschließend mit einem anderen Bauunternehmer weiterbauen könne. Ebenso sei es möglich, so die weitere tragende Begründung, dass der Bauträgervertrag noch vor Beginn der Bauarbeiten gekündigt würde, mit der Folge, dass der Besteller das Eigentum an dem Grundstück erlangen und mit einem anderen Bauunternehmer bauen könnte. Könnte der Erwerber solche Situationen frei, also unabhängig von einem Kündigungsgrund, herbeiführen, liefe das dem wirtschaftlichen Ziel eines Bauträgervertrags zuwider. Zudem würden insbesondere im Geschosswohnungsbau mit Blick auf die Gesamtherstellungsverpflichtung erhebliche Probleme im Verhältnis des Kündigenden zu den übrigen Erwerbern entstehen.[39] 50

Nach einhelliger Rechtsprechung war das freie Kündigungsrechts des Bestellers für den Auftraggeber eines Bauträgervertrages bis zur Bauvertragsrechtsreform ausgeschlossen. Auf die insoweit nach wie vor grundlegende Entscheidung des BGH vom 21.11.1985 sowie deren Begründung verweist der Gesetzentwurf daher ebenso zutreffend wie berechtigt. Die Natur des Bauträgervertrages, der Verbindung von kaufrechtlichen, werkvertraglichen und werklieferungsvertraglichen Elementen schließt die freie Kündigung »schlechthin«[40] aus. 51

Der Ausschluss der freien Kündigung ist auch deswegen erforderlich, weil der Schutz des Erfüllungsinteresses des Bauträgers aus § 649 S. 2 BGB a.F. im Falle der freien Kündigung diesen nicht hinreichend schützt[41], insbesondere nicht seiner unternehmerischen Freiheit, bspw. die Vergütung dieser verschiedenen Leistungsteile des Bauträgervertrages gemischt zu kalkulieren. Die kündigungsbedingte Abrechnung solcher Pauschalpreisverträge, die Bauträgerverträge zumeist sind, bereiten schon so oft genug erhebliche Probleme.[42] Erst recht ist das der Fall und deswegen bietet 52

---

39 BT-Drucks. 18/8486, S. 72; zustimmend Institut für Baurecht Freiburg im Breisgau e.V., Stellungnahme zum RefE Reform-Bauvertragsrechtrentenentwurf eines Gesetzes zur Reform des Bauvertragsrechts und zur Änderung der kaufrechtlichen Mängelhaftung, Rn. 123.

40 BGH, Urt. v. 21.11.1985 – VII ZR 366/83, BGHZ 96, 275.

41 Institut für Baurecht Freiburg im Breisgau e.V., Stellungnahme zum RefE Reform-Bauvertragsrechtrentenentwurf eines Gesetzes zur Reform des Bauvertragsrechts und zur Änderung der kaufrechtlichen Mängelhaftung, Rn. 123.

42 BGH, Urt. v. 25.07.2002 – VII ZR 263/01; BGH, Urt. v. 16.10.2014 – VII ZR 176/12.

§ 649 S. 2 BGB a.F. (beidseitig!) keinen hinreichenden Schutz, wenn die (freie) Kündigung die ggf. mit Verlust kalkulierten Leistungen von den mit Gewinn kalkulierten Leistungen trennt.[43]

2. Ausschluss von § 648a BGB

53 Auch **aus wichtigem Grund** kann der Besteller den Vertrag nicht (mehr) kündigen. Die Anwendbarkeit des inzwischen in § 648a BGB normierten außerordentlichen Kündigungsrechtes des Bestellers auf den Bauträgervertrag ist ausdrücklich ausgeschlossen.

54 Zwar habe der BGH bei Vorliegen eines wichtigen Kündigungsgrundes die Möglichkeit einer Teilkündigung des werkvertraglichen Teils eines Bauträgervertrags mit der Folge einer Teilabwicklung in seiner Entscheidung vom 21.11.1985, Az. VII ZR 366/83, bejaht. Im Gegensatz zum Bundesministerium für Justiz und Verbraucherschutz, das in seinem vorhergehenden Referentenentwurf die Anwendbarkeit von § 648a BGB noch bejaht und auf eben jene BGH-Entscheidung gestützt hatte, begründet die Bundesregierung den späteren Ausschluss von § 648a BGB aber damit, dass es sich insoweit um eine bloße Einzelfallentscheidung des BGH mit Ausnahmecharakter handele. Mit Blick auf die Einheitlichkeit des Vertrages und die Ausübung der Rechte daraus solle es künftig vielmehr gerade nicht mehr möglich sein, sich teilweise aus einem Bauträgervertrag zu lösen. Vielmehr solle nur noch eine Gesamtabwicklung des Vertrages im Rahmen des Rücktritts möglich sein.[44]

55 Mit der Entscheidung zum Ausschluss der Kündigungsmöglichkeit aus wichtigem Grund bekundet der Gesetzgeber seinen bis zur Bauvertragsrechtsreform offengelassenen[45] Willen zur Kündigungsmöglichkeit aus wichtigem Grund nunmehr dahin, die Trennung der verschiedenen Vertragselemente des Bauträgervertrages unter keinen Umständen zulassen zu wollen. Weder die nach der bisher offenen Positionierung des Gesetzgebers spekulierte Kündigung aus wichtigem Grund noch der alternativ in der Literatur vertretene Teilrücktritt sind somit zukünftig schlechterdings möglich.[46]

56 Der Ausschluss erscheint mit Blick auf die Bedürfnisse des Bestellers und die Praktikabilität des Bauträgervertrags in der Realität jedoch als zu kurz gesprungen. Schließlich steht dem sicherlich wünschenswerten Erhalt der Einheitlichkeit des Vertrages in diesem Fall nichts weniger als ein gewichtiger, in den meisten Fällen das Vertrauensverhältnis der Parteien unzumutbar zerstörender wichtiger Grund gegenüber. Mit dem Ausschluss der Kündigungsmöglichkeit aus wichtigem Grund nimmt der Gesetzgeber dem Besteller seine wesentliche, gerade in der Zeit seiner bestimmungsgemäßen Anwendung durch das Rücktrittsrecht nicht gleichwertig zu ersetzende Handlungsoptionen und lässt ihn mit der zweitklassigen Alles-oder-nichts-Rücktrittsentscheidung allein.

57 **Im Einzelnen:** Schon die gesetzliche Begründung zum Ausschluss der Kündigung aus wichtigem Grund im Rahmen der Bauvertragsrechtsreform überzeugt nicht. Die anderslautende Entscheidung des BGH vom 21.11.1985 kann nicht lapidar als Einzelfallentscheidung abgetan werden. Dies insbesondere deswegen nicht, weil weder die BGH-Entscheidung selbst ein solches Verständnis hergibt noch die weitergehende, wenn auch nur obergerichtliche Rechtsprechung dies anders »lebt« und darin gewichtige Zustimmung in der Literatur erfährt.[47] Selbst die »Gegenmeinung«, die eine Kündigung aus wichtigem Grund ablehnt, erkennt schließlich immerhin das Bedürfnis, den Vertrag nicht kompromisslos insgesamt nur rückabwickeln zu müssen und befürwortet statt der Kündigung

43 Weiterführend: BGH, Urt. v. 21.12.1995 – VII ZR 198/94; BGH, Urt. v. 08.02.1996 – VII ZR 219/94; BGH, Urt. v. 04.07.1996 – VII ZR 227/93; BGH, Urt. v. 10.10.1996 – VII ZR 250/94; Markus, NZBau 2005, 417; v. Gelder, NJW 1975, 189; Kniffka, Jahrbuch Baurecht 2000, 1.

44 BT-Drucks. 18/8486, S. 72; auch entgegen oppositionellen Widerspruchs der Linksfraktion und wohl auch der Bündnis 90/Grüne, Plenarprotokoll 18/177 vom 10.06.2016, S. 17475 ff.

45 BT-Drucks. 14/6040, S. 177, 182 f, 262.

46 Vgl. hierzu Vogel, in: Grziwotz/Koeble, 4. Teil Rn. 394 ff.; Basty, Rn. 1146 ff.

47 So z.B. OLG Düsseldorf, Urt. v. 31.01.2012 – 23 U 20/11; OLG-Saarbrücken, Urt. v. 27.11.2001 – 4 U 96/01; Sienz, BauR 2002, 181; Voit, BauR 2002, 145; Grüneberg/Retzlaff, BGB, § 649 Rn. 10; Basty, Rn. 1147.

aus wichtigem Grund immerhin einen der Kündigung in der Rechtsfolge gleichkommenden Teilrücktritt.[48]

Auch ist ein zwingendes Bedürfnis zum Erhalt des Bauträgervertrags als Ganzes durch kompromisslosen Ausschluss der Kündigung sowie des Teilrücktritts nicht erkennbar, insbesondere nicht um diesen Preis. Nur mit der Rücktrittsoption bleibt dem Besteller nämlich oft nicht viel mehr als die sprichwörtliche Wahl zwischen »Pest und Cholera«. Beendet er den Vertrag durch Erklärung des Rücktritts, fällt das durch die Vormerkung gesicherte Grundstück zurück an den Bauträger und kann von da an vom Besteller nicht mit einem anderen (vertragstreuen) Bauunternehmer weiterbebaut werden. Dafür erhält der Besteller im Gegenzug »nur« Ansprüche auf Rückzahlung seiner bisherigen Zahlungen und Schadensersatz, die allzu oft mit dem Risiko behaftet oder gar mit dem Grund der Vertragsauflösung zusammenhängen werden, dass der Bauträger nicht die nötige Solvenz zur Befriedigung dieser Rückzahlungsansprüche aufweist. 58

Der Rücktritt löst das Problem rechtlich, aber nicht praktisch. Der Besteller hat so nämlich die Wahl zwischen dem Weiterbau mit einem vertragsuntreuen, ihn schädigenden Bauträger oder das Risiko des Totalverlustes. Da gerade im Bauträgergeschäft Insolvenzen selbst seriöser Bauträger an der Tagesordnung sind und dieses Rückzahlungsrisiko damit manche Rücktrittsentscheidung lenken wird, droht der Ausschluss der Kündigung aus wichtigem Grund jede disziplinarische Wirkung in Richtung des Bauträgers zu verlieren. 59

Dabei gerät aus dem Fokus, dass die Vertragsauflösung aus wichtigem Grund auch für den Bauträger nicht die schlechteste Alternative sein muss. Gesetzt den Fall, er baut ein auf die Bedürfnisse des Bestellers maßgeschneidertes Haus, das nach dessen Rücktritt nicht anders zu veräußern/nutzen ist, dann droht die Rückabwicklung im Gesamten auch für den Bauträger äußerst nachteilig zu sein. 60

Selbst die Möglichkeit der Parteien, einvernehmlich eine Aufhebungsvereinbarung zur einvernehmlichen Herbeiführung einer Kündigungswirkung zu treffen, kann in diesem wie allen weiteren Fällen nur B-Lösung sein, weil Ausgangspunkt immer die Vertragsuntreue der einen Parteien sein wird und damit das Verhandlungsklima von Anfang an getrübt sein wird. Zudem würden die Konditionen solcher einvernehmlicher Aufhebungsvereinbarungen regelmäßig nicht gleichberechtigt ausgehandelt werden können, sondern würden nach dem Diktat dessen auferlegt, der sich den Verzicht auf die Aufhebungsvereinbarung mehr leisten kann als der andere. Das wird im Zweifel der Bauträger sein, der entweder die größere wirtschaftliche Schlagkraft inne oder »nicht mehr viel zu verlieren« hat. 61

Es ist mithin schlicht unzumutbar, dem Besteller das Kündigungsrecht vorzuenthalten und ihn auf eine riskante Rücktrittserklärung oder schwierige wirtschaftliche Verhandlungen zu verweisen, noch dazu ohne jede Not. Dies insbesondere, als der Bauträger bei Vorliegen eines wichtigen Kündigungsgrundes, den er mithin zu vertreten haben muss[49], in Bezug auf seine Interessen in aller Regel überhaupt nicht mehr schutzwürdig erscheint. 62

Der Besteller kann sich demgemäß nur über den Rücktritt vom Bauträgervertrag lösen, wenn entweder Mängel gemäß § 634 Nr. 3 in Verbindung mit §§ 636, 323, 326 Abs. 5 BGB vorliegen oder der Bauträger gravierende, nicht leistungsbezogene Pflichten gemäß § 324 in Verbindung mit § 241 Abs. 2 BGB verletzt und dies für den Besteller unzumutbar ist.[50] § 323 Abs. 5 BGB findet mithin keine Anwendung. 63

48 Boldt, NZBau 2002, 655; Böttcher, ZfBR 2003, 213; Schmitz, IBR 2004, 321; Vogel in: Grziwotz/Koeble, 4. Teil Rn. 396 ff.
49 BGH, Urt. v. 12.02.2003 – X ZR 62/01, BauR 2003, 880.
50 BT-Drucks. 18/8486, S. 72; Pause, BauR 2017, 430, 441.

3. Ausschluss der §§ 650b bis 650d BGB

64 Auch von dem neuen **Anordnungsrecht des Bestellers** in §§ 650b bis 650d BGB profitiert der Besteller eines Bauträgervertrages nicht. Die Anwendbarkeit der §§ 650b bis 650d BGB ist gemäß § 650u Abs. 2 BGB ausgeschlossen.

65 Die Einführung eines derartigen Anordnungsrechts des Bestellers auch bei Bauträgerverträgen würde nach Auffassung des Gesetzgebers zu erheblichen rechtlichen und tatsächlichen Problemen führen. Im Geschosswohnungsbau etwa könne kaum einem einzelnen Erwerber ein Anordnungsrecht in Bezug auf das Gemeinschaftseigentum eingeräumt werden und selbst in Bezug auf das Sondereigentumsrecht stünden einem Anordnungsrecht erhebliche Schwierigkeiten zu befürchten, da eine so bewirkte Änderung auch Auswirkungen auf das Gemeinschaftseigentum oder das Sondereigentum anderer Wohnungseigentümer haben könne, mit der Folge, dass der Bauträger die Änderung nur nach entsprechenden Vertragsänderungen im Verhältnis zu anderen Wohnungseigentümern umsetzen könne.

66 Mag die Ausgestaltung des Anordnungsrechtes des Auftraggebers im Einzelnen auch noch Verbesserungspotenzial aufweisen, so bleibt dessen Einführung im Zuge der Bauvertragsrechtsreform eine der wesentlichen Errungenschaften.[51] Umso bedauerlicher erscheint, dass der Besteller des Bauträgervertrages durch den Ausschluss der §§ 650b bis 650d BGB hieran nicht partizipiert und davon profitiert.[52] Zwar ist zuzugestehen, dass anders als beim Bauwerkvertrag die Planung vorliegend gewöhnlich nicht vom Auftraggeber, sondern vom Bauträger stammt, dennoch überzeugt der kategorische Ausschluss des Anordnungsrechtes nicht. Dass nicht jeder Besteller Anordnungen bzgl. des Gemeinschaftseigentums zum Nachteil der übrigen Wohnungseigentümer treffen kann, liegt auf der Hand. Auch nicht dann, wenn alle Wohnungseigentümer die Anordnung gemeinsam und einstimmig treffen, soll der Bauträger anordnend verpflichtet werden können. Selbst in den Fällen, in denen allein das jeweilige Sondereigentum betroffen und Auswirkungen für das Gemeinschaftseigentum ausgeschlossen sind, soll der Besteller kein Anordnungsrecht haben.

67 Dennoch überzeugt der Ausschluss des Anordnungsrechtes nicht, weil die Rechtslage damit schlicht den praktischen Bedürfnissen nicht gerecht wird. Deswegen kann die Lösung nicht sein, Anordnungsrechte des Bestellers kategorisch auszuschließen, sondern die Lösung hätte sein müssen, die Anwendbarkeit der Regelungen zu öffnen und im Einzelfall zu modifizieren. Die Praxis macht seit Jahren vor, dass und wie Sonderwünsche umgesetzt werden können. Das kann zugegeben auch weiter so funktionieren, von einer der wesentlichen Errungenschaften des neuen Bauvertragsrechts, dem Anordnungsrecht, profitiert aber gerade der, den der Gesetzgeber bei den Reformen besonders im Blick hatte, nicht: Der private Besteller/Verbraucher, der gegenüber seinem Konterpart des Vertrages unterlegen sein dürfte.

68 Etablierte Klauseln in (guten) Bauträgerverträgen koppeln das Sonderwunsch(anordnungsrecht) an die objektive Umsetzbarkeit bzw. die subjektive Zumutbarkeit für den Bauträger. Es hätte also näher gelegen, den Anwendungsbereich der §§ 650b bis 650d BGB grundsätzlich zu öffnen und beim durchaus heiklen Geschosswohnungsbau bspw. von der Zustimmung der weiteren Erwerber abhängig zu machen, wenn und soweit diese von einer Anordnung überhaupt betroffen wären. Nicht einmal dem Erwerber eines freistehenden Einfamilienhauses das gesetzliche Anordnungsrecht zu gewähren und ihn von der Verhandlung einer hinreichenden Sonderwunschklausel abhängig zu machen, stößt auf Unverständnis.

51 Zu den Einzelheiten vgl. die Kommentierung zu §§ 650b ff.

52 So auch Institut für Baurecht Freiburg im Breisgau e.V., Stellungnahme zum RefE Reform-Bauvertragsrechtrentenentwurf eines Gesetzes zur Reform des Bauvertragsrechts und zur Änderung der kaufrechtlichen Mängelhaftung, Rn. 124.

Dies auch, weil die mit der Übernahme des werkvertraglichen Mangelrechts einhergehende Haftung des Bauträgers im Sinne des funktionalen Mangelbegriffs[53] kein zwingendes Argument für den kategorischen Ausschluss des Anordnungsrechtes ist. Der Bauträger wäre insofern grundsätzlich keiner anderen Haftung ausgesetzt als der ihm in Bezug auf die Bloße Ausführung der Bauleistung gleichgestellten Generalunternehmer. 69

Selbst mit Blick darauf, dass die Planung zumeist vom Bauträger stammt und dieser die Anordnung unter dieser Haftungsprämisse auf Mangelanfälligkeit prüfen muss bzw. trotzdem die funktionale Mangelfreiheit schuldet, erscheint der kategorische Ausschluss des Anordnungsrechtes überzogen. Der Wert des Anordnungsrechtes für den Besteller ist ungleich höher als die Unzumutbarkeit der Haftung des Bauträgers für entsprechende Änderungen/Zusätze. (Teuren) Sonderwünschen verschließt sich der Bauträger schließlich in aller Regel auch nicht und macht diese regelmäßig möglich. 70

Die Praxis muss daher weiter ohne ein gesetzliches Anordnungsrecht auskommen müssen und weiter auf ihre mehr oder minder bewährten Klauseln[54] zur Umsetzung von Sonderwünschen zurückgreifen müssen. 71

4. Ausschluss von § 650e BGB

Unverändert zum bisherigen Regelungsstand bleibt weiterhin die fehlende Möglichkeit des Bauträgers, seine Ansprüche gegen den Besteller im Grundbuch durch Eintragung einer **Sicherungshypothek** zu sichern. § 650e BGB ist auf den Bauträgervertrag nicht anwendbar. 72

Die Anwendbarkeit des § 650e BGB (§ 648 BGB a.F.) scheitert mit zutreffender Begründung des Gesetzgebers tatsächlich bereits daran, dass der Besteller beim Bauträgervertrag im Zeitpunkt des Sicherungsinteresses in aller Regel (noch) nicht Eigentümer des zu besichernden Grundstückes ist.[55] 73

5. Ausschluss von § 650k Abs. 1 BGB

Gemäß § 650k Abs. 1 BGB werden auch die vorvertraglich zur Verfügung gestellten Angaben der Baubeschreibung Vertragsinhalt, soweit die Parteien nicht etwas anderes vereinbaren. Gemäß § 650u Abs. 2 BGB findet § 650k Abs. 1 BGB allerdings auf den Bauträgervertrag **keine Anwendung**. 74

Vor dem Hintergrund der sich aus § 311b Abs. 1 S. 1 BGB ergebenden Beurkundungspflicht für den Bauträgervertrag sieht der Gesetzgeber »keinen Anlass« zur Anwendung des § 650k Abs. 1 BGB auch für den Bauträgervertrag, weil der gesamte Vertragsinhalt einschließlich der Baubeschreibung schließlich zu beurkunden sei und die Baubeschreibung mithin ohnehin unmittelbar Vertragsinhalt werde.[56] 75

Die Begründung ist im Ergebnis nachvollziehbar. Beim Verbraucherbauvertrag ist mangels dieser weitreichenden Beurkundungspflicht nicht sichergestellt, dass eine Baubeschreibung verbindlicher Vertragsinhalt wird, soweit diese nicht ausdrücklich mit in den Vertrag einbezogen wird. Beim Bauträgervertrag besteht diese Gefahr nicht, weil der Vertrag insgesamt und damit eben auch die verbindlich werdende Baubeschreibung beurkundungsbedürftig ist. Im Gegensatz zum Auftraggeber eines Verbraucherbauvertrages ist der Besteller eines Bauträgervertrages insofern also tatsächlich nicht schutzwürdig. 76

53 BGH, Urt. v. 11.11.1999 – VII ZR 403/98, BauR 2000, 411; BGH, Urt. v. 15.10.2002 – X ZR 69/01, BauR 2003, 236; BGH, Urt. v. 25.01.2007 – VII ZR 41/06, BauR 2007, 700; BGH, Urt. v. 08.11.2007 – VII ZR 183/05, BauR 2008, 344.

54 Vgl. Blank, Bauträgervertrag, Rn. 155.

55 BT-Drucks. 18/8486, S. 72.

56 BT-Drucks. 18/8486, S. 75.

77 Unsauber oder möglicherweise auch einfach nur zu kurz geraten ist die Begründung zum Ausschluss des § 650k Abs. 1 BGB, weil es dogmatisch nicht »keinen Anlass« zur Anwendung des § 650k Abs. 1 BGB auf den Bauträgervertrag gibt, sondern streng genommen »keine Möglichkeit« – jedenfalls nicht ohne zwingende Anpassung der entsprechenden Formvorschriften – gibt. Denn der Bauträgervertrag ist insgesamt beurkundungsbedürftig. Nicht Beurkundetes ist aufgrund der Formbedürftigkeit nichtig.[57] Nicht beurkundete vorvertragliche Angaben einer Baubeschreibung könnten also selbst bei Anwendbarkeit des § 650k Abs. 1 BGB nicht Vertragsinhalt werden, solange diese nicht auch mitbeurkundet werden. Die Anwendbarkeit des § 650k Abs. 1 BGB auf den Bauträgervertrag hätte damit zwingend der parallelen Anpassung der Beurkundungsvorschriften bedurft.

78 Unvollständig ist die Begründung, es bestehe kein Anlass zur Anwendung, weil der Regelungsgehalt des § 650k Abs. 1 BGB nicht allein der ist, dass überhaupt eine Baubeschreibung Vertragsinhalt wird, sondern auch, dass neben einer möglicherweise abweichenden zweiten Baubeschreibung auch die vorvertraglich überlassene erste Baubeschreibung Vertragsinhalt wird. Das verbessert die Durchsetzbarkeit von Ansprüchen des Bestellers bei etwaigen Widersprüchen oder Unvollständigkeiten beider Vertragsinhalt ungemein. Genau hiervon profitiert aufgrund des Ausschlusses von § 650k Abs. 1 BGB der Besteller eines Bauträgervertrages jedoch nicht, obwohl sich dessen Interessen von denen des Auftraggebers eines Verbraucherbauvertrages nicht unterscheiden. Im Gegenteil erscheinen beide gleich schützenswert und hätte eine Gleichbehandlung völlig identisch gelagerter Fälle nahe gelegen. Beide bedürfen schließlich des Schutzes, dass das vom Bauträger in der Baubeschreibung Versprochene auch verbindlicher Vertragsinhalt wird. Mit der Beurkundung des Bauträgervertrages wird lediglich sichergestellt, dass (irgend)eine Baubeschreibung mitbeurkundet wird, nicht aber, dass (auch) diejenige – möglicherweise vorhergehende – Baubeschreibung »Bausoll« wird, die Anlass zur Kaufentscheidung des Bestellers war.

79 Das wiederum ist selbst beim Verbraucherbesteller auch nicht dadurch sichergestellt, dass er die zu beurkundenden Unterlagen gemäß § 17 Abs. 2a Nr. 2 BeurkG zwei Wochen vor dem Beurkundungstermin erhält und damit theoretisch Gelegenheit hätte, etwaige Widersprüche/Unterschiede einer der Beurkundung zugrunde liegenden Baubeschreibung zu einer vorvertraglich herausgegebenen Baubeschreibung festzustellen. Praktisch wird insbesondere der Verbraucher kaum in der Lage sein, solche Widersprüche/Unterschiede von sonstigen etwaigen Änderungen/Ergänzungen rechtlich wie technisch zu erfassen und daraus dann auch noch die richtigen Konsequenzen zu ziehen.

80 Ein »Anlass« zur Anwendung des § 650k Abs. 1 BGB auf den Bauträgervertrag wäre also durchaus gegeben, sodass der Verzicht hierauf unverständlich erscheint. Dies insbesondere vor dem Hintergrund, dass der Deutsche Anwaltverein bereits eine praktikable Lösung zum beurkundungsrechtlichen und –technischen Umgang mit solchen vorab überlassenen Baubeschreibungen aufgezeigt hat.[58]

81 Der 5. Deutsche Baugerichtstag empfahl insoweit sogar weitergehend die Aufnahme einer **gesetzlichen Vermutung** dafür, dass der Inhalt einer vorgelegten Baubeschreibung vorrangiger Vertragsbestandteil geworden ist und jüngere, Leistungsbestandteile ändernde Baubeschreibungen, die nicht mehr verhandelt wurden, diese Vermutung nur widerlegen, wenn der Erwerber auf diese Änderungen ausdrücklich hingewiesen wurde.[59]

82 Mit der Anwendbarkeit von § 650k Abs. 1 BGB würde sichergestellt, dass neben der beurkundeten Baubeschreibung auch eine etwaig vorvertraglich ausgehändigte Baubeschreibung Vertragsinhalt würde. Beide Baubeschreibungen wären damit zunächst einmal gleichrangig, was die Rechtsposition des Bestellers zur Durchsetzung aus etwaigen Widersprüchen resultierender Ansprüche immens

57 Grüneberg/Retzlaff, BGB, § 311b, Rn. 38.

58 Stellungnahme des Deutschen Anwaltverein zum Gesetzentwurf der Bundesregierung eines Gesetzes zur Reform des Bauvertragsrechts und zur Änderung der kaufrechtlichen Mängelhaftung aus Juni 2016, S. 21 f.

59 5. Deutscher Baugerichtstag, Arbeitskreis V – Bauträgerrecht, BauR 2014, 1621.

stärkt. Eine darüber hinausgehende gesetzliche Vermutung für die Vorrangigkeit der Angaben aus der vorvertraglich überlassenen Baubeschreibung geht aber sicherlich zu weit. Dem Verbraucher dürfte zugegeben schwerfallen, etwaige nachteilige Änderungen einer zwei Wochen vor der Beurkundung überlassenen (neuen) Baubeschreibung festzustellen. Eine gesetzliche Vermutung würde jedoch nicht nur für den Verbraucher insofern nachteilige Abweichungen zweier Baubeschreibungen erfassen und (nur schwer) widerlegbar regeln, sondern auch alle sonstigen Fälle, bspw. günstiger, aber eben nicht mehr verhandelter Abweichungen.

Außerdem kritisiert der Bauträgerverband an der ursprünglich in § 650t Abs. 2 BGB-E[60] angedachten Pflicht des Bauträgers zur Herausgabe der Baubeschreibung bereits bei Aufnahme der Vertragsverhandlungen, dass zu diesem frühen Zeitpunkt mitunter noch keine der nötigen Detailtiefe gerecht werdende Baubeschreibung vorliegen mag.[61] Angesichts einer gesetzlichen Vermutung zur vorrangigen Verbindlichkeit solcher »zu früh« überlassener Baubeschreibungen könnten sich Bauträger aber im Zweifel schwer tun, solche einmal überlassenen Baubeschreibungen überhaupt noch einmal zu ändern, geschweige denn, wenn diese mit der Anwendbarkeit von § 650k Abs. 1 BGB vorrangig Gültigkeit hätten und verbindlich wären. 83

6. Ausschluss von § 650l BGB

Auch das neue Widerrufsrecht des Bestellers eines Verbraucherbauvertrages in § 650l BGB ist für den Besteller eines Bauträgervertrages ausgeschlossen. 84

Mit Blick auf die erforderliche notarielle Beurkundung des Bauträgervertrags gemäß § 311b Abs. 1 S. 1 BGB entfalle das praktische Bedürfnis, den Besteller vor übereilten Entscheidungen zu schützen, so die zutreffende Begründung. Die in § 17 Abs. 2a Nr. 2 BeurkG vorgesehene Zeit zur Prüfung des Vertragsentwurfs von in der Regel zwei Wochen sei insofern ausreichend und außerdem unterliege der Notar hinreichenden Belehrungspflichten.[62] 85

7. Ausschluss von § 650m Abs. 1 BGB

Schließlich findet die Regelung in § 650m Abs. 1 BGB zur Begrenzung der Gesamthöhe vereinbarter Abschlagszahlungen auf höchstens 90 Prozent der vereinbarten Gesamtvergütung einschließlich der Vergütung für Nachtragsleistungen nach § 650c BGB auf den Bauträgervertrag **keine Anwendung**, da sie mit den in § 3 Abs. 2 MaBV enthaltenen Regelungen über die Zahlung von Teilbeträgen je nach Baufortschritt nicht vereinbar ist.[63] Das Recht der Abschlagszahlungen bei Bauträgerverträgen bleibt damit unverändert in der bisher gültigen Form bestehen. § 650v BGB schreibt die alte Regelung des § 632a Abs. 2 BGB a.F. also fort.[64] 86

III. Anwendbare Vorschriften des Kaufrechts

Hinsichtlich des Anspruchs auf Übertragung des Eigentums an dem Grundstück oder auf Übertragung oder Bestellung des Erbbaurechts finden die Vorschriften über den Kauf Anwendung. 87

Bislang galt die Anwendbarkeit von Kaufrecht beim Bauträgervertrag auf den das Grundstück insgesamt betreffenden Teil, also auch hinsichtlich etwaiger Mängel des Grundstücks selbst.[65] Die in § 650v Abs. 1 S. 3 BGB verwendete Formulierung, auf den Eigentumsübertragungsanspruch finde 88

60 § 650t Abs. 2 BGB in der Fassung des RefE Reform-Bauvertragsrechtrentenentwurfs.
61 Vgl. Stellungnahme des Deutscher Baugerichtstag e.V. zum RefE Reform-Bauvertragsrechtrentenentwurf eines Gesetzes zur Reform des Bauvertragsrechts und zur Änderung der kaufrechtlichen Mängelhaftung, S. 31.
62 BT-Drucks. 18/8486, S. 75.
63 BT-Drucks. 18/8486, S. 75.
64 BT-Drucks. 18/8486, S. 27.
65 BGH, Urt. v. 21.11.1985 – VII ZR 366/83, BGHZ 96, 275; Grüneberg/Retzlaff, BGB, Vor § 633 Rn. 2.

Kaufrecht Anwendung, könnte als Beschränkung auf eben diesen Anspruch missverstanden werden.[66]

89 Diese Gefahr droht tatsächlich nicht. In der Gesetzesbegründung ist hinreichend klargestellt, dass keine diesbezüglichen und auch sonst keine grundlegenden Änderungen beim Bauträgervertrag Gegenstand der Reform des neuen Bauvertragsrechts sind.

90 Die Gewährleistungsfrist für Sachmängel an dem Grundstück und/oder nicht von den beauftragten Bauleistungen umfassten Gebäudeteile beginnt mit der Übergabe.

D. Abweichende Vereinbarungen

91 Abweichende Vereinbarungen sind grundsätzlich zulässig (Grenze: § 650o BGB).[67] Haftungsbeschränkung/Haftungsausschluss für die Bauleistungen siehe § 639 BGB. Die Vereinbarung der VOB/B ist nicht empfehlenswert, aber möglich; die Regelungen der VOB/B unterliegen der Inhaltskontrolle nach §§ 307 ff. BGB. Gegenüber Verbrauchern keine Privilegierung der Einbeziehung als Ganzes, § 310 Abs. 1 BGB.

§ 650v Abschlagszahlungen

Der Unternehmer kann von dem Besteller Abschlagszahlungen nur verlangen, soweit sie gemäß einer Verordnung auf Grund von Artikel 244 des Einführungsgesetzes zum Bürgerlichen Gesetzbuch vereinbart sind.

1 § 650v BGB verweist für Abschlagszahlungen im Bauträgervertrag ohne eigene inhaltliche Änderung über Art. 244 EGBGB auf die Regelung in § 632a BGB a.F.[1] Die Reform des § 632a Abs. 1 BGB[2], nach der der Unternehmer nunmehr nicht mehr Abschlagszahlungen in Höhe des den erbrachten Leistungen gegenüberstehenden Wertzuwachses verlangen kann, sondern in Höhe der von ihm erbrachten und nach dem Vertrag geschuldeten Leistungen[3], wirkt sich auf den Bauträgervertrag nicht aus. Die Abschlagszahlungen beim Bauträgervertrag richten sich weiterhin unverändert nach den §§ 3, 7 MaBV.

2 Der Anspruch auf Abschlagszahlung bedarf einer entsprechenden Vereinbarung der Parteien. Die Vereinbarung ist nach Maßgabe der auf Grundlage von Art. 244 EGBGB (jeweils) erlassenen Hausbauverordnung zulässig. Gemäß § 1 Satz 1 HausbauVO ist der Anspruch an die Voraussetzungen von §§ 3 Abs. 1, 7 MaBV bis zur Grenze von § 309 Nr. 15 BGB geknüpft.

3 Die vereinbarten Raten dürfen den Baufortschritt und den Wert der erbrachten Leistungen nicht übersteigen.

Hausbauverordnung

§ 1 Zulässige Abschlagszahlungsvereinbarungen

In Werkverträgen, die die Errichtung oder den Umbau eines Hauses oder eines vergleichbaren Bauwerks auf einem Grundstück zum Gegenstand haben und zugleich die Verpflichtung des Unternehmers enthalten, dem Besteller das Eigentum an dem Grundstück zu übertragen oder ein Erbbaurecht zu bestellen oder zu übertragen, kann der Besteller zur Leistung von Abschlagszahlungen entsprechend § 3 Abs. 2 der Makler- und Bauträgerverordnung unter den Voraussetzungen ihres § 3 Abs. 1 verpflichtet werden. Unter den Voraussetzungen des § 7 der Makler- und Bauträgerverordnung kann der Besteller auch abweichend

66 Pause/Vogel, NZBau 2015, 667, 673.
67 Vgl. zum Haftungsausschluss/zur Haftungsbeschränkung § 639 BGB.
1 Vgl. Orlowski, ZfBR 2016, 419.
2 Vgl. oben die Kommentierung zu § 632a BGB.
3 BT-Drucks. 18/8486, S. 26.

von ihrem § 3 Abs. 1 und 2 zur Leistung von Abschlagszahlungen verpflichtet werden. § 650m Abs. 2 und 3 des Bürgerlichen Gesetzbuchs findet Anwendung.

§ 2 Betroffene Verträge

Diese Verordnung ist auch auf zwischen dem 1. Mai 2000 und dem 29. Mai 2001 abgeschlossene Verträge anzuwenden. Dies gilt nicht, soweit zwischen den Vertragsparteien ein rechtskräftiges Urteil ergangen oder ein verbindlich gewordener Vergleich abgeschlossen worden ist.

§ 2a Übergangsregelung

Die Verordnung ist in ihrer vom 1. Januar 2009 an geltenden Fassung nur auf Schuldverhältnisse anzuwenden, die seit diesem Tage entstanden sind.

Einführungsgesetz zum Bürgerlichen Gesetzbuch (Auszug)

Art. 229 Weitere Überleitungsvorschriften

§ 39 Übergangsvorschrift zum Gesetz zur Reform des Bauvertragsrechts, zur Änderung der kaufrechtlichen Mängelhaftung, zur Stärkung des zivilprozessualen Rechtsschutzes und zum maschinellen Siegel im Grundbuch- und Schiffsregisterverfahren

Auf ein Schuldverhältnis, das vor dem 1. Januar 2018 entstanden ist, finden die Vorschriften dieses Gesetzes, des Bürgerlichen Gesetzbuchs und der Verordnung über Abschlagszahlungen bei Bauträgerverträgen in der bis zu diesem Tag geltenden Fassung Anwendung.

Übersicht

A. Stichtagsprinzip

1 Gemäß Art. 229 § 39 EGBGB[1] gilt im Hinblick auf die Anwendbarkeit der neuen Regelungen das dem bereits aus Art. 170 EGBGB folgende Stichtagsprinzip.[2] Hiernach sind auf alle Schuldverhältnisse, die vor dem 01.01.2018 entstanden sind, die bisherigen Regelungen des BGB anwendbar. Auf Schuldverhältnisse, die nach dem 01.01.2018 entstehen, finden die neuen Vorschriften Anwendung.

2 Maßgeblich ist also der Zeitpunkt der Entstehung der jeweiligen Schuldverhältnisse. Das bedeutet bei vertraglichen Schuldverhältnissen der Zeitpunkt von Angebot und Annahme (§§ 145 ff. BGB). Gesetzliche Schuldverhältnisse sind von den Regelungen des Bauvertragsrechts nicht erfasst und haben daher auch für den diese in Bezug nehmenden Art. 229 § 39 EGBGB keine Relevanz.

3 Soweit bei vertraglichen Schuldverhältnissen das Angebot vor dem Stichtag abgegeben wurde, die Annahme aber erst nach dem Stichtag erfolgt ist, gilt: Maßgeblich ist allein das Zustandekommen des Schuldverhältnisses, d.h. die Annahme des Angebots. Das Schuldverhältnis unterfällt damit dem neuen Recht.[3] Die diesbezüglich vertretene abweichende Auffassung, die auch bei einer Annahme nach dem Stichtag noch das alte Recht zur Anwendung kommen lassen will, widerspricht dem klaren Wortlaut des Gesetzes.[4] Soweit darauf abgestellt wird, dass das Angebot noch unter dem alten Regelungsregime abgegeben wurde und mit diesem inhaltlich verknüpft sei, kann dies nur in Fällen überzeugen, in denen das Angebot einen solchen ausdrücklichen Vorbehalt enthält. Bei Nichterkennbarkeit eines solchen Vorbehalts ist ausnahmsweise ein versteckter Dissens über das anzuwendende Recht denkbar, welcher nach § 155 BGB zur Unwirksamkeit des Vertrags führt.[5] In den übrigen

---

1 Art. 229 § 5 EGBGB hat nahezu wortlautgleich die Einführung des Schuldrechtsmodernisierungsgesetzes zum Gegenstand. Aufgrund des grundsätzlich vergleichbaren Regelungskonzepts werden nachfolgend Rechtsprechung und Literatur zu Art. 229 § 5 EGBGB zitiert, ohne die Übertragbarkeit gesondert zu thematisieren. So verfährt auch: BeckOK BauvertragsR/Preussner, Art. 229 § 39 EGBGB Rn. 2.

2 BeckOK BauvertragsR/Preussner, Art. 229 § 39 EGBGB Rn. 1; MüKo-BGB/Busche, Art. 229 § 39 EGBGB Rn. 1.

3 BeckOK BauvertragsR/Preussner, Art. 229 § 39 EGBGB Rn. 12 f. m.w.N.; Heidel/Hüßtege/Mansel/Noack, BGB/EGBGB, Art. 229 § 39 Rn. 3.

4 So aber: Grüneberg/Grüneberg, Art. 229 § 5 EGBGB Rn. 3; Heß NJW 2002, 253, 255.

5 BeckOK BauvertragsR/Preussner, Art. 229 § 39 EGBGB Rn. 13a.

Fällen kann von einem Angebotsdatum nicht auf ein dem Angebot zugrundeliegendes Regelungsregime und damit auf einen bestimmten Parteiwillen geschlossen werden. Es bleibt auch in diesen Fällen bei der allein relevanten Frage, wann das Angebot angenommen wurde.

B. Reichweite

4 Das anwendbare alte oder neue Recht gilt grundsätzlich für das gesamte Schuldverhältnis. Erfasst sind damit alle Fragen des Zustandekommens, des Erlöschens, der Erfüllung, der Abwicklung, der Leistungsstörungen sowie sämtlicher Einreden und Einwendungen.

5 Auch wenn grundsätzlich altes Recht zur Anwendung gelangt, können einzelne Umstände nach den neuen Regelungen zu beurteilen sein. Dies gilt insbesondere dann, wenn das Schuldverhältnis durch von außen herantretende Umstände geändert wird. Hierzu zählen Schuldanerkenntnisse, Aufhebungsverträge und Anfechtungen.[6] Diese unterfallen den neuen Regelungen.

C. Abdingbarkeit

6 Die Vorschrift ist nicht uneingeschränkt dispositiv:

Die Parteien können ausdrücklich oder stillschweigend vereinbaren, dass auf ein vor dem Stichtag entstandenes Schuldverhältnis die Regelungen des neuen Rechts Anwendung finden sollen.[7]

7 Vereinbarungen, nach denen auf ein nach dem Stichtag entstandenes Schuldverhältnis die alten Regelungen Anwendung finden sollen, sind nur eingeschränkt möglich. Unzulässig ist dies jedenfalls für die nicht dispositiven Regelungen des neuen Rechts.[8] Darüber hinaus dürfte eine Abweichung im Rahmen von Allgemeinen Geschäftsbedingungen auch gegen § 307 BGB verstoßen, da hier eine pauschale Abkehr vom neuen gesetzlichen Leitbild vorliegt.[9]

D. Einzelfragen

I. Rahmenvertrag

8 Bei einem Rahmenvertrag handelt es sich um einen Vertrag, der den Inhalt etwaiger künftiger Einzelverträge ganz oder teilweise im Voraus festlegen soll und festlegt.[10] Ein Rahmenvertrag gewährt keine durchsetzbaren Primäransprüche, entfaltet für die Parteien allerdings insoweit Bindungswirkung, als im Falle des Abschlusses eines Einzelvertrages für diesen sogleich die im Rahmenvertrag vorab vereinbarten Bedingungen gelten. Der hieran anknüpfende spätere Einzelvertrag beruht damit zum einen auf den einzelvertraglichen Regelungen selbst und zum anderen auf den Regelungen des Rahmenvertrages, der im Vorhinein abgeschlossen wurde.[11]

9 Als problematisch erweisen sich Konstellationen, in denen die einen Rahmenvertrag in Bezug nehmenden Einzelverträge nach dem Stichtag abgeschlossen wurden. Hier finden die unterschiedlichen Fassungen des BGB jeweils Anwendung. Der Wortlaut des Art. 229 § 39 EGBGB lässt kein ande-

---

6 BeckOK BauvertragsR/Preussner, Art. 229 § 39 EGBGB Rn. 48; -MüKo-BGB/Krüger, Art. 229 § 5 EGBGB Rn. 10; Grüneberg/Grüneberg, Art. 229 § 5 EGBGB Rn. 5 m.w.N.; Kramme, in: PWW, BGB, Vor §§ 241 ff. Rn. 21.

7 BeckOK BauvertragsR/Preussner, Art. 229 § 39 EGBGB Rn. 15 ff. m.w.N., MüKo-BGB/Krüger, Art. 229 § 5 EGBGB Rn. 16; Grüneberg/Grüneberg, Art. 229 § 5 EGBGB Rn. 2.

8 BeckOK BauvertragsR/Preussner, Art. 229 § 39 EGBGB Rn. 14 unter Verweis auf Heß, NJW 2002, 253, 255; MüKo-BGB/Krüger, Art. 229 § 5 EGBGB Rn. 14; Grüneberg/Grüneberg, Art. 229 § 5 EGBGB Rn. 2.

9 Grüneberg/Grüneberg, Art. 229 § 5 EGBGB Rn. 2.

10 Berger, in: Fuchs/Berger/Seifert, Vor §§ 650p ff. BGB Rn. 133; MüKo-BGB/Busche, Vor § 145 Rn. 44; BeckOK BGB/Eckert, § 145 Rn. 27; BGH, Urt. v. 30.04.1992 – VII ZR 159/91, NJW-RR 1992, 977.

11 Karsten Schmidt, Handelsrecht, § 20 Rn. 13.

res Verständnis zu. Es kommt einzig auf die Entstehung des jeweiligen Schuldverhältnisses an. Insofern ist zwischen Rahmenverträgen und Einzelverträgen zu unterscheiden.

Etwaige Widersprüche, die sich aus der Parallelität von altem und neuem Recht ergeben, sind jedenfalls im Hinblick auf nicht abdingbare Vorschriften zu Gunsten des neuen Rechts aufzulösen. Anderenfalls bestünde die Gefahr, dass die neuen Regelungen durch vor dem Stichtag abgeschlossene Rahmenverträge umgangen werden. 10

Im Hinblick auf das dispositive Recht ist im Zweifel durch Auslegung zu ermitteln, welche Regelungen dem Willen der Parteien am Nächsten kommen. Nimmt entweder der Rahmen- oder der Einzelvertrag Bezug auf konkrete Regelungen, so sind im Zweifel diese in der jeweiligen Fassung anwendbar. Nehmen beide Verträge auf Regelungen Bezug, die denselben Regelungsgegenstand haben, so gilt im Zweifel die Anwendbarkeit des neuen Rechts. Fehlt es an einer Bezugnahme, so muss die streitursächliche Problematik durch Auslegung dem Anwendungsbereich des Rahmen- oder aber des Einzelvertrages zugeordnet werden, um das jeweils anwendbare Recht zu ermitteln. 11

II. Bedingter Vertrag

Zu unterscheiden ist hier zwischen der aufschiebenden und auflösenden Bedingung. Während die Fälle der **auflösenden Bedingung** gem. § 158 Abs. 2 BGB im Hinblick auf die Anwendbarkeit des jeweiligen Rechts unter Berücksichtigung des Stichtages eindeutig zu beantworten sind, werfen die Fälle der **aufschiebenden Bedingung** Fragen auf. 12

Gemäß § 158 Abs. 1 BGB gilt, dass die von der Bedingung abhängig gemachte Wirkung eines Rechtsgeschäfts erst mit dem Eintritt der Bedingung ipso jure eintritt.[12] Eine davon abweichend gewollte Rückwirkung müssen die Parteien ausdrücklich regeln, § 159 BGB. 13

Die Frage des anwendbaren Rechts stellt sich in Fällen, in denen die Parteien das Rechtsgeschäft vor dem Stichtag vorgenommen haben, die Bedingung allerdings erst danach eintritt. Stellt man auf den Zeitpunkt der Willenserklärungen ab, finden hier die alten Vorschriften des BGB Anwendung. Stellt man dagegen auf den Eintritt der Bedingung gem. § 158 Abs. 1 BGB ab, finden die neuen Regelungen des BGB Anwendung. 14

Das anwendbare Recht hängt nach dem Wortlaut von Art. 229 § 39 EGBGB vom Zustandekommen des Schuldverhältnisses ab. In der Literatur wird für die Fälle der aufschiebenden Bedingung vielfach die Auffassung vertreten, das Schuldverhältnis sei bereits vor dem Bedingungseintritt entstanden, für das anzuwendende Recht komme es auf die Bedingung nicht an.[13] Auch der BGH hat sich in einer Entscheidung aus dem Jahr 1996 dahingehend geäußert, dass die alte Rechtsordnung auch dann maßgebend bleibe, wenn die Bedingung erst unter der Geltung des neuen Rechts eingetreten ist.[14] 15

III. Abrufauftrag

Der Begriff des Abrufauftrages ist missverständlich.[15] Verschiedene rechtliche Konstellationen sind diesbezüglich denkbar, so dass die konkreten Regelungen des Einzelfalles sorgfältig geprüft werden müssen. Von einem Abrufauftrag wird hier ausgegangen, wenn der Vertrag den Abruf von Leistun- 16

12 Grüneberg/Ellenberger, § 158 BGB Rn. 2.

13 BeckOK BauvertragsR/Preussner, Art. 229 § 39 EGBGB Rn. 20 m.w.N.; MüKo-BGB/Krüger, Art. 229 § 5 EGBGB Rn. 5; Grüneberg/Grüneberg, Art. 229 § 5 EGBGB Rn. 3; Kramme, in: PWW, BGB, Vor §§ 241 ff. Rn. 19; Heidel/Hüßtege/Mansel/Noack, BGB/EGBGB, Art. 229 § 39 Rn. 5; Hertel, DNotZ 2001, 742, 744.

14 BGH, Urt. v. 29.11.1996 – LwZR 8/95, DtZ 1997, 118 zu Art. 232 § 3 I EGBGB.

15 Vgl. hierzu Berger, in: Fuchs/Berger/Seifert, Vor §§ 650p ff. BGB Rn. 148.

gen lediglich in zeitlicher Hinsicht regelt.[16] Der Abruf stellt in diesem Fall die Ausübung eines vertraglich eingeräumten zeitlichen Anordnungsrechts des Auftraggebers dar.

17 In dieser Konstellation ist entsprechend des Wortlautes von Art. 229 § 39 EGBGB ausschließlich auf den Zeitpunkt des Zustandekommens des Schuldverhältnisses abzustellen. Es kommt dabei auf den Vertragsschluss selbst, nicht aber auf den Abruf an. Liegt erstgenannter vor dem Stichtag, so finden die alten Regelungen Anwendung, wird der Vertrag nach dem Stichtag geschlossen, gelten die neuen Vorschriften.

IV. Vorvertrag

18 Unter einem Vorvertrag ist ein schuldrechtlicher Vertrag zu verstehen, durch den sich die Parteien zum Abschluss eines anderen schuldrechtlichen Vertrages (Hauptvertrag) verpflichten.[17] Der Vorvertrag gewährt also einen Anspruch auf Abschluss des Hauptvertrages und ist insofern von der bloßen Absichtserklärung zu unterscheiden. Zu berücksichtigen ist allerdings, dass hierdurch der Abschluss des Hauptvertrages nicht vorweggenommen wird.

19 In Fällen, in denen der Vorvertrag vor dem Stichtag und der Hauptvertrag danach geschlossen wurden, lässt sich mit dem Wortlaut des Art. 229 § 39 EGBGB die Anwendbarkeit der jeweiligen Fassung des BGB eindeutig beantworten. Für den Vorvertrag finden die alten Regelungen Anwendung, für den Hauptvertrag die neuen Regelungen. Die nicht dispositiven Regelungen des neuen Rechts können durch den Vorvertrag nicht abbedungen werden. In Bezug auf dispositive Regelungen gelten die Ausführungen unter I entsprechend.[18]

V. Optionsvertrag

20 Auch mit dem Begriff der Optionsverträge kann eine Vielzahl von rechtlichen Regelungen gemeint sein. Insofern sind auch hier wiederum die Gegebenheiten des Einzelfalls zu betrachten. Optionsverträge verbindet im Allgemeinen, dass der Auftraggeber ein einseitiges Recht hat, durch Erklärung einen Vertrag endgültig herbeizuführen, der Auftragnehmer auf diese Herbeiführung keinen Rechtsanspruch hat und er sich bereits vollumfänglich gebunden hat.[19] Der Unterschied zu einem Vorvertrag liegt darin, dass aus diesem lediglich ein Anspruch auf Abschluss des Hauptvertrages folgt.

21 Ein solcher Vertrag kann beispielsweise durch die Einräumung eines langfristigen Angebotes verwirklicht werden (Festofferte).[20] Der Anbietende räumt hier dem Empfänger ein, für eine bestimmte Dauer frei über die Annahme des Angebotes zu entscheiden. Es handelt sich um einen Fall des § 148 BGB.

22 In Bezug auf die Frage der Anwendbarkeit des alten bzw. neuen Rechts kommt es ausschließlich auf den Zeitpunkt des Zustandekommens des Schuldverhältnisses an.[21] Maßgeblich für die Frage, welches Recht Anwendung findet, ist daher der Zeitpunkt der Annahme durch den Empfänger. Der Anbietende trägt insofern das Risiko, dass er ein Angebot nach den alten Regelungen des Werkvertragsrechts abgegeben hat, und sich nunmehr durch die nach dem Stichtag erfolgende Annahme des Angebotes an die neuen Regelungen gebunden sieht.[22] Eine andere Lösung ist nur in Fällen

16 Ebenso Berger, in: Fuchs/Berger/Seifert, Vor §§ 650p ff. BGB Rn. 148.

17 Vgl. BGH, Urt. v. 30.04.1992, – VII ZR 159/91, NJW-RR 1992, 977; BeckOK BGB/Eckert, § 145 Rn. 21; BeckOK BauvertragsR/Preussner, Art. 229 § 39 EGBGB Rn. 41; MüKo-BGB/Busche, Vor § 145 Rn. 61.

18 Vgl. auch BeckOK BauvertragsR/Preussner, Art. 229 § 39 EGBGB Rn. 42 f. m.w.N.

19 BeckOK BGB/Eckert, § 145 Rn. 28; Berger, in: Fuchs/Berger/Seifert, Vor §§ 650p ff. BGB Rn. 156 ff.; MüKo-BGB/Busche, Vor § 145 Rn. 71.

20 MüKo-BGB/Busche, Vor § 145 Rn. 74.

21 Heidel/Hüßtege/Mansel/Noack, BGB/EGBGB, Art. 229 § 39 Rn. 6.

22 Zur Anwendbarkeit der HOAI an diesen Fällen: BGH, Urt. v. 18.12.2014 – VII ZR 350/13, NJW 2015, 616; wie hier: Kramme, in: PWW, BGB, Vor §§ 241 ff. Rn. 19; a.A.: BeckOK BauvertragsR/

denkbar, in denen der Anbietende sein Angebot (ausdrücklich oder konkludent) unter den Vorbehalt des zum Zeitpunkt der Angebotsabgabe geltenden Rechts stellt.

Ähnlich ist der Optionsvertrag zu behandeln, bei dem vertragliche Inhalte zwischen den Parteien in einer Vertragsurkunde bereits vollumfänglich geregelt und wechselseitig unterschrieben werden. Dem Auftraggeber wird dann lediglich das Recht eingeräumt, den Abschluss des Vertrages durch eine einseitige Erklärung herbeizuführen.[23] Auch bei einer solchen vertraglichen Gestaltung handelt es sich letztendlich um ein langfristiges Angebot gem. § 148 BGB. Insofern lassen sich die obigen Ausführungen hierauf ohne weiteres übertragen.[24] 23

Hiervon zu unterscheiden ist wiederum der Hauptvertrag mit Optionsvorbehalt.[25] Bei einem solchen Vertrag ist der Hauptvertrag bereits geschlossen, er steht allerdings unter einer aufschiebenden (Wollens-)Bedingung: Der Ausübung des vorbehaltenen Optionsrechts durch den Auftraggeber (Einheitsvertragskonstruktion).[26] Auch diesbezüglich stellt sich die Frage, welches Recht für den Fall eines Vertragsschlusses vor dem Stichtag und einer Ausübung der Option danach Anwendung findet. Da es sich jedoch auch hier um einen aufschiebend bedingten Vertrag handelt, gelten die obigen Ausführungen unter Ziff. II. Die Regelungen zum Zeitpunkt des Bedingungseintritts finden hier Anwendung. 24

VI. Stufenvertrag

Auch der Begriff des Stufenvertrags ist auslegungsbedürftig. Hier ist anhand des Einzelfalls zu untersuchen, welche rechtliche Konstruktion die Parteien konkret gewählt haben. Bei einer Vielzahl von Stufenverträgen handelt es sich tatsächlich um Abrufaufträge, bedingte Verträge oder Optionsverträge. 25

Gemeinsam ist den Stufenverträgen allerdings, dass die Beauftragung weiterer Leistungen (insbesondere durch den Abruf weiterer Stufen, Annahme der Festofferte etc.) nicht das Vertragsverhältnis an sich begründet.[27] Insofern lassen sich die vorstehenden Ausführungen hier nicht uneingeschränkt übertragen. Die Parteien haben in Bezug auf die erste Stufe bereits einen Vertrag geschlossen, in dem die Beauftragung weiterer Stufen schon angelegt ist. 26

Dieser Umstand ist auch im Hinblick auf das anwendbare Recht zu berücksichtigen. In den Fällen, in denen vor dem Stichtag bereits eine Vereinbarung über die erste Stufe erfolgt ist und nach dem Stichtag weitere Stufen abgerufen werden, finden auf diese Stufen die alten Regelungen Anwendung. Die Beauftragung der weiteren Stufe erfolgt gerade auf Basis der ersten Stufe. Insofern kann hier keine isolierte Betrachtung der einzelnen Stufen erfolgen. Der zwischen den Parteien geschlossene Vertrag muss als Ganzes herangezogen werden. Das führt dazu, dass beispielsweise in Fällen, in denen die einzelnen Stufen als Festofferten ausgestaltet sind, der Zeitpunkt der Annahme der Festofferte im Hinblick auf das anwendbare Recht keine Rolle spielt. Es bleibt in diesen Fällen bei der Anwendung des alten Rechts.[28]

Bei dem Abruf weiterer Stufen handelt es sich regelmäßig auch nicht um eine wesentliche Vertragsänderung, die wiederum die Anwendbarkeit des neuen Rechts rechtfertigen könnte.[29] Die Parteien knüpfen an bereits bestehende vertragliche Vereinbarungen durch den Abruf der weiteren Stufe an.

Preussner, Art. 229 § 39 EGBGB Rn. 39; Grüneberg/Grüneberg, Art. 229 § 5 EGBGB Rn. 3; MüKo-BGB/Krüger, Art. 229 § 5 EGBGB Rn. 4.

23 MüKo-BGB/Busche, Vor § 145 Rn. 75.

24 A.A.: BeckOK BauvertragsR/Preussner, Art. 229 § 39 EGBGB Rn. 39; MüKo-BGB/Krüger, Art. 229 § 5 EGBGB Rn. 4.

25 Berger, in: Fuchs/Berger/Seifert, Vor §§ 650p ff. BGB Rn. 159; MüKo-BGB/Busche, Vor § 145 Rn. 76.

26 Karsten Schmidt, Handelsrecht, § 20 Rn. 10; MüKo-BGB/Busche, Vor § 145 Rn. 76.

27 A.A.: BeckOK BauvertragsR/Preussner, Art. 229 § 39 EGBGB Rn. 33.

28 So auch BeckOK BauvertragsR/Preussner, Art. 229 § 39 EGBGB Rn. 37.

29 So auch BeckOK BauvertragsR/Preussner, Art. 229 § 39 EGBGB Rn. 38.

Der wesentliche Kerngehalt des Vertrags wird nicht geändert, sondern entsprechend des gemeinsamen Willens der Vertragspartner fortgeführt.

VII. Genehmigungsbedürftige Verträge

27 In Konstellationen, in denen der Vertrag vor dem Stichtag geschlossen wurde, die behördliche, gerichtliche oder sonstige Genehmigung aber erst nach dem Stichtag erteilt wird, ist zu unterscheiden: Entfaltet die Genehmigung Rückwirkung, so finden, dem Rechtsgedanken des § 184 Abs. 1 BGB folgend, auf das Vertragsverhältnis die alten Regelungen Anwendung. Entfaltet die Genehmigung keine Rückwirkung, so gelten die neuen Regelungen.[30]

VIII. Abnahme

28 Unabhängig von der umstrittenen rechtlichen Einordnung der Abnahme treten ihre Folgen kraft Gesetzes ein.[31] Damit fehlt ihr der für ein Schuldverhältnis i.S.d. Art. 229 § 39 EGBGB erforderliche rechtsgestaltende Charakter.[32] Das anzuwendende Recht bestimmt sich nach dem Zeitpunkt der Entstehung des der Abnahme zugrundeliegenden Schuldverhältnisses. Einer entgegenstehenden Ansicht, wonach es auf den Zeitpunkt der Abnahmeerklärung ankommt,[33] kann damit schon aus rechtlichen Gründen nicht gefolgt werden. Auch in praktischer Hinsicht führt eine solche Auffassung zu Rechtsunsicherheit, da eine nach altem Recht wirksam vereinbarte Abnahmeregelung durch eine Abnahme nach dem Stichtag aufgrund des neuen Rechts unwirksam werden könnte.

IX. Eintreten Dritter

29 Tritt eine neue Vertragspartei einem nach altem Recht zu behandelnden Vertrag auf Gläubiger- oder Schuldnerseite bei oder ersetzt eine bisherige Vertragspartei, so führt dies nicht zu einer Anwendbarkeit der neuen Regelungen. Es bleibt insofern bei der Beurteilung des Vertragsverhältnisses nach dem alten Recht.[34]

X. Wesentliche Änderungen

30 Grundsätzlich bleiben Änderungen eines nach altem Recht zu beurteilenden Vertrages nach dem Stichtag ohne Relevanz für das anzuwendende Recht. Allerdings ist dabei stets der Umfang der Änderungen zu berücksichtigen. Wesentliche Änderungen können dazu führen, dass von einem neuen Vertragsschluss oder einer stillschweigenden Vereinbarung der Anwendbarkeit des neuen Rechts auszugehen ist.[35] Insofern ist durch Auslegung zu ermitteln, ob der wesentliche Kerngehalt der ursprünglichen vertraglichen Vereinbarung unverändert fortbesteht oder wesentlichen Änderungen unterzogen wurde.

31 Von einer Anwendung von alten und neuen Regelungen auf verschiedene Vertragsteile ist jedenfalls dort abzusehen, wo keine eindeutige inhaltliche Trennung der verschiedenen Vertragsteile möglich

---

30 Wie hier differenzierend: MüKo-BGB/Krüger, Art. 229 § 5 EGBGB Rn. 7 m.w.N.; für eine einheitliche Betrachtung: Kramme, in: PWW, BGB, Vor §§ 241 ff. Rn. 19 m.w.N.; BeckOK BauvertragsR/Preussner, Art. 229 § 39 EGBGB Rn. 21 ff.

31 MüKo-BGB/Busche, § 640 Rn. 4, auch für einen kurzen Überblick über die in dieser Sache vertretenen Ansichten.

32 BeckOK BauvertragsR/Preussner, Art. 229 § 39 EGBGB Rn. 43.

33 Tschäpe/Werner, ZfBR 2018, 215, 217.

34 BGH, Urt. v. 10.05.1995 – VIII ZR 264/94, NJW 1995, 2290; BGH, Urt. v. 07.02.2007 – VIII ZR 145/06, NJW-RR 2007, 668; BeckOK BauvertragsR/Preussner, Art. 229 § 39 EGBGB Rn. 31; MüKo-BGB/Krüger, Art. 229 § 5 EGBGB Rn. 4; Kramme, in: PWW, BGB, Vor §§ 241 ff. Rn. 21; Grüneberg/Grüneberg, Art. 229 § 5 EGBGB Rn. 3.

35 Vgl. BGH, Urt. v. 07.10.1997 – XI ZR 233/96, in: NJW 1998, 602; so auch BeckOK BauvertragsR/Preussner, Art. 229 § 39 EGBGB Rn. 27, 29 f.; MüKo-BGB/Krüger, Art. 229 § 5 EGBGB Rn. 10; Grüneberg/Grüneberg, Art. 229 § 5 EGBGB Rn. 3.

ist.[36] Es entspricht im Zweifel nicht dem Willen der Parteien, dass ein Vertragsverhältnis verschiedenen gesetzlichen Regelungen unterfallen soll. Insofern ist nach den vorstehenden Ausführungen zwischen wesentlichen und unwesentlichen Änderungen zu unterscheiden und entsprechend eine einheitliche Beurteilung des gesamten Vertragsverhältnisses vorzunehmen.

Art. 249 Informationspflichten bei Verbraucherbauverträgen

§ 1 Informationspflichten bei Verbraucherbauverträgen

Der Unternehmer ist nach § 650j des Bürgerlichen Gesetzbuchs verpflichtet, dem Verbraucher rechtzeitig vor Abgabe von dessen Vertragserklärung eine Baubeschreibung in Textform zur Verfügung zu stellen.

Art. 249 § 1 EGBGB begründet keine Informationspflicht, sondern setzt eine solche nach § 650j 1 BGB voraus.[1] Sofern nach dieser Vorschrift eine Verpflichtung des Unternehmers besteht, dem Verbraucher eine Baubeschreibung in Textform zur Verfügung zu stellen, muss dies rechtzeitig vor Abgabe von dessen Vertragserklärung erfolgen. Rechtzeitig bedeutet, dass dem Verbraucher vor dem Vertragsschluss ausreichend Zeit zu einer Überprüfung der angebotenen Leistung verbleiben muss.[2] Dabei soll der Verbraucher in die Lage versetzt werden, einen Preis-/Leistungsvergleich mit anderen Angeboten vorzunehmen[3] und zur Überprüfung der Baubeschreibung einen sachverständigen Dritten hinzuzuziehen.[4] In der Literatur wird zum Teil unter entsprechender Heranziehung von § 17 Abs. 2a S. 2 Nr. 2 BeurkG angenommen, dass die Vorlage der Baubeschreibung jedenfalls bei Einhaltung einer zweiwöchigen Frist rechtzeitig ist.[5] Hiergegen wird jedoch zutreffend eingewandt, dass der Verbraucher gerade bei besonders komplexen Bauvorhaben in dieser Zeit in der Regel nicht in der Lage ist, auf der Grundlage der Baubeschreibung von anderen Unternehmern Alternativangebote einzuholen.[6] Letztlich muss daher im Einzelfall geprüft werden, ob die Vorlage rechtzeitig erfolgt ist. Hieraus ergibt sich derzeit eine erhebliche Rechtsunsicherheit, wann die Vorlage der Baubeschreibung noch rechtzeitig erfolgt ist. Es wäre daher wünschenswert, wenn der Gesetzgeber hierzu eine konkrete zeitliche Vorgabe erteilen würde.

§ 2 Inhalt der Baubeschreibung

(1) In der Baubeschreibung sind die wesentlichen Eigenschaften des angebotenen Werks in klarer Weise darzustellen. Sie muss mindestens folgende Informationen enthalten:

1. **allgemeine Beschreibung des herzustellenden Gebäudes oder der vorzunehmenden Umbauten, gegebenenfalls Haustyp und Bauweise,**
2. **Art und Umfang der angebotenen Leistungen, gegebenenfalls der Planung und der Bauleitung, der Arbeiten am Grundstück und der Baustelleneinrichtung sowie der Ausbaustufe,**
3. **Gebäudedaten, Pläne mit Raum- und Flächenangaben sowie Ansichten, Grundrisse und Schnitte,**
4. **gegebenenfalls Angaben zum Energie-, zum Brandschutz- und zum Schallschutzstandard sowie zur Bauphysik,**

36 Für eine parallele Anwendung: Kramme, in: PWW, BGB, Vor §§ 241 ff. Rn. 21.
1 Zu den Voraussetzungen der Informationspflicht sowie den Rechtsfolgen eines Pflichtverstoßes siehe Kommentierung zu § 650j BGB.
2 BT-Drucks. 18/8486, S. 73.
3 BT-Drucks. 18/8486, S. 73.
4 BT-Drucks. 18/8486, S. 73.
5 BeckOK BGB/Hau/Poseck, 73. Ed. Stand 01.02.2024, BGB § 650j Rn. 3.
6 Kniffka/Koeble/Jurgeleit/Sacher, Teil, Rn. 68; Messerschmidt/Voit/Lenkeit, 4. Aufl. 2022, BGB § 650j Rn. 40; BeckOK BauvertragsR/Langjahr, 28. Ed. Stand 15.02.2025, EGBGB Art. 249 § 1 Rn. 4.

5. Angaben zur Beschreibung der Baukonstruktionen aller wesentlichen Gewerke,
6. gegebenenfalls Beschreibung des Innenausbaus,
7. gegebenenfalls Beschreibung der gebäudetechnischen Anlagen,
8. Angaben zu Qualitätsmerkmalen, denen das Gebäude oder der Umbau genügen muss,
9. gegebenenfalls Beschreibung der Sanitärobjekte, der Armaturen, der Elektroanlage, der Installationen, der Informationstechnologie und der Außenanlagen.

(2) Die Baubeschreibung hat verbindliche Angaben zum Zeitpunkt der Fertigstellung des Werks zu enthalten. Steht der Beginn der Baumaßnahme noch nicht fest, ist ihre Dauer anzugeben.

2 Art. 249 § 2 Abs. 1 S. 1 EGBGB sieht vor, dass die wesentlichen Eigenschaften des angebotenen Werks in klarer Weise darzustellen sind. Diese Generalklausel wird durch S. 2 ergänzt, wonach in der Baubeschreibung mindestens die unter Nr. 1 bis 9 aufgelisteten Punkte enthalten sein müssen.

3 Die Generalklausel in S. 1 stellt einen Auffangtatbestand dar, unter den wesentliche Eigenschaften des angebotenen Werkes fallen, die in der Aufzählung in S. 2 nicht enthalten sind.[7] Danach soll in der Baubeschreibung auch zum Ausdruck gebracht werden, wenn bestimmte Unwägbarkeiten oder Risiken, etwa die Beschaffenheit des Baugrundes, bei der angebotenen Leistung nicht berücksichtigt und mit dem angebotenen Preis nicht abgegolten sind.[8]

4 Teilweise wird die Auffassung vertreten, dass zum notwendigen Inhalt der Baubeschreibung auch die vom Besteller geschuldete Vergütung gehöre.[9] Hiergegen wird unter entsprechender Heranziehung von § 119 Abs. 2 BGB argumentiert, dass unter den dort normierten Begriff der wesentlichen Eigenschaft nach der Rechtsprechung die natürliche Beschaffenheit sowie die tatsächlichen und rechtlichen Verhältnisse zählen, die infolge ihrer Beschaffenheit und Dauer einen unmittelbaren Einfluss auf die Brauchbarkeit oder den Wert haben.[10] Die Vergütung selbst sei kein wertbildender Faktor und stelle deshalb keine wesentliche Eigenschaft des Werks dar.[11]

5 Die letztgenannte Auffassung überzeugt. Der Verbraucher soll durch die Baubeschreibung in die Lage versetzt werden, die technischen Angaben zur dort beschriebenen Bauleistung – ggf. unter Hinzuziehung durch einen sachverständigen Dritten – zu überprüfen und Angebote anderer Unternehmen einzuholen. Hierzu benötigt der Verbraucher keine Angaben zur Vergütungshöhe. Sofern der Verbraucher Preisangaben aus anderen Gründen benötigt – etwa, um bei einem Kreditinstitut eine Finanzierung zu erhalten[12] –, ist dies vom Zweck der Regelung nicht umfasst. Hierzu besteht auch kein Bedürfnis. Der Unternehmer wird den Verbraucher schon deshalb rechtzeitig über die voraussichtliche Vergütung informieren, weil der Verbraucher sonst nicht zum Vertragsschluss bereit sein wird.

6 Im Referentenentwurf des Bundesministeriums der Justiz und für Verbraucherschutz vom 24.09.2015 war noch die Regelung vorgesehen, dass in der Baubeschreibung die wesentlichen Eigenschaften des angebotenen Werks *»in klarer und verständlicher Weise«* darzustellen sind. Inzwischen wird nur noch eine Darstellung *»in klarer Weise«* gefordert. Der Gesetzgeber hat bewusst darauf verzichtet, als Maßstab für die Verständlichkeit der Baubeschreibung die Kenntnisse eines durchschnittlichen Verbrauchers zugrunde zu legen.[13] Vielmehr soll es nach dem Willen des Gesetzgebers ausreichen, wenn

---

7 BT-Drucks. 18/8486, S. 73.
8 BT-Drucks. 18/8486, S. 73.
9 Messerschmidt/Voit/Lenkeit, 4. Aufl. 2022, BGB 650j Rn. 36.
10 Kniffka/Koeble/Jurgeleit/Sacher, 2. Teil Rn. 62.
11 Kniffka/Koeble/Jurgeleit/Sacher, 2. Teil Rn. 63 unter Verweis auf BGH, Urt. v. 18.12.1954 – II ZR 296/53, BGHZ 16, 54, 57.
12 So etwa Messerschmidt/Voit/Lenkeit, 4. Aufl. 2022, BGB 650j Rn. 36.
13 BT-Drucks. 18/8486, S. 73–74.

in der Baubeschreibung klare Informationen übermittelt werden.[14] Bei Verständnisproblemen wird der Verbraucher auf die Hinzuziehung von Experten verwiesen.[15]

Vor diesem Hintergrund ist erforderlich, dass die Baubeschreibung präzise technische Angaben enthält.[16] Baubeschreibungen ohne Aussagekraft sind daher nicht ausreichend. Auch funktionale Baubeschreibungen reichen nicht aus, da hierdurch die Ausführungsdetails nicht festgelegt werden.[17] § 650k Abs. 2 BGB führt dazu, dass dem Unternehmer im Hinblick auf nicht geregelte Details bei funktionalen Baubeschreibungen kein Leistungsbestimmungsrecht zusteht.[18] 7

Art. 249 § 2 Abs. 1 S. 2 EGBGB regelt in insgesamt 9 Punkten, welche Informationen die Baubeschreibung mindestens enthalten muss: 8

1. allgemeine Beschreibung des herzustellenden Gebäudes[19] oder der vorzunehmenden Umbauten[20], gegebenenfalls Haustyp[21] und Bauweise[22]
2. Art und Umfang der angebotenen Leistungen[23], gegebenenfalls der Planung[24] und der Bauleitung[25], der Arbeiten am Grundstück[26] und der Baustelleneinrichtung[27] sowie der Ausbaustufe[28],
3. Gebäudedaten[29], Pläne mit Raum- und Flächenangaben[30] sowie Ansichten, Grundrisse und Schnitte[31],

---

14 BT-Drucks. 18/8486, S. 74.

15 BT-Drucks. 18/8486, S. 74.

16 Nach Auffassung von Pause BauR 2017, 430, 434 sind hingegen Leistungsbeschreibungen mit detaillierten technischen Angaben unzulässig, weil für den durchschnittlichen Verbraucher nicht verständlich – allerdings kommt es hierauf nach der Gesetzesbegründung gerade nicht an.

17 Differenzierend: Kniffka/Koeble/Jurgeleit/Sacher, 2. Teil Rn. 65; sofern alle wesentlichen Planungsvorgaben durch den Besteller oder einem in dessen Auftrag tätigen Dritten gemacht werden, besteht allerdings schon keine Pflicht zur Übergabe einer Baubeschreibung, vgl. Kommentierung zu § 650j BGB Rdn. 8 f.

18 Vielmehr wäre eine funktionale Baubeschreibung aufgrund der fehlenden Details unklar i.S.v. § 650k Abs. 2 BGB und müsste ausgelegt werden.

19 Beispiel: *»Freistehendes Einfamilienhaus mit 2 Geschossen, ausgebautem Dachgeschoss, Vollkeller und einer Doppelgarage«* etc.

20 Im Anwendungsbereich des Verbraucherbauvertrags kommen nur Umbauten in Betracht, die einer Neuherstellung gleichkommen – vgl. Kommentierung zu § 650i BGB Rdn. 21.

21 Beispiel: *»KfW-Effizienzhaus 55«, »Barrierefreies Haus« etc.*; vgl. zur Einstufung nach den KfW-Förderkriterien auch die Kommentierung zu § 650n BGB Rdn. 22.

22 Beispiel: *»Massivbauweise«* etc.

23 Mit dieser Formulierung ist eine detaillierte Leistungsbeschreibung gemeint, in der die einzelnen Leistungen nach Art (möglichst konkrete Beschreibung der Leistung, ggf. mit Fabrikatsangabe des angebotenen Produkts) und Umfang (z.B. Stückzahl der Steckdosen, m^2 Fliesen etc.) aufgelistet werden; es liegt auf der Hand, dass es hier zu Überschneidungen mit den weiteren Punkten kommen kann.

24 Beispiel: *»Sämtliche Planungsleistungen sind Vertragsbestandteil«* etc.

25 Im Bereich des Verbraucherbauvertrags erbringt der Unternehmer alle Leistungen *»aus einer Hand«*, so dass er naturgemäß selbst die Bauleitung erbringt.

26 Beispielsweise Herstellung des Rasens, Pflasterung des Hauszugangs etc.

27 Beispielsweise Bauzaun, Toilette, Baucontainer, Kran etc.

28 Beispiel: *»Schlüsselfertig, voll ausgebaut«* etc.

29 Beispielsweise Wohnfläche, Nebennutzfläche etc.

30 Aufzählung der einzelnen Räume mit Angabe der jeweiligen Raumflächen.

31 Im Maßstab 1:100.

4. gegebenenfalls Angaben zum Energie-[32], zum Brandschutz-[33] und zum Schallschutzstandard[34] sowie zur Bauphysik[35],
5. Angaben zur Beschreibung der Baukonstruktionen aller wesentlichen Gewerke[36],
6. gegebenenfalls Beschreibung des Innenausbaus[37],
7. gegebenenfalls Beschreibung der gebäudetechnischen Anlagen[38],
8. Angaben zu Qualitätsmerkmalen, denen das Gebäude oder der Umbau genügen muss[39],
9. gegebenenfalls Beschreibung der Sanitärobjekte[40], der Armaturen[41], der Elektroanlage[42], der Installationen[43], der Informationstechnologie[44] und der Außenanlagen[45].

9 Mit dem Wort *»gegebenenfalls«* wird klargestellt, dass bestimmte Angaben nur erforderlich sind, sofern die betreffenden Leistungen tatsächlich anfallen. Soweit dies bei bestimmten Leistungen nicht der Fall ist, sollte dies in der vorvertraglichen Baubeschreibung ausdrücklich klargestellt werden.[46]

10 Gemäß Art. 249 § 2 Abs. 2 EGBGB muss die Baubeschreibung außerdem verbindliche Angaben zum Zeitpunkt der Fertigstellung des Werks zu enthalten. Steht der Beginn der Baumaßnahme noch nicht fest, ist ihre Dauer anzugeben.[47]

Die Rechtsfolgen einer unklaren oder unvollständigen Baubeschreibung ergeben sich aus § 650k Abs. 2 BGB.[48]

11 Soweit der Unternehmer seine Pflicht zur rechtzeitigen Übergabe einer vorvertraglichen Baubeschreibung verletzt, kann hieraus ein Schadensersatzanspruch des Bestellers gemäß §§ 311 Abs. 2, 280 Abs. 1 BGB resultieren; außerdem kann der Besteller nach § 2 Abs. 1 Unterlassungsklagegesetz (UKlaG) durch Verbraucherschutzverbände und andere nach dem UKlaG berechtigten Stellen auf Unterlassung und Beseitigung in Anspruch genommen werden.[49]

---

32 Beispiel:*»entsprechend der Energieeinsparverordnung 2016«* etc.

33 Beispiel:*»Brandschutz entsprechend den Mindestanforderungen gemäß Landesbauordnung und DIN 4102«* etc.

34 Beispiel:*»Schallschutzstufe I nach VDI 4100«* etc.

35 Beispielsweise die Angabe des Wärmedurchgangskoeffizienten (U-Wert) der Fenster, wobei zwischen dem Uw-Wert (w = window für Fenster) für das gesamte Fenster inklusive Rahmen und dem Ug-Wert für die Glasflächen unterschieden wird; etc.

36 Beispielsweise Konstruktion des Kellers, der Außen- und Innenwände, Geschossdecken, Fußböden etc.; Beispiel: *»Die Decken werden als Filigranplattendecke in Stahlbeton hergestellt«*.

37 Beispielsweise Estrich, Fliesen, Innenputz, Trockenbau, Innentüren, Innentreppe etc.

38 Beispielsweise Heizungs- und Lüftungsanlage, etc.

39 Beispielsweise: *»üblicher Qualitäts- und Komfortstandard bei der Errichtung von Gebäuden mit Wohnraum« etc.* Die Angabe des Qualitäts- und Komfortstandards kann erhebliche Auswirkungen haben, da gemäß § 650k Abs. 2 BGB bei einer unvollständigen oder unklaren Leistungsbeschreibung der Vertrag unter Berücksichtigung sämtlicher vertragsbegleitender Umstände, insbesondere des Komfort- und Qualitätsstandards nach der übrigen Leistungsbeschreibung auszulegen ist. Ggf. muss dann mithilfe eines Sachverständigen geklärt werden, ob eine bestimmte Leistung (beispielsweise ein bestimmter Schallschutz-Standard) z.B. dem üblichen Komfort- und Qualitätsstandard entspricht.

40 Beispielsweise Duschwannen, Waschtische, Toilettenschüsseln etc.

41 Beispielsweise Gas- und Wasserhähne etc.

42 Beispielsweise Hauptanschluss, Zählerkasten, elektrische Leitungen, Schalter und Steckdosen etc.

43 Beispielsweise Gas- und Wasserleitungen etc.

44 Beispielsweise Systeme zur Gebäudeautomatisierung etc.

45 Beispielsweise Herstellen des Rasens, Pflasterung des Hauszugangs etc.

46 Pause, BauR 2017, 430, 434 weist darauf hin, dass dies eine besondere Bedeutung bei Altbausanierungen hat.

47 Zu den Einzelheiten siehe Kommentierung zu § 650k BGB Rdn. 31 ff.

48 Siehe Kommentierung zu § 650k BGB Rdn. 17 ff.; zu den Rechtsfolgen eines Verstoßes gegen die Pflicht zur Übergabe einer vorvertraglichen Baubeschreibung siehe § 650j BGB Rdn. 10 ff.

49 Zu den Einzelheiten siehe Kommentierung zu § 650j BGB Rdn. 13.

§ 3 Widerrufsbelehrung

(1) Steht dem Verbraucher ein Widerrufsrecht nach § 650l Satz 1 des Bürgerlichen Gesetzbuchs zu, ist der Unternehmer verpflichtet, den Verbraucher vor Abgabe von dessen Vertragserklärung in Textform über sein Widerrufsrecht zu belehren. Die Widerrufsbelehrung muss deutlich gestaltet sein und dem Verbraucher seine wesentlichen Rechte in einer an das benutzte Kommunikationsmittel angepassten Weise deutlich machen. Sie muss Folgendes enthalten:
1. **einen Hinweis auf das Recht zum Widerruf,**
2. **einen Hinweis darauf, dass der Widerruf durch Erklärung gegenüber dem Unternehmer erfolgt und keiner Begründung bedarf,**
3. **den Namen, die ladungsfähige Anschrift und die Telefonnummer desjenigen, gegenüber dem der Widerruf zu erklären ist, gegebenenfalls seine Telefaxnummer und E-Mail-Adresse,**
4. **einen Hinweis auf die Dauer und den Beginn der Widerrufsfrist sowie darauf, dass zur Fristwahrung die rechtzeitige Absendung der Widerrufserklärung genügt, und**
5. **einen Hinweis darauf, dass der Verbraucher dem Unternehmer Wertersatz nach § 357e des Bürgerlichen Gesetzbuchs schuldet, wenn die Rückgewähr der bis zum Widerruf erbrachten Leistung ihrer Natur nach ausgeschlossen ist.**

(2) Der Unternehmer kann seine Belehrungspflicht dadurch erfüllen, dass er dem Verbraucher das in Anlage 10 vorgesehene Muster für die Widerrufsbelehrung zutreffend ausgefüllt in Textform übermittelt.

Anlage 10, die die aus der Anlage zu diesem Gesetz ersichtliche Fassung erhält, wird angefügt.

Art. 249 § 3 EGBGB setzt voraus, dass ein Widerrufsrecht nach § 650l Satz 1 BGB besteht. Soweit dies der Fall ist, muss der Unternehmer den Verbraucher ordnungsgemäß über sein Widerrufsrecht belehren. 12

Richtiger Zeitpunkt für die Widerrufsbelehrung ist gemäß Art. 249 § 3 Abs. 1 S. 1 EGBGB vor Abgabe der Vertragserklärung des Verbrauchers.[50] Nach Sinn und Zweck der Vorschrift darf zwischen Erteilung der Widerrufsbelehrung und Abgabe der Vertragserklärung kein so großer Zeitraum liegen, dass die Gefahr besteht, dass der Verbraucher die Widerrufsbelehrung zu diesem Zeitpunkt schon wieder vergessen hat.[51] Daher sollte die Widerrufsbelehrung möglichst unmittelbar vor Vertragsschluss erteilt werden. 13

Die Widerrufsbelehrung muss in Textform gemäß § 126b BGB erfolgen.[52]

Die Belehrung muss deutlich gestaltet sein. Sie muss mit einer Überschrift (*»Widerrufsbelehrung«*) kenntlich gemacht werden, eine ausreichend große Schriftgröße und eine Untergliederung des Textes haben.[53] Sie muss sich in einer nicht zu übersehenden Weise aus dem übrigen Text drucktechnisch deutlich herausheben.[54] Die Belehrung darf keine verwirrenden oder ablenkenden Zusätze enthalten.[55] Werden mehrere Belehrungen erteilt, die widersprüchlich sind, liegt keine ordnungs- 14

---

50 Damit unterscheidet sich Art. 249 § 3 Abs. 1 S. 1 EGBGB von Art. 246 EGBGB, der keine Angabe zum Zeitpunkt der Widerrufsbelehrung enthält. Die Rechtsprechung nimmt für Art. 246 EGBGB an, dass eine Widerrufsbelehrung vor Abgabe der Vertragserklärung durch den Verbraucher unwirksam ist, BGH, Urt. v. 04.07.2002 – I ZR 55/00, NJW 2002, 3396–3399; WM 2002, 1989–1992. Begründet wird dies damit, dass ansonsten die Gefahr bestünde, dass der Verbraucher die Widerrufsbelehrung bei Abgabe seiner Vertragserklärung bereits wieder vergessen hat.

51 BGH, Urt. v. 04.07.2002 – I ZR 55/00, NJW 2002, 3396–3399; WM 2002, 1989–1992.

52 Vgl. zum Textformerfordernis die Kommentierung zu § 650i BGB Rdn. 24 ff.

53 BGH, Urt. v. 01.12.2010 – VIII ZR 82/10, NJW 2011, 1061–1063; MDR 2011, 166–168.

54 BGH, Urt. v. 23.06.2009 – XI ZR 156/08, NJW 2009, 3020–3022; MDR 2009, 1178–1179 m.w.N.; OLG München, Beschl. v. 12.12.2022 – 27 U 2101/22 Bau; BeckOK BauvertragsR, Stand: 15.02.2025, Art. 249 § 3 EGBGB, Rn. 3.

55 BGH, Urt. v. 04.07.2002 – I ZR 55/00, NJW 2002, 3396–3399; WM 2002, 1989–1992.

gemäße Belehrung vor.[56] Dies gilt auch, wenn eine Belehrung auf zwei Vertragsurkunden aufgeteilt ist und erst in der Zusammenschau ausreichend deutlich wird.[57] Eine Belehrung auf der Rückseite ist auch bei einem fehlenden Hinweis auf der Vorderseite ausreichend.[58]

15 Die Widerrufsbelehrung muss folgende Angaben enthalten:

1. Hinweis auf das Recht zum beliebigen und an keine Voraussetzungen gebundenen Widerruf.
2. Hinweis, dass der Widerruf durch Erklärung gegenüber dem Unternehmer erfolgt und keiner Begründung bedarf.
3. Name, ladungsfähige Anschrift und Telefonnummer des Widerrufsempfängers. Soweit vorhanden sind zusätzlich die Telefaxnummer und die E-Mail-Adresse des Widerrufsempfängers anzugeben.
4. Hinweis, dass die Widerrufsfrist 14 Tage beträgt und ab dem Tag des Vertragsschlusses beginnt, jedoch nicht bevor der Verbraucher die Widerrufsbelehrung in Textform erhalten hat. Hinweis, dass zur Wahrung der Widerrufsfrist die rechtzeitige Absendung des Widerrufs ausreicht.
5. Hinweis auf die wesentlichen Rechtsfolgen nach § 355 BGB sowie auf die Pflicht zum Wertersatz gemäß § 357d BGB,[59] wenn die Rückgewähr der bis zum Widerruf erbrachten Leistung ihrer Natur nach ausgeschlossen ist.

Die Angaben müssen in einer einheitlichen Belehrung zusammengefasst werden; fehlt dort eine dieser Angaben, ist die Widerrufsbelehrung nicht ordnungsgemäß erfolgt.[60]

16 Gemäß Art. 249 § 3 Abs. 2 EGBGB kann der Unternehmer seine Pflicht zur Widerrufsbelehrung auch dadurch erfüllen, dass er das als Anlage 10 zum Gesetz beigefügte Muster für die Widerrufsbelehrung bei Verbraucherbauverträgen zutreffend ausgefüllt in Textform an den Verbraucher übermittelt.[61]

Anlage 10

(zu Artikel 249 § 3)

▶ **Muster für die Widerrufsbelehrung bei Verbraucherbauverträgen**

Widerrufsbelehrung

Widerrufsrecht

Sie haben das Recht, binnen 14 Tagen ohne Angabe von Gründen diesen Vertrag zu widerrufen.

Die Widerrufsfrist beträgt 14 Tage ab dem Tag des Vertragsabschlusses. Sie beginnt nicht zu laufen, bevor Sie diese Belehrung in Textform erhalten haben.

Um Ihr Widerrufsrecht auszuüben, müssen Sie uns (*) mittels einer eindeutigen Erklärung (z.B. Brief, Telefax oder E-Mail) über Ihren Entschluss, diesen Vertrag zu widerrufen, informieren.

---

56 BGH, Urt. v. 18.10.2004 – II ZR 352/02, NJW-RR 2005, 180–183; MDR 2005, 157–158.

57 BGH, Urt. v. 23.06.2009 – XI ZR 156/08, NJW 2009, 3020–3022; MDR 2009, 1178–1179.

58 BGH, Urt. v. 31.10.2002 – I ZR 132/00, NJW-RR 2003, 1481–1482; MDR 2003, 404.

59 BGH, Urt. v. 09.12.2009 – VIII ZR 219/08, NJW 2010, 989–993; MDR 2010, 166–170.

60 OLG Düsseldorf, Beschl. v. 01.06.2023 – 22 U 100/23 – in dem zugrunde liegenden Fall hat die Telefonnummer des Unternehmers in der Widerrufsbelehrung gefehlt; es war nicht ausreichend, dass die Telefonnummer auf dem Deckblatt des Vertrages angegeben war.

61 Dies ist dringend zu empfehlen, da bereits kleinste Abweichungen von den gesetzlichen Vorgaben zur Unwirksamkeit der Widerrufsbelehrung führen können. Verwendet der Unternehmer das korrekt ausgefüllte Muster für die Widerrufsbelehrung, besteht dieses Risiko nicht.

Zur Wahrung der Widerrufsfrist reicht es aus, dass Sie die Erklärung über die Ausübung des Widerrufsrechts vor Ablauf der Widerrufsfrist absenden.

Folgen des Widerrufs

Wenn Sie diesen Vertrag widerrufen, haben wir Ihnen alle Zahlungen, die wir von Ihnen erhalten haben, unverzüglich zurückzuzahlen.

Sie müssen uns im Falle des Widerrufs alle Leistungen zurückgeben, die Sie bis zum Widerruf von uns erhalten haben. Ist die Rückgewähr einer Leistung ihrer Natur nach ausgeschlossen, lassen sich etwa verwendete Baumaterialien nicht ohne Zerstörung entfernen, müssen Sie Wertersatz dafür bezahlen.

Gestaltungshinweis:

* Fügen Sie Ihren Namen oder den Namen Ihres Unternehmens, Ihre Anschrift und Ihre Telefonnummer ein. Sofern verfügbar sind zusätzlich anzugeben: Ihre Telefaxnummer und E-Mail-Adresse.

Stichwortverzeichnis

Die fetten Zahlen bezeichnen den Paragrafen, die mageren Zahlen bezeichnen die entsprechende Randnummer.